中華古籍保護計劃

ZHONG HUA GU JI BAO HU JI HUA CHENG GUO

·成果·

北京師範大學圖書館古籍普查登記目録

（上）

全國古籍普查登記目録

國家圖書館出版社
National Library of China Publishing House

圖書在版編目(CIP)數據

北京師範大學圖書館古籍普查登記目録:全3冊/北京師範大學圖書館編. --北京:國家圖書館出版社,2017.2

(全國古籍普查登記目録)

ISBN 978-7-5013-5996-7

Ⅰ.①北… Ⅱ.①北… Ⅲ.①院校圖書館—古籍—圖書館目録—北京 Ⅳ.①Z838

中國版本圖書館CIP數據核字(2016)第304851號

書　　名　北京師範大學圖書館古籍普查登記目録(全三冊)
著　　者　北京師範大學圖書館　編
責任編輯　王　雷

出　　版　國家圖書館出版社(100034　北京市西城區文津街7號)
(原書目文獻出版社　北京圖書館出版社)
發　　行　010-66114536　66126153　66151313　66175620
66121706(傳真)　66126156(門市部)
E-mail　nlcpress@nlc.cn(郵購)
Website　www.nlcpress.com→投稿中心
經　　銷　新華書店
印　　裝　河北三河弘翰印務有限公司
版　　次　2017年2月第1版　2017年2月第1次印刷

開　　本　787毫米×1092毫米　1/16
印　　張　89.5
字　　數　1852千字

書　　號　ISBN 978-7-5013-5996-7
定　　價　800.00圓

《全國古籍普查登記目録》

工作委員會

《全國古籍普查登記目録》

序　言

全國古籍普查登記工作是“中華古籍保護計劃”的首要任務，是全面開展古籍搶救、保護和利用工作的基礎，也是有史以來第一次由政府組織、參加收藏單位最多的全國性古籍普查登記工作。

2007 年國務院辦公廳發佈《關於進一步加强古籍保護工作的意見》（國辦發［2007］6 號），明確了古籍保護工作的首要任務是對全國公共圖書館、博物館和教育、宗教、民族、文物等系統的古籍收藏和保護狀况進行全面普查，建立中華古籍聯合目録和古籍數字資源庫。2011 年 12 月，文化部下發《文化部辦公廳關於加快推進全國古籍普查登記工作的通知》（文辦發［2011］518 號），進一步落實了全國古籍普查登記工作。根據文化部 2011 年 518 號文件精神，國家古籍保護中心擬訂了《全國古籍普查登記工作方案》，進一步規範了古籍普查登記工作的範圍、内容、原則、步驟、辦法、成果和經費。目前進行的全國古籍普查登記工作的中心任務是通過每部古籍的身份證——“古籍普查登記編號”和相關信息，建立古籍總臺賬，全面瞭解全國古籍存藏情况，開展全國古籍保護的基礎性工作，加强各級政府對古籍的管理、保護和利用。

《全國古籍普查登記工作方案》規定了全國古籍普查登記工作的三個主要步驟：一、開展古籍普查登記工作；二、在古籍普查登記基礎上，編纂出版館藏古籍普查登記目録，形成《全國古籍普查登記目録》；三、在古籍普查登記工作基本完成的前提下，由省級古籍保護中心負責編纂出版本省古籍分類聯合目録《中華古籍總目》分省卷，由國家古籍保護中心負責編纂出版《中華古籍總目》統編卷。

在黨和政府領導下，在各地區、各有關部門和全社會共同努力下，古籍普查登記工作得以扎實推進。古籍普查已在除臺、港、澳之外的全國各省級行政區域開展，普查内容除漢文古籍外，還包括各少數民族文字古籍，特别是於 2010 年分别啓動了新疆古籍保護和西藏古籍保護專項，因地制宜，開展古籍普查登記工作；國家古籍保護中心研製的“全國古籍普查登記平臺”已覆蓋到全國各省級古籍保護中心，並進一步研發了“中華古籍索引庫”，爲及時展現古籍普查成果提供有力支持；截至目前，已有 11375 部古籍進入《國家珍貴古籍名録》，浙江、江蘇、山東、河北等省公佈了省級《珍貴古籍名録》,古籍分級保護機制初步形成。

《全國古籍普查登記目録》是古籍普查工作的階段性成果,旨在摸清家底,揭示館藏,反映古籍的基本信息。原則上每申報單位獨立成册,館藏量少不能獨立成册者,則在本省範圍内幾個館目合併成册。無論獨立成册還是合併成册,均編製獨立的書名筆畫索引附於書後。著録的必填基本項目有:古籍普查登記編號、索書號、題名卷數、著者(含著作方式)、版本、册數及存缺卷數。其他擴展項目有:分類、批校題跋、版式、裝幀形式、叢書子目、書影、破損狀況等。有條件的收藏單位多著録的一些擴展項目,也反映在《全國古籍普查登記目録》上。目録編排按古籍普查登記編號排序,内在順序給予各古籍收藏單位較大自由度,可按分類排列古籍普查登記編號,也可按排架號、按同書名等排列古籍普查登記編號,以反映各館特色。

此次全國古籍普查登記工作,克服了古籍數量多、普查人員少、普查難度大等各種困難,也得到了全國古籍保護工作者的極大支持。在古籍普查登記過程中,國家古籍保護中心、各省古籍保護中心爲此舉辦了多期古籍普查、古籍鑒定、古籍普查目録審校等培訓班,全國共1600餘家單位參加了培訓,爲古籍普查登記工作培養了大量人才。同時在古籍普查登記工作中,也鍛煉了普查員的實踐能力,爲將來古籍保護事業發展奠定了良好的基礎。

《全國古籍普查登記目録》的出版,將摸清我國古籍家底,爲古籍保護和利用工作提供依據,也將是古籍保護長期工作的一個里程碑。

國家古籍保護中心

2013年10月

《全國古籍普查登記目録》

編纂凡例

一、收録範圍爲我國境内各收藏機構或個人所藏，產生於1912年以前，具有文物價值、學術價值和藝術價值的文獻典籍，包括漢文古籍和少數民族文字古籍以及甲骨、簡帛、敦煌遺書、碑帖拓本、古地圖等文獻。其中，部分文獻的收録年限適當延伸。

二、以各收藏機構爲分冊依據，篇幅較小者，適當合併出版。

三、一部古籍一條款目，複本亦單獨著録。

四、著録基本要求爲客觀登記、規範描述。

五、著録款目包括古籍普查登記編號、索書號、題名卷數、著者、版本、冊數、存缺卷等。古籍普查登記編號的組成方式是：省級行政區劃代碼—單位代碼—古籍普查登記順序號。

六、以古籍普查登記編號順序排序。

七、編製各館藏目録書名筆畫索引附於書後，以便檢索。

《北京師範大學圖書館古籍普查登記目録》

編委會

《北京師範大學圖書館古籍普查登記目録》

前　言

北京師範大學的前身爲創立于1902年的京師大學堂師範館。歷經一百多年,學校圖書館纍計收藏古籍40餘萬册,其中130種館藏古籍入選《國家珍貴古籍名録》。館藏古籍無論數量還是質量在全國高校圖書館均居前列。2008年3月,北京師範大學圖書館獲批爲第一批"全國古籍重點保護單位"。

北京師範大學圖書館館藏古籍,基于國立北平師範大學、國立北平女子師範學院、北平輔仁大學所藏,又經新中國成立後幾十年的采集搜購,方形成今日規模。其中,列爲館藏善本的有3500餘種4萬餘册,年代最早者爲唐中葉敦煌寫本《勝天王般若波羅蜜經》。館藏古籍有宋元刻本35種,最早爲北宋崇寧二年(1103)刻《萬壽大藏》本《經律異相》零卷。明清刻本是館藏善本主體,包括明嘉靖白棉紙本、明刻套印本、明清版畫、清代精刻本等。館藏中亦有大量的名家稿抄本及批校題跋本,如王引之謄清稿《字典考證》、王筠手稿《説文釋例》等,以及傅山、惠士奇、惠周惕、繆荃孫、葉德輝等人的批校題跋本。

館藏古籍的發展歷程可謂篳路藍縷、聚沙成塔。根據1931年國立北平師範大學的《中文圖書登録本》的統計,當時的北平師範大學圖書館綫裝古籍有32000多册。是年,國立北平女子師範學院與北平師大合併,爲館藏增加古籍1540部,21502册。其中有幾次較大宗的采購:1929年,北平輔仁大學建校之初,圖書匱乏,時任國民政府教育部次長的馬敘倫將其私藏天馬山房藏書18296册讓渡于輔仁大學圖書館。馬氏藏書以清人詞集及清代俗文學著述爲特色。1947年,國立北平師範學院决議購入本校已故教授、古文大家高步瀛籑樓藏書17288册。1948年,輔仁大學圖書館以黄金65兩購入陳氏根香廬舊藏方志14149册,這批方志爲圖書館發展古籍地方志特色收藏奠定了基礎。1952年,全國院校調整,輔仁大學併入北京師範大學。合併後,北京師範大學古籍館藏書達到26萬册,在全國高校圖書館中位列前三甲。

1956年至1962年間,政府重視文教事業。學校教學科研經費較充裕。圖書館大力收集古籍珍本,一方面在北京的中國書店及各私營舊書店搜購,另一方面派員赴上海、揚州、合肥、泰州、南京等地選購,這就是館史上的"三下江南采書"。當時購入的古籍珍本包括宋元本,如宋刻元明遞修本《西山先生真文忠公讀書記》及嘉業堂舊藏元大德本《隋書》《通志》等，館藏中元明刻本的絕大部分均購于此時。

1978年以後，圖書館拓寬采訪渠道，通過與舊書店交换複本、接受捐贈等形式，豐富館藏古籍品種，先後從中國書店交换得到張次溪藏書2600多種、孫楷蘭枝館藏清别集70多種，接受了外交部副部長陳家康，本校劉乃和教授、劉盼遂教授捐贈所藏古籍各數百種。自20世紀90年代開始，古籍拍賣興起，拍賣成爲古籍公開流通的主要形式。2007年，我館决定在古籍拍賣市場采選古籍，幾年的競拍爲館藏古籍增加珍貴文獻2400多册，其中包括唐寫經《勝天王般若波羅蜜經》以及宋刻《崇寧藏》《毗盧藏》《思溪資福藏》零種等。

我館古籍在教育文獻、地方志、清人詞及俗文學等方面較有特色。北京師範大學作爲教育類名校，圖書館對于教育文獻有系統的收藏，古籍亦然。對于古代教育文獻如科考條例、題名録、書院學校志、蒙學讀物以及清末反映教育改革的文件、章程、法令、法規及近代教科書等皆盡力收羅。如蒙學讀物，我館有不同品種的“雜字”300多種。我館清末教科書的收藏也頗豐富，與人民教育出版社、上海辭書出版社、華東師範大學圖書館同爲清末教科書的重要收藏單位。

收購陳氏根香廬舊藏方志大大豐富了我館的地方志館藏，我館現藏地方志3000餘種，包括省志82種、府志186種、州志215種、縣志1800餘種，另有鄉、鎮、衛、所志等。館藏方志中，有不少具有較高學術價值和文物價值的善本。如清道光丁壽微抄校本《山陽志遺》，清抄本《藏紀概》，晚清知名學者、方志學名家黄彭年的手稿《志例瑣談》等。

館藏清人詞集以天馬山房所藏清詞别集爲基礎，并擴充收藏清詞總集、清人詞學著作等形成館藏古籍特色之一。按《清詞别集知見目録彙編》的統計，我館館藏清詞607種，居高校圖書館之首。其中清康熙刻本《珂雪詞》《蓼花詞》《扶荔詞》《清濤詞》，清乾隆刻本《響山詞》，清嘉慶刻本《銀藤花館詞》《寶晉磚室詞集》，清道光刻本《二波軒詞選》《蝶花樓詞鈔》《槿村樵唱》及抄、稿本《思賢閣詞草》《紅蕪詞鈔》《蘋花詞》《聚學軒詞稿録》等均爲極罕傳之本。

館藏俗文學包含通俗小説、傳奇、雜劇及地方戲文唱本，等等。館藏通俗小説數百種，其中有不少珍善本，如明刻本《新鐫東西晉演義》《新刻全像三寶太監西洋記通俗演義》、清初刻本《李卓吾先生批評三國志真本》、清康熙刻本《第一奇書全像金瓶梅》、“程乙本”《紅樓夢》、抄本《鐫于少保萃忠傳》等。館藏雜劇中亦不乏珍本，如明凌濛初刻朱墨套印本《琵琶記》、明崇禎本《懷遠堂批點燕子箋》《白雪齋選訂樂府吳騷合編》等。各地的唱本戲文，除了習見的寶卷、鼓詞、江浙的彈詞外，還有清末民初刻印的廣東木魚書、潮州歌册、湖南唱本及河南小調、戲文等。如潮州歌册館藏兩部，逾600册,共227種;湖南唱本3部,470多册,136種。

2007年,文化部正式啓動了國家級重點文化工程——"中華古籍保護計劃",我館積極參與此項工作。2008年3月,我館被授予首批"全國古籍重點保護單位",并且先後有五批共130部古籍入選《國家珍貴古籍名録》。《全國古籍普查登記目録》的編纂出版是"中華古籍保護計劃"的重點工作之一。2013年我館啓動古籍普查工作,爲了摸清家底,對館藏所有的綫裝古籍進行了普查。工作之初,我們制定了普查工作流程,分兩個階段:第一個階段是著録階段,由古籍編目人員入庫逐本翻閲,手工記録其索書號、書名、著者、版本年代、版本類型、存缺卷、册數、批校題跋等著録項目信息。然後按照著録規範録入我館古籍普查平臺;第二個階段是審核階段,利用平臺數據導出功能,把數據導出爲Excel格式的表單目録。針對Excel數據,古籍部全體人員參與進行了多次審校,一是在著録款目的準確性上,反復審核,力求勿出現"硬傷";二是在著録的規範性上,嚴格按照《全國古籍普查登記目録手册》中的附録一《漢文古籍著録規則》和國家古籍保護中心發布的《全國古籍普查登記目録審校要求》中的審校細則進行審校。在古籍部全體人員的共同努力下,普查工作歷時三年完成,共完成普查數據4萬餘條,合407272册,摸清了館藏家底。在此基礎上,按照國家古籍保護中心的要求,將1912年以前的古籍(不含域外漢籍)提出,編成了此書目。

此前,館藏古籍書目曾經過數次編纂:1959年編訂《北京師範大學圖書館收藏地方志目録》,1962年編撰《北京師範大學圖書館中文古籍書目》,1982年編印《北京師範大學圖書館中文古籍善本書目》,這三種均爲内部刊物。2002年編訂《北京師範大學古籍善本書目》,由北京圖書館出版社出版發行。上次編訂善本書目距今已有十餘年,其間我館館藏古籍在數量上有所增長,此次借"中華古籍保護計劃"實施的契機,對館藏古籍進行了全面的普查,因此,這一版《北京師範大學圖書館古籍普查登記目録》也能更全面、真實、準確地反映北京師範大學圖書館館藏民國前古籍的狀況,更加方便使用者查閲利用。我館對民國及以後的綫裝古籍亦普查完畢,冀望未來亦能出版,如此,這兩種書目將涵蓋我館全部綫裝古籍。

本書目的收録範圍爲1912年以前刊印、抄寫的綫裝古籍(不含域外漢籍),凡23009部(含複本),23萬餘册。每一部古籍列爲一個條目,每一個條目的著録項目包括:普查編號、索書號、題名、卷數、著者、版本、册數、存卷、批校題跋等項。本館古籍的索書號(即排架號)分兩種,一種爲原輔仁大學圖書館的按入藏次序的排架號,一種爲何日章十進分類法+著者號/種次號的排架方式,善本古籍索書號前加"善"字。本書目按照先普通古籍,後善本古籍編排。普通古籍和善本古籍又按先輔仁號,後何日章十進分類法＋著者號/種次號編排。

由于古籍普查登記工作難度大,加之時間倉促,不免有錯訛之處,敬請同仁批評指正。

編　者

2016 年 9 月

目　録

上冊

中冊

下冊

110000－0144－0000001　0005
康熙字典十二集三十六卷總目一卷檢字辨似一卷等韻一卷備考一卷補遺一卷　（清）張玉書　（清）淩紹雯編　清刻本　四十册

110000－0144－0000002　0006
康熙字典十二集三十六卷總目一卷檢字辨似一卷等韻一卷備考一卷補遺一卷　（清）張玉書　（清）淩紹雯編　清光緒十六年（1890）上海同文書局石印本　五册

110000－0144－0000003　0007
佩文韻府一百六卷　（清）張玉書等纂　清光緒十五年（1889）上海點石齋石印本　二十四册

110000－0144－0000004　0008
增註字類標韻六卷補遺　（清）華綱輯　（清）范多玨重訂　清京都名德堂刻本　一册

110000－0144－0000005　0009
御定駢字類編二百四十卷　（清）張廷玉等纂　清光緒十三年（1887）上海同文書局石印本　四十八册

110000－0144－0000006　0010
淵鑑類函四百五十卷　（清）張英等撰　清光緒九年（1883）上海點石齋石印本　十册

110000－0144－0000007　0013
二十四史　（□）□□輯　清光緒十八年（1892）武林竹簡齋石印本　一百二册

110000－0144－0000008　0018
四庫全書總目二百卷附存目目錄十卷　（清）紀昀等編　清同治七年（1868）廣東書局刻本　一百二十六册

110000－0144－0000009　0019
大清一統志五百卷　（清）和珅等纂修　清光緒二十八年（1902）上海寶善齋石印本　六十册

110000－0144－0000010　0020
［光緒］順天府志一百三十卷附錄一卷　（清）周家楣總裁　（清）張之洞　繆荃孫總纂　清光緒十年至十二年（1884－1886）順天府署刻本　六十四册

110000－0144－0000011　0021
繹史一百六十卷世系圖一卷年表一卷　（清）馬驌撰　清康熙刻本　四十八册

110000－0144－0000012　0023
唐景教碑頌正詮　（唐）釋景淨撰　（葡萄牙）陽瑪諾註　清光緒四年（1878）上海土山灣慈母堂刻本　一册

110000－0144－0000013　0028
增訂徐文定公集六卷首二卷　（明）徐光啟撰　（清）李問漁輯　（清）徐允希增訂　清宣統元年（1909）上海慈母堂刻本　四册

110000－0144－0000014　0029
徐文定公墨蹟一卷　（明）徐光啓書　清光緒二十九年（1903）鴻寶齋石印本　一册

110000－0144－0000015　0031
墨井集五卷　（清）吳歷撰　清宣統元年（1909）土山灣印書館鉛印本　一册

110000－0144－0000016　0040
太平御覽一千卷　（宋）李昉等撰　清光緒二十年（1894）上海積山書局石印本　三十二册

110000－0144－0000017　0045
小石山房叢書四十種　（清）顧湘輯　清同治十三年（1874）虞山顧氏刻本　二十册

110000－0144－0000018　0046
日知錄集釋三十二卷　（清）顧炎武撰　（清）黃汝成集釋　**刊誤二卷續刊誤二卷**　（清）黃汝成撰　清同治十一年（1872）湖北崇文書局刻本　十六册

110000－0144－0000019　0047
十三經古注二百九十卷　（明）金蟠編　明崇禎十二年（1639）永懷堂刻清同治八年（1869）浙江書局補刻本　四十八册

110000－0144－0000020　0048
說文解字義證五十卷　（清）桂馥撰　清同治九年（1870）湖北崇文書局刻本　三十二册

110000－0144－0000021　0050
說文繫傳校錄三十卷說文解字句讀三十卷補正一卷說文釋例二十卷　(清)王筠撰　清咸豐七年(1857)刻本　二十八册

110000－0144－0000022　0053
嘉定錢氏潛研堂全書　(清)錢大昕撰　清光緒十年(1884)長沙龍氏刻本　六十四册

110000－0144－0000023　0052
問影樓輿地叢書第一集十五種四十四卷　胡思敬輯　清光緒三十四年(1908)新昌胡氏鉛印本　十册

110000－0144－0000024　0054
洪北江全集　(清)洪亮吉撰　清乾隆、嘉慶間刻本　三十八册

110000－0144－0000025　0055
觀自得齋叢書二十九種七十六卷　(清)徐士愷輯　清光緒十八年(1892)石埭徐氏觀自得齋刻本　二十四册

110000－0144－0000026　0056
全唐詩九百卷　(清)聖祖玄燁編　(清)曹寅輯　清光緒十三年(1887)上海同文書局石印本　三十二册

110000－0144－0000027　0057
朔方備乘六十八卷首十二卷　(清)何秋濤撰　清咸豐十年(1860)刻本　二十四册

110000－0144－0000028　0059
御批資治通鑑綱目前編十八卷舉要三卷外紀一卷　(宋)金履祥撰　(清)聖祖玄燁批輯　清光緒十三年(1887)上海同文書局石印本　四册

110000－0144－0000029　0059
御批資治通鑑綱目續編二十七卷　(明)商輅撰　(清)聖祖玄燁批　清光緒十三年(1887)上海同文書局石印本　六册

110000－0144－0000030　0060
漢書補注一百卷　王先謙撰　清光緒二十六年(1900)長沙王氏刻本　三十二册

110000－0144－0000031　0061
國學叢刊　羅振玉編　清宣統三年(1911)鉛印本　三册

110000－0144－0000032　0063
咫進齋叢書三十七種　(清)姚覲元輯　清光緒九年(1883)歸安姚氏刻本　二十四册

110000－0144－0000033　0064
功順堂叢書十八種　(清)潘祖蔭輯　清光緒吴縣潘氏刻本　二十四册

110000－0144－0000034　0065
道藏輯要二十八集　(清)閻永龢　(清)賀龍驤輯　清光緒三十二年(1906)成都二仙庵刻本　二百四十四册

110000－0144－0000035　0067
函海　(清)李調元輯　清乾隆綿州李氏萬卷樓刻道光五年(1825)李朝夔補刻本　一百四十册

110000－0144－0000036　0068
武林掌故叢編十集　(清)丁丙輯　清光緒錢塘丁氏嘉惠堂刻本　二百八册

110000－0144－0000037　0069
式訓堂叢書初二集二十七種　(清)章壽康輯　清光緒六年(1880)會稽章氏刻本　二十四册

110000－0144－0000038　0070
正覺樓叢刻三十種　(清)崇文書局輯　清光緒七年(1881)湖北崇文書局刻本　三十六册

110000－0144－0000039　0071
槐廬叢書五十四種　(清)朱記榮輯　清光緒十三年(1887)吴縣朱氏刻本　八十册

110000－0144－0000040　0072
滂喜齋叢書五十四種　(清)潘祖蔭輯　清同治、光緒間吴縣潘氏八喜齋刻本　三十二册

110000－0144－0000041　0073
玉函山房輯佚書六百三十五種八百六卷　(清)馬國翰輯　清光緒九年(1883)馬氏刻十五年(1889)章邱李氏重校刻本　八十四册

110000－0144－0000042　0075
甌北全集七種　（清）趙翼撰　清嘉慶五年（1800）湛貽堂刻本　二十册

110000－0144－0000043　0076
皇清經解續編一千四百三十卷　王先謙輯　清光緒十三年（1887）上海書局石印本　三十二册

110000－0144－0000044　0076
皇清經解一千四百八卷　（清）阮元輯　清光緒十三年（1887）上海書局石印本　六十四册

110000－0144－0000045　0077
金石萃編一百六十卷續編二十一卷　（清）王昶撰　清光緒十九年（1893）上海寶善書局石印本　二十四册

110000－0144－0000046　0078
經訓堂叢書二十一種　（清）畢沅輯　清光緒十三年（1887）大同書局石印本　十六册

110000－0144－0000047　0082
汗簡六卷　（宋）郭忠恕撰　清光緒九年（1883）點石齋石印本　一册

110000－0144－0000048　0083
古經解鉤沈三十卷　（清）余蕭客撰　清光緒二十一年（1895）杭州竹簡齋石印本　十二册

110000－0144－0000049　0084
六書通十卷　（明）閔齊伋輯　清光緒七年（1881）石印本　五册

110000－0144－0000050　0085
說文新坿考六卷　（清）鄭珍撰　清末枕碧山館刻本　四册

110000－0144－0000051　0086
許氏說文解字雙聲疊韻譜一卷　（清）鄧廷楨撰　清光緒九年（1883）同文書局石印本　一册

110000－0144－0000052　0087
請纓日記十卷　（清）唐景崧撰　清光緒十九年（1893）臺灣布政使署刻本　四册

110000－0144－0000053　0088
春暉堂叢書十二種　（清）徐渭仁輯　清道光二十一年（1841）上海徐氏刻同治九年（1870）補刻本　十二册

110000－0144－0000054　0089
讀史探驪錄五卷　（清）姚芝生輯　清光緒上海申報館鉛印本　五册

110000－0144－0000055　0094
畿輔叢書一百八十九種一千四百七十三卷　（清）王灝輯　清光緒五年（1879）定州王氏謙德堂刻本　四百册

110000－0144－0000056　0095
乾坤正氣集五百七十四卷　（清）姚瑩　（清）潘錫恩等輯　清道光二十八年（1848）潘氏袁江節署之求是齋刻本　一百九十七册

110000　0144　0000057　0099
玉海二百卷辭學指南四卷附刻十三種　（元）王應麟輯　清光緒九年（1883）浙江書局刻本　一百二十册

110000－0144－0000058　0100
十萬卷樓叢書初二三編　（清）陸心源輯　清光緒五年至十八年（1879－1892）歸安陸氏刻本　一百二十册

110000－0144－0000059　0101
漢魏六朝百三名家集　（明）張溥輯　清光緒五年（1879）信述堂刻本　一百册

110000－0144－0000060　0103
玉海摘要二十一卷　（清）方維翰輯　清道光十五年（1835）刻本　八册

110000－0144－0000061　0104
策學淵萃四十六卷　（□）□□輯　清光緒四年（1878）刻本　二十册

110000－0144－0000062　0105
廿四史分類輯要十二卷　（清）沈桐生輯　清光緒二十八年（1902）會文學社刻本　十二册

110000－0144－0000063　0106
廣治平略正集三十八卷續集六卷　（清）蔡方炳撰　清光緒十四年（1888）上海點石齋刻本

六册

110000－0144－0000064　0107
皇朝經解敬修堂編目十六卷　（清）陶治元編輯　清光緒十二年（1886）刻本　四册

110000－0144－0000065　0108
新刊校正策海十六卷　（清）瞿曾輯　清光緒二年（1876）刻本　八册

110000－0144－0000066　0112
宋遼金元別史五種　（清）席世臣輯　清嘉慶三年（1798）席氏掃葉山房刻本　二十册

110000－0144－0000067　0114
通鑑紀事本末二百三十九卷　（宋）袁樞撰　清同治十二年（1873）江西書局刻本　八十册

110000－0144－0000068　0115
左傳紀事本末五十三卷　（清）高士奇撰　清同治十二年（1873）江西書局刻本　十二册

110000－0144－0000069　0116
宋史紀事本末一百九卷　（明）馮琦編　（明）陳邦瞻　（明）張溥增訂　清同治十三年（1874）江西書局刻本　二十册

110000－0144－0000070　0118
明史紀事本末八十卷　（明）谷應泰輯　清同治十三年（1874）江西書局刻本　二十册

110000－0144－0000071　0122
子書百家　（清）崇文書局輯　清光緒元年（1875）湖北崇文書局刻本　一百十册

110000－0144－0000072　0124
文字蒙求廣義四卷　（清）王筠撰　（清）蒯光典注　清光緒二十七年（1901）江楚書局刻本　五册

110000－0144－0000073　0125
説文逸字二卷附録一卷　（清）鄭珍撰　清刻本　一册

110000－0144－0000074　0126
南菁書院叢書　王先謙　繆荃孫輯　清光緒十四年（1888）南菁書院刻本　三十二册

110000－0144－0000075　0128
皇朝經世文編一百二十卷　（清）賀長齡輯　清道光七年（1827）刻本　八十册

110000－0144－0000076　0128
皇朝經世文續編一百二十卷　（清）盛康輯　清光緒二十三年（1897）思補樓刻本　八十册

110000－0144－0000077　0129
李氏五種　（清）李兆洛輯　清光緒刻本　十六册

110000－0144－0000078　0130
天壤閣叢書十六種　（清）王懿榮輯　清光緒八年（1882）福山王氏刻本　十六册

110000－0144－0000079　0131
叢睦汪氏遺書二十種　（清）汪篁輯　清光緒十二年（1886）錢唐汪氏長沙刻本　三十二册

110000－0144－0000080　0132
海山仙館叢書五十六種　（清）潘仕成輯　清道光、咸豐間番禺潘氏刻本　一百二十册

110000－0144－0000081　0133
欽定篆文六經四書　（清）李光地等編　清光緒九年（1883）上海同文書局石印本　十册

110000－0144－0000082　0135
嘯園叢書五十七種　（清）葛元煦輯　清光緒九年（1883）仁和葛氏刻本　三十六册　缺十四種四十六卷（愚一録十二卷、學詩闕疑二卷、廿二史諱略一卷、松花庵韻史一卷、攷古質疑六卷、六如居士畫譜三卷、小山畫譜二卷、臨池心解一卷、三十五舉一卷、續三十五舉一卷、篆刻鍼度八卷、薛文清公讀書録鈔四卷、荊園語録二卷、聰訓齋語二卷）

110000－0144－0000083　0137
學海堂集初集十六卷二集二十二卷三集二十四卷四集二十四卷　（清）阮元等編　清道光五年至光緒十二年（1825－1886）啟秀山房刻本　五十册

110000－0144－0000084　0138
高郵王氏四種　（清）王引之　（清）王念孫撰

清刻本　三十六册　存三種一百六卷（讀書雜誌八十二卷、餘編二卷、經傳釋詞十卷、字典考證十二卷）

110000－0144－0000085　0141
潛園總集十七種六百七十卷　（清）陸心源撰輯　清同治、光緒間歸安陸氏刻本　一百二十五册

110000－0144－0000086　0143
史姓韻編二十四卷　（清）汪輝祖輯　清光緒二十九年（1903）上海文瀾書局石印本　八册

110000－0144－0000087　0146
晨風閣叢書二十五種　沈宗畸輯　清宣統元年（1909）刻本　十六册

110000－0144－0000088　0147
古文審八卷首一卷　（清）劉心源撰　清光緒十七年（1891）劉氏龍江樓刻本　四册

110000－0144－0000089　0148
藕香零拾三十九種　繆荃孫輯　清宣統二年（1910）江陰繆氏刻本　三十二册

110000－0144－0000090　0149
青照堂叢書摘要三編四十三種　（清）李元春輯　清道光十五年（1835）朝邑劉氏刻本　三十册

110000－0144－0000091　0150
焦氏叢書二十一種一百二十二卷　（清）焦循撰　清嘉慶、道光間江都焦氏雕菰樓刻本　三十二册

110000－0144－0000092　0151
觀象廬叢書二十七種五十七卷　（清）呂調陽撰　清光緒十四年（1888）刻本　七十册

110000－0144－0000093　0152
上諭內閣一百五十九卷　（清）世宗胤禛撰　清刻本　三十二册

110000－0144－0000094　0153
紀元通考十二卷　（清）葉維庚撰　清同治十年（1871）葉氏刻本　四册

110000－0144－0000095　0155
晉政輯要四十卷　（清）鄭源璹輯　清光緒十三年（1887）刻本　三十二册

110000－0144－0000096　0158
札迻十二卷　（清）孫怡讓撰　清光緒二十年（1894）刻本　四册

110000－0144－0000097　0162
空山堂全集　（清）牛運震撰　清嘉慶六年（1801）空山堂刻本　五十二册

110000－0144－0000098　0167
奇觚室吉金文述二十卷　（清）劉心源撰　清光緒二十八年（1902）嘉魚劉氏石印本　十册

110000－0144－0000099　0168
水經注圖四十卷補一卷　楊守敬編繪　清光緒三十一年（1905）宜都楊氏觀海堂刻朱墨套印本　八册

110000－0144－0000100　0169
國朝歷科題名碑錄附明洪武至崇禎各科　（清）李周望編　（清）德沛續編　清刻本　十二册

110000－0144－0000101　0172
宋詩鈔初集九十五種　（清）呂留良　（清）吳之振　（清）吳爾堯輯　清康熙十年（1671）刻本　二十八册

110000－0144－0000102　0175
欽定蒙古源流八卷　（清）小徹辰薩囊台吉撰　清刻本　四册

110000－0144－0000103　0179
［至順］鎮江志二十一卷　（明）俞希魯纂修　**校勘記二卷**　清同治二年（1863）刻本　八册

110000－0144－0000104　0181
玲瓏山館叢書　（清）傅世洵輯　清光緒十五年（1889）文選樓刻本　六十册

110000－0144－0000105　0183
歸雲別集十種七十四卷　（明）陳士元撰　清道光十三年（1833）寶善堂刻本　二十册

110000－0144－0000106　0185
拙盦叢稿九種　（清）朱一新撰　清光緒二十

二年(1896)刻本　十六冊

110000－0144－0000107　0187
留真譜初編十二卷　楊守敬編　清光緒二十七年(1901)楊守敬刻本　十二冊

110000－0144－0000108　0189
隨園全集三十種　(清)袁枚輯　清刻本　一百二十八冊

110000－0144－0000109　0190
農政全書六十卷　(明)徐光啟撰　清道光十八年(1838)刻本　十六冊

110000－0144－0000110　0191
讀史方輿紀要一百三十卷　(清)顧祖禹輯　清末刻本　六十二冊

110000－0144－0000111　0192
舊唐書二百卷　(五代)劉昫撰　**附舊唐書校勘記六十六卷**　(清)羅士琳　(清)劉文淇訂　清道光二十二年(1842)甘泉岑氏懼盈齋刻同治十一年(1872)定遠方氏重修本　八十冊

110000－0144－0000112　0194
潛虛先生文集十四卷遺集一卷　(清)戴名世撰　清道光二十一年(1841)刻本　八冊

110000－0144－0000113　0195
六書係韻二十四卷首一卷檢字二卷　(清)李貞輯　清光緒十六年(1890)刻本　二十六冊

110000－0144－0000114　0196
大唐開元占經一百二十卷　(唐)瞿曇悉達等修撰　清恒德堂刻本　二十四冊

110000－0144－0000115　0203
四書五經類典集成三十四卷　(清)戴兆春輯　清光緒十四年(1888)上海同文書局石印本　二十四冊

110000－0144－0000116　0204
聖廟祀典圖考三卷　(清)顧沅撰　清光緒上海同文書局石印本　四冊

110000－0144－0000117　0206
十七史商榷一百卷　(清)王鳴盛撰　清光緒二十九年(1903)上海點石齋石印本　四冊

110000－0144－0000118　0207
日知錄集釋三十二卷首一卷　(清)顧炎武撰　(清)黄汝成集釋　**刊誤二卷續刊誤二卷**　(清)黄汝成撰　清光緒二年(1876)上海點石齋石印本　六冊

110000－0144－0000119　0209
東塾讀書記十五卷　(清)陳澧撰　清光緒二十四年(1898)上海江左書林刻本　四冊

110000－0144－0000120　0210
無邪堂答問五卷　(清)朱一新撰　清光緒二十二年(1896)上海鴻寶齋石印本　五冊

110000－0144－0000121　0212
談瀛錄三卷　(清)王之春撰　清光緒六年(1880)上海文藝齋刻本　二冊

110000－0144－0000122　0215
經解入門八卷　(清)江藩撰　清光緒十四年(1888)鴻寶齋石印本　二冊

110000－0144－0000123　0217
經史子集題解韻府三十卷　(清)徐時棟纂　清光緒十六年(1890)上海積山書局石印本　十冊

110000－0144－0000124　0218
御選唐詩題解類編二十八卷　(清)黄承煦輯　清光緒二年(1876)刻本　八冊

110000－0144－0000125　0219
四十七科同館詩賦解題十二卷　(清)魏茂林輯　清同治三年(1864)文光書屋刻本　十冊

110000－0144－0000126　0220
分韻詩賦題解統編一百六卷　(清)鴻文主人編　清光緒十四年(1888)鴻文主人石印本　六冊

110000－0144－0000127　0221
賦彙題注八卷　(清)王曉岩輯　清光緒九年(1883)飛雲觀刻本　八冊

110000－0144－0000128　0222
尚友錄二十二卷補一卷　(明)廖用賢編　清光緒十六年(1890)掃葉山房石印本　六冊

110000－0144－0000129　0223
琅環獺祭十二種二十三卷　(清)張燨照輯　清光緒二十年(1894)文選樓石印本　六册

110000－0144－0000130　0224
角山樓增補類腋六十七卷　(清)趙克宜輯　清末東都樂善堂石印本　八册

110000－0144－0000131　0225
綱鑑易知錄九十二卷　(清)吳乘權輯　清光緒十三年(1887)上海同文書局石印本　八册

110000－0144－0000132　0226
蕭選韻系二卷　(清)李麟閣輯　清光緒十年(1884)上海同文書局石印本　二册

110000－0144－0000133　0227
十三經對聯大成四卷　(清)王燮元輯　清光緒十二年(1886)文海堂刻本　四冊

110000－0144－0000134　0228
十三經策案二十二卷　(清)王謨彙輯　清末善成堂刻本　十册

110000－0144－0000135　0229
廿二史策案十二卷　(清)王鎏輯　清光緒二年(1876)刻本　五册

110000－0144－0000136　0230
經史百家序錄不分卷　湯壽潛輯　清光緒二十八年(1902)會文學社石印本　十五册

110000－0144－0000137　0231
文選課虚四卷　(清)杭世駿撰　清光緒十年(1884)上海同文書局石印本　一册

110000－0144－0000138　0232
文林綺繡五種五十九卷　(明)淩迪知輯　清光緒二十年(1894)鴻寶齋刻本　六册

110000－0144－0000139　0236
攈古錄金文三卷　(清)吳式芬撰　清光緒二十一年(1895)吳氏刻本　九册

110000－0144－0000140　0238
楹書隅錄初編五卷續編四卷　(清)楊紹和輯　清光緒二十年(1894)海源閣刻本　十册

110000－0144－0000141　0241
重校元典章六十卷新集二卷　(元)中書省編　清光緒三十四年(1908)修訂法律館刻本　二十四册

110000－0144－0000142　0244
通典二百卷　(唐)杜佑撰　清光緒二十二年(1896)浙江書局刻本　五十册

110000－0144－0000143　0245
通志二百卷　(宋)鄭樵撰　清光緒二十二年(1896)浙江書局刻本　一百九十册

110000－0144－0000144　0246
文獻通考三百四十八卷　(元)馬端臨撰　清光緒十二年(1886)浙江書局刻本　一百五十册

110000－0144－0000145　0247
欽定續通典一百五十卷　(清)嵇璜　(清)曹仁虎纂修　清光緒十二年(1886)浙江書局刻本　四十册

110000－0144－0000146　0248
欽定續通志六百四十卷　(清)嵇璜等總裁　清光緒十二年(1886)浙江書局刻本　二百册

110000－0144－0000147　0249
欽定續文獻通考二百五十卷　(清)曹仁虎　(清)嵇璜等纂修　清光緒十三年(1887)浙江書局刻本　一百十六册

110000－0144－0000148　0250
皇朝通典一百卷　(清)曹仁虎等纂修　清光緒八年(1882)浙江書局刻本　四十册

110000－0144－0000149　0251
皇朝通志一百二十六卷　(清)嵇璜等纂　清光緒八年(1882)浙江書局刻本　四十册

110000－0144－0000150　0254
欽定日下舊聞考一百六十卷　(清)于敏中等纂修　清乾隆三十九年(1774)武英殿刻本　四十八册

110000－0144－0000151　0252
皇朝文獻通考三百卷　(清)嵇璜等纂　清

光緒八年(1882)浙江書局刻本　一百五十二册

110000－0144－0000152　0253
武英殿聚珍版書　(清)紀昀編　清福建刻同治七年(1868)增修本　七百九十四册

110000－0144－0000153　0255
類篇十五卷　(宋)司馬光纂　清光緒二年(1876)東川官舍刻本　十六册

110000－0144－0000154　0256
集韻十卷　(宋)丁度等撰　清光緒二年(1876)川東官舍刻本　十册

110000－0144－0000155　0257
附釋文互註禮部韻略五卷　(宋)丁度撰　清光緒二年(1876)川東官舍刻本　五册

110000－0144－0000156　0262
[道光]泰安縣志十二卷首一卷末一卷　(清)徐宗幹裁定　(清)蔣大慶等編纂　(清)楊寶賢增補　清道光八年(1828)刻同治六年(1867)重修本　十四册

110000－0144－0000157　0263
樗寮先生全集三十一卷　(清)姚椿撰　清道光、咸豐間刻本　八册

110000－0144－0000158　0269
鐵琴銅劍樓藏書目録二十四卷　(清)瞿鏞撰　清光緒二十四年(1898)常熟瞿氏家塾刻本　八册

110000－0144－0000159　0272
玉海纂二十二卷　(元)王應麟輯　(清)劉鴻訓纂　清光緒五年(1879)八杉齋刻本　十六册

110000－0144－0000160　0273
文獻通考詳節二十四卷　(清)嚴虞惇輯　清光緒五年(1879)八杉齋鉛印本　十二册

110000－0144－0000161　0276
廿二史言行略四十二卷　(清)過元畋輯　清嘉慶四年(1799)刻本　八册

110000－0144－0000162　0278
隨庵徐氏叢書十種　徐乃昌輯　清光緒三十四年(1908)南陵徐氏刻本　十二册

110000－0144－0000163　0279
四書圖考十三卷　(清)杜炳撰　清道光七年(1827)刻本　十二册

110000－0144－0000164　0281
靈鶼閣叢書六集五十六種　(清)江標輯　清光緒二十三年(1897)元和江氏湖南使院刻本　四十八册

110000－0144－0000165　0281
靈鶼閣叢書六集五十六種　(清)江標輯　清光緒二十三年(1897)元和江氏湖南使院刻蘇州振新書社印本　四十八册

110000－0144－0000166　0282
讀書脞録七卷　(清)孫志祖撰　清嘉慶四年(1799)仁和孫氏刻本　四册

110000－0144－0000167　0283
東塾叢書五種　(清)陳澧撰　清光緒番禺陳氏刻本　九册

110000－0144－0000168　0284
六經圖二十四卷　(清)鄭之僑輯　清乾隆九年(1744)鄭氏述堂刻本　十二册

110000－0144－0000169　0285
古香齋鑒賞袖珍初學記三十卷　(唐)徐堅等撰　清光緒八年(1882)南海孔氏岳雪樓刻本　十二册

110000－0144－0000170　0286
史姓韻編六十四卷　(清)汪輝祖編　清光緒十年(1884)慈谿耕餘樓鉛印本　十六册

110000－0144－0000171　0287
二十四史九通政典類要合編三百二十卷　(清)黄書霖輯　清光緒二十八年(1902)黄氏約雅堂石印本　六十册

110000－0144－0000172　0288
策府統宗六十五卷　(清)劉昌齡增訂　清光緒十四年(1888)同文書局刻本　二十册

110000－0144－0000173　0289

欽定大清會典事例一千二百二十卷　（清）崑岡等纂修　清光緒十二年（1886）刻本　三百八十四冊

110000－0144－0000174　0290
欽定大清會典圖二百七十卷　（清）崑岡等編纂　清光緒二十五年（1899）石印本　七十四冊

110000－0144－0000175　0291
欽定大清會典一百卷　（清）崑岡等編纂　清光緒二十五年（1899）石印本　三十六冊

110000－0144－0000176　0293
欽定書經圖說五十卷　（清）孫家鼐等撰　清光緒三十一年（1905）學務處編書局石印本　十六冊

110000－0144－0000177　0294
許學叢書十四種　（清）張炳翔輯　清光緒九年（1883）長州張氏儀許廬刻本　二十四冊

110000－0144－0000178　0298
奏定學堂章程　（清）張之洞奏定　清光緒北京官書局鉛印本　五冊

110000－0144－0000179　0303
泰山道里記一卷　（清）聶鈫撰　清道光六年（1826）徐宗幹刻光緒四年（1878）印本　一冊

110000－0144－0000180　0309
月令粹編二十四卷圖說一卷　（清）秦嘉謨撰　清光緒九年（1883）聚文書坊刻本　八冊

110000－0144－0000181　0311
康熙字典十二集三十六卷總目一卷檢字辨似一卷等韻一卷備考一卷補遺一卷　（清）張玉書　（清）淩紹雯編　清光緒十六年（1890）上海同文書局石印本　六冊

110000－0144－0000182　0322
說文解字校錄十五卷　（清）鈕樹玉撰　清嘉慶十年（1805）刻本　十四冊

110000－0144－0000183　0323
困學紀聞注二十卷　（元）王應麟撰　（清）翁元圻注　清道光五年（1825）餘姚守福堂刻本　十二冊

110000－0144－0000184　0326
隸釋二十七卷　（宋）洪适撰　**隸續二十一卷刊誤一卷**　（清）黃丕烈撰　清同治十年（1871）皖南洪氏晦木齋刻本　八冊

110000－0144－0000185　0327
說文通訓定聲十八卷附補遺分部檢韻一卷附說雅十九篇　（清）朱駿聲撰　**允倩府行述一卷**　（清）朱孔彰撰　清道光二十八年（1848）刻同治九年（1870）臨嘯閣補刻本　二十四冊

110000－0144－0000186　0328
說文揭原二卷　（清）張行孚撰　清光緒十一年（1885）刻本　二冊

110000－0144－0000187　0329
說文古籀補十四卷附錄一卷　（清）吳大澂撰　清光緒二十四年（1898）刻本　二冊

110000－0144－0000188　0330
復古編一卷　（宋）張有撰　**安樂集**　（宋）張先撰　**曾樂軒稿**　（宋）張維撰　清光緒八年（1882）淮南書局刻本　一冊

110000－0144－0000189　0331
說文解字斠詮十四卷　（清）錢坫撰　清刻本　六冊

110000－0144－0000190　0334
殷商貞卜文字考一卷　羅振玉撰　清宣統二年（1910）上虞羅氏玉簡齋石印本　一冊

110000－0144－0000191　0336
續資治通鑑長編五百二十卷　（宋）李燾撰　清光緒七年（1881）浙江書局刻本　一百二十冊

110000－0144－0000192　0337
藝文類聚一百卷　（唐）歐陽詢等撰　（明）王元貞校勘　清光緒五年（1879）刻本　三十二冊

110000－0144－0000193　0338
歷代輿地沿革險要圖說一卷　楊守敬　饒敦秩撰　清光緒五年（1879）東湖饒氏刻本

一册

110000－0144－0000194　338.09/119
中國貿易必讀一卷　（清）王鳳山輯　（清）朱廷琛增輯　清光緒三十二年（1906）刻本　一册

110000－0144－0000195　0340
小學鉤沈十九卷　（清）任大椿撰　清光緒十年（1884）龍氏刻本　二册

110000－0144－0000196　0341
古籀拾遺三卷宋政和禮器文字考一卷　（清）孫詒讓撰　清光緒十四年（1888）瑞安孫氏刻本　二册

110000－0144－0000197　0342
倉頡篇三卷續一卷　（清）孫星衍輯　清光緒十六年（1890）刻本　二册

110000－0144－0000198　0343
輶軒使者絶代語釋别國方言十三卷　（漢）揚雄撰　（晉）郭璞注　**續方言二卷**　（清）杭世駿輯　清光緒十七年（1891）思賢講舍刻本　二册

110000－0144－0000199　0344
木犀軒叢書二十五種　李盛鐸輯　清光緒九年至十七年（1883－1891）德化李氏刻本　四十册

110000－0144－0000200　0345
字説一卷　（清）吳大澂撰　清末刻本　一册

110000－0144－0000201　0346
隸篇十五卷續十五卷　（清）翟云升撰　清道光十八年（1838）東萊翟氏刻本　十册

110000－0144－0000202　0347
小學考五十卷　（清）謝啟昆編　清光緒十四年（1888）浙江書局刻本　二十册

110000－0144－0000203　0349
倉頡篇校證三卷補遺一卷　（清）梁章鉅撰　清光緒五年（1879）梁恭長文學山房刻本　二册

110000－0144－0000204　0350
説文二徐箋異十四卷　（清）田吳炤撰　清宣統二年（1910）石印本　二册

110000－0144－0000205　0351
經籍纂詁一百六卷附補遺首一卷　（清）阮元纂　清末上海文瑞樓石印本　十二册

110000－0144－0000206　0353
説文解字繫傳四十卷　（五代）徐鍇撰　**校勘記三卷**　（清）祁寯藻撰　清道光十九年（1839）祁寯藻刻本　八册

110000－0144－0000207　0355
古經解彙函十六種小學彙函十四種續附十種　（清）鍾謙鈞輯　清光緒十四年（1888）上海蜚英館石印本　二十册

110000－0144－0000208　0357
十三經注疏四百十六卷附校勘記　（清）阮元輯校　清光緒十三年（1887）上海脈望仙館石印本　三十二册

110000－0144－0000209　0358
輶軒使者絶代語釋别國方言十三卷　（漢）揚雄撰　（晉）郭璞注　清光緒十六年（1890）紅蝠山房刻本　六册

110000－0144－0000210　0359
積古齋鍾鼎彝器款識十卷　（清）阮元編　清光緒九年（1883）常熟鮑氏後知不足齋刻本　四册

110000－0144－0000211　0361
遼史紀事本末四十卷首一卷末一卷　（清）李有棠編　清光緒二十九年（1903）李移鄂樓刻本　八册

110000－0144－0000212　0362
金史紀事本末五十二卷首一卷末一卷　（清）李有棠編　清光緒二十九年（1903）李移鄂樓刻本　十二册

110000－0144－0000213　0363
西夏紀事本末三十六卷　（清）張鑑撰　清光緒十年（1884）江蘇書局刻本　四册

110000－0144－0000214　0370

西學關鍵八卷　(英國)勃利物撰　(清)李杕譯　清光緒二十九年(1903)鴻寶齋石印本　四冊

110000－0144－0000215　0378
泰西事務叢考八卷　(清)上海匯報館譯　清光緒二十九年(1903)鴻寶齋石印本　八冊

110000－0144－0000216　0417
正教奉褒不分卷　(清)黃伯祿編　清光緒三十年(1904)上海慈母堂鉛印本　二冊

110000－0144－0000217　0421
聖記百言一卷　(意大利)羅雅谷譯　清同治十二年(1873)上海慈母堂刻本　一冊

110000－0144－0000218　0422
物理推原一卷　(法國)羅第愛撰　(清)李林譯　清光緒二十年(1894)上海徐匯書館石印本　一冊

110000－0144－0000219　0423
不得已辯　(意大利)利類思撰　清末上海土山灣印書館鉛印本　一冊

110000－0144－0000220　0424
訓慰神編一卷　(清)殷弘緒譯　清同治十一年(1872)上海慈母堂刻本　一冊

110000－0144－0000221　0427
聖寵問答一卷　(清)沈則寬撰　清光緒上海慈母堂刻本　一冊

110000－0144－0000222　0428
代疑編一卷　(明)楊廷筠述　清刻本　一冊

110000－0144－0000223　0430
人罪至重三卷　(比利時)衛方濟述　清同治十二年(1873)上海慈母堂刻本　一冊

110000－0144－0000224　0432
提正編六卷　(意大利)賈宜睦撰　清同治九年(1870)上海慈母堂刻本　三冊

110000－0144－0000225　0433
集說詮真不分卷　(清)黃斐默撰　清上海慈母堂鉛印本　四冊

110000－0144－0000226　0447
聖方濟各沙勿略傳六卷　(泰西)都率棱撰　(清)蔣升譯　清光緒二十二年(1896)上海慈母堂鉛印本　一冊

110000－0144－0000227　0449
哀矜行詮　(意大利)羅雅谷撰　清光緒三年(1877)上海慈母堂刻本　一冊

110000－0144－0000228　0479
師主吟一卷　(清)蔣升撰　清宣統三年(1911)上海慈母堂鉛印本　一冊

110000－0144－0000229　0482
答問錄存一卷　(清)李杕撰　清宣統元年(1909)上海土山灣印書館刻本　一冊

110000－0144－0000230　0571
燕京開教畧三卷　(清)樊國樑撰　清光緒三十一年(1905)北京救世堂鉛印本　三冊

110000－0144－0000231　0572
萬竹樓詞選一卷　(清)朱和義撰　清同治刻本　一冊

110000－0144－0000232　0590
斐洲遊記　(英國)施登萊撰　清光緒二十六年(1900)上海中西書室刻本　二冊

110000－0144－0000233　0677
西學列表二卷　(比利時)赫師填爾瞻氏撰　清光緒二十九年(1903)鴻寶齋石印本　二冊

110000－0144－0000234　0695
會計學要論　(清)錢應清編　清宣統三年(1911)浙江官報印刷局鉛印本　一冊

110000－0144－0000235　0698
增補泰西名人傳六卷　(清)徐報館編譯　清光緒二十九年(1903)鴻寶齋石印本　四冊

110000－0144－0000236　0730
西雲文鈔二卷　(清)李枝青撰　清光緒十年(1884)刻本　一冊

110000－0144－0000237　0731
[光緒]濰縣鄉土志　(清)宋朝楨修　(清)陳傳弼纂　清光緒三十三年(1907)濰縣縣署

石印本　一冊

110000－0144－0000238　0732

十二硯齋隨筆四卷　(清)汪鋆撰　清同治十一年(1872)刻本　一冊

110000－0144－0000239　0766

閨秀英才傳十二卷　(清)鴛湖煙水散人撰　清末中和書局影印本　四冊

110000－0144－0000240　0804

考工記異字訓正一卷異讀訓正一卷鳥獸蟲魚釋一卷　(清)陳宗起撰　清光緒十一年(1885)丹徒陳氏刻本　一冊

110000－0144－0000241　0817

周禮車服志一卷　(清)陳宗起撰　清光緒十一年(1885)丹徒陳氏刻本　一冊

110000－0144－0000242　0861

制服成誦編一卷　(清)周保珪撰　**喪服通釋一卷**　清光緒十八年(1892)山東書局刻本　一冊

110000－0144－0000243　0957

暢園叢書五種　(清)張邁輯　清光緒二十年(1894)四明刻本　八冊

110000－0144－0000244　0959

鏤冰詞一卷　(清)席慧文撰　清末鉛印本　一冊

110000－0144－0000245　0960

受辛詞二卷　(清)王蕤撰　清光緒刻本　一冊

110000－0144－0000246　0961

紫巖居士易傳十卷　(宋)張浚撰　清康熙十九年(1680)成德刻通志堂經解本　四冊

110000－0144－0000247　0963

費氏古易訂文十二卷　王樹枏撰　清光緒十七年(1891)王樹枏刻陶廬叢刻本　四冊

110000－0144－0000248　0964

三易備遺十卷　(宋)朱元昇撰　清康熙十九年(1680)成德刻通志堂經解本　四冊

110000－0144－0000249　0965

周易輯聞六卷　(宋)趙汝楳撰　清康熙十九年(1680)成德刻通志堂經解本　十冊

110000－0144－0000250　0966

易憲六卷卦歌圖説一卷　(明)沈泓撰　清光緒十四年(1888)卓德徵刻本　三冊

110000－0144－0000251　0967

易酌十四卷首一卷　(清)刁包撰　清道光二十三年(1843)祁陽順積樓刻本　八冊

110000－0144－0000252　0968

周易姚氏學十六卷　(清)姚配中撰　清光緒三年(1877)湖北崇文書局刻本　六冊

110000－0144－0000253　0970

漢上易傳十一卷周易卦圖三卷漢上易叢説一卷　(宋)朱震撰　清康熙十九年(1680)成德刻通志堂經解本　四冊

110000－0144－0000254　0971

古周易一卷　(宋)吕祖謙撰　清康熙十九年(1680)成德刻通志堂經解本　一冊

110000－0144－0000255　0972

易學啓蒙通釋二卷　(宋)胡方平撰　清康熙十九年(1680)成德刻通志堂經解本　一冊

110000－0144－0000256　0973

周易會通十四卷　(元)董真卿撰　清康熙十九年(1680)成德刻通志堂經解本　八冊

110000－0144－0000257　0975

周易解故一卷　(清)丁晏撰　清光緒十九年(1893)刻廣雅書局叢書本　一冊

110000－0144－0000258　0976

易象意言一卷　(宋)蔡淵撰　清蘇州府刻本　一冊

110000－0144－0000259　0977

誠齋易傳二十卷　(宋)楊萬里撰　清光緒二十一年(1895)湖北官書處刻本　八冊

110000－0144－0000260　0979

御纂周易折中二十二卷首一卷　(清)李光地纂修　清同治六年(1867)浙江書局刻本

十冊

110000－0144－0000261　0980
易解經傳證五卷　(清)張步騫撰　清同治十年(1871)養靜齋刻本　五冊

110000－0144－0000262　0982
周易鄭注一卷　(元)王應麟輯　清末浙江書局刻本　一冊

110000－0144－0000263　0983
周易指四十五卷　(清)端木國瑚撰　清道光刻本　二十冊

110000－0144－0000264　0984
周易後傳八卷易互卦圖一卷　(清)朱兆熊撰　清嘉慶二十三年(1818)刻本　三冊

110000－0144－0000265　0985
兒易内儀以六卷　(明)倪元路撰　清光緒十一年(1885)南海伍氏刻粵雅堂叢書本　二冊

110000－0144－0000266　0986
易說六卷　(宋)司馬光撰　清福建刻本　二冊

110000－0144－0000267　0987
周易集解補箋四卷　(唐)李鼎祚集解　(清)林慶炳補訂　清光緒十五年(1889)刻本　四冊

110000－0144－0000268　0988
虞氏易侯一卷　(清)張惠言撰　清嘉慶揚州阮氏琅環仙館刻張臯文箋易詮全集本　一冊

110000－0144－0000269　0989
周易略例一卷　(三國魏)王弼撰　(唐)邢璹注　清刻本　一冊

110000－0144－0000270　0990
周易虞氏義九卷周易虞氏消息二卷　(清)張惠言撰　清嘉慶八年(1803)揚州阮氏琅環仙館刻張臯文箋易詮全集本　四冊

110000－0144－0000271　0991
讀易通解十二卷　(清)丁叙忠撰　清同治十年(1871)白芙堂刻本　六冊

110000－0144－0000272　0992
易圖明辨十卷　(清)胡渭撰　清光緒十四年(1888)南菁書院刻皇清經解續編本　二冊

110000－0144－0000273　0993
虞氏易言二卷　(清)張惠言撰　清光緒十四年(1888)南菁書院刻皇清经解續编本　一冊

110000－0144－0000274　0994
卦本圖攷一卷　(清)胡秉虔撰　清光緒十四年(1888)南菁書院刻皇清經解續編本　一冊

110000－0144－0000275　0995
讀易漢學私記一卷　(清)陳壽熊撰　清光緒十四年(1888)江陰南菁書院刻皇清經解續編本　一冊

110000－0144－0000276　0996
易例二卷　(清)惠棟撰　清光緒十四年(1888)南菁書院刻皇清經解續編本　一冊

110000－0144－0000277　0997
卦氣解一卷　(清)莊存與撰　清光緒十四年(1888)南菁書院刻皇清經解續編本　一冊

110000－0144－0000278　0998
周易釋爻例一卷　(清)成蓉鏡撰　清光緒十四年(1888)南菁書院刻皇清經解續編本　一冊

110000－0144－0000279　0999
虞氏易消息圖說一卷　(清)胡祥麟撰　清光緒十四年(1888)南菁書院刻皇清經解續編本　一冊

110000－0144－0000280　1000
周易虞氏略例一卷　(清)李鋭撰　清光緒十四年(1888)刻皇清經解續編本　一冊

110000－0144－0000281　1001
易經如話十二卷首一卷　(清)汪紱撰　清光緒二十二年(1896)趙舒翹刻汪雙池先生叢書本　六冊

110000－0144－0000282　1002
易漢學八卷　(清)惠棟撰　清光緒十四年(1888)南菁書院刻皇清經解續編本　一冊

110000－0144－0000283　1003
易漢學八卷　(清)惠棟撰　清乾隆畢沅刻經訓堂叢書本　一冊

110000－0144－0000284　1004
易漢學考二卷易漢學師承表一卷漢置五經博士考一卷周易彖傳大義述一卷　(清)吳翊寅撰　清光緒十九年(1893)廣雅書局刻本　二冊

110000－0144－0000285　1005
書經稗疏四卷　(清)王夫之撰　清同治四年(1865)湘鄉曾氏金陵節署刻船山遺書本　三冊

110000－0144－0000286　1006
禹貢班義述三卷漢廮水入尚龍溪考一卷　(清)成蓉鏡撰　清光緒十一年(1885)刻本　一冊

110000－0144－0000287　1007
尚書大傳五卷序錄一卷編僞一卷　(漢)伏胜撰　(漢)鄭玄注　(清)陳壽祺輯校　清嘉慶、道光間陳紹墉刻左海全集本　一冊

110000－0144－0000288　1008
尚書廣聽錄五卷舜典補亡一卷　(清)毛奇齡撰　清康熙李塨等刻西河合集本　二冊

110000－0144－0000289　1011
尚書商誼三卷　王樹枏撰　清光緒十一年(1885)文莫室刻陶廬叢刻本　一冊

110000－0144－0000290　1012
尚書後案三十卷後辨一卷　(清)王鳴盛撰　清乾隆四十五年(1780)禮堂刻頤志堂印本　八冊

110000－0144－0000291　1013
禹貢班義述三卷　(清)成蓉鏡撰　**尚書申孔篇一卷**　(清)焦廷琥撰　清光緒十四年(1888)刻廣雅書局叢書本　一冊

110000－0144－0000292　1014
逸周書十卷逸周書校正補遺一卷　(晉)孔晁注　(清)盧文弨校　清乾隆五十一年(1786)抱經堂刻本　四冊

110000－0144－0000293　1015
書傳補商十七卷　(清)戴鈞衡撰　清末刻本　六冊

110000－0144－0000294　1016
禹貢會箋十二卷　(清)徐文靖撰　清乾隆十八年(1753)志寧堂刻徐位山六種本　四冊

110000－0144－0000295　1017
欽定書經傳說彙纂二十一卷　(清)王頊齡等纂　清同治七年(1868)浙江書局刻本　十二冊

110000－0144－0000296　1018
尚書纂傳四十六卷　(元)王天與撰　清康熙十九年(1680)成德刻通志堂經解本　十冊

110000－0144－0000297　1019
尚書詳解十三卷　(宋)胡士行撰　清康熙十九年(1680)成德刻通志堂經解本　六冊

110000－0144－0000298　1020
傅氏禹貢集解二卷　(宋)傅寅撰　清康熙十九年(1680)成德刻通志堂經解本　四冊

110000－0144－0000299　1021
書蔡氏傳輯錄纂注六卷首一卷　(元)董鼎撰　清康熙十九年(1680)成德刻通志堂經解本　八冊

110000－0144－0000300　1023
尚書古文辨惑二十二卷　(清)張諧之撰　清光緒三十年(1904)宏農潛修精舍刻本　十二冊

110000－0144－0000301　1024
讀尚書日記　(清)余宏淦撰　清光緒刻學古堂日記本　一冊

110000－0144－0000302　1026
增修東萊書說三十五卷首一卷　(宋)呂祖謙撰　(宋)時瀾注　清康熙十九年(1680)成德刻通志堂經解本　六冊

110000－0144－0000303　1027
尚書說七卷　(宋)黃度撰　清康熙十九年

(1680)成德刻通志堂經解本　二册

110000－0144－0000304　1028
書集傳纂疏六卷首一卷　(元)陳櫟撰　清康熙十九年(1680)成德刻通志堂經解本　三册

110000－0144－0000305　1029
尚書古文疏證八卷　(清)閻若璩撰　**朱子古文書疑**　(清)閻詠復輯　清乾隆十年(1745)刻同治六年(1867)補刻本　八册

110000－0144－0000306　1030
今文尚書考證三十卷　(清)皮錫瑞撰　清光緒二十三年(1897)師伏堂刻師伏堂叢書本　四册

110000－0144－0000307　1033
禹貢今注一卷　閻寶森撰　清宣統三年(1911)北京琉璃廠鉛印本　一册

110000－0144－0000308　1037
尚書考異六卷　(明)梅鷟撰　清光緒十八年(1892)浙江書局刻本　四册

110000－0144－0000309　1038
禹貢因一卷　(清)沈練撰　清光緒十八年(1892)歸安縣署刻本　一册

110000－0144－0000310　1039
毛詩訂詁八卷　(清)顧棟高撰　清光緒二十二年(1896)江蘇書局刻本　四册

110000－0144－0000311　1040
詩雙聲疊韻譜一卷　(清)鄧廷楨撰　清道光十八年(1838)刻本　一册

110000－0144－0000312　1042
詩集傳附釋一卷　(清)丁晏撰　清光緒二十年(1894)刻廣雅書局叢書本　一册

110000－0144－0000313　1043
詩集傳音釋二十四卷　(宋)朱熹撰　(元)許謙　(元)羅復注　清咸豐七年(1857)海昌蔣氏衍芬草堂刻本　六册

110000－0144－0000314　1044
毛詩㕷訂十卷　(清)苗夔撰　清咸豐元年(1851)漢專亭刻苗氏說文四種本　四册

110000－0144－0000315　1045
毛詩雙聲疊韻一卷　(清)王筠撰　清光緒會稽章氏刻式訓堂叢書本　一册

110000－0144－0000316　1046
毛詩重言一卷　(清)王筠撰　清光緒會稽章氏刻式訓堂叢書本　一册

110000－0144－0000317　1047
毛詩禮徵十卷　(清)包世榮撰　清道光八年(1828)小倦游閣刻本　六册

110000－0144－0000318　1048
毛詩傳箋異義解十六卷　(清)沈鎬撰　清咸豐六年(1856)棣鄂堂刻本　四册

110000－0144－0000319　1049
讀詩日錄十三卷　(清)劉士毅撰　清光緒六年(1880)刻本　一册

110000－0144－0000320　1050
詩說一卷　(漢)申培撰　清嘉慶刻廣漢魏叢書本　一册

110000－0144－0000321　1051
詩傳一卷　(春秋)端木賜撰　清嘉慶刻廣漢魏叢書本　一册

110000－0144－0000322　1053
詩通說二十卷　(清)任兆麟撰　清乾隆四十九年(1784)經笥堂刻本　十二册

110000－0144－0000323　1054
御纂詩義折中二十卷　(清)傅恒等撰　清道光長蘆鹽運使如山刻本　六册

110000－0144－0000324　1056
鄭氏詩譜攷正一卷　(清)丁晏撰　清咸豐二年(1852)山東聊城楊以增刻頤志齋叢書本　一册

110000－0144－0000325　1057
詩攷補注二卷　(清)丁晏撰　清咸豐二年(1852)楊以增刻頤志齋叢書本　二册

110000－0144－0000326　1058
詩攷補遺一卷　(清)丁晏撰　清咸豐二年(1852)楊以增刻頤志齋叢書本　一册

110000－0144－0000327　1059
毛詩補禮六卷　(清)朱濂撰　清道光十九年(1839)朱氏刻光緒三年(1877)吳玉輝補刻本　二冊

110000－0144－0000328　1060
詩經繹參四卷　(清)鄧翔撰　清同治六年(1867)孔廣陶刻本　四冊

110000－0144－0000329　1061
詩緝三十六卷　(宋)嚴粲撰　清嘉慶十五年(1810)谿上聽彝堂刻本　十二冊

110000－0144－0000330　1062
毛詩讀三十卷　(清)王劼撰　清咸豐五年(1855)四川成都熊即心齋刻本　十冊

110000－0144－0000331　1063
毛詩天文考一卷　(清)洪亮吉撰　清咸豐元年(1851)淮寧張氏刻本　一冊

110000－0144－0000332　1064
毛詩傳箋通釋三十二卷　(清)馬瑞辰撰　清光緒十四年(1888)廣雅書局刻本　十二冊

110000－0144－0000333　1065
詩誦五卷　(清)陳僅撰　清光緒十一年(1885)四明陳氏文則樓木活字印本　二冊

110000－0144－0000334　1068
學詩正詁五卷　(清)顧廣譽撰　清光緒二年(1876)顧鴻昇刻平湖顧氏遺書本　一冊

110000－0144－0000335　1069
詩毛氏傳疏三十卷　(清)陳奐撰　清光緒十年(1884)吳門徐子靜刻本　十二冊

110000－0144－0000336　1070
謝疊山先生詩傳注疏三卷　(宋)謝枋得撰　清光緒九年(1883)京都刻謝疊山先生評注四種本　一冊

110000－0144－0000337　1071
詩經稗疏四卷　(清)王夫之撰　清同治四年(1865)湘鄉曾氏金陵節署刻船山遺書本　二冊

110000－0144－0000338　1072
欽定周官義疏四十八卷首一卷　(清)諸錦等纂修　清紫陽書院刻本　三十冊

110000－0144－0000339　1073
欽定儀禮義疏四十八卷　(清)諸錦等纂　清紫陽書院刻本　四十冊

110000－0144－0000340　1074
欽定禮記義疏八十二卷　(清)允祿等纂　清紫陽書院刻本　五十冊

110000－0144－0000341　1075
儀禮識誤三卷　(宋)張淳撰　清蘇州府刻本　一冊

110000－0144－0000342　1076
禮記釋注四卷　(清)丁晏撰　清光緒十年(1884)蛟川張氏刻花雨樓續抄本　四冊

110000－0144－0000343　1077
天子肆獻祼饋食禮三卷　(清)任啓運撰　清光緒十一年(1885)浙江書局刻本　一冊

110000－0144－0000344　1079
禮經校釋二十二卷　曹元弼撰　清光緒十八年(1892)刻本　十二冊

110000－0144－0000345　1080
儀禮私箋八卷　(清)鄭珍撰　清同治五年(1866)成山唐氏刻鄭子尹遺書本　二冊

110000－0144－0000346　1081
儀禮古今文疏義十七卷　(清)胡承珙撰　清光緒三年(1877)湖北崇文書局刻本　四冊

110000－0144－0000347　1082
儀禮十七卷　(漢)鄭玄注　清康熙十九年(1680)成德刻通志堂經解本　一冊

110000－0144－0000348　1083
儀禮古今文異同疏證五卷　(清)徐養原撰　清光緒十七年(1891)廣雅書局刻本　一冊

110000－0144－0000349　1084
儀禮石經校勘記四卷　(清)阮元撰　清咸豐四年(1854)南海伍氏刻粵雅堂叢書本　二冊

110000－0144－0000350　1085

儀禮管見三卷 (清)褚寅亮撰 清咸豐十一年(1861)南海伍氏刻粤雅堂叢書本 三冊

110000－0144－0000351 1086
夏小正傳二卷 (漢)戴德撰 清嘉慶三年(1798)孫星衍刻岱南閣叢書本 一冊

110000－0144－0000352 1087
夏小正條考一卷 (清)沈維鍾撰 清末鉛印本 一冊

110000－0144－0000353 1088
夏小正通釋一卷 (清)梁章鉅撰 清光緒十三年(1887)浙江書局刻本 一冊

110000－0144－0000354 1089
夏小正分箋四卷 (清)黄模撰 清光緒十四年(1888)南菁書院刻皇清經解續編本 一冊

110000－0144－0000355 1090
夏小正異義二卷 (清)黄模撰 清光緒十四年(1888)南菁書院刻皇清經解續編本 一冊

110000－0144－0000356 1091
明堂陰陽夏小正經傳考釋十卷夏時等列說一卷 (清)莊述祖撰 清光緒九年(1883)刻本 四冊

110000－0144－0000357 1092
夏小正集說一卷 (清)程鴻詔撰 清同治四年(1865)刻本 一冊

110000－0144－0000358 1093
夏小正考注一卷 (清)畢沅撰 清刻本 一冊

110000－0144－0000359 1094
夏小正正義一卷 (清)王筠撰 清光緒五年(1879)福山王氏刻天壤閣叢書本 一冊

110000－0144－0000360 1095
夏小正考注一卷 (清)畢沅注 清乾隆四十八年(1783)鎮洋畢氏靈巖山館刻經訓堂叢書本 一冊

110000－0144－0000361 1097
軍禮司馬法攷徵一卷 (清)黄以周撰 清光緒十八年(1892)定海黄氏試館刻本 一冊

110000－0144－0000362 1098
弁服釋例二卷 (清)任大椿撰 清嘉慶元年(1796)望賢家塾刻本 四冊

110000－0144－0000363 1099
太平經國之書十一卷 (宋)鄭伯謙撰 清康熙十九年(1680)成德刻通志堂經解本 二冊

110000－0144－0000364 1099
夏小正戴氏傳四卷 (宋)付崧卿注 清康熙十九年(1680)成德刻通志堂經解本 與110000－0144－0000363合冊

110000－0144－0000365 1100
禘說二卷 (清)惠棟撰 清乾隆刻經訓堂叢書本 一冊

110000－0144－0000366 1103
大學古本質言一卷 (清)劉沅撰 清咸豐十一年(1861)虛受齋刻本 一冊

110000－0144－0000367 1104
大學翼真七卷 (清)胡渭輯著 清刻本 四冊

110000－0144－0000368 1106
中庸質疑四卷大學質疑二卷 (清)狄子奇撰 清末安雅齋刻本 一冊

110000－0144－0000369 1107
大學古本旁注一卷 (明)王守仁注 清嘉慶李調元刻本 一冊

110000－0144－0000370 1108
禮記章句十卷 (清)汪紱撰 清光緒二十一年(1895)刻汪雙池先生叢書本 十冊

110000－0144－0000371 1109
禮記或問八卷 (清)汪紘撰 清光緒二十二年(1896)刻汪雙池先生叢書本 四冊

110000－0144－0000372 1110
禮記天算釋一卷 (清)孔廣牧撰 清光緒十五年(1889)刻廣雅書局叢書本 一冊

110000－0144－0000373 1111
禮記章句四十九卷 (清)王夫之撰 清同治四年(1865)湘鄉曾氏金陵節署刻船山遺書本

十六冊

110000－0144－0000374　1113
續禮記集説一百卷　(清)杭世駿撰　清光緒三十年(1904)浙江書局刻本　四十冊

110000－0144－0000375　1114
九旗古義述一卷　(清)孫詒讓撰　清光緒二十八年(1902)刻本　一冊

110000－0144－0000376　1116
明堂大道録八卷　(清)惠棟撰　清乾隆刻經訓堂叢書本　四冊

110000－0144－0000377　1117
周禮札記一卷　(清)潘任撰　清光緒木活字印希政堂叢書本　一冊

110000－0144－0000378　1118
周禮注疏小箋四卷　(清)曾釗撰　清光緒十二年(1886)刻學海堂叢刻本　二冊

110000－0144－0000379　1121
周官司徒類考一卷考工記考一卷　(清)呂調陽撰　清光緒十四年(1888)刻觀象盧叢書本　一冊

110000－0144－0000380　1122
樂懸攷二卷　(清)江藩撰　清咸豐四年(1854)南海伍氏刻粤雅堂叢書本　一冊

110000－0144－0000381　1124
欽定春秋傳説彙纂三十八卷首二卷　(清)王掞等纂　清同治九年(1870)浙江楊昌濬刻本　二十冊

110000－0144－0000382　1125
春秋屬辭辨例編六十卷首二卷　(清)張應昌撰　清同治十二年(1873)江蘇書局刻本　三十二冊

110000－0144－0000383　1126
春秋公羊傳十一卷　(漢)何休撰　(唐)陸德明音義　清光緒三年(1877)退補齋刻本　四冊

110000－0144－0000384　1127
春秋穀梁傳十二卷　(晉)范甯集解　(唐)陸德明音義　清光緒三年(1877)永康胡氏退補齋刻本　四冊

110000－0144－0000385　1128
春秋經傳集解三十卷　(晉)杜預集解　(唐)陸德明音義　清刻本　十一冊

110000－0144－0000386　1129
春秋左氏古經十二卷附錄一卷　(清)段玉裁撰　清光緒九年(1883)鮑廷爵刻後知不足齋叢書本　二冊

110000－0144－0000387　1130
春秋長歷一卷　(晉)杜預撰　清乾隆曲阜孔氏刻微波榭叢書本　一冊

110000－0144－0000388　1131
左傳舊疏考正八卷　(清)劉文淇撰　清光緒三年(1877)湖北崇文書局刻本　四冊

110000－0144－0000389　1132
春秋穀梁經傳補注二十四卷首一卷末一卷　(清)鍾文蒸撰　清光緒二年(1876)鍾氏信美室刻本　八冊

110000－0144－0000390　1134
春秋左傳釋人十二卷　(清)范照藜撰　清嘉慶八年(1803)河内范氏如不及齋刻本　缺一卷(一)　五冊

110000－0144－0000391　1135
春秋春王正月考一卷辨疑一卷　(明)張以寧撰　清康熙十九年(1680)成德刻通志堂經解本　一冊

110000－0144－0000392　1136
相臺書塾九經三傳沿革例一卷　(宋)岳珂撰　清咸豐四年(1854)南海粤雅堂刻粤雅堂叢書本　一冊

110000－0144－0000393　1137
劉炫規杜持平六卷　(清)邵瑛撰　清嘉慶二十二年(1817)桂隱書屋刻本　二冊

110000－0144－0000394　1138
春秋穀梁傳時月日書法釋例四卷　(清)許桂林撰　清咸豐四年(1854)南海伍氏刻粤雅堂

叢書本　一冊

110000－0144－0000395　1139
春秋穀梁傳時月日書法釋例四卷　（清）許桂林撰　清光緒十四年（1888）刻粵雅堂叢書本　一冊

110000－0144－0000396　1140
穀梁大義述三十卷　（清）柳興恩撰　清光緒十四年（1888）刻皇清經解續編本　六冊

110000－0144－0000397　1141
穀梁大義述一卷　（清）柳興恩撰　清光緒八年（1882）德化李氏刻本　一冊

110000－0144－0000398　1142
穀梁春秋經傳古義疏十一卷　廖平撰　清光緒二十六年（1900）日新書局刻本　八冊

110000－0144－0000399　1143
清全齋讀春秋編十二卷　（元）陳深撰　清同治十二年（1873）粵東書局刻本　二冊

110000－0144－0000400　1144
石林先生春秋傳二十卷　（宋）葉夢得撰　清康熙十九年（1680）成德刻通志堂經解本　六冊

110000－0144－0000401　1145
春秋集古傳注二十六卷首一卷　（清）郜坦撰　清光緒元年（1875）郜雲鶴刻本　六冊

110000－0144－0000402　1147
春秋規過考信三卷　（清）陳熙晉撰　清光緒十五年（1889）廣雅書局刻本　四冊

110000－0144－0000403　1148
春秋會義二十六卷　（宋）杜諤撰　清光緒十八年（1892）孫氏山淵閣刻本　十二冊

110000－0144－0000404　1149
春秋屬辭比事四卷　（清）毛奇齡撰　清同治三年（1864）京都琉璃廠刻本　一冊

110000－0144－0000405　1150
春秋中國夷狄辨三卷　（清）徐勤撰　清光緒二十三年（1897）上海大同譯書局石印本　一冊

110000－0144－0000406　1151
春秋辨疑四卷　（宋）蕭楚撰　清蘇州府刻本　二冊

110000－0144－0000407　1152
春秋傳說例一卷　（宋）劉敞撰　清蘇州府刻本　一冊

110000－0144－0000408　1153
春秋傳說例一卷　（宋）劉敞撰　清同治十三年（1874）江西書局刻本　一冊

110000－0144－0000409　1156
春秋左傳杜氏集解辨正二卷　廖平撰　清光緒二十三年（1897）四益館鉛印本　二冊

110000－0144－0000410　1157
春秋釋四卷　（清）黄式三撰　清同治、光緒間刻儆居遺書本　一冊

110000－0144－0000411　1158
春秋公羊禮疏十一卷　（清）淩曙撰　清光緒九年（1883）歸安姚氏刻咫進齋叢書本　二冊

110000－0144－0000412　1159
公羊義疏七十六卷　（清）陳立撰　清光緒十四年（1888）南菁書院刻皇清經解續編本　十六冊

110000－0144－0000413　1160
公羊方言疏箋一卷　（清）于鴻恩撰　清光緒三十四年（1908）金泉精舍刻本　一冊

110000－0144－0000414　1161
春秋求故四卷　（清）余煌撰　清道光十年（1830）婺源余氏刻本　四冊

110000－0144－0000415　1162
春秋鑽燧四卷　（清）曹金籀撰　清同治七年（1868）仁和曹氏小石盦刻本　一冊

110000－0144－0000416　1163
春秋稗疏一卷　（清）王夫之撰　清同治四年（1865）湘鄉曾氏金陵節署刻船山遺書本　一冊

110000－0144－0000417　1164
春秋左氏傳賈服注輯述二十卷　（清）李貽德

撰　清同治六年(1867)金陵書局刻本　六冊

110000－0144－0000418　1165
左通補釋三十二卷　(清)梁履繩撰　清光緒十四年(1888)南菁書院刻本　十冊

110000－0144－0000419　1166
論語後案二十卷論語古訓十卷　(清)黄式三撰　清同治、光緒間刻儆居遺書本　十二冊

110000－0144－0000420　1167
宋金仁山先生大學疏義一卷　(元)金履祥撰　清雍正七年(1729)金氏刻本　一冊

110000－0144－0000421　1168
論語集注攷證十卷　(元)金履詳撰　清刻本　三冊

110000－0144－0000422　1169
孟子集注攷證七卷　(元)金履詳撰　清刻本　二冊

110000－0144－0000423　1170
朱子論語集注訓詁考二卷　(清)潘衍桐撰　清光緒十六年(1890)浙江書局刻本　一冊

110000－0144－0000424　1171
家語疏證六卷　(清)孫志祖撰　清刻本　三冊

110000－0144－0000425　1172
家語證僞十一卷　(清)范家相撰　清光緒十五年(1889)會稽徐氏鑄學齋刻本　四冊

110000－0144－0000426　1173
四書釋地補一卷續補一卷又續補一卷三續補一卷　(清)閻若璩撰　(清)樊庭枚校補　清嘉慶二十一年(1816)梅陽海涵堂刻本　八冊

110000－0144－0000427　1174
論語孔注辨僞二卷　(清)沈濤撰　清道光二十二年(1842)刻本　一冊

110000－0144－0000428　1177
孟子趙注考證一卷　(清)桂文燦撰　清光緒十九年(1893)刻南海桂氏經學本　一冊

110000－0144－0000429　1178
論語或問二十卷　(宋)朱熹撰　清刻本　四冊

110000－0144－0000430　1179
孟子或問十四卷　(宋)朱熹撰　清刻本　一冊

110000－0144－0000431　1180
經學質疑四十卷　(清)狄子奇撰　清道光十七年(1837)安雅齋刻本　四冊　存二十卷(論語質疑一至二十)

110000－0144－0000432　1181
四書典故辨證二十卷附錄一卷　(清)周炳中撰　清同治五年(1866)賞奇閣刻本　六冊

110000－0144－0000433　1182
四書稗疏一卷　(清)王夫之撰　清同治四年(1865)湘鄉曾氏金陵節署刻船山遺書本　一冊

110000－0144－0000434　1184
四書質疑十九卷　(清)徐紹楨撰　清光緒九年(1883)梧州三信堂刻本　二冊

110000－0144－0000435　1185
論語意原四卷　(宋)鄭汝諧撰　清乾隆四十二年(1777)刻光緒十九年(1893)補刻本　二冊

110000－0144－0000436　1186
朱子四書或問三十九卷　(宋)朱熹撰　清墨潤齋刻本　十冊

110000－0144－0000437　1187
四書十九卷　(宋)朱熹集注　清光緒十八年(1892)浙江書局刻本　六冊

110000－0144－0000438　1188
孟子師説七卷　(清)黄宗羲撰　清光緒八年(1882)慈谿馮氏醉經閣刻本　二冊

110000－0144－0000439　1190
孟子質疑十四卷　(清)狄子奇撰　清道光十七年(1837)安雅齋刻本　三冊

110000－0144－0000440　1191
孟子音義二卷　(清)趙歧撰　**字義疏證三卷**

（清）戴震撰　清乾隆曲阜孔氏刻微波榭叢書本　一册

110000－0144－0000441　1192
孟子十四卷　（漢）趙岐註　清乾隆曲阜孔氏刻微波榭叢書本　四册

110000－0144－0000442　1193
陸稼書先生四書講義遺編六卷　（清）陸隴其撰　清康熙四十四年（1705）三魚堂刻本　六册

110000－0144－0000443　1195
孟子趙注補正六卷　（清）宋翔鳳撰　清光緒十七年（1891）廣雅書局刻本　一册

110000－0144－0000444　1196
孝經一卷首一卷　（漢）孔安國傳　（日本）太宰純音譯　清乾隆四十一年（1776）鮑廷博刻知不足齋叢書本　一册

110000－0144－0000445　1197
孝經讀本存解四卷首一卷　（清）趙長庚撰　清光緒十年（1884）京都龍雲齋刻本　二册

110000－0144－0000446　1198
孝經鄭注考證一卷　（清）潘任撰　清光緒木活字印希政堂叢書本　一册

110000－0144－0000447　1199
孝經質疑一卷　（清）徐紹楨撰　清光緒十年（1884）梧州徐紹楨刻本　一册

110000－0144－0000448　1200
孝經集傳四卷　（明）黄道周撰　清康熙三十二年（1693）鄭開極刻本　存一卷（一）　一册

110000－0144－0000449　1202
孝經學七卷　曹元弼撰　清光緒三十四年（1908）江蘇存古學堂木活字印本　一册

110000－0144－0000450　1204
爾雅經注集證三卷　（清）龍啟瑞撰　清光緒十四年（1888）南菁書院刻皇清經解續編本　一册

110000－0144－0000451　1205
爾雅詁二卷　（清）徐孚吉撰　清光緒十四年（1888）江陰南菁書院刻南菁書院叢書本　一册

110000－0144－0000452　1206
爾雅釋地四篇　（清）錢坫撰　清光緒十四年（1888）南菁書院刻皇清經解續編本　一册

110000－0144－0000453　1207
爾雅古義二卷　（清）錢坫輯　清光緒十四年（1888）南菁書院刻皇清經解續編本　六册

110000－0144－0000454　1208
爾雅鄭注三卷　（宋）鄭樵注　清應世堂刻本　一册

110000－0144－0000455　1209
爾雅正郭三卷　（清）潘衍桐撰　清光緒十一年（1885）刻本　一册

110000－0144－0000456　1210
爾雅郭注佚存補訂二十卷　王樹枏撰　清光緒十八年（1892）文莫室刻陶盧叢刊本　六册

110000－0144－0000457　1211
爾雅三卷　（晉）郭璞注　清嘉慶二十二年（1817）順德張青選刻本　三册

110000－0144－0000458　1212
爾雅補注殘本一卷　（清）劉玉麐撰　清光緒十四年（1888）廣雅書局刻廣雅書局叢書本　一册

110000－0144－0000459　1213
爾雅正義二十卷釋文三卷　（清）邵晉涵撰　清乾隆五十三年（1788）餘姚邵氏家塾刻本　八册

110000－0144－0000460　1214
爾雅正義二十卷釋文三卷　（清）邵晉涵撰　清乾隆五十三年（1788）餘姚邵氏家塾刻本　八册

110000－0144－0000461　1216
爾雅郭注義疏二十卷　（清）郝懿行撰　清同治四年（1865）刻本　八册

110000－0144－0000462　1217
萬充宗經學五書五種十九卷　（清）萬斯大撰

清嘉慶元年(1796)辨志堂刻本　四冊

110000－0144－0000463　1218
味經齋遺書四十一卷　(清)莊存與撰　清光緒莊氏刻本　十冊

110000－0144－0000464　1219
左海經辨二卷　(清)陳壽祺撰　清道光三年(1823)福州陳氏刻本　四冊

110000－0144－0000465　1220
五經異義疏證三卷　(清)陳壽祺撰　清嘉慶十八年(1813)刻本　三冊

110000－0144－0000466　1221
經義雜記三十卷　(清)臧琳撰　清嘉慶三年(1798)武進臧氏刻本　八冊

110000－0144－0000467　1222
磨盦雜存一卷　桑宣撰　清光緒三十年(1904)宛平鐵研齋刻本　一冊

110000－0144－0000468　1223
經窺十六卷　(清)蔡啟盛撰　清光緒十七年(1891)刻本　四冊

110000－0144－0000469　1224
隸經文四卷　(清)江藩撰　清咸豐四年(1854)南海伍氏刻粵雅堂叢書本　二冊

110000－0144－0000470　1225
十三經札記二十二卷　(清)朱亦棟撰　清光緒四年(1878)武林竹簡齋刻本　八冊

110000－0144－0000471　1226
詩書古訓六卷　(清)阮元撰　清粵雅堂刻粵雅堂叢書本　十冊

110000－0144－0000472　1227
經訓比義三卷　(清)黄以周撰　清光緒二十二年(1896)刻本　三冊

110000－0144－0000473　1228
群經平議三十五卷　(清)俞樾撰　清同治五年(1866)杭州刻本　十六冊

110000－0144－0000474　1229
鄭氏佚書二十三種　(漢)鄭玄撰　(清)袁鈞輯　清光緒十四年(1888)浙江書局刻本　十冊

110000－0144－0000475　1230
鄭志三卷　(三國魏)鄭小同撰　清咸豐三年(1853)南海伍氏刻粵雅堂叢書本　一冊

110000－0144－0000476　1231
桂氏經學叢書十七卷　(清)桂文燦撰　清咸豐七年(1857)刻本　五冊

110000－0144－0000477　1232
五經同異三卷　(清)顧炎武撰　清省吾堂刻省吾堂四種本　三冊

110000－0144－0000478　1234
十三經音略十二卷　(清)周春撰　清咸豐四年(1854)南海伍氏刻粵雅堂叢書本　七冊

110000－0144－0000479　1235
群經音辨七卷　(宋)賈昌朝撰　清咸豐四年(1854)南海伍氏刻粵雅堂叢書本　二冊

110000－0144－0000480　1236
九經補韻一卷　(宋)楊伯嵒撰　清咸豐三年(1853)南海伍氏刻粵雅堂叢書本　一冊

110000－0144－0000481　1237
群經識小八卷　(清)李惇撰　清道光安愚堂刻本　四冊

110000－0144－0000482　1238
十三經源流口訣一卷　(清)鮑東里撰　清刻本　一冊

110000－0144－0000483　1239
駁五經異義一卷　(漢)鄭玄撰　(清)王復輯　清嘉慶二年(1797)刻問經堂叢書本　一冊

110000－0144－0000484　1240
箴膏肓一卷起廢疾一卷　(漢)鄭玄撰　(清)王復輯　清嘉慶二年(1797)刻問經堂叢書本　一冊

110000－0144－0000485　1241
白虎通疏證十二卷　(清)陳立撰　清光緒元年(1875)淮南書局刻本　四冊

110000－0144－0000486　1242
群經質二卷　(清)陳僅撰　清光緒十一年(1885)四明陳氏文則樓刻本　二册

110000－0144－0000487　1243
十一經問對五卷　(元)何異孫撰　清康熙十九年(1680)成德刻通志堂經解本　一册

110000－0144－0000488　1244
經籍纂詁一百六卷　(清)阮元纂　清光緒九年(1883)上海點石齋石印本　五册

110000－0144－0000489　1245
博約齋經説三卷　(清)潘任撰　清光緒木活字印希政堂叢書本　一册

110000－0144－0000490　1246
雙桂軒答問一卷　(清)潘任撰　清光緒木活字印希政堂叢書本　一册

110000－0144－0000491　1247
易堂問目四卷　(清)吴鼎撰　清刻本　四册

110000－0144－0000492　1253
説文韻譜校五卷　(清)王筠撰　清光緒十六年(1890)濰縣劉氏刻本　二册

110000－0144－0000493　1254
説文校議十五卷　(清)姚文田　(清)嚴可均撰　清同治十三年(1874)歸安姚氏刻本　六册

110000－0144－0000494　1255
仿唐寫本説文解字木部箋異一卷　(清)莫友芝撰　清同治三年(1864)刻本　一册

110000－0144－0000495　1259
説文通檢十四卷首一卷末一卷　(清)黎永椿編　清光緒常桂潤刻本　二册

110000－0144－0000496　1260
説文辨疑一卷　(清)顧廣圻撰　清光緒三年(1877)湖北書局刻本　一册

110000－0144－0000497　1261
汲古閣説文訂一卷　(清)段玉裁　清同治十一年(1872)湖北崇文書局刻本　一册

110000－0144－0000498　1263
説文解字繫傳四十卷附録一卷　(五代)徐鍇撰　清乾隆石門馬氏大酉山房刻龍威秘書本　八册

110000－0144－0000499　1264
説文解字繫傳四十卷　(五代)徐鍇撰　**校勘記三卷**　(清)祁寯藻撰　清道光十九年(1839)祁寯藻刻本　八册

110000－0144－0000500　1265
説文解字繫傳校勘記三卷　(清)祁雋藻撰　清道光十九年(1839)祁雋藻刻本　一册

110000－0144－0000501　1266
説文繫傳考異四卷附録一卷　(清)汪憲撰　清光緒八年(1882)徐氏八杉齋刻本　一册　存三卷(三至四、附録一卷)

110000－0144－0000502　1267
説文繫傳考異四卷附録一卷　(清)汪憲撰　清光緒八年(1882)徐氏八杉齋刻本　二册

110000－0144－0000503　1268
説文繫傳校録三十卷　(清)王筠撰　清咸豐七年(1857)刻本　四册

110000－0144－0000504　1269
説文解字斠詮十四卷　(清)錢坫撰　清嘉慶十二年(1807)吉金樂石齋刻本　十四册

110000－0144－0000505　1272
説文解字校録十五卷　(清)鈕樹玉撰　清光緒十一年(1885)江蘇書局刻本　十四册

110000－0144－0000506　1273
段氏説文注訂八卷　(清)鈕樹玉撰　清同治十三年(1874)湖北崇文書局刻本　二册

110000－0144－0000507　1274
段氏説文注訂八卷　(清)鈕樹玉撰　清道光四年(1824)刻同治五年(1866)碧螺山館補刻本　四册

110000－0144－0000508　1275
説文段注訂補十四卷　(清)王紹蘭撰　清光緒十四年(1888)胡燏棻刻本　八册

110000－0144－0000509　1277
說文解字匡謬八卷　(清)徐承慶撰　清光緒刻咫進齋叢書本　四册

110000－0144－0000510　1279
說文古語考補正二卷　(清)程炎撰　(清)傅雲龍輯　清光緒十一年(1885)紅餘籀室刻本　存一卷(二)　一册

110000－0144－0000511　1280
說文徐氏未詳說一卷　(清)許溎祥撰　清光緒十六年(1890)海寧許氏古均閣刻本　一册

110000－0144－0000512　1281
說文二徐箋異十四卷　(清)田吳炤撰　清宣統二年(1910)石印本　二册

110000－0144－0000513　1282
說文解字注三十卷六書音韻表二卷汲古閣說文訂一卷　(清)段玉裁撰　清光緒十五年(1889)湖北崇文書局刻本　二十四册

110000－0144－0000514　1283
說文解字注三十卷　(清)段玉裁撰　清嘉慶二十年(1815)經韻樓刻本　十五册

110000－0144－0000515　1285
四朝先賢六家年譜七卷　(清)楊希閔編　清光緒四年(1878)新城楊氏刻本　六册

110000－0144－0000516　1286
讀說文記一卷　(清)許棟撰　清光緒十四年(1888)許氏刻古均閣遺著本　一册

110000－0144－0000517　1287
席氏讀說文記十四卷　(清)席世昌撰　清借月山房刻本　五册

110000－0144－0000518　1288
讀說文雜識一卷　(清)許棫撰　清光緒七年(1881)刻本　一册

110000－0144－0000519　1290
說文釋例二十卷　(清)王筠撰　清同治四年(1865)刻本　六册

110000－0144－0000520　1291
說文五翼八卷　(清)王煦撰　清光緒八年(1882)上虞觀海樓刻本　二册

110000－0144－0000521　1292
說文粹言疏證二卷　(清)潘任撰　清光緒木活字印希政堂叢書本　一册

110000－0144－0000522　1293
說文管見三卷　(清)胡秉虔撰　清同治十二年(1873)世澤樓刻本　一册

110000－0144－0000523　1294
說文管見三卷　(清)胡秉虔撰　清光緒藏修書室刻本　一册

110000－0144－0000524　1295
說文職墨三卷　(清)于鬯撰　清光緒十四年(1888)江陰南菁書院刻南菁書院叢書本　二册

110000－0144－0000525　1296
說文廣義三卷　(清)王夫之　清同治四年(1865)湘鄉曾國荃刻本　三册

110000－0144－0000526　1297
說文解字述誼二卷　(清)毛際盛撰　清光緒二十九年(1903)貴池劉氏聚學軒刻本　二册

110000－0144－0000527　1298
說文蠡箋十四卷　(清)潘奕雋撰　清同治十三年(1874)吳縣潘氏三松堂刻本　二册

110000－0144－0000528　1299
說文解字通正十四卷　(清)潘奕雋撰　清光緒貴池劉氏聚學軒刻本　二册

110000－0144－0000529　1301
說文通訓定聲十八卷補遺分部檢韻一卷說雅十九篇　(清)朱駿聲撰　**允倩府行述一卷**　(清)朱孔彰撰　清道光二十八年(1848)刻同治九年(1870)臨嘯閣補刻本　二十四册

110000－0144－0000530　1302
說文解字句讀三十卷補正一卷　(清)王筠撰　清同治四年(1865)刻本　十六册

110000－0144－0000531　1303
說文聲讀表七卷　(清)苗夔撰　清道光二十二年(1842)理董居刻本　二册

110000－0144－0000532　1304
說文聲讀表七卷　(清)苗夔撰　清道光二十二年(1842)理董居刻本　一册

110000－0144－0000533　1305
說文聲讀表七卷　(清)苗夔撰　清光緒十年(1884)福山王氏刻天壤閣叢書本　二册

110000－0144－0000534　1306
說文舊音補注三卷　(清)胡玉縉撰　清光緒十四年(1888)南菁書院刻本　一册

110000－0144－0000535　1307
說文疊韻二卷首一卷末一卷說文雙聲二卷　(清)劉熙載　(清)陳宗彝同輯　清光緒古桐書屋刻本　一册

110000－0144－0000536　1308
許氏說文解字雙聲疊韻譜一卷　(清)鄧廷楨撰　清道光十九年(1839)番禺林氏刻本　一册

110000－0144－0000537　1309
許氏說文解字雙聲疊韻譜一卷　(清)鄧廷楨撰　清光緒七年(1881)鮑氏後知不足齋刻後知不足齋叢書本　一册

110000－0144－0000538　1310
許氏說文解字雙聲疊韻譜一卷　(清)鄧廷楨撰　清光緒九年(1883)同文書局石印本　一册

110000－0144－0000539　1311
說文諧聲孳生述一卷　(清)陳立撰　清光緒二十六年(1900)徐氏積學齋刻本　一册

110000－0144－0000540　1312
說文聲係十四卷　(清)姚文田撰　清嘉慶九年(1804)粤東督學使署刻本　二册

110000－0144－0000541　1313
說文聲係十四卷　(清)姚文田撰　清咸豐五年(1855)南海伍氏刻本　四册

110000－0144－0000542　1314
說文徐氏新補新附考證一卷　(清)錢大昕撰　清光緒十七年(1891)積學齋刻本　一册

110000－0144－0000543　1315
說文聲訂二卷　(清)苗夔撰　清道光二十一年(1841)壽陽漢磚亭刻本　二册

110000－0144－0000544　1316
說文聲訂二卷　(清)苗夔撰　清道光二十一年(1841)壽陽漢磚亭刻本　二册

110000－0144－0000545　1317
說文審音十六卷　(清)張行孚撰　清光緒二十四年(1898)芳郭里通隱堂刻本　四册

110000－0144－0000546　1318
說文諧聲譜九卷　(清)張成孫撰　清光緒十四年(1888)南菁書院刻本　二册

110000－0144－0000547　1319
說文逸字二卷附錄一卷　(清)鄭珍撰　清刻本　一册

110000－0144－0000548　1320
說文逸字辨證二卷　(清)李楨撰　清光緒十一年(1885)畹蘭室刻本　二册

110000－0144－0000549　1321
說文佚字考四卷　(清)張鳴珂撰　清光緒十三年(1887)豫章張鳴珂刻本　一册

110000－0144－0000550　1322
說文新附考六卷　(清)鄭珍撰　清末枕碧山館刻本　四册

110000－0144－0000551　1323
說文新附考六卷　(清)鈕樹玉撰　清嘉慶六年(1801)鈕氏非石居刻本　二册

110000－0144－0000552　1324
說文外編十五卷補遺一卷附劉氏碎金　(清)雷浚　(清)劉禧延撰　清光緒二年(1876)刻本　四册

110000－0144－0000553　1325
說文辨字正俗八卷　(清)李富孫撰　清嘉慶二十一年(1816)嘉興李氏校經亭刻本　二册

110000－0144－0000554　1326
說文檢字二卷補遺一卷　(清)毛謨輯　清光緒九年(1883)恖進齋刻本　一册

110000－0144－0000555　1327
說文通檢十四卷首一卷末一卷　(清)黎永椿編　清光緒二年(1876)文昌書局刻本　二册

110000－0144－0000556　1328
說文正字二卷　(清)孫馮翼　(清)王瑜撰　清嘉慶六年(1801)承德孫氏刻河經堂叢書本　一册

110000－0144－0000557　1330
說文解字義證五十卷　(清)桂馥撰　清道光三十年至咸豐二年(1850－1852)靈石楊氏刻連筠簃叢書本　五十册

110000－0144－0000558　1331
說文古語考補正二卷　(清)程炎撰　(清)傅雲龍輯　清光緒十一年(1885)紅餘籀室刻本　一册

110000－0144－0000559　1335
說文本部考一卷　(清)曾紀澤撰　清同治八年(1869)刻本　一册

110000－0144－0000560　1338
說文部首讀補注　(清)王筠撰　(清)尹彭壽補　清光緒諸城尹氏刻朱墨套印本　一册

110000－0144－0000561　1339
說文偏旁一卷　(清)張之洞撰　清光緒十七年(1891)江津秘書堂刻本　二册

110000－0144－0000562　1340
說文字原韻表二卷　(清)胡重編　清嘉慶十六年(1811)秀水金氏刻本　一册

110000－0144－0000563　1341
說文揭原二卷　(清)張行孚撰　清光緒十一年(1885)刻本　二册

110000－0144－0000564　1342
說文提要一卷　(清)陳建侯撰　清同治十二年(1873)湖北崇文書局刻本　一册

110000－0144－0000565　1343
說文建首字讀一卷　(清)苗夔撰　清咸豐元年(1851)理董居刻本　一册

110000－0144－0000566　1344
說文引經考證八卷　(清)陳瑑撰　清同治十三年(1874)湖北崇文書局刻本　六册

110000－0144－0000567　1346
說文解字羣經正字二十八卷目錄一卷　(清)邵瑛撰　清嘉慶二十一年(1816)桂隱書屋刻本　十册

110000－0144－0000568　1347
說文答問疏證六卷　(清)薛傳均撰　清紫薇山館刻本　二册

110000－0144－0000569　1348
說文答問疏證六卷　(清)薛傳均撰　清刻本　二册

110000－0144－0000570　1349
說文經典異字釋一卷　(清)高翔麟撰　清光緒九年(1883)萬卷樓刻本　一册

110000－0144－0000571　1350
說文引經異字三卷　(清)吳雲蒸撰　清道光六年(1826)阮元刻本　一册

110000－0144－0000572　1351
說文引經考二卷補遺一卷　(清)吳玉搢撰　清道光元年(1821)程贊詠刻本　四册

110000－0144－0000573　1352
說文引經攷異十六卷　(清)柳榮宗撰　清咸豐二年(1852)刻本　四册

110000－0144－0000574　1357
說文古籀疏證六卷　(清)莊述祖撰　清光緒二十年(1894)津郡明文堂刻本　四册

110000－0144－0000575　1362
小學鉤沈十九卷　(清)任大椿撰　清光緒十年(1884)龍氏刻本　二册

110000－0144－0000576　1363
小學鉤沈續編八卷　(清)顧震福撰　清光緒十八年(1892)山陽顧氏刻本　四册

110000－0144－0000577　1364
小學考五十卷　(清)謝啟昆撰　清光緒十四年(1888)浙江書局刻本　二十册

110000－0144－0000578　1366
殷商貞卜文字考一卷　羅振玉撰　清宣統二年(1910)上虞羅氏玉簡齋石印本　一册

110000－0144－0000579　1370
釋名疏證八卷補遺一卷續釋名一卷　(漢)劉熙撰　(清)畢沅疏證　清乾隆五十四年(1789)靈巖山館刻本　二册

110000－0144－0000580　1377
六書係韻二十四卷首一卷檢字二卷　(清)李貞輯　清光緒十六年(1890)刻本　二十六册

110000－0144－0000581　1378
六書管見二十卷　(清)況祥麟撰　清光緒三年(1877)登善堂刻本　十六册

110000－0144－0000582　1379
六書舊義一卷　廖平撰　清光緒十三年(1887)刻本　一册

110000－0144－0000583　1380
六書音韻表五卷　(清)段玉裁撰　清同治十一年(1872)湖北崇文書局刻本　二册

110000－0144－0000584　1381
六書辨一卷　(清)徐紹楨撰　清光緒三十三年(1907)石印本　一册

110000－0144－0000585　1382
六書正僞五卷　(元)周伯琦編注　清刻本　四册

110000－0144－0000586　1383
六書原始十五卷　(清)賀崧齡輯　清同治三年(1864)劍州州署刻本　八册

110000－0144－0000587　1384
集韻十卷　(宋)丁度等撰　清光緒二年(1876)川東官舍刻本　十册

110000－0144－0000588　1385
類篇十五卷　(宋)司馬光纂　清光緒二年(1876)東川官舍刻本　十四册

110000－0144－0000589　1386
附釋文互註禮部韻略五卷　(宋)丁度撰　清光緒二年(1876)川東官舍刻本　五册

110000－0144－0000590　1389
音學五書　(清)顧炎武撰　清光緒十六年(1890)思賢講舍刻本　十二册

110000－0144－0000591　1390
字林考逸八卷　(清)任大椿撰　**字林考逸補本一卷附録一卷**　(清)陶方琦撰　清光緒十六年(1890)江蘇書局刻本　四册

110000－0144－0000592　1391
倉頡篇補本二卷　(清)陶方琦撰　清光緒十二年(1886)刻本　一册

110000－0144－0000593　1394
漢魏音四卷　(清)洪亮吉撰　清乾隆刻本　二册

110000－0144－0000594　1395
漢魏音四卷　(清)洪亮吉撰　清乾隆五十年(1785)西安刻本　二册

110000－0144－0000595　1396
廣續方言四卷　程先甲撰　清光緒二十三年(1897)江寧程氏木活字印本　二册

110000－0144－0000596　1397
輶軒使者絕代語釋別國方言箋疏十三卷　(清)錢繹撰　清光緒十六年(1890)紅蝠山房刻本　六册

110000－0144－0000597　1398
輶軒使者絕代語釋別國方言十三卷　(漢)揚雄撰　(晉)郭璞注　**續方言二卷**　(清)杭世駿輯　清光緒十七年(1891)思賢講舍刻本　三册

110000－0144－0000598　1400
釋名疏證補八卷續釋名一卷釋名補遺一卷疏證補附二卷　(漢)劉熙撰　王先謙疏證　清光緒二十二年(1896)刻本　三册

110000－0144－0000599　1402
釋穀四卷　(清)劉寶楠撰　清光緒十四年(1888)廣雅書局刻本　一册

110000－0144－0000600　1404
倉頡篇校證三卷補遺一卷　(清)梁章鉅撰

清光緒五年(1879)梁恭長文學山房刻本 二册

110000-0144-0000601 1405
小學答問一卷 章炳麟撰 清宣統元年(1909)刻本 一册

110000-0144-0000602 1408
切韻考六卷 (清)陳澧撰 清末番禺陳氏刻本 二册

110000-0144-0000603 1409
續復古篇四卷 (元)曹本撰 清光緒十二年(1886)歸安姚氏咫進齋刻本 四册

110000-0144-0000604 1411
唐寫本唐韻殘卷 (唐)孫愐撰 清光緒三十四年(1908)上海國粹學報館影印本 一册

110000-0144-0000605 1412
音學辨微一卷 (清)江永撰 清宣統二年(1910)石印本 一册

110000-0144-0000606 1415
汗簡箋正七卷目錄一卷 (宋)郭忠恕撰 (清)鄭珍箋正 清光緒十五年(1889)廣雅書局刻本 四册

110000-0144-0000607 1417
小爾雅疏八卷 (清)王煦撰 清嘉慶五年(1800)鑿翠山莊刻本 二册

110000-0144-0000608 1419
拾雅二十卷 (清)夏味堂撰 清嘉慶二十四年(1819)遂園刻本 十册

110000-0144-0000609 1422
切韻指掌圖一卷 (宋)司馬光撰 清宣統二年(1910)豐城熊氏舊補史堂刻朱印本 一册

110000-0144-0000610 1423
四音定切四卷 (清)劉熙載撰 清光緒四年(1878)刻本 二册

110000-0144-0000611 1424
今韻三辨七卷 (清)孫同元輯 清道光二十二年(1842)仁和孫氏刻本 二册 存二卷(訓辨一至二)

110000-0144-0000612 1425
交泰韻一卷 (明)呂坤撰 明萬曆刻本 二册

110000-0144-0000613 1428
古韻論三卷 (清)胡秉虔撰 清光緒二年(1876)世澤樓刻本 一册

110000-0144-0000614 1430
古今韻考四卷 (清)李因篤撰 清光緒九年(1883)天壤閣刻本 一册

110000-0144-0000615 1432
等韻一得内篇一卷外篇一卷 勞乃宣撰 清光緒二十四年(1898)吳橋官廨刻本 二册

110000-0144-0000616 1436
大方廣佛華嚴經音義四卷 (唐)釋慧苑撰 清咸豐四年(1854)南海伍氏刻粵雅堂叢書本 二册

110000-0144-0000617 1437
廣雅補疏四卷 王樹柟撰 清光緒十七年(1891)文莫室刻陶廬叢刻本 一册

110000-0144-0000618 1438
廣雅疏證十卷博雅音十卷 (清)王念孫撰 清光緒五年(1879)淮南書局刻本 十一册

110000-0144-0000619 1442
急就篇四卷 (元)王應麟補注 清光緒浙江書局刻本 二册

110000-0144-0000620 1443
急就篇四卷 (漢)史游撰 (唐)顔師古注 (元)王應麟補注 清光緒六年(1880)福山王氏刻天壤閣叢書本 二册

110000-0144-0000621 1447
重文二卷補遺一卷 (清)丁午輯 清光緒八年(1882)刻本 一册

110000-0144-0000622 1448
字孽補二卷 (清)易本根撰 清同治刻本 二册

110000-0144-0000623 1449
四庫全書字體辨正四卷 (清)黄培芳撰 清

道光六年(1826)芸香堂刻本　一冊

110000－0144－0000624　1450
比雅十卷　(清)洪亮吉撰　清光緒五年(1879)授經堂刻本　一冊

110000－0144－0000625　1451
玉篇校刊札記一卷廣韻校刊札記一卷　(清)鄧顯鶴撰　清咸豐元年(1851)刻本　一冊

110000－0144－0000626　1452
麗廔叢書　葉德輝輯　清光緒三十三年(1907)長沙葉德輝刻本　八冊

110000－0144－0000627　1453
詞律二十卷拾遺八卷補遺一卷　(清)萬樹輯　清光緒二年(1876)吳下刻本　五十二冊

110000－0144－0000628　1453
唐文粹一百卷　(宋)姚鉉輯　**補遺二十六卷**　(清)郭麐輯　清光緒十六年(1890)仁和許氏榆園刻本　與110000－0144－0000627、629合冊

110000－0144－0000629　1453
榆園叢刻　(清)許增輯　清光緒十九年(1893)仁和許氏刻本　與110000－0144－0000627、628合冊

110000－0144－0000630　1454
十名家詞　(清)侯文燦輯　清康熙二十八年(1689)丘園刻本　四冊

110000－0144－0000631　1455
榕園叢書六十三種　(清)李光廷輯　清同治十三年(1874)廣東刻本　四十八冊

110000－0144－0000632　1456
宋元三十一家詞三十一卷　(清)王鵬運輯　清光緒十九年(1893)四印齋刻本　四冊

110000－0144－0000633　1458
台州叢書六種七十九卷　陳耆卿輯　清嘉慶、道光間臨海宋氏刻本　二十四冊

110000－0144－0000634　1460
五經歲徧齋校書三種　(清)翟雲升輯　清道光十二年(1832)翟氏五經歲徧齋刻本　十冊

110000－0144－0000635　1461
半廠叢書初編十一種　(清)譚獻輯　清光緒十五年(1889)仁和譚氏刻本　二十冊

110000－0144－0000636　1462
懷豳雜俎十二種　徐乃昌輯　清宣統三年(1911)南陵徐氏刻本　八冊

110000－0144－0000637　1463
隨庵徐氏叢書十種　徐乃昌輯　清光緒三十四年(1908)南陵徐氏刻本　十二冊

110000－0144－0000638　1466
小萬卷樓叢書十七種六十四卷　(清)錢培名輯　清光緒四年(1878)刻本　十四冊

110000－0144－0000639　1467
邵武徐氏叢書初刻十四種　(清)徐幹輯　清光緒十四年(1888)邵武徐氏刻本　二十冊

110000－0144－0000640　1468
邵武徐氏叢書二集八種　(清)徐幹輯　清光緒十四年(1888)邵武徐氏刻本　十冊

110000－0144－0000641　1469
富陽夏氏叢刻八種附刻一種　夏震武輯　清光緒刻本　四冊

110000－0144－0000642　1471
觀自得齋叢書二十九種七十六卷　(清)徐士愷輯　清光緒十八年(1892)石埭徐氏觀自得齋刻本　二十四冊

110000－0144－0000643　1473
七家詞鈔　(清)汪世泰輯　清刻隨園三十種本　三冊

110000－0144－0000644　1474
詩觸十三種附三種　(清)朱琰輯　清嘉慶三年(1798)海鹽朱氏刻本　五冊

110000－0144－0000645　1475
屑玉叢譚四集五十二種　(清)錢徵　(清)蔡爾康輯　清光緒上海申報館鉛印申報館叢書本　十八冊　存(初集、三集、四集)

110000－0144－0000646　1476
嘯園叢書五十八種　(清)葛元煦輯　清光緒

九年(1883)刻本　四十八册

110000－0144－0000647　1477

談藝珠叢　(清)王啟原輯　清光緒十二年(1886)長沙玉尺山房刻本　十二册

110000－0144－0000648　1478

藝苑捃華四十八種八十四卷　(清)顧之逵輯　清同治七年(1868)務本堂刻本　二十四册

110000－0144－0000649　1479

漢官七種十一卷　(清)孫星衍校集　清光緒九年(1883)後知不足齋刻本　二册

110000－0144－0000650　1484

重訂路史全本前紀九卷後記十四卷國名紀八卷發揮六卷餘論十卷　(宋)羅泌撰　(明)吳弘基等訂　清嘉慶六年(1801)酉山堂刻本　六册

110000－0144－0000651　1485

周季編略九卷　(清)黄式三撰　清同治十二年(1873)浙江書局刻本　四册

110000－0144－0000652　1486

戰國紀年六卷地輿一卷年表一卷　(清)林春溥撰　清道光十八年(1838)刻竹柏山房十五種本　十二册

110000－0144－0000653　1489

史漢駢枝一卷　(清)成蓉鏡撰　清光緒十三年(1887)廣雅書局刻本　一册

110000－0144－0000654　1490

楚漢諸侯疆域志三卷　(清)劉文淇撰　清光緒十五年(1889)廣雅書局刻本　四册

110000－0144－0000655　1492

國策地名考二十卷　(清)程恩澤撰　清咸豐南海伍氏刻粤雅堂叢書本　七册

110000－0144－0000656　1494

史記探源八卷　崔適撰　清宣統二年(1910)觶廬刻本　四册

110000－0144－0000657　1497

漢書注校補五十六卷　(清)周壽昌撰　清光緒十年(1884)小對竹軒刻本　十二册

110000－0144－0000658　1504

漢書管見四卷　(清)朱一新撰　清光緒二十二年(1896)葆真堂刻本　四册

110000－0144－0000659　1505

新斠注地理志集釋十六卷　(清)錢坫撰　(清)徐松集釋　清同治十三年(1874)會稽章氏刻本　八册

110000－0144－0000660　1506

人表考九卷　(清)梁玉繩撰　清光緒十三年(1887)廣雅書局刻本　四册

110000－0144－0000661　1507

後漢書注補正八卷　(清)周壽昌撰　清光緒八年(1882)思益堂刻本　二册

110000－0144－0000662　1509

續漢書八志三十卷　(南朝梁)劉昭注補　清末金陵書局刻本　二册

110000－0144－0000663　1511

兩漢五經博士考三卷　(清)張金吾撰　清光緒十年(1884)後知不足齋刻本　一册

110000－0144－0000664　1512

兩漢策要十二卷　(宋)陶叔獻輯　(元)常彦修增補　清光緒十三年(1887)上海同文書局石印本　八册

110000－0144－0000665　1513

前漢紀三十卷　(漢)荀悦撰　清光緒二年(1876)嶺南述古堂刻本　六册

110000－0144－0000666　1514

兩漢會要一百十卷　(宋)徐天麟撰　清鎔經鑄史齋刻本　十八册

110000－0144－0000667　1515

兩漢博聞十二卷　(宋)楊侃輯　清末上海申報館鉛印本　六册

110000－0144－0000668　1516

兩漢博聞十二卷　(宋)楊侃輯　清咸豐南海伍氏刻粤雅堂叢書本　六册

110000－0144－0000669　1517

後漢書補注二十四卷　(清)惠棟撰　清咸豐

二年(1852)南海伍氏刻粵雅堂叢書本　八冊

110000－0144－0000670　1518
漢書疏證三十六卷後漢書疏證三十卷　(清)沈欽韓撰　清光緒二十六年(1900)浙江官書局刻本　四十冊

110000－0144－0000671　1520
三國志注證遺四卷補遺四卷五代史記纂誤補續一卷　(清)周壽昌撰　清光緒九年(1883)長沙思益堂刻本　二冊

110000－0144－0000672　1521
三國志補注六卷　(清)杭世駿撰　清咸豐南海伍氏刻粵雅堂叢書本　二冊

110000－0144－0000673　1522
三國志考證八卷　(清)潘眉撰　清光緒十五年(1889)廣雅書局刻本　二冊

110000－0144－0000674　1523
三國志證聞二卷　(清)錢儀吉撰　清光緒十一年(1885)江蘇書局刻本　二冊

110000－0144－0000675　1525
三國會要二十二卷首一卷　(清)楊晨撰　清光緒二十六年(1900)江蘇書局刻本　六冊

110000－0144－0000676　1526
三國志補注續一卷　(清)侯康撰　清光緒十七年(1891)廣雅書局刻本　一冊

110000－0144－0000677　1527
晉書校勘記四卷　(清)周雲撰　清光緒十七年(1891)廣雅書局刻本　一冊

110000－0144－0000678　1528
補晉書藝文志　(清)文廷式撰　清宣統元年(1909)長沙鉛印本　六冊

110000－0144－0000679　1529
補晉書經籍志四卷　吳士鑑撰　清光緒二十一年(1895)錢塘吳氏刻含嘉室舊著本　一冊

110000－0144－0000680　1531
晉略六十六卷　(清)周濟撰　清道光十九年(1839)味雋齋刻本　八冊

110000－0144－0000681　1532
王隱晉書地道記一卷　(晉)王隱撰　(清)畢沅輯　**晉太康三年地記**　(清)畢沅　清乾隆四十九年(1784)刻經訓堂叢書本　二冊

110000－0144－0000682　1534
十六國春秋纂錄校本十卷　(北魏)崔鴻撰　(清)湯球輯　**校勘記一卷**　(清)吳翊寅撰　清光緒二十年(1894)廣雅書局刻本　二冊

110000－0144－0000683　1535
十六國春秋一百卷　(北魏)崔鴻撰　(清)汪日桂重訂　清會稽徐氏述史樓刻本　二十冊

110000－0144－0000684　1539
隋經籍志考證十三卷　(清)章宗源撰　清光緒三年(1877)湖北崇文書局刻本　二冊

110000　0144　0000685　1540
隋書地理志考證九卷補遺一卷　楊守敬撰　清光緒二十二年(1896)鄰蘇園刻二十七年(1901)印本　六冊

110000－0144－0000686　1541
六朝事跡編類十四卷　(宋)張敦頤撰　清光緒十三年(1887)寶章閣刻本　二冊

110000－0144－0000687　1542
世說新語三卷引用書目一卷佚文一卷考證一卷校勘小識一卷　(南朝宋)劉義慶撰　(南朝梁)劉孝標注　清光緒十七年(1891)思賢講舍刻本　四冊

110000－0144－0000688　1544
唐語林八卷　(宋)王讜撰　清末三原李氏刻惜陰軒叢書本　四冊

110000－0144－0000689　1545
唐書釋音二卷　(宋)董衝撰　清光緒浙江書局刻本　一冊

110000－0144－0000690　1546
元和郡縣圖志四十卷補志九卷　(唐)李吉甫撰　(清)嚴觀輯補　清光緒六年(1880)金陵書局刻八年(1882)補刻本　八冊

110000－0144－0000691　1547

舊唐書校勘記六十六卷逸文十二卷　(清)岑建功撰　(清)羅士琳　(清)劉文淇同訂　清同治十一年(1872)定遠方氏懼盈齋刻本　四十冊

110000－0144－0000692　1548
五代會要三十卷　(宋)王溥撰　清刻本　六冊

110000－0144－0000693　1549
新唐書糾謬二十卷　(宋)吳縝撰　清乾隆鮑氏知不足齋刻知不足齋叢書本　六冊

110000－0144－0000694　1550
新舊唐書合鈔二百六十卷唐書宰相世繫表訂譌十二卷　(清)沈炳震撰　唐書合鈔補正六卷　(清)丁子復撰　清嘉慶十五年(1810)海寧查氏刻同治十年(1871)武林吳氏清來堂印本　八十冊

110000－0144－0000695　1551
兩京新記五卷　(唐)韋述撰　清咸豐三年(1853)廣州南海伍氏刻粵雅堂叢書本　存一卷(三)　一冊

110000－0144－0000696　1551
文館詞林　(唐)許敬宗等輯　清咸豐三年(1853)廣州南海伍氏刻粵雅堂叢書本　存四卷(六百六十二、六百六十四、六百六十八、六百九十五)　與110000－0144－0000695合冊

110000－0144－0000697　1552
東觀奏記三卷　(宋)裴庭裕撰　[嘉慶]西陲要略四卷　(清)祁韻士輯　清咸豐南海伍氏刻粵雅堂叢書本　二冊

110000－0144－0000698　1555
舊五代史一百五十卷　(宋)薛居正等撰　清末上海掃葉山房刻本　二十四冊

110000－0144－0000699　1556
南唐書合刻四十八卷　(宋)馬令編　清同治十三年(1874)盱南蔡學蘇三餘書屋刻本　八冊

110000－0144－0000700　1558
十國春秋一百十六卷　(清)吳任臣撰　清康熙八年(1669)海虞戴氏漱石山房刻本　二十四冊

110000－0144－0000701　1559
三朝北盟會編二百五十卷　(宋)徐夢莘編　清光緒四年(1878)鉛印本　四十二冊

110000－0144－0000702　1561
東萊呂紫微師友雜志一卷　(宋)呂本中撰　清光緒三年(1877)歸安陸氏刻十萬卷樓叢書本　一冊

110000－0144－0000703　1562
宋名臣言行錄前集十卷後集十四卷　(宋)朱熹撰　清初寶誥堂刻本　四冊

110000－0144－0000704　1563
建炎以來朝野雜記甲集二十卷乙集二十卷　(宋)李心傳撰　校勘記五卷　(清)孫星華撰　清光緒二十年(1894)刻本　十二冊

110000－0144－0000705　1564
九域志十卷　(宋)王存等撰　清光緒八年(1882)金陵書局刻本　四冊

110000－0144－0000706　1566
東都事略一百三十卷　(宋)王稱撰　清光緒九年(1883)淮南書局刻本　八冊

110000－0144－0000707　1567
東坡事類二十二卷　(清)梁廷枏纂　清道光十年(1830)順德梁氏刻本　十二冊

110000－0144－0000708　1568
金佗粹編二十八卷續編三十卷　(宋)岳珂編　清光緒九年(1883)浙江書局刻本　十二冊

110000－0144－0000709　1569
太平寰宇記二百卷　(宋)樂史撰　清光緒八年(1882)金陵書局刻本　缺九卷(四、九十五、一百十三至一百十九)　三十六冊

110000－0144－0000710　1570
遼史紀事本末四十卷首一卷末一卷　(清)李有棠編　清光緒十九年(1893)上海同文書局石印本　四冊

110000－0144－0000711　1571
元朝名臣事略十五卷　(元)蘇天爵撰　清光緒刻本　四册

110000－0144－0000712　1574
金源劄記二卷又劄一卷史論五答一卷吉貝居暇唱一卷　(清)施國祁輯　清嘉慶潯溪吉貞居刻本　三册

110000－0144－0000713　1575
蒙韃備錄校注一卷　(宋)孟珙撰　(宋)曹元忠校注　清光緒十九年(1893)東吳曹氏刻朱印箋經室叢書本　一册

110000－0144－0000714　1576
金史紀事本末五十二卷首一卷末一卷　(清)李有棠編　清光緒十九年(1893)上海同文書局刻本　六册

110000－0144－0000715　1577
草莽私乘一卷　(明)陶宗儀輯　清光緒二十五年(1899)新陽趙元益刻本　一册

110000－0144－0000716　1579
靜齋至正直記四卷　(元)孔齊撰　清咸豐廣州南海伍氏刻粤雅堂叢書本　二册

110000－0144－0000717　1582
潛菴先生擬明史稿二十卷　(清)湯斌撰　(清)田蘭芳評　清康熙二十七年(1688)刻本　十六册

110000－0144－0000718　1583
炎徼記聞四卷　(明)田汝成撰　清嘉慶十三年(1808)虞山張海鵬刻借月山房彙鈔本　一册

110000－0144－0000719　1587
雲南機務鈔黄一卷　(明)張紞輯　清光緒惜蔭軒刻本　一册

110000－0144－0000720　1588
金華叢書　(清)胡鳳丹輯　清同治八年至九年(1869－1870)永康胡氏退補齋刻本　存四種六卷(青谿寇軌一卷、西征道里記一卷、涉史隨筆二卷、洪武聖政記二卷)　一册

110000－0144－0000721　1589
野記四卷　(明)祝允明纂　清同治十三年(1874)元和祝氏刻本　二册

110000－0144－0000722　1590
明末紀事補遺十卷　(清)南沙三餘氏輯　清同治刻本　十册

110000－0144－0000723　1591
史外八卷　(清)汪有典撰　清同治九年(1870)陝甘公所刻本　八册

110000－0144－0000724　1592
東塘日劄二卷　(清)朱子素撰　清刻本　一册

110000－0144－0000725　1593
江上遺聞一卷　(清)沈濤撰　清刻本　一册

110000－0144－0000726　1595
蜀碧四卷　(清)彭遵泗撰　清嘉慶十二年(1807)張海鵬刻借月山房彙鈔本　二册

110000－0144－0000727　1600
三藩紀事本末四卷　(清)楊陸榮編　清嘉慶十三年(1808)虞山張海鵬刻借月山房彙鈔本　一册

110000－0144－0000728　1602
明紀六十卷　(清)陳鶴撰　清同治十年(1871)江蘇書局刻本　二十册

110000－0144－0000729　1604
欽定明鑑二十四卷　(清)托津　(清)胡敬編纂　清同治九年(1870)湖北崇文書局刻本　十册

110000－0144－0000730　1605
小腆紀傳補遺五卷考異一卷　(清)徐承禮撰　清光緒十三年(1887)刻本　一册

110000－0144－0000731　1606
南疆繹史勘本三十卷摭遺十八卷卹謚考八卷首二卷　(清)溫睿臨撰　(清)李瑤勘定　清道光都城琉璃廠半松居士木活字印本　十四册

110000－0144－0000732　1607

明季稗史彙編二十七卷 （清）留雲居士編　清北京琉璃廠留雲居士木活字印本　十五册

110000－0144－0000733　1608
貳臣傳十二卷逆臣傳四卷 （清）□□撰　清都城半松居士木活字印本　八册

110000－0144－0000734　1609
國史循吏傳一卷附賢良傳二卷儒林傳二卷文苑傳二卷 （清）國史館撰　清木活字印本　四册

110000－0144－0000735　1611
平浙紀略十六卷 （清）陳鍾英　（清）秦緗業輯　清同治十三年（1874）浙江書局刻本　四册

110000－0144－0000736　1612
皇朝藩部要略十八卷表四卷 （清）祁韻士撰　清光緒十年（1884）浙江書局刻本　八册

110000－0144－0000737　1613
文獻徵存錄十卷 （清）錢林輯　清咸豐八年（1858）有嘉樹軒刻本　十册

110000－0144－0000738　1614
東華錄三十二卷（天命朝至雍正朝） （清）蔣良騏撰　清如不及齋木活字印本　八册

110000－0144－0000739　1616
石渠餘紀六卷 （清）王慶雲撰　清光緒十四年（1888）寧鄉黄氏刻本　六册

110000－0144－0000740　1620
皇朝謚法考五卷補編一卷 （清）鮑康輯　清同治三年（1864）刻本　四册

110000－0144－0000741　1621
敕封河神大王將軍傳一卷 （清）李鶴年撰　清光緒七年（1881）刻本　一册

110000－0144－0000742　1623
文廟通考六卷 （清）牛樹梅撰　清同治十一年（1872）浙江書局刻本　二册

110000－0144－0000743　1624
吾學錄初編二十四卷 （清）吳榮光述　清道光二十九年（1849）閩汀會經堂刻本　八册

110000－0144－0000744　1627
劉松齋先生傳一卷 （清）劉熾昌撰　清同治十二年（1873）貴州楊蔚刻本　一册

110000－0144－0000745　1628
國朝名臣傳略二十四卷 （清）吳修撰　清光緒十年（1884）藏修書屋刻本　四册

110000－0144－0000746　1629
中興名臣事略八卷 （清）朱孔彰撰　清光緒二十九年（1903）上海書局石印本　二册

110000－0144－0000747　1630
覆校穆天子傳六卷 （晉）郭璞注　（清）瞿雲升校勘　清道光十二年（1832）刻本　一册

110000－0144－0000748　1631
黃氏世德傳贊一卷 （清）黄炳垕撰　清光緒十六年（1890）刻留書種閣本　一册

110000－0144－0000749　1632
歷代女師表一卷 （清）葉逢時纂　（清）沈邦達補輯　清光緒二十八年（1902）石印本　一册

110000－0144－0000750　1633
列女傳八卷 （漢）劉向撰　（清）梁端注　清道光十七年（1837）汪氏振綺堂刻光緒印本　二册

110000－0144－0000751　1634
列女傳補注八卷敘錄一卷校正一卷 （清）王照圓補注　清嘉慶十七年（1812）栖霞郝氏曬書堂刻本　四册

110000－0144－0000752　1635
廣列女傳二十卷 （清）劉開編　清同治八年（1869）皖江撫署刻本　六册

110000－0144－0000753　1636
金匱秦門雙烈傳不分卷 （清）□□撰　清光緒十年（1884）寄暢園刻本　一册

110000－0144－0000754　1639
兩浙名賢錄六十二卷 （明）徐象梅撰　清光緒二十六年（1900）浙江書局刻本　六十二册

110000 - 0144 - 0000755　1641
楚寶四十卷外篇五卷　(明)周聖楷撰　(清)鄧顯鶴輯　清道光九年(1829)新化鄧氏刻本　二十六册

110000 - 0144 - 0000756　1642
東越儒林後傳一卷　(清)陳壽祺撰　清道光三山陳氏刻本　一册

110000 - 0144 - 0000757　1649
孔子編年四卷孟子編年四卷　(清)狄子奇撰　清光緒十三年(1887)浙江書局刻本　一册

110000 - 0144 - 0000758　1653
聖跡編年一卷　(清)費崇朱撰　清同治五年(1866)刻本　一册

110000 - 0144 - 0000759　1654
王深甯先生[應麟]年譜一卷　(清)張大昌輯　清光緒十六年(1890)浙江書局刻玉海本　一册

110000 - 0144 - 0000760　1656
孔子[丘]年譜輯注一卷　(清)黄定宜撰　清道光二十七年(1847)刻本　一册

110000 - 0144 - 0000761　1659
歷代名人年譜十卷　(清)吳榮光編　清光緒二年(1876)北京晉華書局刻本　十册

110000 - 0144 - 0000762　1660
黄梨洲先生[宗羲]年譜三卷　(清)黄炳垕　清同治十二年(1873)黄炳垕刻光緒十八年(1892)黄維翰補刻本　一册

110000 - 0144 - 0000763　1661
黄忠端公[道周]年譜二卷　(清)黄炳垕編　清光緒元年(1875)刻本　一册

110000 - 0144 - 0000764　1663
顧亭林先生[炎武]年譜　(清)張穆編　清道光二十四年(1844)刻本　一册

110000 - 0144 - 0000765　1668
朱子[熹]年譜四卷考異四卷附録二卷　(清)王懋竑編　清咸豐三年(1853)南海伍氏刻粵雅堂叢書本　十三册

110000 - 0144 - 0000766　1669
朱子[熹]年譜綱目十二卷　(清)李元祿撰　清嘉慶七年(1802)刻本　八册

110000 - 0144 - 0000767　1670
朱子[熹]年譜四卷考異四卷附録二卷　(清)王懋竑編　清乾隆十七年(1752)白田草堂刻本　四册

110000 - 0144 - 0000768　1671
弇山畢公[沅]年譜一卷　(清)史善長編　清同治刻本　一册

110000 - 0144 - 0000769　1673
先聖生卒年月日考二卷　(清)孔廣牧撰　清光緒十五年(1889)刻廣雅書局叢書本　一册

110000 - 0144 - 0000770　1674
張制軍[亮基]年譜二卷　(清)林紹年編　清光緒三十一年(1905)刻本　二册

110000 - 0144 - 0000771　1675
敝帚齋主人[徐鼒]年譜一卷　(清)徐承禧編注　清同治十三年(1874)福州邸舍刻敝帚齋遺書本　一册

110000 - 0144 - 0000772　1676
豫章先賢九家年譜十五卷　(清)楊希閔編　清光緒四年(1878)新城楊氏刻本　八册

110000 - 0144 - 0000773　1677
元遺山先生[好問]年譜三卷米海岳年譜一卷　(清)翁方綱編　清咸豐五年(1855)南海伍氏刻粵雅堂叢書本　一册

110000 - 0144 - 0000774　1678
韓[愈]柳[宗元]年譜二種八卷　(清)馬曰璐輯　清咸豐五年(1855)南海伍氏刻粵雅堂叢書本　一册

110000 - 0144 - 0000775　1679
病榻夢痕録二卷録餘一卷　(清)汪輝祖撰　清末刻本　四册

110000 - 0144 - 0000776　1680
楊椒山先生[繼盛]垂範集不分卷　(清)章淵輯　清咸豐二年(1852)刻本　一册

110000－0144－0000777　1681
孟志編略六卷　（清）孫葆田撰　清光緒十四年（1888）木活字印本　一冊

110000－0144－0000778　1682
孔子門人考補遺一卷　（清）費崇朱撰　清光緒二十二年（1896）浦江官廨刻本　一冊

110000－0144－0000779　1683
校正古今人表九卷　（漢）班固撰　（唐）顏師古注　（清）瞿雲升校勘　清刻本　一冊

110000－0144－0000780　1684
熙朝宰輔錄一卷　（清）潘世恩等輯　清光緒三年（1877）刻本　一冊

110000－0144－0000781　1685
熙朝宰輔錄一卷　（清）潘世恩等輯　清道光二十八年（1848）刻本　一冊

110000－0144－0000782　1686
四史疑年錄七卷　（清）阮劉文如輯　清宣統元年（1909）刻本　四冊

110000－0144－0000783　1687
三續疑年錄十卷　（清）陸心源撰　清光緒五年（1879）刻存齋雜纂本　三冊

110000－0144－0000784　1688
補疑年錄四卷　（清）錢椒編　清道光十八年（1838）刻本　一冊

110000－0144－0000785　1689
疑年賡錄二卷　（清）張鳴珂編　清光緒二十四年（1898）寒松閣刻本　一冊

110000－0144－0000786　1691
南北史補志十四卷　（清）汪士鐸撰　清光緒四年（1878）淮南書局刻本　六冊

110000－0144－0000787　1692
廿一史四譜五十四卷　（清）沈炳震輯　清同治十年（1871）武林吳氏清來堂刻本　十六冊

110000－0144－0000788　1693
尚友錄二十二卷　（明）廖用賢編　（明）張伯琮補輯　清刻本　十二冊

110000－0144－0000789　1695
姓氏譜注四卷　（清）周魯輯注　清刻本　五冊

110000－0144－0000790　1696
元和姓纂十卷　（唐）林寶撰　（清）孫星衍　（清）洪瑩校　清光緒六年（1880）江蘇金陵書局刻本　四冊

110000－0144－0000791　1697
史姓韻編二十四卷　（清）汪輝祖輯　清光緒二十九年（1903）上海文瀾書局石印本　八冊

110000－0144－0000792　1698
內閣漢票簽中書舍人題名一卷　（清）鮑康編　清咸豐十一年（1861）刻本　一冊

110000－0144－0000793　1699
國朝歷科題名碑錄初集附明洪武至崇禎各科　（清）李望周編　（清）德沛續編　清乾隆十一年（1746）刻本　十冊

110000－0144－0000794　1701
光緒建元以來總督年表初稿　吳廷燮撰　清光緒三十四年（1908）刻本　一冊

110000－0144－0000795　1702
北宋經撫年表二卷　吳廷燮撰　清宣統三年（1911）鉛印本　二冊

110000－0144－0000796　1705
歷代帝王年表不分卷　（清）齊召南編　清刻本　二冊

110000－0144－0000797　1706
李氏五種合刊　（清）李兆洛編輯　清同治九年（1870）合肥李氏刻本　十冊

110000－0144－0000798　1707
歷代帝王年表一卷　（清）黃大華編　清光緒二十六年（1900）夢紅豆邨刻本　一冊

110000－0144－0000799　1710
歷代史表五十九卷　（清）萬斯同編　清光緒十五年（1889）廣雅書局刻朱印本　六冊

110000－0144－0000800　1711
歷代職官表六卷　（清）黃本驥重編　清光緒

八年(1882)上海王氏刻本　三册

110000－0144－0000801　1712
四裔編年表四卷　(美國)林樂知譯　(清)嚴良勳　(清)李鳳苞譯　清刻本　四册

110000－0144－0000802　1713
儒林宗派十六卷　(清)萬斯同撰　清宣統三年(1911)浙江圖書館刻本　二册

110000－0144－0000803　1715
理學宗傳二十六卷　(清)孫奇逢輯　清光緒六年(1880)浙江書局刻本　十二册

110000－0144－0000804　1716
北學編四卷　(清)魏一鰲輯　(清)尹會一續輯　清道光二十四年(1844)刻本　二册

110000－0144－0000805　1717
北學編四卷　(清)魏一鰲輯　(清)尹會一續輯　清光緒十四年(1888)四川尊經書院刻本　一册

110000－0144－0000806　1718
洛學編五卷　(清)湯斌輯　清同治九年(1870)湯定詳刻本　三册

110000－0144－0000807　1719
船山師友記十七卷　(清)羅正鈞撰　清光緒三十三年(1907)刻本　四册

110000－0144－0000808　1724
明儒學案六十二卷　(清)黄宗羲撰　清康熙、乾隆間慈谿鄭氏二老閣刻本　二十四册

110000－0144－0000809　1725
國朝宋學淵源記二卷附記一卷　(清)江藩撰　清道光三年(1823)刻本　一册

110000－0144－0000810　1726
國朝漢學師承記八卷　(清)江藩撰　清道光南海伍氏刻粤雅堂叢書本　六册

110000－0144－0000811　1727
皇朝儒行所知錄六卷　(清)范臺撰　清道光二十八年(1848)三賢祠刻本　二册

110000－0144－0000812　1728
國朝學案小識十四卷首一卷末一卷　(清)唐鑑撰　清光緒十年(1884)刻本　十二册

110000－0144－0000813　1733
長安獲古編二卷補一卷　(清)劉喜海撰　清道光東武劉氏刻光緒三十一年(1905)劉鶚補刻本　二册

110000－0144－0000814　1734
古籀拾遺三卷宋政和禮器文字考一卷　(清)孫詒讓撰　清光緒十六年(1890)經微室刻本　二册

110000－0144－0000815　1736
石鼓文釋存一卷補注一卷　(清)張燕昌撰　清光緒二十八年(1902)貴池劉世珩刻本　一册

110000－0144－0000816　1737
二百蘭亭齋收藏金石記不分卷　(清)吴雲撰　清咸豐六年(1856)歸安吴氏刻本　四册

110000－0144－0000817　1738
敬吾心室彝器款識　(清)朱善旂輯　清光緒三十四年(1908)朱之溱石印本　二册

110000－0144－0000818　1739
瘞鶴銘考補一卷山樵書外紀一卷　(清)翁方綱撰　清光緒三十四年(1908)浭陽端方刻本　一册

110000－0144－0000819　1741
荊南萃古編一卷續一卷　(清)周懋琦輯　(清)劉瀚輯　清光緒二十年(1894)上海鴻寶署齋刻本　四册

110000－0144－0000820　1745
石墨鐫華八卷　(明)趙崡撰　清光緒八年(1882)學古齋刻本　四册

110000－0144－0000821　1747
寰宇訪碑錄十二卷補五卷　(清)孫星衍編　(清)邢澍編　清末刻本　四册

110000－0144－0000822　1748
補寰宇訪碑錄五卷失編一卷　(清)趙之謙撰　清同治三年(1864)刻本　二册

110000－0144－0000823　1749
語石十卷　葉昌熾撰　清宣統元年(1909)長洲葉氏刻本　四冊

110000－0144－0000824　1750
古泉叢話三卷首一卷　(清)戴熙撰　清同治十一年(1872)吳縣潘氏滂喜齋刻本　一冊

110000－0144－0000825　1751
繆篆分韻五卷補遺一卷　(清)桂馥編　清光緒歸安姚氏咫進齋刻本　二冊

110000－0144－0000826　1752
漢碑徵經一卷　(清)朱百度撰　清光緒十五年(1889)廣雅書局刻本　一冊

110000－0144－0000827　1755
兩浙金石志十八卷補遺一卷　(清)阮元輯　清光緒十六年(1890)浙江書局刻本　十二冊

110000－0144－0000828　1756
東甌金石志十二卷　(清)戴咸弼纂　(清)孫詒讓補　清光緒二十五年(1899)石印本　四冊

110000－0144－0000829　1757
石鼓文定本五卷地名攷一卷　(清)沈梧纂　清光緒十六年(1890)古華山館刻本　四冊

110000－0144－0000830　1758
千甓亭古塼圖釋十卷　(清)陸心源輯　清光緒十七年(1891)吳興陸氏石印本　二冊

110000－0144－0000831　1759
雍州金石記十卷附記餘一卷　(清)朱楓輯　(清)李錫齡補輯　清光緒十四年(1888)刻惜陰軒叢書本　二冊

110000－0144－0000832　1760
墨林今話十八卷　(清)蔣寶齡撰　**續編一卷**　(清)蔣蓮生撰　清同治十一年(1872)映雪草廬刻本　六冊

110000－0144－0000833　1761
金石史二卷　(明)郭宗昌撰　清光緒八年(1882)學古齋刻本　一冊

110000－0144－0000834　1763
匋雅二卷　(清)寂園叟撰　清宣統二年(1910)上海朝記書莊石印本　四冊

110000－0144－0000835　1766
玉紀一卷　(清)陳性撰　清末鉛印本　一冊

110000－0144－0000836　1773
山海經廣注十八卷　(清)吳任臣撰　清康熙六年(1667)崇義書院刻本　八冊

110000－0144－0000837　1775
山海經新校正十八卷　(晉)郭璞傳　(清)畢沅校勘　清乾隆四十八年(1783)經訓堂刻本　六冊

110000－0144－0000838　1777
輿地廣記三十八卷　(宋)歐陽忞撰　清刻本　十冊

110000－0144－0000839　1782
水經注釋四十卷附錄二卷　(清)趙一清撰　清光緒六年(1880)會稽章氏刻本　十四冊

110000－0144－0000840　1783
水經注箋刊誤十二卷　(清)趙一清撰　清光緒六年(1880)會稽章壽康刻本　六冊

110000－0144－0000841　1784
水經釋地八卷　(清)孔繼涵撰　清光緒六年(1880)會稽章氏刻本　二冊

110000－0144－0000842　1785
水經注圖說殘稾四卷　(清)董祐誠撰　清光緒六年(1880)會稽章氏刻本　一冊

110000－0144－0000843　1786
今水經一卷　(清)黃宗羲撰　清光緒六年(1880)會稽章氏刻本　一冊

110000－0144－0000844　1790
導江三議　(清)王柏心撰　(清)楊昌熙校　清末刻朱印本　一冊

110000－0144－0000845　1792
天台齊袁兩先生遊記二卷　(清)齊召南　(清)袁海帆撰　清宣統二年(1910)袁之球鉛印本　一冊

110000－0144－0000846　1795
揚州水道記四卷　(清)劉文淇撰　清道光二十五年(1845)欲寡過齋刻同治十一年(1872)淮南書局補刻本　四冊

110000－0144－0000847　1797
吴地記一卷後集一卷　(唐)陸廣微纂修　清同治十二年(1873)江蘇書局刻本　一冊

110000－0144－0000848　1798
湖壖雜記一卷　(清)陸次雲撰　清刻本　一冊

110000－0144－0000849　1799
廣陵通典十卷　(清)汪中撰　清同治八年(1869)揚州書局刻本　二冊

110000－0144－0000850　1800
[嘉定]剡錄十卷　(宋)史安之修　(宋)高似孫纂　清道光八年(1828)嵊縣縣署刻本　二冊

110000－0144－0000851　1802
黔書二卷　(清)田雯撰　清康熙刻本　二冊

110000－0144－0000852　1804
秦邊紀略六卷　清同治十一年(1872)安徽藩署刻本　八冊

110000－0144－0000853　1805
蜀檮杌二卷　(宋)張唐英撰　清刻本　二冊

110000－0144－0000854　1806
説教一卷　(清)彭光譽撰　清光緒二十二年(1896)總理各國事務衙門刻本　一冊

110000－0144－0000855　1807
京師坊巷志稿二卷　(清)朱一新撰　清光緒葆真堂刻本　一冊

110000－0144－0000856　1809
[正德]朝邑縣志二卷　(明)王道修　(明)韓邦靖纂　**[正德]武功縣志三卷首一卷**　(明)康海纂　(清)孫景烈評注　清同治十三年(1874)彭城刻本　一冊

110000－0144－0000857　1810
[康熙]開封府志四十卷　(清)管竭忠纂修　清康熙三十四年(1695)開封府署刻同治二年(1863)補刻本　十二冊

110000－0144－0000858　1812
[同治]陽城縣志十八卷　(清)賴昌期修　(清)譚澐　(清)盧廷棻纂　清同治十三年(1874)陽城縣署刻本　八冊

110000－0144－0000859　1813
[同治]江山縣志十二卷首一卷末一卷　(清)王彬等纂修　清同治十二年(1873)江山縣文溪書院刻本　八冊

110000－0144－0000860　1814
[雍正]襄陵縣志二十四卷　(清)趙懋本修　(清)盧秉純纂　清雍正十年(1732)襄陵縣署刻本　四冊

110000－0144－0000861　1815
兩浙防護陵寢祠墓錄不分卷　(清)阮元編　清光緒十五年(1889)浙江書局刻本　二冊

110000－0144－0000862　1819
[嘉慶]武義縣志十二卷首一卷　(清)張瞥堠修　(清)周家騊纂　清宣統二年(1910)武義縣署石印本　六冊

110000－0144－0000863　1821
[光緒]無錫金匱縣志四十卷　(清)裴大中修　(清)秦緗業纂　清光緒七年(1881)刻本　十九冊

110000－0144－0000864　1822
[光緒]周莊鎮志六卷　(清)陶煦纂修　**貞豐里庚申見聞錄二卷**　(清)陶煦撰　清光緒八年(1882)元和陶氏儀一堂刻本　六冊

110000－0144－0000865　1824
[光緒]泰興縣志二十六卷首一卷末一卷　(清)楊激雲修　(清)顧曾烜纂　清光緒十二年(1886)泰興縣署刻本　十冊

110000－0144－0000866　1826
海國圖志一百卷　(清)魏源撰　清咸豐二年(1852)古微堂刻本　二十四冊

110000－0144－0000867　1828

廣東考古輯要四十六卷　(清)周廣等輯　清光緒十九年(1893)還讀書屋刻本　十冊

110000－0144－0000868　1829
[同治]隨州志三十二卷首一卷　(清)文齡修　(清)史策先纂　清同治八年(1869)隨州州署刻本　十六冊

110000－0144－0000869　1830
鄴中記一卷　(晉)陸翙撰　清乾隆蘇州府刻武英殿聚珍版書本　一冊

110000－0144－0000870　1831
湖墅小志四卷　(清)高鵬年撰　清光緒二十二年(1896)仁和高氏石印本　一冊

110000－0144－0000871　1832
爛柯山志十三卷　(清)鄭永禧補輯　清光緒三十二年(1906)不其山館刻本　四冊

110000－0144－0000872　1833
[同治]即墨縣志十二卷首一卷　(清)林溥修　(清)周翕璜纂　清同治十二年(1873)即墨縣署刻本　八冊

110000－0144－0000873　1837
東西洋考十二卷　(明)張燮撰　清光緒三原李氏刻惜陰軒叢書本　四冊

110000－0144－0000874　1839
大唐西域記十二卷　(唐)釋玄奘譯　(唐)釋辯機撰　清宣統元年(1909)常州天寧寺刻本　四冊

110000－0144－0000875　1841
歸潛記乙編一卷附一卷丙編一卷丁編三卷戊編一卷辛編一卷癸編一卷附一卷　(清)錢恂撰　清末歸安錢氏刻本　二冊

110000－0144－0000876　1845
孝肅包公奏議十卷　(宋)包拯撰　清道光、咸豐間廣州南海伍氏刻粵雅堂叢書本　三冊

110000－0144－0000877　1846
宋李忠定公奏議選十五卷　(宋)李綱撰　(明)左光斗選　清光緒二十三年(1897)東粵經韻樓石印本　四冊

110000－0144－0000878　1847
范文正公政府奏議二卷補編一卷　(宋)范仲淹撰　清光緒二十三年(1897)粵東經韻樓鉛印本　二冊

110000－0144－0000879　1848
魏鄭公諫續錄二卷　(元)翟思忠撰　清乾隆蘇州府署刻本　一冊

110000－0144－0000880　1849
胡端敏公奏議十卷　(明)胡世寧撰　清光緒十九年(1893)浙江書局刻本　四冊

110000－0144－0000881　1851
嘉定長白二先生奏議四卷　夏震武輯　清宣統二年(1910)京師鉛印本　二冊

110000－0144－0000882　1852
堅正堂摺稿二卷　(清)褚成博撰　清光緒三十一年(1905)刻本　二冊

110000－0144－0000883　1853
水流雲在館奏議二卷　(清)宋晉撰　清光緒十三年(1887)刻本　二冊

110000－0144－0000884　1854
滇黔奏議十卷　(清)劉嶽昭撰　清光緒十四年(1888)湘鄉劉氏刻本　六冊

110000－0144－0000885　1856
通志略五十一卷　(宋)鄭樵撰　清嘉慶十一年(1806)長洲彭氏刻本　二十二冊

110000－0144－0000886　1857
文獻通考輯要七十六卷　湯壽潛輯　清末石印本　二十冊

110000－0144－0000887　1859
增補都門紀略七卷　(清)楊靜亭撰　清光緒十四年(1888)京都刻本　八冊

110000－0144－0000888　1860
經義考三百卷　(清)朱彝尊撰　清光緒二十三年(1897)浙江書局刻本　缺三卷(二百八十六、二百九十九至三百)　五十冊

110000－0144－0000889　1861
經義考補正八卷　(清)翁方綱撰　清道光南

海伍氏刻粵雅堂叢編本　存四卷（五至八）三冊

110000－0144－0000890　1863
四庫全書總目二百卷首一卷　（清）紀昀等編　清同治七年（1868）廣東書局刻本　一百二十冊

110000－0144－0000891　1864
欽定四庫全書簡明目錄二十卷　（清）紀昀等編　清光緒十年（1884）上海同文書局石印本　四冊

110000－0144－0000892　1865
禁書總目偶錄一卷　（清）□□編　清抄本　一冊

110000－0144－0000893　1866
書目答問四卷附叢書目一卷別錄一卷姓名略一卷　（清）張之洞編　清光緒四年（1878）上海淞隱閣石印本　四冊

110000－0144－0000894　1867
行素草堂目睹書錄十編附汲古閣珍藏秘本書目　（清）朱紀榮編　清光緒十年至十一年（1884－1885）蘇州朱氏槐廬刻本　十冊

110000－0144－0000895　1868
浙江藏書樓書目甲編五卷乙編三卷附補遺一卷　（清）楊復等編　清光緒三十三年（1907）浙江藏書樓鉛印本　三冊

110000－0144－0000896　1870
直齋書錄解題二十二卷　（宋）陳振孫撰　清乾隆蘇州府刻本　十二冊

110000－0144－0000897　1871
彙刻書目不分卷續編二卷　（清）顧修編　清光緒元年（1875）長洲陳氏無夢園刻本　十五冊

110000－0144－0000898　1873
崇文總目五卷　（宋）王堯臣等撰　（清）錢東垣等輯釋　**補遺一卷附錄一卷**　（清）錢侗輯　清咸豐三年（1853）南海伍氏刻粵雅堂叢書本　五冊

110000－0144－0000899　1878
廣雅書院藏書目錄七卷　（清）廖廷相編　清光緒二十七年（1901）廣雅書局刻本　二冊

110000－0144－0000900　1881
國朝著述未刊書目一卷　鄭文焯輯　清光緒十四年（1888）蘇州書局刻本　一冊

110000－0144－0000901　1882
善本書室藏書志四十卷附錄一卷　（清）丁丙撰　清光緒二十七年（1901）刻本　十六冊

110000－0144－0000902　1883
經籍舉要一卷　（清）龍啟瑞撰　清光緒七年（1881）京師刻本　一冊

110000－0144－0000903　1886
姚江黃氏五桂樓書目四卷　（清）黃石泉編　清光緒二十一年（1895）姚江黃氏刻本　二冊

110000－0144－0000904　1887
江刻書目三種　（清）江標輯　清光緒二十三年（1897）元和江氏刻本　三冊

110000－0144－0000905　1888
宋元舊本書經眼錄三卷附錄二卷　（清）莫友芝撰　清同治十二年（1873）影山草堂刻本　一冊

110000－0144－0000906　1890
金華文萃書目提要八卷　（清）胡鳳丹編　清同治八年（1869）金華胡氏退補齋刻本　三冊

110000－0144－0000907　1891
天一閣書目四卷　（清）范懋柱輯　清文選樓刻本　十冊

110000－0144－0000908　1894
鐵琴銅劍樓藏書目錄二十四卷　（清）瞿鏞編　清光緒二十四年（1898）常熟瞿氏家塾刻本　十冊

110000－0144－0000909　1897
挈經室經進書錄四卷　（清）傅以禮編　清光緒八年（1882）大興傅氏刻本　二冊

110000－0144－0000910　1900
式古堂目錄十七卷　（清）尤瑩編　清光緒十

九年(1893)石印本　二册

110000－0144－0000911　1905
四庫全書提要分纂稾　(清)邵晉涵撰　清光緒十七年(1891)會稽徐氏刻本　一册

110000－0144－0000912　1907
皕宋樓藏書源流考　(日本)島田翰撰　清光緒三十三年(1907)武進董氏刻本　一册

110000－0144－0000913　1910
曝書雜記三卷　(清)錢泰吉撰　清同治七年(1868)刻本　二册

110000－0144－0000914　1914
浙江官書局書目一卷　(清)□□編　清光緒十一年(1885)刻本　一册

110000－0144－0000915　1927
廣雅書局書目一卷　(清)廣雅書局編　清末廣雅書局刻本　一册

110000－0144－0000916　1929
資治通鑑目錄三十卷　(宋)司馬光撰　清同治八年(1869)江蘇書局刻本　十册

110000－0144－0000917　1930
史鑑節要便讀六卷　(清)鮑東里撰　清光緒二十七年(1901)湖北官書局刻本　二册

110000－0144－0000918　1933
通鑑答問五卷　(元)王應麟撰　清刻本　二册

110000－0144－0000919　1934
通鑑宋本校勘記五卷元本校勘記二卷　(明)張瑛撰　清光緒八年(1882)江蘇書局刻本　一册

110000－0144－0000920　1936
十七史商榷一百卷　(清)王鳴盛撰　清乾隆五十二年(1787)洞涇草堂刻本　二十册

110000－0144－0000921　1937
史通削繁四卷　(清)紀昀撰　清道光十三年(1833)兩廣節署刻朱墨套印本　四册

110000－0144－0000922　1938
史通通釋二十卷　(唐)劉知幾撰　(清)浦起龍釋　清乾隆十七年(1752)梁溪浦氏求放心齋刻本　六册

110000－0144－0000923　1939
東萊先生音註唐鑑二十四卷　(宋)范祖禹撰　(宋)吕祖謙音註　清光緒十八年(1892)浙江書局刻本　四册

110000－0144－0000924　1941
史案二十卷　(清)吳裕垂撰　清大成堂刻本　四册

110000－0144－0000925　1942
史微内篇四卷　張采田撰　清光緒三十四年(1908)木活字印本　二册

110000－0144－0000926　1944
續資治通鑑二百二十卷　(清)畢沅撰　清乾隆鎮洋畢氏刻嘉慶六年(1801)馮集梧修同治八年(1869)重修本　六十四册

110000－0144－0000927　1947
漢律攷一卷　(清)張鵬一撰　清光緒十七年(1891)陝甘味經刊書處刻本　一册

110000－0144－0000928　1950
[光緒二十一年]五次問答節略　(清)李鴻章　(日本)伊藤博文撰　清末石印本　一册

110000－0144－0000929　1960
大清律例歌括一卷　(清)□□撰　清同治十二年(1873)黄運昌刻本　一册

110000－0144－0000930　1963
仁錢教育會第一次報告　(清)□□撰　清宣統元年(1909)鉛印本　一册

110000－0144－0000931　1965
丁戊筆記二卷　(清)陳宗起撰　清道光刻本　二册

110000－0144－0000932　1968
讀海外奇書室雜著　姚文棟撰　清光緒十一年(1885)上海姚氏鉛印本　一册

110000－0144－0000933　1972
直省咨議局議員聯合會報告書一卷　(清)直

省咨議局撰　清宣統京師京華印刷局鉛印本　一冊

110000－0144－0000934　1979

浙江諮議局第一屆常年會議事錄一卷浙江諮議局規劃不分卷浙江諮議局文牘二編浙江諮議局文牘議決案質問書並巡撫咨詢事件一卷浙江諮議局議決案一卷　(清)浙江諮議局記　清宣統鉛印本　三冊

110000－0144－0000935　1982

後漢書補注續一卷　(清)侯康撰　清光緒十七年(1891)廣雅書局刻本　一冊

110000－0144－0000936　1983

續後漢書四十二卷音義四卷義例一卷　(宋)蕭常撰　清道光二十一年(1841)郁氏宜稼堂刻本　十六冊

110000－0144－0000937　1984

十種古逸書　(清)茆泮林輯　清道光十四年(1834)梅瑞軒刻本　十冊

110000－0144－0000938　1985

豫章叢書二十一種　徐乃昌輯　清光緒二十七年(1901)南昌徐氏刻本　十六冊

110000－0144－0000939　1986

十三經注疏四百十六卷附校勘記　(清)阮元輯　清同治十二年(1873)江西書局刻本　一百八十二冊

110000－0144－0000940　1988

經苑二十五種　(清)錢儀吉輯　清同治嘉興錢氏刻本　七十六冊

110000－0144－0000941　1991

唐人三家集二十八卷　(清)秦恩復輯　清宣統三年(1911)藏古圖書館石印本　八冊

110000－0144－0000942　1993

張氏適園叢書初集七種　張鈞衡輯　清宣統三年(1911)上海國學扶輪社鉛印本　十冊

110000－0144－0000943　1994

二十二子全書　(清)王纕堂編　清道光十三年(1833)棠蔭館刻本　八冊

110000－0144－0000944　1996

涇川叢書四十五種續七種　(清)趙紹祖輯　清道光十二年(1832)涇縣趙氏古墨齋刻本　二十四冊

110000－0144－0000945　1997

檀几叢書五十種　(清)王晫　(清)張潮編　清康熙三十四年(1695)新安張氏霞舉堂刻本　十冊

110000－0144－0000946　1998

賜硯堂叢書四十種四十卷　(清)顧沅輯　清道光十年(1830)長洲顧氏刻本　十二冊

110000－0144－0000947　1999

遜敏堂叢書三十二種　(清)黄秩模輯　清道光、咸豐間木活字印本　五冊

110000－0144－0000948　2000

求實齋叢書二十二種　(清)蔣德鈞輯　清光緒十七年(1891)湘鄉蔣氏刻本　十四冊

110000－0144－0000949　2001

弟子職一卷　(清)孫同元注　清嘉慶六年(1801)刻本　一冊

110000－0144－0000950　2002

弟子職正音一卷　(清)王筠撰　清刻本　一冊

110000－0144－0000951　2003

弟子職音誼一卷　(清)鍾廣芷輯　清光緒十六年(1890)刻本　一冊

110000－0144－0000952　2004

老子道德經二卷　(晉)王弼注　清乾隆蘇州府署刻本　一冊

110000－0144－0000953　2008

老子集解二卷考異一卷　(明)薛蕙撰　清光緒三原李氏刻惜蔭軒叢書本　二冊

110000－0144－0000954　2012

道德真經注四卷　(元)吳澄注　清咸豐五年(1855)南海伍氏刻粤雅堂叢書本　四冊

110000－0144－0000955　2019

晏子春秋七卷　蘇輿校註　清光緒十八年

(1892)思賢講舍刻本　二册

110000－0144－0000956　2020
晏子春秋七卷　(春秋)晏嬰撰　**音義二卷**　(清)孫星衍撰　清乾隆五十三年(1788)陽湖孫氏刻本　二册

110000－0144－0000957　2025
墨子六卷　王闓運注　清光緒三十年(1904)江西官書局刻本　四册

110000－0144－0000958　2026
墨子斠注補正二卷　王樹枏撰　清末文莫室刻本　一册

110000－0144－0000959　2027
墨子經說解二卷　(清)張惠言撰　清宣統元年(1909)上海國學保存會石印本　一册

110000－0144－0000960　2029
子思子七卷　(漢)鄭玄注　(清)黃以周輯解　清光緒二十二年(1896)江陰南菁書院刻意林逸子本　二册

110000－0144－0000961　2040
莊子雪三卷　(清)陸樹芝輯注　清嘉慶四年(1799)廣州儒雅堂刻本　六册

110000－0144－0000962　2041
莊子因六卷　(清)林雲銘撰　清乾隆四十五年(1780)梅園萃華堂刻本　四册

110000－0144－0000963　2042
莊子二卷　王闓運注　清末長沙王氏刻本　二册

110000－0144－0000964　2043
南華真經十卷　(晉)郭象注　(唐)陸德明音義　清姑蘇聚文堂刻本　五册

110000－0144－0000965　2046
南華經解三十三卷　(清)宣穎撰　清同治九年(1870)皖城藩署刻本　六册

110000－0144－0000966　2051
荀子補注二卷　(清)郝懿行撰　清刻本　二册

110000－0144－0000967　2052
荀子二十卷　(唐)楊倞注　(清)謝墉輯補　**校勘補遺一卷**　(清)謝墉撰　清乾隆五十一年(1786)謝墉安雅堂刻本　四册

110000－0144－0000968　2053
荀子二十卷　(唐)楊倞注　(清)謝墉輯補　**校勘補遺一卷**　(清)謝墉撰　清刻本　存十三卷(一至十三)　二册

110000－0144－0000969　2054
荀子考異一卷　(宋)錢佃撰　清光緒三十一年(1905)繆荃孫刻對雨樓叢書本　一册

110000－0144－0000970　2057
韓非子識誤三卷　(清)顧廣圻撰　清嘉慶二十一年(1816)秦氏石研齋刻本　一册

110000－0144－0000971　2059
韓非子集解二十卷　(清)王先慎集解　清光緒二十二年(1896)刻本　六册

110000－0144－0000972　2065
吕氏春秋二十六卷　(漢)高誘注　(清)畢沅輯校　清乾隆五十三年(1788)畢氏靈巖山館刻本　六册

110000－0144－0000973　2066
春秋繁露十七卷　(漢)董仲舒撰　清光緒八年(1882)淮南書局刻本　二册

110000－0144－0000974　2067
春秋繁露注十七卷　(清)淩曙撰　清光緒十四年(1888)江陰南菁書院刻皇清經解續編本　二册

110000－0144－0000975　2073
淮南子二十一卷　(漢)劉安撰　(漢)高誘注　清乾隆五十三年(1788)莊逵吉刻本　六册

110000－0144－0000976　2074
淮南子萬畢術輯一卷　王仁俊撰　清光緒三十三年(1907)存古學堂鉛印本　一册

110000－0144－0000977　2075
淮南許注異同詁四卷補遺一卷續補一卷
(清)陶方琦撰　清光緒七年至八年(1881－

1882)湘南使院刻本　二冊

110000－0144－0000978　2076
淮南子天文訓補註二卷　(清)錢塘撰　清光緒三年(1877)湖北崇文書局刻本　二冊

110000－0144－0000979　2077
孔叢子七卷　(漢)孔鮒撰　(宋)宋咸注　清光緒元年(1875)海昌陳錫麒刻本　四冊

110000－0144－0000980　2078
抱朴子内篇二十卷外篇五十卷附編十卷　(晉)葛洪撰　清光緒十一年(1885)朱氏槐廬刻本　六冊

110000－0144－0000981　2079
列子注八卷　(晉)張湛撰　**列子沖虚至德真經釋文二卷**　(唐)殷敬順撰　(宋)陳景元補遺　清嘉慶十八年(1813)湖海樓刻本　二冊

110000－0144－0000982　2081
焦氏筆乘六卷　(明)焦竑撰　清道光三十年(1850)南海伍氏刻粤雅堂叢書本　一冊　存三卷(四至六)

110000－0144－0000983　2082
朱子語類一百四十卷　(宋)朱熹撰　清同治十一年(1872)應元書院刻本　四十八冊

110000－0144－0000984　2083
家範十卷　(宋)司馬光撰　清光緒元年(1875)夏州李氏刻本　一冊

110000－0144－0000985　2084
誡子庸言一卷　(清)莫啟智纂　清宣統三年(1911)莫氏鉛印本　二冊

110000－0144－0000986　2086
薛子條貫篇十三卷續篇十三卷　(明)薛瑄撰　清光緒十九年(1893)廣州節署刻本　四冊

110000－0144－0000987　2090
習學記言五十卷　(宋)葉適撰　清光緒十年(1884)江陰刻本　十冊

110000－0144－0000988　2091
上蔡先生語錄三卷　(宋)謝良佐撰　清刻本　一冊

110000－0144－0000989　2092
延平李先生師弟子答問一卷　(宋)朱熹輯　清刻本　一冊

110000－0144－0000990　2093
姚江釋毀錄一卷　(清)彭定求撰　清光緒七年(1881)彭氏刻本　一冊

110000－0144－0000991　2095
朱子原訂近思錄十四卷　(宋)朱熹　(宋)吕祖謙輯　(清)江永集註　清末江西藩署刻本　四冊

110000－0144－0000992　2096
理學逢源十二卷　(清)汪紱撰　清光緒二十三年(1897)刻本　十二冊

110000－0144－0000993　2099
五種遺規　(清)陳宏謀輯　清道光十年(1830)陳氏培遠堂刻本　十八冊

110000－0144－0000994　2101
國朝先正學規彙鈔不分卷　(清)黄舒昺撰　清同治七年(1868)紹廉書屋刻本　二冊

110000－0144－0000995　2102
北溪字義二卷附錄一卷　(宋)陳淳撰　**元城語錄解三卷**　(明)王崇慶撰　清光緒李錫齡刻惜蔭軒叢書本　四冊

110000－0144－0000996　2103
傷寒補亡論二十卷　(宋)郭雍撰　清宣統三年(1911)長沙武昌醫館刻本　二冊　存九卷(一至九)

110000－0144－0000997　2104
經史證類大觀本草三十一卷　(宋)唐慎微撰　(清)柯逢時重校　清光緒十年(1884)湖北武昌柯氏刻本　十六冊

110000－0144－0000998　2106
小兒藥證真訣三卷　(宋)錢乙撰　清光緒惜陰軒刻惜陰軒叢書本　二冊

110000－0144－0000999　2107
活幼心書三卷　(元)曾世榮編　清宣統二年(1910)湖北武昌醫館刻本　三冊

110000－0144－0001000　2108
表異錄二十卷　（明）王志堅輯　清光緒三原李錫齡刻惜陰軒叢書本　二冊

110000－0144－0001001　2109
清異錄二卷　（宋）陶穀撰　清光緒三原李氏刻惜陰軒叢書本　二冊

110000－0144－0001002　2110
見物五卷　（明）李蘇撰　清光緒三原李氏刻惜陰軒叢書本　二冊

110000－0144－0001003　2111
書敘指南二十卷　（宋）任廣撰　清光緒三原李氏惜陰軒刻本　四冊

110000－0144－0001004　2112
陣紀四卷　（明）何良臣撰　清光緒刻惜蔭軒叢書本　二冊

110000－0144－0001005　2113
陔餘叢考四十三卷　（清）趙翼撰　清乾隆五十五年（1790）湛貽堂刻本　（清）陳澧批注　八冊

110000－0144－0001006　2114
雲仙雜記十卷　（唐）馮贄撰　明抄本　一冊　存六卷（五至十）

110000－0144－0001007　2115
桐陰清話八卷　（清）倪鴻撰　清同治十三年（1874）申江刻本　四冊

110000－0144－0001008　2116
初學記三十卷　（唐）徐堅等撰　清光緒十四年（1888）蘊石齋刻本　十二冊

110000－0144－0001009　2117
新齊諧二十四卷續新齊諧十卷　（清）袁枚輯　清隨園刻本　十冊

110000－0144－0001010　2119
太平廣記五百卷目錄十卷　（宋）李昉等纂　清道光二十六年（1846）三讓睦記刻本　五十冊

110000－0144－0001011　2120
宋豔十二卷　（清）徐士鑾撰　清光緒十七年（1891）天津蝶園刻本　六冊

110000－0144－0001012　2121
說鈴　（清）吳震方輯　清康熙四十四年（1705）刻本　二十冊

110000－0144－0001013　2122
省軒考古類編十二卷　（清）柴紹炳輯　清雍正四年（1726）澹成堂刻本　十二冊

110000－0144－0001014　2123
皇極經世緒言十卷　（清）包燿撰　清嘉慶四年（1799）錢塘徐邦屏樹堂刻本　十二冊

110000－0144－0001015　2124
皇極經世易知八卷首一卷　（清）何夢瑤輯　清道光十三年（1833）滾雪樓刻本　四冊

110000－0144－0001016　2125
顔氏家訓一卷　（北齊）顔之推撰　**袁氏家範一卷**　（宋）袁采撰　清光緒十八年（1892）鉛印本　一冊

110000－0144－0001017　2126
顔氏家訓補注一卷　李詳撰　清末國粹學報社鉛印本　一冊

110000－0144－0001018　2129
儀衛軒遺書　（清）方東樹撰　清同治十三年（1874）桐城方氏刻本　一冊

110000－0144－0001019　2130
儒門法語輯要　（清）彭定求　（清）湯金釗原編　清光緒十六年（1890）浙江書局刻本　一冊

110000－0144－0001020　2131
學廬自鏡語一卷續編一卷　（清）陳錦撰　清光緒五年（1879）橘陰軒刻本　二冊

110000－0144－0001021　2132
鄭君粹言三卷　（清）潘任輯　清光緒木活字印希政堂叢書本　一冊

110000－0144－0001022　2133
理學辨似一卷　（清）潘子昭撰　清光緒二十二年（1896）刻虞山潘氏叢書本　一冊

110000－0144－0001023　2134
漢學商兑四卷　(清)方東樹撰　清光緒八年(1882)四明花雨樓刻本　四冊

110000－0144－0001024　2135
人道大義錄一卷　夏震武撰　清光緒二十六年(1900)鉛印本　一冊

110000－0144－0001025　2136
四書講義續困勉錄六卷　(清)陸隴其撰　清刻本　四冊

110000－0144－0001026　2137
小學韻語　(清)羅澤南撰　清末浙江書局刻本　一冊

110000－0144－0001027　2138
小學韻語　(清)羅澤南撰　清末浙江書局刻本　一冊

110000－0144－0001028　2139
廣三字經一卷　(清)蕉軒氏撰　清光緒九年(1883)津河廣仁堂刻本　一冊

110000－0144－0001029　2140
思辨錄疑義一卷　(清)劉蓉撰　清光緒三年(1877)長沙思賢講舍刻本　一冊

110000－0144－0001030　2141
三魚堂賸言十二卷　(清)陸隴其撰　(清)陳濟編　清同治七年(1868)武林薇署刻本　一冊

110000－0144－0001031　2142
天演論二卷　(英國)赫胥黎著　嚴復譯　清光緒二十九年(1903)杭州史學齋石印本　二冊

110000－0144－0001032　2143
社會學二卷　(日本)岸本能武太著　章炳麟譯　清光緒二十八年(1902)上海廣智書局鉛印本　二冊

110000－0144－0001033　2160
割圜密率捷法四卷　(清)明安圖撰　(清)陳舜五續　清道光十九年(1839)石梁岑氏刻本　二冊

110000－0144－0001034　2162
困學紀聞二十卷　(元)王應麟撰　清乾隆桐華書塾刻本　六冊

110000－0144－0001035　2163
困學紀聞注二十卷　(元)王應麟撰　(清)翁元圻注　清道光五年(1825)餘姚守福堂刻本　十二冊

110000－0144－0001036　2164
困學紀聞二十卷　(元)王應麟撰　(清)閻若璩箋　清乾隆三年(1738)馬氏叢書樓刻本　八冊

110000－0144－0001037　2165
校訂困學紀聞集證(困學紀聞集證合注)二十卷　(元)王應麟撰　(清)閻若璩箋　(清)萬希槐集證　(清)屠繼序校補　清嘉慶十八年(1813)胡香海山壽齋刻本　十二冊

110000－0144－0001038　2166
東萊呂紫微雜說一卷　(宋)呂本中撰　清光緒二年(1876)刻十萬卷樓叢書本　一冊

110000－0144－0001039　2167
容齋隨筆十六卷續筆十六卷三筆十六卷四筆十六卷五筆十卷　(宋)洪邁撰　清同治十一年(1872)新豐洪氏刻光緒印本　十四冊

110000－0144－0001040　2168
藝概六卷　(清)劉熙載撰　清光緒三年(1877)嶺南刻本　二冊

110000－0144－0001041　2169
古文周易參同契註八卷　(清)袁仁林撰　清道光二十六年(1846)宏道書院刻惜陰軒叢書本　二冊

110000－0144－0001042　2170
潛邱劄記六卷　(清)閻若璩撰　清乾隆九年(1744)眷西堂刻本　六冊

110000－0144－0001043　2171
讀書雜志八十二卷餘編二卷　(清)王念孫撰　清刻本　二十四冊

110000－0144－0001044　2172

讀書雜志八十二卷餘編二卷 （清）王念孫撰 清同治九年（1870）金陵書局刻本 二十四册

110000－0144－0001045 2173
日知錄集釋三十二卷 （清）顧炎武撰 （清）黄汝成集釋 **刊誤二卷續刊誤二卷** （清）黄汝成撰 清同治八年（1869）廣州述古堂刻本 十六册

110000－0144－0001046 2174
日知錄集釋三十二卷 （清）顧炎武撰 （清）黄汝成集釋 **刊誤二卷續刊誤二卷** （清）黄汝成撰 清光緒三年（1877）刻本 十六册

110000－0144－0001047 2179
斁經筆記一卷 （清）陳倬撰 清刻本 一册

110000－0144－0001048 2180
求闕齋讀書錄十卷 （清）曾國藩撰 清光緒二年（1876）龍文齋刻本 四册

110000－0144－0001049 2181
湛園紥記四卷 （清）姜宸英撰 清光緒七年（1881）見山樓刻本 四册

110000－0144－0001050 2182
睡餘偶筆二卷 （清）雷浚撰 清光緒二十年（1894）刻本 一册

110000－0144－0001051 2183
群書札記十六卷 （清）朱亦楝撰 清光緒四年（1878）武林竹簡齋刻本 八册

110000－0144－0001052 2184
竝辨隨筆二卷 （清）黄定宜撰 清道光二十七年（1847）萍鄉文晟叔刻本 一册

110000－0144－0001053 2185
讀書隨筆一卷 （清）費熙撰 清咸豐刻本 一册

110000－0144－0001054 2186
札樸十卷 （清）桂馥撰 清光緒九年（1883）長洲蔣氏心矩齋刻本 八册

110000－0144－0001055 2188
合肥學舍劄記十二卷 （清）陸繼輅撰 清光緒四年（1878）興國州署刻本 四册

110000－0144－0001056 2189
讀書說四卷 （清）胡承諾撰 清道光二十五年（1845）刻朱印本 五册

110000－0144－0001057 2190
易餘籥錄二十卷 （清）焦循撰 清光緒十二年（1886）德化李氏木犀軒刻本 二册

110000－0144－0001058 2191
培菴漫錄十二卷 （清）張立本撰 清嘉慶二十三年（1818）李氏刻本 六册

110000－0144－0001059 2192
慈溪黄氏日抄分類讀史二卷 （宋）黄震輯 清光緒二十九年（1903）刻本 二册

110000－0144－0001060 2193
書蕉二卷 （明）陳繼儒撰 清光緒五年（1879）仁和葛氏嘯園刻本 一册

110000－0144－0001061 2194
澗泉日記三卷 （宋）韓淲撰 清乾隆蘇州府署刻本 一册

110000－0144－0001062 2195
敬齋古今黈八卷 （元）李治撰 清乾隆蘇州府署翻刻武英殿聚珍版書本 三册

110000－0144－0001063 2196
雲谷雜記四卷 （宋）張淏撰 清乾隆蘇州府署刻本 二册

110000－0144－0001064 2200
稱謂錄三十二卷 （清）梁章鉅撰 清光緒十年（1884）福州梁恭辰刻本 八册

110000－0144－0001065 2201
諸子平議三十五卷 （清）俞樾撰 清刻本 八册

110000－0144－0001066 2205
竹窗隨筆一卷二筆一卷三筆一卷 （明）釋袾宏撰 清光緒二十四年（1898）金陵刻經處刻本 三册

110000－0144－0001067 2206

紫薇花館雜纂一卷附外集一卷　(清)王廷鼎撰　清刻本　一册

110000－0144－0001068　2207
此觀輔行傳宏決(輔行記)一卷　(唐)釋湛然撰　(清)胡澍錄　清同治八年(1869)吳縣潘氏刻本　一册

110000－0144－0001069　2208
東塾讀書記十二卷又三卷　(清)陳澧撰　清光緒廣州刻本　五册

110000－0144－0001070　2209
通俗編十六卷　(清)翟灝撰　清乾隆刻道光五年(1825)李朝夔補刻本　四册

110000－0144－0001071　2211
乾坤大畧十卷補遺一卷　(清)王餘佑撰　清光緒五年(1879)定州王氏刻畿輔叢書本　二册

110000－0144－0001072　2215
蕙櫋雜記一卷　(清)嚴元照撰　清光緒十一年(1885)趙氏峭帆樓刻本　一册

110000－0144－0001073　2216
前塵夢影録二卷　(清)徐康撰　清光緒二十三年(1897)元和江氏刻本　二册

110000－0144－0001074　2217
鷄窗叢話一卷　(清)蔡澄撰　清光緒十二年(1886)新陽趙氏刻本　一册

110000－0144－0001075　2219
玉麈集二卷　(清)洪亮吉撰　清光緒十六年(1890)粟香室刻本　一册

110000－0144－0001076　2220
茶香室續抄二十五卷　(清)俞樾撰　清光緒十一年(1885)刻本　八册

110000－0144－0001077　2221
西清筆記二卷　(清)沈初撰　清刻本　一册

110000－0144－0001078　2222
竹葉亭雜記八卷　(清)姚元之撰　清光緒十九年(1893)桐城姚氏刻本　二册

110000－0144－0001079　2223
簷曝雜記六卷　(清)趙翼撰　清刻本　二册

110000－0144－0001080　2224
交翠軒筆記四卷　(清)沈濤撰　清道光刻本　一册　存二卷(一至二)

110000－0144－0001081　2225
香祖筆記十二卷　(清)王士禛撰　清康熙刻本　四册

110000－0144－0001082　2226
池北偶談二十六卷　(清)王士禛撰　清康熙文萃堂刻本　五册

110000－0144－0001083　2227
東坡題跋二卷　(宋)蘇軾撰　清乾隆五十五年(1790)又賞齋刻同治十一年(1872)補刻本　二册

110000－0144－0001084　2228
山谷題跋三卷　(宋)黃庭堅撰　清乾隆五十五年(1790)又賞齋刻同治十一年(1872)補刻本　三册

110000－0144－0001085　2229
仁學一卷　(清)譚嗣同撰　清末鉛印本　一册

110000－0144－0001086　2231
華延年室題跋三卷殘明大統歷及殘明宰輔表一卷　(清)傅以禮撰　清宣統元年(1909)餘杭俞氏鉛印本　三册

110000－0144－0001087　2232
清儀閣題跋四卷　(清)張廷濟撰　清光緒十九年(1893)丁立誠刻本　四册

110000－0144－0001088　2234
柏堂讀書筆記九卷　(清)方宗誠撰　清光緒刻本　三册

110000－0144－0001089　2235
耐安類稿五種十卷　(清)陳偉撰　清光緒二十二年(1896)刻本　六册

110000－0144－0001090　2236
慈溪黃氏日抄分類九十七卷　(宋)黃震輯

清刻本　五冊　存二十八卷(十三、三十三至三十五、四十至六十三)

110000－0144－0001091　2244
般若波羅蜜多心經註解一卷　(唐)釋玄奘譯　(明)釋宗泐注　**金剛般若波羅蜜經註解**　(後秦)釋鳩摩羅什譯　清光緒二年(1876)長沙刻經處　一冊

110000－0144－0001092　2245
御錄宗鏡大綱二十卷　(清)世宗胤禛撰　清雍正十二年(1734)刻本　六冊

110000－0144－0001093　2246
大乘止觀法門四卷　(南朝陳)釋慧思撰　清光緒六年(1880)長沙刻經處刻本　一冊

110000－0144－0001094　2247
維摩經玄疏六卷　(隋)釋智顗撰　清光緒長沙刻經處刻本　二冊

110000－0144－0001095　2248
大佛頂如來密因修證了義諸菩薩萬行首楞嚴經合轍十卷　(明)釋通潤撰　清刻本　十冊

110000－0144－0001096　2249
六祖大師法寶壇經一卷　(唐)釋慧能撰　清光緒七年(1881)長沙刻經處刻本　一冊

110000－0144－0001097　2253
金剛經解義一卷心經解義一卷　(清)徐槐廷彙注　清咸豐八年(1858)刻本　一冊

110000－0144－0001098　2266
大方等修多羅王經　(三國魏)釋留支撰　**菩薩修行四法經**　(唐)釋地婆訶羅譯　**稻稈經　難提蜜多羅所說法住記**　(唐)釋玄奘著譯　清長沙鄭氏刻本　一冊

110000－0144－0001099　2267
大乘起信論一卷　(南朝梁)釋真諦譯　清光緒三十年(1904)武昌廬陵黄氏刻本　一冊

110000－0144－0001100　2269
刪定止觀三卷　(唐)梁肅撰　清宣統三年(1911)鉛印本　一冊

110000－0144－0001101　2271
永嘉禪宗集註二卷　(明)釋傳燈撰　清末刻本　一冊

110000－0144－0001102　2272
寶藏論一卷　(後秦)釋僧肇撰　清同治九年(1870)杭省刻經處刻本　一冊

110000－0144－0001103　2273
入楞伽心玄義一卷　(唐)釋法藏撰　清光緒十八年(1892)金陵刻經處刻本　一冊

110000－0144－0001104　2275
等不等觀雜錄八卷　(清)楊文會述　清末刻楊居士遺書本　一冊

110000－0144－0001105　2277
大佛頂經序指味疏一卷　釋諦閑撰　清光緒二十八年(1902)刻本　一冊

110000－0144－0001106　2278
般若波羅蜜多心經註解一卷　(唐)釋玄奘譯　(明)釋宗泐注　**金剛般若波羅蜜經註解**　(後秦)釋鳩摩羅什譯　清光緒二年(1876)長沙刻經處刻本　一冊

110000－0144－0001107　2281
金剛經實義一卷　釋昌道撰　清光緒三十四年(1908)上海著易堂刻本　一冊

110000－0144－0001108　2282
華嚴原人論一卷　(唐)釋宗密撰　清同治十一年(1872)刻本　一冊

110000－0144－0001109　2283
四十二章經　(漢)釋迦葉摩騰　(漢)釋竺法蘭譯　清同治五年(1866)杭州昭慶寺刻本　一冊

110000－0144－0001110　2285
大明三藏法數五十卷　(明)釋一如撰　清光緒六年(1880)六通寺、萬善寺刻本　十六冊

110000－0144－0001111　2286
護法論一卷　(宋)張商英撰　清同治八年(1869)杭州慧空經房刻本　一冊

110000－0144－0001112　2288
大方廣圓覺修多羅了義經略疏二卷　(唐)釋

宗密撰　清光緒十二年(1886)刻本　二冊

110000－0144－0001113　2289
大佛頂首楞嚴經玄義四卷　(明)釋傳燈述　清光緒十四年(1888)杭城慧空經房刻本　二冊

110000－0144－0001114　2290
大佛頂如來密因修證了義諸菩薩萬行首楞嚴經十卷　(唐)釋般剌密諦譯　(元)釋惟則會解　清咸豐十一年(1861)杭州慧空經房刻本　三冊

110000－0144－0001115　2291
高峯大師語錄一卷　(元)釋高峯撰　清光緒二年(1876)福德因緣堂許靈虛刻本　一冊

110000－0144－0001116　2292
大方廣圓覺修多羅了義經二卷　(唐)釋佛陀多羅譯　清光緒元年(1875)杭州慧空經房刻本　一冊

110000－0144－0001117　2293
佛說觀無量壽佛經一卷　(南朝宋)釋畺良耶舍譯　清刻本　一冊

110000－0144－0001118　2294
大方廣圓覺修多羅了義經直解二卷　(唐)釋佛陀多羅　(明)釋通潤譯　清光緒十年(1884)杭州慧空經房刻本　二冊

110000－0144－0001119　2295
妙法蓮花經注科八卷　(清)釋一如撰　清同治十一年(1872)刻本　八冊

110000－0144－0001120　2296
重訂教乘法數十二卷　(清)釋超海撰　清光緒四年(1878)杭州昭慶寺慧空經房刻本　六冊

110000－0144－0001121　2297
翻譯名義集二十卷　(宋)釋法雲編　清光緒四年(1878)金陵刻經處刻本　六冊

110000－0144－0001122　2298
佛爾雅八卷　(清)周春撰　清嘉慶二十一年(1816)刻本　一冊

110000－0144－0001123　2299
太上感應篇注二卷　(清)惠棟撰　清咸豐五年(1855)南海伍氏刻粤雅堂叢書本　一冊

110000－0144－0001124　2301
片玉山房花箋錄二十卷　(清)孫兆溎輯　清咸豐元年(1851)景福堂刻本　十六冊

110000－0144－0001125　2302
玉芝堂談薈三十六卷　(明)徐應秋輯　清光緒元年(1875)蒨園刻本　三十二冊

110000－0144－0001126　2304
雙硯齋筆記五卷　(清)鄧廷楨撰　清光緒二十二年(1896)刻本　五冊

110000－0144－0001127　2305
虞初新志二十卷　(清)張潮編　清咸豐元年(1851)娜嬛山館刻本　十冊

110000－0144－0001128　2306
虞初續志十二卷　(清)鄭澍若輯　清咸豐元年(1851)娜嬛山館刻本　六冊

110000－0144－0001129　2307
池上草堂筆記六卷　(清)梁恭辰撰　清咸豐刻本　二冊

110000－0144－0001130　2308
埋憂集十卷續集二卷　(清)朱翊清撰　清文元堂刻本　六冊

110000－0144－0001131　2309
熙朝新語十六卷　(清)余金撰　清經國堂刻本　四冊

110000－0144－0001132　2310
剪燈餘話二卷　(明)李禎撰　**覔燈因話二卷**　(明)邵景詹撰　**剪燈新話二卷**　(明)瞿祐撰　清刻本　一冊

110000－0144－0001133　2311
詅痴符七卷　(清)周兆魁撰　清光緒二十四年(1898)文匯書局刻本　二冊

110000－0144－0001134　2312
賦物類草一卷　(清)□□撰　清抄本　三冊

110000－0144－0001135　2313
壹是紀始二十二卷補遺一卷　(清)魏崧撰　清光緒十四年(1888)甬北寄廬刻本　六册

110000－0144－0001136　2314
兩般秋雨盦隨筆八卷　(清)梁紹壬撰　清光緒十年(1884)錢唐許氏吉華室刻本　八册

110000－0144－0001137　2318
唐代叢書二十卷　(清)陳世熙輯　清同治八年(1869)右文堂刻本　二十册

110000－0144－0001138　2320
麗濾薈錄十四卷爽鳩要錄二卷　(清)蔣超伯撰　清同治五年(1866)江都蔣氏刻本　六册

110000－0144－0001139　2321
粟香隨筆八卷二筆八卷三筆八卷四筆八卷　金武祥撰　清光緒七年至二十年(1881－1894)江陰金氏刻本　十六册

110000－0144－0001140　2323
西泠五布衣遺著七種　(清)丁丙輯　清同治、光緒間錢唐丁氏當歸草堂刻本　八册

110000－0144－0001141　2324
潢川吴氏經學叢書　(清)吴志忠輯　清道光刻本　四十册

110000－0144－0001142　2326
玉簡齋叢書十種二十九卷　羅振玉輯　清宣統二年(1910)上虞羅氏刻本　八册

110000－0144－0001143　2327
玉簡齋叢書二集八種　羅振玉輯　清宣統二年(1910)上虞羅氏刻本　十二册

110000－0144－0001144　2328
湖州叢書十二種七十五卷　(清)陸心源輯　清光緒湖城義塾刻本　二十册

110000－0144－0001145　2329
積學齋叢書　徐乃昌輯　清光緒十九年(1893)南陵徐氏刻本　十六册

110000－0144－0001146　2330
貴池唐人集十七卷　劉世珩輯　清光緒三十年(1904)貴池劉氏唐石簃刻貴池先哲遺書本　三册

110000－0144－0001147　2331
結一廬朱氏賸餘叢書四種一百十二卷　(清)朱學勤輯　清光緒三十一年(1905)仁和朱氏刻本　二十册

110000－0144－0001148　2332
二酉堂叢書二十一種　(清)張澍輯　清道光元年(1821)武威張氏二酉堂刻本　十二册

110000－0144－0001149　2333
永嘉叢書十三種二百四十七卷　(清)孫衣言編　清同治、光緒間刻本　六十七册

110000－0144－0001150　2334
宜稼堂叢書二百五十四卷　(清)郁松年輯　清道光二十年至二十二年(1840－1842)上海郁氏刻本　八十册

110000－0144－0001151　2336
南菁書院叢書八集四十一種　王先謙輯　清光緒十四年(1888)江陰南菁書院刻本　三十八册

110000－0144－0001152　2337
二十二子　(清)浙江書局輯　清光緒二十七年(1901)浙江書局刻本　八十三册

110000－0144－0001153　2338
振綺堂叢書二集十二種　(清)汪康年輯　清光緒二十年(1894)泉唐汪氏刻本、鉛印本　八册

110000－0144－0001154　2339
三宋人集三種四十六卷　(清)方功惠輯　清光緒七年(1881)方氏碧琳琅館刻本　六册

110000－0144－0001155　2340
稗海七十四種四百四十八卷　(明)商濬輯　清振鷺堂刻本　八十册

110000－0144－0001156　2341
小石山房叢書四十種　(清)顧湘輯　清同治十三年(1874)虞山顧氏刻本　二十册

110000－0144－0001157　2342
率祖堂叢書　(宋)金履祥撰　清雍正、乾隆

間浙江金華藕堂賢祠義學刻本　二十冊

110000－0144－0001158　2344
式訓堂叢書初二集二十七種　(清)章壽康輯　清光緒六年(1880)會稽章氏刻本　二十四冊

110000－0144－0001159　2345
宋六十名家詞　(明)毛晉輯　清光緒十四年(1888)錢塘汪氏刻本　二十九冊

110000－0144－0001160　2347
藕香零拾三十九種　繆荃孫輯　清宣統二年(1910)江陰繆氏刻本　三十二冊

110000－0144－0001161　2348
小學類編三十六卷　(清)李祖望輯　清咸豐二年(1852)江都李氏半畝園刻本　八冊

110000－0144－0001162　2349
洪刻五種二十二卷　(清)張伯行撰　清道光二十七年(1847)歙縣洪氏至德堂刻本　十冊

110000－0144－0001163　2350
朱氏經學叢書初編十三種　(清)朱記榮輯　清光緒十二年(1886)行素草堂刻本　十二冊

110000－0144－0001164　2351
讀禮叢鈔十六篇　(清)李輔燿輯　清光緒十七年(1891)湘西李氏鞠園之懷翼草廬刻本　六冊

110000－0144－0001165　2352
經訓堂叢書二十一種　(清)畢沅輯　清乾隆鎮洋畢氏刻本　三十四冊

110000－0144－0001166　2355
玲瓏山館叢書一百種　(清)傅世洵輯　清光緒十五年(1889)文選樓刻本　三十四冊

110000－0144－0001167　2358
翠琅玕館叢書五十五種　(清)馮兆年輯　清光緒十四年(1888)順德馮氏刻本　八十冊

110000－0144－0001168　2359
問影樓輿地叢書第一集十五種四十四卷　胡思敬輯　清光緒三十四年(1908)新昌胡氏鉛印本　十冊

110000－0144－0001169　2361
持志塾言二卷　(清)劉熙載撰　清刻本　一冊

110000－0144－0001170　2362
昨非集四卷　(清)劉熙載撰　清光緒三年(1877)劉熙載刻本　二冊

110000－0144－0001171　2363
恪靖侯盾鼻餘瀋一卷　(清)左宗棠撰　清光緒七年(1881)長沙柳葆元刻本　一冊

110000－0144－0001172　2364
遜學齋文鈔十二卷續鈔五卷詩鈔十卷續鈔五卷　(清)孫衣言撰　清同治十二年(1873)永康胡鳳丹刻光緒續刻本　八冊

110000－0144－0001173　2365
濂亭文集八卷　(清)張裕釗撰　(清)査燕緒編　清光緒八年(1882)查氏木漸齋刻本　二冊

110000－0144－0001174　2367
水流雲在館詩鈔六卷　(清)宋晉撰　清光緒十二年(1886)宋氏刻本　二冊

110000－0144－0001175　2368
嚶鳴館百疊集一卷　(清)孫點撰　清光緒十六年(1890)鉛印本　一冊

110000－0144－0001176　2369
通義堂集二卷　(清)劉毓崧撰　清光緒十六年(1890)思賢講舍刻本　一冊

110000－0144－0001177　2372
醉月居詩鈔一卷詞鈔一卷　(清)葉世熊撰　清宣統二年(1910)刻本　一冊

110000－0144－0001178　2373
聽香室遺稿不分卷　(清)潘誠貴撰　清光緒五年(1879)刻本　二冊

110000－0144－0001179　2374
倚晴樓詩集十二卷續集四卷　(清)黄燮清撰　清咸豐七年(1857)拙宜園刻本　三冊

110000－0144－0001180　2375
鷗堂遺稿三卷　(清)馬賡良撰　清光緒十五

年(1889)刻本　一册

110000－0144－0001181　2376

晝延年室詩稿六卷　(清)袁起撰　清同治七年(1868)袁氏刻本　二册

110000－0144－0001182　2377

心安隱室詩集九卷　(清)詹肇堂撰　清光緒十年(1884)成德堂刻本　三册

110000－0144－0001183　2378

曼陀羅花室詩三卷附詞一卷　(清)吴翊寅撰　清光緒二十年(1894)廣州廣雅書局刻本　一册

110000－0144－0001184　2380

佩弦齋文存二卷詩存一卷駢文存一卷律賦存一卷無雅堂答問一卷　(清)朱一新撰　清光緒二十二年(1896)葆真堂刻拙庵叢稿本　四册

110000－0144－0001185　2382

寄龕文存四卷詩質十二卷詞問六卷甲乙丙丁志各二卷題楹福墨二卷學庸齋巡二卷附長興縣學文牘　(清)孫德祖撰　清光緒刻本　十六册

110000－0144－0001186　2383

寒松閣詩八卷駢體文一卷駢體文續一卷　(清)張鳴珂撰　清光緒二十年(1894)嘉興張氏刻本　三册

110000－0144－0001187　2384

曾文正公家書十卷家訓二卷大事記四卷　(清)曾國藩撰　清光緒五年(1879)傳忠書局刻曾文正公全集本　十二册

110000－0144－0001188　2385

雲起軒詩錄一卷　(清)文廷式撰　清光緒三十四年(1908)鉛印本　一册

110000－0144－0001189　2386

寄青齋遺集一卷　(清)徐虔復撰　清光緒十三年(1887)留餘堂刻本　一册

110000－0144－0001190　2387

綠雲館遺集二卷　(清)程芙亭撰　清道光二十六年(1846)瀟湘吟館刻本　一册

110000－0144－0001191　2389

暢園遺稿八卷　(清)張邁撰　清光緒三十年(1904)刻本　一册

110000－0144－0001192　2390

古紅梅閣遺集八卷附錄一卷　(清)劉履芬撰　清光緒六年(1880)蘇州許氏刻本　二册

110000－0144－0001193　2391

擥雅堂詩十一卷　(清)張景祁撰　清光緒福州吴玉田刻本　二册

110000－0144－0001194　2394

味莊騷齋遺稿一卷　(清)吴紹東撰　清宣統三年(1911)鉛印本　一册

110000－0144－0001195　2395

二如居贈答詩二卷　(清)汪鉽撰　清光緒十一年(1885)錢塘振綺堂刻本　一册

110000－0144－0001196　2396

繡餘吟課一卷　(清)趙德珍撰　清楊于高刻本　一册

110000－0144－0001197　2397

退庵賸稿一卷　(清)沈映鈐撰　清光緒八年(1882)刻本　一册

110000－0144－0001198　2398

于湖小集六卷　(清)袁昶撰　清光緒二十年(1894)袁氏水明樓刻本　二册　存三卷(一至三)

110000－0144－0001199　2399

儆居集二十卷　(清)黄式三撰　清光緒十四年(1888)刻儆居遺書本　八册

110000－0144－0001200　2400

黄氏塾課三卷　(清)黄式三撰　清光緒十四年(1888)刻儆居遺書本　一册

110000－0144－0001201　2401

儆季雜著五種附儆孫書二種　(清)黄以周撰　儆孫書二種　(清)黄家岱撰　清光緒二十年至二十一年(1894－1895)江陰南菁講舍刻本　十册

110000－0144－0001202　2402
胡文忠公遺集八十六卷　(清)胡林翼撰　清同治六年(1867)刻本　三十二册

110000－0144－0001203　2405
集虚草堂叢書甲集十種　(清)李國松輯　清光緒三十二年(1906)合肥李氏刻本　存五種二十二卷(周易費氏學八卷敘錄一卷、中庸篇義一卷、左忠毅公年譜定本二卷、莊子故八卷、屈賦微二卷)　九册

110000－0144－0001204　2407
謇諤堂詩稿一卷　(清)金文田撰　清光緒三十四年(1908)木活字印本　一册

110000－0144－0001205　2408
石遺室文集十二卷　陳衍撰　清光緒三十一年(1905)侯官陳氏刻本　二册

110000－0144－0001206　2410
綴學堂初稿四卷　陳漢章撰　清光緒十九年(1893)刻本　二册

110000－0144－0001207　2411
函雅堂集四十卷　(清)王泳霓撰　清光緒二十二年(1896)刻本　十一册

110000－0144－0001208　2412
通雅齋叢稿八卷　(清)成本璞撰　清宣統元年(1909)武林刻本　四册

110000－0144－0001209　2413
臺江驪唱一卷天南鴻爪集一卷　(清)朱鵬等撰　清光緒三十四年(1908)刻本　一册

110000－0144－0001210　2414
潛廬全集十二卷　(清)金蓉鏡撰　清光緒三十四年(1908)刻本　四册

110000－0144－0001211　2416
居東集一卷　蔣智由撰　清宣統二年(1910)文明書局石印本　一册

110000－0144－0001212　2418
尊瓠室詩一卷　陳詩撰　清光緒三十四年(1908)鉛印本　一册

110000－0144－0001213　2420
靈峰存稿一卷　夏震武撰　清宣統二年(1910)京師印書局鉛印本　一册

110000－0144－0001214　2423
抱潤軒文集十卷　馬其昶撰　清宣統元年(1909)安徽官紙印刷局石印本　一册

110000－0144－0001215　2424
惺諟齋初稿十卷　(清)喻長霖撰　清宣統三年(1911)崧岱山館鉛印本　六册

110000－0144－0001216　2425
裒碧齋集七卷　(清)陳鋭撰　清光緒二十一年(1895)揚州刻本　二册

110000－0144－0001217　2428
第一樓叢書三十卷　(清)俞樾撰　清光緒二十五年(1899)刻本　八册

110000－0144－0001218　2429
俞樓雜纂五十卷　(清)俞樾撰　清光緒二十五年(1899)刻本　九册

110000－0144－0001219　2432
復堂文續五卷　(清)譚獻撰　清光緒二十七年(1901)刻鵠齋刻本　四册

110000－0144－0001220　2433
治平通議八卷報國錄四卷　(清)陳虬撰　清光緒十九年至二十年(1893－1894)甌雅齋刻本　六册

110000－0144－0001221　2435
學詁齋文集二卷　(清)薛壽撰　清光緒十五年(1889)廣雅書局刻本　一册

110000－0144－0001222　2436
茹古齋文鈔二卷詩鈔一卷　(清)張復撰　清光緒十八年(1892)高爾夔刻本　一册

110000－0144－0001223　2437
大梅山館集　(清)姚燮撰　清道光、咸豐間刻本　十册

110000－0144－0001224　2443
尚絅堂駢文二卷　(清)劉嗣綰撰　清同治九年(1870)刻本　一册

110000－0144－0001225　2444

沈文忠公集十卷[兆霖]自訂年譜一卷　(清)沈兆霖撰　清同治十年(1871)刻本　三册

110000－0144－0001226　2445

友石齋集八卷　(清)高錫恩撰　**我盦遺稿二卷**　(清)高炳麟撰　清光緒十五年(1889)刻本　四册

110000－0144－0001227　2446

鬱華閣遺集四卷　(清)盛昱撰　清光緒三十四年(1908)武昌刻本　一册

110000－0144－0001228　2448

秣陵集六卷　(清)陳文述撰　清光緒十年(1884)淮南書局刻本　三册

110000－0144－0001229　2449

朱氏群書六種　(清)朱駿聲撰　清光緒八年(1882)臨嘯閣刻本　四册

110000－0144－0001230　2451

東塾叢書五種　(清)陳澧撰　清光緒番禺陳氏刻本　七册

110000－0144－0001231　2452

東塾遺書四種　(清)陳澧撰　清光緒廣雅書局刻本　二册

110000－0144－0001232　2453

文史通義八卷　(清)章學誠撰　清道光十三年(1833)章華紱刻光緒浙江書局補刻本　四册

110000－0144－0001233　2454

浙刻雙池遺書八種　(清)汪紱撰　清光緒二十二年(1896)浙江刻本　八册

110000－0144－0001234　2455

孔叢伯説經五稾　(清)孔廣林撰　清光緒十六年(1890)山東書局刻本　七册

110000－0144－0001235　2456

通德遺書所見録七十二卷　(清)孔廣森撰　清光緒十六年(1890)山東書局刻本　四册

110000－0144－0001236　2457

安吳四種三十六卷　(清)包世臣撰　清光緒十四年(1888)刻本　十六册

110000－0144－0001237　2459

御覽三編　(清)夏炘撰　清刻本　六册

110000－0144－0001238　2460

借閒生詩三卷　(清)汪遠孫撰　清道光二十年(1840)錢塘汪氏振綺堂刻本　二册

110000－0144－0001239　2461

定盦文集三卷續集四卷補五卷補編四卷　(清)龔自珍撰　清同治七年(1868)吳煦刻本　六册

110000－0144－0001240　2462

壽間齋吟草八卷　(清)朱葵之撰　清光緒十年(1884)刻本　二册

110000－0144－0001241　2463

妙吉祥室雜存一卷　(清)朱葵之撰　清光緒刻本　一册

110000－0144－0001242　2464

妙吉祥室詩鈔十三卷　(清)朱葵之撰　清光緒十年(1884)海鹽朱氏刻本　五册

110000－0144－0001243　2465

劉禮部集十二卷　(清)劉逢禄撰　**麟石文鈔**　(清)劉承寵撰　清光緒十八年(1892)延暉承慶堂刻本　六册

110000－0144－0001244　2466

古微堂集内集三卷外集七卷　(清)魏源撰　清光緒四年(1878)淮南書局刻本　四册

110000－0144－0001245　2467

如來軒字釋一卷俗書證誤訂一卷識字最易法一卷古刑法質疑一卷考工記論文一卷　(清)章震福撰　清光緒三十三年(1907)鉛印本　二册

110000－0144－0001246　2470

培遠堂手札節存三卷　(清)陳宏謀撰　清同治三年(1864)刻本　三册

110000－0144－0001247　2471

大雲山房文稿初集四卷二集四卷言事二卷　(清)惲敬撰　清同治二年(1863)惲世臨刻本

十二冊

110000－0144－0001248　2473
紅杏樓詩賸稿一卷　(清)宋志沂撰　清同治十二年(1873)刻本　一冊

110000－0144－0001249　2474
新化鄒氏敦藝齋遺書　(清)鄒漢勛撰　清道光十三年(1833)刻本　六冊

110000－0144－0001250　2475
東觀存稿一卷　(清)陳壽祺撰　清嘉慶、道光間刻本　一冊

110000－0144－0001251　2476
文甲集二卷文乙集二卷　(清)董祐誠撰　清同治八年(1869)成都董氏刻董立方遺書本　一冊

110000－0144－0001252　2477
皮鹿門所著書　(清)皮錫瑞撰　清光緒二十二年至三十四年(1896－1908)思賢書局刻本　十四冊

110000－0144－0001253　2479
噉蔗全集十八卷　(清)張羲年撰　(清)錢大昕　(清)陳以綱評輯　清光緒十九年(1893)上海著易堂鉛印本　六冊

110000－0144－0001254　2480
二家詠古詩一卷二家試帖一卷　(清)張之洞　樊增祥撰　清光緒二十七年(1901)刻本　一冊

110000－0144－0001255　2481
鐵橋漫稿八卷　(清)嚴可均撰　清光緒十一年(1885)長洲蔣氏心矩齋刻本　四冊

110000－0144－0001256　2482
曇雲閣集詩八卷附錄一卷外集一卷詞鈔一卷　(清)曹楙堅撰　清光緒三年(1877)曼陀羅館刻本　四冊

110000－0144－0001257　2483
章實齋先生遺書六卷附錄一卷　(清)章學誠撰　清宣統二年(1910)鉛印本　四冊

110000－0144－0001258　2484
覆瓿集　(清)張文虎撰　清同治、光緒間金陵冶城賓館刻本　十二冊

110000－0144－0001259　2485
養一齋文集二十卷　(清)李兆洛撰　清光緒四年(1878)刻本　八冊

110000－0144－0001260　2486
悔過齋文集七卷補遺一卷　(清)顧廣譽撰　清光緒三年(1877)刻本　四冊

110000－0144－0001261　2487
研六室文鈔十卷補遺一卷　(清)胡培翬撰　清光緒四年至六年(1878－1880)世澤樓刻本　四冊

110000－0144－0001262　2489
詩舲詩續二卷　(清)張祥河撰　清刻本　一冊

110000－0144－0001263　2490
白香亭詩集三卷　(清)鄧輔綸撰　清光緒二十二年(1896)廣雅書局刻本　二冊

110000－0144－0001264　2491
樊榭山房全集　(清)厲鶚撰　清光緒十年(1884)錢塘汪氏刻本　十冊

110000－0144－0001265　2492
一鐙精舍甲部稿五卷　(清)何秋濤撰　清光緒五年(1879)淮南書局刻本　一冊

110000－0144－0001266　2493
虹橋老屋遺稿九卷補遺二卷　(清)秦緗業撰　清光緒十五年(1889)秦光簡、秦光儒刻本　四冊

110000－0144－0001267　2494
寄廬雜記四卷　(清)錢國珍撰　清同治刻本　二冊

110000－0144－0001268　2495
未灰齋文集八卷外集一卷　(清)徐鼒撰　清咸豐十一年(1861)福甯郡齋刻本　四冊

110000－0144－0001269　2496
樂潛堂詩初集二卷二集菊潛庵賸稿三卷　(清)趙函撰　清咸豐七年(1857)樂潛堂刻同

治七年(1868)重校印本　四冊

110000－0144－0001270　2497

籀書内篇二卷外篇二卷續篇四卷附無盡證詞一卷　(清)曹金籀撰　清同治八年(1869)刻本　四冊

110000－0144－0001271　2498

楚辭八卷　(宋)朱熹集註　(明)沈雲翔輯評　明崇禎刻本　八冊

110000－0144－0001272　2499

二思堂叢書　(清)梁章鉅撰　清光緒元年(1875)福州梁氏刻本　十六冊

110000－0144－0001273　2500

趙清獻公集十卷　(宋)趙抃撰　清南陽趙氏刻本　四冊

110000－0144－0001274　2501

楊龜山先生集四十二卷首一卷　(宋)楊時撰　清光緒九年(1883)國正刻本　十二冊

110000－0144－0001275　2502

二程全書　(宋)程頤　(宋)程顥撰　清康熙二十五年(1686)刻本　十二冊

110000－0144－0001276　2504

潛室陳先生木鍾集十一卷　(宋)陳埴撰　清同治元年(1862)東甌郡齋刻本　四冊

110000－0144－0001277　2507

鐵函心史二卷　(宋)鄭思肖撰　清光緒二十年(1894)種竹書屋刻本　四冊

110000－0144－0001278　2509

張子全書十五卷　(宋)張載撰　(宋)朱熹注　清康熙六十一年(1722)朱軾刻本　六冊

110000－0144－0001279　2510

文獻通考序　(元)馬端臨撰　清抄本　一冊

110000－0144－0001280　2512

鐔津文集十九卷首一卷　(宋)釋契嵩撰　清光緒二十八年(1902)揚州藏經院刻本　四冊

110000－0144－0001281　2513

龍川文集三十卷附錄二卷辨偽攷異二卷　(宋)陳亮撰　清同治七年(1868)胡氏退補齋刻本　十冊

110000－0144－0001282　2514

胡澹庵先生集三十二卷　(宋)胡銓撰　清道光十三年(1833)胡效祖、胡芳秋刻本　八冊

110000－0144－0001283　2515

安陽集五十卷別錄三卷遺事一卷　(宋)韓琦　(宋)強至撰　(宋)王嚴叟輯　清乾隆三十五年(1770)書錦堂刻本　十冊

110000－0144－0001284　2516

白石道人四種　(宋)姜夔撰　清同治十年(1871)桂林倪氏刻本　二冊

110000－0144－0001285　2517

茶山集八卷　(宋)曾幾撰　清刻本　二冊

110000－0144－0001286　2518

吳越錢氏傳芳集一卷附錄一卷　(清)錢泳輯　清光緒二十三年(1897)山陽錢氏刻本　一冊

110000－0144－0001287　2519

林和靖先生詩集四卷省心錄一卷　(宋)林逋撰　清光緒二十一年(1895)婺源俞氏清蔭堂刻本　二冊

110000－0144－0001288　2520

岳忠武王集八卷　(宋)岳飛撰　清光緒十二年(1886)上海簡玉山房刻本　四冊

110000－0144－0001289　2521

杜清獻公集二十卷　(宋)杜範撰　清同治九年(1870)吳縣孫氏九峰書院刻本　四冊

110000－0144－0001290　2522

沈氏三先生文集六十二卷　(清)吳允嘉輯　清光緒二十二年(1896)浙江書局刻本　十冊

110000－0144－0001291　2523

金華唐氏遺書十四卷　(宋)唐仲友撰　清宣統三年(1911)金華教育分會石印本　四冊

110000－0144－0001292　2524

西山先生真文忠公文集五十五卷目錄二卷　(宋)真德秀撰　明萬曆二十五年(1597)刻清

崇禎康熙遞修本　五十六冊

110000－0144－0001293　2525
鄭小谷先生全集四十七卷　(清)鄭獻甫撰　清光緒五年(1879)黔南節署刻本　二十四冊

110000－0144－0001294　2527
湘煙小錄一卷　(清)陳裴之輯　清光緒十二年(1886)上海王氏刻本　一冊

110000－0144－0001295　2528
躬厚堂全集　(清)張金鏞撰　清同治三年至光緒四年(1864－1878)刻本　三冊　存六卷(一至六)

110000－0144－0001296　2529
熙朝樂府十四卷　(清)周鈞鏊撰　清光緒五年(1879)刻本　六冊

110000－0144－0001297　2530
儀衛軒文集十二卷詩集五卷　(清)方東樹撰　清同治七年(1868)桐城方宗誠刻本　六冊

110000－0144－0001298　2531
特健藥齋外編四卷　(清)唐詠裳撰　清光緒二十五年(1899)刻紅印本　一冊

110000－0144－0001299　2534
冬暄草堂遺詩二卷　(清)陳豪撰　清宣統三年(1911)刻本　二冊

110000－0144－0001300　2535
誦麐堂遺集四卷　(清)戴望撰　清宣統三年(1911)風雨樓鉛印本　一冊

110000－0144－0001301　2537
南宋宮閨雜詠一卷　(清)趙棻撰　清光緒二十三年(1897)錢塘丁氏嘉惠堂刻本　一冊

110000－0144－0001302　2538
汀南廑存集四卷　(清)楊瀾輯　清同治十一年(1872)鄭汝廉刻本　四冊

110000－0144－0001303　2539
錢南園先生遺集五卷　(清)錢灃撰　清光緒十九年(1893)浙江書局刻本　二冊

110000－0144－0001304　2540
濾月軒集七卷　(清)趙棻撰　清同治十二年(1873)汪曰楨刻本　二冊

110000－0144－0001305　2543
繹志十九卷　(清)胡承諾撰　清同治十一年(1872)浙江書局刻本　八冊

110000－0144－0001306　2544
巴山七種二十二卷　(清)王侃撰　清同治四年(1865)光裕堂刻本　六冊

110000－0144－0001307　2546
述學内篇三卷補遺一卷外篇一卷别錄一卷　(清)汪中撰　清光緒二十年(1894)茶熟香溫室刻本　三冊

110000－0144－0001308　2547
述學内篇三卷補遺一卷外篇一卷别錄一卷　(清)汪中撰　清同治八年(1869)揚州書局刻本　二冊

110000－0144－0001309　2548
述學内篇三卷補遺一卷外篇一卷别錄一卷　(清)汪中撰　清同治八年(1869)揚州書局刻本　二冊

110000－0144－0001310　2550
隨山館全集五種三十一卷　(清)汪瑔撰　清光緒十一年(1885)山陰汪氏刻本　十三冊

110000－0144－0001311　2551
甌香館集十二卷首一卷末一卷　(清)惲格撰　清光緒七年(1881)刻本　四冊

110000－0144－0001312　2552
石笥山房集二十三卷　(清)胡天游撰　清咸豐二年(1852)山陰胡氏刻本　十冊

110000－0144－0001313　2554
存誠齋文集十四卷　(清)何曰愈撰　清同治五年(1866)皖江藩署刻本　四冊

110000－0144－0001314　2555
有正味齋駢體文集二十四卷詞集八卷　(清)吴錫麒撰　清刻本　五冊

110000－0144－0001315　2556
訄書不分卷　章炳麟撰　清光緒刻本　一冊

110000－0144－0001316　2557
劉氏遺書八卷　(清)劉台拱撰　清道光十四年(1834)世德堂刻本　四冊

110000－0144－0001317　2558
六齋卑議一卷　(清)宋恕撰　清光緒二十三年(1897)鉛印本　一冊

110000－0144－0001318　2559
庸盦海外文編四卷　(清)薛福成撰　清光緒二十四年(1898)經史閣刻本　二冊

110000－0144－0001319　2560
桂勝集一卷　(清)張祥河撰　清道光二十六年(1846)張祥河刻本　一冊

110000－0144－0001320　2564
秋水軒詩選一卷　(清)莊盤珠撰　清光緒二年(1876)盛氏思補樓木活字印本　一冊

110000－0144－0001321　2567
牧菴雜記六卷　(清)徐一麟撰　清同治七年(1868)居易山房刻本　四冊

110000－0144－0001322　2568
宦游草堂詩鈔四卷　(清)祝應燾撰　清同治七年(1868)刻本　四冊

110000－0144－0001323　2576
存悔集一卷　(清)范鵬撰　清咸豐七年(1857)思貽齋刻本　一冊

110000－0144－0001324　2577
薛簃吟館鈔存一卷朝鮮竹枝詞一卷　(清)柏葰撰　清道光二十四年(1844)柏葰刻本　一冊

110000－0144－0001325　2579
居易初集二卷　(清)經元善撰　清光緒二十七年(1901)葡國濠鏡大炮台鉛印本　二冊

110000－0144－0001326　2583
湖山雜詠一卷　(清)王緯撰　清光緒二十年(1894)丁氏嘉惠堂刻本　一冊

110000－0144－0001327　2584
翠嬴閣詩詞稿五卷　(清)淩祉媛撰　清咸豐四年(1854)丁氏延慶堂刻本　一冊

110000－0144－0001328　2585
隨安廬詩集二卷　(清)亢樹滋撰　清光緒十二年(1886)刻本　一冊

110000－0144－0001329　2586
周端孝先生血疏題跋二卷　(明)周茂蘭撰　清光緒二十四年(1898)南昌萬氏刻本　一冊

110000－0144－0001330　2587
纂喜堂詩稿一卷　(清)陳壽祺撰　清同治十年(1871)刻本　二冊

110000－0144－0001331　2588
知止齋遺編三卷　(清)任重光撰　清光緒十八年(1892)澹和堂刻本　三冊

110000－0144－0001332　2589
勵志錄二卷　(清)沈近思撰　清同治十二年(1873)浙江書局刻本　二冊

110000－0144－0001333　2590
二知軒文存三十四卷　(清)方濬頤撰　清光緒四年(1878)刻本　十四冊

110000－0144－0001334　2591
檜門觀劇詩一卷　(清)金德瑛撰　清光緒三十四年(1908)葉德輝刻本　一冊

110000－0144－0001335　2592
嘯古堂詩遺集一卷　(清)蔣敦復撰　清光緒王氏刻本　一冊

110000－0144－0001336　2594
翠堂詩錄一卷詞集一卷　(清)潘鴻撰　清光緒三十三年(1907)刻本　一冊

110000－0144－0001337　2595
希鄭堂經義一卷　(清)潘任撰　清光緒木活字印希政堂叢書本　一冊

110000－0144－0001338　2596
味莊騷齋遺稿一卷　(清)吳紹東撰　清宣統三年(1911)鉛印本　一冊

110000－0144－0001339　2597
倭文端公遺書八卷首二卷末一卷續刊三卷　(清)倭仁撰　清光緒元年(1875)六安求我齋刻本　四冊

110000－0144－0001340　2598

古均閣遺著一卷　(清)許槤撰　清光緒刻本　一册

110000－0144－0001341　2599

書札雜著一卷　(清)費熙撰　清光緒二十二年(1896)刻本　一册

110000－0144－0001342　2600

誦芬詩畧三卷　(清)黄炳垕撰　清同治九年(1870)刻本　一册

110000－0144－0001343　2601

懷古録三卷　(元)謝應芳編　清光緒四年(1878)毗陵謝氏刻本　一册

110000－0144－0001344　2603

水流雲在館詩鈔二十二卷詩帖二卷詞鈔一卷　(清)周天麟撰　清光緒二十一年(1895)周天麟刻本　九册

110000－0144－0001345　2605

早花集一卷　(清)吴錡撰　清刻本　一册

110000－0144－0001346　2606

樂志堂詩集十二卷文集十八卷文續集二卷　(清)譚瑩撰　清咸豐十年(1860)吏隱園刻本　十二册

110000－0144－0001347　2607

曬書堂集　(清)郝懿行撰　清光緒十年(1884)東路廳署刻本　十册

110000－0144－0001348　2608

味菜堂詩集二卷　(清)汪淵撰　清光緒二十三年(1897)刻本　一册

110000－0144－0001349　2609

授堂遺書七種五十三卷首一卷附録一卷　(清)武億撰　清道光二十三年(1843)刻本　十二册

110000－0144－0001350　2610

鮚埼亭集三十八卷經史問答十卷外編五十卷　(清)全祖望撰　清嘉慶九年(1804)姚江借樹山房刻本　二十二册

110000－0144－0001351　2611

崔東壁先生遺書　(清)崔述撰　清遺經樓刻本　二十一册

110000－0144－0001352　2612

忠雅堂詩集二十七卷補遺二卷詞集二卷　(清)蔣士銓撰　清舊學山房刻本　十六册

110000－0144－0001353　2613

華泉先生集選四卷　(明)邊貢撰　(清)王士禛選　**睡足軒詩選**　清康熙三十九年(1700)刻本　二册

110000－0144－0001354　2615

王龍谿全集二十二卷　(明)王畿撰　清光緒八年(1882)海昌朱昌燕刻本　十二册

110000－0144－0001355　2617

王文成公全書三十八卷　(明)王守仁撰　清刻本　二十四册

110000－0144－0001356　2619

晚聞堂集十六卷　(明)余紹祉撰　清道光十七年(1837)和源單氏刻本　六册

110000－0144－0001357　2620

陸桴亭先生遺書二十二種　(清)陸世儀撰　清光緒二十五年(1899)京師刻本　二册

110000－0144－0001358　2621

讀書後八卷　(明)王世貞撰　清味菜廬木活字印本　四册

110000－0144－0001359　2622

張文烈公遺詩一卷　(明)張家玉撰　清光緒二十九年(1903)東官寓園刻本　一册

110000－0144－0001360　2623

吴葉邨莊詩集八卷續集一卷後集一卷　(清)吴之振撰　清光緒五年(1879)吴氏刻本　四册

110000－0144－0001361　2625

鄺海雪集箋十二卷　(明)鄺露撰　(清)鄺廷瑤箋　清咸豐元年(1851)綺錯樓刻本　四册

110000－0144－0001362　2627

趙氏家藏集六卷　(明)趙文華撰　清抄本　存一卷(一)　一册

110000－0144－0001363　2628
江止庵遺集八卷首一卷　（明）江天一撰　清光緒二十二年（1896）江文魁刻藍印本　四册

110000－0144－0001364　2629
方孩未先生集十六卷　（明）方震孺撰　清同治七年（1868）樹德堂刻本　六册

110000－0144－0001365　2630
邱邦士先生遺集十八卷　（清）邱維平撰　清光緒元年（1875）一房山館刻本　八册

110000－0144－0001366　2633
明張文忠公全集四十六卷附錄二卷　（明）張居正撰　清光緒二十七年（1901）紅藤碧樹山館刻本　十六册

110000－0144－0001367　2634
野古集三卷附錄一卷　（明）龔詡撰　清光緒二十八年（1902）新陽趙氏刻本　二册

110000－0144－0001368　2635
千百年眼十二卷　（明）張燧編　清光緒二十五年（1899）雲間龔氏石印本　三册　存九卷（一至三、七至十二）

110000－0144－0001369　2636
黃書一卷　（清）王夫之撰　清光緒二十四年（1898）石印本　一册

110000－0144－0001370　2637
明十五完人手帖　（明）黃道周等撰並書　清光緒三十四年（1908）上海國學保存會石印本　一册

110000－0144－0001371　2640
四溟山人詩集十卷　（明）謝榛撰　清宣統元年（1909）問影樓鉛印本　三册

110000－0144－0001372　2642
四憶堂詩集六卷　（清）侯方域撰　清刻本　二册

110000－0144－0001373　2643
寶綸堂集十卷拾遺一卷　（清）陳洪綬撰　清光緒十四年（1888）會稽董氏取斯堂木活字印本　八册

110000－0144－0001374　2644
劉忠宣公遺集十卷　（明）劉大夏撰　（清）劉乙燃輯　清光緒元年（1875）劉氏刻本　六册

110000－0144－0001375　2645
會稽三賦註四卷　（宋）王十朋撰　（明）南逢吉　（明）尹壇注　清光緒十四年（1888）刻惜陰軒叢書本　二册

110000－0144－0001376　2646
孫文恭公遺書二十卷　（明）孫應鼇撰　清光緒六年（1880）獨山莫氏刻本　六册

110000－0144－0001377　2647
熊襄愍公遺集十卷　（明）熊廷弼撰　清光緒胡氏退補齋刻本　十册

110000－0144－0001378　2648
泰雲堂集十八卷文集二卷駢體文集二卷詞集三卷　（清）孫爾準撰　清光緒三十二年（1906）孫氏刻本　四册

110000－0144－0001379　2649
小倉山房文集三十五卷詩集三十七卷　（清）袁枚撰　清乾隆刻本　二十八册

110000－0144－0001380　2650
西堂全集　（清）尤侗撰　清康熙刻本　存（詩集、文集）　二十八册

110000－0144－0001381　2651
晚崧廬詩鈔二卷　（清）周銓撰　清嘉慶十六年（1811）刻本　一册

110000－0144－0001382　2652
清芬樓遺稿四卷　（清）任啟運撰　清光緒十四年（1888）任氏家塾刻本　二册

110000－0144－0001383　2654
新樂府詞一卷　（清）萬斯同撰　清同治八年（1869）刻本　一册

110000－0144－0001384　2655
涉需堂文集五種　（清）陳遇夫撰　清光緒二十四年（1898）陳樹芬刻本　七册

110000－0144－0001385　2656
三魚堂文集十二卷外集六卷　（清）陸隴其撰

清康熙四十年(1701)刻本　八册

110000－0144－0001386　2657
二馮詩集九卷　(清)馮班　(清)馮廷櫆撰　清光緒三十四年(1908)問影樓鉛印本　一册

110000－0144－0001387　2658
賜綺堂集二十八卷　(清)詹應甲撰　清道光八年(1828)刻本　十册

110000－0144－0001388　2659
鳴鶴堂詩集十一卷文集十卷　(清)任源祥撰　清光緒十五年(1889)任道鎔刻本　六册

110000－0144－0001389　2660
曝書亭集八十卷　(清)朱彝尊撰　**笛漁小稾十卷**　(清)朱昆田撰　清光緒十五年(1889)會稽陶氏刻三十四年(1908)印本　二十四册

110000－0144－0001390　2661
何宫贊遺書四種　(清)何若瑤撰　清光緒刻本　四册

110000－0144－0001391　2662
顨軒孔氏所著書六十卷　(清)孔廣森撰　清嘉慶二十二年(1817)刻本　十册

110000－0144－0001392　2665
藻香館詩鈔六卷　(清)鄧承宗撰　清宣統元年(1909)鄧振璣等刻本　一册

110000－0144－0001393　2666
思綺堂文集十卷　(清)章藻功撰　清康熙六十一年(1722)刻聚錦堂印本　十册

110000－0144－0001394　2668
陳檢討四六二十卷　(清)陳維崧撰　(清)程師恭注　清同治六年(1867)古桂山房刻本　十册

110000－0144－0001395　2669
道古堂全集七十六卷　(清)杭世駿撰　清乾隆四十一年(1776)泉唐汪沆刻光緒十四年(1888)汪曾唯補刻本　十六册

110000－0144－0001396　2670
花宜館詩鈔十六卷　(清)吳振棫撰　清同治四年(1865)刻本　六册

110000－0144－0001397　2671
十誦齋集六卷　(清)周天度撰　清乾隆四十八年(1783)刻本　二册　存二卷(一至二)

110000－0144－0001398　2672
知白齋詩集四卷　(清)江人鏡撰　清光緒二十三年(1897)刻本　二册

110000－0144－0001399　2673
夏伯定集二卷　(清)夏震川撰　清光緒二年(1876)刻本　一册

110000－0144－0001400　2674
種樹軒遺集四種　(清)郭長清撰　清光緒十八年(1892)郭之楨刻本　二册

110000－0144－0001401　2675
蘇盦集十六卷　(清)楊葆光撰　清光緒刻本　六册

110000－0144－0001402　2677
扁善齋文存三卷詩存一卷　(清)鄧嘉緝撰　清光緒刻本　四册

110000－0144－0001403　2678
復齋文集二十一卷詩集四卷　(清)曾鏞撰　清嘉慶二十五年(1820)刻本　存十七卷(文集一至十七)　十二册

110000－0144－0001404　2679
儲遯菴文集十二卷　(清)儲方慶撰　清光緒二年(1876)宜興儲氏家祠刻本　六册

110000－0144－0001405　2680
貞定先生遺集四卷　(清)莫與儔撰　清光緒刻本　一册

110000－0144－0001406　2681
影山草堂六種　(清)莫友芝　(清)莫與儔撰　清同治五年(1866)刻本　存三種(郘亭詩鈔六卷、郘亭遺文八卷、郘亭遺詩八卷)　十二册

110000－0144－0001407　2682
廣王二卷起黃二卷質顧二卷　(清)吳光耀撰　清宣統二年(1910)刻本　五册

110000－0144－0001408　2684

初唐四傑集二十一卷 (清)項家達輯 清光緒五年(1879)淮南書局刻本 三冊

110000－0144－0001409 2685
杜荀鶴文集(唐風集)三卷 (唐)杜荀鶴撰 清康熙席氏刻本 三冊

110000－0144－0001410 2689
山谷詩集注二十卷外集詩注十七卷別集詩注二卷 (宋)黄庭堅撰 (宋)任淵等注 清光緒二十一年至二十五年(1895－1899)義寧陳氏四覺草堂刻本 二十冊

110000－0144－0001411 2690
羅豫章先生集十二卷首一卷末一卷 (宋)羅從彥撰 清光緒九年(1883)張國正刻本 四冊

110000－0144－0001412 2691
遜志齋全集二十四卷 (明)方孝孺撰 清道光二十六年(1846)刻本 十二冊

110000－0144－0001413 2694
宋張宣公詩文集論孟解合刻文集四十四卷論語解十卷孟子說七卷 (宋)張栻撰 清咸豐四年(1854)綿邑南軒祠刻本 十二冊

110000－0144－0001414 2695
白沙子全集六卷首一卷附錄一卷 (明)陳獻章撰 清康熙四十九年(1710)何九疇刻本 六冊

110000－0144－0001415 2696
青湖先生文集十四卷 (明)汪應軫撰 清同治十三年(1874)廣州刻本 六冊

110000－0144－0001416 2697
陳臥子先生安雅堂稿十五卷 (明)陳子龍撰 清宣統元年(1909)上海時中書局鉛印本 六冊

110000－0144－0001417 2698
黃梨洲遺書十種 (清)黃宗羲撰 清光緒三十一年(1905)石印本 十二冊

110000－0144－0001418 2699
李氏焚書六卷 (明)李贄撰 清光緒三十四年(1908)國學保存會鉛印本 四冊

110000－0144－0001419 2700
甫田集三十六卷 (明)文徵明撰 清宣統三年(1911)石印本 十二冊

110000－0144－0001420 2704
陶情樂府四卷 (明)楊慎撰 清宣統三年(1911)岷陽精舍刻本 一冊

110000－0144－0001421 2705
續騷堂集一卷 (明)萬泰撰 清光緒二十年(1894)趙氏翰香居刻知服齋叢書本 一冊

110000－0144－0001422 2706
宋大家蘇文忠公文鈔二十八卷 (宋)蘇軾撰 (明)茅坤批評 **宋大家蘇文定公文鈔二十卷** (宋)蘇轍撰 (明)茅坤批評 **宋大家蘇文公文鈔十卷** (宋)蘇洵撰 (明)茅坤批評 明末刻本 十六冊

110000－0144－0001423 2707
陶淵明集十卷 (晉)陶潛撰 清光緒二年(1876)徐椒岑刻本 四冊

110000－0144－0001424 2709
唐丞相張文獻公集十二卷千秋金鑑錄五卷 (唐)張九齡撰 清光緒十八年(1892)曲江張曉如刻本 六冊

110000－0144－0001425 2710
高常侍集十卷 (唐)高適撰 清光緒十年(1884)上海同文書局石印本 二冊

110000－0144－0001426 2711
王摩詰集六卷 (唐)王維撰 清光緒十年(1884)上海同文書局石印本 二冊

110000－0144－0001427 2714
庾子山集十六卷 (北周)庾信著 (清)倪璠注 清康熙二十六年(1687)崇岫堂刻本 十二冊

110000－0144－0001428 2717
陸士衡集十卷 (晉)陸機撰 明刻本 一冊

110000－0144－0001429 2718
蔡中郎集十卷 (漢)蔡邕撰 清咸豐二年

(1852)聊城楊氏海源閣刻本　五冊

110000－0144－0001430　2719
陶詩彙評四卷　(清)溫汝能撰　清嘉慶十一年(1806)順德溫氏刻本　二冊

110000－0144－0001431　2720
東坡和陶合箋四卷　(清)溫汝能撰　清嘉慶十一年(1806)順德溫氏刻本　二冊

110000－0144－0001432　2721
東軒集選一卷　(明)聶大年撰　清光緒丁氏嘉惠堂刻紅印武林往哲遺著本　一冊

110000－0144－0001433　2722
白雲集三卷　(元)釋英實存撰　清光緒二十三年(1897)錢塘丁氏嘉惠堂刻紅印武林往哲遺著本　一冊

110000－0144－0001434　2723
呂東萊先生遺集二十卷首一卷　(宋)呂祖謙撰　(清)王崇炳編　清雍正元年(1723)敬勝堂刻本　六冊

110000－0144－0001435　2724
游定夫先生集六卷首一卷末一卷　(宋)游酢撰　清同治六年(1867)和州官舍刻本　四冊

110000－0144－0001436　2725
楊少尹詩集一卷　(唐)楊鉅源撰　清康熙刻唐詩百家全集本　一冊

110000－0144－0001437　2726
曹祠部集二卷　(唐)曹鄴撰　清康熙琴川書屋刻唐詩百家全集本　一冊

110000－0144－0001438　2727
司馬扎先輩詩集一卷　(唐)司馬扎撰　清康熙琴川書屋刻唐詩百名家全集本　一冊

110000－0144－0001439　2728
歐陽助教詩集一卷　(唐)歐陽詹撰　清康熙琴川書屋刻唐詩百名家全集本　一冊

110000－0144－0001440　2730
滹南遺老集四十五卷續編一卷　(金)王若虛撰　清光緒五年(1879)定州王氏刻畿輔叢書本　六冊

110000－0144－0001441　2731
閑閑老人滏水文集二十卷補遺一卷附一卷　(金)趙秉文撰　清光緒五年(1879)定州王氏刻畿輔叢書本　四冊

110000－0144－0001442　2732
溫飛卿詩集箋注九卷　(唐)溫庭筠撰　(明)曾益注　(清)顧子咸補注　清刻本　二冊

110000－0144－0001443　2733
杜工部集二十卷　(唐)杜甫撰　(清)錢謙益注　**年譜一卷**　**諸家詩話一卷**　**唱酬題詠一卷**　**附錄一卷**　清刻本　十六冊

110000－0144－0001444　2734
示樸齋駢體文六卷　(清)錢振倫撰　清同治六年(1867)崇實書院刻本　二冊

110000－0144－0001445　2737
陶淵明集十卷　(晉)陶潛撰　清光緒五年(1879)俞秀山刻本　三冊

110000－0144－0001446　2740
鑑止水齋集二十卷　(清)許宗彥撰　清嘉慶刻本　六冊

110000－0144－0001447　2741
揭曼碩詩三卷　(元)揭傒斯撰　清道光二十九年(1849)刻本　一冊

110000－0144－0001448　2742
續談助五卷　(宋)晁載之輯　**益齋集十卷**　(朝鮮)李齊賢撰　清同治十三年(1874)南海伍氏刻粵雅堂叢書本　四冊

110000－0144－0001449　2743
日湖漁唱一卷補遺一卷續補遺一卷　(宋)陳允平撰　清咸豐元年(1851)南海伍氏刻粵雅堂叢書本　一冊

110000－0144－0001450　2744
程侍郎遺集初編十卷　(清)程恩澤撰　清咸豐五年(1855)南海伍氏刻本　六冊

110000－0144－0001451　2745
揅經室詩錄五卷　(清)阮元撰　清咸豐五年(1855)南海伍氏刻粵雅堂叢書本　三冊

110000－0144－0001452　2746
李元賓集文編三卷外編二卷續編一卷　(唐)李觀撰　清咸豐四年(1854)南海伍氏刻粤雅堂叢書本　二册

110000－0144－0001453　2748
忠雅堂詩集補遺二卷　(清)蔣士銓撰　清刻本　二册

110000－0144－0001454　2749
冬榮館遺稿六卷　(清)許玉彬撰　清咸豐十一年(1861)伍氏刻本　存五卷(一至五)　一册

110000－0144－0001455　2750
癸巳類稿十五卷　(清)俞正燮撰　清道光十三年(1833)王氏求日益齋刻本　八册

110000－0144－0001456　2752
焦氏叢書二十一種一百二十二卷　(清)焦循撰　清嘉慶、道光間江都焦氏雕菰樓刻本　四十册

110000－0144－0001457　2753
章氏遺書二種十一卷　(清)章學誠撰　清光緒四年(1878)貴陽刻本　五册

110000－0144－0001458　2754
顔李遺書十五種　(清)顔元　(清)李塨撰　清光緒五年(1879)定州王氏謙德堂刻畿輔叢書本　二十四册

110000－0144－0001459　2756
問字堂集六卷　(清)孫星衍撰　清光緒十年(1884)四明是亦軒刻本　二册

110000－0144－0001460　2758
國朝駢體正宗十二卷　(清)曾燠輯　清光緒十三年(1887)上海蜚英館石印本　六册

110000－0144－0001461　2759
八家四六文鈔八卷首一卷　(清)許貞幹注　**八家四六文補注**　(清)陳衍著　清光緒二十四年(1898)上海纬文閣石印本　六册

110000－0144－0001462　2760
日下聯吟集八卷　(清)簡宗杰選　清同治五年(1866)綬芬宜堊刻本　八册

110000－0144－0001463　2762
宋四六選二十四卷　(清)曹振鏞　(清)彭元瑞輯　清同治四年(1865)青雲樓刻本　六册

110000－0144－0001464　2764
國朝文錄八十二卷　(清)姚椿編　清光緒二十六年(1900)上海掃葉山房石印本　八册

110000－0144－0001465　2766
明文才調集二卷國朝文才調集不分卷　(清)許振禕輯　清光緒十九年(1893)刻本　十四册

110000－0144－0001466　2767
湖海詩傳四十六卷　(清)王昶輯　清同治四年(1865)綠蔭堂刻本　十四册

110000－0144－0001467　2768
唐詩别裁集引典備註二十卷　(清)俞汝昌註　清末資善堂石印本　十册

110000－0144－0001468　2769
國朝十家四六文鈔　王先謙輯　清光緒五年(1879)長沙王氏刻本　四册

110000－0144－0001469　2770
六朝文絜四卷　(清)許槤輯　清光緒三年(1877)讀有用書齋刻本　二册

110000－0144－0001470　2771
駢體文鈔三十一卷目錄一卷　(清)李兆洛輯　清光緒十六年(1890)登雪閣刻本　十册

110000－0144－0001471　2772
湖海文傳七十五卷　(清)王昶輯　清道光十七年(1837)經訓堂刻本　十五册

110000－0144－0001472　2773
律賦雅正　(清)呂善報選讀　清抄本　一册

110000－0144－0001473　2775
御選唐詩全函一卷　(清)宣宗旻寧撰　清木活字印本　一册

110000－0144－0001474　2776
唐詩肆及十八卷古詩肆及六卷　(清)任瓏撰

清正學讀書堂刻本　六册

110000－0144－0001475　2777
粤西詞見二卷　況周儀撰　清光緒二十二年(1896)刻本　一册

110000－0144－0001476　2779
十家詞選二卷　(清)鄭善長輯　清末師宋齋抄本　一册

110000－0144－0001477　2780
西泠詞萃六種　(清)丁丙輯　清光緒十一年(1885)錢塘丁氏刻本　四册

110000－0144－0001478　2781
白山詞介五卷　楊鍾義輯　清宣統二年(1910)刻朱印本　一册

110000－0144－0001479　2782
皖詞紀勝一卷　徐乃昌輯　清光緒三十年(1904)南陵徐氏小檀欒室刻本(朱印)　一册

110000－0144－0001480　2783
全唐詩鈔八十卷補遺十六卷　(清)吳成儀輯　清嘉慶十三年(1808)刻本　三十二册

110000－0144－0001481　2785
李文公集十八卷補遺一卷附錄一卷　(唐)李翺撰　清光緒元年(1875)南海馮氏讀有用書齋刻本　四册

110000－0144－0001482　2786
皇甫持正文集六卷補遺一卷　(唐)皇甫湜撰　清光緒二年(1876)南海馮氏讀有用書齋刻本　二册

110000－0144－0001483　2787
孫可之文集十卷　(唐)孫樵撰　清光緒二年(1876)南海讀有用書齋刻本　二册

110000－0144－0001484　2788
八家四六文鈔八卷首一卷　(清)吳鼒輯　清較經堂刻本　四册

110000－0144－0001485　2789
文選六十卷　(南朝梁)蕭統輯　(唐)李善注　清光緒元年(1875)成都尊經書院刻本　十二册

110000－0144－0001486　2790
文選六十卷　(南朝梁)蕭統撰　(唐)李善注　**文選考異十卷**　(清)胡克家撰　清同治八年(1869)廣州潯陽萬氏刻本　三十二册

110000－0144－0001487　2792
國朝二十四家文鈔二十四卷　(清)徐斐然輯評　清乾隆六十年(1795)刻本　八册

110000－0144－0001488　2794
斯文精萃不分卷　(清)尹繼善　清同治七年(1868)長沙刻本　十二册

110000－0144－0001489　2795
古詩源十四卷　(清)沈德潜選　清刻本　四册

110000－0144－0001490　2796
詩倫四卷　(清)汪薇輯　清同治六年(1867)呂氏柳塘書屋刻本　四册

110000－0144－0001491　2797
古文辭類纂七十四卷　(清)姚鼐編　**續古文辭類纂三十四卷**　王先謙輯　清光緒十九年(1893)湖南思賢講舍刻本　二十册

110000－0144－0001492　2798
切問齋文鈔三十卷　(清)陸燿輯　清同治八年(1869)金陵錢氏刻本　十册

110000－0144－0001493　2800
金詩選四卷　(清)顧奎光輯　清乾隆十六年(1751)刻本　四册

110000－0144－0001494　2802
國朝天台詩存十四卷　(清)金文田編　清光緒三十四年(1908)木活字印本　四册

110000－0144－0001495　2804
詩比興箋四卷　(清)陳沆撰　清光緒九年(1883)甏祖賢刻本　二册

110000－0144－0001496　2806
敬修堂詞賦課鈔十五卷　(清)胡敬纂　清同治十一年(1872)俞氏刻本　四册

110000－0144－0001497　2807
詁經精舍三集三卷戊辰年官師課合刻六卷

（清）俞樾編　清同治七年（1868）刻本　四册

110000－0144－0001498　2809
南宋雜事詩七卷　（清）沈嘉轍撰　清同治十一年（1872）淮南書局刻本　二册

110000－0144－0001499　2811
明賢尺牘四卷　（清）王元勳　（清）程化騄輯　清光緒二十四年（1898）許氏榆園刻朱印本　二册

110000－0144－0001500　2812
定香亭筆談四卷　（清）阮元記　（清）吴文溥録　清光緒二十五年（1899）浙江書局刻本　二册

110000－0144－0001501　2814
唐駢體文鈔十七卷　（清）陳均輯　清嘉慶二十五年（1820）海寧陳氏松籟閣刻本　四册

110000－0144－0001502　2817
精選名儒草堂詩餘三卷　（元）鳳林書院輯　清咸豐三年（1853）南海伍氏刻粤雅堂叢書本　一册

110000－0144－0001503　2818
文館詞林　（唐）許敬宗等輯　清咸豐三年（1853）廣州南海伍氏刻粤雅堂叢書本　存四卷（六百六十二、六百六十四、六百六十八、六百九十五）　一册

110000－0144－0001504　2819
唐詩鼓吹十卷　（金）元好問選　（元）郝天挺箋注　（明）廖文炳解　（清）朱三錫注　清修竹齋刻本　五册

110000－0144－0001505　2820
文選拾遺八卷　（清）朱銘輯　清光緒十八年（1892）朱氏刻本　二册

110000－0144－0001506　2821
明詩别裁集十二卷　（清）沈德潛　（清）周準輯　清刻本　十二册

110000－0144－0001507　2822
選注六朝唐賦　（清）馬傳庚注　清同治十三年（1874）馬氏玉燕書巢刻本　二册

110000－0144－0001508　2824
閨秀詞鈔十六卷補遺一卷續補遺一卷　徐乃昌輯　清宣統元年（1909）南陵徐氏小檀欒室刻本　十六册

110000－0144－0001509　2825
續古文辞類纂二十八卷　（清）黎庶昌輯　清光緒二十一年（1895）金陵狀元閣刻本　十二册

110000－0144－0001510　2826
忠雅堂評選四六法海八卷　（清）蔣士銓輯　清末步月山房刻朱墨套印本　八册

110000－0144－0001511　2828
經心書院集二卷　（清）左紹佐輯　清光緒十四年（1888）湖北官書處刻本　六册

110000－0144－0001512　2829
經學文鈔三卷　梁鼎芬　曹元弼輯　清光緒三十四年（1908）江蘇存古學堂木活字印本　六册

110000－0144－0001513　2830
唐詩諧律二卷　（清）沈寶青輯　清光緒十六年（1890）歸安官舍刻本　二册

110000－0144－0001514　2831
潛研堂全書十七種　（清）錢大昕撰　清嘉慶刻本　四十八册

110000－0144－0001515　2832
歷代名人詞選十三卷　（清）夏秉衡輯　清宣統元年（1909）上海掃葉山房石印本　六册

110000－0144－0001516　2834
絶妙好詞箋七卷續二卷　（宋）周密輯　（清）查爲仁　（清）厲鶚注　清末刻本　四册

110000－0144－0001517　2839
心日齋十六家詞録二卷　（清）周之琦撰　清道光二十四年（1844）祥符周氏刻本　四册

110000－0144－0001518　2840
蟻術詞選四卷　（元）邵亨貞撰　清光緒十七年（1891）況周頤刻本　二册

110000－0144－0001519　2841

蟻術詞選四卷　（元）邵亨貞撰　清光緒十八年（1892）王氏四印齋刻本　一冊

110000－0144－0001520　2844
精選名賢詞話草堂詩餘二卷附錄一卷　（宋）何士信輯　清光緒二十二年（1896）王氏四印齋刻本　四冊

110000－0144－0001521　2846
小檀欒室彙刻閨秀詞十集　徐乃昌輯　清光緒二十二年（1896）南陵徐氏小檀欒室刻本　二十冊

110000－0144－0001522　2847
詩餘偶鈔六卷　王先謙輯　清光緒十六年（1890）長沙王氏刻本　一冊

110000－0144－0001523　2848
詞選二卷　（清）張惠言輯　**續詞選二卷**　（清）董毅輯　**附錄一卷**　（清）鄭善長輯　清京都琉璃廠文德齋史鴻德刻本　一冊

110000－0144－0001524　2849
宋七家詩選七卷　（清）戈戴輯　（清）杜文瀾注　清光緒十一年（1885）曼陀羅華閣刻本　四冊

110000－0144－0001525　2850
詞選二卷　（清）張惠言等輯　**續詞選二卷**　（清）董毅輯　**附錄一卷**　（清）鄭善長輯　清道光刻本　一冊

110000－0144－0001526　2851
詞綜三十八卷　（清）朱彝尊輯　（清）王昶補輯　清刻本　六冊

110000－0144－0001527　2852
明詞綜十二卷　（清）王昶輯　清末蘇州綠蔭堂鑑記刻本　二冊

110000－0144－0001528　2853
國朝詞綜四十八卷二集八卷　（清）王昶輯　清刻本　十六冊

110000－0144－0001529　2854
國朝詞綜補五十八卷　（清）丁紹儀編　清光緒九年（1883）無錫丁氏刻本　十六冊

110000－0144－0001530　2855
國朝詞綜續編二十四卷　（清）黃燮清輯　（清）張炳堃增訂　清同治十二年（1873）鄂垣刻本　六冊

110000－0144－0001531　2856
湖州詞徵二十四卷　朱祖謀輯　清宣統三年（1911）歸安朱氏刻本　四冊

110000－0144－0001532　2857
國朝金陵詞鈔八卷　陳作霖編　清光緒二十八年（1902）刻本　四冊

110000－0144－0001533　2858
粵東詞鈔不分卷　（清）許玉彬　（清）沈世良輯　（清）楊永衍續輯　清道光二十九年（1849）廣東藝芳齋刻本　八冊

110000－0144－0001534　2860
宋六十一家詞選十二卷　（清）馮煦輯　清光緒十三年（1887）冶城山館刻本　四冊

110000－0144－0001535　2863
碧溪詩話十卷　（宋）黃徹撰　清乾隆、道光間知不足齋刻知不足齋叢書本　四冊

110000－0144－0001536　2864
耐冷譚十六卷　（清）宋咸熙撰　清道光九年（1829）武林亦西齋刻本　六冊

110000－0144－0001537　2870
文心雕龍黃註補正十卷　（南朝梁）劉勰撰　李祥補註　清宣統元年（1909）鉛印本　一冊

110000－0144－0001538　2871
褒碧齋詞話一卷　（清）陳銳撰　清宣統元年（1909）國粹學報鉛印本　一冊

110000－0144－0001539　2875
緝雅堂詩話二卷　（清）潘衍桐撰　清光緒十七年（1891）潘氏刻本　一冊

110000－0144－0001540　2877
詞源斠律二卷　鄭文焯撰　清光緒刻本　一冊

110000－0144－0001541　2878
四印齋所刻詞　（清）王鵬運輯　清光緒十四

年(1888)臨桂王鵬運四印齋刻本　一冊　存三種四卷(詞旨一卷、詞源二卷、樂府指迷一卷)

110000－0144－0001542　2880
詞學集成八卷　(清)江順詒撰　清光緒七年(1881)刻本　一冊

110000－0144－0001543　2881
對牀夜語五卷　(宋)范晞文撰　清光緒二十二年(1896)丁氏刻朱印本　一冊

110000－0144－0001544　2882
唐四家詩集二十卷附采集歷代詩話一卷辨譌考異一卷　(清)胡鳳丹輯　清光緒退補齋刻本　一冊　存二卷(采集歷代詩話一卷、辨譌考異一卷)

110000－0144－0001545　2886
四六叢話三十三卷選詩叢話一卷　(清)孫梅輯　清光緒七年(1881)嶺南許應鑅刻本　十二冊

110000－0144－0001546　2887
柳亭詩話三十卷　(清)宋長白撰　清光緒八年(1882)天茁園刻本　八冊

110000－0144－0001547　2888
耕耘別墅詩話一卷詩學要言一卷　(清)鄔啟祚撰　**立德堂詩話一卷**　(清)鄔以謙撰　清宣統三年(1911)刻本　一冊

110000－0144－0001548　2889
韓集點勘四卷　(清)陳景雲撰　清同治九年(1870)江蘇書局刻本　一冊

110000－0144－0001549　2891
詞林韻釋二卷　(宋)□□撰　清咸豐四年(1854)南海伍氏刻粵雅堂叢書本　二冊

110000－0144－0001550　2892
詞林正韻三卷　(清)戈載輯　清光緒四印齋刻本　一冊

110000－0144－0001551　2893
詞林正韻三卷　(清)戈載輯　清刻本　四冊

110000－0144－0001552　2894
詞韻二卷論略一卷　(清)仲恒編次　(清)王又華補切　清刻本　一冊

110000－0144－0001553　2895
蓮子居詞話四卷　(清)吳衡照輯　清道光十二年(1832)錢唐汪氏振綺堂刻同治六年(1867)補刻本　二冊

110000－0144－0001554　2896
漫堂說詩一卷　(清)宋犖撰　清康熙刻本　一冊

110000－0144－0001555　2898
詩品三卷　(梁)鍾嶸撰　清光緒張氏刻本　一冊

110000－0144－0001556　2899
粵嶽草堂詩話二卷　(清)黃培芳撰　清宣統二年(1910)繡詩樓刻本　一冊

110000－0144－0001557　2902
文選旁證四十六卷　(清)梁章鉅撰　清光緒八年(1882)吳下許應鎔刻本　十二冊

110000－0144－0001558　2903
韓詩證選一卷　李詳撰　清末鉛印本　一冊

110000－0144－0001559　2905
明詩紀事一百八十七卷　(清)陳田輯　清光緒二十五年(1899)貴陽陳氏聽詩齋刻本　三十八冊

110000－0144－0001560　2906
國朝詩人徵略六十卷　(清)張維屏輯　清道光岳雪樓刻本　十冊

110000－0144－0001561　2907
黔詩紀略三十三卷　(清)黎兆勳採詩　(清)莫友芝　(清)唐樹義傳証　清同治十二年(1873)遵義唐氏夢研齋刻本　八冊

110000－0144－0001562　2908
題襟集八卷　(□)□□撰　清光緒二十四年(1898)北京宣南刻本　一冊

110000－0144－0001563　2909
天籟集二卷　(元)白樸撰　清光緒十四年(1888)四印齋刻本　一冊

110000－0144－0001564　2910
天籟集二卷　(元)白樸撰　清光緒十四年(1888)四印齋刻本　一冊

110000－0144－0001565　2911
夢窗甲乙丙丁稿四卷附補遺一卷　(宋)吴文英撰　**劄記一卷**　朱祖謀撰　清光緒三十年(1904)臨桂王氏刻本　二冊

110000－0144－0001566　2913
白石道人歌曲六卷歌曲別集一卷　(宋)姜夔撰　清宣統二年(1910)安慶沈曾植石印本　一冊

110000－0144－0001567　2915
白石詞鈔一卷　(宋)姜夔撰　清武唐俞蘭刻本　一冊

110000－0144－0001568　2918
清真集二卷　(宋)周邦彦撰　清光緒四印齋刻本　三冊

110000－0144－0001569　2923
石湖詞一卷補遺一卷和石湖詞一卷　(宋)范成大　(宋)陳三聘撰　清味菜廬刻本　三冊

110000－0144－0001570　2924
草窗詞二卷補二卷　(宋)周密撰　清光緒二十六年(1900)無著盦刻本　一冊

110000－0144－0001571　2925
東坡樂府三卷　(宋)蘇軾撰　朱祖謀編　清宣統三年(1911)刻本　二冊

110000－0144－0001572　2926
夢窗甲乙丙丁稿四卷補遺一卷　(宋)吴文英撰　**劄記一卷**　朱祖謀撰　清光緒三十四年(1908)歸安朱氏刻本　二冊

110000－0144－0001573　2929
明湖四客詞鈔四卷　(清)趙國華輯　清同治十三年(1874)刻本　一冊

110000－0144－0001574　2930
韻譜塾瘞雲嚴綴白曲譜一卷　(清)玉泉樵子填詞　(清)呆豁逸叟訂譜　清同治十年(1871)刻本　一冊

110000－0144－0001575　2931
木樨香一卷　(清)鄭由熙撰　清光緒十六年(1890)暗香樓刻本　一冊

110000－0144－0001576　2932
雁鳴霜一卷　(清)鄭由熙撰　清光緒十六年(1890)暗香樓刻本　一冊

110000－0144－0001577　2933
霧中人不分卷　(清)歗嵐道人撰　清光緒十六年(1890)暗香樓刻本　一冊

110000－0144－0001578　2934
鳳飛樓傳奇二卷　(清)李文翰撰　清道光二十七年(1847)味塵軒刻味塵軒四種曲本　二冊

110000－0144－0001579　2936
倚晴樓七種曲　(清)黄燮清撰　清光緒七年(1881)刻本　六冊

110000－0144－0001580　2937
鴛鴦鏡一卷　(清)黄憲清撰　清道光十五年(1835)刻本　一冊

110000－0144－0001581　2938
淩波影一卷　(清)黄燮清撰　清刻本　一冊

110000－0144－0001582　2939
功順堂叢書十八種　(清)潘祖蔭輯　清光緒吴縣潘氏刻本　二十四冊

110000－0144－0001583　2940
金峨山館叢書十一種三十一卷　(清)郭傳璞撰　清光緒刻本　十四冊

110000－0144－0001584　2941
木犀軒叢書二十五種　李盛鐸輯　清光緒九年至十七年(1883－1891)德化李氏刻本　四十冊

110000－0144－0001585　2942
月河精舍叢鈔五種　(清)丁寶書輯　清光緒六年(1880)苕溪丁氏刻本　十冊

110000－0144－0001586　2943
湖海樓叢書　(清)陳春輯　清嘉慶十七年至二十四年(1812－1819)蕭山陳氏湖海樓刻本

二十四册

110000－0144－0001587　2944
碧聲吟館叢書八種　(清)許善長撰　清光緒仁和許氏碧聲吟館刻本　十二册

110000－0144－0001588　2945
宋元名家詞十五種　(清)江標輯　清光緒二十一年(1895)湖南思賢書局刻本　四册

110000－0144－0001589　2946
振綺堂叢書初集十四種十八卷　(清)汪康年輯　清宣統二年(1910)汪康年鉛印本　六册

110000－0144－0001590　2947
觀古堂彙刻書　葉德輝輯　清光緒二十八年(1902)湘潭葉氏刻本　十八册

110000－0144－0001591　2948
晨風閣叢書二十五種　沈宗畸輯　清宣統元年(1909)番禺沈氏晨風閣刻本　十六册

110000－0144－0001592　2950
貸園叢書　(清)周永年輯　清乾隆竹西書屋刻本　十六册

110000－0144－0001593　2951
惜陰軒叢書　(清)李錫齡輯　清道光二十六年(1846)宏道書院刻本　六十六册

110000－0144－0001594　2952
三長物齋叢書二十五種　(清)黄本驥輯　清道光二十七年(1847)知敬學齋刻本　五十六册

110000－0144－0001595　2953
雷刻八種　(清)雷浚撰　清光緒十年(1884)吴縣雷氏刻本　存四種二十一卷(說文引經例辨三卷、說文外篇十五卷補遺一卷、附刻劉氏碎金一卷、附刻說文辨疑一卷)　六册

110000－0144－0001596　2954
馥古叢書六十八種一百卷　(□)□□編　明末刻本　四十册

110000－0144－0001597　2955
正覺樓叢刻三十種　(清)崇文書局輯　清光緒七年(1881)湖北崇文書局刻本　三十六册

110000－0144－0001598　2956
花雨樓叢鈔二十九種八十七卷　(清)張壽榮輯　清刻本　四十八册

110000－0144－0001599　2960
仰視千七百二十九鶴齋叢書四十種　(清)趙之謙輯　清光緒六年(1880)會稽趙氏刻本　三十册

110000－0144－0001600　2961
粟香室叢書二十四種　金武祥輯　清末江陰金氏刻本　二十册

110000－0144－0001601　2965
詞學叢書六種　(清)秦恩復輯　清嘉慶、道光間江都秦氏刻本　十二册

110000－0144－0001602　2968
琳琅秘室叢書二十九種　(清)胡珽輯　清光緒十四年(1888)會稽董氏取斯堂活字本　二十四册

110000－0144－0001603　2969
微波榭叢書　(清)孔繼涵輯　清乾隆曲阜孔氏刻本　四十册

110000－0144－0001604　2970
咫進齋叢書三十七種　(清)姚覲元輯　清光緒九年(1883)歸安姚氏刻本　二十四册

110000－0144－0001605　2971
訓纂堂叢書六種　(清)楊調元編　清光緒刻本　二册

110000－0144－0001606　2973
葉氏存古叢書四種　葉銘輯　清宣統二年(1910)杭州西泠印社鉛印本　二册

110000－0144－0001607　2974
龍威秘書一百六十八種　(清)馬俊良輯　清乾隆五十九年(1794)大酉山房刻本　八十册

110000－0144－0001608　2975
涇川叢書四十五種續七種　(清)趙紹祖輯　(清)趙繩祖校勘　清道光十二年(1832)涇縣趙氏古墨齋刻本　二十四册

110000－0144－0001609　2976

南宋群賢小集　(清)顧修輯　清嘉慶六年(1801)讀畫齋刻本　四十册

110000－0144－0001610　2977
讀畫齋叢書八集四十六種　(清)顧修輯　清嘉慶四年(1799)桐川顧氏刻本　六十四册

110000－0144－0001611　2978
捶琴詞一卷　(清)諸可寶撰　清光緒二十二年(1896)玉峰官舍刻本　一册

110000－0144－0001612　2979
蕉窗詞一卷　(清)鄧瑜撰　清光緒二十二年(1896)泉唐諸氏刻本　一册

110000－0144－0001613　2980
海風蕭詞一卷　(清)顧復初撰　清同治四年(1865)錦城刻本　一册

110000－0144－0001614　2981
黍薌詞一卷　(清)周郇雨撰　清光緒元年(1875)刻本　一册

110000－0144－0001615　2983
翠螺閣詞稾一卷　(清)淩祉媛撰　清咸豐四年(1854)丁氏延慶堂刻本　一册

110000－0144－0001616　2984
芬陀利室詞五卷遺集一卷　(清)蔣敦復撰　清光緒十一年(1885)刻本　四册

110000－0144－0001617　2985
飛鴻閣琴意二卷　(清)趙函撰　清道光刻本　一册

110000－0144－0001618　2986
古香凹詩餘二卷　(清)方濬頤撰　清光緒刻本　一册

110000－0144－0001619　2987
春在堂詞錄二卷　(清)俞樾撰　清同治十年(1871)春在堂刻本　存一卷(二)　一册

110000－0144－0001620　2988
同人詞選五卷　(清)孫瀜輯　清咸豐三年(1853)刻本　一册

110000－0144－0001621　2989
倚晴樓詩餘四卷　(清)黃燮清撰　清同治六年(1867)黃鶴樓刻本　一册

110000－0144－0001622　2990
麝塵蓮寸集四卷　(清)汪淵撰　清光緒十六年(1890)染翰齋刻本　二册

110000－0144－0001623　2991
藕絲詞四卷　(清)汪淵撰　清光緒茹古堂刻本　一册

110000－0144－0001624　2993
籬角閒吟二卷　(清)徐睿周撰　清光緒五年(1879)滄英館刻本　一册

110000－0144－0001625　2994
萬善花室詞稾一卷　(清)方履籛撰　清光緒九年(1883)刻本　一册

110000－0144－0001626　2995
一品花樓詩餘一卷　(清)周浚霖撰　清刻本　一册

110000－0144－0001627　2996
一月秋詞一卷　(清)張模撰　清刻本　一册

110000－0144－0001628　2997
妙吉祥室詩餘一卷　(清)朱葵之撰　清光緒十年(1884)古義安郡署刻本　一册

110000－0144－0001629　2998
海山詞四卷　潘飛聲撰　清光緒刻本　一册

110000－0144－0001630　2999
荔牆詞一卷　(清)汪曰楨撰　清同治十二年(1873)刻本　一册

110000－0144－0001631　3000
濾月軒詩餘一卷　(清)趙棻撰　清同治十二年(1873)刻本　一册

110000－0144－0001632　3001
寄青齋詞稾一卷　(清)徐虔復撰　清光緒十三年(1887)徐氏刻本　一册

110000－0144－0001633　3002
翠堂詞錄一卷　(清)潘鴻撰　清光緒三十三年(1907)刻本　一册

110000－0144－0001634　3003
蝶花樓詞鈔一卷　(清)張湄撰　清道光江西乙泰齋刻本　一册

110000－0144－0001635　3004
香銷酒醒詞一卷　(清)趙慶熺撰　清同治七年(1868)王氏刻本　一册

110000－0144－0001636　3006
留雲借月盦詞五卷　(清)劉炳照撰　清光緒十九年(1893)劉氏刻本　一册

110000－0144－0001637　3007
太素齋詞鈔二卷　(清)勒方錡撰　清光緒十年(1884)刻本　一册

110000－0144－0001638　3008
曝書亭集詞註七卷　(清)朱彝尊撰　(清)李富孫纂註　清道光十九年(1839)校經廎刻本　四册

110000－0144－0001639　3009
曝書亭詞拾遺三卷志異一卷　(清)朱彝尊著　(清)翁之潤輯錄　清光緒二十二年(1896)常熟翁之潤刻本　二册

110000－0144－0001640　3010
絳趺山館詞三卷　(清)張金鏞撰　清同治十年(1871)刻本　一册

110000－0144－0001641　3011
知止堂詞錄三卷　(清)朱綬撰　清光緒二十年(1894)思賢書局刻本　一册

110000－0144－0001642　3012
侯鯖詞五種　(清)鄧嘉純等輯　清光緒十一年(1885)杭州吳唐林刻本　一册

110000－0144－0001643　3014
憶雲詞甲乙丙丁稿四卷附憶雲詞删存一卷　(清)項廷紀撰　清光緒二十五年(1899)思賢書局刻本　一册

110000－0144－0001644　3015
寒松閣詞四卷　(清)張鳴珂撰　清光緒十年(1884)江西書局刻本　一册

110000－0144－0001645　3016
復堂詞一卷　(清)譚獻撰　清咸豐九年(1859)吳玉田刻本　一册

110000－0144－0001646　3017
草香詞五卷鴻爪詞一卷哀絲豪竹詞一卷菊花詞一卷集牡丹亭詞一卷香草詞補遺一卷香草詞附錄一卷　(清)陳鍾祥撰　清咸豐十年(1860)刻本　二册

110000－0144－0001647　3018
秋水軒詞一卷　(清)莊盤珠撰　清光緒二年(1876)思補樓木活字印本　一册

110000－0144－0001648　3019
春鸝詞二卷　(清)葛湘撰　清光緒五年(1879)陳熙洽刻本　一册

110000－0144－0001649　3020
新蘅詞六卷外集一卷　(清)張景祁撰　清光緒九年(1883)百億梅花仙館刻本　二册

110000－0144－0001650　3021
冰蠶詞一卷　(清)承齡撰　清光緒十六年(1890)粟香室刻粟香室叢書本　一册

110000－0144－0001651　3022
拜石山房詞四卷　(清)顧翰撰　清光緒十五年(1889)許增刻榆園叢書本　一册

110000－0144－0001652　3023
笙月詞五卷花影詞一卷　(清)王詒壽撰　清同治十一年(1872)仁和許氏刻本　一册

110000－0144－0001653　3025
觀古堂所著書　葉德輝輯　清光緒二十八年(1902)湘潭葉氏觀古堂刻本　十四册

110000－0144－0001654　3026
快晴小築詞二卷　(清)劉錫嘏撰　清嘉慶刻本　一册

110000－0144－0001655　3027
吳梅村詞一卷　(清)吳偉業撰　清宣統二年(1910)上海掃葉山房石印本　一册

110000－0144－0001656　3028
吳梅村詞一卷　(清)吳偉業撰　清光緒十六年(1890)湖北官書局刻本　一册

110000－0144－0001657　3029
裒碧齋詞一卷　(清)陳銳撰　清光緒三十一年(1905)揚州刻本　一册

110000－0144－0001658　3031
彊邨詞前集一卷別集一卷　朱祖謀撰　清光緒刻本　一册

110000－0144－0001659　3032
彊邨詞三卷　朱祖謀撰　清光緒三十一年(1905)刻本　一册

110000－0144－0001660　3034
香南雪北詞一卷　(清)吳藻撰　清末刻本　一册

110000－0144－0001661　3035
花簾詞一卷　(清)吳藻撰　清末刻本　一册

110000－0144－0001662　3036
碧桃館詞一卷　(清)趙我佩撰　清光緒九年(1883)鉏梅抄本　一册

110000－0144－0001663　3037
借閒生詞一卷　(清)汪遠孫撰　清道光二十年(1840)振綺堂刻本　一册

110000－0144－0001664　3038
屑玉詞一卷　(清)郭鍾岳撰　清光緒十二年(1886)和天倪齋刻本　一册

110000－0144－0001665　3039
和天倪齋詞二卷　(清)郭鍾岳撰　清光緒十三年(1887)郭鐘岳刻本　二册

110000－0144－0001666　3041
洞簫詞一卷　(清)宋翔鳳撰　清道光九年(1829)精華齋刻本　一册

110000－0144－0001667　3042
夢玉詞一卷　(清)陳裴之撰　清道光四年(1824)刻本　一册

110000－0144－0001668　3043
佩蘅詞一卷補遺一卷　(清)金泰撰　清光緒十一年(1885)空青館刻本　一册

110000－0144－0001669　3045
遠春詞二卷　(清)張興鏞撰　清嘉慶四年(1799)紅椒山閣刻本　一册

110000－0144－0001670　3046
紅椒山館詞二卷　(清)張興鏞撰　清道光十八年(1838)松風草堂刻本　一册

110000－0144－0001671　3047
心盦詞存四卷　(清)何兆瀛撰　清同治十二年(1873)刻本　二册

110000－0144－0001672　3049
疏影樓詞五卷　(清)姚燮撰　清道光十三年(1833)上湖草堂刻本　四册

110000－0144－0001673　3050
真松閣詞六卷　(清)楊夔生撰　清道光十四年(1834)刻本　六册

110000－0144－0001674　3051
翠薇花館詞三十卷　(清)戈載撰　清嘉慶、道光間刻本　十六册

110000－0144－0001675　3052
意香閣詞二卷　(清)李澧撰　清嘉慶五年(1800)刻本　四册

110000－0144－0001676　3054
更生齋詩餘二卷　(清)洪亮吉撰　清光緒三年(1877)鄂垣刻本　一册

110000－0144－0001677　3055
雯窗瘦影詞一卷　(清)許誦珠撰　清光緒十一年(1885)刻本　一册

110000－0144－0001678　3056
玉玲瓏館詞存一卷曲存一卷　(清)魏熙元撰　清光緒二十二年(1896)刻本　一册

110000－0144－0001679　3057
怡雲詞二卷　(清)陶福履撰　清光緒十一年(1885)刻本　一册

110000－0144－0001680　3058
曉夢春紅詞一卷　(清)潘介繁撰　清同治刻本　一册

110000－0144－0001681　3059

蜥冰詞三卷　(清)孔繼涵撰　清乾隆微波榭刻本　一册

110000－0144－0001682　3060
無腔村笛二卷　(清)吳振棫撰　清末刻本　一册

110000－0144－0001683　3061
半塘定稿二卷賸稿一卷　(清)王鵬運撰　清光緒三十二年(1906)小放下庵刻本　一册

110000－0144－0001684　3062
味梨集(半塘丙稿)一卷　(清)王鵬運撰　清光緒二十一年(1895)王鵬運刻本　二册

110000－0144－0001685　3063
鶩翁集(半塘丁稿)一卷　(清)王鵬運撰　清光緒刻本　一册

110000－0144－0001686　3064
蜩知集(半塘戊稿)一卷　(清)王鵬運撰　清光緒刻本　一册

110000－0144－0001687　3065
願為明鏡室詞二卷　(清)江順詒撰　清同治十二年(1873)刻本　一册

110000－0144－0001688　3066
都梁香閣詞集一卷蓮因室詞集一卷　(清)鄭蘭孫撰　清光緒元年(1875)徐琪刻本　一册

110000－0144－0001689　3067
青芙館詞鈔一卷二韭室詩餘別集一卷　(清)陳壽祺撰　清同治八年(1869)刻本　二册

110000－0144－0001690　3068
尚絅堂詞集二卷　(清)劉嗣綰撰　清同治八年(1869)刻本　一册

110000－0144－0001691　3069
梅笛盦詞賸稿一卷　(清)宋志沂撰　(清)劉履芬輯　清同治十一年(1872)刻本　一册

110000－0144－0001692　3070
清夢盦二白詞五卷　(清)沈傳桂撰　清道光二十五年(1845)刻同治十一年(1872)印本　四册

110000－0144－0001693　3072
濯絳宧存稿(噙椒詞)一卷　(清)劉毓盤撰　清宣統元年(1909)劉毓盤刻增刻本　一册

110000－0144－0001694　3073
濯絳宧存稿(噙椒詞)一卷　(清)劉毓盤撰　清宣統元年(1909)劉毓盤刻本　一册

110000－0144－0001695　3074
蠡盦遺詞二卷　(清)岑應麟撰　清光緒元年(1875)刻本　二册

110000－0144－0001696　3075
暗香疏影齋詞鈔一卷　(清)志潤撰　清光緒三十年(1904)鉛印本　一册

110000－0144－0001697　3076
珍硯齋詞鈔二卷　(清)錢學懋撰　清同治刻本　二册

110000－0144－0001698　3077
小庚詞存四卷　(清)葉申薌撰　清道光十四年(1834)天籟軒刻本　一册

110000－0144－0001699　3078
花影吹笙詞鈔二卷附錄一卷　(清)葉英華撰　清光緒三年(1877)番禺葉氏刻本　一册

110000－0144－0001700　3079
雙橋小築詞存六卷附錄一卷　(清)江人鏡撰　清光緒二十三年(1897)刻本　二册

110000－0144－0001701　3080
白癡詞二卷　(清)張邁撰　清光緒三十年(1904)刻本　一册

110000－0144－0001702　3081
竹塢詞續稿一卷　(清)張樹福撰　清光緒八年(1882)刻本　一册

110000－0144－0001703　3082
射雕詞二卷　(清)應寶時撰　清光緒十年(1884)李慶雲刻本　一册

110000－0144－0001704　3083
樠洲詞二卷　(清)勒方錡撰　清同治四年(1865)刻本　一册

110000 - 0144 - 0001705　3084
聊園詞存一卷　(清)蜀西樵也撰　清光緒十七年(1891)朝城刻本　一册

110000 - 0144 - 0001706　3085
竹石居詞草一卷川雲集一卷　(清)童華撰　清光緒十三年(1887)刻本　一册

110000 - 0144 - 0001707　3086
微雲山館倚聲二卷　(清)泰喬章撰　清道光二十六年(1846)刻本　三册

110000 - 0144 - 0001708　3087
浣花閣詞鈔二卷　(清)熊德慶撰　清道光刻本　二册

110000 - 0144 - 0001709　3088
浣花閣續詞草一卷　(清)熊裕棠撰　清同治十一年(1872)熊兆興刻本　一册

110000 - 0144 - 0001710　3089
步薑詞二卷　(清)胡元儀撰　清光緒始誦經室刻本　一册

110000 - 0144 - 0001711　3090
湘雨齋詞草一卷　(清)管貽莊撰　清同治五年(1866)管燠龢刻本　一册

110000 - 0144 - 0001712　3091
盥廬詞一卷看鏡詞一卷　(清)蔣廷黻撰　清末刻本　一册

110000 - 0144 - 0001713　3092
露蟬吟詞鈔一卷附錄一卷　(清)唐仲冕撰　清嘉慶十六年(1811)酌民言堂刻本　一册

110000 - 0144 - 0001714　3093
鑄鐵詞一卷　(清)董受祺撰　清光緒二十五年(1899)刻本　一册

110000 - 0144 - 0001715　3094
玉龍詞一卷　(清)楊朝慶撰　清光緒二十四年(1898)刻本　一册

110000 - 0144 - 0001716　3095
百萼紅詞二卷　(清)吳鼎撰　清光緒五年(1879)合肥張氏刻本　二册

110000 - 0144 - 0001717　3096
雪鴻吟館詞一卷　(清)韓聞南撰　清同治十三年(1874)刻本　一册

110000 - 0144 - 0001718　3097
采香詞四卷　(清)杜文瀾撰　清同治杜氏刻曼陀羅華閣叢書本　一册

110000 - 0144 - 0001719　3098
痕夢詞一卷　(清)王頤正撰　清光緒十四年(1888)王輔山刻本　一册

110000 - 0144 - 0001720　3099
雙辛夷樓詞二卷　(清)李宗禕撰　清光緒二十四年(1898)滕王閣刻本　一册

110000 - 0144 - 0001721　3101
蘊蘭吟館詩餘一卷　(清)恩錫撰　清光緒元年(1875)許等身刻本　一册

110000 - 0144 - 0001722　3102
槿郈樵唱一卷　(清)夏崑林撰　清道光刻本　二册

110000 - 0144 - 0001723　3103
海南歸櫂詞二卷　(清)劉耀椿撰　清咸豐五年(1855)刻本　一册

110000 - 0144 - 0001724　3104
玉屑詞三卷　(清)朱寯瀛撰　清光緒二十七年(1901)朱氏刻本　一册

110000 - 0144 - 0001725　3105
玉屑詞三卷　(清)朱寯瀛撰　清光緒二十七年(1901)朱氏刻本　一册

110000 - 0144 - 0001726　3106
靈芬館詞七卷　(清)郭麐撰　清光緒五年(1879)娛園刻本　一册

110000 - 0144 - 0001727　3107
天雲樓詞一卷　(清)胡薇元撰　清光緒二十八年(1902)刻本　一册

110000 - 0144 - 0001728　3108
天倪閣詞一卷　(清)胡薇元撰　清末婕龕舊隱刻本　一册

110000－0144－0001729　3109
鐵笛詞一卷　(清)胡薇元撰　清光緒二十七年(1901)刻本　一册

110000－0144－0001730　3110
三影閣箏語三卷　(清)張雲璈撰　清嘉慶十二年(1807)刻本　三册

110000－0144－0001731　3111
彈指詞三卷　(清)顧貞觀撰　清光緒四年(1878)枕經葄史齋刻本　二册

110000－0144－0001732　3112
瘦碧詞二卷　鄭文焯撰　清光緒十四年(1888)大鶴山房刻本　一册

110000－0144－0001733　3113
冷紅詞四卷　鄭文焯撰　清光緒二十二年(1896)刻本　一册

110000－0144－0001734　3114
比竹餘音四卷　鄭文焯撰　清光緒、宣統間沈氏刻本　一册

110000－0144－0001735　3117
水雲樓詞二卷續一卷　(清)蔣春霖撰　清末嚴州刻本　二册

110000－0144－0001736　3118
水雲樓詞二卷續一卷　(清)蔣春霖撰　清光緒三十四年(1908)章震福鉛印本　一册

110000－0144－0001737　3119
海上餘弦詞一卷　(清)史悠咸撰　清末刻本　一册

110000－0144－0001738　3120
竹簾館詞一卷　(清)王樹藩撰　清宣統元年(1909)朱氏刻本　一册

110000－0144－0001739　3121
雙柏詞一卷　(清)金鴻佺撰　清宣統元年(1909)上海商務印書館鉛印本　一册

110000－0144－0001740　3122
還初堂詞鈔一卷　(清)姚斌桐撰　清光緒二十五年(1899)楊鍾羲刻本　一册

110000－0144－0001741　3123
椤華寶詞鈔二卷　(清)沈世長撰　清咸豐四年(1854)沈氏刻本　一册

110000－0144－0001742　3124
夏伯定詞集二卷　(清)夏震川撰　清末刻本　一册

110000－0144－0001743　3125
倚雲亭詞鈔一卷　(清)馬功儀撰　清光緒元年(1875)馬炳奎刻本　一册

110000－0144－0001744　3126
藻香館詞鈔一卷　(清)鄧承宗撰　清宣統元年(1909)刻本　一册

110000－0144－0001745　3127
小羅浮館詞六卷雜曲一卷　(清)趙對澂撰　清道光二十三年(1843)刻本　六册

110000－0144－0001746　3128
雲起軒詞鈔一卷　(清)文廷式撰　清光緒三十三年(1907)南陵徐氏刻本　一册

110000－0144－0001747　3129
扁舟載酒詞一卷　(清)江藩撰　清嘉慶二十年(1815)刻光緒十二年(1886)印本　一册

110000－0144－0001748　3130
茗柯詞一卷　(清)張惠言撰　清嘉慶、道光間刻本　一册

110000－0144－0001749　3132
鶴緣詞一卷　(清)吕耀斗撰　清光緒二十六年(1900)敬止堂刻本　一册

110000－0144－0001750　3133
桐花閣詞一卷　(清)吳蘭修撰　清嘉慶二十三年(1818)刻本　一册

110000－0144－0001751　3134
第一生修梅華館詞五卷　況周儀撰　清光緒十八年(1892)刻本　一册

110000－0144－0001752　3135
第一生修梅華館詞八卷　況周儀撰　清光緒十八年(1892)刻本　一册

110000－0144－0001753　3136

廔棱詞一卷　(清)劉恩黻撰　清光緒三十四年(1908)雙照樓刻本　一册

110000－0144－0001754　3137

一粟盦詞二卷　(清)蔡寶善撰　清宣統元年(1909)西安圖書館鉛印本　一册

110000－0144－0001755　3138

茂陵秋雨詞二卷　(清)王錫振撰　清咸豐九年(1859)京師刻本　一册

110000－0144－0001756　3141

情田詞三卷　(清)邵瓚撰　清光緒十四年(1888)邵承照刻本　三册

110000－0144－0001757　3142

瓶隱山房詞八卷　(清)黄曾撰　清道光二十七年(1847)刻本　八册

110000－0144－0001758　3143

紅豆樹館詞八卷　(清)陶樑撰　清道光二十三年(1843)刻本　四册

110000－0144－0001759　3144

拙宜園詞二卷　(清)黄憲清撰　清道光十五年(1835)刻本　一册

110000－0144－0001760　3145

話雨齋詩鈔一卷　(清)張興仁撰　**青藜精舍詩鈔一卷**　(清)張應鼎撰　**聞妙香室詞一卷**　(清)陸珊撰　清同治二年(1863)刻本　一册

110000－0144－0001761　3146

煙波漁唱四卷　(清)張應昌撰　清末刻本　三册

110000－0144－0001762　3148

蘇菴詩餘五卷　(清)唐壎撰　清同治小桃花塢刻本　二册

110000－0144－0001763　3149

菊壽盦詞四卷　(清)姚輝第撰　清同治八年(1869)木活字印本　四册

110000－0144－0001764　3150

宓芻館詞集六卷　(清)胡延撰　清光緒二十九年(1903)金陵糧儲道廨刻本　四册

110000－0144－0001765　3151

宓芻館詞集六卷　(清)胡延撰　清光緒二十九年(1903)金陵糧儲道廨刻紅印本　四册

110000－0144－0001766　3152

師竹軒詞鈔一卷　(清)許謹身撰　清咸豐八年(1858)刻本　二册

110000－0144－0001767　3153

棕亭詞鈔七卷　(清)金兆燕撰　清道光十六年(1836)贈雲軒刻國子先生全集本　二册

110000－0144－0001768　3155

玉涂詞一卷　(清)潘曾瑋撰　清咸豐四年(1854)刻本　一册

110000－0144－0001769　3156

睡香花室詞一卷秋碧詞一卷同心室詞一卷憶佩居詞一卷　(清)潘曾綬撰　清同治七年(1868)刻本　二册

110000－0144－0001770　3157

清夢軒詩餘二卷　(清)丁璞撰　清道光刻本　一册

110000－0144－0001771　3158

茶夢盦藁二卷　(清)高望曾撰　**寫麋樓遺詞**　(清)陳嘉撰　清同治九年(1870)福州刻本　一册

110000－0144－0001772　3159

南窪牧笛一卷　(清)胡元儀撰　清光緒二十一年(1895)刻本　一册

110000－0144－0001773　3161

納蘭詞五卷補遺一卷　(清)納蘭性德撰　清光緒六年(1880)娱園刻本　二册

110000－0144－0001774　3163

弢園詞一卷　(清)史念祖撰　清光緒三十一年(1905)刻本　一册

110000－0144－0001775　3164

冰壺詞六卷　(清)張雲驤撰　清光緒十二年(1886)刻本　二册

110000－0144－0001776　3165
呋盦詞二卷　夏敬觀撰　清光緒三十三年(1907)刻本　一冊

110000－0144－0001777　3166
無敂詞剩一卷　(清)徐奉世撰　清宣統三年(1911)義州李氏名山堂石印本　一冊

110000－0144－0001778　3167
木南山館詞一卷　(清)梁履將撰　清光緒十八年(1892)睹棋山房刻本　一冊

110000－0144－0001779　3168
墨壽閣詞鈔一卷續鈔一卷　(清)汪承慶撰　清光緒二十八年(1902)山陽刻朱印本　一冊

110000－0144－0001780　3169
寫韻樓詞一卷　(清)吳尚喜撰　清光緒二十二年(1896)徐氏小檀欒室刻本　一冊

110000－0144－0001781　3172
海棠巢詞稿一卷　(清)李若虛撰　清咸豐十一年(1861)刻本　一冊

110000－0144－0001782　3173
鹿門詞一卷　(清)王曦撰　清道光張曜孫刻同聲集本　一冊

110000－0144－0001783　3175
八十一寒詞一卷　(清)何震彝撰　清宣統元年(1909)鉛印本　一冊

110000－0144－0001784　3176
書延年堂詩餘四卷　(清)袁起撰　清刻本　一冊

110000－0144－0001785　3177
時晴齋詞鈔一卷　(清)張集聲撰　清光緒二十一年(1895)鉛印本　一冊

110000－0144－0001786　3178
醉經齋詞鈔一卷　(清)張兆蘭撰　清光緒二十一年(1895)鉛印本　一冊

110000－0144－0001787　3179
琴志樓叢書　易順鼎撰　清末刻本　存七卷(楚頌亭詞第四集一卷、琴臺夢語一卷、丁戊之間行卷八至十、摩圍閣詞二卷)　二冊

110000－0144－0001788　3181
坐花閣詩餘一卷　(清)吳之驎撰　清宣統二年(1910)吳蔭培刻朱印本　一冊

110000－0144－0001789　3182
小三吾亭詞二卷　冒廣生撰　清末冒氏刻本　一冊

110000－0144－0001790　3183
玉可盦詞存一卷詞補一卷　(清)徐琪撰　清光緒十三年(1887)刻本　一冊

110000－0144－0001791　3184
勉熹詞一卷　(清)周星詒撰　清光緒三十四年(1908)圖書集成公司鉛印本　一冊

110000－0144－0001792　3185
勉熹詞一卷　(清)周星詒撰　清刻本　一冊

110000－0144－0001793　3187
蘭當詞二卷　(清)陶方琦撰　清刻紅印本　一冊

110000－0144－0001794　3189
梅窩詞鈔一卷　(清)陳良玉撰　清光緒元年(1875)富文齋刻本　一冊

110000－0144－0001795　3190
寶晉磚室詞集三卷　(清)周樽元撰　清嘉慶十三年(1808)刻本　一冊

110000－0144－0001796　3191
墨花軒詞一卷　(清)張葆謙撰　清刻本　一冊

110000－0144－0001797　3192
聞妙香室詞鈔四卷　(清)錢錫寀撰　清宣統二年(1910)天津醒華報館石印本　一冊

110000－0144－0001798　3195
寄廬詞存二卷　(清)錢國珍撰　清咸豐十年(1860)古章安署刻本　一冊

110000－0144－0001799　3196
鵲泉山館詞一卷　(清)潘觀保撰　清光緒十五年(1889)復始堂刻本　一冊

110000－0144－0001800　3197

鵲泉山館詞一卷　(清)潘觀保撰　清光緒十五年(1889)復始堂刻本　一冊

110000－0144－0001801　3198

玉鏡臺詞一卷　(清)溫雲心撰　清道光十九年(1839)刻本　一冊

110000－0144－0001802　3199

惜分詞二卷　(清)于培元撰　清光緒三十二年(1906)刻本　一冊

110000－0144－0001803　3200

井華詞二卷　(清)沈景修撰　清光緒二十五年(1899)刻本　一冊

110000－0144－0001804　3201

和漱玉詞一卷　(清)許德蘋撰　清光緒刻本　一冊

110000－0144－0001805　3203

翦紅詞草一卷　(清)惲毓巽撰　清宣統二年(1910)刻本　一冊

110000－0144－0001806　3204

夢春廬詞一卷　(清)李貽德撰　清同治六年(1867)刻本　一冊

110000－0144－0001807　3205

養一齋詞三卷　(清)潘德輿撰　清道光刻本　一冊

110000－0144－0001808　3208

紅蕉詞鈔二卷　(清)鍾景撰　清咸豐四年(1854)刻本　一冊

110000－0144－0001809　3210

有恒心齋詩餘二卷詞餘一卷　(清)程鴻詔撰　清刻本　一冊

110000－0144－0001810　3211

心安隱室詞集四卷　(清)詹肇堂撰　清光緒十年(1884)儀徵詹氏刻本　一冊

110000－0144－0001811　3212

墮蘭館詞存一卷　(清)宗德福撰　清宣統元年(1909)湖北官報局鉛印本　一冊

110000－0144－0001812　3215

話山草堂詞鈔一卷　(清)沈道寬撰　清光緒三年(1877)潤州榷廨刻本　一冊

110000－0144－0001813　3216

小蘇潭詞五卷　(清)謝學崇撰　清道光刻本　四冊

110000－0144－0001814　3217

問紅軒詞三種　(清)王鑒撰　清道光十七年(1837)刻本　二冊

110000－0144－0001815　3218

約園詞稿十卷　(清)趙起撰　清光緒二十六年(1900)趙承炳刻本　二冊

110000－0144－0001816　3219

約園詞二卷　(清)劉淮年撰　清光緒十年(1884)刻本　一冊

110000－0144－0001817　3220

秋夢盦詞鈔二卷詞續一卷再續一卷　(清)葉衍蘭撰　清光緒十六年(1890)羊城刻本　一冊

110000－0144－0001818　3221

紅豆詞四卷　(清)李日華撰　清道光十六年(1836)刻本　二冊

110000－0144－0001819　3223

水流雲在館詞八卷悔餘詞續刊一卷　(清)周天麟撰　清光緒二十一年(1895)刻本　二冊

110000－0144－0001820　3224

倚月樓詞稿四卷月樓琴語一卷　(清)周天麟撰　清光緒二十七年(1901)刻本　一冊

110000－0144－0001821　3225

藝香詞鈔四卷　(清)吳綺撰　清刻本　二冊

110000－0144－0001822　3229

景石齋詞略一卷　(清)姚詩雅撰　清光緒七年(1881)刻本　一冊

110000－0144－0001823　3230

耨雲軒詞二卷　(清)馬汾撰　清道光二十八年(1848)徐榴生等刻本　二冊

110000－0144－0001824　3231

半舫館勝稿填詞一卷　(清)吳葆晉撰　清光緒十一年(1885)刻本　一册

110000－0144－0001825　3232
冬榮館遺稿六卷　(清)許玉彬撰　清咸豐十一年(1861)刻本　存一卷(六)　一册

110000－0144－0001826　3233
沈文忠公集十卷　(清)沈兆霖撰　清同治十年(1871)刻本　存一卷(十)　一册

110000－0144－0001827　3234
寄盦詞四卷　(清)孫德祖撰　清同治九年(1870)許氏刻本　一册

110000－0144－0001828　3235
函樓詞鈔四卷　(清)易佩紳撰　清光緒八年(1882)刻本　存一卷(二)　一册

110000－0144－0001829　3236
綠月樓詞一卷　(清)江瑛撰　清光緒八年(1882)刻本　一册

110000－0144－0001830　3238
漚寄廬詞稾一卷　(清)鍾道生撰　清末鉛印本　一册

110000－0144－0001831　3239
青草堂三集十六卷　(清)趙國華撰　清光緒十八年(1892)刻本　存一卷(十六)　一册

110000－0144－0001832　3240
賜綺堂集二十八卷　(清)詹應甲撰　清道光八年(1828)刻本　存一卷(二十四)　一册

110000－0144－0001833　3241
蘇菴詩餘五卷　(清)唐壎撰　清同治十二年(1873)福州吳玉田刻本　二册　存二卷(一至二)

110000－0144－0001834　3242
檗鄔詞存十二卷別集五卷　(清)王以敏撰　清光緒九年(1883)刻本　四册

110000－0144－0001835　3243
潭影軒詞一卷　(清)沈宗約撰　清道光十八年(1838)刻本　一册

110000－0144－0001836　3244
轉蕙軒詞一卷　(清)九日山人撰　清光緒元年(1875)刻本　一册

110000－0144－0001837　3245
二鄉亭詞三卷　(清)宋琬撰　清康熙八年(1669)孫默留松閣刻本　二册

110000－0144－0001838　3247
香禪精舍集八種附七種　(清)潘鍾瑞撰　清光緒吳郡潘氏香禪精舍刻本　二册　存四卷(詞四卷)

110000－0144－0001839　3248
花笑樓詞四卷　(清)楊其光撰　清宣統元年(1909)繡佛樓鉛印繡佛樓叢書本　一册

110000－0144－0001840　3249
雙溪詞三卷　(清)陳步墀撰　清宣統元年(1909)繡詩樓鉛印繡詩樓叢書本　一册

110000－0144－0001841　3250
鐙昏鏡曉詞四卷　(清)宋謙撰　清宣統二年(1910)鉛印本　二册

110000－0144－0001842　3251
眠琴閣詞六卷　(清)張僖撰　清光緒十七年(1891)石印本　二册

110000－0144－0001843　3252
湖天曉角詞二卷　(清)程霖壽撰　清光緒二十七年(1901)娭園刻十髮盦家集本　一册

110000－0144－0001844　3253
美人長壽盦詞六卷　(清)程頌萬撰　清光緒二十六年(1900)武昌館邸刻本　二册

110000－0144－0001845　3255
棠夢詞一卷　(清)楊世謙撰　清光緒三十二年(1906)鉛印本　一册

110000－0144－0001846　3257
秋影山房詞一卷　(清)李翮撰　清嘉慶二十五年(1820)刻本　一册

110000－0144－0001847　3258
紅豆簾詞一卷　(清)陳克劬撰　清光緒十三年(1887)刻本　一册

110000－0144－0001848　3259

倚雲閣詩詞存七卷　(清)張友書撰　清光緒十二年(1886)刻本　一册

110000－0144－0001849　3260

晚陰詞一卷　(清)楊霖撰　清光緒二十四年(1898)鉛印本　一册

110000－0144－0001850　3261

蓮漪詞二卷　(清)鄭由熙撰　清光緒十六年(1890)江右書局刻本　一册

110000－0144－0001851　3262

嘯盦詞四卷零夢詞一卷　夏仁虎撰　清宣統三年(1911)刻本　二册

110000－0144－0001852　3264

鴛鴦宜福館遺詞一卷　(清)陳元鼎撰　清光緒十八年(1892)雙照樓刻本　一册

110000－0144－0001853　3268

玉鏡臺詞一卷　(清)溫雲心撰　清道光十九年(1839)刻本　一册

110000－0144－0001854　3269

蘭石詞一卷　(清)董祐誠撰　清同治八年(1869)成都寓舍刻董立方遺書本　一册

110000－0144－0001855　3270

二家詞鈔五卷　(清)李慈銘　樊增祥撰　清光緒二十八年(1902)刻本　一册

110000－0144－0001856　3271

聞琴閣詞一卷　宋育仁撰　清光緒刻本　一册

110000－0144－0001857　3272

小遊仙館詞鈔一卷　(清)周尚文撰　清同治五年(1866)王拯刻本　一册

110000－0144－0001858　3273

瞻園詞二卷　(清)張仲炘撰　清光緒二十一年(1895)刻鶴南蜚館雜著本　一册

110000－0144－0001859　3274

陶園詩餘二卷　(清)張九鉞撰　清道光七年(1827)張家杕等刻陶園全集本　一册

110000－0144－0001860　3275

萍綠詞三卷續編一卷再續一卷補遺一卷　(清)丁至和撰　清咸豐十一年(1861)曼陀羅華閣刻本　一册

110000－0144－0001861　3276

萍綠詞三卷續編一卷　(清)丁至和撰　清咸豐十一年(1861)曼陀羅華閣刻本　一册

110000－0144－0001862　3277

絳河笙詞稿一卷　(清)顧復初撰　清光緒元年(1875)安般息室刻本　一册

110000－0144－0001863　3278

楓香詞一卷　(清)宋犖撰　清康熙刻本　一册

110000－0144－0001864　3279

晚崧廬詞鈔一卷　(清)周銓撰　清嘉慶二十五年(1820)梅上刻本　一册

110000－0144－0001865　3280

清淮詞二卷　(清)湯成烈撰　清同治元年(1862)刻本　一册

110000－0144－0001866　3282

秋瘦閣詞鈔一卷　(清)唐韞貞撰　清末抄本　一册

110000－0144－0001867　3284

瑞雪詞一卷　(清)徐其志撰　清咸豐元年(1851)刻本　一册

110000－0144－0001868　3285

捧月樓綺語七卷　(清)袁通撰　清刻本　二册

110000－0144－0001869　3286

眉綠樓詞八卷　(清)顧文彬撰　清光緒十年(1884)吳下刻本　四册

110000－0144－0001870　3287

秋蓼亭詞一卷　(清)何文敏撰　清嘉慶二十一年(1816)刻本　一册

110000－0144－0001871　3288

六影詞六卷　(清)鄧祥麟撰　清道光五年(1825)刻本　二册

110000－0144－0001872　3293

秋林琴雅四卷　(清)厲鶚撰　清酒邊人倚紅樓汪氏北京藻玉堂刻本　一册

110000－0144－0001873　3294

左菴詩餘一卷　(清)李佳繼昌撰　清光緒刻本　三册

110000－0144－0001874　3295

忠雅堂詞集二卷　(清)蔣士銓撰　清刻本　一册

110000－0144－0001875　3296

藤花館詩餘一卷　(清)陳克常撰　清末無傀樓抄本　一册

110000－0144－0001876　3299

春蟄吟一卷　(清)王鵬運輯　清光緒刻本　一册

110000－0144－0001877　3301

紅薇翠竹詞一卷仲軒詞一卷　(清)焦循撰　清光緒十一年(1885)傳硯齋刻傳硯齋叢書本　一册

110000－0144－0001878　3302

懺餘綺語二卷爨餘詞一卷　(清)郭麐撰　清光緒十九年(1893)仁和許氏榆園刻本　一册

110000－0144－0001879　3304

海濱酬唱詞一卷　(清)楊文斌輯　清光緒二十四年(1898)香海閣刻本　二册

110000－0144－0001880　3305

湖北叢書三十種　(清)趙尚輔輯　清光緒十七年(1891)湖北三餘草堂刻本　一百册

110000－0144－0001881　3306

大亭山館叢書十八種三十三卷　(清)楊葆彝輯　清光緒刻本　八册

110000－0144－0001882　3309

後知不足齋叢書八種　(清)鮑廷博輯　清光緒鮑廷爵刻本　八册

110000－0144－0001883　3310

後知不足齋叢書二種　(清)鮑廷博輯　清光緒鮑廷爵刻本　三册

110000－0144－0001884　3312

槜李遺書二十種　(清)孫福清輯　清咸豐秀水孫氏望雲仙館刻本　十六册

110000－0144－0001885　3315

國粹叢書十種　(清)國學保存會輯　清光緒、宣統間鉛印本　二十六册

110000－0144－0001886　3316

別下齋叢書　(清)蔣光煦輯　清道光十七年(1837)海昌蔣氏刻本　十册

110000－0144－0001887　3327

知服齋叢書二十四種　(清)龍鳳鑣輯　清光緒二十二年(1896)順德龍氏知服齋刻本　二十二册

110000－0144－0001888　3328

紹興先正遺書十二種　(清)徐友蘭輯　清光緒會稽徐氏鑄學齋刻本　四十八册

110000－0144－0001889　3330

皇清經解續編一千四百三十卷　王先謙輯　清光緒十四年(1888)江陰南菁書院刻本　三百二十册

110000－0144－0001890　3339

士禮居黃氏叢書　(清)黃丕烈輯　清光緒十三年(1887)上海蜚英館石印本　四十册

110000－0144－0001891　3344

平津館叢書四十二種　(清)孫星衍編　清嘉慶十一年(1806)平津館刻本　五十册

110000－0144－0001892　3346

嶺南遺書六集五十九種　(清)伍元薇輯　清道光十一年(1831)南海伍氏刻本　八十册

110000－0144－0001893　3347

全上古三代秦漢三國晉南北朝文編目一百三卷　(清)蔣壑編　清光緒五年(1879)蔣錫礽刻本　十六册

110000－0144－0001894　3348

全上古三代秦漢三國六朝文七百四十六卷　(清)嚴可均輯　清光緒二十年(1894)黃岡王毓藻刻本　一百册

110000－0144－0001895　3351
藝海珠塵八集　(清)吴省蘭輯　清嘉慶南滙吴氏聽彝堂刻本　五十二册

110000－0144－0001896　3354
校補玉海瑣記一卷　(清)張大昌撰　清光緒浙江書局刻本　一册

110000－0144－0001897　3355
董氏叢書十四種　(清)董金鑑輯　清光緒三十二年(1906)會稽董氏取斯家塾刻本　十二册

110000－0144－0001898　3359
學津討原二十集　(清)張海鵬輯　清嘉慶十年(1805)照旷阁刻本　存一集(六)　五册

110000－0144－0001899　3368
彊邨詞三卷　朱祖謀撰　清光緒三十一年(1905)刻本　一册

110000－0144－0001900　3376
城北草堂詩餘一卷　(清)顧夔撰　清光緒刻本　一册

110000－0144－0001901　3377
灌花詞四卷　(清)邵香聽撰　清光緒二十六年(1900)刻本　四册

110000－0144－0001902　3409
[光緒]寧陽縣鄉土志　(清)曹倜修　(清)李椿齡　(清)張雲渠纂　清光緒三十三年(1907)寧陽縣署石印本　一册

110000－0144－0001903　3414
五方元音二卷韻略一卷　(清)樊騰鳳撰　清光緒十六年(1890)京都老二酉堂刻本　二册

110000－0144－0001904　3415
金華陳氏重修族譜六卷　陳籙輯　清宣統二年(1910)鉛印本　一册

110000－0144－0001905　3465
名原二卷　(清)孫詒讓撰　清光緒三十一年(1905)刻本　一册

110000－0144－0001906　3487
説文發疑六卷　(清)張行孚撰　清光緒十年(1884)刻本　二册

110000－0144－0001907　3493
創世紀第一書　(□)□□撰　清宣統三年(1911)北京北館石印本　一册

110000－0144－0001908　3494
主日讚詞一卷　(□)□□撰　清末石印本　一册

110000－0144－0001909　3495
主日八調　(□)□□撰　清末石印本　存四調(五至八)　一册

110000－0144－0001910　3496
烈微乙記一卷　(□)□□撰　清末石印本　一册

110000－0144－0001911　3498
時課經一卷　(□)□□撰　清宣統元年(1909)北京北館石印本　一册

110000－0144－0001912　3499
聖詠經　(□)□□撰　清宣統二年(1910)北京北館石印本　一册

110000－0144－0001913　3501
偵探記二卷　姚文棟撰　清光緒十八年(1892)刻本　一册

110000－0144－0001914　3502
雲南勘界籌邊記二卷　姚文棟撰　清光緒十八年(1892)刻本　二册

110000－0144－0001915　3507
二十四史　(□)□□輯　清光緒二十九年(1903)上海五洲同文書局石印本　七百十一册

110000－0144－0001916　3509
小方壺齋輿地叢鈔七十九種　(清)王錫祺輯　清光緒十七年(1891)上海著易堂鉛印南清河王氏所輯書本　八十四册

110000－0144－0001917　3510
讀史方輿紀要一百三十卷　(清)顧祖禹輯　清光緒五年(1879)蜀南薛氏桐華書屋刻本　七十四册

110000－0144－0001918　3511
增訂漢魏叢書八十六種　(清)王謨輯　清乾隆五十六年(1791)金谿王氏刻本　八十册

110000－0144－0001919　3512
董方立遺書十六卷　(清)董祐誠撰　清同治八年(1869)刻本　六册

110000－0144－0001920　3513
元朝秘史十卷續集二卷　(元)□□撰　清光緒三十四年(1908)長沙葉氏觀古堂刻本　六册

110000－0144－0001921　3514
輿地紀勝二百卷　(宋)王象之撰　清道光二十九年(1849)懼盈齋刻本　五册

110000－0144－0001922　3515
十朝聖訓九百二十二卷　(清)□□輯　清刻本　二百五十册

110000－0144－0001923　3516
大清通禮五十四卷　(清)穆克登額纂修　清刻本　十二册

110000－0144－0001924　3517
五代史記七十四卷　(宋)歐陽修撰　(宋)徐無黨注　(清)彭元瑞補注　清嘉慶二十年(1815)刻本　四十册

110000－0144－0001925　3518
聖武記十四卷　(清)魏源撰　清道光二十四年(1844)古微堂刻本　十二册

110000－0144－0001926　3520
春在堂全書　(清)俞樾撰　清光緒二十八年(1902)德清俞氏刻本　一百六十册

110000－0144－0001927　3521
音學五書　(清)顧炎武撰　清光緒十六年(1890)思賢講舍刻本　十二册

110000－0144－0001928　3522
二百蘭亭齋溫虞公北宋搨本　(唐)歐陽詢書　清同治二年(1863)吴雲刻本　一册

110000－0144－0001929　3528
說文解字注三十卷六書音韻表二卷汲古閣說文訂一卷　(清)段玉裁撰　清同治十一年(1872)湖北崇文書局刻本　十八册

110000－0144－0001930　3552
頤志齋叢書二十二種　(清)丁晏撰　清同治元年(1862)山陽丁氏六藝堂刻本　二十册

110000－0144－0001931　3556
禹貢新圖説二卷　(清)楊懋建撰　清同治六年(1867)碧玲瓏館刻本　二册

110000－0144－0001932　3557
禹貢説二卷　(清)魏源撰　清同治六年(1867)刻本　一册

110000－0144－0001933　3562
青照堂叢書八十九種　(清)劉廷陛輯　清道光十五年(1835)朝邑劉氏刻本　九十六册

110000－0144－0001934　3566
雷刻八種　(清)雷浚撰　清光緒十年(1884)吳縣雷氏刻本　十二册

110000－0144－0001935　3568
桐城吳先生全書　(清)吳汝綸撰　清光緒三十年(1904)桐城吳氏刻本　二十二册

110000－0144－0001936　3572
師伏堂叢書二十一種八十六卷　(清)皮錫瑞撰　清光緒善化皮氏師伏堂刻本　四十册

110000－0144－0001937　3575
欽定全唐文一千卷總目三卷　(清)董誥等纂　清光緒二十七年(1901)廣雅書局刻本　二百册

110000－0144－0001938　3576
杜工部集二十卷　(唐)杜甫撰　(清)錢謙益注　清宣統二年(1910)上海神州國光社鉛印本　四册

110000－0144－0001939　3579
[光緒]江西通志一百八十卷首五卷　(清)劉坤一修　(清)劉繹　(清)趙之謙纂　清光緒七年(1881)江西刻本　一百二十册

110000－0144－0001940　3582
史緯三百三十卷　(清)陳允錫撰　清康熙湖

海樓刻本　二百冊

110000－0144－0001941　3599
青櫺館集三卷　（清）倪象占撰　清刻本　一冊

110000－0144－0001942　3602
滄江虹月詞三卷　（清）汪初撰　清嘉慶九年（1804）汪氏振綺堂刻光緒十五年（1889）汪曾唯印本　二冊

110000－0144－0001943　3603
小琅玕山館詩鈔十卷　（清）嚴廷珏撰　清同治十二年（1873）京江榷署刻本　四冊

110000－0144－0001944　3604
李養一先生詩集四卷　（清）李兆洛撰　清光緒八年（1882）江陰曹佳刻本　二冊

110000－0144－0001945　3605
壺龕類稿一卷靈芝僊館詩鈔一卷捲秋亭詞鈔一卷　（清）胡念修撰　清光緒二十七年（1901）刻鵠齋刻本　四冊

110000－0144－0001946　3608
甲乙之間行卷二編　（清）楊文勷修　清光緒二十二年（1896）刻本　二冊

110000－0144－0001947　3611
攈古録二十卷　（清）吳式芬撰　清光緒海豐吳氏刻本　二十四冊

110000－0144－0001948　3612
呂子遺書四種　（清）呂坤撰　清道光七年（1827）開封府署刻本　二十四冊

110000－0144－0001949　3614
空青館詞藁三卷　（清）邊浴禮撰　清咸豐刻本　一冊

110000－0144－0001950　3616
小湖田樂府十卷　（清）吳蔚光撰　清嘉慶二年（1797）素修堂刻本　四冊

110000－0144－0001951　3617
吳氏石蓮庵刻山左人詞四十六卷　（清）吳重熹輯　清光緒二十七年（1901）金陵刻本　十冊

110000－0144－0001952　3618
印須集八卷續集六卷又續集六卷女士詩録一卷　（清）吳翌鳳輯　清嘉慶十九年至二十二年（1814－1817）刻本　十冊

110000－0144－0001953　3619
石經彙函十種　（清）王秉恩輯　清光緒九年（1883）元尚居刻本　十六冊

110000－0144－0001954　3620
李文忠公全集一百六十五卷　（清）李鴻章撰　（清）吳汝綸輯　清光緒三十一年至三十四年（1905－1908）金陵刻本　一百冊

110000－0144－0001955　3621
［光緒］承德府志六十卷首二十六卷　（清）海忠纂修　清光緒十三年（1887）刻本　二十四冊

110000－0144－0001956　3622
群書札記十六卷　（清）朱亦棟撰　清光緒四年（1878）武林竹簡齋刻本　五冊

110000－0144－0001957　3623
十三經札記二十二卷　（清）朱亦棟撰　清光緒四年（1878）武林竹簡齋刻本　八冊

110000－0144－0001958　3626
御製避暑山莊圖圓明園圖詠二卷　（清）聖祖玄燁　（清）高宗弘曆撰　清末山西大同書局石印本　二冊

110000－0144－0001959　3648
佩文詩韻釋要五卷　（清）周兆基輯　清道光四年（1824）刻本　二冊

110000－0144－0001960　3649
字類標韻六卷　（清）華綱撰　（清）王庭楨重訂　清光緒八年（1882）刻本　一冊

110000－0144－0001961　3650
字類標韻六卷　（清）華綱撰　（清）王庭楨重訂　清光緒八年（1882）刻本　一冊

110000－0144－0001962　3663
字辨證篆十七卷　（清）易本烺纂　清同治八年（1869）易崇堦刻本　六冊

110000－0144－0001963　3665

[道光]福建通志二百七十八卷首七卷　(清)孫爾準　(清)程祖洛修　(清)陳壽祺　(清)魏敬中纂　清同治十年(1871)正誼書院刻本　一百八十册

110000－0144－0001964　3666

曾文正公全集　(清)曾國藩撰　清光緒二年(1876)傳忠書局刻本　一百二十八册

110000－0144－0001965　3671

三禮通釋二百八十卷首一卷目錄四卷　(清)林昌彝撰　清同治三年(1864)廣州刻本　四十八册

110000－0144－0001966　3672

[光緒]山西通志一百八十四卷首一卷　(清)曾國荃修　(清)王軒纂　清光緒十八年(1892)山西撫署刻本　九十六册

110000－0144－0001967　3673

[光緒]黄岡縣志二十四卷首一卷　(清)戴昌言修　(清)劉恭冕纂　清光緒八年(1882)黄岡縣署刻本　二十四册

110000－0144－0001968　3675

十三經西學通義十四卷　(清)李元音撰　清光緒三十二年(1906)刻本　六册

110000－0144－0001969　3679

欽定同文韻統六卷　(清)允祿等纂修　清宣統二年(1910)理藩部刻本　五册

110000－0144－0001970　3680

[光緒]吉林通志一百二十二卷圖一卷　(清)長順　(清)訥欽修　(清)李桂林　(清)顧雲纂　清光緒十七年(1891)吉林省署刻本　四十九册

110000－0144－0001971　3681

[嘉慶]松江府志八十四卷首二卷圖經一卷　(清)宋如林纂修　清嘉慶二十三年(1818)松江府學明倫堂刻本　四十册

110000－0144－0001972　3685

[雍正]敕修浙江通志二百八十卷首三卷　(清)嵇曾筠修　(清)沈翼機纂　清光緒二十五年(1899)浙江書局刻本　一百二十册

110000－0144－0001973　3686

八編類纂二百八十五卷地類圖二卷六經圖六卷　(明)陳仁錫纂　清光緒刻本　八十册

110000－0144－0001974　3688

[道光]遵義府志四十八卷首一卷　(清)平翰修　(清)鄭珍纂　清道光二十一年(1841)遵義府署刻本　二十册

110000－0144－0001975　3689

[道光]蘇州府志一百五十卷首十卷　(清)宋如林　(清)羅琦修　(清)石韞玉纂　清道光四年(1824)蘇州府署刻本　六十四册

110000－0144－0001976　3690

國朝詩人徵略六十卷　(清)張維屏輯　清道光刻本　十册

110000－0144－0001977　3693

[雍正]陝西通志一百卷首一卷　(清)劉於義修　(清)沈青崖纂　清雍正十三年(1735)陝西省署刻本　一百册

110000－0144－0001978　3724

七修類稿五十一卷續稿七卷　(明)郎瑛撰　清光緒六年(1880)廣州翰墨園刻本　十二册

110000－0144－0001979　3730

彭剛直公奏稿八卷詩集八卷　(清)彭玉麟撰　清光緒十七年(1891)吳下刻本　八册

110000－0144－0001980　3731

管子地員篇注四卷　(清)王紹蘭撰　清光緒十七年(1891)蕭山胡氏刻本　四册

110000－0144－0001981　3739

天岳山館文鈔四十卷　(清)李元度撰　清光緒六年(1880)爽谿精舍刻本　十四册

110000－0144－0001982　3750

疇人傳五十二卷　(清)阮元撰　(清)羅士琳續　清光緒八年(1882)海鹽張氏堂惺齋刻本　十二册

110000－0144－0001983　3751

荊駝逸史五十三種　(清)陳湖逸士輯　清古槐山房木活字印本　三十二册

110000－0144－0001984　3752

[乾隆]澳門紀略二卷首一卷末一卷　(清)印光任纂　(清)張汝霖纂　清嘉慶五年(1800)刻本　二册

110000－0144－0001985　3753

明季南略十八卷明季北略二十四卷　(清)計六奇輯　清北京琉璃廠半松居士木活字印本　二十册

110000－0144－0001986　3755

[光緒]湖南通志二百八十八卷首八卷末十九卷　(清)李瀚章修　(清)曾國荃纂　清光緒十一年(1885)湖南督署刻本　一百六十八册

110000－0144－0001987　3757

事類統編九十三卷　(清)林意誠撰　清光緒十年(1884)腹笥山房鉛印本　十二册

110000－0144－0001988　3758

通藝錄二十種　(清)程瑤田撰　清嘉慶刻本　十二册

110000－0144－0001989　3763

[道光]雲南通志稿二百十六卷首三卷　(清)阮元　(清)伊里布修　(清)王崧纂　(清)李誠纂　清道光十五年(1835)刻本　一百十二册

110000－0144－0001990　3764

[光緒]續修雲南通志稿一百九十四卷首六卷　(清)王文韶修　(清)湯壽銘纂　清光緒二十七年(1901)雲南省署刻四川岳池縣印本　一百册

110000－0144－0001991　3765

海騷六卷　(清)陳曇撰　清嘉慶十六年(1811)刻本　二册

110000－0144－0001992　3766

樓山堂全集六種四十卷　(明)吳應箕撰　清同治四年(1865)永寧官廨刻本　二十四册

110000－0144－0001993　3768

[嘉慶]海州直隸州志三十二卷首一卷　(清)唐仲冕修　(清)汪梅鼎纂　清嘉慶十六年(1811)海州州署刻本　十册

110000－0144－0001994　3769

[乾隆]汾州府志三十四卷首一卷　(清)孫和相修　(清)戴震纂　清乾隆三十六年(1771)汾州府署刻本　十六册

110000－0144－0001995　3770

經傳繹義五十卷　(清)陳煒撰　清嘉慶刻本　二十册

110000－0144－0001996　3771

金陵通紀十卷續四卷金陵先正言行錄六卷金陵瑣志三種　陳作霖輯　**養和軒隨筆一卷**　陳作霖撰　清光緒三十三年(1907)瑞華館刻本　三十二册

110000－0144－0001997　3771

石城七子詩鈔十四卷　翁長森輯　清光緒十六年(1890)刻本　與110000－0144－0001996合册

110000－0144－0001998　3772

見聞隨筆二十六卷續筆二十四卷　(清)齊學裘撰　清同治十年(1871)天空海闊之居刻本　二十册

110000－0144－0001999　3773

笥河詩集二十卷　(清)朱筠撰　清嘉慶九年(1804)錫庚刻本　八册

110000－0144－0002000　3775

宛湄書屋文集十一卷　(清)李光廷撰　清咸豐元年(1851)羊城刻本　十二册

110000－0144－0002001　3776

海雅堂集二十二卷　(清)淩揚藻撰　清道光刻本　十二册

110000－0144－0002002　3777

崇百藥齋文集二十卷二集四卷三集十二卷合肥學舍札記十二卷　(清)陸繼輅撰　清光緒四年(1878)興國州署刻本　十六册

110000－0144－0002003　3781

[乾隆]歷陽典録三十四卷補編六卷　(清)陳廷桂纂　清同治六年(1867)和州官舍刻本　十二册

110000－0144－0002004　3782
尚史七十卷　(清)李鍇撰　清乾隆三十八年(1773)悦道樓刻本　存四十三卷(一至四十三)　二十二册

110000－0144－0002005　3783
衎石齋記事稾十卷續稾十卷刻楮集四卷旅逸小稾二卷　(清)錢儀吉撰　清光緒六年(1880)錢氏刻本　十二册

110000－0144－0002006　3784
淮海英靈集十六卷　(清)阮元輯　清嘉慶三年(1798)儀徵阮氏小琅環仙館刻本　八册

110000－0144－0002007　3785
金壺七墨六種　(清)黄鈞宰撰　清同治十年(1871)刻本　八册

110000－0144－0002008　3787
[同治]上海縣志三十二卷　(清)俞樾等纂　清同治南園志局刻本　十六册

110000－0144－0002009　3788
惜抱軒全集　(清)姚鼐撰　清嘉慶元年(1796)刻本　十九册

110000－0144－0002010　3789
南海桂氏經學叢書八種　(清)桂文燦撰　清咸豐、光緒間刻本　十六册

110000－0144－0002011　3790
經進文稿二卷御覽集六卷蘭韻堂文集五卷詩集十二卷　(清)沈初撰　清乾隆五十九年至六十年(1794－1795)刻本　九册

110000－0144－0002012　3791
金華徵獻略二十卷　(清)王崇炳撰　清雍正十年(1732)婺東藕塘賢祠刻本　六册

110000－0144－0002013　3792
戚少保[繼光]年譜耆編十二卷　(明)戚祚國纂　清道光二十七年(1847)仙遊崇勛祠刻本　六册

110000－0144－0002014　3794
集韻考正十卷　(清)方成珪撰　清光緒五年(1879)瑞安孫氏刻本　十册

110000－0144－0002015　3796
正誼堂全書六十六種　(清)張伯行輯　清同治五年(1866)福州正誼書院刻本　二百册

110000－0144－0002016　3797
通鑑長編紀事本末一百五十卷　(宋)楊仲良撰　清光緒十九年(1893)廣雅書局刻本　二十四册

110000－0144－0002017　3798
粤雅堂叢書二十集一百二十二種續集四十九種　(清)伍崇曜輯　清道光至光緒南海伍氏刻本　三百六十册

110000－0144－0002018　3799
東華録四百九十四卷(天命朝至咸豐朝)　王先謙編　清光緒十三年(1887)京都善成堂刻本　一百四十册

110000－0144－0002019　3800
東華續録一百卷(同治朝)　王先謙編　清刻本　六十四册

110000－0144－0002020　3801
初月樓文鈔十卷　(清)吴德旋撰　清光緒刻本　三册

110000－0144－0002021　3802
朱九江先生集十卷　(清)朱次琦撰　清光緒二十年(1894)讀書草堂刻本　四册

110000－0144－0002022　3803
年華録四卷　(清)全祖望輯　清嘉慶二十年(1815)刻本　四册

110000－0144－0002023　3804
蒙古諸部述略一卷　(清)鄧廷楨撰　清刻本　一册

110000－0144－0002024　3805
遊道堂集四卷　(清)朱彬撰　清光緒二年(1876)刻本　二册

110000－0144－0002025　3806

漢書引經异文錄證六卷 (清)繆祐孫撰 清光緒十一年(1885)刻本 一冊

110000－0144－0002026 3807
金陵瑣志三種 陳作霖編 清光緒刻本 四冊

110000－0144－0002027 3808
總纂升菴合集二百四十卷 (明)楊慎撰 清光緒八年(1882)新都王鴻文堂刻本 一百冊

110000－0144－0002028 3809
半可集四卷 (清)戴廷栻撰 清刻本 二冊

110000－0144－0002029 3811
秦輶日記一卷 (清)潘祖蔭撰 清末刻本 一冊

110000－0144－0002030 3812
李氏歷代輿地沿革圖校勘記一卷 (清)惲毓嘉等撰 清光緒十四年(1888)毗陵惲氏家塾刻本 二冊

110000－0144－0002031 3813
三國志旁證三十卷 (清)梁章鉅撰 清道光三十年(1850)致曲山館刻本 八冊

110000－0144－0002032 3814
養素堂文集三十五卷 (清)張澍撰 清道光棗花書屋刻本 十冊

110000－0144－0002033 3822
[光緒]黃州府志四十卷首一卷 (清)英啟修 (清)鄧琛等纂 清光緒十年(1884)黃州府署刻本 三十二冊

110000－0144－0002034 3823
八代文粹二百二十卷目錄十八卷 (清)簡榮 (清)陳崇哲編 清光緒十一年(1885)富順考雋堂刻本 四十六冊

110000－0144－0002035 3824
讀史提要錄十二卷 (清)夏之蓉編 清乾隆三十七年(1772)夏之蓉刻同治四年(1865)補刻本 八冊

110000－0144－0002036 3826
江西詩徵九十四卷補遺一卷 (清)曾燠輯 清嘉慶九年(1804)曾氏賞雨茅屋刻本 六十四冊

110000－0144－0002037 3827
國朝正雅集一百卷 (清)符葆森輯 清咸豐六年至七年(1856－1857)京師半畝園刻本 三十二冊

110000－0144－0002038 3828
昭代名人尺牘續集二十四卷 陶湘輯 清宣統三年(1911)陽湖陶氏石印本 十三冊

110000－0144－0002039 4148
早晚課不二字一卷 (□)□□撰 清光緒三十三年(1907)北京救世堂鉛印本 一冊

110000－0144－0002040 4165
異方便淨土傳燈歸元鏡三祖實錄三卷 (清)釋智達拈頌 (明)釋德日閱錄 清刻本 二冊

110000－0144－0002041 4834
增訂徐文定公集六卷首二卷 (明)徐光啟撰 清宣統元年(1909)上海慈母堂刻本 四冊

110000－0144－0002042 4842
練川名人畫像六卷續編三卷 (清)程祖慶編 清光緒四年(1878)刻本 八冊

110000－0144－0002043 4843
笥河詩集二十卷文集十六卷 (清)朱筠撰 清嘉慶刻本 十四冊

110000－0144－0002044 4844
南村草堂文鈔二十卷 (清)鄧顯鶴撰 清咸豐元年(1851)刻本 十二冊

110000－0144－0002045 4848
國朝金陵文鈔十六卷首一卷末一卷 陳作霖編 清光緒二十三年(1897)陳作霖刻本 十六冊

110000－0144－0002046 4850
國朝嶺南文鈔十八卷 (清)陳在謙輯 清學海堂刻本 六冊

110000－0144－0002047 4851
蜀秀集九卷 (清)譚宗浚輯 清光緒五年

(1879)成都試院刻本　八册

110000－0144－0002048　4852
彭文敬公全集四十六卷　(清)彭蘊章撰　清同治刻本　十二册

110000－0144－0002049　4853
希古堂甲集二卷乙集六卷　(清)譚宗浚撰　清光緒十六年(1890)羊城刻本　四册

110000－0144－0002050　4854
明通鑑九十卷目錄二十卷附編六卷　(清)夏燮編　清光緒二十五年(1899)湖北官書處刻本　四十册

110000－0144－0002051　4855
柳堂師友詩錄不分卷　(清)李長榮輯　清同治富文齋刻本　三十四册

110000－0144－0002052　4857
[光緒]嘉興府志八十八卷首二卷　(清)許瑤光修　(清)吳仰賢纂　清光緒三年至四年(1877－1878)嘉興府署刻本　四十八册

110000－0144－0002053　4858
適可齋記言四卷記行六卷　(清)馬建忠撰　清光緒二十二年(1896)刻本　四册

110000－0144－0002054　4859
京江耆舊集十三卷　(清)張學仁　(清)王豫輯　清宣統元年(1909)刻本　八册

110000－0144－0002055　4860
一品集二卷　(清)費錫章撰　清嘉慶十四年(1809)刻本　二册

110000－0144－0002056　4862
小學盦遺書四卷　(清)錢馥撰　清光緒二十一年(1895)海寧錢氏清風室刻本　一册

110000－0144－0002057　4863
越中先賢祠目序例一卷　(清)李慈銘撰　清光緒十一年(1885)虎坊橋越祠刻本　一册

110000－0144－0002058　4864
吾廬筆談八卷　(清)李佐賢撰　清光緒元年(1875)刻本　二册

110000－0144－0002059　4865
酌雅齋文集一卷　(清)彭希鄭撰　清光緒十年(1884)彭錫保刻本　四册

110000－0144－0002060　4867
岱覽三十二卷　(清)唐仲冕編　清嘉慶十二年(1807)果克山房刻本　十六册

110000－0144－0002061　4868
東瀛詩選四十卷補遺四卷　(清)俞樾輯　清光緒九年(1883)刻本　十二册

110000－0144－0002062　4870
漁洋書籍跋尾一卷　(清)王士禛撰　清康熙刻本　一册

110000－0144－0002063　4871
漁洋說部精華十二卷　(清)王士禛撰　(清)劉堅輯　清康熙刻本　二册

110000－0144－0002064　4872
春秋筆削大義微言考十二卷發凡一卷　康有為撰　清光緒二十七年(1901)刻萬木草堂叢書本　十册

110000－0144－0002065　4873
清尊集十六卷　(清)汪遠孫撰　清道光十九年(1839)錢塘振綺堂刻本　八册

110000－0144－0002066　4874
兩浙輶軒續錄五十四卷補遺六卷　(清)潘衍桐輯　清光緒十七年(1891)浙江書局刻本　四十册

110000－0144－0002067　4875
兩浙輶軒錄四十卷　(清)阮元輯　清光緒十六年(1890)浙江書局刻本　三十二册

110000－0144－0002068　4878
朱氏傳芳集八卷　(清)朱子襄　(清)朱宜城合編　清咸豐十一年(1861)朱氏刻本　四册

110000－0144－0002069　4880
汪梅村先生集文集十二卷悔翁詩抄十五卷詩餘五卷筆記六卷　(清)汪士鐸撰　清光緒合肥味古齋刻本　四册

110000－0144－0002070　4881

蟲薈五卷 （清）方旭輯 清光緒十五年(1889)刻本 四冊

110000－0144－0002071 4883
觀古閣叢刻五種 （清）鮑康輯 清同治十二年(1873)歙縣鮑氏觀古閣刻本 三十冊

110000－0144－0002072 4885
玉溪生詩意八卷 （清）屈復撰 清道光十年(1830)弱水草堂刻本 六冊

110000－0144－0002073 4887
晚學齋文集十二卷 （清）姚椿撰 清咸豐二年(1852)楊象濟刻本 六冊

110000－0144－0002074 4888
[嘉慶]四川通志二百四卷首二十二卷 （清）常明修 （清）楊芳燦 （清）譚光祜纂 清嘉慶二十一年(1816)四川督署刻本 一百十二冊

110000－0144－0002075 4889
[嘉慶]廣西通志二百七十九卷首一卷 （清）謝啟昆修 （清）胡虔纂 清嘉慶六年(1801)廣西撫署刻本 八十冊

110000－0144－0002076 4890
劉端臨先生遺書八種 （清）劉台拱撰 清道光十四年(1834)刻本 六冊

110000－0144－0002077 4891
郝氏遺書三十三種 （清）郝懿行撰 清光緒五年至八年(1879－1882)東路廳署刻本 八十冊

110000－0144－0002078 4893
續資治通鑑長編拾補六十卷 （清）黄以周等輯 清光緒九年(1883)浙江書局刻本 十六冊

110000－0144－0002079 4894
[乾隆]貴州通志四十六卷首一卷 （清）鄂爾泰修 （清）靖道謨纂 清乾隆六年(1741)刻本 四十八冊

110000－0144－0002080 4895
蘇溪漁隱讀書譜四卷 （清）耿文光撰 清光緒十五年(1889)刻本 四冊

110000－0144－0002081 4898
國朝杭郡詩辑三十二卷 （清）吴顥輯 （清）吴振棫重編 清同治十三年(1874)錢塘丁氏刻本 十六冊

110000－0144－0002082 4899
國朝杭郡詩續辑四十六卷 （清）吴振棫編 清光緒刻本 二十四冊

110000－0144－0002083 4900
六典通考二百卷 （清）閻鎮珩輯 清光緒二十九年(1903)北嶽山房刻本 一百冊

110000－0144－0002084 4901
金陵詩徵四十四卷 （清）朱緒曾編 清光緒十八年(1892)翁長森刻本 十四冊

110000－0144－0002085 4902
國朝金陵詩徵四十八卷 （清）朱緒曾編 清光緒十三年(1887)翁長森等刻本 二十二冊

110000－0144－0002086 4930
[嘉慶]涇縣志三十二卷首一卷 （清）李德淦修 （清）洪亮吉纂 清嘉慶十一年(1806)涇縣縣署刻本 十六冊

110000－0144－0002087 4931
月齋文集八卷詩集四卷 （清）張穆撰 清咸豐八年(1858)壽陽祁氏刻本 六冊

110000－0144－0002088 4932
食舊德齋雜著不分卷 （清）劉嶽雲撰 清光緒八年(1882)刻本 四冊

110000－0144－0002089 4933
詩緣十四卷 （清）蜀西樵也輯 清光緒十六年(1890)刻本 四冊

110000－0144－0002090 4934
槐廬詩學一卷 （清）龍啟瑞撰 清光緒四年(1878)京師刻本 一冊

110000－0144－0002091 4934
經德堂文集六卷別集二卷浣月山房詩集五卷漢南春柳詞鈔一卷 （清）龍啟瑞撰 **梅神吟館詩草一卷** （清）何慧生撰 **槐廬詩學一卷**

（清）龍繼棟撰　清光緒四年（1878）龍氏刻本　八冊

110000－0144－0002092　4935
宋詩紀事補遺一百卷　（清）陸心源輯　清光緒十九年（1893）刻本　二十四冊

110000－0144－0002093　4936
退思存稿五種　（清）范志熙撰　清光緒十四年（1888）木犀香館刻本　四冊

110000－0144－0002094　4937
師竹齋讀書隨筆彙編十三卷　（清）鄭機撰　清光緒十年（1884）刻本　四冊

110000－0144－0002095　4941
越南輯略二卷　（清）徐延旭編　清光緒三年（1877）徐氏梧州郡署刻本　二冊

110000－0144－0002096　4942
樊南文集補編十二卷　（唐）李商隱撰　（清）錢振倫　（清）錢振常箋　清同治五年（1866）望三益齋刻本　四冊

110000－0144－0002097　4943
榕堂續錄四卷　（清）蔣超伯撰　清同治六年（1867）江都蔣氏刻本　二冊

110000－0144－0002098　4944
金陵待徵錄十卷　（清）金鰲等撰　清光緒二年（1876）刻本　四冊

110000－0144－0002099　4945
青谿舊屋文集十一卷　（清）劉文淇撰　清光緒九年（1883）刻本　二冊

110000－0144－0002100　4946
蒿盦集三卷　（清）張爾岐撰　清光緒十五年（1889）山東書局刻本　三冊

110000－0144－0002101　4947
國朝金陵續詩徵六卷首一卷　（清）朱紹亭等輯　清光緒二十年（1894）刻本　六冊

110000－0144－0002102　4948
明齋小識十二卷　（清）諸聯撰　清道光十四年（1834）吳越亦西齋刻同治四年（1865）印本　六冊

110000－0144－0002103　4949
胡刻三種八卷　（清）胡敬輯　清嘉慶二十一年（1816）刻本　四冊

110000－0144－0002104　4950
娱親雅言六卷　（清）嚴元照撰　清光緒十年（1884）吳興陸氏刻本　六冊

110000－0144－0002105　4951
邊事彙鈔十二卷　（清）朱克敬編　清光緒六年（1880）刻本　六冊

110000－0144－0002106　4952
邊事續鈔八卷　（清）朱克敬編　清光緒六年（1880）刻本　四冊

110000－0144－0002107　4960
東瀛識略八卷　（清）丁紹儀撰　清同治十二年（1873）福州吳玉田刻本　二冊

110000－0144－0002108　4961
明紀事樂府四卷　（清）龍文彬撰　清光緒十一年（1885）刻本　二冊

110000－0144－0002109　4962
樂餘靜廉齋詩稿初集一卷二集一卷文稿一卷海風簫詞一卷　（清）顧復初撰　清同治六年（1867）成都吳郡顧氏刻本　四冊

110000－0144－0002110　4963
張石樵先生遺詩四卷　（清）張安保撰　清光緒二十五年（1899）刻本　四冊

110000－0144－0002111　4964
巢經巢遺文五卷　（清）鄭珍撰　清光緒十九年（1893）資州官署刻本　四冊

110000－0144－0002112　4965
簡莊文鈔六卷　（清）陳鱣撰　清末刻本　二冊

110000－0144－0002113　4967
陳忠裕全集三十卷首一卷末一卷兵垣奏議一卷　（明）陳子龍撰　（清）王昶輯　**年譜三卷**　（清）王昶輯　清嘉慶八年（1803）簳山草堂刻同治八年（1869）印本　十冊

110000－0144－0002114　4967

夏節愍全集十卷首一卷末一卷補遺二卷 (明)夏完淳撰 (清)莊師洛輯 清嘉慶十二年(1807)簳山草堂刻同治八年(1869)印本 與110000－0144－0002113合册

110000－0144－0002115 4968
愛日精廬藏書志三十六卷續志四卷 (清)張金吾撰 清光緒十三年(1887)靈芬閣徐氏木活字印本 十册

110000－0144－0002116 4969
笥河詩集二十卷文集十六卷 (清)朱筠撰 清嘉慶刻本 十四册

110000－0144－0002117 4972
愧訥集十二卷 (清)朱用純撰 清光緒八年(1882)津河廣仁堂刻本 四册

110000－0144－0002118 4974
市隱書屋文稿十一卷 (清)元樹滋撰 清刻本 二册

110000－0144－0002119 4978
江蘇詩徵一百八十三卷 (清)王豫輯 清道光元年(1821)刻本 四十册

110000－0144－0002120 4979
金華詩錄六十卷外集六卷別集四卷書後一卷 (清)黄彬輯 清乾隆三十八年(1773)刻本 四十册

110000－0144－0002121 4984
康熙己未詞科錄六卷 (清)秦瀛輯 清嘉慶十二年(1807)刻本 六册

110000－0144－0002122 4985
元遺山先生全集四十卷首一卷末一卷 (金)元好問撰 清光緒七年(1881)讀書山房刻本 十七册

110000－0144－0002123 4987
船山師友記十七卷 (清)羅正鈞撰 清光緒三十三年(1907)刻本 四册

110000－0144－0002124 4989
國朝御史題名(清順治元年至光緒三十二年) 黄玉圃編 清光緒十三年(1887)京畿道刻本 五册

110000－0144－0002125 4990
光緒壬午科十八省鄉試同年錄 (清)□□編 清末鉛印本 一册

110000－0144－0002126 4991
道光辛卯恩科各省同年錄 (清)□□編 清道光刻本 六册

110000－0144－0002127 4995
霜紅龕集四十卷 (清)傅山撰 **附錄三卷年譜一卷** 丁寶銓輯 清宣統三年(1911)山陽丁寶銓刻本 十二册

110000－0144－0002128 4996
國朝全蜀貢舉備考(清順治二年至光緒十一年)九卷 (清)孫桐生輯 (清)趙增榮重輯 清光緒九年(1883)敘郡會館刻本 三册

110000－0144－0002129 4998
盾墨四卷 (清)湯彝纂 清光緒二十二年(1896)刻本 二册

110000－0144－0002130 4999
谿上遺聞集錄十卷別錄二卷 (清)尹元煒輯 清道光二十八年(1848)刻本 五册

110000－0144－0002131 5000
勝朝殉揚錄二卷 (清)劉寶楠輯 清同治十年(1871)刻本 二册

110000－0144－0002132 5002
枕葄齋詩經問答十四卷 (清)胡嗣運撰 清光緒三十四年(1908)鵬南書屋木活字印本 二册

110000－0144－0002133 5003
明會要八十卷 (清)龍文彬纂 清光緒十三年(1887)永懷堂刻本 二十册

110000－0144－0002134 5005
是仲明先生[鏡]年譜一卷 (清)張敬立撰 清光緒十三年(1887)木活字印本 一册

110000－0144－0002135 5006
李申耆先生[兆洛]年譜三卷 (清)蔣彤編 清光緒十三年(1887)嘉興金吳瀾木活字印本

二册

110000－0144－0002136　5007

王文肅公［錫爵］年譜二卷　（明）王衡撰　清光緒二十五年（1899）刻本　四册

110000－0144－0002137　5008

格物中法十二卷　（清）劉嶽雲撰　清光緒刻食舊德齋集本　一册　存三卷（一至三）

110000－0144－0002138　5010

靖逆記六卷　（清）蘭簃外史纂　清道光元年（1821）刻本　四册

110000－0144－0002139　5012

玉谿生詩詳註三卷首一卷　（唐）李商隱撰（清）馮浩注　清乾隆四十五年（1780）德聚堂刻嘉慶元年（1796）補刻本　四册

110000－0144－0002140　5013

樊南文集詳注八卷　（唐）李商隱撰　（清）馮浩注　清乾隆四十五年（1780）德聚堂刻本　八册

110000－0144－0002141　5014

三國志注證遺四卷補遺四卷五代史記纂誤補緒一卷　（清）周壽昌撰　清光緒九年（1883）長沙思益堂刻本　二册

110000－0144－0002142　5017

歷代輿地圖不分卷　楊守敬編繪　清光緒三十二年（1906）楊氏觀海堂刻本　三十四册

110000－0144－0002143　5021

緑溪全集五種　（清）靳榮藩撰　清乾隆刻本　四册

110000－0144－0002144　5335

平桂紀略四卷股匪總録三卷堂匪總録十二卷廣西道里表一卷　（清）蘇鳳文撰　清光緒十五年（1889）刻本　四册

110000－0144－0002145　5355

日下尊聞録五卷　（清）□□輯　清光緒刻本　二册

110000－0144－0002146　5358

燕京歲時記　（清）富察敦崇撰　清光緒三十二年（1906）文德堂刻本　二册

110000－0144－0002147　5360

帝京景物略八卷　（明）劉侗　（明）于奕正撰　明末刻本　六册

110000－0144－0002148　5383

讀書堂杜工部詩集注解二十卷文集註解二卷　（唐）杜甫著　（清）張溍評注　清道光二十一年（1841）讀書堂刻本　十二册

110000－0144－0002149　5384

李長吉昌谷集句解定本四卷　（唐）李賀撰（清）姚佺箋閲　（清）丘象隨辯註　清刻本　四册

110000－0144－0002150　5386

漢學諧聲二十四卷説文補考一卷説文又考一卷　（清）戚學標撰　清嘉慶九年（1804）涉縣官署刻本　八册

110000－0144－0002151　5388

杜工部詩集二十卷集外詩一卷文集二卷杜詩補註一卷　（唐）杜甫撰　（清）朱鶴齡輯注　清康熙金陵葉永茹刻本　八册

110000－0144－0002152　5389

昌黎先生詩集注十一卷　（唐）韓愈撰　（清）顧嗣立注　清光緒九年（1883）廣州翰墨園刻三色套印本　十二册

110000－0144－0002153　5395

漢魏遺書鈔不分卷　（清）王謨輯　清嘉慶三年（1798）金谿王氏刻本　四册

110000－0144－0002154　5396

昭代叢書　（清）張潮輯　（清）楊復吉（清）沈楙德增輯　清道光十四年（1834）吴江沈氏世楷堂刻本　十四册

110000－0144－0002155　5398

東華續録二百二十卷（光緒朝）　（清）朱壽朋纂　清宣統元年（1909）上海集成圖書公司鉛印本　一百七十二册

110000－0144－0002156　5399

船山遺書六十種二百八十八卷　（清）王夫之

撰　清同治四年(1865)湘鄉曾氏金陵節署刻本　六十四冊

110000－0144－0002157　5400
六藝堂詩禮七編十六卷　(清)丁晏撰　清咸豐二年(1852)聊城海源閣刻本　一百冊

110000－0144－0002158　5401
心齋十種　(清)任兆麟撰　清乾隆震澤任氏忠敏家塾刻本　十冊

110000－0144－0002159　5402
竹柏山房十五種　(清)林春溥撰　清嘉慶至咸豐閩中林氏刻本　六冊

110000－0144－0002160　5403
西域考古錄十八卷　(清)俞浩撰　清道光二十七年(1847)海月堂刻本　四十冊

110000－0144－0002161　5404
九經古義十六卷　(清)惠棟撰　清乾隆刻本　六冊

110000－0144－0002162　5406
省吾堂四種　(清)蔣光弼輯　清乾隆蔣氏省吾堂刻本　二冊

110000－0144－0002163　5409
鄂宰四槀　(清)王筠輯　清咸豐二年(1852)刻本　八冊

110000－0144－0002164　5410
稽古日鈔八卷　(清)郁文輯　(清)張方湛等輯　清乾隆二十九年(1764)秋曉山房刻本　二冊

110000－0144－0002165　5413
重刊五經七書彙解七卷首一卷末一卷　(清)朱墉輯　清光緒三年(1877)索綽絡氏家塾嶺南古經閣書坊刻本　四冊

110000－0144－0002166　5414
二十二子　(清)浙江書局輯　清光緒元年(1875)浙江書局刻本　十冊

110000－0144－0002167　5415
唐宋叢書　(明)鍾人傑輯　(明)張遂辰輯　清經德堂刻本　八十三冊

110000－0144－0002168　5416
説郛一百二十卷續四十六卷　(明)陶宗儀輯　清順治四年(1647)宛委山堂刻本　十三冊

110000－0144－0002169　5417
長恩書室叢書十九種五十三卷　(清)莊肇麟輯　清咸豐四年(1854)新昌莊氏過客軒刻本　一百七十冊

110000－0144－0002170　5425
琴律譜一卷　(清)陳澧撰　清末刻本　十六冊

110000－0144－0002171　5430
古今説海一百三十五種一百四十二卷　(明)陸楫輯　清道光元年(1821)苕溪邵氏酉山堂刻本　一冊

110000－0144－0002172　5431
問經堂叢書　(清)孫馮翼輯　清嘉慶二年至七年(1797－1802)承德孫氏問經堂刻本　三十二冊

110000－0144－0002173　5432
連筠簃叢書十二種　(清)楊尚文輯　清道光二十八年(1848)靈石楊氏刻本　十六冊

110000－0144－0002174　5433
亭林先生遺書二十五種　(清)顧炎武撰　清光緒十四年(1888)吳縣朱氏校經山房刻本　三十冊

110000－0144－0002175　5435
西河合集一百十七種四百九十五卷　(清)毛奇齡撰　清康熙李塨刻乾隆三十五年(1770)蕭山陸凝瑞堂修補本　二十四冊

110000－0144－0002176　5436
南窗叢記八卷　(清)伊朝棟撰　清嘉慶五年(1800)刻本　六十冊

110000－0144－0002177　5438
玉篇三十卷　(南朝陳)顧野王撰　(唐)孫強增　清道光三十年(1850)新化鄧氏刻本　四冊

110000－0144－0002178　5439

廣韻五卷 (宋)陳彭年撰 清道光三十年(1850)新化鄧氏刻本 三册

110000－0144－0002179 5489

御製圓明園圖詠二卷 (清)高宗弘曆撰 清光緒十三年(1887)天津石印書屋石印本 三册

110000－0144－0002180 5517

論語正義二十四卷 (清)劉寶楠撰 清同治五年(1866)刻本 二册

110000－0144－0002181 5518

桐華閣叢書四十卷 (清)杜貴墀撰 清光緒二十六年(1900)刻本 六册

110000－0144－0002182 5520

九通通二百四十八卷 (清)劉可毅輯 清光緒二十八年(1902)劉氏石印本 十二册

110000－0144－0002183 5524

建康實錄二十卷 (唐)許嵩撰 清光緒二十八年(1902)江寧甘氏桑泊草堂刻本 六十册

110000－0144－0002184 5526

鐵華館叢書六種 (清)蔣鳳藻輯 清光緒九年至十年(1883－1884)長洲蔣氏刻本 六册

110000－0144－0002185 5529

持靜齋書目四卷續增一卷持靜齋藏書紀要二卷 (清)丁日昌編 清同治刻本 十册

110000－0144－0002186 5531

蒙求補宋十六卷 (清)劉鳳墀輯 清光緒十九年(1893)罽清齋刻本 六册

110000－0144－0002187 5533

求益齋全集二十卷 (清)強汝詢撰 清光緒二十四年(1898)江蘇書局刻本 六册

110000－0144－0002188 5536

春雨樓叢書六種 (清)朱士端輯 清同治元年至四年(1862－1865)寶應朱氏刻本 八册

110000－0144－0002189 5551

金石萃編補略二卷 (清)王言撰 清光緒八年(1882)仁和王氏刻本 六册

110000－0144－0002190 5553

江陵張文忠公全集四十七卷 (明)張居正撰 清刻本 四册

110000－0144－0002191 5555

古文辭類纂七十四卷續古文辭類纂三十四卷 (清)姚鼐編 清光緒十九年(1893)湖南思賢講舍刻本 十六册

110000－0144－0002192 5556

唐詩三百首補註八卷 (清)蘅堂退士 (清)陳婉俊編 (清)孫洙編 清光緒二十二年(1896)京師述古堂刻本 二十册

110000－0144－0002193 5595

佛法金湯編十六卷 (明)釋心泰編 清光緒二十六年(1900)星沙上林禪寺刻本 四册

110000－0144－0002194 5614

聚學軒叢書六十種 劉世珩輯 清光緒二十九年(1903)貴池劉氏刻本 三册

110000－0144－0002195 5618

西域水道記五卷漢書西域轉補注二卷新疆賦一卷 (清)徐松撰 清道光文奎堂刻本 一百册

110000－0144－0002196 5620

甘泉鄉人稿二十四卷餘稿三卷年譜一卷四水子遺著一卷郃農偶吟稿一卷 (清)錢泰吉撰 清光緒十一年(1885)刻本 八册

110000－0144－0002197 5621

柏梘山房集三十一卷 (清)梅曾亮撰 清咸豐六年(1856)刻同治三年(1864)補刻本 六册

110000－0144－0002198 5622

欽定天禄琳琅書目十卷 (清)于敏中等編 **續編二十卷** (清)彭元瑞等編 清光緒十年(1884)長沙王氏刻本 六册

110000－0144－0002199 5623

國朝畿輔詩傳六十卷 (清)陶樑輯 清道光十九年(1839)紅豆樹館刻本 十册

110000－0144－0002200 5624

西藏圖考八卷　(清)黄沛翹纂　清光緒十二年(1886)刻本　十六冊

110000－0144－0002201　5625
徐孝穆全集六卷　(南朝陳)徐陵撰　(清)吴兆宜箋注　清光緒二年(1876)廣東翰墨園刻本　四冊

110000－0144－0002202　5626
東坡七集一百十卷　(宋)蘇軾撰　清光緒三十四年至宣統元年(1908－1909)湮陽端方寶華盦刻本　六冊

110000－0144－0002203　5627
野獲編三十卷補遺四卷首一卷　(清)沈德符撰　(清)錢枋輯　清道光七年(1827)扶荔山房刻本　四十冊

110000－0144－0002204　5628
慈溪黄氏日抄分類九十七卷古今紀要十九卷　(宋)黄震輯　清乾隆三十二年(1767)新安汪佩鍔刻本　二十四冊

110000－0144－0002205　5629
五代史記七十四卷　(宋)歐陽修撰　(宋)徐無黨注　(清)彭元瑞補注　清道光八年(1828)海昌楊文菻刻本　三十二冊

110000－0144－0002206　5630
宋詩紀事一百卷　(清)厲鶚輯　清刻本　四十冊

110000－0144－0002207　5631
朱子文集大全類編一百十一卷首一卷　(宋)朱熹撰　(清)朱玉輯　清雍正八年(1730)朱氏采芝山房刻乾隆十五年(1750)補刻本　二十冊

110000－0144－0002208　5646
説文韻譜校五卷　(清)王筠撰　清光緒十六年(1890)濰縣劉氏刻本　四十八冊

110000－0144－0002209　5647
歷代鐘鼎彝器款識法帖二十卷　(宋)薛尚功撰　(清)阮元校　清嘉慶二年(1797)儀征阮氏刻本　二冊

110000－0144－0002210　5648
古韻發明不分卷切韻肆考不分卷　(清)張畊撰　清道光六年(1826)滕陽張氏芸心堂刻本　四冊

110000－0144－0002211　5650
昭德先生郡齋讀書志二十卷附志二卷　(宋)晁公武撰　(宋)姚應績編　清光緒十年(1884)長沙王氏刻本　四冊

110000－0144－0002212　5652
四庫簡明目錄標注二十卷　(清)邵懿辰撰　清宣統三年(1911)仁和邵氏刻半巖廬所箸書本　十冊

110000－0144－0002213　5653
宋文鑑一百五十卷　(宋)吕祖謙輯　清光緒十二年(1886)江蘇書局刻本　六冊

110000－0144－0002214　5654
南宋文範七十卷外編四卷作者考二卷　(清)莊仲方輯　清光緒十四年(1888)江蘇書局刻本　二十四冊

110000－0144－0002215　5655
南宋文錄二十四卷　(清)董兆熊輯　清光緒十七年(1891)蘇州書局刻本　十六冊

110000－0144－0002216　5656
金文雅十六卷　(清)莊仲方輯　清光緒十七年(1891)江蘇書局刻本　五冊

110000－0144－0002217　5657
金文最六十卷　(清)張金吾輯　清光緒二十一年(1895)蘇州書局刻本　四冊

110000－0144－0002218　5658
元文類七十卷目錄三卷　(元)蘇天爵輯　清光緒十五年(1889)江蘇書局刻本　十六冊

110000－0144－0002219　5659
明文在一百卷　(清)薛熙　(清)何潔輯　清光緒十五年(1889)江蘇書局刻本　十冊

110000－0144－0002220　5660
許學叢刻五種　(清)許頌鼎輯　(清)許溎祥輯　清光緒十三年(1887)海寧許氏古均閣刻

本　十册

110000－0144－0002221　5661
遜學齋文鈔十二卷續鈔五卷詩鈔十卷續鈔五卷　（清）孫衣言撰　清同治十二年（1873）永康胡鳳丹刻光緒續刻本　四册

110000－0144－0002222　5668
雨屋深鐙詞一卷　汪兆鏞撰　清宣統三年（1911）鉛印本　十二册

110000－0144－0002223　5680
古今韻會舉要三十卷禮部韻略七音二十六字母一卷　（元）熊忠撰　清光緒九年（1883）淮南書局刻本　一册

110000－0144－0002224　5681
音韻闡微十八卷韻譜一卷　（清）李光地（清）王蘭生編修　清光緒七年（1881）淮南書局刻本　十册

110000－0144－0002225　5686
李氏音鑑六卷首一卷　（清）李汝珍撰　清嘉慶十六年（1811）寶善堂刻同治七年（1868）木樨山房重修本　五册

110000－0144－0002226　5690
藏雲山房杜律詳解八卷　（清）石閒居士評點　清道光八年（1828）藏雲山房刻本　四册

110000－0144－0002227　5695
聲調三譜四卷　（清）王祖源輯　清同治、光緒間福山王氏刻天壤閣叢書本　八册

110000－0144－0002228　5725
桐城耆舊傳十二卷　馬其昶撰　清宣統三年（1911）桐城馬氏刻本　四册

110000－0144－0002229　5758
榕村語録續集二十卷　（清）李光地撰　清光緒二十年（1894）刻本　六册

110000－0144－0002230　5798
字詁一卷義府二卷　（清）黄生撰　清刻本　十册

110000－0144－0002231　6049
資治通鑑二百九十四卷　（宋）司馬光撰　（元）胡三省注　**通鑑釋文辨誤十二卷**　（元）胡三省撰　清嘉慶二十一年（1816）鄱陽胡氏刻同治八年（1869）江蘇書局補刻本　二册

110000－0144－0002232　6050
左海全集　（清）陳壽祺撰　清嘉慶、道光間刻本　一百四册

110000－0144－0002233　6051
七經孟子考文並補遺二百卷　（日本）山井鼎撰　清嘉慶儀征阮氏刻本　二十四册

110000－0144－0002234　6054
通雅五十二卷首二卷　（明）方以智撰　**刊誤一卷**　清光緒六年（1880）桐城方氏刻本　二十四册

110000－0144－0002235　6055
元遺山詩集箋註十四卷首一卷末一卷　（金）元好問撰　（元）張德輝編　（清）施國祁箋補　清道光二年（1822）蔣氏瑞松堂刻本　十六册

110000－0144－0002236　6057
二林居集二十四卷　（清）彭紹升撰　清光緒七年（1881）彭祖賢刻本　六册

110000－0144－0002237　6060
禮記訓纂四十九卷　（清）朱彬輯　清咸豐元年（1851）寶應朱氏宜祿堂刻本　六册

110000－0144－0002238　6061
羣書疑辨十二卷　（清）萬斯同撰　清嘉慶二十一年（1816）古堇水氏供石亭刻本　八册

110000－0144－0002239　6062
水經注四十卷首一卷末一卷　（北魏）酈道元撰　清光緒十八年（1892）思賢講舍刻本　六册

110000－0144－0002240　6063
續資治通鑑二百二十卷　（清）畢沅撰　清同治六年（1867）刻本　十六册

110000－0144－0002241　6065
世本輯補十卷　（清）秦嘉謨撰　清嘉慶二十三年（1818）琳琅仙館刻本　六十四册

110000－0144－0002242　6066
七緯三十八卷　（清）趙在翰撰　清嘉慶九年(1804)小積石山房刻本　十冊

110000－0144－0002243　6067
汪子遺集十卷　（清）汪縉撰　清光緒八年(1882)刻本　八冊

110000－0144－0002244　6068
王菉友九種　（清）王筠撰　清咸豐十年(1860)刻本　四冊

110000－0144－0002245　6071
常熟丁氏叢書二種　丁國鈞撰　清光緒錫山文苑閣木活字印本　八冊

110000－0144－0002246　6072
詁經精舍文集十四卷　（清）阮元訂　清嘉慶揚州阮氏琅嬛仙館刻本　四冊

110000－0144－0002247　6073
唐石經校文十卷　（清）嚴可均纂撰　清嘉慶九年(1804)四錄堂刻本　六冊

110000－0144－0002248　6074
國朝先正事略六十卷　（清）李元度編　清同治五年(1866)鉛印本　二冊

110000－0144－0002249　6075
茗柯文編初編一卷二編二卷三編一卷四編一卷　（清）張惠言撰　清光緒七年(1881)刻本　二十四冊

110000－0144－0002250　6076
曾文正公奏議補編四卷　（清）曾國藩撰　（清）薛福成編　清同治十三年(1874)蘇郡刻本　二冊

110000－0144－0002251　6077
駢體文鈔三十一卷目錄一卷　（清）李兆洛輯　清同治六年(1867)婁江徐氏刻本　四冊

110000－0144－0002252　6078
朱文公校昌黎先生文集四十卷外集十卷　（唐）韓愈撰　（宋）朱熹　（明）朱吾弼考異　清天德堂刻本　八冊

110000－0144－0002253　6079
吳詩集覽二十卷　（清）吳偉業撰　（清）靳榮藩輯注　清嘉慶七年(1802)刻本　十六冊

110000－0144－0002254　6080
蘇文忠公詩編註集成四十六卷總案四十五卷諸家雜綴酌存一卷蘇海識餘四卷　（清）王文誥輯　清嘉慶二十四年(1819)韻山堂王氏刻本　二十冊

110000－0144－0002255　6081
四書章句集注二十六卷　（宋）朱熹撰　**四書章句集注定本辨一卷四書家塾讀本句讀一卷**　（清）吳英撰　**四書章句附考四卷**　（清）吳志忠輯　清嘉慶十六年(1811)璜川吳氏刻本　二十四冊

110000－0144－0002256　6085
國朝文匯甲前集二十卷甲集六十卷乙集七十卷丙集三十卷丁集二十卷附姓氏目錄一卷　（清）上海國學扶論社輯　清宣統元年(1909)上海國學扶輪社石印本　八冊

110000－0144－0002257　6088
陸庵所著書三種附書目一卷　羅振玉撰　清光緒十八年(1892)刻本　一百一冊

110000－0144－0002258　6092
全唐文紀事一百二十二卷首一卷　（清）陳鴻墀撰　清同治十二年(1873)巴陵方氏刻本　四冊

110000－0144－0002259　6093
硯桂緒錄十六卷　（清）林昌彝撰　清同治五年(1866)廣州刻本　三十二冊

110000－0144－0002260　6094
補後漢書藝文志一卷考十卷　（清）曾樸纂　清光緒二十一年(1895)常熟曾氏木活字印常熟曾氏叢書本　八冊

110000－0144－0002261　6095
七家後漢書二十一卷　（清）汪文臺輯　清光緒八年(1882)刻本　六冊

110000－0144－0002262　6097
春秋繁露義證十七卷　（漢）董仲舒撰　蘇輿

義證　清宣統二年(1910)長沙王先謙刻本　六冊

110000－0144－0002263　6099
小琅環館叢書十種　(清)陳喬樅輯　清道光刻本　四冊

110000－0144－0002264　6102
荀子集解二十卷首一卷　(唐)楊倞注　王先謙集解　清光緒十七年(1891)刻本　五十二冊

110000－0144－0002265　6104
水經注疏要刪四十卷補遺一卷　楊守敬撰　清光緒三十一年(1905)觀海堂刻本　六冊

110000－0144－0002266　6105
水經注彙校四十卷　(北魏)酈道元撰　(清)楊希閔彙校　清光緒七年(1881)福州刻本　六冊

110000－0144－0002267　6106
續通鑑綱目條記二十卷首一卷　(清)李述來撰　清光緒八年(1882)群玉山房刻本　十二冊

110000－0144－0002268　6108
三國郡縣表八卷　(清)吳增僅編　清光緒二十二年(1896)盱眙吳氏刻本　六冊

110000－0144－0002269　6109
水道提綱二十八卷　(清)齊召南撰　清光緒四年(1878)霞城精舍刻本　四冊

110000－0144－0002270　6110
詞科掌錄十七卷　(清)杭世駿輯　清道古堂刻本　八冊

110000－0144－0002271　6111
樞垣紀略十六卷　(清)梁章鉅撰　清道光刻本　八冊

110000－0144－0002272　6112
援鶉堂筆記五十卷　(清)姚範撰　**刊誤一卷　刊誤補遺一卷**　(清)方東樹撰　清道光十六年(1836)桐城姚瑩淮南監製官署刻本　四冊

110000－0144－0002273　6113
尚書孔傳參正三十六卷　王先謙撰　清光緒三十年(1904)虛受堂刻本　十六冊

110000－0144－0002274　6114
資治通鑑後編一百八十四卷　(清)徐乾學編　**資治通鑑後編校勘記**　夏震武撰　清光緒馮一梅等刻本　六冊

110000－0144－0002275　6115
資治通鑑補二百九十四卷　(宋)司馬光撰　(元)胡三省　(明)嚴衍音註　清光緒二年(1876)思補樓木活字印本　五十二冊

110000－0144－0002276　6117
墨子閒詁十五卷目錄一卷附錄一卷後語二卷　(清)孫詒讓撰　清光緒三十三年(1907)瑞安孫氏刻本　八十冊

110000－0144－0002277　6120
李穆堂詩文全集一百卷　(清)李紱撰　清道光十一年(1831)奉國堂刻本　八冊

110000－0144－0002278　6124
讀書叢錄二十四卷　(清)洪頤煊撰　清道光刻本　三十二冊

110000－0144－0002279　6126
四書考異二編七十二篇　(清)瞿灝撰　清乾隆無不宜齋刻本　六冊

110000－0144－0002280　6129
古音諧八卷　(清)姚文田撰　清道光二十五年(1845)刻本　十二冊

110000－0144－0002281　6378
宋元學案一百卷首一卷　(清)黃宗羲撰　(清)全祖望修定　清道光二十六年(1846)道州何氏鉛印本　存四十七卷(一至十八、七十二至一百)　六冊

110000－0144－0002282　6540
古今中外音韻通例不分卷　(清)胡垣撰　清光緒十四年(1888)刻本　二十四冊

110000－0144－0002283　6541
江西全省輿圖十四卷　(清)兩江督署編　清宣統元年(1909)江西官紙印刷所石印本

四冊

110000－0144－0002284　6544
通齋集五卷外集一卷文集二卷南行紀程一卷　(清)蔣超伯撰　清同治三年(1864)高涼郡齋刻本　十四冊

110000－0144－0002285　6545
廣東圖説九十二卷首一卷　(清)毛鴻賓纂修　清刻本　六冊

110000－0144－0002286　6546
簡莊文鈔六卷續編二卷河庄詩鈔一卷　(清)陳鱣撰　清光緒十三年至十四年(1887－1888)海昌羊復禮刻本　十八冊

110000－0144－0002287　6548
嵇庵詩集十卷　(清)梅植之撰　清光緒七年(1881)黄國華刻本　二冊

110000－0144－0002288　6550
春秋世族譜二卷　(清)陳厚耀撰　清嘉慶五年(1800)葉闌刻本　四冊

110000－0144－0002289　6553
淮南雜著四卷　(清)曹允源撰　清光緒十七年(1891)刻本　四冊

110000－0144－0002290　6554
唐人五十家小集五十種　(清)江標輯　清光緒二十一年(1895)元和江氏靈鶼閣刻蘇州振新書社印本　四冊

110000－0144－0002291　6556
靈峰草堂叢書九種　(清)陳矩輯　清光緒貴陽陳氏刻本　十六冊

110000－0144－0002292　6558
寒松堂全集十二卷　(清)魏象樞撰　清嘉慶十六年(1811)刻本　五冊

110000－0144－0002293　6560
鑑古齋日記四卷　(清)陳紹箕撰　(清)皮錫瑞評　清光緒二十八年(1902)長沙刻本　十二冊

110000－0144－0002294　6561
玉臺新詠十卷　(南朝陳)徐陵輯　(清)吳兆宜　(清)程琰箋注　清光緒五年(1879)宏達堂刻本　四冊

110000－0144－0002295　6562
桐城方氏七代遺書二十種　(清)方昌翰輯　清光緒十四年(1888)桐城方氏刻本　六冊

110000－0144－0002296　6566
得一齋札著四種　(清)黄楙材撰　清光緒十二年(1886)得一齋刻本　十冊

110000－0144－0002297　6567
皇清地理圖　(清)董方立　(清)胡錫燕繪製　清咸豐六年(1856)胡錫燕刻本　四冊

110000－0144－0002298　6569
先撥志始二卷　(明)文秉撰　清道光二十七年(1847)讀未見書齋刻本　三冊

110000　0144　0002299　6570
道西齋日記二卷　(清)汪詠霓撰　清光緒十三年(1887)安徽屯溪同文堂刻本　二冊

110000－0144－0002300　6573
寶樹堂遺書三種　(清)郭夢星撰　清光緒二十一年(1895)刻本　二冊

110000－0144－0002301　6575
余存吾先生文集四卷詒穀草堂詩集一卷　(清)余廷燦撰　清光緒三十四年(1908)授經堂刻本　四冊

110000－0144－0002302　6576
制錢通攷三卷　(清)唐與崑撰　清末上海聚珍倣宋印書局鉛印本　十冊

110000－0144－0002303　6578
帶經堂集九十二卷　(清)王士禛撰　清康熙四十九年至五十年(1710－1711)程哲七略書堂刻乾隆十二年(1747)黄晟重修本　三冊

110000－0144－0002304　6580
清白士集二十八卷　(清)梁玉繩撰　清嘉慶五年(1800)刻本　二十冊

110000－0144－0002305　6586
樗繭譜一卷　(清)鄭珍纂　(清)莫友芝注　清光緒三十四年(1908)官書局鉛印本　十

二冊

110000－0144－0002306　6587

秋盦遺稿一卷　(清)黄易撰　清宣統二年(1910)李氏石印本　一册

110000－0144－0002307　6613

吟香室詩草二卷附刻一卷續刻一卷　(清)楊蘊輝撰　清光緒二十三年(1897)南海縣署刻本　一册

110000－0144－0002308　6626

昭代名人尺牘二十四卷附小傳　(清)吴修輯　清光緒三十四年(1908)上海集古齋石印本　一册

110000－0144－0002309　6627

元史新編九十五卷　(清)魏源撰　清光緒三十一年(1905)邵陽魏氏慎微堂刻本　十四册

110000－0144－0002310　6630

大清一統輿圖　(清)嚴樹森等編　清同治二年(1863)湖北撫署刻本　三十二册

110000－0144－0002311　6631

江蘇全省輿圖　(清)鄧華熙修　(清)諸可寶纂　清光緒二十一年(1895)江南書局刻本　三十一册

110000－0144－0002312　6632

守默齋雜著不分卷　(清)何應祺撰　清同治十年(1871)刻本　三册

110000－0144－0002313　6635

欽定總管内務府現行則例四卷　(清)瑞常纂　清同治武英殿刻本　四册

110000－0144－0002314　6641

讀書記疑十六卷　(清)王懋竑撰　清末刻本　四册

110000－0144－0002315　6643

左文襄公全集　(清)左宗棠撰　清光緒刻本　八册

110000－0144－0002316　6644

日助齋詩集四卷日記四卷　(清)張琛撰　清道光四年(1824)刻本　一百十八册

110000－0144－0002317　6645

傳經表補正十三卷經傳建立博士表一卷　(清)汪大鈞補正　清光緒十九年(1893)錢塘汪氏刻本　八册

110000－0144－0002318　6646

受恆受漸齋集六卷　(清)沈曰富撰　清同治八年(1869)吴江沈氏刻本　二册

110000－0144－0002319　6647

紀載彙編十種　(清)□□輯　清末北京琉璃廠刻本　四册

110000－0144－0002320　6658

遼史地理志考五卷　(清)李慎儒撰　清光緒二十八年(1902)丹徒李氏刻本　六册

110000－0144－0002321　6659

續碑傳集八十六卷　繆荃孫輯　清宣統二年(1910)江楚編譯書局刻本　二册

110000－0144－0002322　6660

灤源問答十二卷　(清)沈可培撰　清嘉慶二十年(1815)雪浪齋刻本　二十四册

110000－0144－0002323　6664

梨洲遺著彙刊十九種　(清)黄宗羲撰　清宣統二年(1910)上海時中書局鉛印本　四册

110000－0144－0002324　6666

校經廎文稿十八卷　(清)李富孫撰　清道光元年(1821)讀書臺刻本　二十册

110000－0144－0002325　6670

八代詩選二十卷　王闓運撰　清光緒七年(1881)四川尊經書局刻本　三册

110000－0144－0002326　6671

論語古訓十卷附一卷　(清)陳鱣撰　清光緒九年(1883)浙江書局刻本　八册

110000－0144－0002327　6673

蛾術編八十二卷　(清)王鳴盛撰　清道光二十一年(1841)吴江沈氏世楷堂刻本　二册

110000－0144－0002328　6674

魏鄭公諫錄校注五卷　(唐)王方慶集　(清)王先恭校注　**魏鄭公諫續錄二卷**　(元)翟思

忠輯　**魏文貞公故事拾遺三卷魏文貞公[徵]年譜一卷**　(清)王先恭輯　**新舊唐書合注魏徵列傳一卷**　王先謙撰　清光緒九年(1883)長沙王氏刻本　十六冊

110000－0144－0002329　6677
東坡先生居儋錄六卷　(宋)蘇軾撰　(清)劉鳳輝重輯　清光緒二十一年(1895)刻本　六冊

110000－0144－0002330　6678
三國郡縣表補正八卷　(清)吳增僅原編　楊守敬補正　清光緒三十三年(1907)鄂城楊氏刻本　四冊

110000－0144－0002331　6683
藝風藏書記八卷　繆荃孫撰　清光緒二十六年至二十七年(1900－1901)刻本　四冊

110000－0144－0002332　6686
西漢年紀三十卷　(宋)王益之撰　清嘉慶四年(1799)刻本　二冊

110000－0144－0002333　6696
爾雅經注集證三卷　(清)龍啟瑞撰　**爾雅三卷**　(晉)郭璞注　**爾雅音釋一卷**　清光緒刻本　九冊

110000－0144－0002334　6696
經德堂文集内集四卷外集二卷别集二卷浣月山房詩集五卷漢南春柳詩鈔一卷經籍舉要一卷　(清)龍啟瑞撰　清光緒四年(1878)龍氏刻本　與110000－0144－0002333合冊

110000－0144－0002335　6700
思適齋集十八卷　(清)顧廣圻撰　清道光二十九年(1849)上海徐氏刻本　四冊

110000－0144－0002336　6701
粤氛紀事十三卷　(清)謝山居士輯　清同治八年(1869)刻本　六冊

110000－0144－0002337　6704
周禮漢讀考六卷　(清)段玉裁撰　清嘉慶三年(1798)經韻樓刻本　四冊

110000－0144－0002338　6705
[道光]黔南職方紀略九卷　(清)羅繞典纂　清道光二十七年(1847)羅繞典刻光緒三十一年(1905)袁開第補刻本　二冊

110000－0144－0002339　6706
句餘土音三卷甬上族望表二卷　(清)全祖望輯　清嘉慶十九年(1814)刻本　八冊

110000－0144－0002340　6707
兩朝剝復錄六卷校證一卷　(明)吳應箕撰　(清)夏燮校證　清同治二年(1863)南昌當塗夏氏刻本　四冊

110000－0144－0002341　6709
花甲閒談十六卷　(清)張維屏撰　清道光十九年(1839)刻本　四冊

110000－0144－0002342　6710
[乾隆]黔南識略三十二卷　(清)愛必達纂修　清道光二十七年(1847)貴州撫署刻本　四冊

110000－0144－0002343　6711
歷代統系表略三卷　(清)葉澐編　清康熙四十一年(1702)刻本(有抄配)　四冊

110000－0144－0002344　6714
南雷文定前集十一卷後集四卷三集三卷四集四卷附錄一卷　(清)黃宗羲撰　清光緒黃氏家塾刻本　八冊

110000－0144－0002345　6730
尊聞居士集八卷　(清)羅有高撰　清光緒八年(1882)長州彭氏刻本　二冊

110000－0144－0002346　6732
歷代統係歌二卷　張緝光撰　清光緒二十六年(1900)商務印書館鉛印本　一冊

110000－0144－0002347　6739
日本訪書志十七卷　楊守敬撰　清光緒二十三年(1897)刻本　八冊

110000－0144－0002348　6740
經籍訪古志六卷補遺一卷　(日本)澀江全善　(日本)森立之撰　清光緒十一年(1885)六和徐氏鉛印本　八冊

110000－0144－0002349　6742
景紫堂全書八十一卷　(清)夏炘撰　清咸豐、同治間刻本　二十二册

110000－0144－0002350　6809
伊江筆錄二卷　(清)吴熊光撰　清光緒廣東廣雅書局刻本　二册

110000－0144－0002351　6816
梅莊雜著四卷　(清)謝濟世撰　清道光五年(1825)刻本　四册

110000－0144－0002352　6820
通俗字林辨證五卷　(清)唐壎輯　清咸豐六年(1856)刻本　二册

110000－0144－0002353　6821
蘧盦文鈔不分卷　(清)柳商賢撰　清光緒十五年(1889)閑存小舍刻本　二册

110000－0144－0002354　6823
南天痕二十六卷附錄一卷　(清)凌雪撰　清宣統二年(1910)復古社鉛印本　六册

110000－0144－0002355　6824
聲譜二卷聲說二卷　(清)時庸勱撰　清光緒十八年(1892)刻本　四册

110000－0144－0002356　6826
有恒心齋集三十七卷　(清)程鴻詔撰　清刻本　十册

110000－0144－0002357　6830
華峰文集六卷　(清)吴光耀撰　清光緒二十四年(1898)刻本　二册

110000－0144－0002358　6835
四書字詁七十八卷檢字一卷　(清)段諤廷撰　(清)黄本驥輯　清道光五年(1825)黔陽楊氏刻本　二十册

110000－0144－0002359　6837
漢石例六卷　(清)劉寶楠編錄　清道光刻本　二册

110000－0144－0002360　6838
此木軒雜著八卷　(清)焦袁熹撰　清光緒八年(1882)席氏掃葉山房刻本　四册

110000－0144－0002361　6839
春秋左氏傳地名補注十二卷　(清)沈欽韓撰　清光緒十四年(1888)蔣氏心矩齋校刊本　四册

110000－0144－0002362　6840
吴興長橋沈氏家集二十九卷　沈家本輯　清宣統元年(1909)吴興長橋沈氏刻本　十二册

110000－0144－0002363　6842
滄浪詩話注五卷　(宋)嚴羽撰　(清)胡鑑注　清光緒七年(1881)廣州刻本　二册

110000－0144－0002364　6843
榕陰日課十卷　(清)楊希閔撰　清光緒二年(1876)福州刻本　四册

110000－0144－0002365　6844
蘿藦亭札記八卷　(清)喬松年撰　清同治十二年(1873)刻本　四册

110000－0144－0002366　6846
唐會要一百卷　(宋)王溥撰　清刻本　二十八册

110000－0144－0002367　6847
西番譯語一卷西藏記二卷　(清)□□撰　清乾隆五十九年(1794)刻龍威秘書本　二册

110000－0144－0002368　6848
歷代陵寢備考五十卷　(清)朱孔陽輯　清光緒上海申報館鉛印本　十二册

110000－0144－0002369　6849
古愚老人消夏錄　(清)汪汲撰　清乾隆、嘉慶間古愚山房刻本　十六册

110000－0144－0002370　6850
蒙古史二卷　(日本)河野元三著　(清)歐陽瑞驊譯　清宣統三年(1911)江南圖書館鉛印本　二册

110000－0144－0002371　6853
松陵詩徵前編十二卷　(清)殷增輯　清光緒九年(1883)刻本　二册

110000－0144－0002372　6854
龍岡山人古文尚書四種二十二卷　(清)洪良

品撰　清光緒十三年(1887)刻本　六冊

110000－0144－0002373　6855

海康陳清端公詩集十卷　(清)陳瓊撰　**年譜二卷**　(清)丁宗洛編　清道光六年(1826)刻本　四冊

110000－0144－0002374　6859

群經字詁七十二卷檢字一卷　(清)段諤廷撰　清道光二十九年(1849)刻本　二十冊

110000－0144－0002375　6860

杭州八旗駐防營志略二十五卷　(清)張大昌輯　清光緒十九年(1893)浙江書局刻本　六冊

110000－0144－0002376　6861

湖南陽秋十六卷續編十三卷　(清)王萬澍纂修　(清)王國枚續　清同治九年(1870)唐訓方刻本　八冊

110000－0144－0002377　6864

重刻賴古堂尺牘新鈔二選藏弆集十五卷三選結鄰集十六卷　(清)周亮工撰　清道光十九年(1839)賴古堂刻本　十六冊

110000－0144－0002378　6865

四益館經學叢書　廖平撰　清光緒十二年(1886)成都刻本　四冊

110000－0144－0002379　6867

四書纂言四十卷　(清)宋翔鳳撰　清光緒八年(1882)古吳岝崿山房木活字印本　二十四冊

110000－0144－0002380　6868

庸盦海外文編四卷　(清)薛福成撰　清光緒二十一年(1895)望龍學社刻本　四冊

110000－0144－0002381　6869

直東剿匪電存四卷首一卷　(清)林學瑊輯　清光緒三十三年(1907)石印本　四冊

110000－0144－0002382　6870

庸書内編二卷外編二卷　(清)陳熾撰　清光緒二十二年(1896)刻本　四冊

110000－0144－0002383　6872

教務輯要四卷　(清)徐家幹編　清光緒二十四年(1898)湖北官書局刻本　四冊

110000－0144－0002384　6873

訥盦叢稿十二卷　顧鳴鳳撰　清宣統三年(1911)木活字印本　六冊

110000－0144－0002385　6874

西巡回鑾始末記六卷　(清)八詠樓主人撰　(日)吉田良太郎譯　清光緒二十八年(1902)石印本　六冊

110000－0144－0002386　6875

格致古微六卷　王仁俊撰　清光緒二十二年(1896)吴縣王氏籀鄦誃刻本　四冊

110000－0144－0002387　6877

約章分類輯要三十八卷　蔡乃煌纂　清光緒二十六年(1900)湖南商務局刻本　三十冊

110000－0144－0002388　6879

度隴記四卷　(清)董醇撰　清咸豐元年(1851)甘泉董氏刻隨軺載筆本　四冊

110000－0144－0002389　6881

蟸菴集十八卷　曾廉撰　清宣統三年(1911)曾氏會輔堂刻本　十二冊

110000－0144－0002390　6882

兩當軒集二十卷　(清)黄景仁撰　清同治十二年(1873)集珍齋木活字印本　八冊

110000－0144－0002391　6883

咸豐元年辛亥恩科直省同年全錄一卷　(清)□□編　清同治六年(1867)元會齋刻字鋪刻本　四冊

110000－0144－0002392　6885

西圃叢辨二十二卷　(清)田同之撰　清刻本　四冊

110000－0144－0002393　6886

拳匪紀略八卷前編二卷後編二卷　(清)僑析生編　清光緒二十九年(1903)上洋書局石印本　六冊

110000－0144－0002394　6887

賓存四卷　(清)胡式鈺撰　清道光二十一年

(1841)刻本　四冊

110000－0144－0002395　6888
復堂日記八卷　(清)譚獻撰　清光緒十三年(1887)仁和譚氏刻復堂類集本　二册　存六卷(一至六)

110000－0144－0002396　6889
各國交涉公法論十六卷　(英國)費里摩羅巴德撰　(英國)傅蘭雅　(清)俞世爵口譯　清光緒二十四年(1898)上海江南製造局繙譯館鉛印本　十六册

110000－0144－0002397　6890
光緒增改郡縣表　(清)吳廷燮編　清光緒二年(1876)刻本　一册

110000－0144－0002398　6892
西巡大事本末記六卷　(日本)吉田良太郎編譯　(清)八詠樓主人筆述　清光緒二十七年(1901)上海書局石印本　六册

110000－0144－0002399　6895
六觀樓文集拾遺一卷　(清)許鴻磐撰　清同治九年(1870)濟寧李氏粤東節署刻本　一册

110000－0144－0002400　6898
歷代陵寢備考五十卷　(清)朱孔陽輯　清光緒上海申報館鉛印本　十四册

110000－0144－0002401　6899
南省公餘錄四卷　(清)梁章鉅撰　清光緒二十二年(1896)同文館鉛印本　一册

110000－0144－0002402　6900
宋孫莘老先生[覺]年譜一卷補遺一卷　(清)茆泮林編　清道光二十五年(1845)高郵刻本　一册

110000－0144－0002403　6907
退思粗訂稿二卷　(清)朱文翰撰　(清)潘紹曾重編　清嘉慶五年(1800)刻本　四册

110000－0144－0002404　6908
增訂教案彙編六卷首一卷　(清)程宗裕輯　清光緒二十八年(1902)寔學書社鉛印本　六册

110000－0144－0002405　6909
西藏通覽不分卷　(日本)山縣初男撰　四川西藏研究會編譯　清宣統元年(1909)四川西藏研究會鉛印本　四册

110000－0144－0002406　6910
柏巖彈奸疏稿一卷　趙炳麟撰　清宣統三年(1911)刻本　一册

110000－0144－0002407　6912
王船山先生[夫之]年譜二卷　(清)劉毓崧編　清光緒十二年(1886)江南書局刻本　二册

110000－0144－0002408　6916
越南地輿圖説六卷首一卷　(清)盛慶紱輯　清光緒九年(1883)盛氏求忠堂刻本　四册

110000－0144－0002409　6917
鄭氏事實二卷鄭氏事實補一卷　(清)鄭慶崧述　清末刻本　三册

110000－0144－0002410　6918
樵説十卷　(清)蜀西樵也撰　清光緒十八年(1892)刻本　二册

110000－0144－0002411　6919
粤遊小識七卷　(清)張心泰撰　清光緒二十六年(1900)夢楳僊館鉛印本　四册

110000－0144－0002412　6921
南海先生詩集四卷　康有為撰　清宣統三年(1911)石印本　一册

110000－0144－0002413　6923
魏書官氏志疏證一卷　陳毅撰　清光緒二十三年(1897)刻本　一册

110000－0144－0002414　6924
騷壇八畧二卷　(清)王楷蘇撰　清釣鰲山房刻本　二册

110000－0144－0002415　6925
白田風雅二十四卷　(清)朱彬輯　清光緒十二年(1886)金陵書局刻本　四册

110000－0144－0002416　6928
讀書雜釋十四卷　(清)徐鼒撰　清咸豐十一年(1861)福寧郡齋刻本　四册

110000－0144－0002417　6929
三禮從今三卷　(清)黄本驥撰　清道光二十四年(1844)刻本　三册

110000－0144－0002418　6930
[道光]廣東通志三百三十四卷首一卷　(清)阮元總裁　(清)陳昌齊等總纂　清同治三年(1864)刻本　一百二十册

110000－0144－0002419　6932
光緒十八年壬辰科會試齒錄　(清)□□編　清京都琉璃廠龍雲齋等刻本　四册

110000－0144－0002420　6933
宣統二年庚戌科直省舉貢會考齒錄　(清)□□編　清京都璃璃廠北奎齋等刻本　四册

110000－0144－0002421　6934
光緒丁酉科各省選拔同年明經通譜　(清)□□編　清京都北奎齋、宏文齋等刻本　四册

110000－0144－0002422　6935
同治戊辰科重訂會試同年譜　(清)□□編　清京都元會齋等刻本　四册

110000－0144－0002423　6936
宣統己酉科簡易明經通譜　(清)□□編　清宣統二年(1910)北京琉璃廠鉛印本　五册

110000－0144－0002424　6937
國朝六科漢給事中題名錄一卷　(清)戴璐原輯　(清)王家相重訂　清光緒十三年(1887)吏科刻本　一册

110000－0144－0002425　6938
國朝六科滿蒙給事中題名錄一卷　(清)劉恩溥編　清光緒刻本　一册

110000－0144－0002426　6939
國朝滿蒙古御史題名一卷　(清)蘇樹蕃輯　清光緒十三年(1887)京畿道刻本　四册

110000－0144－0002427　6940
光緒戊戌科會試齒錄　(清)□□編　清光緒刻本　四册

110000－0144－0002428　6941
光緒二十九年辛丑壬寅恩正並科會試同年齒錄　(清)□□編　清光緒北京琉璃廠龍光齋等刻本　四册

110000－0144－0002429　6942
光緒乙亥恩科順天鄉試同年齒錄　(清)□□編　清光緒京都文錦齋等刻本　四册

110000－0144－0002430　6943
光緒十九年癸巳恩科順天鄉試同年錄　(清)□□編　清會文齋等刻本　四册

110000－0144－0002431　6944
光緒三十三年丁未科直省舉貢考職齒錄　(清)□□編　清光緒京都琉璃廠文奎齋等刻本　四册

110000－0144－0002432　6945
光緒九年癸未科會試同年齒錄　(清)□□編　清龍文齋刻本　四册

110000－0144－0002433　6946
爵秩全覽(清宣統庚戌秋季)　(清)□□編　清宣統二年(1910)刻本　六册

110000－0144－0002434　6947
爵秩全覽(清宣統己酉春季)　(清)□□編　清宣統刻本　四册

110000－0144－0002435　6948
爵秩全覽(清宣統辛亥秋季)　(清)□□編　清宣統三年(1911)刻本　四册

110000－0144－0002436　6949
爵秩全覽(清光緒庚寅春季)　(清)□□編　清光緒刻本　四册

110000－0144－0002437　6950
新增爵秩全覽(清光緒丁未春秋季)　(清)□□編　清光緒刻本　八册

110000－0144－0002438　6951
爵秩全覽(清光緒乙巳春秋季)　(清)□□編　清光緒刻本　三册

110000－0144－0002439　6952
爵秩全覽(清光緒戊申秋季)　(清)□□編　清光緒刻本　四册

110000－0144－0002440　6953
忠雅堂評選四六法海八卷　(清)蔣士銓輯　清同治十年(1871)蔣立昂刻朱墨套印本　八冊

110000－0144－0002441　6954
雨堂偶筆五卷首一卷　(清)蔣慶籯撰　清刻本　二冊

110000－0144－0002442　6955
枕經堂金石書畫題跋三卷　(清)方朔撰　清刻本　一冊

110000－0144－0002443　6959
筠清館金文五卷　(清)吳榮光撰　清道光二十二年(1842)吳氏筠清館刻本　五冊

110000－0144－0002444　6961
明律集解附例三十卷附一卷　(明)高舉纂　清光緒三十四年(1908)修訂法律館刻本　十冊

110000－0144－0002445　6962
大唐六典三十卷　(唐)玄宗李隆基撰　(唐)李林甫注　清光緒二十一年(1895)廣雅書局刻本　六冊

110000－0144－0002446　6963
釋名疏證補八卷續釋名一卷釋名補遺一卷疏證補附二卷　(漢)劉熙撰　王先謙疏證　清光緒二十二年(1896)刻本　四冊

110000－0144－0002447　6971
瀛環志略十卷　(清)徐繼畬撰　清道光三十年(1850)紅杏山房刻本　懋桵批校　六冊

110000－0144－0002448　6974
采風記五卷時務論一卷　宋育仁撰　清刻本　四冊

110000－0144－0002449　6975
蕉聲館集三十三卷　(清)朱為弼撰　清咸豐二年(1852)朱氏刻本　十冊

110000－0144－0002450　7027
墨井集五卷　(清)吳歷撰　清宣統元年(1909)土山灣印書館鉛印本　一冊

110000－0144－0002451　7028
墨井集五卷　(清)吳歷撰　清宣統元年(1909)土山灣印書館鉛印本　一冊

110000－0144－0002452　7070
諸史夷語解義二卷　(明)陳士元撰　清光緒十三年(1887)應城王承禧刻本　二冊

110000－0144－0002453　7071
宋元本行格表二卷　(清)江標編　清光緒二十三年(1897)刻本　四冊

110000－0144－0002454　7074
詩經小學三十卷　(清)段玉裁撰　清道光刻本　六冊

110000－0144－0002455　7237
行素齋雜記二卷　(清)繼昌撰　清光緒七年(1881)湖南臬署刻本　一冊

110000－0144－0002456　7238
漢高麗國永樂好大王碑釋文纂考　鄭文焯撰　清光緒二十六年(1900)平湖朱氏經注經齋刻本　一冊

110000－0144－0002457　7239
正教奉傳不分卷　(清)黃伯祿編　清光緒三十四年(1908)上海慈母堂鉛印本　二冊

110000－0144－0002458　7240
提正編六卷　(意大利)賈宜睦撰　清同治九年(1870)上海慈母堂刻本　三冊

110000－0144－0002459　7243
國朝貢舉年表三卷　(清)陳國霖　(清)顧錫中合編　清末石印本　一冊

110000－0144－0002460　7244
雨韭盦筆記四卷　(清)汪鼎撰　清咸豐八年(1858)刻本　一冊

110000－0144－0002461　7302
[咸豐]寶應縣志辨一卷　(清)劉贊勳纂修　清咸豐元年(1851)寶應醉經閣木活字印本　一冊

110000－0144－0002462　7306
[嘉慶]江陵縣志刊誤六卷　(清)劉士章纂修

清道光十九年(1839)沙氏劉氏刻本　二册

110000－0144－0002463　7308
漢上叢談四卷　(清)劉士璋撰　清道光十九年(1839)江陵劉氏刻本　一册

110000－0144－0002464　7312
[同治]分疆錄十二卷　(清)林鶚纂修　(清)林用霖續纂　清光緒四年(1878)刻本　六册

110000－0144－0002465　7314
出使英法義比四國日記六卷　(清)薛福成撰　清光緒二十四年(1898)長沙鑄新齋鉛印本　六册

110000－0144－0002466　7319
士禮居藏書題跋記六卷　(清)黄丕烈撰　(清)潘祖蔭輯　清光緒八年(1882)吳縣潘氏刻本　四册

110000－0144－0002467　7321
[乾隆]盛京通志四十八卷圖一卷　(清)吕耀曾修　清乾隆元年(1736)盛京刻咸豐二年(1852)雷以諴補刻本　二十册

110000－0144－0002468　7323
詩地理考略二卷圖一卷　(清)尹繼美撰　清同治三年(1864)鼎集堂刻本　四册

110000－0144－0002469　7324
開有益齋讀書志六卷續志一卷　(清)朱緒曾撰　清光緒六年(1880)金陵翁氏茹古閣刻本　五册

110000－0144－0002470　7325
[乾隆]永清縣志二十五篇　(清)周震榮修　(清)章學誠纂　清乾隆四十四年(1779)永清縣署刻嘉慶十八年(1813)補刻本　四册

110000－0144－0002471　7326
漢學商兑贅言四卷　(清)豫師撰　清光緒十四年(1888)刻本　四册

110000－0144－0002472　7330
地輿圖考一卷亞細亞洲圖考四卷　(清)龔柴撰　清光緒九年(1883)蒲西益聞館鉛印本　四册

110000－0144－0002473　7331
南郵草堂詩鈔二十四卷南村草堂文鈔二十卷　(清)鄧顯鶴撰　清道光、咸豐間刻彙印本　十四册

110000－0144－0002474　7332
釀蜜集四卷　(清)浦起龍撰　清光緒二十七年(1901)静寄東軒刻本　四册

110000－0144－0002475　7334
瀛壖雜志六卷　(清)王韜撰　清光緒元年(1875)刻本　二册

110000－0144－0002476　7335
庸盦筆記六卷　(清)薛福成撰　清光緒二十三年(1897)蕭山陳氏刻本　六册

110000－0144－0002477　7336
午風堂詩集八卷　(清)鄒炳泰撰　清嘉慶二年(1797)刻本　四册

110000－0144－0002478　7337
疊雅十三卷雙名錄一卷　(清)史夢蘭纂　清同治四年(1865)刻止園叢書本　四册

110000－0144－0002479　7338
平定粵匪紀略十八卷附記四卷　(清)杜文瀾編　清同治十年(1871)聚珍齋活字印本　八册

110000－0144－0002480　7340
澹静齋全集　(清)龔景瀚撰　清道光二十年(1840)恩賜堂刻本　八册

110000－0144－0002481　7342
思古齋雙鉤漢碑篆額不分卷　(清)何澂輯　清光緒九年(1883)山陰何氏思古齋刻本　四册

110000－0144－0002482　7343
西湖志四十八卷　(清)傅王露等修　清光緒四年(1878)杭州淛江書局刻本　二十册

110000－0144－0002483　7345
記過齋藏書六種　(清)蘇源生撰　清咸豐至光緒刻本　十一册

110000－0144－0002484　7346
小腆紀傳六十五卷補遺五卷　(清)徐鼒撰　清光緒十三年(1887)金陵刻本　十八册

110000－0144－0002485　7347
交涉約案摘要七卷附編一卷　(清)王鵬九輯　清光緒二十四年(1898)刻本　四册

110000－0144－0002486　7373
聽松廬詩鈔十六卷　(清)張維屏撰　清嘉慶十八年(1813)刻本　四册

110000－0144－0002487　7375
欽定滿洲源流考二十卷　(清)阿桂等撰　清光緒三十年(1904)中西書局石印本　四册

110000－0144－0002488　7377
凌次仲復禮三篇　(清)淩廷堪撰　清同治十三年(1874)刻本　一册

110000－0144－0002489　7379
紫薇花館集　(清)王廷鼎撰　清光緒十五年(1889)刻本　十二册

110000－0144－0002490　7380
江寧府七縣地形考畧一卷附圖一卷　(清)茅乃昭校　清末江楚書局刻本　一册

110000－0144－0002491　7382
方言釋字一卷方言連用字一卷方言部首一卷　(清)汪汲輯　清嘉慶七年(1802)古愚山房刻本　二册

110000－0144－0002492　7385
汲古閣珍藏秘本書目一卷　(清)毛扆撰　清嘉慶五年(1800)黄氏士禮居刻本　二册

110000－0144－0002493　7396
容膝軒文稿八卷　(清)王榮商撰　清光緒二十一年(1895)刻三十四年(1908)補刻本　四册

110000－0144－0002494　7398
季滄葦藏書目一卷　(清)季振宜編　清嘉慶十年(1805)吳門黄氏士禮居刻本　二册

110000－0144－0002495　7399
金陵叢刻　(清)傅春官輯　清光緒三十二年(1906)江寧傅氏刻本　十二册

110000－0144－0002496　7400
麟洲雜著四卷　(清)錢贊黄撰　清光緒二十四年(1898)木活字印本　四册

110000－0144－0002497　7401
邵位西遺文一卷　(清)邵懿辰撰　清同治四年(1865)吳棠望三益齋刻本　二册

110000－0144－0002498　7402
晦木軒稿一卷　(清)桂壇撰　清光緒二十三年(1897)刻本　一册

110000－0144－0002499　7403
寒松閣詩八卷詞四卷駢體文一卷駢體文續一卷說文佚字考四卷疑年賡錄二卷　(清)張鳴珂撰　清光緒刻本　八册

110000－0144－0002500　7405
漢熹平石經殘字　(清)陳宗彝摹　清光緒石印本　一册

110000－0144－0002501　7406
通緝富有票各逸匪姓名單一卷　(清)□□編　清末刻本　一册

110000－0144－0002502　7407
悔過齋未定稿七卷　(清)顧廣譽撰　清咸豐七年(1857)刻本　四册

110000－0144－0002503　7408
唐宋十大家全集十種五十二卷　(清)儲欣輯評　清光緒八年(1882)江蘇書局刻本　四十册

110000－0144－0002504　7411
晨風閣叢書二十五種　沈宗畸輯　清宣統北京國學萃編社鉛印本　三十二册

110000－0144－0002505　7413
故唐律疏議三十卷名例一卷洗冤錄五卷　(唐)長孫無忌等撰　清光緒十七年(1891)錢塘諸氏刻本　八册

110000－0144－0002506　7418
駢雅訓纂十六卷首一卷　(明)朱謀瑋撰　(清)魏茂林訓纂　清道光二十五年(1845)有

不為齋刻本　八冊

110000－0144－0002507　7419

仰蕭樓文集二卷國朝經學名儒記一卷　(清)張星鑑撰　清光緒九年(1883)新陽朱氏刻本　四冊

110000－0144－0002508　7420

壯悔堂文集十卷　(清)侯方域撰　清乾隆十四年(1749)陳履平、陳履中刻本　四冊

110000－0144－0002509　7423

槃薖文甲乙集五卷　(清)湯紀尚撰　清光緒二十三年(1897)湯紀尚刻本　二冊

110000－0144－0002510　7425

教案奏議彙編八卷首一卷　(清)程宗裕編　清光緒二十七年(1901)上海書局石印本　六冊

110000－0144－0002511　7426

康輶紀行十六卷　(清)姚瑩撰　清同治六年(1867)刻本　五冊

110000－0144－0002512　7427

前漢匈奴表三卷　(清)沈惟賢撰　清末上海修文書館鉛印本　二冊

110000－0144－0002513　7428

澹園文集不分卷　(清)馬徵麐撰　清光緒刻本　四冊

110000－0144－0002514　7429

管蠡集四卷　(清)朱之承撰　(清)葉錫麐編　清光緒十二年(1886)睢寗朱氏刻本　四冊

110000－0144－0002515　7431

雅雨堂詩文遺集七卷　(清)盧見曾撰　清道光二十年(1840)清雅堂刻本　四冊

110000－0144－0002516　7433

庚子北京事變紀略一卷　(清)鹿完天撰　清光緒二十七年(1901)刻本　一冊

110000－0144－0002517　7437

[江蘇]北湖小志六卷　(清)焦循撰　清嘉慶十三年(1808)刻本　二冊

110000－0144－0002518　7440

海虞三陶集二十二卷　(清)楊沂孫輯　清光緒七年(1881)海虞楊同福刻本　八冊

110000－0144－0002519　7441

說文通檢十四卷首一卷末一卷　(清)黎永椿編　清光緒四年(1878)宏達堂刻本　四冊

110000－0144－0002520　7442

庚辛案錄一卷續補一卷　(清)譚汝玉編　清光緒二十七年(1901)鉛印本　四冊

110000－0144－0002521　7445

初月樓聞見錄十卷　(清)吳德旋撰　清道光二年(1822)刻本　四冊

110000－0144－0002522　7504

水流雲在館百哀詩詞合鈔二卷　(清)周天麟撰　清光緒二十七年(1901)刻本　一冊

110000－0144－0002523　7508

崔翰林遺集二卷　(清)崔舜球撰　清光緒十四年(1888)南海崔氏刻本　一冊

110000－0144－0002524　7613

帶經堂書目四卷　(清)陳樹灼編　清宣統順德鄧氏鉛印本　三冊

110000－0144－0002525　7615

廣東便覽一卷　(清)李應玨撰　清光緒二十四年(1898)刻本　二冊

110000－0144－0002526　7616

掌錄二卷　(清)陳祖范撰　清光緒十七年(1891)刻廣雅書局叢刊本　一冊

110000－0144－0002527　7617

國朝春曹題名一卷附春曹儀式一卷　(清)李榕編　清光緒三年(1877)刻本　三冊

110000－0144－0002528　7618

吳興科第表三卷　(清)戴璐等輯　清同治十一年(1872)清遠堂刻本　二冊

110000－0144－0002529　7619

光緒壬辰科會試錄　(清)□□編　清光緒十八年(1892)刻本　一冊

110000－0144－0002530　7620
光緒乙未科會試錄　(清)□□編　清光緒二十一年(1895)刻本　一册

110000－0144－0002531　7621
光緒壬辰科登科錄　(清)□□編　清光緒十八年(1892)刻本　一册

110000－0144－0002532　7622
香案集不分卷　(清)蔣立鏞撰　清咸豐元年(1851)刻本　一册

110000－0144－0002533　7624
養恬齋筆記定本一卷　(清)高驪雲撰　清咸豐漱琴仙館刻本　一册

110000－0144－0002534　7628
睹棋山莊所著書七十七卷　(清)謝章鋌撰　清光緒十年(1884)弢盦刻本　三十二册

110000－0144－0002535　7629
盤亭小錄一卷　(清)大潛山人撰　清同治十二年(1873)邗江刻本　一册

110000－0144－0002536　7631
眼學偶得一卷　羅振玉撰　清末刻本　一册

110000－0144－0002537　7691
四書集注闡微直解二十七卷　(明)張居正撰　清八旗經正書院刻本　十六册

110000－0144－0002538　7693
荀子二十卷　(唐)楊倞注　(清)謝墉輯補　**校勘補遺一卷**　(清)謝墉撰　清光緒二年(1876)浙江書局刻本　六册

110000－0144－0002539　7696
西學大成十二編　(清)王西青等編　清光緒二十一年(1895)上海醉六堂書坊石印本　十二册

110000－0144－0002540　7697
隨園詩話十六卷補遺四卷　(清)袁枚撰　清刻本　十二册

110000－0144－0002541　7698
小倉山房外集八卷　(清)袁枚撰　清乾隆十年(1745)隨園刻本　二册

110000－0144－0002542　7700
光緒乙巳年交涉要覽二篇五卷　(清)北洋洋務局纂　清末北洋官報局鉛印本　五册

110000－0144－0002543　7707
各國國籍法類輯　(清)修訂法律館辑　清末修訂法律館刻本　一册

110000－0144－0002544　7726
巴黎茶花女遺事　(法國)小仲馬原著　林紓譯　清光緒二十七年(1901)玉情瑤怨館刻本　一册

110000－0144－0002545　7741
救荒補遺二卷　(清)朱熊輯　清同治八年(1869)湖北崇文書局刻本　二册

110000－0144－0002546　7748
劍聞齋師門答問　(清)陳瀚問　(清)郭嵩燾答　清宣統二年(1910)刻本　一册

110000－0144－0002547　7776
陸文慎公奏議一卷　(清)陸寶忠撰　清宣統三年(1911)鉛印本　一册

110000－0144－0002548　7792
韻綜十二集檢字一卷集字一卷　(清)陳詒厚編　清嘉慶十七年(1812)琴心書屋刻本　八册

110000－0144－0002549　7793
所願學齋書鈔四種　(清)沈夢蘭輯　清光緒八年(1882)刻本　四册

110000－0144－0002550　7795
江北運程四十卷首一卷　(清)董恂輯　清咸豐十年(1860)京兆尹署刻本　四十一册

110000－0144－0002551　7800
蜀游集一卷　(清)周之楨撰　清光緒二十七年(1901)漢陽周氏稿本　一册

110000－0144－0002552　7801
留溪外傳十四卷　(清)陳鼎撰　清康熙三十七年(1698)江寧刻本(有抄配)　一册　存一卷(一)

110000－0144－0002553　7802

太常袁公[昶]行略一卷　袁允橚撰　清光緒三十一年(1905)上海商務印書館石印本　一册

110000－0144－0002554　7803
黜邪編一卷　(清)鍾體志撰　清光緒四年(1878)刻本　一册

110000－0144－0002555　7805
有不為齋隨筆十卷　(清)光聰諧撰　清光緒十四年(1888)蘇州藩署刻本　二册

110000－0144－0002556　7808
小松圓閣雜著三卷　(清)程廷鷺撰　清同治二年(1863)刻本　一册

110000－0144－0002557　7809
資治通鑑刊本識誤三卷　(清)張敦仁撰　清道光七年(1827)陳宗彝刻本　三册

110000－0144－0002558　7810
皇清敕授修職郎誥封朝議大夫顯考警石府君[錢泰吉]年譜一卷　(清)錢應溥輯　清同治三年(1864)刻本　一册

110000－0144－0002559　7811
全浙詩話五十四卷　(清)陶元藻輯　清嘉慶元年(1796)怡雲閣刻本　十六册

110000－0144－0002560　7812
七經樓文集六卷春暉閣詩鈔選六卷　(清)蔣湘南撰　清同治七年至九年(1868－1870)刻本　六册

110000－0144－0002561　7813
蘇州府長元吴三邑諸生譜(清順治二年至光緒三十年)九卷首一卷附一卷　(清)錢國祥編　清光緒三十二年(1906)刻本　二册

110000－0144－0002562　7814
南滑楛語八卷　(清)蔣超伯撰　清同治十年(1871)兩廧山房刻本　二册

110000－0144－0002563　7815
庸間齋筆記八卷　(清)陳其元撰　清同治十二年(1873)吳下陳其元刻本　八册

110000－0144－0002564　7935
韻字辨同五卷　(清)彭元瑞撰　清乾隆二十九年(1764)刻本　一册

110000－0144－0002565　7937
平臺紀略一卷　(清)藍鼎元撰　清雍正十年(1732)刻本　二册

110000－0144－0002566　7941
鈍翁文錄十六卷　(清)汪琬撰　(清)金吳瀾選　清光緒十三年(1887)鋤月種梅木活字印本　六册

110000－0144－0002567　7942
字學七種二卷　(清)李秘園輯　清光緒十三年(1887)京師松竹齋刻本　二册

110000－0144－0002568　7943
詩韻釋音五卷校勘記一卷　(清)陳錦輯　清光緒十三年(1887)橘蔭軒刻本　二册

110000－0144－0002569　7944
韻詁五卷補遺一卷　(清)方濬頤輯　清光緒四年(1878)淮南書局刻本　六册

110000－0144－0002570　7945
韻府萃音十二卷　(清)龍柏纂　清嘉慶九年(1804)刻朱墨套印本　十二册

110000－0144－0002571　7950
[咸豐]甘棠小志四卷首一卷末一卷　(清)董醇纂　清咸豐五年(1855)甘棠董氏刻本　四册

110000－0144－0002572　7951
大唐開元禮一百五十卷　(唐)蕭嵩撰　清光緒十二年(1886)刻本　十六册

110000－0144－0002573　7956
拙尊園叢稿六卷　(清)黎庶昌撰　清光緒二十一年(1895)狀元閣刻本　四册

110000－0144－0002574　7957
元書一百二卷目錄一卷　曾廉撰　清宣統三年(1911)邵陽曾氏層漪堂刻本　二十册

110000－0144－0002575　7978
皇清經解一千四百卷　(清)阮元輯　清道光九年(1829)刻咸豐十年(1860)補刻本　三百六十册

110000－0144－0002576　7979

養吉齋叢録二十六卷餘録十卷　(清)吴振棫纂　清光緒二十二年(1896)刻本　八册

110000－0144－0002577　7980

咸豐以來功臣别傳三十卷　(清)朱孔彰撰　清光緒二十四年(1898)漸學廬石印漸學廬叢書本　六册

110000－0144－0002578　7982

瀛舟筆談十二卷首一卷　(清)阮亨撰　清嘉慶二十五年(1820)刻本　六册

110000－0144－0002579　7983

粤西得碑記一卷　(清)楊翰撰　清光緒二年(1876)語上息園刻本　一册

110000－0144－0002580　7986

揚州吴氏測海樓藏書目録十二卷　(清)吴引孫藏編　清宣統二年(1910)刻本　六册

110000－0144－0002581　7987

莊子集解八卷　王先謙集解　清宣統元年(1909)思賢書局刻本　四册

110000－0144－0002582　7988

學海堂叢刻十二種　(清)□□輯　清光緒三年至十二年(1877－1886)廣州學海堂刻本　十四册

110000－0144－0002583　7992

天一閣見存書目四卷首一卷末一卷　(清)薛福成編　清光緒十五年(1889)刻本　四册

110000－0144－0002584　7993

初使泰西紀要四卷　(清)志剛撰　清光緒十四年(1888)刻本　二册

110000－0144－0002585　7994

國朝兩浙科名録一卷　(清)黄蒨園輯　清咸豐七年(1857)刻本　四册

110000－0144－0002586　7995

樞垣題名四卷　(清)吴孝銘輯　清光緒十年(1884)刻本　一册

110000－0144－0002587　7996

光緒十五年登科録　(清)□□編　清刻本　一册

110000－0144－0002588　7997

光緒己丑科會試録　(清)□□編　清刻本　一册

110000－0144－0002589　7998

光緒十二年丙戌科會試同年録　(清)□□編　清刻本　二册

110000－0144－0002590　7999

道光二十一年辛丑恩科會試齒録　(清)□□編　清精華齋刻字鋪刻本　四册

110000－0144－0002591　8000

道光甲午科直省同年録　(清)徐有孚編　清道光二十年(1840)刻本　八册

110000－0144－0002592　8001

道光戊子科直省同年録　(清)□□編　清刻本　四册

110000－0144－0002593　8002

道光癸卯科直省同年全録　(清)□□編　清同治十年(1871)刻本　六册

110000－0144－0002594　8009

金陵省難紀略一卷　(清)張汝南撰　清光緒十六年(1890)上海著易堂鉛印本　一册

110000－0144－0002595　8010

五代春秋志疑一卷　(清)華湛恩撰　清光緒二十八年(1902)鉛印本　一册

110000－0144－0002596　8011

皇朝謚法表十卷　(清)楊樹編　清光緒二十八年(1902)刻本　二册

110000－0144－0002597　8012

王益吾所刻書十八卷　王先謙輯　清光緒九年(1883)長沙王氏刻本　十册

110000－0144－0002598　8013

平園褀著内編十四卷　(清)林有席撰　清道光六年(1826)刻本　六册

110000－0144－0002599　8014

敬孚類稿十六卷　(清)蕭穆撰　清光緒三十

二年(1906)刻本　四冊

110000－0144－0002600　8015
皇朝謚彙攷一卷　(清)劉長華撰　清光緒二十五年(1899)槐雲閣刻本　一冊

110000－0144－0002601　8016
朱子晚年定論一卷　(明)王守仁輯　清同治七年(1868)江漢書院刻本　一冊

110000－0144－0002602　8018
此君園文集三十卷　(清)吳名鳳撰　清道光二十一年(1841)刻本　八冊

110000－0144－0002603　8028
徐州二遺民集十卷　馮煦輯　清光緒十九年(1893)臨川桂氏刻本　五冊

110000－0144－0002604　8134
杭女表微錄十六卷首一卷　孫樹禮編　清光緒三十二年(1906)寧城刻本　八冊

110000－0144－0002605　8155
亦政堂重修考古圖十卷　(清)黃晟輯　明萬曆三十一年(1603)刻清乾隆十七年(1752)亦政堂重修本　四十四冊

110000－0144－0002606　8173
綱目志疑一卷　(清)華湛恩撰　清光緒二十八年(1902)鉛印本　一冊

110000－0144－0002607　8178
續知不足齋叢書二集十七種　(清)高承勳輯　清道光渤海高氏刻本　十六冊

110000－0144－0002608　8179
王漁洋遺書三十六種　(清)王士禛撰　清康熙刻本　一百三冊

110000－0144－0002609　8182
王深寧先生[應麟]年譜一卷　(清)陳僅輯　清道光二十五年(1845)刻本　二冊

110000－0144－0002610　8184
七經樓遺集一卷　(清)蔣湘南撰　清道光三十年(1850)刻本　一冊

110000－0144－0002611　8185
文畧六卷首三卷　(清)吳少渠輯　清末抱蜀軒家塾刻本　六冊

110000－0144－0002612　8188
宦拾錄十九卷　(清)王子音撰　清嘉慶十一年(1806)京師文會堂刻本　八冊

110000－0144－0002613　8189
素行室經說二卷　(清)楊譽龍撰　清光緒二十三年(1897)錢塘楊氏刻本　一冊

110000－0144－0002614　8193
元史考訂四卷　曾廉撰　清宣統三年(1911)邵陽曾氏㞚漪堂刻本　二冊

110000－0144－0002615　8194
霆軍紀略十六卷　(清)陳昌撰　清光緒八年(1882)刻本　六冊

110000－0144－0002616　8196
四書地理考十五卷　(清)王瑬撰　清光緒十七年(1891)習靜齋刻本　六冊

110000－0144－0002617　8197
南北史捃華八卷　(清)周嘉猷撰　清光緒六年(1880)廣州翰墨園刻本　八冊

110000－0144－0002618　8203
昔柳摭談六卷　(清)馮氏撰　清嘉慶二十年(1815)刻本　四冊

110000－0144－0002619　8205
耕餘瑣聞六卷　(清)龔洤撰　清同治十一年(1872)刻本　六冊

110000－0144－0002620　8207
惜道味齋集一卷　姚大榮撰　清宣統三年(1911)刻本　一冊

110000－0144－0002621　8209
五百石洞天揮麈十二卷　邱煒爰撰　清光緒二十五年(1899)閩漳邱氏刻本　六冊

110000－0144－0002622　8210
鄒叔子遺書七種　(清)鄒漢勛撰　清光緒九年(1883)新化鄒氏刻本　十二冊

110000－0144－0002623　8212

通鑑總類二十卷 （宋）沈樞撰 清光緒十七年（1891）還讀書齋刻本 十册

110000－0144－0002624 8214
峨山圖志二卷 （清）譚鍾岳繪 清光緒十七年（1891）四川省城兩湖公館刻本 二册

110000－0144－0002625 8221
通藝閣文集六卷補遺一卷 （清）姚椿撰 清道光刻本 四册

110000－0144－0002626 8222
慕堂詩鈔二種 （清）曹學閔撰 清嘉慶二年（1797）刻本 二册

110000－0144－0002627 8230
南北史識小錄二十八卷 （清）沈名蓀 （清）朱昆田原輯 （清）張應昌補正 清同治十年（1871）武林吳氏清來堂刻本 十二册

110000－0144－0002628 8310
留春草堂詩鈔七卷附錄一卷 （清）伊秉綬撰 清嘉慶十二年（1807）刻本 六册

110000－0144－0002629 8311
四洪年譜四種 （清）洪汝奎編 清宣統元年（1909）晦木齋刻本 四册

110000－0144－0002630 8313
史記校勘札記一百三十卷補一卷 （清）劉光蕡等撰 清末陝西味經刊書處刻本 六册

110000－0144－0002631 8316
亦園叢書七種 （清）葉葆輯 清嘉慶五年（1800）刻本 四册

110000－0144－0002632 8317
遺巢類稿四卷 （清）陶邵學撰 清宣統三年（1911）刻本 二册

110000－0144－0002633 8318
憂盛編一卷 （清）沈祖燕撰 清光緒三十二年（1906）刻本 一册

110000－0144－0002634 8320
唐中丞遺集三卷 （清）唐訓方撰 清光緒十七年（1891）常甯歸吾廬刻本 一册

110000－0144－0002635 8322
重訂壬戌齒錄二卷 （清）□□編 清嘉慶十九年（1814）抄本 二册

110000－0144－0002636 8324
中日議和紀略不分卷 （□）□□撰 清光緒刻本 一册

110000－0144－0002637 8326
吹網錄六卷 （清）葉廷琯撰 清同治八年（1869）刻本 六册

110000－0144－0002638 8327
漢書地理志校注二卷 （清）王紹蘭撰 清光緒二十二年（1896）蕭山陳氏遺經樓刻本 二册

110000－0144－0002639 8331
莊子詁一卷 （清）錢澄之撰 清斟雉堂刻莊屈合詁本 二册

110000－0144－0002640 8334
王右丞集二十八卷首一卷末一卷 （唐）王維撰 （清）趙殿成箋注 清乾隆趙殿成目耕堂刻本 十册

110000－0144－0002641 8335
詩經世本古義二十八卷首一卷末一卷 （明）何楷撰 清光緒十九年（1893）上海鴻寶齋石印本 十六册

110000－0144－0002642 8456
玉紀一卷 （清）陳性撰 清末鉛印本 一册

110000－0144－0002643 8503
復齋文集二十一卷 （清）曾鏞撰 清嘉慶二十五年（1820）刻本 十二册

110000－0144－0002644 8523
宋史翼四十卷 （清）陸心源輯 清光緒三十二年（1906）歸安陸氏十萬卷樓刻本 十二册

110000－0144－0002645 8524
開礦器法圖説十卷 （美國）俺特累著 （英國）傅蘭雅口譯 （清）王樹善筆述 清光緒二十五年（1899）上海江南製造局石印本 六册

110000－0144－0002646　8525
四裔編年表四卷　（美國）林樂知譯　（清）嚴良勳　（清）李鳳苞譯　清末江南製造總局刻本　四册

110000－0144－0002647　8526
法律醫學二十四卷　（英國）該惠連等撰　（英國）傅蘭雅　（清）趙元益口譯　清光緒二十五年（1899）上海江南製造局刻本　十册

110000－0144－0002648　8527
克虜伯礮準心法一卷　（美國）金楷理譯　（清）李鳳苞述　清末江南製造總局刻本　一册

110000－0144－0002649　8529
德國陸軍考四卷　（清）吳宗濂　（清）潘元善編譯　清光緒二十七年（1901）江南製造局鉛印本　四册

110000－0144－0002650　8530
水師章程十四卷續編六卷　英國水師兵部原書　（美國）林樂知　（清）鄭昌棪合譯　清末江南製造總局刻本　十六册

110000－0144－0002651　8531
英國水師律例四卷　（英國）德麟　（英國）極福德撰　（清）舒高第　（清）鄭昌棪譯　清光緒三年（1877）江南製造局刻本　二册

110000－0144－0002652　8532
海軍調度要言三卷圖一卷　（英國）拏核甫撰　（清）舒高第　（清）鄭昌棪譯　清光緒江南機器製造總局鉛印本　二册

110000－0144－0002653　8533
微積溯源八卷　（英國）華里司輯　（英國）傅蘭雅　（清）華蘅芳口譯　清同治十三年（1874）江南機器製造總局刻本　六册

110000－0144－0002654　8534
西藥大成藥品中西名目表一卷　（清）上海製造局和譯館編　清光緒十三年（1887）江南製造總局刻本　一册

110000－0144－0002655　8535
謝穀堂算學三種　（清）謝家禾撰　清末江南製造總局刻本　一册

110000－0144－0002656　8536
海道圖説十五卷　（英國）金約翰撰　（英國）傅蘭雅譯　**長江圖説一卷**　（清）馬徵麟撰　清光緒江南製造總局刻本　十册

110000－0144－0002657　8537
礮法畫譜一卷　丁乃文繪　清光緒十四年（1888）江南製造局刻本　一册

110000－0144－0002658　8538
簡易庵算稿四卷　（清）劉彝程撰　清光緒二十六年（1900）江南製造局刻本　四册

110000－0144－0002659　8539
東方時局論略一卷　鄧鏗撰　清光緒十五年（1889）江南製造局刻本　一册

110000－0144－0002660　8540
疇人傳五十二卷　（清）阮元撰　（清）羅士琳續　清光緒八年（1882）海鹽張氏堂惺齋刻本　十二册

110000－0144－0002661　8541
電學十卷首一卷　（英國）瑙挨德撰　（英國）傅蘭雅　（清）徐建寅口譯　清末上海江南機器製造總局刻本　六册

110000－0144－0002662　8542
化學鑑原補編六卷附一卷　（英國）傅蘭雅口譯　（清）徐壽筆述　清光緒江南製造總局刻本　六册

110000－0144－0002663　8543
洋槍淺言一卷　（清）顔邦固撰　清光緒十一年（1885）上海江南製造總局刻本　一册

110000－0144－0002664　8544
海塘輯要十卷首一卷末一卷　（英國）韋更斯撰　（英國）傅蘭雅　（清）趙元益口譯　清光緒江南製造局刻本　二册

110000－0144－0002665　8545
格林礮操法　（美國）傅蘭克令作　（英國）傅蘭雅譯　（清）徐建寅筆述　清末江南製造總

局刻本　一冊

110000－0144－0002666　8546

礮乘新法三卷首一卷附圖一卷　（清）舒高第口譯　（清）鄭昌棪筆述　清末江南製造總局鉛印本　六冊

110000－0144－0002667　8547

開地道轟藥法三卷　英國武備工程學堂編　（英國）傅蘭雅　（清）汪振聲口譯　清末江南製造局刻本　二冊

110000－0144－0002668　8548

水師操練十八卷首一卷末一卷　英國戰船部原書　（英國）傅蘭雅　（清）徐建寅口譯　清末江南製造局刻本　三冊

110000－0144－0002669　8549

算式集要四卷　（英國）哈司韋輯　（英國）傅蘭雅　（清）江衡口譯　清光緒江南製造總局刻本　二冊

110000－0144－0002670　8550

西美戰史二卷　（法國）勃利德撰　（清）李景鎬譯　清光緒三十年（1904）江南機器製造總局鉛印本　二冊

110000－0144－0002671　8551

躔離引蒙表不分卷　（清）賈步緯撰　清光緒十八年（1892）江南製造局鉛印本　二冊

110000－0144－0002672　8552

電學測算一卷　（清）徐兆熊譯述　清末江南製造局鉛印本　一冊

110000－0144－0002673　8555

喇叭吹法一卷　（美國）金楷理譯　（清）蔡錫齡述　清末刻本、鉛印本　一冊

110000－0144－0002674　8556

英國定準軍藥書四卷附編二卷　（英國）陸軍水師部編纂　（清）舒高第譯　（清）汪振聲述　清末江南製造局刻本　二冊

110000－0144－0002675　8557

船塢論略一卷　（英國）傅蘭雅輯譯　（清）鍾天緯筆述　清末上海江南製造總局鉛印本　一冊

110000－0144－0002676　8558

無線電報一卷　（英國）克爾撰　（美國）衛理口譯　（清）范熙庸筆述　清光緒二十六年（1900）江南製造局刻本　一冊

110000－0144－0002677　8559

通物電光四卷圖一卷　（美國）莫耳登撰　（英國）傅蘭雅　（清）王季烈口譯　清光緒二十五年（1899）江南製造局刻本　一冊

110000－0144－0002678　8560

日本學校源流　（美國）路義思撰　（美國）衛理口譯　（清）范熙庸筆述　清光緒二十五年（1899）江南製造局刻本　一冊

110000－0144－0002679　8561

養蒙正軌一卷　（英國）秀耀春　（清）汪振聲譯　清末江南製造總局鉛印本　一冊

110000－0144－0002680　8562

鍊石編三卷附圖　（英國）亨利黎特撰　（清）舒高第　（清）鄭昌棪同譯　清光緒江南機器製造總局刻本　二冊

110000－0144－0002681　8563

鍊鋼要言一卷試驗各法一卷　（清）徐家寶譯述　清光緒二十年（1894）江南製造總局刻本　一冊

110000－0144－0002682　8564

取濾火油法一卷　（美國）日得烏特著　（英國）秀耀春　（美國）衛理口譯　（清）汪振聲譯　清光緒二十六年（1900）江南製造局刻本　一冊

110000－0144－0002683　8565

探礦取金六卷附編一卷續編一卷　（英國）密拉撰　（清）舒高第譯　（清）汪振聲譯　清光緒三十年（1904）江南製造局譯書館刻本　二冊

110000－0144－0002684　8566

汽機新制八卷　（英國）白爾格撰　（英國）傅蘭雅　（清）徐建寅口譯　清光緒江南製造局

刻本　二冊

110000－0144－0002685　8567

井礦工程三卷　（英國）白爾捺輯　（英國）傅蘭雅口譯　（清）趙元益述　清同治上海江南機器製造局刻本　二冊

110000－0144－0002686　8568

鑄鐵工藝三卷　（英國）傅蘭雅　（清）鍾天緯譯　清光緒江南製造總局刻本　二冊

110000－0144－0002687　8571

日本東京大學規制考略一卷　（清）學部編　清光緒江南製造總局鉛印本　一冊

110000－0144－0002688　8572

交食引蒙一卷　（清）賈步緯撰　清光緒二十年（1894）江南製造局刻本、鉛印本　一冊

110000－0144－0002689　8573

子藥準則　（清）丁乃文撰　清光緒十四年（1888）江南製造局刻本　一冊

110000－0144－0002690　8576

上元甲子恆星表一卷步天歌一卷　（清）賈步緯述　清光緒江南製造局刻算學本、鉛印本　一冊

110000－0144－0002691　8577

緡譯弦切對數表八卷　（清）賈步緯譯述　清光緒二十六年（1900）江南製造局鉛印本　八冊

110000－0144－0002692　8578

對數表三卷　（清）賈步緯校述　清末江南製造總局鉛印本　四冊

110000－0144－0002693　8579

開方表一卷　（清）賈步緯編訂　清光緒江南機器製造總局刻算學本　一冊

110000－0144－0002694　8580

勾股六術一卷　（清）項名達撰　清光緒上海江南機器製造總局刻本　一冊

110000－0144－0002695　8581

九數外錄一卷附顧尚之別傳一卷　（清）顧觀光撰　清末江南製造總局刻本　一冊

110000－0144－0002696　8582

董方立遺書五種　（清）董祐誠撰　清同治八年（1869）江南製造總局刻算學本　一冊

110000－0144－0002697　8583

增刪算法統宗十一卷　（明）程大位編　（清）梅瑴成增刪　清末江南製造局刻本　四冊

110000－0144－0002698　8584

婦科不分卷　（美國）湯麥斯原撰　（清）舒高第　（清）鄭昌棪譯　清光緒二十六年（1900）江南製造局鉛印本　六冊

110000－0144－0002699　8585

鐵路紀要三卷　（美國）柯理撰　（清）潘松譯　清光緒二十年（1894）江南製造總局刻本　一冊

110000－0144－0002700　8587

攻守礮法一卷附克虜伯腰箍砲說一卷　布國軍政局原書　（美國）金楷理　（清）李鳳苞口譯　清末江南製造局鉛印本　一冊

110000－0144－0002701　8588

輪船布陣十二卷　（英國）賈密倫原書　（英國）傅蘭雅口譯　（清）徐建寅筆述　清末江南製造總局刻本　二冊

110000－0144－0002702　8589

農學津梁一卷　（英國）恆里湯納爾撰　（清）衛理　（清）汪振聲譯　清光緒二十八年（1902）江南製造總局刻本　一冊

110000－0144－0002703　8590

農學初級一卷　（英國）旦爾恒里撰　（英國）秀耀春口譯　清光緒二十四年（1898）江南製造局刻本　一冊

110000－0144－0002704　8591

農務土質論三卷　（美國）金福蘭格　令希蘭原撰　（美國）衛理口譯　（清）范熙庸筆述　清光緒二十六年（1900）江南製造局刻本　三冊

110000－0144－0002705　8592

意大利蠶書一卷　（意大利）丹吐魯撰　（英

國)傅蘭雅等口譯 (清)汪振聲筆述 清光緒二十四年(1898)江南製造局鉛印本 一冊

110000－0144－0002706 8593
農務化學簡法三卷 (美國)固來納撰 (英國)傅蘭雅口譯 (清)王樹善筆述 清光緒二十九年(1903)江南製造局刻本 一冊

110000－0144－0002707 8594
行軍鐵路工程二卷 (英國)傅蘭雅 (清)汪振聲譯 清光緒江南製造總局鉛印本 一冊

110000－0144－0002708 8595
電學綱目 (英國)田大裏輯 (英國)傅蘭雅口譯 (清)周郇筆述 清光緒江南製造總局刻本 一冊

110000－0144－0002709 8596
農務全書中編十六卷 (美國)施妥縷撰 (清)舒高第口譯 趙詒琛筆述 清宣統元年(1909)江南製造局刻本 八冊

110000－0144－0002710 8597
三角數理十二卷 (英國)海麻士輯 (英國)傅蘭雅口譯 (清)華蘅芳筆述 清光緒江南製造局刻本 存十卷(一至八、十一至十二) 六冊

110000－0144－0002711 8598
數學理九卷附一卷 (英國)棣麼甘撰 (英國)傅蘭雅口譯 (清)趙元益筆述 清光緒江南製造總局刻本 四冊

110000－0144－0002712 8599
代數術二十五卷首一卷 (英國)華里司撰 (英國)傅蘭雅口譯 (清)華衡芳筆述 清同治十二年(1873)江南製造局刻本 六冊

110000－0144－0002713 8601
工程致富論略十三卷圖一卷 (英國)瑪體生撰 (英國)傅蘭雅 (清)鍾天緯譯 清光緒江南製造局鉛印本 八冊

110000－0144－0002714 8602
製機理法八卷附表一卷 (英國)覺顯祿斯撰 (英國)傅蘭雅口譯 (清)華備鈺筆述 清光緒二十五年(1899)江南製造局刻本 四冊

110000－0144－0002715 8603
江南製造局記十卷首一卷末一卷 (清)魏允恭撰 清光緒三十一年(1905)石印本 十冊

110000－0144－0002716 8604
產科一卷 (英國)密爾撰 (清)舒高第口譯 (清)鄭昌棪筆述 清光緒三十一年(1905)江南機器製造總局鉛印本 一冊

110000－0144－0002717 8605
各國交涉公法論十六卷 (英國)費里摩羅巴德撰 (英國)傅蘭雅口譯 (清)俞世爵筆述 清光緒二十四年(1898)江南製造局繙譯館鉛印本 十六冊

110000－0144－0002718 8606
談天十八卷附一卷 (英國)侯失勒原著 (英國)偉烈亞力口譯 (清)李善蘭 (清)徐建寅筆述 清末江南製造局刻本 四冊

110000－0144－0002719 8607
儒門醫學三卷 (英國)海得蘭撰 (英國)傅蘭雅口譯 (清)趙元益筆述 清光緒江南製造局刻本 四冊

110000－0144－0002720 8608
西藥大成補編九卷首一卷 (英國)哈來撰 (英國)傅蘭雅口譯 (清)趙元益筆述 清光緒三十年(1904)江南製造局刻本 六冊

110000－0144－0002721 8609
鑄金論略六卷附圖一卷 (英國)司布勒村著 (英國)傅蘭雅口譯 (清)汪振聲筆述 清光緒二十八年(1902)江南製造局刻本 六冊

110000－0144－0002722 8610
法國水師考一卷 (美國)杜默能撰 (美國)羅亨利 (清)瞿昂來譯 清光緒江南製造總局鉛印本 一冊

110000－0144－0002723 8611
俄國水師考一卷 (英國)百拉西撰 (英國)傅少蘭 (清)李嶽蘅同譯 清光緒江南製造總局鉛印本 一冊

110000－0144－0002724　8612

西國近事彙編一百四卷　(美國)金楷理　(清)姚棻等編輯　清光緒上海機器製造局鉛印本　九十六册

110000－0144－0002725　8613

格致小引　(英國)赫施賚撰　(英國)羅亨利　(清)瞿昂來譯　清光緒江南製造總局刻本　一册

110000－0144－0002726　8614

物體遇熱改易記四卷　(英國)瓦特斯輯　(英國)傅蘭雅口譯　(清)徐壽等筆述　清光緒二十五年(1899)江南製造局刻本　二册

110000－0144－0002727　8615

格致啓蒙四卷　(英國)羅斯古纂　(美國)林樂知譯　清光緒江南機器製造總局刻本　四册

110000－0144－0002728　8619

羅鄂州小集六卷　(宋)羅願撰　**羅郢州遺文一卷**　(宋)羅頌撰　清光緒十九年(1893)黟縣李氏刻本　二册

110000－0144－0002729　8620

聲學八卷　(英國)田大里撰　(英國)傅蘭雅口譯　(清)徐建寅筆述　清光緒江南製造總局刻本　二册

110000－0144－0002730　8621

營工要覽四卷　(英國)傅蘭雅　(清)汪振聲譯　清末江南製造總局刻本　二册

110000－0144－0002731　8622

兵船礮法六卷　(美國)金楷理譯　(清)朱恩錫述　清光緒刻本　三册

110000－0144－0002732　8623

八綫簡表　(清)賈步緯校述　清光緒二十九年(1903)江南機器製造局刻算學本　一册

110000－0144－0002733　8624

三才紀要四種　(□)□□撰　清末江南機器製造總局刻本　一册

110000－0144－0002734　8625

詩經一卷　(□)□□輯　清末江南製造總局刻本　一册

110000－0144－0002735　8626

營城揭要二卷　(英國)儲意比撰　(英國)傅蘭雅口譯　(清)徐壽筆述　清末江南製造總局刻本　二册

110000－0144－0002736　8627

營壘圖説一卷　(比利時)伯里牙芒撰　(美國)金楷理口譯　(清)李鳳苞筆述　清末江南製造總局刻本　一册

110000－0144－0002737　8628

水師保身法一卷　(法國)勒羅阿撰　(英國)伯克雷譯　(清)程鑾　(清)趙元益譯　清光緒元年(1875)江南製造局刻本　一册

110000－0144－0002738　8629

東方交涉記十二卷　(英國)麥高爾撰　(美國)林樂知　(清)瞿昂來譯　清末江南機器製造總局刻本　二册

110000－0144－0002739　8631

佐治芻言一卷　(英國)傅蘭雅譯　(清)應祖錫筆述　清末江南製造局刻本　三册

110000－0144－0002740　8632

測候叢談四卷　(美國)金楷理口譯　(清)華蘅芳筆述　清光緒江南製造總局刻本　二册

110000－0144－0002741　8633

各國交涉便法論六卷　(英國)費里摩羅巴德撰　(英國)傅蘭雅譯　清末江南製造局鉛印本　六册

110000－0144－0002742　8634

公法總論一卷　(英國)羅柏村撰　(英國)傅蘭雅　(清)汪振聲譯　清光緒江南製造總局鉛印本　一册

110000－0144－0002743　8635

英俄印度交涉書　(英國)馬文撰　(英國)羅亨利　(清)瞿昂來譯　清末江南製造總局刻本　一册

110000－0144－0002744　8636

美國憲法纂釋二十一卷 (美國)海麗生撰 (清)舒高第口譯 清光緒三十三年(1907)江南製造總局刻本 二册

110000－0144－0002745 8637
代數難題十六卷 (英國)倫德撰 (英國)傅蘭雅口譯 (清)華衡芳筆述 清光緒江南製造局刻本 六册

110000－0144－0002746 8638
英國水師考一卷 (英國)巴那比 (美國)克里同撰 (英國)傅蘭雅 (清)鍾天緯譯 清末江南製造總局鉛印本 二册

110000－0144－0002747 8639
美國水師考 (英國)巴那比 (美國)克里同撰 (英國)傅蘭雅 (清)鍾天緯譯 清末上海江南製造總局鉛印本 一册

110000－0144－0002748 8640
農務要書簡明目錄一卷 (英國)傅蘭雅口譯 (清)王樹善筆述 清光緒二十七年(1901)上海製造局刻本 一册

110000－0144－0002749 8641
濟急法一卷 (英國)舍白辣撰 (英國)秀耀春 (清)趙元益口譯 清光緒二十九年(1903)江南製造局刻本 一册

110000－0144－0002750 8642
行軍測繪十卷 (英國)連提撰 (英國)傅蘭雅 (清)趙元益口譯 清光緒江南機器製造局刻本 二册

110000－0144－0002751 8643
繪地法原附表一卷圖一卷 (美國)金楷理口譯 (清)王德均筆述 清光緒江南機器製造總局刻本 一册

110000－0144－0002752 8644
光學二卷 (英國)田大里輯 (英國)金楷理口譯 (清)趙元益筆述 清同治九年(1870)江南機器製造局刻本 二册

110000－0144－0002753 8645
保全生命論一卷附一卷 (英國)古蘭肥勒撰 (英國)秀輝春 (清)趙元益口譯 清光緒二十七年(1901)上海製造局刻本 一册

110000－0144－0002754 8646
鐵甲叢談五卷 (英國)黎特著 (清)舒高第 (清)鄭昌棪譯 清光緒江南製造總局鉛印本 二册

110000－0144－0002755 8647
臨陣傷科捷要四卷附圖一卷 (英國)帕脱編 (清)舒高第 (清)鄭昌棪譯 清光緒江南製造局鉛印本 四册

110000－0144－0002756 8648
物理學三編 (日本)飯盛挺造編 (日本)藤田豐八 王季烈校補 清光緒二十六年(1900)江南製造局刻本 十一册

110000－0144－0002757 8649
相地探金石法四卷 (英國)喝爾勃特喀格司撰 (清)王汝聃譯 清光緒二十九年(1903)江南製造局刻本 四册

110000－0144－0002758 8650
照相鏤版印圖法一卷 (美國)貝列尼原本 (美國)衛理 (清)王汝聃同譯 清光緒二十六年(1900)江南製造局刻本 一册

110000－0144－0002759 8651
錬金新語一卷 (英國)奥斯呑撰 (清)舒高第 (清)鄭昌棪同譯 清光緒十七年(1891)江南製造總局鉛印本 三册

110000－0144－0002760 8652
製羼金法二卷 (日本)橋本奇策撰 王季點譯 清光緒二十七年(1901)上海製造局刻本 二册

110000－0144－0002761 8653
開煤要法十二卷 (英國)士密德輯 (英國)傅蘭雅口譯 (清)王德均筆述 清光緒江南製造局刻本 二册

110000－0144－0002762 8654
化學求數十五卷附表一卷 (德國)富裹西尼烏司撰 (英國)傅蘭雅口譯 (清)徐壽筆述

清光緒江南製造總局刻本　十四冊

110000－0144－0002763　8655

埏紘外乘二十五卷補遺一卷續編一卷　（美國）林樂知　嚴良勳譯　清光緒二十七年（1901）上海江南製造局刻本　八冊

110000－0144－0002764　8681

聖經真解　（葡萄牙）陽瑪諾撰　清末刻本　二冊　存四卷（三至四、七至八）

110000－0144－0002765　8682

聖經真解　（葡萄牙）陽瑪諾撰　清末刻本　存二卷（三至四）　一冊

110000－0144－0002766　8683

七克七卷　（西班牙）龐迪我撰　清末刻本　二冊

110000－0144－0002767　8684

取譬訓蒙二卷　（意大利）晁德莅撰　清同治八年（1869）上海慈母堂刻本　三冊

110000－0144－0002768　8685

新約全書　（□）□□撰　清同治八年（1869）上海美華書館石印本　一冊

110000－0144－0002769　8698

毗陵科第攷八卷　（清）趙熙鴻原編　（清）錢人麟　（清）莊柱續編　清同治七年（1868）刻本　二冊

110000－0144－0002770　8701

三洲日記八卷　（清）張蔭桓撰　清光緒二十二年（1896）京師刻本　八冊

110000－0144－0002771　8702

［四川］光緒丁酉科選拔齒錄　（清）□□編　清刻本　一冊

110000－0144－0002772　8704

左文襄公［宗棠］年譜十卷　（清）羅正鈞纂　清光緒二十三年（1897）湘陰左氏刻本　十冊

110000－0144－0002773　8705

十駕齋養新錄二十卷餘錄三卷　（清）錢大昕撰　**錢辛楣先生［大昕］年譜一卷**　（清）錢慶曾撰　清光緒二年（1876）浙江書局刻本　八冊

110000－0144－0002774　8708

皇朝續文獻通考三百二十卷　（清）劉錦藻纂　清光緒三十一年（1905）堅匏盦鉛印本　八十八冊

110000－0144－0002775　8709

唐詩百名家全集二百九十七卷　（清）席啟寓輯　清康熙四十一年（1702）吳郡席氏琴川書屋刻本　六十四冊

110000－0144－0002776　8711

小坡識小錄四卷　（清）馬騰蛟撰　清同治十三年（1874）馬氏刻本　二冊

110000－0144－0002777　8712

永懷堂文鈔十卷詩鈔二卷　（清）龍文彬撰　清光緒十七年（1891）刻本　五冊

110000－0144－0002778　8714

枕經堂文抄二卷　（清）方朔撰　清同治十一年（1872）刻本　二冊

110000－0144－0002779　8716

安徽同官錄四卷　（清）□□編　清光緒三十年（1904）安徽藩經歷司鉛印本　四冊

110000－0144－0002780　8718

敬學軒文集十二卷　（清）龍廷槐撰　清道光二十七年（1847）刻本　四冊

110000－0144－0002781　8720

陶詩彙注四卷　（清）吳瞻泰輯　清康熙四十四年（1705）程崟拜經堂刻本　二冊

110000－0144－0002782　8724

西雲札記四卷　（清）李枝青撰　清光緒十年（1884）刻本　二冊

110000－0144－0002783　8726

求實濟齋叢書提要一卷　（清）蕭開泰輯　清光緒十二年（1886）刻本　一冊

110000－0144－0002784　8731

撫豫宣化錄四卷首一卷　（清）田文鏡撰　清道光十一年（1831）點易山房刻本　十冊

110000－0144－0002785　8732

粵西筆述一卷　(清)張祥河輯　清光緒二十二年(1896)刻本　一册

110000－0144－0002786　8733

歐陽書考十二卷首一卷　(清)袁繼翰撰　清光緒二十年(1894)刻本　四册

110000－0144－0002787　8734

嘉慶戊寅年直省同年錄　(清)□□編　清道光十八年(1838)榮林齋刻本　二册

110000－0144－0002788　8739

水雷秘要五卷　(英國)史理孟纂　(清)舒高第　(清)鄭昌棪譯　清光緒六年(1880)江南製造局刻本　六册

110000－0144－0002789　8740

化學分原八卷附表一卷　(英國)蒲陸山撰　(英國)傅蘭雅口譯　(清)徐建寅筆述　清光緒江南製造總局刻本　二册

110000－0144－0002790　8741

算式解法十四卷　(美國)好敦司　(美國)奈開利撰　(英國)傅蘭雅口譯　(清)華蘅芳筆述　清光緒二十五年(1899)江南製造局刻本　二册

110000－0144－0002791　8742

行軍指要六卷　(英國)哈密著　(美國)金楷理口譯　(清)趙元益筆述　清光緒二十七年(1901)江南製造總局刻本　六册

110000－0144－0002792　8794

真理自證一卷　(□)□□撰　清末刻本　一册

110000－0144－0002793　8795

真道自證四卷首一卷　(清)沙守信述　清同治七年(1868)慈母堂刻本　二册

110000－0144－0002794　8796

七克真訓二卷　(清)□□撰　清咸豐七年(1857)刻本　二册

110000－0144－0002795　8797

聖母行實三卷　(明)高一志譯　清嘉慶三年(1798)刻本　一册

110000－0144－0002796　8798

天主聖教十誡真詮二卷　(葡萄牙)陽瑪諾撰　清嘉慶三年(1798)京都始胎大堂刻本　一册

110000－0144－0002797　8799

俗言警教　(法國)慕理孟刪訂　清咸豐七年(1857)刻本　一册

110000－0144－0002798　8800

聖配規案一卷　(西洋)亞弟盎郎述　清同治四年(1865)刻本　一册

110000－0144－0002799　8801

正教奉傳不分卷　(清)黄伯祿編　清光緒三年(1877)上海慈母堂鉛印本　一册

110000－0144－0002800　8802

拯世略說　(明)朱宗元撰　清同治十二年(1873)上海慈母堂刻本　一册

110000－0144－0002801　8803

道原精萃圖一卷　(清)劉必振繪　清光緒十三年(1887)上海慈母堂石印本　三册

110000－0144－0002802　8804

闢釋氏諸妄一卷　(明)徐光啟撰　清刻本　一册

110000－0144－0002803　8805

聖若瑟傳一卷　(法國)馬若瑟述　清同治十一年(1872)上海慈母堂刻本　一册

110000－0144－0002804　8806

煉獄略說一卷　(清)李問漁撰　清同治十年(1871)上海慈母堂刻本　一册

110000－0144－0002805　8808

觀光日本　(清)夏顯德譯　(清)沈則恭纂　清同治十年(1871)上海慈母堂刻本　一册

110000－0144－0002806　8810

教要六端全圖　(清)□□編　清同治八年(1869)金陵天主堂刻本　一册

110000－0144－0002807　8814

天主實義二卷　(意大利)利瑪竇撰　清刻本　存一卷(下)　一冊

110000－0144－0002808　8817
逆耳忠言四卷　(法國)殷弘緒撰　清同治十二年(1873)上海慈母堂刻本　一冊

110000－0144－0002809　8818
畿輔宦浙同鄉錄一卷　(清)□□編　清光緒十七年(1891)刻本　一冊

110000－0144－0002810　8819
光緒癸卯畿輔宦浙同鄉錄　(清)□□編　清光緒刻本　二冊

110000－0144－0002811　8820
因寄軒文初集十六卷二集六卷補遺一卷　(清)管同撰　清道光十三年(1833)管氏刻本　四冊

110000－0144－0002812　8820
畿輔人物考八卷　(清)孫奇逢輯　清同治八年(1869)兼山堂刻本　八冊

110000－0144－0002813　8821
三國志補義十三卷　(清)康發祥撰　清咸豐十年(1860)刻本　四冊

110000－0144－0002814　8823
申鳧盟先生[涵光]年譜一卷　(清)申涵煜編　清康熙刻本　一冊

110000－0144－0002815　8824
姚惜抱先生[鼐]年譜一卷　(清)鄭福照輯　清同治七年(1868)刻本　一冊

110000－0144－0002816　8825
道光癸巳科同年齒錄　(清)□□編　清道光二十八年(1848)刻本　二冊

110000－0144－0002817　8826
光緒戊子科十八省優貢同年譜　(清)□□編　清光緒十四年(1888)刻本　一冊

110000－0144－0002818　8828
同治元年湖南鄉試同官錄　(清)□□編　清末刻本　一冊

110000－0144－0002819　8829
粵游小志八卷　(清)張心泰撰　清光緒十年(1884)鉛印本　二冊

110000－0144－0002820　8832
光緒癸巳恩科福建同年齒錄　(清)□□編　清光緒十九年(1893)刻本　一冊

110000－0144－0002821　8833
同治丁卯科帶補壬戌恩科四川鄉試同年齒錄　(清)□□編　清刻本　一冊

110000－0144－0002822　8834
光緒三年丁丑科會試官職錄　(清)□□編　清光緒三年(1877)刻本　一冊

110000－0144－0002823　8835
朝鮮地理小志　(朝鮮)青華山人原稿　(清)江景桂譯纂　清光緒十一年(1885)鉛印本　一冊

110000－0144－0002824　8837
聖教鑑略□□卷　(清)□□撰　清刻本　存一卷(上)　一冊

110000－0144－0002825　8858
楚省八旗奉直同官錄　(清)□□編　清光緒五年(1879)刻本　二冊

110000－0144－0002826　8859
光緒乙酉科拔貢同年錄　(清)□□編　清刻本　四冊

110000－0144－0002827　8860
道光丙申年重訂己丑科會試同年齒錄　(清)□□編　清刻本　二冊

110000－0144－0002828　8861
咸豐元年恩蔭同年齒錄　(清)□□編　清文聲齋等刻本　二冊

110000－0144－0002829　8862
光緒庚辰江蘇同官錄　(清)□□編　清刻本　八冊

110000－0144－0002830　8863
光緒乙巳中州同官錄　(清)□□編　清光緒徐嘉樹刻本　四冊

110000－0144－0002831　8864
光緒二十一年乙未科會試同年齒錄　(清)□□編　清刻本　四册

110000－0144－0002832　8865
道光乙酉科明經通譜　(清)□□編　清刻本　六册

110000－0144－0002833　8866
光緒廿五年山西同官錄　(清)□□編　清光緒木活字印本　三册

110000－0144－0002834　8867
畿輔同官錄六卷　(清)□□編　清宣統三年(1911)鉛印本　六册

110000－0144－0002835　8868
光緒六年庚辰科會試同年齒錄　(清)□□編　清會文齋等刻本　四册

110000－0144－0002836　8869
光緒甲辰年中州同官錄　(清)□□編　清光緒徐嘉樹刻本　四册

110000－0144－0002837　8870
道光庚子科直省同年鄉試齒錄　(清)□□編　清文錦齋刻本　四册

110000－0144－0002838　8871
道光辛巳齒錄　(清)□□編　清刻本　四册

110000－0144－0002839　8872
光緒甲午恩科會試同年齒錄　(清)□□編　清精華齋等刻本　四册

110000－0144－0002840　8873
咸豐乙卯科直省鄉試同年齒錄　(清)□□編　清精華齋等刻本　四册

110000－0144－0002841　8874
光緒己卯科直省同年齒錄　(清)□□編　清龍雲齋等刻本　六册

110000－0144－0002842　8875
道光己酉科直省舉貢同年錄　(清)□□編　清同治十二年(1873)刻本　八册

110000－0144－0002843　8876
光緒己丑科會試同年齒錄　(清)□□編　清刻本　四册

110000－0144－0002844　8877
光緒丙戌浙江同官錄　(清)□□編　清光緒十二年(1886)刻本　五册

110000－0144－0002845　8878
道光十九年己亥科順天鄉試同年齒錄　(清)□□編　清刻本　四册

110000－0144－0002846　8879
光緒癸卯年重修湖北省江蘇同官錄　(清)□□編　清光緒二十九年(1903)刻本　四册

110000－0144－0002847　8880
光緒甲辰恩科會試同年齒錄　(清)□□編　清光緒刻本　四册

110000－0144－0002848　8881
光緒十一年乙酉科順天鄉試同年齒錄　(清)□□編　清會文齋等刻本　四册

110000－0144－0002849　8882
光緒丙午科優貢同年齒錄　(清)□□編　清光緒刻本　四册

110000－0144－0002850　8883
道光乙未科會試同年齒錄　(清)□□編　清道光會文齋等刻本　二册

110000－0144－0002851　8884
道光己酉科順天選拔貢同年齒錄　(清)□□編　清刻本　四册

110000－0144－0002852　8885
同治癸酉科明經通譜　(清)□□編　清文錦齋等刻本　四册

110000－0144－0002853　8886
咸豐己未年山東同官錄　(清)□□編　清刻本　四册

110000－0144－0002854　8887
光緒丙戌年中州同官錄　(清)□□編　清光緒十二年(1886)刻本　六册

110000－0144－0002855　8904

雲左山房詩鈔八卷附一卷詩餘一卷試帖一卷　(清)林則徐撰　清光緒十二年(1886)福州林氏刻本　二冊

110000－0144－0002856　8905
姚氏先德傳六卷　(清)姚瑩撰　清刻本　二冊

110000－0144－0002857　8906
陝西志輯要六卷首一卷關中漢唐存碑跋一卷漢南游草一卷　(清)王志沂撰　清道光七年(1827)朝坂謝氏賜書堂刻本　九冊

110000－0144－0002858　8908
九家集注杜詩三十六卷　(唐)杜甫撰　(宋)郭之達編注　清刻本　十六冊

110000－0144－0002859　8910
丁酉圃叢書　(清)丁顯撰　清光緒刻本　存四種十七卷　八冊

110000－0144－0002860　8915
朱竹垞先生杜詩評本二十四卷　(唐)杜甫撰　(清)朱彝尊評　清道光十一年(1831)望雲軒刻本　五冊

110000－0144－0002861　8917
古韻溯原八卷　(清)安念祖輯　清道光十九年(1839)親仁堂刻本　四冊

110000－0144－0002862　8919
六書韻微十六卷　(清)安吉纂　清道光刻本　六冊

110000－0144－0002863　8930
惜抱軒遺書三種　(清)姚鼐撰　**姚惜抱先生[鼐]年譜一卷**　(清)鄭福照輯　清光緒五年(1879)桐城徐氏刻本　九冊

110000－0144－0002864　8933
光緒甲辰年江西在寧同鄉官錄　(清)□□編　清光緒刻本　一冊

110000－0144－0002865　8934
甘肅己卯科鄉試同闈錄　(清)□□編　清刻本　一冊

110000－0144－0002866　8935
光緒甲午科考番禺同案錄　(清)□□編　清光緒刻本　一冊

110000－0144－0002867　8936
光緒癸卯恩科四川鄉試同年齒錄　(清)□□編　清光緒刻本　一冊

110000－0144－0002868　9002
滇事總錄二卷　(清)莊士敏撰　清光緒十六年(1890)湖北崇文書局刻本　一冊

110000－0144－0002869　9029
習苦齋筆記一卷　(清)戴熙撰　清同治十年(1871)刻本　一冊

110000－0144－0002870　9056
聖體規儀一卷　(清)潘國光撰　清光緒七年(1881)慈母堂鉛印本　一冊

110000－0144－0002871　9063
隆平集二十卷　(宋)曾鞏編撰　(清)湯來賁參　(清)彭期訂　清康熙四十年(1701)彭期七業堂刻四十七年(1708)印本　四冊

110000－0144－0002872　9067
四終略意四卷　(西班牙)白多瑪撰　清道光二十八年(1848)刻本　一冊

110000－0144－0002873　9070
才調集補注十卷　(五代)韋穀編　(清)殷元勳　(清)宋邦綏補註　清光緒二十年(1894)江蘇書局刻本　四冊

110000－0144－0002874　9072
還讀我書室老人[董恂]手訂年譜二卷　(清)董恂撰　清光緒刻本　二冊

110000－0144－0002875　9073
同治癸酉科順天鄉試同年齒錄　(清)□□編　清末刻本　四冊

110000－0144－0002876　9074
南菁講舍文集六卷書院文集一卷　(清)黃以周輯　清光緒十五年(1889)刻本　四冊

110000－0144－0002877　9075
杜詩偶評四卷　(清)沈德潛撰　清乾隆十二年(1747)潘承松賦閒草堂刻本　四冊

110000－0144－0002878　9078

校經堂二集九卷　(清)陸寶忠輯　清光緒十四年(1888)刻本　四册

110000－0144－0002879　9080

光緒蔭生同官齒錄　(清)□□編　清光緒北京琉璃廠文德齋刻字鋪刻本　五册

110000－0144－0002880　9083

光緒辛卯續刊關中同官錄　(清)□□編　清光緒刻本　八册

110000－0144－0002881　9084

光緒甲午續刊關中同官錄　(清)□□編　清光緒刻本　八册

110000－0144－0002882　9085

艮齋倦槀文集十五卷　(清)尤侗撰　清康熙刻乾隆印本　五册

110000－0144－0002883　9086

光緒庚寅科會試同年齒錄　(清)□□編　清光緒右文齋等刻本　八册

110000－0144－0002884　9087

國朝御史題名一卷滿洲蒙古御史題名一卷　(清)黃玉圃編　清光緒十三年(1887)京畿道刻本　三册

110000－0144－0002885　9088

同治癸酉科江南鄉試同年齒錄　(清)□□編　清刻本　二册

110000－0144－0002886　9089

光緒三十年畿輔同官錄　(清)□□編　清光緒三十年(1904)北洋官報局鉛印本　四册

110000－0144－0002887　9090

江南江寧同官錄　(清)劉坤一纂　清光緒二十三年(1897)刻本　四册

110000－0144－0002888　9091

光緒己丑恩科順天鄉試會試同年齒錄　(清)□□編　清龍雲齋刻本　四册

110000－0144－0002889　9092

中州同官錄四卷　(清)□□編　清宣統元年(1909)刻本　四册

110000－0144－0002890　9093

明文得四集　(清)孫維祺評點　清康熙四十八年(1709)金陵兩衡堂刻本　十册

110000－0144－0002891　9095

辦志文會課藝初集一卷　(清)宗源瀚輯　清光緒刻本　六册

110000－0144－0002892　9097

道光甲辰科直省同年錄　(清)□□編　清刻本　四册

110000－0144－0002893　9133

瓜架夕談一卷　(清)謝顯謨撰　清乾隆稿本　一册

110000－0144－0002894　9134

弇山畢公[沅]年譜一卷　(清)史善長編　清刻本　一册

110000－0144－0002895　9135

消夏百一詩二卷　葉德輝撰　清光緒三十四年(1908)葉氏觀古堂刻本　一册

110000－0144－0002896　9136

潘文勤公[祖蔭]年譜一卷　(清)潘祖年編　清刻本　一册

110000－0144－0002897　9137

法國政教考略四卷　(清)劉式訓撰　清光緒二十七年(1901)鉛印本　一册

110000－0144－0002898　9138

寰宇碑目鈔三卷續一卷　(清)宋琦輯　清光緒二十二年(1896)刻本　一册

110000－0144－0002899　9139

青霞館論畫絕句一百首　(清)吳修撰　清光緒二年(1876)葛氏嘯園刻本　一册

110000－0144－0002900　9152

杜詩論文五十六卷　(清)吳見思注　清康熙十一年(1672)常州岱淵堂刻本　十六册

110000－0144－0002901　9154

杜工部集二十卷首一卷　(唐)杜甫撰　清道光十四年(1834)雲葉盦刻五色套印本　八册

110000－0144－0002902　9156

杜律啓蒙十二卷年譜一卷　（清）邊連寶集注　清乾隆四十二年（1777）刻本　四册

110000－0144－0002903　9157

杜詩注釋二十四卷首一卷　（清）許寶善編　清嘉慶七年（1802）自怡軒刻本　十二册

110000－0144－0002904　9162

光緒十二年丙戌會試同年齒錄　（清）□□編　清北京琉璃廠聚魁齋等刻本　四册

110000－0144－0002905　9163

明貢舉考略二卷國朝貢舉考略三卷　（清）黄崇蘭撰　清道光刻本　四册

110000－0144－0002906　9166

守柔齋詩鈔初集四卷續集四卷　（清）蘇廷魁撰　清同治三年（1864）刻本　二册

110000－0144－0002907　9167

庚子海外紀事四卷　（清）吕海寰撰　清光緒二十七年（1901）吕氏鉛印本　四册

110000－0144－0002908　9168

同治戊辰科重訂會試同年齒錄　（清）方汝紹編　清同治七年（1868）刻本　四册

110000－0144－0002909　9171

瞎堂詩集二十卷　（清）釋函昰撰　清刻本　四册

110000－0144－0002910　9174

湖南疆域驛傳總纂十卷　慳唫山館編輯　清道光刻本　十册

110000－0144－0002911　9175

括蒼金石志十二卷續志四卷　（清）李遇孫（清）金灦輯　清同治十三年（1874）浙江處州府刻本　六册

110000－0144－0002912　9178

光緒三年湖北省江蘇同官錄一卷　（清）□□編　清光緒三年（1877）刻本　三册

110000－0144－0002913　9180

靈巖山人詩集四十卷　（清）畢沅撰　清嘉慶四年（1799）經訓堂刻本　十二册

110000－0144－0002914　9182

詩葉考八卷　（清）陳天道輯　清嘉慶十二年（1807）刻本　四册

110000－0144－0002915　9183

穀詒堂集十卷　（清）李壽萱撰　清光緒八年（1882）刻本　六册

110000－0144－0002916　9184

道光丁酉科明經通譜　（清）□□編　清刻本　四册

110000－0144－0002917　9185

善思齋詩鈔七卷文鈔九卷文續鈔四卷　（清）徐宗亮撰　清光緒刻本　二册

110000－0144－0002918　9188

伯山詩話續集二卷再續集二卷三續集二卷　（清）康發祥編　清道光二十九年至咸豐十年（1849－1860）刻本　三册

110000－0144－0002919　9191

清暉贈言十卷　（清）徐永宣編　清宣統三年（1911）風雨樓排印本　三册

110000－0144－0002920　9196

廣元遺山［好問］年譜二卷　（清）李光廷編　清同治五年（1866）刻本　二册

110000－0144－0002921　9199

漢書補注七卷　（清）王榮商撰　清光緒十七年（1891）刻本　二册

110000－0144－0002922　9200

張公襄理軍務紀略六卷　（清）丁運樞編　清宣統元年（1909）天津張氏石印本　六册

110000－0144－0002923　9202

綱師園唐詩箋十八卷　（清）宋宗元輯　清刻本　八册

110000－0144－0002924　9203

阮嗣宗集二卷　（三國魏）阮籍撰　清初映旭齋刻本　一册

110000－0144－0002925　9203

陶淵明集八卷　（晉）陶潛撰　（清）左白存重訂　**附錄一卷**　**東坡和陶詩一卷**　（宋）蘇軾

撰　清初映旭齋刻本　四册

110000－0144－0002926　9204

盧忠肅公集十二卷首一卷　(清)盧象昇撰　**年譜一卷**　清光緒三十四年(1908)會稽施氏刻本　十册

110000－0144－0002927　9205

國朝蘇州長元吳三邑科第譜(清順治三年至光緒三十二年)四卷　(清)陸懋修原輯　(清)陸潤庠補編　清光緒三十二年(1906)刻本　二册

110000－0144－0002928　9206

稗史續編四卷　(清)吳翔鳳輯　清刻本　二册

110000－0144－0002929　9207

莫愁湖志六卷首一卷　(清)馬士圖纂　清光緒八年(1882)刻本　一册

110000－0144－0002930　9210

字林古今正俗異同通攷四卷六書辨異二卷　(清)湯容煟輯　(清)豫亭輯　清嘉慶三年(1798)刻本　四册

110000－0144－0002931　9226

海峰先生詩六卷文十卷　(清)劉大櫆撰　(清)徐宗亮編　清同治十三年(1874)徐氏刻本　六册

110000－0144－0002932　9227

真道自證四卷首一卷　(清)沙守信述　清同治七年(1868)慈母堂刻本　二册

110000－0144－0002933　9230

從野堂存稿八卷外集一卷　(明)繆昌期撰　**年譜一卷**　清光緒二年(1876)刻本　八册

110000－0144－0002934　9236

[同治]蘇州府志一百五十卷首三卷　(清)李銘皖　(清)譚鈞培修　(清)馮桂芬總纂　清光緒八年(1882)江蘇書局刻本　八十册

110000－0144－0002935　9237

[嘉慶]滇繫四十卷　(清)師範纂輯　清光緒十三年(1887)雲南通志局刻本　四十册

110000－0144－0002936　9238

霆軍紀略十六卷　(清)陳昌撰　清光緒八年(1882)刻本　六册

110000－0144－0002937　9239

合刻延平四先生[楊時　罗豫章　李延平　朱紫陽]年譜　(清)毛念恃輯　清乾隆刻本　二册

110000－0144－0002938　9243

國朝虞陽科名錄(清順治三年至光緒三十一年)四卷首一卷　(清)王元鍾輯　清刻本　四册

110000－0144－0002939　9247

松花菴全集十二卷　(清)吳鎮撰　清刻本　十二册

110000－0144－0002940　9248

考功集選四卷　(清)王士祿撰　清雍正刻本　四册

110000－0144－0002941　9259

李長吉歌詩四卷首一卷外集一卷　(唐)李賀撰　(清)王琦彙解　清光緒四年(1878)宏達堂刻本　四册

110000－0144－0002942　9261

山右石刻叢編四十卷　(清)胡聘之輯　清光緒二十七年(1901)刻本　二十四册

110000－0144－0002943　9262

蓮漪文鈔八卷　(清)汪曰楨輯　清同治刻本　六册

110000－0144－0002944　9265

南山課藝松庢詩錄二卷　(清)吳鎮撰　清乾隆五十七年(1792)刻本　二册

110000－0144－0002945　9266

南山課藝風騷補編一卷　(清)周樽輯論　清乾隆五十七年(1792)刻本　二册

110000－0144－0002946　9283

愛吾廬題跋一卷　(清)呂世宜撰　清光緒五年(1879)龍溪林氏刻本　一册

110000－0144－0002947　9285

[湖南省查繳]應禁書目　(清)□□編　清刻本　一冊

110000－0144－0002948　9290
[光緒]常昭合志稿四十八卷首一卷末一卷　(清)鄭鍾祥　(清)張瀛修　(清)龐鴻文纂　清光緒三十年(1904)木活字印本　二十冊

110000－0144－0002949　9295
杜律通解四卷　(唐)杜甫撰　(清)李文煒箋釋　清初刻本　四冊

110000－0144－0002950　9296
韻辨一隅八卷　(清)諸玉衡撰　清咸豐五年(1855)郁氏宜稼堂刻本　四冊

110000－0144－0002951　9297
青浦入泮錄　(清)徐公修編　清光緒二十五年(1899)刻本　四冊

110000－0144－0002952　9298
詩法入門四卷詩韻五卷　(清)游藝撰　清慎詒堂刻本　六冊

110000－0144－0002953　9300
蘭山課業經訓約編不分卷　(清)□□編　清乾隆刻本　六冊

110000－0144－0002954　9304
山左教案書牘一卷山東教案二編一卷　(清)祝鋆輯編　清光緒鉛印本　二冊

110000－0144－0002955　9306
籀經堂類稿二十四卷齊侯罍銘通釋二卷　(清)陳慶鏞撰　清光緒九年(1883)刻本　十二冊

110000－0144－0002956　9308
說文經斠十三卷補遺一卷正俗一卷　(清)楊廷瑞撰　清光緒十七年(1891)刻紅印本　二冊

110000－0144－0002957　9309
古今文字通釋十四卷　(清)呂世宜述　清光緒五年(1879)刻本　七冊

110000－0144－0002958　9310
荔村草堂詩鈔十卷　(清)譚宗浚撰　清光緒十八年(1892)羊城刻本　六冊

110000－0144－0002959　9313
而菴說唐詩九卷首一卷　(清)徐增撰　清乾隆二十三年(1758)集盛堂刻本　六冊

110000－0144－0002960　9317
傳經堂叢書七種　(清)淩堃撰　清道光刻本　八冊

110000－0144－0002961　9319
山谷全書八十五卷首四卷　(宋)黄庭堅撰
伐檀集二卷　(宋)黄庶撰　清光緒二十年(1894)義寧州署刻本　二十八冊

110000－0144－0002962　9357
古桐書屋六種　(清)劉熙載撰　清同治興化劉氏刻本　八冊

110000－0144－0002963　9490
枝山文集四卷　(明)祝允明撰　清同治十三年(1874)元和祝氏刻本　四冊

110000－0144－0002964　9494
歷朝詩約選九十二卷　(清)劉大櫆輯　清光緒二十一年至二十三年(1895－1897)文徵閣刻本　二十二冊

110000－0144－0002965　9496
[光緒]嘉定縣志三十二卷首一卷補遺一卷　(清)程其玨修　(清)楊震福纂　清光緒八年(1882)嘉定縣署刻本　十六冊

110000－0144－0002966　9497
詩小學三十卷補一卷　(清)吳樹聲撰　清同治七年(1868)壽光官廨刻本　十二冊

110000－0144－0002967　9498
闕里文獻考一百卷首一卷末一卷　(清)孔繼汾纂　清乾隆二十七年(1762)刻本　八冊

110000－0144－0002968　9815
等音歸韻十卷　(清)李蘭臺撰　清道光六年(1826)刻本　四十冊

110000－0144－0002969　9816
古音類表九卷　(清)傅壽彤撰　清光緒二年(1876)刻本　四冊

110000－0144－0002970　9817

咸林八音合訂八卷　(清)□□編　清刻本　四册

110000－0144－0002971　9820

唐詩類釋十九卷備攷一卷　(清)臧岳輯　清刻本　四册

110000－0144－0002972　9829

嘉定詩鈔初集五十二卷二集十八卷　(清)莊爾保輯　清道光二十九年(1849)黄鋐刻本　十六册

110000－0144－0002973　9830

四忠遺集三十九卷　(清)□□編　清光緒二十三年(1897)湘南書局刻本　十六册

110000－0144－0002974　9831

讀杜心解六卷首二卷　(清)浦起龍撰　清雍正二年至三年(1724－1725)寧我齋刻本　六册

110000－0144－0002975　9833

藝文備覽一百二十卷　(清)沙木集註　清嘉慶十一年(1806)刻本　三十二册

110000－0144－0002976　9986

小學類編三十六卷　(清)李祖望輯　清咸豐二年(1852)江都李氏半畝園刻本　八册

110000－0144－0002977　9992

朱飲山三韻易知十卷　(清)朱燮撰　(清)楊廷茲編輯　清刻本　二册

110000－0144－0002978　9993

春秋疑年錄一卷　(清)錢保塘撰　清光緒二十一年(1895)海寧錢氏清風室刻本　一册

110000－0144－0002979　10001

本草綱目五十二卷圖三卷　(明)李時珍編輯　清刻本　四十册

110000－0144－0002980　10002

教要序論一卷　(比利時)南懷仁撰　清同治六年(1867)上海慈母堂刻本　二册

110000－0144－0002981　10004

廣陵詩事十卷　(清)阮元撰　清光緒十六年(1890)揚州會館刻本　二册

110000－0144－0002982　10006

杜詩直解五卷　(唐)杜甫撰　(清)范廷謨註釋　清雍正六年至十三年(1728－1735)稼石堂刻本　十册

110000－0144－0002983　10008

和名類聚鈔十卷　(日本)源順輯　清光緒三十二年(1906)刻本　四册

110000－0144－0002984　10011

定山堂詩集四十七卷詩餘四卷　(清)龔鼎孳撰　清光緒九年(1883)聽彝書屋刻本　十六册

110000－0144－0002985　10018

天經或問前四卷後集一卷　(清)游藝撰　清潭水余明又廬氏刻本　六册

110000－0144－0002986　10056

邗江鍾毓不分卷　(清)詹坦撰　清光緒二十九年(1903)揚州府學木活字印本　四册

110000－0144－0002987　10059

正教奉傳不分卷　(清)黄伯祿編　清光緒三十四年(1908)上海慈母堂鉛印本　二册

110000－0144－0002988　10060

東塾讀書記九卷　(清)陳澧撰　清刻本　二册

110000－0144－0002989　10061

京津拳匪紀略八卷前編二卷後編二卷　(清)僑析生　(清)繙雲氏編　清光緒二十七年(1901)香港書局石印本　六册

110000－0144－0002990　10224

韻雅六卷附古蹟詩鈔一卷　(清)吳采撰　清嘉慶二十三年(1818)居業廬刻本　八册

110000－0144－0002991　10240

續廣雅三卷　(清)劉燦撰　清道光二十五年(1845)鄞邑陸鑑刻本　一册

110000－0144－0002992　10241

古韻通說二十卷　(清)龍啟瑞撰　清光緒九年(1883)四川尊經書局刻本　二册

110000－0144－0002993　10268
餘冬敘錄六十一卷　(明)何孟春輯　清同治三年(1864)恭壽堂刻本　十册

110000－0144－0002994　10270
選雅二十卷　程先甲撰　清光緒二十八年(1902)刻千一齋叢書本　八册

110000－0144－0002995　10273
兼韻音義四卷　(清)殷秉鏞撰　清道光二十三年(1843)刻本　八册

110000－0144－0002996　10276
翼教叢編六卷　蘇輿編　清光緒二十四年(1898)武昌刻本　四册

110000－0144－0002997　10277
詩品唐律二卷　(清)福振選輯　清刻本　二册

110000－0144－0002998　10278
經書字音辨要九卷　(清)楊名颺編　清道光二十七年(1847)令德堂刻本　二册

110000－0144－0002999　10282
嚴氏詩緝補義八卷　(清)劉燦撰　清嘉慶鎮海劉氏墨莊刻本　四册

110000－0144－0003000　10284
六書故檢字不分卷　(清)杏書氏撰　清光緒二十七年(1901)惠我琴書室稿本　一册

110000－0144－0003001　10406
話山草堂遺集十三卷　(清)沈道寬撰　清光緒三年(1877)江南潤州榷廨刻本　八册

110000－0144－0003002　10444
勉行堂詩集二十四卷文集六卷　(清)程晉芳撰　清嘉慶二十三年至二十五年(1818－1820)程氏刻本　八册

110000－0144－0003003　10447
蜀龜鑑七卷首一卷　(清)劉景伯撰　清宣統三年(1911)刻本　四册

110000－0144－0003004　10449
常州先哲遺書　(清)盛宣懷輯　清光緒武進盛氏刻本　六十四册

110000－0144－0003005　10496
皇朝藩屬輿地叢書二十八種　(清)浦□輯　清光緒二十九年(1903)上海書局石印本　四十八册

110000－0144－0003006　10498
二南遺音四卷續集一卷　(清)劉紹攽輯　清同治、光緒間刻本　五册

110000－0144－0003007　10499
說文測議七卷　(清)董詔撰　清道光四年(1824)謝玉珩刻本　六册

110000－0144－0003008　10501
行素草堂金石叢書　(清)朱記榮輯　清光緒十四年(1888)行素草堂刻本　四十册

110000－0144－0003009　10504
西清續鑑甲編二十卷附錄一卷　(清)王杰等編　清宣統二年(1910)上海涵芬樓影印本　四十二册

110000－0144－0003010　10505
法言疏證十三卷附校補一卷　汪榮寶撰　清宣統三年(1911)鉛印本　四册

110000－0144－0003011　10506
說文染指二卷　(清)吳楚撰　清光緒十四年(1888)寄硯山房刻本　二册

110000－0144－0003012　10515
西陲總統事略十二卷　(清)松筠修　(清)汪廷楷　(清)祁韻士纂　**西陲竹枝詞**　(清)祁韻士撰　**綏服紀略圖詩**　(清)松筠撰　清嘉慶十六年(1811)程振甲刻本　八册

110000－0144－0003013　10516
字學辨正集成四卷　(清)姚心舜輯　清咸豐六年(1856)刻本　八册

110000－0144－0003014　10518
邃雅堂集十卷　(清)姚文田撰　清道光元年(1821)江陰學署刻本　六册

110000－0144－0003015　10574
全體闡微三卷　(美國)格雷撰　(美國)柯為良譯　清光緒三十一年(1905)上海惜蔭書屋

鉛印本　四冊

110000－0144－0003016　10575
化學鑑原六卷　（英國）韋而司撰　（英國）傅蘭雅口譯　（清）徐壽筆述　清光緒江南製造總局刻本　四冊

110000－0144－0003017　10576
化學指南十卷　（法國）畢利幹撰　清同治十二年（1873）京都同文館鉛印本　十冊

110000－0144－0003018　10577
化學初階四卷　（美國）嘉約翰譯　（清）何瞭然述　清同治九年（1870）博濟醫局刻本　四冊

110000－0144－0003019　10581
俄史輯譯　（英國）闞斐迪譯　清光緒十四年（1888）益智書會刻本　四冊

110000－0144－0003020　10582
大英國志八卷　（英國）慕維廉譯　清光緒七年（1881）上海益智書局刻本　二冊

110000－0144－0003021　10583
醫方彙編四卷　（英國）梅滕更譯　（清）劉廷楨述　清光緒二十一年（1895）廣濟醫局鉛印本　十冊

110000－0144－0003022　10585
天文揭要二卷　（美國）赫士口譯　（清）周文源筆述　清光緒二十四年（1898）上海益智書會鉛印本　二冊

110000－0144－0003023　10587
續西學大成　（清）孫家鼐輯　清光緒二十三年（1897）上海正鴻閣書林石印本　十六冊

110000－0144－0003024　10588
華盛頓泰西史略　（清）黎汝謙　（清）蔡國昭譯　清光緒二十三年（1897）新學會石印本　四冊

110000－0144－0003025　10589
泰西各國名人言行錄十六卷　（清）張兆蓉編纂　清光緒二十九年（1903）石印本　六冊

110000－0144－0003026　10591
國朝名人著述叢編十三種　（清）□□輯　清光緒五年（1879）上海淞隱閣鉛印本　六冊

110000－0144－0003027　10594
辟邪紀實一卷　（清）饒州第一傷心人撰　清刻本　一冊

110000－0144－0003028　10596
光緒二十八年補行庚子辛丑恩正併科順天鄉試錄　（清）□□編　清光緒二十八年（1902）刻本　一冊

110000－0144－0003029　10597
同治癸酉科選十八省拔貢同年全錄　（清）□□編　清同治十二年（1873）刻本　一冊

110000－0144－0003030　10636
西清古鑑四十卷錢錄十六卷　（清）梁詩正　（清）蔣溥清纂　清光緒三十四年（1908）集成圖書公司石印本　二十四冊

110000－0144－0003031　10637
天主降生言行紀略八卷　（意大利）艾儒略述　清上海慈母堂刻本　二冊

110000－0144－0003032　10640
劬書室遺集十六卷理學庸言二卷　（清）金錫齡撰　清光緒二十一年（1895）刻本　六冊

110000－0144－0003033　10642
竹書紀年集證五十卷　（清）陳逢衡撰　清嘉慶十八年（1813）裛露軒刻本　二十四冊

110000－0144－0003034　10643
國朝書人輯略十一卷首一卷　（清）震鈞撰　清光緒三十四年（1908）金陵刻本　八冊

110000－0144－0003035　10646
史闕十四卷　（清）張岱撰　清道光四年（1824）刻本　六冊

110000－0144－0003036　10652
光緒庚子恩正兩科廣東鄉試錄　（清）□□編　清光緒刻本　一冊

110000－0144－0003037　10654
疑辯錄三卷　（明）周洪謨撰　清刻本　三冊

110000－0144－0003038　10655

本堂先生文集九十四卷佚文佚詩二卷附録二卷校録二卷　（宋）陳著撰　清光緒十九年（1893）四明陳氏刻本　十二册

110000－0144－0003039　10659

湖州叢書十二種七十五卷　（清）陸心源輯　清光緒湖城義塾刻本　二十四册

110000－0144－0003040　10662

西學啟蒙十六種　（英國）艾約瑟輯　清光緒二十二年（1896）上海著易堂鉛印本　十六册

110000－0144－0003041　10663

南山全集十六卷　（清）戴名世撰　清道光三十年（1850）秀野軒木活字印本　八册

110000－0144－0003042　10664

自西徂東五卷　（德國）花之安撰　清光緒二十五年（1899）上海廣學會鉛印本　五册

110000－0144－0003043　10665

格物探原三卷　（清）韋廉臣撰　清光緒二年（1876）鉛印本　三册

110000－0144－0003044　10666

西藝知新初集十卷續集十二卷　（英國）諾格德等撰　（英國）傅蘭雅口譯　（清）徐壽筆述　清光緒江南機器製造總局刻本　六册

110000－0144－0003045　10669

亦有生齋集詩三十二卷樂府二卷詞五卷　（清）趙懷玉撰　清道光元年（1821）刻本　十册

110000－0144－0003046　10670

麓山精舍叢書　（清）陳運溶輯　清光緒二十六年（1900）湘西陳氏刻本　十二册

110000－0144－0003047　10671

國語發正二十一卷國語三君注輯存四卷　（清）王遠孫撰　清道光二十六年（1846）振綺堂刻本　六册

110000－0144－0003048　10677

禹貢本義一卷　楊守敬撰　清光緒三十二年（1906）鄂城刻本　一册

110000－0144－0003049　10682

萬國通史續編八卷　（英國）李思倫白約翰輯譯　清光緒三十一年（1905）上海廣學會鉛印本　八册

110000－0144－0003050　10684

隨盦所著書四種五卷　徐乃昌撰　清光緒十八年至三十年（1892－1904）南陵徐氏刻本　二册

110000－0144－0003051　10685

瀛寰譯音異名記十二卷　（清）杜宗預編　清光緒三十年（1904）鄂城宜都楊氏刻本　六册

110000－0144－0003052　10686

有竹居集十五卷蒼頡篇二卷三蒼二卷　（清）任兆麟撰　清嘉慶二十四年（1819）兩廣節署刻本　八册

110000－0144－0003053　10687

綏寇紀略十二卷補遺三卷　（清）吳偉業撰　（清）鄒漪訂　清嘉慶九年（1804）張氏照曠閣刻本　五册

110000－0144－0003054　10688

國地異名録一卷　（清）林謙撰　清同治十年（1871）刻本　一册

110000－0144－0003055　10691

桂遊日記三卷　（清）張維屏撰　清道光十七年（1837）刻本　一册

110000－0144－0003056　10692

四書五經音韻不分卷　（清）劉柏撰　清光緒八年（1882）刻本　二册

110000－0144－0003057　10693

歸田瑣記八卷　（清）梁章鉅撰　清道光二十五年（1845）北東園刻本　四册

110000－0144－0003058　10696

偏行堂集十六卷　（清）金堡撰　清宣統三年（1911）上海國學扶輪社鉛印本　八册

110000－0144－0003059　10698

五萬卷閣書目記四卷叢刻目一卷　（清）李嘉績編　清光緒三十年（1904）華清閣官舍刻本　一册

110000－0144－0003060　10699

雕丘雜錄十八卷瘦史一卷　(清)梁清遠撰　清康熙刻咸豐六年(1856)正定府署重印本　七册

110000－0144－0003061　10700

文選通叚字會四卷　(清)杜宗玉撰　清光緒二十二年(1896)湖北孝感學署刻本　四册

110000－0144－0003062　10701

顧亭林先生詩箋注十七卷　(清)顧炎武撰　(清)徐嘉箋注　清光緒二十三年(1897)徐氏味静齋刻本　六册

110000－0144－0003063　10702

三河創業記二卷三省入藏程站記一卷　(清)范壽金撰　清光緒三十三年(1907)石印本　三册

110000－0144－0003064　10708

懷小編二十卷　(清)沈灋撰　清咸豐四年(1854)始言堂刻本　六册

110000－0144－0003065　10716

常郡八邑藝文志十二卷　(清)盧文紹纂　清光緒十六年(1890)刻本　十六册

110000－0144－0003066　10718

十二硯齋金石過眼錄十八卷續錄六卷　(清)汪鋆撰　清光緒十二年(1886)刻本　八册

110000－0144－0003067　10719

桐城錢飲光先生全書　(清)錢澄之撰　清同治二年(1863)斟雉堂刻本　二十册

110000－0144－0003068　10722

日知錄之餘四卷　(清)顧炎武撰　清宣統二年(1910)吴中元和鄒福保刻本　二册

110000－0144－0003069　10724

津門雜記三卷　(清)張燾撰　清光緒十年(1884)遊藝山莊刻本　三册

110000－0144－0003070　10726

闕里述聞十四卷　(清)鄭曉如纂　清同治七年(1868)華文堂刻本　八册

110000－0144－0003071　10728

珍執宧遺書十二種　(清)莊述祖撰　清道光十七年(1837)刻本　八册

110000－0144－0003072　10729

因樹屋書影十卷　(清)周亮工撰　清雍正三年(1725)懷德堂刻本　六册

110000－0144－0003073　10730

浪跡叢談十一卷　(清)梁章鉅撰　清道光二十七年(1847)亦東園刻本　四册

110000－0144－0003074　10733

四史聖經譯註四卷　(法國)德如瑟譯　清光緒十八年(1892)香港納匝肋静院鉛印本　四册

110000－0144－0003075　10734

文選古字通補訓四卷拾遺一卷　(清)吕錦文撰　清光緒二十七年(1901)懷硯齋刻本　四册

110000－0144－0003076　10735

錫山游庠錄二卷首一卷　(清)邵涵初輯　清光緒四年(1878)刻本　二册

110000－0144－0003077　10739

唐宋名賢歷代確論一百卷　(明)□□編　清光緒二十八年(1902)石印本　八册

110000－0144－0003078　10740

元詩選六卷補遺一卷　(清)顧嗣立輯　清刻本　七册

110000－0144－0003079　10743

皇朝掌故彙編　(清)張壽鏞編　清光緒二十八年(1902)求實書社鉛印本　六十册

110000－0144－0003080　10744

雲自在龕叢書五集三十五種　繆荃孫編　清光緒二十五年(1899)江陰繆氏刻本　二十六册

110000－0144－0003081　10752

中興别記六十一卷　(清)李濱撰　清宣統二年(1910)鉛印本　十二册

110000－0144－0003082　10753

皇朝詞林典故六十四卷　(清)朱珪等修

(清)陳希曾等纂　清光緒十三年(1887)刻本　三十四册

110000－0144－0003083　10754
佩文齋廣群芳譜一百卷　(清)劉灝等編　清同治七年(1868)姑蘇亦西齋刻本　三十二册

110000－0144－0003084　10755
金石萃編補正四卷　(清)方履籛撰　清光緒二十年(1894)上海醉六堂石印本　四册

110000－0144－0003085　10800
音韻辨訛一卷　(清)萬青銓撰　清道光十二年(1832)刻本　一册

110000－0144－0003086　10801
字體辨訛一卷　(清)萬青銓撰　清道光十三年(1833)刻本　一册

110000－0144－0003087　10804
元包經傳五卷　(北周)衛元嵩撰　(唐)蘇源明　(唐)李江傳　清宣統三年(1911)馮氏刻本　四册

110000－0144－0003088　10826
聖年廣益十三編　(法國)馮秉正譯　清光緒元年(1875)鉛印本　二册

110000－0144－0003089　10828
四書體注十九卷　(清)范翔輯　清光緒十七年(1891)廈門芸成齋刻本　二册

110000－0144－0003090　10832
教務輯要四卷　(清)徐家幹編　清光緒二十四年(1898)湖北官書局刻本　四册

110000－0144－0003091　10835
小蓬萊閣金石文字不分卷　(清)黄易輯　清嘉慶五年(1800)刻本　五册

110000－0144－0003092　10837
闕里文獻考一百卷末一卷　(清)孔繼汾纂　清乾隆二十七年(1762)刻本　八册

110000－0144－0003093　10838
楚辭十七卷　(漢)王逸章句　(宋)洪興祖補注　清光緒二十一年(1895)昭陵經畬主人刻本　六册

110000－0144－0003094　10839
[道光]重修膠州志四十卷　(清)張同聲修　(清)李圖纂　清道光二十五年(1845)刻本　八册

110000－0144－0003095　10840
[同治]即墨縣志十二卷首一卷　(清)林溥修　(清)周翕璜纂　清同治十二年(1873)即墨縣署刻本　八册

110000－0144－0003096　10841
[乾隆]曲阜縣志一百卷　(清)潘相纂修　清乾隆三十九年(1774)曲阜縣署刻本　十二册

110000－0144－0003097　10843
批點四書　(宋)朱熹章句　清光緒九年(1883)成文堂刻本　六册

110000－0144－0003098　10845
[同治]黄縣志十四卷首一卷末一卷　(清)尹繼美纂修　清同治十年(1871)黄縣縣署刻本　四册

110000－0144－0003099　10847
[咸豐]金鄉縣志略十二卷首一卷　(清)李壘纂修　清咸豐元年(1851)金鄉縣署刻本　四册

110000－0144－0003100　10848
楚辭節註六卷　(清)姚培謙撰　**楚辭葉音一卷**　(清)劉維謙撰　清乾隆六年(1741)刻本　二册

110000－0144－0003101　10851
[道光]濟南府志七十二卷首一卷　(清)王贈芳　(清)王鎮修　(清)成瓘纂　清道光二十年(1840)濟南府署刻本　四十册

110000－0144－0003102　10852
[光緒]菏澤縣志十八卷首一卷　(清)凌壽柏撰　(清)葉道源纂　清光緒十一年(1885)菏澤縣署刻本　六册

110000－0144－0003103　10853
西域圖志四十八卷首四卷　(清)傅恆等撰修　清末鉛印本　二十四册

110000－0144－0003104　10856

二十四史　(清)□□輯　清光緒二十九年(1903)五洲同文局石印本　七百十一册

110000－0144－0003105　10955

也是集一卷安塞詩存一卷　英華撰　清光緒三十三年(1907)天津大公報館鉛印本　一册

110000－0144－0003106　10956

也是集續編一卷　英華撰　清宣統二年(1910)天津大公報館鉛印本　一册

110000－0144－0003107　10958

三字經註解備要二卷　(元)王應麟纂　(清)賀興思註解　清光緒二十三年(1897)成文堂刻本　一册

110000－0144－0003108　11041

御批歷代通鑑輯覽一百二十卷　(清)傅恒等編纂　清乾隆三十二年(1767)刻本　六十册

110000－0144－0003109　11042

遼金元三史語解四十六卷　(清)高宗弘曆撰　清光緒四年(1878)江蘇書局刻本　十册

110000－0144－0003110　11043

黔詩紀略後編三十卷補三卷　(清)莫庭芝　(清)黎汝謙採詩　(清)陳田傳証　清宣統三年(1911)京師筱石氏刻本　八册

110000－0144－0003111　11044

十三經注疏四百十六卷附校勘記　(清)阮元輯校　清光緒十三年(1887)上海脈望仙館石印本　三十二册

110000－0144－0003112　11057

三農紀二十四卷　(清)張宗法撰　清道光十年(1830)刻本　十二册

110000－0144－0003113　11060

文選補遺四十卷　(元)陳仁子輯　清乾隆二十年(1755)陳文煜刻本　十六册

110000－0144－0003114　11253

[咸豐]青州府志六十四卷　(清)毛永柏纂修　(清)李圖　(清)劉耀椿纂　清咸豐九年(1859)青州府署刻本　十六册

110000－0144－0003115　11254

[道光]滕縣志十四卷首一卷　(清)王政修　(清)王庸立纂　清道光二十六年(1846)滕縣縣署刻本　八册

110000－0144－0003116　11255

[光緒]高密縣志十卷首一卷末一卷　羅邦彦　傅賚予修　李勷運纂　清光緒二十二年(1896)高密縣署刻本　八册

110000－0144－0003117　11256

[宣統]濮州志八卷　(清)高士英修　(清)榮相鼎纂　清宣統元年(1909)刻本　八册

110000－0144－0003118　11258

高僧傳四集　(清)楊文會輯　清光緒十年至十八年(1884－1892)金陵刻經處、江北刻經處刻本　二十四册

110000－0144－0003119　11260

說文解字注三十卷六書音韻表二卷汲古閣說文訂一卷　(清)段玉裁撰　清光緒十五年(1889)湖北崇文書局刻本　二十册

110000－0144－0003120　11261

唐才子傳十卷　(元)辛文房撰　清嘉慶十年(1805)三間草堂刻本　四册

110000－0144－0003121　11262

庭立記聞四卷　(清)梁玉繩口授　(清)梁學昌輯　清嘉慶十七年(1812)刻本　四册

110000－0144－0003122　11263

泰山志二十卷　(清)金棨纂　清光緒二十四年(1898)刻本　十册

110000－0144－0003123　11264

二曲集二十六卷　(清)李顒撰　清道光八年(1828)雪蔭堂刻本　八册

110000－0144－0003124　11265

[光緒]泗水縣志十五卷首一卷　(清)趙英祚修　(清)黄承艧纂　清光緒十八年(1892)泗水縣署刻本　八册

110000－0144－0003125　11267

寧都三魏全集　(清)林時益　(清)魏際瑞輯

清道光二十五年(1845)珍溪謝氏紱園書塾刻本　五十冊

110000－0144－0003126　11268
[光緒]鄆城縣志十六卷首一卷　(清)畢炳炎等鑒定　(清)趙翰鑾等纂修　清光緒十九年(1893)刻本　八冊

110000－0144－0003127　11269
慎思指南六卷　(西洋)朗雰旎阁　(清)韓若瑟譯　清道光二十四年(1844)刻本　四冊

110000－0144－0003128　11270
新約聖書　(□)□□撰　清光緒九年(1883)刻本　二冊

110000－0144－0003129　11271
[道光]長清縣志十六卷首四卷末二卷　(清)舒化民等修　(清)徐德成等纂　清道光十五年(1835)刻本　八冊

110000－0144－0003130　11272
[康熙]壽張縣志八卷　(清)滕永禎修　(清)馬珩採修　清康熙五十六年(1717)壽張縣署刻本　四冊

110000－0144－0003131　11273
[光緒]嘉祥縣志四卷首一卷　(清)章文華　官擢午纂修　清光緒三十四年(1908)嘉祥縣署刻本　四冊

110000－0144－0003132　11274
[光緒]日照縣志十二卷首一卷　(清)陳懋修　(清)張庭詩　(清)鄭作相纂　清光緒十二年(1886)日照縣署刻本　四冊

110000－0144－0003133　11275
[道光]城武縣志十四卷首一卷　(清)袁章華修　(清)劉士瀛纂　清道光十年(1830)城武縣署刻本　八冊

110000－0144－0003134　11276
[乾隆]棲霞縣志十卷　(清)衛萇纂修　清乾隆十九年(1754)棲霞縣署刻本　四冊

110000－0144－0003135　11277
[光緒]滋陽縣志十四卷　(清)莫熾　(清)李兆霖修　(清)黄師誾　(清)蔣繼洙纂　清光緒十四年(1888)滋陽縣署刻本　十冊

110000－0144－0003136　11279
古文辭類纂七十四卷續古文辭類纂三十四卷　(清)姚鼐輯　王先謙輯　清光緒三十三年(1907)上海商務印書館鉛印本　十二冊

110000－0144－0003137　11558
四書集注直解二十七卷　(明)張居正撰　清宣統元年(1909)學部圖書局石印本　十四冊

110000－0144－0003138　11560
藤蔭雜記十二卷　(清)戴璐撰　清光緒三年(1877)吳興會館刻本　二冊

110000－0144－0003139　11561
隨槎錄三卷　(清)羅鎮嵩撰　清光緒刻本　二冊

110000－0144－0003140　11569
播雅二十四卷　(清)鄭珍編　(清)唐樹義校勘　清宣統三年(1911)貴州文通書局鉛印本　八冊

110000－0144－0003141　11571
孫淵如先生全集二十三卷　(清)孫星衍撰　清光緒二十年(1894)湖南思賢書局刻本　十冊

110000－0144－0003142　11574
勝朝殉節諸臣錄十二卷　(清)紀昀等撰　清嘉慶二年(1797)刻本　六冊

110000－0144－0003143　11604
說文解字繫傳四十卷　(五代)徐鍇撰　**校勘記三卷**　(清)祁寯藻撰　清道光十九年(1839)祁寯藻刻本　八冊

110000－0144－0003144　11605
說文解字繫傳四十卷　(五代)徐鍇撰　**校勘記三卷**　(清)祁寯藻撰　清光緒元年(1875)歸安姚氏川東官舍刻本　八冊

110000－0144－0003145　11606
說文解字繫傳四十卷　(五代)徐鍇撰　**校勘記三卷**　(清)祁寯藻撰　清光緒三年(1877)

吳縣吳氏刻本　八册

110000－0144－0003146　11614
羅馬教正誤六卷　耶穌教會編　清光緒二十六年(1900)刻本　三册

110000－0144－0003147　11616
敦煌石室真蹟錄六卷　王仁俊編錄　清宣統元年(1909)王氏國粹堂石印本　四册

110000－0144－0003148　11643
寒夜叢談三卷　(清)沈赤然撰　清光緒十一年(1885)新陽趙氏刻本　一册

110000－0144－0003149　11645
全唐詩九百卷　(清)聖祖玄燁編　清光緒十三年(1887)上海同文書局石印本　三十二册

110000－0144－0003150　11646
全閩詩話十二卷　(清)鄭方坤輯　清乾隆詩話軒刻本　十册

110000－0144－0003151　11647
日知錄集釋三十二卷　(清)顧炎武撰　(清)黄汝成集釋　**刊誤二卷續栞誤二卷**　(清)黄汝成撰　清道光十四年(1834)嘉定黄氏刻本　十六册

110000－0144－0003152　11709
[同治]畿輔通志三百卷首一卷　(清)黄彭年纂　(清)李鴻章修　清宣統二年(1910)北洋官報兼印刷局石印本　二百四十册

110000－0144－0003153　11757
天咫偶聞十卷　(清)震鈞撰　清光緒三十三年(1907)甘棠轉舍刻本　八册

110000－0144－0003154　11758
[乾隆]滄州志十六卷　(清)徐時作修　(清)胡淦纂　清乾隆八年(1743)滄州州署刻本　六册

110000－0144－0003155　11759
[乾隆]大名縣志四十卷　(清)張維祺　(清)李棠修　清乾隆五十五年(1790)大名縣署刻本　十二册

110000－0144－0003156　11763
天主實義二卷　(意大利)利瑪竇撰　清光緒二十四年(1898)河閒府勝世堂刻本　二册

110000－0144－0003157　11786
李滋然三種四卷　(清)李滋然撰　清光緒三十四年(1908)鉛印本　一册

110000－0144－0003158　11793
景教碑文紀事攷正一卷　(清)楊榮鋕撰　清光緒二十七年(1901)思賢書局刻本　一册

110000－0144－0003159　11796
天主聖教續經一卷　(泰西)嘉畢阨爾述　清咸豐七年(1857)刻本　一册

110000－0144－0003160　11798
聖教史紀三卷　(美國)謝衛樓撰　清光緒十六年(1890)刻本　四册

110000－0144－0003161　11799
小腆紀年附考二十卷　(清)徐鼒撰　清光緒四年(1878)京都龍威閣書坊刻本　十册

110000－0144－0003162　11824
照永神鏡四卷　(葡萄牙)林德瑤撰　(清)張舒譯　清光緒四年(1878)京都救世堂刻本　四册

110000－0144－0003163　11825
教務紀畧四卷　(清)李剛己編　清光緒三十一年(1905)南洋官報局刻本　五册

110000－0144－0003164　11828
光緒丙午年交涉要覽三篇七卷　(清)北洋洋務局纂　清光緒三十四年(1908)北洋官報局鉛印本　六册

110000－0144－0003165　11830
王會篇箋釋三卷　(清)何秋濤撰　清光緒十七年(1891)江蘇書局刻本　三册

110000－0144－0003166　11831
敦煌石室遺書十二種附一種　羅振玉輯　清宣統元年(1909)上虞羅氏鉛印本　四册

110000－0144－0003167　11835
歷代通鑑纂要九十二卷　(明)李東陽撰　清光緒二十三年(1897)刻本　四十册

110000－0144－0003168　11838

顧端文公遺書十五種　(明)顧憲成撰　清光緒三年(1877)涇里顧氏宗祠刻本　十八册

110000－0144－0003169　11868

儀顧堂集二十卷　(清)陸心源撰　清光緒二十四年(1898)刻本　四册

110000－0144－0003170　11869

[雍正]河南通志八十卷　(清)田文鏡　(清)王士俊總裁　(清)孫灝等纂修　清雍正十三年(1735)刻道光六年至光緒二十八年(1826－1902)遞修民國三年(1914)河南教司重印本　四十册

110000－0144－0003171　11890

[道光]廈門志十六卷　(清)周凱纂修　清道光十九年(1839)廈門玉屏書院刻本　十二册

110000－0144－0003172　11899

讀史碎金六卷　(清)胡文炳撰注　清光緒元年(1875)蘭石齋刻本　八十六册

110000－0144－0003173　11900

咸淳臨安志一百卷札記二卷　(宋)潛說友撰　**札記**　(清)黄士珣撰　清道光十年(1830)錢塘汪氏振綺堂刻本　二十四册

110000－0144－0003174　11901

國朝古文彙鈔初集一百七十六卷二集一百卷　(清)朱琦編　清道光二十七年(1847)吳江世美堂沈氏刻本　一百二十册

110000－0144－0003175　11903

元詩選初集十集二集八集三集八集　(清)顧嗣立輯　**元詩選癸集十集**　(清)顧嗣立　(清)席世臣輯　清康熙三十三年(1694)常州顧氏秀野草堂刻五十九年(1720)增刻本　五十六册

110000－0144－0003176　11904

日知録三十二卷日知録之餘四卷　(清)顧炎武撰　清道光十二年(1832)錦江書院刻本　十三册

110000－0144－0003177　11905

弇山堂别集一百卷　(明)王世貞撰　清光緒廣雅書局刻本　二十册

110000－0144－0003178　11908

吉金所見録十六卷首一卷末一卷　(清)初尚齡輯　清嘉慶二十四年(1819)古香書屋刻本　四册

110000－0144－0003179　11916

[嘉定]鎮江志二十二卷首一卷　(宋)盧憲纂修　**附録一卷校勘記一卷**　清宣統二年(1910)横山草堂刻本　八册

110000－0144－0003180　11918

皇朝輿地通考二十三卷　(清)通文書局主人輯　清光緒二十九年(1903)通文書局石印本　四十册

110000－0144－0003181　11920

十三經客難五十卷黄淮安瀾編二卷經學史學策一卷畏齋文集四卷　(清)龔元玠撰　清道光二十六年(1846)西城龔氏刻本　二十二册

110000－0144－0003182　11921

隨軒金石文字不分卷　(清)徐渭仁輯　清同治七年(1868)上海徐氏刻本　四册

110000－0144－0003183　11923

毘陵人品記十卷　(明)吳亮撰　清毛氏木活字印本　四册

110000－0144－0003184　11926

續檇李詩繫四十卷　(清)胡昌基輯　清宣統三年(1911)平湖葛氏刻本　二十册

110000－0144－0003185　11927

禮經宫室問答二卷　(清)洪頤煊撰　清嘉慶十七年(1812)師竹山房刻本　二册

110000－0144－0003186　11928

金石文鈔八卷續抄二卷　(清)趙紹祖撰　清光緒二年(1876)涇縣趙氏刻本　十册

110000－0144－0003187　11930

山左金石志二十四卷　(清)畢沅　(清)阮元撰　清嘉慶二年(1797)儀征阮氏小琅嬛仙館刻本　八册

110000－0144－0003188　11931

儀禮鄭注句讀十七卷監本正誤一卷石本正誤一卷　（清）張爾岐句讀　清同治七年（1868）金陵書局刻十三經讀本本　四册

110000－0144－0003189　11932

浙西水利備考不分卷　（清）王鳳生輯　清光緒四年（1878）浙江書局刻本　四册

110000－0144－0003190　11933

毛詩證讀五卷讀詩或問一卷　（清）戚學標撰　清嘉慶十年（1805）刻戚鶴泉所著書本　四册

110000－0144－0003191　11987

洪北江全集二十五種　（清）洪亮吉撰　清光緒三年（1877）授經堂刻本　八十四册

110000－0144－0003192　12052

春秋國都爵姓考一卷附補一卷　（清）陳鵬撰　（清）曾昭補　清咸豐十一年（1861）南海伍氏刻粵雅堂叢書本　一册

110000－0144－0003193　12217

江寧金石記八卷江寧金石待訪目二卷　（清）嚴觀編　清嘉慶九年（1804）賜書堂刻本　四册

110000－0144－0003194　12218

儀禮析疑十七卷　（清）方苞撰　清道光方氏刻抗希堂十六種本　六册

110000－0144－0003195　12219

四書摭餘説七卷　（清）曹之升撰　清嘉慶三年（1798）蕭山曹氏刻本　六册

110000－0144－0003196　12220

鄉黨圖考補證六卷附札記一卷　（清）王漸鴻撰　清光緒三十四年（1908）黄縣丁氏海隅山館刻本　六册

110000－0144－0003197　12231

滇南雜志二十四卷　（清）曹樹翹編　（清）顧廷璋　（清）陸孝曾撰　清光緒上海申報館鉛印本　八册

110000－0144－0003198　12233

歷代帝王年表　（清）齊召南編　清道光四年（1824）小琅嬛僊館刻本　四册

110000－0144－0003199　12234

磧砂唐詩三卷磧砂選唐人爵里詳節一卷　（宋）周弼選　（元）釋圓至注　清三經堂刻本　四册

110000－0144－0003200　12236

國朝詩鐸二十六卷首一卷　（清）張應昌輯　清同治八年（1869）永康應氏秀芷堂刻本　十二册

110000－0144－0003201　12251

水經注圖一卷附録一卷　（清）汪士鐸撰　清同治元年（1862）刻本　一册

110000－0144－0003202　12257

千百年眼十二卷　（明）張燧編　清光緒二十九年（1903）上海書局石印本　六册

110000－0144－0003203　12262

説文廣義校訂三卷末一卷　（清）吳善述撰　清同治刻本　二册

110000－0144－0003204　12264

射鷹樓詩話二十四卷　（清）林昌彝撰　清咸豐元年（1851）刻本　八册

110000－0144－0003205　12279

亦政堂重攷古玉圖二卷　（元）朱德潤撰　清乾隆十七年（1752）亦政堂刻本　一册

110000－0144－0003206　12285

孔子编年五卷　（宋）胡仔撰　清嘉慶金紫家祠刻本　二册

110000－0144－0003207　12288

欽定春秋左傳讀本三十卷　（清）黄鉞　（清）英和纂　清光緒十二年（1886）居俟書屋刻本　十二册

110000－0144－0003208　12289

孝經彙纂一卷　（清）孫念劬撰　清嘉慶四年（1799）孫氏強恕堂刻本　一册

110000－0144－0003209　12290

虞東學詩十二卷附詩説一卷　（清）顧鎮撰

清光緒十八年(1892)誦芬堂刻本　六册

110000－0144－0003210　12291

[乾隆]朝邑縣志十一卷首一卷　(清)金嘉琰　(清)朱廷模修　(清)錢坫纂　清乾隆四十五年(1780)朝邑縣署刻本　四册

110000－0144－0003211　12293

易箋八卷　(清)陳法撰　清乾隆三十年(1765)敬和堂刻光緒十四年(1888)陳希謙補刻本　六册

110000－0144－0003212　12298

國朝柔遠記二十卷　(清)王之春輯　清光緒十七年(1891)廣雅書局刻本　六册

110000－0144－0003213　12299

諸葛忠武侯文集四卷[諸葛亮]年譜一卷故事五卷　(三國蜀)諸葛亮撰　(清)張澍編　清刻本　四册

110000－0144－0003214　12300

[至元]齊乘六卷　(元)于欽纂修　**釋音**　(元)于潛撰　清乾隆四十六年(1781)胡德琳刻本　四册

110000－0144－0003215　12301

南漢書十八卷考異十八卷文字略四卷叢錄二卷　(清)梁廷枏撰　清道光九年(1829)順德梁氏藤花亭刻本　八册

110000－0144－0003216　12302

趙文恪公遺集二卷[趙光]自訂年譜一卷　(清)趙光撰　清光緒十六年(1890)刻本　六册

110000－0144－0003217　12306

拜鴛樓校刻小品四種　沈宗畸輯　清宣統元年(1909)番禺沈氏刻本　四册

110000－0144－0003218　12307

說文發疑七卷　(清)張行孚撰　清光緒九年(1883)刻本　七册

110000－0144－0003219　12309

三國疆域志補注十九卷首一卷　(清)洪亮吉撰　(清)謝鍾英補注　清光緒二十四年(1898)湘中刻本　八册

110000－0144－0003220　12313

仿宋相臺五經附攷證　(宋)岳珂輯刻　清貴陽刻本　三十八册

110000－0144－0003221　12314

鄭學錄四卷　(清)鄭珍撰　清同治四年(1865)刻本　四册

110000－0144－0003222　12320

嘉慶癸酉科選拔各省同年明經通譜　(清)□□編　清嘉慶十九年(1814)刻本　四册

110000－0144－0003223　12321

拯世略說　(明)朱宗元撰　清光緒六年(1880)北京救世堂木活字印本　一册

110000－0144－0003224　12326

周易傳義音訓八卷附易學啓蒙一卷　(宋)程頤注　(宋)朱熹　(宋)吕祖謙注　清同治六年(1867)望三益齋刻本　六册

110000－0144－0003225　12328

羊城古鈔八卷首一卷　(清)仇池石纂　清嘉慶十一年(1806)聽松閣刻本　五册

110000－0144－0003226　12329

[道光]直隸定州志二十二卷首一卷　(清)寶琳修　(清)勞沅恩纂　清道光三十年(1850)刻本　十二册

110000－0144－0003227　12332

南菁札記十四種　(清)溥良輯　清光緒二十年(1894)江陰使署刻本　六册

110000－0144－0003228　12338

蜀典十二卷　(清)張澍纂修　清道光十四年(1834)尊經書院刻本　六册

110000－0144－0003229　12339

任釣臺先生遺書二種　(清)任啓運撰　清嘉慶十四年(1809)敬修堂刻本　二册

110000－0144－0003230　12340

益都金石志四卷　(清)段松苓撰　清光緒九年(1883)刻本　四册

110000－0144－0003231　12342

鄒徵君遺書六種附刻二種　(清)鄒伯奇撰

清同治十三年(1874)南海鄒氏香草書屋刻本　四冊

110000－0144－0003232　12343
書傳音釋六卷首一卷末一卷　(元)鄒季友撰　清同治五年(1866)望三益齋刻本　七冊

110000－0144－0003233　12346
新義錄一百卷　(清)孫璧文撰　清光緒八年(1882)刻本　四十冊

110000－0144－0003234　12348
儉德堂讀書隨筆二卷　(清)劉庠撰　清宣統二年(1910)鉛印本　二冊

110000－0144－0003235　12351
幾輔河道水利叢書九種　(清)吳邦慶編　清道光四年(1824)益津吳氏刻本　十冊

110000－0144－0003236　12353
靜庵文集一卷靜庵詩稿一卷　王國維撰　清光緒三十一年(1905)鉛印本　一冊

110000－0144－0003237　12358
亦如是齋隨筆十二卷　(清)鄭敦曜撰　清同治十一年(1872)長沙鄭氏星藪園刻本　六冊

110000－0144－0003238　12359
集虛草堂叢書甲集十種　(清)李國松輯　清光緒三十二年(1906)合肥李氏刻本　二十四冊

110000－0144－0003239　12360
三國志裴注述二卷　(清)林國讃撰　清光緒十六年(1890)學海堂刻本　一冊

110000－0144－0003240　12361
彙刻太倉舊志五種二十六卷　(清)繆朝荃輯　清宣統元年(1909)太倉繆氏刻本　八冊

110000－0144－0003241　12363
元秘史李注補正十五卷　(清)高寶銓撰　清光緒二十八年(1902)刻本　三冊

110000－0144－0003242　12367
方輿類聚十六卷　(清)福申撰　清道光十二年(1832)刻本　四冊

110000－0144－0003243　12368
關中金石文字存逸攷十二卷首一卷石刻書法源流攷一卷　(清)毛鳳枝撰　清光緒二十七年(1901)會稽顧家相刻本　八冊

110000－0144－0003244　12375
三餘偶筆十六卷　(清)左暄撰　清嘉慶十六年(1811)桂林書屋刻本　六冊

110000－0144－0003245　12378
續指月錄二十卷首一卷尊宿集一卷　(清)聶先編　清光緒十二年(1886)金陵刻經處刻本　六冊

110000－0144－0003246　12380
易確二十卷首一卷　(清)許桂林撰　清道光十五年(1835)刻本　四冊

110000－0144－0003247　12396
天下郡國利病書一百二十卷　(清)顧炎武撰　清光緒五年(1879)蜀南桐華書屋刻本　六十五冊

110000－0144－0003248　12416
蔆溪詩話一卷　(清)余宣撰　清同治三年(1864)刻本　一冊

110000－0144－0003249　12425
不得已辯　(意大利)利類思撰　清道光二十七年(1847)刻本　一冊

110000－0144－0003250　12435
春風草廬遺稿一卷自訂年譜一卷心白齋賸稿合刻一卷　(清)錢世銘撰　清宣統三年(1911)刻本　一冊

110000－0144－0003251　12437
雲峯書院勵學語六卷　(清)惲毓鼎撰　清光緒二十四年(1898)刻本　一冊

110000－0144－0003252　12459
天南同人集四卷　姚文棟輯　清末刻本　一冊

110000－0144－0003253　12463
史記評林一百三十卷首一卷　(明)凌稚隆輯　清同治十三年(1874)長沙魏氏養翮書屋刻

本　二十八册

110000－0144－0003254　12464
漢書評林一百卷首一卷　（明）凌稚隆輯　清同治十三年（1874）長沙魏氏養翮書屋刻本　三十二册

110000－0144－0003255　12466
邃雅堂學古録七卷　（清）姚文田撰　清道光七年（1827）刻本　四册

110000－0144－0003256　12467
欽定新疆識略十二卷首一卷　（清）徐松撰（清）松筠等纂修　清刻本　十册

110000－0144－0003257　12471
長江圖説十二卷首一卷　（清）馬徵麟編　清同治九年（1870）金陵提署刻本　四册

110000－0144－0003258　12565
周易稗疏四卷　（清）王夫之撰　清同治四年（1865）湘鄉曾氏金陵節署刻船山遺書本　一册

110000－0144－0003259　12604
杜詩選讀六卷　（清）何化南　（清）朱煜注　清乾隆二十四年（1759）逸園刻本　四册

110000－0144－0003260　12616
金石萃編一百六十卷　（清）王昶撰　清嘉慶十年（1805）經訓堂刻本　六十四册

110000－0144－0003261　12617
北堂書鈔一百六十卷　（唐）虞世南撰　（清）孔廣陶校注　清光緒十四年（1888）南海孔氏三十有三萬卷堂刻本　二十册

110000－0144－0003262　12619
七克七卷　（西班牙）龐迪我撰　清嘉慶三年（1798）京都始胎大堂刻本　四册

110000－0144－0003263　12682
欽定剿平捻匪方略三百二十卷首一卷　（清）奕訢等纂　清同治十一年（1872）鉛印本　三百二十一册

110000－0144－0003264　12683
欽定剿平粵匪方略四百二十卷首二卷　（清）奕訢等纂　清同治十一年（1872）鉛印本　四百二十二册

110000－0144－0003265　12684
欽定平定雲南回匪方略五十卷　（清）奕訢等纂　清光緒二十二年（1896）鉛印本　五十一册

110000－0144－0003266　12685
欽定平定貴州苗匪紀略四十卷　（清）奕訢纂修　清光緒二十二年（1896）鉛印本　四十册

110000－0144－0003267　12686
欽定平定陝甘新疆回匪方略三百二十卷（清）奕訢等纂　清光緒二十二年（1896）鉛印本　三百二十二册

110000－0144－0003268　12698
五燈會元二十卷　（宋）釋普濟撰　清光緒三十二年（1906）貴池劉氏玉海堂刻玉海堂景宋叢書本　十二册

110000－0144－0003269　12701
石林遺書　（宋）葉夢得撰　葉德輝輯　清光緒、宣統間葉氏觀古堂刻本　十四册

110000－0144－0003270　12706
子史精華一百六十卷　（清）允祿等纂　清光緒十五年（1889）蜚英館石印本　八册

110000－0144－0003271　12708
春融堂集六十八卷雜記八種　（清）王昶撰
述庵先生[王昶]年譜二卷　（清）嚴榮編　清光緒十八年（1892）刻本　二十四册

110000－0144－0003272　12710
[乾隆]淳化縣志三十卷　（清）萬廷樹修（清）洪亮吉撰　清乾隆四十九年（1784）淳化縣署刻本　四册

110000－0144－0003273　12712
山帶閣集三十三卷附録一卷　（明）朱曰藩撰　清道光十五年（1835）宜禄堂刻本　十六册

110000－0144－0003274　12725
行水金鑑一百七十五卷首一卷　（清）傅澤洪撰　清雍正三年（1725）淮揚官舍刻本　三十

六册

110000－0144－0003275　12726
徐霞客遊記十卷　(明)徐宏祖撰　**外編一卷補編一卷**　(清)葉廷甲補編　清光緒七年(1881)瘦影山房木活字印本　十一册

110000－0144－0003276　12727
[乾隆]富順縣志五卷首一卷　(清)段玠總裁　(清)李芝等纂修　清光緒八年(1882)富順縣釜江書社刻本　五册

110000－0144－0003277　12729
法苑珠林一百卷　(唐)釋道世撰　清道光七年(1827)燕園蔣氏刻本　三十三册

110000－0144－0003278　12731
蘇許公文集二十三卷首一卷　(唐)蘇瓌撰　清道光二十三年(1843)蘇廷玉刻本　四册

110000－0144－0003279　12738
欽定全唐文姓氏韻編一卷　(清)董誥等纂　清嘉慶刻本　一册

110000－0144－0003280　12740
關聖帝君全書六卷　(清)盧湛彙輯　清刻本　二册

110000－0144－0003281　12747
校刊資治通鑑全書三百九十八卷敘錄三卷　(宋)司馬光撰集　(元)胡三省音註　(清)胡元常輯並審校　清光緒十七年(1891)長沙胡元常刻本　一百二十册

110000－0144－0003282　12836
雙楳景闇叢書　葉德輝輯　清光緒、宣統間長沙葉氏郎園刻本　六册

110000－0144－0003283　12933
建炎以來繫年要錄二百卷　(宋)李心傳撰　清光緒五年(1879)仁壽蕭氏刻本　六十册

110000－0144－0003284　12934
煙嶼樓文集三十五卷詩集十八卷　(清)徐時棟撰　**重刻游杭合集一卷**　(清)徐元第　(清)徐時棟撰　清光緒元年(1875)葛祥熊刻本　十二册

110000－0144－0003285　12979
瀛奎律髓刊誤四十九卷　(元)方回輯　(清)紀昀批點　清嘉慶五年(1800)李光垣刻本　十二册

110000－0144－0003286　12981
詩人玉屑二十卷　(宋)魏慶之撰　清古松堂刻本　十册

110000－0144－0003287　12982
唐尚書省郎官石柱題名考二十六卷附錄一卷　(清)勞格　(清)趙鉞撰　清光緒十二年(1886)月河精舍刻本　十二册

110000－0144－0003288　12988
武夷新集二十卷楊文公逸詩文一卷梅莊遺草六卷春秋四傳私考二卷　(宋)楊億撰　清嘉慶十六年(1811)祝氏留看室刻蒲城遺書本　十二册

110000－0144－0003289　12990
欽定協紀辨方書三十六卷　(清)李廷耀　(清)允祿纂　清末刻本　二十四册

110000－0144－0003290　12992
曝書亭集詩註二十二卷　(清)朱彝尊著　(清)楊謙註　**年譜一卷**　(清)楊謙纂　清乾隆木山閣刻本　八册

110000－0144－0003291　13294
史目表一卷　(清)洪飴孫編　清光緒二十五年(1899)京都官書局石印本　一册

110000－0144－0003292　13327
武林往哲遺著五十種附刻二種　(清)丁丙輯　清光緒嘉惠堂丁氏刻本　六十四册

110000－0144－0003293　13328
武林往哲遺著後編十種　(清)丁丙輯　清光緒嘉惠堂丁氏刻本　三十二册

110000－0144－0003294　13329
[同治]湖州府志九十六卷首一卷　(清)宗源瀚修　(清)周學濬纂　清同治十三年(1874)湖州愛山書院刻本　四十册

110000－0144－0003295　13331

古棠書屋叢書 （清）孫澍輯 清道光孫氏刻本 三十二册

110000－0144－0003296 13333

籀書内篇二卷外篇二卷續篇四卷附無盡證詞一卷 （清）曹金籀撰 清同治八年(1869)刻本 四册

110000－0144－0003297 13336

[嘉慶]重修揚州府志七十二卷首一卷 （清）阿克當阿修 （清）姚文田 （清）江藩等纂 清嘉慶十五年(1810)刻本 四十八册

110000－0144－0003298 13339

滄溟先生集三十卷附録一卷 （明）李攀龍撰 清道光二十七年(1847)景福堂刻本 八册

110000－0144－0003299 13342

[同治]桂陽直隸州志二十七卷首一卷 （清）汪斆灝修 王闓運纂 清同治七年(1868)桂陽州署刻本 十三册

110000－0144－0003300 13343

洋防輯要二十四卷 （清）嚴如熤輯 清道光刻本 十二册

110000－0144－0003301 13351

[同治]續纂揚州府志二十四卷 （清）英傑修 （清）晏端書纂 清同治十三年(1874)刻本 八册

110000－0144－0003302 13356

周益國文忠公集二百卷首一卷附録五卷 （宋）周必大撰 清光緒二十五年(1899)刻本 四十册

110000－0144－0003303 13361

[淳熙]新安志十卷附録一卷 （宋）羅願撰 清光緒十四年(1888)李宗煝刻本 四册

110000－0144－0003304 13365

七克七卷 （西班牙）龐迪我撰 清嘉慶三年(1798)京都始胎大堂刻本 四册

110000－0144－0003305 13749

重編義勇武安王集八卷附録二卷 （清）錢謙益增輯 清康熙八年(1669)顧湄刻本 二册

110000－0144－0003306 13750

京口掌故叢編初集六種 陶駿保編 清光緒三十四年(1908)北京丹徒陶氏刻本 二册

110000－0144－0003307 14051

意園文略二卷 （清）盛昱撰 楊鍾義編 清宣統二年(1910)江寧刻本 劉之泗題記 一册

110000－0144－0003308 14060

輕世金書四卷 （葡萄牙）陽瑪諾譯 清道光二十八年(1848)刻本 一册

110000－0144－0003309 14088

蜀道驛程考略一卷 （清）胡薇元撰 清光緒九年(1883)刻本 一册

110000－0144－0003310 14107

西畺交涉志要六卷 （清）鍾鏞撰 金梁校訂 清宣統三年(1911)鉛印本 一册

110000－0144－0003311 14116

征西紀略四卷 （清）曾毓瑜撰 清光緒二十年(1894)京師官書局鉛印本 一册

110000－0144－0003312 14122

籌藏芻議一卷 姚錫光編 清光緒三十四年(1908)鉛印本 一册

110000－0144－0003313 14138

張家口至烏里雅蘇台竹枝詞一卷 （清）志鋭撰 清末石印本 一册

110000－0144－0003314 14143

西北邊界圖地名譯漢考證二卷 （清）許景澄撰 清光緒刻本 一册

110000－0144－0003315 14145

徵訪明季遺書目 劉世瑗編 清宣統二年(1910)鉛印本 一册

110000－0144－0003316 14184

通典二百卷 （唐）杜佑撰 清咸豐九年(1859)崇仁謝氏刻本 四十册

110000－0144－0003317 14185

通志二百卷 （宋）鄭樵撰 清咸豐九年(1859)崇仁謝氏刻本 一百六十册

110000－0144－0003318　14186

文獻通考三百四十八卷　（元）馬端臨撰　清咸豐九年（1859）崇仁謝氏刻本　一百二十册

110000－0144－0003319　18011

仰視千七百二十九鶴齋叢書　（清）趙之謙輯　清光緒六年（1880）會稽趙氏刻本　三十六册

110000－0144－0003320　18012

宋元四明六志六種附二種　（清）徐時棟輯　清咸豐四年（1854）甬上煙嶼樓徐氏刻光緒五年（1879）印本　四十册

110000－0144－0003321　18013

太史升菴全集八十一卷　（明）楊慎撰　清乾隆六十年（1795）養拙山房刻本　三十二册

110000－0144－0003322　18014

升菴外集一百卷　（明）楊慎撰　（明）焦竑編　清道光二十四年（1844）桂湖刻本　三十二册

110000－0144－0003323　18016

湖南文徵一百九十卷姓氏傳四卷目錄六卷　（清）羅汝懷編　清同治十年（1871）刻本　一百册

110000－0144－0003324　18017

中復堂全集十種九十八卷　（清）姚瑩撰　清同治六年（1867）桐城姚濬昌安福縣署刻本　四十册

110000－0144－0003325　18018

荔牆叢刻十三種　（清）汪曰楨輯　清同治六年至光緒四年（1867－1878）烏程汪氏會稽學署刻本　十六册

110000－0144－0003326　18025

經學輯要二十四卷　（清）吳潁炎輯　清光緒十四年（1888）上海點石齋石印本　三十二册

110000－0144－0003327　18026

白茅堂集四十六卷　（清）顧景星撰　**耳提錄一卷**　（清）顧昌撰　清康熙四十三年（1704）曹寅刻光緒二十八年（1902）後印本　二十册

110000－0144－0003328　18027

苗氏說文四種　（清）苗夔撰　清咸豐元年（1851）刻本　四册

110000－0144－0003329　18029

光緒政要三十四卷　（清）沈桐生輯　清宣統元年（1909）上海崇義堂石印本　三十册

110000－0144－0003330　18030

八旗滿洲氏族通譜八十卷目錄二卷　（清）鄂爾泰等纂修　清乾隆刻本　二十六册

110000－0144－0003331　18032

風雨樓叢書三十五種　鄧實輯　清宣統順德鄧氏鉛印本　五十四册

110000－0144－0003332　18033

楊園先生全集五十四卷年譜一卷　（清）張履祥撰　清同治十年（1871）江蘇書局刻本　十六册

110000－0144－0003333　18034

庸庵全集十種　（清）薛福成撰　清光緒十年至二十四年（1884－1898）無錫薛氏刻本　四十四册

110000－0144－0003334　18039

蜚雲閣淩氏叢書六種　（清）淩曙撰　清道光蜚雲閣刻本　十二册

110000－0144－0003335　18042

東洲草堂文鈔二十卷　（清）何紹基撰　**眠琴閣遺文一卷眠琴閣遺詩二卷**　（清）何慶涵撰　**浣月樓遺詩二卷**　（清）李楣撰　清光緒刻本　六册

110000－0144－0003336　18043

道鄉公文集四十卷補遺一卷年譜一卷　（宋）鄒浩撰　清光緒八年（1882）蘇州竇華山房刻本　十二册

110000－0144－0003337　18044

文選樓叢書二十六種　（清）阮亨輯　清道光儀徵阮氏刻本　七十八册

110000－0144－0003338　18046

朱文端公遺書十三種　（清）朱軾輯　清光緒

二十三年(1897)朱衡刻本　八十冊

110000－0144－0003339　18048
清芬閣集十二卷　(清)朱采撰　清光緒三十四年(1908)刻本　八冊

110000－0144－0003340　18049
徐位山六種　(清)徐文靖撰　清光緒二年(1876)刻本　二十四冊

110000－0144－0003341　18050
退菴金石書畫題跋二十卷　(清)梁章鉅撰　清道光二十五年(1845)刻本　八冊

110000－0144－0003342　18051
武陵山人遺書(顧氏遺書)十二種　(清)顧觀光撰　清光緒九年(1883)刻本　六冊

110000－0144－0003343　18055
東三省蒙務公牘彙編四卷附篇一卷　朱啟鈐編　清宣統元年(1909)鉛印本　三冊

110000－0144－0003344　18058
唐文續拾十六卷　(清)陸心源輯　清光緒刻潛園叢書本　六冊

110000－0144－0003345　18061
露桐先生[李殿圖]年譜前編四卷續編三卷　(清)錢景星編　清刻本　六冊

110000－0144－0003346　18063
藝風堂金石文字目十八卷　繆荃孫編　清光緒三十二年(1906)刻本　八冊

110000－0144－0003347　18072
俄游彙編八卷　(清)繆祐孫纂　清光緒二十四年(1898)上海書局石印本　六冊

110000－0144－0003348　18073
讀史兵略續編十卷　(清)胡林翼撰　清光緒二十六年(1900)上海圖書集成印書局石印本　五冊

110000－0144－0003349　18074
駐粵八旗志二十四卷首一卷　(清)長善纂　清光緒五年(1879)廣州翰文堂刻本　十六冊

110000－0144－0003350　18080
[光緒]寧海縣志二十四卷首一卷　(清)王瑞成　(清)程雲驤修　(清)張濬等纂　清光緒二十八年(1902)刻本　十六冊

110000－0144－0003351　18083
劉武慎公遺書奏稿十六卷稟牘四卷尺牘二卷劄諭營規二卷年譜三卷　(清)劉長佑撰　清光緒二十六年(1900)鉛印本　二十八冊

110000－0144－0003352　18085
讀史兵略四十六卷　(清)胡林翼撰　清咸豐十一年(1861)武昌節署刻本　十六冊

110000－0144－0003353　18088
清涼山志十卷　(明)釋鎮澄纂　清乾隆二十年(1755)淮陰釋聚用刻光緒十三年(1887)山西五臺增刻本　四冊

110000－0144－0003354　18090
釋氏稽古略四卷續集三卷　(元)釋覺岸輯　清光緒十二年(1886)刻本　五冊

110000－0144－0003355　18091
五代史記纂誤續補六卷　(清)吳光耀撰　清光緒十四年(1888)江夏吳氏刻本　四冊

110000－0144－0003356　18096
四史發伏十卷　(清)洪亮吉撰　清光緒八年(1882)小石山房刻本　二冊

110000－0144－0003357　18099
枝山文集四卷　(明)祝允明撰　清同治十三年(1874)元和祝氏刻本　四冊

110000－0144－0003358　18103
爾爾書屋文鈔二卷　(清)史夢蘭撰　清光緒十七年(1891)刻本　四冊

110000－0144－0003359　18105
思補齋文集四卷　(清)劉星煒撰　清光緒二十年(1894)劉書甲刻本　四冊

110000－0144－0003360　18106
往生錄四卷　(清)□□撰　清刻本　二冊

110000－0144－0003361　18109
振綺堂遺書　(清)汪遠孫撰　清道光二十六年(1846)錢塘汪氏振綺堂刻本　二十四冊

110000－0144－0003362　18111
學壽堂叢書十二種　徐紹楨輯　清光緒二十五年(1899)番禺徐氏刻本　二十冊

110000－0144－0003363　18114
讀史方輿紀要歷代州域形勢九卷附統論歷朝形勢一卷　(清)顧祖禹撰　清嘉慶十年(1805)友蘭堂刻本　八冊

110000－0144－0003364　18115
明辨齋叢書　(清)余肇鈞輯　清咸豐、同治間長沙余氏刻本　八冊

110000－0144－0003365　18117
楚中文筆二卷　(清)阮元撰　(清)阮福編輯　**附錄一卷**　(清)阮福編輯　清同治四年(1865)刻本　二冊

110000－0144－0003366　18122
穰梨館過眼錄四十卷續錄十六卷　(清)陸心源編　清光緒十七年(1891)吳興陸氏刻本　二十冊

110000－0144－0003367　18123
海嶽軒叢刻九種　(清)杜元穆撰　清光緒三十三年(1907)蘇省刷印總局鉛印本　八冊

110000－0144－0003368　18125
艮齋先生薛常州浪語集三十五卷　(宋)薛季宣撰　清同治十年(1871)金陵書局刻本　六冊

110000－0144－0003369　18127
勘定新疆記八卷　(清)魏光燾撰　清光緒二十五年(1899)鉛印本　二冊

110000－0144－0003370　18129
二十四史　(清)□□輯　清光緒十年(1884)上海同文書局石印本　七百九冊

110000－0144－0003371　18132
平定關隴紀略十三卷　(清)易孔昭輯　清光緒十三年(1887)湘鄉楊昌濬刻本　十二冊

110000－0144－0003372　18133
石渠餘紀六卷　(清)王慶雲撰　清刻本　六冊

110000－0144－0003373　18136
漸學廬叢書　(清)胡祥鑅輯　清光緒二十三年(1897)元和胡氏石印本　十一冊

110000－0144－0003374　18140
國朝事略八卷　(清)江楚編譯官書局編輯　清光緒三十二年(1906)江楚編譯官書局石印本　四冊

110000－0144－0003375　18141
雙峯猥稿九卷首一卷末一卷　(宋)蘇邦佐撰　清道光二十九年(1849)刻本　四冊

110000－0144－0003376　18157
湘軍記二十卷　(清)王定安撰　清光緒十五年(1889)江南書局刻本　十二冊

110000－0144－0003377　18158
豫軍紀略十二卷　(清)尹耕雲　(清)李汝鈞纂　清同治十一年(1872)刻本　十二冊

110000－0144－0003378　18159
荒政輯要九卷救荒補遺書二卷　(清)汪志伊纂　清同治八年(1869)崇文書局刻本　四冊

110000－0144－0003379　18161
對雨樓叢書五種　繆荃孫輯　清光緒江陰繆氏刻本　八冊

110000－0144－0003380　18164
重校困學紀聞集證二十卷　(清)陳嵩慶輯　清道光二年(1822)近聖堂刻本　十二冊

110000－0144－0003381　18166
望雲寄廬讀史記臆說五卷瑞芝室家傳一卷百子辨正二卷　(清)楊琪光撰　清光緒十年(1884)刻本　三冊

110000－0144－0003382　18168
竹書紀年集注二卷　(清)陳詩集注　清嘉慶六年(1801)蘄州陳氏家塾刻本　二冊

110000－0144－0003383　18170
玉津閣叢書甲集十七種　(清)胡薇元撰　清光緒刻本　十三冊

110000－0144－0003384　18171
康熙政要二十四卷　章梫纂　清宣統三年

(1911)鉛印本　十二冊

110000－0144－0003385　18173
鄱陽集四卷拾遺一卷松漠紀聞一卷續一卷補遺一卷考異一卷　(宋)洪皓撰　清同治九年(1870)三瑞堂刻本　二冊

110000－0144－0003386　18175
歷代詩家五十六卷　(清)范士楫　(清)戴名說輯　清順治十三年(1656)毛氏汲古閣刻本　八冊

110000－0144－0003387　18176
楚國文憲公雪樓程先生文集三十卷附錄一卷　(元)程鉅夫撰　清宣統二年至民國十四年(1910－1925)陽湖陶氏涉園刻本　十冊

110000－0144－0003388　18179
胡文忠公政書十四卷　(清)胡林翼撰　清光緒二十五年(1899)湖南糧儲道署刻本　十六冊

110000－0144－0003389　18181
蘇魏公文集七十二卷首一卷　(宋)蘇頌撰　清道光二十二年(1842)蘇廷玉刻本　十冊

110000－0144－0003390　18182
龍莊遺書四種　(清)汪輝祖撰　清同治元年(1862)江蘇書局刻本　六冊

110000－0144－0003391　18184
金源紀事詩八卷　(清)湯運泰撰　清嘉慶十八年(1813)綠籤山房刻本　四冊

110000－0144－0003392　18185
白華絳柎閣詩十卷　(清)李慈銘撰　清光緒十六年(1890)刻越縵堂集本　二冊

110000－0144－0003393　18186
洛陽伽藍記五卷　(北魏)楊衒之撰　**集證一卷**　(清)吳若準撰　清光緒二十年(1894)說劍齋刻本　一冊

110000－0144－0003394　18188
周松靄先生遺書八種　(清)周春撰　清嘉慶刻本　八冊

110000－0144－0003395　18189
虛受堂文集十六卷　王先謙撰　清光緒二十六年(1900)平江蘇輿刻本　六冊

110000－0144－0003396　18191
資治通鑑地理今釋十六卷　(清)吳熙載撰　清光緒八年(1882)江蘇書局刻本　三冊

110000－0144－0003397　18195
乖崖先生文集十二卷　(宋)張詠撰　清光緒八年(1882)獨山莫氏刻本　二冊

110000－0144－0003398　18198
頻羅庵遺集十六卷　(清)梁同書撰　清嘉慶二十二年(1817)刻本　五冊

110000－0144－0003399　18199
屏山全集二十卷　(宋)劉子翬撰　清道光十八年(1838)溫陵李氏刻本　六冊

110000－0144－0003400　18201
勝朝遺事初編三十二種二編十八種　(清)吳彌光輯　清道光二十二年(1842)刻本　三十二冊

110000－0144－0003401　18202
紛欣閣叢書十四種　(清)周心如輯　清道光浦江周氏刻本　二十四冊

110000－0144－0003402　18203
何文肅公文集三十四卷外集一卷　(明)何喬新撰　清康熙三十三年(1694)傳經堂刻本　十四冊

110000－0144－0003403　18204
靳文襄公奏疏八卷　(清)靳輔撰　清刻本　八冊

110000－0144－0003404　18205
當歸草堂叢書八種　(清)丁丙輯　清同治二年至五年(1863－1866)錢塘丁氏刻本　八冊

110000－0144－0003405　18209
學古齋金石叢書四集十二種　(清)董金南輯　清光緒會稽董氏刻本　二十四冊

110000－0144－0003406　18211
曼陀羅華閣叢書十六種一百四十六卷　(清)杜文瀾輯　清光緒十八年(1892)席氏掃葉山

房刻本　四十冊

110000－0144－0003407　18213
何大復先生集三十八卷附錄一卷　（明）何景明撰　清乾隆十五年（1750）世守堂刻本　八冊

110000－0144－0003408　18216
治經堂集二十卷外集四卷　（清）朱錦琮撰　清道光十六年（1836）朱錦琮刻本　九冊

110000－0144－0003409　18219
六如居士全集七卷　（明）唐寅撰　清刻本　八冊

110000－0144－0003410　18222
景文堂五種　（清）戚學標撰　清嘉慶刻本　十二冊

110000－0144－0003411　18223
［乾隆］紹興府志八十卷　（清）李亨特修　（清）平恕纂　清乾隆五十七年（1792）刻本　四十六冊

110000－0144－0003412　18227
續資治通鑑二百二十卷　（清）畢沅撰　清光緒十四年（1888）上海蜚英館石印本　二十冊

110000－0144－0003413　18227
資治通鑑二百九十四卷目錄三十卷　（宋）司馬光撰　清光緒十四年（1888）上海蜚英館石印本　四十冊

110000－0144－0003414　18228
柳河東全集五十卷　（唐）柳宗元撰　（明）蔣之翹輯注　清道光十九年（1839）柳州楊廷理雙梧居刻本　二十冊

110000－0144－0003415　18229
皇朝文典七十四卷　（清）李兆洛編　清嘉慶二十年（1815）李淦恭刻本　二十四冊

110000－0144－0003416　18231
紅蕉山館詩鈔十卷續鈔二卷　（清）喻文鏊撰　清嘉慶九年至道光三年（1804－1823）刻本　四冊

110000－0144－0003417　18236
史記測義一百三十卷　（明）徐孚遠撰　明崇禎十三年（1640）聚錦堂刻本　三十二冊

110000－0144－0003418　18240
粵十三家集　（清）伍元薇輯　清道光二十年（1840）南海伍氏詩雪軒刻本　四十冊

110000－0144－0003419　18245
陸子全書五種　（清）陸隴其撰　清同治七年（1868）伍林薇署刻本　八冊

110000－0144－0003420　18249
宋元以來畫人姓氏錄三十六卷首一卷　（清）魯駿輯　清道光十年（1830）會稽魯氏刻本　十六冊

110000－0144－0003421　18255
讀書堂叢刻　（清）簡朝亮撰　清光緒三十三年至宣統三年（1907－1911）刻本　四十二冊

110000－0144－0003422　18318
抗希堂十六種　（清）方苞撰　清康熙至嘉慶桐城方氏抗希堂刻本　四十八冊

110000－0144－0003423　18320
陶文毅公全書六十四卷首一卷末一卷　（清）陶澍撰　清道光二十年（1840）淮北士民刻本　三十冊

110000－0144－0003424　18321
率祖堂叢書　（宋）金履祥撰　清雍正至乾隆浙江金華藕堂賢祠義學刻本　三十冊

110000－0144－0003425　18323
辨僞一得二十卷　（清）吳巨禮撰　清道光七年（1827）刻本　六冊

110000－0144－0003426　18324
說文經斠十三卷補遺一卷正俗一卷　（清）楊廷瑞撰　清光緒十七年（1891）刻本　二冊

110000－0144－0003427　18332
端溪叢書十一種　梁鼎芬等輯　清光緒端溪書院刻本　八冊

110000－0144－0003428　18333
黄忠端公遺集四種　（明）黄尊素撰　清光緒

十三年(1887)姚江黄氏刻本　八册

110000－0144－0003429　18335

北溪先生全集五十卷外集一卷字義二卷　(宋)陳淳撰　清光緒七年(1881)種香别業刻本　十册

110000－0144－0003430　18336

雙雲堂傳集五種　(清)范從律等撰　清光緒十年至十二年(1884－1886)范氏刻本　六册

110000－0144－0003431　18341

歷代石經略二卷　(清)桂馥撰　清光緒九年(1883)刻本　一册

110000－0144－0003432　18343

建文[朱允炆]年譜四卷　(明)趙士喆撰　清道光二十九年(1849)木活字印本　一册

110000－0144－0003433　18344

張文貞公集十二卷　(清)張玉書撰　**年譜一卷**　丁傳靖編　清光緒二十七年(1901)木活字印本　十三册

110000－0144－0003434　18345

影山草堂六種　(清)莫友芝　(清)莫與儔撰　清同治五年(1866)刻本　十二册

110000－0144－0003435　18346

增訂南詔野史二卷　(明)楊慎編輯　(清)胡蔚訂正　清光緒六年(1880)雲南書局刻本　二册

110000－0144－0003436　18348

西疆雜述詩四卷　(清)蕭雄撰　清光緒十八年(1892)鉛印本　四册

110000－0144－0003437　18352

辛卯侍行記六卷　陶保廉撰　清光緒二十三年(1897)養樹山房刻本　六册

110000－0144－0003438　18355

懷潞園叢刊十三種　(清)李嘉績輯　清光緒潞河李氏刻本　二册

110000－0144－0003439　18356

漢關侯事蹟彙編八卷附録四卷　(清)萬之蘅　(清)吴寶彝纂　清刻本　四册

110000－0144－0003440　18358

鮚埼亭詩集十卷　(清)全祖望撰　清光緒十六年(1890)慈谿童氏大韻山館刻本　四册

110000－0144－0003441　18363

禮書一百五十卷　(宋)陳祥道撰　清光緒二年(1876)菊坡精舍刻本　十四册

110000－0144－0003442　18364

樂書二百卷　(宋)陳暘撰　清光緒二年(1876)菊坡精舍刻本　十八册

110000－0144－0003443　18365

禮書一百五十卷　(宋)陳祥道撰　清嘉慶九年(1804)郭氏校經堂刻本　二十四册

110000－0144－0003444　18366

挹秀山房叢書十九種　(清)朱克敬編　清光緒十年(1884)湘南刻本　十九册

110000－0144－0003445　18452

湯文正公遺書　(清)湯斌撰　清乾隆六年(1741)樹德堂刻本　三十六册

110000－0144－0003446　18453

槐廳載筆二十卷清祕述聞十六卷　(清)法式善撰　清嘉慶四年(1799)刻本　十二册

110000－0144－0003447　18454

水經注釋地四十卷水道直指一卷補遺二卷　(清)張匡學撰　清嘉慶二年(1797)上池書屋刻本　十六册

110000－0144－0003448　18456

梅村家藏藁五十八卷補遺一卷　(清)吴偉業撰　**梅村先生年譜四卷世系一卷**　(清)顧師軾撰　清宣統三年(1911)武進董氏刻本　八册

110000－0144－0003449　18457

夢廠雜著十卷　(清)俞蛟撰　清同治九年(1870)刻本　四册

110000－0144－0003450　18458

垂老讀書廬詩草二卷　(清)黄定齋撰　清光緒四年(1878)四明黄氏刻本　二册

110000－0144－0003451　18459

拳匪紀事六卷 (日本)佐原篤介 (清)浙西漚隱輯 清光緒二十七年(1901)鉛印本 六冊

110000－0144－0003452 18461

石遺室詩集十卷補遺一卷朱絲詞一卷文集十二卷木庵文稿一卷文續集一卷文三集一卷 陳衍撰 清光緒三十一年(1905)刻本 八冊

110000－0144－0003453 18468

清頌堂叢書八種 (清)黄奭輯 清道光二十年(1840)甘泉黄氏刻本 二十冊

110000－0144－0003454 18470

三省邊防備覽十四卷 (清)嚴如煜輯 清光緒八年(1882)刻本 八冊

110000－0144－0003455 18471

苗防備覽二十二卷 (清)嚴如熤輯 清道光二十三年(1843)刻本 八冊

110000－0144－0003456 18477

林文忠公政書三十七卷 (清)林則徐撰 清光緒十一年(1885)林氏刻本 十六冊

110000－0144－0003457 18480

海鹽張氏涉園叢刻八種 張元濟輯 清宣統三年(1911)海鹽張氏鉛印本 八冊

110000－0144－0003458 18483

常山貞石志二十四卷 (清)沈濤撰 清光緒二十年(1894)靈溪精舍刻本 十冊

110000－0144－0003459 18484

苗防備覽二十二卷 (清)嚴如熤輯 清道光二十三年(1843)刻本 八冊

110000－0144－0003460 18485

修本堂叢書十種 (清)林伯桐撰 清道光二十四年(1844)番禺林氏刻本 十三冊

110000－0144－0003461 18562

寂園叢書十二種 (清)陳瀏撰輯 清宣統鉛印本 二十冊

110000－0144－0003462 18563

道咸同光四朝詩史甲集八卷乙集八卷首二卷 孫雄輯 清宣統二年至三年(1910－1911)刻本 十八冊

110000－0144－0003463 18568

[雍正]寧波府志三十六卷首一卷 (清)曹秉仁等纂修 (清)萬經等參定 清道光二十六年(1846)寧波府署刻本 十六冊

110000－0144－0003464 18571

明臣奏議十二卷首一卷 (清)孫桐生輯 清光緒十七年(1891)刻本 六冊

110000－0144－0003465 18573

閱微草堂筆記二十四卷 (清)紀昀撰 清嘉慶五年(1800)北平盛氏刻本 六冊

110000－0144－0003466 18574

韓昌黎詩集編年箋注十二卷 (清)方世舉撰 清乾隆二十三年(1758)春及堂刻本 十二冊

110000－0144－0003467 18577

國朝名家詩鈔小傳四卷 (清)鄭方坤撰 清光緒十二年(1886)萬山草堂刻本 二冊

110000－0144－0003468 18579

羊城古鈔八卷首一卷 (清)仇池石纂 清嘉慶十一年(1806)聽松閣刻本 十二冊

110000－0144－0003469 18581

五代史校勘札記七十四卷 (清)劉光蕡等撰 清光緒十七年(1891)陝甘味經刊書處刻本 四冊

110000－0144－0003470 18582

篆學瑣著三十種 (清)顧湘編 清道光二十年(1840)海虞顧氏刻本 八冊

110000－0144－0003471 18583

[光緒]直隸絳州志二十卷首一卷 (清)李煥揚修 (清)張於鑄纂 清光緒五年(1879)刻本 十冊

110000－0144－0003472 18587

安陽縣金石錄十二卷補遺一卷 (清)武億撰 清嘉慶二十四年(1819)鐵岭貴泰刻本 四冊

110000－0144－0003473 18591

農政全書六十卷 (明)徐光啟纂 清道光二十三年(1843)刻本 二十四册

110000 - 0144 - 0003474 18608
欽定熙朝雅頌集一百六卷首集二十六卷餘集二卷 (清)鐵保等奉勅輯 清嘉慶九年(1804)刻本 四十册

110000 - 0144 - 0003475 18609
論摺彙存二十二卷(清光緒元年至二十七年) (清)□□編 清光緒二十九年(1903)上海慎記書莊石印本 二十四册

110000 - 0144 - 0003476 18615
史記一百三十卷 (漢)司馬遷撰 (南朝宋)裴駰集解 (唐)司馬貞索隱 (唐)張守節正義 清光緒三十四年(1908)上海圖書集成印書局石印本 十六册

110000 - 0144 - 0003477 18616
前漢書一百二十卷 (漢)班固撰 (唐)顏師古注 清光緒三十四年(1908)上海圖書集成印書局鉛印本 二十册

110000 - 0144 - 0003478 18617
後漢書一百二十卷 (南朝宋)范曄 (晉)司馬彪撰 (唐)李賢 (唐)劉昭注 清光緒三十四年(1908)上海圖書集成印書局刻本 十六册

110000 - 0144 - 0003479 18618
三國志六十五卷 (晉)陳壽撰 (南朝宋)裴松之注 清光緒三十四年(1908)上海圖書集成印書局鉛本 八册

110000 - 0144 - 0003480 18637
漢史斷六卷 (清)黃恩彤撰 清末刻本 一册

110000 - 0144 - 0003481 18638
三國書法十卷 (清)黃恩彤撰 清咸豐七年(1857)刻本 一册

110000 - 0144 - 0003482 18659
史學叢書四十三種 (清)□□輯 清光緒二十五年(1899)文瀾書局石印本 三十二册

110000 - 0144 - 0003483 18661
法曇衷禪師語錄一卷 (清)釋法曇撰 **隆禧容宇貴禪師語錄一卷** (明)釋容宇撰 清康熙二十九年(1690)刻本 三册

110000 - 0144 - 0003484 18665
新鐫玉茗堂批評按鑑參補南宋志傳十卷新鐫玉茗堂批點按鑑參補楊家將傳十卷 (明)研石山樵訂正 (明)織里畸人校閱 (明)玉茗主人批 清體元堂刻本 八册

110000 - 0144 - 0003485 18666
潘方伯公遺稿六卷 (清)潘駿文撰 清光緒二十二年(1896)涇縣潘氏刻本 六册

110000 - 0144 - 0003486 18667
夢東禪師遺集二卷 (清)釋際醒撰 清嘉慶二十二年(1817)了亮刻本 二册

110000 - 0144 - 0003487 18669
千山詩集二十卷首一卷補遺一卷 (清)釋函可撰 清道光刻本 四册

110000 - 0144 - 0003488 18672
覺源語錄二卷續編一卷 (唐)呂嵒撰 清嘉慶六年(1801)刻本 三册

110000 - 0144 - 0003489 18694
平湖顧氏遺書五種 (清)顧廣譽撰 清光緒三年(1877)刻本 十四册

110000 - 0144 - 0003490 18927
國朝文述八卷 (清)王鋆編 清道光二十二年(1842)刻本 十二册

110000 - 0144 - 0003491 18932
寒松閣老人集二十三卷 (清)張鳴珂撰 清光緒十年至三十年(1884 - 1904)刻本 八册

110000 - 0144 - 0003492 18933
古篆古義一卷古篆筆勢論一卷 (清)蔣和撰 清嘉慶二年(1797)刻本 一册

110000 - 0144 - 0003493 18934
象形字譜一卷 (清)蔣和撰 清嘉慶元年(1796)刻本 一册

110000 - 0144 - 0003494 18935

松陵文錄二十四卷 (清)淩淦輯 清同治十三年(1874)刻本 十二冊

110000－0144－0003495 19320

宗室王公世職章京爵秩襲次全表十卷 (清)牟其汶編 清光緒三十二年(1906)石印本 十冊

110000－0144－0003496 19334

最新支那小說十六回 (清)落魄道人撰 清光緒十九年(1893)上海文宜書局刻本 四冊

110000－0144－0003497 19369

東周列國志二十七卷首一卷 (清)蔡元放評點 清光緒十六年(1890)上海點石齋石印本 八冊

110000－0144－0003498 19407

兒女英雄傳評話四十回 (清)文康撰 清光緒四年(1878)京都聚珍堂木活字印本 二十冊

110000－0144－0003499 19413

濟顛大師醉菩提全傳八卷二十回 (清)西湖墨浪子撰 清光緒六年(1880)京都老二酉堂刻本 六冊

110000－0144－0003500 19626

中外通商始末記二十卷 (清)王之春撰 清光緒二十一年(1895)寶善書局石印本 六冊

110000－0144－0003501 19627

南江邵氏遺書三種 (清)邵晉涵撰 清嘉慶八年(1803)刻本 六冊

110000－0144－0003502 19628

日本書目志十五卷 康有為纂 清光緒上海大同譯書局石印本 八冊

110000－0144－0003503 19631

經史析疑二十四卷 (清)陳蕃纂輯 清嘉慶七年(1802)志道堂刻本 十二冊

110000－0144－0003504 19632

御製律呂正義上編二卷下編二卷續編一卷 (清)允祉撰 清雍正刻本 五冊

110000－0144－0003505 19634

孟子[軻]年譜二卷 (清)曹之升編 清道光九年(1829)來鹿堂刻本 二冊

110000－0144－0003506 19635

重訂徐氏三種 (清)王伯原集纂 (清)王相注 清刻本 三冊

110000－0144－0003507 19637

露桐先生[李殿圖]年譜前編四卷續編二卷 (清)錢景星編 清刻本 六冊

110000－0144－0003508 19642

七克七卷 (西班牙)龐迪我撰 清嘉慶三年(1798)京都始胎大堂刻本 四冊

110000－0144－0003509 19643

中俄約章會要三卷續編一卷 (清)總理衙門編 清光緒八年(1882)同文館鉛印本 四冊

110000－0144－0003510 19645

元朝秘史註十五卷 (清)李文田撰 **元史譯文證補三十卷** (清)洪鈞撰 清光緒二十九年(1903)上海文瑞樓石印本 八冊

110000－0144－0003511 19647

道光己酉科各省選拔同年明經通譜 (清)□□編 清刻本 四冊

110000－0144－0003512 19654

淵雅堂全集六十一卷 (清)王芑孫撰 清嘉慶二十五年(1820)王氏刻本 十八冊

110000－0144－0003513 19655

道光十二年中州同官錄 (清)□□編 清刻本 六冊

110000－0144－0003514 19657

撫郡農產攷略二卷 (清)何剛德撰 清光緒三十三年(1907)江蘇蘇省刷印局鉛印本 二冊

110000－0144－0003515 19658

成均課士錄第九集十六卷 (清)張百熙等輯 清光緒二十三年(1897)國子監刻本 八冊

110000－0144－0003516 19659

海錄不分卷 (清)楊炳南撰 清刻本 四冊

110000－0144－0003517　19660
蒙古遊牧記十六卷　(清)張穆撰　清同治六年(1867)壽陽祁氏刻本　二册

110000－0144－0003518　19661
遊志續編一卷　(明)陶宗儀輯　清同治四年(1865)石印本　二册

110000－0144－0003519　19662
吴中平寇記八卷　(清)錢勖撰　清同治四年(1865)刻本　二册

110000－0144－0003520　19663
駱文忠公奏議二十七卷　(清)駱秉章撰　清光緒四年(1878)刻本　二十四册

110000－0144－0003521　19664
佩蘅詩鈔十二卷　(清)寶鋆撰　清咸豐九年(1859)刻本　四册

110000－0144－0003522　19665
松陵見聞録十卷　(清)王鯤撰　清道光七年(1827)話雨樓刻本　四册

110000－0144－0003523　19667
國朝歷科館選録二卷　(清)沈廷芳輯　清翰林院刻本　二册

110000－0144－0003524　19668
衛藏通志十六卷首一卷　(清)和琳纂　清光緒二十二年(1896)漸西村舍刻本　八册

110000－0144－0003525　19669
王先謙自定年譜三卷　王先謙撰　清光緒三十四年(1908)刻本　三册

110000－0144－0003526　19671
光緒丙子恩科會試同年齒録　(清)□□編　清刻本　四册

110000－0144－0003527　19672
左傳事緯十二卷前書八卷　(清)馬驌編　清刻本　十册

110000－0144－0003528　19674
嘯亭雜録十卷續録二卷　(清)昭槤撰　清末九思堂刻本　十二册

110000－0144－0003529　19676
滇南詩文略　(清)袁文揆輯　(清)張登瀛輯　清光緒二十六年(1900)刻本　四十六册

110000－0144－0003530　19681
北徼彙編六卷　(清)何秋濤編　清同治四年(1865)北京龍威閣刻本　六册

110000－0144－0003531　19682
全蜀藝文志六十四卷　(明)楊慎輯　清嘉慶二十二年(1817)張氏小書捜刻本　二十四册

110000－0144－0003532　19684
海寧鄉賢録一卷附録一卷　(清)許湝祥輯　清光緒刻本　二册

110000－0144－0003533　19696
廣雅碎金四卷附録一卷　(清)張之洞撰　清光緒二十三年(1897)漸西村舍刻本　二册

110000－0144－0003534　19697
宋左丞相陸公全書八卷續編二卷　(宋)陸秀夫撰　(清)王夢熊編　清道光十五年(1835)五柳堂刻本　一册

110000－0144－0003535　19699
金石苑六卷　(清)劉喜海撰　清道光刻本　六册

110000－0144－0003536　20400
[至正]崑山郡志六卷　(元)楊譓纂修　清光緒二十年(1894)石埭徐氏刻觀自得齋叢書本　二册

110000－0144－0003537　25099
英軺日記十二卷　(清)載振撰　清光緒二十九年(1903)上海文明編譯局鉛印本　一册　存三卷(一至三)

110000－0144－0003538　25128
洋務要言十三篇　(清)彭玉麟撰　清光緒二十一年(1895)寶善書局石印本　一册

110000－0144－0003539　25592
普天忠憤集十四卷　(清)孔廣德編　清光緒二十一年(1895)石印本　十二册

110000－0144－0003540　26921

時務分類与國策八卷　李鳳儀編輯　清光緒二十三年(1897)上海書局石印本　十六冊

110000－0144－0003541　010/287.2
目錄餘論　李哲暹撰　清末鉛印本　一冊

110000－0144－0003542　011.1/626
書林揚觶二卷　(清)方東樹撰　清同治十年(1871)望三益齋刻本　二冊

110000－0144－0003543　011.2/504.4
藏書紀事詩七卷　葉昌熾撰　清宣統二年(1910)長沙葉氏刻本　六冊

110000－0144－0003544　011.2/504.4
藏書紀事詩七卷　葉昌熾撰　清宣統二年(1910)長沙葉氏刻本　六冊

110000－0144－0003545　011.2/504.4
藏書紀事詩七卷　葉昌熾撰　清宣統二年(1910)長沙葉氏刻本　六冊

110000－0144－0003546　011.2/504.4
藏書紀事詩七卷　葉昌熾撰　清宣統二年(1910)長沙葉氏刻本　六冊

110000－0144－0003547　011.2/504.4
藏書紀事詩七卷　葉昌熾撰　清宣統二年(1910)長沙葉氏刻本　六冊

110000－0144－0003548　011.2/504.4－02
藏書紀事詩六卷　葉昌熾撰　清光緒二十三年(1897)長沙學使署刻本　六冊

110000－0144－0003549　011.2/504.4－02
藏書紀事詩六卷　葉昌熾撰　清光緒二十三年(1897)長沙學使署刻本　六冊

110000－0144－0003550　011.2/504.4－02
藏書紀事詩六卷　葉昌熾撰　清光緒二十三年(1897)長沙學使署刻本　十二冊

110000－0144－0003551　011.59/285－272
留真譜初編十二卷　楊守敬輯　清光緒二十七年(1901)宜都楊氏刻本　十二冊

110000－0144－0003552　011.59/285－272
留真譜初編十二卷　楊守敬輯　清光緒二十七年(1901)宜都楊氏刻本　十二冊

110000－0144－0003553　011.6/166
士禮居藏書題跋記六卷　(清)黃丕烈撰　(清)潘祖蔭輯　清光緒八年(1882)吳縣潘氏刻本　四冊

110000－0144－0003554　011.6/166
士禮居藏書題跋記六卷　(清)黃丕烈撰　(清)潘祖蔭輯　清光緒八年(1882)吳縣潘氏刻本　四冊

110000－0144－0003555　011.6/166
士禮居藏書題跋記六卷　(清)黃丕烈撰　(清)潘祖蔭輯　清光緒八年(1882)吳縣潘氏刻本　四冊

110000－0144－0003556　011.6/166
士禮居藏書題跋記六卷　(清)黃丕烈撰　(清)潘祖蔭輯　清光緒八年(1882)吳縣潘氏刻本　四冊

110000－0144－0003557　011.6/166－1
士禮居藏書題跋記續二卷　(清)黃丕烈撰　繆荃孫輯　清光緒二十二年(1896)元和江氏刻靈鶼閣叢書本　一冊

110000－0144－0003558　011.6/185
知聖道齋讀書跋尾二卷　(清)彭元瑞撰　清嘉慶刻本　一冊

110000－0144－0003559　011.6/185
知聖道齋讀書跋尾二卷　(清)彭元瑞撰　清嘉慶刻本　一冊

110000－0144－0003560　011.6/185
知聖道齋讀書跋尾二卷　(清)彭元瑞撰　清嘉慶刻本　一冊

110000－0144－0003561　011.6/384
經籍跋文一卷　(清)陳鱣撰　清刻本　一冊

110000－0144－0003562　011.6/384－02
經籍跋文一卷　(清)陳鱣撰　清光緒四年(1878)成都夫容書院刻本　一冊

110000－0144－0003563　011.6/384－02
經籍跋文一卷　(清)陳鱣撰　清光緒四年

(1878)成都夫容書院刻本　缺五頁(三十三至三十七)　一冊

110000－0144－0003564　011.6/392
儀顧堂題跋十六卷　(清)陸心源撰　清光緒十六年(1890)刻本　八冊

110000－0144－0003565　011.6/392
儀顧堂題跋十六卷　(清)陸心源撰　清光緒十六年(1890)刻本　四冊

110000－0144－0003566　011.6/392
儀顧堂題跋十六卷續跋十六卷　(清)陸心源撰　清光緒十六年(1890)刻本　四冊

110000－0144－0003567　011.6/392－7
儀顧堂續跋十六卷　(清)陸心源撰　清光緒十八年(1892)刻本　四冊

110000－0144－0003568　011.6/392－7
儀顧堂續跋十六卷　(清)陸心源撰　清光緒十八年(1892)刻本　四冊

110000－0144－0003569　011.6/719
半氈齋題跋二卷　(清)江藩撰　清光緒吳縣潘氏刻功順堂叢書本　一冊

110000－0144－0003570　011.6/720
容齋題跋二卷　(宋)洪邁撰　(明)毛晉訂　明崇禎虞山毛氏汲古閣刻本(有抄配)　二冊

110000－0144－0003571　011.6/905.4
華延年室題跋三卷殘明大統歷及殘明宰輔表一卷　(清)傅以禮撰　清宣統元年(1909)餘杭俞氏鉛印本　三冊

110000－0144－0003572　011.6/933
讀書敏求記四卷　(清)錢曾撰　清道光五年(1825)阮福小琅嬛僊館刻本　二冊

110000－0144－0003573　011.7/763
勞氏碎金三卷附錄一卷　(清)勞經原等撰　吳昌綬輯　清宣統雙照樓鉛印本　一冊

110000－0144－0003574　011.7/763
勞氏碎金三卷附錄一卷　(清)勞經原等撰　吳昌綬輯　清宣統雙照樓鉛印本　一冊

110000－0144－0003575　011.7/927
曝書雜記三卷　(清)錢泰吉撰　清同治七年(1868)刻本　二冊

110000－0144－0003576　011.7/927－02
曝書雜記三卷　(清)錢泰吉撰　清末刻本　三冊

110000－0144－0003577　011.7/994
古今僞書考一卷　(清)姚際恒撰　清光緒三年(1877)木活字印本　二冊

110000－0144－0003578　011.7/994
古今僞書考一卷　(清)姚際恒撰　清光緒三年(1877)木活字印本　二冊

110000－0144－0003579　011.7/994－03
古今僞書考一卷　(清)姚際恒撰　清光緒二十四年(1898)沔陽盧氏豐潤縣署刻慎始基齋叢書本　一冊

110000－0144－0003580　011.8/392
群書校補一百卷　(清)陸心源輯　清末刻本(有補配)　二十四冊

110000－0144－0003581　011.8/495
群書拾補三十七卷　(清)盧文弨撰　清光緒十三年(1887)上海蜚英館石印本　八冊

110000－0144－0003582　011.8/495
群書拾補三十七卷　(清)盧文弨撰　清光緒十三年(1887)上海蜚英館石印本　八冊

110000－0144－0003583　011/365
藏書紀要一卷　(清)孫從添撰　清光緒九年(1883)佞宋齋刻本　一冊

110000－0144－0003584　011/655－02
校讎通義三卷　(清)章學誠撰　清道光十三年(1833)大梁刻章氏遺書本　一冊

110000－0144－0003585　012/733
西學書目表三卷讀西學書法一卷　梁啟超編　清光緒二十三年(1897)沔陽盧氏刻慎始基齋叢書本　一冊

110000－0144－0003586　012/733
西學書目表三卷讀西學書法一卷　梁啟超編

清光緒二十三年(1897)沔陽盧氏刻慎始基齋叢書本　一冊

110000－0144－0003587　012/733

西學書目表三卷讀西學書法一卷　梁啟超編　清光緒二十三年(1897)沔陽盧氏刻慎始基齋叢書本　一冊

110000－0144－0003588　012/733－02

西學書目表三卷　梁啟超編　清光緒二十二年(1896)石印中西學門徑書七種本　一冊

110000－0144－0003589　013.2/664

廣雅書局叢書　(清)廣雅書局輯　清光緒十三年至十七年(1887－1891)廣雅書局刻本　九冊　存八種二十三卷(補後漢書藝文志四卷、補續漢書藝文志一卷、補三國藝文志四卷、補晉書藝文志四卷補遺一卷附錄一卷附刊誤一卷、補五代史藝文志一卷、宋史藝文志補一卷、補遼金元藝文志一卷、補元史藝文志四卷)

110000－0144－0003590　013.2/970

八史經籍志不分卷　(日本)□□輯　清光緒九年(1883)鎮海張壽榮刻本　十六冊

110000－0144－0003591　013.2/970

八史經籍志不分卷　(日本)□□輯　清光緒九年(1883)鎮海張壽榮刻本　十六冊

110000－0144－0003592　013.2/970

八史經籍志不分卷　(日本)□□輯　清光緒九年(1883)鎮海張壽榮刻本　十六冊

110000－0144－0003593　013.2/970

八史經籍志不分卷　(日本)□□輯　清光緒九年(1883)鎮海張壽榮刻本　十七冊

110000－0144－0003594　013.2/970

八史經籍志不分卷　(日本)□□輯　清光緒九年(1883)鎮海張壽榮刻本　十冊

110000－0144－0003595　013.2/970

八史經籍志不分卷　(日本)□□輯　清光緒九年(1883)鎮海張壽榮刻本　十七冊

110000－0144－0003596　013.2/970

八史經籍志不分卷　(日本)□□輯　清光緒九年(1883)鎮海張壽榮刻本　十六冊

110000－0144－0003597　013.22/908

補後漢書藝文志四卷　(清)侯康撰　清道光三十年(1850)南海伍氏粵雅堂刻本　四冊

110000－0144－0003598　013.22/929

廣雅書局叢書　(清)廣雅書局輯　清光緒十七年(1891)廣雅書局刻本　四冊　存七種(補續漢書藝文志、後漢郡國令長考、補三國藝文志、補五代史藝文志、宋史藝文志補、補遼金元藝文志、補三史藝文志)

110000－0144－0003599　013.22/981

補後漢書藝文志一卷考十卷　(清)曾樸纂　清光緒二十一年(1895)常熟曾氏木活字印常熟曾氏叢書本　六冊

110000－0144－0003600　013.22/981

補後漢書藝文志一卷考十卷　(清)曾樸纂　清光緒二十一年(1895)常熟曾氏木活字印常熟曾氏叢書本　六冊

110000－0144－0003601　013.22/981

補後漢書藝文志一卷考十卷　(清)曾樸纂　清光緒二十一年(1895)常熟曾氏木活字印常熟曾氏叢書本　六冊

110000－0144－0003602　013.23/158

常熟丁氏叢書二種　丁國鈞撰　清光緒錫山文苑閣木活字印本　四冊

110000－0144－0003603　013.23/158

常熟丁氏叢書二種　丁國鈞撰　清光緒錫山文苑閣木活字印本　存一種(補晉書藝文志)　二冊

110000－0144－0003604　013.23/435

補晉書經籍志四卷　吳士鑑撰　清光緒二十一年(1895)錢塘吳氏刻含嘉室舊著本　一冊

110000－0144－0003605　013.23/435

補晉書經籍志四卷　吳士鑑撰　清光緒二十一年(1895)錢塘吳氏刻含嘉室舊著本　一冊

110000－0144－0003606　013.23/435

補晉書經籍志四卷　吳士鑑撰　清光緒二十一年(1895)錢塘吳氏刻含嘉室舊著本　一冊

110000－0144－0003607　013.23/435
補晉書經籍志四卷　吳士鑑撰　清光緒二十一年(1895)錢塘吳氏刻含嘉室舊著本　一冊

110000－0144－0003608　013.23/435
補晉書經籍志四卷　吳士鑑撰　清光緒二十一年(1895)錢塘吳氏刻含嘉室舊著本　一冊

110000－0144－0003609　013.237/410－313
隋書經籍志補二卷　張鵬一編　清光緒三十年(1904)富平張氏在山草堂鉛印本　一冊

110000－0144－0003610　013.237/655
隋經籍志考證十三卷　(清)章宗源撰　清光緒三年(1877)湖北崇文書局刻本　四冊

110000－0144－0003611　013.237/655
隋經籍志考證十三卷　(清)章宗源撰　清光緒三年(1877)湖北崇文書局刻本　四冊

110000－0144－0003612　013.237/655
隋經籍志考證十三卷　(清)章宗源撰　清光緒三年(1877)湖北崇文書局刻本　四冊

110000－0144－0003613　013.237/655
隋經籍志考證十三卷　(清)章宗源撰　清光緒三年(1877)湖北崇文書局刻本　四冊

110000－0144－0003614　013.242/960
補五代史藝文志一卷　(清)顧櫰三撰　清光緒十七年(1891)廣雅書局刻本　一冊

110000－0144－0003615　013.254/987
補遼金元三史藝文志　(清)金門詔撰　清湘陰殷生抄本　一冊

110000－0144－0003616　013.257/929
元史氏族表三卷元史藝文志四卷　(清)錢大昕撰　清末蘇州江蘇書局刻本　三冊

110000－0144－0003617　013.257/929
元史藝文志四卷　(清)錢大昕撰　清同治江蘇書局刻本　一冊

110000－0144－0003618　013.257/929
元史藝文志四卷　(清)錢大昕撰　清同治江蘇書局刻本　一冊

110000－0144－0003619　013.257/929－1
補元史藝文志四卷　(清)錢大昕撰　清光緒十九年(1893)廣雅書局刻本　一冊

110000－0144－0003620　013.26/917
國史經籍志五卷附錄一卷　(明)焦竑輯　清咸豐元年(1851)南海伍氏刻粵雅堂叢書本　五冊

110000－0144－0003621　013.2921/987
江陰藝文志二卷校補一卷　金武祥輯　清光緒十七年(1891)江陰金氏刻粟香室叢書本　一冊

110000－0144－0003622　013.2921/994
海虞藝文志六卷　(清)姚福均輯　清光緒二十三年(1897)常熟姚氏慕程齋刻本　一冊

110000－0144－0003623　013.2923/439
杭州藝文志十卷　吳慶坻纂　清光緒三十四年(1908)長沙刻本　六冊

110000－0144－0003624　013.31/677
補晉書藝文志六卷　(清)文廷式撰　清宣統元年(1909)長沙鉛印本　六冊

110000－0144－0003625　013.87/170
五桂樓書目四卷　(清)黃澄量藏編　(清)黃安瀾補輯　清光緒二十一年(1895)姚江黃氏刻本　二冊

110000－0144－0003626　014.1/111
欽定天祿琳琅書目十卷　(清)于敏中等編　清光緒十年(1884)長沙王氏刻本　五冊

110000－0144－0003627　014.1/111
欽定天祿琳琅書目十卷　(清)于敏中等編　清光緒十年(1884)長沙王氏刻本　六冊

110000－0144－0003628　014.1/111
欽定天祿琳琅書目十卷　(清)于敏中等編　清光緒十年(1884)長沙王氏刻本　五冊

110000－0144－0003629　014.1/111
欽定天祿琳琅書目十卷　(清)于敏中等編

續編二十卷　(清)彭元瑞等編　清光緒十年(1884)長沙王氏刻本　十册

110000－0144－0003630　014.1/111
欽定天禄琳琅書目十卷　(清)于敏中等編　清光緒十年(1884)長沙王氏刻本　五册

110000－0144－0003631　014.1/185
欽定天禄琳琅書目後編二十卷　(清)彭元瑞等編　清光緒十年(1884)長沙王氏刻本　五册

110000－0144－0003632　014.1/185
欽定天禄琳琅書目後編二十卷　(清)彭元瑞等編　清光緒十年(1884)長沙王氏刻本　六册

110000－0144－0003633　014.1/185
欽定天禄琳琅書目後編二十卷　(清)彭元瑞等編　清光緒十年(1884)長沙王氏刻本　五册

110000－0144－0003634　014.1/185
欽定天禄琳琅書目後編二十卷　(清)彭元瑞等編　清光緒十年(1884)長沙王氏刻本　五册

110000－0144－0003635　014.1/272
日本訪書志十六卷補遺一卷　楊守敬撰　清光緒二十三年(1897)宜都楊氏鄰蘇園刻本　八册

110000－0144－0003636　014.1/272
日本訪書志十六卷補遺一卷　楊守敬撰　清光緒二十三年(1897)宜都楊氏鄰蘇園刻本　八册

110000－0144－0003637　014.1/272
日本訪書志十六卷補遺一卷　楊守敬撰　清光緒二十三年(1897)宜都楊氏鄰蘇園刻本　八册

110000－0144－0003638　014.1/724
經籍訪古志六卷補遺一卷　(日本)澀江全善　(日本)森立之撰　清光緒十一年(1885)六和徐氏鉛印本　八册

110000－0144－0003639　014.1/724
經籍訪古志六卷補遺一卷　(日本)澀江全善　(日本)森立之撰　清光緒十一年(1885)六和徐氏鉛印本　八册

110000－0144－0003640　014.1/724
經籍訪古志六卷補遺一卷　(日本)澀江全善　(日本)森立之撰　清光緒十一年(1885)六和徐氏鉛印本　八册

110000－0144－0003641　014.1/724
經籍訪古志六卷補遺一卷　(日本)澀江全善　(日本)森立之撰　清光緒十一年(1885)六和徐氏鉛印本　八册

110000－0144－0003642　014.2/213
銷燬抽燬書目一卷　(清)高宗弘曆敕編　清光緒九年(1883)歸安姚氏刻咫進齋叢書本　一册

110000－0144－0003643　014.2/213
銷燬抽燬書目一卷　(清)高宗弘曆敕編　清光緒九年(1883)歸安姚氏刻咫進齋叢書本　一册

110000－0144－0003644　014.2/579
違礙書籍目録一卷　(清)□□編　清乾隆江寧布政使司刻本　一册

110000－0144－0003645　014.2/994
禁書總目一卷銷燬抽燬書目一卷違礙書目一卷　(清)姚覲元輯　清光緒九年(1883)歸安姚氏刻咫進齋叢書本　四册

110000－0144－0003646　014.2/994
禁書總目一卷銷燬抽燬書目一卷違礙書目一卷　(清)姚覲元輯　清光緒九年(1883)歸安姚氏刻咫進齋叢書本　四册

110000－0144－0003647　014.3/504
秘書省續編到四庫闕書目二卷　葉德輝撰　清光緒二十九年(1903)葉氏觀古堂刻本　二册

110000－0144－0003648　014.3/504
秘書省續編到四庫闕書目二卷附藏書十約

葉德輝撰　清光緒二十九年(1903)葉氏觀古堂刻本　四册

110000－0144－0003649　014.3/719
江蘇採訪書目一卷　(清)江蘇督學部　清光緒九年(1883)江蘇刻本　一册

110000－0144－0003650　014.3/887
徵訪明季遺書目　劉世瑗編　清宣統二年(1910)北京劉氏鉛印本　一册

110000－0144－0003651　014.3/887
徵訪明季遺書目　劉世瑗編　清宣統二年(1910)北京劉氏鉛印本　一册

110000－0144－0003652　014.4/167
徵刻唐宋秘本書目一卷附考証一卷　(清)黄虞稷　(清)周在浚編　**流通古書約**　(清)曹溶撰　**徵刻唐宋秘本書目考證**　葉德輝撰　**徵刻書啟五先生事略**　業德輝輯　清光緒三十四年(1908)長沙葉氏郎園刻本　一册

110000－0144－0003653　014.5/519－04
郘亭知見傳本書目十六卷　(清)莫友芝編　清宣統元年(1909)上海鉛印本　八册

110000－0144－0003654　014.5/519－1
宋元舊本書經眼錄三卷附錄二卷　(清)莫友芝撰　清同治十二年(1873)刻本　二册

110000－0144－0003655　014.5/519－1
宋元舊本書經眼錄三卷附錄二卷　(清)莫友芝撰　清同治十二年(1873)刻本　二册

110000－0144－0003656　014.5/519－1
宋元舊本書經眼錄三卷附錄二卷　(清)莫友芝撰　清同治十二年(1873)刻本　二册

110000－0144－0003657　014.5/519－1
宋元舊本書經眼錄三卷附錄二卷　(清)莫友芝撰　清同治十二年(1873)刻本　二册

110000－0144－0003658　014.5/814
古今書刻二卷　(明)周弘祖編　清光緒三十二年(1906)長沙葉氏觀古堂刻本　一册

110000－0144－0003659　014.5/832
行素堂目睹書錄十編附汲古閣珍藏祕本書目　(清)朱紀榮編　清光緒十年(1884)古吳朱氏槐廬家塾刻本　十册

110000－0144－0003660　014.5/832
行素堂目睹書錄十編附汲古閣珍藏祕本書目　(清)朱紀榮輯訂　清光緒十年(1884)古吳朱氏槐廬家塾刻本　十册

110000－0144－0003661　014.5/832
行素堂目睹書錄十編附汲古閣珍藏祕本書目　(清)朱紀榮編　清光緒十年(1884)古吳朱氏槐廬家塾刻本　十册

110000－0144－0003662　014.5/832
行素堂目睹書錄十編附汲古閣珍藏祕本書目　(清)朱紀榮編　清光緒十年(1884)古吳朱氏槐廬家塾刻本　十册

110000－0144－0003663　014.5/929
竹汀先生日記鈔二卷　(清)錢大昕撰　(清)何元錫編　清刻本　一册

110000－0144－0003664　014.5/929－02
竹汀先生日記鈔二卷　(清)錢大昕撰　(清)何元錫編　(清)劉喜海評　清光緒吳縣潘氏滂喜齋刻朱墨套印本　一册

110000－0144－0003665　014.6/746
古書目四種十四卷　沈家本輯　清末歸安沈氏刻本　三册　存八卷(一至八)

110000－0144－0003666　014.7/192
袁氏藝文志一卷金石錄一卷　(清)袁渭漁撰　(清)袁昶輯　清光緒二十三年(1897)袁氏漸西村舍刻本　一册

110000－0144－0003667　014.7/216
績溪金紫胡氏所著書目二卷　(清)胡培系編　清光緒十年(1884)世澤樓刻本　一册

110000－0144－0003668　014.79/781
汲古閣校刻書目一卷　(明)毛晉編　(清)顧湘校　**汲古閣校刻書目補遺一卷汲古閣刻板存亡考一卷**　(清)鄭德懋輯　清道光二十一年(1841)虞山顧氏刻本　一册

110000－0144－0003669　014.8/504.9

葉氏存古叢書四種　葉銘輯　清宣統二年(1910)杭州西泠印社鉛印本　二册

110000－0144－0003670　014.8/835
潛采堂書目四種　(清)朱彝尊編　清宣統元年(1909)番禺沈氏刻晨風閣叢書本　一册

110000－0144－0003671　014.8/966
彙刻書目二十卷　(清)顧修輯　(清)朱學勤增訂　(清)上海福瀛書局重編　清光緒十二年至十五年(1886－1889)上海福瀛書局刻本　二十册

110000－0144－0003672　014.8/966
彙刻書目二十卷　(清)顧修輯　(清)朱學勤增訂　(清)上海福瀛書局重編　清光緒十二年至十五年(1886－1889)上海福瀛書局刻本　二十册

110000－0144－0003673　014.8/966
彙刻書目二十卷　(清)顧修輯　(清)朱學勤增訂　(清)上海福瀛書局重編　清光緒十二年至十五年(1886－1889)上海福瀛書局刻本　二十册

110000－0144－0003674　014.8/966－02
彙刻書目十卷補編一卷續編一卷新編一卷　(清)顧修輯　清光緒元年(1875)京都琉璃廠刻本　十一册

110000－0144－0003675　015.25/113
崇文總目五卷補遺一卷附錄一卷　(宋)王堯臣等撰　(清)錢東垣等輯釋　**補遺附錄**　(清)錢侗輯　清咸豐三年(1853)南海伍氏刻粵雅堂叢書本　五册

110000－0144－0003676　015.25/113
崇文總目五卷補遺一卷附錄一卷　(宋)王堯臣等撰　(清)錢東垣等輯釋　**補遺附錄**　(清)錢侗輯　清咸豐三年(1853)南海伍氏刻粵雅堂叢書本　五册

110000－0144－0003677　015.27/165
皇朝經籍志六卷　(清)黃本驥撰　清道光二十五年(1845)湘陰蔣瓌刻光緒四年(1878)古香書閣印三長物齋叢書本　一册

110000－0144－0003678　015.27/218
欽定四庫全書附存目錄十卷　(清)胡虔編　清光緒十年(1884)廣東學海堂刻本　六册

110000－0144－0003679　015.27/292
四庫全書書目表四卷四庫未收書目表一卷　李滋然編　清宣統三年(1911)京華印書局鉛印本　四册

110000－0144－0003680　015.27/425.3
國子監南學存書目錄　(清)□□編　清刻本　一册

110000－0144－0003681　015.27/664
廣西存書目錄一卷　(清)桂垣書局編　清光緒十六年(1890)桂林桂垣書局刻本　一册

110000－0144－0003682　015.27/670
廣雅書院藏書目錄七卷督署發存書籍目錄一卷　(清)朱一新編　(清)廖廷相編　清光緒二十七年(1901)廣雅書局刻本　三册

110000－0144－0003683　015.27/677
四庫書目略二十卷附錄一卷　(清)費莫文良編　清同治九年(1870)滿洲費莫氏刻本　十二册

110000－0144－0003684　015.27/677
四庫書目略二十卷附錄一卷　(清)費莫文良編　清同治九年(1870)滿洲費莫氏刻本　十二册

110000－0144－0003685　015.27/677
四庫書目略二十卷附錄一卷　(清)費莫文良編　清同治九年(1870)滿洲費莫氏刻本　十二册

110000－0144－0003686　015.27/859
欽定四庫全書總目二百卷　(清)紀昀等編　清同治七年(1868)廣東書局刻本　一百二十册

110000－0144－0003687　015.27/859
欽定四庫全書總目二百卷　(清)紀昀等編　清同治七年(1868)廣東書局刻本　一百二十册

110000－0144－0003688　015.27/859

欽定四庫全書總目二百卷　(清)紀昀等編　清同治七年(1868)廣東書局刻本　一百二十册

110000－0144－0003689　015.27/859

欽定四庫全書總目二百卷　(清)紀昀等編　清同治七年(1868)廣東書局刻本　一百八册

110000－0144－0003690　015.27/859－329

四庫簡明目錄標注二十卷　(清)邵懿辰撰　清宣統三年(1911)仁和邵氏刻半巖廬所著書本　六册

110000－0144－0003691　015.27/859－329

四庫簡明目錄標注二十卷　(清)邵懿辰撰　清宣統三年(1911)仁和邵氏刻半巖廬所著書本　六册

110000－0144－0003692　015.27/859－329

四庫簡明目錄標注二十卷　(清)邵懿辰撰　清宣統三年(1911)仁和邵氏刻半巖廬所著書本　六册

110000－0144－0003693　015.27/859－329

四庫簡明目錄標注二十卷　(清)邵懿辰撰　清宣統三年(1911)仁和邵氏刻半巖廬所著書本　六册

110000－0144－0003694　015.27/859－329

四庫簡明目錄標注二十卷　(清)邵懿辰撰　清宣統三年(1911)仁和邵氏刻半巖廬所著書本　六册

110000－0144－0003695　015.27/859－4

四庫全書敘一卷　(清)紀昀等撰　**姚彥長觀書例一卷**　(清)姚晉圻撰　**田隴初觀書後例一卷**　(清)田明昶撰　清光緒二十三年(1897)豐潤縣署沔陽盧氏慎始基齋刻慎始基齋叢書本　一册

110000－0144－0003696　015.27/859－4

四庫全書敘一卷　(清)紀昀等撰　**姚彥長觀書例一卷**　(清)姚晉圻撰　**田隴初觀書後例一卷**　(清)田明昶撰　**四川省城尊經書院記一卷**　(清)張之洞撰　清光緒二十三年(1897)豐潤縣署沔陽盧氏慎始基齋刻慎始基齋叢書本　一册

110000－0144－0003697　015.27/859－6－02

欽定四庫全書總目二百卷　(清)紀昀等編　清宣統二年(1910)存古齋石印本　四册　存三十九卷(一至十、一百三十五至一百五十二、一百九十至二百)

110000－0144－0003698　015.27/859－6－02

欽定四庫全書總目二百卷　(清)紀昀等編　清宣統二年(1910)存古齋石印本　三十二册

110000－0144－0003699　015.27/859－6－02

欽定四庫全書總目二百卷　(清)紀昀等編　清宣統二年(1910)存古齋石印本　三十二册

110000－0144－0003700　015.27/859－6－03

欽定四庫全書總目二百卷　(清)紀昀等編　清同治七年(1868)廣東書局刻本　一百册

110000－0144－0003701　015.27/859－6－04

欽定四庫全書總目二百卷首一卷　(清)紀昀等編　清末刻本　一百十二册

110000－0144－0003702　015.27/859－9

欽定四庫全書簡明目錄二十卷首一卷　(清)紀昀等編　清同治七年(1868)廣東書局刻本　十二册

110000－0144－0003703　015.27/859－9

欽定四庫全書簡明目錄二十卷首一卷　(清)紀昀等編　清同治七年(1868)廣東書局刻本　八册

110000－0144－0003704　015.27/859－9

欽定四庫全書簡明目錄二十卷首一卷　(清)紀昀等編　清同治七年(1868)廣東書局刻本　八册

110000－0144－0003705　015.27/859－9

欽定四庫全書簡明目錄二十卷首一卷　(清)紀昀等編　清同治七年(1868)廣東書局刻本　十六册

110000－0144－0003706　015.27/859－9－02

欽定四庫簡明目錄二十卷　(清)紀昀等編

清刻本　十二册

110000－0144－0003707　015.27/859－9－04
欽定四庫全書簡明目錄二十卷　(清)紀昀等編　清抄本　4 軸

110000－0144－0003708　015.27/859－9－05
欽定四庫全書簡明目錄二十卷　(清)紀昀等編　清刻本　十二册

110000－0144－0003709　015.27/859－9－07
欽定四庫全書簡明目錄二十卷　(清)紀昀等編　清光緒十四年(1888)暢懷書屋鉛印本　四册

110000－0144－0003710　015.27/880
學古堂藏書目一卷附捐藏書目一卷　(清)學古堂編　清光緒蘇州江蘇書局刻本　一册

110000－0144－0003711　015.27/880
學古堂藏書目一卷附捐藏書目一卷　(清)學古堂編　清光緒蘇州江蘇書局刻本　一册

110000－0144－0003712　015.2723/745
浙江采集遺書總錄十一卷　(清)沈初等纂　清乾隆三十九年(1774)刻本　十二册

110000－0144－0003713　015.2723/745－02
浙江采集遺書總錄十一卷　(清)沈初等纂　清乾隆三十九年(1774)刻本　十册

110000－0144－0003714　015.423/724－77
浙江藏書樓書目甲編五卷乙編三卷附補遺一卷　(清)楊復等編　清光緒三十三年(1907)浙江藏書樓鉛印本　三册

110000－0144－0003715　015.423/947
古越藏書樓書目二十卷　(清)徐樹蘭編　清光緒三十年(1904)上海崇實書局石印本　八册

110000－0144－0003716　015.423/947
古越藏書樓書目二十卷　(清)徐樹蘭編　清光緒三十年(1904)上海崇實書局石印本　八册

110000－0144－0003717　015.423/947
古越藏書樓書目二十卷　(清)徐樹蘭編　清光緒三十年(1904)上海崇實書局石印本　八册

110000－0144－0003718　015.611/165
萬卷樓藏書總目　(清)黄彭年等編　清光緒八年(1882)刻本　一册

110000－0144－0003719　015.611/165
萬卷樓藏書總目　(清)黄彭年等編　清光緒八年(1882)刻本　一册

110000－0144－0003720　015.611/649
京師廣東學堂書藏捐書目錄一卷　京師廣東學堂編　清宣統元年(1909)湖北官刷印局鉛印本　一册

110000－0144－0003721　015.613/602
固始詁經精舍章程並書目　(清)固始詁經精舍編　清光緒二十六年(1900)新鄭蔡萃文堂刻本　一册

110000－0144－0003722　015.613/602
固始詁經精舍章程並書目　(清)固始詁經精舍編　清光緒二十六年(1900)新鄭蔡萃文堂刻本　四册

110000－0144－0003723　015.8/596
常惺惺齋書目一卷　(清)謝蘭生編　清光緒十年(1884)抄本　一册

110000－0144－0003724　015.85/356
遂初堂書目一卷　(宋)尤袤撰　清道光二十六年(1846)廣東番禺潘氏刻海山仙館叢書本　一册

110000－0144－0003725　015.852/378
直齋書錄解題二十二卷　(宋)陳振孫撰　清光緒九年(1883)江蘇書局刻本　六册

110000－0144－0003726　015.852/378
直齋書錄解題二十二卷　(宋)陳振孫撰　清光緒九年(1883)江蘇書局刻本　六册

110000－0144－0003727　015.852/378
直齋書錄解題二十二卷　(宋)陳振孫撰　清光緒九年(1883)江蘇書局刻本　六册

110000－0144－0003728　015.852/378

直齋書錄解題二十二卷　(宋)陳振孫撰　清光緒九年(1883)江蘇書局刻本　六冊

110000－0144－0003729　015.852/378
直齋書錄解題二十二卷　(宋)陳振孫撰　清光緒九年(1883)江蘇書局刻本　六冊

110000－0144－0003730　015.852/378－02
直齋書錄解題二十二卷　(宋)陳振孫撰　清乾隆浙江刻武英殿聚珍版叢書本　八冊

110000－0144－0003731　015.852/378－02
直齋書錄解題二十二卷　(宋)陳振孫撰　清乾隆浙江刻武英殿聚珍版叢書本　八冊

110000－0144－0003732　015.852/378－02
直齋書錄解題二十二卷　(宋)陳振孫撰　清乾隆浙江刻武英殿聚珍版叢書本　十六冊

110000－0144－0003733　015.852/378－02
直齋書錄解題二十二卷　(宋)陳振孫撰　清乾隆浙江刻武英殿聚珍版叢書本　十二冊

110000－0144－0003734　015.852/470
昭德先生郡齋讀書志二十卷附志二卷　(宋)晁公武撰　(宋)姚應績編　清光緒十年(1884)湖南長沙王氏刻本　十冊

110000－0144－0003735　015.852/470
昭德先生郡齋讀書志二十卷附志二卷　(宋)晁公武撰　(宋)姚應績編　清光緒十年(1884)湖南長沙王氏刻本　十冊

110000－0144－0003736　015.852/470
昭德先生郡齋讀書志二十卷附志二卷　(宋)晁公武撰　(宋)姚應績編　清光緒十年(1884)湖南長沙王氏刻本　十冊

110000－0144－0003737　015.852/470
昭德先生郡齋讀書志二十卷附志二卷　(宋)晁公武撰　(宋)姚應績編　清光緒十年(1884)湖南長沙王氏刻本　十冊

110000－0144－0003738　015.852/470
昭德先生郡齋讀書志二十卷附志二卷　(宋)晁公武撰　(宋)姚應績編　清光緒十年(1884)湖南長沙王氏刻本　十冊

110000－0144－0003739　015.852/470
昭德先生郡齋讀書志二十卷附志二卷　(宋)晁公武撰　(宋)姚應績編　清光緒十年(1884)湖南長沙王氏刻本　十冊

110000－0144－0003740　015.852/470
昭德先生郡齋讀書志二十卷附志二卷　(宋)晁公武撰　(宋)姚應績編　清光緒十年(1884)湖南長沙王氏刻本　十冊

110000－0144－0003741　015.852/470
昭德先生郡齋讀書志二十卷附志二卷　(宋)晁公武撰　(宋)姚應績編　清光緒十年(1884)湖南長沙王氏刻本　十冊

110000－0144－0003742　015.86/385
世善堂藏書目錄二卷　(明)陳第撰　清光緒八年(1882)嶺南盧氏刻本　二冊

110000－0144－0003743　015.86/385
世善堂藏書目錄二卷　(明)陳第撰　清光緒八年(1882)嶺南盧氏刻本　二冊

110000－0144－0003744　015.86/385
世善堂藏書目錄二卷　(明)陳第撰　清光緒八年(1882)嶺南盧氏刻本　二冊

110000－0144－0003745　015.86/504－02
菉竹堂書目六卷　(明)葉盛編　清咸豐四年(1854)南海伍氏刻粵雅堂叢書本　二冊

110000－0144－0003746　015.86/830
萬卷堂書目四卷　(明)朱睦㮮撰　葉德輝輯　清光緒二十九年(1903)長沙葉氏刻本　一冊　存三卷(一至三)

110000－0144－0003747　015.86/830
萬卷堂書目四卷　(明)朱睦㮮撰　葉德輝輯　清光緒二十九年(1903)長沙葉氏刻本　一冊

110000－0144－0003748　015.87/158
善本書室藏書志四十卷附錄一卷　(清)丁丙輯　清光緒二十七年(1901)錢塘丁氏刻本　十六冊

110000－0144－0003749　015.87/158

善本書室藏書志四十卷附錄一卷　（清）丁丙輯　清光緒二十七年（1901）錢塘丁氏刻本　十六册

110000－0144－0003750　015.87/158
善本書室藏書志四十卷附錄一卷　（清）丁丙輯　清光緒二十七年（1901）錢塘丁氏刻本　十六册

110000－0144－0003751　015.87/158
善本書室藏書志四十卷附錄一卷　（清）丁丙輯　清光緒二十七年（1901）錢塘丁氏刻本　十六册

110000－0144－0003752　015.87/158
善本書室藏書志四十卷附錄一卷　（清）丁丙輯　清光緒二十七年（1901）錢塘丁氏刻本　十六册

110000－0144－0003753　015.87/158
善本書室藏書志四十卷附錄一卷　（清）丁丙輯　清光緒二十七年（1901）錢塘丁氏刻本　十二册

110000－0144－0003754　015.87/158
善本書室藏書志四十卷附錄一卷　（清）丁丙輯　清光緒二十七年（1901）錢塘丁氏刻本　十六册

110000－0144－0003755　015.87/158.4
持靜齋書目五卷附藏書紀要二卷　（清）丁日昌撰　持靜齋藏書紀要二卷　（清）莫友芝撰　清同治豐順丁氏刻本　六册

110000－0144－0003756　015.87/158.4
持靜齋書目五卷附藏書紀要二卷　（清）丁日昌撰　持靜齋藏書紀要二卷　（清）莫友芝撰　清同治豐順丁氏刻本　六册

110000－0144－0003757　015.87/158.4
持靜齋書目五卷附藏書紀要二卷　（清）丁日昌撰　持靜齋藏書紀要二卷　（清）莫友芝撰　清同治豐順丁氏刻本　六册

110000－0144－0003758　015.87/158.4
持靜齋書目五卷附藏書紀要二卷　（清）丁日昌撰　持靜齋藏書紀要二卷　（清）莫友芝撰　清同治豐順丁氏刻本　六册

110000－0144－0003759　015.87/158.4
持靜齋書目五卷附藏書紀要二卷　（清）丁日昌撰　持靜齋藏書紀要二卷　（清）莫友芝撰　清同治豐順丁氏刻本　六册

110000－0144－0003760　015.87/274－02
楹書隅錄初編五卷續編四卷　（清）楊紹和輯　清光緒二十年（1894）海源閣刻本　八册

110000－0144－0003761　015.87/274－02
楹書隅錄初編五卷續編四卷　（清）楊紹和輯　清光緒二十年（1894）海源閣刻本　十册

110000－0144－0003762　015.87/314
愛日精廬藏書志三十六卷續志四卷　（清）張金吾撰　清光緒十三年（1887）靈芬閣徐氏木活字印本　十册

110000－0144－0003763　015.87/314
愛日精廬藏書志三十六卷續志四卷　（清）張金吾撰　清光緒十三年（1887）靈芬閣徐氏木活字印本　十册

110000－0144－0003764　015.87/314
愛日精廬藏書志三十六卷續志四卷　（清）張金吾撰　清光緒十三年（1887）靈芬閣徐氏木活字印本　十二册

110000－0144－0003765　015.87/363－02
孫氏祠堂書目內編四卷外編三卷　（清）孫星衍編　清光緒九年（1883）李氏木犀軒重刻本　存四卷（內編四卷）　二册

110000－0144－0003766　015.87/363－3
平津館鑒藏書籍記三卷補遺一卷續編一卷　（清）孫星衍撰　清光緒十一年（1885）德化李氏木犀軒刻本　一册

110000－0144－0003767　015.87/363－3－02
平津館鑒藏記書籍三卷補遺一卷續編一卷　（清）孫星衍撰　清道光十九年（1839）刻本　一册

110000－0144－0003768　015.87/363－6

廉石居藏書記二卷 (清)孫星衍撰 (清)陳宗彝編 **海東金石存考一卷待訪目一卷** (清)劉喜海撰 清光緒十二年(1886)德化李氏木犀軒刻本 一冊

110000 - 0144 - 0003769 015.87/378
帶經堂書目四卷 (清)陳樹杓編 清宣統順德鄧氏鉛印本 三冊

110000 - 0144 - 0003770 015.87/378
帶經堂書目四卷 (清)陳樹杓編 清宣統順德鄧氏鉛印本 三冊

110000 - 0144 - 0003771 015.87/378
帶經堂書目四卷 (清)陳樹杓編 清宣統順德鄧氏鉛印本 四冊

110000 - 0144 - 0003772 015.87/378.2
稽瑞樓書目不分卷 (清)陳揆編 清光緒三年(1877)吳縣潘氏八囍齋刻本 二冊

110000 - 0144 - 0003773 015.87/378.2
稽瑞樓書目不分卷 (清)陳揆編 清光緒三年(1877)吳縣潘氏八囍齋刻本 一冊

110000 - 0144 - 0003774 015.87/392
皕宋樓藏書志一百二十卷續志四卷 (清)陸心源編 清光緒八年(1882)歸安陸氏十萬卷樓刻存齋雜纂本 三十二冊

110000 - 0144 - 0003775 015.87/392
皕宋樓藏書志一百二十卷續志四卷 (清)陸心源編 清光緒八年(1882)歸安陸氏十萬卷樓刻存齋雜纂本 三十二冊

110000 - 0144 - 0003776 015.87/392
皕宋樓藏書志一百二十卷續志四卷 (清)陸心源編 清光緒八年(1882)歸安陸氏十萬卷樓刻存齋雜纂本 三十二冊

110000 - 0144 - 0003777 015.87/392
皕宋樓藏書志一百二十卷續志四卷 (清)陸心源編 清光緒八年(1882)歸安陸氏十萬卷樓刻存齋雜纂本 三十二冊

110000 - 0144 - 0003778 015.87/476
鐵琴銅劍樓藏書目錄二十四卷 (清)瞿鏞編 清光緒二十四年(1898)常熟瞿氏刻本 十冊

110000 - 0144 - 0003779 015.87/476
鐵琴銅劍樓藏書目錄二十四卷 (清)瞿鏞編 清光緒二十四年(1898)常熟瞿氏刻本 十二冊

110000 - 0144 - 0003780 015.87/476
鐵琴銅劍樓藏書目錄二十四卷 (清)瞿鏞編 清光緒二十四年(1898)常熟瞿氏刻本 十冊

110000 - 0144 - 0003781 015.87/476
鐵琴銅劍樓藏書目錄二十四卷 (清)瞿鏞編 清光緒二十四年(1898)常熟瞿氏刻本 十冊

110000 - 0144 - 0003782 015.87/476
鐵琴銅劍樓藏書目錄二十四卷 (清)瞿鏞編 清光緒二十四年(1898)常熟瞿氏刻本 十冊

110000 - 0144 - 0003783 015.87/476
鐵琴銅劍樓藏書目錄二十四卷 (清)瞿鏞編 清光緒二十四年(1898)常熟瞿氏刻本 十冊

110000 - 0144 - 0003784 015.87/476
鐵琴銅劍樓藏書目錄二十四卷 (清)瞿鏞編 清光緒二十四年(1898)常熟瞿氏刻本 十冊

110000 - 0144 - 0003785 015.87/476
鐵琴銅劍樓藏書目錄二十四卷 (清)瞿鏞編 清光緒二十四年(1898)常熟瞿氏刻本 十冊

110000 - 0144 - 0003786 015.87/532
天一閣書目四卷附碑目一卷 (清)范懋柱輯 清嘉慶十三年(1808)阮氏文選樓刻本 八冊

110000 - 0144 - 0003787 015.87/532
天一閣書目四卷附碑目一卷 (清)范懋柱輯 (清)范懋敏編 清嘉慶十三年(1808)揚州阮氏文選樓刻本 十冊

110000－0144－0003788　015.87/566

天一閣見存書目四卷首一卷末一卷　(清)薛福成編　清光緒十五年(1889)無錫薛氏刻本　四册

110000－0144－0003789　015.87/708－02

藝芸書舍宋元本書目二卷　(清)汪士鐘藏並編　清宣統元年(1909)番禺沈氏晨風閣刻本　一册

110000－0144－0003790　015.87/708－03

藝芸書舍宋元本書目二卷　(清)汪士鐘藏並編　清同治十二年(1873)吳縣潘氏滂喜齋刻本　一册

110000－0144－0003791　015.87/719

江刻書目三種　(清)江標輯　清光緒二十三年(1897)元和江氏刻本　三册

110000－0144－0003792　015.87/719

江刻書目三種　(清)江標輯　清光緒二十三年(1897)元和江氏刻本　四册

110000－0144－0003793　015.87/719

江刻書目三種　(清)江標輯　清光緒二十三年(1897)元和江氏刻本　四册

110000－0144－0003794　015.87/719

江刻書目三種　(清)江標輯　清光緒二十三年(1897)元和江氏刻本　四册

110000－0144－0003795　015.87/719

江刻書目三種　(清)江標輯　清光緒二十三年(1897)元和江氏刻本　四册

110000－0144－0003796　015.87/719

江刻書目三種　(清)江標輯　清光緒二十三年(1897)元和江氏刻本　四册

110000－0144－0003797　015.87/781

汲古閣珍藏秘本書目　(清)毛扆撰　清嘉慶五年(1800)吳門黄氏士禮居刻本　一册

110000－0144－0003798　015.87/781

汲古閣珍藏秘本書目　(清)毛扆撰　清嘉慶五年(1800)吳門黄氏士禮居刻本　一册

110000－0144－0003799　015.87/808

季滄葦藏書目一卷　(清)季振宜編　清嘉慶十年(1805)吳門黄氏士禮居刻本　一册

110000－0144－0003800　015.87/833－02

結一廬書目四卷　(清)朱澂編　**滂喜齋宋元本書目一卷**　(清)潘祖廕藏　(清)□□輯　清宣統元年(1909)番禺沈氏晨風閣刻本　一册

110000－0144－0003801　015.87/833－03

結一廬書目四卷别本結一廬書目一卷　(清)朱澂編　清光緒二十八年(1902)長沙葉氏觀古堂刻本　一册

110000－0144－0003802　015.87/835

開有益齋讀書志六卷續志一卷金石文字記一卷　(清)朱緒曾撰　清光緒六年(1880)金陵翁氏茹古閣刻本　六册

110000－0144－0003803　015.87/835

開有益齋讀書志六卷續志一卷金石文字記一卷　(清)朱緒曾撰　清光緒六年(1880)金陵翁氏茹古閣刻本　六册

110000－0144－0003804　015.87/835

開有益齋讀書志六卷續志一卷金石文字記一卷　(清)朱緒曾撰　清光緒六年(1880)金陵翁氏茹古閣刻本　六册

110000－0144－0003805　015.87/835

開有益齋讀書志六卷續志一卷金石文字記一卷　(清)朱緒曾撰　清光緒六年(1880)金陵翁氏茹古閣刻本　四册

110000－0144－0003806　015.87/860

藝風藏書記八卷　繆荃孫撰　清光緒二十六年至二十七年(1900－1901)江陰繆氏刻本　二册

110000－0144－0003807　015.87/860

藝風藏書記八卷　繆荃孫撰　清光緒二十六年至二十七年(1900－1901)江陰繆氏刻本　四册

110000－0144－0003808　015.87/932－02

絳雲樓書目四卷　(清)錢謙益撰　(清)陳景

雲注　清道光三十年(1850)南海伍氏刻粵雅堂叢書本　二冊

110000－0144－0003809　015.87/933－2
述古堂藏書目四卷　(清)錢會撰　清道光三十年(1850)南海伍氏刻粵雅堂叢書本　一冊

110000－0144－0003810　015.87/964
百宋一廛賦一卷　(清)顧廣圻撰　(清)黄丕烈注　清光緒三年(1877)吴縣潘祖蔭刻本　一冊

110000－0144－0003811　015.878/204
結一廬書目四卷　(清)朱澂編　**竹崦庵傳鈔書目一卷**　(清)趙魏撰　葉德輝輯　清光緒二十八年(1902)長沙葉氏觀古堂刻本　一冊

110000－0144－0003812　016.079/311
書目答問四卷國朝著述諸家姓名略一卷　(清)張之洞撰　清宣統元年(1909)上海掃葉山房石印本　二冊

110000－0144－0003813　016.079/311
書目答問四卷國朝著述諸家姓名略一卷　(清)張之洞撰　清宣統元年(1909)上海掃葉山房石印本　二冊

110000－0144－0003814　016.079/311－03
書目答問四卷附叢書目一卷别錄一卷姓名略一卷　(清)張之洞撰　清光緒元年(1875)刻本　一冊

110000－0144－0003815　016.079/311－03
書目答問四卷附叢書目一卷别錄一卷姓名略一卷　(清)張之洞撰　清光緒元年(1875)刻本　二冊

110000－0144－0003816　016.079/311－03
書目答問四卷附叢書目一卷别錄一卷姓名略一卷　(清)張之洞撰　清光緒元年(1875)刻本　二冊

110000－0144－0003817　016.079/311－03
書目答問四卷附叢書目一卷别錄一卷姓名略一卷　(清)張之洞撰　清光緒元年(1875)刻本　二冊

110000－0144－0003818　016.079/311－03
書目答問四卷國朝著述諸家姓名略一卷　(清)張之洞撰　清光緒十九年(1893)廣西桂垣書局刻桂林蔣存遠堂印本　二冊

110000－0144－0003819　016.079/311－06
書目答問不分卷　(清)張之洞撰　清光緒二十三年(1897)河北沔陽盧氏刻慎始基齋叢書本　二冊

110000－0144－0003820　016.079/311－07
書目答問四卷附叢書目一卷别錄一卷姓名略一卷　(清)張之洞撰　清湖北刻本　一冊

110000－0144－0003821　016.079/311－08
書目答問四卷附叢書目一卷别錄一卷姓名略一卷　(清)張之洞撰　清刻本　一冊

110000－0144－0003822　016.079/311－719
書目答問箋補四卷　(清)張之洞撰　江人度箋補　清光緒三十年(1904)漢川江氏刻本　四冊

110000－0144－0003823　016.079/658
經籍舉要一卷家塾課程一卷　(清)龍啟瑞撰　清光緒十九年(1893)中江講院刻本　一冊

110000－0144－0003824　016.19/564
皇清經解檢目八卷　(清)蔡啟盛編　清光緒十二年(1886)武林刻本　二冊

110000－0144－0003825　016.22/196
大清重刻龍藏彙記一卷　(清)釋超盛等編　清同治九年(1870)金陵刻經處刻本　一冊

110000－0144－0003826　016.22/312
大明三藏聖教目錄四卷續一卷　(清)張心泰輯　清光緒八年(1882)刻本　四冊

110000－0144－0003827　016.22/836.8
閱藏知津四十四卷總目四卷　(明)釋智旭編　清光緒十八年(1892)金陵刻經處刻本　十冊

110000－0144－0003828　016.22/836.8
閱藏知津四十四卷總目四卷　(明)釋智旭編

清光緒十八年(1892)金陵刻經處刻本　十冊

110000－0144－0003829　016.22/836.8
閲藏知津四十四卷總目四卷　(明)釋智旭編　清光緒十八年(1892)金陵刻經處刻本　十冊

110000－0144－0003830　016.374/880－6
學部第一次審定初等小學暫用書目　(清)學部編　清光緒三十二年(1906)京師督學局鉛印本　一冊

110000－0144－0003831　016.42/624－02
小學考五十卷　(清)謝啟昆撰　清光緒十四年(1888)浙江書局刻本　二十冊

110000－0144－0003832　016.42/624－02
小學考五十卷　(清)謝啟昆撰　清光緒十四年(1888)浙江書局刻本　二十冊

110000－0144－0003833　016.42/624－02
小學考五十卷　(清)謝啟昆撰　清光緒十四年(1888)浙江書局刻本　二十冊

110000－0144－0003834　016.42/624－02
小學考五十卷　(清)謝啟昆撰　清光緒十四年(1888)浙江書局刻本　二十冊

110000－0144－0003835　016.42/624－02
小學考五十卷　(清)謝啟昆撰　清光緒十四年(1888)浙江書局刻本　二十冊

110000－0144－0003836　016.42/624－03
小學考五十卷　(清)謝啟昆撰　清光緒十四年(1888)浙江書局刻本　十二冊

110000－0144－0003837　016.51/158
算學書目提要三卷　丁福保撰　清光緒二十五年(1899)無錫竢實學堂刻本　三冊

110000－0144－0003838　016.63/905－113
農務要書簡明目錄一卷　(英國)傅蘭雅口譯　(清)王樹善筆述　清光緒二十七年(1901)上海製造局刻本　一冊

110000－0144－0003839　016.853/115－02
曲錄六卷戲曲考原一卷　王國維撰　清宣統元年(1909)番禺沈氏刻晨風閣叢書本　四冊

110000－0144－0003840　016.855/212
曲表　(清)支豐宜編　清刻本　一冊

110000－0144－0003841　016.92/647
史略六卷　(宋)高似孫撰　清光緒十年(1884)刻本　一冊

110000－0144－0003842　016.92/647－02
史略六卷　(宋)高似孫撰　清光緒九年(1883)虞山鮑氏刻本　一冊　存二卷(一至二)

110000－0144－0003843　016.92/647－03
史略六卷　(宋)高似孫撰　清光緒九年(1883)虞山鮑氏刻本　四冊

110000－0144－0003844　016.92/720
史目表一卷　(清)洪飴孫編　清光緒四年(1878)啟秀山房刻本　一冊

110000－0144－0003845　017.274/929
可廬著述十種敘例一卷　(清)錢大昭撰　**既勤著述七種敘例一卷**　(清)錢東垣撰　清錢氏得自怡齋刻本　一冊

110000－0144－0003846　017.4/112
泰西著述考一卷　(清)王韜撰　清光緒十一年至二十三年(1885－1897)上海淞隱廬木活字印本　一冊

110000－0144－0003847　018.2/235
直隸官書局運售各省書籍總目一卷　(□)□□撰　清光緒直隸省城官書局鉛印本　一冊

110000－0144－0003848　018.2/235.2
直隸津局運售各省書籍總目一卷　(清)總理天津海防支應局編　清光緒九年(1883)天津總理天津海防支應局刻本　一冊

110000－0144－0003849　018.2/235.3
直隸運售各省官刻書籍總目　(清)畿輔通志局編　清光緒七年(1881)北京畿輔通志局刻本　一冊

110000－0144－0003850　027/728

梁祠圖書館章程一卷　梁鼎芬編　清宣統三年(1911)廣東粵東編譯公司鉛印本　一册

110000－0144－0003851　028.7/158－02
武林藏書錄三卷首一卷末一卷　(清)丁申撰　清光緒二十六年(1900)錢塘丁氏嘉惠堂刻武林掌故叢編本　二册

110000－0144－0003852　028.7/504
游藝巵言二卷藏書十約一卷　葉德輝撰　清宣統三年(1911)長沙葉氏觀古堂刻本　一册

110000－0144－0003853　028.7/866
皕宋樓藏書源流考　(日本)島田翰撰　清光緒三十三年(1907)武進董氏刻本　一册

110000－0144－0003854　028.7/866
皕宋樓藏書源流考　(日本)島田翰撰　清光緒三十三年(1907)武進董氏刻朱印本　一册

110000－0144－0003855　028.7/866
皕宋樓藏書源流考　(日本)島田翰撰　清光緒三十三年(1907)武進董氏刻朱印本　一册

110000－0144－0003856　029.27/293－02
周易引經通釋十卷　(清)李鈞簡輯注　清嘉慶十九年(1814)鶴陰書屋刻本　存一卷(十)一册

110000－0144－0003857　031.1/675
憲政編查館奏考核報律原摺清單　奕劻撰　清光緒三十四年(1908)憲政編查館鉛印本　一册

110000－0144－0003858　031.1/675－9
欽定報律一卷　奕劻等編訂　清宣統二年(1910)鉛印本　一册

110000－0144－0003859　032.26/723
湘報文編　(清)湘報社編　清光緒二十八年(1902)上海廣智書局鉛印湘報彙編本　三册

110000－0144－0003860　040.8/598
小嫏嬛山館彙刊類書十二種　(清)孫顔等輯　清同治六年(1867)群玉閣刻本　十二册

110000－0144－0003861　041/104
干支類聯二卷　(清)福申編　清刻本　一册

110000－0144－0003862　041/113
典昉十一卷　(清)王權撰　清宣統二年(1910)尊經堂刻本　八册

110000－0144－0003863　041/113.2
西學大成十二編　(清)王西清輯　清光緒十四年(1888)上海大同書局石印本　十二册

110000－0144－0003864　041/113.2
西學大成十二編　(清)王西清輯　清光緒十四年(1888)上海大同書局石印本　十二册

110000－0144－0003865　041/117
玉海二百卷辭學指南四卷附刻十三種　(元)王應麟輯　清嘉慶十一年(1806)刻本　一百二十册

110000－0144－0003866　041/117
玉海二百卷辭學指南四卷附刻十三種　(元)王應麟輯　清嘉慶十一年(1806)合河康氏刻本　一百二十册

110000－0144－0003867　041/117
玉海二百卷辭學指南四卷附刻十三種　(元)王應麟輯　清嘉慶十一年(1806)合河康氏刻本　一百二十册

110000－0144－0003868　041/117
玉海二百卷辭學指南四卷附刻十三種　(元)王應麟輯　清嘉慶十一年(1806)合河康氏刻本　六十一册

110000－0144－0003869　041/117－02
玉海二百卷辭學指南四卷附刻十三種　(元)王應麟輯　清光緒九年(1883)浙江書局刻本　一百册

110000－0144－0003870　041/117－5
小學紺珠十卷　(元)王應麟輯　清光緒二十二年(1896)上海書局石印本　八册

110000－0144－0003871　041/117－892
玉海纂二十二卷　(元)王應麟撰　(明)劉鴻訓纂　清光緒五年(1879)八杉齋刻本　十六册

110000－0144－0003872　041/119

格致古微六卷 王仁俊撰 清光緒二十二年(1896)吳縣王氏籀鄦誃刻本 四冊

110000－0144－0003873 041/213
四書五經類典集成三十四卷 (清)戴兆春輯 清光緒二十二年(1896)慎記書莊石印本 二十四冊

110000－0144－0003874 041/238
西學時務總纂大成九十一卷 (清)求志齋主人纂 清光緒二十三年(1897)上海鴻文書局石印本 二十四冊

110000－0144－0003875 041/238－4
中西新學大全十九卷 (清)求志齋主人輯 清光緒二十三年(1897)上海鴻文書局石印本 二十四冊

110000－0144－0003876 041/271
丹鉛總錄二十七卷 (明)楊慎撰 明嘉靖三十三年(1554)滇南梁佐刻本 十二冊

110000－0144－0003877 041/271－02
丹鉛總錄二十七卷 (明)楊慎撰 清教忠堂刻本 十冊

110000－0144－0003878 041/271－24
均藻二卷 (明)楊慎撰 明抄本 一冊

110000－0144－0003879 041/271－8
丹鉛雜錄十卷 (明)楊慎撰 清乾隆李氏萬卷樓刻本 二冊

110000－0144－0003880 041/279
新雅堂奇耦典彙三十六卷首一卷 (清)梅自馨輯 清乾隆二十九年(1764)瓊溪書樓刻遞修本 二十冊

110000－0144－0003881 041/286
關中道脈四種書 (清)李元春輯 清道光十年(1830)刻本 八冊

110000－0144－0003882 041/289
太平御覽一千卷 (宋)李昉等撰 清光緒十八年(1892)南海李氏刻本 一百冊

110000－0144－0003883 041/289
太平御覽一千卷 (宋)李昉等撰 清光緒十八年(1892)南海李氏刻本 八十冊

110000－0144－0003884 041/289－03
太平御覽一千卷目錄十五卷 (宋)李昉等撰 清嘉慶十七年(1812)歙縣鮑氏刻本 一百冊

110000－0144－0003885 041/289－03
太平御覽一千卷目錄十五卷 (宋)李昉等撰 清嘉慶十七年(1812)歙縣鮑氏刻本 一百冊

110000－0144－0003886 041/289－05
太平御覽一千卷 (宋)李昉等撰 清嘉慶十一年(1806)儀徵汪氏木活字印本 一百二冊

110000－0144－0003887 041/289－06
太平御覽一千卷 (宋)李昉等撰 清光緒二十年(1894)上海積山書局石印本 三十二冊

110000－0144－0003888 041/293
藝苑零珠六卷經史總論一卷 (清)李象梓纂輯 清光緒十五年(1889)刻本 四冊

110000－0144－0003889 041/307
鏡源遺照集二十卷 (清)張均輯 清道光五年(1825)上郫草堂刻本 二冊

110000－0144－0003890 041/309
淵鑑類函四百五十卷 (清)張英等撰 清光緒十三年(1887)上海同文書局石印本 四十八冊

110000－0144－0003891 041/309－02
淵鑑類函四百五十卷 (清)張英等撰 清康熙四十九年(1710)清吟堂刻本 一百四十冊

110000－0144－0003892 041/309－03
淵鑑類函四百五十卷 (清)張英等撰 清光緒九年(1883)上海點石齋石印本 十冊

110000－0144－0003893 041/309－03
淵鑑類函四百五十卷 (清)張英等撰 清光緒九年(1883)上海點石齋石印本 十冊

110000－0144－0003894 041/309－04
淵鑑類函四百五十卷 (清)張英等撰 清光緒十三年(1887)上海同文書局石印本 四十

八册

110000－0144－0003895　041/309－04
淵鑑類函四百五十卷　（清）張英等撰　清光緒十三年（1887）上海同文書局石印本　四十八册

110000－0144－0003896　041/309－04
淵鑑類函四百五十卷　（清）張英等撰　清光緒十三年（1887）上海同文書局石印本　存四百三十三卷（一至二百七十五、二百八十五至三百五十八、三百六十七至四百五十）　四十八册

110000－0144－0003897　041/313
四字類賦二十七卷　（清）張師載輯　清道光二十九年（1849）樂彼園刻本　四册

110000－0144－0003898　041/322
選樓集錦不分卷　怡雲仙館主人藏　清末抄本　一册

110000－0144－0003899　041/337
事物異名錄四十卷　（清）厲荃輯　（清）關槐增補　清乾隆刻本　二十册

110000－0144－0003900　041/348
詞林海錯類選四卷　（明）夏樹芳輯　（清）福申編　清道光十年（1830）鶴鳴書屋刻本　四册

110000－0144－0003901　041/361
新義錄一百卷　（清）孫璧文撰　清光緒二十七年（1901）兩湖譯書學堂刻本　四十八册

110000－0144－0003902　041/366
二十二子摘錦三十卷　（清）孫灝輯　清光緒二十三年（1897）上海積山書局石印本　六册

110000－0144－0003903　041/367
益智編四十一卷　（明）孫能傳輯　清光緒十七年（1891）四明孫氏崇文書屋刻剡上遺書輯存本　十二册

110000－0144－0003904　041/372
精選黄眉故事十卷　（明）鄧志謨編　清康熙天德堂刻本　八册

110000－0144－0003905　041/377
格致鏡原一百卷　（清）陳元龍輯　清康熙五十六年（1717）刻雍正十三年（1735）印本　十六册

110000－0144－0003906　041/377－02
格致鏡原一百卷　（清）陳元龍編　清光緒十四年（1888）上海大同書局石印本　十六册

110000－0144－0003907　041/377－02
格致鏡原一百卷　（清）陳元龍編　清光緒十四年（1888）上海大同書局石印本　十六册

110000－0144－0003908　041/377－03
格致鏡原一百卷　（清）陳元龍編　清光緒二十二年（1896）上海積山書局石印本　十六册

110000－0144－0003909　041/379
經策通纂　（清）吴潁炎等編　清光緒十四年（1888）上海點石齋石印本　八十册

110000－0144－0003910　041/379
經策通纂　（清）吴潁炎等編　清光緒二十三年（1897）上海點石齋石印本　六十八册

110000－0144－0003911　041/379－2
策學備纂續集（經策通纂補遺）四卷　（清）宋徽獻輯　清光緒二十年（1894）上海點石齋石印本　十二册

110000－0144－0003912　041/384.8－4
增補萬寶全書二十卷　（明）陳繼儒輯　（清）毛煥文增補　清光緒二十一年（1895）學庫山房刻本　四册

110000－0144－0003913　041/393－02
小知錄十二卷　（清）陸鳳藻輯　清同治十二年（1873）淮南書局刻本　四册

110000－0144－0003914　041/423
藝文類聚一百卷　（唐）歐陽詢等撰　清光緒五年（1879）華陽宏達堂刻本　四十册

110000－0144－0003915　041/423
藝文類聚一百卷　（唐）歐陽詢等撰　清光緒五年（1879）華陽宏達堂刻本　三十二册

110000－0144－0003916　041/430

增補一夕話六卷　(清)咄咄夫編　清道光十二年(1832)宏德堂刻本　一冊

110000－0144－0003917　041/430－02
增補一夕話六卷　(清)咄咄夫編　清道光十二年(1832)經國堂刻本　四冊

110000－0144－0003918　041/435
御定駢字類編二百四十卷　(清)張廷玉等纂　清光緒十三年(1887)上海同文書局石印本　四十八冊

110000－0144－0003919　041/435
御定駢字類編二百四十卷　(清)張廷玉等纂　清光緒十三年(1887)上海同文書局石印本　四十八冊

110000－0144－0003920　041/435
御定駢字類編二百四十卷　(清)張廷玉等纂　清光緒十三年(1887)上海同文書局石印本　四十八冊

110000－0144－0003921　041/435
御定駢字類編二百四十卷　(清)張廷玉等纂　清光緒十三年(1887)上海同文書局石印本　四十八冊

110000－0144－0003922　041/435
御定駢字類編二百四十卷　(清)張廷玉等纂　清光緒十三年(1887)上海同文書局石印本　三十二冊

110000－0144－0003923　041/436
文選類腋十六卷　(清)吳承烜輯　清光緒二十二年(1896)上海書局石印本　四冊

110000－0144－0003924　041/437
古學記問錄十五卷　(清)吳蔚文編　清同治四年(1865)文瑞堂刻本　八冊

110000－0144－0003925　041/437
古學記問錄十五卷　(清)吳蔚文編　清同治四年(1865)文瑞堂刻本　六冊

110000－0144－0003926　041/440
重訂事類賦三十卷　(宋)吳淑撰註　(明)華麟祥校　清敬文堂刻本　六冊

110000－0144－0003927　041/440－05
重訂事類賦三十卷　(宋)吳淑撰註　(明)華麟祥校　清崇文堂刻本　六冊

110000－0144－0003928　041/453
中外時務策府統宗四十四卷讀西學書法一卷西學書目表一卷　(清)上海文盛書局編輯　清光緒二十三年(1897)海文盛堂石印本　二十冊

110000－0144－0003929　041/472
中外時務經濟新論六卷　(清)果爾敏編　清光緒二十四年(1898)上洋自強齋石印本　六冊

110000－0144－0003930　041/482
古今創物志不分卷　(清)羅荊璧纂　清嘉慶十八年(1813)桂園草堂刻本　一冊

110000－0144－0003931　041/487
記聞類編十四卷　(清)上海印書局編　清光緒三年(1877)上海印書局鉛印本　六冊

110000－0144－0003932　041/489
北堂書鈔一百六十卷　(唐)虞世南撰　(清)孔廣陶校註　清光緒十四年(1888)南海孔氏三十有三萬卷堂刻本　二十冊

110000－0144－0003933　041/489
北堂書鈔一百六十卷　(唐)虞世南撰　(清)孔廣陶校註　清光緒十四年(1888)南海孔氏三十有三萬卷堂刻本　二十冊

110000－0144－0003934　041/489
北堂書鈔一百六十卷　(唐)虞世南撰　(清)孔廣陶校註　清光緒十四年(1888)南海孔氏三十有三萬卷堂刻本　二十冊

110000－0144－0003935　041/500
卓氏藻林八卷　(明)卓明卿撰　清道光二十七年(1847)藝圃刻本　十六冊

110000－0144－0003936　041/502
重訂廣事類賦四十卷　(清)華希閔撰　(清)華希閎重訂　清敬文堂刻本　八冊

110000－0144－0003937　041/502－02

重訂廣事類賦四十卷　(清)華希閔撰　(清)華希閎重訂　清崇文堂刻本　八册

110000－0144－0003938　041/509

詩賦駢字類珠八卷　(清)蕭藜庭輯　清末广州聚錦堂刻本　四册

110000－0144－0003939　041/526

千金裘二十七卷　(清)蔣義彬纂　清道光二十六年(1846)書業德記刻本　二册

110000－0144－0003940　041/561

廣治平略正集三十八卷續集六卷　(清)蔡方炳撰　清雍正二年(1724)聚奎堂刻本　二十册

110000－0144－0003941　041/561

廣治平略正集三十八卷續集六卷　(清)蔡方炳撰　清雍正二年(1724)聚奎堂刻本　十二册

110000－0144－0003942　041/564

策學備纂三十二卷首一卷　(清)蔡啟盛　(清)吳潁炎輯　清光緒二十年(1894)上海袖海山房石印本　三十二册

110000－0144－0003943　041/564－02

策學備纂三十二卷首一卷　(清)蔡啟盛　(清)吳潁炎輯　清光緒十四年(1888)上海點石齋石印本　四十八册

110000－0144－0003944　041/601

新訂故事逢源八卷　(清)譚貴球撰　清光緒三年(1877)臥雲山房刻本　四册

110000－0144－0003945　041/611

增補註釋故事白眉十卷　(明)許以忠輯　清光緒二年(1876)經濟堂刻本　四册

110000－0144－0003946　041/611－02

註釋白眉故事十卷　(明)許以忠輯　(明)鄧志謨校　清刻本　四册

110000－0144－0003947　041/626－02

古事比五十二卷　(清)方中德輯　清光緒十三年(1887)上海點石齋石印本　六册

110000－0144－0003948　041/626－02

古事比五十二卷　(清)方中德輯　清光緒十三年(1887)上海石印局石印本　六册

110000－0144－0003949　041/637

新鐫分類評註文武合編百子金丹十卷　(明)郭偉選注　(明)王星聚校訂　清光緒二十年(1894)茹古軒刻本　六册

110000－0144－0003950　041/646－02

弦雪居重訂遵生八牋十九卷　(明)高濂撰　清光緒十年(1884)刻本　二十册

110000－0144－0003951　041/647

備翰四集　(清)高喬映輯　清清貫堂刻寓酒堂偶編本　一册　存二卷(一至二)

110000－0144－0003952　041/651

七修類稿五十一卷續稿七卷　(明)郎瑛撰　清乾隆四十年(1775)耕煙草堂刻本　二十四册

110000－0144－0003953　041/651

七修類稿五十一卷續稿七卷　(明)郎瑛撰　清乾隆四十年(1775)耕煙草堂刻本　十六册

110000－0144－0003954　041/651－03

七修類稿五十一卷續稿七卷　(明)郎瑛撰　清光緒六年(1880)廣州翰墨園刻本　十二册

110000－0144－0003955　041/653.6

新學大叢書一百二十卷　(清)上海喬記書局編　清光緒二十九年(1903)上海積山喬記書局石印本　三十二册

110000－0144－0003956　041/674－04

風俗通義十卷　(漢)應劭撰　清光緒元年(1875)湖北崇文書局刻本　二册

110000－0144－0003957　041/677

文料大成四卷首一卷　(清)冷香子撰　清光緒十一年(1885)上海同文書局石印本　二册

110000－0144－0003958　041/677

文料大成四卷首一卷　(清)冷香子撰　清光緒十一年(1885)上海同文書局石印本　二册

110000－0144－0003959　041/690

新編分門古今類事二十卷　(宋)宋□輯　清

光緒十八年(1892)歸安陸氏十萬卷樓刻十萬卷樓叢書本　五冊

110000－0144－0003960　041/700

讀書紀數略五十四卷　(清)宮夢仁編　清光緒六年(1880)山陰宋氏懺花庵刻本　十二冊

110000－0144－0003961　041/700

讀書紀數略五十四卷　(清)宮夢仁編　清光緒六年(1880)山陰宋氏懺花庵刻本　十四冊

110000－0144－0003962　041/715

穀玉類編五十卷　(清)汪兆舒輯　清乾隆二十三年(1758)資履堂刻本　十二冊

110000－0144－0003963　041/716

欽定古今圖書集成一萬卷　(清)陳夢雷輯　(清)蔣廷錫重輯　清光緒十年(1884)上海圖書集成鉛版印書局鉛印本　一千六百二十六冊

110000－0144－0003964　041/716－1

子史精華一百六十卷　(清)允祿等纂　清刻本　三十六冊

110000－0144－0003965　041/716－1－02

子史精華一百六十卷　(清)允祿等纂　清刻本　四十七冊

110000－0144－0003966　041/716－1－02

子史精華一百六十卷　(清)允祿等纂　清刻本　四十八冊

110000－0144－0003967　041/716－1－03

子史精華一百六十卷　(清)允祿等纂　清宣統元年(1909)上海集成圖書公司石印本　八冊

110000－0144－0003968　041/716－1－05

子史精華三十卷　(清)允祿等纂　清光緒九年(1883)上海點石齋石印本　二冊

110000－0144－0003969　041/716－1－06

子史精華一百六十卷　(清)允祿等纂　清光緒十三年(1887)上海積山書局石印本　十冊

110000－0144－0003970　041/716－1－06

子史精華一百六十卷　(清)允祿等纂　清光緒十三年(1887)上海積山書局石印本　十冊

110000－0144－0003971　041/716－1－07

子史精華一百六十卷　(清)允祿等纂　清光緒十年(1884)上海同文書局石印本　八冊

110000－0144－0003972　041/716－3

欽定古今圖書集成目錄四十卷　(清)蔣廷錫等編　清光緒十年(1884)上海同文書局石印本　二十冊

110000－0144－0003973　041/719－8

經濟實學考八卷　(清)江標撰　清光緒二十六年(1900)上海博濟書局石印本　十二冊

110000－0144－0003974　041/748

野獲編三十卷　(清)沈德符撰　(清)錢枋輯　清道光七年(1827)扶荔山房刻本　十二冊

110000－0144－0003975　041/748

野獲編三十卷補遺四卷首一卷　(清)沈德符撰　(清)錢枋輯　清道光七年(1827)扶荔山房刻本　二十冊

110000－0144－0003976　041/790

人鏡類纂四十六卷　(清)程之楨輯　(清)汪元善勘訂　清同治十二年(1873)江夏程氏刻本　十二冊

110000－0144－0003977　041/793

人壽金鑑二十二卷　(清)程德齡輯　清嘉慶二十五年(1820)揚州金陵柏華刻本　六冊

110000－0144－0003978　041/803－02

壹是紀始二十二卷補遺一卷　(清)魏崧撰　清光緒十七年(1891)北京隆福寺文奎堂刻本　六冊

110000－0144－0003979　041/829

萬國政治藝學全書三百八十卷　(清)朱大文編　(清)淩賡颺編　清光緒二十八年(1902)上海鴻文書局石印本　五十四冊

110000－0144－0003980　041/842

紀略(蘋香書屋紀略)七卷附摘抄一卷　(清)鄒文柏撰　清光緒三十四年(1908)文苑閣木活字印本　三冊

110000－0144－0003981　041/889

策府統宗六十五卷　(清)劉昌齡增訂　清光緒十九年(1893)上海積山書局石印本　二十册

110000－0144－0003982　041/889

策府統宗六十五卷　(清)劉昌齡增訂　清光緒十九年(1893)上海積山書局石印本　十册

110000－0144－0003983　041/894－307

詩料英華十四卷　(清)劉豹君撰　(清)張晴峯校訂　清刻本　四册

110000－0144－0003984　041/902

分類字錦六十四卷　(清)何焯等撰　清刻本　六十四册

110000－0144－0003985　041/914

中外大事彙記十四類　(清)倚劍生輯　清光緒二十四年(1898)廣智報局鉛印本　十四册

110000－0144－0003986　041/949

古香齋鑒賞袖珍初學記三十卷　(唐)徐堅等撰　清刻本　十二册

110000－0144－0003987　041/949－02

古香齋鑒賞袖珍初學記三十卷　(唐)徐堅等撰　清光緒九年(1883)南海孔氏三十有三萬卷堂刻本　十二册

110000－0144－0003988　041/949－02

古香齋鑒賞袖珍初學記三十卷　(唐)徐堅等撰　清光緒九年(1883)南海孔氏三十有三萬卷堂刻本　十二册

110000－0144－0003989　041/949－02

古香齋鑒賞袖珍初學記三十卷　(唐)徐堅等撰　清光緒九年(1883)南海孔氏三十有三萬卷堂刻本　十六册

110000－0144－0003990　041/949－04

初學記三十卷　(唐)徐堅等撰　清光緒十四年(1888)蘊石齋刻本　十册

110000－0144－0003991　041/994

類腋八卷　(清)姚培謙撰　清刻本　二册

110000－0144－0003992　041/994－198

角山樓增補類腋六十七卷　(清)姚培謙撰　(清)趙克宜增輯　清光緒十二年(1886)上海同文書局石印本　六册

110000－0144－0003993　043/260

元和姓纂十卷　(唐)林寶撰　清光緒六年(1880)江蘇金陵書局刻本　四册

110000－0144－0003994　043/260－02

元和姓纂十卷　(唐)林寶撰　清嘉慶七年(1802)古歙洪氏刻本　四册

110000－0144－0003995　043/306－713

韻府拾遺一百六卷　(清)張廷玉等撰　清光緒十八年(1892)上海同文書局石印本　八册

110000－0144－0003996　043/765

五車韻瑞一百六十卷　(明)淩稚隆輯　明萬曆苏州金閶葉氏天葆堂刻本　三十二册

110000－0144－0003997　044/102

月令粹編二十四卷圖說一卷　(清)秦嘉謨撰　清光緒九年(1883)安徽聚文書坊木活字印本　八册

110000－0144－0003998　044/102－02

月令粹編二十四卷圖說一卷　(清)秦嘉謨撰　清嘉慶十七年(1812)江都秦氏琳瑯仙館刻本　八册

110000－0144－0003999　044/377

歲時廣記四十卷首一卷末一卷　(宋)陳元靚撰　清光緒八年(1882)歸安陸氏刻本　八册

110000－0144－0004000　044/504

日典紀要十二卷　(清)葉騰驤輯　清道光二十年(1840)品石山房木活字印本　四册

110000－0144－0004001　045/169

普通百科新大辭典　黄人編　清宣統三年(1911)上海國學扶輪社鉛印本　十五册

110000－0144－0004002　046/102

原始　(清)秦粤生輯　清光緒三十一年(1905)刻本　一册

110000－0144－0004003　046/102

原始　(清)秦粤生輯　清光緒三十一年

(1905)刻本　一册

110000－0144－0004004　046/320－02
居家必用事類全集十集　(明)□□撰　明末蔣氏石渠閣刻本　缺一集(庚集)　九册

110000－0144－0004005　046/700(1905)
鴻雪齋官商便覽五百種　(清)鴻雪齋編　清末上海點石齋石印本　一册

110000－0144－0004006　046/700(1909)
乙酉年官商快覽　(清)上海書業公所編　清光緒三十四年(1908)上海書業公所石印本　一册

110000－0144－0004007　046/760
普通學問答二卷　(□)□□撰　清光緒二十七年(1901)石印本　一册

110000－0144－0004008　070/111
皇朝蓄艾文編八十卷　(清)于寶軒輯　清光緒二十九年(1903)上海官書局鉛印本　四十册

110000－0144－0004009　070/159
政藝叢書六十四卷　上海政藝通報社編輯　清光緒二十九年(1903)上海政藝通報社石印本　十二册

110000－0144－0004010　070/329
危言二卷　(清)邵作舟撰　清光緒二十四年(1898)上海商務印書館鉛印本　二册

110000－0144－0004011　070/329
危言二卷　(清)邵作舟撰　清光緒二十四年(1898)上海商務印書館鉛印本　二册

110000－0144－0004012　070/453
中外政治策論彙編二十四卷　(清)鴻寶齋主人編　清光緒二十七年(1901)上海鴻寶書局石印本　二十四册

110000－0144－0004013　070/598
富強新書二十二卷　(清)小萬卷樓主輯　清光緒二十四年(1898)三魚書局石印本　十六册

110000－0144－0004014　070/667
覺顛冥齋内言四卷　(清)唐才常撰　清光緒二十四年(1898)長沙刻本　四册

110000－0144－0004015　070/667
覺顛冥齋内言四卷　(清)唐才常撰　清光緒二十四年(1898)長沙刻本　四册

110000－0144－0004016　070/703
簷曝雜記六卷　(清)趙翼撰　清刻本　一册

110000－0144－0004017　070/880
湘報類纂六集　(清)覺睡齋主人輯　清光緒二十八年(1902)上海中華編譯印書館鉛印本　八册

110000－0144－0004018　070/880
湘報類纂六集　(清)覺睡齋主人輯　清光緒二十八年(1902)上海中華編譯印書館鉛印本　八册

110000－0144－0004019　071/112
經史雜記八卷　(清)王玉樹撰　清道光十年(1830)芳梫堂刻本　四册

110000－0144－0004020　071/112
經史雜記八卷　(清)王玉樹撰　清道光十年(1830)芳梫堂刻本　四册

110000－0144－0004021　071/113
艾學閒談二十卷　(清)王朝榘撰　清嘉慶八年(1803)萬年王氏刻本　六册

110000－0144－0004022　071/113.4
學林十卷　(宋)王觀國撰　清嘉慶十四年(1809)蕭山陳氏湖海樓刻本　五册

110000－0144－0004023　071/113.4－02
學林十卷　(宋)王觀國撰　清刻本　劉盼遂題識　五册

110000－0144－0004024　071/115
蛾術編八十二卷　(清)王鳴盛撰　清道光二十一年(1841)吳江沈氏世楷堂刻本　二十册

110000－0144－0004025　071/115
蛾術編八十二卷　(清)王鳴盛撰　清道光二十一年(1841)吳江沈氏世楷堂刻本　二十四册

110000－0144－0004026　071/115.8
莘民雜著不分卷　（清）王廷佐撰　（清）陳師濂輯　清嘉慶十一年（1806）陳氏聰訓堂刻本　一册

110000－0144－0004027　071/117
困學紀聞二十卷　（元）王應麟撰　（清）閻若璩箋　清同治九年（1870）揚州書局刻本　四册

110000－0144－0004028　071/117.6
幼學編不分卷　（清）王裕承輯　清光緒十三年（1887）抄本　二册

110000－0144－0004029　071/117－459－02
校定困學紀聞集證二十卷　（元）王應麟撰　（清）閻若璩等校補　清咸豐二年（1852）蘇州金閶小西山房刻本　八册

110000－0144－0004030　071/117－459－03
困學紀聞集證二十卷首一卷末一卷　（元）王應麟撰　（清）閻若璩等箋　清嘉慶八年（1803）聚秀堂刻本　十二册

110000－0144－0004031　071/117－983－02
困學紀聞注二十卷　（元）王應麟撰　（清）翁元圻注　清道光五年（1825）餘姚守福堂刻本　十二册

110000－0144－0004032　071/117－983－02
困學紀聞注二十卷　（元）王應麟撰　（清）翁元圻注　清道光五年（1825）餘姚守福堂刻本　十二册

110000－0144－0004033　071/117－983－02
困學紀聞注二十卷　（元）王應麟撰　（清）翁元圻注　清道光五年（1825）餘姚守福堂刻本　十册

110000－0144－0004034　071/117－983－02
困學紀聞注二十卷　（元）王應麟撰　（清）翁元圻注　清道光五年（1825）餘姚守福堂刻本　十二册

110000－0144－0004035　071/117－983－04
困學紀聞注二十卷　（元）王應麟撰　（清）翁元圻注　清光緒十五年（1889）上海積山書局石印本　六册

110000－0144－0004036　071/117－983－05
困學紀聞翁注編目二十六卷　（元）王應麟原撰　（清）翁元圻注　清光緒八年（1882）秋樹根齋刻本　六册

110000－0144－0004037　071/119
菉友蛾術編二卷　（清）王筠撰　清咸豐十年（1860）宋官疃刻本　一册

110000－0144－0004038　071/120
讀書雜志八十二卷餘編二卷　（清）王念孫撰　清同治九年（1870）金陵書局刻本　二十四册

110000－0144－0004039　071/120
讀書雜志八十二卷餘編二卷　（清）王念孫撰　清同治九年（1870）金陵書局刻本　二十四册

110000－0144－0004040　071/120
讀書雜志八十二卷餘編二卷　（清）王念孫撰　清同治九年（1870）金陵書局刻本　二十四册

110000－0144－0004041　071/120
讀書雜志八十二卷餘編二卷　（清）王念孫撰　清同治九年（1870）金陵書局刻本　二十四册

110000－0144－0004042　071/120
讀書雜志八十二卷餘編二卷　（清）王念孫撰　清同治九年（1870）金陵書局刻本　二十四册

110000－0144－0004043　071/120
讀書雜志八十二卷餘編二卷　（清）王念孫撰　清同治九年（1870）金陵書局刻本　二十四册

110000－0144－0004044　071/120－05
讀書雜志八十二卷　（清）王念孫撰　清末刻本　二十四册

110000－0144－0004045　071/123－382

白虎通疏證十二卷 (清)陳立撰 清光緒元年(1875)淮南書局刻本 四册

110000－0144－0004046 071/123－382
白虎通疏證十二卷 (清)陳立撰 清光緒元年(1875)淮南書局刻本 四册

110000－0144－0004047 071/123－382
白虎通疏證十二卷 (清)陳立撰 清光緒元年(1875)淮南書局刻本 六册

110000－0144－0004048 071/123－382
白虎通疏證十二卷 (清)陳立撰 清光緒元年(1875)淮南書局刻本 四册

110000－0144－0004049 071/123－382－02
白虎通疏證十二卷 (清)陳立撰 清光緒十四年(1888)江陰南菁書院刻皇清經解續編本 四册

110000－0144－0004050 071/123－8
白虎通四卷 (漢)班固撰 (清)盧文弨校 **校勘補遺一卷** (清)盧文弨撰 **攷一卷** (清)莊述祖撰 **闕文一卷** (清)莊述祖輯 清刻本 四册

110000－0144－0004051 071/123－8－02
白虎通四卷 (漢)班固撰 清光緒元年(1875)湖北崇文書局刻本 二册

110000－0144－0004052 071/161
項氏家説十卷附録二卷 (宋)項安世撰 清光緒刻本 三册

110000－0144－0004053 071/166
慈溪黄氏日抄分類九十七卷古今紀要十九卷 (宋)黄震輯 清乾隆三十二年(1767)新安汪佩鍔刻本 三十二册

110000－0144－0004054 071/166
慈溪黄氏日抄分類九十七卷古今紀要十九卷 (宋)黄震輯 清乾隆三十二年(1767)新安汪佩鍔刻本 二十六册

110000－0144－0004055 071/166
慈溪黄氏日抄分類九十七卷古今紀要十九卷 (宋)黄震輯 清乾隆三十二年(1767)新安汪佩鍔刻本 十六册

110000－0144－0004056 071/170
明夷待訪録一卷 (清)黄宗羲撰 清光緒五年(1879)北洋官報局鉛印本 一册

110000－0144－0004057 071/170
明夷待訪録一卷 (清)黄宗羲撰 清光緒五年(1879)北洋官報局鉛印本 一册

110000－0144－0004058 071/170.2
考辨隨筆二卷 (清)黄定宜撰 清道光二十七年(1847)萍鄉文氏刻本 一册

110000－0144－0004059 071/170－02
明夷待訪録一卷 (清)黄宗羲撰 清同治五年(1866)文江官廨刻本 二册

110000－0144－0004060 071/198－02
陔餘叢考四十三卷 (清)趙翼撰 清乾隆五十五年(1790)湛貽堂刻本 十二册

110000－0144－0004061 071/220－02
少室山房筆叢四十八卷 (明)胡應麟撰 清光緒二十二年(1896)廣雅書局刻本 八册

110000－0144－0004062 071/220－02
少室山房筆叢四十八卷詩藪内編六卷外編四卷雜編六卷 (明)胡應麟撰 清光緒二十二年(1896)廣雅書局刻本 十册

110000－0144－0004063 071/220－02
少室山房筆叢四十八卷詩藪内編六卷外編四卷雜編六卷 (明)胡應麟撰 清光緒二十二年(1896)廣雅書局刻本 二十册

110000－0144－0004064 071/220－02
少室山房筆叢四十八卷詩藪内編六卷外編四卷雜編六卷 (明)胡應麟撰 清光緒二十二年(1896)廣雅書局刻本 十册

110000－0144－0004065 071/220－02
少室山房筆叢四十八卷詩藪内編六卷外編四卷雜編六卷 (明)胡應麟撰 清光緒二十二年(1896)廣雅書局刻本 十册

110000－0144－0004066 071/251
札樸十卷 (清)桂馥撰 清光緒九年(1883)

長洲蔣氏心矩齋刻本　八册

110000－0144－0004067　071/251

札樸十卷　(清)桂馥撰　清光緒九年(1883)長洲蔣氏心矩齋刻本　六册

110000－0144－0004068　071/251

札樸十卷　(清)桂馥撰　清光緒九年(1883)長洲蔣氏心矩齋刻本　八册

110000－0144－0004069　071/251

札樸十卷　(清)桂馥撰　清光緒九年(1883)長洲蔣氏心矩齋刻本　五册

110000－0144－0004070　071/251

札樸十卷　(清)桂馥撰　清光緒九年(1883)長洲蔣氏心矩齋刻本　六册

110000－0144－0004071　071/251

札樸十卷　(清)桂馥撰　清光緒九年(1883)長洲蔣氏心矩齋刻本　五册

110000－0144－0004072　071/254

開卷偶得十卷　(清)林春溥撰　清道光二十九年(1849)閩縣林氏竹柏山房刻本　四册

110000－0144－0004073　071/254.1

雪齋瑣綴　(清)林豐年撰　稿本　四册

110000－0144－0004074　071/274

楊慈湖先生石魚偶記一卷　(宋)楊簡撰　清刻本　一册

110000－0144－0004075　071/291

媿生叢録二卷　李詳撰　清宣統元年(1909)江寧刻本　一册

110000－0144－0004076　071/291

媿生叢録二卷　李詳撰　清宣統元年(1909)江寧刻本　一册

110000－0144－0004077　071/292

此君軒漫筆四卷　(清)李心衡撰　清道光三年(1823)刻本　二册

110000－0144－0004078　071/307

海南日抄三十卷　(清)張眉大撰　清嘉慶元年(1796)湘鄉張氏刻本　六册

110000－0144－0004079　071/308

四寸學六卷　(清)張雲璈撰　清道光十一年(1831)張氏簡松草堂刻本　二册

110000－0144－0004080　071/311

舒藝室隨筆六卷續筆一卷餘筆三卷雜著甲編二卷乙編二卷　(清)張文虎撰　清同治十三年至光緒五年(1874－1879)金陵冶城賓館刻本　六册

110000－0144－0004081　071/311.6

龍筋鳳髓判四卷　(唐)張鷟撰　(明)劉允鵬注　(清)陳春補正　清嘉慶十六年(1811)蕭山陳氏刻湖海樓叢書本　二册

110000－0144－0004082　071/311.6

龍筋鳳髓判四卷　(唐)張鷟撰　(明)劉允鵬注　(清)陳春補正　清嘉慶十六年(1811)蕭山陳氏刻湖海樓叢書本　二册

110000－0144－0004083　071/311－03

勸學篇二卷　(清)張之洞撰　清光緒二十四年(1898)浙江刻本　一册

110000－0144－0004084　071/312

欲寡過齋雜筆八卷　(清)張道超撰　清刻本　四册

110000－0144－0004085　071/327

通俗編三十八卷　(清)翟灝撰　清乾隆仁和翟氏無不宜齋杭州武林竹簡齋刻本　十二册

110000－0144－0004086　071/327

通俗編三十八卷　(清)翟灝撰　清乾隆仁和翟氏無不宜齋杭州武林竹簡齋刻本　十二册

110000－0144－0004087　071/327

通俗編三十八卷　(清)翟灝撰　清乾隆仁和翟氏無不宜齋杭州武林竹簡齋刻本　六册

110000－0144－0004088　071/327

通俗編三十八卷　(清)翟灝撰　清乾隆仁和翟氏無不宜齋杭州武林竹簡齋刻本　十二册

110000－0144－0004089　071/327

通俗編三十八卷　(清)翟灝撰　清乾隆仁和翟氏無不宜齋杭州武林竹簡齋刻本　十册

110000－0144－0004090　071/327
通俗編三十八卷　(清)翟灝撰　清乾隆仁和翟氏無不宜齋杭州武林竹簡齋刻本　十二册

110000－0144－0004091　071/361
讀書脞錄七卷　(清)孫志祖撰　清嘉慶十二年(1807)仁和孫氏刻本　二册

110000－0144－0004092　071/361
讀書脞錄七卷　(清)孫志祖撰　清嘉慶十二年(1807)仁和孫氏刻本　二册

110000－0144－0004093　071/361－02
讀書脞錄七卷　(清)孫志祖撰　清嘉慶四年(1799)仁和孫氏刻本　四册

110000－0144－0004094　071/361－02
讀書脞錄七卷　(清)孫志祖撰　清嘉慶四年(1799)仁和孫氏刻本　四册

110000－0144－0004095　071/361－03
讀書脞錄七卷　(清)孫志祖撰　清光緒十三年(1887)醉六堂刻本　二册

110000－0144－0004096　071/365
札迻十二卷　(清)孫詒讓撰　清光緒二十年(1894)刻本　四册

110000－0144－0004097　071/365
札迻十二卷　(清)孫詒讓撰　清光緒二十年(1894)刻本　四册

110000－0144－0004098　071/365
札迻十二卷　(清)孫詒讓撰　清光緒二十年(1894)刻本　四册

110000－0144－0004099　071/365
札迻十二卷　(清)孫詒讓撰　清光緒二十年(1894)刻本　四册

110000－0144－0004100　071/365
札迻十二卷　(清)孫詒讓撰　清光緒二十年(1894)刻本　四册

110000－0144－0004101　071/365
札迻十二卷　(清)孫詒讓撰　清光緒二十年(1894)刻本　四册

110000－0144－0004102　071/375
小琅嬛叢記二卷　(清)阮福撰　清道光儀徵阮氏刻文選樓叢書本　一册

110000－0144－0004103　071/382.6
掌錄二卷　(清)陳祖范撰　清光緒十七年(1891)刻廣雅書局叢刊本　一册

110000－0144－0004104　071/383
東塾讀書記十五卷　(清)陳澧撰　清光緒廣州登雲閣刻本　五册

110000－0144－0004105　071/383
東塾讀書記十五卷　(清)陳澧撰　清光緒廣州登雲閣刻本　五册

110000－0144－0004106　071/383
東塾讀書記十五卷　(清)陳澧撰　清光緒廣州登雲閣刻本　四册

110000－0144－0004107　071/383
東塾讀書記十五卷　(清)陳澧撰　清光緒廣州登雲閣刻本　六册

110000－0144－0004108　071/383
東塾讀書記十五卷　(清)陳澧撰　清光緒廣州登雲閣刻本　五册

110000－0144－0004109　071/383
東塾讀書記十五卷　(清)陳澧撰　清光緒廣州登雲閣刻本　六册

110000－0144－0004110　071/383.7
劍聞齋師門答問　(清)陳瀚問　(清)郭嵩燾答　清宣統三年(1911)石印本　一册

110000－0144－0004111　071/383－04
東塾讀書記十五卷　(清)陳澧撰　清光緒二十九年(1903)山東書局鉛印本　四册

110000－0144－0004112　071/383－04
東塾讀書記十五卷　(清)陳澧撰　清光緒二十九年(1903)山東書局鉛印本　劉盼遂題記　四册

110000－0144－0004113　071/383－05
東塾讀書記十五卷　(清)陳澧撰　清光緒二十七年(1901)邵州勸學書舍刻本　六册

110000－0144－0004114　071/383－06
東塾讀書記十五卷　(清)陳澧撰　清光緒二十四年(1898)上海江左書林刻本　四册

110000－0144－0004115　071/384.2
養和軒隨筆一卷　陳作霖撰　清光緒二十四年(1898)傅春官晦齋刻本　一册

110000－0144－0004116　071/390
冷廬雜識八卷　(清)陸以湉撰　清咸豐六年(1856)刻本　八册

110000－0144－0004117　071/393
小知錄十二卷　(清)陸鳳藻輯　清道光二十九年(1849)拾芥園刻本　六册

110000－0144－0004118　071/404
輟耕錄三十卷　(元)陶宗儀撰　清浙湖許恆遠堂刻本　八册

110000－0144－0004119　071/404－06
輟耕錄三十卷　(元)陶宗儀撰　清廣文堂刻本　十二册

110000－0144－0004120　071/423
歐陽省堂點勘記二卷　(清)歐陽泉撰　**省堂筆記一卷**　清同治九年(1870)皖城刻本　二册

110000－0144－0004121　071/423－02
歐陽省堂點勘記二卷　(清)歐陽泉撰　**省堂筆記一卷**　清光緒四年(1878)江蘇書局刻本　二册

110000－0144－0004122　071/456
淮南雜識四卷　(清)聞益編　清同治十一年(1872)聞維堉刻本　四册

110000－0144－0004123　071/456
淮南雜識四卷　(清)聞益編　清同治十一年(1872)聞維堉刻本　四册

110000－0144－0004124　071/459－02
潛邱劄記六卷　(清)閻若璩撰　**左汾近稿一卷**　(清)閻詠撰　清大成齋刻本　六册

110000－0144－0004125　071/482
眼學偶得一卷　羅振玉撰　清光緒十七年(1891)刻本　一册

110000－0144－0004126　071/495
鍾山札記四卷　(清)盧文弨撰　清刻本　一册

110000－0144－0004127　071/504
考古質疑六卷　(宋)葉大慶撰　**雲谷雜紀四卷**　(宋)張淏撰　清刻本　四册

110000－0144－0004128　071/504－02
考古質疑六卷　(宋)葉大慶撰　清光緒四年(1878)仁和葛氏嘯園刻嘯園叢書本　二册

110000－0144－0004129　071/508
桑榆夕照錄四卷　(清)蕭震萬撰　清光緒十二年(1886)湘潭蕭氏刻本　四册

110000－0144－0004130　071/522
羣書疑辨十二卷　(清)萬斯同撰　清嘉慶二十一年(1816)古堇水氏供石亭刻本　六册

110000－0144－0004131　071/522
羣書疑辨十二卷　(清)萬斯同撰　清嘉慶二十一年(1816)古堇水氏供石亭刻本　四册

110000－0144－0004132　071/526
榕堂續錄四卷　(清)蔣超伯撰　清同治六年(1867)江都蔣氏刻本　二册

110000－0144－0004133　071/526－1
麓澞薈錄十二卷　(清)蔣超伯撰　清刻本　六册

110000－0144－0004134　071/595
有不為齋隨筆十卷　(清)光聰諧撰　清光緒十四年(1888)蘇州藩署刻本　缺五卷(己至癸)　二册

110000－0144－0004135　071/608
珊瑚舌雕談初筆八卷　(清)許起撰　清光緒十一年(1885)弢園王氏木活字印本　四册

110000－0144－0004136　071/667
延州筆記四卷　(明)唐覲撰　清光緒十七年(1891)江陰金武祥刻本　二册

110000－0144－0004137　071/696－02

過庭錄十六卷　(清)宋翔鳳撰　清光緒七年(1881)會稽章氏刻本　四册

110000－0144－0004138　071/696－02
過庭錄十六卷　(清)宋翔鳳撰　清光緒七年(1881)會稽章氏刻本　四册

110000－0144－0004139　071/714.8
韓門綴學五卷續編一卷　(清)汪師韓撰　清刻本　四册

110000－0144－0004140　071/720－04
容齋隨筆十六卷續筆十六卷三筆十六卷四筆十六卷五筆十卷　(宋)洪邁撰　清乾隆五十九年(1794)蘇州掃葉山房刻本　十六册

110000－0144－0004141　071/759
湛園札記四卷　(清)姜宸英撰　清鶴麓山房刻本　二册

110000－0144－0004142　071/787
程氏攷古編十卷　(宋)程大昌撰　清刻本　二册

110000－0144－0004143　071/787－7
演繁露十六卷續集六卷　(宋)程大昌撰　清末篹樓抄本　三册

110000－0144－0004144　071/809
蘿藦亭札記八卷　(清)喬松年撰　清同治十二年(1873)刻本　四册

110000－0144－0004145　071/829
無邪堂答問五卷　(清)朱一新撰　清光緒二十一年(1895)廣雅書局刻本　五册

110000－0144－0004146　071/829
無邪堂答問五卷　(清)朱一新撰　清光緒二十一年(1895)廣雅書局刻本　五册

110000－0144－0004147　071/829
無邪堂答問五卷　(清)朱一新撰　清光緒二十一年(1895)廣雅書局刻本　五册

110000－0144－0004148　071/829
無邪堂答問五卷　(清)朱一新撰　清光緒二十一年(1895)廣雅書局刻本　五册

110000－0144－0004149　071/829－02
無邪堂答問五卷　(清)朱一新撰　清光緒二十二年(1896)上海鴻寶齋石印本　五册

110000－0144－0004150　071/832
群書札記十六卷　(清)朱亦棟撰　清光緒四年(1878)武林竹簡齋刻本　八册

110000－0144－0004151　071/852
談徵不分卷　(清)外方山人輯　清道光三年(1823)上苑堂刻本　六册

110000－0144－0004152　071/852－02
談徵不分卷　(清)外方山人輯　清道光三十年(1850)拾芥園刻本　五册

110000－0144－0004153　071/859
日涉編十二卷　(明)陳堦輯　(清)白輝補輯　清乾隆三十四年(1769)清畏堂刻本　十二册

110000－0144－0004154　071/902
義門讀書記五十八卷　(清)何焯撰　清乾隆十六年(1751)刻光緒六年(1880)苕溪吳氏重修本　十二册

110000－0144－0004155　071/902
義門讀書記五十八卷　(清)何焯撰　清乾隆十六年(1751)刻光緒六年(1880)苕溪吳氏本　十二册

110000－0144－0004156　071/902
義門讀書記五十八卷　(清)何焯撰　清乾隆十六年(1751)刻光緒六年(1880)苕溪吳氏重修本　十六册

110000－0144－0004157　071/902－02
義門讀書記五十八卷　(清)何焯撰　清乾隆三十四年(1769)石香齋刻本　十二册

110000－0144－0004158　071/902－02
義門讀書記五十八卷　(清)何焯撰　清乾隆三十四年(1769)石香齋刻本　八册

110000－0144－0004159　071/903
一鐙精舍甲部稿五卷　(清)何秋濤撰　清光緒五年(1879)淮南書局刻本　一册

110000－0144－0004160　071/929

十駕齋養新錄二十卷餘錄三卷　（清）錢大昕撰　**錢辛楣先生年譜一卷**　（清）錢慶曾撰　清光緒二年（1876）浙江書局刻本　八冊

110000－0144－0004161　071/929

十駕齋養新錄二十卷餘錄三卷　（清）錢大昕撰　**錢辛楣先生年譜一卷**　（清）錢慶曾撰　清光緒二年（1876）浙江書局刻本　八冊

110000－0144－0004162　071/929

十駕齋養新錄二十卷餘錄三卷　（清）錢大昕撰　**錢辛楣先生年譜一卷**　（清）錢慶曾撰　清光緒二年（1876）浙江書局刻本　八冊

110000－0144－0004163　071/929

十駕齋養新錄二十卷餘錄三卷　（清）錢大昕撰　**錢辛楣先生年譜一卷**　（清）錢慶曾撰　清光緒二年（1876）浙江書局刻本　八冊

110000－0144－0004164　071/929－04

十駕齋養新錄二十卷餘錄三卷　（清）錢大昕撰　清光緒十四年（1888）上海同文書局石印本　四冊

110000－0144－0004165　071/937

叢書雜義十二卷續集八卷三集六卷四集四卷　（清）鍾琦撰　清光緒二十八年（1902）通奉大夫第刻本　八冊

110000－0144－0004166　071/947

讀書雜釋十四卷　（清）徐鼒撰　清咸豐十一年（1861）福寧郡齋刻本　四冊

110000－0144－0004167　071/947

讀書雜釋十四卷　（清）徐鼒撰　清咸豐十一年（1861）福寧郡齋刻本　四冊

110000－0144－0004168　071/947

讀書雜釋十四卷　（清）徐鼒撰　清咸豐十一年（1861）福寧郡齋刻本　四冊

110000－0144－0004169　071/947

讀書雜釋十四卷　（清）徐鼒撰　清咸豐十一年（1861）福寧郡齋刻本　四冊

110000－0144－0004170　071/951

玉芝堂談薈三十六卷　（明）徐應秋輯　清光緒元年（1875）蒨園刻本　三十二冊

110000－0144－0004171　071/965－03

日知錄八卷　（清）顧炎武撰　清刻本　二冊

110000－0144－0004172　071/965－1

日知錄之餘四卷　（清）顧炎武撰　清宣統二年（1910）吳中元和鄒福保刻本　二冊

110000－0144－0004173　071/965－170－03

日知錄集釋三十二卷　（清）顧炎武撰　（清）黃汝成集釋　**刊誤二卷續刊誤二卷**　（清）黃汝成撰　清同治十一年（1872）湖北崇文書局刻本　十六冊

110000－0144－0004174　071/965－170－03

日知錄集釋三十二卷　（清）黃汝成集釋　**刊誤二卷續刊誤二卷**　（清）黃汝成撰　清同治十一年（1872）湖北崇文書局刻本　十六冊

110000－0144－0004175　071/965－170－03

日知錄集釋三十二卷　（清）黃汝成集釋　**刊誤二卷續刊誤二卷**　（清）黃汝成撰　清同治十一年（1872）湖北崇文書局刻本　十六冊

110000－0144－0004176　071/965－170－03

日知錄集釋三十二卷　（清）顧炎武撰　（清）黃汝成集釋　**刊誤二卷續刊誤二卷**　（清）黃汝成撰　清同治十一年（1872）湖北崇文書局刻本　十六冊

110000－0144－0004177　071/965－170－04

日知錄集釋三十二卷　（清）顧炎武撰　（清）黃汝成集釋　**刊誤二卷續刊誤二卷**　（清）黃汝成撰　清末刻本　十六冊

110000－0144－0004178　071/965－170－04

日知錄集釋三十二卷　（清）顧炎武撰　（清）黃汝成集釋　**刊誤二卷續刊誤二卷**　（清）黃汝成撰　清末刻本　十六冊

110000－0144－0004179　071/965－170－06

日知錄集釋三十二卷　（清）顧炎武撰　（清）黃汝成集釋　**刊誤二卷續刊誤二卷**　（清）黃汝成撰　清光緒三年（1877）徐人驥刻本　十

六册

110000－0144－0004180　071/965－170－07

日知錄集釋三十二卷　(清)顧炎武撰　(清)黄汝成集釋　**刊誤二卷續刊誤二卷**　(清)黄汝成撰　清光緒十三年(1887)上海同文書局石印本　四册

110000－0144－0004181　071/965－170－08

日知錄集釋三十二卷　(清)顧炎武撰　(清)黄汝成集釋　**刊誤二卷續刊誤二卷**　(清)黄汝成撰　清道光十四年(1834)嘉定黄氏刻本　存十六卷(一至十六)　八册

110000－0144－0004182　071/965－4－02

菰中隨筆一卷　(清)顧炎武撰　清道光十二年(1832)長白鄂山刻本　一册

110000－0144－0004183　071/981.8

香墅漫鈔四卷續四卷又續四卷　(清)曾廷枚輯　清乾隆五十二年至嘉慶七年(1787－1802)南城曾氏家塾刻本　八册

110000－0144－0004184　071/981.8

香墅漫鈔四卷續四卷又續四卷　(清)曾廷枚輯　清乾隆五十二年至嘉慶七年(1787－1802)南城曾氏家塾刻本　存一卷(香墅漫鈔一)　一册

110000－0144－0004185　071/981－02

求闕齋讀書錄十卷　(清)曾國藩撰　清光緒二年(1876)都門刻本　六册

110000－0144－0004186　071/990.4

癸巳類稿十五卷　(清)俞正燮撰　清光緒五年(1879)會稽章氏刻本　八册

110000－0144－0004187　071/990.4

癸巳類稿十五卷　(清)俞正燮撰　清光緒五年(1879)會稽章氏刻本　十二册

110000－0144－0004188　071/990.4－02

癸巳類稿十五卷　(清)俞正燮撰　清道光十三年(1833)王氏求日益齋刻本　八册

110000－0144－0004189　071/990.4－02

癸巳類稿十五卷　(清)俞正燮撰　清道光十三年(1833)王氏求日益齋刻本　六册

110000－0144－0004190　071/990.4－02

癸巳類稿十五卷　(清)俞正燮撰　清道光十三年(1833)王氏求日益齋刻本　八册

110000－0144－0004191　071/990.4－3

癸巳存稿十五卷　(清)俞正燮撰　清光緒十年(1884)黟縣李氏刻本　六册

110000－0144－0004192　071/990.4－3

癸巳存稿十五卷　(清)俞正燮撰　清光緒十年(1884)黟縣李氏刻本　六册

110000－0144－0004193　071/990.4－3

癸巳存稿十五卷　(清)俞正燮撰　清光緒十年(1884)黟縣李氏刻本　八册

110000－0144－0004194　071/990.4－3－03

癸巳存稿十五卷　(清)俞正燮撰　清道光二十八年(1848)靈石楊氏刻連筠簃叢書本　五册

110000－0144－0004195　071/990.4－3－03

癸巳存稿十五卷　(清)俞正燮撰　清道光二十八年(1848)靈石楊氏刻連筠簃叢書本　三册　存九卷(一至九)

110000－0144－0004196　071/990.9

愈愚錄六卷　(清)劉寶楠撰　清光緒十五年(1889)廣雅書局刻本　二册

110000－0144－0004197　071/990.9

愈愚錄六卷　(清)劉寶楠撰　清光緒十五年(1889)廣雅書局刻本　二册

110000－0144－0004198　071/994

援鶉堂筆記五十卷　(清)姚範撰　**刊誤一卷刊誤補遺一卷**　(清)方東樹撰　清道光十六年(1836)桐城姚瑩淮南監製官署刻本　十六册

110000－0144－0004199　071/994

援鶉堂筆記五十卷　(清)姚範撰　**刊誤一卷刊誤補遺一卷**　(清)方東樹撰　清道光十六年(1836)桐城姚瑩淮南監製官署刻本　十六册

110000－0144－0004200　071/994
援鶉堂筆記五十卷　(清)姚範撰　**刊誤一卷　刊誤補遺一卷**　(清)方東樹撰　清道光十六年(1836)桐城姚瑩淮南監製官署刻本　十六冊

110000－0144－0004201　072/003
隱居放言一卷　七十二峰老樵撰　清光緒三十一年(1905)木活字印本　一冊

110000－0144－0004202　072/113.2
山志初集六卷二集六卷　(清)王弘撰　清光緒二十六年(1900)敬義堂刻本　六冊

110000－0144－0004203　072/113.2
山志初集六卷二集六卷　(清)王弘撰　清光緒二十六年(1900)敬義堂刻本　六冊

110000－0144－0004204　072/113.3
分甘餘話四卷　(清)王士禛撰　清康熙四十八年(1709)刻本　一冊

110000－0144－0004205　072/113.6
山居瑣言一卷　(清)王晉之撰　清光緒七年(1881)滬江石埭陳氏強本居鉛印本　一冊

110000－0144－0004206　072/113.6－02
山居瑣言一卷　(清)王晉之撰　清光緒二十九年(1903)北洋官報局石印本　一冊

110000－0144－0004207　072/115.6
澠水燕談錄十卷　(宋)王闢之撰　清乾隆長塘鮑氏刻知不足齋叢書本　二冊

110000－0144－0004208　072/117
重論文齋筆錄十二卷　(清)王端履輯　清道光二十六年(1846)受宜堂刻本　六冊

110000－0144－0004209　072/117.6－02
柳南隨筆六卷續筆四卷　(清)王應奎撰　清光緒四年(1878)上海申報館鉛印本　四冊

110000－0144－0004210　072/120
蓀友肊說一卷　(清)王筠撰　清道光十六年(1836)武陽學署刻本　一冊

110000－0144－0004211　072/169
讀書一得八卷　(明)黃訓撰　清五誠書屋刻本　二冊

110000－0144－0004212　072/180
西齋偶得三卷附錄一卷　(清)博明撰　清光緒二十六年(1900)刻留垞叢刻本　一冊

110000－0144－0004213　072/181－02
封氏聞見記十卷　(唐)封演撰　清乾隆二十一年(1756)盧氏雅雨堂刻本　二冊

110000－0144－0004214　072/181－02
封氏聞見記十卷　(唐)封演撰　清乾隆二十一年(1756)盧氏雅雨堂刻本　一冊

110000－0144－0004215　072/183
祇可自怡一卷　(清)吉茶農撰　清光緒四年(1878)寄舫刻本　一冊

110000－0144－0004216　072/187
隨園瑣記一卷　(清)袁祖志撰　清光緒三年(1877)上海申報館鉛印本　一冊

110000－0144－0004217　072/193
佔畢叢談六卷　(清)袁守定撰　清光緒十二年(1886)豐城袁氏刻本　四冊

110000－0144－0004218　072/231
讀有用書齋雜著二卷　(清)韓應陛撰　清同治九年(1870)古婁韓氏刻本　一冊

110000－0144－0004219　072/232
澗泉日記三卷　(宋)韓淲撰　清刻本　一冊

110000－0144－0004220　072/287.2
萍海墨雨四卷　(清)李匡濟輯　清光緒二年(1876)維揚徐祝三刻本　二冊

110000－0144－0004221　072/287.29
冰鑑齋見聞錄一卷　(清)李熙齡撰　清光緒二十七年(1901)刻本　一冊

110000－0144－0004222　072/290－02
榕村語錄續集二十卷　(清)李光地撰　清光緒二十年(1894)石印本　缺一卷(十六)　十冊

110000－0144－0004223　072/291
戒菴老人漫筆八卷　(明)李詡撰　清光緒二

十二年(1896)武進盛氏刻本　二册

110000－0144－0004224　072/293
北軒筆記一卷　(元)陳世隆輯　清乾隆、道光間長塘鮑氏刻知不足齋叢書本　一册

110000－0144－0004225　072/293
松窗百說一卷　(宋)李季可輯　清乾隆長塘鮑氏刻知不足齋叢書本　一册

110000－0144－0004226　072/294
李閣學讀書雜述八卷　(清)李鎧撰　清道光十七年(1837)敦睦堂刻本　二册

110000－0144－0004227　072/294.1
十二筆舫雜錄十二卷　(清)李兆元撰　清道光二年(1822)刻本　存一卷(梅影叢談一)　一册

110000－0144－0004228　072/295.7
人海記二卷　(清)查慎行編　清光緒七年(1881)崇文書局刻正覺樓叢刻本　二册

110000－0144－0004229　072/295.7－02
人海記二卷　(清)查慎行撰　清宣統二年(1910)上海掃葉山房石印本　二册

110000－0144－0004230　072/309.4
疑耀七卷　(明)張萱撰　清道光二十五年(1845)南海伍氏粤雅堂刻嶺南遺書本　二册

110000－0144－0004231　072/311
勸學篇二卷　(清)張之洞撰　清光緒二十四年(1898)中江書院刻本　一册

110000－0144－0004232　072/311
勸學篇二卷　(清)張之洞撰　清光緒二十四年(1898)中江書院刻本　一册

110000－0144－0004233　072/311
勸學篇二卷　(清)張之洞撰　清光緒二十四年(1898)中江書院刻本　一册

110000－0144－0004234　072/311.6
癡山隨筆二卷　張之純撰　清宣統三年(1911)刻本　一册

110000－0144－0004235　072/311－02
勸學篇二卷　(清)張之洞撰　清光緒二十四年(1898)慎始基齋刻本　二册

110000－0144－0004236　072/311－02
勸學篇二卷　(清)張之洞撰　清光緒二十四年(1898)慎始基齋刻本　二册

110000－0144－0004237　072/311－02
勸學篇二卷　(清)張之洞撰　清光緒二十四年(1898)慎始基齋刻本　二册

110000－0144－0004238　072/312
千百年眼十二卷　(明)張燧編　清光緒二十九年(1903)成都三鶴山房刻本　六册

110000－0144－0004239　072/340
康熙幾暇格物編二卷　(清)聖祖玄燁撰　(清)盛昱錄　清光緒石印本　二册

110000－0144－0004240　072/340
康熙幾暇格物編二卷　(清)聖祖玄燁撰　(清)盛昱錄　清光緒石印本　一册

110000－0144－0004241　072/340
康熙幾暇格物編二卷　(清)聖祖玄燁撰　(清)盛昱錄　清光緒石印本　一册

110000－0144－0004242　072/340.2
庶齋老學叢談三卷　(元)盛如梓撰　清嘉慶二十四年(1819)長塘鮑氏刻知不足齋叢書本　一册

110000－0144－0004243　072/362
流離雜記二卷　(清)孫雲錦撰　清宣統二年(1910)張謇鉛印本　一册

110000－0144－0004244　072/368
片玉山房花箋錄二十卷　(清)孫兆溎輯　清同治四年(1865)景福堂刻本　十二册

110000－0144－0004245　072/375
瀛舟筆談十二卷首一卷　(清)阮亨撰　清嘉慶二十五年(1820)刻本　六册

110000－0144－0004246　072/378
黄學廬雜述三卷　(清)陳士芑撰　清宣統元年(1909)鉛印本　一册

110000－0144－0004247　072/384.8
書蕉二卷　（明）陳繼儒撰　清光緒五年(1879)仁和葛氏嘯園刻本　一册

110000－0144－0004248　072/393
合肥學舍札記十二卷　（清）陸繼輅撰　清光緒四年(1878)興國州署刻本　四册

110000－0144－0004249　072/418
理學齋導言一卷　（清）馬用錫撰　**退庵隨筆一卷**　（清）沈映鈐撰　清光緒二十五年(1899)養新精舍刻本　一册

110000－0144－0004250　072/437
青箱雜記十卷　（宋）吳處厚撰　明刻本　二册

110000－0144－0004251　072/440
聞見偶鈔四卷　（清）吳汝言輯　清光緒十二年(1886)南溪修桂書屋刻本　四册

110000－0144－0004252　072/441.8
柴菴寤言二卷憶記四卷　（明）吳甡撰　清末抄本　二册

110000－0144－0004253　072/441.89
人海叢談一卷　（清）吳侍曾撰　清刻本　一册

110000－0144－0004254　072/445
東萊呂紫微雜說一卷可書一卷　（宋）呂本中撰　清光緒三年(1877)吳興陸氏十萬卷樓刻十萬卷樓叢書本　一册

110000－0144－0004255　072/504.4
巖下放言三卷　（宋）葉夢得撰　清光緒三十年(1904)長沙葉氏觀古堂刻本　一册

110000－0144－0004256　072/517
敝帚千金　英斂之輯　清光緒三十一年至三十三年(1905－1907)天津大公報館鉛印本　二十六册

110000－0144－0004257　072/517－1
敝帚千金第二集　英斂之輯　清光緒三十年(1904)天津大公報館鉛印本　一册

110000－0144－0004258　072/524
匏瓜錄十卷　（清）芮長恤撰　清光緒十年(1884)毗陵懷永堂惲氏刻本　六册

110000－0144－0004259　072/583
豈有此理四卷更豈有此理四卷　（清）□□撰　清道光四年(1824)刻本　八册

110000－0144－0004260　072/626
蠹存二卷　（清）方旭撰　清光緒二十四年(1898)刻本　二册

110000－0144－0004261　072/632
鳴鶴餘音一卷　（元）虞集撰　**日聞錄一卷**　（元）李翀撰　**雪履齋筆記一卷**　（元）郭翼撰　清光緒七年(1881)廣漢鐘氏刻函海本　一册

110000－0144－0004262　072/653
新輯頤人奇談四卷　（清）胡澹菴訂　（清）錢慎齋重增訂　清末石印本　一册

110000－0144－0004263　072/655.3
偶陽雜錄一卷　（清）章大來撰　清光緒六年(1880)會稽趙氏刻仰視千七百二十九鶴齋叢書本　一册

110000－0144－0004264　072/655.8
信摭一卷　（清）章學誠撰　清宣統二年(1910)順德鄧氏風雨樓鉛印本　一册

110000－0144－0004265　072/655.8
信摭一卷　（清）章學誠撰　清宣統二年(1910)順德鄧氏風雨樓鉛印本　一册

110000－0144－0004266　072/699
景愚軒綴聞一卷　（清）寄舫吟漁撰　清光緒五年(1879)刻本　一册

110000－0144－0004267　072/725
勸戒近錄六卷續錄六卷三錄六卷　（清）梁恭辰撰　清光緒六年(1880)星沙賴昌期刻本　三册

110000－0144－0004268　072/736
浮邱子十二卷　（清）湯鵬撰　清同治四年(1865)湘陰李黼堂刻本　四册

110000－0144－0004269　072/741

夢溪筆談二十六卷補筆談三卷續筆談十一篇 （宋）沈括撰 **夢溪筆談校字記** （清）陶福祥訂 清光緒三十二年（1906）番禺陶氏愛廬刻本 四冊

110000－0144－0004270 072/741
夢溪筆談二十六卷補筆談三卷續筆談十一篇 （宋）沈括撰 **夢溪筆談校字記** （清）陶福祥訂 清光緒三十二年（1906）番禺陶氏愛廬刻本 四冊

110000－0144－0004271 072/748
泖東草堂筆記二十卷 （清）沈鏡賢撰 清宣統二年（1910）鉛印本 四冊

110000－0144－0004272 072/754
思補齋筆記八卷 （清）潘世恩撰 清末北京會文齋鄭家刻字舖刻本 一冊

110000－0144－0004273 072/766
鈍吟雜錄十卷 （清）馮班撰 （清）何焯評 清嘉慶十二年（1807）張海鵬刻本 二冊

110000－0144－0004274 072/804
樗林偶筆二卷閒筆一卷 （清）魏裔介述 （清）魏荔彤編 清康熙龍江書院刻本 二冊

110000－0144－0004275 072/816
下學指南一卷 （清）周思誠纂 清同治二年（1863）湖州金蓋山書隱樓刻本 一冊

110000－0144－0004276 072/819.2
力書一卷 （清）周善培撰 清光緒二十四年（1898）湖南刻本 一冊

110000－0144－0004277 072/828.2
猗覺寮雜記二卷 （宋）朱翌撰 清乾隆四十一年（1776）刻知不足齋叢書本 二冊

110000－0144－0004278 072/886
常談四卷 （清）劉玉書撰 劉亨慶編次 清光緒二十五年（1899）豫章鹺廨刻本 四冊

110000－0144－0004279 072/887
隱居通議三十一卷 （元）劉壎撰 （清）劉冠寰輯 清嘉慶六年（1801）愛餘堂刻本 四冊

110000－0144－0004280 072/888
勸學芻言四卷 （清）劉存仁撰 清咸豐四年（1854）福州刻屺雲樓集本 一冊

110000－0144－0004281 072/889
蘆浦筆記十卷 （宋）劉昌詩撰 清嘉慶三年（1798）長塘鮑氏刻知不足齋叢書本 一冊

110000－0144－0004282 072/917－02
焦氏筆乘六卷 （明）焦竑輯 清道光三十年（1850）南海伍氏刻粵雅堂叢書本 三冊

110000－0144－0004283 072/933
履園叢話二十四卷 （清）錢泳輯 清刻本 存一卷（二十三） 一冊

110000－0144－0004284 072/936
退復軒隨筆一卷 （清）錫縝撰 清光緒木活字印本 一冊

110000－0144－0004285 072/946
懸榻編 （明）徐芳撰 （明）苗蕃評 （明）陳元選錄 清乾隆三十八年（1773）刻本 一冊

110000－0144－0004286 072/951
物猶如此十四卷 （清）徐謙編 清光緒二十九年（1903）南昌刻經處刻本 二冊

110000－0144－0004287 072/954
風月談餘錄六卷 （清）徐兆豐編 清光緒三十三年（1907）江都徐氏刻香雪巢叢書本 二冊

110000－0144－0004288 072/954
風月談餘錄六卷 （清）徐兆豐編 清光緒三十三年（1907）江都徐氏刻香雪巢叢書本 二冊

110000－0144－0004289 072/975
一斑錄五卷附編一卷雜述八卷 （清）鄭光祖撰 清咸豐五年（1855）青玉山房刻本 十六冊

110000－0144－0004290 072/990
九九銷夏錄十四卷 （清）俞樾撰 清光緒十八年（1892）德清俞氏刻本 四冊

110000－0144－0004291 072/990.7

荷廊筆記四卷　(清)俞洵慶撰　清光緒十一年(1885)廣州富文齋刻本　四册

110000－0144－0004292　072/994
識小錄八卷寸陰叢錄四卷　(清)姚瑩撰　清道光刻中復堂全集本　四册

110000－0144－0004293　073/113
鄉園憶舊錄六卷　(清)王培荀撰　清道光二十五年(1845)刻本　十二册

110000－0144－0004294　073/113－2
聽雨樓隨筆八卷　(清)王培荀辑　清道光二十六年(1846)刻本　八册

110000－0144－0004295　073/308
普通學歌訣一卷　張一鵬撰　清末編譯處刻本　十册

110000－0144－0004296　073/489
北堂書鈔一百六十卷　(唐)虞世南撰　(清)孔廣陶校註　清光緒十四年(1888)南海孔氏三十有三萬卷堂刻本　二十册

110000－0144－0004297　073/668
家塾蒙求五卷　(清)康基淵纂輯　清嘉慶七年(1802)刻本　四册

110000－0144－0004298　073/677
長物志十二卷　(明)文震亨撰　清同治十三年(1874)南海伍氏刻粤雅堂叢書本　四册

110000－0144－0004299　073/710－02
述學内篇三卷補遺一卷外篇一卷别錄一卷　(清)汪中撰　清同治八年(1869)揚州書局刻本　二册

110000－0144－0004300　073/710－02
述學内篇三卷補遺一卷外篇一卷别錄一卷　(清)汪中撰　清同治八年(1869)揚州書局刻本　三册

110000－0144－0004301　073/710－02
述學内篇三卷補遺一卷外篇一卷别錄一卷　(清)汪中撰　清同治八年(1869)揚州書局刻本　二册

110000－0144－0004302　073/710－02
述學内篇三卷補遺一卷外篇一卷别錄一卷　(清)汪中撰　清同治八年(1869)揚州書局刻本　二册

110000－0144－0004303　073/710－02
述學内篇三卷補遺一卷外篇一卷别錄一卷　(清)汪中撰　清同治八年(1869)揚州書局刻本　二册

110000－0144－0004304　073/710－02
述學内篇三卷補遺一卷外篇一卷别錄一卷　(清)汪中撰　清同治八年(1869)揚州書局刻本　二册

110000－0144－0004305　073/710－02
述學内篇三卷補遺一卷外篇一卷别錄一卷　(清)汪中撰　清同治八年(1869)揚州書局刻本　二册

110000－0144－0004306　073/710－02
述學内篇三卷補遺一卷外篇一卷别錄一卷　(清)汪中撰　清同治八年(1869)揚州書局刻本　二册

110000－0144－0004307　073/730
浪跡叢談十一卷　(清)梁章鉅撰　清刻本　四册

110000－0144－0004308　073/730－02
浪跡叢談十一卷續談八卷三談六卷　(清)梁章鉅撰　清道光二十七年至二十八年(1847－1848)亦東園刻本　十二册

110000－0144－0004309　073/746
懷小編二十卷　(清)沈濂撰　清咸豐四年(1854)始言堂刻本　六册

110000－0144－0004310　073/889－02
藝概六卷　(清)劉熙載撰　清光緒三年(1877)嶺南刻本　二册

110000－0144－0004311　073/930
寄廬雜記四卷　(清)錢國珍撰　清末刻本　四册

110000－0144－0004312　073/933
履園叢話二十四卷　(清)錢泳輯　清同治九

年(1870)常熟寫經堂刻本　八册

110000－0144－0004313　073/933
履園叢話二十四卷　(清)錢泳輯　清同治九年(1870)常熟寫經堂刻本　八册

110000－0144－0004314　074/100
三才紀要四種　(清)□□輯　清末上海江南機器製造總局刻本　一册

110000－0144－0004315　074/104
續同書八卷目録一卷　(清)福申輯　清道光三年(1823)及門黄觀刻本　四册

110000－0144－0004316　074/113
讀書後八卷　(明)王世貞撰　清乾隆二十七年(1762)天隨堂刻本　二册

110000－0144－0004317　074/113.4
甕牖餘談八卷　(清)王韜撰　清光緒元年(1875)上海申報館鉛印本　四册

110000－0144－0004318　074/117
讀書引十二卷　(清)王謨輯　清乾隆四十八年(1783)金谿王氏刻本　十二册

110000－0144－0004319　074/154
獨孤到之不分卷　(清)□□撰　清末抄本　一册

110000－0144－0004320　074/160
五色綫集二卷　(宋)□□撰　(清)汪觀重訂　清康熙五十五年(1716)静遠堂刻本　二册

110000－0144－0004321　074/165.6
縹緗雜録一卷藤陰小記一卷　(清)黄培芳撰　清道光三十年(1850)刻本　一册

110000－0144－0004322　074/274
動忍集二卷　(清)楊從相纂　清光緒六年(1880)平陵華聚玉木活字印本　二册

110000－0144－0004323　074/286
新修本草二十卷　(唐)李勣等撰　**補輯一卷**　(日本)小島知足補輯　清光緒十五年(1889)德清傅氏刻本　存十一卷(三至五、十二至十五、十七至二十)　二册

110000－0144－0004324　074/310
小谷山房雜記四卷　(清)張光裕撰　清光緒二十二年(1896)楚南張氏湘霞仙館刻本　四册

110000－0144－0004325　074/312.7
三餘雜志八卷辨誣二卷　(清)張定鋆輯　清咸豐元年(1851)補拙山房刻本　二册

110000－0144－0004326　074/313
博物志十卷續博物志十卷　(晉)張華撰　(宋)李石撰　清光緒元年(1875)湖北崇文書局刻本　二册

110000－0144－0004327　074/337
勵學譯編第四册　勵學譯社編　清光緒二十七年(1901)蘇州勵學譯社刻本　一册

110000－0144－0004328　074/394
北戶録三卷　(唐)段公路纂　(唐)崔龜圖注　清光緒六年(1880)吴興陸氏十萬卷樓刻本　一册

110000－0144－0004329　074/419
意林五卷　(唐)馬總輯　清光緒三年(1877)湖北崇文書局刻本　二册

110000－0144－0004330　074/423
經誼襍識一卷　(清)許克勤撰　清光緒二十一年(1895)海寧許氏刻本　一册

110000－0144－0004331　074/439
讀書止觀録五卷　(明)吴應箕纂　清光緒二十八年(1902)貴池劉氏唐石簃刻貴池先哲遺書本　一册

110000－0144－0004332　074/455
夢餘偶鈔四卷　(清)史策先撰　清同治四年(1865)刻本　四册

110000－0144－0004333　074/455
夢餘偶鈔四卷　(清)史策先撰　清同治四年(1865)刻本　四册

110000－0144－0004334　074/485
四溟瑣紀十一種　申報館編　清光緒元年(1875)上海申報館鉛印申報館叢書本　一册

110000－0144－0004335　074/504.4
紘林館雜鈔不分卷　(清)葉恩頤輯　清同治四年(1865)抄本　一册

110000－0144－0004336　074/538
華笑廎雜筆六卷　(清)范鍇撰　清道光二十五年(1845)刻本　二册

110000－0144－0004337　074/696
巾經纂二十卷　(清)宋宗元撰　清光緒十六年(1890)刻本　五册

110000－0144－0004338　074/719.5
新雕皇朝類苑七十八卷　(宋)江少虞撰　清宣統三年(1911)武進董康刻本　十二册

110000－0144－0004339　074/720
讀書叢錄七卷　(清)洪頤煊撰　清光緒廣雅書局刻本　一册

110000－0144－0004340　074/720－02
讀書叢錄二十四卷　(清)洪頤煊撰　清道光刻本　六册

110000－0144－0004341　074/720－03
讀書叢錄二十四卷　(清)洪頤煊撰　清光緒十三年(1887)吳氏醉六堂刻本　缺四卷(一至四)　六册

110000－0144－0004342　074/858
續談助五卷　(宋)晁載之輯　清光緒十三年(1887)歸安陸氏刻本　二册

110000－0144－0004343　074/889
徹賸八編　(清)劉思敬輯　清康熙華亭王日藻刻本　九册

110000－0144－0004344　074/925
六藝綱目二卷附錄二卷　(元)舒天民撰　(元)舒恭注　(明)趙宜中附注　**札記一卷**　(清)管禮耕校錄　清道光二十八年(1848)東武劉喜海嘉蔭簃刻本　四册

110000－0144－0004345　074/925
六藝綱目二卷附錄二卷　(元)舒天民撰　(元)舒恭注　(明)趙宜中附注　**札記一卷**　(清)管禮耕校錄　清道光二十八年(1848)東武劉喜海嘉蔭簃刻本　四册

110000－0144－0004346　074/925
六藝綱目二卷附錄二卷　(元)舒天民撰　(元)舒恭注　(明)趙宜中附注　**札記一卷**　(清)管禮耕校錄　清道光二十八年(1848)東武劉喜海嘉蔭簃刻本　二册

110000－0144－0004347　074/925－02
六藝綱目二卷附錄二卷　(元)舒天民撰　(元)舒恭注　(明)趙宜中附注　**札記一卷**　(清)管禮耕校錄　清光緒七年(1881)籒書誃汪氏刻本　二册

110000－0144－0004348　074/946
續廣博物志十六卷　(清)徐壽基輯　清光緒十二年(1886)武进徐氏刻本　四册

110000－0144－0004349　074/981
縹緗新記十六卷　(清)曾興仁輯　清道光二十二年(1842)羅卷山莊刻本　四册

110000－0144－0004350　076/453
中外政治策論彙編二十四卷　(清)鴻寶齋主人編　清光緒二十七年(1901)上海鴻寶書局石印本　二十四册

110000－0144－0004351　078/128
侯官嚴氏叢刻五卷　(清)嚴復撰　清光緒二十八年(1902)上海書局石印本　一册

110000－0144－0004352　078/733
中國魂二卷　梁啟超編輯　清光緒二十八年(1902)上海廣智書局鉛印本　二册

110000－0144－0004353　078/733
中國魂二卷　梁啟超撰　清光緒二十九年(1903)上海廣智書局鉛印本　二册

110000－0144－0004354　078/733－03
中國魂二卷　梁啟超撰　清宣統二年(1910)上海書局石印本　一册

110000－0144－0004355　078/733－9－03
飲冰室文集十六卷　梁啟超撰　清宣統二年(1910)上海廣智書局鉛印本　八册

110000－0144－0004356　078/733－91

飲冰室文集十六卷補遺二卷　梁啟超撰　清光緒二十八年(1902)上海廣智書局鉛印本　十八冊

110000－0144－0004357　079.02/626
漢學商兌三卷　(清)方東樹撰　清光緒二十六年(1900)浙江書局刻本　四冊

110000－0144－0004358　079.02/626
漢學商兌三卷　(清)方東樹撰　清光緒二十六年(1900)浙江書局刻本　二冊

110000－0144－0004359　079.02/626－02
漢學商兌四卷　(清)方東樹撰　清光緒八年(1882)四明花雨樓刻本　二冊

110000－0144－0004360　079.02/626－02
漢學商兌四卷　(清)方東樹撰　清光緒八年(1882)四明花雨樓刻本　四冊

110000－0144－0004361　079.02/626－03
漢學商兌四卷　(清)方東樹撰　清光緒十五年(1889)孫溪朱氏刻本　四冊

110000－0144－0004362　079.7/119
存古學堂叢刻　王仁俊撰　清光緒三十三年(1907)存古學堂鉛印本　二冊

110000－0144－0004363　079.7/290
經史喻言八卷　(清)李光庭輯　清道光二十八年(1848)刻本　八冊

110000－0144－0004364　079.7/892－3
子問二卷又問一卷　(清)劉沅撰　清咸豐二年至三年(1852－1853)豫誠堂刻本　三冊

110000－0144－0004365　079.7/892－3
子問二卷又問一卷　(清)劉沅撰　清咸豐二年至三年(1852－1853)豫誠堂刻本　三冊

110000－0144－0004366　079.7/953
經史辨體不分卷　(清)徐與喬輯評　清康熙十七年(1678)敦化堂刻本　二十四冊

110000－0144－0004367　079.7/981－02
經史百家簡編二卷　(清)曾國藩纂　清同治十三年(1874)傳忠書局刻本　二冊

110000－0144－0004368　079.7/981－1－02
經史百家雜鈔二十六卷　(清)曾國藩纂　清光緒三十二年(1906)上海商務印書館鉛印本　十二冊

110000－0144－0004369　079.7/981－1－02
經史百家雜鈔二十六卷　(清)曾國藩纂　清光緒三十二年(1906)上海商務印書館鉛印本　十二冊

110000－0144－0004370　079.7/981－1－08
經史百家雜鈔二十六卷簡編二卷　(清)曾國藩纂　清光緒十四年(1888)鴻文書局鉛印本　九冊

110000－0144－0004371　079.97/719－03
國朝漢學師承記八卷附國朝經師經義目祿國朝宋學淵源記二卷　(清)江藩纂　清光緒十三年(1887)京都琉璃廠書華閣刻本　四冊

110000－0144－0004372　079.97/719－04
國朝漢學師承記八卷附國朝經師經義目祿國朝宋學淵源記二卷　(清)江藩纂　清光緒二十二年(1896)長沙周大文堂刻本　四冊

110000－0144－0004373　079.97/719－05
國朝漢學師承記八卷國朝經師經義目祿國朝宋學淵源記二卷　(清)江藩纂　清光緒十二年(1886)萬卷書室刻本　四冊

110000－0144－0004374　079.97/719－06
國朝漢學師承記八卷　(清)江藩纂　清道光南海伍氏刻粵雅堂叢書本　四冊

110000－0144－0004375　079/340
蘭山課業不分卷　(清)盛元珍輯　清乾隆刻本　二十八冊

110000－0144－0004376　079/668
桂學答問一卷　康有為撰　清末刻本　一冊

110000－0144－0004377　079/668
桂學答問一卷　康有為撰　清末刻本　一冊

110000－0144－0004378　079/670－02
古學考一卷　廖平撰　清光緒二十三年(1897)尊經書局刻本　一冊

110000－0144－0004379　079/807－02
羣書治要五十卷　（唐）魏徵輯　清道光二十七年（1847）靈石楊氏刻連筠簃叢書本　十二冊

110000－0144－0004380　079/831
朱蓉生侍御論學遺札摭存一卷　（清）朱一新撰　清光緒刻本　一冊

110000－0144－0004381　079/984
全謝山先生經史問答十卷　（清）全祖望撰　清乾隆三十年（1765）刻本　四冊

110000－0144－0004382　079/984
全謝山先生經史問答十卷　（清）全祖望撰　清乾隆三十年（1765）刻本　四冊

110000－0144－0004383　080/103
武英殿聚珍版書一百三十五種　（清）紀昀等輯　清乾隆四十二年（1777）福建刻同治七年（1868）增修本　八百八冊

110000－0144－0004384　080/113
天壤閣叢書十六種　（清）王懿榮輯　清光緒八年（1882）福山王氏刻本　二十一冊

110000－0144－0004385　080/117
漢魏遺書鈔不分卷　（清）王謨輯　清嘉慶三年（1798）金谿王氏刻本　十六冊

110000－0144－0004386　080/117
漢魏遺書鈔不分卷　（清）王謨輯　清嘉慶三年（1798）金谿王氏刻本　二十四冊

110000－0144－0004387　080/117
漢魏遺書鈔不分卷　（清）王謨輯　清嘉慶三年（1798）金谿王氏刻本　四十八冊

110000－0144－0004388　080/117－7
增訂漢魏叢書八十六種　（清）王謨輯　清乾隆五十六年（1791）金谿王氏刻本　一百冊

110000－0144－0004389　080/117－7－02
增訂漢魏叢書八十六種　（清）王謨輯　清光緒三年（1877）紅杏山房刻本　八十二冊

110000－0144－0004390　080/119
南菁書院叢書八集四十一種　王先謙輯　清光緒十四年（1888）江陰南菁書院刻本　三十八冊

110000－0144－0004391　080/119
南菁書院叢書八集四十一種　王先謙輯　清光緒十四年（1888）江陰南菁書院刻本　三十二冊

110000－0144－0004392　080/119
南菁書院叢書八集四十一種　王先謙輯　清光緒十四年（1888）江陰南菁書院刻本　三十二冊

110000－0144－0004393　080/119
南菁書院叢書八集四十一種　王先謙輯　清光緒十四年（1888）江陰南菁書院刻本　三十八冊

110000－0144－0004394　080/158
月河精舍叢鈔五種　（清）丁寶書輯　清光緒六年（1880）苕溪丁氏刻本　八冊

110000－0144－0004395　080/158
月河精舍叢鈔五種　（清）丁寶書輯　清光緒六年（1880）苕溪丁氏刻本　八冊

110000－0144－0004396　080/158
月河精舍叢鈔五種　（清）丁寶書輯　清光緒六年（1880）苕溪丁氏刻本　八冊

110000－0144－0004397　080/158.4
當歸草堂叢書八種　（清）丁丙輯　清同治二年至五年（1863－1866）錢塘丁氏刻本　八冊

110000－0144－0004398　080/159
正覺樓叢刻三十種　（清）崇文書局輯　清光緒七年（1881）湖北崇文書局刻本　三十四冊

110000－0144－0004399　080/159
正覺樓叢刻三十種　（清）崇文書局輯　清光緒七年（1881）湖北崇文書局刻本　三十六冊

110000－0144－0004400　080/159
正覺樓叢刻三十種　（清）崇文書局輯　清光緒七年（1881）湖北崇文書局刻本　三十六冊

110000－0144－0004401　080/159
正覺樓叢刻三十種　（清）崇文書局輯　清光

緒七年(1881)湖北崇文書局刻本　三十三册

110000－0144－0004402　080/159
正覺樓叢刻三十種　(清)崇文書局輯　清光緒七年(1881)湖北崇文書局刻本　三十五册

110000－0144－0004403　080/164
清頌堂叢書八種　(清)黄奭輯　清道光二十年(1840)甘泉黄氏刻本　二十册

110000－0144－0004404　080/165
三長物齋叢書二十五種附刻三種　(清)黄本驥輯　清道光二十七年(1847)知敬學齋刻光緒四年(1878)古香書閣印本　六十四册

110000－0144－0004405　080/166
士禮居黄氏叢書　(清)黄丕烈輯　清光緒十三年(1887)上海蜚英館石印本　二十七册

110000－0144－0004406　080/166
士禮居黄氏叢書　(清)黄丕烈輯　清光緒十三年(1887)上海蜚英館石印本　二十四册

110000－0144－0004407　080/166
士禮居黄氏叢書　(清)黄丕烈輯　清光緒十三年(1887)上海蜚英館石印本　三十册

110000－0144－0004408　080/188
宜稼堂叢書　(清)郁松年輯　清道光上海郁氏刻本　六十九册

110000－0144－0004409　080/192
漸西村舍彙刊　(清)袁昶輯　清光緒桐廬袁氏刻本　二十六册

110000－0144－0004410　080/215
琳琅秘室叢書四集二十九種　(清)胡珽輯　清光緒十四年(1888)會稽董氏取斯堂木活字印本　二十四册

110000－0144－0004411　080/215
琳琅秘室叢書四集二十九種　(清)胡珽輯　清光緒十四年(1888)會稽董氏取斯堂木活字印本　二十三册

110000－0144－0004412　080/288
木犀軒叢書二十五種　李盛鐸輯　清光緒九年至十七年(1883－1891)德化李氏刻本　四十册

110000－0144－0004413　080/288
木犀軒叢書二十五種　李盛鐸輯　清光緒九年至十七年(1883－1891)德化李氏刻本　三十九册

110000－0144－0004414　080/288－02
木犀軒叢書十八種　李盛鐸輯　清光緒九年至十七年(1883－1891)德化李氏刻本　三十二册

110000－0144－0004415　080/288－02
木犀軒叢書十八種　李盛鐸輯　清光緒九年至十七年(1883－1891)德化李氏刻本　二十四册

110000－0144－0004416　080/291
函海　(清)李調元輯　清乾隆綿州李氏萬卷樓刻道光五年(1825)李朝夔補刻本　一百五十九册

110000－0144－0004417　080/291－02
函海　(清)李調元輯　清光緒八年(1882)樂道齋刻本　一百六十册

110000－0144－0004418　080/291－03
函海　(清)李調元輯　清光緒七年(1881)廣漢鍾氏刻本　一百六十四册

110000－0144－0004419　080/294
惜陰軒叢書　(清)李錫齡輯　清光緒二十二年(1896)長沙胡氏刻本　一百十四册

110000－0144－0004420　080/294
惜陰軒叢書　(清)李錫齡輯　清光緒二十二年(1896)長沙胡氏刻本　一百册

110000－0144－0004421　080/294
惜陰軒叢書　(清)李錫齡輯　清光緒二十二年(1896)長沙胡氏刻本　八十九册

110000－0144－0004422　080/294－7
惜陰軒叢書續編五種　(清)李錫齡辑　清光緒二十二年(1896)長沙胡氏刻本　七册

110000－0144－0004423　080/294－7
惜陰軒叢書續編　(清)李錫齡辑　清光緒二

十二年(1896)長沙胡氏刻本　九冊

110000－0144－0004424　080/308

二酉堂叢書二十一種　(清)張澍輯　清道光元年(1821)武威張氏二酉堂刻本　四冊

110000－0144－0004425　080/308

二酉堂叢書二十一種　(清)張澍輯　清道光元年(1821)武威張氏二酉堂刻本　十二冊

110000－0144－0004426　080/308

二酉堂叢書二十一種　(清)張澍輯　清道光元年(1821)武威張氏二酉堂刻本　十冊

110000－0144－0004427　080/312－02

學津討原二十集一百七十三種　(清)張海鵬輯　清嘉慶十年(1805)虞山張氏照曠閣刻本　五十一冊　存二十六種一百七卷(京氏易傳三卷、尚書鄭注十卷、尚書中候鄭注五卷、東坡書傳二十卷、詩序辨說一卷、詩攷一卷、詩地理攷六卷、爾雅鄭註三卷、急就篇四卷正文一卷、漢制攷四卷、易林四卷首一卷、元包經傳五卷、元包數總義二卷、青烏先生葬經一卷、古本葬書一卷、葬經翼一卷圖一卷、學齋佔畢四卷、祛疑說一卷、劇談錄二卷、稽神錄六卷拾遺一卷、道德指歸論六卷、象教皮編六卷、樂府古題要解二卷、詩品三卷、詩品二十四則一卷、風騷旨格一卷)

110000－0144－0004428　080/313

正誼堂全書六十六種　(清)張伯行編　清同治五年(1866)福州正誼書院刻本　一百五十九冊

110000－0144－0004429　080/313

正誼堂全書六十六種　(清)張伯行編　清同治五年(1866)福州正誼書院刻本　一百四十冊

110000－0144－0004430　080/313

正誼堂全書六十六種　(清)張伯行編　清同治五年(1866)福州正誼書院刻本　一百五十冊

110000－0144－0004431　080/327

五經歲徧齋校書三種　(清)翟雲升輯　清道光十二年至二十八年(1832－1848)翟氏五經歲徧齋刻本　十冊

110000－0144－0004432　080/327

五經歲徧齋校書三種　(清)翟雲升輯　清道光十二年至二十八年(1832－1848)翟氏五經歲徧齋刻本　十冊

110000－0144－0004433　080/327

五經歲徧齋校書三種　(清)翟雲升輯　清道光十二年至二十八年(1832－1848)翟氏五經歲徧齋刻本　存一種(穆天子傳)　一冊

110000－0144－0004434　080/377.1

湖海樓叢書　(清)陳春輯　清嘉慶十七年至二十四年(1812－1819)蕭山陳氏湖海樓刻本　存三種三十四卷(卮林十卷補遺一卷、永嘉先生八面鋒十三卷、訂譌雜錄十卷)　八冊

110000－0144－0004435　080/377.1

湖海樓叢書　(清)陳春輯　清嘉慶十七年至二十四年(1812－1819)蕭山陳氏湖海樓刻本　十六冊

110000－0144－0004436　080/377.1

湖海樓叢書　(清)陳春輯　清嘉慶十七年至二十四年(1812－1819)蕭山陳氏湖海樓刻本　三十二冊

110000－0144－0004437　080/377.1

湖海樓叢書　(清)陳春輯　清嘉慶十七年至二十四年(1812－1819)蕭山陳氏湖海樓刻本　三十二冊

110000－0144－0004438　080/377.1

湖海樓叢書　(清)陳春輯　清嘉慶十七年至二十四年(1812－1819)蕭山陳氏湖海樓刻本　三十二冊

110000－0144－0004439　080/392

十萬卷樓叢書初二三編　(清)陸心源輯　清光緒五年至十八年(1879－1892)歸安陸氏刻本　一百二十冊

110000－0144－0004440　080/392－2

十萬卷樓叢書五十一種　(清)陸心源輯　清

光緒五年至十八年(1879－1892)歸安陸氏刻本　存二十五種一百六十九卷(書經注二卷、史載之方二卷、明本排字九經直音二卷補遺一卷、北戶錄三卷附校勘記一卷、歲時廣記四十卷首圖說一卷末總載一卷、新編張仲景註解傷寒發微論二卷、新編張仲景註解傷寒百證歌五卷、廣川畫跋六卷、衍極五卷、文房四譜五卷、漢官儀三卷、自號錄一卷、友會談叢三卷、蔡中郎文集十卷外傳一卷、詩苑眾芳一卷、作義要訣一卷、靖康要錄十六卷、麟臺故事四卷補遺一卷、寶刻叢編二十卷、至書一卷、宋徽宗聖濟經十卷、衛生家寶產科備要八卷、續談助五卷、續考古圖三卷、詩式五卷)五十四冊

110000－0144－0004441　080/418
龍威秘書一百六十八種　(清)馬俊良輯　清乾隆五十九年(1794)大酉山房刻本　八十冊

110000－0144－0004442　080/418
龍威秘書一百六十八種　(清)馬俊良輯　清乾隆五十九年(1794)大酉山房刻本　八十冊

110000－0144－0004443　080/425
國粹叢書十種　(清)國學保存會輯　清光緒、宣統間鉛印本　十一冊

110000－0144－0004444　080/425
國粹叢書十種　(清)國學保存會輯　清光緒、宣統間鉛印本　二十一冊

110000－0144－0004445　080/435
傳硯齋叢書十種　(清)吳丙湘輯　清光緒十一年(1885)儀徵吳氏孱守山莊刻本　八冊

110000－0144－0004446　080/440
重校拜經樓叢書十種　(清)吳騫輯　(清)朱記榮補輯　清光緒二十年(1894)孫谿朱氏校經堂刻本　十冊

110000－0144－0004447　080/440－03
重刊拜經樓叢書七種　(清)吳騫輯　清光緒十一年(1885)鄂渚會稽章氏刻本　八冊

110000－0144－0004448　080/440－03
重刊拜經樓叢書七種　(清)吳騫輯　清光緒十一年(1885)鄂渚會稽章氏刻本　五冊

110000－0144－0004449　080/449
觀象廬叢書十八種　(清)呂調陽撰　清同治十二年(1873)彭縣呂氏刻本　六十冊

110000－0144－0004450　080/449
觀象廬叢書十八種　(清)呂調陽撰　清同治十二年(1873)彭縣呂氏刻本　三十四冊

110000－0144－0004451　080/471
經訓堂叢書十六種　(清)畢沅輯　清乾隆鎮洋畢氏刻本　三十二冊

110000－0144－0004452　080/471－02
經訓堂叢書二十一種　(清)畢沅輯　清光緒十三年(1887)大同書局石印本　二十冊

110000－0144－0004453　080/482－9
玉簡齋叢書二集八種　羅振玉輯　清宣統二年(1910)上虞羅氏刻本　七冊

110000－0144－0004454　080/482－9
玉簡齋叢書十種二十九卷　羅振玉輯　清宣統二年(1910)上虞羅氏刻本　八冊

110000－0144－0004455　080/482－9
玉簡齋叢書十種二十九卷　羅振玉輯　清宣統二年(1910)上虞羅氏刻本　二十冊

110000－0144－0004456　080/482－9
玉簡齋叢書十種二十九卷　羅振玉輯　清宣統二年(1910)上虞羅氏刻本　八冊

110000－0144－0004457　080/493
雅雨堂叢書十三種　(清)盧見曾輯　清乾隆二十一年至二十五年(1756－1760)德州盧氏雅雨堂刻本　二十八冊

110000－0144－0004458　080/495－2
抱經堂叢書　(清)盧文弨輯　清乾隆五十二年至五十五年(1787－1790)刻本　存五種三十六卷(新書十卷、春秋繁露十七卷附錄一卷、西京雜記二卷、獨斷二卷、鐘山劄記四卷)五冊

110000－0144－0004459　080/504
觀古堂彙刻書　葉德輝輯　清光緒二十八年

(1902)湘潭葉氏刻本　八册

110000－0144－0004460　080/504
觀古堂彙刻書　葉德輝輯　清光緒二十八年(1902)湘潭葉氏刻本　十册

110000－0144－0004461　080/504－02
觀古堂彙刻書　葉德輝輯　清光緒長沙葉氏刻本　十六册

110000－0144－0004462　080/504－03
觀古堂彙刻書　葉德輝輯　清光緒二十八年(1902)長沙葉氏刻本　十四册

110000－0144－0004463　080/504－1
麗廔叢書　葉德輝輯　清光緒三十二年至三十三年(1906－1907)長沙葉氏刻本　八册

110000－0144－0004464　080/526.8
鐵華館叢書六種　(清)蔣鳳藻輯　清光緒九年至十年(1883－1884)長洲蔣氏刻本　十册

110000－0144－0004465　080/526.8
鐵華館叢書六種　(清)蔣鳳藻輯　清光緒九年至十年(1883－1884)長洲蔣氏刻本　六册

110000－0144－0004466　080/526.8
鐵華館叢書六種　(清)蔣鳳藻輯　清光緒九年至十年(1883－1884)長洲蔣氏刻本　六册

110000－0144－0004467　080/526－7
涉聞梓舊二十五種　(清)蔣光煦輯　清咸豐元年(1851)海昌蔣氏刻本　二十四册

110000－0144－0004468　080/526－7
涉聞梓舊二十五種　(清)蔣光煦輯　清咸豐元年(1851)海昌蔣氏刻本　二十四册

110000－0144－0004469　080/526－7
涉聞梓舊二十五種　(清)蔣光煦輯　清咸豐元年(1851)海昌蔣氏刻本　二十四册

110000－0144－0004470　080/575
十種古逸書　(清)茆泮林輯　清道光十四年(1834)高郵梅瑞軒刻本　八册

110000－0144－0004471　080/575
十種古逸書　(清)茆泮林輯　清道光十四年(1834)高郵梅瑞軒刻本　六册

110000－0144－0004472　080/583
崇文書局叢書三十三種　(清)崇文書局輯　清光緒三年(1877)湖北崇文書局刻本　七十三册

110000－0144－0004473　080/583
崇文書局叢書三十三種　(清)崇文書局輯　清光緒三年(1877)湖北崇文書局刻本　八十册

110000－0144－0004474　080/583
崇文書局叢書三十三種　(清)崇文書局輯　清光緒三年(1877)湖北崇文書局刻本　七十五册

110000－0144－0004475　080/608
榆園叢刊　(清)許增編　清光緒十九年(1893)仁和許氏刻本　十六册

110000－0144－0004476　080/608
榆園叢刊　(清)許增編　清光緒十九年(1893)仁和許氏刻本　三十一册

110000　0144　0004477　080/608
榆園叢刊　(清)許增編　清光緒十九年(1893)仁和許氏刻本　十六册

110000－0144－0004478　080/655
式訓堂叢書初二集二十七種　(清)章壽康輯　清光緒六年(1880)會稽章氏刻本　二十四册

110000－0144－0004479　080/655
式訓堂叢書初二集二十七種　(清)章壽康輯　清光緒六年(1880)會稽章氏刻本　二十四册

110000－0144－0004480　080/655
式訓堂叢書初二集二十七種　(清)章壽康輯　清光緒六年(1880)會稽章氏刻本　三十二册

110000－0144－0004481　080/708
秘書二十一種　(清)汪士漢輯　清乾隆七年(1742)文盛堂刻本　十六册

110000－0144－0004482　080/710

荔牆叢刻十三種　(清)汪曰楨輯　清同治六年至光緒四年(1867－1878)烏程汪氏會稽學署刻本　十六册

110000－0144－0004483　080/716

武英殿聚珍版書　(清)紀昀輯　清同治十三年(1874)江西書局刻本　一百二十八册　存五十四種

110000－0144－0004484　080/716－02

武英殿聚珍版書一百四十八種　(清)紀昀輯　清光緒二十五年(1899)廣雅書局刻本　八百九册

110000－0144－0004485　080/719

靈鶼閣叢書六集五十六種　(清)江標輯　清光緒二十三年(1897)元和江氏湖南使院刻本　四十八册

110000－0144－0004486　080/719

靈鶼閣叢書六集五十六種　(清)江標輯　清光緒二十三年(1897)元和江氏湖南使院刻本　二十四册　存三集三十種(一至三十)

110000－0144－0004487　080/719

靈鶼閣叢書六集五十六種　(清)江標輯　清光緒二十三年(1897)元和江氏湖南使院刻本　二十八册

110000－0144－0004488　080/746

晨風閣叢書二十五種　沈宗畸輯　清宣統元年(1909)番禺沈氏晨風閣刻本　十六册

110000－0144－0004489　080/746

晨風閣叢書二十五種　沈宗畸輯　清宣統元年(1909)番禺沈氏晨風閣刻本　十六册

110000－0144－0004490　080/746

晨風閣叢書二十五種　沈宗畸輯　清宣統元年(1909)番禺沈氏晨風閣刻本　十六册

110000－0144－0004491　080/746

晨風閣叢書二十五種　沈宗畸輯　清宣統元年(1909)番禺沈氏晨風閣刻本　十六册

110000－0144－0004492　080/746

晨風閣叢書二十五種　沈宗畸輯　清宣統元年(1909)番禺沈氏晨風閣刻本　十六册

110000－0144－0004493　080/754

海山仙館叢書五十六種　(清)潘仕成輯　清道光、咸豐間番禺潘氏刻本　一百九册

110000－0144－0004494　080/754

海山仙館叢書五十六種　(清)潘仕成輯　清道光、咸豐間番禺潘氏刻本　一百二十册

110000－0144－0004495　080/754

海山仙館叢書五十六種　(清)潘仕成輯　清道光、咸豐間番禺潘氏刻本　一百二十册

110000－0144－0004496　080/754

海山仙館叢書五十六種　(清)潘仕成輯　清道光、咸豐間番禺潘氏刻本　一百十五册

110000－0144－0004497　080/754

海山仙館叢書　(清)潘仕成輯　清道光、咸豐間番禺潘氏刻本　九册

110000－0144－0004498　080/754－1

功順堂叢書十八種　(清)潘祖蔭輯　清光緒吳縣潘氏刻本　二十五册

110000－0144－0004499　080/754－1

功順堂叢書十八種　(清)潘祖蔭輯　清光緒吳縣潘氏刻本　三十二册

110000－0144－0004500　080/772

翠琅玕館叢書四集五十五種　(清)馮兆年輯　清光緒順德馮氏刻本　四十册

110000－0144－0004501　080/791－164

漢魏叢書九十六種　(清)王謨輯　清宣統三年(1911)上海育文書局石印本　三十二册

110000－0144－0004502　080/791－903

廣漢魏叢書八十種　(明)何允中輯　清嘉慶刻本　九十九册

110000－0144－0004503　080/791－903

廣漢魏叢書八十種　(明)何允中輯　清嘉慶刻本　一百二十册

110000－0144－0004504　080/796

古逸叢書　(清)黎庶昌輯　清光緒十年(1884)日本東京使署刻本　存六種六十八卷(漢書食貨志一卷、急就篇一卷、杜工部草堂詩箋四十卷外集一卷補遺十卷傳序碑銘一卷目錄二卷年譜二卷詩話二卷、碣石調幽蘭一卷、天臺山記一卷、太平寰宇記殘六卷)　十二冊

110000－0144－0004505　080/796
古逸叢書二十六種二百二卷　(清)黎庶昌輯　清光緒十年(1884)日本東京使署刻本　四十一冊

110000－0144－0004506　080/796
古逸叢書二十六種二百二卷　(清)黎庶昌輯　清光緒十年(1884)日本東京使署刻本　四十九冊

110000－0144－0004507　080/818
貸園叢書　(清)周永年輯　清乾隆竹西書屋刻本　十二冊

110000－0144－0004508　080/818
貸園叢書　(清)周永年輯　清乾隆竹西書屋刻本　十六冊

110000－0144－0004509　080/818
貸園叢書　(清)周永年輯　清乾隆竹西書屋刻本　十六冊

110000－0144－0004510　080/818
貸園叢書　(清)周永年輯　清乾隆竹西書屋刻本　十四冊

110000－0144－0004511　080/818
貸園叢書　(清)周永年輯　清乾隆竹西書屋刻本　十冊

110000－0144－0004512　080/828
藏書十三種　(清)朱軾撰　清康熙至乾隆刻本　八十冊

110000－0144－0004513　080/832
槐廬叢書五十四種　(清)朱記榮輯　清光緒十三年(1887)吳縣朱氏家塾刻本　八十冊

110000－0144－0004514　080/832
槐廬叢書五十四種　(清)朱記榮輯　清光緒十三年(1887)吳縣朱氏家塾刻本　八十冊

110000－0144－0004515　080/832
槐廬叢書五十四種　(清)朱記榮輯　清光緒十三年(1887)吳縣朱氏家塾刻本　八十冊

110000－0144－0004516　080/832－1
校經山房叢書二十六種　(清)朱記榮輯　清光緒三十年(1904)孫谿朱氏槐廬家塾刻本　三十二冊

110000－0144－0004517　080/832－1
校經山房叢書二十六種　(清)朱記榮輯　清光緒三十年(1904)孫谿朱氏槐廬家塾刻本　二十四冊

110000－0144－0004518　080/832－1
校經山房叢書二十六種　(清)朱記榮輯　清光緒三十年(1904)孫谿朱氏槐廬家塾刻本　三十二冊

110000－0144－0004519　080/850
知不足齋叢書三十集一百九十七種　(清)鮑廷博輯　清乾隆至道光歙縣鮑氏刻本　二百四十冊

110000－0144－0004520　080/850
知不足齋叢書三十集一百九十七種　(清)鮑廷博輯　清乾隆至道光歙縣鮑氏刻本　二百四十冊

110000－0144－0004521　080/860
雲自在龕叢書五集三十五種　繆荃孫編　清光緒二十五年(1899)江陰繆氏刻本　二十六冊

110000－0144－0004522　080/860
雲自在龕叢書五集三十五種　繆荃孫編　清光緒二十五年(1899)江陰繆氏刻本　二十六冊

110000－0144－0004523　080/860
雲自在龕叢書五集三十五種　繆荃孫編　清光緒二十五年(1899)江陰繆氏刻本　二十四冊

110000－0144－0004524　080/860－1

藕香零拾三十九種　繆荃孫輯　清宣統二年(1910)江陰繆氏刻本　三十二冊

110000－0144－0004525　080/860－1

藕香零拾三十九種　繆荃孫輯　清宣統二年(1910)江陰繆氏刻本　十六冊

110000－0144－0004526　080/887.8

繼菴叢刻　劉世珩輯　清末貴池劉氏刻紅印本　十六冊

110000－0144－0004527　080/889

聚學軒叢書六十種　劉世珩輯　清光緒二十九年(1903)貴池劉氏刻本　一百冊

110000－0144－0004528　080/889

聚學軒叢書六十種　劉世珩輯　清光緒二十九年(1903)貴池劉氏刻本　一百冊

110000－0144－0004529　080/906

粤雅堂叢書二十集一百二十二種續集四十九種　(清)伍崇曜輯　清道光至光緒南海伍氏刻本　三百六十冊

110000－0144－0004530　080/906

粤雅堂叢書二十集一百二十二種續集四十九種　(清)伍崇曜輯　清道光至光緒南海伍氏刻本　二百二冊

110000－0144－0004531　080/906

粤雅堂叢書二十集一百二十二種續集四十九種　(清)伍崇曜輯　清道光至光緒南海伍氏刻本　三百九十八冊

110000－0144－0004532　080/906

粤雅堂叢書二十集一百二十二種續集四十九種　(清)伍崇曜輯　清道光至光緒南海伍氏刻本　一百一冊

110000－0144－0004533　080/930－1

守山閣叢書一百種　(清)錢熙祚輯　清光緒十五年(1889)上海鴻文書局石印本　一百冊

110000－0144－0004534　080/930－1

守山閣叢書一百種　(清)錢熙祚輯　清光緒十五年(1889)上海鴻文書局石印本　一百冊

110000－0144－0004535　080/930－1－02

守山閣叢書一百種　(清)錢熙祚輯　清道光二十一年(1841)刻本　一百二十冊

110000－0144－0004536　080/947

邵武徐氏叢書初刻十四種　(清)徐幹輯　清光緒十四年(1888)邵武徐氏刻本　十五冊　存七種六十三卷(小爾雅疏八卷、西南紀事六卷、李忠定公別集十卷、東觀餘論二卷附錄一卷、澂景堂史測十四卷、本事詩十二卷、花間集十卷)

110000－0144－0004537　080/947

邵武徐氏叢書初刻十四種　(清)徐幹輯　清光緒十四年(1888)邵武徐氏刻本　二十冊

110000－0144－0004538　080/947

邵武徐氏叢書初刻十四種　(清)徐幹輯　清光緒十四年(1888)邵武徐氏刻本　存二種十三卷(李忠定公別集十卷、東觀餘論二卷附錄一卷)　四冊

110000－0144－0004539　080/948

鄦齋叢書二十一種　徐乃昌輯　清光緒二十六年(1900)南陵徐氏刻本　十六冊

110000－0144－0004540　080/948

鄦齋叢書二十一種　徐乃昌輯　清光緒二十六年(1900)南陵徐氏刻本　十六冊

110000－0144－0004541　080/952

春暉堂叢書十一種　(清)徐渭仁輯　清道光二十一年(1841)上海徐氏刻同治九年(1870)補刻本　十冊

110000－0144－0004542　080/952

春暉堂叢書十一種　(清)徐渭仁輯　清道光二十一年(1841)上海徐氏刻同治九年(1870)補刻本　十二冊

110000－0144－0004543　080/953

隨庵徐氏叢書十種　徐乃昌輯　清光緒三十四年(1908)南陵徐氏刻本　十二冊

110000－0144－0004544　080/953

隨庵徐氏叢書十種　徐乃昌輯　清光緒三十

四年(1908)南陵徐氏刻本　十二册

110000－0144－0004545　080/953－2
積學齋叢書　徐乃昌輯　清光緒十九年(1893)南陵徐氏刻本　二十册

110000－0144－0004546　080/953－2
積學齋叢書　徐乃昌輯　清光緒十九年(1893)南陵徐氏刻本　十六册

110000－0144－0004547　080/953－2
積學齋叢書　徐乃昌輯　清光緒中期南陵徐氏刻本　十六册

110000－0144－0004548　080/965
小石山房叢書四十種　(清)顧湘輯　清同治十三年(1874)虞山顧氏刻本　二十册

110000－0144－0004549　080/965
小石山房叢書四十種　(清)顧湘輯　清同治十三年(1874)虞山顧氏刻本　十四册

110000－0144－0004550　080/965
小石山房叢書四十種　(清)顧湘輯　清同治十三年(1874)虞山顧氏刻本　十四册

110000－0144－0004551　080/966
讀畫齋叢書八集四十六種　(清)顧修輯　清嘉慶四年(1799)桐川顧氏刻本　五十册

110000－0144－0004552　080/966
讀畫齋叢書八集四十六種　(清)顧修輯　清嘉慶四年(1799)桐川顧氏刻本　六十四册

110000－0144－0004553　080/966
讀畫齋叢書八集四十六種　(清)顧修輯　清嘉慶四年(1799)桐川顧氏刻本　六十四册

110000－0144－0004554　080/987
硯雲甲乙編　(清)金忠淳輯　清乾隆甌山金氏硯雲書屋刻本　十册

110000－0144－0004555　080/994
咫進齋叢書三集三十七種　(清)姚覲元輯　清光緒九年(1883)歸安姚氏刻本　二十四册

110000－0144－0004556　080/994
咫進齋叢書三十七種　(清)姚覲元輯　清光緒九年(1883)歸安姚氏刻本　二十三册

110000－0144－0004557　080/994
咫進齋叢書三十七種　(清)姚覲元輯　清光緒九年(1883)歸安姚氏刻本　二十四册

110000－0144－0004558　080/994
咫進齋叢書三十七種　(清)姚覲元輯　清光緒九年(1883)歸安姚氏刻本　二十四册

110000－0144－0004559　081.3/463
明版偶存三十種　(清)□□輯　明末刻清彙印本　八册

110000－0144－0004560　082/102
汗筠齋叢書四種　(清)秦鑑輯　清嘉慶三年(1798)嘉定秦氏刻本　十册

110000－0144－0004561　082/115
檀几叢書五十種　(清)王晫　(清)張潮輯　清康熙三十四年(1695)新安張氏霞舉堂刻本　十六册

110000－0144－0004562　082/115
檀几叢書五十種　(清)王晫　(清)張潮輯　清康熙三十四年(1695)新安張氏霞舉堂刻本　十四册

110000－0144－0004563　082/158
丁氏八千卷樓叢刻二十種　(清)丁丙輯　清光緒錢塘丁氏八千卷樓刻本　二十册

110000－0144－0004564　082/171
仙屏書屋叢刻十四種　(清)黄秩模輯　清刻本　三册

110000－0144－0004565　082/202
仰視千七百二十九鶴齋叢書　(清)趙之謙輯　清光緒六年(1880)會稽趙氏刻本　三十六册

110000－0144－0004566　082/238
西政叢書三十一種　梁啟超輯　清光緒二十三年(1897)上海慎記書莊石印本　三十二册

110000－0144－0004567　082/254
竹柏山房十五種　(清)林春溥撰　清嘉慶至咸豐閩中林氏刻本　二十四册

110000－0144－0004568　082/264

時務新書八種　(清)杞憂生輯　清光緒二十三年(1897)梧岡精舍石印本　六冊

110000－0144－0004569　082/271

訓纂堂叢書六種　(清)楊調元輯　清光緒貴筑楊氏刻本　二冊

110000－0144－0004570　082/287

時事新論十二卷圖說一卷　(英國)李提摩太撰　清光緒二十四年(1898)上海廣學會鉛印本　三冊

110000－0144－0004571　082/289

集虛草堂叢書甲集十種　(清)李國松輯　清光緒三十二年(1906)合肥李氏刻本　二十四冊

110000－0144－0004572　082/297

掃葉山房刻書四種　(清)掃葉山房輯　清掃葉山房刻本　十二冊

110000－0144－0004573　082/306.1

宛鄰書屋叢書九種　(清)張琦輯　清道光陽湖張氏宛鄰書屋刻本　八冊

110000－0144－0004574　082/306.17

花雨樓七種　(清)張壽榮輯　清光緒蛟川張氏刻本　八冊

110000－0144－0004575　082/306.17－2

戴段合刻　(清)張壽榮輯　清光緒十年(1884)秋樹根齋刻本　十冊

110000－0144－0004576　082/308

儲英館叢刻三種　(清)張致鈞輯　清光緒二十二年(1896)兩湖張氏刻本　四冊

110000－0144－0004577　082/312

昭代叢書乙集八十七種　(清)張潮辑　清康熙三十九年(1700)新安張氏刻本　十六冊

110000－0144－0004578　082/312－741

昭代叢書　(清)張潮輯　(清)楊復吉　(清)沈楙德增輯　清道光十四年(1834)吴江沈氏世楷堂刻本　一百二十冊

110000－0144－0004579　082/329

安樂延年室四種　(清)□□輯　清中期刻本　存四種　一冊

110000－0144－0004580　082/334

學古堂日記四十四種　(清)雷浚　(清)汪之昌輯　清光緒十六年至二十二年(1890－1896)刻本　二十六冊

110000－0144－0004581　082/334

學古堂日記四十四種　(清)雷浚　(清)汪之昌輯　清光緒十六年至二十二年(1890－1896)刻本　二十六冊

110000－0144－0004582　082/348

富陽夏氏叢刻八種附刻一種　夏震武撰　清光緒刻本　四冊

110000－0144－0004583　082/368

平津館叢書　(清)孫星衍輯　清光緒十一年(1885)吴縣朱氏槐廬刻本　四十八冊

110000－0144－0004584　082/368

平津館叢書　(清)孫星衍輯　清光緒十一年(1885)吴縣朱氏槐廬刻本　六十四冊

110000－0144－0004585　082/368

平津館叢書　(清)孫星衍輯　清光緒十一年(1885)吴縣朱氏槐廬刻本　四十八冊

110000－0144－0004586　082/377

塵海妙品十四卷　(清)陳琰輯　清宣統三年(1911)上海六藝書局石印本　四冊

110000－0144－0004587　082/377

塵海妙品十四卷　(清)陳琰輯　清宣統三年(1911)上海六藝書局石印本　四冊

110000－0144－0004588　082/378

陳刻二種　(清)陳世修輯　清光緒二年(1876)陳氏庸閒齋刻本　四冊

110000－0144－0004589　082/384

靈峰草堂叢書九種　(清)陳矩輯　清光緒貴陽陳氏刻本　七冊

110000－0144－0004590　082/425

國朝名人著述叢編　(清)□□輯　清光緒五年(1879)上海淞隱閣鉛印本　六冊

110000－0144－0004591　082/425
國朝名人著述叢編　(清)□□輯　清光緒五年(1879)上海淞隱閣鉛印本　六册

110000－0144－0004592　082/435
有福讀書堂叢刻四種　(清)吳引孫輯　清光緒二十七年(1901)揚州吳氏有福讀書堂刻本　二册

110000－0144－0004593　082/438
藝海珠塵　(清)吳省蘭輯　清嘉慶南滙吳氏聽彝堂刻本　五十四册

110000－0144－0004594　082/438
藝海珠塵　(清)吳省蘭輯　清嘉慶南滙吳氏聽彝堂刻本　六十四册

110000－0144－0004595　082/438
藝海珠塵　(清)吳省蘭輯　清嘉慶南滙吳氏聽彝堂刻本　七十二册

110000－0144－0004596　082/438
異域竹枝詞三卷　(清)福慶纂　清嘉慶南滙吳氏聽彝堂刻藝海珠塵本　二册

110000－0144－0004597　082/438
異域竹枝詞三卷　(清)福慶纂　清嘉慶南滙吳氏聽彝堂刻藝海珠塵本　一册

110000－0144－0004598　082/463
岣嶁叢書九種　(清)曠敏本撰　清乾隆刻本　十八册

110000－0144－0004599　082/504
雙楳景闇叢書　葉德輝輯　清光緒、宣統間長沙葉氏郎園刻本　五册

110000－0144－0004600　082/521
嘯園叢書五十八種　(清)葛元煦輯　清光緒九年(1883)仁和葛氏刻本　四十八册

110000－0144－0004601　082/545
董文焕著輯書　(清)董文焕撰　清同治洪洞董氏刻本　十七册

110000－0144－0004602　082/596
賞奇軒四種合編　(清)□□輯　清刻本　四册

110000－0144－0004603　082/597
掌故叢編八種　(清)□□輯　清光緒二十七年至二十九年(1901－1903)上海掃葉山房石印本　十四册

110000－0144－0004604　082/601
半厂叢書初編十一種　(清)譚獻輯　清光緒仁和譚氏刻本　二十册

110000－0144－0004605　082/601
半厂叢書初編十一種　(清)譚獻輯　清光緒仁和譚氏刻本　十六册

110000－0144－0004606　082/601
半厂叢書初編十一種　(清)譚獻輯　清光緒仁和譚氏刻本　十六册

110000－0144－0004607　082/610
娱園叢刻十種　(清)許增輯　清光緒十五年(1889)刻本　六册

110000－0144－0004608　082/610
娱園叢刻十種　(清)許增輯　清光緒十五年(1889)刻本　二册

110000－0144－0004609　082/610
娱園叢刻十種　(清)許增輯　清光緒十五年(1889)刻本　四册

110000－0144－0004610　082/614
敏果齋七種　(清)許乃釗輯　清道光廣州刻本　二十四册

110000－0144－0004611　082/674
洋務經濟通考十六卷　(清)應祖錫輯　清光緒二十七年(1901)上海鴻寶齋石印本　二十四册

110000－0144－0004612　082/674
洋務經濟通考十六卷　(清)應祖錫輯　清光緒二十七年(1901)上海鴻寶齋石印本　十二册

110000－0144－0004613　082/674－1
經濟通考續集十六卷　(清)應祖錫纂　清光緒二十九年(1903)上海鴻寶書局石印本　十二册

110000－0144－0004614　082/688

富強齋叢書　(清)袁俊德輯　清光緒二十五年(1899)小倉山房石印本　六十四册

110000－0144－0004615　082/688

富強齋叢書　(清)袁俊德輯　清光緒二十五年(1899)小倉山房石印本　存十六卷(十七至二十四、四十一至四十八)　十六册

110000－0144－0004616　082/696

叢書十三種　(清)宋翔鳳輯　清刻本　五册

110000－0144－0004617　082/696.7

懺花盦叢書三十五種　(清)宋澤元輯　清光緒十三年(1887)山陰宋氏刻本　六十四册

110000－0144－0004618　082/751

洋務叢鈔十一種　(清)張樹聲輯　清光緒十年(1884)敦懷書屋刻本　十六册

110000－0144－0004619　082/754

滂喜齋叢書　(清)潘祖蔭輯　清同治、光緒間吳縣潘氏八喜齋刻本　二十一册

110000－0144－0004620　082/754

滂喜齋叢書五十四種　(清)潘祖蔭輯　清同治、光緒間吳縣潘氏八喜齋刻本　三十二册

110000－0144－0004621　082/754

滂喜齋叢書五十四種　(清)潘祖蔭輯　清同治、光緒間吳縣潘氏八喜齋刻本　三十二册

110000－0144－0004622　082/754.7－02

潘刻五種　(清)恩壽輯　清光緒二十九年(1903)京都翰文齋刻本　六册

110000－0144－0004623　082/754－7

潘刻五種　(清)恩壽輯　清光緒吳縣潘氏刻本　六册

110000－0144－0004624　082/763

得月簃叢書初刻十種次刻十種　(清)榮譽輯　清道光長白榮氏刻本　二十册

110000－0144－0004625　082/780

拜鴛樓校刻小品四種　沈宗畸輯　清宣統元年(1909)番禺沈氏刻本　四册

110000－0144－0004626　082/791－164

增訂漢魏叢書九十六種　(清)王謨輯　清宣統三年(1911)上海育文書局石印本　三十二册

110000－0144－0004627　082/791－164

增訂漢魏叢書九十六種　(清)王謨輯　清宣統三年(1911)上海大通書局石印本　三十二册

110000－0144－0004628　082/824

無一是齋叢鈔三十七種　(清)張心泰輯　清宣統元年(1909)夢梅仙館刻本　四册

110000－0144－0004629　082/833

結一廬朱氏賸餘叢書四種一百十二卷　(清)朱學勤輯　清光緒三十一年(1905)仁和朱氏刻本　二十册

110000－0144－0004630　082/850

觀古閣叢刻九種　(清)鮑康輯　清同治十二年(1873)歙縣鮑氏觀古閣刻本　三十册

110000－0144－0004631　082/874

自强學齋治平十議二十六卷　(清)自強學齋主人輯　清光緒二十三年(1897)文瑞樓石印本　二册

110000－0144－0004632　082/880

學海堂叢刻六種　(清)□□輯　清光緒三年至十二年(1877－1886)廣州學海堂刻本　五册

110000－0144－0004633　082/880

學海堂叢刻十二種　(清)□□輯　清光緒三年至十二年(1877－1886)廣州學海堂刻本　十四册

110000－0144－0004634　082/889

述古叢鈔四集　(清)劉晚榮輯　清同治古岡劉氏藏修堂刻本　三十二册

110000－0144－0004635　082/903

時務叢鈔不分卷　(清)□□輯　清光緒二十一年(1895)上海賜書堂書莊石印本　八册

110000－0144－0004636　082/915－02

述記三十四種　(清)任兆麟撰　清乾隆五十三年(1788)任氏忠敏家塾刻嘉慶六年(1801)映雪草堂印本　六冊

110000－0144－0004637　082/948
融經館叢書十種　(清)徐友蘭輯　清光緒會稽徐氏八杉齋刻本　三十二冊

110000－0144－0004638　082/948
融經館叢書十種　(清)徐友蘭輯　清光緒會稽徐氏八杉齋刻本　四十冊

110000－0144－0004639　082/948
融經館叢書十種　(清)徐友蘭輯　清光緒會稽徐氏八杉齋刻本　三十六冊

110000－0144－0004640　082/953
懷豳雜俎十二種　徐乃昌輯　清宣統三年(1911)南陵徐氏刻本　八冊

110000－0144－0004641　082/987
硯雲甲編　(清)金忠淳輯　清道光二十年(1840)蔡氏紫梨華刻本　八冊

110000－0144－0004642　082/987.2
時務全書提要　(清)金為　(清)金煊輯　清光緒二十三年(1897)漱石山館石印本　四冊

110000－0144－0004643　082/987.4
詒經堂藏書七種　(清)金長春輯　清嘉慶十八年(1813)當塗金氏刻本　八冊

110000－0144－0004644　082/988
明辨齋叢書　(清)余肇鈞輯　清咸豐、同治間長沙余氏刻本　二十四冊

110000－0144－0004645　083/314
張氏適園叢書初集七種　張鈞衡輯　清宣統三年(1911)上海國學扶輪社鉛印本　十冊

110000－0144－0004646　083/482－02
國學叢刊　羅振玉編　清宣統三年(1911)石印本　二冊

110000－0144－0004647　083/719
文林綺繡大觀十一種九十八卷　(清)鴻寶齋書局輯　清光緒二十二年(1896)上海鴻寶齋書局石印本　十二冊

110000－0144－0004648　083/765
文林綺繡五種五十五卷　(明)淩迪知編　清光緒六年至十一年(1880－1885)融經館刻本　十七冊

110000－0144－0004649　083/981
申報館叢書一百三十種　(清)尊聞閣主輯　清光緒申報館鉛印本　四百二十一冊

110000－0144－0004650　084/166
漢學堂叢書　(清)黄奭輯　清光緒十九年(1893)甘泉黄氏刻本　八十冊

110000－0144－0004651　084/166
漢學堂叢書　(清)黄奭輯　清光緒十九年(1893)甘泉黄氏刻本　八十冊

110000－0144－0004652　084/166
漢學堂叢書　(清)黄奭輯　清光緒十九年(1893)甘泉黄氏刻本　七十二冊

110000－0144－0004653　084/166
漢學堂叢書　(清)黄奭輯　清光緒十九年(1893)甘泉黄氏刻本　一百二十冊

110000－0144－0004654　084/414
玉函山房輯佚書六百三十五種八百六卷　(清)馬國翰輯　清光緒九年(1883)長沙嫏嬛館刻本　一百冊

110000－0144－0004655　084/414
玉函山房輯佚書六百三十五種八百六卷　(清)馬國翰輯　清光緒九年(1883)長沙嫏嬛館刻本　一百二十冊

110000－0144－0004656　084/414
玉函山房輯佚書六百三十五種八百六卷　(清)馬國翰輯　清光緒九年(1883)長沙嫏嬛館刻本　一百冊

110000－0144－0004657　084/414－03
玉函山房輯佚書六百三十五種八百六卷　(清)馬國翰輯　清光緒九年(1883)長沙嫏嬛館刻本　九十六冊

110000－0144－0004658　085.31/130－02
佚存叢書一百十卷　(日本)林衡輯　清光緒

八年(1882)黃潤生刻本　三十六册

110000－0144－0004659　086.21/118
重思齋叢書　(清)王家枚輯　清光緒江陰王氏重思齋刻本　四册

110000－0144－0004660　086.21/329
婁東雜著五十六種　(清)邵廷烈輯　清道光十三年(1833)太倉東陵氏刻本　八册

110000－0144－0004661　086.21/340
常州先哲遺書　(清)盛宣懷輯　清光緒武進盛氏刻本　六十四册

110000－0144－0004662　086.21/340
常州先哲遺書　(清)盛宣懷輯　清光緒武進盛氏刻本　六十四册

110000－0144－0004663　086.21/340－1
常州先哲遺書后編　(清)盛宣懷輯　清光緒三十四年(1908)武進盛氏刻本　四十册

110000－0144－0004664　086.22/204
涇川叢書四十五種續七種　(清)趙紹祖輯　清道光十二年(1832)涇縣趙氏古墨齋刻本　二十四册

110000－0144－0004665　086.22/204
涇川叢書四十五種續七種　(清)趙紹祖輯　清道光十二年(1832)涇縣趙氏古墨齋刻本　十六册

110000－0144－0004666　086.22/887
秋浦雙忠録五種四十卷　劉世珩輯　清光緒二十六年至二十八年(1900－1902)貴池劉氏唐石簃刻本　六册

110000－0144－0004667　086.23/158
武林掌故叢編十集　(清)丁丙輯　清光緒錢塘丁氏嘉惠堂刻本　八十册

110000－0144－0004668　086.23/392
湖州叢書十二種七十五卷　(清)陸心源輯　清光緒湖城義塾刻本　二十四册

110000－0144－0004669　086.23/862
越中文獻輯存書十種　(清)紹興公報社編　清宣統三年(1911)紹興公報社鉛印本　六册

110000－0144－0004670　086.23/948
紹興先正遺書十二種　(清)徐友蘭輯　清光緒會稽徐氏鑄學齋刻本　四十八册

110000－0144－0004671　086.25/201
湖北叢書三十種　(清)趙尚輔輯　清光緒十七年(1891)湖北三餘草堂刻本　八十七册

110000－0144－0004672　086.25/201
湖北叢書三十種　(清)趙尚輔輯　清光緒十七年(1891)湖北三餘草堂刻本　一百册

110000－0144－0004673　086.25/201
湖北叢書三十種　(清)趙尚輔輯　清光緒十七年(1891)湖北三餘草堂刻本　一百册

110000－0144－0004674　086.33/906
嶺南遺書　(清)伍元薇輯　清道光十一年(1831)南海伍氏粤雅堂刻本　存一集(一)十六册

110000－0144－0004675　086.33/906
嶺南遺書六集五十九種　(清)伍元薇輯　清道光十一年(1831)南海伍氏粤雅堂刻本　八十册

110000－0144－0004676　088/113
高郵王氏四種　(清)王引之等撰　清嘉慶二年(1797)刻本　六十册

110000－0144－0004677　088/113－02
高郵王氏四種　(清)王引之　(清)王念孫撰　清光緒二十一年(1895)上海鴻文書局石印本　十四册

110000－0144－0004678　088/150
故城賈氏躬自厚齋叢書　(清)賈臻輯　清道光至同治賈氏刻本　十六册

110000－0144－0004679　088/150
故城賈氏躬自厚齋叢書　(清)賈臻輯　清道光至同治賈氏刻本　十六册

110000－0144－0004680　088/223
胡氏遺書四種　(清)胡兆春等撰　清同治五年(1866)鉛印本　三册

110000－0144－0004681　088/290

榕村全集四十六種　(清)李光地撰　清道光九年(1829)李維迪刻本　一百二十册

110000－0144－0004682　088/352

左氏雙忠集　(清)左輝春輯　清道光二十六年至二十七年(1846－1847)湘鄉左氏詠史齋刻本　九册

110000－0144－0004683　088/418

馬氏叢刻　(清)馬先登輯　清同治關中馬氏敦倫堂刻本　十册

110000－0144－0004684　088/526

蔣氏遺編三種　(清)蔣鳴奎撰　(清)胡兆春輯　清同治十一年(1872)黄陵磯從善堂刻本　二册

110000－0144－0004685　088/526.6

謙受益齋文友竹草堂集合刻　(清)蔣慶篪　(清)蔣慶第撰　清光緒、宣統間刻本　四册

110000－0144－0004686　088/548

董氏叢書十四種　(清)董金鑑輯　清光緒三十二年(1906)會稽董氏取斯家塾刻本　十二册

110000－0144－0004687　088/558

蔡氏九儒書　(明)蔡有鵾輯　清同治七年(1868)刻本　六册

110000－0144－0004688　088/626

桐城方氏七代遺書二十種　(清)方昌翰輯　清光緒十四年(1888)桐城方氏刻本　十册

110000－0144－0004689　088/627

安吉施氏遺著五種　(清)施文銓　(清)施浴升撰　(清)戴翊清　(清)朱廷燮輯　清光緒十七年(1891)刻本　二册

110000－0144－0004690　088/670

求可堂兩世遺書五種　(清)廖冀亨　(清)廖鴻章撰　清光緒永寧廖氏刻本　四册

110000－0144－0004691　088/715

叢睦汪氏遺書二十種　(清)汪篁輯　清光緒十二年(1886)長沙錢唐汪氏刻本　存一種一卷(詩序辨正首一卷)　一册

110000－0144－0004692　088/715

叢睦汪氏遺書二十種　(清)汪篁輯　清光緒十二年(1886)長沙錢唐汪氏刻本　三册

110000－0144－0004693　088/715

叢睦汪氏遺書二十種　(清)汪篁輯　清光緒十二年(1886)長沙錢唐汪氏刻本　三十二册

110000－0144－0004694　088/801

寧都三魏全集　(清)林時益　(清)魏際瑞輯　清道光二十五年(1845)珍溪謝氏紱園書塾刻本　五十册

110000－0144－0004695　089.5/617

謝疊山先生評註四種合刻七卷　(宋)謝枋得撰　清光緒八年(1882)京都豫章别業刻本　四册

110000－0144－0004696　089.5/893

劉氏遺書八卷　(清)劉台拱撰　清光緒十五年(1889)廣雅書局刻本　二册

110000－0144－0004697　089.51/504

石林遺書　(宋)葉夢得撰　葉德輝輯　清光緒、宣統間葉氏觀古堂刻本　十四册

110000－0144－0004698　089.51/504

石林遺書　(宋)葉夢得撰　葉德輝輯　清光緒、宣統間葉氏觀古堂刻本　十四册

110000－0144－0004699　089.51/504

石林遺書　(宋)葉夢得撰　葉德輝輯　清光緒、宣統間葉氏觀古堂刻本　十二册

110000－0144－0004700　089.52/987

率祖堂叢書十四種　(宋)金履祥撰　清雍正、乾隆間金華金氏刻光緒十三年(1887)鎮海謝駿德補刻本　二十八册

110000－0144－0004701　089.52/987

率祖堂叢書十四種　(宋)金履祥撰　清雍正、乾隆間金華金氏刻光緒十三年(1887)鎮海謝駿德補刻本　二十六册

110000－0144－0004702　089.6/131

呂新吾雜著不分卷　(明)呂坤撰　明末刻本　六册

110000－0144－0004703　089.6/198

味檗齋遺書十六種　(明)趙南星撰　清光緒高邑趙氏刻本　二十一册　缺二種三卷(正心會前漢書抄二卷、正心會後漢書抄一卷)

110000－0144－0004704　089.6/271

總纂升菴合集二百四十卷　(明)楊慎撰　清光緒八年(1882)新都王鴻文堂刻本　一百册

110000－0144－0004705　089.6/445

呂書四種　(明)呂坤撰　清道光七年(1827)刻本　二十四册

110000－0144－0004706　089.6/445－02

呂書四種　(明)呂坤撰　明末刻本　八册

110000－0144－0004707　089.6/814

周孟侯先生全書五種　(明)周拱辰撰　清道光二十七年(1847)刻光緒元年(1875)浙江桐鄉補刊本　十册

110000－0144－0004708　089.6/814

周孟侯先生全書五種　(明)周拱辰撰　清道光二十七年(1847)刻光緒元年(1875)浙江桐鄉補刊本　十二册

110000－0144－0004709　089.6/965

顧端文公遺書十五種　(明)顧憲成撰　清光緒三年(1877)涇里顧氏宗祠刻本　十四册

110000－0144－0004710　089.6/965

顧端文公遺書十五種　(明)顧憲成撰　清光緒三年(1877)涇里顧氏宗祠刻本　十八册

110000－0144－0004711　089.7/112.1

王山史五種　(清)王弘撰　清光緒敬義堂刻本　三册　存三種(待菴日札、西歸日札、北行日札)

110000－0144－0004712　089.7/112－02

船山遺書六十種二百八十八卷　(清)王夫之撰　清同治四年(1865)湘鄉曾氏金陵節署刻本　一百册

110000－0144－0004713　089.7/112－02

船山遺書六十種二百八十八卷　(清)王夫之撰　清同治四年(1865)湘鄉曾氏金陵節署刻本　一册　存五種六卷(王船山叢書校勘記二卷、龍源夜話一卷、薑齋詩賸稿一卷、憶得一卷、薑齋詩編年稿一卷)

110000－0144－0004714　089.7/112－02

船山遺書六十種二百八十八卷　(清)王夫之撰　清同治四年(1865)湘鄉曾氏金陵節署刻本　一百十册

110000－0144－0004715　089.7/112－03

船山遺書六十種二百八十八卷　(清)王夫之撰　清同治四年(1865)湘鄉曾氏金陵節署刻本　六十册

110000－0144－0004716　089.7/112－03

船山遺書六十種二百八十八卷　(清)王夫之撰　清同治四年(1865)湘鄉曾氏金陵節署刻本　一百册

110000－0144－0004717　089.7/114

詩禮堂全集十二種　(清)王又樸撰　清光緒元年(1875)輔仁書院刻本　三十九册

110000－0144－0004718　089.7/120.9

王菉友九種　(清)王筠撰　清咸豐十年(1860)刻本　八册　存七種八卷(菉友肊說一卷、夏小正正義一卷、弟子職正音一卷、毛詩重言一卷、毛詩雙聲疊韻說一卷、菉友蛾術編二卷、禹貢正字一卷)

110000－0144－0004719　089.7/120.9

王菉友九種　(清)王筠撰　清咸豐十年(1860)刻本　十二册

110000－0144－0004720　089.7/158.4

頤志齋叢書二十二種　(清)丁晏撰　清同治元年(1862)山陽丁氏六藝堂刻本　二十册

110000－0144－0004721　089.7/158.4

頤志齋叢書二十二種　(清)丁晏撰　清同治元年(1862)山陽丁氏六藝堂刻本　十六册

110000－0144－0004722　089.7/158.4

頤志齋叢書二十二種　(清)丁晏撰　清同治元年(1862)山陽丁氏六藝堂刻本　三十二册

110000－0144－0004723　089.7/158.4

頤志齋叢書二十二種 (清)丁晏撰 清同治元年(1862)山陽丁氏六藝堂刻本 二十冊

110000-0144-0004724 089.7/164

儆居集二十二卷 (清)黄式三撰 清光緒十四年(1888)刻儆居遺書本 八冊

110000-0144-0004725 089.7/164-7

定海黄氏遺書十二種 (清)黄式三撰 清同治十二年至光緒二十二年(1873-1896)刻本 四十四冊

110000-0144-0004726 089.7/168

儆季雜著五種附儆孫書二種 (清)黄以周撰 **儆孫書二種** (清)黄家岱撰 清光緒二十年至二十一年(1894-1895)江陰南菁講舍刻本 十冊

110000-0144-0004727 089.7/170

梨洲遺著彙刊十九種 (清)黄宗羲撰 清宣統二年(1910)上海時中書局鉛印本 二十冊

110000-0144-0004728 089.7/171

霄鵬遺著五種 (清)黄保康撰 清宣統三年(1911)南海黄氏刻本 三冊

110000-0144-0004729 089.7/199

甌北全集七種 (清)趙翼撰 清乾隆、嘉慶間湛貽堂刻本 四十八冊

110000-0144-0004730 089.7/199

甌北全集七種 (清)趙翼撰 清乾隆、嘉慶間湛貽堂刻本 四十八冊

110000-0144-0004731 089.7/199-02

甌北全集七種 (清)趙翼撰 清光緒三年(1877)滇南唐氏刻本 四十八冊

110000-0144-0004732 089.7/202

還硯齋全集八種 (清)趙新撰 清光緒八年(1882)黄樓刻本 三十二冊

110000-0144-0004733 089.7/209

郝氏遺書十九種 (清)郝懿行撰 清光緒五年至八年(1879-1882)東路廳署刻本 三十七冊

110000-0144-0004734 089.7/213

戴氏遺書二十一種 (清)戴震撰 清乾隆曲阜孔氏刻微波榭叢書本 四十二冊

110000-0144-0004735 089.7/213

戴氏遺書二十一種 (清)戴震撰 清乾隆曲阜孔氏刻微波榭叢書本 四十一冊

110000-0144-0004736 089.7/213.9

杭嘉湖三府減漕記略不分卷 (清)戴槃著 清同治七年(1868)刻本 八冊

110000-0144-0004737 089.7/250

海嶽軒叢刻九種 (清)杜元穆撰 清光緒三十三年(1907)姑蘇蘇省刷印總局鉛印本 八冊

110000-0144-0004738 089.7/254

竹柏山房十五種 (清)林春溥撰 清嘉慶至咸豐閩中林氏刻本 三十二冊

110000-0144-0004739 089.7/254

竹柏山房十五種 (清)林春溥撰 清嘉慶至咸豐閩中林氏刻本 四十冊

110000-0144-0004740 089.7/254

竹柏山房十五種 (清)林春溥撰 清嘉慶至咸豐閩中林氏刻本 四十冊

110000-0144-0004741 089.7/257

林文忠公遺集 (清)林則徐撰 清光緒二年至三年(1876-1877)三山林氏刻本 二冊 存三種三卷(畿輔水利議一卷、滇軺紀程一卷、荷戈紀程一卷)

110000-0144-0004742 089.7/257-2

林文忠公遺集 (清)林則徐撰 清光緒二年至三年(1876-1877)三山林氏刻本 一冊 存三種三卷(滇軺紀程一卷、荷戈紀程一卷、林文忠公政書蒐遺一卷)

110000-0144-0004743 089.7/261

修本堂叢書十種 (清)林伯桐撰 清道光二十四年(1844)番禺林氏刻本 八冊

110000-0144-0004744 089.7/278

杭氏七種 (清)杭世駿撰 清咸豐元年(1851)長沙小嫏嬛山館刻本 六冊

110000－0144－0004745　089.7/278－02
杭氏七種　(清)杭世駿撰　清乾隆刻本　缺一種三卷(榕城詩話三卷)　五冊

110000－0144－0004746　089.7/287
李恕谷遺書　(清)李塨撰　清光緒五年(1879)定州王氏刻畿輔叢書本　十五冊

110000－0144－0004747　089.7/293
李忠武公遺書　(清)李續賓撰　清光緒十七年(1891)甌江巡署刻本　四冊

110000－0144－0004748　089.7/293
李忠武公遺書　(清)李續賓撰　清光緒十七年(1891)甌江巡署刻本　四冊

110000－0144－0004749　089.7/311
佩渠集十六卷　(清)張調元撰　清光緒七年(1881)滎陽孫氏刻本　十四冊

110000－0144－0004750　089.7/312
海國公餘輯錄六種雜著三種　(清)張煜南輯　清光緒二十四年(1898)刻本　十冊

110000－0144－0004751　089.7/331
賀子翼水田居全集　(清)賀貽孫撰　清咸豐二年(1852)敕書樓刻本　二十一冊

110000－0144－0004752　089.7/331
賀子翼水田居全集　(清)賀貽孫撰　清咸豐二年(1852)敕書樓刻本　二十冊

110000－0144－0004753　089.7/332
刁蒙吉著書五種　(清)刁包撰　清道光二十三年(1843)祁陽順積樓刻本　五十八冊

110000－0144－0004754　089.7/370
顨軒孔氏所著書七種　(清)孔廣森撰　清嘉慶二十二年(1817)刻本　十冊

110000－0144－0004755　089.7/370
顨軒孔氏所著書七種　(清)孔廣森撰　清嘉慶二十二年(1817)刻本　十冊

110000－0144－0004756　089.7/370
顨軒孔氏所著書七種　(清)孔廣森撰　清嘉慶二十二年(1817)刻本　十冊

110000－0144－0004757　089.7/370
顨軒孔氏所著書七種　(清)孔廣森撰　清嘉慶二十二年(1817)刻本　十二冊

110000－0144－0004758　089.7/373
皮鹿門所著書十二種　(清)皮錫瑞撰　清光緒二十二年至三十四年(1896－1908)思賢書局刻本　四冊

110000－0144－0004759　089.7/373
皮鹿門所著書十二種　(清)皮錫瑞撰　清光緒二十二年至三十四年(1896－1908)思賢書局刻本　十三冊

110000－0144－0004760　089.7/373
皮鹿門所著書十二種　(清)皮錫瑞撰　清光緒二十二年至三十四年(1896－1908)思賢書局刻本　十四冊

110000－0144－0004761　089.7/382
陳氏叢書　(清)陳廣旉撰　清光緒九年(1883)邛州伍氏刻本　三十一冊

110000－0144－0004762　089.7/383
東塾叢書五種　(清)陳澧撰　清光緒番禺陳氏刻本　九冊

110000－0144－0004763　089.7/383
東塾叢書五種　(清)陳澧撰　清光緒番禺陳氏刻本　十冊

110000－0144－0004764　089.7/440
桐城吳先生全書　(清)吳汝綸撰　清光緒三十年(1904)桐城吳氏刻本　十三冊

110000－0144－0004765　089.7/440
桐城吳先生全書　(清)吳汝綸撰　清光緒三十年(1904)王恩紱等刻本　七冊

110000－0144－0004766　089.7/440
桐城吳先生全書　(清)吳汝綸撰　清光緒三十年(1904)桐城吳氏刻本　十三冊

110000－0144－0004767　089.7/440
桐城吳先生全書八種　(清)吳汝綸撰　清光緒三十年(1904)桐城吳氏刻本　二十冊

110000－0144－0004768　089.7/440

桐城吳先生文集四卷　(清)吳汝綸撰　清光緒三十年(1904)桐城吳氏刻桐城吳先生全書本　四冊

110000－0144－0004769　089.7/440
桐城吳先生文集四卷詩集一卷　(清)吳汝綸撰　清光緒三十年(1904)桐城吳氏刻桐城吳先生全書本　四冊

110000－0144－0004770　089.7/440－02
桐城吳先生全書六種　(清)吳汝綸撰　清光緒三十年(1904)桐城吳氏刻本　二十一冊

110000－0144－0004771　089.7/468
琴志樓叢書　易順鼎撰　清光緒刻本　二十冊

110000－0144－0004772　089.7/482
凝園讀書管見四種　(清)羅典撰　清刻本　三十八冊

110000－0144－0004773　089.7/504
葉氏觀古堂所著書　葉德輝輯　清光緒二十八年(1902)湘潭葉氏觀古堂刻本　十冊

110000－0144－0004774　089.7/504－02
觀古堂所著書二集十六種　葉德輝輯　清光緒二十八年(1902)湘潭葉氏觀古堂刻本　十四冊

110000－0144－0004775　089.7/504－02
觀古堂所著書初二集　葉德輝輯　清光緒二十八年(1902)湘潭葉氏觀古堂刻本　十六冊

110000－0144－0004776　089.7/517
鹿洲全集八種　(清)藍鼎元撰　(清)曠敏本評　清光緒五年(1879)漳浦藍氏刻本　三十冊

110000－0144－0004777　089.7/540
董方立算書　(清)董祐誠撰　清同治八年(1869)成都刻本　一冊

110000－0144－0004778　089.7/540
董方立遺書十六卷　(清)董祐誠撰　清同治八年(1869)成都刻本　六冊

110000－0144－0004779　089.7/540
董方立遺書十六卷　(清)董祐誠撰　清同治八年(1869)成都刻本　六冊

110000－0144－0004780　089.7/578
茹三樵著書十五種　(清)茹敦和撰　清刻本　十四冊

110000－0144－0004781　089.7/585
崔東壁遺書　(清)崔述撰　清光緒元年(1875)上湘龜山別墅刻本　十六冊

110000－0144－0004782　089.7/585－02
崔東壁遺書　(清)崔述撰　清光緒定州王氏刻畿輔叢書本　十三冊

110000－0144－0004783　089.7/585－02
崔東壁遺書十二種　(清)崔述撰　清光緒定州王氏刻畿輔叢書本　十三冊

110000－0144－0004784　089.7/615
詠梅軒叢書　(清)謝蘭生輯　清刻本　二十冊

110000－0144－0004785　089.7/627
禮耕堂叢說一卷史論五答一卷吉貝居暇唱一卷　(清)施國祁撰　清道光二十五年(1845)周學濂刻本　一冊

110000－0144－0004786　089.7/655－03
章氏遺書二種十一卷　(清)章學誠撰　清光緒三年(1877)貴陽章氏刻本　五冊

110000－0144－0004787　089.7/679
顏李叢書十九種　(清)顏元　(清)李塨撰　清光緒五年(1879)王氏謙德堂刻畿輔叢書本　二十五冊

110000－0144－0004788　089.7/708
振綺堂遺書　(清)汪遠孫撰　清道光二十六年(1846)錢塘汪氏振綺堂刻本　十二冊

110000－0144－0004789　089.7/710.4
衡齋算學遺書合刻算學七卷遺書九卷　(清)汪萊撰　清光緒十八年(1892)聞梅舊塾刻本　二冊

110000－0144－0004790　089.7/711
汪龍莊遺書八種　(清)汪輝祖撰　清同治元年(1862)盱眙吳氏望三益齋刻本　六冊

110000－0144－0004791　089.7/711－02
汪龍莊先生遺書五種　（清）汪輝祖撰　清光緒八年至十二年（1882－1886）山東書局刻本　五冊

110000－0144－0004792　089.7/720－9
洪北江全集　（清）洪亮吉撰　清光緒三年至五年（1877－1879）授經堂刻本　七十三冊

110000－0144－0004793　089.7/730
二思堂叢書　（清）梁章鉅撰　清光緒元年（1875）浙江書局刻本　十六冊

110000－0144－0004794　089.7/730
二思堂叢書六種　（清）梁章鉅撰　清光緒元年（1875）浙江書局刻本　十六冊

110000－0144－0004795　089.7/736
湯子遺書　（清）湯斌撰　清同治九年（1870）刻本　三十二冊

110000－0144－0004796　089.7/825
牛空山先生全集　（清）牛運震撰　清嘉慶二十三年（1818）滋陽牛氏空山堂刻本　五十一冊

110000－0144－0004797　089.7/825
牛空山先生全集　（清）牛運震撰　清嘉慶二十三年（1818）滋陽牛氏空山堂刻本　二十八冊

110000－0144－0004798　089.7/840
安吴四種三十六卷　（清）包世臣撰　清光緒十四年（1888）刻本　十六冊

110000－0144－0004799　089.7/840
安吴四種三十六卷　（清）包世臣撰　清光緒十四年（1888）刻本　十六冊

110000－0144－0004800　089.7/840
安吴四種三十六卷　（清）包世臣撰　清光緒十四年（1888）刻本　十六冊

110000－0144－0004801　089.7/840
安吴四種三十六卷　（清）包世臣撰　清光緒十四年（1888）刻本　十六冊

110000－0144－0004802　089.7/840－02
安吴四種三十六卷　（清）包世臣撰　清同治十一年（1872）注經堂刻本　十二冊

110000－0144－0004803　089.7/842
新化鄒氏斅藝齋遺書　（清）鄒漢勛撰　清道光十三年（1833）刻本　四冊

110000－0144－0004804　089.7/842－2
鄒叔子遺書　（清）鄒漢勛撰　清光緒九年（1883）新化鄒氏刻本　十四冊

110000－0144－0004805　089.7/842－2
鄒叔子遺書　（清）鄒漢勛撰　清光緒九年（1883）新化鄒氏刻本　八冊

110000－0144－0004806　089.7/858
多識録七種　（清）練恕撰　清道光十八年（1838）連平練氏刻本　四冊

110000－0144－0004807　089.7/889
古桐書屋六種　（清）劉熙載撰　清同治興化劉氏刻本　八冊

110000－0144－0004808　089.7/891
劉端臨先生遺書八種　（清）劉台拱撰　清道光十四年（1834）阮氏刻本　四冊

110000－0144－0004809　089.7/891.6
研秋齋三種　（清）劉彦矩撰　清道光十七年至十八年（1837－1838）五之堂刻本　一冊

110000－0144－0004810　089.7/892
槐軒全書二十三種　（清）劉沅輯注　清末成都扶經堂書局刻本　一百一冊

110000－0144－0004811　089.7/892
槐軒全書二十三種　（清）劉沅輯注　清末成都扶經堂書局刻本　一百七冊

110000－0144－0004812　089.7/915
心齋十種　（清）任兆麟撰　清乾隆震澤任氏忠敏家塾刻本　八冊

110000－0144－0004813　089.7/917－02
焦氏遺書　（清）焦循撰　清光緒二年（1876）衡陽魏家刻本　十二冊

110000－0144－0004814　089.7/929

潛研堂全書二十二種　(清)錢大昕撰　清光緒十年(1884)長沙龍氏家塾刻本　六十八册

110000－0144－0004815　089.7/929
潛研堂全書二十二種　(清)錢大昕撰　清光緒十年(1884)長沙龍氏家塾刻本　六十八册

110000－0144－0004816　089.7/929
潛研堂全書二十二種　(清)錢大昕撰　清光緒十年(1884)長沙龍氏家塾刻本　八十册

110000－0144－0004817　089.7/929
潛研堂全書二十二種　(清)錢大昕撰　清光緒十年(1884)長沙龍氏家塾刻本　八十册

110000－0144－0004818　089.7/929
潛研堂全書二十二種　(清)錢大昕撰　清光緒十年(1884)長沙龍氏家塾刻本　六十册

110000－0144－0004819　089.7/948
徐靈胎先生雜著五種　(清)徐大椿撰　清光緒十四年(1888)江左書林刻本　二册

110000－0144－0004820　089.7/948－9
徐靈胎十二種全集　(清)徐大椿撰　清同治三年(1864)彭樹萱善成堂刻本　十二册

110000－0144－0004821　089.7/964
平湖顧氏遺書五種　(清)顧廣譽撰　清光緒三年(1877)刻本　十六册

110000－0144－0004822　089.7/964
平湖顧氏遺書五種　(清)顧廣譽撰　清光緒三年(1877)刻本　十四册

110000－0144－0004823　089.7/965－02
亭林先生遺書二十五種　(清)顧炎武撰　清光緒十四年(1888)吳縣朱氏校經山房刻本　存十一種二十八卷(左傳杜解補正三卷、九經誤字一卷、石經考一卷、金石文字記六卷、韻補正一卷、昌平山水記二卷、譎觚十事一卷、顧氏譜系考一卷、亭林文集六卷、亭林詩集五卷、亭林餘集一卷)　九册

110000－0144－0004824　089.7/965－02
亭林先生遺書二十五種　(清)顧炎武撰　清光緒十四年(1888)吳縣朱氏校經山房刻本　二十四册

110000－0144－0004825　089.7/965－02
亭林先生遺書二十五種　(清)顧炎武撰　清光緒十四年(1888)席氏埽葉山房刻本　二十册

110000－0144－0004826　089.7/965－02
亭林先生遺書二十五種　(清)顧炎武撰　清光緒十四年(1888)席氏埽葉山房刻本　二十四册

110000－0144－0004827　089.7/965－02
亭林先生遺書二十五種　(清)顧炎武撰　清光緒十四年(1888)席氏埽葉山房刻本　十八册

110000－0144－0004828　089.7/965－02
亭林先生遺書二十五種　(清)顧炎武撰　清光緒十四年(1888)吳縣朱氏校經山房刻本　二十四册

110000－0144－0004829　089.7/973
鄭子尹遺書五種　(清)鄭珍撰　清咸豐、同治間鄭氏望山堂刻本　六册

110000－0144－0004830　089.7/973
鄭子尹遺書五種　(清)鄭珍撰　清咸豐、同治間鄭氏望山堂刻本　十册

110000－0144－0004831　089.7/973
鄭子尹遺書五種　(清)鄭珍撰　清咸豐、同治間鄭氏望山堂刻本　十二册

110000－0144－0004832　089.7/973
鄭子尹遺書五種　(清)鄭珍撰　清咸豐、同治間鄭氏望山堂刻本　存一種(巢經巢集)　一册

110000－0144－0004833　089.7/973
鄭子尹遺書五種　(清)鄭珍撰　清咸豐、同治間鄭氏望山堂刻本　五册

110000－0144－0004834　089.7/990
春在堂全書　(清)俞樾撰　清光緒十五年(1889)德清俞氏刻本　八十四册

110000－0144－0004835　089.7/990

春在堂全書 （清）俞樾撰 清光緒十五年(1889)德清俞氏刻本 一百册

110000－0144－0004836 089.7/990

春在堂全書 （清）俞樾撰 清光緒二十八年(1902)德清俞氏刻本 一百五十六册

110000－0144－0004837 089.7/990

春在堂全書 （清）俞樾撰 清光緒二十八年(1902)德清俞氏刻本 一百六十册

110000－0144－0004838 089.7/990－02

春在堂全書 （清）俞樾撰 清光緒二十三年(1897)石印本 三十二册

110000－0144－0004839 089.7/990－03

春在堂全書 （清）俞樾撰 清光緒九年(1883)刻本 八十二册

110000－0144－0004840 089.7/994

惜抱軒全集 （清）姚鼐撰 清同治五年(1866)省心閣刻本 十六册

110000－0144－0004841 089.7/994

惜抱軒全集 （清）姚鼐撰 清同治五年(1866)省心閣刻本 十三册

110000－0144－0004842 089.7/994

惜抱軒全集 （清）姚鼐撰 清同治五年(1866)省心閣刻本 十六册

110000－0144－0004843 089.7/994

惜抱軒全集 （清）姚鼐撰 清同治五年(1866)省心閣刻本 十六册

110000－0144－0004844 089.7/994

惜抱軒全集 （清）姚鼐撰 清同治五年(1866)省心閣刻本 十六册

110000－0144－0004845 089.7/994－02

惜抱軒全集 （清）姚鼐撰 清光緒三十三年(1907)上海校經山房刻本 十六册

110000－0144－0004846 089.72/269

愧庵遺集五種 （清）楊甲仁撰 清同治三年(1864)刻本 七册

110000－0144－0004847 089.72/367

孫文定公全集六種 （清）孫廷銓撰 清康熙十七年(1678)孫氏師儉堂刻本 九册

110000－0144－0004848 089.72/387

桴亭先生遺書二十二種 （清）陸世儀撰 淩錫祺編 **尊道先生[陸世儀]年譜一卷** （清）淩錫祺編 清光緒二十五年(1899)京師唐受祺刻本 二十册

110000－0144－0004849 089.72/626

抗希堂十六種 （清）方苞撰 清康熙至嘉慶桐城方氏抗希堂刻本 四十八册

110000－0144－0004850 089.73/951

徐位山先生六種 （清）徐文靖撰 清雍正、乾隆間志寧堂刻本 三十二册

110000－0144－0004851 089.73/951－02

徐位山六種 （清）徐文靖撰 清光緒二年(1876)刻本 二十四册

110000－0144－0004852 089.73/994

惜抱軒遺書三種 （清）姚鼐撰 清光緒五年(1879)桐城徐氏刻本 五册

110000－0144－0004853 089.73/994

惜抱軒遺書三種 （清）姚鼐撰 清光緒五年(1879)桐城徐氏刻本 四册

110000－0144－0004854 089.74/180

西齋三種七卷 （清）博明撰 清嘉慶六年(1801)刻本 一册

110000－0144－0004855 089.74/412

翊翊齋遺書三種 （清）馬翮飛撰 清道光十八年(1838)曾孫馬樹華刻本 一册

110000－0144－0004856 089.74/713

古愚老人消夏録 （清）汪汲撰 清乾隆、嘉慶間古愚山房刻本 二十四册

110000－0144－0004857 089.74/713

古愚老人消夏録 （清）汪汲撰 清乾隆、嘉慶間二銘草堂刻本 十六册

110000－0144－0004858 089.74/713.7

汪雙池先生叢書三十一種 （清）汪烜撰 清道光至光緒刻光緒二十三年(1897)長安趙舒

翹等彙印本　一百五十六冊

110000－0144－0004859　089.74/915
心齋十種　(清)任兆麟撰　清光緒七年(1881)張錫圭抄本　存四種六卷(石鼓文集釋一卷、四民月令一卷、襄陽耆舊記三卷、文章始一卷)　一冊

110000－0144－0004860　089.75/294
見庵錦官錄四種　(清)李錫書撰　清嘉慶三年(1798)刻本　四冊

110000－0144－0004861　089.75/294－02
見庵錦官錄八種　(清)李錫書撰　清嘉慶二十一年(1816)蘂石山房刻本　十二冊

110000－0144－0004862　089.75/633
種樹軒遺集四種　(清)郭長清撰　清光緒二十三年(1897)郭之楨刻本　四冊

110000－0144－0004863　089.75/658
經德堂全集七種　(清)龍啓瑞撰　清光緒京師龍繼棟刻本　九冊

110000－0144－0004864　089.75/659
澹靜齋全集　(清)龔景瀚撰　清道光六年(1826)恩錫堂刻本　十冊

110000－0144－0004865　089.75/659
澹靜齋全集　(清)龔景瀚撰　清同治八年(1869)龔易圖刻本　四冊

110000－0144－0004866　089.75/742
蛾術堂集十四種　(清)沈豫撰　清道光十八年(1838)蕭山沈氏漢讀齋刻本　五冊

110000－0144－0004867　089.75/746
話山草堂遺集十三卷　(清)沈道寬撰　清光緒三年(1877)江南潤州榷廨刻本　八冊

110000－0144－0004868　089.75/830
朱氏群書六種　(清)朱駿聲撰　清光緒八年(1882)臨嘯閣刻本　存四種五卷(夏小正補傳一卷、儀禮經注一隅二卷、小爾雅約注一卷、離騷賦補注一卷)　三冊

110000－0144－0004869　089.75/832
愼甫先生四種　(清)朱文炑撰　清咸豐三年(1853)長沙丁氏刻本　四冊

110000－0144－0004870　089.75/933
錢頤壽中丞全集五種　(清)錢寶琛撰　清同治、光緒間錢鼎銘刻本　十三冊

110000－0144－0004871　089.76/119
鄂宰四稾　(清)王筠輯　清咸豐二年(1852)鄉寧賀氏刻本　二冊

110000－0144－0004872　089.76/119
鄂宰四稾　(清)王筠輯　清咸豐二年(1852)鄉寧賀氏刻本　四冊

110000－0144－0004873　089.76/165
陶樓雜著四種　(清)黃彭年撰　清光緒十五年(1889)貴陽黃氏陶樓刻本　二冊

110000－0144－0004874　089.76/165
陶樓雜著四種　(清)黃彭年撰　清光緒十五年(1889)貴陽黃氏陶樓刻本　一冊

110000－0144－0004875　089.76/315
求益齋全集二十卷　(清)強汝詢撰　清光緒二十四年(1898)江蘇書局刻本　八冊

110000－0144－0004876　089.76/482
羅忠節公遺集九種　(清)羅澤南撰　清咸豐、同治間長沙刻本　十冊

110000－0144－0004877　089.76/554
記過齋藏書六種　(清)蘇源生撰　清咸豐至光緒刻本　十二冊

110000－0144－0004878　089.76/554
記過齋藏書五種　(清)蘇源生撰　清咸豐至光緒刻本　八冊

110000－0144－0004879　089.76/828
春雨樓叢書六種　(清)朱士端輯　清同治元年至四年(1862－1865)寶應朱氏刻本　六冊

110000－0144－0004880　089.76/888
屺雲樓集三種　(清)劉存仁撰　清咸豐、同治間福州刻本　十冊

110000－0144－0004881　089.76/962
顧氏二種　(清)顧觀光撰　清光緒二十八年

(1902)刻本　四册

110000－0144－0004882　089.76/974
鄭東父遺書六卷　(清)鄭杲撰　清光緒三十年(1904)集虚草堂刻集虚草堂叢書本　四册

110000－0144－0004883　089.77/504
葉調生遺書二種　(清)葉廷琯撰　清同治八年(1869)刻本　四册

110000－0144－0004884　089.78/115
湘綺樓全書　王闓運撰　清光緒、宣統間刻本　八十六册

110000－0144－0004885　089.78/119
紫薇花館集　(清)王廷鼎撰　清光緒十五年(1889)刻本　九册

110000－0144－0004886　089.78/139
箋經室叢書三種　曹元忠輯　清光緒東吴曹氏箋經室刻本　二册

110000－0144－0004887　089.78/269
坦園全集二十二種　(清)楊恩壽撰　清光緒長沙楊氏坦園刻本　三十六册

110000－0144－0004888　089.78/291
順德李氏遺書四種　(清)李文田撰　清光緒二十三年(1897)鉛印本　一册

110000－0144－0004889　089.78/291
順德李氏遺書四種　(清)李文田撰　清光緒二十三年(1897)鉛印本　一册

110000－0144－0004890　089.78/311
覆瓿集　(清)張文虎撰　清同治、光緒間金陵冶城賓館刻本　六册

110000－0144－0004891　089.78/311
覆瓿集　(清)張文虎著　清同治、光緒間金陵冶城賓館刻本　十二册

110000－0144－0004892　089.78/311
覆瓿集　(清)張文虎著　清同治、光緒間金陵冶城賓館刻本　十二册

110000－0144－0004893　089.78/439
曼陀羅花室全集八種　(清)吳翊寅撰　清光緒廣州刻本　四册

110000－0144－0004894　089.78/455
史伯平先生所著書二種　(清)史致準撰　清光緒三年(1877)刻本　一册

110000－0144－0004895　089.78/526
蔣侑石遺書十六卷　(清)蔣曰豫輯　清光緒三年(1877)蓮池書局刻本　五册

110000－0144－0004896　089.78/526
蔣侑石遺書十六卷　(清)蔣曰豫輯　清光緒三年(1877)蓮池書局刻本　五册

110000－0144－0004897　089.78/566
庸庵全集十種　(清)薛福成撰　清光緒十年至二十四年(1884－1898)無錫薛氏刻本　四十四册

110000－0144－0004898　089.78/566－02
庸庵全集六種　(清)薛福成撰　清光緒二十三年(1897)上海醉六堂石印本　十二册

110000－0144－0004899　089.78/621
丹徒謝氏叢書四種　(清)謝廳蘭撰　清光緒刻本　十册

110000－0144－0004900　089.78/624
歸查叢刻第一集七種　(清)謝希傅撰　清光緒二十四年(1898)東山草堂鉛印本　四册

110000－0144－0004901　089.78/624
歸查叢刻第一集七種　(清)謝希傅撰　清光緒二十四年(1898)東山草堂鉛印本　四册

110000－0144－0004902　089.78/626
柏堂遺書　(清)方宗誠撰　清光緒刻本　七十六册

110000－0144－0004903　089.78/631
郭氏叢刻七種　(清)郭柏蒼撰　清光緒刻本　九册

110000－0144－0004904　089.78/631
郭氏叢刻七種　(清)郭柏蒼撰　清光緒刻本　四册

110000－0144－0004905　089.78/633

寶樹堂遺書三種　(清)郭夢星撰　清光緒二十一年(1895)刻本　四册

110000－0144－0004906　089.78/658
友琴山房文草内集八卷　(清)龍學泰　清光緒三十一年(1905)石印本　六册

110000－0144－0004907　089.78/743
萬物炊累室類稿三種　(清)沈同芳撰　清宣統三年(1911)上海中國圖書公司鉛印本　四册

110000－0144－0004908　089.78/743
萬物炊累室類稿四種　(清)沈同芳撰　清宣統三年(1911)上海中國圖書公司鉛印本　五册

110000－0144－0004909　089.78/754
香禪精舍集八種附七種　(清)潘鍾瑞撰　清光緒潘氏香禪精舍刻本　十五册

110000－0144－0004910　089.78/7541
潘文勤公雜著不分卷　(清)潘祖蔭撰　清末吴縣潘氏刻本　六册

110000－0144－0004911　089.78/756
荔隱山房集九種　(清)涂慶瀾撰　清光緒莆田荔隱山房刻本　十二册

110000－0144－0004912　089.78/842
蘋香書屋全集四種　(清)鄒文柏撰　清光緒三十四年(1908)文苑閣木活字印本　六册

110000－0144－0004913　089.78/860
藝風堂讀書記不分卷　繆荃孫撰　清光緒江陰繆氏刻本　二册

110000－0144－0004914　089.78/886
養雲山莊遺稿四種　(清)劉瑞芬撰　清光緒十九年至二十二年(1893－1896)刻本　八册

110000－0144－0004915　089.78/946
志學齋集五種　(清)徐壽基撰　清光緒十二年(1886)桓台官舍刻本　十二册

110000－0144－0004916　089.78/952
徐萩岑著錄八種　(清)徐宗亮撰　清同治徐氏刻本　八册

110000－0144－0004917　089.78/974
晚學齋集二十六卷　(清)鄭由熙撰　清光緒二十四年(1898)靖安縣署刻本　十二册

110000－0144－0004918　089.79/438
吴光耀四種　(清)吴光耀撰　清宣統元年(1909)吴氏刻本　六册

110000－0144－0004919　089.8/113.2
陶盧叢刻　王樹枬撰　清末新城王氏刻本　存四種三十卷(尚書商誼三卷、費氏古易訂文十二卷、校正孔氏大戴禮記補注十三卷、墨子斠注補正二卷)　八册

110000－0144－0004920　089/103
授堂遺書七種五十三卷首一卷附錄一卷　(清)武億撰　清道光二十三年(1843)偃師武氏刻本　十六册

110000－0144－0004921　089/103
授堂遺書七種五十三卷首一卷附錄一卷　(清)武億撰　清道光二十三年(1843)偃師武氏刻本　十六册

110000－0144－0004922　089/103－02
授堂遺書七種五十三卷首一卷附錄一卷　(清)武億撰　清乾隆、嘉慶間武穆淳刻本　十二册

110000－0144－0004923　090.1/719－02
經解入門八卷　(清)江藩撰　清光緒十九年(1893)上海書局石印本　一册

110000－0144－0004924　090.1/719－02
經解入門八卷　(清)江藩撰　清光緒十九年(1893)上海書局石印本　二册

110000－0144－0004925　090.2/471
傳經表一卷通經表一卷　(清)畢沅撰　清乾隆四十六年(1781)刻本　三册

110000－0144－0004926　090.2/720
傳經表二卷　(清)洪亮吉撰　清光緒五年(1879)授經堂刻本　一册

110000－0144－0004927　090.2/834
經義考三百卷　(清)朱彝尊撰　清乾隆朱氏

曝書亭刻本　三十八册

110000－0144－0004928　090.2/834
經義考三百卷　(清)朱彝尊撰　清光緒二十三年(1897)浙江書局刻本　五十册

110000－0144－0004929　090.2/834
經義考三百卷　(清)朱彝尊撰　清光緒二十三年(1897)浙江書局刻本　五十册

110000－0144－0004930　090.2/834
經義考三百卷　(清)朱彝尊撰　清光緒二十三年(1897)浙江書局刻本　五十册

110000－0144－0004931　090.2/834
經義考三百卷　(清)朱彝尊撰　清光緒二十三年(1897)浙江書局刻本　五十册

110000－0144－0004932　090.2/834－02
經義考三百卷　(清)朱彝尊撰　清乾隆四十二年(1777)汪汝瑮刻本　缺三卷(二百八十六、二百九十九至三百)　四十八册

110000－0144－0004933　090.2/834－03
經義考三百卷　(清)朱彝尊撰　清乾隆朱氏曝書亭刻本　四十八册

110000－0144－0004934　090.2/834－03
經義考三百卷　(清)朱彝尊撰　清乾隆四十二年(1777)汪汝瑮刻本　四十八册

110000－0144－0004935　090.2/834－03
經義考三百卷　(清)朱彝尊撰　清乾隆朱氏曝書亭刻本　六十四册

110000－0144－0004936　090.2/834－983
經義考補正十二卷　(清)翁方綱撰　清乾隆刻蘇齋叢書本　四册

110000－0144－0004937　090.9/670－9
今古學考二卷　廖平撰　清光緒十二年(1886)成都刻四益館經學叢書本　一册

110000－0144－0004938　090/373－02
經學通論五卷　(清)皮錫瑞撰　清光緒三十三年(1907)思賢書局刻本　五册

110000－0144－0004939　090/373－02
經學通論五卷　(清)皮錫瑞撰　清光緒三十三年(1907)思賢書局刻本　七册

110000－0144－0004940　090/649
經學講義二編　(清)京師大學堂編　清光緒三十年(1904)北京官書局鉛印本　一册

110000－0144－0004941　091.1/214
古香齋五經　(清)□□輯　清光緒九年(1883)孔氏三十有三萬卷堂刻本　八册

110000－0144－0004942　091.1/290
御纂七經　(清)李光地等纂　清同治六年(1867)浙江馬新貽刻本　一百四十二册

110000－0144－0004943　091.1/290
御纂七經　(清)李光地等纂　清同治六年(1867)浙江馬新貽刻本　一百四十二册

110000－0144－0004944　091.1/290
御纂七經　(清)李光地等纂　清同治十年(1871)湖北崇文書局刻本　一百七十册

110000－0144－0004945　091.1/290－02
御纂七經　(清)李光地等纂　清光緒二十九年(1903)鑄記書局石印本　二十四册

110000－0144－0004946　091.1/441
經學輯要二十四卷　(清)吳潁炎輯　清光緒十四年(1888)上海點石齋石印本　三十二册

110000－0144－0004947　091.1/441
經學輯要二十四卷　(清)吳潁炎輯　清光緒十四年(1888)上海點石齋石印本　三十二册

110000－0144－0004948　091.1/667－02
唐開成石經　(唐)鄭覃彙刻　清廖氏半畝園拓本　一百三十二册

110000－0144－0004949　091.1/800
四經精華四種　(清)魏朝俊輯　清光緒二十年(1894)學庫山房刻本　二十册

110000－0144－0004950　091.1/854
九經　(清)秦鏷訂正　清刻本　十册

110000－0144－0004951　091.1/884
岳氏相臺五經五種　(宋)岳珂輯　清光緒八

年(1882)長沙龍氏家塾刻本　四十册

110000－0144－0004952　091.1/884
岳氏相臺五經五種　(宋)岳珂輯刻　清光緒八年(1882)長沙龍氏家塾刻本　四十册

110000－0144－0004953　091.1/884
岳氏相臺五經五種　(宋)岳珂輯刻　清光緒八年(1882)長沙龍氏家塾刻本　三十二册

110000－0144－0004954　091.1/884－02
仿宋相臺五經附攷證　(宋)岳珂輯刻　清光緒二年(1876)江南書局刻本　三十二册

110000－0144－0004955　091.17/290
欽定篆文六經四書　(清)李光地等編　清光緒九年(1883)上海同文書局石印本　十册

110000－0144－0004956　091.17/290
欽定篆文六經四書　(清)李光地等編　清光緒九年(1883)上海同文書局石印本　十册

110000－0144－0004957　091.2/180
十三經讀本　(唐)文治輯　清光緒三年(1877)永康胡氏退補齋刻本　六十册

110000－0144－0004958　091.2/375
十三經注疏四百十六卷附校勘記　(清)阮元輯校　清光緒三十年(1904)上海點石齋石印本　三十一册

110000－0144－0004959　091.2/375
十三經注疏四百十六卷附校勘記　(清)阮元輯校　清光緒十三年(1887)上海脈望仙館石印本　四十二册

110000－0144－0004960　091.2/375
十三經注疏四百十六卷附校勘記　(清)阮元輯校　清光緒十三年(1887)上海掃葉山房石印本　四十册

110000－0144－0004961　091.2/375
十三經注疏四百十六卷附校勘記　(清)阮元輯校　清光緒十三年(1887)上海脈望仙館石印本　三十一册

110000－0144－0004962　091.2/375
十三經注疏四百十六卷附校勘記　(清)阮元輯校　清光緒十三年(1887)上海脈望仙館石印本　三十二册

110000－0144－0004963　091.2/375－02
十三經注疏四百十六卷附校勘記　(清)阮元輯校　清同治十二年(1873)江西書局刻本　一百四十四册

110000－0144－0004964　091.2/375－05
十三經注疏四百十六卷附校勘記　(清)阮元輯校　清道光六年(1826)刻本　一百二十册

110000－0144－0004965　091.2/375－07
十三經注疏四百十六卷附校勘記　(清)阮元輯校　清光緒十三年(1887)點石齋石印本　二十五册

110000－0144－0004966　091.2/976－120
鄭氏遺書五種　(漢)鄭玄撰　(清)王復輯　清嘉慶二年(1797)孫馮翼刻本　二册

110000－0144－0004967　091.2/976－195
鄭氏佚書　(漢)鄭玄撰　(清)袁鈞輯　清光緒十年(1884)四明觀稼樓刻本　存四種二十二卷(易注九卷、尚書注九卷、尚書中候注一卷、詩譜三卷)　四册

110000－0144－0004968　091.2/976－195－02
鄭氏佚書二十三種　(漢)鄭玄撰　(清)袁鈞輯　清刻本　十册

110000－0144－0004969　091.2/976－195－02
鄭氏佚書二十三種　(漢)鄭玄撰　(清)袁鈞輯　清刻本　十册

110000－0144－0004970　091.2/976－195－02
鄭氏佚書二十三種　(漢)鄭玄撰　(清)袁鈞輯　清光緒十四年(1888)浙江書局刻本　十册

110000－0144－0004971　091.2/987
十三經古註二百九十卷　(明)金蟠編　明崇禎十三年(1640)刻清同治五年(1866)永懷堂修補本　五十六册

110000－0144－0004972　091.26/324
群經凡例一卷　廖平撰　清光緒二十三年

(1897)尊經書局刻本　一冊

110000－0144－0004973　091.28/712
十三經注疏校勘記識語四卷　（清）汪文臺撰　清光緒三年(1877)江西書局刻本　二冊

110000－0144－0004974　091.28/712－02
十三經注疏校勘記識語四卷　（清）汪文臺撰　清光緒十三年(1887)上海點石齋石印本　一冊

110000－0144－0004975　091.29/103
經讀考異八卷　（清）武億撰　清道光二十二年(1842)偃師武氏刻授堂遺書本　二冊

110000－0144－0004976　091.29/437
有竹石軒經句說二十二卷　（清）吳英撰　清嘉慶二十三年(1818)有竹石軒刻本　二十冊

110000－0144－0004977　091.29/449
群經釋地六卷　（明）呂調陽撰　清光緒十四年(1888)葉長高刻觀象廬叢書本　五冊

110000－0144－0004978　091.29/828
經傳考證八卷　（清）朱彬撰　清道光二年(1822)寶應宜祿堂刻本　四冊

110000－0144－0004979　091.29/828
經傳考證八卷　（清）朱彬撰　清道光二年(1822)寶應宜祿堂刻本　二冊

110000－0144－0004980　091.3/583
七經孟子考文並補遺二百卷　（日本）山井鼎輯　清嘉慶儀征阮氏刻本　四十八冊

110000－0144－0004981　091.3/670
經話甲編二卷乙編一卷　廖平撰　清光緒二十三年(1897)尊經書局刻四益館叢書本　二冊

110000－0144－0004982　091.304/356
式古堂目錄十七卷　（清）尤瑩編　清光緒十九年(1893)石印本　二冊

110000－0144－0004983　091.304/765
皇清經解縮本編目十六卷　（清）淩忠照編　清光緒十三年(1887)上海書局石印本　四冊

110000－0144－0004984　091.31/117
十三經策案二十二卷　（清）王謨彙輯　清末善成堂刻本　十二冊

110000－0144－0004985　091.31/213
戴靜齋先生遺書二種　（清）戴清撰　清咸豐元年(1851)刻本　一冊

110000－0144－0004986　091.31/297
皇朝五經彙解二百七十卷　（清）抉經心室纂　清光緒十四年(1888)上海鴻文書局石印本　三十二冊

110000－0144－0004987　091.31/297－02
皇朝五經彙解二百七十卷　（清）抉經心室纂　清光緒十九年(1893)上海同文書局石印本　三十二冊

110000－0144－0004988　091.31/297－02
皇朝五經彙解二百七十卷　（清）抉經心室纂　清光緒十九年(1893)上海同文書局石印本　三十三冊

110000－0144－0004989　091.31/297－03
皇朝五經彙解二百七十卷　（清）抉經心室纂　清光緒二十二年(1896)上海書局石印本　十二冊

110000－0144－0004990　091.31/334
經餘必讀正編八卷續編八卷三集四卷　（清）雷琳等輯　清光緒二年(1876)汲綆齋刻本　八冊

110000－0144－0004991　091.31/334－02
經餘必讀正編八卷續編八卷　（清）雷琳等輯　清嘉慶八年至十一年(1803－1806)大中堂刻本(續編配敦化堂刻本)　四冊

110000－0144－0004992　091.31/334－03
經餘必讀八卷　（清）雷琳輯　清光緒十四年(1888)玉合堂刻本　四冊

110000－0144－0004993　091.31/485
四益館經學叢書　廖平撰　清光緒十二年(1886)成都刻本　五冊

110000－0144－0004994　091.31/716

欽定七經綱領 （清）學部圖書館編　清宣統元年（1909）學部圖書局鉛印本　一册

110000－0144－0004995　091.31/917
六經補疏二十卷 （清）焦循撰　清道光六年（1826）半九書塾刻本　五册

110000－0144－0004996　091.31/934
經苑二十五種 （清）錢儀吉輯　清同治嘉興錢氏刻本　一百三十四册

110000－0144－0004997　091.31/934
經苑二十五種 （清）錢儀吉輯　清同治嘉興錢氏刻本　七十七册

110000－0144－0004998　091.31/937
古經解彙函十六種小學彙函十四種 （清）鍾謙鈞輯　清同治十二年（1873）粤東書局刻本　三十四册

110000－0144－0004999　091.31/937
古經解彙函十六種小學彙函十四種 （清）鍾謙鈞輯　清同治十二年（1873）粤東書局刻本　六十四册

110000－0144－0005000　091.31/937
古經解彙函十六種小學彙函十四種 （清）鍾謙鈞輯　清同治十二年（1873）粤東書局刻本　六十八册

110000－0144－0005001　091.31/937－02
古經解彙函十六種小學彙函十四種續附十種 （清）鍾謙鈞輯　清光緒十四年（1888）上海蜚英館石印本　二十册

110000－0144－0005002　091.31/937－02
古經解彙函十六種小學彙函十四種續附十種 （清）鍾謙鈞輯　清光緒十四年（1888）上海蜚英館石印本　缺十五種（干禄字書、五經文字、新加九經字樣、大宋重修廣韻、廣韻、續附十種）　十五册

110000－0144－0005003　091.33/988
古經解鉤沈三十卷 （清）余蕭客撰　清光緒二十一年（1895）杭州竹簡齋石印本　十二册

110000－0144－0005004　091.331/428－03
皇清經解 （清）嚴傑輯　清道光九年（1829）刻咸豐十年（1860）補刻本　缺十三卷（六百九十八至七百十）　三百六十册

110000－0144－0005005　091.335/033
宋儒八名家四書五經義不分卷泰西各國學校攷一卷 （宋）王安石等著　（清）三益精舍主人輯　清光緒二十四年（1898）石印本　二册

110000－0144－0005006　091.337/112
經義述聞十五卷 （清）王引之撰　清嘉慶二十一年（1816）刻本　十二册

110000－0144－0005007　091.337/112－02
經義述聞三十二卷 （清）王引之撰　清嘉慶二年（1797）刻本　二十四册

110000－0144－0005008　091.337/112－02
經義述聞三十二卷 （清）王引之撰　清嘉慶二年（1797）刻本　十四册

110000－0144－0005009　091.337/112－02
經義述聞三十二卷 （清）王引之撰　清嘉慶二年（1797）刻本　二十四册

110000－0144－0005010　091.337/112－02
經義述聞三十二卷 （清）王引之撰　清嘉慶二年（1797）刻本　十六册

110000－0144－0005011　091.337/112－03
經義述聞三十二卷 （清）王引之撰　清嘉慶二十二年（1817）刻本　十六册

110000－0144－0005012　091.337/112－04
經義述聞三十二卷 （清）王引之撰　清光緒十三年（1887）鴻寶齋石印本　六册

110000－0144－0005013　091.337/119
周人經説八卷 （清）王紹蘭撰　清末刻本　缺四卷（五至八）　四册

110000－0144－0005014　091.337/138
九經古義十六卷 （清）惠棟撰　清光緒十一年（1885）吳縣朱氏刻本　四册

110000－0144－0005015　091.337/170
七經精義不分卷 （清）黄淦纂　清嘉慶刻本　十四册

110000－0144－0005016　091.337/273
素行室經說二卷　(清)楊譽龍撰　清光緒二十三年(1897)錢塘楊氏刻本　二册

110000－0144－0005017　091.337/334
介菴經說九卷　(清)雷學淇撰　清抄本　二册

110000－0144－0005018　091.337/377
五經異義疏證三卷　(清)陳壽祺撰　清嘉慶十八年(1813)王捷南刻本　三册

110000－0144－0005019　091.337/378
經書算學天文考二卷　(清)陳懋齡撰　清光緒八年(1882)張氏花雨樓刻本　二册

110000－0144－0005020　091.337/428
皇清經解一千四百卷　(清)阮元輯　清光緒十一年(1885)上海點石齋石印本　四十八册

110000－0144－0005021　091.337/428
皇清經解一千四百卷　(清)阮元輯　清光緒十一年(1885)上海點石齋石印本　二十四册

110000－0144－0005022　091.337/428－02
皇清經解一千四百卷　(清)阮元輯　清道光九年(1829)刻咸豐十年(1860)補刻本　三百五十五册

110000－0144－0005023　091.337/428－02
皇清經解一千四百卷　(清)阮元輯　清道光九年(1829)刻咸豐十年(1860)補刻本　三百四十四册

110000－0144－0005024　091.337/428－02
皇清經解一千四百卷　(清)阮元輯　清道光九年(1829)刻咸豐十年(1860)補刻本　三百六十册

110000－0144－0005025　091.337/428－04
皇清經解縮本編目十六卷　(清)淩忠照編　清光緒十八年(1892)上海古香閣石印本　四册

110000－0144－0005026　091.337/428－119
皇清經解續編一千四百三十卷　王先謙輯　清光緒十四年(1888)江陰南菁書院刻本　三百二十册

110000－0144－0005027　091.337/428－119
皇清經解續編一千四百三十卷　王先謙輯　清光緒十四年(1888)江陰南菁書院刻本　三百二十册

110000－0144－0005028　091.337/428－119
皇清經解續編一千四百三十卷　王先謙輯　清光緒十四年(1888)江陰南菁書院刻本　三百二十册

110000－0144－0005029　091.337/428－119
皇清經解續編一千四百三十卷　王先謙輯　清光緒十四年(1888)江陰南菁書院刻本　三百二十册

110000－0144－0005030　091.337/428－119
皇清經解續編一千四百三十卷　王先謙輯　清光緒十四年(1888)江陰南菁書院刻本　三百二十册

110000－0144－0005031　091.337/428－765
皇清經解縮本編目十六卷　(清)淩忠照編　清光緒二十二年(1896)上海鴻文書局石印本　四册

110000－0144－0005032　091.337/428－870
皇清經解分經合纂二百十三卷　(清)船山主人撰　清光緒二十一年(1895)上海鴻寶齋石印本　三十二册

110000－0144－0005033　091.337/522
萬充宗先生經學五書十九卷　(清)萬斯大撰　清乾隆六十年(1795)辨志堂刻本　四册

110000－0144－0005034　091.337/832
朱氏經學叢書初編十三種　(清)朱記榮編　清光緒十二年(1886)行素草堂刻本　十二册

110000－0144－0005035　091.337/832
朱氏經學叢書初編十三種　(清)朱記榮編　清光緒十二年(1886)行素草堂刻本　十二册

110000－0144－0005036　091.337/903
西夏經義十種　(清)何佩融撰　清光緒刻本　十六册

110000－0144－0005037　091.337/947

通志堂經解　(清)成德　(清)徐乾學輯　清康熙十九年(1680)刻本　六十七册　存十一種一百四十七卷(東萊先生禹貢圖說一卷增修東萊書說三十五卷,新昌黄氏尚書說七卷,尚書纂傳四十六卷,四書辨疑十五卷,程尚書禹貢論二卷,後論一卷,山川地理圖一卷,今文尚書纂言四卷,六經奥論六卷總文一卷,書蔡氏傳旁通六卷,大學章句或問通證一卷,中庸章句或問通證一卷,論語集註通證二卷,孟子集註通證二卷,大學章句纂箋一卷,中庸章句纂箋一卷,孟子集註纂箋十四卷)

110000－0144－0005038　091.337/947

通志堂經解一百四十種　(清)成德　(清)徐乾學輯　清康熙十九年(1680)刻本　五百四十册

110000－0144－0005039　091.337/947－983

通志堂經解目録一卷　(清)翁方綱撰　清乾隆五十六年(1791)刻本　一册

110000－0144－0005040　091.337/952

通介堂經説三十七卷　(清)徐灝撰　清咸豐四年(1854)學壽堂刻本　十册

110000－0144－0005041　091.337/990

茶香室經説十六卷　(清)俞樾撰　清光緒十八年(1892)廣東學院刻本　四册

110000－0144－0005042　091.337/994

邃雅堂學古録七卷　(清)姚文田撰　清道光七年(1827)刻本　六册

110000－0144－0005043　091.337/994

邃雅堂學古録七卷　(清)姚文田撰　清道光七年(1827)刻本　六册

110000－0144－0005044　091.357/781

經圖彙考三卷　(清)毛應觀輯　清道光十九年(1839)小園刻本　四册

110000－0144－0005045　091.357/917

群經宫室圖二卷　(清)焦循撰　清光緒十一年(1885)朱鑑章刻本　二册

110000－0144－0005046　091.367/269

十一經音訓　(清)楊國楨撰　清光緒三年(1877)湖北崇文書局刻本　二十六册

110000－0144－0005047　091.367/292

十三經集字不分卷　(清)李鴻藻輯注　清光緒十三年(1887)刻本　一册

110000－0144－0005048　091.367/292－2－02

重校十三經不二字　(清)李鴻藻輯　清光緒九年(1883)和溪書院刻本　二册

110000－0144－0005049　091.367/435

群經字考十卷　(清)吴東發撰　清嘉慶十一年(1806)刻本　一册

110000－0144－0005050　091.367/525

五經小學述二卷　(清)莊述祖撰　**校勘記一卷**　(清)王銘西撰　(清)薛紹元撰　清光緒九年(1883)刻本　二册

110000－0144－0005051　091.367/842

音韻合注四書總字一卷五經總字一卷　(清)鄒岳撰　清抄本　四册

110000－0144－0005052　091.37/370

通德遺書所見録七十二卷　(清)孔廣林輯　清光緒十六年(1890)山東書局刻本　四册

110000－0144－0005053　091.37/370

通德遺書所見録七十二卷　(清)孔廣林輯　清光緒十六年(1890)山東書局刻本　七册

110000－0144－0005054　091.37/370－3

孔叢伯説經五稾　(清)孔廣林撰　清光緒十六年(1890)山東書局刻本　二册

110000－0144－0005055　091.37/370－6

許鄭遺書　(清)孔廣林輯　清道光四年(1824)五華書院刻本　一册

110000－0144－0005056　091.377/117

讀十三經管見草　(清)王尚槩撰　清宣統二年(1910)王秉均鉛印王羲川先生遺書本　四册

110000－0144－0005057　091.377/377

左海經辨二卷 (清)陳壽祺撰 清道光三年(1823)福州陳氏刻本 四冊

110000－0144－0005058 091.377/428
娱親雅言六卷 (清)嚴元照撰 清光緒十年(1884)吳興陸氏刻本 二冊

110000－0144－0005059 091.377/440
吳氏遺著五卷附錄一卷 (清)吳夌雲撰 清光緒十七年(1891)廣雅書局刻本 二冊

110000－0144－0005060 091.377/440
吳氏遺著五卷附錄一卷 (清)吳夌雲撰 清光緒十七年(1891)廣雅書局刻本 七冊

110000－0144－0005061 091.377/577
經學不厭精二卷遺編二卷 (德國)花之安撰 清光緒二十二年至二十九年(1896－1903)上海美華書館鉛印本 一冊

110000－0144－0005062 091.377/741
讀經心解四卷兼山堂文集一卷 (清)沈棋撰 清光緒十一年(1885)刻本 二冊

110000－0144－0005063 091.377/829
實事求是之齋經義二卷 (清)朱大韶撰 清光緒九年(1883)刻本 八冊

110000－0144－0005064 091.377/832
十三經札記二十二卷 (清)朱亦棟撰 清光緒四年(1878)武林竹簡齋刻本 八冊

110000－0144－0005065 091.377/836
知聖編二卷 廖平撰 清光緒二十八年(1902)刻新訂六益館叢書本 二冊

110000－0144－0005066 091.377/845
七經紀聞四卷 (清)管同撰 清道光十九年(1839)刻本 四冊

110000－0144－0005067 091.377/923
經義雜記三十卷 (清)臧琳撰 **敘錄一卷** (清)臧鏞堂輯 清嘉慶三年(1798)武進臧氏刻本 八冊

110000－0144－0005068 091.377/923
經義雜記三十卷 (清)臧琳撰 **敘錄一卷** (清)臧鏞堂輯 清嘉慶三年(1798)武進臧氏刻本 八冊

110000－0144－0005069 091.377/923
經義雜記三十卷 (清)臧琳撰 **敘錄一卷** (清)臧鏞堂輯 清嘉慶三年(1798)武進臧氏刻本 八冊

110000－0144－0005070 091.377/974
愚一錄十二卷 (清)鄭獻甫撰 清光緒二年(1876)刻本 四冊

110000－0144－0005071 091.377/990
群經平議三十五卷 (清)俞樾撰 清同治五年(1866)杭州刻本 十六冊

110000－0144－0005072 091.377/990－02
群經平議三十五卷 (清)俞樾撰 清同治十年(1871)刻本 十六冊

110000－0144－0005073 091.377/990－02
群經平議三十五卷 (清)俞樾撰 清同治十年(1871)刻本 十冊

110000－0144－0005074 091.39/361
古微書三十六卷 (明)孫縠輯 清光緒二十一年(1895)鴻文書局石印本 四冊

110000－0144－0005075 091.39/361
古微書三十六卷 (明)孫縠輯 清光緒二十一年(1895)鴻文書局石印本 四冊

110000－0144－0005076 091.39/361－02
古微書三十六卷 (明)孫縠輯 清嘉慶二十一年(1816)對山問月樓刻本 四冊

110000－0144－0005077 091.39/809
緯攟十四卷首一卷末一卷 (清)喬松年輯 清光緒抄本 六冊

110000－0144－0005078 091.39/809－02
緯攟十四卷首一卷末一卷 (清)喬松年輯 清光緒三年(1877)塗水喬氏強恕堂刻本 四冊

110000－0144－0005079 091.39/809－02
緯攟十四卷首一卷末一卷 (清)喬松年輯 清光緒三年(1877)塗水喬氏強恕堂刻本 八冊

110000－0144－0005080　092.2/312
周易疏略四卷　(清)張沐撰　清康熙十九年(1680)陳如升刻本　四册

110000－0144－0005081　092.2/484
易學宗翼二十九卷首一卷　(清)默希老圃撰　清光緒四年(1878)浮園刻本　一册

110000－0144－0005082　092.2/720
易説醒四卷首一卷　(清)洪守美撰　清同治十一年(1872)刻本　三册

110000－0144－0005083　092.22/364
漢魏二十一家易注二十一種三十三卷　(清)孫堂輯　清嘉慶四年(1799)平湖孫氏映雪草堂刻本　十册

110000－0144－0005084　092.22/976－117
鄭氏周易三卷附鄭氏周易爻辰圖　(漢)鄭玄撰　(元)王應麟輯　(清)惠棟增輯　清乾隆二十一年(1756)刻雅雨堂叢書本　一册

110000－0144－0005085　092.224/112
周易九卷　(三國魏)王弼注　(晉)韓康伯補注　清同治江西稽古樓刻本　四册

110000－0144－0005086　092.224/112－03
周易注疏十三卷略例一卷　(三國魏)王弼注　(晉)韓康伯補注　(唐)孔穎達正義　清同治十年(1871)廣東書局刻本　四册

110000－0144－0005087　092.251/269
誠齋易傳二十卷　(宋)楊萬里撰　清乾隆四十二年(1777)刻光緒十九年(1893)補刻本　八册

110000－0144－0005088　092.251/788
易經八卷　(宋)程頤注　清同治五年(1866)金陵書局刻本　三册

110000－0144－0005089　092.251/788－4
易經八卷　(宋)程頤注　清宣統元年(1909)學部圖書局石印本　六册

110000－0144－0005090　092.251/788－4
易經八卷　(宋)程頤注　清宣統元年(1909)學部圖書局石印本　六册

110000－0144－0005091　092.251/788－4
易經八卷　(宋)程頤注　清宣統元年(1909)學部圖書局石印本　六册

110000－0144－0005092　092.251/788－4
易經八卷　(宋)程頤注　清宣統元年(1909)學部圖書局石印本　六册

110000－0144－0005093　092.251/828
周易本義啟蒙十六卷首一卷　(清)吴世尚撰　清雍正十二年(1734)榮寶堂刻本　六册

110000－0144－0005094　092.251/828－012
周易四卷首一卷　(宋)朱熹注　清光緒二十八年(1902)京都文和堂刻本　四册

110000－0144－0005095　092.251/828－02
周易本義四卷圖説一卷筮儀一卷卦歌一卷　(宋)朱熹撰　清光緒七年(1881)江蘇書局刻本　二册

110000－0144－0005096　092.251/828－03
周易本義四卷圖説一卷筮儀一卷新增圖説一卷　(宋)朱熹撰　清光緒十二年(1886)湖北官書處刻本　二册

110000－0144－0005097　092.251/828－04
周易四卷附圖説一卷筮儀一卷卦歌一卷　(宋)朱熹注　清北京龍文閣書坊刻本　四册

110000－0144－0005098　092.251/828－05
易經本义十二卷首一卷末一卷　(宋)朱熹撰　(宋)吕祖謙注　清同治四年(1865)金陵書局刻本　二册

110000－0144－0005099　092.251/828－06
周易四卷筮儀一卷卦歌一卷圖説一卷　(宋)朱熹本義　**校刊記一卷**　(清)丁寶楨等撰　清同治十一年(1872)山東書局刻本　二册

110000－0144－0005100　092.251/828－07
周易四卷附圖説一卷筮儀一卷卦歌一卷　(宋)朱熹注　清宣統二年(1910)上海會文堂石印本　二册

110000－0144－0005101　092.251/828－08
周易四卷　(宋)朱熹注　清同治十二年

(1873)文成堂刻本　四册

110000－0144－0005102　092.251/828－09
周易四卷　(宋)朱熹注　清刻本　三册

110000－0144－0005103　092.257/658
周易集傳八卷　(元)龍仁夫撰　(清)尹繼美錄　**補遺一卷**　(清)尹繼美撰　清同治七年(1868)永新尹氏刻本　二册

110000－0144－0005104　092.26/220
周會魁校正易經大全二十卷　(明)胡廣等纂修　(明)周士顯校正　(清)黄越校訂　清康熙五十年(1711)郁郁堂刻本　十二册

110000－0144－0005105　092.27/113.2
費氏古易訂文十二卷　王樹枏撰　清光緒十七年(1891)文莫室刻陶廬叢刻本　四册

110000－0144－0005106　092.27/113.2
費氏古易訂文十二卷　王樹枏撰　清光緒十七年(1891)文莫室刻陶廬叢刻本　四册

110000－0144－0005107　092.27/138
易漢學八卷　(清)惠棟撰　清刻本　四册

110000－0144－0005108　092.27/160
易見九卷首一卷易見啓蒙二卷　(清)貢渭濱撰　清嘉慶元年(1796)郁文堂刻本　十六册

110000－0144－0005109　092.27/185
易經解注傳義辯正四十四卷首二卷末二卷　(清)彭申甫撰　清光緒十二年(1886)刻本　二十四册

110000－0144－0005110　092.27/270
周易臆解四卷圖説二卷　(清)楊以迥注　清光緒十年(1884)楊氏刻本　五册

110000－0144－0005111　092.27/290
御纂周易折中二十二卷首一卷　(清)李光地等撰　清光緒十四年(1888)江南書局刻御纂七經本　十册

110000－0144－0005112　092.27/290－03
御纂周易折中二十二卷首一卷　(清)李光地等撰　清同治六年(1867)浙江書局刻御纂七經本　十册

110000－0144－0005113　092.27/290－03
御纂周易折中二十二卷首一卷　(清)李光地等撰　清同治六年(1867)浙江書局刻御纂七經本　十册

110000－0144－0005114　092.27/290－04
御纂周易折中二十二卷首一卷　(清)李光地等撰　清刻本　十三册

110000－0144－0005115　092.27/290－9
周易通論四卷　(清)李光地撰　清雍正刻本　二册

110000－0144－0005116　092.27/292
周易集解纂疏三十六卷首一卷　(清)李道平撰　清光緒十七年(1891)思賢講舍刻本　六册

110000－0144－0005117　092.27/292－02
周易集解纂疏十卷附易筮遺占一卷　(清)李道平撰　清光緒十七年(1891)三餘艸堂刻湖北叢書本　十册

110000－0144－0005118　092.27/307
周易虞氏義九卷周易虞氏消息二卷　(清)張惠言撰　清嘉慶八年(1803)揚州阮氏琅嬛仙館刻張臯文箋易詮全集本　四册

110000－0144－0005119　092.27/307－8
周易荀氏九家三卷　(清)張惠言輯　**周易郑氏注三卷**　(元)王應麟輯　(清)張惠言訂正　清嘉慶、道光間刻張臯文箋易詮全集本　一册

110000－0144－0005120　092.27/312
周易集注六卷首一卷　(清)張官德編注　清光緒二年(1876)養源堂刻本　六册

110000－0144－0005121　092.27/314
羲里睡餘易編十卷　(清)張綬佩撰　清乾隆三十八年(1773)魯甸官舍刻本　四册

110000－0144－0005122　092.27/332
易酌十四卷首一卷　(清)刁包撰　清道光二十三年(1843)祁陽順積樓刻本　十四册

110000－0144－0005123　092.27/383

易箋八卷首一卷圖説一卷　(清)陳法撰　清乾隆三十年(1765)敬和堂刻光緒十四年(1888)陳希謙補刻後印本　六冊

110000－0144－0005124　092.27/412
周易費氏學八卷敘錄一卷　馬其昶撰　清光緒三十年(1904)合肥李國松刻集虛草堂叢書本　三冊

110000－0144－0005125　092.27/446
壽山堂易説　(唐)吕子撰　清同治五年(1866)長白崇芳刻本　六冊

110000－0144－0005126　092.27/448
周易象理淺言十卷　(清)張圻撰　清乾隆三十三年(1768)永譽堂刻本　十冊

110000－0144－0005127　092.27/619
心易溯原二十四卷首一卷　(清)謝若潮撰　清光緒二十年(1894)夢蕉堂刻本　八冊

110000－0144－0005128　092.27/655
周易人事疏證八卷　(清)章世臣撰　清宣統二年(1910)同文書館鉛印本　八冊

110000－0144－0005129　092.27/655
周易人事疏證八卷　(清)章世臣撰　清宣統二年(1910)同文書館鉛印本　八冊

110000－0144－0005130　092.27/662
周易指四十五卷　(清)端木國瑚撰　清道光刻本　二十四冊

110000－0144－0005131　092.27/804
易義選參二卷　(清)魏禧撰　(清)邱邦士選　清光緒二年(1876)寧都翠微峰易堂刻本　二冊

110000－0144－0005132　092.27/814
易解拾遺七卷周易读本四卷　(清)周世金撰　清嘉慶二十四年(1819)湖南衡山周氏和義堂刻本　九冊

110000－0144－0005133　092.27/842
寄傲山房塾課纂輯易經備旨　(清)鄒聖脈纂輯　(清)鄒廷猷編次　清光緒三十年(1904)上海文盛書局石印本　四冊

110000－0144－0005134　092.27/886
先天易貫五卷　(清)劉元龍撰　清道光二十年(1840)居易齋刻本　五冊

110000－0144－0005135　092.27/897
周易經典證略十卷末一卷　(清)何其傑撰　清光緒十二年(1886)何福震刻本　一冊

110000－0144－0005136　092.27/904
御纂周易述義十卷　(清)傅恒等撰　清同治十二年(1873)味經書院刻本　六冊

110000－0144－0005137　092.27/904－02
御纂周易述義十卷　(清)傅恒等撰　清刻本　四冊

110000－0144－0005138　092.27/915
周易洗心十卷　(清)任啓運撰　清光緒八年(1882)宜興任氏家塾刻本　六冊

110000－0144－0005139　092.27/993
周易詳説十八卷　(清)劉紹攽撰　清乾隆成都刻本　八冊

110000－0144－0005140　092.27/994
周易姚氏學十六卷　(清)姚配中撰　清光緒十四年(1888)刻皇清經解續編本　四冊

110000－0144－0005141　092.27/994－02
周易姚氏學十六卷首一卷　(清)姚配中撰　清光緒三年(1877)湖北崇文書局刻本　三冊

110000－0144－0005142　092.27/994－02
周易姚氏學十六卷首一卷　(清)姚配中撰　清光緒三年(1877)湖北崇文書局刻本　六冊

110000－0144－0005143　092.276/834
周易源源三卷首一卷　(清)朱仲文撰　清末抄本　四冊

110000－0144－0005144　092.28/950
睿川易義合編七卷　徐天璋撰　清宣統三年(1911)泰州徐氏刻本　八冊

110000－0144－0005145　092.28/950
睿川易義合編七卷　徐天璋撰　清宣統三年(1911)泰州徐氏刻本　八冊

110000－0144－0005146　092.3/150

周易解三卷首一卷　(清)賈聲槐撰　清道光十四年(1834)刻本　三册

110000－0144－0005147　092.3/746

需時眇言十卷　(清)沈善登撰　清光緒二十八年(1902)沈氏豫恕堂刻本　八册

110000－0144－0005148　092.5/344

來瞿唐先生易注十五卷首一卷末一卷　(明)來知德撰　清雍正七年(1729)寧遠堂刻本　十二册

110000－0144－0005149　092.5/468

易卦變圖説一卷　(清)□□撰　清咸豐十年(1860)沈映鈐刻光緒二十六年(1900)會稽徐氏鑄學齋重印本　一册

110000－0144－0005150　092.6/788－828

周易傳義音訓八卷首一卷末一卷　(宋)程頤傳　(宋)朱熹本義　(宋)吕祖謙音訓　清光緒十五年(1889)江南書局刻本　八册

110000－0144－0005151　092.7/102

易象通義六卷　(清)秦篤輝撰　清光緒十七年(1891)湖北三餘草堂刻湖北叢書本　四册

110000－0144－0005152　092.7/290－7

河洛奏對(河洛大訓)　(清)李光地撰　(清)黄家鼎校錄　清光緒石印本　一册

110000－0144－0005153　092.7/309

易經衷論二卷　(清)張英撰　清光緒二十三年(1897)桐城張氏刻張文端叢書本　一册

110000－0144－0005154　092.7/362

讀易大旨五卷　(清)孫奇逢撰　清康熙六十年(1721)刻後印本　四册

110000－0144－0005155　092.7/530

讀周易記六卷附錄一卷讀尚書記一卷讀大學中庸記二卷讀孝經記一卷　(清)范泰衡撰　清同治十二年(1873)范氏家塾刻光緒四年(1878)改定本　九册

110000－0144－0005156　092.7/578

周易二閒記三卷　(清)茹敦和撰　清光緒十四年(1888)刻南菁書院叢書本　三册

110000－0144－0005157　092.7/583

周易講義三編　山東高等學堂編　清光緒、宣統間山東高等學堂石印本　一册

110000－0144－0005158　092.7/875

周易通義八卷　(清)邊廷英撰　清道光十六年(1836)刻本　八册

110000－0144－0005159　092.8/867

吉祥錄一卷　(清)鄔寶珍輯　清宣統元年(1909)廣州鄔氏刻本　一册

110000－0144－0005160　092.9/976

周易乾鑿度二卷　(漢)鄭玄注　清乾隆二十一年(1756)盧見曾刻雅雨堂叢書本　一册

110000－0144－0005161　092.9/976－02

易緯乾鑿度二卷　(漢)鄭玄注　清刻袖珍十三經注本　二册

110000－0144－0005162　093.22/370

尚書六卷　(漢)孔安國傳　清同治稽古樓刻本　六册

110000－0144－0005163　093.241/370－7

尚書注疏十九卷尚書正義序一卷　(漢)孔安國傳　(唐)陸德明音義　(唐)孔穎達疏　清同治十年(1871)廣東書局刻十三經注疏本　八册

110000－0144－0005164　093.252/562

書經六卷　(宋)蔡沈集傳　清光緒二十一年(1895)淮南書局刻本　四册

110000－0144－0005165　093.252/562－010

書經六卷　(宋)蔡沈集傳　清光緒十年(1884)蘇州掃葉山房刻本　四册

110000－0144－0005166　093.252/562－012

書經六卷附書序書傳問答一卷　(宋)蔡沈集傳　清光緒十七年(1891)刻本　六册

110000－0144－0005167　093.252/562－013

書六卷　(宋)蔡沈集傳　清末京都善成堂刻本　四册

110000－0144－0005168　093.252/562－014
書經六卷　(宋)蔡沈集傳　清宣統元年(1909)寶興堂刻本　四冊

110000－0144－0005169　093.252/562－015
書經六卷　(宋)蔡沈集傳　清嘉慶十年(1805)刻本　四冊

110000－0144－0005170　093.252/562－018
書經六卷　(宋)蔡沈集傳　清刻本　三冊

110000－0144－0005171　093.252/562－02
書經六卷　(宋)蔡沈集傳　清光緒三十四年(1908)學部圖書局石印本　六冊

110000－0144－0005172　093.252/562－02
書經六卷　(宋)蔡沈集傳　清光緒三十四年(1908)學部圖書局石印本　六冊

110000－0144－0005173　093.252/562－02
書經六卷　(宋)蔡沈集傳　清光緒三十四年(1908)學部圖書局石印本　六冊

110000－0144－0005174　093.252/562－02
書經六卷　(宋)蔡沈集傳　清光緒三十四年(1908)學部圖書局石印本　六冊

110000－0144－0005175　093.252/562－02
書經六卷　(宋)蔡沈集傳　清光緒三十四年(1908)學部圖書局石印本　六冊

110000－0144－0005176　093.252/562－03
書經六卷　(宋)蔡沈集傳　清光緒二十一年(1895)湖北官書處刻本　四冊

110000－0144－0005177　093.252/562－04
書集傳六卷　(宋)蔡沈撰　清康熙三十七年(1698)李燦章刻本　四冊

110000－0144－0005178　093.252/562－05
書經六卷　(宋)蔡沈集傳　清光緒十三年(1887)京都聚珍堂刻本　四冊

110000－0144－0005179　093.252/987
書經注十二卷　(宋)金履祥撰　清光緒五年(1879)歸安陸氏刻十萬卷樓叢書本　六冊

110000－0144－0005180　093.27/112
書經不分卷　(清)王頊齡等纂　清光緒上海粹石山房石印本　二冊

110000－0144－0005181　093.27/112－02
欽定書經傳説彙纂二十一卷首二卷書序一卷　(清)王頊齡等纂　清雍正八年(1730)刻本　二十冊

110000－0144－0005182　093.27/112－02
欽定書經傳説彙纂二十一卷首二卷書序一卷　(清)王頊齡等纂　清雍正八年(1730)刻本　十冊

110000－0144－0005183　093.27/112－03
欽定書經傳説彙纂二十一卷首二卷　(清)王頊齡等纂　清同治十年(1871)湖北崇文書局刻本　十二冊

110000－0144－0005184　093.27/112－04
書經傳説彙纂二十一卷首二卷書序一卷　(清)王頊齡等纂　清同治七年(1868)浙江書局刻本　十二冊

110000－0144－0005185　093.27/112－05
欽定書經傳説彙纂二十一卷首二卷　(清)王頊齡等纂　清光緒十四年(1888)江南書局刻本　十二冊

110000－0144－0005186　093.27/115－02
尚書後案三十卷後辨一卷　(清)王鳴盛撰　清乾隆四十五年(1780)禮堂刻頤志堂印本　(清)丁晏墨筆校注　八冊

110000－0144－0005187　093.27/119
尚書孔傳參正三十六卷　王先謙撰　清光緒三十年(1904)虚受堂刻本　六冊

110000－0144－0005188　093.27/119
尚書孔傳參正三十六卷　王先謙撰　清光緒三十年(1904)虚受堂刻本　六冊

110000－0144－0005189　093.27/119
尚書孔傳參正三十六卷　王先謙撰　清光緒三十年(1904)虚受堂刻本　六冊

110000－0144－0005190　093.27/204
詩細十卷首一卷續一卷毛詩草木疏校正一卷

尚書異讀考六卷 （清）趙佑撰 清乾隆仁和趙氏刻本 八册

110000－0144－0005191 093.27/292
尚書彙說存參七卷首一卷 （清）李兆撰 清嘉慶十年（1805）存參齋刻本 八册

110000－0144－0005192 093.27/363－02
尚書今古文注疏三十卷 （清）孫星衍注 清光緒十年（1884）吳縣朱氏槐廬家塾刻本 八册

110000－0144－0005193 093.27/377
尚書大傳輯校三卷 （清）陳壽祺撰 清光緒十四年（1888）江陰南菁書院刻皇清經解續編本 一册

110000－0144－0005194 093.27/377－02
尚書大傳四卷 （漢）伏胜撰 （漢）鄭玄注 （清）陳壽祺辑校 **尚書大傳辨僞一卷** （清）陳壽祺撰 清同治十二年（1873）粵東書局刻古經解彙函本 四册

110000－0144－0005195 093.27/384
今文尚書經說攷三十二卷敘錄一卷 （清）陳喬樅撰 清光緒十四年（1888）南菁書院刻皇清經解續編本 十二册

110000－0144－0005196 093.27/438
古文尚書正辭三十三卷 （清）吳光耀撰 清光緒十九年（1893）刻本 十八册

110000－0144－0005197 093.27/440－5
尚書讀本二卷 （清）吳汝綸校勘 清光緒三十四年（1908）保陽書局鉛印本 二册

110000－0144－0005198 093.27/440－6
寫定尚書一卷 （清）吳汝綸注 清光緒十八年（1892）桐城吳氏家塾石印本 一册

110000－0144－0005199 093.27/440－6
寫定尚書一卷 （清）吳汝綸注 清光緒十八年（1892）桐城吳氏家塾石印本 一册

110000－0144－0005200 093.27/440－6
寫定尚書一卷 （清）吳汝綸注 清光緒十八年（1892）桐城吳氏家塾石印本 一册

110000－0144－0005201 093.27/440－6
寫定尚書一卷 （清）吳汝綸注 清光緒十八年（1892）桐城吳氏家塾石印本 一册

110000－0144－0005202 093.27/440－6
寫定尚書一卷 （清）吳汝綸注 清光緒十八年（1892）桐城吳氏家塾石印本 二册

110000－0144－0005203 093.27/459
尚書古文疏證八卷 （清）閻若璩撰 清光緒十四年（1888）南菁書院刻本 六册

110000－0144－0005204 093.27/459－02
尚書古文疏證八卷附錄一卷 （清）閻若璩撰 **朱子古文書疑** （清）閻詠復輯 清嘉慶元年（1796）天津吳人驥刻本 八册

110000－0144－0005205 093.27/459－02
尚書古文疏證八卷附錄一卷 （清）閻若璩撰 **朱子古文書疑** （清）閻詠復輯 清嘉慶元年（1796）天津吳人驥刻本 十册

110000－0144－0005206 093.27/459－02
尚書古文疏證八卷附錄一卷 （清）閻若璩撰 **朱子古文書疑** （清）閻詠復輯 清嘉慶元年（1796）天津吳人驥刻本 十册

110000－0144－0005207 093.27/842
寄傲山房塾課書經備旨蔡注輯錄七卷 （清）鄒聖脉纂輯 （清）鄒可庭編次 清光緒三十年（1904）上海文盛書局石印本 四册

110000－0144－0005208 093.27/976
尚書大傳四卷附考異一卷補遺一卷續補遺一卷 （漢）伏胜撰 （漢）鄭玄注 清光緒三年（1877）湖北崇文書局刻本 一册

110000－0144－0005209 093.28/113
尚書商誼三卷 王樹枬撰 清光緒十一年（1885）文莫室刻陶廬叢刻本 一册

110000－0144－0005210 093.31/118－02
禹貢譜二卷 （清）王澍等撰 清康熙四十六年（1707）積書巖刻本 一册

110000－0144－0005211 093.31/221
禹貢錐指二十卷附略例一卷圖一卷 （清）胡

渭撰　清康熙四十四年(1705)胡氏漱六軒刻本　八册

110000－0144－0005212　093.31/221
禹貢錐指二十卷附略例一卷圖一卷　(清)胡渭撰　清康熙四十四年(1705)胡氏漱六軒刻本　八册

110000－0144－0005213　093.31/272
禹貢本義一卷　楊守敬撰　清光緒三十二年(1906)鄂城刻本　一册

110000－0144－0005214　093.31/291
禹貢易知編十二卷　(清)李慎儒輯　清光緒二十五年(1899)丹徒李氏刻本　四册

110000－0144－0005215　093.31/291
禹貢易知編十二卷　(清)李慎儒輯　清光緒二十五年(1899)丹徒李氏刻本　四册

110000－0144－0005216　093.31/339
禹貢班義述三卷　(清)成蓉鏡撰　**尚書伸孔篇一卷**　(清)焦廷琥撰　清光緒十四年(1888)廣雅書局刻本　一册

110000－0144－0005217　093.31/339－02
禹貢班義述三卷漢糜水入尚龍谿考一卷　(清)成蓉鏡撰　清光緒十一年(1885)刻本　一册

110000－0144－0005218　093.31/435
禹貢便讀二卷　(清)吳塀撰　清光緒三年(1877)蘇州刻本　一册

110000－0144－0005219　093.31/576
舊傳禹貢鈔本一卷　(清)陸清訂　清光緒九年(1883)自知書屋蘇城毛上珍刻本　一册

110000－0144－0005220　093.31/626
禹貢水道考異南條五卷首一卷北條五卷首一卷　(清)方堃撰　清道光三年(1823)紫霞仙館刻本　四册

110000－0144－0005221　093.31/908
禹貢古今注通釋六卷　(清)侯楨輯　清光緒六年(1880)古杼秋館木活字印本　二册

110000－0144－0005222　093.31/917
禹貢鄭注釋二卷　(清)焦循撰　清道光八年(1828)刻焦氏叢書本　二册

110000－0144－0005223　093.31/951
禹貢會箋十二卷圖一卷　(清)徐文靖箋　(清)趙弁訂　清同治十三年(1874)慈谿何氏刻本　四册

110000－0144－0005224　093.31/976
禹貢圖注彙纂一卷　(清)鄭言紹輯　清光緒二十一年(1895)憩園刻本　一册

110000－0144－0005225　093.5/366
欽定書經圖説五十卷　(清)孫家鼐等撰　清光緒三十一年(1905)學務處編書局石印本　十六册

110000－0144－0005226　093.5/366
欽定書經圖説五十卷　(清)孫家鼐等撰　清光緒三十一年(1905)學務處編書局石印本　十六册

110000－0144－0005227　093.7/113.1
書疑九卷　(宋)王柏撰　清康熙十九年(1680)通志堂刻通志堂經解本　一册

110000－0144－0005228　093.7/209
尚書辨解十卷　(明)郝敬撰　清光緒十七年(1891)三餘草堂刻湖北叢書本　四册

110000－0144－0005229　093.7/309
書經衷論四卷　(清)張英撰　清光緒二十三年(1897)安徽桐城張氏刻張文端集本　一册

110000－0144－0005230　093.7/311
尚書古文辨惑二十二卷目錄二卷　(清)張諧之撰　清光緒三十年(1904)宏農張氏潜修精舍刻本　十二册

110000－0144－0005231　093.7/362
書經近指六卷　(清)孫奇逢撰　清康熙十五年(1676)趙纘刻孫夏峰先生全集本　四册

110000－0144－0005232　093.7/373
今文尚書考證三十卷　(清)皮錫瑞撰　清光緒二十三年(1897)師伏堂刻師伏堂叢書本　四册

110000－0144－0005233　093.7/373
今文尚書考證三十卷　(清)皮錫瑞撰　清光緒二十三年(1897)師伏堂刻師伏堂叢書本　四冊

110000－0144－0005234　093.7/384
尚書歐陽夏侯遺說攷一卷　(清)陳喬樅撰　清光緒十四年(1888)南菁書院刻皇清經解續編本　一冊

110000－0144－0005235　093.7/805
書古微十二卷首一卷　(清)魏源撰　清光緒四年(1878)淮南書局刻本　四冊

110000－0144－0005236　093.7/805
書古微十二卷首一卷　(清)魏源撰　清光緒四年(1878)淮南書局刻本　四冊

110000－0144－0005237　094.11/602
漢滿詩經合璧八卷　(清)□□譯　清刻本　四冊

110000－0144－0005238　094.11/602－02
詩經一卷　清同治上海江南製造總局刻本　一冊

110000－0144－0005239　094.11/722
新刻滿漢字詩經六卷　(清)□□譯　清聽松樓刻本　十二冊

110000－0144－0005240　094.122/781
毛詩詁訓傳三十卷　(漢)毛亨傳　(漢)鄭玄箋　(唐)陸德明音義　(唐)孔穎達疏　清光緒四年(1878)淮南書局刻本　二十冊

110000－0144－0005241　094.122/781.4
毛詩注二十卷　(漢)毛萇傳　(漢)鄭玄箋　清同治十二年(1873)江西稽古樓刻袖珍十三經注本　十冊

110000－0144－0005242　094.122/781－02
毛詩注疏三十卷附考證　(漢)毛亨傳　(漢)鄭玄箋　(唐)陸德明音義　(唐)孔穎達疏　清同治十年(1871)刻十三經注疏附考證本　十八冊

110000－0144－0005243　094.125/423
毛詩本義十六卷　(宋)歐陽修撰　清道光十四年(1834)鈞源歐陽氏刻本　四冊

110000－0144－0005244　094.1252/428
詩緝三十六卷　(宋)嚴粲撰　清光緒十六年(1890)雖園刻本　十二冊

110000－0144－0005245　094.1252/428
詩緝三十六卷　(宋)嚴粲撰　清光緒十六年(1890)雖園刻本　十二冊

110000－0144－0005246　094.1252/428－02
詩緝三十六卷　(宋)嚴粲撰　清光緒三年(1877)嶺南述古堂刻本　十二冊

110000－0144－0005247　094.1252/428－02
詩緝三十六卷　(宋)嚴粲撰　清光緒三年(1877)嶺南述古堂刻本　十四冊

110000－0144－0005248　094.1252/428－04
詩緝三十六卷　(宋)嚴粲撰　清嘉慶十五年(1810)谿上聽彝堂刻本　十二冊

110000－0144－0005249　094.1252/444
呂氏家塾讀詩記三十二卷　(宋)呂祖謙撰　清嘉慶十六年(1811)谿上聽彝堂刻本　十二冊

110000－0144－0005250　094.1252/444
呂氏家塾讀詩記三十二卷　(宋)呂祖謙撰　清嘉慶十六年(1811)谿上聽彝堂刻本　十二冊

110000－0144－0005251　094.1252/444
呂氏家塾讀詩記三十二卷　(宋)呂祖謙撰　清嘉慶十六年(1811)谿上聽彝堂刻本　十冊

110000－0144－0005252　094.1252/801
毛詩要義二十卷　(宋)魏了翁撰　清光緒八年(1882)上海獨山莫氏刻本　十六冊

110000－0144－0005253　094.1252/828
詩經集傳八卷　(宋)朱熹集傳　清光緒三十四年(1908)學部圖書館石印本　缺二卷(一至二)　三冊

110000－0144－0005254　094.1252/828
詩經集傳八卷　(宋)朱熹集傳　清光緒三十

四年(1908)學部圖書館石印本　四册

110000－0144－0005255　094.1252/828
詩經集傳八卷　(宋)朱熹集傳　清光緒三十四年(1908)學部圖書館石印本　四册

110000－0144－0005256　094.1252/828
詩經集傳八卷　(宋)朱熹集傳　清光緒三十四年(1908)學部圖書館石印本　四册

110000－0144－0005257　094.1252/828－012
詩經八卷　(宋)朱熹集傳　清乾隆文石軒抄本　三册

110000－0144－0005258　094.1252/828－013
詩經八卷　(宋)朱熹注　清光緒九年(1883)蘇州掃葉山房刻本　四册

110000－0144－0005259　094.1252/828－014
詩經八卷　(宋)朱熹注　清嘉慶十六年(1811)揚州十笏堂刻本　四册

110000－0144－0005260　094.1252/828－015
詩經八卷　(宋)朱熹注　清光緒十四年(1888)天津文美齋刻本　四册

110000－0144－0005261　094.1252/828－016
詩經八卷　(宋)朱熹注　清光緒二十六年(1900)江南書局刻本　四册

110000－0144－0005262　094.1252/828－02
詩經集傳八卷　(宋)朱熹注　清光緒二十年(1894)淮南書局刻本　四册

110000－0144－0005263　094.1252/828－020
詩集傳八卷　(宋)朱熹注　清末京都寶文堂刻本　四册

110000－0144－0005264　094.1252/828－03
詩集傳八卷　(宋)朱熹注　清光緒京都大成堂刻本　四册

110000－0144－0005265　094.1252/828－06
詩經集傳八卷　(宋)朱熹集傳　清八旗官學刻本　四册

110000－0144－0005266　094.1252/828－626
朱子詩義補正八卷　(清)方苞撰　清光緒三年(1877)南海馮氏刻本　四册

110000－0144－0005267　094.1252/898
詩說十二卷　(宋)劉克撰　清道光八年(1828)藝芸書舍刻本　四册

110000－0144－0005268　094.127/118－02
欽定詩經傳説彙纂二十一卷首二卷　(清)王鴻緒等纂　清同治七年(1868)浙江書局刻御纂七經本　十六册

110000－0144－0005269　094.127/118－03
欽定詩經傳説彙纂二十一卷首二卷　(清)王鴻緒等撰　清光緒十四年(1888)江南書局刻本　十六册

110000－0144－0005270　094.127/138
詩說三卷附錄一卷　(清)惠周惕撰　清嘉慶十七年(1812)真意堂刻本　一册

110000－0144－0005271　094.127/217
毛詩後箋三十卷　(清)胡承珙撰　清光緒七年(1881)蛟川方氏刻本　二十册

110000－0144－0005272　094.127/217
毛詩後箋三十卷　(清)胡承珙撰　清光緒七年(1881)蛟川方氏刻本　二十册

110000－0144－0005273　094.127/261
毛詩識小三十卷　(清)林伯桐撰　清同治二年(1863)南海伍氏粵雅堂文字歡娛室刻嶺南遺書本　四册

110000－0144－0005274　094.127/261
毛詩識小三十卷　(清)林伯桐撰　清同治二年(1863)南海伍氏粵雅堂文字歡娛室刻嶺南遺書本　四册

110000－0144－0005275　094.127/287
詩經傳注八卷　(清)李塨撰　清道光二十四年(1844)蠡吾趙鍛莊静穆堂刻本　四册

110000－0144－0005276　094.127/314
詩義鈔八卷　(清)張學尹撰　清同治九年(1870)師白山房刻本　四册

110000－0144－0005277　094.127/341
毛詩證讀五卷讀詩或問一卷　(清)戚學標撰

清嘉慶十年(1805)河南涉署刻戚鶴泉所著書本　四册

110000－0144－0005278　094.127/341
毛詩證讀五卷讀詩或問一卷　(清)戚學標撰　清嘉慶十年(1805)河南涉署刻戚鶴泉所著書本　四册

110000－0144－0005279　094.127/378
詩經嗜鳳備旨八卷圖説一卷　(清)陳抒孝輯　(清)汪基增訂　清光緒二十一年(1895)書業德刻本　四册

110000－0144－0005280　094.127/383
詩經集解二十卷　(清)陳宗舜輯　清光緒三十四年(1908)洗心堂鉛印本　六册

110000－0144－0005281　094.127/384
詩毛氏傳疏三十卷附釋毛詩音四卷毛詩説一卷毛詩傳義類十九篇鄭氏箋考徵一卷　(清)陳奐撰　清光緒十年(1884)吴門南園陳氏埽葉山莊刻本　十二册

110000－0144－0005282　094.127/384
詩毛氏傳疏三十卷附釋毛詩音四卷毛詩説一卷毛詩傳義類十九篇鄭氏箋考徵一卷　(清)陳奐撰　清光緒十年(1884)吴門南園陳氏埽葉山莊刻本　十二册

110000－0144－0005283　094.127/384
詩毛氏傳疏三十卷附釋毛詩音四卷毛詩説一卷毛詩傳義類十九篇鄭氏箋考徵一卷　(清)陳奐撰　清光緒十年(1884)吴門南園陳氏埽葉山莊刻本　十二册

110000－0144－0005284　094.127/384
詩毛氏傳疏三十卷附釋毛詩音四卷毛詩説一卷毛詩傳義類十九篇鄭氏箋考徵一卷　(清)陳奐撰　清光緒十年(1884)吴門南園陳氏埽葉山莊刻本　十二册

110000－0144－0005285　094.127/384
詩毛氏傳疏三十卷附釋毛詩音四卷毛詩説一卷毛詩傳義類十九篇鄭氏箋考徵一卷　(清)陳奐撰　清光緒十年(1884)吴門南園陳氏埽葉山莊刻本　十二册

110000－0144－0005286　094.127/384－02
詩毛氏傳疏三十卷　(清)陳奐撰　清末上海文瑞樓石印本　十二册

110000－0144－0005287　094.127/384－05
詩毛氏傳疏三十卷釋毛詩音四卷毛詩説一卷毛詩傳義類十九篇鄭氏箋考徵一卷　(清)陳奐撰　清光緒石印本　四册

110000－0144－0005288　094.127/385
毛詩稽古編三十卷　(清)陳啟源撰　清光緒九年(1883)上海同文書局石印本　八册

110000－0144－0005289　094.127/385
毛詩稽古編三十卷　(清)陳啟源撰　清光緒九年(1883)上海同文書局石印本　八册

110000－0144－0005290　094.127/411
毛詩傳箋通釋三十二卷　(清)馬瑞辰撰　清光緒十四年(1888)廣雅書局刻本　十二册

110000－0144－0005291　094.127/435
毛詩復古録十二卷首一卷　(清)吴懋清撰　清光緒二十年(1894)廣州學使者署刻本　六册

110000－0144－0005292　094.127/435
毛詩復古録十二卷首一卷　(清)吴懋清撰　清光緒二十年(1894)廣州學使者署刻本　六册

110000－0144－0005293　094.127/435.2
詩經申義十卷　(清)吴士模撰　清光緒十七年(1891)吴氏刻本　四册

110000－0144－0005294　094.127/435.2
詩經申義十卷　(清)吴士模撰　清光緒十七年(1891)吴氏刻本　四册

110000－0144－0005295　094.127/504
遵註詩經能解指南彙編三十一卷首一卷　(清)葉義昂纂輯　(清)詹廷對校閱　(清)李蚤春訂定　清雍正十一年(1733)贈言堂刻本　十册

110000－0144－0005296　094.127/641
詩經融注大全體要八卷　(清)高朝瓔撰

(清)沈世楷輯　清光緒三十三年(1907)雙和堂刻本　四冊

110000－0144－0005297　094.127/658
毛詩補正二十五卷　(清)龍起濤撰　清光緒二十五年(1899)鵠軒刻本　八冊

110000－0144－0005298　094.127/712
毛詩異義四卷詩譜一卷　(清)汪龍撰　清道光五年(1825)絜齋鮑氏刻本　四冊

110000－0144－0005299　094.127/713
詩經詮義十二卷首一卷末二卷　(清)汪烜纂　清道光二十三年(1843)世德堂刻本　十五冊

110000－0144－0005300　094.127/716
御纂詩義折中二十卷　(清)傅恆等撰　清光緒十六年(1890)善成堂刻本　缺三卷(四至六)　六冊

110000－0144－0005301　094.127/716－02
御纂詩義折中二十卷　(清)傅恆等撰　清文光堂、善成堂刻本　六冊

110000－0144－0005302　094.127/716－03
御纂詩義折中二十卷　(清)傅恆等撰　清道光長蘆鹽運使如山刻本　六冊

110000－0144－0005303　094.127/716－04
御纂詩義折中二十卷　(清)傅恆等撰　清三義堂刻本　六冊

110000－0144－0005304　094.127/716－04
御纂詩義折中二十卷　(清)傅恆等撰　清三義堂刻本　六冊

110000－0144－0005305　094.127/716－05
御纂詩義折中二十卷　(清)傅恆等撰　清光緒埽葉山房刻本　八冊

110000－0144－0005306　094.127/719
詩經正韻集注衍義大全　(清)江環輯撰　(清)劉曰珩重訂　清劉嘉胤刻本　四冊

110000－0144－0005307　094.127/728
詩經精義集抄四卷　(清)梁中孚輯　(清)汪汝式參訂　清道光七年(1827)寧國縣衙刻本　四冊

110000－0144－0005308　094.127/825
春秋傳十二卷詩志八卷　(清)牛運震撰　清嘉慶四年(1799)空山堂刻本　四冊

110000－0144－0005309　094.127/892
詩經恆解六卷　(清)劉沅撰　清同治三年(1864)樂善堂刻本　六冊

110000－0144－0005310　094.127/919
參校詩傳說存二卷　(清)孫渠田鑒定　(清)葛士清等同輯　清光緒十五年(1889)守經堂刻本　一冊

110000－0144－0005311　094.127/946
詩經廣詁三十卷首一卷　(清)徐璈輯　清道光十年(1830)桐城徐氏刻本　八冊

110000－0144－0005312　094.127/949
山中學詩記五卷　(清)徐時棟撰　清光緒四年(1878)西河別墅葉氏刻本　二冊

110000－0144－0005313　094.1276/461
詩傳蒙求分韻一卷　(清)黃中輯　清咸豐九年(1859)尚友齋刻本　一冊

110000－0144－0005314　094.14/158
詩譜攷正一卷　(清)丁晏撰　清光緒十四年(1888)南菁書院刻皇清經解續編本　一冊

110000－0144－0005315　094.14/383
詩傳名物集覽十二卷　(清)陳大章撰　清光緒十七年(1891)三餘草堂刻湖北叢書本　六冊

110000－0144－0005316　094.15/949
毛詩名物圖說九卷　(清)徐鼎撰　清乾隆三十六年(1771)刻本　二冊

110000－0144－0005317　094.16/120－02
毛詩重言一卷毛詩雙聲疊韻說一卷　(清)王筠撰　清道光三十年(1850)刻本　一冊

110000－0144－0005318　094.16/204
毛詩辨韻五卷　(清)趙似祖撰　(清)趙星海更訂　清道光二十二年(1842)聽雲山館刻本　四冊

110000－0144－0005319　094.16/269

詩經音訓不分卷　(清)楊國楨撰　清道光十年(1830)大梁書院刻本　二册

110000－0144－0005320　094.16/348

三百篇原聲七卷　(清)夏味堂撰　清嘉慶十二年(1807)棣華書屋刻本　一册　存二卷(一至二)

110000－0144－0005321　094.16/384

毛詩古音考三卷屈宋古音義三卷　(明)陳第編　(明)焦竑訂正　清光緒六年(1880)武昌張裕釗刻本　六册

110000－0144－0005322　094.16/384

毛詩古音考三卷屈宋古音義三卷　(明)陳第編　(明)焦竑訂正　清光緒六年(1880)武昌張裕釗刻本　六册

110000－0144－0005323　094.16/384－02

毛詩古音考四卷　(明)陳第編　(明)焦竑訂正　清同治二年(1863)長沙余氏刻明辨齋叢書本　二册

110000－0144－0005324　094.16/384－04

毛詩古音考四卷讀詩拙言一卷古音考附錄一卷屈宋古音義三卷　(明)陳第編　清嘉慶十年(1805)虞山張氏照曠閣刻本　六册

110000－0144－0005325　094.16/435

詩小學三十卷補一卷　(清)吳樹聲撰　清同治十年(1871)壽光官廨刻本　十二册

110000－0144－0005326　094.16/523

毛詩昀訂十卷　(清)苗夔撰　清咸豐元年(1851)壽陽漢專亭刻苗氏說文四種本　四册

110000－0144－0005327　094.16/602

詩經音註辨正八卷　(清)汲綆齋撰　清汲綆齋刻本　四册

110000－0144－0005328　094.16/637

毛詩均譜八卷補遺一卷校勘記一卷　(清)郭師古撰　清光緒二十年(1894)刻玉屏山房存稿本　六册

110000－0144－0005329　094.16/897

詩經世本古義二十八卷首一卷末一卷　(明)何楷撰　清光緒十九年(1893)上海鴻寶齋石印本　十六册

110000－0144－0005330　094.16/897－02

詩經世本古義二十八卷首一卷末一卷　(明)何楷撰　清嘉慶二十四年(1819)溪邑謝氏文林堂刻本　十六册

110000－0144－0005331　094.17/158

鄭氏詩譜攷正一卷　(漢)鄭玄撰　(宋)歐陽修補亡　(清)丁晏重編　清嘉慶二十五年(1820)邵武徐氏刻本　一册

110000－0144－0005332　094.17/352

詩說考略十二卷　(清)左僎撰　清道光十年(1830)王氏信芳閣木活字印本　六册

110000－0144－0005333　094.17/370

詩聲分例一卷　(清)孔廣森撰　清光緒十四年(1888)南菁書院刻皇清經解續編本　一册

110000－0144－0005334　094.17/386

毛詩草木鳥獸蟲魚疏廣要四卷　(三國吳)陸璣撰　(明)毛晉参　明崇禎虞山毛氏汲古閣刻本　四册

110000－0144－0005335　094.17/602

詩經古譜二卷　(□)□□撰　清光緒三十四年(1908)學部圖書局石印本　一册

110000－0144－0005336　094.17/754

詩經說鈴十二卷　(清)潘克溥撰　清同治元年(1862)書業德記刻本　六册

110000－0144－0005337　094.22/536

三家詩拾遺十卷　(清)范家相輯　清嘉慶十五年(1810)古趣亭刻本　二册

110000－0144－0005338　094.22/536

三家詩拾遺十卷　(清)范家相輯　清嘉慶十五年(1810)古趣亭刻本　二册

110000－0144－0005339　094.24/384

齊詩翼氏學疏證二卷齊詩敘錄一卷　(清)陳喬樅撰　清刻本　二册

110000－0144－0005340　094.25/229

韓詩外傳十卷 （漢）韓嬰撰 （清）周廷寀校注 **補逸一卷** （清）趙懷玉輯 **校注拾遺一卷** （清）周宗杬撰 清光緒元年（1875）望三益齋刻本 四冊

110000－0144－0005341 094.25/229
韓詩外傳十卷 （漢）韓嬰撰 （清）周廷寀校注 **補逸一卷** （清）趙懷玉輯 **校注拾遺一卷** （清）周宗杬撰 清光緒元年（1875）望三益齋刻本 二冊

110000－0144－0005342 094.25/229－05
韓詩外傳十卷 （漢）韓嬰撰 清光緒三年（1877）湖北崇文書局刻本 一冊

110000－0144－0005343 094.25/377
韓詩遺說考五卷敍錄一卷附錄一卷補逸一卷 （清）陳壽祺撰 （清）陳喬樅述 清刻本 五冊

110000－0144－0005344 094.6/584
詩經四家異文考五卷 （清）陳喬樅撰 清道光二十三年（1843）刻左海續集本 六冊

110000－0144－0005345 094.7/805
詩古微三編十九卷首一卷 （清）魏源撰 清道光刻光緒十三年（1887）補刻本 十冊

110000－0144－0005346 095.12/304
周禮易讀六卷 （清）司徒修選訂 清道光十五年（1835）絡野堂刻本 四冊

110000－0144－0005347 095.122/976
周禮六卷 （漢）鄭玄注 （唐）陸德明音義 清宣統元年（1909）學部圖書局石印本 六冊

110000－0144－0005348 095.122/976
周禮六卷 （漢）鄭玄注 （唐）陸德明音義 清宣統元年（1909）學部圖書局石印本 六冊

110000－0144－0005349 095.122/976
周禮六卷 （漢）鄭玄注 （唐）陸德明音義 清宣統元年（1909）學部圖書局石印本 六冊

110000－0144－0005350 095.122/976
周禮六卷 （漢）鄭玄注 （唐）陸德明音義 清宣統元年（1909）學部圖書局石印本 六冊

110000－0144－0005351 095.122/976－03
周禮六卷 （漢）鄭玄注 （唐）陸德明音義 清同治十二年（1873）稽古樓刻袖珍十三經注本 十二冊

110000－0144－0005352 095.122/976－05
周禮六卷 （漢）鄭玄注 （唐）陸德明音義 清同治十一年（1872）山東書局刻十三經讀本本 六冊

110000－0144－0005353 095.127/365－02
周禮正義八十六卷 （清）孫詒讓撰 清光緒三十一年（1905）鉛印本 五冊 存二十卷（一至三、二十七至三十一、三十九至五十一）

110000－0144－0005354 095.127/365－02
周禮正義八十六卷 （清）孫詒讓撰 清光緒三十一年（1905）鉛印本 二十冊

110000－0144－0005355 095.127/365－02
周禮正義八十六卷 （清）孫詒讓撰 清光緒三十一年（1905）鉛印本 二十冊

110000－0144－0005356 095.127/365－02
周禮正義八十六卷 （清）孫詒讓撰 清光緒三十一年（1905）鉛印本 二十冊

110000－0144－0005357 095.127/427
欽定周官義疏四十八卷首一卷 （清）諸錦等纂修 清同治七年（1868）浙江李瀚章刻御纂七經本 二十四冊

110000－0144－0005358 095.127/427－02
欽定周官義疏四十八卷首一卷 （清）諸錦等纂修 清光緒十四年（1888）江南書局刻御纂七經本 二十四冊

110000－0144－0005359 095.127/427－03
欽定周官義疏四十八卷首一卷 （清）諸錦等纂修 清乾隆刻本 三十二冊

110000－0144－0005360 095.127/525
周官指掌五卷 （清）莊有可撰 清光緒七年（1881）崇文書局刻正覺樓叢刻本 二冊

110000－0144－0005361 095.136/213－02
考工記圖二卷 （清）戴震撰 清光緒十一年

(1885)蛟川張氏秋樹根齋刻花雨樓叢鈔本　二冊

110000－0144－0005362　095.16/952
周官故書考四卷附論語魯讀考一卷　(清)徐養原撰　清道光二年(1822)刻本　二冊

110000－0144－0005363　095.17/115
讀禮條考二十卷　(清)王曜南撰　清光緒二十三年(1897)杭州武林尚友齋石印本　六冊

110000－0144－0005364　095.17/365
周禮政要二卷　(清)孫詒讓撰　清光緒三十年(1904)維縣實雅書局鉛印本　二冊

110000－0144－0005365　095.17/365－03
周禮政要四卷　(清)孫詒讓撰　清光緒二十八年(1902)瑞安普通學堂石印本　二冊

110000－0144－0005366　095.17/365－04
周禮政要二卷　(清)孫詒讓撰　清光緒二十九年(1903)從新書局石印本　二冊

110000－0144－0005367　095.17/365－05
周禮政要二卷　(清)孫詒讓撰　清光緒三十年(1904)上海書局石印本　二冊

110000－0144－0005368　095.17/978
太平經國之書十一卷首一卷　(宋)鄭伯謙撰　清康熙十九年(1680)成德刻通志堂經解本　四冊

110000－0144－0005369　095.222/976
儀禮十七卷　(漢)鄭玄注　(唐)賈公彥疏　(唐)陸德明音義　清光緒十九年(1893)桂林桂垣書局刻本　四冊

110000－0144－0005370　095.222/976－02
儀禮十七卷　(漢)鄭玄注　清同治十二年(1873)稽古樓刻袖珍十三經本　十冊

110000－0144－0005371　095.222/976－03
儀禮十七卷　(漢)鄭玄注　**校錄一卷繼校一卷**　(清)黃丕烈著　清嘉慶二十年(1815)黃丕烈刻士禮居黃氏叢書本　四冊

110000－0144－0005372　095.222/976－03
儀禮十七卷　(漢)鄭玄注　**校錄一卷繼校一卷**　(清)黃丕烈撰　清嘉慶二十年(1815)黃丕烈刻士禮居黃氏叢書本　二冊

110000－0144－0005373　095.222/976－308
儀禮鄭注句讀十七卷儀禮監本正誤一卷　(清)張爾岐句讀　清光緒二十六年(1900)新化三味堂刻十三經讀本附校勘記本　六冊

110000－0144－0005374　095.222/976－308－02
儀禮鄭注句讀十七卷監本正誤一卷石本誤字一卷　(漢)鄭玄注　(漢)張爾岐句讀　清乾隆八年(1743)刻本　六冊

110000－0144－0005375　095.222/976－308－03
儀禮鄭注句讀十七卷　(清)張爾歧撰　清同治十一年(1872)山東書局刻本　五冊

110000－0144－0005376　095.222/976－8
儀禮注疏十七卷　(漢)鄭玄注　(唐)陸德明音義　(唐)賈公彥疏　清同治十年(1871)刻本　十二冊

110000－0144－0005377　095.222/976－8－02
儀禮注疏五十卷校勘記五十卷　(漢)鄭玄注　(唐)賈公彥疏　(唐)陸德明音義　清嘉慶二十年(1815)南昌府學刻重刊宋本十三經注疏本　十六冊

110000－0144－0005378　095.225/294
儀禮集釋三十卷　(宋)李如圭撰　清道光刻本　十二冊

110000－0144－0005379　095.2252/312
儀禮識誤三卷　(宋)張淳撰　清蘇州府刻本　一冊

110000－0144－0005380　095.2252/800
儀禮要義五十卷　(宋)魏了翁撰　清刻本　十二冊

110000－0144－0005381　095.2252/828
儀禮經傳通解三十七卷　(宋)朱熹撰　**儀禮經傳通解續二十九卷**　(宋)黃幹撰　清康熙呂留良寶誥堂刻本　十六冊

110000－0144－0005382　095.2252/828
儀禮經傳通解三十七卷　(宋)朱熹撰　**儀禮**

經傳通解續二十九卷　(宋)黄幹撰　清康熙呂留良寶誥堂刻本　十冊

110000－0144－0005383　095.2252/838
儀禮經傳通解三十七卷　(宋)朱熹撰　**儀禮經傳通解續二十九卷**　(宋)黄幹撰　清康熙呂氏寶誥堂刻本　二十冊

110000－0144－0005384　095.226/125
儀禮集說十七卷　(元)敖繼公撰　清巴陵鍾謙鈞刻通志堂經解本　一冊　存二卷(一至二)

110000－0144－0005385　095.226/125－02
儀禮集說十七卷　(元)敖繼公撰　清康熙十九年(1680)納蘭成德刻通志堂經解本　五冊

110000－0144－0005386　095.227/216
儀禮釋官九卷首一卷　(清)胡匡衷撰　清同治八年(1869)績谿胡氏研六閣刻本　缺五卷(二至六)　二冊

110000－0144－0005387　095.227/217
儀禮古今文疏義十七卷　(清)胡承珙撰　清光緒三年(1877)湖北崇文書局刻本　二冊

110000－0144－0005388　095.227/217
儀禮古今文疏義十七卷　(清)胡承珙撰　清光緒三年(1877)湖北崇文書局刻本　四冊

110000－0144－0005389　095.227/307
儀禮鄭注句讀十七卷　(清)張爾岐撰　清同治七年(1868)金陵書局刻十三經讀本　四冊

110000－0144－0005390　095.227/414
儀禮易讀十七卷　(清)馬駉撰　清乾隆二十年(1755)悦六齋刻本　二冊

110000－0144－0005391　095.227/441
儀禮章句十七卷　(清)吳廷華撰　清光緒二十四年(1898)蘇州書局刻本　四冊

110000－0144－0005392　095.227/603
欽定儀禮義疏四十八卷首二卷　(清)諸錦纂　清刻本　二十八冊

110000－0144－0005393　095.227/603－02
欽定儀禮義疏四十八卷首二卷　(清)諸錦纂　清光緒十四年(1888)江南書局刻御纂七經本　二十八冊

110000－0144－0005394　095.227/603－03
欽定儀禮義疏四十八卷　(清)諸錦等纂　清紫陽書院刻本　四十二冊

110000－0144－0005395　095.227/765
禮經釋例十三卷首一卷　(清)淩廷堪撰　清嘉慶四年(1799)刻文選樓叢書本　八冊

110000－0144－0005396　095.227/971
儀禮私箋八卷　(清)鄭珍撰　清同治五年(1866)成山唐氏刻鄭子尹遺書本　一冊

110000－0144－0005397　095.227/971
儀禮私箋八卷　(清)鄭珍撰　清同治五年(1866)成山唐氏刻鄭子尹遺書本　三冊

110000－0144－0005398　095.227/971
儀禮私箋八卷　(清)鄭珍撰　清同治五年(1866)成山唐氏刻鄭子尹遺書本　三冊

110000－0144－0005399　095.23/139
禮經學七卷　曹元弼撰　清宣統元年(1909)刻本　七冊

110000－0144－0005400　095.232/158
喪禮輯略一卷喪服輯略一卷雜說一卷　(清)丁宏會輯　清同治四年(1865)白芙堂丁氏刻本　一冊

110000－0144－0005401　095.232/976
儀禮喪服經傳並記一卷　(漢)鄭玄　(清)張爾岐句讀　清宣統元年(1909)學部圖書局刻本　一冊

110000－0144－0005402　095.232/976
儀禮喪服經傳並記一卷　(漢)鄭玄　(清)張爾岐句讀　清宣統元年(1909)北京學部圖書局刻本　一冊

110000－0144－0005403　095.236/720
禮經宮室答問二卷　(清)洪頤煊撰　清光緒十年(1884)臨海馬氏刻傳經堂叢書本　一冊

110000－0144－0005404　095.25/274
儀禮圖十七卷儀禮旁通一卷　(宋)楊復撰

清同治巴陵鍾謙鈞刻通志堂經解本　十册

110000－0144－0005405　095.25/307
儀禮圖六卷　(清)張惠言撰　清同治九年(1870)湖北崇文書局刻本　三册

110000－0144－0005406　095.26/136
禮經校釋二十二卷　曹元弼撰　清光緒十八年(1892)刻本　十二册

110000－0144－0005407　095.26/136
禮經校釋二十二卷　曹元弼撰　清光緒十八年(1892)刻本　十二册

110000－0144－0005408　095.26/139
禮經校釋二十二卷　曹元弼撰　清光緒十八年(1892)刻本　十二册

110000－0144－0005409　095.26/139
禮經校釋二十二卷　曹元弼撰　清光緒十八年(1892)刻本　十二册

110000－0144－0005410　095.3122/976－02
禮記十卷首一卷　(漢)鄭玄注　清同治稽古樓刻袖珍十三經注本　十三册

110000－0144－0005411　095.3122/976－03
禮記二十卷　(漢)鄭玄注　**鄭注考異二卷**　(清)張敦仁撰　清同治九年(1870)湖北崇文書局刻本　八册

110000－0144－0005412　095.3122/976－03
禮記二十卷　(漢)鄭玄注　**鄭注考異二卷**　(清)張敦仁撰　清同治九年(1870)湖北崇文書局刻本　八册

110000－0144－0005413　095.3122/976－1
禮記注疏六十三卷附考證　(漢)鄭玄注　(唐)陸德明音義　(唐)孔穎達疏　清同治十年(1871)刻本　二十四册

110000－0144－0005414　095.3122/976－1
禮記注疏六十三卷附考證　(漢)鄭玄注　(唐)陸德明音義　(唐)孔穎達疏　清同治十年(1871)刻本　二十四册

110000－0144－0005415　095.3122/976－1
禮記注疏六十三卷附考證　(漢)鄭玄注　(唐)陸德明音義　(唐)孔穎達疏　清同治十年(1871)刻本　四十册

110000－0144－0005416　095.3125/943
禮記集說一百六十卷　(宋)衛湜撰　清同治巴陵鍾謙鈞刻通志堂經解本　十册

110000－0144－0005417　095.3126/383－02
禮記集說十卷　(元)陳澔撰　清光緒十九年(1893)江南書局刻本　十册

110000－0144－0005418　095.3126/383－02
禮記集說十卷　(元)陳澔撰　清光緒十九年(1893)江南書局刻本　十册

110000－0144－0005419　095.3126/383－03
禮記集說十卷　(元)陳澔撰　清刻本　十册

110000－0144－0005420　095.3126/383－04
禮記集說十卷　(元)陳澔撰　清光緒十六年(1890)桂垣書局刻本　十册

110000－0144－0005421　095.3126/383－05
禮記集說十卷　(元)陳澔撰　清乾隆五十五年(1790)金陵介子園刻本　十册

110000－0144－0005422　095.3126/383－08
禮記集說十卷　(元)陳澔撰　清刻本　十册

110000－0144－0005423　095.3127/209
禮記箋四十九卷　(清)郝懿行撰　清光緒八年(1882)東路廳署刻本　十册

110000－0144－0005424　095.3127/215
禮記心典傳本三卷　(清)胡瑤光輯　清京都善成堂刻本　三册

110000－0144－0005425　095.3127/278
續禮記集說一百卷　(清)杭世駿撰　清光緒三十年(1904)浙江書局刻本　四十册

110000－0144－0005426　095.3127/368－02
禮記集解六十一卷尚書顧命解一卷　(清)孫希旦撰　清同治十年(1871)刻本　二十四册

110000－0144－0005427　095.3127/368－02
禮記集解六十一卷尚書顧命解一卷　(清)孫希旦撰　清同治十年(1871)刻本　十六册

110000－0144－0005428　095.3127/626
禮記析疑四十八卷　(清)方苞撰　清桐城方氏刻抗希堂十六種本　八册

110000－0144－0005429　095.3127/716－02
欽定禮記義疏八十二卷首一卷　(清)允祿等纂　清光緒十四年(1888)江南書局刻御纂七經本　三十二册

110000－0144－0005430　095.3127/716－03
欽定禮記義疏八十二卷首一卷　(清)允祿等纂　清刻本　四十八册

110000－0144－0005431　095.3127/828
禮記訓纂四十九卷　(清)朱彬輯　清宣統元年(1909)學部圖書局刻本　十册

110000－0144－0005432　095.3127/828
禮記訓纂四十九卷　(清)朱彬輯　清宣統元年(1909)學部圖書局刻本　十册

110000－0144－0005433　095.3127/828
禮記訓纂四十九卷　(清)朱彬輯　清宣統元年(1909)學部圖書局刻本　十册

110000－0144－0005434　095.3127/828
禮記訓纂四十九卷　(清)朱彬輯　清宣統元年(1909)學部圖書局刻本　十册

110000－0144－0005435　095.3127/828
禮記訓纂四十九卷　(清)朱彬輯　清宣統元年(1909)學部圖書局刻本　十册

110000－0144－0005436　095.3127/828
禮記訓纂四十九卷　(清)朱彬輯　清宣統元年(1909)學部圖書局刻本　十册

110000－0144－0005437　095.3127/828－02
禮記訓纂四十九卷　(清)朱彬輯　清咸豐元年(1851)宜祿堂刻本　十册

110000－0144－0005438　095.3127/828－02
禮記訓纂四十九卷　(清)朱彬輯　清咸豐元年(1851)宜祿堂刻本　十册

110000－0144－0005439　095.3127/828－02
禮記訓纂四十九卷　(清)朱彬輯　清咸豐元年(1851)宜祿堂刻本　十册

110000－0144－0005440　095.3128/213
禮記節本二卷　(清)學部圖書局編　清宣統二年(1910)學部圖書局鉛印本　三册

110000－0144－0005441　095.3128/213
禮記節本二卷　(清)學部圖書局編　清宣統二年(1910)學部圖書局鉛印本　三册

110000－0144－0005442　095.3128/213
禮記節本二卷　(清)學部圖書局編　清宣統二年(1910)學部圖書局鉛印本　三册

110000－0144－0005443　095.313/170
儒行集傳二卷　(明)黄道周輯　清道光四年(1824)刻本　八册

110000－0144－0005444　095.313/670
王制訂一卷　廖平撰　清光緒二十三年(1897)成都尊經書局刻四益館叢書本　一册

110000－0144－0005445　095.313/709
批檀弓二卷　(清)汪有光評　清光緒十三年(1887)李輝亭刻本　一册

110000－0144－0005446　095.313/709
批檀弓二卷　(清)汪有光評　清光緒十三年(1887)李輝亭刻本　一册

110000－0144－0005447　095.316/269
禮記音訓不分卷　(清)楊國楨撰　清道光刻十一經音訓本　四册

110000－0144－0005448　095.317/440
禮記纂言三十六卷　(元)吴澄撰　(清)朱軾校勘　清光緒二十三年(1897)朱衡等刻朱文瑞公藏書本　八册

110000－0144－0005449　095.317/634
禮記質疑四十九卷　(清)郭嵩燾撰　清光緒十六年(1890)長沙思賢講舍刻本　十册

110000－0144－0005450　095.317/634
禮記質疑四十九卷　(清)郭嵩燾撰　清光緒十六年(1890)長沙思賢講舍刻本　十册

110000－0144－0005451　095.3223/213
大戴禮記十三卷　(漢)戴德撰　(北周)盧辯注　清乾隆二十三年(1758)盧見曾雅雨堂刻

本　二册

110000－0144－0005452　095.3223/213－02
大戴禮記十三卷　（漢）戴德撰　（北周）盧辯注　**儀禮識誤三卷**　（宋）張淳撰　**儀禮釋宫一卷**　（宋）李如圭撰　清光緒二十五年（1899）刻本　六册

110000－0144－0005453　095.3227/113
大戴禮記解詁十三卷　（清）王聘珍撰　清光緒十三年（1887）廣雅書局刻本　四册

110000－0144－0005454　095.3227/370
大戴禮記補注十三卷　（清）孔廣森撰　清嘉慶五年（1800）刻本　四册

110000－0144－0005455　095.3232/213－905
夏小正戴氏傳四卷　（宋）付崧卿注　**夏小正經傳集解四卷**　（清）顧鳳藻撰　清道光元年（1821）刻士禮居黄氏叢書本　一册

110000－0144－0005456　095.3232/348
夏小正輯注四卷　（清）范家相輯　清嘉慶十五年（1810）古趣亭刻本　一册

110000－0144－0005457　095.3232/525
夏小正經傳考釋十卷夏時等例説一卷　（清）莊述祖撰　清光緒九年（1883）劉翊宸刻本　四册

110000－0144－0005458　095.3232/525
夏小正經傳考釋十卷夏時等例説一卷　（清）莊述祖撰　清光緒九年（1883）劉翊宸刻本　四册

110000－0144－0005459　095.3232/704
夏時考六卷　（清）安吉撰　清光緒十一年（1885）安燊刻本（有補刻）　二册

110000－0144－0005460　095.3232/730－02
夏小正通釋一卷　（清）梁章鉅撰　清光緒十三年（1887）浙江書局刻本　一册

110000－0144－0005461　095.3232/730－02
夏小正通釋　（清）梁章鉅撰　清光緒十三年（1887）浙江書局刻本　一册

110000－0144－0005462　095.3232/974
夏時考訓蒙一卷　（清）鄭曉如撰　清同治八年（1869）華文堂刻鄭氏四種本　二册

110000－0144－0005463　095.37/161
禮記旁訓六卷　（元）李恕撰　清刻五經旁訓本　六册

110000－0144－0005464　095.37/370
春秋規過考信三卷　（清）陳熙晉撰　清光緒十五年（1889）廣雅書局刻本　四册

110000－0144－0005465　095.37/370
禮記天算釋一卷　（清）孔廣牧撰　清光緒十五年（1889）刻廣雅書局叢書本　四册

110000－0144－0005466　095.37/370－02
禮記天算釋一卷　（清）孔廣牧撰　清光緒七年（1881）刻本　一册

110000－0144－0005467　095.4/103
三禮義證十二卷　（清）武億撰　清道光二十三年（1843）偃師武氏刻授堂遺書本　二册

110000－0144－0005468　095.4/257
三禮通釋二百八十卷首一卷目録四卷　（清）林昌彝撰　清同治三年（1864）廣州刻本　四十八册

110000－0144－0005469　095.4/365
九旗古義述一卷　（清）孫詒讓撰　清光緒二十八年（1902）刻本　一册

110000－0144－0005470　095.4/365
九旗古義述一卷　（清）孫詒讓撰　清光緒二十八年（1902）刻本　一册

110000－0144－0005471　095.4/987
求古録禮説十六卷補遺一卷　（清）金鶚撰　**校勘記三卷**　（清）王士駿撰　清光緒二年（1876）刻本　十册

110000－0144－0005472　095.4/987
求古録禮説十六卷補遺一卷　（清）金鶚撰　**校勘記三卷**　（清）王士駿撰　清光緒二年（1876）刻本　十册

110000－0144－0005473　095.4/987－02
求古録禮説十六卷鄉黨正義一卷　（清）金鶚

撰　清光緒十四年(1888)江陰南菁書院刻皇清經解續編本　六冊

110000-0144-0005474　095.4/987-04
求古錄禮說十六卷補遺一卷　(清)金鶚撰　清同治六年(1867)刻本(有抄配)　八冊

110000-0144-0005475　095.45/157
三禮圖二十卷　(宋)聶崇義集注　清康熙十五年(1676)刻本　二冊

110000-0144-0005476　095/102
五禮通考二百六十二卷首四卷目錄二卷　(清)秦惠田撰　清乾隆十八年(1753)味經窩刻本　一百四冊

110000-0144-0005477　095/102-02
五禮通考二百六十二卷首四卷　(清)秦惠田撰　清光緒六年(1880)江蘇書局刻本　一百冊

110000-0144-0005478　095/329
禮經通論一卷　(清)邵懿辰撰　清光緒十四年(1888)江陰南菁書院刻皇清經解續編本　一冊

110000-0144-0005479　095/370
孔叢伯說經五稾五種附一種　(清)孔廣林撰　清嘉慶十七年(1812)刻本　七冊

110000-0144-0005480　095/976-02
禮記十卷首一卷　(漢)鄭玄注　清同治稽古樓刻袖珍十三經注本　十冊

110000-0144-0005481　096.127/209
春秋說略十二卷春秋比二卷　(清)郝懿行撰　清光緒七年(1881)海陽趙銘彜刻郝氏遺書本　四冊

110000-0144-0005482　096.22/033
續春秋左氏傳博議二卷　(清)王夫之撰　清同治四年(1865)曾氏金陵節署刻本　一冊

110000-0144-0005483　096.2231/224-1-02
春秋釋例十五卷　(晉)杜預撰　清同治、光緒間廣州刻古經解彙函本　七冊

110000-0144-0005484　096.2231/244
春秋經傳集解三十卷　(晉)杜預集解　清宣統二年(1910)學部圖書局石印本　十五冊

110000-0144-0005485　096.2231/244
春秋經傳集解三十卷　(晉)杜預集解　清宣統二年(1910)學部圖書局石印本　十五冊

110000-0144-0005486　096.2231/244
春秋經傳集解三十卷　(晉)杜預集解　清宣統二年(1910)學部圖書局石印本　十五冊

110000-0144-0005487　096.2231/244
春秋經傳集解三十卷　(晉)杜預集解　清宣統二年(1910)學部圖書局石印本　十五冊

110000-0144-0005488　096.2231/244-010
春秋經傳集解三十卷　(晉)杜預集解　**春秋名號歸一圖二卷**　(五代)馮繼先撰　**年表一卷**　清乾隆四十八年(1783)武英殿刻本　缺二卷(二十九至三十)　三十冊

110000-0144-0005489　096.2231/244-02
春秋經傳集解三十卷　(晉)杜預集解　**春秋名號歸一圖二卷**　(五代)馮繼先撰　**年表一卷**　**春秋年表考證**　清同治八年(1869)湖北崇文書局刻本　十二冊

110000-0144-0005490　096.2231/244-04
春秋經傳集解三十卷　(晉)杜預集解　清同治稽古樓刻本　十六冊

110000-0144-0005491　096.2231/244-255
春秋左傳五十卷　(晉)杜預　(宋)林堯叟註釋　(唐)陸德明音義　(明)鍾惺　(明)孫鑛　(明)韓范評點　**春秋列國圖說一卷春秋提要一卷**　(宋)蘇軾著　清善成堂刻本　十六冊

110000-0144-0005492　096.2231/244-370
左傳注疏六十卷末一卷　(晉)杜預注　(唐)孔穎達疏　清乾隆四年(1739)刻本　二十六冊

110000-0144-0005493　096.2231/244-767
春秋左傳三十卷　(晉)杜預注　(唐)陸德明音義　(清)馮李驊集解　清光緒十六年

(1890)桂垣書局刻本　十二冊

110000－0144－0005494　096.2231/244－994－02
春秋左傳杜注三十卷首一卷　(晉)杜預注　(清)姚培謙學　清光緒九年(1883)江南書局刻本　十冊

110000－0144－0005495　096.2231/244－994－02
春秋左傳杜注三十卷首一卷　(晉)杜預注　(清)姚培謙學　清光緒九年(1883)江南書局刻本　十冊

110000－0144－0005496　096.2257/440
春秋纂言十二卷總例二卷　(元)吳澄撰　清道光十八年(1838)刻本　十冊

110000－0144－0005497　096.2257/990
春秋集傳釋義大成十二卷首一卷　(元)俞皐撰　清康熙十九年(1680)成德刻通志堂經解本　八冊

110000－0144－0005498　096.226/932
左紀十一卷　(清)錢應奎撰　清刻本　六冊

110000－0144－0005499　096.227/138
半農先生春秋說十五卷　(清)惠士奇著　清刻本　八冊

110000－0144－0005500　096.227/172
欽定春秋左傳讀本三十卷　(清)黃鉞　(清)英和纂　清同治八年(1869)江蘇書局刻本　十冊

110000－0144－0005501　096.227/172
欽定春秋左傳讀本三十卷　(清)黃鉞　(清)英和纂　清同治八年(1869)江蘇書局刻本　十冊

110000－0144－0005502　096.227/172
欽定春秋左傳讀本三十卷　(清)黃鉞　(清)英和纂　清同治八年(1869)江蘇書局刻本　十冊

110000－0144－0005503　096.227/229－04
如西所刻諸名家評點春秋綱目左傳句解六卷　(清)韓菼重訂　清刻本　六冊

110000－0144－0005504　096.227/229－06
評點春秋綱目左傳句解彙雋六卷　(清)韓菼重訂　清宣統元年(1909)石印本　六冊

110000－0144－0005505　096.227/229－1
太史張天如詳節春秋綱目左傳句解六卷　(清)韓菼重訂　清光緒善成堂刻本　六冊

110000－0144－0005506　096.227/229－1
太史張天如詳節春秋綱目左傳句解六卷　(清)韓菼重訂　清光緒善成堂刻本　六冊

110000－0144－0005507　096.227/244－294
曲江書屋新訂批註左傳快讀十八卷首一卷　(晉)杜預註　(唐)陸德明音義　(宋)林堯叟　朱山參註　(清)馮驊　陸浩批評　(清)李紹崧選訂　清經元堂刻本　十六冊

110000－0144－0005508　096.227/291
春秋左氏傳賈服註輯述二十卷　(清)李貽德撰　清同治六年(1867)金陵書局刻本　六冊

110000－0144－0005509　096.227/291－02
春秋左氏傳賈服註輯述二十卷　(清)李貽德撰　清光緒八年(1882)江蘇書局刻本　六冊

110000－0144－0005510　096.227/292
左傳通釋十一卷　(清)李惇撰　清道光九年(1829)高郵李氏刻本　四冊

110000－0144－0005511　096.227/368
春秋經傳類求十二卷　(清)孫從添等纂輯　(清)吳禧祖校定　清乾隆舊名堂刻本　十二冊

110000－0144－0005512　096.227/441
十國春秋一百十六卷　(清)吳任臣撰　清乾隆五十三年(1788)海虞顧氏小石山房刻本　二十冊

110000－0144－0005513　096.227/441
十國春秋一百十六卷　(清)吳任臣撰　清乾隆五十三年(1788)顧氏小石山房刻本　十六冊

110000－0144－0005514　096.227/612
春秋說十六卷　(清)許揚祖撰　清光緒十六年(1890)刻本　六冊

110000－0144－0005515　096.227/641
左傳紀事本末五十三卷　（清）高士奇撰　清同治十二年（1873）江西書局刻本　十二册

110000－0144－0005516　096.227/641
左傳紀事本末五十三卷　（清）高士奇撰　清同治十二年（1873）江西書局刻本　十二册

110000－0144－0005517　096.227/641
左傳紀事本末五十三卷　（清）高士奇撰　清同治十二年（1873）江西書局刻本　十二册

110000－0144－0005518　096.227/725
左通補釋三十二卷　（清）梁履繩撰　清道光九年（1829）錢塘汪氏振綺堂刻光緒元年（1875）汪曾補刻本　十二册

110000－0144－0005519　096.227/725
左通補釋三十二卷　（清）梁履繩撰　清道光九年（1829）錢塘汪氏振綺堂刻光緒元年（1875）汪曾補刻本　十二册

110000－0144－0005520　096.227/759
讀左補義五十卷首二卷　（清）姜炳璋輯　清乾隆三十七年（1772）尊行堂刻本　十二册

110000－0144－0005521　096.227/759－02
讀左補義五十卷綱領二卷　（清）姜炳璋輯　清乾隆四十七年（1782）同文堂刻本　十六册

110000－0144－0005522　096.227/767
左繡三十卷　（清）馮李驊　（清）陸浩評輯　（清）范允斌等參評　**春秋經傳集解三十卷**　（晉）杜預注　（唐）陸德明音義　（宋）林堯叟附注　（清）馮李驊增訂　清江左書林刻本　十六册

110000－0144－0005523　096.227/891
左傳舊疏考正八卷　（清）劉文淇撰　清光緒三年（1877）湖北崇文書局刻本　二册

110000－0144－0005524　096.227/891
左傳舊疏考正八卷　（清）劉文淇撰　清光緒三年（1877）湖北崇文書局刻本　四册

110000－0144－0005525　096.227/891
左傳舊疏考正八卷　（清）劉文淇撰　清光緒三年（1877）湖北崇文書局刻本　二册

110000－0144－0005526　096.27/120－02
文章練要十卷　（清）王源評　清乾隆九年（1744）居業堂刻本　四册

110000－0144－0005527　096.27/298
左傳事緯前書八卷　（清）馬驌編　清刻本　四册

110000－0144－0005528　096.27/329
劉炫規杜持平六卷　（清）邵瑛撰　清刻本　四册

110000－0144－0005529　096.27/348
春秋左傳分類賦四卷　（清）夏大觀撰　（清）夏大鼎注　清咸豐二年（1852）德元堂刻本　六册

110000－0144－0005530　096.27/419
左傳事緯十二卷　（清）馬驌編　（清）潘霨校訂　清光緒四年（1878）敏德堂刻本　十二册

110000－0144－0005531　096.27/419
左傳事緯十二卷　（清）馬驌編　（清）潘霨校訂　清光緒四年（1878）敏德堂刻蘇州振新書社印本　十二册

110000－0144－0005532　096.27/419－02
左傳事緯十二卷　（清）馬驌編　（清）潘霨校訂　清光緒三十四年（1908）上海文瑞樓石印本　六册

110000－0144－0005533　096.27/444
東萊博議四卷增補虛字註釋六卷　（宋）呂祖謙　（宋）馮泰松撰　（清）張文炳評　清嘉慶三年（1798）致和堂刻本　四册

110000－0144－0005534　096.27/444－010
東萊博議四卷　（宋）呂祖謙撰　（清）張文炳評　**東萊先生傳略**　**增補虛字註釋六卷**　（清）張文炳點定　清光緒二十七年（1901）李光明莊刻本　四册

110000－0144－0005535　096.27/444－02
東萊先生左氏博議二十五卷　（宋）呂祖謙撰　**東萊先生傳略**　**增補虛字註釋六卷**　（清）

張文炳點定　清道光十九年(1839)錢塘瞿氏清吟閣刻本　六册

110000－0144－0005536　096.27/444－02
東萊先生左氏博議二十五卷　(宋)吕祖謙撰　**東萊先生傳略**　**增補虚字註釋六卷**　張文炳點定　清道光十九年(1839)錢塘瞿氏清吟閣刻本　六册

110000－0144－0005537　096.27/444－03
東萊博議四卷　(宋)吕祖謙撰　**東萊先生傳略**　**增補虚字註釋六卷**　(清)馮泰松點定　清光緒二十四年(1898)鴻文書局石印本　四册

110000－0144－0005538　096.27/444－05
增批輯註東萊博議四卷　(宋)吕祖謙撰　(清)劉鍾英輯註　清宣統三年(1911)上海會文堂書局石印本　四册

110000－0144－0005539　096.27/444－06
增批輯注東萊博議四卷　(宋)吕祖謙撰　(清)劉鍾英輯註　**東萊先生傳略一卷**　清光緒三十一年(1905)鉛印本　四册

110000－0144－0005540　096.27/901
春秋井鑑四卷續編四卷林泉偶得二卷　(明)何永達撰　清咸豐六年(1856)香遠堂刻本　八册

110000－0144－0005541　096.27/947
春秋中國夷狄辨三卷　(清)徐勤撰　清光緒二十三年(1897)上海大同譯書局石印本　一册

110000－0144－0005542　096.32/670
何氏公羊解詁三十論三卷春秋左傳古義凡例一卷　廖平撰　清光緒十二年(1886)成都刻四益館經學叢書本　一册

110000－0144－0005543　096.32/897
春秋公羊注疏質疑二卷　(清)何若瑶撰　清光緒二十年(1894)廣雅書局刻本　二册

110000－0144－0005544　096.32/951
春秋公羊傳注疏二十八卷　(漢)何休注　(唐)陸德明音義　清同治十年(1871)廣州書局刻本　十册

110000－0144－0005545　096.327/903－893
春秋公羊經何氏釋例十卷附解詁箋一卷發墨守評一卷左氏春秋考證二卷　(清)劉逢禄撰　清光緒二十三年(1897)廣州太清樓刻本　四册

110000－0144－0005546　096.327/903－893
春秋公羊經何氏釋例十卷附解詁箋一卷發墨守評一卷左氏春秋考證二卷　(清)劉逢禄撰　清光緒二十三年(1897)廣州太清樓刻本　四册

110000－0144－0005547　096.328/312
公羊臆三卷讀公羊注記疑三卷　(清)張憲和撰　清宣統刻張氏公羊二種本　四册

110000－0144－0005548　096.328/602－02
春秋公羊傳十一卷　(漢)何休撰　(唐)陸德明音義　清光緒十二年(1886)湖北官書處刻本　四册

110000－0144－0005549　096.332/903
春秋公羊經傳解詁十二卷　(漢)何休撰　(唐)陸德明音義　**重刊宋紹熙公羊傳注附音本校記**　(清)魏彦撰　清光緒李光明莊刻本　四册

110000－0144－0005550　096.36/750－02
公羊方言疏箋一卷　(清)淳于鴻恩撰　清光緒三十四年(1908)金泉精舍刻本　一册

110000－0144－0005551　096.37/554
春秋繁露義證十七卷　(漢)董仲舒撰　蘇輿義證　清宣統二年(1910)刻本　四册

110000－0144－0005552　096.37/554
春秋繁露義證十七卷首一卷攷正一卷　(漢)董仲舒撰　蘇輿義證　清宣統二年(1910)長沙王先謙刻本　四册

110000－0144－0005553　096.37/554
春秋繁露義證十七卷首一卷攷正一卷　(漢)董仲舒撰　蘇輿義證　清宣統二年(1910)長

沙王先謙刻本　四册

110000－0144－0005554　096.37/668－02
春秋董氏學八卷　康有為撰　清光緒二十四年(1898)上海大同譯書局刻本　六册

110000－0144－0005555　096.423/536
春秋穀梁傳十二卷　(晉)范甯集解　清光緒李光明莊刻本　四册

110000－0144－0005556　096.423/536－02
春秋穀梁傳集解十二卷　(晉)范甯集解　清同治稽古樓刻本　五册

110000－0144－0005557　096.423/536－03
春秋穀梁傳十二卷　(晉)范甯集解　清光緒二十一年(1895)金陵書局刻本　二册

110000－0144－0005558　096.423/536－267
春秋穀梁傳注疏二十卷　(晉)范甯集解　(唐)楊士勛疏　清刻本　四册

110000－0144－0005559　096.423/536－267－02
春秋穀梁注疏二十卷　(晉)范甯集解　(唐)楊士勛疏　清同治十年(1871)廣州書局刻本　六册

110000－0144－0005560　096.427/536－937
春秋穀梁經傳補注二十四卷首一卷末一卷　(晉)范甯集解　(清)鍾文烝詳補　清光緒二年(1876)鍾氏信美室刻本　八册

110000－0144－0005561　096.428/670
穀梁春秋經傳古義疏十一卷　廖平撰　清光緒二十六年(1900)日新書局刻本　八册

110000－0144－0005562　096.428/670
穀梁春秋經傳古義疏十一卷　廖平撰　清光緒二十六年(1900)日新書局刻本　八册

110000－0144－0005563　096.5/113
欽定春秋傳説彙纂三十八卷首二卷　(清)王掞等纂　清刻本　三十二册

110000－0144－0005564　096.5/113－02
欽定春秋傳説彙纂三十八卷首二卷　(清)王掞等纂　清同治九年(1870)浙江楊昌濬刻本　二十册

110000－0144－0005565　096.5/113－03
欽定春秋傳説彙纂三十八卷首二卷　(清)王掞等纂　清光緒十四年(1888)江南書局刻本　二十册

110000－0144－0005566　096.5/254
春秋經傳比事二十二卷　(清)林春溥撰　清咸豐元年(1851)竹柏山房刻本　十册

110000－0144－0005567　096.5/310
春秋五傳十七卷首一卷　(清)張墣輯　清乾隆六年(1741)桂華樓刻本　十七册

110000－0144－0005568　096.5/311
春秋屬辭辨例編六十卷首二卷　(清)張應昌撰　清同治十二年(1873)江蘇書局刻本　三十二册

110000－0144－0005569　096.5/311－02
春秋屬辭辨例編六十卷首二卷　(清)張應昌撰　清同治九年(1870)江蘇書局刻本　三十二册

110000－0144－0005570　096.5/312－1
春秋集註十一卷綱領一卷　(宋)張洽撰　清康熙十六年(1677)刻通志堂經解本　三册

110000－0144－0005571　096.5/373
師伏堂春秋講義二卷　(清)皮錫瑞撰　清宣統元年(1909)鴻飛印刷局鉛印本　一册

110000－0144－0005572　096.5/392
春秋集傳纂例十卷　(唐)陸淳撰　清刻本　四册

110000－0144－0005573　096.5/626.4
春秋直解十二卷　(清)方苞撰　清康熙、嘉慶間桐城方氏刻抗希堂十六種本　四册

110000－0144－0005574　096.5/626.7
春秋集義十二卷　(清)方宗誠撰　清光緒八年(1882)刻柏堂遺書本　八册

110000－0144－0005575　096.5/655
春秋内外傳筮辭考證三卷　(清)章耒撰　清光緒九年(1883)吳迪方刻本　三册

110000－0144－0005576　096.5/668

春秋筆削大義微言考十一卷發凡一卷　康有為撰　清光緒二十七年(1901)刻萬木草堂叢書本　十冊

110000－0144－0005577　096.5/668
春秋筆削大義微言考十一卷發凡一卷　康有為撰　清光緒二十七年(1901)刻萬木草堂叢書本　十冊

110000－0144－0005578　096.5/668
春秋筆削大義微言考十一卷發凡一卷　康有為撰　清光緒二十七年(1901)刻萬木草堂叢書本　十冊

110000－0144－0005579　096.5/949
春秋遵左題旨四卷首一卷　(清)徐迪行編輯　(清)王秩教參訂　清嘉慶十六年(1811)衣德堂刻本　五冊

110000－0144－0005580　096.5/952
春秋四傳私考二卷　(明)徐浦撰　清嘉慶十六年(1811)浦城祝氏留香室刻本　四冊

110000－0144－0005581　096.7/309
管窺六種　(清)張星徽輯　清乾隆四年(1739)藏書堂刻本　二十二冊

110000－0144－0005582　096.7/309－1
天下要書十八卷　(清)張星徽評點　清雍正十三年(1735)湖山草堂刻本　十冊

110000－0144－0005583　096.8/960
春秋大事表五十卷春秋輿圖一卷附錄一卷　(清)顧棟高輯　清同治十二年(1873)山東尚志堂刻本　二十四冊

110000－0144－0005584　096.8/960
春秋大事表五十卷春秋輿圖一卷附錄一卷　(清)顧棟高輯　清同治十二年(1873)山東尚志堂刻本　二十冊

110000－0144－0005585　096.8/960
春秋大事表五十卷春秋輿圖一卷附錄一卷　(清)顧棟高輯　清同治十二年(1873)山東尚志堂刻本　二十冊

110000－0144－0005586　096.8/960－02
春秋大事表五十卷春秋輿圖一卷附錄一卷　(清)顧棟高輯　清光緒十四年(1888)陝西求友齋刻本　二十四冊

110000－0144－0005587　096.8/960－02
春秋大事表五十卷附春秋輿圖一卷附錄一卷　(清)顧棟高輯　清光緒十四年(1888)陝西求友齋刻本　十六冊

110000－0144－0005588　096.9/113
春秋朔閏至日考三卷春秋日食辨證一卷　(清)王韜撰　清光緒十五年(1889)長洲王氏淞隱盧鉛印本　四冊

110000－0144－0005589　096.9/113
春秋朔閏至日考三卷春秋日食辨證一卷　(清)王韜撰　清光緒十五年(1889)長洲王氏淞隱盧鉛印本　四冊

110000－0144－0005590　097.1/427
御製繙譯四書　(清)高宗弘曆敕譯　(清)鄂爾泰訂　清乾隆二十年(1755)京都二西堂刻本　六冊

110000－0144－0005591　097.1/880
四書白文　(清)學部圖書局輯　清光緒三十三年(1907)學部圖書局石印本　四冊

110000－0144－0005592　097.2/787
四書逸箋六卷　(清)程大中撰　清光緒十七年(1891)三餘草堂刻湖北叢書本　一冊

110000－0144－0005593　097.21/156
四書蒙讀淺解十九卷　(清)杜衍椒纂輯　清光緒二十六年(1900)山西四友堂刻本　六冊

110000－0144－0005594　097.252/828
朱子四書或問三十九卷　(宋)朱熹撰　清墨潤齋刻本　十冊

110000－0144－0005595　097.252/828－120
四書集注補十四卷首一卷　(宋)朱熹集注　(清)王復禮補注　清刻本　六冊

110000－0144－0005596　097.252/828－4－010
鳳儀四書　(宋)朱熹集注　清京都集成堂刻本　六冊

110000-0144-0005597　097.252/828-4-011
監本四書　(宋)朱熹集注　清光緒十八年(1892)淮南書局刻本　十四册

110000-0144-0005598　097.252/828-4-016
四書章句集注二十六卷　(宋)朱熹集注　清遵訓堂刻本　十四册

110000-0144-0005599　097.252/828-4-017
監本四書十九卷　(宋)朱熹集注　清光緒四年(1878)蘇州掃葉山房刻本　六册

110000-0144-0005600　097.252/828-4-019
四書　(宋)朱熹集注　清光緒十八年(1892)湖北官書處刻本　六册

110000-0144-0005601　097.252/828-4-02
四書集注　(宋)朱熹集注　清同治稽古樓刻本　二十五册

110000-0144-0005602　097.252/828-4-04
監本四書　(宋)朱熹集注　清光緒三十一年(1905)直隸官書局刻本　六册

110000-0144-0005603　097.252/828-4-06
四書讀本　(宋)朱熹集注　清大梁馮氏刻本　六册

110000-0144-0005604　097.252/828-4-07
監本四書十九卷　(宋)朱熹集注　清乾隆十七年(1752)天都黄曉峰槐蔭草堂刻本　六册

110000-0144-0005605　097.252/828-4-08
四書　(宋)朱熹集注　清師儉堂刻本　六册

110000-0144-0005606　097.252/828-4-09
四書章句集注二十六卷　(宋)朱熹撰　**四書章句集注定本辨一卷四書家塾讀本句讀一卷**　(清)吳英撰　**四書章句附考四卷**　(清)吳志忠輯　清光緒七年(1881)淮南書局刻本　六册

110000-0144-0005607　097.252/828-4-09
四書章句集注二十六卷　(宋)朱熹撰　**四書章句集注定本辨一卷四書家塾讀本句讀一卷**　(清)吳英撰　**四書章句附考四卷**　(清)吳志忠輯　清光緒七年(1881)淮南書局刻本　七册

110000-0144-0005608　097.252/828-41
四書十九卷句辨一卷字辨一卷附考四卷　(宋)朱熹集注　清光緒十六年(1890)桂垣書局刻本　七册

110000-0144-0005609　097.252/828-41-02
新刻批點四書讀本十九卷　(宋)朱熹集注　清道光七年(1827)愷元堂刻高氏家塾讀本　六册

110000-0144-0005610　097.252/828-41-03
類考典故四書便蒙十九卷　(宋)朱熹集注　清光緒善成堂刻本　六册

110000-0144-0005611　097.252/828-6
龍光四書　(宋)朱熹集注　清三義堂刻本　五册

110000-0144-0005612　097.26/220-714
四書大全　(明)胡廣撰　(清)汪份增訂　清康熙四十二年(1703)文盛堂致和堂刻本　三十二册

110000-0144-0005613　097.26/306-4
四書集注直解說約二十七卷　(明)張居正撰　清康熙十六年(1677)八旗經正書院刻本　十二册

110000-0144-0005614　097.26/306-4
四書集注直解說約二十七卷　(明)張居正撰　清康熙十六年(1677)八旗經正書院刻本　十二册

110000-0144-0005615　097.26/306-4
四書集注直解說約二十七卷　(明)張居正撰　清康熙十六年(1677)八旗經正書院刻本　十二册

110000-0144-0005616　097.26/372
新訂四書補注附考備旨十卷　(明)鄧林撰　(清)杜定基增訂　清光緒十七年(1891)三義堂刻本　六册

110000-0144-0005617　097.26/372-02
新訂四書補注備旨十卷　(明)鄧林撰　(清)

杜定基增訂　清光緒致文堂刻本　八册

110000－0144－0005618　097.26/372－02
新訂四書補注備旨十卷　(明)鄧林撰　(清)杜定基增訂　清光緒致文堂刻本　八册

110000－0144－0005619　097.26/372－03
新訂四書補注備旨十卷　(明)鄧林撰　(清)杜定基增訂　清光緒十六年(1890)京都老二酉堂刻本　八册

110000－0144－0005620　097.26/372－04
四書補注附考備旨不分卷　(明)鄧林撰　清光緒十四年(1888)京都文興堂刻本　六册

110000－0144－0005621　097.26/372－05
新訂四書補注備旨十卷　(明)鄧林撰　(清)杜定基增訂　清光緒七年(1881)壽春棣萼堂刻本　六册

110000－0144－0005622　097.26/541
大學大意一卷中庸大意一卷論語解一卷孟子解一卷　(明)董懋策撰　清光緒三十二年(1906)會稽董氏取斯家塾刻本　一册

110000－0144－0005623　097.26/828
四書小參一卷答問一卷　(明)朱斯行撰　清光緒三年(1877)姑蘇刻經處刻本　一册

110000－0144－0005624　097.26/828
四書小參一卷答問一卷　(明)朱斯行撰　清光緒三年(1877)姑蘇刻經處刻本　一册

110000－0144－0005625　097.26/828
四書小參一卷答問一卷　(明)朱斯行撰　清光緒三年(1877)姑蘇刻經處刻本　一册

110000－0144－0005626　097.27/112
四書訓義三十六卷四書稗疏二卷四書考異一卷　(清)王夫之撰　清光緒十三年(1887)潞河啖柘山房刻本　二十八册

110000－0144－0005627　097.27/115
四書朱子本義彙參四十七卷　(宋)朱熹撰　(清)王步青　(清)王士鼇輯　清乾隆十年(1745)敦複堂刻本　二十四册

110000－0144－0005628　097.27/144
四書摭餘説七卷　(清)曹之升撰　清道光十年(1830)蕭山曹氏家塾刻本　六册

110000－0144－0005629　097.27/289
四書反身錄八卷　(清)李顒撰　(清)王心敬輯　清道光十一年(1831)浙江書局刻本　四册

110000－0144－0005630　097.27/289.4
朱子不廢古訓説十六卷附朱注引用文獻考略四卷　(清)李中培撰　清道光二十三年(1843)嘉應李氏四謙堂刻本　八册

110000－0144－0005631　097.27/289－02
四書反身錄八卷　(清)李顒撰　(清)王心敬輯　清光緒二十五年(1899)京都官書局石印本　四册

110000－0144－0005632　097.27/289－03
四書反身錄八卷　(清)李顒撰　(清)王心敬輯　清道光二十年(1840)牛鑒刻本　四册

110000－0144－0005633　097.27/289－04
四書反身錄八卷　(清)李顒撰　(清)王心敬輯　清光緒二十六年(1900)湘陰奎樓蔣氏小嫏嬛山館刻本　四册

110000－0144－0005634　097.27/306
四書集注闡微直解二十七卷　(明)張居正撰　清宣統元年(1909)學部圖書局石印本　十四册

110000－0144－0005635　097.27/306
四書集注闡微直解二十七卷　(明)張居正撰　清宣統元年(1909)學部圖書局石印本　十四册

110000－0144－0005636　097.27/306
四書集注闡微直解二十七卷　(明)張居正撰　清宣統元年(1909)學部圖書局石印本　十一册

110000－0144－0005637　097.27/311
四書訓解參證十二卷　(清)張定鋆撰　清咸豐二年(1852)刻本　四册

110000－0144－0005638　097.27/312

張天如先生彙訂四書人物名物經文合考十二卷 (明)張溥撰 清刻本 四冊

110000－0144－0005639 097.27/324
健餘先生讀書筆記六卷 (清)尹會一撰 清光緒五年(1879)定州王氏謙德堂刻畿輔叢書本 一冊

110000－0144－0005640 097.27/388
松陽講義十二卷 (清)陸隴其撰 清光緒十三年(1887)固始張氏刻本 四冊

110000－0144－0005641 097.27/388－02
松陽講義十二卷 (清)陸隴其撰 清同治十年(1871)公善堂刻本 二冊

110000－0144－0005642 097.27/437
四書經注集證十九卷 (清)吳昌宗撰 清嘉慶二十一年(1816)藜照書屋刻本 十六冊

110000－0144－0005643 097.27/437－02
四書經注集證十九卷 (清)吳昌宗撰 清嘉慶三年(1798)江都汪氏刻本 十冊

110000－0144－0005644 097.27/437－02
四書經注集證十九卷 (清)吳昌宗撰 清嘉慶三年(1798)江都汪氏刻本 十四冊

110000－0144－0005645 097.27/459
四書釋地一卷續一卷又續一卷三續一卷附孟子生卒年月考一卷 (清)閻若璩撰 清乾隆五十三年(1788)南城吳氏刻本 六冊

110000－0144－0005646 097.27/459－02
校正四書釋地八卷孟子生卒年月考一卷 (清)閻若璩撰 (清)顧問重編 清嘉慶八年(1803)桐陰書屋刻本 四冊

110000－0144－0005647 097.27/459－6
四書釋地補一卷續補一卷又續補一卷三續補一卷 (清)閻若璩撰 (清)樊庭枚校補 清嘉慶二十一年(1816)梅陽海涵堂刻本 八冊

110000－0144－0005648 097.27/459－6
四書釋地補一卷續補一卷又續補一卷三續補一卷 (清)閻若璩撰 (清)樊庭枚校補 清嘉慶二十一年(1816)梅陽海涵堂刻本 五冊

110000－0144－0005649 097.27/546
讀四書記五十四卷 (清)董鴻勳撰 清宣統二年(1910)鉛印本 六冊

110000－0144－0005650 097.27/781
四書改錯二十二卷 (清)毛奇齡撰 清嘉慶十六年(1811)學圃刻本 六冊

110000－0144－0005651 097.27/814
四書典故辨證二十卷 (清)周炳中撰 清光緒十六年(1890)習靜齋刻本 六冊

110000－0144－0005652 097.27/845
四書記聞二卷 (清)管同撰 清光緒十七年(1891)江寧翁氏心清平軒刻本 一冊

110000－0144－0005653 097.27/915
四書自課錄三十卷 (清)任時懋撰 清道光九年(1829)吳雲刻本 十六冊

110000－0144－0005654 097.27/987
四書味根錄 (清)金澂撰 清光緒二十九年(1903)上海鴻寶齋石印本 六冊

110000－0144－0005655 097.27/987－02
四書味根錄三十七卷 (清)金澂撰 清光緒十二年(1886)上海積山書局石印本 六冊

110000－0144－0005656 097.32/625
論語十卷 (宋)朱熹集註 清光緒十二年(1886)湖北官書處刻本 二冊

110000－0144－0005657 097.322/976
古文論語鄭注一卷 (漢)鄭玄撰 (元)王應麟輯 清嘉慶十六年(1811)醉經堂刻本 一冊

110000－0144－0005658 097.3224/899－870
論語集解義疏十卷 (三國魏)何晏集解 (南朝梁)皇侃義疏 清乾隆長塘鮑氏刻知不足齋叢書本 五冊

110000－0144－0005659 097.3252/987
論語集注考證十卷 (宋)金履祥撰 清刻本 四冊

110000－0144－0005660 097.327/119
論語經正錄二十卷附年譜一卷 (清)王肇晉

撰　(清)王用誥述　清光緒二十年(1894)刻本　十一冊

110000－0144－0005661　097.327/164
論語後案二十卷　(清)黃式三撰　清道光二十四年(1844)定海黃氏木活字印本　六冊

110000－0144－0005662　097.327/213
論語注二十卷　(清)戴望注　清同治十年(1871)刻南菁書院叢書本　一冊

110000－0144－0005663　097.327/730
論語集注旁證二十卷　(清)梁章鉅撰　清光緒十二年(1886)上海廣百宋齋鉛印本　四冊

110000－0144－0005664　097.327/730－02
論語集注旁證二十卷　(清)梁章鉅撰　清光緒十七年(1891)上海廣百宋齋鉛印本　四冊

110000－0144－0005665　097.327/754
論語古注集箋十卷論語考一卷　(清)潘維城撰　清光緒七年(1881)江蘇書局刻本　六冊

110000－0144－0005666　097.327/809
論語淺解四卷　(清)喬松年註　清光緒三年(1877)強恕堂刻本　四冊

110000－0144－0005667　097.327/825
論語隨筆二十卷孟子論文七卷周易解九卷　(清)牛運震撰　清嘉慶六年(1801)空山堂刻本　缺三卷(論語隨筆十、十八、二十)　七冊

110000－0144－0005668　097.327/892
論語正義二十四卷　(清)劉寶楠撰　清同治五年(1866)刻本　六冊

110000－0144－0005669　097.327/892
論語正義二十四卷　(清)劉寶楠撰　清同治五年(1866)刻本　六冊

110000－0144－0005670　097.327/892
論語正義二十四卷　(清)劉寶楠撰　清同治五年(1866)刻本　光緒四年陳倬氏題識　六冊

110000－0144－0005671　097.327/892
論語正義二十四卷　(清)劉寶楠撰　清同治五年(1866)刻本　六冊

110000－0144－0005672　097.327/892－02
論語正義二十四卷附錄一卷　(清)劉寶楠撰　清末石印本　四冊

110000－0144－0005673　097.34/378
論語類考二十卷　(明)陳士元撰　清光緒十七年(1891)三餘草堂刻湖北叢書本　四冊

110000－0144－0005674　097.35/248
四書圖考十三卷　(清)杜炳撰　清光緒十三年(1887)上海鴻文書局石印本　四冊

110000－0144－0005675　097.35/719
鄉黨圖考十卷　(清)江永撰　清嘉慶二十一年(1816)吳郡山淵堂刻本　六冊

110000－0144－0005676　097.37/339
鄉黨備考二卷　(清)成僎撰　清道光王氏信芳閣木活字印本　二冊

110000－0144－0005677　097.37/893
鄉黨便蒙二卷　(清)劉傳一撰　清道光五年(1825)刻本　二冊

110000－0144－0005678　097.4252/998－02
大學衍義四十三卷　(宋)真德秀輯　清同治十三年(1874)金陵書局刻本　八冊

110000－0144－0005679　097.4252/998－02
大學衍義四十三卷　(宋)真德秀輯　清同治十三年(1874)金陵書局刻本　八冊

110000－0144－0005680　097.4252/998－02
大學衍義四十三卷　(宋)真德秀輯　清同治十三年(1874)金陵書局刻本　八冊

110000－0144－0005681　097.4252/998－03
大學衍義四十三卷　(宋)真德秀彙輯　(明)陳仁錫評閱　明崇禎五年(1632)梅墅石渠閣刻本　十冊

110000－0144－0005682　097.4252/998－04
大學衍義輯要六卷大學衍義補輯要十二卷　(宋)真德秀撰　(清)陳宏謀纂輯　清道光二十二年(1842)寶恕堂刻本　十六冊

110000－0144－0005683　097.4252/998－06
大學衍義四十三卷　(宋)真德秀撰　清同治

十一年(1872)浙江書局刻本　十冊

110000－0144－0005684　097.4252/998－883
大學衍義大學衍義補一百六十卷　(明)丘濬輯　清同治十三年(1874)夔州郭氏家塾刻本　五十冊

110000－0144－0005685　097.4252/998－883－02
大學衍義補一百六十卷首一卷　(明)丘濬輯　清道光十七年(1837)刻本　四十冊

110000－0144－0005686　097.4252/998－947
大學衍義體要十六卷　(宋)真德秀撰　(清)徐桐輯　清末刻本　十冊

110000－0144－0005687　097.4252/998－947
大學衍義體要十六卷　(宋)真德秀撰　(清)徐桐輯　清末刻本　八冊

110000－0144－0005688　097.427/634
大學質疑一卷　(清)郭嵩燾著　清光緒十六年(1890)思賢講舍刻本　一冊

110000－0144－0005689　097.526/348
中庸衍義十七卷　(明)夏良勝撰　清同治十年(1871)刻本　十二冊

110000－0144－0005690　097.526/348
中庸衍義十七卷　(明)夏良勝撰　清同治十年(1871)刻本　十二冊

110000－0144－0005691　097.526/455
中庸直指一卷　(明)史德清撰　清光緒十年(1884)金陵刻經處刻本　一冊

110000－0144－0005692　097.527/634
中庸章句質疑二卷　(清)郭嵩燾撰　清光緒十六年(1890)思賢講社刻本　二冊

110000－0144－0005693　097.61/722
滿漢文孟子二卷　(清)□□譯　清刻本　二冊

110000－0144－0005694　097.625/554－04
翼聖堂重訂蘇老泉硃批孟子二卷　(宋)苏洵撰　清刻朱墨套印本　二冊

110000－0144－0005695　097.625/828－03
孟子七卷　(宋)朱熹集註　清刻本　三冊

110000－0144－0005696　097.6251/554
增補蘇批孟子二卷附年譜一卷　(宋)蘇洵批　(清)趙大浣增補　清咸豐六年(1856)刻本　二冊

110000－0144－0005697　097.627/372
新訂四書補注備旨十卷　(明)鄧林撰　(清)杜定基增訂　清刻本　存四卷(孟子四卷)　三冊

110000－0144－0005698　097.627/627
孟子外書集證五卷　(清)施彦士撰　清嘉慶二十四年(1819)崇明施氏求己堂刻求己堂八種本　一冊

110000－0144－0005699　097.627/709
標孟七卷　(清)汪有光評　清光緒十三年(1887)刻本　二冊

110000－0144－0005700　097.627/709
標孟七卷　(清)汪有光評　清光緒十三年(1887)刻本　二冊

110000－0144－0005701　097.627/917－02
孟子正義三十卷　(清)焦循撰　清道光五年(1825)半九書塾刻本　十二冊

110000－0144－0005702　097.627/917－02
孟子正義三十卷　(清)焦循撰　清道光五年(1825)半九書塾刻本　十二冊

110000－0144－0005703　097.67/213
孟子字義疏證三卷　(清)戴震撰　清道光二十三年(1843)金山錢氏刻本　三冊

110000－0144－0005704　097.67/554
載詠樓重鐫硃批孟子二卷　(宋)蘇洵批　(清)沈李龍校閲　清嘉慶元年(1796)慎詒堂刻朱墨套印本　二冊

110000－0144－0005705　097.67/828
孟子要略五卷　(宋)朱熹撰　(清)劉葉云輯　清同治十三年(1874)傳忠書局刻朱子遺書本　一冊

110000－0144－0005706　098.1/981

吳大澂篆文孝經一卷 (清)吳大澂書 清光緒十一年(1885)石印本 一冊

110000－0144－0005707 098.1/981
孝經一卷 (清)吳大澂書 清光緒十一年(1885)上海同文書局石印本 一冊

110000－0144－0005708 098.24/667
孝經注一卷 (唐)玄宗李隆基注 (唐)陸德明音義 清刻本 一冊

110000－0144－0005709 098.24/667－02
孝經注疏九卷 (唐)玄宗李隆基注 (唐)陸德明音義疏 (宋)邢昺校 清同治十年(1871)廣東書局刻武英殿十三經注疏本 一冊

110000－0144－0005710 098.24/667－03
孝經一卷 (唐)玄宗李隆基註 清光緒十六年(1890)桂垣書局刻本 一冊

110000－0144－0005711 098.27/198
孝經讀本存解四卷首一卷 (清)趙長庚撰 清光緒十年(1884)京都龍雲齋刻本 二冊

110000－0144－0005712 098.27/198
孝經讀本存解四卷首一卷 (清)趙長庚撰 清光緒十年(1884)京都龍雲齋刻本 二冊

110000－0144－0005713 099.5/350
石經彙函十種 王秉恩輯 清光緒十六年(1890)四川尊經書局刻本 十六冊

110000－0144－0005714 099.5/355
石經彙函十種 王秉恩輯 清光緒十六年(1890)四川尊經書局刻本 十冊

110000－0144－0005715 099.5/893
漢魏石經考三篇 (清)劉傳瑩撰 清光緒十二年(1886)沔城黄氏試館刻本 一冊

110000－0144－0005716 099.5/893
漢魏石經考三篇 (清)劉傳瑩撰 清光緒十二年(1886)沔城黄氏試館刻本 一冊

110000－0144－0005717 099.5/893
漢魏石經考三篇 (清)劉傳瑩撰 清光緒十二年(1886)沔城黄氏試館刻本 一冊

110000－0144－0005718 120.3/990
諸子平議三十五卷 (清)俞樾撰 清光緒雙流李氏念劬堂刻本 十四冊

110000－0144－0005719 120.8/100
二十二子 (清)浙江書局輯 清光緒二十七年(1901)浙江書局刻本 八十三冊

110000－0144－0005720 120.8/100－02
二十二子 (清)□□輯 清光緒二十三年(1897)新化三味書局刻本 九十九冊

110000－0144－0005721 120.8/100－03
二十二子 (清)浙江書局輯 清光緒二年(1876)浙江書局刻本 八十二冊

110000－0144－0005722 120.8/357
子書百家 (清)崇文書局輯 清光緒元年(1875)湖北崇文書局刻本 一百十冊

110000－0144－0005723 120.8/357
子書百家 (清)崇文書局輯 清光緒元年(1875)湖北崇文書局刻本 九十八冊

110000－0144－0005724 120.8/357.2
子書二十八種 文瑞樓輯 清光緒二十二年(1896)上海圖書集成局鉛印本 缺五種九卷(鬼谷子一卷、尉繚子二卷、鄭尹子一卷、吳子二卷、六韜三卷) 三十六冊

110000－0144－0005725 120.8/440
吳批六子 (清)吳汝綸校點 清宣統元年(1909)鉛印本 十冊

110000－0144－0005726 120.8/440－2
桐城吳先生點勘諸子七種一百一卷 (清)吳汝綸點勘 清宣統二年(1910)衍星社鉛印本 十一冊

110000－0144－0005727 120.8/440－2
桐城吳先生點勘諸子七種一百一卷 (清)吳汝綸點勘 清宣統二年(1910)衍星社鉛印本 十二冊

110000－0144－0005728 120.8/677
子書二十八種 文瑞樓輯 清宣統三年(1911)上海集成圖書公司鉛印本 缺二種四

卷(鬼谷子一卷、鶡冠子三卷) 四十七册

110000－0144－0005729 120.8/719
二十五子彙函二十五種 (清)鴻文書局輯 清光緒十九年(1893)上海鴻文書局石印本 十六册

110000－0144－0005730 120/994
諸子考略二卷 (清)姚永樸撰 清光緒三十一年(1905)靈護室倩正誼書局鉛印本 二册

110000－0144－0005731 121.2/666
文廟思源錄考不分卷 (清)麻兆慶撰 清光緒二十年(1894)燕平書院刻本 二册

110000－0144－0005732 121.2/703
文廟脩攷八卷 (清)趙映奎輯 清道光二十七年(1847)朝坂德聚堂刻本 四册

110000－0144－0005733 121.21/041
聖蹟圖一卷 (清)陳尹繪 清同治十三年(1874)孔憲蘭刻本 一册

110000－0144－0005734 121.21/041－02
聖蹟圖一卷 (清)陳尹繪 清刻本 一册

110000－0144－0005735 121.21/041－03
聖蹟圖一卷 (清)陳尹繪 清刻本 一册

110000－0144－0005736 121.21/112
孔子家語十卷 (三國魏)王肅注 清光緒十八年(1892)上海校經山房石印本 五册

110000－0144－0005737 121.21/112－012
孔子家語十卷 (三國魏)王肅注 清乾隆四十六年(1781)書業堂刻本 二册

110000－0144－0005738 121.21/112－05
孔子家語十卷 (三國魏)王肅注 清乾隆勤思堂刻本 四册

110000－0144－0005739 121.21/112－08
孔子家語十卷 (三國魏)王肅注 清同治十二年(1873)善成堂刻本 二册

110000－0144－0005740 121.21/112－378
孔子家語疏證十卷 (清)陳士珂輯 清光緒十七年(1891)三餘草堂刻湖北叢書本 八册

110000－0144－0005741 121.21/112－536
家語證僞十一卷 (清)范家相撰 清光緒十五年(1889)會稽徐氏鑄學齋刻本 四册

110000－0144－0005742 121.21/271
大成通志十八卷 (清)楊慶輯 清康熙八年(1669)理齋刻本 二十册

110000－0144－0005743 121.21/361
家語疏證六卷 (清)孫志祖撰 清光緒會稽章壽康刻本 四册

110000－0144－0005744 121.21/363
孔子集語十七卷 (清)孫星衍撰 清光緒三年(1877)浙江書局刻二十二子本 四册

110000－0144－0005745 121.21/363
孔子集語十七卷 (清)孫星衍撰 清光緒三年(1877)浙江書局刻二十二子本 四册

110000－0144－0005746 121.21/370
闕里文獻考一百卷末一卷 (清)孔繼汾纂 清乾隆二十七年(1762)刻本 八册

110000－0144－0005747 121.21/370
闕里文獻考一百卷末一卷 (清)孔繼汾纂 清乾隆二十七年(1762)刻本 八册

110000－0144－0005748 121.21/370.2
孔子聖跡圖 清刻本 一册

110000－0144－0005749 121.21/385
闕里志二十四卷 (明)陳鎬纂修 清雍正刻本 十册

110000－0144－0005750 121.21/567
孔子集語二卷 (宋)薛據纂 清光緒元年(1875)湖北崇文書局刻本 一册

110000－0144－0005751 121.21/567
孔子集語二卷 (宋)薛據纂 清光緒元年(1875)湖北崇文書局刻本 一册

110000－0144－0005752 121.26/170
孟子師說七卷 (清)黄宗羲撰 清光緒八年(1882)慈谿馮氏醉經閣刻本 一册

110000－0144－0005753 121.26/455－02

重纂三遷志十卷首一卷　(清)孟廣均纂　(清)陳錦　(清)孫葆田重纂　清光緒十三年(1887)山東書局刻本　六册

110000－0144－0005754　121.27/552－119－06
荀子集解二十卷首一卷　(唐)楊倞注　王先謙集解　清末石印本　八册

110000－0144－0005755　121.27/552－273
荀子二十卷　(唐)楊倞注　(清)謝墉輯補　**校勘補遺一卷**　(清)謝墉撰　清光緒二十三年(1897)新化三味書室刻本　六册

110000－0144－0005756　121.27/552－273－04
荀子二十卷　(唐)楊倞注　(清)謝墉輯補　**校勘補遺一卷**　(清)謝墉撰　清光緒二年(1876)浙江書局刻本　六册

110000－0144－0005757　121.27/552－273－04
荀子二十卷　(唐)楊倞注　(清)謝墉輯補　**校勘補遺一卷**　(清)謝墉撰　清光緒二年(1876)浙江書局刻本　六册

110000－0144－0005758　121.27/552－273－8
荀子集解二十卷首一卷　(唐)楊倞注　王先謙集解　清光緒十七年(1891)刻本　六册

110000－0144－0005759　121.27/552－273－8
荀子集解二十卷首一卷　(唐)楊倞注　王先謙集解　清光緒十七年(1891)刻本　六册

110000－0144－0005760　121.27/552－273－8
荀子集解二十卷首一卷　(唐)楊倞注　王先謙集解　清光緒十七年(1891)刻本　六册

110000－0144－0005761　121.27/552－273－8
荀子集解二十卷首一卷　(唐)楊倞注　王先謙集解　清光緒十七年(1891)刻本　六册

110000－0144－0005762　121.27/552－273－8
荀子集解二十卷首一卷　(唐)楊倞注　王先謙集解　清光緒十七年(1891)刻本　六册

110000－0144－0005763　121.27/626
删定荀子管子　(清)方苞删定　清乾隆元年(1736)刻本　三册

110000－0144－0005764　121.29/168
子思子七卷　(漢)鄭玄注　(清)黄以周輯解　清光緒二十三年(1897)江陰南菁書院刻意林逸子本　二册

110000－0144－0005765　121.29/168
子思子七卷　(漢)鄭玄注　(清)黄以周輯解　清光緒二十三年(1897)江陰南菁書院刻意林逸子本　二册

110000－0144－0005766　121.29/226
性理三解八卷　(明)韓邦奇撰　清乾隆十八年(1753)刻本　四册

110000－0144－0005767　121.29/981
曾子家語六卷　(清)曾國荃審訂　(清)王定安編　清光緒十六年(1890)金陵刻本　二册

110000－0144－0005768　121.3/293－02
關尹子一卷　(春秋)尹喜撰　**陰符經一卷**　(漢)張良注　清光緒元年(1875)湖北崇文書局刻本　一册

110000－0144－0005769　121.31/113－03
老子道德經二卷　(晉)王弼注　**音義一卷**　(唐)陸德明撰　清光緒元年(1875)浙江書局刻本　一册

110000－0144－0005770　121.31/113－03
老子道德經二卷　(晉)王弼注　**音義一卷**　(唐)陸德明撰　清光緒元年(1875)浙江書局刻本　一册

110000－0144－0005771　121.31/113－04
老子道德經二卷　(晉)王弼注　**音義一卷**　(唐)陸德明撰　清光緒元年(1875)浙江書局刻本　一册

110000－0144－0005772　121.31/113－05
老子道德經上下篇　(晉)王弼注　清刻本　一册

110000－0144－0005773　121.31/308
老子説略二卷　(清)張爾岐撰　清道光十九年(1839)姜熙刻本　四册

110000－0144－0005774　121.31/435
老子宗指四卷首一卷　(清)吳世尚撰　清雍

正二年(1724)易老莊書屋刻本　一冊

110000－0144－0005775　121.31/543
太上老子道德經集解　(元)董思靖撰　清光緒三年(1877)吳興陸氏十萬卷樓刻本　二冊

110000－0144－0005776　121.31/917
老子翼八卷首一卷　(明)焦竑輯　清光緒二十一年(1895)金陵刻經處刻本　四冊

110000－0144－0005777　121.31/917
老子翼八卷首一卷　(明)焦竑輯　清光緒二十一年(1895)金陵刻經處刻本　四冊

110000－0144－0005778　121.31/942
老子道德經解二卷首一卷附論一卷　(明)釋德清撰　清光緒十二年(1886)金陵刻經處刻本　二冊

110000－0144－0005779　121.31/994
老子章義二卷　(清)姚鼐撰　清同治九年(1870)桐城吳氏刻本　一冊

110000－0144－0005780　121.32/312－02
列子八卷　(晉)張湛注　(唐)殷敬順釋文　清光緒二年(1876)浙江書局刻本　吳士鑑朱筆批校並墨筆題識　二冊

110000－0144－0005781　121.32/312－02
列子八卷　(晉)張湛注　(唐)殷敬順釋文　**墨子十五卷**　清光緒二年(1876)浙江書局刻本　六冊

110000－0144－0005782　121.32/312－02
列子八卷　(晉)張湛注　(唐)殷敬順釋文　清光緒二年(1876)浙江書局刻本　二冊

110000－0144－0005783　121.32/312－04
沖虛至德真經八卷　(戰國)列御寇撰　(晉)張湛注　清光緒十年(1884)刻鐵華館叢書本　一冊

110000－0144－0005784　121.32/347
列子二卷　(晉)張湛注　清光緒元年(1875)湖北崇文書局刻本　一冊

110000－0144－0005785　121.32/347－497
列子八卷　(唐)盧重元解　清嘉慶八年至九年(1803－1804)江都秦氏石研齋刻本　二冊

110000－0144－0005786　121.33/115
莊子王氏注二卷　王闓運撰　清同治八年(1869)刻本　二冊

110000－0144－0005787　121.33/220
莊子獨見不分卷　(清)胡文英評釋　清乾隆十七年(1752)三多齋刻本　六冊

110000－0144－0005788　121.33/366
莊子注考逸一卷　(清)孫馮翼輯　清刻本　一冊

110000－0144－0005789　121.33/387
莊子雪三卷　(清)陸樹芝輯注　清嘉慶四年(1799)廣州儒雅堂刻本　六冊

110000－0144－0005790　121.33/412
莊子故八卷　馬其昶撰　清光緒三十二年(1906)集虛草堂刻本　四冊

110000－0144－0005791　121.33/525
莊子南華真經三卷　(唐)陸德明音義　清光緒元年(1875)湖北崇文書局刻子書百家本　二冊

110000－0144－0005792　121.33/525－119
莊子集解八卷　王先謙集解　清宣統元年(1909)上海掃葉山房石印本　四冊

110000－0144－0005793　121.33/525－119
莊子集解八卷　王先謙集解　清宣統元年(1909)上海掃葉山房石印本　四冊

110000－0144－0005794　121.33/525－119
莊子集解八卷　王先謙集解　清宣統元年(1909)上海掃葉山房石印本　四冊

110000－0144－0005795　121.33/525－119
莊子集解八卷　王先謙集解　清宣統元年(1909)上海掃葉山房石印本　四冊

110000－0144－0005796　121.33/525－119
莊子集解八卷　王先謙集解　清宣統元年(1909)上海掃葉山房石印本　四冊

110000－0144－0005797　121.33/525－119

莊子集解八卷　王先謙集解　清宣統元年(1909)上海掃葉山房石印本　四册

110000 - 0144 - 0005798　121.33/525 - 119
莊子集解八卷　王先謙集解　清宣統元年(1909)上海掃葉山房石印本　四册

110000 - 0144 - 0005799　121.33/525 - 119
莊子集解八卷　王先謙集解　清宣統元年(1909)上海掃葉山房石印本　四册

110000 - 0144 - 0005800　121.33/525 - 119
莊子集解八卷　王先謙集解　清宣統元年(1909)上海掃葉山房石印本　四册

110000 - 0144 - 0005801　121.33/525 - 119
莊子集解八卷　王先謙集解　清宣統元年(1909)上海掃葉山房石印本　四册

110000 - 0144 - 0005802　121.33/525 - 119 - 02
莊子集解八卷　王先謙集解　清宣統元年(1909)思賢書局刻本　四册

110000 - 0144 - 0005803　121.33/525 - 119 - 02
莊子集解八卷　王先謙集解　清宣統元年(1909)思賢書局刻本　三册

110000 - 0144 - 0005804　121.33/525 - 256 - 03
莊子因六卷　(清)林雲銘撰　清光緒六年(1880)白雲經舍刻本　四册

110000 - 0144 - 0005805　121.33/525 - 256 - 04
莊子因六卷　(清)林雲銘撰　清嘉慶二年(1797)敦化堂刻本　二册

110000 - 0144 - 0005806　121.33/525 - 377
南華真經正義四卷識餘一卷　(清)陳壽昌輯註　清光緒十九年(1893)怡顔齋刻本　四册

110000 - 0144 - 0005807　121.33/525 - 377
南華真經正義四卷識餘一卷　(清)陳壽昌輯註　清光緒十九年(1893)怡顔齋刻本　六册

110000 - 0144 - 0005808　121.33/525 - 377
南華真經正義四卷識餘一卷　(清)陳壽昌輯註　清光緒十九年(1893)怡顔齋刻本　六册

110000 - 0144 - 0005809　121.33/525 - 377 - 6
南華真經識餘三種　(清)陳壽昌輯　清光緒怡顔齋刻本　二册

110000 - 0144 - 0005810　121.33/525 - 626
莊騷讀本不分卷　(清)方人傑評輯　清乾隆三十七年(1772)世春堂刻本　四册

110000 - 0144 - 0005811　121.33/525 - 626.6
南華經解不分卷　(清)方文通評　清光緒二十二年(1896)桐城方氏刻本　三册

110000 - 0144 - 0005812　121.33/525 - 637
莊子十卷　(晉)郭象注　(唐)陸德明音義　清光緒二年(1876)浙江書局刻本　四册

110000 - 0144 - 0005813　121.33/525 - 637
莊子十卷　(晉)郭象注　(唐)陸德明音義　清光緒二年(1876)浙江書局刻本　四册

110000 - 0144 - 0005814　121.33/525 - 637
莊子十卷　(晉)郭象注　(唐)陸德明音義　清光緒二年(1876)浙江書局刻本　四册

110000 - 0144 - 0005815　121.33/525 - 637
莊子十卷　(晉)郭象注　(唐)陸德明音義　清光緒二年(1876)浙江書局刻本　四册

110000 - 0144 - 0005816　121.33/525 - 637 - 015
莊子十卷　(晉)郭象注　(唐)陸德明音義　清光緒二年(1876)浙江書局刻本　四册

110000 - 0144 - 0005817　121.33/525 - 637 - 08
南華真經評注五卷　(晉)郭象　(晉)向秀注　清大盛堂刻本　五册

110000 - 0144 - 0005818　121.33/525 - 688 - 02
南華真經解不分卷　(清)宣穎撰　清積秀堂刻本　六册

110000 - 0144 - 0005819　121.33/525 - 688 - 04
南華真經解六卷　(清)宣穎解　清嘉慶海清樓刻本　六册

110000 - 0144 - 0005820　121.33/525 - 814
南華真經影史九卷　(清)周拱辰註　清嘉慶八年(1803)聖雨齋刻本　二册

110000－0144－0005821　121.33/525－893
莊子約解四卷　(清)劉鴻典輯注　清同治五年(1866)吕仙岩玉成堂刻本　四册

110000－0144－0005822　121.33/635
莊子集釋十卷　(清)郭慶藩注釋　清光緒二十二年(1896)思賢講舍刻本　八册

110000－0144－0005823　121.33/635
莊子集釋十卷　(清)郭慶藩注釋　清光緒二十二年(1896)思賢講舍刻本　八册

110000－0144－0005824　121.33/635
莊子集釋十卷　(清)郭慶藩注釋　清光緒二十二年(1896)思賢講舍刻本　八册

110000－0144－0005825　121.33/635
莊子集釋十卷　(清)郭慶藩注釋　清光緒二十二年(1896)思賢講舍刻本　八册

110000－0144－0005826　121.33/647
莊子釋意不分卷　(明)歸有光原評　(清)高秋月集說　(清)曹同春論正　清康熙二十九年(1690)文粹堂刻本　三册

110000－0144－0005827　121.33/933
莊屈合詁二卷　(清)錢澄之撰　清同治二年(1863)刻桐城錢欽光先生全書本　六册

110000－0144－0005828　121.33/942
莊子内篇注四卷　(明)釋德清注　清光緒十四年(1888)南京金陵刻經處刻本　二册

110000－0144－0005829　121.33/942
莊子内篇注四卷　(明)釋德清注　清光緒十四年(1888)金陵刻經處刻本　二册

110000－0144－0005830　121.33/942
莊子内篇注四卷　(明)釋德清注　清光緒十四年(1888)金陵刻經處刻本　二册

110000－0144－0005831　121.39/313－827
悟真篇闡幽三卷　(宋)朱元育撰　清康熙六十年(1721)天德堂莊騫刻本　三册

110000－0144－0005832　121.41/307
墨子經說解二卷　(清)張惠言撰　清宣統元年(1909)上海國學保存會石印本　一册

110000－0144－0005833　121.41/307
墨子經說解二卷　(清)張惠言撰　清宣統元年(1909)上海國學保存會石印本　一册

110000－0144－0005834　121.41/365－02
墨子閒詁十五卷目録一卷附録一卷後語二卷　(清)孫詒讓撰　清光緒三十三年(1907)上海掃葉山房石印本　八册

110000－0144－0005835　121.41/365－02
墨子閒詁十五卷目録一卷附録一卷後語二卷　(清)孫詒讓撰　清光緒三十三年(1907)上海掃葉山房石印本　八册

110000－0144－0005836　121.41/365－03
墨子閒詁十五卷目録一卷附録一卷　(清)孫詒讓撰　清宣統二年(1910)刻本　四册

110000－0144－0005837　121.41/365－03
墨子閒詁十五卷目録一卷附録一卷　(清)孫詒讓撰　清宣統二年(1910)刻本　八册

110000－0144－0005838　121.41/365－03
墨子閒詁十五卷目録一卷附録一卷　(清)孫詒讓撰　清宣統二年(1910)刻本　八册

110000－0144－0005839　121.41/365－03
墨子閒詁十五卷目録一卷附録一卷　(清)孫詒讓撰　清宣統二年(1910)刻本　八册

110000－0144－0005840　121.41/365－08
墨子閒詁十五卷目録一卷附録一卷後語二卷　(清)孫詒讓撰　清光緒三十三年(1907)瑞安孫氏刻本　八册

110000－0144－0005841　121.41/365－08
墨子閒詁十五卷目録一卷附録一卷後語二卷　(清)孫詒讓撰　清光緒三十三年(1907)瑞安孫氏刻本　八册

110000－0144－0005842　121.41/365－08
墨子閒詁十五卷目録一卷附録一卷後語二卷　(清)孫詒讓撰　清光緒三十三年(1907)瑞安孫氏刻本　八册

110000－0144－0005843　121.41/484－113
墨子　王闓運注　清光緒三十年(1904)江西

官書局刻本　二册

110000－0144－0005844　121.41/484－471
墨子十五卷目録一卷　（清）畢沅注　清光緒二年(1876)浙江書局刻本　四册

110000－0144－0005845　121.41/484－471
墨子十五卷目録一卷　（清）畢沅注　清光緒二年(1876)浙江書局刻本　四册

110000－0144－0005846　121.41/484－471
墨子十五卷目録一卷　（清）畢沅注　清光緒二年(1876)浙江書局刻本　四册

110000－0144－0005847　121.61/119
管子地員篇注四卷　（清）王紹蘭撰　清光緒十七年(1891)寄虹山館刻本　四册

110000－0144－0005848　121.61/525
弟子職集解一卷　（清）莊述祖　（清）黄彭年輯　**句讀一卷考證一卷補音一卷**　（清）黄彭年輯　清光緒十四年(1888)江蘇書局刻本　一册

110000－0144－0005849　121.61/525
弟子職集解一卷　（清）莊述祖　（清）黄彭年輯　**句讀一卷考證一卷補音一卷**　（清）黄彭年輯　清光緒十四年(1888)江蘇書局刻本　一册

110000－0144－0005850　121.61/525
弟子職集解一卷　（清）莊述祖　（清）黄彭年輯　**句讀一卷考證一卷補音一卷**　（清）黄彭年輯　清光緒十四年(1888)江蘇書局刻本　一册

110000－0144－0005851　121.61/525－02
弟子職集解一卷考證一卷　（清）莊述祖輯　清同治三年(1864)綏定郡齋刻本　一册

110000－0144－0005852　121.61/525－02
弟子職集解一卷考證一卷　（清）莊述祖輯　清同治三年(1864)綏定郡齋刻本　一册

110000－0144－0005853　121.61/720
管子義證八卷　（清）洪頤煊撰　清光緒十五年(1889)南陵徐氏刻本　二册

110000－0144－0005854　121.61/845
管子二十四卷　（春秋）管仲撰　清光緒元年(1875)湖北崇文書局刻本　四册

110000－0144－0005855　121.61/845
管子二十四卷　（春秋）管仲撰　清光緒元年(1875)湖北崇文書局刻本　四册

110000－0144－0005856　121.61/845－958
管子二十四卷　（春秋）管仲撰　（唐）房玄齡注　清光緒二年(1876)浙江書局刻本　六册

110000－0144－0005857　121.61/845－958
管子二十四卷　（春秋）管仲撰　（唐）房玄齡注　清光緒二年(1876)浙江書局刻本　六册

110000－0144－0005858　121.61/845－958－06
管子二十四卷　（春秋）管仲撰　（唐）房玄齡注　清光緒五年(1879)崇雅堂刻本　四册

110000－0144－0005859　121.61/845－958－06
管子二十四卷　（春秋）管仲撰　（唐）房玄齡注　清光緒五年(1879)崇雅堂刻本　六册

110000－0144－0005860　121.61/845－958－06
管子二十四卷　（春秋）管仲撰　（唐）房玄齡注　清光緒五年(1879)崇雅堂刻本　二册

110000－0144－0005861　121.62/982－03
商子五卷　（戰國）公孫鞅撰　清光緒元年(1875)湖北崇文書局刻本　一册

110000－0144－0005862　121.64/233－03
韓非子二十卷　（戰國）韓非撰　**韓非子識誤三卷**　（清）顧廣圻識誤　清光緒元年(1875)浙江書局刻本　六册

110000－0144－0005863　121.64/233－03
韓非子二十卷　（戰國）韓非撰　**韓非子識誤三卷**　（清）顧廣圻識誤　清光緒元年(1875)浙江書局刻本　五册

110000－0144－0005864　121.64/233－03
韓非子二十卷　（戰國）韓非撰　**韓非子識誤三卷**　（清）顧廣圻識誤　清光緒元年(1875)浙江書局刻本　六册

110000－0144－0005865　121.64/233－06

韓非子二十卷　(戰國)韓非著　**韓非子識誤三卷**　(清)顧廣圻識誤　清嘉慶二十三年(1818)全椒吳氏刻本　八冊

110000－0144－0005866　121.64/233－119－02
韓非子集解二十卷　(清)王先慎集解　清光緒二十二年(1896)刻本　六冊

110000－0144－0005867　121.64/233－119－02
韓非子集解二十卷　(清)王先慎集解　清光緒二十二年(1896)刻本　六冊

110000－0144－0005868　121.64/233－119－02
韓非子集解二十卷　(清)王先慎集解　清光緒二十二年(1896)刻本　六冊

110000－0144－0005869　121.64/233－119－02
韓非子集解二十卷　(清)王先慎集解　清光緒二十二年(1896)刻本　六冊

110000－0144－0005870　121.64/233－119－02
韓非子集解二十卷　(清)王先慎集解　清光緒二十二年(1896)刻本　六冊

110000－0144－0005871　121.64/964
韓非子識誤三卷　(清)顧廣圻撰　清嘉慶二十四年(1819)刻本　二冊

110000－0144－0005872　121.71/873
鬼谷子三卷附錄一卷　(春秋)鬼谷子撰　(南朝梁)陶弘景注　清嘉慶十年(1805)秦氏石研齋刻本　三冊

110000－0144－0005873　121.81/467
晏子春秋七卷　(春秋)晏嬰撰　蘇輿校註　清光緒十八年(1892)思賢講舍刻本　二冊

110000－0144－0005874　121.81/467－02
晏子春秋八卷　(春秋)晏嬰撰　清光緒元年(1875)湖北崇文書局刻本　二冊

110000－0144－0005875　121.81/467－04
晏子春秋八卷　(春秋)晏嬰撰　清光緒元年(1875)湖北崇文書局刻本　二冊

110000－0144－0005876　121.81/467－05
晏子春秋七卷　(春秋)晏嬰撰　**音義二卷**　(清)孫星衍撰　**校勘記二卷**　(清)黄以周撰　清光緒元年(1875)浙江書局刻本　四冊

110000－0144－0005877　121.81/467－05
晏子春秋七卷　(春秋)晏嬰撰　**音義二卷**　(清)孫星衍撰　**校勘記二卷**　(清)黄以周撰　清光緒元年(1875)浙江書局刻本　四冊

110000－0144－0005878　121.84/446
呂氏春秋二十六卷　(漢)高誘注　(清)畢沅輯校　清光緒元年(1875)湖北崇文書局刻本　四冊

110000－0144－0005879　121.84/446－645
呂氏春秋二十六卷　(秦)呂不韋撰　(漢)高誘注　(清)畢沅校　清光緒元年(1875)浙江書局刻本　六冊

110000－0144－0005880　121.84/446－645
呂氏春秋二十六卷　(漢)高誘注　(清)畢沅校　清光緒元年(1875)浙江書局刻本　六冊

110000－0144－0005881　121.84/446－645－02
呂氏春秋二十六卷　(漢)高誘注　(清)畢沅校　清乾隆五十三年(1788)畢氏靈巖山館刻本　五冊

110000－0144－0005882　121.89/393
鶡冠子三卷　(宋)陸佃解　清刻本　三冊

110000－0144－0005883　121.89/393－02
鶡冠子三卷　(宋)陸佃解　清光緒元年(1875)湖北崇文書局刻本　一冊

110000－0144－0005884　121.89/786
子華子十卷　(明)金之俊評　清雍正五年(1727)刻本　二冊

110000－0144－0005885　121/451
諸子述醇不分卷附國語存液三卷　(清)呂緝熙撰　清道光二十七年(1847)刻本　四冊

110000－0144－0005886　121/856
學統五十三卷　(清)熊賜履編　清康熙二十四年(1685)下學堂刻本　十六冊

110000－0144－0005887　122.1/150
新書十卷　(漢)賈誼撰　清光緒元年(1875)浙江書局刻本　二冊

110000－0144－0005888　122.1/150
新書十卷　(漢)賈誼撰　清光緒元年(1875)浙江書局刻本　二册

110000－0144－0005889　122.1/150－04
新書十卷　(漢)賈誼撰　清光緒元年(1875)湖北崇文書局刻本　二册

110000－0144－0005890　122.1/150－119
賈子十六卷　(漢)賈誼撰　(清)王耕心次詁　清光緒二十九年(1903)泰州龍樹精舍刻本　二册

110000－0144－0005891　122.1/299
揚子法言十三卷　(漢)揚雄撰　(晉)李軌注　**音義一卷**　(宋)□□撰　清嘉慶二十三年(1818)江都秦氏石研齋刻本　二册

110000－0144－0005892　122.1/299－02
揚子法言十三卷　(漢)揚雄撰　(晉)李軌注　**音義一卷**　(宋)□□撰　清光緒二年(1876)浙江書局刻本　一册

110000－0144－0005893　122.1/299－02
揚子法言十三卷　(漢)揚雄撰　(晉)李軌注　**音義一卷**　(宋)□□撰　**文子纘義十二卷**　(宋)杜道堅撰　清光緒二年(1876)浙江書局刻本　四册

110000－0144－0005894　122.1/299－04
新纂門目五臣音注揚子法言十卷音義一卷　(漢)揚雄撰　(晉)李軌注　(唐)柳宗元注　明刻本　四册

110000－0144－0005895　122.1/299－04
新纂門目五臣音注揚子法言十卷音義一卷　(漢)揚雄撰　(晉)李軌注　(唐)柳宗元注　明刻本　四册

110000－0144－0005896　122.1/299－303
太玄四卷　(漢)揚雄撰　(宋)司馬光　(宋)許翰集注　(清)孫澍增補　清道光十一年(1831)鵝溪孫氏刻本　四册

110000－0144－0005897　122.1/299－303－02
太玄十卷　(漢)揚雄撰　(宋)司馬光　(宋)許翰集注　清光緒元年(1875)湖北崇文書局刻子書百家本　二册

110000－0144－0005898　122.1/299－434
太玄十卷　(漢)揚雄撰　(宋)司馬光　(宋)許瀚集注　(清)吳汝綸點勘　清宣統二年(1910)上海衍星社鉛印本　一册

110000－0144－0005899　122.1/370－02
孔叢子二卷　(漢)孔鮒撰　清光緒元年(1875)湖北崇文書局刻子書百家本　一册

110000－0144－0005900　122.1/370－692
孔叢子七卷　(漢)孔鮒撰　(宋)宋咸注　清光緒元年(1875)海昌陳錫麒刻本　四册

110000－0144－0005901　122.1/370－692
孔叢子七卷　(漢)孔鮒撰　(宋)宋咸注　清光緒元年(1875)海昌陳錫麒刻本　二册

110000－0144－0005902　122.1/403
淮南許注異同詁四卷補遺一卷續補一卷　(清)陶方琦撰　清光緒七年至八年(1881－1882)湘南使院刻本　二册

110000－0144－0005903　122.1/547
春秋繁露十七卷　(漢)董仲舒撰　(清)淩曙注　清嘉慶二十年(1815)刻本　四册

110000－0144－0005904　122.1/547－03
春秋繁露十七卷　(漢)董仲舒撰　清光緒三年(1877)湖北崇文書局刻本　二册

110000－0144－0005905　122.1/547－03
春秋繁露十七卷　(漢)董仲舒撰　清光緒三年(1877)湖北崇文書局刻本　一册

110000－0144－0005906　122.1/645－04
淮南子二十一卷　(漢)劉安撰　(漢)高誘注　清光緒二年(1876)浙江書局刻本　六册

110000－0144－0005907　122.1/645－04
淮南子二十一卷　(漢)劉安撰　(漢)高誘注　清光緒二年(1876)浙江書局刻本　六册

110000－0144－0005908　122.1/712
淮南子校勘記一卷　(清)汪文臺撰　清光緒十一年(1885)湖北崇文書局刻本　一册

110000－0144－0005909　122.12/763

淮南天文訓補注二卷　(漢)劉安撰　(清)錢塘補注　清光緒三年(1877)湖北崇文書局刻本　一册

110000－0144－0005910　122.6/117－013

論衡三十卷　(漢)王充撰　清光緒元年(1875)湖北崇文書局刻民國九年(1920)印本　十一册　存二十八卷(一至二十四、二十七至三十)

110000－0144－0005911　122.6/117－02

論衡三十卷　(漢)王充撰　清光緒元年(1875)湖北崇文書局刻本　三册

110000－0144－0005912　122.6/117－02

論衡三十卷　(漢)王充撰　清光緒元年(1875)湖北崇文書局刻本　六册

110000－0144－0005913　122.6/117－02

論衡三十卷　(漢)王充撰　清光緒元年(1875)湖北崇文書局刻本　六册

110000－0144－0005914　122.6/117－02

論衡三十卷　(漢)王充撰　清光緒元年(1875)湖北崇文書局刻本　三册

110000－0144－0005915　122.6/119

潛夫論十卷　(漢)王符撰　清光緒元年(1875)湖北崇文書局刻本　二册

110000－0144－0005916　122.6/119－02

潛夫論十卷　(漢)王符撰　清嘉慶八年(1803)兆觀抄本　清書巢子批點　二册

110000－0144－0005917　122.6/119－714

潛夫論十卷　(漢)王符撰　(清)汪繼培箋　清光緒十七年(1891)長沙思賢講舍刻本　四册

110000－0144－0005918　122.6/119－714

潛夫論十卷　(漢)王符撰　(清)汪繼培箋　清光緒十七年(1891)長沙思賢講舍刻本　四册

110000－0144－0005919　123.3/521

抱朴子四卷　(晉)葛洪撰　清道光九年(1829)柏苭堂刻本　四册

110000－0144－0005920　123.3/905

傅子二卷附録一卷　(晉)傅玄撰　(清)錢保塘輯　清光緒七年(1881)海寧錢氏清風室刻本　一册

110000－0144－0005921　123.9/114－375－03

中説十卷　(隋)王通撰　(宋)阮逸註　清光緒十六年(1890)貴陽陳矩刻本　一册

110000－0144－0005922　123.9/114－375－03

中説十卷　(隋)王通撰　(宋)阮逸註　清光緒十六年(1890)貴陽陳矩刻本　一册

110000－0144－0005923　123.9/114－375－03

中説十卷　(隋)王通撰　(宋)阮逸註　清光緒十六年(1890)貴陽陳矩刻本　一册

110000－0144－0005924　123.9/114－375－04

文中子中説十卷　(隋)王通撰　(宋)阮逸注　清光緒二年(1876)浙江書局刻二十二子本　二册

110000－0144－0005925　123.9/114－375－05

中説十卷　(隋)王通撰　(宋)阮逸注　清道光五年(1825)刻本　四册

110000－0144－0005926　124.8/601－02

化書六卷　(五代)譚峭撰　清光緒六年(1880)刻本　一册

110000－0144－0005927　125.14/307－828

西銘一卷　(宋)張載撰　(宋)朱熹注　清刻本　一册

110000－0144－0005928　125.2/788－02

二程全書七種　(宋)程顥　(宋)程頤撰　清光緒三十三年(1907)澹雅局刻本　十六册

110000－0144－0005929　125.2/788－03

二程全書七種　(宋)程顥　(宋)程頤撰　清寶詁堂刻本　十六册

110000－0144－0005930　125.2/788－06

二程全書　(宋)程顥　(宋)程頤撰　清同治五年(1866)河南嵩邑二程故里刻本　二十册

110000－0144－0005931　125.2/828－02
二程全書六種　（宋）程頤　（宋）程顥撰　（宋）朱熹纂　清同治十年（1871）六安求我齋刻本　十六册

110000－0144－0005932　125.2/828－03
二程全書七種　（宋）程灝　（宋）程頤撰　（宋）朱熹編　清光緒三十四年（1908）澹雅局刻本　五册

110000－0144－0005933　125.3/307－02
張子全書十五卷　（宋）張載撰　（宋）朱熹注　清康熙五十八年（1719）朱軾刻本　六册

110000－0144－0005934　125.3/307－04
張子全書十五卷　（宋）張載撰　（宋）朱熹註釋　清乾隆四十九年（1784）臨潼横渠書院刻光緒九年（1883）汪鳳檉補刻本　八册

110000－0144－0005935　125.3/307－05
張子全書十四卷首一卷　（宋）張載撰　（宋）朱熹註　（清）武澄輯　清道光二十三年（1843）鳳郡張連科刻本　八册

110000－0144－0005936　125.3/329
皇極經世緒言九卷首二卷　（宋）邵雍著　（明）黄粤洲注　清道光十年（1830）錢塘徐樹堂刻本　十册

110000－0144－0005937　125.3/621
上蔡先生語録三卷附考證　（宋）謝良佐撰　清同治二年（1863）上蔡學署刻本　一册

110000－0144－0005938　125.5/290
御纂朱子全書六十六卷　（宋）朱熹撰　（清）李光地編　清文元堂書坊刻本　四十册

110000－0144－0005939　125.5/290
御纂朱子全書六十六卷　（宋）朱熹撰　（清）李光地編　清文元堂書坊刻本　三十二册

110000－0144－0005940　125.5/290－03
淵鑒齋御纂朱子全書六十六卷　（宋）朱熹撰　（清）李光地編　清末江西書局刻本　四十册

110000－0144－0005941　125.5/312
朱子讀書法四卷　（宋）張洪　（宋）齋煕同編　清光緒二十三年（1897）八旗書館刻本　四册

110000－0144－0005942　125.5/482－02
小學韻語一卷　（清）羅澤南撰　清咸豐六年（1856）鉛印本　一册

110000－0144－0005943　125.5/482－03
小學韻語一卷　（清）羅澤南撰　清光緒十九年（1893）廣州府署刻本　一册

110000－0144－0005944　125.5/828
朱子全集一百四卷目録二卷　（宋）朱熹撰　清咸豐十年（1860）紫霞洲祠堂刻本　四十册

110000－0144－0005945　125.5/828－113
小學句讀記六卷大學直解二卷太極圖集解一卷　（清）王建常撰　清同治七年（1868）三原劉氏傳經堂刻劉氏傳經堂叢書本　七册

110000－0144－0005946　125.5/828－3
重刻延平答問二卷　（宋）朱熹編　清光緒二年（1876）福建延平府署刻本　二册

110000－0144－0005947　125.5/828－313
小學集解六卷　（宋）朱熹撰　（清）張伯行輯注　清同治六年（1867）湖北崇文書局刻本　三册

110000－0144－0005948　125.5/828－313
小學集解六卷　（宋）朱熹撰　（清）張伯行輯注　清同治六年（1867）湖北崇文書局刻本　三册

110000－0144－0005949　125.5/828－313
小學集解六卷　（宋）朱熹撰　（清）張伯行輯注　清同治六年（1867）湖北崇文書局刻本　三册

110000－0144－0005950　125.5/828－313－02
小學集解六卷　（宋）朱熹撰　（清）張伯行輯注　清同治十一年（1872）江西撫署刻本　三册

110000－0144－0005951　125.5/828－313－03
小學集解六卷　（宋）朱熹編　（清）張伯行輯

注　清光緒二十年(1894)澹雅局刻本　四冊

110000－0144－0005952　125.5/828－4
朱子遺書初刻七種二刻六種　(宋)朱熹撰　清康熙浙江御兒呂氏寶誥堂刻本　二十七冊

110000－0144－0005953　125.5/828－4－02
朱子遺書九種二刻七種　(宋)朱熹撰　清光緒二十七年(1901)廣州刻本　十七冊

110000－0144－0005954　125.5/828－5－02
小學集注六卷　(宋)朱熹撰　(明)陳選集注　清光緒三十三年(1907)北京京師學部圖書局石印本　二冊

110000－0144－0005955　125.5/828－5－03
小學集注六卷附忠經一卷孝經一卷　(宋)朱熹撰　(明)陳選集注　清末上海萃英書局石印本　四冊

110000－0144－0005956　125.5/828－5－04
小學集注六卷　(宋)朱熹撰　(明)陳選集注　清光緒三十三年(1907)京師學部圖書局石印本　二冊

110000－0144－0005957　125.5/828－648
小學六卷朱子小學總論一卷文公朱夫子[熹]年譜一卷　(宋)朱熹撰　(清)高愈纂注　清乾隆四十六年(1781)刻本　四冊

110000－0144－0005958　125.5/828－648－02
小學纂注六卷附小學總論一卷文公朱夫子[熹]年譜一卷　(宋)朱熹撰　(清)高愈纂注　清同治八年(1869)江蘇書局刻本　二冊

110000－0144－0005959　125.5/828－719－010
近思錄十四卷考訂朱子世家一卷　(宋)朱熹　(宋)呂祖謙輯　(清)江永集註　清光緒十九年(1893)河南邵松年刻本　四冊

110000－0144－0005960　125.5/828－719－012
朱子原訂近思錄十四卷附考訂朱子世家一卷　(宋)朱熹　(宋)呂祖謙輯　(清)江永集注　清光緒十四年(1888)廣州廣雅書局刻本　五冊

110000－0144－0005961　125.5/828－719－02
朱子原訂近思錄十四卷　(宋)朱熹　(宋)呂祖謙輯　(清)江永集注　清同治七年(1868)湖北崇文書局刻本　四冊

110000－0144－0005962　125.5/828－719－02
朱子原訂近思錄十四卷　(宋)朱熹　(宋)呂祖謙輯　(清)江永集注　清同治七年(1868)湖北崇文書局刻本　四冊

110000－0144－0005963　125.5/828－719－02
朱子原訂近思錄十四卷　(宋)朱熹　(宋)呂祖謙輯　(清)江永集注　清同治七年(1868)湖北崇文書局刻本　四冊

110000－0144－0005964　125.5/828－719－03
近思錄十四卷考訂朱子世家一卷　(宋)朱熹　(宋)呂祖謙撰　(清)江永集註　清光緒二十七年(1901)上海文瑞樓石印本　四冊

110000－0144－0005965　125.5/828－719－03
近思錄十四卷考訂朱子世家一卷　(宋)朱熹　(宋)呂祖謙撰　(清)江永集註　清光緒二十七年(1901)上海文瑞樓石印本　四冊

110000－0144－0005966　125.5/828－719－03
近思錄十四卷附考訂朱子世家一卷　(宋)朱熹　(宋)呂祖謙撰　(清)江永集註　清光緒二十七年(1901)上海文瑞樓石印本　四冊

110000－0144－0005967　125.5/828－719－03
近思錄十四卷考訂朱子世家一卷　(宋)朱熹　(宋)呂祖謙撰　(清)江永集註　清光緒二十七年(1901)上海文瑞樓石印本　四冊

110000－0144－0005968　125.5/828－719－04
朱子原訂近思錄十四卷　(宋)朱熹　(宋)呂祖謙輯　(清)江永集注　清光緒十一年(1885)江西書局刻本　四冊

110000－0144－0005969　125.5/828－719－05
朱子原訂近思錄十四卷　(宋)朱熹　(宋)呂祖謙輯　(清)江永集註　清光緒二十三年(1897)桂林桂垣書局刻本　四冊

110000－0144－0005970　125.5/828－82
朱子語類一百四十卷　(宋)朱熹撰　清光緒

二年(1876)傳經堂刻本　四十八册

110000－0144－0005971　125.5/828－82－02
朱子四書語類五十二卷　(宋)朱熹撰　(清)周在延輯　清康熙金陵大業堂刻本　二十四册

110000－0144－0005972　125.5/828－82－03
朱子語類一百四十卷　(宋)朱熹撰　清康熙刻本　三十二册

110000－0144－0005973　125.5/828－82－04
朱子語類一百四十卷　(宋)朱熹撰　清康熙刻本　四十八册

110000－0144－0005974　125.5/828－82－04
朱子語類一百四十卷　(宋)朱熹撰　清康熙石門呂氏刻本　二十册

110000－0144－0005975　125.5/828－967
小學六卷輯說一卷　(宋)朱熹撰　清光緒七年(1881)天津廣仁堂刻本　一册

110000－0144－0005976　125.5/843
小學淺解六卷　(清)薛于瑛撰　清宣統二年(1910)西安存心堂刻本　四册

110000－0144－0005977　125.7/378
陳清瀾先生學蔀通辯十二卷　(明)陳建撰　清同治五年(1866)福州正誼書局刻本　三册

110000－0144－0005978　125.7/383
北溪字義二卷附錄一卷　(宋)陳淳撰　(清)王雋集編　(清)戴嘉禧增訂　清光緒二十一年(1895)味道腴軒刻本　二册

110000－0144－0005979　125.7/383.7
廣字義二卷　(宋)陳普原編　(清)孫承澤增刪　(清)黃叔璥續輯　清乾隆四年(1739)刻本　二册

110000－0144－0005980　125.7/383－02
北溪字義二卷附錄一卷　(宋)陳淳撰　(宋)王雋編　清道光二十年(1840)李錫齡刻惜蔭軒叢書本　一册

110000－0144－0005981　125.7/562
至書一卷　(宋)蔡沈輯　清歸安陸氏刻十萬卷樓叢書本　一册

110000－0144－0005982　125.7/788
性理字訓一卷　(宋)程若庸撰　清刻本　一册

110000－0144－0005983　125.7/998
心經一卷　(宋)真德秀撰　清光緒二十二年(1896)武英殿刻本　一册

110000－0144－0005984　125.7/998－2
真文忠公政經一卷　(宋)真德秀撰　清光緒二十二年(1896)武英殿刻本　一册

110000－0144－0005985　125/170
宋元學案一百卷首一卷　(清)黃宗羲撰　(清)全祖望修定　清光緒五年(1879)長沙刻本　三十二册

110000－0144－0005986　125/170
宋元學案一百卷首一卷　(清)黃宗羲撰　(清)全祖望修定　清光緒五年(1879)長沙刻本　三十二册

110000－0144－0005987　125/170
宋元學案一百卷首一卷　(清)黃宗羲撰　(清)全祖望修定　清光緒五年(1879)長沙刻本　四十册

110000－0144－0005988　125/170
宋元學案一百卷首一卷　(清)黃宗羲撰　(清)全祖望修定　清光緒五年(1879)長沙刻本　四十册

110000－0144－0005989　125/170
宋元學案一百卷首一卷　(清)黃宗羲撰　(清)全祖望修定　清光緒五年(1879)長沙刻本　四十册

110000－0144－0005990　125/170
宋元學案一百卷首一卷　(清)黃宗羲撰　(清)全祖望修定　清光緒五年(1879)長沙刻本　四十八册

110000－0144－0005991　125/170
宋元學案一百卷首一卷　(清)黃宗羲撰　(清)全祖望修定　清光緒五年(1879)長沙刻

本　四十册

110000－0144－0005992　125/290－7
御纂性理精義十二卷　（清）李光地等纂修　清康熙五十六年（1717）刻本　六册

110000－0144－0005993　125/362
理學宗傳二十六卷　（清）孫奇逢輯　清道光二十二年（1842）開封郡齋刻本　十六册

110000－0144－0005994　125/362－02
理學宗傳二十六卷　（清）孫奇逢輯　清光緒六年（1880）浙江書局刻本　十二册

110000－0144－0005995　125/362－02
理學宗傳二十六卷　（清）孫奇逢輯　清光緒六年（1880）浙江書局刻本　十二册

110000－0144－0005996　125/362－02
理學宗傳二十六卷　（清）孫奇逢輯　清光緒六年（1880）浙江書局刻本　十二册

110000－0144－0005997　125/362－02
理學宗傳二十六卷　（清）孫奇逢輯　清光緒六年（1880）浙江書局刻本　十二册

110000－0144－0005998　125/818
新刊性理大全八卷　（宋）周敦頤撰　（宋）朱熹注　清刻本　四册

110000－0144－0005999　125/828
五子近思錄十四卷　（宋）朱熹撰　（清）施璜注　清康熙四十四年（1705）英秀堂刻本　六册

110000－0144－0006000　125/893
理學宗傳辨正十六卷　（清）劉廷詔撰　（清）倭仁　（清）吴廷棟校訂　清同治十一年（1872）六安求我齋刻本　六册

110000－0144－0006001　125/988.7
志學編二卷　（清）余寅止編　清光緒元年（1875）務本堂刻本　一册

110000－0144－0006002　126.1/504
草木子四卷　（明）葉子奇撰　清刻本　二册

110000－0144－0006003　126.1/566－03
讀書錄十一卷　（明）薛瑄撰　清刻本　五册

110000－0144－0006004　126.6/287
見羅先生斆學錄要十卷　（明）李材撰　（明）羅懋忠編錄　清宣統二年（1910）李慶昌刻本　四册

110000－0144－0006005　126/170
明儒學案六十二卷　（清）黄宗羲撰　清光緒十四年（1888）南昌縣學刻本　三十二册

110000－0144－0006006　126/170
明儒學案六十二卷　（清）黄宗羲撰　清光緒十四年（1888）南昌縣學刻本　三十二册

110000－0144－0006007　126/170
明儒學案六十二卷　（清）黄宗羲撰　清光緒十四年（1888）南昌縣學刻本　三十二册

110000－0144－0006008　126/170
明儒學案六十二卷　（清）黄宗羲撰　清光緒十四年（1888）南昌縣學刻本　三十二册

110000－0144－0006009　126/170－02
明儒學案六十二卷　（清）黄宗羲撰　清道光元年（1821）會稽莫氏刻本　二十四册

110000－0144－0006010　126/170－02
明儒學案六十二卷　（清）黄宗羲撰　清道光元年（1821）會稽莫氏刻本　十二册

110000－0144－0006011　126/170－05
明儒學案六十二卷　（清）黄宗羲撰　清光緒二十八年（1902）上海文瀾書局石印本　八册

110000－0144－0006012　127.08/311
理學四種　（清）張應時輯　清嘉慶、道光間書三味樓刻本　一册

110000－0144－0006013　127.1/112
黄書一卷　（清）王夫之撰　清宣統元年（1909）鉛印本　一册

110000－0144－0006014　127.1/113
正蒙初義十七卷　（清）王植輯錄　清乾隆刻本　四册

110000－0144－0006015　127.1/198

沈余遺書二種年譜二卷 （清）趙舒翹輯 清光緒二十二年(1896)江蘇書局刻本 四冊

110000－0144－0006016 127.1/213－02

顏氏學記十卷 （清）戴望撰 清末蛻廬朱氏鉛印本 四冊

110000－0144－0006017 127.1/331

激書二卷 （清）賀貽孫撰 清道光四年(1824)養雲吟榭刻本 二冊

110000－0144－0006018 127.1/387

思辨錄輯要前集二十二卷後集十三卷 （明）陸世儀撰 清光緒三年(1877)江蘇書局刻本 四冊 存二十二卷(前集二十二卷)

110000－0144－0006019 127.1/387

思辨錄輯要前集二十二卷後集十三卷 （明）陸世儀撰 清光緒三年(1877)江蘇書局刻本 八冊

110000－0144－0006020 127.1/667

潛書四卷 （清）唐甄撰 （清）王聞遠編 **西蜀唐圃亭先生[鑄萬]行略一卷** 王聞遠述 清光緒九年(1883)中江李氏刻本 四冊

110000－0144－0006021 127.1/667－03

潛書四卷 （清）唐甄撰 （清）王聞遠編 清光緒三十二年(1906)山東全省官印書局鉛印本 四冊

110000－0144－0006022 127.1/667－04

潛書四卷 （清）唐甄著 （清）王聞遠編 清光緒九年(1883)中江李氏刻本 四冊

110000－0144－0006023 127.1/679－8

顏習齋遺書四種 （清）顏元撰 清光緒五年(1879)定州五氏刻畿輔叢書本 九冊

110000－0144－0006024 127.2/607

天中許子政學合一集三卷附讀禮偶見二卷 （清）許三禮撰 清告天樓刻本 十冊

110000－0144－0006025 127.4/313

治平大略四卷 （清）張秉直撰 清光緒元年(1875)劉昇之刻本 二冊

110000－0144－0006026 127.4/313－4

開知錄十四卷 （清）張秉直撰 清光緒元年(1875)劉昇之刻本 四冊

110000－0144－0006027 127.4/324

健餘劄記四卷 （清）尹會一撰 清光緒五年(1879)王氏謙德堂刻畿輔叢書本 一冊

110000－0144－0006028 127.4/383

明辯錄一卷 （清）陳法撰 清光緒二十一年(1895)固始張氏刻本 一冊

110000－0144－0006029 127.4/517

棉陽學準五卷女學二卷 （清）藍鼎元撰 清雍正七年(1729)閑存堂刻鹿洲全集本 四冊

110000－0144－0006030 127.4/716－04

日知薈說四卷 （清）高宗弘曆撰 清木活字印本 四冊

110000－0144－0006031 127.4/893

衛道編二卷 （清）劉紹攽編注 清乾隆劉傳經堂刻本 二冊

110000－0144－0006032 127.5/743

程式編三卷 （清）沈味蔗輯 （清）龔鼎元再編 清同治十一年(1872)龔鼎元刻本 一冊

110000－0144－0006033 127.5/987

金氏遺書五卷 （清）金雲五撰 清光緒十五年(1889)東陵金氏珠峰書室刻本 二冊

110000－0144－0006034 127.6/203

闢異編 （清）趙沮川編 清光緒十一年(1885)刻本 二冊

110000－0144－0006035 127.6/331

清麓遺語四卷遺事一卷 （清）賀瑞麟口述 （清）謝化南編 清光緒三十一年(1905)正誼書院刻本 二冊

110000－0144－0006036 127.6/372

昌江性學述筆貫珠十二卷 （清）鄧逢光述筆 （清）徐謙編 清刻本 十二冊

110000－0144－0006037 127.6/477

吉雲室日鈔十卷 （清）貝省三輯 清道光七年(1827)蘇州貝氏千墨庵刻本 二冊

110000－0144－0006038　127.6/736

浮邱子十二卷　(清)湯鵬撰　清同治四年(1865)湘陰李氏刻本　四册

110000－0144－0006039　127.6/736

浮邱子十二卷　(清)湯鵬撰　清同治四年(1865)湘陰李氏刻本　四册

110000－0144－0006040　127/626

志學録八卷　(清)方宗誠撰　清光緒三年(1877)刻本　二册

110000－0144－0006041　127/626.2

大意尊聞三卷　(清)方東樹撰　清光緒十六年(1890)刻本　一册

110000－0144－0006042　127/667

學案小識十四卷首一卷末一卷　(清)唐鑑撰　清光緒十年(1884)刻本　十二册

110000－0144－0006043　127/667

學案小識十四卷首一卷末一卷　(清)唐鑑撰　清光緒十年(1884)刻本　十二册

110000－0144－0006044　127/667

學案小識十四卷首一卷末一卷　(清)唐鑑撰　清光緒十年(1884)刻本　十二册

110000－0144－0006045　127/667

學案小識十四卷首一卷末一卷　(清)唐鑑撰　清光緒十年(1884)刻本　十二册

110000－0144－0006046　131/104－6

福澤諭吉談叢　(日本)福澤諭吉著　馮霈譯　清光緒二十九年(1903)上海廣智書局鉛印本　一册

110000－0144－0006047　131/104－6

福澤諭吉談叢　(日本)福澤諭吉著　馮霈譯　清光緒二十九年(1903)上海廣智書局鉛印本　一册

110000－0144－0006048　141/384

希臘三大哲學家學説　(清)陳鵬編譯　清光緒二十九年(1903)上海廣智書局鉛印本　一册

110000－0144－0006049　144.32/296－2

格致新機　(英國)慕維廉撰　清光緒十四年(1888)刻本　一册

110000－0144－0006050　150/180－02

論理學綱要　(日本)十時彌撰　(清)田吳炤譯　清光緒三十二年(1906)上海商務印書館鉛印本　一册

110000－0144－0006051　150/382

名學釋例一卷　陳文輯　清宣統二年(1910)上海科學會編譯部鉛印本　一册

110000－0144－0006052　150/798－03

穆勒名學　(英國)穆勒約翰撰　嚴復譯　清光緒二十八年(1902)金粟齋鉛印本　二册

110000－0144－0006053　159.9/301－578

辨學啓蒙一卷　(英國)哲分斯撰　(英國)艾約瑟譯　清光緒十二年(1886)總税務司署刻本　一册

110000－0144－0006054　175.9/752

心靈學　(美國)海文撰　(清)顔永京譯　清光緒十五年(1889)益智書會刻本　一册

110000－0144－0006055　176/158

性學舉隅二卷　(美國)丁韙良撰　清光緒二十四年(1898)上海廣學會鉛印本　一册

110000－0144－0006056　190/383－02

原人三編後編一卷晦堂書録一卷　陳澹然撰　清光緒三十一年(1905)鉛印本　一册

110000－0144－0006057　190/432

偶存齋本分語四卷　(清)喻懋泰撰　清同治二年(1863)築陽學社刻本　四册

110000－0144－0006058　190/667

人生必讀書十二卷　(清)唐彪輯　清三多齋刻本　六册

110000－0144－0006059　190/958

道德進化論一卷　(日本)戶水寬人著　清光緒二十八年(1902)上海廣智書局鉛印本　一册

110000－0144－0006060　191.9/289

李二曲先生學髓圖説一卷　(清)李顒口授

清末鉛印本　一册

110000－0144－0006061　192.08/383
五種遺規　(清)陳宏謀輯　清同治七年(1868)湖北崇文書局刻本　八册

110000－0144－0006062　192.08/383
五種遺規　(清)陳宏謀輯　清同治七年(1868)湖北崇文書局刻本　八册

110000－0144－0006063　192.08/383
五種遺規　(清)陳宏謀輯　清同治七年(1868)湖北崇文書局刻本　八册

110000－0144－0006064　192.08/383－02
五種遺規　(清)陳宏謀輯　清同治七年(1868)南京金陵書局刻本　十册

110000－0144－0006065　192.08/383－02
五種遺規　(清)陳宏謀輯　清同治七年(1868)南京金陵書局刻本　十册

110000－0144－0006066　192.08/383－04
五種遺規　(清)陳宏謀輯　清宣統二年(1910)學部圖書局石印本　十四册

110000－0144－0006067　192.08/383－05
五種遺規　(清)陳宏謀輯　清光緒十年(1884)培元堂榮祿堂刻本　十册

110000－0144－0006068　192.08/383－4
四種遺規摘抄　(清)陳宏謀輯　清同治七年(1868)湖北崇文書局刻本　六册

110000－0144－0006069　192.3/447
胡敬齋先生居業錄十二卷　(明)胡居撰　**困學錄集粹八卷**　(清)張伯行撰　清道光二十九年(1849)廣州味經堂刻本　六册

110000－0144－0006070　192.3/447
四禮翼蒙養編合刻一卷　(明)呂坤撰　**彙纂功過格便覽一卷**　清道光十七年(1837)廣州味經堂刻本　六册

110000－0144－0006071　192.8/268
格言二卷　(清)楊奎輯　清問讀堂刻本　一册

110000－0144－0006072　192.8/287
冰言補錄十卷　(清)李惺編　清光緒三十三年(1907)江蘇提學署刻本　一册

110000－0144－0006073　192.8/383
五種遺規　(清)陳宏謀輯　清同治七年(1868)湖北崇文書局刻本　八册

110000－0144－0006074　192.8/474－02
荊園小語一卷荊園進語一卷　(清)申涵光撰　清康熙十二年(1673)刻本　一册

110000－0144－0006075　192.8/474－2
荊園語錄一卷　(清)申涵光撰　清光緒三年(1877)葛氏嘯園刻嘯園叢書本　一册

110000－0144－0006076　192.8/716
清夜鐘　(清)□□撰　清同治十年(1871)龍眠山人張仕達刻本　一册

110000－0144－0006077　192.8/763
嘉言懿行錄一卷續編一卷　(清)榮恒輯　清光緒三十三年(1907)石印本　一册

110000－0144－0006078　192.9/080
石成金官紳約一卷　石成金撰　清末刻本　一册

110000－0144－0006079　192.9/787
濟嬰慈航五卷首一卷　(清)澤春編　清光緒八年(1882)琅川衍慶堂刻本　二册

110000－0144－0006080　192/113
女四書集註四卷　(明)王相箋註　清務本堂刻本　二册

110000－0144－0006081　192/113－02
狀元閣女四書二卷　(清)王相箋註　清光緒六年(1880)金陵李光明莊刻本　二册

110000－0144－0006082　192/113－02
狀元閣女四書二卷　(清)王相箋註　清光緒六年(1880)金陵李光明莊刻本　一册

110000－0144－0006083　192/113－04
狀元閣女四書二卷　(清)王相箋註　清光緒十四年(1888)共賞書局刻本　二册

110000－0144－0006084　192/120.9

彭衙書堂行編一卷　(清)王希伊撰　清乾隆四十二年(1777)白水縣刻本　一册

110000－0144－0006085　192/158.4

古今長者錄八卷　(清)丁蓮侶原本　(清)彭士望評閱　清同治八年(1869)成都牛樹梅刻本　二册

110000－0144－0006086　192/161

彙纂功過格十二卷末一卷　(清)□□輯　清道光八年(1828)北京精華齋刻本　十三册

110000－0144－0006087　192/185

儒門法語一卷　(清)彭定求原編　(清)湯金釗輯要　清咸豐二年(1852)浙江書局刻本　一册

110000－0144－0006088　192/185－02

儒門法語一卷　(清)彭定求原編　(清)湯金釗輯要　清光緒六年(1880)歙南昌溪義學刻本　一册

110000－0144－0006089　192/207

志學階梯七卷　孫念劬编　清刻本　一册

110000－0144－0006090　192/212

女小學四卷　(清)戴禮撰　清光緒三十四年(1908)京華印書局鉛印本　一册

110000－0144－0006091　192/216

弟子箴言十六卷　(清)胡達源編　清道光十五年(1835)聞妙香軒刻本　四册

110000－0144－0006092　192/216－03

弟子箴言十六卷　(清)胡達源編　清光緒二十一年(1895)湖南蒲圻但氏湖南糧儲道署刻本　四册

110000－0144－0006093　192/216－04

弟子箴言十六卷　(清)胡達源編　清光緒二十四年(1898)京都官書局刻本　四册

110000－0144－0006094　192/259

養蒙金鑑二卷　(清)林之望輯　清光緒元年(1875)瞿廷韶鄂垣藩署刻本　二册

110000－0144－0006095　192/283－8

臆說一卷　(清)松廷撰　清光緒二十九年(1903)木活字印本　一册

110000－0144－0006096　192/287－8

續心影集四卷　(清)李士麟輯　清光緒二年(1876)蘭州郡署刻本　四册

110000－0144－0006097　192/288

弟子規一卷　(清)李子潛撰　清光緒九年(1883)湖北武昌書局刻本　一册

110000－0144－0006098　192/309

聰訓齋語一卷　(清)張英撰　清宣統三年(1911)石印本　一册

110000－0144－0006099　192/309－02

聰訓齋語一卷　(清)張英撰　清光緒八年(1882)津河廣仁堂刻本　一册

110000－0144－0006100　192/309－03

聰訓齋語一卷　(清)張英撰　清光緒二十四年(1898)京都聚文齋刻本　一册

110000－0144－0006101　192/313.1

澄懷園語四卷　(清)張廷玉撰　清同治七年(1868)張師亮刻本　一册

110000－0144－0006102　192/313.1－02

澄懷園語四卷　(清)張廷玉撰　清光緒二年(1876)葛氏嘯園刻嘯園叢書本　一册

110000－0144－0006103　192/321－02

習是編二十六卷　(清)屈成霖輯　清光緒二年(1876)刻本　四册

110000－0144－0006104　192/350.1

訓蒙輯要三卷　(清)石天基撰　清光緒二十四年(1898)蕭山郁涵刻本　一册

110000－0144－0006105　192/350.3

重刻添補傳家寶俚言新本初集八卷二集八卷三集八卷四集八卷　(清)石成金撰　清咸豐元年(1851)常熟珍藝堂刻本　十八册

110000－0144－0006106　192/350.3－03

傳家寶七種　(清)石成金撰　清刻本　三册

110000－0144－0006107　192/383

養正遺規二卷補編一卷 （清）陳宏謀輯 清光緒三十四年(1908)北京學部圖書局石印本 二冊

110000－0144－0006108 192/383
養正遺規二卷補編一卷 （清）陳宏謀編 清光緒三十四年(1908)學部圖書局石印本 二冊

110000－0144－0006109 192/383
養正遺規二卷補編一卷 （清）陳宏謀編 清光緒三十四年(1908)學部圖書局石印本 一冊

110000－0144－0006110 192/383－6
訓俗遺規四卷補編一卷 （清）陳弘謀輯 清光緒三十四年(1908)學部圖書局石印本 四冊

110000－0144－0006111 192/383－6－02
訓俗遺規四卷補編一卷 （清）陳弘謀輯 清宣統三年(1911)上海商務印書館鉛印本 一冊

110000－0144－0006112 192/396
精神之教育二卷 （日本）隅谷己三郎編輯 趙必振譯述 清光緒三十一年(1905)上海廣智書局中西印書局活版製造所鉛印本 二冊

110000－0144－0006113 192/445－02
呂子節錄四卷 （明）呂坤撰 （清）陳宏謀評輯 清道光九年(1829)成都榮錦堂刻本 四冊

110000－0144－0006114 192/445－03
呂子節錄四卷補遺二卷 （明）呂坤撰 （清）陳宏謀評輯 清嘉慶二十年(1815)雙槐堂刻本 二冊

110000－0144－0006115 192/445－04
呂子節錄四卷 （明）呂坤撰 （清）陳宏謀評輯 清光緒九年(1883)天津廣仁堂刻本 二冊

110000－0144－0006116 192/445－1
呂子節錄補遺二卷 （明）呂坤撰 （清）陳洪謀評輯 清嘉興錢臻刻本 二冊

110000－0144－0006117 192/445－1
呂子節錄補遺二卷 （明）呂坤撰 （清）陳洪謀評輯 清嘉興錢臻刻本 二冊

110000－0144－0006118 192/445－2
呂語集萃四卷 （明）呂坤撰 （清）陳洪謀評 清宣統元年(1909)上海文瑞樓石印本 二冊

110000－0144－0006119 192/445－2
呂語集萃四卷 （明）呂坤撰 （清）陳洪謀評 清宣統元年(1909)上海文瑞樓石印本 二冊

110000－0144－0006120 192/445－2－02
呻吟語六卷 （明）呂坤撰 清道光七年(1827)開封府署刻本 六冊

110000－0144－0006121 192/445－2－04
呻吟語六卷 （明）呂坤撰 清道光五年(1825)李浩刻本 六冊

110000－0144－0006122 192/445－2－05
呂語集粹四卷 （明）呂坤撰 （清）陳洪謀評 清光緒五年(1879)定州王氏刻畿輔叢書本 一冊

110000－0144－0006123 192/445－2－06
呂語集粹四卷 （明）呂坤撰 （清）陳洪謀評 清光緒五年(1879)山陽顧少錫刻本 四冊

110000－0144－0006124 192/445－2－06
呂語集粹四卷 （明）呂坤撰 （清）陳洪謀評 清光緒五年(1879)山陽顧少錫刻本 四冊

110000－0144－0006125 192/452
小兒語一卷女小兒語一卷續小兒語三卷演小兒語一卷 （明）呂得勝等撰 清同治六年(1867)徐傳善石印本 一冊

110000－0144－0006126 192/452
小兒語一卷女小兒語一卷續小兒語三卷演小兒語一卷 （明）呂得勝等撰 清同治六年(1867)徐傳善石印本 一冊

110000－0144－0006127 192/452

小兒語一卷女小兒語一卷續小兒語三卷演小兒語一卷　(明)呂得勝等撰　清同治六年(1867)徐傳善石印本　一冊

110000－0144－0006128　192/452
小兒語一卷女小兒語一卷續小兒語三卷演小兒語一卷　(明)呂得勝等撰　清同治六年(1867)徐傳善石印本　一冊

110000－0144－0006129　192/452
小兒語一卷女小兒語一卷續小兒語三卷演小兒語一卷　(明)呂得勝等撰　清同治六年(1867)徐傳善石印本　一冊

110000－0144－0006130　192/452－02
小兒語一卷女小兒語一卷續小兒語三卷好人歌一卷　(明)呂得勝等撰　清光緒二十三年(1897)開平縣錦書堂刻本　一冊

110000－0144－0006131　192/452－03
小兒語一卷　(明)呂得勝撰　清道光十三年(1833)瀘州葉世倬刻本　一冊

110000－0144－0006132　192/461
陳眉公先生註釋日記故事一卷　(明)陳繼儒註釋　清寶章堂刻本　一冊

110000－0144－0006133　192/461－1
新刻日記故事續集二卷　(清)寄雲齋學人輯　清無錫三洽堂刻本　一冊

110000－0144－0006134　192/526
人範六卷　(清)蔣元輯　清光緒三十一年(1905)鉛印本　一冊

110000－0144－0006135　192/526
人範六卷　(清)蔣元輯　清光緒三十一年(1905)鉛印本　二冊

110000－0144－0006136　192/526－02
人範六卷　(清)蔣元輯　清光緒二十七年(1901)廣雅書局刻本　一冊

110000－0144－0006137　192/526－02
人範六卷　(清)蔣元輯　清光緒二十七年(1901)廣雅書局刻本　一冊

110000－0144－0006138　192/596.9
好生救劫編五卷勸婦女戒殺編一卷　(清)常存敬畏齋主人編　清咸豐六年(1856)刻本　一冊

110000－0144－0006139　192/612
語珍切要錄二卷　(清)許立陞輯　清光緒十六年(1890)晉文齋刻本　二冊

110000－0144－0006140　192/612－02
語珍切要錄二卷　(清)許立陞輯　清道光十九年(1839)北京宛平王繼昌刻本　一冊

110000－0144－0006141　192/653.6
新刻女兒經一卷　(清)□□撰　清末抄本　一冊

110000－0144－0006142　192/682
惕慮集句四卷　(□)□□撰　清道光十四年(1834)華陽王文運刻本　一冊

110000－0144－0006143　192/697
日用指南類編五卷　(清)宋逢期纂　清康熙刻本　四冊

110000－0144－0006144　192/708
先正遺規四卷　(清)汪正輯　清光緒十九年(1893)浙江書局刻本　一冊

110000－0144－0006145　192/716
御製勸善要言一卷　(清)世祖福臨編　清刻本　一冊

110000－0144－0006146　192/716
御製勸善要言一卷　(清)世祖福臨編　清刻本　一冊

110000－0144－0006147　192/716
御製勸善要言一卷　(清)世祖福臨編　清刻本　一冊

110000－0144－0006148　192/716.2
大清聖祖仁皇帝聖訓六十卷　(清)世宗胤禛敕修　清乾隆六年(1741)刻本　十二冊

110000－0144－0006149　192/716.27
大清太祖高皇帝太宗文皇帝世祖章皇帝聖訓十六卷　(清)世祖福臨　(清)聖祖玄燁敕修　清乾隆四年(1739)刻本　八冊

110000－0144－0006150　192/716.6

乾隆御論　(清)高宗弘曆撰　清刻本　一册

110000－0144－0006151　192/716.61

大清世宗憲皇帝聖訓三十六卷　(清)高宗弘曆敕修　清乾隆五年(1740)刻本　十册

110000－0144－0006152　192/716.67

大清宣宗成皇帝聖訓一百三十卷　(清)文宗奕詝敕修　清咸豐六年(1856)刻本　三十六册

110000－0144－0006153　192/716.7

道光御論　(清)宣宗旻寧撰　清道光三年(1823)刻本　一册

110000－0144－0006154　192/716.77

大清仁宗睿皇帝聖訓一百十卷　(清)宣宗旻寧敕修　清道光四年(1824)刻本　四十册

110000－0144－0006155　192/716.8

大清高宗純皇帝聖訓三百卷　(清)仁宗顒琰敕修　清嘉慶十二年(1807)刻本　七十二册

110000－0144－0006156　192/716.87

大清文宗顯皇帝聖訓一百十卷　(清)穆宗載淳敕修　清同治六年(1867)刻本　二十四册

110000－0144－0006157　192/716.9

大清穆宗毅皇帝聖訓一百六十卷　(清)德宗載湉敕修　清光緒五年(1879)刻本　四十八册

110000－0144－0006158　192/730

日省錄三卷補遺一卷　(清)梁文科輯　清光緒十七年(1891)江南榷署之強恕齋刻本　一册

110000－0144－0006159　192/730.68

古格言十二卷　(清)梁章鉅輯　清末張祿卿刻本　六册

110000－0144－0006160　192/732

聖諭像解二十卷　(清)梁延年撰　清光緒十三年(1887)湖南實善堂刻本　十册

110000－0144－0006161　192/732－02

聖諭像解二十卷　(清)梁延年撰　清光緒二十八年(1902)江蘇撫署石印本　十册

110000－0144－0006162　192/732－02

聖諭像解二十卷　(清)梁延年撰　清光緒二十八年(1902)江蘇撫署石印本　十册

110000－0144－0006163　192/732－02

聖諭像解二十卷　(清)梁延年撰　清光緒二十八年(1902)江蘇撫署石印本　十册

110000－0144－0006164　192/781

訟過齋日記六卷　(清)毛輝鳳撰　清同治十一年(1872)刻本　二册

110000－0144－0006165　192/784

繙譯醒世要言四卷　(清)和素輯譯　清同治六年(1867)武英殿刻本　四册

110000－0144－0006166　192/796.3

為學須知一卷　(清)黎在寅撰　清光緒六年(1880)渝州刻本　一册

110000－0144－0006167　192/818

先正讀書訣一卷　(清)周永年輯　清光緒二十一年(1895)嚴修刻本　一册

110000－0144－0006168　192/818

先正讀書訣一卷　(清)周永年輯　清光緒二十一年(1895)嚴修刻本　一册

110000－0144－0006169　192/887

持志塾言二卷　(清)劉熙載撰　清同治六年(1867)刻本　一册

110000－0144－0006170　192/888

省言一卷　(清)劉友尚撰　清末刻本　一册

110000－0144－0006171　192/892

人譜正篇一卷人譜類記增訂六卷　(明)劉宗周撰　清光緒三年(1877)湖北崇文書局刻本　三册

110000－0144－0006172　192/892

人譜正篇一卷人譜類記增訂六卷　(明)劉宗周撰　清光緒三年(1877)湖北崇文書局刻本　三册

110000－0144－0006173　192/892

人譜正篇一卷人譜類記增訂六卷 (明)劉宗周撰 清光緒三年(1877)湖北崇文書局刻本 三冊

110000－0144－0006174 192/892－03
人譜一卷人譜類記二卷 (明)劉宗周撰 清光緒三十二年(1906)上海文明會社石印本 三冊

110000－0144－0006175 192/892－05
人譜一卷人譜類記二卷 (明)劉宗周撰 清末刻本 一冊

110000－0144－0006176 192/892－720－02
人譜一卷人譜類記二卷 (明)劉宗周撰 (清)洪正治校編 清道光八年(1828)教忠堂刻本 二冊

110000－0144－0006177 192/892－905
人譜正篇六卷首一卷 (明)劉宗周撰 清舊學山房刻本 四冊

110000－0144－0006178 192/937
人譜述餘四卷首一卷 (清)鍾靈纂 清志伊堂刻本 四冊

110000－0144－0006179 192/947
日省錄二十卷首一卷 (清)徐嘉瑞編 清咸豐四年(1854)安陸徐寶拙齋刻本 八冊

110000－0144－0006180 192/976
昨非錄十二卷 (明)鄭誼明輯 清光緒十一年(1885)石印本 二冊

110000－0144－0006181 192/987.8
格言聯璧不分卷 (清)金纓輯 清光緒六年(1880)河南朱聚文齋刻本 一冊

110000－0144－0006182 192/987.8－02
格言聯璧不分卷 (清)金纓輯 清光緒十九年(1893)天津延古齋刻本 一冊

110000－0144－0006183 192/987.8－03
格言聯璧不分卷 (清)金纓輯 清同治十年(1871)烏程顧氏刻本 一冊

110000－0144－0006184 192/987.8－04
格言聯璧不分卷 (清)金纓輯 清光緒二十五年(1899)龍光齋刻本 一冊

110000－0144－0006185 192/987.8－06
格言聯璧不分卷 (清)金纓輯 清光緒四年(1878)北京龍雲齋刻字鋪刻本 一冊

110000－0144－0006186 192/987.8－08
格言聯璧不分卷 (清)金纓輯 清同治六年(1867)北京篆雲齋刻本 一冊

110000－0144－0006187 193.2/313
二百卌孝圖四卷 (清)胡文炳輯 清光緒五年(1879)蘭石齋刻本 四冊

110000－0144－0006188 193.2/438
二十四孝圖説一卷 (清)陸昀繪圖 清光緒刻本 一冊

110000－0144－0006189 193.4/287
教女圖説一卷 (清)咨齋居士輯 清光緒二十二年(1896)刻本 一冊

110000－0144－0006190 193/114
詒穀堂家書二卷 (清)王子堅輯 清光緒十年(1884)京都王琛刻本 一冊

110000－0144－0006191 193/284
百孝圖説四卷 (清)俞葆真編輯 (清)俞泰仰繪刊 清同治十年(1871)河閒俞氏刻本 二冊

110000－0144－0006192 193/2844
閨訓圖説二卷 (清)俞增光編繪 清光緒四年(1878)廣東聚賢堂刻本 二冊

110000－0144－0006193 193/303
家範十卷 (宋)司馬光撰 (清)朱軾注 清康熙五十八年(1719)朱軾刻本 二冊

110000－0144－0006194 193/313
課子隨筆節鈔六卷續編一卷 (清)張師載輯 (清)徐桐節鈔 清同治十年(1871)京都龍文齋刻本 四冊

110000－0144－0006195 193/313－02
課子隨筆節鈔六卷續編一卷 (清)張師載輯 (清)徐桐節鈔 清同治十年(1871)遼東徐桐刻本 四冊

110000－0144－0006196　193/313－02
課子隨筆節鈔六卷續編一卷　（清）張師載輯　（清）徐桐節鈔　清同治十年（1871）遼東徐桐刻本　四冊

110000－0144－0006197　193/313－03
課子隨筆鈔六卷續編一卷　（清）張師載輯　（清）徐桐鈔　清光緒十四年（1888）安徽金匱顧氏刻本　四冊

110000－0144－0006198　193/313－04
課子隨筆鈔六卷　（清）張師載輯　清道光十二年（1832）刻本　六冊

110000－0144－0006199　193/350
重刻添補傳家寶俚言新本初集八卷二集八卷三集八卷四集八卷　（清）石成金撰　清乾隆四年（1739）愛蓮堂刻本　三十二冊

110000－0144－0006200　193/377.7
家庭講話三卷　（清）陸起鯤撰　清光緒十九年（1893）仁和江雲莊刻本　一冊

110000－0144－0006201　193/388
陸清獻公治家格言一卷　（清）陸隴其撰　清同治七年（1868）上海行署刻本　一冊

110000－0144－0006202　193/391
觀瀾講義一卷讀書舉要一卷　（清）陸慶頤　（清）楊希閔撰　清光緒八年（1882）津河廣仁堂刻本　一冊

110000－0144－0006203　193/407
庭訓筆記一卷前型紀略一卷　（清）陰振猷輯　清道光二十年（1840）恒德堂刻本　一冊

110000－0144－0006204　193/519
誡子庸言一卷　（清）莫啟智纂　清光緒二十七年（1901）鉛印本　二冊

110000－0144－0006205　193/679－03
顏氏家訓七卷考證一卷　（北齊）顏之推撰　清光緒十六年（1890）湘西經濟書堂刻本　二冊

110000－0144－0006206　193/679－06
顏氏家訓七卷　（北齊）顏之推撰　清刻本　一冊

110000－0144－0006207　193/687
顏氏家訓二卷　（北齊）顏之推撰　清光緒元年（1875）湖北崇文書局刻本　一冊

110000－0144－0006208　193/699
家訓詩話一卷　（清）□□撰　清咸豐元年（1851）京都問心山人刻本　一冊

110000－0144－0006209　193/711－02
雙節堂庸訓六卷　（清）汪輝祖撰　清同治七年（1868）楚北崇文書局刻本　一冊

110000－0144－0006210　193/716
内則衍義十六卷　（清）世祖福臨纂　清刻本　八冊

110000－0144－0006211　193/716
内則衍義十六卷　（清）世祖福臨纂　清刻本　八冊

110000－0144－0006212　193/716
内則衍義十六卷　（清）世祖福臨纂　清刻本　八冊

110000－0144－0006213　193/716
内則衍義十六卷　（清）世祖福臨纂　清刻本　八冊

110000－0144－0006214　193/716.2
聖祖仁皇帝庭訓格言　（清）世宗胤禛纂　清刻本　一冊

110000－0144－0006215　193/716.2
聖祖仁皇帝庭訓格言　（清）世宗胤禛纂　清刻本　一冊

110000－0144－0006216　193/716.2
聖祖仁皇帝庭訓格言　（清）世宗胤禛纂　清刻本　一冊

110000－0144－0006217　193/716.2－02
聖祖仁皇帝庭訓格言一卷　（清）世宗胤禛纂　清末上海修文書館鉛印本　一冊

110000－0144－0006218　193/834－02
明崑山朱柏廬先生治家格言一卷　（清）朱用

純撰　清金陵李光明刻本　一册

110000－0144－0006219　193/834－04
治家格言繹義一卷　(清)戴翊清繹義　清宣統元年(1909)惜分陰軒石印本　一册

110000－0144－0006220　193/862
福永堂彙鈔二卷　(清)約盦編　清光緒刻本　二册

110000－0144－0006221　193/880
家庭談話　(清)學部圖書館編　清光緒三十三年(1907)學部圖書館石印本　一册

110000－0144－0006222　193/994.7
姚氏家訓不分卷附文法直指一卷　(清)姚澍撰　清光緒二十五年(1899)京都琉璃廠翰藻齋刻本　一册

110000－0144－0006223　194.3/393
登瀛瑣蹟擬樂府百首二卷　(清)陸和鈞撰　清光緒九年(1883)蜀中江氏刻本　一册

110000－0144－0006224　194.3/738
色中禪一卷　(清)溫柔逋客著　(清)急流渡者評　清末雙溪文昌閣刻本　一册

110000－0144－0006225　196.1/155
聖諭廣訓一卷　(清)世宗胤禛撰　清刻本　一册

110000－0144－0006226　196.1/643
國民必讀三编　高步瀛　陳寶泉编　清光緒三十一年(1905)直隸學務處北洋官報局石印本　一册

110000－0144－0006227　196.2/117
欽定元王惲承華事略補圖六卷　(元)王惲撰　(清)徐郙等補　清光緒石印本　一册

110000－0144－0006228　196.3/383
學仕遺規四卷補四卷　(清)陳宏謀輯　清宣統二年(1910)學部圖書局石印本　五册

110000－0144－0006229　196.3/383
學仕遺規四卷補四卷　(清)陳宏謀輯　清宣統二年(1910)學部圖書局石印本　五册

110000－0144－0006230　196.3/383
學仕遺規四卷補四卷　(清)陳宏謀輯　清宣統二年(1910)學部圖書局石印本　五册

110000－0144－0006231　196.3/383－02
學仕遺規四卷補四卷　(清)陳宏謀輯　清光緒三十二年(1906)刻本　五册

110000－0144－0006232　196.3/383－9
從政遺規二卷　(清)陳宏謀編　清光緒三十四年(1908)學部圖書局石印本　二册

110000－0144－0006233　196.3/383－9
從政遺規二卷　(清)陳宏謀編　清光緒三十四年(1908)學部圖書局石印本　二册

110000－0144－0006234　196.3/383－9
從政遺規二卷　(清)陳宏謀編　清光緒三十四年(1908)學部圖書局石印本　二册

110000－0144－0006235　210/185
說教一卷　(清)彭光譽撰　(清)容揆譯　清光緒十九年(1893)京都同文館書局鉛印本　一册

110000－0144－0006236　220.4/813
佛爾雅八卷　(清)周春撰　清嘉慶二十一年(1816)刻本　一册

110000－0144－0006237　220.4/813
佛爾雅八卷　(清)周春撰　清嘉慶二十一年(1816)刻本　一册

110000－0144－0006238　220.4/813－03
佛爾雅八卷　(清)周春撰　清宣統二年(1910)上海國學扶輪社鉛印本　二册

110000－0144－0006239　220.7/126
壽昌無明和尚語錄二卷　(明)釋慧經撰　(明)釋元來集　明崇禎十年(1637)徑山寂照庵刻本　一册

110000－0144－0006240　220.7/128
青巖日禪師語錄四卷　(清)釋元日撰　(清)釋成祥等編　清乾隆十二年(1747)三晉廟刻本　二册

110000－0144－0006241　220.7/271

等不等觀雜錄八卷　(清)楊文會述　清末刻楊居士遺書本　四册

110000－0144－0006242　220.7/281
古林如禪師語錄四卷　(清)釋機如撰　清康熙十九年(1680)刻本　一册

110000－0144－0006243　220.7/281－8
台州府瑞巖淨土禪寺方山文寶禪師語錄一卷　(清)釋機雲編　清康熙真雄刻本　一册

110000－0144－0006244　220.7/295
遠菴僼禪師語錄十六卷首一卷　(清)釋本僼說　(清)釋元視等編　清康熙二十三年(1684)刻本　四册

110000－0144－0006245　220.7/337
高峯大師語錄一卷　(元)釋原妙撰　清康熙六年(1667)浙江嘉興府楞嚴寺刻支那撰述本　一册

110000－0144－0006246　220.7/371
憨山老人夢遊集五十五卷　(明)釋德清撰　(明)福善日錄　(明)釋通炯編輯　清光緒五年(1879)江北刻經處刻本　二十册

110000－0144－0006247　220.7/371
憨山老人夢遊集五十五卷　(明)釋德清撰　(明)福善日錄　(明)釋通炯編輯　清光緒五年(1879)江北刻經處刻本　二十册

110000－0144－0006248　220.7/412
萬物纍代帝王中京圖四卷　(清)□□撰　清初刻本　四册

110000－0144－0006249　220.7/463
石雨禪師法檀二十卷　(明)釋明方撰　(明)釋淨柱編　清戴天麟刻本　四册

110000－0144－0006250　220.7/463.7
入就瑞白禪師語錄十八卷首一卷　(明)釋明雪撰　(明)釋寂蘊編　清刻本　三册

110000－0144－0006251　220.7/676
成唯識論十卷　(唐)釋玄奘譯　清光緒二十二年(1896)金陵刻經處刻本　二册

110000－0144－0006252　220.7/681－02
竹窗隨筆一卷二筆一卷三筆一卷附直道錄　(明)釋袾宏撰　清刻本　三册

110000－0144－0006253　220.7/681－02
竹窗隨筆一卷二筆一卷三筆一卷附直道錄　(明)釋袾宏撰　清刻本　三册

110000－0144－0006254　220.7/716
御選雲棲蓮池袾大師語錄　(清)世宗胤禛輯　清刻本　一册

110000－0144－0006255　220.7/716.7
金陵毘盧寺印魁文祖法語一卷　(清)釋清池錄　清宣統三年(1911)揚州藏經院刻本　一册

110000－0144－0006256　220.7/921
弘明集十四卷　(南朝梁)釋僧佑集　清光緒二十二年(1896)金陵刻經處刻本　四册

110000－0144－0006257　220.7/921
弘明集十四卷　(南朝梁)釋僧佑集　清光緒二十二年(1896)金陵刻經處刻本　四册

110000－0144－0006258　220.7/942.1
慧文正辯佛日普照元叟端禪師語錄八卷首一卷末一卷　(元)釋行端撰　(元)釋法林等編　明萬曆三十五年(1607)徑山寂照庵刻本　一册

110000－0144－0006259　220.7/942.2
雲峩喜禪師語錄十卷　(清)釋行喜撰　(清)釋如乾等編　清刻本　八册

110000－0144－0006260　220.79/105
祀佛表文一卷　(□)□□撰　清光緒十六年(1890)安慶堂刻本　一册

110000－0144－0006261　220.9/880
釋氏稽古略四卷續集三卷　(元)釋覺岸輯　清光緒十二年(1886)刻本　六册

110000－0144－0006262　220/271
佛教初學課本　(清)楊文會撰　清光緒三十二年(1906)金陵刻經處刻本　一册

110000－0144－0006263　220/271
佛教初學課本　(清)楊文會撰　清光緒三十

二年(1906)金陵刻經處刻本　一冊

110000－0144－0006264　220/271

佛教初學課本　(清)楊文會撰　清光緒三十二年(1906)金陵刻經處刻本　一冊

110000－0144－0006265　220/271

佛教初學課本　(清)楊文會撰　清光緒三十二年(1906)金陵刻經處刻本　一冊

110000－0144－0006266　220/339

徹悟禪師語錄二卷　(清)釋徹悟撰　**靈峰蕅益大師梵室偶談一卷**　(明)釋智旭撰　清同治十年(1871)金陵刻經處刻本　一冊

110000－0144－0006267　220/383

大藏一覽十卷　(明)陳實編　清道光二十八年(1848)妙蓮室刻本　五冊

110000－0144－0006268　221.19/686

佛本行經七卷　(宋)釋寶雲譯　清宣統三年(1911)揚州江北磚橋刻經處法藏寺刻本　二冊

110000－0144－0006269　221.2/676

般若波羅蜜多心經一卷　(唐)釋玄奘譯　**文殊師利所説摩訶般若波羅蜜經**　(南朝梁)曼陀羅僊譯　清光緒元年(1875)江北刻經處刻本　一冊

110000－0144－0006270　221.2/676－684

般若波羅蜜多心經註解一卷　(唐)釋玄奘譯　(明)釋宗泐註　**金剛般若波羅蜜經注解**　(後秦)釋鳩摩羅什譯　清光緒二年(1876)長沙刻經處刻本　一冊

110000－0144－0006271　221.2/854

金剛般若波羅密經一卷　(後秦)釋鳩摩羅什譯　清光緒十五年(1889)金陵刻經處刻本　一冊

110000－0144－0006272　221.2/854

金剛般若波羅密經一卷　(後秦)釋鳩摩羅什譯　清光緒十五年(1889)金陵刻經處刻本　一冊

110000－0144－0006273　221.2/854－03

金剛般若波羅密經一卷　(後秦)釋鳩摩羅什譯　清同治三年(1864)北平翰藻齋刻本　一冊

110000－0144－0006274　221.2/854－06

金剛般若波羅密經一卷般若波羅密多心經一卷　(後秦)釋鳩摩羅什譯　清袁永廉刻本　一冊

110000－0144－0006275　221.2/854－6

摩訶般若波羅蜜經三十卷　(後秦)釋鳩摩羅什譯　清刻本　八冊

110000－0144－0006276　221.3/456

妙法蓮華經八卷　(隋)釋闍那崛多譯　清宣統三年(1911)常州天寧寺刻本　四冊

110000－0144－0006277　221.3/456－846

妙法蓮華經八卷　(隋)釋闍那崛多譯　清刻本　四冊

110000－0144－0006278　221.3/843

正法華經十卷　(晉)釋竺法護譯　清宣統元年(1909)常州天寧寺刻本　四冊

110000－0144－0006279　221.3/843

正法華經十卷　(晉)釋竺法護譯　清宣統元年(1909)常州天寧寺刻本　四冊

110000－0144－0006280　221.3/987

金剛三昧經二卷　(北涼)□□譯　清同治十二年(1873)金陵刻經處刻本　一冊

110000－0144－0006281　221.4/700

大方廣十地經十一種　(唐)釋實叉難陀等譯　清宣統二年(1910)常州天寧寺刻本　一冊

110000－0144－0006282　221.4/723

大華嚴經略策等五种　(唐)釋澄觀述　清光緒二十一年(1895)金陵刻經處刻本　一冊

110000－0144－0006283　221.4/909

大方廣佛華嚴經六十卷　(東晉)釋跋陀羅等譯　清光緒七年(1881)常熟刻經處刻本　十六冊

110000－0144－0006284　221.4/909

大方廣佛華嚴經六十卷　(東晉)釋跋陀羅等

譯　清光緒七年(1881)常熟刻經處刻本　十六冊

110000－0144－0006285　221.4/955
大方廣佛華嚴經入不思議解脱境界普賢行願品四十卷　(唐)釋三藏般若譯　清同治十三年(1874)雞園刻經處刻本　十冊

110000－0144－0006286　221.5/212
拔陂菩薩經一卷　(五代)釋支婁迦讖譯　清光緒八年(1882)常熟刻經處刻本　一冊

110000－0144－0006287　221.5/456
諸法本無經一卷　(隋)釋闍那崛多譯　清宣統元年(1909)刻本　一冊

110000－0144－0006288　221.5/527
大寶積經一百二十卷　(唐)釋流志譯　清刻本　二十四冊

110000－0144－0006289　221.5/527－8
無量壽如來會二卷　(唐)釋菩提流志譯　**佛説大乘無量壽莊嚴經一卷**　(三國魏)釋康僧鎧譯　清光緒金陵刻經處刻本　一冊

110000－0144－0006290　221.5/668
佛説無量壽經二卷　(三國魏)釋康僧鎧譯　清光緒五年(1879)常熟刻經處刻本　一冊

110000－0144－0006291　221.5/854
佛説阿彌陀經一卷　(後秦)釋鳩摩羅什譯　清光緒十五年(1889)金陵刻經處刻本　一冊

110000－0144－0006292　221.5/854－02
佛説阿彌陀經一卷　(後秦)釋鳩摩羅什譯　清宣統二年(1910)石印本　一冊

110000－0144－0006293　221.56/517
蓮修必讀　(清)釋觀如編　清光緒十二年(1886)揚州藏經院刻本　一冊

110000－0144－0006294　221.59/154
大方便佛報恩經七卷　(□)□□譯　清同治十一年(1872)金陵刻經處刻本　二冊

110000－0144－0006295　221.59/458
大方等大集賢護經四卷　(隋)釋闍那崛多譯　清同治十二年(1873)江北刻經處刻本　一冊

110000－0144－0006296　221.59/458
大方等大集賢護經四卷　(隋)釋闍那崛多譯　清同治十二年(1873)江北刻經處刻本　一冊

110000－0144－0006297　221.59/458
大方等大集賢護經四卷　(隋)釋闍那崛多譯　清同治十二年(1873)江北刻經處刻本　一冊

110000－0144－0006298　221.59/465－02
大方等大集經三十卷　(北凉)釋曇無讖譯　清光緒八年(1882)常熟刻經處刻本　八冊

110000－0144－0006299　221.59/700
地藏菩薩本願經三卷　(唐)釋實叉難陀譯　清光緒三十年(1904)金陵刻經處刻本　一冊

110000－0144－0006300　221.6/465
大般涅槃經四十卷後分二卷　(北凉)釋曇無讖譯　清光緒五年(1879)善成妙湛刻本　十一冊

110000－0144－0006301　221.6/465
大般涅槃經四十卷後分二卷　(北凉)釋曇無讖譯　清光緒五年(1879)善成妙湛刻本　十一冊

110000－0144－0006302　221.7/238
楞伽阿跋多羅寶經四卷　(南朝宋)釋求那跋陀羅譯　清同治九年(1870)金陵刻經處刻本　二冊

110000－0144－0006303　221.7/527
入楞伽經十卷　(北魏)釋菩提留支譯　清宣統元年(1909)常州天寧寺刻本　三冊

110000－0144－0006304　221.7/676－8
解深密經五卷　(唐)釋玄奘譯　清同治十年(1871)金陵刻經處刻本　一冊

110000－0144－0006305　221.7/700
大乘入楞伽經七卷　(唐)釋實叉難陀譯　清光緒三十四年(1908)金陵刻經處刻本　二冊

110000－0144－0006306　221.7/854

維摩詰所説經三卷　(後秦)釋鳩摩羅什譯　清同治九年(1870)金陵刻經處刻本　一册

110000 - 0144 - 0006307　221.7/854
維摩詰所説經三卷　(後秦)釋鳩摩羅什譯　清同治九年(1870)金陵刻經處刻本　一册

110000 - 0144 - 0006308　221.7/854 - 921
維摩詰所説經注八卷　(後秦)釋鳩摩羅什譯　(後秦)釋僧肇注　清光緒十三年(1887)金陵刻經處刻本　二册

110000 - 0144 - 0006309　221.7/854 - 921
維摩詰所説經注八卷　(後秦)釋鳩摩羅什譯　(後秦)釋僧肇注　清光緒十三年(1887)金陵刻經處刻本　二册

110000 - 0144 - 0006310　221.8/238 - 527
楞伽阿跋多羅寶經會譯四卷　(南朝宋)釋求那跋陀羅初譯　(北魏)釋菩提留支再譯　(唐)釋實叉難陀後譯　(明)釋員珂會譯　清光緒三十四年(1908)金陵刻經處刻本　四册

110000 - 0144 - 0006311　221.8/955
大佛頂如來密因修證了義諸菩薩萬行首楞嚴經十卷　(唐)釋般剌密諦譯　清光緒二十四年(1898)蘇州瑪瑙經房刻本　三册

110000 - 0144 - 0006312　221.8/955
大佛頂如來密因修證了義諸菩薩萬行首楞嚴經十卷　(唐)釋般剌密諦譯　清光緒二十四年(1898)蘇州瑪瑙經房刻本　三册

110000 - 0144 - 0006313　221.86/146
御製大雲輪請雨經一卷圖説一卷　(北齊)釋那連提耶舍譯　**太上祈雨龍王真經三卷**　(清)陳宸書釐定　清同治九年(1870)湖北崇文書局刻本　一册

110000 - 0144 - 0006314　221.9/154
普明古佛遺留白花玉篆之圖一卷　(□)□□撰　清刻本　一册

110000 - 0144 - 0006315　221/459
道藏輯要二十八集　(清)閻永龢　(清)賀龍驤輯　清光緒三十二年(1906)成都二仙庵刻本　二百四十四册

110000 - 0144 - 0006316　222/1
戒溺女圖説一卷　(清)沈象賢編　清光緒十五年(1889)遂安心齋刻本　一册

110000 - 0144 - 0006317　223.1/854
大智度論一百卷　(後秦)釋鳩摩羅什譯　清光緒九年(1883)姑蘇刻經處刻本　二十五册

110000 - 0144 - 0006318　223.1/854
大智度論一百卷　(後秦)釋鳩摩羅什譯　清光緒九年(1883)姑蘇刻經處刻本　二十五册

110000 - 0144 - 0006319　223.2/854
十住毗婆沙論十五卷　(後秦)釋鳩摩羅什譯　清刻本　三册

110000 - 0144 - 0006320　223.3/431
大乘中觀釋論十卷　(宋)釋惟淨等譯　清光緒三十四年(1908)金陵刻經處刻本　二册

110000 - 0144 - 0006321　223.5/184
大乘起信論義記七卷大乘起信論别記一卷　(唐)釋法藏撰　清光緒二十三年至二十四年(1897 - 1898)金陵刻經處刻本　二册

110000 - 0144 - 0006322　223.5/185
無量壽經起信論三卷觀無量壽佛經約論一卷阿彌陀經約論一卷　(清)彭際清撰　清同治十一年(1872)如皋刻經處刻本　一册

110000 - 0144 - 0006323　223.5/185
無量壽經起信論三卷觀無量壽佛經約論一卷阿彌陀經約論一卷　(清)彭際清述　清同治十一年(1872)如皋刻經處刻本　一册

110000 - 0144 - 0006324　223.5/942
性相通説一卷　(明)釋德清撰　清同治十二年(1873)南京金陵刻經處刻本　一册

110000 - 0144 - 0006325　223.5/998
大乘起信論一卷　(唐)釋實叉難陀譯　**大乘起信論一卷**　(南朝梁)釋真諦譯　清光緒二十四年(1898)金陵刻經處刻本　二册

110000 - 0144 - 0006326　223.5/998
大乘起信論一卷　(南朝梁)釋真諦譯　清光

緒二十四年(1898)金陵刻經處刻本　一冊

110000－0144－0006327　223.5/998
大乘起信論一卷　(南朝梁)釋真諦譯　清光緒二十四年(1898)金陵刻經處刻本　一冊

110000－0144－0006328　223.5/998
大乘起信論　(南朝梁)釋真諦譯　清光緒二十四年(1898)金陵刻經處刻本　一冊

110000－0144－0006329　223.5/998
大乘起信論一卷　(南朝梁)釋真諦譯　清光緒二十四年(1898)金陵刻經處刻本　一冊

110000－0144－0006330　223.5/998－02
大乘起信論一卷　(南朝梁)釋真諦譯　清光緒三十年(1904)武昌廬陵黄氏刻高等佛學教科書本　一冊

110000－0144－0006331　223.5/998－02
大乘起信論一卷　(南朝梁)釋真諦譯　清光緒三十年(1904)武昌廬陵黄氏刻高等佛學教科書本　一冊

110000－0144－0006332　223.5/998－02
大乘起信論一卷　(南朝梁)釋真諦譯　清光緒三十年(1904)武昌廬陵黄氏刻高等佛學教科書本　一冊

110000－0144－0006333　223.72/393
金剛般若波羅密經演説一卷莊覺非金剛說略一卷　陸騰輯注　清同治十三年(1874)莫因循齋刻本　一冊

110000－0144－0006334　223.72/836－469
金剛般若經疏一卷般若波羅密多心經疏一卷　(隋)釋智者撰　清光緒二十三年(1897)金陵刻經處刻本　一冊

110000－0144－0006335　223.72/854
金剛般若波羅蜜經宗通九卷　(後秦)釋鳩摩羅什譯　(明)曾鳳儀注　清光緒十一年(1885)金陵刻經處刻本　二冊

110000－0144－0006336　223.72/854－3
金剛般若波羅蜜經破空論一卷觀心釋一卷般若波羅蜜多心經釋要一卷　(後秦)釋鳩摩羅什譯　(明)釋智旭際明論　清同治十年(1871)如皋刻經處刻本　一冊

110000－0144－0006337　223.73/100
妙法蓮華經演義七卷　(後秦)釋鳩摩羅什譯　(清)釋一松講錄　清光緒五年(1879)武林瑪瑙寺刻本　二十一冊

110000－0144－0006338　223.73/722
法華玄義釋籤十卷　(唐)釋湛然釋籤　清宣統二年(1910)江北刻經處刻本　十冊

110000－0144－0006339　223.73/836
妙法蓮華經臺宗會義十六卷　(明)釋智旭撰　清光緒十九年(1893)江北刻經處刻本　八冊

110000－0144－0006340　223.73/854－02
妙法蓮華經七卷　(後秦)釋鳩摩羅什譯　**無量義經**　(南朝齊)釋曇摩伽陀耶舍譯　**法華三昧經**　(宋)釋智嚴譯　**薩曇芬陀利經**　**妙法蓮華經觀世音菩薩普門品經**　(後秦)釋鳩摩羅什譯　(隋)釋闍那笈多譯　清光緒三十年(1904)常州天寧壽清鎔刻本　五冊

110000－0144－0006341　223.73/854－03
妙法蓮華經七卷　(後秦)釋鳩摩羅什譯　清同治十年(1871)金陵刻經處刻本　三冊

110000－0144－0006342　223.73/854－04
妙法蓮華經七卷　(後秦)釋鳩摩羅什譯　清光緒二十六年(1900)刻民國二年(1913)潭柘魯心齋補刊目錄本　四冊

110000－0144－0006343　223.73/854－354
妙法蓮華經大成　(後秦)釋鳩摩羅什譯　(清)釋大義集　清刻本　十冊

110000－0144－0006344　223.73/854－722
妙法蓮華經文句記三十卷　(後秦)釋鳩摩羅什譯　(唐)釋湛然述　清光緒七年(1881)姑蘇刻經處刻本　三十冊

110000－0144－0006345　223.73/942
妙法蓮華經通義二十卷　(明)釋德清撰　清光緒三十四年(1908)金陵刻經處刻本　五冊

110000－0144－0006346　223.74/371
大方廣圓覺修多羅了義經近釋六卷　(明)釋通潤撰　清光緒十二年(1886)金陵刻經處刻本　二册

110000－0144－0006347　223.74/684
大方廣佛華嚴經普賢行願品別行疏鈔十五卷　(唐)釋宗密撰　清光緒三十二年(1906)金陵刻經處刻本　五册

110000－0144－0006348　223.74/700－734
大方廣佛華嚴經疏鈔會本八十卷　(唐)釋實叉難陀譯　(唐)釋澄觀述　清刻本　六十册

110000－0144－0006349　223.74/734
大方廣佛華嚴經疏鈔懸談二十八卷　(唐)釋澄觀撰述　清光緒三十三年(1907)金陵刻經處刻本　八册

110000－0144－0006350　223.74/942
大方廣圓覺修多羅了義經直解二卷　(唐)釋佛陀多羅譯　(明)釋德清解　清光緒十年(1884)杭州昭慶寺慧空經房刻本　二册

110000－0144－0006351　223.75/371
大佛頂如來密因修證了義諸菩薩萬行首楞嚴經合轍十卷　(明)釋通潤撰　清刻本　十册

110000－0144－0006352　223.75/668－126
佛說無量壽經義疏六卷　(三國魏)釋康僧鎧譯　(隋)釋慧遠疏　清光緒二十年(1894)金陵刻經處刻本　一册　存三卷(四至六)

110000－0144－0006353　223.75/723
入楞伽心玄義一卷　(唐)釋法藏撰　清光緒十八年(1892)金陵刻經處刻本　一册

110000－0144－0006354　223.75/909
佛說盂蘭盆經　(晉)釋竺法護譯　清刻本　一册

110000－0144－0006355　223.76/739
大般涅槃經玄義二卷　(隋)釋灌頂撰　清光緒八年(1882)金陵刻經處刻本　一册

110000－0144－0006356　223.77/354
維摩詰所說經折衷疏六卷　(明)釋大賢述　清末金陵刻經處刻本　三册

110000－0144－0006357　223.77/371
大方廣圓覺修多羅了義經近釋六卷　(明)釋通潤撰　清光緒十二年(1886)金陵刻經處刻本　二册

110000－0144－0006358　223.77/371
大方廣圓覺修多羅了義經近釋六卷　(明)釋通潤撰　清光緒十二年(1886)金陵刻經處刻本　二册

110000－0144－0006359　223.77/684
大方廣圓覺經大疏十六卷　(唐)釋宗密述　清宣統元年(1909)金陵刻經處刻本　四册

110000－0144－0006360　223.77/854
維摩詰所説經注八卷　(後秦)釋鳩摩羅什譯　(後秦)釋僧肇注　清光緒十二年(1887)金陵刻經處刻本　二册

110000－0144－0006361　223.78/836
楞伽阿跋多羅寶經義疏四卷　(南朝宋)釋求那跋陀羅譯　(明)釋智旭疏義　清宣統元年(1909)常州天寧寺刻本　五册

110000－0144－0006362　223.78/955－129
大佛頂如來密因修證了義諸菩薩萬行首楞嚴經要解二十卷　(唐)釋般剌密帝譯　(宋)釋戒環集解　清宣統三年(1911)金陵佛經流通所刻本　五册

110000－0144－0006363　223.78/955－357
首楞嚴經義海三十卷　(唐)釋般刺密諦譯　(宋)釋仁岳集解　清光緒二十八年(1902)浙寧江東崇壽經房刻本　六册

110000－0144－0006364　223.78/955－357－4
首楞嚴經疏二十卷　(唐)釋般刺密諦譯　(宋)釋子璿集解　清光緒三十二年(1906)揚州藏經院刻本　八册

110000－0144－0006365　223.78/955－357－4
首楞嚴經疏二十卷　(唐)釋般刺密諦譯　(宋)釋子璿集解　清光緒三十二年(1906)揚州藏經院刻本　八册

110000－0144－0006366　223.78/955－527
大佛頂首楞嚴經疏解蒙鈔六十卷首一卷末佛頂五錄　（清）錢謙益述　清光緒十五年（1889）蘇州蘇城瑪瑙經房刻本　二十冊

110000－0144－0006367　223.78/955－527
大佛頂首楞嚴經疏解蒙鈔六十卷首一卷末佛頂五錄　（清）錢謙益述　清光緒十五年（1889）蘇州蘇城瑪瑙經房刻本　二十冊

110000－0144－0006368　223.78/955－527
大佛頂首楞嚴經疏解蒙鈔六十卷首一卷末佛頂五錄　（清）錢謙益述　清光緒十五年（1889）蘇州蘇城瑪瑙經房刻本　二十冊

110000－0144－0006369　223.78/955－836
大佛頂如來密因修證了義諸菩薩萬行首楞嚴經玄義二卷文句十卷　（唐）釋般刺密諦譯　（明）釋智旭撰述　清同治十三年（1874）金陵刻經處刻本　十冊

110000－0144－0006370　223.78/955－905
大佛頂首楞嚴經玄義四卷　（明）釋傳燈述　清光緒十四年（1888）杭州慧空經房刻支那撰述本　二冊

110000－0144－0006371　223.78/998
大佛頂首楞嚴經正脈疏四十卷首一卷　（明）釋真鑑撰　清光緒二十二年（1896）金陵刻經堂刻本　十四冊

110000－0144－0006372　223.78/998
大佛頂首楞嚴經正脈疏四十卷首一卷　（明）釋真鑑撰　清光緒二十二年（1896）金陵刻經堂刻本　十四冊

110000－0144－0006373　223.78/998
大佛頂首楞嚴經正脈疏四十卷首一卷　（明）釋真鑑撰　清光緒二十二年（1896）金陵刻經堂刻本　十四冊

110000－0144－0006374　223.78/998.4－02
大佛頂如來密因修證了義諸菩薩萬行首楞嚴經纂注十卷首一卷末一卷　（唐）釋般刺密諦等譯　（明）釋真界纂注　清光緒三十四年（1908）南京金陵刻經處刻本　五冊

110000－0144－0006375　223.9/723
翻譯名義集二十卷　（宋）釋法雲編　清光緒四年（1878）金陵刻經處刻本　六冊

110000－0144－0006376　223.9/723
翻譯名義集二十卷　（宋）釋法雲編　清光緒四年（1878）金陵刻經處刻本　六冊

110000－0144－0006377　223.9/723
翻譯名義集二十卷　（宋）釋法雲編　清光緒四年（1878）金陵刻經處刻本　六冊

110000－0144－0006378　223.9/723－02
翻譯名義集十四卷　（宋）釋法雲編　清刻本　六冊

110000－0144－0006379　223.94/676－862
成唯識論音響述義十卷　（明）釋紹覺音義　（明）釋新伊合響　（明）釋智銓述義　清初刻本　十冊

110000－0144－0006380　223.94/705
成唯識論述記鈔祕蘊八卷　（唐）釋窺基述記　（唐）釋靈泰疏鈔　（唐）釋智周演祕　（唐）釋道邑義蘊　清刻本　二冊

110000－0144－0006381　223.95/836
大乘起信論裂網疏六卷　（明）釋智旭疏　清末金陵書局刻本　一冊

110000－0144－0006382　223.95/998
大乘起信論纂註二卷　（南朝梁）釋真諦譯　（明）釋真界纂註　清光緒十一年（1885）金陵刻經處刻本　一冊

110000－0144－0006383　223.95/998－998
大乘起信論纂註二卷　（南朝梁）釋真諦譯　（明）釋真界纂註　清光緒十一年（1885）金陵刻經處刻本　一冊

110000－0144－0006384　223/128
一切經音義二十五卷　（唐）釋玄應撰　**新譯大方廣佛華嚴經音義二卷**　（唐）釋慧苑撰　清同治八年（1869）武林張氏寶晉齋刻本　四冊

110000－0144－0006385　223/128

一切經音義二十五卷 (唐)釋玄應撰 **新譯大方廣佛華嚴經音義二卷** (唐)釋慧苑撰 清同治八年(1869)武林張氏寶晉齋刻本 四册

110000－0144－0006386 223/128－03
新譯大方廣佛華嚴經音義二卷 (唐)釋慧苑述 (清)陳潮訂正 清道光十五年(1835)徐寶善刻本 一册

110000－0144－0006387 226.29/333
唯識開蒙二卷 (元)釋雲峯輯 清宣統三年(1911)揚州藏經禪院刻本 二册

110000－0144－0006388 226.29/463
相宗八要解八種 (唐)釋玄奘譯 清刻本 一册 存二種二卷(目為觀所緣緣論釋記一卷、因明人正理論直疏一卷)

110000－0144－0006389 226.29/836
相宗八要直解八卷 (唐)釋玄奘等譯 清同治九年(1870)金陵刻經處刻本 二册

110000－0144－0006390 226.4/858
賢首五教儀六卷 (清)釋續法輯 清刻本 二册

110000－0144－0006391 226.4/858
賢首五教儀六卷 (清)釋續法輯 清刻本 二册

110000－0144－0006392 226.4/858－3
大方廣佛華嚴經著述集要 (清)釋續法等譯 清光緒金陵刻經處刻本 十二册

110000－0144－0006393 226.5/126
法華經安樂行義一卷 (南朝陳)釋慧思說 **法華龍女成佛權實義一卷** (宋)釋源清述 清光緒二十三年(1897)金陵刻經處刻本 一册

110000－0144－0006394 226.5/836
修習止觀坐禪法要二卷六妙法門一卷 (隋)釋智顗述 清光緒十八年(1892)金陵刻經處刻本 一册

110000－0144－0006395 226.6/993
寶王三昧念佛直指二卷破妄念佛說一卷 (明)釋妙葉集 清乾隆五十三年(1788)北平廣通寺刻本 一册

110000－0144－0006396 226.7/126－752
六祖大師法寶壇經一卷 (唐)釋慧能撰 清光緒三年(1877)京都永盛齋刻字鋪刻八年(1882)補刻本 一册

110000－0144－0006397 226.7/126－752－02
壇經一卷 (唐)釋慧能說 (唐)釋法海集 清同治十一年(1872)如皋刻經處刻本 一册

110000－0144－0006398 226.7/677
斌雅禪師語錄二卷 (清)釋斌雅撰 (清)釋海岳記錄 清康熙刻本 一册

110000－0144－0006399 226.7/716
御選語錄十九卷 (清)世宗胤禛輯 清光緒四年(1878)金陵刻經處刻本 十四册

110000－0144－0006400 226.7/716
御選語錄十九卷 (清)世宗胤禛輯 清光緒四年(1878)金陵刻經處刻本 十四册

110000－0144－0006401 226.7/716
御選語錄十九卷 (清)世宗胤禛輯 清光緒四年(1878)金陵刻經處刻本 十四册

110000－0144－0006402 226.7/716
御選語錄十九卷 (清)世宗胤禛輯 清光緒十一年(1885)金陵刻經處刻本 一册 存二卷(三、八)

110000－0144－0006403 226.7/836
禪林寶訓筆說三卷 (清)釋智祥述 清光緒十九年(1893)江北刻經處刻本 三册

110000－0144－0006404 226.7/864
筠州黃蘗山斷際禪師傳心法要二卷 (唐)裴休集 清光緒十年(1884)金陵刻經處刻本 一册

110000－0144－0006405 226.7/922
註心賦四卷 (宋)釋延壽述 清光緒三年(1877)金陵刻經處刻本 四册

110000－0144－0006406 226.7/922

註心賦四卷　(宋)釋延壽述　清光緒三年(1877)金陵刻經處刻本　四冊

110000－0144－0006407　226.7/922
宗鏡錄一百卷　(宋)釋延壽撰　清光緒二十五年(1899)江北刻經處刻本　二十冊

110000－0144－0006408　226.7/922.4
萬善同歸集三卷　(宋)釋延壽撰　清同治十一年(1872)金陵刻經處刻本　三冊

110000－0144－0006409　226.8/110
雲棲法彙三十一種　(明)釋袾宏编　清光緒二十三年至二十五年(1897－1899)金陵刻經處刻本　三十四冊

110000－0144－0006410　226.8/110－02
雲棲法彙三十一種　(明)釋袾宏编　清嘉慶十九年(1814)刻本　三十五冊

110000－0144－0006411　226.8/115－02
龍舒净土文十卷首一卷末一卷　(宋)王日休撰　清光緒九年(1883)南京金陵刻經處刻本　一冊

110000－0144－0006412　226.8/185
淨土聖賢錄九卷　(清)彭際清等輯　清乾隆四十八年(1783)二林居刻本　三冊

110000－0144－0006413　226.8/185－02
淨土聖賢錄九卷續錄四卷種蓮集一卷　(清)彭際清等輯　清道光三十年(1850)刻本　六冊

110000－0144－0006414　226.8/682.1
淨業知津一卷闢邪一卷　(清)釋悟開撰　清同治十三年(1874)金陵刻經處刻本　一冊

110000－0144－0006415　226.8/746
報恩論二卷首一卷附一卷經正民興説一卷論餘適濟編一卷　(清)沈善登撰　清光緒二十四年(1898)豫恕堂刻本　四冊

110000－0144－0006416　226.8/836
異方便淨土傳燈歸元鏡三祖實錄二卷　(清)釋智達拈頌　(明)釋德日閱錄　清乾隆四十九年(1784)北京西直門内龍王廟刻光緒十一年(1885)重訂本　一冊

110000－0144－0006417　226.8/836－02
異方便淨土傳燈歸元鏡三祖實錄二卷　(清)釋智達拈頌　(明)釋德日閱錄　清光緒二十三年(1897)廣陵藏經禪院刻本　一冊

110000－0144－0006418　226.8/836－02
異方便淨土傳燈歸元鏡三祖實錄二卷　(清)釋智達拈頌　(明)釋德日閱錄　清光緒二十三年(1897)廣陵藏經禪院刻本　一冊

110000－0144－0006419　226/836
教觀綱宗一卷釋義一卷　(明)釋智旭撰　清刻本　一冊

110000－0144－0006420　226/836
教觀綱宗一卷釋義一卷　(明)釋智旭撰　清刻本　一冊

110000－0144－0006421　228.1/921
釋迦譜十卷　(南朝齊)釋僧佑撰　清光緒三十四年(1908)武昌刻本　四冊

110000－0144－0006422　228.1/921
釋迦譜十卷　(南朝齊)釋僧佑撰　清光緒三十四年(1908)武昌刻本　四冊

110000－0144－0006423　228.2/126－02
高僧傳初集十五卷首一卷　(南朝梁)釋慧皎撰　清光緒十年(1884)金陵刻經處刻本　四冊

110000－0144－0006424　228.2/126－02
高僧傳初集十五卷首一卷　(南朝梁)釋慧皎撰　清光緒十年(1884)金陵刻經處刻本　四冊

110000－0144－0006425　228.2/157
續指月錄二十卷首一卷尊宿集一卷　(清)聶先編　清光緒十二年(1886)金陵刻經處刻本　六冊

110000－0144－0006426　228.2/476
指月錄三十二卷　(明)瞿汝稷撰　清同治十一年(1872)杭州慧空經房刻本　十冊

110000－0144－0006427　228.2/838

高僧傳三集三十卷首一卷　(宋)釋贊寧等撰　清光緒十三年(1887)江北刻經處刻本　八冊

110000－0144－0006428　228.2/981
高僧傳二集四十卷　(唐)釋道宣撰　清光緒十六年(1890)江北刻經處刻本　十冊

110000－0144－0006429　228.237/739
隋天台智者大師[顗]別傳一卷　(唐)釋灌頂撰　清光緒五年(1879)杭州許靈虛天臺山真覺塔寺刻本　一冊

110000－0144－0006430　228.268/564
憨山老人[釋德清]年譜自敘實錄二卷　(明)釋德清自敘　(明)釋福善錄　(明)釋福徵疏　**憨山大師夢遊摘要二卷**　(明)釋福善錄　清光緒十七年至十八年(1891－1892)紅螺山刻本　三冊

110000－0144－0006431　228.278/880
京都勅建拈花禪寺同戒錄一卷　(清)釋覺天編　清光緒三十年(1904)刻本　一冊

110000－0144－0006432　228.9/126
五燈會元二十卷　(宋)釋普濟撰　清光緒三十二年(1906)貴池劉氏玉海堂刻玉海堂景宋叢書本　十六冊

110000－0144－0006433　228.9/126
五燈會元二十卷　(宋)釋普濟撰　清光緒三十二年(1906)貴池劉氏玉海堂刻玉海堂景宋叢書本　十二冊

110000－0144－0006434　228.9/126
五燈會元二十卷　(宋)釋普濟撰　清光緒三十二年(1906)貴池劉氏玉海堂刻玉海堂景宋叢書本　十二冊

110000－0144－0006435　228.9/134
佛祖統紀五十四卷　(宋)釋志磐撰　清光緒慈邑西方寺刻本　二冊　存二十三卷(二至三、七至二十一、二十八至三十三)

110000－0144－0006436　228.9/614
華嚴色相錄　(清)許佐撰　清同治十二年(1873)蘭氏刻本　一冊

110000－0144－0006437　228.9/614
華嚴色相錄　(清)許佐撰　清同治十二年(1873)蘭氏刻本　一冊

110000－0144－0006438　228.9/762
法苑珠林一百卷　(唐)釋道世撰　清宣統二年(1910)常州天寧寺刻本　三十冊

110000－0144－0006439　228.9/762
法苑珠林一百卷　(唐)釋道世撰　清宣統二年(1910)常州天寧寺刻本　三十冊

110000－0144－0006440　228.9/762－02
法苑珠林一百卷　(唐)釋道世撰　清道光七年(1827)燕園蔣氏刻本　三十二冊

110000－0144－0006441　228.9/762－02
法苑珠林一百卷　(唐)釋道世撰　清道光七年(1827)燕園蔣氏刻本　二十四冊

110000－0144－0006442　228.9/836
居士傳五十六卷　(清)彭紹升撰　清乾隆刻本　四冊

110000－0144－0006443　228/476
指月錄三十二卷　(明)瞿汝稷編　清同治十一年(1872)杭州慧空經房刻本　十冊

110000－0144－0006444　229.2/307
西藏宗教源流考不分卷　張其勤編　清宣統二年(1910)官印刷局鉛印本　一冊

110000－0144－0006445　229.3/866－157
三國佛教略史三卷　(日本)島地墨雷　(日本)生田得能撰　釋聽雲　釋海秋譯　清宣統三年(1911)京師龍泉孤兒院石印本　一冊

110000－0144－0006446　229/989
佛祖歷代通載三十六卷　(元)釋念常集　清宣統元年(1909)江北刻經處刻本　八冊

110000－0144－0006447　230.8/372
伍柳仙宗不分卷　(清)鄧徽績輯　清光緒二十三年(1897)西蜀鄧氏刻本　八冊

110000－0144－0006448　230.8/886

道書十二種 (清)劉一明撰 清嘉慶二十四年(1819)常郡護國庵刻本 二十四冊

110000－0144－0006449 230/758

養真集二卷 (清)養真子撰 清道光十五年(1835)刻本 一冊

110000－0144－0006450 231.8/448

養正一得錄一卷 (清)張燮成輯注 清同治十年(1871)姑蘇馮古今齋刻本 一冊

110000－0144－0006451 231/185

道言内外秘訣全書六卷 (明)彭好古輯 清文錦堂刻本 六冊

110000－0144－0006452 235/734

道統正宗一卷 (明)涵谷子撰 清光緒十五年(1889)積善堂雲文齋刻字舖刻本 一冊

110000－0144－0006453 235/887

西遊原旨讀法二卷 (清)劉一明撰 清嘉慶六年(1801)夏復恒刻本 一冊

110000－0144－0006454 237.3/154

關聖帝君覚世寶訓四卷 (清)□□撰 清道光二十六年(1846)京都宏文齋刻字舖刻本 四冊

110000－0144－0006455 238/101

神仙通鑑摘錄十四卷 (清)春帆輯 清光緒七年(1881)刻本 十冊

110000－0144－0006456 238/113

歷代仙史八卷 (清)王建章輯 清光緒七年(1881)常熟抱芳閣刻本 六冊

110000－0144－0006457 238/115

列仙傳校正本二卷列仙傳讃一卷夢書一卷 (漢)劉向撰 (清)王照圓校 清嘉慶雙蓮書屋刻本 一冊

110000－0144－0006458 238/311

仙蹤記略三卷續一卷 (清)張鶴輯 清光緒六年(1880)文玉堂刻本 四冊

110000－0144－0006459 238/337

繪圖歷代神仙傳二十四卷 (清)□□撰 清宣統元年(1909)上海掃葉山房石印本 八冊

110000－0144－0006460 238/401

呂祖彙集三十四卷附十四卷 (清)陶煦編 清道光二十八年(1848)惜字宮刻本 二十冊

110000－0144－0006461 238/409

七真祖師列仙傳一卷 (清)□□撰 清光緒十八年(1892)湖南王金友堂刻本 一冊

110000－0144－0006462 238/458

金蓋心燈八卷 (清)閔苕旉撰 (清)鮑廷博註 (清)鮑錕評 清同治十二年(1873)歸安沈氏刻本 六冊

110000－0144－0006463 238/720－03

列仙傳四卷 (明)洪應明輯 清光緒十三年(1887)東吳席氏埽葉山房刻本 三冊

110000－0144－0006464 238/775

短髯道人傳一卷 冶山居士撰 清末冶山竹居刻本 一冊

110000－0144－0006465 238/893－02

列仙傳二卷 (漢)劉向撰 (清)汪士漢校 清康熙七年(1668)刻秘書廿一種本 一冊

110000－0144－0006466 238/952

新刻黄掌綸先生評訂神仙鑑二十二卷 (清)徐道撰 清康熙刻本 三十二冊

110000－0144－0006467 238/952

新刻黄掌綸先生評訂神仙鑑二十二卷 (清)徐道撰 清康熙刻本 二十二冊

110000－0144－0006468 240.7/919

兩教辨正一卷 (美國)倪維思撰 清光緒二十五年(1899)福州美華書局鉛印本 一冊

110000－0144－0006469 240/155

聖教要理問答 (法國)□□編 清咸豐八年(1858)刻本 一冊

110000－0144－0006470 240/158

天道溯原三卷附錄明相國徐光啟奏留天主教疏並序附錄景教碑文並序 (美國)丁韙良撰 清光緒二十三年(1897)中國聖教書會上海美華書館鉛印本 一冊

110000－0144－0006471 240/236

教要序論一卷　(比利時)南懷仁撰　清光緒十六年(1890)刻本　一册

110000－0144－0006472　240/368
性理真詮四卷首一卷　(法國)孫璋撰　清光緒十五年(1889)上海慈母堂鉛印本　存一卷(首一卷)　一册

110000－0144－0006473　240/470
敬禮聖心月一卷　(意大利)晁德莅撰　清同治四年(1865)刻本　一册

110000－0144－0006474　240/578
滌罪正規四卷　(意大利)艾儒略撰　清道光二十九年(1849)刻本　一册

110000－0144－0006475　240/578.1
三山論學紀一卷　(意大利)艾儒略撰　清道光二十七年(1847)刻本　一册

110000－0144－0006476　241.022/214
古新聖經問答一卷　(□)□□撰　清同治元年(1862)刻本　一册

110000－0144－0006477　241.2/336
聖教會史記五卷　(英國)霍約瑟輯　清光緒二十一年(1895)寧郡三一書院鉛印本　一册

110000－0144－0006478　241.2/624
聖教史紀三卷　(美國)謝衛樓撰　清光緒十六年(1890)刻本　四册

110000－0144－0006479　241.5/653
新約全書　(□)□□撰　清光緒十六年(1890)上海聖經會鉛印本　一册

110000－0144－0006480　242.2/057
熱心神師二卷　(清)田類斯撰　清光緒三十二年(1906)北京救世堂鉛印本　一册

110000－0144－0006481　242.23/057
演習神式六十六章　(清)田類斯撰　清光緒三十二年(1906)北京救世堂鉛印本　一册

110000－0144－0006482　244.4/374
聖事歌經簡要一卷　(□)□□撰　清咸豐十一年(1861)刻本　一册

110000－0144－0006483　245/287
救世教益一卷　(英國)李提摩太撰　清光緒二十一年(1895)上海美華書館鉛印本　一册

110000－0144－0006484　245/392
善生福終正路二卷　(意大利)陸安德撰　清刻本　二册

110000－0144－0006485　245/470
取譬訓蒙二卷　晁德蒞譯述　清同治九年(1870)上海慈母堂刻本　二册

110000－0144－0006486　245/515
俗言警教　(法國)慕理孟删訂　清咸豐七年(1857)刻本　一册

110000－0144－0006487　245/515－02
俗言警教　(法國)慕理孟删訂　清光緒十五年(1889)刻本　一册

110000－0144－0006488　246.18/466－396－02
唐景教碑頌正詮　(唐)釋景淨撰　(葡萄牙)陽瑪諾註　清光緒四年(1878)上海土山灣慈母堂刻本　一册

110000－0144－0006489　246.18/466－396－02
唐景教碑頌正詮　(唐)釋景淨著　(葡萄牙)陽瑪諾註　清光緒四年(1878)上海土山灣慈母堂刻本　一册

110000－0144－0006490　246.18/466－396－02
唐景教碑頌正詮　(唐)釋景淨著　(葡萄牙)陽瑪諾註　清光緒四年(1878)上海土山灣慈母堂刻本　一册

110000－0144－0006491　246.18/466－396－02
唐景教碑頌正詮　(唐)釋景淨著　(葡萄牙)陽瑪諾註　清光緒四年(1878)上海土山灣慈母堂刻本　一册

110000－0144－0006492　246.18/466－396－02
唐景教碑頌正詮　(唐)釋景淨著　(葡萄牙)陽瑪諾註　清光緒四年(1878)上海土山灣慈母堂刻本　一册

110000－0144－0006493　246.18/466－396－02
唐景教碑頌正詮　(唐)釋景淨著　(葡萄牙)

陽瑪諾註　清光緒四年(1878)上海土山灣慈母堂刻本　一冊

110000－0144－0006494　246.2/739
真道自証四卷首一卷　(清)沙守信撰　清嘉慶元年(1796)刻本　一冊

110000－0144－0006495　246.2/739
真道自証四卷首一卷　(清)沙守信撰　清嘉慶元年(1796)刻本　一冊

110000－0144－0006496　246.2/743
高麗致命事略一卷　(清)沈則寬撰　清光緒二十六年(1900)上海慈母堂鉛印本　一冊

110000－0144－0006497　246.2/794
重刻畸人十篇二卷　(意大利)利瑪竇撰　清光緒十五年(1889)刻本　二冊

110000－0144－0006498　246.2/940
辟邪實錄一卷　(清)饒州第一傷心人撰　清同治刻本　一冊

110000－0144－0006499　246.2/940
辟邪實錄一卷　(清)饒州第一傷心人撰　清同治刻本　一冊

110000－0144－0006500　246.2/940－02
辟邪紀實三卷附錄一卷　(清)天下第一傷心人撰　清同治十年(1871)刻本　一冊

110000－0144－0006501　246.2/940－03
辟邪實錄一卷　(清)饒州第一傷心人撰　清同治五年(1866)刻本　一冊

110000－0144－0006502　247.91/754
天神會課不分卷　(意大利)潘國光撰　清咸豐十一年(1861)慈母堂刻本　一冊

110000－0144－0006503　248.1/155
耶穌記略問答四十三章　(□)□□編　清光緒三十二年(1906)上海美華書館鉛印本　一冊

110000－0144－0006504　248/484
黔省主證遺芳三卷　(清)□□編　清光緒三十四年(1908)重慶巴邑聖家堂木活字印本　一冊

110000－0144－0006505　249.1/502
西方歸道三種　(英國)華立熙譯　清光緒二十六年(1900)上海廣學會鉛印本　三冊

110000－0144－0006506　249.2/171
正教奉傳不分卷　(清)黄伯祿編　清光緒三十四年(1908)上海慈母堂鉛印本　二冊

110000－0144－0006507　249.2/284
燕京開教畧三篇　(清)樊國樑撰　清光緒三十一年(1905)北京救世堂鉛印本　三冊

110000－0144－0006508　249.2/289
教務紀畧四卷首一卷　(清)李剛己編　清光緒三十年(1904)山東印書局鉛印本　六冊

110000－0144－0006509　249.2/289
教務紀畧四卷首一卷　(清)李剛己編　清光緒三十年(1904)山東印書局鉛印本　五冊

110000－0144－0006510　249.2/289－02
教務紀畧四卷首一卷　(清)李剛己編　清光緒三十一年(1905)南洋官報局刻本　六冊

110000－0144－0006511　249.2/289－02
教務紀畧四卷首一卷　(清)李剛己編　清光緒三十一年(1905)南洋官報局刻本　五冊

110000－0144－0006512　249.2/289－02
教務紀畧四卷首一卷　(清)李剛己編　清光緒三十一年(1905)南洋官報局刻本　五冊

110000－0144－0006513　249/290
五洲教案紀略五卷附錄一卷　(英國)李提摩太撰　(清)林朝圻達旨　清光緒二十七年(1901)上海廣學會鉛印本　一冊

110000－0144－0006514　250.1/893－02
天方性理圖傳五卷首一卷　(清)劉智撰　清同治五年(1866)刻本　六冊

110000－0144－0006515　250.2/987
清真釋疑補輯一卷　(清)金天柱撰　清光緒七年(1881)京都清真寺刻本　一冊

110000－0144－0006516　250/869
天方幼學四字經　(清)白銘廣撰　清末古蘭經堂刻本　一冊

110000－0144－0006517　252/119
真詮要錄二卷　(清)王岱輿撰　清同治三年(1864)雲南提督軍門馬如龍刻本　二冊

110000－0144－0006518　252/376－02
歸真總義一卷　(印度)阿師格口授　(明)張時中筆記　清光緒四年(1878)敘城蘇世泰刻本　一冊

110000－0144－0006519　253/418
教欸捷要不分卷　(清)馬伯良纂修　清嘉慶二十二年(1817)粵東省城西寺刻本　三冊

110000－0144－0006520　272/313
公餘辯正錄一卷　(清)張鳳臺撰　清光緒三十二年(1906)京師官書局鉛印本　一冊

110000－0144－0006521　279/138
感應篇引經牋注一卷　(清)惠棟箋注　(清)羅惇衍引經　清同治六年(1867)京師龍文齋刻本　一冊

110000－0144－0006522　279/154
玉歷鈔傳警世　(□)□□撰　清同治十年(1871)蘇州經□書坊刻本　一冊

110000－0144－0006523　279/154－1
宣講回天四卷　(清)□□撰　清刻本　四冊

110000－0144－0006524　279/166
迴瀾集一卷附論一卷　(清)黄大王撰　清光緒十六年(1890)北京三聖觀青雲壇刻本　一冊

110000－0144－0006525　279/166
迴瀾集一卷附論一卷　(清)黄大王撰　清光緒十六年(1890)北京三聖觀青雲壇刻本　一冊

110000－0144－0006526　279/294
重刊玉歷至寶鈔　(□)□□撰　清光緒二十四年(1898)京都永盛齋刻本　一冊

110000－0144－0006527　279/294－02
重刊玉歷至寶鈔一卷　(□)□□撰　清光緒二十四年(1898)京都永盛齋刻本　一冊

110000－0144－0006528　279/308
張真人保嗣妙經一卷　(□)□□撰　清光緒十二年(1886)徐寶謙鉛印本　一冊

110000－0144－0006529　279/353
勸燬淫書徵信集一卷附應禁書目　(清)右汾山人撰　清道光二十三年(1843)杭省景旭齋刻本　一冊

110000－0144－0006530　279/355－02
太上感應篇圖説八卷首一卷　(清)許纘曾輯　清光緒七年(1881)直隸保定府湖廣會館刻本　存五卷(一至四、首一卷)　四冊

110000－0144－0006531　279/424
訂正監中錄一卷回心歌一卷　(清)黄國珍撰　清光緒十三年(1887)劉宏文堂刻本　一冊

110000－0144－0006532　279/463
宣講集要八卷首一卷　(清)□□撰　清光緒三十年(1904)吳经元堂刻本　八冊　存八卷(一至七、首一卷)

110000－0144－0006533　279/582
對心經一卷　(清)□□撰　清光緒二十五年(1899)抄本　一冊

110000－0144－0006534　279/691
公門果報錄一卷續錄一卷附錄一卷　(清)宋楚望輯　清光緒二十年(1894)篤本堂刻本　一冊

110000－0144－0006535　279/713－03
坐花誌果八卷　(清)汪道鼎撰　清同治二年(1863)味經堂刻本　四冊

110000－0144－0006536　279/713－04
音釋坐花誌果八卷　(清)汪道鼎撰　(清)鷲峰樵者音釋　清光緒四年(1878)刻本　四冊

110000－0144－0006537　279/745
苦海金隄二卷　(清)沈性子輯　清光緒二十九年(1903)刻本　二冊

110000－0144－0006538　279/816
萬善先資集二卷　(清)周思仁撰　清光緒十三年(1887)鄭吳氏刻本　二冊

110000－0144－0006539　279/816－3

文昌帝君陰隲文廣義節錄三卷 （清）周思仁撰　清光緒七年（1881）揚州藏經禪院刻本　三冊

110000－0144－0006540　279/816－9
欲海回狂集三卷附錄 （清）周思仁撰　清同治三年（1864）邗江熊氏刻本　一冊

110000－0144－0006541　291/362
瑞應圖記一卷 （南朝梁）孫柔之撰　葉德輝輯　清光緒二十七年（1901）觀古堂刻本　劉盼遂題識　一冊

110000－0144－0006542　291/887
奇門遁甲祕笈大全三十卷 （明）劉基撰　清刻本　六冊

110000－0144－0006543　291/938
欽定修造吉方立成一卷 （清）欽天監編　清光緒十一年（1885）刻本　一冊

110000－0144－0006544　291/938－8
欽定修造吉方立成一卷 （清）欽天監編　清光緒七年（1881）刻本　一冊

110000－0144－0006545　291/938－8
欽定修造吉方立成一卷 （清）欽天監編　清光緒十年（1884）刻本　一冊

110000－0144－0006546　291/938－81
欽定修造吉方立成一卷 （清）欽天監編　清同治十三年（1874）刻本　一冊

110000－0144－0006547　292.2/476－02
大唐開元占經一百二十卷 （唐）瞿曇悉達等修撰　清恒德堂刻本　二十四冊

110000－0144－0006548　292/119
卜筮正宗十四卷 （清）王維德輯　清善成堂刻本　四冊

110000－0144－0006549　292/157－02
靈棋經二卷 （晉）顔幼明等注　清刻本　二冊

110000－0144－0006550　292/292
乙巳占十卷 （唐）李淳風撰　清光緒吳興陸氏刻十萬卷樓叢書本　五冊

110000－0144－0006551　292/460
關聖帝君經訓一卷靈籤一卷靈籤占驗二卷 （□）□□撰　清光緒三十年（1904）刻本　一冊

110000－0144－0006552　292/551
敬竈全書 （清）惕心憫世道人編　清光緒二十九年（1903）第一刻字局刻本　一冊

110000－0144－0006553　292/609
增補諸家選擇萬全玉匣記 （晉）許真君撰　清光緒十七年（1891）石印本　一冊

110000－0144－0006554　292/988－02
新刻搜集諸家卜筮源流斷易大全四卷 （清）余興國輯　清末上海掃葉山房刻本　四冊

110000－0144－0006555　293.1/378.2
河洛理數七卷 （宋）陳摶撰　（宋）邵雍述　清刻本　六冊

110000－0144－0006556　293.1/378.2
河洛理數七卷 （宋）陳摶撰　（宋）邵雍述　清刻本　八冊

110000－0144－0006557　293.1/378－754
新鍥希夷陳先生紫微斗數全書四卷 （宋）陳摶著　（清）潘希尹補輯　清繼述堂刻本　五冊

110000－0144－0006558　293.1/670
星平集腋統宗四卷 （清）廖冀亨輯　清嘉慶十九年（1814）刻本　四冊

110000－0144－0006559　293.2/695
玉管照神局三卷 （五代）宋齊邱撰　清末刻本　一冊

110000－0144－0006560　294/294
珠神真經二卷 （清）李德鴻撰　清光緒刻木犀軒叢書續刻本　一冊

110000－0144－0006561　294/976
醫經正本書一卷 （宋）程迥撰　**地理葬書集註一卷葬書問對一卷** （元）鄭謐註　清光緒五年（1879）歸安陸氏刻本　一冊

110000－0144－0006562　295.9/880

保元瑤函八卷首一卷末一卷瞿唐日錄一卷 （清）覺化真君等撰　清同治四年（1865）集善堂刻本　缺三卷（七至八，末一卷）　六册

110000－0144－0006563　295/763
毆蠱燃犀錄一卷 （清）燃犀道人撰　清光緒十九年（1893）實鏡山房刻本　一册

110000－0144－0006564　297.11/130
天元玉曆祥異賦七卷 （明）仁宗朱高熾撰　清抄本　一册

110000－0144－0006565　297.11/271
求雨經一卷 （清）楊慎齋撰　清光緒二年（1876）陝西藩署刻本　一册

110000－0144－0006566　297/340
盛世芻蕘 （法國）馮秉正撰　清刻本　存（異端篇）　一册

110000－0144－0006567　304/854－1
九通序錄四卷 （□）□□輯　清光緒二十八年（1902）石印本　四册

110000－0144－0006568　304/971
九通二百卷 （宋）鄭樵撰　清光緒二十二年（1896）浙江書局刻本　一千册　缺十七卷（三十三至四十九）

110000－0144－0006569　308/719
中外經濟政治彙攷十六卷 （清）江標輯　清光緒二十七年（1901）自強學齋石印本　十六册

110000－0144－0006570　314.211/354
大理院統計表不分卷 （清）大理院編　清光緒三十三年（1907）大理院鉛印本　二册

110000－0144－0006571　320.7/383
庸書内篇二卷外篇二卷 （清）陳熾撰　清光緒濰縣實雅書局鉛印本　四册

110000－0144－0006572　320.7/383－02
庸書内篇二卷外篇二卷 （清）陳熾撰　清光緒二十二年（1896）刻本　四册

110000－0144－0006573　320.7/383－03
庸書内篇二卷外篇二卷 （清）陳熾撰　清光緒二十四年（1898）成都志古堂刻本　四册

110000－0144－0006574　320.7/383－04
庸書内篇二卷外篇二卷 （清）陳熾撰　清光緒二十四年（1898）上海書局石印本　四册

110000－0144－0006575　320.7/383－05
庸書内篇二卷外篇二卷 （清）陳熾撰　清光緒二十三年（1897）文瑞樓石印本　一册

110000－0144－0006576　320.7/383－05
庸書内篇二卷外篇二卷 （清）陳熾撰　清光緒二十三年（1897）文瑞樓石印本　二册

110000－0144－0006577　320.9/148
政史撮要五卷 （英國）甄克思撰　（英國）窩爾什譯　清光緒二十九年（1903）上海廣學會鉛印本　一册

110000－0144－0006578　320/325－433
政治學 （德國）那特硜講述　戢翼翬　王慕陶譯　清光緒二十八年（1902）上海商務印書館鉛印政學叢書本　一册

110000－0144－0006579　320/341
政治汎論四卷 （美國）威爾遜撰　商務印書館譯　清光緒二十九年（1903）上海商務印書館鉛印政學叢書本　二册

110000－0144－0006580　320/341－345
政治汎論二卷 （美國）域魯威爾遜著　麥鼎華譯　清光緒二十九年（1903）上海廣智書局鉛印本　一册

110000－0144－0006581　321.1/920
國家學綱領 （德國）伯倫知理著　梁啟超評　清光緒二十八年（1902）上海廣智書局鉛印本　一册

110000－0144－0006582　321.12/579－294
政群源流考二卷 （美國）韋爾生著　李維格　伍光建譯　清光緒二十八年（1902）南洋公學譯書院鉛印本　一册

110000－0144－0006583　321.46/358
公民必讀初編二編 （清）孟昭常撰　清光緒三十四年（1908）上海預備立憲公會事務所、

上海中新書局鉛印本　二册

110000－0144－0006584　321.46/358
公民必讀初編二編　(清)孟昭常撰　清光緒三十四年(1908)上海預備立憲公會事務所、上海中新書局鉛印本　一册

110000－0144－0006585　321.946/675
憲政編查館會奏擬訂結社集會律原摺清單附片一件　(清)□□撰　清光緒三十四年(1908)鉛印本　一册

110000－0144－0006586　322.1/482
中外大略四十八卷　(清)羅傳瑞撰集　清光緒二十三年(1897)東粵經韻樓鉛印先務齋叢書本　二十六册

110000－0144－0006587　322.15/210
考察憲政大臣奏考察日本詔敕制度片　(清)李家駒進呈　清光緒鉛印本　一册

110000－0144－0006588　322.15/210
考察憲政大臣奏考察日本詔敕制度片　(清)李家駒進呈　清光緒鉛印本　一册

110000－0144－0006589　322.41/767
萬國官制志三卷　(清)馮斯欒編　清光緒二十八年(1902)上海廣智書局鉛印萬國通志本　一册

110000－0144－0006590　322.42/647
宦游紀略二卷　(清)高廷瑤撰　清同治十二年(1873)成都刻本　二册

110000－0144－0006591　322.42/844
簡明限期表一卷　(清)瞿懷亭輯　清同治三年(1864)克己復禮之齋刻本　一册

110000－0144－0006592　322.42/998
真文忠公政經一卷　(宋)真德秀撰　清光緒元年(1875)三原劉質慧刻本　一册

110000－0144－0006593　322.62/741
議員要覽一卷　(清)沈其昌編纂　清宣統二年(1910)預備立憲公會鉛印本　一册

110000－0144－0006594　322.65/111
憲政編查館奏議覆考察憲政大臣于式枚奏陳諮議局章程權限摺一卷　(清)憲政編查館撰　清宣統元年(1909)鉛印本　一册

110000－0144－0006595　322.65/684
憲政編查館原咨六件　(清)□□撰　清光緒石印本　一册

110000－0144－0006596　322.7/292
考察憲政大臣奏考察日本司法制度摺　(清)李家駒進呈　清光緒鉛印本　一册

110000－0144－0006597　323.04/165
二十四史九通政典類要合編三百二十卷　(清)黄書霖輯　清光緒二十八年(1902)黄氏約雅堂石印本　六十册

110000－0144－0006598　323.07/152
實學指針一卷　(日本)西師意撰　清光緒二十八年(1902)北京敦化堂、文成堂刻金城叢書本　一册

110000－0144－0006599　323.07/167
籌蜀篇二卷　黄英著　清光緒二十七年(1901)滎縣旭川書院刻本　二册

110000－0144－0006600　323.07/261
廣學興國説一卷　(美國)林樂知　(清)蔡爾康著　**廣學會書目一卷**　清光緒鉛印本　一册

110000－0144－0006601　323.07/261－8
九九新論二卷　(美國)林樂知著　(清)蔡爾康譯　清光緒二十六年(1900)上海廣學會鉛印本　二册

110000－0144－0006602　323.07/273
格致治平通議二十六卷　(清)楊毓爗撰　清光緒二十八年(1902)鴻寶書局石印本　缺一卷(十三)　十五册

110000－0144－0006603　323.07/287
洋務經濟新論六卷　(英國)李提摩太著　清光緒二十一年(1895)石印本　六册

110000－0144－0006604　323.07/287.2
西鐸九篇　(英國)李提摩太著　清光緒二十一年(1895)刻本　一册

110000－0144－0006605　323.07/287.2
西鐸九篇　(英國)李提摩太著　清光緒二十一年(1895)刻本　一册

110000－0144－0006606　323.07/287－02
分類洋務經濟時事論六卷　(英國)李提摩太著　(清)仲英輯　清光緒二十年(1894)長白吏隱仙館石印本　六册

110000－0144－0006607　323.07/287－03
洋務新論六卷　(英國)李提摩太著　(清)仲英輯　清光緒二十四年(1898)上海書局石印本　一册

110000－0144－0006608　323.07/291
中國預備立憲政見書一卷　李祖康撰　清末木活字印本　一册

110000－0144－0006609　323.07/306
復旦芻言一卷學説一卷　(清)張琨撰　清宣統二年(1910)刻本　一册

110000－0144－0006610　323.07/312－02
變法平議一卷　張謇撰　清光緒二十七年(1901)鉛印本　一册

110000－0144－0006611　323.07/324
劑變篇十四篇　(清)尹彥鉌撰　清光緒二十六年(1900)刻本　二册

110000－0144－0006612　323.07/334
中外策問大觀二十八卷　(清)雷縉編　清光緒二十九年(1903)硯耕山莊石印本　十册

110000－0144－0006613　323.07/366
國會請願代表第二次呈都察院代奏書彙錄　(清)□□輯　清宣統鉛印本　一册

110000－0144－0006614　323.07/380
校邠廬抗議別論一卷　(清)陳鼎撰　清光緒二十四年(1898)刻本　一册

110000－0144－0006615　323.07/425.3
國朝洋務新論二卷　(清)寄月軒主人輯　清光緒十二年(1886)寄月軒主刻本　二册

110000－0144－0006616　323.07/439
劍華堂續罪言一卷　(清)吴廣霈　(清)孟霖甫撰　清光緒十六年(1890)弢園鉛印本　一册

110000－0144－0006617　323.07/462
時事采新彙選不分卷　(清)□□輯　清光緒三十三年(1907)鉛印本　二十三册

110000－0144－0006618　323.07/462(1902)
時事采新彙選不分卷　(清)□□輯　清光緒二十八年(1902)鉛印本　十七册

110000－0144－0006619　323.07/462(1902)
時事采新彙選不分卷　(清)□□輯　清光緒二十八年(1902)鉛印本　六册

110000－0144－0006620　323.07/517
求己錄三卷　(清)蘆涇遯士編　清光緒二十二年(1896)刻本　三册

110000－0144－0006621　323.07/577
教化議五卷　(德國)花之安撰　(清)王炳堃譯　清光緒元年(1875)刻本　一册

110000－0144－0006622　323.07/626.21
辛丑三議不分卷　陳明遠等撰　清光緒二十八年(1902)鉛印本　一册

110000－0144－0006623　323.07/688.7
中國腦二卷　(清)寅半生輯　清光緒二十九年(1903)刻本　二册

110000－0144－0006624　323.07/723
新湖南不分卷　(清)湖南之湖南人撰　清光緒二十九年(1903)新湖南社鉛印本　一册

110000－0144－0006625　323.07/723
新湖南不分卷　(清)湖南之湖南人撰　清光緒二十九年(1903)新湖南社鉛印本　一册

110000－0144－0006626　323.07/736
危言四卷　(清)湯震撰　清光緒二十一年(1895)石印本　二册

110000－0144－0006627　323.07/736
危言四卷　(清)湯震撰　清光緒二十一年(1895)石印本　二册

110000－0144－0006628　323.07/736－02

危言四卷　(清)湯震撰　清光緒十六年(1890)刻本　二冊

110000－0144－0006629　323.07/736－02
危言四卷　(清)湯震撰　清光緒十六年(1890)質學會刻本　二冊

110000－0144－0006630　323.07/736－02
危言四卷　(清)湯震撰　清光緒十六年(1890)上海質學會刻本　二冊

110000－0144－0006631　323.07/736－03
危言四卷　(清)湯震撰　清光緒鉛印本　二冊

110000－0144－0006632　323.07/736－04
湯氏危言四卷　(清)湯震撰　清光緒二十四年(1898)三魚書屋石印本　二冊

110000－0144－0006633　323.07/767
校邠庐抗議二卷　(清)馮桂芬撰　清光緒二十四年(1898)京都官書局石印本　二冊

110000－0144－0006634　323.07/767－02
校邠庐抗議二卷　(清)馮桂芬撰　清光緒二十四年(1898)武昌經心精舍刻本　二冊

110000－0144－0006635　323.07/767－03
校邠庐抗議　(清)馮桂芬撰　清咸豐十一年(1861)廣仁堂刻本　二冊

110000－0144－0006636　323.07/767－04
校邠庐抗議二卷　(清)馮桂芬撰　清光緒二十三年(1897)文瑞樓石印本　一冊

110000－0144－0006637　323.07/842.6
籌世芻議四卷　(清)鄒文柏撰　清光緒三十四年(1908)蘋香書屋刻本　二冊

110000－0144－0006638　323.07/848
洋務自強新論四卷　(清)管斯駿輯　清光緒二十二年(1896)上海書局石印本　四冊

110000－0144－0006639　323.07/887
中華民國獨立論　劉達武撰　清宣統三年(1911)廣西報興製圖社石印素園叢編本　一冊

110000－0144－0006640　323.07/893
越事備考刍言六卷　(清)劉名譽輯　清刻本　三冊

110000－0144－0006641　323.07/901.6
新政真詮六編　何啓　胡禮垣撰　清光緒二十七年(1901)上海格致新報館鉛印本　六冊

110000－0144－0006642　323.07/901.6
新政真詮六編　何啓　胡禮垣撰　清光緒二十七年(1901)上海格致新報館鉛印本　存一編(四)　一冊

110000－0144－0006643　323.07/901.6－02
新政真詮六編　何啓　胡禮垣撰　清光緒二十七年(1901)浙省書局石印本　八冊

110000－0144－0006644　323.07/901.6－03
新政真詮六編　何啓　胡禮垣編　清光緒二十六年(1900)鉛印本　二冊　存二編(二至三)

110000－0144－0006645　323.07/901.6－04
新政真詮六編　何啓　胡禮垣編　清光緒二十五年(1899)香港書局石印本　八冊

110000－0144－0006646　323.07/901.6－05
新政真詮六編　何啓　胡禮垣撰　清光緒二十七年(1901)吳雲記廣譯書局鉛印本　存一編(二)　一冊

110000－0144－0006647　323.07/905.3
洋務實學新編二卷　(清)傅雲龍輯　清光緒二十二年(1896)上海書局石印本　二冊

110000－0144－0006648　323.07/968.7
分類時務精華八卷首一卷　(清)殷兆鏞等撰　清光緒二十七年(1901)上海廣益書室石印本　八冊

110000－0144－0006649　323.07/974
盛世危言十四卷　(清)鄭觀應撰　清光緒二十一年(1895)鉛印本　八冊

110000－0144－0006650　323.07/974－02
盛世危言十四卷　(清)鄭觀應撰　清光緒二十八年(1902)書業德記刻本　四冊

110000－0144－0006651　323.07/974－03
盛世危言八卷　(清)鄭觀應撰　清光緒二十六年(1900)倂鶴齋鉛印本　八册

110000－0144－0006652　323.07/974－03
盛世危言八卷　(清)鄭觀應撰　清光緒二十六年(1900)倂鶴齋鉛印本　八册

110000－0144－0006653　323.07/974－04
盛世危言二编四卷　(清)鄭觀應撰　清光緒二十四年(1898)圖書集成局鉛印本　一册

110000－0144－0006654　323.1/113－1
續文獻通考纂二十二卷　(明)王圻撰　清刻本　十册

110000－0144－0006655　323.1/113－8
續文獻通考鈔二十三卷　(清)史以甲纂　清康熙二年(1663)美延堂刻本　八册

110000－0144－0006656　323.1/146
欽定續通典一百五十卷　(清)嵇璜　(清)曹仁虎纂修　清光緒二十八年(1902)上海圖書集成局鉛印本　十二册

110000－0144－0006657　323.1/148
通典二百卷　(唐)杜佑撰　清光緒二十二年(1896)浙江書局刻本　五十册

110000－0144－0006658　323.1/249
通典二百卷　(唐)杜佑撰　**通志二百卷**　(宋)鄭樵撰　**文獻通考三百四十八卷**　(元)馬端臨撰　清乾隆十二年(1747)武英殿刻本　二百四十二册

110000－0144－0006659　323.1/249－02
通典二百卷　(唐)杜佑撰　**考證一卷**　清光緒二十七年(1901)上海圖書集成局鉛印本　十六册

110000－0144－0006660　323.1/249－04
通典二百卷　(唐)杜佑撰　清同治十年(1871)廣州學海堂刻本　六十四册

110000－0144－0006661　323.1/249－04
通典二百卷　(唐)杜佑撰　清同治十年(1871)廣州學海堂刻本　四十册

110000－0144－0006662　323.1/249－05
通典二百卷　(唐)杜佑撰　**考證一卷**　清光緒二十八年(1902)上海鴻寶書局石印本　十二册

110000－0144－0006663　323.1/249－05
通典二百卷　(唐)杜佑撰　**考證一卷**　清光緒二十八年(1902)上海鴻寶書局石印本　十二册

110000－0144－0006664　323.1/249－716
欽定續通典一百五十卷　(清)嵇璜　(清)曹仁虎纂修　清光緒十二年(1886)浙江書局刻本　四十册

110000－0144－0006665　323.1/249－716－03
欽定續通典一百五十卷　(清)嵇璜　(清)曹仁虎纂修　清乾隆四十八年(1783)武英殿刻本　六十四册

110000－0144－0006666　323.1/249－716－04
欽定續通典一百五十卷　(清)嵇璜　(清)曹仁虎纂修　清光緒二十八年(1902)上海鴻寶書局石印本　八册

110000－0144－0006667　323.1/249－716－04
欽定續通典一百五十卷　(清)嵇璜　(清)曹仁虎纂修　清光緒二十八年(1902)上海鴻寶書局石印本　八册

110000－0144－0006668　323.1/249－716－87
皇朝通典一百卷　(清)曹仁虎等纂修　清光緒八年(1882)浙江書局刻本　四十册

110000－0144－0006669　323.1/352
文獻通考三百四十八卷　(元)馬端臨撰　清光緒二十二年(1896)浙江書局刻本　一百四十册

110000－0144－0006670　323.1/366
古今法制表十六卷　(清)孫榮撰　清光緒三十二年(1906)四川瀘州學正署刻本　十册

110000－0144－0006671　323.1/366
古今法制表十六卷　(清)孫榮撰　清光緒三十二年(1906)四川瀘州學正署刻本　十册

110000－0144－0006672　323.1/384
經世八編類纂二百八十五卷　（明）陳仁錫纂　清光緒七年(1881)三畏堂刻本　一百册

110000－0144－0006673　323.1/416
文獻通考三百四十八卷　（元）馬端臨撰　清乾隆十二年(1747)刻本　八十六册

110000－0144－0006674　323.1/416
文獻通考三百四十八卷　（元）馬端臨撰　清乾隆十二年(1747)刻本　八十八册

110000－0144－0006675　323.1/416－02
文獻通考三百四十八卷　（元）馬端臨撰　清光緒二十七年(1901)上海圖書集成局鉛印本　四十四册

110000－0144－0006676　323.1/416－03
文獻通考二十四卷首一卷　（元）馬端臨撰　清光緒十一年(1885)上海點石齋石印本　二十册

110000－0144－0006677　323.1/416－03
文獻通考二十四卷首一卷　（元）馬端臨撰　清光緒十一年(1885)上海點石齋石印本　二十册

110000－0144－0006678　323.1/416－03
文獻通考二十四卷首一卷　（元）馬端臨撰　清光緒十一年(1885)上海點石齋石印本　二十册

110000－0144－0006679　323.1/416－03
文獻通考二十四卷首一卷　（元）馬端臨撰　清光緒十一年(1885)上海點石齋石印本　二十四册

110000－0144－0006680　323.1/416－05
文獻通考三百四十八卷　（元）馬端臨撰　**考證三卷**　清刻本　缺六卷(一至六)　一百四十六册

110000－0144－0006681　323.1/416－06
文獻通考三百四十八卷　（元）馬端臨撰　**考證三卷**　清光緒二十八年(1902)上海鴻寶書局石印本　三十二册

110000－0144－0006682　323.1/416－1
文獻通考詳節二十四卷首一卷　（清）嚴虞惇輯　清光緒二十四年(1898)墨潤堂書莊石印本　六册

110000－0144－0006683　323.1/416－1－02
文獻通考詳節二十四卷　（清）嚴虞惇輯　清光緒五年(1879)八杉齋鉛印本　十二册

110000－0144－0006684　323.1/416－185
文獻通考纂要二十四卷　（明）胡震亨輯　清光緒二十七年(1901)麗澤學會石印本　八册

110000－0144－0006685　323.1/416－677
文獻通考紀要二卷　（□）□□撰　清刻本　二册

110000－0144－0006686　323.1/416－716
欽定續文獻通考二百五十卷　（清）嵇璜（清）曹仁虎等纂修　清光緒十三年(1887)浙江書局刻本　一百十六册

110000－0144－0006687　323.1/416－716
欽定續文獻通考二百五十卷　（清）嵇璜（清）曹仁虎等纂修　清光緒十三年(1887)浙江書局刻本　一百二十八册

110000－0144－0006688　323.1/416－716
欽定續文獻通考二百五十卷　（清）嵇璜（清）曹仁虎等纂修　清光緒十三年(1887)浙江書局刻本　一百二十三册

110000－0144－0006689　323.1/416－716－02
欽定續文獻通考二百五十卷　（清）曹仁虎（清）嵇璜等纂修　清光緒二十八年(1902)上海圖書集成局鉛印本　三十六册

110000－0144－0006690　323.1/416－716－04
欽定續文獻通考二百五十卷　（清）嵇璜（清）曹仁虎等纂修　清光緒二十八年(1902)上海鴻寶書局石印本　二十四册

110000－0144－0006691　323.1/416－736
三通考輯要七十六卷　湯壽潛輯　清光緒二十五年(1899)上海圖書集成局鉛印本　三十册

110000－0144－0006692　323.1/416－736
三通考輯要七十六卷　湯壽潛輯　清光緒二十五年(1899)上海圖書集成局鉛印本　三十冊

110000－0144－0006693　323.1/495
三通序一卷　盧靖輯　清光緒二十四年(1898)豐潤沔陽盧氏刻慎始基齋叢書本　二冊

110000－0144－0006694　323.1/526
三通序一卷　(清)蔣德鈞錄　清光緒二十年(1894)上海書局石印本　二冊

110000－0144－0006695　323.1/828
井田圖考二卷　(清)朱克己撰　清光緒十六年(1890)山東書局刻本　二冊

110000－0144－0006696　323.1/835
治平略增定全書二十二卷　(明)朱健　(明)朱徽撰　清康熙三年(1664)刻本　十一冊

110000－0144－0006697　323.1/894
皇朝續文獻通考三百二十卷　(清)劉錦藻纂　清光緒三十一年(1905)堅匏盦鉛印本　八十八冊

110000－0144－0006698　323.1/946
西漢會要七十卷東漢會要四十卷　(宋)徐天麟　清光緒二十五年(1899)廣雅書局刻本　七十一冊

110000－0144－0006699　323.1/946
五代會要三十卷唐會要一百卷　(宋)王溥撰　清光緒二十五年(1899)廣雅書局刻本　缺四卷(唐會要五十至五十三)　七十一冊

110000－0144－0006700　323.1/946
明會要八十卷　(清)龍文彬撰　清光緒二十五年(1899)廣雅書局刻本　七十一冊

110000－0144－0006701　323.12/117
漢制攷四卷　(元)王應麟撰　清光緒十年(1884)成都志古堂刻本　二冊

110000－0144－0006702　323.121/946
西漢會要七十卷　(宋)徐天麟撰　清光緒十年(1884)江蘇書局刻本　十冊

110000－0144－0006703　323.121/946
西漢會要七十卷　(宋)徐天麟撰　清光緒十年(1884)江蘇書局刻本　十冊

110000－0144－0006704　323.121/946
西漢會要七十卷　(宋)徐天麟撰　清光緒十年(1884)江蘇書局刻本　十冊

110000－0144－0006705　323.121/946－02
西漢會要七十卷　(宋)徐天麟撰　清刻本　十冊

110000－0144－0006706　323.121/946－02
西漢會要七十卷　(宋)徐天麟撰　清刻本　十冊

110000－0144－0006707　323.122/946
東漢會要四十卷　(宋)徐天麟撰　清光緒十年(1884)江蘇書局刻本　八冊

110000－0144－0006708　323.122/946
東漢會要四十卷　(宋)徐天麟撰　清光緒十年(1884)江蘇書局刻本　八冊

110000－0144－0006709　323.122/946
東漢會要四十卷　(宋)徐天麟撰　清光緒十年(1884)江蘇書局刻本　八冊

110000－0144－0006710　323.122/946－02
東漢會要四十卷　(宋)徐天麟撰　清刻本　八冊

110000－0144－0006711　323.122/946－02
東漢會要四十卷　(宋)徐天麟撰　清刻本　八冊

110000－0144－0006712　323.123/269
三國會要二十二卷首一卷　(清)楊晨撰　清光緒二十六年(1900)江蘇書局刻本　六冊

110000－0144－0006713　323.141/118
唐會要一百卷　(宋)王溥撰　清刻本　二十八冊

110000－0144－0006714　323.141/118
唐會要一百卷　(宋)王溥撰　清刻本　二十八冊

110000－0144－0006715　323.141/118
唐會要一百卷　(宋)王溥撰　清刻本　二十四册

110000－0144－0006716　323.141/118－02
唐會要一百卷　(宋)王溥撰　清光緒十年(1884)江蘇書局刻本　二十四册

110000－0144－0006717　323.141/118－03
唐會要一百卷　(宋)王溥撰　清光緒十年(1884)江蘇書局刻本　二十四册

110000－0144－0006718　323.141/667
唐六典三十卷　(唐)玄宗李隆基撰　(唐)李林甫注　清光緒二十一年(1895)廣雅書局刻本　六册

110000－0144－0006719　323.141/667
唐六典三十卷　(唐)玄宗李隆基撰　(唐)李林甫注　清光緒二十一年(1895)廣雅書局刻本　六册

110000－0144－0006720　323.141/667－02
大唐六典三十卷　(唐)玄宗李隆基撰　(唐)李林甫等奉敕注　清掃葉山房刻本　四册

110000－0144－0006721　323.142/118
五代會要三十卷　(宋)王溥撰　清光緒十二年(1886)江蘇書局刻本　六册

110000－0144－0006722　323.142/118－02
五代會要三十卷　(宋)王溥撰　清光緒十二年(1886)江蘇書局刻本　六册

110000－0144－0006723　323.142/118－03
五代會要三十卷　(宋)王溥撰　清光緒十二年(1886)江蘇書局刻本　六册

110000－0144－0006724　323.15/884
愧郯錄十五卷　(宋)岳珂撰　清乾隆長塘鮑氏刻知不足齋叢書本　四册

110000－0144－0006725　323.15/884
愧郯錄十五卷　(宋)岳珂撰　清乾隆長塘鮑氏刻知不足齋叢書本　四册

110000－0144－0006726　323.157/453
重校元典章六十卷新集二卷　(元)中書省編　清光緒三十四年(1908)法律館刻本　二十四册

110000－0144－0006727　323.157/453
重校元典章六十卷新集二卷　(元)中書省編　清光緒三十四年(1908)法律館刻本　二十四册

110000－0144－0006728　323.16/292
大明令一卷　(明)太祖朱元璋勅纂　清刻陸庵叢書本　一册

110000－0144－0006729　323.16/658－02
明會要八十卷　(清)龍文彬纂　清光緒十三年(1887)永懷堂刻本　二十册

110000－0144－0006730　323.17/117
石渠餘紀六卷　(清)王慶雲撰　清光緒十六年(1890)攸縣龍氏刻本　六册

110000－0144－0006731　323.17/117－02
熙朝政紀(石渠餘紀)八卷　(清)王慶雲撰　清光緒二十七年(1901)上海圖書集成印書局鉛印本　四册

110000－0144－0006732　323.17/203
國朝掌故講義　趙炳麟撰　清宣統機器印刷局鉛印本　一册

110000－0144－0006733　323.17/264
時務通攷三十一卷　(清)杞廬主人等編　清光緒二十三年(1897)上海點石齋石印本　二十册

110000－0144－0006734　323.17/264
時務通攷三十一卷　(清)杞廬主人等編　清光緒二十三年(1897)上海點石齋石印本　二十四册

110000－0144－0006735　323.17/264－1
時務通攷續編三十一卷　(清)點石齋主人輯　清光緒二十七年(1901)上海點石齋石印本　十六册

110000－0144－0006736　323.17/283
欽定理藩部則例六十四卷通例二卷　(清)松森等修　(清)福敏等纂　清光緒三十四年

(1908)鉛印本　十六册

110000－0144－0006737　323.17/306
會典簡明錄一卷　(清)張祥河輯　清光緒二十三年(1897)漸西村舍刻本　一册

110000－0144－0006738　323.17/308
杭州八旗駐防營志略二十五卷　(清)張大昌輯　清光緒十九年(1893)浙江書局刻本　六册

110000－0144－0006739　323.17/308
杭州八旗駐防營志略二十五卷　(清)張大昌輯　清光緒十九年(1893)浙江書局刻本　六册

110000－0144－0006740　323.17/380
分類時務通纂三百卷　(清)陳昌紳編　清光緒二十八年(1902)上海文瀾書局石印本　缺八卷(一百十四至一百二十一)　三十四册

110000－0144－0006741　323.17/380
分類時務通纂三百卷　(清)陳昌紳編　清光緒二十八年(1902)上海文瀾書局石印本　四十八册

110000－0144－0006742　323.17/380
分類時務通纂三百卷　(清)陳昌紳編　清光緒二十八年(1902)上海文瀾書局石印本　四十八册

110000－0144－0006743　323.17/383.7
國朝掌故　(清)陳鴻緒編　清光緒三十年(1904)北洋武備研究所石印本　四册

110000－0144－0006744　323.17/410
駐粤八旗志二十四卷首一卷　(清)長善纂　清光緒五年(1879)廣州翰文堂刻本　十六册

110000－0144－0006745　323.17/425.2
國朝掌故　(清)陳鴻緒編　清光緒三十年(1904)北洋武備研究所石印本　一册

110000－0144－0006746　323.17/440
吾學錄初編二十四卷　(清)吳榮光撰　清同治九年(1870)江蘇書局刻本　六册

110000－0144－0006747　323.17/440
吾學錄初編二十四卷　(清)吳榮光撰　清同治九年(1870)江蘇書局刻本　六册

110000－0144－0006748　323.17/440－02
會典輯要二十四卷　(清)吳榮光撰　清光緒二十八年(1902)上海鴻寶書局石印本　四册

110000－0144－0006749　323.17/440－03
吾學錄初編二十四卷　(清)吳榮光撰　清道光二十九年(1849)閩汀會經堂刻本　八册

110000－0144－0006750　323.17/440－03
吾學錄初編二十四卷　(清)吳榮光撰　清道光二十九年(1849)閩汀會經堂刻本　八册

110000－0144－0006751　323.17/440－04
吾學錄初編二十四卷　(清)吳榮光撰　清道光十五年(1835)陟慕居刻本　八册

110000－0144－0006752　323.17/466
欽定中樞政考續纂四卷　(清)景善纂修　清道光十二年(1832)刻本　四册

110000－0144－0006753　323.17/665
皇朝政典類纂五百卷目錄六卷　(清)席裕福輯　清光緒二丨九年(1903)上海圖書集成局鉛印本　一百二十册

110000－0144－0006754　323.17/677
皇清政治學問答初編　(清)文明書局編輯所編　清光緒二十八年(1902)上海文明印書局鉛印普通教科問答全書本　一册

110000－0144－0006755　323.17/677
皇清政治學問答初編二編　(清)文明書局編輯所編　清光緒二十八年(1902)上海文明印書局鉛印普通教科問答全書本　二册

110000－0144－0006756　323.17/677
皇清政治學問答初編二編　(清)文明書局編輯所編　清光緒二十八年(1902)上海文明印書局鉛印普通教科問答全書本　二册

110000－0144－0006757　323.17/716
欽定大清會典一千卷　(清)崑岡等總裁　(清)吳中欽等纂修　清光緒二十五年(1899)石印本　三十六册

110000－0144－0006758　323.17/716
欽定大清會典一千卷　(清)崑岡等總裁　(清)吳中欽等纂修　清光緒二十五年(1899)石印本　三十六冊

110000－0144－0006759　323.17/716.6
皇朝通典一百卷　(清)曹仁虎等纂修　清光緒八年(1882)浙江書局刻本　四十冊

110000－0144－0006760　323.17/716.6
皇朝通典一百卷　(清)曹仁虎等纂修　清光緒八年(1882)浙江書局刻本　四十冊

110000－0144－0006761　323.17/716.6－02
皇朝通典一百卷　(清)曹仁虎等纂修　清光緒二十七年(1901)上海圖書集成局鉛印本　十二冊

110000－0144－0006762　323.17/716.6－04
皇朝通典一百五十卷　(清)曹仁虎等纂修　清光緒二十八年(1902)上海鴻寶書局石印本　八冊

110000－0144－0006763　323.17/716.6－1
欽定大清會典一百卷　(清)文保等纂修　清光緒十九年(1893)上海圖書集成印書局鉛印本　八冊

110000－0144－0006764　323.17/716.6－1
欽定大清會典一百卷　(清)文保等纂修　清光緒十九年(1893)上海圖書集成印書局鉛印本　八冊

110000－0144－0006765　323.17/716.6－2
皇朝文獻通考三百卷　(清)曹仁虎　(清)嵇璜等纂修　清光緒八年(1882)浙江書局刻本　一百六十冊

110000－0144－0006766　323.17/716.6－2
皇朝文獻通考三百卷　(清)曹仁虎　(清)嵇璜等纂修　清光緒八年(1882)浙江書局刻本　一百六十冊

110000－0144－0006767　323.17/716.6－2－02
皇朝文獻通考三百卷　(清)曹仁虎　(清)嵇璜等纂修　清光緒二十七年(1901)上海圖書集成局鉛印本　四十冊

110000－0144－0006768　323.17/716.6－2－04
皇朝文獻通考三百卷　(清)曹仁虎　(清)嵇璜等纂修　清光緒二十八年(1902)上海鴻寶書局石印本　三十二冊

110000－0144－0006769　323.17/716.8
欽定大清會典八十卷　(清)托津等纂修　清嘉慶二十三年(1818)武英殿刻本　四十冊

110000－0144－0006770　323.17/716.8
欽定大清會典八十卷　(清)托津等纂修　清嘉慶二十三年(1818)武英殿刻本　四十冊

110000－0144－0006771　323.17/716.8－02
大清會典四卷　(清)托津等纂編　清同治十一年(1872)湖北崇文書局刻本　四冊

110000－0144－0006772　323.17/716.8－02
大清會典四卷　(清)托津等纂編　清同治十一年(1872)湖北崇文書局刻本　四冊

110000－0144－0006773　323.17/716.8－2
欽定大清會典事例一百二十五卷　(清)王杰等編　清嘉慶二十三年(1818)武英殿刻本　三百六十一冊

110000－0144－0006774　323.17/716－02
欽定大清會典一百卷首一卷　(清)崑岡等總裁　(清)吳中欽等纂修　清光緒三十四年(1908)上海商務印書館石印本　十冊

110000－0144－0006775　323.17/716－02
欽定大清會典一百卷首一卷　(清)崑岡等總裁　(清)吳中欽等纂修　清光緒三十四年(1908)上海商務印書館石印本　十冊

110000－0144－0006776　323.17/716－03
欽定大清會典一百卷首一卷　(清)崑岡等總裁　(清)吳中欽等纂修　清宣統元年(1909)上海商務印書館石印本　十冊

110000－0144－0006777　323.17/716－04
欽定大清會典一百卷　(清)文保等纂修　清蘇州江南省署刻本　四冊　存二十卷(一至十九、目錄一卷)

110000－0144－0006778　323.17/716－2
欽定大清會典事例一千二百二十卷　(清)李鴻章等纂修　清光緒石印本　三百八十四冊

110000－0144－0006779　323.17/716－2
欽定大清會典事例一千二百二十卷　(清)李鴻章等纂修　清光緒石印本　三百八十四冊

110000－0144－0006780　323.17/716－2－02
欽定大清會典事例一千二百二十卷　(清)李鴻章等纂修　清光緒三十四年(1908)上海商務印書館石印本　一百五十冊

110000－0144－0006781　323.17/716－2－02
欽定大清會典事例一千二百二十卷　(清)李鴻章等纂修　清光緒三十四年(1908)上海商務印書館石印本　一百五十冊

110000－0144－0006782　323.17/716－2－02
欽定大清會典事例一千二百二十卷　(清)李鴻章等纂修　清光緒三十四年(1908)上海商務印書館石印本　一百五十冊

110000－0144－0006783　323.17/722
滿漢六部成語六卷　(清)□□編　清道光二十二年(1842)文英堂刻本　六冊

110000－0144－0006784　323.17/763
直隸旗地述略一卷　勞乃宣撰　清光緒十五年(1889)刻本　一冊

110000－0144－0006785　323.17/780
耕耤典禮一卷　(清)農工商部編　清光緒鉛印本　一冊

110000－0144－0006786　323.17/937
皇朝瑣屑錄四十四卷　(清)鍾琦撰　清光緒二十三年(1897)嘉州鍾氏刻本　十二冊

110000－0144－0006787　323.1702/716
欽定大清會典圖二百七十卷　(清)崑岡等總裁　(清)劉啟端　(清)夏孫桐總纂　清光緒石印本　七十六冊

110000－0144－0006788　323.1702/716
欽定大清會典圖二百七十卷　(清)崑岡等總裁　(清)劉啟端　(清)夏孫桐總纂　清光緒石印本　七十四冊

110000－0144－0006789　323.1702/716.8
欽定大清會典圖一百三十二卷　(清)慶桂纂　清嘉慶十六年(1811)刻本　四十冊

110000－0144－0006790　323.171/171
大清會典要義十三卷　黃純垓編　清末直隸法政學堂油印本　一冊

110000－0144－0006791　323.171/311
會典簡明錄一卷　(清)張祥河輯　清光緒二十三年(1897)漸西村舍刻本　一冊

110000－0144－0006792　323.178/134
吏部選缺章程不分卷　(清)□□編　清光緒刻本　九冊

110000－0144－0006793　323.178/684
宗人府職掌暨歲入歲出統計表　(清)宗人府編　清宣統元年(1909)石印本　二冊

110000－0144－0006794　323.19/905
佐治芻言　(英國)傅蘭雅口譯　(清)應祖錫筆述　清末上海江南製造總局鉛印本　三冊

110000－0144－0006795　323.19/905
佐治芻言一卷　(英國)傅蘭雅口譯　(清)應祖錫筆述　清末上海江南製造總局鉛印本　三冊

110000－0144－0006796　323.2/675
修訂法律館會奏國籍條例草案原奏　奕劻等撰　清宣統元年(1909)鉛印本　一冊

110000－0144－0006797　323.3/606
諮議局章程及選舉章程解釋彙鈔第一次至第八次　(清)諮議局擬訂　清光緒三十四年至宣統二年(1908－1910)鉛印本　一冊

110000－0144－0006798　323.3/606
諮議局章程及選舉章程解釋彙鈔第一次至第八次　(清)諮議局擬訂　清光緒三十四年至宣統二年(1908－1910)鉛印本　一冊

110000－0144－0006799　323.3/606
諮議局章程及選舉章程解釋彙鈔第一次至第八次　(清)諮議局擬訂　清光緒三十四年至

宣統二年(1908－1910)鉛印本　一冊

110000－0144－0006800　323.3/606

諮議局章程及選舉章程解釋彙鈔第一次至第八次　(清)諮議局擬訂　清光緒三十四年至宣統二年(1908－1910)鉛印本　一冊

110000－0144－0006801　323.3/606

諮議局章程及選舉章程解釋彙鈔第一次至第八次　(清)諮議局擬訂　清光緒三十四年至宣統二年(1908－1910)鉛印本　一冊

110000－0144－0006802　323.3/606

諮議局章程及選舉章程解釋彙鈔第一次至第八次　(清)諮議局擬訂　清光緒三十四年至宣統二年(1908－1910)鉛印本　一冊

110000－0144－0006803　323.3/606

諮議局章程及選舉章程解釋彙鈔第一次至第八次　(清)諮議局擬訂　清光緒三十四年至宣統二年(1908－1910)鉛印本　一冊

110000－0144－0006804　323.3/606

諮議局章程及選舉章程解釋彙鈔第一次至第八次　(清)諮議局擬訂　清光緒三十四年至宣統二年(1908－1910)鉛印本　一冊

110000－0144－0006805　323.35/102

[康熙]己未詞科錄十二卷首一卷　(清)秦瀛輯　清光緒十四年(1888)無錫藝文齋木活字印本　六冊

110000－0144－0006806　323.35/109

光緒壬午科十八省正副榜同年全錄　(清)禮部撰　清光緒八年(1882)禮部司務廳刻本　二冊

110000－0144－0006807　323.35/122

宗室貢舉備攷　(清)瑞聯輯　清光緒十三年(1887)瑞聯刻本　二冊

110000－0144－0006808　323.35/165

紫泥日記一卷　(清)黄彭年撰　清光緒十五年(1889)陶樓刻陶樓雜著本　一冊

110000－0144－0006809　323.35/168

增補貢舉考略六卷　(清)黄崇蘭撰　清光緒八年(1882)金陵文英堂刻本　四冊

110000－0144－0006810　323.35/168－02

增補舉貢考略六卷　(清)黄崇蘭輯　清光緒五年(1879)金陵文英堂刻本　四冊

110000－0144－0006811　323.35/170

國朝兩浙科名錄(清順治三年至光緒十四年)　(清)黄安綬輯　清咸豐七年(1857)京師龍文齋刻本(有抄配)　二冊

110000－0144－0006812　323.35/198

昆陵科第攷八卷　(清)趙熙鴻原編　(清)錢人麟續編　清同治七年(1868)刻本　二冊

110000－0144－0006813　323.35/250

咸豐辛亥恩科鄉試同年錄　(清)杜受田主考　清咸豐元年(1851)英華齋刻字鋪刻本　一冊

110000－0144－0006814　323.35/299

光緒乙亥恩科順天鄉試同年齒錄　(清)楊慶麟撰　清光緒元年(1875)京都琉璃廠奎光齋等刻本　四冊

110000－0144－0006815　323.35/325

光緒己丑恩科十八省正副榜同年全錄　(清)□□編　清光緒十五年(1889)刻本　二冊

110000－0144－0006816　323.35/355

國朝歷科題名碑錄附明洪武至崇禎各科(清順治三年至道光九年)　(清)李周望編　(清)德沛續編　清刻本　十二冊

110000－0144－0006817　323.35/357

光緒乙亥恩科十八省鄉試同年錄附咸豐乙卯科鄉試同年錄　(清)□□編　清光緒元年(1875)刻本　二冊

110000－0144－0006818　323.35/372

光緒癸卯恩科十八省正副榜同年全錄　(清)□□編　清光緒二十九年(1903)刻本　二冊

110000－0144－0006819　323.35/378

道光壬辰科直省同年錄　(清)陳寯彙編　清道光二十六年(1846)北京龍文齋刻本　六冊

110000－0144－0006820　323.35/383

道光甲辰科會試同年錄　(清)陳官俊主考　清道光二十四年(1844)敬梓堂刻本　一冊

110000－0144－0006821　323.35/392(1837)
道光丁酉科各省選拔同年明經通譜　清道光十八年(1838)刻本　四冊

110000－0144－0006822　323.35/392(1873)
同治癸酉科各省選拔同年明經通譜　(清)陸潤庠編　清同治十三年(1874)北京琉璃廠文錦齋、龍文齋、元會齋、精華齋、律古齋、近文齋刻字鋪刻本　四冊

110000－0144－0006823　323.35/392－9
宣統己酉科簡易明經通譜附各行省優貢全錄　(清)□□編　清宣統二年(1910)北京琉璃廠刻本　五冊

110000－0144－0006824　323.35/424
光緒辛卯科同年齒錄　(清)□□編　清刻本　二冊

110000－0144－0006825　323.35/424.4
同治庚午科大同年齒錄　(清)□□編　清光緒三十二年(1906)京師刻本　八冊

110000－0144－0006826　323.35/427
嘉慶己卯科直省鄉試同年譜　(清)鄂恆編　清道光十六年(1836)刻本　四冊

110000－0144－0006827　323.35/437
國朝館選爵里諡法考(清順治三年至嘉慶六年)三卷國朝翰詹源流編年二卷　(清)吳鼎雯撰　清乾隆、嘉慶間刻本　四冊

110000－0144－0006828　323.35/443
道光乙巳世誼齒錄　(清)路朝霖編　清宣統二年(1910)河南刻本　一冊

110000－0144－0006829　323.35/455
道光元年辛巳各省同年全錄　(清)史致蕃編　清咸豐元年(1851)文奎齋刻本　四冊

110000－0144－0006830　323.35/464
題名錄一卷　(清)□□編　清刻本　一冊

110000－0144－0006831　323.35/481
同案錄一卷(清光緒二十二年)　(清)□□編　清光緒二十二年(1896)廣州西湖街藏珍閣刻本　一冊

110000－0144－0006832　323.35/595
光緒辛卯科(湖南廣東廣西雲南江西江南甘肅)鄉試同年齒錄　(清)□□編　清末北京琉璃廠精華齋、魁元齋刻本　八冊

110000－0144－0006833　323.35/595.5
光緒丁酉科十八省選拔貢同年全錄　(清)□□編　清光緒二十三年(1897)刻本　二冊

110000－0144－0006834　323.35/595.51
光緒辛卯科十八省正副榜同年錄　(清)□□編　清光緒十七年(1891)刻本　二十四冊

110000－0144－0006835　323.35/657
欽定學政全書八十六卷首一卷　(清)童璜等纂修　清嘉慶十七年(1812)刻本　一冊

110000－0144－0006836　323.35/666
欽定磨勘條例四卷　(清)禮部纂修　清嘉慶刻本　一冊

110000－0144－0006837　323.35/668
庚子科武場鄉會試條例一卷　(清)□□編　清刻本　一冊

110000－0144－0006838　323.35/688
宣統二年庚戌科直省舉貢會考齒錄　(清)□□編　清宣統二年(1910)北京文奎齋、宏文齋、聚元齋、文錦齋、龍雲齋刻本　四冊

110000－0144－0006839　323.35/716－5
光緒年間殿試選　(清)□□編　清末抄本　五摺

110000－0144－0006840　323.35/747
國朝歷科館選錄(清順治三年至光緒六年)　(清)沈廷芳輯　清光緒翰林院刻本　二冊

110000－0144－0006841　323.35/747－02
國朝歷科館選錄(清順治三年至光緒三十四年)　(清)沈廷芳輯　(清)陸費墀　陸費煒重訂　清末抄本　一冊

110000－0144－0006842　323.35/762
道光甲午科鄉試同年錄　(清)□□編　清道

光刻本　五册

110000－0144－0006843　323.35/821
道光重訂壬午同年齒錄　(清)周含萬輯　清道光十三年(1833)刻本　二册

110000－0144－0006844　323.35/861
經濟特科同徵錄一卷　(清)□□編　清光緒三十年(1904)北洋官報局鉛印本　一册

110000－0144－0006845　323.35/861
經濟特科同徵錄一卷　(清)□□編　清光緒三十年(1904)北洋官報局鉛印本　一册

110000－0144－0006846　323.35/865(1807)
嘉慶十二年丁卯科順天鄉試錄　(清)□□編　清嘉慶刻本　五册

110000－0144－0006847　323.35/865(1813)
嘉慶癸酉科順天鄉試同年齒錄　(清)□□編　清嘉慶刻本　四册

110000－0144－0006848　323.35/865(1825)
道光乙酉科順天鄉試同年齒錄　(清)□□編　清道光京都奎光齋刻字鋪刻本　四册

110000－0144－0006849　323.35/865(1831)
道光辛卯科順天鄉試同年齒錄　(清)□□編　清道光刻本　四册

110000－0144－0006850　323.35/865(1834)
道光甲午科順天鄉試同年齒錄　(清)□□編　清道光聚奎堂刻本　四册

110000－0144－0006851　323.35/865(1851)
咸豐元年辛亥恩科順天鄉試齒錄　(清)□□編　清咸豐北京琉璃廠梓文齋、近文齋刻本　八册

110000－0144－0006852　323.35/865(1862)
同治壬戌恩科順天鄉試同年錄　(清)□□編　清同治刻本　一册

110000－0144－0006853　323.35/865(1873)
順天鄉試同年齒錄(清同治癸酉科)　(清)□□編　清末北京琉璃廠文錦斋、翰元齋刻本　四册

110000－0144－0006854　323.35/865(1882)
光緒八年壬午科順天鄉試同年齒錄　(清)□□編　清光緒北京琉璃廠精華齋等刻字鋪刻本　四册

110000－0144－0006855　323.35/865(1891)
光緒辛卯科順天鄉試同年齒錄　(清)□□編　清末北京聚元齋等刻本　四册

110000－0144－0006856　323.35/865(1894)
光緒二十年甲午科順天鄉試同年齒錄　(清)□□編　清末北京琉璃廠會文齋、龍光齋、聚魁齋刻本　四册

110000－0144－0006857　323.35/874
國朝右文掌錄不分卷　(清)自有餘齋輯　清光緒十四年(1888)刻本　一册

110000－0144－0006858　323.35/880
欽定學政全書八卷　(清)□□纂　清刻本　八册

110000－0144－0006859　323.35/947
光緒己卯科直省同年齒錄　(清)徐桐編　清光緒五年(1879)北京琉璃廠龍雲齋、龍光齋刻字鋪刻本　六册

110000－0144－0006860　323.35/948
道光甲午科直省同年錄　(清)徐有孚編　清道光二十年(1840)徐宅刻本　五册

110000－0144－0006861　323.35/948.7
道光戊子科直省同年錄　(清)徐有壬編　清道光十六年(1836)戶部徐宅刻本　六册

110000－0144－0006862　323.3513/595(1885)
光緒乙酉科河南拔貢齒錄一卷　(清)□□編　清光緒刻本　一册

110000－0144－0006863　323.3513/717
清同治九年庚午科河南鄉試錄　(清)□□編　清末刻本　一册

110000－0144－0006864　323.3514/583
光緒十七年辛卯科山西武鄉試題名錄　(清)□□編　清末抄本　一册

110000－0144－0006865　323.3514/583－2

光緒己丑科山西鄉試題名錄　(清)□□編　清末刻本　一冊

110000－0144－0006866　323.3514/583－21
光緒十五年己丑恩科山西鄉試題名錄　(清)□□編　清末刻本　一冊

110000－0144－0006867　323.3521/112
國朝虞陽科名錄(清順治三年至光緒三十一年)四卷首一卷　(清)王元鍾編　清道光三十年(1850)清暉書屋刻本　四冊

110000－0144－0006868　323.3521/112
國朝虞陽科名錄(清順治三年至光緒三十一年)四卷首一卷　(清)王元鍾編　清道光三十年(1850)清暉書屋刻本　六冊

110000－0144－0006869　323.3521/213
國朝湖州府科第表(清順治三年至光緒二十八年)　(清)戴璐等編　清同治十一年(1872)清遠堂刻本　二冊

110000－0144－0006870　323.3521/283
松江府屬歷科采芹錄初至四編(清順治二年至光緒三十一年)　(清)□□編　清宣統元年(1909)上海時中書局鉛印本　一冊

110000－0144－0006871　323.3521/424
同治丁卯科並補行辛酉科江南鄉試題名錄　(清)□□編　清同治刻本　一冊

110000－0144－0006872　323.3521/586
靜庠題名錄(清順治二年至光緒三十年)二卷首一卷　(清)崔靈驥輯　清光緒石印本　二冊

110000－0144－0006873　323.3521/648
錫金科第考(清順治三年至光緒二十九年)六卷附年表一卷　(清)高鑅泉輯　清宣統二年(1910)木活字印本　二冊

110000－0144－0006874　323.3521/648－9
錫金游庠續錄(清同治四年至光緒三十一年)　(清)高鑅泉輯　清光緒三十四年(1908)刻本　一冊

110000－0144－0006875　323.3521/754
蘇州府學明倫堂扁額額志　(清)潘世湉輯　清同治八年(1869)蘇州刻本　二冊

110000－0144－0006876　323.3521/887
江南江寧同官錄　(清)劉坤一編　清光緒二十三年(1897)刻本　四冊

110000－0144－0006877　323.3521/930
國朝蘇州府長元吳三邑科第譜(清順治三年至光緒三十二年)四卷　(清)陸懋修原輯　(清)陸潤庠補編　清光緒三十二年(1906)刻本　二冊

110000－0144－0006878　323.3521/930
國朝蘇州府長元吳三邑科第譜(清順治三年至光緒三十二年)四卷　(清)陸懋修原輯　(清)陸潤庠補編　清光緒三十二年(1906)刻本　二冊

110000－0144－0006879　323.3521/930－01
蘇州府長元吳三邑諸生譜(清順治二年至光緒三十年)九卷首一卷　(清)錢國祥編　清光緒三十二年(1906)蘇城郡學灑掃所刻本　二冊

110000－0144－0006880　323.3521/930－01
蘇州府長元吳三邑諸生譜(清順治二年至光緒三十年)九卷首一卷　(清)錢國祥編　清光緒三十二年(1906)蘇城郡學灑掃所刻本　二冊

110000－0144－0006881　323.3521/965
通庠題名錄(明洪武初至清同治三年)四卷首一卷末一卷　(清)顧鴻輯　(清)顧金楠續輯　清同治四年(1865)顧文益齋刻本　二冊

110000－0144－0006882　323.3523/186
嘉善入泮題名錄(清順治三年至光緒三十一年)二卷　(清)□□編　清光緒三年(1877)嘉善林本立堂刻本(光緒十五年至三十一年手抄補配)　二冊

110000－0144－0006883　323.3523/711
海昌科名錄恩貢錄拔貢錄歲貢錄(清順治三年至光緒八年)　(清)汪以莊輯　清光緒九年(1883)刻本　一冊

110000－0144－0006884　323.3523/724
同治癸酉科浙江鄉試同年齒錄　（清）□□編　清末刻本　一册

110000－0144－0006885　323.3523/724(1843)
道光癸卯科浙江鄉試同年齒錄　（清）□□編　清道光刻本　二册

110000－0144－0006886　323.3523/724(1851)
咸豐辛亥恩科浙江鄉試同年齒錄　（同治癸酉科）　清咸豐刻本　一册

110000－0144－0006887　323.3523/724(1889)
光緒十五年舉行己丑恩科浙江鄉試錄　（清）□□編　清光緒刻本　一册

110000－0144－0006888　323.3523/724(1891)
光緒辛卯科浙江鄉試同年齒錄　（清）□□編　清末刻本　四册

110000－0144－0006889　323.3523/724(1894)
光緒甲午正科浙江鄉試錄　（清）□□編　清末刻本　一册

110000－0144－0006890　323.3523/724(1900－1901)
光緒庚子辛丑恩正並科浙江鄉試同年齒錄　（清）□□編　清光緒刻本　八册

110000－0144－0006891　323.3523/724－1(1891)
光緒辛卯正科浙江鄉試錄　（清）□□編　清末刻本　一册

110000－0144－0006892　323.3523/893
浙江同官錄　（清）劉秉璋編　清光緒十二年(1886)刻本　八册

110000－0144－0006893　323.3527/361
國朝全蜀貢舉備考(清順治二年至光緒十一年)九卷　（清）孫桐生輯　（清）趙增榮重輯　清光緒九年(1883)京都敘郡會館刻本　四册

110000－0144－0006894　323.3527/361
國朝全蜀貢舉備考(清順治二年至光緒十一年)九卷　（清）孫桐生輯　（清）趙增榮重輯　清光緒九年(1883)京都敘郡會館刻本　一册

110000－0144－0006895　323.3533/273
道光庚子恩科廣東鄉試同年齒錄　（清）楊能格輯　清道光二十年(1840)刻本　一册

110000－0144－0006896　323.3533/348
清光緒二十七年舉行庚子恩正兩科廣東鄉試錄　（清）夏孫桐纂編　清末刻本　一册

110000－0144－0006897　323.354/763
近科全題新策法程不分卷　（清）劉坦之輯評　清乾隆刻本　六册

110000－0144－0006898　323.3541/101
奉天全省己酉科選拔生同年錄　（清）□□編　清宣統元年(1909)奉天關東印書館鉛印本　一册

110000－0144－0006899　323.3541/101(1885)
光緒乙酉科奉天選拔全錄　（清）□□編　清光緒刻本　一册

110000－0144－0006900　323.357/186
嘉慶丙子山東鄉試　（清）□□編　清嘉慶刻本　一册

110000－0144－0006901　323.357/338(1859)
咸豐九年己未科會試同年齒錄　（清）□□編　清光緒四年(1878)刻本　二册

110000－0144－0006902　323.357/372(1873)
同治十二年癸酉科選十八省拔貢同年全錄　（清）□□編　清同治十二年(1873)禮部刻本　二册

110000－0144－0006903　323.357/424(1865)
同治四年乙丑科會試同年齒錄　（清）□□編　清同治北京琉璃廠會文齋等刻字鋪刻本　四册

110000－0144－0006904　323.357/424(1865)
同治四年乙丑科會試同年齒錄　（清）□□編　清末北京琉璃廠會文齋等刻字鋪刻本　四册

110000－0144－0006905　323.357/424(1868)

同治七年戊辰科會試同年齒錄　（清）□□編　清同治北京琉璃廠文德齋、文元齋、會文齋、文錦齋刻本　四册

110000－0144－0006906　323.357/424(1868)
同治七年戊辰科會試同年齒錄　（清）□□編　清同治刻本　四册

110000－0144－0006907　323.357/424－02(1868)
同治戊辰科重訂會試同年譜　（清）□□編　清光緒二十年(1894)元會齋刻本　四册

110000－0144－0006908　323.357/472(1894)
光緒甲午科十八省正副榜同年全錄　（清）□□編　清光緒二十年(1894)刻本　二册

110000－0144－0006909　323.357/595(1877)
光緒三年丁丑科會試同年齒錄　（清）□□編　清光緒北京琉璃廠龍文齋、文元齋刻本　四册

110000－0144－0006910　323.357/595(1880)
光緒六年庚辰科會試同年齒錄　（清）□□編　清光緒琉璃廠會文齋、龍雲齋刻本　四册

110000－0144－0006911　323.357/595(1883)
光緒九年癸未科會試同年齒錄　（清）□□編　清光緒九年(1883)北京琉璃廠翰藻齋刻字鋪刻本　四册

110000－0144－0006912　323.357/595(1885)
光緒十一年乙酉科順天鄉試同年齒錄　（清）□□編　清光緒北京琉璃廠會文齋等刻本　四册

110000－0144－0006913　323.357/595(1886)
光緒十二年丙戌科會試同年齒錄　（清）□□編　清光緒北京琉璃廠會文齋、文奎齋、聚魁齋刻本　四册

110000－0144－0006914　323.357/595(1886)
光緒十二年丙戌科會試同年齒錄　（清）□□編　清光緒北京琉璃廠會文齋、文奎齋、聚魁齋刻本　四册

110000－0144－0006915　323.357/595(1889)
光緒己丑科會試同年齒錄　（清）□□編　清光緒十五年(1889)北京琉璃廠文采齋、龍雲齋、聚元齋、精華齋刻本　四册

110000－0144－0006916　323.357/595(1891)
光緒辛卯科十八省優貢同年譜　（清）□□編　清光緒北京琉璃廠會文齋鄭姓刻本　一册

110000－0144－0006917　323.357/595(1892)
光緒十八年壬辰科會試同年齒錄　（清）□□編　清光緒會文齋、聚魁齋、龍雲齋、元會齋刻本　十二册

110000－0144－0006918　323.357/595(1895)
光緒二十一年乙未科會試錄　（清）□□編　清光緒刻本　一册

110000－0144－0006919　323.357/595(1898)
清光緒二十四年戊戌科會試齒錄　（清）□□編　清光緒刻本　四册

110000－0144－0006920　323.357/595(1900)
光緒二十七年校刊辛丑科補行庚子恩科各省鄉試同年全錄　（清）□□編　清光緒二十七年(1901)刻本　二册

110000－0144－0006921　323.357/595(1900－01)
光緒二十八年補行庚子辛丑恩正並科各省鄉試同年全錄　（清）□□編　清光緒二十八年(1902)刻本　二册

110000－0144－0006922　323.357/595(1903)
光緒辛丑壬寅恩正並科會試同年齒錄　（清）□□編　清光緒二十九年(1903)北京琉璃廠龍光齋、會文齋、精華齋、翰藻齋刻本　四册

110000－0144－0006923　323.357/595.2(1885)
光緒乙酉科十八省正副榜同年全錄　（清）□□編　清光緒十一年(1885)刻本　二册

110000－0144－0006924　323.357/595.5(1883)
光緒九年進士登科錄　（清）□□編　清光緒刻本　一册

110000－0144－0006925　323.357/595.5(1904)
光緒三十年進士登科錄　（清）□□編　清光

緒刻本　一册

110000－0144－0006926　323.357/595－12－1885

光緒乙酉科山東選拔貢同年齒録　（清）□□編　清光緒刻本　一册

110000－0144－0006927　323.357/595－1849

道光己酉科江西齒録　（清）□□編　清末刻本　一册

110000－0144－0006928　323.357/595－1881

光緒八年壬午科鄉試同年録　（清）□□編　清光緒鉛印本　一册

110000－0144－0006929　323.357/595－1885

光緒乙酉江西拔貢同年譜　（清）□□編　清光緒十一年（1885）梁仲衡刻本　一册

110000－0144－0006930　323.357/595－1885－2

光緒乙酉科十八省優貢同年齒録　（清）□□編　清光緒刻本　一册

110000－0144－0006931　323.357/595－1891

光緒十七年辛卯科江南鄉試同年齒録　（清）□□編　清光緒刻本　一册

110000－0144－0006932　323.357/595－1893

光緒十九年癸巳恩科順天鄉試同年齒録　（清）□□編　清光緒北京會文齋等刻本　一册

110000－0144－0006933　323.357/668

庚戌科第一次考試法官同年録　（清）□□編　清宣統二年（1910）石印本　二册

110000－0144－0006934　323.357/724

道光十五年恩科浙江鄉試録　（清）□□編　清道光刻本　一册

110000－0144－0006935　323.357/762

道光二十七年丁未科會試官職録　（清）□□編　清道光二十七年（1847）北京德瑞齋等刻字鋪刻本　一册

110000－0144－0006936　323.357/762.7（1826）

道光丙戌科會試同年齒録　（清）□□編　清道光刻本　四册

110000－0144－0006937　323.357/762.7（1826）

道光丙戌科會試同年齒録　（清）□□編　清道光刻本　二册

110000－0144－0006938　323.357/762.7（1835）

道光十五年乙未科會試齒録二卷首一卷　（清）□□編　清道光二十二年（1842）刻本　二册

110000－0144－0006939　323.357/762.7（1841）

道光二十一年辛丑恩科會試齒録　（清）□□編　清道光二十一年（1841）北京琉璃廠精華齋刻字鋪刻本　四册

110000－0144－0006940　323.357/762.7（1844）

道光二十四年會試齒録　（清）□□編　清道光二十四年（1844）北京琉璃廠梓文齋刻字鋪刻本　四册

110000－0144－0006941　323.357/762.7（1847）

道光二十七年丁未科會試齒録　（清）□□編　清道光二十七年（1847）北京梓文齋刻字鋪刻本　四册

110000－0144－0006942　323.357/762.7（1847）

道光二十七年會試齒録　（清）□□編　清道光北京琉璃廠梓文齋刻字鋪刻本　一册

110000－0144－0006943　323.357/762.7（1850）

道光三十年庚戌科會試同年齒録　（清）□□編　清道光三十年（1850）北京琉璃廠龍文齋、精華齋刻本　四册

110000－0144－0006944　323.357/762.75（1832）

道光十二年進士登科録　（清）□□編　清道光刻本　一册

110000－0144－0006945　323.357/762.77（1844）

道光甲辰恩科直省同年録　（清）□□編　清光緒三年（1877）京都會文齋刻本　四册

110000－0144－0006946　323.4/133

欽定吏部則例八十七卷　（清）吏部修纂　清道光二十三年（1843）刻本　四十册

110000－0144－0006947　323.4/133
欽定吏部則例八十七卷　（清）吏部修纂　清道光二十三年（1843）刻本　四十八册

110000－0144－0006948　323.4/133－1
欽定吏部處分則例五十二卷　（清）吏部編　清刻本　二十册

110000－0144－0006949　323.4/152
酌增常例二卯條款一卷　（清）□□撰　清末刻本　一册

110000－0144－0006950　323.4/313－827
皇朝詞林典故六十四卷　（清）朱珪等纂　清光緒十三年（1887）刻本　三十四册

110000－0144－0006951　323.4/313－827
皇朝詞林典故六十四卷　（清）朱珪等纂　清光緒十二年（1887）刻本　二十四冊

110000－0144－0006952　323.4/378
漢官答問五卷　（清）陳樹鏞撰　清宣統二年（1910）泉唐汪氏鉛印振綺堂叢書本　一册

110000－0144－0006953　323.4/956
戸部籌餉海防新章捐例　（清）戸部編　清末榮祿堂刻本　七册

110000－0144－0006954　323.4/956
戸部籌餉海防新章捐例　（清）戸部編　清末榮祿堂刻本　七册

110000－0144－0006955　323.4/956.2
增修籌餉事例條款二卷　（清）戸部編　清同治五年（1866）刻本　四册

110000－0144－0006956　323.4/956.6
戸部海防新例銓補章程　（清）戸部編　清末刻本　八册

110000－0144－0006957　323.402/107
神機營文武官員揞紳　（清）□□編　清光緒二十一年（1895）鉛印本　一册

110000－0144－0006958　323.402/185
大清日新職官錄一卷　（清）彭汝疇編　清光緒三十一年（1905）復述齋刻本　四册

110000－0144－0006959　323.402/212
大清揞紳全書（宣統辛亥）四卷　（清）戴澤纂　清宣統三年（1911）京都榮錄堂刻本　五册

110000－0144－0006960　323.402/274
奉天行省同官錄（宣統己酉）　楊紹宗　都林布編　清宣統元年（1909）奉天仁和山房鉛印本　四册

110000－0144－0006961　323.402/354（1880）
大清揞紳全書（光緒庚辰）　（清）□□編　清光緒六年（1880）京都文萃堂刻本　四册

110000－0144－0006962　323.402/354（1883）
大清揞紳全書（光緒癸未）不分卷大清中樞備覽（光緒癸未）　（清）□□編　清光緒九年（1883）斌陞堂刻本　八册

110000－0144－0006963　323.402/354（1890）
大清揞紳全書（光緒庚寅）不分卷　（清）□□編　清光緒十六年（1890）刻本　四册

110000－0144－0006964　323.402/354（1891）
大清揞紳全書（光緒辛卯）　（清）□□編　清光緒十七年（1891）京都榮錄堂刻本　四册

110000－0144－0006965　323.402/354（1892）
大清揞紳全書（光緒壬辰）　（清）□□編　清光緒十八年（1892）來鹿堂刻本　四册

110000－0144－0006966　323.402/354（1893）
大清揞紳全書（光緒癸巳）　（清）□□編　清光緒十九年（1893）京都榮錄堂刻本　四册

110000－0144－0006967　323.402/354（1897）
大清揞紳全書（光緒丁酉）　（清）□□編　清光緒二十三年（1897）京都榮錄堂刻本　四册

110000－0144－0006968　323.402/354（1897）
大清揞紳全書（光緒丁酉）　（清）□□編　清光緒二十三年（1897）京都榮錄堂刻本　四册

110000－0144－0006969　323.402/354（1898）
大清揞紳全書（光緒戊戌）　（清）□□編　清光緒二十四年（1898）華記懋德堂刻本　八册

110000－0144－0006970　323.402/354（1899）
大清揞紳全書（光緒己亥）　（清）□□編　清

光緒二十五年(1899)京都榮錄堂刻本　四册

110000－0144－0006971　323.402/354(1900)
大清搢紳全書(光緒庚子)　(清)□□編　清光緒二十六年(1900)京都榮錄堂刻本　四册

110000－0144－0006972　323.402/354(1901)
大清搢紳全書附新增搢紳全書(光緒辛丑)　(清)□□編　清光緒二十七年(1901)京都榮寶齋刻本　六册

110000－0144－0006973　323.402/354(1902)
大清搢紳全書(光緒壬寅)　(清)□□編　清光緒二十八年(1902)京都榮錄堂刻本　四册

110000－0144－0006974　323.402/354(1903)
大清搢紳全書(光緒癸卯)　(清)□□編　清光緒二十九年(1903)京都榮錄堂刻本　四册

110000－0144－0006975　323.402/354(1903)
大清搢紳全書(光緒癸卯)　(清)□□編　清光緒二十九年(1903)京都榮錄堂刻本　六册

110000－0144－0006976　323.402/354(1904)
大清搢紳全書(光緒甲辰)　(清)□□編　清光緒三十年(1904)京都榮錄堂刻本　四册

110000－0144－0006977　323.402/354(1906)
大清搢紳全書(光緒丙午)　(清)□□編　清光緒三十二年(1906)京都榮祿堂刻本　四册

110000－0144－0006978　323.402/354(1907)
大清搢紳全書(光緒丁未)　(清)□□編　清光緒三十三年(1907)京都榮祿堂刻本　四册

110000－0144－0006979　323.402/354(1908)
大清搢紳全書(光緒戊申)　(清)□□編　清光緒三十四年(1908)京都榮錄堂刻本　四册

110000－0144－0006980　323.402/354(1909)
大清搢紳全書(宣統己酉)　(清)□□編　清宣統元年(1909)京都榮祿堂刻本　六册

110000－0144－0006981　323.402/354(1909)
大清搢紳全書(宣統己酉)　(清)□□編　清宣統元年(1909)京都榮祿堂刻本　四册

110000－0144－0006982　323.402/354(1910)
大清搢紳全書(宣統庚戌)　(清)□□編　清宣統二年(1910)京都榮錄堂刻本　四册

110000－0144－0006983　323.402/380
畿輔同官錄(宣統己酉)六卷　(清)□□編　清宣統三年(1911)鉛印本　六册

110000－0144－0006984　323.402/380
畿輔同官錄(宣統己酉)六卷　(清)□□編　清宣統三年(1911)鉛印本　六册

110000－0144－0006985　323.402/453(1897)
中州同官錄(光緒丁酉)四卷　(清)□□編　清光緒二十三年(1897)開封府周德繹刻本　五册

110000－0144－0006986　323.402/453(1898)
中州同官錄(光緒戊戌)五卷　(清)□□編　清光緒二十四年(1898)開封府周德繹刻本　五册

110000－0144－0006987　323.402/453(1899)
中州同官錄(光緒己亥)五卷　(清)□□編　清光緒二十五年(1899)開封府周德繹刻本　五册

110000－0144－0006988　323.402/453(1900)
中州同官錄(光緒庚子)四卷　(清)□□編　清光緒二十六年(1900)開封府周德繹刻本　四册

110000－0144－0006989　323.402/453(1905)
中州同官錄(光緒乙巳)四卷　(清)□□編　清光緒三十一年(1905)開封府徐嘉樹刻本　四册

110000－0144－0006990　323.402/453(1906)
中州同官錄(光緒丙午)四卷　(清)□□編　清光緒三十二年(1906)開封府吴立道刻本　四册

110000－0144－0006991　323.402/453(1907)
中州同官錄(光緒丁未)四卷　(清)□□編　清光緒三十三年(1907)開封府成壽麟刻本　四册

110000－0144－0006992　323.402/453(1908)

中州同官錄(清光緒戊申)四卷　(清)□□編　清光緒三十四年(1908)開封府陳星刻本　四冊

110000－0144－0006993　323.402/453(1909)
中州同官錄(清宣統己酉)四卷　(清)□□編　清宣統開封府陳星刻本　四冊

110000－0144－0006994　323.402/485
内外蒙扎薩克汗王公扎薩克等銜名單　(清)□□編　清末鉛印本　一摺

110000－0144－0006995　323.402/485.4
内閣漢票簽中書舍人題名初編一卷續編一卷　(清)方濬師輯　(清)薛浚增輯　清咸豐十一年(1861)刻光緒二十四年(1898)續刻本　二冊

110000－0144－0006996　323.402/583
山右同官錄一卷　(清)□□編　清光緒十八年(1892)徵信局木活字印本　二冊

110000－0144－0006997　323.402/684
宗室王公世職章京爵秩襲次簡明全冊　(清)□□編　清末鉛印本　一冊

110000－0144－0006998　323.402/719
江蘇同官錄　(清)□□編　清光緒六年(1880)刻本　八冊

110000－0144－0006999　323.402/719
江蘇同官錄　(清)□□編　清光緒六年(1880)刻本　七冊

110000－0144－0007000　323.402/723
清祕述聞十六卷　(清)法式善撰　清嘉慶四年(1799)刻本　六冊

110000－0144－0007001　323.402/723－02
清祕述聞十六卷　(清)法式善撰　清嘉慶四年(1799)刻本　六冊

110000－0144－0007002　323.402/763
新增直省侯補同官錄不分卷　榮寶齋編　清宣統三年(1911)京都榮寶齋刻本　五冊

110000－0144－0007003　323.402/852
外扎薩克四部落及各路將軍大臣所屬扎薩克汗王貝勒貝子公台吉等銜名清單　(清)□□編　清末刻本　一冊

110000－0144－0007004　323.402/857
畿輔同官錄不分卷　(清)□□編　清末鉛印本　二冊

110000－0144－0007005　323.402/859
歷代職官表七十二卷　(清)紀昀編　清光緒二十二年(1896)廣雅書局刻本　二十二冊

110000－0144－0007006　323.402/859
歷代職官表七十二卷　(清)紀昀編　清光緒二十二年(1896)廣雅書局刻本　二十四冊

110000－0144－0007007　323.402/859－165
歷代職官表六卷　(清)黄本驥重編　清光緒八年(1882)上海王氏刻本　三冊

110000－0144－0007008　323.402/859－165
歷代職官表六卷　(清)黄本驥重編　清光緒八年(1882)上海王氏刻本　三冊

110000－0144－0007009　323.402/869－02
皖江同官錄　(清)□□編　清同治十年(1871)皖藩經歷司刻本　四冊

110000－0144－0007010　323.402/941
爵秩全覽不分卷　(清)□□編　清宣統刻本　八冊

110000－0144－0007011　323.402/941(1897)
爵秩全覽四卷大清搢紳全書一卷中樞備覽(清光緒丁酉)一卷　(清)□□編　清光緒二十三年(1897)京都松竹齋榮寶齋刻本　八冊

110000－0144－0007012　323.402/941(1909)
爵秩全覽(清宣統己酉冬季)　(清)□□編　清宣統元年(1909)刻本　六冊

110000－0144－0007013　323.402/941(1909)
爵秩全覽(清宣統己酉冬季)　(清)□□編　清宣統元年(1909)刻本　六冊

110000－0144－0007014　323.402/941(1909)
爵秩全覽(清宣統己酉秋季)　(清)□□編　清宣統元年(1909)刻本　六冊

110000－0144－0007015　323.402/941(1910)
爵秩全覽(清宣統庚戌春季)　(清)□□編　清宣統二年(1910)刻本　六册

110000－0144－0007016　323.402/941(1910)
爵秩全覽(清宣統庚戌春季)　(清)□□編　清宣統二年(1910)刻本　四册

110000－0144－0007017　323.402/941(1910)
爵秩全覽(清宣統庚戌冬季)　(清)□□編　清宣統二年(1910)刻本　四册

110000－0144－0007018　323.402/941(1910)
爵秩全覽(清宣統庚戌秋季)　(清)□□編　清宣統二年(1910)刻本　六册

110000－0144－0007019　323.402/941(1910)
爵秩全覽(清宣統庚戌夏季)　(清)□□編　清宣統二年(1910)刻本　六册

110000－0144－0007020　323.402/941(1911)
爵秩全覽(清宣統辛亥春季)　(清)□□編　清宣統三年(1911)刻本　六册

110000－0144－0007021　323.402/941(1911)
爵秩全覽(清宣統辛亥秋季)　(清)□□編　清宣統三年(1911)刻本　四册

110000－0144－0007022　323.4027/164
國朝御史題名(清順治元年至道光三十年)　黄玉圃編　清光緒十三年(1887)京畿道刻本　四册

110000－0144－0007023　323.4027/164
國朝御史題名(清順治元年至光緒三十二年)　黄玉圃編　清光緒十三年(1887)京畿道刻本　四册

110000－0144－0007024　323.4027/164
國朝御史題名(清順治元年至光緒三十一年)　黄玉圃編　清光緒十三年(1887)京畿道刻本　五册

110000－0144－0007025　323.41/101
奏定改訂閣部院官制詳章　(清)□□編　清末石印本　一册

110000－0144－0007026　323.41/213
法部奏定官制章程一卷　(清)戴鴻慈撰　清光緒三十三年(1907)順天時報印字局鉛印本　一册

110000－0144－0007027　323.41/485
欽定内閣官制附内閣辦事暫行章程並原奏　(清)□□撰　清宣統三年(1911)鉛印本　一册

110000－0144－0007028　323.41/603
欽定詞館儀式一卷　(清)程夔等撰　清光緒二十年(1894)懿文齋刻本　一册

110000－0144－0007029　323.41/665
度支部奏釐定職掌事宜及員司各缺摺奏一卷　(清)□□撰　清光緒鉛印本　一册

110000－0144－0007030　323.41/675
總司核定官制大臣等摺一卷　奕劻等撰　清末鉛印本　一册

110000－0144－0007031　323.41/724
重訂浙江印結簡明章程　(清)□□撰　清光緒十一年(1885)刻本　一册

110000－0144－0007032　323.41/746
歷代刑官考二卷　沈家本撰　清宣統元年(1909)修訂法律館鉛印本　一册

110000－0144－0007033　323.41/858
續訂直省官制原奏清單　奕劻編　清光緒北京農工商部印刷科鉛印本　一册

110000－0144－0007034　323.41/858
續訂直省官制原奏清單　奕劻編　清光緒北京農工商部印刷科鉛印本　一册

110000－0144－0007035　323.41/880
學部官制並改設國子監官缺章程　(清)□□編　清末京師官書局鉛印本　一册

110000－0144－0007036　323.41/922
欽定臺規四十二卷首一卷　(清)延煦編纂　清光緒十八年(1892)都察院刻本　二十四册

110000－0144－0007037　323.42/193
圖民錄四卷　(清)袁守定撰　清光緒五年(1879)江蘇書局刻本　二册

110000－0144－0007038　323.42/193－02
圖民錄四卷　(清)袁守定撰　(清)周壬福重輯　清道光十九年(1839)刻本　二冊

110000－0144－0007039　323.42/193－03
圖民錄四卷　(清)袁守定撰　(清)周壬福重輯　清同治十一年(1872)江西書局刻本　二冊

110000－0144－0007040　323.42/193－04
圖民錄四卷　(清)袁守定撰　清光緒三十三年(1907)汴省同文堂刻本　一冊

110000－0144－0007041　323.42/291
鄉董箴言附十三經家訓一卷農桑說略一卷　(清)李應珏撰　清光緒二十六年(1900)蒙城縣署刻本　一冊

110000－0144－0007042　323.42/312.8
牧民忠告二卷　(元)張養浩撰　清同治七年(1868)姑蘇書局刻元張文忠公為政忠告三種本　一冊

110000－0144－0007043　323.42/313
入幕須知五種　(清)張廷驤輯　清光緒十年(1884)刻本　六冊

110000－0144－0007044　323.42/313
入幕須知五種　(清)張廷驤輯　清光緒十年(1884)刻本　六冊

110000－0144－0007045　323.42/350
石成金官紳約一卷　石成金撰　清末刻本　一冊

110000－0144－0007046　323.42/379
牧令芻言一卷　(清)陳際唐撰　清光緒三十四年(1908)刻本　一冊

110000－0144－0007047　323.42/383
在官法戒錄摘鈔四卷　(清)陳宏謀編　清同治七年(1868)湖北崇文書局刻本　二冊

110000－0144－0007048　323.42/388
蒞政摘要二卷　(清)陸隴其撰　清光緒十五年(1889)解經堂刻本　一冊

110000－0144－0007049　323.42/445
實政錄七卷　(明)呂坤撰　清同治十一年(1872)江蘇書局刻本　六冊

110000－0144－0007050　323.42/445－02
實政錄七卷　(明)呂坤撰　清同治十一年(1872)浙江書局刻本　六冊

110000－0144－0007051　323.42/445－03
實政錄七卷　(明)呂坤撰　清同治七年(1868)湖北崇文書局刻本　四冊

110000－0144－0007052　323.42/478
欽頒州縣事宜一卷　(清)田文鏡撰　清同治七年(1868)江蘇書局刻本　一冊

110000－0144－0007053　323.42/614.7
宦海指南五種　(清)許乃普輯　清咸豐九年(1859)刻本　五冊

110000－0144－0007054　323.42/614.7
宦海指南五種　(清)許乃普輯　清咸豐九年(1859)刻本　七冊

110000－0144－0007055　323.42/626
州縣須知四卷　(清)方汝謙撰　清道光二十四年(1844)刻本　二冊

110000－0144－0007056　323.42/867
居官日省錄六卷　(清)烏爾通阿編輯　清同治十二年(1873)京都同立堂刻本　六冊

110000－0144－0007057　323.42/894
劉簾舫先生吏治三書三種　(清)劉衡撰　清同治十二年(1873)廣州羊城書局刻牧令全書本　一冊

110000－0144－0007058　323.42/912
作吏九規二卷　(清)仲振履撰　清嘉慶二十三年(1818)刻本　一冊

110000－0144－0007059　323.42/947
牧令書輯要十卷　(清)徐棟原編　(清)丁日昌重編　清同治八年(1869)湖北崇文書局刻本　十冊

110000－0144－0007060　323.42/947
牧令書輯要十卷　(清)徐棟原編　(清)丁日昌重編　清同治八年(1869)湖北崇文書局刻

本　十册

110000 - 0144 - 0007061　323.42/947 - 02
牧令書輯要十卷　(清)徐棟原編　(清)丁日昌選評　清同治七年至八年(1868 - 1869)江蘇書局刻本　十册

110000 - 0144 - 0007062　323.42/947 - 8
牧令書二十三卷保甲書三卷　(清)徐棟輯　清道光二十八年(1848)刻本　二十一册

110000 - 0144 - 0007063　323.42/950
鎮安學治錄一卷　(清)徐崐撰　清道光二十七年(1847)安業書院刻本　二册

110000 - 0144 - 0007064　323.43/251
川省爵秩全函一卷　(清)□□編　清同治九年(1870)刻本　一册

110000 - 0144 - 0007065　323.43/391
陸軍部堂司各官應支養廉薪水數目　(清)陸軍部編　清末北京陸軍部承政司印刷所鉛印本　一册

110000 - 0144 - 0007066　323.43/936
八旗爵秩俸禄考一卷　(清)錫廉撰　清光緒二十八年(1902)錫廉刻本　一册

110000 - 0144 - 0007067　323.44/354
大挑則例一卷　(清)□□編　清光緒刻本　一册

110000 - 0144 - 0007068　323.44/716 - 9
續增科場條例　(清)□□撰　清光緒十三年(1887)刻本　十二册

110000 - 0144 - 0007069　323.44/716 - 9
欽定科場條例六十卷首一卷附續增科場條例一卷　(清)詹鴻謨等纂　清光緒十三年(1887)刻本　五十二册

110000 - 0144 - 0007070　323.44/865
川省文闈供給　(清)□□撰　清末刻本　一册

110000 - 0144 - 0007071　323.47/212
欽定宗人府則例三十一卷首一卷　(清)慶錫　(清)綿森等撰　清道光二十九年(1849)刻本　存十五卷(一至十五)　五册

110000 - 0144 - 0007072　323.47/937
欽定宗人府則例三十一卷　(清)奕誴修　(清)鍾泰等纂　清同治七年(1868)刻本　十册

110000 - 0144 - 0007073　323.49/595
光緒乙亥恩賜蔭生同官齒錄　(清)□□編　清光緒元年(1875)北京文德齋刻字鋪刻本　四册

110000 - 0144 - 0007074　323.49/684
宗室王公章京世襲爵秩册四卷　(清)黄檔房編　清末黄檔房抄本　四册

110000 - 0144 - 0007075　323.49/684.7
宗室王公功績表傳九卷附欽定中樞政考二卷　(清)國史館編　清末抄本　十三册

110000 - 0144 - 0007076　323.49/850
皇朝謚法考五卷續編一卷補編一卷續補編一卷　(清)鮑康　徐士鑾輯　清光緒三十年(1904)刻本　二册

110000 - 0144 - 0007077　323.49/850
皇朝謚法考五卷續編一卷補編一卷續補編一卷　(清)鮑康　徐士鑾輯　清光緒三十年(1904)刻本　二册

110000 - 0144 - 0007078　323.49/857
宗室王公世職章京爵秩襲次全表十卷　(清)牟其汶編　清光緒三十二年(1906)刻本　十册

110000 - 0144 - 0007079　323.49/889
漢晋迄明謚彙攷十卷皇朝謚彙考五卷　(清)劉長華輯　清光緒八年(1882)藜照軒刻本　六册

110000 - 0144 - 0007080　323.52/119
三因立憲書一卷　(清)王儀型輯　清光緒三十二年(1906)濟南國文報館石印本　一册

110000 - 0144 - 0007081　323.52/138
欽定戶部則例一百卷首一卷　(清)惠祥等纂　清同治十三年(1874)刻本　六十册

110000－0144－0007082　323.52/140
欽定工部則例一百四十二卷續增則例一百三十六卷保固則例四卷　(清)曹振鏞等纂　清嘉慶二十年(1815)刻本　四十八册

110000－0144－0007083　323.52/176
資政院會奏改訂資政院院章摺　(清)資政院撰　清宣統三年(1911)鉛印本　一册

110000－0144－0007084　323.52/252
樞垣題名不分卷　(清)潘世恩輯　清道光十八年(1838)刻光緒重修本　一册

110000－0144－0007085　323.52/317
民政部各項章程九種一卷　(清)民政部編　清光緒鉛印本　一册

110000－0144－0007086　323.52/358
諮議局章程講義　(清)孟森撰　清宣統元年(1909)上海預備立憲公會鉛印本　一册

110000－0144－0007087　323.52/371
豫備立憲意見書前編二卷　(清)康繼祖輯　清光緒三十二年(1906)教育品物公司鉛印本　二册

110000－0144－0007088　323.52/653
新修各部條例不分卷　(清)□□輯　清末刻本　五十五册

110000－0144－0007089　323.52/675
憲政編查館會奏遵議憲法大綱暨議院選舉各法並逐年籌備事宜摺　(清)□□撰　清末鉛印本　一册

110000－0144－0007090　323.52/675
憲政編查館會奏遵議憲法大綱暨議院選舉各法並逐年籌備事宜摺　(清)□□撰　清末鉛印本　一册

110000－0144－0007091　323.52/675
憲政編查館會奏遵議憲法大綱暨議院選舉各法並逐年籌備事宜摺　(清)□□撰　清末鉛印本　一册

110000－0144－0007092　323.52/675
憲政編查館會奏遵議憲法大綱暨議院選舉各法並逐年籌備事宜摺　(清)□□撰　清末鉛印本　一册

110000－0144－0007093　323.52/675
憲政編查館會奏遵議憲法大綱暨議院選舉各法並逐年籌備事宜摺　(清)□□撰　清末鉛印本　一册

110000－0144－0007094　323.52/675－1
奏定憲政編查館辦事章程　(清)□□編　清光緒三十三年(1907)農工商部印刷科鉛印本　一册

110000－0144－0007095　323.52/675－16
奏請設立調查局章程　奕劻等奏　清光緒三十三年(1907)憲政編查館鉛印本　一册

110000－0144－0007096　323.52/675－2
欽定内閣官制附内閣辦事暫行章程並原奏　(清)□□撰　清宣統三年(1911)鉛印本　一册

110000－0144－0007097　323.52/675－7
憲政編查館奏酌擬編輯政要體例摺　奕劻撰　清光緒三十四年(1908)憲政編查館鉛印本　一册

110000－0144－0007098　323.52/675－7
憲政編查館奏酌擬編輯政要體例摺　奕劻撰　清光緒三十四年(1908)憲政編查館鉛印本　一册

110000－0144－0007099　323.52/675－7
憲政編查館奏酌擬編輯政要體例摺　奕劻撰　清光緒三十四年(1908)憲政編查館鉛印本　一册

110000－0144－0007100　323.52/675－72
憲政編查館奏酌擬各省具奏事件改咨各衙門分別彙奏專奏摺　奕劻撰　清宣統鉛印本　一册

110000－0144－0007101　323.52/675－8
欽定弼德院官制一卷　(清)□□撰　清宣統三年(1911)鉛印本　一册

110000－0144－0007102　323.52/718

資政院會奏續擬院章並將前奏各章改訂開單呈覽摺　(清)溥倫等撰　清宣統元年(1909)資政院鉛印本　一冊

110000－0144－0007103　323.52/718－7
資政院會奏議事細則及分股辦事細則摺　(清)溥倫等撰　清宣統二年(1910)資政院鉛印本　一冊

110000－0144－0007104　323.52/775－1
資政院第一次常年會會議錄不分卷　(清)資政院編　清宣統三年(1911)鉛印本　二冊

110000－0144－0007105　323.52/852
條例(清嘉慶至咸豐)　(清)□□輯　清刻本　四十冊

110000－0144－0007106　323.52/970
八旗憲政會章程一卷　(清)□□編　清末鉛印本　一冊

110000－0144－0007107　323.52/987
變通旗制三上書不分卷　金梁撰　清光緒三十四年(1908)鉛印本　一冊

110000－0144－0007108　323.525/938
欽定行政綱目一卷　(清)□□纂　清末石印本　一冊

110000－0144－0007109　323.525/942
衙署名目一卷官銜名目一卷　(清)□□編　清光緒十五年(1889)京都聚珍堂刻本　一冊

110000－0144－0007110　323.525/972
稽查書吏辦公過限期章程稿一卷　(清)□□編　清光緒寫本　一冊

110000－0144－0007111　323.9/488
督院發交順直諮議局議案及諮詢事件錄　(清)□□輯　清宣統鉛印本　一冊

110000－0144－0007112　323.9/684
憲政編查館會奏各省諮議局章程及案語並議員選舉章程摺單　(清)□□撰　清光緒三十四年(1908)鉛印本　一冊

110000－0144－0007113　323.9/684
憲政編查館會奏各省諮議局章程及案語並議員選舉章程摺單　(清)□□撰　清光緒三十四年(1908)鉛印本　一冊

110000－0144－0007114　323.9/684
憲政編查館會奏各省諮議局章程及案語並議員選舉章程摺單　(清)□□撰　清光緒三十四年(1908)鉛印本　一冊

110000－0144－0007115　323.9/684
憲政編查館會奏各省諮議局章程及案語並議員選舉章程摺單　(清)□□撰　清光緒三十四年(1908)鉛印本　一冊

110000－0144－0007116　323.9/684
憲政編查館會奏各省諮議局章程及案語並議員選舉章程摺單　(清)□□撰　清光緒三十四年(1908)鉛印本　一冊

110000－0144－0007117　323.9/684
憲政編查館會奏各省諮議局章程及案語並議員選舉章程摺單　(清)□□撰　清光緒三十四年(1908)鉛印本　一冊

110000－0144－0007118　323.9/684
憲政編查館會奏各省諮議局章程及案語並議員選舉章程摺單　(清)□□撰　清光緒三十四年(1908)鉛印本　一冊

110000－0144－0007119　323.9/684－7
憲政編查館奏擬訂各省會議廳規則摺　(清)□□撰　清宣統二年(1910)刻本　一冊

110000－0144－0007120　323.911/989
會義廳會議細則　(清)□□編　清宣統鉛印本　一冊

110000－0144－0007121　323.913/717
河南諮議局議決案附申覆諮詢事件　(清)河南諮議局輯　清宣統教育品社鉛印本　一冊

110000－0144－0007122　323.914/483
晉政輯要四十卷　(清)剛毅輯　清光緒十三年(1887)刻本　三十二冊

110000－0144－0007123　323.921/719
江蘇試行地方自治制度議一卷自治規則一卷　(清)□□撰　清光緒三十二年(1906)鉛印

本　一册

110000－0144－0007124　323.921/719.4
江蘇省例一卷續編一卷三編一卷四編一卷　（清）□□撰　清同治八年至光緒十六年（1869－1890）江蘇書局刻本　九册

110000－0144－0007125　323.923/753
治浙成規八卷(清乾隆三十五年至道光四年)　（清）□□編　清道光刻本　八册

110000－0144－0007126　323.924/937
柴桑傭録四卷　（清）鍾體志撰　清光緒十六年（1890）澡雪堂刻本　二册

110000－0144－0007127　323.931/457
閩政領要三卷　（清）德福撰　清刻本　一册

110000－0144－0007128　323.934/291
新廣西不分卷　（清）□□撰　清光緒三十年（1904）鉛印本　一册

110000－0144－0007129　323.936/380
譚黔　（清）陳明遠撰　清光緒鉛印本　一册

110000－0144－0007130　323.942/292
農安縣丁未報告書　（清）李澍恩撰　清光緒三十四年（1908）吉林官書刷印局鉛印本　一册

110000－0144－0007131　323.942/292
農安縣丁未報告書　（清）李澍恩撰　清光緒三十四年（1908）吉林官書刷印局鉛印本　一册

110000－0144－0007132　323.942/292(1908)
農安縣戊申報告書　（清）李澍恩撰　清宣統元年（1909）農安李澍恩鉛印本　一册

110000－0144－0007133　324.31/160
日本議會史七期　（日本）工藤武重撰　汪有齡譯　清光緒三十年（1904）江蘇通州翰墨林書局鉛印本　七册

110000－0144－0007134　324.31/461
日本丙午議會四卷　（□）□□撰　清光緒三十四年（1908）政治官報局鉛印本　一册

110000－0144－0007135　324.37/600
大英治理印度新政考三十三章　（英國）亨德偉良撰　（清）任保羅譯　清光緒三十年（1904）上海廣學會鉛印本　六册

110000－0144－0007136　324.4/285
歐洲最近政治史　（日本）森山守次撰　清光緒二十九年（1903）上海商務印書館鉛印本　一册

110000－0144－0007137　324.4/695
采風記五卷紀程感事詩一卷時務論一卷　宋育仁撰　清光緒二十二年（1896）袖海山房石印本　三册

110000－0144－0007138　324.4/695
采風記五卷紀程感事詩一卷時務論一卷　宋育仁撰　清光緒二十一年（1895）袖海山房石印本　四册

110000－0144－0007139　324.4/695
采風記五卷紀程感事詩一卷時務論一卷　宋育仁撰　清光緒二十一年（1895）袖海山房石印本　四册

110000－0144－0007140　324.41/481
英國樞政志十四卷　（英國）圖雷爾原撰　清光緒二十八年（1902）南洋公學譯書院鉛印本　一册

110000－0144－0007141　324.41/642
英國通典二十卷　（英國）高爾敦撰　（清）許士熊譯　清光緒二十九年（1903）上海文明書局鉛印本　二册

110000－0144－0007142　324.41/686
歐洲列國十九周政治史三卷　（法國）賽紐嫛原著　（美國）麦克範譯本　許士熊　吕肖譯述　清光緒二十八年（1902）上海文明印書局鉛印本　一册

110000－0144－0007143　324.41/894
英法政概六卷英藩政概四卷　（清）劉啓彤譯編　清光緒二十三年（1897）雙梧書屋石印本　二册

110000－0144－0007144　324.43/269

使德述略一卷　(清)楊晟撰　清光緒三十三年(1907)鉛印本　一冊

110000－0144－0007145　324.52/296
美國治法要略三卷附錄一卷　(美國)培忒曼撰　(美國)林樂知譯　清光緒二十九年(1903)上海廣學會商務印書館鉛印本　一冊

110000－0144－0007146　324/212
考察政治日記　(清)載澤撰　清宣統元年(1909)上海商務印書館鉛印本　一冊

110000－0144－0007147　324/213
列國政要一百三十三卷　(清)戴鴻慈　(清)端方撰　清光緒三十三年(1907)上海商務印書館石印本　三十二冊

110000－0144－0007148　324/213
列國政要一百三十三卷　(清)戴鴻慈　(清)端方撰　清光緒三十三年(1907)上海商務印書館石印本　三十二冊

110000－0144－0007149　324/213－1
列國政要續編九十四卷　(清)戴鴻慈　(清)端方撰　清宣統三年(1911)上海商務印書館石印本　三十二冊

110000－0144－0007150　324/213－2
歐美政治要義十八章　(清)戴鴻慈　(清)端方撰　清光緒三十四年(1908)上海商務印書館石印本　四冊

110000－0144－0007151　324/345
列國歲計政要十二卷首一卷　(英國)麥丁富得力編纂　(美國)林樂知　(清)鄭昌棪口譯　清光緒元年(1875)江南製造總局刻本　六冊

110000－0144－0007152　324/905
新譯列國歲計政要三編附錄　(清)傅運森譯　清光緒二十七年(1901)海上譯社鉛印本　十二冊

110000－0144－0007153　324/905
新譯列國歲計政要不分卷　(清)傅運森譯　清光緒二十七年(1901)海上譯社鉛印本　十二冊

110000－0144－0007154　325.12/583
山東巡警教練所講義一卷　(清)□□撰　清末山東全省警務公所石印本　二冊

110000－0144－0007155　325.12/675
憲政編查館奏考核違警律摺　奕劻撰　清光緒三十四年(1908)憲政編查館鉛印本　一冊

110000－0144－0007156　325.12/960
京師外城巡警總廳第一次統計書　(清)□□編　清光緒三十三年(1907)京華印書局鉛印本　一冊

110000－0144－0007157　325.211/307－167
創辦定興縣地方事宜章程一卷　(清)黃國瑄編　清光緒三十年(1904)鉛印本　一冊

110000－0144－0007158　325.211/307－167
創辦定興縣地方事宜章程一卷　(清)黃國瑄編　清光緒三十年(1904)鉛印本　一冊

110000－0144－0007159　325.211/987
金知事手諭錄一卷　(清)□□撰　清光緒三十三年(1907)京華印書局鉛印本　一冊

110000－0144－0007160　325.233/167
粵東省例新纂八卷　(清)黃恩彤等編　清道光二十六年(1846)刻本　二冊

110000－0144－0007161　325.24/947
東三省政略十二卷　徐世昌編　清宣統三年(1911)鉛印本　四十冊

110000－0144－0007162　325.24/947
東三省政略十二卷　徐世昌編　清宣統三年(1911)鉛印本　十冊

110000－0144－0007163　325.24/947
東三省政略十二卷　徐世昌編　清宣統三年(1911)鉛印本　五十冊

110000－0144－0007164　325.242/479
吉林農安戊巳政治報告書二卷　壽鵬飛撰　清宣統二年(1910)吉林官書局鉛印本　二冊

110000－0144－0007165　325.88/600

試辦遷旗實邊報告初編　(清)金梁撰　清宣統二年(1910)鉛印本　一册

110000－0144－0007166　325.884/820

延吉邊務報告不分卷　(清)吳祿貞等撰　清光緒三十四年(1908)奉天學務公所鉛印本　四册

110000－0144－0007167　325.884/820－02

調查延吉邊務報告書三卷　(清)周維楨編　清光緒三十四年(1908)吉林官書刷印局鉛印本　三册

110000－0144－0007168　325.9/675

欽定府廳州縣地方自治章程暨選舉章程一卷　奕劻編　清宣統元年(1909)憲政編查館鉛印本　一册

110000－0144－0007169　325.9/675

欽定府廳州縣地方自治章程暨選舉章程一卷　奕劻編　清宣統元年(1909)憲政編查館鉛印本　一册

110000－0144－0007170　325.9/675－7

憲政編查館奏核訂京師地方自治章程暨選舉章程摺　奕劻撰　清宣統元年(1909)憲政編查館鉛印本　一册

110000－0144－0007171　325.9/675－72

憲政編查館奏城鎮鄉地方自治章程並選舉章程摺　奕劻撰　清光緒三十四年(1908)憲政編查館鉛印本　一册

110000－0144－0007172　325.9/675－72

憲政編查館奏城鎮鄉地方自治章程並選舉章程摺　奕劻撰　清光緒三十四年(1908)憲政編查館鉛印本　一册

110000－0144－0007173　325.91/165

訓練偶存一卷附新建義倉記　(清)黄鏞辰撰　清咸豐五年(1855)刻本　一册

110000－0144－0007174　325.91/949

保甲書輯要四卷　(清)徐棟原編　清同治七年(1868)江蘇書局刻牧令全書本　一册

110000－0144－0007175　327.831/461

北海道拓殖概觀六章附錄　(日本)北海道廳編　(清)楊成能　(清)謝蔭昌譯　清宣統二年(1910)奉天圖書印刷所鉛印本　一册

110000－0144－0007176　327.831/461

北海道拓殖概觀六章附錄　(日本)北海道廳編　(清)楊成能　(清)謝蔭昌譯　清宣統二年(1910)奉天圖書印刷所鉛印本　一册

110000－0144－0007177　328.22/101

奏設外務部奏稿　(清)□□撰　清宣統鉛印本　一册

110000－0144－0007178　328.23/583

奏定出使章程一卷　(清)總理各國通商事務衙門編　清宣統鉛印本　一册

110000－0144－0007179　328.26/354

大清各國條約書不分卷　(清)□□輯　清刻本　十二册

110000－0144－0007180　328.26/582

光緒丁未年交涉要覽二篇五卷　(清)北洋洋務局纂　清宣統二年(1910)北洋官報局鉛印本　五册

110000－0144－0007181　328.26/582－4

光緒丙午年交涉要覽三篇七卷　(清)北洋洋務局纂　清光緒三十四年(1908)北洋官報局鉛印本　四册

110000－0144－0007182　328.26/582－5

光緒乙巳年交涉要覽二篇五卷　(清)北洋洋務局纂　清光緒三十三年(1907)北洋官報局鉛印本　五册

110000－0144－0007183　328.26/784

和約彙抄六卷首一卷　(清)謝家福輯　清光緒四年(1878)上海申報館鉛印本　五册

110000－0144－0007184　328.26/784

和約彙抄六卷首一卷　(清)謝家福輯　清光緒四年(1878)上海申報館鉛印本　五册

110000－0144－0007185　328.26/974

交涉要覽類編初集四卷　(清)鄭貞來編譯　清光緒二十八年(1902)湖北洋務譯書局鉛印

本　四册

110000－0144－0007186　328.2642/502

華洋戰書初編　(清)留心時事人輯　清光緒十年(1884)京都三益齋刻本　一册

110000－0144－0007187　328.2642/502

華洋戰書初編　(清)留心時事人輯　清光緒十年(1884)京都三益齋刻本　二册

110000－0144－0007188　328.271/100

三都澳開埠事宜文件　(清)□□輯　清光緒二十四年(1898)抄本　一册

110000－0144－0007189　328.274/113

庚子畿疆教案賠款記一卷　(清)王振聲撰　清光緒二十七年(1901)通州王氏鉛印本　一册

110000－0144－0007190　328.274/113

庚子畿疆教案賠款記一卷　(清)王振聲撰　清光緒二十七年(1901)通州王氏鉛印本　一册

110000－0144－0007191　328.274/113

庚子畿疆教案賠款記一卷　(清)王振聲撰　清光緒二十七年(1901)通州王氏鉛印本　一册

110000－0144－0007192　328.274/235

直隸全省教案賠款清單　(□)□□撰　清光緒二十八年(1902)上海中外日報館鉛印本　一册

110000－0144－0007193　328.274/235.3

直省洋教成案　(□)□□輯　清末刻本　一册

110000－0144－0007194　328.274/745

教務輯要内編四卷首一卷　(清)沈祖恩　(清)王念祖編輯　清光緒三十四年(1908)江西官紙刷印所刻本　一册

110000－0144－0007195　328.274/745－2

教務輯要外編三卷　(清)沈祖恩　(清)王念祖編輯　清光緒三十四年(1908)江西官紙刷印所刻本　一册

110000－0144－0007196　328.274/791

教案奏議彙編八卷首一卷　(清)程宗裕編　清光緒二十七年(1901)上海書局石印本　六册

110000－0144－0007197　328.274/863

總理衙門議訂山東曹州府教案條約一卷　(清)總理各國事務衙門　清光緒二十四年(1898)鉛印本　一册

110000－0144－0007198　328.28/372

東方時局論略一卷　鄧鏗撰　清光緒十五年(1889)鉛印本　一册

110000－0144－0007199　328.28/372

東方時局論略一卷　鄧鏗撰　清光緒十五年(1889)鉛印本　一册

110000－0144－0007200　328.29/117.6

國朝柔遠記二十卷　(清)王之春輯　清光緒十七年(1891)廣雅書局刻本　六册

110000－0144－0007201　328.29/117.6

國朝柔遠記二十卷　(清)王之春輯　清光緒十七年(1891)廣雅書局刻本　六册

110000－0144－0007202　328.29/348

中西紀事本末二十四卷首一卷　(清)夏燮撰　清光緒二十四年(1898)藜照書屋刻本　八册

110000－0144－0007203　328.29/450

奉使金鑑六十卷補遺一卷　(清)呂海寰撰　清光緒三十一年至宣統元年(1905－1909)刻本　二十二册

110000－0144－0007204　328.29/471

新譯萬國垂涎中華近事三卷　(法國)毕龍　(法國)馬士克撰　(清)劉翘翰　(清)程瞻洛譯　清光緒二十八年(1902)中華編譯印書館鉛印本　二册

110000－0144－0007205　328.29/471

新譯萬國垂涎中華近事三卷　(法國)毕龍　(法國)馬士克撰　(清)劉翘翰　(清)程瞻洛譯　清光緒二十八年(1902)中華編譯印書館鉛印本　二册

110000－0144－0007206　328.29/724

津門奉使紀聞一卷　(清)曹和濟撰　清末刻本　一册

110000－0144－0007207　328.29/865

五千年中外交涉史九十七卷　(清)屯廬主人輯　清光緒二十九年(1903)上海蜚英書局鉛印本　二十册

110000－0144－0007208　328.29/865

五千年中外交涉史九十七卷　(清)屯廬主人輯　清光緒二十九年(1903)上海蜚英書局鉛印本　二十册

110000－0144－0007209　328.29/865

五千年中外交涉史九十七卷　(清)屯廬主人輯　清光緒二十九年(1903)上海蜚英書局鉛印本　二十册

110000－0144－0007210　328.29/941

中國現勢論四篇　(法國)愛姆士著　(清)出洋學生編輯所譯　清光緒二十九年(1903)上海商務印書館鉛印本　一册

110000－0144－0007211　328.29/941－02

中國現勢論　(法國)愛姆士著　(清)出洋學生編輯所譯　清光緒二十八年(1902)上海商務印書館鉛印本　一册

110000－0144－0007212　328.29/987.2

金軺籌筆四卷　(清)□□撰　清光緒二十三年(1897)湖南新學書局刻本　四册

110000－0144－0007213　328.29/987.2－02

金軺籌筆四卷　(清)□□撰　清光緒二十三年(1897)上海文成堂石印本　四册

110000－0144－0007214　328.2902/933

中外交涉類要表一卷光緒通商綜覈表一卷　(清)錢學嘉撰　清光緒十四年(1888)吳興錢氏刻本　二册

110000－0144－0007215　328.2931/118.7

中日戰輯六卷　(清)王炳耀輯　清光緒二十一年(1895)森寶閣鉛印本　四册

110000－0144－0007216　328.2931/118.7

中日戰輯六卷　(清)王炳耀輯　清光緒二十一年(1895)森寶閣鉛印本　缺一卷(六)　二册

110000－0144－0007217　328.29462/559

澳門公牘偶存　(清)蔡國楨撰　清宣統三年(1911)鉛印振綺堂叢書本　一册

110000－0144－0007218　328.2948/937

西藏交涉志要六卷　鍾聲叔撰　清宣統三年(1911)鉛印本　一册

110000－0144－0007219　328.2948/937

西藏交涉志要六卷　鍾聲叔撰　清宣統三年(1911)鉛印本　二册

110000－0144－0007220　328.311/322

東瀛戰士策　(日本)尾崎行雄著　(清)渡海畸人譯　清光緒二十九年(1903)北京華北書局鉛印本　一册

110000－0144－0007221　328.409/345

歐洲東方交涉記十二卷　(英國)麥高爾撰　(美國)林樂知譯　清光緒六年(1880)江南機器製造總局刻本　一册

110000－0144－0007222　328.409/345

歐洲東方交涉記十二卷　(英國)麥高爾撰　(美國)林樂知譯　清光緒六年(1880)江南機器製造總局刻本　一册

110000－0144－0007223　328.41/416

英俄印度交涉書附續編　(英國)馬文撰　(英國)羅亨利　(清)瞿昂來譯　清末江南製造總局刻本　一册

110000－0144－0007224　328.41/416

英俄印度交涉書附續編　(英國)馬文撰　(英國)羅亨利　(清)瞿昂來譯　清末江南製造總局刻本　一册

110000－0144－0007225　328.52/343

美國華工禁約紀事初編　平等社輯　清末平等社鉛印本　一册

110000－0144－0007226　328.52/757.8

美總兵薛擬與朝鮮約稿一卷　(美國)□□撰

清光緒八年(1882)抄本　一冊

110000－0144－0007227　328/413
星軺指掌三卷續一卷　(清)聯芳　(清)慶常譯　清光緒鉛印本　四冊

110000－0144－0007228　328/413－02
星軺指掌三卷續一卷　(清)聯芳　(清)慶常譯　清光緒二年(1876)同文館鉛印本　四冊

110000－0144－0007229　329.1/158
丁未和會類要四卷　(清)□□編　清末鉛印本　三冊

110000－0144－0007230　329.2/393
新纂約章大全七十三卷　(清)陸鳳石編　清宣統元年(1909)上海崇義堂石印本　四十八冊

110000－0144－0007231　329.2/453
中外通商條約並和議章程一卷　(清)□□編　清光緒刻本　十五冊

110000－0144－0007232　329.2/595－5
光緒朝與各國立約　(清)吳葆誠輯　清光緒二年至二十一年(1876－1895)外交部鉛印本　二十九冊

110000－0144－0007233　329.2/724
各國通商條約十六卷附一卷　浙江通商洋務總局編　清光緒二十八年(1902)浙江官書局刻本　十冊

110000－0144－0007234　329.21/293
條約述要二卷　(美國)李佳白輯　清光緒三十三年(1907)尚賢堂上海華美書局鉛印本　二冊

110000－0144－0007235　329.21/371
通商各國條約不分卷　(清)□□輯　清光緒鉛印本　十八冊

110000－0144－0007236　329.21/563
約章分類輯要三十八卷首一卷　蔡乃煌纂　清光緒二十六年(1900)湖南商務局刻本　三十冊

110000－0144－0007237　329.21/563
約章分類輯要三十八卷首一卷　蔡乃煌纂　清光緒二十六年(1900)湖南商務局刻本　三十冊

110000－0144－0007238　329.21/652
辛丑各國和約不分卷　(清)总理各国事务衙门编　清光緒二十七年(1901)刻本　一冊

110000－0144－0007239　329.21/652
辛丑各國和約不分卷　(清)总理各国事务衙门编　清光緒二十七年(1901)刻本　一冊

110000－0144－0007240　329.21/652－6
辛丑各國和約文件不分卷壬寅中英商約稅則彙錄一卷　(清)总理各国事务衙门编　清光緒二十八年(1902)海上寓公鉛印本　一冊

110000－0144－0007241　329.21/679
約章成案匯覽甲編十卷乙編四十二卷　(清)北洋洋務局輯　清光緒三十一年(1905)石印本　四十六冊

110000－0144－0007242　329.21/716
各國通商條約稅則章程　(清)吳毓麟等纂　清末刻本　十三冊

110000－0144－0007243　329.21/763
各國約章纂要六卷首一卷附錄一卷　勞乃宣編纂　清光緒十七年(1891)吳橋官廨刻本　四冊

110000－0144－0007244　329.21/952
通商約章類纂三十五卷首一卷　(清)李鴻章等撰　清光緒十八年(1892)廣東善後局刻本　二十冊

110000－0144－0007245　329.21/952－02
通商約章類纂三十五卷首一卷　(清)李鴻章等撰　清光緒十二年(1886)天津官書局刻本　二十冊

110000－0144－0007246　329.21/952－02
通商約章類纂三十五卷首一卷　(清)李鴻章等撰　清光緒十二年(1886)天津官書局刻本　二十冊

110000－0144－0007247　329.2321/453

中韓兩國和好通商條約一卷 (□)□□撰 清光緒鉛印本 一册

110000－0144－0007248 329.241/292
中法會議越南边界通商條約一卷 (清)李鴻章撰 清光緒十二年(1886)刻本 一册

110000－0144－0007249 329.241/517
英國續議通商行船條約一卷 (清)呂海寰 (英國)馬凱擬定 清光緒二十八年(1902)鉛印本 一册

110000－0144－0007250 329.243/583
山東曹州府教案條約一卷 (清)□□編 清光緒濟南會友堂刻本 一册

110000－0144－0007251 329.2473/823
丹國通商條約稅則章程一卷 (□)□□撰 清同治二年(1863)刻本 一册

110000－0144－0007252 329.248/453
中俄約章會要三卷續編一卷 (清)總理衙門編 清光緒八年(1882)同文館鉛印本 二册 存二卷(上、續編一卷)

110000－0144－0007253 329.248/627
中俄國際約註五卷 (清)施紹常編 清光緒三十一年(1905)鉛印本 一册

110000－0144－0007254 329.248/627
中俄國際約註五卷 (清)施紹常編 清光緒三十一年(1905)鉛印本 存二卷(一至二) 一册

110000－0144－0007255 329.409/343
十九世紀外交史 (日本)平田久撰 (清)張相譯 清光緒二十八年(1902)杭州史學齋刻本 四册

110000－0144－0007256 330.1/179－313
節本原富 (英國)斯密司著 (清)張鵬一纂 清光緒三十三年(1907)奉天學務公所鉛印本 二册

110000－0144－0007257 330.1/179－428
原富五卷 (英國)斯密司撰 嚴復譯 清光緒二十八年(1902)南洋公學譯書院鉛印本 八册

110000－0144－0007258 330.1/179－428
原富五卷 (英國)斯密司撰 嚴復譯 清光緒二十八年(1902)南洋公學譯書院鉛印本 七册

110000－0144－0007259 330.1/186
富國真理二卷 (英國)嘉托瑪著 (英國)山雅谷 (清)蔡爾康譯文 清光緒二十五年(1899)圖書集成局鉛印本 二册

110000－0144－0007260 330.1/723
富國策三卷 (英國)法思德著 (清)汪鳳藻譯 清光緒六年(1880)同文館鉛印本 三册

110000－0144－0007261 330.9221/240
鹽鐵論二卷 (漢)桓寬撰 清光緒元年(1875)湖北崇文書局刻本 二册

110000－0144－0007262 330.9221/240
鹽鐵論二卷 (漢)桓寬撰 清光緒元年(1875)湖北崇文書局刻本 二册

110000－0144－0007263 330.9221/240－05
鹽鐵論十二卷 (漢)桓寬撰 (明)張之象注 清刻廣漢魏叢書本 二册

110000－0144－0007264 330.9221/240－06
鹽鐵論十卷附錄一卷 (漢)桓寬撰 清光緒十七年(1891)長沙思賢講舍刻本 二册

110000－0144－0007265 330.927/124
續富國策四卷 (清)陳熾撰 清光緒二十四年(1898)上海飛鴻閣書莊石印本 四册

110000－0144－0007266 330/297
經濟通論五卷 (日本)持地六三郎撰 清光緒二十九年(1903)上海商務印書館鉛印本 一册

110000－0144－0007267 330/905
富國須知一卷 (英國)傅蘭雅撰 清光緒十八年(1892)刻本 一册

110000－0144－0007268 332.2/523
中國礦產志略 (清)蕫簦室輯 清光緒鉛印本 一册

110000－0144－0007269　332.202/479.4
農工商部統計表　(清)農工商部統計處編　清光緒三十四年(1908)農工商部統計處鉛印本　二册

110000－0144－0007270　332.202/479.4
農工商部統計表　(清)農工商部統計處編　清光緒三十四年(1908)農工商部統計處鉛印本　二册

110000－0144－0007271　332.223/987
太平歡樂圖一卷　(清)金德與繪　清光緒十四年(1888)積山書局石印本　一册

110000－0144－0007272　332.231/631
閩產録異六卷　(清)郭柏蒼輯　清光緒十二年(1886)刻本　三册

110000－0144－0007273　332.231/631－7
海錯百一録五卷　(清)郭柏蒼撰　清光緒十二年(1886)刻本　三册

110000－0144－0007274　333.028/660
商部乙巳年紀事簡明表　(清)商部編　清光緒鉛印本　一册

110000－0144－0007275　333.2/479
農工商部現行章程二十二種　(清)農工商部編　清宣統元年(1909)農工商部鉛印本　十五册

110000－0144－0007276　333/104
續富國策四卷　(清)陳熾撰　清光緒二十二年(1896)刻本　四册

110000－0144－0007277　333/383
續富國策四卷　(清)陳熾撰　清光緒二十四年(1898)江鴉鵲室刻本　四册

110000－0144－0007278　334.2/919
欽定康濟録四卷　(清)陸曾禹撰　清乾隆五年(1740)刻本　六册

110000－0144－0007279　334.5/161
松郡均役成書(松郡婁縣均役要略)　(清)李復興撰　清康熙松郡婁縣縣署刻乾隆五十三年(1788)補刻本　一册

110000－0144－0007280　334.54/235
朝邑縣清丈地糧定數條規總册　(清)霍勤勳等編　清光緒十九年(1893)鉛印本　一册

110000－0144－0007281　334.54/293
陽曲丈清地糧圖册不分卷　(清)李用清纂　清光緒十八年(1892)陽曲縣署刻本　四册

110000－0144－0007282　334.8/669
蒙墾續供一卷　(清)鹿傳霖等撰　清宣統元年(1909)鉛印本　一册

110000－0144－0007283　334.8/669
蒙墾續供一卷　(清)鹿傳霖等撰　清宣統元年(1909)鉛印本　一册

110000－0144－0007284　334.8/669
蒙墾續供一卷　(清)鹿傳霖等撰　清宣統元年(1909)鉛印本　一册

110000－0144－0007285　334.82/384
陳氏義莊條規一卷　(清)陳寶柱輯刊　清光緒十四年(1888)都門刻本　一册

110000－0144－0007286　334.82/614
重建豐濟倉圖案不分卷　(清)許佐廷撰　清光緒八年(1882)清江豐濟倉刻本　一册

110000－0144－0007287　334.953/264
橘中人語一卷　(清)譚瑩輯撰　清咸豐十年(1860)化州刻本　一册

110000－0144－0007288　335.921/130
開平礦務切要案據　(清)開灣礦務局輯　清宣統鉛印本　一册

110000－0144－0007289　335.921/235
直隸灤州礦地有限公司開辦招股章程一卷　(□)□□撰　清末天津怡泰鉛印本　一册

110000－0144－0007290　335.921/456
開平礦局交涉事彙一卷　(清)□□輯　清宣統教育圖書局印書處鉛印本　一册

110000－0144－0007291　335.921/719
江西農工商礦紀略一卷　(清)農工商部編　清末刻本　一册

110000－0144－0007292　335.96/504
山東草辮業一卷　葉春墀撰　清宣統三年(1911)華東石印局石印本　一册

110000－0144－0007293　337.1/301
西道紀略一卷　(清)托渾布彙輯　清道光十八年(1838)刻本　一册

110000－0144－0007294　337.1/387
東道紀略一卷　(清)陸費瑔撰　清道光十九年(1839)刻本　一册

110000－0144－0007295　337.17/264
雲程萬里一卷　(清)懋勳氏撰　清光緒十一年(1885)長房仁記刻本　一册

110000－0144－0007296　337.17/384
鄂省營制驛傳彙編四卷　(清)陳仲衡編　清光緒十五年(1889)刻本　四册

110000－0144－0007297　337.17/530
三省入藏程站記一卷　(清)范壽金撰　清光緒三十三年(1907)石印本　一册

110000－0144－0007298　337.2/239－754
鐵路紀要三卷　(美國)柯理撰　(清)潘松譯　清光緒二十年(1894)江南機器製造總局刻本　一册

110000－0144－0007299　337.22/854
九廣滬寧汴洛鐵路合同　(清)□□輯　清末鉛印本　三册

110000－0144－0007300　337.223/382
軌政紀要初編九卷次編三卷　陳毅輯　陳宗蕃續輯　清光緒三十三年(1907)郵傳部圖書通譯局鉛印本　六册

110000－0144－0007301　337.223/382
軌政紀要五卷　陳毅輯　清光緒三十三年(1907)郵傳部圖書通譯局鉛印本　四册

110000－0144－0007302　337.223/383
軌政紀要次編三卷　陳宗蕃輯　清宣統元年(1909)郵傳部圖書通譯局鉛印本　二册

110000－0144－0007303　337.2514/606
調查胡中丞辦理晉省路礦始末詳記附覆奏稿原擬章程總署改訂章程一卷　(清)□□輯　清末鉛印本　一册

110000－0144－0007304　337.29/891
星輶考轍四卷　(清)劉啟彤譯述　清光緒十五年(1889)同文書局石印本　四册

110000－0144－0007305　337.292/378
郵傳部奏定籌畫全國鐵路軌線摺一卷　(清)陳璧撰　清光緒三十三年(1907)京師官書局鉛印本　一册

110000－0144－0007306　337.292/453
汴洛鐵路合同附續借比欵案件　中國督辦鐵路總公司編　清光緒三十三年(1907)鉛印本　一册

110000－0144－0007307　337.2952/239
美國鐵路彙考十三卷　(美國)柯理集　(英國)傅蘭雅譯　清光緒二十四年(1898)江南製造總局刻本　二册

110000－0144－0007308　337.5/267
水運　楊志洵譯述　清宣統二年(1910)郵傳部圖書通譯局鉛印本　一册

110000－0144－0007309　337.51/905－937
行船免撞章程一卷附一卷　(英國)傅蘭雅　(清)鍾天緯同譯　清光緒二十一年(1895)江南機器制造總局鉛印本　一册

110000－0144－0007310　337.51/905－937
行船免撞章程一卷附一卷　(英國)傅蘭雅　(清)鍾天緯同譯　清光緒二十一年(1895)江南機器制造總局鉛印本　一册

110000－0144－0007311　337.554/331
峽江救生船志二卷圖攷一卷行川必要一卷　(清)賀縉紳撰　清光緒三年(1877)水師新副中營刻本　二册　存二卷(峽江圖攷一卷、行川必要一卷)

110000－0144－0007312　337.554/331
峽江救生船志二卷圖攷一卷行川必要一卷　(清)賀縉紳撰　清光緒三年(1877)水師新副中營刻本　四册

110000－0144－0007313　337.57/331
江蘇海運全案十二卷　(清)賀長齡等輯　清道光六年(1826)刻本　十二册

110000－0144－0007314　337.57/416
浙江海運全案重編初編八卷續編四卷新編八卷　(清)馬新貽等修　(清)蔣益澧纂　清同治六年(1867)糧儲道庫刻本　十二册

110000－0144－0007315　337.57/416
浙江海運全案重編初編八卷續編四卷新編八卷　(清)馬新貽等修　(清)蔣益澧纂　清同治六年(1867)糧儲道庫刻本　六册　存八卷(初編八卷)

110000－0144－0007316　337.57/754
欽定戶部漕運全書九十二卷首一卷　(清)潘世恩等撰　清道光二十四年(1844)刻本　四十六册

110000－0144－0007317　337.57/754
欽定戶部漕運全書九十二卷首一卷　(清)潘世恩等撰　清道光二十四年(1844)刻本　四十六册

110000－0144－0007318　337.6/289
調查日本郵電學堂報告書一卷　(清)李景銘編　(清)方兆鼇編　清宣統元年(1909)郵電部圖書通譯局刻本　一册

110000－0144－0007319　337.692/779
郵傳部第一次統計表(光緒三十三年)　(清)郵傳部編　清光緒三十三年(1907)鉛印本　六册

110000－0144－0007320　338.01/038
貿易林二卷　(清)尹睿豐編輯　(清)註禮堂　(清)研經堂校評　清道光二十六年(1846)董京刻本　二册

110000－0144－0007321　338.092/460
粵商自治會函件初編一卷　(清)關白康編　清光緒三十四年(1908)粵商自治會鉛印本　一册

110000－0144－0007322　338.092/723
調查南洋勸業會報告書一卷　湖北中等商業學堂編　清宣統三年(1911)湖北中等商業學堂鉛印本　一册

110000－0144－0007323　338.0992/617
雲林別墅纂輯示我周行天下路程續編二卷　(清)謝梅林　(清)鄒可庭輯　清刻本　二册

110000－0144－0007324　338.5/723
國政貿易相關書二卷　(英國)法拉著　(英國)傅蘭雅口譯　(清)徐家寶述　清光緒江南製造總局刻本　二册

110000－0144－0007325　338.83/392
經商摘要一卷藥行瑣言一卷　(清)陸煥斗撰　清光緒二十四年(1898)炳文齋刻字鋪刻本　一册

110000－0144－0007326　338.94/820
直隸工藝志初編　(清)周學熙撰　清光緒三十三年(1907)工藝總局北洋官報局鉛印本　六册

110000－0144－0007327　340.7/754
論海牙和平會無干涉中國財政之理五章　(清)潘敬撰　清宣統三年(1911)鉛印本　一册

110000－0144－0007328　340/353
保富述要　(英國)布來德撰　(英國)傅蘭雅口譯　清光緒江南製造總局刻本　二册

110000－0144－0007329　340/478
理財學精義　(日本)田尻稻次郎撰　(清)王秀點譯　清光緒二十九年(1903)上海商務印書館鉛印本　一册

110000－0144－0007330　340/932.6
財政四綱　(清)□□撰　清光緒二十七年(1901)石印本　四册

110000－0144－0007331　341.092/754
中國之金融　(清)潘承鍔撰　清光緒三十四年(1908)中國圖書公司鉛印本　二册

110000－0144－0007332　341.12/297
鼓鑄小銀錢節畧一卷　(清)□□編　清光緒

十九年(1893)鉛印本　一册

110000－0144－0007333　341.12/891
變通圖法條議　(清)劉慶汾撰　清光緒三十一年(1905)金陵刻本　一册

110000－0144－0007334　341.12/891
變通圖法條議　(清)劉慶汾撰　清光緒三十一年(1905)金陵刻本　一册

110000－0144－0007335　341.12/891
變通圖法條議　(清)劉慶汾撰　清光緒三十一年(1905)金陵刻本　一册

110000－0144－0007336　341.3/686
寶源錢法規條　(清)□□撰　清光緒十九年(1893)鉛印本　一册

110000－0144－0007337　341.3/723
湖北鼓鑄章程一卷　(清)□□撰　清光緒十二年(1886)鉛印本　一册

110000－0144－0007338　341.4/665－1
度支部通阜司奏案輯要續編六卷　(清)度支部通阜司編　清宣統京師度支部印刷局鉛印本　一册

110000－0144－0007339　341/294
票法利用仁術二卷　(清)李啟納撰　清同治六年(1867)刻本　二册

110000－0144－0007340　342.12/395
銀行釋義二卷　孫德全撰　清宣統二年(1910)鉛印本　一册

110000－0144－0007341　342.37/338
票圖撮要不分卷　(清)高明考訂　清光緒二十年(1894)華記館刻本　二册

110000－0144－0007342　343.8/154
一體遵行不分卷　(清)□□撰　清嘉慶二十一年(1816)刻本　二册

110000－0144－0007343　346.22/368
周廬井觀一卷　(清)孫德全撰　清末鉛印本　一册

110000－0144－0007344　346.4/665
度支部試辦宣統三年預算案總表　(清)度支部編　清宣統三年(1911)石印本　五册

110000－0144－0007345　346.4/688
宣統四年全國預算歲入歲出說明書　(清)度支部編　清宣統三年(1911)石印本　一册

110000－0144－0007346　346.4/890
光緒會計表四卷　(清)劉嶽雲編　清光緒二十七年(1901)教育世界社石印本　四册

110000－0144－0007347　346.402/294(1895)
光緒會計錄三卷　(清)李希聖編　清光緒二十二年(1896)上海時務報館石印本　二册

110000－0144－0007348　346.72/779
郵傳部接辦粵川漢鐵路借款及分別接收各路股款始末記一卷　(清)郵傳部編　清宣統鉛印本　一册

110000－0144－0007349　346.72/779
郵傳部接辦粵川漢鐵路借款及分別接收各路股款始末記一卷　(清)郵傳部編　清宣統鉛印本　一册

110000－0144－0007350　346/368
理財考鏡十卷　孫德全撰　清宣統二年(1910)鉛印本　四册

110000－0144－0007351　347.9212/583
全省財政說明書　(清)山東清理財政局編　清宣統鉛印本　十七册

110000－0144－0007352　347.9221/719
江蘇諮議局研究會報告一卷　(清)江蘇諮議局撰　清宣統元年(1909)鉛印本　一册

110000－0144－0007353　347.9225/723
鄂省丁漕指掌十卷　(清)湖北布政使司糧儲道編　清光緒元年(1875)刻本　十册

110000－0144－0007354　347.9225/723.4
湖北善後局光緒十二年正至三月分收支清摺　(清)□□輯　清光緒抄本　三册

110000－0144－0007355　347.9225/723.7
湖北財政說明書一卷　(清)□□撰　清末湖北官刷印局鉛印本　一册

110000－0144－0007356　347.9233/664
廣東財政説明書十六卷　(清)廣東清理財政局編訂　清宣統三年(1911)鉛印本　十六册

110000－0144－0007357　347.9243/484.6
黑龍江財政沿革利弊説明書三卷首一卷劃分國家地方兩税意見書一卷　(清)黑龍江清理財政局編　清宣統二年(1910)鉛印本　缺一卷(劃分國家地方兩税意見書一卷)　三册

110000－0144－0007358　347/719
江蘇陝西支款印發簿(清光緒十三年十四年十六年)　(清)□□編　清末抄本　三册

110000－0144－0007359　348.092/861
經徵成案彙編(清光緒戊申八月至宣統庚戌三月)三期　(清)□□編　清宣統刻本　八册

110000－0144－0007360　348.19/137
東海關結罰款案由清摺(清光緒二十六至二十八年)　(英國)赫德撰　清光緒二十六年至二十八年(1900－1902)總税務司寫本　一册

110000－0144－0007361　348.19/485
則例一卷　(清)□□編　清刻本　一册

110000－0144－0007362　348.2/177
甘肅秦州直隸州禮縣光緒十六年应催徵十四十五年民欠仍未完糧石徵信册　(清)戶部編　清光緒十七年(1891)甘肅刻本　一册

110000－0144－0007363　348.2/719
江蘇賦役全書　(清)□□編　清同治四年(1865)刻本　四十册

110000－0144－0007364　348.2/723
湖南賦役全書　(清)□□撰　清刻本　十八册

110000－0144－0007365　348.2/880
浙江減賦全案十卷　(清)興奎等纂　清同治十二年(1873)糧儲道庫刻本　十册

110000－0144－0007366　348.2/893
江蘇減賦全案八卷　劉郇膏等纂　清同治五年(1866)刻本　八册

110000－0144－0007367　348.3/104
福建票鹽志略一卷　(清)吳大廷撰　清同治五年(1866)福建鹽局刻本　一册

110000－0144－0007368　348.3/104.1
福建鹽法志二十二卷首一卷　(清)福建鹽署編輯　清道光十年(1830)刻本　八册

110000－0144－0007369　348.3/150
兩淮歲計志畧一卷　(清)程儀洛編　清末刻紅印本　一册

110000－0144－0007370　348.3/158.7
四川鹽法志四十卷首一卷　(清)丁寶楨總纂　(清)羅文彬編輯　清光緒八年(1882)刻本　二十册

110000－0144－0007371　348.3/205
溫處鹽務紀要一卷　(清)趙舒翹輯　清光緒十九年(1893)甌江官舍刻二十一年(1895)續編本　二册

110000－0144－0007372　348.3/259
東關紀略二卷　(清)林慶炳輯　清光緒九年(1883)刻本　一册

110000－0144－0007373　348.3/292
淮鹺備要十卷　(清)李澄輯　清道光三年(1823)刻本　四册

110000－0144－0007374　348.3/322
南鹺志要一卷　(清)改琦輯　清光緒刻本　一册

110000－0144－0007375　348.3/375
兩廣鹽法志三十五卷首一卷　(清)阮元等修　(清)伍長華等纂　清道光十六年(1836)刻本　二十册

110000－0144－0007376　348.3/375－2
欽定重修兩浙鹽法志三十卷首二卷　(清)阮元總裁　(清)馮培總纂　清嘉慶六年(1801)刻本　二十四册

110000－0144－0007377　348.3/583
山東鹽法志二十二卷附編援證十卷　(清)宋

湘等纂修　清嘉慶十四年(1809)刻本　二十四册

110000－0144－0007378　348.3/626

鹺政備覽不分卷　(清)方濬師編　清光緒二年(1876)兩廣運使署刻本　二册

110000－0144－0007379　348.3/652

六省各埠設立子埠及運道情形清冊　(清)史杰編　清咸豐廣州富文齋刻本　四册

110000－0144－0007380　348.3/657

淮北票鹽志略十四卷　(清)童濂總修　(清)魏源等纂輯　清道光二十年(1840)刻本　四册

110000－0144－0007381　348.3/657－1

淮北票鹽續略十二卷　(清)許寶書編　清同治九年(1870)刻本　四册

110000－0144－0007382　348.3/657－11

淮北票鹽續略二編十卷　(清)項晉蕃編　清光緒十六年(1890)刻本　八册

110000－0144－0007383　348.3/719

增修河東鹽法備覽八卷首一卷　(清)江人鏡等總裁　(清)張元鼎等纂　清光緒八年(1882)刻本　十册

110000－0144－0007384　348.3/861

緝私規冊　(清)□□編　清道光二十四年(1844)河東道署刻本　一册

110000－0144－0007385　348.3/905

兩淮鹽法志二十四卷首四卷　(清)佶山修　(清)單渠纂　清同治九年(1870)揚州書局刻淮南書局補刻本　十六册

110000－0144－0007386　348.3/987

鹽法志一卷附小池現行鹽法事宜　(清)□□編　清乾隆元年(1736)刻本　一册

110000－0144－0007387　348.3092/246

淮鹽紀略一卷　(清)杜小舫撰　清光緒二十九年(1903)通州翰墨林書局鉛印本　一册

110000－0144－0007388　348.4/466

景德鎮瓷器統捐局奉憲飭定瓷器統捐新章及茭草章程　(清)景德鎮瓷器統捐局編　清末刻本　一册

110000－0144－0007389　348.61/583

崇文門商稅衙門現行稅則一卷　(清)崇文門商稅衙門編　清光緒三十四年(1908)刻本　一册

110000－0144－0007390　348.69/126

釐金局駁議川省土藥不准捏稱報赴海關詳移信札全案　(清)辦理四川通省釐金總局編　清光緒三十年(1904)鉛印本　一册

110000－0144－0007391　348.7/128

續纂淮關統志十四卷首一卷　(清)元成纂修　清光緒三十二年(1906)刻本　六册

110000－0144－0007392　348.7/128

[嘉慶]續纂淮關統志十四卷首一卷　(清)元成纂修　清光緒三十二年(1906)刻本　六册

110000－0144－0007393　348.7/878

粵海關志三十卷　(清)梁廷枏纂　清道光廣州業文堂刻本　三十册

110000－0144－0007394　348.71/858

續修通商進口稅則善後章程　(清)呂海寰等修　清光緒三十一年(1905)上海商約大臣刻本　一册

110000－0144－0007395　348.792/311

光緒朝海關大宗進出貨價表附說一卷　張庸編　清宣統三年(1911)江蘇通州翰墨林書局鉛印本　一册

110000－0144－0007396　348.792/311

光緒朝海關大宗進出貨價表附說一卷　張庸編　清宣統三年(1911)江蘇通州翰墨林書局鉛印本　二册

110000－0144－0007397　348.9/719

江南十四司應解飯銀冊　(清)□□編　清刻本　一册

110000－0144－0007398　348/594

稅斂要例一卷　(美國)卜舫濟撰　清光緒二十九年(1903)上海廣學會鉛印本　一册

110000－0144－0007399　349.2/301

中國度支考一卷印度鹽法考一卷　（英國）哲美森編輯　（美國）林樂知譯　清光緒二十九年（1903）上海廣學會鉛印本　一册

110000－0144－0007400　349.2/301－02

中國度支考一卷　（英國）哲美森編輯　（美國）林樂知譯　清光緒二十三年（1897）上海圖書集成局鉛印本　一册

110000－0144－0007401　349.2/461

中國財政紀略一卷　（日本）東邦協會編纂　（清）吳銘譯　清光緒二十八年（1902）上海廣智書局鉛印本　一册

110000－0144－0007402　349.4/598

歐洲財政史　（日本）小林丑三郎撰　（清）羅普譯　清光緒二十八年（1902）上海廣智書局鉛印本　一册

110000－0144－0007403　349.41/302

英國度支考六章　（英國）司可得開勒撰　（清）華龍譯　清光緒二十九年（1903）上海商務印書館鉛印本　一册

110000－0144－0007404　350.92/245

漢律輯證六卷　（清）杜貴墀輯　清光緒二十五年（1899）湘水校經堂刻桐華閣叢書本　一册

110000－0144－0007405　350.92/313

漢律類纂一卷　（清）張鵬一纂　清光緒三十三年（1907）奉天格致學堂奉天學務公所印刷部鉛印本　一册

110000－0144－0007406　350.92/463

明律集解附例三十卷　（明）高舉纂　清光緒三十四年（1908）修訂法律館刻本　十册

110000－0144－0007407　350.92/463

明律集解附例三十卷　（明）高舉纂　清光緒三十四年（1908）修訂法律館刻本　十册

110000－0144－0007408　350.931/716

日本明治法制史三編　（日本）清浦奎吾著　商務印書館譯　清光緒二十九年（1903）上海商務印書館鉛印本　一册

110000－0144－0007409　350/235

直隸法政學堂試驗答案一卷　李大防輯　清宣統元年（1909）直隸法政學堂鉛印本　一册

110000－0144－0007410　350/235－4

直隸法政學堂校外自修班講義　（□）□□撰　清末直隸法政學堂鉛印本　一册

110000－0144－0007411　350/483

法學通論　（日本）岡田朝太郎撰　張孝栘譯　清光緒三十四年（1908）東京富山房印本　存一卷（一）　一册

110000－0144－0007412　350/861

桐城吳氏法律學教科書二卷　（日本）織田萬原著　吳闓生譯　清光緒三十一年（1905）華北書局鉛印本　二册

110000－0144－0007413　350/939

法學通論　（日本）鈴木喜三郎講義　（清）震生譯意　清光緒二十八年（1902）上海廣智書局鉛印本　一册

110000－0144－0007414　351.31/236

新譯日本法規大全　南洋公學譯書院初譯　商務印書館編譯所補譯　清光緒三十三年（1907）上海商務印書館鉛印本　八十一册

110000－0144－0007415　351.31/236

新譯日本法規大全　南洋公學譯書院初譯　商務印書館編譯所補譯　清光緒三十三年（1907）上海商務印書館鉛印本　八十一册

110000－0144－0007416　351.52/752

美國憲法纂釋二十一卷　（美國）海麗生撰　（清）舒高第口譯　清光緒三十三年（1907）江南製造局刻本　二册

110000－0144－0007417　351/171

憲法原論四編　黄贊元撰　清宣統三年（1911）四川商業講習所鉛印本　一册

110000－0144－0007418　351/235

直隸法政學堂校外自修班講義　（□）□□撰　清末直隸法政學堂鉛印本　一册

110000－0144－0007419　351/649
憲法要論初篇三卷　（日本）市村光惠撰（日本）井上密論評　葉瀚譯　清光緒三十三年（1907）保定官書局、京師書業公司、上海科學會社鉛印本　一冊

110000－0144－0007420　352.7/118
通行章程二卷新續通行章程二卷遵行章程一卷　（清）王汝礪輯　清光緒十三年（1887）京都順濟局刻本　五冊

110000－0144－0007421　352.7/371
新增通行章程（清光緒二十七年至三十四年）　（□）□□撰　清末鉛印本　二冊

110000－0144－0007422　352.7/546
吳平贅言八卷　（清）董沛撰　清光緒七年（1881）刻本　二冊

110000－0144－0007423　352.7/546－2
南屏贅語八卷　（清）董沛撰　清光緒十二年（1886）刻本　二冊

110000－0144－0007424　352.7/546－4
晦闇齋筆語六卷　（清）董沛撰　清光緒十年（1884）刻本　二冊

110000－0144－0007425　352.73/439
祥刑要覽四卷　（明）吳訥輯　清道光十四年（1834）求放心齋刻本　二冊

110000－0144－0007426　352.73/546
汝東判語六卷　（清）董沛撰　清光緒十三年（1887）刻本　二冊

110000－0144－0007427　352/183
大清律講義十七卷首一卷　吉同鈞編　清宣統二年（1910）上海朝記書庄石印本　八冊

110000－0144－0007428　352/183.3
大清現行刑律講義八卷　吉同鈞等編　清宣統二年（1910）法部律學館石印本　八冊

110000－0144－0007429　352/354
大清律例按語一百四卷　（清）□□撰　清道光二十七年（1847）海山仙館刻本　六十冊

110000－0144－0007430　352/354.3
大清律例三十九卷督捕則例二卷律例館校正洗冤錄四卷三流道里表一卷　（清）徐本等總裁　（清）唐紹祖等纂修　清同治九年（1870）武英殿刻本　二十六冊

110000－0144－0007431　352/354.3－1
大清欽定刪除新律例二卷　（清）刑部制訂　清末石印本　一冊

110000－0144－0007432　352/354.33
大清律例一卷　（□）□□撰　清光緒直隸法政學堂油印本　一冊

110000－0144－0007433　352/410
故唐律疏議三十卷　（唐）長孫無忌等撰　清光緒十六年（1890）京師刻本　十二冊

110000－0144－0007434　352/410
故唐律疏議三十卷音義一卷洗冤錄五卷　（唐）長孫無忌等撰　清光緒十七年（1891）京師刻本　八冊

110000－0144－0007435　352/410－03
故唐律疏議三十卷　（唐）長孫無忌等撰　清光緒刻本　十一冊

110000－0144－0007436　352/660－3
大清光緒新法令十三類附錄一卷　商務印書館編譯所編　清宣統元年（1909）上海商務印書館鉛印本　二十冊

110000－0144－0007437　352/660－3
大清光緒新法令十三類附錄一卷　商務印書館編譯所編　清宣統元年（1909）上海商務印書館鉛印本　二十冊

110000－0144－0007438　352/660－3
大清光緒新法令十三類附錄一卷　商務印書館編譯所編　清宣統元年（1909）上海商務印書館鉛印本　二十冊

110000－0144－0007439　352/660－3
大清光緒新法令十三類附錄一卷　商務印書館編譯所編　清宣統二年（1910）上海商務印書館鉛印本　二十冊

110000－0144－0007440　352/660－31

大清光緒宣統新法令分類總目　商務印書館編譯所編纂　清宣統二年(1910)上海商務印書館鉛印本　一册

110000－0144－0007441　352/689
欽定宗室覺羅律例二卷附二卷　(清)定壽等纂修　清宣統二年(1910)鉛印本　四册

110000－0144－0007442　352/943
大清律例增修統纂集成四十卷　(清)陶駿輯　清光緒十年(1884)律例館刻本　二十册

110000－0144－0007443　352/943－02
大清律例增修統纂集成四十卷附督捕則例二卷　(清)姚潤輯　(清)胡璋增輯　(清)陶駿增修　陶念霖增補　清光緒十五年(1889)武林清來堂吳宅刻本　二十四册

110000－0144－0007444　352/990
法官考試應用法律章程彙編一卷　俞紀琦編纂　清宣統直隸法律學堂排印處鉛印本　一册

110000－0144－0007445　352/994
大清律例刑案彙纂集成四十卷刑部説帖刑案匯覽一卷　(清)姚潤纂輯　(清)胡璋增修　清道光二十八年(1848)刻本　二十四册

110000－0144－0007446　353.41/220
西例便覽五卷　(清)胡禮垣譯　(清)馮鈞葆編　清光緒二十二年(1896)上海管可壽齋石印本　四册

110000－0144－0007447　353.42/471
法國律例　(法國)畢利幹口譯　(清)時雨化筆述　清光緒六年(1880)同文館鉛印本　四十六册

110000－0144－0007448　354/942
德國民法第一卷　(□)□□編　清光緒修訂法律館鉛印本　一册

110000－0144－0007449　355.1/354
大清現行刑律一卷　(□)□□編　清宣統二年(1910)法政研究會鉛印本　一册

110000－0144－0007450　355.1/354－02
大清現行刑律三十六卷首一卷禁煙條例一卷秋審條款一卷　吉同鈞等總纂　(清)謝宗誠等纂修　清宣統二年(1910)修訂法律館鉛印本　十二册

110000－0144－0007451　355.1/746
大清現行刑律案語不分卷　沈家本編　(清)俞廉臣編　**現行刑律簡明圖**　程繼元編訂　清宣統元年(1909)法律館鉛印本　二十四册

110000－0144－0007452　355.1/746
大清現行刑律案語不分卷　沈家本編　(清)俞廉臣編　清宣統元年(1909)法律館鉛印本　二十册

110000－0144－0007453　355.4/746
欽定大清刑律二編　沈家本編　清宣統三年(1911)刻本　二册

110000－0144－0007454　355.5/741
刺字集四卷刺字處分一卷　沈家本　(清)郭安仁編　清光緒十二年(1886)京師刻本　一册

110000－0144－0007455　355.5/741
刺字集四卷刺字處分一卷　沈家本輯　清光緒十二年(1886)京師刻本　一册

110000－0144－0007456　355.8/101
奉天省不符册　(清)□□撰　清末刻本　一册

110000－0144－0007457　355.8/106
刑案彙覽六十卷首一卷末一卷拾遺備考一卷續增十六卷新增十六卷　(清)祝慶祺輯　清光緒十五年(1889)上海鴻文書局石印本　二十册

110000－0144－0007458　355.8/352
家難紀略一卷　(清)左欽敏撰　清光緒二十四年(1898)刻本　一册

110000－0144－0007459　355.8/517
鹿洲公案二卷　(清)藍鼎元撰　清光緒七年(1881)江州官舍刻鹿洲全集本　二册

110000－0144－0007460　355.8/745

案事編一卷 (清)沈祖燕撰 清光緒三十四年(1908)著者刻本 一册

110000－0144－0007461 355.8/798
明刑管見録一卷 (清)穆翰撰 清光緒十三年(1887)陝西臬署刻本 二册

110000－0144－0007462 355/209
補宋書刑法志一卷食貨志一卷 (清)郝懿行輯 清光緒東路廳署刻郝氏遺書本 一册

110000－0144－0007463 355/516
俄羅斯刑法十二卷 (清)薩蔭圖譯 清光緒三十一年(1905)修訂法律館京師官書局鉛印本 二册

110000－0144－0007464 355/516
俄羅斯刑法十二卷 (清)薩蔭圖譯 清光緒三十一年(1905)修訂法律館京師官書局鉛印本 二册

110000－0144－0007465 355/723
大清刑律草案二編 (清)法律館編 清光緒三十四年(1908)法律館農工商部印刷科鉛印本 三册

110000－0144－0007466 355/745
名法指掌新例增訂四卷 (清)沈辛田輯 清道光四年(1824)粤東刻本 四册

110000－0144－0007467 355/746
核訂現行刑律不分卷 沈家本等纂 清宣統元年(1909)鉛印本 二册

110000－0144－0007468 355/746
核訂現行刑律不分卷 沈家本等纂 清宣統元年(1909)鉛印本 四册

110000－0144－0007469 355/942
德意志刑法二編 (清)法律館譯 清光緒三十三年(1907)法律館鉛印本 一册

110000－0144－0007470 355/942
德意志刑法二編 (清)法律館譯 清光緒三十三年(1907)法律館鉛印本 一册

110000－0144－0007471 355/952
重修名法指掌圖四卷 (清)徐灝撰 清同治九年(1870)湖北崇文書局刻本 四册

110000－0144－0007472 356.51/251
棠陰比事一卷 (宋)桂萬榮撰 (明)吴訥刪補 清同治十三年(1874)海昌陳氏刻本 一册

110000－0144－0007473 356.65/608
洗冤録詳義四卷拾遺二卷首一卷 (清)許槤編 清光緒二年(1876)葛氏嘯園刻本 五册

110000－0144－0007474 356.65/752
洗冤録歌訣一卷檢驗雜説歌訣一卷 (清)剛毅編 清光緒五年(1879)湖北書局刻本 一册

110000－0144－0007475 356.66/605
法律醫學二十四卷首一卷附一卷 (英國)該惠連等撰 (英國)傅蘭雅 (清)趙元益口譯 清光緒二十五年(1899)上海江南製造局刻本 十册

110000－0144－0007476 358.9/210
考察司法制度報告書 (清)□□撰 清宣統三年(1911)石印本 一册

110000－0144－0007477 358.92/205
提牢備考四卷 (清)趙舒翹輯 清光緒十一年(1885)律例館刻本 二册

110000－0144－0007478 358.92/723
欽定法院編制法不分卷 (清)憲政編查館編 清宣統鉛印本 一册

110000－0144－0007479 359.1/138
萬國公法四卷 (美國)惠頓著 (美國)丁韙良譯 清同治三年(1864)京都崇實館刻本 四册

110000－0144－0007480 359.1/382
外交贅言一卷 陳彦彬撰 清宣統二年(1910)鉛印本 一册

110000－0144－0007481 359.1/482－905
公法總論一卷 (英國)羅柏村撰 (英國)傅蘭雅 (清)汪振聲譯 清光緒江南製造總局鉛印本 一册

110000－0144－0007482　359.1/482－905
公法總論一卷　（英國）羅柏村撰　（英國）傅蘭雅　（清）汪振聲譯　清光緒江南製造總局鉛印本　一冊

110000－0144－0007483　359.1/500
萬國公法會通十卷　（德國）步倫著　（美國）丁韙良譯　清光緒二十二年（1896）上海飛鴻閣石印本　四冊

110000－0144－0007484　359.9/316
各國交涉便法論六卷　（英國）費利摩羅巴德撰　（英國）傅蘭雅譯　清末江南製造總局鉛印本　六冊

110000－0144－0007485　359/316
各國交涉公法論初集二集三集　（英國）費利摩羅巴德撰　（英國）傅蘭雅口譯　（清）俞世爵筆述　清光緒二十二年（1896）慎記書莊石印本　八冊

110000－0144－0007486　359/316－02
各國交涉公法論三集　（英國）費利摩羅巴德撰　（英國）傅蘭雅口譯　（清）俞世爵筆述　清光緒二十四年（1898）江南機器製造總局刻本　八冊

110000－0144－0007487　359/353
有賀博士日清戰役中之國際法論十六章　（日本）有賀撰　清宣統三年（1911）陸軍部承政司鉛印本　一冊

110000－0144－0007488　360.1/179－1－03
群學肄言　（英國）斯賓塞爾著　嚴復譯　清光緒二十九年（1903）上海文明編譯書局鉛印本　四冊

110000－0144－0007489　360.1/179－1－03
群學肄言　（英國）斯賓塞爾著　嚴復譯　清光緒二十九年（1903）上海文明編譯書局鉛印本　四冊

110000－0144－0007490　360.1/179－1－03
群學肄言　（英國）斯賓塞爾著　嚴復譯　清光緒二十九年（1903）上海文明編譯書局鉛印本　四冊

110000－0144－0007491　360.1/179－1－03
群學肄言　（英國）斯賓塞爾著　嚴復譯　清光緒二十九年（1903）上海文明編譯書局鉛印本　四冊

110000－0144－0007492　360.1/179－428
群學　（英國）斯賓塞爾著　嚴復譯　清光緒二十八年（1902）杭州史學齋杭州譯印局活字本　一冊

110000－0144－0007493　360/583.2
社會學二卷　（日本）岸本能武太著　章炳麟譯　清光緒二十八年（1902）上海廣智書局鉛印本　二冊

110000－0144－0007494　362.2/693
坊市五圖丁糧冊　（清）鄢樹勛編　清同治五年（1866）南昌賓興館木活字印本　二冊

110000－0144－0007495　366.5/353
人種交涉論衡一卷　（英國）白來思著　（清）丁雄譯　清光緒三十年（1904）上海廣學會鉛印本　一冊

110000－0144－0007496　366.54/113
歐洲族類源流略五卷　王樹枏撰　清光緒二十八年（1902）中衛縣署刻陶廬叢刻本　二冊

110000－0144－0007497　366.7/293
尚賢堂報告書不分卷　（美國）李佳白撰　清宣統元年（1909）上海華美書局鉛印本　一冊

110000－0144－0007498　366.7/293
尚賢堂報告書不分卷　（美國）李佳白撰　清宣統元年（1909）上海華美書局鉛印本　一冊

110000－0144－0007499　366.73/150
兩廣會館紀略二卷　（清）□□纂　清光緒十二年（1886）福州兩廣會館刻本　一冊

110000－0144－0007500　366.73/842
寶慶會館志二卷　（清）鄒先舉編　清光緒二十九年（1903）寶慶會館刻本　一冊

110000－0144－0007501　368.12/391
清理二十七保十圖並南十二圖義塚案由　（清）陸文麓編　**稟請修理新閘橋堍沿河欄杆**

稟函各件 清光緒三十三年(1907)鉛印本 一册

110000－0144－0007502 368.13/362
江寧府重修普育四堂志六卷 (清)涂宗瀛輯 (清)孫雲錦重輯 清光緒十二年(1886)刻本 五册

110000－0144－0007503 368.2/122
歷朝災祥 玷磨子錄 清抄本 一册

110000－0144－0007504 368.2/213
救荒舉要遺編三卷 (清)戴百壽撰 清光緒二十年(1894)博陵官廨刻戴氏遺訓三種本 三册

110000－0144－0007505 368.2/701
救荒六十策 (清)寄湘漁夫輯 清光緒五年(1879)甘肅皐蘭縣署刻本 一册

110000－0144－0007506 368.2/988
得一錄八卷首一卷 (清)余治輯 清光緒十一年(1885)寶善堂刻本 八册

110000－0144－0007507 368.22/164
山東黃河南岸十三州縣遷民圖説不分卷 (清)黄璣撰 清光緒二十二年(1896)點石齋石印本 二册

110000－0144－0007508 368.22/164
山東黃河南岸十三州縣遷民圖説不分卷 (清)黄璣撰 清光緒二十二年(1896)點石齋石印本 二册

110000－0144－0007509 368.31/101
奉天全省禁煙事宜第一次報告書 (清)奉天禁煙公所编 清宣統仁和山房鉛印本 一册

110000－0144－0007510 368.31/104
福州去毒社第一週年紀述撮要 (清)福州去毒社撰 清光緒三十三年(1907)鉛印本 一册

110000－0144－0007511 368.31/104－21
福建去毒總社第二期季報 林炳章總編 清光緒三十三年(1907)鉛印本 一册

110000－0144－0007512 368.31/159
政務處議奏禁煙章程一卷 (清)□□撰 清光緒石印本 一册

110000－0144－0007513 368.31/159
政務處議奏禁煙章程一卷 (清)□□撰 清光緒石印本 一册

110000－0144－0007514 368.31/307
東莞縣振武宗社戒煙分會章程一卷不纏足會章程一卷 張幹龕撰 清光緒三十二年(1906)大馬站裕和堂鉛印本 一册

110000－0144－0007515 368.31/437
籌議禁煙章程定限十年案一卷 吴葆誠編 清光緒三十二年(1906)抄本 一册

110000－0144－0007516 368.31/526
禁吸鴉片煙芻議一卷讀署蘇撫陳中丞奏請定販賣嗎啡治罪專條摺條議一卷 (清)蔣履曾撰 清光緒三十二年(1906)鉛印本 一册

110000－0144－0007517 368.31/526
禁吸鴉片煙芻議附讀署蘇撫陳中丞奏請定販賣嗎啡治罪專條摺條議一卷 (清)蔣履曾撰 清光緒三十二年(1906)鉛印本 一册

110000－0144－0007518 368.31/526
禁吸鴉片煙芻議一卷讀署蘇撫陳中丞奏請定販賣嗎啡治罪專條摺條議一卷 (清)蔣履曾撰 清光緒三十二年(1906)鉛印本 一册

110000－0144－0007519 368.31/669
遵擬禁煙查驗章程 (清)鹿傳霖撰 清光緒三十四年(1908)京華印書局鉛印本 一册

110000－0144－0007520 368.31/677
文明戒煙錄一卷 上海文明社輯 清光緒三十二年(1906)上海文明總社石印本 一册

110000－0144－0007521 368.31/852
外部致英使節略一卷附駐英汪大臣覆函 (清)□□撰 清光緒石印本 一册

110000－0144－0007522 368.31/972
鴉片專賣條陳一卷附台灣戸口法 鄭嘉謨撰 清光緒三十四年(1908)鉛印本 一册

110000－0144－0007523 368.31/972

鴉片專賣條陳一卷附台灣戶口法 鄭嘉謨撰 清光緒三十四年(1908)鉛印本 一冊

110000－0144－0007524 368.8/911－453
日本監獄法 (日本)佐藤信安著 中國國民叢書社譯 清光緒二十九年(1903)上海商務印書館鉛印本 一冊

110000－0144－0007525 368/269
籌濟編三十二卷首一卷 (清)楊景仁撰 清光緒五年(1879)山東書局刻本 六冊

110000－0144－0007526 368/269－02
籌濟編三十二卷首一卷 (清)楊景仁撰 清光緒四年(1878)詒硯齋刻本 六冊

110000－0144－0007527 368/394
欽定康濟錄四卷 (清)陸曾禹撰 清同治八年(1869)湖北崇文書局刻本 四冊

110000－0144－0007528 368/394－02
欽定康濟錄四卷 (清)陸曾禹撰 清同治三年(1864)浙江撫署刻本 六冊

110000－0144－0007529 369.4/104－02
近世社會主義 (日本)福井準造撰 趙必振譯 清光緒二十九年(1903)上海廣智書局鉛印本 二冊

110000－0144－0007530 369.4/104－02
近世社會主義 (日本)福井準造撰 趙必振譯 清光緒二十九年(1903)上海廣智書局鉛印本 二冊

110000－0144－0007531 370.12/313
小學集解六卷輯說一卷 (宋)朱熹撰 (清)張伯行輯注 清光緒二十七年(1901)廣雅書局刻本 四冊

110000－0144－0007532 370.14/455－679
肄業要覽一卷 (英國)史本守著 (清)顏永京譯 清光緒二十一年(1895)上海格致書室鉛印本 一冊

110000－0144－0007533 370.147/296.2
垤氏實踐教育學二卷 (奧國)垤斯弗勒特力撰 (日本)中島端譯 清光緒二十九年(1903)北京大學堂官書局鉛印本 二冊

110000－0144－0007534 370.7/526.3
教育家言一卷 蔣百里編譯 清光緒二十八年(1902)上海廣智書局鉛印本 一冊

110000－0144－0007535 370.9/660
教育史四編 商務印書館編譯所編 清光緒三十二年(1906)上海商務印書館鉛印本 一冊

110000－0144－0007536 370.9/910
世界教育統計年鑒六編 (日本)伊東佑谷著 (清)謝蔭昌輯譯 清宣統二年(1910)奉天學務公所圖書科鉛印本 一冊

110000－0144－0007537 370.92/997
支那教學史略三卷 (日本)狩野良知撰 清光緒二十八年(1902)上海商務印書館鉛印本 一冊

110000－0144－0007538 370.92/997
支那教學史略三卷 (日本)狩野良知撰 清光緒二十八年(1902)上海商務印書館鉛印本 一冊

110000－0144－0007539 370.9241/351
奉天全省學堂簡明表 (清)□□編 清光緒三十三年(1907)鉛印本 一冊

110000－0144－0007540 370.9251/994
蒙古教育條議 姚錫光撰 清末抄本 一冊

110000－0144－0007541 370.931/440－02
東游叢錄四卷 (清)吳汝綸撰 清光緒二十八年(1902)鉛印本 四冊

110000－0144－0007542 370.931/440－02
東游叢錄四卷 (清)吳汝綸撰 清光緒二十八年(1902)鉛印本 四冊

110000－0144－0007543 370.931/444
東瀛參觀學校記一卷 (清)呂佩芬撰 清光緒三十四年(1908)呂氏晚節香齋鉛印本 一冊

110000－0144－0007544 370.931/444
東瀛參觀學校記一卷 (清)呂佩芬撰 清光

緒三十四年(1908)呂氏晚節香齋鉛印本　一册

110000－0144－0007545　370.931/994
東瀛學校舉概　姚錫光撰　清光緒二十六年(1900)皖城官舍木活字印本　一册

110000－0144－0007546　370.94/856
太西教育史二篇　(日本)能勢榮著　葉瀚譯　清光緒二十七年(1901)上海金粟齋譯書社鉛印本　二册

110000－0144－0007547　370.94/856
太西教育史二篇　(日本)能勢榮著　葉瀚譯　清光緒二十七年(1901)上海金粟齋譯書社鉛印本　二册

110000－0144－0007548　370.94/856
太西教育史二篇　(日本)能勢榮著　葉瀚譯　清光緒二十七年(1901)上海金粟齋譯書社鉛印本　二册

110000－0144－0007549　370.94/856
太西教育史二篇　(日本)能勢榮著　葉瀚譯　清光緒二十七年(1901)上海金粟齋譯書社鉛印本　二册

110000－0144－0007550　370.94/924
新體歐洲教育史要二卷　(日本)谷本富撰　汪郁年譯　清光緒二十九年(1903)北京大學堂官書局鉛印本　一册

110000－0144－0007551　370.94/924
新體歐洲教育史要二卷　(日本)谷本富撰　汪郁年譯　清光緒二十九年(1903)北京大學堂官書局鉛印本　一册

110000－0144－0007552　370/453
普通教育學要義　(日本)中島半次郎著　田吳炤譯　清光緒二十九年(1903)刻移山堂叢書本　二册

110000－0144－0007553　371.8/862
繪圖中國白話史百二十五課　(清)戴克敦　(清)錢宗翰合編　清光緒三十一年(1905)重慶正蒙社刻本　二册

110000－0144－0007554　371.9/164
黄氏塾課三卷　(清)黄式三撰　清光緒十四年(1888)刻儆居遺書本　一册

110000－0144－0007555　371.9/185
聖學入門四卷　(清)彭世昌輯　清光緒三年(1877)都門刻本　二册

110000－0144－0007556　371.9/311
輶軒語不分卷　(清)張之洞撰　清光緒二年(1876)退補齋刻本　一册

110000－0144－0007557　371.9/311
輶軒語不分卷　(清)張之洞撰　清光緒二年(1876)退補齋刻本　一册

110000－0144－0007558　371.9/311－02
輶軒語不分卷　(清)張之洞撰　清光緒二十三年(1897)豐潤縣署刻本　一册

110000－0144－0007559　371.9/311－03
輶軒語不分卷　(清)張之洞撰　清光緒八年(1882)江西書局木活字印本　一册

110000－0144－0007560　371.9/311－04
輶軒語不分卷附書目答問　(清)張之洞撰　清光緒六年(1880)文琳堂刻本　一册

110000－0144－0007561　371.9/311－05
輶軒語不分卷　(清)張之洞撰　清光緒二十一年(1895)湖北官書處刻本　一册

110000－0144－0007562　371.9/311－06
輶軒語不分卷　(清)張之洞撰　清末刻本　一册

110000－0144－0007563　371.9/377
聖學入門書三卷蔚村三約一卷　(清)陳瑚撰　清光緒十年(1884)津河廣仁堂刻本　一册

110000－0144－0007564　371.9/455
肄業要覽一卷　(英國)史本守著　(清)顔永京譯　清光緒二十一年(1895)上海格致書室鉛印本　一册

110000－0144－0007565　371.9/455
肄業要覽一卷　(英國)史本守著　(清)顔永京譯　清光緒二十一年(1895)上海格致書室

鉛印本　一册

110000 - 0144 - 0007566　371.9/504.7
初學讀書要略一卷讀譯書須知一卷論格致理法綱要一卷　葉瀚撰　清光緒二十三年(1897)仁和葉氏刻本　一册

110000 - 0144 - 0007567　371.9/566
靈峽學則一卷　(清)薛于瑛撰　清光緒七年(1881)津河廣仁堂刻本　一册

110000 - 0144 - 0007568　371.9/667
讀書作文譜十二卷父師善誘法二卷　(清)唐彪輯撰　清康熙三十八年(1699)唐彪刻本　三册

110000 - 0144 - 0007569　371.9/668.3
中西學門徑書七種　康有爲　梁啟超等撰　清光緒二十四年(1898)上海大同譯書局石印本　二册

110000 - 0144 - 0007570　371.9/753
讀書綱領正編一卷附錄一卷　(清)濮斗衡編　清咸豐九年(1859)敬義齋刻本　一册

110000 - 0144 - 0007571　371.9/763
曾文正公勸學篇示直隸士子一卷　勞乃宣輯　清光緒十八年(1892)矩齋所刻本　一册

110000 - 0144 - 0007572　371.9/790
程氏家塾讀書分年日程三卷　(元)程端禮撰　清同治七年(1868)湖北崇文書局刻本　二册

110000 - 0144 - 0007573　371.9/790 - 02
程氏家塾讀書分年日程三卷　(元)程端禮撰　清同治八年(1869)江蘇書局刻本　一册

110000 - 0144 - 0007574　371.9/790 - 02
程氏家塾讀書分年日程三卷　(元)程端禮撰　清同治八年(1869)江蘇書局刻本　一册

110000 - 0144 - 0007575　371.9/790 - 02
程氏家塾讀書分年日程三卷　(元)程端禮撰　清同治八年(1869)江蘇書局刻本　一册

110000 - 0144 - 0007576　371.9/790 - 03
程氏家塾讀書分年日程三卷　(元)程端禮編　清康熙二十八年(1689)當湖陸氏刻本　四册

110000 - 0144 - 0007577　371.9/790 - 04
程氏家塾讀書分年日程三卷　(元)程端禮撰　清道光三年(1823)樂壽堂刻本　一册

110000 - 0144 - 0007578　371.9/915
為學大指一卷　(清)倭仁撰　清光緒十年(1884)津河廣仁堂刻本　一册

110000 - 0144 - 0007579　371.9/915 - 02
為學大指一卷　(清)倭仁撰　清刻本　一册

110000 - 0144 - 0007580　372.092/854
各省學務官制並勸學所章程一卷　(清)學部編　清光緒石印本　一册

110000 - 0144 - 0007581　372.092/880
分年籌備事宜摺　(清)學部編　清宣統元年(1909)鉛印本　一册

110000 - 0144 - 0007582　372.09221/743
江蘇學務公牘　(清)江蘇省學務公所編　清光緒三十四年(1908)江蘇學務公所印刷處鉛印本　四册

110000 - 0144 - 0007583　372.09226/723
湖南學務進行紀略一卷　(清)湖南學務處編　清末鉛印本　一册

110000 - 0144 - 0007584　372.09227/485
四川學務文件彙編三卷　(清)四川學務處編　清末刻本　三册

110000 - 0144 - 0007585　372.0931/182
日本學校聯絡圖說一卷　(清)壽富撰　清光緒二十五年(1899)京都琉璃廠有益堂刻本　一册

110000 - 0144 - 0007586　372.0931/443
日本學校源流　(美國)路義思著　(美國)衛理　(清)范熙庸譯　清光緒二十五年(1899)江南製造局刻本　一册

110000 - 0144 - 0007587　372.1/402
學制統述二卷　(清)夏炘撰　清咸豐三年(1853)刻本　一册

110000－0144－0007588　372.12/312.6
奏定學堂章程　（清）張百熙　（清）榮慶　（清）張之洞纂　清光緒二十九年（1903）山東官印書局石印本　五册

110000－0144－0007589　372.12/312.6－02
奏定學堂章程　（清）張百熙　（清）榮慶　（清）張之洞纂　清末石印本　一册

110000－0144－0007590　372.12/312.6－03
奏定學堂章程　（清）張百熙　（清）榮慶　（清）張之洞纂　清光緒二十九年（1903）湖北學務處刻朱印本　五册

110000－0144－0007591　372.12/312.6－03
奏定學堂章程　（清）張百熙　（清）榮慶　（清）張之洞纂　清光緒二十九年（1903）湖北學務處刻紅印本　五册

110000－0144－0007592　372.12/312.6－04
奏定學堂章程　（清）張百熙　（清）榮慶　（清）張之洞纂　清光緒鉛印本　二册

110000－0144－0007593　372.12/312.6－04
奏定學堂章程　（清）張百熙　（清）榮慶　（清）張之洞纂　清光緒鉛印本　一册

110000－0144－0007594　372.131/396
學校制度一卷　（日本）隈本繁吉述　程家檉編譯　清光緒三十二年（1906）京師學部編譯書局鉛印本　一册

110000－0144－0007595　372.131/396
學校制度一卷　（日本）隈本繁吉述　程家檉編譯　清光緒三十二年（1906）京師學部編譯書局鉛印本　一册

110000－0144－0007596　372.131/396
學校制度一卷　（日本）隈本繁吉述　程家檉編譯　清光緒三十二年（1906）京師學部編譯書局鉛印本　一册

110000－0144－0007597　372.143/577
泰西學校教化議合刻二種　（德國）花之安著　清光緒二十三年（1897）上海商務印書館鉛印本　一册

110000－0144－0007598　372.22/653
新文牘四卷　（清）學部輯　清光緒三十二年（1906）石印本　四册

110000－0144－0007599　372.22/653－02
新文牘十卷　（清）學部輯　清宣統三年（1911）南洋官書局石印本　二十册

110000－0144－0007600　372.22/880
學部奏定改訂法政學堂章程　（清）學部編　清末京師京華印書局鉛印本　一册

110000－0144－0007601　372.22/880.3
學務章程彙存第一集　（清）□□輯　清光緒三十四年（1908）鉛印本　十册

110000－0144－0007602　372.2234/664
廣西學務提要一卷　（清）□□撰　清宣統鉛印本　一册

110000－0144－0007603　372.28/572
樹人文會譜一卷　（清）葉桂芬等撰　清宣統元年（1909）木活字印本　一册

110000－0144－0007604　372.5/057
學校管理法十章　（日本）田中敬一編　周家樹譯　清光緒二十七年（1901）教育世界出版所刻本　一册

110000－0144－0007605　372.5/329
學校管理法問答十一章　邵羲譯著　清光緒二十八年（1902）上海商務印書館鉛印普通學問答全書本　一册

110000－0144－0007606　372.5/478
學校管理法十章　（日本）田中敬一編　周家樹譯　清光緒二十七年（1901）教育世界出版所刻本　一册

110000－0144－0007607　372.5/880
學部奏定增訂各學堂管理通則　（清）學部編　清宣統元年（1909）京師京華印書局鉛印本　一册

110000－0144－0007608　372.51/150
兩廣方言學堂改訂章程　（清）兩廣方言學堂編　清光緒三十四年（1908）老城清風橋文茂

印書局鉛印本　一冊

110000－0144－0007609　372.51/308

欽定學堂章程不分卷　(清)張百熙編　清光緒二十七年(1901)石印本　六冊

110000－0144－0007610　372.51/355

新令適用學校管理法二卷　(日本)大塚薰著　(清)劉邦驥譯　清光緒二十九年(1903)漢川六吉軒劉氏刻本　一冊

110000－0144－0007611　372.512/261

法國高等師範學堂格致學博兩科招考章程一卷　林學英譯　清末湖北洋務譯書局刻紅印本　一冊

110000－0144－0007612　372.512/854

各學堂考試章程一卷　(清)□□編　清光緒鉛印本　一冊

110000－0144－0007613　372.512/880

學部改定各學堂考試章程一卷　(清)□□編　清光緒鉛印本　一冊

110000－0144－0007614　372.512/880－6

學部奏定各學堂考試章程　(清)□□編　清光緒三十二年(1906)鉛印本　一冊

110000－0144－0007615　372.513/880

學部訂定各學堂修業文憑條例　(清)學部編　清光緒三十四年(1908)鉛印本　一冊

110000－0144－0007616　372.6/880

學部奏定各學堂徵收學費章程一卷　(清)□□編　清光緒三十三年(1907)鉛印本　一冊

110000－0144－0007617　372.6/880

學部奏定各學堂徵收學費章程一卷　(清)□□編　清光緒三十三年(1907)鉛印本　一冊

110000－0144－0007618　372/181

學校改良論六篇　(日本)寺田勇吉撰　馮模譯　清光緒二十九年(1903)北京大學堂官書局鉛印本　一冊

110000－0144－0007619　373.1/880

學部奏定檢定優待兩等小學教員章程　(清)學部編　清宣統元年(1909)刻本　一冊

110000－0144－0007620　373.1/880－8

學部奏定初級師範學堂中學堂教員及優特教員章程摺　(清)學部撰　清宣統元年(1909)鉛印本　一冊

110000－0144－0007621　373.4/719

乙班實習教授評案不分卷　通州師範學校編　清光緒三十四年(1908)通州翰墨林書局鉛印本　二冊

110000－0144－0007622　373.4/719

乙班實習教授評案不分卷　通州師範學校編　清光緒三十四年(1908)通州翰墨林書局鉛印本　二冊

110000－0144－0007623　373.62/880

學部奏定師範獎勵義務章程　(清)學部編　清光緒三十三年(1907)鉛印本　一冊

110000－0144－0007624　373.8221/312

張殿撰教育手牒一卷　張謇撰　清宣統元年(1909)上海中國圖書公司石印本　一冊

110000－0144－0007625　373/291.3

教官譜二卷　(清)李庚乾輯　清光緒十九年(1893)四川會文堂刻本　一冊

110000－0144－0007626　374.08/715

蒙學叢書　(清)汪鍾霖輯　清光緒吳縣汪氏石印本　三十二冊

110000－0144－0007627　374.09/708

養蒙正軌一卷　(英國)秀耀春譯　(清)汪振聲譯　清末鉛印本　一冊

110000－0144－0007628　374.0931/649

日本明治小學教育沿革　(清)京師學部編譯書局譯　清光緒三十二年(1906)京師學部官書局鉛印本　一冊

110000－0144－0007629　374.12/354

兒童矫弊論　(日本)大村仁太郎編　(清)京師學務處編書局譯　清光緒三十一年(1905)京師編書局鉛印本　一冊

110000－0144－0007630　374.12/354
兒童矯弊論　(日本)大村仁太郎編　(清)京師學務處編書局譯　清光緒三十一年(1905)京師編書局鉛印本　一册

110000－0144－0007631　374.6/598
小學教科問答八卷　(清)□□撰　清光緒二十九年(1903)蒙學叢書社石印本　四册

110000－0144－0007632　374.6/684
宗室覺羅八旗高等小學堂教程一卷　(清)□□編　清宣統二年(1910)鉛印本　一册

110000－0144－0007633　374.6/716
初等小學教授細目不分卷　(清)學部編　清宣統二年(1910)學部圖書局石印本　四册

110000－0144－0007634　374.71/880
學部奏酌量變通初等小學堂章程並請變通中學堂課程分為文科實科摺　(清)學部奏　清宣統元年(1909)鉛印本　一册

110000－0144－0007635　374.72/267
甘肅陸軍小學堂章程一卷　(清)楊增新撰　清光緒三十三年(1907)鉛印本　一册

110000－0144－0007636　374.8211/379－4
舉辦密雲學務檔案一卷　(清)陳雄藩撰　清光緒三十四年(1908)京師鉛印本　一册

110000－0144－0007637　374.8221/103
武陽公立高等小學堂丙午改良章程一卷　(清)□□撰　清光緒三十二年(1906)木活字印本　一册

110000－0144－0007638　374.8221/596
常州粹化女學復立乞助啟　常州粹化女學編　清宣統元年(1909)常州粹化女學刻本　一册

110000－0144－0007639　374.9/011
私塾改良會章程一卷　(清)上海私塾改良總會撰　清光緒三十二年(1906)鉛印本　一册

110000－0144－0007640　374.9/286
變通小學義塾章程一卷訓學良規一卷　(清)□□編　清光緒刻本　二册

110000－0144－0007641　374.9/487
私塾改良總會章程一卷　(清)上海私塾改良總會撰　清光緒末年上海私塾改良總會鉛印本　一册

110000－0144－0007642　375.6/880
學部具奏酌改中學堂文實兩科課程摺　(清)學部撰　清宣統二年(1910)京華印書局鉛印本　一册

110000－0144－0007643　375.7/029
中學登瀛堂冊三卷　(清)□□輯　清光緒三十三年(1907)木活字印本　三册

110000－0144－0007644　376.8211/235－2
直隸法政學堂同學錄　(□)□□編　清光緒三十四年(1908)直隸法政學堂鉛印本　一册

110000－0144－0007645　376.8211/716－1
清華學堂章程一卷　(清)□□編　清宣統三年(1911)鉛印本　一册

110000－0144－0007646　376.8212/583－1
山東試辦大學堂暫行章程摺稿一卷　袁世凱撰　清光緒二十七年(1901)刻本　一册

110000－0144－0007647　376.8221/236.2
南洋公學譯書院試辦章程一卷　南洋公學譯書院撰　清光緒南洋公學譯書院刻本　一册

110000－0144－0007648　376.8221/236.6－9
教育界之風潮十二章　(清)□□撰　清光緒二十九年(1903)石印本　六册

110000－0144－0007649　376.8233/150
兩廣方言學堂同學錄　(清)兩廣方言學堂編　清光緒三十三年(1907)裕和堂鉛印本　一册

110000－0144－0007650　376.99/131
義首書院記略一卷　(清)□□撰　清同治七年(1868)活字印本　一册

110000－0144－0007651　376.99/137
東山書院志畧一卷　(清)□□撰　清咸豐二年(1852)刻本　一册

110000－0144－0007652　376.99/180

士鄉書院志一卷　(清)尹繼美輯　清同治十一年(1872)刻本　一册

110000－0144－0007653　376.99/197
興賢學倉志二卷　(清)趙祥纂修　清道光二十五年(1845)刻本　二册

110000－0144－0007654　376.99/204
寶晉書院志十一卷　(清)趙佑宸續修　清光緒六年(1880)刻本　二册

110000－0144－0007655　376.99/265
桐鄉書院志六卷　(清)□□纂修　清木活字印本　二册

110000－0144－0007656　376.99/358
西山書院學範四卷　(清)孟殿榮輯　清光緒二十八年(1902)浦西星錄閣刻本　四册

110000－0144－0007657　376.99/453
中江講院建立經誼治事兩齋章程一卷　(清)□□撰　清光緒二十二年(1896)中江講院刻本　一册

110000－0144－0007658　376.99/626
瀛山書院志十卷　(清)瀛山書院纂　清乾隆刻本　二册

110000－0144－0007659　376.99/658
龍城書院備考一卷　(清)龍城書院編　清光緒刻本　一册

110000－0144－0007660　376.99/658－61
龍城書院致用精舍光緒十二年收支清册一卷　(清)龍城書院　清光緒刻本　一册

110000－0144－0007661　376.99/749
鼇峯書院志十六卷首一卷　(清)游光繹編　清嘉慶十一年(1806)正誼堂刻本　四册

110000－0144－0007662　376.99/749
鼇峯書院志十六卷首一卷　(清)游光繹編　清嘉慶十一年(1806)正誼堂刻本　八册

110000－0144－0007663　376.99/827
創建豫南書院存畧一卷　(清)朱壽鏞編　清光緒十七年(1891)信陽豫南書院刻本　一册

110000－0144－0007664　376.99/844
簡州學田章程附簡州學田圖式一卷　(□)□□撰　清光緒刻本　一册

110000－0144－0007665　376.99/885
鄮山書院核實錄　(□)□□撰　清光緒十六年(1890)刻本　一册

110000－0144－0007666　376.99/893.8
白鷺洲書院志八卷　(清)劉繹等纂　清同治十年(1871)白鷺書院刻本　四册

110000－0144－0007667　376.99/905
端溪書院志七卷　(清)傅維森撰　清光緒二十六年(1900)刻本　二册

110000－0144－0007668　376.99/909
洞溪書院志二卷　(清)羅汝廉編　清光緒二十五年(1899)木活字印本　一册

110000－0144－0007669　376.99/988
長沙縣學宫志八卷　(清)余正煥補纂　清同治六年(1867)奎文閣刻本　八册

110000－0144－0007670　376.991/659－6
龍城書院分設致用經古精舍公牘一卷　(□)□□編　清光緒刻本　一册

110000－0144－0007671　379.1/861
女學集議初編一卷　(清)經元善輯　清光緒二十四年(1898)鉛印本　一册

110000－0144－0007672　379.2/137
東遊必要一卷　(清)□□編　清光緒三十一年(1905)四川官報書局鉛印本　一册

110000－0144－0007673　379.2/311
擬議約束出洋遊學生章程並鼓勵遊學生章程與日本使臣議定辦法繕具清單摺　(清)張之洞著　清光緒刻本　一册

110000－0144－0007674　379.2/325
己酉同人聯歡會會員錄　(清)□□編　清宣統元年(1909)鉛印本　一册

110000－0144－0007675　379.2/845.1
奏定管理游學日本學生章程　(清)學部編　清光緒三十二年(1906)鉛印本　一册

110000－0144－0007676　379.2/852

外務部學部會奏為收還美國賠款遣派學生赴美謹擬辦法大綱摺清單　（清）□□撰　清宣統元年(1909)京華印書局鉛印本　一冊

110000－0144－0007677　379.2/880

學部具奏酌擬考試畢業游學生章程奏摺清單　（清）學部撰　清宣統元年(1909)京華印書局鉛印本　一冊

110000－0144－0007678　380.941/325

英國水師考一卷　（英國）巴那比　（美國）克里同撰　（英國）傅蘭雅　（清）鍾天緯譯　清末江南製造總局鉛印本　二冊

110000－0144－0007679　380/382.6

中西兵略指掌二十四卷首一卷　（清）陳龍昌輯　清光緒二十三年(1897)東山草堂石印本　八冊

110000－0144－0007680　380/383

權制八卷　陳澹然撰　清光緒二十八年(1902)長沙徐氏刻本　六冊

110000－0144－0007681　380/383

權制八卷　陳澹然撰　清光緒二十八年(1902)長沙徐氏刻本　四冊

110000－0144－0007682　380/383

權制八卷　陳澹然撰　清光緒二十八年(1902)長沙徐氏刻本　六冊

110000－0144－0007683　380/745

自強軍西法類編十八卷　沈敦和纂　清光緒四年(1878)上海順成書局石印本　十八冊

110000－0144－0007684　381.2/829

廣西團練事宜一卷　（清）朱孫詒編　清咸豐十一年(1861)刻本　一冊

110000－0144－0007685　381/150

辦理廣東軍政計畫案一卷　（清）□□撰　清光緒刻本　一冊

110000－0144－0007686　381/300

摘錄武鄉試提調事務一卷　（清）□□輯　清抄本　一冊

110000－0144－0007687　381/983

皇朝兵制考略六卷　（清）翁同爵撰　清光緒元年(1875)武昌節署刻本　一冊

110000－0144－0007688　382.09/155

尼羅海戰史　（美國）耶特瓦德斯邊撰　（日本）越山平三郎譯述　清光緒二十九年(1903)上海商務印書館鉛印戰史叢書本　一冊

110000－0144－0007689　382.092/115

湘軍志十六卷　王闓運撰　清光緒二十八年(1902)湖南書局刻本　四冊

110000－0144－0007690　382.092/115－02

湘軍志十六卷　王闓運撰　清光緒十二年(1886)成都墨香書屋刻本　四冊

110000－0144－0007691　382.092/115－02

湘軍志十六卷　王闓運撰　清光緒十二年(1886)成都墨香書屋刻本　四冊

110000－0144－0007692　382.092/115－03

湘軍志十六卷　王闓運撰　清末刻本　四冊

110000－0144－0007693　382.092/115－04

湘軍志十六篇　王闓運撰　清光緒二十四年(1898)致知書局鉛印述廬叢書本　二冊

110000－0144－0007694　382.092/115－04

湘軍志十六篇　王闓運撰　清光緒二十四年(1898)致知書局鉛印述廬叢書本　二冊

110000－0144－0007695　382.092/115－05

湘軍水陸戰紀十六卷　（清）曾國藩原撰　（清）鮑叔衡輯　清光緒十一年(1885)京都同文堂石印本　二冊

110000－0144－0007696　382.092/115－06

湘軍志十六卷　王闓運撰　清光緒刻本　四冊

110000－0144－0007697　382.092/118

湘軍記二十卷　（清）王定安撰　清光緒十五年(1889)江南書局刻本　八冊

110000－0144－0007698　382.092/118－02

湘軍記二十卷　（清）王定安撰　清光緒十五

年(1889)上海書局石印本　四册

110000－0144－0007699　382.092/324
豫軍紀略十二卷　(清)尹耕雲　(清)李汝鈞纂　清同治十一年(1872)邵琦刻本　十二册

110000－0144－0007700　382.092/324
豫軍紀略十二卷　(清)尹耕雲　(清)李汝鈞纂　清同治十一年(1872)邵琦刻本　缺二卷(六至七)　十册

110000－0144－0007701　382.092/380
霆軍紀略十六卷　(清)陳昌撰　清光緒八年(1882)刻本　六册

110000－0144－0007702　382.092/380
霆軍紀略十六卷　(清)陳昌撰　清末鉛印本　六册

110000－0144－0007703　382.09231/283
新譯日清海陸戰爭史　(日本)松井廣吉著　(清)范枕石譯　清光緒二十八年(1902)上海會文編譯社石印本　一册

110000－0144－0007704　382.0931/182
日俄戰紀二卷　壽永康編　任衣洲譯　清宣統二年(1910)鉛印本　一册

110000－0144－0007705　382.09391/660－02
飛獵濱獨立戰史　(菲律濱)棒時撰　東京留學生譯述　清光緒二十八年(1902)上海商務印書館鉛印本　一册

110000－0144－0007706　382.094/113－02
歐洲列國戰事本末二十二卷　王樹枏撰　清光緒二十八年(1902)鉛印本　六册

110000－0144－0007707　382.094/115
普法戰紀輯要四卷　(清)王韜撰　(清)張芝軒譯　(清)李光廷輯　清光緒二十七年(1901)東亞自強譯書會石印本　八册

110000－0144－0007708　382.094/115－02
普法戰紀二十卷　(清)王韜撰　(清)張芝軒譯　清光緒十二年(1886)弢園王氏刻本　十册

110000－0144－0007709　382.094/115－02
普法戰紀二十卷　(清)王韜撰　(清)張芝軒譯　清光緒十二年(1886)弢園王氏刻本　十册

110000－0144－0007710　382.094/115－03
普法戰紀二十卷　(清)王韜撰　(清)張芝軒譯　清光緒二十一年(1895)弢園王氏鉛印本　十册

110000－0144－0007711　382.094/115－03
普法戰紀二十卷　(清)王韜撰　(清)張芝軒譯　清光緒二十一年(1895)弢園王氏鉛印本　十册

110000－0144－0007712　382.2/372
兵鏡備考十三卷　(清)鄧廷羅輯　(清)沈荃等參訂　清道光張鵬飛來鹿堂刻本　十册

110000－0144－0007713　382.2/432
行軍指要六卷　(英國)哈密著　(美國)金楷理口譯　(清)趙元益筆述　清光緒二十七年(1901)江南製造總局刻本　六册

110000－0144－0007714　382.4/582
戰史例證戰術教科書七章　(清)北洋陸軍編譯局編譯　清宣統二年(1910)鉛印本　一册

110000－0144－0007715　382.4/627
武備水火攻不分卷　(明)施永圖撰　(明)施裘等評閱　清末臥雲居刻本　二册

110000－0144－0007716　382.5/713
武侯八陣兵法輯略一卷太公兵法逸文一卷用陣雜錄一卷　(清)汪宗沂輯　清光緒二十年(1894)浙西村舍刻本　二册

110000－0144－0007717　382.9/131
太公兵法逸文一卷　(清)汪宗沂輯　清光緒袁氏浙西村舍刻本　一册

110000－0144－0007718　382/138
備豫錄十四卷　(清)袁宮桂編　(清)陳階平校　清道光刻本　五册

110000－0144－0007719　382/138－7
洴澼百金方十四卷　(清)袁宮桂編　清道光二十年(1840)刻本　八册

110000－0144－0007720　382/138－7
洴澼百金方十四卷　(清)袁宮桂編　清道光二十年(1840)刻本　六册

110000－0144－0007721　382/168
禮書通故五十卷　(清)黄以周撰　清光緒十九年(1893)黄氏試館刻本　三十二册

110000－0144－0007722　382/185
兵家方道指南八卷　(清)彭定瀾撰　清同治四年(1865)刻本　六册

110000－0144－0007723　382/320
守邊輯要一卷　(清)壁昌撰　清道光彭以竺刻本　一册

110000－0144－0007724　382/324
塞語一卷鄉約一卷　(明)尹畊撰　清光緒八年(1882)劉錫之刻本　一册

110000－0144－0007725　382/360
孫子十家注十三卷　(三國魏)曹操等注　清嘉慶二年(1797)山東兗州觀察署刻本　八册

110000－0144－0007726　382/360
孫子十家注十三卷　(三國魏)曹操等注　清嘉慶二年(1797)山東兗州觀察署刻本　四册

110000－0144－0007727　382/360－02
孫子十家注十三卷　(三國魏)曹操等注　**尸子二卷**　(清)汪繼培輯　清光緒三年(1877)浙江書局刻本　七册

110000－0144－0007728　382/360－1
孫吴武經四卷　(清)荆州駐防繙譯總學編　清光緒三十二年(1906)荊州駐防翻譯總學刻本　四册

110000－0144－0007729　382/360－3－03
孫子十家注十三卷　(三國魏)曹操等注　清末上海掃葉山房石印本　六册

110000－0144－0007730　382/360－3－03
孫子十家注十三卷　(三國魏)曹操等注　清末上海掃葉山房石印本　六册

110000－0144－0007731　382/360－348
孫子選注十三卷　(清)夏壽田選注　清末内府石印本　一册

110000－0144－0007732　382/360－348
孫子選注十三卷　(清)夏壽田選注　清末内府石印本　一册

110000－0144－0007733　382/381
歷代名將事略二卷　(清)陳光憲輯　清光緒八年(1882)四川官報書局鉛印本　二册

110000－0144－0007734　382/483
見聞輯要一卷　(清)剛毅撰　清光緒六年(1880)廣東惠潮嘉道署刻本　一册

110000－0144－0007735　382/519
草廬經略十二卷　(明)□□撰　清光緒七年(1881)宋慶刻本　四册

110000－0144－0007736　382/714
戊笈談兵十卷　(清)汪紱撰　清光緒二十年(1894)刻本　十二册

110000－0144－0007737　382/828
武經七書彙解十卷　(清)朱墉纂輯　清古經閣書坊刻本　十册

110000－0144－0007738　382/932
麟洲兵事芻議二十一篇　錢麟書撰　清光緒三十三年(1907)正誼書局鉛印本　一册

110000－0144－0007739　382/942
籌令鄉民筑堡御賊疏一卷　(清)德楞泰撰　清刻本　一册

110000－0144－0007740　383.1/188
訓練操法詳晰圖説　袁世凱撰　清光緒二十八年(1902)昌言報館石印本　十二册

110000－0144－0007741　383.2/341
練兵實紀九卷練兵實紀雜集六卷　(明)戚繼光撰　清道光二十三年(1843)許乃釗刻敏果齋七種本　四册

110000－0144－0007742　383.2/341
練兵實紀九卷練兵實紀雜集六卷　(明)戚繼光撰　清道光二十三年(1843)許乃釗刻敏果齋七種本　四册

110000－0144－0007743　383.2/341－03
練兵實紀九卷練兵實紀雜集六卷　(明)戚繼光撰　清末吴之勷京都琉璃廠刻本　六册

110000－0144－0007744　383.2/341－1
紀效新書十八卷首一卷　(明)戚繼光撰　清末邵綬名刻本　四册

110000－0144－0007745　383.5/101
奏定陸軍各學堂及出洋學生畢業考試出身授官摘要章程　奕劻撰　清光緒三十四年(1908)陸軍部編譯局刷印處鉛印本　一册

110000－0144－0007746　383.5/101
奏定陸軍各學堂及出洋學生畢業考試出身授官摘要章程　奕劻撰　清光緒三十四年(1908)陸軍部編譯局刷印處鉛印本　一册

110000－0144－0007747　383.5/675
奏定陸軍小學堂章程　奕劻撰　清末鉛印本　一册

110000－0144－0007748　383.5/675－02
奏定陸軍小學堂章程　奕劻撰　清光緒三十二年(1906)四川武備學堂刻本　一册

110000－0144－0007749　383.5/938
欽定陸軍第一中學堂暫行規則一卷　(清)□□編　清末抄本　一册

110000－0144－0007750　383.5031/358
日本陸軍學校章程彙編　孟森評述　(日本)稻村新六校訂　鄭孝檉覆校　清光緒二十八年(1902)南洋公學譯書院鉛印本　四册

110000－0144－0007751　383/935
江南陸師學堂武備課程八種二十七卷附課藝二卷　(清)錢德培編　清光緒二十五年(1899)江南陸師學堂刻本　十六册

110000－0144－0007752　384.63/158
北洋水師號衣圖説　(清)丁汝昌撰　清光緒八年(1882)刻本　一册

110000－0144－0007753　385.1/843
築城學教程一卷附圖　(□)□□撰　清末鉛印本　一册

110000－0144－0007754　385.1/920
營壘圖説一卷　(比利時)伯里牙芒撰　(美國)金楷理口譯　(清)李鳳苞筆述　清末江南製造總局刻本　一册

110000－0144－0007755　385.2/461
日俄戰役實驗談　(□)□□撰　清末鉛印本　一册

110000－0144－0007756　385.2/480
粤東虎門沙角增建暗炮臺暗道營壘總圖説不分卷　(清)婁雲慶撰　清末石印本　一册

110000－0144－0007757　385.4/905－708
行軍鐵路工程二卷　(英國)傅蘭雅　(清)汪振聲譯　清光緒江南製造總局鉛印本　一册

110000－0144－0007758　385.4/905－708
行軍鐵路工程二卷　(英國)傅蘭雅　(清)汪振聲譯　清光緒江南製造總局鉛印本　一册

110000－0144－0007759　385.9/192
戰守心法四卷　(清)袁祖禮撰　(清)劉敬銑編輯　清光緒三十三年(1907)京都刻本　四册

110000－0144－0007760　385.9/441
夢湖樓外編一卷　(清)吴乃斌撰　清光緒二十一年(1895)錢塘吴氏刻本　一册

110000－0144－0007761　385.91/158
子藥準則　(清)丁乃文撰　清光緒十四年(1888)江南製造局刻本　一册

110000－0144－0007762　385.91/582－925
爆藥記要六卷　(美國)水雷局原書　(清)舒高第　(清)趙元益口譯　清光緒江南製造總局刻本　一册

110000－0144－0007763　385.93/687
洋槍淺言一卷　(清)顔邦固撰　清光緒十一年(1885)上海江南製造總局刻本　一册

110000－0144－0007764　385.94/158
礮法畫譜　(清)丁乃文撰　清光緒十四年(1888)江南製造局鉛印本　一册

110000－0144－0007765　385.94/600－981

攻守礮法一卷附克虜伯腰箍砲說一卷 （布國）軍政局原書 （美國）金楷理口譯 （清）李鳳苞筆述 清末江南製造局刻本 一册

110000－0144－0007766 385.94/987－293
克虜伯礮準心法一卷 （美國）金楷理譯 （清）李鳳苞述 清末江南製造總局刻本 一册

110000－0144－0007767 385.99/807
江南製造局記十卷首一卷末一卷 （清）魏允恭撰 清光緒三十一年（1905）石印本 十册

110000－0144－0007768 385/103
開地道轟藥法三卷 （英國）武備工程學堂編 （英國）傅蘭雅 （清）汪振聲口譯 清末江南製造總局刻本 二册

110000－0144－0007769 385/158
築寨圖説一卷附築寨事宜一卷 （清）丁守存撰 清同治二年（1863）丁守存刻本 一册

110000－0144－0007770 386.1/341
威勝京營録軍章程稿一卷 （清）□□撰 清末抄本 一册

110000－0144－0007771 386.1/391
陸軍速成學堂軍制學教科書六篇 （清）陸軍部編 清光緒三十四年（1908）陸軍部陸軍速成學堂鉛印本 一册

110000－0144－0007772 386.5/905
營工要覽四卷 （英國）傅蘭雅 （清）汪振聲譯 清光緒江南製造總局鉛印本 二册

110000－0144－0007773 386.5/914
營城揭要二卷 （英國）儲意比撰 （英國）傅蘭雅口譯 （清）徐壽筆述 清末江南製造總局刻本 二册

110000－0144－0007774 387.092/675
北洋海軍章程十三條 （清）奕環等編 清光緒十四年（1888）天津石印書局石印本 二册

110000－0144－0007775 387.3/430
水師操練十八卷首一卷末一卷 （英國）戰船部原書 （英國）傅蘭雅 （清）徐建寅口譯 清光緒江南製造局刻本 三册

110000－0144－0007776 387.3/993
海軍調度要言三卷圖一卷 （英國）拏核甫撰 （清）舒高第 （清）鄭昌棪譯 清光緒江南機器製造總局鉛印本 二册

110000－0144－0007777 387.39/942
英國水師律例四卷 （英國）德麟 （英國）極福德撰 （清）舒高第 （清）鄭昌棪譯 清光緒三年（1877）江南製造總局鉛印本 二册

110000－0144－0007778 387.59/455
水雷秘要五卷圖一卷 （英國）史理孟纂 （清）舒高第 （清）鄭昌棪譯 清光緒六年（1880）江南製造局刻本 六册

110000－0144－0007779 387.7/796
鐵甲叢談五卷 （英國）黎特著 （清）舒高第 （清）鄭昌棪譯 清光緒江南製造總局鉛印本 二册

110000－0144－0007780 387.93/582
兵船礮法六卷 （美國）水師書院著 （美國）金楷理譯 （清）朱恩錫述 清光緒江南製造總局刻本 三册

110000－0144－0007781 387/158
世界海軍現狀 （清）丁士源撰 清宣統二年（1910）鉛印本 一册

110000－0144－0007782 387/325
美國水師考 （英國）巴那比 （美國）克里同撰 （英國）傅蘭雅 （清）鍾天緯譯 清末上海江南製造總局鉛印本 一册

110000－0144－0007783 387/325
美國水師考 （英國）巴那比 （美國）克里同撰 （英國）傅蘭雅 （清）鍾天緯譯 清末上海江南製造總局鉛印本 一册

110000－0144－0007784 389.6/994
長江礮臺芻議一卷 姚錫光撰 清光緒二十二年（1896）木活字印本 一册

110000－0144－0007785 389.7/460
籌海初集四卷 （清）關天培撰 清道光十六

年(1836)木活字印本　四册

110000－0144－0007786　389.7/752
海防要覽一卷　(清)丁日昌　(清)李鴻章撰　清光緒十年(1884)敦懷書屋刻本　一册

110000－0144－0007787　392.1/829
歷代宗廟附考八卷　(清)朱孔陽輯　清光緒三年(1877)上海申報館鉛印本　二册

110000－0144－0007788　392.2/947
讀禮通考一百二十卷　(清)徐乾學撰　清光緒七年(1881)江蘇書局刻本　四十册

110000－0144－0007789　392.2/947－02
讀禮通考一百二十卷　(清)徐乾學撰　清康熙三十五年(1696)冠山堂刻本　三十六册

110000－0144－0007790　392.21/820
制服成誦編一卷　(清)周保珪撰　清光緒十八年(1892)山東書局刻本　一册

110000－0144－0007791　392.5/595
光緒大婚禮節一卷　(清)内務府編　清光緒鉛印本　一册

110000－0144－0007792　392.5/595.8
光緒帝大婚禮儀一卷　(清)内務府編　清光緒鉛印本　一册

110000－0144－0007793　392.5/716
清同治帝結婚大典　(清)内務府編　清同治刻本　一册

110000－0144－0007794　392.5/870
皇帝大婚禮節　(清)内務府編　清末鉛印本　一册

110000－0144－0007795　392.7/198
萬壽盛典初集四卷　(清)趙弘燦編　清光緒五年(1879)上海點石齋石印本　四册

110000－0144－0007796　392.7/198
萬壽盛典初集四卷　(清)趙弘燦編　清光緒五年(1879)上海點石齋石印本　四册

110000－0144－0007797　392.7/309
宦鄉要則七卷　(清)張鑒瀛編　清光緒十六年(1890)張鑒瀛刻本　四册

110000－0144－0007798　392.7/485
慶典章程不分卷　(清)内務府撰　清刻本　五册

110000－0144－0007799　392.7/669
慶典成案不分卷　(清)内務府輯　清光緒鉛印本　五册

110000－0144－0007800　392/168
禮書通故五十卷　(清)黄以周撰　清光緒十九年(1893)黄氏試館刻本　三十二册

110000－0144－0007801　392/168
禮書通故五十卷　(清)黄以周撰　清光緒十九年(1893)黄氏試館刻本　三十二册

110000－0144－0007802　392/168
禮書通故五十卷　(清)黄以周撰　清光緒十九年(1893)黄氏試館刻本　三十二册

110000－0144－0007803　392/261
品官家儀考四卷士人家儀考四卷人家冠昏喪祭考四卷　(清)林伯桐撰　清道光二十四年(1844)林世懋刻修本堂叢書本　三册

110000－0144－0007804　392/286
大清通禮五十四卷　(清)穆克登額撰　清光緒九年(1883)江蘇書局刻本　十二册

110000－0144－0007805　392/286
大清通禮五十四卷　(清)穆克登額撰　清光緒九年(1883)江蘇書局刻本　十二册

110000－0144－0007806　392/286
大清通禮五十四卷　(清)穆克登額撰　清光緒九年(1883)江蘇書局刻本　十二册

110000－0144－0007807　392/286－02
大清通禮五十四卷　(清)穆克登額撰　清刻本　缺一卷(一)　十一册

110000－0144－0007808　392/377
禮書一百五十卷　(宋)陳祥道撰　清光緒二年(1876)菊坡精舍刻本　十四册

110000－0144－0007809　392/377

禮書一百五十卷 (宋)陳祥道撰 清光緒二年(1876)菊坡精舍刻本 十四册

110000－0144－0007810 392/377－02

禮書一百五十卷 (宋)陳祥道撰 清嘉慶九年(1804)福清郭氏校經堂刻本 二十册

110000－0144－0007811 392/682

大雲山房十二章圖説二卷 (清)惲敬撰 清歸安姚氏刻咫進齋叢書本 一册

110000－0144－0007812 392/719

禮書綱目八十五卷 (清)江永撰 清光緒二十一年(1895)刻廣雅叢書本 二十册

110000－0144－0007813 392/719－6

禮書初編 (清)江永撰 清末江楚書局刻本 一册

110000－0144－0007814 392/876

學校四禮合纂全集十卷 (清)謝言子輯 清同治三年(1864)復真堂刻本 八册

110000－0144－0007815 393.2/138

明堂大道録八卷 (清)惠棟撰 清乾隆經訓堂刻經訓堂叢書本 四册

110000－0144－0007816 393.2/138

明堂大道録八卷 (清)惠棟撰 清乾隆經訓堂刻經訓堂叢書本 四册

110000－0144－0007817 393.2/251

黌宫敬事録四卷 (清)桂良輯 清道光二十年(1840)周澍刻本 四册

110000－0144－0007818 393.2/370

聖門禮志一卷 (清)孔慶輔等續纂 清光緒十三年(1887)曲阜孔憲蘭闕里硯寬亭刻本 一册

110000－0144－0007819 393.2/370

聖門禮志一卷 (清)孔慶輔等續纂 清光緒十三年(1887)曲阜孔憲蘭闕里硯寬亭刻本 一册

110000－0144－0007820 393.2/416

聖賢先儒祀典八卷 (清)馬麟鳳撰 清咸豐二年(1852)養正軒刻本 四册

110000－0144－0007821 393.2/439

文廟上丁禮樂備考四卷 (清)吴祖昌等纂 清同治九年(1870)江右乙藜齋刻本 四册

110000－0144－0007822 393.2/517

文廟丁祭譜四卷 (清)藍鍾瑞等輯 清道光二十六年(1846)醴陵縣尊經閣刻本 八册

110000－0144－0007823 393.2/583

盛京典制備考八卷首一卷 (清)崇厚撰 清光緒四年(1878)盛京軍督署刻本 六册

110000－0144－0007824 393.2/583

盛京典制備考八卷首一卷 (清)崇厚撰 清光緒四年(1878)盛京軍督署刻本 六册

110000－0144－0007825 393.2/721

澤宫序次舉要二卷附録一卷 (清)洪恩波編 清光緒二十三年(1897)南京金陵官書局刻二十五年(1899)補刻本 二册

110000－0144－0007826 393.2/721－7

曾廟從祀議薈二卷 (清)洪恩波輯 清光緒二十九年(1903)金陵何陋居刻本 二册

110000－0144－0007827 393.2/854

欽定各郊壇廟樂章不分卷 (清)張樂盛輯 清道光元年(1821)北京總理樂部刻本 二册

110000－0144－0007828 393.2/943

御製律吕正義後編一卷 (清)允祿等撰 清同治八年(1869)江西同文堂刻本 一册

110000－0144－0007829 393.2/949

皇朝祭器樂舞録二卷關帝文昌樂舞譜一卷文廟祀位一卷 (清)徐暢達輯 清同治十年(1871)湖北崇文書局刻本 四册

110000－0144－0007830 393.2/949

李公崇祀名宦祠録一卷鄉賢祠録一卷 (清)□□輯 清同治湖北崇文書局刻本 與110000－0144－0007829、7831合册

110000－0144－0007831 393.2/949

五經贊一卷 (清)陸榮秬纂 (清)徐堂注 清光緒四年(1878)味默齋刻本 與110000－0144－0007829、7830合册

110000－0144－0007832　393.24/557
直省釋奠禮樂記二卷首一卷　（清）蔡松齡等撰　清同治十二年（1873）吴恒、顧澐刻本　二册

110000－0144－0007833　393.24/687
學宫圖考三卷首一卷　（清）寇宗輯　清咸豐六年（1856）刻本　四册

110000－0144－0007834　394/152
西門汪氏宗祠祭祀規制　（清）□□撰　清康熙四十八年（1709）休寧汪氏刻本　一册

110000－0144－0007835　394/303
書儀十卷　（宋）司馬光撰　清同治七年（1868）江蘇書局刻本　一册

110000－0144－0007836　394/445
四禮翼一卷　（明）吕坤撰　清光緒十四年（1888）錦江書局刻本　一册

110000－0144－0007837　394/730
稱謂録三十二卷　（清）梁章鉅撰　清光緒十年（1884）福州梁恭辰刻本　八册

110000－0144－0007838　394/730
稱謂録三十二卷　（清）梁章鉅撰　清光緒十年（1884）福州梁恭辰刻本　八册

110000－0144－0007839　394/730
稱謂録三十二卷　（清）梁章鉅撰　清光緒十年（1884）福州梁恭辰刻本　八册

110000－0144－0007840　394/793
鴻公清明規條一卷　（清）□□撰　清嘉慶十年（1805）刻本　一册

110000－0144－0007841　394/793－3
雲谷文會規條一卷　（清）陳□□編　清嘉慶十年（1805）刻本　一册

110000－0144－0007842　394/828
朱子家禮十卷　（宋）朱熹撰　（明）丘濬輯　（明）楊廷筠補　清嘉慶十四年（1809）麟經閣刻本　六册

110000－0144－0007843　394/828－02
朱子家禮五卷　（宋）朱熹撰　（清）郭嵩燾校訂　清光緒十七年（1891）湖南思賢講舍刻本　一册

110000－0144－0007844　394/828－03
朱子家禮八卷首一卷　（宋）朱熹撰　（明）丘濬輯　（明）楊廷筠補　清同德堂刻本　一册

110000－0144－0007845　395.152/578
勸世不纏脚真話一卷　（清）□□撰　清末刻本　茹祖慰跋　一册

110000－0144－0007846　395.152/662
勸漢人婦女勿再纏足説一卷　（清）端方撰　清光緒二十八年（1902）武昌府刻本　一册

110000－0144－0007847　395/731
改良風俗教科書一卷　（清）梁溪漁隱撰　清光緒三十二年（1906）譯書公會刻本　一册

110000－0144－0007848　396.2/639
燕京歲時記　（清）富察敦崇撰　清光緒三十二年（1906）北京文奎堂刻本　一册

110000－0144－0007849　396.2/639－02
燕京歲時記　（清）富察敦崇撰　清光緒三十二年（1906）北京文德齋刻本　二册

110000－0144－0007850　396.2/959
清嘉録十二卷　（清）顧禄撰　清光緒三年（1877）仁和葛氏嘯園刻本　三册

110000－0144－0007851　396.211/173
燕市積弊　待餘生撰　清宣統元年（1909）北京愛國報館鉛印本　存一卷（三）　一册

110000－0144－0007852　396.221/152
西石城風俗志一卷　（清）陳慶年纂　清光緒三十四年（1908）鉛印本　一册

110000－0144－0007853　396.225/684－02
説郛一百二十卷　（元）陶宗儀輯　清順治三年（1646）宛委山堂刻本　一册　存九種九卷（荊楚歲時記一卷、風土記一卷、神境記一卷、丹陽記一卷、會稽記一卷、永嘉郡記一卷、三齊畧記一卷、南雍州記一卷、湘中記一卷）

110000－0144－0007854　396.4/905－2
西禮須知一卷　（英國）傅蘭雅輯　清光緒十

二年(1886)刻本　一册

110000－0144－0007855　396.4/989
西俗雜志一卷　(清)蒼山舊主撰　清光緒十年(1884)著易堂鉛印本　一册

110000－0144－0007856　396/261
全地五大洲女俗通考十集　(美國)林樂知編輯　清光緒二十九年(1903)上海廣學會上海華美書局鉛印本　二十一册

110000－0144－0007857　396/261
全地五大洲女俗通考十集　(美國)林樂知編輯　清光緒二十九年(1903)上海廣學會上海華美書局鉛印本　二十一册

110000－0144－0007858　398.15/833
不纏足約告言一卷不纏足約章程一卷不纏足約册一卷　(清)朱滋澤撰　清光緒三十三年(1907)刻本　一册

110000－0144－0007859　399.2/247
古謠諺一百卷　(清)杜文瀾輯　清咸豐十一年(1861)杜氏刻曼陀羅華閣叢書本　十六册

110000　0144　0007860　399.2/247
古謠諺一百卷　(清)杜文瀾輯　清咸豐十一年(1861)杜氏刻曼陀羅華閣叢書本　十六册

110000－0144－0007861　399.9/271
古今風謠一卷古今諺一卷古今風謠拾遺四卷　(明)楊慎纂　(清)史夢蘭補注　清同治十二年(1873)止園刻本　二册

110000－0144－0007862　399.9/455.4
古今謠諺不分卷　(清)史夢蘭輯　清同治十二年(1873)樂亭史氏止園刻本　四册

110000－0144－0007863　399.9/536
越諺三卷附賸語二卷　(清)范寅輯　清光緒八年(1882)谷應山房刻本　三册

110000－0144－0007864　399.9/536
越諺三卷附賸語二卷　(清)范寅輯　清光緒八年(1882)谷應山房刻本　三册

110000－0144－0007865　420.4/425
文科大辭典　國學扶輪社編　清宣統三年(1911)上海國學扶輪社鉛印本　十二册

110000－0144－0007866　420.4/425
文科大辭典　國學扶輪社編　清宣統三年(1911)上海國學扶輪社鉛印本　十二册

110000－0144－0007867　420.7/937
小學彙函一百二十六卷　(清)鍾謙鈞輯　清同治十二年(1873)廣東粤東書局刻本　三十四册

110000－0144－0007868　420.7/937－02
小學彙函附編九種　(清)鍾謙鈞輯　清光緒蜚英館石印本　一册

110000－0144－0007869　420/655－02
小學答問一卷　章炳麟撰　清宣統元年(1909)刻本　一册

110000－0144－0007870　421.4/965
篆學瑣著三十種　(清)顧湘編　清道光二十年(1840)海虞顧氏刻本　八册

110000－0144－0007871　421.4/965
篆學瑣著三十種　(清)顧湘編　清道光二十年(1840)海虞顧氏刻本　八册

110000－0144－0007872　421.5/886
隸韻十卷考證二卷碑目考證一卷　(宋)劉球纂　(清)翁方綱考證　清嘉慶十五年(1810)刻本　六册

110000－0144－0007873　421.5/962－02
隸辨八卷　(清)顧藹吉撰　清同治十二年(1873)漁古山房刻本　八册

110000－0144－0007874　421.7/116
正字略一卷　(清)王筠撰　清道光二十六年(1846)大盛堂刻本　一册

110000－0144－0007875　421.7/120
正字略一卷　(清)王筠撰　清道光二十六年(1846)大盛堂刻本　一册

110000－0144－0007876　421.7/120
正字略一卷　(清)王筠撰　清道光二十六年(1846)大盛堂刻本　一册

110000－0144－0007877　421.7/120
正字略一卷　(清)王筠撰　清道光二十六年(1846)大盛堂刻本　一册

110000－0144－0007878　421.7/120
正字略一卷　(清)王筠撰　清道光二十六年(1846)大盛堂刻本　一册

110000－0144－0007879　421.7/120－02
正字略一卷　(清)王筠撰　清道光十二年(1832)刻本　一册

110000－0144－0007880　421.8/763
簡字全譜　勞乃宣撰　清光緒三十三年(1907)金陵勞乃宣刻本　一册

110000－0144－0007881　421.8/763－8
簡字叢録　勞乃宣撰　清光緒三十二年(1906)金陵勞乃宣刻本　一册

110000－0144－0007882　422.1/630－02
爾雅十一卷孝經一卷　(晉)郭璞注　清同治稽古樓刻本　六册

110000－0144－0007883　422.1/630－03
爾雅三卷　(晉)郭璞注　(唐)陸德明音義　清嘉慶二十二年(1817)清芬閣刻本　三册

110000－0144－0007884　422.1/630－07
爾雅三卷　(晉)郭璞注　(唐)陸德明音釋　清同治十一年(1872)山東書局尚志堂刻本　存一卷(上)　一册

110000－0144－0007885　422.12/113
爾雅郭注佚存補訂二十卷　王樹枏撰　清光緒十八年(1892)文莫室刻陶盧叢刻本　六册

110000－0144－0007886　422.12/129
爾雅注疏十一卷　(晉)郭璞注　(宋)邢昺疏　清蘇州緑蔭堂刻本　六册

110000－0144－0007887　422.12/129－02
爾雅注疏十一卷　(晉)郭璞注　(唐)陸德明音義　(宋)邢昺疏　清同治十年(1871)刻本　五册

110000－0144－0007888　422.12/129－04
爾雅疏十卷　(宋)邢昺著　清光緒四年(1878)吳興陸氏十萬卷樓刻本　四册

110000－0144－0007889　422.12/129－05
爾雅注疏十一卷　(晉)郭璞注　(唐)陸德明音義　(宋)邢昺疏　清乾隆四年(1739)武英殿刻本　四册

110000－0144－0007890　422.12/209－02
爾雅郭注義疏十九卷　(清)郝懿行撰　清光緒十四年(1888)湖北官書處刻本　八册

110000－0144－0007891　422.12/209－02
爾雅郭注義疏十九卷　(清)郝懿行撰　清光緒十四年(1888)湖北官書處刻本　八册

110000－0144－0007892　422.12/209－03
爾雅郭注義疏二十卷　(清)郝懿行撰　清同治四年(1865)刻本　八册

110000－0144－0007893　422.12/209－03
爾雅郭注義疏二十卷　(清)郝懿行撰　清同治四年(1865)刻本　八册

110000－0144－0007894　422.12/209－03
爾雅郭注義疏二十卷　(清)郝懿行撰　清同治四年(1865)刻本　八册

110000－0144－0007895　422.12/209－05
爾雅郭注義疏十九卷　(清)郝懿行撰　清道光三十年(1850)沔陽陸氏木犀香館刻本　七册

110000－0144－0007896　422.12/213
爾雅郭注補正九卷　(清)戴鎣撰　清光緒十一年(1885)海陽韓氏刻本　十册

110000－0144－0007897　422.12/213
爾雅郭注補正九卷　(清)戴鎣撰　清光緒十一年(1885)海陽韓氏刻本　三册

110000－0144－0007898　422.12/294
爾雅舊注考證二卷　(清)李曾白撰　李滋然補　清光緒三十四年(1908)李滋然刻本　一册

110000－0144－0007899　422.12/327
爾雅補郭二卷　(清)翟灝撰　清刻本　一册

110000－0144－0007900　422.12/329
爾雅正義二十卷釋文三卷　(清)邵晉涵撰　清乾隆五十三年(1788)餘姚邵氏家塾刻本　八册

110000－0144－0007901　422.12/329
爾雅正義二十卷釋文三卷　(清)邵晉涵撰　清乾隆五十三年(1788)餘姚邵氏家塾刻本　八册

110000－0144－0007902　422.12/367
爾雅直音二卷　(清)孫偘輯　清嘉慶五年(1800)致和堂刻本　二册

110000－0144－0007903　422.12/367－02
爾雅直音二卷　(清)孫偘輯　(清)王祖源校正　清光緒六年(1880)福山王氏刻天壤閣叢書本　一册

110000－0144－0007904　422.12/367－03
爾雅直音二卷　(清)孫偘輯　清道光八年(1828)三益堂刻本　一册

110000－0144－0007905　422.12/393
爾雅新義二十卷敘録一卷　(宋)陸佃撰　(清)宋大樽校　清咸豐三年(1853)南海伍氏刻粤雅堂叢書本　四册

110000－0144－0007906　422.12/394
爾雅正名　(清)陸錦燧撰　清光緒刻學古堂日記本　二册

110000－0144－0007907　422.12/428
爾雅匡名二十卷　(清)嚴元照撰　清光緒十四年(1888)南菁書院刻本　四册

110000－0144－0007908　422.12/428－02
爾雅匡名二十卷　(清)嚴元照撰　清光緒十六年(1890)廣雅書局刻本　四册

110000－0144－0007909　422.12/428－02
爾雅匡名二十卷　(清)嚴元照撰　清光緒十六年(1890)廣雅書局刻本　四册

110000－0144－0007910　422.12/504
爾雅古注斠三卷蘭如詩鈔一卷　(清)葉蕙心撰　清光緒二年(1876)李氏半畝園刻本　二册

110000－0144－0007911　422.12/754
爾雅正郭三卷　(清)潘衍桐撰　清光緒十七年(1891)刻本　一册

110000－0144－0007912　422.12/886
爾雅補注殘本一卷　(清)劉玉麐撰　清光緒十四年(1888)廣雅書局刻廣雅書局叢書本　一册

110000－0144－0007913　422.12/994
爾雅啓蒙十二卷　(清)姚承輿撰　清咸豐二年(1852)刻本　四册

110000－0144－0007914　422.133/948
説文解字匡謬八卷　(清)徐承慶撰　清光緒十四年(1888)上海蜚英館石印本　一册

110000－0144－0007915　422.15/630
爾雅音圖三卷　(晉)郭璞注　清光緒二十四年(1898)上海古香閣石印本　二册

110000－0144－0007916　422.15/630
爾雅音圖三卷　(晉)郭璞注　清光緒二十四年(1898)上海古香閣石印本　二册

110000－0144－0007917　422.15/630－02
爾雅音圖三卷　(晉)郭璞注　清嘉慶六年(1801)南城曾氏藝學軒影印本　三册

110000－0144－0007918　422.15/630－02
爾雅音圖三卷　(晉)郭璞注　清嘉慶六年(1801)南城曾氏藝學軒影印本　三册

110000－0144－0007919　422.15/630－02
爾雅音圖三卷　(晉)郭璞注　清嘉慶六年(1801)南城曾氏藝學軒影印本　四册

110000－0144－0007920　422.15/630－03
爾雅音圖三卷　(晉)郭璞注　清光緒十年(1884)上海同文書局石印本　一册

110000－0144－0007921　422.16/954
爾雅詁二卷　(清)徐孚吉撰　清光緒十四年(1888)江陰南菁書院刻南菁書院叢書本　一册

110000－0144－0007922　422.19/287
爾雅蒙求二卷　(清)李拔式撰　清同治十二年(1873)味經書院刻本　二册

110000－0144－0007923　422.19/287－02
爾雅蒙求二卷　(清)李拔式撰　清嘉慶三年(1798)秀水刻本　二册

110000－0144－0007924　422.19/482
爾雅翼三十二卷　(宋)羅願撰　(元)洪焱祖釋　清光緒十年(1884)洪氏晦木齋刻本　六册

110000－0144－0007925　422.3/521
小爾雅疏證五卷　(清)葛其仁撰　清光緒九年(1883)歸安姚氏刻咫進齋叢書本　四册

110000－0144－0007926　422.3/521
小爾雅疏證五卷　(清)葛其仁撰　清光緒九年(1883)歸安姚氏刻咫進齋叢書本　二册

110000－0144－0007927　422.3/521－02
小爾雅疏八卷　(清)王煦撰　清光緒十一年(1885)邵武徐氏刻本　存五卷(四至八)　一册

110000－0144－0007928　422.3/696
小爾雅訓纂六卷　(清)宋翔鳳撰　清光緒十六年(1890)廣雅書局刻本　一册

110000－0144－0007929　422.3/696
小爾雅訓纂六卷　(清)宋翔鳳撰　清光緒十六年(1890)廣雅書局刻本　一册

110000－0144－0007930　422.5/307－113
廣雅補疏四卷　王樹枏撰　清光緒十七年(1891)文莫室刻本　一册

110000－0144－0007931　422.5/307－118
廣雅疏證拾遺二卷　(清)王士濂撰　清光緒二十四年(1898)鶴壽堂刻本　二册

110000－0144－0007932　422.5/307－120
廣雅疏證十卷博雅音十卷　(清)王念孫撰　清嘉慶元年(1796)高郵王氏刻本　十二册

110000－0144－0007933　422.5/307－120
廣雅疏證十卷博雅音十卷　(清)王念孫撰　清嘉慶元年(1796)高郵王氏刻本　十二册

110000－0144－0007934　422.5/307－120
廣雅疏證十卷博雅音十卷　(清)王念孫撰　清嘉慶元年(1796)高郵王氏刻本　八册

110000－0144－0007935　422.5/307－120
廣雅疏證十卷博雅音十卷　(清)王念孫撰　清嘉慶元年(1796)高郵王氏刻本　十二册

110000－0144－0007936　422.5/307－120
廣雅疏證十卷博雅音十卷　(清)王念孫撰　清嘉慶元年(1796)高郵王氏刻本　八册

110000－0144－0007937　422.5/307－120－02
廣雅疏證十卷附博雅音十卷　(清)王念孫撰　清光緒五年(1879)淮南書局刻本　八册

110000－0144－0007938　422.5/307－120－02
廣雅疏證十卷博雅音十卷　(清)王念孫撰　清光緒五年(1879)淮南書局刻本　八册

110000－0144－0007939　422.5/307－120－02
廣雅疏證十卷博雅音十卷　(清)王念孫撰　清光緒五年(1879)淮南書局刻本　八册

110000－0144－0007940　422.5/307－120－02
廣雅疏證十卷附博雅音十卷　(清)王念孫撰　清光緒五年(1879)淮南書局刻本　八册

110000－0144－0007941　422.5/307－120－02
廣雅疏證十卷博雅音十卷　(清)王念孫撰　清光緒五年(1879)淮南書局刻本　十一册

110000－0144－0007942　422.5/307－120－02
廣雅疏證十卷博雅音十卷　(清)王念孫撰　清光緒五年(1879)淮南書局刻本　八册

110000－0144－0007943　422.5/307－120－02
廣雅疏證十卷附博雅音十卷　(清)王念孫撰　清光緒五年(1879)淮南書局刻本　八册

110000－0144－0007944　422.5/307－120－02
廣雅疏證十卷博雅音十卷　(清)王念孫撰　清光緒五年(1879)淮南書局刻本　八册

110000－0144－0007945　422.5/307－120－02
廣雅疏證十卷博雅音十卷　(清)王念孫撰

清光緒五年(1879)淮南書局刻本　八冊

110000－0144－0007946　422.5/307－120－03
廣雅疏證十卷博雅音十卷　(清)王念孫撰　清光緒五年(1879)定州王氏謙德堂刻畿輔叢書本　十一冊

110000－0144－0007947　422.5/889－119
釋名疏證補八卷附續釋名一卷釋名補遺一卷疏證補附一卷　(漢)劉熙撰　(清)畢沅　王先謙疏證　清光緒二十二年(1896)刻本　四冊

110000－0144－0007948　422.5/889－119
釋名疏證補八卷附續釋名一卷釋名補遺一卷疏證補附一卷　(漢)劉熙撰　(清)畢沅　王先謙疏證　清光緒二十二年(1896)刻本　四冊

110000－0144－0007949　422.5/889－119
釋名疏證補八卷附續釋名一卷釋名補遺一卷疏證補附一卷　(漢)劉熙撰　(清)畢沅　王先謙疏證　清光緒二十二年(1896)刻本　三冊

110000－0144－0007950　422.5/889－119
釋名疏證補八卷附續釋名一卷釋名補遺一卷疏證補附一卷　(漢)劉熙撰　(清)畢沅　王先謙疏證　清光緒二十二年(1896)刻本　四冊

110000－0144－0007951　422.5/889－471
釋名疏證八卷補遺一卷續釋名一卷　(漢)劉熙撰　(清)畢沅疏證　清乾隆五十四年(1789)靈巖山館刻本　四冊

110000－0144－0007952　422.5/889－471
釋名疏證八卷補遺一卷續釋名一卷　(漢)劉熙撰　(清)畢沅疏證　清乾隆五十四年(1789)靈巖山館刻本　二冊

110000－0144－0007953　422.5/889－471－02
釋名疏證八卷補遺一卷續釋名一卷　(漢)劉熙撰　(清)畢沅疏證　清乾隆五十五年(1790)經訓堂刻經訓堂叢書篆字本　三冊

110000－0144－0007954　422.5/889－471－03
釋名疏證八卷續釋名一卷釋名補遺一卷校議一卷　(漢)劉熙撰　(清)畢沅疏證　清光緒二十年(1894)廣雅書局刻本　四冊

110000－0144－0007955　422.5/889－471－03
釋名疏證八卷續釋名一卷釋名補遺一卷校議一卷　(漢)劉熙撰　(清)畢沅疏證　清光緒二十年(1894)廣雅書局刻本　二冊

110000－0144－0007956　422.6/348
拾雅二十卷　(清)夏味堂述　清嘉慶二十四年(1819)遂園刻本　十冊

110000－0144－0007957　422.6/348
拾雅二十卷　(清)夏味堂述　清嘉慶二十四年(1819)遂園刻本　十冊

110000－0144－0007958　422.6/348
拾雅二十卷　(清)夏味堂述　清嘉慶二十四年(1819)遂園刻本　十冊

110000－0144－0007959　422.6/434－02
別雅五卷　(清)吴玉搢撰　清道光二十九年(1849)小蓬萊山館刻本　五冊

110000－0144－0007960　422.6/455
疊雅十三卷雙名錄一卷　(清)史夢蘭纂　清同治四年(1865)刻止園叢書本　六冊

110000－0144－0007961　422.6/626
通雅五十三卷首三卷　(明)方以智撰　清光緒六年(1880)桐城方氏刻本　十冊

110000－0144－0007962　422.6/626
通雅五十三卷首三卷　(明)方以智撰　清光緒六年(1880)桐城方氏刻本　十六冊

110000－0144－0007963　422.6/626－03
通雅五十二卷首三卷　(清)方以智撰　清寶慈軒刻本　二十冊

110000－0144－0007964　422.6/626－04
通雅五十二卷首三卷　(清)方以智撰　清康熙五年(1666)浮山此藏軒琴書閣刻本　十二冊

110000－0144－0007965　422.6/710

湖雅九卷湖蠶述四卷 (清)汪曰楨撰 清光緒六年(1880)刻本 四冊

110000-0144-0007966 422.6/832
駢雅訓纂十六卷首一卷 (明)朱謀瑋撰 (清)魏茂林訓纂 清光緒七年(1881)成都崙雅齋刻本 八冊

110000-0144-0007967 422.6/832
駢雅訓纂十六卷首一卷 (明)朱謀瑋撰 (清)魏茂林訓纂 清光緒七年(1881)成都崙雅齋刻本 八冊

110000-0144-0007968 422.6/832
駢雅訓纂十六卷首一卷 (明)朱謀瑋撰 (清)魏茂林訓纂 清光緒七年(1881)成都崙雅齋刻本 八冊

110000-0144-0007969 422.6/832-02
駢雅訓纂十六卷首一卷 (明)朱謀瑋撰 (清)魏茂林訓纂 清同治十一年(1872)經綸書室刻本 八冊

110000-0144-0007970 422.7/112-03
經傳釋詞十卷 (清)王引之撰 清嘉慶二十四年(1819)刻本 四冊

110000-0144-0007971 422.7/112-03
經傳釋詞十卷 (清)王引之撰 清嘉慶二十四年(1819)刻本 四冊

110000-0144-0007972 422.7/112-03
經傳釋詞十卷 (清)王引之撰 清嘉慶二十四年(1819)刻本 四冊

110000-0144-0007973 422.7/116
畿輔叢書 (清)王灝輯 清光緒五年(1879)定州王氏謙德堂刻本 存三種四卷(周秦名字解故坿錄一卷、潞城考古錄二卷、歷代諱名考一卷) 一冊

110000-0144-0007974 422.7/313
五經文字三卷 (唐)張參撰 **新加九經字樣一卷** (唐)唐玄度撰 清乾隆叢書樓刻本 四冊

110000-0144-0007975 422.7/375
經籍纂詁一百六卷附補遺首一卷 (清)阮元纂 清嘉慶十七年(1812)揚州阮氏琅嬛僊館刻本 七十冊

110000-0144-0007976 422.7/375
經籍纂詁一百六卷附補遺首一卷 (清)阮元纂 清嘉慶十七年(1812)揚州阮氏琅嬛僊館刻本 六十冊

110000-0144-0007977 422.7/375-02
經籍纂詁一百六卷首一卷附補遺 (清)阮元纂 清光緒十四年(1888)上海鴻寶齋石印本 十二冊

110000-0144-0007978 422.7/375-02
經籍纂詁一百六卷附補遺首一卷 (清)阮元纂 清光緒十四年(1888)上海鴻寶齋石印本 十二冊

110000-0144-0007979 422.7/375-02
經籍纂詁一百六卷附補遺首一卷 (清)阮元纂 清光緒二十年(1894)上海鴻寶齋石印本 十二冊

110000-0144-0007980 422.7/375-02
經籍纂詁一百六卷附補遺首一卷 (清)阮元纂 清光緒二十年(1894)上海鴻寶齋石印本 十二冊

110000-0144-0007981 422.7/375-04
經籍纂詁一百六卷附補遺首一卷 (清)阮元纂 清末上海文瑞樓石印本 十二冊

110000-0144-0007982 422.7/375-04
經籍纂詁一百六卷附補遺首一卷 (清)阮元纂 清末上海文瑞樓石印本 十二冊

110000-0144-0007983 422.7/375-05
經籍纂詁一百六卷附補遺首一卷 (清)阮元纂 清光緒六年(1880)淮南書局刻本 四十八冊

110000-0144-0007984 422.7/375-05
經籍纂詁一百六卷附補遺首一卷 (清)阮元纂 清光緒六年(1880)淮南書局刻本 四十冊

110000－0144－0007985　422.7/375－05
經籍籑詁一百六卷附補遺首一卷　(清)阮元纂　清光緒六年(1880)淮南書局刻本　四十八冊

110000－0144－0007986　422.7/375－06
經籍籑詁一百六卷附補遺首一卷　(清)阮元纂　清光緒三年(1877)上海點石齋石印本　五冊

110000－0144－0007987　422.7/394
經典釋文三十卷附考證　(唐)陸德明撰　清乾隆五十六年(1791)盧氏抱經堂刻本　十二冊

110000－0144－0007988　422.7/394
經典釋文三十卷附考證　(唐)陸德明撰　清乾隆五十六年(1791)盧氏抱經堂刻本　十二冊

110000－0144－0007989　422.7/394
經典釋文三十卷附考證　(唐)陸德明撰　清乾隆五十六年(1791)盧氏抱經堂刻本　十二冊

110000－0144－0007990　422.7/394
經典釋文三十卷附考證　(唐)陸德明撰　清同治八年(1869)湖北崇文書局刻本　十二冊

110000－0144－0007991　422.7/394－02
經典釋文三十卷附考證　(唐)陸德明撰　清同治十年(1871)粵秀山文瀾閣刻本　十二冊

110000－0144－0007992　422.7/394－03
經典釋文三十卷　(唐)陸德明撰　清同治八年(1869)湖北崇文書局刻本　十二冊

110000－0144－0007993　422.7/394－03
經典釋文三十卷　(唐)陸德明撰　清同治八年(1869)湖北崇文書局刻本　十二冊

110000－0144－0007994　422.7/394－03
經典釋文三十卷　(唐)陸德明撰　清同治八年(1869)湖北崇文書局刻本　十二冊

110000－0144－0007995　422.7/394－04
經典釋文三十卷　(唐)陸德明撰　清康熙成德刻通志堂經解本　十冊

110000－0144－0007996　422.7/679
匡謬正俗八卷　(唐)顏師古撰　清乾隆二十一年(1756)雅雨堂刻本　二冊

110000－0144－0007997　422.7/856
經韻集字析解二卷　(清)彭良敞集註　清刻本　四冊

110000－0144－0007998　422.7/856－02
經韻集字析解二卷　(清)彭良敞撰　清道光十年(1830)濼源書院刻本　二冊

110000－0144－0007999　422.9/115
酉山林三卷　(清)王顯曾纂　清嘉慶七年(1802)枕書樓刻本　二冊

110000－0144－0008000　422.9/275
摺奏成語一卷　(清)□□輯　清光緒十七年(1891)京都琉璃廠名德堂刻本　一冊

110000－0144－0008001　422.9/287
字訓四卷附字畫承變攷一卷　(清)李士鉁纂　清末石印本　四冊

110000－0144－0008002　422.9/287
字訓四卷附字畫承變攷一卷　(清)李士鉁纂　清末石印本　四冊

110000－0144－0008003　422.9/713
新爾雅三卷　(清)汪榮寶　(清)葉瀾纂　清宣統三年(1911)石印本　三冊

110000－0144－0008004　422.9/713
新爾雅三卷　(清)汪榮寶　(清)葉瀾纂　清宣統三年(1911)石印本　三冊

110000－0144－0008005　422.9/915
小學鉤沈十八卷　(清)任大椿撰　清光緒十年(1884)龍氏刻本　存四卷(一至四)　一冊

110000－0144－0008006　422.9/915
小學鉤沈十九卷　(清)任大椿撰　清光緒十年(1884)龍氏刻本　二冊

110000－0144－0008007　422.9/915
小學鉤沈十九卷　(清)任大椿輯　清光緒十

年(1884)龍氏刻本　二冊

110000－0144－0008008　422.9/915－02
小學鉤沈十九卷　(清)任大椿撰　清末湖北崇文書局刻本　四冊

110000－0144－0008009　422.9/961
小學鉤沈續編八卷　(清)顧震福撰　清光緒十八年(1892)山陽顧氏刻本　四冊

110000－0144－0008010　422.9/961
小學鉤沈續編八卷　(清)顧震福撰　清光緒十八年(1892)山陽顧氏刻本　四冊

110000－0144－0008011　422/655
小學答問一卷　章炳麟撰　清宣統元年(1909)刻本　一冊

110000－0144－0008012　423.08/286
小學類編六種　(清)李祖望輯　清咸豐二年(1852)江都李氏半畝園刻本　八冊

110000－0144－0008013　423.08/286
小學類編六種　(清)李祖望輯　清咸豐二年(1852)江都李氏半畝園刻本　八冊

110000－0144－0008014　423.08/307
澤存堂五種　(清)張士俊輯　清光緒十四年(1888)上海蜚英館石印本　八冊

110000－0144－0008015　423.08/307
澤存堂五種　(清)張士俊輯　清光緒十四年(1888)上海蜚英館石印本　八冊

110000－0144－0008016　423.08/307
澤存堂五種　(清)張士俊輯　清光緒十四年(1888)上海蜚英館石印本　八冊

110000－0144－0008017　423.08/307
澤存堂五種　(清)張士俊輯　清光緒十四年(1888)上海蜚英館石印本　八冊

110000－0144－0008018　423.08/312
許學叢書十四種　(清)張炳翔輯　清光緒九年(1883)長州張氏儀許廬刻本　二十四冊

110000－0144－0008019　423.08/312
許學叢書十四種　(清)張炳翔輯　清光緒九年(1883)長州張氏儀許廬刻本　二十四冊

110000－0144－0008020　423.08/312
許學叢書十四種　(清)張炳翔輯　清光緒九年(1883)長州張氏儀許廬刻本　二十四冊

110000－0144－0008021　423.08/312
許學叢書十四種　(清)張炳翔輯　清光緒九年(1883)長州張氏儀許廬刻本　二十四冊

110000－0144－0008022　423.08/334
雷刻四種　(清)雷浚撰　清光緒十年(1884)吳縣雷氏刻本　四冊　存三種二十卷(說文引經例辨三卷、說文外編十六卷、說文辨疑一卷)

110000－0144－0008023　423.08/334－4
雷刻八種　(清)雷浚撰　清光緒十年(1884)吳縣雷氏刻本　八冊

110000－0144－0008024　423.08/334－4
雷刻四種　(清)雷浚撰　清光緒十年(1884)吳縣雷氏刻本　八冊

110000－0144－0008025　423.08/334－4
雷刻四種　(清)雷浚撰　清光緒十年(1884)吳縣雷氏刻本　六冊

110000－0144－0008026　423.1/222
說文管見三卷　(清)胡秉虔撰　清光緒七年(1881)申江望益山房書局刻本　一冊

110000－0144－0008027　423.108/615
許學叢刻五種　(清)許頌鼎輯　(清)許溎祥輯　清光緒十三年(1887)海寧許氏古均閣刻本　四冊

110000－0144－0008028　423.108/615
許學叢刻五種　(清)許頌鼎輯　(清)許溎祥輯　清光緒十三年(1887)海寧許氏古均閣刻本　四冊

110000－0144－0008029　423.11/612
說文解字十五卷　(漢)許慎撰　(宋)徐鉉等校定　**校字記**　(清)陳昌治撰　**說文通檢十六卷**　(清)黎永椿編　清同治十二年(1873)番禺陳昌治刻本　十冊

110000－0144－0008030　423.11/612
說文解字十五卷　(漢)許慎撰　(宋)徐鉉等校定　**校字記**　(清)陳昌治撰　**說文通檢十六卷**　(清)黎永椿編　清同治十二年(1873)番禺陳昌治刻本　十冊

110000－0144－0008031　423.11/612
說文解字十五卷　(漢)許慎撰　(宋)徐鉉等校定　**校字記**　(清)陳昌治撰　**說文通檢十六卷**　(清)黎永椿編　清同治十二年(1873)番禺陳昌治刻本　十冊

110000－0144－0008032　423.11/612
說文解字十五卷　(漢)許慎撰　(宋)徐鉉等校定　**校字記**　(清)陳昌治撰　**說文通檢十六卷**　(清)黎永椿編　清同治十二年(1873)番禺陳昌治刻本　十冊

110000－0144－0008033　423.11/612－04
說文解字十五卷　(漢)許慎撰　(宋)徐鉉等校定　清光緒七年(1881)淮南書局刻本　六冊

110000－0144－0008034　423.11/612－04
說文解字十五卷　(漢)許慎撰　(宋)徐鉉等校定　清光緒七年(1881)淮南書局刻本　六冊

110000－0144－0008035　423.11/612－04
說文解字十五卷　(漢)許慎撰　(宋)徐鉉等校定　清光緒七年(1881)淮南書局刻本　五冊

110000－0144－0008036　423.11/612－05
說文解字注三十卷六書音韻表五卷　(清)段玉裁撰　清光緒三年(1877)成都尊經書院刻本　十六冊

110000－0144－0008037　423.11/612－06
說文解字十五卷　(漢)許慎撰　(宋)徐鉉等校定　清光緒七年(1881)刻本　五冊

110000－0144－0008038　423.11/612－07
說文解字十五卷　(漢)許慎撰　(宋)徐鉉等校定　清刻本　六冊

110000－0144－0008039　423.11/612－07
說文解字十五卷　(漢)許慎撰　(宋)徐鉉等校定　清刻本　六冊

110000－0144－0008040　423.11/612－07
說文解字十五卷　(漢)許慎撰　(宋)徐鉉等校定　清刻本　六冊

110000－0144－0008041　423.11/612－07
說文解字十五卷　(漢)許慎撰　(宋)徐鉉等校定　清刻本　八冊

110000－0144－0008042　423.11/612－07
說文解字十五卷　(漢)許慎撰　(宋)徐鉉等校定　清刻本　八冊

110000－0144－0008043　423.12/612
說文解字繫傳四十卷　(五代)徐鍇撰　清光緒九年(1883)江蘇書局刻本　八冊

110000－0144－0008044　423.12/612－03
說文解字繫傳四十卷　(五代)徐鍇撰　**校勘記三卷**　(清)祁寯藻撰　清道光十九年(1839)祁寯藻刻本　八冊

110000－0144－0008045　423.12/612－03
說文解字繫傳四十卷　(五代)徐鍇撰　**校勘記三卷**　(清)祁寯藻撰　清道光十九年(1839)祁寯藻刻本　八冊

110000－0144－0008046　423.12/612－03
說文解字繫傳四十卷　(五代)徐鍇撰　**校勘記三卷**　(清)祁寯藻撰　清道光十九年(1839)祁寯藻刻本　八冊

110000－0144－0008047　423.12/612－03
說文解字繫傳四十卷　(五代)徐鍇撰　**校勘記三卷**　(清)祁寯藻撰　清道光十九年(1839)祁寯藻刻本　八冊

110000－0144－0008048　423.12/612－03
說文解字繫傳四十卷　(五代)徐鍇撰　**校勘記三卷**　(清)祁寯藻撰　清道光十九年(1839)祁寯藻刻本　八冊

110000－0144－0008049　423.12/612－05
說文解字徐氏繫傳四十卷　(五代)徐鍇撰

清光緒元年(1875)歸安姚氏川東官舍刻本、蘇州振新書社印本　八冊

110000－0144－0008050　423.133/879－013
說文解字注十五卷六書音韻表一卷　(清)段玉裁撰　清光緒十四年(1888)上海蜚英館石印本　八冊

110000－0144－0008051　423.133/879－013
說文解字注十五卷六書音韻表一卷　(清)段玉裁撰　清光緒十四年(1888)上海蜚英館石印本　七冊

110000－0144－0008052　423.133/879－04
說文解字注三十卷六書音韻表五卷　(清)段玉裁撰　清同治六年(1867)蘇州保息局刻本　十六冊

110000－0144－0008053　423.133/879－04
說文解字注三十卷六書音韻表五卷　(清)段玉裁撰　清同治六年(1867)蘇州保息局刻本　十六冊

110000－0144－0008054　423.133/879－04
說文解字注三十卷六書音韻表五卷　(清)段玉裁撰　清同治六年(1867)蘇州保息局刻本　十六冊

110000－0144－0008055　423.133/879－06
說文解字注三十卷六書音韻表五卷　(清)段玉裁撰　清嘉慶二十年(1815)經韻樓刻本　三十二冊

110000－0144－0008056　423.133/879－06
說文解字注三十卷六書音韻表五卷　(清)段玉裁撰　清嘉慶二十年(1815)經韻樓刻本　二十四冊

110000－0144－0008057　423.133/879－07
說文解字注三十卷六書音韻表五卷　(清)段玉裁撰　清光緒十一年(1885)刻十五年(1889)印本　十八冊

110000－0144－0008058　423.133/879－07
說文解字注三十卷六書音韻表五卷　(清)段玉裁撰　清光緒十一年(1885)刻十五年(1889)印本　二十四冊

110000－0144－0008059　423.133/879－08
說文解字注三十卷六書音韻表二卷　(清)段玉裁注　清光緒七年(1881)蘇州海寧查氏木漸齋刻本　二十四冊

110000－0144－0008060　423.133/879－09
說文解字注三十卷六書音韻表五卷　(清)段玉裁注　清光緒三十四年(1908)上海江左書林石印本　八冊

110000－0144－0008061　423.133/879－120
說文段注訂補十四卷　(清)王紹蘭撰　清光緒十四年(1888)胡燏棻刻本　八冊

110000－0144－0008062　423.133/879－120－02
說文段注訂補十四卷　(清)王紹蘭撰　清刻本　八冊

110000－0144－0008063　423.133/879－412
說文段注撰要九卷　(清)馬壽齡撰　清光緒十年(1884)張氏儀許盧刻本　六冊

110000－0144－0008064　423.133/879－6
說文解字段注三十二卷　(清)段玉裁注　清同治十一年(1872)湖北崇文書局刻本　十八冊

110000－0144－0008065　423.133/879－6
說文解字段注三十二卷　(清)段玉裁注　清同治十一年(1872)湖北崇文書局刻本　十八冊

110000－0144－0008066　423.133/879－891
說文段注校三種　劉肇隅編　清光緒二十八年(1902)長沙葉氏刻本　一冊

110000－0144－0008067　423.133/879－926
段氏說文注訂八卷　(清)鈕樹玉撰　清同治十三年(1874)湖北崇文書局刻本　二冊

110000－0144－0008068　423.133/879－926
段氏說文注訂八卷　(清)鈕樹玉撰　清同治十三年(1874)湖北崇文書局刻本　二冊

110000－0144－0008069　423.133/879－952－02
說文解字注箋十四卷　(清)徐灝撰　**說文檢**

字三卷重文檢字一卷疑難檢字一卷今文檢字一卷　徐樾編　清光緒二十年(1894)桂林刻民國三年(1914)補刻本　三十二册

110000-0144-0008070　423.134/118
說文釋例二十卷　(清)王筠撰　清同治四年(1865)刻本　十册

110000-0144-0008071　423.134/119-03
說文釋例二十卷　(清)王筠撰　清道光刻本　十册

110000-0144-0008072　423.134/119-05
說文釋例二十卷　(清)王筠撰　清光緒十三年(1887)上海積山書局石印本　六册

110000-0144-0008073　423.134/119-05
說文釋例二十卷　(清)王筠撰　清光緒十三年(1887)上海積山書局石印本　六册

110000-0144-0008074　423.134/119-06
說文釋例二十卷　(清)王筠撰　清同治四年(1865)刻本　存十三卷(一至十三)　十六册

110000-0144-0008075　423.134/251
說文解字義證五十卷　(清)桂馥撰　清同治九年(1870)湖北崇文書局刻本　三十二册

110000-0144-0008076　423.134/251
說文解字義證五十卷　(清)桂馥撰　清同治九年(1870)湖北崇文書局刻本　四十八册

110000-0144-0008077　423.134/251
說文解字義證五十卷　(清)桂馥撰　清同治九年(1870)湖北崇文書局刻本　三十二册

110000-0144-0008078　423.134/251
說文解字義證五十卷　(清)桂馥撰　清同治九年(1870)湖北崇文書局刻本　三十二册

110000-0144-0008079　423.134/251
說文解字義證五十卷　(清)桂馥撰　清同治九年(1870)湖北崇文書局刻本　三十二册

110000-0144-0008080　423.134/251
說文解字義證五十卷　(清)桂馥撰　清同治九年(1870)湖北崇文書局刻本　三十二册

110000-0144-0008081　423.134/292
說文辨字正俗八卷　(清)李富孫撰　清嘉慶二十一年(1816)嘉興李氏校經廎刻本　四册

110000-0144-0008082　423.134/292
說文辨字正俗八卷　(清)李富孫撰　清嘉慶二十一年(1816)嘉興李氏校經廎刻本　四册

110000-0144-0008083　423.134/392
說文類解四卷　(清)陸烱撰　清道光十六年(1836)聞儲室刻本　五册

110000-0144-0008084　423.134/428-6
說文訂訂一卷　(清)嚴可均撰　清末許氏刻本　一册

110000-0144-0008085　423.134/533
苗氏說文四種　(清)苗夔撰　清道光、咸豐間刻本　六册

110000-0144-0008086　423.134/612-926
說文解字校錄十五卷　(清)鈕樹玉撰　清光緒十一年(1885)江蘇書局刻本　十四册

110000-0144-0008087　423.134/612-926
說文解字校錄十五卷　(清)鈕樹玉撰　清光緒十一年(1885)江蘇書局刻本　十四册

110000-0144-0008088　423.134/754
說文蠡箋十四卷　(清)潘奕雋撰　清刻本　二册

110000-0144-0008089　423.134/781
說文解字述誼二卷　(清)毛際盛撰　清光緒二十九年(1903)貴池劉氏聚學軒刻本　二册

110000-0144-0008090　423.134/781-02
說文解字述誼二卷　(清)毛際盛撰　清道光刻本　三册

110000-0144-0008091　423.134/928
說文解字斠詮十四卷　(清)錢坫撰　清光緒九年(1883)淮南書局刻本　六册

110000-0144-0008092　423.134/928
說文解字斠詮十四卷　(清)錢坫撰　清光緒九年(1883)淮南書局刻本　六册

110000－0144－0008093　423.134/928

說文解字斠詮十四卷　(清)錢坫撰　清光緒九年(1883)淮南書局刻本　六冊

110000－0144－0008094　423.134/929

說文統釋自序一卷　(清)錢大昭撰　**音同義異辨一卷**　(清)畢沅撰　清光緒八年(1882)郭氏金峨山館刻本　一冊

110000－0144－0008095　423.134/994

說文校議十五卷　(清)姚文田　(清)嚴可均撰　清同治十三年(1874)歸安姚氏刻本　六冊

110000－0144－0008096　423.134/994

說文校議十五卷　(清)姚文田　(清)嚴可均撰　清同治十三年(1874)歸安姚氏刻本　六冊

110000－0144－0008097　423.134/994

說文校議十五卷　(清)姚文田　(清)嚴可均撰　清同治十三年(1874)歸安姚氏刻本　六冊

110000－0144－0008098　423.134/994

說文校議十五卷　(清)姚文田　(清)嚴可均撰　清同治十三年(1874)歸安姚氏刻本　二冊

110000－0144－0008099　423.135/111

說文職墨三卷　(清)于鬯撰　清光緒江陰南菁書院刻南菁書院叢書本　二冊

110000－0144－0008100　423.135/119

說文解字句讀三十卷　(清)王筠撰　清光緒八年(1882)四川尊經書局刻本　二十冊

110000－0144－0008101　423.135/119

說文解字句讀三十卷　(清)王筠撰　清光緒八年(1882)四川尊經書局刻本　十六冊

110000－0144－0008102　423.135/119－03

說文解字句讀三十卷補正一卷　(清)王筠撰　清同治四年(1865)刻本　存十六卷(一至十六)　十六冊

110000－0144－0008103　423.135/119－03

說文解字句讀三十卷補正一卷　(清)王筠撰　清同治四年(1865)王彥侗刻本　十六冊

110000－0144－0008104　423.135/119－1

王氏說文三種　(清)王筠撰　清同治四年(1865)刻本　二十八冊

110000－0144－0008105　423.135/119－1

王氏說文三種　(清)王筠撰　清同治四年(1865)刻本　三十冊

110000－0144－0008106　423.135/119－1

王氏說文三種　(清)王筠撰　清同治四年(1865)刻本　二十八冊

110000－0144－0008107　423.135/119－2

說文繫傳校錄三十卷　(清)王筠撰　清咸豐七年(1857)刻本　四冊

110000－0144－0008108　423.135/314

說文發疑六卷　(清)張行孚撰　清光緒十年(1884)刻本　三冊

110000－0144－0008109　423.135/314

說文發疑六卷　(清)張行孚撰　清光緒十年(1884)刻本　三冊

110000－0144－0008110　423.135/314

說文發疑六卷　(清)張行孚撰　清光緒十年(1884)刻本　三冊

110000－0144－0008111　423.135/314－02

說文發疑六卷說文揭原二卷　(清)張行孚撰　清光緒九年(1883)鮑廷爵刻後知不足齋叢書本　七冊

110000－0144－0008112　423.135/334

說文外編十六卷補遺一卷說文辨疑一卷　(清)雷浚撰　清光緒九年(1883)顧廣圻刻本　六冊

110000－0144－0008113　423.135/365

名原二卷　(清)孫詒讓撰　清光緒三十一年(1905)刻本　一冊

110000－0144－0008114　423.135/365

名原二卷　(清)孫詒讓撰　清光緒三十一年(1905)刻本　一冊

110000－0144－0008115　423.135/365
名原二卷　（清）孫詒讓撰　清光緒三十一年(1905)刻本　一册

110000－0144－0008116　423.135/365
名原二卷　（清）孫詒讓撰　清光緒三十一年(1905)刻本　一册

110000－0144－0008117　423.135/365
名原二卷　（清）孫詒讓撰　清光緒三十一年(1905)刻本　一册

110000－0144－0008118　423.135/365
名原二卷　（清）孫詒讓撰　清光緒三十一年(1905)刻本　一册

110000－0144－0008119　423.135/519
唐寫本説文解字木部箋異一卷　（清）莫友芝撰　清同治二年(1863)刻本　一册

110000－0144－0008120　423.135/746－02
説文古本考十四卷　（清）沈濤撰　清光緒吴縣潘氏滂喜齋刻本　八册

110000－0144－0008121　423.135/746－02
説文古本考十四卷　（清）沈濤撰　清光緒吴縣潘氏滂喜齋刻本　八册

110000－0144－0008122　423.136/478
説文二徐箋異十四卷　田吴炤撰　清宣統二年(1910)石印本　二册

110000－0144－0008123　423.136/478
説文二徐箋異十四卷　田吴炤撰　清宣統二年(1910)石印本　二册

110000－0144－0008124　423.136/478
説文二徐箋異十四卷　田吴炤撰　清宣統二年(1910)石印本　二册

110000－0144－0008125　423.14/140
續復古篇四卷　（元）曹本撰　清光緒十二年(1886)歸安姚氏咫進齋刻本　四册

110000－0144－0008126　423.14/203
轉注新考四卷　（清）趙怡撰　清抄本　二册

110000－0144－0008127　423.14/259
説文字辨十四卷　（清）林慶炳撰　清同治四年(1865)刻本　四册

110000－0144－0008128　423.14/440
六書約言二卷　（清）吴善述輯　清刻本　一册

110000－0144－0008129　423.14/458
六書通十卷　（明）閔齊伋輯　（清）畢弘述篆訂　清刻本　六册

110000－0144－0008130　423.14/471
六書通摭遺五卷　（清）畢星海輯　清嘉慶六年(1801)基聞堂刻本　五册

110000－0144－0008131　423.14/485－02
六書通十卷　（明）閔齊伋輯　清乾隆六十年(1795)刻本　八册

110000－0144－0008132　423.14/754
六書會原十卷　（清）潘肇豐撰　清嘉慶六年(1801)鳴鳳堂刻本　四册

110000－0144－0008133　423.14/754
六書會原十卷　（清）潘肇豐撰　清嘉慶六年(1801)鳴鳳堂刻本　六册

110000－0144－0008134　423.14/820
六書正僞五卷　（元）周伯琦編注　清惜古齋刻本　一册　存一卷(入聲)

110000－0144－0008135　423.14/820－02
六書正僞五卷　（元）周伯琦編注　清古香閣刻本　四册

110000－0144－0008136　423.14/828
六書叚借經徵四卷　（清）朱駿聲撰　清光緒十八年(1892)金陵元和朱氏刻本　三册

110000－0144－0008137　423.14/879
六書音韻表五卷　（清）段玉裁撰　清刻本　一册

110000－0144－0008138　423.14/954
六書辨一卷　（清）徐紹楨撰　清光緒三十三年(1907)石印本　一册

110000－0144－0008139　423.15/119

說文韻譜校五卷　(清)王筠撰　清光緒十六年(1890)濰縣劉氏素心琴室刻本　二册

110000－0144－0008140　423.15/119－02
說文韻譜校五卷　(清)王筠撰　清道光十三年(1833)歸安姚氏咫進齋刻本　四册

110000－0144－0008141　423.15/215
說文舊音補注三卷　(清)胡玉縉撰　清光緒十三年(1887)南菁書院刻本　二册

110000－0144－0008142　423.15/222
說文字原韻表二卷　(清)胡重編　清嘉慶十六年(1811)秀水金氏刻本　一册

110000－0144－0008143　423.15/308
說文諧聲譜九卷　(清)張成孫撰　清光緒十四年(1888)南菁書院刻本　二册

110000－0144－0008144　423.15/314
說文審音十六卷　(清)張行孚撰　清光緒二十四年(1898)芳郭里通隱堂刻本　四册

110000－0144－0008145　423.15/314
說文審音十六卷　(清)張行孚撰　清光緒二十四年(1898)芳郭里通隱堂刻本　四册

110000－0144－0008146　423.15/372
許氏說文解字雙聲疊韻譜一卷　(清)鄧廷楨撰　清光緒七年(1881)鮑氏後知不足齋刻後知不足齋叢書本　二册

110000－0144－0008147　423.15/372
許氏說文解字雙聲疊韻譜一卷　(清)鄧廷楨撰　清光緒七年(1881)鮑氏後知不足齋刻後知不足齋叢書本　二册

110000－0144－0008148　423.15/372
許氏說文解字雙聲疊韻譜　(清)鄧廷楨撰　清光緒七年(1881)鮑氏後知不足齋刻後知不足齋叢書本　二册

110000－0144－0008149　423.15/372－02
許氏說文解字雙聲疊韻譜一卷　(清)鄧廷楨撰　清刻本　一册

110000－0144－0008150　423.15/428
說文聲類二卷　(清)嚴可均撰　清嘉慶七年(1802)歸安吳氏二百蘭亭齋刻本　一册

110000－0144－0008151　423.15/471
說文解字舊音一卷　(清)畢沅輯　清乾隆四十八年(1783)鎮洋畢氏靈巖山館刻經訓堂叢書本　一册

110000－0144－0008152　423.15/523
說文聲讀表七卷　(清)苗夔撰　清光緒十四年(1888)江陰南菁書院刻皇清經解續編本　二册

110000－0144－0008153　423.15/523－02
說文聲讀表四卷　(清)苗夔撰　清道光二十二年(1842)福山王氏刻天壤閣叢書本　二册

110000－0144－0008154　423.15/523－02
說文聲讀表七卷　(清)苗夔撰　清道光二十二年(1842)福山王氏刻天壤閣叢書本　四册

110000－0144－0008155　423.15/608
說文分韻易知錄十卷首一卷　(清)許巽行撰　清光緒五年(1879)刻本　十册

110000－0144－0008156　423.15/608
說文分韻易知錄十卷首一卷　(清)許巽行撰　清光緒五年(1879)刻本　十册

110000－0144－0008157　423.15/608
說文分韻易知錄十卷首一卷　(清)許巽行撰　清光緒五年(1879)刻本　十册

110000－0144－0008158　423.15/608
說文分韻易知錄十卷首一卷　(清)許巽行撰　清光緒五年(1879)刻本　十册

110000－0144－0008159　423.15/830
說文通訓定聲十八卷柬韻一卷　(清)朱駿聲撰　清刻本　二十四册

110000－0144－0008160　423.15/830
說文通訓定聲十八卷柬韻一卷　(清)朱駿聲撰　清刻本　二十四册

110000－0144－0008161　423.15/830
說文通訓定聲十八卷柬韻一卷　(清)朱駿聲撰　清刻本　二十四册

110000－0144－0008162　423.15/830
說文通訓定聲十八卷柬韻一卷　（清）朱駿聲撰　清刻本　二十四册

110000－0144－0008163　423.15/830
說文通訓定聲十八卷柬韻一卷　（清）朱駿聲撰　清刻本　二十四册

110000－0144－0008164　423.15/830
說文通訓定聲十八卷柬韻一卷　（清）朱駿聲撰　清刻本　二十八册

110000－0144－0008165　423.15/830－02
說文通訓定聲十八卷附説雅十九篇古今韻準一卷分部撿韻一卷　（清）朱駿聲撰　清光緒十四年（1888）上海鴻文書局石印本　十二册

110000－0144－0008166　423.15/830－04
說文通訓定聲十八卷附補遺檢韻一卷附説雅十九篇古今韻準一卷　（清）朱駿聲撰　清光緒十三年（1887）上海積山書局石印本　八册

110000－0144－0008167　423.15/830－04
說文通訓定聲十八卷附補遺檢韻一卷附説雅十九篇古今韻準一卷　（清）朱駿聲撰　清光緒十三年（1887）上海積山書局石印本　八册

110000－0144－0008168　423.15/830－04
說文通訓定聲十八卷附補遺檢韻一卷附説雅十九篇古今韻準一卷　（清）朱駿聲撰　清光緒十三年（1887）上海積山書局石印本　八册

110000－0144－0008169　423.15/830－04
說文通訓定聲十八卷附補遺檢韻一卷附説雅十九篇古今韻準一卷　（清）朱駿聲撰　清光緒十三年（1887）上海積山書局石印本　八册

110000－0144－0008170　423.15/954
說文解字韻譜十卷　（五代）徐鍇撰　清同治三年（1864）吳縣馮桂芬刻本　二册

110000－0144－0008171　423.15/954
說文解字韻譜十卷　（五代）徐鍇撰　清同治三年（1864）吳縣馮桂芬刻本　四册

110000－0144－0008172　423.15/994
說文聲係十四卷　（清）姚文田撰　清嘉慶九年（1804）廣東粤東督學使署刻蘇州振新書社印本　二册

110000－0144－0008173　423.15/994
說文聲係十四卷　（清）姚文田撰　清嘉慶九年（1804）廣東粤東督學使署刻蘇州振新書社印本　二册

110000－0144－0008174　423.161/282
說文引經攷異十六卷　（清）劉榮宗撰　清同治六年（1867）刻本　四册

110000－0144－0008175　423.161/282
說文引經攷異十六卷　（清）劉榮宗撰　清同治六年（1867）刻本　四册

110000－0144－0008176　423.161/329
說文解字羣經正字二十八卷目錄一卷　（清）邵瑛撰　清嘉慶二十一年（1816）桂隱書屋刻本　六册　存二十二卷（一至二、九至二十八）

110000－0144－0008177　423.161/359
廣潛研堂說文答問疏證八卷　（清）承培元撰　清光緒十八年（1892）廣雅書局刻本　一册

110000－0144－0008178　423.161/359－1
說文引經證例二十四卷　（清）承培元撰　清光緒二十一年（1895）廣雅書局刻本　六册

110000－0144－0008179　423.161/359－6
說文引經證例二十四卷　（清）承培元撰　清光緒廣雅書局刻本　六册

110000－0144－0008180　423.161/377
段氏說文注訂八卷說文新附考六卷　（清）鈕樹玉撰　**說文引經考證八卷**　（清）陳瑑撰　清同治十三年（1874）湖北崇文書局刻本　六册

110000－0144－0008181　423.161/377－02
說文引經考證七卷互異說一卷　（清）陳瑑撰　清光緒十年（1884）三益廬刻本　四册

110000－0144－0008182　423.161/434
說文引經考二卷　（清）吳玉搢撰　清歸安姚氏刻咫進齋叢書本　一册

110000－0144－0008183　423.161/635
說文經字正誼四卷　(清)郭慶藩撰　清光緒二十年(1894)湘陰郭氏刻本　二册

110000－0144－0008184　423.161/929－573
說文答問疏證六卷　(清)薛傳均撰　清刻本　一册

110000－0144－0008185　423.161/929－573
說文答問疏證六卷　(清)薛傳均撰　清刻本　三册

110000－0144－0008186　423.161/929－573
說文答問疏證六卷　(清)薛傳均撰　清刻本　二册

110000－0144－0008187　423.161/978
說文本經答問二卷　(清)鄭知同撰　清光緒十六年(1890)廣雅書局刻本　一册

110000－0144－0008188　423.161/978
說文本經答問二卷　(清)鄭知同撰　清光緒十六年(1890)廣雅書局刻本　二册

110000－0144－0008189　423.167/436
說文古籀補十四卷附録一卷　(清)吴大澂撰　清光緒二十四年(1898)刻本　二册

110000－0144－0008190　423.167/436
說文古籀補十四卷附録一卷　(清)吴大澂撰　清光緒二十四年(1898)刻本　二册

110000－0144－0008191　423.167/436
說文古籀補十四卷附録一卷　(清)吴大澂撰　清光緒二十四年(1898)刻本　二册

110000－0144－0008192　423.167/436
說文古籀補十四卷附録一卷　(清)吴大澂撰　清光緒二十四年(1898)刻本　二册

110000－0144－0008193　423.167/436
說文古籀補十四卷附録一卷　(清)吴大澂撰　清光緒二十四年(1898)刻本　二册

110000－0144－0008194　423.167/436－02
說文古籀補十四卷附録一卷　(清)吴大澂撰　清光緒二十四年(1898)刻本　四册

110000－0144－0008195　423.17/287
說文逸字辨證二卷　(清)李楨撰　清光緒十一年(1885)畹蘭室刻本　二册

110000－0144－0008196　423.17/287
說文逸字辨證二卷　(清)李楨撰　清光緒十一年(1885)畹蘭室刻本　二册

110000－0144－0008197　423.17/309
說文佚字考四卷　(清)張鳴珂撰　清光緒十三年(1887)豫章刻本　一册

110000－0144－0008198　423.17/926
說文新附考六卷說文續考一卷　(清)鈕樹玉撰　清同治十三年(1874)湖北崇文書局刻本　二册

110000－0144－0008199　423.17/926－02
說文新附考六卷　(清)鈕樹玉撰　清同治七年(1868)碧螺山館刻本　四册

110000－0144－0008200　423.17/971
說文逸字二卷附録一卷　(清)鄭珍撰　清咸豐八年(1858)福山王氏刻天壤閣叢書本　一册

110000－0144－0008201　423.17/971
說文逸字二卷附録一卷　(清)鄭珍撰　清咸豐八年(1858)福山王氏刻天壤閣叢書本　一册

110000－0144－0008202　423.17/971－02
說文逸字二卷附録一卷　(清)鄭珍撰　清咸豐八年(1858)經濟書堂刻本　一册

110000－0144－0008203　423.17/971－03
說文逸字二卷附録一卷　(清)鄭珍撰　清咸豐八年(1858)望山堂刻本　二册

110000－0144－0008204　423.17/971－287
說文逸字辨證二卷　(清)李楨撰　清光緒十一年(1885)畹蘭室刻本　二册

110000－0144－0008205　423.17/971－287－02
說文逸字辨證二卷　(清)李楨撰　清宣統元年(1909)思賢書局刻本　二册

110000－0144－0008206　423.18/119－02

文字蒙求廣義四卷　(清)王筠撰　(清)蒯光典注　清光緒二十七年(1901)江楚書局刻本　五册

110000－0144－0008207　423.18/119－02
文字蒙求廣義四卷　(清)王筠撰　(清)蒯光典注　清光緒二十七年(1901)江楚書局刻本　五册

110000－0144－0008208　423.18/119－04
文字蒙求四卷　(清)王筠撰　清光緒十三年(1887)梁谿浦氏刻本　二册

110000－0144－0008209　423.18/119－04
文字蒙求四卷　(清)王筠撰　清光緒十三年(1887)梁谿浦氏刻本　一册

110000－0144－0008210　423.18/119－04
文字蒙求四卷　(清)王筠撰　清光緒十三年(1887)梁谿浦氏刻本　一册

110000－0144－0008211　423.18/119－04
文字蒙求四卷　(清)王筠撰　清光緒十三年(1887)梁谿浦氏刻本　二册

110000－0144－0008212　423.18/119－04
文字蒙求四卷　(清)王筠撰　清光緒十三年(1887)梁谿浦氏刻本　二册

110000－0144－0008213　423.18/119－549
文字蒙求廣義四卷　(清)王筠撰　(清)蒯光典注　清光緒二十七年(1901)江楚書局刻本　五册

110000－0144－0008214　423.18/119－549
文字蒙求廣義四卷　(清)王筠撰　(清)蒯光典注　清光緒二十七年(1901)江楚書局刻本　五册

110000－0144－0008215　423.18/119－549
文字蒙求廣義四卷　(清)王筠撰　(清)蒯光典注　清光緒二十七年(1901)江楚書局刻本　五册

110000－0144－0008216　423.18/158
説文便檢十二卷　(清)丁源撰　清刻本　二册

110000－0144－0008217　423.18/314
説文揭原二卷　(清)張行孚撰　清光緒十年(1884)後知不足齋刻本　一册

110000－0144－0008218　423.18/314
説文揭原二卷　(清)張行孚撰　清光緒十年(1884)後知不足齋刻本　一册

110000－0144－0008219　423.18/378
説文提要一卷　(清)陳建侯撰　清光緒七年(1881)淪雅齋刻本　一册

110000－0144－0008220　423.18/378－02
説文提要一卷　(清)陳建侯撰　清同治十二年(1873)湖北崇文書局刻本　一册

110000－0144－0008221　423.18/437
説文偏旁一卷　(清)張之洞撰　清刻本　一册

110000－0144－0008222　423.18/796
説文通檢十四卷首一卷末一卷　(清)黎永椿編　清光緒二年(1876)湖北崇文書局刻本　二册

110000－0144－0008223　423.18/796
説文通檢十四卷首一卷末一卷　(清)黎永椿編　清光緒二年(1876)湖北崇文書局刻本　二册

110000－0144－0008224　423.18/796
説文通檢十四卷首一卷末一卷　(清)黎永椿編　清光緒二年(1876)湖北崇文書局刻本　二册

110000－0144－0008225　423.18/893
楷體蒙求八卷　(清)劉廷玉輯　清同治十年(1871)常郡一枝山房刻本　五册

110000－0144－0008226　423.18/893
楷體蒙求八卷　(清)劉廷玉輯　清同治十年(1871)常郡一枝山房刻本　五册

110000－0144－0008227　423.5/120
字貫提要四十卷　(清)王錫侯編　清閲古堂文庫刻本　十册

110000－0144－0008228　423.5/247

文選通段字會四卷 (清)杜宗玉撰 清光緒二十二年(1896)孝感學署刻本 四冊

110000－0144－0008229 423.5/251
繆篆分韻五卷補遺一卷 (清)桂馥編 清光緒歸安姚氏咫進齋刻本 二冊

110000－0144－0008230 423.5/251
繆篆分韻五卷補遺一卷 (清)桂馥編 清光緒歸安姚氏咫進齋刻本 四冊

110000－0144－0008231 423.5/279－02
字彙十二集首一卷 (明)梅膺祚音釋 清乾隆七年(1742)京都文成堂刻本 十四冊

110000－0144－0008232 423.5/303
類篇十五卷 (宋)司馬光纂 清光緒二年(1876)川東官舍刻本 十五冊

110000－0144－0008233 423.5/303
類篇十五卷 (宋)司馬光纂 清光緒二年(1876)川東官舍刻本 十四冊

110000－0144－0008234 423.5/303
類篇十五卷 (宋)司馬光纂 清光緒二年(1876)川東官舍刻本 十四冊

110000－0144－0008235 423.5/303－02
類篇十五卷 (宋)司馬光纂 清揚州詩局刻本 十四冊

110000－0144－0008236 423.5/308
復古編二卷 (宋)張有撰 清光緒八年(1882)淮南書局刻本 二冊

110000－0144－0008237 423.5/308
復古編二卷 (宋)張有撰 清光緒八年(1882)淮南書局刻本 三冊

110000－0144－0008238 423.5/308
復古編二卷 (宋)張有撰 清光緒八年(1882)淮南書局刻本 三冊

110000－0144－0008239 423.5/313
正字通十二集 (清)廖文英輯 清康熙吳源起清畏堂刻本 三十二冊

110000－0144－0008240 423.5/327
隸篇十五卷續十五卷再續十五卷 (清)翟云升撰 清道光十八年(1838)刻本 十冊

110000－0144－0008241 423.5/327
隸篇十五卷續十五卷再續十五卷 (清)翟云升撰 清道光十八年(1838)刻本 十冊

110000－0144－0008242 423.5/343.6
古文四聲韻五卷 (宋)夏竦輯 清光緒八年(1882)碧琳瑯館刻本 四冊

110000－0144－0008243 423.5/363
字林考逸八卷 (清)任大椿撰 **字林考逸補本一卷附錄一卷** (清)陶方琦撰 **倉頡篇三卷續一卷補二卷** (清)孫星衍輯 清光緒十六年(1890)江蘇書局刻本 六冊

110000－0144－0008244 423.5/363
字林考逸八卷 (清)任大椿撰 **字林考逸補本一卷附錄一卷** (清)陶方琦撰 **倉頡篇三卷續一卷補二卷** (清)孫星衍輯 清光緒十六年(1890)江蘇書局刻本 六冊

110000－0144－0008245 423.5/363
字林考逸八卷 (清)任大椿撰 **字林考逸補本一卷附錄一卷** (清)陶方琦撰 清光緒十六年(1890)江蘇書局刻本 六冊

110000－0144－0008246 423.5/449－915
字林考逸八卷 (清)任大椿撰 **字林考逸補本一卷附錄一卷** (清)陶方琦撰 清光緒十六年(1890)江蘇書局刻本 四冊

110000－0144－0008247 423.5/449－915－03
字林考逸八卷附錄一卷 (清)任大椿撰 清乾隆燕禧堂刻本 四冊

110000－0144－0008248 423.5/455
急就篇四卷 (漢)史游撰 (唐)顏師古 (元)王應麟注 清刻本 二冊

110000－0144－0008249 423.5/455－02
急就篇四卷 (漢)史游撰 (唐)顏師古 (元)王應麟注 清光緒六年(1880)福山王氏刻天壤閣叢書本 四冊

110000－0144－0008250 423.5/455－926

鈕匪石校定皇象本急就章一卷 （漢）史游撰 （清）鈕樹玉撰 **說文解字索引一卷補例一卷** （清）張度撰 清元和江氏刻靈鶼閣叢書本 一冊

110000－0144－0008251 423.5/480
漢隸字源五卷碑目一卷 （宋）婁機撰 清歸安姚氏咫尺齋刻本 十冊

110000－0144－0008252 423.5/480－1
班馬字類五卷 （宋）婁機撰 清光緒十七年（1891）思賢書局刻本 二冊

110000－0144－0008253 423.5/480－1－02
班馬字類五卷 （宋）婁機撰 清乾隆揚州馬氏小玲瓏山館刻本 五冊

110000－0144－0008254 423.5/480－1－03
班馬字類五卷 （宋）婁機撰 清光緒九年（1883）後知不足齋刻本 二冊

110000－0144－0008255 423.5/633
汗簡六卷 （宋）郭忠恕撰 清光緒九年（1883）點石齋石印本 三冊

110000－0144－0008256 423.5/633－971
汗簡箋正七卷目錄一卷 （宋）郭忠恕撰 （清）鄭珍箋正 清光緒十五年（1889）廣雅書局刻本 四冊

110000－0144－0008257 423.5/633－971
汗簡箋正七卷目錄一卷 （宋）郭忠恕撰 （清）鄭珍箋正 清光緒十五年（1889）廣雅書局刻本 四冊

110000－0144－0008258 423.5/633－971
汗簡箋正七卷目錄一卷 （宋）郭忠恕撰 （清）鄭珍箋正 清光緒十五年（1889）廣雅書局刻本 四冊

110000－0144－0008259 423.5/633－971
汗簡箋正七卷目錄一卷 （宋）郭忠恕撰 （清）鄭珍箋正 清光緒十五年（1889）廣雅書局刻本 四冊

110000－0144－0008260 423.5/679
匡謬正俗八卷 （唐）顏師古撰 **九經三傳沿革例一卷** （宋）岳珂撰 清光緒三年（1877）湖北崇文書局刻本 一冊

110000－0144－0008261 423.5/754
楷法溯源十四卷目錄一卷 （清）潘存輯 清光緒四年（1878）刻本 十五冊

110000－0144－0008262 423.5/887－02
澄衷學堂字課圖說四卷 （清）劉樹屏編撰 清光緒二十七年（1901）上海澄衷蒙學堂、鴻寶書局石印本 八冊

110000－0144－0008263 423.5/887－03
澄衷學堂字課圖說四卷 （清）劉樹屏編撰 清光緒三十一年（1905）澄衷蒙學堂印書處石印本 八冊

110000－0144－0008264 423.5/887－03
澄衷學堂字課圖說四卷 （清）劉樹屏編撰 清光緒三十二年（1906）石印本 八冊

110000－0144－0008265 423.5/960
韻字彙錦五卷 （清）顧掄輯 清道光二年（1822）玉山草堂刻本 五冊

110000－0144－0008266 423.5/962－05
大廣益會玉篇三十卷 （南朝梁）顧野王撰 （唐）孫強增字 （宋）陳彭年等重修 清康熙四十三年（1704）張士俊刻澤存堂五種本 三冊

110000－0144－0008267 423.5/962－378
大廣益會玉篇三十卷 （南朝梁）顧野王撰 清刻本 十冊

110000－0144－0008268 423.9/104.4
清異編珠二卷 （清）福申輯 清道光六年（1826）長白福氏江西學署刻本 二冊

110000－0144－0008269 423.9/120
正俗備用字解四卷補遺 （清）王兆琛撰 清咸豐五年（1855）刻本 四冊

110000－0144－0008270 423.9/120.9
初學辨字一卷 （清）王德瑛撰 清刻本 一冊

110000－0144－0008271 423.9/159

正字考不分卷　(清)□□編　清刻本　六冊

110000－0144－0008272　423.9/209
金壺精粹不分卷　(清)郝在田輯　清光緒二年(1876)京師松竹齋刻本　二冊

110000－0144－0008273　423.9/209－02
金壺精粹不分卷　(清)郝在田輯　清光緒元年(1875)京師老榮錄堂刻本　二冊

110000－0144－0008274　423.9/210
考正字彙二卷　(清)□□編　清光緒二十五年(1899)上海掃葉山房石印本　一冊

110000－0144－0008275　423.9/216
千文六書統要二卷　(明)胡正言輯　清十竹齋刻本　四冊

110000－0144－0008276　423.9/216
千文六書統要二卷　(明)胡正言輯　清十竹齋刻本　四冊

110000－0144－0008277　423.9/238
求是書塾解字釋義一卷　(清)□□撰　清抄本　一冊

110000－0144－0008278　423.9/257
千字文說文解字　(清)林荃撰　清光緒十三年(1887)粵東光華軒聚珍樓刻本　一冊

110000－0144－0008279　423.9/291
字學七種二卷　(清)李秘園撰　清光緒十二年(1886)京師松竹齋刻本　一冊

110000－0144－0008280　423.9/292.7
子弗十卷　(清)李次山纂　清抄本　四冊

110000－0144－0008281　423.9/380
釋字百韻一卷　(清)陳勵撰　清光緒十六年(1890)吳下刻本　一冊

110000－0144－0008282　423.9/386.9
尊賢堂新鐫龍頭雜字二卷　(清)陸氏輯　清刻本　一冊

110000－0144－0008283　423.9/407－03
韻府群玉二十卷　(元)陰時夫編　(元)陰中夫注　清康熙五十五年(1716)文盛堂、天德堂刻本　十冊

110000－0144－0008284　423.9/485
四庫全書辨正通俗文字一卷　(清)王朝梧撰　清刻本　一冊

110000－0144－0008285　423.9/502
字類標韻六卷　(清)華綱輯　清光緒二年(1876)肄江王氏刻本　二冊

110000－0144－0008286　423.9/625
□字編異　(清)□□編　清抄本　一冊　存三卷(三至五)

110000－0144－0008287　423.9/658
字學舉隅　(清)龍啟瑞輯　清道光二十年(1840)刻本　一冊

110000－0144－0008288　423.9/658
字學舉隅　(清)龍啟瑞輯　清道光二十年(1840)刻本　一冊

110000－0144－0008289　423.9/658
字學舉隅　(清)龍啟瑞輯　清道光二十年(1840)刻本　一冊

110000－0144－0008290　423.9/658.5
字學舉隅補正不分卷　(清)龍光甸撰　清光緒二年(1876)日省吾齋刻本　一冊

110000－0144－0008291　423.9/658.5－7
字學匯海不分卷　(清)龍光甸等輯　清光緒十五年(1889)京都秀文齋刻本　四冊

110000－0144－0008292　423.9/658.5－7
字學匯海不分卷　(清)龍光甸等輯　清光緒十五年(1889)京都秀文齋刻本　四冊

110000－0144－0008293　423.9/658－02
字學舉隅　(清)龍啟瑞輯　清光緒二十二年(1896)慎記書莊石印本　一冊

110000－0144－0008294　423.9/658－1
臨文便覽二種　(清)龍啟瑞編　清光緒二年(1876)京都松林齋刻本　二冊

110000－0144－0008295　423.9/658－1－02
臨文便覽九種　(清)龍啟瑞編　清末京都善

成堂刻本　十册

110000－0144－0008296　423.9/667.4

問奇典註六卷　(清)唐英增釋　清嘉慶二十三年(1818)張昞刻本　六册

110000－0144－0008297　423.9/675

字典考證十二集三十六卷　(清)王引之撰　清光緒二年(1876)湖北崇文書局刻本　六册

110000－0144－0008298　423.9/721

漢滿成語詞典　(清)□□編　清抄本　三册

110000－0144－0008299　423.9/739

藝文備覽一百二十卷　(清)沙木集註　清刻本　四十册

110000－0144－0008300　423.9/739

藝文備覽一百二十卷　(清)沙木集註　清刻本　三十六册

110000－0144－0008301　423.9/745

千字文集篆　(清)沈炳晳撰　清嘉慶十四年(1809)棠華書屋刻本　二册

110000－0144－0008302　423.9/765－013

康熙字典十二集　(清)淩紹雯編　清光緒十三年(1887)上海點石齋石印本　存四集(子、丑、酉、戌)　六册

110000－0144－0008303　423.9/765－013

康熙字典十二集　(清)淩紹雯編　清光緒十三年(1887)上海點石齋石印本　六册

110000－0144－0008304　423.9/765－014

康熙字典十二集　(清)張玉書　(清)淩紹雯編　清光緒十九年(1893)上海復和書局石印本　六册

110000－0144－0008305　423.9/765－02

康熙字典十二集　(清)張玉書　(清)淩紹雯編　清宣統元年(1909)上海商務印書館石印本　六册

110000－0144－0008306　423.9/765－02

康熙字典十二集　(清)張玉書　(清)淩紹雯編　清宣統元年(1909)上海商務印書館石印本　六册

110000－0144－0008307　423.9/765－03

康熙字典十二集三十六卷總目一卷檢字辨似一卷等韻一卷備考一卷補遺一卷　(清)張玉書　(清)淩紹雯編　清光緒二十年(1894)上海同文書局石印本　六册

110000－0144－0008308　423.9/765－03

康熙字典十二集三十六卷總目一卷檢字辨似一卷等韻一卷備考一卷補遺一卷　(清)張玉書　(清)淩紹雯編　清光緒二十年(1894)上海同文書局石印本　六册

110000－0144－0008309　423.9/765－03

康熙字典十二集三十六卷總目一卷檢字辨似一卷等韻一卷備考一卷補遺一卷　(清)張玉書　(清)淩紹雯編　清光緒十三年(1887)上海同文書局石印本　六册

110000－0144－0008310　423.9/765－04

康熙字典十二集三十六卷總目一卷檢字辨似一卷等韻一卷備考一卷補遺一卷　(清)張玉書　(清)淩紹雯編　清道光七年(1827)刻本　三十二册

110000－0144－0008311　423.9/765－05

康熙字典十二集三十六卷總目一卷檢字辨似一卷等韻一卷備考一卷補遺一卷　(清)張玉書　(清)淩紹雯編　清光緒元年(1875)湖北崇文書局刻本　四十册

110000－0144－0008312　423.9/765－09

康熙字典十二集　(清)淩紹雯編　清光緒上海鴻寶書局石印本　六册

110000－0144－0008313　423.9/765－09

康熙字典十二集　(清)淩紹雯編　清光緒上海鴻寶書局石印本　六册

110000－0144－0008314　423.9/773

正字簡四卷　(清)馮繼照撰　清道光二十八年(1848)柳波館刻本　四册

110000－0144－0008315　423.9/782

正蒙字義二卷　(清)正蒙公塾輯　清光緒正蒙公塾刻本　二册

110000－0144－0008316　423.9/782
正蒙字義二卷　(清)正蒙公塾輯　清光緒正蒙公塾刻本　二册

110000－0144－0008317　423.9/905
新鐫便蒙群珠雜字一卷　(清)□□撰　清屯溪茹古堂刻本　一册

110000－0144－0008318　423.9/905.3
字學三種　(清)傅雲龍輯　清同治十三年(1874)味腴山館傅氏刻本　一册

110000－0144－0008319　423.9/905.3
字學三種　(清)傅雲龍輯　清同治十三年(1874)味腴山館傅氏刻本　一册

110000－0144－0008320　423.9/926
增廣字學舉隅四卷　(清)鐵珊輯　清光緒刻本　四册

110000－0144－0008321　423.9/980
分韻字考十二卷　(清)□□撰　清嘉慶十六年(1811)刻本　十二册

110000－0144－0008322　423.9/994.7
字學辨正集成四卷　(清)姚心舜輯　清咸豐六年(1856)求達書齋刻本　四册

110000－0144－0008323　424.08/158
丁氏韻學叢書　(清)丁顯撰　清光緒刻本　八册

110000－0144－0008324　424.08/158
丁氏韻學叢書　(清)丁顯撰　清光緒刻本　八册

110000－0144－0008325　424.08/965
音學五書　(清)顧炎武撰　清光緒十一年(1885)四明觀稼樓刻本　十二册

110000－0144－0008326　424.08/965－02
音學五書　(清)顧炎武撰　清光緒十六年(1890)思賢講舍刻本　十二册

110000－0144－0008327　424.08/965－02
音學五書　(清)顧炎武撰　清光緒十六年(1890)思賢講舍刻本　十二册

110000－0144－0008328　424.08/965－02
音學五書　(清)顧炎武撰　清光緒十六年(1890)思賢講舍刻本　十二册

110000－0144－0008329　424.08/965－04
音學五書　(清)顧炎武撰　清光緒十一年(1885)湘陰郭氏岵瞻堂刻本　十二册

110000－0144－0008330　424.08/994
姚刻三種　(清)姚覲元輯　清光緒二年(1876)川東官舍刻本　三十册

110000－0144－0008331　424.1/213
聲類表九卷首一卷　(清)戴震撰　清嘉慶八年(1803)成都渭南嚴氏刻本　二册

110000－0144－0008332　424.1/341
漢學諧聲二十四卷說文補考一卷說文又考一卷　(清)戚學標撰　清嘉慶九年(1804)涉縣官署刻本　八册

110000－0144－0008333　424.1/348－02
述均十卷　(清)夏燮撰　清咸豐五年(1855)番陽官廨刻本　二册

110000－0144－0008334　424.1/370
詩聲類十二卷　(清)孔廣森撰　清光緒十四年(1888)南菁書院刻皇清經解續編本　一册

110000－0144－0008335　424.1/658
古韻通說二十卷　(清)龍啟瑞撰　清光緒九年(1883)四川尊經書局刻本　四册

110000－0144－0008336　424.1/658
古韻通說二十卷　(清)龍啟瑞撰　清光緒九年(1883)四川尊經書局刻本　三册

110000－0144－0008337　424.1/658－02
古韻通說二十卷　(清)龍啟瑞撰　清同治六年(1867)廣東富文齋刻本　四册

110000－0144－0008338　424.1/719
古韻標準四卷首一卷　(清)江永編　(清)戴震參定　清乾隆三十六年(1771)刻本　二册

110000－0144－0008339　424.1/720
漢魏音四卷　(清)洪亮吉撰　清光緒三年(1877)授經堂刻本　一册

110000－0144－0008340　424.1/905
古音類表九卷　(清)傅壽彤撰　清同治三年(1864)宛南郡署刻本　二册

110000－0144－0008341　424.1/994
古音諧八卷首一卷　(清)姚文田撰　清道光二十五年(1845)刻本　六册

110000－0144－0008342　424.1/994
古音諧八卷首一卷　(清)姚文田撰　清道光二十五年(1845)刻本　六册

110000－0144－0008343　424.1/994
古音諧八卷首一卷　(清)姚文田撰　清道光二十五年(1845)刻本　六册

110000－0144－0008344　424.2/365
唐寫本唐韻殘卷　(唐)孫愐撰　清光緒三十四年(1908)上海國粹學報館影印本　一册

110000－0144－0008345　424.2/859
唐韻考五卷　(清)紀容舒撰　清光緒六年(1880)定州王氏刻畿輔叢書本　二册

110000－0144－0008346　424.3/158
集韻十卷　(宋)丁度等撰　清光緒二年(1876)川東官舍刻本　十册

110000－0144－0008347　424.3/158
集韻十卷　(宋)丁度等撰　清光緒二年(1876)川東官舍刻本　十册

110000－0144－0008348　424.3/158
集韻十卷　(宋)丁度等撰　清光緒二年(1876)川東官舍刻本　十册

110000－0144－0008349　424.3/158－1
附釋文互註禮部韻略五卷　(宋)丁度撰　清光緒二年(1876)川東官舍刻本　四册

110000－0144－0008350　424.3/158－1
附釋文互註禮部韻略五卷　(宋)丁度撰　清光緒二年(1876)川東官舍刻本　五册

110000－0144－0008351　424.3/158－1
附釋文互註禮部韻略五卷　(宋)丁度撰　清光緒二年(1876)川東官舍刻本　五册

110000－0144－0008352　424.3/311－03
韻鏡一卷　(宋)張麟之撰　清光緒十年(1884)遵義黎氏刻古逸叢書本　一册

110000－0144－0008353　424.3/378－011
廣韻五卷　(宋)陳彭年撰　清光緒十年(1884)遵義黎氏刻古逸叢書本　二册

110000－0144－0008354　424.3/378－011
廣韻五卷　(宋)陳彭年撰　清光緒十年(1884)遵義黎氏刻古逸叢書本　二册

110000－0144－0008355　424.3/378－03
廣韻五卷　(宋)陳彭年撰　清道光三十年(1850)新化鄧氏刻本　五册

110000－0144－0008356　424.3/378－06
廣韻五卷附校札一卷　(宋)陳彭年撰　清光緒十年(1884)遵義黎氏刻古逸叢書本　三册

110000－0144－0008357　424.3/378－06
廣韻五卷附校札一卷　(宋)陳彭年撰　清光緒十年(1884)遵義黎氏刻古逸叢書本　二册

110000－0144－0008358　424.3/378－06
廣韻五卷附校札一卷　(宋)陳彭年撰　清光緒十年(1884)遵義黎氏刻古逸叢書本　二册

110000－0144－0008359　424.3/378－09
廣韻五卷　(宋)陳彭年撰　清同治十二年(1873)粤東書局刻小學彙函本　五册

110000－0144－0008360　424.3/378－09
廣韻五卷　(宋)陳彭年撰　清同治十二年(1873)廣東粤東書局刻小學彙函本　四册

110000－0144－0008361　424.3/435－02
韻補五卷　(宋)吴棫撰　**韻補正一卷**　(清)顧炎武撰　清光緒九年(1883)邵武徐氏刻本　缺一卷(五)　二册

110000－0144－0008362　424.3/435－02
韻補五卷　(宋)吴棫撰　**韻補正一卷**　(清)顧炎武撰　清光緒九年(1883)邵武徐氏刻本　二册

110000－0144－0008363　424.3/463
明本排字九經直音前集一卷後集一卷　(宋)

□□撰　清光緒八年(1882)歸安陸氏刻十萬卷樓叢書本　二冊

110000－0144－0008364　424.3/626
集韻考正十卷　(清)方成珪撰　清光緒五年(1879)瑞安孫氏刻本　十冊

110000－0144－0008365　424.5/113
書田集詩韻音彙六卷首一卷字檢二卷　(清)王懋修纂　清光緒十四年(1888)刻本　四冊

110000－0144－0008366　424.5/115
音韻闡微十八卷韻譜一卷　(清)李光地(清)王蘭生編修　清光緒七年(1881)淮南書局刻本　五冊

110000－0144－0008367　424.5/117
詩韻集成題考合刻十卷首一卷　(清)王文淵輯　清光緒十四年(1888)魏氏古香閣刻本　五冊

110000－0144－0008368　424.5/213
聲韻考四卷　(清)戴震撰　清乾隆四十一年(1776)西湖樓刻本　一冊

110000－0144－0008369　424.5/281
訓詁諧音四卷　(清)槐蔭主人撰　清光緒八年(1882)唫楳書室刻本　二冊

110000－0144－0008370　424.5/286
佩文廣韻彙編五卷　(清)李元祺輯　清同治十一年(1872)金陵書局刻本　二冊

110000－0144－0008371　424.5/289
六書係韻二十四卷首一卷檢字二卷　(明)李貞輯　清光緒十六年(1890)刻本　二十四冊

110000－0144－0008372　424.5/289
六書係韻二十四卷首一卷檢字二卷　(明)李貞輯　清光緒十六年(1890)刻本　二十六冊

110000－0144－0008373　424.5/289.4
古今韻考四卷附記一卷　(清)李因篤撰　清光緒九年(1883)歸安姚氏刻咫進齋叢書本　一冊

110000－0144－0008374　424.5/306
佩文韻府一百六卷韻府拾遺一百六卷　(清)張玉書等纂　清光緒十三年(1887)上海點石齋石印本　六十冊

110000－0144－0008375　424.5/306
佩文韻府一百六卷韻府拾遺一百六卷　(清)張玉書等纂　清光緒十三年(1887)上海點石齋石印本　六十冊

110000－0144－0008376　424.5/306
佩文韻府一百六卷韻府拾遺一百六卷　(清)張玉書等纂　清光緒二十二年(1896)上海點石齋石印本　六十冊

110000－0144－0008377　424.5/306－02
佩文韻府一百六卷韻府拾遺一百六卷　(清)張玉書等纂　清光緒十二年(1886)上海同文書局石印本　六十冊

110000－0144－0008378　424.5/306－04
佩文韻府一百六卷韻府拾遺一百六卷　(清)張玉書等纂　清光緒十八年(1892)上海鴻寶齋石印本　二百冊

110000－0144－0008379　424.5/306－05
佩文韻府一百六卷韻府拾遺一百六卷　(清)張玉書等纂　清道光廣東嶺南潘氏海山仙館刻本　一百六十冊

110000－0144－0008380　424.5/306－05
佩文韻府一百六卷韻府拾遺一百六卷　(清)張玉書等纂　清道光廣東嶺南潘氏海山仙館刻本　一百四十冊

110000－0144－0008381　424.5/306－05
佩文韻府一百六卷韻府拾遺一百六卷　(清)張玉書等纂　清道光廣東嶺南潘氏海山仙館刻本　一百六十一冊

110000－0144－0008382　424.5/306－07
佩文韻府一百六卷韻府拾遺一百六卷　(清)張玉書等纂　清光緒十五年(1889)上海點石齋石印本　二十四冊

110000－0144－0008383　424.5/306－08
佩文韻府一百六卷韻府拾遺一百六卷　(清)張玉書等纂　清刻本　一百七十八冊

110000－0144－0008384　424.5/307.2

韻學發原一卷　(清)張書田撰　清同治三年(1864)陝西明誠堂刻本　一册

110000－0144－0008385　424.5/329

古今韻略五卷　(清)邵長衡撰　清乾隆十八年(1753)刻本　六册

110000－0144－0008386　424.5/334

韻府鈎沈五卷　(清)雷浚撰　清光緒十三年(1887)吳縣雷氏刻本　四册

110000－0144－0008387　424.5/364

音韻正訛四卷　(清)孫耀輯　(清)吳思本訂　清乾隆五十四年(1789)金閶書業堂刻本　二册

110000－0144－0008388　424.5/408－02

詞林正韻三卷發凡一卷　(清)戈載輯　清光緒十七年(1891)思賢講舍刻本　二册

110000－0144－0008389　424.5/408－03

詞林正韻三卷發凡一卷　(清)戈載輯　清光緒三年(1877)葛氏嘯園刻嘯園叢書本　二册

110000－0144－0008390　424.5/408－03

詞林正韻三卷發凡一卷　(清)戈載輯　清光緒三年(1877)葛氏嘯園刻嘯園叢書本　二册

110000－0144－0008391　424.5/423

十年讀書之廬重刊韻史二卷補一卷　(清)許遯翁撰　(清)朱玉岑補　清咸豐十一年(1861)刻本　三册

110000－0144－0008392　424.5/449

六書十二聲傳十二卷　(清)吕調陽撰　清光緒十四年(1888)刻觀象廬叢書本　十册

110000－0144－0008393　424.5/460

諧聲述略四卷　(清)闕燿南撰　清光緒二十一年(1895)信州學舍靜妙軒刻本　一册

110000－0144－0008394　424.5/502

韻籟四卷　(清)華長忠撰　清光緒十五年(1889)華氏松竹齋刻本　二册

110000－0144－0008395　424.5/504

初學審音二卷　(清)葉庭鑾輯　清光緒三年(1877)武林刻本　一册

110000－0144－0008396　424.5/602－02

增廣詩韻全璧五卷附初學檢韻一卷虛字韻藪一卷　(清)奕詢編　(清)湯祥瑟編　清宣統二年(1910)上海暢懷書屋石印本　六册

110000－0144－0008397　424.5/602－03

增廣詩韻全璧五卷　(清)湯文潞輯　清光緒二十一年(1895)上海鴻寶齋石印本　一册

110000－0144－0008398　424.5/602－03

增廣詩韻全璧五卷　(清)湯文潞輯　清光緒二十一年(1895)上海鴻寶齋石印本　六册

110000－0144－0008399　424.5/610－02

詩韻合璧五卷　(清)湯文潞輯　清光緒七年(1881)上海淞隱閣鉛印本　五册

110000－0144－0008400　424.5/618

韻箋五卷　(清)謝有煇　(清)陳培脈撰　清師儉閣刻本　五册

110000－0144－0008401　424.5/626.6

韻詁五卷補遺一卷　(清)方濬頤輯　清光緒四年(1878)淮南書局刻本　六册

110000－0144－0008402　424.5/626.7

韻詁五卷補遺一卷　(清)方濬頤輯　清光緒四年(1878)淮南書局刻本　六册

110000－0144－0008403　424.5/626.7

韻詁五卷補遺一卷　(清)方濬頤輯　清光緒四年(1878)淮南書局刻本　五册

110000－0144－0008404　424.5/655.2

欽定同文韻統六卷　(清)允祿等纂修　清宣統二年(1910)理藩部刻本　五册

110000－0144－0008405　424.5/681

音韻逢源四卷　(清)裕恩撰　清道光二十年(1840)刻本　四册

110000－0144－0008406　424.5/709

五音集字不分卷　(清)汪朝恩輯　清光緒三十四年(1908)渝城聖家書局刻本　十册

110000－0144－0008407　424.5/713

詩韻析五卷首一卷末一卷 (清)汪烜撰 清光緒九年(1883)紫陽書院刻本 四冊

110000－0144－0008408 424.5/716
音韻闡微十八卷韻譜一卷 (清)李光地 (清)王蘭生編修 清光緒七年(1881)淮南書局刻本 五冊

110000－0144－0008409 424.5/716
音韻闡微十八卷韻譜一卷 (清)李光地 (清)王蘭生編修 清光緒七年(1881)淮南書局刻本 五冊

110000－0144－0008410 424.5/719
韻歧五卷 (清)江昱輯 清光緒七年(1881)刻本 二冊

110000－0144－0008411 424.5/719
韻歧五卷 (清)江昱輯 清光緒七年(1881)刻本 二冊

110000－0144－0008412 424.5/736
詩韻合璧五卷分韻文選題解擇要一卷 (清)湯文潞輯 清光緒十二年(1886)寶文齋刻本 六冊

110000－0144－0008413 424.5/736－02
詩韻合璧五卷 (清)湯祥瑟輯 清光緒元年(1875)懷善堂刻本 五冊

110000－0144－0008414 424.5/736－03
詩韻合璧五卷虛字韻藪一卷 (清)湯文潞輯 清光緒十二年(1886)上海公興書局鉛印本 五冊

110000－0144－0008415 424.5/736－04
詩韻合璧五卷虛字韻藪一卷 (清)湯文潞輯 清光緒十一年(1885)善成堂書坊刻本 五冊

110000－0144－0008416 424.5/736－04
詩韻合璧五卷虛字韻藪一卷 (清)湯文潞輯 清光緒十一年(1885)善成堂書坊刻本 六冊

110000－0144－0008417 424.5/736－05
詩韻合璧五卷虛字韻藪一卷 (清)湯文潞輯 清光緒十一年(1885)囊錦書屋刻本 五冊

110000－0144－0008418 424.5/736－06
詩韻合璧五卷分韻文選題解擇要一卷 (清)湯文潞輯 清同治十二年(1873)姑蘇善成堂刻本 六冊

110000－0144－0008419 424.5/746
韻彙五卷末一卷 (清)朱彝尊輯 (清)沈道寬編 清道光二十六年(1846)碧梧草堂刻本 五冊

110000－0144－0008420 424.5/756
音學秘書四卷 (清)涂謙撰 清道光九年(1829)六吉居刻本 四冊

110000－0144－0008421 424.5/765
五方元音二卷 (清)樊騰鳳原本 (清)年希堯增補 清光緒十三年(1887)兩儀堂刻本 二冊

110000－0144－0008422 424.5/781.6
韻字略十二集 (清)毛謨撰 清光緒元年(1875)湖北崇文書局刻本 二冊

110000－0144－0008423 424.5/792
詩韻瑤林八卷 (清)程伊園撰 清刻本 四冊

110000－0144－0008424 424.5/821－830
佩文詩韻釋要五卷 (清)周兆基撰 (清)朱蘭重輯 清光緒元年(1875)湖北崇文書局刻本 一冊

110000－0144－0008425 424.5/821－830
佩文詩韻釋要五卷 (清)周兆基撰 (清)朱蘭重輯 清光緒元年(1875)湖北崇文書局刻本 二冊

110000－0144－0008426 424.5/821－830－03
佩文詩韻釋要五卷 (清)周兆基撰 (清)朱蘭重輯 清光緒十八年(1892)廣東學院刻本 一冊

110000－0144－0008427 424.5/821－830－03
佩文詩韻釋要五卷 (清)周兆基撰 (清)朱蘭重輯 清光緒十八年(1892)廣東學院刻本

一冊

110000－0144－0008428　424.5/834
韻彙五卷末一卷　(清)朱彝尊輯　(清)沈道寬編　清同治十三年(1874)盛德堂刻本　四冊

110000－0144－0008429　424.5/837
韻字急就篇十卷　(清)迮鶴壽編　(清)沈楙悳輯　清咸豐刻本　四冊

110000－0144－0008430　424.5/844
簡明詩韻一卷　(清)王德瑛撰　清道光刻本　一冊

110000－0144－0008431　424.5/856－02
古今韻會舉要三十卷　(元)黄公紹輯　(元)熊忠舉要　清光緒九年(1883)淮南書局刻本　十冊

110000－0144－0008432　424.5/856－02
古今韻會舉要三十卷　(元)黄公紹輯　(元)熊忠舉要　清光緒九年(1883)淮南書局刻本　十冊

110000－0144－0008433　424.5/856－02
古今韻會舉要三十卷　(元)黄公紹輯　(元)熊忠舉要　清光緒九年(1883)淮南書局刻本　十冊

110000－0144－0008434　424.5/856－02
古今韻會舉要三十卷　(元)黄公紹輯　(元)熊忠舉要　清光緒九年(1883)淮南書局刻本　十冊

110000－0144－0008435　424.5/859
沈氏四聲考二卷　(清)紀昀撰　清刻本　一冊

110000－0144－0008436　424.5/892
佩文韻遡原五卷　(清)劉家鎮輯　清道光十七年(1837)石芝山館刻本　五冊

110000－0144－0008437　424.5/894－02
新編經史正音切韻指南一卷　(元)劉鑑撰　清道光二十五年(1845)恒善抄本　一冊

110000－0144－0008438　424.5/988.4
詩韻集成十卷　(清)余照輯　清狀元閣刻本　四冊

110000－0144－0008439　424.5/988.4－7
漁古軒詩韻八卷　(清)余照撰　(清)朱德蕃增訂　清道光二十一年(1841)經餘堂刻本　八冊

110000－0144－0008440　424.57/862
韻對便蒙三卷　(清)戴淑元原本　(清)武于田重訂　清嘉慶十年(1805)德聚堂刻本　四冊

110000－0144－0008441　424.7/151
切音捷訣一卷幼學切音便讀一卷　(清)鄺珩輯　清光緒六年(1880)諸暨摭古堂刻本　一冊

110000－0144－0008442　424.7/151
切音捷訣一卷幼學切音便讀一卷　(清)鄺珩輯　清光緒六年(1880)諸暨摭古堂刻本　一冊

110000－0144－0008443　424.7/158
字音正譌正編二卷　(明)張位撰　(清)丁序賢重訂　**字音正譌補編一卷**　(清)丁湘錦編輯　清乾隆二十年(1755)詠春堂刻本　六冊

110000－0144－0008444　424.7/198
剔弊廣增分韻五方元音二卷首一卷　(清)樊騰鳳撰　清嘉慶十五年(1810)步雲閣刻本　三冊

110000－0144－0008445　424.7/303
切韻指掌圖一卷　(宋)司馬光撰　清光緒九年(1883)上海同文書局石印本　一冊

110000－0144－0008446　424.7/303
切韻指掌圖一卷　(宋)司馬光撰　清光緒九年(1883)上海同文書局石印本　二冊

110000－0144－0008447　424.7/303
切韻指掌圖一卷　(宋)司馬光撰　清光緒九年(1883)上海同文書局石印本　一冊

110000－0144－0008448　424.7/303－03
切韻指掌圖一卷　(宋)司馬光撰　清宣統二

年(1910)豐城熊氏舊補史堂刻紅印本　一册

110000－0144－0008449　424.7/309
古韻發明不分卷切字肆考不分卷　(清)張畊撰　清道光六年(1826)滕陽張氏芸心堂刻本　四册

110000－0144－0008450　424.7/311
翻切入門簡易篇二卷　(清)張燮承撰　清同治十一年(1872)蘇州刻本　二册

110000－0144－0008451　424.7/323
書藝蒙求五卷首一卷末一卷　(清)□□編　清光緒十八年(1892)古羅李氏刻本　六册

110000－0144－0008452　424.7/437
韻切指歸二卷　(清)吳遐齡輯　清道光七年(1827)集古堂刻本　二册

110000－0144－0008453　424.7/440
二十三母土音表讀法一卷　(清)吳善述編　清光緒四年(1878)四明黄氏補不足齋刻本　一册

110000－0144－0008454　424.7/680
切音蒙引一卷　(清)陳錦撰　清光緒九年(1883)八杉齋刻本　一册

110000－0144－0008455　424.7/680
切音蒙引一卷　(清)陳錦撰　清光緒九年(1883)八杉齋刻本　一册

110000－0144－0008456　424.7/697
形聲指誤一隅編二卷　(清)宋錦初撰　清嘉慶十四年(1809)書種堂刻本　一册

110000－0144－0008457　424.7/713
重訂空谷傳聲不分卷　(清)汪鎏撰　清光緒八年(1882)南京李光明莊刻本　一册

110000－0144－0008458　424.7/719－710－03
四聲切韻表補正三卷首一卷末一卷　(清)江永撰　(清)汪曰楨補正　清光緒三年(1877)無稽學舍刻本　二册

110000－0144－0008459　424.7/732
四聲韻譜十六卷首一卷切韻求蒙一卷　(清)梁生撰　清光緒十六年(1890)梁氏家塾刻本　四册

110000－0144－0008460　424.7/763
等韻一得内篇一卷外篇一卷補篇一卷　勞乃宣撰　清光緒二十四年(1898)吳橋官廨刻本　董作賓題記　三册

110000－0144－0008461　424.7/994
四聲易知録四卷　(清)姚文田輯　清嘉慶十七年(1812)歸安姚氏刻本　二册

110000－0144－0008462　424.7/994
四聲易知録四卷　(清)姚文田輯　清嘉慶十七年(1812)歸安姚氏刻本　二册

110000－0144－0008463　424.7/994
四聲易知録四卷　(清)姚文田輯　清嘉慶十七年(1812)歸安姚氏刻本　二册

110000－0144－0008464　424.9/462
聲譜二卷　(清)時庸勱撰　清光緒十八年(1892)河南星使行臺刻本　二册

110000－0144－0008465　424.9/462－6
聲譜二卷　(清)時庸勱撰　清光緒十八年(1892)河南星使行臺刻本　二册

110000－0144－0008466　424/292
李氏音鑑六卷　(清)李汝珍撰　清同治七年(1868)木樨山房刻本　四册

110000－0144－0008467　424/292－02
李氏音鑑六卷　(清)李汝珍撰　清光緒十四年(1888)掃葉山房刻本　四册

110000－0144－0008468　425.2/763－6
京音簡字述略一卷　勞乃宣撰　清光緒三十三年(1907)金陵勞氏刻本　一册

110000－0144－0008469　425.2/763－9
重訂合聲簡字譜　勞乃宣撰　清光緒三十二年(1906)江寧勞氏刻本　一册

110000－0144－0008470　425.3/763
勞氏簡字五種　勞乃宣撰　清光緒三十二年至三十三年(1906－1907)金陵勞氏刻本　五册

110000－0144－0008471　425.7/455
燕說四卷　(清)史夢蘭撰　清同治六年(1867)止園刻本　一冊

110000－0144－0008472　425.8/156
重訂方言插註雜字一卷　(清)杜明仁重註　(清)杜寬永點次　清同治六年(1867)誠意堂刻本　一冊

110000－0144－0008473　425.8/299
輶軒使者絕代語釋別國方言十三卷首一卷續二卷　(漢)揚雄撰　(晉)郭璞注　**續方言二卷**　(清)杭世駿輯　**續方言補一卷**　(清)程際盛輯　清光緒十七年(1891)思賢講舍刻本　三冊

110000－0144－0008474　425.8/299
輶軒使者絕代語釋別國方言十三卷首一卷　(漢)揚雄撰　(晉)郭璞注　**續方言二卷**　(清)杭世駿輯　**續方言補一卷**　(清)程際盛輯　清光緒十七年(1891)思賢講舍刻本　三冊

110000－0144－0008475　425.8/299－04
輶軒使者絕代語釋別國方言十三卷校正補遺一卷　(漢)揚雄撰　(晉)郭璞注　**校正補遺一卷**　(清)盧文弨撰　清乾隆四十九年(1784)杭州余姚盧氏刻抱經堂叢書本　四冊

110000－0144－0008476　425.8/299－05
輶軒使者絕代語釋別國方言十三卷　(漢)揚雄撰　(晉)郭璞注　清光緒福山王懿榮天壤閣影刻本　二冊

110000－0144－0008477　425.8/299－213
方言疏證十三卷續方言二卷　(漢)揚雄撰　(清)戴震疏證　(清)杭世駿續撰　清刻本　二冊

110000－0144－0008478　425.8/299－935
方言箋疏十三卷　(清)錢繹撰　清光緒十六年(1890)廣雅書局刻本　四冊

110000－0144－0008479　425.8/299－935
方言箋疏十三卷　(清)錢繹撰　清光緒十六年(1890)廣雅書局刻本　六冊

110000－0144－0008480　425.8/299－935－02
方言箋疏十三卷　(清)錢繹撰　清光緒十六年(1890)紅蝠山房刻本　五冊

110000－0144－0008481　425.8/299－935－02
方言箋疏十三卷　(清)錢繹撰　清光緒十六年(1890)紅蝠山房刻本　六冊

110000－0144－0008482　425.8/299－935－02
方言箋疏十三卷　(清)錢繹撰　清光緒十六年(1890)紅蝠山房刻本　六冊

110000－0144－0008483　425.8/311
續方言拾遺二卷　(清)張慎儀輯　清光緒十六年(1890)張慎儀刻本　一冊

110000－0144－0008484　425.8/655
新方言十一卷嶺外三州語一卷　章炳麟撰　清宣統三年(1911)文學會社石印本　二冊

110000－0144－0008485　425.8/792
廣續方言四卷　程先甲撰　清光緒二十三年(1897)江寧程氏活字本　二冊

110000－0144－0008486　425.921/523－02
揚州方言韻語長短句一卷　夢雨老人輯　清末抄本　一冊

110000－0144－0008487　425.933/267
客話本字　楊恭桓撰　清光緒三十三年(1907)刻本　二冊

110000－0144－0008488　425.933/267
客話本字一卷　楊恭桓撰　清光緒三十三年(1907)刻本　一冊

110000－0144－0008489　425/997
官話類編一百課　(清)□□編　清光緒二十四年(1898)上海美華書局鉛印本　一冊

110000－0144－0008490　426.1/329
中國文學指南二卷　(清)邵伯棠撰　清宣統二年(1910)上海會文堂石印本　二冊

110000－0144－0008491　426.1/329
中國文學指南二卷　(清)邵伯棠撰　清宣統二年(1910)上海會文堂石印本　二冊

110000－0144－0008492　426.1/476

增訂初學小講秘訣不分卷　盛達孫輯　清光緒十九年(1893)胡廷梅刻本　二册

110000－0144－0008493　426.1/619

虚字闡義讀書說約合編六卷　(清)謝鼎卿撰　清光緒元年(1875)京都琉璃廠善成堂刻本　二册

110000－0144－0008494　426.6/411

馬氏文通十卷　(清)馬建忠撰　清光緒三十一年(1905)上海商務印書館鉛印本　二册

110000－0144－0008495　426.6/411－03

馬氏文通十卷　(清)馬建忠撰　清光緒二十四年(1898)上海商務印書館鉛印本　十册

110000－0144－0008496　426.6/411－04

馬氏文通十卷　(清)馬建忠撰　清光緒二十八年(1902)紹興府學堂刻本　十册

110000－0144－0008497　426.6/660

中國文典　商務印書館編譯所編　清光緒三十二年(1906)上海商務印書館鉛印本　一册

110000－0144－0008498　426.6/881

國文典二編　(日本)兒島獻吉郎撰　丁永鑄譯　清光緒三十一年(1905)上海科學書局刻本　二册

110000－0144－0008499　427.6/712

新刻書柬活套四卷　(清)汪文芳輯　清道光元年(1821)同文堂刻本　一册

110000－0144－0008500　427.65/309.4

宦鄉要則七卷　(清)張鑒瀛撰　清光緒十六年(1890)張鑒瀛刻本　二册

110000－0144－0008501　427.65/309.4－02

宦鄉要則七卷首一卷　(清)張鑑瀛撰　清光緒二十八年(1902)山左書林石印本　二册

110000－0144－0008502　427.65/545

公文緣起二卷　(清)董良玉編　清光緒二十七年(1901)董氏取斯家塾刻董氏叢書本　一册

110000－0144－0008503　427/380

文則二卷附錄一卷　(宋)陳騤撰　清嘉慶二十二年(1817)臨海宋氏刻台州叢書本　一册

110000－0144－0008504　428.1/033

欽定承華事略補圖六卷　(元)王惲輯　(清)徐郙等補圖　清光緒刻本　一册

110000－0144－0008505　428.1/0331－2

三字經註解備要二卷　(元)王應麟纂　(清)賀興思註解　清同治十年(1871)古鼎堂刻本　二册

110000－0144－0008506　428.1/033－2

增訂詳註廣日記故事二卷　(清)王相增註　清光緒九年(1883)揚州聚經堂刻本　二册

110000－0144－0008507　428.1/100－02

三字經一卷　(元)王應麟編　清光緒十三年(1887)京都聚珍堂刻本　一册

110000－0144－0008508　428.1/100－03

三字經訓詁一卷　(元)王應麟纂　(清)王相訓詁　清末歙西徐士業刻本　一册

110000－0144－0008509　428.1/100－05

三字經一卷　(元)王應麟編　清末李光明莊刻本　一册

110000－0144－0008510　428.1/100－122

小講三字經不分卷　(清)宋肇第撰　清同治九年(1870)山西文香成刻本　一册

110000－0144－0008511　428.1/117

發蒙彝訓二卷　(清)王懷忠輯　清光緒二年(1876)富文堂書坊刻本　二册

110000－0144－0008512　428.1/119

幼學歌五卷　(清)王用臣撰　清光緒十一年(1885)深澤王氏刻本　二册

110000－0144－0008513　428.1/154.11

千字文　(□)□□撰　清宣統三年(1911)天津萃文魁刻本　一册

110000－0144－0008514　428.1/154.13

新刊較正方言應用雜字一卷　(清)張國播輯　清道光六年(1826)通州揄秀堂刻本　一册

110000－0144－0008515　428.1/154.13－02
新刻較正方言應用雜字一卷　(清)張國播輯　清道光十四年(1834)成錦堂刻本　一冊

110000－0144－0008516　428.1/154.14
京師大學堂鑒定繪圖識字實在易二十期　(清)□□編　清光緒三十一年(1905)京師大學堂石印本　二十冊

110000－0144－0008517　428.1/154.17
二十四孝引解一卷三字經訓蒙註解一卷　(□)□□撰　清同治八年(1869)刻本　一冊

110000－0144－0008518　428.1/154.2
七言雜字一卷　(清)□□撰　清光緒三十一年(1905)絳縣寶善堂刻本　一冊

110000－0144－0008519　428.1/154.6
新鐫智燈難字二卷　(清)□□撰　清宣統元年(1909)上海廣益書局石印本　一冊

110000－0144－0008520　428.1/154－2
新刻校正買賣蒙古同文雜字一卷　(清)□□撰　清光緒京都文成堂刻本　一冊

110000－0144－0008521　428.1/158
新編百家姓注一卷　(清)丁晏編　(清)丁壽辰注　清咸豐五年(1855)頤志齋刻本　一冊

110000－0144－0008522　428.1/172
普通歌訣全書　(清)黃焱著　(清)馮丙然注　清光緒二十八年(1902)鄆西敦本家塾刻本　四冊

110000－0144－0008523　428.1/244
課蒙舉隅二卷　(清)杜成章輯　清光緒二十六年(1900)輔仁書院刻本　二冊

110000－0144－0008524　428.1/261
訓蒙歌訣一卷　(清)林紓撰　清光緒二十四年(1898)刻本　一冊

110000－0144－0008525　428.1/271
漢字母音釋二卷　楊敦頤纂　清光緒三十年(1904)石印本　二冊

110000－0144－0008526　428.1/292
李氏蒙求詳注四卷　(唐)李瀚撰　(清)陳宸書纂注　清嘉慶二十年(1815)刻本　四冊

110000－0144－0008527　428.1/292－626
蒙求註釋四卷　(晉)李瀚注　(清)方宗敷註釋　清光緒元年(1875)清貽堂刻本　二冊

110000－0144－0008528　428.1/308
普通學歌十種　張一鵬撰　清末編譯處刻本　存一種(普通學歌訣一卷)　一冊

110000－0144－0008529　428.1/310
記事珠十卷　(清)張以謙撰　清同治十三年(1874)天倪清室刻本　十冊

110000－0144－0008530　428.1/323
建新雜字一卷　(清)□□撰　清道光二十八年(1848)聚文堂刻本　一冊

110000－0144－0008531　428.1/347－02
百家姓　(□)□□撰　清光緒十七年(1891)京都聚珍堂刻本　一冊

110000－0144－0008532　428.1/350
童蒙急務六卷　(清)石平士撰　清道光三十年(1850)蜀北竹橋齋刻本　四冊

110000－0144－0008533　428.1/445
呂新吾小兒語一卷二語摘讀一卷　李西漚學究語一卷　(清)李惺撰　(明)呂坤撰　清光緒十六年(1890)桂林書局刻本　一冊

110000－0144－0008534　428.1/462
最新普通小學立憲歌一卷　(清)益智學社編　清光緒益智學社石印本　一冊

110000－0144－0008535　428.1/485
四字經一卷　(□)□□撰　清末楊同文堂刻本　一冊

110000－0144－0008536　428.1/511－03
龍文鞭影二卷　(明)蕭良有纂輯　(明)來集之音註　(清)楊臣諍增訂　清咸豐九年(1859)刻本　二冊

110000－0144－0008537　428.1/511－289
龍文鞭影初集二卷二集二卷　(明)蕭良有纂輯　(明)來集之音註　(清)楊臣諍增訂　清光緒二十五年(1899)金陵李光明莊刻本

四冊

110000－0144－0008538　428.1/527.2
蒙求篇一卷　(清)□□撰　清末關外學務局編譯所刻本　一冊

110000－0144－0008539　428.1/535
迪幼錄三卷　(明)程基輯著　清光緒二十八年(1902)北京翰元齋刻本　三冊

110000－0144－0008540　428.1/598
小兒書輯八種　(清)張承燮輯　清光緒二十七年(1901)膠州聽雨堂刻本　四冊

110000－0144－0008541　428.1/598
小兒書輯八種　(清)張承燮輯　清光緒二十七年(1901)膠州聽雨堂刻本　四冊

110000－0144－0008542　428.1/633
批點便蒙學文正法詳正一卷　(清)楊永康著　清光緒十三年(1887)文英堂刻本　一冊

110000－0144－0008543　428.1/652.6
六言雜字　(□)□□撰　清光緒四年(1878)京都聚珍堂刻本　一冊

110000－0144－0008544　428.1/653
新增幼學雜字一卷　(□)□□撰　清光緒南京李光明莊刻本　一冊

110000－0144－0008545　428.1/653
新增幼學雜字一卷　(□)□□撰　清光緒南京李光明莊刻本　一冊

110000－0144－0008546　428.1/725
三才諺正六集　(清)梁元太撰　清光緒二十八年(1902)興賢居刻本　二冊

110000－0144－0008547　428.1/754
增註千姓連珠四卷　(清)潘紉佩撰　(清)楊宗楷增注　清道光十二年(1832)拙園刻本　四冊

110000－0144－0008548　428.1/754.7
養蒙針度五卷　(清)潘子聲撰　清同治六年(1867)埽葉山房刻本　四冊

110000－0144－0008549　428.1/754.7－02
養蒙針度五卷　(清)潘子聲撰　清道光二十一年(1841)章武養吾軒刻本　二冊

110000－0144－0008550　428.1/754.7－03
養蒙針度五卷　(清)潘子聲撰　清光緒六年(1880)京都文和堂刻本　二冊

110000－0144－0008551　428.1/756
養蒙圖説不分卷　(明)塗時相撰　(清)塗大輅編次　清刻本　一冊

110000－0144－0008552　428.1/758
養蒙書九種附二種　(清)賀瑞麟輯　清同治十二年(1873)劉映菁刻本　二冊

110000－0144－0008553　428.1/782
增訂蒙童辨韻千家詩讀本二卷　(清)□□撰　清乾隆六十年(1795)存心齋刻本　一冊

110000－0144－0008554　428.1/792－542
幼學求源三十三卷首一卷　(清)程登吉撰　(清)鄒聖脈增　(清)董成注　清道光二十二年至宣統三年(1842－1911)文餘堂刻本　六冊

110000－0144－0008555　428.1/792－842
寄傲山房塾課新增幼學故事瓊林四卷首一卷　(清)程登吉撰　(清)鄒聖脈增補　清文興齋刻本　四冊

110000－0144－0008556　428.1/792－842－03
寄傲山房塾課新增幼學故事瓊林四卷首一卷　(清)程登吉撰　(清)鄒聖脈增補　清光緒二十年(1894)奎元堂刻本　四冊

110000－0144－0008557　428.1/792－842－06
寄傲山房塾課新增幼學故事瓊林四卷首一卷　(清)程登吉撰　(清)鄒聖脈增補　清光緒醉經堂、善成堂刻本　四冊

110000－0144－0008558　428.1/792－927
善成堂重訂幼學須知句解四卷　(清)程允升編　(清)錢元龍校訂　清善成堂刻本　四冊

110000－0144－0008559　428.1/820.8
童蒙記誦編二卷　(清)周保璋輯　清光緒二十七年(1901)刻本　二冊

110000－0144－0008560　428.1/834－02
新增小四書五卷　(明)朱升輯　清經藝堂刻本　四册

110000－0144－0008561　428.1/857
幼學初階一卷　(□)□□撰　清末香港中華印務總局鉛印本　一册

110000－0144－0008562　428.1/873
三千字文不分卷　(清)樂育居士選注　清光緒三十一年(1905)刻本　一册

110000－0144－0008563　428.1/883
較正幼學須知成語考二卷　(明)邱浚撰　清廣東聚賢堂刻本　一册

110000－0144－0008564　428.1/893
蒙求補宋十六卷　(清)劉鳳墀輯　清光緒十九年(1893)轂清齋刻本　六册

110000－0144－0008565　428.1/903
千字文　(□)□□撰　清刻本　一册

110000－0144－0008566　428.1/953－02
徐氏三種　(清)徐士業輯　清光緒元年(1875)京都寶經堂刻本　三册

110000－0144－0008567　428.1/953－03
徐氏三種　(清)徐士業輯　清光緒十七年(1891)埽葉山房刻本　三册

110000－0144－0008568　428.108/306
便蒙叢書初二集十七種　(清)張一鵬編著　清光緒二十八年(1902)蘇州開智書室刻本　十册

110000－0144－0008569　428.108/306－02
便蒙叢書初集　(清)張一鵬編著　清光緒二十八年(1902)廣業書局刻本　六册

110000－0144－0008570　428.108/308
蒙養函書三十五種　(清)張承燮輯　清光緒二十七年(1901)膠州聽雨堂刻本　存初編上四種(小兒書輯八輯、儒先訓要十四卷續輯四卷、女兒書輯八輯、孔孟志略三卷)　十三册

110000－0144－0008571　428.2/437
桐城吴氏文法教科書二編　吴闓生著　清宣統元年(1909)上海文明書局鉛印本　一册

110000－0144－0008572　428.2/437
桐城吴氏文法教科書二編　吴闓生著　清宣統元年(1909)上海文明書局鉛印本　一册

110000－0144－0008573　428.2/437
桐城吴氏文法教科書二編　吴闓生著　清宣統元年(1909)上海文明書局鉛印本　一册

110000－0144－0008574　428.2/437.1
俗語注解小學古文讀本二卷　吴芝瑛選注　清光緒三十四年(1908)上海文明書局石印本　一册

110000－0144－0008575　428.3/425
國民必讀課本初稿甲乙編　學部圖書局編　清宣統二年(1910)學部圖書局鉛印本　四册

110000－0144－0008576　428.3/519
格致讀本二卷　(英國)莫爾顯撰　南洋公學譯書院譯　清光緒二十八年(1902)南洋公學譯書院鉛印本　二册

110000－0144－0008577　428.3/519
格致讀本二卷　(英國)莫爾顯撰　南洋公學譯書院譯　清光緒二十八年(1902)南洋公學譯書院鉛印本　二册

110000－0144－0008578　428.4/158
蒙學筆算教科書　丁福保編　清光緒二十九年(1903)上海文明書局鉛印蒙學科學全書本　一册

110000－0144－0008579　428.4/158－2
蒙學生理教科書　丁福保編　清光緒二十九年(1903)上海文明書局鉛印本　一册

110000－0144－0008580　428.4/158－2－02
蒙學生理教科書　丁福保編　清光緒三十二年(1906)上海文明書局鉛印本　一册

110000－0144－0008581　428.4/307
蒙學中國地理教科書　張相文編　清光緒三十四年(1908)上海文明書局鉛印本　一册

110000－0144－0008582　428.4/782
蒙學讀本全書七卷　(清)無錫三等公學堂編

清光緒三十三年(1907)上海文明書局石印本　七册

110000－0144－0008583　428.4/782－02
蒙學讀本全書七卷　(清)無錫三等公學堂編　清光緒刻本　七册

110000－0144－0008584　428.4/824
蒙學理科教科書　無錫三等公學堂編　清光緒三十四年(1908)上海文明書局石印本　三册

110000－0144－0008585　428.4/824
蒙學理科教科書四卷　無錫三等公學堂編　清光緒三十四年(1908)上海文明書局石印本　三册

110000－0144－0008586　428.4/824
蒙學理科教科書　無錫三等公學堂編　清光緒三十四年(1908)上海文明書局石印本　三册

110000－0144－0008587　428.4/828
蒙學文法教科書三卷　朱樹人編　清光緒三十二年(1906)上海文明書局鉛印本　二册　存二卷(上、中)

110000－0144－0008588　428.4/896
最新女子初等小學國文教科書　何琪編　清光緒三十四年(1908)上海會文學社石印本　八册

110000－0144－0008589　428.4/929
蒙學地文教科書　(清)錢承駒編　清光緒二十九年(1903)上海文明書局石印蒙學科學全書本　一册

110000－0144－0008590　428.4/929－1
蒙學地質教科書　(清)錢承駒編　清光緒二十九年(1903)上海文明書局石印本　一册

110000－0144－0008591　428.4/929－2
蒙學動物教科書　(清)華循編　清光緒三十年(1904)上海文明書局鉛印本　一册

110000－0144－0008592　428.4/929－2
蒙學格致教科書　(清)錢承駒編　清光緒二十九年(1903)上海文明書局鉛印本　一册

110000－0144－0008593　428.4/929－2
蒙學天文教科書　(清)錢承駒編　清光緒二十九年(1903)上海文明書局鉛印本　一册

110000－0144－0008594　428.4/929－2
蒙學修身教科書　(清)李嘉穀編　清光緒三十四年(1908)上海文明書局鉛印本　一册

110000－0144－0008595　428.4/966
高等小學國文讀本　顧倬編　清光緒三十四年(1908)上海文明書局鉛印本　四册

110000－0144－0008596　428.4/993
小學詞料教科書三卷　婦孺之僕編輯　清光緒三十三年(1907)廣州蒙學書局石印本　三册

110000－0144－0008597　428.6/287
山東高等學堂古文講義　(清)□□編　清末山東高等學堂石印本　一册

110000－0144－0008598　428.6/287
山東高等學堂古文講義　(清)□□編　清末山東高等學堂石印本　一册

110000－0144－0008599　428.6/884
山東高等學堂禮經講義　(清)□□編　清末山東高等學堂石印本　一册

110000－0144－0008600　428.6/994
國文學　姚永樸編　清宣統二年(1910)京師法政學堂鉛印本　一册

110000－0144－0008601　428.71/828
國民讀本二卷　(清)朱樹人撰　清光緒三十一年(1905)上海文明書局鉛印本　二册

110000－0144－0008602　428.71/828
國民讀本二卷　(清)朱樹人撰　清光緒三十一年(1905)上海文明書局鉛印本　二册

110000－0144－0008603　429.1/293
清文彙書十二卷　(清)李延基編　清京都三槐堂書坊刻本　十二册

110000－0144－0008604　429.1/293－02

清文彙書十二卷　（清）李延基編　清四合堂刻本　六册

110000－0144－0008605　429.1/688
三合便覽不分卷　（清）富俊編　清乾隆五十七年（1792）富氏刻本　十二册

110000－0144－0008606　429.1/688
三合便覽不分卷　（清）富俊編　清乾隆五十七年（1792）富氏刻本　十二册

110000－0144－0008607　429.1/700
清人補彙八卷　（清）宜興編　清光緒十六年（1890）京都書業堂刻本　八册

110000－0144－0008608　429.1/700－02
清人補彙八卷　（清）宜興編　清嘉慶七年（1802）刻本　四册

110000－0144－0008609　429.1/716
清語摘鈔四種　（清）□□撰　清光緒十七年（1891）京都名德堂刻本　四册

110000－0144－0008610　429.1/716－02
清語摘鈔四種　（清）□□撰　清光緒十五年（1889）京都聚珍堂刻本　四册

110000－0144－0008611　429.11/716.7
欽定清漢對音字式一卷　（清）□□撰　清光緒十六年（1890）京都聚珍堂刻本　一册

110000－0144－0008612　431.04/734
和名類聚鈔十卷　（日本）源順輯　清光緒二十三年（1897）刻本　四册

110000－0144－0008613　431.04/734
和名類聚鈔十卷　（日本）源順輯　清光緒二十三年（1897）刻本　四册

110000－0144－0008614　431.04/734
和名類聚鈔十卷　（日本）源順輯　清光緒二十三年（1897）刻本　四册

110000－0144－0008615　431.6/158
東文典問答一卷　丁福保撰　清光緒二十八年（1902）上海文明書局鉛印本　一册

110000－0144－0008616　431.6/424－821
新譯中學日本文典十七章　（日本）鹽井正男撰　（清）周維椿譯　清光緒二十七年（1901）海陵學社石印本　一册

110000－0144－0008617　431.88/152
日語當時通□□卷首一卷　西湖仙子撰　清光緒二十六年（1900）刻本　存一卷（首一卷）一册

110000－0144－0008618　431.88/461
日本語一見便通　（清）□□撰　清末文盛堂刻本　一册

110000－0144－0008619　451.6/314
英文話規一卷　張德彝撰　清宣統元年（1909）京華印書局石印本　一册

110000－0144－0008620　451.6/314
英文話規一卷　張德彝撰　清宣統元年（1909）京華印書局石印本　一册

110000－0144－0008621　504/626
物理小識十二卷首一卷　（清）方以智撰　清康熙三年（1664）刻本　六册

110000－0144－0008622　507/412
藝學統纂九十五卷　（清）馬建忠輯　清光緒二十八年（1902）上海文林石印本　十二册

110000－0144－0008623　508/113
西學輯存六種　（清）王韜撰　清光緒十五年（1889）淞隱廬鉛印本　五册

110000－0144－0008624　508/113
西學輯存六種　（清）王韜撰　清光緒十五年（1889）淞隱廬鉛印本　八册

110000－0144－0008625　508/113
西學輯存六種　（清）王韜撰　清光緒十五年（1889）淞隱廬鉛印本　二册

110000－0144－0008626　508/113
西學輯存六種　（清）王韜撰　清光緒十五年（1889）淞隱廬鉛印本　二册

110000－0144－0008627　508/152
西學格致大全　（英國）傅蘭雅輯　清光緒二十三年（1897）香港書局石印本　十册

110000－0144－0008628　508/158
重增格物入門七卷　(美國)丁韙良撰　清光緒二十五年(1899)上海美華書館鉛印本　七冊

110000－0144－0008629　508/794.8
科學叢書第一集八種十一卷　教育世界社輯　清光緒二十七年(1901)教育世界出版所石印本　十冊

110000－0144－0008630　508/794.8
科學叢書第一集八種十一卷　教育世界社輯　清光緒二十七年(1901)教育世界出版所石印本　十冊

110000－0144－0008631　508/794.8－1
科學叢書第二集六種十卷　教育世界社輯　清光緒二十九年(1903)教育世界出版所石印本　六冊

110000－0144－0008632　508/905
格致彙編不分卷　(英國)傅蘭雅輯　清光緒上海格致書室鉛印本　二十八冊

110000－0144－0008633　510.2/585
算表合璧　(清)崔朝慶　(清)楊冰編　清光緒二十八年(1902)江楚書局刻本　一冊

110000－0144－0008634　510.2/716
御製數理精蘊上編五卷下編四十卷表八卷　(清)聖祖玄燁輯　清刻本　十五冊

110000－0144－0008635　510.208/443－02
對數表三卷　(美國)路忞司編　(美國)赫士譯　清宣統二年(1910)上海美華書館鉛印本　一冊

110000－0144－0008636　510.7/502
學算筆談十二卷　(清)華蘅芳撰　清光緒二十八年(1902)善成堂石印本　六冊

110000－0144－0008637　510.7/502－02
學算筆談十二卷　(清)華蘅芳撰　清光緒十一年(1885)金匱華氏刻行素軒算稿本　四冊

110000－0144－0008638　510.7/502－02
學算筆談十二卷　(清)華蘅芳撰　清光緒十一年(1885)金匱華氏刻行素軒算稿本　四冊

110000－0144－0008639　510.8/158
白芙堂算學叢書　(清)丁取忠輯　清光緒二十三年(1897)上海鴻文書局石印本　八冊

110000－0144－0008640　510.8/158－02
白芙堂算學叢書　(清)丁取忠輯　清同治十三年至光緒二年(1874－1876)湖南長沙荷池精舍刻本　三十二冊

110000－0144－0008641　510.8/158－03
白芙堂算學叢書　(清)丁取忠輯　清光緒二十二年(1896)石印本　八冊

110000－0144－0008642　510.8/158－03
白芙堂算學叢書　(清)丁取忠輯　清光緒二十二年(1896)石印本　八冊

110000－0144－0008643　510.8/279－02
梅氏叢書輯要六十二卷　(清)梅文鼎原撰　(清)梅瑴成重編　清同治十三年(1874)頤園刻本　二十冊

110000－0144－0008644　510.8/279－03
梅氏叢書輯要六十二卷　(清)梅文鼎原撰　(清)梅瑴成重編　清末石印本　六冊

110000－0144－0008645　510.8/279－03
梅氏叢書輯要六十二卷　(清)梅文鼎原撰　(清)梅瑴成重編　清末石印本　六冊

110000－0144－0008646　510.8/279－7
兼濟堂纂刻梅勿菴先生歷算全書二十九種　(清)梅文鼎撰　(清)魏荔彤輯　清雍正元年(1723)魏荔彤刻咸豐九年(1859)聞妙香室補刻本　二十四冊

110000－0144－0008647　510.8/292
則古昔齋算學十三種　(清)李善蘭撰　清同治六年(1867)金陵刻本　六冊

110000－0144－0008648　510.8/292
則古昔齋算學十三種　(清)李善蘭撰　清同治六年(1867)金陵刻本　六冊

110000－0144－0008649　510.8/292
則古昔齋算學十三種　(清)李善蘭撰　清同

治六年(1867)金陵刻本　五冊

110000－0144－0008650　510.8/294
李氏遺書十一種　(清)李銳撰　清道光三年(1823)阮氏刻本　六冊

110000－0144－0008651　510.8/294
李氏遺書十一種　(清)李銳撰　清道光三年(1823)刻本　八冊

110000－0144－0008652　510.8/294－02
李氏遺書十一種　(清)李銳撰　清光緒十六年(1890)上海醉六堂刻本　十六冊

110000－0144－0008653　510.8/313
翠薇山房數學五卷　(清)張作楠撰　清光緒二十三年(1897)上海鴻寶齋石印本　八冊

110000－0144－0008654　510.8/313－02
翠微山房數學十五種　(清)張作楠撰　清光緒五年(1879)息園刻本　二十四冊

110000－0144－0008655　510.8/485
中西算學叢書初編　(清)求敏齋輯　清光緒二十二年(1896)上海鴻寶齋石印本　三十二冊

110000－0144－0008656　510.8/547
星算補遺八種　(清)董毓琦撰　清同治五年(1866)餅算山房刻本　八冊

110000－0144－0008657　510.8/716－02
御製數理精藴上編五卷下編四十卷表八卷　(清)聖祖玄燁輯　清宣統三年(1911)上海文瑞樓石印本　二十四冊

110000－0144－0008658　510.8/716－03
御製數理精藴上編五卷下編四十卷表八卷　(清)聖祖玄燁輯　清光緒二十二年(1896)上海博文書局石印本　二十四冊

110000－0144－0008659　510.8/716－03
御製數理精藴上編五卷下編四十卷表八卷　(清)聖祖玄燁輯　清光緒二十二年(1896)上海博文書局石印本　二十四冊

110000－0144－0008660　510.8/737
測海山房中西算學叢刻初編三十二種　(清)測海山房主人編　清光緒二十二年(1896)上海璣蘅堂石印本　三十冊

110000－0144－0008661　510.8/772
強自力齋西算叢書　(清)馮澂撰　清光緒二十三年(1897)上海著易堂書局石印本　六冊

110000－0144－0008662　510.8/842
鄒徵君遺書　(清)鄒伯奇撰　清同治十二年(1873)刻南海鄒氏遺書本　四冊

110000－0144－0008663　510.8/894
古今算學叢書　(清)劉鐸輯　清光緒二十四年(1898)上海算學書局石印本　六十六冊

110000－0144－0008664　510/384
中西算學大成一百卷　(清)陳維祺撰　清光緒二十七年(1901)陳氏辦貞亮室石印本　二十冊

110000－0144－0008665　510/665
算學課藝四卷　(清)席淦　(清)貴榮編　清光緒二十二年(1896)上海著易堂石印本　四冊

110000－0144－0008666　510/665－02
算學課藝四卷　(清)席淦　(清)貴榮編　清光緒六年(1880)同文館鉛印本　四冊

110000－0144－0008667　510/828－113
算學啓蒙述義三卷　(清)王鑑撰　清光緒十年(1884)刻本　三冊

110000－0144－0008668　510/899
寧省師範學堂算學課藝初編不分卷　(清)何國恂輯　清光緒三十年(1904)江蘇江寧師範學堂刻本　二冊

110000－0144－0008669　510/899
算迪八卷　(清)何夢瑤撰　清光緒二十四年(1898)藩陽劉氏刻本　八冊

110000－0144－0008670　511.08/370
算經十書　(清)孔繼涵編　清光緒十六年(1890)刻本　十冊

110000－0144－0008671　511.08/370
算經十書　(清)孔繼涵編　清光緒十六年

(1890)刻本　十册

110000－0144－0008672　511.08/370

算經十書　(清)孔繼涵編　清光緒十六年(1890)刻本　八册

110000－0144－0008673　511.08/370

算經十書　(清)孔繼涵編　清光緒十六年(1890)刻本　八册

110000－0144－0008674　511.08/370－02

算經十書　(清)孔繼涵編　清光緒二十二年(1896)上海鴻寶齋石印本　八册

110000－0144－0008675　511.08/482

觀我生室彙稿十二種　(清)羅士琳編撰　清道光二十三年(1843)刻本　二十四册

110000－0144－0008676　511.08/765

百硯齋算稿八種　(清)淩步芳撰　清光緒二十八年(1902)粵東靈山淩百硯齋刻本　四册　存三種四卷(杜德美割圓捷術通義二卷、衍粟布衍草一卷、算學答問一卷)

110000－0144－0008677　511.54/103

筭學啓蒙述義三卷　(元)朱世傑撰　清光緒十年(1884)刻本　三册

110000－0144－0008678　511.7/213

句股割圜記三卷　(清)戴震撰　(清)吳思孝注　清乾隆孔繼涵刻微波榭叢書本　一册

110000－0144－0008679　511.7/545

割圓連比例術圖解三卷　(清)董祐誠撰　清同治八年(1869)四川成都刻董立方遺書本　一册

110000－0144－0008680　511.7/622

謝穀堂算學三種　(清)謝家禾撰　清刻本　一册

110000－0144－0008681　511/113

緝古算經三卷　(唐)王孝通撰注　(清)張敦仁細草　清嘉慶八年(1803)藝學軒刻本　二册

110000－0144－0008682　511/113

緝古算經三卷　(唐)王孝通撰注　(清)張敦仁細草　清嘉慶八年(1803)藝學軒刻本　三册

110000－0144－0008683　511/148

孫子算經三卷五曹算經五卷　(唐)李淳風等注　清乾隆長塘鮑氏刻知不足齋叢書本　二册

110000－0144－0008684　511/148－02

孫子算經三卷　(唐)李淳風等注　清刻本　一册

110000－0144－0008685　511/292

九章算術細草圖説九卷　(清)李潢撰　清嘉慶二十五年(1820)語鴻堂刻本　八册

110000－0144－0008686　511/292

九章算術細草圖説九卷　(清)李潢撰　清嘉慶二十五年(1820)語鴻堂刻本　八册

110000－0144－0008687　511/292

九章算術細草圖説九卷　(清)李潢撰　清嘉慶二十五年(1820)語鴻堂刻本　八册

110000－0144－0008688　511/292

九章算術細草圖説九卷　(清)李潢撰　清嘉慶二十五年(1820)語鴻堂刻本　八册

110000－0144－0008689　511/321

數學精詳十一卷首一卷末一卷　(清)屈曾發撰　清同治十年(1871)學海堂刻本　五册

110000－0144－0008690　511/321

數學精詳十一卷首一卷末一卷　(清)屈曾發撰　清同治十年(1871)學海堂刻本　六册

110000－0144－0008691　511/321

數學精詳十一卷首一卷末一卷　(清)屈曾發撰　清同治十年(1871)學海堂刻本　六册

110000－0144－0008692　511/321－02

數學精詳十一卷首一卷末一卷　(清)屈曾發撰　清光緒十六年(1890)刻本　六册

110000－0144－0008693　511/321－04

數學精詳十一卷首一卷末一卷　(清)屈曾發撰　清光緒八年(1882)蜀南黄氏刻本　三册

110000－0144－0008694　511/321－8
九數通考十一卷首一卷末一卷　(清)屈曾發撰　清同治十一年(1872)刻本　五冊

110000－0144－0008695　511/626
數度衍二十三卷首三卷　(清)方中通撰　清光緒四年(1878)桐城方氏刻本　八冊

110000－0144－0008696　511/704
數學五書四卷　(清)安清翹撰　清嘉慶二十三年(1818)刻本　八冊

110000－0144－0008697　511/787
新編直指算法統宗十二卷　(明)程大位輯　清光緒十年(1884)京都文興堂刻本　六冊

110000－0144－0008698　511/787－279
增删算法統宗十一卷首一卷　(明)程大位編　(清)梅瑴成增删　清光緒刻本　四冊

110000－0144－0008699　511/787－279－02
算法統宗十一卷　(明)程大位撰　清末江南製造總局刻本　四冊

110000－0144－0008700　511/828
四元玉鑑細草三卷釋例一卷　(元)朱世傑撰　清道光十六年(1836)刻本　十二冊

110000－0144－0008701　511/894
簡易庵算稿四卷　(清)劉彝程撰　清光緒二十六年(1900)江南製造局刻本　四冊

110000－0144－0008702　511/962
九數存古九卷　(清)顧觀光撰　清光緒十八年(1892)江蘇書局刻本　四冊

110000－0144－0008703　511/962
九數存古九卷　(清)顧觀光撰　清光緒十八年(1892)江蘇書局刻本　四冊

110000－0144－0008704　512.08/502
行素軒算稿五種　(清)華蘅芳撰　清光緒八年(1882)梁谿華氏刻本　六冊

110000－0144－0008705　512.08/502－4
華氏算學全書九種　(清)華蘅芳　(清)華世芳著　清光緒二十三年(1897)上海文瑞樓鉛印本　八冊

110000－0144－0008706　512.1/264
數學理九卷附一卷　(英國)棣麼甘撰　(英國)傅蘭雅口譯　(清)趙元益筆述　清光緒二十二年(1896)上海璣衡堂石印本　二冊

110000－0144－0008707　512.1/264－02
數學理九卷附一卷　(英國)棣麼甘撰　(英國)傅蘭雅口譯　(清)趙元益筆述　清光緒江南製造總局刻本　三冊

110000－0144－0008708　512.1/279
梅氏中西筆算合解十卷　(清)梅啟照輯　清光緒二十二年(1896)上海書局石印本　四冊

110000－0144－0008709　512.1/309
小學筆算新教科書總答一卷　張景良撰　清光緒三十二年(1906)上海文明書局鉛印本　一冊

110000－0144－0008710　512.1/502
算法須知一卷　(清)華蘅芳輯　清光緒十三年(1887)刻本　一冊

110000－0144－0008711　512.1/504
數學教科書二卷　葉懋宣編　清光緒三十三年(1907)上海通社鉛印本　二冊

110000－0144－0008712　512.1/714
衍元筆算今式二卷　(清)汪香祖撰　清光緒二十三年(1897)江蘇書局刻本　二冊

110000－0144－0008713　512.1/737
筆算教本　(日本)澤田吾一著　(清)崔朝慶譯訂　清光緒三十年(1904)上海商務印書館鉛印本　二冊

110000－0144－0008714　512.1/754
算術駕說十一卷　(清)潘應祺撰　清光緒三十三年(1907)番禺潘氏㞐籬館刻本　五冊

110000－0144－0008715　512.1/828
新編算學啟蒙三卷　(元)朱世傑撰　清末刻本　三冊

110000－0144－0008716　512.1/910
數學啓蒙二卷　(英國)偉烈亞力撰　清光緒二十二年(1896)善成堂刻本　二冊

110000－0144－0008717　512.1/910－02
數學啓蒙二卷　(英國)偉烈亞力撰　清光緒二十二年(1896)上海格致書室鉛印本　二册

110000－0144－0008718　512.1/917
加減乘除釋八卷　(清)焦循撰　清嘉慶四年(1799)刻本　三册

110000－0144－0008719　512.1/993
算式解法十四卷　(美國)好敦司　(美國)奈開利撰　(英國)傅蘭雅口譯　(清)華蘅芳筆述　清光緒二十五年(1899)江南製造局刻本　二册

110000－0144－0008720　512.1/997
筆算數學三卷　(美國)狄考文輯　(清)鄒立文述　清光緒二十三年(1897)上海美華書館鉛印本　三册

110000－0144－0008721　512.5/482
比例彙通四卷　(清)羅士琳撰　清嘉慶二十三年(1818)刻本　四册

110000－0144－0008722　512.5/482－02
算學比例匯通四卷　(清)羅士琳撰　清光緒十一年(1885)上海書局石印本　四册

110000－0144－0008723　512.6/380
增補百雞術衍十六卷　(清)陳賢佑撰　清光緒二十五年(1899)仲己百齋刻本　六册

110000－0144－0008724　512.9/279
籌算三卷　(清)梅文鼎撰　清光緒十三年(1887)陝西求友齋刻本　二册

110000－0144－0008725　512.9/370
衍元小草二卷　(清)孔慶霽撰　清光緒二十四年(1898)清苑官廨刻紅印本　二册

110000－0144－0008726　512.9/763
古籌算考釋六卷　勞乃宣撰　清光緒二十三年(1897)保陽蔚文書局刻本　六册

110000－0144－0008727　512.9/763
古籌算考釋六卷　勞乃宣撰　清光緒二十三年(1897)保陽蔚文書局刻本　六册

110000－0144－0008728　512.9/763－02
古籌算考釋六卷　勞乃宣撰　清光緒十二年(1886)完縣官舍刻本　六册

110000－0144－0008729　512.9/763－02
古籌算考釋六卷　勞乃宣撰　清光緒十二年(1886)完縣官舍刻本　六册

110000－0144－0008730　512.9/763－1
古籌算考釋續編八卷　勞乃宣撰　清光緒二十六年(1900)吴橋官廨刻藍印矩齋所學本　八册

110000－0144－0008731　512.9/763－2
垛積籌法二卷　勞乃宣撰　清光緒刻藍印矩齋所學本　二册

110000－0144－0008732　512.9/763－9
籌算淺釋二卷　勞乃宣撰　清光緒二十三年(1897)清苑官廨刻紅印勞氏家塾課本　二册

110000－0144－0008733　512.9/763－91
籌算分法淺釋　勞乃宣撰　清光緒二十四年(1898)吴橋官廨刻矩齋籌算六種本　一册

110000－0144－0008734　512/145
直方大齋數學上編十三卷　(清)曹汝英撰　清光緒三十年(1904)武昌刻清雋堂叢書本　四册

110000－0144－0008735　512/145
直方大齋數學上編十三卷　(清)曹汝英撰　清光緒三十年(1904)武昌刻清雋堂叢書本　四册

110000－0144－0008736　512/150
兩湖書院課程二卷附一卷　(清)□□撰　清光緒二十四年(1898)兩湖書院刻本　四册

110000－0144－0008737　512/150
兩湖書院課程二卷附一卷　(清)□□撰　清光緒二十四年(1898)兩湖書院刻本　四册

110000－0144－0008738　512/814
知新算社課藝初集　(清)周達編輯　清光緒二十九年(1903)揚州知新算社上海崇實書局石印本　一册

110000－0144－0008739　512/828－3

新編算學啓蒙通釋三卷　(元)朱世傑撰　(清)徐鳳誥註釋　清光緒十二年(1886)求是齋刻本　一册

110000-0144-0008740　512/843
筆算　(清)□□撰　清末北洋陸軍參謀處鉛印本　一册

110000-0144-0008741　512/905
決疑數學十卷首一卷　(英國)傅蘭雅口譯　(清)華蘅芳筆述　清光緒二十三年(1897)上海格致書室鉛印本　四册

110000-0144-0008742　513.84/381
四元消法易簡草四卷首一卷　陳棠撰　清宣統二年(1910)京師刻本　二册

110000-0144-0008743　513/158
譯學館初等代數講義不分卷　丁福保編譯　清光緒三十年(1904)刻本　一册

110000-0144-0008744　513/502
代數術二十五卷　(英國)華里司撰　(英國)傅蘭雅口譯　(清)華衡芳筆述　清同治十二年(1873)蜀東善成堂刻本　六册

110000-0144-0008745　513/502-02
代數術二十五卷　(英國)華里司輯　(英國)傅蘭雅口譯　(清)華蘅芳筆述　清光緒二十二年(1896)上海璣衡堂石印本　四册

110000-0144-0008746　513/502-03
代數術二十五卷　(英國)華里司撰　(英國)傅蘭雅口譯　(清)華衡芳筆述　清末江南製造局刻本　存十七卷(一至十七)　三册

110000-0144-0008747　513/626
代數通藝錄十六卷　(清)方愷撰　清光緒二十二年(1896)時務報館石印本　四册

110000-0144-0008748　513/905
代數須知一卷　(英國)傅蘭雅撰　清光緒十三年(1887)刻本　一册

110000-0144-0008749　515.1/033
微積分答問十六編附編二編　(清)王世編　清光緒三十三年(1907)石印本　一册

110000-0144-0008750　515.1/502
微積溯源八卷　(英國)華里司輯　(英國)傅蘭雅　(清)華蘅芳口譯　清同治十三年(1874)江南機器製造總局刻本　六册

110000-0144-0008751　515.1/502-905-502
微積溯源八卷　(英國)華里司輯　(英國)傅蘭雅　(清)華蘅芳口譯　清同治十三年(1874)江南機器製造總局刻本　六册

110000-0144-0008752　516.1/794
幾何原本六卷首一卷　(意大利)利瑪竇口譯　(明)徐光啓筆受　清光緒三十二年(1906)番禺潘氏刻本　四册

110000-0144-0008753　516.1/794-02
幾何原本十五卷　(意大利)利瑪竇口譯　(明)徐光啓筆受　清光緒二十二年(1896)上海積山書局石印本　四册

110000-0144-0008754　516/161
象數一原七卷　(清)項名達撰　清光緒十四年(1888)金匱華氏刻本　四册

110000-0144-0008755　516/348
萬象一原演式九卷　(清)夏鸞翔撰　清光緒二十八年(1902)石印本　一册

110000-0144-0008756　516/348-02
萬象一原九卷　(清)夏鸞翔撰　清同治元年(1862)刻振綺堂叢書本　一册

110000-0144-0008757　516/348-02
萬象一原九卷　(清)夏鸞翔撰　清同治元年(1862)刻振綺堂叢書本　一册

110000-0144-0008758　516/432
算式集要四卷　(英國)哈司韋輯　(英國)傅蘭雅　(清)江衡口譯　清光緒江南製造總局刻本　二册

110000-0144-0008759　516/626
方子壯數學五卷　(清)方克猷撰　清光緒三十二年(1906)方克猷刻本　二册

110000-0144-0008760　516/905

量法須知一卷　(英國)傅蘭雅撰　清光緒十三年(1887)刻本　一冊

110000－0144－0008761　516/997
形學備旨十卷　(美國)狄考文選評　(清)鄒立文筆述　清光緒二十八年(1902)上海美華書館鉛印本　二冊

110000－0144－0008762　517.4/439
割圓通解一卷　(清)吳誠撰　清光緒二十四年(1898)江蘇書局刻本　一冊

110000－0144－0008763　517.4/463
割圜密率捷法四卷　(清)明安圖撰　(清)陳舜五續　清道光十九年(1839)石梁岑氏刻本　二冊

110000－0144－0008764　517.4/463－02
割圜密率捷法四卷　(清)明安圖撰　(清)陳舜五續　清道光十九年(1839)石梁岑氏刻本　四冊

110000－0144－0008765　517/161－2
下學盦算術三種　(清)項名達撰　清光緒十三年(1887)錢塘項氏刻本　一冊

110000－0144－0008766　517/294
衍元海鏡八種　(清)李鏐撰　清光緒五年(1879)刻鍾秀盦算學本　存三種五卷(龍山書院元草二卷、石鯨書院元草二卷、鎖闈元草一卷)　四冊

110000－0144－0008767　517/473
八綫備旨四卷　申江中西書院編　清光緒三十年(1904)上海美華書館鉛印本　一冊

110000－0144－0008768　517/738
八綫拾級　(美國)溫德鄂輯　(清)劉光照譯　清光緒三十年(1904)上海美華書館鉛印本　一冊

110000－0144－0008769　517/752
三角數理十二卷　(英國)海麻士撰　(英國)傅蘭雅口譯　(清)華蘅芳筆述　清光緒刻本　六冊

110000－0144－0008770　517/752
三角數理十二卷　(英國)海麻士撰　(英國)傅蘭雅口譯　(清)華蘅芳筆述　清光緒刻本　六冊

110000－0144－0008771　517/905
三角須知一卷　(英國)傅蘭雅撰　清光緒十四年(1888)刻本　一冊

110000－0144－0008772　519.45/113
代形合參解法三卷附一卷　(清)王世演撰　清光緒三十三年(1907)石印本　二冊

110000－0144－0008773　520/130.6
地理質學啓蒙七卷　(英國)艾約瑟譯　清光緒十二年(1886)總稅務司署刻本　一冊

110000－0144－0008774　520/130.6
富國養民策一卷　(英國)哲分斯譯　清光緒十二年(1886)總稅務司署刻本　一冊

110000－0144－0008775　520/130.6
化學啓蒙一卷　(英國)艾約瑟譯　清光緒十二年(1886)總稅務司署刻本　一冊

110000－0144－0008776　520/130.6
天文啓蒙七卷　(英國)艾約瑟譯　清光緒十二年(1886)總稅務司署刻本　一冊

110000－0144－0008777　520/208
天文揭要二卷　(清)赫士口譯　(清)周文源筆述　清光緒二十四年(1898)上海益智書會鉛印本　二冊

110000－0144－0008778　520/239
天文圖説四卷　(英國)柯雅各撰　(美國)薛承恩　(美國)摩嘉立譯　清光緒九年(1883)上海益智書會刻本　一冊

110000－0144－0008779　520/504
重訂天文地理歌略一卷　葉瀾　葉瀚著　晉明小學校重釘　清光緒二十九年(1903)太原晉報館鉛印本　一冊

110000－0144－0008780　520/504－2
地理淺説一卷　葉瀾　葉瀚撰　清末刻本　一冊

110000－0144－0008781　520/658

天文歌略一卷地文歌略一卷人文歌略一卷 (清)龍門學漸室主人編　清光緒三十二年(1906)河東中學堂刻本　一册

110000－0144－0008782　520/892－928
淮南天文訓補注二卷 (漢)劉安撰　(清)錢塘補注　清光緒三年(1877)湖北崇文書局刻本　二册

110000－0144－0008783　520/905
天文須知一卷 (英國)傅蘭雅撰　清光緒十三年(1887)刻本　一册

110000－0144－0008784　520/908－02
談天十八卷附表一卷首一卷 (英國)侯失勒著　(英國)偉烈亞力口譯　(清)李善蘭　(清)徐建寅筆述　清同治十三年(1874)鉛印本　三册

110000－0144－0008785　520/908－03
談天十八卷附表一卷首一卷 (英國)侯失勒著　(英國)偉烈亞力口譯　(清)李善蘭　(清)徐建寅筆述　清末江南製造局刻本　四册

110000－0144－0008786　520/948
高厚蒙求四集 (清)徐朝俊撰　清嘉慶十二年至二十年(1807－1815)雲間徐氏刻本　馬士良批點　四册

110000－0144－0008787　521.8/782
壬辰九月月食圖一卷 (清)□□撰　清光緒刻本　一册

110000－0144－0008788　522/378
天文算學纂要二十卷首一卷 (清)陳松編　清光緒十三年(1887)刻本　二十四册

110000－0144－0008789　523.02/271
天地球圖説一卷 (清)楊文會撰　清末刻本　一册

110000－0144－0008790　523.02/271
天地球圖説一卷 (清)楊文會撰　清末刻本　一册

110000－0144－0008791　523.02/271
天地球圖説一卷 (清)楊文會撰　清末刻本　一册

110000－0144－0008792　523/287.2
星土釋三卷首一卷 (清)李林松輯　清光緒十年(1884)刻本　二册

110000－0144－0008793　523/420
星學發軔引説二卷 (英國)駱三畏著　清光緒二十年(1894)鉛印本　二册

110000－0144－0008794　523/502
天文地球圖説三卷續編二卷 (清)華衡芳撰　清光緒二十四年(1898)上海文淵山房石印本　四册

110000－0144－0008795　526/987－120
繪地法原一卷附表一卷圖一卷 (美國)金楷理口譯　(清)王德均筆述　清光緒江南機器製造總局刻本　一册

110000－0144－0008796　528.1/158
四時格物彙編四卷 (美國)丁韙良譯　清末刻本　二册

110000－0144－0008797　528.32/129
古今律曆考七十二卷戊申立春攷證一卷 (明)邢雲路輯　清光緒五年(1879)定州王氏刻畿輔叢書本　十四册

110000－0144－0008798　528.32/659
閏八月考三卷 (清)龔穉撰　清光緒二十六年(1900)南清河小方壺齋鉛印本　一册

110000－0144－0008799　528.392/354(1866)
大清同治五年歲次丙寅時憲書一卷 (清)欽天監編　清同治刻本　一册

110000－0144－0008800　528.392/354(1869)
大清同治八年歲次己巳時憲書一卷 (清)欽天監編　清同治刻本　一册

110000－0144－0008801　528.392/354(1872)
大清同治十一年歲次壬申時憲書一卷 (清)欽天監編　清同治刻本　一册

110000－0144－0008802　528.392/354(1875)
大清同治十四年歲次乙亥時憲書一卷 (清)

欽天監編　清同治刻本　一册

110000－0144－0008803　528.392/354(1877)
大清光緒三年歲次丁丑時憲書一卷　(清)欽天監編　清光緒欽天監刻套印本　一册

110000－0144－0008804　528.392/354(1878)
大清光緒四年歲次戊寅時憲書一卷　(清)欽天監編　清光緒刻本　一册

110000－0144－0008805　528.392/354(1879)
大清光緒五年歲次已卯時憲書一卷　(清)欽天監編　清光緒欽天監刻本　一册

110000－0144－0008806　528.392/354(1880)
大清光緒六年歲次庚辰時憲書一卷　(清)欽天監編　清光緒刻本　一册

110000－0144－0008807　528.392/354(1881)
大清光緒七年歲次辛巳時憲書一卷　(清)欽天監編　清光緒刻套印本　一册

110000－0144－0008808　528.392/354(1882)
大清光緒八年時憲書一卷　(清)欽天監編　清光緒刻套印本　一册

110000－0144－0008809　528.392/354(1883)
大清光緒九年歲次癸未時憲書一卷　(清)欽天監編　清光緒刻套印本　一册

110000－0144－0008810　528.392/354(1884)
大清光緒十年時憲書一卷　(清)欽天監編　清光緒刻套印本　一册

110000－0144－0008811　528.392/354(1884)
大清光緒十年時憲書一卷　(清)欽天監編　清光緒刻套印本　一册

110000－0144－0008812　528.392/354(1885)
大清光緒十一年歲次乙酉時憲書一卷　(清)欽天監編　清光緒刻本　一册

110000－0144－0008813　528.392/354(1885)
大清光緒十一年歲次乙酉時憲書一卷　(清)欽天監編　清光緒刻本　一册

110000－0144－0008814　528.392/354(1887)
大清光緒十三年時憲書一卷　(清)欽天監編　清光緒刻本　一册

110000－0144－0008815　528.392/354(1887)
大清光緒十三年時憲書一卷　(清)欽天監編　清光緒刻本　一册

110000－0144－0008816　528.392/354(1888)
大清光緒十四年時憲書一卷　(清)欽天監編　清光緒刻套印本　一册

110000－0144－0008817　528.392/354(1890)
大清光緒十六年時憲書一卷　(清)欽天監編　清光緒刻套印本　一册

110000－0144－0008818　528.392/354(1892)
大清光緒十八年時憲書一卷　(清)欽天監編　清光緒刻套印本　一册

110000－0144－0008819　528.392/354(1893)
大清光緒十九年時憲書一卷　(清)欽天監編　清光緒刻套印本　一册

110000－0144－0008820　528.392/354(1894)
大清光緒二十年時憲書一卷　(清)欽天監編　清光緒刻套印本　一册

110000－0144－0008821　528.392/354(1895)
大清光緒二十一年時憲書一卷　(清)欽天監編　清光緒刻套印本　一册

110000－0144－0008822　528.392/354(1896)
大清光緒二十二年時憲書一卷　(清)欽天監編　清光緒刻本套印本　一册

110000－0144－0008823　528.392/354(1897)
大清光緒二十三年歲次丁酉時憲書一卷　(清)欽天監編　清光緒刻本套印本　一册

110000－0144－0008824　528.392/354(1898)
大清光緒二十四年時憲書一卷　(清)欽天監編　清光緒刻套印本　一册

110000－0144－0008825　528.392/354(1899)
大清光緒二十五年時憲書一卷　(清)欽天監編　清光緒刻套印本　一册

110000－0144－0008826　528.392/354(1900)
大清光緒二十六年時憲書一卷　(清)欽天監

編　清光緒刻套印本　一册

110000－0144－0008827　528.392/354(1901)

大清光緒二十七年時憲書一卷　(清)欽天監編　清光緒刻套印本　一册

110000－0144－0008828　528.392/354(1902)

大清光緒二十八年時憲書一卷　(清)欽天監編　清光緒刻本　一册

110000－0144－0008829　528.392/354(1902)

大清光緒二十八年時憲書一卷　(清)欽天監編　清光緒刻套印本　一册

110000－0144－0008830　528.392/354(1903)

大清光緒二十九年時憲書一卷　(清)欽天監編　清光緒刻本　一册

110000－0144－0008831　528.392/354(1904)

大清光緒三十年時憲書一卷　(清)欽天監編　清光緒刻套印本　一册

110000－0144－0008832　528.392/354(1904)

大清光緒三十年時憲書一卷　(清)欽天監編　清光緒刻套印本　一册

110000－0144－0008833　528.392/354(1905)

大清光緒三十一年時憲書一卷　(清)欽天監編　清光緒刻套印本　一册

110000－0144－0008834　528.392/354(1906)

大清光緒三十二年時憲書一卷　(清)欽天監編　清光緒刻套印本　一册

110000－0144－0008835　528.392/354(1907)

大清光緒三十三年時憲書一卷　(清)欽天監編　清光緒刻套印本　一册

110000－0144－0008836　528.392/354(1908)

大清光緒三十四年時憲書一卷　(清)欽天監編　清末刻套印本　一册

110000－0144－0008837　528.392/354(1908)

大清光緒三十四年時憲書一卷　(清)欽天監編　清末刻套印本　一册

110000－0144－0008838　528.392/354(1909)

大清光緒三十五年時憲書一卷　(清)欽天監編　清末刻套印本　一册

110000－0144－0008839　528.392/354(1910)

大清宣統二年時憲書一卷　(清)欽天監編　清宣統刻套印本　一册

110000－0144－0008840　528.392/354(1911)

大清宣統三年時憲書一卷　(清)欽天監編　清宣統刻套印本　一册

110000－0144－0008841　528.392/354(1912)

大清宣統四年時憲書一卷　(清)欽天監編　清末刻套印本　一册

110000－0144－0008842　528.392/354.3(1886)

大清光緒十二年七政經緯躔度時憲書本一卷　(清)欽天監編　清光緒刻本　一册

110000－0144－0008843　528.392/354.3(1889)

大清光緒十五年七政經緯躔度時憲書　卷　(清)欽天監編　清光緒刻本　一册

110000－0144－0008844　528.392/354－02(1877)

大清光緒三年歲次丁丑時憲書一卷　(清)欽天監編　清光緒欽天監刻本　一册

110000－0144－0008845　528.392/354－02(1881)

大清光緒七年時憲書一卷　(清)欽天監編　清光緒刻本　一册

110000－0144－0008846　528.392/354－6(1911)

辛亥年皇曆　(清)欽天監編　清宣統上海掃葉山房石印本　一册

110000－0144－0008847　528.392/524

欽定七政四餘萬年書　(清)欽天監編　清乾隆刻本　二册

110000－0144－0008848　528.392/601(1894)

諏吉通書(清光緒二十年)不分卷　(清)□□編　清光緒二十年(1894)粵東第八甫麟玉樓刻本　一册

110000－0144－0008849　528/354

大清光緒二十八九年七政經緯躔度時憲書一

卷　（清）欽天監編　清光緒石印本　一册

110000－0144－0008850　528/383
三統術詳説四卷　（清）陳澧撰　清光緒廣雅書局刻本　二册

110000－0144－0008851　528/522.4
欽定萬年書一卷　（□）□□撰　清刻本　一册

110000－0144－0008852　529.4/869
御風要術三卷　（英國）白爾特撰　（美國）金楷理口譯　（清）華蘅芳筆述　清光緒江南製造總局刻本　二册

110000－0144－0008853　530.27/158
物理學算法八卷　（美國）丁韙良撰　清光緒三十年（1904）科學書局石印本　八册

110000－0144－0008854　530/453.42
近世物理學教科書九卷　（日本）中村清二著　（清）學部編輯圖書局譯　清光緒三十二年（1906）鉛印本　二册

110000－0144－0008855　530/453.42
近世物理學教科書九卷　（日本）中村清二著　（清）學部編輯圖書局譯　清光緒三十二年（1906）鉛印本　十二册

110000－0144－0008856　530/940－549－02
物理學三編　（日本）飯盛挺造編　（日本）藤田豐八　王季烈校補　清光緒二十六年（1900）江南製造局刻本　十二册

110000－0144－0008857　532.3/905
水學須知一卷　（英國）傅蘭雅撰　清光緒十七年（1891）刻本　一册

110000－0144－0008858　532/217
重學十七卷首一卷　（英國）胡威立撰　（英國）艾約瑟譯　（清）李善蘭述　清同治六年（1867）上海美華專館木活字印本　二册

110000－0144－0008859　532/217－02
重學二十卷附圓錐曲線説三卷　（英國）艾約瑟口譯　（清）李善蘭筆述　清同治五年（1866）江南製造局刻本　六册

110000－0144－0008860　532/217－03
重學二十卷附曲綫説三卷　（英國）艾約瑟　（清）李善蘭口譯　清光緒二十二年（1896）上海積山書局石印本　二册

110000－0144－0008861　532/412－428
力學課編八卷首一卷　（英國）馬格納斐立著　（清）嚴文炳譯　清光緒三十二年（1906）學部編輯圖書局鉛印本　三册

110000－0144－0008862　532/905－4
重學圖説一卷　（英國）傅蘭雅撰　清光緒十一年（1885）刻本　一册

110000－0144－0008863　532/905－7
體性圖説一卷　（英國）傅蘭雅撰　清光緒十一年（1885）刻本　一册

110000－0144－0008864　532/905－8
重學須知一卷　（英國）傅蘭雅撰　清光緒十五年（1889）刻本　一册

110000－0144－0008865　532/905－8
重學須知一卷　（英國）傅蘭雅撰　清光緒十五年（1889）刻本　一册

110000－0144－0008866　534/478
聲學八卷　（英國）田大里撰　（英國）傅蘭雅口譯　（清）徐建寅筆述　清光緒江南製造總局刻本　二册

110000－0144－0008867　534/478
聲學八卷　（英國）田大里撰　（英國）傅蘭雅口譯　（清）徐建寅筆述　清光緒江南製造總局刻本　二册

110000－0144－0008868　534/905
聲學須知一卷　（英國）傅蘭雅撰　清光緒十三年（1887）刻本　一册

110000－0144－0008869　535.4/351
物體遇熱改易記四卷　（英國）瓦特斯輯　（英國）傅蘭雅口譯　（清）徐壽等筆述　清光緒二十五年（1899）江南製造局刻本　二册

110000－0144－0008870　535/905
熱學須知一卷　（英國）傅蘭雅撰　清光緒二

十四年(1898)上海格致書室刻本　一册

110000－0144－0008871　536/208
光學揭要二卷　(美國)赫士口譯　(清)朱葆琛筆述　清光緒二十年(1894)上海美華書館鉛印本　一册

110000－0144－0008872　536/478.3
光學二卷　(英國)田大里輯　(英國)金楷理口譯　(清)趙元益筆述　清同治九年(1870)江南機器製造局刻本　二册

110000－0144－0008873　536/478.3
光學二卷　(英國)田大里輯　(英國)金楷理口譯　(清)趙元益筆述　清同治九年(1870)江南機器製造局刻本　二册

110000－0144－0008874　536/905
光學須知一卷　(英國)傅蘭雅撰　清光緒二十一年(1895)刻本　一册

110000－0144－0008875　537/124
電學十卷首一卷　(英國)瑙挨德撰　(英國)傅蘭雅　(清)徐建寅口譯　清末上海江南機器製造總局刻本　七册

110000－0144－0008876　537/905
電學須知一卷　(英國)傅蘭雅撰　清光緒十三年(1887)刻本　一册

110000－0144－0008877　537/905
電學須知一卷　(英國)傅蘭雅撰　清光緒十三年(1887)刻本　一册

110000－0144－0008878　540/579.3
富強齋叢書　(清)袁俊德輯　清光緒二十五年(1899)小倉山房石印本　八册　存三十六卷(化學鑑原六卷、化學鑑原續編二十四卷、化學鑑原補編六卷)

110000－0144－0008879　540/905
化學鑑原補編六卷附一卷　(英國)傅蘭雅口譯　(清)徐壽筆述　清光緒江南製造總局刻本　六册

110000－0144－0008880　540/905.8
化學須知一卷　(英國)傅蘭雅輯　清光緒十二年(1886)刻本　一册

110000－0144－0008881　542/528
化學分原八卷附表一卷　(英國)蒲陸山撰　(英國)傅蘭雅口譯　(清)徐建寅筆述　清光緒江南製造總局刻本　二册

110000－0144－0008882　545/688
化學求數十五卷附表一卷　(德國)富裹西尼烏司撰　(英國)傅蘭雅口譯　(清)徐壽筆述　清光緒江南製造總局刻本　十四册

110000－0144－0008883　550/334
地學淺釋三十八卷　(英國)雷俠淵撰　(美國)瑪高淵　(清)華蘅芳翻譯　**地學指略三卷**　(英國)文教治口譯　(清)李慶軒筆述　清光緒二十四年(1898)上海富強齋石印本　一册

110000－0144－0008884　550/504
地學歌略一卷　葉瀾　葉瀚撰　清光緒二十四年(1898)刻質學叢書本　一册

110000－0144－0008885　550/578
地學啓蒙八卷　(英國)艾約瑟譯　清光緒十二年(1886)總税務司署刻西學啓蒙十六種本　一册

110000－0144－0008886　550/578－1
格致質學啓蒙一卷　(英國)艾約瑟譯　清光緒十二年(1886)總税務司署刻西學啓蒙十六種本　一册

110000－0144－0008887　550/905
地學須知一卷　(英國)傅蘭雅撰　清光緒九年(1883)刻本　一册

110000－0144－0008888　551/292
地勢略解一卷　(美國)李安德撰　清光緒十九年(1893)京都匯文書院鉛印本　一册

110000－0144－0008889　551/578
地志啓蒙四卷　(英國)艾約瑟譯　清光緒十二年(1886)總税務司署刻西學啓蒙十六種本　一册

110000－0144－0008890　551/594

地理初桄一卷　(美國)卜舫濟譯撰　清光緒二十五年(1899)鉛印本　一册

110000－0144－0008891　551/677－02
地學指略三卷　(英國)文教治口譯　(清)李慶軒筆述　清末刻本　一册

110000－0144－0008892　551/905
地理須知　(英國)傅蘭雅撰　清光緒九年(1883)刻本　一册

110000－0144－0008893　557.1/911
金石識别十二卷　(美國)代那撰　(美國)馮高溫口譯　(清)華衡芳筆述　清末刻本　六册

110000－0144－0008894　557.1/911－1
金石表一卷　(美國)代那撰　(美國)瑪高温口譯　(清)華蘅芳筆述　清光緒九年(1883)上海江南製造總局刻本　一册

110000－0144－0008895　557.4254/170
熱河礦產彙誌　(清)黄寶森撰　清光緒三十一年(1905)鉛印本　一册

110000－0144－0008896　557/905
礦學須知一卷　(英國)傅蘭雅撰　清光緒十九年(1893)刻本　一册

110000－0144－0008897　559.865/286
蠕范八卷　(清)李元撰　清同治十三年(1874)刻本　四册

110000－0144－0008898　559.865/286－02
蠕范八卷　(清)李元撰　清末石印本　一册

110000－0144－0008899　563/208－02
天演論二卷　(英國)赫胥黎著　嚴復譯　清光緒二十七年(1901)富文書局石印本　一册

110000－0144－0008900　563/208－02
天演論二卷　(英國)赫胥黎著　嚴復譯　清光緒二十七年(1901)富文書局石印本　一册

110000－0144－0008901　563/208－05
天演論二卷　(英國)赫胥黎著　嚴復譯　清光緒刻本　一册

110000－0144－0008902　563/208－06
天演論二卷　(英國)赫胥黎著　嚴復譯　清光緒二十四年(1898)鉛印本　一册

110000－0144－0008903　563/208－440
吴京卿節本天演論一卷　(英國)赫胥黎撰　嚴復譯　(清)吴汝綸節錄　清光緒二十九年(1903)常堉璋鉛印本　一册

110000－0144－0008904　570.2/504
全圖植物歌略一卷　葉瀾撰　清光緒二十四年(1898)石印本　一册

110000－0144－0008905　570.24/905
植物圖説四卷　(英國)傅蘭雅撰　清光緒二十一年(1895)益智書會刻本　一册

110000－0144－0008906　570.4/295
採芳隨筆二十四卷　(清)查彬輯　清嘉慶十九年(1814)刻本　十六册

110000－0144－0008907　570.4/435－02
植物名實圖考三十八卷　(清)吴其濬撰　清光緒六年(1880)山西濬文書局刻本　六十册

110000－0144－0008908　570.4/435－02
植物名實圖考三十八卷　(清)吴其濬撰　清光緒六年(1880)山西濬文書局刻本　六十册

110000－0144－0008909　570.4/435－02
植物名實圖考三十八卷　(清)吴其濬撰　清光緒六年(1880)山西濬文書局刻本　三十八册

110000－0144－0008910　570.4/435－48
植物名實圖考長篇二十二卷　(清)吴其濬撰　清光緒六年(1880)山西濬文書局刻本　二十二册

110000－0144－0008911　570/905
植物須知一卷　(英國)傅蘭雅撰　清光緒二十四年(1898)上海格致書室刻本　一册

110000－0144－0008912　578.71/988
燕梅花候記一卷　(清)餘痴生撰　清末石印本　一册

110000－0144－0008913　578.75/380

藝菊瑣言一卷 （清）陳葆善撰 清光緒二十八年（1902）褒殷堂鉛印本 一冊

110000－0144－0008914 580/626
蟲薈五卷 （清）方旭輯 清光緒十五年（1889）刻本 四冊

110000－0144－0008915 584.4/291
然犀志二卷 （清）李調元撰 清刻本 一冊

110000－0144－0008916 587.8954/128
王孫經補遺一卷 （清）無悶道人撰 清光緒十八年（1892）聽秋室刻本 一冊

110000－0144－0008917 587.8954/454
蟋蟀秘要一卷 （清）石蓮撰 清咸豐十一年（1861）刻本 一冊

110000－0144－0008918 587.8983/384
春駒小譜二卷 （清）陳邦彥撰 清刻本 二冊

110000－0144－0008919 588.6/209
記海錯一卷 （清）郝懿行撰 清嘉慶十九年（1814）刻郝氏遺書本 一冊

110000－0144－0008920 588.8/347
百鳥圖說一卷 （清）韋門道氏撰 清光緒八年（1882）益智書會刻本 一冊

110000－0144－0008921 588.8/347
百鳥圖說一卷 （清）韋門道氏撰 清光緒八年（1882）益智書會刻本 一冊

110000－0144－0008922 588.8/347
百鳥圖說一卷 （清）韋門道氏撰 清光緒八年（1882）益智書會刻本 一冊

110000－0144－0008923 588.9/347
百獸圖說一卷 （清）韋門道氏撰 清光緒八年（1882）益智書會刻本 一冊

110000－0144－0008924 594.025/798
全體圖説二卷 （英國）稻惟德譯 清光緒十年（1884）益智書會刻本 一冊

110000－0144－0008925 594/874
格致啓蒙十六種 （清）□□輯 清光緒十二年（1886）總稅務司署刻本 三冊 存三種十卷（身理啟蒙一卷、植物學啟蒙一卷、動物學啟蒙八卷）

110000－0144－0008926 597/180.6
省身指掌一卷 （美國）博恆理撰 清光緒三十年（1904）上海美華書館鉛印本 一冊

110000－0144－0008927 597/905
全體須知一卷 （英國）傅蘭雅撰 清光緒二十年（1894）刻本 一冊

110000－0144－0008928 597/905
全體須知一卷 （英國）傅蘭雅撰 清光緒二十年（1894）刻本 一冊

110000－0144－0008929 611.1/146
老老恆言五卷 （清）曹庭棟撰 清同治九年（1870）寶善堂刻本 二冊

110000－0144－0008930 611.3/655
飲食辯錄六卷末一卷 （清）章穆撰 清道光三年（1823）經國堂刻本 六冊

110000－0144－0008931 611/158
公民衛生必讀初編 丁福保譯 清宣統二年（1910）上海文明書局鉛印本 一冊

110000－0144－0008932 611/161
高等小學衛生教科書 （美國）項而構原著 章乃煒譯 清光緒二十九年（1903）上海文明書局鉛印本 一冊

110000－0144－0008933 611/186
衛生要旨一卷 （美國）嘉約翰口譯 清光緒八年（1882）羊城博濟醫局刻本 一冊

110000－0144－0008934 611/214－808
保全生命論一卷附一卷 （英國）古蘭肥勒撰 （英國）秀耀春口譯 （清）趙元益筆述 清光緒二十七年（1901）上海製造局刻本 一冊

110000－0144－0008935 612.91/462
衛生行政法一卷 （日本）昭文范迪吉譯 清光緒三十二年（1906）上海震東學社石印本 一冊

110000－0144－0008936 613.08/171

黄氏醫書八種　(清)黄元御撰　清宣統元年(1909)上海江左書林石印本　十二册

110000－0144－0008937　613.08/384
陳修園醫書二十一種　(清)陳念祖輯注　清光緒十八年(1892)上海國書集成印書局鉛印本　十八册

110000－0144－0008938　613.08/384－3
陳修園二十三種　(清)陳念祖撰　清光緒二十七年(1901)新化三味書局刻本　四十册

110000－0144－0008939　613.08/432
喻氏三書合刻　(清)喻昌撰　清光緒二十六年(1900)上海掃葉山房石印本　六册

110000－0144－0008940　613.08/441
豫醫雙璧傷寒補亡論二十卷儒門事親十五卷　(清)吳重憙輯　清宣統元年(1909)梁園節署鉛印本　八册

110000－0144－0008941　613.1/165
素靈微藴四卷　(清)黄元御撰　清道光十年(1830)宛鄰書屋刻本　一册

110000－0144－0008942　613.11/169－116
補注黄帝内經素問二十四卷黄帝内經靈樞十二卷　(唐)王冰註　清光緒三年(1877)浙江書局刻本　十册

110000－0144－0008943　613.11/169－116
補注黄帝内經素問二十四卷素問遺篇一卷　(唐)王冰註　清光緒三年(1877)浙江書局刻本　七册

110000－0144－0008944　613.11/414
黄帝内經靈樞註證發微十卷素問註證發微九卷補遺一卷　(明)馬蒔注證　清嘉慶十年(1805)大文堂刻本　十六册

110000－0144－0008945　613.12/169－307
素問集注九卷　(清)張志聰集註　清光緒十六年(1890)浙江書局刻本　六册

110000－0144－0008946　613.12/306
素問釋義十卷　(清)張琦撰　清道光十年(1830)宛鄰書屋刻本　二册

110000－0144－0008947　613.12/823
素問識八卷　(日本)丹波元簡等撰　清光緒十年(1884)刻聿修堂醫學叢書本　八册

110000－0144－0008948　613.13/169
黄帝内經靈樞十二卷　(□)□□撰　清末刻本　三册

110000－0144－0008949　613.13/169－307
靈樞經九卷　(清)張志聰集註　清光緒十六年(1890)浙江書局刻本　八册

110000－0144－0008950　613.14/434
宋徽宗聖濟經十卷　(宋)吳禔注　清光緒十三年(1887)陸心源刻十萬卷樓叢書本　三册

110000－0144－0008951　613.15/307
圖注八十一難經四卷　(戰國)秦越人述　(明)張世賢註　**脈訣四卷奇經八脈考一卷**　(明)李時珍撰輯　清光緒二十五年(1899)上海書局石印本　五册

110000－0144－0008952　613.15/307
圖注八十一難經四卷　(戰國)秦越人述　(明)張世賢註　**脈訣四卷奇經八脈考一卷**　(明)李時珍撰輯　清光緒二十五年(1899)上海書局石印本　五册

110000－0144－0008953　613.25/308－2
接抄張太素脈訣一卷　(清)張太素撰　清光緒三十三年(1907)抄本　一册

110000－0144－0008954　613.3/788－03
醫學心悟五卷外科十法一卷　(清)程國彭撰　清光緒六年(1880)校經山房刻本　六册

110000－0144－0008955　613.31/120
海藏老人陰證略例一卷　(元)王好古撰　清光緒五年(1879)歸安陸氏刻十萬卷樓叢書本　二册

110000－0144－0008956　613.31/610
新編張仲景註解傷寒百證歌五卷附發微論二卷　(宋)許叔微撰　清光緒七年(1881)十萬卷樓刻本　二册

110000－0144－0008957　613.31/925

再重訂傷寒集註十卷 (清)舒詔撰 清兩儀堂刻本 四冊

110000－0144－0008958 613.363/436－158

增補瘟疫論二卷 (明)吳有性撰 (清)丁國瑞集注增補 清光緒三十二年(1906)天津大公報館鉛印竹園叢書本 一冊

110000－0144－0008959 613.364/994

霍亂新論一卷 (清)姚訓恭撰 清光緒二十八年(1902)狼虎街官刻字局刻本 一冊

110000－0144－0008960 613.364/994

霍亂新論一卷 (清)姚訓恭撰 清光緒二十八年(1902)狼虎街官刻字局刻本 一冊

110000－0144－0008961 613.55/349

白喉治法忌表扶微一卷 (清)耐修編 清光緒十八年(1892)濟南府文德堂刻宣統元年(1909)平陵遇魯山房補刻本 一冊

110000－0144－0008962 613.55/349－03

洞主仙師白喉治法忌表扶微一卷 (清)耐修編 清光緒二十年(1894)上海宏大善書局石印本 一冊

110000－0144－0008963 613.6/664

廣嗣寶集一卷種子良方一卷 (清)□□撰 清光緒十七年(1891)京都永盛齋刻本 一冊

110000－0144－0008964 613.6/905

女科二卷産後編二卷 (清)傅山撰 清同治七年(1868)吳興丁氏刻本 二冊

110000－0144－0008965 613.63/206

達生編二卷廣嗣圖幼科摘要一卷 (清)亟齋居士撰 清紹城友文齋刻字鋪刻本 一冊

110000－0144－0008966 613.63/206－02

達生編二卷 (清)沈峴撰 清光緒二十四年(1898)富文齋刻本 一冊

110000－0144－0008967 613.63/701－925

産科一卷 (英國)密爾撰 (清)舒高第口譯 (清)鄭昌棪筆述 清末江南製造局鉛印本 一冊

110000－0144－0008968 613.63/832

衛生家寶産科備要八卷 (宋)朱端章撰 清光緒歸安陸氏刻十萬卷樓叢書本 三冊

110000－0144－0008969 613.7/772

驚風辨誤三篇 (清)馮汝玖輯 清宣統三年(1911)冰龕刻本 一冊

110000－0144－0008970 613.72/292

引痘秘書一卷 (清)邱嬉撰 清光緒二十八年(1902)藩經廳刻本 一冊

110000－0144－0008971 613.91/117－02

新刊補註銅人腧穴鍼灸圖經五卷 (宋)王惟一編 清宣統元年(1909)貴池劉氏玉海堂刻本 二冊

110000－0144－0008972 613.91/312

備急灸法一卷 (宋)張渙撰 **鍼灸擇日編集一卷** (明)金循義 (明)金義孫撰 清光緒十七年(1891)江寧藩署刻本 一冊

110000－0144－0008973 613.91/984.9

針灸擇日編集 (明)金循義 (明)金義孫輯 清光緒十七年(1891)江寧藩署刻本 一冊

110000－0144－0008974 613/289

醫宗必讀十卷 (明)李中梓撰 清光緒三十年(1904)上海鴻文堂石印本 五冊

110000－0144－0008975 613/719.9－02

筆花醫鏡四卷 (清)江涵暾撰 清咸豐六年(1856)寧河靳氏刻本 一冊

110000－0144－0008976 613/995

重刊巢氏諸病源候總論五十卷 (隋)巢元方撰 清光緒元年(1875)湖北崇文書局刻本 八冊

110000－0144－0008977 614.1/289－03

增廣本草綱目五十二卷 (明)李時珍編輯 清光緒三十三年(1907)上海華商集成圖書公司鉛印本 二十四冊

110000－0144－0008978 614.1/289－04

本草綱目五十二卷首一卷 (明)李時珍撰輯 **本草綱目藥品總目四十八卷本草萬方鍼線八卷** (清)蔡烈先輯 **本草綱目拾遺十卷**

(清)趙學敏輯　清光緒十一年(1885)合肥張氏味古齋刻本　四十冊

110000－0144－0008979　614.1/289－04

本草綱目五十二卷首一卷　(明)李時珍撰輯　**本草綱目藥品總目四十八卷本草萬方鍼線八卷**　(清)蔡烈先輯　**本草綱目拾遺十卷**　(清)趙學敏輯　清光緒十一年(1885)合肥張氏味古齋刻本　四十冊

110000－0144－0008980　614.1/289－04

本草綱目五十二卷首一卷本草綱目圖三卷奇經八脈考一卷脈訣攷證一卷　(明)李時珍撰輯　**本草綱目藥品總目四十八卷本草萬方鍼線八卷**　(清)蔡烈先輯　**本草綱目拾遺十卷**　(清)趙學敏輯　清光緒十一年(1885)合肥張氏味古齋刻本　存四十八卷(五至五十二)　四十冊

110000－0144－0008981　614.1/289－05

本草綱目五十二卷圖三卷本草萬方鍼線八卷瀕湖脈學一卷奇經八脈考一卷　(明)李時珍編輯　清芥子園刻本　三十六冊

110000－0144－0008982　614.1/441－02

本草從新十八卷　(清)吳儀洛撰　清道光二十六年(1846)瓶花書屋刻本　三冊

110000－0144－0008983　614.1/667－02

經史證類大觀本草三十一卷　(宋)唐慎微撰　(清)柯逢時重校　清光緒三十年(1904)湖北武昌柯氏刻本　十六冊

110000－0144－0008984　614.1/667－02

經史證類大觀本草三十一卷　(宋)唐慎微撰　(清)柯逢時重校　清光緒三十年(1904)湖北武昌柯氏刻本　十六冊

110000－0144－0008985　614.1/667－02

經史證類大觀本草三十一卷　(宋)唐慎微撰　(清)柯逢時重校　清光緒三十年(1904)湖北武昌柯氏刻本　十六冊

110000－0144－0008986　614.1/842

本經疏證十二卷續疏六卷　(清)鄒澍撰　清常州長年醫局刻本　九冊

110000－0144－0008987　614.1/889

本草述三十二卷　(清)劉若金撰　清嘉慶十五年(1810)還讀山房刻光緒二年(1876)蘇州來青閣印本　十八冊

110000－0144－0008988　614.4/687－02

本草衍義二十卷　(宋)寇宗奭撰　清光緒三年(1877)歸安陸氏刻十萬卷樓叢書本　二冊

110000－0144－0008989　614.5/289

雷公炮製藥性解六卷　(明)李中梓編　**珍珠囊指掌補遺藥性賦四卷**　(宋)李杲編　清光緒二十年(1894)上海文瑞樓石印本　二冊

110000－0144－0008990　614.6/033

醫方捷徑指南全書二卷　(明)王宗顯輯　(明)錢允治校　清文發堂刻本　二冊

110000－0144－0008991　614.6/154

便用良方二卷　(□)□□撰　清道光四年(1824)絳州喬佐洲刻本　二冊

110000－0144－0008992　614.6/161

同壽錄四卷末一卷　(清)項天瑞彙纂　清道光二十八年(1848)京都篆雲齋刻字舖刻本　四冊

110000－0144－0008993　614.6/316

醫醇賸義四卷醫方論四卷　(清)費伯雄撰　清光緒十四年(1888)上海掃葉山房刻本　六冊

110000－0144－0008994　614.6/455

史載之方二卷　(宋)史堪撰　清光緒二年(1876)陸心源刻十萬卷樓叢書本　二冊

110000－0144－0008995　614.6/522

萬方總名不分卷　(□)□□撰　清抄本　三冊

110000－0144－0008996　614.6/697

萬方類纂御集一卷樂集一卷　(清)宋穆輯　清刻本　二冊

110000－0144－0008997　614.6/848－02

急救應驗良方一卷　(清)費山壽輯　清宣統三年(1911)鉛印本　一冊

110000－0144－0008998　614.6/861
經方合刊一卷　（清）□□輯　清光緒元年（1875）刻本　一册

110000－0144－0008999　614.6/952
囍齋彙選簡要良方一卷　（清）徐寶謙輯　清光緒五年（1879）刻本　一册

110000－0144－0009000　614.8/385.9
景岳新方砭四卷　（清）陳念祖撰　清光緒三年（1877）仁和葛氏刻嘯園叢書本　二册

110000－0144－0009001　614.8/420
校正增廣驗方新編二十三卷　（清）鮑相璈編輯　清宣統三年（1911）上海會文堂石印本　八册

110000－0144－0009002　614.8/763
濟眾錄一卷紀慎齋先生易學求雨圖説一卷蠱脹脚氣兩癥經驗良方一卷　（清）勞守慎纂　清光緒三十二年（1906）南海勞禮安堂刻本　一册

110000－0144－0009003　614.8/949
風眩方一卷　（南朝齊）徐嗣伯撰　清刻本　一册

110000－0144－0009004　614.8/949
風眩方一卷　（南朝齊）徐嗣伯撰　清刻本　一册

110000－0144－0009005　614.9/315
御纂醫宗金鑑七十四卷首一卷　（清）弘晝等纂修　清光緒二十八年（1902）上海醉六堂石印本　二十册

110000－0144－0009006　614.9/315－05
醫宗金鑑九十卷　（清）弘晝等纂修　清光緒十八年（1892）上海圖書集成印書局鉛印本　二十四册

110000－0144－0009007　614.9/948
洄溪醫案一卷　（清）徐大椿撰　（清）楊恩銘　（清）王士雄評注　清光緒二年（1876）仁和葛氏嘯園刻嘯園叢書本　一册

110000－0144－0009008　614.9/948－6
慎疾芻言一卷　（清）徐大椿撰　清光緒四年（1878）仁和葛氏刻嘯園叢書本　一册

110000－0144－0009009　615.1/186
西醫内科全書六種　（清）孔慶高譯　（美國）嘉醫士約翰校正　清光緒八年（1882）博濟醫局刻本　六册

110000－0144－0009010　615.1/752
儒門醫學三卷附一卷　（英國）海得蘭撰　（英國）傅蘭雅口譯　（清）趙元益筆述　清末刻本　三册

110000－0144－0009011　615.1/752
儒門醫學三卷附一卷　（英國）海得蘭撰　（英國）傅蘭雅口譯　（清）趙元益筆述　清末刻本　四册

110000－0144－0009012　615.1/752
儒門醫學三卷附一卷　（英國）海得蘭撰　（英國）傅蘭雅口譯　（清）趙元益筆述　清末刻本　四册

110000－0144－0009013　615/989
西醫略論三卷全體新説一卷内科新説二卷婦嬰新説一卷博物新編三卷　（英國）合信撰　清咸豐元年至八年（1851－1858）上海墨海書館、仁濟醫館刻本　四册

110000－0144－0009014　615/989
西醫略論三卷全體新説一卷内科新説二卷婦嬰新説一卷博物新編三卷　（英國）合信撰　清咸豐元年至八年（1851－1858）上海墨海書館、仁濟醫館刻本　五册

110000－0144－0009015　615/989
西醫略論三卷全體新説一卷内科新説二卷婦嬰新説一卷博物新編三卷　（英國）合信撰　清咸豐元年至八年（1851－1858）上海墨海書館、仁濟醫館刻本　五册

110000－0144－0009016　616.3/152
西醫眼科不分卷　（清）□□撰　清光緒六年（1880）廣州博濟醫局刻本　一册

110000－0144－0009017　616.3/395

銀海精微四卷　(唐)孫思邈輯　清同治七年(1868)東昌森林堂刻本　一册

110000－0144－0009018　616.9/186
皮膚新編一卷　(美國)嘉約翰口譯　(清)林湘東筆述　清末刻本　一册

110000－0144－0009019　617.2/840
婦科一百十七症發明　(清)包巖撰　清光緒二十九年(1903)刻本　一册

110000－0144－0009020　618.7/103
武漢救煙社徵信録一卷　武漢救煙社撰　清光緒三十二年(1906)刻本　一册

110000－0144－0009021　618.91/113
隨息居飲食譜一卷　(清)王士雄撰　清同治二年(1863)吉樂齋刻字店刻本　一册

110000－0144－0009022　619.8/986－808
濟急灋不分卷　(英國)舍白辣撰　(英國)秀耀春口譯　(清)趙元益筆述　清光緒二十九年(1903)江南製造局刻本　一册

110000－0144－0009023　620/484
古今秘苑三十二卷　(清)墨磨主人編　清十二桐樓刻本　四册

110000－0144－0009024　620/861
衛濟餘編十八卷　(清)王纕堂輯　清刻本六册

110000－0144－0009025　620/981
聶氏重編家政學二編　(清)聶其昌等編　清光緒三十年(1904)浙江官書局刻本　二册

110000－0144－0009026　627.3/188
隨園食單四卷　(清)袁枚撰　清嘉慶元年(1796)經綸堂刻本　二册

110000－0144－0009027　629.2/905
孩童衛生編共十二章　(英國)傅蘭雅撰　清光緒十九年(1893)上海格致書室鉛印本　一册

110000－0144－0009028　630.8/827
農學叢書二十三種　朱祖榮輯　清光緒二十九年(1903)北洋官報局石印本　二十七册

110000－0144－0009029　630.8/827
農學叢書二十三種　朱祖榮輯　清光緒二十九年(1903)北洋官報局石印本　二十七册

110000－0144－0009030　630.9/155
撫郡農産考略二卷種田雜説一卷　(清)何剛德撰　(清)黄維翰補遺　清光緒二十九年(1903)撫郡學堂木活字印本　二册

110000－0144－0009031　630/113
初等農業科教科書　(清)王世鎧等編纂　(清)焦文基譯　清宣統二年(1910)西安陝西圖書館鉛印本　十册

110000－0144－0009032　630/150－05
齊民要術十卷　(北魏)賈思勰撰　清光緒二十二年(1896)中江榷署刻本　四册

110000－0144－0009033　630/270
豳風廣義三卷　(清)楊屾編輯　清光緒二十八年(1902)濟南刻本　二册

110000－0144－0009034　630/627－1
農務全書中編十六卷　(美國)施妥縷撰　(清)舒高第口譯　趙詒琛筆述　清宣統元年(1909)上海江南製造局刻本　八册

110000－0144－0009035　630/655
農家言不分卷　(清)章震福編　清光緒三十四年(1908)鉛印本　一册

110000－0144－0009036　630/823
農術要理十章　(英國)丹納爾著　(清)胡文梯　陳希彭譯　清光緒三十年(1904)北京官書局鉛印本　一册

110000－0144－0009037　630/950
農政全書六十卷　(明)徐光啟撰　清道光二十三年(1843)曙海樓刻本　二十四册

110000－0144－0009038　630/950－04
農政全書六十卷　(明)徐光啟撰　清道光十七年(1837)刻本　二十八册

110000－0144－0009039　631.16/165
區田輯要内篇二卷外篇一卷首一卷　(清)黄輔辰撰　清同治三年(1864)刻本　一册

110000－0144－0009040　631.16/856
東三省移民開墾意見書一卷　熊希齡著　清末鉛印本　一册

110000－0144－0009041　631.16/856
東三省移民開墾意見書一卷　熊希齡著　清末鉛印本　一册

110000－0144－0009042　631.16/856
東三省移民開墾意見書一卷　熊希齡著　清末鉛印本　一册

110000－0144－0009043　631/302
農桑輯要七卷　(元)司農司撰　清道光十年(1830)刻本　三册

110000－0144－0009044　631/302－02
蠶事要略一卷　(清)張行孚撰　清光緒二十一年(1895)袁昶刻漸西村舍叢刊本　二册

110000－0144－0009045　631/302－02
農桑輯要七卷　(元)司農司撰　清光緒二十一年(1895)袁昶刻漸西村舍叢刊本　與110000－0144－0009044合册

110000－0144－0009046　632.1/730－02
農候雜占四卷　(清)梁章鉅撰　清同治十二年(1873)浙江書局刻本　二册

110000－0144－0009047　632.2/987
農務土質論三卷　(美國)金福蘭格令希蘭原撰　(美國)衛理口譯　(清)范熙庸筆述　清光緒二十七年(1901)上海石印本　三册

110000－0144－0009048　632.2/987－02
農務土質論三卷圖說一卷　(美國)金福蘭格令希蘭原撰　(美國)衛理口譯　(清)范熙庸筆述　清光緒二十六年(1900)上海江南製造總局刻本　三册

110000－0144－0009049　632.4/425
農務化學簡易要法三卷　(美國)固來納撰　(英國)傅蘭雅譯　(清)王樹善述　清光緒二十四年(1898)北洋官報局石印本　三册

110000－0144－0009050　632.4/425－02
農務化學簡法三卷　(美國)固來納撰　(英國)傅蘭雅譯　(清)王樹善述　清光緒二十九年(1903)上海江南製造局刻本　三册

110000－0144－0009051　632.58/856
泰西水法六卷　(意大利)熊三拔撰　(明)徐光啟譯　清末上海掃葉山房刻本　一册

110000－0144－0009052　632/118
區田書一卷勸農說一卷　(清)王心敬撰　清咸豐七年(1857)刻本　一册

110000－0144－0009053　632/323
農家必讀十四章　(清)退學軒主人編　清光緒三十二年(1906)上海開明印刷部鉛印本　一册

110000－0144－0009054　632/378－02
農書三卷　(宋)陳旉撰　清乾隆、道光間長塘鮑氏刻本　二册

110000－0144－0009055　632/484
農學初階不分卷　(英國)黑球華來思撰　(清)吳治儉譯　清光緒二十一年(1895)北洋官報局石印本　三册

110000－0144－0009056　632/716
欽定授時通考七十八卷　(清)鄂爾泰　(清)張廷玉總裁　(清)蔣溥等纂修　清道光二十六年(1846)四川藩署刻本　七十二册

110000－0144－0009057　633.31/933
捕蝗要訣一卷　(清)錢炘和著　清同治八年(1869)湖北崇文書局刻本　一册

110000－0144－0009058　634.1/892
釋穀四卷　(清)劉寶楠撰　清光緒十四年(1888)廣雅書局刻本　一册

110000－0144－0009059　634.1/892
釋穀四卷　(清)劉寶楠撰　清光緒十四年(1888)廣雅書局刻本　一册

110000－0144－0009060　634.61/281
棉花新法圖說八卷　(清)□□撰　清宣統二年(1910)京師農工商部印刷科鉛印本　二册

110000－0144－0009061　634/899

撫郡農產攷略二卷　(清)何剛德撰　清光緒三十三年(1907)江蘇蘇省刷印局鉛印本　二冊

110000－0144－0009062　634/899
撫郡農產攷略二卷　(清)何剛德撰　清光緒三十三年(1907)江蘇蘇省刷印局鉛印本　二冊

110000－0144－0009063　635.4/307
花譜移情八卷首一卷末一卷　(清)張建鼇輯　清光緒十七年(1891)亦古齋刻本　四冊

110000－0144－0009064　635.4/383
秘傳花鏡六卷　(清)陳淏子輯　清康熙二十七年(1688)刻本　四冊

110000－0144－0009065　635.4/383－04
秘傳花鏡六卷　(清)陳淏子輯　清善成堂刻本　四冊

110000－0144－0009066　635.4/946
品芳錄一卷　(清)徐壽基撰　清光緒十二年(1886)樂意吟館刻本　一冊

110000－0144－0009067　635.4/946
品芳錄一卷　(清)徐壽基撰　清光緒十二年(1886)樂意吟館刻本　一冊

110000－0144－0009068　635.46/573
亳州牡丹史四卷　(明)薛鳳翔著　清抄本　三冊

110000－0144－0009069　637.71/241－549
美國養雞法　(日本)横尾健太　(日本)鏑本由五郎著　(日本)藤鄉秀樹譯　清末北洋官報局石印本　一冊

110000－0144－0009070　638.1/161
蠶桑述要一卷　(清)李向庭輯　清光緒二十九年(1903)刻本　一冊

110000－0144－0009071　638.1/583－796
栽桑捷法一卷　(日本)岩田次郎口授　黎炳文譯　清光緒二十九年(1903)天津官報局石印本　一冊

110000－0144－0009072　638.2/583
蠶桑淺說　山西蠶桑總局編　清末文蔚閣鉛印本　一冊

110000－0144－0009073　638.3/823－905
意大利蠶書一卷　(意大利)丹吐魯著　(英國)傅蘭雅口譯　(清)汪振聲筆述　清光緒二十四年(1898)上海江南製造局刻本　一冊

110000－0144－0009074　638.69/583
山蠶圖說不分卷　(清)夏與賡撰　清光緒三十二年(1906)四川合江勤工局刻本　一冊

110000－0144－0009075　638.7/577－549
蜜蜂飼養法内外篇一卷　(日本)花房柳條著　(日本)藤田豐八譯　清末北洋官報局石印本　一冊

110000－0144－0009076　638/154
蠶桑實濟六卷　(清)易星撰　清光緒八年(1882)天津廣仁堂刻本　一冊

110000－0144－0009077　638/270
豳風廣義三卷　(清)楊屾編輯　清同治、光緒間刻本　三冊

110000－0144－0009078　638/270－03
豳風廣義三卷　(清)楊屾編輯　清光緒八年(1882)濟南刻本　二冊

110000－0144－0009079　638/378
裨農最要三卷　(清)陳開沚撰　清光緒二十三年(1897)潼川永義和刻本　一冊

110000－0144－0009080　638/747
蠶桑輯要一卷　(清)沈秉成編　**廣蠶桑說一卷**　(清)沈練述　清光緒元年(1875)江西書局刻本　一冊

110000－0144－0009081　640.2/130
行軍測繪十卷首一卷附圖一卷　(英國)連提撰　(英國)傅蘭雅口譯　(清)趙元益筆述　清同治、光緒間上海江南製造總局刻本　二冊

110000－0144－0009082　640.2/981
測量全璧初集十一卷　(清)曾仰東編譯　(清)王瑩修商校　清光緒二十九年(1903)湖

北洋務譯書局刻本　五冊

110000－0144－0009083　640.26/869

測地繪圖十一卷附錄一卷　(英國)富路瑪撰　(英國)傅蘭雅口譯　(清)徐壽筆述　清同治、光緒間上海江南製造總局刻本　九冊

110000－0144－0009084　640.26/869

行軍測繪十卷首一卷　(英國)連提撰　(英國)傅蘭雅口譯　(清)趙元益筆述　清同治、光緒間上海江南製造總局刻本　與110000－0144－0009083、9085合冊

110000－0144－0009085　640.26/869

器象顯真四卷圖一卷　(英國)白力蓋輯　(英國)傅蘭雅口譯　(清)徐建寅刪述　清光緒上海江南製造總局刻本　與110000－0144－0009083、9084合冊

110000－0144－0009086　640/122

工程致富論略十三卷圖一卷　(英國)瑪體生著　(英國)傅蘭雅　(清)鍾天緯譯　清光緒鉛印本　八冊

110000－0144－0009087　640/122

工程致富論略十三卷圖一卷　(英國)瑪體生著　(英國)傅蘭雅　(清)鍾天緯譯　清光緒鉛印本　八冊

110000－0144－0009088　641.2/824

新刻京板工師雕鏤正式魯班經匠家鏡二卷秘訣仙機一卷　(明)午榮編　清乾隆刻本　二冊

110000－0144－0009089　641/159

正陽門樓工程奏稿一卷正陽門城臺等項目工程表一卷正陽門大樓工程表一卷正陽門閣樓工程表一卷　袁世凱　陳璧撰　清光緒二十九年(1903)工藝官局印書科印鉛印本　四冊

110000－0144－0009090　641/210

孝陵神功聖德碑樓等做法清冊　(清)□□輯　清抄本　十冊

110000－0144－0009091　641/235

朝陽門箭樓工程大木丈尺根件清單不分卷　(清)□□輯　清抄本　三冊

110000－0144－0009092　641/718

惠陵隆恩殿全座做法錢糧表不分卷　(清)溥善撰　(清)陳璧撰　清光緒二十八年(1902)鉛印本　一冊

110000－0144－0009093　644.4/669

河工器具圖說四卷　(清)麟慶輯　清道光十六年(1836)雲蔭堂刻本　二冊

110000－0144－0009094　644.48/175

治河方畧十卷　(清)靳輔撰　清嘉慶四年(1799)安瀾堂刻本　十冊

110000－0144－0009095　644.48/175

治河方畧十卷　(清)靳輔撰　清嘉慶四年(1799)安瀾堂刻本　十冊

110000－0144－0009096　644.48/377

歷代河防統纂二十八卷　(清)陳璜輯　清光緒十四年(1888)上海鴻寶齋石印本　四冊

110000－0144－0009097　644.48/377

歷代河防統纂二十八卷　(清)陳璜輯　清光緒十四年(1888)上海鴻寶齋石印本　四冊

110000－0144－0009098　644.48/951

安瀾紀要二卷迴瀾紀要二卷　(清)徐端編著　清光緒十一年(1885)刻本　四冊

110000－0144－0009099　644.48/951－02

迴瀾紀要二卷　(清)徐端撰　清同治十二年(1873)刻本　二冊

110000－0144－0009100　644.48911/754

畿輔水利四案四卷補一卷附錄一卷　(清)潘錫恩輯　清道光三年(1823)刻本　六冊

110000－0144－0009101　644.85/579

海塘輯要十卷首一卷　(英國)韋更斯撰　(英國)傅蘭雅口譯　(清)趙元益筆述　清同治、光緒間上海江南製造局刻本　二冊

110000－0144－0009102　644.85/579

海塘輯要十卷首一卷　(英國)韋更斯撰　(英國)傅蘭雅口譯　(清)趙元益筆述　清同

治、光緒間上海江南製造局刻本　二册

110000－0144－0009103　646.09/293

各國遊歷日記一卷洋務機器要訣一卷　（清）李丹崖撰　清光緒二十一年（1895）上海文海書局石印本　一册

110000－0144－0009104　646.1/869.3

汽機新制八卷　（英國）白爾格撰　（英國）傅蘭雅口譯　（清）徐建寅筆述　清光緒上海江南製造局刻本　二册

110000－0144－0009105　646.14/528

汽機必以十二卷首一卷附一卷　（英國）蒲而捺撰　（英國）傅蘭雅口譯　（清）徐建寅筆述　清光緒上海江南製造總局刻本　六册

110000－0144－0009106　646.14/757

汽機發軔九卷附表一卷　（英國）美以納（英國）白勞那合撰　（英國）偉烈口譯（清）徐壽筆述　清光緒上海江南製造總局刻本　四册

110000－0144－0009107　646.7716/905－937

船塢論略一卷　（英國）傅蘭雅輯譯　（清）鍾天緯筆述　清末上海江南製造總局鉛印本　一册

110000－0144－0009108　646.78/987

行海要術四卷　（美國）金楷理口譯　（清）李鳳苞筆述　清同治、光緒間上海江南製造總局刻本　三册

110000－0144－0009109　646.79/719

大清同治十年歲次辛未航海通書一卷同治十一年歲次壬申航海通書一卷　江南製造局譯改　（清）賈步緯算校　清同治十年（1871）上海江南製造局鉛印本、刻本　一册

110000－0144－0009110　648.3/430

相地探金石法四卷　（英國）喝爾勃特喀格司撰　（清）王汝駟譯　清光緒二十九年（1903）上海江南製造局刻本　四册

110000－0144－0009111　648.41/869

井礦工程三卷　（英國）白爾捺輯　（英國）傅蘭雅口譯　（清）趙元益筆述　清同治上海江南機器製造局刻本　二册

110000－0144－0009112　648.48/907

開礦器法圖説十卷　（美國）俺特累著　（英國）傅蘭雅口譯　（清）王樹善筆述　清光緒二十五年（1899）上海江南製造局石印本　六册

110000－0144－0009113　648.51/701

探礦取金六卷附編一卷續編一卷　（英國）礦工密拉著　（清）舒高第譯　（清）汪振聲述　清光緒三十年（1904）上海江南製造局譯書館刻本　二册

110000－0144－0009114　648.6/316

寶藏興焉十二卷　（英國）費而奔撰　（英國）傅蘭雅口譯　（清）徐壽筆述　清同治、光緒間上海江南製造總局刻本　十六册

110000－0144－0009115　648.63/278－119

製羼金法二卷　（日本）橋本奇策著　王季點譯　清光緒二十七年（1901）上海製造局刻本　二册

110000－0144－0009116　648.64/302

鑄金論略六卷附圖一卷　（英國）司布勒村著（英國）傅蘭雅口譯　（清）汪振聲筆述　清光緒二十八年（1902）江南製造局刻本　六册

110000－0144－0009117　648.646/952

煉鋼要言不分卷　（清）徐家寶譯述　清末上海江南製造總局刻本　一册

110000－0144－0009118　648.651/905

鑄錢工藝三卷附圖一卷　（英國）傅蘭雅（清）鍾天緯同譯　清同治、光緒間上海江南機器製造總局刻本　二册

110000－0144－0009119　648.75/180

開煤要法十二卷　（英國）士密德輯　（英國）傅蘭雅口譯　（清）王德均筆述　清同治、光緒間上海江南製造局刻本　二册

110000－0144－0009120　648/697

礦學心要新編三編　（清）宋仔鳳撰　清光緒

二十九年(1903)四川廣石山房刻本　四册

110000－0144－0009121　663.1/391
英國定準軍藥書四卷附編二卷　(英國)陸軍水師部編纂　(清)舒高第譯　(清)汪振聲述　清末江南製造局刻本　二册

110000－0144－0009122　663.1/905－158
制火藥法三卷　(英國)利稼孫　(英國)華得斯輯　(英國)傅蘭雅　(清)丁樹棠口譯　清同治、光緒間上海江南製造總局刻本　一册

110000－0144－0009123　666.2/517
景德鎮陶錄十卷　(清)藍浦撰　(清)鄭廷桂補輯　清光緒十七年(1891)京都書業堂刻本　四册

110000－0144－0009124　666.2/517
景德鎮陶錄十卷　(清)藍浦撰　(清)鄭廷桂補輯　清光緒十七年(1891)京都書業堂刻本　四册

110000－0144－0009125　666.2/517
景德鎮陶錄十卷　(清)藍浦撰　(清)鄭廷桂補輯　清光緒十七年(1891)京都書業堂刻本　四册

110000－0144－0009126　666.8/629
鍊石編三卷　(英國)亨利黎特撰　(清)舒高第　(清)鄭昌棪同譯　清末上海江南機器製造總局鉛印本　二册

110000－0144－0009127　668.1/814
香乘二十八卷　(明)周嘉胄輯　清刻本　存十八卷(一至十八)　六册

110000－0144－0009128　668.1/814－02
香乘二十八卷　(明)周嘉胄輯　清刻本　六册

110000－0144－0009129　674/167
看山閣集一卷　(清)黄圖珌撰　清初刻本　一册

110000－0144－0009130　677.19/987
欽定武英殿聚珍版程式一卷　(清)金簡撰　清光緒十九年(1893)刻本　一册

110000－0144－0009131　677.45/477－943
照相鏤板印圖法一卷　(美國)貝列尼原本　(美國)衛里　(清)王汝駲同譯　清光緒二十六年(1900)江南製造局刻本　一册

110000－0144－0009132　679.9/554
文房四譜五卷　(宋)蘇易簡輯　清光緒七年(1881)吳興陸氏十萬卷樓刻本　二册

110000－0144－0009133　679.9/620
今文房四譜一卷　(清)謝崧梁撰　清光緒十六年(1890)湖南湘鄉졓經榭謝氏刻本　一册

110000－0144－0009134　679.92/620
論墨絶句詩一卷　(清)謝崧岱撰　清光緒十九年(1893)湖南湘鄉謝氏졓經榭刻本　一册

110000－0144－0009135　679.92/747
墨法集要一卷　(明)沈繼孫撰　清福建布政使署刻本　二册

110000－0144－0009136　679.93/295
卜硯集二卷　(清)查禮編　清道光元年(1821)寶拙堂刻本　一册

110000－0144－0009137　679.93/295
卜硯集二卷　(清)查禮編　清道光元年(1821)寶拙堂刻本　一册

110000－0144－0009138　679.93/903
寶硯堂硯辨一卷　(清)何傳瑤撰　清道光十七年(1837)肇城馮積儒堂刻本　一册

110000－0144－0009139　691.01/033
貿易須知一卷　(清)王秉元撰　清光緒五年(1879)刻本　一册

110000－0144－0009140　691.01/103
中國商務必讀　(清)朱廷琛撰　清光緒三十二年(1906)善化堂刻本　一册

110000－0144－0009141　692.2/101
奏定度量權衡畫一制度圖説總表推行章程　(清)農工商部編　清光緒三十四年(1908)農工商部印刷科鉛印本　一册

110000－0144－0009142　692.6/458
商界往來函稿二卷　(清)□□編　清宣統三

年(1911)上海掃葉山房石印本　二冊

110000－0144－0009143　701/292.7－02
閒情偶寄十六卷　(清)李漁撰　清康熙十年(1671)刻本　一冊

110000－0144－0009144　731.1/175
印文考略一卷補一卷　(清)鞠履厚輯　清乾隆三十九年(1774)留耕堂刻本　一冊

110000－0144－0009145　731.3/158
龍泓山人印譜　(清)丁敬篆　清末杭州西泠印社鈐印本　八冊

110000－0144－0009146　731.3/204
百將百美合璧印譜　(清)趙仲穆篆　清光緒二十年(1894)鈐印本　二冊

110000－0144－0009147　731.3/273
百美詩印譜　(清)楊廷紀篆刻　清道光七年(1827)四知堂鈐印本　一冊

110000－0144－0009148　731.3/435
遯盦集古印存初集四卷　(清)吳隱編　清光緒三十四年(1908)西泠印社木活字印本　四冊

110000－0144－0009149　731.3/838
竹泉草堂印稿　(清)□□篆　清光緒二十一年(1895)鈐印本　一冊

110000－0144－0009150　737/115
列僊酒牌一卷　(清)任熊繪　清咸豐四年(1854)蕭山蔡照初刻本　二冊

110000－0144－0009151　738/440
娛園叢書十種　(清)許增輯　清光緒十五年(1889)仁和許增刻本　存四種(陽羨名陶錄、書畫說鈐、賞延素心錄、頻羅庵論書)　一冊

110000－0144－0009152　738/700
匋雅二卷　(清)寂園叟撰　清宣統二年(1910)上海朝記書莊石印本　四冊

110000－0144－0009153　738/700
匋雅二卷　(清)寂園叟撰　清宣統二年(1910)上海朝記書莊石印本　四冊

110000－0144－0009154　740/705
國朝書畫家筆錄四卷　(清)竇鎮輯　清宣統三年(1911)木活字印本　三冊

110000－0144－0009155　740/705
國朝書畫家筆錄四卷　(清)竇鎮輯　清宣統三年(1911)木活字印本　八冊

110000－0144－0009156　741/222
筆嘯軒書畫錄二卷　(清)胡積堂輯　清道光十九年(1839)微城乙照齋刻本　二冊

110000－0144－0009157　741/246
甌鉢羅室書畫過目考四卷附一卷　(清)李玉棻編　清光緒二十三年(1897)北京興盛齋刻字局刻本　四冊

110000－0144－0009158　741/246
甌鉢羅室書畫過目考四卷附一卷　(清)李玉棻編　清光緒二十三年(1897)北京興盛齋刻字局刻本　四冊

110000－0144－0009159　741/291
諸家藏書簿十卷　(清)李調元輯　清末刻本　一冊

110000－0144－0009160　743.1/641
江邨消夏錄三卷　(清)高士奇輯　清末石印本　三冊

110000－0144－0009161　743.1/641－02
江邨消夏錄三卷　(清)高士奇輯　清末廣東順德鄧氏鉛印本　三冊

110000－0144－0009162　743.2/118－02
竹雲題跋四卷　(清)王澍撰　清道光二十七年(1847)番禺潘氏刻海山仙館叢書本　樂嘉藻墨筆眉批　四冊

110000－0144－0009163　743.2/118－02
竹雲題跋四卷　(清)王澍撰　清道光二十七年(1847)番禺潘氏刻海山仙館叢書本　四冊

110000－0144－0009164　743.2/216
西清劄記四卷　(清)胡敬輯　清嘉慶二十一年(1816)刻胡氏書畫考三種本　二冊

110000－0144－0009165　743.2/269

眼福編三十六卷　(清)楊恩壽撰　清光緒十一年(1885)長沙楊氏坦園刻坦園叢稿本　十冊

110000－0144－0009166　743.2/293
書畫鑑影二十四卷首一卷　(清)李佐賢輯　清同治十年(1871)利津李氏刻本　八冊

110000－0144－0009167　743.2/307
清河書畫舫十六卷鑒古百一詩一卷　(明)張丑撰　清光緒十四年(1888)孫溪朱氏家塾刻本　十二冊

110000－0144－0009168　743.2/307－02
清河書畫舫十六集　(明)張丑撰　清乾隆二十八年(1763)池北草堂刻本　二冊　存二集(子至丑)

110000－0144－0009169　743.2/329
澄蘭室古緣萃錄十八卷　(清)邵松年輯　清光緒三十年(1904)上海鴻文書局石印本　六冊

110000－0144－0009170　743.2/329.2
畫耕偶錄四卷　(清)邵梅臣撰　清道光刻本　一冊

110000－0144－0009171　743.2/362－04
庚子銷夏記八卷　(清)孫承澤撰　清光緒四年(1878)崇川葛氏山隱居刻本　樂嘉藻眉批　四冊

110000－0144－0009172　743.2/383
湘管齋寓賞編六卷　(清)陳焯輯　清嘉慶六年(1801)刻本　六冊

110000－0144－0009173　743.2/389
吳越所見書畫錄六卷　(清)陸時化編輯　**書畫説鈴一卷**　(清)陸時化撰　清宣統二年(1910)順德鄧氏風雨樓鉛印本　六冊

110000－0144－0009174　743.2/440
辛丑銷夏記五卷　(清)吳榮光撰　清光緒三十一年(1905)長沙郎園刻本　四冊

110000－0144－0009175　743.2/440
辛丑銷夏記五卷　(清)吳榮光撰　清光緒三十一年(1905)長沙郎園刻本　五冊

110000－0144－0009176　743.2/672
虛齋名畫錄十六卷　(清)龐元濟撰　清宣統元年(1909)上海尚友軒刻本　十六冊

110000－0144－0009177　743.2/697
知唐桑艾四卷　(清)宋伯魯撰　清光緒海棠仙館刻本　二冊

110000－0144－0009178　743.2/704－02
墨緣彙觀四卷　(清)安岐撰　清光緒二十六年(1900)刻本　六冊

110000－0144－0009179　743.2/754
聽颿樓書畫記五卷　(清)潘正煒撰　清道光二十三年(1843)刻本　五冊

110000－0144－0009180　743.2/891
潤龕書畫跋一卷　劉文耀撰　清末抄本　一冊

110000－0144－0009181　743.2/964
過雲樓書畫記十卷　(清)顧文彬撰　清光緒八年(1882)蘇州鐵瓶巷刻本　四冊

110000－0144－0009182　743/763
太平天國版畫十軸　(清)劉侗壽繪　清同治拓本　十軸

110000－0144－0009183　744/111
方石書話一卷　(清)于令淓撰　清刻本　一冊

110000－0144－0009184　744/579
墨藪一卷　(唐)韋續撰　清光緒十四年(1888)吳興陸氏刻十萬卷樓叢書本　一冊

110000－0144－0009185　745/158.6
四體字法不分卷　(清)丁庚等輯著　清金陵鄭元美刻本　四冊

110000－0144－0009186　745/324
草訣歌一卷　(朝鮮)尹溪石書　清光緒二十二年(1896)廣東守經堂刻本　一冊

110000－0144－0009187　745/408
漢谿書法通解八卷　(清)戈守智撰　清刻本

四册

110000－0144－0009188　745/766－03
書法正傳十卷　(清)馮武編　清世豸堂刻道光八年(1828)文淵堂印本　四册

110000－0144－0009189　745/766－05
書法正傳十卷　(清)馮武編　清世豸堂刻本　四册

110000－0144－0009190　745/972
衍極五卷　(元)鄭杓撰　(元)劉有定釋　清刻本　三册

110000－0144－0009191　745/972
衍極五卷　(元)鄭杓撰　(元)劉有定釋　清刻本　二册

110000－0144－0009192　746.2/118
淳化秘閣法帖攷正十卷附錄二卷　(清)王澍撰　清道光二十八年(1848)海虞俞氏蘊玉山房刻本　八册

110000－0144－0009193　746.2/374
蘭亭考十二卷　(宋)桑世昌輯　**蘭亭續考二卷**　(宋)俞松輯　清乾隆長塘鮑氏刻知不足齋叢書本　八册

110000－0144－0009194　746.2/983
蘇米齋蘭亭考八卷　(清)翁方綱撰　清光緒十五年(1889)常熟後知不足齋刻本　四册

110000－0144－0009195　746.31/291
姑溪題跋　(宋)李之儀撰　明末毛氏汲古閣刻本　二册

110000－0144－0009196　746.31/543－03
廣川書跋十卷　(宋)董逌撰　清光緒十三年(1887)吳縣朱氏槐廬家塾刻本　二册

110000－0144－0009197　746.31/716
欽定重刻淳化閣帖釋文十卷　(清)吳省蘭等編　清刻本　二册

110000－0144－0009198　746.31/730
御製三希堂石渠寶笈法帖釋文十六卷　(清)梁詩正等編　清光緒二十三年(1897)石印本　六册

110000－0144－0009199　746.31/730
御製三希堂石渠寶笈法帖釋文十六卷　(清)梁詩正等編　清光緒二十三年(1897)石印本　八册

110000－0144－0009200　746.31/730
御製三希堂石渠寶笈法帖釋文十六卷　(清)梁詩正等編　清光緒二十三年(1897)石印本　四册

110000－0144－0009201　746.31/981
海岳題跋一卷　(宋)米芾撰　明崇禎虞山毛氏汲古閣刻津逮祕書本　一册

110000－0144－0009202　746.31/981
水心題跋一卷　(宋)葉適撰　明崇禎毛氏汲古閣刻津逮祕書本　一册

110000－0144－0009203　746.31/981
魏公題跋一卷　(宋)蘇頌撰　明崇禎毛氏汲古閣刻津逮祕書本　一册

110000－0144－0009204　746.31/981
元豐題跋一卷　(宋)曾鞏撰　明崇禎毛氏汲古閣刻津逮祕書本　一册

110000－0144－0009205　746.31/998
西山題跋三卷　(宋)真德秀撰　明崇禎毛氏汲古閣刻津逮祕書本　一册

110000－0144－0009206　746.32/362
閑者軒帖考一卷　(清)孫承澤撰　清光緒許增榆園刻本　一册

110000－0144－0009207　746.4/313
固始張侍郎遺蹟　(清)張仁黼書　清宣統元年(1909)石印本　一册

110000－0144－0009208　746.4/504
國朝書家書四卷小傳四卷　(清)葉銘輯　清宣統元年(1909)杭州西泠印社石印本　七册

110000－0144－0009209　746.4/677
名人尺牘墨寶六卷　文明書局選印　清宣統二年(1910)上海文明書局石印本　六册

110000－0144－0009210　746.4/756
汝帖　(宋)王采輯　清道光二十二年(1842)

拓本　二册

110000－0144－0009211　746.43/118－26
黄庭經　（晉）王羲之書　清末拓本　一册

110000－0144－0009212　746.43/118－3－02
大唐三藏聖教序　（唐）太宗李世民撰　（唐）釋懷仁集字　清拓本　一册

110000－0144－0009213　746.44/667.3
三藏聖教序　（唐）太宗李世民著　（唐）褚遂良書　清拓本　一册

110000－0144－0009214　746.44/667.3
三藏聖教序　（唐）太宗李世民著　（唐）褚遂良書　清拓本　一册

110000－0144－0009215　746.44/864－04
玄秘塔碑銘　（唐）裴休撰　（唐）柳公權書　清拓本　一册

110000－0144－0009216　746.44/864－05
玄秘塔碑銘　（唐）裴休撰　（唐）柳公權書　清拓本　一册

110000－0144－0009217　746.46/106－2
林酒仙詩　（明）祝允明書　清拓本　一册

110000－0144－0009218　746.46/655
初拓墨池堂法帖五卷　（明）章藻刻　清宣統元年（1909）澄衷學堂印書處影印本　五册

110000－0144－0009219　746.46/950－9－02
明相國徐文定公墨跡一卷　（明）徐光啓書　清光緒二十九年（1903）鴻寶齋石印本　一册

110000－0144－0009220　746.47/368
壽石齋藏帖四卷　（清）孫銓輯　清拓本　四册

110000－0144－0009221　746.47/437
大佛頂首楞嚴經十卷　（清）吴芝瑛書　清宣統元年（1909）杭州小萬柳堂影印本　二册

110000－0144－0009222　746.47/972
鄭板橋法書　（清）鄭燮書　清末上海尚古山房石印本　一册

110000－0144－0009223　746.471/774
快雪堂法書　（清）馮銓刻　清末拓本　一册

110000－0144－0009224　746.472/981
滋蕙堂墨寶八卷　（清）曾恆德刻　清拓本　存一卷（四）　一册

110000－0144－0009225　746.473/309
玉虹樓法帖　（清）孔繼涑輯書　清拓本　一册

110000－0144－0009226　746.474/731
顔真卿官告竹山連句　（清）梁清標刻拓　清拓本　一册

110000－0144－0009227　746.475/994
魏大中丞平格頌　（清）姚瑩撰　清末拓本　一册

110000－0144－0009228　746.5/211
鞠彦雲墓志　（北魏）□□書　清末拓本　一册

110000－0144－0009229　746.5/679－1
干禄字書　（唐）顔元孫撰　（唐）顔真卿書　清拓本　一册

110000－0144－0009230　746.5/679－2
東方朔畫贊碑　（唐）顔真卿書　清拓本　一册

110000－0144－0009231　746.522/147
曹全碑　（漢）□□撰　清拓本　一册

110000－0144－0009232　746.524/140
孔羡碑　（三國魏）曹植撰　清拓本　一册

110000－0144－0009233　746.524/141
曹真碑　（三國）□□撰　清末拓本　一册

110000－0144－0009234　746.526/130
天發神讖碑　（三國）□□撰　清拓本　一册

110000－0144－0009235　746.53/118－1－02
宋拓淳化閣帖　（宋）王著輯　清宣統元年（1909）李翊煌石印本　十册

110000－0144－0009236　746.53/305
弔比干文碑　（北魏）孝文帝拓跋宏撰　清拓本　一册

110000－0144－0009237　746.5351/880－05
爨龍顔碑　(□)□□撰　清拓本　一冊

110000－0144－0009238　746.5362/647
高歸彥造像碑　(北魏)□□撰　清拓本　一冊

110000－0144－0009239　746.54/423－7
二百蘭亭齋溫虞公北宋搨本　(唐)歐陽詢書　清同治二年(1863)吳雲刻本　一冊

110000－0144－0009240　746.54/423－8
化度寺碑　(唐)歐陽詢書　清拓本　一冊

110000－0144－0009241　746.5411/103
昇仙太子碑　(唐)武則天撰　清末拓本　一冊

110000－0144－0009242　746.5411/119
唐天后御製詩一首書一首　(唐)王知敬書　清末拓本　一冊

110000－0144－0009243　746.5411/293
道因法師碑　(唐)李儼撰　(唐)歐陽通書　清拓本　一冊

110000－0144－0009244　746.5411/293
道因法師碑　(唐)李儼撰　(唐)歐陽通書　清拓本　一冊

110000－0144－0009245　746.5411/293
道因法師碑　(唐)李儼撰　(唐)歐陽通書　清拓本　一冊

110000－0144－0009246　746.5411/423
溫彥博墓志　(唐)歐陽詢撰並書　清拓本　一冊

110000－0144－0009247　746.5411/487
大唐王居士磚塔銘　(唐)上官靈芝撰　(唐)敬客書　清拓本　一冊

110000－0144－0009248　746.5411/489
虞世南孔子廟堂碑　(唐)虞世南撰書　清拓本　一冊

110000－0144－0009249　746.5411/867
等慈寺碑　(唐)顔師古書　清拓本　一冊

110000－0144－0009250　746.5411/867
等慈寺碑　(唐)顔師古書　清拓本　一冊

110000－0144－0009251　746.5411/910－02
伊闕佛龕碑　(唐)褚遂良書　清拓本　一冊

110000－0144－0009252　746.5413/294
葉有道碑　(唐)李邕書　清拓本　一冊

110000－0144－0009253　746.5413/354－02
興福寺碑　(唐)釋大雅集字書　清拓本　一冊

110000－0144－0009254　746.5413/679
金天王神祠題名　(唐)顔真卿書　清末拓本　一冊

110000－0144－0009255　746.5415/294
李北海雲麾將軍碑　(唐)李邕書　清拓本　一冊

110000－0144－0009256　746.5417/466
景教流行中國碑頌　(唐)釋景淨撰　(唐)呂秀岩書　清末拓本　二冊

110000－0144－0009257　746.5417/754
楊孝直墓志　(唐)潘聿撰　清末拓本　二冊

110000－0144－0009258　746.5417/887
三藏大遍覺法師塔銘　(唐)劉軻著　(唐)釋建初書　清拓本　一冊

110000－0144－0009259　746.565/998
真賞齋帖　(明)章簡叔鐫　清石印本　一冊

110000－0144－0009260　746.57/887
請愛堂石刻　(清)劉墉書　清拓本　五冊

110000－0144－0009261　746.574/929
錢南園臨褚書枯樹賦　(清)錢灃書　清拓本　一冊

110000－0144－0009262　746.574/977
新修城隍廟碑記　(清)鄭燮著書　清拓本　一冊

110000－0144－0009263　746.578/311－1
張樹珊碑　(清)陳澧撰　(清)張裕釗書　清末拓本　一冊

110000－0144－0009264　746.7/350－02
草字彙十二卷　(清)石梁輯　清崇順堂刻本　六册

110000－0144－0009265　746.7/350－03
草字彙十二卷　(清)石梁輯　清同治八年(1869)大文堂刻本　六册

110000－0144－0009266　746.7/350－04
草字彙十二卷　(清)石梁輯　清光緒十二年(1886)同文書局石印本　四册

110000－0144－0009267　746.7/350－04
草字彙十二卷　(清)石梁輯　清光緒十二年(1886)同文書局石印本　四册

110000－0144－0009268　746.7/726
草字便覽摘要不分卷　(清)梁民憲編輯並書　清光緒八年(1882)刻本　二册

110000－0144－0009269　746.7/726－4
草字綸摘要四卷　(清)梁民憲編輯並書　清咸豐九年(1859)竹深荷淨齋刻本　四册

110000－0144－0009270　746.9/311
漢碑範八卷　(清)張祖翼選　清宣統三年(1911)上海文明書局石印本　一册

110000－0144－0009271　747.08/311
四銅鼓齋論畫集刻十二種　(清)張祥河輯　清宣統元年(1909)會文齋刻本　四册

110000－0144－0009272　747.08/311
四銅鼓齋論畫集刻十二種　(清)張祥河輯　清宣統元年(1909)會文齋刻本　四册

110000－0144－0009273　747.08/951
清瘦閣讀畫十八種十卷　(清)徐文清輯　清光緒二十六年(1900)徐文清刻本　二册

110000－0144－0009274　747.09/736
玉臺畫史五卷別録一卷　(清)湯漱玉輯　清道光十一年(1831)錢塘汪氏振綺堂刻本　一册

110000－0144－0009275　747.09/736
玉臺畫史五卷別録一卷　(清)湯漱玉輯　清道光十一年(1831)錢塘汪氏振綺堂刻本　一册

110000－0144－0009276　747/102
桐陰論畫二卷首一卷附録一卷畫訣一卷二編二卷　(清)秦祖永撰　清同治三年(1864)刻光緒八年(1882)續刻本　四册

110000－0144－0009277　747/102
桐陰論畫二卷首一卷附録一卷畫訣一卷二編二卷三編二卷　(清)秦祖永撰　清同治三年(1864)刻光緒八年(1882)續刻本　四册

110000－0144－0009278　747/102－02
桐陰論畫二編二卷　(清)秦祖永撰　清光緒八年(1882)刻本　一册

110000－0144－0009279　747/617－02
古畫品録一卷　(南朝齊)謝赫撰　清抄本　一册

110000－0144－0009280　747/978
夢幻居畫學簡明五卷題畫詩二卷　(清)鄭績撰　清同治十三年(1874)刻本　四册

110000－0144－0009281　749.31/306
寶繪録二十卷　(明)張泰階輯　清乾隆知不足齋刻本　六册

110000－0144－0009282　749.31/441
青霞館論畫絶句一百首　(清)吳修撰　清光緒二年(1876)葛氏嘯園刻本　一册

110000－0144－0009283　749.31/441
青霞館論畫絶句一百首　(清)吳修撰　清光緒二年(1876)葛氏嘯園刻本　一册

110000－0144－0009284　749.31/952
懷古田舍梅統十三卷　(清)徐榮輯　清咸豐二年(1852)刻本　四册

110000－0144－0009285　749.32/082
南田畫跋一卷　(清)惲格撰　清光緒四年(1878)葛氏嘯園刻本　一册

110000－0144－0009286　749.32/213－02
習苦齋畫絮十卷　(清)戴熙撰　清光緒十九年(1893)刻本　四册

110000－0144－0009287　749.32/213－02
習苦齋畫絜十卷　(清)戴熙撰　清光緒十九年(1893)刻本　四册

110000－0144－0009288　749.32/218
胡刻三種八卷　(清)胡敬輯　清嘉慶二十一年(1816)刻本　四册

110000－0144－0009289　749.32/218
胡刻三種八卷　(清)胡敬輯　清嘉慶二十一年(1816)刻本　四册　存二卷(國朝院畫錄上、下)

110000－0144－0009290　749.32/289－1
無益有益齋論畫詩二卷　(清)李葆恂撰　清宣統元年(1909)南陵徐氏刻本　一册

110000－0144－0009291　749.32/289－1
無益有益齋論畫詩二卷　(清)李葆恂撰　清宣統元年(1909)南陵徐氏刻本　一册

110000－0144－0009292　749.32/337
南宋院畫錄八卷　(清)厲鶚輯　清光緒十年(1884)錢唐丁氏竹書堂刻本　四册

110000－0144－0009293　749.32/928
松壺畫贅二卷　(清)錢杜撰　清光緒十二年(1886)仁和許增刻本　一册

110000－0144－0009294　749.4/210
瞎牛菴題畫詩一卷　(清)金□撰　清光緒二十五年(1899)刻本　一册

110000－0144－0009295　749.42/440
紉齋畫賸不分卷　(清)陳升允繪　清光緒刻本　四册

110000－0144－0009296　749.47/990
山陰俞氏畫稿不分卷　(清)俞禮克繪　清光緒十五年(1889)上海秀文書局石印本　二册

110000－0144－0009297　749.8/619
蚓竅齋蘭譜不分卷　(清)謝鑑禮繪　清光緒三十年(1904)寶華主人刻本　一册

110000－0144－0009298　749.8/619－4
蚓竅齋竹譜不分卷　(清)謝鑑禮繪　清光緒三十年(1904)寶華主人刻本　一册

110000－0144－0009299　749.9/033
冶梅石譜不分卷　(清)王寅繪　清光緒十六年(1890)金陵王氏日本刻本　二册

110000－0144－0009300　749.9/119
芥子園畫傳四集　(清)王概摹　清嘉慶二十三年(1818)刻套印本　十七册

110000－0144－0009301　749.9/216
十竹齋書畫譜　(清)胡正言摹繪　清光緒五年(1879)邱瑞麟刻本　八册

110000－0144－0009302　749.92/741
後梅花喜神譜一卷　(清)鄭淳繪　清道光刻本　一册

110000－0144－0009303　757/905
畫器須知一卷　(英國)傅蘭雅撰　清光緒十四年(1888)刻本　一册

110000－0144－0009304　770/942
脱影奇觀四卷　(英國)德貞編譯　清同治十二年(1873)京都施醫院刻本　四册

110000－0144－0009305　780.92/370.3
聖門樂志一卷　(清)孔尚任纂　清光緒十三年(1887)闕里硯寬亭刻本　一册

110000－0144－0009306　780.92/370.3
聖門樂志一卷　(清)孔尚任纂　清光緒十三年(1887)闕里硯寬亭刻本　一册

110000－0144－0009307　781/226
重刻恭簡公志樂二十卷　(明)韓邦奇識　清道光六年(1826)關中裕德堂刻本　十二册

110000－0144－0009308　781/380
樂書二百卷　(宋)陳暘撰　清光緒二年(1876)菊坡精舍刻本　十八册

110000－0144－0009309　781/380
樂書二百卷　(宋)陳暘撰　清光緒二年(1876)菊坡精舍刻本　十八册

110000－0144－0009310　781/383.7
聲律通考十卷　(清)陳澧撰　清咸豐十年(1860)刻本　二册

110000－0144－0009311　781/713
樂經律吕通解五卷　(清)汪紱撰　清光緒九年(1883)刻本　五册

110000－0144－0009312　781/719
律吕新義四卷附録一卷　(清)江永撰　清光緒七年(1881)刻正覺樓叢刻本　二册

110000－0144－0009313　781/860
律吕通今圖説一卷律易一卷　(清)繆闐撰　清咸豐十一年(1861)刻本　二册

110000－0144－0009314　781/860－02
律吕通今圖説一卷律易一卷音調定程一卷　(清)繆闐撰　清同治五年(1866)蕪湖繆氏刻本　二册

110000－0144－0009315　781/860－6
庚癸原音四種　(清)繆闐撰　清同治五年(1866)安徽蕪湖繆氏刻本　二册

110000－0144－0009316　781/883.6
律音彙考八卷　(清)邱之稑撰　**琴旨申邱一卷**　(清)劉人熙撰　清光緒二十三年(1897)江南通州文廟刻本　四册

110000－0144－0009317　781/883.6－02
律音彙考八卷　(清)邱之稑撰　清道光十八年(1838)段田家塾刻本　四册

110000－0144－0009318　781/883.6－02
律音彙考八卷　(清)邱之稑撰　清道光十八年(1838)段田家塾刻本　四册

110000－0144－0009319　786.1/113－02
南北二派秘本琵琶譜真傳三卷　(清)王君錫傳譜　清光緒二年(1876)觀文社石印本　一册

110000－0144－0009320　786.1/818
山門新語二卷　(清)周贇撰　清光緒十九年(1893)六聲草堂刻本　一册

110000－0144－0009321　786.11/564
琴操二卷　(漢)蔡邕撰　**支遁集補遺一卷**　(清)蔣清翊撰　清光緒邵武徐氏刻邵武徐氏叢書本　一册

110000－0144－0009322　786.12/879－307
重訂擬瑟譜一卷　(清)邵嗣堯撰　(清)段仔文　(清)張懋賞編　清光緒七年(1881)刻本　一册

110000－0144－0009323　786/816
琴譜諧聲　(清)周顯撰　清嘉慶二十五年(1820)聽真軒刻本　六册

110000－0144－0009324　788.8/987－564
喇叭吹法一卷　(美國)金楷理譯　(清)蔡錫齡述　清末刻本、鉛印本　一册

110000－0144－0009325　792.3/173
燕臺樂府題名集一卷　(□)□□輯　清光緒二十四年(1898)石印本　一册

110000－0144－0009326　792.3/308
金臺殘淚記三卷　(清)張際亮撰　清光緒刻本　一册

110000－0144－0009327　792.3/485
曇波一卷　(清)四不頭陀撰　清咸豐三年(1853)刻本　一册

110000－0144－0009328　793.11/221
摘星譜一卷　(清)胡鴻澤輯　清光緒十四年(1888)刻本　一册

110000－0144－0009329　793.11/650
奕萃一卷官子一卷　(明)卞文恆撰　清嘉慶二十一年(1816)味書堂刻本　二册

110000－0144－0009330　793.11/789
梁程十四局一卷　(清)鄧元鏸編　清光緒七年(1881)弈潛齋刻本　一册

110000－0144－0009331　793.2/309
静寄軒詩鍾彙鈔一卷　(清)張剛輯　清光緒三十年(1904)鉛印本　一册

110000－0144－0009332　793.2/505
詩鐘鴻雪集初編一卷　(清)著涒吟社輯　清宣統元年(1909)豐源印書局鉛印本　一册

110000－0144－0009333　793.2/521
文虎二卷　(清)葛元煦選　清光緒六年(1880)京都聚珍堂書坊木活字印本　二册

110000－0144－0009334　793.2/745
詩鐘鳴盛集初編十卷　沈宗畸輯　清光緒三十四年(1908)鉛印本　一冊

110000－0144－0009335　793.2/745
詩鐘鳴盛集初編十卷　沈宗畸輯　清光緒三十四年(1908)鉛印本　一冊

110000－0144－0009336　793.2/886
廿四家隱語二卷　(清)劉玉才撰　清光緒八年(1882)京都登瀛閣刻本　二冊

110000－0144－0009337　793.2/894
鯨華社鐘選二卷　(清)鯨華社輯　清光緒三十一年(1905)上海通元書局石印本　一冊

110000－0144－0009338　793.3/177
廿四家隱語二卷　(清)劉玉才撰　清光緒八年(1882)鉛印本　一冊

110000－0144－0009339　793.6/667
中外戲法圖説十二卷　(清)唐再豐編　清光緒三十二年(1906)上海書局石印本　六冊

110000－0144－0009340　793.8/657
益智圖二卷　(清)童葉庚撰　清光緒四年(1878)睫巢刻本　二冊

110000－0144－0009341　793.8/657
益智圖二卷　(清)童葉庚撰　清光緒四年(1878)睫巢刻本　六冊

110000－0144－0009342　795/100
朋簪雅聚二卷　(清)三然主人編　(清)豫園主人重編　清光緒二十一年(1895)奉天彩盛字局鉛印本　二冊

110000－0144－0009343　795/122
重訂宣和譜牙牌彙集二卷　(清)金杏園輯　(清)博昌散人重訂　清光緒十四年(1888)宏文齋石印本　一冊

110000－0144－0009344　795/292
除紅譜一卷　(宋)朱河撰　**打馬圖經一卷**　(宋)李清照撰　清光緒三十二年(1906)長沙葉氏刻本　一冊

110000－0144－0009345　795/675
增訂莫愁湖全譜　(清)亦顛道人撰　清嘉慶十六年(1811)抄本　一冊

110000－0144－0009346　795/894
漢官儀三卷　(宋)劉攽撰　清光緒刻十萬卷樓叢書本　一冊

110000－0144－0009347　799.1/468
易筋經外經圖説一卷　(清)□□撰　清清江宏文堂刻本　一冊

110000－0144－0009348　799.2/791.5
少林棍法闡宗三卷　(明)程衝鬥撰　清抄本　一冊

110000－0144－0009349　799/130
手臂錄四卷附二卷　(清)吳殳撰　清嘉慶刻本　二冊

110000－0144－0009350　799/130
手臂錄四卷附二卷　(清)吳殳撰　清嘉慶刻本　二冊

110000－0144－0009351　800/261
文學興國策　(美國)林樂知譯　清光緒二十二年(1896)上海廣學會鉛印本　一冊

110000－0144－0009352　801.6/261
文學興國策二卷　(日本)森有禮撰　(美國)林樂知譯　清光緒二十二年(1896)上海廣學會鉛印本　一冊

110000－0144－0009353　811.1/1303
吳蘇亭論文百法一卷　吳蘇亭撰　清末抄本　一冊

110000－0144－0009354　820.1/166
夢陔堂文説十一卷　(清)黃承吉撰　清道光二十一年(1841)江都黃氏刻夢陔堂全集本　十冊

110000－0144－0009355　820.1/888－02
文心雕龍十卷　(南朝梁)劉勰撰　(清)黃叔琳注　(清)紀昀評　清道光十三年(1833)兩廣節署刻朱墨套印本　四冊

110000－0144－0009356　820.1/888－02
文心雕龍十卷　(南朝梁)劉勰撰　(清)黃叔

琳注　(清)紀昀評　清道光十三年(1833)兩廣節署刻朱墨套印本　四冊

110000－0144－0009357　820.1/888－02
文心雕龍十卷　(南朝梁)劉勰撰　(清)黃叔琳注　(清)紀昀評　清道光十三年(1833)兩廣節署刻朱墨套印本　四冊

110000－0144－0009358　820.1/888－02
文心雕龍十卷　(南朝梁)劉勰撰　(清)黃叔琳注　(清)紀昀評　清道光十三年(1833)兩廣節署刻朱墨套印本　四冊

110000－0144－0009359　820.1/888－02
文心雕龍十卷　(南朝梁)劉勰撰　(清)黃叔琳注　(清)紀昀評　清道光十三年(1833)兩廣節署刻朱墨套印本　四冊

110000－0144－0009360　820.1/888－021
文心雕龍十卷　(南朝梁)劉勰撰　(清)黃叔琳注　(清)紀昀評　清光緒十九年(1893)思賢講舍刻本　四冊

110000－0144－0009361　820.1/888－04
文心雕龍十卷　(南朝梁)劉勰撰　清光緒三年(1877)湖北崇文書局刻本　二冊

110000－0144－0009362　820.1/888－04
文心雕龍十卷　(南朝梁)劉勰撰　清光緒三年(1877)湖北崇文書局刻本　一冊

110000－0144－0009363　820.9/453.4
中國文學史　黃人著　清末國學扶輪社鉛印本　二十九冊

110000－0144－0009364　820/362
師伏堂中國文學講義　孫雄著　清光緒三十四年(1908)鉛印本　一冊

110000－0144－0009365　820/649
京師優級師範國文講義不分卷　(□)□□錄　清末抄本　三冊

110000－0144－0009366　820/915
文章緣起一卷　(南朝梁)任昉撰　(明)陳懋仁注　(清)方熊集補注　清光緒邵武徐氏刻本　一冊

110000－0144－0009367　821.08/119
嵎陽詩說八卷名媛韻事四卷　(清)王曉堂撰　清道光十三年(1833)王氏瓶花閣刻本　十冊

110000－0144－0009368　821.08/119
瓣香雜記五卷　(清)王曉堂撰　清道光十四年(1834)王氏瓶花閣刻本　與110000－0144－0009367、9369、9370合冊

110000－0144－0009369　821.08/119
明湖韻事一卷花外傳香一卷萍梗集別錄一卷　(清)王曉堂撰　清道光六年(1826)王氏鵲華館刻本　與110000－0144－0009367、9368、9370合冊

110000－0144－0009370　821.08/119
歷下偶談十卷續編十卷匡山叢話五卷　(清)王曉堂撰　清道光十一年(1831)王氏鵲華館刻本　與110000－0144－0009367、9368、9369合冊

110000－0144－0009371　821.13/313
詩韻辨字增註五卷　(清)張澐卿輯　清光緒七年(1881)張澐卿刻本　一冊

110000－0144－0009372　821.14/316
雜詩辨體二卷　(清)段永源輯　清末刻本　四冊

110000－0144－0009373　821.18/113.7
漁洋山人詩問二卷附律詩定體一卷然燈記聞一卷　(清)王士禛撰　清宣統三年(1911)上海掃葉山房石印本　一冊

110000－0144－0009374　821.18/362
眉韻樓詩話二卷　孫雄輯　清光緒三十四年(1908)上海集成圖書公司鉛印本　一冊

110000－0144－0009375　821.18/435
藏海詩話一卷　(宋)吳可撰　**吳禮部詩話一卷**　(元)吳師道撰　清乾隆、道光間鮑廷博刻知不足齋叢書本　一冊

110000－0144－0009376　821.18/746
名媛詩話十二卷　(清)沈善寶撰　清道光鴻

雪樓刻本　存四卷(一至四)　二册

110000－0144－0009377　821.7/414－04
馬氏繹史一百六十卷　(清)馬驌撰　清光緒二十三年(1897)武林尚友齋石印本　二十四册

110000－0144－0009378　821/111
澹園詩話一卷三百篇詩評一卷　(清)于祉撰　清咸豐三年(1853)刻本　一册

110000－0144－0009379　821/112.1
薑齋詩話四卷　(清)王夫之撰　清同治四年(1865)湘鄉曾氏金陵節署刻船山遺書本　樂嘉藻批　一册

110000－0144－0009380　821/113－2－02
帶經堂詩話三十卷首一卷　(清)王士禛撰　(清)張宗柟編輯　清同治十二年(1873)廣州藏脩堂刻本　十册

110000－0144－0009381　821/113－2－02
帶經堂詩話三十卷首一卷　(清)王士禛撰　(清)張宗柟編輯　清同治十二年(1873)廣州藏脩堂刻本　十二册

110000－0144－0009382　821/113－7－03
漁洋詩話三卷　(清)王士禛撰　清乾隆二十三年(1758)竹西書屋刻本　一册

110000－0144－0009383　821/115
詩學圓機活法大成二十四卷韻學活法全書十四卷　(明)王世貞輯　清文盛堂刻本　二十四册

110000－0144－0009384　821/115－02
詩學圓機活法大成二十四卷韻學活法全書十四卷　(明)王世貞輯　清道光十五年(1835)英德堂刻本　三十二册

110000－0144－0009385　821/115－03
詩學圓機活法大成二十四卷　(明)王世貞輯　清聚秀堂刻本　十六册

110000－0144－0009386　821/117
談藝珠叢　(清)王啟原輯　清光緒十一年(1885)長沙玉尺山房刻本　十二册

110000－0144－0009387　821/117
談藝珠叢　(清)王啟原輯　清光緒十一年(1885)長沙玉尺山房刻本　十二册

110000－0144－0009388　821/118
蘭修菴避暑抄四卷　(清)王道征纂　清道光二十八年(1848)刻本　二册

110000－0144－0009389　821/180
七子詩話七種　(清)鮑廷博等輯　清光緒二十六年(1900)刻本　六册

110000－0144－0009390　821/190
全唐詩話六卷　(宋)尤袤輯　(清)袁芳臻重校　清嘉慶二十年(1815)清駿堂刻本　六册

110000－0144－0009391　821/198－441
聲調譜說二卷　(清)趙執信撰　(清)吳紹澯纂訂　清嘉慶二年(1797)吳紹澯刻本　一册

110000－0144－0009392　821/213
吟竹綴語不分卷　(清)戴文選撰　清光緒三年(1877)且齋刻本　四册

110000－0144－0009393　821/215
東目館詩見四卷　(清)胡壽芝撰　清嘉慶十一年(1806)有倏然處刻本　四册

110000－0144－0009394　821/220.6
詩藪内編六卷雜編六卷外編六卷　(明)胡應麟撰　清光緒刻廣雅書局叢書本　四册

110000－0144－0009395　821/222－03
苕谿漁隱叢話前集六十卷後集四十卷　(宋)胡仔輯　清道光二十六年(1846)海山仙館刻海山仙館叢書本　十六册

110000－0144－0009396　821/257
射鷹樓詩話二十四卷　(清)林昌彝撰　清咸豐元年(1851)福州林氏刻本　八册

110000－0144－0009397　821/257－7
海天琴思錄八卷　(清)林昌彝撰　清同治三年(1864)刻本　四册

110000－0144－0009398　821/257－71
海天琴思續錄八卷　(清)林昌彝撰　清同治

八年(1869)廣州刻本　四冊

110000－0144－0009399　821/268
筠石山房詩話鈔六卷　(清)楊霈輯　清道光二十七年(1847)十芝堂刻本　六冊

110000－0144－0009400　821/295
蓮坡詩話三卷　(清)查為仁撰　清光緒刻本　二冊

110000－0144－0009401　821/304
司空詩品註釋一卷　(唐)司空圖撰　清末李光明莊刻本　一冊

110000－0144－0009402　821/311
小滄浪詩話四卷　(清)張燮承撰　清咸豐九年(1859)古汲郡賀氏刻本　二冊

110000－0144－0009403　821/313.8
湘上詩緣錄四卷新安詩萃一卷　(清)張修府輯　清光緒十四年(1888)長沙嘉定張氏刻本　四冊

110000－0144－0009404　821/316
雅倫二十六卷　(清)費經虞撰　(清)費密補　清刻本　二十四冊

110000－0144－0009405　821/365
南苑一知集論詩二卷叢談二卷山對齋文詩存稿二卷　(清)馬魯撰　清同治十二年(1873)馬先登刻本　六冊

110000－0144－0009406　821/380
明詩紀事一百八十七卷　(清)陳田輯　清光緒二十五年(1899)貴陽陳氏聽詩齋刻陳氏叢書本　三十八冊

110000－0144－0009407　821/380
明詩紀事一百八十七卷　(清)陳田輯　清光緒二十五年(1899)貴陽陳氏聽詩齋刻陳氏叢書本　三十八冊

110000－0144－0009408　821/380
明詩紀事一百八十七卷　(清)陳田輯　清光緒二十五年(1899)貴陽陳氏聽詩齋刻陳氏叢書本　三十八冊

110000－0144－0009409　821/380
明詩紀事一百八十七卷　(清)陳田輯　清光緒二十五年(1899)貴陽陳氏聽詩齋刻陳氏叢書本　三十八冊

110000－0144－0009410　821/384
讀詩拙言一卷　(明)陳第撰　清道光傳經堂刻本　一冊

110000－0144－0009411　821/398
鳧亭詩話二卷　(清)陶元藻輯　清刻本　二冊

110000－0144－0009412　821/476
歸田詩話三卷　(明)瞿佑撰　清乾隆五十九年(1794)刻龍威秘書本　二冊

110000－0144－0009413　821/476－02
歸田詩話三卷　(明)瞿佑撰　清乾隆四十年(1775)刻知不足齋叢書本　三冊

110000－0144－0009414　821/521
韻語陽秋二十卷　(宋)葛立方撰　清光緒二十二年(1896)武維盛氏刻本　一冊

110000－0144－0009415　821/545
聲調四譜圖說十二卷首一卷末一卷　(清)董文渙撰　清同治三年(1864)洪洞董氏刻本　六冊

110000－0144－0009416　821/692
耐冷譚十六卷　(清)宋咸熙撰　清道光武林亦西齋刻本　六冊

110000－0144－0009417　821/695－02
三唐詩品三卷　宋育仁撰　清光緒考雋堂刻本　一冊

110000－0144－0009418　821/730
閩川閨秀詩話四卷　(清)梁章鉅撰　清道光二十九年(1849)木活字印本　一冊

110000－0144－0009419　821/754
養一齋詩話十卷李杜詩話三卷　(清)潘德輿撰　清道光十六年(1836)刻本　四冊

110000－0144－0009420　821/754.9
緝雅堂詩話二卷　(清)潘衍桐撰　清光緒十七年(1891)潘氏刻本　一冊

110000－0144－0009421　821/804－02
詩人玉屑二十卷　(宋)魏慶之撰　清古松堂刻本　十冊

110000－0144－0009422　821/804－02
詩人玉屑二十卷　(宋)魏慶之撰　清古松堂刻本　六冊

110000－0144－0009423　821/804－02
詩人玉屑二十卷　(宋)魏慶之撰　清古松堂刻本　六冊

110000－0144－0009424　821/819－02
浩然齋雅談三卷　(宋)周密撰　清刻本　一冊

110000－0144－0009425　821/834.8
靜志居詩話二十四卷　(清)朱彝尊撰　清嘉慶二十四年(1819)扶荔山房刻本　十冊

110000－0144－0009426　821/869
詩式五卷　(唐)釋皎然撰　清刻本　一冊

110000－0144－0009427　821/906
說詩樂趣類編二十五卷　(清)伍涵芬輯　清康熙四十年(1701)華日堂刻本　九冊

110000－0144－0009428　821/979
分體利試詩法入門十九卷　(清)鄭錫瀛輯評　清咸豐九年(1859)通德堂刻本　八冊

110000－0144－0009429　821/988.3
味蔬詩話四卷　(清)余雲焕撰　清光緒三十四年(1908)思南府署刻本　二冊

110000－0144－0009430　822.77/250
平定粵匪紀略二十二卷　(清)杜文瀾撰　清同治十年(1871)聚珍齋木活字印本　八冊

110000－0144－0009431　822/269
雲莊四六餘話一卷　(宋)楊囦道撰　(清)鮑廷博校　清嘉慶桐川顧氏刻本　一冊

110000－0144－0009432　822/361
四六叢話三十三卷選詩叢話一卷　(清)孫梅輯　清光緒七年(1881)嶺南許應鑅刻本　十二冊

110000－0144－0009433　822/361
四六叢話三十三卷選詩叢話一卷　(清)孫梅輯　清光緒七年(1881)嶺南許應鑅刻本　十二冊

110000－0144－0009434　822/361
四六叢話三十三卷選詩叢話一卷　(清)孫梅輯　清光緒七年(1881)嶺南許應鑅刻本　十二冊

110000－0144－0009435　822/361
四六叢話三十三卷選詩叢話一卷　(清)孫梅輯　清光緒七年(1881)嶺南許應鑅刻本　十二冊

110000－0144－0009436　823.1/157
名家詞鈔不分卷　(清)聶先　(清)曾王孫輯　清刻本　十六冊

110000－0144－0009437　823.1/293
左庵詞話一卷　(清)李佳繼昌撰　清光緒二十八年(1902)刻本　二冊

110000－0144－0009438　823.1/312－02
詞源二卷　(宋)張炎編　清光緒娱園刻本　一冊

110000－0144－0009439　823.1/312－02
詞源二卷　(宋)張炎編　清光緒娱園刻本　一冊

110000－0144－0009440　823.1/312－02
詞源二卷　(宋)張炎編　清光緒娱園刻本　一冊

110000－0144－0009441　823.1/312－02
詞源二卷　(宋)張炎編　清光緒娱園刻本　一冊

110000－0144－0009442　823.1/347
百花名紅樓夢人物西廂詞曲牌名全集　(清)□□輯　清抄本　一冊

110000－0144－0009443　823.1/384
白雨齋詞話八卷詩抄一卷詞存一卷　(清)陳廷焯撰　清光緒二十年(1894)海寧包氏刻本　四冊

110000－0144－0009444　823.1/384
白雨齋詞話八卷詩抄一卷詞存一卷　(清)陳廷焯撰　清光緒二十年(1894)海寧包氏刻本　四册

110000－0144－0009445　823.1/442
蓮子居詞話四卷　(清)吳衡照輯　清道光十二年(1832)錢唐汪氏振綺堂刻本　二册

110000－0144－0009446　823.1/442
蓮子居詞話四卷　(清)吳衡照輯　清道光十二年(1832)錢唐汪氏振綺堂刻本　二册

110000－0144－0009447　823.1/504
天籟軒詞譜四卷補遺一卷詞韻一卷　(清)葉申薌輯　清道光十一年(1831)天籟軒刻本　十二册

110000－0144－0009448　823.1/713
詞名集解六卷續編二卷宋樂類編一卷樂府標源二卷樂府遺聲一卷　(清)汪汲撰　清刻本　四册

110000－0144－0009449　823.1/735
惠風詞話五卷詞二卷　(清)況周頤撰　清刻本　三册

110000－0144－0009450　823.1/774
詞苑萃編二十四卷　(清)馮金伯輯　清嘉慶十一年(1806)刻本　四册

110000－0144－0009451　823.1/925－03
白香詞譜四卷　(清)舒夢蘭撰　**晚翠軒詞韻一卷**　清咸豐七年(1857)刻本　三册

110000－0144－0009452　823.1/954
詞苑叢談十二卷　(清)徐釚編　清康熙二十七年(1688)蛾術齋刻本　缺一卷(六)　九册

110000－0144－0009453　823.108/295
詞學全書　(清)查培繼輯　清乾隆世德堂刻本　十册

110000－0144－0009454　823.108/713
古愚老人消夏錄十八種　(清)汪汲撰　清乾隆、嘉慶間古愚山房刻本　五册　存七種

110000－0144－0009455　823.5/732
曲話五卷　(清)梁廷枏撰　清末刻本　三册

110000－0144－0009456　823.5/948
樂府傳聲二卷　(清)徐大椿撰　清光緒七年(1881)刻正覺樓叢刻本　二册

110000－0144－0009457　824/383
全唐文紀事一百二十二卷首一卷　(清)陳鴻墀撰　清同治十二年(1873)巴陵方功惠刻本　二十四册

110000－0144－0009458　824/442
文翼三卷　(清)吳鋌撰　清道光十六年(1836)王國棟等刻本　三册

110000－0144－0009459　824/449－02
東萊先生古文關鍵二卷　(宋)呂祖謙評　(宋)蔡文子注　(清)徐樹屏考异　清光緒二十四年(1898)江蘇書局刻本　二册

110000－0144－0009460　824/449－02
東萊先生古文關鍵二卷　(宋)呂祖謙評　(宋)蔡文子注　(清)徐樹屏考异　清光緒二十四年(1898)江蘇書局刻本　二册

110000－0144－0009461　824/531
晉國垂棘一卷續垂棘編六卷二集十卷三集十卷四集九卷　(清)范弘嗣輯　(清)范鄗鼎續輯　清康熙五經堂刻道光七年(1827)補刻本　十六册

110000－0144－0009462　824/842
文鑰二卷　鄒福保輯　清宣統元年(1909)江蘇存古學堂鉛印本　二册

110000－0144－0009463　824/901
法苑火齊八卷　(清)何齊聖撰　清乾隆四年(1739)連然書院刻本　八册

110000－0144－0009464　824/919
論策合鈔簡編一卷首一卷宋人經義約鈔一卷宋人經義補鈔一卷　(清)孫葆田編　**作義要訣一卷**　(元)倪士毅撰　清光緒二十四年(1898)刻本　二册

110000－0144－0009465　825/781
曲品二卷　(明)灤藍生撰　清宣統二年

(1910)暖紅室刻本　一册

110000－0144－0009466　825/987
靈台小補一卷　(清)金連凱撰　清道光十四年(1834)刻本　一册

110000－0144－0009467　826/303
司馬氏書儀十卷　(宋)司馬光撰　清同治七年(1868)江蘇書局刻本　一册

110000－0144－0009468　826/576
策學纂要十六卷　(清)萬年茂　(清)戴第元鑒定　(清)戴朋　(清)黄卷仝輯　清末福建汀州友益堂刻本　六册

110000－0144－0009469　826/581
詩夢鐘聲録一卷　(清)詩鐘社輯　清光緒刻本　二册

110000－0144－0009470　826/730－02
楹聯叢話十二卷續話四卷　(清)梁章鉅輯　清道光二十年(1840)桂林署齋刻本　六册

110000－0144－0009471　826/730－03
楹聯叢話十二卷續話四卷巧對録八卷　(清)梁章鉅輯　清末環碧軒刻本　八册

110000－0144－0009472　826/730－04
楹聯叢話十二卷續話四卷　(清)梁章鉅輯　清道光二十六年(1846)刻宜稼堂叢書本　四册

110000－0144－0009473　826/730－8
制義叢話二十四卷　(清)梁章鉅撰　清咸豐九年(1859)刻本　八册

110000－0144－0009474　826/730－8
制義叢話二十四卷　(清)梁章鉅撰　清咸豐九年(1859)刻本　八册

110000－0144－0009475　826/730－8
制義叢話二十四卷　(清)梁章鉅撰　清咸豐九年(1859)刻本　八册

110000－0144－0009476　830.4/161
初唐四傑集三十一卷　(清)項家達輯　清同治十二年(1873)鄒氏叢雅居刻本　十二册

110000－0144－0009477　830.4/161－6
初唐四傑集二十一卷　(清)項家達輯　清光緒五年(1879)淮南書局刻本　四册

110000－0144－0009478　830.4/161－6
初唐四傑集二十一卷　(清)項家達輯　清光緒五年(1879)淮南書局刻本　四册

110000－0144－0009479　830.4/161－6
初唐四傑集二十一卷　(清)項家達輯　清光緒五年(1879)淮南書局刻本　三册

110000－0144－0009480　830.4/161－6
初唐四傑集二十一卷　(清)項家達輯　清光緒五年(1879)淮南書局刻本　四册

110000－0144－0009481　830.4/667
唐人五十家小集五十種　(清)江標輯　清光緒二十一年(1895)湖南使院元和江氏靈鶼閣刻蘇州振新書社印本　十六册

110000－0144－0009482　830.4/667
唐人五十家小集五十種　(清)江標輯　清光緒二十一年(1895)湖南使院元和江氏靈鶼閣刻蘇州振新書社印本　十六册

110000－0144－0009483　830.4/667
唐人五十家小集五十種　(清)江標輯　清光緒二十一年(1895)湖南使院元和江氏靈鶼閣刻蘇州振新書社印本　十六册

110000－0144－0009484　830.4/994
唐文粹一百卷　(宋)姚鉉輯　清光緒九年(1883)江蘇書局刻本　十六册

110000－0144－0009485　830.4/994
唐文粹一百卷　(宋)姚鉉輯　清光緒九年(1883)江蘇書局刻本　十六册

110000－0144－0009486　830.4/994－02
唐文粹一百卷　(宋)姚鉉輯　**補遺二十六卷**　(清)郭麐輯　清光緒十六年(1890)仁和許氏榆園刻本　二十册

110000－0144－0009487　830.4/994－02
唐文粹一百卷　(宋)姚鉉輯　**補遺二十六卷**　(清)郭麐輯　清光緒十六年(1890)仁和許

氏榆園刻本　十六册

110000－0144－0009488　830.4/994－02
唐文粹一百卷　(宋)姚鉉輯　**補遺二十六卷**　(清)郭麐輯　清光緒十六年(1890)仁和許氏榆園刻本　二十册

110000－0144－0009489　830.4/994－635
唐文粹補遺二十六卷　(清)郭麐輯　清光緒十六年(1890)杭州許氏榆園刻本　四册

110000－0144－0009490　830.4/994－635－02
唐文粹補遺二十六卷　(清)郭麐輯　清光緒十一年(1885)江蘇書局刻本　四册

110000－0144－0009491　830.4/994－635－02
唐文粹補遺二十六卷　(清)郭麐輯　清光緒十一年(1885)江蘇書局刻本　四册

110000－0144－0009492　830.4/994－635－02
唐文粹補遺二十六卷　(清)郭麐輯　清光緒十一年(1885)江蘇書局刻本　四册

110000－0144－0009493　830.417/338
唐中興間氣集二卷　(唐)高仲武輯　清光緒武進費氏刻本　一册

110000－0144－0009494　830.51/117
三蘇全集　(清)王之俊輯　清道光十二年(1832)眉州三蘇祠刻本　八十册

110000－0144－0009495　830.51/117
三蘇全集　(清)王之俊輯　清道光十二年(1832)眉州三蘇祠刻本　五十册

110000－0144－0009496　830.51/117
三蘇全集　(清)王之俊輯　清道光十二年(1832)眉州三蘇祠刻本　六十八册

110000－0144－0009497　830.51/442
沈氏三先生文集西溪集十卷長興集二十一卷雲巢編十卷　(宋)沈遘　(宋)沈括　(宋)沈遼撰　清光緒二十二年(1896)浙江書局刻本　十册

110000－0144－0009498　830.51/444
宋文鑑一百五十卷目錄三卷　(宋)呂祖謙輯　清光緒十二年(1886)江蘇書局刻本　存五十卷(一百一至一百五十)　八册

110000－0144－0009499　830.51/444
宋文鑑一百五十卷目錄三卷　(宋)呂祖謙輯　清光緒十二年(1886)江蘇書局刻本　二十四册

110000－0144－0009500　830.51/444
宋文鑑一百五十卷目錄三卷　(宋)呂祖謙輯　清光緒十二年(1886)江蘇書局刻本　二十四册

110000－0144－0009501　830.51/444
宋文鑑一百五十卷目錄三卷　(宋)呂祖謙輯　清光緒十二年(1886)江蘇書局刻本　二十四册

110000－0144－0009502　830.51/444
宋文鑑一百五十卷目錄三卷　(宋)呂祖謙輯　清光緒十二年(1886)江蘇書局刻本　存一百三卷(一至一百、目錄三卷)　二十四册

110000－0144－0009503　830.51/444
宋文鑑一百五十卷目錄三卷　(宋)呂祖謙輯　清光緒十二年(1886)江蘇書局刻本　缺六卷(一百十八至一百二十三)　二十四册

110000－0144－0009504　830.52/525
南宋文範七十卷外編四卷作者考二卷　(清)莊仲方輯　清光緒十四年(1888)江蘇書局刻本　十六册

110000－0144－0009505　830.52/525
南宋文範七十卷外編四卷作者考二卷　(清)莊仲方輯　清光緒十四年(1888)江蘇書局刻本　十六册

110000－0144－0009506　830.52/525
南宋文範七十卷外編四卷作者考二卷　(清)莊仲方輯　清光緒十四年(1888)江蘇書局刻本　十六册

110000－0144－0009507　830.52/525
南宋文範七十卷外編四卷作者考二卷　(清)莊仲方輯　清光緒十四年(1888)江蘇書局刻本　十六册

110000－0144－0009508　830.52/546
南宋文錄二十四卷　(清)董兆熊輯　清光緒十七年(1891)蘇州書局刻本　五冊

110000－0144－0009509　830.55/860－02
遼文存六卷附錄二卷　繆荃孫輯　清光緒二十二年(1896)雲自在堪刻本　二冊

110000－0144－0009510　830.56/291
金元明八大家古文選五十三卷　(清)李祖陶評點　清道光二十五年(1845)刻本　十二冊

110000－0144－0009511　830.56/291
金元明八大家古文選五十三卷　(清)李祖陶評點　清道光二十五年(1845)刻本　二十六冊

110000－0144－0009512　830.56/314
金文最六十卷　(清)張金吾輯　清光緒二十一年(1895)蘇州書局刻本　十六冊

110000－0144－0009513　830.56/314
金文最六十卷　(清)張金吾輯　清光緒二十一年(1895)蘇州書局刻本　四冊

110000－0144－0009514　830.56/525
金文雅十六卷　(清)莊仲方輯　清光緒十七年(1891)江蘇書局刻本　四冊

110000－0144－0009515　830.56/525
金文雅十六卷　(清)莊仲方輯　清光緒十七年(1891)江蘇書局刻本　四冊

110000－0144－0009516　830.56/525
金文雅十六卷　(清)莊仲方輯　清光緒十七年(1891)江蘇書局刻本　四冊

110000－0144－0009517　830.56/525
金文雅十六卷　(清)莊仲方輯　清光緒十七年(1891)江蘇書局刻本　四冊

110000－0144－0009518　830.56/525
金文雅十六卷　(清)莊仲方輯　清光緒十七年(1891)江蘇書局刻本　四冊

110000－0144－0009519　830.57/554
元文類七十卷目錄三卷　(元)蘇天爵輯　清光緒十五年(1889)江蘇書局刻本　十冊

110000－0144－0009520　830.57/554
元文類七十卷目錄三卷　(元)蘇天爵輯　清光緒十五年(1889)江蘇書局刻本　十冊

110000－0144－0009521　830.57/554
元文類七十卷目錄三卷　(元)蘇天爵輯　清光緒十五年(1889)江蘇書局刻本　十冊

110000－0144－0009522　830.57/554
元文類七十卷目錄三卷　(元)蘇天爵輯　清光緒十五年(1889)江蘇書局刻本　十冊

110000－0144－0009523　830.6/131
呂新吾先生遺集三十六卷　(明)呂坤撰　明萬曆刻清印本　二十六冊

110000－0144－0009524　830.6/286
明文選二十七卷　(清)李祖陶輯評　清道光二十五年(1845)刻本　十二冊

110000－0144－0009525　830.6/504－02
午夢堂集　(明)葉紹袁輯　明崇禎刻本　四冊

110000－0144－0009526　830.6/569－02
明文在一百卷　(清)薛熙　(清)何潔輯　清光緒十五年(1889)江蘇書局刻本　十冊

110000－0144－0009527　830.6/569－02
明文在一百卷　(清)薛熙編　(清)何潔輯　清光緒十五年(1889)江蘇書局刻本　十冊

110000－0144－0009528　830.6/569－02
明文在一百卷　(清)薛熙編　(清)何潔輯　清光緒十五年(1889)江蘇書局刻本　十冊

110000－0144－0009529　830.6/569－02
明文在一百卷　(清)薛熙編　(清)何潔輯　清光緒十五年(1889)江蘇書局刻本　十冊

110000－0144－0009530　830.6/569－02
明文在一百卷　(清)薛熙編　(清)何潔輯　清光緒十五年(1889)江蘇書局刻本　十冊

110000－0144－0009531　830.6/569－02
明文在一百卷　(清)薛熙編　(清)何潔輯　清光緒十五年(1889)江蘇書局刻本　十冊

110000－0144－0009532　830.6/951

明文遠四十九卷　(清)徐文駒　(清)羅景沏輯　清康熙學古樓刻本　十二册

110000－0144－0009533　830.7/118

曾文正祠雅集圖記　(清)王安定等輯　清光緒元年(1875)都門刻本　一册

110000－0144－0009534　830.7/309－504－02

秦淮八艷圖詠一卷　(清)張景祁撰　清光緒十八年(1892)羊城越華講院刻本　一册

110000－0144－0009535　830.7/348

冰梅詞一刻一卷　(清)夏文蕤輯　清光緒二十九年(1903)休寧夏氏刻本　一册

110000－0144－0009536　830.7/375

學海堂集初集十六卷二集二十二卷三集二十四卷　(清)阮元等編　清道光五年(1825)啟秀山房刻本　二十四册

110000－0144－0009537　830.7/421

紅葉舘話别圖一卷留别詩一卷　(日本)野口小蘋繪圖　清末刻本　一册

110000－0144－0009538　830.7/440

吴氏一家稿八十二卷　(清)吴錫麒等撰　(清)吴清鵬輯　清咸豐五年(1855)吴氏刻本　十六册

110000－0144－0009539　830.7/489

塾課古文彙選　(清)溫承惠輯　清嘉慶十八年(1813)山右溫氏刻本　二十册

110000－0144－0009540　830.7/593

黄花飼雀圖題詞一卷　(清)岑傳霖撰　清光緒十三年(1887)小石渠閣刻本　一册

110000－0144－0009541　830.7/754

乾坤正氣集五百七十四卷　(清)姚瑩　(清)潘錫恩等輯　清道光二十三年至二十八年(1843－1848)求是齋刻光緒七年(1881)印本　一百六十册

110000－0144－0009542　830.7/754

乾坤正氣集五百七十四卷　(清)姚瑩　(清)潘錫恩等輯　清道光二十三年至二十八年(1843－1848)求是齋刻光緒七年(1881)印本　二百册

110000－0144－0009543　830.7/801

寧都三魏全集　(清)林時益　(清)魏際瑞輯　清道光二十五年(1845)珍溪謝氏紱園書塾刻本　五十册

110000－0144－0009544　830.7/801

寧都三魏全集　(清)林時益　(清)魏際瑞輯　清道光二十五年(1845)珍溪謝氏紱園書塾刻本　四十九册

110000－0144－0009545　830.7/801

寧都三魏全集　(清)林時益　(清)魏際瑞輯　清道光二十五年(1845)珍溪謝氏紱園書塾刻本　五十册

110000－0144－0009546　830.7/860

文章遊戲三十二卷　(清)繆艮輯　清嘉慶二十一年(1816)藕花館刻本　十六册

110000－0144－0009547　830.7/922

蝶仙小史彙編六卷蝶史楹聯一卷　(清)延清輯　清光緒刻本　四册

110000－0144－0009548　830.7/922

蝶仙小史彙編六卷蝶史楹聯一卷　(清)延清輯　清光緒刻本　四册

110000－0144－0009549　830.7/922

蝶仙小史彙編六卷蝶史楹聯一卷　(清)延清輯　清光緒刻本　四册

110000－0144－0009550　830.7/922－02

蝶仙小史二卷來蝶軒詩一卷　(清)延清輯　清光緒二十三年(1897)鉛印本　二册

110000－0144－0009551　830.7/990

詁經精舍四集十六卷續選一卷　(清)俞樾編　清光緒十一年(1885)刻本　十册

110000－0144－0009552　830.75/372

鄧林唱和集二卷　(清)鄧廷楨　(清)林則徐撰　清宣統元年(1909)江浦陳氏刻本　一册

110000－0144－0009553　830.78/116

合肥王氏家集　(清)王尚辰輯　清光緒木活

字印本　一冊

110000－0144－0009554　830.78/307
竹居錄存一卷　張士珩輯　清光緒二十三年(1897)冶山竹居刻本　一冊

110000－0144－0009555　830.8/700
漢上消閒集十六卷　(清)宦應清輯　清宣統三年(1911)屏風莊舊主鉛印本　六冊

110000－0144－0009556　830.8/715
滑稽詩文集四卷　(清)汪錫純纂　清宣統二年(1910)石印本　四冊

110000－0144－0009557　830/158
漢魏六朝名家集　丁福保輯　清宣統三年(1911)無錫丁氏鉛印本　三十冊

110000－0144－0009558　830/214
古樹篇二卷古樹續集一卷　(清)李鄴嗣等撰　清刻本　一冊

110000－0144－0009559　830/260
東萊集注類編观瀾文集甲集二十五卷乙集二十五卷丙集二十卷附考三卷　(宋)林之奇編　(宋)呂祖謙集注　清光緒十年(1884)碧琳瑯館刻本　十二冊

110000－0144－0009560　830/260
東萊集注類編观瀾文集甲集二十五卷乙集二十五卷丙集二十卷附考三卷　(宋)林之奇編　(宋)呂祖謙集注　清光緒十年(1884)碧琳瑯館刻本　十二冊

110000－0144－0009561　830/278
文選課虛四卷　(清)杭世駿撰　清刻本　一冊

110000－0144－0009562　830/279
古文詞略二十四卷　(清)梅曾亮輯　清光緒三十四年(1908)學部圖書局鉛印本　五冊

110000－0144－0009563　830/279
古文詞略二十四卷　(清)梅曾亮輯　清光緒三十四年(1908)學部圖書局鉛印本　五冊

110000－0144－0009564　830/279
古文詞略二十四卷　(清)梅曾亮輯　清光緒三十四年(1908)學部圖書局鉛印本　五冊

110000－0144－0009565　830/279
古文詞略二十四卷　(清)梅曾亮輯　清光緒三十四年(1908)學部圖書局鉛印本　五冊

110000－0144－0009566　830/279－02
古文詞略讀本二十四卷　(清)梅曾亮輯　清末京師宏道學社鉛印本　四冊

110000－0144－0009567　830/279－03
古文詞略二十四卷　(清)梅曾亮輯　清同治六年(1867)合肥李氏刻本　五冊

110000－0144－0009568　830/279－03
古文詞略二十四卷　(清)梅曾亮輯　清同治六年(1867)合肥李氏刻本　六冊

110000－0144－0009569　830/312－02
漢魏六朝百三名家集　(明)張溥輯　(清)吳摯甫評　清光緒十八年(1892)長沙謝氏翰墨山房刻本　一百冊

110000－0144－0009570　830/312－03
漢魏六朝百三名家集　(明)張溥輯　清光緒十八年(1892)善化章經濟堂刻本　一百冊

110000－0144－0009571　830/312－04
漢魏六朝百三名家集　(明)張溥輯　清光緒五年(1879)信述堂刻本　七十一冊

110000－0144－0009572　830/363
續古文苑二十卷　(清)孫星衍輯　清光緒九年(1883)江蘇書局刻本　六冊

110000－0144－0009573　830/363
續古文苑二十卷　(清)孫星衍輯　清光緒九年(1883)江蘇書局刻本　六冊

110000－0144－0009574　830/363
續古文苑二十卷　(清)孫星衍輯　清光緒九年(1883)江蘇書局刻本　六冊

110000－0144－0009575　830/363－02
續古文苑二十卷　(清)孫星衍輯　清光緒十一年(1885)朱氏槐盧家塾刻本　八冊

110000－0144－0009576　830/482

四忠遺集三十九卷　(□)□□撰　清光緒二十三年(1897)湘南書局刻本　十六册

110000－0144－0009577　830/482
四忠遺集三十九卷　(□)□□撰　清光緒二十三年(1897)湘南書局刻本　十六册

110000－0144－0009578　830/482
四忠遺集三十九卷　(□)□□撰　清光緒二十三年(1897)湘南書局刻本　十六册

110000－0144－0009579　830/482－02
四忠遺集三十九卷　(□)□□撰　清同治七年(1868)楚醴景萊書室刻本　二十四册

110000－0144－0009580　830/514－018
文選六十卷　(南朝梁)蕭統撰　(唐)李善注　清乾隆二十三年(1758)雲林周氏懷德堂刻本　八册

110000－0144－0009581　830/514－02
文選六十卷　(南朝梁)蕭統撰　(唐)李善注　**文選考異十卷**　(清)胡克家撰　清宣統三年(1911)上海會文堂書局石印本　十六册

110000－0144－0009582　830/514－02
文選六十卷　(南朝梁)蕭統撰　(唐)李善注　**文選考異十卷**　(清)胡克家撰　清宣統三年(1911)上海會文堂粹記石印本　十六册

110000－0144－0009583　830/514－02
文選六十卷　(南朝梁)蕭統撰　(唐)李善注　**文選考異十卷**　(清)胡克家撰　清宣統三年(1911)上海會文堂粹記石印本　十六册

110000－0144－0009584　830/514－02
文選六十卷　(南朝梁)蕭統撰　(唐)李善注　**文選考異十卷**　(清)胡克家撰　清宣統三年(1911)上海會文堂粹記石印本　十六册

110000－0144－0009585　830/514－02
文選六十卷　(南朝梁)蕭統撰　(唐)李善注　**文選考異十卷**　(清)胡克家撰　清宣統三年(1911)上海會文堂粹記石印本　十六册

110000－0144－0009586　830/514－02
文選六十卷　(南朝梁)蕭統撰　(唐)李善注　**文選考異十卷**　(清)胡克家撰　清宣統三年(1911)上海會文堂粹記石印本　十六册

110000－0144－0009587　830/514－02
文選六十卷　(南朝梁)蕭統撰　(唐)李善注　**文選考異十卷**　(清)胡克家撰　清宣統三年(1911)上海會文堂粹記石印本　十六册

110000－0144－0009588　830/514－022
文選六十卷　(南朝梁)蕭統輯　(唐)李善注　清光緒六年(1880)四明林植梅刻本　二十册

110000－0144－0009589　830/514－022
文選六十卷　(南朝梁)蕭統輯　(唐)李善注　清光緒六年(1880)四明林植梅刻本　二十四册

110000－0144－0009590　830/514－031
文選六十卷　(南朝梁)蕭統輯　(唐)李善注　(清)葉樹藩參訂　清羊城翰墨園刻朱墨套印本　十二册

110000－0144－0009591　830/514－04
文選六十卷附文選考異十卷　(南朝梁)蕭統撰　(唐)李善注　**文選考異十卷**　(清)胡克家撰　清光緒元年(1875)撫州饒氏雙峰書屋刻本　十二册

110000－0144－0009592　830/514－042
文選六十卷　(南朝梁)蕭統撰　(唐)李善注　**文選考異十卷**　(清)胡克家撰　清同治八年(1869)湖北崇文書局刻本　二十四册

110000－0144－0009593　830/514－043
文選六十卷附文選考異十卷　(南朝梁)蕭統撰　(唐)李善注　**文選考異十卷**　(清)胡克家撰　清光緒十八年(1892)上海古香閣石印本　六册

110000－0144－0009594　830/514－044
文選六十卷　(南朝梁)蕭統輯　(唐)李善注　清同治八年(1869)金陵書局刻本　十册

110000－0144－0009595　830/514－045
文選六十卷　(南朝梁)蕭統輯　(唐)李善注

清光緒十一年(1885)上海同文書局石印本　十冊

110000－0144－0009596　830/514－045
文選六十卷　(南朝梁)蕭統輯　(唐)李善注　清光緒十一年(1885)上海同文書局石印本　十冊

110000－0144－0009597　830/514－05
文選六十卷　(南朝梁)蕭統撰　(唐)李善注　**文選考異十卷**　(清)胡克家撰　清宣統三年(1911)上海會文堂書局石印本　十六冊

110000－0144－0009598　830/514－056
文選六十卷　(南朝梁)蕭統輯　(唐)李善注　(清)葉樹藩參訂　清刻本　十六冊

110000－0144－0009599　830/514－068
文選六十卷　(南朝梁)蕭統撰　(唐)李善注　清乾隆雙桂堂刻朱墨套印本　十二冊

110000－0144－0009600　830/514－069
文選考異十卷　(南朝梁)蕭統輯　(唐)李善注　清嘉慶十四年(1809)鄱陽胡氏刻本　四冊

110000－0144－0009601　830/514－07
文選六十卷　(南朝梁)蕭統輯　(唐)李善注　清光緒二十四年(1898)上海古香閣石印本　六冊

110000－0144－0009602　830/514－111
重訂文選集評十五卷首一卷末一卷　(清)于光華編　清同治十一年(1872)江蘇書局刻本　十六冊

110000－0144－0009603　830/514－111－02
重訂文選集評十五卷首一卷末一卷　(清)于光華編　清同治九年(1870)刻本　十六冊

110000－0144－0009604　830/514－111－03
文選集評十五卷首一卷末一卷　(清)于光華編　清乾隆三十七年(1772)友于堂刻本　十五冊

110000－0144－0009605　830/514－111－04
重訂文選集評十五卷首一卷末一卷　(清)于光華編　清末崇儒書屋刻本　十六冊

110000－0144－0009606　830/514－111－05
重訂文選集評十五卷首一卷末一卷　(清)于光華編　清乾隆五十一年(1786)金閶書業堂刻本　八冊

110000－0144－0009607　830/514－111－06
重訂文選集評十五卷首一卷末一卷　(清)于光華編　清末漁古山房刻本　十六冊

110000－0144－0009608　830/514－222
文選箋證三十二卷　(清)胡紹煐撰　清光緒十三年(1887)績溪胡氏世澤樓木活字印本　缺三卷(二十一至二十三)　九冊

110000－0144－0009609　830/514－222
文選箋證三十二卷　(清)胡紹煐撰　清光緒十三年(1887)績溪胡氏世澤樓木活字印本　十冊

110000－0144－0009610　830/514－291
選學拾瀋二卷附詩四首　李詳撰　清光緒二十年(1894)刻本　二冊

110000－0144－0009611　830/514－308
選學膠言二十卷補遺一卷　(清)張雲璈撰　清道光十一年(1831)簡松草堂刻本　八冊

110000－0144－0009612　830/514－384
文選補遺四十卷首一卷　(元)陳仁子輯　清道光二十五年(1845)琅環館刻本　十六冊

110000－0144－0009613　830/514－384
文選補遺四十卷首一卷　(元)陳仁子輯　清道光二十五年(1845)琅環館刻本　一冊

110000－0144－0009614　830/514－452
文選古字通補訓拾遺一卷　(清)呂錦文撰　清光緒二十七年(1901)懷硯齋刻本　四冊

110000－0144－0009615　830/514－452－6
文選古字通補訓四卷拾遺一卷　(清)呂錦文撰　清光緒二十七年(1901)懷硯齋刻本　一冊

110000－0144－0009616　830/514－573
文選古字通疏證六卷　(清)薛傳均撰　清道

光迪志齋刻本　二册

110000－0144－0009617　830/514－573
文選古字通疏證六卷　(清)薛傳均撰　清道光迪志齋刻本　一册

110000－0144－0009618　830/514－573
文選古字通疏證六卷　(清)薛傳均撰　清道光迪志齋刻本　十六册

110000－0144－0009619　830/514－626－4
增訂昭明文選集成詳注六十卷首一卷　(清)方廷珪評點　(清)于光華　(清)陳雲程注　清乾隆福州龍江書屋刻本　二十四册

110000－0144－0009620　830/514－626－6
昭明文選集成六十卷首二卷　(南朝梁)蕭統輯　(清)方廷珪評點　清乾隆三十二年(1767)倣范軒刻本　八册

110000－0144－0009621　830/514－714
選學彙函八種　(清)汪師韓撰　(清)孫志祖輯　清刻受經堂叢書本　八册

110000－0144－0009622　830/514－714－6
文選理學權輿四卷　(清)孫志祖輯　清光緒十五年(1889)刻本　八册

110000－0144－0009623　830/514－714－6
文選理學權輿四卷　(清)孫志祖輯　清光緒十五年(1889)刻本　八册

110000－0144－0009624　830/514－730
文選旁證四十六卷　(清)梁章鉅撰　清光緒八年(1882)吳下許應鎔刻本　十二册

110000－0144－0009625　830/514－730
文選旁證四十六卷　(清)梁章鉅撰　清光緒八年(1882)吳下許應鎔刻本　八册

110000－0144－0009626　830/514－730
文選旁證四十六卷　(清)梁章鉅撰　清光緒八年(1882)吳下許應鎔刻本　十二册

110000－0144－0009627　830/514－730
文選旁證四十六卷　(清)梁章鉅撰　清光緒八年(1882)吳下許應鎔刻本　十二册

110000－0144－0009628　830/514－827
文選集釋二十四卷　(清)朱珔撰　清光緒元年(1875)涇川朱氏梅村家塾刻本　十二册

110000－0144－0009629　830/514－827
文選集釋二十四卷　(清)朱珔撰　清光緒元年(1875)涇川朱氏梅村家塾刻本　十二册

110000－0144－0009630　830/514－827
文選集釋二十四卷　(清)朱珔撰　清光緒元年(1875)涇川朱氏梅村家塾刻本　十二册

110000－0144－0009631　830/531
古學鴻裁十五卷詩學鴻裁二卷　(清)范樫　(清)周采撰　清初文錦堂刻本　十二册

110000－0144－0009632　830/655
古文苑二十一卷　(宋)章樵注　清光緒十二年(1886)江蘇書局刻本　四册

110000－0144－0009633　830/655－03
古文苑二十一卷　(宋)章樵注　(清)黄加焜　(清)曾培校　清光緒十四年(1888)黄加焜蘊石齋刻本　四册

110000－0144－0009634　830/655－04
古文苑二十一卷　(宋)章樵注　(清)李錫齡校　清道光二十六年(1846)宏道書院刻惜陰軒叢書本　二册

110000－0144－0009635　830/655－06
古文苑九卷　(宋)章樵注　清光緒五年(1879)宏達堂刻本　三册

110000－0144－0009636　830/814
歷代宮閨文選二十六卷　(清)周壽昌輯　清宣統三年(1911)上海群學社鉛印本　六册

110000－0144－0009637　830/814－02
宮閨文選二十六卷　(清)周壽昌輯訂　清道光二十六年(1846)小蓬萊山館刻本　十册

110000－0144－0009638　830/814－02
宮閨文選二十六卷　(清)周壽昌輯訂　清道光二十六年(1846)小蓬萊山館刻本　六册

110000－0144－0009639　830/814－02
宮閨文選二十六卷　(清)周壽昌輯訂　清道

光二十六年(1846)小蓬萊山館刻本　六册

110000－0144－0009640　830/814－02
宮闈文選二十六卷　(清)周壽昌輯訂　清道光二十六年(1846)小蓬萊山館刻本　八册

110000－0144－0009641　830/998－287
西山先生真文忠公文章正宗讀本　(宋)真德秀編　(清)李翰熙編　清前期殖學齋刻本　十六册

110000－0144－0009642　831.2/115
八代詩選二十卷　王闓運撰　清光緒十六年(1890)江蘇書局刻本　八册

110000－0144－0009643　831.2/115
八代詩選二十卷　王闓運撰　清光緒十六年(1890)江蘇書局刻本　八册

110000－0144－0009644　831.2/115
八代詩選二十卷　王闓運撰　清光緒十六年(1890)江蘇書局刻本　八册

110000－0144－0009645　831.2/289
漢詩音注十卷　(清)李因篤評註　(清)王梓較　清光緒五年(1879)于寶之刻本　四册

110000－0144－0009646　831.2/940
月午樓古詩十九首詳解二卷　(清)饒學斌撰　(清)饒宗璠等校　清光緒元年至三年(1875－1877)無諸城刻本　二册

110000－0144－0009647　831.3/222
六朝四家全集　(清)胡鳳丹輯　清同治六年至九年(1867－1870)永康胡氏退補齋刻本　六册

110000－0144－0009648　831.3/222
六朝四家全集　(清)胡鳳丹輯　清同治六年至九年(1867－1870)永康胡氏退補齋刻本　六册

110000－0144－0009649　831.4/011
唐詩三百首續選　(清)于慶元編　清道光十七年至宣統三年(1837－1911)刻本　一册

110000－0144－0009650　831.4/113
唐人萬首絕句選七卷　(宋)洪邁原本　(清)王士禛選　清光緒二十三年(1897)金陵書局刻本　一册

110000－0144－0009651　831.4/113
唐人萬首絕句選七卷　(宋)洪邁原本　(清)王士禛選　清光緒二十三年(1897)金陵書局刻本　二册

110000－0144－0009652　831.4/113.2
唐詩選六卷　王闓運輯　清光緒二年(1876)成都尊經書局刻本　六册

110000－0144－0009653　831.4/113－02
唐人萬首絕句選七卷　(宋)洪邁原本　(清)王士禛選　清光緒六年(1880)刻本　四册

110000－0144－0009654　831.4/113－06
唐人萬首絕句選七卷　(宋)洪邁原本　(清)王士禛選　清同治至宣統刻本　二册

110000－0144－0009655　831.4/113－2
十種唐詩選　(清)王士禛輯　清康熙三十一年(1692)南芝堂刻本　六册

110000－0144－0009656　831.4/113－6
唐文粹詩選六卷　(清)王士禛輯　清康熙刻本　一册

110000－0144－0009657　831.4/113－9
唐詩合解十二卷　(清)王堯衢編註　清寶興堂刻本　六册

110000－0144－0009658　831.4/128
東嵒艸堂評訂唐詩鼓吹十卷　(金)元好問選　(元)郝天挺註　(清)朱三錫評　清康熙二十七年(1688)古講堂刻本　四册

110000－0144－0009659　831.4/128
東嵒艸堂評訂唐詩鼓吹十卷　(金)元好問選　(元)郝天挺註　(清)朱三錫評　清康熙二十七年(1688)古講堂刻本　四册

110000－0144－0009660　831.4/145
全唐詩九百卷　(清)聖祖玄燁編　(清)曹寅輯　清康熙四十六年(1707)揚州詩局刻本　一百二十册

110000－0144－0009661　831.4/145－02

全唐詩九百卷　（清）聖祖玄燁編　（清）曹寅輯　清光緒十三年（1887）上海同文書局石印本　劉盼遂題識　三十二册

110000－0144－0009662　831.4/145－02
全唐詩九百卷　（清）聖祖玄燁編　（清）曹寅輯　清光緒十三年（1887）上海同文書局石印本　三十册

110000－0144－0009663　831.4/145－02
全唐詩九百卷　（清）聖祖玄燁編　（清）曹寅輯　清光緒十三年（1887）上海同文書局石印本　三十册

110000－0144－0009664　831.4/145－02
全唐詩九百卷　（清）聖祖玄燁編　（清）曹寅輯　清光緒十三年（1887）上海同文書局石印本　三十册

110000－0144－0009665　831.4/213
唐宋詩本七十六卷目錄八卷　（清）戴第元纂輯　（清）何永暹參校　清乾隆三十八年（1773）大庾戴氏覽珠堂刻光緒四年（1878）續刻本　二十四册

110000－0144－0009666　831.4/289－1
唐詩箋注七卷　（明）李攀龍　（明）鍾惺選評　（清）錢謙益箋釋　清世榮堂刻本　六册

110000－0144－0009667　831.4/424
唐四家詩集二十八卷　（清）同文書局輯　清光緒十年（1884）上海同文書局石印本　八册

110000－0144－0009668　831.4/577－02
唐詩三百首　（清）蘅塘退士輯　清光緒十二年（1886）姑蘇掃葉山房刻本　二册

110000－0144－0009669　831.4/577－02
唐詩三百首　（清）蘅塘退士輯　清光緒十二年（1886）姑蘇掃葉山房刻本　二册

110000－0144－0009670　831.4/577－03
唐詩三百首六卷目錄二卷　（清）蘅塘退士輯　清光緒二十三年（1897）鴻德堂刻本　二册

110000－0144－0009671　831.4/577－287
唐詩三百首箋六卷　（清）蘅塘退士編　（清）李松壽　（清）李筠壽補傳　清光緒二十一年（1895）湖南鹾署刻本　一册

110000－0144－0009672　831.4/577－385
唐詩三百首補註八卷　（清）陳婉俊編　清光緒十二年（1886）善成堂刻本　三册

110000－0144－0009673　831.4/577－385－04
唐詩三百首補註八卷　（清）陳婉俊編　清光緒十一年（1885）四藤吟社刻本　四册

110000－0144－0009674　831.4/577－655－03
唐詩三百首註釋六卷　（清）蘅塘退士編　（清）章燮註　清光緒十五年（1889）文寶堂書坊刻本　八册

110000－0144－0009675　831.4/577－655－04
唐詩三百首註釋六卷　（清）蘅塘退士編　（清）章燮註　清光緒十六年（1890）寶慶經綸柏記刻本　四册

110000－0144－0009676　831.4/655
唐詩百名家全集二百九十七卷　（清）席啟寓輯　清康熙四十一年（1702）吳郡席氏琴川書屋刻本　十八册

110000－0144－0009677　831.4/665
唐詩百名家全集二百九十七卷　（清）席啟寓輯　清康熙四十一年（1702）吳郡席氏琴川書屋刻本　五十六册

110000－0144－0009678　831.4/716.6
御選唐宋詩醇四十七卷目錄二卷　（清）弘晝　（清）梁詩正等輯　清光緒七年（1881）浙江書局刻本　二十四册

110000－0144－0009679　831.4/716.6
御選唐宋詩醇四十七卷目錄二卷　（清）弘晝　（清）梁詩正等輯　清光緒七年（1881）浙江書局刻本　二十册

110000－0144－0009680　831.4/716.6－04
御選唐宋詩醇四十七卷目錄二卷　（清）弘晝　（清）梁詩正等輯　清光緒二十一年（1895）上海鴻文書局石印本　八册

110000－0144－0009681　831.4/716.6－05

御選唐宋詩醇四十七卷目錄二卷 （清）弘晝 （清）梁詩正等輯 清光緒七年（1881）江蘇書局刻本 二十冊

110000－0144－0009682 831.4/716.6－05
御選唐宋詩醇四十七卷目錄二卷 （清）弘晝 （清）梁詩正等輯 清光緒七年（1881）江蘇書局刻本 二十冊

110000－0144－0009683 831.4/748
重訂五朝詩別裁集 （清）沈德潛輯 清小西山房刻本 四十冊

110000－0144－0009684 831.4/748
重訂五朝詩別裁集 （清）沈德潛輯 清小西山房刻本 四十冊

110000－0144－0009685 831.4/748－02
五朝詩別裁集 （清）沈德潛輯 清刻本 四十冊

110000－0144－0009686 831.4/748－4
唐詩別裁集引典備註二十卷 （清）沈德潛選評 （清）俞汝昌注 清光緒二十一年（1895）文海書局石印本 六冊

110000－0144－0009687 831.4/748－6－06
重訂唐詩別裁集二十卷 （清）沈德潛選評 清末上海文瑞樓石印本 六冊

110000－0144－0009688 831.4/845
讀雪山房唐詩三十四卷 （清）管世銘選 清光緒十二年（1886）湖北官書處刻本 十二冊

110000－0144－0009689 831.4/845
讀雪山房唐詩三十四卷 （清）管世銘選 清光緒十二年（1886）湖北官書處刻本 十二冊

110000－0144－0009690 831.4/994
姚選唐人絕句詩鈔不分卷 （清）姚鼐輯 清光緒十七年（1891）上海文明書局石印本 一冊

110000－0144－0009691 831.41/104
詩品唐律二卷 （清）福振選輯 清刻本 二冊

110000－0144－0009692 831.41/113
唐賢三昧集三卷 （清）王士禛輯 （清）吳煊 （清）胡棠輯注 （清）黃培芳評 清光緒九年（1883）翰墨園刻朱墨套印本 三冊

110000－0144－0009693 831.41/113
唐賢三昧集三卷 （清）王士禛輯 （清）吳煊 （清）胡棠輯注 （清）黃培芳評 清光緒九年（1883）翰墨園刻朱墨套印本 三冊

110000－0144－0009694 831.41/113
唐賢三昧集三卷 （清）王士禛輯 （清）吳煊 （清）胡棠輯注 （清）黃培芳評 清光緒九年（1883）翰墨園刻朱墨套印本 三冊

110000－0144－0009695 831.41/119
王孟詩評五卷 （唐）孟浩然 （唐）王維撰 （宋）劉辰翁評 清光緒六年（1880）碧琳琅館刻朱墨套印本 四冊

110000－0144－0009696 831.41/350－165
飣餖吟五卷 （清）石贊清撰 （清）黃丙森註 清咸豐、同治間刻本 二冊

110000－0144－0009697 831.41/579
才調集補注十卷 （五代）韋縠編 （清）殷元勳 （清）宋邦綏補註 清光緒二十年（1894）江蘇書局刻本 四冊

110000－0144－0009698 831.41/579－113
才調集選三卷 （五代）韋縠編 （清）王士禛刪纂 清康熙刻本 三冊

110000－0144－0009699 831.41/746
杜詩直解六卷 （唐）杜甫撰 （清）沈寅 （清）朱崑補輯 清乾隆四十年（1775）鳳樓刻本 六冊

110000－0144－0009700 831.41/746.2
唐詩金粉十卷 （清）沈炳震輯 清光緒十二年（1886）嶺南集成書局石印本 二冊

110000－0144－0009701 831.41/746－02
李杜合刻直牋十二卷 （唐）李白 （唐）杜甫撰 （清）沈寅 （清）朱崑補輯 清金閶斯雅堂刻本 十二冊

110000－0144－0009702 831.41/748

唐詩別裁集引典備註二十卷　（清）俞汝昌注　清道光十七年（1837）白鹿山房刻本　十六册

110000－0144－0009703　831.41/932
唐音審體二十卷　（清）錢良擇輯　清道光二年（1822）海虞顧氏刻本　八册

110000－0144－0009704　831.41/932
唐音審體二十卷　（清）錢良擇輯　清道光二年（1822）海虞顧氏刻本　四册

110000－0144－0009705　831.41/932
唐音審體二十卷　（清）錢良擇輯　清道光二年（1822）海虞顧氏刻本　六册

110000－0144－0009706　831.41/968
河岳英靈集二卷　（唐）殷璠輯　清光緒四年（1878）賴豐烈刻紅印本　二册

110000－0144－0009707　831.41/968
河岳英靈集二卷　（唐）殷璠輯　清光緒四年（1878）賴豐烈刻紅印本　二册

110000－0144－0009708　831.41/987
貫華堂選批唐才子詩集七言律八卷　（清）金人瑞集撰　清宣統三年（1911）上海國學扶輪社石印本　八册

110000－0144－0009709　831.41/987－02
貫華堂選批唐才子詩甲集七言律八卷　（清）金人瑞選批　清刻本　六册

110000－0144－0009710　831.413/113
唐賢三昧集三卷　（清）王士禛輯　清刻本　三册

110000－0144－0009711　831.413/113
唐賢三昧集三卷　（清）王士禛輯　清刻本　五册

110000－0144－0009712　831.413/113
唐賢三昧集三卷　（清）王士禛輯　清刻本　一册

110000－0144－0009713　831.413/113－02
唐賢三昧集三卷　（清）王士禛編　（清）吳煊　（清）胡棠輯注　清宣統二年（1910）淵古齋石印本　六册

110000－0144－0009714　831.413/113－02
唐賢三昧集三卷　（清）王士禛編　（清）吳煊　（清）胡棠輯注　清宣統二年（1910）淵古齋石印本　六册

110000－0144－0009715　831.417/247
中晚唐詩叩彈集十二卷　（清）杜詔　（清）杜庭珠編　清寶仁堂刻本　六册

110000－0144－0009716　831.417/659
中晚唐詩紀不分卷　（清）龔賢輯　清刻本　六册

110000－0144－0009717　831.42/291
全五代詩一百卷補遺一卷　（清）李調元編　清乾隆刻本　二十四册

110000－0144－0009718　831.42/291
全五代詩一百卷補遺一卷　（清）李調元編　清乾隆刻本　十二册

110000－0144－0009719　831.5/439－02
宋詩鈔初集　（清）吕留良　（清）吳之振　（清）吳爾堯輯　清刻本　十六册

110000－0144－0009720　831.5/502
皇華集類編十卷首一卷末一卷　（明）華察著　清光緒三年（1877）梁溪華氏自怡小築刻本　四册

110000－0144－0009721　831.5/828
宋元明詩三百首一卷　（清）朱梓　（清）冷昌言編　清咸豐三年（1853）虞山頋氏家塾刻本　二册

110000－0144－0009722　831.5/837
宋詩紀事一百卷　（清）厲鄂輯　清乾隆十一年（1746）厲鶚刻本　二十四册

110000－0144－0009723　831.5/924
宋代五十六家詩集不分卷　（清）坐春書塾選　清宣統二年（1910）龍文閣石印本　六册

110000－0144－0009724　831.511/273－02
西崑詶唱集二卷　（宋）楊億輯　清壹事堂刻本　一册

110000－0144－0009725　831.511/287
二李唱和集一卷　(宋)李昉　(宋)李至撰　清光緒十五年(1889)貴陽陳榘日本刻本　一冊

110000－0144－0009726　831.514/818
宋四名家詩二十七卷　(清)周之鱗　(清)柴昇輯　清有文堂刻本　八冊

110000－0144－0009727　831.52/966
南宋群賢小集　(宋)陳起原輯　(清)顧修輯　清嘉慶六年(1801)讀畫齋刻本　四十冊

110000－0144－0009728　831.54/818
宋四名家詩二十七卷　(清)周之鱗　(清)柴昇輯　清弘訓堂刻本　四冊

110000－0144－0009729　831.57/243
谷音二卷　(元)杜本編　清咸豐元年(1851)南海伍氏刻粤雅堂叢書本　二冊

110000－0144－0009730　831.57/273
西湖竹枝集一卷　(元)楊維禎輯　清光緒七年(1881)錢塘丁氏刻本　二冊

110000－0144－0009731　831.57/273
西湖竹枝集一卷　(元)楊維禎輯　清光緒七年(1881)錢塘丁氏刻本　一冊

110000－0144－0009732　831.57/309－03
元詩百一鈔八卷補遺一卷　(清)張景星　(清)姚培謙輯　清文萃堂刻本　四冊

110000－0144－0009733　831.57/665
元詩選癸集十集　(清)顧嗣立　(清)席世臣輯　清光緒十四年(1888)掃葉山房刻本　十六冊

110000－0144－0009734　831.57/665－02
元詩選癸集十集　(清)顧嗣立　(清)席世臣輯　清嘉慶三年(1798)席世臣刻本　十六冊

110000－0144－0009735　831.57/962
元詩選初集十集二集八集三集八集　(清)顧嗣立輯　清康熙長洲秀野草堂刻本　三十六冊

110000－0144－0009736　831.57/962
元詩選初集十集二集八集三集八集　(清)顧嗣立輯　清康熙長洲秀野草堂刻本　三十六冊

110000－0144－0009737　831.6/120
明詩百卅名家集鈔二十四卷　(清)王企埥輯　清康熙至乾隆敬事堂刻本　二十四冊

110000－0144－0009738　831.6/308
弘正四杰詩集　(清)张雨珊辑　清末長沙張氏湘雨樓刻本　十六冊

110000－0144－0009739　831.6/580
吳江三節婦集四卷　(清)董雲鶴等撰　清咸豐七年(1857)吳江範氏刻本　四冊

110000－0144－0009740　831.6/712
明三十家詩選初集八卷二集八卷　(清)汪端輯　清同治十二年(1873)蘊蘭吟館刻本　八冊

110000－0144－0009741　831.6/712
明三十家詩選初集八卷二集八卷　(清)汪端輯　清同治十二年(1873)蘊蘭吟館刻本　八冊

110000－0144－0009742　831.6/712
明三十家詩選初集八卷二集八卷　(清)汪端輯　清同治十二年(1873)蘊蘭吟館刻本　八冊

110000－0144－0009743　831.6/722
明三十家詩選八卷二集八卷　(清)汪端輯　清道光自然好學齋刻蘇州振新書社印本　八冊

110000－0144－0009744　831.6/748－03
明詩別裁集十二卷　(清)沈德潛　(清)周準輯　清乾隆五十九年(1794)刻本　二冊

110000－0144－0009745　831.6/748－04
明詩別裁集十二卷　(清)沈德潛　(清)周準輯　清刻本　四冊

110000－0144－0009746　831.6/834
明詩綜一百卷　(清)朱彝尊輯　(清)陸稹輯評　清西泠清來堂吳氏刻本　三十二冊

110000－0144－0009747　831.6/932
列朝詩集八十一卷　(清)錢謙益輯　清宣統二年(1910)國光印刷所鉛印本　五十六册

110000－0144－0009748　831.6/932
列朝詩集八十一卷　(清)錢謙益輯　清宣統二年(1910)鉛印本　二十八册

110000－0144－0009749　831.7/033
應求集四卷　(清)王慶勳輯　清咸豐八年(1858)上海王氏刻本　二册

110000－0144－0009750　831.7/113.2
信芳閣家藏集五卷　(清)王相輯　清道光八年(1828)百花萬卷草堂刻本　四册

110000－0144－0009751　831.7/117
湖海詩傳四十六卷　(清)王昶輯　清同治四年(1865)緑蔭堂刻本　十四册

110000－0144－0009752　831.7/117
湖海詩傳四十六卷　(清)王昶輯　清同治四年(1865)緑蔭堂刻本　十六册

110000－0144－0009753　831.7/117－04
湖海詩傳四十六卷　(清)王昶輯　清嘉慶八年(1803)三泖漁莊刻本　十二册

110000－0144－0009754　831.7/219
白下愚園集八卷首一卷　胡光國輯　清光緒二十年(1894)刻本　六册

110000－0144－0009755　831.7/239
同音集三集　(清)柯振嶽輯　清嘉慶十七年(1812)藏修齋木活字印本　一册

110000－0144－0009756　831.7/282
柳堂師友詩錄不分卷　(清)李長榮輯　清刻本　十册

110000－0144－0009757　831.7/307
七家試帖輯注彙鈔九卷　(清)張熙宇　(清)王植桂輯評　清同治九年(1870)琉璃廠刻本　七册

110000－0144－0009758　831.7/311
國朝詩鐸二十六卷首一卷　(清)張應昌輯　清同治八年(1869)永康應氏秀芝堂刻本　十二册

110000－0144－0009759　831.7/319
是程堂倡和投贈集二十五卷　(清)屠倬輯　清道光五年(1825)刻本　五册

110000－0144－0009760　831.7/329
樽酒銷寒詞二卷附一卷續一卷　(清)邵廣銓等撰　清光緒十一年(1885)刻本　一册

110000－0144－0009761　831.7/362
道咸同光四朝詩史甲集八卷首一卷　孫雄輯　清宣統三年(1911)刻本　十册

110000－0144－0009762　831.7/362－1
道咸同光四朝詩史乙集八卷首一卷　孫雄輯　清宣統三年(1911)刻本　八册

110000－0144－0009763　831.7/368
學詩初例五卷首一卷　(清)袁愚山輯　清乾隆二十二年(1757)致和堂刻本　四册

110000－0144－0009764　831.7/378
苔岑集初刊十八卷　(清)蔣棨渭輯　清道光三十年(1850)蔣棨渭刻本　六册

110000－0144－0009765　831.7/441.8
香痕奩影集四卷閨秀題詞一卷　(清)吳仲輯　清宣統元年(1909)鉛印本　五册

110000－0144－0009766　831.7/500
國初十家詩鈔　(清)王相編　(清)卓筆峰編　清道光十年(1830)信芳閣刻本　二十册

110000－0144－0009767　831.7/557
國朝閨閣詩鈔一百卷　(清)蔡殿齊編　清道光嫏環別館刻本　十册

110000－0144－0009768　831.7/557
國朝閨閣詩鈔一百卷　(清)蔡殿齊編　清道光嫏環別館刻本　十册

110000－0144－0009769　831.7/683
評花軟語一卷　(清)憶香曼士　(清)西谿雲客撰　清宣統二年(1910)春雨山房刻本　一册

110000－0144－0009770　831.7/687

國朝閨秀正始集二十卷附錄一卷補遺一卷題詞一卷續集十卷附錄一卷補遺一卷輓詞一卷 （清）完顏惲珠輯 （清）伊蘭保校 清道光紅香館刻本 六冊

110000－0144－0009771 831.7/736
語溪驪唱集一卷 （清）湯寶榮輯 清光緒三十四年（1908）刻本 一冊

110000－0144－0009772 831.7/741
南宋雜事詩七卷 （清）沈嘉轍撰 清同治十一年（1872）淮南書局刻本 二冊

110000－0144－0009773 831.7/741
南宋雜事詩七卷 （清）沈嘉轍撰 清同治十一年（1872）淮南書局刻本 四冊

110000－0144－0009774 831.7/741
南宋雜事詩七卷 （清）沈嘉轍撰 清同治十一年（1872）淮南書局刻本 二冊

110000－0144－0009775 831.7/741
南宋雜事詩七卷 （清）沈嘉轍撰 清同治十一年（1872）淮南書局刻本 二冊

110000－0144－0009776 831.7/741－02
南宋雜事詩七卷 （清）沈嘉轍撰 清道光十年（1830）姚氏扶荔山房刻本 八冊

110000－0144－0009777 831.7/741－03
南宋雜事詩七卷 （清）沈嘉轍撰 清刻本 四冊

110000－0144－0009778 831.7/741－03
南宋雜事詩七卷 （清）沈嘉轍撰 清刻本 四冊

110000－0144－0009779 831.7/754
詩萃初集十卷二集十三卷 （清）潘瑛 （清）高岑輯 清嘉慶九年（1804）文盛堂刻本 十冊

110000－0144－0009780 831.7/754.4
壬申消夏詩一卷 （清）潘祖蔭輯 清同治十一年（1872）潘祖蔭刻滂喜齋叢書本 一冊

110000－0144－0009781 831.7/754.4
壬申消夏詩一卷 （清）潘祖蔭輯 清同治十一年（1872）潘祖蔭刻滂喜齋叢書本 一冊

110000－0144－0009782 831.7/754.4－1
南苑唱和詩一卷 （清）潘祖蔭輯 清同治十三年（1874）刻滂喜齋叢書本 一冊

110000－0144－0009783 831.7/787
湖山策馬圖題咏一卷 （清）程龍光輯 清同治六年（1867）刻本 一冊

110000－0144－0009784 831.7/813
慈雲閣詩鈔十種 （清）左孝威輯 清同治十二年（1873）刻本 四冊

110000－0144－0009785 831.7/842
時令詩林尤雅八卷 （清）鄒廷忠輯 清末聚文堂刻本 四冊

110000－0144－0009786 831.7/859
庚辰集五卷唐人試律說一卷 （清）紀昀編 清乾隆二十五年（1760）山淵堂刻本 六冊

110000－0144－0009787 831.7/859－02
庚辰集五卷唐人試律說一卷 （清）紀昀編 清學源堂刻本 四冊

110000－0144－0009788 831.7/859－03
庚辰集五卷 （清）紀昀編 清乾隆經元堂刻本 五冊

110000－0144－0009789 831.7/859－04
庚辰集五卷 （清）紀昀編 清刻本 四冊

110000－0144－0009790 831.7/886
瀛海攀轅錄一卷 （清）邱步瓊輯 清道光二十六年（1846）醉經樓刻本 一冊

110000－0144－0009791 831.7/888
篤舊集十八卷 （清）劉存仁編 清咸豐九年（1859）蘭州劉存仁刻本 十二冊

110000－0144－0009792 831.7/893
詩乘初集十二卷 （清）劉然選評 清康熙四十九年（1710）玉穀堂刻康熙拙真堂增刻本 二十冊

110000－0144－0009793 831.7/919
振雅堂彙編詩最十卷 （清）倪匡世選 清抄

本　一冊

110000－0144－0009794　831.7/919
振雅堂彙編詩最十卷　(清)倪匡世選　清抄本　一冊

110000－0144－0009795　831.7/926
欽定熙朝雅頌集一百六卷首集二十六卷餘集二卷　(清)鐵保等輯　清嘉慶九年(1804)武英殿刻本　四十冊

110000－0144－0009796　831.7/926
欽定熙朝雅頌集一百六卷首集二十六卷餘集二卷　(清)鐵保等輯　清嘉慶九年(1804)武英殿刻本　十四冊

110000－0144－0009797　831.7/926－8
白山詩介十卷　(清)鐵保輯　清嘉慶六年(1801)長白鐵保刻本　四冊

110000－0144－0009798　831.7/933
海運紀事詩鈔一卷附續刻一卷　(清)錢炘和輯　清咸豐四年(1854)錢炘和刻本　一冊

110000－0144－0009799　831.7/987
觀劇絕句三卷　(清)金德瑛撰　清光緒三十四年(1908)長沙葉氏觀古堂刻本　一冊

110000－0144－0009800　831.75/404
印心石屋詩薈五卷　(清)陶澍等撰　(清)謝元淮輯　清道光十二年(1832)海州石室書院刻本　一冊

110000－0144－0009801　831.75/404
印心石屋詩薈五卷　(清)陶澍等撰　(清)謝元淮輯　清道光十二年(1832)海州石室書院刻本　一冊

110000－0144－0009802　831.75/708
綠漪園懷舊集一卷　(清)汪松輯　清嘉慶十五年(1810)刻本　一冊

110000－0144－0009803　831.75/752
選輯駢珠小草不分卷　(清)海霈輯　清同治刻本　一冊

110000－0144－0009804　831.76/185
黃邑弦歌集一卷　(清)彭遷道輯　清同治七年(1868)刻本　一冊

110000－0144－0009805　831.76/626
嶺南倡和詩十八卷　(清)方濬頤　(清)江人鏡撰　清同治三年(1864)羊城刻本　一冊

110000－0144－0009806　831.76/626－1
題襟館倡和集四卷　(清)方濬頤輯　清同治十一年(1872)兩淮運署刻本　四冊

110000－0144－0009807　831.78/121
小小唱和集二卷　(清)玉紅新小郎　小玉維命花撰　(清)惜花前度郎編　清光緒三十年(1904)鉛印本　一冊

110000－0144－0009808　831.78/214
古籐花館記一卷　(清)陳信治輯　清末治京華印書局鉛印本　一冊

110000－0144－0009809　831.78/273
紅樓夢戲詠　(清)楊維屏輯　清光緒二十一年(1895)都門浣春樓刻紅印本　一冊

110000－0144－0009810　831.78/306
拥翠園題詞八卷首一卷末一卷　(清)張建鼇輯　清末亦古齋刻本　一冊

110000－0144－0009811　831.78/334
夔一足題詞　(清)雷飛鵬等撰　清光緒二十六年(1900)刻本　一冊

110000－0144－0009812　831.78/468
四魂外集四卷　易順鼎撰　清光緒刻哭盦叢書本　一冊

110000－0144－0009813　831.78/554
鯉庭獻壽圖題詠集二卷　蘇輿輯　清光緒三十一年(1905)平江蘇氏刻紅印本　一冊

110000－0144－0009814　831.78/554
鯉庭獻壽圖題詠集二卷　蘇輿輯　清光緒三十一年(1905)平江蘇氏刻紅印本　一冊

110000－0144－0009815　831.78/699
海外竹枝詞一卷　(清)寄所託齋編　清光緒二十一年(1895)石印本　一冊

110000－0144－0009816　831.78/732

觀復精廬詩話一卷　(清)張幹廣撰　清宣統三年(1911)抄本　一册

110000－0144－0009817　831.78/796
君去有家歸詩册　(清)黎廷輔輯　清光緒三十四年(1908)鉛印本　一册

110000－0144－0009818　831.78/814
兩圖徵詩合刻一卷禾陽詠事一卷　(清)周長森撰　清光緒十二年(1886)禾陽官廨刻本　一册

110000－0144－0009819　831.78/834
東郊土物詩一卷　(清)朱點輯　清光緒八年(1882)西冷丁氏刻本　一册

110000－0144－0009820　831.78/891
雨花山莊題詠集四卷　(清)劉文陶輯　清光緒十八年(1892)秣陵又來堂木活字印本　四册

110000－0144－0009821　831.78/891.9
碧梧聽雨圖題詠一卷　(清)徐世光輯　清光緒徐世光鉛印本　一册

110000－0144－0009822　831.78/994
三釜齋唱酬小錄一卷　(清)姚濬昌輯　清光緒刻本　一册

110000－0144－0009823　831.97/440
繡鐙問字圖題詞不分卷　(清)陳方瀛輯　清同治十三年(1874)刻本　一册

110000－0144－0009824　831.97/441
輿誦編一卷　(清)陶錫珪輯　清光緒十七年(1891)木活字印本　一册

110000－0144－0009825　831.97/724
夔門送行詩二卷　(清)潘樹嘉等撰　清末刻本　一册

110000－0144－0009826　831/113
漁洋山人古詩選三十二卷　(清)王士禛輯　清同治七年(1868)湘鄉曾氏刻本　十四册

110000－0144－0009827　831/113.9－03
古唐詩合解唐詩古近體十二卷古詩四卷　(清)王堯衢編註　(清)李模　(清)李桓校　清光緒二十一年(1895)聚寶齋刻本　六册

110000－0144－0009828　831/113.9－04
古唐詩合解唐詩古近體十二卷古詩四卷　(清)王堯衢編註　(清)李模　(清)李桓校　清道光二十五年(1845)天錄齋刻本　六册

110000－0144－0009829　831/113－02
漁洋山人古詩選三十二卷　(清)王士禛輯　清同治五年(1866)金陵書局刻本　十册

110000－0144－0009830　831/113－02
漁洋山人古詩選三十二卷　(清)王士禛輯　清同治五年(1866)金陵書局刻本　四册

110000－0144－0009831　831/113－2
古詩箋三十二卷　(清)王士禛選　(清)聞人倓箋注　清乾隆三十一年(1766)芷蘭堂刻本　十二册

110000－0144－0009832　831/113－2－03
古詩箋三十二卷　(清)王士禛選　(清)聞人倓箋注　清乾隆三十一年(1766)芷蘭堂刻松江文萃堂印本　十六册

110000－0144－0009833　831/118.2
唐宋四家詩選二十一卷　(清)王栢岩輯　清濂溪山房刻本　八册

110000－0144－0009834　831/120.5
詩義標準一百十四卷　(清)王錫光編　清宣統虛受堂刻本　三十册

110000－0144－0009835　831/161
國朝繡像千家詩二卷　(清)李光明繪梓　清末李光明莊刻本　一册

110000－0144－0009836　831/286
小學弦歌八卷　(清)李元度輯　清光緒八年(1882)文昌書局刻本　四册

110000－0144－0009837　831/286
小學弦歌八卷　(清)李元度輯　清光緒八年(1882)文昌書局刻本　四册

110000－0144－0009838　831/306
宛鄰書屋古詩錄十二卷　(清)張琦輯　清同治八年(1869)刻本　四册

110000－0144－0009839　831/306

宛鄰書屋古詩錄十二卷　（清）張琦輯　清同治八年（1869）刻本　四冊

110000－0144－0009840　831/306－02

宛鄰書屋古詩錄十二卷　（清）張琦輯　清道光十年至十二年（1830－1832）宛鄰書屋刻本　四冊

110000－0144－0009841　831/312

落霞琴題詠一卷　（清）張濤輯　清光緒二十年（1894）歷城張氏刻二十二年（1896）後印本　一冊

110000－0144－0009842　831/339

多歲堂古詩存八卷　（清）成書選評　清道光十一年（1831）多歲堂刻本　四冊

110000－0144－0009843　831/383

詩比興箋四卷　（清）陳沆撰　清光緒九年（1883）彭祖賢刻本　二冊

110000－0144－0009844　831/383

詩比興箋四卷　（清）陳沆撰　清光緒九年（1883）彭祖賢刻本　二冊

110000－0144－0009845　831/383

詩比興箋四卷　（清）陳沆撰　清光緒九年（1883）彭祖賢刻本　二冊

110000－0144－0009846　831/383

詩比興箋四卷　（清）陳沆撰　清光緒九年（1883）彭祖賢刻本　二冊

110000－0144－0009847　831/434

歷朝應制詩十卷　（清）吳元安類註　清三多齋刻本　二冊　存六卷（一至六）

110000－0144－0009848　831/511

方壺合編二卷　（清）肖應櫆輯　清道光十一年（1831）刻本　二冊

110000－0144－0009849　831/610

遙集集前編六卷後編十卷　（清）許貞幹輯　清光緒二十八年（1902）味青齋刻本　十六冊

110000－0144－0009850　831/610

遙集集前編六卷後編十卷　（清）許貞幹輯　清光緒二十八年（1902）味青齋刻本　八冊

110000－0144－0009851　831/612

歷代閨媛小樂府一卷　（清）許敦彝撰　清同治十年（1871）京都元會齋刻本　一冊

110000－0144－0009852　831/612

歷代閨媛小樂府一卷　（清）許敦彝撰　清同治十年（1871）京都元會齋刻本　一冊

110000－0144－0009853　831/616－034

白話註釋千家詩附笠翁對韻二卷唐司空圖詩品詳註一卷　（清）王相選註　清末上海大成書局石印本　四冊

110000－0144－0009854　831/616－339

韻對五七言千家詩輯鈔四卷　（清）成文信書坊輯　清光緒三十三年（1907）上海萃文齋石印本　一冊

110000－0144－0009855　831/616－915－02

新註韻對五七言千家詩不分卷　（清）王相選註　（清）任福祜重輯　清光緒十六年（1890）善成堂刻本　一冊

110000　0144　0009856　831/626

瀛奎律髓刊誤四十九卷　（元）方回輯　（清）紀昀批點　清嘉慶五年（1800）李光垣刻本　十二冊

110000－0144－0009857　831/626－02

瀛奎律髓刊誤四十九卷　（元）方回輯　（清）紀昀批點　清嘉慶五年（1800）李光垣刻清來堂吳氏後印本　十二冊

110000－0144－0009858　831/626－03

瀛奎律髓刊誤四十九卷　（元）方回輯　（清）紀昀批點　清嘉慶五年（1800）李光垣刻雙桂堂施氏後印本　六冊

110000－0144－0009859　831/633

樂府詩集一百卷目錄二卷　（宋）郭茂倩輯　清同治十三年（1874）湖北崇文書局刻本　十六冊

110000－0144－0009860　831/633

樂府詩集一百卷目錄二卷　（宋）郭茂倩輯

清同治十三年(1874)湖北崇文書局刻本　十六册

110000－0144－0009861　831/633
樂府詩集一百卷目錄二卷　(宋)郭茂倩輯　清同治十三年(1874)湖北崇文書局刻本　十六册

110000－0144－0009862　831/633－02
樂府詩集一百卷目錄二卷　(宋)郭茂倩輯　清同治十三年(1874)湖北崇文書局刻光緒元年(1875)印本　十六册

110000－0144－0009863　831/710
詩倫四卷　(清)汪薇輯　清同治六年(1867)呂氏柳塘書屋刻本　四册

110000－0144－0009864　831/748－010
古詩源十四卷　(清)沈德潛選　清光緒十七年(1891)四豐堂刻本　六册

110000－0144－0009865　831/748－011
古詩源十四卷　(清)沈德潛選　清道光善成堂刻本　一册

110000－0144－0009866　831/748－07
古詩源十四卷　(清)沈德潛選　清光緒十七年(1891)湖南思賢書局刻本　四册

110000－0144－0009867　831/748－08
古詩源十四卷　(清)沈德潛選　清乾隆竹嘯軒刻本　六册

110000－0144－0009868　831/752
淮程旅韻判餘隨錄一卷　(清)海霈輯　清光緒元年(1875)刻本　一册

110000－0144－0009869　831/791
程氏所見詩鈔二十四卷　(清)程鴻緒輯　清嘉慶十二年(1807)浣月齋刻本　八册

110000－0144－0009870　831/842
歷朝二十五家詩錄三十七卷　(清)鄒湘倜輯　清光緒元年(1875)新化鄒氏得頤堂刻本　三十册

110000－0144－0009871　831/855
鐘伯敬先生訂補千家詩圖註二卷　(明)鍾惺輯　清末刻本　一册

110000－0144－0009872　831/859
玉臺新詠考異十卷　(清)紀容舒撰　清光緒五年(1879)王氏謙德堂刻畿輔叢書本　二册

110000－0144－0009873　831/859
玉臺新詠考異十卷　(清)紀容舒撰　清光緒五年(1879)王氏謙德堂刻畿輔叢書本　二册

110000－0144－0009874　831/888
歷朝詩約選九十三卷　(清)劉大櫆纂　清光緒二十三年(1897)文徵閣刻本　二十二册

110000－0144－0009875　831/888
歷朝詩約選九十三卷　(清)劉大櫆纂　清光緒二十三年(1897)文徵閣刻本　二十二册

110000－0144－0009876　831/888
歷朝詩約選九十三卷　(清)劉大櫆纂　清光緒二十三年(1897)文徵閣刻本　二十四册

110000－0144－0009877　831/888
歷朝詩約選九十三卷　(清)劉大櫆纂　清光緒二十三年(1897)文徵閣刻本　二十二册

110000－0144－0009878　831/948－442－02
玉臺新詠十卷　(南朝陳)徐陵輯　(清)吳兆宜　(清)程琰箋注　清光緒五年(1879)宏達堂刻本　四册

110000－0144－0009879　831/948－442－02
玉臺新詠十卷　(南朝陳)徐陵輯　(清)吳兆宜　(清)程琰箋注　清光緒五年(1879)宏達堂刻本　六册

110000－0144－0009880　831/948－442－02
玉臺新詠十卷　(南朝陳)徐陵輯　(清)吳兆宜　(清)程琰箋注　清光緒五年(1879)宏達堂刻本　六册

110000－0144－0009881　831/951
彙纂詩法度鍼三十三卷　(清)徐文弼編　清乾隆二十四年(1759)張拜賡刻本　一册

110000－0144－0009882　831/951
彙纂詩法度鍼三十三卷　(清)徐文弼編　清乾隆二十四年(1759)張拜賡刻本　八册

110000－0144－0009883　831/965
乾坤正氣集二十卷　(清)顧沅輯　清刻本　八册

110000－0144－0009884　831/981－161
十八家詩鈔二十八卷　(清)曾國藩輯　清同治十三年(1874)傳忠書局刻本　二十七册

110000－0144－0009885　831/981－21
三十家詩抄六卷附爵里考一卷　(清)曾國藩纂修　(清)王定安增輯　清同治十三年(1874)刻本　六册

110000－0144－0009886　831/989
紗籠詩選十六卷　(清)釋含澈輯　清同治十一年(1872)綠天蘭若刻本　十五册

110000－0144－0009887　831/990
宮閨豔集六卷　(清)俞壽璋輯　清光緒三十二年(1906)山西濬文書局鉛印本　一册

110000－0144－0009888　832.1/115
楚辭評註十卷　(清)王萌評註　清末刻本　四册

110000－0144－0009889　832.1/115
楚辭評註十卷　(清)王萌評註　清末刻本　四册

110000－0144－0009890　832.1/115.2
楚辭釋十一卷　(漢)王逸章句　王闓運注　清光緒十二年(1886)成都尊經書院刻本　二册

110000－0144－0009891　832.1/119－03
楚辭十七卷　(戰國)屈原撰　(漢)王逸章句　(宋)洪興祖補注　清光緒九年(1883)長沙書堂山館刻本　四册

110000－0144－0009892　832.1/119－720
楚辭十七卷　(戰國)屈原撰　(漢)王逸章句　(宋)洪興祖補注　清同治十一年(1872)金陵書局刻本　四册

110000－0144－0009893　832.1/119－720
楚辭十七卷　(戰國)屈原撰　(漢)王逸章句　(宋)洪興祖補注　清同治十一年(1872)金陵書局刻本　四册

110000－0144－0009894　832.1/119－720
楚辭十七卷　(戰國)屈原撰　(漢)王逸章句　(宋)洪興祖補注　清同治十一年(1872)金陵書局刻本　四册

110000－0144－0009895　832.1/119－720
楚辭十七卷　(戰國)屈原撰　(漢)王逸章句　(宋)洪興祖補注　清同治十一年(1872)金陵書局刻本　四册

110000－0144－0009896　832.1/119－720－02
楚辭十七卷　(戰國)屈原撰　(漢)王逸章句　(宋)洪興祖補注　清吳郡寶翰樓刻本　四册

110000－0144－0009897　832.1/119－720－02
楚辭十七卷　(戰國)屈原撰　(漢)王逸章句　(宋)洪興祖補注　清吳郡寶翰樓刻本　六册

110000－0144－0009898　832.1/221
楚辭新註求確十卷　(清)胡濬源增註　清嘉慶二十五年(1820)務本堂刻本　二册

110000－0144－0009899　832.1/321
楚辭十七卷　(戰國)屈原撰　(漢)王逸章句　(宋)洪興祖補注　清光緒九年(1883)長沙書堂山館刻本　五册

110000－0144－0009900　832.1/321.9
楚辭新集注八卷末一卷　(清)屈復集注　清刻本　四册

110000－0144－0009901　832.1/321－011
楚辭十七卷　(戰國)屈原撰　(漢)劉向編集　(漢)王逸章句　清嘉慶六年(1801)大小雅堂刻本　四册

110000－0144－0009902　832.1/321－013
楚辭十七卷　(戰國)屈原撰　(漢)王逸章句　(宋)洪興祖補注　清同治十一年(1872)金陵書局刻本　四册

110000－0144－0009903　832.1/321－013
楚辭十七卷　(戰國)屈原撰　(漢)王逸章句

（宋）洪興祖補注　清同治十一年（1872）金陵書局刻本　四冊

110000－0144－0009904　832.1/321－119
楚辭述註五卷　（明）來欽之撰　清康熙三十年（1691）刻本　三冊

110000－0144－0009905　832.1/321－256－02
楚辭燈四卷　（清）林雲銘撰　清刻本　二冊

110000－0144－0009906　832.1/321－256－03
楚辭燈四卷　（清）林雲銘撰　清刻本　二冊

110000－0144－0009907　832.1/321－389
楚辭疏十九卷　（明）陸時雍疏　明末緝柳齋刻本　六冊

110000－0144－0009908　832.1/321－994
楚辭節註六卷　（清）姚培謙節註　清乾隆六年（1741）刻本　二冊

110000－0144－0009909　832.1/543
楚辭貫一卷　（戰國）屈原撰　（清）董國英論釋　清道光二十五年（1845）博川正誼齋刻本　一冊

110000－0144－0009910　832.1/828
楚辭集注八卷　（宋）朱熹集注　（明）蔣之翘輯評　清乾隆五十三年（1788）聽雨齋刻朱墨套印本　四冊

110000－0144－0009911　832.1/828－013
楚辭集注八卷首一卷　（宋）朱熹集注　清光緒元年（1875）湖北崇文書局刻本　六冊

110000－0144－0009912　832.1/828－014
楚辭集注八卷　（宋）朱熹集注　（明）蔣之翘輯評　清文奎堂刻朱墨套印本　六冊

110000－0144－0009913　832.1/828－014
楚辭集注八卷　（宋）朱熹集注　（明）蔣之翘輯評　清文奎堂刻朱墨套印本　八冊

110000－0144－0009914　832.1/828－016
楚辭集註八卷首一卷楚辭辯證二卷楚辭草木疏四卷离騷一卷離騷箋二卷　（宋）朱熹撰　清光緒元年（1875）湖北崇文書局刻三年（1877）印本　四冊

110000－0144－0009915　832.1/828－03
楚辭集注八卷辯證二卷後語六卷　（宋）朱熹集注　清刻本　四冊

110000－0144－0009916　832.1/828－05
楚辭集注八卷首一卷　（宋）朱熹集注　清光緒元年（1875）湖北崇文書局刻三年（1877）印本　二冊

110000－0144－0009917　832.1/828－06
楚辭集注八卷辯證二卷後語六卷　（宋）朱熹集注　清光緒二十九年（1903）遵義黎氏刻古逸叢書本　三冊

110000－0144－0009918　832.1/828－2
楚辭評林八卷　（宋）朱熹集註　（明）沈雲翔輯評　明崇禎吳郡寶翰樓刻本　四冊

110000－0144－0009919　832.12/113
離騷注一卷　王樹枏撰　清末文莫室刻陶廬叢刻本　一冊

110000－0144－0009920　832.12/119
離騷彙訂不分卷　（清）王邦采輯　清光緒二十六年（1900）廣雅書局刻本　二冊

110000－0144－0009921　832.12/119
離騷彙訂不分卷　（清）王邦采輯　清光緒二十六年（1900）廣雅書局刻本　二冊

110000－0144－0009922　832.12/119.8
屈原賦二十五篇　（戰國）屈原撰　（清）王仁堪等錄　清光緒十六年（1890）上海同文書局石印本　二冊

110000－0144－0009923　832.12/167
離騷分段約說一卷　（清）黄恩彤撰　清末刻本　一冊

110000－0144－0009924　832.12/213－03
屈原賦注七卷通釋二卷音義三卷　（清）戴震註　清光緒十七年（1891）廣雅書局刻本　一冊

110000－0144－0009925　832.12/331
騷筏一卷　（清）賀貽孫撰　清道光二十六年（1846）勅書樓刻本　一冊

110000－0144－0009926　832.13/119
屈子雜文不分卷　(清)王邦采輯　清光緒二十六年(1900)廣雅書局刻本　一冊

110000－0144－0009927　832.13/119
屈子雜文不分卷　(清)王邦采輯　清光緒二十六年(1900)廣雅書局刻本　一冊

110000－0144－0009928　832.13/158
楚辭天問箋一卷　(清)丁晏撰　清光緒廣雅書局刻本　一冊

110000－0144－0009929　832.13/158
楚辭天問箋一卷　(清)丁晏撰　清光緒廣雅書局刻本　一冊

110000－0144－0009930　832.13/321－119
屈子一卷　(戰國)屈原撰　明萬曆四十六年(1618)綠君亭刻本　一冊

110000－0144－0009931　832.13/321－889
屈子章句七卷　(戰國)屈原撰　(清)劉夢鵬訂　清乾隆二十五年(1760)藜青堂刻本　二冊

110000－0144－0009932　832.16/626
屈子正音三卷　(清)方績撰　清光緒六年(1880)網舊聞齋刻本　一冊

110000－0144－0009933　832.17/441
離騷草木疏四卷　(宋)吳仁傑撰　清乾隆長塘鮑氏刻知不足齋叢書本　一冊

110000－0144－0009934　832.34/418
六朝唐賦讀本一卷　(清)馬傳庚選註　清光緒十三年(1887)蜚英館石印本　二冊

110000－0144－0009935　832.34/418－02
六朝唐賦讀本一卷　(清)馬傳庚選註　清光緒二年(1876)京都松竹齋刻本　二冊

110000－0144－0009936　832.34/418－03
六朝唐賦讀本一卷　(清)馬傳庚選註　清同治十三年(1874)京都玉燕書巢馬氏刻本　一冊

110000－0144－0009937　832.4/667
唐宋十家賦一卷　(□)□□輯　清抄本　一冊

110000－0144－0009938　832.7/368
近九科同館賦鈔四卷　(清)孫欽昂輯　清光緒二年(1876)寶珍堂刻本　八冊

110000－0144－0009939　832/307
七十家賦鈔六卷　(清)張惠言輯　**札記六卷**　(清)朱錦綬等撰　清光緒二十三年(1897)江蘇書局刻本　五冊

110000－0144－0009940　832/307
七十家賦鈔六卷　(清)張惠言輯　**札記六卷**　(清)朱錦綬等撰　清光緒二十三年(1897)江蘇書局刻本　五冊

110000－0144－0009941　832/307－02
七十家賦鈔六卷　(清)張惠言輯　清光緒四年(1878)宏達堂刻本　六冊

110000－0144－0009942　832/307－03
七十家賦鈔六卷　(清)張惠言輯　清光緒八年(1882)廣東經史閣刻本　四冊

110000－0144－0009943　832/334
賦鈔箋略十五卷　(清)王冶堂輯　(清)雷琳　(清)張杏濱箋　清嘉慶二十二年(1817)張士林刻本　八冊

110000－0144－0009944　832/377
御定歷代賦彙一百四十卷外集二十卷逸句二卷補遺二十二卷目錄二卷　(清)陳元龍輯　清光緒十二年(1886)雙梧書屋石印本　十六冊

110000－0144－0009945　832/377
御定歷代賦彙一百四十卷外集二十卷逸句二卷補遺二十二卷目錄二卷　(清)陳元龍輯　清光緒十二年(1886)雙梧書屋石印本　十六冊

110000－0144－0009946　832/377－03
御定歷代賦彙一百四十卷外集二十卷逸句二卷補遺二十二卷　(清)陳元龍輯　清康熙四十五年(1706)刻本　五十冊

110000－0144－0009947　832/726

古賦首選一卷　(清)梁夔譜輯　清同治八年(1869)梁鏡古堂刻本　一册

110000－0144－0009948　833.08/102
詞學叢書　(清)秦恩復輯　清嘉慶江都秦氏享帚精舍刻本　十二册

110000－0144－0009949　833.08/119
四印齋所刻詞　(清)王鵬運輯　清光緒十四年(1888)刻本　十三册

110000－0144－0009950　833.08/295
詞學全書　(清)查繼超輯　清乾隆十一年(1746)致和堂刻本　八册

110000－0144－0009951　833.4/201－02
花間集十卷　(五代)趙崇祚輯　清光緒十四年(1888)邵武徐氏刻本　二册

110000－0144－0009952　833.4/201－02
花間集十卷　(五代)趙崇祚輯　清光緒十四年(1888)邵武徐氏刻本　二册

110000－0144－0009953　833.41/781
二家宫詞二卷三家宫詞三卷　(明)毛晉編　清同治十二年(1873)淮南書局刻本　二册

110000－0144－0009954　833.41/781
二家宫詞二卷三家宫詞三卷　(明)毛晉編　清同治十二年(1873)淮南書局刻本　二册

110000－0144－0009955　833.42/339
唐五代詞選三卷　(清)成肇麐輯　清光緒十三年(1887)刻本　一册

110000－0144－0009956　833.42/339
唐五代詞選三卷　(清)成肇麐輯　清光緒十三年(1887)刻本　一册

110000－0144－0009957　833.42/339－04
唐五代詞選三卷　(清)成肇麐輯　清刻本　一册

110000－0144－0009958　833.5/119
宋元三十一家詞三十一卷　(清)王鵬運輯　清光緒十九年(1893)四印齋刻本　四册

110000－0144－0009959　833.5/200
陽春白雪八卷外集一卷　(宋)趙聞禮編　清享帚精舍刻本　四册

110000－0144－0009960　833.5/200－02
陽春白雪八卷外集一卷　(宋)趙聞禮編　清粤雅堂刻粤雅堂叢書本　三册

110000－0144－0009961　833.5/719
宋元名家詞十五種　(清)江標輯　清光緒二十一年(1895)湖南思賢書局刻本　四册

110000－0144－0009962　833.5/769
宋六十一家詞選十二卷　(清)馮煦輯　清光緒十三年(1887)冶城山館刻本　四册

110000－0144－0009963　833.5/769－02
宋六十一家詞選十二卷　(清)馮煦輯　清宣統二年(1910)上海掃葉山房石印本　四册

110000－0144－0009964　833.5/781
宋六十名家詞　(明)毛晉輯　清光緒十四年(1888)錢塘汪氏刻本　三十册

110000－0144－0009965　833.5/781
宋六十名家詞六十一種　(明)毛晉輯　清光緒十四年(1888)錢塘汪氏刻本　三十册

110000－0144－0009966　833.5/781
宋六十名家詞六十一種　(明)毛晉輯　清光緒十四年(1888)錢塘汪氏刻本　二十四册

110000－0144－0009967　833.5/819
絕妙好詞箋七卷續鈔　(宋)周密輯　(清)查爲仁　(清)厲鶚箋　清同治十一年(1872)會稽章氏刻本　四册

110000－0144－0009968　833.5/819.7
宋四家詞選不分卷　(清)周濟輯　清光緒二十一年(1895)元和江氏刻本　一册

110000－0144－0009969　833.5/819.7
宋四家詞選不分卷　(清)周濟輯　清光緒二十一年(1895)元和江氏刻本　一册

110000－0144－0009970　833.5/819.7
宋四家詞選不分卷　(清)周濟輯　清光緒二十一年(1895)元和江氏刻本　一册

110000－0144－0009971　833.5/819.7－6
詞辨二卷　(清)周濟編　清光緒四年(1878)刻本　一冊

110000－0144－0009972　833.5/819.7－6
詞辨二卷　(清)周濟編　清光緒四年(1878)刻本　一冊

110000－0144－0009973　833.5/819－04
絶妙好詞箋七卷續鈔　(宋)周密輯　(清)查爲仁　(清)厲鶚箋　清道光八年(1828)刻本　四冊

110000－0144－0009974　833.5/819－4
草窗詞二卷補遺二卷　(宋)周密撰　清光緒二十六年(1900)無著盦刻本　一冊

110000－0144－0009975　833.5/819－908
周氏止庵詞辨二卷附周氏止庵介存齋論詞雜著一卷　(清)周濟編　(清)譚復堂評　清末刻本　一冊

110000－0144－0009976　833.5/981
樂府雅詞六卷拾遺二卷　(宋)曾慥輯　清咸豐三年(1853)南海伍氏刻粤雅堂叢書本　三冊

110000－0144－0009977　833.5/981－02
樂府雅詞三卷拾遺二卷　(宋)曾慥輯　清享帚精舍刻本　十二冊

110000－0144－0009978　833.6/117
明詞綜十二卷　(清)王昶輯　清嘉慶七年(1802)三泖漁莊刻本　二冊

110000－0144－0009979　833.7/117
國朝詞綜四十八卷二集八卷　(清)王昶輯　清嘉慶七年(1802)三泖漁莊刻本　十二冊

110000－0144－0009980　833.7/117
國朝詞綜四十八卷二集八卷　(清)王昶輯　清嘉慶七年(1802)三泖漁莊刻本　八冊

110000－0144－0009981　833.7/119
詩餘偶鈔六卷　王先謙輯　清光緒十六年(1890)長沙王氏刻本　一冊

110000－0144－0009982　833.7/119
詩餘偶鈔六卷　王先謙輯　清光緒十六年(1890)長沙王氏刻本　一冊

110000－0144－0009983　833.7/119
詩餘偶鈔六卷　王先謙輯　清光緒十六年(1890)長沙王氏刻本　一冊

110000－0144－0009984　833.7/144
小檀欒室彙刻閨秀詞　(清)曹慎儀等撰　清小檀欒室刻本　一冊　存六種六卷(玉雨詞一卷、鴻雪廔詞一卷、古春軒詞一卷、洞簫廔詞一卷、聽雪詞一卷、古雪詩餘一卷)

110000－0144－0009985　833.7/169
國朝詞綜續編二十四卷　(清)黄燮清輯　(清)張炳堃增訂　清同治十二年(1873)湖北鄂垣刻本　六冊

110000－0144－0009986　833.7/169
國朝詞綜續編二十四卷　(清)黄燮清輯　(清)張炳堃增訂　清同治十二年(1873)湖北鄂垣刻本　八冊

110000－0144－0009987　833.7/432
羊城竹枝詞二卷　(清)吟香閣主人輯　清光緒三年(1877)刻本　一冊

110000－0144－0009988　833.7/526
昭代詞選三十八卷　(清)蔣重光輯　清乾隆三十二年(1767)經鉏堂刻本　十二冊

110000－0144－0009989　833.7/708
七家詞鈔不分卷　(清)汪世泰輯　清嘉慶刻本　二冊

110000－0144－0009990　833.7/834
浙西六家詞　(清)龔翔麟輯　清康熙刻本　四冊　存三種五卷(江湖載酒集三卷、秋錦山房詞一卷、柘西精舍集一卷)

110000－0144－0009991　833.76/949
春帖子詞一卷　(清)徐用儀輯　清光緒十年(1884)鉛印本　一冊

110000－0144－0009992　833/307
詞選二卷　(清)張惠言輯　**續詞選二卷**　(清)董毅輯　**附録一卷**　(清)鄭善長輯　清

道光十年(1830)刻本　一冊

110000－0144－0009993　833/307

詞選二卷　(清)張惠言輯　**續詞選二卷**　(清)董毅輯　**附録一卷**　(清)鄭善長輯　清道光十年(1830)刻本　一冊

110000－0144－0009994　833/307

詞選二卷　(清)張惠言輯　**續詞選二卷**　(清)董毅輯　**附録一卷**　(清)鄭善長輯　清道光十年(1830)刻本　二冊

110000－0144－0009995　833/307

詞選二卷　(清)張惠言輯　**續詞選二卷**　(清)董毅輯　**附録一卷**　(清)鄭善長輯　清道光十年(1830)刻本　一冊

110000－0144－0009996　833/504

天籟軒詞選六卷本事詞二卷小庚詞存四卷閨詞選四卷天籟軒詞譜五卷詞韻一卷　(清)葉申薌輯　清道光十一年至十五年(1831－1835)天籟軒刻本　十冊

110000－0144－0009997　833/522－02

詞律二十卷拾遺六卷補遺一卷　(清)萬樹輯　清光緒二年(1876)吳下刻本　十六冊

110000－0144－0009998　833/522－02

詞律二十卷拾遺六卷補遺一卷　(清)萬樹輯　清光緒二年(1876)吳下刻本　十二冊

110000－0144－0009999　833/522－03

詞律二十卷　(清)萬樹輯　清康熙二十六年(1687)萬樹堆絮園刻本　八冊

110000－0144－0010000　833/601

篋中詞六卷　(清)譚獻輯　清光緒八年(1882)馮煦刻本　十冊

110000－0144－0010001　833/608

榆園叢刻　(清)許增輯　清光緒八年至十年(1882－1884)娛園刻本　八冊

110000－0144－0010002　833/834

詞綜三十六卷　(清)朱彝尊抄撮　(清)汪森增定　(清)柯崇樸編次　(清)周篔辨譌　清康熙十七年(1678)刻三十年(1691)增刻乾隆九年(1744)重修本　六冊

110000－0144－0010003　833/834－03

詞綜三十八卷　(清)朱彝尊輯　清碧梧書屋刻本　十六冊

110000－0144－0010004　833/834－03

詞綜三十八卷　(清)朱彝尊輯　清碧梧書屋刻本　二十四冊

110000－0144－0010005　833/834－05

詞綜三十八卷　(清)朱彝尊撰　(清)王昶補輯　清康熙十七年(1678)刻三十年(1691)增刻乾隆九年(1744)重修嘉慶增刻本　六冊

110000－0144－0010006　833/834－117

歷朝詞綜一百六卷　(清)朱彝尊　(清)王昶輯　清光緒二十八年(1902)金匱浦氏刻本　二十四冊

110000－0144－0010007　833/925－05

白香詞譜箋四卷　(清)舒夢蘭撰　(清)謝朝徵箋　清光緒十一年(1885)刻本　二冊

110000－0144－0010008　833/946－6

閨秀詞鈔十六卷補遺一卷續補遺一卷　徐乃昌輯　清宣統元年(1909)南陵徐氏小檀欒室刻本　十冊

110000－0144－0010009　833/948

小檀欒室彙刻閨秀詞　徐乃昌輯　清光緒二十一年至二十二年(1895－1896)南陵徐氏小檀欒室刻本　二十冊

110000－0144－0010010　833/948

小檀欒室彙刻閨秀詞　徐乃昌輯　清光緒二十一年至二十二年(1895－1896)南陵徐氏小檀欒室刻本　二十八冊

110000－0144－0010011　834.2/314.9

漢魏六朝女子文選二卷　(清)張維輯　清宣統三年(1911)海鹽朱是刻本　一冊

110000－0144－0010012　834.2/314.9

漢魏六朝女子文選二卷　(清)張維輯　清宣統三年(1911)海鹽朱是刻本　四冊

110000－0144－0010013　834.2/314.9

漢魏六朝女子文選二卷　(清)張維輯　清宣統三年(1911)海鹽朱是刻本　四册

110000－0144－0010014　834.2/314.9
漢魏六朝女子文選二卷　(清)張維輯　清宣統三年(1911)海鹽朱是刻本　一册

110000－0144－0010015　834.21/914
西漢文選四卷　(清)儲欣輯評　清康熙六十一年(1722)蔚文堂刻本　四册

110000－0144－0010016　834.23/428
全三國文七十五卷　(清)嚴可均輯　清光緒刻本　十册

110000－0144－0010017　834.34/185
南北朝文鈔二卷　(清)彭兆蓀輯　(清)陳起榮校　清光緒二年(1876)番禺陳起榮刻本　二册

110000－0144－0010018　834.34/608
六朝文絜四卷　(清)許槤輯　清光緒五年(1879)刻朱墨套印本　二册

110000－0144－0010019　834.34/608－05
六朝文絜四卷　(清)許槤輯　(清)朱鈞參校　清光緒三年(1877)讀有用書齋刻朱墨套印本　二册

110000－0144－0010020　834.34/608－05
六朝文絜四卷　(清)許槤輯　(清)朱鈞參校　清光緒三年(1877)讀有用書齋刻朱墨套印本　一册

110000－0144－0010021　834.34/608－06
六朝文絜四卷　(清)許槤輯　(清)朱鈞參校　清光緒三年(1877)上海刻朱墨套印本　一册

110000－0144－0010022　834.4/102
唐人三家集二十八卷　(清)秦恩復輯　清嘉慶二十一年至道光十年(1816－1830)石研齋刻本　六册

110000－0144－0010023　834.4/117.6
古文八大家公暇錄六卷　(清)王應鯨選評　(清)李中簡鑒定　清同德堂刻本　六册

110000－0144－0010024　834.4/378
唐駢體文鈔十七卷　(清)陳均輯　清光緒二十一年(1895)刻本　六册

110000－0144－0010025　834.4/378－02
唐駢體文鈔十七卷　(清)陳均輯　清同治十二年(1873)海寧刻本　四册

110000－0144－0010026　834.4/378－02
唐駢體文鈔十七卷　(清)陳均輯　清同治十二年(1873)海寧刻本　四册

110000－0144－0010027　834.4/378－02
唐駢體文鈔十七卷　(清)陳均輯　清同治十二年(1873)海寧刻本　四册

110000－0144－0010028　834.4/381
陳太僕批選八家文鈔　(清)陳太僕批選　清光緒二十六年(1900)文美齋石印本　六册

110000－0144－0010029　834.4/451
唐宋八家鈔八卷　(清)呂留良輯　清光緒二十六年(1900)成都書局刻本　八册

110000－0144－0010030　834.4/713
唐宋八大家文分體讀本二十四卷附錄一卷　(清)汪份輯　清遄喜齋刻本　二十四册

110000－0144－0010031　834.4/716
御選唐宋文醇五十八卷　(清)高宗弘曆選　清光緒三年(1877)浙江書局刻本　二十册

110000－0144－0010032　834.4/716
御選唐宋文醇五十八卷　(清)高宗弘曆選　清光緒三年(1877)浙江書局刻本　二十四册

110000－0144－0010033　834.4/716
御選唐宋文醇五十八卷　(清)高宗弘曆選　清光緒三年(1877)浙江書局刻本　二十册

110000－0144－0010034　834.4/716
御選唐宋文醇五十八卷　(清)高宗弘曆選　清光緒三年(1877)浙江書局刻本　二十册

110000－0144－0010035　834.4/716－02
御選唐宋文醇五十八卷　(清)高宗弘曆選　清光緒二十一年(1895)上海鴻文書局石印本　八册

110000－0144－0010036　834.4/772
三唐人集　(清)馮焌光輯　清光緒元年(1875)南海馮氏讀有用齋刻本　六冊

110000－0144－0010037　834.4/772
三唐人集　(清)馮焌光輯　清光緒元年(1875)南海馮氏讀有用齋刻本　十二冊

110000－0144－0010038　834.4/890
海峰先生精選八家文鈔不分卷　(清)劉大櫆選　清光緒二年(1876)曾紀雲刻本　二冊

110000－0144－0010039　834.4/914
唐宋十大家全集十種五十二卷　(清)儲欣輯評　清遺清堂刻本　四十冊

110000－0144－0010040　834.4/914
唐宋十大家全集十種五十二卷　(清)儲欣輯評　清遺清堂刻本　四十冊

110000－0144－0010041　834.4/947
欽定全唐文一千卷總目三卷　(清)董誥輯　清嘉慶十九年(1814)内府刻本　二百冊

110000－0144－0010042　834.4/947
欽定全唐文一千卷總目三卷　(清)董誥輯　清嘉慶十九年(1814)内府刻本　三百二十冊

110000－0144－0010043　834.4/947
欽定全唐文一千卷總目三卷　(清)董誥輯　清嘉慶十九年(1814)内府刻本　三百二十冊

110000－0144－0010044　834.4/947－02
欽定全唐文一千卷總目三卷　(清)董誥等纂　清光緒二十七年(1901)廣雅書局刻本　二百冊

110000－0144－0010045　834.5/185
宋四六選二十四卷　(清)曹振鏞　(清)彭元瑞輯　清乾隆四十一年(1776)曹振鏞刻本　十二冊

110000－0144－0010046　834.5/185－02
宋四六選二十四卷　(清)曹振鏞　(清)彭元瑞輯　清光緒善成堂刻本　十二冊

110000－0144－0010047　834.5/185－03
宋四六選二十四卷　(清)曹振鏞　(清)彭元瑞輯　清刻本　十二冊

110000－0144－0010048　834.51/554－271
嘉樂齋三蘇文範十八卷　(明)楊慎輯　(明)袁宏道輯　明天啓二年(1622)刻本　八冊

110000－0144－0010049　834.51/554－279
精選三蘇文神駒六卷　(宋)蘇洵等原著　(清)梅之煥編　清光緒二十八年(1902)京都鴻文齋書局石印本　四冊

110000－0144－0010050　834.51/554－289
彙鍥註釋三蘇文苑八卷　(宋)蘇洵等原著　(清)李叔元評選　清刻本　四冊

110000－0144－0010051　834.51/741
沈氏三先生文集西溪集十卷長興集二十一卷雲巢編十卷　(宋)沈遘　(宋)沈括　(宋)沈遼撰　清光緒二十二年(1896)浙江書局刻本　十冊

110000－0144－0010052　834.6/289
皇明十大家文選　(明)李夢陽等撰　(明)鍾惺編　明末刻本　十二冊

110000－0144－0010053　834.6/312
明六名家集　(清)張汝瑚輯　清刻本　三十二冊

110000－0144－0010054　834.6/312－4
明八大家文集　(清)張汝瑚輯　清康熙二十一年(1682)溫陵書林刻本　二十四冊

110000－0144－0010055　834.7/117.6
湖海文傳七十五卷　(清)王昶輯　清道光十七年(1837)經訓堂刻本　十六冊

110000－0144－0010056　834.7/117.6－03
湖海文傳七十五卷　(清)王昶輯　清道光十七年(1837)經訓堂刻同治五年(1866)印本　缺四卷(五至八)　十八冊

110000－0144－0010057　834.7/117.6－03
湖海文傳七十五卷　(清)王昶輯　清道光十七年(1837)經訓堂刻同治五年(1866)印本　十六冊

110000－0144－0010058　834.7/119

國朝十家四六文鈔　王先謙輯　清光緒十五年(1889)長沙王氏刻本　四册

110000－0144－0010059　834.7/119
國朝十家四六文鈔　王先謙輯　清光緒十五年(1889)長沙王氏刻本　四册

110000－0144－0010060　834.7/119－02
國朝十家四六文鈔　王先謙輯　清光緒二十一年(1895)上海書局石印本　四册

110000－0144－0010061　834.7/119－04
續古文辞類纂三十四卷　王先謙輯　清光緒二十八年(1902)蜀東善成堂刻本　八册

110000－0144－0010062　834.7/166
南菁講舍文集六卷　(清)黄以周輯　清光緒十五年(1889)刻本　四册

110000－0144－0010063　834.7/185
易堂九子文鈔　(清)彭玉雯輯　清道光二十三年(1843)刻本　十二册

110000－0144－0010064　834.7/202
今文粹編八卷二編二卷　(清)趙熟典輯　清乾隆刻本　十册

110000－0144－0010065　834.7/213
戴南山文鈔六卷方望溪文鈔六卷　(清)戴名世　(清)方苞著　清宣統二年(1910)上海國學扶輪社鉛印本　八册

110000－0144－0010066　834.7/235
國朝文典一百卷補一卷　(清)翰林院撰文　清刻本　十六册

110000－0144－0010067　834.7/235
國朝文典一百卷補一卷　(清)翰林院撰文　清刻本　三十二册

110000－0144－0010068　834.7/238
皇朝經濟文編一百二十八卷　求自彊齋主人編輯　清光緒二十七年(1901)慎記書莊石印本　四十八册

110000－0144－0010069　834.7/286
國朝文錄八十二卷　(清)李祖陶輯　清道光十九年(1839)瑞州府鳳儀書院刻本　二十四册

110000－0144－0010070　834.7/286
國朝文錄八十二卷　(清)李祖陶輯　清道光十九年(1839)瑞州府鳳儀書院刻本　三十二册

110000－0144－0010071　834.7/286
國朝文錄八十二卷　(清)李祖陶輯　清道光十九年(1839)瑞州府鳳儀書院刻本　三十二册

110000－0144－0010072　834.7/286
國朝文錄八十二卷　(清)李祖陶輯　清道光十九年(1839)瑞州府鳳儀書院刻本　三十二册

110000－0144－0010073　834.7/286－9
國朝文錄續編六十六卷　(清)李祖陶輯　清同治七年(1868)敖陽李氏刻本　三十六册

110000－0144－0010074　834.7/286－9
國朝文錄續編六十六卷　(清)李祖陶輯　清同治七年(1868)敖陽李氏刻本　三十二册

110000－0144－0010075　834.7/286－9
國朝文錄續編六十六卷　(清)李祖陶輯　清同治七年(1868)敖陽李氏刻本　四册

110000－0144－0010076　834.7/286－9
國朝文錄續編六十六卷　(清)李祖陶輯　清同治七年(1868)敖陽李氏刻本　三十二册

110000－0144－0010077　834.7/331
皇朝經世文編一百二十卷姓名總目二卷　(清)賀長齡輯　清光緒十七年(1891)邵州經綸書局刻本　一百二十册

110000－0144－0010078　834.7/331
皇朝經世文編一百二十卷姓名總目二卷　(清)賀長齡輯　清光緒十七年(1891)邵州經綸書局刻本　一百二十册

110000－0144－0010079　834.7/331－02
皇朝經世文編一百二十卷　(清)賀長齡輯　清光緒上海廣百宋齋鉛印本　八册

110000－0144－0010080　834.7/331－02

皇朝經世文編一百二十卷 (清)賀長齡輯 清光緒上海廣百宋齋鉛印本 二十四册

110000－0144－0010081 834.7/331－03
皇朝經世文編一百二十卷姓名總目二卷 (清)賀長齡輯 清光緒二十八年(1902)上海煥文書局鉛印本 二十四册

110000－0144－0010082 834.7/331－04
皇朝經世文編一百二十卷姓名總目二卷 (清)賀長齡輯 清光緒十三年(1887)上海點石齋石印本 十二册

110000－0144－0010083 834.7/331－05
皇朝經世文編一百二十卷姓名總目二卷 (清)賀長齡輯 清光緒二十二年(1896)上海掃葉山房鉛印本 二十四册

110000－0144－0010084 834.7/331－05
皇朝經世文編一百二十卷姓名總目二卷 (清)賀長齡輯 清光緒二十二年(1896)上海掃葉山房鉛印本 十二册

110000－0144－0010085 834.7/331－06
皇朝經世文編一百二十卷姓名總目二卷 (清)賀長齡輯 清道光七年(1827)曹堉刻本 八十册

110000－0144－0010086 834.7/331－07
皇朝經世文編一百二十卷姓名總目二卷 (清)賀長齡輯 清光緒二十四年(1898)上海宏文閣鉛印本 二十四册

110000－0144－0010087 834.7/331－08
皇朝經世文編一百二十卷姓名總目二卷 (清)賀長齡輯 清光緒十四年(1888)上海廣百宋齋鉛印本 二十四册

110000－0144－0010088 834.7/331－345
皇朝經世文新編三十二卷 (清)麥仲華輯 清光緒二十八年(1902)上海古香閣石印本 十六册

110000－0144－0010089 834.7/331－345－02
皇朝經世文新編三十三卷 (清)麥仲華輯 清光緒二十四年(1898)上海譯書局石印本 二十四册

110000－0144－0010090 834.7/331－345－03
皇朝經世文新編二十一卷 (清)麥仲華輯 清光緒二十七年(1901)上海書局石印本 十二册

110000－0144－0010091 834.7/331－345－04
皇朝經世文新編二十一卷 (清)麥仲華輯 清光緒二十八年(1902)瑤林書館石印本 十册

110000－0144－0010092 834.7/331－345－05
皇朝經世文新編三十二卷 (清)麥仲華輯 清光緒二十八年(1902)上海書局石印本 十六册

110000－0144－0010093 834.7/331－380
皇朝經世文三編八十卷 (清)陳忠倚輯 清光緒二十四年(1898)上海書局石印本 十六册

110000－0144－0010094 834.7/331－380－02
皇朝經世文三編八十卷 (清)陳忠倚輯 清光緒二十四年(1898)寶文書局石印本 十六册

110000－0144－0010095 834.7/331－380－03
皇朝經世文新增時務續編四十卷時事洋務八卷 (清)陳忠倚輯 清光緒二十三年(1897)上海掃葉山房鉛印本 六册

110000－0144－0010096 834.7/331－521
皇朝經世文新增續編一百二十卷 (清)葛士濬輯 清光緒二十三年(1897)上海掃葉山房鉛印本 二十四册

110000－0144－0010097 834.7/331－521
皇朝經世文新增續編一百二十卷 (清)葛士濬輯 清光緒二十三年(1897)上海掃葉山房鉛印本 二十四册

110000－0144－0010098 834.7/331－521－02
皇朝經世文續編一百二十卷 (清)葛士濬輯 清光緒十四年(1888)上海圖書集成局鉛印本 三十二册

110000－0144－0010099　834.7/331－521－02
皇朝經世文續編一百二十卷　（清）葛士濬輯　清光緒十四年（1888）上海圖書集成局鉛印本　二十四册

110000－0144－0010100　834.7/331－870
皇朝經世文統編一百二十卷　（□）□□撰　清光緒二十七年（1901）上海慎記石印本　四十册

110000－0144－0010101　834.7/331－870－02
皇朝經世文統編一百七卷　（清）邵之棠編　清光緒二十七年（1901）上海寶善堂石印本　五十二册

110000－0144－0010102　834.7/331－901
皇朝經世文四編五十二卷　（清）何良棟輯　清光緒二十八年（1902）鴻寶書局石印本　十二册

110000－0144－0010103　834.7/331－901
皇朝經世文四編五十二卷　（清）何良棟輯　清光緒二十八年（1902）鴻寶書局石印本　十二册

110000－0144－0010104　834.7/331－901
皇朝經世文四編五十二卷　（清）何良棟輯　清光緒二十八年（1902）鴻寶書局石印本　十二册

110000－0144－0010105　834.7/331－901－02
皇朝經世文四編五十二卷　（清）何良棟輯　清光緒二十八年（1902）上海書局石印本　十二册

110000－0144－0010106　834.7/340
皇朝經世文續編一百二十卷姓名總目二卷　（清）盛康輯　清光緒二十三年（1897）武進盛氏思補樓刻本　八十册

110000－0144－0010107　834.7/340.4
八旗文經六十卷　（清）盛昱　楊鍾羲輯　清光緒二十七年（1901）刻本　十二册

110000－0144－0010108　834.7/340.4
八旗文經六十卷　（清）盛昱　楊鍾羲輯　清光緒二十七年（1901）刻本　十二册

110000－0144－0010109　834.7/375
詁經精舍文集十四卷　（清）阮元訂　清嘉慶揚州阮氏琅嬛仙館刻本　六册

110000－0144－0010110　834.7/385
國朝古文所見集十三卷　（清）陳兆麒輯　（清）陳允中　（清）陳允安校　清光緒二年（1876）一枝山房刻本　三册

110000－0144－0010111　834.7/385
國朝古文所見集十三卷　（清）陳兆麒輯　（清）陳允中　（清）陳允安校　清光緒二年（1876）一枝山房刻本　四册

110000－0144－0010112　834.7/392
切問齋文鈔三十卷　（清）陸燿輯　清道光三年至七年（1823－1827）楊國楨刻本　八册

110000－0144－0010113　834.7/418
國朝麗體金膏四卷　（清）馬俊良輯　清末馬俊良刻本　四册

110000－0144－0010114　834.7/425
國朝文匯甲前集二十卷甲集六十卷乙集七十卷丙集三十卷丁集二十卷附姓氏目錄一卷　（清）上海國學扶論社輯　清宣統元年（1909）上海國學扶輪社石印本　一百一册

110000－0144－0010115　834.7/425
國朝文匯甲前集二十卷甲集六十卷乙集七十卷丙集三十卷丁集二十卷附姓氏目錄一卷　（清）上海國學扶論社輯　清宣統元年（1909）上海國學扶輪社石印本　一百册

110000－0144－0010116　834.7/425
國朝文匯甲前集二十卷甲集六十卷乙集七十卷丙集三十卷丁集二十卷附姓氏目錄一卷　（清）上海國學扶論社輯　清宣統元年（1909）上海國學扶輪社石印本　一百册

110000－0144－0010117　834.7/425
清朝文匯甲前集二十卷甲集六十卷乙集七十卷丙集三十卷丁集二十卷附姓氏目錄一卷　（清）上海國學扶論社輯　清宣統元年（1909）

上海國學扶輪社石印本　一百一冊

110000－0144－0010118　834.7/425
國朝文匯甲前集二十卷甲集六十卷乙集七十卷丙集三十卷丁集二十卷附姓氏目錄一卷　(清)上海國學扶論社輯　清宣統元年(1909)上海國學扶輪社石印本　一百一冊

110000－0144－0010119　834.7/425
國朝文匯甲前集二十卷甲集六十卷乙集七十卷丙集三十卷丁集二十卷附姓氏目錄一卷　(清)上海國學扶論社輯　清宣統元年(1909)上海國學扶輪社石印本　一百十冊

110000－0144－0010120　834.7/425
國朝文匯全書總目錄　(清)上海國學扶論社輯　清宣統元年(1909)上海國學扶輪社石印本　一百十冊

110000－0144－0010121　834.7/435
國朝八家四六文鈔　(清)吳鼒輯　清光緒五年(1879)江左書林刻本　四冊

110000－0144－0010122　834.7/435.2
國朝文徵四十卷　(清)吳翌鳳輯　清咸豐元年(1851)世美堂刻本　四十四冊

110000－0144－0010123　834.7/441
海豐吳氏文存四卷　(清)吳重熹輯　清宣統元年(1909)大梁節署刻本　四冊

110000－0144－0010124　834.7/462
國朝史論萃編甲集四卷　昭文桂村蒙學堂輯　清光緒二十八年(1902)鉛印本　四冊

110000－0144－0010125　834.7/521
皇朝經世文續編一百二十卷　(清)葛士濬輯　清光緒二十七年(1901)上海久敬齋鉛印本　二十四冊

110000－0144－0010126　834.7/521
皇朝經世文續編一百二十卷　(清)葛士濬輯　清光緒二十七年(1901)上海久敬齋鉛印本　二十四冊

110000－0144－0010127　834.7/610
八家四六文注八卷首一卷　(清)吳鼒選　(清)許貞幹注　清光緒十七年(1891)許貞幹味青齋刻本　十六冊

110000－0144－0010128　834.7/610－02
八家四六文注八卷首一卷附八家四六文補注　(清)吳鼒選　(清)許貞幹注　(清)陳衍補注　清光緒十八年(1892)上海圖書集成印書局鉛印本　八冊

110000－0144－0010129　834.7/610－02
八家四六文注八卷首一卷附八家四六文補注　(清)吳鼒選　(清)許貞幹注　(清)陳衍補注　清光緒十八年(1892)上海圖書集成印書局鉛印本　八冊

110000－0144－0010130　834.7/649
直省闈墨正鵠六卷　(清)京都大學堂輯　清光緒三十年(1904)上海煥文書局石印本　二冊

110000－0144－0010131　834.7/667
涵通樓師友文鈔九卷詞鈔三卷　(清)唐啟華編　清咸豐四年(1854)臨桂唐氏涵通樓刻本　一冊

110000－0144－0010132　834.7/746
蓬窗隨錄十四卷附錄二卷續錄二卷　(清)沈兆澐輯　(清)沈維璥校　清咸豐七年(1857)沈兆澐刻本　十四冊

110000－0144－0010133　834.7/827
國朝古文彙鈔初集一百七十六卷二集一百卷　(清)朱珔編　清道光二十七年(1847)吳江沈氏世美堂刻本　一百二十冊

110000－0144－0010134　834.7/949
今文偶見四十八卷　(清)徐斐然輯評　清嘉慶四年(1799)恒勤堂刻本　十冊

110000－0144－0010135　834.7/981
國朝駢體正宗十二卷續編八卷　(清)曾燠輯　(清)張鳴珂續輯　(清)姚燮　(清)張壽榮參評　清光緒二十一年(1895)湖南崇德書局刻本　十冊

110000－0144－0010136　834.7/981－02

國朝駢體正宗十二卷　(清)曾燠輯　清嘉慶十一年(1806)賞雨茆屋刻本　四冊

110000－0144－0010137　834.7/981－02
國朝駢體正宗十二卷　(清)曾燠輯　清嘉慶十一年(1806)賞雨茆屋刻本　六冊

110000－0144－0010138　834.7/981－03
國朝駢體正宗評本十二卷附補編一卷　(清)曾燠輯　(清)姚燮　(清)張壽榮參評　清光緒十年(1884)花雨樓刻朱墨套印本　六冊

110000－0144－0010139　834.7/981－03
國朝駢體正宗評本十二卷附補編　(清)曾燠輯　(清)姚燮　(清)張壽榮參評　清光緒十年(1884)花雨樓刻朱墨套印本　六冊

110000－0144－0010140　834.7/981－04
國朝駢體正宗十二卷　(清)曾燠輯　清同治十三年(1874)聚賢堂刻本　三冊

110000－0144－0010141　834.7/981－06
國朝駢體正宗十二卷續編八卷　(清)曾燠輯　(清)張鳴珂續輯　(清)姚燮　(清)張壽榮參評　清光緒二十三年(1897)烏程江氏修綆山房刻本　十冊

110000－0144－0010142　834.7/981－309
國朝駢體正宗續編八卷　(清)張鳴珂輯　清光緒十四年(1888)寒松閣刻本　四冊

110000－0144－0010143　834.7/994
國朝文錄八十二卷　(清)姚椿編　清光緒二十六年(1900)上海掃葉山房石印本　十六冊

110000－0144－0010144　834.7/994
國朝文錄八十二卷　(清)姚椿編　清光緒二十六年(1900)上海掃葉山房石印本　十六冊

110000－0144－0010145　834.7/994
國朝文錄八十二卷　(清)姚椿編　清光緒二十六年(1900)上海掃葉山房石印本　十六冊

110000－0144－0010146　834.7/994
國朝文錄八十二卷　(清)姚椿編　清光緒二十六年(1900)上海掃葉山房石印本　十六冊

110000－0144－0010147　834.7/994
國朝文錄八十二卷　(清)姚椿編　清光緒二十六年(1900)上海掃葉山房石印本　十六冊

110000－0144－0010148　834.7/994－4
皇朝駢文類苑十四卷首一卷　(清)姚燮輯　(清)張壽榮校刊　清光緒七年(1881)律中林鍾刻本　二十四冊

110000－0144－0010149　834.7/994－4
皇朝駢文類苑十四卷首一卷　(清)姚燮輯　(清)張壽榮校刊　清光緒七年(1881)律中林鍾刻本　二十冊

110000－0144－0010150　834.7/994－4
皇朝駢文類苑十四卷首一卷　(清)姚燮輯　(清)張壽榮校刊　清光緒七年(1881)律中林鍾刻本　二十四冊

110000－0144－0010151　834.76/667
涵通樓師友文鈔九卷詞鈔三卷　(清)唐啟華編　清咸豐四年(1854)臨桂唐氏涵通樓刻本　八冊

110000－0144－0010152　834.78/719
經訓書院文集六卷　(清)江西經訓書院編　清光緒九年(1883)南昌江西書局刻本　三冊

110000－0144－0010153　834.78/936
銅官感舊集二卷　(清)章壽麟撰　清宣統長沙章氏盋山舊館石印本　一冊

110000－0144－0010154　834.79/262
林嚴文鈔四卷　(清)林紓　(清)嚴復撰　清宣統三年(1911)上海國學扶輪社鉛印本　四冊

110000－0144－0010155　834/033
壽母新編二卷　(清)王煦輯　清咸豐八年(1858)王煦刻本　一冊

110000－0144－0010156　834/119
續古文辭類纂三十四卷　王先謙輯　清光緒八年(1882)虚受堂刻本　四冊

110000－0144－0010157　834/119
續古文辭類纂三十四卷　王先謙輯　清光緒八年(1882)虚受堂刻本　八冊

110000－0144－0010158　834/119－1
駢文類纂四十六卷　王先謙纂集　清光緒二十八年(1902)長沙思賢書局刻本　二十四册

110000－0144－0010159　834/119－1
駢文類纂四十六卷　王先謙纂集　清光緒二十八年(1902)長沙思賢書局刻本　二十四册

110000－0144－0010160　834/119－1
駢文類纂四十六卷　王先謙纂集　清光緒二十八年(1902)長沙思賢書局刻本　二十四册

110000－0144－0010161　834/130
天下才子必讀書十五卷　(清)金人瑞輯　清刻本　十二册

110000－0144－0010162　834/130－03
天下才子必讀書十五卷末一卷　(清)金人瑞評　清敦化堂刻本　六册

110000－0144－0010163　834/172
聽嚶堂四六新書八卷　(清)黄始輯評　清康熙吳門錢爾瞻刻本　十六册

110000－0144－0010164　834/200
趙菁衫自選古文檢一卷　(清)趙國華選　清宣統三年(1911)王金綬鉛印本　一册

110000－0144－0010165　834/200
趙菁衫自選古文檢一卷　(清)趙國華選　清宣統三年(1911)王金綬鉛印本　一册

110000－0144－0010166　834/214－02
增批古文觀止十六卷　(清)吳楚材　(清)吳調侯評註　(清)隱石潛校　清書業德刻本　三册

110000－0144－0010167　834/256
古文析義六卷　(清)林雲銘評注　清經國堂刻本　十四册

110000－0144－0010168　834/256－02
古文析義初編六卷二編八卷　(清)林雲銘評注　清宣統元年(1909)石印本　十册

110000－0144－0010169　834/256－03
古文析義二編八卷　(清)林雲銘評注　清兩儀堂刻本　八册

110000－0144－0010170　834/287
古文筆法二十卷　(清)李扶九輯　(清)黄仁黼注　清光緒七年(1881)上海錦章圖書局石印本　四册

110000－0144－0010171　834/287.2
五朝文鐸二十卷　(清)李壽萱輯　清光緒十七年(1891)敘州府學署明倫堂刻本　十二册

110000－0144－0010172　834/287－02
古文筆法百篇二十卷　(清)李扶九輯　(清)黄仁黼注　清光緒二十四年(1898)上海余記書莊石印本　四册

110000－0144－0010173　834/294
駢體文鈔三十一卷目錄一卷　(清)李兆洛輯　清同治六年(1867)婁江徐氏刻本　十册

110000－0144－0010174　834/294
駢體文鈔三十一卷目錄一卷　(清)李兆洛輯　清同治六年(1867)婁江徐氏刻本　十册

110000－0144－0010175　834/294
駢體文鈔三十一卷目錄一卷　(清)李兆洛輯　清同治六年(1867)婁江徐氏刻本　十二册

110000－0144－0010176　834/294
駢體文鈔三十一卷目錄一卷　(清)李兆洛輯　清同治六年(1867)婁江徐氏刻本　八册

110000－0144－0010177　834/294
駢體文鈔三十一卷目錄一卷　(清)李兆洛輯　清同治六年(1867)婁江徐氏刻本　八册

110000－0144－0010178　834/294－02
駢體文鈔三十一卷目錄一卷　(清)李兆洛輯　清光緒八年(1882)刻本　八册

110000－0144－0010179　834/294－02
駢體文鈔三十一卷目錄一卷　(清)李兆洛輯　清光緒八年(1882)刻本　八册

110000－0144－0010180　834/294－03
駢體文鈔三十一卷目錄一卷　(清)李兆洛輯　清光緒七年(1881)四川存古書局刻本　十册

110000－0144－0010181　834/294－04

駢體文鈔三十一卷目録一卷　(清)李兆洛輯　清同治、光緒間誦芬閣刻本　十六册

110000－0144－0010182　834/348
屈賈文合編十卷　(清)夏獻雲輯　清光緒三年(1877)長沙夏獻雲刻本　六册

110000－0144－0010183　834/358
合璧古文十六卷　(清)孟保輯譯　清咸豐元年(1851)刻本　十六册

110000－0144－0010184　834/360
山曉閣選古文全集三十二卷　(清)孫琮輯評　清遺經堂刻本　四十八册

110000－0144－0010185　834/360
山曉閣選古文全集三十二卷　(清)孫琮輯評　清遺經堂刻本　四十八册

110000　0144　0010186　834/428
全上古三代秦漢三國六朝文七百四十六卷　(清)嚴可均輯　清光緒二十年(1894)黄岡王毓藻刻本　七十册

110000－0144－0010187　834/428
全上古三代秦漢三國六朝文七百四十六卷　(清)嚴可均輯　清光緒二十年(1894)黄岡王毓藻刻本　一百册

110000－0144－0010188　834/428
全上古三代秦漢三國六朝文七百四十六卷　(清)嚴可均輯　清光緒二十年(1894)黄岡王毓藻刻本　一百册

110000－0144－0010189　834/428
全上古三代秦漢三國六朝文七百四十六卷　(清)嚴可均輯　清光緒二十年(1894)黄岡王毓藻刻本　八十册

110000－0144－0010190　834/428
全上古三代秦漢三國六朝文七百四十六卷　(清)嚴可均輯　清光緒二十年(1894)黄岡王毓藻刻本　一百册

110000－0144－0010191　834/428－03
全上古三代秦漢三國六朝文七百四十六卷　(清)嚴可均輯　清光緒十九年(1893)廣州廣雅書局刻本　一百册

110000－0144－0010192　834/428－526
全上古三代秦漢三國晉南北朝文編目一百三卷　(清)蔣壑編　清光緒五年(1879)蔣錫礽刻本　十六册

110000－0144－0010193　834/435
八家四六文鈔八種　(清)吴鼒輯　清嘉慶三年至光緒三十四年(1798－1908)較經堂刻本　四册

110000－0144－0010194　834/440
桐城吴氏古文讀本不分卷　(清)吴汝綸評選　清光緒三十四年(1908)上海文明書局鉛印本　四册

110000－0144－0010195　834/442
涵芬樓古今文鈔一百卷　吴曾祺編　清宣統三年(1911)上海商務印書館鉛印本　一百册

110000－0144－0010196　834/442
涵芬樓古今文鈔一百卷　吴曾祺編　清宣統三年(1911)上海商務印書館鉛印本　一百册

110000－0144－0010197　834/442－660
涵芬樓古今文鈔小傳四卷首一卷附録一卷　商務印書館編譯所編　清宣統三年(1911)上海商務印書館鉛印本　一册

110000－0144－0010198　834/447
晚邨先生八家古文精選　(清)吕留良選　(清)吕葆中點勘　清刻本　四册

110000－0144－0010199　834/447
晚邨先生八家古文精選　(清)吕留良選　(清)吕葆中點勘　清刻本　四册

110000－0144－0010200　834/526
忠雅堂評選四六法海八卷　(清)蔣士銓評選　清光緒十八年(1892)湖南書局刻本　八册

110000－0144－0010201　834/526－02
忠雅堂評選四六法海八卷　(清)蔣士銓評選　清同治十年(1871)刻朱墨套印本　八册

110000－0144－0010202　834/526－03
忠雅堂評選四六法海八卷　(清)蔣士銓評選

清光緒十五年(1889)雲林閣刻本　四冊

110000－0144－0010203　834/526－04
忠雅堂評選四六法海八卷　(清)蔣士銓評選　清光緒八年(1882)刻本　八冊

110000－0144－0010204　834/526－05
忠雅堂評選四六法海八卷　(清)蔣士銓評選　清末步月山房刻朱墨套印本　八冊

110000－0144－0010205　834/526－05
忠雅堂評選四六法海八卷　(清)蔣士銓評選　清末步月山房刻朱墨套印本　八冊

110000－0144－0010206　834/557－02
古文雅正十四卷　(清)蔡世遠輯　清光緒二十二年(1896)上海圖書集成印書局鉛印本　四冊

110000－0144－0010207　834/557－03
重訂古文雅正十四卷　(清)蔡世遠原本　(清)李立侯　(清)張季長參訂　(清)林有席參評　清光緒六年(1880)儒林堂刻本　八冊

110000－0144－0010208　834/563
論海一百卷　(清)李思浩定　(清)蔡和鏘輯　清光緒二十八年(1902)四明華英學堂石印本　四十冊

110000－0144－0010209　834/598
古文講授談　尚秉和輯　清宣統二年(1910)北京官書館鉛印本　二冊

110000－0144－0010210　834/598
古文講授談　尚秉和輯　清宣統二年(1910)北京官書館鉛印本　二冊

110000－0144－0010211　834/598
古文講授談　尚秉和輯　清宣統二年(1910)北京官書館鉛印本　一冊

110000－0144－0010212　834/617
謝疊山先生文章軌範七卷　(宋)謝枋得輯註　清光緒二十一年(1895)湖北官書處刻三色套印本　二冊

110000－0144－0010213　834/617－04
文章軌範七卷　(宋)謝枋得批點　清光緒九年(1883)弦歌書院刻本　二冊

110000－0144－0010214　834/617－05
文章軌範七卷　(宋)謝枋得輯　清康熙五十四年(1715)延賞堂刻本　四冊

110000－0144－0010215　834/626
古文約選不分卷　(清)方苞選　清同治八年(1869)四川總督署刻本　十六冊

110000－0144－0010216　834/626－02
古文約選不分卷　(清)方苞選　清刻本　十冊

110000－0144－0010217　834/667.6
古文翼八卷　(清)唐德宜編　清光緒二十七年(1901)上海三元書局石印本　八冊

110000－0144－0010218　834/716－02
古文淵鑒六十四卷　(清)徐乾學編注　清宣統二年(1910)學部圖書局石印本　二十四冊

110000－0144－0010219　834/716－02
古文淵鑒六十四卷　(清)徐乾學編注　清宣統二年(1910)學部圖書局石印本　二十四冊

110000－0144－0010220　834/716－02
古文淵鑒六十四卷　(清)徐乾學編注　清宣統二年(1910)學部圖書局石印本　二十四冊

110000－0144－0010221　834/716－03
古文淵鉴六十四卷　(清)徐乾學編注　清光緒二十九年(1903)蜚英分局石印本　十六冊

110000－0144－0010222　834/718
古文眉詮七十九卷　(清)浦起龍論次　(清)程鍾　(清)方懋福彙參　清光緒二十四年(1898)嶺南良產書屋刻本　二十四冊

110000－0144－0010223　834/736－02
妙絕古今不分卷　(宋)湯漢輯　清刻本　二冊

110000－0144－0010224　834/736－02
妙絕古今不分卷　(宋)湯漢輯　清刻本　二冊

110000－0144－0010225　834/736－02
妙絕古今不分卷　(宋)湯漢輯　清刻本　二冊

110000－0144－0010226　834/736－02
妙絕古今不分卷　(宋)湯漢輯　清刻本　二冊

110000－0144－0010227　834/796－03
續古文辭類纂二十八卷　(清)黎庶昌輯　清光緒二十一年(1895)金陵狀元閣刻本　十二冊

110000－0144－0010228　834/796－03
續古文辭類纂二十八卷　(清)黎庶昌輯　清光緒二十一年(1895)金陵狀元閣刻本　十二冊

110000－0144－0010229　834/796－03
續古文辭類纂二十八卷　(清)黎庶昌輯　清光緒二十一年(1895)金陵狀元閣刻本　十二冊

110000－0144－0010230　834/796－03
續古文辭類纂二十八卷　(清)黎庶昌輯　清光緒二十一年(1895)金陵狀元閣刻本　十二冊

110000－0144－0010231　834/796－03
續古文辭類纂二十八卷　(清)黎庶昌輯　清光緒二十一年(1895)金陵狀元閣刻本　十二冊

110000－0144－0010232　834/796－03
續古文辭類纂二十八卷　(清)黎庶昌輯　清光緒二十一年(1895)金陵狀元閣刻本　十二冊

110000－0144－0010233　834/796－03
續古文辭類纂二十八卷　(清)黎庶昌輯　清光緒二十一年(1895)金陵狀元閣刻本　十二冊

110000－0144－0010234　834/796－03
續古文辭類纂二十八卷　(清)黎庶昌輯　清光緒二十一年(1895)金陵狀元閣刻本　十二冊

110000－0144－0010235　834/796－04
續古文辭類纂二十八卷　(清)黎庶昌輯　清光緒十六年(1890)金陵書局刻本　十二冊

110000－0144－0010236　834/844
八代文粹二百二十卷目錄十八卷　(清)簡榮　(清)陳崇哲編　清光緒十一年(1885)富順攷雋堂刻本　六十四冊

110000－0144－0010237　834/868
文章指南五卷　(明)歸有光輯　清光緒二年(1876)皖江節署刻本　五冊

110000－0144－0010238　834/905
古文摭逸八卷目錄一卷　(清)傅以成輯　清同治七年(1868)傅培梅刻本　四冊

110000－0144－0010239　834/905
古文摭逸八卷目錄一卷　(清)傅以成輯　清同治七年(1868)傅培梅刻本　四冊

110000－0144－0010240　834/914
古文選十四卷　(清)儲欣辑评　清乾隆三十八年(1773)同文堂刻本　二十五冊

110000－0144－0010241　834/914－02
古文選七種　(清)儲欣辑评　清光緒九年(1883)靜遠堂刻本　三十二冊

110000－0144－0010242　834/914－03
重訂七種古文選　(清)儲欣評選　清乾隆四十五年(1780)三餘堂刻本　三十冊

110000－0144－0010243　834/914－04
重訂七種古文選　(清)儲欣評選　清乾隆四十九年(1784)金昌書業堂刻本　三十冊

110000－0144－0010244　834/947
古文淵鉴六十四卷　(清)徐乾學編注　清宣統二年(1910)學部圖書局石印本　二十四冊

110000－0144－0010245　834/947
古文淵鉴六十四卷　(清)徐乾學編注　清宣統二年(1910)學部圖書局石印本　二十四冊

110000－0144－0010246　834/947

古文淵鍳六十四卷 (清)徐乾學編注 清宣統二年(1910)學部圖書局石印本 二十四冊

110000－0144－0010247 834/947－02
古文淵鍳六十四卷 (清)徐乾學編注 清同治十二年(1873)浙江書局刻本 三十二冊

110000－0144－0010248 834/947－03
古文淵鍳六十四卷 (清)徐乾學編注 清康熙刻五色套印本 四十冊

110000－0144－0010249 834/988
古文釋義新編八卷 (清)余誠注 清同治九年(1870)泰山堂刊行刻本 八冊

110000－0144－0010250 834/988－010
有益堂重訂古文釋義新編八卷 (清)余誠評注 清宣統二年(1910)有益堂刻本 四冊

110000－0144－0010251 834/988－04
善成堂重訂古文釋義新編八卷 (清)余誠評注 清光緒二十三年(1897)善成堂刻本 四冊

110000－0144－0010252 834/988－08
書葉堂重訂古文釋義新編八卷 (清)余誠輯 清末聚文堂刻本 八冊

110000－0144－0010253 834/994－010
古文辭類纂七十四卷 (清)姚鼐編 清同治八年(1869)江蘇書局刻本 十冊

110000－0144－0010254 834/994－010
古文辭類纂七十四卷 (清)姚鼐編 清同治八年(1869)江蘇書局刻本 十二冊

110000－0144－0010255 834/994－010
古文辭類纂七十四卷 (清)姚鼐編 清同治八年(1869)江蘇書局刻本 十二冊

110000－0144－0010256 834/994－011
古文辭類纂七十四卷 (清)姚鼐編 清光緒席氏掃葉山房刻本 十二冊

110000－0144－0010257 834/994－011
古文辭類纂七十四卷 (清)姚鼐編 清光緒席氏掃葉山房刻本 十二冊

110000－0144－0010258 834/994－011
古文辭類纂七十四卷 (清)姚鼐編 清光緒席氏掃葉山房刻本 十二冊

110000－0144－0010259 834/994－012
古文辭類纂七十四卷 (清)姚鼐編 清嘉慶二十五年(1820)合河康氏刻本 十二冊

110000－0144－0010260 834/994－013
古文辭類纂七十五卷 (清)姚鼐纂 清道光五年(1825)金陵吳氏刻本 二十冊

110000－0144－0010261 834/994－014
古文辭類纂七十五卷 (清)姚鼐纂 清同治八年(1869)問竹軒刻本 十二冊

110000－0144－0010262 834/994－015
古文辭類纂七十四卷 (清)姚鼐編 清光緒八年(1882)澹文書局刻本 十二冊

110000－0144－0010263 834/994－02
古文辭類纂七十四卷續三十四卷 (清)姚鼐輯 王先謙續辑 清光緒三十三年(1907)上海商務印書館鉛印本 十二冊

110000－0144－0010264 834/994－02
古文辭類纂七十四卷續三十四卷 (清)姚鼐輯 王先謙續辑 清光緒三十三年(1907)上海商務印書館鉛印本 十冊

110000－0144－0010265 834/994－02
古文辭類纂七十四卷續三十四卷 (清)姚鼐輯 王先謙續辑 清光緒三十三年(1907)上海商務印書館鉛印本 八冊

110000－0144－0010266 834/994－05
古文辭類纂七十四卷 (清)姚鼐編 清光緒十九年(1893)思賢講舍刻本 十六冊

110000－0144－0010267 834/994－05
古文辭類纂七十四卷 (清)姚鼐編 清光緒十九年(1893)思賢講舍刻本 十二冊

110000－0144－0010268 834/994－06
古文辭類纂七十五卷附錄一卷 (清)姚鼐編 清光緒二十七年(1901)滁州李氏求要堂刻本 十二冊

110000－0144－0010269　834/994－06
古文辭類纂七十五卷附録一卷　（清）姚鼐編　清光緒二十七年（1901）滁州李氏求要堂刻本　十二册

110000－0144－0010270　834/994－06
古文辭類纂七十五卷附録一卷　（清）姚鼐編　清光緒二十七年（1901）滁州李氏求要堂刻本　十二册

110000－0144－0010271　834/994－06
古文辭類纂七十五卷附録一卷　（清）姚鼐編　清光緒二十七年（1901）滁州李氏求要堂刻本　十二册

110000－0144－0010272　834/994－06
古文辭類纂七十五卷附録一卷　（清）姚鼐編　清光緒二十七年（1901）滁州李氏求要堂刻本　十二册

110000－0144－0010273　834/994－06
古文辭類纂七十五卷附録一卷　（清）姚鼐編　清光緒二十七年（1901）滁州李氏求要堂刻本　十二册

110000－0144－0010274　834/994－07
古文辭類纂七十四卷續三十四卷　（清）姚鼐纂集　王先謙續輯　清光緒二十六年（1900）新化三味書室刻本　二十册

110000－0144－0010275　834/994－08
古文辭類纂七十四卷　（清）姚鼐編　清同治八年（1869）江蘇書局刻本　十二册

110000－0144－0010276　834/998
文章正宗復刻三十卷續十二卷　（宋）真德秀輯　清乾隆三十三年（1768）楊仲興刻本　三十册

110000－0144－0010277　834/998－02
文章正宗復刻三十卷　（宋）真德秀輯　清同治三年（1864）刻本　二十册

110000－0144－0010278　838.74/448
吴中女士詩鈔四卷　（清）張允滋選録　（清）任兆麟閱定　清乾隆五十四年至五十九年（1789－1794）刻本　三册

110000－0144－0010279　839.081/154
藝文存略一卷　（□）□□輯　清末鉛印本　一册

110000－0144－0010280　839.11/115
國朝滄州詩鈔十二卷　（清）王國均輯　清道光二十六年（1846）葉奎書刻本　四册

110000－0144－0010281　839.11/115
國朝滄州詩鈔十二卷　（清）王國均輯　清道光二十六年（1846）葉奎書刻本　五册

110000－0144－0010282　839.11/273
容城三賢集　（清）張斐然輯　清道光十六年（1836）刻本　十二册

110000－0144－0010283　839.11/273－02
三賢集十二卷　（清）張斐然　（清）楊莅輯　清光緒二十四年（1898）臨安俞廷獻刻本　十二册

110000－0144－0010284　839.11/399
國朝畿輔詩傳六十卷　（清）陶樑輯　清道光十九年（1839）紅豆樹館刻本　十六册

110000－0144－0010285　839.11/399－1
燕南二俊詩鈔二卷　（清）陶樑輯　清道光、咸豐間刻本　二册

110000－0144－0010286　839.13/158
項城袁氏家集　（清）丁振鐸輯　清宣統三年（1911）清芬閣鉛印本　五十六册

110000－0144－0010287　839.13/158
項城袁氏家集　（清）丁振鐸輯　清宣統三年（1911）清芬閣鉛印本　五十六册

110000－0144－0010288　839.13/324
續中州明賢文表六十八卷　（清）邵松年輯　清光緒三十年（1904）上海鴻文書局石印本　二十二册

110000－0144－0010289　839.13/554
國朝中州文徵五十四卷首一卷　（清）蘇源生編　清道光二十三年至二十五年（1843－1845）刻本　二十八册

110000－0144－0010290　839.13/889
中州明賢文表三十卷　(明)劉昌輯　清光緒三十年(1904)上海鴻文書局石印本　二十八册

110000－0144－0010291　839.13/889
中州明賢文表三十卷　(明)劉昌輯　清光緒三十年(1904)上海鴻文書局石印本　六册

110000－0144－0010292　839.14/294
國朝山右詩存二十四卷附集八卷　(清)李錫麟輯錄　清嘉慶六年(1801)山西刻本　十六册

110000－0144－0010293　839.15/286
西河古文錄八卷　(清)李元春輯　清道光十年(1830)西河書院刻本　四册

110000－0144－0010294　839.15/286－4
關中兩朝文抄二十二卷　(清)李元春選　清道光十二年(1832)守樸堂刻本　二十三册

110000－0144－0010295　839.15/331
原獻文錄四卷詩錄三卷原故文錄一卷詩錄一卷　(清)賀瑞麟編　清光緒五年(1879)賀瑞麟刻本　八册

110000－0144－0010296　839.15/915
關中文獻略　(清)任漚輯　(清)嚴炌重校訂　清道光五年(1825)嚴炌刻本　二册

110000－0144－0010297　839.21/112
淮安藝文志十卷　(清)王琛編　清同治十二年(1873)刻本　八册

110000－0144－0010298　839.21/114
京口三上人集不分卷　(清)王豫輯　清嘉慶六年(1801)刻本　一册

110000－0144－0010299　839.21/115
錫山文集二十卷　(清)王史直　(清)王史鑑編　(清)華湛恩重編　清道光二十年(1840)親仁堂刻本　二十册

110000－0144－0010300　839.21/251
徐州詩徵八卷　(清)桂中行輯　清光緒十七年(1891)刻本　四册

110000－0144－0010301　839.21/286
金陵名勝詩鈔四卷　(清)李鰲輯　清道光八年(1828)刻本　二册

110000－0144－0010302　839.21/286－02
金陵名勝詩鈔二卷　(清)李鰲輯　清道光文浩堂刻本　二册

110000－0144－0010303　839.21/312
淮南秋笳集不分卷　(清)張安保等撰　清咸豐十年(1860)遲雲山館刻本　一册

110000－0144－0010304　839.21/319
國朝常州駢體文錄三十一卷結一宧駢體文一卷　屠寄編　清光緒石印本　六册

110000－0144－0010305　839.21/319
國朝常州駢體文錄三十一卷附結一宧駢體文一卷　屠寄編　清光緒石印本　六册

110000－0144－0010306　839.21/348
海陵文徵二十卷　(清)夏荃輯　清道光二十三年(1843)刻本　十册

110000－0144－0010307　839.21/348.7
金陵文徵小傳彙刊一卷　(清)夏家鎬編　清光緒二年(1876)京師夏家鎬刻本　一册

110000－0144－0010308　839.21/348.7
金陵文徵小傳彙刊一卷　(清)夏家鎬編　清光緒二年(1876)京師夏家鎬刻本　一册

110000－0144－0010309　839.21/348－02
海陵文徵二十卷　(清)夏荃輯　清道光二十三年(1843)刻咸豐七年(1857)後印本　十册

110000－0144－0010310　839.21/384
國朝金陵詞鈔八卷　陳作霖編　清光緒二十八年(1902)刻本　四册

110000－0144－0010311　839.21/401
貞豐詩萃五卷　(清)陶煦輯　清咸豐十一年至同治三年(1861－1864)儀一堂刻本　五册

110000－0144－0010312　839.21/495
常郡八邑藝文志十二卷　(清)盧文弨纂　(清)莊翊昆校補　(清)莊毓鋐重校　清光緒十六年(1890)莊毓鋐刻本　十六册

110000－0144－0010313　839.21/769
徐州二遺民集十卷　馮煦輯　清光緒十九年(1893)臨川桂氏刻本　五冊

110000－0144－0010314　839.21/813
淮郡校士詩選四卷　(清)周燾輯　清道光十三年(1833)周燾刻本　一冊

110000－0144－0010315　839.21/860
國朝常州詞錄三十一卷　繆荃孫輯　清光緒二十二年(1896)江陰繆氏雲自在龕刻本　十冊

110000－0144－0010316　839.21/860
國朝常州詞錄三十一卷　繆荃孫輯　清光緒二十二年(1896)江陰繆氏雲自在龕刻本　十二冊

110000－0144－0010317　839.21/947
褉湖詩拾八卷首一卷　(清)徐達源輯　清嘉慶孚遠堂刻本　四冊

110000－0144－0010318　839.21/948
湖陰詩徵三卷　(清)徐有珂輯　清光緒六年至七年(1880－1881)刻本　三冊

110000－0144－0010319　839.21/961
江左三大家詩抄九卷　(清)顧有孝　(清)趙澐輯　清刻本　七冊

110000－0144－0010320　839.21/968
松陵詩徵前編十二卷　(清)殷增輯　清嘉慶二十一年(1816)刻本　四冊

110000－0144－0010321　839.21/981
同岑詩鈔十四卷　(清)曾燠輯　清道光九年(1829)刻本　六冊

110000－0144－0010322　839.214/531
國朝南亭詩鈔十二卷附錄二卷　(清)范士熊輯　清咸豐元年(1851)石竹齋刻本　八冊

110000－0144－0010323　839.22/306
廬陽三賢集三種　(清)張祥雲輯　清光緒元年(1875)合肥張氏毓秀堂刻本　六冊

110000－0144－0010324　839.22/306
廬陽三賢集三種　(清)張祥雲輯　清光緒元年(1875)合肥張氏毓秀堂刻本　四冊

110000－0144－0010325　839.22/327
桃花潭文徵六卷　(清)翟大程輯　清光緒三十年(1904)涇川翟大程刻本　六冊

110000－0144－0010326　839.22/439
貴池二妙集五十一卷　劉世珩編輯　清光緒二十五年(1899)貴池劉氏唐石簃刻貴池先哲遺書本　十冊

110000－0144－0010327　839.22/953
皖詞紀勝一卷　徐乃昌輯　清光緒三十年(1904)南陵徐氏小檀欒室刻本　一冊

110000－0144－0010328　839.23/119
黃巖集三十二卷首一卷　(清)王維翰輯　清光緒三年(1877)刻本　十四冊

110000－0144－0010329　839.23/158
西泠詞萃六種　(清)丁丙輯　清光緒十三年(1887)錢塘丁氏刻本　四冊

110000－0144－0010330　839.23/158.4
國朝杭郡詩三輯一百卷　(清)丁申　(清)丁丙撰　清光緒十九年(1893)錢塘丁氏刻本　四十冊

110000－0144－0010331　839.23/158－2
西泠五布衣遺著七種　(清)丁丙輯　清同治、光緒間錢唐丁氏當歸草堂刻本　八冊

110000－0144－0010332　839.23/202
率祖堂叢書　(宋)金履祥撰　清雍正、乾隆間浙江金華藕堂賢祠義學刻本　十一冊

110000－0144－0010333　839.23/218
續槜李詩繫四十卷　(清)胡昌基輯　清宣統三年(1911)平湖葛詞蔚刻本　二十冊

110000－0144－0010334　839.23/292
竹里詩萃十六卷　(清)李道悠編　清光緒二十一年(1895)嘉興蔣氏十詠廬刻本　四冊

110000－0144－0010335　839.23/324
谿上詩輯十四卷續編一卷補編一卷　(清)尹元煒　(清)馮本懷輯　清道光二十九年(1849)抱珠樓刻本　八冊

110000－0144－0010336　839.23/360
檇李遺書二十種　(清)孫福清輯　清咸豐秀水孫氏望雲仙館刻本　二十冊

110000－0144－0010337　839.23/370
會稽掇英總集二十卷札記一卷　(宋)孔延之編　(清)杜丙杰校　清道光元年(1821)山陰杜氏浣花宗塾刻本　四冊

110000－0144－0010338　839.23/370
會稽掇英總集二十卷札記一卷　(宋)孔延之編　(清)杜丙杰校　清道光元年(1821)山陰杜氏浣花宗塾刻本　四冊

110000－0144－0010339　839.23/370
會稽掇英總集二十卷札記一卷　(宋)孔延之編　(清)杜丙杰校　清道光元年(1821)山陰杜氏浣花宗塾刻本　四冊

110000－0144－0010340　839.23/375
兩浙輶軒録四十卷　(清)阮元編　清嘉慶六年(1801)杭州朱氏碧溪草堂、陳氏種榆僊館刻本　二十冊

110000－0144－0010341　839.23/377
西湖竹枝詞一卷　(清)陳璨撰　清光緒十四年(1888)丁氏正修堂刻武林掌故叢編本　一冊

110000－0144－0010342　839.23/377
西湖竹枝詞一卷　(清)陳璨撰　清光緒十四年(1888)丁氏正修堂刻武林掌故叢編本　一冊

110000－0144－0010343　839.23/437
國朝杭郡詩輯三十二卷　(清)吳顥原編　(清)吳振棫重編　清同治十三年(1874)錢塘丁氏刻本　二十八冊

110000－0144－0010344　839.23/437
國朝杭郡詩續輯四十六卷　(清)吳振棫編　清光緒二年(1876)錢塘丁氏刻本　與110000－0144－0010343合冊

110000－0144－0010345　839.23/439
浙西六家詩抄六卷　(清)吳應和　(清)馬洵選　清道光七年(1827)海寧紫微山館刻本　六冊

110000－0144－0010346　839.23/439
浙西六家詩抄六卷　(清)吳應和　(清)馬洵選　清道光七年(1827)海寧紫微山館刻本　二冊

110000－0144－0010347　839.23/820
仁聲集九卷　(清)周穡輯　清康熙刻本　十冊

110000－0144－0010348　839.23/834
當湖文係初編二十八卷　(清)朱壬林輯　清光緒十五年(1889)朱仁積刻本　十二冊

110000－0144－0010349　839.23/977
四明四友詩六種　(清)鄭梁輯　清康熙四十八年(1709)刻本　三冊

110000－0144－0010350　839.24/117
豫章十代文獻略五十卷首一卷　(清)王謨輯　清乾隆五十三年(1788)刻本　二十冊

110000－0144－0010351　839.24/556
豫章閨秀詩鈔不分卷　(清)蔡壽祺選輯　(清)魯世保編　清同治十三年(1874)京師嫏嬛別館刻本　四冊

110000－0144－0010352　839.26/372
沅湘耆舊集二百卷　(清)鄧顯鶴輯　清道光二十三年(1843)新化鄧氏南邨艸堂刻本　六十冊

110000－0144－0010353　839.27/158
西泠詞萃六種　(清)丁丙輯　清光緒十一年至十三年(1885－1887)錢塘丁氏刻本　四冊

110000－0144－0010354　839.27/271－02
全蜀藝文志六十卷首一卷　(明)楊慎原本　(清)朱逌唐校正　(清)譚言藹重校　清嘉慶二十二年(1817)小書樓刻本　二十冊

110000－0144－0010355　839.31/187
閩中十子詩集三十卷首一卷　(明)袁表　(明)馬熒輯　清光緒十二年(1886)侯官郭氏沁泉山館刻本　六冊

110000－0144－0010356　839.31/272
閩南唐賦六卷　(清)楊浚輯　清光緒二年(1876)退補齋刻本　二冊

110000－0144－0010357　839.31/756
莆陽文輯五卷　(清)涂慶瀾輯　清光緒二十五年(1899)刻本　五冊

110000－0144－0010358　839.31/947
樵川二家詩三種六卷　(清)徐幹輯　清光緒七年(1881)邵武徐氏刻本　二冊

110000－0144－0010359　839.31/947
樵川二家詩三種六卷　(清)徐幹輯　清光緒七年(1881)邵武徐氏刻本　二冊

110000－0144－0010360　839.31/971
莆風清籟集六十卷　(清)鄭王臣輯　清乾隆二十七年(1762)鄭王臣刻光緒二十六年(1900)劉尚文印本　十冊

110000－0144－0010361　839.31/972
國朝全閩詩錄初集二十一卷續十一卷　(清)鄭杰輯　清光緒八年(1882)注韓居刻本　十二冊

110000－0144－0010362　839.31/972－385
閩詩錄甲集六卷乙集四卷丙集二十三卷丁集一卷戊集七卷　(清)鄭杰原輯　陳衍補訂　清宣統三年(1911)陳衍刻本　八冊

110000－0144－0010363　839.33/164
粵東三子詩鈔十四卷首一卷　(清)黄玉階編　清道光二十二年(1842)廣州刻本　五冊

110000－0144－0010364　839.33/202
東莞三逸合稿三卷　(清)黄日坡鑒定　(清)趙祉皆撰　(清)蘇澤東撰　(清)梁淯撰　清宣統三年(1911)黄佛頤粵東編譯公司鉛印本　一冊

110000－0144－0010365　839.33/482
廣東文獻初集十八卷　(清)羅學鵬輯　清嘉慶十九年(1814)春暉堂刻二十三年(1818)印本　八冊

110000－0144－0010366　839.33/482.1
粵東徵雅錄一卷　(清)羅元焕撰　(清)陳仲鴻注　清道光三十年(1850)南海伍氏粵雅堂刻本　二冊

110000－0144－0010367　839.33/482－1
廣東文獻二集九卷　(清)羅學鵬輯　清嘉慶、道光間羅培刻本　八冊

110000－0144－0010368　839.33/521
南園前五先生詩五卷首一卷　(明)葛徵奇輯　**南園後五先生詩二十五卷首一卷南園花信詩一卷**　(清)檀萃輯　清同治九年(1870)南海陳氏刻本　六冊

110000－0144－0010369　839.33/607
粵東詞鈔　(清)許玉彬　(清)沈世良輯　(清)楊永衍續輯　清道光二十九年(1849)廣東藝芳齋刻本　七冊

110000－0144－0010370　839.33/906
楚庭耆舊遺詩前集二十一卷後集二十一卷　(清)伍崇曜輯　清道光二十三年(1843)南海伍氏刻本　八冊

110000－0144－0010371　839.33/962
岡州遺稿六卷　(清)顧嗣協編集　(清)顧嗣立同選　**續岡州遺稿八卷**　(清)言良鈺輯　**增岡州遺稿一卷**　(清)言良鈺編集　清道光二十三年(1843)松溪精舍刻本　七冊

110000－0144－0010372　839.35/165
滇詩嗣音集二十卷補遺一卷　(清)戴淳定　(清)黄琮輯　清咸豐元年(1851)五華書院刻本　六冊

110000－0144－0010373　839.35/383
滇詩拾遺六卷　陳榮昌輯　清宣統元年(1909)昆明刻本　六冊

110000－0144－0010374　839.36/667
黔詩紀略三十三卷　(清)唐樹義審例　(清)黎兆勳採詩　(清)莫友芝傳證　清同治十二年(1873)唐氏夢研齋刻本　八冊

110000－0144－0010375　839.36/667
黔詩紀略三十三卷　(清)唐樹義審例　(清)

黎兆勳採詩　(清)莫友芝傳證　清同治十二年(1873)唐氏夢研齋刻本　八冊

110000－0144－0010376　839.8/170
黃氏家集初編　(清)黃家鼎輯　清光緒十七年(1891)補不足齋刻本　十二冊

110000－0144－0010377　839.8/194
袁氏家集　(清)袁鎮嵩輯　清光緒十六年(1890)邃懷堂刻本　存三種六卷(蛾術山房詩鈔四卷,六芳草堂詩存一卷,柳枝唱和詞一卷)　三冊

110000－0144－0010378　839.8/205
浚儀世集六卷外集一卷　(清)趙希文輯　清光緒二十四年(1898)常熟趙氏承啟堂刻本　四冊

110000－0144－0010379　839.8/213
瑞芝山房詩鈔八卷補遺一卷文鈔八卷補遺一卷　(清)戴燮元輯　清光緒元年(1875)廣陵戴燮元刻本　五冊

110000－0144－0010380　839.8/213.2
戴氏三俊集三卷　(清)汪曰楨編　清光緒四年(1878)汪曰楨刻本　一冊

110000－0144－0010381　839.8/219
桑園周氏文獻五卷　(清)□□輯　清宣統元年(1909)木活字印本　四冊

110000－0144－0010382　839.8/291
三李詩鈔　(清)李懷民等撰　清光緒十二年(1886)西安郡齋刻本　四冊

110000－0144－0010383　839.8/307
磁州張氏文徵二卷補遺一卷　(清)張榕端撰　清光緒十五年(1889)刻本　二冊

110000－0144－0010384　839.8/378.4
四先生詩存四卷　(清)陳子丹輯　清宣統元年(1909)繡詩樓刻本　一冊

110000－0144－0010385　839.8/537－03
范文正公集二十卷別集四卷政府奏議二卷尺牘三卷年譜一卷年譜補遺一卷言行拾遺事錄四卷鄱陽遺事錄一卷遺跡一卷義莊規矩一卷褒賢集五卷補編五卷　(宋)范仲淹撰　**年譜一卷補遺一卷**　(宋)樓鑰撰　清宣統二年(1910)刻宋范文正忠宣二公全集本　十冊

110000－0144－0010386　839.8/626
桐城方氏詩辑六十七卷　(清)方于穀輯　清道光元年(1821)刻本　四十冊

110000－0144－0010387　839.8/670
廖氏三葉蟬吟集三卷　(清)廖宇春輯　清宣統元年(1909)石印本　一冊

110000－0144－0010388　839.8/671
廬江錢氏詩彙　(清)錢儀吉輯　清道光刻本　二冊

110000－0144－0010389　839.8/828
朱氏一家言一卷附編一卷　(清)朱士煥輯　清光緒石印本　一冊

110000－0144－0010390　839.8/832
清河六先生詩選十卷　(清)朱為弼選錄　(清)徐申錫選錄　(清)丁泰參訂　清同治八年(1869)張顯周刻光緒二十八年(1902)南園重印本　二冊

110000－0144－0010391　839.8/833
朱氏傳芳集八卷首三卷　(清)朱子襄　(清)朱宜城合編　清咸豐十一年(1861)刻本　五冊

110000－0144－0010392　839.8/883
邱氏家集一卷文獻私記一卷　(清)邱憲輯　清光緒二十二年(1896)刻本　一冊

110000－0144－0010393　839.8/915
宜興任氏傳家集存遺八卷首一卷　(清)任光斗輯　清同治十三年(1874)宜興任氏一堂刻本　四冊

110000－0144－0010394　839.8/935
竇氏家藏稿　竇元平　竇鴻年撰　清末稿本　二冊

110000－0144－0010395　839.8/946
誦芬詠烈編八十卷首二十五卷　(清)徐琪輯　清光緒十七年(1891)刻本　二十冊

110000－0144－0010396　842.2/564
蔡中郎文集十卷外傳一卷　(漢)蔡邕撰　(清)陸心源校　清光緒七年(1881)吴興陸氏刻十萬卷樓叢書本　二册

110000－0144－0010397　842.2/564
蔡中郎文集十卷外傳一卷　(漢)蔡邕撰　(清)陸心源校　清光緒七年(1881)吴興陸氏刻十萬卷樓叢書本　二册

110000－0144－0010398　842.2/564－03
蔡中郎集十卷外紀外集四卷　(漢)蔡邕撰　清光緒十六年(1890)番禺陶氏愛廬刻本　五册

110000－0144－0010399　842.2/564－03
蔡中郎集十卷外紀外集四卷　(漢)蔡邕撰　清光緒十六年(1890)番禺陶氏愛廬刻本　五册

110000－0144－0010400　842.2/564－07
蔡中郎集十卷外紀一卷外集四卷　(漢)蔡邕撰　清咸豐二年(1852)聊城楊氏海源閣刻本　存九卷(集一至二、七至十,外集一至三)　四册

110000－0144－0010401　842.3/603
武侯全書二十卷首一卷　(三國蜀)諸葛亮撰　(清)趙承恩編輯　清光緒十二年(1886)刻本　十六册

110000－0144－0010402　842.4/140－158－02
曹集銓評十卷遺文一卷年譜一卷　(三國魏)曹植撰　(清)丁晏編　清同治十一年(1872)金陵書局刻本　二册

110000－0144－0010403　842.4/140－158－02
曹集銓評十卷附遺文一卷年譜一卷　(三國魏)曹植撰　(清)丁晏編　清同治十一年(1872)金陵書局刻本　二册

110000－0144－0010404　842.4/140－158－02
曹集銓評十卷附遺文一卷年譜一卷　(三國魏)曹植撰　(清)丁晏編　清同治十一年(1872)金陵書局刻本　二册

110000－0144－0010405　842.4/140－158－02
曹集銓評十卷附遺文一卷年譜一卷　(三國魏)曹植撰　(清)丁晏編　清同治十一年(1872)金陵書局刻本　二册

110000－0144－0010406　842.5/604
諸葛忠武侯文集四卷首一卷故事五卷　(三國蜀)諸葛亮撰　(清)張澍輯　清嘉慶十七年(1812)刻本　六册

110000－0144－0010407　842.5/604－03
諸葛忠武侯文集六卷首一卷　(三國蜀)諸葛亮撰　清同治十二年(1873)劉質慧刻本　四册

110000－0144－0010408　843.11/905
傅鶉觚集五卷　(晉)傅元撰　(清)方濬師校輯　清光緒三年(1877)廣州書局刻本　二册

110000－0144－0010409　843.2/404－010
宋本陶集　(晉)陶潛撰　清光緒元年(1875)刻本　一册

110000－0144－0010410　843.2/404－012
箋注陶淵明集十卷　(晉)陶潛撰　(宋)李公煥輯注　清宣統三年(1911)貴池劉氏玉海堂刻貴池劉氏玉海堂影宋叢書本　四册

110000－0144－0010411　843.2/404－016
陶淵明集十卷　(晉)陶潛撰　清光緒二年(1876)徐椒岑刻本　二册

110000－0144－0010412　843.2/404－03
陶淵明全集十卷　(晉)陶潛撰　清道光十二年(1832)陳希敬刻本　四册

110000－0144－0010413　843.2/404－04
靖節先生集十卷首一卷末一卷　(晉)陶潛撰　(清)陶澍集注　清光緒九年(1883)江蘇書局刻本　四册

110000－0144－0010414　843.2/404－04
靖節先生集十卷首一卷末一卷　(晉)陶潛撰　(清)陶澍集注　清光緒九年(1883)江蘇書局刻本　四册

110000－0144－0010415　843.2/404－04

靖節先生集十卷首一卷末一卷　(晉)陶潛撰　(清)陶澍集注　清光緒九年(1883)江蘇書局刻本　四冊

110000－0144－0010416　843.2/404－04
靖節先生集十卷首一卷末一卷　(晉)陶潛撰　(清)陶澍集注　清光緒九年(1883)江蘇書局刻本　四冊

110000－0144－0010417　843.2/404－07
陶淵明文集十卷　(晉)陶潛撰　清宣統二年(1910)上海著易堂書局石印本　四冊

110000－0144－0010418　843.2/404－08
陶淵明集八卷首一卷末一卷　(晉)陶潛撰　清光緒六年(1880)新都呼清泰刻紅印本　四冊

110000－0144－0010419　843.2/404－169
陶元亮詩四卷　(晉)陶潛撰　(明)黄文焕析義　清光緒二年(1876)黄倬昭刻本　二冊

110000－0144－0010420　843.2/404－437
陶詩彙注四卷首一卷末一卷　(清)吴瞻泰輯　清光緒二十二年(1896)滇中五塘山人刻本　二冊

110000－0144－0010421　843.53/725
梁武帝御製集一卷　(南朝梁)武帝蕭衍撰　清道光十五年(1835)刻本　二冊

110000－0144－0010422　843.54/948
徐孝穆全集六卷　(南朝陳)徐陵撰　(清)吴兆宜箋注　清善化經濟書堂刻本　四冊

110000－0144－0010423　843.54/948
徐孝穆全集六卷　(南朝陳)徐陵撰　(清)吴兆宜箋注　清善化經濟書堂刻本　四冊

110000－0144－0010424　843.54/948－03
徐孝穆全集六卷　(南朝陳)徐陵撰　(清)吴兆宜箋注　清吴郡寶翰樓刻本　三冊

110000－0144－0010425　843.54/948－04
徐孝穆全集六卷　(南朝陳)徐陵撰　(清)吴兆宜箋注　清光緒二年(1876)廣東翰墨園刻本　六冊

110000－0144－0010426　843.65/673
庾子山集十六卷　(北周)庾信撰　(清)倪璠註釋　清道光十九年(1839)善成堂刻本　十二冊

110000－0144－0010427　843.65/673
庾子山集十六卷　(北周)庾信撰　(清)倪璠註釋　清道光十九年(1839)善成堂刻本　缺三卷(一至三)　十冊

110000－0144－0010428　843.65/673－03
庾子山集十六卷　(北周)庾信撰　(清)倪璠註釋　**總釋一卷**　(清)倪璠撰　清金閶書業堂刻本　十二冊

110000－0144－0010429　843.65/673－03
庾子山集十六卷　(北周)庾信撰　(清)倪璠註釋　**總釋一卷**　(清)倪璠撰　清金閶書業堂刻本　八冊

110000－0144－0010430　843.65/673－04
庾子山集十六卷　(北周)庾信撰　(清)倪璠註釋　**總釋一卷**　(清)倪璠撰　清康熙二十六年(1687)崇岫堂刻本　八冊

110000－0144－0010431　843.65/673－04
庾子山集十六卷　(北周)庾信撰　(清)倪璠註釋　**總釋一卷**　(清)倪璠撰　清康熙二十六年(1687)崇岫堂刻本　十二冊

110000－0144－0010432　843.65/673－07
庾子山集十六卷　(北周)庾信撰　(清)倪璠註釋　**總釋一卷**　(清)倪璠撰　清刻本　十冊

110000－0144－0010433　843.65/673－08
庾子山集十六卷　(北周)庾信撰　(清)倪璠註釋　**總釋一卷**　(清)倪璠撰　清光緒十六年(1890)成都試院刻本　八冊

110000－0144－0010434　843.65/673－442
庾子山全集十卷　(北周)庾信撰　(清)吴兆宜箋注　清吴郡寶翰樓刻本　四冊

110000－0144－0010435　843.65/673－442－02
庾子山全集十卷　(北周)庾信撰　(清)吴兆

宜箋注　清貴文堂刻本　六册

110000－0144－0010436　843.65/673－442－02
庾子山全集十卷　（北周）庾信撰　（清）吴兆宜箋注　清貴文堂刻本　六册

110000－0144－0010437　844.1/293－646
李習之先生文讀十卷　（唐）李翱撰　（清）高樹然評　清同治十年（1871）福州光澤抑快軒刻本　二册

110000－0144－0010438　844.1/493
盧昇之集七卷　（唐）盧照鄰撰　清鄒氏叢雅居刻本　二册

110000－0144－0010439　844.1/686－03
寒山子詩集一卷　（唐）釋寒山子撰　清宣統二年（1910）程德全刻本　一册

110000－0144－0010440　844.11/113－526
王子安集註二十卷首一卷末一卷　（唐）王勃撰　（清）蔣清翊注　清光緒九年（1883）吴縣蔣氏雙唐碑館刻本　六册

110000－0144－0010441　844.11/113－526
王子安集註二十卷首一卷末一卷　（唐）王勃撰　（清）蔣清翊注　清光緒九年（1883）吴縣蔣氏雙唐碑館刻本　四册

110000－0144－0010442　844.11/113－526
王子安集註二十卷首一卷末一卷　（唐）王勃撰　（清）蔣清翊注　清光緒九年（1883）吴縣蔣氏雙唐碑館刻本　六册

110000－0144－0010443　844.11/113－526
王子安集註二十卷首一卷末一卷　（唐）王勃撰　（清）蔣清翊注　清光緒九年（1883）吴縣蔣氏雙唐碑館刻本　八册

110000－0144－0010444　844.11/113－526
王子安集註二十卷首一卷末一卷　（唐）王勃撰　（清）蔣清翊注　清光緒九年（1883）吴縣蔣氏雙唐碑館刻本　六册

110000－0144－0010445　844.11/119
王無功集三卷補遺二卷　（唐）王績撰　**校勘記一卷**　清光緒三十二年（1906）羅氏唐風樓刻本　一册

110000－0144－0010446　844.11/313
唐丞相曲江張文獻公集十二卷首一卷附錄一卷　（唐）張九齡撰　清光緒十八年（1892）曲江張曉如刻本　六册

110000－0144－0010447　844.11/420
駱賓王文集十卷　（唐）駱賓王撰　清宣統三年（1911）上海文瑞樓石印本　二册

110000－0144－0010448　844.11/420
駱賓王文集十卷　（唐）駱賓王撰　清宣統三年（1911）上海文瑞樓石印本　二册

110000－0144－0010449　844.11/420.1
駱侍御全集四卷附駱侍御文集考異一卷（唐）洛賓王撰　（明）顔文註　清道光二十九年（1849）滋德堂刻本　五册

110000－0144－0010450　844.11/420－378－02
駱臨海集十卷首一卷末一卷　（唐）駱賓王著（清）陳熙晉箋注　清咸豐三年（1853）松林宗祠刻本　六册

110000－0144－0010451　844.13/115
王龍標詩集四卷　（唐）王昌齡撰　清光緒十年（1884）遂寧書局刻本　一册

110000－0144－0010452　844.13/119－1
王右丞詩集二卷　（唐）王維撰　清光緒十年（1884）遂寧書局刻本　一册

110000－0144－0010453　844.13/120－197
王右丞集二十八卷首一卷末一卷　（唐）王維撰　（清）趙殿成箋注　清刻本　八册

110000－0144－0010454　844.13/120－197
王右丞集二十八卷首一卷末一卷　（唐）王維撰　（清）趙殿成箋注　清刻本　十册

110000－0144－0010455　844.13/120－197
王右丞集二十八卷首一卷末一卷　（唐）王維撰　（清）趙殿成箋注　清刻本　六册

110000－0144－0010456　844.13/120－197
王右丞集二十八卷首一卷末一卷　（唐）王維撰　（清）趙殿成箋注　清刻本　八册

110000－0144－0010457　844.13/293－04
李太白文集三十卷　(唐)李白撰　清光緒十四年(1888)湖北官書局刻本　四册

110000－0144－0010458　844.13/293－1
李翰林集三十卷　(唐)李白撰　清光緒三十二年(1906)杭州吴隱刻本　六册

110000－0144－0010459　844.13/293－1－02
李翰林集三十卷　(唐)李白著　清光緒三十四年(1908)貴池劉氏玉海堂刻本　十册

110000－0144－0010460　844.13/293－112
李太白文集三十六卷　(唐)李白撰　(清)王琦輯注　清刻本　十六册

110000－0144－0010461　844.13/293－112－02
李太白文集三十六卷　(唐)李白撰　(清)王琦輯注　清乾隆二十四年(1759)聚錦堂刻本　十二册

110000－0144－0010462　844.13/293－112－06
李太白文集三十六卷　(唐)李白撰　(清)王琦輯注　清光緒三十四年(1908)上海掃葉山房石印本　二十册

110000－0144－0010463　844.13/293－24
青蓮詩抄　(唐)李白撰　清咸豐六年(1856)無忮求齋抄本　有朱筆批注　二册

110000－0144－0010464　844.13/293－291
李太白全集十六卷　(唐)李白撰　(清)李調元等編訂　清乾隆二十九年(1764)清廉學舍刻光緒九年(1883)王鴻儒補刻本　六册

110000－0144－0010465　844.13/313－738
曲江集考證二卷　(清)溫汝適撰　清嘉慶二十二年(1817)順德溫汝適刻本　二册

110000－0144－0010466　844.13/358－04
孟襄陽詩集二卷　(唐)孟浩然撰　清光緒十年(1884)遂寧書局刻本　一册

110000－0144－0010467　844.13/358－05
孟浩然集四卷　(唐)孟浩然撰　清光緒十年(1884)上海同文書局石印本　二册

110000－0144－0010468　844.13/579
韋蘇州集十卷　(唐)韋應物撰　清宣統三年(1911)石印本　六册

110000－0144－0010469　844.13/579
韋蘇州集十卷　(唐)韋應物撰　清宣統三年(1911)堂石印本　二册

110000－0144－0010470　844.13/579－02
韋蘇州詩集二卷　(唐)韋應物撰　清光緒十年(1884)遂寧書局刻唐二十家詩集本　一册

110000－0144－0010471　844.13/579－05
韋蘇州集十卷　(唐)韋應物撰　清宣統三年(1911)上海文寶書局石印本　六册

110000－0144－0010472　844.13/593－5
岑嘉州詩集四卷　(唐)岑參撰　清刻本　一册

110000－0144－0010473　844.13/645
高常侍集十卷　(唐)高適撰　清光緒十年(1884)上海同文書局石印本　二册

110000－0144－0010474　844.13/679
顔魯公文集三十卷首一卷　(唐)顔真卿撰　清道光二十五年(1845)三長物齋刻本　十二册

110000－0144－0010475　844.13/889
劉隨州詩集十一卷　(唐)劉長卿撰　清光緒五年(1879)定州王氏謙德堂刻畿輔叢書本　二册

110000－0144－0010476　844.13/889－02
劉隨州詩集五卷　(唐)劉長卿撰　清光緒十年(1884)遂寧書局刻本　一册

110000－0144－0010477　844.13/914－1
儲御史詩集四卷　(唐)儲光義撰　清光緒十年(1884)遂寧書局刻本　一册

110000－0144－0010478　844.13/965
顧華陽集三卷補遺一卷　(清)顧況著　(明)顧名端纂輯　清咸豐五年(1855)雙峯堂刻本　四册

110000－0144－0010479　844.15/393
陸天隨詩集十四卷　(唐)陸龜蒙撰　清光緒

十年(1884)遂寧書局刻本　二册

110000－0144－0010480　844.17/113－02
王侍御詩集六卷　(唐)王建撰　清光緒十年(1884)遂寧書局刻本　一册

110000－0144－0010481　844.17/128.9－02
元道州詩集二卷　(唐)元結撰　清光緒十年(1884)遂寧書局刻本　一册

110000－0144－0010482　844.17/150－2
賈長江詩集四卷　(唐)賈島撰　清光緒十年(1884)遂寧書局刻本　一册

110000－0144－0010483　844.17/234
昌黎先生集四十卷外集十卷遺文一卷　(唐)韓愈撰　(唐)李漢編　(宋)朱熹考異　清同治八年(1869)江蘇書局刻本　十一册

110000－0144－0010484　844.17/234
昌黎先生集四十卷外集十卷遺文一卷　(唐)韓愈撰　(唐)李漢編　(宋)朱熹考異　清同治八年(1869)江蘇書局刻本　十一册

110000－0144－0010485　844.17/234
昌黎先生集四十卷外集十卷遺文一卷　(唐)韓愈撰　(唐)李漢編　(宋)朱熹考異　清同治八年(1869)江蘇書局刻本　十一册

110000－0144－0010486　844.17/234－016
昌黎先生集四十卷遺文一卷　(唐)韓愈撰　(唐)李漢編　清同治九年(1870)萃文堂刻光緒十五年(1889)玉山文瀾閣印本　八册

110000－0144－0010487　844.17/234－016
昌黎先生集四十卷遺文一卷　(唐)韓愈撰　(唐)李漢編　清同治九年(1870)萃文堂刻光緒十五年(1889)玉山文瀾閣印本　八册

110000－0144－0010488　844.17/234－02
昌黎先生集四十卷外集十卷遺文一卷　(唐)韓愈撰　(唐)李漢編　(宋)朱熹考異　**韓集點刊四卷**　(清)陳景雲撰　清宣統二年(1910)上海掃葉山房石印本　十二册

110000－0144－0010489　844.17/234－02
昌黎先生集四十卷外集十卷遺文一卷　(唐)韓愈撰　(唐)李漢編　(宋)朱熹考異　**韓集點刊四卷**　(清)陳景雲撰　清宣統二年(1910)上海掃葉山房石印本　十二册

110000－0144－0010490　844.17/234－02
昌黎先生集四十卷外集十卷遺文一卷　(唐)韓愈撰　(唐)李漢編　(宋)朱熹考異　清宣統二年(1910)上海掃葉山房石印本　十二册

110000－0144－0010491　844.17/234－04
新刊五百家註音辯昌黎先生文集四十卷　(唐)韓愈撰　(宋)魏仲舉輯註　清乾隆四十九年(1784)刻本　十册

110000－0144－0010492　844.17/234－112
讀韓記疑十卷首一卷　(清)王元啟撰　清嘉慶五年(1800)王尚玨刻本　四册

110000－0144－0010493　844.17/234－172
昌黎先生詩增注證訛十一卷　(唐)韓愈著　(清)顧嗣立删補　(清)黄鉞增注證訛　清道光二十八年(1848)黄中民二客軒刻本　二册

110000－0144－0010494　844.17/234－172－02
昌黎先生詩增注證訛十一卷　(唐)韓愈著　(清)顧嗣立删補　(清)黄鉞增注證訛　清道光二十八年(1848)黄中民刻咸豐七年(1857)四明鮑氏印本　四册

110000－0144－0010495　844.17/234－172－02
昌黎先生詩增注證訛十一卷　(唐)韓愈著　(清)顧嗣立删補　(清)黄鉞增注證訛　清道光二十八年(1848)黄中民刻咸豐七年(1857)四明鮑氏印本　四册

110000－0144－0010496　844.17/234－290
韓子粹言二卷　(唐)韓愈撰　(清)李光地選　清刻本　二册

110000－0144－0010497　844.17/234－292－02
昌黎先生集四十卷外集十卷遺文一卷　(唐)韓愈撰　(唐)李漢編　(宋)朱熹考異　清同治八年(1869)江蘇書局刻本　十一册

110000－0144－0010498　844.17/234－292－02
昌黎先生集四十卷外集十卷遺文一卷　(唐)

韓愈撰　(唐)李漢編　(宋)朱熹考異　清同治八年(1869)江蘇書局刻本　十一冊

110000－0144－0010499　844.17/234－526
唐韓昌黎集四十卷外集十卷遺文一卷附錄一卷闕唐柳河東集四十五卷外集五卷遺文一卷附錄一卷　(唐)韓愈　(唐)柳宗元撰　(明)蔣之翹輯注　明崇禎尚友堂刻本　二十四冊

110000－0144－0010500　844.17/234－626
韓昌黎詩集編年箋注十二卷　(清)方世舉撰　清宣統二年(1910)石印本　十二冊

110000－0144－0010501　844.17/234－962
昌黎先生詩集注十一卷　(唐)韓愈撰　(清)顧嗣立注　清光緒九年(1883)廣州翰墨園刻三色套印本　四冊

110000－0144－0010502　844.17/234－962
昌黎先生詩集注十一卷　(唐)韓愈撰　(清)顧嗣立注　清光緒九年(1883)廣州翰墨園刻三色套印本　四冊

110000－0144－0010503　844.17/243
朱竹垞先生杜詩評本二十四卷　(唐)杜甫撰　(清)朱彝尊評　清道光十一年(1831)望雲軒刻本　五冊

110000－0144－0010504　844.17/243－010
杜工部集二十卷首一卷　(唐)杜甫著　(明)王世貞等評　清光緒二年(1876)粵東翰墨園刻六色套印本　十冊

110000－0144－0010505　844.17/243－011
杜工部集二十卷首一卷　(唐)杜甫撰　清同治十三年(1874)刻本　十二冊

110000－0144－0010506　844.17/243－012
杜工部集二十卷首一卷　(唐)杜甫撰　清刻本　十冊

110000－0144－0010507　844.17/243－07
杜工部集二十卷首一卷　(唐)杜甫撰　清同治十一年(1872)致一齋刻本　十冊

110000－0144－0010508　844.17/243－118
讀杜心解六卷首二卷　(清)浦起龍講撰　清雍正二年至三年(1724－1725)寧我齋刻靜寄東軒修補本　八冊

110000－0144－0010509　844.17/243－216
樹人堂讀杜詩二十五卷首一卷　(唐)杜甫撰　(清)汪灝輯　清道光十二年(1832)麥浪園刻本　八冊

110000－0144－0010510　844.17/243－268
杜詩編年十八卷　(唐)杜甫撰　(清)楊大鯤　(清)楊大鶴評　清刻本　四冊

110000－0144－0010511　844.17/243－273－02
杜詩鏡銓二十卷文集註解二卷　(唐)杜甫撰　(清)楊倫輯　清光緒十八年(1892)上海著易堂鉛印本　六冊

110000－0144－0010512　844.17/243－273－03
杜詩鏡銓二十卷文集註解一卷　(唐)杜甫撰　(清)楊倫輯　清光緒十八年(1892)鉛印本　六冊

110000－0144－0010513　844.17/243－273－04
杜詩鏡銓二十卷　(唐)杜甫撰　(清)楊倫輯　清同治十一年(1872)望三益齋刻本　十冊

110000－0144－0010514　844.17/243－273－04
杜詩鏡銓二十卷　(唐)杜甫撰　(清)楊倫輯　清同治十一年(1872)望三益齋刻本　十冊

110000－0144－0010515　844.17/243－273－04
杜詩鏡銓二十卷　(唐)杜甫撰　(清)楊倫輯　清同治十一年(1872)望三益齋刻本　十二冊

110000－0144－0010516　844.17/243－291
杜律通解四卷　(唐)杜甫撰　(清)李文煒箋釋　清初刻本　四冊

110000－0144－0010517　844.17/243－291
杜律通解四卷　(唐)杜甫撰　(清)李文煒箋釋　清初刻本　四冊

110000－0144－0010518　844.17/243－437
杜詩論文五十六卷　(唐)杜甫撰　(清)吳見思注　清寶翰樓刻本　十二冊

110000－0144－0010519　844.17/243－489
趙子常選杜律五言註三卷　（唐）杜甫撰　（元）趙汸選注　（清）查弘道　（清）金集補注　清同治十二年（1873）繡穀趙氏刻本　二冊

110000－0144－0010520　844.17/243－489－02
趙子常選杜律五言註三卷　（唐）杜甫撰　（元）趙汸選注　（清）查弘道　（清）金集補注　清刻本　二冊

110000－0144－0010521　844.17/243－489－05
杜律箋註六卷　（唐）杜甫撰　（元）趙汸　虞道園選註　（清）查弘道　（清）金集補　清懷德堂刻本　一冊

110000－0144－0010522　844.17/243－492
杜詩說略一卷　（清）盧震撰　清刻本　一冊

110000－0144－0010523　844.17/243－493
杜詩闡三十三卷　（唐）杜甫撰　（清）盧元昌注　清康熙二十一年（1682）聽玉堂刻本　十六冊

110000－0144－0010524　844.17/243－612
杜詩注釋二十四卷首一卷　（唐）杜甫撰　（清）許寶善編　清嘉慶七年（1802）自怡軒刻光緒三年（1877）吳縣朱氏補刻本　十二冊

110000－0144－0010525　844.17/243－637
九家集注杜詩三十六卷　（唐）杜甫撰　（宋）郭知達編注　清刻本　十六冊

110000－0144－0010526　844.17/243－661
杜詩本義二卷　（唐）杜甫撰　（清）齊翀集註　清乾隆廣東文林堂刻本　二冊

110000－0144－0010527　844.17/243－712
杜韓詩句集韻三卷　（清）汪文柏輯　清光緒八年（1882）姑蘇來青閣刻本　六冊

110000－0144－0010528　844.17/243－718
讀杜心解六卷首二卷　（清）浦起龍撰　清雍正二年至三年（1724－1725）無錫寧我齋刻文淵堂印本　十二冊

110000－0144－0010529　844.17/243－718－02
讀杜心解六卷首二卷　（清）浦起龍撰　清雍正二年至三年（1724－1725）寧我齋刻靜寄東軒修補本　六冊

110000－0144－0010530　844.17/243－718－02
讀杜心解六卷首二卷　（清）浦起龍撰　清雍正二年至三年（1724－1725）寧我齋刻靜寄東軒修補本　六冊

110000－0144－0010531　844.17/243－719.7
杜詩集說二十卷末一卷　（唐）杜甫撰　（清）江浩然纂輯　清乾隆四十八年（1783）刻本　十二冊

110000－0144－0010532　844.17/243－832
杜工部詩集二十卷集外詩一卷文集二卷　（唐）杜甫撰　（清）朱鶴齡輯注　清康熙金陵葉永茹刻本　八冊

110000－0144－0010533　844.17/243－835
朱竹垞先生杜詩評本二十四卷　（唐）杜甫撰　（清）朱彝尊評　清道光十一年（1831）望雲軒刻本　五冊

110000－0144－0010534　844.17/243－918
杜詩詳注二十五卷首一卷附編二卷　（唐）杜甫撰　（清）仇兆鰲輯注　清康熙五十二年（1713）三餘堂刻本　二十四冊

110000－0144－0010535　844.17/243－918
杜詩詳注二十五卷首一卷附編二卷　（唐）杜甫撰　（清）仇兆鰲輯注　清康熙五十二年（1713）三餘堂刻本　十四冊

110000－0144－0010536　844.17/243－918
杜詩詳注二十五卷首一卷附編二卷　（唐）杜甫撰　（清）仇兆鰲輯注　清康熙五十二年（1713）三餘堂刻本　二十四冊

110000－0144－0010537　844.17/243－918
杜詩詳注二十五卷首一卷附編二卷　（唐）杜甫撰　（清）仇兆鰲輯注　清康熙五十二年（1713）三餘堂刻本　二十四冊

110000－0144－0010538　844.17/243－918
杜詩詳注二十五卷首一卷附編二卷　（唐）杜

甫撰　(清)仇兆鰲輯注　清康熙五十二年(1713)三餘堂刻本　二十四册

110000－0144－0010539　844.17/243－918
杜詩詳注二十五卷首一卷附編二卷　(唐)杜甫撰　(清)仇兆鰲輯注　清康熙五十二年(1713)三餘堂刻本　二十八册

110000－0144－0010540　844.17/243－918－05
杜詩集說二十卷末一卷　(唐)杜甫撰　(清)江浩然纂輯　清乾隆本立堂刻本　十六册

110000－0144－0010541　844.17/243－918－07
杜詩詳注二十五卷首一卷　(唐)杜甫撰　(清)仇兆鰲輯注　清大文堂、三餘堂刻本　二十八册

110000－0144－0010542　844.17/243－932
杜工部集二十卷　(唐)杜甫撰　(清)錢謙益箋注　**年譜一卷　諸家詩話一卷　唱酬題詠附錄一卷　附錄一卷**　清刻本　八册

110000－0144－0010543　844.17/243－932
杜工部集二十卷　(唐)杜甫撰　(清)錢謙益箋注　**年譜一卷　諸家詩話一卷　唱酬題詠附錄一卷　附錄一卷**　清刻本　八册

110000－0144－0010544　844.17/243－932
杜工部集二十卷　(唐)杜甫撰　(清)錢謙益箋注　**年譜一卷　諸家詩話一卷　唱酬題詠附錄一卷　附錄一卷**　清刻本　四册

110000－0144－0010545　844.17/243－932
杜工部集二十卷　(唐)杜甫撰　(清)錢謙益箋注　**年譜一卷　諸家詩話一卷　唱酬題詠附錄一卷　附錄一卷**　清刻本　六册

110000－0144－0010546　844.17/243－932
杜工部集二十卷　(唐)杜甫撰　(清)錢謙益箋注　**年譜一卷　諸家詩話一卷　唱酬題詠附錄一卷　附錄一卷**　清刻本　二十册

110000－0144－0010547　844.17/243－932
杜工部集二十卷　(唐)杜甫撰　(清)錢謙益箋注　**年譜一卷　諸家詩話一卷　唱酬題詠附錄一卷　附錄一卷**　清刻本　六册

110000－0144－0010548　844.17/243－932－02
杜工部集二十卷　(唐)杜甫撰　(清)錢謙益箋注　清宣統三年(1911)上海時中書局石印本　八册

110000－0144－0010549　844.17/243－932－02
杜工部集二十卷　(唐)杜甫撰　(清)錢謙益箋注　清宣統三年(1911)上海時中書局石印本　八册

110000－0144－0010550　844.17/243－932－03
杜工部集二十卷　(唐)杜甫撰　(清)錢謙益箋注　清宣統二年(1910)上海國光印刷所鉛印本　八册

110000－0144－0010551　844.17/243－932－04
杜工部集二十卷　(唐)杜甫撰　(清)錢謙益注　清宣統二年(1910)上海集成圖書公司鉛印本　四册

110000－0144－0010552　844.17/243－932－09
杜工部集二十卷　(唐)杜甫撰　(清)錢謙益箋注　清康熙六年(1667)季氏靜思堂刻本　八册

110000－0144－0010553　844.17/243－932－85－02
杜工部草堂詩箋二十二卷　(唐)杜甫撰　(宋)魯訔編次　(宋)蔡夢弼會箋　清光緒元年(1875)巴陵方氏碧琳琅館刻本　五册

110000－0144－0010554　844.17/243－965
辟疆園杜詩註解五卷　(唐)杜甫撰　(清)顧宸注　清康熙二年(1663)顧氏辟疆園刻本　五册

110000－0144－0010555　844.17/243－965－03
辟疆園杜詩註解十七卷　(唐)杜甫撰　(清)顧宸注　清康熙二年(1663)辟疆園吳門書林刻本　八册

110000－0144－0010556　844.17/249
杜樊川詩集八卷　(唐)杜牧撰　清光緒十年(1884)遂寧書局刻本　一册

110000－0144－0010557　844.17/249－773

樊川詩集四卷別集一卷外集一卷補遺一卷 (唐)杜牧撰 (清)馮集梧注 清光緒十六年(1890)湘南書局刻本 四冊

110000－0144－0010558 844.17/249－773
樊川詩集四卷別集一卷外集一卷補遺一卷 (唐)杜牧撰 (清)馮集梧注 清光緒十六年(1890)湘南書局刻本 五冊

110000－0144－0010559 844.17/277
新刊權載之文集五十卷 (唐)權德輿撰 清嘉慶十一年(1806)大興朱珪刻本 八冊

110000－0144－0010560 844.17/277
新刊權載之文集五十卷 (唐)權德輿撰 清嘉慶十一年(1806)大興朱珪刻本 八冊

110000－0144－0010561 844.17/282－012
柳文四十三卷外集二卷附錄一卷 (唐)柳宗元撰 清同治七年(1868)刻本 八冊

110000－0144－0010562 844.17/282－012
柳文四十三卷外集二卷附錄一卷 (唐)柳宗元撰 清同治七年(1868)刻本 十二冊

110000－0144－0010563 844.17/282－012
柳文四十三卷外集二卷附錄一卷 (唐)柳宗元撰 清同治七年(1868)刻本 八冊

110000－0144－0010564 844.17/282－02
柳河東集四十三卷外集二卷 (唐)柳宗元撰 清刻本 八冊

110000－0144－0010565 844.17/282－05
河東先生文集六卷 (唐)柳宗元著 清宣統二年(1910)上海會文堂書局石印本 六冊

110000－0144－0010566 844.17/282－2
柳河東詩集二卷 (唐)柳宗元撰 清光緒十年(1884)遂寧書局刻本 一冊

110000－0144－0010567 844.17/282－526
柳河東集四十五卷外集五卷遺文一卷 (唐)柳宗元撰 (明)蔣之翹輯注 清刻本 二十四冊

110000－0144－0010568 844.17/282－868
唐大家柳柳州文選八卷 (唐)柳宗元撰 (明)歸有光選輯 (明)顧錫疇評閱 清刻本 八冊

110000－0144－0010569 844.17/288－112－2
李長吉歌詩四卷首一卷外集一卷 (唐)李賀撰 (清)王琦彙解 清光緒四年(1878)宏達堂刻本 二冊

110000－0144－0010570 844.17/288－2
李長吉集四卷 (唐)李賀撰 (明)黃陶菴評點 (清)黎二樵批點 清光緒十八年(1892)廣州葉衍蘭刻朱墨套印本 二冊

110000－0144－0010571 844.17/288－2
李長吉集四卷 (唐)李賀撰 (明)黃陶菴評點 (清)黎二樵批點 清光緒十八年(1892)廣州葉衍蘭刻朱墨套印本 二冊

110000－0144－0010572 844.17/288－2－02
李長吉集四卷外集一卷 (唐)李賀撰 (明)黃淳耀評點 清末中國詩畫會社石印本 四冊

110000－0144－0010573 844.17/288－378
協律鉤元四卷外集一卷 (清)陳本禮撰 清嘉慶十三年(1808)裛露軒刻本 二冊

110000－0144－0010574 844.17/288－994
李長吉昌谷集句解定本四卷 (唐)李賀撰 (明)姚佺箋 (明)丘象隨箋注 清刻本 四冊

110000－0144－0010575 844.17/289－394
李元賓文集六卷 (唐)李觀撰 (清)陸希聲編 清嘉慶二十三年(1818)秦氏石研齋刻本 一冊

110000－0144－0010576 844.17/291
樊南文集詳注八卷 (唐)李商隱撰 (清)馮浩編訂 清乾隆四十五年(1780)刻同治七年(1868)醉六堂補刻本 四冊

110000－0144－0010577 844.17/291
樊南文集詳注八卷 (唐)李商隱撰 (清)馮浩編訂 清乾隆四十五年(1780)刻同治七年(1868)醉六堂補刻本 四冊

110000－0144－0010578　844.17/291

樊南文集詳注八卷　（唐）李商隱撰　（清）馮浩編訂　清乾隆四十五年（1780）刻同治七年（1868）醉六堂補刻本　四冊

110000－0144－0010579　844.17/291

樊南文集詳注八卷玉谿生詩評注三卷　（唐）李商隱撰　（清）馮浩編訂　清乾隆四十五年（1780）刻同治七年（1868）醉六堂補刻本　八冊

110000－0144－0010580　844.17/291－03

樊南文集詳註八卷　（唐）李商隱撰　（清）馮浩編訂　清乾隆四十五年（1780）刻同治七年（1868）醉六堂補刻本　四冊

110000－0144－0010581　844.17/291－03

樊南文集詳註八卷　（唐）李商隱撰　（清）馮浩編訂　清乾隆四十五年（1780）刻同治七年（1868）醉六堂補刻本　四冊

110000－0144－0010582　844.17/291－1

玉谿生詩評註三卷首一卷　（唐）李商隱撰　（清）馮浩注　清乾隆四十五年（1780）德聚堂刻嘉慶元年（1796）補刻本　四冊

110000－0144－0010583　844.17/291－1

玉谿生詩評註三卷首一卷　（唐）李商隱撰　（清）馮浩注　清乾隆四十五年（1780）德聚堂刻嘉慶元年（1796）補刻本　四冊

110000－0144－0010584　844.17/291－1－02

玉谿生詩評註三卷首一卷　（唐）李商隱撰　（清）馮浩注　清乾隆四十五年（1780）德聚堂刻嘉慶元年（1796）補刻本　四冊

110000－0144－0010585　844.17/291－2

樊南文集補編十二卷附錄一卷　（唐）李商隱撰　（清）錢振倫　（清）錢振常箋　清同治五年（1866）望三益齋刻本　四冊

110000－0144－0010586　844.17/291－2

樊南文集補編十二卷附錄一卷　（唐）李商隱撰　（清）錢振倫　錢振常箋　清同治五年（1866）望三益齋刻本　四冊

110000－0144－0010587　844.17/291－27

李義山詩集三卷　（唐）李商隱撰　（清）李鶴齡　（清）沈厚塽注　清同治九年（1870）廣州倅署萃文堂刻三色套印本　三冊

110000－0144－0010588　844.17/291－27

李義山詩集三卷　（唐）李商隱撰　（清）李鶴齡　（清）沈厚塽注　清同治九年（1870）廣州倅署萃文堂刻三色套印本　四冊

110000－0144－0010589　844.17/291－27－07

李商隱詩集三卷　（唐）李商隱撰　清宣統元年（1909）上海神州國光社石印本　二冊

110000－0144－0010590　844.17/291－27－09

李義山詩集三卷　（唐）李商隱撰　清光緒十年（1884）遂寧書局刻本　一冊

110000－0144－0010591　844.17/291－7

李義山詩集十六卷　（唐）李商隱撰　（清）姚培謙箋注　清乾隆五年（1740）松桂讀書堂刻本　四冊

110000－0144－0010592　844.17/293

李文公集十八卷補遺一卷附錄一卷　（唐）李翺撰　清光緒元年（1875）南海馮氏讀有用書齋刻本　四冊

110000－0144－0010593　844.17/294

李衛公會昌一品集二十卷別集十卷外集四卷補遺一卷　（唐）李德裕撰　清光緒五年（1879）定州王氏刻畿輔叢書本　六冊

110000－0144－0010594　844.17/294

李衛公會昌一品集二十卷別集十卷外集四卷補遺一卷　（唐）李德裕撰　清光緒五年（1879）定州王氏刻畿輔叢書本　六冊

110000－0144－0010595　844.17/314

張文昌詩集五卷　（唐）張籍撰　清光緒十年（1884）遂寧書局刻本　一冊

110000－0144－0010596　844.17/358－2－05

孟東野詩集十卷　（唐）孟郊撰　清光緒十年（1884）遂寧書局刻本　一冊

110000－0144－0010597　844.17/387

唐陸宣公集二十二卷 （唐）陸贄撰　清同治五年（1866）楊氏問竹軒家塾刻本　八冊

110000－0144－0010598　844.17/387－04
唐陸宣公集二十四卷 （唐）陸贄撰　（清）耆英重訂　清道光二十七年（1847）文山李延福等刻本　八冊

110000－0144－0010599　844.17/387－05
唐陸宣公集二十二卷 （唐）陸贄撰　（清）年羹堯重訂　清雍正元年（1723）年羹堯刻本　四冊

110000－0144－0010600　844.17/387－08
唐陸宣公集二十二卷 （唐）陸贄撰　（清）年羹堯重訂　清光緒二十年（1894）上海書局石印本　四冊

110000－0144－0010601　844.17/387－09
唐陸宣公集二十二卷首一卷附錄一卷 （唐）陸贄撰　清光緒二年（1876）江蘇書局刻本　六冊

110000－0144－0010602　844.17/387－2－02
唐陸宣公翰苑集二十四卷 （唐）陸贄撰　（清）張佩芳注釋　清乾隆張氏希音堂刻本　十冊

110000－0144－0010603　844.17/387－2－04
唐陸宣公翰苑集二十四卷 （唐）陸贄著　（清）張佩芳注　清乾隆張氏希音堂刻光緒平潭李氏師竹堂印本　八冊

110000－0144－0010604　844.17/596
制詔集二十卷 （唐）常袞撰　清光緒七年（1881）沁泉山館刻本　四冊

110000－0144－0010605　844.17/667
鹿門集三卷拾遺一卷續補遺一卷 （唐）唐彥謙撰　清宣統元年（1909）刻晨風閣叢書本　一冊

110000－0144－0010606　844.17/679.6
文忠集十六卷 （唐）顏真卿撰　清光緒二十一年（1895）福建刻本　二冊

110000－0144－0010607　844.17/738
溫飛卿詩集九卷 （唐）溫庭筠撰　（明）曾益注　（清）顧予咸補注　清康熙三十六年（1697）秀野草堂刻本　二冊

110000－0144－0010608　844.17/738－02
溫飛卿詩集九卷 （唐）溫庭筠撰　（明）曾益原注　（清）顧予咸補注　（清）顧嗣立重校　清光緒八年（1882）錢塘汪氏刻本　二冊

110000－0144－0010609　844.17/738－02
溫飛卿詩集九卷 （唐）溫庭筠撰　（明）曾益原注　（清）顧予咸補注　（清）顧嗣立重校　清光緒八年（1882）錢塘汪氏刻本　二冊

110000－0144－0010610　844.17/738－03
溫飛卿詩集九卷 （唐）溫庭筠撰　（明）曾益原注　（清）顧予咸註　（清）顧嗣立續注　**諸家詩評一卷**　清宣統二年（1910）上海國學扶輪社石印本　四冊

110000－0144－0010611　844.17/738－03
溫飛卿詩集九卷 （唐）溫庭筠撰　（明）曾益原注　（清）顧予咸補註　（清）顧嗣立續注　**諸家詩評一卷**　清宣統二年（1910）上海國學扶輪社石印本　四冊

110000－0144－0010612　844.17/738－04
溫飛卿詩集九卷 （唐）溫庭筠撰　清光緒十年（1884）遂寧書局刻本　一冊

110000－0144－0010613　844.17/738－06
溫飛卿詩集九卷 （唐）溫庭筠撰　（明）曾益原注　（清）顧予咸注　清康熙三十六年（1697）秀野艸堂刻光緒十三年（1887）鴻文書局補刻本　二冊

110000－0144－0010614　844.17/741－02
沈下賢文集十二卷 （唐）沈亞之撰　清刻本　四冊

110000－0144－0010615　844.17/747
韓集補注一卷 （清）沈欽韓撰　清光緒十七年（1891）刻廣雅書局叢書本　一冊

110000－0144－0010616　844.17/869－712
白香山詩集四十卷 （唐）白居易撰　（清）汪

立名編訂　清康熙四十二年(1703)一隅草堂刻本　十二册

110000－0144－0010617　844.17/869－86
白香山詩選二卷　(唐)白居易撰　清末上海會文堂書局石印本　二册

110000－0144－0010618　844.17/893－8
劉夢得詩集十二卷　(唐)劉禹錫撰　清光緒十年(1884)遂寧書局刻本　二册

110000－0144－0010619　844.17/928
錢考功詩集四卷補遺詩一卷　(唐)錢起撰　清末刻本　一册

110000－0144－0010620　844.17/928－02
錢考功詩集四卷　(唐)錢起撰　清光緒十年(1884)遂寧書局刻本　一册

110000－0144－0010621　844.19/249
樊川文集二十卷外集一卷別集一卷　(唐)杜牧撰　清光緒二十二年(1896)楊氏景蘇園刻本　四册

110000－0144－0010622　844.19/373－2
皮襲美詩集九卷　(唐)皮日休撰　清光緒十年(1884)遂寧書局刻本　一册

110000－0144－0010623　844.19/393
重刊校正笠澤叢書四卷補遺一卷　(唐)陸龜蒙撰　清刻本　二册

110000－0144－0010624　844.19/393
重刊校正笠澤叢書四卷補遺一卷　(唐)陸龜蒙撰　清刻本　二册

110000－0144－0010625　844.19/393
重刊校正笠澤叢書四卷補遺一卷　(唐)陸龜蒙撰　清刻本　二册

110000－0144－0010626　844.8/289
碧雲集三卷　(五代)李中撰　清刻本　二册

110000－0144－0010627　845.11/203
南陽集六卷　(宋)趙湘撰　清刻本　二册

110000－0144－0010628　845.11/282－02
河東先生集十五卷　(宋)柳開撰　(宋)張景編　清光緒六年(1880)韓江官署刻本　二册

110000－0144－0010629　845.11/954－9－02
徐騎省集三十卷補遺一卷　(宋)徐鉉撰　清光緒黔南李氏刻本　八册

110000－0144－0010630　845.11/954－9－02
徐騎省集三十卷補遺一卷　(宋)徐鉉撰　清光緒黔南李氏刻本　八册

110000－0144－0010631　845.13/119－02
小畜集三十卷外集十三卷拾遺一卷　(宋)王禹偁撰　清刻本　八册

110000－0144－0010632　845.13/169
黄青社先生伐檀集二卷　(宋)黄庶撰　清乾隆三十年(1765)緝香堂刻本　二册

110000－0144－0010633　845.13/255
林和靖先生詩集四卷續刻一卷　(宋)林逋撰　清光緒二十一年(1895)婺源俞氏清蔭堂刻本　二册

110000－0144－0010634　845.13/273
武夷新集二十卷　(宋)楊億撰　清嘉慶十六年(1811)祝氏留香室刻本　八册

110000－0144－0010635　845.13/279
宛陵先生文集六十卷　(宋)梅堯臣撰　清宣統二年(1910)上海石印本　十册

110000－0144－0010636　845.13/279
宛陵先生文集六十卷　(宋)梅堯臣撰　清宣統二年(1910)上海石印本　十册

110000－0144－0010637　845.13/279
宛陵先生文集六十卷　(宋)梅堯臣撰　清宣統二年(1910)上海石印本　十册

110000－0144－0010638　845.13/311
乖崖集存六卷　(宋)張詠撰　清光緒十五年(1889)西安李氏代耕堂刻本　一册

110000－0144－0010639　845.13/315
祠部集三十五卷　(宋)強至撰　清刻本　八册

110000－0144－0010640　845.13/350

徂徠石先生全集二十卷附録一卷 （宋）石介撰　清刻本　四册

110000－0144－0010641　845.13/350－02
新雕徂徠石先生文集二十卷附録一卷補遺一卷 （宋）石介撰　清光緒九年(1883)尚志堂刻本　四册

110000－0144－0010642　845.13/554
蘇魏公文集七十二卷首一卷 （宋）蘇頌撰　清道光二十三年(1843)蘇廷玉刻本　十册

110000－0144－0010643　845.13/695－4
景文集五十六卷 （宋）宋祁撰　清刻本　十二册

110000－0144－0010644　845.13/747
蘇詩查注補正四卷 （清）沈欽韓撰　清光緒二十年(1894)刻廣雅書局叢書本　一册

110000－0144－0010645　845.13/890
公是集五十四卷 （宋）劉敞撰　清乾隆、嘉慶間刻本　十册

110000－0144－0010646　845.13/894
彭城集四十卷 （宋）劉邠撰　清刻本　八册

110000－0144－0010647　845.13/981
元豐類稿五十卷首一卷 （宋）曾鞏撰　清光緒十六年(1890)慈利漁浦書院刻本　十册

110000－0144－0010648　845.13/981
元豐類稿五十卷首一卷 （宋）曾鞏撰　清光緒十六年(1890)慈利漁浦書院刻本　十二册

110000－0144－0010649　845.14/102－8
淮海集十七卷後集二卷詞一卷 （宋）秦觀撰　**補遺一卷年譜節要一卷** （清）王敬之輯　清道光十七年(1837)刻本　六册

110000－0144－0010650　845.14/102－952
淮海全集四十卷後集六卷長短句三卷首一卷 （宋）秦觀撰　（明）徐渭評　清同治十二年(1873)秦氏家塾刻本　六册

110000－0144－0010651　845.14/118
王臨川全集一百卷 （宋）王安石撰　清光緒九年(1883)聽香館刻本　二十册

110000－0144－0010652　845.14/118
王臨川全集一百卷 （宋）王安石撰　清光緒九年(1883)聽香館刻本　二十册

110000－0144－0010653　845.14/118
王臨川全集一百卷 （宋）王安石撰　清光緒九年(1883)聽香館刻本　十六册

110000－0144－0010654　845.14/118
王臨川全集一百卷 （宋）王安石撰　清光緒九年(1883)聽香館刻本　十六册

110000－0144－0010655　845.14/118
王臨川全集一百卷 （宋）王安石撰　清光緒九年(1883)聽香館刻本　二十册

110000－0144－0010656　845.14/118
王臨川全集一百卷 （宋）王安石撰　清光緒九年(1883)聽香館刻本　二十四册

110000－0144－0010657　845.14/118
王臨川全集一百卷 （宋）王安石撰　清光緒九年(1883)聽香館刻本　十六册

110000－0144－0010658　845.14/118－012
王臨川全集二十四卷 （宋）王安石撰　清宣統三年(1911)掃葉山房石印本　十二册

110000－0144－0010659　845.14/118－02
王臨川全集一百卷目録二卷 （宋）王安石撰　清光緒九年(1883)溧陽繆氏小峄山館刻本　二十册

110000－0144－0010660　845.14/118－287
王荊文公詩五十卷 （宋）王安石撰　（宋）李壁箋注　清刻本　八册

110000－0144－0010661　845.14/118－516
宋大家王文公文抄十六卷 （宋）王安石撰　（明）茅坤評　清刻本　六册

110000－0144－0010662　845.14/169－02
黄詩全集五十八卷附録一卷 （宋）黄庭堅撰　（宋）任淵注　清光緒二年(1876)敘郡山谷祠刻本　二十四册

110000－0144－0010663　845.14/169－02
黄詩全集五十八卷附録一卷 （宋）黄庭堅撰

（宋）任淵注　清光緒二年（1876）敘郡山谷祠刻本　三十三冊

110000－0144－0010664　845.14/169－02
黃詩全集五十八卷附錄一卷　（宋）黃庭堅撰（宋）任淵注　清光緒二年（1876）敘郡山谷祠刻本　二十冊

110000－0144－0010665　845.14/169－02
黃詩全集五十八卷附錄一卷　（宋）黃庭堅撰（宋）任淵注　清光緒二年（1876）敘郡山谷祠刻本　二十冊

110000－0144－0010666　845.14/169－03
山谷詩集注二十卷外集詩注十七卷別集詩注二卷　（宋）黃庭堅撰　（宋）任淵注　清光緒二十一年至二十五年（1895－1899）義寧陳氏四覺草堂刻本　缺二卷（外集十一至十二）　十五冊

110000－0144－0010667　845.14/169－03
山谷詩集注二十卷外集詩注十七卷別集詩注二卷　（宋）黃庭堅撰　（宋）任淵注　清光緒二十一年至二十五年（1895－1899）義寧陳氏四覺草堂刻本　二十冊

110000－0144－0010668　845.14/169－03
山谷詩集注二十卷外集詩注十七卷別集詩注二卷　（宋）黃庭堅撰　（宋）任淵注　清光緒二十一年至二十五年（1895－1899）義寧陳氏四覺草堂刻本　二十冊

110000－0144－0010669　845.14/169－36－02
黃山谷遺文十二卷　（宋）黃庭堅撰　清刻本　六冊

110000－0144－0010670　845.14/169－383
黃文節公詩正集十一卷外集十一卷別集一卷　（宋）黃庭堅撰　（清）陳守誠編　清集思堂刻本　十冊

110000－0144－0010671　845.14/226
安陽集五十卷　（宋）韓琦撰　清刻本　十冊

110000－0144－0010672　845.14/286
盱江先生全集三十七卷　（宋）李覯撰　清光緒十九年（1893）盱江書院刻本　八冊

110000－0144－0010673　845.14/286
盱江先生全集三十七卷　（宋）李覯撰　清光緒十九年（1893）盱江書院刻本　八冊

110000－0144－0010674　845.14/303
司馬溫公文集十四卷首一卷　（宋）司馬光撰（清）張伯行重訂　清光緒七年（1881）舊學山房刻本　八冊

110000－0144－0010675　845.14/303－02
司馬溫公文集八十二卷　（宋）司馬光撰　清同治四年（1865）刻九年（1870）補刻本　二十四冊

110000－0144－0010676　845.14/303－03
司馬溫公文集八十二卷　（宋）司馬光撰　清康熙四十七年（1708）刻本　二十二冊

110000－0144－0010677　845.14/303－05
司馬溫公文集十四卷　（宋）司馬光撰　（清）張伯行重訂　清康熙四十八年（1709）正誼堂刻本　四冊

110000－0144－0010678　845.14/313－2
柯山集五十卷　（宋）張耒撰　清刻本　十冊

110000－0144－0010679　845.14/384
後山先生集二十四卷　（宋）陳師道撰　清光緒十一年（1885）番禺陶福祥愛盧刻本　四冊

110000－0144－0010680　845.14/423－02
歐陽文忠公全集一百五十八卷首二卷　（宋）歐陽修撰　清嘉慶二十四年至二十五年（1819－1820）歐陽衡刻本　二十四冊

110000－0144－0010681　845.14/423－03
歐陽文忠公全集一百五十二卷附錄五卷（宋）歐陽修撰　清光緒十九年（1893）澹雅書局刻本　三十六冊

110000－0144－0010682　845.14/423－03
歐陽文忠公全集一百五十二卷附錄五卷（宋）歐陽修撰　清光緒十九年（1893）澹雅書局刻本　三十二冊

110000－0144－0010683　845.14/423－03

歐陽文忠公全集一百五十二卷附錄五卷 (宋)歐陽修撰　清光緒十九年(1893)澹雅書局刻本　三十冊

110000－0144－0010684　845.14/423－04
歐陽文忠公全集一百五十三卷附錄五卷 (宋)歐陽修撰　清嘉慶二十四年至二十五年(1819－1820)歐陽衡刻本　二十四冊

110000－0144－0010685　845.14/423－05
歐陽文忠公全集一百五十三卷首一卷附錄五卷　(宋)歐陽修撰　清光緒二十八年(1902)周氏慕濂山房刻本　三十二冊

110000－0144－0010686　845.14/423－527
歐陽文忠公文鈔三十二卷　(宋)歐陽修撰　(明)茅坤批評　清刻本　十冊

110000－0144－0010687　845.14/537
范忠宣公集二十卷奏議二卷遺文一卷附錄一卷補編一卷　(宋)范純仁撰　清宣統二年(1910)刻本　六冊

110000－0144－0010688　845.14/554
蘇學士文集十六卷　(宋)蘇舜欽撰　清宣統三年(1911)龍文閣書局石印本　六冊

110000－0144－0010689　845.14/554
重刊明成化本東坡七集一百十卷　(宋)蘇軾撰　清光緒三十四年至宣統元年(1908－1909)瑞方寶華盦刻本　四冊

110000－0144－0010690　845.14/554
重刊明成化本東坡七集一百十卷　(宋)蘇軾撰　清光緒三十四年至宣統元年(1908－1909)瑞方寶華盦刻本　四十冊

110000－0144－0010691　845.14/554
重刊明成化本東坡七集一百十卷　(宋)蘇軾撰　清光緒三十四年至宣統元年(1908－1909)瑞方寶華盦刻本　四十八冊

110000－0144－0010692　845.14/554.2－516－02
宋大家蘇文定公文抄二十卷　(宋)蘇轍著　(明)茅坤評　清刻唐宋八大家文抄本　四冊

110000－0144－0010693　845.14/554－117
蘇文忠公詩編註集成四十五卷首一卷總案四十五卷帖子口號詞一卷真像考兩宋雜綴一卷蘇海識餘四卷箋詩圖一卷　(清)王文誥輯　(清)王霖圻覆較　清光緒十四年(1888)浙江書局刻本　二十四冊

110000－0144－0010694　845.14/554－214－03
東坡樂府三卷　(宋)蘇軾撰　朱祖謀編　清宣統三年(1911)吳興朱氏刻本　二冊

110000－0144－0010695　845.14/554－214－03
東坡樂府三卷　(宋)蘇軾撰　朱祖謀編　清宣統三年(1911)吳興朱氏刻本　二冊

110000－0144－0010696　845.14/554－295
補注東波先生編年詩五十卷　(宋)蘇軾撰　(清)查慎行補注　清乾隆二十六年(1761)香雨齋刻本　十二冊

110000－0144－0010697　845.14/554－527
宋大家蘇文忠公文抄二十八卷　(宋)蘇軾撰　(明)茅坤評　清刻本　六冊

110000－0144－0010698　845.14/554－527
宋大家蘇文忠公文抄二十八卷　(宋)蘇軾撰　(明)茅坤評　清刻本　九冊

110000－0144－0010699　845.14/554－627
施注蘇詩四十二卷總目二卷　(宋)蘇軾撰　(宋)施元之注　(清)顧嗣立等刪補　**續補遺二卷**　(清)馮景補注　**王注正譌一卷**　(清)邵長蘅撰　**東坡先生[蘇軾]年譜一卷**　(宋)王宗稷撰　清康熙三十八年(1699)刻本　劉盼遂題識　五冊

110000－0144－0010700　845.14/554－627
施注蘇詩四十二卷總目二卷　(宋)蘇軾撰　(宋)施元之注　(清)顧嗣立等刪補　**續補遺二卷**　(清)馮景補注　**王注正譌一卷**　(清)邵長蘅撰　**東坡先生[蘇軾]年譜一卷**　(宋)王宗稷撰　清康熙三十八年(1699)刻本　十四冊

110000－0144－0010701　845.14/554－627
施注蘇詩四十二卷續補遺二卷總目二卷 (宋)蘇軾撰　(宋)施元之注　(清)顧嗣立

等刪補　**續補遺二卷**　(清)馮景補注　**王注正訛一卷**　(清)邵長蘅撰　**東坡先生[蘇軾]年譜一卷**　(宋)王宗稷撰　清康熙三十八年(1699)刻本　十二冊

110000－0144－0010702　845.14/554－627－02
施註蘇詩四十二卷總目二卷　(宋)蘇軾撰　(宋)施元之注　(清)顧嗣立等刪補　**續補遺二卷**　(清)馮景補注　**王注正訛一卷**　(清)邵長蘅撰　**東坡先生[蘇軾]年譜一卷**　(宋)王宗稷撰　清大文堂刻本　十六冊

110000－0144－0010703　845.14/554－738－02
東坡和陶合箋四卷附錄一卷陶詩彙評四卷　(宋)蘇軾撰　(清)溫汝能纂訂　清宣統元年(1909)上海掃葉山房石印本　四冊

110000－0144－0010704　845.14/554－771
蘇文忠公詩合注五十卷首一卷目錄一卷　(宋)蘇軾撰　(清)馮應榴輯　清乾隆五十八年(1793)踵息齋刻本　八冊　存二十一卷(一至二十、首一卷)

110000－0144－0010705　845.14/554－771－02
蘇文忠公詩合注五十卷首一卷目錄一卷　(宋)蘇軾撰　(清)馮應榴輯訂　清乾隆六十年(1795)刻本　二十冊

110000－0144－0010706　845.14/554－859
蘇文忠公詩集五十卷目錄二卷　(宋)蘇軾撰　(清)紀昀評點　清同治八年(1869)韞玉山房刻朱墨套印本　十六冊

110000－0144－0010707　845.14/554－859
蘇文忠公詩集五十卷目錄二卷　(宋)蘇軾撰　(清)紀昀評點　清同治八年(1869)韞玉山房刻朱墨套印本　十二冊

110000－0144－0010708　845.14/554－859
蘇文忠公詩集五十卷目錄二卷　(宋)蘇軾撰　(清)紀昀評點　清同治八年(1869)韞玉山房刻朱墨套印本　十二冊

110000－0144－0010709　845.14/554－859－02
蘇文忠公詩集五十卷目錄二卷　(宋)蘇軾撰　(清)紀昀評點　清道光十四年(1834)兩廣節署刻朱墨套印本　二十四冊

110000－0144－0010710　845.14/820－7
片玉詞二卷補遺一卷　(宋)周邦彥撰　清光緒十一年(1885)丁松生刻本　一冊

110000－0144－0010711　845.14/887
忠肅集二十卷　(宋)劉摯撰　(清)紀昀編　清乾隆至嘉慶刻武英殿聚珍版叢書本　六冊

110000－0144－0010712　845.14/981
元豐類稿五十卷首一卷　(宋)曾鞏撰　清光緒十六年(1890)慈利漁浦書院刻本　十二冊

110000－0144－0010713　845.14/981－1
宋大家曾文定公文鈔十卷　(宋)曾鞏撰　(明)茅坤評　清刻本　四冊

110000－0144－0010714　845.16/471
西臺集二十卷　(宋)畢仲游撰　清武英殿木活字聚珍版叢書本　六冊

110000－0144－0010715　845.16/819
廬陵周益國文忠公集二百卷　(宋)周必大撰　清道光二十八年(1848)瀛塘別墅刻本　四十冊

110000－0144－0010716　845.16/842
道鄉公文集四十卷補遺一卷附錄一卷　(宋)鄒浩撰　清同治九年(1870)南海鄒氏永誅堂刻本　八冊

110000－0144－0010717　845.16/905
傅忠肅公文集三卷首一卷末一卷　(宋)傅察撰　(宋)傅伯壽編　清光緒九年(1883)演慎齋刻傅氏續錄本　三冊

110000－0144－0010718　845.2/292－02
漱玉詞一卷　(宋)李清照撰　**斷腸詞一卷**　(宋)朱淑真撰　清光緒七年(1881)四印齋刻本　一冊

110000－0144－0010719　845.2/972－918
三山鄭菊先生清雋集一卷　(宋)鄭啟撰　**所南翁一百二十圖詩集一卷錦錢餘笑一卷**　(宋)鄭思肖撰　清宣統上海國學保存會鉛印本　一冊

110000－0144－0010720　845.21/200

忠正德文集十卷附錄一卷　(宋)趙鼎撰　清道光十一年(1831)吳傑刻本　二冊

110000－0144－0010721　845.21/269

楊龜山先生集四十二卷首一卷末一卷　(宋)楊時撰　清光緒九年(1883)張國正刻本　十冊

110000－0144－0010722　845.21/292

漱玉詞一卷　(宋)李清照撰　**斷腸詞一卷**　(宋)朱淑真撰　清光緒七年(1881)四印齋刻本　一冊

110000－0144－0010723　845.21/292－7

漱玉詞一卷　(宋)李清照撰　**斷腸詞一卷**　(宋)朱淑真撰　清光緒七年(1881)四印齋刻本　一冊

110000－0144－0010724　845.21/292－7

漱玉詞一卷　(宋)李清照撰　**斷腸詞一卷**　(宋)朱淑真撰　清光緒七年(1881)四印齋刻本　一冊

110000－0144－0010725　845.21/293－7

梁溪先生文集一百八十卷附錄一卷　(宋)李綱撰　清初至道光刻本　三十二冊

110000－0144－0010726　845.21/293－7

梁溪先生文集一百八十卷附錄　(宋)李綱撰　清刻本　三十二冊

110000－0144－0010727　845.21/361

鴻慶居士文集四十二卷　(宋)孫覿撰　清光緒二十二年(1896)武進盛氏思惠齋刻紅印本　十冊

110000－0144－0010728　845.21/445

呂東萊先生遺集二十卷首一卷　(宋)呂祖謙撰　(清)王崇虎編　清雍正元年(1723)敬勝堂刻本　一冊

110000－0144－0010729　845.21/747.2

范石湖詩集注三卷　(清)范欽韓撰　清光緒十九年(1893)廣雅書局刻廣雅書局叢書本　十二冊

110000－0144－0010730　845.22/113

宋王忠文公文集五十卷　(宋)王十朋撰　(清)唐傳鉎重編　清光緒二年(1876)董史民蔡保東刻本　十二冊

110000－0144－0010731　845.22/120

雪山集十六卷　(宋)王質撰　清刻本　四冊

110000－0144－0010732　845.22/192

絜齋集二十四卷　(宋)袁燮撰　清刻本　十冊

110000－0144－0010733　845.22/307

宋張宣公詩文集論孟解合刻文集四十四卷論語解十卷孟子說七卷　(宋)張栻撰　清光緒十五年(1889)李蓮生刻本　十二冊

110000－0144－0010734　845.22/307

宋張宣公詩文集論孟解合刻文集四十四卷論語解十卷孟子說七卷　(宋)張栻撰　清光緒十五年(1889)李蓮生刻本　十二冊

110000－0144－0010735　845.22/314

南湖集十卷附錄三卷　(宋)張鎡撰　清乾隆、道光間長塘鮑氏知不足齋刻知不足齋叢書本　四冊

110000－0144－0010736　845.22/365

燭湖集二十卷　(宋)孫應時撰　清嘉慶八年(1803)靜遠軒刻本　四冊

110000－0144－0010737　845.22/382

龍川文集三十卷辨譌考異一卷　(宋)陳亮撰　清光緒元年(1875)湖北崇文書局刻本　十冊

110000－0144－0010738　845.22/382

龍川文集三十卷辨譌考異一卷　(宋)陳亮撰　清光緒元年(1875)湖北崇文書局刻本　十冊

110000－0144－0010739　845.22/382

龍川文集三十卷辨譌考異一卷　(宋)陳亮撰　清光緒元年(1875)湖北崇文書局刻本　十冊

110000－0144－0010740　845.22/384

止齋先生文集五十二卷附錄 (宋)陳傅良撰 清光緒四年(1878)瑞安孫氏詒善祠塾刻本 十二冊

110000－0144－0010741 845.22/392－2
劍南詩鈔六卷 (宋)陸游撰 (清)楊大鶴選輯 清愛日堂刻本 六冊

110000－0144－0010742 845.22/392－2－03
劍南詩鈔六卷 (宋)陸游撰 (清)楊大鶴選輯 清光緒五年(1879)善成堂刻本 八冊

110000－0144－0010743 845.22/392－2－04
劍南詩鈔六卷 (宋)陸游撰 (清)楊大鶴選輯 清光緒三十三年(1907)味青齋鉛印本 六冊

110000－0144－0010744 845.22/393
陸象山先生文集三十六卷 (宋)陸九淵撰 (清)李紱點次 (清)周毓齡重校 清道光三年(1823)陸氏槐堂書屋刻同治十年(1871)補板光緒七年(1881)陸慕祖補刻本 十二冊

110000－0144－0010745 845.22/393
陸象山先生文集三十六卷 (宋)陸九淵撰 (清)李紱點次 (清)周毓齡重校 清道光三年(1823)陸氏槐堂書屋刻同治十年(1871)補板光緒七年(1881)陸慕祖補刻本 十二冊

110000－0144－0010746 845.22/393－02
陸象山先生全集三十六卷 (宋)陸九淵撰 (清)李紱點次 (清)周毓齡重校 清宣統二年(1910)江左書林鉛印本 八冊

110000－0144－0010747 845.22/393－05
陸象山先生全集三十六卷 (宋)陸九淵撰 (清)李紱點次 (清)周毓齡重校 清道光三年(1823)金谿陸氏槐堂書屋刻光緒七年(1881)陸慕祖補刻本 十二冊

110000－0144－0010748 845.22/455.7
鄮峯真隱漫錄五十卷 (宋)史浩撰 (宋)周鑄編 **史子樸語十卷** (宋)史彌大撰 清光緒二十六年(1900)史廷霖木活字印本 十冊

110000－0144－0010749 845.22/482
羅鄂州小集六卷 (宋)羅願撰 **羅郢州遺文一卷** (宋)羅頌撰 清光緒十九年(1893)黟縣李氏刻本 二冊

110000－0144－0010750 845.22/504
水心先生文集二十九卷補遺一卷 (宋)葉適撰 清光緒八年(1882)瑞安孫氏刻本 十二冊

110000－0144－0010751 845.22/504
水心先生文集二十九卷補遺一卷 (宋)葉適撰 清光緒八年(1882)瑞安孫氏刻本 十二冊

110000－0144－0010752 845.22/504
水心先生文集二十九卷補遺一卷 (宋)葉適撰 清光緒八年(1882)瑞安孫氏刻本 十二冊

110000－0144－0010753 845.22/759－84
白石道人歌曲六卷 (宋)姜夔撰 清刻本 一冊

110000－0144－0010754 845.22/759－87－02
白石道人四種 (宋)姜夔撰 清同治十年(1871)桂林倪氏刻本 二冊

110000－0144－0010755 845.22/759－87－04
姜白石全集二卷集外詩一卷 (宋)姜夔撰 (清)倪鴻編 **諸賢酬贈詩一卷** 清宣統二年(1910)上海掃葉山房石印本 四冊

110000－0144－0010756 845.22/828
晦庵先生朱文公文集一百卷目錄二卷 (宋)朱熹撰 (清)臧眉錫 (清)蔡方炳訂定 清康熙二十七年(1688)臧眉錫、蔡方炳刻本 四十八冊

110000－0144－0010757 845.22/828
晦庵先生朱文公文集一百卷目錄二卷 (宋)朱熹撰 (清)臧眉錫 (清)蔡方炳訂定 清康熙二十七年(1688)臧眉錫、蔡方炳刻本 四十八冊

110000－0144－0010758 845.22/981
茶山集八卷 (宋)曾幾撰 清刻本 二冊

110000－0144－0010759　845.22/981.2

金陵百詠一卷附錄一卷　(宋)曾極撰　清道光二十年(1840)雙梧軒刻本　一册

110000－0144－0010760　845.22/981.2－02

金陵百詠一卷附錄一卷　(宋)曾極撰　清宣統三年(1911)南昌道署刻本　一册

110000－0144－0010761　845.22/981.2－02

金陵百詠一卷附錄一卷　(宋)曾極撰　清宣統三年(1911)南昌道署刻本　一册

110000－0144－0010762　845.22/981.2－03

金陵百詠一卷　(宋)曾極撰　清光緒二十九年(1903)長沙葉德輝刻本　一册

110000－0144－0010763　845.22/998－313

正誼堂叢書　(清)張伯行輯　清同治五年(1866)福州正誼堂刻本　十册　存三種(真西山先生集、陳克齋先生集、熊勿軒先生文集)

110000－0144－0010764　845.25/117

深寧先生文鈔八卷　(元)王應麟撰　清道光九年(1829)紫藤花館刻本　八册

110000－0144－0010765　845.25/203

秋曉先生覆瓿集四卷末一卷附錄一卷　(宋)趙必瑑撰　清道光二十年(1840)伍氏詩雪齋刻粵十三家集本　一册

110000－0144－0010766　845.25/203

秋曉先生覆瓿集四卷末一卷附錄一卷　(宋)趙必瑑撰　清道光二十年(1840)伍氏詩雪齋刻粵十三家集本　一册

110000－0144－0010767　845.25/213

石屏詩集十卷　(宋)戴復古撰　清嘉慶二十二年(1817)臨海宋世犖刻本　三册

110000－0144－0010768　845.25/213

石屏詩集十卷　(宋)戴復古著　清嘉慶二十二年(1817)臨海宋世犖刻本　四册

110000－0144－0010769　845.25/289

文溪集二十卷首一卷　(宋)李昴英撰　清道光二十年(1840)南海伍氏詩雪軒刻粵十三家集本　三册

110000－0144－0010770　845.25/312

山中白雲詞八卷　(宋)張炎撰　清宣統三年(1911)龍文閣書莊石印本　四册

110000－0144－0010771　845.25/312－02

山中白雲詞八卷　(宋)張炎撰　清光緒九年(1883)後知不足齋刻本　二册

110000－0144－0010772　845.25/312－03

山中白雲詞八卷附錄一卷　(宋)張炎撰　清光緒十二年(1886)娱園刻本　二册

110000－0144－0010773　845.25/421

九峰先生集三卷首一卷附錄一卷　(宋)區仕衡撰　清道光二十年(1840)南海伍氏詩雪軒刻本　一册

110000－0144－0010774　845.25/439

夢窗甲乙丙丁稿四卷補遺一卷　(宋)吳文英撰　**劄記一卷**　朱祖謀撰　清光緒三十四年(1908)歸安朱氏刻本　一册

110000－0144－0010775　845.25/439

夢窗甲乙丙丁稿四卷附補遺一卷　(宋)吳文英撰　**劄記一卷**　朱祖謀撰　清光緒三十四年(1908)歸安朱氏刻本　二册

110000－0144－0010776　845.25/619

宋謝疊山文節公集八卷首一卷末一卷　(宋)謝枋得撰　清嘉慶六年(1801)東山謝氏蘊德堂刻本　五册

110000－0144－0010777　845.25/619－02

謝疊山先生集九卷首一卷　(宋)謝枋得撰　清道光二十九年(1849)陳喬樅刻本　四册

110000－0144－0010778　845.25/623－8

冬青樹引注一卷附錄一卷　(宋)謝翱撰　(元)張丁注　清康熙四十一年(1702)平湖陸大業刻本　一册

110000－0144－0010779　845.25/677

文信國公集二十卷首一卷　(宋)文天祥撰　清光緒二十三年(1897)湘南書局刻本　十六册

110000－0144－0010780　845.25/677－1

重刊文信國公全集十七卷首一卷　(宋)文天祥撰　清道光二十五年(1845)文柱刻本　十册

110000－0144－0010781　845.25/677－2

指南後録三卷　(宋)文天祥撰　清光緒正黨樓刻正覺樓叢刻本　一册

110000－0144－0010782　845.25/677－7－02

廬陵宋丞相信國公文忠烈先生集十六卷　(宋)文天祥撰　(清)文攀丹等編輯　清道光榮秩堂刻本　十二册

110000－0144－0010783　845.25/720

平齋文集三十二卷拾遺一卷附録一卷空同詞一卷　(宋)洪咨夔撰　清同治十二年(1873)杉直懷清館刻本　四册

110000－0144－0010784　845.25/800

鶴山文鈔三十二卷　(宋)魏了翁撰　清同治十三年(1874)望三益齋刻本　十六册

110000－0144－0010785　845.6/204

閑閑老人詩集十卷目録二卷　(金)趙秉文撰　清光緒十三年(1887)文莫室刻陶廬叢刻本　四册

110000－0144－0010786　845.6/204－4

閑閑老人滏水文集二十卷附録一卷　(金)趙秉文撰　清光緒二十九年(1903)海豐吳氏刻本　八册

110000－0144－0010787　845.7/632

梅花字字香二卷　(元)郭豫亨撰　(清)董金鑑續校　清光緒董氏取斯堂木活字印琳琅秘室叢書本　一册

110000－0144－0010788　845.7/918

無弦琴譜二卷　(元)仇遠撰　清光緒十一年(1885)刻本　一册

110000－0144－0010789　845.71/128

元遺山先生全集四十卷首一卷末一卷　(金)元好問撰　清光緒七年(1881)讀書山房刻本　十七册

110000－0144－0010790　845.71/128－02

元遺山先生集四十卷首一卷附録一卷　(金)元好問撰　(元)張德輝編　清光緒八年(1882)京都翰文齋書坊刻本　十六册

110000－0144－0010791　845.71/128－314

元遺山詩集箋注十四卷附録一卷補載一卷　(金)元好問撰　(元)張德輝編　(清)施國祁箋　清道光七年(1827)苕溪吳氏醉六堂刻本　六册

110000－0144－0010792　845.71/128－314

元遺山詩集箋注十四卷附録一卷補載一卷　(金)元好問撰　(元)張德輝編　(清)施國祁箋　清道光七年(1827)苕溪吳氏醉六堂刻本　六册

110000－0144－0010793　845.71/128－314－03

元遺山詩集箋注十四卷首一卷末一卷　(金)元好問撰　(元)張德輝　(清)施國祁補　清宣統三年(1911)上海掃葉山房石印本　八册

110000－0144－0010794　845.74/119－02

趙文敏公松雪齋全集十卷續集一卷外集一卷　(元)趙孟頫撰　清光緒八年(1882)洞庭楊氏刻本　六册

110000－0144－0010795　845.74/170

文獻公全集十一卷首一卷日損齋筆記一卷　(元)黄溍撰　(明)宋濂等輯　清咸豐元年(1851)懷德堂等刻本　二十册

110000－0144－0010796　845.74/188

清容居士集五十卷目録二卷　(元)袁桷撰　清道光二十年(1840)上海郁松年刻本　十二册

110000－0144－0010797　845.74/213

剡源集三十卷　(元)戴表元撰　清道光二十年(1840)郁松年刻宜稼堂叢書本　八册

110000－0144－0010798　845.74/516

雁門集六卷　(元)薩都剌撰　清半野軒刻本　二册

110000－0144－0010799　845.74/516－3

雁門集十四卷詩餘一卷倡和錄一卷別錄一卷 （元）薩都剌撰 （清）薩龍光編 清嘉慶十二年（1807）薩龍光刻本 十冊

110000－0144－0010800 845.74/516－3－02
雁門集十四卷附一卷倡和錄一卷 （元）薩都剌撰 （清）薩龍光注 清光緒三年（1877）薩承鈺刻本 四冊

110000－0144－0010801 845.74/792
楚國文憲公雪樓程先生文集三十卷附錄一卷 （元）程鉅夫撰 清宣統二年至民國十四年（1910－1925）陽湖陶氏涉園刻本 十冊

110000－0144－0010802 845.74/915
松鄉先生文集十卷 （元）任士林撰 清光緒十六年（1890）刻本 二冊

110000－0144－0010803 845.74/994
牧庵集三十六卷附錄 （元）姚燧撰 清刻武英殿聚珍版叢書本 八冊

110000－0144－0010804 845.77/213－02
九靈山房集三十卷補編二卷遺稿四卷 （元）戴良撰 清同治九年（1870）永康胡鳳丹退補齋刻本 十冊

110000－0144－0010805 845.77/274－4
楊鐵崖先生詠史古樂府四卷 （元）楊維楨撰 清光緒元年（1875）刻本 二冊

110000－0144－0010806 845.77/274－6
鐵崖三種二十六卷 （元）楊維楨撰 清宣統二年（1910）上海掃葉山房石印本 十冊

110000－0144－0010807 845.77/435－03
重刻吳淵穎集十二卷附錄一卷 （元）吳萊撰 清光緒三十一年（1905）吳聲浩木活字印本 四冊

110000－0144－0010808 845.77/442
梅道人遺墨一卷 （元）吳鎮撰 清光緒二年（1876）仁和葛氏刻本 一冊

110000－0144－0010809 845.77/489－4
虞文靖公道園全集 （元）虞集撰 清道光十七年（1837）刻古棠書屋叢書本 存四十四卷（文集一至四十四） 二十冊

110000－0144－0010810 845.77/489－7
道園學古錄五十卷 （元）虞集撰 清嘉慶二十年（1815）勤約堂刻本 十六冊

110000－0144－0010811 845.77/609
至正集八十一卷 （元）許有壬撰 清宣統三年（1911）河南教育總會石印本 十冊

110000－0144－0010812 845.77/622
詠物詩二卷 （元）謝宗可撰 清刻本 二冊

110000－0144－0010813 845.77/932
江月松風集十二卷續集一卷補遺一卷附文一卷 （元）錢惟善撰 清光緒八年（1882）清風室刻本 二冊

110000－0144－0010814 846.1/462
夢墨稿十卷首一卷補遺一卷 （明）時季照撰 清光緒十八年（1892）錢輔仁刻本 二冊

110000－0144－0010815 846.1/462
夢墨稿十卷首一卷補遺一卷 （明）時季照撰 清光緒十八年（1892）錢輔仁刻本 二冊

110000－0144－0010816 846.1/517
藍山詩集六卷 （明）藍仁撰 清光緒十六年（1890）刻本 四冊

110000－0144－0010817 846.1/626－3
遜志齋集二十四卷 （明）方孝孺撰 清同治十二年（1873）寧海張紹謙刻本 十六冊

110000－0144－0010818 846.1/648
高季迪先生大全集十八卷 （明）高啟撰 清康熙竹素園刻本 八冊

110000－0144－0010819 846.1/648－1
青邱高季迪先生詩集十八卷首一卷補遺詩余附錄一卷 （明）高啟撰 （清）金壇注 **年譜一卷** （清）金壇編 清刻本 十二冊

110000－0144－0010820 846.1/696
宋學士全集三十二卷 （明）宋濂撰 清康熙四十八年（1709）退補齋刻本 四十冊

110000－0144－0010821 846.1/787

明遼府左長史程節愍公貞白遺稿十卷首一卷 (明)程通撰 清嘉慶十一年(1806)謙德堂刻本 四冊

110000－0144－0010822 846.1/796
重刻秫坡先生詩集八卷 (明)黎貞撰 清光緒元年(1875)都會三賢居書屋刻本 四冊

110000－0144－0010823 846.1/827
高皇帝御製文集二十卷 (明)太祖朱元璋撰 明嘉靖十四年(1535)徐九皋王惟賢刻本 十冊

110000－0144－0010824 846.1/887－04
太師誠意伯劉文成公集二十卷首一卷 (明)劉基撰 清乾隆十一年(1746)栝芝南田果育堂刻本 十二冊

110000－0144－0010825 846.1/887－05
太師誠意伯劉文成公集二十卷首一卷 (明)劉基撰 清光緒二十六年(1900)浙江書局刻本 十冊

110000－0144－0010826 846.1/887－06
太師誠意伯劉文成公集二十卷首一卷 (明)劉基撰 清光緒元年(1875)刻本 十冊

110000－0144－0010827 846.4/113
西昌王抑菴集四十卷 (明)王直撰 清同治六年(1867)刻本 八冊

110000－0144－0010828 846.4/113.2
黎陽王襄敏公集四卷 (明)王越撰 (明)赫瀛選 清刻本 四冊

110000－0144－0010829 846.4/216
文敬胡先生集三卷 (明)胡居仁撰 清乾隆二十二年(1757)刻本 二冊

110000－0144－0010830 846.4/267
東里文集二十五卷別集三卷 (明)楊士奇撰 清光緒楊觀光刻本 八冊

110000－0144－0010831 846.4/289
謚忠文古廉文集十一卷詩集四卷 (明)李時勉撰 清光緒十七年(1891)世忠堂刻本 十冊

110000－0144－0010832 846.4/883－02
重編瓊臺會稿詩文集二十三卷 (明)丘濬撰 清光緒五年(1879)雁峰書院刻本 十四冊

110000－0144－0010833 846.4/883－8
丘文莊公集十卷首一卷 (明)丘濬撰 清同治十年(1871)邱氏可繼堂刻本 六冊

110000－0144－0010834 846.4/994
姚文敏公集九卷 (明)姚夔撰 清光緒二十四年(1898)水明廔刻本 四冊

110000－0144－0010835 846.5/113.2－4
弇山堂別集一百卷 (明)王世貞撰 清光緒廣雅書局刻本 二十冊

110000－0144－0010836 846.5/113.2－9
弇州山人詩集五十二卷目錄八卷 (明)王世貞撰 清光緒三十三年(1907)渭南嚴氏刻本 十六冊

110000－0144－0010837 846.5/113.2－9
弇州山人詩集五十二卷目錄八卷 (明)王世貞撰 清光緒三十三年(1907)渭南嚴氏刻本 十四冊

110000－0144－0010838 846.5/114
虎谷集 (明)王雲鳳撰 清刻本 六冊

110000－0144－0010839 846.5/118
王文成公全書三十八卷 (明)王守仁撰 清刻本 二十四冊

110000－0144－0010840 846.5/118
王文成公全書三十八卷 (明)王守仁撰 清刻本 二十四冊

110000－0144－0010841 846.5/118
王文成公全書三十八卷 (明)王守仁撰 清刻本 二十四冊

110000－0144－0010842 846.5/118
王文成公全書三十八卷 (明)王守仁撰 清刻本 二十四冊

110000－0144－0010843 846.5/118
王文成公全書三十八卷 (明)王守仁撰 清刻本 二十四冊

110000－0144－0010844　846.5/118－14
王陽明先生全集十六卷目録二卷　(明)王守仁撰　清道光六年(1826)刻本　十六冊

110000－0144－0010845　846.5/118－627
陽明先生集要三編十五卷年譜一卷理學集四卷經濟集七卷文章集四卷　(明)王守仁撰　(明)施邦曜輯評　清光緒五年(1879)黔南刻本　十六冊

110000－0144－0010846　846.5/118－627
陽明先生集要三編十五卷年譜一卷理學集四卷經濟集七卷文章集四卷　(明)王守仁撰　(明)施邦曜輯評　清光緒三十二年(1906)江南製造局鉛印本　十六冊

110000－0144－0010847　846.5/118－627－02
陽明先生集要三種十五卷年譜一卷理學集四卷經濟集七卷文章集四卷　(明)王守仁撰　(明)施邦曜評輯　清宣統三年(1911)明明學社鉛印本　十二冊

110000－0144－0010848　846.5/118－990
王陽明先生全集二十一卷　(明)王守仁撰　(清)俞嶙編　清刻本　二十四冊

110000－0144－0010849　846.5/130
大復山人詩集精華録八卷　(明)何景明撰　(清)吴寧編　清乾隆五十年(1785)愓堂刻本　二冊

110000－0144－0010850　846.5/233
苑洛集二十二卷　(明)韓苑洛撰　清道光八年(1828)謝氏刻本　十冊

110000－0144－0010851　846.5/233
苑洛集二十二卷　(明)韓苑洛撰　清道光八年(1828)謝氏刻本　十冊

110000－0144－0010852　846.5/271－8
升菴外集一百卷　(明)楊慎撰　(明)焦竑編　清道光二十四年(1844)刻本　二十冊

110000－0144－0010853　846.5/274
楊忠愍公遺書一卷　(明)楊繼盛撰　清光緒十二年(1886)遐齡書社刻本　二冊

110000－0144－0010854　846.5/274.94
忠介公集十三卷附録五卷　(明)楊爵撰　清光緒十九年(1893)張履誠堂同文齋刻本　四冊

110000－0144－0010855　846.5/274－02
楊忠愍公遺書一卷　(明)楊繼盛撰　清同治五年(1866)木樨山房刻本　一冊

110000－0144－0010856　846.5/274－2
楊椒山先生集四卷[楊繼盛]年譜一卷　(明)楊繼盛撰　清杭州聚文堂書坊刻本　四冊

110000－0144－0010857　846.5/274－4
楊忠愍公全集四卷　(明)楊繼盛撰　清光緒三十三年(1907)刻本　四冊

110000－0144－0010858　846.5/274－6
楊忠愍公遺囑手卷　(明)楊繼盛撰　清末石印本　一冊

110000－0144－0010859　846.5/287
滄溟先生集三十卷附録一卷　(明)李攀龍撰　清道光二十七年(1847)景福堂刻本　八冊

110000－0144－0010860　846.5/287.2
西涯先生擬古樂府二卷　(明)李東陽撰　清康熙三十八年(1699)嶺南石濂汕刻本　四冊

110000－0144－0010861　846.5/287.2－6
懷麓堂集首一卷詩前稿二十卷詩後稿十卷文前稿三十卷文後稿三十卷雜記十卷　(明)李東陽撰　清刻本　二十冊

110000－0144－0010862　846.5/287.2－6－02
懷麓堂詩稿二卷　(明)李東陽撰　清刻本　一冊

110000－0144－0010863　846.5/287.3
空同詩集三十四卷　(明)李夢陽撰　清光緒十五年(1889)渭南嚴氏刻本　八冊

110000－0144－0010864　846.5/287.3－05
空同詩集三十四卷　(明)李夢陽撰　清光緒十五年(1889)渭南嚴氏刻二十六年(1900)補刻本　六冊

110000－0144－0010865　846.5/287－7

滄溟詩集十四卷　(明)李攀龍撰　清光緒三十三年(1907)渭南嚴氏刻本　四册

110000－0144－0010866　846.5/289
李駕部集前集四卷後集二卷青霞漫稿一卷　(明)李時行撰　清南海伍氏詩雪軒刻本　二册

110000－0144－0010867　846.5/289
李駕部集前集四卷後集二卷青霞漫稿一卷　(明)李時行撰　清南海伍氏詩雪軒刻本　六册

110000－0144－0010868　846.5/289.3
李空同詩集三十三卷附錄一卷　(明)李夢陽撰　清宣統二年(1910)上海掃葉山房石印本　十册

110000－0144－0010869　846.5/289.3
李空同詩集三十三卷附錄一卷　(明)李夢陽撰　清宣統二年(1910)上海掃葉山房石印本　八册

110000－0144－0010870　846.5/336
霍文敏公全集十卷石頭錄八卷首一卷　(明)霍韜撰　清同治元年(1862)石頭書院刻本　十六册

110000－0144－0010871　846.5/380－4
白沙子全集六卷首一卷　(明)陳獻章撰　(清)顧嗣協校正　(清)何九疇重編　清康熙四十九年(1710)何九酬刻本　六册

110000－0144－0010872　846.5/380－4－03
白沙子全集十卷首一卷末一卷古詩教解二卷　(明)陳獻章撰　(明)湛若水原纂　(清)陳炎宗補輯　(清)歐陽永裿等鑑定　清乾隆三十六年(1771)羊城碧玉樓刻本　十册

110000－0144－0010873　846.5/380－8
白沙子古詩教解二卷　(明)陳獻章撰　清乾隆三十六年(1771)碧玉樓刻本　一册

110000－0144－0010874　846.5/414－02
東田文集三卷　(明)馬中錫撰　清光緒五年(1879)定州王氏刻畿輔叢書本　二册

110000－0144－0010875　846.5/423
歐陽南野先生文集五卷　(明)歐陽德撰　(明)李春芳選編　清道光十五年(1835)蜀江書屋刻本　四册

110000－0144－0010876　846.5/428
鈐山堂集四十卷　(明)嚴嵩撰　清嘉慶十一年(1806)嚴氏刻本　十册

110000－0144－0010877　846.5/428
鈐山堂集四十卷　(明)嚴嵩撰　清嘉慶十一年(1806)嚴氏刻本　十册

110000－0144－0010878　846.5/437
甔甀洞稿五十四卷目錄二卷　(明)吳國倫撰　清道光十年(1830)桂芬齋刻本　二十册

110000－0144－0010879　846.5/445
涇野先生文集三十八卷　(明)呂柟撰　清道光十二年(1832)富平楊浚刻本　六册

110000－0144－0010880　846.5/558
洨濱蔡先生遺書文集十卷首一卷語錄二十卷　(明)蔡靉撰　清光緒四年(1878)江陰夏子鎏刻本　四册

110000－0144－0010881　846.5/562
蔡文莊公集八卷　(明)蔡清撰　(清)徐居敬重編　清乾隆七年(1742)晉江蔡廷魁刻本　六册

110000－0144－0010882　846.5/592
洹詞十二卷首一卷　(明)崔銑撰　清同治二年(1863)刻本　六册

110000－0144－0010883　846.5/592
洹詞十二卷首一卷程志十卷士翼三卷　(明)崔銑撰　清同治二年(1863)刻本　十二册

110000－0144－0010884　846.5/635
鯤溟先生詩集四卷奏疏一卷　(明)郭諫臣撰　清嘉慶七年(1802)蠡溪草堂刻本　二册

110000－0144－0010885　846.5/646
石門集七卷　(明)高瀔撰　清道光二十一年(1841)刻本　二册

110000－0144－0010886　846.5/667

重刊校正唐荊川先生文集十二卷 (明)唐順之撰 清光緒三十年(1904)江南書局刻本 十冊

110000－0144－0010887 846.5/667
重刊校正唐荊川先生文集十二卷 (明)唐順之撰 清光緒三十年(1904)江南書局刻本 十冊

110000－0144－0010888 846.5/667
重刊校正唐荊川先生文集十二卷 (明)唐順之撰 清光緒三十年(1904)江南書局刻本 十冊

110000－0144－0010889 846.5/692
宋布衣集文集二卷雙鵝集一卷 (明)宋登春撰 清來鵝堂刻本 四冊

110000－0144－0010890 846.5/713
汪南溟集九卷 (清)汪道昆撰 (清)張汝瑚選 清康熙二十一年(1682)郢雪書林刻本 四冊

110000－0144－0010891 846.5/790
程文恭公遺稿三十二卷 (明)程文德撰 明萬曆刻清咸豐、光緒間印本 八冊

110000－0144－0010892 846.5/830
山帶閣集三十三卷附錄一卷 (明)朱曰藩撰 清道光十五年(1835)宜祿堂刻本 十六冊

110000－0144－0010893 846.5/832
凌谿先生集十八卷 (明)朱應登撰 清道光十五年(1835)宜祿堂刻本 四冊

110000－0144－0010894 846.5/834
兩厓文集十一卷 (明)朱廷立撰 清道光元年(1821)炯然亭刻本 四冊

110000－0144－0010895 846.5/842
吉水鄒忠介公全集奏疏四卷願學集八卷 (明)鄒元標撰 清乾隆十二年(1747)特恩堂刻本 十冊

110000－0144－0010896 846.5/842.7
東廓鄒先生文集十二卷首一卷 (明)鄒守益撰 清乾隆、嘉慶間安成佑啟堂刻本 十冊

110000－0144－0010897 846.5/868
震川先生集三十卷補編一卷 (明)歸有光撰 清光緒六年(1880)常熟歸氏刻本 十六冊

110000－0144－0010898 846.5/868
震川先生集三十卷補編一卷 (明)歸有光撰 清光緒六年(1880)常熟歸氏刻本 十二冊

110000－0144－0010899 846.5/868
震川先生集三十卷補編一卷 (明)歸有光撰 清光緒六年(1880)常熟歸氏刻本 二十冊

110000－0144－0010900 846.5/868
震川先生集三十卷補編一卷 (明)歸有光撰 清光緒六年(1880)常熟歸氏刻本 十二冊

110000－0144－0010901 846.5/868
震川先生集三十卷補編一卷 (明)歸有光撰 清光緒六年(1880)常熟歸氏刻本 十六冊

110000－0144－0010902 846.5/868
震川先生集三十卷補編一卷 (明)歸有光撰 清光緒六年(1880)常熟歸氏刻本 十一冊

110000－0144－0010903 846.5/868－03
震川先生集三十卷 (明)歸有光撰 清刻本 二十四冊

110000－0144－0010904 846.5/868－4
震川先生別集十卷 (明)歸有光撰 清刻本 七冊

110000－0144－0010905 846.5/875
華泉先生集選四卷 (明)邊貢撰 (清)王士禛選 清刻本 二冊

110000－0144－0010906 846.5/875－02
邊華泉集八卷附補遺一卷附錄一卷 (明)邊貢撰 清宣統三年(1911)刻本 六冊

110000－0144－0010907 846.5/899
何大復先生集三十八卷附錄一卷 (明)何景明撰 清咸豐二年(1852)世守堂刻本 八冊

110000－0144－0010908 846.5/899－8
信陽詩集二十六卷 (明)何景明撰 清光緒三十三年(1907)渭南嚴氏刻本 四冊

110000－0144－0010909　846.5/951
徐迪功集六卷附錄一卷　(明)徐楨卿撰　清康熙十年(1671)徐龍文刻乾隆二十五年(1760)鞠履坤重校本　一册

110000－0144－0010910　846.5/952
謙齋文錄八卷　(明)徐溥撰　清道光十一年(1831)看梅花所刻本　四册

110000－0144－0010911　846.6/273
楊椒山先生全集四卷　(明)楊繼盛撰　清嘉慶十二年(1807)刻本　二册

110000－0144－0010912　846.8/112
凝翠集疏草一卷尺牘一卷墓誌一卷詩集二卷文集一卷　(明)王元翰撰　清嘉慶五年(1800)寧州王氏樹德堂刻本　五册

110000－0144－0010913　846.8/117－02
疑雨集四卷　(清)王彦泓撰　清乾隆騷餘館刻本　二册

110000－0144－0010914　846.8/117－03
疑雨集四卷　(明)王彦泓撰　清光緒三十一年(1905)葉德輝郎園刻本　一册

110000－0144－0010915　846.8/119.8
剪桐載筆　(明)王象晉撰　清初常熟毛晉刻本　二册

110000－0144－0010916　846.8/129－02
來禽館集二十九卷　(明)邢侗撰　清光緒十七年(1891)刻本　十二册

110000－0144－0010917　846.8/170.7
陶菴全集文集七卷文集補遺一卷吾師錄一卷自監錄四卷首一卷詩集八卷補遺一卷末一卷　(明)黄淳耀撰　清乾隆二十六年(1761)寶山學刻本　八册

110000－0144－0010918　846.8/170.7－02
陶庵集二十二卷首一卷末一卷　(明)黄淳耀撰　清光緒五年至七年(1879－1881)時中書局刻本　八册

110000－0144－0010919　846.8/170.7－02
陶庵集二十二卷首一卷末一卷　(明)黄淳耀撰　清光緒五年至七年(1879－1881)時中書局刻本　八册

110000－0144－0010920　846.8/170.7－02
陶庵集二十二卷首一卷末一卷　(明)黄淳耀撰　清光緒五年至七年(1879－1881)時中書局刻本　八册

110000－0144－0010921　846.8/170.75
谷簾先生遺書八卷　(明)黄淵耀撰　清刻本　一册

110000－0144－0010922　846.8/172
餘姚黄忠端公集六卷　(明)黄尊素撰　清光緒十三年(1887)姚江黄氏刻本　二册

110000－0144－0010923　846.8/172
餘姚黄忠端公集六卷　(明)黄尊素撰　**年譜二卷**　(清)黄炳垕輯　清光緒十三年(1887)姚江黄氏刻本　三册

110000－0144－0010924　846.8/193.7－02
白蘇齋類集十八卷　(明)袁宗道撰　清光緒七年(1881)袁照刻本　八册

110000－0144－0010925　846.8/193－02
袁中郎全集二十四卷　(明)袁宏道撰　清大業堂刻本　十六册

110000－0144－0010926　846.8/204
松石齋文集二十五卷詩集六卷　(明)趙用賢撰　清光緒二十八年(1902)常熟趙氏承啟堂刻本　九册

110000－0144－0010927　846.8/257
正志稿十卷　(明)林貴兆撰　清宣統二年(1910)太平陳氏木活字印本　二册

110000－0144－0010928　846.8/272
楊忠烈公文集十卷補遺一卷　(明)楊漣撰　清道光十三年(1833)世美堂刻本　十二册

110000－0144－0010929　846.8/291
落落齋遺集十卷　(明)李應昇撰　清光緒二十二年(1896)武進盛氏思惠齋刻紅印本　六册

110000－0144－0010930　846.8/292

檀園集十二卷　(明)李流芳撰　清康熙二十八年(1689)刻本　五冊

110000－0144－0010931　846.8/292
檀園集十二卷　(明)李流芳撰　清康熙二十八年(1689)刻本　六冊

110000－0144－0010932　846.8/306
張文忠公全集五卷附錄二卷　(明)張居正撰　清光緒二十七年(1901)紅藤碧樹山館刻本　十六冊

110000－0144－0010933　846.8/306
張文忠公全集五卷附錄二卷　(明)張居正撰　清光緒二十七年(1901)紅藤碧樹山館刻本　十六冊

110000－0144－0010934　846.8/306－02
新刻張太岳先生詩文集四十七卷　(明)張居正撰　清江陵鄧氏刻本　十二冊

110000－0144－0010935　846.8/306－02
新刻張太岳先生詩文集四十七卷　(明)張居正撰　清江陵鄧氏刻本　十六冊

110000－0144－0010936　846.8/313.82
月鹿堂文集八卷　(明)張師繹撰　清道光六年(1826)蝶花樓刻本　六冊

110000－0144－0010937　846.8/344－02
來瞿唐先生日錄内篇六卷外篇七卷　(明)來知德撰　清道光十一年(1831)刻本　十二冊

110000－0144－0010938　846.8/352
左忠毅公集三卷　(明)左光斗撰　**左傳御公集一卷**　(明)左光先撰　清乾隆刻本　六冊

110000－0144－0010939　846.8/359
千山詩集二十卷首一卷補遺一卷　(清)釋函可撰　清道光刻本　四冊

110000－0144－0010940　846.8/362
高陽集二十卷　(明)孫承宗撰　清順治十二年(1655)孫之㳬刻本　十冊

110000－0144－0010941　846.8/362－6
高陽集二十卷　(明)孫承宗撰　清順治十二年(1655)孫之㳬刻嘉慶十二年(1807)修補本　八冊

110000－0144－0010942　846.8/362－6
高陽集二十卷　(明)孫承宗撰　清順治十二年(1655)孫之㳬刻嘉慶十二年(1807)修補本　八冊

110000－0144－0010943　846.8/362－6
高陽集二十卷　(明)孫承宗撰　清順治十二年(1655)孫之㳬刻嘉慶十二年(1807)修補本　八冊

110000－0144－0010944　846.8/366
孫宗伯集十卷首一卷　(明)孫繼臯撰　清光緒十八年(1892)鼎元堂木活字印本　十二冊

110000－0144－0010945　846.8/379
中州草堂遺集二十三卷首一卷末一卷　(明)陳子升撰　清道光二十年(1840)南海伍氏詩雪軒刻本　四冊

110000－0144－0010946　846.8/439－02
樓山堂集二十七卷　(明)吳應箕撰　清刻本　四冊

110000－0144－0010947　846.8/445
呂新吾先生去僞齋文集十卷　(明)呂坤撰　清道光六年(1826)繩其居刻本　十冊

110000－0144－0010948　846.8/445
呂新吾先生去僞齋文集十卷　(明)呂坤撰　清道光六年(1826)繩其居刻本　十冊

110000－0144－0010949　846.8/445－2
去僞齋集十卷　(明)呂坤撰　清道光七年(1827)開封府署刻本　十冊

110000－0144－0010950　846.8/445－2
去僞齋集十卷　(明)呂坤撰　清道光七年(1827)開封府署刻本　十二冊

110000－0144－0010951　846.8/451
呂明德先生文集二十六卷存古約言六卷　(明)呂明德撰　清康熙刻本　十八冊

110000－0144－0010952　846.8/475
眭東蓀先生集十五卷　(明)眭石撰　清光緒二十四年(1898)彝敘堂木活字印本　四冊

110000 - 0144 - 0010953　846.8/500
蟾台集四卷　(明)卓人月撰　清刻本　四册

110000 - 0144 - 0010954　846.8/502
華豫菴先生集不分卷　(明)華啟直撰　清宣統三年(1911)存裕堂刻本　二册

110000 - 0144 - 0010955　846.8/504
返生香一卷　(明)葉小鸞撰　清光緒二十二年(1896)羊城葉氏秋夢盦刻本　一册

110000 - 0144 - 0010956　846.8/561
蔡忠烈公遺集六卷　(明)蔡道憲撰　清道光二十六年(1846)蔡應魁刻光緒二十八年(1902)蔡恩煦補刻本　二册

110000 - 0144 - 0010957　846.8/578
艾熙亭先生文集十卷　(明)艾穆撰　清咸豐八年(1858)三德堂刻本　六册

110000 - 0144 - 0010958　846.8/626.3
方孩未先生集十六卷　(明)方震孺撰　清同治七年(1868)樹德堂刻本　六册

110000 - 0144 - 0010959　846.8/632
青螺公先生遺書合編三十五卷首一卷　(明)郭子章撰　清光緒七年至八年(1881 - 1882)冠朝三樂堂刻本　十四册

110000 - 0144 - 0010960　846.8/658
龍太常全集綸隱文集二十七卷綸隱詩集十九卷先集捜遺二卷外集三卷　(明)龍膺撰　清光緒十三年(1887)刻本　十四册

110000 - 0144 - 0010961　846.8/669
鹿忠節公集二十一卷　(明)鹿善繼撰　清刻本　八册

110000 - 0144 - 0010962　846.8/669
鹿忠節公集二十一卷　(明)鹿善繼撰　清刻本　八册

110000 - 0144 - 0010963　846.8/704
天全堂集四卷續編一卷附錄一卷　(明)安希范撰　清乾隆四十六年(1781)安吉刻本　二册

110000 - 0144 - 0010964　846.8/714
汪忠烈文行錄二卷　(明)洪錫光　(明)方夢麟輯　丁檝編次　清咸豐元年(1851)丁檝、余超俊等刻本　四册

110000 - 0144 - 0010965　846.8/738
溫恭毅公文集三十卷　(明)溫純撰　清刻本　八册

110000 - 0144 - 0010966　846.8/741
陶元暉中丞遺集二卷首一卷　(明)陶朗先撰　清光緒二十四年(1898)蘭州書局鉛印本　一册

110000 - 0144 - 0010967　846.8/759
敬亭集十卷補遺一卷附錄一卷　(明)姜埰撰　清光緒十五年(1889)山東書局刻本　四册

110000 - 0144 - 0010968　846.8/766
歐子建集球玉齋稿十四卷勾漏草一卷羅浮稿一卷溪上草一卷　(清)歐必元撰　清初刻本　四册

110000 - 0144 - 0010969　846.8/816
九煙先生遺集六卷　(清)周星撰　清道光二十九年(1849)揚州廣館刻本　四册

110000 - 0144 - 0010970　846.8/820
周忠介公燼餘集三卷　(明)周順昌撰　**年譜一卷附錄一卷**　(清)殷獻臣撰　清光緒二十九年(1903)唐文治刻本　二册

110000 - 0144 - 0010971　846.8/820.8
周文忠公集七卷首一卷附錄一卷　(明)周鳳翔撰　清嘉慶十八年(1813)山陰周源刻本　二册

110000 - 0144 - 0010972　846.8/856
熊襄愍公集十卷首一卷末一卷　(明)熊廷弼撰　清嘉慶十七年(1812)腴經堂刻本　十册

110000 - 0144 - 0010973　846.8/856 - 02
熊襄愍公集十卷首一卷末一卷　(明)熊廷弼撰　清同治三年(1864)刻本　十册

110000 - 0144 - 0010974　846.8/860
從野堂存稿八卷外集一卷　(明)繆昌期撰　**年譜一卷**　清光緒二年(1876)刻本　八册

110000－0144－0010975　846.8/867

浮槎閣集十七卷附錄二卷　(明)鄔鳴雷撰　清光緒二十三年(1897)環江書屋木活字印本　六册

110000－0144－0010976　846.8/886

劉文烈公全集十二卷　(明)劉理順撰　清光緒元年(1875)查以謙刻二十四年(1898)杞縣官廨補刻本　十二册

110000－0144－0010977　846.8/892

劉子全書四十卷首一卷　(明)劉宗周撰　(清)董暘編　清道光四年至十五年(1824－1835)王宗炎等刻本　十六册

110000－0144－0010978　846.8/902

何文毅公春曹疏草四卷　(明)何宗彥撰　清道光二十九年(1849)刻本　四册

110000－0144－0010979　846.8/903－02

汲古堂集二十八卷　(明)何白撰　清道光十六年(1836)魯岡刻本　十二册

110000－0144－0010980　846.8/908

二谷山人集十卷　(明)侯一元撰　清光緒十七年(1891)浙甌樂東侯氏刻本　六册

110000－0144－0010981　846.8/908－02

二谷山人近稿十卷詩餘一卷　(明)侯一元撰　清光緒二十年(1894)浙甌樂東侯氏刻本　六册

110000－0144－0010982　846.8/950－02

增訂徐文定公集六卷首二卷　(明)徐光啟撰　(清)李問漁輯　(清)徐允希增訂　清宣統元年(1909)上海慈母堂鉛印本　四册

110000－0144－0010983　846.8/950－02

增訂徐文定公集六卷首二卷　(明)徐光啟撰　(清)李問漁輯　(清)徐允希增訂　清宣統元年(1909)上海慈母堂鉛印本　四册

110000－0144－0010984　846.8/952－6－02

青藤書屋文集三十卷　(明)徐渭撰　(明)袁宏道編　清宣統三年(1911)石印本　八册

110000－0144－0010985　846.8/988

余忠節公遺文一卷附錄一卷　(明)余煌撰　清光緒三十二年(1906)會稽董金鑑木活字印本　一册

110000－0144－0010986　846.8/990－02

正氣堂集十六卷近稿議稿全卷續集七卷餘集四卷洗海近事二卷　(明)俞大猷撰　(明)李杜編　清道光二十一年(1841)味古書室刻本　十六册

110000－0144－0010987　846.8/998

紫柏老人集二十九卷首一卷　(明)釋真可撰　清許靈虛等刻本　十册

110000－0144－0010988　846.8/998

紫柏老人集二十九卷首一卷　(明)釋真可撰　清許靈虛等刻本　十册

110000－0144－0010989　846.9/033

王孚齋集八卷　(明)王升撰　清光緒六年(1880)一枝窠木活字印本　四册

110000－0144－0010990　846.9/273

清江楊忠節公遺集六卷　(明)楊廷麟撰　清同治三年(1864)楊世儀木活字印本　六册

110000－0144－0010991　846.9/309

張忠敏公遺集十卷首一卷附錄六卷　(明)張國維撰　清光緒五年(1879)江蘇書局刻本　六册

110000－0144－0010992　846.9/309

張忠敏公遺集十卷首一卷附錄六卷　(明)張國維撰　清光緒五年(1879)江蘇書局刻本　六册

110000－0144－0010993　846.9/309.4

素風堂彙編瞿張兩先生浩氣吟一卷附錄一卷　(明)張同敞　(明)瞿式耜撰　**宮詹司馬張公別山遺詩一卷**　(明)張同敞撰　清光緒二十七年(1901)荊州濮子潼刻本　一册

110000－0144－0010994　846.9/309.4

素風堂彙編瞿張兩先生浩氣吟一卷附錄一卷　(明)張同敞　(明)瞿式耜撰　**宮詹司馬張公別山遺詩一卷**　(明)張同敞撰　清光緒二

十七年(1901)荊州濮子潼刻本　一冊

110000－0144－0010995　846.9/309.7
張蒼水全集十二卷　(明)張煌言撰　清宣統元年(1909)上海國學保存會鉛印本　三冊

110000－0144－0010996　846.9/352
左忠貞公剩藳四卷　(明)左懋第撰　(清)左彤九輯　清乾隆五十八年(1793)左彤九刻本　九冊

110000－0144－0010997　846.9/352
左忠貞公剩藳四卷　(明)左懋第撰　(清)左彤九輯　清乾隆五十八年(1793)左彤九刻本　四冊

110000－0144－0010998　846.9/379
陳忠裕全集三十卷首一卷末一卷年譜三卷　(明)陳子龍撰　(清)王昶輯　清嘉慶八年(1803)簳山草堂刻本　十二冊

110000－0144－0010999　846.9/384
陳巖野先生全集四卷　(明)陳邦彥撰　(清)溫汝能輯　清嘉慶十年(1805)聽松閣刻本　四冊

110000－0144－0011000　846.9/384
陳巖野先生全集四卷　(明)陳邦彥撰　(清)溫汝能輯　清嘉慶十年(1805)聽松閣刻本　四冊

110000－0144－0011001　846.9/455
史忠正公集四卷首一卷末一卷　(明)史可法撰　清道光二十九年(1849)楚醴景萊書室刻本　二冊

110000－0144－0011002　846.9/476
瞿忠宣公集十卷　(明)瞿式耜撰　清光緒十三年(1887)瞿廷韶刻本　四冊

110000－0144－0011003　846.9/476
瞿忠宣公集十卷　(明)瞿式耜撰　清光緒十三年(1887)瞿廷韶刻本　四冊

110000－0144－0011004　846.9/521
葛忠翰遺集十二卷首一卷　(明)葛麟撰　清光緒十六年(1890)敦本堂刻本　六冊

110000－0144－0011005　846.9/578
重刻天傭子全集十卷首一卷末一卷　(明)艾南英撰　清道光十六年(1836)艾舟刻本　十冊

110000－0144－0011006　846.9/987
金忠節公文集八卷　(明)金聲著　清光緒十四年(1888)黟邑李宗煝刻本　四冊

110000－0144－0011007　846.9/987－03
金忠節公文集八卷　(明)金聲撰　清光緒三年(1877)嘉魚檜蔭山房刻本　英歛之題識　四冊

110000－0144－0011008　846.9/987－04
金忠節公文集八卷　(明)金聲撰　清道光七年(1827)邵勷刻本　四冊

110000－0144－0011009　846/527
石間集一卷　(明)蔣易撰　清宣統二年(1910)晨風閣刻本　一冊

110000－0144－0011010　846/527
石間集一卷　(明)蔣易撰　清宣統二年(1910)晨風閣刻本　一冊

110000－0144－0011011　847.1/307
張亟齋遺集一卷　(清)張弨撰　清同治三年(1864)望三益齋刻本　二冊

110000－0144－0011012　847.1/383
寶綸堂集十卷拾遺一卷　(清)陳洪綬撰　清光緒十四年(1888)會稽董氏取斯堂木活字印本　八冊

110000－0144－0011013　847.1/383
寶綸堂集十卷拾遺一卷　(清)陳洪綬撰　清光緒十四年(1888)會稽董氏取斯堂木活字印本　八冊

110000－0144－0011014　847.1/606
棗林詩集一卷　(明)談遷撰　清宣統三年(1911)上海國學扶輪社鉛印本　一冊

110000－0144－0011015　847.1/774
秋水集十六卷　(清)馮如京撰　清乾隆五年(1740)武林清暉堂刻山西書局補刻後印本

六册

110000－0144－0011016　847.1/908
壯悔堂文集十卷首一卷　(清)侯方域撰　(清)徐作肅　(清)宋犖等評點　清宣統元年(1909)中國圖書公司鉛印本　四册

110000－0144－0011017　847.1/908－014
壯悔堂文集十卷首一卷遺稿一卷詩集六卷詩集遺稿一卷　(清)侯方域撰　(清)徐作肅　(清)宋犖等評點　清宣統二年(1910)上海掃葉山房石印本　六册

110000－0144－0011018　847.1/908－02
壯悔堂文集十卷　(清)侯方域撰　(清)徐作肅　(清)宋犖等評點　清光緒四年(1878)舊學山房刻本　十册

110000－0144－0011019　847.1/908－03
壯悔堂文集十卷遺稿四憶堂詩集六卷　(清)侯方域撰　(清)徐作肅　(清)宋犖等評點　清光緒四年(1878)刻本　八册

110000－0144－0011020　847.1/908－04
壯悔堂文集十卷首一卷遺稿一卷詩集六卷遺稿一卷　(清)侯方域撰　(清)徐作肅　(清)宋犖等評點　清宣統元年(1909)上海掃葉山房石印本　六册

110000－0144－0011021　847.1/908－04
壯悔堂文集十卷首一卷遺稿一卷詩集六卷遺稿一卷　(清)侯方域撰　(清)徐作肅　(清)宋犖等評點　清宣統元年(1909)上海掃葉山房石印本　六册

110000－0144－0011022　847.1/908－04
壯悔堂文集十卷首一卷遺稿一卷詩集六卷遺稿一卷　(清)侯方域撰　(清)徐作肅　(清)宋犖等評點　清宣統元年(1909)上海掃葉山房石印本　六册

110000－0144－0011023　847.1/908－05
壯悔堂文集十卷首一卷遺稿一卷詩集六卷　(清)侯方域撰　(清)徐作肅等選　(清)宋犖等閲　清嘉慶二十二年(1817)強忍堂刻本　四册

110000－0144－0011024　847.1/908－05
壯悔堂文集十卷首一卷遺稿一卷詩集六卷　(清)侯方域撰　(清)徐作肅等選　(清)宋犖等閲　清嘉慶二十二年(1817)強忍堂刻本　四册

110000－0144－0011025　847.1/908－06
壯悔堂文集十卷遺稿一卷詩集六卷遺稿一卷　(清)侯方域撰　(清)徐作肅　(清)宋犖等評點　清乾隆二十三年(1758)力軒刻本　六册

110000－0144－0011026　847.1/908－07
壯悔堂文集十卷遺稿四憶堂詩集六卷　(清)侯方域撰　(清)徐作肅　(清)宋犖等評點　清同治、光緒間刻本　八册

110000－0144－0011027　847.1/908－150
壯悔堂文集十卷首一卷　(清)侯方域撰　(清)徐作肅　(清)宋犖等評點　清嘉慶十七年(1812)侯資燦刻本　四册

110000－0144－0011028　847.1/932－2
投筆集一卷　(清)錢謙益撰　清末刻本　一册

110000－0144－0011029　847.1/932－9
牧齋全集一百六十三卷　(清)錢謙益撰　(清)錢曾箋注　清宣統二年(1910)邃漢齋鉛印本　四十册

110000－0144－0011030　847.1/932－9
牧齋全集一百六十三卷　(清)錢謙益撰　(清)錢曾箋注　清宣統二年(1910)邃漢齋鉛印本　四十册

110000－0144－0011031　847.1/953
偶更堂文集二卷詩稿二卷　(清)徐作肅撰　清康熙傳盛社刻本　四册

110000－0144－0011032　847.1/965－05
亭林文集六卷詩集五卷　(清)顧炎武撰　清光緒朱記榮槐廬刻本　四册

110000－0144－0011033　847.1/965－1
亭林文集六卷餘集一卷　(清)顧炎武撰　清

光緒三十年(1904)取斯堂董氏刻本　四冊

110000－0144－0011034　847.1/965－947
顧亭林先生詩箋注十七卷　(清)顧炎武撰　(清)徐嘉箋注　清光緒二十三年(1897)徐氏味靜齋刻本　六冊

110000－0144－0011035　847.1/965－947
顧亭林先生詩箋注十七卷　(清)顧炎武撰　(清)徐嘉箋注　清光緒二十三年(1897)徐氏味靜齋刻本　六冊

110000－0144－0011036　847.1/987.8
徧行堂集十六卷　(清)金堡撰　清宣統三年(1911)上海國學扶輪社鉛印本　八冊

110000－0144－0011037　847.1/987－02
唱經堂才子書彙稿　(清)金人瑞撰　清傳萬堂刻本　十冊

110000－0144－0011038　847.1/987－04
貫華堂才子書彙稿十種十五卷　(清)金人瑞撰　清宣統二年(1910)順德鄧氏風雨樓鉛印本　四冊

110000－0144－0011039　847.2/091
句餘土音三卷　(清)全祖望輯　清刻本　存一卷(中)　一冊

110000－0144－0011040　847.2/113－1
漁洋山人文略十四卷　(清)王士禛撰　清康熙三十四年(1695)刻本　四冊

110000－0144－0011041　847.2/113－11
蠶尾續詩十卷蠶尾文八卷　(清)王士禛撰　清康熙程哲七略書堂刻帶經堂集本　六冊

110000－0144－0011042　847.2/113－138
漁洋山人精華錄訓纂十卷　(清)王士禛撰　(清)惠棟注　**自撰年譜註補二卷金氏精華錄箋注辨譌一卷**　(清)惠棟撰　清光緒十七年(1891)會稽徐氏述史樓刻本　二十四冊

110000－0144－0011043　847.2/113－138
漁洋山人精華錄訓纂十卷　(清)王士禛撰　(清)惠棟注　**自撰年譜註補二卷金氏精華錄箋注辨譌一卷**　(清)惠棟撰　清光緒十七年(1891)會稽徐氏述史樓刻本　二十四冊

110000－0144－0011044　847.2/113－2
漁洋山人詩集二十二卷　(清)王士禛撰　清康熙八年(1669)吳郡沂詠堂刻本　四冊

110000－0144－0011045　847.2/113－27
南海集二卷　(清)王士禛撰　清康熙刻本　一冊

110000－0144－0011046　847.2/113－7
漁洋山人詩集續集十六卷　(清)王士禛撰　清康熙二十三年(1684)刻本　四冊

110000－0144－0011047　847.2/114
獨善堂文集八卷　(清)王大經撰　(清)周右編　清嘉慶二十二年(1817)春暉堂刻本　四冊

110000－0144－0011048　847.2/114.3
西亭文鈔十二卷首一卷末一卷　(清)王原撰　(清)劉汝錫編次　清光緒十七年至十八年(1891－1892)劉汝錫不遠復齋刻本　四冊

110000－0144－0011049　847.2/119
大樗堂初集十二卷　(清)王隼撰　清道光二十年(1840)南海伍氏詩雪軒刻本　一冊

110000－0144－0011050　847.2/119.3
突星閣詩鈔十五卷　(清)王戩撰　清康熙刻本　存五卷(一至五)　一冊

110000－0144－0011051　847.2/150
遡園文集四卷詩集一卷　(清)賈開宗撰　(清)何絜　(清)程世英選　清末刻本　八冊

110000－0144－0011052　847.2/158
問山文集八卷詩集十卷　(清)丁煒撰　清咸豐四年(1854)丁拱辰刻本　四冊

110000－0144－0011053　847.2/158
問山文集八卷詩集十卷　(清)丁煒撰　清咸豐四年(1854)丁拱辰刻本　四冊

110000－0144－0011054　847.2/170
南雷文定前集十一卷後集四卷三集三卷四集四卷附錄一卷　(清)黃宗羲撰　清光緒黃氏家塾刻本　八冊

110000－0144－0011055　847.2/170
南雷文定前集十一卷後集四卷三集三卷四集四卷附錄一卷　(清)黄宗羲撰　清光緒黄氏家塾刻本　八册

110000－0144－0011056　847.2/170
南雷文定前集十一卷後集四卷三集三卷四集四卷附錄一卷　(清)黄宗羲撰　清光緒黄氏家塾刻本　八册

110000－0144－0011057　847.2/181
課蔬遺稿一卷　(清)封元履撰　清抄本　一册

110000－0144－0011058　847.2/185.7
南畇續稾一卷志矩齋讀書圖記一卷　(清)彭定求撰　清光緒二年(1876)刻本　一册

110000－0144－0011059　847.2/198－9
飴山詩集二十卷　(清)趙執信撰　清光緒十二年(1886)刻本　六册

110000－0144－0011060　847.2/213
戴南山文鈔六卷　(清)戴名世撰　清宣統二年(1910)上海國學扶輪社鉛印本　三册

110000－0144－0011061　847.2/213－03
南山集十四卷補遺三卷　(清)戴名世撰　清光緒二十八年(1902)張仲沅刻本　八册

110000－0144－0011062　847.2/229
有懷堂詩稿六卷文稿二十二卷　(清)韓菼撰　清康熙四十二年(1703)刻本　八册

110000－0144－0011063　847.2/248
變雅堂遺集文集八卷詩集十卷附錄二卷　(清)杜濬撰　清光緒二十年(1894)黄岡沈自申刻本　六册

110000－0144－0011064　847.2/248
變雅堂遺集文集八卷詩集十卷附錄二卷　(清)杜濬撰　清光緒二十年(1894)黄岡沈自申刻本　六册

110000－0144－0011065　847.2/287
寒支初集十卷首一卷二集四卷　(清)李世熊撰　(清)李向旻編次　清同治十三年(1874)刻本　十四册

110000－0144－0011066　847.2/288
禮山園詩集八卷文集五卷　(清)李來章撰　清賜書堂刻本　六册

110000－0144－0011067　847.2/289
二曲全集二十六卷　(清)李顒撰　清光緒二十六年(1900)小嫏嬛山館刻本　十册

110000－0144－0011068　847.2/289
二曲全集二十六卷　(清)李顒撰　清光緒二十六年(1900)小嫏嬛山館刻本　十册

110000－0144－0011069　847.2/289
二曲全集二十六卷　(清)李顒撰　清光緒二十六年(1900)小嫏嬛山館刻本　十二册

110000－0144－0011070　847.2/289.4
受祺堂文集四卷續刻四卷　(清)李因篤撰　(清)馮雲杏編次　清道光七年至十年(1827－1830)馮雲杏刻本　八册

110000－0144－0011071　847.2/289－02
二曲集二十六卷　(清)李顒撰　**惲遜庵先生遺集二十六卷**　(清)惲日初撰　清道光八年(1828)雪蔭堂刻本　八册

110000－0144－0011072　847.2/289－02
二曲集二十六卷　(清)李顒撰　**惲遜庵先生遺集二十六卷**　(清)惲日初撰　清道光八年(1828)雪蔭堂刻本　八册

110000－0144－0011073　847.2/289－04
二曲集二十六卷　(清)李顒撰　清康熙三十二年(1693)鄭重、高爾公刻乾隆印本　八册

110000－0144－0011074　847.2/289－05
二曲集四十六卷　(清)李顒撰　清光緒三年(1877)彭懋謙刻本　十六册

110000－0144－0011075　847.2/292.7
白雲村文集四卷臥象山房詩正集七卷　(清)李澄中撰　清康熙四十四年(1705)龐塏刻本　四册

110000－0144－0011076　847.2/292－03
李笠翁一家言全集十六卷　(清)李漁撰

(清)沈心友　(清)李將舒訂　清雍正八年(1730)芥子園刻本　二十册

110000－0144－0011077　847.2/292－03
李笠翁一家言全集十六卷　(清)李漁撰　(清)沈心友　(清)李將舒訂　清雍正八年(1730)芥子園刻本　存十三卷(文集一至四、詩集一至三、偶集一至六)　八册

110000－0144－0011078　847.2/292－04
笠翁一家言全集十六卷　(清)李漁撰　(清)沈心友　(清)李將舒訂　清刻本　十六册

110000－0144－0011079　847.2/292－05
笠翁一家言全集十六卷　(清)李漁撰　(清)沈心友　(清)李將舒訂　清刻本　十册

110000－0144－0011080　847.2/292－1
笠翁偶集六卷　(清)李漁撰　(清)沈心友　(清)李將舒訂　清康熙十年(1671)芥子園刻本　六册

110000－0144－0011081　847.2/293
放鷴亭稿二卷　(清)李延昰撰　清宣統三年(1911)華雲閣鉛印本　一册

110000－0144－0011082　847.2/294
野香亭集十三卷　(清)李孚青撰　清光緒十四年(1888)鉛印本　六册

110000－0144－0011083　847.2/295.7－02
敬業堂詩集五十卷　(清)查慎行撰　清康熙五十八年(1719)刻雍正增刻本　十六册

110000－0144－0011084　847.2/306.1
楊園先生全集五十四卷年譜一卷　(清)張履祥撰　清同治十年(1871)江蘇書局刻本　十六册

110000－0144－0011085　847.2/306.1
楊園先生全集五十四卷年譜一卷　(清)張履祥撰　清同治十年(1871)江蘇書局刻本　十六册

110000－0144－0011086　847.2/306.1
楊園先生全集五十四卷年譜一卷　(清)張履祥撰　清同治十年(1871)江蘇書局刻本　十六册

110000－0144－0011087　847.2/306.1
楊園先生全集五十四卷年譜一卷　(清)張履祥撰　清同治十年(1871)江蘇書局刻本　十六册

110000－0144－0011088　847.2/306.1
楊園先生全集五十四卷年譜一卷　(清)張履祥撰　清同治十年(1871)江蘇書局刻本　十六册

110000－0144－0011089　847.2/306.1－1
楊園先生全集十六卷　(清)張履祥撰　清同治九年(1870)山東尚志堂刻本　六册

110000－0144－0011090　847.2/307
筠心堂存稿八卷　(清)張孝時撰　清光緒五年(1879)張振家刻本　四册

110000－0144－0011091　847.2/307
筠心堂存稿八卷　(清)張孝時撰　清光緒五年(1879)張振家刻本　四册

110000－0144－0011092　847.2/309.44
澄懷園語四卷澄懷主人[張廷玉]自訂年譜六卷　(清)張廷玉撰　**篤素堂文集四卷**　(清)張英撰　清光緒六年(1880)張紹文刻本　四册

110000－0144－0011093　847.2/311
寒木居詩鈔一卷　(明)張家珍撰　清光緒三十二年(1906)東官寓園祖若歸盧刻本　一册

110000－0144－0011094　847.2/313
西廬文集四卷補録一卷　(清)張雋撰　清宣統二年(1910)上海國學扶輪社鉛印本　二册

110000－0144－0011095　847.2/313.8
遂甯張文端公全集七卷首一卷　(清)張鵬翮撰　清光緒八年(1882)張知銓刻本　八册

110000－0144－0011096　847.2/313.8
遂甯張文端公全集七卷首一卷　(清)張鵬翮撰　清光緒八年(1882)張知銓刻本　八册

110000－0144－0011097　847.2/332
用六集十二卷　(清)刁包撰　清道光五年

(1825)祁陽學署刻本　八冊

110000－0144－0011098　847.2/356－02
西堂全集十八種　(清)尤侗撰　清善成堂刻本　二十四冊

110000－0144－0011099　847.2/356－02
西堂全集十八種　(清)尤侗撰　清善成堂刻本　二十冊

110000－0144－0011100　847.2/356－04
尤西堂全集　(清)尤侗撰　清學畬堂刻本　二十二冊

110000－0144－0011101　847.2/356－2
西堂雜組一集八卷二集八卷三集八卷　(清)尤侗撰　清末刻本　十二冊

110000－0144－0011102　847.2/356－21
百末詞六卷　(清)尤侗撰　清刻本　一冊

110000－0144－0011103　847.2/356－6
性理吟一卷　(宋)朱熹撰　**後性理吟一卷哀絃集一卷**　(清)尤侗撰　清刻本　一冊

110000－0144－0011104　847.2/359.4
瞎堂詩集二十卷　(清)釋函昰撰　(清)釋今毬編　清同治刻本　四冊

110000－0144－0011105　847.2/362
夏峯先生集十四卷　(清)孫奇逢撰　清河内齊琮刻本　十二冊

110000－0144－0011106　847.2/362－02
夏峯先生集十四卷首一卷補遺二卷　(清)孫奇逢撰　清道光二十五年(1845)大梁書院刻本　十六冊

110000－0144－0011107　847.2/377
陳清端文集十卷　(清)陳瓚撰　清同治七年(1868)羊城富文齋刻本　四冊

110000－0144－0011108　847.2/385
陳檢討四六二十卷　(清)陳維崧撰　(清)程師恭注　清光緒漁古山房刻味經堂印本　八冊

110000－0144－0011109　847.2/385－02
陳檢討集二十卷　(清)陳維崧撰　(清)程師恭注　清同治十三年(1874)大文堂刻本　六冊

110000－0144－0011110　847.2/385－03
陳檢討四六二十卷　(清)陳維崧撰　(清)程師恭注　清光緒漁古山房刻本　六冊

110000－0144－0011111　847.2/385－04
陳檢討集二十卷　(清)陳維崧撰　(清)程師恭注　清有美堂刻本　四冊

110000－0144－0011112　847.2/385－05
陳檢討集二十卷　(清)陳維崧撰　(清)程師恭注　清刻本　六冊

110000－0144－0011113　847.2/385－7
湖海樓詞集二十卷　(清)陳維崧撰　清光緒十七年(1891)弇山鐸署刻本　六冊

110000－0144－0011114　847.2/387
陸桴亭先生文集五卷　(清)陸世儀撰　(清)張伯行訂　清光緒九年(1883)廣仁堂刻本　二冊

110000－0144－0011115　847.2/390
切問齋集十二卷　(清)陸燿撰　清光緒十八年(1892)江蘇書局刻本　四冊

110000－0144－0011116　847.2/393
善卷堂四六十卷　(清)陸繁弨撰　(清)吳自高注　清光緒元年(1875)味經堂刻本　六冊

110000－0144－0011117　847.2/393－02
善卷堂四六十卷　(清)陸繁弨撰　(清)吳自高注　清乾隆三十五年(1770)亦園刻本　六冊

110000－0144－0011118　847.2/393－03
善卷堂四六十卷　(清)陸繁弨撰　(清)吳自高注　清道光二年(1822)金閶步月樓刻本　六冊

110000－0144－0011119　847.2/435
陋軒詩十二卷　(清)吳嘉紀撰　清刻本　五冊

110000－0144－0011120　847.2/436

墨井集五卷　(清)吴歷撰　清宣統元年(1909)上海徐家匯印書館鉛印本　一册

110000－0144－0011121　847.2/436.3－02
蓮洋集一卷　(清)吴雯撰　(清)王阮亭評　清刻本　一册

110000－0144－0011122　847.2/440
蓮山詩集十九卷　(清)陳衍虞撰　清康熙、雍正間刻道光十九年(1839)補刻本　四册

110000－0144－0011123　847.2/441
吴詩集覽二十卷補注二十卷談藪二卷　(清)吴偉業撰　(清)靳榮藩輯注　清嘉慶七年(1802)蘇州江左書林刻本　二十册

110000－0144－0011124　847.2/441.4
林蕙堂文集十二卷　(清)吴綺撰　清博古堂刻本　六册

110000－0144－0011125　847.2/441－02
吴詩集覽二十卷談藪二卷　(清)吴偉業撰　(清)靳榮藩輯　清乾隆四十年(1775)靳榮藩淩雲亭刻本　十六册

110000－0144－0011126　847.2/441－04
吴詩集覽二十卷　(清)吴偉業撰　(清)靳榮藩輯注　清乾隆四十年(1775)靳榮藩淩雲亭刻道光印本　二十册

110000－0144－0011127　847.2/441－2－02
梅村家藏藁五十八卷補遺一卷　(清)吴偉業撰　**梅村先生年譜四卷世系一卷**　(清)顧師軾撰　清宣統三年(1911)上海董氏誦芬室刻本　八册

110000－0144－0011128　847.2/441－436－02
吴梅村詩集箋注二十卷　(清)吴偉業撰　(清)吴翌鳳箋注　清嘉慶十九年(1814)滄浪吟榭主人嚴榮刻本　八册

110000－0144－0011129　847.2/441－436－05
吴梅村詩集箋注二十卷　(清)吴偉業撰　(清)吴翌鳳箋注　清善成書局刻本　十二册

110000－0144－0011130　847.2/442.2
揚州鼓吹詞序一卷　(清)吴綺撰　清刻本　一册

110000－0144－0011131　847.2/442－02
秋笳集八卷補遺一卷　(清)吴兆騫撰　清宣統三年(1911)順德鄧氏鉛印本　三册

110000－0144－0011132　847.2/451－3
吕晚村東莊詩存　(清)吕留良撰　清宣統三年(1911)上海神州國光社鉛印本　一册

110000－0144－0011133　847.2/451－4
何求老人殘稿一卷　(清)吕留良撰　清宣統三年(1911)上海神州國光社鉛印本　一册

110000－0144－0011134　847.2/468
雲華閣詩略六卷坡亭詞鈔一卷　(清)易宏撰　清道光二十年(1840)南海伍氏詩雪軒刻粵十三家集本　一册

110000－0144－0011135　847.2/473
忠裕堂文集三卷　(清)申涵盼撰　清道光二十六年(1846)刻本　二册

110000－0144－0011136　847.2/478
古歡堂集雜著八卷序四卷題辭一卷記二卷銘表二卷傳一卷跋一卷雜文三卷　(清)田雯撰　清刻本　十二册

110000－0144－0011137　847.2/478－02
古歡堂集三十四卷　(清)田雯撰　清刻本　六册

110000－0144－0011138　847.2/528－02
聊齋詞不分卷　(清)蒲松齡撰　清宣統二年(1910)上海國學扶輪社鉛印本　二册

110000－0144－0011139　847.2/528－2
聊齋文集二卷　(清)蒲松齡撰　清宣統二年(1910)上海國學扶輪社鉛印本　二册

110000－0144－0011140　847.2/528－2－02
聊齋先生文集二卷　(清)蒲松齡撰　清宣統三年(1911)成都清白堂抄本　二册

110000－0144－0011141　847.2/616
天愚山人詩文集詩集十二卷文集十六卷　(清)謝泰宗撰　清光緒七年(1881)靈蕤館刻本　八册

110000－0144－0011142　847.2/626
九谷集六卷　(清)方殿元撰　清光緒二十年(1894)南海伍氏詩雪軒刻粵十三家集本　三冊

110000－0144－0011143　847.2/655－02
思綺堂文集十卷　(清)章藻功撰　清康熙六十一年(1722)刻耕禮堂印本　十冊

110000－0144－0011144　847.2/696
二鄉亭詞三卷　(清)宋琬撰　清康熙八年(1669)孫默留松閣刻本　二冊

110000－0144－0011145　847.2/707
堯峰文鈔四十卷　(清)汪琬撰　清宣統二年(1910)上海集成圖書公司石印本　八冊

110000－0144－0011146　847.2/716－9
御製文一集四十卷目錄五卷二集五十卷目錄四卷三集五十卷目錄六卷四集三十六卷目錄四卷　(清)聖祖玄燁撰　清光緒五年(1879)內府鉛印本　四十四冊

110000－0144－0011147　847.2/716－9
御製文一集四十卷目錄五卷二集五十卷目錄四卷三集五十卷目錄六卷四集三十六卷目錄四卷　(清)聖祖玄燁撰　清光緒五年(1879)內府鉛印本　四十四冊

110000－0144－0011148　847.2/732
六瑩堂集九卷二集八卷　(清)梁佩蘭撰　清道光二十年(1840)南海伍氏詩雪軒刻粵十三家集本　六冊

110000－0144－0011149　847.2/736
潛菴先生全集五卷疏稿一卷[湯斌]年譜一卷　(清)湯斌撰　清同治十二年(1873)紅杏山房刻本　八冊

110000－0144－0011150　847.2/736－02
潛菴先生遺稿五卷　(清)湯斌撰　清刻本　四冊

110000－0144－0011151　847.2/748
沈端恪公遺書　(清)沈近思撰　清同治十二年(1873)浙江書局刻本　一冊

110000－0144－0011152　847.2/748
沈端恪公遺書　(清)沈近思撰　清同治十二年(1873)浙江書局刻本　一冊

110000－0144－0011153　847.2/759
葦間詩集五卷　(清)姜宸英撰　(清)唐執玉編　清道光慈谿葉元墱木活字印本　二冊

110000－0144－0011154　847.2/786
海日堂集七卷補遺一卷　(清)程可則撰　清道光五年(1825)程士偉刻本　四冊

110000－0144－0011155　847.2/787
怡虛集四卷　(清)程陽撰　清道光七年(1827)拾翠山房刻本　四冊

110000－0144－0011156　847.2/790
若菴集六卷　(清)程庭撰　清康熙刻雍正補刻本　五冊

110000－0144－0011157　847.2/796
託素齋文集六卷　(清)黎士弘撰　清刻本　六冊

110000－0144－0011158　847.2/799－453－02
魏叔子文鈔十二卷　(清)魏禧撰　清康熙三十三年(1694)刻國朝三家文鈔本　四冊　存八卷(一至八)

110000－0144－0011159　847.2/804
兼濟堂文集選二十卷　(清)魏裔介撰　(清)魏荔彤編輯　清康熙龍江書院刻光緒補刻本　二十冊

110000－0144－0011160　847.2/814
桐野詩集四卷　(清)周起渭撰　清咸豐二年(1852)陳煥烇刻本　一冊

110000－0144－0011161　847.2/828
朱杜溪先生集十二卷　(清)朱書撰　清道光三十年(1850)清貽館刻本　五冊

110000－0144－0011162　847.2/830
笛漁小稿十卷　(清)朱昆田撰　清康熙刻本　一冊

110000－0144－0011163　847.2/834

曝書亭集八十卷 （清）朱彝尊撰 **笛漁小稾十卷** （清）朱昆田撰 清刻本 十六册

110000－0144－0011164 847.2/834－02
曝書亭集八十卷詞注七卷 （清）朱彝尊撰 清善成書局刻本 二十四册

110000－0144－0011165 847.2/834－03
曝書亭集八十卷 （清）朱彝尊撰 **笛漁小稾十卷** （清）朱昆田撰 清光緒十五年（1889）寒梅舘刻本 十六册

110000－0144－0011166 847.2/834－2
南車草一卷 （清）朱彝尊撰 清嘉慶二十三年（1818）海寧蔣楷刻本 一册

110000－0144－0011167 847.2/834－368
曝書亭集箋注二十三卷 （清）朱彝尊著 （清）孫銀槎輯注 清嘉慶九年（1804）刻本 八册

110000－0144－0011168 847.2/834－983
曝書亭詞拾遺三卷志異一卷 （清）朱彝尊撰 （清）翁之潤輯録 清光緒二十二年（1896）常熟翁之潤刻本 二册

110000－0144－0011169 847.2/861－02
納蘭詞五卷補遺一卷 （清）納蘭性德撰 清光緒六年（1880）娱園刻本 二册

110000－0144－0011170 847.2/861－02
納蘭詞五卷補遺一卷 （清）納蘭性德撰 清光緒六年（1880）娱園刻本 一册

110000－0144－0011171 847.2/861－02
納蘭詞五卷補遺一卷 （清）納蘭性德撰 清光緒六年（1880）娱園刻本 二册

110000－0144－0011172 847.2/883
東山草堂文集二十卷詩集八卷詩集續編一卷陶詩箋注五卷邇言六卷考定石經大學經傳解一卷 （清）邱嘉穗撰 清光緒八年（1882）邱步洲刻本 十六册

110000－0144－0011173 847.2/889－02
七頌堂詩集十卷 （清）劉体仁撰 清同治九年（1870）劉璸刻本 二册

110000－0144－0011174 847.2/902
義門先生集十二卷附録一卷 （清）何焯撰 清宣統元年（1909）平江吳蔭培超華齋刻本 四册

110000－0144－0011175 847.2/905.7
傅忠毅公全集八卷首一卷 （清）傅宏烈撰 清咸豐元年（1851）刻本 四册

110000－0144－0011176 847.2/905－02
霜紅龕集四十卷 （清）傅山撰 **附録三卷年譜一卷** 丁寶銓輯 清宣統三年（1911）山陽丁寶銓刻本 十二册

110000－0144－0011177 847.2/905－3
傅徵君霜紅龕詩鈔一卷 （清）傅山撰 清宣統三年（1911）上海國學扶輪社鉛印本 一册

110000－0144－0011178 847.2/905－8
傅山遺書 （清）傅山撰 （清）劉霏輯 （清）晉榮注 清光緒三十三年（1907）平遙王晉榮刻本 五册

110000－0144－0011179 847.2/914
儲遯菴文集十二卷 （清）儲方慶撰 （清）儲欣評 清光緒二年（1876）宜興儲氏家祠刻本 四册

110000－0144－0011180 847.2/914
儲遯菴文集十二卷 （清）儲方慶撰 （清）儲欣評 清光緒二年（1876）宜興儲氏家祠刻本 四册

110000－0144－0011181 847.2/914.9
在陸草堂文集六卷 （清）儲欣撰 （清）儲廷菉校 清光緒十七年（1891）儲汝翼刻本 六册

110000－0144－0011182 847.2/915
直木齋全集十三卷 （清）任繩隗撰 清光緒十四年（1888）任道鎔刻本 三册

110000－0144－0011183 847.2/929
調運齋文鈔不分卷 （清）錢陸燦著 清康熙三十五年（1696）錢陸燦刻本 一册

110000－0144－0011184 847.2/933

藏山閣詩存十四卷 (清)錢澄之撰 清光緒三十四年(1908)龍潭室主鉛印本 二册

110000－0144－0011185 847.2/933－4
藏山閣文存六卷田間尺牘四卷 (清)錢澄之撰 清光緒三十四年(1908)龍潭室主鉛印本 二册

110000－0144－0011186 847.2/947.4
優香閣詩草二卷 (清)徐品梅撰 清稿本 二册

110000－0144－0011187 847.2/960
彈指詞三卷 (清)顧貞觀撰 清光緒四年(1878)枕經葄史齋刻本 二册

110000－0144－0011188 847.3/1301
笏庵詩鈔十卷試帖詩鈔一卷 (清)吳清鵬撰 清道光刻本 四册

110000－0144－0011189 847.3/289
二水樓文集二十卷首一卷 (清)李茹旻撰 清光緒十七年(1891)刻本 六册

110000－0144－0011190 847.3/388
陸仲子遺稿一卷 (清)陸震撰 清末楊世沅抄本 一册

110000－0144－0011191 847.3/522
孺廬全集十四卷 (清)萬承蒼撰 清道光三年(1823)刻本 六册

110000－0144－0011192 847.3/716
世宗憲皇帝御製文集三十卷 (清)世宗胤禛著 清光緒五年(1879)内府鉛印本 十六册

110000－0144－0011193 847.3/716
世宗憲皇帝御製文集三十卷 (清)世宗胤禛撰 清光緒五年(1879)内府鉛印本 十六册

110000－0144－0011194 847.3/825
空山堂文集十二卷詩集六卷 (清)牛運震撰 清嘉慶八年(1803)空山堂刻本 四册

110000－0144－0011195 847.3/897
何端簡公集十二卷首一卷 (清)何世璂撰 清道光二十四年(1844)澹志堂刻本 六册

110000－0144－0011196 847.4/033－608
小樓詩集八卷 (清)王嵩高撰 清道光十六年(1836)王嘉生刻本 八册

110000－0144－0011197 847.4/057
古伴柳亭初稿四卷題贈一卷 (清)田秫撰 清道光二十二年(1842)京都楊梅竹斜街文奎齋刻本 四册

110000－0144－0011198 847.4/103－307
傳巖詩集四卷 (清)張聰咸撰 清嘉慶二十三年(1818)刻本 二册

110000－0144－0011199 847.4/111－02
來鶴堂全集詩鈔六卷詩餘鈔一卷文鈔二卷賦鈔二卷試帖鈔二卷制義鈔二卷 (清)于宗瑛撰 清乾隆五十二年至嘉慶二年(1787－1797)刻嘉慶二年(1797)彙印本 八册

110000－0144－0011200 847.4/114
雙佩齋全集文集四卷詩集八卷駢體文集一卷 (清)王友亮撰 清嘉慶刻本 五册

110000－0144－0011201 847.4/114
雙佩齋全集文集四卷詩集八卷駢體文集一卷 (清)王友亮撰 清嘉慶刻本 三册

110000－0144－0011202 847.4/114－8
雙佩齋詩集八卷 (清)王友亮撰 清嘉慶十年(1805)刻本 二册

110000－0144－0011203 847.4/115
王布政集二卷 (清)王顯緒撰 清光緒八年(1882)刻本 一册

110000－0144－0011204 847.4/117
春融堂集六十八卷雜記八種 (清)王昶撰 清嘉慶十二年(1807)塾南書舍刻本 二十四册

110000－0144－0011205 847.4/131
上湖紀歲詩編四卷續編一卷 (清)汪師韓撰 清乾隆三十一年至六十年(1766－1795)刻本 三册

110000－0144－0011206 847.4/140－658
星湖詩集十六卷 (清)曹龍樹撰 清嘉慶元

年(1796)刻本　六冊

110000－0144－0011207　847.4/157
環溪草堂全集文集四卷存知錄一卷一樂齋試草一卷古學試卷一卷環溪四書文一卷　(清)聶燾撰　清光裕書林刻本　九冊

110000－0144－0011208　847.4/161
一幅集十八卷續編十二卷　(清)項淳撰　清乾隆五十五年(1790)殖蔭軒刻本　十冊

110000－0144－0011209　847.4/161－052
寄素堂詩稿二卷附錄一卷雜著一卷　(清)李永標撰　清道光二十五年(1845)李文川刻本　四冊

110000－0144－0011210　847.4/167
兩當軒詩鈔十四卷悔存詞鈔二卷　(清)黃景仁撰　清嘉慶四年(1799)趙希璜刻二十二年(1817)鄭炳文補刻本　四冊

110000－0144－0011211　847.4/167－02
兩當軒集二十二卷附錄四卷考異二卷　(清)黃景仁撰　清光緒二年(1876)黃氏家塾刻本　六冊

110000－0144－0011212　847.4/167－02
兩當軒集二十二卷附錄四卷考異二卷　(清)黃景仁撰　清光緒二年(1876)黃氏家塾刻本　七冊

110000－0144－0011213　847.4/167－03
兩當軒集二十二卷附錄四卷考異二卷　(清)黃景仁撰　清宣統二年(1910)上海掃葉山房石印本　六冊

110000－0144－0011214　847.4/167－05
兩當軒詩鈔十四卷　(清)黃景仁撰　清嘉慶刻本　四冊

110000－0144－0011215　847.4/171
香草齋詩注六卷　(清)黃任撰　(清)陳應魁注　清嘉慶十九年(1814)永陽懃寫刻本　五冊

110000－0144－0011216　847.4/185
墨香閣文集十三卷首一卷末一卷　(清)彭維新撰　清道光二年(1822)茶陵彭氏刻本　六冊

110000－0144－0011217　847.4/185.2
瓦厄集六卷　(清)彭坊撰　清乾隆四十年(1775)彭仍璞刻本　二冊

110000－0144－0011218　847.4/185.6
芝庭先生集十八卷附錄一卷　(清)彭啓豐撰　清光緒二年(1876)彭翰孫刻本　六冊

110000－0144－0011219　847.4/185.8－1
二林居集二十四卷　(清)彭紹升撰　清光緒七年(1881)彭祖賢刻本　六冊

110000－0144－0011220　847.4/188
紅豆村人詩稿十四卷　(清)袁樹撰　清乾隆二十七年(1762)刻本　四冊

110000－0144－0011221　847.4/198－2－02
甌北集五十卷續增三卷　(清)趙翼撰　清刻本　十冊

110000－0144－0011222　847.4/198－2－03
甌北詩抄二十卷　(清)趙翼撰　清乾隆五十六年(1791)湛貽堂刻本　八冊

110000－0144－0011223　847.4/199
東潛文稿二卷　(清)趙一清撰　清刻本　二冊

110000－0144－0011224　847.4/200
亦有生齋集詩三十二卷樂府二卷詞五卷文二十卷　(清)趙懷玉撰　清道光元年(1821)刻本　三十冊

110000－0144－0011225　847.4/213
戴氏文集八卷　(清)戴震撰　清乾隆四十三年(1778)曲阜孔滇谷刻本　六冊

110000－0144－0011226　847.4/213－2－04
戴東原集十二卷　(清)戴震撰　清光緒十年(1884)蛟川秋樹根齋刻本　四冊

110000－0144－0011227　847.4/215
石笥山房集文集六卷文集補遺一卷詩集十一卷詩餘一卷詩集補遺二卷詩集續補遺二卷　(清)胡天游撰　清宣統二年(1910)上海國學

扶輪社石印本　十册

110000－0144－0011228　847.4/2191
拾慧餘吟一卷　(清)周作楫撰　清道光十四年(1834)刻本　一册

110000－0144－0011229　847.4/222
培蔭軒詩集四卷文集二卷雜記一卷扈從木蘭行程日記一卷　(清)胡季堂撰　清道光二年(1822)光山胡氏刻本　四册

110000－0144－0011230　847.4/227
古樹詩續集七卷附刻二卷　(清)邱學敏輯　清乾隆刻本　四册

110000－0144－0011231　847.4/229
理堂文集十卷外集一卷詩集四卷日記八卷　(清)韓夢周撰　清道光四年(1824)靜恒書屋刻本　九册

110000－0144－0011232　847.4/229
理堂文集十卷外集一卷詩集四卷日記八卷　(清)韓夢周撰　清道光四年(1824)靜恒書屋刻本　八册

110000－0144－0011233　847.4/233
鼇山集四卷　(清)孟淦撰　清刻本　二册

110000－0144－0011234　847.4/234
滑疑集八卷　(清)韓錫胙撰　清同治十三年(1874)處州府署刻本　四册

110000－0144－0011235　847.4/238
裘文達公文集六卷詩集六卷奏議一卷　(清)裘日修撰　清嘉慶七年(1802)裘行簡刻本　六册

110000－0144－0011236　847.4/269
芙蓉山館全集十二卷　(清)楊芳燦撰　清光緒十七年(1891)劉繼增木活字印本　八册

110000－0144－0011237　847.4/269
芙蓉山館全集十二卷　(清)楊芳燦撰　清光緒十七年(1891)劉繼增木活字印本　八册

110000－0144－0011238　847.4/274.9
四知堂文集三十六卷　(清)楊錫紱撰　清嘉慶楊有涵刻本　十六册

110000－0144－0011239　847.4/278
道古堂全集七十六卷　(清)杭世駿撰　清乾隆四十一年(1776)錢唐汪氏振綺堂刻光緒十四年(1888)補刻本　十六册

110000－0144－0011240　847.4/278
道古堂全集七十六卷　(清)杭世駿撰　清乾隆四十一年(1776)錢唐汪氏振綺堂刻光緒十四年(1888)補刻本　十六册

110000－0144－0011241　847.4/278
道古堂全集七十六卷　(清)杭世駿撰　清乾隆四十一年(1776)錢唐汪氏振綺堂刻光緒十四年(1888)補刻本　十六册

110000－0144－0011242　847.4/278
道古堂全集七十六卷　(清)杭世駿撰　清乾隆四十一年(1776)錢唐汪氏振綺堂刻光緒十四年(1888)補刻本　十六册

110000－0144－0011243　847.4/278－02
道古堂全集七十六卷　(清)杭世駿撰　清乾隆五十五年至五十七年(1790－1792)刻本　存十一卷(文集三十六至四十六)　十七册

110000－0144－0011244　847.4/278－5
嶺南集八卷　(清)杭世駿撰　清光緒七年(1881)學海堂刻本　四册

110000－0144－0011245　847.4/291
童山文集二十卷補遺一卷詩集四十二卷蠢翁詞二卷　(清)李調元撰　清嘉慶萬卷樓刻道光五年(1825)李朝夔補刻本　十册

110000－0144－0011246　847.4/291－3
左傳官名考二卷春秋三傳比二卷　(清)李調元撰　清刻本　一册

110000－0144－0011247　847.4/292
靜娱室偶存藁二卷　(清)李宗瀚撰　清道光十六年(1836)思養堂刻本　二册

110000－0144－0011248　847.4/293
海門文鈔　(清)李符清撰　清嘉慶三年(1798)鏡古堂刻本　一册

110000－0144－0011249　847.4/293

海門文鈔　（清）李符清撰　清嘉慶三年（1798）鏡古堂刻本　一册

110000－0144－0011250　847.4/309
晴嵐詩存一卷　（清）張若靄撰　清張紹華刻本　二册

110000－0144－0011251　847.4/309.9
得天居士集六卷　（清）張照撰　（清）孫祥河録　清刻本　一册

110000－0144－0011252　847.4/312
噉蔗全集十八卷　（清）張羲年撰　清光緒十九年（1893）上海著易堂鉛印本　六册

110000－0144－0011253　847.4/312－1
金山姚程三先生遺集　（清）程國嘉輯　清光緒六年至九年（1880－1883）金山程氏補讀書齋刻十九年（1893）彙印本　四册

110000－0144－0011254　847.4/313
南華山房詩鈔六卷南華山人詩鈔十六卷　（清）張鵬翀撰　清乾隆張鵬翀雙清閣刻本　缺三卷（南華山人詩鈔十四至十六）　八册

110000－0144－0011255　847.4/313
南華山人詩鈔十六卷　（清）張鵬翀撰　清乾隆初張鵬翀雙清閣刻本　四册

110000－0144－0011256　847.4/313.8
澄懷園文存十五卷　（清）張廷玉撰　清光緒十七年（1891）張紹文刻本　八册

110000－0144－0011257　847.4/329
玉芝堂文集六卷　（清）邵齊燾撰　清光緒八年（1882）寧波群玉山房刻本　二册

110000－0144－0011258　847.4/337
樊榭山房集十卷文集八卷續集十卷集外詩一卷集外詞一卷集外文一卷　（清）厲鶚撰　清光緒十年（1884）錢唐汪氏振綺堂刻本　十册

110000－0144－0011259　847.4/337
樊榭山房集十卷文集八卷續集十卷集外詩一卷集外詞一卷集外文一卷　（清）厲鶚撰　清光緒十年（1884）錢唐汪氏振綺堂刻本　六册
存二十卷（樊榭山房集十卷、續集十卷）

110000－0144－0011260　847.4/337－02
樊榭山房集十卷續集十卷文集八卷　（清）厲鶚撰　清乾隆繡墨齋刻本　六册

110000－0144－0011261　847.4/384.3
太乙舟文集八卷　（清）陳用光撰　**觀象居詩鈔二卷**　（清）陳蘭瑞撰　清道光二十三年（1843）陳大煥刻本　八册

110000－0144－0011262　847.4/387
鐵莊文集八卷疏快軒詩二卷　（清）陸楣撰　清光緒二十一年（1895）曹棫卿樂善堂木活字印本　四册

110000－0144－0011263　847.4/394
篁村集十二卷　（清）陸錫熊撰　清道光二十九年（1849）陸成沅刻本　四册

110000－0144－0011264　847.4/394
篁村集十二卷　（清）陸錫熊撰　清道光二十九年（1849）陸成沅刻本　四册

110000－0144－0011265　847.4/394－7
寶奎堂集十二卷　（清）陸錫熊撰　清道光二十九年（1849）陸成沅刻本　四册

110000－0144－0011266　847.4/394－7
寶奎堂集十二卷　（清）陸錫熊撰　清道光二十九年（1849）陸成沅刻本　四册

110000－0144－0011267　847.4/398
泊鷗山房集三十八卷　（清）陶元藻撰　清嘉慶衡河草堂刻本　十册

110000－0144－0011268　847.4/414
古春軒詩鈔二卷　（清）梁德繩撰　清咸豐二年（1852）鳳城刻本　一册

110000－0144－0011269　847.4/427
繪聲園詩鈔一卷　（清）郭執桓撰　清乾隆三十四年（1769）刻本　二册

110000－0144－0011270　847.4/428.4
金闕攀松集一卷玉井搴蓮集一卷　（清）嚴長明撰　清光緒二十五年（1899）江寧傅春官晦齋刻本　一册

110000－0144－0011271　847.4/428.4

金闕攀松集一卷玉井搴蓮集一卷 （清）嚴長明撰　清光緒二十五年（1899）江寧傅春官晦齋刻本　一冊

110000－0144－0011272　847.4/434
黃琢山房集十卷 （清）吳璜撰　清道光十九年（1839）吳紹鼎刻本　二冊

110000－0144－0011273　847.4/435
玉鎮山房近体賸稿一卷 （清）吳一嵩撰　清道光八年（1828）吳嗣蘅、吳嗣芃刻本　一冊

110000－0144－0011274　847.4/436
井遷文集七卷詩集六卷 （清）吳直撰　清道光三十年（1850）吳逢盛刻本　五冊

110000－0144－0011275　847.4/441
瓊樓吟稿一卷後錄一卷 （清）陶善撰　**璞完詩草一卷** （清）盛鈺撰　清同治十年（1871）城刻本　一冊

110000－0144－0011276　847.4/442
初月樓文鈔十卷詩鈔四卷 （清）吳德旋撰　清光緒九年（1883）吳協心刻本　四冊

110000－0144－0011277　847.4/448
念初堂詩集四卷 （清）张翽撰　清嘉慶六年（1801）刻本　四冊

110000－0144－0011278　847.4/455－02
華陽散稿二卷 （清）史震林撰　清光緒九年（1883）王韜鉛印本　二冊

110000－0144－0011279　847.4/482
尊聞居士集八卷 （清）羅有高撰　清光緒八年（1882）長州彭祖賢刻本　四冊

110000－0144－0011280　847.4/526.2
忠雅堂詩集二十七卷補遺二卷詞集二卷文集十二卷 （清）蔣士銓撰　清刻本　十八冊

110000－0144－0011281　847.4/526.2－02
忠雅堂詩集二十七卷補遺二卷詞集二卷 （清）蔣士銓撰　清乾隆、嘉慶間刻本　八冊

110000－0144－0011282　847.4/526.2－1
忠雅堂文集十二卷 （清）蔣士銓撰　清嘉慶二十一年（1816）刻本　六冊

110000－0144－0011283　847.4/528
浣花樓詩草五卷文集一卷秋尋圖詩一卷 （清）彭舫撰　清道光六年（1826）文陞堂刻本　三冊

110000－0144－0011284　847.4/535
甲乙存稿四卷別稿二卷 （清）程大中撰　清乾隆二十二年（1757）刻本　四冊

110000－0144－0011285　847.4/606－03
望溪先生全集文集十八卷集外文十卷集外文補遺二卷 （清）方苞撰　（清）戴鈞衡編校　清咸豐元年（1851）戴鈞衡刻本　十六冊

110000－0144－0011286　847.4/606－03
望溪先生全集文集十八卷集外文十卷集外文補遺二卷 （清）方苞撰　（清）戴鈞衡編校　清咸豐元年（1851）戴鈞衡刻本　十六冊

110000－0144－0011287　847.4/606－03
望溪先生全集文集十八卷集外文十卷集外文補遺二卷 （清）方苞撰　清咸豐元年（1851）戴鈞衡刻本　十四冊

110000－0144－0011288　847.4/626
萬善花室文稿七卷 （清）方履籛撰　清光緒七年（1881）謙德堂刻本　四冊

110000－0144－0011289　847.4/626
萬善花室文稿七卷 （清）方履籛撰　清光緒七年（1881）謙德堂刻本　四冊

110000－0144－0011290　847.4/626.3
集虛齋學古文十二卷 （清）方棨如撰　清光緒十一年（1885）淳安縣署刻本　四冊

110000－0144－0011291　847.4/626－02
方望溪先生全集文集十八卷集外文十卷集外文補遺二卷 （清）方苞撰　清宣統二年（1910）上海集成圖書公司鉛印本　十冊

110000－0144－0011292　847.4/626－1
方望溪文鈔六卷 （清）方苞撰　清宣統二年（1910）上海國學扶輪社鉛印本　五冊

110000－0144－0011293　847.4/626－6
望溪集不分卷 （清）方苞撰　清嘉慶十四年

(1809)刻本　十二册

110000－0144－0011294　847.4/626－6
望溪集不分卷外集一卷　(清)方苞撰　清嘉慶十四年(1809)刻本　十册

110000－0144－0011295　847.4/638
甌江竹枝詞一卷　(清)郭鍾岳撰　清同治十一年(1872)和天倪齋刻本　一册

110000－0144－0011296　847.4/638
甌江竹枝詞一卷　(清)郭鍾岳撰　**溫州竹枝詞一卷**　(清)錢子奇撰　清同治十一年(1872)和天倪齋刻本　一册

110000－0144－0011297　847.4/680
筠心書屋詩鈔十二卷　(清)褚廷璋撰　清嘉慶十一年(1806)鑑湖亭刻本　四册

110000－0144－0011298　847.4/707
松聲池館詩存四卷　(清)汪潞撰　**振綺堂詩存一卷**　(清)汪憲撰　清光緒十五年(1889)泉唐汪氏振綺堂刻本　二册

110000－0144－0011299　847.4/710
松泉詩集二十六卷　(清)汪由敦撰　清乾隆汪承霈刻本　六册

110000－0144－0011300　847.4/710.42
空石齋詩文合刻文集三卷詩賸二卷　(清)汪國撰　清道光二年(1822)周鋏憨、周鼎刻本　五册

110000－0144－0011301　847.4/710－2
松泉文集二十四卷　(清)汪由敦撰　(清)汪承霈編校　清刻本　六册

110000－0144－0011302　847.4/715
傳書樓詩稿一卷　(清)汪金順撰　清光緒四年(1878)四勿齋刻本　一册

110000－0144－0011303　847.4/716.2－02
御製避暑山莊圓明園圖詠二卷　(清)聖祖玄燁　(清)高宗弘曆撰　清光緒大同書局石印本　二册

110000－0144－0011304　847.4/716－02
樂善堂全集定本三十卷　(清)高宗弘曆撰　清光緒五年(1879)奕訢鉛印本　十二册

110000－0144－0011305　847.4/716－8
御製詩初集四十四卷二集九十卷三集一百卷四集一百卷五集一百卷餘集二十卷　(清)高宗弘曆撰　清光緒五年(1879)奕訢鉛印本　二百三十册

110000－0144－0011306　847.4/716－88
御製文初集三十卷二集四十四卷三集十六卷餘集二卷　(清)高宗弘曆撰　清光緒五年(1879)奕訢鉛印本　二十六册

110000－0144－0011307　847.4/754
三松堂集詩二十卷文四卷詩續集六卷　(清)潘奕雋撰　清同治九年至十一年(1870－1872)刻本　九册

110000－0144－0011308　847.4/763
思補齋文集四卷　(清)劉星煒撰　清光緒二十年(1894)劉書甲刻本　四册

110000－0144－0011309　847.4/787
在山堂集三十卷　(清)程大中撰　清道光十四年(1834)吳毓梅刻本　八册

110000－0144－0011310　847.4/787.8
勉行堂詩集二十四卷首一卷　(清)程晉芳撰　清嘉慶二十三年(1818)程瀚刻本　六册

110000－0144－0011311　847.4/788
水南先生遺集六卷　(清)程嗣立撰　清嘉慶二十一年(1816)刻本　一册

110000－0144－0011312　847.4/790
潎潭山房古文存稿四卷詩集十七卷楓磎公遺文一卷　(清)程襄龍撰　清程世淳刻本　六册

110000－0144－0011313　847.4/805
拜石山房詞鈔四卷　(清)顧翰撰　**微波詞一卷**　(清)錢枚撰　清光緒十五年(1889)許增刻榆園叢書本　一册

110000－0144－0011314　847.4/821
周犢山文稿四卷　(清)周鎬撰　清光緒十八年(1892)槐蔭山房刻本　四册

110000－0144－0011315　847.4/823
海門詩鈔八卷外集四卷末一卷　(清)鮑臯撰　清宣統三年(1911)鮑心增刻本　四册

110000－0144－0011316　847.4/835
笥河文集十六卷首一卷　(清)朱筠撰　清光緒定州王氏刻畿輔叢書本　六册

110000－0144－0011317　847.4/856
藕頤類稿二十卷　(清)熊寶泰撰　清嘉慶刻本　八册

110000－0144－0011318　847.4/888
海峰先生詩集十卷　(清)劉大櫆撰　(清)姚鼐校定　清光緒二十五年(1899)蕭穆等刻本　二册

110000－0144－0011319　847.4/888
海峰先生詩集十卷　(清)劉大櫆撰　(清)姚鼐校定　清光緒二十五年(1899)蕭穆等刻本　二册

110000－0144－0011320　847.4/888－02
海峰詩集十一卷　(清)劉大櫆撰　清縹碧軒刻本　二册

110000－0144－0011321　847.4/888－423
劉海峰集文集八卷詩集十一卷　(清)劉大櫆撰　(清)歐陽霖校勘　清同治十三年(1874)劉繼刻本　八册

110000－0144－0011322　847.4/888－8
劉海峰稿不分卷　(清)劉大櫆撰　(清)方望溪　(清)吳荊山鑒定　清縹碧軒刻本　二册

110000－0144－0011323　847.4/888－952
海峰先生集文十卷詩六卷　(清)劉大櫆撰　(清)徐宗亮編　清末時還書屋刻本　八册

110000－0144－0011324　847.4/915
清芬樓遺稿四卷　(清)任啟運撰　清光緒十四年(1888)仁氏家塾刻本　二册

110000－0144－0011325　847.4/915.8
任勇烈公遺集一卷　(清)任舉撰　**二峨草堂學稿不分卷**　(清)任承恩撰　清嘉慶九年(1804)兩湖書屋刻本　四册

110000－0144－0011326　847.4/922－02
錢南園先生遺集五卷　(清)錢灃撰　清光緒十九年(1893)浙江書局刻本　二册

110000－0144－0011327　847.4/929
香樹齋詩集十八卷　(清)錢陳群撰　清乾隆刻本　六册

110000－0144－0011328　847.4/933
錢南園先生遺集五卷　(清)錢灃著　清光緒二十一年(1895)刻二十六年(1900)補刻本　四册

110000－0144－0011329　847.4/933－02
錢南園先生遺集五卷　(清)錢灃撰　清光緒十九年(1893)浙江劉景、韓方伯刻本　二册

110000－0144－0011330　847.4/974
吞松閣集四十卷　(清)鄭虎文撰　清嘉慶十四年(1809)鄭師亮、鄭師靖刻本　十册

110000－0144－0011331　847.4/976－03
鄭板橋全集六卷　(清)鄭燮撰　清宣統元年(1909)上海掃葉山房石印本　四册

110000－0144－0011332　847.4/976－05
板橋集六卷　(清)鄭燮撰　清乾隆刻本　四册

110000－0144－0011333　847.4/976－06
板橋集六卷　(清)鄭燮撰　清玉書樓刻本　四册

110000－0144－0011334　847.4/976－06
板橋集六卷　(清)鄭燮撰　清玉書樓刻本　四册

110000－0144－0011335　847.4/976－06
板橋集六卷　(清)鄭燮撰　清玉書樓刻本　四册

110000－0144－0011336　847.4/984
鮚埼亭集三十八卷首一卷先生經史答問十卷外編五十卷　(清)全祖望撰　清嘉慶九年(1804)姚江借樹山房刻同治十一年(1872)印本　二十四册

110000－0144－0011337　847.4/984

鮚埼亭集三十八卷首一卷先生經史答問十卷外編五十卷　(清)全祖望撰　清嘉慶九年(1804)姚江借樹山房刻同治十一年(1872)印本　二十二册

110000－0144－0011338　847.4/984
鮚埼亭集三十八卷首一卷全謝山先生經史答問十卷外編五十卷　(清)全祖望撰　清嘉慶九年(1804)姚江借樹山房刻同治十一年(1872)印本　二十四册

110000－0144－0011339　847.4/984
鮚埼亭集三十八卷首一卷全謝山先生經史答問十卷外編五十卷　(清)全祖望撰　清嘉慶九年(1804)姚江借樹山房刻同治十一年(1872)印本　二十四册

110000－0144－0011340　847.4/984－03
鮚埼亭集三十八卷首一卷全謝山先生經史問答十卷　(清)全祖望撰　清嘉慶萬氏史夢蛟借樹山房刻本　十二册

110000－0144－0011341　847.4/984－8
鮚埼亭集外編五十卷　(清)全祖望撰　清末刻本　十六册

110000－0144－0011342　847.4/984－82
鮚埼亭詩集十卷　(清)全祖望撰　清道光十四年(1834)鄭爾齡箋經閣刻本　四册

110000－0144－0011343　847.4/987
冬心先生集四卷　(清)金農撰　清宣統二年(1910)北京書業公司石印本　四册

110000－0144－0011344　847.4/987
冬心先生集四卷　(清)金農撰　清宣統二年(1910)北京書業公司石印本　四册

110000－0144－0011345　847.4/987
冬心先生集四卷　(清)金農撰　清宣統二年(1910)北京書業公司石印本　四册

110000－0144－0011346　847.4/987.9
國子先生全集古文鈔十卷駢體文鈔八卷詞鈔七卷詩鈔十八卷　(清)金兆燕撰　清光緒二年(1876)謝永泰、仲和刻本　十二册

110000－0144－0011347　847.4/987.9
國子先生全集古文鈔十卷駢體文鈔八卷詞鈔七卷詩鈔十八卷　(清)金兆燕撰　清光緒二年(1876)謝永泰、仲和刻本　十二册

110000－0144－0011348　847.5/023
繡屏風館詩集十卷文集四卷别集一卷　(清)方熊撰　清道光文華館刻本　六册

110000－0144－0011349　847.5/0231
牧原詩集二卷　(清)方汝謙撰　清嘉慶十八年(1813)刻本　一册

110000－0144－0011350　847.5/033
力餘時藝試帖草前册一卷旅路鎛譚草後編一卷旅路鎛譚續草前編一卷　(清)王禹堂撰　清道光二十八年(1848)刻本　三册

110000－0144－0011351　847.5/033－034
王太夫人遺稿二卷　(清)王淑昭撰　(清)左元鎮集録　清抄本　二册

110000－0144－0011352　847.5/0331
紫丁香詩課一卷　(清)王治撰　清道光二十一年(1841)刻本　二册

110000－0144－0011353　847.5/033－190
蔗餘軒詩略一卷　(清)王京雒撰　清道光二十四年(1844)刻本　一册

110000－0144－0011354　847.5/033－2
嘯岩吟草一卷　(清)王訢撰　清嘉慶十年(1805)百尺楼刻本　一册

110000－0144－0011355　847.5/0334
無止境初存藁六卷　(清)王相撰　清道光八年(1828)刻本　一册

110000－0144－0011356　847.5/03341
澮粹軒詩草二卷　(清)王志瀜撰　清嘉慶二十五年(1820)刻本　二册

110000－0144－0011357　847.5/033－448
忠愛堂詩稿二卷　(清)王太夫人　(清)張太夫人撰　清末抄本　一册

110000－0144－0011358　847.5/0335
滋蘭詩草四卷　(清)王景程撰　清道光十二

年(1832)刻本　二册

110000－0144－0011359　847.5/048
諸花香處詩集十三卷首一卷　(清)邱璋撰　清嘉慶十九年(1814)諸花香處刻道光六年(1826)印本　八册

110000－0144－0011360　847.5/080
梅清閣詞鈔四卷　(清)石鈞撰　清嘉慶八年(1803)白雪書屋刻本　二册

110000－0144－0011361　847.5/102－5
小峴山人集詩集十卷文集六卷　(清)秦瀛撰　清嘉慶五年(1800)世恩堂刻本　四册

110000－0144－0011362　847.5/102－5
小峴山人集詩集十卷文集六卷　(清)秦瀛撰　清嘉慶五年(1800)世恩堂刻本　八册

110000－0144－0011363　847.5/102－5－02
小峴山人詩集二十六卷文集六卷續文集二卷　(清)秦瀛撰　清嘉慶二十二年(1817)城西草堂刻本　十六册

110000－0144－0011364　847.5/112.1
藹唐詩集十四卷　(清)王瑋慶撰　清嘉慶二十五年(1820)蕉葉山房刻本　四册

110000－0144－0011365　847.5/115
煙霞萬古樓文集六卷　(清)王曇撰　清末刻本　二册

110000－0144－0011366　847.5/115.4
試畯堂詩集十二卷賦抄四卷　(清)王蘇撰　清道光二年(1822)刻本　六册

110000－0144－0011367　847.5/115.44
愼其餘齋文集二十卷　(清)王贈芳撰　清咸豐四年至九年(1854－1859)留香書屋刻本　六册

110000－0144－0011368　847.5/115.44
愼其餘齋文集二十卷　(清)王贈芳撰　清咸豐四年至九年(1854－1859)留香書屋刻本　六册

110000－0144－0011369　847.5/115.46
冰壺山館詩抄四卷首一卷　(清)王夢庚撰　清道光刻本　十二册

110000－0144－0011370　847.5/117.63
伊蒿室文集六卷詩集二卷詩餘一卷　(清)王效成撰　清咸豐五年(1855)、光緒七年(1881)補刻本　一册

110000－0144－0011371　847.5/118
喝月樓詩祿二十一卷　(清)王鴻撰　清道光十九年(1839)刻本　六册

110000－0144－0011372　847.5/119.8
澹香齋詠史詩一卷　(清)王廷紹撰　清光緒十七年(1891)桂林桂垣書局蔣存遠堂刻本　一册

110000－0144－0011373　847.5/120
綠雪堂遺集二十卷　(清)王衍梅撰　清道光二十年(1840)汪云任刻本　十册

110000－0144－0011374　847.5/120.9
丁亥詩鈔一卷　(清)王念孫撰　清宣統元年(1909)繆荃孫刻本　一册

110000－0144－0011375　847.5/125
靜志居詩話二十四卷　(清)朱彝尊撰　清嘉慶二十四年(1819)扶荔山房刻本　十二册

110000－0144－0011376　847.5/127
冷吟仙館詩稿八卷詩餘一卷附錄一卷　(清)左錫嘉撰　清光緒十七年(1891)曾光煦刻本　八册

110000－0144－0011377　847.5/128
浙東紀游草一卷　(清)沈錫爵撰　清道光二年(1822)刻本　一册

110000－0144－0011378　847.5/130
大能寒軒詩鈔八卷首一卷末一卷　(清)吳爲楫撰　**小隱山房詩鈔一卷**　(清)吳經世撰　清同治四年(1865)大能寒軒刻本　四册

110000－0144－0011379　847.5/1301
雲樵詩箋四卷　(清)吳芳培撰　(清)戴祖　(清)邵璽註　清嘉慶刻本　二册

110000－0144－0011380　847.5/1307
竹所詩鈔四卷　(清)吳會撰　清道光七年

(1827)春暉堂刻本　一冊

110000－0144－0011381　847.5/131
竹心筠堂詩鈔五卷詞鈔一卷　(清)汪鈞撰　清道光六年(1826)信芳閣刻本　一冊

110000－0144－0011382　847.5/145
遂初詩草一卷　(清)曹炳燮撰　清同治五年(1866)海霈、海鍾等刻本　一冊

110000－0144－0011383　847.5/154
飄蓬山房詩草一卷　(清)□□撰　清末抄本　一冊

110000－0144－0011384　847.5/155
鑫園詩集四卷首一卷　(清)何長聚撰　清道光二十九年(1849)何高慰等刻本　二冊

110000－0144－0011385　847.5/1554
簳山草堂小稿四卷　(清)何其偉撰　清嘉慶二十一年(1816)刻本　一冊

110000－0144－0011386　847.5/161
憶雲詞甲乙丙丁稿四卷附憶雲詞刪存一卷　(清)項廷紀撰　清光緒十九年(1893)許氏榆園刻本　一冊

110000－0144－0011387　847.5/1618
西園詩鈔九卷　(清)李卿穀撰　清道光二十八年(1848)刻本　二冊

110000－0144－0011388　847.5/171.9
草草草堂詩選二卷草草草堂詩選紀略一卷　(精)黃純嘏撰　清道光十八年(1838)儀徵黃氏刻本　一冊

110000－0144－0011389　847.5/172
壹齋集四十卷　(清)黃鉞撰　清咸豐九年(1859)蕪湖許氏刻本　十二冊

110000－0144－0011390　847.5/172.9
仙屏書屋初集年記三十一卷　(清)黃爵滋撰　清道光二十九年(1849)刻本　四冊

110000－0144－0011391　847.5/172.9－1
仙屏吟榭課草七卷　(清)黃爵滋撰　清道光四年(1824)刻本　二冊

110000－0144－0011392　847.5/172.9－8
仙屏書屋初集詩錄十六卷後錄二卷　(清)黃爵滋撰　清道光二十六年(1846)刻本　五冊

110000－0144－0011393　847.5/183
含薰室文集五卷詩集二卷　(清)吉鍾穎撰　清同治十二年(1873)吉正常刻本　四冊

110000－0144－0011394　847.5/185
恩餘堂經進初稿十二卷續稿二十二卷　(清)彭元瑞撰　清刻本　十二冊

110000－0144－0011395　847.5/185.2
松風閣詩鈔八卷　(清)彭蘊章撰　清道光二十六年(1846)刻本　二冊

110000－0144－0011396　847.5/185.2－1
松風閣詩鈔二十六卷　(清)彭蘊章撰　清刻本　存一卷(二十一)　一冊

110000－0144－0011397　847.5/185.6
無近名齋文集十卷　(清)彭翊撰　清光緒十年(1884)彭祖賢刻本　四冊

110000－0144－0011398　847.5/185.9
小謨觴館全集詩集八卷文集四卷詩餘一卷　(清)彭兆蓀撰　清同治十三年(1874)刻本　八冊

110000－0144－0011399　847.5/185.9－5
小謨觴館詩集八卷續二卷文集四卷續二卷詩餘一卷　(清)彭兆蓀撰　清光緒二十年(1894)泉唐汪氏刻本　十冊

110000－0144－0011400　847.5/185.9－5
小謨觴館詩集八卷續二卷文集四卷續二卷詩餘一卷　(清)彭兆蓀撰　清光緒二十年(1894)泉唐汪氏刻本　八冊

110000－0144－0011401　847.5/185.9－5－02
小謨觴館文集四卷　(清)彭兆蓀撰　清光緒六年(1880)存存軒刻本　二冊

110000－0144－0011402　847.5/188
隨園三十種　(清)袁枚撰　清刻本　四十八冊

110000－0144－0011403　847.5/188－26

袁文合箋十六卷 (清)袁枚撰 (清)王廣業集箋 清光緒八年(1882)海陵王廣業刻本 六冊

110000－0144－0011404 847.5/188－28－02
袁文箋正十六卷補注一卷 (清)袁枚撰 (清)石韞玉箋 清同治八年(1869)松壽山房刻本 八冊

110000－0144－0011405 847.5/188－28－03
袁文箋正十六卷補注一卷 (清)袁枚撰 (清)石韞玉注 **增訂袁文箋正四卷** (清)魏大縉撰 清光緒十四年(1888)上海蜚英館石印本 三冊

110000－0144－0011406 847.5/188－3－03
隨園三十六種 (清)袁枚撰 清光緒十八年(1892)上海圖書集成印書局鉛印本 五十冊

110000－0144－0011407 847.5/188－3－03
隨園三十六種 (清)袁枚著 清光緒十八年(1892)上海圖書集成印書局鉛印本 五十冊

110000－0144－0011408 847.5/188－5－02
小倉山房詩集三十七卷續補詩集二卷 (清)袁枚撰 清刻本 十二冊

110000－0144－0011409 847.5/188－6
小倉山房文集三十五卷 (清)袁枚撰 清隨園刻本 十四冊

110000－0144－0011410 847.5/189
捧月樓詞七卷 (清)袁通撰 清刻本 二冊

110000－0144－0011411 847.5/202
香銷酒醒詞一卷 (清)趙慶熺撰 清同治七年(1868)王氏刻本 二冊

110000－0144－0011412 847.5/204
小松石齋詩集五卷文集五卷 (清)趙允懷撰 清光緒十五年(1889)刻本 四冊

110000－0144－0011413 847.5/204.8
清獻堂集十卷 (清)趙佑撰 清刻本 六冊

110000－0144－0011414 847.5/207
韞玉樓詩四卷詞鈔一卷 (清)屈秉筠撰 清嘉慶十六年(1811)劉光德刻本 二冊

110000－0144－0011415 847.5/216－02
研六室文鈔十卷補遺一卷 (清)胡培翬撰 清光緒四年至六年(1878－1880)世澤樓刻本 四冊

110000－0144－0011416 847.5/2194
二南詩鈔二卷詩續鈔二卷 (清)周樂撰 (清)余正酉評定 清道光九年(1829)紉香齋刻本 一冊

110000－0144－0011417 847.5/226
菘耘文鈔四卷 (清)季錫疇撰 清光緒五年(1879)裒弁閣刻本 一冊

110000－0144－0011418 847.5/230
還讀齋詩稿二十卷續刻八卷 (清)韓對撰 清道光吳毓鈞、韓文和刻本 缺十一卷(詩稿十至十六、續刻一至四) 五冊

110000－0144－0011419 847.5/243
遂初草廬詩集十卷 (清)杜堮撰 清同治九年(1870)杜受廉刻本 四冊

110000－0144－0011420 847.5/249
五芙蓉館詩鈔二卷 (清)洪樸撰 清刻本 二冊

110000－0144－0011421 847.5/252
憶秋軒詩鈔一卷 (清)范淑一撰 清光緒十七年(1891)良鄉縣范履福刻本 一冊

110000－0144－0011422 847.5/2524
問園遺集一卷 (清)范元亨撰 清光緒十七年(1891)良鄉縣范履福刻本 一冊

110000－0144－0011423 847.5/255
鼇洲詩草十二卷詩餘一卷 (清)林蒲封撰 清道光李黼平刻光緒二年(1876)補刻本 四冊

110000－0144－0011424 847.5/2557－02
福祿鴛鴦閣遺稿一卷 (清)冒俊撰 清光緒十年(1884)刻本 一冊

110000－0144－0011425 847.5/273
西湖秋柳詞一卷西湖竹枝集一卷 (清)楊鳳苞撰 (清)楊知新注 清光緒七年(1881)武

林丁氏刻本　一册

110000－0144－0011426　847.5/279
梅氏遺書　(清)梅鍾澍撰　清宣統三年(1911)寧鄉梅氏莓田古屋刻本　三册

110000－0144－0011427　847.5/282
養餘齋詩集初集四卷二集四卷三集六卷　(清)柳樹芳撰　清道光二十七年(1847)柳氏勝綵草堂刻本　四册

110000－0144－0011428　847.5/287
恕谷後集十三卷　(清)李塨撰　清光緒七年(1881)刻本　四册

110000－0144－0011429　847.5/291
榕園全集　(清)李彦章撰　清道光二十年(1840)刻本　存四種十六卷(榕園文鈔六卷首一卷、潤經堂自治官書六卷首一卷、榕園楹帖一卷、榕園識字編一卷)　八册

110000－0144－0011430　847.5/293
韋廬詩内集四卷首一卷末一卷外集四卷首一卷末一卷　(清)李秉禮撰　清道光十年(1830)知稼堂刻本　四册

110000－0144－0011431　847.5/294
養一齋文集二十卷詩集四卷　(清)李兆洛撰　清光緒四年(1878)刻本　十二册

110000－0144－0011432　847.5/294
養一齋文集二十卷詩集四卷　(清)李兆洛撰　清光緒四年(1878)刻本　十册

110000－0144－0011433　847.5/294
養一齋文集二十卷詩集四卷　(清)李兆洛撰　清光緒四年(1878)刻本　八册

110000－0144－0011434　847.5/294
養一齋文集二十卷詩集四卷　(清)李兆洛撰　清光緒四年(1878)刻本　八册

110000－0144－0011435　847.5/294－02
李養一先生文集二十四卷　(清)李兆洛撰　清咸豐元年至三年(1851－1853)維風堂刻本　八册

110000－0144－0011436　847.5/295
南廬詩鈔六卷　(清)查世官撰　清道光十九年(1839)退學詩齋刻本　一册

110000－0144－0011437　847.5/295.9
知畏齋詩稿一卷　(清)查人漢撰　清道光二十八年(1848)刻本　一册

110000－0144－0011438　847.5/307
茗柯文編初編一卷二編二卷三編一卷四編一卷　(清)張惠言撰　清光緒七年(1881)刻本　二册

110000－0144－0011439　847.5/307
茗柯文編初編一卷二編二卷三編一卷四編一卷　(清)張惠言撰　清光緒七年(1881)刻本　二册

110000－0144－0011440　847.5/307
茗柯文編初編一卷二編二卷三編一卷四編一卷　(清)張惠言撰　清光緒七年(1881)刻本　二册

110000－0144－0011441　847.5/307
茗柯文編初編一卷二編二卷三編一卷四編一卷　(清)張惠言撰　清光緒七年(1881)刻本　二册

110000－0144－0011442　847.5/307.2
積石文稿十八卷　(清)張履撰　清光緒二十年(1894)刻本　八册

110000－0144－0011443　847.5/307.2
積石文稿十八卷　(清)張履撰　清光緒二十年(1894)刻本　八册

110000－0144－0011444　847.5/307.2
積石文稿十八卷　(清)張履撰　清光緒二十年(1894)刻本　七册

110000－0144－0011445　847.5/307.21
甓齋學古集一卷　(清)張棣撰　清道光刻本　一册

110000－0144－0011446　847.5/307－02
張茗柯先生文集初編一卷二編二卷三編一卷四編一卷　(清)張惠言撰　清光緒八年(1882)蛟川張氏花雨樓刻本　二册

110000－0144－0011447　847.5/308
簡松草堂詩集二十卷三影閣箏語三卷　(清)張雲璈撰　清嘉慶十二年(1807)刻本　八冊

110000－0144－0011448　847.5/308.2
亨甫詩選八卷　(清)張際亮撰　(清)徐幹選　清光緒八年(1882)徐幹刻邵武徐氏叢書本　四冊

110000－0144－0011449　847.5/308.2－2
張亨甫全集詩集二十七卷文集六卷　(清)張際亮撰　清同治六年(1867)孔慶衢永泰漆行刻本　缺二卷(二十三至二十四)　十八冊

110000－0144－0011450　847.5/308.3
艷雪堂詩集四卷　(清)張晉撰　清嘉慶十二年(1807)刻本　一冊

110000－0144－0011451　847.5/309
船山詩草二十卷補遺六卷　(清)張問陶撰　清嘉慶二十年(1815)刻本　十冊

110000－0144－0011452　847.5/310
悔廬文鈔五卷首一卷文補一卷詩鈔二卷　(清)張崇蘭撰　清光緒二十三年(1897)陳克劬刻本　五冊

110000－0144－0011453　847.5/310.3
百美新詠　(清)顧鏞撰　(清)張又村選　清嘉慶五年(1800)退一步山房刻本　一冊

110000－0144－0011454　847.5/311.6
閩榻先生集三十卷外集八卷覷花岡集八卷　(清)張望撰　清同治三年(1864)陳寶箴等刻本　十六冊

110000－0144－0011455　847.5/312.4
秋吟山館集選句詩　(清)張灝撰　清刻本　一冊

110000－0144－0011456　847.5/312.7
養素堂文集三十五卷　(清)張澍撰　清道光甘肅棗花書屋刻本　二十四冊

110000－0144－0011457　847.5/312.7
養素堂文集三十五卷　(清)張澍撰　清道光甘肅棗花書屋刻本　十冊

110000－0144－0011458　847.5/312.7
養素堂文集三十五卷　(清)張澍撰　清道光甘肅棗花書屋刻本　十六冊

110000－0144－0011459　847.5/312.7
月齋文集八卷詩集四卷　(清)張穆撰　清咸豐八年(1858)壽陽祁氏刻本　四冊

110000－0144－0011460　847.5/312.7
月齋文集八卷詩集四卷　(清)張穆撰　清咸豐八年(1858)壽陽祁氏刻本　四冊

110000－0144－0011461　847.5/312.9
冬蕙軒存稿一卷　(清)張湘筠撰　清道光九年(1829)刻本　一冊

110000－0144－0011462　847.5/313
月齋文集八卷詩集四卷　(清)張穆撰　清咸豐八年(1858)壽陽祁氏刻本　四冊

110000－0144－0011463　847.5/313.598
巖石詩鈔三卷　(清)釋胡照撰　清嘉慶十三年(1808)刻本　一冊

110000－0144－0011464　847.5/313.8
清娱閣吟藁六卷　(清)鮑之蕙撰　清嘉慶十六年(1811)寸草園刻本　四冊

110000－0144－0011465　847.5/313.83
都是春齋文集八卷　(清)張佑撰　清道光吾學園刻本　四冊

110000－0144－0011466　847.5/313.85
筠心堂文集十卷　(清)張岳崧撰　清道光二十四年(1844)刻本　六冊

110000－0144－0011467　847.5/313.89
陶園文集八卷詩集二十四卷詩餘二卷六如亭二卷　(清)張九鉞撰　清道光七年(1827)張家栻等刻二十三年(1843)印本　十六冊

110000－0144－0011468　847.5/3133
崇雅堂詩鈔四卷　(清)胡敬撰　清嘉慶刻本　四冊

110000－0144－0011469　847.5/321
翁山詩外十九卷　(清)屈大均撰　清宣統二年(1910)上海國學扶輪社鉛印本　十二冊

110000－0144－0011470　847.5/331
寒香館詩鈔四卷　(清)賀熙齡撰　清道光二十八年(1848)刻本　二冊

110000－0144－0011471　847.5/331－7
寒香館文鈔八卷詩鈔四卷　(清)賀熙齡撰　清道光二十八年(1848)刻本　四冊

110000－0144－0011472　847.5/337
白華山人詩集十六卷詩說二卷　(清)厲志撰　清光緒九年(1883)厲學潮刻本　四冊

110000－0144－0011473　847.5/339
求在我齋文存八卷　(清)成毅撰　清咸豐八年(1858)邵州濂溪講院刻本　四冊

110000－0144－0011474　847.5/341
鶴泉文鈔續選九卷　(清)戚學標撰　清嘉慶十八年(1813)張灼刻本　四冊

110000－0144－0011475　847.5/341－6
鶴泉集杜二卷續刻一卷　(清)戚學標撰　清嘉慶元年(1796)河南涉縣縣署刻本　四冊

110000－0144－0011476　847.5/341－68
鶴泉集唐三卷　(清)戚學標撰　清嘉慶刻戚鶴泉所著書本　四冊

110000－0144－0011477　847.5/345
飲月軒詩文存藁合鈔八卷　(清)唐延詔撰　清道光二十一年(1841)刻本　五冊

110000－0144－0011478　847.5/350
清貽館遺稿二卷　(清)石葆元撰　清道光二十九年(1849)石廣均刻本　一冊

110000－0144－0011479　847.5/352
靜菴文集二卷詩集三卷　(清)左眉撰　清同治十三年(1874)方實質木活字印本　二冊

110000－0144－0011480　847.5/358
秋根書室詩文集十四卷西行紀程二卷西征集一卷　(清)孟傳鑄撰　清宣統二年(1910)章邱孟氏綠野堂鉛印本　八冊

110000－0144－0011481　847.5/358
秋根書室詩文集十四卷西行紀程二卷西征集一卷　(清)孟傳鑄撰　清宣統二年(1910)章邱孟氏綠野堂鉛印本　八冊

110000－0144－0011482　847.5/362
天真閣集五十四卷　(清)孫原湘撰　**長真閣集七卷詩餘一卷**　(清)席佩蘭撰　清嘉慶五年(1800)昭文孫氏刻本　十二冊

110000－0144－0011483　847.5/363－02
孫淵如先生全集二十二卷　(清)孫星衍撰　清光緒十一年(1885)吳縣朱氏槐廬家塾刻本　八冊

110000－0144－0011484　847.5/363－1
問字堂集六卷　(清)孫星衍撰　清光緒十年(1884)四明是亦軒刻本　二冊

110000－0144－0011485　847.5/363－1－929
閱問字堂集贈言一卷　(清)錢大昕撰　清刻本　一冊

110000－0144－0011486　847.5/365
秋藥庵詩集七卷鳴和集一卷抵掌八十一吟一卷　(清)馬履泰撰　清嘉慶二十二年(1817)刻本　一冊

110000－0144－0011487　847.5/368
瘦石文抄十三卷外集二卷　(清)孫祺撰　清道光二十九年(1849)鵝溪古棠書屋刻本　五冊

110000－0144－0011488　847.5/3687
次立齋詩文詩集四卷文集二卷　(清)袁知撰　清嘉慶三年(1798)敦彝堂刻本　四冊

110000－0144－0011489　847.5/375
揅經室集五十七卷　(清)阮元撰　清道光三年至宣統三年(1823－1911)刻本　二十四冊

110000－0144－0011490　847.5/375
揅經室集五十七卷　(清)阮元撰　清道光三年至宣統三年(1823－1911)刻本　二十冊

110000－0144－0011491　847.5/375
揅經室集五十七卷　(清)阮元撰　清道光三年至宣統三年(1823－1911)刻本　二十四冊

110000－0144－0011492　847.5/375
揅經室集五十七卷　(清)阮元撰　清道光三

年至宣統三年(1823－1911)刻本　二十冊

110000－0144－0011493　847.5/375.6
聽松濤館詩鈔十一卷　(清)阮文藻撰　清道光刻本　八冊

110000－0144－0011494　847.5/375－9
揅經室續集十一卷再續集四卷　(清)阮元撰　清道光刻本　五冊

110000－0144－0011495　847.5/378
宮閨百詠四卷　(清)陳其泰編次　(清)俞絜參校　清道光二十五年(1845)陳氏桐花鳳閣刻本　二冊

110000－0144－0011496　847.5/379
清味齋存稿二卷　(清)陳晉元撰　清道光十五年(1835)刻本　二冊

110000－0144－0011497　847.5/379.3
夢香居詩鈔初集四卷二集四卷三集三卷四集四卷　(清)陳在謙撰　清嘉慶二十一年至同治十三年(1816－1874)刻本　四冊

110000－0144－0011498　847.5/381
拜石山巢詩鈔八卷　(清)陳光緒撰　清道光二十六年(1846)刻本　四冊

110000－0144－0011499　847.5/382
頤道堂詩選二十八卷詩外集十卷文鈔十三卷　(清)陳文述撰　清道光刻本　二十四冊

110000－0144－0011500　847.5/382.6
句溪雜著六卷　(清)陳立撰　清光緒十四年(1888)廣雅書局刻本　二冊

110000－0144－0011501　847.5/382.6
句溪雜著六卷　(清)陳立撰　清光緒十四年(1888)廣雅書局刻本　二冊

110000－0144－0011502　847.5/382－1
碧城仙館詩鈔十卷　(清)陳文述撰　清宣統三年(1911)上海國學扶輪社鉛印本　四冊

110000－0144－0011503　847.5/383
養志居僅存稿十八卷首一卷　(清)陳宗起撰　清光緒十一年(1885)刻本　八冊

110000－0144－0011504　847.5/383.7
白石山館詩一卷　(清)陳沆撰　**清夜齋詩稿一卷**　(清)魏源撰　清宣統三年(1911)石印本　一冊

110000－0144－0011505　847.5/384
簡莊文鈔六卷續編二卷河庄詩鈔一卷　(清)陳鱣撰　清光緒十四年(1888)廣東海昌羊復禮刻本　五冊

110000－0144－0011506　847.5/384
容菴遺文抄一卷存稿抄一卷　(明)許令瑜撰　**止谿文抄一卷詩集抄一卷**　(清)朱嘉徵撰　清光緒十三年(1887)海昌羊氏傳卷樓刻本　與110000－0144－0011505合冊

110000－0144－0011507　847.5/384.8
新坂土風一卷　(清)陳鱣撰　清光緒十八年(1892)海昌羊氏刻本　一冊

110000－0144－0011508　847.5/384－02
簡莊文鈔六卷　(清)陳鱣撰　清光緒十二年(1886)廣東海昌羊復禮刻本　三冊

110000－0144－0011509　847.5/390
雙白燕堂文集二卷外集八卷　(清)陸耀遹撰　清光緒四年(1878)興國州署刻本　四冊

110000－0144－0011510　847.5/390
雙白燕堂文集二卷外集八卷　(清)陸耀遹撰　清光緒四年(1878)興國州署刻本　四冊

110000－0144－0011511　847.5/399
紅豆樹館詩集十四卷紅豆樹館詞八卷補遺一卷　(清)陶樑撰　清咸豐七年(1857)刻本　四冊

110000－0144－0011512　847.5/402
雙樓詩鈔二卷　(清)夏振采撰　清道光二十七年(1847)竹萫故園刻本　一冊

110000－0144－0011513　847.5/404
壺園詩鈔四卷　(清)徐寶善撰　清道光稿本　四冊

110000－0144－0011514　847.5/423
硎東詩鈔十卷　(清)歐陽輅撰　清道光十年

(1830)鄧顯鶴刻本　二冊

110000－0144－0011515　847.5/4234
度嶺草一卷　(清)許振禕撰　清光緒二十三年(1897)許振禕刻本　一冊

110000－0144－0011516　847.5/427
誦芬堂文稿二卷續刻一卷　(清)郭儀霄撰　清末許振禕刻本　四冊

110000－0144－0011517　847.5/428
鐵橋漫稿八卷　(清)嚴可均撰　清光緒十一年(1885)長洲蔣氏心矩齋刻本　四冊

110000－0144－0011518　847.5/428
鐵橋漫稿八卷　(清)嚴可均撰　清光緒十一年(1885)長洲蔣氏心矩齋刻本　四冊

110000－0144－0011519　847.5/428
鐵橋漫稿八卷　(清)嚴可均撰　清光緒十一年(1885)長洲蔣氏心矩齋刻本　四冊

110000－0144－0011520　847.5/428
鐵橋漫稿八卷　(清)嚴可均撰　清光緒十一年(1885)心矩齋刻本　四冊

110000－0144－0011521　847.5/428.4
餐花吟館詞鈔四卷　(清)嚴駿生撰　清刻本　三冊　存三卷(二至四)

110000－0144－0011522　847.5/428.9
樂園文抄八卷首一卷漢南集一卷感舊集二卷詠史集三卷蘇亭集三卷　(清)嚴如熤撰　清道光二十四年(1844)嚴仙舫刻本　八冊

110000－0144－0011523　847.5/435
吳學士文集四卷詩集五卷　(清)吳鼒撰　(清)梁肇煌　(清)薛時雨編訂　清光緒八年(1882)江寧藩署刻本　六冊

110000－0144－0011524　847.5/435
吳學士文集四卷詩集五卷　(清)吳鼒撰　(清)梁肇煌　(清)薛時雨編訂　清光緒八年(1882)江寧藩署刻本　六冊

110000－0144－0011525　847.5/435
吳學士文集四卷詩集五卷　(清)吳鼒撰　(清)梁肇煌　(清)薛時雨編訂　清光緒八年(1882)江寧藩署刻本　存五卷(詩集五卷)　二冊

110000－0144－0011526　847.5/437.2
天寥遺稿三卷　(清)吳鵾撰　清嘉慶二十四年(1819)納廣信刻本　一冊

110000－0144－0011527　847.5/437.4
岑華居士蘭鯨錄八卷外集詩二卷鳳巢山樵求是錄六卷二錄四卷續錄一卷外集文二卷　(清)吳慈鶴撰　清嘉慶吳慈鶴刻道光七年(1827)印本　八冊

110000－0144－0011528　847.5/437.48
小羅浮山館詩抄十五卷　(清)吳昇撰　清同治四年(1865)吳振棫刻本　四冊

110000－0144－0011529　847.5/437－4
花簾詞一卷　(清)吳藻撰　清道光十年(1830)刻本　二冊

110000－0144－0011530　847.5/437－4
花簾詞一卷　(清)吳藻撰　清道光十年(1830)刻本　二冊

110000－0144－0011531　847.5/438
香蘇山館古体詩鈔十四卷今體詩鈔十六卷　(清)吳嵩梁撰　清嘉慶、道光間刻本　八冊

110000－0144－0011532　847.5/438.5
香南雪北詞一卷　(清)吳藻撰　清道光刻本　一冊

110000－0144－0011533　847.5/4381
倩影樓遺稿一卷　(清)陸蒨撰　清同治二年(1863)刻本　一冊

110000－0144－0011534　847.5/440
紫石泉山房文集十二卷詩鈔三卷　(清)吳定撰　清光緒十三年(1887)黟縣李宗媚刻本　五冊

110000－0144－0011535　847.5/440
紫石泉山房文集十二卷詩鈔三卷　(清)吳定撰　清光緒十三年(1887)黟縣李宗媚刻本　五冊

110000－0144－0011536　847.5/440－020

厓楞詩鈔八卷　(清)陳大績撰　清嘉慶留耕堂刻本　一冊

110000－0144－0011537　847.5/4401
飲餘雜詠一卷　(清)陳瑞圖撰　清道光十六年(1836)稿本　一冊

110000－0144－0011538　847.5/4401－2
樂吾樂齋詩鈔四卷　(清)陳瑞圖撰　清道光稿本　二冊

110000－0144－0011539　847.5/44013
春草軒吟稾一卷　(清)陳苞羽撰　清同治稿本　一冊

110000－0144－0011540　847.5/4404
百尺樓吟草一卷　(清)陳廷選撰　清道光十一年(1831)刻本　一冊

110000－0144－0011541　847.5/4407
聽松樓遺稿四卷附錄一卷　(清)陳爾士撰　清道光元年(1821)刻本　一冊

110000－0144－0011542　847.5/440－740
陳餘山稿本一卷　(清)陳餘山撰　清道光稿本　一冊

110000－0144－0011543　847.5/441.8
榮性堂文集八卷　(清)吳俊撰　清嘉慶二十二年(1817)刻本　二冊

110000－0144－0011544　847.5/441－2
柈湖文祿八卷首一卷詩錄六卷首一卷釣者風一卷　(清)吳敏樹撰　清同治八年(1869)刻本　四冊

110000－0144－0011545　847.5/441－2
柈湖文祿八卷首一卷詩錄六卷首一卷釣者風一卷　(清)吳敏樹撰　清同治八年(1869)刻本　四冊

110000－0144－0011546　847.5/441－2
柈湖文祿八卷首一卷詩錄六卷首一卷釣者風一卷　(清)吳敏樹撰　清同治八年(1869)刻本　四冊

110000－0144－0011547　847.5/442
有正味齋詞集八卷　(清)吳錫麒撰　清宣統元年(1909)掃葉山房石印本　三冊

110000－0144－0011548　847.5/442
有正味齋詞集八卷　(清)吳錫麒撰　清宣統元年(1909)掃葉山房石印本　三冊

110000－0144－0011549　847.5/442－02
有正味齋詞集八卷續集八卷　(清)吳錫麒撰　清嘉慶刻本　五冊

110000－0144－0011550　847.5/442－02
有正味齋詞集八卷續集八卷　(清)吳錫麒撰　清嘉慶刻本　二冊

110000－0144－0011551　847.5/442－3
有正味齋詩集十六卷駢體文二十四卷駢文續集八卷外集五卷詞集八卷詞續集二卷　(清)吳錫麒撰　清嘉慶十三年(1808)錢塘吳錫麒刻本　十五冊

110000－0144－0011552　847.5/442－3
有正味齋詩集十六卷駢體文二十四卷駢文續集八卷外集五卷詞集八卷詞續集二卷　(清)吳錫麒撰　清嘉慶十三年(1808)錢塘吳錫麒刻本　十六冊

110000－0144－0011553　847.5/442－4
有正味齋駢文十六卷　(清)吳錫麒撰　(清)葉聯芬箋註　清同治七年(1868)慈北葉氏刻本　八冊

110000－0144－0011554　847.5/442－4－02
有正味齋駢体文二十四卷　(清)吳錫麒撰　清咸豐九年(1859)青箱塾刻本　八冊

110000－0144－0011555　847.5/448
來鹿堂全集十二卷　(清)張鵬飛撰　清光緒刻本　十二冊

110000－0144－0011556　847.5/448.12
稻香樓詩稾一卷　(清)張慶榮撰　**蘭心閣詩稾**　(清)朱蘭撰　清咸豐八年(1858)張晉燮刻本　一冊

110000－0144－0011557　847.5/4481
潛園詩存四卷　(清)張天翔撰　**眷仙樓遺稿一卷刻翠集一卷**　(清)章韻清撰　清光緒二

十五年(1899)刻本　二册

110000－0144－0011558　847.5/448－2
西園詩鈔四卷　(清)張擴庭撰　(清)沈鼎甫選定　清道光二十六年(1846)刻本　二册

110000－0144－0011559　847.5/448－3
百一詩二卷　(清)張篤慶著　(清)王漁洋評　清道光十八年(1838)崑崙山房刻本　一册

110000－0144－0011560　847.5/4484
小東山草堂駢體文鈔十卷　(清)張泰青撰　清道光十五年(1835)刻本　六册

110000－0144－0011561　847.5/449－4
有正味齋駢文十六卷　(清)吳錫麒著　(清)葉聯芬箋注　清漢口善成堂書局刻本　八册

110000－0144－0011562　847.5/455
秋樹讀書樓遺集十六卷　(清)史善長撰　清道光十六年(1836)勝溪草堂刻本　四册

110000－0144－0011563　847.5/455
秋樹讀書樓遺集十六卷　(清)史善長撰　清道光十六年(1836)勝溪草堂刻本　四册

110000－0144－0011564　847.5/461
黃竹山房詩鈔六卷　(清)金玉岡撰　清嘉慶二十年(1815)金渶刻本　一册

110000－0144－0011565　847.5/4614
秋圃詩鈔四卷　(清)黃輝撰　(清)楊蓉裳選　清嘉慶十六年(1811)刻本　二册

110000－0144－0011566　847.5/471
九水山房文存二卷　(清)畢亨撰　清咸豐二年(1852)聊城楊氏海源閣刻本　二册

110000－0144－0011567　847.5/477
咄咄吟二卷　(清)貝青喬撰　清光緒元年(1875)不懼無悶齋刻本　二册

110000－0144－0011568　847.5/493
紫霞軒詩鈔二卷　(清)盧蘊真撰　清道光二十六年(1846)刻本　二册

110000－0144－0011569　847.5/502
翠眉亭稿一卷　(清)張際亮撰　清刻本　一册

110000－0144－0011570　847.5/503
七硯齋遺集三卷　(清)荊履吉撰　清光緒三年(1877)鳩拙成木活字印本　一册

110000－0144－0011571　847.5/504.1
文溪頌言十一卷　(清)葉元堦輯　清道光二十五年(1845)刻本　二册

110000－0144－0011572　847.5/504.6
歸盦文稾八卷　(清)葉裕仁撰　清光緒八年(1882)蔣銘勳刻本　四册

110000－0144－0011573　847.5/504.7
漢口竹枝詞六卷　(清)葉調元撰　清道光三十年(1850)刻本　一册

110000－0144－0011574　847.5/509
賞雨茅屋詩集二十卷外集一卷　(清)曾燠撰　清道光三年(1823)刻本　六册

110000－0144－0011575　847.5/5091
桐鳳集二卷　(清)曾彥撰　清光緒十五年(1889)蘇州書局刻本　一册

110000－0144－0011576　847.5/517
卜魁城賦一卷　(清)英和撰　清光緒九年(1883)元尚居刻本　一册

110000－0144－0011577　847.5/517
卜魁城賦一卷　(清)英和撰　清光緒九年(1883)元尚居刻本　一册

110000－0144－0011578　847.5/517－02
恩福堂集　(清)英和撰　清道光十年(1830)刻本　一册

110000－0144－0011579　847.5/519
來雨軒存稿四卷　(清)莫晉撰　清道光十六年(1836)刻本　四册

110000－0144－0011580　847.5/522
思不辱齋全集　(清)萬承風撰　清嘉慶二十一年(1816)刻道光後印本　十册

110000－0144－0011581　847.5/526
香案集不分卷　(清)蔣立鏞撰　清道光十三

年(1833)刻本　一冊

110000－0144－0011582　847.5/528
師鉅齋詩錄三卷意蘭吟賸一卷　(清)彭翰孫撰　**寫韻樓詩草一卷詞草一卷**　(清)吳清蕙撰　清光緒十七年(1891)活字本　二冊

110000－0144－0011583　847.5/535
嶺南集七卷續集一卷山左集一卷中州集一卷　(清)程含章撰　清道光元年(1821)刻本　八冊

110000－0144－0011584　847.5/545
文甲集二卷文乙集二卷　(清)董祐誠撰　清同治八年(1869)刻董立方遺書本　一冊

110000－0144－0011585　847.5/546
紅豆詩人集十六卷　(清)董潮撰　清道光二十年(1840)刻本　四冊

110000－0144－0011586　847.5/554
守柔齋詩鈔三卷　(清)蘇廷魁撰　清道光十五年(1835)富文齋刻本　一冊

110000－0144－0011587　847.5/562
陶門弟子集十六卷續集四卷餘集三卷詩話一卷紅樓夢說夢一卷煙譜二卷　(清)蔡家琬撰　清嘉慶二十二年(1817)刻道光印本　六冊

110000－0144－0011588　847.5/564
愛吾廬詩鈔六卷　(清)蔡兆華撰　清道光十二年(1832)刻本　二冊

110000－0144－0011589　847.5/586
念堂小草一卷　(清)崔旭撰　清道光刻本　一冊

110000－0144－0011590　847.5/591
津門百詠一卷太原雜詠一卷　(清)崔旭撰　清道光崔氏刻本　一冊

110000－0144－0011591　847.5/591.4
耕寸堂詩意二卷　(清)廉可旌撰　清道光八年(1828)刻本　二冊

110000－0144－0011592　847.5/613
鑑止水齋集二十卷　(清)許宗彥撰　清咸豐八年(1858)德清許延穀刻本　八冊

110000－0144－0011593　847.5/613
鑑止水齋集二十卷　(清)許宗彥撰　清咸豐八年(1858)德清許延穀刻本　八冊

110000－0144－0011594　847.5/613.7
東籬中正一卷　(清)許兆熊撰　清光緒七年(1881)刻本　一冊

110000－0144－0011595　847.5/613－02
鑑止水齋集二十卷　(清)許宗彥撰　清刻本　六冊

110000－0144－0011596　847.5/619
蕉影齋詩集四卷　(清)謝照撰　(清)謝福恒編次　清光緒三年(1877)刻本　四冊

110000－0144－0011597　847.5/621
春草堂集三十六卷　(清)謝堃撰　清道光二十五年(1845)刻本　存四卷(二十一至二十四)　五冊

110000－0144－0011598　847.5/635
靈芬館雜著二卷　(清)郭麐撰　清光緒九年(1883)蛟川張氏花雨樓刻本　二冊

110000－0144－0011599　847.5/652
寄思齋藏稿十二卷　(清)辛從益撰　清咸豐元年(1851)江西辛桂雲刻本　七冊

110000－0144－0011600　847.5/659
龔定盦全集　(清)龔自珍撰　清光緒二十三年(1897)萬本書堂刻本　四冊

110000－0144－0011601　847.5/659
龔定盦全集　(清)龔自珍撰　清光緒二十三年(1897)萬本書堂刻本　六冊

110000－0144－0011602　847.5/659
龔定盦全集　(清)龔自珍撰　清光緒二十三年(1897)萬本書堂刻本　六冊

110000－0144－0011603　847.5/659
龔定盦全集　(清)龔自珍撰　清光緒二十三年(1897)萬本書堂刻本　六冊

110000－0144－0011604　847.5/659
龔定盦全集　(清)龔自珍撰　清光緒二十三年(1897)萬本書堂刻本　六冊

110000－0144－0011605　847.5/659
龔定盦全集　(清)龔自珍撰　清光緒二十三年(1897)萬本書堂刻本　六册

110000－0144－0011606　847.5/659.4
澹静齋全集　(清)龔景瀚撰　清同治八年(1869)龔易圖刻本　八册

110000－0144－0011607　847.5/659－02
定盦文集三卷續集四卷文集補一卷　(清)龔自珍撰　清同治七年(1868)刻本　四册

110000－0144－0011608　847.5/659－02
定盦文集三卷續集四卷文集補一卷　(清)龔自珍撰　清同治七年(1868)刻本　四册

110000－0144－0011609　847.5/659－02
定盦文集三卷續集四卷文集補一卷　(清)龔自珍撰　清同治七年(1868)刻本　四册

110000－0144－0011610　847.5/659－04
校訂定盦全集十卷　(清)龔自珍撰　清宣統元年(1909)上海時中書局鉛印本　八册

110000－0144－0011611　847.5/659－05
定盦別集一卷　(清)龔自珍撰　清道光三年(1823)刻同治八年(1869)補刻本　一册

110000－0144－0011612　847.5/659－6－02
龔定盦全集　(清)龔自珍撰　清宣統元年(1909)上海國學扶輪社鉛印二年(1910)重印本　七册

110000－0144－0011613　847.5/659－6－03
精刊定盦全集　(清)龔自珍撰　清宣統元年(1909)上海國學扶輪社鉛印本　七册

110000－0144－0011614　847.5/659－6－03
精刊定盦全集　(清)龔自珍撰　清宣統元年(1909)上海國學扶輪社鉛印本　七册

110000－0144－0011615　847.5/662
太鶴山人集十三卷　(清)端木國瑚撰　清道光二十年(1840)瑞安洪坤刻本　六册

110000－0144－0011616　847.5/682
大雲山房文稿初集四卷二集四卷　(清)惲敬撰　清光緒十四年(1888)湖北官書處刻本　八册

110000－0144－0011617　847.5/682
大雲山房文稿初集四卷二集四卷　(清)惲敬撰　清光緒十四年(1888)湖北官書處刻本　八册

110000－0144－0011618　847.5/682－02
大雲山房文稿初集四卷二集四卷言事二卷　(清)惲敬撰　清同治二年(1863)惲世臨刻本　八册

110000－0144－0011619　847.5/682－02
大雲山房文稿初集四卷二集四卷言事二卷　(清)惲敬撰　清同治二年(1863)惲世臨刻本　六册

110000－0144－0011620　847.5/682－02
大雲山房文稿初集四卷二集四卷言事二卷　(清)惲敬撰　清同治二年(1863)惲世臨刻本　八册

110000－0144－0011621　847.5/6821
絜香吟館小草一卷　(清)齡文撰　清光緒十二年(1886)刻本　一册

110000－0144－0011622　847.5/683
笠游詩存不分卷　(清)鄧石如撰　清嘉慶十七年(1812)鄧光祖抄本　一册

110000－0144－0011623　847.5/685
四塞紀略賦一卷　(清)文守元撰　清嘉慶刻本　一册

110000－0144－0011624　847.5/704
飛香圃文集四卷試言一卷　(清)安詩撰　清道光刻本　一册

110000－0144－0011625　847.5/708.1
壽花軒詩略一卷　(清)汪懋芳撰　清光緒四年(1878)汪氏刻本　一册

110000－0144－0011626　847.5/710
蕉窗囈語二卷　(清)汪荊川撰　清道光二十四年(1844)汲古堂刻本　四册

110000－0144－0011627　847.5/712
自然好學齋詩鈔十卷　(清)汪端撰　清同治

十三年(1874)刻本　三冊

110000－0144－0011628　847.5/714
心知堂詩稿十八卷　(清)汪仲洋撰　清道光六年(1826)刻本　存十卷(一至十)　六冊

110000－0144－0011629　847.5/715
四一居士文抄六卷　(清)汪德鉞撰　清木活字印本　三冊

110000－0144－0011630　847.5/715.5
小山泉閣詩存八卷　(清)汪為霖撰　清道光二十年(1840)如臯汪氏刻本　四冊

110000－0144－0011631　847.5/716.6
借菴詩鈔十二卷　(清)釋清恆撰　清道光九年(1829)石肯堂刻光緒三十二年(1906)續刻本　五冊

110000　0144　0011632　847.5/716.7
養正書屋全集定本四十卷　(清)宣宗旻寧撰　清光緒五年(1879)奕訢鉛印本　二十四冊

110000－0144－0011633　847.5/716.7
御製詩初集二十四卷餘集十二卷　(清)宣宗旻寧撰　清光緒五年(1879)奕訢鉛印本　二十冊

110000－0144－0011634　847.5/716.7
御製詩初集二十四卷餘集十二卷　(清)宣宗旻寧撰　清光緒五年(1879)奕訢鉛印本　十六冊

110000－0144－0011635　847.5/716.7－8
御製文初集十卷餘集六卷　(清)宣宗旻寧撰　清光緒五年(1879)奕訢鉛印本　八冊

110000－0144－0011636　847.5/716－02
御製詩初集四十八卷二集六十四卷三集六十四卷　(清)仁宗顒琰撰　清光緒五年(1879)奕訢鉛印本　一百二冊

110000－0144－0011637　847.5/716－8
御製文初集十卷二集十四卷詩餘集六卷文餘集二卷　(清)仁宗顒琰撰　清光緒五年(1879)奕訢鉛印本　二十二冊

110000－0144－0011638　847.5/719.2
炳燭室雜文一卷　(清)江藩撰　**天馬山房詩別錄一卷**　(清)江巽東撰　清光緒三年(1877)八喜齋刻本　一冊

110000－0144－0011639　847.5/719－7－02
江忠烈公遺集二卷首一卷附錄一卷　(清)江忠源撰　清同治十二年(1873)刻本　三冊

110000－0144－0011640　847.5/719－7－03
江忠烈公遺集二卷附錄一卷　(清)江忠源撰　清同治三年(1864)四川藩署刻本　一冊

110000－0144－0011641　847.5/720
洪北江全集三十三種　(清)洪亮吉撰　清光緒授經堂刻本　六十四冊

110000－0144－0011642　847.5/720－2
更生齋文甲集四卷乙集二卷詩八卷詩餘二卷　(清)洪亮吉撰　清嘉慶七年(1802)洋川書院刻本　四冊

110000－0144－0011643　847.5/721
妙香詩草一卷　(清)釋漢兆撰　清道光五年(1825)妙香室刻本　一冊

110000－0144－0011644　847.5/7298
蔡孝廉詩文錄四卷　(清)蔡復午撰　清光緒二十八年(1902)成都孫桐珍石印本　一冊

110000－0144－0011645　847.5/730
梁氏筆記三種二十七卷　(清)梁章鉅撰　清宣統三年(1911)上海掃葉山房石印本　八冊

110000－0144－0011646　847.5/730－7
退菴隨筆二十二卷退菴[梁章鉅]自訂年譜一卷　(清)梁章鉅撰　清光緒元年(1875)刻本　九冊

110000－0144－0011647　847.5/732
兩般秋雨庵詩選不分卷　(清)梁紹壬撰　清宣統二年(1910)南陵徐乃昌刻本　一冊

110000－0144－0011648　847.5/736
寸心知室詩存六卷　(清)湯金釗撰　清咸豐刻本　四冊

110000－0144－0011649　847.5/741
五硯齋詩鈔二十卷　(清)沈赤然撰　清嘉慶

三年(1798)刻本　十冊

110000－0144－0011650　847.5/746
鴻雪樓詞稿不分卷　(清)沈善寶撰　清抄本　一冊

110000－0144－0011651　847.5/747
補讀書齋遺稿十卷　(清)沈維鐈撰　清光緒元年(1875)沈宗濟廣州寓舍刻本　四冊

110000－0144－0011652　847.5/750
澈道人詞存三卷　(清)澈道人撰　清刻本　一冊

110000－0144－0011653　847.5/752
葑煙亭詞四卷　(清)黎兆勳撰　清光緒十五年(1889)遵義黎氏日本使署刻本　一冊

110000－0144－0011654　847.5/754
養一齋集二十六卷首一卷　(清)潘德輿撰　清道光二十九年(1849)刻本　十一冊

110000－0144－0011655　847.5/754.6
潘少白先生集二卷文集八卷詩集五卷　(清)潘諮撰　清道光二十四年(1844)瞻園刻本　八冊

110000－0144－0011656　847.5/754.9
功甫小集十一卷　(清)潘曾沂撰　清咸豐四年(1854)潘東園刻本　六冊

110000－0144－0011657　847.5/773
小羅浮草堂詩鈔四卷　(清)馮敏昌撰　清嘉慶十四年(1809)刻本　四冊

110000－0144－0011658　847.5/784
西藏賦一卷　(清)和寧撰　清光緒八年(1882)元尚居刻本　一冊

110000－0144－0011659　847.5/789
綠雲館遺集二卷　(清)程芙亭撰　清道光二十六年(1846)瀟湘吟館刻本　一冊

110000－0144－0011660　847.5/805
古微堂内集三卷外集七卷　(清)魏源著　清光緒四年(1878)淮南書局刻本　四冊

110000－0144－0011661　847.5/805
古微堂内集三卷外集七卷　(清)魏源著　清光緒四年(1878)淮南書局刻本　四冊

110000－0144－0011662　847.5/805－02
古微堂集内集二卷外集七卷　(清)魏源撰　清光緒二十三年(1897)豐城余氏寶墨齋刻本　四冊

110000－0144－0011663　847.5/805－1
古微堂外集七卷　(清)魏源撰　清刻本　存五卷(一至五)　二冊

110000－0144－0011664　847.5/8054
梅花閣遺詩一卷　(清)錢蘅生撰　清光緒四年(1878)刻本　一冊

110000－0144－0011665　847.5/817
内自訟齋文集十卷　(清)周凱撰　清道光二十年(1840)愛吾廬刻本　十六冊

110000－0144－0011666　847.5/827
知足齋詩集二十卷詩續集四卷文集六卷進呈文稾二卷　(清)朱珪撰　清嘉慶十年(1805)刻本　十九冊

110000－0144－0011667　847.5/827.1
小萬卷齋詩稿三十二卷詩續稿十二卷經進稿四卷　(清)朱琦撰　清光緒十一年(1885)嘉樹山房刻本　十二冊

110000－0144－0011668　847.5/827.1－1
小萬卷齋文稿二十四卷首一卷末一卷　(清)朱琦撰　清光緒十一年(1885)刻本　十二冊

110000－0144－0011669　847.5/828
遊道堂集四卷　(清)朱彬撰　清同治七年(1868)袁浦刻本　二冊

110000－0144－0011670　847.5/832
繞竹山房詩稿十卷續詩稿十卷　(清)朱文治撰　清嘉慶二十三年(1818)刻本　八冊

110000－0144－0011671　847.5/833
似山堂集一卷　(清)朱為霖撰　清咸豐六年(1856)刻本　一冊

110000－0144－0011672　847.5/833.7
尺雲軒全集九卷　(清)朱實發撰　**湖防私記**

三卷　(清)宋韻初撰　**琵琶冷艷一卷**　(清)文水逸人撰　**舜山是仲明先生[鏡]年譜一卷**　(清)張敬立編　**陳原心玉紀一卷**　(清)陳性撰　**呂語集粹四卷**　(明)呂坤撰　清光緒十三年(1887)金吳瀾木活字印本　七冊

110000－0144－0011673　847.5/833.7－02
尺雲軒詩集四卷文集二卷續編一卷秋窗疊韻詩一卷尺牘一卷　(清)朱實發撰　清道光十四年(1834)朱穀昌刻本　六冊

110000－0144－0011674　847.5/845
韞山堂文集八卷詩集十六卷　(清)管世銘撰　清光緒二十年(1894)讀雪山房刻本　二冊

110000－0144－0011675　847.5/845
韞山堂文集八卷詩集十六卷　(清)管世銘撰　清光緒二十年(1894)讀雪山房刻本　二冊

110000－0144－0011676　847.5/845.4
因寄軒文初集十卷二集六卷補遺一卷　(清)管同撰　清光緒五年(1879)張士珩刻九年(1883)管炳奎印本　四冊

110000－0144－0011677　847.5/845.4
因寄軒文初集十卷二集六卷補遺一卷　(清)管同撰　清光緒五年(1879)張士珩刻九年(1883)管炳奎印本　四冊

110000－0144－0011678　847.5/845－02
韞山堂文集八卷　(清)管世銘撰　清光緒十七年(1891)存厚堂刻本　一冊

110000－0144－0011679　847.5/850
覺生詩鈔十卷詠物詩鈔四卷詠史詩鈔三卷感舊詩鈔二卷　(清)鮑桂星撰　清嘉慶二十五年(1820)刻本　六冊

110000－0144－0011680　847.5/855
龍溪詩草二卷補遺一卷　(清)鍾瑞廷撰　清光緒十六年(1890)紅雪山房刻本　二冊

110000－0144－0011681　847.5/859
紀文達公遺集三十二卷　(清)紀昀撰　(清)紀樹馨編校　清嘉慶十七年(1812)刻本　十冊

110000－0144－0011682　847.5/859
紀文達公遺集三十二卷　(清)紀昀撰　(清)紀樹馨編校　清嘉慶十七年(1812)刻本　十六冊

110000－0144－0011683　847.5/859
紀文達公遺集三十二卷　(清)紀昀撰　(清)紀樹馨編校　清嘉慶十七年(1812)刻本　十二冊

110000－0144－0011684　847.5/859
紀文達公遺集三十二卷　(清)紀昀撰　(清)紀樹馨編校　清嘉慶十七年(1812)刻本　九冊

110000－0144－0011685　847.5/859
紀文達公遺集三十二卷　(清)紀昀撰　(清)紀樹馨編校　清嘉慶十七年(1812)刻本　十八冊

110000－0144－0011686　847.5/859.2
癡說八卷　(清)紀蔭田撰　清道光元年(1821)懷清堂刻本　八冊

110000－0144－0011687　847.5/859.5
蔬香齋遺稿二卷　(清)紀叢筠撰　清同治七年(1868)刻本　一冊

110000－0144－0011688　847.5/859－02
紀文達公遺集十六卷　(清)紀昀撰　清抄本　八冊

110000－0144－0011689　847.5/873
青芝山館詩集二十二卷　(清)樂鈞撰　清嘉慶刻本　六冊

110000－0144－0011690　847.5/873－2
青芝山館駢体文集二卷　(清)樂鈞撰　清嘉慶九年(1804)刻本　一冊

110000－0144－0011691　847.5/875
健修堂詩集二十二卷　(清)邊浴禮撰　清咸豐七年至十一年(1857－1861)刻本　八冊

110000－0144－0011692　847.5/875
健修堂詩集二十二卷　(清)邊浴禮撰　清咸豐七年至十一年(1857－1861)刻本　八冊

110000－0144－0011693　847.5/884
賜閣堂文集六卷　(清)岳震川撰　清光緒五年(1879)岳勉紹堂刻本　四册

110000－0144－0011694　847.5/887
劉孟塗文集十卷駢体文二卷前集十卷後集二十二卷　(清)劉開撰　清道光七年(1827)姚氏檗山草堂刻本　八册

110000－0144－0011695　847.5/887
劉孟塗文集十卷駢体文二卷前集十卷後集二十二卷　(清)劉開撰　清道光七年(1827)姚氏檗山草堂刻本　八册

110000－0144－0011696　847.5/887－02
孟塗文集十卷駢体文二卷　(清)劉開撰　清光緒十二年(1886)蛟川華雨樓張氏刻本　四册

110000－0144－0011697　847.5/888
玉磐山房文集二卷詩集六卷　(清)劉大觀撰　清嘉慶二十年(1815)章玉森刻本　四册

110000－0144－0011698　847.5/889
紅薔吟館詩藁一卷　(清)鎖瑞芝撰　清道光十二年(1832)刻本　一册

110000－0144－0011699　847.5/891
青谿舊屋文集十一卷　(清)劉文淇撰　清光緒九年(1883)刻本　二册

110000－0144－0011700　847.5/891
青谿舊屋文集十一卷　(清)劉文淇撰　清光緒九年(1883)刻本　二册

110000－0144－0011701　847.5/891.6
兩湖詩鈔十二卷　(清)劉斌撰　清道光二十三年(1843)張六藝刻本　四册

110000－0144－0011702　847.5/892
雲中集六卷　(清)劉淳撰　清光緒七年(1881)刻本　六册

110000－0144－0011703　847.5/892.7
綠野齋前後合集六卷　(清)劉鴻翺撰　清道光二十四年(1844)宋鐘鳴刻本　八册

110000－0144－0011704　847.5/893
劉禮部集十二卷　(清)劉逢祿撰　清道光十年(1830)思誤齋刻本　六册

110000－0144－0011705　847.5/893
劉禮部集十二卷　(清)劉逢祿撰　清道光十年(1830)思誤齋刻本　四册

110000－0144－0011706　847.5/893.8
劉蕉雲先生遺書　(清)劉傳瑩撰　清宣統二年(1910)黄嗣東刻本　一册

110000－0144－0011707　847.5/893.89
存悔齋集二十八卷外集四卷　(清)劉鳳誥撰　清道光十七年(1837)劉元喜刻本　十册

110000－0144－0011708　847.5/893－02
劉禮部集十二卷　(清)劉逢祿撰　**麟石文鈔**　(清)劉承寵撰　清光緒十八年(1892)延暉承慶堂刻本　六册

110000－0144－0011709　847.5/896
津雲小草二卷梨花夢五卷　(清)何佩珠撰　清道光二十年(1840)刻本　一册

110000－0144－0011710　847.5/902
雙藤書屋詩集十二卷　(清)何道生撰　清道光元年(1821)雕藻齋吳耀宗刻本　二册

110000－0144－0011711　847.5/903
使黔草三卷　(清)何紹基撰　清道光二十五年(1845)刻本　一册

110000－0144－0011712　847.5/913
寫韻樓詩集五卷首一卷末一卷　(清)吳瓊仙撰　清光緒二十二年(1896)刻本　二册

110000－0144－0011713　847.5/917－02
雕菰集二十四卷密梅花館集二卷　(清)焦循撰　清道光四年(1824)阮福嶺南節署刻本　六册

110000－0144－0011714　847.5/919
迂存遺文二卷　(清)倪模撰　清光緒四年(1878)刻本　二册

110000－0144－0011715　847.5/919.8
輟耕吟稿五卷　(清)倪偉人撰　清光緒十六年(1890)章安官舍刻本　七册

北京師範大學圖書館古籍普查登記目録

（中）

全國古籍普查登記目録

國家圖書館出版社
National Library of China Publishing House

110000－0144－0011716　847.5/925
寶研堂集四卷　(清)舒化民撰　清同治三年(1864)靖安舒寬選刻本　四冊

110000－0144－0011717　847.5/925.8
缾水齋詩集十七卷詩別集二卷詩話一卷　(清)舒位撰　清光緒十二年(1886)宗山、邊保樞等刻本　八冊

110000－0144－0011718　847.5/926
惟清齋全集六種　(清)鐵保撰　清道光二年(1822)刻本　十冊

110000－0144－0011719　847.5/933
存素堂文稿四卷補遺一卷詩稿十四卷存素堂集續編四卷　(清)錢寶琛撰　清同治八年(1869)刻九年(1870)增補本　八冊

110000－0144－0011720　847.5/933.7
樂妙山居集一卷　(清)錢沃臣撰　清嘉慶刻本　一冊

110000－0144－0011721　847.5/934
衎石齋記事槀十卷　(清)錢儀吉撰　清道光十四年(1834)刻本　十冊

110000－0144－0011722　847.5/934－1
衎石齋記事續槀十卷　(清)錢儀吉撰　清咸豐四年(1854)蔣光焴刻本　四冊

110000－0144－0011723　847.5/948
懶雲樓詩草四卷續刻一卷　(清)釋與宏撰　清道光七年(1827)小雲樓刻本　一冊

110000－0144－0011724　847.5/949
煙嶼樓集四種　(清)徐時棟撰　清同治、光緒間刻本　十四冊

110000－0144－0011725　847.5/951
牧菴雜記六卷　(清)徐一麟撰　清同治七年(1868)居易山房刻本　四冊

110000－0144－0011726　847.5/953
雅歌堂文集二十二卷雅歌堂外集十二卷雅歌堂甃坪詩話二卷雅歌堂慎陟集詩鈔五卷雅歌堂賦一卷　(清)徐經撰　清光緒二年(1876)潭陽徐有林刻本　十六冊

110000－0144－0011727　847.5/960
城北草堂詩抄四卷詩餘二卷詞餘一卷小嫏嬛室殘稿一卷　(清)顧夔撰　清光緒十四年(1888)刻本　二冊

110000－0144－0011728　847.5/961
虞東先生文録八卷　(清)顧鎮撰　清道光十七年(1837)海虞顧氏小石山房刻本　四冊

110000－0144－0011729　847.5/964－02
思適齋集十八卷　(清)顧廣圻撰　清道光二十九年(1849)上海徐氏刻本　四冊

110000－0144－0011730　847.5/965
玉笥山房要集四卷附文一卷　(清)顧廷綸撰　清光緒十二年(1886)會稽顧家相刻本　四冊

110000－0144－0011731　847.5/974
知守齋詩初集六卷二集四卷別集一卷　(清)鄭開禧撰　清道光十二年(1832)刻本　二冊

110000－0144－0011732　847.5/977
秋槎政本一卷　(清)鄭兆龍撰　(清)李恭渭錄　清道光十五年(1835)刻本　一冊

110000－0144－0011733　847.5/983－02
復初齋文集三十五卷　(清)翁方綱撰　清光緒三年(1877)李以烜刻本　八冊

110000－0144－0011734　847.5/983－8
復初齋詩集六十六卷　(清)翁方綱撰　清嘉慶刻本　十四冊

110000－0144－0011735　847.5/987
豸華堂文鈔八卷　(清)金應麟撰　清光緒元年(1875)刻本　二冊

110000－0144－0011736　847.5/987.6
秋紅文室遺詩一卷　(清)金禮嬴撰　清道光二十年(1840)陳文述刻本　一冊

110000－0144－0011737　847.5/987.9
金殿撰家戒詩註釋一卷　(清)金甡撰　(清)昇寅註釋　清道光二十六年(1846)長白寶琳刻本　一冊

110000－0144－0011738　847.5/987－02

鷹華堂文鈔八卷甲部十二卷　(清)金應麟撰　清光緒元年(1875)刻本　六冊

110000－0144－0011739　847.5/988
石園全集七種　(清)余成教撰　清嘉慶刻本　十冊

110000－0144－0011740　847.5/994.2
東河櫂歌一卷　(清)姚思勤　清光緒十八年(1892)嘉惠堂丁氏刻本　一冊

110000－0144－0011741　847.5/994.4
邃雅堂集十卷　(清)姚文田撰　清道光元年(1821)江陰學署刻本　六冊

110000－0144－0011742　847.5/994.6
復莊駢儷文榷初編八卷　(清)姚燮撰　清咸豐四年(1854)大梅山館刻大梅山館集本　四冊

110000－0144－0011743　847.5/994.61
復莊詩問三十四卷　(清)姚燮撰　清道光二十六年至二十八年(1846－1848)大梅山館刻大梅山館集本　二十四冊

110000－0144－0011744　847.5/994.7
中復堂全集十種九十卷　(清)姚瑩撰　清同治六年(1867)桐城姚濬昌安福縣署刻本　二十四冊

110000－0144－0011745　847.5/994.7－2
寸陰叢錄四卷　(清)姚瑩撰　清刻本　四冊

110000－0144－0011746　847.5/994.7－27
東溟文集六卷東溟外集四卷東溟文後集十四卷東溟文外集二卷中復堂遺稿五卷中復堂遺稿續編二卷附錄一卷　(清)姚瑩撰　清同治六年(1867)刻本　十冊

110000－0144－0011747　847.5/994.9
姚鏡塘先生全集竹素齋古文遺稿三卷竹素齋時文遺稿三卷竹素齋自訂古今體詩稿四卷　(清)姚學塽撰　清道光七年(1827)竹素齋刻本　十冊

110000－0144－0011748　847.5/994－62
惜抱軒文集十六卷文後集十卷　(清)姚鼐撰　清光緒九年(1883)桐城徐宗亮刻本　八冊

110000－0144－0011749　847.6/033
太華山人詩存五卷　(清)王益謙撰　清同治元年(1862)刻本　四冊

110000－0144－0011750　847.6/0331
蟄廬遺稿一卷　(清)王徐庠撰　清光緒二十七年(1901)刻本　一冊

110000－0144－0011751　847.6/0334
王文肅公遺文一卷　(清)王安國撰　清咸豐四年(1854)王敬之刻本　一冊

110000－0144－0011752　847.6/102
劍虹居文集二卷詩集二卷　(清)秦煥撰　清光緒三十一年(1905)山陽秦氏刻本　四冊

110000－0144－0011753　847.6/105
緭舠亭集三十二卷後集十二卷　(清)祁寯藻撰　清咸豐六年(1856)刻本　六冊

110000－0144－0011754　847.6/111
都梁草二卷首一卷　(清)于養源撰　清光緒十九年至三十二年(1893－1906)刻本　二冊

110000－0144－0011755　847.6/113
百柱堂全集五十二卷首一卷　(清)王柏心撰　清光緒十九年(1893)刻本　十六冊

110000－0144－0011756　847.6/113.2
弢園文錄外編十卷　(清)王韜撰　清光緒二十三年(1897)時務學社刻本　十冊

110000－0144－0011757　847.6/113.2
王文直公遺集六卷首一卷　(清)王東槐撰　清光緒七年(1881)刻本　六冊

110000－0144－0011758　847.6/113.2－03
弢園文錄外編十二卷　(清)王韜撰　清光緒九年(1883)香海弢園老民鉛印本　六冊

110000－0144－0011759　847.6/113.2－4
蘅華館詩錄六卷　(清)王韜撰　清光緒六年(1880)香海鉛印弢園叢書本　二冊

110000－0144－0011760　847.6/113.2－4
蘅華館詩錄六卷　(清)王韜撰　清光緒六年

(1880)香海鉛印弢園叢書本　二册

110000－0144－0011761　847.6/113.27
鄱陽湖櫂歌一百首　(清)王其淦撰　清末刻本　一册

110000－0144－0011762　847.6/113.3－3
龍壁山房詩草十二卷　(清)王錫振撰　清咸豐九年(1859)京師寓廬刻本　二册

110000－0144－0011763　847.6/113－3
百柱堂詩藁七卷　(清)王柏心撰　清刻本　三册

110000－0144－0011764　847.6/113－7
漆室吟八卷　(清)王柏心撰　清咸豐七年(1857)刻本　二册

110000－0144－0011765　847.6/114
哀生閣集初稿四卷續稿二卷　(清)工大經撰　清光緒十一年(1885)刻本　六册

110000－0144－0011766　847.6/118
後湖草堂詩鈔三十八卷　(清)王守毅撰　清咸豐四年(1854)刻光緒續刻本　八册

110000－0144－0011767　847.6/128
望月軒詩詞稿二卷　(清)沈英撰　清光緒二十一年(1895)廣東萃經堂刻本　一册

110000－0144－0011768　847.6/130
灌香草堂初稿一卷　(清)吳蘭畹撰　清同治五年(1866)任之駒等刻本　一册

110000－0144－0011769　847.6/131
澹餘詩略三卷　(清)汪暕撰　清咸豐八年(1858)葉氏敦夙好刻本　一册

110000－0144－0011770　847.6/1317
幽竹齋小草二卷秋笳集一卷　(清)吳采芝撰　清末刻本　一册

110000－0144－0011771　847.6/154
觀成集　(清)□□撰　清末抄本　一册

110000－0144－0011772　847.6/1558
還如閣詩存二卷　(清)何長治撰　清光緒十九年(1893)何振宇刻本　一册

110000－0144－0011773　847.6/1616
南園集二卷　(清)李光榮撰　清同治元年(1862)刻本　一册

110000－0144－0011774　847.6/165
知止堂集十三卷續集六卷外集六卷　(清)黄恩彤撰　清光緒六年(1880)刻本　六册

110000－0144－0011775　847.6/166
飛鴻集四卷　(清)黄恩彤撰　清同治六年(1867)刻本　一册

110000－0144－0011776　847.6/169
倚晴樓集　(清)黄燮清撰　清咸豐、同治間海鹽黄氏拙宜閣刻本　存三種二十四卷(倚晴樓詩集十二卷詩續集四卷詩餘四卷、居官鑑二卷、脊令原二卷)　六册

110000－0144－0011777　847.6/169.4
思貽堂詩集十二卷思貽堂詩續存八卷詩第三集四卷　(清)黄文琛撰　清同治二年(1863)刻本　六册

110000－0144－0011778　847.6/169.4－9
後永州集八卷　(清)黄文琛撰　清同治九年(1870)屈啟後刻本　三册

110000－0144－0011779　847.6/169.4－9
後永州集八卷　(清)黄文琛撰　清同治九年(1870)屈啟後刻本　三册

110000－0144－0011780　847.6/170
瓶隱山房詩鈔十二卷　(清)黄曾撰　清咸豐七年(1857)潘慶福刻本　六册

110000－0144－0011781　847.6/171
醉山草堂詩集二卷　(清)黄仲騏撰　清光緒三年(1877)潙寧學署刻本　二册

110000－0144－0011782　847.6/172
木雞書屋文鈔四卷二集六卷三集八卷四集六卷五集六卷　(清)黄金臺撰　清道光、同治間刻彙印本　八册

110000－0144－0011783　847.6/172－02
木鷄書屋文鈔四卷二集六卷三集八卷詩選六卷　(清)黄金臺撰　清道光刻彙印本　四册

110000－0144－0011784　847.6/185
古香山館文存十六卷　(清)彭洋中撰　清同治十三年(1874)湘鄉彭氏刻本　三冊

110000－0144－0011785　847.6/188
邃懷堂全集三十八卷　(清)袁翼撰　清光緒十三年至十四年(1887－1888)刻本　十六冊

110000－0144－0011786　847.6/188
邃懷堂全集三十八卷　(清)袁翼撰　清光緒十三年至十四年(1887－1888)刻本　存十四卷(詩集前編一至六、詩集後編一至六、小清容山館詞鈔一至二)　六冊

110000－0144－0011787　847.6/188－02
邃懷堂文集箋註十六卷　(清)袁翼撰　(清)朱舲箋註　清咸豐八年(1858)古唐朱氏古懽齋刻本　八冊

110000－0144－0011788　847.6/188－1
邃懷堂哀忠集初二三編　(清)袁翼撰　清光緒十三年(1887)刻本　二冊

110000－0144－0011789　847.6/193
春臥庵詩稿二卷　(清)袁河撰　清光緒二十年(1894)袁以康刻本　二冊

110000－0144－0011790　847.6/195
瑶花閣詩草一卷　(清)袁綬撰　清同治六年(1867)刻本　一冊

110000－0144－0011791　847.6/200
溫次言先生詩錄一卷　(清)溫汝超撰　**趙忠節公遺墨一卷**　(清)趙景賢撰　清光緒八年(1882)歸安趙濱彦刻本　一冊

110000－0144－0011792　847.6/200
溫次言先生詩錄一卷　(清)溫汝超撰　**趙忠節公遺墨一卷**　(清)趙景賢撰　清光緒八年(1882)歸安趙濱彦刻本　一冊

110000－0144－0011793　847.6/200
溫次言先生詩錄一卷　(清)溫汝超撰　**趙忠節公遺墨一卷**　(清)趙景賢撰　清光緒八年(1882)歸安趙濱彦刻本　一冊

110000－0144－0011794　847.6/200.4
濾月軒詩集二卷詩續集二卷文集一卷文續集一卷詩餘一卷　(清)趙棻撰　清同治十二年(1873)汪曰楨刻本　二冊

110000－0144－0011795　847.6/213
謫麐堂遺集四卷　(清)戴望撰　清宣統三年(1911)歸安陸氏刻本　二冊

110000－0144－0011796　847.6/213.6
甌江竹枝詞一卷　(清)戴文儁撰　清光緒六年(1880)東甌郭博古齋刻本　一冊

110000－0144－0011797　847.6/213－02
謫麐堂遺集四卷　(清)戴望撰　清光緒元年(1875)趙之謙刻本　二冊

110000－0144－0011798　847.6/213－03
謫麐堂遺集四卷　(清)戴望撰　清宣統三年(1911)風雨樓鉛印本　一冊

110000－0144－0011799　847.6/216
胡文忠公遺集八十六卷首一卷目錄一卷　(清)胡林翼撰　(清)鄭敦謹等輯　(清)胡鳳丹重編刊　清光緒元年(1875)湖北崇文書局刻本　三十二冊

110000－0144－0011800　847.6/216
胡文忠公遺集八十六卷首一卷目錄一卷　(清)胡林翼撰　(清)鄭敦謹等輯　(清)胡鳳丹重編刊　清光緒元年(1875)湖北崇文書局刻本　三十二冊

110000－0144－0011801　847.6/216
胡文忠公遺集八十六卷首一卷目錄一卷　(清)胡林翼撰　(清)鄭敦謹等輯　(清)胡鳳丹重編刊　清光緒元年(1875)湖北崇文書局刻本　三十二冊

110000－0144－0011802　847.6/216－02
胡文忠公遺集八十六卷首一卷　(清)胡林翼撰　清光緒二十七年(1901)上海圖書集成印書局鉛印本　八冊

110000－0144－0011803　847.6/219
抱靜遺稿一卷　(清)周元熙撰　(清)周孝圻校錄　清抄本　一冊

110000－0144－0011804　847.6/226

翠岩室文稿僅存二卷續刻一卷詩鈔五卷　(清)韓弼元撰　清光緒二十六年(1900)刻本　四册

110000－0144－0011805　847.6/268

衰遺草堂詩抄十二卷　(清)楊翰撰　清同治十年(1871)楊翰刻息柯居士全集本　二册　存八卷(一至四、九至十二)

110000－0144－0011806　847.6/270

碧琅玕館詩鈔四卷續鈔四卷　(清)楊光儀撰　清光緒刻本　四册

110000－0144－0011807　847.6/270

碧琅玕館詩鈔四卷續鈔四卷　(清)楊光儀撰　清光緒刻本　二册

110000－0144－0011808　847.6/271

絳雪山房詩鈔二十卷續鈔六卷　(清)楊慶琛撰　清道光二十八年(1848)榕城陳仁權刻本　八册

110000－0144－0011809　847.6/279－2

柏梘山房文集十六卷文續集一卷詩集十卷詩續集二卷駢體文二卷　(清)梅曾亮撰　清咸豐六年(1856)梅曾亮刻同治三年(1864)補刻本　六册

110000－0144－0011810　847.6/279－2

柏梘山房文集十六卷文續集一卷詩集十卷詩續集二卷駢體文二卷　(清)梅曾亮撰　清咸豐六年(1856)梅曾亮刻同治三年(1864)補刻本　八册

110000－0144－0011811　847.6/279－2

柏梘山房文集十六卷文續集一卷詩集十卷詩續集二卷駢體文二卷　(清)梅曾亮撰　清咸豐六年(1856)梅曾亮刻同治三年(1864)補刻本　八册

110000－0144－0011812　847.6/279－2－02

柏梘山房文集十六卷詩集十卷詩續集二卷文集八卷　(清)梅曾亮撰　清光緒二十七年(1901)鉛印本　二册

110000－0144－0011813　847.6/279－2－02

柏梘山房文集十六卷文續集一卷駢體文二卷詩集十卷詩續集二卷　(清)梅曾亮撰　清光緒二十七年(1901)鉛印本　六册

110000－0144－0011814　847.6/286

桐閣先生文鈔十二卷　(清)李元春撰　清光緒十年(1884)朝邑同義文會刻本　十二册

110000－0144－0011815　847.6/287

好雲樓初集二十八卷二集十六卷試律一卷四書文一卷　(清)李聯琇撰　清咸豐至光緒恩養堂刻本　十六册

110000－0144－0011816　847.6/291

西漚全集十卷外集八卷　(清)李惺撰　(清)童棫　(清)宋寶棫編　清同治六年(1867)劉鴻典等刻本　十六册

110000－0144－0011817　847.6/291

西漚全集十卷外集八卷　(清)李惺撰　(清)童棫　(清)宋寶棫編　清同治六年(1867)劉鴻典等刻本　十六册

110000－0144－0011818　847.6/291.6

邁堂文略四卷　(清)李祖陶撰　清同治七年(1868)敖陽尚友樓刻本　四册

110000－0144－0011819　847.6/291.6－02

邁堂文略一卷　(清)李祖陶撰　清道光十五年(1835)鷺洲書院刻本　一册

110000－0144－0011820　847.6/292

李文忠公全集六種一百六十五卷首一卷　(清)李鴻章撰　(清)吴汝綸輯　清光緒三十一年至三十四年(1905－1908)金陵刻本　一百册

110000－0144－0011821　847.6/292

李文忠公全集一百六十五卷首一卷　(清)李鴻章撰　(清)吴汝綸輯　清光緒三十一年(1905)刻本　一百册

110000－0144－0011822　847.6/292

李文忠公全集一百六十五卷首一卷　(清)李鴻章撰　(清)吴汝綸輯　清光緒三十一年

(1905)刻本　一百冊

110000－0144－0011823　847.6/292.7
龍泉園集八種十二卷　(清)李江撰　清光緒二十年(1894)刻本　四冊

110000－0144－0011824　847.6/292.7
龍泉園集八種十二卷　(清)李江撰　清光緒二十年(1894)刻本　四冊

110000－0144－0011825　847.6/292.76
黄檗山人詩集二卷　(清)李漢章撰　清光緒刻本　二冊

110000－0144－0011826　847.6/307.2
介軒文鈔八卷外集二卷　(清)張振夔撰　清同治九年(1870)刻本　二冊

110000－0144－0011827　847.6/307.4
信拈草三卷　(清)張樸撰　清刻本　一冊

110000－0144－0011828　847.6/3073
鐵笛僊館從戎草二卷　(清)柏青撰　清咸豐三年(1853)刻本　二冊

110000－0144－0011829　847.6/308
南湖詩集十一卷　(清)張雲驤撰　清光緒刻本　二冊

110000－0144－0011830　847.6/308.2
退思軒詩集六卷補遺　(清)張百熙撰　清宣統三年(1911)京師鉛印本　一冊

110000－0144－0011831　847.6/308.2
退思軒詩集六卷補遺　(清)張百熙撰　清宣統三年(1911)京師鉛印本　一冊

110000－0144－0011832　847.6/308.2
退思軒詩集六卷補遺　(清)張百熙撰　清宣統三年(1911)京師鉛印本　一冊

110000－0144－0011833　847.6/308.2
退思軒詩集六卷補遺　(清)張百熙撰　清宣統三年(1911)京師鉛印本　二冊

110000－0144－0011834　847.6/308.2－02
退思軒詩集六卷補遺　(清)張百熙撰　清宣統三年(1911)武昌刻本　二冊

110000－0144－0011835　847.6/308.2－02
退思軒詩集六卷補遺　(清)張百熙撰　清宣統三年(1911)武昌刻本　二冊

110000－0144－0011836　847.6/309
寒松閣詩八卷詞四卷駢體文一卷駢體文續一卷　(清)張鳴珂撰　清光緒十九年(1893)刻本　六冊

110000－0144－0011837　847.6/309.4
柏溪詩鈔二卷　(清)張同準撰　清同治七年(1868)張紹京刻本　二冊

110000－0144－0011838　847.6/321
景詹閣遺文　(清)姚諶撰　清宣統三年(1911)陸樹聲刻本　一冊

110000－0144－0011839　847.6/3214
姚吉仙女史詩稿三卷　(清)姚其慶撰　清光緒二十九年(1903)姚有彬刻本　一冊

110000－0144－0011840　847.6/324
心白日齋集六卷　(清)尹耕雲撰　清光緒十年(1884)刻本　四冊

110000－0144－0011841　847.6/324－02
心白日齋集六卷　(清)尹耕雲撰　清光緒二十一年(1895)刻本　四冊

110000－0144－0011842　847.6/329
半巘廬遺文一卷　(清)邵懿辰撰　清光緒三十四年(1908)刻本　一冊

110000－0144－0011843　847.6/337
真州竹枝詞不分卷　(清)厲秀芳撰　清咸豐七年(1857)刻本　二冊

110000－0144－0011844　847.6/343
耕煙草堂詩鈔二卷　(清)平疇撰　清同治十年(1871)刻本　一冊

110000－0144－0011845　847.6/350
誦清閣集四卷首一卷　(清)石景芬撰　清末刻本　四冊

110000－0144－0011846　847.6/350
誦清閣集四卷首一卷　(清)石景芬撰　清末刻本　四冊

110000－0144－0011847　847.6/352
恪靖侯盾鼻餘瀋一卷　(清)左宗棠撰　清光緒七年(1881)長沙柳葆元刻本　一册

110000－0144－0011848　847.6/352
恪靖侯盾鼻餘瀋一卷　(清)左宗棠撰　清光緒七年(1881)長沙柳葆元刻本　一册

110000－0144－0011849　847.6/352.7
慎奮文鈔二卷　(清)左宗植撰　清光緒元年(1875)王加敏刻本　二册

110000－0144－0011850　847.6/358
裁雲閣詞抄六卷裁雲閣曲一卷　(清)秦雲撰　清同治七年(1868)刻本　三册

110000－0144－0011851　847.6/361
蜨花吟館詩鈔四卷　(清)孫檈撰　清同治五年(1866)刻本　二册

110000－0144－0011852　847.6/363
蒼莨詩初集十卷文初集六卷詩賦附錄五卷　(清)孫鼎臣撰　清咸豐刻本　六册

110000－0144－0011853　847.6/368
孫文節公遺稿四卷　(清)孫銘恩撰　清咸豐七年(1857)孫登瀛刻本　二册

110000－0144－0011854　847.6/372
雙梧山館文鈔二十四卷　(清)鄧瑤撰　清咸豐十年(1860)南邨草堂刻本　十册

110000－0144－0011855　847.6/372－292
北行草二卷續草一卷勞人草草一卷月照山房詩草四卷　(清)鄧珏著　清道光、咸豐間刻本　六册

110000－0144－0011856　847.6/378
敦復齋文集八卷　(清)陳世恩撰　清光緒三十二年(1906)和悦洲醉墨莊木活字印本　二册

110000－0144－0011857　847.6/383.7
小迦陵館文集一卷　(清)陳寶撰　清宣統二年(1910)浙江官報兼印刷局鉛印本　一册

110000－0144－0011858　847.6/386
甪西吟榭詩鈔一卷　(清)陸超陛撰　清宣統三年(1911)華雲閣鉛印本　一册

110000－0144－0011859　847.6/395
遲奮集杜詩一卷　(清)孫毓汶輯　清末鉛印本　一册

110000－0144－0011860　847.6/412
可久處齋文抄八卷　(清)馬樹華撰　清刻本　二册

110000－0144－0011861　847.6/423
采庸館詩存一卷　(清)許應騄撰　清咸豐九年(1859)刻本　一册

110000－0144－0011862　847.6/428
憫忠草一卷　(清)嚴正基撰　清同治四年(1865)金陵刻本　一册

110000－0144－0011863　847.6/435.2
求自得之室文鈔十二卷　(清)吳嘉賓撰　清同治五年(1866)廣州富文齋刻本　五册

110000－0144－0011864　847.6/435－2
攜雪堂文集四卷　(清)吳可讀撰　(清)楊慶生箋注　清光緒二十六年(1900)浙江書局刻本　四册

110000－0144－0011865　847.6/436
小酉腴山館文鈔九卷　(清)吳大廷撰　清同治刻本　十二册

110000－0144－0011866　847.6/438
懷白軒初稿十五卷　(清)陸初望撰　清同治五年(1866)皖城刻本　二册

110000－0144－0011867　847.6/439
吳文節公遺集八十卷　(清)吳文鎔撰　(清)吳養原編　清咸豐七年(1857)儀徵吳養原刻本　十七册

110000－0144－0011868　847.6/440
鏡心樓詩集二卷　(清)崔本撰　清同治鋤經軒刻本　一册

110000－0144－0011869　847.6/441
倚琴閣詩草一卷　(清)吳麟珠撰　清光緒二十二年(1896)刻本　一册

110000－0144－0011870　847.6/441.8
拙修集十卷續編四卷　(清)吳廷棟撰　清同治十年(1871)六安求我齋刻本　四册

110000－0144－0011871　847.6/441.8
拙修集十卷續編四卷　(清)吳廷棟撰　清同治十年(1871)六安求我齋刻本　六册

110000－0144－0011872　847.6/443
檉華館散體文六卷駢體文一卷古近體詩四卷雜録一卷　(清)路德撰　清光緒七年(1881)閆敬銘刻本　十册

110000－0144－0011873　847.6/448
曉帆詩草一卷　(清)張乃勳撰　清光緒十五年(1889)梁溪文苑閣刻本　一册

110000－0144－0011874　847.6/450
卓峰草堂詩鈔二十卷夢梨雲館詩外編四卷　(清)符兆綸撰　清同治元年(1862)刻本　六册

110000－0144－0011875　847.6/457
京東詩鈔二卷　(清)曹應熊撰　清咸豐十一年(1861)刻本　二册

110000－0144－0011876　847.6/461
凝香閣詩鈔一卷　(清)黄芝臺撰　清同治二年(1863)刻本　二册

110000－0144－0011877　847.6/482
羅文恪公遺集三卷　羅惇衍撰　清末刻本　六册

110000－0144－0011878　847.6/482.2
焦山詩鈔一卷江覃漁唱一卷　(清)羅志讓撰　清光緒四年(1878)刻本　一册

110000－0144－0011879　847.6/504
敦夙好齋詩續編十一卷　(清)葉名灃撰　清咸豐九年(1859)葉恩頤胡心耘木活字印本　二册

110000－0144－0011880　847.6/504.3
太湖竹枝詞二卷　(清)葉承桂撰　清咸豐三年(1853)石林園刻本　一册

110000－0144－0011881　847.6/504.3
太湖竹枝詞二卷　(清)葉承桂撰　清咸豐三年(1853)石林園刻本　一册

110000－0144－0011882　847.6/519
影山草堂六種　(清)莫友芝　(清)莫與儔撰　清同治三年至光緒元年(1864－1875)獨山莫氏刻本　存三種二十二卷(郘亭詩鈔六卷、郘亭遺文八卷、郘亭遺詩八卷)　四册

110000－0144－0011883　847.6/525
楓南山館遺集七卷末一卷　(清)莊受棋撰　清光緒元年(1875)陽湖莊怡孫刻本　二册

110000－0144－0011884　847.6/525
楓南山館遺集七卷末一卷　(清)莊受棋撰　清光緒元年(1875)陽湖莊怡孫刻本　二册

110000－0144－0011885　847.6/525
楓南山館遺集七卷末一卷　(清)莊受棋撰　清光緒元年(1875)陽湖莊怡孫刻本　二册

110000－0144－0011886　847.6/526
春暉草堂詩存四卷　(清)費履堅撰　清同治三年(1864)費錫申刻本　二册

110000－0144－0011887　847.6/526
嘯古堂文集八卷　(清)蔣敦復撰　清同治七年(1868)應寶時刻本　二册

110000－0144－0011888　847.6/528
觀河集四卷　(清)彭紹升撰　清同治元年(1862)劉朝侍刻本　一册

110000－0144－0011889　847.6/534
淮流一勺二卷　(清)范以煦撰　清道光二十八年(1848)郝少溪等刻本　一册

110000－0144－0011890　847.6/542
秦川焚餘草六卷補遺　(清)董平章撰　清光緒二十七年(1901)容齋抄本　六册

110000－0144－0011891　847.6/542
秦川焚餘草六卷補遺　(清)董平章撰　清光緒二十七年(1901)容齋抄本　六册

110000－0144－0011892　847.6/554
亦佳室文鈔二卷　(清)蘇廷玉撰　清咸豐六年(1856)刻本　一册

110000－0144－0011893　847.6/556
夢綠草堂詩鈔續集二卷　(清)蔡壽祺撰　清同治五年(1866)京師螂嬛別館刻本　一冊

110000－0144－0011894　847.6/556.1
荻華堂存稿二卷試帖詩存二卷　(清)蔡琳撰　清光緒十八年(1892)刻本　三冊

110000－0144－0011895　847.6/566
青萍軒文錄二卷詩錄一卷　(清)薛福保撰　清光緒八年(1882)薛福成刻本　一冊

110000－0144－0011896　847.6/569
藤香館詩鈔四卷　(清)薛時雨撰　清同治七年(1868)刻薛氏五種本　四冊

110000－0144－0011897　847.6/577
藏修齋詩稿四卷　(清)奕誴撰　清咸豐二年(1852)瑞仁刻本　二冊

110000－0144－0011898　847.6/577
藏修齋詩稿四卷　(清)奕誴撰　清咸豐二年(1852)瑞仁刻本　二冊

110000－0144－0011899　847.6/580
吳江三節婦集四卷　(清)董雲鶴等撰　清咸豐七年(1857)吳江範氏刻本　四冊

110000－0144－0011900　847.6/589
小隱詩鈔一卷　(清)崔宜枚撰　清光緒刻本　一冊

110000－0144－0011901　847.6/601
樂志堂文略四卷詩略二卷　(清)譚瑩撰　清光緒元年(1875)譚宗浚刻本　二冊

110000－0144－0011902　847.6/601
樂志堂文略四卷詩略二卷　(清)譚瑩撰　清光緒元年(1875)譚宗浚刻本　三冊

110000－0144－0011903　847.6/607
雪門詩草十四卷　(清)許瑤光撰　清同治十三年(1874)刻本　六冊

110000－0144－0011904　847.6/608
重桂堂集十一卷　(清)許正綬撰　清光緒十年(1884)上虞許竹清等刻本　二冊

110000－0144－0011905　847.6/613.7
玉井山館詩十五卷文略五卷文續三卷　(清)許宗衡撰　清同治九年(1870)刻本　五冊

110000－0144－0011906　847.6/626
海雲詩鈔十三卷　(清)方江撰　清同治六年(1867)悟香音室刻本　四冊

110000－0144－0011907　847.6/626.7
海鶴亭詠物存稿二卷　(清)方壯猷撰　清同治三年(1864)方炳奎刻本　一冊

110000－0144－0011908　847.6/644
怡怡樓遺稿一卷　(清)高以莊撰　清光緒元年(1875)西充官廨刻本　一冊

110000－0144－0011909　847.6/655
靜觀書屋詩集七卷首一卷末一卷　(清)章鶴齡撰　清同治十三年(1874)皖城刻本　二冊

110000－0144－0011910　847.6/657
今白華堂詩集八卷　(清)童槐撰　清同治八年(1869)刻本　二冊

110000－0144－0011911　847.6/667
夢硯齋遺稿八卷　(清)唐樹義撰　清同治四年(1865)綏定郡齋刻本　三冊

110000－0144－0011912　847.6/667
夢硯齋遺稿八卷　(清)唐樹義撰　清同治四年(1865)綏定郡齋刻本　三冊

110000－0144－0011913　847.6/667.9－02
唐確慎公集十卷首一卷末一卷　(清)唐鑑撰　清光緒元年(1875)刻本　六冊

110000－0144－0011914　847.6/677
海國勝遊草一卷　(清)斌椿撰　清同治七年(1868)刻本　一冊

110000－0144－0011915　847.6/684
躬恥齋文抄二十卷首一卷後編一卷　(清)宗稷辰撰　清咸豐元年(1851)越峴山館刻本　十七冊

110000－0144－0011916　847.6/684
躬恥齋文抄二十卷首一卷後編一卷　(清)宗稷辰撰　清咸豐元年(1851)越峴山館刻本

十二册

110000－0144－0011917　847.6/684－8

躬耻齋詩鈔十四卷首一卷　(清)宗稷辰撰　清咸豐九年(1859)杕杜軒刻本　八册

110000－0144－0011918　847.6/686

文靖公詩鈔八卷　(清)寶鋆撰　清光緒三十四年(1908)羊城刻本　四册

110000－0144－0011919　847.6/686

文靖公詩鈔八卷　(清)寶鋆撰　清光緒三十四年(1908)羊城刻本　四册

110000－0144－0011920　847.6/700

莘齋文鈔四卷　(清)宦懋庸撰　清光緒二十年(1894)川東道署刻本　四册

110000－0144－0011921　847.6/701

道情詞　(清)寧善志撰　清同治九年(1870)刻本　一册

110000－0144－0011922　847.6/716

御製詩集八卷文集二卷　(清)文宗奕詝撰　清光緒五年(1879)鉛印本　六册

110000－0144－0011923　847.6/719.1

悔學堂詩三卷　(清)江式撰　清刻本　一册

110000－0144－0011924　847.6/719.7

伏敔堂詩録十五卷首一卷續録四卷　(清)江湜撰　清同治元年(1862)吴玉田刻字舖刻本　四册

110000－0144－0011925　847.6/720

務時敏齋存稿十卷　(清)洪昌燕撰　清光緒二十年(1894)錢塘洪衍慶刻本　四册

110000－0144－0011926　847.6/728

曉瀛遺稿二卷　(清)蔣繼伯撰　清同治刻本　一册

110000－0144－0011927　847.6/735

錫山書屋詩鈔六卷　(清)談恩誥撰　(清)徐兆英選訂　清光緒十七年(1891)刻本　一册

110000－0144－0011928　847.6/736

琴隱園詩集三十六卷詞集四卷　(清)湯貽汾撰　清光緒元年(1875)武進曹丈刻本　八册

110000－0144－0011929　847.6/742

碧筠樓吟稿一卷　(清)楊清材撰　**浣芳閣吟稿一卷**　(清)潘焕吉撰　**韻芳閣吟稿一卷**　(清)潘焕榮撰　清道光十二年(1832)刻本　一册

110000－0144－0011930　847.6/746.5

沈文忠公集十卷　(清)沈兆霖撰　清同治八年(1869)楊鴻典刻本　四册

110000－0144－0011931　847.6/754

東津館文集三卷　(清)潘曾沂撰　清咸豐八年(1858)刻本　二册

110000－0144－0011932　847.6/754.7

西圃集十卷　(清)潘遵祁撰　清同治十一年(1872)刻本　二册

110000－0144－0011933　847.6/754.7

西圃集十卷　(清)潘遵祁撰　清同治十一年(1872)刻本　一册

110000－0144－0011934　847.6/763

仙樵詩鈔十二卷補遺一卷　(清)劉文麟撰　清同治九年(1870)刻本　四册

110000－0144－0011935　847.6/7635

蟻餘偶筆一卷蟻餘附筆一卷讕言瑣記一卷　(清)劉因之撰　清光緒十二年(1886)揚州王學裘嚴宏文齋刻本　二册

110000－0144－0011936　847.6/765

翠螺閣詩稾四卷詞稾一卷舞鏡集一卷　(清)淩祉媛撰　清咸豐四年(1854)丁氏延慶堂刻本　四册

110000－0144－0011937　847.6/767

顯志堂稿十二卷　(清)馮桂芬撰　清光緒二年(1876)校邠廬刻本　四册

110000－0144－0011938　847.6/767

顯志堂稿十二卷　(清)馮桂芬撰　清光緒二年(1876)校邠廬刻本　八册

110000－0144－0011939　847.6/767

顯志堂稿十二卷　(清)馮桂芬撰　清光緒二

年(1876)校邠廬刻本　八册

110000－0144－0011940　847.6/767.2－2
微尚齋詩集初編四卷續集一卷　(清)馮志沂撰　清同治三年(1864)廬州郡齋鉛印本　四册

110000－0144－0011941　847.6/781
西垣詩鈔二卷西垣黔苗竹枝詞一卷　(清)毛貴銘撰　清光緒十年(1884)長沙王氏刻本　一册

110000－0144－0011942　847.6/781
西垣詩鈔二卷西垣黔苗竹枝詞一卷　(清)毛貴銘撰　清光緒十年(1884)長沙王氏刻本　一册

110000－0144－0011943　847.6/781
西垣詩鈔二卷西垣黔苗竹枝詞一卷　(清)毛貴銘撰　清光緒十年(1884)長沙王氏刻本　一册

110000－0144－0011944　847.6/801
也居山房文集八卷詩集十卷補祿一卷　(清)魏承柷撰　清同治九年(1870)茹古齋刻本　四册

110000－0144－0011945　847.6/805
合訂端園詩草七卷　(清)錢照撰　清道光刻同治七年(1868)補刻本　二册

110000－0144－0011946　847.6/809
蘿藦亭遺詩四卷　(清)喬松年撰　清光緒七年(1881)皖城劉傳楨刻本　四册

110000－0144－0011947　847.6/814
壯學齋文集十二卷　(清)周樹槐撰　清咸豐二年(1852)周玉麟刻同治補刻本　四册

110000－0144－0011948　847.6/818
心日齋詞集六種　(清)周之琦撰　清刻本　二册

110000－0144－0011949　847.6/820
餐芍華館遺文三卷隨筆二卷　(清)周騰虎撰　清光緒三十一年(1905)長沙刻本　二册

110000－0144－0011950　847.6/820.8
千里樓詩草一卷　(清)周維德撰　清光緒二年(1876)刻本　一册

110000－0144－0011951　847.6/827
怡志堂文初編六卷詩初編八卷　(清)朱琦撰　清同治三年至四年(1864－1865)運甓軒刻本　四册

110000－0144－0011952　847.6/833
紅粟山莊詩六卷詩續六卷詩餘一卷　(清)朱寶善撰　清同治九年(1870)福州吴玉田刻本　四册

110000－0144－0011953　847.6/834
古月軒集八種　(清)朱伸林等撰　清光緒十年(1884)琴川書屋刻本　六册

110000－0144－0011954　847.6/834.8
小雲廬晚學文稿八卷　(清)朱壬林撰　清光緒二十六年(1900)朱仁積刻本　二册

110000－0144－0011955　847.6/842
世忠堂文集六卷　(清)鄒鳴鶴撰　清光緒刻本　八册

110000－0144－0011956　847.6/851
通甫類稿四卷　(清)魯一同撰　清光緒三年(1877)西腴仙館鉛印本　二册

110000－0144－0011957　847.6/851－02
通甫類稿四卷詩存四卷續編二卷詩存之餘二卷　(清)魯一同撰　清咸豐九年(1859)刻本　六册

110000－0144－0011958　847.6/851－02
通甫類稿四卷詩存四卷續編二卷詩存之餘二卷　(清)魯一同撰　清咸豐九年(1859)刻本　二册

110000－0144－0011959　847.6/851－02
通甫類稿四卷詩存四卷續編二卷詩存之餘二卷　(清)魯一同撰　清咸豐九年(1859)刻本　七册

110000－0144－0011960　847.6/856
二熊君詩賸不分卷　(清)熊其光　(清)熊其英撰　清光緒刻本　一册

110000－0144－0011961　847.6/860
繆武烈公選集六卷首一卷　(清)繆梓撰　清光緒七年(1881)小環山館刻本　四冊

110000－0144－0011962　847.6/877
思過齋雜體詩存十二卷　(清)蕭培元撰　清同治十三年(1874)蕭應椿刻本　二冊

110000－0144－0011963　847.6/888
屺雲樓文鈔十二卷　(清)劉存仁撰　清光緒四年(1878)福州鉛印本　六冊

110000－0144－0011964　847.6/889
養晦堂集文集十卷詩集二卷　(清)劉蓉撰　清光緒三年(1877)思賢講舍刻本　六冊

110000－0144－0011965　847.6/889.4
醒予山房文存九卷續何有錄一卷　(清)劉愚撰　**師友贈言一卷**　(清)朱守訓輯　清同治元年(1862)成都刻十三年(1874)續刻本　九冊

110000－0144－0011966　847.6/889.48
尚絅堂詩集五十二卷駢体文二卷詞集二卷　(清)劉嗣綰撰　清同治九年(1870)刻本　十冊

110000－0144－0011967　847.6/889.48－02
尚絅堂集詩集五十二卷駢體文二卷詞集二卷　(清)劉嗣綰撰　清道光六年(1826)刻本　十冊

110000－0144－0011968　847.6/893.8
存吾春齋文鈔十卷　(清)劉繹撰　清同治八年(1869)刻本　四冊

110000－0144－0011969　847.6/893.8－1
存吾春齋詩鈔十卷　(清)劉繹撰　清同治二年(1863)木活字印本　二冊

110000－0144－0011970　847.6/893.82－02
疊書龕遺稿二卷　(清)劉位坦撰　清末鉛印本　一冊

110000－0144－0011971　847.6/893.82－02
疊書龕遺稿二卷　(清)劉位坦撰　清末鉛印本　一冊

110000－0144－0011972　847.6/893.82－02
疊書龕遺稿二卷　(清)劉位坦撰　清末鉛印本　一冊

110000－0144－0011973　847.6/897
悔餘菴集三十卷　(清)何栻撰　清同治四年(1865)半畝園刻本　十二冊

110000－0144－0011974　847.6/897
悔餘菴集三十卷　(清)何栻撰　清同治四年(1865)半畝園刻本　六冊　存十四卷(詩稿一至十、樂府一至四)

110000－0144－0011975　847.6/897
悔餘菴集三十卷　(清)何栻撰　清同治四年(1865)半畝園刻本　存九卷(文稿一至九)　三冊

110000－0144－0011976　847.6/897.2
藏齋詩鈔六卷　(清)何其超撰　清同治七年(1868)刻本　二冊

110000－0144－0011977　847.6/898
東洲草堂文鈔二十卷　(清)何紹基撰　**眠琴閣遺文一卷眠琴閣遺詩二卷**　(清)何慶涵撰　**浣月樓遺詩二卷**　(清)李楣撰　清光緒刻本　六冊

110000－0144－0011978　847.6/905
太璞生文鈔不分卷　(清)傅以成撰　清同治七年(1868)傅培梅刻本　二冊

110000－0144－0011979　847.6/927
甘泉鄉人稿二十四卷　(清)錢泰吉撰　清咸豐四年(1854)嘉興錢氏讀舊書室刻本　六冊

110000－0144－0011980　847.6/927
甘泉鄉人稿二十四卷　(清)錢泰吉撰　清咸豐四年(1854)嘉興錢氏讀舊書室刻本　四冊

110000－0144－0011981　847.6/927－02
甘泉鄉人稿二十四卷年譜一卷　(清)錢泰吉撰　**郃農偶吟稿一卷**　(清)錢炳森撰　清同治十一年(1872)刻光緒十一年(1885)印本　六冊

110000－0144－0011982　847.6/927－03

甘泉鄉人稿二十四卷餘稿三卷 （清）錢泰吉撰 **郘農偶吟稿一卷** （清）錢炳森撰 **四水子遺著一卷** （清）錢友泗撰 清同治十一年(1872)刻光緒十一年(1885)印本 六冊

110000－0144－0011983 847.6/945
餐花室詩稿十卷詩餘一卷 （清）嚴錫康撰 清咸豐十一年(1861)刻本 四冊

110000－0144－0011984 847.6/947
漱芳閣集十卷 （清）徐士芬撰 清同治十一年(1872)刻本 二冊

110000－0144－0011985 847.6/948
紅韻閣學吟小草一卷 （清）闞壽坤撰 清光緒五年(1879)刻本 一冊

110000－0144－0011986 847.6/948－6
敦艮吉齋文鈔四卷詩鈔二卷補遺一卷 （清）徐子苓撰 清光緒三十二年(1906)集虛草堂刻本 六冊

110000－0144－0011987 847.6/949
寄青齋遺集一卷 （清）徐虔復撰 清光緒十三年(1887)留餘堂刻本 二冊

110000－0144－0011988 847.6/952
齊東韻語七卷 （清）徐河清撰 清同治七年(1868)金陵刻本 二冊

110000－0144－0011989 847.6/952.7
善思齋詩鈔七卷文鈔九卷文續鈔四卷 （清）徐宗亮撰 清光緒刻本 四冊

110000－0144－0011990 847.6/959
孟晉齋文集五卷 （清）顧壽楨撰 清同治五年(1866)見素抱樸齋刻本 三冊

110000－0144－0011991 847.6/959
孟晉齋文集五卷 （清）顧壽楨撰 清同治五年(1866)見素抱樸齋刻本 三冊

110000－0144－0011992 847.6/965
孟晉齋詩鈔一卷詞抄一卷 （清）顧植撰 **青琅玕館遺文一卷遺詩一卷竹椒草堂詞草一卷** （清）顧濟撰 **聽泉山房詩鈔一卷** （清）顧楨撰 清光緒二十一年(1895)刻本 二冊

110000－0144－0011993 847.6/971－9
巢經巢詩鈔九卷 （清）鄭珍撰 清咸豐四年(1854)刻本 二冊

110000－0144－0011994 847.6/971－9－02
巢經巢詩抄九卷後集四卷 （清）鄭珍撰 清末刻本 四冊

110000－0144－0011995 847.6/971－91
巢經巢詩鈔後集四卷 （清）鄭珍撰 清光緒二十年(1894)資州官廨貴築高氏刻本 一冊

110000－0144－0011996 847.6/974
補學軒文集駢体二卷 （清）鄭獻甫撰 清咸豐十一年(1861)刻本 二冊

110000－0144－0011997 847.6/974
補學軒文集四卷駢体二卷詩集八卷 （清）鄭獻甫撰 清咸豐十一年(1861)刻本 十冊

110000－0144－0011998 847.6/974
補學軒文集四卷駢体二卷詩集八卷 （清）鄭獻甫撰 清咸豐十一年(1861)刻本 十二冊

110000－0144－0011999 847.6/981
曾文正公全集 （清）曾國藩撰 清光緒二年(1876)傳忠書局刻本 一百二十冊

110000－0144－0012000 847.6/981
曾文正公全集 （清）曾國藩撰 清光緒二年(1876)傳忠書局刻本 一百三十冊

110000－0144－0012001 847.6/981
曾文正公全集 （清）曾國藩撰 清光緒二年(1876)湖南傳忠書局刻本 一百三十四冊

110000－0144－0012002 847.6/981
曾文正公全集 （清）曾國藩撰 清光緒二年(1876)傳忠書局刻本 一百二十冊

110000－0144－0012003 847.6/981
曾文正公全集 （清）曾國藩撰 清光緒二年(1876)傳忠書局刻本 一百二十冊

110000－0144－0012004 847.6/981
曾文正公全集 （清）曾國藩撰 清光緒二年(1876)傳忠書局刻本 九十四冊

110000－0144－0012005　847.6/981－05

曾文正公全集十種六十九卷　(清)曾國藩撰　清光緒二十八年(1902)耕餘書屋石印本　十二冊

110000－0144－0012006　847.6/981－1

曾文正公批牘六卷　(清)曾國藩纂　清光緒二年(1876)傳忠書局刻曾文正公全集本　六冊

110000－0144－0012007　847.6/981－7

曾文正公文集三卷詩集一卷　(清)曾國藩撰　清宣統三年(1911)上海掃葉山房石印本　二冊

110000－0144－0012008　847.6/981－7－02

曾文正公文集四卷詩集四卷鳴原堂論文二卷　(清)曾國藩撰　清同治十二年至光緒二年(1873－1876)刻本　七冊

110000－0144－0012009　847.6/981－8

曾文正公奏疏文鈔合刊六卷　(清)曾國藩撰　清同治十二年(1873)金陵書局刻本　四冊

110000－0144－0012010　847.6/983

知止齋詩集十六卷　(清)翁心存撰　清光緒三年(1877)刻本　四冊

110000－0144－0012011　847.6/987

佩蘅詞一卷補遺一卷　(清)金泰撰　清光緒十一年(1885)武林刻本　一冊

110000－0144－0012012　847.6/994

姚正父文集五卷　(清)姚興撰　清刻本　二冊

110000－0144－0012013　847.7/063

聊寄心齋詩選鈔初集二卷　(清)冉循之著　(清)鄭務成等校　清咸豐九年(1859)深柳堂刻本　四冊

110000－0144－0012014　847.7/103

西江雜詠一卷　(清)朱元勳撰　清末刻本　一冊

110000－0144－0012015　847.7/128

斵研山房詩鈔八卷　(清)沈炳垣撰　清道光刻本　三冊

110000－0144－0012016　847.7/130

佩秋閣遺稾四卷　(清)吳茝撰　清光緒元年(1875)刻十四年(1888)校印本　一冊

110000－0144－0012017　847.7/226

丹魁堂詩集七卷　(清)季芝昌撰　**茗韻軒遺詩一卷**　(清)王甥植撰　清同治四年(1865)紫琅寓館刻本　三冊

110000－0144－0012018　847.7/395

魏塘竹枝詞一卷　(清)孫燕昌撰　清同治七年(1868)粵東官廨刻本　一冊

110000－0144－0012019　847.7/410

芝隱室詩存八卷續存一卷附存一卷　(清)長善撰　清同治十年(1871)廣州將軍節署刻本　七冊

110000－0144－0012020　847.7/440

梅花書屋詩鈔二卷　(清)陳方平撰　清光緒二十三年(1897)潮城存文樓刻本　一冊

110000－0144－0012021　847.7/623

雪青閣詩集四卷　(清)謝維藩撰　清光緒九年(1883)開封官廨刻本　四冊

110000－0144－0012022　847.7/829

鶴天鯨海焚餘稿六卷　(清)朱昌頤撰　清同治四年(1865)朱元慶刻本　一冊

110000－0144－0012023　847.7/928

示樸齋駢體文六卷　(清)錢振倫撰　清同治六年(1867)崇實書院刻本　二冊

110000－0144－0012024　847.7/934

小學盦遺書四卷　(清)錢馥撰　清光緒二十一年(1895)海寧錢氏清風室刻本　一冊

110000－0144－0012025　847.8/006

浦南白屋詩稿二卷　(清)丁宜福撰　清光緒二十四年(1898)茸城顧文善齋刻本　一冊

110000－0144－0012026　847.8/033

湘齡遺稿一卷　(清)王湘齡撰　清宣統二年(1910)鉛印本　一冊

110000－0144－0012027　847.8/0331
也儂遺稿四卷　(清)王慶善撰　清光緒二十八年(1902)金陵宜春閣木活字印本　四册

110000－0144－0012028　847.8/0333
退一步草堂詩鈔二卷詞鈔一卷　(清)王玉驥撰　清光緒十四年(1888)刻本　二册

110000－0144－0012029　847.8/0333
退一步草堂詩鈔二卷詞鈔一卷　(清)王玉驥撰　清光緒十四年(1888)刻本　三册

110000－0144－0012030　847.8/041
韻香閣詩草一卷　(清)孔祥淑撰　清光緒十三年(1887)劉樹堂石印本　一册

110000－0144－0012031　847.8/059
綺窗吟草一卷　(清)申志廉撰　清光緒十八年(1892)刻本　一册

110000－0144－0012032　847.8/070
錦霞閣詩詞集六卷題詞一卷　(清)包蘭瑛撰　清宣統二年(1910)刻本　二册

110000－0144－0012033　847.8/079
餐霞樓詩軼稿一卷　(清)左白玉撰　清光緒三十四年(1908)鉛印本　一册

110000－0144－0012034　847.8/089
畫梅雜咏一卷　題(清)江雪老人撰　清末刻本　一册

110000－0144－0012035　847.8/100
柳營謠一卷　(清)三多撰　清光緒石印本　一册

110000－0144－0012036　847.8/102
虹橋老屋遺稿九卷　(清)秦緗業撰　清光緒十五年(1889)秦光簡、秦光儒刻本　三册

110000－0144－0012037　847.8/102
虹橋老屋遺稿九卷　(清)秦緗業撰　清光緒十五年(1889)秦光簡、秦光儒刻本　三册

110000－0144－0012038　847.8/103
賜慶堂文稿一卷　(清)武震撰　清宣統元年(1909)武福恭刻本　一册

110000－0144－0012039　847.8/103
賜慶堂文稿一卷　(清)武震撰　清宣統元年(1909)武福恭刻本　一册

110000－0144－0012040　847.8/103－296
介石山房遺文二卷　(清)朱培源撰　清宣統二年(1910)朱氏刻本　二册

110000－0144－0012041　847.8/1033
曠觀樓詩存八卷　(清)朱霖撰　**附題詞詩一卷**　(清)梁悦馨撰　清光緒六年(1880)刻本　一册

110000－0144－0012042　847.8/1111
餐鞠軒詩草一卷　(清)伍淡如撰　清光緒元年(1875)刻本　一册

110000－0144－0012043　847.8/113
竹簾館詞一卷　(清)王樹藩撰　清宣統元年(1909)朱氏刻本　一册

110000－0144－0012044　847.8/113.2
三十六鴛鴦吟舫存稿二卷　(清)王夢蘭撰　清光緒二十一年(1895)合肥杏氏刻本　一册

110000－0144－0012045　847.8/1138
蟬雪吟三卷　(清)自修居士撰　清光緒刻本　一册

110000－0144－0012046　847.8/115
小蘭雪堂吟稾十一卷　(清)王步蟾撰　清光緒二十七年(1901)石印本　一册

110000－0144－0012047　847.8/117
縵雅堂駢體文八卷　(清)王詒壽撰　清光緒六年(1880)娱園刻本　二册

110000－0144－0012048　847.8/117
縵雅堂駢體文八卷　(清)王詒壽撰　清光緒六年(1880)娱園刻本　二册

110000－0144－0012049　847.8/118.5
堇廬遺稿一卷　(清)王賓基撰　清宣統二年(1910)王步基鉛印本　一册

110000－0144－0012050　847.8/118.5
堇廬遺稿一卷　(清)王賓基撰　清宣統二年(1910)王步基鉛印本　一册

110000－0144－0012051　847.8/119
半塘定稿二卷續稿一卷　(清)王鵬運撰　清光緒三十二年(1906)小放下庵刻本　一册

110000－0144－0012052　847.8/119.8
虛受堂文集十六卷詩存十七卷書札二卷　王先謙撰　清光緒二十六年至三十三年(1900－1907)平江蘇輿刻本　十二册

110000－0144－0012053　847.8/119.8
虛受堂文集十六卷詩存十七卷書札二卷　王先謙撰　清光緒二十六年至三十三年(1900－1907)平江蘇輿刻本　四册

110000－0144－0012054　847.8/119.8
虛受堂文集十六卷詩存十七卷書札二卷　王先謙撰　清光緒二十六年至三十三年(1900－1907)平江蘇輿刻本　六册

110000－0144－0012055　847.8/119.8－02
葵園四種　王先謙撰　清光緒三十四年(1908)長沙王氏刻本　十八册

110000－0144－0012056　847.8/119－02
半塘定稿二卷　(清)王鵬運撰　清光緒刻本　一册

110000－0144－0012057　847.8/120
玉屏集十六卷　(清)王德基撰　清光緒二十六年(1900)武岡學署刻本　六册

110000－0144－0012058　847.8/128
浣花吟館詩詞選二卷　(清)沈葆珊撰　清末刻本　一册

110000－0144－0012059　847.8/130
不兩齋偶存稿四卷　(清)吳錫岱撰　清光緒二十六年(1900)王夢弼刻本　二册

110000－0144－0012060　847.8/1303
職思居姑存草一卷　(清)吳蘭澤撰　清光緒二十五年(1899)致知書局鉛印本　一册

110000－0144－0012061　847.8/1308
居易居小草三卷　(清)吳修撰　清乾隆刻本　一册

110000－0144－0012062　847.8/131
茶磨山人詩鈔八卷　(清)汪芑撰　(清)潘志萬校　清光緒十年(1884)刻本　四册

110000－0144－0012063　847.8/1314
桃花潭詩存一卷　(清)汪鎮撰　清光緒三十三年(1907)刻本　一册

110000－0144－0012064　847.8/1315
聽鸝山館劫餘草一卷詞鈔一卷　(清)呂嗣彬撰　清光緒八年(1882)呂家籛木活字印本　一册

110000－0144－0012065　847.8/139
話雨樓詩草三卷　(清)言忠貞撰　清光緒十年(1884)言良鑫刻本　一册

110000－0144－0012066　847.8/139
話雨樓詩草三卷　(清)言忠貞撰　清光緒十年(1884)言良鑫刻本　一册

110000－0144－0012067　847.8/140
古硯香齋遺詩四卷　(清)余世松撰　清光緒三十二年(1906)湘綺樓刻本　二册

110000－0144－0012068　847.8/146
紫荊吟館詩集四卷　(清)曹秉哲撰　清光緒二十五年(1899)曹受培刻本　二册

110000－0144－0012069　847.8/155
懶餘吟草二卷　(清)釋聖教撰　(清)陳任暘輯　清光緒三十二年(1906)交翠軒刻本　一册

110000－0144－0012070　847.8/1554
劫火紀焚一卷　(清)寒食生稿　清光緒十九年(1893)刻本　一册

110000－0144－0012071　847.8/1557
潛穎文四卷詩十卷　(清)何維棣撰　清光緒二十七年(1901)成都何氏刻本　四册

110000－0144－0012072　847.8/156
桐華閣詩鈔二卷　(清)杜貴墀撰　清末抄本　二册

110000－0144－0012073　847.8/158
丁文誠公遺集　(清)丁寶楨撰　清光緒十九年至二十年(1893－1894)京師丁體常刻二十

五年(1899)補刻本　二十八冊

110000－0144－0012074　847.8/158
丁文誠公遺集　(清)丁寶楨撰　清光緒十九年至二十年(1893－1894)京師丁體常刻二十五年(1899)補刻本　二十八冊

110000－0144－0012075　847.8/158.2
龍泓館詩集三卷　(清)丁敬撰　清末石印本　一冊

110000－0144－0012076　847.8/158.21
松夢寮詩稿六卷　(清)丁丙撰　清光緒二十五年(1899)錢塘丁氏刻本　二冊

110000－0144－0012077　847.8/158－2
十五弗齋詩存一卷　(清)丁寶楨撰　清光緒二十年(1894)京師丁體常刻本　一冊

110000－0144－0012078　847.8/161
蘇鄰遺詩二卷　(清)李鴻裔撰　清光緒十四年(1888)遵義黎氏日本刻本　一冊

110000－0144－0012079　847.8/161－015
李芋僊刺史卧游詩一卷　(清)李士棻撰　清末抄本　一冊

110000－0144－0012080　847.8/1611
怡秋軒初稿一卷　(清)李掌珠撰　清光緒三十年(1904)耕蘭室刻本　一冊

110000－0144－0012081　847.8/1613
劍芝閣詩鈔七卷　(清)李彫媖撰　清光緒十五年至二十五年(1889－1899)摩兜鞬齋刻本　二冊

110000－0144－0012082　847.8/1614
萬山草堂詩集六卷　(清)李登雲撰　清光緒三十三年(1907)刻本　二冊

110000－0144－0012083　847.8/1617
慎言齋文鈔一卷　(清)李毓林撰　清光緒二十五年(1899)李毓林刻本　一冊

110000－0144－0012084　847.8/161－837
夢榴軒文稿二卷　(清)李濱撰　清光緒八年(1882)瑞安督捕廳刻本　二冊

110000－0144－0012085　847.8/164
四百三十二峰草堂詩二卷　(清)黄璟撰　清光緒三年(1877)刻本　一冊

110000－0144－0012086　847.8/164－1
四百三十二峰草堂詩二卷　(清)黄璟撰　清光緒刻本　一冊

110000－0144－0012087　847.8/167.4
餘霞集二卷　(清)黄恩彤撰　清宣統元年(1909)濟南國文報館石印本　一冊

110000－0144－0012088　847.8/167－03
訓真書屋詩存二卷　(清)黄國瑾撰　清光緒三十二年(1906)貴筑黄氏家塾刻本　二冊

110000－0144－0012089　847.8/167－03
訓真書屋詩存二卷　(清)黄國瑾撰　清光緒三十二年(1906)貴筑黄氏家塾刻本　二冊

110000－0144－0012090　847.8/171
報暉堂集三十卷　(清)黄維申撰　清光緒十八年(1892)黄式圻刻本　六冊

110000－0144－0012091　847.8/171.8
根心寄草一卷雜俎一卷　(清)黄紹仁撰　清光緒二十五年(1899)黄紹勳刻本　一冊

110000－0144－0012092　847.8/172.9
逢吉堂焚餘稿一卷　(清)黄錫深撰　清光緒三十年(1904)黄春刻本　一冊

110000－0144－0012093　847.8/172.93
天韻閣詩存一卷　(清)黄箴著　清光緒三十一年(1905)上海文明書局鉛印本　一冊

110000－0144－0012094　847.8/172－2－02
人境廬詩草十一卷　(清)黄遵憲撰　清宣統三年(1911)黄遵楷鉛印本　四冊

110000－0144－0012095　847.8/185
彭剛直公奏稿八卷詩集八卷　(清)彭玉麟撰　清光緒十七年(1891)蘇州刻本　六冊

110000－0144－0012096　847.8/190
禮闕鄦齋詩鈔二卷　(清)袁思永撰　清光緒三十三年(1907)西泠石印本　一冊

110000－0144－0012097　847.8/192
袁忠節公遺詩三卷　(清)袁昶撰　清宣統元年(1909)上海時中書局等鉛印本　一冊

110000－0144－0012098　847.8/192－1
安般簃集十卷附錄一卷于湖小集六卷附錄一卷　(清)袁昶撰　**于湖題襟集十卷**　(清)袁昶輯　清光緒袁昶刻漸西村舍彙刊本　十一冊

110000－0144－0012099　847.8/192－1
安般簃集十卷附錄一卷于湖小集六卷附錄一卷　(清)芳郭鈍叜撰　清光緒刻漸西村舍彙刊本　二冊　存六卷(安般簃集九至十,于湖小集一至三、附錄一卷)

110000－0144－0012100　847.8/193
滬北竹枝詞一卷續滬北竹枝詞一卷　(清)袁翔甫撰　清光緒二年(1876)徐氏刻本　一冊

110000－0144－0012101　847.8/200
豹隱堂集八卷　(清)趙蓮城撰　清光緒十年(1884)杏花村舍刻本　四冊

110000－0144－0012102　847.8/200.4
青草堂集十二卷二集十六卷三集十六卷　(清)趙國華撰　清同治十一年至光緒十八年(1872－1892)洛南豐潤趙國華刻本　十四冊

110000－0144－0012103　847.8/202
悲盦居士文存一卷詩賸一卷　(清)趙之謙撰　清光緒十六年(1890)刻本　二冊

110000－0144－0012104　847.8/202.6
萍踪絮語一卷詩賸一卷　(清)趙文龍撰　清光緒七年(1881)刻本　一冊

110000－0144－0012105　847.8/207－02
張家口至烏里雅蘇台竹枝詞一卷　(清)志銳撰　清宣統二年(1910)南陵徐乃昌刻本　一冊

110000－0144－0012106　847.8/209
曬書堂集　(清)郝懿行撰　清光緒十年(1884)東路廳署刻本　十六冊

110000－0144－0012107　847.8/209.2
潄六山房文集十二卷　(清)郝植恭撰　清光緒四年(1878)刻本　六冊

110000－0144－0012108　847.8/210
篤慎堂燼餘詩稿二卷文稿一卷　(清)金譚撰　清光緒十一年(1885)廣州金武祥刻本　一冊

110000－0144－0012109　847.8/218.4
鵬南文鈔十五卷　(清)胡嗣運撰　**達齋存稿一卷**　(清)胡榮珂撰　清光緒二十三年(1897)刻本　四冊

110000－0144－0012110　847.8/219
肅藻遺書四卷　(清)胡發琅撰　清光緒十三年(1887)陳三立刻本　一冊

110000－0144－0012111　847.8/2198
寶德堂詩鈔十卷附存二卷　(清)周衡撰　清光緒二年(1876)刻本　三冊

110000－0144－0012112　847.8/220.4
青草堂集十二卷　(清)趙國華撰　清同治十一年(1872)濟南菁衫氏刻本　四冊

110000－0144－0012113　847.8/222
苾芻館詞集六卷　(清)胡延撰　清光緒二十九年(1903)金陵糧儲道廨刻朱印本　四冊

110000－0144－0012114　847.8/222.8
退補齋文存十二卷首一卷賦存二卷試帖詩存二卷　(清)胡鳳丹撰　清同治十二年(1873)永康胡氏退補齋刻本　五冊

110000－0144－0012115　847.8/2224
佩蘭室詩集一卷伯和公萊州攀轅圖詩彙鈔一卷　(清)杭佩蘭撰　清宣統二年(1910)鉛印本　一冊

110000－0144－0012116　847.8/223
賜斠閣外集另編二卷　(清)胡欽輯　清光緒三十年(1904)刻本　一冊

110000－0144－0012117　847.8/225
餘力吟草四卷　(清)林鈞輯　清光緒二年(1876)羊城龍藏街學源堂刻本　二冊

110000－0144－0012118　847.8/251

晉專宋瓦室類稿五卷　(清)桂坫撰　清光緒二十四年(1898)刻本　一册

110000－0144－0012119　847.8/255
味雪堂遺草一卷　(清)林賀峒撰　清光緒三十三年(1907)鉛印本　一册

110000－0144－0012120　847.8/259
公餘集一卷　(清)旺都特那穆吉勒撰　清光緒十一年(1885)刻本　二册

110000－0144－0012121　847.8/261.6
澹秋館遺詩一卷補遺　(清)林毓麟撰　清宣統三年(1911)成都林思進鉛印本　一册

110000－0144－0012122　847.8/261.8
采薇吟草一卷　(清)林縉光撰　清光緒三十年(1904)刻本　一册

110000－0144－0012123　847.8/266
縈清樓集四卷　(清)楊毓秀撰　清光緒二十五年(1899)劍南王氏刻本　四册

110000－0144－0012124　847.8/266.1
寄蒼慶集賦篇一卷　(清)楊瓊撰　清光緒二十七年(1901)刻本　一册

110000－0144－0012125　847.8/267.2
欲自得齋詩草一卷　(清)楊履晉撰　清宣統二年(1910)石印本　一册

110000－0144－0012126　847.8/269
吟香室詩草二卷附刻一卷續刻一卷　(清)楊蘊輝撰　清光緒二十三年(1897)南海縣署刻本　一册

110000－0144－0012127　847.8/272
晦明軒稿不分卷　楊守敬撰　清光緒三十三年(1907)宜都楊氏鄰蘇園刻本　二册

110000－0144－0012128　847.8/272
晦明軒稿不分卷　楊守敬撰　清光緒三十三年(1907)宜都楊氏鄰蘇園刻本　二册

110000－0144－0012129　847.8/274
移芝室全集十二種　(清)楊彝珍撰　清光緒二十二年(1896)楊世猷、楊世翰刻本　十册

110000－0144－0012130　847.8/274.8
汲庵文存六卷　(清)楊象濟撰　清光緒七年(1881)杭州刻本　四册

110000－0144－0012131　847.8/274.9
尚志居集八卷補遺一卷讀書志四卷　(清)楊德亨撰　清光緒八年(1882)莫善徵等刻本　四册

110000－0144－0012132　847.8/274－1
移芝室古文十三卷續編一卷　(清)楊彝珍撰　清光緒刻本　二册

110000－0144－0012133　847.8/284
樊山集二十八卷續集二十八卷時文一卷二家詠古詩一卷　樊增祥撰　清光緒刻本　二十四册

110000－0144－0012134　847.8/284
樊山集二十八卷續集二十八卷時文一卷二家詠古詩一卷　樊增祥撰　清光緒刻本　二十六册

110000－0144－0012135　847.8/284
慧福樓幸草一卷　(清)俞繡孫撰　**緗蕓館詩鈔一卷**　(清)許之雯撰　**繡墨軒詩詞一卷**　(清)俞慶曾撰　清末鉛印本　一册

110000－0144－0012136　847.8/286
天岳山館文鈔四十卷　(清)李元度撰　清光緒六年(1880)爽谿精舍刻本　十四册

110000－0144－0012137　847.8/286
天岳山館文鈔四十卷　(清)李元度撰　清光緒六年(1880)爽谿精舍刻本　十四册

110000－0144－0012138　847.8/286－02
天岳山館文鈔四十卷　(清)李元度撰　清光緒文光堂刻本　二十四册

110000－0144－0012139　847.8/287
十三峯書屋全集九卷　(清)李榕撰　清光緒二十五年(1899)袖海山房石印本　四册

110000－0144－0012140　847.8/287
十三峯書屋全集九卷　(清)李榕撰　清光緒二十五年(1899)袖海山房石印本　四册

110000－0144－0012141　847.8/287.2
天瘦閣詩半六卷　(清)李士棻撰　清光緒十一年(1885)李士棻木活字印本　二冊

110000－0144－0012142　847.8/288
劫余勵存三卷　(清)李承霖撰　清光緒十年(1884)刻本　一冊

110000－0144－0012143　847.8/289.4－9
縫月軒詞錄一卷續錄一卷　(清)李恩綬撰　清光緒三十年(1904)上海蜚英玉館石印本　一冊

110000－0144－0012144　847.8/289－9
越縵堂駢體文四卷散體文一卷　(清)李慈銘撰　清光緒二十三年(1897)刻虛霩居叢書本　四冊

110000－0144－0012145　847.8/291.8
率性篇二卷續篇一卷　(清)李慎修撰　清宣統三年(1911)留芬室鉛印本　一冊

110000－0144－0012146　847.8/292
求友益齋詩鈔八卷　(清)李道悠輯　清光緒二十六年(1900)刻本　四冊

110000－0144－0012147　847.8/292.2
湖唐林館駢體文二卷　(清)李慈銘撰　清光緒十年(1884)刻本　二冊

110000－0144－0012148　847.8/292.7
白華絳柎閣詩十卷　(清)李慈銘撰　清末石印本　六冊

110000－0144－0012149　847.8/293
李襄侯遺集八卷　(清)李經述撰　李國桀編　清光緒三十年(1904)刻本　四冊

110000－0144－0012150　847.8/293.8
甓龕詩錄一卷　(清)李稷勳撰　清光緒二十四年(1898)刻本　一冊

110000－0144－0012151　847.8/294
梅花小隱廬詩詞二卷　(清)李希鄴撰　清光緒十二年(1886)上海同文書局石印本　一冊

110000－0144－0012152　847.8/3042
紉餘小草一卷　(清)鄒佩蘭撰　稿本　一冊

110000－0144－0012153　847.8/306
濂亭文集八卷　(清)張裕釗撰　(清)查燕緒編　清光緒八年(1882)查氏木漸齋刻本　四冊

110000－0144－0012154　847.8/307
張靖達公雜著不分卷　(清)張樹聲撰　清宣統二年(1910)武昌刻本　一冊

110000－0144－0012155　847.8/308
冰壺詞六卷　(清)張雲驤撰　清光緒十二年(1886)刻本　二冊

110000－0144－0012156　847.8/3085
食古齋詩錄四卷詩餘一卷文錄一卷　(清)柳以蕃撰　清光緒十八年(1892)刻本　四冊

110000－0144－0012157　847.8/309
新蘅詞三卷　(清)張景祁撰　清光緒九年(1883)百億梅花仙館刻本　一冊

110000－0144－0012158　847.8/311.2
磐那室詩存一卷　(清)張亨嘉撰　清宣統三年(1911)平江蘇氏鉛印本　一冊

110000－0144－0012159　847.8/311.2
磐那室詩存一卷　(清)張亨嘉撰　清宣統三年(1911)平江蘇氏鉛印本　一冊

110000－0144－0012160　847.8/311.6
濂亭文集八卷　(清)張裕釗撰　(清)查燕緒編　清光緒八年(1882)查氏木漸齋刻本　二冊

110000－0144－0012161　847.8/311.6
濂亭文集八卷　(清)張裕釗撰　(清)查燕緒編　清光緒八年(1882)查氏木漸齋刻本　二冊

110000－0144－0012162　847.8/311.6－02
張廉卿先生文集八卷　(清)張裕釗撰　清宣統元年(1909)五色古文山房刻本　二冊

110000－0144－0012163　847.8/311.64
寄傲閒吟一卷　(清)張鶴齡撰　清光緒十六年(1890)刻本　二冊

110000－0144－0012164　847.8/311.68

桂游草一卷　(清)張毅撰　清光緒十一年(1885)栽雲館刻本　一冊

110000－0144－0012165　847.8/311－02
張文襄公詩集四卷　(清)張之洞撰　清宣統二年(1910)鉛印本　二冊

110000－0144－0012166　847.8/311－65
廣雅堂詩集　(清)張之洞撰　清末石印本　二冊

110000－0144－0012167　847.8/311－65
廣雅堂詩集　(清)張之洞撰　清末石印本　二冊

110000－0144－0012168　847.8/311－65
廣雅堂詩集　(清)張之洞撰　清末石印本　二冊

110000－0144－0012169　847.8/312.3
江南好詞一百首　(清)張汝南撰　清光緒二十四年(1898)上海著易堂鉛印本　一冊

110000－0144－0012170　847.8/313
雙冷齋文集四卷　(清)張九章撰　清光緒刻本　五冊

110000－0144－0012171　847.8/313.839
印雪軒詩稿一卷　(清)胡鴻澤撰　清光緒鉛印本　一冊

110000－0144－0012172　847.8/318
甲乙存稿一卷　尉維槐撰　清光裕堂刻本　一冊

110000－0144－0012173　847.8/320
倫敦竹枝詞一卷　張祖翼撰　清光緒十四年(1888)石埭徐士愷觀自得齋刻觀自得齋叢書本　一冊

110000－0144－0012174　847.8/331
清麓文集二十三卷日記五卷　(清)賀瑞麟撰　清光緒二十五年(1899)傳經堂刻本　二十冊

110000－0144－0012175　847.8/338
雲水集二卷　(清)高仁峒撰　清光緒十一年至十三年(1885－1887)刻本　二冊

110000－0144－0012176　847.8/340
鬱華閣遺集四卷　(清)盛昱撰　清光緒三十一年(1905)石印本　一冊

110000－0144－0012177　847.8/348.2
映盦詞一卷　夏敬觀撰　清光緒三十三年(1907)刻本　一冊

110000－0144－0012178　847.8/348.2
映盦詞一卷　夏敬觀撰　清光緒三十三年(1907)刻本　一冊

110000－0144－0012179　847.8/348.2
映盦詞一卷　夏敬觀撰　清光緒三十三年(1907)刻本　一冊

110000－0144－0012180　847.8/350
且甌歌一卷　(清)石方洛撰　清光緒十七年(1891)葉懷古齋刻本　一冊

110000－0144－0012181　847.8/352
左文襄公全集　(清)左宗棠撰　清刻本　六十四冊

110000－0144－0012182　847.8/352－02
左文襄公全集　(清)左宗棠撰　清光緒十六年(1890)刻本　一百二十八冊

110000－0144－0012183　847.8/352－3
恪靖侯盾鼻餘瀋一卷　(清)左宗棠撰　清光緒七年(1881)長沙柳葆元刻本　一冊

110000－0144－0012184　847.8/360
雜文僅存一卷　(清)孫雲錦撰　清宣統二年(1910)鉛印本　一冊

110000－0144－0012185　847.8/363
嚶鳴館百疊集一卷　(清)孫點撰　清光緒十六年(1890)鉛印本　一冊

110000－0144－0012186　847.8/3653
西崗詩草四卷　(清)馬琈林撰　清光緒八年(1882)刻本　二冊

110000－0144－0012187　847.8/366
琴廂吟草六卷　(清)孫清撰　清光緒十八年(1892)芳潤閣刻本　一冊

110000－0144－0012188　847.8/368
述苦齋詩存二集一卷　（清）袁清漣撰　清芳潤閣刻本　一册

110000－0144－0012189　847.8/372.7
清足居集一卷蕉窗詞一卷　（清）鄧瑜撰　清光緒二十二年（1896）泉唐諸氏刻本　一册

110000－0144－0012190　847.8/372.8
雲山讀書記八篇　（清）鄧繹撰　清光緒十四年（1888）刻本　四册

110000－0144－0012191　847.8/377.2
木庵居士詩四卷補遺　（清）陳書撰　清光緒三十二年（1906）武昌刻石遺室叢書本　一册

110000－0144－0012192　847.8/383.5－1
孤圓山莊詩賸八集　陳瀏撰　清宣統二年（1910）鉛印寂園叢書本　二册　存六種六卷（菰村集一卷、香影廊集一卷、横江集一卷、思樓集一卷、振雅堂集一卷、斸杯堂詩集一卷）

110000－0144－0012193　847.8/383.6
綴學堂初稿四卷　陳漢章撰　清光緒十九年（1893）刻本　二册

110000－0144－0012194　847.8/383.7
東塾集六卷　（清）陳澧撰　清光緒十八年（1892）廣州菊坡精舍刻本　劉盼遂題識　三册

110000－0144－0012195　847.8/383.7
東塾集六卷申範一卷　（清）陳澧撰　清光緒十八年（1892）廣州菊坡精舍刻本　三册

110000－0144－0012196　847.8/383.7
東塾集六卷申範一卷　（清）陳澧撰　清光緒十八年（1892）廣州菊坡精舍刻本　三册

110000－0144－0012197　847.8/383.7
東塾集六卷申範一卷　（清）陳澧撰　清光緒十八年（1892）廣州菊坡精舍刻本　四册

110000－0144－0012198　847.8/385
知非齋詩鈔一卷　（清）陳鍾英撰　清同治十一年（1872）杭州陳氏刻本　一册

110000－0144－0012199　847.8/392
儀顧堂集二十卷　（清）陸心源撰　清光緒二十四年（1898）刻本　四册

110000－0144－0012200　847.8/401
東坪詩鈔十二卷文鈔一卷　（清）殷雯撰　清光緒三十一年（1905）刻本　四册

110000－0144－0012201　847.8/402
培風閣詩鈔四卷　（清）夏疇撰　清光緒十一年（1885）萬載官舍刻本　一册

110000－0144－0012202　847.8/404
靈素堂詩鈔四卷靈素堂駢體文一卷　（清）徐錦撰　清光緒十二年（1886）許竹篔刻本　二册

110000－0144－0012203　847.8/4046
晝溪詩集一卷附家傳一卷　（清）徐崑撰　清光緒六年（1880）濟上刻本　一册

110000－0144－0012204　847.8/4047
小有齋自娱集一卷　（清）徐鈞撰　清光緒六年（1880）刻二十一年（1895）印本　一册

110000－0144－0012205　847.8/40473
小醉經室詩集六卷　（清）徐廷珍撰　清光緒十年（1884）北京徐氏刻本　二册

110000－0144－0012206　847.8/412
適可齋記言四卷記行六卷　（清）馬建忠撰　清光緒二十二年（1896）刻本　二册

110000－0144－0012207　847.8/412.2
抱潤軒文集十卷　馬其昶撰　清宣統元年（1909）安徽官紙印刷局石印本　一册

110000－0144－0012208　847.8/412.2
抱潤軒文集十卷　馬其昶撰　清宣統元年（1909）安徽官紙印刷局石印本　一册

110000－0144－0012209　847.8/414
清吟齋遺詩一卷　（清）莊其坤撰　清光緒二十四年（1898）壽愷堂刻本　一册

110000－0144－0012210　847.8/4141
飛素閣遺詩一卷　（清）梁靄撰　清光緒二十六年（1900）潘飛聲刻本　一册

110000－0144－0012211　847.8/416
鷗堂詩三卷　(清)馬賡良撰　清光緒五年(1879)刻本　一册

110000－0144－0012212　847.8/418
勿待軒文集存稿十卷詩集存稿四卷詩話存稿二卷　(清)馬先登撰　清光緒二年(1876)敦倫堂刻本　十册

110000－0144－0012213　847.8/423
曼龕詩稿四卷首一卷　(清)歐陽述撰　清光緒三十四年(1908)刻本　二册

110000－0144－0012214　847.8/4231
淡吟樓詩一卷　(清)許誦珠撰　清光緒三十三年(1907)刻本　一册

110000－0144－0012215　847.8/427
種樹軒遺集文集二卷詩草二卷性理淺說二卷　(清)郭長清撰　清光緒二十三年(1897)刻本　二册

110000－0144－0012216　847.8/428.2
嚴叔敏遺文一卷　(清)嚴智庸撰　清光緒二十八年(1902)天津開文書店石印本　一册

110000－0144－0012217　847.8/428.3
墨花吟館感舊懷人集二卷　(清)嚴辰撰　清光緒十五年(1889)刻本　一册

110000－0144－0012218　847.8/428.4
紫佩軒詩稿二卷詞稿一卷　(清)嚴昭華撰　清光緒二十二年(1896)刻本　二册

110000－0144－0012219　847.8/428.6
聽月樓詩鈔二卷　(清)嚴恒撰　清光緒二十八年(1902)上海嚴氏石印本　二册

110000－0144－0012220　847.8/437
圭盦詩錄一卷　(清)吴觀禮撰　清光緒五年(1879)張佩倫蕢齋刻本　一册

110000－0144－0012221　847.8/4388
東皋倡隨集二卷　(清)陸雋東　(清)刁素雲撰　清光緒八年(1882)葛其龍刻本　一册

110000－0144－0012222　847.8/440
桐城吴先生文集四卷　(清)吴汝綸撰　清光緒三十年(1904)桐城吴氏刻桐城吴先生全書本　三册

110000－0144－0012223　847.8/4401
蓉湖草堂遺稿一卷　(清)陳滋撰　清光緒三年(1877)刻本　一册

110000－0144－0012224　847.8/440－173
琴海集二卷　(清)陳玉鄰撰　清光緒二十一年(1895)刻本　一册

110000－0144－0012225　847.8/4404
怡雲盦吟稿三卷　(清)陳鳳高撰　清末抄本　一册

110000－0144－0012226　847.8/440－410
鏡漪軒詩草一卷　(清)陳琪撰　清光緒十七年(1891)刻本　一册

110000－0144－0012227　847.8/441.8
缶廬別集一卷缶廬詩一卷　(清)吴俊卿撰　清光緒十九年(1893)刻本　一册

110000－0144－0012228　847.8/443
洗齋病學草二卷　(清)胡壽頤撰　清光緒十年(1884)山陰胡氏刻本　二册

110000－0144－0012229　847.8/451
抱經室詩文初編八卷　(清)吕傳愷撰　清光緒三十一年(1905)刻本　三册

110000－0144－0012230　847.8/455
俞俞齋文稿初集四卷詩集二卷詩餘一卷　(清)史念祖撰　清光緒三十二年(1906)廣陵刻本　六册

110000－0144－0012231　847.8/458
式古訓齋文集二卷外集一卷　(清)閔萃祥撰　清光緒三十四年(1908)刻本　三册

110000－0144－0012232　847.8/459.2
怡靜齋詩鈔一卷　(清)閻迺兟撰　清光緒八年(1882)解梁書院刻本　一册

110000－0144－0012233　847.8/467
聞妙香館詩存稿二卷　(清)梅寶璐撰　清光緒十三年(1887)刻本　二册

110000－0144－0012234　847.8/468
函樓詞鈔一卷　（清）易佩紳撰　清光緒八年（1882）刻本　一冊

110000－0144－0012235　847.8/468
江壇集　易順鼎撰　清光緒二十五年（1899）刻琴志樓叢書本　一冊

110000－0144－0012236　847.8/468.4
巴山詩錄一卷出都詩錄一卷樊山沌水詩錄一卷青城詩錄一卷蜀船詩錄一卷吴蓬詩錄一卷　易順鼎撰　清光緒刻琴志樓叢書本　一冊

110000－0144－0012237　847.8/468.4－2
楚頌亭詞一卷琴臺夢語一卷　易順鼎撰　清光緒十三年（1887）刻本　一冊

110000－0144－0012238　847.8/468.4－9
盾墨拾餘十四卷　易順鼎撰　清光緒二十二年（1896）慕皐廬刻本　二冊

110000－0144－0012239　847.8/478
待堂遺稿詩錄一卷文錄一卷附錄一卷　（清）田明昶撰　清光緒十三年（1887）周以存刻本　二冊

110000－0144－0012240　847.8/478
無聊齋詩鈔二卷　（清）甯傑撰　清光緒六年（1880）敘倫堂刻本　二冊

110000－0144－0012241　847.8/478.7
撰異遺文一卷　（清）田曾撰　清光緒十五年（1889）合肥張氏竹居刻竹居所見集本　一冊

110000－0144－0012242　847.8/495
洗蕉吟館詩一卷詞鈔一卷　戴青撰　清宣統二年（1910）石印本　一冊

110000－0144－0012243　847.8/502
荔雨軒文集六卷　（清）華翼綸撰　清光緒九年（1883）梁溪華氏刻本　二冊

110000－0144－0012244　847.8/509
古歡室詩詞集四卷　（清）曾懿撰　清光緒三十年（1904）刻本　二冊

110000－0144－0012245　847.8/509
虔共室遺集一卷　（清）曾彦撰　清光緒十七年（1891）受經堂刻本　一冊

110000－0144－0012246　847.8/510
綠雲山房詩詞草二卷首一卷末一卷　（清）勞蓉君撰　清光緒四年（1878）橘蔭軒刻本　二冊

110000－0144－0012247　847.8/512
道安室雜文一卷雜記一卷蕭聞堂遺詩一卷戴花平安室遺詞一卷　（清）蕭道管撰　清光緒三十三年（1907）刻石遺室叢書本　一冊

110000－0144－0012248　847.8/513
敬孚類稿十六卷　（清）蕭穆撰　清光緒三十二年（1906）刻本　四冊

110000－0144－0012249　847.8/513
敬孚類稿十六卷　（清）蕭穆撰　清光緒三十二年（1906）刻本　四冊

110000－0144－0012250　847.8/513
敬孚類稿十六卷　（清）蕭穆撰　清光緒三十二年（1906）刻本　六冊

110000－0144－0012251　847.8/526
柘湖宦游錄四卷　（清）蔣清瑞撰　清宣統元年（1909）歸安蔣氏月河草堂刻本　一冊

110000－0144－0012252　847.8/526.1
空青水碧齋文集八卷詩集十三卷補遺一卷　（清）蔣琦齡撰　清光緒十一年（1885）刻本　十冊

110000－0144－0012253　847.8/526.4
問奇室詩集二卷續集一卷文集一卷秋雅一卷　（清）蔣曰豫撰　清光緒三年（1877）蓮池書局刻本　二冊

110000－0144－0012254　847.8/526.4－7
滂喜齋學錄十一卷　（清）蔣曰豫撰　清光緒三年（1877）蓮池書局刻本　三冊

110000－0144－0012255　847.8/526.6
友竹草堂文集六卷　（清）蔣慶第撰　清光緒十九年（1893）刻二十一年（1895）補刻本　二冊

110000－0144－0012256　847.8/526.7

容川詩鈔四卷 (清)蔣澤澐撰 清光緒刻本 二册

110000－0144－0012257 847.8/534－1

范伯子詩集十九卷附錄一卷 (清)范當世撰 清末姚倚云鉛印本 四册

110000－0144－0012258 847.8/535

碧腴詩草一卷碧腴詞一卷 (清)程珮琳撰 清光緒元年(1875)刻本 一册

110000－0144－0012259 847.8/537

苕谿漁隱詩稿二卷蜀產吟一卷 (清)范鍇撰 清道光刻本 一册

110000－0144－0012260 847.8/546

正誼堂文集二十四卷 (清)董沛撰 清光緒二十七年(1901)刻正誼堂全集本 六册

110000－0144－0012261 847.8/546

正誼堂文集二十四卷 (清)董沛撰 清光緒二十七年(1901)刻正誼堂全集本 六册

110000－0144－0012262 847.8/546.7

荻芬書屋文稿一卷 (清)董恂撰 清光緒甘泉董蓮刻本 二册

110000－0144－0012263 847.8/546.7

荻芬書屋文稿一卷 (清)董恂撰 清光緒甘泉董蓮刻本 一册

110000－0144－0012264 847.8/546－1

六一山房詩集十卷 (清)董沛撰 清同治十三年(1874)刻正誼堂全集本 二册

110000－0144－0012265 847.8/546－1

六一山房詩集十卷 (清)董沛撰 清同治十三年(1874)刻正誼堂全集本 四册

110000－0144－0012266 847.8/546－1

六一山房詩集十卷 (清)董沛撰 清同治十三年(1874)刻正誼堂全集本 四册

110000－0144－0012267 847.8/546－1

六一山房詩集十卷 (清)董沛撰 清同治十三年(1874)刻正誼堂全集本 二册

110000－0144－0012268 847.8/547

灌園未定稿二卷 (清)傅懷祖撰 清光緒十三年(1887)蘇州刻本 二册

110000－0144－0012269 847.8/5472

蠆頣山樵存稿二卷 (清)傅懷焜撰 清光緒二十年(1894)刻本 一册

110000－0144－0012270 847.8/556

艮居文鈔一卷 (清)蔡壽臻撰 清光緒三十一年(1905)刻本 一册

110000－0144－0012271 847.8/556.1

狄華堂詩存二卷附錄一卷 (清)蔡琳撰 清光緒十八年(1892)丹陽束氏刻本 一册

110000－0144－0012272 847.8/566

薛星使庸盦全集 (清)薛福成撰 清光緒二十三年(1897)湖南新學書局刻本 十六册

110000－0144－0012273 847.8/566－6

庸庵文編四卷 (清)薛福成撰 清光緒十四年(1888)刻本 四册

110000－0144－0012274 847.8/576

種蕉聽雨軒詩鈔四卷 (清)葛之覃撰 清光緒二十四年(1898)高密縣刻本 一册

110000－0144－0012275 847.8/5762

香雪樓吟藁一卷 (清)萬煒彤撰 清末石印本 一册

110000－0144－0012276 847.8/580

文繡齋詩草一卷 (清)董淑貞撰 清末抄本 一册

110000－0144－0012277 847.8/592

崔翰林遺集二卷 (清)崔舜球撰 清光緒十四年(1888)南海崔其陰刻本 一册

110000－0144－0012278 847.8/592

崔翰林遺集二卷 (清)崔舜球撰 清光緒十四年(1888)南海崔其陰刻本 一册

110000－0144－0012279 847.8/594

潛莊文鈔六卷 (清)卜起元撰 清光緒五年(1879)刻本 一册

110000－0144－0012280 847.8/601

道福堂詩集四卷　(清)雷浚撰　清光緒二十年(1894)刻本　三冊

110000－0144－0012281　847.8/601.4
復堂類集文四卷詩十一卷詞三卷日記八卷　(清)譚獻撰　清同治至光緒刻半厂叢書初編本　八冊

110000－0144－0012282　847.8/601.4－02
復堂類集文四卷詩九卷詞二卷　(清)譚獻撰　清光緒十一年(1885)刻本　四冊

110000－0144－0012283　847.8/601.4－1
復堂文續五卷　(清)譚獻撰　清光緒二十七年(1901)刻鵠齋刻本　四冊

110000－0144－0012284　847.8/601.4－8
篋中詞續二卷　(清)譚獻輯　清刻半廠叢書本　一冊

110000－0144－0012285　847.8/601.4－8－02
篋中詞六卷　(清)譚獻輯　清光緒八年(1882)刻本　二冊

110000－0144－0012286　847.8/601－2
東海褰冥氏三十以前舊學四種　(清)譚嗣同撰　清光緒二十三年(1897)金陵刻本　四冊

110000－0144－0012287　847.8/603
璞齋集一卷　(清)諸可寶撰　清光緒二十二年(1896)刻本　一冊

110000－0144－0012288　847.8/603
璞齋集一卷　(清)諸可寶撰　清光緒二十二年(1896)刻本　二冊

110000－0144－0012289　847.8/623
吉雨山房遺集十卷　(清)郭籛齡撰　清光緒十六年(1890)鉛印本　四冊

110000－0144－0012290　847.8/626
江天秋雨吟二卷　(清)方壯猷撰　清同治八年(1869)刻本　一冊

110000－0144－0012291　847.8/626.2
輓純齋夫君詩一卷　(清)韻仙女史撰　清光緒刻本　一冊

110000－0144－0012292　847.8/626.4
嶺南吟稿二卷　(清)方澍撰　清末金陵湯明林聚珍書局木活字印本　一冊

110000－0144－0012293　847.8/626.6
一拳石齋詩鈔四卷　(清)方龍光撰　清末刻本　一冊

110000－0144－0012294　847.8/626.71
爐餘彙鈔二卷續集一卷　(清)方觀瀾輯　清光緒三十年(1904)刻本　二冊

110000－0144－0012295　847.8/626.7－2
柏堂集前編十四卷後編二十二卷續編二十二卷次編十三卷　(清)方宗誠撰　清光緒刻本　十六冊

110000－0144－0012296　847.8/626.9
稻香館粲香詞四卷補遺一卷　(清)方受穀撰　清光緒十二年(1886)稻香館刻本　二冊

110000－0144－0012297　847.8/631
郭明經遺集四卷　(清)郭志正撰　清光緒三十三年(1907)王允猷刻本　二冊

110000－0144－0012298　847.8/631
郭明經遺集四卷　(清)郭志正撰　清光緒三十三年(1907)王允猷刻本　二冊

110000－0144－0012299　847.8/631
郭明經遺集四卷　(清)郭志正撰　清光緒三十三年(1907)王允猷刻本　二冊

110000－0144－0012300　847.8/633
春草軒詩存一卷　(清)楊掄撰　**寄漚外集詩一卷**　(清)劉繼增撰　清光緒十年(1884)萱蔭堂刻本　一冊

110000－0144－0012301　847.8/634
養知書屋詩集十五卷　(清)郭嵩燾撰　清光緒十八年(1892)刻本　四冊

110000－0144－0012302　847.8/634
養知書屋詩集十五卷　(清)郭嵩燾撰　清光緒十八年(1892)刻本　四冊

110000－0144－0012303　847.8/634
養知書屋詩集十五卷　(清)郭嵩燾撰　清光

緒十八年(1892)刻本　四册

110000－0144－0012304　847.8/634
養知書屋詩集十五卷　(清)郭嵩燾撰　清光緒十八年(1892)刻本　四册

110000－0144－0012305　847.8/634－7
養知書屋文集二十八卷　(清)郭嵩燾撰　清光緒十八年(1892)王先謙刻本　十二册

110000－0144－0012306　847.8/634－7
養知書屋文集二十八卷　(清)郭嵩燾撰　清光緒十八年(1892)王先謙刻本　十二册

110000－0144－0012307　847.8/634－7
養知書屋文集二十八卷　(清)郭嵩燾撰　清光緒十八年(1892)王先謙刻本　十二册

110000－0144－0012308　847.8/634－7
養知書屋文集二十八卷　(清)郭嵩燾撰　清光緒十八年(1892)王先謙刻本　十二册

110000－0144－0012309　847.8/637.8
金峨山館文乙集不分卷　(清)郭傳璞撰　清光緒刻本　三册

110000－0144－0012310　847.8/637.8－02
金峨山館文賦詩不分卷　(清)郭傳璞撰　(清)姚梅伯評閲　清光緒稿本　三册

110000－0144－0012311　847.8/646
陶堂志微錄五卷遺文一卷恤誦一卷碑札一卷　(清)高心夔輯　清光緒八年(1882)平湖朱氏經注經齋刻本　四册

110000－0144－0012312　847.8/646
陶堂志微錄五卷遺文一卷恤誦一卷碑札一卷　(清)高心夔輯　清光緒八年(1882)平湖朱氏經注經齋刻本　四册

110000－0144－0012313　847.8/646
陶堂志微錄五卷遺文一卷恤誦一卷碑札一卷　(清)高心夔輯　清光緒八年(1882)平湖朱氏經注經齋刻本　四册

110000－0144－0012314　847.8/647
涌翠山房詩集四卷文集四卷老子證義二卷　(清)高延第撰　清光緒十三年至十四年(1887－1888)高承裕刻本　四册

110000－0144－0012315　847.8/652
小遊船詩一卷　(清)辛漢清撰　清光緒二十八年(1902)刻本　一册

110000－0144－0012316　847.8/657
竹石居文草四卷詩草四卷詞草一卷川雲集一卷　(清)童華撰　清末刻本　二册

110000－0144－0012317　847.8/659
烏石山房詩存十二卷　(清)龔易圖撰　清光緒九年(1883)雙驂園刻本　四册

110000－0144－0012318　847.8/668
南海先生詩集四卷　康有為撰　清宣統三年(1911)上海廣智書局石印本　一册

110000－0144－0012319　847.8/668
南海先生詩集四卷　康有為撰　清宣統三年(1911)上海廣智書局石印本　一册

110000－0144－0012320　847.8/675
萃錦唫八卷　(清)弈訢撰　清光緒十一年(1885)刻本　五册

110000－0144－0012321　847.8/676
佳想軒詩鈔二卷　(清)廖文錦撰　清光緒十二年(1886)杭州廖壽豐等刻本　二册

110000－0144－0012322　847.8/677
雲起軒詞鈔一卷　(清)文廷式撰　清光緒三十三年(1907)南陵徐乃昌刻本　一册

110000－0144－0012323　847.8/677
雲起軒詞鈔一卷　(清)文廷式撰　清光緒三十三年(1907)南陵徐乃昌刻本　一册

110000－0144－0012324　847.8/677
雲起軒詞鈔一卷　(清)文廷式撰　清光緒三十三年(1907)南陵徐乃昌刻本　一册

110000－0144－0012325　847.8/679
望眉草堂全集詩集八卷文集三卷　(清)顏嗣徽撰　清光緒十九年(1893)古築顏氏刻本　八册

110000－0144－0012326　847.8/680

享敝帚軒吟稿一卷　褚傳誥撰　嶺南吟草一卷　高誼撰　清宣統元年(1909)鉛印本　一册

110000－0144－0012327　847.8/680.8
訒齋遺稿一卷　(清)褚維垕撰　清光緒二十七年(1901)褚德明刻本　二册

110000－0144－0012328　847.8/682.8
剪紅詞草一卷　(清)惲毓巽撰　清宣統二年(1910)刻本　一册

110000－0144－0012329　847.8/684
四松草堂詩略四卷　(清)宗韶撰　清光緒三十年(1904)上海新昌書局鉛印本　一册

110000－0144－0012330　847.8/686
蓮西詩存二卷　(清)釋寶筏撰　清光緒十九年(1893)海幢經坊刻本　一册

110000－0144－0012331　847.8/687
酒堂遺集　(清)完顏衡平撰　清光緒二十四年(1898)完顏象賢石印本　一册

110000－0144－0012332　847.8/695
問琴閣文錄二卷　宋育仁撰　清光緒考雋堂鉛印本　一册

110000－0144－0012333　847.8/700
思無邪齋文存六卷詩存八卷　(清)宫爾鐸撰　清光緒十五年(1889)陝西馮詡刻本　四册

110000－0144－0012334　847.8/705
藕香館文錄一卷　(清)竇鎮山撰　清光緒三十年(1904)刻本　一册

110000－0144－0012335　847.8/707.7
天馬山房詩別錄一卷　(清)汪巽東撰　清光緒三年(1877)八喜齋刻本　一册

110000－0144－0012336　847.8/708
汪梅村先生集文集十二卷詩十五卷補遺詞鈔五卷筆記五卷　(清)汪士鐸撰　清光緒七年(1881)合肥張氏味古齋刻本　十二册

110000－0144－0012337　847.8/708
汪梅村先生集文集十二卷詩十五卷補遺詞鈔五卷筆記五卷　(清)汪士鐸撰　清光緒七年(1881)合肥張氏味古齋刻本　八册

110000－0144－0012338　847.8/708
汪梅村先生集文集十二卷詩十五卷補遺詞鈔五卷筆記五卷　(清)汪士鐸撰　清光緒七年(1881)合肥張氏味古齋刻本　八册

110000－0144－0012339　847.8/713
麝塵蓮寸集四卷補遺一卷　(清)汪淵撰　(清)程淑校注　清光緒十六年(1890)染翰齋刻本　一册

110000－0144－0012340　847.8/719.5
感秋吟一卷　(清)江峰青撰　清光緒三十一年(1905)石印本　一册

110000－0144－0012341　847.8/719.7－2
東游草一卷　江瀚撰　清光緒三十年(1904)刻本　一册

110000－0144－0012342　847.8/720
雙礐館詩存二卷　(清)洪錫爵撰　清宣統元年(1909)洪適聲刻本　二册

110000－0144－0012343　847.8/720.3
龍岡山人詩鈔十五卷　(清)洪良品撰　清光緒五年(1879)刻本　四册

110000－0144－0012344　847.8/7281
青溪詩選二卷　(清)蔣師轍撰　清光緒十六年(1890)刻本　一册

110000－0144－0012345　847.8/7283
晚香館遺詩一卷　(清)陳菊貞撰　清末吴縣蔣氏刻本　一册

110000－0144－0012346　847.8/728－412
退結廬詩存稿三卷遺稿三卷　(清)蔣清瑞撰　(清)蔣壽祺編　清光緒三十四年(1908)刻本　一册

110000－0144－0012347　847.8/729
六半樓詩鈔四卷附錄一卷　(清)蔡鵬飛撰　清光緒十年(1884)刻本　一册

110000－0144－0012348　847.8/731
坐花書屋詩錄二卷附行狀一卷　(清)諸鎮撰　清光緒十六年(1890)諸可權、諸可寶刻本

一册

110000－0144－0012349　847.8/735
菱湖三女史詩詞合刊　(清)談印蓮　(清)談印梅　(清)孫佩芬撰　清光緒十六年(1890)歸安孫氏刻本　二册

110000－0144－0012350　847.8/736
落葉相思一卷　(清)湯蠹仙撰　清嘉慶刻紅印本　一册

110000－0144－0012351　847.8/740
樂志簃集文錄四卷詩詞錄七卷筆記四卷味經堂詩錄二卷　(清)沈祥龍撰　清光緒二十六年(1900)文墨齋刻本　四册

110000－0144－0012352　847.8/740.1
玉笙樓詩錄十二卷　(清)沈壽榕撰　清光緒九年(1883)刻本　六冊

110000－0144－0012353　847.8/741
春星草堂集十四卷　(清)沈丙瑩撰　清光緒十六年(1890)刻本　三册

110000－0144－0012354　847.8/741
春星草堂集十四卷　(清)沈丙瑩撰　清光緒十六年(1890)刻本　三册

110000－0144－0012355　847.8/741
舊雨集三卷　(清)鄭士範撰　清光緒二十一年(1895)周正誼堂刻本　一册

110000－0144－0012356　847.8/746
寄簃文存八卷　沈家本撰　清光緒三十三年(1907)北京修訂法律館鉛印本　二册

110000－0144－0012357　847.8/746－1
寄簃文存二編二卷　沈家本撰　清宣統三年(1911)北京修訂法律館鉛印本　一册

110000－0144－0012358　847.8/747.8
匏隱廬詩文合稿二卷　(清)沈毓桂撰　清光緒二十二年(1896)滬上鉛印本　三册

110000－0144－0012359　847.8/749
藏園詩鈔一卷　(清)游智開撰　清光緒二十五年(1899)刻本　一册

110000－0144－0012360　847.8/754
潘方伯公遺稿六卷　(清)潘駿文撰　(清)潘學祖　(清)潘延祖編　清光緒二十二年(1896)都門潘學祖刻本　六册

110000－0144－0012361　847.8/754.4
癸酉消夏詩一卷　(清)潘祖蔭撰　清同治十二年至十三年(1873－1874)潘祖蔭刻滂喜齋叢書本　一册

110000－0144－0012362　847.8/754.9
意蓮詩鈔五卷　(清)潘鎮撰　清宣統元年(1909)擷華書局鉛印本　二册

110000－0144－0012363　847.8/763.1
榮文忠公集四卷　(清)榮禄撰　清光緒二十九年(1903)石印本　一册

110000－0144－0012364　847.8/763－2
師竹軒詩集四卷　(清)劉樹堂撰　清光緒十五年(1889)梓文閣刻本　二册

110000－0144－0012365　847.8/766
浩山詩鈔一卷　(清)歐陽述伯撰　清光緒刻本　一册

110000－0144－0012366　847.8/773
欲寡過齋詩集二卷　(清)馮健撰　清宣統二年(1910)商衍瀛等刻本　一册

110000－0144－0012367　847.8/784
航海吟草四卷　(清)奕譞撰　清光緒十三年(1887)上海同文書局石印本　一册

110000－0144－0012368　847.8/788
五山草堂初編二卷　(清)龍令憲撰　清光緒三十四年(1908)刻本　一册

110000－0144－0012369　847.8/7883
春華集二卷　(清)龍元任撰　清光緒十八年(1892)龍令憲刻本　一册

110000－0144－0012370　847.8/792
瓊州雜事詩一卷　(清)程秉釗撰　清光緒十三年(1887)刻本　一册

110000－0144－0012371　847.8/792.9
金陵賦一卷　程先甲撰　清光緒二十三年

(1897)刻本　一册

110000－0144－0012372　847.8/796
拙尊園叢稿六卷　(清)黎庶昌撰　清光緒十九年(1893)上海醉六堂石印本　二册

110000－0144－0012373　847.8/796
拙尊園叢稿六卷　(清)黎庶昌撰　清光緒十九年(1893)上海醉六堂石印本　二册

110000－0144－0012374　847.8/796
拙尊園叢稿六卷　(清)黎庶昌撰　清光緒十九年(1893)上海醉六堂石印本　二册

110000－0144－0012375　847.8/796－02
拙尊園叢稿六卷　(清)黎庶昌撰　清光緒刻本　二册

110000－0144－0012376　847.8/796－03
拙尊園叢稿六卷　(清)黎庶昌撰　清光緒二十三年(1897)石印本　六册

110000－0144－0012377　847.8/811
色香俱古之室詩鈔七卷　(清)賴瀛撰　清光緒七年(1881)刻本　四册

110000－0144－0012378　847.8/813
思益堂詩鈔六卷古文二卷詞鈔一卷日札十卷　(清)周壽昌撰　清光緒十四年(1888)王先謙刻本　六册

110000－0144－0012379　847.8/815
周武壯公遺書九卷外集三卷別集附録首一卷　(清)周盛傳撰　清光緒三十一年(1905)金陵周家駒刻本　十册

110000－0144－0012380　847.8/820
漪蘭館詩鈔一卷　(清)周韻僊撰　清宣統元年(1909)石印本　一册

110000－0144－0012381　847.8/827
剔菴詩存一卷　(清)朱元理撰　清光緒二十年(1894)朱培源刻本　一册

110000－0144－0012382　847.8/832.2
彊邨詞四卷　朱祖謀撰　清光緒三十一年(1905)刻本　一册

110000－0144－0012383　847.8/832.6
雙清閣袖中詩本二卷擁翠詞稿一卷　(清)朱福清撰　清光緒十九年(1893)江蘇書局刻本　一册

110000－0144－0012384　847.8/835
清芬閣集十二卷　(清)朱采撰　清光緒三十四年(1908)上海商務印書館鉛印本　八册

110000－0144－0012385　847.8/842
志遠堂文集十卷　(清)鄒鍾撰　清光緒十二年(1886)德華堂刻本　八册

110000－0144－0012386　847.8/842.3
聽竹廬小草一卷　(清)鄒南英撰　清光緒稿本　一册

110000－0144－0012387　847.8/842.5
春江雜感一卷　(清)鄒師謙撰　清光緒二十九年(1903)松草堂刻本　一册

110000－0144－0012388　847.8/856
恥不逮齋集三卷首一卷附録一卷補遺一卷　(清)熊其英撰　清光緒十六年(1890)蘇州五畝園刻本　四册

110000－0144－0012389　847.8/860
藝風堂文集七卷外篇一卷　繆荃孫撰　清光緒二十六年至二十七年(1900－1901)刻本　四册

110000－0144－0012390　847.8/860－2
藝風堂詩存四卷碧香詞一卷　繆荃孫撰　清末刻本　一册

110000－0144－0012391　847.8/861
居易初集三卷　(清)經元善撰　清光緒二十九年(1903)上海同文社鉛印本　三册

110000－0144－0012392　847.8/862
新安遊草二卷　(清)戴啟文撰　清光緒二十一年(1895)安徽屯溪黄菇古堂刻本　二册

110000－0144－0012393　847.8/864
裴光禄遺集八卷首一卷　(清)裴蔭森撰　清宣統三年(1911)刻本　四册

110000－0144－0012394　847.8/864

裴光禄遺集八卷首一卷　(清)裴蔭森撰　清宣統三年(1911)刻本　四冊

110000 - 0144 - 0012395　847.8/873
倦繡吟草一卷　(清)繆寶娟撰　清光緒四年(1878)鉛印本　一冊

110000 - 0144 - 0012396　847.8/873 - 2
唫秋閣詩草一卷　(清)繆寶娟撰　清光緒十八年(1892)常熟繆氏刻本　一冊

110000 - 0144 - 0012397　847.8/883
紅樓夢絕句一卷　(清)邱煒萲撰　清光緒二十六年(1900)粵東一經堂刻本　一冊

110000 - 0144 - 0012398　847.8/886.1
和觀劇絕句三十首　(清)劉開甲撰　清光緒三十二年(1906)陳貽直刻集益堂叢書本　一冊

110000 - 0144 - 0012399　847.8/886 - 02
古紅梅閣遺集八卷附錄一卷　(清)劉履芬撰　**紫藤花館詩餘一卷**　(清)劉觀藻撰　清光緒六年(1880)蘇州許氏刻本　二冊

110000 - 0144 - 0012400　847.8/887
劉忠誠公遺集六十六卷首一卷附錄一卷　(清)劉坤一撰　清宣統元年(1909)刻本　六十四冊

110000 - 0144 - 0012401　847.8/887.2
劉武慎公遺書奏稿十六卷稟牘四卷尺牘二卷札諭營規一卷雜文詩劄記一卷年譜三卷　(清)劉長佑撰　清光緒二十六年(1900)鉛印本　二十八冊

110000 - 0144 - 0012402　847.8/887.24 - 6
廣經室文鈔一卷　(清)劉恭冕撰　清光緒十五年(1889)廣雅書局刻廣雅書局叢書本　一冊

110000 - 0144 - 0012403　847.8/889
心犀室遺稿不分卷　(清)劉蕃撰　清光緒二十八年(1902)刻本　四冊

110000 - 0144 - 0012404　847.8/889.4
麐椶詞一卷　(清)劉恩黻著　清光緒三十二年(1906)雙照樓刻本　一冊

110000 - 0144 - 0012405　847.8/890.9
介白堂詩集二卷　(清)劉光第撰　清光緒二十九年(1903)宜賓儷峯書屋刻本　二冊

110000 - 0144 - 0012406　847.8/890.9
介白堂詩集二卷　(清)劉光第撰　清光緒二十九年(1903)宜賓儷峯書屋刻本　一冊

110000 - 0144 - 0012407　847.8/891.9
啟秀軒詩鈔二卷詞附一卷附存一卷　(清)劉之萊撰　清光緒二十四年(1898)大興朱氏刻本　一冊

110000 - 0144 - 0012408　847.8/892.7
紅樹山莊詩草四卷黔遊草一卷　(清)劉家逵撰　清末刻本　三冊

110000 - 0144 - 0012409　847.8/893
朔風吟略十一卷　(清)劉秉琳撰　清光緒二年(1876)津門道署刻本　二冊

110000 - 0144 - 0012410　847.8/898
何子清先生遺文二卷附錄一卷　(清)何忠萬撰　清光緒八年(1882)金陵翁氏茹古閣刻本　四冊

110000 - 0144 - 0012411　847.8/898.3
鞮芬室詞甲稿一卷　(清)何震彝撰　清光緒二十七年(1901)上海商務印書館鉛印本　一冊

110000 - 0144 - 0012412　847.8/902
天根文鈔四卷續集一卷　(清)何家琪撰　清光緒三十二年(1906)大梁鉛印三怡堂叢書本　六冊

110000 - 0144 - 0012413　847.8/903.8
寄漚詩存二卷　(清)何延慶撰　**揖翠樓詩存二卷**　(清)朱紹頤撰　清光緒十六年(1890)刻石城七子詩鈔本　一冊

110000 - 0144 - 0012414　847.8/913
遺安老人文存一卷　(清)龐君錫撰　**龐濬卿遺文一卷**　(清)龐濬卿撰　**十五芝山房時文一卷**　(清)龐際雲撰　清光緒十年(1884)湘

南節署刻本　五冊

110000－0144－0012415　847.8/914
哦月樓詩存三卷詩餘一卷　（清）儲慧撰　清光緒十一年（1885）鉛印本　一冊

110000－0144－0012416　847.8/915
倭文端公遺書八卷首二卷末一卷續刊三卷　（清）倭仁撰　清光緒元年（1875）六安求我齋刻本　四冊

110000－0144－0012417　847.8/915
倭文端公遺書八卷首二卷末一卷續刊三卷　（清）倭仁撰　清光緒元年（1875）六安求我齋刻本　四冊

110000－0144－0012418　847.8/922
庚子都門紀事詩六卷首一卷　（清）延清撰　清光緒二十八年（1902）鉛印本　二冊

110000－0144－0012419　847.8/922.7
巴里客餘生詩草六卷首一卷末一卷　（清）延清撰　清光緒二十七年（1901）石印本　二冊

110000－0144－0012420　847.8/922－02
庚子都門紀事詩六卷首一卷　（清）延清撰　清光緒二十八年（1902）京江馬子昭、普芬刻本　二冊

110000－0144－0012421　847.8/922－1
庚子都門紀事詩補（雞肋集）一卷　（清）延清撰　清宣統三年（1911）鉛印本　一冊

110000－0144－0012422　847.8/937
澡雪堂文鈔十卷詩鈔一卷聯語一卷籌海蠡言一卷綿江別話一卷　（清）鍾體志撰　清光緒二十一年（1895）灌城刻本　六冊

110000－0144－0012423　847.8/937.6
聽鐘樓詩鈔四卷　（清）鍾啟韶撰　清光緒十六年（1890）伍元薇刻本　二冊

110000－0144－0012424　847.8/937.8
紅蕉詞鈔二卷　（清）鍾景撰　清刻本　一冊

110000－0144－0012425　847.8/940
餘癡初稿一卷　毓朗撰　清光緒三十四年（1908）京華印書局鉛印本　一冊

110000－0144－0012426　847.8/945
香雪齋詩鈔四卷　（清）嚴鈖撰　清光緒十九年（1893）桐谿嚴氏刻本　二冊

110000－0144－0012427　847.8/946
花磚日影集十卷　徐琪撰　清光緒三十四年（1908）仁和徐氏刻本　五冊

110000－0144－0012428　847.8/946.1
志學齋集五種　（清）徐壽基撰　清光緒十二年（1886）桓臺官舍刻本　八冊

110000－0144－0012429　847.8/946.1
志學齋集五種　（清）徐壽基撰　清光緒十二年（1886）桓臺官舍刻本　八冊

110000－0144－0012430　847.8/946.2
花磚重影集二卷　徐琪撰　清光緒二十九年（1903）刻香海盦叢書本　一冊

110000－0144－0012431　847.8/946－1
示兒詩一卷　徐琪撰　清光緒三十三年（1907）仁和徐氏刻香海盦叢書本　一冊

110000－0144－0012432　847.8/948
小不其山房集經二卷文二卷詩六卷　（清）徐有珂撰　清光緒六年至七年（1880－1881）刻本　六冊

110000－0144－0012433　847.8/951
不慊齋漫存十二卷　（清）徐賡陛撰　清光緒三十一年（1905）大通鹺廨刻本　十二冊

110000－0144－0012434　847.8/951
不慊齋漫存十二卷　（清）徐賡陛撰　清光緒三十一年（1905）大通鹺廨刻本　十二冊

110000－0144－0012435　847.8/959
五是堂詩集八卷　（清）顧王霖撰　清光緒八年（1882）刻二十四年（1898）印本　二冊

110000－0144－0012436　847.8/961.2
養心光室詩稾八卷　（清）顧福仁撰　清光緒十四年（1888）刻本　二冊

110000－0144－0012437　847.8/961.3
盋山文錄八卷　（清）顧雲撰　清光緒十五年（1889）刻本　二冊

110000 - 0144 - 0012438　847.8/961.3
盋山文錄八卷　(清)顧雲撰　清光緒十五年(1889)刻本　三冊

110000 - 0144 - 0012439　847.8/961.3 - 1
天東驪唱一卷　(清)顧雲撰　清光緒十九年(1893)刻本　一冊

110000 - 0144 - 0012440　847.8/964
眉綠樓詞不分卷　(清)顧文彬撰　清光緒五年(1879)刻本　一冊

110000 - 0144 - 0012441　847.8/967
梅影盦詞集　(清)顧復初撰　清光緒六年(1880)刻本　三冊　存三種三卷(絳河笙詞稿一卷、蜀桐絃詞一卷、海風簫詞一卷)

110000 - 0144 - 0012442　847.8/967.1
綠梅影樓詩存一卷詞存一卷　(清)顧翎撰　清光緒十四年(1888)刻本　陳作霖墨筆題識　一冊

110000 - 0144 - 0012443　847.8/968
閩遊集一卷哀鳴集一卷哀鳴續集一卷　(清)殷文宜撰　清光緒二十四年(1898)陽湖呂氏刻本　三冊

110000 - 0144 - 0012444　847.8/976
瘦碧詞二卷　鄭文焯撰　清光緒十四年(1888)大鶴山房刻本　一冊

110000 - 0144 - 0012445　847.8/977
都梁香閣詩一卷詞集一卷　(清)鄭蘭孫撰　清光緒元年(1875)徐琪刻本　一冊

110000 - 0144 - 0012446　847.8/980
宜琴樓遺稿一卷　(清)嚴鋮撰　清光緒二十三年(1897)刻本　一冊

110000 - 0144 - 0012447　847.8/981
曾惠敏公遺集奏疏六卷文集五卷詩集四卷日記二卷　(清)曾紀澤撰　清光緒十九年(1893)江南製造總局鉛印本　八冊

110000 - 0144 - 0012448　847.8/981
曾惠敏公遺集奏疏六卷文集五卷詩集四卷日記二卷　(清)曾紀澤撰　清光緒十九年(1893)江南製造總局鉛印本　八冊

110000 - 0144 - 0012449　847.8/981
曾惠敏公遺集奏疏六卷文集五卷詩集四卷日記二卷　(清)曾紀澤撰　清光緒十九年(1893)江南製造總局鉛印本　八冊

110000 - 0144 - 0012450　847.8/981.6
環天室古近體詩類選五卷後集一卷　曾廣鈞撰　清宣統二年(1910)刻本　二冊

110000 - 0144 - 0012451　847.8/981 - 02
曾惠敏公全集四種　(清)曾紀澤撰　清光緒二十年(1894)上海石印本　四冊

110000 - 0144 - 0012452　847.8/981 - 02
曾惠敏公全集四種　(清)曾紀澤撰　清光緒二十年(1894)上海石印本　五冊

110000 - 0144 - 0012453　847.8/987.1 - 02
陶廬雜憶續詠一卷　金武祥撰　清光緒三十一年(1905)刻本　一冊

110000 - 0144 - 0012454　847.8/987.1 - 2
粟香室文稿不分卷　金武祥撰　清光緒二十六年(1900)木活字印本　一冊

110000 - 0144 - 0012455　847.8/987.6
胡蝶詩三百六十首一卷　(清)金文粱撰　清末丁志偉適存盧書坊刻本　一冊

110000 - 0144 - 0012456　847.8/987.7 - 1
陶廬雜憶一卷　金武祥撰　清光緒十三年(1887)江陰金氏刻本　一冊

110000 - 0144 - 0012457　847.8/987.9
劬書室遺集十六卷　(清)金錫齡撰　清光緒二十一年(1895)刻本　五冊

110000 - 0144 - 0012458　847.8/987 - 2
來雲閣詩六卷　(清)金和撰　清光緒二十一年(1895)丹陽束允泰刻本　二冊

110000 - 0144 - 0012459　847.8/987 - 2
來雲閣詩六卷　(清)金和撰　清光緒二十一年(1895)丹陽束允泰刻本　二冊

110000 - 0144 - 0012460　847.8/990

賓萌集五卷外集四卷　(清)俞樾撰　清同治刻本　三冊

110000－0144－0012461　847.8/990.2
曲園自述詩一卷　(清)俞樾撰　清刻本　一冊

110000－0144－0012462　847.8/994
補籬遺稿八卷　(清)姚福均撰　(清)王伊編　清光緒三十一年(1905)木活字印本　二冊

110000－0144－0012463　847.8/994.6－02
慎宜軒文五卷　姚永概撰　清光緒三十四年(1908)靈蘐護鉛印本　一冊

110000－0144－0012464　847.8/994.6－02
慎宜軒文五卷　姚永概撰　清光緒三十四年(1908)靈蘐護鉛印本　一冊

110000－0144－0012465　847.9/113
滋蘭室遺稿一卷　(清)王嗣暉撰　清宣統元年(1909)鉛印本　一冊

110000－0144－0012466　847.9/113.2
經進稿二卷　(清)王懿榮撰　清宣統三年(1911)江寧印刷廠鉛印本　一冊

110000－0144－0012467　847.9/115
湘綺樓全集三十卷　王闓運撰　清宣統二年(1910)上海國學扶輪社石印本　十二冊

110000－0144－0012468　847.9/117
平養堂文編十卷　王龍文撰　清宣統三年(1911)思賢書局刻本　四冊

110000－0144－0012469　847.9/118
翠柏山房詩草續編一卷三編一卷游梁詩草一卷游梁詞一卷　(清)王汝純撰　清光緒二十年至宣統三年(1894－1911)刻本、鉛印本　二冊

110000－0144－0012470　847.9/225
雙桂園遺稿二卷　(清)林一枝撰　清宣統三年(1911)曹希璨木活字印本　一冊

110000－0144－0012471　847.9/288
訒盦詩存一卷　李大防撰　清宣統元年(1909)保定開縣李氏鉛印本　一冊

110000－0144－0012472　847.9/379
戊丁詩存一卷　(清)陳霞章撰　清宣統元年(1909)京師鉛印本　一冊

110000－0144－0012473　847.9/384
可園詩存二十八卷詞存四卷　陳作霖撰　清宣統二年(1910)江寧陳作霖刻本　六冊

110000－0144－0012474　847.9/384.8
皕墉盦賸觚四卷　(清)陳廷英撰　清宣統三年(1911)景魏閣鉛印本　一冊

110000－0144－0012475　847.9/413－2
桃隝百詠一卷　(清)凌泗撰　(清)謝家福註　清末刻本　一冊

110000－0144－0012476　847.9/428
哀鳴集二卷　(清)嚴釗撰　清宣統二年(1910)鉛印本　一冊

110000－0144－0012477　847.9/432
惺諟齋初稿十卷　(清)喻長霖撰　清宣統三年(1911)崧岱山館鉛印本　六冊

110000－0144－0012478　847.9/457
遯庵詩稿一卷續一卷團緑山房詩餘一卷　(清)曹希璨撰　清宣統三年(1911)曹希璨木活字印本　六冊

110000－0144－0012479　847.9/461
知止盦詩錄六卷補遺一卷續補遺一卷詩餘詩存一卷聯語附錄　(清)曹宗起撰　清宣統二年(1910)試金石室刻本　一冊

110000－0144－0012480　847.9/517－2
也是集一卷安蹇詩存一卷　英華撰　清光緒三十三年(1907)天津大公報館鉛印本　一冊

110000－0144－0012481　847.9/517－21
也是集續編一卷　英華撰　清宣統二年(1910)天津大公報館鉛印本　一冊

110000－0144－0012482　847.9/566
癡香吟初稿一卷　(清)賀嘉楨撰　清宣統二年(1910)石印本　一冊

110000－0144－0012483　847.9/642
快隱堂詩鈔四卷　(清)高楷撰　清末快隱堂

刻本　一册

110000－0144－0012484　847.9/679
幕巢館詩鈔一卷　(清)顏扎定撰　清宣統三年(1911)石印本　一册

110000－0144－0012485　847.9/688
南行詩草　(清)富察敦崇撰　清宣統三年(1911)北京文德齋刻本　一册

110000－0144－0012486　847.9/694
邊聲　宋小濂撰　清宣統三年(1911)黑龍江民政司署石印本　一册

110000－0144－0012487　847.9/833
晚香齋文存三卷　(清)朱寯瀛撰　清宣統元年(1909)鉛印本　一册

110000－0144－0012488　847.9/837
奉使車臣汗記程詩三卷　(清)延清撰　清宣統元年(1909)鉛印本　三册

110000－0144－0012489　847.9/837
奉使車臣汗記程詩三卷　(清)延清撰　清宣統元年(1909)鉛印本　一册

110000－0144－0012490　847.9/883
倉海君庚戌羅浮游草一卷　(清)邱逢甲撰　清宣統二年(1910)鉛印本　一册

110000－0144－0012491　847.9/891
松坡山館絶詩一卷詩餘一卷律賦一卷　(清)劉順昌撰　清末石印本　二册

110000－0144－0012492　847.9/898
韡芬室近詩一卷　(清)何震彝撰　清宣統元年(1909)天津行館鉛印本　一册

110000－0144－0012493　847.9/898
韡芬室近詩一卷　(清)何震彝撰　清宣統元年(1909)天津行館鉛印本　一册

110000－0144－0012494　847.9/932
潛皖偶錄十一卷　(清)錢麟書撰　清宣統元年(1909)鉛印本　四册

110000－0144－0012495　847.9/947.2
庚戌年自七月至十一月詩稿　(清)徐堉撰　清宣統二年(1910)鉛印萬柳園全集本　一册

110000－0144－0012496　847.9/966.265
梅庵詩草一卷　(清)釋續亮撰　(清)李坤編訂　清宣統元年(1909)昆明妙高寺刻本　一册

110000－0144－0012497　847.9/987
蔗畦詞一卷　(清)金石撰　清光緒刻本　一册

110000－0144－0012498　847.9/988
新溪櫂歌一卷附平湖横橋堰圖説　(清)余楙撰　清光緒十四年(1888)刻本　李兆熊題記　一册

110000－0144－0012499　847/148
燕臺鴻爪集一卷　(清)粟海庵居士撰　清刻本　一册

110000－0144－0012500　847/190
符夢堂集一卷　(清)釋明鼎撰　清乾隆刻本　一册

110000－0144－0012501　847/313
雪眉詩鈔四卷又一卷雪眉詞鈔一卷　(清)胡成浚撰　清嘉慶二十三年(1818)黟縣胡成浚刻本　六册

110000－0144－0012502　847/368
恬齋存稿一卷　(清)韋坦撰　清同治刻本　一册

110000－0144－0012503　847/402
浣玉軒集四卷　(清)夏敬渠撰　(清)夏子沐輯校　清光緒十六年(1890)江陰夏氏刻本　四册

110000－0144－0012504　847/448
通隱堂詩存四卷　(清)張京度撰　清同治六年(1867)五百樓花草堂刻本　二册

110000－0144－0012505　847/526
掔鯨堂詩選九卷　(清)費錫璜撰　清道光鵝溪古棠書屋刻本　二册

110000－0144－0012506　847/576
傳樸堂詩稿四卷　(清)葛金烺撰　**弢華館詩**

稿　(清)葛嗣濚撰　清光緒二十一年(1895)葛氏刻本　二冊

110000－0144－0012507　847/676
鑄鐵齋詩遺稾八卷　(清)廖可受撰　清光緒五年(1879)劉洪度刻本　二冊

110000－0144－0012508　847/703
三硯齋詩賸一卷　(清)趙彥修撰　清光緒八年(1882)刻本　一冊

110000－0144－0012509　847/710
容甫先生遺詩五卷補遺一卷　(清)汪中撰　清宣統二年(1910)順德鄧氏風雨樓鉛印本　一冊

110000－0144－0012510　847/718
天目紀遊草一卷　(清)潛道人撰　清光緒二十一年(1895)胡嗣瑗石印本　一冊

110000－0144－0012511　847/728
望益軒詩集三卷詞一卷　(清)蔣國楨撰　清光緒二十六年(1900)章江刻本　一冊

110000－0144－0012512　848/113.2－6
文莫室詩八卷　王樹枏撰　清光緒十三年(1887)文莫室刻陶廬叢刻本　二冊

110000－0144－0012513　848/115.48－1
靜庵文集不分卷　王國維撰　清光緒三十一年(1905)鉛印本　三冊

110000－0144－0012514　848/115.48－1
靜庵文集不分卷　王國維撰　清光緒三十一年(1905)鉛印本　三冊

110000－0144－0012515　848/115.48－1
靜庵文集不分卷　王國維撰　清光緒三十一年(1905)鉛印本　三冊

110000－0144－0012516　848/262.9－6
畏廬文集不分卷　林紓撰　清宣統二年(1910)上海商務印書館鉛印本　三冊

110000－0144－0012517　848/262.9－6
畏廬文集不分卷　林紓撰　清宣統二年(1910)上海商務印書館鉛印本　四冊

110000－0144－0012518　848/262.9－6
畏廬文集不分卷　林紓撰　清宣統二年(1910)上海商務印書館鉛印本　五冊

110000－0144－0012519　848/262.9－6
畏廬文集不分卷　林紓撰　清宣統二年(1910)上海商務印書館鉛印本　一冊

110000－0144－0012520　848/262.9－6
畏廬文集不分卷　林紓撰　清宣統二年(1910)上海商務印書館鉛印本　一冊

110000－0144－0012521　848/262.9－6
畏廬文集不分卷　林紓撰　清宣統二年(1910)上海商務印書館鉛印本　一冊

110000－0144－0012522　848/311.66
八識田齋散文一卷　張祖廉撰　清光緒三十三年(1907)鉛印本　一冊

110000－0144－0012523　848/334.3
遼夢草續一卷　雷飛鵬撰　清宣統二年(1910)鉛印本　一冊

110000－0144－0012524　848/362－8
師鄭堂駢體文存二卷　孫雄撰　清光緒二十一年(1895)刻師鄭叢書本　一冊

110000－0144－0012525　848/362－8
師鄭堂駢體文存二卷　孫雄撰　清光緒二十一年(1895)刻師鄭叢書本　一冊

110000－0144－0012526　848/362－8
師鄭堂駢體文存二卷　孫雄撰　清光緒二十一年(1895)刻師鄭叢書本　一冊

110000－0144－0012527　848/362－9
鄭齋漢學文編六卷　孫雄編　清光緒三十四年(1908)鉛印師鄭叢書本　一冊

110000－0144－0012528　848/377
散原精舍詩二卷　陳三立撰　清宣統二年(1910)鉛印本　二冊

110000－0144－0012529　848/377
散原精舍詩二卷　陳三立撰　清宣統二年(1910)鉛印本　二冊

110000－0144－0012530　848/377
散原精舍詩二卷　陳三立撰　清宣統二年(1910)鉛印本　二冊

110000－0144－0012531　848/380.46
松壽堂詩鈔十卷　陳夔龍撰　清宣統三年(1911)京師刻本　四冊

110000－0144－0012532　848/385－1
石遺室詩集三卷補遺一卷　陳衍撰　清光緒三十一年(1905)武昌刻本　一冊

110000－0144－0012533　848/424
滬江商業市景詞四卷　(清)頤安主人撰　清光緒三十二年(1906)石印本　四冊

110000－0144－0012534　848/428
嚴侯官文集不分卷　嚴復撰　清光緒二十九年(1903)作新譯書局鉛印本　一冊

110000－0144－0012535　848/526.84
居東集一卷　蔣智由撰　清宣統二年(1910)上海文明書局鉛印本　一冊

110000－0144－0012536　848/633－7
江戶竹枝詞一卷　郭則澐撰　清光緒三十三年(1907)瀋陽奉天官紙局印刷所鉛印本　一冊

110000－0144－0012537　848/675.7
宣南夢憶二卷　沈宗畸撰　清光緒刻本　一冊

110000－0144－0012538　848/715.9
雨屋深鐙詞一卷　汪兆鏞撰　清宣統三年(1911)鉛印本　一冊

110000－0144－0012539　848/715.9－91
微尚齋詩二卷　汪兆鏞撰　清宣統三年(1911)刻本　一冊

110000－0144－0012540　848/733－98
飲冰室全集　梁啟超撰　清光緒二十九年(1903)日本東京新智學社石印本　十八冊

110000－0144－0012541　848/733－98－03
飲冰室壬寅文集　梁啟超撰　清光緒二十九年(1903)上海維新學社石印本　十六冊

110000－0144－0012542　848/792－1
程一夔文乙集四卷　程先甲撰　清宣統二年(1910)江寧程氏千一齋刻本　二冊

110000－0144－0012543　848/800
寓齋偶筆文稿五卷　盧以恕撰　清宣統元年(1909)杉楸山房木活字印本　二冊

110000－0144－0012544　848/816－02
刪亭文集二卷續集二卷　周同愈撰　清光緒三十三年(1907)上海文明書局鉛印本　一冊

110000－0144－0012545　848/893
濯絳宦存稿(噙椒詞)一卷　(清)劉毓盤撰　清宣統元年(1909)刻本　一冊

110000－0144－0012546　848/893
濯絳宦存稿(噙椒詞)一卷　(清)劉毓盤撰　清宣統元年(1909)刻本　一冊

110000－0144－0012547　848/893
濯絳宦存稿(噙椒詞)一卷　(清)劉毓盤撰　清宣統元年(1909)刻本　一冊

110000－0144－0012548　848/893
濯絳宦存稿(噙椒詞)一卷　(清)劉毓盤撰　清宣統元年(1909)刻本　一冊

110000－0144－0012549　848/893
濯絳宦存稿(噙椒詞)一卷　(清)劉毓盤撰　清宣統元年(1909)刻本　一冊

110000－0144－0012550　848/901.4
青琅軒館詩鈔一卷　何之鼎撰　清宣統元年(1909)華雲閣鉛印本　一冊

110000－0144－0012551　848/935.9
聞妙香室詩稿五卷　(清)錢錫寀撰　清宣統二年(1910)天津醒華報館石印本　一冊

110000－0144－0012552　848/935.9
聞妙香室詩稿五卷詞鈔四卷　(清)錢錫寀撰　清宣統二年(1910)天津醒華報館石印本　一冊

110000－0144－0012553　848/935.9－6
聞妙香室詞鈔四卷　(清)錢錫寀撰　清宣統二年(1910)天津醒華報館石印本　一冊

110000－0144－0012554　852.47/440

海棠香夢詞四卷和白香詞譜全集一卷　（清）陳壽嵩撰　**三家曲三卷**　（清）陳壽嵩等撰　（清）朱靜輯　清光緒二十六年（1900）朱靜刻本　四册

110000－0144－0012555　853.2/669.6

麒麟閣六十一齣　（清）李玉撰　清抄本　存一至四齣　一册

110000－0144－0012556　853.64/521

鉼笙舘修簫譜四卷　（清）舒位撰　（清）費丹旭繪畫　清道光十三年（1833）杭州汪氏振綺堂刻本　一册

110000－0144－0012557　853/119

漢鐃歌釋文箋正一卷　王先謙撰　清同治十一年（1872）湖南虛受堂刻本　一册

110000－0144－0012558　853/652

六十種曲一百二十卷　（明）毛晉編　清刻本　一百三十册

110000－0144－0012559　853/827

三家曲三種　（清）陳壽嵩等撰　（清）朱靜輯　清光緒二十六年（1900）朱靜刻本　二册

110000－0144－0012560　855.08/488

民俗戲三十四種　（清）□□輯　清末京都錦文堂、致文堂等刻本　四十五册

110000－0144－0012561　855.4/267

樂府新編陽春白雪五卷　（元）楊朝英輯　清光緒三十一年（1905）南陵徐氏刻本　一册

110000－0144－0012562　855.4/267

樂府新編陽春白雪五卷　（元）楊朝英輯　清光緒三十一年（1905）南陵徐氏刻本　一册

110000－0144－0012563　855.4/503－02

紅樓夢散套十六卷　（清）吳鎬撰　清嘉慶刻本　四册

110000－0144－0012564　855.4/503－03

紅樓夢散套十六卷　（清）吳鎬撰　清光緒七年（1881）刻本　四册

110000－0144－0012565　855.5/112.1

龍舟會雜劇一卷　（清）王夫之撰　清同治四年（1865）湘鄉曾氏金陵節署刻船山遺書本　小煙艇主題跋　一册

110000－0144－0012566　855.5/476

瞿園雜劇五種　（清）瞿園撰　清光緒三十四年（1908）鉛印本　一册

110000－0144－0012567　855.5/526

冬青樹二卷四絃秋一卷　（清）蔣士銓撰　清刻本　一册

110000－0144－0012568　855.6/120－02

滿漢西廂記四卷　（清）□□輯　清京都永魁齋刻本　四册

110000－0144－0012569　855.6/120－437

西廂記不分卷　（元）王實甫撰　（清）吳蘭修訂　清道光二年（1822）長白馮氏刻本　四册

110000－0144－0012570　855.6/120－842

雲林別墅繪妥註像第六才子書六卷首一卷　（元）王實甫撰　（元）關漢卿續　（清）金聖歎評　（清）鄒聖脉註　清刻本　一册

110000－0144－0012571　855.6/120－987

懷永堂繪像第六才子書八卷　（元）王實甫撰　（元）關漢卿續　（清）金人瑞評　清致和堂刻本　七册

110000－0144－0012572　855.6/120－987－011

增補第六才子書釋解八卷　（元）王實甫撰　（元）關漢卿續　（清）金聖嘆批評　（清）鄧汝寧音義　清興文堂刻本　六册

110000－0144－0012573　855.6/120－987－012

箋注第六才子書釋解八卷　（元）王實甫撰　（元）關漢卿續　（清）金人瑞批　（清）鄧汝寧音義　清文苑堂刻本　六册

110000－0144－0012574　855.6/120－987－013

增像第六才子書五卷首一卷　（元）王實甫撰　（元）關漢卿續　（清）金聖嘆批評　清光緒二十二年（1896）上海賞奇軒石印本　二册

110000－0144－0012575　855.6/120－987－02

箋注第六才子書釋解八卷　（元）王實甫撰

(元)關漢卿續　(清)金人瑞批　(清)鄧汝寧音義　清致和堂刻本　六册

110000－0144－0012576　855.6/120－987－02
箋注第六才子書釋解八卷　(元)王實甫撰　(元)關漢卿續　(清)金人瑞批　(清)鄧汝寧音義　清致和堂刻本　六册

110000－0144－0012577　855.6/120－987－04
第六才子書八卷　(元)王實甫撰　(元)關漢卿續　(清)金人瑞評點　清嘉慶五年(1800)文盛堂刻本　六册

110000－0144－0012578　855.6/120－987－05
如是山房增訂金批西廂記四卷首一卷末一卷　(元)王實甫撰　(元)關漢卿續　(清)金人瑞評點　清光緒二年(1876)如是山房刻朱墨套印本　六册

110000－0144－0012579　855.6/120－987－06
懷永堂繪像第六才子書八卷　(元)王實甫撰　(元)關漢卿續　(清)金聖歎評　清道光味蘭軒刻本　六册

110000－0144－0012580　855.6/120－987－07
此宜閣增訂金批西廂四卷首一卷末一卷　(元)王實甫撰　(元)關漢卿續　(清)金人瑞評點　清乾隆六十年(1795)此宜閣刻朱墨套印本　六册

110000－0144－0012581　855.6/120－987－08
貫華堂第六才子書六卷　(元)王實甫撰　(元)關漢卿續　(清)金人瑞評點　清刻朱墨套印本　六册

110000－0144－0012582　855.6/120－987－09
繪像增注第六才子書釋解八卷　(元)王實甫撰　(元)關漢卿續　(清)金人瑞評點　(清)鄧汝寧音義　清光緒三年(1877)上海石印本　四册

110000－0144－0012583　855.6/121
綴白裘全集十二集四十八卷　(清)玩花主人輯　(清)錢德蒼增輯　清乾隆四十六年(1781)集古堂刻本　四十八册

110000－0144－0012584　855.6/121－05
繪圖綴白裘十二集四十八卷　(清)玩花主人輯　(清)錢德蒼增輯　清光緒三十四年(1908)翠香社石印本　十二册

110000－0144－0012585　855.6/121－05
繪圖綴白裘十二集四十八卷　(清)玩花主人輯　(清)錢德蒼增輯　清光緒三十四年(1908)翠香社石印本　十二册

110000－0144－0012586　855.6/145
虎口餘生傳奇四卷四十四齣　(清)遺民外史撰　清同德堂刻本　四册

110000－0144－0012587　855.6/145
虎口餘生傳奇四卷四十四齣　(清)遺民外史撰　清同德堂刻本　四册

110000－0144－0012588　855.6/145－02
虎口餘生傳奇四卷四十四齣　(清)遺民外史撰　清刻本　四册

110000－0144－0012589　855.6/154
新刻雙釵記八卷　(清)□□撰　清末刻本　二册

110000－0144－0012590　855.6/158
滄桑艷二卷　(清)丁傳靖撰　清光緒三十四年(1908)刻豹隱廬雜著本　一册

110000－0144－0012591　855.6/158
滄桑艷二卷　(清)丁傳靖撰　清光緒三十四年(1908)刻豹隱廬雜著本　一册

110000－0144－0012592　855.6/158
滄桑艷二卷　(清)丁傳靖撰　清光緒三十四年(1908)刻豹隱廬雜著本　一册

110000－0144－0012593　855.6/169－1
居官鑑二卷　(清)黃燮清撰　清刻本　一册

110000－0144－0012594　855.6/169－1－02
居官鑑二卷　(清)黃燮清撰　清光緒六年(1880)柯蓀安、翁式如刻本　一册

110000－0144－0012595　855.6/169－2
桃谿雪二卷　(清)黃燮清撰　清道光二十七年(1847)馴雲閣刻本　一册

110000－0144－0012596　855.6/169－2－02
桃谿雪二卷　(清)黄燮清撰　清咸豐七年(1857)雪鶴仙館刻本　一册

110000－0144－0012597　855.6/169－6
帝女花二卷　(清)黄燮清撰　清道光十三年(1833)馴雲閣刻本　二册

110000－0144－0012598　855.6/234
漁邨記二卷十三摺　(清)妙有山人撰　(清)湘巌居士評點　清咸豐五年(1855)青田石門山房刻本　二册

110000－0144－0012599　855.6/234
漁邨記二卷十三摺　(清)妙有山人撰　(清)湘巌居士評點　清咸豐五年(1855)青田石門山房刻本　二册

110000－0144－0012600　855.6/269
理靈坡　(清)楊恩壽撰　清光緒長沙楊氏坦園刻本　一册

110000－0144－0012601　855.6/269－02
理靈坡　(清)楊恩壽撰　清同治九年(1870)刻本　二册

110000－0144－0012602　855.6/269－2
再來人十六齣　(清)楊恩壽撰　清光緒長沙楊氏坦園刻本　二册

110000－0144－0012603　855.6/282
第九才子書斬鬼傳四卷十回　(清)樵雲山人編　清康熙五十九年至宣統三年(1720－1911)莞爾堂刻本　四册

110000－0144－0012604　855.6/286－9
一笠菴新編一捧雪傳奇二卷三十齣　(清)李玉撰　清刻本　一册

110000－0144－0012605　855.6/291
胭肢舄傳奇二卷　(清)李文瀚填詞　清道光二十二年(1842)刻味塵軒四種曲本　二册

110000－0144－0012606　855.6/292
笠翁傳奇十種　(清)李漁撰　清刻本　二十册

110000－0144－0012607　855.6/292－2
比目魚傳奇二卷三十二齣　(清)李漁編　(清)秦淮醉侯批評　清康熙刻本　二册

110000－0144－0012608　855.6/292－4
巧團圓傳奇二卷三十三齣　(清)李漁撰　(清)莫愁釣客　(清)睡鄉祭酒合評　清康熙刻本　四册

110000－0144－0012609　855.6/308
芙蓉碣傳奇二卷十四齣　(清)張雲驤填詞　(清)王以慜評點　(清)吳孝緒按拍　清光緒九年(1883)刻本　一册

110000－0144－0012610　855.6/308
芙蓉碣傳奇二卷十四齣　(清)張雲驤填詞　(清)王以慜評點　(清)吳孝緒按拍　清光緒九年(1883)刻本　一册

110000－0144－0012611　855.6/308
芙蓉碣傳奇二卷十四齣　(清)張雲驤填詞　(清)王以慜評點　(清)吳孝緒按拍　清光緒九年(1883)刻本　一册

110000－0144－0012612　855.6/312
梅花夢二卷三十四齣　(清)張道撰　清光緒二十年(1894)長沙張預刻本　六册

110000－0144－0012613　855.6/312
梅花夢二卷三十四齣　(清)張道撰　清光緒二十年(1894)長沙張預刻本　二册

110000－0144－0012614　855.6/351
瓦岡寨六齣　(清)□□撰　清抄本　一册

110000－0144－0012615　855.6/367
東郭記二卷　(明)孫鐘齡撰　清同治十一年(1872)湖南經綸堂刻本　二册

110000－0144－0012616　855.6/370.011
桃花扇傳奇二卷四十齣　(清)孔尚任撰　清刻本　四册

110000－0144－0012617　855.6/370－010
桃花扇傳奇四十齣　(清)孔尚任撰　清抄本　六册

110000－0144－0012618　855.6/370－016
桃花扇傳奇四卷四十齣首一卷　(清)孔尚任

撰　清光緒二十一年(1895)蘭雪堂刻本　五冊

110000－0144－0012619　855.6/370－016
桃花扇傳奇四卷四十齣首一卷　(清)孔尚任撰　清光緒二十一年(1895)蘭雪堂刻本　五冊

110000－0144－0012620　855.6/370－05
桃花扇傳奇四卷四十齣首一卷　(清)孔尚任撰　清光緒二十一年(1895)蘭雪堂刻三十三年(1907)補修本　五冊

110000－0144－0012621　855.6/370－05
桃花扇傳奇四卷四十齣首一卷　(清)孔尚任撰　清光緒二十一年(1895)蘭雪堂刻三十三年(1907)補修本　五冊

110000－0144－0012622　855.6/370－07
桃花扇傳奇四卷四十齣　(清)孔尚任撰　清乾隆七年(1742)刻本　四冊

110000－0144－0012623　855.6/375－2－03
批點燕子箋二卷　(明)阮大鋮撰　清宣統二年(1910)貴池劉氏暖紅室刻本　二冊

110000－0144－0012624　855.6/476－02
鶴歸來傳奇二卷　(清)瞿頡撰　清光緒三十年(1904)警鐘報社鉛印本　一冊

110000－0144－0012625　855.6/517
極樂世界傳奇八卷　(清)觀劇道人撰　(清)試香女史批評　清光緒七年(1881)北京聚珍堂木活字印本　八冊

110000－0144－0012626　855.6/526－3
雪中人一卷一片石一卷　(清)蔣士銓撰　清刻本　一冊

110000－0144－0012627　855.6/541－02
芝龕記六卷　(清)董榕撰　清光緒十五年(1889)資中刻本　六冊

110000－0144－0012628　855.6/541－02
芝龕記六卷　(清)董榕撰　清光緒十五年(1889)資中刻本　六冊

110000－0144－0012629　855.6/583
雷峯塔傳奇四卷三十齣　(清)方成培撰　清刻本　六冊

110000－0144－0012630　855.6/613
碧聲吟館叢書八種　(清)許善長撰　清光緒十一年(1885)仁和許氏碧聲吟館刻本　十二冊

110000－0144－0012631　855.6/613
碧聲吟館叢書八種　(清)許善長撰　清光緒十一年(1885)仁和許氏碧聲吟館刻本　八冊

110000－0144－0012632　855.6/613
碧聲吟館叢書八種　(清)許善長撰　清光緒十一年(1885)仁和許氏碧聲吟館刻本　七冊

110000－0144－0012633　855.6/613－1
神山引一卷　(清)許善長撰　清光緒十一年(1885)仁龢碧聲吟館刻本　一冊

110000－0144－0012634　855.6/613－8
風雲會傳奇二卷　(清)許善長撰　(清)梅谿逸叟訂譜　清光緒三年(1877)碧聲吟館刻碧聲吟館叢書本　二冊

110000－0144－0012635　855.6/643－012
翻刻第七才子書六卷四十二齣　(元)高明撰　(清)毛綸　(清)毛宗崗評　清兩儀堂刻本　六冊

110000－0144－0012636　855.6/643－02
成裕堂繪像第七才子書六卷四十三齣　(元)高明撰　清雍正十三年(1735)書業巽記刻本　六冊

110000－0144－0012637　855.6/708
補天石傳奇　(清)周樂清撰　清道光十年(1830)成都靜遠草堂刻本　八冊

110000－0144－0012638　855.6/708
補天石傳奇　(清)周樂清撰　清道光十年(1830)成都靜遠草堂刻本　四冊

110000－0144－0012639　855.6/720－06
長生殿傳奇二卷　(清)洪昇填詞　(清)吳人論文　(清)徐麟樂句　清刻本　四冊

110000－0144－0012640　855.6/723

奈何天傳奇二卷三十齣 (清)湖上笠翁編 (清)紫珍道人評 清順治刻本 四冊

110000－0144－0012641 855.6/783－02
揚州夢二卷三十二齣 (清)嵇永仁撰 清同治十一年(1872)刻本 四冊

110000－0144－0012642 855.6/802
儒酸福傳奇二卷十四齣 (清)魏熙元填詞 (清)汪繩武正譜 (清)倪星垣評文 清光緒十年(1884)玉玲瓏館刻本 二冊

110000－0144－0012643 855.6/808
返魂香傳奇四卷 (清)香雪道人撰 清光緒三年(1877)上海申報館鉛印本 四冊

110000－0144－0012644 855.6/809
香雪亭新編耆英會記二卷三十齣 (清)喬萊撰 清道光十年(1830)刻本 二冊

110000－0144－0012645 855.6/819
魚水緣傳奇二卷三十二齣 (清)周書撰 (清)李淳淩評 清道光四年(1824)暨陽聚珍堂刻本 六冊

110000－0144－0012646 855.6/905.1
鴛鴦鏡傳奇二十齣 (清)傅玉書填詞 清光緒二十一年(1895)程番傳達源刻本 二冊

110000－0144－0012647 855.6/949.2
白頭新六摺梨花雪十四摺 (清)徐鄂撰 清光緒十三年(1887)大同書局石印本 四冊

110000－0144－0012648 855.6/949.2－02
梨花雪十二折首一折尾一折 (清)徐鄂撰 清宣統元年(1909)上海煥文書局石印本 一冊

110000－0144－0012649 855.6/949.2－02
梨花雪十二折首一折尾一折 (清)徐鄂撰 清宣統元年(1909)上海煥文書局石印本 一冊

110000－0144－0012650 855.6/952－02
四聲猿四卷 (明)徐渭撰 (明)澂道人評 明末刻本 一冊

110000－0144－0012651 855.6/967－887
雙忽雷本事一卷 劉世珩輯 清宣統三年(1911)劉世珩石印本 一冊

110000－0144－0012652 855.608/169
倚晴樓七種曲 (清)黄燮清撰 清光緒七年(1881)刻本 一冊

110000－0144－0012653 855.608/169
倚晴樓七種曲 (清)黄燮清撰 清光緒七年(1881)刻本 六冊

110000－0144－0012654 855.608/269
楊氏六種曲 (清)楊恩壽撰 清同治九年至光緒元年(1870－1875)長沙楊氏坦園刻本 四冊

110000－0144－0012655 855.608/292－02
笠翁十種曲 (清)李漁撰 清金相堂刻本 二十冊

110000－0144－0012656 855.608/383
玉獅堂傳奇五種 (清)陳烺撰 清光緒十一年(1885)武林刻本 存四種八卷(仙緣記二卷、蜀錦袍二卷、燕子樓二卷、海虬記二卷) 四冊

110000－0144－0012657 855.608/383－1
玉獅堂傳奇十種 (清)陳烺撰 清光緒十一年(1885)武林刻本 十冊

110000－0144－0012658 855.608/383－1
玉獅堂傳奇十種 (清)陳烺撰 清光緒十一年(1885)武林刻本 十冊

110000－0144－0012659 855.608/383－2
玉獅堂後五種傳奇 (清)陳烺撰 清刻本 五冊

110000－0144－0012660 855.608/526
藏園九種曲 (清)蔣士銓撰 清漁古堂刻本 六冊

110000－0144－0012661 855.608/526
藏園九種曲 (清)蔣士銓撰 清漁古堂刻本 六冊

110000－0144－0012662 855.608/891
小蓬萊仙館傳奇十種 (清)劉清韻撰 清光

緒二十六年(1900)上海藻文石印社石印本　六冊

110000－0144－0012663　855.7/100
新刻三字經會編八卷　(清)□□撰　清經元堂刻本　一冊

110000－0144－0012664　855.7/196
新戲越南亡國慘一卷　(清)□□撰　清光緒三十四年(1908)北京正宗愛國報館鉛印本　一冊

110000－0144－0012665　855.7/988
庶幾堂今樂初集十六卷二集十二卷　(清)余治撰　清蘇州得見齋書坊刻本　十冊

110000－0144－0012666　855.7/988
庶幾堂今樂初集十六卷二集十二卷　(清)余治撰　清蘇州得見齋書坊刻本　五冊

110000－0144－0012667　855.7/988
庶幾堂今樂初集十六卷二集十二卷　(清)余治撰　清蘇州得見齋書坊刻本　十六冊

110000－0144－0012668　855.79/282
唱本柳陰記二卷　(清)□□撰　清刻本　一冊

110000－0144－0012669　855.7927/419
馬房放奎　(清)□□撰　清末集賢書館刻本　一冊

110000－0144－0012670　855.7927/488
玉蜻蜓一卷　(清)□□撰　清末刻本　一冊

110000－0144－0012671　855.7933/664
廣東地方戲十三種　(清)□□輯　清末廣州以文堂、醉經堂刻本　一冊

110000－0144－0012672　855.7933/664
廣東地方戲十三種　(清)□□輯　清末廣州以文堂、醉經堂刻本　一冊

110000－0144－0012673　855.7933/664
廣東地方戲十三種　(清)□□輯　清末廣州以文堂、醉經堂刻本　一冊

110000－0144－0012674　855.7933/664
廣東地方戲十三種　(清)□□輯　清末廣州以文堂、醉經堂刻本　一冊

110000－0144－0012675　856.1/155
清代名人書札　(清)何廉昉等撰　稿本　一冊

110000－0144－0012676　856.1/192
澹隱軒藏札　(清)袁昶　高爾伊撰　清光緒三十四年(1908)澹隱軒石印本　一冊

110000－0144－0012677　856.1/384－02
翰海十二卷　(明)陳繼儒撰　(明)沈佳允增補　清光緒二年(1876)成都昌福公司鉛印本　八冊

110000－0144－0012678　856.1/384－03
翰海十二卷　(明)陳繼儒撰　(明)沈佳允增補　清光緒二年(1876)上海申報館鉛印本　八冊

110000－0144－0012679　856.1/442－02
歷代名人書札二卷　吳曾祺編　清宣統二年(1910)上海商務印書館鉛印本　二冊

110000－0144－0012680　856.1/442－03
歷代名人書札二卷　吳曾祺編　清宣統元年(1909)上海商務印書館鉛印本　二冊

110000－0144－0012681　856.1/442－1
歷代名人小簡二卷　吳曾祺編　清宣統元年(1909)上海商務印書館鉛印本　二冊

110000－0144－0012682　856.1/442－4
國朝名人書札二卷　吳曾祺編　清宣統元年(1909)上海商務印書館鉛印本　四冊

110000－0144－0012683　856.1/442－41
國朝名人小簡二卷　吳曾祺編　清宣統元年(1909)上海商務印書館鉛印本　二冊

110000－0144－0012684　856.1/463
明賢尺牘藏真二卷　(清)李經畬輯　清光緒七年(1881)李經畬刻本　一冊

110000－0144－0012685　856.1/554
蘇黃兩先生尺牘十八卷　(宋)蘇軾　(宋)黃庭堅撰　清道光二十八年(1848)群玉山房刻

本　十册

110000－0144－0012686　856.1/554－02
蘇黄尺牘合刻十八卷　(宋)蘇軾　(宋)黄庭堅撰　清宣統元年(1909)掃葉山房石印本　八册

110000－0144－0012687　856.1/653
新文牘十卷　(清)學部輯　清光緒三十四年(1908)石印本　二十册

110000－0144－0012688　856.1/799
潛園友朋書問十二卷　(清)魏元曠輯　清光緒石印本　六册

110000－0144－0012689　856.1/799－02
潛園友朋書問十二卷　(清)魏元曠輯　清光緒三十三年(1907)醉二室石印本　六册

110000－0144－0012690　856.1/818－2－02
賴古堂名賢尺牘新抄十二卷　(清)高阜　(清)羅耀選　(清)周在浚　(清)周在梁抄　清宣統元年(1909)上海鉛印本　七册

110000－0144－0012691　856.1/880
精選分類古代名人尺牘十三卷　(清)學不足齋主人編　清光緒三十四年(1908)上海新學會社石印本　四册

110000－0144－0012692　856.1/912
歸震川錢牧齋尺牘合刊五卷　保定官書局輯　清宣統二年(1910)保定官書局石印本　六册

110000－0144－0012693　856.1/981
明賢手札一卷　(清)郭慶藩輯　清光緒十一年(1885)上海同文書局石印本　一册

110000－0144－0012694　856.1/981－02
洪經略奏對筆記二卷　(清)洪承疇撰　**明賢手札一卷**　(清)郭慶藩輯　清光緒十三年(1887)上海廣百宋齋鉛印本　三册

110000－0144－0012695　856.16/372
明東林八賢遺札一卷　鄧實輯　清光緒三十四年(1908)上海國學保存會石印本　一册

110000－0144－0012696　856.16/463
明十五完人手帖一卷　(明)黄道周等撰並書　清光緒三十四年(1908)上海國學保存會石印本　一册

110000－0144－0012697　856.2/113.2
弢園尺牘十二卷　(清)王韜撰　清宣統二年(1910)鉛印本　四册

110000－0144－0012698　856.2/113.2
弢園尺牘十二卷　(清)王韜撰　清宣統二年(1910)鉛印本　四册

110000－0144－0012699　856.2/113.2－03
弢園尺牘十二卷續鈔六卷　(清)王韜撰　清光緒十九年(1893)滬北淞隱廬鉛印本　六册

110000－0144－0012700　856.2/113.2－04
弢園尺牘十二卷　(清)王韜撰　清光緒六年(1880)天南遯窟鉛印本　四册

110000－0144－0012701　856.2/119
虚受堂書札二卷　王先謙撰　清宣統三年(1911)上海掃葉山房石印本　二册

110000－0144－0012702　856.2/119－02
虚受堂書札二卷　王先謙撰　清光緒三十三年(1907)刻本　二册

110000－0144－0012703　856.2/188－03
小倉山房尺牘八卷　(清)袁枚撰　清刻本　八册

110000－0144－0012704　856.2/216
胡文忠公手翰二卷　(清)胡林翼撰　清光緒十九年(1893)江陰金氏刻本　二册

110000－0144－0012705　856.2/352－3
左文襄公書牘二十六卷附家書二卷　(清)左宗棠撰　清刻本　二十八册

110000－0144－0012706　856.2/383
培遠堂手札節存三卷　(清)陳弘謀撰　清同治十一年(1872)江蘇書局刻本　一册

110000－0144－0012707　856.2/383
培遠堂手札節存三卷　(清)陳弘謀撰　清同治十一年(1872)江蘇書局刻本　一册

110000－0144－0012708　856.2/383－02
陳文恭公手札二卷　(清)陳弘謀撰　清宣統元年(1909)上海掃葉山房石印本　二冊

110000－0144－0012709　856.2/383－03
培遠堂手札節存三卷　(清)陳弘謀撰　清光緒十七年(1891)福建閩藩署刻本　一冊

110000－0144－0012710　856.2/383－03
培遠堂手札節存三卷　(清)陳弘謀撰　清光緒十七年(1891)福建閩藩署刻本　一冊

110000－0144－0012711　856.2/383－04
陳文恭公手札節要二卷　(清)陳弘謀撰　清光緒三十二年(1906)刻本　一冊

110000－0144－0012712　856.2/383－05
培遠堂手札節存三卷　(清)陳弘謀撰　清光緒二十五年(1899)浙江官書局刻本　三冊

110000－0144－0012713　856.2/383－06
培遠堂手札節存三卷附録一卷　(清)陳弘謀撰　清廣仁堂刻本　二冊

110000－0144－0012714　856.2/813
周文忠公尺牘二卷　(清)周天爵撰　清同治七年(1868)蘇松太道署刻本　一冊

110000－0144－0012715　856.2/813
周文忠公尺牘二卷　(清)周天爵撰　清同治七年(1868)蘇松太道署刻本　一冊

110000－0144－0012716　856.2/932－03
錢牧齋尺牘三卷補遺一卷　(清)錢謙益撰　清宣統二年(1910)上海鄧氏風雨樓鉛印本　三冊

110000－0144－0012717　856.2/932－03
錢牧齋尺牘三卷補遺一卷　(清)錢謙益著　清宣統二年(1910)上海鄧氏風雨樓鉛印本　三冊

110000－0144－0012718　856.2/981－04
曾文正公家書十卷　(清)曾國藩撰　清光緒五年(1879)傳忠書局刻本　十二冊

110000－0144－0012719　856.2/981－08
曾文正公家書十卷　(清)曾國藩撰　清光緒三十一年(1905)上海商務印書館鉛印本　八冊

110000－0144－0012720　856.265/118
王文成公書牘一卷　(明)王守仁撰　清末石印本　一冊

110000－0144－0012721　856.268/119
謀野集刪二卷　(明)王穉登撰　沈宗畸　清宣統元年(1909)上海集城圖書公司鉛印本　一冊

110000－0144－0012722　856.27/167
訥龕所擬函牘稿一卷　(清)黄國瑄撰　清光緒三十四年(1908)抄本　一冊

110000－0144－0012723　856.27/654
蒯光典致嚴範孫書劄一通　(清)蒯光典撰　清光緒三十四年(1908)稿本　一冊

110000－0144－0012724　856.27/981
湘鄉師相言兵事手函不分卷　(清)曾國藩撰　清光緒二十六年(1900)石印本　二冊

110000－0144－0012725　856.27/981
湘鄉師相言兵事手函不分卷　(清)曾國藩撰　清光緒二十六年(1900)石印本　二冊

110000－0144－0012726　856.27/994－5
惜抱先生尺牘八卷　(清)姚鼐撰　清咸豐五年(1855)海源閣刻本　二冊

110000－0144－0012727　856.274/324
健餘先生尺牘四卷　(清)尹會一撰　清光緒五年(1879)定州王氏謙德堂刻畿輔叢書本　一冊

110000－0144－0012728　856.274/682
大雲山房言事二卷　(清)惲敬著　清同治二年(1863)惲世臨刻本　二冊

110000－0144－0012729　856.274/977
與舍弟書十六通　(清)鄭燮撰　清同治五年(1866)京師郭蔭之刻本　一冊

110000－0144－0012730　856.275/860
壓線編六卷　(清)繆艮撰　(清)趙古農選　清道光二十七年(1847)如此草堂刻本　六冊

110000－0144－0012731　856.276/033
王柏心書札一卷　(清)王柏心撰　稿本　一册

110000－0144－0012732　856.276/829
朱文端公遺札一卷　(清)朱鳳標撰　清光緒十年(1884)刻本　一册

110000－0144－0012733　856.278/414
玉餘尺牘附編八卷　(清)莊士敏撰　清光緒六年(1880)武林大亭山館刻本　四册

110000－0144－0012734　856.278/436
兩疊軒尺牘十二卷　(清)吴雲撰　清宣統二年(1910)上海時中書局石印本　四册

110000－0144－0012735　856.278/440.7
吴摯甫尺牘五卷附尺牘補遺一卷諭兒書一卷　(清)吴汝綸撰　清宣統二年(1910)上海國學扶輪社石印本　十二册

110000－0144－0012736　856.279/115
湘綺樓箋啟八卷　王闓運撰　清光緒三十三年(1907)長沙墨莊劉氏刻本　四册　存六卷(一至六)

110000－0144－0012737　856.279/372
完白山民手札　(清)鄧石如撰　清宣統三年(1911)上海有正書局石印本　一册

110000－0144－0012738　856.28/504.9
郋園論學書札一卷　葉德輝撰　清光緒二十四年(1898)湖南刻本　一册

110000－0144－0012739　856.3/216
四六纂組十卷　(清)胡吉豫輯　清康熙十八年(1679)刻本　十四册

110000－0144－0012740　856.3/775
咀華録四卷　(清)凝瑞堂主人編　清道光二十年(1840)凝瑞堂刻本　四册

110000－0144－0012741　856.3/810
臙脂牡丹六卷　(清)韓不古撰　清咸豐六年(1856)京都琉璃廠刻本　六册

110000－0144－0012742　856.3/953
稟啟零紈四卷　(清)徐紉裳輯　清光緒上海申報館鉛印本　二册

110000－0144－0012743　856.4/364
書契便蒙一卷　(清)南窻侍者撰　清光緒二十年(1894)上海土山灣印書館鉛印本　一册

110000－0144－0012744　856.4/378
憑山閣彙輯四六留青采珍集前函十二卷後函十二卷　(清)陳牧選　(清)陳德裕校　清康熙四十二年(1703)憑山閣刻本　二十四册

110000－0144－0012745　856.4/378－7
憑山閣留青廣集十二卷　(清)陳牧選輯　(清)黄敏生　(清)沈元瀛參訂　清康熙十八年(1679)名山聚刻本　十二册

110000－0144－0012746　856.4/617－842
酬世錦囊一集八卷二集七卷三集二卷四集二卷　(清)謝梅林　(清)鄒可庭編　清末鴻寶齋書局石印本　八册

110000－0144－0012747　856.43/547
清代書院課藝十五種　(清)傅鈺等撰　清末稿本　十五册

110000－0144－0012748　856.45/103
紫陽書院生卷三份　(清)朱馨　(清)胡丙撰　稿本　三册

110000－0144－0012749　856.45/131
官様文章一卷　(清)汪鈞撰　清道光六年(1826)怡園刻本　一册

110000－0144－0012750　856.45/1821－1850
福建省閩清縣貢生試卷十份　(清)楊紹基等撰　清道光楊紹基等稿本　十册

110000－0144－0012751　856.45/448
南菁書院課藝　(清)張錫恭撰　清光緒十八年(1892)張錫恭稿本　一册

110000－0144－0012752　856.5/102
光緒癸巳科順天鄉試硃卷一卷　(清)秦鴻聲撰　清光緒刻本　一册

110000－0144－0012753　856.5/113
光緒丁酉科順天鄉試硃卷一卷　(清)王振垚撰　清光緒刻本　一册

110000－0144－0012754　856.5/115
增訂註釋塾課分編不分卷　(清)王步青撰　清金陵文盛堂刻本　十二冊

110000－0144－0012755　856.5/120.9(1873)
江南鄉試硃卷(同治癸酉科)　(清)王如松撰　清同治、光緒間刻本　一冊

110000－0144－0012756　856.5/136
會試硃卷(光緒丙戌科)　(清)連捷撰　清光緒刻本　一冊

110000－0144－0012757　856.5/145
校經堂初集四卷二集九卷　(清)曹鴻勳　(清)陸寶忠輯　清光緒十一年(1885)湖南校經堂刻本　十冊

110000－0144－0012758　856.5/157
寄嶽雲齋試體詩選評註四卷　(清)聶銑敏撰　(清)張學蘇箋　清敬藝堂刻本　四冊

110000－0144－0012759　856.5/158
十二種文萃十二集　(清)丁善寶編　清同治九年(1870)六齋刻本　十二冊

110000－0144－0012760　856.5/159
江西鄉試硃卷(光緒甲午科)一卷　(清)鄢敀詢撰　清光緒刻本　一冊

110000－0144－0012761　856.5/180
會試硃卷(光緒丙戌科)一卷　(清)潘士魁撰　清光緒刻本　一冊

110000－0144－0012762　856.5/207
志學齋時文讀本四卷　(清)志學齋輯　清末志學齋刻本　四冊

110000－0144－0012763　856.5/218
殿試卷(光緒癸未科)一卷　(清)胡景桂撰　清光緒刻本　一冊

110000－0144－0012764　856.5/261
福建鄉試硃卷(光緒癸巳恩科)　(清)林旭撰　清光緒刻本　一冊

110000－0144－0012765　856.5/274
試律青雲集四卷　(明)楊逢春輯　清同治五年(1866)文會堂刻本　四冊

110000－0144－0012766　856.5/274－504
分韻試帖青雲集合註四卷　(清)楊逢春輯　(清)葉祺易合注　清光緒四年(1878)刻本　四冊

110000－0144－0012767　856.5/280
格致書院課藝(清光緒十二年至十九年)　(清)王韜編　清光緒上海圖書集成印書局鉛印本　十二冊

110000－0144－0012768　856.5/280－02
格致書院課藝(清光緒十二年至十九年)　(清)王韜編　清光緒上海弢園石印本　十三冊

110000－0144－0012769　856.5/280－02
格致書院課藝(清光緒十二年至十九年)　(清)王韜編　清光緒上海弢園石印本　十三冊

110000－0144－0012770　856.5/281
關中書院課藝不分卷　(清)柏景偉選　清光緒十四年(1888)柏景偉刻本　十冊

110000－0144－0012771　856.5/296
增廣大題文府初二集合編　(清)藕湖漁隱輯　清光緒十三年(1887)石印本　七冊

110000－0144－0012772　856.5/311
江漢炳靈集二卷　(清)張之洞選　清同治十年(1871)湖北寶善堂刻本　三冊

110000－0144－0012773　856.5/314
二銘草堂近科墨鈔　(清)張德容評　清刻本　一冊

110000－0144－0012774　856.5/315
強聒書社策論新選二卷　(清)强聒書社編選　清光緒二十八年(1902)上海廣智書局鉛印本　二冊

110000－0144－0012775　856.5/337
歷科朝元卷(光緒朝)　(清)于君彥等撰　清光緒刻本　一冊

110000－0144－0012776　856.5/337
歷科朝元卷(光緒朝)　(清)于君彥等撰　清光緒刻本　二冊

110000－0144－0012777　856.5/350

順天鄉試硃卷(清光緒丁酉科)一卷　(清)石之梅撰　清光緒刻本　一冊

110000－0144－0012778　856.5/381
經正書院課藝二集六卷　(清)陳小圃輯　清光緒二十九年(1903)昆明經正書院刻本　十八冊

110000－0144－0012779　856.5/383
菊坡精舍集二十卷　(清)陳澧輯　清光緒二十三年(1897)廣州菊坡精舍刻本　七冊

110000－0144－0012780　856.5/384
紫竹山房制藝全稿三卷　(清)陳兆崙撰　(清)蔡玉堂評註　清光緒三年(1877)王夔石刻本　七冊

110000－0144－0012781　856.5/427
鄞縣歲試試卷不分卷　(清)郭傳璞撰　清道光郭傳璞寫本　二十五冊

110000－0144－0012782　856.5/440
四川鄉試硃卷(清光緒甲午科)　(清)吳煊撰　清光緒刻本　一冊

110000－0144－0012783　856.5/461
殿試策二卷　(清)黄思永　(清)趙以炯撰　清光緒京都秀文齋刻紅印本　一冊

110000－0144－0012784　856.5/482
順天鄉試硃卷(清光緒戊子科)一卷　(清)羅崇嶺撰　清光緒刻本　一冊

110000－0144－0012785　856.5/583
山西鄉試第五同門硃卷(清光緒乙亥恩科)　(清)□□編　清光緒刻本　一冊

110000－0144－0012786　856.5/583
山西鄉試第五同門硃卷(清光緒乙亥恩科)　(清)□□編　清光緒刻本　一冊

110000－0144－0012787　856.5/583
山西鄉試第五同門硃卷(清光緒乙亥恩科)　(清)□□編　清光緒刻本　一冊

110000－0144－0012788　856.5/596
急憫齋評選癸卯鄉墨不分卷　(清)常堉璋評選　清光緒二十九年(1903)華北書局鉛印本　六冊

110000－0144－0012789　856.5/596.4
同堂鄉試墨卷(清道光辛卯恩科)　(清)常祿　(清)常璧撰　清道光刻本　一冊

110000－0144－0012790　856.5/608
明文才調集二卷　(清)許振禕輯　清光緒十九年(1893)上海石印書局石印本　八冊

110000－0144－0012791　856.5/619
謝萊謝英謝蕃等嘉慶至光緒間試卷　(清)謝萊等撰　清嘉慶至清末抄本　二十一冊

110000－0144－0012792　856.5/626
欽定四書文不分卷　(清)方苞等評選　清光緒二十年(1894)上海古香閣石印本　八冊

110000－0144－0012793　856.5/644
明文鈔二編　(清)高嵣輯　清雙同書屋刻本　一冊

110000－0144－0012794　856.5/658
龍城書院課藝不分卷　繆荃孫編　清光緒二十七年(1901)江蘇龍城書院木活字印本　十二冊

110000－0144－0012795　856.5/661
順天鄉試硃卷(清光緒丁酉科)一卷　(清)齊燾撰　清光緒刻本　一冊

110000－0144－0012796　856.5/664
廣東闈墨(清光緒甲午科)　(清)梁錫祥等撰　清光緒二十年(1894)聚奎堂刻本　一冊

110000－0144－0012797　856.5/677
鄉會聯題硃卷(清同治甲子科、同治乙丑科)　(清)文治撰　清同治至光緒刻本　一冊

110000－0144－0012798　856.5/679
成均課士錄第八集七卷　(清)顏札治麟選　清光緒十四年(1888)盛昱刻本　六冊

110000－0144－0012799　856.5/679－17
成均課士錄十六卷　(清)張百熙等輯　清光緒二十三年(1897)國子監刻本　八冊

110000－0144－0012800　856.5/680

增廣試律大觀彙編四卷 (清)補甕書屋主人編 清光緒十二年(1886)上海同文書局石印本 五冊

110000－0144－0012801 856.5/716
殿試卷 (清)張之洞等撰 清光緒刻本 一冊

110000－0144－0012802 856.5/719
沅湘通藝錄八卷 (清)江標輯 清光緒二十三年(1897)長沙使院憲圃刻紅印本 八冊

110000－0144－0012803 856.5/719－02
沅湘通藝錄八卷四書文二卷 (清)江標輯 清光緒二十三年(1897)長沙使院憲圃刻本 十冊

110000－0144－0012804 856.5/724
浙江鄉試第十二房第三房第四房同門硃卷(清光緒丁酉科) (清)□□編 清光緒刻本 三冊

110000－0144－0012805 856.5/736
婺學治事文編五卷 湯壽潛選 清光緒二十七年(1901)目巧室石印本 二冊

110000－0144－0012806 856.5/744
湘南鄉試硃卷(清同治甲子科並補行咸豐辛酉科) (清)沈少陶撰 清同治、光緒間刻本 一冊

110000－0144－0012807 856.5/754
潘氏科名草二卷 (清)潘景文撰 清光緒三年(1877)松麟莊刻本 六冊

110000－0144－0012808 856.5/757
羊城書院試藝一卷 (清)戴肇辰編 清同治九年(1870)羊城書院刻本 一冊

110000－0144－0012809 856.5/788(1897)
順天鄉試硃卷(清光緒丁酉科)一卷 (清)程體慈撰 清光緒羊城書院刻本 一冊

110000－0144－0012810 856.5/815
會試硃卷(清光緒壬辰科) (清)周雲撰 清光緒刻本 一冊

110000－0144－0012811 856.5/845
江南鄉試硃卷(清咸豐辛亥恩科) (清)管近修撰 清末刻本 一冊

110000－0144－0012812 856.5/846
陸侍郎校士文集八類 (清)陸伯葵原選 (清)籍忠寅輯評 清光緒三十年(1904)華北書局鉛印本 四冊

110000－0144－0012813 856.5/867
會試硃卷(清同治甲戌科) (清)烏拉布撰 清同治、光緒間刻本 一冊

110000－0144－0012814 856.5/905
會試硃卷(清光緒戊戌科) 傅增湘撰 清光緒刻本 一冊

110000－0144－0012815 856.5/905
狀元策(清順治丙戌科至乾隆壬戌科) (清)張于臯輯 清康熙六十年(1721)京都榮錦堂刻乾隆七年(1742)續刻本 十二冊

110000－0144－0012816 856.5/905.7
湖南鄉試硃卷(清同治庚午科) (清)傅炳奎撰 清末刻本 一冊

110000－0144－0012817 856.5/905.8
鄉試硃卷(清光緒乙酉科) (清)傅增淯撰 清光緒刻本 一冊

110000－0144－0012818 856.5/922
南越前塵一卷 (清)廷穀撰 清抄本 一冊

110000－0144－0012819 856.5/938
欽定殿試策不分卷 (清)馮文尉等撰 清光緒淞竹齋刻本 二冊

110000－0144－0012820 856.5/957
鄉試硃卷(清光緒乙酉科) (清)啟綏撰 清光緒刻本 一冊

110000－0144－0012821 856.5/974
致用書院前集八卷 (清)鄭虞臣原選 (清)謝枚如 (清)葉悔予鑒定 清光緒二十二年(1896)福建長樂致用堂刻本 八冊

110000－0144－0012822 856.5/981
時文散段高格不分卷 (清)曾國藩撰 清末刻本 四冊

110000－0144－0012823　856.5/989
會試第十二房同門墨卷(光緒甲辰恩科)　(清)□□編　清光緒刻本　八册

110000－0144－0012824　856.5/989(1898)
會試硃卷(光緒戊戌科)　(清)孟錫玨撰　清光緒刻本　一册

110000－0144－0012825　856.5/989－9(1847)
會試第八九十三房門硃卷(道光丁未科)　(清)□□編　清刻本　三册

110000－0144－0012826　856.5/989－9(1847)
會試第八房同門姓氏(道光丁未科)　(清)□□編　清末刻本　三册

110000－0144－0012827　856.5/989－9(1874)
會試第十二房同門硃卷(同治甲戌科)　(清)□□編　清光緒刻本　二册

110000－0144－0012828　856.5/989－9(1880)
會試第十五房同門硃卷(光緒庚辰科)　(清)□□編　清光緒刻本　一册

110000－0144－0012829　856.5/989－9(1880)
會試第十五房同門硃卷(光緒庚辰科)　(清)□□編　清光緒刻本　一册

110000－0144－0012830　856.5/989－9(1889)
會試第五房同門硃卷(光緒己丑科)　(清)□□編　清光緒刻本　四册

110000－0144－0012831　856.5/989－9(1890)
會試第一房同門硃卷(光緒庚寅恩科)　(清)□□編　清光緒刻本　一册

110000－0144－0012832　856.5/989－9(1892)
會試第五房同門硃卷(光緒壬辰科)　(清)□□編　清光緒刻本　四册

110000－0144－0012833　856.6/190－14
十二寡婦征西六卷　(清)□□撰　清末廣州丹桂堂刻本　一册

110000－0144－0012834　856.6/217－626
節壽集一卷　(清)方國屏　(清)汪澐編　清末闇學廬石印本　一册

110000－0144－0012835　856.6/293
聯經四卷　(清)李學禮輯　清乾隆刻本　四册

110000－0144－0012836　856.6/308
張南皮尚書六餠壽頌一卷　(□)□□撰　清末刻本　一册

110000－0144－0012837　856.6/308－293
潛齋尚書六十賜壽圖四卷　(清)李伯至編　清光緒三十三年(1907)京師官書局鉛印本　一册

110000－0144－0012838　856.6/358
註解啓蒙對偶續編四卷　(明)孟紱編　(明)鄭以誠註解　清乾隆四十九年(1784)李雨村刻本　一册

110000－0144－0012839　856.6/492
所至錄八卷附錄一卷　(清)周夔輯撰　(清)盧戊原　(清)吴寅邦編　清光緒十八年(1892)晚香堂刻本　四册

110000－0144－0012840　856.6/582
對類指掌一卷　(清)趙實秋　(清)王曉亭輯　清末南京李光明莊刻本　一册

110000－0144－0012841　856.6/608
詒煒集五卷侍香集一卷　(清)許振禕輯　清光緒二十三年(1897)廣州節署刻本　二册

110000－0144－0012842　856.6/731
劉恭人事實　(清)諸葛錫祐撰　清光緒三十一年(1905)諸葛錫祐寫本　一册

110000－0144－0012843　856.6/804
西湖楹聯四卷　(清)□□編　清光緒十五年(1889)知心軒刻本　四册

110000－0144－0012844　856.6/804－02
西湖楹聯四卷　(清)□□編　清光緒十五年(1889)知心軒刻二十二年(1896)補刻本　四册

110000－0144－0012845　856.6/832
梡鞠錄二卷　朱祖謀編　清宣統元年(1909)南陵徐乃昌刻本　二册

110000－0144－0012846　856.7/164
浮雅細論三卷　(清)黄元裳輯　清抄本　三册

110000－0144－0012847　856.7/312
奚囊寸錦四卷　(清)張潮撰　清嘉慶二十五年(1820)王從豫刻本　六册

110000－0144－0012848　856.7/374
回文類聚四卷首一卷續編十卷　(宋)桑世昌纂　清麟玉堂刻本　四册

110000－0144－0012849　856.7/374
回文類聚四卷首一卷續編十卷　(宋)桑世昌纂　清麟玉堂刻本　四册

110000－0144－0012850　856.7/522
璇璣碎錦二卷　(清)萬樹撰　清光緒十三年(1887)古歙方元溥漱霞仙館刻本　二册

110000－0144－0012851　856.7/522－02
璇璣碎錦二卷　(清)萬樹撰　清光緒十四年(1888)似静齋刻本　二册

110000－0144－0012852　856.7/554
讀織錦回文法一卷　(前秦)蘇惠編　(明)起宗道人分讀　(明)康萬民增讀　(明)康禹民又增讀　清沈華刻本　一册

110000－0144－0012853　856.8/437
新刻京臺公餘勝覽國色天香十卷　(明)吳敬所撰　清益善堂刻本　六册

110000－0144－0012854　856.8/437
新刻京臺公餘勝覽國色天香十卷　(明)吳敬所撰　清益善堂刻本　四册

110000－0144－0012855　856.8/593
嶺南即事雜詠十集　(清)何惠群撰　清光緒十年(1884)聚文堂刻本　五册

110000－0144－0012856　856.8/633.61
新鮮笑話大觀四集　(清)沈家珍輯　清光緒二十一年(1895)上海英華書局石印本　四册

110000－0144－0012857　856.8/688
天花亂墜八卷　(清)寅半生輯　清光緒二十九年(1903)杭州武林崇實齋刻本　十二册

110000－0144－0012858　856.8/688
天花亂墜八卷　(清)寅半生輯　清光緒二十九年(1903)杭州武林崇實齋刻本　八册

110000－0144－0012859　856.8/717
笑林擇雅四集　(清)漚醒道人輯　清末上海鴻文書局石印本　四册

110000－0144－0012860　856.8/749
新刻笑林廣記四卷　(清)遊戲主人輯　清光緒刻本　四册

110000－0144－0012861　856.8/860
夢筆生花初編八卷二編八卷三編八卷四編八卷　(清)繆艮編　清光緒三十三年(1907)上海書局石印本　八册

110000－0144－0012862　856.9/852
名公筆記一卷　(明)□□撰　清末三槐堂刻本　一册

110000－0144－0012863　857.08/289－02
太平廣記五百卷目錄十卷　(宋)李昉等纂　清嘉慶十一年(1806)姑蘇聚文堂刻道光二十六年(1846)三讓睦記印本　四十八册

110000－0144－0012864　857.08/289－02
太平廣記五百卷目錄十卷　(宋)李昉等纂　清嘉慶十一年(1806)姑蘇聚文堂刻道光二十六年(1846)三讓睦記印本　六十三册

110000－0144－0012865　857.08/289－02
太平廣記五百卷目錄十卷　(宋)李昉等纂　清嘉慶十一年(1806)姑蘇聚文堂刻道光二十六年(1846)三讓睦記印本　四十八册

110000－0144－0012866　857.08/289－04
太平廣記五百卷目錄十卷　(宋)李昉等撰　清乾隆二十年(1755)天都黄曉峰槐蔭草堂刻本　六十四册

110000－0144－0012867　857.08/289－08
太平廣記五百卷目錄十卷　(宋)李昉等纂　清嘉慶十一年(1806)姑蘇聚文堂刻本　六十四册

110000－0144－0012868　857.08/337

五朝小説　(明)□□輯　明刻清印本　四十八冊

110000－0144－0012869　857.08/389－02
古今説海一百三十五種一百四十二卷　(明)陸楫輯　清道光元年(1821)苕溪邵氏西山堂刻本　三十二冊

110000－0144－0012870　857.08/389－02
古今説海一百三十五種一百四十二卷　(明)陸楫輯　清道光元年(1821)苕溪邵氏西山堂刻本　二十冊

110000－0144－0012871　857.08/389－03
古今説海一百三十五種一百四十二卷　(明)陸楫輯　清宣統元年(1909)集成圖書公司鉛印本　十二冊

110000－0144－0012872　857.08/404
説郛一百二十卷　(明)陶宗儀輯　清順治四年(1647)宛委山堂刻本　一百二十二冊

110000－0144－0012873　857.08/404－398
續説郛四十六卷　(明)陶珽輯　清初宛委山堂刻本　四十六冊

110000－0144－0012874　857.08/404－7
宋儒薈談三十種　(明)陶宗儀輯　清初宛委山堂刻本　八冊

110000－0144－0012875　857.08/476
剪燈新話二卷　(明)瞿佑撰　清同治十年(1871)文盛堂刻本　十二冊

110000－0144－0012876　857.08/625.4
説略三十二卷　(明)顾起元撰　清道光元年(1821)西山堂刻本　五冊

110000－0144－0012877　857.08/660
稗海全書　(明)商濬輯　清刻本　八十冊

110000－0144－0012878　857.08/660
稗海全書　(明)商濬輯　清刻本　八十冊

110000－0144－0012879　857.08/959－02
顧氏四十家小説　(明)顧元慶編　清宣統三年(1911)上海國學扶輪社鉛印本　八冊

110000－0144－0012880　857.081/283
唐人百家小説　(明)桃源居士輯　明刻本　十二冊

110000－0144－0012881　857.084/380
唐人説薈(唐代叢書)十六集一百六十四種　(清)陳蓮塘輯　清同治三年(1864)廣州緯文堂刻本　二十冊

110000－0144－0012882　857.084/380－117
唐代叢書一百六十四種　(清)王文誥等輯　清嘉慶十一年(1806)弁山樓刻本　三十六冊

110000－0144－0012883　857.084/504－02
唐人小説六種　葉德輝輯　清宣統三年(1911)葉氏觀古堂刻本　二冊

110000－0144－0012884　857.084/504－02
唐人小説六種　葉德輝輯　清宣統三年(1911)葉氏觀古堂刻本　二冊

110000－0144－0012885　857.087/436
説鈴　(清)吳震方輯　清康熙刻本　十六冊

110000－0144－0012886　857.087/436
説鈴　(清)吳震方輯　清康熙刻本　十冊　存三十卷(五至十三、二十至三十五、四十一至四十五)

110000－0144－0012887　857.087/436－02
説鈴　(清)吳震方輯　清嘉慶四年(1799)刻本　二十二冊

110000－0144－0012888　857.087/436－02
説鈴　(清)吳震方輯　清嘉慶四年(1799)刻本　二十冊

110000－0144－0012889　857.087/436－02
説鈴　(清)吳震方輯　清嘉慶四年(1799)刻本　三十二冊

110000－0144－0012890　857.087/436－462
説鈴抄八卷　(清)吳震方原輯　(清)曉樓主人刪訂　清乾隆十八年(1753)保元堂刻本　四冊

110000－0144－0012891　857.1/113.2－2
易居錄三十四卷　(清)王士禛撰　清刻本

八册

110000－0144－0012892　857.1/113.6
説部精華十二卷　(清)王士禛撰　(清)劉堅類次　清光緒五年(1879)嘯園石印本　二册

110000－0144－0012893　857.1/113.9－8
遯窟讕言十二卷　(清)王韜撰　清光緒六年(1880)鉛印本　四册

110000－0144－0012894　857.1/113.9－8－02
遯窟讕言十二卷　(清)王韜撰　清光緒二十六年(1900)江南書局鉛印本　六册

110000－0144－0012895　857.1/113－7
池北偶談二十六卷　(清)王士禛撰　清光緒二十二年(1896)上海慎記書莊石印本　六册

110000－0144－0012896　857.1/113－7－04
池北偶談二十六卷　(清)王士禛撰　清康熙刻本　十二册

110000－0144－0012897　857.1/115
澠水燕談錄十卷　(宋)王闢之撰　清乾隆長塘鮑氏刻知不足齋叢書本　四册

110000－0144－0012898　857.1/115.44－02
今世説八卷　(清)王晫撰　清咸豐二年(1852)南海伍氏刻粤雅堂叢書本　二册

110000－0144－0012899　857.1/117.6
椒生隨筆八卷　(清)王之春撰　清末刻本　四册

110000－0144－0012900　857.1/117－03
唐語林八卷　(宋)王讜撰　**校勘記一卷**　(清)錢熙祚撰　清光緒十九年(1893)湖北官書處刻本　四册

110000－0144－0012901　857.1/119
斯陶説林十二卷　(清)王用臣輯　清光緒十八年(1892)深澤王氏刻本　十二册

110000－0144－0012902　857.1/152
花間笑語五卷　(清)釀花使者撰　清嘉慶二十三年(1818)粤東余氏刻本　四册

110000－0144－0012903　857.1/152.2
莊諧選錄十二卷　(清)醒醉生撰　清光緒三十年(1904)上海中外日報館鉛印本　四册

110000－0144－0012904　857.1/152－02
花間笑語五卷　(清)釀花使者撰　清咸豐九年(1859)樊川文成堂刻本　四册

110000－0144－0012905　857.1/152－03
花間笑語五卷　(清)釀花使者撰　清道光元年(1821)粤東余氏刻本　四册

110000－0144－0012906　857.1/164
雙槐歲鈔十卷　(明)黄瑜撰　清文字歡娱室刻本　二册

110000－0144－0012907　857.1/166
廣虞初新志四十卷　(清)黄承增輯　清嘉慶八年(1803)寄鷗閒舫刻本　十二册

110000－0144－0012908　857.1/171
茅亭客話十卷　(宋)黄休復撰　清嘉慶十年(1805)照曠閣刻本　二册

110000－0144－0012909　857.1/188－6
新齊諧二十四卷　(清)袁枚撰　清嘉慶二十年(1815)英德堂刻本　十册

110000－0144－0012910　857.1/188－6－02
新齊諧二十四卷　(清)袁枚撰　清嘉慶隨園刻本　八册

110000－0144－0012911　857.1/198
海鷗小譜一卷　(清)趙執信撰　清光緒二十六年(1900)沈宗畸刻本　一册

110000－0144－0012912　857.1/202.6
榆巢雜識二卷　(清)趙慎畛撰　清光緒浙江官紙總局鉛印本　一册

110000－0144－0012913　857.1/204
塗説四卷　(清)趙季瑩撰　(清)何惟俊句讀　清咸豐元年(1851)趙季瑩刻本　四册

110000－0144－0012914　857.1/216
吴興舊聞編二卷　(清)胡承謀撰　清嘉慶九年(1804)章氏刻本　一册

110000－0144－0012915　857.1/251

寄蝸殘贅十六卷 (清)桂堃輯 清同治十一年(1872)不懼無悶齋刻本 八冊

110000－0144－0012916 857.1/251
寄蝸殘贅十六卷 (清)桂堃輯 清同治十一年(1872)不懼無悶齋刻本 八冊

110000－0144－0012917 857.1/270
京塵雜錄四卷 (清)楊掌生撰 清光緒十二年(1886)上海同文書局石印本 二冊

110000－0144－0012918 857.1/270
京塵雜錄四卷 (清)楊掌生撰 清光緒十二年(1886)上海同文書局石印本 二冊

110000－0144－0012919 857.1/270
京塵雜錄四卷 (清)楊掌生撰 清光緒十二年(1886)上海同文書局石印本 二冊

110000－0144－0012920 857.1/292.2－02
揚州畫舫錄十八卷 (清)李斗撰 清乾隆六十年(1795)揚州自然盦刻同治十一年(1872)增修重印本 四冊

110000－0144－0012921 857.1/292.73
夢花雜志五卷 (清)李澄撰 清末刻本 二冊

110000－0144－0012922 857.1/294.9
良貴錄四卷 (清)李受彤輯 清光緒二十六年(1900)羊城刻本 二冊

110000－0144－0012923 857.1/296
吹影編四卷 (清)垣赤道人撰 清嘉慶二年(1797)刻本 四冊

110000－0144－0012924 857.1/296－02
續秋雨四卷 (清)垣赤道人撰 清刻本 四冊

110000－0144－0012925 857.1/296－03
吹影編四卷 (清)垣赤道人撰 清刻本 四冊

110000－0144－0012926 857.1/307
息影偶錄八卷 (清)張埏輯 清光緒八年(1882)翠筠山房刻本 八冊

110000－0144－0012927 857.1/307
息影偶錄八卷 (清)張埏輯 清光緒八年(1882)翠筠山房刻本 八冊

110000－0144－0012928 857.1/307.2
妙香室叢話十四卷 (清)張培仁撰 清光緒十年(1884)上海申報館鉛印本 六冊

110000－0144－0012929 857.1/308.31
垂綏錄九卷 (清)張雲璈撰 清光緒二十七年(1901)安雅書局鉛印本 四冊

110000－0144－0012930 857.1/309
瑣事閑錄二卷續編二卷 (清)張昀撰 清咸豐元年(1851)義文齋刻本 三冊

110000－0144－0012931 857.1/309
瑣事閑錄二卷續編二卷 (清)張昀撰 清咸豐元年(1851)義文齋刻本 四冊

110000－0144－0012932 857.1/311
洛陽搢紳舊聞記五卷 (宋)張齊賢撰 清乾隆四十一年(1776)長塘鮑氏刻知不足齋叢書本 二冊

110000－0144－0012933 857.1/313.4－02
遣愁集十二卷 (清)張貴勝輯 清刻本 四冊

110000－0144－0012934 857.1/317
民恥小說 (清)吳中受撰 清光緒三十四年(1908)抄本 一冊

110000－0144－0012935 857.1/329
吉祥花六卷 (清)邵紀棠輯 清同治十年(1871)粵東佛山三元堂刻本 四冊

110000－0144－0012936 857.1/329
吉祥花六卷 (清)邵紀棠輯 清同治十年(1871)粵東佛山三元堂刻本 四冊

110000－0144－0012937 857.1/329－02
吉祥花六卷 (清)邵紀棠輯 清同治九年(1870)友善堂刻本 四冊

110000－0144－0012938 857.1/329－8
留珍集六卷續集十六卷 (清)邵紀棠輯 清同治六年(1867)鄧紀生刻本 四冊

110000－0144－0012939　857.1/334
漁磯漫鈔十卷　(清)雷琳輯　清乾隆五十九年(1794)刻本　六册

110000－0144－0012940　857.1/334.2
繪圖騙術奇談四卷　(清)雷君曜編　清宣統元年(1909)上海掃葉山房石印本　四册

110000－0144－0012941　857.1/334.2
繪圖騙術奇談四卷　(清)雷君曜編　清宣統元年(1909)上海掃葉山房石印本　四册

110000－0144－0012942　857.1/334－03
漁磯漫鈔十卷　(清)雷琳等輯　清同治十年(1871)刻本　四册

110000－0144－0012943　857.1/354
最新繪圖奇女緣　(□)□□撰　清宣統三年(1911)上海尚古山房石印本　一册

110000－0144－0012944　857.1/361
餘墨偶談初集八卷續集八卷三集八卷四集八卷　(清)孫橒編　清同治十二年(1873)雙峰書屋刻本　十六册

110000－0144－0012945　857.1/364
北夢瑣言二十卷　(宋)孫光憲纂　清光緒五年(1879)仁邑公局刻本　四册

110000－0144－0012946　857.1/364－03
北夢瑣言二十卷　(宋)孫光憲纂　清乾隆二十一年(1756)雅雨堂刻本　二册

110000－0144－0012947　857.1/366
排悶錄十二卷　(清)孫洙輯　清乾隆刻本　六册

110000－0144－0012948　857.1/375
定香亭筆談四卷　(清)阮元記　(清)吳文溥錄　清光緒二十五年(1899)浙江書局刻本　四册

110000－0144－0012949　857.1/375
定香亭筆談四卷　(清)阮元記　(清)吳文溥錄　清光緒二十五年(1899)浙江書局刻本　四册

110000－0144－0012950　857.1/375.4
茶餘客話二十二卷　(清)阮葵生撰　清光緒十四年(1888)鉛印本　四册

110000－0144－0012951　857.1/375.4
茶餘客話二十二卷　(清)阮葵生撰　清光緒十四年(1888)鉛印本　四册

110000－0144－0012952　857.1/375.4－02
茶餘客話十二卷　(清)阮葵生撰　(清)戴璐選　清刻本　四册

110000－0144－0012953　857.1/378.6
庸閒齋筆記八卷　(清)陳其元撰　清同治十三年(1874)吳下陳其元刻本　四册

110000－0144－0012954　857.1/378－02
隨隱漫錄五卷　(宋)陳世崇撰　清刻本　一册

110000－0144－0012955　857.1/380
鄺齋雜記八卷　(清)陳曇撰　清道光九年(1829)度帆樓刻本　四册

110000－0144－0012956　857.1/382
郎潛紀聞十四卷　(清)陳康祺撰　清宣統二年(1910)上海掃葉山房石印本　十册

110000－0144－0012957　857.1/382
郎潛紀聞十四卷　(清)陳康祺撰　清宣統二年(1910)上海掃葉山房石印本　十册

110000－0144－0012958　857.1/382－03
郎潛紀聞十四卷　(清)陳康祺撰　清光緒十年(1884)刻本　四册

110000－0144－0012959　857.1/382－03
郎潛紀聞十四卷二筆十六卷　(清)陳康祺撰　清光緒十年(1884)刻本　十二册

110000－0144－0012960　857.1/382－1
燕下鄉脞錄十六卷　(清)陳康祺撰　清光緒十一年(1885)暨陽鄞縣陳氏刻本　四册

110000－0144－0012961　857.1/388
老學庵筆記十卷　(宋)陸游撰　清光緒二年(1876)湖北崇文書局刻本　二册

110000－0144－0012962　857.1/388

老學庵筆記十卷　(宋)陸游撰　清光緒二年(1876)湖北崇文書局刻本　二册

110000－0144－0012963　857.1/388
老學庵筆記十卷　(宋)陸游著　清光緒二年(1876)湖北崇文書局刻本　二册

110000－0144－0012964　857.1/388
老學庵筆記十卷　(宋)陸游撰　清光緒二年(1876)湖北崇文書局刻本　二册

110000－0144－0012965　857.1/388
老學庵筆記十卷　(宋)陸游撰　清光緒二年(1876)湖北崇文書局刻本　二册

110000－0144－0012966　857.1/390
冷廬雜識八卷　(清)陸以湉撰　清咸豐六年(1856)刻本　八册

110000－0144－0012967　857.1/422
靄樓逸志六卷　(清)歐蘇撰　清乾隆五十九年(1794)歐蘇刻本　三册

110000－0144－0012968　857.1/435
燕蘭小譜三卷　(清)吴長元撰　**海漚小譜一卷**　(清)趙執信撰　清刻本　一册

110000－0144－0012969　857.1/440
桃溪客語五卷　(清)吴騫撰　清刻本　二册

110000－0144－0012970　857.1/440.4－02
能改齋漫錄十八卷　(宋)吴曾撰　清刻本　八册

110000－0144－0012971　857.1/440.7
客窗閒話八卷續八卷　(清)吴熾昌撰　清光緒二年(1876)刻本　十二册

110000－0144－0012972　857.1/440.7－02
客窗閒話八卷　(清)吴熾昌撰　清光緒元年(1875)廣東味經堂刻本　四册

110000－0144－0012973　857.1/440.7－03
客窗閒話八卷　(清)吴熾昌撰　清光緒二年(1876)學庫山房刻本　八册

110000－0144－0012974　857.1/455.4
止園筆談八卷　(清)史夢蘭撰　清光緒四年(1878)樂亭史氏止園刻本　四册

110000－0144－0012975　857.1/455－02
重訂西青散記八卷西青文略一卷　(清)史震林撰　(清)裴玠校梓　清光緒四年(1878)天南遯叟鉛印本　四册

110000－0144－0012976　857.1/462.2
曉窗春語二卷附錄一卷　(清)歐陽兆熊撰　清末鉛印本　一册

110000－0144－0012977　857.1/462－02
嘯亭雜錄十卷續錄三卷　(清)昭槤撰　清末上海申報館鉛印本　十册

110000－0144－0012978　857.1/462－03
嘯亭雜錄十卷續錄三卷　(清)昭槤撰　清光緒二十七年(1901)上海掃葉山房石印本　四册

110000－0144－0012979　857.1/462－04
嘯亭雜錄十卷續錄二卷　(清)昭槤撰　清末九思堂刻本　十二册

110000－0144－0012980　857.1/465
影梅庵憶語一卷　(清)冒襄撰　清光緒二十六年(1900)沈宗畸刻本　一册

110000－0144－0012981　857.1/465－03
影梅庵憶語一卷　(清)冒襄撰　清光緒二十六年(1900)沈宗畸刻本　一册

110000－0144－0012982　857.1/468.2
雲杜故事一卷　(清)易本烺纂　清光緒十七年(1891)三餘草堂刻本　一册

110000－0144－0012983　857.1/503
海天餘話四卷　(清)芙蓉汛老漁編　清末花韻軒刻本　四册

110000－0144－0012984　857.1/513
山居閒談五卷　(清)蕭智漢輯　清嘉慶七年(1802)涉園刻本　五册

110000－0144－0012985　857.1/517
恩福堂筆記二卷　(清)英和撰　清道光十七年(1837)刻本　一册

110000－0144－0012986　857.1/517
恩福堂筆記二卷　(清)英和撰　清道光十七年(1837)刻本　二册

110000－0144－0012987　857.1/526
南潯楛語八卷　(清)蔣超伯撰　清同治十年(1871)兩廬山房刻本　二册

110000－0144－0012988　857.1/526.3
甦餘日記一卷　(清)蔣階撰　(清)吳湅輯　清刻本　一册

110000－0144－0012989　857.1/606－02
棗林雜俎六集　(明)談遷撰　清宣統三年(1911)上海國學扶輪社鉛印本　三册

110000－0144－0012990　857.1/607
三異筆談四卷　(清)許元仲撰　清光緒七年(1881)上海申報館鉛印本　一册

110000－0144－0012991　857.1/607.4
里傑十卷　(清)許奉恩撰　清光緒五年(1879)常熟抱芳閣刻本　十册

110000－0144－0012992　857.1/607.4
里傑十卷　(清)許奉恩撰　清光緒五年(1879)常熟抱芳閣刻本　五册

110000－0144－0012993　857.1/607.4
里傑十卷　(清)許奉恩撰　清光緒五年(1879)常熟抱芳閣刻本　六册

110000－0144－0012994　857.1/607.4
里傑十卷　(清)許奉恩撰　清光緒五年(1879)常熟抱芳閣刻本　六册

110000－0144－0012995　857.1/613
碧聲吟館談麈四卷附録　(清)許善長撰　清光緒四年(1878)碧聲吟館刻本　十二册

110000－0144－0012996　857.1/621
雨牕記所記四卷　(清)謝堃撰　清光緒六年(1880)謝堃刻本　四册

110000－0144－0012997　857.1/626
涼棚夜話四卷續編二卷　(清)方元鵾撰　清道光三年(1823)綠蔭堂刻本　四册

110000－0144－0012998　857.1/645
御覽闕史二卷　(唐)高彦休撰　清乾隆刻本　二册

110000－0144－0012999　857.1/645－02
闕史二卷　(唐)高彦休撰　清光緒三年(1877)湖北崇文書局刻本　一册

110000－0144－0013000　857.1/661
見聞隨筆二十六卷　(清)齊學裘撰　清同治十年(1871)天空海闊之居刻本　十四册

110000－0144－0013001　857.1/661
見聞隨筆二十六卷　(清)齊學裘撰　清同治十年(1871)天空海闊之居刻本　八册

110000－0144－0013002　857.1/661－1
見聞續筆二十四卷　(清)齊學裘編　清光緒二年(1876)天空海闊之居刻本　八册

110000－0144－0013003　857.1/661－1
見聞續筆二十四卷　(清)齊學裘編　清光緒二年(1876)天空海闊之居刻本　六册

110000－0144－0013004　857.1/667.8
鄂不齋筆記二卷　(清)唐贊袞撰　清刻本　一册

110000－0144－0013005　857.1/667－04
板橋雜記三卷　(清)余懷撰　(清)傅春官校刊　清光緒二十七年(1901)晦齋刻本　一册

110000－0144－0013006　857.1/667－04
板橋雜記三卷　(清)余懷撰　(清)傅春官校刊　清光緒二十七年(1901)晦齋刻本　一册

110000－0144－0013007　857.1/667－04
板橋雜記三卷　(清)余懷撰　(清)傅春官校刊　清光緒二十七年(1901)晦齋刻本　一册

110000－0144－0013008　857.1/667－04
板橋雜記三卷　(清)余懷撰　(清)傅春官校刊　清光緒二十七年(1901)晦齋刻本　一册

110000－0144－0013009　857.1/667－04
板橋雜記三卷　(清)余懷撰　(清)傅春官校刊　清光緒二十七年(1901)晦齋刻本　一册

110000－0144－0013010　857.1/672－02
文昌雜錄六卷補遺一卷　(宋)龐元英撰　清乾隆二十一年(1756)德州盧氏雅雨堂刻本　一册

110000－0144－0013011　857.1/677
玉壺清話十卷　(宋)釋文瑩撰　清乾隆四十五年(1780)長塘鮑氏知不足齋刻本　四册

110000－0144－0013012　857.1/680.6－02
堅瓠集六十六卷　(清)褚人獲輯　清刻本　六十六册

110000－0144－0013013　857.1/689
蕉軒隨錄十二卷續錄二卷　(清)方濬師撰　清同治十一年(1872)退一步齋刻本　十四册

110000－0144－0013014　857.1/690
井蛙錄四卷　(清)宋靜菴撰　清宋惟滔刻本　二册

110000－0144－0013015　857.1/700.7
楊貴妃傳三卷　(日本)宮崎繁吉撰　(清)詹憲慈譯　清光緒三十年(1904)文藝局石印本　一册

110000－0144－0013016　857.1/707
說鈴一卷　(清)汪琬撰　清光緒四年(1878)葛元煦刻本　一册

110000－0144－0013017　857.1/710.4
雨韭盦筆記四卷　(清)汪鼎撰　清咸豐八年(1858)刻本　一册

110000－0144－0013018　857.1/710.4
雨韭盦筆記四卷　(清)汪鼎撰　清咸豐八年(1858)刻本　二册

110000－0144－0013019　857.1/720
夷堅志十集二十卷　(宋)洪邁撰　清乾隆四十三年(1778)刻本　二十册

110000－0144－0013020　857.1/720－02
夷堅志甲志二十卷乙志二十卷丙志二十卷丁志二十卷　(宋)洪邁撰　清光緒五年(1879)陸心源刻本　十六册

110000－0144－0013021　857.1/723
槐廳載筆二十卷　(清)法式善編　清刻本　六册

110000－0144－0013022　857.1/726
北東園筆錄初編六卷續編六卷三編六卷四編六卷　(清)梁恭辰撰述　清同治五年(1866)李寅許義文齋刻字店刻本　八册

110000－0144－0013023　857.1/726－02
北東園筆錄二十四卷　(清)梁恭辰撰　清光緒二十一年(1895)刻本　八册

110000－0144－0013024　857.1/726－7
池上草堂筆記二十四卷　(清)梁恭辰撰　清光緒元年(1875)永州胡安定堂刻本　八册

110000－0144－0013025　857.1/726－7－02
池上草堂筆記八卷　(清)梁恭辰撰　清同治十二年(1873)豫章聽鸝館主人刻本　八册

110000－0144－0013026　857.1/730
歸田瑣記八卷　(清)梁章鉅撰　清刻本　四册

110000－0144－0013027　857.1/730－02
歸田瑣記八卷　(清)梁章鉅撰　清同治八年(1869)立文堂刻本　四册

110000－0144－0013028　857.1/730－03
歸田瑣記八卷　(清)梁章鉅撰　清道光二十五年(1845)北東園刻本　四册

110000－0144－0013029　857.1/733－03
兩般秋雨盦隨筆八卷　(清)梁紹壬撰　清道光十七年(1837)錢塘汪氏振綺堂刻本　八册

110000－0144－0013030　857.1/733－03
兩般秋雨盦隨筆八卷　(清)梁紹壬撰　清道光十七年(1837)錢塘汪氏振綺堂刻本　八册

110000－0144－0013031　857.1/752
海上遊戲圖說四卷　(清)滬上遊戲主輯　清光緒二十四年(1898)石印本　二册

110000－0144－0013032　857.1/754.2
消暑隨筆四卷　(清)潘世恩撰　清宣統三年(1911)海左書局石印本　三册

110000－0144－0013033　857.1/754.7
解醒語四卷　(清)泖濱野客　(清)鷗鄉老人撰　清光緒二十一年(1895)上海申報館鉛印本　二册

110000－0144－0013034　857.1/767－02
雲仙雜記十卷　(唐)馮贄撰　清光緒四年(1878)葛氏嘯園刻本　二册

110000－0144－0013035　857.1/767－02
雲仙雜記十卷　(唐)馮贄撰　清光緒四年(1878)葛氏嘯園刻本　二册

110000－0144－0013036　857.1/769－02
智囊補二十八卷　(明)馮夢龍輯　清順治刻本　十册

110000－0144－0013037　857.1/818－04
因樹屋書影十卷　(清)周亮工撰　清雍正二年(1725)懷德堂刻本　存五卷(一至五)　四册

110000－0144－0013038　857.1/836
繪圖短篇小説　(清)□□輯　清宣統二年(1910)石印本　一册

110000－0144－0013039　857.1/852
閒談消夏錄十二卷　(清)外史氏撰　清末翠筠山房刻本　十二册

110000－0144－0013040　857.1/852
閒談消夏錄十二卷　(清)外史氏撰　清末翠筠山房刻本　六册

110000－0144－0013041　857.1/852.7
女才子傳十卷首一卷　(清)鴛湖煙水散人撰　清乾隆元年(1736)刻本　四册

110000－0144－0013042　857.1/852－1
續閒談消夏六卷　(清)外史氏撰　清末翠筠山房刻本　六册

110000－0144－0013043　857.1/873
耳食錄十二卷　(清)樂鈞撰　清同治七年(1868)藏修堂刻本　十册

110000－0144－0013044　857.1/873－02
耳食錄十二卷　(清)樂鈞撰　清道光元年(1821)青芝山館刻本　八册

110000－0144－0013045　857.1/873－03
耳食錄十二卷二編八卷　(清)樂鈞撰　清同治十年(1871)敦仁堂刻本　十册

110000－0144－0013046　857.1/883
五百石洞天揮麈十二卷　邱煒爰撰　清光緒二十五年(1899)閩漳邱氏刻本　六册

110000－0144－0013047　857.1/883.2
菽園贅談七卷　邱煒爰撰　清光緒二十三年(1897)閩漳邱氏刻本　四册

110000－0144－0013048　857.1/884－02
桯史十五卷　(宋)岳珂撰　清刻本　二册

110000－0144－0013049　857.1/887.1
漢上叢談四卷　(清)劉士璋撰　清道光十九年(1839)江陵劉氏刻本　一册

110000－0144－0013050　857.1/889－02
廣陽雜記五卷　(清)劉獻廷撰　清光緒三十四年(1908)上海國學保存會鉛印本　二册

110000－0144－0013051　857.1/892
世説新語六卷　(南朝宋)劉義慶撰　(南朝梁)劉孝標注　清光緒二十二年(1896)惜陰軒刻本　六册

110000－0144－0013052　857.1/892－03
世説新語六卷　(南朝宋)劉義慶撰　(南朝梁)劉孝標注　清光緒三年(1877)湖北崇文書局刻本　四册

110000－0144－0013053　857.1/892－03
世説新語六卷　(南朝宋)劉義慶撰　(南朝梁)劉孝標注　清光緒三年(1877)湖北崇文書局刻本　二册

110000－0144－0013054　857.1/892－03
世説新語六卷　(南朝宋)劉義慶撰　(南朝梁)劉孝標注　清光緒三年(1877)湖北崇文書局刻本　四册

110000－0144－0013055　857.1/892－03
世説新語六卷　(南朝宋)劉義慶撰　(南朝梁)劉孝標注　清光緒三年(1877)湖北崇文

書局刻本　四册

110000－0144－0013056　857.1/892－03
世説新語六卷　（南朝宋）劉義慶撰　（南朝梁）劉孝標注　清光緒三年（1877）湖北崇文書局刻本　四册

110000－0144－0013057　857.1/892－04
世説新語三卷引用書目一卷佚文一卷考證一卷校勘小識一卷　（南朝宋）劉義慶撰　（南朝梁）劉孝標注　清光緒十七年（1891）思賢講舍刻本　四册

110000－0144－0013058　857.1/892－04
世説新語三卷引用書目一卷佚文一卷考證一卷校勘小識一卷　（南朝宋）劉義慶撰　（南朝梁）劉孝標注　清光緒十七年（1891）思賢講舍刻本　四册

110000－0144－0013059　857.1/892－901
世説新語補二十卷　（南朝宋）劉義慶撰　（南朝梁）劉孝標註　（明）何良俊等增補　（明）王世貞　（明）張文柱校註删定　清乾隆二十七年（1762）茂清書屋刻本　八册

110000－0144－0013060　857.1/892－901
世説新語補二十卷　（南朝宋）劉義慶撰　（南朝梁）劉孝標註　（明）何良俊等增補　（明）王世貞　（明）張文柱校註删定　清乾隆二十七年（1762）茂清書屋刻本　八册

110000－0144－0013061　857.1/900
鑑誡録十卷　（五代）何光遠編　清光緒三年（1877）湖北崇文書局刻本　二册

110000－0144－0013062　857.1/900
鑑誡録十卷　（五代）何光遠編　清光緒三年（1877）湖北崇文書局刻本　二册

110000－0144－0013063　857.1/929
桐陰清話八卷　（清）倪鴻撰　清同治十三年（1874）申江刻本　四册

110000－0144－0013064　857.1/929
桐陰清話八卷　（清）倪鴻撰　清同治十三年（1874）申江刻本　四册

110000－0144－0013065　857.1/940
宋人小説類編四卷　（清）餘叟輯　清同治十年（1871）秋紅晚翠軒餘叟刻本　四册

110000－0144－0013066　857.1/945
漱華隨筆四卷　（清）嚴有禧撰　清刻本　一册

110000－0144－0013067　857.1/949
柳崖外編八卷　（清）徐昆撰　清乾隆五十八年（1793）貯書樓刻本　四册

110000－0144－0013068　857.1/955
聊攝叢談六卷　（清）須方岳撰　（清）余掊元校　清光緒十二年（1886）文英堂刻本　六册

110000－0144－0013069　857.1/974
韓江聞見録十卷　（清）鄭昌時撰　清道光四年（1824）文玉樓刻本　五册

110000－0144－0013070　857.1/977－02
虞初續志十二卷　（清）鄭澍若輯　清咸豐元年（1851）小嫏嬛山館刻本　四册

110000－0144－0013071　857.1/987
粟香隨筆四十卷　金武祥撰　清末上海掃葉山房石印本　十册

110000－0144－0013072　857.1/987
粟香隨筆四十卷　金武祥撰　清末上海掃葉山房石印本　十六册

110000－0144－0013073　857.1/987－02
粟香隨筆八卷二筆八卷三筆八卷四筆八卷　金武祥撰　清光緒七年至二十年（1881－1894）江陰金氏刻本　十六册

110000－0144－0013074　857.1/988.9
熙朝新語十六卷　（清）余金撰　清道光十二年（1832）忠信堂刻本　四册

110000－0144－0013075　857.1/990.2
見聞近録四卷　（清）俞超撰　清咸豐六年（1856）平江三德堂刻本　二册

110000－0144－0013076　857.1/990.4
蕉軒摭録十二卷　（清）俞夢蕉撰　清道光十九年（1839）雙桂樓刻本　六册

110000－0144－0013077　857.1/990.4
蕉軒摭錄十二卷　(清)俞夢蕉撰　清道光十九年(1839)雙桂樓刻本　六冊

110000－0144－0013078　857.1/990.46
夢廠雜著十卷　(清)俞蛟撰　清同治九年(1870)刻本　四冊

110000－0144－0013079　857.1/994
竹葉亭雜記八卷　(清)姚元之撰　清光緒十九年(1893)桐城姚氏刻本　二冊

110000－0144－0013080　857.1/994
竹葉亭雜記八卷　(清)姚元之撰　清光緒十九年(1893)桐城姚氏刻本　二冊

110000－0144－0013081　857.1/994
竹葉亭雜記八卷　(清)姚元之撰　清光緒十九年(1893)桐城姚氏刻本　二冊

110000－0144－0013082　857.1/994.64
譚史志奇八卷　(清)姚彥臣撰　清光緒十四年(1888)五知堂刻本　四冊

110000－0144－0013083　857.1/994.64－02
廿二史志奇八卷　(清)姚彥臣撰　清光緒二十七年(1901)寶華書局刻本　六冊

110000－0144－0013084　857.2/100
三教九流搜神大全七卷　(明)□□撰　清宣統元年(1909)长沙葉氏郎園刻本　二冊

110000－0144－0013085　857.2/113
秋燈叢話十八卷　(清)王椷撰　清咸豐元年(1851)刻本　十二冊

110000－0144－0013086　857.2/113.29
後聊齋志異圖說十二卷　(清)王韜撰　清光緒十七年(1891)上海鴻文書局石印本　八冊

110000－0144－0013087　857.2/113.29－02
後聊齋志異圖說十二卷　(清)王韜撰　清光緒十三年(1887)大同書局石印本　四冊

110000－0144－0013088　857.2/113.29－7
淞隱漫錄十二卷　(清)王韜撰　清光緒十三年(1887)上海點石齋石印本　四冊

110000－0144－0013089　857.2/113－02
秋燈叢話十八卷　(清)王椷撰　清乾隆、嘉慶間刻本　八冊

110000－0144－0013090　857.2/119
治官紀異六卷　(清)王侃撰　清道光二十九年(1849)刻本　六冊

110000－0144－0013091　857.2/170
逸農筆記二卷　(清)黃鴻藻撰　清光緒十四年(1888)退思書屋刻本　一冊

110000－0144－0013092　857.2/170－1
逸農又筆四卷　(清)黃鴻藻撰　清光緒十四年(1888)退思書屋刻本　二冊

110000－0144－0013093　857.2/198
寄園寄所寄十二卷　(清)趙吉士輯　清三益堂刻本　十二冊

110000－0144－0013094　857.2/198－02
寄園寄所寄十二卷　(清)趙吉士撰　清文德堂刻本　十二冊

110000－0144－0013095　857.2/206
壺中志初集二卷　(清)壺盧主人撰　(清)高古愚編輯　清光緒三十二年(1906)浙江青雲學社石印本　二冊

110000－0144－0013096　857.2/214
古今志異四卷　(清)□□撰　清光緒十八年(1892)問柳書屋刻本　四冊

110000－0144－0013097　857.2/252
妙香齋叢鈔七卷　(清)枯樹居士編　清同治十一年(1872)安福官廨刻本　二冊

110000－0144－0013098　857.2/282
聊齋續編八卷　(清)青城子撰　清道光十年(1830)揚州秋聲館刻本　八冊

110000－0144－0013099　857.2/286
常談叢錄八卷　(清)李元復撰　清道光、咸豐間味經堂刻本　七冊

110000－0144－0013100　857.2/291
醉茶誌怪四卷　(清)李慶辰撰　清光緒十八年(1892)刻本　四冊

110000－0144－0013101　857.2/291－02
奇奇怪怪四卷　(清)李慶辰撰　清光緒二十年(1894)上海書局石印本　四冊

110000－0144－0013102　857.2/372
異談可信錄二十三卷　(清)鄧晅輯　清嘉慶元年(1796)廛經堂刻本　八冊

110000－0144－0013103　857.2/393
香飲樓賓談二卷　(清)陸長春撰　清光緒三年(1877)上海申報館鉛印本　一冊

110000－0144－0013104　857.2/399
三蕉餘話二卷　(清)陶丙壽撰　清光緒十三年(1887)運甓堂刻本　二冊

110000－0144－0013105　857.2/442
繪圖古今眼前報四卷　(清)吳鑑芳撰　清光緒二十一年(1895)上海文宜書局石印本　四冊

110000－0144－0013106　857.2/445
科場異聞錄二十二卷　(清)呂相變輯　清光緒二十四年(1898)順成書局石印本　四冊

110000－0144－0013107　857.2/445－02
試場異聞錄十九卷　(清)呂相變輯　(清)俞增光校　清同治九年(1870)廣東味經堂刻本　十冊

110000－0144－0013108　857.2/456－02
夜譚隨錄十二卷　(清)霽園主人閑齋氏撰　(清)葵園主人蘭岩氏評閱　清光緒二年(1876)愛日堂刻本　六冊

110000－0144－0013109　857.2/476－02
剪燈新話二卷　(明)瞿佑撰　清乾隆五十六年(1791)刻本　六冊

110000－0144－0013110　857.2/480
鏡花水月八卷　(清)羽衣客撰　清末上海申報館鉛印本　四冊

110000－0144－0013111　857.2/513
知不足齋紀事三卷　(清)蕭錫齡撰　清光緒三十四年(1908)蕭錫齡刻本　三冊

110000－0144－0013112　857.2/526
墨餘書異八卷　(清)蔣知白撰　清三益堂刻本　四冊

110000－0144－0013113　857.2/528－05
聊齋志異十六卷　(清)蒲松齡撰　(清)何垠註　清道光十九年(1839)刻本　十六冊

110000－0144－0013114　857.2/528－1
聊齋志異拾遺四卷　(清)蒲松齡撰　清光緒四年(1878)京都聚珍堂木活字印本　二冊

110000－0144－0013115　857.2/528－112
聊齋志異新評十六卷　(清)蒲松齡撰　(清)王士正評　清咸豐五年(1855)粵東三元堂刻本　十六冊

110000－0144－0013116　857.2/528－450
詳註聊齋志異圖詠十六卷首一卷　(清)蒲松齡撰　(清)呂湛恩注　清光緒十二年(1886)上海同文書局石印本　存十三卷(一至十二、首一卷)　六冊

110000－0144－0013117　857.2/528－450
詳註聊齋志異圖詠十六卷首一卷　(清)蒲松齡撰　(清)呂湛恩注　清光緒十二年(1886)上海同文書局石印本　八冊

110000－0144－0013118　857.2/528－450
詳註聊齋志異圖詠十六卷首一卷　(清)蒲松齡撰　(清)呂湛恩注　清光緒十二年(1886)上海同文書局石印本　八冊

110000－0144－0013119　857.2/528－912－02
聊齋志異新評十六卷　(清)蒲松齡撰　(清)但明倫新評　清末刻朱墨套印本　十六冊

110000－0144－0013120　857.2/528－912－04
聊齋志異新評十六卷　(清)蒲松齡撰　(清)但明倫新評　清末刻朱墨套印本　十六冊

110000－0144－0013121　857.2/528－912－05
聊齋志異新評十六卷　(清)蒲松齡撰　(清)但明倫新評　清道光二十二年(1842)廣順但氏刻朱墨套印本　十六冊

110000－0144－0013122　857.2/566－03
庸盦筆記六卷　(清)薛福成撰　清光緒二十

三年(1897)蕭山陳氏刻本　六冊

110000－0144－0013123　857.2/566－04
庸盦筆記六卷　(清)薛福成撰　清宣統二年(1910)上海掃葉山房石印本　三冊

110000－0144－0013124　857.2/568
外史八卷　(明)薛朝選撰　(清)袁枚輯　清光緒二十六年(1900)德記書局石印本　二冊

110000－0144－0013125　857.2/582－912－03
聊齋志異新評十六卷　(清)蒲松齡撰　(清)但明倫新評　清光緒十二年(1886)上海江左書林石印本　八冊

110000－0144－0013126　857.2/603
明齋小識十二卷　(清)諸聯撰　清道光十四年(1834)刻本　六冊

110000－0144－0013127　857.2/606
繪圖談笑奇觀二卷　(清)□□撰　清宣統三年(1911)上海文元書莊石印本　二冊

110000－0144－0013128　857.2/607.4－02
蘭苕館外史十卷　(清)許奉恩撰　清光緒十九年(1893)石印本　三冊

110000－0144－0013129　857.2/642
松筠閣鈔異十二卷　(清)高承勳輯　清道光八年(1828)渤海高氏刻本　六冊

110000－0144－0013130　857.2/652
六合内外瑣言二十卷　(清)屠紳撰　清末石渠閣刻本　十冊

110000－0144－0013131　857.2/652－02
六合内外瑣言二十卷　(清)屠紳撰　清宣統三年(1911)上海國學扶輪社石印本　六冊

110000－0144－0013132　857.2/658
龍圖公案八卷　(清)□□撰　清經元堂刻本　八冊

110000－0144－0013133　857.2/658－02
新評龍圖神斷公案十卷　(清)□□撰　清同治七年(1868)維經堂刻本　六冊

110000－0144－0013134　857.2/658－04
龍圖公案十卷　(清)□□撰　清嘉慶十三年(1808)刻本　四冊

110000－0144－0013135　857.2/665
醒世日記二卷　(清)席世能撰　(清)席步天輯　清光緒二十四年(1898)上海印書公會鉛印本　一冊

110000－0144－0013136　857.2/682.8
公餘隨錄四卷　(清)恒保撰　清同治九年(1870)嘉樂堂刻本　八冊

110000－0144－0013137　857.2/698
新編分門古今類事二十卷　(宋)宋□輯　清刻本　四冊

110000－0144－0013138　857.2/730.1
奇聞隨筆四卷　(清)梁章鉅撰　清光緒三十二年(1907)石印本　二冊

110000－0144－0013139　857.2/736
翼駉稗編八卷　(清)湯用中撰　(清)徐廷華評　清同治八年(1869)刻本　八冊

110000－0144－0013140　857.2/740.4
鬼董五卷　(宋)沈□撰　清乾隆五十一年(1786)刻知不足齋叢書本　一冊

110000－0144－0013141　857.2/741－04
諧鐸十二卷　(清)沈起鳳撰　清光緒二十一年(1895)海上書局石印本　四冊

110000－0144－0013142　857.2/741－04
諧鐸十二卷　(清)沈起鳳撰　清光緒二十一年(1895)海上書局石印本　四冊

110000－0144－0013143　857.2/754
道聽塗說十二卷　(清)潘綸恩撰　清光緒元年(1875)上海申報館鉛印本　六冊

110000－0144－0013144　857.2/754
道聽塗說十二卷　(清)潘綸恩撰　清光緒元年(1875)上海申報館鉛印本　六冊

110000－0144－0013145　857.2/754
道聽塗說十二卷　(清)潘綸恩撰　清光緒元年(1875)上海申報館鉛印本　六冊

110000 - 0144 - 0013146　857.2/755
秋坪新語十二卷　(清)天漢浮槎散人編　清嘉慶二年(1797)刻本　三冊

110000 - 0144 - 0013147　857.2/804
天涯聞見錄四卷　(清)魏祝亭著　清道光十九年(1839)經綸堂刻本　四冊

110000 - 0144 - 0013148　857.2/824
無稽讕言五卷　(清)蘭皋居士撰　清刻本　四冊　存三卷(三至五)

110000 - 0144 - 0013149　857.2/838
瑣蛣雜記六卷　(清)竹勿山石道人著　清刻本　四冊

110000 - 0144 - 0013150　857.2/838
瑣蛣雜記六卷　(清)竹勿山石道人著　清刻本　二冊

110000 - 0144 - 0013151　857.2/842
澆愁集八卷　(清)鄒弢編　(清)朱康壽校　清光緒三年(1877)上海申報館鉛印本　四冊

110000 - 0144 - 0013152　857.2/842.9
想當然耳八卷　(清)鄒鍾撰　清光緒四年(1878)京都聚珍堂書坊木活字印本　四冊

110000 - 0144 - 0013153　857.2/856
蔗味軒集異四卷　(清)熊樹藩撰　清光緒二十五年(1899)師周堂刻本　四冊

110000 - 0144 - 0013154　857.2/859.9
姑妄聽之四卷　(清)紀昀撰　清大文堂刻本　四冊

110000 - 0144 - 0013155　857.2/859 - 02
閱微草堂筆記二十四卷　(清)紀昀撰　清嘉慶五年(1800)北平盛氏刻本　十冊

110000 - 0144 - 0013156　857.2/859 - 02
閱微草堂筆記二十四卷　(清)紀昀撰　清嘉慶五年(1800)北平盛氏刻本　九冊

110000 - 0144 - 0013157　857.2/859 - 03
閱微草堂筆記二十四卷　(清)紀昀撰　清道光十五年(1835)羊城紀樹馥刻本　十冊

110000 - 0144 - 0013158　857.2/889
拗人傳一卷　(清)劉家龍撰　清道光二十三年(1843)迷花堂刻本　一冊

110000 - 0144 - 0013159　857.2/890
粵屑八卷　(清)劉世馨輯　清道光十年(1830)聚錦同記刻本　四冊

110000 - 0144 - 0013160　857.2/950
遯齋偶筆二卷　(清)徐崑撰　清光緒六年(1880)濟上刻本　二冊

110000 - 0144 - 0013161　857.3/113 - 02
淞濱瑣話十二卷　(清)王韜撰　清光緒十九年(1893)上海淞隱廬鉛印本　四冊

110000 - 0144 - 0013162　857.3/113 - 2 - 02
艷史叢鈔十二種　(清)王韜輯　清光緒四年(1878)鉛印本　八冊

110000 - 0144 - 0013163　857.3/293
左庵瑣語一卷　(清)李佳繼昌撰　清光緒刻本　一冊

110000 - 0144 - 0013164　857.3/307
海國奇談四卷　(清)張赤山撰　清光緒二十一年(1895)上海文宜書局石印本　一冊

110000 - 0144 - 0013165　857.3/440
隨軺筆記四卷　(清)吳宗濂撰　清光緒二十八年(1902)上海著易堂鉛印本　一冊

110000 - 0144 - 0013166　857.3/440
隨軺筆記四卷　(清)吳宗濂撰　清光緒二十八年(1902)上海著易堂鉛印本　四冊

110000 - 0144 - 0013167　857.3/489
虞諧志一卷　尚湖漁父撰　清宣統三年(1911)江蘇常熟虞陽白話報鉛印本　一冊

110000 - 0144 - 0013168　857.3/572
草木子四卷　(明)葉子奇撰　清刻本　一冊　存二卷(三至四)

110000 - 0144 - 0013169　857.3/626
夢園叢說十六卷　(清)方濬頤撰　清同治十三年(1874)揚州刻本　八冊

110000－0144－0013170　857.3/781
對山書屋墨餘錄十六卷　（清）毛祥麟撰　清同治九年（1870）湖州吳氏醉六堂刻本　六冊

110000－0144－0013171　857.3/848
情史類略二十四卷　（明）馮夢龍輯　清道光二十八年（1848）經國堂刻本　十二冊

110000－0144－0013172　857.3/848－02
情史類略二十四卷　（明）馮夢龍輯　清刻本　十冊

110000－0144－0013173　857.3/848－03
繪圖情史二十四卷　（明）馮夢龍評輯　清宣統元年（1909）北京自強書局石印本　六冊

110000－0144－0013174　857.3/879
酉陽雜俎二十卷　（唐）段成式撰　清光緒三年（1877）湖北崇文書局刻本　六冊

110000－0144－0013175　857.3/879
酉陽雜俎二十卷　（唐）段成式撰　清光緒三年（1877）湖北崇文書局刻本　六冊

110000－0144－0013176　857.3/879－04
酉陽雜俎二十卷續集十卷　（唐）段成式撰　清道光二十九年（1849）小嫏環山館刻本　六冊

110000－0144－0013177　857.3/879－06
酉陽雜俎正集二十卷續集四卷　（唐）段成式撰　清上海文瑞樓石印本　五冊

110000－0144－0013178　857.3/899
春渚紀聞十卷　（宋）何薳撰　清嘉慶照曠閣刻本　四冊

110000－0144－0013179　857.3/981
小豆棚十六卷　（清）曾衍東撰　清光緒六年（1880）上海申報館鉛印本　六冊

110000－0144－0013180　857.4/100
繪圖三下南唐全傳四卷五十三回　（清）□□撰　清光緒二十六年（1900）上海錦章圖書局石印本　四冊

110000－0144－0013181　857.4/120.5
紅閨淚十二回　（清）王妙如撰　清光緒三十年（1904）石印本　羅景任加批　一冊

110000－0144－0013182　857.4/125.9
蝴蝶媒四卷十六回　（清）青谿逸士編　（清）醉臥逸士評　清光緒二十一年（1895）上海書局石印本　四冊

110000－0144－0013183　857.4/126.6
繪圖睢陽忠義錄四卷十六回　（清）素菴主人撰　（清）種花小史閱　清光緒二十年（1894）上海書局石印本　四冊

110000－0144－0013184　857.4/126.6－9
錦香亭四卷十六回　（清）素菴主人編　清經綸堂刻本　四冊

110000－0144－0013185　857.4/126－02
青樓夢六十四回　（清）慕真山人撰　（清）瀟湘館侍者評　清光緒上海申報館鉛印本　十冊

110000－0144－0013186　857.4/130
快心編初集五卷十回二集五卷十回三集六卷十二回　（清）天花才子編　（清）四橋居士評點　清光緒元年（1875）上海申報館鉛印本　十冊

110000－0144－0013187　857.4/130
快心編初集五卷十回二集五卷十回三集六卷十二回　（清）天花才子編　（清）四橋居士評點　清光緒元年（1875）上海申報館鉛印本　十冊

110000－0144－0013188　857.4/135
偵探小說生死自由十六回　（清）皙生生譯述　清光緒二十九年（1903）惠学書局鉛印本　一冊

110000－0144－0013189　857.4/137.2
未來戰國志十九回楔子一回　（日本）東洋奇人撰　（清）南支那老驥氏輯譯　清光緒二十九年（1903）上海廣智書局鉛印本　一冊

110000－0144－0013190　857.4/141－017
紅樓夢一百二十回　（清）曹雪芹　（清）高鶚撰　（清）東觀閣主人批點　清嘉慶、道光間

三元堂刻本　二十册

110000－0144－0013191　857.4/141－018
紅樓夢一百二十回　(清)曹霑撰　(清)張新之批評　清光緒七年(1881)臥雲山館刻本　二十册

110000－0144－0013192　857.4/141－019
紅樓夢一百二十卷　(清)曹霑撰　清刻本　二十四册

110000－0144－0013193　857.4/141－07
紅樓夢一百二十卷首一卷　(清)曹雪芹　(清)高鶚撰　(清)王希廉評　清道光十二年(1832)刻本　二十四册

110000－0144－0013194　857.4/141－07
紅樓夢一百二十卷首一卷　(清)曹雪芹　(清)高鶚撰　(清)王希廉評　清道光十二年(1832)刻本　二十四册

110000－0144－0013195　857.4/141－08
繡像批點紅樓夢一百二十回　(清)曹雪芹　(清)高鶚撰　(清)東觀閣主人批點　清道光經綸堂刻本　二十册

110000－0144－0013196　857.4/141－102
續紅樓夢三十卷　(清)秦子忱撰　清嘉慶四年(1799)抱瓮軒影印本　十六册

110000－0144－0013197　857.4/141－102
續紅樓夢三十卷　(清)秦子忱撰　清嘉慶四年(1799)抱瓮軒影印本　十六册

110000－0144－0013198　857.4/141－114
紅樓夢評讚　(清)王希廉撰　清光緒二年(1876)上海刻本　四册

110000－0144－0013199　857.4/141－114
紅樓夢評讚不分卷　(清)王希廉撰　清光緒二年(1876)上海刻本　四册

110000－0144－0013200　857.4/141－114－02
石頭記評讚不分卷　(清)王希廉撰　清同治十三年(1874)金陵吳耀年刻本　四册

110000－0144－0013201　857.4/141－119
增刻紅樓夢圖詠不分卷　(清)王墀繪　清光緒八年(1882)上海點石齋石印本　二册

110000－0144－0013202　857.4/141－120
紅樓夢寫真一卷　(清)曹霑撰　(清)王劍繪　清光緒雲聲雨夢樓所石印本　一册

110000－0144－0013203　857.4/141－125
紅樓夢廣義二卷　(清)青山山農撰　清光緒二十八年(1902)味青齋刻本　二册

110000－0144－0013204　857.4/141－125－02
紅樓夢廣義二卷　(清)青山山農撰　清末石印本　一册

110000－0144－0013205　857.4/141－152
紅樓夢影二十四回　(清)西湖散人撰　清光緒三年(1877)京都聚珍堂木活字印本　四册

110000－0144－0013206　857.4/141－465
紅樓夢偶說二卷　(清)晶三蘆月草舍居士撰　清光緒二年(1876)簣覆山房刻本　二册

110000－0144－0013207　857.4/141－465
紅樓夢偶說二卷　(清)晶三蘆月草舍居士撰　清光緒二年(1876)簣覆山房刻本　二册

110000－0144－0013208　857.4/141－465
紅樓夢偶說二卷　(清)晶三蘆月草舍居士撰　清光緒二年(1876)簣覆山房刻本　一册

110000－0144－0013209　857.4/141－497
紅樓夢竹枝詞一卷　(清)盧先駱撰　清抄本　一册

110000－0144－0013210　857.4/141－527－02
增評補圖石頭記一百二十卷首一卷　(清)曹雪芹　(清)高鶚撰　(清)護花主人評　清光緒上海廣百宋齋石印本　十六册

110000－0144－0013211　857.4/141－598
紅樓復夢一百回　(清)小和山樵編輯　清刻本　三十二册

110000－0144－0013212　857.4/141－598－02
紅樓復夢一百回　(清)小和山樵編輯　清嘉慶嫏嬛齋刻本　二十四册

110000－0144－0013213　857.4/141－625

紅樓夢本義約編二卷　(清)話石主人撰　(清)醉紅軒主校字　清光緒四年(1878)刻本　三冊

110000-0144-0013214　857.4/141-745
紅樓夢賦一卷　(清)沈謙撰　清光緒二年(1876)上海刻本　一冊

110000-0144-0013215　857.4/141-759
風月寶鑑　(清)姜祺初稿　清道光六年(1826)上海遠軒刻本　一冊

110000-0144-0013216　857.4/141-858.2
繡像紅樓圓夢傳四卷三十一回　(清)臨鶴山人撰　清光緒三十三年(1907)聊寄子石印本　四冊

110000-0144-0013217　857.4/141-858.2
繡像紅樓圓夢傳四卷三十一回　(清)臨鶴山人撰　清光緒三十三年(1907)聊寄子石印本　四冊

110000-0144-0013218　857.4/141-858.2-03
紅樓圓夢三十回　(清)夢夢先生撰　清嘉慶十九年(1814)紅薔閣刻本　六冊

110000-0144-0013219　857.4/141-868-02
紅樓夢補四十八回　(清)歸鋤子撰　清刻本　二十四冊

110000-0144-0013220　857.4/141-993
補紅樓夢四十八回　(清)嫏嬛山樵撰　清嘉慶二十五年(1820)刻本　二十四冊

110000-0144-0013221　857.4/141-993-2
增補紅樓夢三十二回　(清)嫏嬛山樵撰　清道光刻本　十二冊

110000-0144-0013222　857.4/152.2
狐狸緣六卷二十二回　(清)醉月山人撰　清光緒十四年(1888)漱石山房刻本　六冊

110000-0144-0013223　857.4/152.4
新鐫繪圖醒夢錄全傳十六回　(清)□□撰　清光緒三十一年(1905)上海福記書局石印本　四冊

110000-0144-0013224　857.4/152.4-02
新鐫繪圖夢醒錄全傳十六回　(清)□□撰　清光緒三十一年(1905)上海書局石印本　四冊

110000-0144-0013225　857.4/152.6
歡喜冤家六卷六十四回　(清)西湖漁隱主人撰　清道光十年(1830)刻本　十冊

110000-0144-0013226　857.4/152.8
繪圖湘軍平逆傳四卷八回　(清)醴泉居士撰　清光緒二十五年(1899)上海書局石印本　四冊

110000-0144-0013227　857.4/152.8-02
繪圖湘軍平逆傳四卷八回　(清)醴泉居士撰　清末石印本　四冊

110000-0144-0013228　857.4/152.9-02
濟巔大師醉菩提全傳四卷二十回　(清)西湖墨浪子撰　清光緒四年(1878)聚珍堂鉛印本　四冊

110000-0144-0013229　857.4/152-02
繪圖繪芳錄八卷八十回　(清)西冷野樵撰　清光緒二十年(1894)上海書局石印本　十冊

110000-0144-0013230　857.4/1541
二度梅不分卷　(清)□□撰　清抄本　三冊

110000-0144-0013231　857.4/155
聖朝鼎盛二十六回　(清)□□撰　清光緒十九年(1893)上海英商五彩公司石印本　八冊

110000-0144-0013232　857.4/155-02
聖朝鼎盛八集七十六回　(清)□□撰　清末石印本　八冊

110000-0144-0013233　857.4/155-02
聖朝鼎盛八集七十六回　(清)□□撰　清末石印本　八冊

110000-0144-0013234　857.4/155-02
聖朝鼎盛八集七十六回　(清)□□撰　清末石印本　八冊

110000-0144-0013235　857.4/155-03
聖朝鼎盛七十六回　(清)□□撰　清末上海日新書局石印本　八冊

110000－0144－0013236　857.4/157.4
聽月樓二十回　(清)□□撰　清嘉慶十八年(1813)忠恕堂刻本　十冊

110000－0144－0013237　857.4/158
續金瓶梅十二卷六十四回　(清)丁耀亢撰　清刻本　十二冊

110000－0144－0013238　857.4/160
新刊五美緣全傳八十回　(清)□□撰　清道光二十五年(1845)聚文堂刻本　八冊

110000－0144－0013239　857.4/160.3
新鐫異説五虎平西珍珠旗演義狄青前傳十四卷一百十二回　(清)□□撰　清道光十六年(1836)大文堂刻本　二十冊

110000－0144－0013240　857.4/160.3
新鐫異説五虎平西珍珠旗演義狄青前傳十四卷一百十二回　(清)□□撰　清道光十六年(1836)大文堂刻本　二十冊

110000－0144－0013241　857.4/160.31
新鐫後續繡像五虎平南狄青演義四卷四十二回　(清)□□撰　清光緒三十年(1904)上海書局石印本　四冊

110000－0144－0013242　857.4/160.31－02
新鐫後續繡像五虎平南狄青演傳六卷四十二回　(清)□□撰　清道光經元堂刻本　二冊

110000－0144－0013243　857.4/160－02
新刊五美緣八十回　(清)□□撰　清道光十二年(1832)三余堂刻本　八冊

110000－0144－0013244　857.4/166
嶺南逸史二十八回　(清)黄耐庵撰　(清)醉園狂客評點　清嘉慶樓外樓刻本　六冊

110000－0144－0013245　857.4/168－2
廿載繁華夢四十回　(清)黄小配撰　清光緒三十三年(1907)漢口東亞印刷局石印本　四冊

110000－0144－0013246　857.4/214
繪圖古今歡喜奇觀六卷二十回　(清)西湖漁隱主人撰　清末石印本　六冊

110000－0144－0013247　857.4/227－03
海上花列傳六十四回　(清)韓邦慶撰　清光緒石印本　十六冊

110000－0144－0013248　857.4/249－9－02
娱目醒心編十六卷　(清)杜綱撰　(清)茸城自怡軒主人評　清乾隆五十七年至宣統三年(1792－1911)刻本　六冊

110000－0144－0013249　857.4/249－9－03
娱目醒心編十六卷　(清)杜綱撰　(清)茸城自怡軒主人評　清同治十二年(1873)大文堂刻本　六冊

110000－0144－0013250　857.4/251－02
檮杌閒評五十卷五十回　(□)□□撰　清刻本　二十四冊

110000－0144－0013251　857.4/257
林蘭香八卷六十四回　(清)隨緣下士編輯　(清)寄旅散人批點　清光緒四年(1878)維新堂刻本　八冊

110000－0144－0013252　857.4/257－02
繪圖第二奇書八卷六十四回　(清)隨緣下士編輯　(清)寄旅散人批點　清光緒三十一年(1905)上海書局石印本　八冊

110000－0144－0013253　857.4/272
新鐫楊家將世代忠勇演義志傳八卷　(明)秦淮墨客校閲　(明)烟波釣叟参訂　清乾隆五十八年(1793)天蘂堂刻本　八冊

110000－0144－0013254　857.4/272－02
新鐫玉茗堂批點按鑑參補楊家將傳十卷五十回　(明)研石山樵訂正　(明)織里崎人校閲　清小西山房刻本　六冊

110000－0144－0013255　857.4/272－04
新鐫楊家將世代忠勇演義志傳八卷　(明)秦淮墨客校閲　(明)烟波釣叟参訂　清乾隆五十一年(1786)天德堂刻本　六冊

110000－0144－0013256　857.4/283
鐵冠圖八卷五十回　(清)松排山人撰　清光緒四年(1878)宏文堂刻本　四冊

110000－0144－0013257　857.4/283.3
英雲夢傳八卷　(清)松雲氏撰　清末聚秀堂刻本　四冊

110000－0144－0013258　857.4/283.3－02
英雲夢傳十六回　(清)松雲氏撰　清咸豐三年(1853)經元升刻本　八冊

110000－0144－0013259　857.4/286
水石緣六卷三十段　(清)李春榮撰　清末經綸堂刻本　四冊

110000－0144－0013260　857.4/286.1
原本海公大紅袍傳六十卷六十回　(清)李春芳撰　清道光二年(1822)書業堂刻本　八冊

110000－0144－0013261　857.4/287
後續大宋楊家將文武曲星包公狄青初傳十四卷六十八回　(清)李雨堂撰　清尊德堂刻本　七冊

110000－0144－0013262　857.4/287－02
後續大宋楊家將文武曲星包公狄青初傳十四卷六十八回　(清)李雨堂撰　清經元堂刻本　六冊

110000－0144－0013263　857.4/292－012
繪圖鏡花緣一百回　(清)李汝珍撰　清光緒十六年(1890)上海點石齋石印本　六冊

110000－0144－0013264　857.4/292－013
鏡花緣二十卷一百回　(清)李汝珍撰　清道光英德堂刻本　二十冊

110000－0144－0013265　857.4/292－014
繪圖鏡花緣一百回　(清)李汝珍撰　清光緒十四年(1888)上海點石齋石印本　十二冊

110000－0144－0013266　857.4/292－018
圖像鏡花緣二十卷一百回首一卷　(清)李汝珍撰　清光緒十七年(1891)上海廣百宋齋鉛印本　六冊

110000－0144－0013267　857.4/292－02
圖像鏡花緣二十卷一百回首一卷　(清)李汝珍撰　清光緒二十一年(1895)文盛書局鉛印本　六冊

110000－0144－0013268　857.4/292－02
圖像鏡花緣二十卷一百回首一卷　(清)李汝珍撰　清光緒二十一年(1895)文盛書局重印本　六冊

110000－0144－0013269　857.4/292－03
鏡花緣二十卷一百回　(清)李汝珍撰　清道光厚德堂刻本　二十四冊

110000－0144－0013270　857.4/292－03
鏡花緣二十卷一百回　(清)李汝珍撰　清道光厚德堂刻本　十二冊

110000－0144－0013271　857.4/292－03
鏡花緣二十卷一百回　(清)李汝珍撰　清道光厚德堂刻本　一冊

110000－0144－0013272　857.4/292－04
鏡花緣二十卷一百回首一卷　(清)李汝珍撰　清咸豐八年(1858)佛山近文堂刻本　十二冊

110000－0144－0013273　857.4/292－04
鏡花緣二十卷一百回首一卷　(清)李汝珍撰　清咸豐八年(1858)佛山近文堂刻本　二十四冊

110000－0144－0013274　857.4/292－08
圖像鏡花緣二十卷一百回首一卷　(清)李汝珍撰　清光緒十六年(1890)上海廣百宋齋鉛印本　六冊

110000－0144－0013275　857.4/292－08
圖像鏡花緣二十卷一百回首一卷　(清)李汝珍撰　清光緒十六年(1890)上海廣百宋齋鉛印本　六冊

110000－0144－0013276　857.4/293.89
夢中緣四卷十五回　(清)李修行撰　清光緒十一年(1885)有益堂刻本　四冊

110000－0144－0013277　857.4/293－04
增注繪圖官場現形記三十六卷　(清)李伯元撰　清光緒三十年(1904)奥東書局石印本　十三冊

110000－0144－0013278　857.4/299.91

繡像捉拿康梁二逆演義四卷四十回 (清)古潤野道撰 清宣統元年(1909)上海同文書局石印本 一册

110000－0144－0013279 857.4/301－010
繡像古今奇观十卷四十回 (明)抱瓮老人輯 清同治六年(1867)刻本 十六册

110000－0144－0013280 857.4/301－011
繪圖今古奇觀六卷四十回 (明)抱瓮老人輯 清光緒二十五年(1899)上海書局石印本 二册

110000－0144－0013281 857.4/301－07
古今奇观八卷四十回 (明)抱瓮老人輯 清光緒十二年(1886)刻本 四册

110000－0144－0013282 857.4/301－08
古今奇观四十卷 (明)抱瓮老人輯 清刻本 十六册

110000－0144－0013283 857.4/301－6
奇观纂腋十六卷 (明)抱瓮老人輯 清刻本 二册

110000－0144－0013284 857.4/307
新鐫三分夢全傳十六回 (清)張士登撰 (清)何芳苡批評 清道光十五年(1835)刻本 六册

110000－0144－0013285 857.4/324
救劫傳十六回 (清)艮廬居士撰 清光緒二十七年(1901)杭州白話報刻本 一册

110000－0144－0013286 857.4/333
草木春秋演義三十二回 (清)江洪撰 (清)樂山人編修 清末經綸堂刻本 四册

110000－0144－0013287 857.4/333－02
草木春秋演義三十二回 (清)江洪撰 (清)樂山人纂修 清嘉慶二十三年(1818)博古堂刻本 六册

110000－0144－0013288 857.4/333－03
繪圖草木春秋演義四卷三十二回 (清)江洪撰 (清)樂山人纂修 清光緒三十年(1904)上海書局石印本 四册

110000－0144－0013289 857.4/333－04
草木春秋演義三十二回 (清)江洪撰 (清)樂山人纂修 清博古堂刻本 五册

110000－0144－0013290 857.4/347
新刻京本列國志傳八卷 (明)余邵魚撰 清成錦堂刻本 八册

110000－0144－0013291 857.4/350
忠烈俠義傳一百二十回 (清)石玉崑撰 清末北京聚珍堂活字本 二十四册

110000－0144－0013292 857.4/350.3－02
重訂南北宋演義全傳二十卷一百回 (明)研石山樵訂正 (明)織里畸人校閲 清刻本 四册

110000－0144－0013293 857.4/350.3－06
繡像南北宋志傳二十卷一百回 (明)研石山樵訂正 (明)織里畸人校閲 清玉蘭堂刻本 十册

110000－0144－0013294 857.4/350－02
忠烈俠義傳一百二十回 (清)石玉崑撰 清末刻本 二十四册

110000－0144－0013295 857.4/350－02
忠烈俠義傳一百二十回 (清)石玉崑撰 清末刻本 十六册

110000－0144－0013296 857.4/350－02
忠烈俠義傳一百二十回 (清)石玉崑撰 清末刻本 二十册

110000－0144－0013297 857.4/350－1
小五義一百二十四回 (清)石玉崑撰 清光緒十六年(1890)文光樓書坊刻本 二十四册

110000－0144－0013298 857.4/350－1
小五義一百二十四回 (清)石玉崑撰 清光緒十六年(1890)文光樓書坊刻本 二十三册

110000－0144－0013299 857.4/350－1－02
增像小五義傳一百二十四回 (清)石玉崑撰 清光緒二十二年(1896)上海廣百宋齋鉛印本 六册

110000－0144－0013300 857.4/350－1－03

小五義一百二十四回 (清)石玉崑撰 清光緒十六年(1890)寶興堂刻本 二十四冊

110000－0144－0013301 857.4/350－2
續小五義一百二十四回 (清)石玉崑撰 清光緒十八年(1892)泰山堂刻本 二十四冊

110000－0144－0013302 857.4/350－2－02
續小五義一百二十四回 (清)石玉崑撰 清光緒十八年(1892)善成堂刻本 十二冊

110000－0144－0013303 857.4/350－2－04
繡像續小五義一百二十四回 (清)石玉崑撰 清光緒十八年(1892)上海珍藝書局鉛印本 六冊

110000－0144－0013304 857.4/350－2－05
續小五義一百二十四回 (清)石玉崑撰 清末刻本 二十四冊

110000－0144－0013305 857.4/354.7
忠孝勇烈奇女傳四卷三十二回 (清)馬祖演撰 清宣統二年(1910)扶溝縣劉芳刻本 四冊

110000－0144－0013306 857.4/377.12
燕山外史二卷 (清)陳球撰 清廣州小蓬山館刻本 二冊

110000－0144－0013307 857.4/377.12－515
燕山外史注釋八卷 (清)陳球撰 (清)若駁子輯註 清光緒五年(1879)東甌師古齋刻本 四冊

110000－0144－0013308 857.4/378.2
品花寶鑑六十回 (清)陳森撰 清末石函氏石印本 十六冊

110000－0144－0013309 857.4/382.68
雪月梅傳奇十卷五十回 (清)陳朗撰 (清)董孟汾批評 清聚錦堂刻本 十冊

110000－0144－0013310 857.4/382.68－02
雪月梅傳奇十卷五十回 (清)陳朗撰 (清)董孟汾批評 清刻本 十六冊

110000－0144－0013311 857.4/382－04
水滸後傳八卷四十回 (明)陳忱撰 清苑西堂刻本 六冊

110000－0144－0013312 857.4/382－04
水滸後傳八卷四十回 (明)陳忱撰 清苑西堂刻本 八冊

110000－0144－0013313 857.4/384.2
東西晉全傳十二卷 (明)陳氏尺蠖齋評釋 清慎德堂刻本 十二冊

110000－0144－0013314 857.4/387－4
落水良緣二卷十二回 陸士諤撰 清宣統元年(1909)上海寰球圖書公司鉛印本 存一卷(上) 一冊

110000－0144－0013315 857.4/387－6
新上海十編六十回 陸士諤撰 清宣統三年(1911)上海改良小説社鉛印本 缺二編(三、八) 八冊

110000－0144－0013316 857.4/387－9
劍聲花影三卷六回 陸士諤撰 清末抄本 一冊

110000－0144－0013317 857.4/409
繡像飛仙劍俠奇緣四卷三十回 (清)海上劍癡撰 清光緒三十年(1904)海上書局石印本 四冊

110000－0144－0013318 857.4/432
支那兒女英雄遺事八卷六十八回 (清)吟梅山人撰 清光緒三十年(1904)上海宏文館石印本 八冊

110000－0144－0013319 857.4/436－014
繪圖增像西遊記一百回 (明)吳承恩撰 (清)陳士斌詮解 清光緒十六年(1890)上海廣百宋齋鉛印本 十冊

110000－0144－0013320 857.4/436－015
繪圖增像西遊記一百回 (明)吳承恩撰 (清)陳士斌詮解 清光緒十三年(1887)上海廣百宋齋鉛印本 十冊

110000－0144－0013321 857.4/436－04
繪圖增像西遊記一百回 (明)吳承恩撰 (清)陳士斌詮解 清光緒十五年(1889)上海

廣百宋齋鉛印本　二十冊

110000－0144－0013322　857.4/436－06
邱真人西遊記一百回　(明)吴承恩撰　(清)含晶子注　清光緒十八年(1892)刻本　二十冊

110000－0144－0013323　857.4/436－06
邱真人西遊記一百回　(明)吴承恩撰　(清)含晶子注　清光緒十八年(1892)刻本　二十冊

110000－0144－0013324　857.4/436－07
新說西遊記一百回　(明)吴承恩撰　(清)張書紳注　清光緒十四年(1888)揚州味潛齋石印本　八冊

110000－0144－0013325　857.4/436－07
新說西遊記一百回　(明)吴承恩撰　(清)張書紳注　清光緒十四年(1888)揚州味潛齋石印本　八冊

110000－0144－0013326　857.4/436－545－04
西遊補十六回　(清)董說撰　清末鉛印本　二冊

110000－0144－0013327　857.4/437－09
齊省堂增訂儒林外史五十六回　(清)吴敬梓撰　清同治十三年(1874)齊省堂刻本　十六冊

110000－0144－0013328　857.4/437－311
儒林外史評二卷　(清)張文虎撰　(清)黄富民評　清光緒十一年(1885)寶文閣刻本　四冊

110000－0144－0013329　857.4/445－02
精訂綱鑑廿四史通俗衍義二十六卷四十四回　(清)吕撫撰　清光緒十五年(1889)上海廣百宋齋鉛印本　六冊

110000－0144－0013330　857.4/473
蜃樓志二十四卷二十四回　(清)庾嶺勞人撰　清咸豐八年(1858)虞山衛峻天刻本　六冊

110000－0144－0013331　857.4/481－02
迴文傳十六卷　(原題)笠翁先生撰　(原題)鉄華山人輯　清嘉慶三年(1798)寶研齋刻本　八冊

110000－0144－0013332　857.4/481－02
迴文傳十六卷　(原題)笠翁先生撰　(原題)鉄華山人輯　清嘉慶三年(1798)寶研齋刻本　八冊

110000－0144－0013333　857.4/482
新刻三寶太監西洋記通俗演義二十卷一百回　(明)羅懋登編　清光緒七年(1881)上海申報館鉛印本　十冊

110000－0144－0013334　857.4/482.2
圖像三寶太監下西洋通俗演義六卷三十八回　(明)羅懋登撰　清光緒二十七年(1901)上海文宜書局石印本　六冊

110000－0144－0013335　857.4/482－011
三國志二十四卷一百二十回　(明)羅貫中撰　(清)李漁評　清初刻本　存四卷(九之四十九囬至十二之六十囬)　二冊

110000－0144－0013336　857.4/482－08
四大奇書第一種十九卷一百二十回首一卷　(明)羅貫中撰　(清)毛宗崗批評　清光緒十四年(1888)蘇州掃葉山房刻本　二十冊

110000－0144－0013337　857.4/482－3
四雪草堂重訂通俗隋唐演義二十卷一百回　(清)褚人獲撰　清康熙會文堂刻本　十冊

110000－0144－0013338　857.4/482－3－04
四雪草堂重訂通俗隋唐演義二十卷一百回　(清)褚人獲撰　清光緒二十二年(1896)賞奇齋鉛印本　十冊

110000－0144－0013339　857.4/482－3－05
大隋志傳四卷四十六回　(明)羅貫中撰　清光緒十四年(1888)書文堂刻本　四冊

110000－0144－0013340　857.4/482－3－06
四雪草堂重訂通俗隋唐演義二十卷一百回　(清)褚人獲撰　清道光三十年(1850)維揚堂刻本　二十冊

110000－0144－0013341　857.4/482－4

平妖傳四十回 (明)羅貫中撰 (明)馮夢龍增定 清光緒十四年(1888)蘇州綠蔭堂刻本 八冊

110000-0144-0013342 857.4/482-4-04
平妖傳八卷四十回 (明)羅貫中撰 (明)馮夢龍增定 清嘉慶十七年(1812)講德齋刻本 八冊

110000-0144-0013343 857.4/482-4-05
平妖傳八卷四十回 (明)羅貫中編 (明)馮夢龍增定 清刻本 八冊

110000-0144-0013344 857.4/482-4-582
映旭齋增訂北宋三遂平妖續傳四卷十回 (明)羅貫中撰 (明)馮夢龍增撰 清石印本 四冊

110000-0144-0013345 857.4/482-781
四大奇書第一種五十一卷一百二十回 (明)羅貫中撰 (清)毛宗崗批評 (清)鄒梧岡參訂 清文成堂刻本 二十冊

110000-0144-0013346 857.4/482-781-04
四大奇書第一種十九卷一百二十回首一卷 (明)羅貫中撰 (清)毛宗崗評 清初蘇州金閶藝海堂刻本 二十二冊

110000-0144-0013347 857.4/482-781-05
第一才子書六十卷一百二十回 (明)羅貫中撰 (清)毛宗崗批評 清光緒十四年(1888)上海鴻文書局石印本 十二冊

110000-0144-0013348 857.4/482-781-06
第一才子書六十卷一百二十回 (明)羅貫中撰 (清)毛宗崗批評 清咸豐三年(1853)常熟顧氏小石山房刻本 十六冊

110000-0144-0013349 857.4/482-781-07
四大奇書第一種六十卷一百二十回 (明)羅貫中撰 (清)毛宗崗批評 清大文堂刻本 存四十四卷(八之十五回至五十一之一百二十回) 十八冊

110000-0144-0013350 857.4/482-781-08
四大奇書第一種十九卷一百二十回首一卷 (明)羅貫中撰 (清)毛宗崗批評 清刻本 十冊

110000-0144-0013351 857.4/482-781-09
四大奇書第一種十九卷一百二十回首一卷 (明)羅貫中撰 (清)毛宗崗批評 清刻本 二十四冊

110000-0144-0013352 857.4/524
糊塗世界十二卷 (清)吳研人撰 清光緒三十二年(1906)上海世界繁華報館鉛印本 六冊

110000-0144-0013353 857.4/528
醒世姻緣傳一百回 (清)西周生輯撰 (清)然藜子校定 清同治九年(1870)刻本 二十四冊

110000-0144-0013354 857.4/539.8
常言道四卷十六回 (清)落魄道人編 清嘉慶十四年(1809)存古堂刻本 四冊

110000-0144-0013355 857.4/539-02
繪圖蕩平奇妖傳六卷二十回 (明)羅貫中著 (明)馮夢龍增補 清光緒二十二年(1896)上海書局石印本 六冊

110000-0144-0013356 857.4/554.7
繪圖蘇空頭三編十五章 (清)□□撰 清宣統二年(1910)上海改良小説社石印本 一冊

110000-0144-0013357 857.4/565
繪圖新史奇觀八卷二十二回 (清)蓬蒿子編 清光緒二十年(1894)品文堂刻本 四冊

110000-0144-0013358 857.4/565-02
新史奇觀演義全傳二十二回 (清)蓬蒿子撰 清嘉慶十四年(1809)聚賢居刻本 六冊

110000-0144-0013359 857.4/565-03
繪圖新史奇觀八卷二十二回 (清)蓬蒿子編 清光緒二十年(1894)上海文海書局刻本 四冊

110000-0144-0013360 857.4/577
海上花列傳六十四回 (清)韓邦慶撰 清光緒三十四年(1908)上海日新書局石印本

二册

110000－0144－0013361　857.4/577.4

繪圖花田金玉緣四卷十六回　(清)□□撰　清光緒十八年(1892)上海書局石印本　四册

110000－0144－0013362　857.4/578

新刻天花藏批評平山冷燕四卷二十回　(清)荻岸散人撰　清青云樓刻本　四册

110000－0144－0013363　857.4/591

第八才子書白圭志十六回　(清)崔象川輯　(清)余志澤抄　清道光元年(1821)余志澤抄本　一册

110000－0144－0013364　857.4/591－03

第八才子書白圭志四卷十六回　(清)崔象川輯　清嘉慶十年(1805)繡文堂刻本　四册

110000－0144－0013365　857.4/614

初刻封神演義八卷一百回　(明)許仲琳撰　清嘉慶二十四年(1819)聚盛堂刻本　八册

110000－0144－0013366　857.4/614－02

新刻鍾伯敬先生批評封神演義十九卷一百回　(明)許仲琳撰　(明)鍾惺批評　清光緒九年(1883)掃葉山房刻本　二十册

110000－0144－0013367　857.4/614－04

初刻封神演義八卷一百回　(明)許仲琳撰　清刻本　八册

110000－0144－0013368　857.4/614－05

繡像封神傳八卷一百回　(明)許仲琳撰　清乾隆四十三年(1778)經綸堂刻本　八册

110000－0144－0013369　857.4/625.4

新刻中興大唐演義傳十卷一百回　(清)如蓮居士撰　清光緒十二年(1886)京都文義堂刻本　四册

110000－0144－0013370　857.4/627

新刻忠義水滸傳八卷一百十五回　(元)施耐庵撰　清道光五年(1825)刻本　八册

110000－0144－0013371　857.4/627.6－02

施案奇聞八卷九十七回　(清)□□撰　清光緒六年(1880)埽葉山房刻本　六册

110000－0144－0013372　857.4/627.6－02

施案奇聞八卷九十七回　(清)□□撰　清光緒六年(1880)埽葉山房刻本　六册

110000－0144－0013373　857.4/627.6－03

施案奇聞六卷九十七回　(清)□□撰　清道光十二年(1832)刻本　四册

110000－0144－0013374　857.4/627.6－11

新刻三續施公案八卷五十回　(清)□□撰　清光緒二十四年(1898)敬文堂刻本　八册

110000－0144－0013375　857.4/627.6－16

繡像八續施公案清烈傳四卷四十回　(清)□□撰　清光緒二十七年(1901)上海文宜書局石印本　一册

110000－0144－0013376　857.4/627.6－17

九續施公案清烈傳四卷四十回　(清)□□撰　清光緒二十八年(1902)上海文宜書局石印本　四册

110000－0144－0013377　857.4/627.6－2

施公案十續四卷四十回　(清)□□撰　清光緒二十八年(1902)上海文宜書局石印本　一册

110000－0144－0013378　857.4/627.6－8

新刊繡像全圖施公案後傳二十五卷一百回　(清)□□撰　清光緒二十一年(1895)上海書局石印本　五册

110000－0144－0013379　857.4/627－383

陳章候水滸畫像　(明)陳洪綬繪　清光緒十年(1884)上海同文書局石印本　一册

110000－0144－0013380　857.4/627－987－02

第五才子書施耐菴水滸傳二十卷七十回　(元)施耐庵撰　(清)金人瑞批點　清刻本　二十册

110000－0144－0013381　857.4/627－987－05

第五才子書水滸全傳七十回　(元)施耐菴撰　(清)金聖嘆評　清光緒十四年(1888)上海大同書局石印本　八册

110000－0144－0013382　857.4/627－987－06

第五才子書十二卷一百二十四回 (元)施耐庵修 (明)羅貫中參訂 清刻本 六冊

110000－0144－0013383 857.4/627－987－07

第五才子書水滸傳七十五卷七十回 (元)施耐庵修 (清)金人瑞批點 清雍正十二年(1734)文會堂刻本 二十四冊

110000－0144－0013384 857.4/627－987－08

評論出像水滸傳二十卷七十回 (元)施耐庵撰 (清)王望如評 清刻本 二十冊

110000－0144－0013385 857.4/627－998

水滸畫譜二卷 (清)顛道人繪 清光緒十四年(1888)寶貞堂刻本 二冊

110000－0144－0013386 857.4/635

繡像永慶昇平二十四卷九十七回 (清)姜振名 哈輔源演説 (清)郭廣瑞編訂 清光緒十八年(1892)鉛印本 六冊

110000－0144－0013387 857.4/635－02

永慶昇平二十四卷九十七回 (清)姜振名 (清)哈輔源撰 清末寶文堂刻本 二十四冊

110000－0144－0013388 857.4/635－452

新刊繡像永慶昇平後傳二十三卷一百回 (清)貪夢道人著 清光緒二十二年(1896)刻本 十二冊

110000－0144－0013389 857.4/653.3

繪圖新石頭記四卷四十回 (清)吳趼人撰 清光緒三十四年(1908)上海集成圖書公司鉛印本 一冊

110000－0144－0013390 857.4/653.3

繪圖新石頭記四卷四十回 (清)吳趼人撰 清光緒三十四年(1908)上海集成圖書公司鉛印本 一冊

110000－0144－0013391 857.4/653.3

繪圖新石頭記四卷四十回 (清)吳趼人撰 清光緒三十四年(1908)上海集成圖書公司鉛印本 一冊

110000－0144－0013392 857.4/653.3

繪圖新石頭記四卷四十回 (清)吳趼人撰 清光緒三十四年(1908)上海集成圖書公司鉛印本 一冊

110000－0144－0013393 857.4/653.3

繪圖新石頭記四卷四十回 (清)吳趼人撰 清光緒三十四年(1908)上海集成圖書公司鉛印本 一冊

110000－0144－0013394 857.4/653.3

繪圖新石頭記四卷四十回 (清)吳趼人撰 清光緒三十四年(1908)上海集成圖書公司鉛印本 一冊

110000－0144－0013395 857.4/653.3

繪圖新石頭記四卷四十回 (清)吳趼人撰 清光緒三十四年(1908)上海集成圖書公司鉛印本 一冊

110000－0144－0013396 857.4/653.3

繪圖新石頭記四卷四十回 (清)吳趼人撰 清光緒三十四年(1908)上海集成圖書公司鉛印本 一冊

110000－0144－0013397 857.4/653.7

新官場現形記二卷八回 延陵陰叟撰 清光緒三十四年(1908)上海集成圖書公司鉛印本 二冊

110000－0144－0013398 857.4/669

新出繪圖曾公平長毛二集十六回 (清)麒麟詞人撰 清末蒲壽田石印本 一冊

110000－0144－0013399 857.4/675

增回繪圖癡人福八卷十六回 (□)□□撰 清光緒二十九年(1903)上海書局石印本 三冊

110000－0144－0013400 857.4/680－012

新刻鍾伯敬先生批評封神演義十卷一百回 (明)許仲琳撰 (明)鍾伯敬評 清文英堂刻本 十四冊

110000－0144－0013401 857.4/682.3

新註二度梅奇説全集四卷四十回 (清)惜陰堂主人編 (清)繡虎堂主人評閱 清刻本 二冊

110000－0144－0013402　857.4/682.3－02
新刻二度梅奇説全傳六卷四十回　（清）惜陰堂主人編　（清）繡虎堂主人評閲　清光緒十七年（1891）文成堂刻本　三册

110000－0144－0013403　857.4/682.3－03
新刻二度梅奇説全集六卷四十回　（清）槐蔭堂主人編輯　（清）繡虎堂主人評閲　清光緒二十二年（1896）京都打磨廠錦文堂刻本　二册

110000－0144－0013404　857.4/682.4
新鐫才美巧相逢宛如約四卷四十回　（清）惜花主人批評　清醉月山居刻本　四册

110000－0144－0013405　857.4/682.8
李公案奇聞初集三十四回　（清）惜紅居士撰　清光緒二十八年（1902）北京文光書坊刻本　六册

110000－0144－0013406　857.4/682.8－02
李公案奇聞初集三十四回　（清）惜紅居士撰　清光緒三十年（1904）上海書局石印本　四册

110000－0144－0013407　857.4/685－02
兒女英雄傳評話八卷四十回　（清）文康撰　（清）還讀我書室主人評　清光緒三十三年（1907）上海集成圖書公司鉛印本　十二册

110000－0144－0013408　857.4/685－04
兒女英雄傳評話四十回　（清）文康撰　清光緒四年（1878）京都聚珍堂木活字印本　二十册

110000－0144－0013409　857.4/685－546
兒女英雄傳評話四十回　（清）文康撰　（清）董恂批評　清光緒十四年（1888）上海蜚英館石印本　六册

110000－0144－0013410　857.4/685－546－02
俠女奇緣評話八卷四十回　（清）文康撰　（清）董恂批評　清末上海蘇報館鉛印本　八册

110000－0144－0013411　857.4/705
續英烈傳五卷三十四回　（明）空谷老人撰　清集古齋刻本　四册

110000－0144－0013412　857.4/713
希夷夢四十卷　（清）汪寄撰　清光緒四年（1878）翠筠山房刻本　二十册

110000－0144－0013413　857.4/716.1
新刻清風閘四卷三十二回　（清）浦天玉撰　清同治十三年（1874）刻本　六册

110000－0144－0013414　857.4/716－02
新刻批評東漢演義八卷三十二回　（明）謝詔撰　（清）清遠道人重編　清末善成堂刻本　四册

110000－0144－0013415　857.4/720.3
中東大戰演義四卷三十三回　（清）洪子弍輯　清光緒二十六年（1900）香港中華印務總局鉛印本　四册

110000－0144－0013416　857.4/720.3－02
繡像中東大戰演義四卷三十三回　（清）洪子弍撰　清光緒二十六年（1900）石印本　四册

110000－0144－0013417　857.4/741－03
後水滸蕩平四大寇傳六卷四十九回　（清）賞心居士撰　清光緒三十三年（1907）上海書局石印本　六册

110000－0144－0013418　857.4/752.2
蝸觸蠻三國爭地記十六回　（清）活東撰　清光緒三十四年（1908）蠅鬚館鉛印本　一册

110000－0144－0013419　857.4/761－02
新刻粉裝樓傳記八十回　（清）□□撰　清末刻本　二十册

110000－0144－0013420　857.4/762
新編批評繡像後七國樂田演義十八回孫龐演義二十回　（清）徐震撰　清刻本　八册

110000－0144－0013421　857.4/780
風月夢三十二回　（清）邗上蒙人撰　清光緒九年（1883）上海申報館鉛印本　四册

110000－0144－0013422　857.4/786－1－02
新鐫批評出像通俗演義禪真後史六卷五十三

回 (明)方汝浩撰　清刻本　六册

110000-0144-0013423　857.4/806
花月痕全書十六卷五十二回 (清)魏秀仁撰　清光緒十四年(1888)福州雙笏廬刻本　十六册

110000-0144-0013424　857.4/806-03
花月痕全書十六卷五十二回 (清)魏秀仁撰　清光緒上海著易堂鉛印本　四册

110000-0144-0013425　857.4/806-04
花月痕全書十六卷五十二回 (清)魏秀仁撰　清光緒三十三年(1907)上海刻本　四册

110000-0144-0013426　857.4/806-05
繪圖花月因緣十六卷五十二回 (清)魏秀仁撰　清光緒十九年(1893)上海書局鉛印本　六册

110000-0144-0013427　857.4/819
新刻按鑑編纂開闢衍繹通俗志傳六卷八十回 (明)周游撰　(明)王子承釋　清道光三年(1823)可經閣刻本　六册

110000-0144-0013428　857.4/824
續兒女英雄全傳三十二卷三十二回 (清)杭餘生撰　清光緒二十四年(1898)京都宏文書局石印本　六册

110000-0144-0013429　857.4/838-02
新刻繪圖粉糚樓全傳十二卷八十回 (清)□□撰　清光緒十八年(1892)上海文海書局石印本　四册

110000-0144-0013430　857.4/838-03
新刻繪圖粉糚樓全傳十二卷八十回 (清)□□撰　清光緒二十六年(1900)上海書局石印本　四册

110000-0144-0013431　857.4/846-214-04
皋鶴堂批評第一奇書金瓶梅一百回 題(明)蘭陵笑笑生撰　(清)張竹坡評　清玩花書屋刻本　二十四册

110000-0144-0013432　857.4/846-214-06
皋鶴堂批評第一奇書金瓶梅一百回 題(明)蘭陵笑笑生撰　(清)張竹坡評　清刻本　二十四册

110000-0144-0013433　857.4/848
花柳深情傳四卷三十二回 (清)詹熙撰　清光緒三十四年(1908)上海書局石印本　四册

110000-0144-0013434　857.4/852
義俠好逑傳四卷十八回 (清)名教中人編　清善成堂刻本　四册

110000-0144-0013435　857.4/852-8
繪圖俠義風月傳四卷十八回 (清)名教中人編　(清)游方外客批評　清光緒十八年(1892)石印本　一册

110000-0144-0013436　857.4/862.8
繡像緑牡丹全傳六卷六十四回 (清)二如亭主人撰　清光緒二十七年(1901)上海書局石印本　六册

110000-0144-0013437　857.4/862.8-02
繡像緑牡丹全傳六卷六十四回 (清)二如亭主人撰　清道光二十七年(1847)經綸堂刻本　六册

110000-0144-0013438　857.4/862-03
繡像緑野仙踪全傳八十回 (清)李百川撰　清道光十年(1830)刻本　二十四册

110000-0144-0013439　857.4/862-06
緑野仙蹤八十回 (清)李百川撰　清刻本　十二册

110000-0144-0013440　857.4/880.7
新刻興清傳四卷二十三回 (清)□□撰　清光緒三十二年(1906)上海萃文齋石印本　四册

110000-0144-0013441　857.4/880.71
興替金鑑十卷七十八回 (清)夏敬渠撰　清末石印本　十册

110000-0144-0013442　857.4/880-02
覺世名言十二樓十二卷 (清)李漁撰　(清)杜濬批評　清光緒二十一年(1895)四明暢懷書屋石印本　四册

110000－0144－0013443　857.4/883－314
通易西遊正旨分章註釋一百回　（清）張含章撰　清道光十九年（1839）眉山德馨堂刻本　五冊

110000－0144－0013444　857.4/883－378
西游真詮一百回　（清）陳士斌詮解　清乾隆四十五年（1780）金閶書業堂刻本　二十冊

110000－0144－0013445　857.4/883－886
西游原旨二十四卷一百回　（清）劉一明解　清嘉慶二十四年（1819）常德護國庵刻本　二十四冊

110000－0144－0013446　857.4/907
新刊繡像昇仙傳演義八卷五十六回　（清）倚雲氏撰　清光緒七年（1881）東泰山房刻本　八冊

110000－0144－0013447　857.4/912
聊齋釋典一卷　（清）但明倫撰　清抄本　一冊

110000－0144－0013448　857.4/916－02
繪圖雙鳳奇緣十卷八十回　（清）□□撰　清光緒二十年（1894）上海寶善書局石印本　四冊

110000－0144－0013449　857.4/922
繪圖新官場現形記十二回　（清）延陵陰叟撰　清宣統元年（1909）文明小説社石印本　一冊

110000－0144－0013450　857.4/926.9
繡像鐵花仙史二十六回　（清）雲封山人編（清）一嘯居士評點　清光緒十八年（1892）石印本　一冊

110000－0144－0013451　857.4/926.9－02
鐵花仙史二十六回　（清）雲封山人撰　（清）一嘯居士批評　清末刻本　十二冊

110000－0144－0013452　857.4/935－011
增訂精忠演義説本全傳二十卷八十回　（清）錢彩撰　清近文堂刻本　二十冊

110000－0144－0013453　857.4/935－02
增訂精忠演義説本全傳二十卷八十回　（清）錢彩撰　清刻本　二十冊

110000－0144－0013454　857.4/935－05
精訂精忠演義説本全傳二十卷八十回　（清）錢彩撰　清嘉慶愛日堂刻本　十冊

110000－0144－0013455　857.4/935－06
增訂精忠演義説本全傳二十卷八十回　（清）錢彩撰　（清）金豐增訂　清嘉慶三年（1798）刻本　十二冊

110000－0144－0013456　857.4/935－09
岳武穆精忠傳六卷六十八回　（明）鄒元標編　清刻本　六冊

110000－0144－0013457　857.4/935－289
新鐫全像武穆精忠傳八卷　（明）熊大木撰　清刻本　十冊

110000－0144－0013458　857.4/937.6
按鑑演義帝王御世有夏誌傳四卷　（明）鍾惺撰　（明）馮夢龍鑒定　清嘉慶十九年（1814）稽古堂刻本　八冊

110000－0144－0013459　857.4/937.6
按鑑演義帝王御世有夏誌傳四卷　（明）鍾惺撰　（明）馮夢龍鑒定　清嘉慶十九年（1814）稽古堂刻本　八冊

110000－0144－0013460　857.4/937.6
按鑑演義帝王御世有夏誌傳四卷　（明）鍾惺撰　（明）馮夢龍鑒定　清嘉慶十九年（1814）稽古堂刻本　八冊

110000－0144－0013461　857.4/937.6－6－02
新刻劍嘯閣批評西漢演義八卷　（明）甄偉撰（明）鍾惺評　清善成堂刻本　八冊

110000－0144－0013462　857.4/945.2
新編批評繡像後七國樂田演義四卷十八回（清）徐震撰　清文和堂刻本　四冊

110000－0144－0013463　857.4/945.26
新鐫批評繡像後西遊記四十回　（清）□□撰　清煥文堂刻本　十二冊

110000－0144－0013464　857.4/952－02

繡像京本雲合奇蹤玉茗英烈全傳十卷八十回 (明)徐渭撰　清致和堂刻本　六册

110000－0144－0013465　857.4/952－03
繡像京本雲合奇蹤玉茗英烈全傳十卷八十回 (明)徐渭撰　清同治十一年(1872)如皋義林堂刻本　十册

110000－0144－0013466　857.4/952－04
繡像京本雲合奇蹤玉茗英烈全傳十卷八十回 (明)徐渭撰　清刻本　十册

110000－0144－0013467　857.4/952－05
繡像京本雲合奇蹤玉茗英烈全傳十卷八十回 (明)徐渭撰　清光緒十八年(1892)石印本　四册

110000－0144－0013468　857.4/952－06
繡像京本雲合奇蹤玉茗英烈全傳十卷八十回 (明)徐渭撰　清玉茗堂刻本　六册

110000－0144－0013469　857.4/956
後紅樓夢三十回 (清)逍遥子撰　清刻本　十二册

110000－0144－0013470　857.4/956－02
後紅樓夢三十回 (清)逍遥子撰　清刻本　十二册

110000－0144－0013471　857.4/969
爭春園全傳六卷四十八回 (清)寄生氏撰　清光緒十五年(1889)刻本　六册

110000－0144－0013472　857.4/987.9
金石緣全傳二十四回 (□)□□撰　清乾隆五十六年(1791)文粹堂刻本　八册

110000－0144－0013473　857.4/989.4
繪圖彭公案六卷一百回 (清)貪夢道人撰　清光緒十九年(1893)上海書局鉛印本　六册

110000－0144－0013474　857.4/989.4－02
新刊繡像彭公案二十三卷一百回 (清)貪夢道人撰　清光緒京都經國堂刻本　二十四册

110000－0144－0013475　857.4/989.4－1
新刊續彭公案十卷八十回 (清)□□撰　清光緒二十二年(1896)上海書局石印本　五册

110000－0144－0013476　857.4/989.9
新刊國聞新語錄二卷 (清)貪夢痴道人撰　清光緒二十五年(1899)上海石印本　四册

110000－0144－0013477　857.4/990－03
結水滸全傳七十卷七十回 (清)俞萬春撰　(清)范辛來　(清)邵祖恩參評　清同治十年(1871)廣州俞溎刻本　二十四册

110000－0144－0013478　857.4/990－04
繡像結水滸全傳八卷七十回 (清)俞萬春撰　(清)范辛來　(清)邵祖恩參評　清光緒二十二年(1896)上海煥文書局石印本　八册

110000－0144－0013479　857.4/990－05
結水滸全傳七十卷七十回卷末一卷 (清)俞萬春撰　(清)徐佩珂校勘　清咸豐三年(1853)南京秣陵官廨徐佩珂刻本　二十四册

110000－0144－0013480　857.4/990－06
結水滸全傳七十卷七十回結子一卷 (清)俞萬春撰　清同治七年(1868)仁山氏刻本　二十四册

110000－0144－0013481　857.4/990－07
結水滸全傳七十卷七十回結子一卷 (清)俞萬春撰　清咸豐七年(1857)東籬山人刻本　二十四册

110000－0144－0013482　857.4/993.2
繡像妙相寺全傳八卷四十回 (明)方汝浩撰　清末石印本　八册

110000－0144－0013483　857.4/993.2
繡像妙相寺全傳八卷四十回 (明)方汝浩撰　清末石印本　八册

110000－0144－0013484　857.41/160
景宋殘本五代平話八卷 董康輯　清宣統三年(1911)毘陵董氏誦芬室刻本　二册

110000－0144－0013485　857.41/160
景宋殘本五代平話八卷 董康輯　清宣統三年(1911)毘陵董氏誦芬室刻本　二册

110000－0144－0013486　857.41/484
西湖佳話古今遺跡十六卷 (清)墨浪子輯

清刻本　六冊

110000－0144－0013487　857.41/530

新刻紅風傳十卷　(清)□□撰　清刻本　二冊

110000－0144－0013488　857.41/765－03

拍案驚奇三十六卷　(明)凌濛初撰　清消閒居刻本　十冊

110000－0144－0013489　857.5/100

繡像一捧雪全傳八卷三十二回　(清)□□撰　清末澄碧軒刻本　八冊

110000－0144－0013490　857.5/121.1

新刻玉鐲記　(清)□□撰　清末刻本　一冊

110000－0144－0013491　857.5/121－02

繡像玉夔龍全傳六卷五十七回　(清)□□撰　清光緒十九年(1893)上海書局石印本　六冊

110000－0144－0013492　857.5/121－03

玉夔龍不分卷　(□)□□撰　清末賜綺堂抄本　八冊

110000－0144－0013493　857.5/124

新刻碧玉簪全本二卷　(清)□□撰　清末餘慶堂刻本　一冊

110000－0144－0013494　857.5/139.1

繡像九美圖全傳十二卷　(清)曹春江撰　清道光二十三年至光緒三十四年(1843－1908)四友軒刻本　十二冊

110000－0144－0013495　857.5/139.1

繡像九美圖全傳十二卷　(清)曹春江撰　清道光二十三年至光緒三十四年(1843－1908)四友軒刻本　十二冊

110000－0144－0013496　857.5/152

新刻玉釧緣全傳三十二卷　(清)西湖居士撰　清道光二十二年(1842)文會堂刻本　六十四冊

110000－0144－0013497　857.5/152

新刻玉釧緣全傳三十二卷　(清)西湖居士撰　清道光二十二年(1842)文會堂刻本　六十三冊

110000－0144－0013498　857.5/152－02

新刻玉釧緣全傳三十二卷　(清)西湖居士撰　清末石印本　二十四冊

110000－0144－0013499　857.5/154－414

新刻正字唱說一捧雪六卷　(清)□□撰　清末廣州五桂堂刻本　六冊

110000－0144－0013500　857.5/180－02

十粒金丹六十六回　(清)□□撰　清末抄本　八冊

110000－0144－0013501　857.5/185

繪圖繡像四雲亭新書全傳二十四卷　(清)彭靚丹撰　清光緒二十五年(1899)鉛印本　八冊

110000－0144－0013502　857.5/213

燈月緣二十回　(清)戴玉亭撰　清末刻本　八冊

110000－0144－0013503　857.5/264

來生福彈詞三十六回　(清)橘中逸叟撰　清同治九年(1870)聚錦堂刻本　十六冊

110000－0144－0013504　857.5/264

來生福彈詞三十六回　(清)橘中逸叟撰　清同治九年(1870)聚錦堂刻本　十六冊

110000－0144－0013505　857.5/272－2－03

廿一史彈詞注十卷　(明)楊慎編　(清)張三異增定　清道光十二年(1832)楊浚刻本　十冊

110000－0144－0013506　857.5/306

明紀彈詞注二卷　(清)張三異撰　(清)張仲璜注　清道光十二年(1832)楊浚刻本　二冊

110000－0144－0013507　857.5/347

繡像百花臺四卷　(清)鴛水主人編　清光緒元年(1875)刻本　四冊

110000－0144－0013508　857.5/351

新刻瓦車蓬血書牙痕記三十卷　(清)□□撰　清末文萃堂刻本　四冊

110000－0144－0013509　857.5/380
繡像芙蓉洞全傳十卷四十回　(清)陳遇乾撰　(清)陳士奇評論　清末刻本　十册

110000－0144－0013510　857.5/380
繡像芙蓉洞全傳十卷四十回　(清)陳遇乾撰　(清)陳士奇評論　清末刻本　十册

110000－0144－0013511　857.5/380－7
繡像義妖全傳二十八卷五十四回　(清)陳遇乾撰　(清)陳士奇　(清)俞秀山評定　清光緒二年(1876)刻本　十二册

110000－0144－0013512　857.5/380－7－03
繡像義妖傳二十八卷五十四回　(清)陳遇乾撰　(清)陳士奇　(清)俞秀山評定　清同治八年(1869)刻本　八册

110000－0144－0013513　857.5/380－7－04
繡像義妖傳二十八卷五十四回　(清)陳遇乾撰　(清)陳士奇　(清)俞秀山評定　清末刻本　十二册

110000－0144－0013514　857.5/391
拱碧緣二十四回　(清)□□撰　清末抄本　二册

110000－0144－0013515　857.5/401
繪圖天雨花二十卷六十回　(清)陶貞懷撰　清光緒二十二年(1896)上海書局石印本　二十册

110000－0144－0013516　857.5/401－02
天雨花三十回　(清)陶貞懷撰　清同治六年(1867)緯文堂刻本　二十四册

110000－0144－0013517　857.5/401－03
天雨花三十回　(清)陶貞懷撰　清嘉慶九年(1804)藝海堂刻本　三十二册

110000－0144－0013518　857.5/419－02
孝義真蹟珍珠塔二十四回　(清)□□撰　清同治六年(1867)蘇城麟玉山房刻本　六册

110000－0144－0013519　857.5/419－03
孝義真蹟珍珠塔二十四回　(清)□□撰　清光緒三年(1877)杭州小酉堂刻本　六册

110000－0144－0013520　857.5/431
繡像還金鐲傳八卷五十四回　(清)吹竽先生改編　清道光十三年(1833)吾馨軒刻本　十六册

110000－0144－0013521　857.5/472
果報錄十二卷一百回　(清)海芝濤撰　清末木活字印本　十二册

110000－0144－0013522　857.5/472
果報錄十二卷一百回　(清)海芝濤撰　清末木活字印本　十二册

110000－0144－0013523　857.5/474
繡像文武香球十二卷七十二回　(清)申江逸史撰　清同治二年(1863)申江逸史刻本　十二册

110000－0144－0013524　857.5/474
繡像文武香球十二卷七十二回　(清)申江逸史撰　清同治二年(1863)申江逸史刻本　十二册

110000－0144－0013525　857.5/474－02
繡像文武香球十二卷七十二回　(清)申江逸史撰　清光緒十六年(1890)鉛印本　八册

110000－0144－0013526　857.5/522
繡像万花樓全傳六卷　(清)□□撰　清光緒二年(1876)玉蘭軒刻本　六册

110000－0144－0013527　857.5/539
繡像落金扇全傳八卷　(清)吹竽先生撰　清同治十二年(1873)刻本　八册

110000－0144－0013528　857.5/539－02
繡像落金扇全傳六卷　(清)吹竽先生撰　清光緒三十三年(1907)上海書局石印本　六册

110000－0144－0013529　857.5/582
新選背解紅羅全本六卷　(清)□□撰　清末廣州德文堂刻本　二册

110000－0144－0013530　857.5/601
新出義和團演義二卷二十回　(清)潭溪生撰　清宣統三年(1911)石印本　一册

110000－0144－0013531　857.5/652

繡像六美圖三十回 (清)□□撰 清同治九年(1870)刻本 六册

110000－0144－0013532 857.5/652.6

繡像六月雪全傳二十卷一百十三回 (□)□□撰 清光緒三十三年(1907)上海鍊石書局石印本 八册

110000－0144－0013533 857.5/668

庚子國變彈詞四十回 (清)李伯元撰 清光緒二十九年(1903)上海世界繁華報館鉛印本 五册

110000－0144－0013534 857.5/668

庚子國變彈詞四十回 (清)李伯元撰 清光緒二十九年(1903)上海世界繁華報館鉛印本 五册

110000－0144－0013535 857.5/670

繡像福壽大紅袍十四卷一百回 (清)廢閑主人撰 清道光刻本 二十四册

110000－0144－0013536 857.5/748

新造國朝沈公爺監潮全歌十三卷 (清)□□撰 清末潮州刻本 六册

110000－0144－0013537 857.5/752

繡像新刻秘本玉夔龍全傳七卷 (清)□□撰 清光緒十八年(1892)上海紫雲軒刻本 十册

110000－0144－0013538 857.5/752

繡像新刻秘本玉夔龍全傳七卷 (清)□□撰 清光緒十八年(1892)上海紫雲軒刻本 十册

110000－0144－0013539 857.5/764

燈下緣全傳不分卷 (清)□□撰 清末京都刻本 一册

110000－0144－0013540 857.5/785－02

新編鳳雙飛前後全傳四十二回 (清)程蕙英撰 清光緒二十四年(1898)怡怡軒主人石印本 二十册

110000－0144－0013541 857.5/822

雕龍扇 (清)□□撰 清光緒三十二年(1906)朱惠國抄本 一册

110000－0144－0013542 857.5/823

繡像風箏誤八卷三十二回 (清)李漁輯 清嘉慶十五年(1810)漱芳閣刻本 六册

110000－0144－0013543 857.5/823.8

鳳凰山七十二卷 (清)□□撰 清末海陵軒刻本 二十册

110000－0144－0013544 857.5/823.8

鳳凰山七十二卷 (清)□□撰 清末海陵軒刻本 二十四册

110000－0144－0013545 857.5/827

繪真記四十卷 (清)朱素仙撰 (清)素仙女史校 清嘉慶十七年(1812)刻本 六册

110000－0144－0013546 857.5/846

繪圖笑中緣前金如意全傳四卷二十一回 (清)□□撰 清末石印本 一册

110000－0144－0013547 857.5/852

新增全圖珍珠塔後傳麒麟豹六卷六十回 (清)鴛湖逸史編 清光緒二十一年至宣統三年(1895－1911)石印本 一册

110000－0144－0013548 857.5/869－1

繪圖白蛇傳後集四卷十六回 (清)□□撰 清光緒二十一年(1895)上海書局石印本 一册

110000－0144－0013549 857.5/908

再造天十六卷十六回 (清)侯香葉撰 清道光十年(1830)香葉閣刻本 八册

110000－0144－0013550 857.5/913

繡像錦上花全傳四十八回 (清)修月閣主人撰 清同治十三年(1874)學餘堂刻本 十册

110000－0144－0013551 857.5/913－02

錦上花四十八回 (清)修月閣主人撰 清道光三十年(1850)三元堂刻本 十二册

110000－0144－0013552 857.5/916.1

增像繪圖雙珠球六卷四十九回 (清)黄子貞撰 清光緒三十二年(1906)上海書局石印本 二册

110000－0144－0013553　857.5/916－02
繡像雙珠鳳全傳八十回　(清)□□撰　清嘉慶十七年(1812)刻本　十二册

110000－0144－0013554　857.5/916－03
繡像雙珠鳳全傳八十回　(清)□□撰　清光緒十八年(1892)淨雅書屋刻本　十二册

110000－0144－0013555　857.5/920
東調忠孝節義説唱雙剪髮鐵胎弓全傳八回　(清)伯濤撰　清道光二十四年(1844)淮陽文苑堂刻本　四册

110000－0144－0013556　857.5/945
繪圖後三笑才子奇書二十一卷　(清)□□撰　清光緒十九年(1893)上海理文軒書莊石印本　四册

110000－0144－0013557　857.5/987
新編雅調唱口平陽傳金臺全集十二卷六十回　(清)□□撰　清光緒七年(1881)墨海堂刻本　六册

110000－0144－0013558　857.5/987.9
新刻時調彈詞忠孝節義金銀釵全集八十卷　(清)□□撰　清末集雲軒刻本　二册

110000－0144－0013559　857.5/987－02
繡像金臺全傳十二卷六十回　(□)□□撰　清光緒二十一年(1895)上海中西書局石印本　六册

110000－0144－0013560　857.6/598.6
新官場笑話不分卷　小説進步社輯　清宣統元年(1909)小説進步社鉛印本　一册

110000－0144－0013561　857.6/598.6
新官場笑話不分卷　小説進步社輯　清宣統元年(1909)小説進步社鉛印本　一册

110000－0144－0013562　858.3/723
湖南唱本　(清)□□輯　清末三元堂刻本　一百六十册

110000－0144－0013563　858.4/100
二十四孝鼓詞　(清)□□撰　清咸豐十年(1860)青州府文德友刻字處刻本　一册

110000－0144－0013564　858.4/121
新編玉鴛鴦全傳三十六回　(清)□□撰　清末抄本　四册

110000－0144－0013565　858.4/125.3
錦繡青雲路　(清)□□撰　清光緒二十一年(1895)刻本　一册

110000－0144－0013566　858.4/130
新刻天門陣四卷　(清)□□撰　清光緒三十二年(1906)上海章福記書局石印本　一册

110000－0144－0013567　858.4/136
連理枝子弟書　(清)□□撰　清末抄本　一册

110000－0144－0013568　858.4/161
繪圖巧奇緣全傳十卷　(清)□□撰　清光緒三十二年(1906)上海書局石印本　六册

110000－0144－0013569　858.4/196
賣油郎獨占花魁子弟書一卷　(清)□□撰　清末抄本　一册

110000－0144－0013570　858.4/232－2
新編韓湘子九度文公道情全本三卷　(清)□□撰　清嘉慶二十一年(1816)漢口三元堂刻本　一册

110000－0144－0013571　858.4/299
損人報八卷　(清)□□撰　清文光堂刻本　一册

110000－0144－0013572　858.4/467
新刊昇仙定唐傳説唱鼓詞野史十二卷　(清)□□撰　清末文苑堂刻本　四册

110000－0144－0013573　858.4/517.3
英雄譜全傳三十六回　(清)□□撰　清末抄本　三十六册

110000－0144－0013574　858.4/532
再生緣全傳二十卷　(清)陳端生撰　(清)侯芝改訂　清末刻本　二十册

110000－0144－0013575　858.4/679
離魂子弟書　(清)□□撰　清末抄本　一册

110000－0144－0013576　858.4/699
繡像宋史奇書十二卷六十六回　(清)寄鷗室主人撰　清光緒三十二年(1906)上海書局石印本　六冊

110000－0144－0013577　858.4/701.3
寧五關一卷　(清)□□撰　清末抄本　一冊

110000－0144－0013578　858.4/723
新鐫韓祖成仙寶傳三十四回　(清)□□撰　清光緒三十年(1904)京都斌魁齋刻字鋪刻本　一冊

110000－0144－0013579　858.4/858
紅葉題詩一卷　(清)□□撰　清末抄本　一冊

110000－0144－0013580　858.4/888
新刻古本劉成美忠節全傳二十五卷　(清)□□撰　清道光二十二年(1842)友于堂刻本　十二冊

110000－0144－0013581　858.4/894
新刻繡像劉公案全傳四卷八十八回　(清)□□撰　清光緒三十四年(1908)上海章福記石印本　一冊

110000－0144－0013582　858.4/908
再生緣全傳二十卷　(清)陳端生撰　(清)侯芝改訂　清同治十年(1871)右經堂刻本　二十冊

110000－0144－0013583　858.4/937
鍾無艷娘娘全本初集至六集六十四卷　(清)守拙主人訂　清末廣州五桂堂刻本　六冊　存三集二十卷(三集五卷、四集十卷、五集五卷)

110000－0144－0013584　858.4/937
鍾無艷娘娘全本初集至六集六十四卷　(清)守拙主人訂　清末廣州五桂堂刻本　六冊

110000－0144－0013585　858.4/987.8
繡像金牌調四卷　(清)□□撰　清光緒上海章福記書局石印本　一冊

110000－0144－0013586　858.5/100
三世姻緣寶卷一卷　(清)□□撰　清光緒二十六年(1900)江蘇瑪瑙經房刻本　一冊

110000－0144－0013587　858.5/100.2－02
三世修道黃氏寶卷一卷　(清)□□撰　清光緒五年(1879)杭州瑪瑙經房刻本　一冊

110000－0144－0013588　858.5/100.2－03
三世修行黃氏寶卷二卷　(清)□□撰　清末倪秀章刻本　一冊

110000－0144－0013589　858.5/100.4
三茅真君宣化度世寶卷二卷　(清)□□撰　清光緒三十三年(1907)李登鰲刻本　一冊

110000－0144－0013590　858.5/100.4
三茅真君宣化度世寶卷二卷　(清)□□撰　清光緒三十三年(1907)李登鰲刻本　一冊

110000－0144－0013591　858.5/100.6
新出三世救母目蓮記十卷　(□)□□撰　清光緒三十三年(1907)殷裕記書莊石印本　一冊

110000－0144－0013592　858.5/100.7
三寶證盟寶卷一卷　(清)□□撰　清光緒十六年(1890)常州金太太刻本　一冊

110000－0144－0013593　858.5/108
祖師陳善寶卷全集　(清)□□撰　清光緒十四年(1888)杭州瑪瑙經房刻本　一冊

110000－0144－0013594　858.5/154
玉燕寶卷不分卷　(清)□□撰　清末抄本　二冊

110000－0144－0013595　858.5/154.097
玉陽濟錬孤魂九幽十類科　(□)□□撰　清末抄本　二冊

110000－0144－0013596　858.5/154－17
佛説放河燈見兒娶媳婦認女寶卷一卷　(清)□□撰　清末同興堂抄本　一冊

110000－0144－0013597　858.5/154－18
珠塔寶卷全集一卷　(清)□□撰　清蘇州瑪瑙經房刻本　四冊

110000－0144－0013598　858.5/154－2
佛説天地放赦玄関救苦真經三宗　(清)□□撰　清末抄本　一册

110000－0144－0013599　858.5/154－20
普陀觀音寶卷一卷　(清)□□撰　清光緒二十六年(1900)彭門徐氏刻本　二册

110000－0144－0013600　858.5/154－3
新刻輪迴寶傳全卷　(清)□□撰　清光緒十四年(1888)刻本　一册

110000－0144－0013601　858.5/154－4
太上神威伏魔護國翊運忠義真經一卷　(清)□□撰　清同治九年(1870)刻本　一册

110000－0144－0013602　858.5/154－447
現世寶卷二卷　(清)□□撰　清光緒五年(1879)杭州瑪瑙經房刻本　一册

110000－0144－0013603　858.5/154－576
新鐫三世化生寶卷二卷　(清)□□撰　清光緒五年(1879)江蘇鎮江寶善堂刻本　一册

110000－0144－0013604　858.5/154－810
閻羅寶卷一卷　(清)□□撰　清光緒十五年(1889)鎮江寶善堂刻本　一册

110000－0144－0013605　858.5/160
五祖黄梅寶卷二卷　(清)□□撰　清光緒元年(1875)刻本　一册

110000－0144－0013606　858.5/170－02
黄糠寶卷一卷　(清)□□撰　清光緒三十二年(1906)抄本　一册

110000－0144－0013607　858.5/180.6
十部布機一卷十付灶頭一卷　(清)□□撰　清光緒七年(1881)抄本　一册

110000－0144－0013608　858.5/190
明宗孝義達本寶卷二卷　(明)釋明空譯　清浙江金華府木活字印本　二册

110000－0144－0013609　858.5/206
達摩寶卷一卷　(清)□□撰　清光緒二十四年(1898)胡思真刻本　一册

110000－0144－0013610　858.5/206－02
達摩寶卷一卷　(清)□□撰　清同治二年(1863)東魯堂刻本　一册

110000－0144－0013611　858.5/295
杏花寶卷一卷　(清)□□撰　清光緒五年(1879)常郡樂善堂書局刻本　一册

110000－0144－0013612　858.5/301
指真寶卷　(清)□□撰　清光緒二十六年(1900)蘇城瑪瑠經房刻本　一册

110000－0144－0013613　858.5/301.7
指迷金箴一卷九層天文一卷　(清)□□撰　清宣統元年(1909)明善壇刻本　二册

110000－0144－0013614　858.5/302
白氏寶卷二卷　(清)風月主人撰　清宣統元年(1909)杭州刻本　二册

110000－0144－0013615　858.5/313
張十三娘賣花寶卷全集一卷　(□)□□撰　清光緒十年(1884)明臺經房刻本　一册

110000－0144－0013616　858.5/317
紅羅寶卷一卷　(清)□□撰　清光緒三十年(1904)陸近賢抄本　一册

110000－0144－0013617　858.5/333
雪山寶卷全集一卷　(清)□□撰　清光緒二年(1876)浙江瑪瑙明臺經房刻本　一册

110000－0144－0013618　858.5/333.2
雪梅卷二卷　(清)□□撰　清末杭州景文齋刻本　二册

110000－0144－0013619　858.5/355－02
太華山紫金嶺兩世修行劉香寶卷全集二卷　(清)□□撰　清瑪瑙經房刻本　四册

110000－0144－0013620　858.5/355－04
太華山紫金鎮兩世修行劉香寶卷二卷　(清)□□撰　清光緒二十九年(1903)常郡樂善堂刻本　二册

110000－0144－0013621　858.5/409
七真天仙傳不分卷　(清)□□撰　清宣統三年(1911)養真仙苑刻本　四册

110000－0144－0013622　858.5/409

七真天仙傳不分卷　(清)□□撰　清宣統三年(1911)養真仙苑刻本　四冊

110000－0144－0013623　858.5/449

呂祖師度何仙姑因果卷二卷　(清)□□撰　清宣統三年(1911)蔣正貴刻本　一冊

110000－0144－0013624　858.5/454.4

忠孝寶卷　(清)□□撰　清末抄本　一冊

110000－0144－0013625　858.5/457

重刻闢邪歸正消炎延壽立願寶卷　(□)□□撰　清同治十年(1871)上海益化堂刻本　一冊

110000－0144－0013626　858.5/475

目蓮三世寶卷二卷　(清)□□撰　清宣統元年(1909)蘇城瑪瑙經房刻本　一冊

110000－0144－0013627　858.5/475.4

目蓮救母幽冥寶傳一卷　(清)□□撰　清光緒二十五年(1899)胡思真刻本　一冊

110000－0144－0013628　858.5/475.4

目蓮救母幽冥寶傳一卷　(清)□□撰　清光緒二十五年(1899)胡思真刻本　一冊

110000－0144－0013629　858.5/475.42

目蓮卷全集一卷　(清)□□撰　清光緒三年(1877)杭州瑪瑙寺經房刻本　一冊

110000－0144－0013630　858.5/475－02

目蓮寶卷三卷　(清)□□撰　清末刻本　一冊

110000－0144－0013631　858.5/476

鸚哥寶卷一卷　(清)□□撰　清光緒七年(1881)江蘇鎮江寶善堂刻本　一冊

110000－0144－0013632　858.5/477

財神寶卷一卷　(清)□□撰　清光緒十三年(1887)禹椿抄本　一冊

110000－0144－0013633　858.5/477－06

財神寶卷前集一卷　(清)□□撰　清同治十二年(1873)沈天祥抄本　一冊

110000－0144－0013634　858.5/481

江南松江府華亭縣白沙郇孝修回郎寶卷一卷　(清)□□撰　清光緒十九年(1893)瑪瑙經房刻本　一冊

110000－0144－0013635　858.5/481.4

圓明十報恩三卷　(清)□□撰　清同治六年(1867)于兆爵刻本　二冊

110000－0144－0013636　858.5/481.6

回文寶傳一卷　(清)錢果順撰　清光緒二十五年(1899)刻本　一冊

110000－0144－0013637　858.5/481－02

江南松江府華亭縣白沙郇孝修回郎寶卷一卷　(清)□□撰　清光緒三年(1877)瑪瑙經房刻本　一冊

110000－0144－0013638　858.5/517

觀音濟度本原真經二卷　(清)□□撰　清末金德慧刻本　二冊

110000－0144－0013639　858.5/517.4

勸世寶卷一卷　(清)□□撰　清光緒二十五年(1899)邵慶慧空經房刻本　一冊

110000－0144－0013640　858.5/517.4

勸世寶卷一卷　(清)□□撰　清光緒二十五年(1899)邵慶慧空經房刻本　一冊

110000－0144－0013641　858.5/517.6

十二圓覺不分卷　(清)□□撰　清宣統元年(1909)上海翼化堂刻本　二冊

110000－0144－0013642　858.5/527.4

護國佑民伏魔寶卷二卷　(清)□□撰　清光緒十八年(1892)杭州瑪瑙經房刻本　二冊

110000－0144－0013643　858.5/527－02

麻姑菩薩寶傳一卷　(清)□□撰　清宣統三年(1911)李正旺刻本　一冊

110000－0144－0013644　858.5/658－02

龍燈傳一卷　(清)□□撰　清光緒十三年(1887)抄本　一冊

110000－0144－0013645　858.5/672

龐公寶卷一卷　(清)□□撰　清光緒二十九

年(1903)江東崇壽經房抄本　一册

110000－0144－0013646　858.5/682
惜谷免災寶卷一卷　(清)□□撰　清光緒十三年(1887)蘇城元妙觀内得見齋刻本　一册

110000－0144－0013647　858.5/682.8
懷胎寶卷一卷　(清)□□撰　清光緒三十四年(1908)石印本　一册

110000－0144－0013648　858.5/682－02
惜谷免災寶卷　(清)□□撰　清光緒十五年(1889)金陵一得壘善書坊刻本　一册

110000－0144－0013649　858.5/699
財神寶卷一卷家堂寶卷一卷六神寶卷一卷灶介寶卷一卷　(清)□□撰　清末抄本　一册

110000－0144－0013650　858.5/699.71
家堂寶卷一卷　(清)□□撰　清光緒十六年(1890)抄本　一册

110000－0144－0013651　858.5/699－02
家堂寶卷一卷灶皇寶卷一卷　(清)□□撰　清光緒二十六年(1900)陸近賢抄本　一册

110000－0144－0013652　858.5/705.4－02
竈王真經一卷　(清)□□撰　清宣統三年(1911)禹邑城西南學古張莊崇聖壇刻本　一册

110000－0144－0013653　858.5/705.8
灶皇寶卷　(清)□□撰　清同治二年(1863)抄本　一册

110000－0144－0013654　858.5/705.8－04
竈皇寶卷一卷　(清)□□撰　清末抄本　一册

110000－0144－0013655　858.5/716
清源二卷　(清)□□撰　清光緒十六年(1890)杭州瑪瑙經房刻本　一册

110000－0144－0013656　858.5/716－02
清源寶卷二卷　(清)□□撰　清光緒三十年(1904)杭州瑪瑙經房刻本　二册

110000－0144－0013657　858.5/717
河南開封府花枷良愿龍圖寶卷全集二卷　(清)□□撰　清光緒西湖昭慶寺慧空經房刻本　一册

110000－0144－0013658　858.5/717
河南開封府花枷良愿龍圖寶卷全集二卷　(清)□□撰　清光緒西湖昭慶寺慧空經房刻本　二册

110000－0144－0013659　858.5/719.3
江南松江府上海縣太平郇蘭英寶卷二卷　(清)□□撰　清末刻本　二册

110000－0144－0013660　858.5/720
蓮宗赴會龍華寶卷　(清)□□撰　清刻本　一册

110000－0144－0013661　858.5/722－02
湛然寶卷一卷　(清)□□撰　清光緒二年(1876)周春發刻本　二册

110000－0144－0013662　858.5/724.7－03
浙江嘉興府秀水縣刺心寶卷二卷　(清)□□撰　清光緒五年(1879)杭州瑪瑙寺經房刻本　一册

110000－0144－0013663　858.5/724.77
浙江杭州府錢塘縣雷峯寶卷二卷　(清)□□撰　清光緒十三年(1887)杭州景文齋刻本　二册

110000－0144－0013664　858.5/724.78
浙江溫州府平陽縣白梅村七世修行玉英寶卷一卷　(清)□□撰　清光緒三年(1877)瑪瑙南房刻本　一册

110000－0144－0013665　858.5/724.78
浙江溫州府平陽縣白梅村七世修行玉英寶卷一卷　(清)□□撰　清光緒三年(1877)瑪瑙南房刻本　一册

110000－0144－0013666　858.5/732
梁皇寶卷全集　(清)□□撰　清光緒十四年(1888)昭慶寺慧空經房刻本　一册

110000－0144－0013667　858.5/739
消災延壽閻王卷一卷　(清)□□撰　清末樹

德堂刻本　一册

110000－0144－0013668　858.5/754
潘公免災救難寶卷二卷　（清）□□撰　清咸豐九年（1859）邱文英堂書坊刻本　一册

110000－0144－0013669　858.5/760－4－02
重刻觀世音菩薩本行經簡集二卷　（□）□□撰　清光緒十二年（1886）錫山大有堂刻本　二册

110000－0144－0013670　858.5/760－4－03
重刻觀世音菩薩本行經簡集二卷　（□）□□撰　清同治七年（1868）杭州昭慶慧空經房、翁雪亭善書局刻本　一册

110000－0144－0013671　858.5/808
繡像秀英寶卷一卷　（清）□□撰　清宣統三年（1911）文益書局石印本　一册

110000－0144－0013672　858.5/857
結緣一卷　（清）□□撰　清宣統三年（1911）森達抄本　一册

110000－0144－0013673　858.5/858
純陽祖師説三世因果寶卷　（清）□□撰　清光緒元年（1875）杭州邵慶寺經房刻本　一册

110000－0144－0013674　858.5/866
烏窠禪師度白侍郎一卷　（清）□□撰　清光緒十一年（1885）步雲閣刻本　一册

110000－0144－0013675　858.5/870
皇极九蓮儒童臨凡寶卷二卷　（清）□□撰　清末刻本　二册

110000－0144－0013676　858.5/877－03
眾喜粗言五卷　（清）□□撰　清光緒六年（1880）瑪瑙寺經房刻本　五册

110000－0144－0013677　858.5/916.4－02
香蝶寶卷一卷　（清）□□撰　清光緒十六年（1890）青雲書屋抄本　一册

110000－0144－0013678　858.5/916.8
重刻修真因果全傳二卷　（□）□□撰　清光緒二十年（1894）福興堂刻本　二册

110000－0144－0013679　858.5/916.8－02
重刻修真全傳二卷　（□）□□撰　清末刻本　一册

110000－0144－0013680　858.5/922
延壽寶卷　（清）□□撰　清咸豐十年（1860）抄本　一册

110000－0144－0013681　858.5/922－03
延壽寶卷　（清）□□撰　清光緒三十三年（1907）葉猷琛抄本　一册

110000－0144－0013682　858.5/922－04
延壽寶卷　（清）□□撰　清末抄本　一册

110000－0144－0013683　858.5/941
悉達太子寶卷全集　（□）□□撰　清末刻本　一册

110000－0144－0013684　858.5/992
希奇寶卷一卷　（清）□□撰　清同治五年（1866）得見齋刻本　一册

110000－0144－0013685　858.5/993
妙英寶卷一卷　（清）□□撰　清光緒三年（1877）姑蘇元妙觀内得見齋刻本　一册

110000－0144－0013686　858.5/993.9
如如老祖化度衆生指往西方寶卷全集　（清）□□撰　清光緒瑪瑙寺經房刻本　一册

110000－0144－0013687　858.5/993－03
妙英寶卷二卷　（清）□□撰　清光緒十年（1884）寧郡大西山房刻本　一册

110000－0144－0013688　858.5/993－05
妙英寶卷一卷　（清）□□撰　清光緒十二年（1886）朱振庭抄本　一册

110000－0144－0013689　858.5/994
姚秦三藏西天取清解論一卷　（□）□□撰　清抄本　一册

110000－0144－0013690　858.5/998
真修寶卷一卷　（清）□□撰　清道光十二年（1832）刻本　一册

110000－0144－0013691　858.5/998－02

真修寶卷一卷　(清)□□撰　清同治九年(1870)上海翼化堂刻本　一冊

110000－0144－0013692　858.5/998－03
真修寶卷一卷　(清)□□撰　清同治九年(1870)常郡育嬰堂刻本　一冊

110000－0144－0013693　858.59/243
重訂杜十娘沉八寶箱全本三卷　(清)□□輯　清末廣州醉經堂鉛印本　一冊

110000－0144－0013694　858.6/100－11
接續三下南唐全本四卷　(清)□□撰　清末廣州五桂堂刻本　一冊

110000－0144－0013695　858.6/100－12
新刻四下南唐尾花解語全本四卷　(清)□□撰　清末廣州五桂堂刻本　一冊

110000－0144－0013696　858.6/121
新刻玉葵寶扇四卷　(清)□□撰　清末廣州成文堂刻本　一冊

110000－0144－0013697　858.6/121.1
新選玉簫琴全本初集四卷　(清)□□撰　清末廣州芹香閣刻本　一冊

110000－0144－0013698　858.6/159－02
正粵謳一卷　(清)迷香子輯　清同治九年(1870)丹桂堂刻本　一冊

110000－0144－0013699　858.6/160
新選全本五虎平西四卷　(清)□□撰　清光緒二十七年(1901)佛山芹香閣刻本　一冊

110000－0144－0013700　858.6/160－1
新選全本五虎平西二集四卷　(清)□□撰　清光緒二十七年(1901)佛山芹香閣刻本　一冊

110000－0144－0013701　858.6/160－11
新選全本五虎平南三集四卷　(清)□□撰　清末廣州丹桂堂刻本　一冊

110000－0144－0013702　858.6/160－12
新選全本五虎平南四集四卷　(清)□□撰　清末廣州丹桂堂刻本　一冊

110000－0144－0013703　858.6/160－524
新選全本五虎平西五集二十卷　(清)閒情居士訂　清末佛山脩竹齋刻本　五冊

110000－0144－0013704　858.6/301
新刻正字拗碎靈芝四卷新刻正字金絲蛺蝶全本五卷續金絲蝴蝶全本五卷　(清)□□撰　清末粵東五桂堂刻本　七冊

110000－0144－0013705　858.6/301
新續金絲蛺蝶全本五卷新選金絲蛺蝶全本五卷　(清)□□撰　清末佛山文光樓刻本　七冊

110000－0144－0013706　858.6/322
改良活板正粵謳唱本一卷　(清)□□撰　清末刻本　一冊

110000－0144－0013707　858.6/354.7
新刻大宋鴛鴦壺初集四卷　(清)□□撰　清末萃英樓刻本　一冊

110000－0144－0013708　858.6/407－2
新刻陰陽寶扇一卷　(清)□□撰　清末佛山近文堂刻本　十四冊

110000－0144－0013709　858.6/454
新刻忠孝節義寶韜記全本六卷　(清)□□撰　清末廣州醉經堂刻本　一冊

110000－0144－0013710　858.6/456－3
新刻五色神旗全本初集四卷二集四卷三集四卷四集四卷　(清)□□撰　清末廣州丹桂堂刻本　四冊

110000－0144－0013711　858.6/458
新選初集五色神旗全本四卷　(清)□□撰　清末廣州丹桂堂刻本　一冊

110000－0144－0013712　858.6/458－1
新選二集五色神旗全本四卷　(清)□□撰　清末廣州丹桂堂刻本　一冊

110000－0144－0013713　858.6/458－4
新選全本慈雲走國四卷　(清)□□撰　清末佛山會元樓刻本　五冊

110000－0144－0013714　858.6/461

訂輯新編日邊洪杏全本六卷 (清)□□撰 清末廣州以文堂刻本 一冊

110000－0144－0013715 858.6/461
訂輯新編日邊洪杏全本六卷 (清)□□撰 清末廣州以文堂刻本 一冊

110000－0144－0013716 858.6/501
新刻紫竹林中記二卷 (清)□□撰 清末廣州醉經堂刻本 一冊

110000－0144－0013717 858.6/718－02
新選潛龍走國全本四卷 (清)□□撰 清末丹柱堂刻本 一冊

110000－0144－0013718 858.6/723.7－1
八寶金鍾八卷 (清)□□撰 清末潮州李萬利刻本 二冊

110000－0144－0013719 858.6/761
粉糕樓十二卷 (清)□□撰 清末丹柱堂刻本 三冊

110000－0144－0013720 858.6/808
再粵謳不分卷 (清)香迷子輯 清光緒三十二年(1906)廣州成文堂刻本 一冊

110000－0144－0013721 858.6/808－02
再粵謳不分卷 (清)香迷子輯 清光緒三十年(1904)佛山占經樓刻本 一冊

110000－0144－0013722 858.6/808－03
再粵謳不分卷 (清)香迷子輯 清末廣州守經堂刻本 一冊

110000－0144－0013723 858.6/844.4
新選第五才子玉簪記四卷 (清)□□撰 清末刻本 四冊

110000－0144－0013724 858.6/987－11
二續金刀記鳳尾駁龍须全本四卷 (清)□□撰 清萃英樓刻本 四冊

110000－0144－0013725 858.6/987－12
四續金刀記木桂英出陣全本四卷 (清)□□撰 清萃英樓刻本 四冊

110000－0144－0013726 858.6/987－13
新刻五續金刀記大破南天陣全本四卷 (清)□□撰 清末萃英樓刻本 四冊

110000－0144－0013727 858.6/987－14
新刻六續金刀記鸞風全本四卷 (清)□□撰 清末萃英樓刻本 四冊

110000－0144－0013728 858.6/987－15
新刻大宋七續金刀記文斗出身全本四卷 (清)□□撰 清末萃英樓刻本 四冊

110000－0144－0013729 858.61/808
繡像金蓮帕四卷續四卷 (清)□□撰 清光緒三十四年(1908)上海書局石印本 八冊

110000－0144－0013730 858.689/598
小姐送郎等曲本 (清)□□撰 清光緒二年(1876)年抄本 一冊

110000－0144－0013731 858.8/675
最新醒世歌謠一卷 (清)痛國遺民編 清光緒三十二年(1906)上海群益書局鉛印本 一冊

110000－0144－0013732 858.89/682
奇言可笑錄二卷 (清)悟癡生輯 (清)陳旭旦評 清光緒十一年(1885)明州天籟軒刻本 二冊

110000－0144－0013733 858.9/114
吴下諺聯四卷 (清)王有光輯 清同治十二年(1873)刻本 四冊

110000－0144－0013734 858.9/247－808
古謠諺選一卷 (清)杜文瀾輯 (清)季綸全選 清光緒二十六年(1900)江陰季氏栩園刻本 一冊

110000－0144－0013735 858.9/271
古今諺一卷 (明)楊慎輯 清刻本 一冊

110000－0144－0013736 871.3/910－261
伊索寓言 林紓等譯 清光緒二十九年(1903)上海商務印書館鉛印本 一冊

110000－0144－0013737 873.57/179.27
黑奴籲天錄四卷 (美國)斯土活撰 清光緒二十七年(1901)武林魏氏刻本 四冊

110000－0144－0013738　873.57/179.27－02
黑奴籲天錄四卷　(美國)斯土活撰　清光緒三十年(1904)文明書局刻本　四册

110000－0144－0013739　873.57/577
花中賊　(清)□□撰　清宣統元年(1909)上海集成圖書公司鉛印本　一册

110000－0144－0013740　873.57/668.7
尼羅河同舟記事　(英國)康安道撰　清光緒三十四年(1908)大公報館鉛印本　一册

110000－0144－0013741　873.57/853－981
長生術　(英國)解佳撰　(清)曾廣銓譯　清光緒二十五年(1899)昌言報館鉛印本　一册

110000－0144－0013742　873.57/912
偶像奇聞不分卷　(清)□□撰　清宣統元年(1909)時事報館石印本　六册

110000－0144－0013743　874.57/679
離魂病　披發生譯述　清光緒二十九年(1903)上海廣智書局鉛印本　一册

110000－0144－0013744　879.57/516.1－02
曇花夢一卷　(俄國)薩拉斯苛夫撰　上海商務印書館編譯所譯述　清光緒三十一年(1905)上海商務印書館鉛印本　一册

110000－0144－0013745　901.4/341
歷史哲學　(美國)威爾遜撰　羅伯雅譯　清光緒二十九年(1903)上海廣智書局鉛印本　二册

110000－0144－0013746　901/655－02
文史通義八卷校讐通義三卷　(清)章學誠撰　清光緒二十五年(1899)三味堂刻本　八册

110000－0144－0013747　901/655－04
文史通義八卷　(清)章學誠撰　清道光十三年(1833)章華紱刻光緒浙江書局補刻本　四册

110000－0144－0013748　901/655－04
文史通義八卷　(清)章學誠撰　清道光十三年(1833)章華紱刻光緒浙江書局補刻本　五册

110000－0144－0013749　901/655－04
文史通義八卷　(清)章學誠撰　清道光十三年(1833)章華紱刻光緒浙江書局補刻本　五册

110000－0144－0013750　901/655－06
文史通義八卷　(清)章學誠撰　清光緒三年(1877)刻本　五册

110000－0144－0013751　901/755－6
新史學不分卷　(日本)浮田和民撰　清光緒二十九年(1903)上海文明書局鉛印本　二册

110000－0144－0013752　901/893－294
史通二十卷　(唐)劉知幾撰　(明)李維楨評　清錢塘金炳壎刻本　八册

110000－0144－0013753　901/893－294
史通二十卷　(唐)劉知幾撰　(明)李維楨評　清錢塘金炳壎刻本　八册

110000－0144－0013754　901/893－718
史通通釋二十卷　(唐)劉知幾撰　(清)浦起龍釋　清乾隆十七年(1752)梁溪浦氏求放心齋刻本　十册

110000－0144－0013755　901/893－718－03
史通通釋二十卷　(唐)劉知幾撰　(清)浦起龍釋　清末上海文瑞樓石印本　八册

110000－0144－0013756　901/893－718－03
史通通釋二十卷　(唐)劉知幾撰　(清)浦起龍釋　清末上海文瑞樓石印本　八册

110000－0144－0013757　901/893－718－03
史通通釋二十卷　(唐)劉知幾撰　(清)浦起龍釋　清末上海文瑞樓石印本　八册

110000－0144－0013758　901/893－718－03
史通通釋二十卷　(唐)劉知幾撰　(清)浦起龍釋　清末上海文瑞樓石印本　八册

110000－0144－0013759　901/893－718－04
史通通釋二十卷　(唐)劉知幾撰　(清)浦起龍釋　清光緒翰墨園刻本　四册

110000－0144－0013760　901/893－718－04
史通通釋二十卷　(唐)劉知幾撰　(清)浦起

龍釋　清光緒翰墨園刻本　六册

110000－0144－0013761　901/893－718－04
史通通釋二十卷　(唐)劉知幾撰　(清)浦起龍釋　清光緒翰墨園刻本　四册

110000－0144－0013762　901/893－718－04
史通通釋二十卷　(唐)劉知幾撰　(清)浦起龍釋　清光緒翰墨園刻本　四册

110000－0144－0013763　901/893－718－04
史通通釋二十卷　(唐)劉知幾撰　(清)浦起龍釋　清光緒翰墨園刻本　四册

110000－0144－0013764　901/893－718－07
史通通釋二十卷　(唐)劉知幾撰　(清)浦起龍釋　清光緒二十五年(1899)上海通時書局石印本　八册

110000－0144－0013765　901/893－718－07
史通通釋二十卷　(唐)劉知幾撰　(清)浦起龍釋　清光緒二十五年(1899)上海通時書局石印本　八册

110000－0144－0013766　901/893－718－08
史通通釋二十卷　(唐)劉知幾撰　(清)浦起龍釋　清光緒二十年(1894)上海積山書局石印本　八册

110000－0144－0013767　901/893－718－09
史通通釋二十卷附錄一卷　(唐)劉知幾撰　(清)浦起龍釋　清光緒二十五年(1899)上海寶文書局石印本　八册

110000－0144－0013768　901/893－859
史通削繁四卷　(清)紀昀撰　清末翰墨園刻朱墨套印本　四册

110000－0144－0013769　901/893－859
史通削繁四卷　(清)紀昀撰　清末翰墨園刻朱墨套印本　四册

110000－0144－0013770　901/893－859
史通削繁四卷　(清)紀昀撰　清末翰墨園刻朱墨套印本　四册

110000－0144－0013771　901/893－859
史通削繁四卷　(清)紀昀撰　清末翰墨園刻朱墨套印本　四册

110000－0144－0013772　901/893－859－02
史通削繁四卷　(清)紀昀撰　清光緒元年(1875)湖北崇文書局刻本　四册

110000－0144－0013773　901/893－859－02
史通削繁四卷　(清)紀昀撰　清光緒元年(1875)湖北崇文書局刻本　四册

110000－0144－0013774　901/893－859－05
史通削繁四卷　(清)紀昀撰　清道光十三年(1833)兩廣節署刻朱墨套印本　八册

110000－0144－0013775　901/893－859－05
史通削繁四卷　(清)紀昀撰　清道光十三年(1833)兩廣節署刻朱墨套印本　八册

110000－0144－0013776　901/893－859－08
史通削繁四卷　(清)紀昀撰　清光緒二十一年(1895)寶善書局石印本　四册

110000－0144－0013777　902/261
四裔編年表四卷　(美國)林樂知譯　(清)嚴良勳　(清)李鳳苞譯　清末江南製造總局刻本　四册

110000－0144－0013778　902/261
四裔編年表四卷　(美國)林樂知譯　(清)嚴良勳　(清)李鳳苞譯　清末江南製造總局刻本　四册

110000－0144－0013779　902/261
四裔編年表四卷　(美國)林樂知譯　(清)嚴良勳　(清)李鳳苞譯　清末江南製造總局刻本　二册

110000－0144－0013780　902/261－02
四裔編年表四卷　(美國)林樂知編　(清)嚴良勳　(清)李鳳苞譯　清光緒二十三年(1897)石印本　四册

110000－0144－0013781　902/583
世界大事年表　(清)出洋學生編輯所編著　清光緒二十八年(1902)上海普通學書室鉛印本　一册

110000－0144－0013782　903.9/165

西輶日記四卷　(清)黄楙材撰　清光緒二十三年(1897)成都志古堂刻本　四冊

110000－0144－0013783　909.9/117
通鑑地理通釋十四卷　(元)王應麟撰　清光緒十年(1884)成都志古堂刻本　六冊

110000－0144－0013784　909.9/437
資治通鑑地理今釋十六卷　(清)吴熙載撰　清光緒八年(1882)江蘇書局刻本　三冊

110000－0144－0013785　909.9/437
資治通鑑地理今釋十六卷　(清)吴熙載撰　清光緒八年(1882)江蘇書局刻本　三冊

110000－0144－0013786　909/150
地理學　清光緒編譯處刻本　一冊

110000－0144－0013787　910.8/337
歷史叢書　(日本)松平康國撰　清光緒二十八年至二十九年(1902－1903)上海商務印書館鉛印本　十五冊

110000－0144－0013788　910.8/911
史學小叢書　養浩齋主人輯譯　清光緒鉛印本　三冊

110000－0144－0013789　910/158
西學考略二卷　(美國)丁韙良撰　清光緒九年(1883)同文館鉛印本　二冊

110000－0144－0013790　910/261
全地五大洲女俗通考十集　(美國)林樂知編輯　清光緒二十九年(1903)上海廣學會華美書局鉛印本　二十一冊

110000－0144－0013791　910/313
東莞縣初級師範學堂普通地理科講義不分卷　(清)□□撰　清光緒鉛印本　三冊

110000－0144－0013792　910/578
西學略述十卷　(英國)艾約瑟譯　清光緒三十二年(1906)總税務司刻本　一冊

110000－0144－0013793　910/842
萬國近政考略十六卷　(清)鄒弢輯　清光緒二十八年(1902)上海書局石印本　一冊

110000－0144－0013794　910/842－02
萬國近政考略十六卷　(清)鄒弢輯　清光緒二十二年(1896)三借廬刻本　四冊

110000－0144－0013795　911.08/548
學古齋金石叢書四集十二種　(清)董金南輯　清光緒會稽董氏刻本　二十四冊

110000－0144－0013796　911/130
萬國通史　(日本)天野為之撰　清光緒二十八年(1902)上海文明編譯書局鉛印本　二冊

110000－0144－0013797　911/132
五洲史略一卷　(英國)賴白奇撰　清光緒三十年(1904)上海廣學會鉛印本　一冊

110000－0144－0013798　911/483
萬國史記二十卷　(日本)岡本監輔撰　清光緒二十七年(1901)上海文淵山房石印本　八冊

110000－0144－0013799　911/483－02
萬國史記二十卷　(日本)岡本監輔撰　清光緒二十三年(1897)上海六先書局鉛印本　八冊

110000－0144－0013800　911/719
萬國歷史彙編一百卷　(清)江子雲等輯　清光緒二十九年(1903)上海官書局石印本　十六冊

110000－0144－0013801　911/719
萬國歷史彙編一百卷　(清)江子雲等輯　清光緒二十九年(1903)上海官書局石印本　十六冊

110000－0144－0013802　911/794
萬國通史　(英國)李思倫白約翰輯譯　清光緒三十一年(1905)上海廣學會鉛印本　三十冊

110000－0144－0013803　911/942
萬國史略六卷　(美國)彼德巴利撰　(清)陳壽彭譯　清光緒三十二年(1906)江楚編譯官書局石印本　四冊

110000－0144－0013804　912.4/283

世界近世史二卷 (日本)松平康國著 梁敢勳譯 清光緒二十九年(1903)上海廣智書局鉛印本 二册

110000－0144－0013805 912.4/283
世界近世史二卷 (日本)松平康國著 梁敢勳譯 清光緒二十九年(1903)上海廣智書局鉛印本 二册

110000－0144－0013806 912.4/287
列國變通興盛記四卷 (英國)李提摩太撰 清光緒二十四年(1898)上海廣學會鉛印本 一册

110000－0144－0013807 912.7/987
西國近事彙編一百四卷 (美國)金楷理 (清)蔡錫齡編 清光緒上海機器製造局鉛印本 九十册

110000－0144－0013808 912.8/383
寤言二卷 陳澹然撰 清光緒二十八年(1902)刻本 二册

110000－0144－0013809 913/293
中國宜廣新學以輔舊學説一卷 (美國)李佳白著 清光緒二十三年(1897)尚賢堂鉛印本 一册

110000－0144－0013810 916.02/491
外國地理問答 盧籍剛譯 清光緒二十八年(1902)上海廣智書局鉛印本 一册

110000－0144－0013811 916.037/296
地理教科書四卷 (清)王達編 清光緒三十二年(1906)江楚書局刻本 四册

110000－0144－0013812 916.04/244
瀛寰譯音異名記十二卷 (清)杜宗預編 清光緒三十年(1904)鄂城宜都楊氏刻本 六册

110000－0144－0013813 916.04/244
瀛寰譯音異名記十二卷 (清)杜宗預編 清光緒三十年(1904)鄂城宜都楊氏刻紅印本 六册

110000－0144－0013814 916.04/880
外國地名中英對照表 (清)學部 名詞館編訂 清鉛印本 一册

110000－0144－0013815 916/119
五洲地理志畧三十六卷 王先謙撰 清宣統二年(1910)湖南學務公所刻本 十二册

110000－0144－0013816 916/119
五洲地理志畧三十六卷 王先謙撰 清宣統二年(1910)湖南學務公所刻本 十二册

110000－0144－0013817 916/187
談瀛録六卷 (清)袁祖志撰 清光緒十七年(1891)同文書局石印本 二册

110000－0144－0013818 916/187－02
談瀛録六卷 (清)袁祖志撰 清光緒十年(1884)上海同文書局石印本 二册

110000－0144－0013819 916/187－02
談瀛録六卷 (清)袁祖志撰 清光緒十年(1884)上海同文書局石印本 二册

110000－0144－0013820 916/213
新刻萬國朝宗六卷首一卷 (清)戴作銘編輯 清光緒元年(1875)玉泉山房刻本 六册

110000－0144－0013821 916/261
埏紘外集二十五卷補遺一卷 (美國)林樂知譯 清光緒二十七年(1901)上海製造局刻本 八册

110000－0144－0013822 916/307
地球韻言四卷 (清)張士瀛撰 清光緒二十五年(1899)刻本 一册

110000－0144－0013823 916/307
地球韻言四卷 (清)張士瀛撰 清光緒二十五年(1899)刻本 二册

110000－0144－0013824 916/307.2
初等地理教科書三卷 (清)張相文輯 清光緒二十八年(1902)南洋公學師範院石印本 一册

110000－0144－0013825 916/307－02
地球韻言四卷 (清)張士瀛撰 清光緒二十四年(1898)鄂垣務急書館刻本 二册

110000－0144－0013826　916/307－03

地球韻言二卷　（清）張士瀛撰　清光緒三十一年（1905）上海鴻寶齋石印本　二册

110000－0144－0013827　916/375

海國輿地釋名十卷首一卷　（清）陳士芑撰　清光緒二十八年（1902）連道清芬堂刻本　八册

110000－0144－0013828　916/378

海國輿地釋名十卷首一卷　（清）陳士芑撰　清光緒二十八年（1902）連道清芬堂刻本　八册

110000－0144－0013829　916/385

萬國輿圖　（清）陳兆桐繪　清光緒十二年（1886）刻本　一册

110000－0144－0013830　916/424

中外地輿圖説集成一百三十卷首三卷　（清）同康廬主人編輯　清光緒二十年（1894）上海順成書局石印本　二十四册

110000－0144－0013831　916/453

世界地理志　（日本）中村五六編　（日本）頓野廣太郎　（日本）樋田保熙修補　清光緒三十一年（1905）上海金粟齋鉛印本　三册

110000－0144－0013832　916/453

世界地理志　（日本）中村五六編　（日本）頓野廣太郎　（日本）樋田保熙修補　清光緒三十一年（1905）上海金粟齋鉛印本　三册

110000－0144－0013833　916/453.8

中外時務經濟統宗十八卷　（清）□□編　清光緒二十七年（1901）上海漢讀樓石印本　十六册

110000－0144－0013834　916/511

五洲述略四卷　（清）蕭應椿撰　清光緒二十八年（1902）紫藤花館刻本　六册

110000－0144－0013835　916/515

萬國地理統紀　（日本）若原撰　馬汝賢　顧培基譯　清光緒二十八年（1902）勵學譯社鉛印本　一册

110000－0144－0013836　916/515

萬國地理統紀　（日本）若原撰　馬汝賢　顧培基譯　清光緒二十八年（1902）勵學譯社鉛印本　一册

110000－0144－0013837　916/520

地理全志　（英國）慕維廉撰　清光緒二十五年（1899）上海美華書館鉛印本　一册

110000－0144－0013838　916/624

萬國通鑑四卷地圖一卷　（美國）謝衛樓撰　清光緒八年（1882）刻本　六册

110000－0144－0013839　916/624

萬國通鑑四卷地圖一卷　（美國）謝衛樓撰　清光緒八年（1882）刻本　六册

110000－0144－0013840　916/624

萬國通鑑四卷地圖一卷　（美國）謝衛樓撰　清光緒八年（1882）刻本　六册

110000－0144－0013841　916/659

地輿圖考四卷　（清）古愚氏撰　清光緒九年（1883）蒲西益聞館鉛印本　四册

110000－0144－0013842　916/659

地輿圖考四卷　（清）古愚氏撰　清光緒九年（1883）蒲西益聞館鉛印本　四册

110000－0144－0013843　916/659－2

五洲圖考不分卷　（清）龔柴等撰　清光緒二十八年（1902）上海徐家匯印書館鉛印本　四册

110000－0144－0013844　916/805

海國圖志一百卷　（清）魏源撰　清同治七年（1868）郴州陳氏刻本　二十四册

110000－0144－0013845　916/805－02

海國圖志一百卷　（清）魏源撰　清同治六年（1867）郴州陳氏刻本　二十四册

110000－0144－0013846　916/805－03

海國圖志一百卷　（清）魏源撰　清光緒二年（1876）平慶經固道署刻本　二十四册

110000－0144－0013847　916/805－04

海國圖志六十卷　（清）魏源撰　清道光二十

九年(1849)揚州古微堂刻本　二十冊

110000－0144－0013848　916/880

各國地志　(清)學部編譯圖書局編　清光緒三十四年(1908)學部編譯圖書局印鉛印本　十五冊

110000－0144－0013849　916/880－1

地理志略　(清)學部編譯書局編　清光緒三十四年(1908)武昌刻本　二冊

110000－0144－0013850　916/905

地志須知一卷　(英國)傅蘭雅撰　清光緒八年(1882)刻本　一冊

110000－0144－0013851　916/905

地志須知一卷　(英國)傅蘭雅撰　清光緒八年(1882)刻本　一冊

110000－0144－0013852　916/954

瀛環志略十卷續集四卷末一卷補遺一卷　(清)徐繼畬撰　清光緒二十四年(1898)上海掃葉山房石印本　八冊

110000－0144－0013853　916/954

瀛環志略十卷續集四卷末一卷補遺一卷　(清)徐繼畬撰　清光緒二十四年(1898)上海掃葉山房石印本　四冊

110000－0144－0013854　916/954－02

瀛環志略十卷續集三卷　(清)徐繼畬撰　清光緒二十八年(1902)漢讀樓石印本　六冊

110000－0144－0013855　916/954－03

瀛環志略十卷　(清)徐繼畬撰　清同治五年(1866)總理衙門刻本　六冊

110000－0144－0013856　916/954－03

瀛環志略十卷　(清)徐繼畬撰　清同治五年(1866)總理衙門刻本　六冊

110000－0144－0013857　916/954－03

瀛環志略十卷　(清)徐繼畬撰　清同治五年(1866)總理衙門刻本　六冊

110000－0144－0013858　916/954－04

瀛環志略十卷　(清)徐繼畬撰　清道光二十八年(1848)福建撫署刻本　六冊

110000－0144－0013859　916/954－04

瀛環志略十卷　(清)徐繼畬撰　清道光二十八年(1848)福建撫署刻本　六冊

110000－0144－0013860　916/954－06

瀛環志略十卷　(清)徐繼畬撰　清同治十二年(1873)掞雲樓刻本　六冊

110000－0144－0013861　916/954－07

瀛環志略十卷　(清)徐繼畬撰　清道光三十年(1850)刻本　六冊

110000－0144－0013862　916/987.6

西被考略六卷　(清)金永森撰　清光緒二十九年(1903)武昌刻本　五冊

110000－0144－0013863　918.2/983

新譯海道圖說十五卷　(英國)金約翰輯　(清)王德均譯　清光緒二十二年(1896)上海書局石印本　八冊

110000－0144－0013864　918/372

時務撮要四卷　(清)鄧绎保輯　清光緒二十二年(1896)刻本　四冊

110000－0144－0013865　919.71/085

東遊紀略五卷　(英國)艾約瑟著　清末抄本　一冊

110000－0144－0013866　919/115

海客日譚六卷首一卷　(清)王芝撰　清光緒二年(1876)石城刻本　四冊

110000－0144－0013867　919/283

節相壯游日錄二卷　(清)桃谿漁隱　(清)惺新畲主輯　清光緒二十二年(1896)刻本　二冊

110000－0144－0013868　919/283－02

節相壯游日錄二卷　(清)桃谿漁隱　(清)惺新畲主輯　清光緒二十三年(1897)上海石印本　四冊

110000－0144－0013869　919/287

環遊地球新錄四卷　(清)李圭撰　清光緒三年(1877)刻本　四冊

110000－0144－0013870　919/314

八述奇二十卷 (清)張德彝撰 清光緒三十四年(1908)石印本 二十册

110000－0144－0013871 919/314
八述奇二十卷 (清)張德彝撰 清光緒三十四年(1908)石印本 二十册

110000－0144－0013872 919/314－4
四述奇十六卷 (清)張德彝撰 清光緒九年(1883)著易堂鉛印本 八册

110000－0144－0013873 919/377
環游日記一卷 (清)陳琪撰 清光緒三十一年(1905)湖南學務處鉛印本 一册

110000－0144－0013874 919/482
扶桑兩月記一卷 羅振玉撰 清光緒二十八年(1902)教育世界社石印本 一册

110000－0144－0013875 919/564
出洋瑣記一卷 (清)蔡鈞撰 清光緒十一年(1885)弢園王氏木活字印本 一册

110000－0144－0013876 919/665
星軺日記類編七十六卷 (清)席裕琨輯 清光緒二十八年(1902)麗澤學會石印本 十六册

110000－0144－0013877 919/677
乘槎筆記二卷 (清)斌椿撰 清光緒二十三年(1897)李氏鐵香室刻本 一册

110000－0144－0013878 919/677－02
乘槎筆記二卷 (清)斌椿撰 清光緒十一年(1885)掃葉山房刻本 二册

110000－0144－0013879 919/941
環瀛誌險 (奥地利)愛孫夢撰 清光緒三十二年(1906)上海商務印書館鉛印本 一册

110000－0144－0013880 920.8/313
蒙古學三種 (清)張穆等撰 清光緒二十六年(1900)上海掃葉山房石印本 五册

110000－0144－0013881 920.8/764
史學叢書 (清)□□輯 清光緒二十八年(1902)上海煥文書局石印本 三十二册

110000－0144－0013882 920.8/764
史學叢書 (清)□□輯 清光緒二十八年(1902)上海煥文書局石印本 三十二册

110000－0144－0013883 920.8/764－02
史學叢書四十二種 (清)□□輯 清光緒十九年(1893)有三長齋石印本 二十册

110000－0144－0013884 920.8/764－02
史學叢書四十二種 (清)□□輯 清光緒十九年(1893)有三長齋石印本 二十册

110000－0144－0013885 921.037/425
國史講本 (清)□□輯 清光緒浙江陸軍小學堂石印本 四册

110000－0144－0013886 921.11/303－2－010
二十四史 (清)□□輯 清光緒十八年(1892)武林竹簡齋石印本 一百八十七册

110000－0144－0013887 921.11/303－2－04
二十四史 (清)□□輯 清光緒四年(1878)金陵書局刻本 五百七十二册

110000－0144－0013888 921.11/303－2－05
二十四史 (清)□□輯 清光緒二十九年(1903)五洲同文局石印本 七百十一册

110000－0144－0013889 921.11/303－2－07
二十四史 (清)□□輯 清光緒十八年(1892)武林竹簡齋石印本 二百册

110000－0144－0013890 921.12/695
世本二卷考證一卷 (漢)宋衷注 (清)雷學淇輯並撰考證 清刻本 一册

110000－0144－0013891 921.13/303－010
史記一百三十卷 (漢)司馬遷撰 (南朝宋)裴駰集解 (唐)司馬貞索隱 (唐)張守節正義 清光緒四年(1878)金陵書局刻本 十六册

110000－0144－0013892 921.13/303－010
史記一百三十卷 (漢)司馬遷撰 (南朝宋)裴駰集解 (唐)司馬貞索隱 (唐)張守節正義 清光緒四年(1878)金陵書局刻本 十六册

110000－0144－0013893　921.13/303－010
史記一百三十卷　(漢)司馬遷撰　(南朝宋)裴駰集解　(唐)司馬貞索隱　(唐)張守節正義　清光緒四年(1878)金陵書局刻本　十册

110000－0144－0013894　921.13/303－014
史記一百三十卷　(漢)司馬遷撰　(南朝宋)裴駰集解　(唐)司馬貞索隱　(唐)張守節正義　清同治九年(1870)湖北崇文書局刻本　二十四册

110000－0144－0013895　921.13/303－015
史記一百三十卷　(漢)司馬遷撰　(明)歸有光　(清)方苞評點　清光緒二年(1876)武昌張氏刻本　二十册

110000－0144－0013896　921.13/303－02
史記一百三十卷　(漢)司馬遷撰　(南朝宋)裴駰集解　(唐)司馬貞索隱　(唐)張守節正義　清光緒三十四年(1908)上海圖書集成公司鉛印本　十六册

110000－0144－0013897　921.13/303－033
史記一百三十卷　(漢)司馬遷撰　(南朝宋)裴駰集解　清同治五年至九年(1866－1870)金陵書局刻本　二十册

110000－0144－0013898　921.13/303－033
史記一百三十卷　(漢)司馬遷撰　(南朝宋)裴駰集解　清同治五年至九年(1866－1870)金陵書局刻本　二十册

110000－0144－0013899　921.13/303－034
史記一百三十卷　(漢)司馬遷撰　(南朝宋)裴駰集解　清光緒十年(1884)上海同文書局石印本　二十六册

110000－0144－0013900　921.13/303－035
史記一百三十卷　(漢)司馬遷撰　(南朝宋)裴駰集解　清光緒十四年(1888)上海蜚英館石印本　十二册

110000－0144－0013901　921.13/303－036
史記一百三十卷　(漢)司馬遷撰　(南朝宋)裴駰集解　清光緒十四年(1888)上海圖書集成印書局鉛印本　十六册

110000－0144－0013902　921.13/303－04
史記一百三十卷　(漢)司馬遷撰　(南朝宋)裴駰集解　(唐)司馬貞索隱　(唐)張守節正義　清光緒二十九年(1903)五洲同文局石印本　二十六册

110000－0144－0013903　921.13/303－04
史記一百三十卷　(漢)司馬遷撰　(南朝宋)裴駰集解　(唐)司馬貞索隱　(唐)張守節正義　清光緒二十九年(1903)五洲同文局石印本　二十三册

110000－0144－0013904　921.13/303－112
史記正僞一卷秦楚之際月表一卷楚漢諸侯疆域志史表一卷功比説一卷　(清)王元啟撰　清光緒十六年(1890)廣雅書局刻本　四册

110000－0144－0013905　921.13/303－113
歸方評點史記合筆六卷例意論文一卷　(清)王拯纂　清光緒元年(1875)錦城節署刻本　四册

110000－0144－0013906　921.13/303－113
歸方評點史記合筆六卷例意論文一卷　(清)王拯纂　清光緒元年(1875)錦城節署刻本　四册

110000－0144－0013907　921.13/303－114
史記七篇讀法二卷　(清)王又樸輯　清乾隆詩禮堂刻本　一册

110000－0144－0013908　921.13/303－303－02
史記索隱三十卷　(唐)司馬貞撰　清光緒十九年(1893)廣雅書局刻紅印本　四册

110000－0144－0013909　921.13/303－311
校刊史記集解索隱正義札記五卷　(清)張文虎撰　清同治十一年(1872)金陵書局刻本　二册

110000－0144－0013910　921.13/303－311
校刊史記集解索隱正義札記五卷　(清)張文虎撰　清同治十一年(1872)金陵書局刻本　二册

110000－0144－0013911　921.13/303－311

校刊史記集解索隱正義札記五卷 (清)張文虎撰 清同治十一年(1872)金陵書局刻本 二冊

110000 - 0144 - 0013912 921.13/303 - 437 - 03
史記論文一百三十卷 (清)吳見思評點 清康熙二十六年(1687)尺木堂刻本 二十四冊

110000 - 0144 - 0013913 921.13/303 - 440
桐城吳先生點勘史記一百三十卷史記初校本點識一卷各家史記評語一卷 (清)吳汝綸點勘 清末南宮刑氏刻本 二十冊

110000 - 0144 - 0013914 921.13/303 - 440
桐城吳先生點勘史記一百三十卷史記初校本點識一卷各家史記評語一卷 (清)吳汝綸點勘 清末南宮刑氏刻本 二十冊

110000 - 0144 - 0013915 921.13/303 - 526
同菴史彙十卷 (清)蔣善選評 清思永堂刻本 十冊

110000 - 0144 - 0013916 921.13/303 - 527
史記菁華錄六卷 (清)苧田氏輯 清光緒二十二年(1896)上海書局石印本 六冊

110000 - 0144 - 0013917 921.13/303 - 527 - 04
史記菁華錄六卷 (清)苧田氏輯 清光緒九年(1883)廣州翰墨園刻朱墨套印本 六冊

110000 - 0144 - 0013918 921.13/303 - 527 - 06
史記菁華錄六卷 (清)苧田氏編 清光緒二十八年(1902)上海書局石印本 六冊

110000 - 0144 - 0013919 921.13/303 - 589
史記探源八卷 崔適撰 清宣統二年(1910)觶廬鉛印本 四冊

110000 - 0144 - 0013920 921.13/303 - 725
史記志疑三十六卷 (清)梁玉繩撰 清光緒十三年(1887)廣雅書局刻本 十四冊

110000 - 0144 - 0013921 921.13/303 - 725
史記志疑三十六卷 (清)梁玉繩撰 清光緒十三年(1887)廣雅書局刻本 十四冊

110000 - 0144 - 0013922 921.13/303 - 725
史記志疑三十六卷 (清)梁玉繩撰 清光緒十三年(1887)廣雅書局刻本 十四冊

110000 - 0144 - 0013923 921.13/303 - 725
史記志疑三十六卷 (清)梁玉繩撰 清光緒十三年(1887)廣雅書局刻本 十四冊

110000 - 0144 - 0013924 921.13/303 - 765 - 3
百五十名家評註史記一百三十卷 (漢)司馬遷撰 (明)淩稚隆輯 清末上海鴻章書局石印本 十九冊

110000 - 0144 - 0013925 921.13/303 - 825
空山堂史記評註十二卷 (清)牛運震撰 清乾隆五十八年(1793)空山堂刻本 四冊

110000 - 0144 - 0013926 921.13/303 - 868
歸震川評點史記一百三十卷 (明)歸有光撰 **方望溪評點史記** (清)方望溪評點 清光緒二年(1876)武昌張氏刻本 二十冊

110000 - 0144 - 0013927 921.13/303 - 868
歸震川評點史記一百三十卷 (明)歸有光撰 **方望溪評點史記** (清)方苞評點 清光緒二年(1876)武昌張氏刻本 二十冊

110000 - 0144 - 0013928 921.13/303 - 868
歸震川評點史記一百三十卷 (明)歸有光撰 **方望溪評點史記** (清)方苞評點 清光緒二年(1876)武昌張氏刻本 二十冊

110000 - 0144 - 0013929 921.13/303 - 868
歸震川評點史記一百三十卷 (明)歸有光撰 **方望溪評點史記** (清)方苞評點 清光緒二年(1876)武昌張氏刻本 二十冊

110000 - 0144 - 0013930 921.13/303 - 914
史記選六卷 (清)儲欣輯 清蔚文堂刻本 四冊

110000 - 0144 - 0013931 921.13/303 - 914 - 02
史記選六卷 (清)儲欣輯 清乾隆四十七年(1782)敦本堂刻本 四冊

110000 - 0144 - 0013932 921.13/303 - 954
史記測議一百三十卷 (明)徐孚遠撰 明崇禎十三年(1640)聚錦堂刻本 三十二冊

110000 - 0144 - 0013933 921.13/313

史表功比說一卷 （清）張錫瑜撰 清光緒十四年（1888）廣雅書局刻本 一冊

110000－0144－0013934 921.13/626
史記注補正一卷 （清）方苞撰 清光緒二十年（1894）廣雅書局刻本 二冊

110000－0144－0013935 921.13/765
史記評林一百三十卷首一卷 （明）凌稚隆輯 清光緒二十七年（1901）上海天章書局石印本 十二冊

110000－0144－0013936 921.13/765－03
史記評林一百三十卷首一卷 （明）凌稚隆輯 清同治十三年（1874）長沙養翮書屋刻本 二十八冊

110000－0144－0013937 921.14/971－1－04
通志二百卷 （宋）鄭樵撰 清乾隆十二年（1747）武英殿刻本 一百十八冊

110000－0144－0013938 921.14/971－1－04
通志二百卷 （宋）鄭樵撰 清乾隆十二年（1747）武英殿刻本 一百十八冊

110000－0144－0013939 921.14/972－1
通志二百卷 （宋）鄭樵撰 清光緒二十二年（1896）浙江書局刻本 二百冊

110000－0144－0013940 921.14/972－1
通志二百卷 （宋）鄭樵撰 清光緒二十二年（1896）浙江書局刻本 一百九十八冊

110000－0144－0013941 921.14/972－1－02
通志二百卷 （宋）鄭樵撰 清光緒二十七年（1901）上海圖書集成局鉛印本 六十冊

110000－0144－0013942 921.14/972－1－04
通志二百卷 （宋）鄭樵撰 清光緒二十八年（1902）上海鴻寶書局石印本 四十冊

110000－0144－0013943 921.14/972－716
欽定續通志六百四十卷 （清）嵇璜等總裁 清光緒十二年（1886）浙江書局刻本 二百冊

110000－0144－0013944 921.14/972－716－02
欽定續通志六百四十卷 （清）嵇璜等總裁 清光緒二十七年（1901）上海圖書集成局鉛印本 六十冊

110000－0144－0013945 921.14/972－716－04
欽定續通志六百四十卷 （清）嵇璜等總裁 清乾隆五十年（1785）武英殿刻本 一百九十二冊

110000－0144－0013946 921.14/972－716－05
欽定續通志六百四十卷 （清）嵇璜等總裁 清光緒石印本 四十冊

110000－0144－0013947 921.14/972－716－8
皇朝通志一百二十六卷 （清）嵇璜等纂 清光緒八年（1882）浙江書局刻本 四十冊

110000－0144－0013948 921.14/972－716－8－02
皇朝通志一百二十六卷 （清）嵇璜等纂 清光緒二十八年（1902）上海鴻寶書局石印本 八冊

110000－0144－0013949 921.14/972－716－8－02
皇朝通志一百二十六卷 （清）嵇璜等纂 清光緒二十八年（1902）上海鴻寶書局石印本 八冊

110000－0144－0013950 921.15/171
改良婦孺淺史一卷 （清）黃用端撰 清光緒十九年（1893）時敏書局刻本 一冊

110000－0144－0013951 921.21/748－02
竹書紀年二卷 （南朝梁）沈約注 清嘉慶十一年（1806）平津館刻本 二冊

110000－0144－0013952 921.21/748－209
竹書紀年校正十四卷 （南朝梁）沈約注 （清）郝懿行校勘 清光緒五年（1879）東路廳署刻本 二冊

110000－0144－0013953 921.21/748－209
竹書紀年校正十四卷 （南朝梁）沈約注 （清）郝懿行校勘 清光緒五年（1879）東路廳署刻本 二冊

110000－0144－0013954 921.21/748－209
竹書紀年校正十四卷 （南朝梁）沈約注

(清)郝懿行校勘　清光緒五年(1879)東路廳署刻本　二册

110000－0144－0013955　921.21/748－384
竹書紀年集證五十卷　(清)陳逢衡撰　清嘉慶十八年(1813)裛露軒刻本　十四册

110000－0144－0013956　921.21/748－951
竹書紀年統箋十二卷　(清)徐文靖撰　清光緒三年(1877)浙江書局刻本　四册

110000－0144－0013957　921.23/117
通鑑答問五卷　(元)王應麟撰　清光緒八年(1882)群玉山房刻本　五册

110000－0144－0013958　921.23/215
校刊資治通鑑全書三百九十八卷　(宋)司馬光撰集　(元)胡三省音註　(清)胡元常輯並審校　清光緒十七年(1891)長沙胡元常刻朱墨套印本　一百八册

110000－0144－0013959　921.23/215
校刊資治通鑑全書三百九十八卷　(宋)司馬光撰集　(元)胡三省音註　(清)胡元常輯並審校　清光緒十七年(1891)長沙胡元常刻本　一百册

110000－0144－0013960　921.23/215
校刊資治通鑑全書三百九十八卷　(宋)司馬光撰集　(元)胡三省音註　(清)胡元常輯並審校　清光緒十七年(1891)長沙胡元常刻本　一百册

110000－0144－0013961　921.23/303
資治通鑑二百九十四卷　(宋)司馬光撰　(元)胡三省注　清嘉慶二十一年(1816)鄱陽胡氏刻同治八年(1869)江蘇書局補刻本　一百册

110000－0144－0013962　921.23/303
資治通鑑二百九十四卷　(宋)司馬光撰　(元)胡三省注　清嘉慶二十一年(1816)鄱陽胡氏刻同治八年(1869)江蘇書局補刻本　一百册

110000－0144－0013963　921.23/303－011
資治通鑑二百九十四卷　(宋)司馬光撰　(元)胡三省注　清咸豐七年(1857)邛州伍崧生刻本　八十册

110000－0144－0013964　921.23/303－018
資治通鑑二百九十四卷　(宋)司馬光撰　(元)胡三省注　清同治刻本　一百册

110000－0144－0013965　921.23/303－018
資治通鑑二百九十四卷　(宋)司馬光撰　(元)胡三省注　清同治刻本　一百册

110000－0144－0013966　921.23/303－018
資治通鑑二百九十四卷　(宋)司馬光撰　(元)胡三省注　清同治刻本　一百二十册

110000－0144－0013967　921.23/303－023
資治通鑑二百九十四卷　(宋)司馬光撰　(元)胡三省注　清光緒十三年(1887)長沙解州書院刻本　一百二十册

110000－0144－0013968　921.23/303－025
資治通鑑二百九十四卷目錄三十卷　(宋)司馬光撰　清光緒十四年(1888)上海蜚英館石印本　四十冊

110000－0144－0013969　921.23/303－027
資治通鑑二百九十四卷　(宋)司馬光撰　(元)胡三省注　清光緒二十八年(1902)上海積山書局石印本　三十二册

110000－0144－0013970　921.23/303－05
資治通鑑二百九十四卷　(宋)司馬光撰　(元)胡三省注　清同治十年(1871)湖北崇文書局刻本　一百四册

110000－0144－0013971　921.23/303－07
資治通鑑二百九十四卷　(宋)司馬光撰　(元)胡三省注　清刻本　缺三十九卷(一至三十九)　一百四册

110000－0144－0013972　921.23/303－1
資治通鑑釋例一卷　(宋)司馬光撰　**資治通鑑問疑一卷**　(宋)劉義仲撰　**資治通鑑釋文三十卷**　(宋)史炤撰　清光緒十四年(1888)胡元常刻本　五册

110000－0144－0013973　921.23/303－2
資治通鑑考異三十卷　(宋)司馬光撰　清光緒十九年(1893)廣雅書局刻本　十册

110000－0144－0013974　921.23/303－2－02
資治通鑑考異三十卷　(宋)司馬光撰　清光緒十四年(1888)長沙胡元常刻本　八册

110000－0144－0013975　921.23/303－2－02
資治通鑑考異三十卷　(宋)司馬光撰　清光緒十四年(1888)長沙胡元常刻本　八册

110000－0144－0013976　921.23/303－215
校刊資治通鑑全書三百九十八卷　(宋)司馬光撰集　(元)胡三省音註　(清)胡元常輯並審校　清光緒十七年(1891)長沙胡元常刻本　一百二十册

110000－0144－0013977　921.23/303－286
續資治通鑑長編五百二十卷目錄二卷　(宋)李燾撰　清光緒七年(1881)浙江書局刻本　一百二十册

110000－0144－0013978　921.23/303－286
續資治通鑑長編五百二十卷目錄二卷　(宋)李燾撰　清光緒七年(1881)浙江書局刻本　一百二十册

110000－0144－0013979　921.23/303－286
續資治通鑑長編五百二十卷目錄二卷　(宋)李燾撰　清光緒七年(1881)浙江書局刻本　一百二十册

110000－0144－0013980　921.23/303－286－168
續資治通鑑長編拾補六十卷　(清)黄以周等輯　清光緒九年(1883)浙江書局刻本　十六册

110000－0144－0013981　921.23/303－286－168
續資治通鑑長編拾補六十卷　(清)黄以周等輯　清光緒九年(1883)浙江書局刻本　十六册

110000－0144－0013982　921.23/303－306
通鑑宋本校勘記五卷　(明)張瑛撰　清光緒八年(1882)江蘇書局刻本　二册

110000－0144－0013983　921.23/303－306
通鑑宋本校勘記五卷　(明)張瑛撰　清光緒八年(1882)江蘇書局刻本　一册

110000－0144－0013984　921.23/303－306
通鑑宋本校勘記五卷　(明)張瑛撰　清光緒八年(1882)江蘇書局刻本　一册

110000－0144－0013985　921.23/303－428
資治通鑑補正二百九十四卷首一卷　(宋)司馬光撰　(元)胡三省　(明)嚴衍音註　清光緒二十八年(1902)上海益智書局石印本　四十八册

110000－0144－0013986　921.23/303－428－02
資治通鑑補二百九十四卷　(宋)司馬光撰　(元)胡三省　(明)嚴衍音註　清光緒二年(1876)思補樓木活字印本　六十八册　存六十八卷(一至六十八)

110000－0144－0013987　921.23/303－455
資治通鑑釋文三十卷　(宋)史炤撰　清光緒五年(1879)吴興陸氏十萬卷樓刻本　六册

110000－0144－0013988　921.23/303－471－010
續資治通鑑二百二十卷　(清)畢沅撰　清光緒二十八年(1902)上海積山書局石印本　二十二册

110000－0144－0013989　921.23/303－471－02
續資治通鑑二百二十卷　(清)畢沅撰　清同治八年(1869)江蘇書局刻本　六十册

110000－0144－0013990　921.23/303－471－02
續資治通鑑二百二十卷　(清)畢沅撰　清同治八年(1869)江蘇書局刻本　六十册

110000－0144－0013991　921.23/303－471－05
續資治通鑑二百二十卷　(清)畢沅撰　清乾隆鎮洋畢氏刻嘉慶六年(1801)馮集梧重修本　六十四册

110000－0144－0013992　921.23/303－471－05
續資治通鑑二百二十卷　(清)畢沅撰　清乾隆鎮洋畢氏刻嘉慶六年(1801)馮集梧重修本　六十四册

110000－0144－0013993　921.23/303－471－05
續資治通鑑二百二十卷　（清）畢沅撰　清乾隆鎮洋畢氏刻嘉慶六年（1801）馮集梧重修本　六十四冊

110000－0144－0013994　921.23/303－471－09
續資治通鑑二百二十卷　（清）畢沅撰　清光緒十四年（1888）上海蜚英館石印本　二十冊

110000－0144－0013995　921.23/303－808
通鑑論二卷稽古録歷代論一卷　（宋）司馬光撰　清光緒二十七年（1901）常昭排印局木活字印本　三冊

110000－0144－0013996　921.23/303－906
通鑑論三卷稽古録論一卷　（宋）司馬光撰（清）伍耀光輯　清光緒二十七年（1901）上海文淵山房石印本　四冊

110000－0144－0013997　921.23/303－906－02
通鑑論三卷稽古録論一卷　（宋）司馬光撰（清）伍耀光輯　清光緒二十八年（1902）宏道堂刻本　四冊

110000－0144－0013998　921.23/303－947
資治通鑑後編一百八十四卷　（清）徐乾學編　清光緒馮一梅等刻本　四十八冊

110000－0144－0013999　921.23/303－947
資治通鑑後編一百八十四卷　（清）徐乾學編　清光緒馮一梅等刻本　四十八冊

110000－0144－0014000　921.23/303－947
資治通鑑後編一百八十四卷　（清）徐乾學編　**資治通鑑後編校勘記**　夏震武撰　清光緒馮一梅等刻本　五十二冊

110000－0144－0014001　921.23/303－947－2
資治通鑑後編校勘記十五卷　夏震武撰　清光緒馮一梅等刻本　四冊

110000－0144－0014002　921.23/303－987
資治通鑑前編十八卷首一卷　（宋）金履祥撰　清乾隆十年（1745）金郡率祖堂刻本　十冊

110000－0144－0014003　921.23/428－02
嚴永思先生通鑑補正略三卷　（明）嚴衍撰　清光緒十三年（1887）時報館鉛印本　二冊

110000－0144－0014004　921.26/217
綱目續議二卷　（清）胡爾梅撰　清同治十年（1871）胡承志堂刻本　一冊

110000－0144－0014005　921.26/283
通鑑類纂四十卷　（清）松椿撰　清光緒二十四年（1898）謙受益齋刻本　四十冊

110000－0144－0014006　921.26/283
通鑑類纂四十卷　（清）松椿撰　清光緒二十四年（1898）謙受益齋刻本　四十冊

110000－0144－0014007　921.26/283
通鑑類纂四十卷　（清）松椿撰　清光緒二十四年（1898）謙受益齋刻本　八十冊

110000－0144－0014008　921.26/283－02
通鑑類纂二十卷　（清）松椿撰　清末濰縣實雅書局鉛印本　二十四冊

110000－0144－0014009　921.26/303－02
資治通鑑目録三十卷　（宋）司馬光撰　清光緒十七年（1891）長沙胡元常刻本　五冊

110000－0144－0014010　921.26/303－03
資治通鑑目録三十卷　（宋）司馬光撰　清同治八年（1869）江蘇書局刻本　十冊

110000－0144－0014011　921.26/303－03
資治通鑑目録三十卷　（宋）司馬光撰　清同治八年（1869）江蘇書局刻本　十冊

110000－0144－0014012　921.26/303－03
資治通鑑目録三十卷　（宋）司馬光撰　清同治八年（1869）江蘇書局刻本　十冊

110000－0144－0014013　921.26/303－06
資治通鑑目録三十卷　（宋）司馬光撰　清光緒十四年（1888）上海蜚英館石印本　四冊

110000－0144－0014014　921.26/324
資治通鑑綱目發明五十九卷　（宋）尹起莘撰　清同治十三年（1874）刻本　四冊

110000－0144－0014015　921.26/463
岣嶁鑑撮四卷　（清）曠敏本編　清嘉慶二十

三年(1818)楊迦懌刻本　四册

110000－0144－0014016　921.26/524
通鑑綱目分注補遺四卷　(清)芮長恤撰　清光緒十六年(1890)溧陽繆氏刻本　四册

110000－0144－0014017　921.26/655
續通鑑綱目劄記二十卷　(清)章邦元撰　清光緒十六年(1890)銅陵章氏刻本　九册

110000－0144－0014018　921.26/828－02
通鑑綱目一百十一卷首一卷末一卷　(宋)朱熹撰　清嘉慶八年(1803)敬書堂刻本　一百五十九册

110000－0144－0014019　921.26/828－6
御製資治通鑑綱目一百九卷　(宋)朱熹等撰　(清)聖祖玄燁批輯　清光緒十三年(1887)上海同文書局石印本　二十四册

110000－0144－0014020　921.26/828－7
御製資治通鑑綱目全書一百九卷　(□)□□輯　清康熙四十六年至四十九年(1707－1710)揚州詩局刻本　十册　存二十二卷(綱目前編十八卷、舉要三卷、外紀一卷)

110000－0144－0014021　921.26/828－827
資治通鑑綱目三編四十卷　(清)朱珪編　清同治十一年(1872)江西書局刻本　十二册

110000－0144－0014022　921.26/828－827
資治通鑑綱目三編四十卷　(清)朱珪編　清同治十一年(1872)江西書局刻本　十二册

110000－0144－0014023　921.26/905
御批歷代通鑑輯覽一百二十卷　(清)傅恒等編纂　清光緒二十八年(1902)上海文林書局石印本　十册

110000－0144－0014024　921.26/905－010
御批歷代通鑑輯覽一百二十卷　(清)傅恒等編纂　清光緒九年(1883)上海同文書局鉛印縮印本　十六册

110000－0144－0014025　921.26/905－02
御批歷代通鑑輯覽一百二十卷　(清)傅恒等編纂　清同治十一年(1872)湖北崇文書局刻本　六十四册

110000－0144－0014026　921.26/905－02
御批歷代通鑑輯覽一百二十卷　(清)傅恒等編纂　清同治十一年(1872)湖北崇文書局刻本　六十册

110000－0144－0014027　921.26/905－02
御批歷代通鑑輯覽一百二十卷　(清)傅恒等編纂　清同治十一年(1872)湖北崇文書局刻本　五十八册

110000－0144－0014028　921.26/905－02
御批歷代通鑑輯覽一百二十卷　(清)傅恒等編纂　清同治十一年(1872)湖北崇文書局刻本　六十册

110000－0144－0014029　921.26/905－03
御批歷代通鑑輯覽一百二十卷　(清)傅恒等編纂　清同治十年(1871)浙江書局刻本　四十八册

110000－0144－0014030　921.26/905－04
御批歷代通鑑輯覽一百二十卷　(清)傅恒等編纂　清光緒三十年(1904)上海商務印書館鉛印本　四十册

110000－0144－0014031　921.26/905－04
御批歷代通鑑輯覽一百二十卷　(清)傅恒等編纂　清光緒三十年(1904)上海商務印書館鉛印本　四十册

110000－0144－0014032　921.26/905－05
御批歷代通鑑輯覽一百二十卷　(清)傅恒等編纂　清末澄衷學堂印書處石印本　四十册

110000－0144－0014033　921.26/905－06
御批歷代通鑑輯覽一百二十卷　(清)傅恒等編纂　清刻本　四十八册

110000－0144－0014034　921.26/905－08
御批歷代通鑑輯覽一百二十卷　(清)傅恒等編纂　清光緒十一年(1885)上海同文書局石印本　二十册　存三十六卷(七至十四、五十八至六十二、六十八至七十二、七十八至八十三、九十至九十五、一百七至一百十二)

110000 - 0144 - 0014035　921.26/905 - 08
御批歷代通鑑輯覽一百二十卷　(清)傅恒等編纂　清光緒十一年(1885)上海同文書局石印本　二十册

110000 - 0144 - 0014036　921.26/905 - 08
御批歷代通鑑輯覽一百二十卷　(清)傅恒等編纂　清光緒十一年(1885)上海同文書局石印本　二十册

110000 - 0144 - 0014037　921.26/905 - 09
御批歷代通鑑輯覽一百二十卷　(清)傅恒等編纂　清光緒二十年(1894)上海書局石印本　二十四册

110000 - 0144 - 0014038　921.27/449
大事記十二卷通釋三卷解題十二卷　(宋)呂祖謙撰　清同治十二年(1873)退補齋刻本　十三册

110000 - 0144 - 0014039　921.29/188
御批增補了凡綱鑑四十卷　(明)袁黃纂　清光緒二十八年(1902)漢讀樓書局鉛印本　十册

110000 - 0144 - 0014040　921.29/303
稽古錄二十卷　(宋)司馬光撰　清同治十一年(1872)湖北崇文書局刻本　四册

110000 - 0144 - 0014041　921.29/303
稽古錄二十卷　(宋)司馬光撰　清同治十一年(1872)湖北崇文書局刻本　四册

110000 - 0144 - 0014042　921.29/303
稽古錄二十卷　(宋)司馬光撰　清同治十一年(1872)湖北崇文書局刻本　四册

110000 - 0144 - 0014043　921.29/303
稽古錄二十卷　(宋)司馬光撰　清同治十一年(1872)湖北崇文書局刻本　四册

110000 - 0144 - 0014044　921.29/303 - 02
稽古錄二十卷　(宋)司馬光撰　清光緒五年(1879)江蘇書局刻本　四册

110000 - 0144 - 0014045　921.29/303 - 02
稽古錄二十卷　(宋)司馬光撰　清光緒五年(1879)江蘇書局刻本　四册

110000 - 0144 - 0014046　921.29/441 - 03
綱鑑易知錄九十二卷　(清)吳乘權輯　清光緒八年(1882)大文堂刻本　四十八册

110000 - 0144 - 0014047　921.29/441 - 06
綱鑑易知錄九十二卷　(清)吳乘權撰　清光緒二十五年(1899)上海掃葉山房鉛印本　十六册

110000 - 0144 - 0014048　921.29/736
湯睡庵先生歷朝綱鑑全史七十卷　(明)湯賓尹撰　(明)陳繼儒註釋　明刻本　二十四册

110000 - 0144 - 0014049　921.29/894
資治通鑑外紀十卷　(宋)劉恕撰　(清)胡克家注補　清同治十年(1871)江蘇書局刻本　十册

110000 - 0144 - 0014050　921.29/894
資治通鑑外紀十卷　(宋)劉恕撰　(清)胡克家注補　清同治十年(1871)江蘇書局刻本　六册

110000 - 0144 - 0014051　921.29/894
資治通鑑外紀十卷　(宋)劉恕撰　(清)胡克家注補　清同治十年(1871)江蘇書局刻本　六册

110000 - 0144 - 0014052　921.29/894 - 1
資治通鑑外紀目錄五卷　(宋)劉恕撰　清刻本　四册

110000 - 0144 - 0014053　921.29/967
綱鑑正史約三十六卷　(清)顧錫疇編　(清)陳宏謀增訂　清同治八年(1869)浙江書局刻本　二十册

110000 - 0144 - 0014054　921.29/967
綱鑑正史約三十六卷　(清)顧錫疇編　(清)陳宏謀增訂　清同治八年(1869)浙江書局刻本　二十册

110000 - 0144 - 0014055　921.29/967
綱鑑正史約三十六卷　(清)顧錫疇編　(清)陳宏謀增訂　清同治八年(1869)浙江書局刻

本　二十册

110000－0144－0014056　921.3/103
歷代紀年備考二十卷　（清）武文斌輯　清道光刻本　八册

110000－0144－0014057　921.3/166
歷代帝王年表一卷　（清）黄大華編　清光緒二十六年（1900）夢紅豆邨刻本　一册

110000－0144－0014058　921.3/217
歷代政要表二卷　（清）胡子清編　清光緒二十九年（1903）長沙刻本　二册

110000－0144－0014059　921.3/284
紀元略一卷　（清）樊榮祖撰　清光緒二十二年（1896）刻本　一册

110000－0144－0014060　921.3/294.9
歷代中外交涉表一卷　（清）李學銘編　清嘉禾雷氏求艾室刻本　一册

110000－0144－0014061　921.3/294－02
紀元編三卷　（清）李兆洛撰　（清）六承如集録　清同治十年（1871）合肥李氏刻本　三册

110000－0144－0014062　921.3/294－03
紀元編三卷　（清）李兆洛撰　（清）六承如集録　清道光十一年（1831）輩學齋刻本　一册

110000－0144－0014063　921.3/294－03
紀元編三卷　（清）李兆洛撰　（清）六承如集録　清道光十一年（1831）輩學齋刻本　一册

110000－0144－0014064　921.3/337
歷代帝王世系圖一卷　（□）□□撰　清宣統二年（1910）陸軍部石印本　一册

110000－0144－0014065　921.3/337
歷代帝王世系圖一卷　（□）□□撰　清宣統二年（1910）陸軍部石印本　一册

110000－0144－0014066　921.3/337
歷代帝王世系圖一卷　（□）□□撰　清宣統二年（1910）陸軍部石印本　一册

110000－0144－0014067　921.3/337
歷代帝王世系圖一卷　（□）□□撰　清宣統二年（1910）陸軍部石印本　一册

110000－0144－0014068　921.3/380
支那五千年大事一覽表　陳敬第編　清末浙西書林鉛印本　二十册

110000－0144－0014069　921.3/387
帝王廟謚年諱譜一卷　陸費墀編　清刻本　一册

110000－0144－0014070　921.3/522
歷代史表五十九卷　（清）萬斯同編　清光緒十五年（1889）廣雅書局刻本　六册

110000－0144－0014071　921.3/522
歷代史表五十九卷　（清）萬斯同編　清光緒十五年（1889）廣雅書局刻本　六册

110000－0144－0014072　921.3/522
歷代史表五十九卷　（清）萬斯同編　清光緒十五年（1889）廣雅書局刻本　六册

110000－0144－0014073　921.3/522－02
歷代史表五十九卷　（清）萬斯同編　清光緒十九年（1893）上海古香閣石印本　八册

110000－0144－0014074　921.3/541
歷代甲子紀元表一卷　（清）董醇編　清咸豐五年（1855）東阜書堂刻本　一册

110000－0144－0014075　921.3/627
歷代編年大事表一卷　（清）施彦士輯　清道光十四年（1834）求己堂刻本　一册

110000－0144－0014076　921.3/661
歷代帝王年表　（清）齊召南編　清刻本　四册

110000－0144－0014077　921.3/661－02
歷代帝王年表不分卷　（清）齊召南編　清道光四年（1824）小琅環仙館刻本　四册

110000－0144－0014078　921.3/661－02
歷代帝王年表不分卷　（清）齊召南編　清道光四年（1824）小琅環仙館刻本　四册

110000－0144－0014079　921.3/661－02
歷代帝王年表不分卷　（清）齊召南編　清道

光四年(1824)小琅環仙館刻本　四冊

110000－0144－0014080　921.3/661－02
歷代帝王年表不分卷　(清)齊召南編　清道光四年(1824)小琅環仙館刻本　四冊

110000－0144－0014081　921.3/661－03
歷代帝王年表三卷　(清)齊召南編　清光緒十二年(1886)蘇州掃葉山房刻本　三冊

110000－0144－0014082　921.3/661－03
歷代帝王年表三卷　(清)齊召南編　清光緒十二年(1886)蘇州掃葉山房刻本　三冊

110000－0144－0014083　921.3/661－03
歷代帝王年表三卷　(清)齊召南編　清光緒十二年(1886)蘇州掃葉山房刻本　六冊

110000－0144－0014084　921.3/661－03
歷代帝王年表三卷　(清)齊召南編　清光緒十二年(1886)蘇州掃葉山房刻本　三冊

110000－0144－0014085　921.3/710
疑年表一卷太歲超辰表三卷　(清)汪曰楨撰　清刻本　三冊

110000－0144－0014086　921.3/746
廿一史四譜五十四卷　(清)沈炳震輯　清同治十年(1871)武林吳氏清來堂刻本　二十冊

110000－0144－0014087　921.3/746
廿一史四譜五十四卷　(清)沈炳震輯　清同治十年(1871)武林吳氏清來堂刻本　十六冊

110000－0144－0014088　921.3/746
廿一史四譜五十四卷　(清)沈炳震輯　清同治十年(1871)武林吳氏清來堂刻本　十六冊

110000－0144－0014089　921.3/746
廿一史四譜五十四卷　(清)沈炳震輯　清同治十年(1871)武林吳氏清來堂刻本　十六冊

110000－0144－0014090　921.3/879
歷代二十四史統紀全表十三卷沿革表三卷疆域表三卷　(清)段長基　(清)段琻書編　清同治四年(1865)曾守誠刻本　三十冊

110000－0144－0014091　921.3/879－03
歷代二十四史統紀全表十三卷沿革表三卷疆域表三卷　(清)段長基　(清)段琻書編　清嘉慶二十二年(1817)小西山房刻本　二十四冊

110000－0144－0014092　921.3/879－04
廿四史三表統紀全表十三卷沿革表三卷疆域表三卷　(清)段長基編　清光緒元年(1875)綉谷趙氏紅杏山房刻本　四十八冊

110000－0144－0014093　921.3/879－04
廿四史三表統紀全表十三卷沿革表三卷疆域表三卷　(清)段長基編　清光緒元年(1875)綉谷趙氏紅杏山房刻本　二十四冊

110000－0144－0014094　921.3/905
金陵歷代建置表一卷　(清)傅春官纂　清光緒二十三年(1897)江寧傅氏晦齋刻本　一冊

110000－0144－0014095　921.4/160
紀事本末彙編五十三卷　(清)思賢書局輯　清光緒二十四年(1898)思賢書局刻本　一百二十冊

110000－0144－0014096　921.4/188
通鑑紀事本末二百三十九卷　(宋)袁樞撰　清光緒十三年(1887)廣雅書局刻本　四十八冊

110000－0144－0014097　921.4/188－02
通鑑紀事本末二百三十九卷　(宋)袁樞撰　清同治十二年(1873)江西書局刻本　八十冊

110000－0144－0014098　921.4/188－02
通鑑紀事本末二百三十九卷　(宋)袁樞輯　清同治十二年(1873)江西書局刻本　八十冊

110000－0144－0014099　921.4/294
續通鑑紀事本末一百十卷　(清)李銘漢編　(清)李于鍇續輯　清光緒二十九年至三十二年(1903－1906)武威李氏刻本　三十二冊

110000－0144－0014100　921.4/294
續通鑑紀事本末一百十卷　(清)李銘漢編　(清)李于鍇續輯　清光緒二十九年至三十二年(1903－1906)武威李氏刻本　三十二冊

110000－0144－0014101　921.4/337
歷朝紀事本末九種　（清）陈如升等編　清光緒十四年(1888)上海書業公所鉛印本　四十八冊

110000－0144－0014102　921.4/442
廿二史紀事提要八卷　（清）吳綏撰　清乾隆十一年(1746)吳培源刻本　四冊

110000－0144－0014103　921.4/487
九朝紀事本末六百五十八卷　上海書局輯　清光緒二十八年(1902)上海書局石印本　四十八冊

110000－0144－0014104　921.4/487
九朝紀事本末六百五十八卷　上海書局輯　清光緒二十八年(1902)上海書局石印本　二十七冊

110000－0144－0014105　921.4/637
蜀鑑十卷　（宋）郭允蹈撰　**札記一卷**　（清）吳文昇撰　清光緒七年(1881)成都志古堂刻本　六冊

110000－0144－0014106　921.4/832
歷朝紀事本末六百五十八卷　（清）高士奇等編　清光緒二十五年(1899)慎記書莊石印本　三十冊

110000－0144－0014107　921.4/832
歷朝紀事本末六百五十八卷　（清）高士奇等編　清光緒二十五年(1899)慎記書莊石印本　三十二冊

110000－0144－0014108　921.5/119
如涑果室叢刻四種　（清）王延釗輯　清宣統二年(1910)京師益森書館鉛印本　一冊

110000－0144－0014109　921.5/119
如涑果室叢刻四種　（清）王延釗輯　清宣統二年(1910)京師益森書館鉛印本　三冊

110000－0144－0014110　921.5/216
讀史兵略四十六卷　（清）胡林翼撰　清咸豐十一年(1861)武昌節署刻本　十六冊

110000－0144－0014111　921.5/216
讀史兵略四十六卷　（清）胡林翼撰　清咸豐十一年(1861)武昌節署刻本　十六冊

110000－0144－0014112　921.5/216
讀史兵略四十六卷　（清）胡林翼撰　清咸豐十一年(1861)武昌節署刻本　十六冊

110000－0144－0014113　921.5/216
讀史兵略四十六卷　（清）胡林翼撰　清咸豐十一年(1861)武昌節署刻本　十六冊

110000－0144－0014114　921.5/288
燼餘錄二卷　（元）徐大焯撰　清光緒吳縣謝氏刻本　一冊

110000－0144－0014115　921.5/314
冬青館古宮詞三卷　（清）張鑑撰　清刻本　三冊

110000－0144－0014116　921.5/455
全史宮詞二十卷　（清）史夢蘭撰　清咸豐六年(1856)刻本　六冊

110000－0144－0014117　921.5/482
路史四十七卷　（宋）羅泌撰　清乾隆元年(1736)刻本　十六冊

110000－0144－0014118　921.5/482－02
路史四十七卷　（宋）羅泌撰　清同治四年(1865)趙承恩紅杏山房刻本　二十冊

110000－0144－0014119　921.5/482－03
重訂路史全本前紀九卷後記十四卷國名紀八卷發揮六卷餘論十卷　（宋）羅泌撰　（明）吳弘基等訂　清嘉慶六年(1801)酉山堂刻本　二十四冊

110000－0144－0014120　921.5/482－435
重訂路史全本前紀九卷後記十四卷國名紀八卷發揮六卷餘論十卷　（宋）羅泌撰　（明）吳弘基訂　清光緒二十年(1894)文瑞樓石印本　六冊

110000－0144－0014121　921.5/482－435
重訂路史全本前紀九卷後記十四卷國名紀八卷發揮六卷餘論十卷　（宋）羅泌撰　（明）吳弘基訂　清光緒二十年(1894)文瑞樓石印本

六册

110000－0144－0014122　921.5/482－670
路史節讀十卷　(宋)羅泌纂　(清)廖文錦節訂　清光緒二十七年(1901)刻本　四册

110000－0144－0014123　921.5/720
諸史考異十八卷　(清)洪頤煊撰　清光緒十五年(1889)廣雅書局刻本　三册

110000－0144－0014124　921.5/720
諸史考異十八卷　(清)洪頤煊撰　清光緒十五年(1889)廣雅書局刻本　三册

110000－0144－0014125　921.5/720
諸史考異十八卷　(清)洪頤煊撰　清光緒十五年(1889)廣雅書局刻本　三册

110000－0144－0014126　921.5/720
諸史考異十八卷　(清)洪頤煊撰　清光緒十五年(1889)廣雅書局刻本　三册

110000－0144－0014127　921.5/929
諸史拾遺五卷　(清)錢大昕撰　清嘉慶十二年(1807)嘉興李賡芸稻香吟館刻本　六册

110000－0144－0014128　921.5/929－1
廿二史考異一百卷　(清)錢大昕撰　清光緒二十年(1894)廣雅書局刻本　二十册

110000－0144－0014129　921.5/929－1－02
廿二史考異一百卷　(清)錢大昕撰　清嘉慶潛研堂刻本　二十册

110000－0144－0014130　921.5/929－1－04
廿二史考異一百卷　(清)錢大昕撰　清光緒八年(1882)龍氏家塾刻本　二十八册

110000－0144－0014131　921.5571/458
皇元聖武親征錄一卷　(清)何秋濤校　清小漚巢刻本　二册

110000－0144－0014132　921.7/120
闢邪錄三卷　(清)王錫祺輯　清光緒二十六年(1900)南清河王氏小方壺齋鉛印本　二册

110000－0144－0014133　921.7/120
闢邪錄三卷　(清)王錫祺輯　清光緒二十六年(1900)南清河王氏小方壺齋鉛印本　一册

110000－0144－0014134　921.7/199
廿二史劄記三十六卷　(清)趙翼撰　清光緒二十六年(1900)上海書局石印本　八册

110000－0144－0014135　921.7/199－03
廿二史劄記三十六卷　(清)趙翼撰　清光緒二十六年(1900)新化西畬山館刻本　十六册

110000－0144－0014136　921.7/199－03
廿二史劄記三十六卷　(清)趙翼撰　清光緒二十六年(1900)新化西畬山館刻本　十六册

110000－0144－0014137　921.7/199－05
廿二史劄記三十六卷補遺一卷　(清)趙翼撰　清嘉慶五年(1800)湛貽堂刻本　十一册

110000－0144－0014138　921.7/199－05
廿二史劄記三十六卷補遺一卷　(清)趙翼撰　清嘉慶五年(1800)湛貽堂刻本　十二册

110000－0144－0014139　921.7/199－07
廿二史劄記三十六卷補遺一卷　(清)趙翼撰　清嘉慶壽考堂刻本　十二册

110000－0144－0014140　921.7/274
史筌五卷首一卷　(清)楊銘柱撰　清道光二十六年(1846)寄雲書屋刻本　二册

110000－0144－0014141　921.7/282
歷代史略六卷　柳詒徵編纂　清光緒三十一年(1905)中新書局刻本　八册

110000－0144－0014142　921.7/282－02
歷代史略六卷　柳詒徵編纂　清江楚書局刻本　八册

110000－0144－0014143　921.7/337.8
歷儒摘鑑　(清)□□撰　清抄本　六册

110000－0144－0014144　921.7/412
古今彝語十二卷　(明)汪應蛟輯　清康熙三十七年(1698)新安汪畲刻本　六册

110000－0144－0014145　921.7/414
繹史一百六十卷　(清)馬驌撰　清康熙刻本　四十册

110000－0144－0014146　921.7/414
繹史一百六十卷　(清)馬驌撰　清康熙刻本　四十八册

110000－0144－0014147　921.7/414
繹史一百六十卷　(清)馬驌撰　清康熙刻本　三十二册

110000－0144－0014148　921.7/414－02
繹史一百六十卷　(清)馬驌撰　清光緒十五年(1889)金匱浦氏刻本　四十八册

110000－0144－0014149　921.7/414－03
繹史一百六十卷　(清)馬驌撰　清光緒三十年(1904)浙江書局刻本　五十册

110000－0144－0014150　921.7/414－04
繹史一百六十卷　(清)馬驌撰　清光緒二十三年(1897)尚友齋石印本　二十四册

110000－0144－0014151　921.7/414－05
繹史一百六十卷　(清)馬驌撰　清同治七年(1868)姑蘇亦西齋刻本　四十八册

110000－0144－0014152　921.7/463
鑑撮四卷　(清)曠敏本撰　清刻本　四册

110000－0144－0014153　921.7/754.9
左腴三卷　(清)潘希淦撰　清道光二十八年(1848)藝蘭書屋刻本　三册

110000－0144－0014154　921.7/828
史略八十七卷　(清)朱堃撰　清光緒二十四年(1898)上海書局石印本　六册

110000－0144－0014155　921.7/850
史鑑節要便讀六卷　(清)鮑東里撰　清光緒二十九年(1903)湖北官書局刻本　二册

110000－0144－0014156　921.7/850
史鑑節要便讀六卷　(清)鮑東里撰　清光緒二十九年(1903)湖北官書局刻本　二册

110000－0144－0014157　921.7/850－02
史鑑節要便讀六卷　(清)鮑東里撰　清同治十三年(1874)江蘇書局刻本　二册

110000－0144－0014158　921.7/850－03
史鑑節要便讀六卷　(清)鮑東里撰　清同治七年(1868)李光明莊刻本　二册

110000－0144－0014159　921.7/932
諸史提要十五卷　(宋)錢瑞禮撰　(清)張英補　清刻本　二册

110000－0144－0014160　921.7/971
廿一史約編八卷首一卷　(清)鄭元慶輯　清康熙三十六年(1697)文運堂刻本　八册

110000－0144－0014161　921.7/971－02
廿一史約編八卷首一卷　(清)鄭元慶輯　清光緒十三年(1887)上海積山書局石印本　八册

110000－0144－0014162　921.74/150
歷代大事歌略四卷　(清)賈拱辰輯　清末頌禮堂鉛印本　二册

110000－0144－0014163　921.8/112
讀通鑑論十六卷宋論十五卷　(清)王夫之撰　清光緒三十一年(1905)上海商務印書館鉛印本　十册

110000－0144－0014164　921.8/112
讀通鑑論十六卷宋論十五卷　(清)王夫之撰　清光緒三十一年(1905)上海商務印書館鉛印本　十册

110000－0144－0014165　921.8/112
讀通鑑論十六卷宋論十五卷　(清)王夫之撰　清光緒三十一年(1905)上海商務印書館鉛印本　十册

110000－0144－0014166　921.8/112
讀通鑑論十六卷附宋論十五卷　(清)王夫之撰　清光緒三十一年(1905)上海商務印書館鉛印本　十册

110000－0144－0014167　921.8/112
讀通鑑論十六卷宋論十五卷　(清)王夫之撰　清光緒三十一年(1905)上海商務印書館鉛印本　缺二卷(讀通鑑論七至八)　九册

110000－0144－0014168　921.8/112－03
讀通鑑論十卷末一卷　(清)王夫之撰　清光

緒二十九年(1903)上海官書局鉛印船山遺書本　八冊

110000－0144－0014169　921.8/115
十七史商榷一百卷　(清)王鳴盛撰　清末上海文瑞樓石印本　十六冊

110000－0144－0014170　921.8/115
十七史商榷一百卷　(清)王鳴盛撰　清末上海文瑞樓石印本　十六冊

110000－0144－0014171　921.8/115－02
十七史商榷一百卷　(清)王鳴盛撰　清乾隆五十二年(1787)洞涇草堂刻本　二十八冊

110000－0144－0014172　921.8/115－02
十七史商榷一百卷　(清)王鳴盛撰　清乾隆五十二年(1787)洞涇草堂刻本　二十冊

110000－0144－0014173　921.8/115－03
十七史商榷一百卷　(清)王鳴盛撰　清光緒十九年(1893)廣雅書局刻本　十四冊

110000－0144－0014174　921.8/115－03
十七史商榷一百卷　(清)王鳴盛撰　清光緒十九年(1893)廣雅書局刻本　十四冊

110000－0144－0014175　921.8/115－03
十七史商榷一百卷　(清)王鳴盛撰　清光緒十九年(1893)廣雅書局刻本　十四冊

110000－0144－0014176　921.8/167
鑑評別錄六十卷兩漢史斷六卷三國書法十卷　(清)黃恩彤撰　清光緒三十一年(1905)刻本　二十四冊

110000－0144－0014177　921.8/171－02
史學提要箋釋五卷　(清)楊錫祐撰　清康熙五十五年(1716)積慶堂刻本　五冊

110000－0144－0014178　921.8/238
史論彙函甲編二十六種　(清)述古齋主人輯　清光緒二十九年(1903)石印本　十四冊

110000－0144－0014179　921.8/247
讀史論略二卷　(清)杜詔撰　清道光二十九年(1849)三槐堂刻本　二冊

110000－0144－0014180　921.8/247－02
讀史論略二卷　(清)杜詔撰　清刻本　一冊

110000－0144－0014181　921.8/247－03
讀史論略二卷　(清)杜詔撰　清刻本　一冊

110000－0144－0014182　921.8/247－04
讀史論略二卷　(清)杜詔撰　清刻本　二冊

110000－0144－0014183　921.8/270
讀史四集四卷　(明)楊以任輯　清道光三十年(1850)豐城萬氏防未然齋刻本　八冊

110000－0144－0014184　921.8/270
讀史四集四卷　(明)楊以任輯　清道光三十年(1850)豐城萬氏防未然齋刻本　四冊

110000－0144－0014185　921.8/291
補尚史論贊二卷　(清)李祖陶撰　清末刻本　一冊

110000－0144－0014186　921.8/312
歷代史論十二卷宋史論三卷元史論一卷明史論一卷左傳史論二卷　(明)張溥等撰　清光緒八年(1882)裴氏刻本　八冊

110000－0144－0014187　921.8/312
歷代史論十二卷宋史論三卷元史論一卷明史論一卷左傳史論二卷　(明)張溥等撰　清光緒八年(1882)裴氏刻本　八冊

110000－0144－0014188　921.8/312.7
讀史舉正八卷　(清)張熷撰　清光緒十七年(1891)廣雅書局刻本　二冊

110000－0144－0014189　921.8/356
看鑑偶譯五卷　(清)尤侗纂　清康熙刻本　三冊

110000－0144－0014190　921.8/384
鑑古齋日記四卷　(清)陳紹箕撰　(清)皮錫瑞評　清光緒二十八年(1902)長沙刻本　四冊

110000－0144－0014191　921.8/385
綱鑑總論二卷　(清)陳受頤撰　清光緒二十七年(1901)著易堂鉛印本　四冊

110000－0144－0014192　921.8/394
兩朝評鑑彙錄十二卷　(清)陸紹源輯　清光緒二十八年(1902)五通志學社石印本　八冊

110000－0144－0014193　921.8/440
讀史筆記十二卷　(清)吳煊撰　清咸豐七年(1857)文蔚堂刻本　四冊

110000－0144－0014194　921.8/538
歷代政事要論四卷　(清)范公謌纂集　清光緒二十四年(1898)廣東實學書齋刻本　五冊

110000－0144－0014195　921.8/627
瀓景堂史測十四卷　(清)施鴻撰　清光緒二十八年(1902)杜璘光刻知聖教齋叢書本　二冊

110000－0144－0014196　921.8/688
易知摘要類編十二卷　(清)富俊編　清同治十三年(1874)紹衣堂刻本　十二冊

110000－0144－0014197　921.8/720
四史發伏十卷　(清)洪亮吉撰　清光緒八年(1882)小石山房刻本　二冊

110000－0144－0014198　921.8/720
四史發伏十卷　(清)洪亮吉撰　清光緒八年(1882)小石山房刻本　六冊

110000－0144－0014199　921.8/720－1
歷代史案二十卷首一卷　(清)洪亮吉編　清刻本　八冊

110000－0144－0014200　921.8/739
讀史大略六十卷　(清)沙張白撰　清咸豐七年(1857)邵綬名刻本　十二冊

110000－0144－0014201　921.8/739
讀史大略六十卷　(清)沙張白撰　清咸豐七年(1857)邵綬名刻本　十二冊

110000－0144－0014202　921.8/739
讀史大略六十卷　(清)沙張白撰　清咸豐七年(1857)邵綬名刻本　十二冊

110000－0144－0014203　921.8/825
讀史糾繆十五卷　(清)牛運震撰　清空山堂刻本　四冊

110000－0144－0014204　921.8/825
讀史糾繆十五卷　(清)牛運震撰　清空山堂刻本　七冊

110000－0144－0014205　921.8/825
讀史糾繆十五卷　(清)牛運震撰　清空山堂刻本　十二冊

110000－0144－0014206　921.8/903
史論觀止正集十卷　(清)何秉誠輯　清光緒二十八年(1902)勾餘可久齋石印本　十冊

110000－0144－0014207　921.8/947
寰宇分合志八卷附錄一卷增輯一卷　(明)徐樞編　清光緒二十八年(1902)湘潭楊氏刻本　八冊

110000－0144－0014208　921.8/951
古今史論統編十六卷　(清)徐永隆編　清光緒二十八年(1902)政書學社石印本　十二冊

110000－0144－0014209　921.8/994
太白劍二卷　(清)姚康撰　清光緒二十一年(1895)姚五桂堂刻本　二冊

110000－0144－0014210　921.8/997
史學提要輯注五卷　(清)狄寬輯　清嘉慶十一年(1806)刻本　四冊

110000－0144－0014211　921.81/526
讀史兵略綴言四卷　(清)蔣廷黼撰　清宣統三年(1911)京師刻本　一冊

110000－0144－0014212　921.85/716
御製全史詩六十四卷首二卷　(清)仁宗顒琰撰　(清)張師誠注　清嘉慶北京武英殿刻本　二十冊

110000－0144－0014213　921/325
支那通史七卷　(日本)那珂通世編　清光緒二十五年(1899)上海東文學社石印本　五冊

110000－0144－0014214　921/325
支那通史七卷　(日本)那珂通世編　清光緒二十五年(1899)上海東文學社石印本　五冊

110000－0144－0014215　921/382.6
中國歷史六卷　陳慶年編　清光緒二十九年

(1903)刻本　六冊

110000－0144－0014216　921/453.4
中國四千年開化史　(清)中國少年編譯　清光緒三十二年(1906)成都局刻本　二冊

110000－0144－0014217　921/453.4
中國四千年開化史　(清)中國少年編譯　清光緒三十二年(1906)成都局刻本　二冊

110000－0144－0014218　921/478－02
中國文明小史　(日本)田口卯吉撰　劉陶譯　清光緒二十八年(1902)上海廣智書局鉛印本　一冊

110000－0144－0014219　921/583
續支那通史二卷　(日本)山峰畯藏撰　清光緒三十年(1904)崇實書局石印本　八冊

110000－0144－0014220　921/599
小學歷史讀本一卷　(清)□□撰　清光緒二十七年(1901)上海華洋書局鉛印本　一冊

110000－0144－0014221　921/649
支那史要六卷　(日本)市村瓚次郎撰　(清)陳毅譯　清光緒二十八年(1902)上海廣智書局鉛印本　二冊

110000－0144－0014222　921/660
中國歷史教科書七卷　商務印書館編　清光緒三十一年(1905)上海商務印書館鉛印本　二冊

110000－0144－0014223　921/971
二十四史約編八卷首一卷　(清)鄭元慶編　清末石印本　八冊

110000－0144－0014224　922.101/294
尚史七十卷　(清)李鍇撰　清乾隆刻本　二十四冊

110000－0144－0014225　922.15/164
周季編略九卷　(清)黄式三撰　清同治十二年(1873)浙江書局刻本　四冊

110000－0144－0014226　922.15/164
周季編略九卷　(清)黄式三撰　清同治十二年(1873)浙江書局刻本　四冊

110000－0144－0014227　922.15/164
周季編略九卷　(清)黄式三撰　清同治十二年(1873)浙江書局刻本　四冊

110000－0144－0014228　922.15/164
周季編略九卷　(清)黄式三撰　清同治十二年(1873)浙江書局刻本　四冊

110000－0144－0014229　922.15/164
周季編略九卷　(清)黄式三撰　清同治十二年(1873)浙江書局刻本　四冊

110000－0144－0014230　922.15/164
周季編略九卷　(清)黄式三撰　清同治十二年(1873)浙江書局刻本　四冊

110000－0144－0014231　922.151/365
周書斠補四卷　(清)孫詒讓撰　清光緒二十六年(1900)刻本　一冊

110000－0144－0014232　922.151/365
周書斠補四卷　(清)孫詒讓撰　清光緒二十六年(1900)刻本　一冊

110000－0144－0014233　922.151/365
周書斠補四卷　(清)孫詒讓撰　清光緒二十六年(1900)刻本　一冊

110000－0144－0014234　922.151/365
周書斠補四卷　(清)孫詒讓撰　清光緒二十六年(1900)刻本　一冊

110000－0144－0014235　922.151/370
逸周書十卷校正補遺一卷　(晉)孔晁注　(清)盧文弨校　清乾隆五十一年(1786)盧氏抱經堂刻抱經堂叢書本　四冊

110000－0144－0014236　922.151/370－158
逸周書管箋十卷　(清)丁宗洛撰　清道光十年(1830)迂園刻本　八冊

110000－0144－0014237　922.151/370－829
逸周書集訓校釋十卷逸文一卷　(清)朱右曾撰　清光緒三年(1877)湖北崇文書局刻本　一冊

110000－0144－0014238　922.151/370－829
逸周書集訓校釋十卷逸文一卷　(清)朱右曾

撰　清光緒三年(1877)湖北崇文書局刻本　二冊

110000－0144－0014239　922.151/370－829
逸周書集訓校釋十卷逸文一卷　(清)朱右曾撰　清光緒三年(1877)湖北崇文書局刻本　二冊

110000－0144－0014240　922.151/370－903
王會篇箋釋三卷　(清)何秋濤撰　清光緒十七年(1891)江蘇書局刻本　三冊

110000－0144－0014241　922.151/370－903
王會篇箋釋三卷　(清)何秋濤撰　清光緒十七年(1891)江蘇書局刻本　三冊

110000－0144－0014242　922.154/254
武王克殷日記一卷　(清)林春溥撰　清刻本　一冊

110000－0144－0014243　922.17/117
春秋世族輯略二卷春秋列國輯略一卷　(清)王文源撰　清道光二十五年(1845)陳氏敏求軒刻本　四冊

110000－0144－0014244　922.17/379
春秋世族譜一卷　(清)陳厚耀撰　清光緒邵武徐氏刻本　一冊

110000－0144－0014245　922.17/946
春秋釋地韻編五卷首一卷　(清)徐壽基編輯　清光緒十二年(1886)洪氏傳經堂刻本　四冊

110000－0144－0014246　922.177/378
國語翼解六卷　(清)陳瑑撰　清光緒十八年(1892)廣雅書局刻本　二冊

110000－0144－0014247　922.177/541
國語正義二十一卷　(清)董增齡撰　清光緒六年(1880)會稽章氏式訓堂刻本　八冊

110000－0144－0014248　922.177/541
國語正義二十一卷　(清)董增齡撰　清光緒六年(1880)會稽章氏式訓堂刻本　八冊

110000－0144－0014249　922.177/579
國語二十一卷　(三國吳)韋昭注　**札記一卷**　(清)黄丕烈撰　清嘉慶五年(1800)讀未見書齋刻本　六冊

110000－0144－0014250　922.177/579－013
國語二十一卷　(三國吳)韋昭注　清光緒二十七年(1901)上海鴻寶齋石印本　四冊

110000－0144－0014251　922.177/579－04
國語二十一卷　(三國吳)韋昭注　清同治八年(1869)湖北崇文書局刻本　五冊

110000－0144－0014252　922.177/579－04
國語二十一卷　(三國吳)韋昭注　清同治八年(1869)湖北崇文書局刻本　五冊

110000－0144－0014253　922.177/579－04
國語二十一卷　(三國吳)韋昭注　清同治八年(1869)湖北崇文書局刻本　五冊

110000－0144－0014254　922.177/579－04
國語二十一卷　(三國吳)韋昭注　清同治八年(1869)湖北崇文書局刻本　五冊

110000－0144－0014255　922.177/579－04
國語二十一卷　(三國吳)韋昭注　清同治八年(1869)湖北崇文書局刻本　五冊

110000－0144－0014256　922.177/579－05
國語二十一卷　(三國吳)韋昭注　**考異四卷**　(清)汪遠孫撰　清嘉慶五年(1800)黄氏讀未見書齋刻本　十二冊

110000－0144－0014257　922.177/579－09
國語二十一卷　(三國吳)韋昭注　**考異四卷**　(清)汪遠孫撰　清光緒三年(1877)永康退補齋刻本　六冊

110000－0144－0014258　922.177/579－1－02
國語二十一卷　(三國吳)韋昭注　清光緒二十二年(1896)上海鴻寶齋石印本　八冊

110000－0144－0014259　922.177/579－440
國語二十一卷　(清)吳汝綸點勘　清宣統二年(1910)鉛印本　二冊

110000－0144－0014260　922.177/579－708
國語發正二十一卷國語三君注輯存四卷　(清)汪遠孫撰　清道光二十六年(1846)振綺

堂刻本　四冊

110000－0144－0014261　922.177/579－708－2
國語校注本二十一卷　(清)汪遠孫撰　清道光二十六年(1846)錢塘汪氏振綺堂刻本　六冊

110000－0144－0014262　922.181/388
戰國策去毒二卷　(清)陸隴其評選　清同治九年(1870)求我齋刻本　二冊

110000－0144－0014263　922.181/450
桐城吳先生點勘戰國策三十三卷　(清)吳汝綸點勘　清光緒十年(1884)鉛印本　二冊

110000－0144－0014264　922.181/645－03
戰國策三十三卷　(漢)高誘注　**札記三卷**　(清)黃丕烈撰　清同治八年(1869)湖北崇文書局刻本　五冊

110000－0144－0014265　922.181/645－03
戰國策三十三卷　(漢)高誘注　**札記三卷**　(清)黃丕烈撰　清同治八年(1869)湖北崇文書局刻本　五冊

110000－0144－0014266　922.181/645－03
戰國策三十三卷　(漢)高誘注　**札記三卷**　(清)黃丕烈撰　清同治八年(1869)湖北崇文書局刻本　五冊

110000－0144－0014267　922.181/645－03
戰國策三十三卷　(漢)高誘注　**札記三卷**　(清)黃丕烈撰　清同治八年(1869)湖北崇文書局刻本　五冊

110000－0144－0014268　922.181/645－03
戰國策三十三卷　(漢)高誘注　**札記三卷**　(清)黃丕烈撰　清同治八年(1869)湖北崇文書局刻本　五冊

110000－0144－0014269　922.181/645－03
戰國策三十三卷　(漢)高誘注　**札記三卷**　(清)黃丕烈撰　清同治八年(1869)湖北崇文書局刻本　五冊

110000－0144－0014270　922.181/645－04
戰國策三十三卷　(漢)高誘注　**剡川姚氏本戰國策劄記三卷**　(清)黃丕烈撰　清光緒三年(1877)退補齋刻本　八冊

110000－0144－0014271　922.181/645－06
戰國策三十三卷　(漢)高誘注　清乾隆二十一年(1756)盧見曾刻雅雨堂叢書本　四冊

110000－0144－0014272　922.181/645－306
戰國策釋地二卷　(清)張琦撰　**後漢書補注續一卷**　(清)侯康撰　清光緒十七年(1891)廣雅書局刻本　二冊

110000－0144－0014273　922.181/645－306－03
戰國策釋地二卷　(清)張琦撰　清宛鄰書屋刻本　一冊

110000－0144－0014274　922.181/645－441
戰國策校注十卷　(宋)鮑彪撰　清粵東登雲閣刻本　八冊

110000－0144－0014275　922.181/645－441
戰國策校注十卷　(宋)鮑彪撰　清粵東登雲閣刻本　八冊

110000－0144－0014276　922.181/850－441
戰國策三十二卷　(宋)鮑彪校注　(元)吳師道重校　清乾隆二十七年(1762)文盛堂刻本　八冊

110000－0144－0014277　922.2101/123
前漢書一百二十卷　(漢)班固撰　(唐)顏師古注　明崇禎十五年(1642)琴川毛氏汲古閣刻本　十二冊

110000－0144－0014278　922.2101/123
前漢書一百二十卷　(漢)班固撰　(唐)顏師古注　明崇禎十五年(1642)琴川毛氏汲古閣刻本　二十四冊

110000－0144－0014279　922.2101/123－016
前漢書一百二十卷　(漢)班固撰　(唐)顏師古注　清光緒十四年(1888)上海蜚英館石印本　十六冊

110000－0144－0014280　922.2101/123－017
前漢書一百二十卷首一卷　(漢)班固撰　(唐)顏師古注　清光緒二年(1876)長沙王先

謙刻本　三十二册

110000－0144－0014281　922.2101/123－018
前漢書一百二十卷　（漢）班固撰　清光緒二十八年（1902）史學會社石印本　八册

110000－0144－0014282　922.2101/123－02
前漢書一百二十卷　（漢）班固撰　（唐）顔師古注　清光緒十三年（1887）金陵書局刻本　十六册

110000－0144－0014283　922.2101/123－02
前漢書一百二十卷　（漢）班固撰　（唐）顔師古注　清光緒十三年（1887）金陵書局刻本　十六册

110000－0144－0014284　922.2101/123－02
前漢書一百二十卷　（漢）班固撰　（唐）顔師古注　清光緒十三年（1887）金陵書局刻本　十六册

110000－0144－0014285　922.2101/123－02
前漢書一百二十卷　（漢）班固撰　（唐）顔師古注　清光緒十三年（1887）金陵書局刻本　十六册

110000－0144－0014286　922.2101/123－02
前漢書一百二十卷　（漢）班固撰　（唐）顔師古注　清光緒十三年（1887）金陵書局刻本　十六册

110000－0144－0014287　922.2101/123－02
前漢書一百二十卷　（漢）班固撰　（唐）顔師古注　清光緒十三年（1887）金陵書局刻本　十六册

110000－0144－0014288　922.2101/123－03
漢書一百二十卷　（漢）班固著　（唐）顔師古注　清同治八年（1869）金陵書局刻本　存五卷（二十八至三十二）　十五册

110000－0144－0014289　922.2101/123－03
漢書一百二十卷　（漢）班固著　（唐）顔師古注　清同治八年（1869）金陵書局刻本　十六册

110000－0144－0014290　922.2101/123－04
前漢書一百二十卷　（漢）班固撰　（唐）顔師古注　清光緒三十四年（1908）上海圖書集成印書局鉛印本　二十册

110000－0144－0014291　922.2101/123－04
前漢書一百二十卷　（漢）班固撰　（唐）顔師古注　清光緒三十四年（1908）上海圖書集成印書局鉛印本　二十册

110000－0144－0014292　922.2101/123－06
前漢書一百二十卷　（漢）班固撰　（唐）顔師古注　清同治十年（1871）成都書局刻本　三十二册

110000－0144－0014293　922.2101/123－08
前漢書一百二十卷　（漢）班固撰　（唐）顔師古注　清光緒十年（1884）上海同文書局石印本　三十二册

110000－0144－0014294　922.2101/123－08
前漢書一百二十卷　（漢）班固撰　（唐）顔師古注　清光緒十年（1884）上海同文書局石印本　三十二册

110000－0144－0014295　922.2101/123－08
前漢書一百二十卷　（漢）班固撰　（唐）顔師古注　清光緒十年（1884）上海同文書局石印本　三十二册

110000－0144－0014296　922.2101/123－09
前漢書一百二十卷　（漢）班固撰　（唐）顔師古注　清光緒八年（1882）桐城方氏刻本　三十二册

110000－0144－0014297　922.2101/123－118
漢書補注七卷　（清）王榮商撰　清刻本　二册

110000－0144－0014298　922.2101/123－119－02
前漢補注一百卷　（漢）班固撰　（唐）顔師古　王先謙補注　清光緒二十六年（1900）長沙王氏刻本　三十二册

110000－0144－0014299　922.2101/123－119－02

前漢補注一百卷 (漢)班固撰 (唐)顏師古 王先謙補注 清光緒二十六年(1900)長沙王氏刻本 三十二册

110000-0144-0014300 922.2101/123-278
漢書蒙拾五卷 (清)杭世駿撰 清刻本 五册

110000-0144-0014301 922.2101/123-748
漢書疏證三十六卷後漢書疏證三十卷 (清)沈欽韓撰 清光緒二十六年(1900)浙江官書局刻本 四十册

110000-0144-0014302 922.2101/123-765-04
漢書譯林一百卷 (明)淩稚隆撰 清同治十三年(1874)長沙魏氏養翮書屋刻本 三十二册

110000-0144-0014303 922.2101/123-814
漢書注校補五十六卷 (清)周壽昌撰 清光緒十年(1884)小對竹軒刻本 十册

110000-0144-0014304 922.2101/123-814-02
漢書注校補五十六卷 (清)周壽昌撰 清光緒十七年(1891)廣雅書局刻本 十册

110000-0144-0014305 922.2101/123-814-02
漢書注校補五十六卷 (清)周壽昌撰 清光緒十七年(1891)廣雅書局刻本 十册

110000-0144-0014306 922.2101/123-899
兩漢書注考證二卷 (清)何若瑤撰 清光緒二十年(1894)廣雅書局刻本 一册

110000-0144-0014307 922.2101/123-929
漢書辨疑二十二卷 (清)錢大昭撰 清光緒十三年(1887)廣州廣雅書局刻本 五册

110000-0144-0014308 922.2101/123-929
漢書辨疑二十二卷 (清)錢大昭撰 清光緒十三年(1887)廣州廣雅書局刻本 九册

110000-0144-0014309 922.2101/123-929
漢書辨疑二十二卷 (清)錢大昭撰 清光緒十三年(1887)廣州廣雅書局刻本 十册

110000-0144-0014310 922.2101/439
兩漢韻珠十卷 (清)吳章灃輯 清光緒十八年(1892)吳縣吳氏刻本 十册

110000-0144-0014311 922.2102/118
西漢年紀三十卷 (宋)王益之撰 清同治十一年(1872)永康胡氏退補齋刻本 十册

110000-0144-0014312 922.2102/552
前漢紀三十卷 (漢)荀悅撰 清光緒二年(1876)嶺南學海堂刻本 七册

110000-0144-0014313 922.2102/552
前漢紀三十卷 (漢)荀悅撰 清光緒二年(1876)嶺南學海堂刻本 六册

110000-0144-0014314 922.2102/552-02
前漢紀三十卷後漢紀三十卷 (漢)荀悅撰 清光緒二年(1876)嶺南述古堂刻本 十六册

110000-0144-0014315 922.2103/725-1
漢書人表考補一卷 (清)梁玉繩撰 清光緒十四年(1888)廣雅書局刻本 一册

110000-0144-0014316 922.2108/817
漢書管見四卷 (清)朱一新撰 清葆真堂刻本 四册

110000-0144-0014317 922.2108/860
漢書引經異文錄證六卷 (清)繆祐孫撰 清光緒十一年(1885)刻本 二册

110000-0144-0014318 922.22/641
後漢黨錮歷史一卷 (清)高超撰 清光緒三十二年(1906)木活字印本 一册

110000-0144-0014319 922.22/747
後漢書注又補一卷 (清)沈銘彝撰 清光緒十四年(1888)廣雅書局刻本 一册

110000-0144-0014320 922.22/929
續漢書辨疑九卷 (清)錢大昭撰 清光緒十四年(1888)廣雅書局刻本 二册

110000-0144-0014321 922.2201/533
後漢書九十卷 (南朝宋)范曄 (晉)司馬彪

撰　(唐)李賢　(唐)劉昭注　清光緒二十九年(1903)上海點石齋石印本　六册

110000－0144－0014322　922.2201/533－015
後漢書一百二十卷　(南朝宋)范曄撰　(唐)李賢　(唐)劉昭注　清光緒二十八年(1902)史學會社石印本　八册

110000－0144－0014323　922.2201/533－02
後漢書一百二十卷　(南朝宋)范曄　(晉)司馬彪撰　(唐)李賢　(唐)劉昭注　清光緒十四年(1888)上海蜚英館石印本　十一册

110000－0144－0014324　922.2201/533－03
後漢書一百二十卷　(南朝宋)范曄撰　(唐)李賢　(唐)劉昭注　清光緒十三年(1887)金陵書局刻本　十六册

110000－0144－0014325　922.2201/533－03
後漢書一百二十卷　(南朝宋)范曄撰　(唐)李賢　(唐)劉昭注　清光緒十三年(1887)金陵書局刻本　十二册

110000－0144－0014326　922.2201/533－03
後漢書一百二十卷　(南朝宋)范曄撰　(唐)李賢　(唐)劉昭注　清光緒十三年(1887)金陵書局刻本　十六册

110000－0144－0014327　922.2201/533－03
後漢書一百二十卷　(南朝宋)范曄撰　(唐)李賢　(唐)劉昭注　清光緒十三年(1887)金陵書局刻本　十六册

110000－0144－0014328　922.2201/533－04
後漢書一百三十卷　(南朝宋)范曄撰　(唐)李賢　(唐)劉昭補注　明崇禎十六年(1643)毛氏汲古閣刻本　十册

110000－0144－0014329　922.2201/533－04
後漢書一百三十卷　(南朝宋)范曄撰　(唐)李賢　(唐)劉昭補注　明崇禎十六年(1643)毛氏汲古閣刻本　二十四册

110000－0144－0014330　922.2201/533－05
後漢書一百二十卷　(南朝宋)范曄撰　(唐)李賢　(唐)劉昭補注　清光緒二十九年(1903)五洲同文局石印本　二十八册

110000－0144－0014331　922.2201/533－06
後漢書一百二十卷　(南朝宋)范曄撰　(唐)李賢　(唐)劉昭注　清光緒三十四年(1908)上海集成圖書公司鉛印本　十六册

110000－0144－0014332　922.2201/533－06
後漢書一百二十卷　(南朝宋)范曄撰　(唐)李賢　(唐)劉昭注　清光緒三十四年(1908)上海集成圖書公司鉛印本　十六册

110000－0144－0014333　922.2201/533－06
後漢書一百二十卷　(南朝宋)范曄撰　(唐)李賢　(唐)劉昭注　清光緒三十四年(1908)上海集成圖書公司鉛印本　十六册

110000－0144－0014334　922.2201/533－08
後漢書一百三十卷　(南朝宋)范曄撰　(唐)李賢　(唐)劉昭注　清同治八年(1869)金陵書局刻本　十六册

110000－0144－0014335　922.2201/533－08
後漢書一百三十卷　(南朝宋)范曄撰　(唐)李賢　(唐)劉昭注　清同治八年(1869)金陵書局刻本　十六册

110000－0144－0014336　922.2201/533－09
後漢書一百二十卷　(南朝宋)范曄撰　(唐)李賢　(唐)劉昭注　清光緒十年(1884)上海同文書局石印本　二十八册

110000－0144－0014337　922.2201/533－09
後漢書一百二十卷　(南朝宋)范曄撰　(唐)李賢　(唐)劉昭注　清光緒十年(1884)上海同文書局石印本　二十八册

110000－0144－0014338　922.2201/533－138
後漢書補注二十四卷　(清)惠棟撰　清嘉慶九年(1804)德裕堂刻本　四册

110000－0144－0014339　922.2201/533－138－02
後漢書補注二十四卷　(清)惠棟撰　清光緒二十年(1894)廣雅書局刻本　十二册

110000－0144－0014340　922.2201/533－209

續後漢書九十卷札記四卷 (元)郝經撰 清光緒六年(1880)梁寅刻本 二十四册

110000－0144－0014341 922.2201/533－510
續後漢書四十二卷音義四卷義例一卷 (宋)蕭常撰 清道光二十一年(1841)郁氏宜稼堂刻本 十六册

110000－0144－0014342 922.2201/533－510－02
續後漢書四十二卷音義四卷義例一卷 (宋)蕭常撰 清光緒十一年(1885)鼎吉堂刻本 十册

110000－0144－0014343 922.2201/533－889
續漢書八志三十卷 (南朝梁)劉昭注補 清末韓江書局刻本 二册

110000－0144－0014344 922.2201/533－889－02
續漢書八志三十卷 (南朝梁)劉昭注補 清末金陵書局刻本 二册

110000－0144－0014345 922.2201/712
七家後漢書八種二十一卷 (清)汪文臺輯 清光緒八年(1882)刻本 缺二卷(薛瑩書一、謝沈書一) 五册

110000－0144－0014346 922.2201/712
七家後漢書二十一卷 (清)汪文臺輯 清光緒八年(1882)刻本 六册

110000－0144－0014347 922.2201/712
七家後漢書二十一卷 (清)汪文臺輯 清光緒八年(1882)刻本 六册

110000－0144－0014348 922.2201/712
七家後漢書二十一卷 (清)汪文臺輯 清光緒八年(1882)刻本 六册

110000－0144－0014349 922.2201/712
七家後漢書二十一卷 (清)汪文臺輯 清光緒八年(1882)刻本 六册

110000－0144－0014350 922.2201/712
七家後漢書二十一卷 (清)汪文臺輯 清光緒八年(1882)刻本 六册

110000－0144－0014351 922.2201/712
七家後漢書二十一卷 (清)汪文臺輯 清光緒八年(1882)刻本 六册

110000－0144－0014352 922.2201/721
桐華館史翼五種 (清)金德輿編 清桐華館刻本 六册

110000－0144－0014353 922.2202/193
後漢紀三十卷 (晉)袁宏撰 清光緒二年(1876)嶺南學海堂刻本 八册

110000－0144－0014354 922.2202/193
後漢紀三十卷 (晉)袁宏撰 清光緒二年(1876)嶺南學海堂刻本 八册

110000－0144－0014355 922.2203/856
後漢書年表十卷 (宋)熊方輯 清乾隆四十七年(1782)刻本 四册

110000－0144－0014356 922.2203/856
後漢書年表十卷 (宋)熊方輯 清乾隆四十七年(1782)刻本 三册

110000－0144－0014357 922.2203/929
後漢書補表八卷 (清)錢大昭撰 清光緒十七年(1891)廣雅書局刻本 四册

110000－0144－0014358 922.2205/441
兩漢刊誤補遺十卷 (宋)吴仁傑撰 清乾隆長塘鮑氏刻知不足齋本 四册

110000－0144－0014359 922.2205/441－02
兩漢刊誤補遺十卷 (宋)吴仁傑撰 清同治七年(1868)金陵書局刻本 二册

110000－0144－0014360 922.23/908
三國志補注續一卷 (清)侯康撰 清光緒十七年(1891)廣雅書局刻本 一册

110000－0144－0014361 922.23/929
三國志辨疑三卷 (清)錢大昭撰 清光緒十五年(1889)廣雅書局刻本 一册

110000－0144－0014362 922.23/929
三國志辨疑三卷 (清)錢大昭撰 清光緒十五年(1889)廣雅書局刻本 一册

110000－0144－0014363　922.2301/378－010

三國志六十五卷　(晉)陳壽撰　(南朝宋)裴松之注　清光緒三十一年(1905)上海久敬齋石印本　四冊

110000－0144－0014364　922.2301/378－018

三國志六十五卷　(晉)陳壽撰　(南朝宋)裴松之注　清光緒二十八年(1902)史學會社石印本　四冊

110000－0144－0014365　922.2301/378－02

三國志六十五卷　(晉)陳壽撰　(南朝宋)裴松之注　清光緒二十九年(1903)上海點石齋石印本　四冊

110000－0144－0014366　922.2301/378－03

三國志六十五卷　(晉)陳壽撰　(南朝宋)裴松之注　清光緒十四年(1888)上海圖書集成印書局鉛印本　八冊

110000－0144－0014367　922.2301/378－03

三國志六十五卷　(晉)陳壽撰　(南朝宋)裴松之注　清光緒十四年(1888)上海圖書集成印書局鉛印本　八冊

110000－0144－0014368　922.2301/378－04

三國志六十五卷　(晉)陳壽撰　(南朝宋)裴松之注　清光緒十三年(1887)江南書局刻本　六冊

110000－0144－0014369　922.2301/378－04

三國志六十五卷　(晉)陳壽撰　(南朝宋)裴松之注　清光緒十三年(1887)江南書局刻本　八冊

110000－0144－0014370　922.2301/378－04

三國志六十五卷　(晉)陳壽撰　(南朝宋)裴松之注　清光緒十三年(1887)江南書局刻本　八冊

110000－0144－0014371　922.2301/378－05

三國志六十五卷　(晉)陳壽撰　(南朝宋)裴松之注　清同治九年(1870)金陵書局刻本　八冊

110000－0144－0014372　922.2301/378－05

三國志六十五卷　(晉)陳壽撰　(南朝宋)裴松之注　清同治九年(1870)金陵書局刻本　八冊

110000－0144－0014373　922.2301/378－05

三國志六十五卷　(晉)陳壽撰　(南朝宋)裴松之注　清同治九年(1870)金陵書局刻本　八冊

110000－0144－0014374　922.2301/378－07

三國志六十五卷　(晉)陳壽撰　(南朝宋)裴松之注　清光緒二十九年(1903)五洲同文局石印本　十四冊

110000－0144－0014375　922.2301/378－07

三國志六十五卷　(晉)陳壽撰　(南朝宋)裴松之注　清光緒二十九年(1903)五洲同文局石印本　十四冊

110000－0144－0014376　922.2301/378－254

三國志裴注述二卷　(清)林國讚撰　清光緒十六年(1890)學海堂刻本　一冊

110000－0144－0014377　922.2301/378－668

三國志補義十三卷　(清)康發祥撰　清咸豐十年(1860)刻本　四冊

110000－0144－0014378　922.2301/378－730

三國志旁證三十卷　(清)梁章鉅撰　清光緒十六年(1890)廣雅書局刻本　六冊

110000－0144－0014379　922.2301/378－730

三國志旁證三十卷　(清)梁章鉅撰　清光緒十六年(1890)廣雅書局刻本　六冊

110000－0144－0014380　922.2301/378－730

三國志旁證三十卷　(清)梁章鉅撰　清光緒十六年(1890)廣雅書局刻本　六冊

110000－0144－0014381　922.2301/378－754

三國志考證八卷　(清)潘眉撰　清光緒十五年(1889)廣雅書局刻本　二冊

110000－0144－0014382　922.2301/378－754

三國志考證八卷　(清)潘眉撰　清光緒十五年(1889)廣雅書局刻本　二冊

110000－0144－0014383　922.2301/378－934

三國志證聞三卷 (清)錢儀吉撰 清光緒十一年(1885)江蘇書局刻本 二冊

110000－0144－0014384 922.2301/378－954
三國志質疑六卷 (清)徐邵楨撰 清光緒十二年(1886)羊城刻本 三冊

110000－0144－0014385 922.2301/598
三國志辨微三卷 (清)尚鎔撰 清嘉慶二十三年(1818)瑤湖草堂刻本 一冊

110000－0144－0014386 922.2303/720
三國職官表三卷 (清)洪飴孫編 清光緒十七年(1891)廣雅書局刻本 三冊

110000－0144－0014387 922.2303/720
三國職官表三卷 (清)洪飴孫撰 清光緒十七年(1891)廣雅書局刻本 三冊

110000－0144－0014388 922.2303/814
三國紀年表一卷 (清)周嘉猷編 清光緒十七年(1891)廣雅書局刻本 一冊

110000－0144－0014389 922.2305/167
三國書法十卷 (清)黄恩彤撰 清咸豐七年(1857)刻本 四冊

110000－0144－0014390 922.305/720
擬兩晉南北史樂府二卷 (清)洪亮吉著 清光緒三年(1877)授經堂刻本 一冊

110000－0144－0014391 922.31/819
晉略六十五卷序目一卷 (清)周濟撰 清光緒二年(1876)味雋齋刻本 十冊

110000－0144－0014392 922.31/819
晉略六十五卷序目一卷 (清)周濟撰 清光緒二年(1876)味雋齋刻本 十冊

110000－0144－0014393 922.31/819
晉略六十五卷序目一卷 (清)周濟撰 清光緒二年(1876)味雋齋刻本 十冊

110000－0144－0014394 922.31/819－02
晉略六十六卷 (清)周濟撰 清道光十九年(1839)味雋齋刻本 十冊

110000－0144－0014395 922.3101/667
晉書一百三十卷 (唐)房玄齡撰 清同治十年(1871)金陵書局刻本 二十冊

110000－0144－0014396 922.3101/667
晉書一百三十卷 (唐)房玄齡撰 清同治十年(1871)金陵書局刻本 十六冊

110000－0144－0014397 922.3101/667
晉書一百三十卷 (唐)房玄齡撰 清同治十年(1871)金陵書局刻本 二十冊

110000－0144－0014398 922.3101/667－958
晉書一百三十卷 (唐)房玄齡撰 清光緒二十九年(1903)五洲同文局石印本 三十冊

110000－0144－0014399 922.3101/667－958
晉書一百三十卷 (唐)房玄齡撰 清光緒二十九年(1903)五洲同文局石印本 三十冊

110000－0144－0014400 922.3101/667－958－02
晉書一百三十卷 (唐)房玄齡撰 清光緒十四年(1888)上海圖書集成印書局鉛印本 十六冊

110000－0144－0014401 922.3101/736
補晉兵志一卷 (清)錢儀吉撰 清光緒十七年(1891)廣雅書局刻本 一冊

110000－0144－0014402 922.3101/736
補晉書藝文志四卷附錄一卷補遺一卷 (清)丁國鈞編 清光緒廣雅書局刻本 一冊

110000－0144－0014403 922.3101/736
晉紀輯本六種 (清)湯球輯 清光緒刻廣雅書局叢書本 九冊

110000－0144－0014404 922.3101/736
晉宋書故一卷 (清)郝懿行撰 清光緒十七年(1891)廣雅書局刻本 一冊

110000－0144－0014405 922.3101/736
新校晉書地理志一卷 (清)方愷撰 清光緒二十一年(1895)廣雅書局刻本 一冊

110000－0144－0014406 922.3101/736－3
漢晉春秋輯本四卷三十國春秋輯本一卷晉陽秋輯本三卷 (清)湯球輯 清光緒刻本

三册

110000－0144－0014407　922.3101/736－3
晉書輯本一卷　(清)湯球輯　**晉陽秋輯本一卷晉書校勘記一卷**　清光緒刻廣雅書局叢書本　八册

110000－0144－0014408　922.3101/958
晉書一百三十卷　(唐)房玄齡撰　清光緒三十三年(1907)上海集成圖書公司鉛印本　十六册

110000－0144－0014409　922.3101/958－03
晉書一百三十卷　(唐)房玄齡撰　清光緒二十八年(1902)史學會社石印本　八册

110000－0144－0014410　922.32/720
東晉疆域志四卷　(清)洪亮吉撰　清嘉慶元年(1796)京師刻本　二册

110000－0144－0014411　922.3301/590
十六國春秋一百卷　(北魏)崔鴻撰　(清)汪日桂重訂　清光緒十二年(1886)湖北官書處刻本　十二册

110000－0144－0014412　922.3301/590
十六國春秋一百卷　(北魏)崔鴻撰　(清)汪日桂重訂　清光緒十二年(1886)湖北官書處刻本　十二册

110000－0144－0014413　922.3301/590－03
十六國春秋一百卷　(北魏)崔鴻撰　(清)汪日桂重訂　清光緒元年(1875)湖北崇文書局刻本　十二册

110000－0144－0014414　922.3301/590－04
十六國春秋一百卷　(北魏)崔鴻撰　(清)汪日桂重訂　清乾隆四十六年(1781)汪日桂欣托山房刻本　二十二册

110000－0144－0014415　922.3305/816
十六國宫詞二卷　(清)周昇撰注　清掃葉山房石印本　四册

110000－0144－0014416　922.3403/814－02
南北史表五卷　(清)周嘉猷撰　清光緒十八年(1892)廣雅書局刻本　四册

110000－0144－0014417　922.3407/814
南北史捃華八卷　(清)周嘉猷撰　清刻本　八册

110000－0144－0014418　922.3407/814
南北史捃華八卷　(清)周嘉猷撰　清刻本　八册

110000－0144－0014419　922.3407/814
南北史捃華八卷　(清)周嘉猷撰　清刻本　四册

110000－0144－0014420　922.3407/814－02
南北史捃華八卷　(清)周嘉猷撰　清同治四年(1865)鑑止水齋刻本　四册

110000－0144－0014421　922.3501/293
南史八十卷　(唐)李延壽撰　清同治十一年(1872)金陵書局刻本　十二册

110000－0144－0014422　922.3501/293
南史八十卷　(唐)李延壽撰　清同治十一年(1872)金陵書局刻本　十二册

110000－0144－0014423　922.3501/293
南史八十卷　(唐)李延壽撰　清同治十一年(1872)金陵書局刻本　十册

110000－0144－0014424　922.3501/293－02
南史八十卷　(唐)李延壽撰　清光緒二十九年(1903)五洲同文局石印本　二十册

110000－0144－0014425　922.3501/293－02
南史八十卷　(唐)李延壽撰　清光緒二十九年(1903)五洲同文局石印本　二十册

110000－0144－0014426　922.3501/293－03
南史八十卷　(唐)李延壽撰　清光緒二十三年(1897)上海華商集成圖書公司鉛印本　十二册

110000－0144－0014427　922.3501/293－03
南史八十卷　(唐)李延壽撰　清光緒二十三年(1897)上海華商集成圖書公司鉛印本　缺四卷(一至四)　十二册

110000－0144－0014428　922.3501/293－06
南史八十卷　(唐)李延壽撰　清光緒二十八

年(1902)史學會社石印本　六冊

110000－0144－0014429　922.3501/708
南北史補志十四卷　(清)汪士鐸撰　清光緒四年(1878)淮南書局刻本　六冊

110000－0144－0014430　922.3501/708
南北史補志十四卷　(清)汪士鐸撰　清光緒四年(1878)淮南書局刻本　六冊

110000－0144－0014431　922.3501/708
南北史補志十四卷　(清)汪士鐸撰　清光緒四年(1878)淮南書局刻本　六冊

110000－0144－0014432　922.3505/747
南史識小錄十四卷　(清)沈名蓀　(清)朱昆田輯　(清)張應昌補正　清同治十年(1871)武林吳氏精來堂刻本　四冊

110000－0144－0014433　922.35101/747－209
宋瑣語不分卷　(清)郝懿行撰　清刻本　三冊

110000－0144－0014434　922.35201/508
南齊書五十九卷　(南朝梁)蕭子顯撰　清光緒三十三年(1907)上海華商集成圖書公司鉛印本　六冊

110000－0144－0014435　922.35201/508
南齊書五十九卷　(南朝梁)蕭子顯撰　清光緒三十三年(1907)上海華商集成圖書公司鉛印本　六冊

110000－0144－0014436　922.35201/508－02
南齊書五十九卷　(南朝梁)蕭子顯撰　清同治十三年(1874)金陵書局刻本　六冊

110000－0144－0014437　922.35201/508－04
南齊書五十九卷　(南朝梁)蕭子顯撰　清光緒二十九年(1903)五洲同文局石印本　八冊

110000－0144－0014438　922.35201/508－04
南齊書五十九卷　(南朝梁)蕭子顯撰　清光緒二十九年(1903)五洲同文局石印本　八冊

110000－0144－0014439　922.35201/508－07
南齊書五十九卷　(南朝梁)蕭子顯撰　清光緒二十八年(1902)史學會社石印本　二冊

110000－0144－0014440　922.35301/994
梁書五十六卷　(唐)姚思廉撰　清光緒三十三年(1907)上海華商集成圖書公司鉛印本　四冊

110000－0144－0014441　922.35301/994
梁書五十六卷　(唐)姚思廉撰　清光緒三十三年(1907)上海華商集成圖書公司鉛印本　四冊

110000－0144－0014442　922.35301/994－02
梁書五十六卷　(唐)姚思廉撰　清光緒二十九年(1903)五洲同文局石印本　八冊

110000－0144－0014443　922.35301/994－02
梁書五十六卷　(唐)姚思廉撰　清光緒二十九年(1903)五洲同文局石印本　八冊

110000－0144－0014444　922.35301/994－04
梁書五十六卷　(唐)姚思廉撰　清光緒二十八年(1902)史學會社石印本　二冊

110000－0144－0014445　922.35401/994－02
陳書三十六卷　(唐)姚思廉撰　清同治十一年(1872)金陵書局刻本　四冊

110000－0144－0014446　922.35401/994－02
陳書三十六卷　(唐)姚思廉撰　清同治十一年(1872)金陵書局刻本　四冊

110000－0144－0014447　922.35401/994－03
陳書三十六卷　(唐)姚思廉撰　清光緒二十九年(1903)五洲同文局石印本　六冊

110000－0144－0014448　922.35401/994－03
陳書三十六卷　(唐)姚思廉撰　清光緒二十九年(1903)五洲同文局石印本　六冊

110000－0144－0014449　922.35401/994－04
陳書三十六卷　(唐)姚思廉撰　清光緒三十三年(1907)上海華商集成圖書公司鉛印本　四冊

110000－0144－0014450　922.35401/994－04
陳書三十六卷　(唐)姚思廉撰　清光緒三十三年(1907)上海華商集成圖書公司鉛印本　四冊

110000－0144－0014451　922.3601/293
北史一百卷　(唐)李延壽撰　清光緒三十三年(1907)上海華商集成圖書公司鉛印本　十六册

110000－0144－0014452　922.3601/293
北史一百卷　(唐)李延壽撰　清光緒三十三年(1907)上海華商集成圖書公司鉛印本　十六册

110000－0144－0014453　922.3601/293－02
北史一百卷　(唐)李延壽撰　清光緒二十九年(1903)五洲同文局石印本　二十四册

110000－0144－0014454　922.3601/293－02
北史一百卷　(唐)李延壽撰　清光緒二十九年(1903)五洲同文局石印本　二十四册

110000－0144－0014455　922.3601/293－04
北史一百卷　(唐)李延壽撰　清同治十一年(1872)金陵書局刻本　二十册

110000－0144－0014456　922.3601/293－04
北史一百卷　(唐)李延壽撰　清同治十一年(1872)金陵書局刻本　十六册

110000－0144－0014457　922.3601/293－04
北史一百卷　(唐)李延壽撰　清同治十一年(1872)金陵書局刻本　二十册

110000－0144－0014458　922.3605/747
北史識小録十四卷　(清)沈名蓀　(清)朱昆田輯　(清)張應昌補正　清刻本　四册

110000－0144－0014459　922.36101/802
魏書一百十四卷　(北齊)魏收撰　清光緒三十三年(1907)上海華商集成圖書公司鉛印本　十六册

110000－0144－0014460　922.36101/802
魏書一百十四卷　(北齊)魏收撰　清光緒三十三年(1907)上海華商集成圖書公司鉛印本　十六册

110000－0144－0014461　922.36101/802－02
魏書一百十四卷　(北齊)魏收撰　清同治十一年(1872)金陵書局刻本　十六册

110000－0144－0014462　922.36101/802－02
魏書一百十四卷　(北齊)魏收撰　清同治十一年(1872)金陵書局刻本　十六册

110000－0144－0014463　922.36101/802－02
魏書一百十四卷　(北齊)魏收撰　清同治十一年(1872)金陵書局刻本　十六册

110000－0144－0014464　922.36101/802－03
魏書一百十四卷　(北齊)魏收撰　清光緒二十九年(1903)五洲同文局石印本　二十四册

110000－0144－0014465　922.36101/802－03
魏書一百十四卷　(北齊)魏收撰　清光緒二十九年(1903)五洲同文局石印本　二十四册

110000－0144－0014466　922.36101/802－05
魏書一百十四卷　(北齊)魏收撰　清光緒十八年(1892)武林竹簡齋石印本　八册

110000－0144－0014467　922.36101/802－06
魏書一百十四卷　(北齊)魏收撰　清光緒十八年(1892)史學會社石印本　八册

110000－0144－0014468　922.36301/624
西魏書二十四卷附録一卷　(清)謝啟昆撰　清末廣雅書局刻本　六册

110000－0144－0014469　922.36301/624－02
西魏書二十四卷　(清)謝啟昆撰　清乾隆六十年(1795)樹經堂刻本　四册

110000－0144－0014470　922.36301/624－02
西魏書二十四卷　(清)謝啟昆撰　清乾隆六十年(1795)樹經堂刻本　六册

110000－0144－0014471　922.36301/624－03
西魏書二十四卷附録一卷　(清)謝啟昆撰　清光緒九年(1883)刻本　六册

110000－0144－0014472　922.36401/288
北齊書五十卷　(唐)李百藥撰　清光緒三十三年(1907)上海華商集成圖書公司鉛印本　六册

110000－0144－0014473　922.36401/288－02
北齊書五十卷　(唐)李百藥撰　清同治十三年(1874)金陵書局刻本　四册

110000－0144－0014474　922.36401/288－02
北齊書五十卷　(唐)李百藥撰　清同治十三年(1874)金陵書局刻本　四冊

110000－0144－0014475　922.36401/288－02
北齊書五十卷　(唐)李百藥撰　清同治十三年(1874)金陵書局刻本　四冊

110000－0144－0014476　922.36401/288－04
北齊書五十卷　(唐)李百藥撰　清光緒二十九年(1903)五洲同文局石印本　八冊

110000－0144－0014477　922.36401/288－04
北齊書五十卷　(唐)李百藥撰　清光緒二十九年(1903)五洲同文局石印本　八冊

110000－0144－0014478　922.36401/288－06
北齊書五十卷　(唐)李百藥撰　清光緒二十八年(1902)史學會社石印本　二冊

110000－0144－0014479　922.36501/989－02
周書五十卷　(唐)令狐德棻撰　清光緒三十三年(1907)上海華商集成圖書公司鉛印本　四冊

110000－0144－0014480　922.36501/989－02
周書五十卷　(唐)令狐德棻撰　清光緒三十三年(1907)上海華商集成圖書公司鉛印本　四冊

110000－0144－0014481　922.36501/989－03
周書五十卷　(唐)令狐德棻撰　清同治十三年(1874)金陵書局刻本　四冊

110000－0144－0014482　922.36501/989－03
周書五十卷　(唐)令狐德棻撰　清同治十三年(1874)金陵書局刻本　四冊

110000－0144－0014483　922.36501/989－03
周書五十卷　(唐)令狐德棻撰　清同治十三年(1874)金陵書局刻本　四冊

110000－0144－0014484　922.36501/989－04
周書五十卷　(唐)令狐德棻撰　清光緒二十九年(1903)五洲同文局石印本　八冊

110000－0144－0014485　922.36501/989－04
周書五十卷　(唐)令狐德棻撰　清光緒二十九年(1903)五洲同文局石印本　八冊

110000－0144－0014486　922.36501/989－06
周書五十卷　(唐)令狐德棻撰　清光緒二十八年(1902)史學會社石印本　二冊

110000－0144－0014487　922.3701/807
隋書八十五卷　(唐)魏徵撰　清同治十年(1871)淮南書局刻本　十二冊

110000－0144－0014488　922.3701/807
隋書八十五卷　(唐)魏徵撰　清同治十年(1871)淮南書局刻本　十二冊

110000－0144－0014489　922.3701/807
隋書八十五卷　(唐)魏徵撰　清同治十年(1871)淮南書局刻本　十二冊

110000－0144－0014490　922.3701/807－03
隋書八十五卷　(唐)魏徵撰　清光緒三十三年(1907)上海華商集成圖書公司鉛印本　十二冊

110000－0144－0014491　922.3701/807－03
隋書八十五卷　(唐)魏徵撰　清光緒三十三年(1907)上海華商集成圖書公司鉛印本　十二冊

110000－0144－0014492　922.3701/807－05
隋書八十五卷　(唐)魏徵撰　清光緒二十八年(1902)史學會社石印本　六冊

110000－0144－0014493　922.3701/807－06
隋書八十五卷　(唐)魏徵等撰　清光緒十年(1884)上海同文書局石印本　二十四冊

110000－0144－0014494　922.4101/423
新唐書二百二十五卷　(宋)歐陽修　(宋)宋祁撰　清同治十二年(1873)浙江書局刻本　四十冊

110000－0144－0014495　922.4101/423
新唐書二百二十五卷　(宋)歐陽修　(宋)宋祁撰　清同治十二年(1873)浙江書局刻本　四十冊

110000－0144－0014496　922.4101/423－02
新唐書二百二十五卷唐書釋音二十五卷

(宋)歐陽修　(宋)宋祁撰　清光緒二十八年(1902)武林竹簡齋石印本　十六册

110000－0144－0014497　922.4101/423－03
唐書二百二十五卷　(宋)歐陽修　(宋)宋祁撰　清光緒十四年(1888)上海圖書集成印書局鉛印本　三十二册

110000－0144－0014498　922.4101/423－05
唐書二百二十五卷　(宋)歐陽修　(宋)宋祁撰　清光緒二十九年(1903)五洲同文局石印本　五十册

110000－0144－0014499　922.4101/423－06
唐書二百二十五卷　(宋)歐陽修　(宋)宋祁撰　清光緒二十八年(1902)史學會社石印本　十六册

110000－0144－0014500　922.4101/423－07
唐書二百二十五卷　(宋)歐陽修　(宋)宋祁撰　清光緒三十三年(1907)上海華商集成圖書公司鉛印本　三十二册

110000－0144－0014501　922.4101/889
舊唐書二百卷　(五代)劉昫等撰　清光緒三十三年(1907)上海華商集成圖書公司鉛印本　三十册

110000－0144－0014502　922.4101/889－02
舊唐書二百卷　(五代)劉昫等撰　清道光二十二年(1842)甘泉岑氏懼盈齋刻同治十一年(1872)定遠方氏重修本　七十八册

110000－0144－0014503　922.4101/889－04
舊唐書二百十四卷　(五代)劉昫等撰　清同治十一年(1872)浙江書局刻本　四十册

110000－0144－0014504　922.4101/889－04
舊唐書二百十四卷　(五代)劉昫等撰　清同治十一年(1872)浙江書局刻本　四十册

110000－0144－0014505　922.4101/889－05
舊唐書二百卷　(五代)劉昫等撰　清光緒二十八年(1902)史學會社石印本　十六册

110000－0144－0014506　922.4101/889－312
舊唐書疑義四卷　(清)張道撰　清光緒六年至七年(1880－1881)湖北崇文書局刻本　三册

110000－0144－0014507　922.4101/889－482
舊唐書校勘記六十六卷舊唐書逸文十二卷　(清)羅士琳　(清)劉文淇同訂　清同治十一年(1872)定遠方氏懼盈齋刻本　二十四册

110000－0144－0014508　922.4105/517
修史試筆二卷　(清)藍鼎元纂　(清)曠敏本批評　清雍正十年(1732)刻鹿洲全集本　二册

110000－0144－0014509　922.4105/535
東萊先生音註唐鑑二十四卷　(宋)范祖禹撰　(宋)呂祖謙音註　清光緒十八年(1892)浙江書局刻本　八册

110000－0144－0014510　922.4105/535－02
東萊先生音註唐鑑二十四卷　(宋)范祖禹撰　(宋)呂祖謙音註　清光緒十八年(1892)浙江書局刻本　四册

110000－0144－0014511　922.4105/535－02
東萊先生音註唐鑑二十四卷　(宋)范祖禹撰　(宋)呂祖謙音註　清光緒十八年(1892)浙江書局刻本　四册

110000－0144－0014512　922.4105/535－02
東萊先生音註唐鑑二十四卷　(宋)范祖禹撰　(宋)呂祖謙音註　清光緒十八年(1892)浙江書局刻本　存十一卷(一至十一)　二册

110000－0144－0014513　922.4105/535－04
唐鑑二十四卷　(宋)呂祖謙音註　**唐鑑音註考异**　(清)胡鳳丹纂輯　清同治十年(1871)胡鳳丹退補齋刻本　六册

110000－0144－0014514　922.4108/204
新舊唐書互證二十卷　(清)趙紹祖撰　清光緒十七年(1891)廣雅書局刻本　四册

110000－0144－0014515　922.42/976
江南餘載二卷　(宋)鄭文寶撰　清乾隆至道光長塘鮑氏刻知不足齋叢書本　一册

110000－0144－0014516　922.4201/423

五代史記七十四卷　(宋)歐陽修撰　(宋)徐無黨注　清乾隆十一年(1746)歐陽徽柔刻本　八冊

110000－0144－0014517　922.4201/423－185

新舊五代史記注七十四卷　(宋)歐陽修撰　(宋)徐無黨注　(清)彭元瑞注　清道光八年(1828)刻本　四十冊

110000－0144－0014518　922.4201/423－185

新舊五代史記注七十四卷　(宋)歐陽修撰　(宋)徐無黨注　(清)彭元瑞注　清道光八年(1828)刻本　二十四冊

110000－0144－0014519　922.4201/423－185－02

五代史記七十四卷首一卷　(宋)歐陽修撰　(宋)徐無黨注　(清)彭元瑞補注　清道光八年(1828)刻本　四十冊

110000－0144－0014520　922.4201/423－438

五代史記纂誤續補六卷　(清)吳光耀撰　清光緒十四年(1888)江夏吳氏刻本　六冊

110000　0144　0014521　922.4201/423　438

五代史記纂誤續補六卷　(清)吳光耀撰　清光緒十四年(1888)江夏吳氏刻本　六冊

110000－0144－0014522　922.4201/423－442

五代史纂誤三卷　(宋)吳縝撰　清刻本　一冊

110000－0144－0014523　922.4201/423－953

五代史記七十四卷　(宋)歐陽修撰　(宋)徐無黨注　清乾隆十一年(1746)刻本　十二冊

110000－0144－0014524　922.4201/423－953－010

新五代史七十四卷　(宋)歐陽修撰　(宋)徐無黨注　清光緒二十八年(1902)史學會社石印本　二冊

110000－0144－0014525　922.4201/423－953－03

五代史七十四卷　(宋)歐陽修撰　(宋)徐無黨注　清光緒三十三年(1907)上海華商集成圖書公司鉛印本　六冊

110000－0144－0014526　922.4201/423－953－03

五代史七十四卷　(宋)歐陽修撰　(宋)徐無黨注　清光緒三十三年(1907)上海華商集成圖書公司鉛印本　六冊

110000－0144－0014527　922.4201/423－953－04

五代史記七十四卷　(宋)歐陽修撰　(宋)徐無黨　(清)彭元瑞補注　清同治十一年(1872)湖北崇文書局刻本　八冊

110000－0144－0014528　922.4201/423－953－04

五代史記七十四卷　(宋)歐陽修撰　(宋)徐無黨　(清)彭元瑞補注　清同治十一年(1872)湖北崇文書局刻本　八冊

110000－0144－0014529　922.4201/423－953－04

五代史記七十四卷　(宋)歐陽修撰　(宋)徐無黨　(清)彭元瑞補注　清同治十一年(1872)湖北崇文書局刻本　八冊

110000－0144－0014530　922.4201/423－953－05

五代史記七十四卷　(宋)歐陽修撰　(清)彭元瑞注　清道光八年(1828)海昌楊文荪刻本　四十冊

110000－0144－0014531　922.4201/423－953－06

五代史記七十四卷　(宋)歐陽修撰　(宋)徐無黨　(清)彭元瑞補注　清光緒十四年(1888)上海圖書集成印書局鉛印本　六冊

110000－0144－0014532　922.4201/423－953－09

五代史記七十四卷　(宋)歐陽修撰　(宋)徐無黨注　清宣統元年至三年(1909－1911)貴池劉氏玉海堂刻本　十二冊

110000－0144－0014533　922.4201/423－953－09

五代史記七十四卷　(宋)歐陽修撰　(宋)徐無黨注　清宣統元年至三年(1909－1911)貴池劉氏玉海堂刻本　十二册

110000－0144－0014534　922.4201/566
舊五代史一百五十卷目録二卷　(宋)薛居正等撰　清末上海掃葉山房刻本　十四册

110000－0144－0014535　922.4201/566－02
舊五代史一百五十卷　(宋)薛居正等撰　清同治十一年(1872)湖北崇文書局刻本　十六册

110000－0144－0014536　922.4201/566－03
舊五代史一百五十卷　(宋)薛居正等撰　清光緒二十八年(1902)武林竹簡齋石印本　六册

110000－0144－0014537　922.4201/566－04
舊五代史一百五十卷　(宋)薛居正等撰　清光緒十四年(1888)上海圖書集成印書局鉛印本　十二册

110000－0144－0014538　922.4401/384
續唐書七十卷　(清)陳鱣撰　清光緒二十一年(1895)廣雅書局刻本　六册

110000－0144－0014539　922.48/531
吴越備史四卷補遺一卷　(宋)范坰　(宋)林禹撰　清光緒二十一年(1895)錢塘丁氏嘉惠堂刻本　二册

110000－0144－0014540　922.4801/441
十國春秋一百十六卷　(清)吴任臣撰　清乾隆五十三年(1788)顧氏小石山房刻本　二十册

110000－0144－0014541　922.4805/438
十國宫詞　(清)吴省蘭輯　清同治十二年(1873)淮南書局刻本　一册

110000－0144－0014542　922.4805/438
十國宫詞　(清)吴省蘭輯　清同治十二年(1873)淮南書局刻本　一册

110000－0144－0014543　922.4805/438
十國宫詞　(清)吴省蘭輯　清同治十二年(1873)淮南書局刻本　一册

110000－0144－0014544　922.4805/438－02
十國宫詞　(清)吴省蘭輯　清宣統三年(1911)上海掃葉山房石印本　一册

110000－0144－0014545　922.4805/940
十國雜事詩十九卷　(清)饒智元撰　清光緒十七年(1891)竹素齋刻本　四册

110000－0144－0014546　922.5101/119
東都事略一百三十卷　(宋)王稱撰　清光緒九年(1883)淮南書局刻本　八册

110000－0144－0014547　922.5101/119
東都事略一百三十卷　(宋)王稱撰　清光緒九年(1883)淮南書局刻本　八册

110000－0144－0014548　922.5101/119
東都事略一百三十卷　(宋)王稱撰　清光緒九年(1883)淮南書局刻本　八册

110000－0144－0014549　922.5101/119
東都事略一百三十卷　(宋)王稱撰　清光緒九年(1883)淮南書局刻本　八册

110000－0144－0014550　922.5101/119－02
東都事略一百三十卷　(宋)王稱撰　清乾隆六十年(1795)刻本　十二册

110000－0144－0014551　922.5101/119－02
東都事略一百三十卷　(宋)王稱撰　清光緒上海掃葉山房刻本　十四册

110000－0144－0014552　922.5101/119－04
東都事略一百三十卷　(宋)王稱撰　清寶華堂刻本　一册　存九卷(一至九)

110000－0144－0014553　922.5101/301
宋史四百九十六卷目録三卷　(元)脱脱等撰　清光緒元年(1875)浙江書局刻本　一百册

110000－0144－0014554　922.5101/301
宋史四百九十六卷目録三卷　(元)脱脱等撰　清光緒元年(1875)浙江書局刻本　四十三册

110000－0144－0014555　922.5101/301－05

宋史四百九十六卷　(元)脱脱等撰　清光緒二十二年(1896)史學會社石印本　三十二册

110000－0144－0014556　922.5101/747
宋書一百卷　(南朝梁)沈約撰　清光緒二十九年(1903)五洲同文局石印本　二十四册

110000－0144－0014557　922.5101/747
宋書一百卷　(南朝梁)沈約撰　清光緒二十九年(1903)五洲同文局石印本　二十四册

110000－0144－0014558　922.5101/747－02
宋書一百卷　(南朝梁)沈約撰　清光緒二十八年(1902)武林竹簡齋石印本　二十二册

110000－0144－0014559　922.5101/747－04
宋書一百卷　(南朝梁)沈約撰　清光緒十四年(1888)上海圖書集成印書局鉛印本　十二册

110000－0144－0014560　922.5101/747－05
宋書一百卷　(南朝梁)沈約撰　清同治十一年(1872)金陵書局刻本　十六册

110000－0144－0014561　922.5101/747－05
宋書一百卷　(南朝梁)沈約撰　清同治十一年(1872)金陵書局刻本　十二册

110000－0144－0014562　922.5101/981
隆平集二十卷　(宋)曾鞏編撰　(清)湯來賁參　(清)彭期訂　清康熙四十年(1701)彭期七業堂刻四十七年(1708)印本　四册

110000－0144－0014563　922.5104/766
宋史紀事本末一百九卷　(明)馮琦編　(明)陳邦瞻　(明)張溥增訂　清同治十三年(1874)江西書局刻本　二十册

110000－0144－0014564　922.5104/766
宋史紀事本末一百九卷　(明)馮琦編　(明)陳邦瞻　(明)張溥增訂　清同治十三年(1874)江西書局刻本　二十册

110000－0144－0014565　922.5104/766－03
宋史紀事本末一百九卷　(明)馮琦編　(明)陳邦瞻　(明)張溥增訂　清光緒十四年(1888)上海崇德堂鉛印本　八册

110000－0144－0014566　922.5104/766－07
宋史紀事本末一百九卷　(明)馮琦編　(明)陳邦瞻　(明)張溥增訂　清光緒十三年(1887)廣雅書局刻本　十六册

110000－0144－0014567　922.5105/303
涑水紀聞十六卷補遺一卷　(宋)司馬光撰　清光緒三年(1877)湖北崇文書局刻本　四册

110000－0144－0014568　922.5105/303
涑水紀聞十六卷補遺一卷　(宋)司馬光撰　清光緒三年(1877)湖北崇文書局刻本　四册

110000－0144－0014569　922.5105/303
涑水紀聞十六卷補遺一卷　(宋)司馬光撰　清光緒三年(1877)湖北崇文書局刻本　四册

110000－0144－0014570　922.5105/754
宋稗類鈔八卷　(清)潘永因輯　清康熙八年(1669)刻本　八册

110000－0144－0014571　922.5108/239
宋史新編二百卷　(明)柯維騏編　明嘉靖三十四年(1555)刻本　四十册

110000－0144－0014572　922.5108/391
宋史翼四十卷　(清)陸心源輯　清光緒三十二年(1906)歸安陸氏十萬卷樓刻紅印本　十二册

110000－0144－0014573　922.5108/391
宋史翼四十卷　(清)陸心源輯　清光緒三十二年(1906)歸安陸氏十萬卷樓刻本　十册

110000－0144－0014574　922.5108/391
宋史翼四十卷　(清)陸心源輯　清光緒三十二年(1906)歸安陸氏十萬卷樓刻紅印本　十册

110000－0144－0014575　922.516/293
靖康傳信録三卷　(宋)李綱撰　清光緒十年(1884)邵武徐氏刻本　二册

110000－0144－0014576　922.516/662
靖康要録十六卷　(□)□□撰　清光緒十八年(1892)歸安陸氏十萬卷樓刻本　六册

110000－0144－0014577　922.516/662

靖康要錄十六卷 (□)□□撰 清光緒十八年(1892)歸安陸氏十萬卷樓刻本 八册

110000－0144－0014578 922.5201/928
南宋書六十八卷 (明)錢士升撰 清嘉慶二年(1797)掃葉山房刻本 八册

110000－0144－0014579 922.5201/928－02
南宋書六十八卷 (明)錢士升撰 清精一閣書局刻本 八册

110000－0144－0014580 922.5205/504
四朝聞見錄五卷附錄一卷 (宋)葉紹翁撰 清乾隆長塘鮑氏刻知不足齋叢書本 四册

110000－0144－0014581 922.521/292
建炎以來朝野雜記甲集二十卷 (宋)李心傳撰 清木活字印本 六册

110000－0144－0014582 922.521/292－02
建炎以來朝野雜記甲集二十卷乙集二十卷 (宋)李心傳撰 **校勘記五卷** (清)孫星華撰 清光緒二十年(1894)會稽孫氏刻本 十二册

110000－0144－0014583 922.521/292－03
建炎以來朝野雜記甲集二十卷乙集二十卷 (宋)李心傳撰 **校勘記五卷** (清)孫星華撰 清光緒二十五年(1899)廣雅書局刻本 十册

110000－0144－0014584 922.52102/292－02
建炎以來繫年要錄二百卷 (宋)李心傳撰 清光緒十一年(1885)仁壽蕭氏刻本 六十册

110000－0144－0014585 922.52102/292－03
建炎以來繫年要錄二百卷 (宋)李心傳撰 清光緒二十六年(1900)廣雅書局刻本 四十六册

110000－0144－0014586 922.52205/114
開禧德安守城錄一卷 (宋)王致遠撰 清刻本 一册

110000－0144－0014587 922.5304/314
西夏紀事本末三十六卷 (清)張鑑撰 清光緒十年(1884)江蘇書局刻本 四册

110000－0144－0014588 922.5304/314
西夏紀事本末三十六卷 (清)張鑑撰 清光緒十年(1884)江蘇書局刻本 四册

110000－0144－0014589 922.5402/354
元寇紀略二卷 (日本)大橋順撰 清光緒二十九年(1903)通州翰墨林編譯印書局鉛印本 一册

110000－0144－0014590 922.5404/288
遼金紀事本末九十二卷 (清)李有棠編 清光緒二十九年(1903)同文書局石印本 十册

110000－0144－0014591 922.5407/355
遼金元史語解四十六卷 (清)高宗弘曆敕撰 清光緒四年(1878)江蘇書局刻本 十册

110000－0144－0014592 922.5407/355
遼金元史語解四十六卷 (清)高宗弘曆敕撰 清光緒四年(1878)江蘇書局刻本 十册

110000－0144－0014593 922.5501/301
遼史一百十六卷 (元)脱脱修 清光緒三十三年(1907)上海華商集成圖書公司鉛印本 八册

110000－0144－0014594 922.5501/301
遼史一百十六卷 (元)脱脱修 清光緒三十三年(1907)上海華商集成圖書公司鉛印本 八册

110000－0144－0014595 922.5501/301－02
遼史一百十五卷 (元)脱脱修 清同治十二年(1873)江蘇書局刻本 十二册

110000－0144－0014596 922.5501/301－02
遼史一百十五卷 (元)脱脱修 清同治十二年(1873)江蘇書局刻本 十二册

110000－0144－0014597 922.5501/301－02
遼史一百十五卷 (元)脱脱修 清同治十二年(1873)江蘇書局刻本 十二册

110000－0144－0014598 922.5501/301－03
遼史一百十六卷 (元)脱脱修 清光緒二十九年(1903)五洲同文局石印本 八册

110000－0144－0014599 922.5501/301－03

遼史一百十六卷 (元)脱脱修 清光緒二十九年(1903)五洲同文局石印本 八册

110000-0144-0014600 922.5501/301-06
遼史一百十六卷金史一百三十五卷 (元)脱脱修 清光緒二十八年(1902)史學會社石印本 十一册

110000-0144-0014601 922.5501/301-07
遼史一百十六卷 (元)脱脱修 清光緒十四年(1888)上海圖書集成印書局鉛印本 八册

110000-0144-0014602 922.5501/301-274
遼史拾遺補五卷 (清)楊復吉輯 清振綺堂刻本 二册

110000-0144-0014603 922.5501/301-274
遼史拾遺補五卷 (清)楊復吉輯 清光緒三年(1877)江蘇書局刻本 二册

110000-0144-0014604 922.5501/301-274
遼史拾遺補五卷 (清)楊復吉輯 清光緒三年(1877)江蘇書局刻本 二册

110000-0144-0014605 922.5501/301-337
遼史拾遺二十四卷 (清)厲鶚撰 清光緒元年(1875)江蘇書局刻本 十册

110000-0144-0014606 922.5501/301-337
遼史拾遺二十四卷 (清)厲鶚撰 清光緒元年(1875)江蘇書局刻本 八册

110000-0144-0014607 922.5501/301-337
遼史拾遺二十四卷 (清)厲鶚撰 清光緒元年(1875)江蘇書局刻本 八册

110000-0144-0014608 922.5501/301-337
遼史拾遺二十四卷 (清)厲鶚撰 清光緒元年(1875)江蘇書局刻本 八册

110000-0144-0014609 922.5501/301-337-02
遼史拾遺二十四卷 (清)厲鶚撰 清振綺堂刻本 七册 存二十二卷(三至二十四)

110000-0144-0014610 922.5504/288
遼史紀事本末四十卷首一卷末一卷 (清)李有棠編 清光緒二十九年(1903)李栘鄂樓刻本 八册

110000-0144-0014611 922.5504/288
遼史紀事本末四十卷首一卷末一卷 (清)李有棠編 清光緒二十九年(1903)李栘鄂樓刻本 八册

110000-0144-0014612 922.5504/288
遼史紀事本末四十卷首一卷末一卷 (清)李有棠編 清光緒二十九年(1903)李栘鄂樓刻本 八册

110000-0144-0014613 922.5504/288-02
遼史紀事本末四十卷 (清)李有棠編 清光緒二十六年(1900)廣雅書局刻本 四册

110000-0144-0014614 922.556/504
契丹國志二十七卷 (宋)葉隆禮著 清嘉慶二年(1797)掃葉山房刻本 十册

110000-0144-0014615 922.5601/301
金史一百三十五卷 (元)脱脱撰 清光緒三十三年(1907)上海集成圖書公司鉛印本 十六册

110000-0144-0014616 922.5601/301
金史一百三十五卷 (元)脱脱撰 清光緒三十三年(1907)上海集成圖書公司鉛印本 十六册

110000-0144-0014617 922.5601/301
金史一百三十五卷 (元)脱脱撰 清光緒三十三年(1907)上海集成圖書公司鉛印本 十六册

110000-0144-0014618 922.5601/301-02
金史一百三十五卷 (元)脱脱撰 清同治十三年(1874)江蘇書局刻本 二十四册

110000-0144-0014619 922.5601/301-02
金史一百三十五卷 (元)脱脱撰 清同治十三年(1874)江蘇書局刻本 二十册

110000-0144-0014620 922.5601/301-02
金史一百三十五卷 (元)脱脱撰 清同治十三年(1874)江蘇書局刻本 二十册

110000-0144-0014621 922.5601/301-04

金史一百三十五卷　(元)脱脱撰　清光緒十八年(1892)武林竹簡齋石印本　八冊

110000－0144－0014622　922.5601/301－627
金史詳校十卷首一卷　(清)史國祁撰　清光緒六年(1880)會稽章氏刻本　十冊

110000－0144－0014623　922.5601/301－627
金史詳校十卷首一卷　(清)史國祁撰　清光緒六年(1880)會稽章氏刻本　十二冊

110000－0144－0014624　922.5604/288
金史紀事本末五十二卷首一卷末一卷　(清)李有棠編　清光緒二十九年(1903)李栘鄂樓刻本　十二冊

110000－0144－0014625　922.5604/288
金史紀事本末五十二卷首一卷末一卷　(清)李有棠編　清光緒二十九年(1903)李栘鄂樓刻本　十二冊

110000－0144－0014626　922.5604/288－02
金史紀事本末五十二卷　(清)李有棠編　清光緒二十七年(1901)廣雅書局刻本　六冊

110000－0144－0014627　922.5605/736－02
金源紀事詩八卷　(清)湯運泰撰　清同治十二年(1873)淮南書局刻本　四冊

110000－0144－0014628　922.5605/736－02
金源紀事詩八卷　(清)湯運泰撰　清同治十二年(1873)淮南書局刻本　四冊

110000－0144－0014629　922.5605/736－02
金源紀事詩八卷　(清)湯運泰撰　清同治十二年(1873)淮南書局刻本　四冊

110000－0144－0014630　922.5605/891
歸潛志十四卷　(元)劉祁撰　清乾隆刻本　一冊

110000－0144－0014631　922.57/717
蒙古史二卷　(日本)河野元三著　(清)歐陽瑞驊譯　清宣統三年(1911)江南圖書館鉛印本　二冊

110000－0144－0014632　922.57/717
蒙古史二卷　(日本)河野元三著　(清)歐陽瑞驊譯　清宣統三年(1911)江南圖書館鉛印本　二冊

110000－0144－0014633　922.57/717
蒙古史二卷　(日本)河野元三著　(清)歐陽瑞驊譯　清宣統三年(1911)江南圖書館鉛印本　二冊

110000－0144－0014634　922.57/717
蒙古史二卷　(日本)河野元三著　(清)歐陽瑞驊譯　清宣統三年(1911)江南圖書館鉛印本　二冊

110000－0144－0014635　922.5701/696
元史二百十卷　(明)宋濂等撰　清同治十三年(1874)江蘇書局刻本　四十冊

110000－0144－0014636　922.5701/696－02
元史二百十卷　(明)宋濂等撰　清同治十三年(1874)江蘇書局刻本　四十冊

110000－0144－0014637　922.5701/696－02
元史二百十卷　(明)宋濂等撰　清同治十三年(1874)江蘇書局刻本　四十八冊

110000－0144－0014638　922.5701/696－02
元史二百十卷　(明)宋濂等撰　清同治十三年(1874)江蘇書局刻本　四十冊

110000－0144－0014639　922.5701/696－03
元史二百十卷　(明)宋濂等撰　清光緒二十八年(1902)武林竹簡齋石印本　十四冊

110000－0144－0014640　922.5701/696－04
元史二百十卷　(明)宋濂等撰　清光緒三十三年(1907)上海集成圖書公司鉛印本　二十四冊

110000－0144－0014641　922.5701/696－04
元史二百十卷　(明)宋濂等撰　清光緒三十三年(1907)上海集成圖書公司鉛印本　二十四冊

110000－0144－0014642　922.5701/696－08
元史二百十卷　(明)宋濂等撰　清光緒二十八年(1902)史學會社石印本　十四冊

110000－0144－0014643　922.5701/720

元史譯文證補三十卷　(清)洪鈞撰　清光緒二十三年(1897)刻本　四冊

110000－0144－0014644　922.5701/805
元史新編九十五卷　(清)魏源撰　清光緒三十一年(1905)邵陽魏氏慎微堂刻本　三十二冊

110000－0144－0014645　922.5701/805
元史新編九十五卷　(清)魏源撰　清光緒三十一年(1905)邵陽魏氏慎微堂刻本　三十二冊

110000－0144－0014646　922.5701/805
元史新編九十五卷　(清)魏源撰　清光緒三十一年(1905)邵陽魏氏慎微堂刻本　三十二冊

110000－0144－0014647　922.5701/981
元書一百二卷目錄一卷　曾廉撰　清宣統三年(1911)邵陽曾氏層漪堂刻本　二十冊

110000－0144－0014648　922.5704/128
元朝秘史十卷續集二卷　(元)□□撰　清光緒三十四年(1908)葉氏觀古堂刻本　六冊

110000－0144－0014649　922.5704/128
元朝秘史十卷續集二卷　(元)□□撰　清光緒三十四年(1908)葉氏觀古堂刻本　十二冊

110000－0144－0014650　922.5704/128－03
元朝秘史十五卷　(元)□□撰　清道光二十七年(1847)靈石楊氏刻連筠簃叢書本　二冊

110000－0144－0014651　922.5704/384
元史紀事本末二十七卷　(明)陳邦瞻編輯　(明)張溥論正　清光緒十三年(1887)廣雅書局刻本　二冊

110000－0144－0014652　922.5704/384
元史紀事本末二十七卷　(明)陳邦瞻編輯　(明)張溥論正　清光緒十三年(1887)廣雅書局刻本　三冊

110000－0144－0014653　922.5704/384－02
元史紀事本末二十七卷　(明)陳邦瞻編輯　(明)張溥論正　清同治十三年(1874)江西書局刻本　四冊

110000－0144－0014654　922.5704/384－02
元史紀事本末二十七卷　(明)陳邦瞻編輯　(明)張溥論正　清同治十三年(1874)江西書局刻本　四冊

110000－0144－0014655　922.5705/291
元朝秘史註十五卷　(清)李文田撰　清光緒二十二年(1896)通隱堂刻本　四冊

110000－0144－0014656　922.5705/291－02
元朝秘史註十五卷　(清)李文田撰　清光緒二十九年(1903)史學齋石印本　九冊

110000－0144－0014657　922.5705/329
元史類編四十二卷　(清)邵遠平撰　清乾隆六十年(1795)南沙席氏掃葉山房刻本　十四冊

110000－0144－0014658　922.571/903
校正元親征錄一卷　(清)何秋濤校正　清光緒二十三年(1897)蓮池書局鉛印本　一冊

110000－0144－0014659　922.6/965
明季三朝野史四卷　(清)顧炎武撰　清光緒三十四年(1908)上海石印本　一冊

110000－0144－0014660　922.601/313
明史三百三十二卷　(清)張廷玉監修　清光緒三年(1877)湖北崇文書局刻本　八十冊

110000－0144－0014661　922.601/313
明史三百三十二卷　(清)張廷玉監修　清光緒三年(1877)湖北崇文書局刻本　八十冊

110000－0144－0014662　922.601/313
明史三百三十二卷　(清)張廷玉監修　清光緒三年(1877)湖北崇文書局刻本　八十冊

110000－0144－0014663　922.601/313－02
明史三百三十二卷　(清)張廷玉監修　清光緒三十三年(1907)上海集成圖書公司鉛印本　四十冊

110000－0144－0014664　922.601/313－02
明史三百三十二卷　(清)張廷玉監修　清光緒三十三年(1907)上海集成圖書公司鉛印本

四十册

110000－0144－0014665　922.601/313－04
明史三百三十二卷　(清)張廷玉監修　清光緒二十九年(1903)史學會社石印本　二十四册

110000－0144－0014666　922.602/218
欽定明鑑二十四卷　(清)托津　(清)胡敬編纂　清同治九年(1870)湖北崇文書局刻本　十册

110000－0144－0014667　922.602/218
欽定明鑑二十四卷　(清)托津　(清)胡敬編纂　清同治九年(1870)湖北崇文書局刻本　十册

110000－0144－0014668　922.602/218－02
欽定明鑑二十四卷　(清)托津　(清)胡敬編纂　清嘉慶武英殿刻本　二十四册

110000－0144－0014669　922.602/218－02
欽定明鑑二十四卷　(清)托津　(清)胡敬編纂　清嘉慶武英殿刻本　六册

110000－0144－0014670　922.602/218－02
欽定明鑑二十四卷　(清)托津　(清)胡敬編纂　清嘉慶武英殿刻本　十册

110000－0144－0014671　922.602/348
明通鑑目錄二十卷　(清)夏燮編　清光緒二十五年(1899)湖北官書處刻本　八册

110000－0144－0014672　922.602/348－1
明通鑑九十卷目錄二十卷附編六卷　(清)夏燮編　清光緒二十五年(1899)湖北官書處刻本　四十八册

110000－0144－0014673　922.602/348－1－02
明通鑑一百卷　(清)夏燮編　清光緒二十三年(1897)湖北官書處刻本　四十册

110000－0144－0014674　922.602/348－1－02
明通鑑一百卷　(清)夏燮編　清光緒二十三年(1897)湖北官書處刻本　四十册

110000－0144－0014675　922.602/348－1－03
明通鑑一百卷　(清)夏燮編　清同治十二年(1873)宜黄官廨刻本　四十八册

110000－0144－0014676　922.602/348－1－03
明通鑑一百卷　(清)夏燮編　清同治十二年(1873)宜黄官廨刻本　四十八册

110000－0144－0014677　922.602/601
明大政纂要六十三卷　(明)譚希思輯　清光緒二十一年(1895)思賢書局刻本　二十八册

110000－0144－0014678　922.602/601
明大政纂要六十三卷　(明)譚希思輯　清光緒二十一年(1895)湖南思賢書局刻本　二十八册

110000－0144－0014679　922.604/383
明紀六十卷　(清)陳鶴撰　清同治十年(1871)江蘇書局刻本　二十册

110000－0144－0014680　922.604/383
明紀六十卷　(清)陳鶴撰　清同治十年(1871)江蘇書局刻本　二十册

110000－0144－0014681　922.604/383－03
明紀六十卷　(清)陳鶴撰　清光緒二十八年(1902)上海積山書局石印本　六册

110000－0144－0014682　922.604/924－02
明史紀事本末八十卷　(清)谷應泰撰　清同治十三年(1874)江西書局刻本　二十册

110000－0144－0014683　922.604/924－02
明史紀事本末八十卷　(清)谷應泰撰　清同治十三年(1874)江西書局刻本　二十册

110000－0144－0014684　922.604/924－03
明史紀事本末八十卷　(清)谷應泰編　清光緒十三年(1887)廣雅書局刻本　十六册

110000－0144－0014685　922.604/924－06
明史紀事本末八十卷　(清)谷應泰編　清朝宗書室木活字印本　二十册

110000－0144－0014686　922.604/924－261
明史紀事本末詳節六卷　(清)谷應泰原輯　林紓重編　清光緒二十八年(1902)五城學堂鉛印本　六册

110000－0144－0014687　922.604/924－261
明史紀事本末詳節六卷　(清)谷應泰原輯　林紓重編　清光緒二十八年(1902)五城學堂鉛印本　六册

110000－0144－0014688　922.604/924－919
續明紀事本末十八卷　(清)倪在田輯　清光緒二十九年(1903)育英學社鉛印本　六册

110000－0144－0014689　922.604/924－919
續明紀事本末十八卷　(清)倪在田輯　清光緒二十九年(1903)育英學社鉛印本　六册

110000－0144－0014690　922.605/106
野記四卷　(明)祝允明纂　清同治十三年(1874)元和祝氏刻本　二册

110000－0144－0014691　922.605/324
明史竊一百五卷　(明)尹守衡撰　清刻本　十八册

110000－0144－0014692　922.605/324－02
明史竊一百五卷　(明)尹守衡撰　清光緒十二年(1886)東莞邑局刻本　十八册

110000－0144－0014693　922.605/362
春明夢餘録七十卷　(清)孫承澤撰　清光緒九年(1883)廣州惜分陰館刻本　二十四册

110000－0144－0014694　922.605/365
二申野録八卷　(清)孫之騄輯　清同治六年(1867)吟香館刻本　四册

110000－0144－0014695　922.605/365－03
二申野録八卷　(清)孫之騄輯　清光緒二十七年(1901)吟香館刻本　四册

110000－0144－0014696　922.605/383
荊駝逸史五十三種　(清)陳湖逸士輯　清古槐山房木活字印本　三十二册

110000－0144－0014697　922.605/383－02
荊駝逸史五十三種　(清)陳湖逸士輯　清宣統三年(1911)中國圖書館石印本　十六册

110000－0144－0014698　922.605/428
明史雜詠箋注四卷　(清)嚴遂成撰　(清)嚴兆元箋注　清道光七年(1827)刻本　二册

110000－0144－0014699　922.605/435
勝朝遺事三十二種二編十八種　(清)吳彌光輯　清光緒九年(1883)懺華盦刻本　十八册

110000－0144－0014700　922.605/463
明季稗史彙編二十七卷　(清)留雲居士編　清光緒二十二年(1896)上海圖書集成印書局鉛印本　六册

110000－0144－0014701　922.605/463
明季稗史彙編二十七卷　(清)留雲居士編　清光緒二十二年(1896)上海圖書集成印書局鉛印本　六册

110000－0144－0014702　922.605/463
明季稗史彙編二十七卷　(清)留雲居士編　清光緒二十二年(1896)上海圖書集成印書局鉛印本　六册

110000－0144－0014703　922.605/463.4
明清瑣語不分卷　(清)□□編　清末鳴雁樓抄本　三册

110000－0144－0014704　922.605/463－02
明季稗史彙編二十七卷　(清)留雲居士編　清都城琉璃廠留雲居士木活字印本　六册

110000－0144－0014705　922.605/463－02
明季稗史彙編二十七卷　(清)留雲居士編　清都城琉璃廠留雲居士木活字印本　十册

110000－0144－0014706　922.605/463－02
明季稗史彙編二十七卷　(清)留雲居士編　清都城琉璃廠留雲居士木活字印本　十二册

110000－0144－0014707　922.605/463－03
明季稗史正編二十七卷　(清)劍心移主人編　清光緒二十九年(1903)鉛印本　六册

110000－0144－0014708　922.605/504.4
叢書十二種　(清)葉晴峰輯　清道光二十四年(1844)品石山房木活字印本　八册

110000－0144－0014709　922.605/738
南疆繹史三十卷摭遺十八卷卹謚考八卷首二卷　(清)溫睿臨撰　清都城琉璃廠半松居士刻本　十四册

110000－0144－0014710　922.605/738

南疆繹史三十卷摭遺十八卷卹謚考八卷首二卷　(清)溫睿臨撰　清都城琉璃廠半松居士刻本　十六册

110000－0144－0014711　922.605/790

明宫詞一卷　(清)程嗣章撰　清宣統三年(1911)上海掃葉山房石印本　一册

110000－0144－0014712　922.605/790

明宫詞一卷　(清)程嗣章撰　清宣統三年(1911)上海掃葉山房石印本　一册

110000－0144－0014713　922.605/790

明宫詞一卷　(清)程嗣章撰　清宣統三年(1911)上海掃葉山房石印本　一册

110000－0144－0014714　922.605/816

霜猨集一卷　(明)周同谷撰　清咸豐仁和胡氏木活字印本　一册

110000－0144－0014715　922.605/889

明宫史八卷　(明)劉若愚撰　清宣統二年(1910)上海國學扶輪社鉛印本　二册

110000－0144－0014716　922.605/889

明宫史八卷　(明)劉若愚撰　清宣統二年(1910)上海國學扶輪社鉛印本　二册

110000－0144－0014717　922.605/889

明宫史八卷　(明)劉若愚撰　清宣統二年(1910)上海國學扶輪社鉛印本　二册

110000－0144－0014718　922.605/905

明書一百七十一卷目録二卷　(清)傅維鱗撰　清光緒五年(1879)定州王氏刻畿輔叢書本　四十四册

110000－0144－0014719　922.605/940

明宫雜詠二十卷　(清)饒智元撰　清光緒湘淥館刻湘淥館叢書本　六册

110000－0144－0014720　922.605/940

明宫雜詠二十卷　(清)饒智元撰　清光緒湘淥館刻湘淥館叢書本　一册　存三卷(一至三)

110000－0144－0014721　922.605/988

典故紀聞十八卷　(明)余繼登輯　清光緒五年(1879)定州王氏刻畿輔叢書本　四册

110000－0144－0014722　922.606/118

明史藁三百十卷目録三卷　(清)王鴻緒撰　清雍正敬慎堂刻本　八十册

110000－0144－0014723　922.606/736

潛菴先生擬明史稿二十卷　(清)湯斌撰　(清)田蘭芳評　清康熙二十七年(1688)刻本　八十册

110000－0144－0014724　922.606/736

潛菴先生擬明史稿二十卷　(清)湯斌撰　(清)田蘭芳評　清康熙二十七年(1688)刻本　十六册

110000－0144－0014725　922.6205/158

明臣殉節事蹟　(清)丁克昌輯　清光緒十三年(1887)刻本　一册

110000－0144－0014726　922.650/713

信史存真録一卷附録一卷　(清)王淑仁輯　清刻本　一册

110000－0144－0014727　922.6505/130

天水冰山録一卷附録一卷　(明)□□撰　**鈐山堂書畫記一卷**　(明)文嘉撰　清乾隆至道光長塘鮑氏刻知不足齋叢書本　五册

110000－0144－0014728　922.6804/889－1

酌中志餘二卷　(明)劉若愚輯　清光緒七年(1881)湖北崇文書局刻本　二册

110000－0144－0014729　922.6804/889－1

酌中志餘二卷　(明)劉若愚輯　清光緒七年(1881)湖北崇文書局刻本　二册

110000－0144－0014730　922.6805/114－4－03

甲申傳信録十卷　(清)錢䩺撰　清道光二十年(1840)刻本　四册

110000－0144－0014731　922.6805/114－43－04

餘生録一卷塘報稿一卷塘報再稿一卷　(清)邊大綬撰　清順治刻本　一册

110000－0144－0014732　922.6805/170

汰存録一卷　(清)黄宗羲撰　清光緒六年

(1880)會稽趙氏刻仰視千七百二十九鶴齋叢書本　一册

110000－0144－0014733　922.6805/288
崇禎朝紀事四卷　(清)李遜之撰　清光緒二十三年(1897)刻本　二册

110000－0144－0014734　922.6805/293.8
平播全書十五卷　(明)李化龍撰　清光緒十三年(1887)王灝刻本　十五册

110000－0144－0014735　922.6805/293.87
灩澦囊五卷　(清)李馥榮撰　清光緒六年(1880)鐵嶺鳴氏刻本　三册

110000－0144－0014736　922.6805/293－03
揚州十日記一卷　(明)王秀楚撰　清光緒刻明季稗史彙編本　一册

110000－0144－0014737　922.6805/293－1－03
三湘從事錄一卷　(明)蒙正發撰　(清)佘永森輯注　清光緒三十三年(1907)刻本　一册

110000－0144－0014738　922.6805/365
乙丙紀事一卷　(清)孫奇逢撰　清末刻本　一册

110000－0144－0014739　922.6805/387
復社紀略四卷附錄一卷　(清)陸世儀撰　鄧實校　**明季復社總綱一卷　復社紀事一卷**　清末上海國學保存會國粹叢書鉛印本　一册

110000－0144－0014740　922.6805/436
復社姓氏二卷補錄一卷　(清)吳應箕撰　清刻本　一册

110000－0144－0014741　922.6805/441
綏寇紀略十二卷補遺三卷　(清)吳偉業撰　(清)鄒漪訂　清嘉慶九年(1804)張氏照曠閣刻本　二十四册

110000－0144－0014742　922.6805/441
綏寇紀略十二卷補遺三卷　(清)吳偉業撰　(清)鄒漪訂　清嘉慶九年(1804)張氏照曠閣刻本　八册

110000－0144－0014743　922.6805/476
啟禎宮詞二卷　(清)瞿紹基輯　清嘉慶十六年(1811)惜陰書屋刻本　二册

110000－0144－0014744　922.6805/829
嘉定屠城紀略一卷　(明)朱子素撰　清末北京琉璃廠刻明季稗史彙編本　一册

110000－0144－0014745　922.6805/889－02
蜀龜鑑七卷首一卷　(清)劉景伯撰　清咸豐八年(1858)刻本　四册

110000－0144－0014746　922.6901/965
聖安皇帝本紀二卷　(清)顧炎武撰　清末刻本　一册

110000－0144－0014747　922.6902/170
行朝錄六卷　(清)黃宗羲著　鄧實校　清光緒三十四年(1908)上海國學保存會鉛印國粹叢書本　一册

110000－0144－0014748　922.6902/482
殘明紀事不分卷　(清)羅謙撰　清宣統三年(1911)上海國學扶輪社鉛印本　一册

110000－0144－0014749　922.6902/947
小腆紀年附考二十卷　(清)徐鼒撰　清光緒四年(1878)京都龍威閣書坊刻本　十二册

110000－0144－0014750　922.6902/947
小腆紀年附考二十卷　(清)徐鼒撰　清光緒四年(1878)京都龍威閣書坊刻本　十二册

110000－0144－0014751　922.6902/947
小腆紀年附考二十卷　(清)徐鼒撰　清光緒四年(1878)京都龍威閣書坊刻本　十册

110000－0144－0014752　922.6903/947
小腆紀傳六十五卷　(清)徐鼒撰　清光緒十三年(1887)金陵刻本　十六册

110000－0144－0014753　922.6903/947－02
小腆紀傳六十五卷　(清)徐鼒撰　清同治八年(1869)刻本　十八册

110000－0144－0014754　922.6903/948
小腆紀傳補遺五卷考異一卷　(清)徐承禮撰　清光緒十三年(1887)刻本　一册

110000－0144－0014755　922.6904/602

明季南北略四十二卷 (清)計六奇輯 清光緒十三年(1887)上海圖書集成印書局鉛印本 十冊

110000－0144－0014756 922.6904/602
明季南北略四十二卷 (清)計六奇輯 清光緒十三年(1887)上海圖書集成印書局鉛印本 十冊

110000－0144－0014757 922.6904/602
明季南北略四十二卷 (清)計六奇輯 清光緒十三年(1887)上海圖書集成印書局鉛印本 十冊

110000－0144－0014758 922.6904/602－1
明季北略二十四卷 (清)計六奇輯 清北京琉璃廠半松居士木活字印本 十冊

110000－0144－0014759 922.6904/602－1
明季北畧二十四卷 (清)計六奇輯 清北京琉璃廠半松居士木活字印本 十二冊

110000－0144－0014760 922.6904/602－2
明季南略十八卷 (清)計六奇輯 清北京琉璃廠半松居士木活字印本 八冊

110000－0144－0014761 922.6904/602－2－02
明季南略十八卷 (清)計六奇輯 清北京都城半松居士刻本 十二冊

110000－0144－0014762 922.6905/124
劫灰錄一卷 (清)馮甦撰 鄧實校錄 清光緒三十二年(1906)上海國學保存會鉛印國粹叢書本 一冊

110000－0144－0014763 922.6905/185
蜀碧四卷附記一卷 (清)彭遵泗撰 清刻本 二冊

110000－0144－0014764 922.6905/767
見聞隨筆二卷 (清)馮甦著 清嘉慶二十一年(1816)臨海宋氏刻台州叢書本 二冊

110000－0144－0014765 922.6905/829
東塘日劄二卷 (清)朱子素撰 清刻本 一冊

110000－0144－0014766 922.6905/934－02
所知錄六卷 (明)錢澄之撰 清道光愛日精廬木活字印本 三冊

110000－0144－0014767 922.6905/934－03
所知錄六卷 (清)錢澄之撰 (清)江鏡清校錄 清宣統三年(1911)殷鑒社鉛印本 二冊

110000－0144－0014768 922.6905/983
海東逸史十八卷 (清)翁洲老民撰 清光緒十年(1884)飲雪軒刻本 一冊

110000－0144－0014769 922.7/296－02
皇朝政典舉要八卷 (日本)增田貢撰 (清)毛淦編 清光緒三年(1877)鉛印本 四冊

110000－0144－0014770 922.7/296－02
皇朝政典舉要八卷 (日本)增田貢撰 (清)毛淦編 清光緒三年(1877)鉛印本 四冊

110000－0144－0014771 922.7/296－04
清史攬要六卷 (日本)增田貢撰 清光緒二十七年(1901)杭州白話報館石印本 二冊

110000－0144－0014772 922.7/862
皇朝紀略不分卷 紹興北鄉義塾編 清光緒二十七年(1901)上海普通學書室鉛印本 一冊

110000－0144－0014773 922.701/716
皇朝通志一百二十六卷 (清)嵇璜等纂 清光緒八年(1882)浙江書局刻本 四十冊

110000－0144－0014774 922.701/716－02
皇朝通志一百二十六卷 (清)嵇璜等纂 清光緒二十七年(1901)上海圖書集成公司鉛印本 十二冊

110000－0144－0014775 922.702/105
皇朝藩部要略十八卷表四卷 (清)祁韻士撰 清道光二十六年(1846)筠淥山房刻本 八冊

110000－0144－0014776 922.702/105
皇朝藩部要略十八卷表四卷 (清)祁韻士撰 清道光二十六年(1846)筠淥山房刻本 八冊

110000－0144－0014777 922.702/105

皇朝藩部要略十八卷表四卷　(清)祁韻士撰　清道光二十六年(1846)筠淥山房刻本　八冊

110000－0144－0014778　922.702/105
皇朝藩部要略十八卷表四卷　(清)祁韻士撰　清道光二十六年(1846)筠淥山房刻本　八冊

110000－0144－0014779　922.702/105
皇朝藩部要略十八卷表四卷　(清)祁韻士撰　清道光二十六年(1846)筠淥山房刻本　八冊

110000－0144－0014780　922.702/119
十朝東華録　王先謙編　清光緒二十五年(1899)上海文瀾書局石印本　六十四冊

110000－0144－0014781　922.702/119－02
十一朝東華録　王先謙編　清光緒十七年(1891)上海廣百宋齋鉛印本　一百六冊

110000－0144－0014782　922.702/119－02
十一朝東華録　王先謙編　清光緒十三年(1887)上海廣百宋齋鉛印本　一百十八冊

110000－0144－0014783　922.702/119－1
東華續録一百卷(同治朝)　王先謙編　清光緒二十四年(1898)文瀾書局石印本　二十四冊

110000－0144－0014784　922.702/119－378
東華節録二卷　王先謙撰　陳璧節録　清光緒三十一年(1905)北京五城學堂刻本　二冊

110000－0144－0014785　922.702/119－378
東華節録二卷　王先謙撰　陳璧節録　清光緒三十一年(1905)北京五城學堂刻本　二冊

110000－0144－0014786　922.702/119－378
東華節録二卷　王先謙撰　陳璧節録　清光緒三十一年(1905)北京五城學堂刻本　二冊

110000－0144－0014787　922.702/120
皇朝事略一卷　(清)直隸學校司編譯處編　清光緒二十九年(1903)直隸學校司編譯處石印本　一冊

110000－0144－0014788　922.702/296
清史攬要六卷　(日本)增田貢撰　清光緒二十九年(1903)善成堂刻本　四冊

110000－0144－0014789　922.702/376
皇朝開國方略三十二卷　(清)阿桂撰　清光緒十三年(1887)上海廣百宋齋鉛印本　六冊

110000－0144－0014790　922.702/526
東華録三十二卷　(清)蔣良騏撰　清刻本　十二冊

110000－0144－0014791　922.702/526
東華録三十二卷　(清)蔣良騏撰　清刻本　十二冊

110000－0144－0014792　922.702/526
東華録三十二卷　(清)蔣良騏撰　清刻本　十六冊

110000－0144－0014793　922.702/827
東華續録二百二十卷(光緒朝)　(清)朱壽朋纂　清宣統元年(1909)上海集成圖書公司鉛印本　六十四冊

110000－0144－0014794　922.704/198
皇朝武功紀盛四卷　(清)趙翼撰　清乾隆五十七年(1792)湛貽堂刻本　一冊

110000－0144－0014795　922.704/805
聖武記十四卷　(清)魏源撰　清光緒二十九年(1903)蜚英館鉛印本　六冊

110000－0144－0014796　922.704/805－02
聖武記十四卷　(清)魏源撰　清道光二十六年(1846)古微堂刻本　十二冊

110000－0144－0014797　922.704/805－02
聖武記十四卷　(清)魏源撰　清道光二十六年(1846)古微堂刻本　十冊

110000－0144－0014798　922.704/805－02
聖武記十四卷　(清)魏源撰　清道光二十六年(1846)古微堂刻本　十二冊

110000－0144－0014799　922.704/805－03
聖武記十四卷　(清)魏源撰　清道光二十六年(1846)古微堂刻本　六冊

110000－0144－0014800　922.705/353
滿清宮廷穢史二卷　原題有嬀血胤著　清光緒三十年(1904)石印本　存一卷(下)　一冊

110000－0144－0014801　922.705/353
滿清宮廷穢史二卷　原題有嬀血胤著　清光緒三十年(1904)石印本　一冊

110000－0144－0014802　922.705/435
養吉齋叢錄二十六卷餘錄十卷　(清)吳振棫纂　清光緒二十二年(1896)刻本　八冊

110000－0144－0014803　922.705/435
養吉齋叢錄二十六卷餘錄十卷　(清)吳振棫纂　清光緒二十二年(1896)刻本　八冊

110000－0144－0014804　922.705/746
江上遺聞一卷　(清)沈濤撰　清刻本　一冊

110000－0144－0014805　922.705/893－02
庭聞錄六卷附錄一卷　(清)劉健撰　清乾隆、嘉慶間刻本　二冊

110000－0144－0014806　922.707/934
國史教科書　錢維驥撰　清宣統三年(1911)長沙陸軍部編譯局石印本　一冊

110000－0144－0014807　922.707/987
國朝事略八卷　(清)江楚編譯官書局編輯　清光緒三十二年(1906)江楚編譯官書局石印本　四冊

110000－0144－0014808　922.7074/705
皇朝掌故讀本二卷　(清)竇士鏞撰　清光緒二十九年(1903)上海文明書局鉛印本　二冊

110000－0144－0014809　922.7205/627
靖海紀二卷　(清)施琅撰　清嘉慶二年(1797)衣德堂刻本　二冊

110000－0144－0014810　922.74/023
欽定蘭州紀略二十卷首一卷　(清)阿桂撰　清乾隆方略館刻本　十冊

110000－0144－0014811　922.75/381
中國近世史　陳光憲撰　清宣統元年(1909)鉛印本　一冊

110000－0144－0014812　922.75/941
中國六十年戰史不分卷　(清)史悠明譯　(清)程履祥譯　清光緒二十九年(1903)上海美華書館鉛印本　一冊

110000－0144－0014813　922.75/941
中國六十年戰史不分卷　(清)史悠明譯　(清)程履祥譯　清光緒二十九年(1903)上海美華書館鉛印本　六冊

110000－0144－0014814　922.7504/320
葉爾羌守城記畧一卷守城輯要一卷　(清)壁昌撰　清刻本　一冊

110000－0144－0014815　922.7504/992－2
欽定剿平三省邪匪方略續編三十六卷　(清)慶桂等撰　清刻本　十二冊

110000－0144－0014816　922.7505/350
戡靖教匪述編十二卷　(清)石香村居士編輯　清道光六年(1826)刻本　四冊

110000－0144－0014817　922.7505/350
戡靖教匪述編十二卷　(清)石香村居士編輯　清道光六年(1826)刻本　三冊

110000－0144－0014818　922.7505/409
英吉利廣東入城始末　(清)七弦河上釣叟撰　清光緒六年(1880)會稽趙氏仰視千七百二十九鶴齋叢書本　一冊

110000－0144－0014819　922.7505/435
金鄉紀事四卷　(清)吳堦輯　清嘉慶刻本　二冊

110000－0144－0014820　922.7505/518
靖逆記六卷　(清)盛大士撰　清刻本　四冊

110000－0144－0014821　922.7505/518
靖逆記六卷　(清)盛大士撰　清道光元年(1821)刻本　一冊

110000－0144－0014822　922.7505/518－02
靖逆記不分卷　(清)盛大士撰　清光緒三十年(1904)抄本　一冊

110000－0144－0014823　922.7505/612
粵東省城紳士公致英國公使信稿一卷　(清)

□□撰　清道光二十九年(1849)廣東刻本　一册

110000－0144－0014824　922.7505/705
韓南溪四種　(清)空六居士等撰　清宣統二年(1910)鉛印振綺堂叢書本　一册

110000－0144－0014825　922.7505/736
英人强賣鴉片記八卷附録一卷　(清)湯癸譯　清光緒二十四年(1898)上海大同書局石印本　二册

110000－0144－0014826　922.7505/815
平定猺匪述略二卷　(清)周存義撰　清道光十三年(1833)周氏刻本　一册

110000－0144－0014827　922.7505/830
三朝聞見録一卷　(清)朱孔彰撰　清刻本　一册

110000－0144－0014828　922.76/825
僧忠親王蕩寇紀略一卷　(清)牛林撰　清光緒二十二年(1896)山左八旗會館刻本　一册

110000－0144－0014829　922.7602/273
平回志八卷　(清)楊毓秀編　清紅杏山房刻本　八册

110000－0144－0014830　922.7603/441
同治以來督撫表一卷　(清)吳廷燮編　清光緒三十年(1904)鉛印本　一册

110000－0144－0014831　922.7604/102
平浙紀略十六卷　(清)陳鍾英　(清)秦緗業輯　清光緒元年(1875)上海申報館鉛印本　四册

110000－0144－0014832　922.7604/309
山東軍興紀略二十二卷　(清)張曜撰　清光緒十一年(1885)刻本　十册

110000－0144－0014833　922.7604/309
山東軍興紀略二十二卷　(清)張曜撰　清光緒十一年(1885)刻本　十册

110000－0144－0014834　922.7604/309－03
山東軍興紀略二十二卷　(清)張曜撰　清刻本　十册

110000－0144－0014835　922.7604/814
淮軍平捻記十二卷　(清)周世澄輯　清刻本　四册

110000－0144－0014836　922.7604/814
淮軍平捻記十二卷　(清)周世澄輯　清刻本　六册

110000－0144－0014837　922.7604/814－03
淮軍平捻記十二卷　(清)周世澄輯　清光緒三年(1877)上海機器印刷局鉛印本　二册

110000－0144－0014838　922.7605/306
安慶乞師日記(清咸豐十一年)　(清)張瑛撰　清刻本　一册

110000－0144－0014839　922.7605/313
四會守城紀略一卷　(清)張作彦撰　清同治八年(1869)廣東羊城鴻文堂刻本　二册

110000－0144－0014840　922.7605/747
舌擊編一卷　(清)沈儲撰　清光緒四年(1878)文德堂刻本　一册

110000－0144－0014841　922.7605/994
粤匪南北滋擾紀略一卷　(清)姚憲之撰　清末北京琉璃廠刻本　一册

110000－0144－0014842　922.77/158
庚辛泣杭録一卷　(清)丁申輯　清光緒二十一年(1895)錢塘丁氏刻本　六册

110000－0144－0014843　922.77/213
東牟守城紀略一卷守城詩一卷　(清)戴燮元撰　清同治八年(1869)羊城刻本　一册

110000－0144－0014844　922.77/225.2
克復金陵城生擒僞忠王親筆口供一卷附上諭奏稿一卷　(清)李秀成撰　清末南京刻本　一册

110000－0144－0014845　922.77/247
蕩平髮逆圖記二十二卷　(清)杜文瀾纂　清光緒十四年(1888)上海漱六山庄石印本　六册

110000－0144－0014846　922.77/247
蕩平髮逆圖記二十二卷　(清)杜文瀾纂　清

光緒十四年(1888)上海漱六山庄石印本　六冊

110000－0144－0014847　922.77/247
蕩平髮逆圖記二十二卷　(清)杜文瀾纂　清光緒十四年(1888)上海漱六山庄石印本　四冊

110000－0144－0014848　922.77/247－02
蕩平髮逆圖記二十二卷　(清)杜文瀾纂　清光緒十四年(1888)上海漱六山庄石印本　四冊

110000－0144－0014849　922.77/250－02
平定粵匪紀略十八卷　(清)杜文瀾編　清同治八年(1869)群玉齋木活字印本　十冊

110000－0144－0014850　922.77/250－03
平定粵寇紀略十八卷附記四卷　(清)杜文瀾編　清光緒元年(1875)詒穀堂刻本　六冊

110000－0144－0014851　922.77/287
思痛記二卷　(清)李圭撰　清光緒六年(1880)李氏師一齋刻本　一冊

110000－0144－0014852　922.77/287
思痛記二卷　(清)李圭撰　清光緒六年(1880)李氏師一齋刻本　一冊

110000－0144－0014853　922.77/287－02
思痛記二卷　(清)李圭撰　清光緒十三年(1887)北京黄思永抄本　一冊

110000－0144－0014854　922.77/287－9
金陵兵事彙略四卷　(清)李圭撰　清光緒十三年(1887)甬上刻本　二冊

110000－0144－0014855　922.77/314－03
賊情彙纂十二卷　(清)張德堅等纂　清同治抄本　二冊

110000－0144－0014856　922.77/314－04
賊情彙纂十二卷　(清)張德堅等纂　清咸豐七年(1857)文錦齋刻本　一冊

110000－0144－0014857　922.77/383
古今戰事圖説平定粵匪之部六卷　陳曾壽纂　清光緒二十五年(1899)鉛印本　五冊

110000－0144－0014858　922.77/454－02
忠王李秀成自述一卷　(清)李秀成述　清末抄本　一冊

110000－0144－0014859　922.77/675
欽定剿平粵匪方略四百二十卷　(清)奕訢等纂　清同治十一年(1872)鉛印本　六十冊

110000－0144－0014860　922.77/675
欽定剿平粵匪方略四百二十卷　(清)奕訢等纂　清同治十一年(1872)鉛印本　六十冊

110000－0144－0014861　922.77/675－9
欽定勦平捻匪方略三百二十卷　(清)奕訢纂　清同治十一年(1872)鉛印本　九十六冊

110000－0144－0014862　922.77/759
逆黨禍蜀記一卷平定粵匪紀略一卷　(清)汪堃輯　清同治五年(1866)不懼無悶齋刻本　一冊

110000－0144－0014863　922.77/816
六合紀事四卷　(清)周長森撰　清同治十一年(1872)甘菊籬刻本　一冊

110000－0144－0014864　922.77/816－02
六合紀事四卷附記一卷　(清)周長森撰　清宣統三年(1911)六合羅氏鉛印本　一冊

110000－0144－0014865　922.77/987
金陵摭談一卷　(清)谢炳曾撰　清咸豐七年(1857)京都琉璃廠文錦齋刻本　一冊

110000－0144－0014866　922.77/995
繡像剿逆圖考二卷　(清)□□撰　清光緒十八年(1892)上海書局石印本　二冊

110000－0144－0014867　922.7705/111
圍城紀事詩(金壇圍城紀事詩)一卷　(清)于桓撰　清光緒二十四年(1898)刻本　一冊

110000－0144－0014868　922.7705/310
辛酉記一卷　(清)張光烈撰　清光緒十六年(1890)吳中刻本　一冊

110000－0144－0014869　922.7705/619
軍興本末紀略四卷　(清)謝蘭生撰　清光緒二年(1876)刻本　二冊

110000－0144－0014870　922.7705/657
發逆紀略一卷　(清)童斐然撰　清光緒三年(1877)童積慶堂修譜局刻本　一册

110000－0144－0014871　922.7705/667
從征圖記不分卷　(清)唐義渠撰　清同治六年(1867)刻本　四册

110000－0144－0014872　922.7705/851
虎口日記(清咸豐十一年九月至十二月)　(清)魯叔容撰　清光緒二十二年(1896)福州刻本　一册

110000－0144－0014873　922.7705/851
虎口日記(清咸豐十一年九月至十二月)　(清)魯叔容撰　清光緒二十二年(1896)福州刻本　一册

110000－0144－0014874　922.7705/923
揚州劫餘小誌一卷　(清)臧穀撰　清末抄本　一册

110000－0144－0014875　922.7705/923－02
揚州劫餘小誌一卷　(清)臧穀撰　清末抄本　一册

110000－0144－0014876　922.7705/987
金陵癸甲摭談一卷　(清)謝炳撰　清光緒三十二年(1906)上海國學保存會鉛印國粹叢書本　一册

110000－0144－0014877　922.77905/994
小滄桑記二卷　(清)姚濟撰　清鉛印本　二册

110000－0144－0014878　922.78/354
西寧軍務節略一卷　(清)奎順等撰　清光緒石印本　一册

110000－0144－0014879　922.78/695
借箸記一卷　宋育仁撰　清光緒鉛印本　一册

110000－0144－0014880　922.78/720
中東戰紀一卷　(清)洪棄父撰　清光緒鉛印本　一册

110000－0144－0014881　922.78/720
中東戰紀一卷　(清)洪棄父撰　清光緒鉛印本　一册

110000－0144－0014882　922.78/901－220
中國新政始基一卷　(清)何啟撰　清光緒二十四年(1898)香港中華印務總局鉛印本　一册

110000－0144－0014883　922.78/951
遼陽防守記一卷　(清)徐慶璋撰　清光緒二十一年(1895)刻本　一册

110000－0144－0014884　922.7803/119
庚辛之際月表一卷　王延釗撰　清光緒三十三年(1907)北京京華印書局鉛印本　一册

110000－0144－0014885　922.7803/119
庚辛之際月表一卷　王延釗撰　清光緒三十三年(1907)京華印書局鉛印如諫果室載筆本　一册

110000－0144－0014886　922.7803/595
光緒建元以來總督年表初稿　陳淑撰　清光緒鉛印本　一册

110000－0144－0014887　922.7804/183
西巡回鑾始末記六卷　(日本)吉田良太郎口釋　(清)八詠樓主人筆述　清光緒二十八年(1902)石印本　六册

110000－0144－0014888　922.7804/183－02
西巡回鑾始末記六卷　(日本)吉田良太郎口釋　(清)八詠樓主人筆述　清光緒三十二年(1906)石印本　六册

110000－0144－0014889　922.7804/183－03
西巡大事本末記六卷　(日本)吉田良太郎編譯　(清)八詠樓主人筆述　清光緒二十七年(1901)上海書局石印本　六册

110000－0144－0014890　922.7804/183－04
西巡回鑾始末記六卷　(日本)吉田良太郎口釋　(清)八詠樓主人筆述　清光緒三十一年(1905)上海書局石印本　六册

110000－0144－0014891　922.7804/453
中倭戰守始末記四卷　(清)□□編　清末石

印本　一冊

110000－0144－0014892　922.7804/501
庚子教會華人流血史一卷　（清）柴蓮馥編　清宣統三年（1911）上海中國聖教書會鉛印本　一冊

110000－0144－0014893　922.7804/720
臺灣戰紀二卷　（清）洪棄父撰　清光緒鉛印本　一冊

110000－0144－0014894　922.7804/720
臺灣戰紀二卷　（清）洪棄父撰　清光緒鉛印本　二冊

110000－0144－0014895　922.7804/733
戊戌政變記九卷　梁啟超撰　清末鉛印本　三冊

110000－0144－0014896　922.7804/733
戊戌政變記九卷　梁啟超撰　清末鉛印本　三冊

110000－0144－0014897　922.7804/888
天津拳匪變亂紀事二卷　（清）劉孟揚撰　清宣統二年（1910）民興報館鉛印本　一冊

110000－0144－0014898　922.7804/888
天津拳匪變亂紀事二卷　（清）劉孟揚撰　清宣統二年（1910）民興報館鉛印本　一冊

110000－0144－0014899　922.7805/150
兩宮大行記　（清）□□撰　清光緒三十四年（1908）石印本　一冊

110000－0144－0014900　922.7805/150
兩宮大行記　（清）□□撰　清光緒三十四年（1908）石印本　一冊

110000－0144－0014901　922.7805/184
臺戰實紀六卷續集六卷　（清）□□撰　清光緒二十一年（1895）刻本　二冊

110000－0144－0014902　922.7805/189
光緒戊戌平定渦匪記事本末一卷　袁大化撰　清光緒二十五年（1899）木活字印本　一冊

110000－0144－0014903　922.7805/189
壬子回程記一卷　袁大化撰　清末木活字印本　一冊

110000－0144－0014904　922.7805/222
長安宮詞一卷　（清）胡延撰　清光緒三十年（1904）成都圖書局刻本　一冊

110000－0144－0014905　922.7805/222－02
長安宮詞一卷　（清）胡延撰　清光緒二十八年（1902）刻本　一冊

110000－0144－0014906　922.7805/222－02
長安宮詞一卷　（清）胡延撰　清光緒二十八年（1902）刻本　一冊

110000－0144－0014907　922.7805/222－02
長安宮詞一卷　（清）胡延撰　清光緒二十八年（1902）刻本　一冊

110000－0144－0014908　922.7805/222－02
長安宮詞一卷　（清）胡延撰　清光緒二十八年（1902）刻本　一冊

110000－0144－0014909　922.7805/222－02
長安宮詞一卷　（清）胡延撰　清光緒二十八年（1902）刻本　一冊

110000－0144－0014910　922.7805/249
德宗請脈記　（清）杜鍾駿記　清末北京京華印書局鉛印本　一冊

110000－0144－0014911　922.7805/261
中東戰紀本末八卷二編四卷三編四卷　（美國）林樂知譯訂　（清）蔡爾康纂輯　清光緒二十二年（1896）上海圖書集成局鉛印本　十六冊

110000－0144－0014912　922.7805/261
中東戰紀本末八卷續編四卷　（美國）林樂知譯訂　（清）蔡爾康纂輯　清光緒二十二年（1896）上海圖書集成局鉛印本　六冊

110000－0144－0014913　922.7805/261
中東戰紀本末八卷　（美國）林樂知譯訂　（清）蔡爾康纂輯　清光緒二十二年（1896）上海圖書集成局鉛印本　八冊

110000－0144－0014914　922.7805/261

中東戰紀本末八卷　(美國)林樂知譯訂　(清)蔡爾康纂輯　清光緒二十二年(1896)上海圖書集成局鉛印本　八册

110000－0144－0014915　922.7805/261
中東戰紀本末八卷續編四卷文學與國策二卷　(美國)林樂知譯訂　(清)蔡爾康纂輯　清光緒二十二年(1896)上海圖書集成局鉛印本　十三册

110000－0144－0014916　922.7805/261
中東戰紀本末續編四卷　(美國)林樂知譯訂　(清)蔡爾康纂輯　清光緒二十二年(1896)上海圖書集成局鉛印本　四册

110000－0144－0014917　922.7805/354
光緒帝　(日本)大久平治郎撰　清光緒二十八年(1902)日本東京鉛印本　一册

110000－0144－0014918　922.7805/383.7
沈觀察燕晉弭兵記二卷　(清)陳守謙撰　清光緒二十九年(1903)上海順成書局石印本　一册

110000－0144－0014919　922.7805/442
讓臺記二卷　(清)吳德功撰　清末瑞桃齋抄本　二册

110000－0144－0014920　922.7805/450
庚子海外紀事四卷　(清)呂海寰撰　清光緒二十七年(1901)呂氏鉛印本　四册

110000－0144－0014921　922.7805/450
庚子海外紀事四卷　(清)呂海寰撰　清光緒二十七年(1901)呂氏鉛印本　四册

110000－0144－0014922　922.7805/504
覺迷要錄四卷　葉德輝編　清光緒三十一年(1905)刻本　二册

110000－0144－0014923　922.7805/504
覺迷要錄四卷　葉德輝編　清光緒三十一年(1905)刻本　二册

110000－0144－0014924　922.7805/526
平原拳匪記事一卷　(清)蔣楷撰　清末刻本　一册

110000－0144－0014925　922.7805/556
槑盦先生籌蜀記一卷　(清)蔡壽祺撰　清咸豐十一年(1861)魚覓居士刻魚覓彙刻三種本　一册

110000－0144－0014926　922.7805/556
槑盦先生籌蜀記一卷　(清)蔡壽祺撰　清咸豐十一年(1861)魚覓居士刻魚覓彙刻三種本　一册

110000－0144－0014927　922.7805/647
三水關紀事和詩三卷續刻一卷　(清)高維演輯　清光緒三十年(1904)刻本　四册

110000－0144－0014928　922.7805/682
貽案始末記　原題恨恨生著　清宣統三年(1911)鉛印本　一册

110000－0144－0014929　922.7805/682
貽案始末記一卷　恨恨生撰　清宣統三年(1911)鉛印本　一册

110000－0144－0014930　922.7805/721
張文襄幕府紀聞二卷　(清)漢濱讀易者撰　清宣統二年(1910)鉛印本　二册

110000－0144－0014931　922.7805/721
張文襄幕府紀聞二卷　(清)漢濱讀易者撰　清宣統二年(1910)鉛印本　二册

110000－0144－0014932　922.7805/721
張文襄幕府紀聞二卷　(清)漢濱讀易者撰　清宣統二年(1910)鉛印本　二册

110000－0144－0014933　922.7805/760
普天忠憤全集十四卷　(清)孔廣德編　清光緒二十四年(1898)經濟書莊石印本　十册

110000－0144－0014934　922.7805/760.7
普天同悲錄一卷　(清)坑餘子撰　清光緒石印本　一册

110000－0144－0014935　922.7805/760－02
普天忠憤集十四卷　(清)孔廣德編　清光緒二十一年(1895)石印本　十二册

110000－0144－0014936　922.7805/760－03
普天忠憤全集十四卷　(清)孔廣德編　清光

緒二十四年(1898)石印本　十二冊

110000－0144－0014937　922.7805/763
拳教析疑說一卷　勞乃宣撰　清光緒刻本　一冊

110000－0144－0014938　922.7805/763－6
庚子義和拳案雜存三卷教門源流考一卷庚子奉禁義拳彙錄一卷　勞乃宣輯　清光緒著易堂鉛印本　一冊

110000－0144－0014939　922.7805/763－7
義和拳教門源流攷一卷　劳乃宣撰　清光緒二十五年(1899)刻本　一冊

110000－0144－0014940　922.7805/763－9
拳案三種　勞乃宣輯　清末鉛印本　一冊

110000－0144－0014941　922.7805/845
拳匪聞見錄一卷　管鶴撰　清宣統三年(1911)汪康年鉛印本　一冊

110000－0144－0014942　922.7805/867
庚子紀念圖附題詞　(清)烏國山繪　清光緒二十七年(1901)鉛印本　一冊

110000－0144－0014943　922.7805/886
畿南濟變紀略一卷　(清)劉春堂撰　清光緒二十七年(1901)刻本　一冊

110000－0144－0014944　922.7805/886
畿南濟變紀略一卷　(清)劉春堂撰　清光緒二十七年(1901)刻本　一冊

110000－0144－0014945　922.7805/911
拳匪紀事六卷　(日本)佐原篤介著　(清)浙西漚隱輯　清光緒二十七年(1901)鉛印本　六冊

110000－0144－0014946　922.7805/911
拳匪紀事六卷　(日本)佐原篤介著　(清)浙西漚隱輯　清光緒二十七年(1901)鉛印本　六冊

110000－0144－0014947　922.7805/911
拳匪紀事六卷　(日本)佐原篤介著　(清)浙西漚隱輯　清光緒二十七年(1901)鉛印本　六冊

110000－0144－0014948　922.7805/916
京津拳匪紀略八卷前編二卷後編二卷　(清)僑析生　(清)縉雲氏編　清光緒二十七年(1901)香港書局石印本　六冊

110000－0144－0014949　922.7805/916－02
拳匪紀略八卷前編二卷後編二卷　(清)僑析生編　清光緒二十九年(1903)上洋書局石印本　六冊

110000－0144－0014950　922.7805/994
東方兵事紀略五卷　姚錫光撰　清光緒二十三年(1897)武昌刻本　五冊

110000－0144－0014951　922.7805/994
東方兵事紀略五卷　姚錫光撰　清光緒二十三年(1897)武昌刻本　二冊

110000－0144－0014952　922.7805/994
東方兵事紀略五卷　姚錫光撰　清光緒二十三年(1897)武昌刻本　二冊

110000－0144－0014953　922.7805/994－02
東方兵事紀略五卷　姚錫光撰　清光緒二十五年(1899)尊經學社刻本　二冊

110000－0144－0014954　922.7807/554
翼教叢編六卷　蘇輿編　清光緒二十四年(1898)武昌刻本　三冊

110000－0144－0014955　922.7807/554
翼教叢編六卷　蘇輿編　清末刻本　三冊

110000－0144－0014956　922.7807/554－02
翼教叢編六卷　蘇輿編　清光緒二十四年(1898)黄協塤石印本　四冊

110000－0144－0014957　922.788/278
白話痛史四卷　(清)杭慎修述　清宣統二年(1910)浙江白話新報館鉛印本　一冊

110000－0144－0014958　922.8105/188
中國大政治家袁世凱　(日本)紀佩六郎撰　清宣統元年(1909)石印本　一冊

110000－0144－0014959　922.914/668
晉乘蒐略三十二卷　(清)康基田撰　清嘉慶十六年(1811)霞蔭堂刻本　三十五冊

110000－0144－0014960　922.915/119
關隴思危録四卷　(清)王生吉撰　清光緒三十四年(1908)雷氏鉛印本　一册

110000－0144－0014961　922.921/311
六朝事跡編類十四卷　(宋)張敦頤撰　清光緒十三年(1887)寶章閣刻本　四册

110000－0144－0014962　922.921/419
泰州鄉土歷史教科書　(清)馬錫純編輯　清光緒三十四年(1908)泰州教育會勸學所上海錦章書局石印本　一册

110000－0144－0014963　922.921/611
建康實録二十卷　(唐)許嵩撰　清光緒二十八年(1902)江寧甘氏刻本　六册

110000－0144－0014964　922.921/611
建康實録二十卷　(唐)許嵩撰　清光緒二十八年(1902)江寧甘氏刻本　六册

110000－0144－0014965　922.921/710
廣陵通典十卷　(清)汪中撰　清同治八年(1869)揚州書局刻本　二册

110000－0144－0014966　922.921/710
廣陵通典十卷　(清)汪中撰　清同治八年(1869)揚州書局刻本　二册

110000－0144－0014967　922.921/710
廣陵通典十卷　(清)汪中撰　清同治八年(1869)揚州書局刻本　二册

110000－0144－0014968　922.921/710－02
廣陵通典十卷　(清)汪中撰　清道光三年(1823)刻本　三册

110000－0144－0014969　922.921/736
揚州歷史教科書　湯寅臣編輯　清光緒三十四年(1908)刻本　二册

110000－0144－0014970　922.921/736－02
揚州歷史教科書　湯寅臣編輯　清末抄本　一册

110000－0144－0014971　922.921/893
江蘇鄉土歷史教科書第一册附參考書　劉師培編　清光緒三十二年(1906)上海國學保存會鉛印本　一册

110000－0144－0014972　922.922/893
安徽鄉土歷史教科書第三册附全省地圖　劉師培著　清末上海國學保存會鉛印本　一册

110000－0144－0014973　922.923/546
明州繫年録七卷　(清)董沛撰　清光緒四年(1878)刻本　三册

110000－0144－0014974　922.927/596
華陽國志十二卷　(晉)常璩撰　清嘉慶十九年(1814)刻本　六册

110000－0144－0014975　922.927/596－02
華陽國志十二卷　(晉)常璩撰　清嘉慶九年(1804)益州佳史館刻本　四册

110000－0144－0014976　922.927/596－02
華陽國志十二卷　(晉)常璩撰　清嘉慶九年(1804)益州佳史館刻本　四册

110000－0144－0014977　922.927/596－02
華陽國志十二卷　(晉)常璩撰　清嘉慶九年(1804)益州佳史館刻本　六册

110000－0144－0014978　922.932/719－02
臺灣外紀三十卷　江日昇輯　清末上海進步書局石印本　六册

110000－0144－0014979　922.935/271
增訂南詔野史二卷　(明)楊慎編輯　(清)胡蔚訂正　清光緒六年(1880)雲南書局刻本　二册

110000－0144－0014980　922.936/997
黔史四卷　(清)猶法賢編　清光緒十四年(1888)貴陽熊湛英刻本　一册

110000－0144－0014981　922.94/669
欽定滿洲源流考二十卷　(清)阿桂等撰　清光緒三十年(1904)中西書局石印本　四册

110000－0144－0014982　922.94/669－02
欽定滿洲源流考二十卷　(清)阿桂等撰　清光緒十九年(1893)杭州便益書局石印本　四册

110000－0144－0014983　922.951/232
前蒙古紀事本末二卷後蒙古紀事本末二卷　(清)韓善征撰　清光緒三十一年(1905)上海春記石印本　四冊

110000－0144－0014984　923/453
支那文明史論　(日本)中西牛郎著　普通學書室編輯　清光緒二十七年(1901)上海商務印書館鉛印本　一冊

110000－0144－0014985　924.14/143－994
[乾隆]潞安府志四十卷首一卷　(清)張淑渠　(清)姚學瑛主修　(清)姚學甲纂修　清乾隆三十五年(1770)潞安府署刻四十三年(1778)增刻本　十二冊　存二十二卷(一至四、八至十六、二十至二十一、二十五至二十六、二十九至三十二,首一卷)

110000－0144－0014986　925.172/517
東征錄六卷　(清)藍鼎元撰　清光緒四年(1878)上海申報館鉛印本　二冊

110000－0144－0014987　925.172/517
使琉球記六卷　(清)李鼎元撰　清光緒四年(1878)上海申報館鉛印本　二冊

110000－0144－0014988　925.172/655
康熙政要二十四卷　章梫纂　清宣統三年(1911)鉛印本　十二冊

110000－0144－0014989　925.174/641
南巡盛典一百二十卷　(清)高晉輯　清光緒八年(1882)上海點石齋石印本　八冊

110000－0144－0014990　925.175/545
西巡盛典二十四卷首一卷　(清)董誥等撰　清嘉慶十七年(1812)武英殿木活字印本　十二冊

110000－0144－0014991　925.175/552
防海紀略二卷　(清)芍塘居士撰　清光緒六年(1880)上海上洋文藝齋刻本　二冊

110000－0144－0014992　925.175/552
防海紀略二卷　(清)芍塘居士撰　清光緒六年(1880)上海上洋文藝齋刻本　二冊

110000－0144－0014993　925.175/994
東槎紀略五卷　(清)姚瑩撰　清光緒四年(1878)上海申報館鉛印本　二冊

110000－0144－0014994　925.175/994－02
東槎紀略五卷　(清)姚瑩撰　清道光刻本　二冊

110000－0144－0014995　925.178/741
光緒政要三十四卷　(清)沈桐生輯　清宣統元年(1909)上海崇義堂石印本　三十冊

110000－0144－0014996　925.178/741
光緒政要三十四卷　(清)沈桐生輯　清宣統元年(1909)上海崇義堂石印本　三十冊

110000－0144－0014997　925.178/741
光緒政要三十四卷　(清)沈桐生輯　清宣統元年(1909)上海崇義堂石印本　三十冊

110000－0144－0014998　925.178/741－02
光緒政要三十四卷　(清)沈桐生輯　清宣統元年(1909)上海崇義堂石印本　三十冊

110000－0144－0014999　925.27/716
十朝聖訓九百二十二卷　(清)□□輯　清光緒石印本　一百冊

110000－0144－0015000　925.27/716－02
十朝聖訓九百二十二卷　(清)□□輯　清光緒鉛印本　四百四十八冊

110000－0144－0015001　925.272/716
上諭(康熙六十一年十一月、十二月)　(清)聖祖玄燁撰　清刻本　一冊

110000－0144－0015002　925.273/716
硃批諭旨不分卷　(清)世宗胤禛撰　清刻朱墨套印本　八冊

110000－0144－0015003　925.273/716－02
硃批諭旨不分卷　(清)世宗胤禛撰　清光緒十三年(1887)上海點石齋石印本　六十冊

110000－0144－0015004　925.273/716－1
上諭旗務議覆十二卷　(清)允祿等輯　清刻本　八冊

110000－0144－0015005　925.273/716－2
上諭八旗十三卷　(清)允祿等輯　清刻本　十册

110000－0144－0015006　925.278/341
戊戌新政一卷附件一卷　(清)□□撰　清光緒二十六年(1900)上海刻本　二册

110000－0144－0015007　925.278/448
整頓士習請嚴申禁令　(清)張為奏　清光緒十三年(1887)刻本　一册

110000－0144－0015008　925.278/599
省例一卷　(清)□□撰　清刻本　二十六册

110000－0144－0015009　925.278/625
上諭(光緒八年至二十五年)　(清)德宗載湉　清光緒刻本　十八册

110000－0144－0015010　925.3/199
歷代名臣奏議選三十卷　(清)趙承恩輯　清同治十三年(1874)金溪趙氏紅杏山房刻本　二十六册

110000－0144－0015011　925.3/312.7
奏摺條件輯覽四卷　(清)張守誠編　清光緒十六年(1890)皖江節署刻本　一册

110000－0144－0015012　925.3/940
奏摺譜　(清)饶旬宣撰　清光緒十三年(1887)刻本　一册

110000－0144－0015013　925.3/940－02
奏摺譜　(清)饶旬宣撰　清光緒九年(1883)刻本　一册

110000－0144－0015014　925.32/336
兩漢策要十二卷　(宋)陶叔獻輯　(元)常彦修增補　清乾隆五十三年(1788)刻本　缺五卷(三、七至八、十一至十二)　五册

110000－0144－0015015　925.32/336
兩漢策要十二卷　(宋)陶叔獻輯　(元)常彦修增補　清光緒十三年(1887)上海同文書局石印本　八册

110000－0144－0015016　925.32/336
兩漢策要十二卷　(宋)陶叔獻輯　(元)常彦修增補　清光緒十三年(1887)上海同文書局石印本　八册

110000－0144－0015017　925.332/583
山公啟事一卷山公佚事一卷　(晉)山濤撰　葉德輝輯　清光緒二十六年(1900)刻本　一册

110000－0144－0015018　925.34/715－02
唐陸宣公奏議讀本四卷首一卷　(唐)陸贄著　(清)汪銘謙編輯　清同治四年(1865)刻本　二册

110000－0144－0015019　925.341/387
注陸宣公奏議十五卷　(唐)陸贄撰　(宋)郎曄註　清光緒四年(1878)陸心源刻本　四册

110000－0144－0015020　925.341/387－02
陸宣公制誥十卷附錄一卷　(唐)陸贄撰　清光緒十二年(1886)淮南書局刻本　一册

110000－0144－0015021　925.341/387－02
注陸宣公奏議十五卷　(唐)陸贄撰　(宋)郎曄註　清光緒十二年(1886)淮南書局刻本　三册

110000－0144－0015022　925.341/387－02
注陸宣公奏議十五卷　(唐)陸贄撰　(宋)郎曄註　清光緒十二年(1886)淮南書局刻本　四册

110000－0144－0015023　925.3513/840
包孝肅公奏議十卷附錄一卷　(宋)包拯撰　清光緒元年(1875)合肥張氏毓秀堂刻本　二册

110000－0144－0015024　925.3514/554
蘇文忠公奏議二卷　(宋)蘇軾撰　(清)曾燠輯　清嘉慶十八年(1813)盱江曾氏刻本　二册

110000－0144－0015025　925.3516/504
石林奏議十五卷　(宋)葉夢得撰　清光緒十一年(1885)歸安陸心源刻本　六册

110000－0144－0015026　925.3516/504
石林奏議十五卷　(宋)葉夢得撰　清光緒十

一年(1885)歸安陸心源刻本　二册

110000－0144－0015027　925.3522/203
宋趙忠定奏議四卷　(宋)趙汝愚撰　**宋忠定趙周王别錄八卷**　葉德輝輯　清宣統二年(1910)長沙葉氏觀古堂刻本　六册

110000－0144－0015028　925.3525/440
許國公奏議四卷　(宋)吳潛撰　清刻本　四册

110000－0144－0015029　925.36/716
御選明臣奏議四十卷　(清)高宗弘曆敕輯　清刻本　十六册

110000－0144－0015030　925.365/120
太師王端毅公奏議十五卷　(明)王恕撰　清嘉慶十一年(1806)刻本　六册

110000－0144－0015031　925.365/273.8
明兵部主事員外郎楊繼盛參嚴嵩稿　(明)楊繼盛撰　清拓本　一册

110000－0144－0015032　925.365/348
桂洲夏文愍公奏議二十一卷補遺一卷　(明)夏言撰　清刻本　十二册

110000－0144－0015033　925.365/416
馬端肅公奏議十六卷首一卷附詩文一卷　(明)馬文升撰　清刻本　四册

110000－0144－0015034　925.368/379
兵垣奏議一卷　(明)陳子龍撰　清光緒二十三年(1897)諸暨陳氏刻本　二册

110000－0144－0015035　925.368/379
兵垣奏議一卷　(明)陳子龍撰　清光緒二十三年(1897)諸暨陳氏刻本　二册

110000－0144－0015036　925.368/413
奏略一卷　(明)馬孟禎纂　清道光十四年(1834)馬樹華刻本　二册

110000－0144－0015037　925.368/413
奏略一卷　(明)馬孟禎纂　清道光十四年(1834)馬樹華刻本　二册

110000－0144－0015038　925.368/413
奏略一卷　(明)馬孟禎纂　清道光十四年(1834)馬樹華刻本　二册

110000－0144－0015039　925.368/497
明大司馬盧公奏議十卷　(明)盧象昇撰　清道光九年(1829)盧氏祠堂刻本　八册

110000－0144－0015040　925.368/504
葉玉城奏疏一卷文集一卷　(明)葉永盛撰　**名宦錄一卷**　(清)葉沃若輯　清刻本　三册

110000－0144－0015041　925.368/765
凌忠介公奏疏六卷　(明)凌義渠撰　清光緒四年(1878)族孫福昌刻本　二册

110000－0144－0015042　925.368/765－02
凌忠介公奏疏六卷　(明)凌義渠撰　清同治七年(1868)山陰鄒氏刻本　二册

110000－0144－0015043　925.368/814
治河奏疏二卷附五峰遺文一卷　(明)周堪賡撰　清光緒十八年(1892)溈水校經書院刻本　二册

110000－0144－0015044　925.368/856
經遼疏牘十卷　(明)熊廷弼撰　清末湖北通志局刻本　十册

110000－0144－0015045　925.368/856
經遼疏牘十卷　(明)熊廷弼撰　清末湖北通志局刻本　十册

110000－0144－0015046　925.368/856
經遼疏牘十卷　(明)熊廷弼撰　清末湖北通志局刻本　十册

110000－0144－0015047　925.368/919
倪文貞公奏疏十二卷講編四卷詩集二卷　(明)倪元璐著　清乾隆刻本　六册

110000－0144－0015048　925.368/952
留垣疏草不分卷　(明)徐憲卿撰　清光緒八年(1882)東海家塾刻本　二册

110000－0144－0015049　925.368/952
留垣疏草不分卷　(明)徐憲卿撰　清光緒八年(1882)東海家塾刻本　二册

110000－0144－0015050　925.37/121
皇清奏議六十八卷　（清）琴川居士編　清都城國史館琴川居士木活字印本　三十二冊

110000－0144－0015051　925.37/121－02
皇清奏議六十八卷首一卷　（清）琴川居士輯　清光緒二十八年（1902）麗澤學會石印本　八冊

110000－0144－0015052　925.37/175
鞠觀玉先生奏疏一卷　（清）鞠珦撰　清光緒十一年（1885）大梁鞠氏刻本　一冊

110000－0144－0015053　925.37/482
長白先生奏議二卷　（清）寶廷撰　**年譜一卷**　清宣統二年（1910）鉛印本　一冊

110000－0144－0015054　925.37/716
清代洋務論摺不分卷　（清）□□輯　清抄本　二冊

110000－0144－0015055　925.371/659
龔端毅公奏疏八卷　（清）龔鼎孳撰　清光緒九年（1883）龔氏刻本　四冊

110000－0144－0015056　925.371/720
洪文襄公奏對不分卷　（清）洪承疇撰　**奏摺譜一卷**　（清）饒旬宣纂　清光緒十九年（1893）北京榮禄堂刻本　二冊

110000－0144－0015057　925.371/720－02
經略洪承疇奏對筆記二卷　（清）洪承疇撰　清光緒十六年（1890）京都二酉齋刻本　二冊

110000－0144－0015058　925.371/720－03
洪文襄奏對筆記二卷　（清）洪承疇撰　清光緒十四年（1888）刻本　一冊

110000－0144－0015059　925.372/289.4
國朝李侍御奏疏一卷續刻一卷　（清）李時謙撰　清道光六年（1826）耕嵐閣刻本　四冊

110000－0144－0015060　925.372/736
潛菴先生疏稿一卷潛菴文正公家書一卷洛學編一卷困學録一卷志學會約一卷　（清）湯斌撰　清初貽安堂刻本　四冊

110000－0144－0015061　925.372/736
潛菴先生疏稿一卷　（清）湯斌撰　清初貽安堂刻本　四冊

110000－0144－0015062　925.372/806
寒松堂奏疏四卷　（清）魏象樞撰　清光緒二十五年（1899）浙江官書局刻本　四冊

110000－0144－0015063　925.372/806－02
寒松堂奏疏三卷年譜一卷　（清）魏象樞撰　清嘉慶十五年（1810）魏煜刻本　四冊

110000－0144－0015064　925.373/366
孫文定公奏議十卷　（清）孫嘉淦撰　**附録一卷**　清孫氏敦和堂刻本　十二冊

110000－0144－0015065　925.373/716
諭行旗務奏議（清雍正元年至十三年）不分卷　（清）允祿等編　清内府刻本　六冊

110000－0144－0015066　925.373/716
諭行旗務奏議（清雍正元年至十三年）不分卷　（清）允祿等編　清内府刻本　八冊

110000－0144－0015067　925.374/238
裘文達公奏議一卷　（清）裘日修撰　清嘉慶八年（1803）裘氏刻本　一冊

110000－0144－0015068　925.374/361
孫文定公奏議十卷　（清）孫嘉淦撰　清孫氏敦和堂刻本　十冊

110000－0144－0015069　925.375/105
己庚編二卷　（清）祁韻士撰　清道光二十八年（1848）祁寯藻筠淥山房刻本　二冊

110000－0144－0015070　925.375/133
進呈昭忠列傳奏議一卷　（清）□□輯　清抄本　一冊

110000－0144－0015071　925.375/257－03
林文忠公政書三十七卷　（清）林則徐撰　清光緒十一年（1885）刻本　十六冊

110000－0144－0015072　925.375/325
平番奏議四卷　（清）那彦成撰　清咸豐三年（1853）蘭垣阿公祠刻本　四冊

110000－0144－0015073　925.375/325

平番奏議四卷　(清)那彦成撰　清咸豐三年(1853)蘭垣阿公祠刻本　四册

110000－0144－0015074　925.375/331
耐庵奏議存稿十二卷　(清)賀長齡撰　清光緒八年(1882)賀克繩等刻本　十四册

110000－0144－0015075　925.375/485
四家奏議合鈔八卷首一卷　(清)汪瑔輯　清光緒九年(1883)隨山館刻本　十册

110000－0144－0015076　925.375/754
思補齋奏摺一卷　(清)潘世恩撰　清末刻本　一册

110000－0144－0015077　925.375/754－4
思補齋奏摺一卷　(清)潘世恩撰　清末刻本　一册

110000－0144－0015078　925.375/796
黎襄勤公奏議六卷　(清)黎世序撰　(清)黎學淳編　清道光七年(1827)刻本　六册

110000－0144－0015079　925.376/115
王侍郎奏議十卷　(清)王茂蔭撰　清光緒刻本　四册

110000－0144－0015080　925.376/185
内江水師安徽省兵事奏諭並稟稿一卷　(清)彭玉麟撰　清同治抄本　一册

110000－0144－0015081　925.376/195－879
袁侍郎奏稿一卷　(清)袁希祖撰　(清)段福昌輯錄　清同治十一年(1872)京師刻本　一册

110000－0144－0015082　925.376/213
考察政治戴端兩大臣條陳學務摺　(清)戴鴻慈　(清)端方撰　清末京師官書局鉛印本　一册

110000－0144－0015083　925.376/213
考察政治戴端兩大臣條陳學務摺　(清)戴鴻慈　(清)端方撰　清末京師官書局鉛印本　一册

110000－0144－0015084　925.376/216
胡文忠公政書十四卷　(清)胡林翼撰　清光緒二十五年(1899)湖南糧儲道署刻本　十六册

110000－0144－0015085　925.376/216
胡文忠公政書十四卷　(清)胡林翼撰　清光緒二十五年(1899)湖南糧儲道署刻本　十四册

110000－0144－0015086　925.376/273
楊勇慤公奏議十六卷　(清)楊岳斌撰　清光緒二十一年(1895)問竹軒刻本　十六册

110000－0144－0015087　925.376/292
李肅毅伯奏議二十卷　(清)李鴻章撰　(清)章洪鈞　(清)吳汝綸編　清光緒二十五年(1899)石印本　二十册

110000－0144－0015088　925.376/292.6
合肥李勤恪公政書十卷首一卷　(清)李瀚章撰　清末石印本　十册

110000－0144－0015089　925.376/292.6
合肥李勤恪公政書十卷首一卷　(清)李瀚章撰　清末石印本　十册

110000－0144－0015090　925.376/292.6
合肥李勤恪公政書十卷首一卷　(清)李瀚章撰　清末石印本　十册

110000－0144－0015091　925.376/292－02
李肅毅伯奏議十三卷　(清)李鴻章撰　清末石印本　十三册

110000－0144－0015092　925.376/292－02
李肅毅伯奏議十三卷　(清)李鴻章撰　清末石印本　十三册

110000－0144－0015093　925.376/296
條陳推廣旗丁生計奏稿一卷　(清)增韞撰　清末鉛印本　一册

110000－0144－0015094　925.376/309
張文毅公奏稿八卷　(清)張芾撰　清光緒二年(1876)刻本　四册

110000－0144－0015095　925.376/352
奏摺不分卷　(□)□□輯　清刻本　一册

110000－0144－0015096　925.376/352－3

左恪靖伯奏稿初編三十八卷續編七十六卷　(清)左宗棠撰　清同治七年(1868)刻本　七十册

110000－0144－0015097　925.376/352－3

左恪靖伯奏稿初編三十八卷續編七十六卷　(清)左宗棠撰　清同治七年(1868)刻本　七十册

110000－0144－0015098　925.376/360

先文定公奏議二卷　(清)孫瑞珍撰　(清)孫毓珠輯　清咸豐十年(1860)刻本　二册

110000－0144－0015099　925.376/377

同治中興京外奏議約編八卷　(清)陳弢輯　清光緒元年(1875)篋劍囊琴之室刻本　八册

110000－0144－0015100　925.376/377

同治中興京外奏議約編八卷　(清)陳弢輯　清光緒元年(1875)篋劍囊琴之室刻本　八册

110000－0144－0015101　925.376/377

同治中興京外奏議約編八卷　(清)陳弢輯　清光緒元年(1875)篋劍囊琴之室刻本　八册

110000－0144－0015102　925.376/441

澹靜齋奏疏一卷　(清)吳傑撰　清道光刻澹靜齋集本　一册

110000－0144－0015103　925.376/445

文節公奏疏二卷　(清)呂賢基撰　清惇福堂刻本　二册

110000－0144－0015104　925.376/526

粵省太平關税務奏稿一卷　(清)□□撰　清同治五年(1866)稿本　一册

110000－0144－0015105　925.376/593

岑襄勤公奏藁三十卷首一卷　(清)岑毓英撰　清光緒二十三年(1897)武昌督糧官署刻本　三十二册

110000－0144－0015106　925.376/634

郭侍郎奏疏十二卷　(清)郭嵩燾撰　清光緒十八年(1892)刻本　十二册

110000－0144－0015107　925.376/634

郭侍郎奏疏十二卷　(清)郭嵩燾撰　清光緒十八年(1892)刻本　十二册

110000－0144－0015108　925.376/667

湖北按察使唐公奏稿一卷　(清)唐樹義撰　(清)唐炯編輯　清咸豐四年(1854)刻本　一册

110000－0144－0015109　925.376/869

進修堂奏稿二卷　(清)白恩佑撰　清光緒二十三年(1897)天津刻本　一册

110000－0144－0015110　925.376/869

進修堂奏稿二卷　(清)白恩佑撰　清光緒二十三年(1897)天津刻本　一册

110000－0144－0015111　925.376/889

劉中丞奏議二十卷　(清)劉蓉撰　清光緒十一年(1885)思賢講舍刻木　十册

110000－0144－0015112　925.376/904

藏諫研齋疏稿一卷　(清)何金壽撰　清光緒三十三年(1907)石印本　一册

110000－0144－0015113　925.376/921

擊磬錄一卷　(清)僧格林沁撰　**驅豺狼檄文**　(清)江西省吉安團著　**破疑十六條**　(清)楚省歸田老夫撰　清末刻本　一册

110000－0144－0015114　925.376/930

錢敏肅公奏疏七卷　(清)錢鼎銘撰　清光緒四年(1878)存素堂刻本　四册

110000－0144－0015115　925.376/930

錢敏肅公奏疏七卷　(清)錢鼎銘撰　清光緒四年(1878)存素堂刻本　四册

110000－0144－0015116　925.376/930

錢敏肅公奏疏七卷　(清)錢鼎銘撰　清光緒四年(1878)存素堂刻本　四册

110000－0144－0015117　925.376/952

斯未信齋奏疏二卷　(清)徐宗幹撰　清咸豐刻本　二册

110000－0144－0015118　925.376/981

曾文正公奏議補編四卷　(清)曾國藩撰　(清)薛福成編　清同治十三年(1874)刻本

四册

110000－0144－0015119　925.378/101
奏議書牘摘腴　（清）□□輯　清光緒三十四年（1908）抄本　一册

110000－0144－0015120　925.378/101.1
奏摺　（清）□□輯　清光緒抄本　一册

110000－0144－0015121　925.378/101.2
湖北宜昌焚燒教堂一案等奏摺　（清）□□編　清光緒抄本　五册

110000－0144－0015122　925.378/101.3
要摺不分卷　朱福等撰　清光緒鉛印本　一册

110000－0144－0015123　925.378/113
王文敏公奏疏一卷　（清）王懿榮撰　清宣統三年（1911）南京江寧印刷廠鉛印本　一册

110000－0144－0015124　925.378/113.6
維新奏議二十卷　（清）王紹康輯　清光緒二十八年（1902）上海書局石印本　六册

110000－0144－0015125　925.378/158
丁文誠公奏稿　（清）丁寶楨撰　清光緒十九年（1893）刻本　二十七册

110000－0144－0015126　925.378/158
丁文誠公奏稿　（清）丁寶楨撰　清光緒十九年（1893）刻本　二十七册

110000－0144－0015127　925.378/176
戶部陝西司奏稿八卷　（清）戶部陝西司編　清末戶部陝西司鉛印本　八册

110000－0144－0015128　925.378/185
彭剛直公奏稿八卷　（清）彭玉麟撰　清光緒十七年（1891）刻本　四册

110000－0144－0015129　925.378/192
袁太常戊戌條陳一卷　（清）袁昶撰　清光緒二十八年（1902）刻本　一册

110000－0144－0015130　925.378/209
海軍事宜奏稿一卷　（清）志鋭撰　清光緒十五年（1889）鉛印本　一册

110000－0144－0015131　925.378/267
楊文敬公奏議十卷　（清）楊士驤撰　清宣統三年（1911）刻本　四册

110000－0144－0015132　925.378/267
楊文敬公奏議十卷　（清）楊士驤撰　清宣統三年（1911）刻本　四册

110000－0144－0015133　925.378/292
奏議輯覽初編十六卷附録一卷　（清）李宗棠輯　清光緒二十七年（1901）大興李氏刻本　十六册

110000－0144－0015134　925.378/292.7
江南製造全案奏疏　（清）李鴻章等撰　清同治鉛印本　一册

110000－0144－0015135　925.378/307
變法新史攬要八卷　張謇編輯　清光緒二十三年（1897）上海萬選樓石印本　四册

110000－0144－0015136　925.378/307.2
張靖達公奏議八卷首一卷　（清）張樹聲撰　清光緒刻本　四册

110000－0144－0015137　925.378/307.22
張中丞奏議四卷　（清）張聯桂撰　清光緒二十五年（1899）揚州刻本　四册

110000－0144－0015138　925.378/307.221
寸草廬奏稿二卷　（清）張嘉禄撰　清光緒刻本　二册

110000－0144－0015139　925.378/311
南皮張宫保政書奏議初編十二卷　（清）張之洞撰　清光緒二十七年（1901）上海圖書集成印書局鉛印本　六册

110000－0144－0015140　925.378/352
左文襄公奏疏初編三十八卷　（清）左宗棠撰　清光緒十六年（1890）上海圖書集成局鉛印本　二十册

110000－0144－0015141　925.378/352.2
奏疏録要二卷　（清）友竹齋主人輯　清光緒二十一年（1895）上海書局石印本　一册

110000－0144－0015142　925.378/365

太傅孫文正公手書遺摺稿一卷 (清)孫家鼐撰書 清宣統元年(1909)石印本 一冊

110000－0144－0015143 925.378/378
聖朝名公奏議八卷 (清)陳弢編輯 清光緒二十年(1894)上海中西書局石印本 六冊

110000－0144－0015144 925.378/378.2
庸盦尚書奏議十六卷 陳夔龍撰 清宣統三年(1911)貴陽陳氏鉛印本 八冊

110000－0144－0015145 925.378/378.2
庸盦尚書奏議十六卷 陳夔龍撰 清宣統三年(1911)貴陽陳氏鉛印本 八冊

110000－0144－0015146 925.378/378.2
庸盦尚書奏議十六卷 陳夔龍撰 清宣統三年(1911)貴陽陳氏鉛印本 八冊

110000－0144－0015147 925.378/416
馬端敏公奏議八卷 (清)馬新貽撰 清光緒二十年(1894)閩浙督署刻本 八冊

110000－0144－0015148 925.378/460
閣鈔彙編(清光緒二十八年至三十一年)不分卷 (清)□□輯 清末北京鉛印本 一百九十八冊

110000－0144－0015149 925.378/477
綏遠奏議一卷 (清)貽穀撰 清光緒三十三年(1907)鉛印本 一冊

110000－0144－0015150 925.378/477
綏遠奏議一卷 (清)貽穀撰 清光緒三十三年(1907)鉛印本 一冊

110000－0144－0015151 925.378/477－9
墾務奏議一卷 (清)貽穀撰 清末京華印書局鉛印本 一冊

110000－0144－0015152 925.378/477－9－02
墾務奏議一卷 (清)貽穀撰 清末木活字印本 一冊

110000－0144－0015153 925.378/566
薛星使奏議不分卷 (清)薛福成撰 清末石印本 一冊

110000－0144－0015154 925.378/587
梟實子存槀一卷 (清)崔國因撰 清光緒鉛印本 一冊

110000－0144－0015155 925.378/595
光緒奏章 (清)□□編 清光緒木活字印本 二冊

110000－0144－0015156 925.378/601
譚文勤公奏稿二十卷首一卷 (清)譚鍾麟撰 清宣統三年(1911)刻本 十冊

110000－0144－0015157 925.378/602
諫止中東和議奏疏四卷 (清)□□編 清光緒二十一年(1895)香港書局石印本 四冊

110000－0144－0015158 925.378/607
呈請都察院代奏稿一卷 (清)許玨撰 清末鉛印本 一冊

110000－0144－0015159 925.378/608
督河奏疏十卷 (清)許振禕撰 清光緒二十五年(1899)廣州鉛印本 四冊

110000－0144－0015160 925.378/608
督河奏疏十卷 (清)許振禕撰 清光緒二十五年(1899)廣州鉛印本 四冊

110000－0144－0015161 925.378/610
許竹篔先生奏疏錄存二卷 (清)許景澄撰 清光緒鉛印本 一冊

110000－0144－0015162 925.378/610
許竹篔先生奏疏錄存二卷 (清)許景澄撰 清光緒鉛印本 一冊

110000－0144－0015163 925.378/612
許尚書文御史奏摺 (清)許應騤 (清)文悌撰 清光緒二十四年(1898)刻本 一冊

110000－0144－0015164 925.378/625
諭摺彙存(清光緒二十九年) (清)□□編 清光緒末年鉛印本 五十四冊

110000－0144－0015165 925.378/625
諭摺彙存(清光緒二十九年九月至十二月) (清)□□編 清光緒刻本 十八冊

110000－0144－0015166　925.378/625
諭摺彙存(清光緒二十六年)　(清)□□編　清光緒刻本　三十册

110000－0144－0015167　925.378/625
諭摺彙存(清光緒二十四年)　(清)□□編　清光緒鉛印本　五十册

110000－0144－0015168　925.378/625
諭摺彙存(清光緒二十五年)　(清)□□編　清光緒鉛印本　六册

110000－0144－0015169　925.378/625
諭摺彙存(清光緒三十年八月)　(清)□□編　清光緒刻本　六册

110000－0144－0015170　925.378/625
諭摺彙存(清光緒三十一年)　(清)□□編　清光緒刻本　三十六册

110000－0144－0015171　925.378/625.2
諭摺錄要(清光緒元年)　(清)□□編　清光緒木活字印本　八册

110000－0144－0015172　925.378/625.7
變法奏議叢鈔不分卷　(清)□□輯　清光緒書業德刻本　四册

110000－0144－0015173　925.378/625－2
諭摺彙存(清光緒二十八年)　(清)□□編　清光緒鉛印本　三十六册

110000－0144－0015174　925.378/625－2
諭摺彙存(清光緒二十八年)　(清)□□編　清光緒鉛印本　六册

110000－0144－0015175　925.378/625－2
諭摺彙存(清光緒二十八年)　(清)□□編　清光緒鉛印本　十二册

110000－0144－0015176　925.378/625－3
諭摺彙存(清光緒朝)　(清)□□編　清光緒鉛印本　四百二十册

110000－0144－0015177　925.378/625－6
諭摺彙存(清光緒三十二年)　(清)□□編　清光緒鉛印本　三十六册

110000－0144－0015178　925.378/625－6
諭摺彙存(清光緒三十二年)　(清)□□編　清光緒鉛印本　六册

110000－0144－0015179　925.378/625－62
諭摺彙存(清光緒二十八年)　(清)□□編　清光緒鉛印本　六册

110000－0144－0015180　925.378/625－69
諭摺彙存(清同治十三年至光緒六年)　(清)□□編　清光緒二十九年(1903)上海慎記書莊石印本　六册

110000－0144－0015181　925.378/625－7
諭摺彙存(清光緒三十三年八月)　(清)□□編　清光緒三十三年(1907)鉛印本　六册

110000－0144－0015182　925.378/634
罪言存略一卷　(清)郭嵩燾撰　清光緒十四年(1888)時報館刻本　一册

110000－0144－0015183　925.378/634
罪言存略一卷　(清)郭嵩燾撰　清光緒十四年(1888)時報館刻本　一册

110000－0144－0015184　925.378/634
罪言存略一卷　(清)郭嵩燾撰　清光緒十四年(1888)時報館刻本　一册

110000－0144－0015185　925.378/634－02
罪言存略一卷　(清)郭嵩燾撰　清光緒五年(1879)養知書屋刻本　一册

110000－0144－0015186　925.378/668
南海先生戊戌奏稿一卷　康有為撰　清宣統三年(1911)鉛印本　一册

110000－0144－0015187　925.378/668
南海先生戊戌奏稿一卷　康有為撰　清宣統三年(1911)鉛印本　一册

110000－0144－0015188　925.378/668
南海先生戊戌奏稿一卷　康有為撰　清宣統三年(1911)鉛印本　一册

110000－0144－0015189　925.378/668
南海先生戊戌奏稿一卷　康有為撰　清宣統三年(1911)鉛印本　一册

110000－0144－0015190　925.378/668
南海先生戊戌奏稿一卷　康有為撰　清宣統三年(1911)鉛印本　一冊

110000－0144－0015191　925.378/668.3
公車上書稿　康有為撰　清末石印本　一冊

110000－0144－0015192　925.378/668－2
南海先生五上書記一卷　康有為撰　清光緒二十三年(1897)上海大同譯書局石印本　一冊

110000－0144－0015193　925.378/668－21
南海先生四上書記一卷　康有為撰　清光緒二十一年(1895)上海時務報館石印本　一冊

110000－0144－0015194　925.378/677
湖廣道監察御史文仲恭奏書　(清)文悌撰　清光緒豐源印書局鉛印本　一冊

110000－0144－0015195　925.378/685
光緒綏遠奏議改練新操奏摺　(清)文瑞撰　清光緒木活字印本　一冊

110000－0144－0015196　925.378/686
竹坡侍郎奏議二卷　(清)寶廷撰　清光緒二十七年(1901)刻本　二冊

110000－0144－0015197　925.378/686
竹坡侍郎奏議二卷　(清)寶廷撰　清光緒二十七年(1901)刻本　二冊

110000－0144－0015198　925.378/697
焚餘草二卷　宋伯魯撰　清光緒海棠仙館刻本　二冊

110000－0144－0015199　925.378/704
安侍御奏稿等五種　(清)安維峻等撰　清光緒石印本　一冊

110000－0144－0015200　925.378/716
奏牘彙鈔　(清)□□輯　清末抄本　一冊

110000－0144－0015201　925.378/743
沈文肅公政書七卷首一卷　(清)沈葆楨撰　清光緒六年(1880)刻本　十四冊

110000－0144－0015202　925.378/743
沈文肅公政書七卷首一卷　(清)沈葆楨撰　清光緒六年(1880)刻本　十二冊

110000－0144－0015203　925.378/743
沈文肅公政書七卷首一卷　(清)沈葆楨撰　清光緒六年(1880)刻本　八冊

110000－0144－0015204　925.378/768
軍牘集要十二卷　(清)馮子材撰　清光緒二十一年(1895)鉛印本　十二冊

110000－0144－0015205　925.378/781
變法自強奏議彙編二十卷　(清)毛佩之輯　清光緒二十七年(1901)上海書局石印本　十冊

110000－0144－0015206　925.378/793
程中丞奏稿十九卷附錄一卷　(清)程德全撰　清宣統二年(1910)鉛印本　十冊

110000－0144－0015207　925.378/796
黎文肅公遺書　(清)黎培敬撰　清光緒十七年(1891)湘潭黎氏刻本　二十冊

110000－0144－0015208　925.378/832
光緒奏議要摺君主立憲要摺　朱福撰　清光緒鉛印本　一冊

110000－0144－0015209　925.378/885
邸鈔全覽(光緒二十一年)　(□)□□撰　清光緒鉛印本　六冊

110000－0144－0015210　925.378/886
劉中丞奏稿四卷　(清)劉瑞芬撰　清光緒二十二年(1896)刻本　三冊

110000－0144－0015211　925.378/887
江楚會奏變法摺一卷　(清)劉坤一撰　(清)張之洞撰　清光緒二十七年(1901)兩湖書院刻本　三冊

110000－0144－0015212　925.378/887
江楚會奏變法摺一卷　(清)劉坤一撰　(清)張之洞撰　清光緒二十七年(1901)兩湖書院刻本　一冊

110000－0144－0015213　925.378/887－02
江楚會奏變法摺一卷　(清)劉坤一撰　(清)

張之洞撰　清光緒刻本　一冊

110000－0144－0015214　925.378/887－02
江楚會奏變法摺一卷　（清）劉坤一撰　（清）張之洞撰　清光緒刻本　一冊

110000－0144－0015215　925.378/894
劉壯肅公奏議十卷首一卷　（清）劉銘傳撰　清光緒三十二年（1906）鉛印本　六冊

110000－0144－0015216　925.378/894
劉壯肅公奏議十卷首一卷　（清）劉銘傳撰　清光緒三十二年（1906）鉛印本　六冊

110000－0144－0015217　925.378/894－02
劉壯肅公奏議敘　（清）□□撰　清末鉛印本　一冊

110000－0144－0015218　925.378/948
嘉定長白二先生奏議四卷　（清）徐致祥輯　清宣統二年（1910）鉛印本　二冊

110000－0144－0015219　925.378/956
試辦銀行章程奏摺　（清）戶部撰　清光緒末年刻本　一冊

110000－0144－0015220　925.378/993
戶部井田科奏咨輯要二卷　（清）□□輯　清光緒鉛印本　二冊

110000－0144－0015221　925.379/333
雲貴督院李制軍電奏稿一卷　李經義撰　清宣統二年（1910）鉛印本　一冊

110000－0144－0015222　925.379/333
雲貴督院李制軍電奏稿一卷　李經義撰　清宣統二年（1910）鉛印本　一冊

110000－0144－0015223　925.379/333
雲貴督院李制軍電奏稿一卷　李經義撰　清宣統二年（1910）鉛印本　一冊

110000－0144－0015224　925.379/412
馬主政其昶奏稿一卷　馬其昶撰　清宣統二年（1910）京師印書局鉛印本　一冊

110000－0144－0015225　925.379/651
［白竹君氏上攝政王之絕命書等］不分卷　（清）□□輯　清抄本　一冊

110000－0144－0015226　925.39/880
學部奏咨輯要不分卷　（清）學部總務司案牘科編　清宣統元年（1909）鉛印本　四冊

110000－0144－0015227　925.57/158
治臺必告錄八卷　（清）丁曰健輯　清同治六年（1867）知足知止園刻本　八冊

110000－0144－0015228　925.57/213
學仕錄十六卷　（清）戴肇辰輯　清同治六年（1867）刻本　八冊

110000－0144－0015229　925.57/213
學仕錄十六卷　（清）戴肇辰輯　清同治六年（1867）刻本　六冊

110000－0144－0015230　925.57/664
廣州聯防步軍營滿文檔　（清）□□輯　清抄本　一冊

110000－0144－0015231　925.57/664.7
廣州鑲紅旗滿文檔　（清）□□輯　清抄本　一冊

110000－0144－0015232　925.57/723
湖北臬署府縣詳稟手批　（清）□□撰　清末抄本　一冊

110000－0144－0015233　925.57/838
告示　（清）□□輯　清抄本　六冊

110000－0144－0015234　925.572/213
天台治略十卷　（清）戴兆菴撰　清道光二十四年（1844）陳彩鍾刻本　六冊

110000－0144－0015235　925.573/478
撫豫宣化錄四卷　（清）田文鏡撰　清道光十一年（1831）點易山房刻本　十二冊

110000－0144－0015236　925.574/314
健余先生撫豫條款四卷　（清）張受長輯　清光緒五年（1879）定州王氏謙德堂刻畿輔叢書本　一冊

110000－0144－0015237　925.574/383
培遠堂偶存稿四十八卷　（清）陳宏謀輯　清

光緒二十二年(1896)鄂藩署木活字印本　二十四冊

110000－0144－0015238　925.575/293
棣懷堂隨筆十一卷雙圃氏同館賦鈔一卷周夢巖同館賦鈔一卷　(清)李象鵾撰　清道光二十五年(1845)張祥河刻本　八冊

110000－0144－0015239　925.575/681
勉益齋偶存稿八卷續存稿十六卷　(清)裕謙撰　清光緒二年(1876)武昌勉益齋北京琉璃廠文會堂刻本　二十四冊

110000－0144－0015240　925.575/786
心師竹齋章牘存稿三卷附錄一卷崇祀鄉賢錄一卷　(清)程楙采撰　(清)程鼎芬編　**顯考憩棠府君行述**　(清)程鼎芬等撰　**程公墓表**　(清)王贈芳撰　清光緒三年(1877)北京奎光齋刻本　二冊

110000－0144－0015241　925.575/815
共城從政錄一卷莘原從政錄一卷共城士庶十願歌一卷海陵從政錄一卷家蔭堂感深知己錄一卷家蔭堂省心錄一卷　(清)周際華撰　清道光十九年(1839)家蔭堂刻本　四冊

110000－0144－0015242　925.575/894
庸吏庸言二卷餘談一卷　(清)劉衡撰　清道光刻本　一冊

110000－0144－0015243　925.575/894－02
庸吏庸言二卷　(清)劉衡撰　清同治七年(1868)湖北崇文書局刻本　存一卷(上)　一冊

110000－0144－0015244　925.576/129
戒押班諭一卷　(清)□□撰　清末刻本　一冊

110000－0144－0015245　925.576/301
援黔錄十二卷　(清)唐炯撰　清末刻本　四冊

110000－0144－0015246　925.576/547
地契(咸豐年)　(清)董進祿撰　清咸豐八年(1858)寫本　一幅

110000－0144－0015247　925.576/578
茶船誤碰木樁插漏案一卷　(清)□□纂　清同治十二年(1873)津海關道署刻本　一冊

110000－0144－0015248　925.576/626
嶺西公牘彙存十卷　(清)方濬師撰　清光緒四年(1878)刻本　十冊

110000－0144－0015249　925.576/650
卞制軍政書四卷　(清)卞寶第著　清光緒刻本　四冊

110000－0144－0015250　925.576/653
辯論洋藥觔數多少案　(清)□□纂　清同治刻本　一冊

110000－0144－0015251　925.576/748
槐卿政蹟六卷　(清)沈衍慶撰　清同治元年(1862)刻本　四冊

110000－0144－0015252　925.576/761
糖船倒碰漁船鐵錨案一卷　(清)□□纂　清同治十二年(1873)津海關道署刻本　一冊

110000－0144－0015253　925.576/791
福寧紀事二卷首一卷　(清)程榮春撰　清同治五年(1866)吟雨樓刻本　二冊

110000－0144－0015254　925.578/133
吏部奏准申明保舉定例摺　(清)吏部奏　清末鉛印本　一冊

110000－0144－0015255　925.578/133－6
吏部奏准變通辦理保案摺　(清)吏部奏　清末鉛印本　一冊

110000－0144－0015256　925.578/158
撫吳公牘五十卷　(清)丁禹生撰　清光緒三年(1877)鉛印本　十冊

110000－0144－0015257　925.578/158
撫吳公牘五十卷　(清)丁禹生撰　清光緒三年(1877)鉛印本　十冊

110000－0144－0015258　925.578/158－02
撫吳公牘五十卷　(清)丁禹生撰　清末鉛印本　六冊

110000－0144－0015259　925.578/160
工部奏為酌議軍需善後報銷章程摺　(清)工部奏　清光緒刻本　一冊

110000－0144－0015260　925.578/166
勞薪録四卷　(清)黄雲撰　清光緒二十九年(1903)蘭州官印書局鉛印本　四冊

110000－0144－0015261　925.578/167
黄國瑄公牘　(清)黄國瑄撰　清末抄本　一冊

110000－0144－0015262　925.578/169
陜安道任内公牘一卷　(清)黄誥撰　清光緒鉛印本　一冊

110000－0144－0015263　925.578/177
北洋公牘類纂二十五卷　(清)甘厚慈輯　清光緒三十三年(1907)北京益森公司鉛印本　二十冊

110000－0144－0015264　925.578/177
北洋公牘類纂二十五卷　(清)甘厚慈輯　清光緒三十三年(1907)北京益森公司鉛印本　二十冊

110000－0144－0015265　925.578/177
北洋公牘類纂二十五卷　(清)甘厚慈輯　清光緒三十三年(1907)北京益森公司鉛印本　二十冊

110000－0144－0015266　925.578/177－1
北洋公牘類纂續編不分卷　(清)甘厚慈輯　清宣統二年(1910)絳雪齋書局鉛印本　二十冊

110000－0144－0015267　925.578/177－1
北洋公牘類纂續編不分卷　(清)甘厚慈輯　清宣統二年(1910)絳雪齋書局鉛印本　二十冊

110000－0144－0015268　925.578/213
敬簡堂學治雜録四卷　(清)戴傑撰　清光緒刻本　四冊

110000－0144－0015269　925.578/259
東陽隨筆一卷　(清)林慶炳輯　清光緒十一年(1885)刻本　一冊

110000－0144－0015270　925.578/261
直東剿匪電存四卷首一卷　(清)林學瑊輯　清光緒三十二年(1906)石印本　四冊

110000－0144－0015271　925.578/289
謀猷入告上光緒皇帝防患策　(清)李崧甫撰　清光緒三十年(1904)石印本　一冊

110000－0144－0015272　925.578/292
李文忠公外部函稿二十八卷　(清)李鴻章撰　(清)吳汝綸編　清光緒二十八年(1902)保定蓮池書社鉛印本　十四冊

110000－0144－0015273　925.578/294
圭山存牘　(清)李鍾玨撰　清光緒二十一年(1895)寧陽刻本　一冊

110000－0144－0015274　925.578/294－7
寧陽存牘一卷　(清)李鍾玨撰　清光緒二十四年(1898)粤東省城刻本　一冊

110000－0144－0015275　925.578/308
益都丁壬集三卷　(清)張承燮撰　(清)邱端玉輯　清光緒十九年(1893)益都旌賢書院刻本　三冊

110000－0144－0015276　925.578/311－2
張文襄公奏稿五十卷首一卷電稿六十六卷公牘二十八卷　(清)張之洞撰　許同華編　清宣統二年(1910)鉛印本　七十三冊

110000－0144－0015277　925.578/379
求是齋公牘彙存不分卷　陳際唐撰　清宣統二年(1910)山西濬文書局鉛印本　六冊

110000－0144－0015278　925.578/423
金雞談薈十四卷首一卷　(清)歐陽利見撰　(清)郭傳璞編　清光緒十五年(1889)祁陽歐陽氏四明節署鉛印本　八冊

110000－0144－0015279　925.578/438
秀山公牘五卷　(清)吳光耀撰　清光緒刻本　四冊

110000－0144－0015280　925.578/468
貴東書牘節抄四卷　(清)易佩紳撰　清光緒

十八年(1892)刻本　四冊

110000－0144－0015281　925.578/468.8
龍州雜俎三卷　易順鼎撰　清光緒琴志樓鉛印本　一冊

110000－0144－0015282　925.578/482
怡雲館文牘略存一卷　(清)羅緗撰　清宣統鉛印本　一冊

110000－0144－0015283　925.578/482
怡雲館文牘略存一卷　(清)羅緗撰　清宣統鉛印本　一冊

110000－0144－0015284　925.578/482.2
蘄春紀略一卷　(清)羅緗撰　清光緒二十五年(1899)成都呂德生刻本　一冊

110000－0144－0015285　925.578/571
出使公牘十卷　(清)薛福成撰　清光緒二十四年(1898)傳經樓刻本　八冊

110000－0144－0015286　925.578/595
布政司衙門刊頒四季分條例(光緒三十二年至三十四年)不分卷　(清)布政司衙門編　清光緒河南布政司鉛印本、石印本　七冊

110000－0144－0015287　925.578/595.5
光緒十三年閏四月至五月陝西各縣控案批詞　(清)□□輯　清光緒十三年(1887)刻本　一冊

110000－0144－0015288　925.578/610
許竹篔先生出使函稿十四卷　(清)許景澄撰　清光緒鉛印本　四冊

110000－0144－0015289　925.578/610
許竹篔先生出使函稿十四卷　(清)許景澄撰　清光緒鉛印本　四冊

110000－0144－0015290　925.578/657
童溫處公遺書六卷首一卷　(清)童兆蓉撰　清末寧鄉童氏桂陰書屋刻本　六冊

110000－0144－0015291　925.578/684
頤情館聞過集守湖稿十二卷　(清)宗源翰撰　清光緒三年(1877)刻本　六冊

110000－0144－0015292　925.578/700
官書局彙報　(清)□□編　清光緒二十二年(1896)京都官書局鉛印本　二十一冊

110000－0144－0015293　925.578/700
官書局彙報　(清)□□編　清光緒二十二年(1896)京都官書局鉛印本　四冊

110000－0144－0015294　925.578/700.7
光緒三十四年八月十八日宮門鈔　(清)□□輯　清末鉛印本　一冊

110000－0144－0015295　925.578/717
河北義和團等案批牘　(清)□□輯　清光緒抄本　三冊

110000－0144－0015296　925.578/719
魏塘文告摘錄一卷　(清)江峰青撰　清光緒二十五年(1899)刻本　一冊

110000－0144－0015297　925.578/720
表忠芻議二卷　(清)洪恩波撰　清光緒三十年(1904)金陵刻本　一冊

110000－0144－0015298　925.578/736
出山草譜四卷　(清)湯肇熙撰　清光緒十年(1884)昆陽縣署刻本　二冊

110000－0144－0015299　925.578/743
公言集　沈同芳撰　清光緒三十四年(1908)中國圖書公司鉛印萬物炊累室文本　一冊

110000－0144－0015300　925.578/745
自強軍創制公言二卷　沈敦和編　清末石印本　二冊

110000－0144－0015301　925.578/754.7
粵西鴻泥錄一卷　潘江撰　清光緒三十四年(1908)刻本　二冊

110000－0144－0015302　925.578/787
程中丞庚子函牘鈔略一卷　(清)程德全撰　清宣統元年(1909)鉛印本　一冊

110000－0144－0015303　925.578/787
程中丞庚子函牘鈔略一卷　(清)程德全撰　清宣統元年(1909)鉛印本　一冊

110000－0144－0015304　925.578/787
程中丞庚子函牘鈔略一卷　(清)程德全撰　清宣統元年(1909)鉛印本　一冊

110000－0144－0015305　925.578/819
期不負齋全集政書九卷文集五卷　(清)周家楣撰　清光緒二十一年(1895)刻本　八冊

110000－0144－0015306　925.578/843
增修籌餉事例三卷現行常例一卷　(清)戶部編　清同治刻本　四冊

110000－0144－0015307　925.578/846
陽山叢牘不分卷　(清)符翕撰　清光緒十五年(1889)陽山縣署刻本　二冊

110000－0144－0015308　925.578/883
兵部奏為酌議軍需善後報銷章程摺一卷　(清)兵部奏　清光緒刻本　一冊

110000－0144－0015309　925.578/893
康梁徐謀財害命鐵證書一卷　劉作楫輯　清宣統二年(1910)石印本　一冊

110000－0144－0015310　925.578/893
康梁徐謀財害命鐵證書一卷　劉作楫輯　清宣統二年(1910)石印本　一冊

110000－0144－0015311　925.578/893
康梁徐謀財害命鐵證書一卷　劉作楫輯　清宣統二年(1910)石印本　一冊

110000－0144－0015312　925.578/936
銷算烏拉金珠鄂佛羅等站倒斃馬牛數目等事檔冊　(清)□□撰　清寫本　二冊

110000－0144－0015313　925.578/942
賜福廔啟事四卷賜福廔筆記一卷　顧德全撰　清光緒鉛印本　五冊

110000－0144－0015314　925.578/942
賜福廔啟事四卷賜福廔筆記一卷　顧德全撰　清光緒鉛印本　五冊

110000－0144－0015315　925.578/942
賜福廔啟事四卷賜福廔筆記一卷輔東政略二卷　顧德全撰　清光緒鉛印本　七冊

110000－0144－0015316　925.578/956
戶部奏為軍需善後用疑請免造冊報銷摺　(清)戶部奏　清光緒、宣統間刻本　一冊

110000－0144－0015317　925.578/956－6
戶部等衙門奏為軍餉緊要應如何豫為籌畫摺　(清)戶部奏　清光緒、宣統間刻本　一冊

110000－0144－0015318　925.578/956－9
戶部奏為程鼎芬奏請復道府以下額設養廉停止攤派並嚴禁陋規摺　(清)戶部奏　清光緒、宣統間刻本　一冊

110000－0144－0015319　925.578/982
公文稿存一卷　(清)□□輯　清抄本　三冊

110000－0144－0015320　925.578/994
籌蒙芻議二卷　姚錫光撰　清光緒三十四年(1908)姚錫光刻本　二冊

110000－0144－0015321　925.578/994－6
塵牘叢抄二卷　姚錫光撰　清光緒三十四年(1908)姚錫光刻本　四冊

110000－0144－0015322　925.579/688
布政司衙門刊頒宣統四季分條例不分卷　(清)布政司衙門編　清宣統河南布政司石印本　五冊

110000－0144－0015323　925.579/956－3
戶部奏為御史周天霖奏豫省河工請開鄭工捐例摺　(清)戶部奏　清光緒、宣統間刻本　一冊

110000－0144－0015324　925.58/130
天津旗昌行商人英鄂控告徐敬波王受益合謀誆騙案一卷　(清)□□輯　清末刻本　一冊

110000－0144－0015325　925.58/649
京張鐵路總局檔案信件底稿　(清)□□輯　清末稿本　九冊

110000－0144－0015326　925.75/496
奏疏存稿　(清)盧浙撰　清道光二十四年(1844)刻本　一冊

110000－0144－0015327　925.578/296
戊申大政記七卷　(清)擷華書局編印　清光

緒三十四年(1908)刻本　六冊

110000－0144－0015328　925/502
華制存考　(清)擷華書局編　清末擷华書局木活字印本　一百七冊

110000－0144－0015329　925/949
三朝北盟會編二百五十卷首一卷校勘記二卷　(宋)徐夢莘編　清光緒四年(1878)越東鉛印本　四十冊

110000－0144－0015330　925/949
三朝北盟會編二百五十卷首一卷校勘記二卷　(宋)徐夢莘編　清光緒四年(1878)越東鉛印本　四十冊

110000－0144－0015331　925/949
三朝北盟會編二百五十卷首一卷校勘記二卷　(宋)徐夢莘編　清光緒四年(1878)越東鉛印本　四十冊

110000－0144－0015332　925/949－02
三朝北盟會編二百五十卷　(宋)徐夢莘編　清光緒三十四年(1908)清苑許涵度刻本　四十冊

110000－0144－0015333　925/949－02
三朝北盟會編二百五十卷　(宋)徐夢莘編　清光緒三十四年(1908)清苑許涵度刻本　四十冊

110000－0144－0015334　926.03/321
經心書院課程與地學不分卷　(清)姚炳奎編　清光緒二十八年(1902)姚炳奎鉛印本　八冊

110000－0144－0015335　926.04/294－02
歷代地理志韻編今釋二十卷　(清)李兆洛撰　清光緒元年(1875)羊城馬氏集益堂刻本　十二冊

110000－0144－0015336　926.04/294－02
歷代地理志韻編今釋二十卷　(清)李兆洛撰　清光緒元年(1875)廣州羊城馬氏集益堂刻本　十二冊

110000－0144－0015337　926.04/294－03
歷代地理志韻編今釋二十卷皇朝輿地韻編二卷　(清)李兆洛撰　清同治九年(1870)合肥李氏刻本　八冊

110000－0144－0015338　926.04/294－04
歷代地理志韻編今釋二十卷皇朝輿地韻編二卷　(清)李兆洛撰　清末上海李盛鐸蜚英館石印本　七冊

110000－0144－0015339　926.08/120
小方壺齋輿地叢鈔　(清)王錫祺輯　清光緒十七年(1891)上海著易堂鉛印南清河王氏所輯書本　八十四冊

110000－0144－0015340　926.08/120
小方壺齋輿地叢鈔　(清)王錫祺輯　清光緒十七年(1891)上海著易堂鉛印南清河王氏所輯書本　八十四冊

110000－0144－0015341　926.08/120
小方壺齋輿地叢鈔　(清)王錫祺輯　清光緒十七年(1891)上海著易堂鉛印南清河王氏所輯書本　六十四冊

110000－0144－0015342　926.08/218
問影樓輿地叢書第一集十五種四十四卷　胡思敬輯　清光緒三十四年(1908)新昌胡氏鉛印本　十冊

110000－0144－0015343　926.08/218
問影樓輿地叢書第一集十五種四十四卷　胡思敬輯　清光緒三十四年(1908)新昌胡氏鉛印本　十冊

110000－0144－0015344　926.08/294
李氏五種合刊　(清)李兆洛輯　清光緒十四年(1888)上海掃葉山房刻本　十二冊

110000－0144－0015345　926.08/294
李氏五種合刊　(清)李兆洛輯　清光緒十四年(1888)上海掃葉山房刻本　十六冊

110000－0144－0015346　926.08/294
李氏五種合刊　(清)李兆洛輯　清光緒十四年(1888)上海掃葉山房刻本　十六冊

110000－0144－0015347　926.08/294－02

李氏五種合刊　(清)李兆洛輯　清光緒二十四年(1898)上海掃葉山房石印本　八冊

110000－0144－0015348　926.08/294－02
李氏五種合刊　(清)李兆洛輯　清光緒二十四年(1898)上海掃葉山房石印本　八冊

110000－0144－0015349　926.08/294－03
李氏五種合刊　(清)李兆洛輯　清光緒十八年(1892)金陵書局刻本　十三冊

110000－0144－0015350　926.08/294－04
李氏五種合刊　(清)李兆洛輯　清同治九年(1870)合肥李氏刻本　十冊

110000－0144－0015351　926.08/294－04
李氏五種合刊　(清)李兆洛輯　清同治九年(1870)合肥李氏刻本　十二冊

110000－0144－0015352　926.08/294－04
李氏五種合刊　(清)李兆洛輯　清同治九年(1870)合肥李氏刻本　六冊

110000－0144－0015353　926.08/294－04
李氏五種合刊　(清)李兆洛輯　清同治九年(1870)合肥李氏刻本　六冊

110000－0144－0015354　926.08/294－04
李氏五種合刊　(清)李兆洛輯　清同治九年(1870)合肥李氏刻本　十冊

110000－0144－0015355　926.08/947
大興徐氏三種　(清)徐松撰　清道光刻本　八冊

110000－0144－0015356　926.08/975
舟車所至十八種　(清)鄭光祖輯　清道光二十三年(1843)刻本　四冊

110000－0144－0015357　926.1/384
山海經彙說四卷　(清)陳逢衡撰　清道光二十五年(1845)揚州刻本　四冊

110000－0144－0015358　926.1/441
山海經廣注十八卷　(清)吳任臣撰　清康熙六年(1667)崇義書院刻本　六冊

110000－0144－0015359　926.1/630
山海經箋疏十八卷圖讚一卷訂譌一卷　(晉)郭璞傳　(清)郝懿行疏　清嘉慶阮元琅嬛仙館刻光緒印本　四冊

110000－0144－0015360　926.1/630
山海經箋疏十八卷圖讚一卷訂譌一卷　(晉)郭璞傳　(清)郝懿行疏　清嘉慶阮元琅嬛仙館刻光緒印本　四冊

110000－0144－0015361　926.1/630
山海經箋疏十八卷圖讚一卷訂譌一卷　(晉)郭璞傳　(清)郝懿行疏　清嘉慶阮元琅嬛仙館刻光緒印本　四冊

110000－0144－0015362　926.1/630
山海經箋疏十八卷圖讚一卷訂譌一卷　(晉)郭璞傳　(清)郝懿行疏　清嘉慶阮元琅嬛仙館刻光緒印本　四冊

110000－0144－0015363　926.1/630－011
山海經箋疏十八卷圖讚一卷訂譌一卷　(晉)郭璞傳　(清)郝懿行疏　清嘉慶阮元琅嬛仙館刻本　三冊

110000－0144－0015364　926.1/630－04
山海經十八卷　(晉)郭璞注　(清)畢沅校勘　清光緒二十年(1894)善成堂刻本　四冊

110000－0144－0015365　926.1/630－06
山海經箋疏十八卷圖讚一卷訂譌一卷敘錄一卷　(晉)郭璞注　(清)郝懿行箋疏　清光緒十九年(1893)五彩公司石印本　六冊

110000－0144－0015366　926.1/630－07
山海經箋疏十八卷圖五卷圖讚一卷訂譌一卷敘錄一卷　(晉)郭璞注　(清)郝懿行箋疏　清光緒十八年(1892)上海文林堂石印本　六冊

110000－0144－0015367　926.1/630－08
山海經十八卷圖讚一卷補注一卷　(晉)郭璞注　清光緒元年(1875)湖北崇文書局刻本　三冊

110000－0144－0015368　926.1/630－09
山海經十八卷圖讚一卷補注一卷　(晉)郭璞

注　清光緒三年(1877)浙江書局刻本　三冊

110000－0144－0015369　926.1/714
山海經存九卷　(清)汪紱撰　清光緒二十一年(1895)石印本　四冊

110000－0144－0015370　926.199/891
楚漢諸侯疆域志二卷　(清)劉文淇撰　清光緒十五年(1889)廣雅書局刻本　一冊

110000－0144－0015371　926.2/119
漢書地理志校注二卷　(清)王紹蘭撰　清光緒二十二年(1896)蕭山陳氏遺經樓刻本　二冊

110000－0144－0015372　926.2/119
漢書地理志校注二卷　(清)王紹蘭撰　清光緒二十二年(1896)蕭山陳氏遺經樓刻本　二冊

110000－0144－0015373　926.2/708
漢書地理志校本二卷　(清)汪遠孫校　清同治十年(1871)退補齋刻本　一冊

110000－0144－0015374　926.21/707
漢書地理志二卷　(清)汪遠孫校　清同治十年(1871)退補齋刻本　二冊

110000－0144－0015375　926.21/947
漢書西域傳補註二卷　(清)徐松撰　清光緒二十年(1894)廣雅書局刻本　二冊

110000－0144－0015376　926.23/435
三國郡縣表八卷　(清)吳增僅編　清光緒二十二年(1896)盱眙吳氏刻本　四冊

110000－0144－0015377　926.23/435
三國郡縣表八卷　(清)吳增僅編　清光緒二十二年(1896)盱眙吳氏刻本　四冊

110000－0144－0015378　926.23/435
三國郡縣表八卷　(清)吳增僅編　清光緒二十二年(1896)盱眙吳氏刻本　四冊

110000－0144－0015379　926.23/435－272
三國郡縣表補正八卷　(清)吳增僅原編　楊守敬補正　清光緒三十三年(1907)鄂城楊氏刻本　四冊

110000－0144－0015380　926.23/435－272
三國郡縣表補正八卷　(清)吳增僅原編　楊守敬補正　清光緒三十三年(1907)鄂城楊氏刻本　四冊

110000－0144－0015381　926.23/720
補三國疆域志二卷　(清)洪亮吉撰　清光緒十七年(1891)廣雅書局刻本　一冊

110000－0144－0015382　926.23/720－624
三國疆域志補注十九卷首一卷　(清)洪亮吉撰　(清)謝鍾英補注　清末刻本　八冊

110000－0144－0015383　926.3/951
東晉南北朝輿地表二十七卷　(清)徐文範撰　清光緒二十四年(1898)廣雅書局刻本　十冊

110000－0144－0015384　926.31/471
王隱晉書地道記一卷　(晉)王隱撰　(清)畢沅輯　**晉太康三年地志一卷**　(清)畢沅撰　清光緒二十年(1894)廣雅書局刻本　一冊

110000－0144－0015385　926.31/471－1
晉書地理志新補正五卷　(清)畢沅撰　清光緒刻廣雅書局叢書本　二冊

110000－0144－0015386　926.33/720
十六國疆域志十六卷　(清)洪亮吉撰　清光緒十七年(1891)廣雅書局刻本　四冊

110000－0144－0015387　926.33/720－02
十六國疆域志十六卷　(清)洪亮吉撰　清光緒四年(1878)廣雅書局刻本　二冊

110000－0144－0015388　926.351/339
宋州郡志校勘記一卷　(清)成儒撰　清光緒十四年(1888)廣雅書局刻本　一冊

110000－0144－0015389　926.351/339
宋州郡志校勘記一卷晉書校勘記四卷　(清)成儒撰　清光緒十四年(1888)廣雅書局刻本　一冊

110000－0144－0015390　926.353/720
補梁疆域志四卷　(清)洪齮孫撰　清光緒十七年(1891)廣雅書局刻本　二冊

110000－0144－0015391　926.37/272
隋書地理志考證九卷補遺一卷　楊守敬撰　清光緒二十七年(1901)宜都楊氏刻本　六冊

110000－0144－0015392　926.41/287
元和郡縣圖志四十卷　(唐)李吉甫撰　清光緒六年(1880)金陵書局刻本　八冊

110000－0144－0015393　926.41/287
元和郡縣圖志四十卷　(唐)李吉甫撰　清光緒六年(1880)金陵書局刻本　八冊

110000－0144－0015394　926.41/287
元和郡縣圖志四十卷補志九卷　(唐)李吉甫撰　(清)嚴觀輯補　清光緒六年(1880)金陵書局刻八年(1882)補刻本　八冊

110000－0144－0015395　926.41/287
元和郡縣圖志四十卷補志九卷　(唐)李吉甫撰　(清)嚴觀輯補　清光緒六年(1880)金陵書局刻八年(1882)補刻本　八冊

110000－0144－0015396　926.41/287－02
元和郡縣志四十卷　(唐)李吉甫撰　清道光二十七年(1847)刻本　十六冊

110000－0144－0015397　926.41/287－03
元和郡縣志四十卷　(唐)李吉甫撰　清刻本　十五冊

110000－0144－0015398　926.41/741
唐書西域傳注不分卷　(清)沈惟賢撰　清光緒二十四年(1898)沈惟賢刻本　一冊

110000－0144－0015399　926.41/860
元和郡縣圖志闕卷逸文三卷　繆荃孫輯　清光緒七年(1881)雲自在堪刻本　一冊

110000－0144－0015400　926.41/860
元和郡縣圖志闕卷逸文三卷　繆荃孫輯　清光緒七年(1881)雲自在堪刻本　一冊

110000－0144－0015401　926.51/114
元豐九域志十卷　(宋)王存等纂　清光緒八年(1882)金陵書局刻本　四冊

110000－0144－0015402　926.51/114
元豐九域志十卷　(宋)王存等纂　清光緒八年(1882)金陵書局刻本　四冊

110000－0144－0015403　926.51/114
元豐九域志十卷　(宋)王存等纂　清光緒八年(1882)金陵書局刻本　四冊

110000－0144－0015404　926.51/119
輿地紀勝二百卷　(宋)王象之撰　清道光二十九年(1849)懼盈齋刻本　四十冊

110000－0144－0015405　926.51/119－02
輿地紀勝二百卷　(宋)王象之撰　清咸豐五年(1855)南海伍氏粤雅堂刻本　二十四冊

110000－0144－0015406　926.51/423
輿地廣記三十八卷　(宋)歐陽忞撰　清光緒六年(1880)金陵書局刻本　四冊

110000－0144－0015407　926.51/423
輿地廣記三十八卷　(宋)歐陽忞撰　清光緒六年(1880)金陵書局刻本　四冊

110000－0144－0015408　926.51/423
輿地廣記三十八卷　(宋)歐陽忞撰　清光緒六年(1880)金陵書局刻本　四冊

110000－0144－0015409　926.51/423－02
輿地廣記三十八卷附錄二卷　(宋)歐陽忞撰　**校勘記二卷**　(清)孫星衍撰　清光緒二十一年(1895)刻本　七冊

110000－0144－0015410　926.51/423－03
輿地廣記三十八卷附錄二卷　(宋)歐陽忞撰　**校勘輿地廣記札記二卷**　(清)黄丕烈撰　清光緒六年(1880)金陵書局刻本　四冊

110000－0144－0015411　926.51/873
太平寰宇記二百卷　(宋)樂史撰　清光緒八年(1882)金陵書局刻本　三十六冊

110000－0144－0015412　926.51/873
太平寰宇記二百卷　(宋)樂史撰　清光緒八年(1882)金陵書局刻本　三十六冊

110000－0144－0015413　926.51/873
太平寰宇記二百卷　(宋)樂史撰　清光緒八年(1882)金陵書局刻本　三十六冊

110000－0144－0015414　926.51/873
太平寰宇記二百卷　(宋)樂史撰　清光緒八年(1882)金陵書局刻本　三十六册

110000－0144－0015415　926.51/873
太平寰宇記二百卷　(宋)樂史撰　清光緒八年(1882)金陵書局刻本　二十四册

110000－0144－0015416　926.51/873－02
太平寰宇記　(宋)樂史撰　清光緒九年(1883)楊守敬刻古逸叢書本　一册　存六卷(一百三至一百八)

110000－0144－0015417　926.51/873－03
太平寰宇記二百卷　(宋)樂史撰　清光緒八年(1882)金陵書局刻本　三十六册

110000－0144－0015418　926.6/113
廣志繹五卷　(明)王士性撰　清嘉慶二十二年(1817)臨海宋氏刻本　二册

110000－0144－0015419　926.6/391－561
廣輿記二十四卷　(明)陸應炳撰　(清)蔡方炳增輯　清嘉慶七年(1802)聚文堂刻本　十六册

110000－0144－0015420　926.6/391－561
廣輿記二十四卷　(明)陸應炳撰　(清)蔡方炳增輯　清嘉慶七年(1802)聚文堂刻本　十二册

110000－0144－0015421　926.6/391－561
廣輿記二十四卷　(明)陸應炳撰　(清)蔡方炳增輯　清嘉慶七年(1802)聚文堂刻本　十二册

110000－0144－0015422　926.6/391－561
廣輿記二十四卷　(明)陸應炳撰　(清)蔡方炳增輯　清嘉慶七年(1802)聚文堂刻本　八册

110000－0144－0015423　926.7/348
臺灣輿圖(全臺輿圖)二卷　(清)夏獻綸繪　清光緒五年(1879)刻本　二册

110000－0144－0015424　926.7/348
臺灣輿圖(全臺輿圖)二卷　(清)夏獻綸繪　清光緒五年(1879)刻本　二册

110000－0144－0015425　926.7/428
大清一統輿圖　(清)嚴樹森等編　清同治二年(1863)湖北撫署刻本　十二册

110000－0144－0015426　926.7/428
大清一統輿圖　(清)嚴樹森等編　清同治二年(1863)湖北撫署刻本　十二册

110000－0144－0015427　926.7/428
大清一統輿圖　(清)嚴樹森等編　清同治二年(1863)湖北撫署刻本　十二册

110000－0144－0015428　926.7/428
大清一統輿圖　(清)嚴樹森等編　清同治二年(1863)湖北撫署刻本　十二册

110000－0144－0015429　926.7/428
大清一統輿圖　(清)嚴樹森等編　清同治二年(1863)湖北撫署刻本　三十二册

110000－0144－0015430　926.7/428
大清一統輿圖　(清)嚴樹森等編　清同治二年(1863)湖北撫署刻本　三十二册

110000－0144－0015431　926.7/473
皇朝直省地輿全圖　申報館編　清光緒二十一年(1895)湖北書局石印本　一册

110000－0144－0015432　926.7/526
皇朝直省府廳州縣歌括一卷　(清)蔣升撰　清光緒二十四年(1898)土山灣慈母堂印書局鉛印本　一册

110000－0144－0015433　926.7/526
皇朝直省府廳州縣歌括一卷　(清)蔣升撰　清光緒二十四年(1898)土山灣慈母堂印書局鉛印本　一册

110000－0144－0015434　926.7/652
皇朝内府輿地圖縮摹本一卷　(清)六嚴繪　**皇朝輿地略一卷**　清光緒十年(1884)湖北省官書局刻本　二册

110000－0144－0015435　926.7/652－02
皇朝内府輿地圖縮摹本一卷　(清)六嚴繪　**皇朝輿地略一卷**　清咸豐十年(1860)長沙刻

本　一册

110000－0144－0015436　926.7/652－772
皇朝輿地略不分卷　（清）六承如原繪　（清）馮焌光增補　清同治二年（1863）廣州南海馮氏刻本　四册

110000－0144－0015437　926.7/716
大清一統志五百卷　（清）和珅等纂　清光緒二十八年（1902）上海寶善齋石印本　六十册

110000－0144－0015438　926.7/716
大清一統志五百卷　（清）和珅等纂　清光緒二十八年（1902）上海寶善齋石印本　六十册

110000－0144－0015439　926.7/716
大清一統志五百卷　（清）和珅等纂　清光緒二十八年（1902）上海寶善齋石印本　二十一册

110000－0144－0015440　926.7/716
大清一統志五百卷　（清）和珅等纂　清光緒二十八年（1902）上海寶善齋石印本　六十册

110000－0144－0015441　926.7/716－02
大清一統志五百卷　（清）和珅撰　清光緒二十三年（1897）杭州竹簡齋石印本　六十册

110000－0144－0015442　926.7/720
乾隆府廳州縣圖志五十卷　（清）洪亮吉撰　清光緒五年（1879）授經堂刻本　二十册

110000－0144－0015443　926.7/720
乾隆府廳州縣圖志五十卷　（清）洪亮吉撰　清光緒五年（1879）授經堂刻本　二十册

110000－0144－0015444　926.7/720－02
乾隆府廳州縣圖志五十卷　（清）洪亮吉撰　清光緒二十三年（1897）新化三味書室刻本　二十四册

110000－0144－0015445　926.7/720－03
乾隆府廳州縣圖志五十卷　（清）洪亮吉撰　清乾隆五十三年至嘉慶八年（1788－1803）新化三味書室刻本　十六册

110000－0144－0015446　926.7/772
皇朝輿地略不分卷　（清）六承如原繪　（清）馮焌光增補　清同治二年（1863）廣州南海馮氏刻本　四册

110000－0144－0015447　926.7/870
皇朝直省地輿全圖　申報館編　清光緒十五年（1889）湖北書局石印本　一册

110000－0144－0015448　926.7/953
大清一統志表　（清）萬廷蘭編　（清）徐午訂正　清乾隆五十八年（1793）刻本　十册

110000－0144－0015449　926.7/959
方輿全圖總説五卷　（清）顧祖禹編　清光緒二十七年（1901）圖書集成局鉛印本　四册

110000－0144－0015450　926.7/965
天下郡國利病書一百二十卷　（清）顧炎武撰　清光緒二十七年（1901）上海圖書集成局鉛印本　二十八册

110000－0144－0015451　926.7/965
天下郡國利病書一百二十卷　（清）顧炎武撰　清光緒二十七年（1901）上海圖書集成局鉛印本　二十八册

110000－0144－0015452　926.7/965－02
天下郡國利病書一百二十卷　（清）顧炎武撰　清道光三年（1823）成都龍萬育刻本　六十册

110000－0144－0015453　926.7/965－02
天下郡國利病書一百二十卷　（清）顧炎武撰　清道光三年（1823）成都龍萬育刻本　五十册

110000－0144－0015454　926.7/965－03
天下郡國利病書一百二十卷　（清）顧炎武撰　清光緒慎記書莊石印本　二十四册

110000－0144－0015455　926.7/965－05
天下郡國利病書一百二十卷　（清）顧炎武撰　清光緒五年（1879）蜀南桐華書屋刻本　六十五册

110000－0144－0015456　926.78/987
滿蒙新藏述略一卷　金鍾麟編　清宣統元年（1909）開封茹古山房石印本　二册

110000－0144－0015457　926.98/627
元秘史山川地名考十二卷　(清)施世傑撰　清光緒二十三年(1897)刻鄦鄦學廬地理叢書本　二册

110000－0144－0015458　926/113
中國地理　王振垚　李景濂編　清末直隸學務處鉛印本　二册

110000－0144－0015459　926/113
中國地理　王振垚　李景濂編　清末直隸學務處鉛印本　二册

110000－0144－0015460　926/114.3
今古地理述十八卷首三卷末一卷　(清)王子音撰　清嘉慶十二年(1807)北京會文堂刻本　十二册

110000　0144　0015461　926/268
輿地沿革表四十卷　(清)楊丕復撰　清光緒十四年(1888)武陵楊氏刻本　二十四册

110000－0144－0015462　926/268
輿地沿革表四十卷　(清)楊丕復撰　清光緒十四年(1888)武陵楊氏刻本　二十册

110000－0144－0015463　926/272
歷代輿地圖三十四種　楊守敬撰　清光緒二十六年至宣統三年(1900－1911)鄂城楊氏觀海堂刻本　三十四册

110000－0144－0015464　926/272
歷代輿地圖三十四種　楊守敬撰　清光緒二十六年至宣統三年(1900－1911)鄂城楊氏觀海堂刻本　三十四册

110000－0144－0015465　926/272
歷代輿地圖三十四種　楊守敬撰　清光緒二十六年至宣統三年(1900－1911)鄂城楊氏觀海堂刻本　三十四册

110000－0144－0015466　926/272－3－02
歷代輿地沿革險要圖　楊守敬　饒敦秩撰　清光緒五年(1879)東湖饒氏刻本　一册

110000－0144－0015467　926/272－3－02
歷代輿地沿革險要圖　楊守敬　饒敦秩撰　清光緒五年(1879)東湖饒氏刻本　一册

110000－0144－0015468　926/272－3－02
歷代輿地沿革險要圖　楊守敬　饒敦秩撰　清光緒五年(1879)東湖饒氏刻本　二册

110000－0144－0015469　926/272－3－02
歷代輿地沿革險要圖　楊守敬　饒敦秩撰　清光緒五年(1879)東湖饒氏刻本　一册

110000－0144－0015470　926/272－3－02
歷代輿地沿革險要圖　楊守敬　饒敦秩撰　清光緒五年(1879)東湖饒氏刻本　二册

110000－0144－0015471　926/294
歷代地理沿革圖一卷　(清)六嚴撰　清同治十年(1871)金陵刻本　一册

110000－0144－0015472　926/337.3
歷代沿革輿圖一卷　(清)厲雲官編繪　清同治九年(1870)無錫周氏刻本　一册

110000－0144－0015473　926/337.3
歷代沿革輿圖一卷　(清)厲雲官編繪　清同治九年(1870)無錫周氏刻本　一册

110000－0144－0015474　926/380.4－02
歷代地理沿革表四十七卷　(清)陳芳績編　清光緒二十一年(1895)廣雅書局刻本　二十四册

110000－0144－0015475　926/482.7
中國近世輿地圖說二十三卷　(清)羅汝楠編纂　清宣統元年(1909)廣東教忠學堂石印本　八册

110000－0144－0015476　926/497－41
中國歷史戰爭形勢圖說附論二卷　盧彤撰　清宣統二年(1910)武昌同倫學社鉛印本　一册

110000－0144－0015477　926/589
高等小學中國地理教科書　崔麟臺編輯　清光緒三十四年(1908)崔麟臺稿本　八册

110000－0144－0015478　926/658
歷代輿地沿革表二十卷　(清)龍學泰編　清光緒三十三年(1907)石印本　二十册

110000－0144－0015479　926/658
歷代輿地沿革表二十卷　(清)龍學泰編　清光緒三十三年(1907)石印本　二十册

110000－0144－0015480　926/682
李氏歷代輿地沿革圖校勘記一卷　(清)惲毓嘉等撰　清光緒十四年(1888)毗陵惲氏家塾刻本　二册

110000－0144－0015481　926/682
李氏歷代輿地沿革圖校勘記一卷　(清)惲毓嘉等撰　清光緒十四年(1888)毗陵惲氏家塾刻本　二册

110000－0144－0015482　926/768
輿地沿革表四十卷　(清)楊丕復撰　清光緒十四年(1888)武陵楊氏刻本　十二册

110000－0144－0015483　926/861
輿地學課程不分卷　(清)姚炳奎撰　清光緒二十九年(1903)經心書院刻本　八册

110000－0144－0015484　926/902
帝輿合覽二卷　(清)何炳撰　清道光刻本　三册

110000－0144－0015485　926/928
新斠注地里志十六卷　(清)錢坫撰　(清)徐松集釋　清同治十三年(1874)會稽章氏刻本　八册

110000－0144－0015486　926/928
新斠注地里志十六卷　(清)錢坫撰　(清)徐松集釋　清同治十三年(1874)會稽章氏刻本　八册

110000－0144－0015487　926/928
新斠注地里志十六卷　(清)錢坫撰　(清)徐松集釋　清同治十三年(1874)會稽章氏刻本　八册

110000－0144－0015488　926/959
讀史方輿紀要一百三十卷　(清)顧祖禹輯　清光緒二十五年(1899)慎記書莊石印本　三十二册

110000－0144－0015489　926/959
讀史方輿紀要一百三十卷　(清)顧祖禹輯　清光緒二十五年(1899)慎記書莊石印本　三十二册

110000－0144－0015490　926/959－02
讀史方輿紀要一百三十卷方輿全圖總說一卷　(清)顧祖禹輯　清光緒二十七年(1901)圖書集成局鉛印本　二十八册

110000－0144－0015491　926/959－02
讀史方輿紀要一百三十卷方輿全圖總說一卷　(清)顧祖禹輯　清光緒二十七年(1901)圖書集成局鉛印本　三十二册

110000－0144－0015492　926/959－03
讀史方輿紀要一百三十卷　(清)顧祖禹輯　清光緒二十五年(1899)湖南新化三味書屋刻本　五十八册

110000－0144－0015493　926/959－03
讀史方輿紀要一百三十卷　(清)顧祖禹輯　清光緒二十五年(1899)湖南新化三味書屋刻本　六十册

110000－0144－0015494　926/959－04
讀史方輿紀要一百三十卷　(清)顧祖禹輯　清光緒五年(1879)蜀南薛氏桐華書屋刻本　缺三卷(五至七)　六十八册

110000－0144－0015495　926/959－06
讀史方輿紀要一百三十卷　(清)顧祖禹輯　清末石印本　存一百十二卷(一至一百五、一百二十四至一百三十)　二十九册

110000－0144－0015496　926/959－1
讀史方輿紀要一百三十卷　(清)顧祖禹輯　清光緒十五年(1889)長沙傳忠書局刻本　十二册

110000－0144－0015497　926/959－1－02
讀史方輿紀要歷代州域形勢十卷　(清)顧祖禹撰　清道光三十年(1850)刻本　十册

110000－0144－0015498　926/959－583
讀史方輿紀要州域形勢編一卷　(清)顧祖禹撰　(清)山東學務處編　清末山東兗州府中

學堂刻本　一冊

110000－0144－0015499　926/959－68
方輿紀要形勢論略二卷　（清）顧祖禹原輯　（清）杜文瀾錄　清同治六年（1867）杜氏刻曼陀羅華閣叢書本　二冊

110000－0144－0015500　926/959－754
方輿紀要簡覽三十四卷　（清）顧祖禹撰　（清）潘鐸輯錄　清光緒二十八年（1902）經元書室刻本　十六冊

110000－0144－0015501　927..22/－829
皖省志略四卷　（清）朱雲錦輯　清道光元年（1821）金閶毛上珍刻本　四冊

110000－0144－0015502　927.11/101－213
藤蔭雜記十二卷　（清）戴璐撰　清光緒三年（1877）吳興會館刻本　二冊

110000－0144－0015503　927.11/101－266
都門彙纂　（清）楊靜亭編　（清）李靜山增補　清同治十一年（1872）刻本　八冊

110000－0144－0015504　927.11/101－266－02
都門彙纂七卷　（清）楊靜亭編　（清）徐永年增補　清宣統元年（1909）京都榮祿堂刻本　七冊

110000－0144－0015505　927.11/101－266－03
增補都門紀略七卷　（清）楊靜亭撰　清光緒五年（1879）京都刻本　八冊

110000－0144－0015506　927.11/101－287
朝市叢載八卷　（清）李虹若撰　清光緒十三年（1887）京都懿文齋刻本　八冊

110000－0144－0015507　927.11/101－437
宸垣識略十六卷　（清）吳長元撰　清咸豐二年（1852）藻思堂刻本　八冊

110000－0144－0015508　927.11/101－437－02
宸垣識略十六卷　（清）吳長元輯　清乾隆五十三年（1788）池北草堂刻本　八冊

110000－0144－0015509　927.11/101－437－03
宸垣識略十六卷　（清）吳長元撰　清光緒二年（1876）刻本　八冊

110000－0144－0015510　927.11/101－437－03
宸垣識略十六卷　（清）吳長元撰　清光緒二年（1876）刻本　八冊

110000－0144－0015511　927.11/101－437－03
宸垣識略十六卷　（清）吳長元撰　清光緒二年（1876）刻本　八冊

110000－0144－0015512　927.11/101－471
北上備覽　（清）畢鍾沅撰　清光緒十四年（1888）鴻寶齋鉛印本　一冊

110000－0144－0015513　927.11/101－519
草珠一串　（清）□□輯　清末抄本　一冊

110000－0144－0015514　927.11/101－860
［光緒］順天府志一百三十卷附錄一卷　（清）周家楣總裁　（清）張之洞　繆荃孫總纂　清光緒十年至十二年（1884－1886）順天府署刻二十八年（1902）補刻本　六十四冊

110000－0144－0015515　927.11/101－860
［光緒］順天府志一百三十卷附錄一卷　（清）周家楣總裁　（清）張之洞　繆荃孫總纂　清光緒十年至十二年（1884－1886）順天府署刻二十八年（1902）補刻本　六十四冊

110000－0144－0015516　927.11/101－860
［光緒］順天府志一百三十卷附錄一卷　（清）周家楣總裁　（清）張之洞　繆荃孫總纂　清光緒十年至十二年（1884－1886）順天府署刻二十八年（1902）補刻本　六十四冊

110000－0144－0015517　927.11/101－893
帝京景物略八卷　（明）劉侗　（明）于奕正撰　清刻本　六冊

110000－0144－0015518　927.11/101－893
帝京景物略八卷　（明）劉侗　（明）于奕正撰　清刻本　六冊

110000－0144－0015519　927.11/101－893－02
帝京景物略八卷　（明）劉侗　（明）于奕正撰　明崇禎八年（1635）刻本　七冊　存六卷（一至五、七）

110000－0144－0015520　927.11/109－381

[咸豐]固安縣志八卷 （清）陳崇砥修 （清）吳三峯等輯 清咸豐九年(1859)固安縣署刻本 六册

110000－0144－0015521 927.11/117－382
[乾隆]三河縣志十六卷首一卷 （清）陳昶輯 清乾隆二十五年(1760)三河縣署刻本 四册

110000－0144－0015522 927.11/121－438
[乾隆]涿州志二十二卷首一卷 （清）章全節鑒定 （清）吳山鳳纂修 清乾隆三十年(1765)涿州州署刻光緒元年(1875)重印本 十二册

110000－0144－0015523 927.11/121－438
[同治]續涿州志十八卷 （清）萬青黎等總裁 （清）盧端衡編輯 清同治十二年(1873)涿州州署刻光緒元年(1875)重印本 與110000－0144－0015522合册

110000－0144－0015524 927.11/123－640
[乾隆]通州志十卷首一卷末一卷 （清）高天鳳纂修 （清）金梅編纂 清乾隆四十八年(1783)刻道光十八年(1838)補刻本 八册

110000－0144－0015525 927.11/125－748
[道光]薊州志十卷首一卷 （清）沈鋭總裁 （清）章過 （清）金大瑞總修 清道光十一年(1831)薊州州署刻本 六册

110000－0144－0015526 927.11/127－666
[光緒]昌平外志六卷 （清）麻兆慶纂 清光緒十八年(1892)京都文光齋刻二十一年(1895)補刻本 四册

110000－0144－0015527 927.11/127－666
[光緒]昌平外志六卷 （清）麻兆慶纂 清光緒十八年(1892)京都文光齋刻二十一年(1895)補刻本 四册

110000－0144－0015528 927.11/127－892
[光緒]昌平州志十八卷 （清）吳履福等修 繆荃孫纂 清光緒十二年(1886)昌平州署刻本 八册

110000－0144－0015529 927.11/129－143－02
[乾隆]武清縣志十二卷首一卷末一卷 （清）吳翀總理 （清）曹涵 （清）趙晃分纂 清乾隆七年(1742)武清縣署刻本 八册

110000－0144－0015530 927.11/135－202
[光緒]密雲縣志六卷 （清）丁符九等修 （清）張鼎華 （清）周林總纂 清光緒八年(1882)密雲縣署刻本 八册

110000－0144－0015531 927.11/139－482
[康熙]房山縣續志 （清）羅在公纂修 清康熙三十七年(1698)房山縣署刻本 一册

110000－0144－0015532 927.11/139－643
房山志料 （清）高驤雲撰 清咸豐漱琴仙館刻本 一册

110000－0144－0015533 927.11/139－916
[康熙]房山縣志十卷 （清）佟有年校梓 （清）齊推編輯 清康熙三年(1664)房山縣署刻本 四册 存八卷(一至三、六至十)

110000－0144－0015534 927.11/165－02
[同治]畿輔通志三百卷首一卷 （清）黃彭年纂 （清）李鴻章修 清宣統二年(1910)北洋官報兼印刷局石印本 二百四十册

110000－0144－0015535 927.11/165－03
[光緒]畿輔通志三百卷首一卷 （清）黃彭年纂 清光緒十年(1884)古蓮華池刻本 二百四十册

110000－0144－0015536 927.11/201－307
津門雜記三卷 （清）張燾撰 清光緒十年(1884)遊藝山莊刻本 三册

110000－0144－0015537 927.11/201－307
津門雜記三卷 （清）張燾撰 清光緒十年(1884)遊藝山莊刻本 三册

110000－0144－0015538 927.11/201－951
[光緒]重修天津府志五十四卷首一卷末一卷 沈家本等監修 （清）徐宗亮等纂修 清光緒二十五年(1899)天津府署刻本 二十八册

110000－0144－0015539 927.11/201－951

[光緒]重修天津府志五十四卷首一卷末一卷 沈家本等監修 (清)徐宗亮等纂修 清光緒二十五年(1899)天津府署刻本 二十八冊

110000－0144－0015540 927.11/201－951
[光緒]重修天津府志五十四卷首一卷末一卷 沈家本等監修 (清)徐宗亮等纂修 清光緒二十五年(1899)天津府署刻本 二十八冊

110000－0144－0015541 927.11/203－435
[同治]續天津縣志二十卷首一卷 (清)吳惠元總修 (清)蔣玉虹 (清)俞樾編輯 清同治九年(1870)天津縣署刻本 八冊

110000－0144－0015542 927.11/203－435
[同治]續天津縣志二十卷首一卷 (清)吳惠元總修 (清)蔣玉虹 (清)俞樾編輯 清同治九年(1870)天津縣署刻本 八冊

110000－0144－0015543 927.11/203－829
[乾隆]天津縣志二十四卷 (清)張志奇 (清)朱奎揚總裁 (清)吳廷華總修 清乾隆四年(1739)天津縣署刻本 八冊

110000－0144－0015544 927.11/203－829
[乾隆]天津縣志二十四卷 (清)張志奇 (清)朱奎揚總裁 (清)吳廷華總修 清乾隆四年(1739)天津縣署刻本 八冊

110000－0144－0015545 927.11/203－829
[乾隆]天津縣志二十四卷 (清)張志奇 (清)朱奎揚總裁 (清)吳廷華總修 清乾隆四年(1739)天津縣署刻本 八冊

110000－0144－0015546 927.11/205－719
[光緒]重修青縣志十卷 (清)江貢琛修 (清)茹岱齡 (清)丁士穎纂 清光緒八年(1882)青縣縣署刻本 四冊

110000－0144－0015547 927.11/207－949
[乾隆]滄州志十六卷 (清)徐時作總裁 (清)胡淦總修 清乾隆八年(1743)滄州州署刻本 六冊

110000－0144－0015548 927.11/209－112
[光緒]鹽山縣志十六卷首一卷末一卷 (清)王福謙倡修 (清)江毓秀 (清)潘震乙總修 清同治七年(1868)京都文采齋刻本 八冊

110000－0144－0015549 927.11/211－213
[咸豐]慶雲縣志三卷首一卷末一卷 (清)戴絅孫編輯 (清)崔光笏參訂 清咸豐五年(1855)慶雲縣署刻本 三冊

110000－0144－0015550 927.11/213－968
[光緒]南皮縣志十五卷首一卷末一卷 (清)殷樹森修 (清)汪寶樹 (清)傅金鑅纂 清光緒十四年(1888)南皮縣署刻本 八冊

110000－0144－0015551 927.11/215－972
[同治]静海縣志八卷 (清)鄭士蕙纂修 清同治十二年(1873)静海縣署刻本 四冊

110000－0144－0015552 927.11/217－243
[乾隆]河間府新志二十卷首一卷 (清)杜甲等纂定 (清)胡天游 (清)黄文蓮編輯 清乾隆二十五年(1760)河間府署刻本 十冊

110000－0144－0015553 927.11/217－438
[乾隆]河間縣志六卷 (清)吳山鳳纂修 (清)黄文蓮 (清)梁志恪編輯 清乾隆二十五年(1760)河間縣署刻本 六冊

110000－0144－0015554 927.11/219－289
[咸豐]初續獻縣志四卷 (清)李昌祺纂修 清咸豐七年(1857)獻縣縣署刻本 二冊

110000－0144－0015555 927.11/219－522
[乾隆]獻縣志二十卷 (清)萬廷蘭纂定 (清)戈濤編次 清乾隆二十六年(1761)獻縣縣署刻本 存十卷(一至三、八至十一、十八至二十) 六冊

110000－0144－0015556 927.11/221－324
[乾隆]肅寧縣志十卷 (清)尹侃等纂修 (清)談有典纂 清乾隆二十一年(1756)肅寧縣署刻本 六冊

110000－0144－0015557 927.11/223－850
[道光]任邱縣志續編二卷 (清)鮑承壽修 (清)瞿光縉等纂輯 清道光十七年(1837)任邱縣署刻本 二冊

110000－0144－0015558　927.11/223－893
［乾隆］任邱縣志十二卷首一卷　（清）劉統纂定　（清）劉炳等纂修　清乾隆二十八年（1763）任邱縣署刻本　十二册

110000－0144－0015559　927.11/225－391
［雍正］阜城縣志二十二卷首一卷　（清）陸福宜修　（清）多時珍纂　清光緒三十四年（1908）阜城縣署鉛印本　四册

110000－0144－0015560　927.11/229－106
［光緒］寧津縣志十二卷首一卷　（清）祝嘉庸總修　（清）吳潯源總纂　清光緒二十六年（1900）寧津縣署刻本　八册

110000－0144－0015561　927.11/231－321
［乾隆］景州志六卷首一卷　（清）屈成霖纂輯　清乾隆十年（1745）景州州署刻本　四册

110000－0144－0015562　927.11/233－919
［光緒］吳橋縣志十二卷　（清）倪昌燮修　（清）馮慶楊纂　清光緒元年（1875）吳橋縣署刻本　八册

110000－0144－0015563　927.11/233－919
［光緒］吳橋縣志十二卷　（清）倪昌燮修　（清）馮慶楊纂　清光緒元年（1875）吳橋縣署刻本　存十一卷（一、三至十二）　七册

110000－0144－0015564　927.11/235－563
［雍正］故城縣志六卷　（清）蔡維義裁定　（清）秦永清等修校　清雍正五年（1727）故城縣署刻本　六册

110000－0144－0015565　927.11/237－814
［光緒］東光縣志十二卷首一卷　（清）周植瀛鑒定　（清）吳潯源纂輯　清光緒十四年（1888）東光縣署刻本　十册

110000－0144－0015566　927.11/239－749
［光緒］永平府志七十二卷首一卷末一卷　（清）游智開修　（清）史夢蘭纂　清光緒五年（1879）永平府署敬勝書院刻本　三十二册

110000－0144－0015567　927.11/241－230
［同治］遷安縣志十八卷首一卷末一卷　（清）韓耀光纂修　（清）史夢蘭纂修　清同治十二年（1873）遷安縣文峰書院刻光緒十一年（1885）牛昶煦補刻本　八册

110000－0144－0015568　927.11/247－309
［光緒］撫寧縣志十六卷首一卷　（清）張上龢　（清）史夢蘭纂修　清光緒三年（1877）撫寧縣署刻本　五册

110000－0144－0015569　927.11/249－900
［同治］昌黎縣志十卷　（清）何崧泰裁定　（清）馬恂　（清）何爾泰纂　清同治五年（1866）昌黎縣署刻本　四册

110000－0144－0015570　927.11/251－271
［光緒］灤州志十八卷首一卷　（清）楊文鼎總裁　（清）王大本等總修　清光緒二十四年（1898）灤州州署刻本　十四册

110000－0144－0015571　927.11/251－435
［嘉慶］灤州志八卷首一卷末一卷　（清）吳士鴻總裁　（清）孫學恆總修　清嘉慶十五年（1810）灤州州署刻本　四册

110000－0144－0015572　927.11/253－385
［乾隆］樂亭縣志十四卷首一卷末一卷　（清）陳金駿纂修　清乾隆二十年（1755）樂亭縣署刻本　六册

110000－0144－0015573　927.11/253－749
［光緒］樂亭縣志十五卷首一卷末一卷　（清）游智開等總裁　（清）史夢蘭編纂　清光緒三年（1877）樂亭縣署尊道書院刻本　六册

110000－0144－0015574　927.11/253－749
［光緒］樂亭縣志十五卷首一卷末一卷　（清）游智開等總裁　（清）史夢蘭編纂　清光緒三年（1877）樂亭縣署尊道書院刻本　五册

110000－0144－0015575　927.11/255－204
［光緒］臨榆縣志二十四卷首一卷　（清）趙允祜總裁　（清）高錫疇纂修　清光緒四年（1878）臨榆縣署刻本　十册

110000－0144－0015576　927.11/255－937
［乾隆］臨榆縣志十四卷首一卷　（清）鍾和梅

纂修　清乾隆二十一年(1756)臨榆縣署刻本　六册

110000 -0144 -0015577　927.11/255 -937
[乾隆]臨榆縣志十四卷首一卷　(清)鍾和梅纂修　清乾隆二十一年(1756)臨榆縣署刻本　六册

110000 -0144 -0015578　927.11/257 -545
儷白妃黃冊八卷鳳臺祗謁筆記一卷永寧祗謁筆記一卷　(清)董恂輯　清同治十二年(1873)北京同文館刻本、鉛印本　四册

110000 -0144 -0015579　927.11/257 -899
[光緒]遵化通志六十卷首一卷　(清)何崧泰修　(清)史樸纂　清光緒十二年(1886)遵化州署刻本　三十一册

110000 -0144 -0015580　927.11/257 -899
[光緒]遵化通志六十卷首一卷　(清)何崧泰修　(清)史樸纂　清光緒十二年(1886)遵化州署刻本　三十一册

110000 -0144 -0015581　927.11/257 -905
[乾隆]直隸遵化州志二十卷　(清)劉靖原修　(清)傅修續纂　清乾隆五十九年(1794)遵化州署刻本　八册

110000 -0144 -0015582　927.11/257 -905
[乾隆]直隸遵化州志二十卷　(清)劉靖原修　(清)傅修續纂　清乾隆五十九年(1794)遵化州署刻本　存十九卷(一至十九)　七册

110000 -0144 -0015583　927.11/257 -905
[乾隆]直隸遵化州志二十卷　(清)劉靖原修　(清)傅修續纂　清乾隆五十九年(1794)遵化州署刻本　八册

110000 -0144 -0015584　927.11/261 -381
[光緒]豐潤縣志十二卷　(清)牛昶煦　(清)郝增祜纂修　(清)周晉堃續纂　清光緒十七年(1891)豐潤縣署刻本　十二册

110000 -0144 -0015585　927.11/261 -440
[乾隆]豐潤縣志八卷　(清)吳慎纂修　清乾隆二十年(1755)豐潤縣署刻嘉慶二十二年(1817)續修本　四册

110000 -0144 -0015586　927.11/263 -348
[光緒]玉田縣志三十卷首一卷　(清)夏子鎏輯訂　(清)李昌時纂　(清)丁維續纂　清光緒十年(1884)玉田縣署刻本　六册

110000 -0144 -0015587　927.11/267 -372
[光緒]大城縣志十二卷首一卷　(清)趙炳文　(清)徐國楨纂定　(清)劉鍾英　鄧毓怡纂修　清光緒二十三年(1897)大城縣署刻本　十二册

110000 -0144 -0015588　927.11/267 -372
[光緒]大城縣志十二卷首一卷　(清)趙炳文　(清)徐國楨纂定　(清)劉鍾英　鄧毓怡纂修　清光緒二十三年(1897)大城縣署刻本　六册　存九卷(一至六、十至十二)

110000 -0144 -0015589　927.11/271 -158
[光緒]甯河縣志十六卷　(清)丁符九等總理　(清)談松林等總纂　清光緒六年(1880)甯河縣署刻本　十二册

110000 -0144 -0015590　927.11/301 -287
[光緒]保定府志七十九卷首一卷　(清)李培祜　(清)朱靖旬編定　(清)張豫塏纂輯　清光緒十二年(1886)保定府署刻本　三十二册

110000 -0144 -0015591　927.11/301 -293
[同治]清苑縣志十八卷首一卷　(清)李逢源裁訂　(清)諸崇儉編輯　清同治十二年(1873)清苑縣署刻本　八册

110000 -0144 -0015592　927.11/305 -314
[乾隆]安肅縣志十六卷　(清)張鈍重修　(清)史元善纂修　清乾隆四十三年(1778)安肅縣署刻嘉慶十三年(1808)補刻本　八册

110000 -0144 -0015593　927.11/307 -311
[光緒]定興縣志二十六卷首一卷　(清)張諧之等監修　(清)楊晨纂修　清光緒十六年(1890)定興縣署刻十九年(1893)重校印本　八册

110000 -0144 -0015594　927.11/307 -311

[光緒]定興縣志二十六卷首一卷　(清)張譜之等監修　(清)楊晨纂修　清光緒十六年(1890)定興縣署刻十九年(1893)重校印本　存十六卷(一至十五、首一卷)　六册

110000－0144－0015595　927.11/307－311
[光緒]定興縣志二十六卷首一卷　(清)張譜之等監修　(清)楊晨纂修　清光緒十六年(1890)定興縣署刻十九年(1893)重校印本　三册　存七卷(十六至二十一、二十四)

110000－0144－0015596　927.11/309－293
[道光]新城縣志十八卷首一卷　(清)李廷棨撰修　(清)王振鏞纂輯　清道光十八年(1838)新城縣署刻本　十二册

110000－0144－0015597　927.11/309－307
[光緒]續修新城縣志十卷　(清)辛可耀鑒定　(清)王鍔等纂輯　清光緒二十一年(1895)新城縣署刻本　四册

110000－0144－0015598　927.11/311－382
[光緒]唐縣志十二卷首一卷　(清)陳詠裁定　(清)張惇德纂輯　清光緒四年(1878)唐縣縣署刻本　八册

110000－0144－0015599　927.11/315－393
[光緒]望都縣鄉土圖説　(清)陸保善　陸是奎纂　清光緒三十一年(1905)望都縣署鉛印本　一册

110000－0144－0015600　927.11/317－990
[光緒]容城縣志八卷　(清)俞廷獻　(清)曹鵬修　(清)吴思忠纂　清光緒二十二年(1896)容城縣署刻本　八册

110000－0144－0015601　927.11/321－227
[光緒]蠡縣志十卷　(清)韓志超等總修　(清)張瑲等協修　清光緒二年(1876)蠡縣縣署刻本　十册

110000－0144－0015602　927.11/323－890
雄縣鄉土志十五卷　(清)蔡濟清鑒定　(清)劉崇本編輯　清光緒三十一年(1905)雄縣縣署鉛印本　一册

110000－0144－0015603　927.11/323－890
雄縣鄉土志十五卷　(清)蔡濟清鑒定　(清)劉崇本編輯　清光緒三十一年(1905)雄縣縣署鉛印本　一册

110000－0144－0015604　927.11/325－204
[光緒]祁州續志四卷　(清)趙秉恆總裁　(清)劉學海纂　清光緒八年(1882)祁州州署刻本　二册

110000－0144－0015605　927.11/325－482
[乾隆]祁州志八卷　(清)羅以桂總修　(清)張萬銓纂修　清乾隆二十一年(1756)祁州州署刻本　四册

110000－0144－0015606　927.11/327－643
[乾隆]新安縣志八卷　(清)高景原纂　(清)孫孝芬增修　(清)張鱗甲增纂　清順治五年(1648)新安縣署刻康熙十九年(1680)、乾隆八年(1743)增刻本　六册

110000－0144－0015607　927.11/329－289
束鹿鄉土志　(清)張鳳臺督修　(清)李中桂編纂　清光緒三十二年(1906)官書局鉛印本　二册

110000－0144－0015608　927.11/335－990
[光緒]獲鹿縣志十四卷首一卷末一卷　(清)俞錫綱監修　(清)曹鑅纂修　清光緒二年至七年(1876－1881)獲鹿縣署刻本　十册

110000－0144－0015609　927.11/337－596
[光緒]續修陘縣志三十六卷　(清)常善修　(清)趙文濂纂　清光緒元年(1875)井陘縣署刻本　二册

110000－0144－0015610　927.11/337－937
[雍正]井陘縣志八卷　(清)鍾文英纂修　清雍正八年(1730)井陘縣署刻本　四册

110000－0144－0015611　927.11/339－763
[同治]阜平縣志四卷首一卷　(清)勞輔芝編輯　(清)張錫三彙纂　清同治十三年(1874)阜平縣署刻本　五册

110000－0144－0015612　927.11/339－763

[同治]阜平縣志四卷首一卷　(清)勞輔芝編輯　(清)張錫三彙纂　清同治十三年(1874)阜平縣署刻本　缺一卷(四)　四冊

110000－0144－0015613　927.11/341－251
[道光]欒城縣志十卷首一卷末一卷　(清)桂超萬　(清)李鈖总裁　(清)高繼珩总纂　清道光二十六年(1846)欒城縣署刻本　四冊

110000－0144－0015614　927.11/341－251
[道光]欒城縣志十卷首一卷末一卷　(清)桂超萬　(清)李鈖总裁　(清)高繼珩总纂　清道光二十六年(1846)欒城縣署刻本　三冊

110000－0144－0015615　927.11/341－382
[同治]欒城縣志十四卷首一卷末一卷　(清)陳詠裁定　(清)張惇德纂輯　清同治十一年至十二年(1872－1873)欒城縣署刻本　六冊

110000－0144－0015616　927.11/341－382
[同治]欒城縣志十四卷首一卷末一卷　(清)陳詠裁定　(清)張惇德纂輯　清同治十一年至十二年(1872－1873)欒城縣署刻本　六冊

110000－0144－0015617　927.11/345　388
[康熙]靈壽縣志十卷末一卷　(清)陸隴其修　(清)傅維樗纂　清康熙二十五年(1686)靈壽縣署刻本　四冊

110000－0144－0015618　927.11/345－388
[康熙]靈壽縣志十卷末一卷　(清)陸隴其修　(清)傅維樗纂　清康熙二十五年(1686)靈壽縣署刻本　四冊

110000－0144－0015619　927.11/347－118
[咸豐]平山縣志八卷　(清)王滌心重修　(清)郭程先編輯　清咸豐四年(1854)平山縣署刻本　六冊

110000－0144－0015620　927.11/347－856
[光緒]平山縣續志八卷末一卷　(清)熊壽籛增輯　(清)周焕章編輯　清光緒二十四年(1898)平山縣署刻本　二冊

110000－0144－0015621　927.11/347－856
[光緒]平山縣續志八卷末一卷　(清)熊壽籛增輯　(清)周焕章編輯　清光緒二十四年(1898)平山縣署刻本　二冊

110000－0144－0015622　927.11/349－120
[光緒]元氏縣志十四卷首一卷末一卷　(清)胡岳裁定　(清)趙文濂總纂　(清)王鈞如纂輯　清光緒元年(1875)元氏縣署刻本　八冊

110000－0144－0015623　927.11/349－120
[光緒]元氏縣志十四卷首一卷末一卷　(清)胡岳裁定　(清)趙文濂總纂　(清)王鈞如纂輯　清光緒元年(1875)元氏縣署刻本　八冊

110000－0144－0015624　927.11/351－168
[乾隆]贊皇縣志十卷首一卷末一卷　(清)黄崗竹纂修　清乾隆十六年(1751)贊皇縣署刻本　四冊

110000－0144－0015625　927.11/351－455
[光緒]續修贊皇縣志二十九卷首一卷　(清)史賡雲等重修　(清)趙萬泰等纂修　清光緒二年(1876)正定府署刻本　二冊

110000－0144－0015626　927.11/361－308
[乾隆]直隸易州志十八卷首一卷　(清)楊芊總裁　(清)張登高續修　清乾隆十二年(1747)易州州署刻本　八冊

110000－0144－0015627　927.11/363－378
[光緒]淶水縣志八卷首一卷末一卷　(清)汪家勳總裁　(清)陳杰纂輯　清光緒二十一年(1895)淶水縣署刻本　八冊

110000－0144－0015628　927.11/365－892
[光緒]廣昌縣志十四卷首一卷末一卷　(清)趙烈文總裁　(清)劉榮總纂　清光緒元年(1875)廣昌縣署刻本　六冊

110000－0144－0015629　927.11/367－113
[咸豐]直隸定州續志四卷　(清)王榕吉等編定　(清)張樸纂　清咸豐十年(1860)定州州署刻本　二冊

110000－0144－0015630　927.11/367－113
[咸豐]直隸定州續志四卷　(清)王榕吉等編定　(清)張樸纂　清咸豐十年(1860)定州州

署刻本　二册

110000－0144－0015631　927.11/367－686
[道光]直隸定州志二十二卷首一卷　(清)寶琳修　(清)勞沅恩纂　清道光三十年(1850)刻本　十二册

110000－0144－0015632　927.11/367－686
[道光]直隸定州志二十二卷首一卷　(清)寶琳修　(清)勞沅恩纂　清道光三十年(1850)刻本　十二册

110000－0144－0015633　927.11/373－314
[道光]深州直隸州志十卷首一卷末一卷　(清)張范東總修　(清)李廣滋編輯　清道光七年(1827)刻本　二册　存六卷(四至七、十,末一卷)

110000－0144－0015634　927.11/373－440
[光緒]深州風土記二十二卷附表五卷　(清)吴汝綸修　清光緒二十六年(1900)深州文瑞書院刻本　八册

110000－0144－0015635　927.11/373－440
[光緒]深州風土記二十二卷附表五卷　(清)吴汝綸修　清光緒二十六年(1900)深州文瑞書院刻本　八册

110000－0144－0015636　927.11/373－440
[光緒]深州風土記二十二卷附表五卷　(清)吴汝綸修　清光緒二十六年(1900)深州文瑞書院刻本　八册

110000－0144－0015637　927.11/373－440
[光緒]深州風土記二十二卷附表五卷　(清)吴汝綸修　清光緒二十六年(1900)深州文瑞書院刻本　八册

110000－0144－0015638　927.11/373－440
[光緒]深州風土記二十二卷附表五卷　(清)吴汝綸修　清光緒二十六年(1900)深州文瑞書院刻本　八册

110000－0144－0015639　927.11/377－430
[乾隆]饒陽縣志二卷首一卷末一卷　(清)單作哲纂修　清乾隆十四年(1749)饒陽縣署刻本　二册

110000－0144－0015640　927.11/377－430
[乾隆]饒陽縣志二卷首一卷末一卷　(清)單作哲纂修　清乾隆十四年(1749)饒陽縣署刻本　四册

110000－0144－0015641　927.11/377－430
[乾隆]饒陽縣志二卷首一卷末一卷　(清)單作哲纂修　清乾隆十四年(1749)饒陽縣署刻本　二册

110000－0144－0015642　927.11/401－103
[咸豐]大名府志二十二卷首一卷續志六卷末一卷　(清)武蔚文總纂　(清)郭程先纂修　(清)高繼珩續修　清咸豐三年(1853)大名府署刻本　十八册

110000－0144－0015643　927.11/401－103－1
[咸豐]大名府續志六卷末一卷　(清)武蔚文總纂　(清)郭程先纂修　清咸豐三年(1853)大名府署刻本　三册

110000－0144－0015644　927.11/401－103－1
[咸豐]大名府續志六卷末一卷　(清)武蔚文總纂　(清)郭程先纂修　清咸豐三年(1853)大名府署刻本　三册

110000－0144－0015645　927.11/401－436
[同治]元城縣志六卷首一卷　(清)吴大鏞編纂　(清)王仲甡纂修　清同治十一年(1872)元城縣署刻本　六册

110000－0144－0015646　927.11/401－436
[同治]元城縣志六卷首一卷　(清)吴大鏞編纂　(清)王仲甡纂修　清同治十一年(1872)元城縣署刻本　六册

110000－0144－0015647　927.11/403－627
[光緒]南樂縣志十卷首一卷　(清)施有方修　(清)陸維炘總裁　(清)武勳朝總纂　清光緒二十九年(1903)南樂縣樂昌書院刻本　四册

110000－0144－0015648　927.11/409－293
[嘉慶]開州志八卷首一卷　(清)李符清修

(清)沈樂善纂　清嘉慶十一年(1806)開州州署刻本　六冊

110000－0144－0015649　927.11/409－383
[光緒]開州志八卷首一卷　(清)祁德昌總修　(清)陳兆麟纂修　清光緒八年(1882)開州州署刻本　八冊

110000－0144－0015650　927.11/411－286
[嘉慶]長垣縣志十六卷　(清)李于垣修　(清)楊元錫纂　清嘉慶十五年(1810)長垣縣署刻本　八冊

110000－0144－0015651　927.11/411－286－02
[道光]續修長垣縣志二卷　(清)葛之鏞　(清)陳壽昌總修　(清)蔣庸等纂修　清道光二十九年(1849)長垣縣署刻同治十二年(1873)補刻本　十冊

110000－0144－0015652　927.11/411－286－02
[嘉慶]長垣縣志十六卷　(清)李于垣修　(清)楊元錫纂　清嘉慶十五年(1810)長垣縣署刻同治十二年(1873)補刻本　與110000－0144－0015651合冊

110000－0144－0015653　927.11/413－341
[光緒]邢臺縣志八卷首一卷　(清)戚朝卿鑒定　(清)周祐編輯　清光緒三十一年(1905)邢臺縣署刻本　六冊

110000－0144－0015654　927.11/413－889
[乾隆]邢臺縣志十八卷首一卷　(清)劉蒸雯鑒定　(清)李崧等編次　清乾隆六年(1741)邢臺縣署刻本　四冊

110000－0144－0015655　927.11/415－248
[道光]沙河縣志十卷首一卷末一卷　(清)杜灝手輯　清道光二十五年(1845)沙河縣署刻本　四冊

110000－0144－0015656　927.11/415－851
[道光]續增沙河縣志二卷　(清)魯傑手輯　清道光二十五年(1845)沙河縣署刻本　二冊

110000－0144－0015657　927.11/421－482
[同治]廣宗縣志十二卷　(清)羅觀駿總修　(清)鄭元善　(清)李汝紹纂　清同治十三年(1874)廣宗縣署刻本　六冊

110000－0144－0015658　927.11/423－765
[光緒]鉅鹿縣志十二卷首一卷　(清)凌燮修　(清)夏應麟　(清)赫慎修纂　清光緒十二年(1886)鉅鹿縣署刻本　六冊

110000－0144－0015659　927.11/425－554
[光緒]唐山縣志十二卷首一卷末一卷　(清)蘇玉總裁　(清)杜靄　(清)李飛鳴纂　清光緒七年(1881)唐山縣署刻本　八冊

110000－0144－0015660　927.11/431－348
[光緒]永年縣志四十卷首一卷　(清)夏詒鈺纂修　清光緒三年(1877)永年縣署刻本　八冊

110000－0144－0015661　927.11/431－437
[光緒]重修廣平府志六十三卷首一卷　(清)吳中彥修　(清)胡景桂纂　清光緒二十年(1894)廣平府署刻本　二十四冊

110000－0144－0015662　927.11/433－353
[同治]曲周縣志二十卷　(清)存祿續修　(清)劉自立編輯　清同治八年(1869)曲周縣署刻本　六冊

110000－0144－0015663　927.11/433－353
[同治]曲周縣志二十卷　(清)存祿續修　(清)劉自立編輯　清同治八年(1869)曲周縣署刻本　一冊　存九卷(一至九)

110000－0144－0015664　927.11/435－293
[同治]肥鄉縣志三十六卷補遺一卷　(清)李鵬展修　(清)趙文濂纂　清同治六年(1867)肥鄉縣署刻本　八冊

110000－0144－0015665　927.11/441－118
[乾隆]邯鄲縣志十二卷首一卷　(清)王烱纂修　清乾隆二十一年(1756)邯鄲縣署刻本　六冊

110000－0144－0015666　927.11/447－120
[同治]清河縣志十八卷　(清)王鏞修　(清)郭兆藩等編輯　清同治十一年(1872)清河縣署刻本　六冊　存六卷(一至六)

110000－0144－0015667　927.11/447－170
[光緒]清河縣志四卷　(清)黄汝香纂修　清光緒九年(1883)清河縣署刻本　四册

110000－0144－0015668　927.11/449－526
[康熙]磁州志十八卷　(清)蔣擢重訂　(清)樂玉聲等分修　清康熙四十二年(1703)磁州州署刻本　六册

110000－0144－0015669　927.11/449－526
[康熙]磁州志十八卷　(清)蔣擢重訂　(清)樂玉聲等分修　清康熙四十二年(1703)磁州州署刻本　四册

110000－0144－0015670　927.11/449－526－02
[康熙]磁州志十八卷　(清)蔣擢重訂　(清)樂玉聲等分修　清康熙四十二年(1703)磁州州署刻同治十三年(1874)補刻本　八册

110000－0144－0015671　927.11/449－526－02
[同治]磁州續志六卷首一卷　(清)程光瀅纂輯　清同治十三年(1874)磁州州署刻本　與110000－0144－0015670合册

110000－0144－0015672　927.11/449－789
[同治]磁州續志六卷首一卷　(清)程光瀅纂輯　清同治十三年(1874)磁州州署刻本　四册

110000－0144－0015673　927.11/453－404
[乾隆]衡水縣志十四卷　(清)陶淑纂修　清乾隆三十二年(1767)衡水縣署刻本　四册

110000－0144－0015674　927.11/455－814
[道光]南宫縣志十六卷　(清)周栻修　(清)陳柱總纂　清道光十一年(1831)南宫縣署刻本　八册

110000－0144－0015675　927.11/455－814
[道光]南宫縣志十六卷　(清)周栻修　(清)陳柱總纂　清道光十一年(1831)南宫縣署刻本　八册

110000－0144－0015676　927.11/459－626
[同治]棗強縣志補正五卷　(清)方宗誠纂修　清光緒二年(1876)棗強縣署刻本　二册

110000－0144－0015677　927.11/459－915
[嘉慶]棗強縣志二十卷附補正　(清)任衔蕙恭紀　(清)楊元錫纂　清嘉慶八年(1803)棗強縣署刻本　八册

110000－0144－0015678　927.11/461－185
[同治]武邑縣志十卷首一卷　(清)彭美總修　(清)龍文彬纂訂　清同治十一年(1872)武邑縣署刻本　五册

110000－0144－0015679　927.11/463－367
[光緒]直隸趙州志十六卷首一卷末一卷　(清)孫傳栻總纂　(清)王景美等分纂　清光緒二十三年(1897)趙州州署刻本　六册

110000－0144－0015680　927.11/463－367－2
[光緒]趙州屬邑志八卷　(清)孫傳栻纂修　清光緒二十三年(1897)趙州州署刻本　四册

110000－0144－0015681　927.11/465－937
[乾隆]柏鄉縣志十卷首一卷　(清)鍾賡華輯　清乾隆三十二年(1767)柏鄉縣署刻本　六册

110000－0144－0015682　927.11/471－377
[嘉慶]高邑縣志十卷首一卷附録一卷　(清)陳元芳修　(清)沈雲尊纂　清嘉慶五年(1800)高邑縣署刻十六年(1811)增刻本　四册

110000－0144－0015683　927.12/101－339
[道光]濟南府志七十二卷首一卷　(清)王贈芳　(清)王鎮等總輯　(清)成瓘等纂修　清道光二十年(1840)濟南府署刻本　四十册

110000－0144－0015684　927.12/101－339
[道光]濟南府志七十二卷首一卷　(清)王贈芳　(清)王鎮等總輯　(清)成瓘等纂修　清道光二十年(1840)濟南府署刻本　四十册

110000－0144－0015685　927.12/101－339
[道光]濟南府志七十二卷首一卷　(清)王贈芳　(清)王鎮等總輯　(清)成瓘等纂修　清道光二十年(1840)濟南府署刻本　三十八册

110000－0144－0015686　927.12/103－291
[乾隆]歷城縣志五十卷首一卷　(清)胡德琳

修 （清）李文藻纂 清乾隆三十八年（1773）歷城縣署刻本 十六册

110000－0144－0015687 927.12/103－291
[乾隆]歷城縣志五十卷首一卷 （清）胡德琳修 （清）李文藻纂 清乾隆三十八年（1773）歷城縣署刻本 十六册

110000－0144－0015688 927.12/105－273
[光緒]章邱縣鄉土志 （清）楊學淵修 （清）李鴻鈺纂 清光緒三十三年（1907）章邱縣署石印本 二册

110000－0144－0015689 927.12/105－434
[道光]章邱縣志十六卷首一卷末一卷 （清）吳璋修 （清）曹楙堅纂 清道光十三年（1833）章邱縣署刻本 十册

110000－0144－0015690 927.12/－111
[至元]齊乘六卷考證六卷 （元）于欽纂修 **釋音** （元）于潛撰 清乾隆四十六年（1781）胡德琳刻本 四册

110000－0144－0015691 927.12/－111
[至元]齊乘六卷考證六卷 （元）于欽纂修 **釋音** （元）于潛撰 清乾隆四十六年（1781）胡德琳刻本 六册

110000－0144－0015692 927.12/111－919
[嘉慶]長山縣志十六卷首一卷 （清）倪企望重修 （清）鍾廷瑛纂輯 清嘉慶六年（1801）長山縣署刻本 十册

110000－0144－0015693 927.12/113－585
[康熙]新城縣志十四卷首一卷 （清）崔懋修 （清）嚴濂曾纂 清康熙三十二年（1693）新城縣署刻本 存十三卷（一至十二、首一卷） 四册

110000－0144－0015694 927.12/115－287
[雍正]齊河縣志十卷首一卷 （清）上官有儀修 （清）許琰纂 （清）李均補修 清乾隆二年（1737）刻同治五年（1866）補刻本 六册

110000－0144－0015695 927.12/115－487
[雍正]齊河縣志十卷首一卷 （清）上官有儀修 （清）許琰纂 清乾隆二年（1737）齊河縣署刻本 五册

110000－0144－0015696 927.12/115－661
[光緒]齊河縣鄉土志 張燦之纂 清光緒三十四年（1908）齊河縣署石印本 一册

110000－0144－0015697 927.12/117－817
[嘉慶]齊東縣志續 （清）周以勳纂 清嘉慶八年（1803）齊東縣署刻本 一册

110000－0144－0015698 927.12/117－988
[康熙]新修齊東縣志八卷 （清）余為霖修 （清）郭國琦纂 清康熙二十四年（1685）齊東縣署刻嘉慶八年（1803）增刻光緒六年（1880）再增刻本 存四卷（二、五至六、八） 三册

110000－0144－0015699 927.12/119－223
[乾隆]濟陽縣志十四卷首一卷 （清）胡德琳總修 （清）何明禮 （清）章承茂纂輯 清乾隆三十年（1765）濟陽縣署刻本 缺一卷（二） 八册

110000－0144－0015700 927.12/121－925
[道光]長清縣志十六卷首一卷末一卷 （清）舒化民等修 （清）徐德成等纂 清道光十五年（1835）刻本 七册

110000－0144－0015701 927.12/121－925
[道光]長清縣志十六卷首一卷末一卷 （清）舒化民等修 （清）徐德成等纂 清道光十五年（1835）刻本 八册

110000－0144－0015702 927.12/123－172
[乾隆]泰安縣志十二卷首一卷末一卷 （清）黃鈐裁定 （清）蕭儒林等編纂 清乾隆四十七年（1782）泰安縣署刻本 十册

110000－0144－0015703 927.12/123－268
[光緒]泰安縣鄉土志 （清）楊承澤編 清光緒三十三年（1907）泰山縣署鉛印本 一册

110000－0144－0015704 927.12/123－679
[乾隆]泰安府志三十卷前一卷首二卷 （清）顔希深等裁定 （清）成城編纂 清乾隆二十五年（1760）泰安府署刻本 存十九卷（一至

十七、首二卷）　十册

110000－0144－0015705　927.12/123－952
［道光］泰安縣志十二卷首一卷末一卷　（清）徐宗幹裁定　（清）蔣大慶等編纂　清道光八年（1828）泰安縣署刻本　十三册

110000－0144－0015706　927.12/123－952
［道光］泰安縣志十二卷首一卷末一卷　（清）徐宗幹裁定　（清）蔣大慶等編纂　清道光八年（1828）泰安縣署刻本　十四册

110000－0144－0015707　927.12/125－719－1
［乾隆］新泰縣志二十卷首一卷　（清）江乾達纂修　（清）徐致愉增修　清乾隆四十九年（1784）新泰縣署刻光緒十七年（1891）增刻本　六册

110000－0144－0015708　927.12/127－504
［康熙］萊蕪縣志十卷　（清）鍾國義等纂修　清康熙十二年（1673）萊蕪縣署刻本　五册

110000－0144－0015709　927.12/127－504
［康熙］萊蕪縣志十卷　（清）鍾國義等纂修　清康熙十二年（1673）萊蕪縣署刻本　四册

110000－0144－0015710　927.12/129－329
［光緒］肥城縣志十卷首一卷　（清）凌紱曾修　（清）邵承照纂　清光緒十七年（1891）肥城縣署刻本　六册

110000－0144－0015711　927.12/131－282
宰惠紀略五卷　（清）柳堂撰　清光緒二十七年（1901）刻筆諫堂全集本　二册

110000－0144－0015712　927.12/131－289
［咸豐］武定府志三十八卷首一卷　（清）李熙齡纂修　清咸豐九年（1859）武定府署刻本　二十四册

110000－0144－0015713　927.12/131－741
［光緒］惠民縣志三十卷首一卷末一卷　（清）沈世銓修　（清）李勗纂　清光緒十二年（1886）惠民縣署刻二十五年（1899）補刻本　六册

110000－0144－0015714　927.12/131－741－1
［光緒］惠民縣志補遺　（清）柳堂修　（清）李鳳岡纂　清光緒二十七年（1901）惠民縣署刻本　一册

110000－0144－0015715　927.12/133－119
［乾隆］陽信縣志八卷　（清）王允深修　（清）沈佐清　（清）王式軾同校　清乾隆二十四年（1759）陽信縣署刻本　五册

110000－0144－0015716　927.12/133－119
［乾隆］陽信縣志八卷　（清）王允深修　（清）沈佐清　（清）王式軾同校　清乾隆二十四年（1759）陽信縣署刻本　五册

110000－0144－0015717　927.12/135－223
［康熙］海豐縣志十二卷首一卷　（清）胡公著等鑒定　（清）張克家纂　清康熙九年（1670）海豐縣署刻本　四册

110000－0144－0015718　927.12/137－289
［咸豐］濱州志十二卷首一卷　（清）李熙齡纂修　清咸豐十年（1860）濱州州署刻本　四册

110000－0144－0015719　927.12/141－117
［乾隆］樂陵縣志八卷首一卷末一卷　（清）王謙益總修　（清）莊肇奎　（清）鄭成中等纂　清乾隆二十七年（1762）樂陵縣署刻本　八册

110000－0144－0015720　927.12/143－156
［光緒］霑化縣志十六卷首一卷　（清）聯印總修　（清）張會一　（清）耿翔儀纂　清光緒十七年（1891）霑化縣署刻本　四册

110000－0144－0015721　927.12/145－428
［乾隆］蒲臺縣志四卷首一卷　（清）嚴文典修　（清）任相纂　清乾隆二十八年（1763）蒲臺縣署刻本（有抄配）　三册　存三卷（二至四）

110000－0144－0015722　927.12/147－659
［道光］商河縣志八卷首一卷　（清）龔廷煌纂修　清道光十六年（1836）商河縣署刻本　八册

110000－0144－0015723　927.12/147－659
［道光］商河縣志八卷首一卷　（清）龔廷煌纂修　清道光十六年（1836）商河縣署刻本

八冊

110000－0144－0015724　927.12/149－626
[乾隆]青城縣志十二卷　(清)方鳳修　(清)周瑊纂　清乾隆二十四年(1759)刻道光二十六年(1846)增修本　四冊

110000－0144－0015725　927.12/153－310
[乾隆]高苑縣志十卷　(清)張耀壁纂修　清乾隆二十二年(1757)高苑縣署刻本　四冊

110000－0144－0015726　927.12/155－688
[乾隆]博山縣志十卷首一卷　(清)富申修　(清)田士麟纂　清乾隆十八年(1753)博山縣署刻本　四冊

110000－0144－0015727　927.12/201－952
[道光]濟寧直隸州志十卷首一卷末一卷　(清)徐宗幹纂修　(清)許瀚等編輯　**[咸豐]濟寧直隸州續志四卷**　(清)盧朝安纂修　清咸豐九年(1859)濟寧州署刻本　二十四冊

110000－0144－0015728　927.12/201－952
[道光]濟寧直隸州志十卷首一卷末一卷　(清)徐宗幹纂修　(清)許瀚等編輯　**[咸豐]濟寧直隸州續志四卷**　(清)盧朝安纂修　清咸豐九年(1859)濟寧州署刻本　二十四冊

110000－0144－0015729　927.12/203－292
[康熙]滋陽縣志四卷　(清)李濚修　(清)仲弘道等協修　清康熙十一年(1672)滋陽縣署刻本　五冊

110000－0144－0015730　927.12/203－760
[乾隆]兗州府志三十二卷首二卷　(清)覺羅普爾泰修　(清)陳顧瀞纂　清乾隆三十五年(1770)兗州府署刻本　十二冊

110000－0144－0015731　927.12/205－754
[乾隆]曲阜縣志一百卷　(清)潘相等纂修　清乾隆三十九年(1774)曲阜縣聖化堂刻本　十二冊

110000－0144－0015732　927.12/207－287
[光緒]寧陽縣鄉土志　(清)曹倜修　(清)李椿齡　(清)張雲渠纂　清光緒三十三年(1907)寧陽縣署石印本　一冊

110000－0144－0015733　927.12/207－287
[光緒]寧陽縣鄉土志　(清)曹倜修　(清)李椿齡　(清)張雲渠纂　清光緒三十三年(1907)寧陽縣署石印本　一冊

110000－0144－0015734　927.12/207－382－02
[光緒]寧陽縣志　(清)高陞榮承修　(清)黄恩彤總纂　(清)陳文顯增修　清光緒五年(1879)寧陽縣署刻十三年(1887)增修本　十二冊

110000－0144－0015735　927.12/207－382－02
[光緒]寧陽縣志二十四卷　(清)高陞榮承修　(清)黄恩彤總纂　(清)陳文顯增修　清光緒五年(1879)寧陽縣署刻十三年(1887)增修本　十二冊

110000－0144－0015736　927.12/209－480
[光緒]鄒縣續志十二卷首一卷　(清)吳若灝續纂　(清)錢檯分纂　清光緒十八年(1892)鄒縣縣署刻本　八冊

110000－0144－0015737　927.12/209－480
[康熙]鄒縣志三卷　(清)婁一均修　(清)周翼纂　清康熙五十五年(1716)鄒縣縣署刻光緒十八年(1892)印本　與110000－0144－0015736合冊

110000－0144－0015738　927.12/211－643－02
[光緒]滕縣鄉土志　(清)高熙喆纂　清光緒三十三年(1907)滕縣縣署石印本　一冊

110000－0144－0015739　927.12/211－643－02
[光緒]滕縣鄉土志　(清)高熙喆纂　清光緒三十三年(1907)滕縣縣署石印本　一冊

110000－0144－0015740　927.12/215－148
[萬曆]汶上縣志八卷　(明)栗可仕修　(明)王命新纂　明萬曆三十六年(1608)刻清康熙五十六年(1717)補刻本　二冊

110000－0144－0015741　927.12/215－148
[萬曆]汶上縣志八卷　(明)栗可仕修

(明)王命新纂　明萬曆三十六年(1608)刻清康熙五十六年(1717)補刻本　四册

110000－0144－0015742　927.12/215－148
[萬曆]汶上縣志八卷　(明)栗可仕修　(明)王命新纂　明萬曆三十六年(1608)刻清康熙五十六年(1717)補刻本　二册

110000－0144－0015743　927.12/215－456
[康熙]續修汶上縣志六卷　(清)聞元炅續編　清康熙五十六年(1717)汶上縣署刻本　二册

110000－0144－0015744　927.12/215－456
[康熙]續修汶上縣志六卷　(清)聞元炅續編　清康熙五十六年(1717)汶上縣署刻本　二册

110000－0144－0015745　927.12/217－113
[光緒]嶧縣志二十五卷首一卷　(清)王振錄　(清)周鳳鳴主修　(清)王寶田增輯　清光緒三十年(1904)嶧縣縣署刻本　存二十一卷(五至二十五)　九册

110000－0144－0015746　927.12/217－113
[光緒]嶧縣志二十五卷首一卷　(清)王振錄　(清)周鳳鳴主修　(清)王寶田增輯　清光緒三十年(1904)嶧縣縣署刻本　七册　存十卷(五至七、十三、十九、二十一至二十五)

110000－0144－0015747　927.12/219－289
[咸豐]金鄉縣志十二卷首一卷　(清)李壘纂修　清同治元年(1862)金鄉縣署刻本　四册

110000－0144－0015748　927.12/223－200
[光緒]魚台縣志四卷首一卷末一卷　(清)趙英祚纂修　清光緒十五年(1889)魚臺縣署刻本　四册

110000－0144－0015749　927.12/225－294
[乾隆]沂州府志三十六卷首一卷　(清)李希賢修　(清)潘遇莘　(清)丁愷曾纂修　清乾隆二十五年(1760)沂州府署刻本　十二册

110000－0144－0015750　927.12/225－294
[乾隆]沂州府志三十六卷首一卷　(清)李希賢修　(清)潘遇莘　(清)丁愷曾纂修　清乾隆二十五年(1760)沂州府署刻本　十二册

110000－0144－0015751　927.12/225－329
[康熙]沂州志八卷　(清)邵士修　(清)王壎纂　清康熙十三年(1674)沂州州署刻本　八册

110000－0144－0015752　927.12/229－435
[嘉慶]續修郯城縣志十卷　(清)吳堦修　(清)陸繼輅纂　清嘉慶十五年(1810)郯城縣署刻本　四册

110000－0144－0015753　927.12/231－273
費邑古蹟考六卷　(清)楊佑廷輯　清光緒二十二年(1896)刻本　一册

110000－0144－0015754　927.12/231－289
[光緒]費縣志十六卷首一卷附賦役憲綱河與圖　(清)李敬修纂修　(清)謝爔增修　清光緒二十二年(1896)費縣縣署刻本(憲綱清光緒三十年謝爔抄配)　十册

110000－0144－0015755　927.12/231－289－02
[光緒]費縣志十六卷首一卷　(清)李敬修纂修　(清)謝爔增修　清光緒二十二年(1896)費縣縣署刻二十五年(1899)增刻本　缺二卷(四、五上)　九册

110000－0144－0015756　927.12/235－614
[嘉慶]莒州志十六卷首一卷　(清)許紹錦纂修　清嘉慶元年(1796)莒州州署刻本　八册

110000－0144－0015757　927.12/237－311
[道光]沂水縣志十卷　(清)張變修　(清)劉承謙纂　清道光七年(1827)沂水縣署刻本　四册

110000－0144－0015758　927.12/237－311
[道光]沂水縣志十卷　(清)張變修　(清)劉承謙纂　清道光七年(1827)沂水縣署刻本　四册

110000－0144－0015759　927.12/239－765
[光緒]菏澤縣志十八卷首一卷　(清)凌壽柏修　(清)葉道源纂　清光緒十一年(1885)菏

澤縣署刻本　六冊

110000－0144－0015760　927.12/241－380
［光緒］曹州府曹縣志十八卷首一卷　（清）陳嗣良修　（清）孟廣來　（清）賈迺延纂　清光緒十年（1884）曹縣居敬書院刻本　十二冊

110000－0144－0015761　927.12/241－380
［光緒］曹州府曹縣志十八卷首一卷　（清）陳嗣良修　（清）孟廣來　（清）賈迺延纂　清光緒十年（1884）曹縣居敬書院刻本　十二冊

110000－0144－0015762　927.12/241－817
［乾隆］曹州府志二十二卷　（清）周尚質修　（清）李登明　（清）謝冠纂　清乾隆二十一年（1756）曹州府署刻本　十二冊

110000－0144－0015763　927.12/243－880
［乾隆］單縣志十三卷　（清）覺羅普爾泰修　（清）傅爾德纂　**防河紀略一卷**　（清）孫象坤撰　清乾隆二十五年（1760）單縣縣署刻本　四冊

110000－0144－0015764　927.12/249－171
［道光］鉅野縣志二十四卷首一卷　（清）黃維翰修　（清）袁傳裘纂　清道光二十年（1840）鉅野縣署刻二十六年（1846）續刻本　十六冊

110000－0144－0015765　927.12/249－171
［道光］鉅野縣志二十四卷首一卷　（清）黃維翰修　（清）袁傳裘纂　清道光二十年（1840）鉅野縣署刻二十六年（1846）續刻本　十六冊

110000－0144－0015766　927.12/301－382
［宣統］聊城縣志十二卷首一卷　（清）陳慶蕃修　（清）葉錫麟　（清）靳維熙纂　清宣統二年（1910）聊城縣署刻本　六冊

110000－0144－0015767　927.12/301－896
［康熙］聊城縣志四卷　（清）何一傑纂修　清康熙二年（1663）聊城縣署刻本　四冊

110000－0144－0015768　927.12/303－492
［康熙］堂邑縣志二十卷　（清）盧承琰修　（清）劉淇纂　清光緒十八年（1892）堂邑縣署刻本　三冊

110000－0144－0015769　927.12/305－266
［道光］博平縣志六卷　（清）楊祖憲修　（清）烏竹芳纂　清道光十一年（1831）刻本　六冊

110000－0144－0015770　927.12/307－113
［康熙］茌平縣志五卷　（清）王世臣修　（清）孫克緒纂　清康熙四十九年（1710）茌平縣署刻本　五冊

110000－0144－0015771　927.12/309－385
［宣統］增輯清平縣志十六卷首一卷　（清）陳鉅前　（清）傅秉鑒修　（清）張敬承纂　清宣統三年（1911）清平縣署刻本　八冊

110000－0144－0015772　927.12/309－522
［嘉慶］清平縣志十七卷　（清）萬承紹修　（清）周以勳纂　清嘉慶三年（1798）清平縣署刻本　存四卷（一至四）　二冊

110000－0144－0015773　927.12/311－307
［光緒］莘縣志　（清）張朝瑋修　（清）孔廣海纂　清光緒十三年（1887）莘縣縣署刻本　六冊

110000－0144－0015774　927.12/311－819
莘縣鄉土志一卷　（清）孔廣文編纂　清宣統元年（1909）莘縣縣署石印本　一冊

110000－0144－0015775　927.12/315－365
［光緒］館陶縣鄉土志八卷　（清）孫方陖修　（清）宋金鏡　（清）熊廷獻編輯　清光緒三十四年（1908）館陶縣署鉛印本　四冊

110000－0144－0015776　927.12/315－892
［光緒］館陶縣志十二卷　（清）劉家善修　（清）王學益纂　清光緒十九年（1893）館陶縣署刻本　四冊

110000－0144－0015777　927.12/317－819
［光緒］高唐州志八卷首一卷末一卷　（清）周家齊總纂　（清）鞠建章編輯　清光緒三十三年（1907）高唐州署刻本　六冊

110000－0144－0015778　927.12/317－952
［道光］高唐州志八卷首一卷末一卷　（清）徐

宗幹總纂 (清)陳儀 (清)杜阡等編輯 清道光十六年(1836)高唐州署刻本 六册

110000－0144－0015779 927.12/319－713
[宣統]重修恩縣志十卷首一卷 (清)汪鴻孫纂修 (清)劉儒臣 (清)王金階編輯 清宣統元年(1909)恩縣縣署刻本 四册

110000－0144－0015780 927.12/321－311
[乾隆]臨清直隸州志十一卷首一卷 (清)張度 (清)鄧希曾總纂 (清)朱鍾採輯 清乾隆五十年(1785)臨清州署刻本 十一册

110000－0144－0015781 927.12/321－311
[乾隆]臨清直隸州志十一卷首一卷 (清)張度 (清)鄧希曾總纂 (清)朱鍾採輯 清乾隆五十年(1785)臨清州署刻本 十一册

110000－0144－0015782 927.12/323－337
[道光]武城縣志續編十四卷首一卷附光緒二年山東臨清直隸州武城縣現行簡明賦役全書 (清)厲秀芳纂修 清道光二十一年(1841)武城縣署刻本 四册

110000－0144－0015783 927.12/325－626
[乾隆]夏津縣志十卷首一卷 (清)方學成總裁 (清)梁大鯤纂修 清乾隆六年(1741)夏津縣署刻本 五册

110000－0144－0015784 927.12/325－626
[乾隆]夏津縣志十卷首一卷 (清)方學成總裁 (清)梁大鯤纂修 清乾隆六年(1741)夏津縣署刻本 六册

110000－0144－0015785 927.12/329－118
[乾隆]德州志十二卷首一卷 (清)王道亨修 (清)張慶源纂 清乾隆五十三年(1788)德州州署刻本 八册

110000－0144－0015786 927.12/333－170
[乾隆]平原縣志十卷首一卷 (清)黄懷祖修 (清)黄兆熊纂 清乾隆十四年(1749)平原縣署刻本 四册

110000－0144－0015787 927.12/337－383
[同治]臨邑縣志十六卷首一卷末一卷 (清)沈淮修 (清)陳鴻翽總撰 清道光十七年(1837)刻同治十三年(1874)補刻本 八册

110000－0144－0015788 927.12/339－547
[嘉慶]禹城縣志十二卷 (清)董鵬翱修 (清)牟應震纂 清嘉慶十三年(1808)禹城縣署刻本 四册

110000－0144－0015789 927.12/341－352
[光緒]東平州志二十七卷首編圖一卷 (清)左宜似等總修 (清)盧崟總纂 清光緒七年(1881)東平州署刻本 二十册

110000－0144－0015790 927.12/341－815
[道光]東平州志三十卷首二卷 (清)周雲鳳修 (清)唐鑑 (清)周兆棠纂 清道光五年(1825)東平州署刻本 十六册

110000－0144－0015791 927.12/343－289
[道光]東阿縣志二十四卷首一卷 (清)李賢書修 (清)吳怡纂 清道光九年(1829)東阿縣署刻本 十二册

110000－0144－0015792 927.12/349－891
[光緒]壽張縣志十卷首一卷 (清)劉文煃修 (清)王守謙纂 清光緒二十六年(1900)壽張縣署刻本 六册

110000－0144－0015793 927.12/349－891
[光緒]壽張縣志十卷首一卷 (清)劉文煃修 (清)王守謙纂 清光緒二十六年(1900)壽張縣署刻本 六册

110000－0144－0015794 927.12/359－272
[光緒]范縣志續編 (清)楊沂 (清)杜均平編次 清光緒三十四年(1908)范縣縣署濟南國文報館石印本 一册

110000－0144－0015795 927.12/359－272－4
[光緒]范縣鄉土志 (清)楊沂纂修 (清)吕維劍纂 清光緒三十四年(1908)范縣縣署石印本 一册

110000－0144－0015796 927.12/403－117
[道光]重修蓬萊縣志十四卷 (清)王文燾總理 (清)張本 (清)葛元昶編次 清道光十

九年(1839)蓬萊縣署刻本　十冊

110000－0144－0015797　927.12/403－150
[光緒]增修登州府志六十九卷　(清)方汝翼　(清)賈瑚修　(清)周悅讓　(清)慕容幹纂　清光緒七年(1881)登州府署刻本　二十三冊

110000－0144－0015798　927.12/403－627
[乾隆]續登州府志十二卷　(清)永泰纂修　清乾隆七年(1742)登州府署刻本　十二冊

110000－0144－0015799　927.12/403－627
[順治]登州府志二十二卷　(清)施閏章等纂修　(清)任璿續補　清順治十七年(1660)刻康熙三十三年(1694)增補刻本　與110000－0144－0015798合冊

110000－0144－0015800　927.12/403－719
[光緒]蓬萊縣續志十四卷　(清)鄭錫鴻　(清)江瑞采總理　(清)王爾植編次　清光緒八年(1882)蓬萊縣署刻本　八冊

110000－0144－0015801　927.12/405－190
[乾隆]黃縣志十二卷　(清)袁中立修　(清)毛贄纂　清乾隆二十一年(1756)黃縣縣署刻本　四冊

110000－0144－0015802　927.12/405－324
[同治]黃縣志十四卷首一卷末一卷　(清)尹繼美纂修　清同治十年(1871)黃縣縣署刻本　四冊

110000－0144－0015803　927.12/407－943
[光緒]棲霞縣續志十卷　(清)黃麗中主修　(清)于如川纂修　清光緒五年(1879)棲霞縣署刻本　八冊

110000－0144－0015804　927.12/407－943
[乾隆]棲霞縣志十卷　(清)衛萇纂修　清乾隆十九年(1754)棲霞縣署刻光緒五年(1879)補刻本　與110000－0144－0015803合冊

110000－0144－0015805　927.12/409－313
[順治]招遠縣志十二卷　(清)張作礪修　(清)張鳳羽編輯　清道光二十六年(1846)招遠縣署刻本　四冊

110000－0144－0015806　927.12/409－389
[道光]招遠縣續志四卷　(清)陳國器　(清)邊象曾等總裁　(清)李蔭　路藻等纂修　清道光二十六年(1846)招遠縣署刻本　四冊

110000－0144－0015807　927.12/413－925
[同治]重修寧海州志二十八卷　(清)舒孔安總修　(清)王厚階纂修　清同治三年(1864)寧海州署刻本　八冊

110000－0144－0015808　927.12/417－422
[道光]文登縣志十卷　(清)蔡培　(清)歐文等纂修　(清)林汝謨等分纂　清道光十九年(1839)文登縣署刻本　四冊

110000－0144－0015809　927.12/419－763
[光緒]榮城鄉土地理志五章　(清)劉應忠纂　清光緒榮城縣署鉛印本　一冊

110000－0144－0015810　927.12/421－115
[光緒]海陽縣續志十卷首一卷　(清)王敬勳承修　(清)李爾梅　(清)王兆騰等總纂　清光緒六年(1880)海陽縣署刻本　六冊

110000－0144－0015811　927.12/421－115
[光緒]海陽縣續志十卷首一卷　(清)王敬勳承修　(清)李爾梅　(清)王兆騰等總纂　清光緒六年(1880)海陽縣署刻本　六冊

110000－0144－0015812　927.12/421－840
[乾隆]海陽縣志八卷　(清)包桂等纂修　清乾隆七年(1742)海陽縣署刻本　四冊

110000－0144－0015813　927.12/421－840
[乾隆]海陽縣志八卷　(清)包桂等纂修　清乾隆七年(1742)海陽縣署刻本　四冊

110000－0144－0015814　927.12/423－428
[乾隆]萊州府志十六卷首一卷　(清)嚴有禧纂修　(清)張桐增修　清乾隆五年(1740)萊州府署刻本　九冊

110000－0144－0015815　927.12/423－800
[光緒]掖縣全志十八卷首二卷　(清)張思勉修　(清)于始瞻　(清)魏起鵬纂　清光緒十

九年(1893)掖縣署刻本　十六冊

110000－0144－0015816　927.12/425－912
[道光]重修平度州志二十七卷　(清)保忠　(清)吳慈修　(清)李圖　(清)王大鑰纂　清道光二十九年(1849)平度州署刻本　八冊

110000－0144－0015817　927.12/427－311
[乾隆]濰縣志六卷首一卷末一卷　(清)張耀璧總裁　(清)王誦芬編纂　清乾隆二十五年(1760)濰縣縣署刻本　六冊

110000－0144－0015818　927.12/427－311
[乾隆]濰縣志六卷首一卷末一卷　(清)張耀璧總裁　(清)王誦芬編纂　清乾隆二十五年(1760)濰縣縣署刻本　六冊

110000－0144－0015819　927.12/427－691
[光緒]濰縣鄉土志　(清)宋朝楨修　(清)陳傳弼纂　清光緒三十三年(1907)濰縣縣署石印本　一冊

110000－0144－0015820　927.12/429－814
[乾隆]昌邑縣志八卷　(清)周來邰纂修　清乾隆七年(1742)昌邑縣署刻本　四冊

110000－0144－0015821　927.12/433－309
[道光]重修膠州志四十卷　(清)張同聲修　(清)李圖纂　清道光二十五年(1845)膠州州署刻本　八冊

110000－0144－0015822　927.12/437－260
[同治]即墨縣志十二卷首一卷　(清)林溥修　(清)周翕璜纂　清同治十二年(1873)即墨縣署刻本　八冊

110000－0144－0015823　927.12/437－356
[乾隆]即墨縣志十二卷首一卷　(清)尤淑孝裁定　(清)李元正修輯　清乾隆二十九年(1764)即墨縣署刻本　六冊

110000－0144－0015824　927.12/439－118
[萬曆]青州府志二十卷　(明)王家賓修　(明)鍾羽正纂　明萬曆四十三年(1615)青州府署刻本　一冊　存一卷(十八)

110000－0144－0015825　927.12/439－308
[光緒]益都縣圖志五十四卷首一卷　(清)張承燮　李祖年修　(清)法偉堂纂　清光緒三十三年(1907)益都縣署刻本　十六冊

110000－0144－0015826　927.12/445－887
[嘉慶]壽光縣志二十卷　(清)劉翰周纂修　清嘉慶五年(1800)壽光縣署刻本　六冊

110000－0144－0015827　927.12/447－804
[嘉慶]昌樂縣志三十二卷首一卷　(清)魏禮焯修　(清)顔學夏纂　清嘉慶十四年(1809)昌樂縣署刻本　六冊

110000－0144－0015828　927.12/449－994
[光緒]臨朐縣志十六卷首一卷　姚延福修　鄧嘉緝　蔣師轍纂　清光緒十年(1884)臨朐縣署刻本　六冊

110000－0144－0015829　927.12/453－700
[乾隆]諸城縣志四十六卷　(清)宮懋讓修　(清)李文藻纂　清乾隆二十九年(1764)諸城縣署刻本　八冊

110000－0144－0015830　927.12/453－700
[乾隆]諸城縣志四十六卷　(清)宮懋讓修　(清)李文藻纂　清乾隆二十九年(1764)諸城縣署刻本　八冊

110000－0144－0015831　927.12/453－890
[道光]諸城縣續志二十三卷　(清)劉光斗修　(清)朱學海纂　清道光十四年(1834)諸城縣署刻本　四冊

110000－0144－0015832　927.12/453－890
[道光]諸城縣續志二十三卷　(清)劉光斗修　(清)朱學海纂　清道光十四年(1834)諸城縣署刻本　四冊

110000－0144－0015833　927.12/455－267
[康熙]日照縣志十二卷　(清)楊士雄修　(清)丁峕纂修　(清)成永健增修　清康熙五十四年(1715)日照縣署刻本　五冊

110000－0144－0015834　927.12/－965
山東考古錄一卷續山東考古錄三十二卷首一卷　(清)顧炎武撰　(清)葉圭綬續撰　清光

緒八年(1882)山東書局刻本　七册

110000－0144－0015835　927.12/－965
山東考古錄一卷續山東考古錄三十二卷首一卷　(清)顧炎武撰　(清)葉圭綬續撰　清光緒八年(1882)山東書局刻本　七册

110000－0144－0015836　927.12/－965
山東考古錄一卷續山東考古錄三十二卷首一卷　(清)顧炎武撰　(清)葉圭綬續撰　清光緒八年(1882)山東書局刻本　七册

110000－0144－0015837　927.12/－965
山東考古錄一卷續山東考古錄三十二卷首一卷　(清)顧炎武撰　(清)葉圭綬續撰　清光緒八年(1882)山東書局刻本　七册

110000－0144－0015838　927.13/101－172
[光緒]祥符縣志二十四卷首一卷　(清)沈傳義等監定　(清)黃舒昞總修　清光緒二十四年(1898)祥符縣署刻本　二十册

110000－0144－0015839　927.13/101－172
[光緒]祥符縣志二十四卷首一卷　(清)沈傳義等監定　(清)黃舒昞總修　清光緒二十四年(1898)祥符縣署刻本　十二册

110000－0144－0015840　927.13/101－312.7
[乾隆]祥符縣志二十二卷　(清)張淑載裁定　(清)魯曾煜總修　清乾隆四年(1739)祥符縣署刻本　十二册

110000－0144－0015841　927.13/101－312.7
[乾隆]祥符縣志二十二卷　(清)張淑載裁定　(清)魯曾煜總修　清乾隆四年(1739)祥符縣署刻本　十二册

110000－0144－0015842　927.13/101－312.7
[乾隆]祥符縣志二十二卷　(清)張淑載裁定　(清)魯曾煜總修　清乾隆四年(1739)祥符縣署刻本　十二册

110000－0144－0015843　927.13/101－627
[乾隆]河南府志一百十六卷首四卷　(清)施誠修　(清)童鈺　(清)裴希純纂　清乾隆四十四年(1779)河南府署刻同治六年(1867)補刻本　二十四册

110000－0144－0015844　927.13/101－627
[乾隆]河南府志一百十六卷首四卷　(清)施誠修　(清)童鈺　(清)裴希純纂　清乾隆四十四年(1779)河南府署刻同治六年(1867)補刻本　二十四册

110000－0144－0015845　927.13/101－845
[康熙]開封府志四十卷　(清)管竭忠纂修　(清)張沐等編訂　清康熙三十四年(1695)開封府署刻同治二年(1863)刻本　十册

110000－0144－0015846　927.13/101－845－02
[康熙]開封府志四十卷　(清)管竭忠纂修　(清)張沐等編訂　清康熙三十四年(1695)開封府署刻本　十二册

110000－0144－0015847　927.13/101－845－02
[康熙]開封府志四十卷　(清)管竭忠纂修　(清)張沐等編訂　清康熙三十四年(1695)開封府署刻本　十册　存三十五卷(一至三十五)

110000－0144－0015848　927.13/101－993－03
如夢錄一卷　(明)□□撰　清咸豐二年(1852)寫夢庵鉛印本　一册

110000－0144－0015849　927.13/103－103
[宣統]陳留縣志四十二卷首一卷　(清)鍾定纂修　(清)武從超總纂　(清)趙文琳纂修　清宣統二年(1910)陳留縣署石印本　四册

110000－0144－0015850　927.13/105－813
[乾隆]杞縣志二十四卷　(清)周璣纂修　(清)朱璿參訂　清乾隆五十三年(1788)杞縣縣署刻本　十二册

110000－0144－0015851　927.13/107－375
[乾隆]通許縣志十卷　(清)阮龍光纂修　(清)邵自祐編輯　清乾隆三十五年(1770)通許縣署刻本　六册

110000－0144－0015852　927.13/107－375
[乾隆]通許縣志十卷　(清)阮龍光纂修　(清)邵自祐編輯　清乾隆三十五年(1770)通

許縣署刻本　六册

110000－0144－0015853　927.13/109－888
[道光]尉氏縣志二十卷首一卷　(清)劉厚滋　(清)沈溎總修　(清)王觀潮纂輯　清道光十一年(1831)尉氏縣署刻本　八册

110000－0144－0015854　927.13/111－901
[嘉慶]洧川縣志八卷首一卷　(清)何文明纂修　(清)李紳同纂　清嘉慶二十三年(1818)洧川縣署刻本　四册

110000－0144－0015855　927.13/－113
[雍正]河南通志八十卷　(清)田文鏡　王士俊總裁　(清)孫灝纂　清雍正十三年(1735)刻道光六年至光緒二十八年(1826－1902)遞修民國三年(1914)重印本　四十册

110000－0144－0015856　927.13/－113－02
[雍正]河南通志八十卷　(清)田文鏡總裁　(清)王士俊總裁　清雍正十三年(1735)刻道光六年(1826)、同治八年(1869)補刻本　四十八册

110000－0144－0015857　927.13/－113－03
[雍正]河南通志八十卷　(清)田文鏡　王士俊總裁　(清)孫灝纂修　清雍正十三年(1735)刻道光六年至光緒二十八年(1826－1902)遞修本　四十八册

110000－0144－0015858　927.13/113－899
[道光]鄢陵縣志十八卷補遺　(清)何鄂聯纂修　(清)洪符孫編輯　清道光十三年(1833)鄢陵縣署刻本　八册

110000－0144－0015859　927.13/113－899
[道光]鄢陵縣志十八卷補遺　(清)何鄂聯纂修　(清)洪符孫編輯　清道光十三年(1833)鄢陵縣署刻本　八册

110000－0144－0015860　927.13/115－437
[同治]中牟縣志十二卷首一卷末一卷　(清)吳若烺纂修　清同治九年(1870)中牟縣署刻本　六册

110000－0144－0015861　927.13/119－833
[道光]禹州志二十八卷　(清)朱煒纂修　(清)姚椿等編輯　清道光十五年(1835)禹州州署刻本　十三册

110000－0144－0015862　927.13/121－466
[嘉慶]密縣志十六卷首一卷　(清)景綸同纂　(清)謝增纂輯　清嘉慶二十二年(1817)密縣縣署刻本　四册

110000－0144－0015863　927.13/123－165
[乾隆]新鄭縣志三十一卷首一卷　(清)黄本誠纂修　清乾隆四十一年(1776)新鄭縣署刻本　十二册

110000－0144－0015864　927.13/125－385
[乾隆]歸德府志三十六卷首一卷　(清)陳錫輅　(清)永泰修　(清)查岐昌輯　清光緒十九年(1893)歸德府署刻本　十册

110000－0144－0015865　927.13/127－115
[康熙]甯陵縣志十二卷首一卷　(清)王圖寧纂修　(清)王肇棟　(清)王肇椿編次　清光緒十九年(1893)寧陵縣汪鈞澤刻本　六册

110000－0144－0015866　927.13/129－526
[光緒]鹿邑縣志十六卷首一卷　(清)于滄瀾　(清)馬家彥主修　(清)蔣師轍纂修　清光緒二十二年(1896)鹿邑縣署刻本　六册

110000－0144－0015867　927.13/129－526
[光緒]鹿邑縣志十六卷首一卷　(清)于滄瀾　(清)馬家彥主修　(清)蔣師轍纂修　清光緒二十二年(1896)鹿邑縣署刻本　八册

110000－0144－0015868　927.13/141－378
[康熙]考城縣志四卷　(清)陳德敏校正　(清)王貫三纂　清康熙三十七年(1698)考城縣署刻本　四册

110000－0144－0015869　927.13/145－651
[道光]淮寧縣志二十七卷　(清)永銘修　(清)趙任之　吳純夫纂　清道光六年(1826)淮寧縣文昌宮刻本　十二册

110000－0144－0015870　927.13/147－310
[乾隆]商水縣志十卷首一卷　(清)張崇樸監

定 （清）郭熙纂 （清）牛問仁增修 清乾隆十二年(1747)商水縣署刻四十八年(1783)增刻本 八册

110000 - 0144 - 0015871 927.13/149 - 696
[乾隆]西華縣志十四卷首一卷 （清）宋恂修（清）于大猷纂 清乾隆十九年(1754)西華縣署刻本 六册

110000 - 0144 - 0015872 927.13/ - 150
[順治]河南通志五十卷 （清）賈漢復修（清）沈荃纂 清順治十七年(1660)河南省署刻本 十一册 存三十三卷(八至二十三、二十六至三十、三十九至五十)

110000 - 0144 - 0015873 927.13/151 - 233
[乾隆]項城縣志十卷首一卷 （清）韓儀修（清）張延福續修 清乾隆十一年(1746)項城縣署刻本 六册

110000 - 0144 - 0015874 927.13/154 - 589
[乾隆]陳州府志三十卷首一卷 （清）崔應階纂修 （清）姚之琅編輯 清乾隆十一年(1746)陳州府署刻本 二十册

110000 - 0144 - 0015875 927.13/155 - 644
[道光]太康縣志八卷 （清）戴鳳翔纂修（清）高崧 （清）江練編輯 清道光八年(1828)太康縣署刻本 八册

110000 - 0144 - 0015876 927.13/157 - 856
[光緒]扶溝縣志十六卷首一卷 （清）熊燦纂修 （清）張文楷編校 清光緒十九年(1893)扶溝縣大程書院刻本 六册

110000 - 0144 - 0015877 927.13/159 - 506
[道光]許州志十六卷首一卷 （清）蕭元吉纂修 （清）李堯觀等分編 清道光十八年(1838)刻本 十二册

110000 - 0144 - 0015878 927.13/163 - 712
[乾隆]襄城縣志十四卷 （清）汪運正增輯 清乾隆十一年(1746)襄城縣署刻本 十册

110000 - 0144 - 0015879 927.13/165 - 905
[乾隆]郾城縣志十八卷 （清）傅豫纂修 清乾隆十九年(1754)郾城縣署刻本 六册

110000 - 0144 - 0015880 927.13/169 - 902
[乾隆]鄭州志十二卷首一卷 （清）張鉞修（清）毛汝詵纂 清乾隆十三年(1748)鄭州州署刻本 六册

110000 - 0144 - 0015881 927.13/173 - 590
[乾隆]滎澤縣志十四卷 （清）崔淇修（清）王博 （清）李維墧纂 清乾隆十三年(1748)滎澤縣署刻本 四册

110000 - 0144 - 0015882 927.13/201 - 942
[乾隆]衛輝府志五十三卷首一卷末一卷（清）畢沅 （清）劉種之總裁 （清）德昌纂修 清乾隆五十三年(1788)衛輝府署刻本 二十四册

110000 - 0144 - 0015883 927.13/201 - 952
[乾隆]汲縣志十四卷首一卷末一卷 （清）徐汝瓚纂修 （清）杜崐編輯 清乾隆二十年(1755)汲縣縣署刻本 六册

110000 - 0144 - 0015884 927.13/205 - 103
[嘉慶]安陽縣志二十八卷首一卷 （清）貴泰總修 （清）武穆淳總纂 清嘉慶二十四年(1819)安陽縣署刻本 十册

110000 - 0144 - 0015885 927.13/205 - 103
[嘉慶]安陽縣志二十八卷首一卷安陽縣金石錄十二卷 （清）貴泰總修 （清）武穆淳總纂 清嘉慶二十四年(1819)安陽縣署刻本 十四册

110000 - 0144 - 0015886 927.13/209 - 820
[光緒]臨漳縣志十八卷首一卷 （清）周秉彝修 （清）周壽梓 （清）李燿中纂 清光緒三十年(1904)臨漳縣署刻本 十二册

110000 - 0144 - 0015887 927.13/211 - 272
[乾隆]林縣志十卷首一卷末一卷 （清）楊潮觀纂修 清乾隆十七年(1752)林縣黃華書院刻本 四册

110000 - 0144 - 0015888 927.13/213 - 292
[乾隆]内黄縣志十八卷首一卷 （清）李湞纂

修　(清)黄之徵同輯　清乾隆四年(1739)内黄縣署刻本　六册

110000－0144－0015889　927.13/213－545
[光緒]内黄縣志十九卷首一卷　(清)董慶恩　(清)裘獻功等纂修　(清)陳熙春總纂　清光緒十八年(1892)内黄縣署刻本　六册

110000－0144－0015890　927.13/215－526
[乾隆]武安縣志二十卷　(清)蔣光祖重修　(清)夏兆豐纂輯　清乾隆四年(1739)武安縣署刻本　八册

110000－0144－0015891　927.13/217－341
[嘉慶]涉縣志八卷　(清)戚學標修　清嘉慶四年(1799)涉縣縣署刻本　四册

110000－0144－0015892　927.13/219－200
[乾隆]新鄉縣志三十四卷首一卷　(清)趙開元纂修　(清)暢俊蒐輯　清乾隆十二年(1747)新鄉縣署刻本　六册

110000－0144－0015893　927.13/221－441
[乾隆]獲嘉縣志十六卷首一卷　(清)吳喬齡主修　(清)李棟纂修　清乾隆二十一年(1756)獲嘉縣署刻本　六册

110000－0144－0015894　927.13/225－815
[道光]輝縣志二十卷首一卷末一卷　(清)周際華纂修　(清)戴銘等同修　清道光十五年(1835)輝縣縣署刻光緒十四年(1888)補刻本　十二册

110000－0144－0015895　927.13/227－893
[順治]胙城縣志四卷　(清)劉純德修　(清)郭金鼎纂　清順治十六年(1659)胙城縣署刻本　二册

110000－0144－0015896　927.13/227－893
[順治]胙城縣志四卷　(清)劉純德修　(清)郭金鼎纂　清順治十六年(1659)胙城縣署刻本　二册

110000－0144－0015897　927.13/227－988
[康熙]延津縣志十卷　(清)余心孺纂修　清康熙四十一年(1702)延津縣署刻本　四册

110000－0144－0015898　927.13/229－796
黎陽雜記　(清)黄璟撰　清光緒十年(1884)石印本　一册

110000－0144－0015899　927.13/231－994
[同治]滑縣志十二卷　(清)姚鋁纂修　(清)徐光第編輯　清同治六年(1867)滑縣縣署刻本　八册

110000－0144－0015900　927.13/233－115
[康熙]封邱縣續志五卷　(清)王錫魁纂輯　(清)李會生修　清康熙十九年(1680)封邱縣署刻本　一册

110000－0144－0015901　927.13/233－358
[康熙]封邱縣續志五卷　(清)孟鏐　(清)耿紘祚監修　(清)李承紱纂修　清康熙三十六年(1697)封邱縣署刻本　二册

110000－0144－0015902　927.13/233－988
[順治]封邱縣志九卷首一卷　(清)余縉較梓　(清)李嵩陽纂修　清順治十六年(1659)封邱縣署刻康熙十九年(1680)重印本　五册

110000－0144－0015903　927.13/235－189
[道光]河内縣志三十六卷　(清)袁通纂修　(清)方履籛　吳育編輯　清道光五年(1825)河内縣署刻本　十册

110000－0144－0015904　927.13/235－189
[道光]河内縣志三十六卷　(清)袁通纂修　(清)方履籛　(清)吳育編輯　清道光五年(1825)河内縣署刻本　十册

110000－0144－0015905　927.13/235－720
[乾隆]懷慶府志三十二卷首一卷圖經一卷　(清)唐侍陛總裁　(清)杜琮　(清)洪亮吉纂　清乾隆五十四年(1789)懷慶府署刻本　十六册

110000－0144－0015906　927.13/235－720
[乾隆]懷慶府志三十二卷首一卷圖經一卷　(清)唐侍陛總裁　(清)杜琮　(清)洪亮吉纂　清乾隆五十四年(1789)懷慶府署刻本　十七册

110000－0144－0015907　927.13/239－511
[乾隆]濟源縣志十六卷首一卷末一卷　(清)蕭應植纂修　(清)沈樗莊纂　清乾隆二十六年(1761)濟源縣署刻本　六册

110000－0144－0015908　927.13/239－899
[嘉慶]續濟源縣志十二卷　(清)劉大觀總纂　(清)何荇芳纂修　清嘉慶十八年(1813)濟源縣署刻本　四册

110000－0144－0015909　927.13/239－899
[嘉慶]續濟源縣志十二卷　(清)劉大觀總纂　(清)何荇芳纂修　清嘉慶十八年(1813)濟源縣署刻本　三册　存九卷(四至十二)

110000－0144－0015910　927.13/241－439
[乾隆]原武縣志十卷　(清)吳文炘纂修　(清)何遠編輯　清乾隆十二年(1747)原武縣署刻本　五册

110000－0144－0015911　927.13/243－773
[道光]修武縣志十二卷首一卷　(清)馮繼照纂修　(清)金皐　(清)袁俊編述　(清)孔繼中增修　清道光十九年(1839)刻同治七年(1868)增刻本　十二册

110000－0144－0015912　927.13/243－773
[道光]修武縣志十二卷首一卷　(清)馮繼照纂修　(清)金皐　(清)袁俊編述　(清)孔繼中增修　清道光十九年(1839)刻同治七年(1868)增刻本　十册

110000－0144－0015913　927.13/245－918
[乾隆]孟縣志十卷　(清)馮敏昌修　(清)仇汝瑚纂　清乾隆五十五年(1790)孟縣縣署刻本　十册

110000－0144－0015914　927.13/245－918
[乾隆]孟縣志十卷　(清)馮敏昌修　(清)仇汝瑚纂　清乾隆五十五年(1790)孟縣縣署刻本　十册

110000－0144－0015915　927.13/247－113
[乾隆]溫縣志十二卷首一卷　(清)王其華纂修　(清)苗于京總修　清乾隆二十四年(1759)溫縣縣署刻本　四册

110000－0144－0015916　927.13/249－606
[乾隆]陽武縣志十二卷　(清)談諟曾纂修　(清)楊仲震分輯　**陽武縣憲綱**　清乾隆十年(1745)陽武縣署刻本　六册

110000－0144－0015917　927.13/301－804－02
[嘉慶]洛陽縣志六十卷　(清)魏襄　(清)陸繼輅同纂　清嘉慶十八年(1813)洛陽縣署刻本　二十四册

110000－0144－0015918　927.13/305－363
[乾隆]偃師縣志三十卷首一卷　(清)孫星衍　(清)湯毓倬同纂　清乾隆五十四年(1789)偃師縣署刻本　十六册

110000－0144－0015919　927.13/305－363
[乾隆]偃師縣志三十卷首一卷　(清)孫星衍　(清)湯毓倬同纂　清乾隆五十四年(1789)偃師縣署刻本　十六册

110000－0144－0015920　927.13/309－946
[順治]孟津縣志四卷　(清)孟常裕修纂　(清)徐元燦增補　**孟津縣志憲綱**　清順治十六年(1659)孟津縣署刻康熙四十八年(1709)增刻本　四册

110000－0144－0015921　927.13/309－946
[順治]孟津縣志四卷　(清)孟常裕修纂　(清)徐元燦增補　**孟津縣志憲綱**　清順治十六年(1659)孟津縣署刻康熙四十八年(1709)增刻本　四册

110000－0144－0015922　927.13/311－621
[光緒]宜陽縣志十六卷　(清)謝應起　(清)劉占卿修　(清)龔文明等纂　清光緒七年(1881)宜陽縣署刻本　八册

110000－0144－0015923　927.13/313－393
[乾隆]登封縣志三十二卷　(清)陸繼萼　(清)洪亮吉纂修　**登封縣憲綱**　**登封縣與圖**　清乾隆五十二年(1787)登封縣署刻本　八册

110000－0144－0015924　927.13/313－393
[乾隆]登封縣志三十二卷　(清)陸繼萼　(清)洪亮吉纂修　清乾隆五十二年(1787)登

封縣署刻本　八冊

110000－0144－0015925　927.13/319－177
[嘉慶]澠池縣志十六卷　(清)甘揚聲纂修　(清)劉文運採輯　清嘉慶十五年(1810)澠池縣署刻本　八冊

110000－0144－0015926　927.13/321－668
[乾隆]嵩縣志三十卷首一卷　(清)康基淵修　(清)龔文明　(清)陳煥如纂　清乾隆三十二年(1767)嵩縣縣署刻光緒三十二年(1906)增刻本　四冊

110000－0144－0015927　927.13/323－819
[光緒]靈寶縣志八卷　(清)周淦　(清)方胙勳修　(清)高錦榮　(清)李鏡江纂　清光緒二年(1876)靈寶縣署刻本　八冊

110000－0144－0015928　927.13/325－889
[光緒]閿鄉縣志十二卷首一卷末一卷　(清)劉思恕　(清)汪鼎臣纂修　(清)王維國　(清)王守恭編纂　清光緒二十年(1894)閿鄉縣署刻本　八冊

110000－0144－0015929　927.13/325－889
[光緒]閿鄉縣志十二卷首一卷末一卷　(清)劉思恕　(清)汪鼎臣纂修　(清)王維國　(清)王守恭編纂　清光緒二十年(1894)閿鄉縣署刻本　八冊

110000－0144－0015930　927.13/327－292
[乾隆]重修盧氏縣志十七卷首一卷　(清)李炘纂修　(清)侯肩復總修　清乾隆十二年(1747)盧氏縣署刻本　十冊

110000－0144－0015931　927.13/331－103
[嘉慶]魯山縣志二十六卷　(清)武億　(清)董作棟總纂　清嘉慶元年(1796)魯山縣署刻本(卷一至卷七為抄配)　六冊

110000－0144－0015932　927.13/333－309
[同治]郟縣志十二卷　(清)姜箎原修　(清)張熙瑞等纂修　(清)郭景泰編輯　清咸豐九年(1859)郟縣縣署刻同治四年(1865)增刻本　六冊

110000－0144－0015933　927.13/335－294
[道光]寶豐縣志十六卷首一卷　(清)李彷梧纂修　(清)耿興宗　(清)鮑桂徵分纂　清道光十七年(1837)寶豐縣署刻本　六冊

110000－0144－0015934　927.13/－376－02
[乾隆]續河南通志八十卷首四卷　(清)阿思哈　(清)嵩貴總裁　清乾隆三十二年(1767)河南省署刻道光六年(1826)、光緒二十八年(1902)補刻本　二十二冊

110000－0144－0015935　927.13/－376－03
[乾隆]續河南通志八十卷首四卷　(清)阿思哈　(清)嵩貴總裁　清乾隆三十二年(1767)河南省署刻道光六年(1826)補刻本　二十四冊

110000－0144－0015936　927.13/401－314
[乾隆]信陽州志十二卷首一卷　(清)張鉞纂修　(清)萬侯編輯　清乾隆十四年(1749)信陽州署刻本　八冊

110000－0144－0015937　927.13/401－314
[乾隆]信陽州志十二卷首一卷　(清)張鉞纂修　(清)萬侯編輯　清乾隆十四年(1749)信陽州署刻本　八冊

110000－0144－0015938　927.13/403－370
[嘉慶]南陽府志六卷圖一卷　(清)孔傳金纂修　清嘉慶十二年(1807)南陽府署刻本　十二冊

110000－0144－0015939　927.13/403－754
[光緒]南陽縣志十二卷首一卷　(清)潘守廉總纂　(清)張鳳岡等分纂　清光緒三十年(1904)南陽縣署刻本　八冊

110000－0144－0015940　927.13/405－382
[乾隆]南召縣志四卷　(清)陳之熉纂修　(清)張睿　(清)曹鵬翊參訂　清乾隆十一年(1746)南召縣署刻本　四冊

110000－0144－0015941　927.13/409－169
[乾隆]唐縣志十卷　(清)黃文蓮修　(清)吳泰來纂　清乾隆五十二年(1787)唐縣縣署刻本　四冊

110000－0144－0015942　927.13/411－919
[道光]泌陽縣志十二卷首一卷　(清)倪明進纂修　(清)粟郢編輯　清道光八年(1828)泌陽縣署刻本　六册

110000－0144－0015943　927.13/413－162
[乾隆]桐柏縣志八卷首一卷　(清)鞏敬緒纂修　(清)李南暉編輯　清乾隆十八年(1753)桐柏縣署刻本　四册

110000－0144－0015944　927.13/414－526
[乾隆]鄧州志二十四卷首一卷末一卷　(清)蔣光祖纂修　(清)姚之琅編輯　清乾隆二十年(1755)鄧州州署刻本　六册

110000－0144－0015945　927.13/417－686
[康熙]内鄉縣志十二卷　(清)竇鼎望纂修　(清)高佑鈯編次　(清)張福永增修　清康熙三十二年(1693)内鄉縣署刻五十一年(1712)增刻本　二册

110000－0144－0015946　927.13/419－954
[乾隆]新野縣志九卷首一卷　(清)徐金位纂修　清乾隆十九年(1754)新野縣署刻本　四册

110000－0144－0015947　927.13/423－120
[道光]舞陽縣志十二卷　(清)王德瑛錄　清道光十五年(1835)舞陽縣署刻本　四册

110000－0144－0015948　927.13/425－423
[同治]葉縣志十卷首一卷　(清)歐陽霖　(清)杜鶴慈修　(清)倉景恬　(清)胡廷楨纂　清同治十一年(1872)葉縣縣署刻光緒二十二年(1896)重印本　八册

110000－0144－0015949　927.13/427－883
[康熙]汝陽縣志十卷　(清)邱天英纂修　清康熙二十九年(1690)汝陽縣署刻本(有鈔配)　八册

110000－0144－0015950　927.13/427－942
[嘉慶]汝寧府志三十卷　(清)德昌總修　(清)王增纂修　清嘉慶元年(1796)汝寧府署刻本　十二册

110000－0144－0015951　927.13/429－185
[嘉慶]正陽縣志十卷　(清)彭良弼纂修　(清)呂元灝分纂　(清)楊德容補輯　(清)賀祥補遺　清嘉慶元年(1796)正陽縣署刻本　四册

110000－0144－0015952　927.13/437－987
[乾隆]遂平縣志十六卷首一卷　(清)金忠濟重修　(清)祝暘　(清)魏弘謨等纂輯　清乾隆二十四年(1759)遂平縣署刻本　四册

110000－0144－0015953　927.13/439－818
[乾隆]確山縣志四卷　(清)周之瑚修纂　(清)嚴克嶟纂訂　清乾隆十一年(1746)確山縣署刻本　四册

110000－0144－0015954　927.13/449－617
[乾隆]重修固始縣志二十六卷首一卷　(清)謝聘纂修　(清)洪亮吉分纂　清乾隆五十一年(1786)固始縣署刻本　十六册

110000－0144－0015955　927.13/451－890
[嘉慶]息縣志八卷首一卷　(清)劉光輝總修　(清)任鎮及纂編　清嘉慶四年(1799)息縣縣署刻本　八册

110000－0144－0015956　927.13/453－103
[嘉慶]商城縣志十四卷首一卷末一卷　(清)武開吉纂修　(清)周之驎分修　清嘉慶八年(1803)商城縣署刻本　十二册

110000－0144－0015957　927.13/453－615
[康熙]商城縣志八卷　(清)許全學續修　清康熙二十九年(1690)商城縣署刻乾隆二十五年(1760)增刻本　四册

110000－0144－0015958　927.13/455－950
[咸豐]淅川廳志四卷　(清)徐光第纂修　清咸豐十一年(1861)淅川廳署刻本　四册

110000－0144－0015959　927.13/－829
豫乘識小錄二卷　(清)朱雲錦撰　清同治十二年(1873)文耀齋刻本　二册

110000－0144－0015960　927.13/－829
豫乘識小錄二卷　(清)朱雲錦撰　清同治十

二年(1873)文耀齋刻本　二册

110000－0144－0015961　927.13/－891
河南省圖　(清)李鶴年纂例　(清)劉恂校讎　清同治九年(1870)刻本　一册

110000－0144－0015962　927.14/101－287－02
[道光]陽曲縣志十六卷　(清)李培謙監修　(清)閻士驤　(清)鄭起昌監造　清道光二十三年(1843)刻本　十册

110000－0144－0015963　927.14/103－352
[光緒]續太原縣志二卷　(清)薛元釗總裁　(清)王效尊纂修　清光緒八年(1882)太原縣署刻本　二册

110000－0144－0015964　927.14/103－433
[道光]太原縣志十八卷圖一卷　(清)員佩蘭總裁　(清)楊國泰纂修　清道光六年(1826)太原縣署刻本　六册

110000－0144－0015965　927.14/103－433
[道光]太原縣志十八卷圖一卷　(清)員佩蘭總裁　(清)楊國泰纂修　清道光六年(1826)太原縣署刻本　六册

110000－0144－0015966　927.14/105－990
[同治]榆次縣志十六卷首一卷末一卷　(清)俞世銓　(清)陶良駿總纂　(清)王平格　(清)王序賓編輯　清同治二年(1863)榆次縣署刻本　八册

110000－0144－0015967　927.14/107－425
[光緒]太谷縣志八卷首一卷末一卷　(清)恩浚　(清)趙冠卿等監定　(清)王效尊纂修　清光緒十二年(1886)太谷縣鳳山書院刻本　八册

110000－0144－0015968　927.14/107－655
[咸豐]太谷縣志八卷首一卷末一卷　(清)章青選　(清)汪和監修　(清)章嗣衡纂修　清咸豐五年(1855)太谷縣署刻本　八册

110000－0144－0015969　927.14/109－888
[光緒]祁縣志十六卷　(清)劉發岏等總纂　(清)李芬纂　清光緒八年(1882)祁縣縣署刻本　十册

110000－0144－0015970　927.14/111－348
[光緒]交城縣志十卷首一卷　(清)夏肇庸纂修　(清)許惺南纂　清光緒八年(1882)交城縣署刻本　八册

110000－0144－0015971　927.14/113－537
[光緒]文水縣志十二卷首一卷末一卷　(清)范啟堃　(清)王煒監修　(清)陰步霞總纂　清光緒九年(1883)文水縣署刻本　六册

110000－0144－0015972　927.14/117－668
合河紀聞十卷　(清)康基田纂修　清嘉慶三年(1798)霞蔭堂刻本　八册

110000－0144－0015973　927.14/121－119
[光緒]清源鄉志十八卷首一卷　(清)王勳祥總纂　(清)王效尊纂修　清光緒八年(1882)清源鄉梗陽書院刻本　六册

110000－0144－0015974　927.14/123－438
[光緒]岢嵐州志十二卷　(清)吴光熊鑒定　(清)史文炳纂修　清光緒十年(1884)岢嵐州署刻本　四册

110000－0144－0015975　927.14/125－367
[乾隆]汾州府志三十四卷首一卷　(清)孫和相纂修　(清)戴震纂　清乾隆三十六年(1771)汾州府署刻本　十六册

110000－0144－0015976　927.14/125－626
[光緒]汾陽縣志十四卷首一卷　(清)方家駒　(清)慶文等總修　(清)王文員纂　清光緒十年(1884)汾陽縣署刻本　十册

110000－0144－0015977　927.14/125－816
[咸豐]汾陽縣志十四卷首一卷　(清)周貽纓　(清)曹文錦纂修　清咸豐元年(1851)汾陽縣署刻本　八册

110000－0144－0015978　927.14/127－372
[乾隆]孝義縣志二十卷　(清)鄧必安纂修　清乾隆三十五年(1770)孝義縣署刻本　八册

110000－0144－0015979　927.14/129－425
[光緒]平遥縣志十二卷　(清)恩端等纂修

（清）武達材　（清）王舒萼編輯　清光緒八年（1882）平遙縣署刻本　八册

110000－0144－0015980　927.14/131－117
［乾隆］介休縣志十四卷　（清）王謀文纂修　清乾隆三十五年（1770）介休縣署刻本　八册

110000－0144－0015981　927.14/131－949
［嘉慶］介休縣志十四卷　（清）徐品山　（清）陸元鏸纂修　（清）熊兆占纂　清嘉慶二十四年（1819）介休縣署刻本　八册

110000－0144－0015982　927.14/143－269
［順治］潞安府志二十卷　（清）楊晙修　（清）李中白　（清）周再勳纂　清順治十六年（1659）潞安府署刻本　九册　存九卷（一、十至十一、十五至二十）

110000－0144－0015983　927.14/143－287
［光緒］長治縣志八卷首一卷末一卷　（清）李楨　（清）馬鑑等監修　（清）楊篤纂修　清光緒二十年（1894）長治縣署刻本　十册

110000－0144－0015984　927.14/143－287
［光緒］長治縣志八卷首一卷末一卷　（清）李楨　（清）馬鑑等監修　（清）楊篤纂修　清光緒二十年（1894）長治縣署刻本　十册

110000－0144－0015985　927.14/143－441
［乾隆］長治縣志二十八卷首一卷末一卷　（清）吳九齡總修　（清）蔡履豫纂修　清乾隆二十八年（1763）長治縣榮暉堂刻本　十册

110000－0144－0015986　927.14/143－441
［乾隆］長治縣志二十八卷首一卷末一卷　（清）吳九齡總修　（清）蔡履豫纂修　清乾隆二十八年（1763）長治縣榮暉堂刻本　十册

110000－0144－0015987　927.14/145－371
［光緒］長子縣志十二卷首一卷　（清）豫謙總修　（清）楊篤總纂　清光緒八年（1882）長子縣署刻本　八册

110000－0144－0015988　927.14/149－293
［乾隆］重修襄垣縣志八卷續志二卷　（清）李廷芳總修　（清）徐玨　（清）陳于廷分纂　清乾隆四十七年（1782）襄垣縣署刻光緒六年（1880）增刻本　十册

110000－0144－0015989　927.14/151－587
［光緒］潞城縣志四卷首一卷　（清）崔曉然等監修　（清）楊篤總纂　清光緒十一年（1885）潞城縣署刻本　八册

110000－0144－0015990　927.14/－154
［乾隆］山西志輯要十卷首一卷清涼山志輯要二卷　（清）雅德修　（清）汪本直纂　清乾隆四十五年（1780）山西省署刻本　十二册

110000－0144－0015991　927.14/155－578
［道光］壺關縣志十卷首一卷　（清）茹金纂修　（清）申瑤同修　清道光十四年（1834）壺關縣署刻本　六册

110000－0144－0015992　927.14/155－897
［光緒］壺關縣續志二卷　（清）胡燕昌修　（清）楊篤纂　清光緒七年（1881）壺關縣署刻本　二册

110000－0144－0015993　927.14/159－257
［乾隆］鳳臺縣志二十卷首一卷　（清）林荔修　（清）姚學甲纂　清乾隆四十九年（1784）鳳臺縣署刻本　十册

110000－0144－0015994　927.14/159－257－02
［乾隆］鳳臺縣志二十卷續志四卷首一卷　（清）林荔修　（清）姚學甲纂　清光緒八年（1882）鳳臺縣署刻本　十六册

110000－0144－0015995　927.14/161－905
［乾隆］高平縣志二十二卷末一卷　（清）傅德宜修　（清）戴純纂　清乾隆三十九年（1774）高平縣署刻本　八册

110000－0144－0015996　927.14/161－905
［乾隆］高平縣志二十二卷末一卷　（清）傅德宜修　（清）戴純纂　清乾隆三十九年（1774）高平縣署刻本　八册

110000－0144－0015997　927.14/163－132
［同治］陽城縣志十八卷首一卷　（清）賴昌期修　（清）譚澐　（清）盧廷棻纂　清同治十三

年(1874)陽城縣署刻本　八册

110000－0144－0015998　927.14/163－272
[乾隆]陽城縣志十六卷　(清)楊善慶修　(清)田懋纂　清乾隆二十年(1755)陽城縣署刻本　八册

110000－0144－0015999　927.14/167－102
[光緒]沁水縣志十二卷首一卷　(清)秦丙煃修　(清)李疇纂　清光緒七年(1881)沁水縣署刻本　七册　存八卷(五至十二)

110000－0144－0016000　927.14/175－436
[光緒]沁州復續志四卷末一卷　(清)吳承恩總裁　清光緒六年(1880)沁州州署刻本　四册

110000－0144－0016001　927.14/175－504
[乾隆]沁州志十卷首一卷　(清)葉士寬　(清)雷暢等原本　(清)姚學瑛　(清)汪嘉濟續修　(清)姚學甲續纂　清乾隆六年(1741)沁州州署刻三十六年(1771)沁州州署增刻本　十册

110000－0144－0016002　927.14/179－435
[光緒]武鄉縣續志四卷　(清)吳匡監修　(清)鈕增垚纂修　清光緒五年(1879)武鄉縣署刻本　一册　存一卷(一)

110000－0144－0016003　927.14/181－521
[光緒]平定州志補一卷　(清)葛士達纂修　清光緒十八年(1892)平定州署刻本　一册

110000－0144－0016004　927.14/181－987
[乾隆]平定州志十卷　(清)金明源纂修　(清)竇忻　(清)張佩芳總理　清乾隆五十五年(1790)平定州湧雲樓刻本　十册

110000－0144－0016005　927.14/185－310
[光緒]盂縣志二十二卷首一卷末一卷　(清)張嵐奇　(清)劉鴻達總輯　(清)武纘緒　(清)劉懋功纂集　清光緒七年(1881)盂縣試院刻本　十册

110000－0144－0016006　927.14/187－417
[光緒]壽陽縣志十三卷首一卷　(清)馬家鼎　(清)白昶等鑒定　(清)張嘉言　(清)祁世長總纂　清光緒八年(1882)壽陽縣受川書院刻本　八册

110000－0144－0016007　927.14/187－417
[光緒]壽陽縣志十三卷首一卷　(清)馬家鼎　(清)白昶等鑒定　(清)張嘉言　(清)祁世長總纂　清光緒八年(1882)壽陽縣受川書院刻本　六册

110000－0144－0016008　927.14/201－114
[乾隆]大同府志三十二卷首一卷　(清)吳輔宏纂輯　(清)王飛藻商定　清乾隆四十七年(1782)大同府署刻本　存十六卷(一至十六)　八册

110000－0144－0016009　927.14/201－114
[乾隆]大同府志三十二卷首一卷　(清)吳輔宏纂輯　(清)王飛藻商定　清乾隆四十七年(1782)大同府署刻本　存十六卷(一至十六)　八册

110000－0144－0016010　927.14/201－796
[道光]大同縣志二十卷首一卷末一卷　(清)黎中輔纂修　清道光十年(1830)刻本　八册

110000－0144－0016011　927.14/203－990
[光緒]代州志十二卷首一卷　(清)俞廉三纂修　(清)楊篤參訂　清光緒八年(1882)代州代山書院刻本　六册

110000－0144－0016012　927.14/213－632
[光緒]廣靈縣補誌十卷　(清)楊亦銘纂修　清光緒七年(1881)廣靈縣署刻本　六册

110000－0144－0016013　927.14/213－632
[乾隆]廣靈縣志十卷首一卷末一卷　(清)郭磊纂修　清乾隆十九年(1754)廣靈縣署刻光緒七年(1881)北京琉璃廠潄潤齋王振豪重印本　與110000－0144－0016012合册

110000－0144－0016014　927.14/217－251
[光緒]渾源州續志十卷　(清)賀澍恩纂修　(清)程續等編次　清光緒七年(1881)渾源州署刻本　十一册

110000－0144－0016015　927.14/217－251
[乾隆]渾源州志十卷　(清)桂敬順纂修　(清)孔廣培增修　清乾隆二十八年(1763)渾源州署刻同治九年(1870)增刻光緒七年(1881)重印本　與110000－0144－0016014合册

110000－0144－0016016　927.14/219－273
[光緒]應州再續志二卷　(清)湯學治纂修　清光緒八年(1882)應州州署刻本　存一卷(二)　一册

110000－0144－0016017　927.14/219－273
[光緒]應州再續志二卷　(清)湯學治纂修　清光緒八年(1882)應州州署刻本　二册

110000－0144－0016018　927.14/237－626
[光緒]忻州志四十二卷　(清)方戊昌總修　(清)方淵如纂修　清光緒六年(1880)忻州州署刻本　八册

110000－0144－0016019　927.14/237－705
[乾隆]忻州志六卷　(清)周人龍原本　(清)竇容邃編輯　清乾隆十二年(1747)忻州州署刻本　六册

110000－0144－0016020　927.14/243－119
[乾隆]五臺縣志八卷　(清)王秉韜編纂　清乾隆四十五年(1780)五臺縣署刻本　四册

110000－0144－0016021　927.14/243－366
[光緒]五臺新志四卷首一卷　(清)徐繼畬原輯　(清)孫汝明　(清)王步墀續修　清光緒九年(1883)五臺縣署刻本　四册

110000－0144－0016022　927.14/245－202
[光緒]續修崞縣志八卷　(清)趙冠卿　(清)龍朝言總修　(清)潘肯堂總纂　清光緒八年(1882)崞縣縣署刻本　八册

110000－0144－0016023　927.14/245－329
[乾隆]崞縣志八卷　(清)邵豐鍭　(清)顧弼纂修　(清)賈瀛等編輯　清乾隆二十二年(1757)崞縣縣署刻本　四册

110000－0144－0016024　927.14/247－897
[光緒]繁峙縣志四卷首一卷　(清)何才價總修　(清)楊篤纂輯　清光緒七年(1881)繁峙縣署刻本　四册

110000－0144－0016025　927.14/251－987
[同治]河曲縣志八卷　(清)金福增修　(清)張兆魁　(清)金鍾彦纂　清同治十一年(1872)河曲縣署刻本　八册

110000－0144－0016026　927.14/301－600
[光緒]安邑縣續志六卷首一卷　(清)趙輔堂總修　(清)張承熊纂輯　清光緒六年(1880)安邑縣署刻本　十册

110000－0144－0016027　927.14/301－600
[乾隆]解州安邑縣運城志十六卷首一卷　(清)陳克鋐　(清)言汝泗總修　(清)熊名相　(清)呂瀶等纂修　清乾隆二十九年(1764)安邑縣署刻光緒六年(1880)重印本　與110000－0144－0016026、16028合册

110000－0144－0016028　927.14/301－600
[乾隆]解州安邑縣志十六卷首一卷　(清)言如泗修　(清)呂瀶　(清)史永直　(清)鄭必揚纂修　清乾隆二丨九年(1764)安邑縣署刻光緒六年(1880)印本　與110000－0144－0016026、16027合册

110000－0144－0016029　927.14/303－644
[乾隆]臨汾縣志十卷首一卷末一卷　(清)高塘　(清)吳士淳纂修　(清)呂淙　(清)吳克元編輯　清乾隆四十四年(1779)臨汾縣署刻本　七册

110000－0144－0016030　927.14/307－669
[光緒]浮山縣志三十四卷　(清)鹿學典　(清)裴允莊總纂　(清)武克明纂　清光緒六年(1880)浮山縣署刻本　八册

110000－0144－0016031　927.14/309－521
[乾隆]鄉寧縣志十五卷　(清)葛清纂修　清乾隆四十九年(1784)鄉寧縣官衙刻本　四册

110000－0144－0016032　927.14/311－203
[雍正]岳陽縣志十卷　(清)趙溫總裁　(清)常遜分纂　清雍正十二年(1734)岳陽縣

署刻本　三册

110000－0144－0016033　927.14/313－312
[光緒]續修曲沃縣志三十二卷　(清)張鴻逵　(清)茅丕熙纂修　(清)韓子泰編輯　清光緒六年(1880)曲沃縣署刻本　六册

110000－0144－0016034　927.14/315－118
[光緒]翼城縣志二十八卷　(清)王燿章　(清)佛爾國春　(清)龔率坦纂修　清光緒七年(1881)翼城縣署刻本　八册

110000－0144－0016035　927.14/317－292
[道光]太平縣志十六卷首一卷　(清)李炳彥纂修　(清)梁棲鸞編輯　清道光五年(1825)太平縣署刻本　八册

110000－0144－0016036　927.14/317－763
[光緒]太平縣志十四卷首一卷　(清)勞文慶　(清)朱光綬修　(清)婁道南纂　清光緒八年(1882)太平縣署刻本　十册

110000－0144－0016037　927.14/319－928
[光緒]襄陵縣志二十四卷　(清)錢墉修　(清)郝登雲纂　清光緒七年(1881)襄陵縣署刻本　八册

110000－0144－0016038　927.14/323－894
[光緒]永濟縣志二十四卷　(清)李榮和　(清)劉鍾麟總纂　(清)張元懋協纂　清光緒十二年(1886)永濟縣署刻本　十四册

110000－0144－0016039　927.14/325－113
[乾隆]臨晉縣志八卷　(清)王正茂纂修　清乾隆三十八年(1773)臨晉縣署刻本　四册

110000－0144－0016040　927.14/325－113
[乾隆]臨晉縣志八卷　(清)王正茂纂修　清乾隆三十八年(1773)臨晉縣署刻本　二册　存二卷(一至二)

110000－0144－0016041　927.14/327－592
[光緒]虞鄉縣志十二卷首一卷　(清)崔鑄善修　(清)陳鼎隆　(清)樊生基　(清)全謀慥編輯　清光緒十二年(1886)虞鄉縣署刻本　四册

110000－0144－0016042　927.14/335－413
[光緒]解州志十八卷首一卷　(清)馬丕瑤　(清)魏象乾裁定　(清)張承熊纂修　清光緒七年(1881)解州州署刻本　六册

110000－0144－0016043　927.14/337－308
[光緒]夏縣志十卷首一卷　(清)黄縉榮　(清)萬啟鈞總修　(清)張承熊總纂　清光緒六年(1880)夏縣縣署刻本　四册

110000－0144－0016044　927.14/337－308
[光緒]夏縣志十卷首一卷　(清)黄縉榮　(清)萬啟鈞總修　(清)張承熊總纂　清光緒六年(1880)夏縣縣署刻本　四册

110000－0144－0016045　927.14/341－522
[光緒]芮城縣續志四卷首一卷　(清)馬丕瑤總修　(清)萬啟鈞　(清)張承熊纂輯　清光緒六年(1880)芮城縣署刻本　二册

110000－0144－0016046　927.14/343－308
[乾隆]直隸絳州志二十卷　(清)張成德總修　(清)李友洙　(清)張我觀等纂修　清乾隆三十年(1765)絳州州衙刻本　八册

110000－0144－0016047　927.14/347－384
[光緒]聞喜縣志斠三卷首一卷聞喜縣志補四卷聞喜縣志續四卷聞喜縣新定均減差徭章程一卷　(清)陳作哲修　(清)楊深秀纂　清光緒六年(1880)聞喜縣署刻本　五册

110000－0144－0016048　927.14/349－719
[光緒]絳縣志十四卷　(清)劉斌主修　(清)張于鑄纂修　清光緒六年(1880)絳縣縣署刻本　六册

110000－0144－0016049　927.14/353－516
[光緒]河津縣志十四卷首一卷　(清)茅丕熙　(清)楊漢章總修　(清)程象濂　(清)韓秉鈞纂修　清光緒六年(1880)河津縣署刻本　十册

110000－0144－0016050　927.14/355－591
[道光]直隸霍州志二十五卷首一卷　(清)韓文顯鑒定　(清)崔允昭總修　清道光六年(1826)霍州州署刻本　十二册

110000－0144－0016051　927.14/355－591
[光緒]續刻直隸霍州志二卷　(清)江人鏡鑒定　(清)楊立旭總修　清光緒六年(1880)霍州州署刻本　與110000－0144－0016050合册

110000－0144－0016052　927.14/357－936
[光緒]汾西縣志八卷首一卷　(清)曹憲　(清)錫良總纂　(清)賈執鈞　(清)周鳳翔參訂　清光緒八年(1882)汾西縣署刻本　四册

110000－0144－0016053　927.14/359－113
[嘉慶]靈石縣志十二卷　(清)王志瀜纂修　(清)黄憲臣編次　清嘉慶二十二年(1817)靈石縣署刻本　六册

110000－0144－0016054　927.14/361－273
[道光]趙城縣志三十七卷首一卷　(清)楊延亮纂修　清道光七年(1827)趙城縣署刻本　八册

110000－0144－0016055　927.14/－880
[雍正]山西通志二百三十卷　(清)覺羅石麟修　(清)儲大文纂　清雍正十二年(1734)山西撫署刻本　一百册

110000－0144－0016056　927.15/103－307
[嘉慶]長安縣志三十六卷　(清)張聰賢總纂　(清)董曾臣編輯　清嘉慶二十年(1815)長安縣署刻同治十一年(1872)補刻本　六册

110000－0144－0016057　927.15/103－647
[嘉慶]咸寧縣志二十六卷首一卷　(清)高廷法　(清)沈琮總纂　(清)陸耀遹　(清)董祐誠編輯　清嘉慶二十四年(1819)咸寧縣署刻本　八册

110000－0144－0016058　927.15/103－697
[熙寧]長安志二十卷長安志圖三卷　(宋)宋敏求纂　(清)畢沅校正　(元)李好文繪圖　清光緒十七年(1891)陝西思賢講舍刻本　五册

110000－0144－0016059　927.15/103－697－3
[熙寧]長安志圖三卷　(元)河濱漁者編類　(清)張敏同校　清乾隆四十九年(1784)靈巖山舘刻經訓堂叢書本　一册

110000－0144－0016060　927.15/105－923
[乾隆]咸陽縣志二十二卷首一卷　(清)臧應桐纂修　清乾隆十六年(1751)咸陽縣署刻本　四册

110000－0144－0016061　927.15/107－113
[光緒]興平縣士女續志三卷　(清)王權撰　清光緒二年(1876)興平縣署刻本　一册

110000－0144－0016062　927.15/107－222
[光緒]馬嵬志十六卷首一卷　(清)胡鳳丹編輯　清光緒三年(1877)永康胡氏退補齋刻本　六册

110000－0144－0016063　927.15/107－960
[乾隆]興平縣志二十五卷興平縣續志三卷　(清)顧聲雷修　(清)張塤纂　(清)王權撰　清光緒二年(1876)興平縣署刻本　七册

110000－0144－0016064　927.15/109－455
[乾隆]臨潼縣志九卷　(清)史傳遠重輯　清乾隆四十一年(1776)臨潼縣署刻本　六册

110000－0144－0016065　927.15/111－792
[嘉靖]呂涇野先生高陵縣志七卷　(明)呂柟纂修　**[光緒]高陵縣續志八卷**　(清)程維雍重修　(清)白遇道編纂　清光緒十四年(1888)高陵縣署刻本　四册

110000－0144－0016066　927.15/－113
陝西志輯要六卷首一卷秦疆治略一卷漢南游草一卷關中漢唐存碑跋一卷　(清)王志沂纂　清道光七年(1827)陝西省朝坂謝氏賜書堂刻本　九册

110000－0144－0016067　927.15/－113
陝西志輯要六卷首一卷秦疆治略一卷漢南游草一卷關中漢唐存碑跋一卷　(清)王志沂纂　清道光七年(1827)陝西省朝坂謝氏賜書堂刻本　缺一卷(秦疆治略一卷)　八册

110000－0144－0016068　927.15/115－215
[道光]輞川志六卷　(清)胡元煐編　清道光

十八年(1838)輞川縣署刻本　一冊

110000－0144－0016069　927.15/117－887
[宣統]重修涇陽縣志十六卷首一卷末一卷　(清)劉懋官監修　(清)宋伯魯編纂　清宣統三年(1911)涇陽縣署刻天津華新印刷局印本　四冊

110000－0144－0016070　927.15/117－887
[宣統]重修涇陽縣志十六卷首一卷末一卷　(清)劉懋官監修　(清)宋伯魯編纂　清宣統三年(1911)涇陽縣署刻本　八冊

110000－0144－0016071　927.15/117－887
[宣統]重修涇陽縣志十六卷首一卷末一卷　(清)劉懋官監修　(清)宋伯魯編纂　清宣統三年(1911)涇陽縣署刻本　存十卷(一至三、十二至十六,首一卷,末一卷)　三冊

110000－0144－0016072　927.15/119－917
[光緒]三原縣新志八卷　(清)焦雲龍重修　(清)賀瑞麟編纂　清光緒六年(1880)三原縣學古書院刻本　四冊

110000－0144－0016073　927.15/119－917
[光緒]三原縣新志八卷　(清)焦雲龍重修　(清)賀瑞麟編纂　清光緒六年(1880)三原縣學古書院刻本　四冊

110000－0144－0016074　927.15/119－917
[光緒]三原縣新志八卷　(清)焦雲龍重修　(清)賀瑞麟編纂　清光緒六年(1880)三原縣學古書院刻本　四冊

110000－0144－0016075　927.15/125－284
[光緒]富平縣志稿十卷首一卷　樊增祥　(清)劉鋸修　(清)譚麟纂　清光緒十七年(1891)富平縣署刻本　十冊

110000－0144－0016076　927.15/125－439
[乾隆]富平縣志八卷　(清)吳六鰲鑒裁　(清)胡文銓纂輯　清乾隆四十三年(1778)富平縣署刻本　六冊

110000－0144－0016077　927.15/127－526
[乾隆]醴泉縣志十四卷　(清)蔣騏昌　(清)孫星衍撰　清乾隆四十九年(1784)醴泉縣署刻本　四冊

110000－0144－0016078　927.15/131－293
[嘉靖]耀州志十一卷五臺山志一卷　(明)李廷寶修　(明)喬世寧纂　清乾隆二十七年(1762)耀州汪灝刻本　二冊

110000－0144－0016079　927.15/131－293
[嘉靖]耀州志十一卷五臺山志一卷　(明)李廷寶修　(明)喬世寧纂　清乾隆二十七年(1762)耀州汪灝刻本　二冊

110000－0144－0016080　927.15/131－293－02
[嘉靖]耀州志十一卷五臺山志一卷　(明)李廷寶修　(明)喬世寧纂　清乾隆二十七年(1762)刻光緒十七年(1891)耀州州署增刻本　二冊

110000－0144－0016081　927.15/131－713
[乾隆]續耀州志十一卷　(清)汪灝纂修　(清)鍾麟書纂　清乾隆二十七年(1762)汪灝刻光緒十六年(1890)增刻本　二冊

110000－0144－0016082　927.15/131－713
[乾隆]續耀州志十一卷　(清)汪灝纂修　(清)鍾麟書纂　清乾隆二十七年(1762)汪灝刻光緒十六年(1890)增刻本　二冊

110000－0144－0016083　927.15/133－677
[咸豐]同州府志三十四卷首二卷附文徵錄三卷　(清)李思繼　(清)文廉總纂　(清)蔣湘南編輯　清咸豐二年(1852)同州府署刻本　二十四冊

110000－0144－0016084　927.15/133－856
[道光]大荔縣志十六卷首一卷大荔縣志足徵錄四卷　(清)熊兆麟修　清道光三十年(1850)刻本　六冊

110000－0144－0016085　927.15/133－940
[光緒]同州府續志十六卷首一卷　(清)饒應祺總纂　(清)馬先登等編輯　清光緒七年(1881)同州府署刻本　六冊

110000－0144－0016086　927.15/135－118－02

[正德]朝邑縣志二卷　(明)王道修　(明)韓邦靖纂　清刻本　一冊

110000-0144-0016087　927.15/135-118-04
[正德]朝邑志二卷　(明)王道修　(明)韓邦靖纂　(清)李林松校　(清)汪能肅重校　清道光十五年(1835)浙江汪能肅刻本　一冊

110000-0144-0016088　927.15/135-286
[咸豐]初朝邑縣志三卷　(清)李元春纂　清咸豐元年(1851)陝西華原書院刻本　一冊

110000-0144-0016089　927.15/135-286-1
[咸豐]朝邑志例一卷　(清)李元春纂　清咸豐元年(1851)陝西華原書院刻本　一冊

110000-0144-0016090　927.15/139-665
[乾隆]郃陽縣全志四卷　(清)席奉乾參閲　(清)孫景烈撰次　(清)陳榕門評點　清乾隆三十四年(1769)郃陽縣署刻本　五冊

110000-0144-0016091　927.15/139-665
[乾隆]郃陽縣全志四卷　(清)席奉乾參閲　(清)孫景烈撰次　(清)陳榕門評點　清乾隆三十四年(1769)郃陽縣署刻本　四冊

110000-0144-0016092　927.15/141-213
[乾隆]澄城縣志二十卷　(清)戴治修　(清)洪亮吉　(清)孫星衍纂　清乾隆四十九年(1784)澄城縣衙刻本　四冊

110000-0144-0016093　927.15/145-582
[嘉慶]韓城縣續志五卷　(清)冀蘭泰纂輯　(清)陸耀遹編次　清嘉慶二十三年(1818)韓城縣衙刻本　一冊

110000-0144-0016094　927.15/145-905
[乾隆]韓城縣志十六卷首一卷　(清)傅應奎纂輯　(清)錢坫編次　清乾隆四十九年(1784)韓城縣衙刻本　六冊

110000-0144-0016095　927.15/145-905-02
[嘉慶]韓城縣續志五卷　(清)冀蘭泰纂輯　(清)陸耀遹編次　清嘉慶二十三年(1818)韓城縣衙刻本　七冊

110000-0144-0016096　927.15/145-905-02
[乾隆]韓城縣志十六卷首一卷　(清)傅應奎纂輯　(清)錢坫編次　清乾隆四十九年(1784)韓城縣衙刻嘉慶二十三年(1818)重印本　與110000-0144-0016095合冊

110000-0144-0016097　927.15/149-877
[嘉慶]續修潼關廳志三卷　(清)向淮總纂　(清)王森文編輯　清嘉慶二十二年(1817)潼關廳署刻本　二冊

110000-0144-0016098　927.15/151-287
[隆慶]華州志二十四卷　(明)李可久裁正　(明)張光孝撰次　清光緒八年(1882)華州州署刻本　四冊

110000-0144-0016099　927.15/151-440
[光緒]三續華州志十二卷　(清)吳炳南裁正　(清)劉域續次　清光緒八年(1882)華州州署刻本　四冊

110000-0144-0016100　927.15/151-711
[乾隆]再續華州志十二卷　(清)汪以誠編閲　(清)史蓴續次　清光緒八年(1882)華州州署刻本　四冊

110000-0144-0016101　927.15/151-769
[康熙]續華州志四卷　(清)馮昌奕裁正　(清)劉遇奇續次　清光緒八年(1882)華州州署刻本　四冊

110000-0144-0016102　927.15/151-769
[康熙]續華州志四卷　(清)馮昌奕裁正　(清)劉遇奇續次　清光緒八年(1882)華州州署刻本　四冊

110000-0144-0016103　927.15/153-482
[乾隆]續商州志十卷　(清)羅文思纂修　清乾隆二十三年(1758)商州州署刻本　二冊

110000-0144-0016104　927.15/155-289
[光緒]蒲城縣新志十三卷首一卷　(清)李體仁重修　(清)王學禮編纂　清光緒三十一年(1905)蒲城縣署刻本　四冊

110000-0144-0016105　927.15/155-312
[乾隆]蒲城縣志十五卷　(清)張心鏡修

(清)吴泰來纂　清乾隆四十七年(1782)蒲城縣署刻本　六册

110000 - 0144 - 0016106　927.15/161 - 482
[乾隆]鳳翔縣志八卷首一卷　(清)羅鰲主修　(清)周方炯　(清)高登科等編輯　清乾隆三十二年(1767)鳳翔縣署刻本　七册

110000 - 0144 - 0016107　927.15/163 - 218
[光緒]岐山縣志八卷　(清)胡昇猷重修　(清)張殿元編次　清光緒十年(1884)岐山縣署刻本　四册

110000 - 0144 - 0016108　927.15/163 - 343
[乾隆]岐山縣志八卷　(清)平世增　(清)郭履恆重修　(清)蔣兆甲編次　清乾隆四十四年(1779)岐山縣署刻本　四册

110000 - 0144 - 0016109　927.15/165 - 372
[乾隆]寶雞縣志十六卷　(清)鄧夢琴修　(清)董詔纂　清乾隆五十年(1785)寶雞縣署刻本　四册

110000 - 0144 - 0016110　927.15/167 - 691
[嘉慶]扶風縣志十八卷首一卷　(清)宋世犖總纂　(清)吴鵬翱　(清)王樹棠編輯　清嘉慶二十四年(1819)扶風縣署刻本　四册

110000 - 0144 - 0016111　927.15/169 - 287
[乾隆]郿縣志十八卷首一卷　(清)李帶雙修　(清)張若纂　清乾隆四十三年(1778)郿縣縣署刻本　四册

110000 - 0144 - 0016112　927.15/171 - 185
[光緒]麟遊縣新志草十卷首一卷　(清)王賛襄裁定　(清)彭洵撰次　清光緒九年(1883)麟遊縣署刻本　四册

110000 - 0144 - 0016113　927.15/173 - 482
[道光]重修汧陽縣志十二卷首一卷　(清)羅曰璧編輯　清道光二十一年(1841)汧陽縣署刻本　四册

110000 - 0144 - 0016114　927.15/175 - 440
[乾隆]隴州續志八卷首一卷末一卷　(清)吴炳纂修　清乾隆三十一年(1766)隴州州署刻本　三册

110000 - 0144 - 0016115　927.15/177 - 113
[乾隆]直隸邠州志二十五卷　(清)王朝爵　(清)王灼主修　(清)孫星衍撰　清乾隆四十九年(1784)邠州州署刻道光二十四年(1844)增刻本　四册

110000 - 0144 - 0016116　927.15/183 - 746
[宣統]長武縣志十二卷　(清)沈錫榮主修　(清)王錫璋　(清)魚獻珍等協修　清宣統二年(1910)西安學務公所印刷局鉛印本　四册

110000 - 0144 - 0016117　927.15/185 - 821
[光緒]乾州志稿十四卷首一卷志稿補正一卷別錄四卷乾陽殉難士女錄一卷　(清)周銘旂編輯　清光緒十年(1884)乾州乾陽書院刻本　八册

110000 - 0144 - 0016118　927.15/185 - 821
[光緒]乾州志稿十四卷首一卷別錄四卷乾陽殉難士女錄一卷　(清)周銘旂編輯　清光緒十年(1884)乾州乾陽書院刻本　六册

110000 - 0144 - 0016119　927.15/187 - 668
[正德]重刊武功縣志四卷首一卷　(明)康海纂　(清)孫景烈評注　清光緒二十年(1894)海昌許頌鼎刻本　二册

110000 - 0144 - 0016120　927.15/187 - 668 - 02
[正德]武功縣志三卷首一卷　(明)康海纂　(清)孫景烈評注　清乾隆二十六年(1761)武功縣署刻本　一册

110000 - 0144 - 0016121　927.15/187 - 668 - 03
[正德]重刊武功縣志三卷首一卷　(明)康海纂　(清)孫景烈評注　清同治十二年(1873)湖北崇文書局刻本　一册

110000 - 0144 - 0016122　927.15/187 - 668 - 03
[正德]重刊武功縣志三卷首一卷　(明)康海纂　(清)孫景烈評注　清同治十二年(1873)湖北崇文書局刻本　一册

110000 - 0144 - 0016123　927.15/205 - 119
[康熙]城固縣志十卷　(清)王穆纂修　清光

緒四年(1878)城固縣徐德懷刻本　四册

110000－0144－0016124　927.15/207－313
[光緒]洋縣志八卷　(清)張鵬翼纂修　清光緒二十四年(1898)青門廣廬刻本　缺一卷(四)　七册

110000－0144－0016125　927.15/211－418
[光緒]重修寧羌州志五卷　(清)馬毓華修　(清)鄭書香　(清)曹良模纂　清光緒十四年(1888)寧羌州署刻本　五册

110000－0144－0016126　927.15/215－251
[光緒]新續略陽縣志一卷　(清)桂超總纂　(清)侯龍光編輯　清光緒三十年(1904)略陽縣縣署刻本　一册

110000－0144－0016127　927.15/215－251
[光緒]新續略陽縣志一卷　(清)桂超總纂　(清)侯龍光編輯　清光緒三十年(1904)略陽縣署刻本　一册

110000－0144－0016128　927.15/215－601
[道光]重修略陽縣志四卷　(清)譚瑀總纂　(清)黎成德等編輯　**新續略陽縣志備考一卷**　清光緒三十年(1904)略陽縣署刻本　四册

110000－0144－0016129　927.15/217－892
[光緒]佛坪廳志二卷首一卷　(清)劉㷲纂修　清光緒九年(1883)佛坪廳署刻本　一册

110000－0144－0016130　927.15/219－988
[光緒]定遠廳志二十六卷首一卷　(清)余修鳳纂修　清光緒五年(1879)定遠廳署刻本　六册

110000－0144－0016131　927.15/221－331
[道光]留壩廳志十卷留壩廳足徵錄四卷　(清)賀仲瑊修輯　(清)蔣湘南編輯　清道光二十二年(1842)留壩廳署刻本　四册

110000－0144－0016132　927.15/223－932
[嘉慶]漢陰廳志十卷首一卷　(清)錢鶴年纂定　(清)董詔纂修　清嘉慶二十三年(1818)漢陰廳署刻本　六册

110000－0144－0016133　927.15/227－289
[乾隆]興安府志三十卷　(清)李國麟纂修　**[嘉慶]續興安府志八卷**　(清)葉世倬纂修　清咸豐三年(1853)興安府署刻本　八册

110000－0144－0016134　927.15/227－504
[嘉慶]續興安府志八卷　(清)葉世倬纂修　清咸豐三年(1853)興安府署刻本　二册

110000－0144－0016135　927.15/227－976
[嘉慶]安康縣志二十卷　(清)鄭謙總纂　(清)王森文編輯　清嘉慶二十年(1815)安康縣署刻本　四册

110000－0144－0016136　927.15/229－170
[乾隆]平利縣志四卷　(清)黄寬纂修　清乾隆二十一年(1756)平利縣署刻本　四册

110000－0144－0016137　927.15/235－962
[光緒]白河縣志十四卷　(清)顧騄總纂　(清)王賢輔　(清)李宗麟纂　清光緒十九年(1893)白河縣署刻本　四册

110000－0144－0016138　927.15/237－384
[道光]紫陽縣志八卷首一卷　(清)吴純　(清)陳僅纂修　(清)楊家坤　(清)曹學易纂　清道光二十三年(1843)紫陽縣署刻本　四册

110000－0144－0016139　927.15/239－925
[道光]石泉縣志四卷　(清)舒鈞重輯　清道光二十九年(1849)石泉縣署刻本　二册

110000－0144－0016140　927.15/241－256
[道光]寧陝廳志四卷　(清)林一銘纂修　(清)焦世官　(清)胡官清編輯　清道光九年(1829)刻本　四册

110000－0144－0016141　927.15/245－291
[光緒]鎮安縣鄉土志二卷　(清)李麟圖纂　清光緒三十四年(1908)鎮安縣署鉛印本　一册

110000－0144－0016142　927.15/245－291
[光緒]鎮安縣鄉土志二卷　(清)李麟圖纂　清光緒三十四年(1908)鎮安縣署鉛印本　一册

110000－0144－0016143　927.15/249－829
［光緒］鳳縣志十卷首一卷附縣圖一幅　（清）朱子春纂修　（清）段澍霖協修　清光緒十八年（1892）鳳縣縣署刻本　四冊

110000－0144－0016144　927.15/301－287
［道光］榆林府志五十卷首一卷　（清）李熙齡纂輯　清道光二十一年（1841）榆林府衙刻本　十二冊

110000－0144－0016145　927.15/301－287－1
［咸豐］榆林府志辨訛一卷　（清）楊江纂　清咸豐七年（1857）榆林府關中書院刻本　一冊

110000－0144－0016146　927.15/309－640
［嘉慶］葭州志二卷　（清）高珣纂修　（清）龔玉麟監修　清嘉慶十五年（1810）葭州州署刻本　四冊

110000－0144－0016147　927.15/323－617
［道光］重修延川縣志五卷首一卷　（清）謝長清編輯　清道光十一年（1831）延川縣署刻本　二冊

110000－0144－0016148　927.15/327－158
［光緒］靖邊志稿四卷　（清）丁錫奎總纂　（清）白翰章　（清）辛居乾協修　清光緒二十五年（1899）靖邊縣署刻本　四冊

110000－0144－0016149　927.15/329－648
［光緒］綏德直隸州志八卷首一卷　（清）孔繁樸　（清）張銘坤監修　（清）高維嶽總纂　清光緒三十一年（1905）綏德州署刻紅印本　六冊

110000－0144－0016150　927.15/331－754
［光緒］米脂縣志十二卷　（清）高照煦編纂　（清）高增健等校訂　清光緒三十三年（1907）米脂縣縣署米脂公記印字局鉛印本　四冊

110000－0144－0016151　927.15/335－601
［道光］吳堡縣志四卷首一卷　（清）譚瑀總纂　清道光二十七年（1847）吳堡縣衙刻本　三冊

110000－0144－0016152　927.15/－740
［雍正］陝西通志一百卷首一卷　（清）劉於義等監修　（清）沈青崖編輯　清雍正十三年（1735）陝西省署刻本　一百冊

110000－0144－0016153　927.154/948
陝西憲政調查局法制科第一股第一次報告書　饒智元輯　清末抄本　八冊

110000－0144－0016154　927.16/－102
秦邊紀略六卷　（清）□□撰　清同治十一年（1872）安徽藩署敬義齋刻本　八冊

110000－0144－0016155　927.16/103－164
［道光］皋蘭縣續志十二卷　（清）黃璟　（清）秦維嶽原纂　（清）陸芝田　（清）張廷選續纂　清道光二十七年（1847）皋蘭縣皋蘭書院刻本　四冊

110000－0144－0016156　927.16/103－378
［道光］蘭州府志十二卷首一卷　（清）陳士楨總理　（清）徐鴻儀編輯　清道光十三年（1833）蘭州府署刻本　八冊

110000－0144－0016157　927.16/103－437
［乾隆］皋蘭縣志二十卷　（清）吳鼎新修　（清）黃建中纂　清乾隆四十三年（1778）皋蘭縣吳鼎新刻本　八冊

110000－0144－0016158　927.16/107－325
［乾隆］靖遠縣志　（清）那禮善修　（清）李林等編次　清抄本　三冊

110000－0144－0016159　927.16/115－156
［宣統］狄道州續志十二卷首一卷　（清）聯瑛編　（清）李鏡清校訂　清宣統元年（1909）狄道州署刻本　八冊

110000－0144－0016160　927.16/115－432
［乾隆］狄道州志十六卷　（清）呼延華國編輯　（清）吳鎮校訂　清乾隆二十八年（1763）狄道州田大賓等刻本　八冊

110000－0144－0016161　927.16/115－648
［康熙］臨洮府志二十二卷　（清）高錫爵修　（清）郭巍纂　清康熙二十六年（1687）刻本　八冊

110000－0144－0016162　927.16/131－851

[乾隆]隴西縣志十二卷 (清)魯廷琰修 (清)田呂葉纂 清乾隆元年(1736)隴西縣署刻三十七年(1772)增刻本 六册

110000－0144－0016163 927.16/201－988
[光緒]重纂秦州直隸州新志二十四卷首一卷 (清)余澤春等纂修 (清)王權等編次 清光緒十五年(1889)甘肅隴南書院刻本 十六册

110000－0144－0016164 927.16/203－428
[道光]秦安縣志十四卷 (清)嚴長宦總修 (清)劉德熙總纂 清道光十八年(1838)秦安縣署刻本 四册

110000－0144－0016165 927.16/205－828－02
[乾隆]清水縣志十六卷 朱超纂修 清乾隆六十年(1795)清水縣署刻本 四册

110000－0144－0016166 927.16/211－334
[光緒]重纂禮縣新志四卷首一卷 (清)雷文淵纂修 (清)王思溫編輯 清光緒十六年(1890)禮縣縣署刻本 四册

110000－0144－0016167 927.16/213－643
[光緒]重修通渭縣新志十二卷首一卷補遺一卷 (清)高蔚霞總修 (清)荀廷誠纂修 清光緒十九年(1893)通渭縣署刻本 四册

110000－0144－0016168 927.16/215－221
[乾隆]寧遠縣志續略八卷 (清)胡莫域輯 (清)于缵周纂 清抄本 二册

110000－0144－0016169 927.16/217－821
[乾隆]伏羌縣志十四卷 (清)周銑裁定 (清)葉芝纂輯 清乾隆三十五年(1770)伏羌縣署刻本 四册

110000－0144－0016170 927.16/217－821
[乾隆]伏羌縣志十四卷 (清)周銑裁定 (清)葉芝纂輯 清乾隆三十五年(1770)伏羌縣署刻本 存十卷(五至十四) 三册

110000－0144－0016171 927.16/217－908
[同治]續伏羌縣志六卷 (清)侯新嚴裁纂 (清)方承宣參輯 清同治十一年(1872)伏羌縣署刻本 一册

110000－0144－0016172 927.16/223－441
[嘉慶]武階備志二十二卷 (清)吳鵬翱輯 清同治十二年(1873)武階縣署刻本 四册

110000－0144－0016173 927.16/223－504
[光緒]階州直隸州續志三十三卷首一卷 (清)時恩沛續纂 (清)呂震南參輯 清光緒十二年(1886)階州州署刻本 十册

110000－0144－0016174 927.16/225－113
[民國]新纂康縣縣志二十四卷首一卷 王士敏修 呂鍾祥總纂 清光緒九年(1883)天水西關兩儀書局石印本 四册

110000－0144－0016175 927.16/227－170
[乾隆]成縣新志四卷 (清)黃泳纂修 (清)汪于雍編輯 清乾隆十七年(1752)成縣縣署刻本 四册

110000－0144－0016176 927.16/229－410
[光緒]文縣志八卷首一卷末一卷 (清)長贇編纂 (清)劉健參訂 清光緒二年(1876)文縣縣署刻本 六册

110000－0144－0016177 927.16/303－204
[嘉慶]華亭縣志 (清)趙先甲續次 清抄本 二册

110000－0144－0016178 927.16/－311
[乾隆]五涼考治六德集全誌五種 (清)張之浚修 (清)張詔美撰 清乾隆刻本 五册

110000－0144－0016179 927.16/311－198
[乾隆]新修慶陽府志四十二卷 (清)趙本植纂輯 清乾隆二十七年(1762)慶陽府署刻本 八册

110000－0144－0016180 927.16/321－313
[乾隆]涇州志二卷 (清)張延福修 (清)李瑾纂 清乾隆十九年(1754)涇州署刻本 二册

110000－0144－0016181 927.16/329－119
[宣統]新修固原直隸州志十二卷 (清)王學伊總纂 (清)楊修德總纂 清宣統元年

(1909)官報書局鉛印本　十二冊

110000－0144－0016182　927.16/331－274－02
[光緒]海城縣志十卷　(清)楊金庚總纂　(清)陳廷珍協修　清光緒三十四年(1908)官報書局鉛印本　二冊

110000－0144－0016183　927.16/403－236
[嘉慶]永昌縣志八卷　(清)南濟漢纂輯　清嘉慶二十一年(1816)綠雲山房刻本　二冊

110000－0144－0016184　927.16/405－608
[道光]重修鎮番縣志十卷首一卷　(清)許協主修　(清)謝集成總修　(清)謝集梧等纂修　清道光五年(1825)鎮番縣署刻本　五冊

110000－0144－0016185　927.16/411－937
[乾隆]甘州府志十六卷首一卷　(清)鍾賡起纂修　清乾隆四十四年(1779)刻本　十冊

110000－0144－0016186　927.16/501－169
[乾隆]重修肅州新志三十卷　(清)黄文煒　(清)沈青崖纂修　清乾隆二年(1737)肅州州署刻本　六冊

110000－0144－0016187　927.16/511－554
[道光]敦煌縣志七卷首一卷　(清)蘇履吉等創修　(清)曾誠纂輯　清道光十一年(1831)敦煌縣署刻本　七冊

110000－0144－0016188　927.16/－808
[光緒]甘肅新通志一百卷首五卷　(清)升允　長庚修　(清)安維峻總纂　清宣統元年(1909)甘肅督署刻本　八十一冊

110000－0144－0016189　927.21/101－439
留都見聞錄二卷　(明)吳應箕撰　清光緒三十三年(1907)上海國學保存會鉛印本　一冊

110000－0144－0016190　927.21/101－708
[同治]續纂江寧府志十五卷首一卷　(清)蔣啟勛　(清)趙佑宸主纂　(清)汪士鐸總纂　清光緒七年(1881)江寧府署刻本　十二冊

110000－0144－0016191　927.21/101－708
[同治]續纂江寧府志十五卷首一卷　(清)蔣啟勛　(清)趙佑宸主纂　(清)汪士鐸總纂　清光緒七年(1881)江寧府署刻本　十二冊

110000－0144－0016192　927.21/101－994
[嘉慶]重刊江寧府志五十六卷首一卷　(清)呂燕昭主修　(清)姚鼐總修　清光緒六年(1880)江寧府署刻本　十二冊

110000－0144－0016193　927.21/101－994
[嘉慶]重刊江寧府志五十六卷首一卷　(清)呂燕昭主修　(清)姚鼐總修　清光緒六年(1880)江寧府署刻本　十二冊

110000－0144－0016194　927.21/103－384.3－1
金陵通紀十卷續四卷　陳作霖編　清光緒三十三年(1907)瑞華館刻本　四冊

110000－0144－0016195　927.21/103－384.3－4
[宣統]上元江甯鄉土合志五卷　陳作霖編　清宣統二年(1910)江寧江楚編譯書局刻本　一冊

110000－0144－0016196　927.21/103－384.3－4
[宣統]上元江甯鄉土合志五卷　陳作霖編　清宣統二年(1910)江寧江楚編譯書局刻本　一冊

110000－0144－0016197　927.21/103－384.3－4
[宣統]上元江甯鄉土合志五卷　陳作霖編　清宣統二年(1910)江寧江楚編譯書局刻本　一冊

110000－0144－0016198　927.21/103－384.3－9
金陵瑣志五種　陳作霖編　清光緒十一年(1885)冶麓山房刻本　五冊

110000－0144－0016199　927.21/103－415
[景定]建康志五十卷　(宋)馬光祖修　(宋)周應纂　清嘉慶七年(1802)金陵孫忠愍祠刻本　二十冊

110000－0144－0016200　927.21/103－519
[同治]上元江寧兩縣志二十九卷首一卷敘錄一卷　(清)莫祥芝　(清)甘紹盤修　(清)汪士鐸纂　清同治十三年(1874)刻本　十二冊

110000－0144－0016201　927.21/105－144

[乾隆]句容縣志十卷首一卷末一卷 (清)曹襲先纂修 清光緒二十六年(1900)句容縣楊世沅刻本 八冊

110000－0144－0016202 927.21/105－313
[光緒]續纂句容縣志二十卷首一卷末一卷 (清)張紹棠主修 (清)蕭穆總纂 清光緒三十年(1904)句容縣署刻本 二十冊

110000－0144－0016203 927.21/107－905
[光緒]溧水縣志二十二卷首一卷 (清)傅觀光等主修 (清)丁維誠纂 清光緒八年至九年(1882－1883)溧水縣署刻三十一年(1905)印本 十二冊

110000－0144－0016204 927.21/109－266
[光緒]高淳縣志二十八卷首一卷 (清)楊福鼎等總修 (清)陳嘉謀等協修 清光緒七年(1881)高淳縣學山書院刻本 十冊

110000－0144－0016205 927.21/111－348
[光緒]江浦埤乘四十卷首一卷 (清)侯宗海 (清)夏錫寶纂修 清光緒十七年(1891)江浦縣侯宗海、夏錫寶刻本 十四冊

110000－0144－0016206 927.21/113－623
[光緒]六合縣志八卷圖説一卷附錄一卷 (清)謝延庚等督修 (清)賀延壽等纂修 清光緒十年(1884)六合縣署刻本 十冊

110000－0144－0016207 927.21/117－101
[光緒]京口八旗志二卷 (清)鍾瑞修 (清)春元纂 清光緒五年(1879)刻本 二冊

110000－0144－0016208 927.21/117－120
[康熙]開沙志二卷 (清)王錫極纂輯 (清)丁時霈增修 (清)王之瑚刪訂 清宣統三年(1911)鉛印本 二冊

110000－0144－0016209 927.21/117－454
[嘉慶]丹徒縣志四十七卷首四卷 (清)貴中孚 (清)萬承紀總纂 (清)蔣宗海等纂修 清嘉慶十年(1805)丹徒縣署刻本 十四冊

110000－0144－0016210 927.21/117－891
嘉定鎮江志校勘記二卷 (清)劉文淇 (清)劉毓崧撰 清宣統二年(1910)陳慶年刻橫山草堂叢書本 一冊

110000－0144－0016211 927.21/117－903
[光緒]丹徒縣志六十卷首四卷 (清)何紹章 (清)馮壽鏡等鑒定 (清)呂耀斗總纂 清光緒五年(1879)丹徒縣署刻本 三十二冊

110000－0144－0016212 927.21/117－903
[光緒]丹徒縣志六十卷首四卷 (清)何紹章 (清)馮壽鏡等鑒定 (清)呂耀斗總纂 清光緒五年(1879)丹徒縣署刻本 三十二冊

110000－0144－0016213 927.21/119－383－02
[光緒]丹陽縣志三十六卷首一卷 (清)淩焯等主修 (清)徐錫麟等總纂 清光緒十一年(1885)丹陽縣鳴鳳書院刻本 十六冊

110000－0144－0016214 927.21/121－348
[光緒]金壇縣志十六卷首一卷 (清)夏宗彝等督修 (清)汪國鳳總纂 清光緒十一年(1885)金壇縣署木活字印本 十二冊

110000－0144－0016215 927.21/123－383
[嘉慶]溧陽縣志十六卷 (清)李景嶧 (清)陳鴻壽總修 (清)史炳等纂修 清光緒二十五年(1899)溧陽縣署木活字印本 十冊

110000－0144－0016216 927.21/123－830
[光緒]溧陽縣續志十六卷續補一卷 (清)朱畯等纂修 (清)馮煦總纂 清光緒二十五年(1899)溧陽縣署木活字印本 八冊

110000－0144－0016217 927.21/201－436
申江勝景圖二卷 (清)吳友如繪 (清)清尊聞閣主人編 清光緒十年(1884)上海點石齋石印本 二冊

110000－0144－0016218 927.21/201－436
申江勝景圖二卷 (清)吳友如繪 (清)清尊聞閣主人編 清光緒十年(1884)上海點石齋石印本 二冊

110000－0144－0016219 927.21/201－549
繪圖上海雜記八卷附上海圖景 (清)藜牀臥讀生輯 (清)過眼煙雲客校 清光緒三十一

年(1905)上海文寶書局石印本　四冊

110000－0144－0016220　927.21/201－940

上海　劍村遊客編　清光緒二十八年(1902)鉛印本　一冊

110000－0144－0016221　927.21/203－114

[嘉慶]上海縣志二十卷首一卷　(清)王大同修　(清)李林松等纂　清嘉慶十九年(1814)上海縣署刻本　十四冊

110000－0144－0016222　927.21/203－293

上海鄉土志一卷　(清)李維清編　清光緒三十三年(1907)上海著易堂鉛印本　一冊

110000－0144－0016223　927.21/203－293

上海鄉土志一卷　(清)李維清編　清光緒三十三年(1907)上海著易堂鉛印本　一冊

110000－0144－0016224　927.21/203－674

[同治]上海縣志三十二卷首一卷末一卷　(清)應寶時等修　(清)俞樾　(清)方宗誠纂　清同治十年(1871)上海吳門臬署刻十一年(1872)上海南園志局重校印本　十六冊

110000－0144－0016225　927.21/203－674－1

[同治]上海縣志札記六卷　(清)秦榮光撰　清光緒二十八年(1902)松江振華德記印書館鉛印本　六冊

110000－0144－0016226　927.21/205－269

[光緒]重修華亭縣志二十四卷首一卷末一卷　(清)楊開第修　(清)姚光發等纂　清光緒五年(1879)華亭縣署刻本　十冊

110000－0144－0016227　927.21/205－272

[紹熙]雲間志三卷續一卷　(宋)楊潛纂　清嘉慶十九年(1814)華亭古倪園沈氏刻本　四冊

110000－0144－0016228　927.21/205－272－02

[紹熙]雲間志三卷續一卷　(宋)楊潛纂　清光緒二十年(1894)徐氏觀自得齋刻本　二冊

110000－0144－0016229　927.21/205－373

[嘉慶]松江府志八十四卷首二卷圖經一卷　(清)宋如林纂修　(清)孫星衍　(清)莫晉等總纂　清嘉慶二十三年(1818)松江府學明倫堂刻本　四十冊

110000－0144－0016230　927.21/205－611

[光緒]重輯楓涇小志十卷首一卷　(清)曹相駿撰　(清)許光墉修輯　清光緒十七年(1891)上海楓涇鎮鉛印本　四冊

110000－0144－0016231　927.21/205－786

[光緒]婁縣續志二十卷　(清)汪坤厚　(清)程其玨修　(清)張雲望纂　清光緒五年(1879)婁縣縣署刻本　六冊

110000－0144－0016232　927.21/205－786

[光緒]婁縣續志二十卷　(清)汪坤厚　(清)程其玨修　(清)張雲望纂　清光緒五年(1879)婁縣縣署刻本　六冊

110000－0144－0016233　927.21/205－791

[宣統]續修楓涇小志十卷首一卷　(清)程兼善重纂　清宣統三年(1911)上海楓涇鎮鉛印本　四冊

110000－0144－0016234　927.21/205－994

[光緒]松江府續志四十卷首一卷圖經　(清)博潤纂修　(清)姚光發等總纂　清光緒十年(1884)松江府署刻本　二十四冊

110000－0144－0016235　927.21/207－987

[光緒]南匯縣志二十二卷首一卷末一卷　(清)金福曾　(清)顧思賢修　(清)張文虎等纂　清光緒五年(1879)南匯縣署刻本　十二冊

110000－0144－0016236　927.21/207－987

[光緒]南匯縣志二十二卷首一卷末一卷　(清)金福曾　(清)顧思賢修　(清)張文虎等纂　清光緒五年(1879)南匯縣署刻本　十二冊

110000－0144－0016237　927.21/209－378

[光緒]青浦縣志三十卷首二卷末一卷　(清)汪祖綬等主修　(清)熊其英等纂修　清光緒五年(1879)青浦縣署刻本　十二冊

110000－0144－0016238　927.21/209－378

[光緒]青浦縣志三十卷首二卷末一卷　(清)汪祖綬等主修　(清)熊其英等纂修　清光緒五年(1879)青浦縣署刻本　十二冊

110000－0144－0016239　927.21/209－504
[光緒]蒸里志略十二卷　(清)葉世熊纂修　清宣統二年(1910)青浦縣葉桐叔鉛印本　二冊

110000－0144－0016240　927.21/209－504
[光緒]蒸里志略十二卷　(清)葉世熊纂修　清宣統二年(1910)青浦縣葉桐叔鉛印本　二冊

110000－0144－0016241　927.21/211－233
[光緒]重修奉賢縣志二十卷首一卷末一卷　(清)韓佩金修　(清)張文虎總纂　清光緒四年(1878)奉賢縣志書局刻本　六冊

110000－0144－0016242　927.21/211－233
[光緒]重修奉賢縣志二十卷首一卷末一卷　(清)韓佩金修　(清)張文虎總纂　清光緒四年(1878)奉賢縣志書局刻本　六冊

110000－0144－0016243　927.21/213－591
[光緒]金山縣志三十卷首一卷　(清)龔寶琦　(清)崔廷鏞修　(清)黄厚本修輯　清光緒四年(1878)金山縣署刻本　八冊

110000－0144－0016244　927.21/215－382
[光緒]川沙廳志十四卷首一卷末一卷　(清)陳方瀛主修　(清)俞樾總纂　清光緒五年(1879)川沙廳署刻本　六冊

110000－0144－0016245　927.21/215－382
[光緒]川沙廳志十四卷首一卷末一卷　(清)陳方瀛主修　(清)俞樾總纂　清光緒五年(1879)川沙廳署刻本　六冊

110000－0144－0016246　927.21/217－860
彙刻太倉舊志五種二十六卷　(清)繆朝荃輯　清宣統元年(1909)太倉繆氏刻本　八冊

110000－0144－0016247　927.21/217－860－2
[至正]崑山郡志六卷　(元)楊譓纂修　清咸豐元年(1851)嘉定錢氏誦芬樓刻誦芬樓叢書本　一冊

110000－0144－0016248　927.21/217－933
[光緒]壬癸志稿二十八卷　(清)錢寶琛纂　清光緒六年(1880)武昌錢溯耆等刻錢頤壽中丞全集本　四冊

110000－0144－0016249　927.21/217－933
[光緒]壬癸志稿二十八卷　(清)錢寶琛纂　清光緒六年(1880)武昌錢溯耆等刻錢頤壽中丞全集本　四冊

110000－0144－0016250　927.21/217－933
[光緒]壬癸志稿二十八卷　(清)錢寶琛纂　頤壽老人[錢寶琛]年譜二卷　(清)錢寶琛撰　清光緒六年(1880)武昌錢溯耆等刻錢頤壽中丞全集本　五冊

110000－0144－0016251　927.21/221－728
[光緒]寶山縣志十四卷首一卷　(清)梁蒲貴　(清)吳康壽主修　(清)朱延射　(清)潘履祥纂修　清光緒八年(1882)寶山縣署刻本　十冊

110000－0144－0016252　927.21/223－255
[光緒]崇明縣志十八卷　(清)林達泉等主修　(清)李聯琇等纂修　清光緒七年(1881)崇明縣署刻本　十二冊

110000－0144－0016253　927.21/227－158
靜海鄉志三卷附大事記　(清)丁鹿壽纂　清道光十四年(1834)靜海鄉刻本　一冊　存二卷(上、下)

110000－0144－0016254　927.21/227－891
[光緒]海門廳圖志二十卷首一卷　(清)劉文澂等主纂　(清)孫壽祺　(清)王汝騏總纂　清光緒二十六年(1900)海門廳署刻本　四冊

110000－0144－0016255　927.21/288
虞山十八景圖(虞山景圖畫冊)不分卷　(清)李有齡繪　清光緒二十五年(1899)刻本　三冊

110000－0144－0016256　927.21/301－646
吳縣畐圖不分卷　(清)高心夔編　清同治十

三年(1874)吳縣縣署刻本　六册

110000－0144－0016257　927.21/301－659－02
中吳紀聞六卷　(宋)龔明之撰　清嘉慶十七年(1812)白鹿山房木活字本　四册

110000－0144－0016258　927.21/301－767
[同治]蘇州府志一百五十卷首三卷　(清)李銘皖　(清)譚鈞培修　(清)馮桂芬總纂　清光緒八年(1882)江蘇書局刻本　八十册

110000－0144－0016259　927.21/301－767
[同治]蘇州府志一百五十卷首三卷　(清)李銘皖　(清)譚鈞培修　(清)馮桂芬總纂　清光緒八年(1882)江蘇書局刻本　八十册

110000－0144－0016260　927.21/301－767
[同治]蘇州府志一百五十卷首三卷　(清)李銘皖　(清)譚鈞培修　(清)馮桂芬總纂　清光緒八年(1882)江蘇書局刻本　六十四册

110000－0144－0016261　927.21/301－830
[元豐]吳郡圖經續記三卷　(宋)朱長文撰　清同治十二年(1873)江蘇書局刻本　一册

110000－0144－0016262　927.21/303－120
[乾隆]常昭合志十二卷首一卷　(清)王錦　(清)楊繼熊修　(清)言如泗等纂　**校勘記一卷**　清光緒二十四年(1898)丁祖蔭等木活字印本　十四册

110000－0144－0016263　927.21/303－171
[道光]琴川三志補記十卷　(清)黄廷鑑纂修　清光緒二十四年(1898)丁祖蔭等木活字印本　一册

110000－0144－0016264　927.21/303－171－1
[道光]琴川三志補記續八卷　(清)黄廷鑑編　清光緒二十四年(1898)丁祖蔭等木活字印本　三册

110000－0144－0016265　927.21/303－979
[光緒]常昭合志稿四十八卷首一卷末一卷　(清)鄭鍾祥　(清)張瀛修　(清)龐鴻文等纂　清光緒三十年(1904)木活字印本　二十册

110000－0144－0016266　927.21/305－350
[道光]崑新兩縣志四十卷首一卷末一卷　(清)張鴻　(清)來汝緣修　(清)王學浩等纂　清光緒六年(1880)金陵刻本　缺二卷(二十九,首一卷)　三十九册

110000－0144－0016267　927.21/305－987
[光緒]崑新兩縣續修合志五十二卷首一卷末一卷　(清)金吳瀾　(清)李福沂監修　(清)汪堃　(清)朱成熙纂修　清光緒六年(1880)敦善堂刻本　十二册　存二十九卷(一至二十八,首一卷)

110000－0144－0016268　927.21/305－987
[光緒]崑新兩縣續修合志五十二卷首一卷末一卷　(清)金吳瀾　(清)李福沂監修　(清)汪堃　(清)朱成熙纂修　清光緒六年(1880)敦善堂刻本　二十四册

110000－0144－0016269　927.21/307－282
[道光]分湖小識六卷　(清)柳樹芳輯録　清道光二十七年(1847)勝谿草堂刻本　二册

110000－0144－0016270　927.21/307－384
[乾隆]震澤縣志三十八卷首一卷　(清)陳和志修　(清)倪師孟　(清)沈彤纂　清光緒十九年(1893)震澤縣署刻本　八册

110000－0144－0016271　927.21/307－859
[道光]震澤鎮志十四卷首一卷末一卷　(清)紀磊　(清)沈眉壽輯　清道光二十四年(1844)刻本　四册

110000－0144－0016272　927.21/307－947
[嘉慶]黎里志十六卷首一卷　(清)徐達源纂修　清嘉慶十年(1805)吳江縣禊湖書院刻本　四册

110000－0144－0016273　927.21/307－947
[嘉慶]黎里志十六卷首一卷　(清)徐達源纂修　清嘉慶十年(1805)吳江縣禊湖書院刻本　四册

110000－0144－0016274　927.21/307－947－1
[光緒]黎里續志十六卷首一卷　(清)蔡丙圻纂修　清光緒二十五年(1899)吳江縣禊湖書

院刻本　六册

110000－0144－0016275　927.21/307－947－1
[光緒]黎里續志十六卷首一卷　(清)蔡丙圻纂修　清光緒二十五年(1899)吳江縣禊湖書院刻本　六册

110000－0144－0016276　927.21/307－983
[道光]平望志十八卷首一卷　(清)翁廣平纂輯　**[光緒]平望續志十二卷首一卷**　(清)黃兆檉纂修　清光緒十三年(1887)吳江縣黃兆檉刻本　十册

110000－0144－0016277　927.21/307－987
[光緒]吳江縣續志四十卷首一卷　(清)金福曾等修　(清)熊其英等纂　清光緒五年(1879)吳江縣署刻本　八册

110000－0144－0016278　927.21/307－987
[光緒]吳江縣續志四十卷首一卷　(清)金福曾等修　(清)熊其英等纂　清光緒五年(1879)吳江縣署刻本　八册

110000－0144－0016279　927.21/309－111
[康熙]常州府志三十八卷首一卷　(清)于琨總裁　(清)陳玉璂編纂　清光緒十二年(1886)常州府署木活字印本　二十一册

110000－0144－0016280　927.21/309－113
[光緒]武進陽湖縣志三十卷首一卷　(清)王其淦　(清)吳康壽等鑒定　(清)湯成烈總纂　清光緒五年(1879)刻本　二十册

110000－0144－0016281　927.21/309－360
[道光]武進陽湖縣合志三十六卷首一卷志餘和團練紀實二卷　(清)孫琬　(清)王德茂修　(清)李兆洛　(清)周儀暐纂　清光緒十二年(1886)木活字印本　三十册

110000－0144－0016282　927.21/309－525
[光緒]武陽志餘十二卷首一卷附團練紀實一卷　(清)莊毓鋐　(清)陸鼎翰編輯　清光緒十四年(1888)木活字印本　十六册

110000－0144－0016283　927.21/311－171
[乾隆]錫金識小錄十二卷　(清)黃印輯　清光緒二十二年(1896)江蘇王念祖木活字印本　六册

110000－0144－0016284　927.21/311－171
[乾隆]錫金識小錄十二卷　(清)黃印輯　清光緒二十二年(1896)江蘇王念祖木活字印本　六册

110000－0144－0016285　927.21/311－435
[光緒]泰伯梅里志八卷　(清)吳熙編輯　清光緒二十三年(1897)金匱縣梅里鄉泰伯廟東院刻本　四册

110000－0144－0016286　927.21/311－436
[康熙]梅里志四卷首一卷　(清)吳存禮輯　清同治八年(1869)泰伯廟西院刻本　四册

110000－0144－0016287　927.21/311－436
[康熙]梅里志四卷首一卷　(清)吳存禮輯　清同治八年(1869)泰伯廟西院刻本　四册

110000－0144－0016288　927.21/311－502
金匱縣輿地全圖附金匱縣門則簡明册　(清)華湛思編　清光緒三十四年(1908)鵝湖華存裕堂義莊石印本　六册

110000－0144－0016289　927.21/311－502
金匱縣輿地全圖不分卷附金匱縣門則簡明册　(清)華湛思編　清光緒三十四年(1908)鵝湖華存裕堂義莊石印本　六册

110000－0144－0016290　927.21/311－502
金匱縣輿地全圖不分卷附金匱縣門則簡明册　(清)華湛思編　清光緒三十四年(1908)鵝湖華存裕堂義莊石印本　六册

110000－0144－0016291　927.21/311－864
[光緒]無錫金匱縣志四十卷首一卷　(清)裴大中等監修　(清)秦緗業總纂　清光緒七年(1881)刻本　十八册

110000－0144－0016292　927.21/311－864－02
[光緒]無錫金匱縣志四十卷首一卷附編一卷　(清)裴大中等監修　(清)秦緗業總纂　清光緒七年(1881)刻二十九年(1903)重印宣統二年(1910)續印本　二十册

110000－0144－0016293　927.21/311－908
[光緒]錫金鄉土歷史二卷　(清)侯鴻鑑撰　清光緒三十二年(1906)無錫縣藝文齋木活字印本　一册

110000－0144－0016294　927.21/311－908－1
[光緒]錫金鄉土地理志二卷　(清)侯鴻鑑撰　清光緒三十二年(1906)無錫藝文齋木活字本　一册

110000－0144－0016295　927.21/313－375
[嘉慶]重刊宜興縣志四卷首一卷　(清)阮升基修　(清)甯楷纂　清光緒八年(1882)宜興縣署刻宜興荆溪舊志五種本　二册

110000－0144－0016296　927.21/313－627
[光緒]宜興荊溪縣新志十卷首一卷末一卷　(清)施惠　(清)錢志澄主修　(清)吳景牆總修　清光緒八年(1882)刻本　八册

110000－0144－0016297　927.21/313－667
宜興荆溪舊志五種　(清)顧名　(清)龔潤森等主修　(清)吳德旋總修　清同治八年(1869)宜興縣署木活字印本　存四種(新修宜興縣志、新修荊溪縣志、增修宜興縣舊志、續纂宜興荊溪縣志)　十七册

110000－0144－0016298　927.21/313－667－02
[嘉慶]重刊宜興縣舊志十卷首一卷末一卷　(清)阮升基等主修　(清)甯楷總修　清光緒八年(1882)刻宜興荆溪舊志五種本　十册

110000－0144－0016299　927.21/313－667－4
[嘉慶]重刊荊溪縣志四卷首一卷　(清)唐仲冕修　(清)寧楷纂　清光緒八年(1882)刻宜興荆溪舊志五種本　二册

110000－0144－0016300　927.21/313－966
[道光]重刊續纂宜荊縣志十卷首一卷　(清)顧名　(清)龔潤森主修　(清)吳德旋總修　清光緒八年(1882)刻本　四册

110000－0144－0016301　927.21/313－966
[道光]重刊續纂宜荊縣志十卷首一卷　(清)顧名　(清)龔潤森主修　(清)吳德旋總修　清光緒八年(1882)刻本　四册

110000－0144－0016302　927.21/315－384
[道光]江陰縣志二十八卷首一卷　(清)陳延恩主修　(清)李兆洛等總纂　清道光二十年(1840)江陰縣署刻本　十六册

110000－0144－0016303　927.21/315－493
[光緒]江陰縣志三十卷首一卷　(清)盧思誠主修　(清)季念詒　(清)夏煒如總纂　清光緒四年(1878)江陰縣署刻本　二十册

110000－0144－0016304　927.21/317－504
[光緒]靖江縣志十六卷首一卷　(清)葉滋森主修　(清)褚翔等纂　清光緒五年(1879)靖江縣署刻本　八册

110000－0144－0016305　927.21/319－119
[乾隆]直隸通州志二十二卷　(清)王繼祖主修　(清)夏之蓉編纂　清乾隆二十年(1755)通州州署刻本　十六册

110000－0144－0016306　927.21/319－731
[光緒]通州直隸州志十六卷首一卷末一卷　(清)梁悅馨　(清)莫祥芝主修　(清)季念詒　(清)沈鍠總纂　清光緒元年(1875)通州州署刻本　十六册

110000－0144－0016307　927.21/319－953
崇川咫聞錄十二卷　(清)徐縉　(清)楊廷撰輯　清道光十年(1830)崇川徐氏芸暉閣刻本　十二册

110000－0144－0016308　927.21/321－274
[嘉慶]如皋縣志二十四卷　(清)楊受廷　(清)左元鎮修　(清)馬汝舟　(清)江大鍵纂　清嘉慶十三年(1808)如皋縣署刻本　十六册

110000－0144－0016309　927.21/321－537
[道光]如皋縣續志十二卷　(清)范仕義修　(清)吳鎧纂　清道光十七年(1837)如皋縣署刻本　二册

110000－0144－0016310　927.21/323－272
[光緒]泰興縣志二十六卷首一卷末一卷　(清)楊激雲修　(清)顧曾烜纂　清光緒十二年(1886)泰興縣署刻本　十册

110000－0144－0016311　927.21/323－765
[嘉慶]重修泰興縣志八卷　(清)凌坮　(清)張先甲重修　(清)張福謙等纂　清嘉慶十八年(1813)泰興縣署刻本　十六册

110000－0144－0016312　927.21/－391
[乾符]吳地記一卷後集一卷　(唐)陸廣微纂修　清同治十二年(1873)江蘇書局刻本　一册

110000－0144－0016313　927.21/－391
[乾符]吳地記一卷後集一卷　(唐)陸廣微纂修　清同治十二年(1873)江蘇書局刻本　一册

110000－0144－0016314　927.21/401－437
[同治]清河縣志再續編二卷　(清)劉咸修　(清)吳昆田纂　清同治十二年(1873)清河縣署刻本　二册

110000－0144－0016315　927.21/401－438
[咸豐]清河縣志二十四卷首一卷　(清)吳棠等修　(清)魯一同纂　清咸豐四年(1854)清河縣署刻本　六册

110000－0144－0016316　927.21/401－522
[光緒]丙子清河縣志二十六卷　(清)胡裕燕　(清)萬青選參訂　(清)吳昆田　(清)魯蕡纂修　清光緒五年(1879)清河縣署刻本　八册

110000－0144－0016317　927.21/403－362
[同治]山陽縣志二十一卷　(清)張兆棟　(清)孫雲監修　(清)何紹基　(清)丁晏總纂　清同治十二年(1873)山陽縣署刻本　八册

110000－0144－0016318　927.21/403－362
[同治]山陽縣志二十一卷　(清)張兆棟　(清)孫雲監修　(清)何紹基　(清)丁晏總纂　清同治十二年(1873)山陽縣署刻本　八册

110000－0144－0016319　927.21/403－362.3
[光緒]淮安府志四十卷首一卷　(清)孫雲錦等監訂　(清)吳昆田　(清)高延第總纂　清光緒十年(1884)淮安府署刻本　二十册

110000－0144－0016320　927.21/403－362.3
[光緒]淮安府志四十卷首一卷　(清)孫雲錦等監訂　(清)吳昆田　(清)高延第總纂　清光緒十年(1884)淮安府署刻本　十六册

110000－0144－0016321　927.21/409－375
[光緒]阜寧縣志二十四卷首一卷　(清)阮本焱修　(清)陳肇礽等纂　清光緒十二年(1886)阜寧縣署刻本　十二册

110000－0144－0016322　927.21/411－890
[光緒]鹽城縣志十七卷首一卷　(清)劉崇照修　(清)龍繼棟　(清)陳玉樹總纂　清光緒二十一年(1895)鹽城縣署刻本　十册

110000－0144－0016323　927.21/413－112
[嘉慶]江都縣續志十二卷首一卷　(清)工逢源修　(清)李保泰纂　清光緒七年(1881)江都縣署刻本　四册　存十二卷(一至十一、首一卷)

110000－0144－0016324　927.21/413－112
[嘉慶]江都縣續志十二卷首一卷　(清)王逢源修　(清)李保泰纂　清光緒七年(1881)江都縣署刻本　八册

110000－0144－0016325　927.21/413－375
北湖續志六卷　(清)阮先編輯　清道光二十七年(1847)揚州阮氏刻本　一册　存三卷(一至三)

110000－0144－0016326　927.21/413－376
[嘉慶]重修揚州府志七十二卷首一卷　(清)阿克當阿修　(清)姚文田　(清)江藩等纂　清嘉慶十五年(1810)揚州府署刻本　四十八册

110000－0144－0016327　927.21/413－376
[嘉慶]重修揚州府志七十二卷首一卷　(清)阿克當阿修　(清)姚文田　(清)江藩等纂　清嘉慶十五年(1810)揚州府署刻本　四十八册

110000－0144－0016328　927.21/413－376

[嘉慶]重修揚州府志七十二卷首一卷 (清)阿克當阿修 (清)姚文田 (清)江藩等纂 清嘉慶十五年(1810)揚州府署刻本 四十八册

110000-0144-0016329 927.21/413-376
[嘉慶]重修揚州府志七十二卷首一卷 (清)阿克當阿修 (清)姚文田 (清)江藩等纂 清嘉慶十五年(1810)揚州府署刻本 四十八册

110000-0144-0016330 927.21/413-467
[同治]續纂揚州府志二十四卷 (清)英傑監修 (清)晏端書等總纂 清同治十三年(1874)刻本 八册

110000-0144-0016331 927.21/413-467
[同治]續纂揚州府志二十四卷 (清)英傑監修 (清)晏端書等總纂 清同治十三年(1874)揚州府署刻本 十二册

110000-0144-0016332 927.21/413-467
[同治]續纂揚州府志二十四卷 (清)英傑監修 (清)晏端書等總纂 清同治十三年(1874)刻本 八册

110000-0144-0016333 927.21/413-541
[咸豐]甘棠小志四卷首一卷末一卷 (清)董醇纂 清咸豐五年(1855)甘棠董氏刻本 四册

110000-0144-0016334 927.21/413-641
[乾隆]江都縣志三十二卷 (清)五格 (清)黄湘重修 清光緒七年(1881)江都縣署刻本 十册

110000-0144-0016335 927.21/413-720
[光緒]增修甘泉縣志二十四卷首一卷 (清)徐成敟等督修 (清)陳浩恩等總纂 清光緒十七年(1891)甘泉縣朱應江刻本 二十册

110000-0144-0016336 927.21/413-917
[嘉慶]北湖小志六卷首一卷 (清)焦循撰 清嘉慶十三年(1808)江都焦氏雕菰楼刻焦氏叢書本 二册

110000-0144-0016337 927.21/413-951
揚州歷代疆域沿革圖説一卷 (清)徐庭會 (清)汪桂森輯 清末刻本 一册

110000-0144-0016338 927.21/415-113
[道光]重修儀徵縣志五十卷首一卷 (清)王檢心監修 (清)劉文淇 (清)張安保總纂 清光緒十六年(1890)儀徵縣署刻本 二十四册

110000-0144-0016339 927.21/417-815
[嘉慶]東臺縣志四十卷 (清)周右主修 (清)蔡復午等纂 清嘉慶二十一年(1816)東臺縣署刻本 十册

110000-0144-0016340 927.21/417-815-02
[嘉慶]東臺縣志四十卷 (清)周右主修 (清)蔡復午等纂 清嘉慶二十一年(1816)東臺縣署刻道光十年(1830)增刻本 十册

110000-0144-0016341 927.21/419-728
[咸豐]重修興化縣志十卷 (清)梁園棣修 (清)鄭之僑 (清)趙彥俞纂 清咸豐二年(1852)興化縣尊經閣刻本 八册

110000-0144-0016342 927.21/421-383
[道光]泰州志三十六卷首一卷 (清)王有慶等修 (清)陳世鎔等纂 清光緒三十四年(1908)泰州州署刻本 十册

110000-0144-0016343 927.21/421-419
泰州鄉土地理 (清)馬錫純編 清光緒三十四年(1908)上海錦章書局石印本 一册

110000-0144-0016344 927.21/421-419
泰州鄉土地理 (清)馬錫純編 清光緒三十四年(1908)上海錦章書局石印本 一册

110000-0144-0016345 927.21/421-915
[道光]泰州新志刊謬二卷首一卷 (清)任鈺 (清)宮錫祚等編輯 清道光十年(1830)泰州州署刻本 二册

110000-0144-0016346 927.21/423-352
[道光]續增高郵州志 (清)左輝春總纂 清道光二十三年(1843)高郵州署刻本 三册

110000－0144－0016347　927.21/423－352
[道光]續增高郵州志　(清)左輝春總纂　清道光二十三年(1843)高郵州署刻本　六冊

110000－0144－0016348　927.21/423－659
[光緒]再續高郵州志八卷首一卷　(清)金元烺　(清)龔定瀛修　(清)夏子鐊總纂　清光緒九年(1883)高郵州署刻本　四冊

110000－0144－0016349　927.21/423－767
[嘉慶]高郵州志十二卷首一卷　(清)楊宜崙主修　(清)夏之蓉　(清)沈之本總纂　(清)馮馨增修　清道光二十五年(1845)高郵州署刻本　十二冊

110000－0144－0016350　927.21/425－892
[道光]寶應圖經六卷首二卷　(清)劉寶楠撰　清光緒九年(1883)淮南書局刻本　四冊

110000－0144－0016351　927.21/442
吳船日記一卷　(清)杜俞撰　清光緒三十三年(1907)上海鉛印本　一冊

110000－0144－0016352　927.21/501－190
[光緒]徐州府銅山縣鄉土志　(清)袁國鈞等總校　(清)楊世楨編次　清光緒三十年(1904)銅山縣署刻本　一冊

110000－0144－0016353　927.21/501－435
[同治]徐州府志二十五卷　(清)吳世熊　(清)朱忻總修　(清)劉庠　(清)方駿謨總纂　清同治十三年(1874)徐州府署刻本　十六冊

110000－0144－0016354　927.21/503－994
[光緒]豐縣志十六卷首一卷　(清)姚鴻傑纂修　清光緒二十年(1894)豐縣縣署刻本　八冊

110000－0144－0016355　927.21/507－754
[嘉慶]蕭縣志十八卷首一卷　(清)潘鎔纂修　清嘉慶二十年(1815)蕭縣縣署刻本　十冊

110000－0144－0016356　927.21/507－962
[同治]續蕭縣志十八卷首一卷　(清)顧景濂等同纂　清光緒元年(1875)蕭縣縣署刻本　四冊

110000－0144－0016357　927.21/507－962
[同治]續蕭縣志十八卷首一卷　(清)顧景濂等同纂　清光緒元年(1875)蕭縣縣署刻本　四冊

110000－0144－0016358　927.21/513－294
[同治]宿遷縣志十九卷　(清)李德溥　(清)游春澤總修　(清)方駿謨總纂　清同治十三年(1874)宿遷縣署刻本　六冊

110000－0144－0016359　927.21/515－908
[光緒]睢寧縣志稿十八卷　(清)侯紹瀛修　(清)丁顯纂　清光緒十三年(1887)睢寧縣署刻本　六冊

110000－0144－0016360　927.21/517－667
[嘉慶]海州直隸州志三十二卷首一卷　(清)唐仲冕總修　(清)汪梅鼎等纂　清嘉慶十六年(1811)海州州署刻本　十二冊

110000－0144－0016361　927.21/521－308
[康熙]沭陽縣志四卷　(清)張奇抱修　(清)胡簡敬纂　清康熙十三年(1674)沭陽縣署刻本　四冊

110000－0144－0016362　927.21/523－114
[光緒]贛榆縣志十八卷　(清)王豫熙修　張謇纂　清光緒十四年(1888)贛榆縣署刻本　四冊

110000－0144－0016363　927.21/523－114
[光緒]贛榆縣志十八卷　(清)王豫熙修　張謇纂　清光緒十四年(1888)贛榆縣署刻本　四冊

110000－0144－0016364　927.21/－603
江蘇全省輿圖　(清)鄧華熙修　(清)諸可寶纂　清光緒二十一年(1895)江蘇書局刻本　三冊

110000－0144－0016365　927.21/－603
江蘇全省輿圖　(清)鄧華熙修　(清)諸可寶纂　清光緒二十一年(1895)江蘇書局刻本　三冊

110000－0144－0016366　927.21/981
江蘇輿地圖記　（清）曾國藩　（清）丁日昌纂　清同治七年（1868）刻本　二十二册

110000－0144－0016367　927.22/113－166
［光緒］續修廬州府志一百卷首一卷末一卷　（清）黄雲修　（清）林之望　（清）黄彭年　（清）汪宗沂總纂　清光緒十一年（1885）廬州府署刻本　四十八册

110000－0144－0016368　927.22/113－166
［光緒］續修廬州府志一百卷首一卷末一卷　（清）黄雲修　（清）林之望　（清）黄彭年　（清）汪宗沂總纂　清光緒十一年（1885）廬州府署刻本　四十七册

110000－0144－0016369　927.22/113－166
［光緒］續修廬州府志一百卷首一卷末一卷　（清）黄雲修　（清）林之望　（清）黄彭年　（清）汪宗沂總纂　清光緒十一年（1885）廬州府署刻本　四十八册

110000－0144－0016370　927.22/113－166
［光緒］續修廬州府志一百卷首一卷末一卷　（清）黄雲修　（清）林之望　（清）黄彭年　（清）汪宗沂總纂　清光緒十一年（1885）廬州府署刻本　三十六册

110000－0144－0016371　927.22/115－935
［光緒］廬江縣志十六卷首一卷　（清）錢鑅修　（清）盧鈺　（清）俞燮奎纂　清光緒十一年（1885）廬江縣署木活字印本　十六册

110000－0144－0016372　927.22/117－445
［光緒］續修舒城縣志五十卷首一卷末一卷　（清）吕林鐘等主修　（清）赵风詔等纂　清光緒三十三年（1907）舒城縣署木活字印本　十六册

110000－0144－0016373　927.22/121－311
［嘉慶］無爲州志三十六卷首一卷　（清）顧浩修　（清）吳元慶等纂　清嘉慶八年（1803）尊經閣刻本　十册

110000－0144－0016374　927.22/133－384
［乾隆］歷陽典録三十四卷補編六卷　（清）陳廷桂纂　清同治六年（1867）和州官舍刻本　二册　存六卷（一至六）

110000－0144－0016375　927.22/133－384
［乾隆］歷陽典録三十四卷補編六卷　（清）陳廷桂纂　清同治六年（1867）和州官舍刻本　十二册

110000－0144－0016376　927.22/133－384
［乾隆］歷陽典録三十四卷補編六卷　（清）陳廷桂纂　清同治六年（1867）和州官舍刻本　十二册

110000－0144－0016377　927.22/207－217
［光緒］廣德州志六十卷首一卷末一卷　（清）胡有誠主修　（清）丁寶書纂修　清光緒七年（1881）廣德州署刻本　二十册

110000－0144－0016378　927.22/211－158
［康熙］徽州府志十八卷　（清）丁廷楗　（清）盧詢等監修　（清）趙吉士纂修　清康熙三十八年（1699）徽州府萬青閣刻本　十册

110000－0144－0016379　927.22/211－168
［同治］徽州府志辨證　（清）黄崇惺纂　清同治徽州府署木活字印本　一册

110000－0144－0016380　927.22/211－414
［道光］徽州府志十六卷首一卷　（清）馬步蟾纂修　清道光七年（1827）徽州府署刻本　三十册

110000－0144－0016381　927.22/211－482
［淳熙］新安志十卷附録一卷　（宋）羅願撰　清光緒十四年（1888）李宗煝刻本　四册

110000－0144－0016382　927.22/211－482
［淳熙］新安志十卷附録一卷　（宋）羅願撰　清光緒十四年（1888）李宗煝刻本　四册

110000－0144－0016383　927.22/211－719
新安景物約編不分卷　（清）江忠儔　（清）江正心纂　清同治四年（1865）青雲堂刻本　二册

110000－0144－0016384　927.22/211－763
［道光］歙縣志十卷首一卷　（清）勞逢源主修

（清）沈伯棠總纂　清道光八年（1828）歙縣尊經閣刻本　十二冊

110000－0144－0016385　927.22/213－441
［嘉慶］黟縣志十六卷首一卷　（清）吳甸華總修　（清）程汝翼等分纂　清嘉慶十七年（1812）黟縣尊經閣刻本　十二冊

110000－0144－0016386　927.22/213－441－02
［道光］黟縣續志　（清）呂子玨修　（清）詹錫齡纂　清末抄本　一冊

110000－0144－0016387　927.22/213－621
［同治］黟縣三志十六卷首一卷末一卷　（清）謝永泰總修　（清）程鴻詔等纂修　清同治十年（1871）黟縣縣署刻本　十五冊

110000－0144－0016388　927.22/215－901
［道光］休寧縣志二十四卷　（清）何應松修　（清）方崇鼎纂　清道光三年（1823）休寧縣署刻本　十二冊

110000－0144－0016389　927.22/217－169
［道光］婺源縣志三十九卷首一卷　（清）黃應昀纂修　清道光六年（1826）婺源縣署刻本　十六冊

110000－0144－0016390　927.22/217－437
［光緒］婺源縣志六十四卷首一卷　（清）吳鶚總纂　（清）汪正元纂修　清光緒九年（1883）婺源縣署刻本　二十三冊

110000－0144－0016391　927.22/217－548
婺源鄉土志一卷　（清）董鍾琪　（清）汪廷璋撰　清光緒三十四年（1908）婺源縣婺邑暢記公司木活字印本　一冊

110000－0144－0016392　927.22/219－117
［道光］祁門縣志三十六卷首一卷　（清）王讓主修　（清）桂超萬纂　清道光七年（1827）祁門縣署刻本　八冊

110000－0144－0016393　927.22/219－819
［同治］祁門縣志三十六卷首一卷　（清）周溶主修　（清）汪韻珊纂　清同治十二年（1873）祁門縣署刻本　十二冊

110000－0144－0016394　927.22/221－716
［嘉慶］績溪縣志十二卷首一卷　（清）清愷主修　（清）席存泰纂修　清抄本　十一冊

110000－0144－0016395　927.22/223－291
［光緒］宣城縣志四十卷首一卷　（清）李應泰等修　（清）章綬纂　清光緒十四年（1888）宣城縣署木活字印本　二十七冊

110000－0144－0016396　927.22/235－384
［光緒］貴池縣志四十四卷首一卷　（清）陸延齡修　（清）桂迓衡纂　清光緒九年（1883）貴池縣署木活字印本　二十冊

110000－0144－0016397　927.22/235－887
［光緒］貴池縣沿革表一卷　劉世珩撰　清光緒二十三年（1897）貴池劉氏鐵如意室刻紅印本　一冊

110000－0144－0016398　927.22/235－887
［光緒］貴池縣沿革表一卷　劉世珩撰　清光緒二十八年（1902）湖北三佛閣刻聖廎叢書本　一冊

110000－0144－0016399　927.22/245　502
［光緒］青陽縣志十二卷　（清）華椿等鑑定　（清）周贇總纂　清光緒十七年（1891）青陽縣署木活字印本　十二冊

110000－0144－0016400　927.22/－291
皖志便覽六卷　（清）李應珏纂　清光緒二十八年（1902）安徽鏤雲閣刻本　一冊

110000－0144－0016401　927.22/301－621
［光緒］鳳陽縣志十六卷首一卷　（清）于萬培纂修　（清）謝永泰續修　（清）王汝琛等續纂　清光緒十三年（1887）鳳陽縣署刻本　十冊

110000－0144－0016402　927.22/301－805
［光緒］鳳陽縣志二十一卷　（清）馮煦修　（清）魏家驊纂　（清）張德霈續纂　清光緒三十四年（1908）鳳陽縣署木活字印本　二十四冊

110000－0144－0016403　927.22/301－805
［光緒］鳳陽縣志二十一卷　（清）馮煦修

(清)魏家驊纂　(清)張德霈續纂　清光緒三十四年(1908)鳳陽縣署木活字印本　二十四冊

110000－0144－0016404　927.22/309－160
[乾隆]靈璧縣志略四卷首一卷附靈璧縣河防錄一卷靈璧河渠原委三卷　(清)貢震纂修　清乾隆二十五年(1760)靈璧縣此君草堂刻本　六冊

110000－0144－0016405　927.22/311－981
[光緒]壽州志三十六卷首一卷末一卷　(清)曾道唯等纂修　(清)葛蔭南等分修　清光緒十六年(1890)壽州州署木活字印本　十六冊

110000－0144－0016406　927.22/315－813
[道光]阜陽縣志二十四卷首一卷　(清)劉虎文　(清)周天爵重修　(清)李復慶等纂　清道光九年(1829)阜陽縣署刻本　十四冊

110000－0144－0016407　927.22/317－211
[同治]潁上縣志十二卷首一卷　(清)都寵錫主修　(清)李道章纂記　清同治九年(1870)潁上縣署刻光緒四年(1878)補刻本　八冊

110000－0144－0016408　927.22/327－937
[光緒]亳州志二十卷首一卷　(清)鍾泰修　(清)宗能徵等纂　清光緒二十年(1894)亳州州署木活字印本　十四冊

110000－0144－0016409　927.22/329－626
[光緒]泗虹合志十九卷　(清)方端蘭監修　(清)江殿颺　(清)許湘甲總校　清光緒十四年(1888)泗縣縣署刻本　八冊

110000－0144－0016410　927.22/329－626
[光緒]泗虹合志十九卷　(清)方端蘭監修　(清)江殿颺　(清)許湘甲總校　清光緒十四年(1888)泗縣縣署刻本　八冊

110000－0144－0016411　927.22/331－132
[光緒]重修五河縣志二十卷首一卷末一卷　(清)賴同宴　(清)孫玉銘修　(清)俞宗誠纂　清光緒二十年(1894)金陵刻本　八冊

110000－0144－0016412　927.22/333－120
[光緒]盱眙縣志稿十七卷首一卷　(清)王錫元修　(清)高延第纂　清光緒二十九年(1903)盱眙縣署刻本　八冊

110000－0144－0016413　927.22/333－591
[同治]盱眙縣志六卷　(清)崔秀春　(清)方家藩修　(清)傅紹曾纂　清同治十二年(1873)盱眙縣署刻本　四冊

110000－0144－0016414　927.22/339－988
[康熙]滁州志三十卷續志二卷　(清)余國□修　(清)潘運皞　(清)王賜魁纂　清康熙十二年(1673)滁州州署刻二十三年(1684)補刻本　七冊

110000－0144－0016415　927.22/343－846
[道光]來安縣志十四卷首一卷末一卷　(清)符鴻等修　(清)符瀚纂　清道光十年(1830)來安縣署木活字印本　五冊

110000－0144－0016416　927.22/－743
[光緒]重修安徽通志三百五十卷補遺十卷　(清)吳坤修等總裁　(清)何紹基等總纂　清光緒四年(1878)安徽撫署刻本　一百二十冊

110000－0144－0016417　927.22/－893
安徽鄉土歷史教科書第一冊　劉師培編著　清光緒三十二年(1906)上海國學保存會鉛印本　一冊

110000－0144－0016418　927.23/101－428
[乾隆]西安府志八十卷首一卷　(清)舒其紳等甄輯　(清)嚴長明編訂　清乾隆四十四年(1779)西安府署刻本　三十二冊

110000－0144－0016419　927.23/101－441
夢粱錄二十卷　(宋)吳自牧撰　清乾隆長塘鮑氏刻知不足齋叢書本　五冊

110000－0144－0016420　927.23/103－115
[光緒]唐棲志二十卷附集四卷　(清)王同纂　清光緒十六年(1890)刻本　八冊　存二十卷(唐棲志二十卷)

110000－0144－0016421　927.23/103－157
[萬曆]錢塘縣志十卷　(明)聶心湯纂修　清

光緒十九年(1893)武林丁氏刻武林掌故叢編本　六冊

110000－0144－0016422　927.23/103－308
[光緒]臨平記補遺四卷　(清)張大昌輯　清光緒十一年(1885)錢塘丁氏嘉惠堂刻本　二冊

110000－0144－0016423　927.23/103－312
[光緒]定鄉小識十六卷附定鄉雜著二卷　(清)張道撰　清光緒八年(1882)刻本　八冊

110000－0144－0016424　927.23/103－647
湖墅小志四卷　(清)高鵬年撰　清光緒二十二年(1896)仁和高氏石印本　二冊

110000－0144－0016425　927.23/103－647
湖墅小志四卷　(清)高鵬年撰　清光緒二十二年(1896)仁和高氏石印本　二冊

110000－0144－0016426　927.23/103－718
[咸淳]臨安志一百卷　(宋)潛說友纂　清道光十年(1830)錢塘汪氏振綺堂刻本　二十四冊

110000－0144－0016427　927.23/103－718
[咸淳]臨安志一百卷　(宋)潛說友纂　清道光十年(1830)錢塘汪氏振綺堂刻本　二十四冊

110000－0144－0016428　927.23/103－718
[咸淳]臨安志一百卷　(宋)潛說友纂　清道光十年(1830)錢塘汪氏振綺堂刻本　二十四冊

110000－0144－0016429　927.23/103－741
[嘉靖]仁和縣志十四卷　(明)沈朝宣纂　清光緒十九年(1893)武林丁氏刻武林掌故叢編本　六冊

110000－0144－0016430　927.23/103－745
臨平記四卷附錄一卷　(清)沈謙辑撰　清光緒十年(1884)钱塘丁氏刻武林掌故叢編本　一冊

110000－0144－0016431　927.23/103－819
[乾道]臨安志十五卷首一卷　(宋)周淙纂　**札記一卷**　(清)錢保塘撰　清光緒四年(1878)會稽章氏刻本　二冊

110000－0144－0016432　927.23/103－819
[乾道]臨安志十五卷首一卷　(宋)周淙纂　**札記一卷**　(清)錢保塘撰　清光緒四年(1878)會稽章氏刻本　一冊

110000－0144－0016433　927.23/103－896
唐樓志略稾二卷　(清)何琪撰　清光緒七年(1881)錢塘丁氏刻本　一冊

110000－0144－0016434　927.23/105－120
[嘉慶]硤川續志二十卷　(清)王德浩纂　(清)曹宗載編　清嘉慶十七年(1812)刻本　六冊

110000－0144－0016435　927.23/105－430
[乾隆]海寧州志十六卷首一卷　(清)戰效曾修　(清)高瀛洲纂　清乾隆四十一年(1776)海寧州署刻道光二十八年(1848)補刻本　十二冊

110000－0144－0016436　927.23/105－562
[嘉靖]海寧縣志九卷附錄一卷　(明)蔡完修　(明)董穀纂　清光緒二十四年(1898)許仁沐刻本　二冊

110000－0144－0016437　927.23/107－712
[光緒]富陽縣志二十四卷首一卷　(清)汪文炳修　(清)何鎔纂　清光緒三十二年(1906)富陽縣署刻本　十六冊

110000－0144－0016438　927.23/107－712
[光緒]富陽縣志二十四卷首一卷　(清)汪文炳修　(清)何鎔纂　清光緒三十二年(1906)富陽縣署刻本　存四卷(一至三、首一卷)　二冊

110000－0144－0016439　927.23/109－307－02
[嘉慶]餘杭縣志四十卷　(清)張吉安修　(清)朱文藻原纂　(清)崔應榴續纂　清光緒六年(1880)餘杭縣署木活字印本　十二冊

110000－0144－0016440　927.23/111－185
[宣統]臨安縣志八卷首一卷末一卷　(清)彭

循堯修 (清)董運昌 (清)周鼎纂 清宣統二年(1910)臨安縣署木活字印本 六冊

110000 - 0144 - 0016441 927.23/113 - 526
[嘉慶]於潛縣志十六卷首一卷末一卷 (清)蔣光弼修 (清)張變纂 清嘉慶十七年(1812)於潛縣署木活字印本 八冊

110000 - 0144 - 0016442 927.23/119 - 118
嘉府典故纂要八卷 (清)王惟梅輯 清光緒元年(1875)龍湫徐應良刻本 二冊

110000 - 0144 - 0016443 927.23/119 - 302
[嘉慶]嘉興縣志三十二卷首二卷 (清)司能任修 (清)屠本仁纂 清嘉慶七年(1802)嘉興縣署刻本 十六冊

110000 - 0144 - 0016444 927.23/119 - 607
[光緒]嘉興府志八十八卷首二卷 (清)許瑤光總修 (清)吳仰賢總纂 清光緒三年至四年(1877 - 1878)嘉興府署鴛湖書院刻本 四十八冊

110000 - 0144 - 0016445 927.23/119 - 910
[嘉慶]嘉興府志八十卷首三卷 (清)尹湯安總理 (清)馮應榴等總纂 清嘉慶六年(1801)嘉興府署刻本 四十冊

110000 - 0144 - 0016446 927.23/121 - 522
[嘉慶]重修嘉善縣志二十卷首一卷 (清)萬相賨纂修 (清)錢星查纂 清嘉慶五年(1800)嘉善縣署刻本 十二冊

110000 - 0144 - 0016447 927.23/121 - 719
[光緒]重修嘉善縣志三十六卷首一卷 (清)江峰青修 (清)顧福仁纂 清光緒二十年(1894)松江府廣明橋西顧文善刻本 十六冊

110000 - 0144 - 0016448 927.23/123 - 113
[光緒]海鹽縣志二十二卷首一卷末一卷 (清)王彬修 (清)徐用儀纂 清光緒二年至三年(1876 - 1877)海鹽縣署刻本 十六冊

110000 - 0144 - 0016449 927.23/123 - 413
[光緒]當湖外志八卷 (清)馬承昭輯 清光緒元年(1875)刻本 四冊

110000 - 0144 - 0016450 927.23/123 - 413
[光緒]續當湖外志八卷附當湖忠義紀畧一卷 (清)馬承昭輯 清光緒元年(1875)刻本 與110000 - 0144 - 0016449合冊

110000 - 0144 - 0016451 927.23/125 - 156
[嘉慶]石門縣志二十六卷首一卷 (清)耿維祜修 (清)潘文輅纂 清道光元年(1821)石門縣署刻本 八冊

110000 - 0144 - 0016452 927.23/125 - 988
[光緒]石門縣志十一卷首一卷 (清)余麗元輯 清光緒五年(1879)石門縣署刻本 十二冊

110000 - 0144 - 0016453 927.23/127 - 185
[光緒]平湖縣志二十五卷首一卷末一卷 (清)彭潤章總修 (清)葉廉鍔總纂 **平湖殉難錄一卷** (清)彭潤章輯 清光緒十二年(1886)平湖縣署刻本 十三冊

110000 - 0144 - 0016454 927.23/129 - 428
[光緒]桐鄉縣志二十四卷首四卷 (清)嚴辰纂 清光緒十三年(1887)蘇州陶漱藝齋刻本 二十四冊

110000 - 0144 - 0016455 927.23/131 - 217
[乾隆]湖州府志四十八卷首一卷 (清)胡承謀原輯 (清)李堂增刊 清乾隆二十三年(1758)湖州府署刻本 存四十八卷(一至四十、四十二至四十八,首一卷) 二十四冊

110000 - 0144 - 0016456 927.23/131 - 289
[光緒]歸安縣志五十二卷首一卷 (清)李昱修 (清)陸心源纂 清光緒八年(1882)歸安縣署刻本 十六冊

110000 - 0144 - 0016457 927.23/131 - 289
[光緒]歸安縣志五十二卷首一卷 (清)李昱修 (清)陸心源纂 清光緒八年(1882)歸安縣署刻本 十六冊

110000 - 0144 - 0016458 927.23/131 - 583
吳興記一卷 (南朝宋)山謙之撰 繆荃孫輯 清光緒十七年(1891)繆荃孫雲自在龕刻本 一冊

110000－0144－0016459　927.23/131－583
吴興記一卷　(南朝宋)山謙之撰　繆荃孫輯　清光緒十七年(1891)繆荃孫雲自在龕刻本　一册

110000－0144－0016460　927.23/131－679
石柱記箋釋五卷　(清)鄭元慶撰　清康熙四十一年(1702)慧業堂刻本　一册

110000－0144－0016461　927.23/131－684
[同治]湖州府志九十六卷首一卷　(清)宗源瀚等主修　(清)周學濬總纂　清同治十三年(1874)湖州愛山書院刻光緒十九年(1893)重校印本　四十册

110000－0144－0016462　927.23/131－710
[咸豐]南潯鎮志四十卷首一卷　(清)汪曰楨纂　(清)許旦復等參訂　**蓮漪文鈔八卷**　清咸豐九年至同治二年(1859－1863)汪曰楨刻本　十册

110000－0144－0016463　927.23/131－754
[光緒]烏程縣志三十六卷　(清)郭式昌等修　(清)周學濬等纂　清光緒四年至五年(1878－1879)烏程縣署刻本　十六册

110000－0144－0016464　927.23/131－754
[光緒]烏程縣志三十六卷　(清)郭式昌等修　(清)周學濬等纂　清光緒四年至五年(1878－1879)烏程縣署刻本　十二册

110000－0144－0016465　927.23/133－203
[同治]長興縣志三十二卷　(清)趙定邦修　(清)丁寶書等纂　清同治十三年至光緒元年(1874－1875)長興縣署刻光緒十八年(1892)修補本　十六册

110000－0144－0016466　927.23/133－203
[同治]長興縣志三十二卷　(清)趙定邦修　(清)丁寶書等纂　清同治十三年至光緒元年(1874－1875)長興縣署刻光緒十八年(1892)修補本　十六册

110000－0144－0016467　927.23/－135
浙江全省輿圖並水陸道里記不分卷　(清)宗源瀚等撰　清末石印本　二十册

110000－0144－0016468　927.23/－135
浙江全省輿圖並水陸道里記不分卷　(清)宗源瀚等撰　清末石印本　二十册

110000－0144－0016469　927.23/－135
浙江全省輿圖並水陸道里記不分卷　(清)宗源瀚等撰　清末石印本　二十册

110000－0144－0016470　927.23/139－713
[同治]安吉縣志十八卷首一卷　(清)汪榮等修　(清)張行孚等纂　清同治十三年(1874)安吉縣署刻本　十六册

110000－0144－0016471　927.23/141－892
[同治]孝豐縣志十卷首一卷末一卷　(清)劉濬修　(清)潘宅仁等纂　清光緒三年至五年(1877－1879)孝豐縣署刻本　十册

110000－0144－0016472　927.23/201－213
[同治]鄞縣志七十五卷　(清)戴枚修　(清)張恕　(清)董沛等總纂　清光緒三年(1877)鄞縣縣署刻本　三十四册

110000－0144－0016473　927.23/201－522－02
[雍正]寧波府志三十六卷首一卷　(清)曹秉仁等纂修　(清)萬經等參定　清道光二十六年(1846)寧波府署刻本　十六册

110000－0144－0016474　927.23/203－767
[光緒]慈谿縣志五十六卷　(清)楊泰亨提調　(清)馮可鏞纂修　清光緒二十五年(1899)慈谿縣署刻本　二十四册

110000－0144－0016475　927.23/205－144
[乾隆]奉化縣志十四卷首一卷　(清)曹膏　(清)唐宇霖主修　(清)陳琦編纂　清乾隆三十八年(1773)奉化縣署刻本　六册

110000－0144－0016476　927.23/205－292
[光緒]奉化縣志四十卷首一卷　(清)李前泮主修　(清)張美翊總修　清光緒三十四年(1908)奉化縣署刻本　十二册

110000－0144－0016477　927.23/207－111
[光緒]鎮海縣志四十卷　(清)于萬川修　(清)俞樾總纂　清光緒五年(1879)鎮海縣署

刻本　十六册

110000－0144－0016478　927.23/207－115
[乾隆]鎮海縣志八卷首一卷　(清)王夢弼纂修　(清)邵向榮訂正　清乾隆十七年(1752)鎮海縣署刻四十五年(1780)周樽增補本　八册

110000－0144－0016479　927.23/213－165
[光緒]定海廳志三十卷首一卷　(清)陳重威等總修　清光緒十一年(1885)浙寧鋤經齋刻二十八年(1902)蔣文照補刻本　十册

110000－0144－0016480　927.23/215－312－02
[寶慶]會稽續志八卷　(宋)張淏纂修　清嘉慶十三年(1808)刻本　二册

110000－0144－0016481　927.23/215－747－02
[嘉泰]會稽志二十卷　(宋)沈作賓修　(宋)施宿等纂　清嘉慶十三年(1808)刻本　十册

110000－0144－0016482　927.23/215－946
[嘉慶]山陰縣志三十卷首一卷　(清)徐元梅修　(清)朱文翰編輯　清嘉慶八年(1803)山陰縣署刻本　八册

110000－0144－0016483　927.23/219－379
[光緒]諸暨縣志六十卷首一卷　(清)陳遹聲修　(清)蔣鴻藻纂　清宣統二年(1910)諸暨縣署刻本　缺一卷(一)　十八册

110000－0144－0016484　927.23/219－547
婁東小志七卷　(清)傅振海編　清宣統三年(1911)傅振海鉛印本　一册

110000－0144－0016485　927.23/221－819
[光緒]餘姚縣志二十七卷首一卷末一卷　(清)周炳麟修　(清)邵友濂等纂　清光緒二十五年(1899)餘姚縣署刻本　十六册

110000－0144－0016486　927.23/223－587
[嘉慶]上虞縣志十四卷首一卷　(清)崔鳴玉總裁　(清)李方湛等總修　清嘉慶十六年(1811)上虞縣署刻本　十册

110000－0144－0016487　927.23/223－667
[光緒]上虞縣志四十八卷首一卷末一卷　(清)唐煦春主修　(清)朱士黻總纂　清光緒十七年(1891)上虞縣署刻本　二十册

110000－0144－0016488　927.23/223－947
[光緒]上虞縣志校續五十卷首一卷末一卷　(清)儲家藻修　(清)徐致靖纂　清光緒二十五年(1899)上虞縣署刻本　二十册

110000－0144－0016489　927.23/223－947
[光緒]上虞縣志校續五十卷首一卷末一卷　(清)儲家藻修　(清)徐致靖纂　清光緒二十五年(1899)上虞縣署刻本　二十册

110000－0144－0016490　927.23/223－947
[光緒]上虞縣志校續五十卷首一卷末一卷　(清)儲家藻修　(清)徐致靖纂　清光緒二十五年(1899)上虞縣署刻本　二十册

110000－0144－0016491　927.23/225－286
[道光]嵊縣志十四卷首一卷末一卷　(清)李式圃纂修　(清)朱滌總纂　清道光八年(1828)嵊縣縣署刻本　九册

110000－0144－0016492　927.23/225－428
[同治]嵊縣志二十六卷首一卷末一卷　(清)嚴思忠纂修　(清)蔡以瑺總纂　清同治十年(1871)嵊縣縣署刻本　十二册

110000－0144－0016493　927.23/225－647
[嘉定]剡錄十卷　(宋)史安之修　(宋)高似孫纂　清同治九年(1870)嵊縣縣署刻本　二册

110000－0144－0016494　927.23/229－261
赤城集十八卷　(宋)林表民輯　清嘉慶二十三年(1818)台州宋世犖刻台州叢書本　三册

110000－0144－0016495　927.23/229－341
台州外書二十卷　(清)戚學標輯　清嘉慶四年(1799)涉縣戚學標刻戚鶴泉所著書本　八册

110000－0144－0016496　927.23/229－378
[嘉定]赤城志四十卷　(宋)陳耆卿纂修　清嘉慶二十三年(1818)台州臨海宋氏刻台州叢

書本　九冊

110000－0144－0016497　927.23/231－385
[光緒]黄巖縣志四十卷首一卷　(清)陳鍾英等主修　(清)王詠霓纂修　**黄巖集三十二卷**　(清)王維翰輯　清光緒三年(1877)黄巖縣署刻本　缺二卷(二十至二十一)　十五冊

110000－0144－0016498　927.23/231－385
[光緒]黄巖縣志四十卷首一卷　(清)陳鍾英等主修　(清)王詠霓纂修　**黄巖集三十二卷**　(清)王維翰輯　清光緒三年(1877)黄巖縣署刻本　十六冊

110000－0144－0016499　927.23/235－112
光緒仙居志二十四卷首一卷附仙居集二十四卷　(清)王壽頤等主修　(清)王棻　(清)李仲昭總纂　清光緒二十年(1894)仙居縣署木活字印本　十八冊

110000－0144－0016500　927.23/239－383
[光緒]太平續志十八卷首一卷　(清)陳汝霖主修　(清)王棻總纂　清光緒二十二年(1896)太平縣署刻本　八冊

110000－0144－0016501　927.23/239－669
嘉慶太平縣志十八卷　(清)慶霖主修　(清)戚學標纂修　清光緒二十二年(1896)太平縣署刻本　十冊

110000－0144－0016502　927.23/243－820
[宣統]建德縣志二十卷首一卷　張贊巽　張翊六修　周學銘主纂　清宣統二年(1910)湖北官印局鉛印本　十冊

110000－0144－0016503　927.23/－291
[光緒]浙志便覽七卷　(清)李應玨纂　清光緒十七年(1891)杭城吏隱齋刻本　四冊

110000－0144－0016504　927.23/301－273
[康熙]衢州府志四十卷首一卷　(清)楊廷望纂修　清光緒八年(1882)衢州府署刻本　十二冊

110000－0144－0016505　927.23/303－496
[康熙]龍游縣志十二卷　(清)盧燦修　(清)余恂纂　清光緒八年(1882)龍游縣署刻本　十二冊

110000－0144－0016506　927.23/305－113
[同治]江山縣志十二卷首一卷末一卷　(清)王彬等纂修　清同治十二年(1873)江山縣文溪書院刻本　八冊

110000－0144－0016507　927.23/307－286
[光緒]常山縣志六十八卷首一卷末一卷　(清)李瑞鍾主修　(清)朱昌泰等監修　清光緒十二年(1886)常山縣署刻本　十二冊

110000－0144－0016508　927.23/311－172
道光金華縣志十二卷首一卷　(清)黄金聲主修　(清)李林松纂修　清道光三年(1823)金華縣署刻本　八冊

110000－0144－0016509　927.23/311－309
[康熙]金華府志三十卷　(清)張藎鑑定　(清)沈麟趾纂輯　清宣統元年(1909)金華府署刻本　十二冊

110000－0144－0016510　927.23/311－491
[道光]婺志粹十四卷　(清)盧標纂修　**婺詩補三卷緜城漫鈔三卷説陶一卷定溪詩稿一卷攄壞編一卷**　清道光十九年(1839)婺州州署刻本　十四冊

110000－0144－0016511　927.23/313－102
光緒蘭谿縣志八卷首一卷補遺一卷　(清)秦簧主修　(清)唐壬森總纂　清光緒十四年(1888)蘭谿縣署刻本　缺二卷(六至七)　八冊

110000－0144－0016512　927.23/313－102
光緒蘭谿縣志八卷首一卷補遺一卷　(清)秦簧主修　(清)唐壬森總纂　清光緒十四年(1888)蘭谿縣署刻本　十冊

110000－0144－0016513　927.23/319－292－02
[光緒]永康縣志十六卷首一卷　(清)李汝為總修　(清)潘樹棠纂修　清光緒十八年(1892)永康縣署刻本　十二冊

110000－0144－0016514　927.23/327－385

[淳熙]嚴州圖經三卷　(宋)董弅原修　(宋)陳公亮重修　清光緒二十二年(1896)刻漸西村舍彙刊本　二冊

110000－0144－0016515　927.23/327－435
[光緒]嚴州府志三十八卷首一卷　(清)吳士進纂修　(清)吳世榮續修　清光緒九年(1883)嚴州府署刻本　二十八冊

110000－0144－0016516　927.23/327－623
[光緒]建德縣志二十一卷首一卷　(清)謝仁澍等主修　(清)俞觀旭等總纂　清光緒十八年(1892)建德縣署刻本　十冊

110000－0144－0016517　927.23/327－971
景定嚴州續志十卷　(宋)鄭瑤　(宋)方仁榮纂　清光緒二十六年(1900)嚴州胡念修刻刻鵠齋叢書本　二冊

110000－0144－0016518　927.23/329－291
[光緒]淳安縣志十六卷首一卷　(清)劉世甯原纂　(清)李詩續纂　清光緒十年(1884)淳安縣署刻本　八冊

110000－0144－0016519　927.23/333－842
[乾隆]遂安縣志十卷首一卷　(清)鄒錫疇修　(清)方引彥等纂　清乾隆三十二年(1767)遂安縣署刻本　八冊

110000－0144－0016520　927.23/333－842－02
[乾隆]遂安縣志十卷首一卷　(清)鄒錫疇修　(清)方引彥等纂　清光緒十六年(1890)遂安縣唐濟木活字印本　八冊

110000－0144－0016521　927.23/337－381
[光緒]分水縣志十卷首一卷末一卷　(清)陳常鏵　(清)馮圻修　(清)臧承宣纂　清光緒三十三年(1907)分水縣署刻本　六冊

110000－0144－0016522　927.23/401－286
[乾隆]溫州府志三十卷首一卷　(清)李琬提調　(清)齊召南　(清)汪沆總修　清乾隆二十七年(1762)溫州府署刻同治四年(1865)周開錫、陳思燏修補本　十六冊

110000－0144－0016523　927.23/401－312
[光緒]永嘉縣志三十八卷首一卷　(清)張寶琳主修　(清)王棻總纂　清光緒八年(1882)永嘉縣溫州維新書局刻本　二十八冊

110000－0144－0016524　927.23/401－363
永嘉聞見錄二卷　(清)孫同元撰　清光緒十四年(1888)徐希勉刻本　二冊

110000－0144－0016525　927.23/401－365
甌海軼聞五十八卷　(清)孫衣言撰　清光緒十二年(1886)刻本　二十冊

110000－0144－0016526　927.23/403－185
[同治]麗水縣志十五卷首一卷　(清)彭潤章纂修　清同治十三年(1874)麗水縣署刻本　八冊

110000－0144－0016527　927.23/403－185
[同治]麗水縣志十五卷首一卷　(清)彭潤章纂修　清同治十三年(1874)麗水縣署刻本　八冊

110000－0144－0016528　927.23/403－819
[光緒]處州府志三十卷首一卷末一卷　(清)潘紹詒主修　(清)周榮椿總纂　清光緒三年(1877)處州府署刻本　二十八冊

110000－0144－0016529　927.23/403－819
[光緒]處州府志三十卷首一卷末一卷　(清)潘紹詒主修　(清)周榮椿總纂　清光緒三年(1877)處州府署刻本　二十八冊

110000－0144－0016530　927.23/405－334
[光緒]青田縣志十八卷首一卷　(清)雷銑主修　(清)王棻總纂　清光緒二年(1876)青田縣署刻本　十六冊

110000－0144－0016531　927.23/407－736
[道光]縉雲縣志十八卷首一卷　(清)湯成烈纂修　清道光二十九年(1849)縉雲縣署刻本　十冊

110000－0144－0016532　927.23/407－903
[光緒]縉雲縣志十六卷首一卷末一卷　(清)何乃容　(清)葛華總纂　(清)潘樹棠彙修　清光緒七年(1881)縉雲縣署刻本　十二冊

110000－0144－0016533　927.23/409－144
[乾隆]松陽縣志十二卷　(清)曹立身主修　(清)潘茂才纂修　清乾隆三十四年(1769)松陽縣署刻本　存十卷(三至十二)　十冊

110000－0144－0016534　927.23/409－212
[光緒]松陽縣志十二卷　(清)支恆椿主修　(清)丁鳳章等分修　清光緒元年(1875)松陽縣署刻本　六冊

110000－0144－0016535　927.23/413－554
[乾隆]龍泉縣志十二卷首一卷　(清)蘇遇龍重修　(清)沈光厚纂　清同治二年(1863)龍泉縣署刻本　四冊

110000－0144－0016536　927.23/413－962
[光緒]龍泉縣志十二卷首一卷　(清)顧國詔修　(清)張世堉纂　清光緒四年(1878)龍泉縣署刻本　六冊

110000－0144－0016537　927.23/417－906
[同治]雲和縣志十六卷首一卷　(清)伍承吉纂修　(清)涂冠等續修　清咸豐七年至同治三年(1857－1864)雲和縣署刻本　六冊

110000－0144－0016538　927.23/419－373
[光緒]宣平縣志二十卷首一卷　(清)皮樹棠主修　清光緒四年(1878)宣平縣署刻本　八冊

110000－0144－0016539　927.23/421－814
[同治]景寧縣志十四卷首一卷末一卷　(清)潘紹詒監修　(清)周杰纂修　清同治十二年(1873)景寧縣署刻本　八冊

110000－0144－0016540　927.23/423－314
[嘉慶]瑞安縣志十卷首一卷　(清)張德標提調　(清)王殿金　(清)黄徵乂總修　清嘉慶十四年(1809)瑞安縣署刻本　八冊

110000－0144－0016541　927.23/431－247
[光緒]玉環廳志十四卷首一卷　(清)杜冠英主修　(清)呂鴻燾纂修　清光緒六年(1880)玉環廳署刻本　九冊

110000－0144－0016542　927.23/638
甌江小記一卷　(清)郭鍾岳撰　清光緒四年(1878)和天倪齋刻本　一冊

110000－0144－0016543　927.23/－680
浙江疆域紀要三卷　(清)褚元升輯　清光緒三十四年(1908)嘉興褚氏務本學堂鉛印本　一冊

110000－0144－0016544　927.25/－723.7
光緒湖北輿圖四卷　(清)營務處纂　清光緒二十七年(1901)善後局石印本　四冊

110000－0144－0016545　927.23/－905
[雍正]敕修浙江通志二百八十卷首三卷　(清)嵇曾筠等總裁　(清)沈翼機等總修　清光緒二十五年(1899)浙江書局刻本　一百二十冊

110000－0144－0016546　927.24/101－612
[同治]南昌府志六十六卷首一卷末一卷　(清)許應鑅等主修　(清)曾作舟等總纂　清同治十二年(1873)南昌府署刻本　四十冊

110000－0144－0016547　927.24/103－359
[同治]新建縣志九十九卷首一卷末一卷　(清)承霈主修　(清)杜友棠等纂修　清同治十年(1871)新建縣署刻本　三十九冊

110000－0144－0016548　927.24/105－118
[同治]豐城縣志二十八卷首一卷　(清)王家傑等主修　(清)周文鳳纂修　清同治十二年(1873)豐城縣署刻本　十六冊

110000－0144－0016549　927.24/113－281
[同治]南豐縣志四十六卷首一卷末一卷　(清)柏春總輯　(清)魯琪光總纂　清同治十年(1871)南豐縣署刻本　二十八冊

110000－0144－0016550　927.24/115－981
[同治]廣昌縣志十卷首一卷　(清)曾毓璋纂修　清同治六年(1867)廣昌縣署刻本　十冊

110000－0144－0016551　927.24/115－981
[同治]廣昌縣志十卷首一卷　(清)曾毓璋纂修　清同治六年(1867)廣昌縣署刻本　十冊

110000－0144－0016552　927.24/119－612

[光緒]撫州府志八十六卷首一卷　(清)許應鑅總修　(清)謝煌總纂　清光緒二年(1876)撫州府署刻本　四十冊

110000－0144－0016553　927.24/119－657
[同治]臨川縣志五十四卷首一卷末一卷　(清)童範儼等總修　(清)陳慶齡等分修　清同治九年(1870)臨川縣署刻本　二十四冊

110000－0144－0016554　927.24/121－788
[同治]金谿縣志三十六卷首一卷末一卷　(清)程芳修　(清)鄭洛偺等纂　清同治九年(1870)金谿縣署刻十年(1871)重印本　十六冊

110000－0144－0016555　927.24/125－313
[同治]宜黃縣志五十卷首一卷　(清)張興言主修　(清)謝煌等總撰　清同治十年(1871)宜黃縣署刻本　二十四冊

110000－0144－0016556　927.24/129－287
[同治]東鄉縣志十六卷首一卷末一卷　(清)李士棻等主修　(清)胡業恆纂修　清同治八年(1869)東鄉縣署刻本　十冊

110000－0144－0016557　927.24/133－115
[同治]上饒縣志二十六卷首一卷　(清)王恩溥總修　(清)李樹藩纂修　清同治十一年(1872)上饒縣署刻本　二十冊

110000－0144－0016558　927.24/133－526
[同治]廣信府志十二卷首一卷　(清)蔣繼洙總修　(清)李樹藩分修　清同治十二年(1873)廣信府署刻本　三十冊

110000－0144－0016559　927.24/135－103
[道光]玉山縣志三十二卷首一卷　(清)武次韶總修　清道光三年(1823)玉山縣署刻本　十六冊

110000－0144－0016560　927.24/137－990
[同治]弋陽縣志十四卷首一卷　(清)俞致中主修　(清)汪炳熊總纂　清同治十年(1871)弋阳縣署刻本　十冊

110000－0144－0016561　927.24/143－916
[同治]廣豐縣志十卷首一卷　(清)雙全總修　(清)顧蘭生等纂修　清同治十一年(1872)廣豐縣署刻本　十冊

110000－0144－0016562　927.24/150
[宣統]江西全省輿圖十四卷　(清)朱兆麟等編　清宣統元年(1909)江西官紙印刷所石印本　十四冊

110000－0144－0016563　927.24/150－02
[同治]江西全省輿圖十四卷首一卷　(清)劉坤一刊修　清同治七年(1868)江西省署刻本　十五冊

110000－0144－0016564　927.24/201－689
[光緒]吉安府志五十三卷首一卷　(清)定祥等主修　(清)劉繹等纂　清光緒二年(1876)吉安府署刻本　四十冊

110000－0144－0016565　927.24/－202
[光緒]江西通志一百八十卷首五卷　(清)劉坤一等監修　(清)趙之謙等編輯　清光緒七年(1881)江西府署刻本　一百二十冊

110000－0144－0016566　927.24/205－690
[同治]泰和縣志三十卷首一卷　(清)宋瑛修　(清)彭啟瑞纂　(清)周之鏞重訂　清光緒四年(1878)泰和縣署刻本　十六冊

110000－0144－0016567　927.24/205－949
[光緒]松江府續志四十卷首一卷圖經　(清)博潤纂修　(清)姚光發等總纂　清光緒十年(1884)松江府署刻本　四十冊

110000－0144－0016568　927.24/217－423
[同治]萬安縣志二十卷首一卷末一卷　(清)歐陽駿等纂修　(清)周之鏞總纂　清同治十二年(1873)刻光緒三年(1877)重校印本　十冊

110000－0144－0016569　927.24/225－754
[同治]清江縣志十卷首一卷　(清)潘懿等總修　(清)朱孫詒總纂　清同治九年(1870)清江縣署刻本　十冊

110000－0144－0016570　927.24/225－942

[同治]臨江府志三十二卷首一卷　(清)德馨等總修　(清)朱孫詒總纂　清同治十年(1871)臨江府署刻本　六冊

110000－0144－0016571　927.24/227－119
[同治]新淦縣志十卷首一卷　(清)王肇賜等總修　(清)陳錫麟總纂　清同治十二年(1873)新淦縣署木活字印本　十六冊

110000－0144－0016572　927.24/229－109
[同治]新喻縣志十六卷首一卷　(清)祥安等總修　(清)吳增逵總纂　清同治十二年(1873)新喻縣署刻本　十二冊

110000－0144－0016573　927.24/233－292
[同治]分宜縣志十卷首一卷　(清)李寅清　(清)夏琮鼎總纂　(清)嚴升偉等纂修　清同治十年(1871)分宜縣署刻本　存十卷(一至九、首一卷)　十三冊

110000－0144－0016574　927.24/235－936
[同治]萍鄉縣志十卷首一卷　(清)錫榮等總修　(清)王明璠纂　清同治十一年(1872)萍鄉縣署刻本　八冊

110000－0144－0016575　927.24/239－171
[同治]瑞州府志二十四卷首一卷　(清)黃廷金總修　(清)蕭浚蘭纂修　清同治十二年(1873)瑞州府署刻本　十四冊

110000－0144－0016576　927.24/239－348
[同治]高安縣志二十八卷首一卷　(清)夏燮等主修　(清)熊松之等纂修　清同治十年(1871)高安縣署刻本　二十冊

110000－0144－0016577　927.24/241－769
[同治]上高縣志十四卷首一卷末一卷　(清)馮蘭森纂輯　清同治九年(1870)上高縣署刻本　十四冊

110000－0144－0016578　927.24/301－172
[同治]贛縣志五十四卷首一卷　(清)黃德溥修　(清)褚景昕纂　清同治十一年(1872)贛縣縣署刻本　存四十六卷(四至四十九)　十六冊

110000－0144－0016579　927.24/301－805
[同治]贛州府志七十八卷首一卷　(清)魏瀛主修　(清)魯琪光總修　清同治十二年(1873)贛州府署刻本　四十冊

110000－0144－0016580　927.24/303－170
[道光]雩都縣志三十二卷　(清)黃濬纂修　清道光十年(1830)雩都縣署刻本　十冊

110000－0144－0016581　927.24/303－679
[同治]雩都縣志十六卷首一卷　(清)顔壽芝倡修　(清)王顥主修　清光緒二十九年(1903)刻本　十一冊

110000－0144－0016582　927.24/321－526
[乾隆]南安府志二十二卷　(清)蔣有道主修　(清)史珥纂　清道光十七年(1837)南安府署刻本　八冊

110000－0144－0016583　927.24/333－827
[道光]石城縣志八卷首一卷　(清)朱一慊主修　(清)許瓊等纂修　清道光四年(1824)石城縣署刻本　八冊

110000－0144－0016584　927.24/　383
江西要覽二十卷　(清)陳炳星纂輯　清光緒二十六年(1900)肇論書屋石印本　二冊

110000－0144－0016585　927.24/401－378
[同治]德化縣志五十四卷首一卷　(清)陳鼒總鑑　(清)吳彬等協輯　清同治十一年(1872)德化縣署刻本　十五冊

110000－0144－0016586　927.24/405－994
[同治]瑞昌縣志十卷首一卷　(清)姚暹掌修　(清)馮士傑等纂修　清同治十年(1871)瑞昌縣瀼溪試院刻本　十冊

110000－0144－0016587　927.24/411－340
[同治]南康府志二十四卷首一卷　(清)盛元纂修　清同治十一年(1872)南康府署刻本　十二冊

110000－0144－0016588　927.24/413－997
[同治]都昌縣志十六卷首一卷　(清)狄學耕修　(清)黃昌蕃纂　清同治十一年(1872)都

昌縣署刻本　十冊

110000－0144－0016589　927.24/415－601
[光緒]建昌縣鄉土志合邑總圖　(清)吳士仁纂輯　(清)譚鴻基撰　清光緒三十三年(1907)刻本　二冊

110000－0144－0016590　927.24/415－601－1
[光緒]建昌縣鄉土志十二卷首一卷　(清)譚鴻基督修　(清)吳士仁總纂　清光緒三十三年(1907)建昌縣署刻本　四冊

110000－0144－0016591　927.24/417－243
[同治]安義縣志十六卷首一卷末一卷　(清)杜林主修　(清)彭斗山等纂修　清同治十年(1871)安義縣署木活字印本　八冊

110000－0144－0016592　927.24/419－350
[同治]饒州府志三十二卷首一卷　(清)錫德主修　(清)石景芬總纂　清同治十一年(1872)饒州府學刻本　十六冊

110000－0144－0016593　927.24/421－421
[同治]餘干縣志二十卷首一卷末一卷　(清)馮蘭森　(清)區作霖纂修　(清)曾福善分修　清同治十一年(1872)餘干縣署刻本　八冊

110000－0144－0016594　927.24/423－279
[同治]樂平縣志十卷首一卷　(清)梅毓翰等主修　(清)汪元祥總纂　清同治九年(1870)樂平縣署刻本　十二冊

110000－0144－0016595　927.24/429－161
[同治]萬年縣志十二卷首一卷　(清)項珂掌修　(清)劉馥桂等纂修　清同治十年(1871)萬年縣署刻本　十二冊

110000－0144－0016596　927.24/431－868
[同治]奉新縣志十六卷首一卷末一卷　(清)呂懋先總修　(清)帥方蔚等編纂　清同治十年(1871)奉新縣署木活字印本　十二冊

110000－0144－0016597　927.24/433－952
[同治]靖安縣志十六卷首一卷　(清)徐家瀛主修　(清)舒孔恂總纂　清同治九年(1870)靖安縣署木活字印本　十二冊

110000－0144－0016598　927.24/834
江城舊事十六卷　(清)朱欒纂　清道光九年(1829)刻古唐九芝仙館外集本　八冊

110000－0144－0016599　927.25/101－117
[同治]江夏縣志八卷　(清)王庭楨主修　(清)彭崧毓總纂　清同治八年(1869)江夏縣署刻本　八冊

110000－0144－0016600　927.25/101－117
[同治]江夏縣志八卷　(清)王庭楨主修　(清)彭崧毓總纂　清同治八年(1869)江夏縣署刻本　十冊

110000－0144－0016601　927.25/101－937
[光緒]武昌縣志二十六卷首一卷末一卷　(清)鍾桐山督修　(清)柯逢時總纂　清光緒十一年(1885)武昌縣署刻本　十冊

110000－0144－0016602　927.25/101－937
[光緒]武昌縣志二十六卷首一卷末一卷　(清)鍾桐山督修　(清)柯逢時總纂　清光緒十一年(1885)武昌縣署刻本　十冊

110000－0144－0016603　927.25/105－937
[同治]重修嘉魚縣志十二卷　(清)鍾傳益修　(清)俞昆纂　清同治五年(1866)嘉魚縣署刻本　十二冊

110000－0144－0016604　927.25/107－961
[同治]蒲圻縣志八卷　(清)顧際熙纂修　(清)文元音等協修　清同治五年(1866)蒲圻縣署刻本　六冊

110000－0144－0016605　927.25/121－164
[同治]續輯漢陽縣志二十八卷　(清)黃式度主輯　(清)王柏心總纂　清同治七年(1868)漢陽縣署刻本　二十冊

110000－0144－0016606　927.25/121－314
[光緒]漢陽縣志十卷首一卷　(清)濮文昶修　(清)張行簡纂　清光緒十五年(1889)漢陽縣景賢書塾刻本　存四卷(一至三、八)　五冊

110000－0144－0016607　927.25/127－889

[同治]**黄陂縣志十六卷**　(清)劉昌緒重修　(清)徐瀛總輯　清同治十一年至十二年(1872－1873)黄陂縣署刻本　十二册

110000－0144－0016608　927.25/129－835
[光緒]**孝感縣志二十四卷續補一卷**　(清)朱希白主修　(清)沈用增總纂　清光緒五年至九年(1879－1883)孝感縣署刻本　十二册

110000－0144－0016609　927.25/129－835
[光緒]**孝感縣志二十四卷續補一卷**　(清)朱希白主修　(清)沈用增總纂　清光緒五年至九年(1879－1883)孝感縣署刻本　十二册

110000－0144－0016610　927.25/133－521
[光緒]**沔陽州志十二卷首一卷**　(清)葛振元續修　(清)楊鉅總纂　清光緒二十年(1894)沔陽州署刻本　十四册

110000－0144－0016611　927.25/135－213
[光緒]**黄岡縣志二十四卷首一卷**　(清)戴昌言編輯　(清)劉恭冕總纂　清光緒八年(1882)黄岡縣署刻本　二十四册

110000－0144－0016612　927.25/135－372
[光緒]**黄州府志四十卷首一卷**　(清)英啟纂輯　(清)鄧琛纂　清光緒十年(1884)黄州府署刻本　四十册

110000－0144－0016613　927.25/135－372
[光緒]**黄州府志四十卷首一卷**　(清)英啟纂輯　(清)鄧琛纂　清光緒十年(1884)黄州府署刻本　三十八册

110000－0144－0016614　927.25/135－742
[宣統]**黄州府志拾遺六卷**　沈致堅纂輯　清宣統二年(1910)鉛印本　四册

110000－0144－0016615　927.25/139－601
[光緒]**黄梅縣志四十卷首一卷**　(清)覃瀚元主修　(清)宛名昌等總纂　清光緒二年(1876)黄梅縣署刻本　十二册

110000－0144－0016616　927.25/141－181
[光緒]**蘄州志三十卷**　(清)封蔚礽鑑定　(清)陳廷陽纂修　清光緒八年(1882)蘄州麟山書院刻本　十八册

110000－0144－0016617　927.25/143－852
[光緒]**蘄水縣志二十二卷首一卷末一卷**　(清)多祺總裁　清光緒六年(1880)蘄水縣署刻本　二十册

110000－0144－0016618　927.25/145－976
[光緒]**麻城縣志四十卷首一卷末一卷**　(清)鄭慶華督修　(清)潘頤福總纂　清光緒八年(1882)麻城縣署刻本　二十三册

110000－0144－0016619　927.25/147－845
[光緒]**羅田縣志八卷首一卷**　(清)管貽葵主修　(清)陳錦總纂　清光緒二年(1876)羅田縣署刻本　十六册

110000－0144－0016620　927.25/149－833
[同治]**廣濟縣志十六卷首一卷**　(清)朱榮實主修　(清)劉燡總纂　清同治十一年(1872)廣濟縣署木活字印本　十二册

110000－0144－0016621　927.25/151－384
[咸豐]**安陸縣志補正二卷**　(清)陳廷鈞纂修　清同治十一年(1872)安陸縣署刻本　二册

110000－0144－0016622　927.25/151－526
[道光]**安陸縣志四十卷首一卷**　(清)梅體萱修　(清)李廷錫纂　清道光二十三年(1843)安陸縣署刻本　十二册

110000－0144－0016623　927.25/151－668
[光緒]**德安府志二十卷首一卷末一卷**　(清)賡音布主輯　(清)劉國光等纂　清光緒十五年(1889)德安府署刻本　二十册

110000－0144－0016624　927.25/153－677
[同治]**隨州志三十二卷首一卷**　(清)文齡等主修　(清)史策先總纂　清同治八年(1869)隨州州署刻本　十六册

110000－0144－0016625　927.25/159－382
[光緒]**應城志十四卷首一卷**　(清)羅湘主修　(清)王承禧總修　清光緒八年(1882)應城縣署刻本　八册

110000－0144－0016626　927.25/201－272

[同治]襄陽縣志七卷首一卷　(清)吳耀斗修　(清)李士彬纂　清同治十三年(1874)襄陽縣署刻本　八册

110000－0144－0016627　927.25/201－385
[乾隆]襄陽府志四十卷首一卷　(清)陳鍔纂修　清乾隆二十五年(1760)襄陽府署刻本　十六册

110000－0144－0016628　927.25/201－439
襄陽四略二十五卷　(清)吳慶燾述　清光緒刻本　九册

110000－0144－0016629　927.25/203－611
[同治]鍾祥縣志二十卷補編二卷　(清)許光曙　(清)孫福海纂修　清同治六年(1867)鍾祥縣署刻本　十四册

110000－0144－0016630　927.25/205－440
[康熙]京山縣志十卷　(清)吳游龍修　(清)王演　(清)盧前驥纂　清康熙十二年(1673)京山縣署刻本　二册

110000－0144－0016631　927.25/205－743
[光緒]京山縣志二十三卷首一卷附易領四卷　(清)沈星標修　(清)曾憲德　(清)秦有鍠纂　清光緒八年(1882)京山縣署刻本　十六册

110000－0144－0016632　927.25/211－425
[同治]荊門直隸州志十二卷首一卷　(清)恩榮修　(清)張圻纂　清同治七年(1868)荊門州署刻本　六册　存六卷(三、五至七、九、十一)

110000－0144－0016633　927.25/213－375－02
[同治]當陽縣志十八卷首一卷末一卷　(清)阮恩光主修　(清)王柏心總纂　清同治五年(1866)當陽縣署刻本　十册

110000－0144－0016634　927.25/215－977
[同治]遠安縣志八卷首一卷　(清)鄭燡林總纂　(清)周葆恩編次　清同治五年(1866)遠安縣署刻本　八册

110000－0144－0016635　927.25/217－222
[康熙]宜城縣志四卷　(清)胡允慶修　(清)關寧　(清)尚其志纂　清康熙二十二年(1683)宜城縣署刻本　四册

110000－0144－0016636　927.25/217－793
[同治]宜城縣志十卷首一卷　(清)程啟安主修　(清)張炳鐘纂輯　清同治五年(1866)宜城縣署刻本　八册

110000－0144－0016637　927.25/219－216
[同治]南漳縣志集鈔二十六卷首一卷　(清)沈兆元修　(清)胡正楷纂　(清)胡心悦增纂　清同治四年(1865)南漳縣署刻本　八册

110000－0144－0016638　927.25/223－359
[同治]穀城縣志八卷　(清)承印纂修　(清)蔣海澄　(清)黃定鏞協修　清同治六年(1867)穀城縣署刻本　八册

110000－0144－0016639　927.25/225－937
[光緒]光化縣志八卷首一卷　(清)鍾桐山　(清)葉樹南主修　(清)段映斗等纂修　清光緒十年(1884)光化縣署刻十三年(1887)葉樹南增補本　缺一卷(八)　六册

110000－0144－0016640　927.25/227－413
[光緒]續輯均州志十六卷首一卷　(清)馬雲龍等主修　(清)賈洪詔總纂　清光緒十年(1884)均州志局刻本　八册

110000－0144－0016641　927.25/229－437
[同治]鄖陽輿地志八卷首一卷　(清)吳葆儀主修　(清)王嚴恭纂修　清同治九年(1870)鄖陽府署鄖山書院刻本　十二册

110000－0144－0016642　927.25/229－813
[同治]鄖縣志十卷首一卷　(清)定熙主修　(清)崔誥等編纂　清同治五年(1866)鄖縣縣署文昌宫刻本　八册

110000－0144－0016643　927.25/229－813
[同治]鄖縣志十卷首一卷　(清)定熙主修　(清)崔誥等編纂　清同治五年(1866)鄖縣縣署文昌宫刻本　八册

110000－0144－0016644　927.25/233－399

[同治]竹谿縣志十六卷首一卷 （清）陶壽嵩總纂 （清）楊兆熊等分纂 清同治六年(1867)竹谿縣署刻本 八册

110000－0144－0016645 927.25/301－157
[同治]宜昌府志十六卷首一卷 （清）聶光鑾主修 （清）王柏心等編纂 清同治五年(1866)宜昌府署刻本 十四册

110000－0144－0016646 927.25/301－157
[同治]宜昌府志十六卷首一卷 （清）聶光鑾主修 （清）王柏心等編纂 清同治五年(1866)宜昌府署刻本 十八册

110000－0144－0016647 927.25/303－370
[順治]江陵志餘十卷 （清）孔自來撰 （清）袁坦纂 清光緒上海鴻文書局石印本 二册

110000－0144－0016648 927.25/303－549
[光緒]江陵縣志六十五卷首一卷 （清）蒯正昌等提調 （清）胡九皋等分修 清光緒三年(1877)江陵縣署刻本 二十四册

110000－0144－0016649 927.25/303－960
[光緒]荆州府志八十卷首一卷 （清）倪文蔚修 （清）蔣銘勳主修 （清）顧嘉蘅 （清）李廷鉽總纂 清光緒六年(1880)荆州府署刻本 三十二册

110000－0144－0016650 927.25/303－960
[光緒]荆州府志八十卷首一卷 （清）倪文蔚修 （清）蔣銘勳主修 （清）顧嘉蘅 （清）李廷鉽總纂 清光緒六年(1880)荆州府署刻本 三十二册

110000－0144－0016651 927.25/307－833
[同治]石首縣志八卷 （清）朱榮實總修 （清）傅如筠等分纂 清同治五年(1866)石首縣冷文秀刻本 十二册

110000－0144－0016652 927.25/309－254
[同治]監利縣志十二卷首一卷 （清）陳樹萎等主修 （清）王柏心編纂 清同治十一年(1872)監利縣署刻本 十册

110000－0144－0016653 927.25/311－451
[同治]松滋縣志十二卷首一卷 （清）李勖等主修 （清）羅有文等纂修 清同治八年(1869)松滋縣署刻本 十二册

110000－0144－0016654 927.25/315－585
[同治]宜都縣志四卷首一卷末一卷 （清）崔培元監修 （清）龔紹仁纂修 清同治五年(1866)宜都縣署刻本 四册

110000－0144－0016655 927.25/315－889
[康熙]宜都縣志十二卷首一卷末一卷 （清）劉顯功纂修 清咸豐九年(1859)宜都縣署刻本 四册

110000－0144－0016656 927.25/319－165
[光緒]興山縣志二十二卷 （清）黄世崇纂修 清光緒十一年(1885)興山縣經心書院刻本 四册

110000－0144－0016657 927.25/319－906
[同治]興山縣志十卷首一卷 （清）伍繼勳主修 （清）范昌棣纂修 清同治四年(1865)興山縣署刻本 十六册

110000－0144－0016658 927.25/321－670
[同治]巴東縣志十六卷首一卷 （清）廖恩樹主修 （清）蕭佩聲編纂 清同治五年(1866)巴東縣署刻本 六册

110000－0144－0016659 927.25/325－165
[光緒]歸州志十七卷首一卷 （清）黄世崇編輯 清光緒二十七年(1901)廣濟縣署刻本 八册

110000－0144－0016660 927.25/325－165
[光緒]歸州志十七卷首一卷 （清）黄世崇編輯 清光緒二十七年(1901)廣濟縣署刻本 缺一卷(一) 四册

110000－0144－0016661 927.25/325－742
[光緒]歸州志十卷首一卷 （清）沈雲駿監定 （清）劉玉森總纂 清光緒八年(1882)歸州州署刻本 六册

110000－0144－0016662 927.25/327－113

[道光]施南府志三十卷首一卷　(清)王協夢監修　(清)羅德崑纂　清道光十七年(1837)施南府署刻本　十冊

110000－0144－0016663　927.25/327－117
[光緒]施南府志續編十卷　(清)李謙等督修　(清)雷春沼等編輯　清光緒十一年(1885)施南府署刻本　四冊

110000－0144－0016664　927.25/327－283
[光緒]施南府志續編十卷首一卷　(清)李謙等修　(清)雷春沼等纂　清光緒十一年(1885)施南府署刻本　十五冊

110000－0144－0016665　927.25/327－283
[同治]增修施南府志三十卷首一卷　(清)松林主修　(清)何遠鑑等纂修　清同治十年(1871)施南府署刻本　與110000－0144－0016664合冊

110000－0144－0016666　927.25/331－856
[同治]建始縣志八卷首一卷　(清)熊啟詠重纂　清同治五年(1866)建始縣署刻本　四冊

110000－0144－0016667　927.25/333－165
[光緒]利川縣志十四卷首一卷　(清)黄世崇編輯　清光緒二十年(1894)利川縣署刻本　四冊

110000－0144－0016668　927.25/335－289
[同治]來鳳縣志三十二卷首一卷末一卷　(清)李勖主修　(清)何遠鑑纂　清同治五年(1866)來鳳縣署刻本　六冊

110000－0144－0016669　927.25/337－307
[同治]咸豐縣志二十卷首一卷　(清)張梓監纂　(清)張光傑纂修　清同治四年(1865)咸豐縣署刻本　六冊

110000－0144－0016670　927.25/－340
荊州記三卷　(宋)盛宏之撰　曹元忠輯　清光緒二十七年(1901)荊州田氏移山堂刻本　一冊

110000－0144－0016671　927.25/－723
光緒湖北輿地記二十四卷　湖北輿圖局纂刊　清光緒二十年(1894)湖北輿圖局刻本　二十四冊

110000－0144－0016672　927.25/－723
光緒湖北輿地記二十四卷　湖北輿圖局纂刊　清光緒二十年(1894)湖北輿圖局刻本　二十四冊

110000－0144－0016673　927.25/－723
光緒湖北輿地記二十四卷　湖北輿圖局纂刊　清光緒二十年(1894)湖北輿圖局刻本　二十四冊

110000－0144－0016674　927.25/－723
光緒湖北輿地記二十四卷　湖北輿圖局纂刊　清光緒二十年(1894)湖北輿圖局刻本　二十四冊

110000－0144－0016675　927.26/103－442
[光緒]善化縣志三十四卷首一卷　(清)吳兆熙等修　(清)張先掄等纂　清光緒三年(1877)善化縣署刻本　十四冊

110000－0144－0016676　927.26/103－894
[同治]長沙縣志三十六卷首一卷　(清)劉采邦主修　(清)張延珂等纂修　清同治十年(1871)長沙縣署刻本　二十冊

110000－0144－0016677　927.26/103－894
[同治]長沙縣志三十六卷首一卷　(清)劉采邦主修　(清)張延珂等纂修　清同治十年(1871)長沙縣署刻本　缺三卷(四至六)　十八冊

110000－0144－0016678　927.26/105－634
[光緒]湘陰縣圖志三十四卷首一卷末一卷　(清)郭嵩燾纂修　清光緒六年(1880)湘陰縣志局刻本　十四冊

110000－0144－0016679　927.26/105－634
[光緒]湘陰縣圖志三十四卷首一卷末一卷　(清)郭嵩燾纂修　清光緒六年(1880)湘陰縣志局刻本　十四冊

110000－0144－0016680　927.26/105－634
[光緒]湘陰縣圖志三十四卷首一卷末一卷

（清）郭嵩燾纂修　清光緒六年（1880）湘陰縣志局刻本　十四冊

110000－0144－0016681　927.26/107－118
[同治]瀏陽縣志二十四卷　（清）王汝惺等主修　（清）鄒焌傑纂修　清同治十二年（1873）瀏陽縣署刻本　十二冊

110000－0144－0016682　927.26/109－952
[同治]醴陵縣志十四卷首一卷末一卷　（清）徐淦等主修　（清）江普光等纂輯　清同治九年（1870）醴陵縣署刻本　十二冊

110000－0144－0016683　927.26/111－308
[嘉慶]湘潭縣志四十卷　（清）張雲璈總纂　（清）周系英編輯　清嘉慶二十三年（1818）湘潭縣署刻本　十八冊

110000－0144－0016684　927.26/111－378
[光緒]湘潭縣志十二卷　（清）陳嘉榆修　王闓運等纂　清光緒十五年（1889）湘潭縣志局刻本　十冊

110000－0144－0016685　927.26/113－635
[同治]續修寧鄉縣志四十四卷首一卷末一卷　（清）郭慶颺主修　（清）童秀春總纂　清同治六年（1867）寧鄉縣署刻本　十八冊

110000－0144－0016686　927.26/115－994
[同治]益陽縣志二十五卷首一卷　（清）姚念楊等主修　（清）趙裴哲總纂　清同治十三年（1874）益陽縣署刻本　十六冊

110000－0144－0016687　927.26/117－327
[嘉慶]湘鄉縣志十卷首一卷　（清）翟聲煥等主修　（清）朱祖恪等纂修　清嘉慶二十二年（1817）湘鄉縣署刻本　十冊

110000－0144－0016688　927.26/117－661
[同治]湘鄉縣志二十三卷首一卷末一卷　（清）齊德五等主修　（清）黃楷盛纂修　清同治十三年（1874）湘鄉縣署刻本　二十四冊

110000－0144－0016689　927.26/121－883
[同治]安化縣志三十四卷首五卷末一卷　（清）邱育泉主修　（清）何才煥等纂輯　清同治十年（1871）安化縣尊經閣刻本　十九冊

110000－0144－0016690　927.26/125－169
[光緒]邵陽縣志十卷　（清）諸垣修　（清）黃文琛纂　清光緒二年（1876）邵陽縣署刻本　六冊

110000－0144－0016691　927.26/125－170
[道光]寶慶府志一百四十三卷首二卷末三卷　（清）黃宅中創修　（清）鄧顯鶴總纂　清道光二十九年（1849）寶慶府署刻本　四十三冊　缺三十七卷（一至四、二十六至二十七、三十八至四十二、六十一至六十二、六十八至六十九、七十八至八十七、一百二十六至一百三十、一百三十四至一百三十六、一百四十三，末三卷）

110000－0144－0016692　927.26/125－380
[光緒]邵陽縣鄉土志四卷首一卷　（清）陳吳萃　（清）上官廉主修　（清）姚炳奎纂修　清光緒三十三年（1907）邵陽縣署刻本　四冊

110000－0144－0016693　927.26/127－177
[同治]新化縣志三十五卷首二卷　（清）甘啟運　（清）關培鈞主修　（清）劉洪澤編纂　清同治十年至十一年（1871－1872）新化縣署刻本　十六冊

110000－0144－0016694　927.26/－185
南楚詩紀四卷補編一卷　（清）彭開勳撰　清咸豐元年（1851）述古堂刻本　四冊

110000－0144－0016695　927.26/－185.7
[光緒]湖南全省輿圖說六卷　（清）彭清瑋　（清）左學呂著　清光緒二十三年（1897）刻本　二冊

110000－0144－0016696　927.26/201－115
[同治]清泉縣志十卷首一卷末一卷　（清）王開運修　（清）張修府纂　清同治八年（1869）清泉縣署刻本　二冊

110000－0144－0016697　927.26/201－482
[同治]衡陽縣志十二卷　（清）羅慶薌修　（清）彭玉麟纂　清同治十三年（1874）衡陽縣署刻本　八冊

110000－0144－0016698　927.26/201－482
[同治]衡陽縣志十二卷　(清)羅慶薌修　(清)彭玉麟纂　清同治十三年(1874)衡陽縣署刻本　七册

110000－0144－0016699　927.26/201－670
[宣統]清泉縣鄉土志　(清)廖世英等主修　(清)謝價人纂修　清宣統元年(1909)清泉縣勸學所木活字印本　一册

110000－0144－0016700　927.26/207－293
[光緒]耒陽縣志八卷首一卷　(清)李師濂　(清)於學琴主修　(清)宋世煦纂修　清光緒十一年(1885)耒陽縣志局刻本　十册

110000－0144－0016701　927.26/209－121
[同治]常寧縣志十六卷首一卷　(清)玉山主修　(清)李孝經等纂修　清同治九年(1870)常寧縣右文軒刻本　四册

110000－0144－0016702　927.26/211－631
[同治]酃縣志二十卷首一卷　(清)唐榮邦主修　(清)周作翰纂修　清同治十二年(1873)酃縣縣署刻本　八册

110000－0144－0016703　927.26/215－307
[同治]祁陽縣志二十四卷首一卷　(清)陳玉祥主修　(清)劉希關等編修　清同治九年(1870)祁陽縣署刻本　十六册　缺一卷(十五上)

110000－0144－0016704　927.26/221－308
[光緒]寧遠縣志八卷　(清)張大煦修　(清)歐陽澤闓纂　清光緒二年(1876)寧遠縣署刻本　四册

110000－0144－0016705　927.26/225－889
[同治]江華縣志十二卷首一卷　(清)劉華邦纂修　(清)唐為煌分編　清同治九年(1870)江華縣署刻本　五册

110000－0144－0016706　927.26/241－714
[同治]桂陽直隸州志二十七卷首一卷　(清)汪敩灝修　王闓運纂　清同治七年(1868)桂陽州署刻本　八册　缺二卷(一至二)

110000－0144－0016707　927.26/241－714
[同治]桂陽直隸州志二十七卷首一卷　(清)汪敩灝修　王闓運纂　清同治七年(1868)桂陽州署刻本　十二册

110000－0144－0016708　927.26/301－361
[同治]武陵縣志四十八卷　(清)王敩灝　(清)孫翹澤督修　(清)陳啟邁纂輯　清同治二年(1863)武陵縣署刻本　十六册

110000－0144－0016709　927.26/301－361
[同治]武陵縣志四十八卷　(清)王敩灝　(清)孫翹澤督修　(清)陳啟邁纂輯　清同治二年(1863)武陵縣署刻本　九册　存二十九卷(一至四、十四至三十三、四十四至四十八)

110000－0144－0016710　927.26/301－674
[嘉慶]常德府志四十八卷首一卷文徵九卷叢談三卷　(清)應先烈總修　(清)陳楷禮纂稿　清嘉慶十八年(1813)常德府署刻本　十七册　存四十五卷(四至三十五、四十至四十二、四十五至四十八,文徵四至九)

110000－0144－0016711　927.26/301－674
[嘉慶]常德府志四十八卷首一卷文徵九卷叢談三卷　(清)應先烈總修　(清)陳楷禮纂稿　清嘉慶十八年(1813)常德府署刻本　二十一册　存五十五卷(一至四十三、文徵九卷、叢談三卷)

110000－0144－0016712　927.26/303－377
[嘉慶]巴陵縣志三十卷首一卷　(清)陳玉垣纂修　(清)唐伊盛等編輯　清嘉慶九年(1804)巴陵縣署刻本　十二册

110000－0144－0016713　927.26/303－994
[光緒]巴陵縣志八十一卷首一卷　(清)姚詩德等主修　(清)杜貴墀編輯　清光緒二十六年(1900)巴陵縣署刻重校印本　九册　缺三十三卷(十三至十七、二十七至四十一、六十四、七十至八十一)

110000－0144－0016714　927.26/303－994
[光緒]巴陵縣志八十一卷首一卷　(清)姚詩

德等主修　(清)杜貴墀編輯　清光緒二十六年(1900)巴陵縣署刻重校印本　十六册

110000－0144－0016715　927.26/307－479
[同治]臨湘縣志十三卷首一卷末一卷　(清)恩榮等主修　(清)歐陽恩霖等主纂　清同治十一年(1872)臨湘縣志局刻本　六册

110000－0144－0016716　927.26/317－754
[乾隆]澧志舉要三卷　(清)潘相修　(清)潘承煒校刊　清乾隆五十三年(1788)澧州州署刻本　二册

110000－0144－0016717　927.26/317－799
[同治]直隸澧州志二十六卷首三卷　(清)何玉棻修　(清)魏式曾纂輯　清同治八年(1869)澧州州署刻本　二十二册　缺一卷(二十六)

110000－0144－0016718　927.26/319－257
[同治]石門縣志十四卷首一卷　(清)杜葆元　(清)陳煊監修　(清)申正颺等纂修　清同治七年(1868)石門縣署刻本　十二册

110000－0144－0016719　927.26/319－459
[光緒]石門縣志六卷　(清)閻鎮珩輯　(清)鄭壽民校刊　清光緒十五年(1889)石門縣北嶽山房刻本　二册

110000－0144－0016720　927.26/323－313
[乾隆]安鄉縣志八卷　(清)張綽重修　(清)曾之亨纂　清乾隆十三年(1748)安鄉胞與堂刻光緒六年(1880)安鄉盛賡補刻本　六册

110000－0144－0016721　927.26/403－169
[道光]鳳凰廳志二十卷首一卷　(清)黄應培掌修　(清)孫均銓　(清)黄元復纂　清道光四年(1824)鳳凰廳署刻本　四册

110000－0144－0016722　927.26/405－651
[康熙]沅陵縣志十卷首一卷末一卷　(清)郎廷槺修　(清)張佳晟編　清康熙四十四年(1705)沅陵縣署刻本　五册

110000－0144－0016723　927.26/405－665
[乾隆]辰州府志五十卷首一卷　(清)席紹葆等總裁　(清)謝鳴謙　(清)謝鳴盛纂輯　清乾隆三十年(1765)辰州府署刻本　十三册　存三十七卷(一至二、五至七、十三至二十一、二十三至三十四、三十六至四十、四十二至四十五、四十八,首一卷)

110000－0144－0016724　927.26/405－689
[同治]沅陵縣志五十卷首一卷　(清)守忠等總修　(清)許光曙纂輯　清同治十年(1871)沅陵縣署刻本　八册　存三十一卷(一至八、十二至十六、十九至二十八、四十四至五十,首一卷)

110000－0144－0016725　927.26/－411
[嘉慶]湖南通志二百十九卷首三卷末六卷　(清)馬慧裕等總裁　(清)王煦等纂輯　清嘉慶二十五年(1820)湖南省署刻本　八十册

110000－0144－0016726　927.26/413－312
[同治]沅州府志四十卷首一卷　(清)張官五原本　(清)吴嗣仲續修　清乾隆五十五年(1790)沅州府署刻同治十年(1871)增刻本　十册　存十八卷(一至三、二十五至二十六、二十八至三十一、三十三至四十,首一卷)

110000－0144－0016727　927.26/413－383
[同治]黔陽縣志六十卷首一卷　(清)陳鴻作主修　(清)易燮堯纂修　清同治十三年(1874)黔陽縣署刻本　十二册

110000－0144－0016728　927.26/413－383
[同治]黔陽縣志六十卷首一卷　(清)陳鴻作主修　(清)易燮堯纂修　清同治十三年(1874)黔陽縣署刻本　七册　存三十五卷(一至十二、二十九、三十九至六十)

110000－0144－0016729　927.26/417－306
[乾隆]永順府志十二卷首一卷　(清)張天如纂修　清乾隆二十八年(1763)永順府署刻本　四册

110000－0144－0016730　927.26/419－482
[同治]保靖志稿輯要四卷　(清)羅經畬手輯　清同治八年(1869)保靖多文堂木活字印本

三册　存三卷(一至三)

110000－0144－0016731　927.26/427－987
[光緒]靖州鄉土志四卷首一卷　(清)金蓉鏡等纂修　清光緒三十四年(1908)靖州州署刻本　二册

110000－0144－0016732　927.26/437－546
[宣統]永綏廳志三十卷　(清)董鴻勳纂修　清宣統元年(1909)永綏廳署鉛印本　十二册

110000－0144－0016733　927.26/437－813
[同治]永綏直隸廳志六卷　(清)周玉衡等主修　(清)楊瑞珍纂稿　清同治七年(1868)永綏廳綏陽書院刻本　六册

110000－0144－0016734　927.26/439－990
[道光]晃州廳志四十四卷首一卷末一卷　(清)俞克振總纂　(清)梅嶧編輯　清道光五年(1825)晃州廳衙刻本　四册

110000－0144－0016735　927.26/－723.7
湖南輿圖　(清)彭青瑋　(清)左學呂繪製　清光緒二十三年(1897)刻本　二册

110000－0144－0016736　927.27/101－905
成都通覽不分卷　(清)傅崇矩編　清宣統元年至二年(1909－1910)成都通俗報社石印本　四册

110000－0144－0016737　927.27/103－112
[嘉慶]成都縣志六卷首一卷　(清)衷以壎纂修　(清)楊芳燦續修　清嘉慶二十年(1815)成都縣署刻本　六册

110000－0144－0016738　927.27/103－286
[同治]重修成都縣志十六卷首一卷　(清)李玉宣等主修　(清)衷興鑑纂修　清同治十二年(1873)成都縣署刻本　十六册

110000－0144－0016739　927.27/103－286
[同治]重修成都縣志十六卷首一卷　(清)李玉宣等主修　(清)衷興鑑纂修　清同治十二年(1873)成都縣署刻本　十六册

110000－0144－0016740　927.27/105－435
[嘉慶]華陽縣志四十四卷首一卷　(清)吳鞏　(清)董淳總裁　(清)潘時彤等纂修　清嘉慶二十一年(1816)華陽縣署刻光緒十八年(1892)補刻本　十六册

110000－0144－0016741　927.27/105－554
[光緒]華陽縣志一卷　(清)蘇兆奎纂修　清末華陽縣署鉛印本　一册

110000－0144－0016742　927.27/107－468
[光緒]簡州續志十四卷　(清)易家霖修　(清)傅爲霖等纂　清光緒二十三年(1897)簡州鳳山書院刻本　二册

110000－0144－0016743　927.27/107－468
[光緒]簡州續志十四卷　(清)易家霖修　(清)傅爲霖等纂　清光緒二十三年(1897)簡州鳳山書院刻本　二册

110000－0144－0016744　927.27/107－753
[咸豐]簡州志十四卷　(清)濮瑗總裁　(清)黄樸　(清)陳治安總纂　清咸豐三年(1853)簡州鳳山書院刻本　十册

110000－0144－0016745　927.27/107－753
[咸豐]簡州志十四卷　(清)濮瑗總裁　(清)黄樸　(清)陳治安總纂　清咸豐三年(1853)簡州鳳山書院刻本　十册

110000－0144－0016746　927.27/109－307
[同治]續漢州志二十四卷首一卷補志一卷　(清)張超等總理　(清)曾履中　(清)張敏行纂輯　清同治八年(1869)漢州州衙刻本　八册

110000－0144－0016747　927.27/109－307
[同治]續漢州志二十四卷首一卷補志一卷　(清)張超等總理　(清)曾履中　(清)張敏行纂輯　清同治八年(1869)漢州州衙刻本　八册

110000－0144－0016748　927.27/109－307
[同治]續漢州志二十四卷首一卷補志一卷　(清)張超等總理　(清)曾履中　(清)張敏行纂輯　清同治八年(1869)漢州州衙刻本　八册

110000－0144－0016749　927.27/109－889
［嘉慶］漢州志四十卷首一卷末一卷　（清）劉長庚總理　（清）侯肇元　（清）張懷泗纂輯　清嘉慶二十二年（1817）漢州州署刻道光二十二年（1842）增刻本　十二册

110000－0144－0016750　927.27/109－889
［嘉慶］漢州志四十卷首一卷末一卷　（清）劉長庚總理　（清）侯肇元　（清）張懷泗纂輯　清嘉慶二十二年（1817）漢州州署刻道光二十二年（1842）增刻本　十二册

110000－0144－0016751　927.27/109－889
［嘉慶］漢州志四十卷首一卷末一卷　（清）劉長庚總理　（清）侯肇元　（清）張懷泗纂輯　清嘉慶二十二年（1817）漢州州署刻道光二十二年（1842）增刻本　十二册

110000－0144－0016752　927.27/111－288
［光緒］增修崇慶州志十二卷首一卷　（清）沈恩培等主修　（清）胡麟　（清）徐鼎元纂修　清光緒三年（1877）崇慶州署刻本　八册

110000－0144－0016753　927.27/113－859
［嘉慶］什邡縣志五十四卷　（清）紀大奎總修　（清）林時春編次　清嘉慶十八年（1813）什邡縣署刻本　十二册

110000－0144－0016754　927.27/113－905
［同治］續增什邡縣志五十四卷　（清）傅華桂總修　（清）王璽尊編次　清同治四年（1865）什邡縣署刻本　四册　缺二卷（十八、四十）

110000－0144－0016755　927.27/115－820
［光緒］雙流縣志二卷　（清）彭琬等修　（清）吴特仁增訂　清光緒二十年（1894）雙流縣署刻本　四册

110000－0144－0016756　927.27/117－306
［道光］新都縣志十八卷首一卷　（清）張奉書纂修　（清）張懷洵主稿　清道光二十四年（1844）新都縣署刻本　八册

110000－0144－0016757　927.27/119－293
［嘉慶］温江縣志三十六卷首一卷　（清）李紹祖等總裁　（清）徐文賁　（清）車酉纂　清嘉慶二十年（1815）温江縣署刻本　六册

110000－0144－0016758　927.27/121－311
［同治］新繁縣志十六卷首一卷　（清）張文珍　（清）李應觀纂修　（清）楊益豫等協修　清同治十二年（1873）新繁縣署刻本　八册

110000－0144－0016759　927.27/121－382
新繁縣鄉土志十卷　（清）余慎總纂　（清）陳彦升協纂　清光緒三十三年（1907）新繁縣署鉛印本　二册

110000－0144－0016760　927.27/121－382
新繁縣鄉土志十卷　（清）余慎總纂　（清）陳彦升協纂　清光緒三十三年（1907）新繁縣署鉛印本　二册

110000－0144－0016761　927.27/123－113－2
［同治］續金堂縣志八卷首一卷末一卷　（清）王樹桐　（清）徐璞玉纂修　（清）米繪裳等編輯　清同治六年（1867）金堂縣署刻本　二册

110000－0144－0016762　927.27/123－622
［嘉慶］金堂縣志九卷首一卷末一卷　（清）謝惟傑纂修　（清）黄烈　（清）陳一津編輯　清嘉慶十六年（1811）金堂縣署刻道光二十四年（1844）增刻本　八册

110000－0144－0016763　927.27/125－382
［同治］郫縣志四十四卷首一卷　（清）陳慶熙修　（清）高升之等纂　清同治九年（1870）郫縣縣署刻本　八册

110000－0144－0016764　927.27/125－759
［光緒］郫縣鄉土志　（清）黄德潤等修　（清）姜士諤編纂　清光緒三十四年（1908）郫縣縣署鉛印本　一册

110000－0144－0016765　927.27/127－185
灌記初稿四卷青城山記二卷　（清）彭洵編輯　清光緒二十年（1894）彭氏種書堂刻本　五册

110000－0144－0016766　927.27/127－525
［光緒］增修灌縣志十四卷首一卷　（清）莊思恒等主修　（清）鄭珶山總纂　清光緒十二年

(1886)灌縣縣署刻本　十八册

110000－0144－0016767　927.27/127－525－02
[光緒]增修灌縣志十四卷首一卷　(清)莊思恒等主修　(清)鄭珶山總纂　清光緒十二年(1886)灌縣縣署刻二十七年(1901)補刻本　十册

110000－0144－0016768　927.27/127－949
灌縣鄉土志二卷　(清)徐昱　(清)高履和纂　清光緒三十三年(1907)灌縣縣署刻本　二册

110000－0144－0016769　927.27/129－120
[嘉慶]彭縣志四十二卷　(清)王鐘紡編輯　清嘉慶十九年(1814)彭縣縣署刻本　六册

110000－0144－0016770　927.27/129－311
[光緒]重修彭縣志十三卷首一卷末一卷　(清)張龍甲總纂　(清)呂調陽等協纂　清光緒四年(1878)彭縣縣署刻本　十册

110000－0144－0016771　927.27/129－311
[光緒]重修彭縣志十三卷首一卷末一卷　(清)張龍甲總纂　(清)呂調陽等協纂　清光緒四年(1878)彭縣縣署刻本　八册

110000－0144－0016772　927.27/131－887
[嘉慶]崇寧縣志四卷　(清)劉壇等纂修　清嘉慶二十一年(1816)崇寧縣署刻本　四册

110000－0144－0016773　927.27/133－110
[宣統]新津縣鄉土志二卷　(清)禄勳修　清宣統元年(1909)新津縣署成都印書館鉛印本　一册

110000－0144－0016774　927.27/135－372
[道光]龍安府志十卷　(清)鄧存咏總纂　清道光二十二年(1842)龍安府署刻本　八册

110000－0144－0016775　927.27/137－103
[光緒]江油縣志二十四卷附丁祭舞譜一卷樂譜一卷　(清)武丕文修　(清)歐培槐等纂　清光緒二十九年(1903)江油縣署刻本　六册

110000－0144－0016776　927.27/137－251
[道光]江油縣志四卷首一卷　(清)桂星纂修　清道光二十年(1840)刻本　四册

110000－0144－0016777　927.27/139－205
[道光]石泉縣志十卷　(清)趙德林修　(清)張沆纂　清道光十四年(1834)石泉縣署刻本　六册

110000－0144－0016778　927.27/141－901
[同治]彰明縣志五十七卷首二卷　(清)何慶恩總纂　(清)李朝棟等纂修　清同治十三年(1874)彰明縣署刻本　十册

110000－0144－0016779　927.27/143－268
[道光]茂州志四卷首一卷　(清)楊迦懌等總修　(清)劉輔廷編輯　清道光十一年(1831)茂州州署刻本　四册

110000－0144－0016780　927.27/147－677
[同治]直隸綿州志五十五卷　(清)文棨　(清)董貽清修　(清)伍肇齡　(清)何天祥纂　清同治十二年(1873)綿州州署刻本　三十册

110000－0144－0016781　927.27/149－864
[道光]德陽縣新志十二卷首一卷末一卷　(清)裴顯忠修　(清)陳一津　(清)劉碩輔纂　清道光十七年(1837)德陽縣署刻本　五册

110000－0144－0016782　927.27/149－864
[道光]德陽縣新志十二卷首一卷末一卷　(清)裴顯忠修　(清)陳一津　(清)劉碩輔纂　清道光十七年(1837)德陽縣署刻本　五册

110000－0144－0016783　927.27/149－926
[光緒]德陽縣志續編十卷首一卷末一卷　(清)鈕傳善總理　(清)李炳靈　(清)楊藻編輯　清光緒三十一年(1905)德陽縣署刻本　三册

110000－0144－0016784　927.27/153－168－8
[光緒]綿竹縣鄉土志　(清)田明理監督　(清)黄尚毅撰述　清光緒三十四年(1908)綿竹縣鄧述古齋刻本　一册

110000－0144－0016785　927.27/153－168－8
[光緒]綿竹縣鄉土志一卷　(清)田明理監督　(清)黃尚毅撰述　清光緒三十四年(1908)綿竹縣鄧述古齋刻本　一册

110000－0144－0016786　927.27/153－891
[道光]綿竹縣志四十六卷　(清)劉慶遠修　(清)沈心如等纂　清道光二十九年(1849)綿竹縣署刻本　十册

110000－0144－0016787　927.27/155－313
[咸豐]重修梓潼縣志六卷　(清)張香海總理　(清)楊曦編輯　清咸豐八年(1858)梓潼縣署刻本　六册

110000－0144－0016788　927.27/155－313
[咸豐]重修梓潼縣志六卷　(清)張香海總理　(清)楊曦編輯　清咸豐八年(1858)梓潼縣署刻本　六册

110000－0144－0016789　927.27/155－313
[咸豐]重修梓潼縣志六卷　(清)張香海總理　(清)楊曦編輯　清咸豐八年(1858)梓潼縣署刻本　六册

110000－0144－0016790　927.27/157－287
[嘉慶]羅江縣志三十六卷　(清)李桂林等纂修　清同治四年(1865)羅江縣署刻本　六册

110000－0144－0016791　927.27/157－287
[嘉慶]羅江縣志三十六卷　(清)李桂林等纂修　清同治四年(1865)羅江縣署刻本　六册

110000－0144－0016792　927.27/157－287
[同治]續修羅江縣志二十四卷　(清)馬傳業總纂　(清)劉正慧等纂修　清同治四年(1865)羅江縣署刻本　與110000－0144－0016790合册

110000－0144－0016793　927.27/157－287
[同治]續修羅江縣志二十四卷　(清)馬傳業總纂　(清)劉正慧等纂修　清同治四年(1865)羅江縣署刻本　與110000－0144－0016791合册

110000－0144－0016794　927.27/157－291
[嘉慶]羅江縣志十卷　(清)李調元纂修　清嘉慶七年(1802)羅江縣署刻本　二册

110000－0144－0016795　927.27/157－418
[同治]續修羅江縣志二十四卷　(清)馬傳業總纂　(清)劉正慧等纂　清同治四年(1865)羅江縣署刻本　缺二卷(十七至十八)　二册

110000－0144－0016796　927.27/161－155
松潘記略一卷　(清)何遠慶撰　清同治十二年(1873)松潘廳署刻本　二册

110000－0144－0016797　927.27/163－442
[同治]直隸理番廳志六卷　(清)吳羹梅修　(清)周祚嶧纂　清同治五年(1866)理番廳署刻本　十二册

110000－0144－0016798　927.27/－185
[光緒]蜀故二十七卷　(清)彭遵泗纂修　清光緒刻本　六册

110000－0144－0016799　927.27/201－114
[乾隆]巴縣志十七卷首一卷　(清)王爾鑒修　清乾隆二十六年(1761)巴縣縣署刻本　十二册

110000－0144－0016800　927.27/201－325
[光緒]巴縣鄉土志二卷　(清)巴縣勸學所　清光緒三十三年(1907)巴縣勸學所鉛印本　一册

110000－0144－0016801　927.27/201－687
[道光]重慶府志九卷　(清)王夢庚監修　(清)寇宗編輯　清道光二十三年(1843)重慶府署刻本　二十册

110000－0144－0016802　927.27/201－687
[道光]重慶府志九卷　(清)王夢庚監修　(清)寇宗編輯　清道光二十三年(1843)重慶府署刻本　十二册

110000－0144－0016803　927.27/203－118
[光緒]江津縣志十二卷　(清)王煌監修　(清)袁方城總纂　清光緒元年(1875)江津縣署刻本　八册

110000－0144－0016804　927.27/207－613

[光緒]**永川縣志十卷首一卷**　(清)許曾蔭等監修　(清)馬慎修總纂　清光緒二十年(1894)永川縣賓興公局刻本　十冊

110000－0144－0016805　927.27/209－627
[光緒]**榮昌縣志二十二卷**　(清)文康總纂　(清)施學煌等增修　清光緒十年(1884)榮昌縣署刻本　八冊

110000－0144－0016806　927.27/215－232
[光緒]**銅梁縣志十六卷首一卷**　(清)韓清桂等監修　(清)陳昌等編輯　清光緒元年(1875)銅梁縣縣署刻本　八冊

110000－0144－0016807　927.27/215－952
[道光]**銅梁縣志八卷首一卷**　(清)徐瀛翀修　(清)白玉楷編輯　清道光十二年(1832)銅梁縣署刻本　八冊

110000－0144－0016808　927.27/217－120
[光緒]**大足縣志八卷**　(清)王德嘉主修　(清)高雲從等編輯　清光緒三年(1877)刻本　五冊

110000－0144－0016809　927.27/219－687
[同治]**璧山縣志十卷首一卷末一卷**　(清)寇用平等總纂　(清)陳錦堂　(清)盧有徽纂　清同治四年(1865)璧山縣署刻本　十二冊

110000－0144－0016810　927.27/221－451
[同治]**重修涪州志十六卷首一卷**　(清)吕紹衣等修　(清)王應元　(清)傅炳墀等纂　**涪州義勇彙編一卷**　清同治九年(1870)涪州州署刻本　八冊

110000－0144－0016811　927.27/229－425
[道光]**夔州府志三十六卷首一卷**　(清)恩成總裁　(清)劉德銓纂修　清道光七年(1827)夔州府署刻光緒十七年(1891)補刻本　二十四冊

110000－0144－0016812　927.27/229－981
[光緒]**奉節縣志三十六卷首一卷**　(清)曾秀翹主修　(清)楊德坤等纂修　清光緒十九年(1893)奉節縣署刻本　八冊

110000－0144－0016813　927.27/233－719
[咸豐]**雲陽縣志十二卷**　(清)江錫麒修　(清)陳昆總纂　清咸豐四年(1854)雲陽縣署刻本　十二冊

110000－0144－0016814　927.27/235－306
[同治]**增修萬縣志三十六卷首一卷**　(清)王玉鯨　(清)張琴等修　(清)范泰衡等纂　清同治五年(1866)萬縣縣署刻本　九冊

110000－0144－0016815　927.27/237－293
[咸豐]**開縣志二十七卷首一卷**　(清)李肇奎等總纂　(清)陳崑編輯　清咸豐三年(1853)開縣縣署刻本　六冊

110000－0144－0016816　927.27/239－647
[光緒]**大寧縣志八卷首一卷**　(清)高維嶽總修　(清)魏遠猷等纂修　清光緒十一年(1885)大甯縣署刻本　八冊

110000－0144－0016817　927.27/241－851
[嘉慶]**達縣志五十二卷**　(清)魯鳳輝等補纂　(清)王廷偉等纂修　清嘉慶二十年(1815)達縣縣署刻本　六冊

110000－0144－0016818　927.27/257－526
[光緒]**酆都縣志四卷首一卷**　(清)田秀栗等主修　(清)徐昌緒編纂　(清)蔣履泰等續纂　清光緒十九年(1893)酆都縣署刻本　五冊

110000－0144－0016819　927.27/259－622
[光緒]**墊江縣志十卷**　(清)謝必鏗主修　(清)李炳靈纂修　清光緒二十六年(1900)墊江縣署刻本　八冊

110000－0144－0016820　927.27/265－113
[道光]**補輯石砫廳新志十二卷**　(清)王槐齡纂修　清道光二十三年(1843)刻本　四冊

110000－0144－0016821　927.27/265－271
[宣統]**石砫廳鄉土志**　(清)楊應璣編　清宣統元年(1909)石砫廳署刻本　三冊

110000－0144－0016822　927.27/267－113
[光緒]**秀山縣志十四卷首一卷**　(清)王壽松修　(清)李稽勳述稿　清光緒十六年至十八

年(1890－1892)秀山縣署刻本　四册

110000－0144－0016823　927.27/－269
[嘉慶]四川通志二百四卷首二十二卷　(清)常明修　(清)楊芳燦　(清)譚光祜纂　清嘉慶二十一年(1816)四川督署刻本　一百二十册

110000－0144－0016824　927.27/269－313
[光緒]黔江縣志五卷首一卷　(清)張九章主修　(清)陳藩垣　(清)陶祖謙編輯　清光緒二十年(1894)成都墨香書院刻本(有抄配)　五册

110000－0144－0016825　927.27/301－140
[乾隆]雅州府志十六卷　(清)曹掄彬纂修　(清)曹掄翰編輯　清乾隆四年(1739)雅州府署刻嘉慶十六年(1811)補刻光緒十三年(1887)再補刻本　十二册

110000－0144－0016826　927.27/303－198.2
[光緒]名山縣志十五卷　(清)趙懿修　(清)趙怡纂　清光緒十八年(1892)名山縣署刻二十二年(1896)重校印本　四册

110000－0144－0016827　927.27/303－215
蒙寇志略一卷　(清)胡壽昌撰　清光緒十六年(1890)成都刻本　一册

110000－0144－0016828　927.27/303－215
蒙寇志略一卷　(清)胡壽昌撰　清光緒十六年(1890)成都刻本　一册

110000－0144－0016829　927.27/－312
[光緒]蜀典十二卷　(清)張澍編輯　清光緒二年(1876)尊經書院刻本　四册

110000－0144－0016830　927.27/－312
[光緒]蜀典十二卷　(清)張澍編輯　清光緒二年(1876)尊經書院刻本　四册

110000－0144－0016831　927.27/－312
[光緒]蜀典十二卷　(清)張澍編輯　清光緒二年(1876)尊經書院刻本　四册

110000－0144－0016832　927.27/－312
[光緒]蜀典十二卷　(清)張澍編輯　清光緒二年(1876)尊經書院刻本　六册　存八卷(一至八)

110000－0144－0016833　927.27/313－893
[嘉慶]清溪縣志四卷　(清)劉傳經裁定　(清)陳一沺纂輯　清嘉慶五年(1800)清溪縣署刻本　四册

110000－0144－0016834　927.27/317－289
[咸豐]冕甯縣志十二卷首一卷末一卷　(清)李英粲修　(清)林駿元增修　清咸豐七年(1857)冕甯縣學署刻光緒十七年(1891)增刻本　八册

110000－0144－0016835　927.27/325－372
[同治]會理州志十二卷　(清)鄧仁垣等纂修　(清)吴鍾等編輯　清同治十三年(1874)會理州署刻本　八册

110000－0144－0016836　927.27/325－526
[光緒]會理州續志二卷　(清)蔣金生修　(清)徐昱纂　清光緒三十一年(1905)會理州署刻本　一册

110000－0144－0016837　927.27/331－368
[光緒]越嶲廳全志十二卷　(清)馬忠良原纂　(清)馬湘等續纂　清光緒三十二年(1906)越嶲廳署鉛印本　六册

110000－0144－0016838　927.27/333－659
[嘉慶]樂山縣志十六卷首一卷　(清)龔傳黻修　清嘉慶十七年(1812)刻光緒十三年(1887)補刻本　六册

110000－0144－0016839　927.27/333－677
[同治]嘉定府志四十八卷首一卷　(清)文良　(清)朱慶鏞等修　(清)陳堯采等纂　清同治三年(1864)嘉定府署刻本　十六册

110000－0144－0016840　927.27/335－117
[嘉慶]峨眉縣志十卷首一卷　(清)王燮纂修　(清)張希縉　(清)張希珝編次　清嘉慶十八年(1813)峨眉縣署刻本　四册

110000－0144－0016841　927.27/335－294
[宣統]峨眉縣續志十卷　(清)李錦成監定

(清)朱榮邦纂修　清宣統三年(1911)峨眉縣署刻本　五册

110000－0144－0016842　927.27/337－120
[嘉慶]洪雅縣志二十五卷首一卷　(清)王好音纂修　(清)張柱等編輯　清嘉慶十八年(1813)洪雅縣署刻本　七册

110000－0144－0016843　927.27/337－631
[光緒]洪雅縣志十二卷首一卷　(清)郭世棻纂修　(清)鄧敏修等編輯　清光緒十年(1884)洪雅縣署刻本　五册

110000－0144－0016844　927.27/341－119
[嘉慶]夾江縣志十二卷首一卷　(清)王佐纂修　(清)涂崧編輯　清嘉慶十八年(1813)夾江縣署刻本　四册

110000－0144－0016845　927.27/343－446
[嘉慶]犍為縣志十卷首一卷　(清)吕朝恩(清)王夢庚纂修　(清)張希珝等編次　清嘉慶十九年至二十一年(1814－1816)犍為縣署刻本　四册

110000－0144－0016846　927.27/345－113
[道光]榮縣志三十八卷首一卷　(清)王培荀總纂　清道光二十五年(1845)榮縣署刻本　六册

110000－0144－0016847　927.27/347－287
[乾隆]威遠縣志八卷首一卷　(清)李南暉總裁　(清)張翼儒纂修　清乾隆四十年(1775)威遠縣署刻本　八册

110000－0144－0016848　927.27/347－383
[嘉慶]威遠縣志六卷　(清)陳汝秋纂修　清嘉慶十八年(1813)威遠縣署刻本　四册

110000－0144－0016849　927.27/347－383
[嘉慶]威遠縣志六卷　(清)陳汝秋纂修　清嘉慶十八年(1813)威遠縣署刻本　六册

110000－0144－0016850　927.27/347－435
[光緒]威遠縣志三編四卷　(清)吳曾輝鑒定　(清)吳容編纂　清光緒三年(1877)威遠縣署刻本　四册

110000－0144－0016851　927.27/349－756
[嘉慶]眉州屬志十九卷　(清)涂長發修　(清)王昌年纂　清嘉慶五年(1800)眉州景蘇堂刻本　十二册

110000－0144－0016852　927.27/351－661
[光緒]丹稜縣鄉土志二卷　(清)張景旭修　(清)齊肇璜纂　清光緒三十二年(1906)丹稜縣官報書局鉛印本　一册

110000－0144－0016853　927.27/351－965
[光緒]丹稜縣志十卷首一卷　(清)顧汝薵等督修　(清)朱文瀚等纂輯　清光緒十七年(1891)修十八年(1892)丹稜縣巽崖書院刻本　四册

110000－0144－0016854　927.27/353－198
[嘉慶]彭山縣志六卷　(清)趙來震總裁　(清)史欽義等纂修　清嘉慶十九年(1814)彭山縣署刻本　六册

110000－0144－0016855　927.27/353－198
[嘉慶]彭山縣志六卷　(清)趙來震總裁　(清)史欽義等纂修　清嘉慶十九年(1814)彭山縣署刻本　六册

110000－0144－0016856　927.27/357－435
[嘉慶]邛州直隸州志四十六卷首一卷　(清)吳鞏纂修　(清)王來遴編輯　清嘉慶二十三年(1818)邛州州署刻本(有抄配)　十二册

110000－0144－0016857　927.27/359－199
[同治]大邑縣志二十卷　(清)趙霦等纂修　清同治六年(1867)大邑縣署刻本　十册

110000－0144－0016858　927.27/361－366
[光緒]蒲江縣志五卷　(清)孫清士　(清)陸汝衡纂修　(清)解璜　(清)徐元善編輯　清光緒四年(1878)蒲江縣署刻本　五册

110000－0144－0016859　927.27/401－478
[光緒]瀘州直隸州志十二卷　(清)田秀栗等總纂　(清)華國清　(清)施澤久分纂　清光緒八年(1882)瀘州州署刻本　十二册

110000－0144－0016860　927.27/403－117

[光緒]敘州府志四十三卷首一卷末一卷 (清)王麟祥總纂 (清)邱晉成編輯 清光緒二十二年(1896)敘州府署刻本 四十冊

110000－0144－0016861 927.27/403－886
[嘉慶]宜賓縣志五十四卷首一卷 (清)劉元熙纂修 (清)李世芳編輯 清嘉慶十七年(1812)宜賓縣學署刻本 四冊

110000－0144－0016862 927.27/407－879
[乾隆]富順縣志五卷首一卷 (清)段玠總裁 (清)李芝等纂修 清光緒八年(1882)富順縣釜江書社刻本 五冊

110000－0144－0016863 927.27/407－879
[乾隆]富順縣志五卷首一卷 (清)段玠總裁 (清)李芝等纂修 清光緒八年(1882)富順縣釜江書社刻本 五冊

110000－0144－0016864 927.27/409－104
[同治]南溪縣志八卷 (清)福倫總纂 (清)胡元翔 (清)唐毓彤纂修 清同治十三年(1874)南溪縣署刻本 八冊

110000－0144－0016865 927.27/413－125
[同治]高縣志五十四卷首一卷 (清)敖立榜纂修 (清)曾毓佐主稿 清同治五年(1866)高縣縣署刻本、光緒三十一年(1905)增刻本 六冊

110000－0144－0016866 927.27/423－313
[光緒]屏山縣續志二卷首一卷 (清)張九章總纂 (清)陳藩垣等分輯 清光緒二十四年(1898)屏山縣署刻本 二冊

110000－0144－0016867 927.27/427－476
[同治]合江縣志五十四卷首一卷 (清)秦湘總裁 (清)瞿澍蓀等增修 清嘉慶十七年(1812)合江縣署刻同治十年(1871)增刻本 十二冊

110000－0144－0016868 927.27/429－203
[嘉慶]納溪縣志十卷 (清)趙炳然 (清)陳廷鈺纂修 清嘉慶十八年(1813)納谿縣署刻本 四冊

110000－0144－0016869 927.27/429－203
[嘉慶]納溪縣志十卷 (清)趙炳然 (清)陳廷鈺纂修 清嘉慶十八年(1813)納谿縣署刻本 四冊

110000－0144－0016870 927.27/431－198
[嘉慶]江安縣志六卷 (清)趙模纂修 (清)鄭存仁編次 清嘉慶十七年(1812)江安縣署刻本 六冊

110000－0144－0016871 927.27/433－482
[光緒]資州直隸州志三十卷首四卷 (清)羅廷權等主修 (清)何衮等纂修 清光緒二年(1876)資州州署刻本 二十四冊

110000－0144－0016872 927.27/435－413
[道光]仁壽縣新志八卷 (清)馬百齡纂修 (清)魏崧 (清)鄭宗垣編輯 清道光十八年(1838)仁壽縣署刻本 八冊

110000－0144－0016873 927.27/435－482
[同治]仁壽縣志十五卷首一卷 (清)羅廷權修 (清)馬凡若纂 清同治五年(1866)仁壽縣署刻本 十四冊

110000－0144－0016874 927.27/437－536
[咸豐]資陽縣志四十八卷首二卷 (清)范涞清總裁 (清)何華元編輯 清咸豐十一年(1861)資陽縣署刻本 九冊

110000－0144－0016875 927.27/439－504
光緒井研志四十二卷首一卷 (清)葉桂年等修 (清)吳嘉謨 (清)龔煦春纂 清光緒二十六年(1900)井研縣署刻本 十二冊

110000－0144－0016876 927.27/445－102
[光緒]雷波廳志三十六卷首一卷 (清)秦雲龍總纂 (清)萬科進纂修 清光緒十九年(1893)雷波廳署刻本 六冊

110000－0144－0016877 927.27/445－102
[光緒]雷波廳志三十六卷首一卷 (清)秦雲龍總纂 (清)萬科進纂修 清光緒十九年(1893)雷波廳署刻本 六冊

110000－0144－0016878 927.27/501－796

［道光］保寧府志六十二卷圖考一卷　（清）黎學錦總裁　（清）史觀總纂　清道光元年（1821）保寧府署刻本　十六册

110000－0144－0016879　927.27/501－953
［咸豐］閬中縣志八卷　（清）徐繼鏞修　（清）李惺纂　清咸豐元年（1851）閬中縣署刻本　四册

110000－0144－0016880　927.27/503－194
［嘉慶］南充縣志八卷圖考一卷　（清）袁鳳孫總纂　（清）陳榕等協修　清嘉慶十八年（1813）刻咸豐七年（1857）增刻本　六册

110000－0144－0016881　927.27/503－288
［康熙］順慶府志十卷　（清）李成林總裁　（清）羅承順等纂輯　清康熙二十五年（1686）順慶府學署刻四十六年（1707）袁定遠增刻嘉慶十二年（1807）黄銑補刻本　八册

110000－0144－0016882　927.27/505－641
［光緒］西充縣志十四卷　（清）高培穀修　（清）劉藻纂　清光緒二年（1876）西充縣署刻本　六册

110000－0144－0016883　927.27/507－113
［同治］營山縣志三十卷　（清）翁道均纂修　（清）熊毓藩協修　清同治九年（1870）營山縣署刻本　十册

110000－0144－0016884　927.27/509－147
［同治］儀隴縣志六卷　（清）曹紹樾等創修　（清）胡輯瑞總修　清同治十年（1871）儀隴縣署刻光緒三十三年（1907）補刻本　六册

110000－0144－0016885　927.27/511－981
［道光］鄰水縣志六卷首一卷　（清）曾燦奎　（清）劉光第總裁　（清）甘家斌纂修　清道光十四年（1834）鄰水縣署刻本　六册

110000－0144－0016886　927.27/513－897
［光緒］岳池縣志二十卷首一卷　（清）何其泰等督修　（清）吴新德總纂　清光緒元年（1875）岳池縣鳳山書院刻本　十册

110000－0144－0016887　927.27/521－313
［道光］重修昭化縣志四十八卷　（清）張紹齡等纂修　清同治三年（1864）昭化縣署刻本　六册

110000－0144－0016888　927.27/523－161
［道光］通江縣志十五卷　（清）李鍾峩輯次　（清）錫檀增訂　清道光二十八年（1848）通江縣署刻本　十册

110000－0144－0016889　927.27/525－221
［道光］南江縣志三卷　（清）胡炳修　（清）彭琠纂　清道光七年（1827）南江縣署刻本　四册

110000－0144－0016890　927.27/527－835
［道光］巴州志十卷首一卷　（清）朱錫穀修　（清）陳一津纂　清道光十三年（1833）巴州州署刻本　四册

110000－0144－0016891　927.27/529－292
［同治］劍川志十卷　（清）李溶　（清）余文焕修　（清）李榕等纂　清同治十二年（1873）劍川州署刻本　四册

110000－0144－0016892　927.27/531－626
［光緒］蓬州志十五卷　（清）方旭修　（清）張禮傑等纂　清光緒二十三年（1897）蓬州州署刻本　三册

110000－0144－0016893　927.27/531－626
［光緒］蓬州志十五卷　（清）方旭修　（清）張禮傑等纂　清光緒二十三年（1897）蓬州州署刻本　三册

110000－0144－0016894　927.27/531－626
［光緒］蓬州志十五卷　（清）方旭修　（清）張禮傑等纂　清光緒二十三年（1897）蓬州州署刻本　三册

110000－0144－0016895　927.27/535－376
［光緒］新修潼川府志三十卷　（清）阿麟總纂　（清）王龍勳等纂修　清光緒二十三年（1897）潼川府署刻本　十六册

110000－0144－0016896　927.27/535－743
［嘉慶］三臺縣志八卷　（清）沈昭興修　清嘉

慶二十年(1815)三臺縣署刻本　八冊

110000－0144－0016897　927.27/537－171
[光緒]射洪縣志十八卷首一卷　(清)謝廷鈞等總核　(清)張尚溎等總纂　清光緒十二年(1886)射洪縣署刻本　十冊

110000－0144－0016898　927.27/537－171
[光緒]射洪縣志十八卷首一卷　(清)謝廷鈞等總核　(清)張尚溎等總纂　清光緒十二年(1886)射洪縣署刻本　十冊

110000－0144－0016899　927.27/537－171
[光緒]射洪縣志十八卷首一卷　(清)謝廷鈞等總核　(清)張尚溎等總纂　清光緒十二年(1886)射洪縣署刻本　十冊

110000－0144－0016900　927.27/537－384
[嘉慶]射洪縣志十八卷首一卷　(清)陳廷鈺等總核　(清)聶厚盟等總纂　清嘉慶二十五年(1820)射洪縣署刻本　八冊

110000－0144－0016901　927.27/541－268
[道光]中江縣志八卷首一卷　(清)楊霈主修　(清)李福源　(清)范泰衡纂輯　清道光十九年(1839)中江縣署刻本　六冊

110000－0144－0016902　927.27/545－366
[光緒]遂寧縣志六卷首一卷　(清)孫海等修　(清)李星根纂修　清光緒三年(1877)遂寧縣署刻本　六冊

110000－0144－0016903　927.27/547－439
[道光]蓬溪縣志十六卷首一卷　(清)吳章祁等總纂　(清)顧士英等編輯　清道光二十四年(1844)蓬溪縣署刻本　八冊

110000－0144－0016904　927.27/547－439
[道光]蓬溪縣志十六卷首一卷　(清)吳章祁等總纂　(清)顧士英等編輯　清道光二十四年(1844)蓬溪縣署刻本　八冊

110000－0144－0016905　927.27/547－439
[道光]蓬溪縣志十六卷首一卷　(清)吳章祁等總纂　(清)顧士英等編輯　清道光二十四年(1844)蓬溪縣署刻本　八冊

110000－0144－0016906　927.27/547－820
[光緒]蓬溪縣續志十四卷首一卷　(清)周學銘總纂　(清)熊祥謙編輯　清光緒二十五年(1899)蓬溪縣署刻本　四冊

110000－0144－0016907　927.27/549－216
[光緒]續增樂至縣志四卷首一卷　(清)胡書雲等主修　(清)李星根等纂　清光緒九年(1883)樂至縣署刻本　四冊

110000－0144－0016908　927.27/549－216
[光緒]續增樂至縣志四卷首一卷　(清)胡書雲等主修　(清)李星根等纂　清光緒九年(1883)樂至縣署刻本　四冊

110000－0144－0016909　927.27/549－216
[光緒]續增樂至縣志四卷首一卷　(清)胡書雲等主修　(清)李星根等纂　清光緒九年(1883)樂至縣署刻本　四冊

110000－0144－0016910　927.27/549－864
[道光]樂至縣志十六卷首一卷　(清)裴顯忠修　(清)劉碩輔纂　清道光二十年(1840)樂至縣署刻本　四冊

110000－0144－0016911　927.27/549－864
[道光]樂至縣志十六卷首一卷　(清)裴顯忠修　(清)劉碩輔纂　清道光二十年(1840)樂至縣署刻本　四冊

110000－0144－0016912　927.27/549－864
[道光]樂至縣志十六卷首一卷　(清)裴顯忠修　(清)劉碩輔纂　清道光二十年(1840)樂至縣署刻本　四冊

110000－0144－0016913　927.27/551－378
[光緒]續修安岳縣志四卷　(清)陳其寬鑒定　(清)鄒宗垣總纂　清光緒二十三年(1897)安岳縣署刻本　四冊

110000－0144－0016914　927.27/551－378
[光緒]續修安岳縣志四卷　(清)陳其寬鑒定　(清)鄒宗垣總纂　清光緒二十三年(1897)安岳縣署刻本　四冊

110000－0144－0016915　927.27/551－753

[道光]安岳縣志十六卷首一卷 (清)濮瑗總裁 (清)周國頤總纂 清道光十六年(1836)安岳縣署刻本 八册

110000－0144－0016916 927.27/551－753
[道光]安岳縣志十六卷首一卷 (清)濮瑗總裁 (清)周國頤總纂 清道光十六年(1836)安岳縣署刻本 八册

110000－0144－0016917 927.28/107－291
[光緒]四川新設鑪霍屯志略附公牘條陳 (清)李之珂撰 清光緒三十二年(1906)蓉城鉛印本 一册

110000－0144－0016918 927.28/107－291
[光緒]四川新設鑪霍屯志略附公牘條陳 (清)李之珂撰 清光緒三十二年(1906)蓉城鉛印本 一册

110000－0144－0016919 927.28/107－291
[光緒]四川新設鑪霍屯志略附公牘條陳 (清)李之珂撰 清光緒三十二年(1906)蓉城鉛印本 一册

110000－0144－0016920 927.28/107－291
[光緒]四川新設鑪霍屯志略附公牘條陳 (清)李之珂撰 清光緒三十二年(1906)蓉城鉛印本 一册

110000－0144－0016921 927.28/107－291
[光緒]四川新設鑪霍屯志略附公牘條陳 (清)李之珂撰 清光緒三十二年(1906)蓉城鉛印本 一册

110000－0144－0016922 927.28/123－379
[嘉慶]裡塘志略二卷 (清)陳登龍編 清末抄本 二册

110000－0144－0016923 927.31/103－117
[萬曆]閩都記三十三卷 (明)王應山纂輯 清道光十一年(1831)求放心齋刻本 八册

110000－0144－0016924 927.31/103－117
[萬曆]閩都記三十三卷 (明)王應山纂輯 清道光十一年(1831)求放心齋刻本 四册

110000－0144－0016925 927.31/103－830
[光緒]閩縣鄉土志八卷 (清)朱景星等修 (清)鄭祖庚等纂 清光緒三十二年(1906)閩縣縣署鉛印本 四册

110000－0144－0016926 927.31/－113
閩中沿革表五卷 (清)王捷南編 清道光十九年(1839)刻本 三册

110000－0144－0016927 927.31/113－185
[同治]長樂縣志二十卷首一卷 (清)彭光藻等總裁 (清)楊希閔纂修 清同治八年(1869)長樂縣署刻本 十册

110000－0144－0016928 927.31/113－908
[道光]長樂縣志十卷首一卷 (清)侯坤元主修 (清)溫訓總纂 清道光二十五年(1845)刻本 六册

110000－0144－0016929 927.31/119－383
[乾隆]永福縣志十卷 (清)陳焱等主修 (清)俞荔纂修 清乾隆十四年(1749)永福縣署刻本 六册

110000－0144－0016930 927.31/121－940
[乾隆]福清縣志二十卷 (清)饒安鼎等主修 (清)林昂等纂修 清光緒二十四年(1898)福清縣劉玉璋刻本 十二册

110000－0144－0016931 927.31/121－940
[乾隆]福清縣志二十卷 (清)饒安鼎等主修 (清)林昂等纂修 清光緒二十四年(1898)福清縣劉玉璋刻本 十二册

110000－0144－0016932 927.31/123－287
[乾隆]福寧府志四十四卷首一卷 (清)李拔纂修 清光緒六年(1880)福寧府張其曜刻本 二十册

110000－0144－0016933 927.31/129－204
[康熙]壽寧縣志八卷 (清)趙廷璣修 (清)王錫卣纂 清康熙二十五年(1686)壽寧縣署刻本 六册

110000－0144－0016934 927.31/201－817
[道光]廈門志十六卷 (清)周凱纂修 清道光十九年(1839)廈門玉屏書院刻本 十二册

110000－0144－0016935　927.31/201－817
[道光]廈門志十六卷　(清)周凱纂修　清道光十九年(1839)廈門玉屏書院刻本　十二冊

110000－0144－0016936　927.31/207－293
莆陽比事七卷　(宋)李俊甫纂輯　清化學齋叢刻本　一冊

110000－0144－0016937　927.31/207－813
[弘治]重刊興化府志五十四卷　(明)周瑛等撰　清同治十年(1871)興化府林慶貽刻本　二十八冊

110000－0144－0016938　927.31/207－813
[弘治]重刊興化府志五十四卷　(明)周瑛等撰　清同治十年(1871)興化府林慶貽刻本　二十四冊

110000－0144－0016939　927.31/211－682
[乾隆]泉州府志七十六卷首一卷　(清)懷蔭布總裁　(清)黄任　(清)郭賡武纂修　清同治九年(1870)泉州張倬標刻本　五十冊

110000－0144－0016940　927.31/215－439
[嘉慶]惠安縣志三十六卷首一卷　(清)吳裕仁纂修　清嘉慶八年(1803)惠安縣署刻本　十六冊

110000－0144－0016941　927.31/217－525
[乾隆]安溪縣志十二卷首一卷　(清)莊成總輯　(清)沈鍾等纂修　清乾隆二十二年(1757)安溪縣署刻本　十二冊

110000－0144－0016942　927.31/219－438
[嘉慶]同安縣志三十卷首一卷　(清)吳堂纂修　(清)劉光鼎纂　清光緒十二年(1886)同安縣署刻本　十二冊

110000－0144－0016943　927.31/219－522
[乾隆]馬巷廳志十八卷首一卷　(清)萬友正纂修　(清)黄家鼎校補　清光緒九年(1883)馬巷廳鄞縣黄家鼎刻十九年(1893)補刻本　八冊

110000－0144－0016944　927.31/221－971
[乾隆]永春州志十六卷首一卷　(清)鄭一崧修　(清)顔璹等纂　清乾隆五十二年(1787)永春州署刻本　十二冊　存八卷(九至十六)

110000－0144－0016945　927.31/303－922
[光緒]長汀縣志三十三卷首一卷　(清)劉國光總修　(清)謝昌霖協修　清光緒五年(1879)長汀縣署刻本　十四冊

110000－0144－0016946　927.31/303－981
[乾隆]汀州府志四十五卷首一卷　(清)曾日瑛等主修　(清)李紱等總纂　清同治六年(1867)汀州府署刻本　二十冊

110000－0144－0016947　927.31/305－287－02
[康熙]寧化縣志七卷　(清)祝文郁修　(清)李世熊纂　清同治八年(1869)寧化縣蔣澤元刻本　八冊

110000－0144－0016948　927.31/321－440
[乾隆]龍溪縣志二十四卷首一卷　(清)吳宣燮重修　(清)黄惠等總纂　清光緒五年(1879)龍溪縣霞文書院刻本　十二冊

110000－0144－0016949　927.31/－378
[道光]福建通志二百七十八卷首七卷　(清)孫爾準等總裁　(清)陳壽祺纂修　清同治十年(1871)正誼書院刻本　一百二十一冊

110000－0144－0016950　927.31/419－983
[光緒]續修浦城縣志四十二卷首一卷　(清)翁天祐等主修　(清)翁昭泰纂修　清光緒二十六年(1900)浦城縣南浦書院刻本　二十冊

110000－0144－0016951　927.31/425－112
[光緒]重纂邵武府志三十卷首一卷　(清)王琛等總修　(清)張景祁等總纂　清光緒二十三年(1897)邵武府樵川書院刻本　二十冊

110000－0144－0016952　927.31/427－340
[光緒]重修光澤縣志三十卷首一卷　(清)李麟瑞等總裁　(清)何秋淵纂修　清道光二十年(1840)光澤縣學署刻光緒二十三年(1897)增修本　十二冊

110000－0144－0016953　927.31/－905
福建全省輿圖　(清)傅以禮纂輯　清光緒三

十一年(1905)石印本　二冊

110000－0144－0016954　927.32/－158
東瀛識略八卷　(清)丁紹儀撰　清同治十二年(1873)福州吳玉田刻本　二冊

110000－0144－0016955　927.32/－378
[同治]淡水廳志十六卷　(清)陳培桂纂修　清同治十年(1871)淡水廳署刻本　八冊

110000－0144－0016956　927.32/－499
[光緒]臺灣小志一卷　(清)虛白主人著　清光緒十年(1884)臺灣省管可壽齋刻本　一冊

110000－0144－0016957　927.32/－567
[嘉慶]臺灣縣志八卷首一卷　(清)薛志亮總裁　(清)謝金鑾　(清)鄭兼才總纂　清嘉慶十二年(1807)臺灣縣署刻道光元年(1821)補刻本　八冊

110000－0144－0016958　927.32/－821
[康熙]諸羅縣志十二卷首一卷　(清)周鍾瑄主修　(清)陳夢林等編纂　清康熙五十七年(1718)諸羅縣署刻本　十四冊

110000－0144－0016959　927.32/－988
[乾隆]續修臺灣府志二十六卷首一卷　(清)余文儀主修　(清)黃佾參輯　清乾隆三十九年(1774)臺灣府署刻本　十四冊

110000－0144－0016960　927.33/103－213
[光緒]廣州府志一百六十三卷　(清)戴肇辰等主修　(清)史澄　(清)李光廷總纂　清光緒五年(1879)廣州粵秀書院刻本　六十冊

110000－0144－0016961　927.33/103－286
[同治]番禺縣志五十四卷首一卷　(清)李福泰主修　(清)史澄等總纂　清同治十年(1871)番禺縣光霽堂刻本　十六冊

110000－0144－0016962　927.33/103－440
[宣統]番禺縣續志四十四卷首一卷　(清)丁仁長　(清)梁鼎棻等總纂　清宣統三年(1911)番禺縣署刻本　十六冊

110000－0144－0016963　927.33/105－440
[道光]佛山忠義鄉志十四卷　(清)吳榮光纂修　清道光十年(1830)刻本　七冊

110000－0144－0016964　927.33/105－440
[道光]佛山忠義鄉志十四卷　(清)吳榮光纂修　清道光十年(1830)刻本　七冊

110000－0144－0016965　927.33/105－626
南海百詠一卷　(宋)方信孺撰　清光緒八年(1882)學海堂刻本　一冊

110000－0144－0016966　927.33/105－626
南海百詠一卷　(宋)方信孺撰　清光緒八年(1882)學海堂刻本　一冊

110000－0144－0016967　927.33/105－626
南海百詠續編四卷　(清)樊封撰　清光緒十九年(1893)學海堂刻本　二冊

110000－0144－0016968　927.33/105－833
[光緒]九江儒林鄉志二十一卷　(清)朱次琦倡修　(清)黎璿總纂　清光緒九年(1883)粵東省城翰元樓刻本　十冊

110000－0144－0016969　927.33/105－974
[同治]南海縣志二十六卷首一卷　(清)鄭夢玉主修　(清)梁紹獻總纂　清同治十一年(1872)南海縣署刻本　十二冊

110000－0144－0016970　927.33/105－974
[同治]南海縣志二十六卷首一卷　(清)鄭夢玉主修　(清)梁紹獻總纂　清同治十一年(1872)南海縣署刻本　十二冊　存二卷(一至二)

110000－0144－0016971　927.33/105－974.4
[宣統]南海縣志二十六卷末一卷　(清)張鳳喈主修　(清)桂坫總纂　清宣統三年(1911)南海縣署刻本　十四冊

110000－0144－0016972　927.33/107－636
[咸豐]順德縣志三十二卷　(清)郭汝誠修　(清)馮奉初纂　清咸豐六年(1856)刻本　十六冊

110000－0144－0016973　927.33/－119
廣東輿地圖説十四卷首一卷　王秉恩修　(清)楊士驤纂　(清)廖廷相纂　清宣統元年

(1909)參謀處粵東編譯公司重印本　十一冊

110000－0144－0016974　927.33/－119
廣東輿地圖説十四卷首一卷　王秉恩修　(清)楊士驤　(清)廖廷相纂　清宣統元年(1909)參謀處粵東編譯公司重印本　十一冊

110000－0144－0016975　927.33/119－270
[光緒]香山縣志二十二卷　(清)田明曜修　(清)陳禮纂　清光緒五年(1879)香山縣署刻本　十二冊

110000－0144－0016976　927.33/119－882
[乾隆]澳門記略二卷首一卷末一卷　(清)印光任　(清)張汝霖纂　清嘉慶五年(1800)刻本　四冊

110000－0144－0016977　927.33/119－882－02
[乾隆]澳門記略二卷首一卷　(清)印光任修　(清)張汝霖纂　清嘉慶五年(1800)江寧藩署刻本　二冊

110000－0144－0016978　927.33/119－882－02
[乾隆]澳門記略二卷首一卷　(清)印光任修　(清)張汝霖纂　清嘉慶五年(1800)江寧藩署刻本　二冊

110000－0144－0016979　927.33/119－882－03
[乾隆]澳門記略二卷首一卷　(清)印光任　(清)張汝霖著　清道光二十四年(1844)吴江沈氏世楷堂刻昭代叢書本　一冊

110000－0144－0016980　927.33/121－113
[乾隆]新會縣志十三卷首一卷　(清)王植纂修　清乾隆六年(1741)新會縣署刻本　存五卷(一至二、六至八)　三冊

110000－0144－0016981　927.33/121－257
[道光]新會縣志十四卷首一卷　(清)林星章主修　(清)黄培芳　(清)曾釗總纂　清道光二十一年(1841)刻本　十八冊

110000－0144－0016982　927.33/121－257
[同治]新會縣志續十卷首一卷　(清)彭君穀主修　(清)鍾應元等分纂　清同治九年(1870)新會縣學衙刻本　與110000－0144－0016981合冊

110000－0144－0016983　927.33/123－288
[嘉慶]三水縣志十六卷　(清)李友榕主修　(清)鄧雲龍等協修　清嘉慶二十四年(1819)三水縣署刻本　八冊

110000－0144－0016984　927.33/125－291
[光緒]清遠縣志十六卷首一卷　(清)李文烜主修　(清)朱潤芳纂修　清光緒六年(1880)清遠縣署刻本　八冊

110000－0144－0016985　927.33/131－361
[光緒]菱湖鎮志四十四卷首一卷　(清)孫志熊纂修　清光緒十九年(1893)歸安孫氏刻本　六冊

110000－0144－0016986　927.33/131－659
[道光]佛岡直隸軍民廳志四卷　(清)龔耿光纂修　清咸豐元年(1851)刻本　四冊

110000－0144－0016987　927.33/135－166
[咸豐]續修高要縣志稿二卷首一卷　(清)吴信臣修　(清)黄登瀛纂　清光緒八年(1882)高要縣署刻本　一冊

110000－0144－0016988　927.33/135－228
[道光]高要縣志二十二卷首一卷　(清)韓際飛監修　(清)何元等纂輯　清道光六年(1826)刻民國福元鉛字補版印本　十冊

110000－0144－0016989　927.33/135－474
[道光]肇慶府志二十二卷首一卷　(清)屠英等主修　(清)胡森等纂修　清光緒二年(1876)肇慶府署刻本　缺二卷(一、首一卷)　二十一冊

110000－0144－0016990　927.33/135－474
[道光]肇慶府志二十二卷首一卷　(清)屠英等主修　(清)胡森等纂修　清光緒二年(1876)肇慶府署刻本　二十二冊

110000－0144－0016991　927.33/137－378
[光緒]四會縣志十編首一編末一編　(清)陳志喆等主修　(清)吴大猷總纂　清光緒二十二年(1896)四會縣署刻本　十二冊

110000－0144－0016992　927.33/141－842
[光緒]高明縣志十六卷首一卷　(清)鄒兆麟等總纂　(清)區為樑等分纂　清光緒二十年(1894)高明縣署刻本　六冊

110000－0144－0016993　927.33/143－167
[道光]廣寧縣志十七卷　(清)黄思藻總輯　清道光四年(1824)廣寧縣署刻本　五冊

110000－0144－0016994　927.33/143－512
[光緒]廣寧縣鄉土志一卷　(清)蕭雨春纂　清光緒三十四年(1908)廣寧縣蕭雨春鉛印本　一冊

110000－0144－0016995　927.33/149－829
[光緒]德慶州志十五卷首一卷末一卷　(清)楊文駿修　(清)朱一新纂　清光緒二十五年(1899)德慶州署刻本　缺一卷(首一卷)　十冊

110000－0144－0016996　927.33/157－113
[雍正]羅定州志六卷首一卷　(清)王植纂修　清雍正九年(1731)羅定州署刻本　六冊

110000－0144－0016997　927.33/167
廣東鄉土史教科書二卷　(清)黄映奎修　清光緒三十二年(1906)時中學校刻本　一冊

110000－0144－0016998　927.33/201－255
[同治]韶州府志四十卷　(清)林述訓等總修　(清)單興詩總纂　清光緒二年(1876)韶州府署刻本　二十四冊

110000－0144－0016999　927.33/201－314
[光緒]曲江縣志十六卷　(清)張希京總修　(清)歐樾華等纂修　清光緒元年(1875)曲江縣署刻本　五冊

110000－0144－0017000　927.33/203－988
[道光]南雄州直隸州志三十四卷首一卷　(清)余保純重修　(清)黄其勤等纂　清道光二十四年(1844)廣東省城心簡齋刻本　十六冊

110000－0144－0017001　927.33/203－988
[道光]南雄州直隸州志三十四卷首一卷　(清)余保純重修　(清)黄其勤等纂　清道光二十四年(1844)廣東省城心簡齋刻本　十六冊

110000－0144－0017002　927.33/205－307
[光緒]始興縣鄉土志一卷　(清)張報和纂　清光緒三十三年(1907)始興縣署鉛印本　一冊

110000－0144－0017003　927.33/213－165
[道光]英德縣志十六卷首一卷　(清)黄培燦主修　(清)任殿邦總纂　清道光二十三年(1843)英德縣署刻本　十冊

110000－0144－0017004　927.33/215－620
[嘉慶]翁源縣新志十二卷首一卷末一卷　(清)謝崇俊等修　(清)顔爾樞纂　清嘉慶二十五年(1820)翁源縣署刻本　六冊

110000－0144－0017005　927.33/217－193
[同治]連州志十二卷　(清)袁泳錫修　(清)單興詩纂　清同治九年(1870)連州州署刻本　六冊

110000－0144－0017006　927.33/－258
嶺海賸四卷　(清)林輝撰　(清)趙古農輯　清道光四年(1824)刻本　二冊

110000－0144－0017007　927.33/－258
嶺海賸四卷　(清)林輝撰　(清)趙古農輯　清道光四年(1824)刻本　二冊

110000－0144－0017008　927.33/303－287
[嘉慶]澄海縣志二十六卷首一卷　(清)李書吉纂修　清嘉慶二十年(1815)澄海縣署刻本　十四冊

110000－0144－0017009　927.33/305－655
[乾隆]歸善縣志十八卷首一卷　(清)章壽彭修　(清)陸飛纂　清乾隆四十八年(1783)歸善縣署刻本　五冊

110000－0144－0017010　927.33/305－892
[光緒]惠州府志四十五卷首一卷　(清)劉溎年總裁　(清)張聯桂等監修　清光緒七年(1881)惠州府署刻本　二十冊

110000－0144－0017011　927.33/311－504
[道光]永安縣三志五卷首一卷末一卷　（清）葉廷芳增修　（清）宋如楠續纂　清道光二年(1822)永安縣署刻本　四冊

110000－0144－0017012　927.33/313－111
[乾隆]海豐縣志十卷續編　（清）于卜熊總裁　（清）史本編纂　清乾隆十五年(1750)海豐縣署刻同治十二年(1873)補刻本　六冊

110000－0144－0017013　927.33/－314
廣東輿地全圖　（清）張人駿重訂　清光緒二十三年(1897)石印本　二冊

110000－0144－0017014　927.33/315－117
[乾隆]陸豐縣志十二卷　（清）王之正總輯　（清）沈展才分纂　清乾隆十年(1745)陸豐縣署刻本　四冊

110000－0144－0017015　927.33/321
廣東新語二十八卷　（清）屈大均撰　清康熙三十九年(1700)木天閣刻本　六冊

110000－0144－0017016　927.33/323－497
[雍正]連平州志十卷　（清）盧廷俊重修　（清）顔希聖　（清）何深纂　清雍正八年(1730)連平州署刻本　一冊　存二卷(一至二)

110000－0144－0017017　927.33/325－307
[雍正]海陽縣志十二卷　（清）張士璉纂修　清雍正十二年(1734)海陽縣署刻本　十冊

110000－0144－0017018　927.33/325－385
郡乘代言一卷　（清）陳衍虞撰　清道光十九年(1839)鳳城世馨堂刻本　一冊

110000－0144－0017019　927.33/325－493
[光緒]海陽縣志四十六卷首一卷　（清）盧蔚猷主修　（清）吳道鎔總纂　清光緒二十六年(1900)海陽縣署刻本　十冊

110000－0144－0017020　927.33/325－815
[乾隆]潮州府志四十二卷首一卷　（清）周碩勳輯　清光緒十九年(1893)潮州保安總局刻本　二十五冊

110000－0144－0017021　927.33/325－815－02
[乾隆]潮州府志四十二卷首一卷　（清）周碩勳輯　清乾隆四十年(1775)潮州府署刻本　六冊

110000－0144－0017022　927.33/327－521
[光緒]豐順縣志八卷首一卷　（清）葛曙修　（清）許普濟續修　清光緒十年(1884)刻本　六冊

110000－0144－0017023　927.33/329－819
[光緒]潮陽縣志二十二卷首一卷　（清）周恒重修　（清）張其䎗纂　清光緒十年(1884)潮陽縣署刻本　十冊

110000－0144－0017024　927.33/331－116
[光緒]揭陽縣續志四卷首一卷　（清）王崧監修　（清）李星煇總纂　清光緒十六年(1890)揭陽縣署刻本　三冊

110000－0144－0017025　927.33/337－890
[乾隆]揭陽縣志八卷首一卷　（清）淩魚纂修　（清）劉業勤纂輯　清乾隆四十四年(1779)揭陽縣署刻本　八冊

110000－0144－0017026　927.33/340－889
[雍正]平遠縣志十卷　（清）劉駿名纂　（清）黄大鵬增修　清康熙九年(1670)平遠縣署刻雍正九年(1731)增刻本　二冊

110000－0144－0017027　927.33/343－440
[光緒]嘉應州志三十二卷首一卷　（清）吳宗焯倡修　（清）溫仲和總纂　清光緒二十七年(1901)嘉應州署刻本　十四冊

110000－0144－0017028　927.33/347－912
[咸豐]興寧縣志十二卷首一卷　（清）仲振履原修　（清）張鶴齡續修　清嘉慶十六年(1811)興寧縣署刻咸豐六年(1856)續刻本　九冊

110000－0144－0017029　927.33/401－102
[嘉慶]茂名縣志二十一卷首一卷　（清）秦沅等修　（清）吳徽敘等分纂　清嘉慶二十四年(1819)茂名縣署刻本　八冊

110000－0144－0017030　927.33/401－170
［道光］高州府志十六卷　（清）黄安濤等總修　（清）潘眉總纂　清道光七年（1827）高州府署刻本　十六册

110000－0144－0017031　927.33/401－975
［光緒］茂名縣志八卷首一卷　（清）鄭業崇等主修　（清）楊頤總纂　清光緒十四年（1888）茂名縣署刻本　七册

110000－0144－0017032　927.33/405－125
［光緒］信宜縣志八卷拾餘一卷　（清）敖式槱監修　（清）梁安甸等纂修　清光緒十五年（1889）信宜縣署刻本　六册

110000－0144－0017033　927.33/407－185
［光緒］化州志十二卷　（清）彭貽蓀等總纂　（清）彭步瀛等纂修　清光緒十六年（1890）化州州署刻本　八册

110000－0144－0017034　927.33/409－781
［光緒］吴川縣志十卷首一卷　（清）毛昌善主修　（清）陳蘭彬總纂　清光緒十八年（1892）吴川縣壽鑄刻本　十册

110000－0144－0017035　927.33/－410
駐粤八旗志二十四卷首一卷　（清）長善纂　清光緒五年（1879）廣州翰文堂刻本　十六册

110000－0144－0017036　927.33/－410
駐粤八旗志二十四卷首一卷　（清）長善纂　清光緒五年（1879）廣州翰文堂刻本　十六册

110000－0144－0017037　927.33/411－308
［嘉慶］石城縣志六卷首一卷　（清）張大凱等纂修　清嘉慶二十五年（1820）石城縣署刻本　六册

110000－0144－0017038　927.33/413－893
［嘉慶］海康縣志八卷　（清）劉邦柄總裁　（清）陳昌齊總纂　清嘉慶十七年（1812）海康縣署刻本　五册

110000－0144－0017039　927.33/419－292
［道光］陽江縣志八卷　（清）李澐總輯　（清）李應均　（清）胡琫續輯　清道光二年（1822）陽江縣衙刻本　五册

110000－0144－0017040　927.33/421－393－02
［道光］陽春縣志十四卷首一卷　（清）陸向榮修　（清）劉彬華纂　清道光元年（1821）廣州六書齋刻本　四册

110000－0144－0017041　927.33/501－463
［道光］瓊州府志四十四卷首一卷　（清）明誼修　（清）張岳崧纂　清道光二十一年（1841）瓊州府署刻本　十八册

110000－0144－0017042　927.33/509－378
［嘉慶］會同縣志十卷　（清）陳述芹纂修　清嘉慶二十五年（1820）會同縣署刻本　四册

110000－0144－0017043　927.33/－564－03
廣東鄉土地理教科書二卷　蔡鑄編　清光緒三十四年（1908）粤東編譯公司鉛印本　二册

110000－0144－0017044　927.33/601－828
［道光］欽州志十二卷首一卷　（清）朱椿年總纂　（清）杜以寬　（清）葉輪纂修　清道光十四年（1834）欽州州署刻本　八册

110000－0144－0017045　927.33/605－307
［道光］廉州府志二十六卷首一卷　（清）張堉春總纂　（清）陳治昌纂修　清道光十三年（1833）廉州府署刻本　二十册

110000－0144－0017046　927.33/605－307
［道光］廉州府志二十六卷首一卷　（清）張堉春總纂　（清）陳治昌纂修　清道光十三年（1833）廉州府署刻本　二十册

110000－0144－0017047　927.33/－664.6
廣東圖二十三卷　（清）□□編製　清同治五年（1866）廣州鎔經鑄史齋刻本　一册

110000－0144－0017048　927.33/－664.6
廣東圖二十三卷　（清）□□編製　清同治五年（1866）廣州鎔經鑄史齋刻本　一册

110000－0144－0017049　927.33/－664.6
廣東圖二十三卷　（清）□□編製　清同治五年（1866）廣州鎔經鑄史齋刻本　一册

110000－0144－0017050　927.33/－719

[道光]廣東通志三百三十四卷首一卷 （清）阮元總裁 （清）陳昌齊等總纂 清同治三年(1864)刻本 一百二十冊

110000－0144－0017051 927.33/－719
[道光]廣東通志三百三十四卷首一卷 （清）阮元總裁 （清）陳昌齊等總纂 清同治三年(1864)刻本 一百二十冊

110000－0144－0017052 927.33/－719
[道光]廣東通志三百三十四卷首一卷 （清）阮元總裁 （清）陳昌齊等總纂 清同治三年(1864)刻本 一百二十冊

110000－0144－0017053 927.33/－818
廣東考古輯要四十六卷 （清）周廣等輯 清光緒十九年(1893)還讀書屋刻本 十冊

110000－0144－0017054 927.33/931
嶺海見聞四卷 （清）錢以塏撰 清刻本 一冊

110000－0144－0017055 927.34/150
廣西輿地全圖二卷 （清）兩廣督署繪 清光緒三十一年(1905)合肥李經義刻本 二冊

110000－0144－0017056 927.34/201－120
[同治]蒼梧縣志十八卷首一卷 （清）蒯光煥等監修 （清）李百齡等纂修 清同治十三年(1874)蒼梧縣署刻本 十冊

110000－0144－0017057 927.34/209－366
[同治]懷集縣志十卷 （清）孫汝霖等總裁 （清）曾浤仁總纂 清同治十二年(1873)懷集縣署刻光緒元年(1875)補刻本 六冊

110000－0144－0017058 927.34/213－348
[光緒]潯州府志五十七卷 （清）夏敬頤 （清）褚興周纂修 清光緒二十三年(1897)潯州府署刻本 缺一卷(二十七) 十八冊

110000－0144－0017059 927.34/213－806
[同治]潯州府志三十八卷首一卷 （清）魏篤修 （清）王俊臣纂 清同治十三年(1874)刻本 二十冊

110000－0144－0017060 927.34/215－309
[道光]平南縣志二十二卷首一卷 （清）張顯相纂修 （清）黎士華編纂 清道光十五年(1835)平南縣武城書院刻本 八冊

110000－0144－0017061 927.34/221－774
[光緒]鬱林州志二十卷首一卷 （清）馮德材 （清）全文炳裁定 （清）文德馨 （清）牟懋圻總纂 清光緒二十年(1894)鬱林州署刻本 十冊

110000－0144－0017062 927.34/301－170
[光緒]臨桂縣志三十二卷首一卷 （清）吳徵鼇修 （清）黄泌 曹馴纂 清光緒三十一年(1905)臨桂縣署刻本 十六冊

110000－0144－0017063 927.34/301－532
桂海虞衡志一卷 （宋）范成大撰 明刻本 一冊

110000－0144－0017064 927.34/323－716
[嘉慶]平樂府志四十卷首一卷 （清）清柱纂修 清光緒三年(1877)平樂府署刻本 十二冊

110000－0144－0017065 927.34/323－984
[光緒]平樂府志十卷 （清）全文炳纂修 （清）伍嘉猷編輯 清光緒十年(1884)平樂府署刻本 六冊

110000－0144－0017066 927.34/327－962
[光緒]富川縣志十二卷首一卷 （清）顧國詰等纂修 （清）劉樹賢纂 清光緒十六年(1890)富川縣署刻本 六冊

110000－0144－0017067 927.34/331－984
[光緒]賀縣志八卷 （清）全文炳修 （清）蘇煜坡纂修 清光緒十六年(1890)賀縣縣署刻本 六冊

110000－0144－0017068 927.34/－357
廣西省志摘覽二卷 （清）了園輯 清光緒二十六年(1900)平樂楊寶仁堂刻本 二冊

110000－0144－0017069 927.34/517－757
[光緒]鎮安府志二十五卷首一卷 （清）羊復禮纂修 清光緒十八年(1892)鎮安府署刻本

十二册

110000－0144－0017070　927.34/－554
[光緒]廣西通志輯要十七卷首一卷　(清)蘇宗經原輯　(清)羊復禮增輯　**廣西昭忠錄八卷首一卷平桂紀略四卷股匪總錄三卷黨匪總錄十二卷廣西道里表一卷**　(清)蘇鳳文撰　清光緒十五年(1889)廣西省署刻本　二十册

110000－0144－0017071　927.34/－624
[嘉慶]廣西通志二百七十九卷首一卷　(清)謝啟昆等總裁　(清)胡虔編纂　清嘉慶六年(1801)刻光緒十七年(1891)補刻本　八十册

110000－0144－0017072　927.34/625－687
[光緒]歸順直隸州志六卷　(清)顏嗣徽總修　清光緒二十五年(1899)歸順州署刻本　六册

110000－0144－0017073　927.35/101－213
[道光]昆明縣志十卷　(清)戴絅孫輯　清光緒二十七年(1901)昆明縣署刻本　六册

110000－0144－0017074　927.35/101－213
[道光]昆明縣志十卷　(清)戴絅孫輯　清光緒二十七年(1901)昆明縣署刻本　八册

110000－0144－0017075　927.35/101－213
[道光]昆明縣志十卷　(清)戴絅孫輯　清光緒二十七年(1901)昆明縣署刻本　六册

110000－0144－0017076　927.35/101－213
[道光]昆明縣志十卷　(清)戴絅孫輯　清光緒二十七年(1901)昆明縣署刻本　六册

110000－0144－0017077　927.35/101－213
[道光]昆明縣志十卷　(清)戴絅孫輯　清光緒二十七年(1901)昆明縣署刻本　五册

110000－0144－0017078　927.35/107－289
[光緒]呈貢縣志八卷　(清)朱若功纂裁　(清)李明銎纂裁　清雍正三年(1725)呈貢縣署刻光緒十一年(1885)增刻本　八册

110000－0144－0017079　927.35/115－222
[光緒]續修嵩明州志八卷　(清)胡緒昌等總纂　(清)王沂淵纂修　清光緒十三年(1887)雲南嵩陽書院刻本　四册

110000－0144－0017080　927.35/－116－02
[道光]雲南備徵志二十一卷　(清)王崧纂　清宣統二年(1910)雲南官報局鉛印雲南叢書本　八册

110000－0144－0017081　927.35/129－781
[咸豐]南寧縣志十卷首一卷　(清)毛玉成主修　(清)張翊辰纂修　清咸豐二年(1852)南寧縣署刻本　四册

110000－0144－0017082　927.35/147－988
[光緒]東川府續志四卷　(清)余澤春修　(清)茅紫芳　馮譽驄續修　清光緒二十三年(1897)東川府署刻本　四册

110000－0144－0017083　927.35/179－294
[道光]定遠縣志八卷　(清)李德生等纂修　(清)李慶元纂輯　清道光十五年(1835)定遠縣署刻本　七册

110000－0144－0017084　927.35/－284
蠻書十卷　(唐)樊綽撰　清光緒刻雲南備徵志本　一册

110000－0144－0017085　927.35/－291.6
雲南志略　(元)李京撰　清順治三年(1646)李際期宛委山堂刻説郛本　一册

110000－0144－0017086　927.35/311－291
[道光]新平縣志八卷　(清)李誠纂輯　清末抄本　八册

110000－0144－0017087　927.35/－324
[乾隆]雲南通志三十卷首一卷　(清)鄂爾泰　(清)尹繼善等總裁　(清)靖道謨纂修　清乾隆元年(1736)雲南省署刻本　三十册

110000－0144－0017088　927.35/－333.3
[光緒]課吏館全滇紀要不分卷　(清)雲南課吏館編輯　清光緒三十二年(1906)雲南課吏館鉛印本　十册

110000－0144－0017089　927.35/401－319
[乾隆]雲南騰越州志十三卷　(清)屠述濂纂修　清光緒二十三年(1897)雲南騰越學署刻

本　六冊

110000 - 0144 - 0017090　927.35/401 - 383
[光緒]騰越廳志稿二十卷首一卷　(清)陳宗海修　(清)趙端禮纂　清光緒十三年(1887)雲南來鳳書院刻本　十二冊

110000 - 0144 - 0017091　927.35/403 - 893
[光緒]永昌府志六十六卷首一卷　(清)劉毓珂纂修　清光緒十一年(1885)永昌府署刻本　十一冊　存六十二卷(四至六十五)

110000 - 0144 - 0017092　927.35/413 - 170
[光緒]雲南縣志十二卷　(清)項聯晉修　(清)黃炳堃纂　清光緒十六年(1890)雲南縣署刻本　五冊

110000 - 0144 - 0017093　927.35/431 - 274
[光緒]鶴慶州志三十二卷首一卷　(清)王寶儀總裁　(清)楊金和等纂修　清光緒二十年(1894)鶴慶州署刻本　十冊

110000 - 0144 - 0017094　927.35/447 - 158
[光緒]續修白鹽井志十一卷首一卷　(清)李訓鋐等鑒定　(清)羅其澤等纂修　清光緒三十三年(1907)白鹽井署刻本　十二冊

110000 - 0144 - 0017095　927.35/447 - 392
[光緒]姚州志十一卷首一卷　(清)陸宗鄭修　(清)甘雨纂　清光緒十一年(1885)姚州州署刻本　十二冊

110000 - 0144 - 0017096　927.35/451 - 293
[光緒]鎮南州志略十一卷　(清)李毓蘭修　(清)甘孟賢纂　清光緒十八年(1892)鎮南州署刻本　九冊

110000 - 0144 - 0017097　927.35/ - 593
[光緒]雲南通志二百四十二卷　(清)岑毓英修　(清)陳燦纂　清光緒二十年(1894)雲南省署刻本　二百十五冊

110000 - 0144 - 0017098　927.35/ - 867
[嘉慶]滇繫四十卷　(清)師範纂輯　清嘉慶十三年(1808)師範刻本　四十冊

110000 - 0144 - 0017099　927.35/ - 867
[嘉慶]滇繫四十卷　(清)師範纂輯　清嘉慶十三年(1808)師範刻本　十冊　存八卷(一至七、十)

110000 - 0144 - 0017100　927.35/ - 867
[嘉慶]滇繫四十卷　(清)師範纂輯　清嘉慶十三年(1808)師範刻本　四十冊

110000 - 0144 - 0017101　927.35/ - 867 - 02
[嘉慶]滇繫四十卷　(清)師範纂輯　清光緒十三年(1887)雲南通志局刻本　四十冊

110000 - 0144 - 0017102　927.35/ - 867 - 02
[嘉慶]滇繫四十卷　(清)師範纂輯　清光緒十三年(1887)雲南通志局刻本　四十冊

110000 - 0144 - 0017103　927.36/101 - 820
[乾隆]貴陽府志八十八卷冠編二卷余編二十卷　(清)周作楫修　(清)肖琯　(清)鄒漢勛纂　清道光三十年(1850)貴陽府署刻本　四十冊

110000 - 0144 - 0017104　927.36/119 - 987
[道光]廣順州志十二卷首一卷末一卷　(清)金臺修　(清)但明倫纂　清道光二十七年(1847)廣陽書院刻本(卷四為配本)　缺二卷(二至三)　五冊

110000 - 0144 - 0017105　927.36/125 - 476
[光緒]平越直隸州志四十卷　(清)瞿鴻錫修　(清)賀緒蕃纂　清光緒二十八年(1902)平越直隸州署刻三十三年(1907)陳培庚補刻本　十六冊

110000 - 0144 - 0017106　927.36/133 - 343
[道光]遵義府志四十八卷首一卷　(清)平翰修　(清)鄭珍纂　清道光二十一年(1841)遵義府署刻本　二十冊

110000 - 0144 - 0017107　927.36/217 - 990
[光緒]黎平府志八卷首一卷　(清)俞渭修　(清)陳瑜纂　清光緒十八年(1892)黎平府志書局刻本　十四冊

110000 - 0144 - 0017108　927.36/221 - 988
[光緒]古州廳志十卷首一卷　(清)余澤春

(清)吴厚恩總纂 (清)余嵩慶等纂修 清光緒十四年(1888)古州廳署刻本 六冊

110000－0144－0017109 927.36/301－380
[光緒]畢節縣志十卷首一卷 (清)陳昌言修 (清)徐廷燮纂 清光緒五年(1879)畢節縣學宮刻本 八冊

110000－0144－0017110 927.36/303－596
[咸豐]安順府志五十四卷首一卷 (清)常恩修 (清)鄒漢勳 (清)吴寅邦總修 清光緒十七年(1891)安順府署刻本 十六冊

110000－0144－0017111 927.36/－437
黔語二卷 (清)吴振棫撰 清咸豐四年(1854)錢塘吴氏刻本 一冊

110000－0144－0017112 927.36/－437
黔語二卷 (清)吴振棫撰 清咸豐四年(1854)錢塘吴氏刻本 一冊

110000－0144－0017113 927.36/－437
黔語二卷 (清)吴振棫撰 清咸豐四年(1854)錢塘吴氏刻本 一冊

110000－0144－0017114 927.36/－454
[宣統]貴州省全地與圖説二卷 (清)□□編 清宣統元年(1909)貴州調查局鉛印本 四冊

110000－0144－0017115 927.36/－482
[道光]黔南職方紀略九卷 (清)羅繞典輯 清道光二十七年(1847)羅繞典刻光緒三十一年(1905)補刻本 四冊

110000－0144－0017116 927.36/－941
[乾隆]黔南識略三十二卷 (清)愛必達纂修 清道光二十七年(1847)貴州羅繞典刻光緒三十二年(1906)袁開第補刻本 四冊

110000－0144－0017117 927.36/－941
[乾隆]黔南識略三十二卷 (清)愛必達纂修 清道光二十七年(1847)貴州羅繞典刻光緒三十二年(1906)袁開第補刻本 四冊

110000－0144－0017118 927.36/－941－02
[乾隆]黔南識略三十二卷 (清)愛必達纂修 清道光二十七年(1847)貴州羅繞典刻本 八冊

110000－0144－0017119 927.36/－941－02
[乾隆]黔南識略三十二卷 (清)愛必達纂修 清道光二十七年(1847)貴州羅繞典刻本 八冊

110000－0144－0017120 927.4/283－1
滿洲財力論 (日本)松本敬之著 (清)施爾常譯 清光緒三十二年(1906)京師學部編譯書局鉛印本 一冊

110000－0144－0017121 927.4/283－1
滿洲財力論 (日本)松本敬之著 (清)施爾常譯 清光緒三十二年(1906)京師學部編譯書局鉛印本 一冊

110000－0144－0017122 927.4/283－1
滿洲財力論 (日本)松本敬之著 (清)施爾常譯 清光緒三十二年(1906)京師學部編譯書局鉛印本 一冊

110000－0144－0017123 927.4/283－1
滿洲財力論 (日本)松本敬之著 (清)施爾常譯 清光緒三十二年(1906)京師學部編譯書局鉛印本 一冊

110000－0144－0017124 927.4/441
東三省沿革表六卷 (清)吴廷燮編 清宣統元年(1909)天津徐氏退耕堂刻本 六冊

110000－0144－0017125 927.4/441
東三省沿革表六卷 (清)吴廷燮編 清宣統元年(1909)天津徐氏退耕堂刻本 六冊

110000－0144－0017126 927.4/947
東三省政略十二卷 徐世昌撰 清宣統三年(1911)鉛印本 四十冊

110000－0144－0017127 927.41/105－984
[咸豐]開原縣志八卷首一卷 (清)全禄纂修 (清)張式金等協修 清咸豐七年(1857)開原縣署刻本 八冊

110000－0144－0017128 927.41/113－879
[宣統]西安縣志略十三卷 (清)雷飛鵬修

(清)段盛梓纂　清宣統三年(1911)西安縣署石印本　二册

110000－0144－0017129　927.41/113－879
[宣統]西安縣志略十三卷　(清)雷飛鵬修　(清)段盛梓纂　清宣統三年(1911)西安縣署石印本　二册

110000－0144－0017130　927.41/113－879
[宣統]西安縣志略十三卷　(清)雷飛鵬修　(清)段盛梓纂　清宣統三年(1911)西安縣署石印本　二册

110000－0144－0017131　927.41/117－651
[光緒]遼陽鄉土志　(清)洪汝沖鑒定　(清)永貞纂　清光緒三十四年(1908)遼陽奉天習藝所鉛印本　一册

110000－0144－0017132　927.41/117－651
[光緒]遼陽鄉土志　(清)洪汝沖鑒定　(清)永貞纂　清光緒三十四年(1908)遼陽奉天習藝所鉛印本　一册

110000－0144－0017133　927.41/117－651
[光緒]遼陽鄉土志一卷　(清)洪汝沖鑒定　(清)永貞纂　清光緒三十四年(1908)遼陽奉天習藝所鉛印本　一册

110000－0144－0017134　927.41/129－845
[宣統]新民府志不分卷　(清)管鳳龢纂修　清宣統元年(1909)鉛印本　一册

110000－0144－0017135　927.41/157－538
[乾隆]雒南縣志十二卷附志一卷　(清)范啟源重纂　(清)薛韞訂正　清乾隆十一年(1746)雒南縣署刻十二年(1747)增補同治七年(1868)增刻本　十二册

110000－0144－0017136　927.41/207－180
鳳城瑣錄一卷　(清)博明撰　清嘉慶六年(1801)刻本　一册

110000－0144－0017137　927.41/207－180
鳳城瑣錄一卷　(清)博明撰　清嘉慶六年(1801)刻本　一册

110000－0144－0017138　927.41/217－313
[宣統]長白彙徵錄八卷首一卷　(清)張鳳臺等修　(清)劉龍光　(清)王大經等纂　清宣統二年(1910)長白府署鉛印本　四册

110000－0144－0017139　927.41/223－792
[宣統]撫順縣志略二十二卷　(清)趙宇航　(清)程廷恒等鑒定　(清)黎鏡蓉等編輯　清宣統三年(1911)撫順縣署石印本　二册

110000－0144－0017140　927.41/272
柳邊紀略一卷　(清)楊賓撰　清道光吳江沈氏世楷堂刻昭代叢書本　一册

110000－0144－0017141　927.41/309－720
[宣統]昌圖府志六章　(清)洪汝沖纂修　清宣統二年(1910)奉天圖書印刷所鉛印本　一册

110000－0144－0017142　927.41/317－930
[光緒]奉化縣志十四卷末一卷補遺一卷志餘一卷　(清)錢開震修　(清)陳文焯纂　清光緒十一年(1885)奉化縣署刻本　四册

110000－0144－0017143　927.41/－376
[乾隆]欽定盛京通志一百三十卷首一卷　(清)阿桂等總裁　(清)劉謹之　(清)程維岳總纂　清乾隆四十三年(1778)奉天府署木活字印本　六十四册

110000－0144－0017144　927.41/－800
[乾隆]盛京通志四十八卷　(清)呂耀曾等總裁　(清)魏樞纂　清乾隆元年(1736)奉天府署刻咸豐二年(1852)雷以諴補刻本　二十册

110000－0144－0017145　927.41/－800
[乾隆]盛京通志四十八卷　(清)呂耀曾等總裁　(清)魏樞纂　清乾隆元年(1736)奉天府署刻咸豐二年(1852)雷以諴補刻本　二十册

110000－0144－0017146　927.42/209－292
吉林省賓州府政書四編　(清)李澍恩編　清宣統二年(1910)商務印書館鉛印本　一册

110000－0144－0017147　927.42/－287
[光緒]吉林通志一百二十二卷　(清)長順　(清)訥欽修　(清)李桂林　(清)顧雲纂

清光緒十七年(1891)吉林省署刻本　四十九册

110000－0144－0017148　927.42/－287
[光緒]吉林通志一百二十二卷　(清)長順　(清)訥欽修　(清)李桂林　(清)顧雲纂　清光緒十七年(1891)吉林省署刻本　四十九册

110000－0144－0017149　927.42/303－435
[康熙]寧古塔紀略一卷　(清)吳桭臣撰　清光緒袁昶刻漸西村舍彙刊本　一册

110000－0144－0017150　927.42/303－435
[康熙]寧古塔紀略一卷　(清)吳桭臣撰　清光緒袁昶刻漸西村舍彙刊本　一册

110000－0144－0017151　927.42/303－435－02
[康熙]寧古塔紀略一卷　(清)吳桭臣撰　清光緒十八年(1892)知服齋刻知服齋叢書本　一册

110000－0144－0017152　927.42/303－626
[道光]寧古塔志一卷　(清)方拱乾撰　清道光十三年(1833)吳江世楷堂刻昭代叢書本　一册

110000－0144－0017153　927.42/－516
吉林外紀十卷　(清)薩英額纂修　清光緒二十一年(1895)廣雅書局刻本　四册

110000－0144－0017154　927.42/－516－02
吉林外紀十卷　(清)薩英額纂修　**甯古塔記略一卷**　(清)吳桭臣撰　(清)顧沅校　清光緒二十一年(1895)袁昶刻漸西村舍彙刊本　二册

110000－0144－0017155　927.42/－516－02
吉林外紀十卷　(清)薩英額纂修　清光緒二十一年(1895)袁昶刻漸西村舍彙刊本　四册

110000－0144－0017156　927.42/－742
吉林紀事詩四卷首一卷末一卷　(清)沈兆禔撰並注　清宣統三年(1911)金陵湯明林鉛印本　二册

110000－0144－0017157　927.42/－742
吉林紀事詩四卷首一卷末一卷　(清)沈兆禔撰並注　清宣統三年(1911)金陵湯明林鉛印本　二册

110000－0144－0017158　927.43/－152
[嘉慶]黑龍江外記八卷　(清)西清纂修　清光緒二十六年(1900)廣雅書局刻廣雅書局叢書本　二册

110000－0144－0017159　927.43/－152
[嘉慶]黑龍江外記八卷　(清)西清纂修　清光緒二十六年(1900)廣雅書局刻廣雅書局叢書本　二册

110000－0144－0017160　927.43/－152－02
[嘉慶]黑龍江外記八卷　(清)西清纂修　清光緒二十年(1894)袁昶漸西村舍刻本　二册

110000－0144－0017161　927.43/－261
[宣統]黑龍江鄉土志附鐵路教科書　林傳甲編　清宣統刻本　八册

110000－0144－0017162　927.43/－951
[光緒]黑龍江述略六卷　(清)徐宗亮纂　(清)徐士愷輯　清光緒刻本　二册

110000－0144－0017163　927.43/－951－02
[光緒]黑龍江述略六卷　(清)徐宗亮纂　(清)徐士愷輯　清光緒十七年(1891)石埭徐士愷刻觀自得齋叢書本　二册

110000－0144－0017164　927.51/313
蒙古遊牧記十六卷　(清)張穆撰　清同治六年(1867)壽陽祁氏刻本　四册

110000－0144－0017165　927.51/313
蒙古遊牧記十六卷　(清)張穆撰　清同治六年(1867)壽陽祁氏刻本　四册

110000－0144－0017166　927.51/313－02
蒙古遊牧記十六卷　(清)張穆撰　清光緒二十年(1894)上海復古書局石印本　六册

110000－0144－0017167　927.51/527
蒙古地誌摘譯　(清)□□輯　清末稿本　二册

110000－0144－0017168　927.52/100－867

[光緒]烏里雅蘇臺志略　(清)□□纂　清抄本　一册

110000-0144-0017169　927.52/688-02
[嘉慶]科布多政務總册　(清)富俊撰　清抄本　一册

110000-0144-0017170　927.54/101-752
[道光]承德府志六十卷首二十六卷　(清)海忠纂修　清道光十一年(1831)刻本　二十四册

110000-0144-0017171　927.54/101-987
[宣統]承德縣志書　(清)都林布鑒定　(清)金正元增修　清宣統二年(1910)承德縣署石印本　二册

110000-0144-0017172　927.54/101-987
[宣統]承德縣志書　(清)都林布鑒定　(清)金正元增修　清宣統二年(1910)承德縣署石印本　二册

110000-0144-0017173　927.54/101-987
[宣統]承德縣志書　(清)都林布鑒定　(清)金正元增修　清宣統二年(1910)承德縣署石印本　二册

110000-0144-0017174　927.54/105-314
[雍正]八溝廳備志二卷　(清)張鏐纂修　清抄本　一册

110000-0144-0017175　927.55/101-352
[乾隆]萬全縣志十卷首一卷　(清)左承業纂修　(清)施彦士補修　清乾隆十年(1745)萬全縣署刻道光十四年(1834)補刻本　六册

110000-0144-0017176　927.55/103-165
[乾隆]口北三廳志十六卷首一卷　(清)黄可潤纂修　清乾隆二十三年(1758)刻本　八册

110000-0144-0017177　927.55/103-165
[乾隆]口北三廳志十六卷首一卷　(清)黄可潤纂修　清乾隆二十三年(1758)刻本　十五册

110000-0144-0017178　927.55/103-165
[乾隆]口北三廳志十六卷首一卷　(清)黄可潤纂修　清乾隆二十三年(1758)刻本　六册

110000-0144-0017179　927.55/201-115
[乾隆]宣化府志四十二卷首一卷　(清)王者輔修　(清)張志奇續修　(清)黄可潤續纂　清乾隆九年(1744)宣化府署刻二十二年(1757)增刻本　十六册

110000-0144-0017180　927.55/201-115
[乾隆]宣化府志四十二卷首一卷　(清)王者輔修　(清)張志奇續修　(清)黄可潤續纂　清乾隆九年(1744)宣化府署刻二十二年(1757)增刻本　十六册

110000-0144-0017181　927.55/201-378
[康熙]宣化縣志三十卷　(清)陳坦修　(清)林盛纂　清康熙五十年(1711)宣化縣署刻雍正增刻本　六册

110000-0144-0017182　927.55/203-358
[乾隆]赤城縣志八卷首一卷　(清)孟思誼修　(清)黄紹七補　清乾隆十二年(1747)赤城縣署刻二十四年(1759)增刻本　七册

110000-0144-0017183　927.55/207-834
[光緒]懷來縣志十八卷首一卷　(清)朱乃恭修　(清)席之瓚編輯　清光緒八年(1882)懷來縣署刻本　四册

110000-0144-0017184　927.55/209-688
[同治]西寧新志十卷首一卷　(清)韓志超等監修　(清)楊篤纂輯　清同治十二年至光緒元年(1873-1875)西寧縣宏州書院刻本　四册

110000-0144-0017185　927.55/211-268
[乾隆]懷安縣志二十四卷　(清)楊大崑纂修　(清)錢戢曾編修　清乾隆六年(1741)懷安縣署刻本　六册

110000-0144-0017186　927.55/211-516
[光緒]懷安縣志八卷首一卷終一卷　(清)蔭祿續修　(清)程夑奎協修　清光緒二年(1876)懷安縣署刻本　四册

110000-0144-0017187　927.55/213-669

[光緒]蔚州志二十卷首一卷 (清)慶之金修 (清)楊篤纂 清光緒三年(1877)蔚州州署刻本 八冊

110000－0144－0017188 927.55/217－267
[道光]保安州志八卷首一卷 (清)楊桂森纂修 清道光十五年(1835)保安州署刻本 四冊

110000－0144－0017189 927.55/217－323
[光緒]保安州續志四卷 (清)尋鑾晉總纂 清光緒三年(1877)保安州署刻本 一冊

110000－0144－0017190 927.56/－272
河套圖考一卷 (清)楊江撰 清咸豐七年(1857)關中書院監院官署刻本 二冊

110000－0144－0017191 927.56/－272
河套圖考一卷 (清)楊江撰 清咸豐七年(1857)關中書院監院官署刻本 二冊

110000－0144－0017192 927.56/－447
[光緒]綏遠志十卷首一卷 (清)貽穀總裁 (清)高賡恩總纂 清光緒三十四年(1908)綏遠將軍府刻本 六冊

110000－0144－0017193 927.56/500－180
[光緒]土默特旗志十卷 (清)貽穀修 (清)高賡恩纂 清光緒三十四年(1908)土默特旗署抄本 二冊

110000－0144－0017194 927.57/101－903
朔方備乘六十八卷首十二卷 (清)何秋濤撰 清末石印本 八冊

110000－0144－0017195 927.6/290
漢書西域傳補注二卷西域水道記五卷 (清)徐松撰**漢 西域圖考七卷首一卷** (清)李光廷撰 清光緒八年(1882)上海鴻文書局石印本 八冊

110000－0144－0017196 927.6/290
漢書西域傳補注二卷新疆賦一卷西域水道記五卷 (清)徐松撰**漢 西域圖考七卷首一卷** (清)李光廷撰 清光緒八年(1882)上海鴻文書局石印本 八冊

110000－0144－0017197 927.6/290－03
漢書西域傳補注二卷新疆賦一卷西域水道記五卷 (清)徐松撰**漢 西域圖考七卷首一卷** (清)李光廷撰 清光緒二十九年(1903)上海文瑞樓石印本 十二冊

110000－0144－0017198 927.6/290－05
漢西域圖考七卷 (清)李光廷撰 清同治九年(1870)陽湖趙氏壽逶草堂石印本 四冊

110000－0144－0017199 927.6/290－06
漢西域圖考七卷首一卷 (清)李光廷撰 清同治九年(1870)粵東李氏刻本 四冊

110000－0144－0017200 927.6/290－06
漢西域圖考七卷首一卷 (清)李光廷撰 清同治九年(1870)粵東李氏刻本 四冊

110000－0144－0017201 927.6/409
[嘉慶]西域記八卷 (清)七十一撰 清嘉慶十九年(1814)味經堂刻本 二冊

110000－0144－0017202 927.6/409
[嘉慶]西域記八卷 (清)七十一撰 清嘉慶十九年(1814)味經堂刻本 二冊

110000－0144－0017203 927.6/409－02
[光緒]西域記八卷 (清)七十一撰 清光緒十一年(1885)聚英堂刻本 二冊

110000－0144－0017204 927.6/905
[乾隆]欽定皇輿西域圖志四十八卷首四卷 (清)傅恆等總裁 (清)褚廷璋等纂修 清光緒鉛印本 二十四冊

110000－0144－0017205 927.6/905－02
[乾隆]欽定皇輿西域圖志四十八卷首四卷 (清)傅恆等總裁 (清)褚廷璋等纂修 清光緒十九年(1893)杭州便益書局石印本 十二冊

110000－0144－0017206 927.6/905－02
[乾隆]欽定皇輿西域圖志四十八卷首四卷 (清)傅恆等總裁 (清)褚廷璋等纂修 清光緒十九年(1893)杭州便益書局石印本 十二冊

110000－0144－0017207　927.61/－105
[嘉慶]西陲要略四卷　(清)祁韻士纂修　清光緒四年(1878)京師同文館鉛印本　二冊

110000－0144－0017208　927.61/115－969
[光緒]孚遠縣鄉土志一卷　(清)□□撰　清光緒抄本　一冊

110000－0144－0017209　927.61/－152
西陲紀事本末二卷風土記一卷　(清)□□撰　清末抄本　二冊

110000－0144－0017210　927.61/－283
[乾隆]欽定新疆識略十二卷首一卷　(清)徐松撰　(清)松筠等纂修　清道光元年(1821)武英殿刻本　十冊

110000－0144－0017211　927.61/－283－02
[乾隆]欽定新疆識略十二卷首一卷　(清)松筠等纂修　清刻本　十冊

110000－0144－0017212　927.61/－283－02
[乾隆]欽定新疆識略十二卷首一卷　(清)松筠等纂修　清刻本　十冊

110000－0144－0017213　927.61/309－738
溫宿府鄉土志一卷　(□)□□纂　清末抄本　一冊

110000－0144－0017214　927.61/313－663
庫車州鄉土志一卷　(清)□□撰　清末抄本　一冊

110000－0144－0017215　927.61/325－653
新平縣鄉土志　(清)周芳煦編　清光緒三十三年(1907)日知縣周芳煦抄本　一冊

110000－0144－0017216　927.61/419－118
葉柝紀程二卷　(清)王廷襄撰　清末鉛印本　二冊

110000－0144－0017217　927.61/419－504
[光緒]新疆莎車府葉城縣鄉土志　(清)□□撰　清末抄本　一冊

110000－0144－0017218　927.61/－457
新疆大記六卷首一卷　(清)闞鳳樓纂修　清光緒三十三年(1907)闞鐸鉛印因是閣遺書本　一冊

110000－0144－0017219　927.61/－653
新疆道里表一卷　(清)□□編　清光緒十六年(1890)湖南省垣刻本　一冊

110000－0144－0017220　927.61/－714
西陲總統事略十二卷　(清)松筠修　(清)汪廷楷　(清)祁韻士纂　**西陲竹枝詞**　(清)祁韻士撰　**綏服紀略圖詩**　(清)松筠撰　清嘉慶十六年(1811)程振甲刻本　八冊

110000－0144－0017221　927.65/113－659
[乾隆]循化志八卷　(清)龔景翰纂修　清嘉慶循化縣縣署刻本(有抄配)　八冊

110000－0144－0017222　927.66/－170
西藏圖考八卷首一卷　(清)黃沛翹纂修　清光緒二十三年(1897)李培榮刻本　六冊

110000－0144－0017223　927.66/－170－02
西藏圖考八卷首一卷　(清)黃沛翹輯　清光緒二十年(1894)京都申榮堂刻本　四冊

110000－0144－0017224　927.66/－283
西招圖考三種　(清)松筠撰　清光緒二十四年(1898)上海書局石印本　四冊

110000－0144－0017225　927.66/－472
[乾隆]西藏志不分卷　(清)弘瞻纂修　清抄本　四冊

110000－0144－0017226　927.66/－784
[嘉慶]衛藏通志十六卷首一卷　(清)和琳纂　清光緒二十二年(1896)漸西村舍刻本　六冊

110000－0144－0017227　927.66/－975
[道光]西藏紀聞一卷　(清)鄭光祖纂修　**西域舊聞一卷**　(清)七十一纂　(清)鄭光祖輯　清道光二十三年(1843)琴川鄭氏青玉山房刻舟車所至叢書本　二冊

110000－0144－0017228　928.11/325
京師地名對二卷　(清)巴哩克杏芬輯　清光緒刻本　二冊

110000－0144－0017229　928.11/947
唐兩京城坊考五卷　(清)徐松撰　(清)張穆

校補　清道光二十八年(1848)靈石楊氏刻連筠簃叢書本　四冊

110000－0144－0017230　928.11/965
歷代帝王宅京記二十卷　(清)顧炎武撰　清光緒十四年(1888)吳縣朱氏槐廬刻槐廬叢書本　二冊

110000－0144－0017231　928.1235/571
滇緬劃界圖說一卷　(清)薛福成撰　清光緒二十八年(1902)無錫傳經樓石印本　一冊

110000－0144－0017232　928.127/113
新疆國界圖志八卷　王樹枏撰　清宣統元年(1909)陶盧刻本　四冊

110000－0144－0017233　928.127/113
新疆國界圖志八卷　王樹枏撰　清宣統元年(1909)陶盧刻本　四冊

110000－0144－0017234　928.127/154
光緒勘定西北邊界俄文譯漢圖例言　(清)□□撰　清光緒二十年(1894)刻本　一冊

110000－0144－0017235　928.127/842
中俄界記二編　(清)鄒代鈞原撰　(清)曾寅校訂補圖　清宣統三年(1911)武昌亞新地學社鉛印本　一冊

110000－0144－0017236　928.127/842
中俄界記二編　(清)鄒代鈞原撰　(清)曾寅校訂補圖　清宣統三年(1911)武昌亞新地學社鉛印本　一冊

110000－0144－0017237　928.127/983－02
中俄界約斠注七卷　(清)錢恂撰　清光緒十九年(1893)上海書局石印本　二冊

110000－0144－0017238　928.15/254
啓東錄六卷　(清)林壽圖撰　清光緒五年(1879)黃鵠山人歐齋刻本　四冊

110000－0144－0017239　928.15/428
三省邊防備覽十八卷　(清)嚴如熤輯　清道光十年(1830)來鹿堂刻本　十冊

110000－0144－0017240　928.15/610
西北邊界圖地名譯漢考證二卷　(清)許景澄撰　清光緒二十二年(1896)許景澄刻本　二冊

110000－0144－0017241　928.157/311
廣東海圖說一卷　(清)張之洞撰　清光緒十五年(1889)廣雅書局刻本　一冊

110000－0144－0017242　928.157/311
廣東海圖說一卷　(清)張之洞撰　清光緒十五年(1889)廣雅書局刻本　一冊

110000－0144－0017243　928.157/311
廣東海圖說一卷　(清)張之洞撰　清光緒十五年(1889)廣雅書局刻本　一冊

110000－0144－0017244　928.157/428
洋防輯要二十四卷　(清)嚴如熤輯　清道光刻本　十二冊

110000－0144－0017245　928.157/428
洋防輯要二十四卷　(清)嚴如熤輯　清道光刻本　十二冊

110000－0144－0017246　928.157/517
中國江海險要圖誌二十二卷補編五卷　(英國)海軍海圖官局撰　(清)陳壽彭編譯　清末上海經世文社石印本　十冊

110000－0144－0017247　928.157/517
中國江海險要圖誌二十二卷首一卷補編五卷圖五卷　(英國)海軍海圖官局撰　(清)陳壽彭編譯　清末上海經世文社石印本　十五冊

110000－0144－0017248　928.157/517
中國江海險要圖誌二十二卷首一卷補編五卷圖五卷　(英國)海軍海圖官局撰　(清)陳壽彭編譯　清末上海經世文社石印本　十五冊

110000－0144－0017249　928.157/517－02
中國江海險要圖誌二十二卷首一卷補編五卷圖五卷　(英國)海軍海圖官局撰　(清)陳壽彭編譯　清光緒三十三年(1907)廣雅書局石印本　十五冊

110000－0144－0017250　928.157/517－02
中國江海險要圖誌二十二卷首一卷補編五卷圖五卷　(英國)海軍海圖官局撰　(清)陳壽

彭編譯　清光緒三十三年(1907)廣雅書局石印本　存十卷(補編五卷、圖五卷)　七册

110000－0144－0017251　928.158/912
湖南苗防屯政考十五卷補編一卷　(清)但湘良纂　清光緒年蒲阪但氏刻本　十六册

110000－0144－0017252　928.175/397
防海節要一卷　(清)施在鈺編　清光緒十年(1884)刻本　一册

110000－0144－0017253　928.175/453
中國海口險要一卷　(清)□□撰　清抄本　一册

110000－0144－0017254　928.2/217
皇朝輿地水道源流五卷國史提綱二卷　(清)胡宣慶編　清光緒十七年(1891)長沙胡氏刻本　四册

110000－0144－0017255　928.2/217
皇朝輿地水道源流五卷　(清)胡宣慶編　清光緒十七年(1891)長沙胡氏刻本　一册

110000－0144－0017256　928.2/217－02
皇朝輿地水道源流五卷　(清)胡宣慶編　清光緒四年(1878)松桂圖刻本　一册

110000－0144－0017257　928.21/743
五省溝洫水道圖說一卷補錄一卷　(清)沈夢蘭撰　清光緒五年(1879)太原刻所愿學齋書鈔六種本　一册

110000－0144－0017258　928.211/113
畿輔安瀾志五十六卷　(清)王履泰纂　清嘉慶武英殿木活字印本　四十八册

110000－0144－0017259　928.21108/441
畿輔河道水利叢書九種　(清)吳邦慶編　清道光四年(1824)刻本　十册

110000－0144－0017260　928.21108/441
畿輔河道水利叢書九種　(清)吳邦慶編　清道光四年(1824)刻本　十册

110000－0144－0017261　928.213/119
河北採風錄四卷　(清)王鳳生輯　清道光六年(1826)河朔官舍刻本　四册

110000－0144－0017262　928.215/114
涇渠志一卷　(清)王太岳編　清刻本　一册

110000－0144－0017263　928.215/972
溹沮通考一卷　(清)鄭士範撰　清光緒二十一年(1895)周正誼堂刻本　一册

110000－0144－0017264　928.22/545
楚漕江程十六卷首一卷　(清)董恂輯　清咸豐四年(1854)荻芬書屋刻本　十六册

110000－0144－0017265　928.22/545
楚漕江程十六卷首一卷　(清)董恂輯　清咸豐四年(1854)荻芬書屋刻本　十六册

110000－0144－0017266　928.221/119
後湖事跡彙錄一卷　(清)王作棫纂　(清)錢福臻增輯　清宣統二年(1910)南洋印刷官廠鉛印本　一册

110000－0144－0017267　928.221/119
後湖事跡彙錄一卷　(清)王作棫纂　(清)錢福臻增輯　清宣統二年(1910)南洋印刷官廠鉛印本　一册

110000　0144－0017268　928.221/291
江蘇水利圖說　(清)李慶雲撰　清宣統二年(1910)刻本　二册

110000－0144－0017269　928.221/384
運瀆橋道小志一卷　(清)陳作霖編　清光緒十一年(1885)金陵冶麓山房刻本　一册

110000－0144－0017270　928.221/412
莫愁湖志六卷首一卷　(清)馬士圖纂　清光緒刻本　一册

110000－0144－0017271　928.221/412
莫愁湖志六卷首一卷　(清)馬士圖纂　清光緒刻本　二册

110000－0144－0017272　928.221/412
莫愁湖志六卷首一卷　(清)馬士圖纂　清光緒刻本　三册

110000－0144－0017273　928.221/412
莫愁湖志六卷首一卷　(清)馬士圖纂　清光緒刻本　三册

110000－0144－0017274　928.221/412－02
莫愁湖志六卷首一卷　(清)馬士圖纂　清嘉慶二十年(1815)江寧劉文奎刻本　二册

110000－0144－0017275　928.221/412－152
添修莫愁湖志二卷　(清)醉吟館主人續纂　(清)三山二水吟客添修　清光緒十五年(1889)金陵修竹齋刻本　存一卷(上)　一册

110000－0144－0017276　928.221/772
淮揚水利圖說不分卷　(清)馮道立撰　清道光二十年(1840)刻朱墨套印本　一册

110000－0144－0017277　928.221/987－177
金陵水利論一卷諸山形勢考一卷秦淮南北青溪辨一卷城内河道辨一卷後湖湖口辨一卷　(清)金濬撰　清同治十二年(1873)刻本　一册

110000－0144－0017278　928.223/119
浙西水利備考　(清)王鳳生輯　清光緒四年(1878)浙江書局刻本　二册

110000－0144－0017279　928.223/119
浙西水利備考不分卷　(清)王鳳生輯　清光緒四年(1878)浙江書局刻本　二册

110000－0144－0017280　928.223/136
上虞塘工紀略二卷續一卷三續一卷　(清)連蘅撰　清光緒六年(1880)刻本　一册

110000－0144－0017281　928.223/136
上虞塘工紀略二卷續一卷三續一卷　(清)連蘅撰　清光緒六年(1880)刻本　一册

110000－0144－0017282　928.223/222
曹娥江志八卷首一卷　(清)胡鳳丹編　清光緒三年(1877)永康胡氏退補齋刻本　二册

110000－0144－0017283　928.223/327
湖山便覽十二卷　(清)翟灝輯　(清)翟瀚輯　清乾隆三十年(1765)刻本　六册

110000－0144－0017284　928.223/327－02
湖山便覽十二卷　(清)翟灝輯　(清)翟瀚輯　清光緒元年(1875)上澣王氏槐蔭堂刻本　六册

110000－0144－0017285　928.223/384
南湖考二種　(明)陳幼學撰　清光緒五年(1879)梅啟照刻本　一册

110000－0144－0017286　928.223/384
續浚南湖圖志不分卷　(清)浙江官書局修　清光緒三十三年(1907)刻本　一册

110000－0144－0017287　928.223/478
西湖遊覽志二十四卷志餘二十六卷　(明)田汝成撰　清光緒二十二年(1896)錢塘丁氏嘉惠堂刻本　十二册

110000－0144－0017288　928.223/478
西湖遊覽志二十四卷志餘二十六卷　(明)田汝成撰　清光緒二十二年(1896)錢塘丁氏嘉惠堂刻本　八册

110000－0144－0017289　928.223/478
西湖遊覽志二十四卷志餘二十六卷　(明)田汝成撰　清光緒二十二年(1896)錢塘丁氏嘉惠堂刻本　十六册

110000－0144－0017290　928.223/790
三江閘務全書二卷　(清)程鶴翥輯　清道光介眉堂刻本　二册

110000－0144－0017291　928.223/790
三江閘務全書二卷續刻四卷　(清)程鶴翥輯　清道光介眉堂刻本　四册

110000－0144－0017292　928.223/905
西湖志四十八卷　(清)傅王露等修　清光緒四年(1878)浙江書局刻本　二十册

110000－0144－0017293　928.223/905
西湖志四十八卷　(清)傅王露等修　清光緒四年(1878)浙江書局刻本　二十册

110000－0144－0017294　928.223/905
西湖志四十八卷　(清)傅王露等修　清光緒四年(1878)浙江書局刻本　二十册

110000－0144－0017295　928.223/905
西湖志四十八卷　(清)傅王露等修　清光緒四年(1878)浙江書局刻本　二十册

110000－0144－0017296　928.223/953

橫橋堰水利記一卷柳河案牘一卷　（清）徐用福輯　清光緒二十四年（1898）鉛印本　一冊

110000－0144－0017297　928.224/526
江南水道考五卷　（清）蔣湘南撰　清同治十年（1871）資益館鉛印本　二冊

110000－0144－0017298　928.224/526
江南水道考五卷　（清）蔣湘南撰　清同治十年（1871）資益館鉛印本　二冊

110000－0144－0017299　928.225/119
楚北江漢宣防備覽二卷　（清）王鳳生撰　**漢江紀程一卷**　（清）王鳳生輯　**江水自武昌東至海門入海圖**　**大江自武昌省東至海門廳入海水程考**　**大江自金陵以東至海門廳入海考**　清道光十二年（1832）刻本　三冊

110000－0144－0017300　928.225/215
荊楚修疏指要修防事宜二卷首一卷水道參考三卷首一卷　（清）胡祖翮撰　清道光十八年（1838）刻本　二冊

110000－0144－0017301　928.225/263
楚北水利隄防紀要二卷　（清）俞昌烈撰　清同治四年（1865）湖北藩署刻本　一冊

110000－0144－0017302　928.225/919
荊州萬城隄續志十卷首一卷末一卷　（清）舒惠纂　清光緒二十年（1894）刻本　四冊

110000－0144－0017303　928.225/919
荊州萬城隄志十卷首一卷末一卷　（清）倪文蔚纂　**荊州萬城隄續志十卷首一卷末一卷**　（清）舒惠纂　清光緒二年（1876）刻本　十冊

110000－0144－0017304　928.227/114
灌江定考一卷彙集實錄一卷　（清）王耒通輯　**灌江備考一卷**　（清）王廷珏輯　**川主五神合傳一卷**　（清）陳懷仁輯　（清）向時鳴續補　清刻本　四冊

110000－0144－0017305　928.227/120
歷代都江堰功小傳二卷　王人文编　清宣統三年（1911）成都刻本　一冊

110000－0144－0017306　928.227/379
蜀水考四卷　（清）陳登龍撰　（清）朱錫穀補註　清道光五年（1825）刻本　四冊

110000－0144－0017307　928.227/379－02
蜀水考四卷　（清）陳登龍撰　（清）朱錫穀補註　清光緒五年（1879）綿竹楊氏清泉精舍刻本　四冊

110000－0144－0017308　928.227/601
四川水道源流簡明說一卷　（清）譚光祜撰　清嘉慶二十一年（1816）刻本　一冊

110000－0144－0017309　928.233/664
廣東全省洋名冊　（清）□□輯　清刻本　一冊

110000－0144－0017310　928.235/833
鶴陽新河紀略一卷　（清）朱洪章撰　清光緒十八年（1892）梓文閣刻本　一冊

110000－0144－0017311　928.27/828
浙江沿海圖說一卷附海島表一卷　（清）朱正元撰　清光緒二十五年（1899）上海鉛印本　一冊

110000－0144－0017312　928.27/828－1
福建沿海圖説一卷海島表一卷　（清）朱正元撰　清光緒二十八年（1902）上海鉛印本　一冊

110000－0144－0017313　928.27/828－7
江蘇沿海圖說一卷附海島表一卷　（清）朱正元撰　清光緒二十五年（1899）上海鉛印本　一冊

110000－0144－0017314　928.27/987
海道圖說十五卷　（英國）金約翰輯　（英國）傅蘭雅口譯　（清）王德均笔述　**長江圖說一卷**　（清）馬徵麟撰　清光緒江南製造總局刻本　十冊

110000－0144－0017315　928.28/119
惠濟河輯說四卷首一卷　（清）王儒行纂　清同治九年（1870）汲古堂刻本　二冊

110000－0144－0017316　928.28/151－016
水經四十卷　（北魏）酈道元撰　清古闆晏湖張氏勵志書屋刻本　十二冊

110000－0144－0017317　928.28/151－017
水經注四十卷首一卷末一卷附錄二卷　(北魏)酈道元撰　清光緒二十年(1894)寶善書局刻本　二十册

110000－0144－0017318　928.28/151－018
水經注四十卷首一卷　(北魏)酈道元撰　清光緒三年(1877)湖北崇文書局刻本　十二册

110000－0144－0017319　928.28/151－02
水經注四十卷首一卷末一卷　(北魏)酈道元撰　清光緒十八年(1892)思賢講舍刻本　十六册

110000－0144－0017320　928.28/151－02
水經注四十卷首一卷末一卷　(北魏)酈道元撰　清光緒十八年(1892)思賢講舍刻本　十六册

110000－0144－0017321　928.28/151－02
水經注四十卷首一卷末一卷　(北魏)酈道元撰　清光緒十八年(1892)思賢講舍刻本　十六册

110000－0144－0017322　928.28/151－03
水經注四十卷首一卷末一卷　(北魏)酈道元撰　清光緒二十三年(1897)新化三味書室刻本　十六册

110000－0144－0017323　928.28/151－07
水經注四十卷首一卷末一卷　(北魏)酈道元撰　清光緒十八年(1892)思賢講舍刻本　十六册

110000－0144－0017324　928.28/151－08
水經注四十卷補遺一卷附錄二卷　(北魏)酈道元撰　(清)全祖望校　(清)薛福成校　清光緒十四年(1888)寧波崇實書院刻本　十六册

110000－0144－0017325　928.28/151－08
水經注四十卷補遺一卷附錄二卷　(北魏)酈道元撰　(清)全祖望校　(清)薛福成校　清光緒十四年(1888)寧波崇實書院刻本　十六册

110000－0144－0017326　928.28/151－08
水經注四十卷補遺一卷附錄二卷　(北魏)酈道元撰　(清)全祖望校　(清)薛福成校　清光緒十四年(1888)寧波崇實書院刻本　十六册

110000－0144－0017327　928.28/151－08
水經注四十卷補遺一卷附錄二卷　(北魏)酈道元撰　(清)全祖望校　(清)薛福成校　清光緒十四年(1888)寧波崇實書院刻本　十六册

110000－0144－0017328　928.28/151－131
水經注圖一卷附錄一卷　(清)汪士鐸撰　清同治元年(1862)刻本　一册

110000－0144－0017329　928.28/151－199
水經注釋四十卷首一卷　(清)趙一清撰　清光緒六年(1880)會稽章氏刻本　十册

110000－0144－0017330　928.28/151－199－02
水經注釋四十卷首一卷附錄二卷水經注箋刊誤十二卷　(清)趙一清撰　清光緒六年(1880)蛟川張氏華雨樓刻本　二十册

110000－0144－0017331　928.28/151－199－02
水經注釋四十卷首一卷附錄二卷水經注箋刊誤十二卷　(北魏)酈道元撰　(清)趙一清撰　清光緒六年(1880)蛟川張氏華雨樓刻本　二十册

110000－0144－0017332　928.28/151－199－02
水經注釋四十卷首一卷附錄二卷水經注箋刊誤十二卷　(清)趙一清撰　清光緒六年(1880)蛟川張氏華雨樓刻本　十三册

110000－0144－0017333　928.28/151－199－02
水經注釋四十卷首一卷附錄二卷水經注箋刊誤十二卷　(清)趙一清撰　清光緒六年(1880)蛟川張氏華雨樓刻本　二十册

110000－0144－0017334　928.28/151－199－1
水經注箋刊誤十二卷　(清)趙一清撰　清光緒六年(1880)會稽章氏刻本　七册

110000－0144－0017335　928.28/151－213

水經注　(北魏)酈道元撰　(清)戴震校　清乾隆微波榭刻本　八冊

110000－0144－0017336　928.28/151－272
水經注圖四十卷補一卷　楊守敬編繪　清光緒三十一年(1905)宜都楊氏觀海堂刻本　八冊

110000－0144－0017337　928.28/151－272
水經注圖四十卷補一卷　楊守敬編繪　清光緒三十一年(1905)宜都楊氏觀海堂刻本　八冊

110000－0144－0017338　928.28/151－272
水經注圖四十卷補一卷　楊守敬編繪　清光緒三十一年(1905)宜都楊氏觀海堂刻本　八冊

110000－0144－0017339　928.28/151－272－1
水經注疏要刪四十卷補遺一卷　楊守敬撰　清光緒三十一年(1905)觀海堂刻本　十二冊

110000－0144－0017340　928.28/151－272－1
水經注疏要刪四十卷補遺一卷　楊守敬撰　清光緒三十一年(1905)觀海堂刻本　十二冊

110000－0144－0017341　928.28/151－272－1
水經注疏要刪四十卷補遺一卷　楊守敬撰　清光緒三十一年(1905)觀海堂刻本　十二冊

110000－0144－0017342　928.28/151－370
水經釋地八卷　(清)孔繼涵撰　清光緒六年(1880)會稽章氏刻本　一冊

110000－0144－0017343　928.28/151－383
水經注西南諸水考三卷　(清)陳澧撰　清末刻廣雅書局叢書本　一冊

110000－0144－0017344　928.28/151－545
水經注圖說殘稾四卷　(清)董祐誠撰　清光緒六年(1880)會稽章氏刻本　一冊

110000－0144－0017345　928.28/151－672
讀水經注小識四卷　(清)龐鴻書撰　清光緒三十年(1904)石印本　二冊

110000－0144－0017346　928.28/151－708
水經注圖一卷附錄一卷　(清)汪士鐸撰　清同治元年(1862)刻本　一冊

110000－0144－0017347　928.28/151－708
水經注圖一卷附錄一卷　(清)汪士鐸撰　清同治元年(1862)刻本　一冊

110000－0144－0017348　928.28/151－708
水經注圖一卷附錄一卷　(清)汪士鐸撰　清同治元年(1862)刻本　一冊

110000－0144－0017349　928.28/170
今水經一卷　(清)黃宗羲撰　清光緒六年(1880)會稽章氏刻本　一冊

110000－0144－0017350　928.28/170－02
今水經一卷　(清)黃宗羲撰　清乾隆鮑氏刻知不足齋叢書本　一冊

110000－0144－0017351　928.28/170－03
今水經一卷　(清)黃宗羲撰　清光緒六有齋刻本　一冊

110000－0144－0017352　928.28/236
南河成案五十四卷　(清)□□編　清刻本　三十二冊

110000－0144－0017353　928.28/236－1
南河成案續編三十八卷首一卷　(清)□□編　清刻本　四十冊

110000－0144－0017354　928.28/293
永定河志三十二卷首一卷摘要一卷　(清)李逢亨纂　清刻本　十六冊

110000－0144－0017355　928.28/293
永定河志三十二卷首一卷摘要一卷　(清)李逢亨纂　清刻本　十六冊

110000－0144－0017356　928.28/313
河防志十二卷　(清)張鵬翮撰　清刻本　十二冊

110000－0144－0017357　928.28/351
防河要覽四卷　(清)硯北主人纂輯　清光緒十四年(1888)硯北山房刻本　四冊

110000－0144－0017358　928.28/478
長河志籍考十卷　(清)田雯撰　清康熙三十

七年(1698)刻本　二册

110000－0144－0017359　928.28/661
水道提綱二十八卷　(清)齊召南撰　清光緒二十四年(1898)新化三味書室刻本　六册

110000－0144－0017360　928.28/661
水道提綱二十八卷　(清)齊召南撰　清光緒二十四年(1898)新化三味書室刻本　八册

110000－0144－0017361　928.28/661－02
水道提綱二十八卷　(清)齊召南撰　清光緒七年(1881)上海文瑞樓鉛印本　八册

110000－0144－0017362　928.28/661－02
水道提綱二十八卷　(清)齊召南撰　清光緒七年(1881)上海文瑞樓鉛印本　八册

110000－0144－0017363　928.28/661－03
水道提綱二十八卷　(清)齊召南撰　清光緒四年(1878)霞城精舍刻本　八册

110000－0144－0017364　928.28/661－03
水道提綱二十八卷　(清)齊召南撰　清光緒四年(1878)霞城精舍刻本　八册

110000－0144－0017365　928.28/661－04
水道提綱二十八卷　(清)齊召南撰　清光緒十七年(1891)湖南崇德書局刻本　八册

110000－0144－0017366　928.28/661－04
水道提綱二十八卷　(清)齊召南撰　清光緒十七年(1891)湖南崇德書局刻本　八册

110000－0144－0017367　928.28/661－05
水道提綱二十八卷　(清)齊召南撰　清光緒五年(1879)宏達堂刻本　八册

110000－0144－0017368　928.28/668
河渠紀聞三十二卷　(清)康基田纂　清嘉慶九年(1804)霞蔭堂刻本　二十六册

110000－0144－0017369　928.28/704
安瀾紀要二卷　(清)徐端編著　清刻本　二册

110000－0144－0017370　928.28/710
京省各水道就正小草六卷　(清)汪日暐撰　清乾隆四十八年(1783)燃藜軒刻本　六册

110000－0144－0017371　928.28/720
漢志水道疏証四卷　(清)洪頤煊撰　清光緒十四年(1888)長洲蔣氏心矩齋刻本　二册

110000－0144－0017372　928.28/720
漢志水道疏証四卷　(清)洪頤煊撰　清光緒十四年(1888)長洲蔣氏心矩齋刻本　一册

110000－0144－0017373　928.28/720－02
漢志水道疏證四卷　(清)洪頤煊撰　清光緒十八年(1892)廣雅書局刻本　一册

110000－0144－0017374　928.28/720－02
漢志水道疏證四卷　(清)洪頤煊撰　清光緒十八年(1892)廣雅書局刻本　一册

110000－0144－0017375　928.28/828
永定河續志十六卷首一卷　(清)朱其詔編輯　清光緒六年(1880)刻本　十二册

110000－0144－0017376　928.28/905
行水金鑑一百七十五卷首一卷　(清)傅澤洪纂　清刻本　三十七册

110000－0144－0017377　928.28/947
西域水道記五卷　(清)徐松撰　清道光三年(1823)刻本　四册

110000－0144－0017378　928.28/947－02
西域水道記五卷新疆賦一卷漢書西域傳補註二卷　(清)徐松撰　清光緒十九年(1893)寶善書局石印本　八册

110000－0144－0017379　928.281/419
長江圖説十二卷首一卷　(清)馬徵麟撰　清同治十年(1871)湖北崇文書局刻本　五册

110000－0144－0017380　928.281/419
長江圖説十二卷首一卷　(清)馬徵麟撰　清同治十年(1871)湖北崇文書局刻本　五册

110000－0144－0017381　928.281/419－02
長江圖説十二卷首一卷　(清)馬徵麟撰　清同治九年(1870)金陵提署刻本　四册

110000－0144－0017382　928.281/719

峽江圖考不分卷　江國璋編　清光緒二十年(1894)上洋袖海山房書局石印本　二册

110000－0144－0017383　928.281/719－02
峽江圖考不分卷　江國璋編　清光緒十五年(1889)石印本　二册

110000－0144－0017384　928.282/436
三省黃河全圖五卷　(清)吳大澂等繪　清光緒十六年(1890)上海鴻文書局石印本　五册

110000－0144－0017385　928.282/669
黃運河口古今圖說一卷　(清)麟慶撰　清道光二十一年(1841)霞蔭堂刻本　一册

110000－0144－0017386　928.282/669
黃運河口古今圖說一卷　(清)麟慶撰　清道光二十一年(1841)霞蔭堂刻本　一册

110000－0144－0017387　928.282/889
歷代黃河變遷圖考四卷　(清)劉鶚撰　清光緒十九年(1893)袖海山房石印本　四册

110000－0144－0017388　928.284/158
請復淮水故道圖說　(清)丁顯撰　清同治八年(1869)集韻書屋刻本　一册

110000－0144－0017389　928.285/544
江北運程四十卷首一卷　(清)董恂輯　清咸豐十年(1860)京兆尹署刻本　四十一册

110000－0144－0017390　928.285/544
江北運程四十卷首一卷　(清)董恂輯　清咸豐十年(1860)京兆尹署刻本　四十一册

110000－0144－0017391　928.288/983
具區志十六卷　(清)翁澍纂　清康熙二十八年(1689)刻本　四册

110000－0144－0017392　928.288/987
太湖備考十六卷首一卷湖城紀略一卷　(清)金友理撰　清乾隆十五年(1750)藝蘭圃刻本　八册

110000－0144－0017393　928.288/987
太湖備考十六卷首一卷湖城紀略一卷　(清)金友理撰　清乾隆十五年(1750)藝蘭圃刻光緒二十九年(1903)修補本　十二册

110000－0144－0017394　928.288/987
太湖備考十六卷首一卷湖城紀略一卷　(清)金友理纂　清乾隆十五年(1750)藝蘭圃刻光緒二十九年(1903)修補本　十二册

110000－0144－0017395　928.288/987
太湖備考十六卷首一卷湖城紀略一卷　(清)金友理撰　清乾隆十五年(1750)藝蘭圃刻光緒二十九年(1903)修補本　十二册

110000－0144－0017396　928.288/987
太湖備考十六卷首一卷附湖城紀略　(清)金友理撰　清乾隆十五年(1750)藝蘭圃刻光緒二十九年(1903)修補本　十二册

110000－0144－0017397　928.288/987
太湖備考續編四卷　(清)鄭言紹纂　清光緒二十九年(1903)憇園刻本　與110000－0144－0017393合册

110000－0144－0017398　928.288/987
太湖備考續編四卷　(清)鄭言紹纂　清光緒二十九年(1903)憇園刻本　與110000－0144－0017394合册

110000－0144－0017399　928.288/987
太湖備考續編四卷　(清)鄭言紹纂　清光緒二十九年(1903)憇園刻本　與110000－0144－0017395合册

110000－0144－0017400　928.288/987
太湖備考續編四卷　(清)鄭言紹纂　清光緒二十九年(1903)憇園刻本　與110000－0144－0017396合册

110000－0144－0017401　928.29/291
江蘇海塘新志八卷　(清)李慶雲總纂　清光緒十六年(1890)刻本　四册

110000－0144－0017402　928.29/312
芙蓉湖修堤錄八卷　(清)張之杲修　清光緒十五年(1889)木活字印本　六册

110000－0144－0017403　928.29/463
桑園圍總志十四卷　(清)明之綱編　清同治九年(1870)河神廟公所刻本　八册

110000－0144－0017404　928.29/626
海塘新志六卷　(清)方觀承編　清刻本　四冊

110000－0144－0017405　928.29/626－02
海塘新志六卷　(清)方觀承編　清刻本　四冊

110000－0144－0017406　928.29/626－1
續海塘新志四卷　(清)方觀承編　清道光刻本　四冊

110000－0144－0017407　928.29/904
桑園圍志十七卷　(清)何如銓纂修　清光緒十五年(1889)刻本　六冊

110000－0144－0017408　928.3/291
萬山綱目二十一卷　(清)李誠撰　清光緒二十六年(1900)長沙吳樹梅刻本　十冊

110000－0144－0017409　928.3/374
岱甫五嶽集二十卷　(清)桑調元撰　清乾隆二十一年(1756)修汲堂刻本　六冊

110000－0144－0017410　928.3/374
岱甫五嶽集二十卷　(清)桑調元撰　清乾隆二十一年(1756)修汲堂刻本　六冊

110000－0144－0017411　928.3/748
天下名山圖詠四卷　(清)沈錫齡輯　清光緒二十一年(1895)滬中沈氏石印本　四冊

110000－0144－0017412　928.311/206
上方山志十卷首一卷　(清)釋達聞纂　**翠微三要三卷**　(清)釋心興纂　清光緒十八年(1892)三善堂刻本　二冊

110000－0144－0017413　928.311/206
上方山志十卷首一卷　(清)釋達聞纂　清光緒十八年(1892)三善堂刻本　一冊

110000－0144－0017414　928.311/322
東瀛戰士策　(日本)尾崎行雄著　(清)渡海畸人譯　清光緒二十九年(1903)北京華北書局鉛印本　一冊

110000－0144－0017415　928.311/836－02
盤山志五卷首一卷補遺十卷　(清)釋智樸輯　清同治十一年(1872)刻本　四冊

110000－0144－0017416　928.312/113
長白山錄一卷　(清)王士禛撰　清康熙三十六年(1697)刻本　一冊

110000－0144－0017417　928.312/157
泰山道里記一卷　(清)聶鈫撰　清光緒四年(1878)雨山堂刻本　一冊

110000－0144－0017418　928.312/170.4
嶗山名勝志略一卷　(明)黄宗昌撰　(清)郭廷翕注　清嘉慶十三年(1808)修齊堂刻本　一冊

110000－0144－0017419　928.312/287
錢神志七卷　(清)李世熊撰　清同治十年(1871)劉培芬刻本　六冊

110000－0144－0017420　928.312/507
泰山小史一卷　(清)蕭協中著　清乾隆五十四年(1789)刻本　一冊

110000－0144－0017421　928.312/507
泰山小史一卷　(清)蕭協中撰　清乾隆五十四年(1789)刻本　一冊

110000－0144－0017422　928.312/987
泰山志二十卷　(清)金棨纂　清嘉慶十三年(1808)刻本　十冊

110000－0144－0017423　928.312/987
泰山志二十卷　(清)金棨纂　清嘉慶十三年(1808)刻本　存十五卷(一至十五)　六冊

110000－0144－0017424　928.312/987
泰山志二十卷　(清)金棨纂　清嘉慶十三年(1808)刻本　十冊

110000－0144－0017425　928.312/987
泰山志二十卷　(清)金棨纂　清嘉慶十三年(1808)刻本　十冊

110000－0144－0017426　928.312/987－02
泰山志二十卷　(清)金棨纂　清光緒二十四年(1898)刻本　十二冊

110000－0144－0017427　928.313/321

風穴續志五卷　(清)屈啟賢輯　清刻本　一册

110000－0144－0017428　928.313/466
說嵩三十二卷　(清)景日昣纂　清康熙五十八年(1719)嶽生堂刻本　十册

110000－0144－0017429　928.313/466
說嵩三十二卷　(清)景日昣纂　清康熙五十八年(1719)嶽生堂刻本　十册

110000－0144－0017430　928.314/251
恆山志四卷　(清)桂敬順纂　清乾隆刻本　四册

110000－0144－0017431　928.314/939
清涼山志十卷　(明)釋鎮澄纂　清乾隆二十年(1755)江蘇淮陰釋聚用刻光緒十三年(1887)山西五臺增刻本　四册

110000－0144－0017432　928.314/939
清涼山志十卷　(明)釋鎮澄纂　清乾隆二十年(1755)江蘇淮陰釋聚用刻光緒十三年(1887)山西五臺增刻本　四册

110000－0144－0017433　928.314/939
清涼山志十卷　(明)釋鎮澄纂　清乾隆二十年(1755)江蘇淮陰釋聚用刻光緒十三年(1887)山西五臺增刻本　四册

110000－0144－0017434　928.314/939
清涼山志十卷　(明)釋鎮澄纂　清乾隆二十年(1755)江蘇淮陰釋聚用刻光緒十三年(1887)山西五臺增刻本　四册

110000－0144－0017435　928.315/287
華嶽志八卷首一卷　(清)李榕纂　清道光十一年(1831)清白別墅刻本　四册

110000－0144－0017436　928.315/287
華嶽志八卷首一卷　(清)李榕纂　清道光十一年(1831)清白別墅刻本　四册

110000－0144－0017437　928.315/287
華嶽志八卷首一卷　(清)李榕纂　清道光十一年(1831)清白別墅刻本　四册

110000－0144－0017438　928.315/287－02
華嶽志八卷首一卷　(清)李榕纂輯　清道光十一年(1831)刻光緒九年(1883)補刻本　四册

110000－0144－0017439　928.316/313
崆峒山志二卷　(清)張伯魁纂　清同治十一年(1872)刻本　二册

110000－0144－0017440　928.316/313－02
崆峒山志二卷　(清)張伯魁纂　清嘉慶二十四年(1819)刻本　二册

110000－0144－0017441　928.321/117
錫山景物畧十卷　(清)王永積纂　清光緒二十四年(1898)刻本　五册

110000－0144－0017442　928.321/117
錫山景物畧十卷　(清)王永積纂　清光緒二十四年(1898)刻本　五册

110000－0144－0017443　928.321/271
京口山水志十八卷首一卷末一卷　(清)楊棨纂　清道光鎮江善化書局刻本　六册

110000－0144－0017444　928.321/271－02
京口山水志十八卷首一卷末一卷　(清)楊棨纂　清道光二十七年(1847)枕溪書屋刻本　四册

110000－0144－0017445　928.321/309
京口三山志三種　(清)吳雲輯　清同治四年(1865)刻本　二十六册

110000－0144－0017446　928.321/309
京口三山志三種　(清)吳雲輯　清同治四年(1865)刻本　二十六册

110000－0144－0017447　928.321/333
靈巖山不分卷　(清)□□纂　清刻本　一册

110000－0144－0017448　928.321/333
靈巖山不分卷　(清)□□纂　清刻本　一册

110000－0144－0017449　928.321/384
焦山續志八卷　(清)陳任暘纂　清光緒三十一年(1905)刻本　二册

110000－0144－0017450　928.321/393

虎阜志十卷首一卷 (清)陸肇域編 (清)任兆麟纂 清乾隆五十七年(1792)西溪別墅刻本 十冊

110000－0144－0017451 928.321/436
焦山志二十六卷首一卷 (清)吳雲輯 **焦山續志八卷** (清)陳任暘纂 清同治十三年(1874)刻光緒三十一年(1905)續刻本 十冊

110000－0144－0017452 928.321/436
焦山志二十六卷首一卷 (清)吳雲輯 **焦山續志八卷** (清)陳任暘纂 清同治十三年(1874)刻光緒三十一年(1905)續刻本 十冊

110000－0144－0017453 928.321/436
焦山志二十六卷首一卷 (清)吳雲輯 清同治四年(1865)刻本 八冊

110000－0144－0017454 928.321/481
慧山記四卷 (明)釋圓顯輯 (明)邵寶手定 **續編三卷** (清)邵涵初輯 (清)邵文熹編輯 清同治七年(1868)二泉書院刻本 六冊

110000－0144－0017455 928.321/481
慧山記四卷 (明)釋圓顯輯 (明)邵寶手定 **續編三卷** (清)邵涵初輯 (清)邵文熹編輯 清同治七年(1868)二泉書院刻本 六冊

110000－0144－0017456 928.321/493－9
金山志十卷 (清)盧見曾纂 **續金山志二卷** (清)釋秋崖纂 清光緒二十六年(1900)刻本 六冊

110000－0144－0017457 928.321/608
重修馬蹟山志八卷首一卷 (清)許棫纂 清光緒六年(1880)木活字本 四冊

110000－0144－0017458 928.321/614
雲台新志十八卷首一卷末一卷 (清)許喬林纂輯 清道光十六年(1836)郁洲書院刻本 六冊

110000－0144－0017459 928.321/820
金山志二十卷首二卷 (清)周伯義編 (清)陳任暘訂 清光緒三十年(1904)月圓人壽室刻本 十冊

110000－0144－0017460 928.321/844
茅山志十四卷 (清)笪蟾光輯 清光緒三年(1877)懶雲草堂刻本 六冊

110000－0144－0017461 928.321/860
招隱山志十二卷 繆潛纂輯 清宣統三年(1911)昭明讀書堂刻本 四冊

110000－0144－0017462 928.321/942
金山龍遊禪寺志四卷首一卷 (清)釋行海輯 (清)釋超智編次 清康熙二十年(1681)刻本 四冊

110000－0144－0017463 928.321/961
盋山志八卷 (清)顧雲編 清光緒九年(1883)金陵盋山精舍刻本 三冊

110000－0144－0017464 928.321/961
盋山志八卷 (清)顧雲編 清光緒九年(1883)金陵盋山精舍刻本 二冊

110000－0144－0017465 928.321/965
虎丘山志十卷 (清)顧湄修 清康熙十五年(1676)刻本 二冊

110000－0144－0017466 928.321/965
虎丘山志十卷 (清)顧湄修 清康熙十五年(1676)刻本 二冊

110000－0144－0017467 928.321/965－02
虎丘山志十卷 (清)顧湄修 清宣統三年(1911)集群圖書館鉛印本 一冊

110000－0144－0017468 928.321/981
續金山志二十卷 (清)曾燠纂修 清道光四年(1824)刻本 六冊

110000－0144－0017469 928.322/380
齊山巖洞志二十六卷首一卷 (清)陳蔚纂輯 清光緒二十七年(1901)玩月樓刻本 八冊

110000－0144－0017470 928.322/380－02
齊山巖洞志二十六卷首一卷 (清)陳蔚纂輯 清光緒二十七年(1901)貴池劉世珩刻劉氏貴池先哲遺書本 八冊

110000－0144－0017471 928.322/458
黃山志定本七卷首一卷 (清)閔麟嗣纂 清

康熙十八年(1679)徽州刻本　三冊　存三卷(二、四至五)

110000－0144－0017472　928.322/623
九華山志十卷首一卷末一卷　(清)謝維喈重修　(清)周贇纂修　清光緒二十六年(1900)刻本　八冊

110000－0144－0017473　928.323/102
重修南海普陀山志二十卷　(清)秦耀曾編輯　清道光十二年(1832)刻本　四冊

110000－0144－0017474　928.323/102
重修南海普陀山志二十卷　(清)秦耀曾編輯　清道光十二年(1832)刻本　四冊

110000－0144－0017475　928.323/120
委羽山續志六卷首一卷尾一卷　(清)王維翰輯　清同治九年(1870)委羽石室刻本　三冊

110000－0144－0017476　928.323/218
委羽山志六卷　(明)胡昌賢輯　**續志六卷首一卷**　(清)王維翰輯　清同治九年(1870)刻本　三冊

110000－0144－0017477　928.323/292
金蓋山志四卷首一卷　(清)李宗蓮編輯　清光緒二十二年(1896)古書隱樓刻本　二冊

110000－0144－0017478　928.323/307
天台山全志十八卷　(清)張聯元輯　清康熙五十六年(1717)刻本　六冊

110000－0144－0017479　928.323/385
孤嶼志八卷首一卷　(清)陳舜訂修　清嘉慶十四年(1809)介和堂刻本　五冊

110000－0144－0017480　928.323/627
白石山志六卷首一卷末一卷　(清)施元孚纂輯　(清)陳瑋重輯　清光緒九年(1883)永嘉郭博古齋刻本　二冊

110000－0144－0017481　928.323/661
重訂天台山方外志要十二卷首一卷　(清)齊召南原撰　(清)阮元重訂　清嘉慶七年(1802)刻本　四冊

110000－0144－0017482　928.323/664
西天目祖山志八卷首一卷末一卷　(清)釋廣賓輯　(清)釋際界增訂　清光緒二年(1876)浙江蔣君同等刻本　四冊

110000－0144－0017483　928.323/832
金鼓洞志八卷首一卷　(清)朱文藻纂　清光緒五年(1879)刻本　三冊

110000－0144－0017484　928.323/905
天台山方外志三十卷　(明)釋傳燈撰　清光緒二十年(1894)佛隴真覺寺刻本　八冊

110000－0144－0017485　928.323/919
金華赤松山志一卷　(宋)倪守約撰　清光緒十八年(1892)順德知服齋刻本　一冊

110000－0144－0017486　928.323/919
金華赤松山志一卷　(宋)倪守約撰　清光緒十八年(1892)順德知服齋刻本　一冊

110000－0144－0017487　928.323/954
四明談助四十六卷首一卷　(清)徐兆昺撰　清道光八年(1828)浣江教學半齋木活字印本　四十八冊

110000－0144－0017488　928.323/976
爛柯山志十三卷　(清)鄭永禧補輯　清光緒三十二年(1906)不其山館刻本　四冊

110000－0144－0017489　928.323/981
廣雁蕩山志二十八卷首一卷末一卷　(清)曾唯纂　清乾隆五十五年(1790)東嘉依綠園刻同治八年(1869)補刻本　八冊

110000－0144－0017490　928.323/981
廣雁蕩山志二十八卷首一卷末一卷　(清)曾唯纂　清乾隆五十五年(1790)東嘉依綠園刻同治八年(1869)補刻本　八冊

110000－0144－0017491　928.323/981－02
廣雁蕩山志二十八卷首一卷末一卷　(清)曾唯纂　清乾隆五十五年(1790)刻本　八冊

110000－0144－0017492　928.323/981－03
廣雁蕩山志二十八卷首一卷末一卷　(清)曾唯纂　清乾隆五十五年(1790)東嘉曾氏依綠園刻本　八冊

110000－0144－0017493　928.324/158

石鍾山志十六卷首一卷　(清)李成謀　(清)丁義方纂　清光緒九年(1883)聽濤眺雨軒刻本　八册

110000－0144－0017494　928.324/158

石鍾山志十六卷首一卷　(清)李成謀　(清)丁義方纂　清光緒九年(1883)聽濤眺雨軒刻本　八册

110000－0144－0017495　928.324/158

石鍾山志十六卷首一卷　(清)李成謀　(清)丁義方纂　清光緒九年(1883)聽濤眺雨軒刻本　八册

110000－0144－0017496　928.324/170.7

重刊麻姑山志十二卷首一卷　(清)黄家駒編　清同治五年(1866)洞天書屋刻本　六册

110000－0144－0017497　928.324/352

續刻麻姑山丹霞洞天誌十七卷　(明)左宗郢編　(清)何天爵續編　清康熙五十六年(1717)瀧溪曉樓刻本　六册

110000－0144－0017498　928.324/385

廬山記三卷廬山紀畧一卷　(宋)陳舜俞撰　清道光錢熙祚刻守山閣叢書本　一册

110000－0144－0017499　928.324/562

廬山小志二十四卷首一卷　(清)蔡瀛纂　清道光四年(1824)嫏嬛別館刻本　六册

110000－0144－0017500　928.324/562

廬山小志二十四卷首一卷　(清)蔡瀛纂　清道光四年(1824)嫏嬛別館刻本　六册

110000－0144－0017501　928.324/781

廬山志十五卷　(清)毛德琦輯　清康熙五十九年(1720)順德堂刻乾隆五十八年(1793)補刻本　十册

110000－0144－0017502　928.324/781－02

廬山志十五卷　(清)毛德琦輯　清康熙五十九年(1720)刻乾隆至同治遞修本　十六册

110000－0144－0017503　928.325/113

大嶽太和山紀略八卷　(清)王槩輯　清乾隆九年(1744)下荊南道署刻本　八册

110000－0144－0017504　928.325/113

大嶽太和山紀略八卷　(清)王槩輯　清乾隆九年(1744)下荊南道署刻本　八册

110000－0144－0017505　928.325/113

大嶽太和山紀略八卷　(清)王槩輯　清乾隆九年(1744)下荊南道署刻本　八册

110000－0144－0017506　928.325/222

黄鵠山志十二卷首一卷　(清)胡鳳丹纂　清同治十三年(1874)永康胡氏退補齋刻本　六册

110000－0144－0017507　928.325/222

黄鵠山志十二卷首一卷　(清)胡鳳丹纂　清同治十三年(1874)永康胡氏退補齋刻本　六册

110000－0144－0017508　928.325/383

青龍山志一卷　(清)陳寶壽纂　清光緒二十六年(1900)木活字印本　一册

110000－0144－0017509　928.325/442

九疑山志四卷　(清)吳繩祖重編　清嘉慶元年(1796)退思齋刻光緒印本　二册

110000－0144－0017510　928.325/442

九疑山志四卷　(清)吳繩祖重編　清嘉慶元年(1796)退思齋刻光緒印本　二册

110000－0144－0017511　928.326/286

重修南嶽志二十六卷　(清)李元度纂　清光緒九年(1883)秣陵洞天精舍刻本　十四册

110000－0144－0017512　928.326/286

重修南嶽志二十六卷　(清)李元度纂　清光緒九年(1883)秣陵洞天精舍刻本　十四册

110000－0144－0017513　928.326/292

南嶽小錄一卷　(唐)李沖昭撰　清光緒十八年(1892)順德龍氏刻知服齋叢書本　一册

110000－0144－0017514　928.326/312

湘山通覽志　(清)張澹煙纂　清乾隆五十九年(1794)劉首文刻本　一册

110000－0144－0017515　928.326/380

南嶽總勝集三卷　(宋)陳田夫撰　清光緒三十二年(1906)長沙葉德輝刻本　三冊

110000－0144－0017516　928.326/380

南嶽總勝集三卷　(宋)陳田夫撰　清光緒三十二年(1906)長沙葉德輝刻本　三冊

110000－0144－0017517　928.326/647

南嶽志八卷　(清)高自位纂　清乾隆十八年(1753)開雲樓刻本　四冊

110000－0144－0017518　928.326/647

南嶽志八卷　(清)高自位纂　清乾隆十八年(1753)開雲樓刻本　六冊

110000－0144－0017519　928.327/131

華銀山志十八卷首一卷　(清)釋可學纂　清同治三年(1864)刻本　四冊

110000－0144－0017520　928.327/526

峩眉山志十二卷　(清)蔣超纂　清光緒十九年(1893)伏虎寺果重禪師刻本　三冊

110000－0144－0017521　928.327/601

峨山圖志二卷　(清)譚鍾岳繪　清光緒十七年(1891)四川省城兩湖公館刻本　二冊

110000－0144－0017522　928.327/601

峨山圖志二卷　(清)譚鍾岳繪　清光緒十七年(1891)四川省城兩湖公館刻本　四冊

110000－0144－0017523　928.331/104

福廬靈巖志三卷　(清)葉向高撰　清刻本　二冊

110000－0144－0017524　928.331/171

鼓山志十四卷首一卷　(清)黄任修輯　清乾隆三十七年(1772)刻本　六冊

110000－0144－0017525　928.331/540

武夷山志二十四卷首一卷　(清)董天工撰　清道光二十六年(1846)五夫尺木軒刻本　十冊

110000－0144－0017526　928.331/540

武夷山志二十四卷首一卷　(清)董天工撰　清道光二十六年(1846)五夫尺木軒刻本　八冊

110000－0144－0017527　928.331/631

烏石山志九卷首一卷　(清)郭柏蒼　(清)劉永松纂輯　清道光二十二年(1842)于麗古天開圖畫樓刻本　四冊

110000－0144－0017528　928.331/631－02

烏石山志九卷　(清)郭柏蒼　(清)劉永松纂輯　清道光二十二年(1842)于麗古天開圖畫樓刻同治十二年(1873)補刻本　二冊　存六卷(三至五、七至九)

110000－0144－0017529　928.331/670

玉華洞志六卷　(清)廖鶴齡纂修　清康熙六十一年(1722)刻本　四冊

110000－0144－0017530　928.331/800

九峰志四卷　(清)陳祚康　(清)魏傑纂修　清光緒元年(1875)刻本　一冊

110000－0144－0017531　928.333/169－02

白雲洞志五卷　(清)黄亨纂輯　清光緒十三年(1887)刻本　一冊

110000－0144－0017532　928.333/368

禺峽山志四卷　(清)孫繩祖纂修　清光緒十年(1884)刻本　四冊

110000－0144－0017533　928.333/385

浮山志五卷　(清)陳銘珪撰　清光緒七年(1881)荔莊刻本　五冊

110000－0144－0017534　928.333/385

浮山志五卷　(清)陳銘珪撰　清光緒七年(1881)荔莊刻本　五冊

110000－0144－0017535　928.34/410

長白山靈蹟全影　(清)□□輯　清宣統三年(1911)鉛印本　一冊

110000－0144－0017536　928.361/113

新疆山脈圖志六卷　王樹枏撰　清宣統元年(1909)新城王氏陶廬刻本　六冊

110000－0144－0017537　928.361/113

新疆山脈圖志六卷　王樹枏撰　清宣統元年(1909)新城王氏陶廬刻本　六冊

110000－0144－0017538　928.4/828
南宋古蹟攷二卷　(清)朱彭撰　清光緒七年(1881)武林丁氏刻武林掌故叢編本　二册

110000－0144－0017539　928.4013/120
問津院志十卷首一卷末一卷　(清)王會釐纂　清光緒三十一年(1905)刻本　五册

110000－0144－0017540　928.4013/455
彝山書院志不分卷　(清)史致昌編　清道光二十三年(1843)刻本　一册

110000－0144－0017541　928.4013/827
創建豫南書院存畧一卷　(清)朱壽鏞編　清光緒十七年(1891)信陽豫南書院刻本　一册

110000－0144－0017542　928.4015/890
陝甘味經書院志不分卷　(清)劉先蕡纂　清光緒二十年(1894)陝西味經售書處刻本　一册

110000－0144－0017543　928.4015/890
陝甘味經書院志不分卷　(清)劉先蕡纂　清光緒二十年(1894)陝西味經售書處刻本　一册

110000－0144－0017544　928.4021/647
東林書院志二十二卷　(清)高廷等輯　清光緒七年(1881)刻本　八册

110000－0144－0017545　928.4021/647
東林書院志二十二卷　(清)高廷等輯　清光緒七年(1881)刻本　八册

110000－0144－0017546　928.4021/647
東林書院志二十二卷　(清)高廷等輯　清光緒七年(1881)刻本　八册

110000－0144－0017547　928.4023/170
西湖蘇蹟一卷　(清)黄安瀾撰　清道光十年(1830)聚經堂刻本　一册

110000－0144－0017548　928.4023/709
龍井見聞録十卷宋僧元淨外傳二卷　(清)汪孟鋗纂　清光緒十年(1884)丁氏嘉惠堂刻本　四册

110000－0144－0017549　928.4024/377
江城名蹟記二卷　(清)陳弘緒撰　**末一卷**　(清)陳新德輯　清乾隆二十五年(1760)刻本　四册

110000－0144－0017550　928.4024/781
白鹿書院志十九卷　(清)毛德琦撰　清康熙五十九年(1720)刻乾隆六十年(1795)補刻同治十年(1871)再補刻本　八册

110000－0144－0017551　928.4024/781
白鹿書院志十九卷　(清)毛德琦撰　清康熙五十九年(1720)刻乾隆六十年(1795)補刻同治十年(1871)再補刻本　八册

110000－0144－0017552　928.4024/937
信江書院志十卷首一卷末一卷　(清)鍾世楨纂　清同治六年(1867)信江書院刻本　四册

110000－0144－0017553　928.4027/145
蜀中名勝記三十卷　(明)曹學佺撰　清光緒元年(1875)南海伍氏刻粵雅堂叢書本　九册

110000－0144－0017554　928.4027/145－02
蜀中名勝記三十卷　(明)曹學佺撰　清宣統刻本　十册

110000－0144－0017555　928.4027/145－02
蜀中名勝記三十卷　(明)曹學佺撰　清宣統刻本　十册

110000－0144－0017556　928.4031/213
詩山書院志十卷首一卷　(清)戴鳳儀纂　清光緒三十一年(1905)南安詩山書院刻本　五册

110000－0144－0017557　928.4033/261
學海堂志一卷　(清)林伯桐撰　清道光十八年(1838)廣州學海堂刻本　一册

110000－0144－0017558　928.4033/916
雙桂書院志略四卷雙桂東齋志略一卷　(清)□□纂修　清光緒九年(1883)廣東忠孝堂刻本　四册

110000－0144－0017559　928.41021/893
忍草庵志四卷　(清)劉繼增纂　清光緒十三年(1887)錫山遂初堂尤氏木活字印本　一册

110000－0144－0017560　928.41023/987
曹江孝女廟誌八卷首一卷末一卷　(清)金廷棟輯　清光緒八年(1882)五社公所刻本　二冊

110000－0144－0017561　928.41023/987
曹江孝女廟誌八卷首一卷末一卷　(清)金廷棟輯　清光緒八年(1882)五社公所刻本　二冊

110000－0144－0017562　928.41023/987
曹江孝女廟誌八卷首一卷末一卷　(清)金廷棟輯　清光緒八年(1882)五社公所刻本　二冊

110000－0144－0017563　928.41023/987
曹江孝女廟誌八卷首一卷末一卷　(清)金廷棟輯　清光緒八年(1882)五社公所刻本　二冊

110000－0144－0017564　928.41024/987
逍遙山萬壽宮志二十二卷首一卷　(清)金桂馨　(清)漆逢源纂輯　清光緒四年(1878)江右鐵柱宮刻本　十冊

110000－0144－0017565　928.4111/107
潭柘山岫雲寺志二卷　(清)神穆德編　(清)義菴續編　清光緒九年(1883)刻本　二冊

110000－0144－0017566　928.4111/107
潭柘山岫雲寺志二卷　(清)神穆德編　(清)義菴續編　清光緒九年(1883)刻本　二冊

110000－0144－0017567　928.4111/107
潭柘山岫雲寺志二卷　(清)神穆德編　(清)義菴續編　清光緒九年(1883)刻本　二冊

110000－0144－0017568　928.4111/107
潭柘山岫雲寺志二卷　(清)神穆德編　(清)義菴續編　清光緒九年(1883)刻本　二冊

110000－0144－0017569　928.4121/177
靈谷禪林志十五卷首一卷　(清)甘熙纂　(清)謝元福增　清光緒十二年(1886)刻本　二冊

110000－0144－0017570　928.4121/177
靈谷禪林志十五卷首一卷　(清)甘熙纂　(清)謝元福增　清光緒十二年(1886)刻民國二十二年(1933)印本　四冊

110000－0144－0017571　928.4121/463
鶴林寺志一卷　(明)釋明賢纂　清宣統元年(1909)福登刻本　一冊

110000－0144－0017572　928.4121/880
圓津禪院小志六卷　(清)釋覺銘纂　清光緒二十二年(1896)刻本　二冊

110000－0144－0017573　928.4121/887
南朝寺考六卷　劉世珩撰　清光緒三十三年(1907)刻堅𤈦叢書本　二冊

110000－0144－0017574　928.4121/887
南朝寺考六卷　劉世珩撰　清光緒三十三年(1907)刻堅𤈦叢書本　二冊

110000－0144－0017575　928.4121/998
竹堂寺志不分卷　(清)釋真鑑纂述　清宣統元年(1909)鉛印本　一冊

110000－0144－0017576　928.4123/158
揚清祠志一卷　(清)丁午輯　清光緒七年(1881)錢塘丁氏刻本　一冊

110000－0144－0017577　928.4123/196
鳳皇山聖果寺志一卷　(清)釋超乾修輯　清光緒七年(1881)錢塘丁氏嘉惠堂刻武林掌故叢編本　一冊

110000－0144－0017578　928.4123/327
辯利院志三卷　(清)翟灝編　(清)吴樹虛增訂　清道光十年(1830)刻本　二冊

110000－0144－0017579　928.4123/337
增修雲林寺志八卷續志八卷　(清)厲鶚等撰　清光緒十四年(1888)嘉惠堂刻本　五冊

110000－0144－0017580　928.4123/435
大昭慶律寺志十卷　(清)吴樹虛撰　清乾隆二十九年(1764)刻本　四冊

110000－0144－0017581　928.4123/669
聖廟志輯要三十卷首一卷　(清)鹿嗣宗輯　清嘉慶十九年(1814)刻本　八冊

110000－0144－0017582　928.4123/767
岳廟志略十卷首一卷　（清）馮培編　清光緒五年（1879）浙江書局刻本　四冊

110000－0144－0017583　928.4123/767
岳廟志略十卷首一卷　（清）馮培編　清光緒五年（1879）浙江書局刻本　四冊

110000－0144－0017584　928.4123/832
吳山城隍廟志八卷首一卷　（清）覺羅琅玕鑒定　（清）盧崧監修　清道光盧崧刻本　四冊

110000－0144－0017585　928.4125/286
玉泉寺志六卷首一卷　（清）李元才修　清光緒十一年（1885）刻本　四冊

110000－0144－0017586　928.4127/482
重修昭覺寺志八卷首一卷　（清）釋中恂主修　（清）羅用霖纂修　清光緒二十二年（1896）刻本　四冊

110000－0144－0017587　928.4127/819
新繁文廟祭譜錄六卷　（清）周煜南輯　清光緒三十三年（1907）文廟樂庫刻本　四冊

110000－0144－0017588　928.4131/260
敕封天后志二卷　（清）林清標輯　清道光二十三年（1843）刻本　二冊

110000－0144－0017589　928.4131/260－02
敕封天后志二卷　（清）林清標輯　清同治四年（1865）刻本　二冊

110000－0144－0017590　928.4131/260－03
敕封天后志二卷　（清）林清標輯　清道光十五年（1835）刻本　六冊

110000－0144－0017591　928.4133/998
曹谿通志八卷首一卷　（清）釋真樸撰　清道光十六年（1836）懷善堂刻本　四冊

110000－0144－0017592　928.421/382
秣陵集六卷　（清）陳文述撰　清道光三年（1823）刻本　三冊

110000－0144－0017593　928.421/382－02
秣陵集六卷　（清）陳文述撰　清光緒十年（1884）淮南書局刻本　三冊

110000－0144－0017594　928.423/435
西谿梵隱志四卷　（清）吳本泰輯　清光緒七年（1881）武林丁氏八千卷樓刻本　二冊

110000－0144－0017595　928.425/541
漢口紫陽書院志畧七卷　（清）董桂敷增訂　清嘉慶十一年（1806）尊道堂刻本　五冊

110000－0144－0017596　928.429/171
重刻二忠祠紀略不分卷　（清）黃贊湯編　清同治八年（1869）二忠祠刻本　一冊

110000－0144－0017597　928.429/203
程朱闕里志八卷首一卷彙增一卷　（明）趙滂編集　（明）鮑應鰲纂　清雍正三年（1725）紫陽書院刻本　八冊

110000－0144－0017598　928.429/213
郭山廟志八卷　（清）戴鳳儀纂　清光緒二十三年（1897）詩山書院刻本　四冊

110000－0144－0017599　928.429/217
胡氏金紫家廟遺據二卷　（清）胡承鑑匯輯　清嘉慶二十四年（1819）刻本　一冊

110000－0144－0017600　928.429/289
越中先賢祠目序例一卷　（清）李慈銘撰　清光緒十一年（1885）虎坊橋越祠刻本　一冊

110000－0144－0017601　928.429/311
湯陰精忠廟志十卷　（明）張應登纂輯　（明）鄭懋洵纂輯　清乾隆刻本　六冊

110000－0144－0017602　928.429/348
長沙賈太傅祠志四卷　（清）夏獻雲撰　清光緒四年（1878）長沙刻本　二冊

110000－0144－0017603　928.429/457
蘇垣安徽會館錄二卷　（清）闞鳳樓輯　清光緒七年（1881）蘇州安徽會館刻本　二冊

110000－0144－0017604　928.429/714
［婺源］汪氏湖山墓祠紀一卷　（□）□□撰　清道光二十八年（1848）德基堂刻本　一冊

110000－0144－0017605　928.429/820
濂溪志七卷濂溪遺芳集一卷　（清）周午橋輯　清道光十九年（1839）愛蓮堂刻本　四冊

110000－0144－0017606　928.429/828
右文館志一卷　(清)朱桐修　(清)陳元香等纂　清光緒元年(1875)縉雲右文館木活字印本　一册

110000－0144－0017607　928.429/919
象邑夏王廟志二卷　(清)倪勵輯　清道光九年(1829)張氏九曲廬刻本　二册

110000－0144－0017608　928.429/981.7
宗聖志二十卷　(清)曾國荃重修　(清)王定安編輯　清光緒十六年(1890)曾國荃刻本　六册

110000－0144－0017609　928.429/987
吴山伍公廟志六卷首一卷　(清)金文淳纂　(清)金志章修　清光緒二年(1876)王景澄刻本　一册

110000－0144－0017610　928.429/987
吴山伍公廟志六卷首一卷　(清)金文淳纂　(清)金志章修　清光緒二年(1876)王景澄刻本　一册

110000－0144－0017611　928.43/130
天平山高義圖　(清)□□纂　清乾隆刻本　一册

110000－0144－0017612　928.43/200
武林新年雜詠一卷　(清)舒紹言等撰　**春草園小記一卷**　(清)趙昱撰　清光緒七年(1881)丁氏八千卷樓刻武林掌故叢編本　一册

110000－0144－0017613　928.43/222
桃花源志二十四卷首一卷　(清)胡鳳丹輯　清光緒三年(1877)退補齋刻本　十二册

110000－0144－0017614　928.43/222
桃花源志二十四卷首一卷　(清)胡鳳丹輯　清光緒三年(1877)退補齋刻本　十册

110000－0144－0017615　928.43/667
桃花源志畧十三卷　(清)唐開韶輯　清道光二十六年(1846)劉覺香刻本　五册

110000－0144－0017616　928.43/947
約園志一卷　(清)徐樹銘輯　清光緒二十三年(1897)刻本　一册

110000－0144－0017617　928.43/947
約園志一卷　(清)徐樹銘輯　清光緒二十三年(1897)刻本　一册

110000－0144－0017618　928.44/202
平山堂圖志十卷首一卷　(清)趙之壁編纂　清光緒二十一年(1895)刻本　四册

110000－0144－0017619　928.44/269
竹垞小志五卷　(清)楊蟠撰　清嘉慶三年(1798)七錄書閣刻本　二册

110000－0144－0017620　928.44/289
大觀亭志六卷首一卷末一卷　李國模纂輯　李丙榮編　清宣統三年(1911)安徽合肥李氏慎餘堂木活字印本　四册

110000－0144－0017621　928.44/361
文瀾閣志二卷首一卷附錄一卷　(清)孫樹禮　(清)孫峻撰　清光緒二十四年(1898)武林丁氏刻武林掌故叢編本　三册

110000－0144－0017622　928.44/522
萬壽廳重建紀事本末一卷　(清)□□撰　清刻本　一册

110000－0144－0017623　928.44/696
滄浪小志二卷　(清)宋犖編　清光緒十年(1884)江蘇書局刻本　一册

110000－0144－0017624　928.4612/915
趵突泉志二卷　(清)任弘遠撰　清乾隆七年(1742)春草堂刻本　一册

110000－0144－0017625　928.4621/487
上方山石湖一卷　(清)□□纂　清刻本　一册

110000－0144－0017626　928.4625/222
鸚鵡洲小志四卷首一卷　(清)胡鳳丹編纂　清同治十三年(1874)永康胡氏退補齋刻本　二册

110000－0144－0017627　928.4625/222
鸚鵡洲小志四卷首一卷　(清)胡鳳丹編纂

清同治十三年(1874)永康胡氏退補齋刻本 二册

110000－0144－0017628 928.472/222
青冢志十二卷首一卷 (清)胡鳳丹編纂 清光緒三年(1877)永康胡氏退補齋刻本 三册

110000－0144－0017629 928.4722/169
黄墩墓祠祀產田記 (清)黄文煒等纂修 清乾隆四年(1739)刻本 一册

110000－0144－0017630 928.4722/714
汪氏重修雲嵐山墓祠志不分卷 (清)汪廷楨纂修 清乾隆刻本 一册

110000－0144－0017631 928.5/448
宦海浮沈錄一卷 (清)張心泰撰 清光緒三十二年(1906)夢梅仙館刻本 一册

110000－0144－0017632 928.5011/322
天咫偶聞十卷 (清)震鈞撰 清光緒三十三年(1907)刻本 八册

110000－0144－0017633 928.5011/322
天咫偶聞十卷 (清)震鈞撰 清光緒三十三年(1907)刻本 八册

110000－0144－0017634 928.5011/322
天咫偶聞十卷 (清)震鈞撰 清光緒三十三年(1907)刻本 八册

110000－0144－0017635 928.5036/383
清代貴州少數民族風俗圖說 (清)陳浩編 清彩繪本 五十六幅

110000－0144－0017636 928.5036/952
苗疆聞見錄一卷 (清)徐家幹撰 清光緒四年(1878)鉛印本 一册

110000－0144－0017637 928.671/102
文昌橋志八卷附錄二卷 (清)湯茗孫纂 清嘉慶十九年(1814)刻本 三册

110000－0144－0017638 928.721/772
淮揚水利圖說不分卷 (清)馮道立撰 清光緒二十六年(1900)揚州府署刻本 一册

110000－0144－0017639 928.9/389
鄴中記一卷 (晉)陸翙撰 清乾隆蘇州府刻武英殿聚珍版書本 劉盼遂題識 一册

110000－0144－0017640 928.911/850
都門百二十詠 (清)鮑東植撰 清咸豐三年(1853)無古今室刻本 一册

110000－0144－0017641 928.913/650
方岳採風錄二卷撫湘公牘二卷閩嶠輶軒錄二卷 (清)卞寶第撰 清光緒刻本 四册

110000－0144－0017642 928.914/661
三晉見聞錄一卷 (清)齊翀撰 清刻本 一册

110000－0144－0017643 928.921/113
瀛壖雜志六卷 (清)王韜撰 清光緒元年(1875)刻本 二册

110000－0144－0017644 928.921/350
暨陽風俗賦一卷 (清)石酉山撰 清道光二十三年(1843)鐵蕉吟館刻本 一册

110000－0144－0017645 928.921/384
炳燭里談三卷 陳作霖撰 清宣統三年(1911)刻本 一册

110000－0144－0017646 928.921/384
炳燭里談三卷 陳作霖撰 清宣統三年(1911)刻本 一册

110000－0144－0017647 928.921/384
炳燭里談三卷 陳作霖撰 清宣統三年(1911)刻本 一册

110000－0144－0017648 928.921/440
吴城竹枝詞一卷 (清)吳煇撰 清道光十九年(1839)抄本 一册

110000－0144－0017649 928.921/990
昭陽從政錄一卷 (清)俞麟年撰 清同治十年(1871)刻本 一册

110000－0144－0017650 928.923/113
會稽三賦四卷 (宋)王十朋撰 (宋)周世則注 清嘉慶十七年(1812)陳氏湖海樓刻湖海樓叢書本 一册

110000－0144－0017651　928.923/165
北隅掌錄二卷　（清）黄士珣撰　清道光二十五年(1845)錢塘汪氏振綺堂刻本　一册

110000－0144－0017652　928.923/398
廣會稽風俗賦　（清）陶元藻撰　清乾隆五十二年(1787)怡雲閣刻本　一册

110000－0144－0017653　928.923/401
貞豐里庚申見聞錄二卷　（清）陶煦撰　清光緒八年(1882)陶氏儀一堂刻本　一册

110000－0144－0017654　928.923/819
武林舊事十卷附錄一卷　（宋）周密撰　清乾隆至道光長塘鮑氏刻知不足齋叢書本　四册

110000－0144－0017655　928.925/340
荊州記三卷附錄一卷　（宋）盛宏之撰　（清）陳運溶集證　清光緒二十四年(1898)刻麓山精舍叢書本　一册

110000－0144－0017656　928.925/378
江漢叢談二卷　（明）陳士元纂　清光緒十七年(1891)三餘草堂刻湖北叢書本　一册

110000－0144－0017657　928.926/116
新化學田志十卷　（清）王愓菴等纂　清光緒二十二年(1896)刻本　六册

110000－0144－0017658　928.926/294
甯鄉賓興志四卷　（清）李鎮湘等纂　清光緒四年(1878)甯鄉賓興局刻本　二册

110000－0144－0017659　928.926/382
湘城訪古錄十七卷首一卷　（清）陳運溶纂　清光緒二十年(1894)刻本　六册

110000－0144－0017660　928.927/418
酆都縣新治一卷　（清）馬佩玖撰　清同治十二年(1873)刻本　一册

110000－0144－0017661　928.931/627
閩雜記十二卷　（清）施鴻保撰　清光緒四年(1878)申報館鉛印本　四册

110000－0144－0017662　928.932/455
憶台雜記二卷　（清）史久龍撰　清光緒二十二年(1896)鉛字本　二册

110000－0144－0017663　928.933/172
擬嘉應興山利說帖　（清）黄錫銓撰　清光緒二十五年(1899)梁毓芳刻本　一册

110000－0144－0017664　928.933/385
南越遊記三卷　（清）陳徽言撰　清咸豐元年(1851)刻本　一册

110000－0144－0017665　928.934/664
赤雅三卷　（明）鄺露撰　清光緒四年(1878)葛元煦刻嘯園叢書本　二册

110000－0144－0017666　928.934/708
粵西叢載三十卷　（清）汪森輯　清康熙四十四年(1705)梅雪堂刻本　十四册

110000－0144－0017667　928.936/312
續黔書八卷　（清）張澍撰　清嘉慶九年(1804)刻本　一册

110000－0144－0017668　928.936/478
黔書二卷　（清）田雯編　清康熙二十九年(1690)刻本　一册

110000－0144－0017669　928.939/378
香港雜記一卷　（清）陳惠勳撰　清光緒二十年(1894)鉛印本　一册

110000－0144－0017670　928.96/950
西域輿地三種彙刻三卷　（清）徐崇立輯　清光緒三十二年(1906)北京徐崇立刻盍簪館叢書本　一册

110000－0144－0017671　928.961/455
輪台雜記二卷　（清）史善長撰　清末刻本　一册

110000－0144－0017672　929.1/271
據鞍錄一卷　（清）楊應琚撰　清乾隆刻本　一册

110000－0144－0017673　929.11/354
長城游記　（日本）大烏圭介撰　（清）黄守恆譯　清光緒二十九年(1903)上海文明書局鉛印本　一册

110000－0144－0017674　929.11/754.7
東陵日記一卷　（清）潘祖蔭撰　清宣統元年

(1909)刻本　一册

110000－0144－0017675　929.11/754.7－2
西陵日記一卷　(清)潘祖蔭撰　清宣統元年(1909)刻本　一册

110000－0144－0017676　929.133/312
粵游小志八卷　(清)張心泰撰　清光緒十年(1884)鉛印本　二册

110000－0144－0017677　929.133/312
粵游小志八卷　(清)張心泰撰　清光緒十年(1884)鉛印本　缺二卷(七至八)　一册

110000－0144－0017678　929.15/161
榆塞紀行錄四卷　(清)潞河漁者撰　清光緒十二年(1886)李氏代耕堂刻本　一册

110000－0144－0017679　929.2/117
春融堂雜記不分卷　(清)王昶撰　清末鉛印本　一册

110000－0144－0017680　929.21/201－675
游滬筆記四卷　(清)瘦鶴詞人撰　清光緒十四年(1888)咏哦齋刻本　四册

110000－0144－0017681　929.22/211－147
黃山紀遊一卷　(清)曹鈖撰　(清)顧宸評　清刻本　一册

110000－0144－0017682　929.23/101－484
西湖佳話古今遺跡十六卷　(清)墨浪子輯　清光緒十八年(1892)上海雲記書局鉛印本　四册

110000－0144－0017683　929.23/111
浙程備覽不分卷　(清)于敏中編輯　清光緒十四年(1888)觀自得齋刻本　一册

110000－0144－0017684　929.23/－119
客越志畧二卷補一卷　(明)王穉登撰　清光緒七年(1881)錢唐丁氏八千卷樓刻本　二册

110000－0144－0017685　929.26/－441
澹靜齋巡軺百日記　(清)吳傑撰　清道光三十年(1850)刻本　一册

110000－0144－0017686　929.27/－113
蜀道驛程記二卷　(清)王士禛撰　清康熙刻本　二册

110000－0144－0017687　929.27/276
峩眉記游一卷　樓藜然撰　清宣統元年(1909)成都程都昌福公司鉛印本　一册

110000－0144－0017688　929.33/411
羅浮游記一卷　馬駿聲撰　清宣統元年(1909)香港奇雅印務局鉛印夢寄樓外集本　一册

110000－0144－0017689　929.33/754
羅浮紀游一卷　(清)潘飛聲撰　清末沈宗畸鉛印晨風閣叢書本　一册

110000－0144－0017690　929.34/－987
漓江雜記一卷漓江遊草一卷　金武祥撰　清光緒二十三年(1897)粟香室刻本　一册

110000－0144－0017691　929.35/257
滇軺紀程一卷荷戈紀程一卷　(清)林則徐撰　清光緒三年(1877)北京宣南寓齋刻本　一册

110000－0144－0017692　929.4/－287
東徼紀行一卷　(清)李樹棠撰　清光緒二十五年(1899)鉛印本　一册

110000－0144－0017693　929.41/751
沈陽紀程一卷　(清)潘祖蔭撰　清宣統刻本　一册

110000－0144－0017694　929.42/－982
遊吉便覽　(清)公警醒鐸生編　清宣統二年(1910)吉林印書館鉛印本　一册

110000－0144－0017695　929.6/291
元耶律楚材西遊錄一卷　(清)李文田注　清光緒二十三年(1897)會稽施氏鄦鄭學廬刻本　一册

110000－0144－0017696　929.61/－697
西轅瑣記二卷　宋伯魯撰　清光緒三十三年(1907)官報書局鉛印本　一册

110000－0144－0017697　929.66/－401

藏輶隨記　陶思曾撰　清宣統三年(1911)鉛印本　一册

110000－0144－0017698　929/120
湘軺紀程四卷芷鳳星遊二卷　(清)王金策撰　清道光元年(1821)香杜花軒刻本　一册

110000－0144－0017699　929/287
長春真人西遊記二卷　(元)李志常述　清道光二十七年(1847)灵石楊氏刻連筠簃叢書本　二册

110000－0144－0017700　929/294
使粤日記二卷　(清)李鈞撰　清道光十四年(1834)開封府署刻本　二册

110000－0144－0017701　929/367.8
南征紀略二卷　(清)孫廷銓撰　清刻本　二册

110000－0144－0017702　929/404
遊志續編一卷　(明)陶宗儀輯　清同治四年(1865)石印本　二册

110000－0144－0017703　929/405
辛卯侍行記六卷　陶保廉撰　清光緒二十三年(1897)養樹山房刻本　六册

110000－0144－0017704　929/405
辛卯侍行記六卷　陶保廉撰　清光緒二十三年(1897)養樹山房刻本　六册

110000－0144－0017705　929/583
出塞隨筆一卷　(清)戴月主人手錄　清光緒二十二年(1896)抄本　一册

110000－0144－0017706　929/796
丁亥入都紀程二卷　(清)黎庶昌撰　清光緒二十年(1894)川東道署刻本　一册

110000－0144－0017707　929/864
河海崑崙録四卷　裴景福撰　清宣統元年(1909)上海文明書局鉛印本　四册

110000－0144－0017708　929/952.7
徐霞客遊記十三卷補編一卷　(明)徐宏祖撰　(明)徐寄輯　清光緒三十四年(1908)集成圖書公司鉛印本　八册

110000－0144－0017709　929/952.7－02
徐霞客遊記十卷　(明)徐宏祖撰　**外編一卷補編一卷**　(清)葉廷甲補編　清嘉慶十三年(1808)水心齋葉氏刻本　十册

110000－0144－0017710　929/952.7－02
徐霞客遊記十卷　(明)徐宏祖撰　**外編一卷補編一卷**　(清)葉廷甲補編　清嘉慶十三年(1808)水心齋葉氏刻本　十册

110000－0144－0017711　929/952.7－02
徐霞客遊記十卷　(明)徐宏祖撰　**外編一卷補編一卷**　(清)葉廷甲補編　清嘉慶十三年(1808)水心齋葉氏刻本　十册

110000－0144－0017712　930.1/215
東洋史講義十七卷首一卷　胡元吉編　清末鉛印本　六册

110000－0144－0017713　930.1/374－284
東洋史要二卷　(日本)桑原隲藏撰　樊炳清譯　清光緒二十五年(1899)東文學社石印本　四册

110000－0144－0017714　930.1/374　284
東洋史要二卷　(日本)桑原隲藏撰　樊炳清譯　清光緒二十五年(1899)東文學社石印本　四册

110000－0144－0017715　930.1/374－284
東洋史要二卷　(日本)桑原隲藏撰　樊炳清譯　清光緒二十五年(1899)東文學社石印本　四册

110000－0144－0017716　930.1/374－284
東洋史要二卷　(日本)桑原隲藏撰　樊炳清譯　清光緒二十五年(1899)東文學社石印本　四册

110000－0144－0017717　930.1/374－284
東洋史要二卷　(日本)桑原隲藏撰　樊炳清譯　清光緒二十五年(1899)東文學社石印本　四册

110000－0144－0017718　930.1/374－284－02
東洋史要二卷　(日本)桑原隲藏撰　樊炳清

譯　清光緒二十九年(1903)鉛印本　四册

110000－0144－0017719　930.1/374－284－02
東洋史要二卷　(日本)桑原隲藏撰　樊炳清譯　清光緒二十九年(1903)鉛印本　四册

110000－0144－0017720　930.1/374－284－03
東洋史要四卷　(日本)桑原隲藏撰　樊炳清譯　清光緒二十九年(1903)寶慶勸學書社刻本　四册

110000－0144－0017721　930.1/456
東亞史要　(日本)開成館撰　(清)陸鋆譯　清學校司排印局鉛印本　二册

110000－0144－0017722　930.3/212
東洋文明史　支那翻譯會社編　清光緒二十九年(1903)支那翻譯會社鉛印本　一册

110000－0144－0017723　930.6/857
東亞各港口岸志八篇　(日本)參謀本部編　清光緒二十八年(1902)上海廣智書局鉛印本　一册

110000－0144－0017724　930.6/857
東亞各港口岸志八篇　(日本)參謀本部編　清光緒二十八年(1902)上海廣智書局鉛印本　一册

110000－0144－0017725　930.6/880
亞細亞洲志　(清)學部編譯圖書局編　清光緒三十四年(1908)學部編譯圖書局鉛印本　一册

110000－0144－0017726　930.6/880
亞細亞洲志　(清)學部編譯圖書局編　清光緒三十四年(1908)學部編譯圖書局鉛印本　一册

110000－0144－0017727　930.6/880
亞細亞洲志　(清)學部編譯圖書局編　清光緒三十四年(1908)學部編譯圖書局鉛印本　一册

110000－0144－0017728　930.6/880
亞細亞洲志　(清)學部編譯圖書局編　清光緒三十四年(1908)學部編譯圖書局鉛印本　一册

110000－0144－0017729　930.9/158
新譯三洲遊記四卷　(清)丁廉撰　管斯駿校　清光緒二十三年(1897)上海書局石印本　四册

110000－0144－0017730　930.9/165
西輶日記四卷　(清)黄楙材撰　清光緒二十三年(1897)成都志古堂刻本　五册

110000－0144－0017731　930.9/941－02
大唐西域記十二卷　(唐)釋玄奘譯　(唐)釋辯機撰　清宣統元年(1909)常州天寧寺刻本　四册

110000－0144－0017732　931.1/125
日本歷史二卷　(日本)青木武助編　張栴譯　清光緒三十二年(1906)江楚編譯官書局石印本　二册

110000－0144－0017733　931.1/132－02
日本外史二十二卷　(日本)賴襄撰　錢懌評閲　清光緒十五年(1889)上海讀史堂刻本　二十册

110000－0144－0017734　931.1/350
日本新史攬要七卷　(日本)石村貞一編　(清)遊瀛主人譯　清光緒二十七年(1901)時學廬石印本　七册

110000－0144－0017735　931.1/483
新選歷史問答四編　(日本)岡野英太郎著　逸人俊裔譯　清光緒二十八年(1902)上海廣智書局鉛印本　一册

110000－0144－0017736　931.1/578.4
中等教育日本歷史二卷　(日本)萩野由之撰　劉大猷譯　清光緒二十七年(1901)教育世界社石印本　五册

110000－0144－0017737　931.1/578.4
中等教育日本歷史二卷　(日本)萩野由之撰　劉大猷譯　清光緒二十七年(1901)教育世界社石印本　五册

110000－0144－0017738　931.1/578.4

中等教育日本歷史二卷　(日本)萩野由之撰　劉大猷譯　清光緒二十七年(1901)教育世界社石印本　五册

110000－0144－0017739　931.1/719
日本史綱二卷　(清)江楚編譯局編　清光緒三十二年(1906)江楚編譯官書總局石印本　一册

110000－0144－0017740　931.271/180
日本維新三十年史　(日本)博文館編輯　上海廣智書局譯　清光緒二十九年(1903)上海廣智書局鉛印本　六册

110000－0144－0017741　931.271/180－02
日本維新三十年史　(日本)博文館編輯　上海廣智書局譯　清光緒二十八年(1902)上海廣智書局刻本　六册

110000－0144－0017742　931.271/180－03
日本維新三十年史　(日本)博文館編輯　上海廣智書局譯　清光緒二十八年(1902)上海廣智書局鉛印本　六册

110000－0144－0017743　931.271/180－03
日本維新三十年史　(日本)博文館編輯　上海廣智書局譯　清光緒二十八年(1902)上海廣智書局鉛印本　六册

110000－0144－0017744　931.271/891
日本維新政治彙篇十二卷　(清)劉慶汾譯　清光緒二十八年(1902)蓉城刻本　六册

110000－0144－0017745　931.271/891
日本維新政治彙篇十二卷　(清)劉慶汾譯　清光緒二十八年(1902)蓉城刻本　六册

110000－0144－0017746　931.274/792
日俄戰事始末譯略十五篇　(清)程廷鏞譯　清光緒三十一年(1905)鉛印本　一册

110000－0144－0017747　931.6/453
日本地理志　(日本)中村五六纂　(日本)頓野廣太郎修補　王國維譯　清光緒二十七年(1901)金粟齋鉛印本　一册

110000－0144－0017748　931.6/504
策鰲雜摭八卷首一卷　(清)葉慶頤撰　清光緒十五年(1889)刻本　四册

110000－0144－0017749　931.6/905
游歷日本圖經三十卷　(清)傅雲龍撰　清光緒十五年(1889)德清傅氏鉛印本　十六册

110000－0144－0017750　931.6/994
日本地理兵要十卷　姚文棟撰　清光緒十年(1884)總理衙門鉛印本　八册

110000－0144－0017751　931.6/994－02
日本地理兵要十卷　姚文棟撰　清光緒二十年(1894)寶善書局石印本　六册

110000－0144－0017752　931.9/103.8
東游雜誌二卷　(清)武經笥輯　清宣統二年(1910)鉛印本　二册

110000－0144－0017753　931.9/137
東游隨筆一卷　(清)□□撰　清光緒三十三年(1907)鉛印本　一册

110000－0144－0017754　931.9/164
游歷日本考查農務日記一卷　(清)黄璟記　清光緒三十二年(1906)石印本　一册

110000－0144－0017755　931.9/168
東游日記一卷　(清)黄鼐撰　清光緒三十三年(1907)東華印書局鉛印本　一册

110000－0144－0017756　931.9/292
東游紀略二卷　李湛陽撰　清光緒三十一年(1905)重慶廣益書局鉛印本　二册

110000－0144－0017757　931.9/312
癸卯東游日記一卷　張謇撰　清光緒二十九年(1903)翰墨林書局鉛印本　一册

110000－0144－0017758　931.9/312
癸卯東游日記一卷　張謇撰　清光緒二十九年(1903)翰墨林書局鉛印本　一册

110000－0144－0017759　931.9/437
丙午扶桑遊記三卷　吴蔭培撰　清光緒三十二年(1906)刻本　一册

110000－0144－0017760　931.9/525

日本紀遊詩一卷　(清)莊介祎撰　清光緒九年(1883)刻本　二册

110000－0144－0017761　931.9/613
甲辰考察日本商務日記一卷　(清)許炳榛撰　清光緒三十年(1904)鉛印本　一册

110000－0144－0017762　931.9/791
丙午日本游記　程淯編　清光緒三十三年(1907)鉛印本　一册

110000－0144－0017763　931/170
日本國志四十卷首一卷　(清)黄遵憲編　清光緒二十四年(1898)浙江書局刻本　十册

110000－0144－0017764　931/170－02
日本國志四十卷首一卷　(清)黄遵憲編　清光緒二十八年(1902)上海書局石印本　十册

110000－0144－0017765　931/170－03
日本國志四十卷首一卷　(清)黄遵憲編　清光緒二十年(1894)刻本　十册

110000－0144－0017766　931/170－04
日本國志四十卷首一卷　(清)黄遵憲編　清光緒十六年(1890)羊城富文齋刻本　十四册

110000－0144－0017767　931/170－04
日本國志四十卷首一卷　(清)黄遵憲編　清光緒十六年(1890)羊城富文齋刻本　十册

110000－0144－0017768　931/170－05
日本國志四十卷首一卷　(清)黄遵憲編　清光緒二十四年(1898)上海圖書集成印書局石印本　十册

110000－0144－0017769　931/170－05
日本國志四十卷首一卷賦四卷　(清)黄遵憲編　清光緒二十四年(1898)上海圖書集成印書局石印本　十册

110000－0144－0017770　932.1/567
東藩紀要十二卷　(清)薛培榕撰　清光緒八年(1882)上海申報館鉛印本　四册

110000－0144－0017771　932.1/567
東藩紀要十二卷　(清)薛培榕撰　清光緒八年(1882)上海申報館鉛印本　四册

110000－0144－0017772　932.1/819
朝鮮三種　(清)周家禄撰　清光緒二十五年(1899)廬江吴氏刻奥簃史部五種本　一册

110000－0144－0017773　932.11/137
東國史略三卷　(朝鮮)□□撰　清光緒十九年(1893)景蘇園刻本　二册

110000－0144－0017774　932.11/254－2
朝鮮近世史二卷　(日本)林泰輔編　劉世珩校譯　清光緒二十九年(1903)上海鴻寶書局石印本　二册

110000－0144－0017775　932.15/877
向化人謄錄不分卷　(清)□□輯　清抄本　一册

110000－0144－0017776　932.16/948
宣和奉使高麗圖經四十卷附錄一卷　(宋)徐兢撰　清乾隆五十八年(1793)鮑氏知不足齋刻知不足齋叢書本　五册

110000－0144－0017777　932.16/948
宣和奉使高麗圖經四十卷附錄一卷　(宋)徐兢撰　清乾隆五十八年(1793)鮑氏知不足齋刻知不足齋叢書本　三册

110000－0144－0017778　932.17/125
朝鮮地理小志　(朝鮮)青華山人原稿　(清)江景桂譯纂　清光緒十一年(1885)鉛印本　一册

110000－0144－0017779　932.19/583
奉使朝鮮日記一卷　(清)崇禮撰　清光緒十九年(1893)鉛印本　一册

110000－0144－0017780　932.19/977
金剛山志二卷　(清)鄭海吉撰　清刻本　二册

110000－0144－0017781　932.2/232
前蒙古紀事本末二卷　(清)韓善徵編輯　清光緒三十一年(1905)上海春記石印本　二册

110000－0144－0017782　932.2/232
前蒙古紀事本末二卷　(清)韓善徵編輯　清光緒三十一年(1905)上海春記石印本　二册

110000－0144－0017783　932.2/232－9
后蒙古紀事本末二卷　(清)韓善徵編輯　清光緒三十一年(1905)上海春記石印本　二冊

110000－0144－0017784　932.5/754
琉球入學見聞錄四卷　(清)潘相輯　清刻本　四冊

110000－0144－0017785　932.56/202
續琉球國志略二卷首一卷　(清)趙新輯　清光緒八年(1882)黄樓刻本　二冊

110000－0144－0017786　932.56/653
南島志二卷　(日本)新井君美撰　清刻甘雨亭叢書本　一冊

110000－0144－0017787　932.56/661
續琉球國志略五卷首一卷　(清)齊鯤輯　(清)費錫章輯　清嘉慶十三年(1808)武英殿木活字印本　六冊

110000－0144－0017788　932.56/819
琉球國志略十六卷首一卷　(清)周煌輯　清光緒十九年(1893)刻本　六冊

110000－0144－0017789　932.56/819
琉球國志略十六卷首一卷　(清)周煌輯　清光緒十九年(1893)刻本　六冊

110000－0144－0017790　932.56/819
琉球國志略十六卷首一卷　(清)周煌輯　清光緒十九年(1893)刻本　六冊

110000－0144－0017791　932.56/994
琉球地理小志補遺一卷說略一卷　姚文棟撰　清光緒九年(1883)刻本　一冊

110000－0144－0017792　932.56/994
琉球地理小志補遺一卷說略一卷　姚文棟撰　清光緒九年(1883)刻本　一冊

110000－0144－0017793　933.3/762
西比里亞志　(清)前編書局編　清光緒三十四年(1908)學部編譯圖書局石印本　一冊

110000－0144－0017794　933.3/762
西比里亞志　(清)前編書局編　清光緒三十四年(1908)學部編譯圖書局石印本　一冊

110000－0144－0017795　933.3/762
西比里亞志　(清)前編書局編　清光緒三十四年(1908)學部編譯圖書局石印本　一冊

110000－0144－0017796　933.3/762
西比里亞志　(清)前編書局編　清光緒三十四年(1908)學部編譯圖書局石印本　一冊

110000－0144－0017797　933.3/762
西比里亞志　(清)前編書局編　清光緒三十四年(1908)學部編譯圖書局石印本　一冊

110000－0144－0017798　935.06/880
小亞細亞志　(清)學部編譯圖書局編　清光緒三十三年(1907)鉛印本　一冊

110000－0144－0017799　935.06/880
小亞細亞志　(清)學部編譯圖書局編　清光緒三十三年(1907)鉛印本　一冊

110000－0144－0017800　935.06/880
小亞細亞志　(清)學部編譯圖書局編　清光緒三十三年(1907)鉛印本　一冊

110000－0144－0017801　935.11/582
土耳機史　(日本)北村三郎編　趙必振譯　清光緒二十八年(1902)上海廣智書局鉛印本　一冊

110000－0144－0017802　935.16/880
土耳基志　(清)學部編譯圖書局編　清光緒三十三年(1907)學部編譯圖書局鉛印本　一冊

110000－0144－0017803　935.16/880
土耳基志　(清)學部編譯圖書局編　清光緒三十三年(1907)學部編譯圖書局鉛印本　一冊

110000－0144－0017804　935.16/880
土耳基志　(清)學部編譯圖書局編　清光緒三十三年(1907)學部編譯圖書局鉛印本　一冊

110000－0144－0017805　935.3/582
猶太史　(日本)北村三郎編　趙必振譯　清光緒二十九年(1903)上海廣智書局鉛印本

一冊

110000－0144－0017806　935.46/880

亞拉伯志　學部編譯圖書局編　清光緒三十三年(1907)學部編譯圖書局鉛印本　一冊

110000－0144－0017807　935.46/880

亞拉伯志　(清)學部編譯圖書局編　清光緒三十三年(1907)學部編譯圖書局鉛印本　一冊

110000－0144－0017808　935.46/880

亞拉伯志　(清)學部編譯圖書局編　清光緒三十三年(1907)學部編譯圖書局鉛印本　一冊

110000－0144－0017809　935.46/880

亞拉伯志　(清)學部編譯圖書局編　清光緒三十三年(1907)學部編譯圖書局鉛印本　一冊

110000－0144－0017810　935.591/582

亞西里亞巴比倫史　(日本)北村三郎編　趙必振譯　清光緒二十八年(1902)上海廣智書局鉛印本　一冊

110000－0144－0017811　936.1/880

波斯志　(清)學部編譯圖書局編　清光緒三十三年(1907)學部編譯圖書局鉛印本　一冊

110000－0144－0017812　936.1/880

波斯志　(清)學部編譯圖書局編　清光緒三十三年(1907)學部編譯圖書局鉛印本　一冊

110000－0144－0017813　936.1/880

波斯志　(清)學部編譯圖書局編　清光緒三十三年(1907)學部編譯圖書局鉛印本　一冊

110000－0144－0017814　936.1/880

波斯志　(清)學部編譯圖書局編　清光緒三十三年(1907)學部編譯圖書局鉛印本　一冊

110000－0144－0017815　936.26/880

阿富汗土耳基斯坦志　(清)學部編譯圖書局編　清光緒三十三年(1907)學部編譯圖書局鉛印本　一冊

110000－0144－0017816　936.26/880

阿富汗土耳基斯坦志　(清)學部編譯圖書局編　清光緒三十三年(1907)學部編譯圖書局鉛印本　一冊

110000－0144－0017817　936.26/880

阿富汗土耳基斯坦志　(清)學部編譯圖書局編　清光緒三十三年(1907)學部編譯圖書局鉛印本　一冊

110000－0144－0017818　936.3/880

俾路芝志一卷馬留士股志一卷紐吉尼亞島志一卷西里伯島志一卷新志一卷　(清)學部編譯圖書局編　清光緒三十三年(1907)學部編譯圖書局鉛印本　一冊

110000－0144－0017819　936.3/880

俾路芝志一卷馬留士股志一卷紐吉尼亞島志一卷西里伯島志一卷新志一卷　(清)學部編譯圖書局編　清光緒三十三年(1907)學部編譯圖書局鉛印本　一冊

110000－0144－0017820　936.3/880

俾路芝志一卷馬留士股志一卷紐吉尼亞島志一卷西里伯島志一卷新志一卷　(清)學部編譯圖書局編　清光緒三十三年(1907)學部編譯圖書局鉛印本　一冊

110000－0144－0017821　937.1/629

印度史攬要三卷　(英國)偉良撰　(清)任廷旭譯　清光緒二十七年(1901)上海廣學會鉛印本　三冊

110000－0144－0017822　937.1/629

印度史攬要三卷　(英國)偉良撰　(清)任廷旭譯　清光緒二十七年(1901)上海廣學會鉛印本　三冊

110000－0144－0017823　937.6/880

印度國志　(清)學部編譯圖書局編纂　清光緒三十三年(1907)學部編譯圖書局鉛印本　一冊

110000－0144－0017824　937.6/880

印度國志　(清)學部編譯圖書局編纂　清光緒三十三年(1907)學部編譯圖書局鉛印本　一冊

110000－0144－0017825　937.6/880
印度國志　(清)學部編譯圖書局編纂　清光緒三十三年(1907)學部編譯圖書局鉛印本　一册

110000－0144－0017826　937.6/880
印度國志　(清)學部編譯圖書局編纂　清光緒三十三年(1907)學部編譯圖書局鉛印本　一册

110000－0144－0017827　937.6/880
印度國志　(清)學部編譯圖書局編纂　清光緒三十三年(1907)學部編譯圖書局鉛印本　一册

110000－0144－0017828　937.6/880－1
印度新志　(清)學部編譯圖書局編纂　清光緒三十三年(1907)學部編譯圖書局鉛印本　一册

110000－0144－0017829　937.6/880－1
印度新志　(清)學部編譯圖書局編纂　清光緒三十三年(1907)學部編譯圖書局鉛印本　一册

110000－0144－0017830　937.7/880
阿達曼群島志一卷附新志一卷婆羅島志　(清)前編書局編纂　清光緒三十四年(1908)學部圖書局鉛印本　一册

110000－0144－0017831　937.7/880
阿達曼群島志一卷附新志一卷婆羅島志　(清)前編書局編纂　清光緒三十四年(1908)學部圖書局鉛印本　一册

110000－0144－0017832　937.7/880
阿達曼群島志一卷附新志一卷婆羅島志　(清)前編書局編纂　清光緒三十四年(1908)學部圖書局鉛印本　一册

110000－0144－0017833　937.9/723
佛國記一卷　(南朝宋)釋法顯撰　清光緒八年(1882)四明群玉山房刻本　一册

110000－0144－0017834　938.16/880
緬甸國志一卷英領緬甸志一卷緬甸新志一卷暹羅國志一卷布哈爾志一卷　(清)學部編譯圖書局編纂　清光緒三十三年(1907)學部編譯圖書局鉛印本　一册

110000－0144－0017835　938.16/880
緬甸國志一卷英領緬甸志一卷緬甸新志一卷暹羅國志一卷布哈爾志一卷　(清)學部編譯圖書局編纂　清光緒三十三年(1907)學部編譯圖書局鉛印本　一册

110000－0144－0017836　938.16/880
緬甸國志一卷英領緬甸志一卷緬甸新志一卷暹羅國志一卷布哈爾志一卷　(清)學部編譯圖書局編纂　清光緒三十三年(1907)學部編譯圖書局鉛印本　一册

110000－0144－0017837　938.29/435
暹游記略　(清)吳承銑撰　清光緒三十一年(1905)四明群玉山房鉛印本　一册

110000－0144－0017838　938.36/340
越南地輿圖説六卷首一卷　(清)盛慶紱撰　清光緒九年(1883)盛氏求忠堂刻本　二册

110000－0144－0017839　938.37/796
安南志略十九卷首一卷　(元)黎崱撰　清光緒十年(1884)上海樂善堂鉛印本　四册

110000－0144－0017840　938.38/953
越南輯略二卷　(清)徐延旭編　清光緒三年(1877)徐氏梧州郡署刻本　二册

110000－0144－0017841　938.38/953
越南輯略二卷　(清)徐延旭編　清光緒三年(1877)徐氏梧州郡署刻本　二册

110000－0144－0017842　938.39/428
越南游歷記一卷　(清)嚴璩　(清)恩慶撰　清光緒三十一年(1905)鉛印本　一册

110000－0144－0017843　938.39/428
越南游歷記一卷　(清)嚴璩　(清)恩慶撰　清光緒三十一年(1905)鉛印本　一册

110000－0144－0017844　938.39/428
越南游歷記一卷　(清)嚴璩　(清)恩慶撰　清光緒三十一年(1905)鉛印本　一册

110000－0144－0017845　938.39/465

柬埔寨以北探路記十五卷　（法國）晃西士加尼撰　清光緒十六年（1890）鉛印本　十五册

110000－0144－0017846　939.07/709

島夷志略　（元）汪大淵撰　清光緒十八年（1892）福建順德龍氏刻知服齋叢書本　一册

110000－0144－0017847　939.36/880

爪哇志一卷附新志一卷蘇門答拉志一卷附新志一卷　（清）學部編譯圖書局編　清光緒三十三年（1907）學部編譯圖書局鉛印本　一册

110000－0144－0017848　939.36/880

爪哇志一卷附新志一卷蘇門答拉志一卷附新志一卷　（清）學部編譯圖書局編　清光緒三十三年（1907）學部編譯圖書局鉛印本　一册

110000－0144－0017849　939.36/880

爪哇志一卷附新志一卷蘇門答拉志一卷附新志一卷　（清）學部編譯圖書局編　清光緒三十三年（1907）學部編譯圖書局鉛印本　一册

110000－0144－0017850　939.9/114

海島逸誌六卷　（清）王大海撰　清嘉慶十一年（1806）漳園刻本　四册

110000－0144－0017851　940.08/152

西史彙函四種續編五種　（□）□□輯　清光緒二十二年至二十三年（1896－1897）湖南新學書局刻本　二十四册

110000－0144－0017852　940.1/410

歐洲歷史攬要四卷　（日本）長谷川誠也撰　敬業學社譯　清光緒二十八年（1902）石印本　一册

110000－0144－0017853　940.1/422

羅馬志略十三卷歐洲史略十三卷希臘志略七卷　（□）□□撰　清光緒十二年（1886）總稅務司署刻本　三册

110000－0144－0017854　940.1/583

西洋歷史教科書二卷　（清）出洋學生編輯所譯述　清光緒二十八年（1902）上海商務印書館鉛印本　二册

110000－0144－0017855　940.1/583－02

西洋歷史教科書二卷　（清）出洋學生編輯所譯述　清光緒二十九年（1903）上海商務印書館鉛印本　二册

110000－0144－0017856　940.1/598－02

西洋史要不分卷　（日本）小川銀次郎撰　東文學社譯　清光緒二十七年（1901）上海金粟齋譯書處鉛印本　二册

110000－0144－0017857　940.1/844

歐羅巴通史四卷首一卷　（日本）箕作元八（日本）峰岸米造撰　（清）徐有成等譯　清光緒二十六年（1900）東亞譯書會刻本　四册

110000－0144－0017858　940.21/582

腓尼西亞史　（日本）北村三郎編　趙必振譯　清光緒二十九年（1903）上海廣智書局鉛印本　一册

110000－0144－0017859　940.22/376

布匿第二次戰紀四卷　（英國）阿納樂德撰　林紓　魏易譯　清光緒二十九年（1903）大學堂官書局鉛印本　二册

110000－0144－0017860　940.24/706

近世史略　窩爾什編　清光緒三十年（1904）上海廣學會鉛印本　一册

110000－0144－0017861　940.26/682

泰西十八周史攬要十八卷　（英國）雅各偉德元本　（英國）季理斐成章譯　（清）李鼎星述稿　清光緒二十九年（1903）上海廣學會鉛印本　六册

110000－0144－0017862　940.27/414

泰西新史攬要（泰西近百年來大事記）二十三卷附記一卷　（英國）馬墾西著　（英國）李提摩太譯　清光緒二十一年（1895）上海美華書館鉛印本　八册

110000－0144－0017863　940.27/414

泰西新史攬要（泰西近百年來大事記）二十三卷附記一卷　（英國）馬墾西著　（英國）李提摩太譯　清光緒二十三年（1897）上海美華書館第四次鉛印本　八册

110000－0144－0017864　940.27/414

泰西新史攬要二十三卷附記一卷(泰西近百年來大事記)　(英國)馬墾西著　(英國)李提摩太譯　清光緒二十八年(1902)上海美華書館第九次鉛印本　八冊

110000－0144－0017865　940.27/414

泰西新史攬要(泰西近百年來大事記)二十三卷附記一卷　(英國)馬墾西著　(英國)李提摩太譯　清光緒二十八年(1902)上海美華書館第八次鉛印本　八冊

110000－0144－0017866　940.27/414－818

泰西新史攬要八卷　(英國)馬墾西原著　(清)周慶雲節錄　清光緒二十七年(1901)夢坡室刻本　二冊

110000－0144－0017867　940.27/414－818

泰西新史攬要八卷　(英國)馬墾西原著　(英國)李提摩太譯　(清)周慶雲節錄　清光緒二十七年(1901)夢坡室刻本　二冊

110000－0144－0017868　940.3/317

十九世紀歐洲文明進化論一卷二十年來生計界劇變論一卷　(日本)民友社撰　陳國鏞譯述　清光緒二十八年(1902)鉛印本　一冊

110000－0144－0017869　940.3/317

十九世紀歐洲文明進化論一卷二十年來生計界劇變論一卷　(日本)民友社撰　陳國鏞譯述　清光緒二十八年(1902)鉛印本　一冊

110000－0144－0017870　940.8/695

泰西各國采風記五卷　宋育仁撰　清光緒二十一年(1895)上海書局石印本　四冊

110000－0144－0017871　940.8/695－02

泰西各國采風記五卷紀程感事詩一卷時務論一卷　宋育仁撰　清光緒二十二年(1896)袖海山房石印本　四冊

110000－0144－0017872　940.8/745

英法俄德四國志略二卷　沈敦和輯譯　清光緒十八年(1892)四明自學廬刻本　二冊

110000－0144－0017873　940.9/293

遊歷圖說不分卷　(清)李丹麟繪　清光緒三十一年(1905)廣州石經堂石印本　二冊

110000－0144－0017874　940.9/566

出使英法義比四國日記六卷　(清)薛福成撰　清光緒十七年(1891)鉛印本　四冊

110000－0144－0017875　940.9/566－1

出使日記續刻十卷　(清)薛福成撰　清光緒二十七年(1901)石印本　十冊

110000－0144－0017876　940.9/620

使西紀程二卷　(清)郭嵩燾撰　清光緒刻本　一冊

110000－0144－0017877　940.9/796

西洋雜誌八卷　(清)黎庶昌撰　清光緒二十六年(1900)遵義黎氏刻本　四冊

110000－0144－0017878　940.9/947

歐遊雜錄二卷　(清)徐建寅撰　清光緒刻本　一冊

110000－0144－0017879　940/820

西史綱要三十五卷　(清)周維翰撰　清光緒二十八年(1902)經世文社石印本　十八冊

110000－0144－0017880　940/820

西史綱要三十五卷　(清)周維翰撰　清光緒二十八年(1902)經世文社石印本　十八冊

110000－0144－0017881　941.1/521

英民史記三卷　(英國)葛爾雲撰　(清)李玉書譯　清光緒三十三年(1907)上海美華書館鉛印本　三冊

110000－0144－0017882　941.1/955

英吉利史三卷　(日本)須永金三郎撰　廣智書局同人譯　清光緒二十九年(1903)上海廣智書局鉛印本　二冊

110000－0144－0017883　942.1/113

重訂法國志略二十四卷　(清)王韜撰　清光緒十六年(1890)淞隱盧鉛印本　十冊

110000－0144－0017884　942.1/113

重訂法國志略二十四卷　(清)王韜撰　清光緒十六年(1890)淞隱盧鉛印本　十冊

110000－0144－0017885　942.1/113－02

重訂法國志略二十四卷　（清）王韜撰　清光緒十五年（1889）鉛印本　十册

110000－0144－0017886　942.1/660

法蘭西史　商務印書館編譯　清光緒二十九年（1903）鉛印本　一册

110000－0144－0017887　942.26/125

法蘭西革命史　（清）青年會編輯部編　清光緒二十九年（1903）鉛印本　一册

110000－0144－0017888　942.8/397

法國新志四卷　（英國）該勒低輯　（清）傅紹蘭　（清）潘松譯校　清光緒二十七年（1901）石印本　四册

110000－0144－0017889　943.27/954

德國合盟紀事本末　徐建寅譯述　清光緒刻本　一册

110000－0144－0017890　943.3/121

德國最近進步史二卷　（美國）林樂知譯　清光緒三十年（1904）上海廣學會鉛印本　一册

110000－0144－0017891　945.24/283

意大利獨立史　（日本）松井廣吉撰　張仁普譯　清光緒二十九年（1903）上海廣智書局鉛印本　一册

110000－0144－0017892　946.128/237

西美戰史二卷　（法國）勃利德撰　（清）李景鎬譯　清光緒三十年（1904）江南機器製造總局鉛印本　二册

110000－0144－0017893　948.1/457

俄史輯譯　（英國）闞斐迪譯　清光緒十四年（1888）益智書會刻本　四册

110000－0144－0017894　948.1/583

俄羅斯史　（日本）山平利嘉雄撰　（清）麥鼎華譯　清光緒二十九年（1903）上海廣智書局鉛印本　二册

110000－0144－0017895　948.1/583

俄羅斯史　（日本）山平利嘉雄撰　（清）麥鼎華譯　清光緒二十九年（1903）上海廣智書局鉛印本　二册

110000－0144－0017896　948.1/910－970

俄羅斯史十六章附俄羅斯史大事年譜　（俄國）俄羅瓦伊基撰　（日本）八代六郎譯　清光緒二十九年（1903）上海商務印書館鉛印本　一册

110000－0144－0017897　948.6/903

朔方備乘六十八卷首十二卷　（清）何秋濤撰　清咸豐十年（1860）刻本　二十四册

110000－0144－0017898　948.6/903

朔方備乘六十八卷首十二卷　（清）何秋濤撰　清咸豐十年（1860）刻本　二十四册

110000－0144－0017899　948.6/903

朔方備乘六十八卷首十二卷　（清）何秋濤撰　清光緒七年（1881）鉛印本（有補配）　缺十五卷（一至十五）　八册

110000－0144－0017900　948.6/903－02

朔方備乘六十八卷首十二卷　（清）何秋濤編　清末石印本　八册

110000－0144－0017901　948.6/903－02

朔方備乘六十八卷首十二卷　（清）何秋濤編　清末石印本　八册

110000－0144－0017902　948.8/261

俄國政俗通考一卷　（美國）林樂知撰　任廷旭譯　清光緒二十六年（1900）上海廣學會鉛印本　一册

110000－0144－0017903　948.8/261

俄國政俗通考一卷　（美國）林樂知撰　（清）任廷旭譯　清光緒二十六年（1900）上海廣學會鉛印本　二册

110000－0144－0017904　948.8/261

俄國政俗通考一卷　（美國）林樂知撰　（清）任廷旭譯　清光緒二十六年（1900）上海廣學會鉛印本　一册

110000－0144－0017905　948.8/261－02

俄國政俗通考一卷　（美國）林樂知撰　（清）任廷旭譯　清光緒三十二年（1906）上海廣學

會鉛印本　二册

110000－0144－0017906　948.8/397

俄國新志八卷　（英國）陔勒低撰　（英國）傅蘭雅　（清）潘松譯　清光緒二十七年（1901）上海書局石印本　四册

110000－0144－0017907　948.9/117

使俄草八卷　（清）王之春撰　清光緒二十一年（1895）文藝齋刻本　四册

110000－0144－0017908　948.9/117

使俄草八卷　（清）王之春撰　清光緒二十一年（1895）文藝齋刻本　四册

110000－0144－0017909　948.9/117－02

使俄日記八卷　（清）王之春撰　清光緒二十二年（1896）石印本　六册

110000－0144－0017910　948.9/518

中亞洲俄屬遊記二卷　（英國）蘭士德撰　（清）莫鎮藩譯　清光緒鉛印本　二册

110000－0144－0017911　948.9/518－02

中亞洲俄屬遊記二卷　（英國）蘭士德撰　（清）莫鎮藩譯　清光緒二十年（1894）鉛印本　二册

110000－0144－0017912　948.9/860

俄游彙編八卷　（清）繆祐孫纂　清光緒二十一年（1895）上海江左書林石印本　五册

110000－0144－0017913　948.9/860

俄游彙編八卷　（清）繆祐孫纂　清光緒二十一年（1895）上海江左書林石印本　六册

110000－0144－0017914　948/311

新輯俄斯交涉事考四卷　（清）張之洞撰　清光緒二十三年（1897）上海書局石印本　二册

110000－0144－0017915　948/734

俄羅斯　（法國）波留撰　（日本）中島端譯　清光緒三十年（1904）上海商務印書館鉛印本　三册

110000－0144－0017916　949.61/582

土耳機史　（日本）北村三郎編　趙必振譯　清光緒二十八年（1902）上海廣智書局鉛印本　一册

110000－0144－0017917　952.1/213

亞美利加洲通史　戴彬編　清光緒二十八年（1902）上海商務鉛印歷史叢書本　二册

110000－0144－0017918　952.1/505

大美國史略八卷　（美國）蔚利高著譯　清光緒二十五年（1899）福州美華書局鉛印本　二册

110000－0144－0017919　952.1/759

美史紀事本末八卷　（美國）姜寧氏撰　章宗元輯譯　清光緒二十九年（1903）求我齋刻本　二册

110000－0144－0017920　952.1/759

美史紀事本末八卷　（美國）姜寧氏撰　章宗元輯譯　清光緒二十九年（1903）求我齋刻本　二册

110000－0144－0017921　952.1/759

美史紀事本末八卷　（美國）姜寧氏撰　章宗元輯譯　清光緒二十九年（1903）求我齋刻本　二册

110000－0144－0017922　952.1/759

美史紀事本末八卷　（美國）姜寧氏撰　章宗元輯譯　清光緒二十九年（1903）求我齋刻本　二册

110000－0144－0017923　952.26/724

美國獨立戰史二卷　（日本）羽化生澁江保撰　（清）中國東京留學生譯　清末上海商務印書館鉛印本　一册

110000－0144－0017924　953.9/905

遊歷加納大圖經八卷　（清）傅雲龍撰　清光緒二十八年（1902）石印本　二册

110000－0144－0017925　957.19/905

游歷巴西圖經十卷　（清）傅雲龍撰　清光緒二十七年（1901）傅氏石印本　二册

110000－0144－0017926　958.2/905

遊歷秘魯圖經四卷　（清）傅雲龍撰　清光緒二十八年（1902）石印本　二册

110000－0144－0017927　960.6/880
亞斐利加洲志　(清)學部編譯圖書局編　清宣統元年(1909)學部圖書館鉛印本　一册

110000－0144－0017928　960.6/880
亞斐利加洲志　(清)學部編譯圖書局編　清宣統元年(1909)學部圖書館鉛印本　一册

110000－0144－0017929　960.6/880
亞斐利加洲志　(清)學部編譯圖書局編　清宣統元年(1909)學部圖書館鉛印本　一册

110000－0144－0017930　960.9/652
黑蠻風土記一卷　(英國)立溫斯敦撰　(清)史錦鏞等譯　清末鉛印本　一册

110000－0144－0017931　961.27/501
埃及近世史　(日本)柴四郎撰　(清)麥鼎華譯　清光緒二十八年(1902)上海廣智書局鉛印本　一册

110000－0144－0017932　961.27/501－02
埃及近世史　(日本)柴四郎撰　(清)章起謂譯　清光緒二十九年(1903)上海商務印書館鉛印本　一册

110000－0144－0017933　961.27/501－02
埃及近世史　(日本)柴四郎撰　(清)章起謂譯　清光緒二十九年(1903)上海商務印書館鉛印本　一册

110000－0144－0017934　961.27/701
埃及變政史略三卷　(英國)密爾納撰　(清)任保羅譯　清光緒三十三年(1907)上海廣學會鉛印本　三册

110000－0144－0017935　966.71/104
南阿新建國史四編　(日本)福本誠撰　清光緒二十八年(1902)上海文明編譯書局鉛印本　一册

110000－0144－0017936　966.71/104
南阿新建國史四編　(日本)福本誠撰　清光緒二十八年(1902)上海文明編譯書局鉛印本　二册

110000－0144－0017937　968.6/880
開浦殖民地志　(清)學部編譯圖書局編　清光緒三十四年(1908)鉛印本　一册

110000－0144－0017938　968.6/880
開浦殖民地志　(清)學部編譯圖書局編　清光緒三十四年(1908)鉛印本　一册

110000－0144－0017939　968.6/880
開浦殖民地志　(清)學部編譯圖書局編　清光緒三十四年(1908)鉛印本　一册

110000－0144－0017940　968.6/880
開浦殖民地志　(清)學部編譯圖書局編　清光緒三十四年(1908)鉛印本　一册

110000－0144－0017941　971.1/440－198
澳大利亞洲新志　(清)吳宗濂　趙元益撰　清光緒二十三年(1897)長沙元和江氏刻本　一册

110000－0144－0017942　981.32/377
外國列女傳八卷　(清)陳壽彭譯　(清)薛紹薇編　清光緒三十二年(1906)金陵江楚編譯官書總局石印本　三册

110000－0144－0017943　982.04/312
姓氏辯誤三十卷　(清)張澍撰　清棗華書屋刻本　八册

110000－0144－0017944　982.04/372
古今姓氏書辯證四十卷目錄二卷　(宋)鄧名世撰　清嘉慶敦禮堂刻岱南閣叢書本　十册

110000－0144－0017945　982.04/513
歷代名賢列女氏姓譜一百五十七卷　(清)蕭智漢纂　清乾隆五十七年(1792)聽濤山房刻本　一百二十八册

110000－0144－0017946　982.04/513
歷代名賢列女氏姓譜一百五十七卷　(清)蕭智漢纂　清乾隆五十七年(1792)聽濤山房刻本　一百二十册

110000－0144－0017947　982.04/711
史姓韻編六十四卷　(清)汪輝祖輯　清光緒十年(1884)上海中西書局石印本　四册

110000－0144－0017948　982.04/711

史姓韻編六十四卷 (清)汪輝祖輯 清光緒十年(1884)上海中西書局石印本 四冊

110000－0144－0017949 982.04/711－02
史姓韻編六十四卷 (清)汪輝祖輯 清光緒二十九年(1903)上海文淵書局石印本 八冊

110000－0144－0017950 982.04/711－02
史姓韻編六十四卷 (清)汪輝祖輯 清光緒二十九年(1903)上海文淵書局石印本 八冊

110000－0144－0017951 982.04/711－03
史姓韻編六十四卷 (清)汪輝祖輯 清光緒二十年(1894)慈谿耕餘樓鉛印本 十六冊

110000－0144－0017952 982.04/711－03
史姓韻編六十四卷 (清)汪輝祖輯 清光緒二十年(1894)慈谿耕餘樓鉛印本 十六冊

110000－0144－0017953 982.04/711－03
史姓韻編六十四卷 (清)汪輝祖編 清光緒二十年(1894)慈谿耕餘樓鉛印本 十六冊

110000－0144－0017954 982.04/711－03
史姓韻編六十四卷 (清)汪輝祖編 清光緒二十年(1894)慈谿耕餘樓鉛印本 十六冊

110000－0144－0017955 982.04/711－04
史姓韻編六十四卷 (清)汪輝祖編 清光緒石印本 六冊

110000－0144－0017956 982.04/711－04
史姓韻編六十四卷 (清)汪輝祖編 清光緒石印本 十二冊

110000－0144－0017957 982.04/711－8
九史同姓名略七十二卷 (清)汪輝祖撰 清光緒二十三年(1897)廣雅書局刻本 十二冊

110000－0144－0017958 982.04/765
氏族博考十四卷 (明)淩迪知撰 明萬曆刻本 一冊

110000－0144－0017959 982.04/905
歷代古人世系譜圖六卷 (清)傅傳編 清光緒十三年(1887)徐崇禮堂刻本 二冊

110000－0144－0017960 982.07/731
東軒吟社畫像不分卷附記小傳題詞一卷 (清)諸可寶編 清光緒二年(1876)汪氏振綺堂鉛印本 一冊

110000－0144－0017961 982.1/033
於越先賢像傳贊不分卷 (清)王齡撰 (清)任熊繪圖 清咸豐六年(1856)王氏養龢堂刻本 二冊

110000－0144－0017962 982.1/120.9
紹陶錄二卷 (宋)王質撰 清刻本 一冊

110000－0144－0017963 982.1/130
聖賢像贊不分卷 (清)吳高增撰 清嘉慶十五年(1810)刻本 二冊

110000－0144－0017964 982.1/158.7
二十四史人物類考四十六卷 (清)丁守存輯 (清)汪元善勘訂 清光緒二十九年(1903)上海緯文閣石印本 八冊

110000－0144－0017965 982.1/165
聖域述聞二十八卷 (清)黃本驥撰 清道光二十一年(1841)刻本 四冊

110000－0144－0017966 982.1/167
道學淵源錄一百卷首一卷 (清)黃嗣東編 清光緒三十四年(1908)鳳山學舍刻本 三十冊

110000－0144－0017967 982.1/170
莆陽文獻十三卷莆陽列傳七十五卷 (明)鄭岳編 (明)黃起龍撰 明萬曆四十四年(1616)黃起龍刻本 存十六卷(文獻八至十、列傳二十三至三十五) 五冊

110000－0144－0017968 982.1/202
青樓小名錄八卷 (清)趙慶楨輯 清宣統二年(1910)上海國學扶輪社鉛印本 四冊

110000－0144－0017969 982.1/212
西湖三祠名賢考略三卷首一卷 (清)戴啟文輯 清光緒三十年(1904)刻本 二冊

110000－0144－0017970 982.1/212
西湖三祠名賢考略三卷首一卷 (清)戴啟文輯 清光緒三十年(1904)刻本 二冊

110000－0144－0017971　982.1/218－02
南薰殿圖像考二卷　(清)胡敬輯　清嘉慶二十一年(1816)刻本　一册

110000－0144－0017972　982.1/218－02
南薰殿圖像考二卷　(清)胡敬輯　清嘉慶二十一年(1816)刻本　一册

110000－0144－0017973　982.1/274
余師錄前集十四卷後集十卷續集八卷　(清)楊希閔纂　清光緒四年(1878)刻本　十六册

110000－0144－0017974　982.1/282
公侯鑒三卷　原題柳營外史輯　清刻本　二册

110000－0144－0017975　982.1/291
敕封大王將軍傳一卷　(清)李鶴年撰　清光緒七年(1881)刻本　一册

110000－0144－0017976　982.1/313
高士傳續編二卷　(清)張允掄撰　(清)張丙嘉增輯　清光緒二十二年(1896)新城縣署刻本　二册

110000－0144－0017977　982.1/338
高士傳三卷　(清)張允掄撰　(清)張丙嘉增輯　清光緒三年(1877)蕭山王氏養龢堂刻本　二册

110000－0144－0017978　982.1/338
高士傳三卷　(清)張允掄撰　(清)張丙嘉增輯　清光緒三年(1877)蕭山王氏養龢堂刻本　二册

110000－0144－0017979　982.1/384
金陵先正言行錄六卷　陳作霖編　清光緒至宣統江楚書局刻本　一册

110000－0144－0017980　982.1/455
異號類編二十卷　(清)史夢蘭輯　清同治四年(1865)止園刻本　四册

110000－0144－0017981　982.1/455
異號類編二十卷　(清)史夢蘭輯　清同治四年(1865)止園刻本　四册

110000－0144－0017982　982.1/455－02
異號類編二十卷　(清)史夢蘭輯　清同治五年(1866)刻本　四册

110000－0144－0017983　982.1/456
歷代奸庸殷鑑錄三十二卷首一卷　(清)開智書局輯　清光緒三十年(1904)上海石印本　八册

110000－0144－0017984　982.1/525
碧血錄五卷　(清)莊仲方撰　清光緒八年(1882)上海同文書局石印本　五册

110000－0144－0017985　982.1/592
釋惑錄一卷　(清)崔鍾善撰　清光緒二十七年(1901)刻本　一册

110000－0144－0017986　982.1/600
聖賢像贊不分卷　(明)吕維祺撰　清光緒四年(1878)曲阜會文堂刻本　四册

110000－0144－0017987　982.1/600
聖賢像贊不分卷　(明)吕維祺撰　清光緒四年(1878)曲阜會文堂刻本　六册

110000－0144－0017988　982.1/600
聖賢像贊不分卷　(明)吕維祺撰　清光緒四年(1878)曲阜會文堂刻本　四册

110000－0144－0017989　982.1/725
人表考九卷　(清)梁玉繩撰　清光緒十四年(1888)廣雅書局刻本　四册

110000－0144－0017990　982.1/725
人表考九卷　(清)梁玉繩撰　清光緒十四年(1888)廣雅書局刻本　四册

110000－0144－0017991　982.1/725
人表考九卷　(清)梁玉繩撰　清光緒十四年(1888)廣雅書局刻本　六册

110000－0144－0017992　982.1/725
人表考九卷　(清)梁玉繩撰　清光緒十四年(1888)廣雅書局刻本　五册

110000－0144－0017993　982.1/754
校正尚友錄統編二十四卷　(清)錢湖釣徒編　清光緒二十九年(1903)通文書局石印本　十六册

110000－0144－0017994　982.1/754
校正尚友録統編二十四卷　(清)錢湖釣徒編　清光緒二十九年(1903)通文書局石印本　十六冊

110000－0144－0017995　982.1/769
古今將略四卷　(明)馮時寧輯　明末遺經堂刻本　六冊

110000－0144－0017996　982.1/785
練川名人畫像六卷續編三卷　(清)程祖慶編　清道光二十九年(1849)程氏陔南草堂刻本　四冊

110000－0144－0017997　982.1/785
練川名人畫像六卷續編三卷　(清)程祖慶編　清道光二十九年(1849)程氏陔南草堂刻本　二冊

110000－0144－0017998　982.1/827
敕封大王將軍紀略一卷　(清)朱寿鏞编　清光緒十五年(1889)石印本　二冊

110000－0144－0017999　982.1/828
歷代名臣言行錄二十四卷　(清)朱桓輯　清光緒二十六年(1900)湖南書局刻本　二十四冊

110000－0144－0018000　982.1/828.2－02
歷代名儒傳八卷　(清)朱軾　(清)蔡世遠輯　清刻本　四冊

110000－0144－0018001　982.1/828.2－03
歷代名儒傳八卷　(清)朱軾　(清)蔡世遠輯　清光緒二十一年(1895)江蘇書局刻本　四冊

110000－0144－0018002　982.1/828.2－3
高安三傳合編五十六卷　(清)朱軾　(清)蔡世遠輯　清光緒二十一年(1895)江蘇書局刻本　二十四冊

110000－0144－0018003　982.1/828－02
歷代名臣言行錄二十四卷　(清)朱桓輯　清同治四年(1865)寶仁堂刻本　三十二冊

110000－0144－0018004　982.1/828－03
歷代名臣言行錄二十四卷　(清)朱桓輯　清光緒三十年(1904)上海商務印書局鉛印本　八冊

110000－0144－0018005　982.1/828－04
歷代名臣言行錄二十四卷　(清)朱桓輯　清光緒二十六年(1900)文瀾書局石印本　八冊

110000－0144－0018006　982.1/828－08
歷代名臣言行錄二十四卷　(清)朱桓輯　清嘉慶二年(1797)蔚齋刻本　三十六冊

110000－0144－0018007　982.1/828－557
歷代名臣傳三十五卷續傳五卷　(清)朱軾　(清)蔡世遠訂　清刻本　二十冊

110000－0144－0018008　982.1/828－557－02
歷代名臣傳三十五卷名儒傳八卷循吏傳八卷　(清)朱軾　(清)蔡世遠訂　清光緒務本堂刻本　二十六冊

110000－0144－0018009　982.1/828－557－03
歷代名臣傳三十五卷續傳五卷　(清)朱軾　(清)蔡世遠訂　清刻本　十六冊

110000－0144－0018010　982.1/832
古品節錄六卷　(清)松筠撰　清嘉慶四年(1799)刻本　六冊

110000－0144－0018011　982.1/929－3
洪文惠公[适]年譜一卷洪文敏公[邁]年譜一卷陸放翁先生[游]年譜一卷深寧先生[王應麟]年譜一卷弇州山人[王世貞]年譜一卷　(清)錢大昕編　清光緒十年(1884)長沙龍氏家塾刻本　一冊

110000－0144－0018012　982.102/441
續疑年錄四卷　(清)吳修撰　清嘉慶二十三年(1818)刻本　一冊

110000－0144－0018013　982.104/951
自號錄一卷　(宋)徐光溥編　清光緒六年(1880)陸心源刻本　一冊

110000－0144－0018014　982.21/965
吳郡名賢圖傳贊二十卷　(清)顧沅輯　清道光九年(1829)長洲顧氏刻本　八冊

110000－0144－0018015　982.215/959

周列士傳一卷　(清)顧壽楨撰　清同治五年(1866)見素抱樸齋刻本　一册

110000－0144－0018016　982.217/720
聖門名字纂詁二卷補遺一卷　(清)洪恩波撰　清光緒二十三年(1897)金陵官書局刻二十五年(1899)補刻本　二册

110000－0144－0018017　982.217/720－02
聖門名字纂詁二卷　(清)洪恩波撰　清光緒二十三年(1897)刻本　二册

110000－0144－0018018　982.217/894
春秋列傳五卷　(明)劉節編　清刻本　八册

110000－0144－0018019　982.25/792
宋遺民録十五卷附録一卷　(明)程敏政輯　清乾隆、嘉慶間長塘鮑氏刻知不足齋叢書本　三册

110000－0144－0018020　982.251/392
元祐黨人傳十卷　(清)陸心源纂　清光緒十五年(1889)刻本　四册

110000－0144－0018021　982.251/392
元祐黨人傳十卷　(清)陸心源纂　清光緒十五年(1889)刻本　四册

110000－0144－0018022　982.251/828
宋名臣言行録六十二卷　(宋)朱熹輯　(宋)李幼武續輯　明崇禎十一年(1638)刻本　八册

110000－0144－0018023　982.251/828－04
宋名臣言行録六十二卷　(宋)朱熹輯　(宋)李幼武續輯　清道光十年(1830)刻本　二十册

110000－0144－0018024　982.251/828－05
宋名臣言行録外集十七卷别集十三卷　(宋)朱熹輯　(宋)李幼武續輯　明崇禎十一年(1638)刻本　七册

110000－0144－0018025　982.251/828－2
五朝名臣言行録前集十卷三朝名臣言行録十四卷　(宋)朱熹撰　**皇朝名臣言行録續録八卷四朝名臣言行録别録二十六卷皇朝道學名臣言行外録十七卷**　(宋)李幼武撰　清道光元年(1821)洪氏歙績學堂刻同治七年(1868)臨川桂氏重修本　十二册

110000－0144－0018026　982.251/828－2
五朝名臣言行録前集十卷三朝名臣言行録十四卷　(宋)朱熹撰　**皇朝名臣言行録續録八卷四朝名臣言行録别録二十六卷皇朝道學名臣言行外録十七卷**　(宋)李幼武撰　清道光元年(1821)洪氏歙績學堂刻同治七年(1868)臨川桂氏重修本　十二册

110000－0144－0018027　982.251/828－2
五朝名臣言行録前集十卷三朝名臣言行録十四卷　(宋)朱熹撰　**皇朝名臣言行録續録八卷四朝名臣言行録别録二十六卷皇朝道學名臣言行外録十七卷**　(宋)李幼武撰　清道光元年(1821)洪氏歙績學堂刻同治七年(1868)臨川桂氏重修本　十二册

110000－0144－0018028　982.254/711
三史同名録四十卷　(清)汪輝祖編　(清)汪繼培補　清光緒廣雅書局刻本　六册

110000－0144－0018029　982.26/218
三忠合刻三種　(清)胡長新輯　清同治二年(1863)黎郡刻本　四册

110000－0144－0018030　982.26/218－02
三忠合編三種　(清)胡長新輯　清光緒八年(1882)彭應珠刻本　四册

110000－0144－0018031　982.26/356
明史擬稾六卷　(清)尤侗撰　清康熙三十年(1691)刻本　二册

110000－0144－0018032　982.26/709
史外八卷　(清)汪有典撰　清光緒三年(1877)廬陵劉氏刻本　八册

110000－0144－0018033　982.26/709
史外八卷　(清)汪有典撰　清光緒三年(1877)廬陵劉氏刻本　八册

110000－0144－0018034　982.26/709－7
前明忠義别傳三十二卷　(清)汪有典撰　清

道光二十五年(1845)墨花齋活字印本　八冊

110000－0144－0018035　982.26/765
南天痕二十六卷附錄一卷　(清)凌雪撰　清宣統二年(1910)復古社鉛印本　六冊

110000－0144－0018036　982.26/765
南天痕二十六卷附錄一卷　(清)凌雪撰　清宣統二年(1910)復古社鉛印本　六冊

110000－0144－0018037　982.26/765
南天痕二十六卷附錄一卷　(清)凌雪撰　清宣統二年(1910)復古社鉛印本　六冊

110000－0144－0018038　982.268/145
崇禎五十宰相傳　(清)曹溶撰　清宣統三年(1911)上海國學扶輪社鉛印本　一冊

110000－0144－0018039　982.268/170
黃梨洲先生思舊錄　(清)黃宗羲撰　(清)鄭性訂　清末刻本　一冊

110000－0144－0018040　982.268/170.7－02
碧血錄二卷　(明)黃煜輯　清乾隆、嘉慶間刻知不足齋叢書本　二冊

110000－0144－0018041　982.268/438
復社姓氏傳畧十卷首一卷　(清)吳山嘉纂輯　清道光十一年(1831)震澤吳氏南陔堂刻本　四冊

110000－0144－0018042　982.269/892
勝朝殉揚錄二卷　(清)劉寶楠輯　清同治十年(1871)淮南書局刻本　二冊

110000－0144－0018043　982.269/892
勝朝殉揚錄二卷　(清)劉寶楠輯　清同治十年(1871)淮南書局刻本　二冊

110000－0144－0018044　982.27/119
國朝后妃皇子公主傳三卷　王先謙撰　清光緒十三年(1887)刻本　一冊

110000－0144－0018045　982.27/170
思舊錄一卷　(清)黃宗羲撰　清光緒五桂樓刻本　一冊

110000－0144－0018046　982.27/278
詞科掌錄十七卷詞科餘話七卷　(清)杭世駿輯　清乾隆道古堂刻本　十六冊

110000－0144－0018047　982.27/286
國朝先正事略六十卷　(清)李元度編　清光緒二十五年(1899)上海圖書集成印書局鉛印本　八冊

110000－0144－0018048　982.27/286
國朝先正事略六十卷　(清)李元度編　**中興名臣事略**　(清)朱孔彰編　清光緒二十五年(1899)上海圖書集成印書局鉛印本　十二冊

110000－0144－0018049　982.27/286
國朝先正事略六十卷附中興名臣事略　(清)李元度　(清)朱孔彰編　清光緒二十五年(1899)上海圖書集成印書局鉛印本　二十冊

110000－0144－0018050　982.27/286－02
國朝先正事略六十卷　(清)李元度編　清光緒二十八年(1902)益元書局鉛印本　十三冊

110000－0144－0018051　982.27/286－03
國朝先正事略六十卷　(清)李元度編　清同治循陔草堂刻本　二十四冊

110000－0144－0018052　982.27/286－04
國朝先正事略六十卷　(清)李元度編　清光緒二十四年(1898)上海書局石印本　八冊

110000－0144－0018053　982.27/286－05
國朝先正事略六十卷　(清)李元度編　清光緒十三年(1887)廣百宋齋鉛印本　十冊

110000－0144－0018054　982.27/286－06
國朝先正事略六十卷　(清)李元度編　清光緒十二年(1886)鉛印本　十冊

110000－0144－0018055　982.27/286－07
國朝先正事略六十卷　(清)李元度編　清同治五年(1866)循陔草堂刻本　二十四冊

110000－0144－0018056　982.27/286－07
國朝先正事略六十卷　(清)李元度編　清同治五年(1866)循陔草堂刻本　二十四冊

110000－0144－0018057　982.27/287

國朝耆獻類徵初編七百二十卷國朝賢媛類徵初編十二卷 (清)李桓編 清光緒十年至十七年(1884－1891)湘陰李氏刻本 二百九十四冊

110000－0144－0018058 982.27/291
國朝耆獻類徵初編七百二十卷國朝賢媛類徵初編十二卷 (清)李恒編 清光緒十六年(1890)湘陰李氏刻本 三百冊

110000－0144－0018059 982.27/293
國朝歷科題名碑錄 (清)李周望輯 清刻本 十四冊

110000－0144－0018060 982.27/293.8
鶴征錄八卷首一卷 (清)李集輯 **鶴征後錄十二卷首一卷** (清)李富孫輯 清同治十一年(1872)漾葭老屋刻本 六冊

110000－0144－0018061 982.27/312
國朝詩人徵略六十卷 (清)張維屏輯 清道光刻本 十四冊

110000－0144－0018062 982.27/332
國朝書人輯略十一卷首一卷 (清)震鈞撰 清光緒三十四年(1908)金陵刻本 八冊

110000－0144－0018063 982.27/375
國史儒林傳二卷文苑傳二卷賢良傳二卷 (清)阮元撰 清光緒十三年(1887)刻本 三冊

110000－0144－0018064 982.27/375
國史儒林傳二卷文苑傳二卷賢良傳二卷 (清)阮元撰 清光緒十三年(1887)刻本 四冊

110000－0144－0018065 982.27/375－8
儒林傳稿四卷 (清)阮元撰 清光緒十一年(1885)儀征張氏刻榕園叢書本 二冊

110000－0144－0018066 982.27/441
昭代名人尺牘小傳二十四卷 (清)吳修輯 清光緒七年(1881)杭州亦鹵齋刻本 二冊

110000－0144－0018067 982.27/441
昭代名人尺牘小傳二十四卷 (清)吳修輯 清光緒七年(1881)杭州亦鹵齋刻本 二冊

110000－0144－0018068 982.27/493
漁洋感舊集小傳四卷補遺一卷 (清)盧見曾撰 清光緒四年(1878)上海淞隱閣鉛印本 二冊

110000－0144－0018069 982.27/705
碑傳集一百六十卷首二卷 (清)錢儀吉編 清光緒十九年(1893)江蘇書局刻本 六十冊

110000－0144－0018070 982.27/928
文獻徵存錄十卷 (清)錢林輯 清咸豐八年(1858)有嘉樹軒刻本 十二冊

110000－0144－0018071 982.27/928
文獻徵存錄十卷 (清)錢林輯 清咸豐八年(1858)有嘉樹軒刻本 十冊

110000－0144－0018072 982.27/934
碑傳集一百六十卷首二卷 (清)錢儀吉編 清光緒十九年(1893)江蘇書局刻本 六十冊

110000－0144－0018073 982.27/934
碑傳集一百六十卷首二卷 (清)錢儀吉編 清光緒十九年(1893)江蘇書局刻本 六十冊

110000－0144－0018074 982.27/934
碑傳集一百六十卷首二卷 (清)錢儀吉編 清光緒十九年(1893)江蘇書局刻本 六十冊

110000－0144－0018075 982.27/934
碑傳集一百六十卷首二卷 (清)錢儀吉編 清光緒十九年(1893)江蘇書局刻本 六十冊

110000－0144－0018076 982.27/934
碑傳集一百六十卷首二卷 (清)錢儀吉編 清光緒十九年(1893)江蘇書局刻本 六十冊

110000－0144－0018077 982.27/934
碑傳集一百六十卷首二卷 (清)錢儀吉編 清光緒十九年(1893)江蘇書局刻本 六十冊

110000－0144－0018078 982.27/934
碑傳集一百六十卷首二卷 (清)錢儀吉編 清光緒十九年(1893)江蘇書局刻本 六十冊

110000－0144－0018079 982.27/934

碑傳集一百六十卷首二卷　(清)錢儀吉編　清光緒十九年(1893)江蘇書局刻本　六十册

110000－0144－0018080　982.27/934
碑傳集一百六十卷首二卷　(清)錢儀吉編　清光緒十九年(1893)江蘇書局刻本　六十册

110000－0144－0018081　982.27/934－860
續碑傳集八十六卷　繆荃孫輯　清宣統二年(1910)江楚編譯書局刻本　三十册

110000－0144－0018082　982.27/934－860
續碑傳集八十六卷　繆荃孫輯　清宣統二年(1910)江楚編譯書局刻本　三十册

110000－0144－0018083　982.27/934－860
續碑傳集八十六卷　繆荃孫輯　清宣統二年(1910)江楚編譯書局刻本　二十四册

110000－0144－0018084　982.27/934－860
續碑傳集八十六卷　繆荃孫輯　清宣統二年(1910)江楚編譯書局刻本　二十四册

110000－0144－0018085　982.27/934－860
續碑傳集八十六卷　繆荃孫輯　清宣統二年(1910)江楚編譯書局刻本　二十四册

110000－0144－0018086　982.27/934－860
續碑傳集八十六卷首一卷　繆荃孫輯　清宣統二年(1910)江楚編譯書局刻本　二十四册

110000－0144－0018087　982.272/482
船山師友記十七卷　(清)羅正鈞撰　清光緒三十三年(1907)刻本　四册

110000－0144－0018088　982.272/482
船山師友記十七卷　(清)羅正鈞撰　清光緒三十三年(1907)刻本　四册

110000－0144－0018089　982.272/482
船山師友記十七卷　(清)羅正鈞撰　清光緒三十三年(1907)刻本　四册

110000－0144－0018090　982.276/115
滄城殉難録四卷　(清)王國均撰　清同治元年(1862)刻本　二册

110000－0144－0018091　982.276/115
滄城殉難録四卷　(清)王國均撰　清同治元年(1862)刻本　二册

110000－0144－0018092　982.276/269
甘肅忠義録傳十七卷表二十六卷　(清)楊昌濬撰　清光緒十六年(1890)刻本　十二册

110000－0144－0018093　982.276/383
江表忠略二十卷　陳澹然撰　清光緒二十八年(1902)長沙刻本　六册

110000－0144－0018094　982.276/383
江表忠略二十卷　陳澹然撰　清光緒二十八年(1902)長沙刻本　四册

110000－0144－0018095　982.276/384
忠義紀聞録三十卷　(清)陳繼聰編　清光緒八年(1882)刻本　八册

110000－0144－0018096　982.276/454
忠烈備考不分卷　(清)高德泰輯　清光緒三年(1877)刻本　一册

110000－0144－0018097　982.276/554
堂匪總録十二卷廣西道里表一卷　(清)蘇鳳文撰　清光緒十五年(1889)刻本　二册

110000－0144－0018098　982.276/724
浙江忠義録三十卷　(清)張景祁等纂　清同治六年(1867)浙江採訪忠義總局刻本　四册

110000－0144－0018099　982.276/724－1
浙江忠義録續編二卷　(清)張景祁等纂　清光緒浙江採訪忠義局刻本　一册

110000－0144－0018100　982.276/829
咸豐以來功臣別傳三十卷　(清)朱孔彰撰　清光緒二十四年(1898)漸學廬石印漸學廬叢書本　六册

110000－0144－0018101　982.277/501
紫光閣功臣小像並湘軍平定粵匪戰圖　(清)彭鴻年編輯　清光緒二十七年(1901)上海點石齋石印本　一册

110000－0144－0018102　982.277/501
紫光閣功臣小像並湘軍平定粵匪戰圖　(清)彭鴻年編輯　清光緒二十七年(1901)上海點

石齋石印本　一冊

110000－0144－0018103　982.277/501
紫光閣功臣小像並湘軍平定粵匪戰圖　(清)彭鴻年編輯　清光緒二十七年(1901)上海點石齋石印本　一冊

110000－0144－0018104　982.277/829
中興將帥別傳三十卷　(清)朱孔彰撰　清光緒二十三年(1897)江寧刻本　十二冊

110000－0144－0018105　982.277/829－02
中興將帥別傳三十卷　(清)朱孔彰撰　清光緒二十五年(1899)掃葉山房石印本　六冊

110000－0144－0018106　982.277/829－1
中興將帥別傳續編六卷　(清)朱孔彰撰　清光緒三十二年(1906)江寧刻本　二冊

110000－0144－0018107　982.278/319
名宦鄉賢錄一卷　(清)屠元瑞編　清光緒十四年(1888)刻本　一冊

110000－0144－0018108　982.278/425
國史本傳・左宗棠傳　(清)□□編　清末刻本　一冊

110000－0144－0018109　982.3/121
白雲僊表一卷　(清)完顏崇實撰　清道光二十八年(1848)北京白雲觀刻本　一冊

110000－0144－0018110　982.3/468
歷代名賢齒譜九卷名媛齒譜三卷　(清)易宗涒輯　清賜書堂刻本　二十冊

110000－0144－0018111　982.3/468
歷代名賢齒譜九卷名媛齒譜三卷　(清)易宗涒輯　清賜書堂刻本　二十冊

110000－0144－0018112　982.3/657
墨梅人名錄　(清)童翼駒編　清道光十年(1830)得月簃刻本　一冊

110000－0144－0018113　982.31/313
臥龍崗志二卷忠武志八卷　(清)張鵬翮輯　清刻本　十冊

110000－0144－0018114　982.31/309
歷代名吏錄四卷　(清)張星徽撰　清雍正十一年(1733)湖山草堂刻本　四冊

110000－0144－0018115　982.31/313.8
廉吏傳三卷續編一卷　(清)張允掄撰　(清)張丙嘉續纂　清光緒二十二年(1896)蓮池書局刻本　四冊

110000－0144－0018116　982.31/313－02
忠武志十卷　(清)張鵬翮輯　清嘉慶十九年(1814)麻城周氏刻本　四冊

110000－0144－0018117　982.31/507
歷代名臣傳節錄三十卷　(清)蕭培元輯　(清)崇厚增輯　清同治九年(1870)云蔭堂刻本　十冊

110000－0144－0018118　982.31/809
歷代循良能吏傳彙鈔二十卷　(清)喬用遷編繪　清道光二十四年(1844)有恒齋刻本　四冊

110000－0144－0018119　982.31/828－02
歷代循吏傳八卷　(清)朱軾輯　(清)蔡世遠同編　清雍正七年(1729)刻本　四冊

110000－0144－0018120　982.31/828－04
歷代循吏傳八卷歷代名臣傳三十五卷　(清)朱軾　(清)蔡世遠輯　清末刻本　缺八卷(歷代循吏傳五至八、歷代名臣傳一至四)　四冊

110000－0144－0018121　982.3157/554
元朝名臣事略十五卷　(元)蘇天爵撰　清刻本　五冊

110000－0144－0018122　982.3157/554－04
元朝名臣事略十五卷　(元)蘇天爵撰　清光緒五年(1879)謙德堂刻畿輔叢書本　四冊

110000－0144－0018123　982.317/716
滿漢名臣傳八十卷　(清)國史館編　清刻本　八十冊

110000－0144－0018124　982.317/716－02
滿洲名臣傳四十八卷　(清)國史館編　清刻本　四十八冊

110000－0144－0018125　982.317/716－03
漢名臣傳三十二卷　(清)國史館編　清刻本　三十二冊

110000－0144－0018126　982.317/716－1
貳臣傳十二卷逆臣傳四卷　(清)國史館編　清末北京刻本　十二冊

110000－0144－0018127　982.317/716－1－02
貳臣傳十二卷逆臣傳四卷　(清)高宗弘曆敕撰　清木活字印本　八冊

110000－0144－0018128　982.317/754
熙朝宰輔錄一卷　(清)潘世恩等輯　清光緒刻本　一冊

110000－0144－0018129　982.317/754
熙朝宰輔錄一卷　(清)潘世恩等輯　清光緒刻本　一冊

110000－0144－0018130　982.317/754
熙朝宰輔錄一卷　(清)潘世恩等輯　清光緒刻本　一冊

110000－0144－0018131　982.32/160
五世四烈狀一卷　(清)□□撰　清光緒刻本　一冊

110000－0144－0018132　982.32/356
宮閨小名錄五卷　(清)尤侗纂　清康熙刻本　一冊

110000－0144－0018133　982.32/384
婦人集注一卷　(清)陳維崧撰　(清)冒褒注　**婦人集補一卷**　(清)冒丹書撰　清光緒刻冒氏叢書本　一冊

110000－0144－0018134　982.32/430
祖國女界文豪譜　(清)咀雪子編　清宣統二年(1910)北京鉛印本　一冊

110000－0144－0018135　982.32/430
祖國女界文豪譜　(清)咀雪子編　清宣統二年(1910)北京鉛印本　一冊

110000－0144－0018136　982.32/430
祖國女界文豪譜　(清)咀雪子編　清宣統二年(1910)北京鉛印本　一冊

110000－0144－0018137　982.32/430
祖國女界文豪譜　(清)咀雪子編　清宣統二年(1910)北京鉛印本　一冊

110000－0144－0018138　982.32/445
呂新吾先生閨範圖說四卷　(明)呂坤編　清呂應菊刻本　六冊

110000－0144－0018139　982.32/577
新輯海上青樓圖記六卷首一卷　(清)花雨小築主人輯　清光緒二十一年(1895)石印本　六冊

110000－0144－0018140　982.32/707
歷代名媛圖說二卷　(漢)劉向撰　(明)汪氏增輯　(明)仇英繪圖　清光緒五年(1879)上海申報館石印本　四冊

110000－0144－0018141　982.32/707
歷代名媛圖說二卷　(漢)劉向撰　(明)汪氏增輯　(明)仇英繪圖　清光緒五年(1879)上海申報館石印本　二冊

110000－0144－0018142　982.32/853
典故列女傳四卷　(明)謝縉撰　清同治二年(1863)善成堂刻本　四冊

110000－0144－0018143　982.32/876
繡像古今賢女傳九卷　(清)魏息園輯　清光緒三十四年(1908)石印本　八冊

110000－0144－0018144　982.32/889
廣列女傳二十卷　(清)劉開編　清同治八年(1869)皖江撫署刻本　六冊

110000－0144－0018145　982.32/893
新刊古列女傳八卷　(漢)劉向撰　(晉)顧凱之繪圖　清道光五年(1825)揚州阮氏影宋刻本　六冊

110000－0144－0018146　982.32/893－02
古列女傳八卷　(漢)劉向撰　清光緒三年(1877)湖北崇文書局刻本　二冊

110000－0144－0018147　982.32/893－115
列女傳補注八卷敘錄一卷校正一卷　(清)王照圓撰　清嘉慶十七年(1812)栖霞郝氏曬書

堂刻本　四册

110000－0144－0018148　982.32/893－115
列女傳補注八卷敘錄一卷校正一卷　(清)王照圓撰　清嘉慶十七年(1812)栖霞郝氏曬書堂刻本　四册

110000－0144－0018149　982.32/893－115
列女傳補注八卷敘錄一卷校正一卷　(清)王照圓撰　清嘉慶十七年(1812)栖霞郝氏曬書堂刻本　四册

110000－0144－0018150　982.32/893－115
列女傳補注八卷敘錄一卷校正一卷　(清)王照圓撰　清嘉慶十七年(1812)栖霞郝氏曬書堂刻本　四册

110000－0144－0018151　982.32/893－730
列女傳八卷　(漢)劉向撰　(清)梁端注　清同治十三年(1874)汪氏振綺堂刻本　劉盼遂批注　二册　存三卷(一、七至八)

110000－0144－0018152　982.32/893－730
列女傳八卷　(漢)劉向撰　(清)梁端注　清同治十三年(1874)汪氏振綺堂刻本　二册

110000－0144－0018153　982.32/893－730－02
列女傳八卷　(漢)劉向撰　(清)梁端校注　清宣統二年(1910)上海會文堂書局石印本　四册

110000－0144－0018154　982.34/087
蓉湖春色四卷　(清)安拙生撰　清光緒十一年(1885)刻本　四册

110000－0144－0018155　982.35/089
孔孟圖歌二卷　江鍾秀編　清光緒三十年(1904)鉛印本　二册

110000－0144－0018156　982.36/287
古今孝子所見錄十二卷　(清)李燕昌輯　清道光十四年(1834)羊城合成齋刻本　四册

110000－0144－0018157　982.369/130
繪圖新情天外史　天恨生著　清宣統三年(1911)上海政新書局石印本　一册

110000－0144－0018158　982.369/130－1
繪圖情天外史一卷　(清)情天外史著　清光緒二十一年(1895)天津石印本　一册

110000－0144－0018159　982.369/818
賴古堂别集印人傳三卷　(清)周亮工編　清康熙十二年(1673)周氏賴古堂刻本　一册

110000－0144－0018160　982.369/940
明僮小錄一卷續錄一卷　(清)余不釣徒撰　(清)殿春生續撰　清光緒擷華館刻本　一册

110000－0144－0018161　982.38/033
劍俠傳四卷　(清)王齡撰　(清)任熊繪　清咸豐八年(1858)王氏養龢堂刻本　一册

110000－0144－0018162　982.611/362
畿輔人物考八卷　(清)孫奇逢輯　清同治八年(1869)兼山堂刻本　八册

110000－0144－0018163　982.611/502
津門徵獻詩八卷　(清)華鼎元撰　清光緒十二年(1886)刻本　四册

110000－0144－0018164　982.611/799
北學編四卷　(清)魏一鰲輯　(清)尹會一續輯　清同治七年(1868)蓮池書院刻本　二册

110000－0144－0018165　982.612/115
海岱史略一百四十卷　(清)王馭超編　清嘉慶二十三年(1818)刻本　二十四册

110000－0144－0018166　982.613/329
輶軒博紀四卷　(清)邵松年編　清光緒二十年(1894)刻本　四册

110000－0144－0018167　982.613/362
中州人物考八卷　(清)孫奇逢輯　清道光二十四年(1844)容城孫家秀刻本　八册

110000－0144－0018168　982.615/774－02
關學原編四卷續編三卷　(明)馮從吾撰　(清)王心敬續撰　清光緒十七年(1891)灃西草堂刻本　四册

110000－0144－0018169　982.621/134－02
秦淮畫舫錄二卷　(清)捧花生撰　清光緒四年(1878)鉛印本　一册

110000－0144－0018170　982.621/185

旌表事實姓氏錄不分卷　(清)彭福保輯　清同治七年至光緒二十三年(1868－1897)采訪局木活字印本　十二册

110000－0144－0018171　982.621/267

錫金四喆事實彙存　楊模輯　清宣統二年(1910)鉛印本　一册

110000－0144－0018172　982.621/302

上海品艷百花圖一卷　俞達編　清光緒十年(1884)上海王氏刻本　一册

110000－0144－0018173　982.621/531

寶應耆舊傳二卷　(清)范士齡撰　清道光六年(1826)刻本　二册

110000－0144－0018174　982.621/609

白門新柳記一卷白門衰柳附記一卷秦淮燈舫曲一卷　(清)許豫編　清同治十一年(1872)刻本　一册

110000－0144－0018175　982.621/609－02

白門新柳記一卷補記一卷白門衰柳附記一卷秦淮燈舫曲一卷秦淮艷品一卷　(清)許豫編　清光緒元年(1875)刻本　二册

110000－0144－0018176　982.622/412

桐城耆舊傳十二卷　馬其昶撰　清宣統三年(1911)桐城馬氏刻本　六册

110000－0144－0018177　982.622/412

桐城耆舊傳十二卷　馬其昶撰　清宣統三年(1911)桐城馬氏刻本　六册

110000－0144－0018178　982.622/412

桐城耆舊傳十二卷　馬其昶撰　清宣統三年(1911)桐城馬氏刻本　六册

110000－0144－0018179　982.622/439

婺書八卷　(明)吴之器撰　清光緒二十六年(1900)刻本　四册

110000－0144－0018180　982.622/952

皖學編十三卷首三卷　(清)徐定文輯　清宣統元年(1909)徐氏萬卷樓刻本　六册

110000－0144－0018181　982.623/116

金華徵獻略二十卷　(清)王崇炳撰　清雍正十年(1732)婺東藕塘賢祠刻本　八册

110000－0144－0018182　982.623/384

越中觀感錄一卷　(清)陳錦輯　清光緒九年(1883)刻本　一册

110000－0144－0018183　982.623/489

四明忠孝節義傳圖不分卷　(清)虞棸　劉慈孚繪　清光緒十二年(1886)石印本　四册

110000－0144－0018184　982.623/546

兩浙令長考三卷　(清)董沛撰　清光緒七年(1881)刻本　一册

110000－0144－0018185　982.623/556

越紐紀事一卷　(□)□□撰　清末抄本　一册

110000－0144－0018186　982.623/696

浦陽人物記二卷　(明)宋濂撰　清黄廷謨木活字印本　一册

110000－0144－0018187　982.623/711

越女表微錄五卷　(清)汪輝祖撰　清光緒十八年(1892)浙江書院刻本　一册

110000－0144－0018188　982.624/743

江西忠義錄十二卷首一卷　(清)沈葆楨等修　(清)何應祺等纂　清同治十二年(1873)刻本　四册

110000－0144－0018189　982.625/425

國朝襄郡忠義錄一卷　(清)□□撰　清同治刻本　二册

110000－0144－0018190　982.627/626

蜀學編二卷　(清)方守道輯　(清)高賡恩重輯　清光緒十四年(1888)刻本　四册

110000－0144－0018191　982.631/502

南浦秋波錄三卷　(清)華胥大夫撰　清道光十年(1830)刻本　一册

110000－0144－0018192　982.633/171

廣州人物傳二十四卷　(明)黄佐撰　清道光廣州伍氏文字歡娱室刻本　八册

110000－0144－0018193　982.633/754
廣州鄉賢傳四卷首一卷　（清）潘楳元輯　清光緒六年（1880）雙門底經韻樓刻本　四册

110000－0144－0018194　982.7/112
正定王氏家傳六卷　（清）王耕心編　清光緒十九年（1893）泰州龍樹精舍刻本　一册

110000－0144－0018195　982.7/118.7
保定張氏兄弟殉難合傳　（清）王源撰　清刻本　一册

110000－0144－0018196　982.7/118.7
保定張氏兄弟殉難合傳　（清）王源撰　清刻本　一册

110000－0144－0018197　982.7/307
竹居先德錄一卷　張士珩輯　清光緒二十一年（1895）張士珩刻竹居甲集之一本　一册

110000－0144－0018198　982.7/382
清芬錄二卷　（清）陳文騄輯　清光緒十六年（1890）求志書屋鉛印本　二册

110000－0144－0018199　982.7/710
夏公兄弟鄉賢錄不分卷　（清）□□輯　清刻本　一册

110000－0144－0018200　982.7/719
考訂朱子世家一卷　（清）江永撰　清同治八年（1869）刻本　一册

110000－0144－0018201　982.7/819
念貽勝紀一卷　（清）周宣智撰　清光緒周氏刻本　一册

110000－0144－0018202　982.7/894
高風集二卷續集一卷　（清）劉曾錄編　清光緒十二年（1886）刻本　一册

110000－0144－0018203　982.8/754
誥封資政大夫顯祖考退庵太府君行述一卷　（清）□□撰　清光緒刻本　一册

110000－0144－0018204　982.815/820
東野志二卷　（明）呂化舜輯　清刻本　二册

110000－0144－0018205　982.815/820－278
穆天子傳註疏六卷首一卷末一卷　（晉）郭璞注　（清）檀萃疏　清乾隆石渠閣刻本　六册

110000－0144－0018206　982.815/820－278
穆天子傳註疏六卷首一卷末一卷　（晉）郭璞注　（清）檀萃疏　清乾隆石渠閣刻本　六册

110000－0144－0018207　982.817/370－971
孔子世家考二卷弟子列傳考一卷歷代典禮考一卷　（清）鄭環撰　清嘉慶八年（1803）刻本　四册

110000－0144－0018208　982.817/997
孔孟編年八卷　（清）狄子奇編　清光緒浙江書局刻本　四册

110000－0144－0018209　982.818/915
孟子時事略一卷　（清）任兆麟撰　清乾隆四十一年（1776）刻本　一册

110000－0144－0018210　982.822/971
鄭學錄四卷　（清）鄭珍撰　清同治四年（1865）刻本　二册

110000－0144－0018211　982.823/460－818
關帝事蹟徵信編三十卷首一卷末一卷　（清）周廣業　（清）崔應榴纂輯　清光緒八年（1882）武清侯氏刻本　六册

110000－0144－0018212　982.825/604－294
忠武祠墓誌七卷首一卷末一卷　（清）李復心輯　清道光三年（1823）刻本　四册

110000－0144－0018213　982.825/604－294
忠武祠墓誌七卷首一卷末一卷　（清）李復心輯　清道光三年（1823）刻本　四册

110000－0144－0018214　982.825/604－294－02
忠武祠墓誌七卷首一卷末一卷　（清）李復心輯　清同治六年（1867）刻本　四册

110000－0144－0018215　982.825/604－294－02
忠武祠墓誌七卷首一卷末一卷　（清）李復心輯　清同治六年（1867）刻本　四册

110000－0144－0018216　982.825/604－307
漢丞相諸葛忠武侯傳一卷　（宋）張栻撰　清光緒八年（1882）歸安陸氏刻本　一册

110000－0144－0018217　982.831/916
綠珠傳一卷附校勘記一卷續校一卷補校一卷　(宋)樂史撰　(清)胡珽校　(清)董金鑑補校　清光緒十四年(1888)會稽董氏取斯堂木活字印琳琅秘室叢書本　一冊

110000－0144－0018218　982.8311/816－819
忠義集八卷　(清)周之冕輯　清光緒三年(1877)荊溪半日靜坐之樓刻本　四冊

110000－0144－0018219　982.835/176
世忠錄一卷　(清)程端本撰　清刻本　一冊

110000－0144－0018220　982.8411/807－117
魏鄭公諫錄五卷　(唐)王方慶集　(清)王先恭校注　**魏鄭公諫續錄二卷**　(元)翟思忠輯　**唐書魏鄭公[徵]傳注一卷魏鄭公故事拾遺三卷**　**魏文貞公[徵]年譜**　(清)王先恭輯　清光緒九年(1883)長沙王氏刻本　六冊

110000－0144－0018221　982.8411/807－117－02
魏鄭公諫錄五卷　(唐)王方慶集　**魏鄭公諫續錄二卷**　(元)翟思忠輯　清刻本　一冊

110000－0144－0018222　982.8411/807－117－02
魏鄭公諫錄五卷　(唐)王方慶集　**魏鄭公諫續錄二卷**　(元)翟思忠輯　清刻本　一冊

110000－0144－0018223　982.851/561－952
蔡福州[襄]外紀十卷　(明)徐𤊹編　清同治二年(1863)蔡氏石經山房刻本　二冊

110000－0144－0018224　982.851/561－952
蔡福州[襄]外紀十卷　(明)徐𤊹編　清同治二年(1863)蔡氏石經山房刻本　二冊

110000－0144－0018225　982.851/561－952－7
宋蔡忠惠公別紀補遺二卷　(明)徐𤊹輯　(明)宋珏增補　清遜敏齋刻本　四冊

110000－0144－0018226　982.851/808
濂溪志七卷濂溪遺芳集一卷　(清)周午橋輯　清道光十九年(1839)愛蓮堂刻本　四冊

110000－0144－0018227　982.851/808
濂溪志七卷濂溪遺芳集一卷　(清)周誥輯　清道光十九年(1839)愛蓮堂刻本　四冊

110000－0144－0018228　982.8513/537－591
宋范文正公[仲淹]言行錄三卷摘錄一卷　(清)崔廷璋輯　清光緒十三年(1887)刻本　一冊

110000－0144－0018229　982.8516/554
丞相魏公譚訓十卷　(宋)蘇象先輯　清道光十年(1830)魏公祠刻本　二冊

110000－0144－0018230　982.8516/916
李師師外傳一卷附錄一卷　(宋)□□撰　**續校一卷**　(清)董金鑑輯　**校僞一卷**　(清)胡珽撰　清光緒木活字印本　一冊

110000－0144－0018231　982.852/684－893
宋宗忠簡公[澤]遺事二卷　(清)劉質慧撰　清述荊堂刻本　一冊

110000－0144－0018232　982.852/828－952
朱子文公[熹]傳道經世言行錄八卷　(清)舒敬亭編　清乾隆五年(1740)疆恕堂刻本　六冊

110000－0144－0018233　982.8521/884－884
岳鄂王[飛]金佗稡編二十八卷　(宋)岳珂編　清乾隆九年(1744)刻本　四冊

110000－0144－0018234　982.8521/884－884－02
金佗稡編二十八卷續編三十卷　(宋)岳珂編　(清)岳士景重訂　清光緒九年(1883)浙江書局刻本　十二冊

110000－0144－0018235　982.8522/203
宋趙忠定奏議四卷趙周王別錄八卷　(宋)趙汝愚撰　清宣統二年(1910)長沙葉氏觀古堂刻本　六冊

110000－0144－0018236　982.857/205－384
先儒趙子言行錄三卷　(清)陳廷鈞輯　清同治九年(1870)湖北崇文書局刻本　二冊

110000－0144－0018237　982.861/167－239
忠節紀略二卷首一卷　(清)柯自遂輯　清同治十年(1871)黃氏宗祠刻本　二冊

110000－0144－0018238　982.861/167－239－02
黃文貞公忠節紀略二卷首一卷　(清)柯自遂辑　清光緒元年(1875)皖上刻本　二冊

110000－0144－0018239　982.864/735
明況太守龍岡公治蘇政績全集十六卷續集十二卷　(明)況鍾撰　清乾隆二十九年(1764)刻本　六冊

110000－0144－0018240　982.864/735
明況太守龍岡公治蘇政績全集十六卷續集十二卷　(明)況鍾撰　清乾隆二十九年(1764)刻本　六冊

110000－0144－0018241　982.864/735－02
明況太守龍岡公治蘇政績全集十六卷補遺一卷　(明)況鍾撰　清道光二十八年(1848)刻本　六冊

110000－0144－0018242　982.865/221
忠敬堂彙錄八卷續錄一卷　(明)胡煜輯　清光緒十三年(1887)刻本　二冊

110000－0144－0018243　982.865/221
忠敬堂彙錄八卷續錄一卷　(明)胡煜輯　清光緒十三年(1887)刻本　二冊

110000－0144－0018244　982.865/375
楓山章文懿公[懋]年譜二卷　(明)阮鄂撰　清末胡鳳丹刻本　一冊

110000－0144－0018245　982.868/187
(袁一驥)葬錄不分卷　(清)□□輯　清刻本　一冊

110000－0144－0018246　982.868/209－759
明郝太僕褒忠錄六卷首一卷　(明)郝明龍輯　清乾隆五十三年(1788)刻本　三冊

110000－0144－0018247　982.868/546
董心葵事記一卷　(明)□□撰　清刻本　一冊

110000－0144－0018248　982.869/682
柳如是事輯不分卷　(清)懷圃居士輯　清光緒二十九年(1903)郭博古齋刻本　一冊

110000－0144－0018249　982.869/892
海天旭日硯記一卷　(清)劉瀚編　清光緒十六年(1890)刻本　一冊

110000－0144－0018250　982.87/113.2
平涼縣教諭南軒王君紀事詩文合刻　(清)□□撰　清光緒刻本　一冊

110000－0144－0018251　982.87/154
范孺人貞孝傳一卷　(清)□□撰　清同治十年(1871)木活字印本　一冊

110000－0144－0018252　982.87/165－169
黃輔相哀啟　(清)黃鶴年等撰　清末刻本　一冊

110000－0144－0018253　982.87/292
李鴻章　梁啟超撰　清光緒二十七年(1901)鉛印本　一冊

110000－0144－0018254　982.87/292－02
李鴻章　梁啟超撰　清末石印本　一冊

110000－0144－0018255　982.87/292－03
李鴻章　梁啟超撰　清光緒二十七年(1901)石印本　一冊

110000－0144－0018256　982.87/292－03
李鴻章　梁啟超撰　清光緒二十七年(1901)石印本　一冊

110000－0144－0018257　982.87/292－04
李鴻章　梁啟超撰　清光緒二十七年(1901)石印本　一冊

110000－0144－0018258　982.87/292－04
李鴻章　梁啟超撰　清光緒二十七年(1901)石印本　一冊

110000－0144－0018259　982.87/292－05
李鴻章　梁啟超撰　清光緒一新書局鉛印本　一冊

110000－0144－0018260　982.87/292－440－02
李文忠公事略一卷　(清)吳汝綸撰　清光緒二十八年(1902)北洋官報局鉛印本　一冊

110000－0144－0018261　982.87/311－157
張文襄公事略　風雨樓主人撰　清宣統元年

(1909)上海蔣春記書莊鉛印本　一册

110000－0144－0018262　982.87/311－157
張文襄公事略　風雨樓主人撰　清宣統元年(1909)上海蔣春記書莊鉛印本　一册

110000－0144－0018263　982.87/311－157
張文襄公事略　風雨樓主人撰　清宣統元年(1909)上海蔣春記書莊鉛印本　一册

110000－0144－0018264　982.87/311－987
張文襄公事略　風雨樓主人撰　清宣統元年(1909)上海時中書局鉛印本　一册

110000－0144－0018265　982.87/311－987
張文襄公事略　風雨樓主人撰　清宣統元年(1909)上海時中書局鉛印本　一册

110000－0144－0018266　982.87/371
險異録不分卷　(清)豫師撰　清光緒十四年(1888)石印本　二册

110000－0144－0018267　922.87/401
陶勤肅公[模]行述墓銘　陶葆廉等撰　清末陶氏鉛印本　一册

110000－0144－0018268　982.87/981－1－02
曾文正公手書日記(清道光二十一年至同治十一年)　(清)曾國藩撰　清宣統元年(1909)上海中國圖書公司石印本　四十册

110000－0144－0018269　982.87/981－1－02
曾文正公手書日記(清道光二十一年至同治十一年)　(清)曾國藩撰　清宣統元年(1909)上海中國圖書公司石印本　四十册

110000－0144－0018270　982.87/981－118
求闕齋弟子記三十二卷　(清)王定安撰　清光緒二年(1876)北平刻本　十六册

110000－0144－0018271　982.871/348
樓山遺事一卷　(清)夏燮撰　清刻本　一册

110000－0144－0018272　982.871/697－372
宋先生倡義復城紀録實績一卷　(清)□□編　清抄本　一册

110000－0144－0018273　982.872/289－138
歷年紀略一卷　(清)惠霳嗣編　清刻本　一册

110000－0144－0018274　982.872/362－361
孫徵君日譜録存三十六卷　(清)孫世玫輯　清光緒十一年(1885)刻本　二十四册

110000－0144－0018275　982.872/362－361－02
孫徵君日譜録存三十六卷　(清)孫世玫輯　清光緒十九年(1893)兼山堂刻本　三十册

110000－0144－0018276　982.872/367－113
孫文定公(廷銓)傳一卷　(清)王士禛等撰　清刻本　一册

110000－0144－0018277　982.872/384－619
詠梅軒景忠録二卷　(清)謝蘭生輯　清道光三十年(1850)詠梅軒刻本　二册

110000－0144－0018278　982.872/388－03
陸清獻公日記十卷　(清)陸隴其撰　清道光二十三年(1843)勝溪草堂刻本　四册

110000－0144－0018279　982.872/388－614
景陸粹編八卷首一卷　(清)許仁沐輯　清光緒二十四年(1898)海寧許氏刻本　六册

110000－0144－0018280　982.873/287
皇清候選知縣敕封文林郎翰林院庶吉士待贈招勇將軍中憲大夫顯考李公十洲府君行述　(清)□□撰　清刻本　一册

110000－0144－0018281　982.874/154
日記一卷　(清)□□撰　清道光二十二年(1842)稿本　一册

110000－0144－0018282　982.874/269
楊遇春行述　楊國佐　楊國楨撰　清刻本　一册

110000－0144－0018283　982.874/388－171
陸清獻公莅嘉遺蹟三卷　(清)黄維玉輯　清同治六年(1867)上海道署刻本　一册

110000－0144－0018284　982.874/388－171
陸清獻公莅嘉遺蹟三卷　(清)黄維玉輯　清同治六年(1867)上海道署刻本　一册

110000－0144－0018285　982.874/655
居士道園章君墓碣銘　（清）朱文翰撰　清嘉慶九年（1804）刻本　一册

110000－0144－0018286　982.874/915
任翼聖先生事略一卷　（清）任泰撰　清光緒七年（1881）刻本　一册

110000－0144－0018287　982.874/929
錢竹汀日記　（清）錢大昕撰　**宋刑統賦一卷**　（宋）傅霖撰　清光緒三十四年（1908）江陰繆氏刻藕香零拾本　一册

110000－0144－0018288　982.875/105
竹軒府君行述　（清）祁之銓撰　清刻本　一册

110000－0144－0018289　982.875/112
王封公家傳　許宗衡撰　清刻本　一册

110000－0144－0018290　982.875/171
褒忠錄四卷　（清）黄仁編　清道光二十三年（1843）雲閒刻本　存一卷（一）　一册

110000－0144－0018291　982.875/209
仁圃府君［郝瑞麟］行述一卷　（清）□□撰　清刻本　一册

110000－0144－0018292　982.875/238
裘寶善行述一卷　（清）裘德俊述　清末刻本　一册

110000－0144－0018293　982.875/295
家居自述一卷　（清）查廷華撰　清道光刻本　一册

110000－0144－0018294　982.875/312
磨盾餘談二卷　（清）張炳撰　清咸豐四年（1854）刻本　一册

110000－0144－0018295　982.875/352
杏莊府君自敘年譜一卷附續年譜一卷　（清）左輔編　（清）左昂等續編　清宣統木活字印本　一册

110000－0144－0018296　982.875/404
蜀輶日記四卷　（清）陶澍撰　清光緒七年（1881）江州官舍刻本　二册

110000－0144－0018297　982.875/434
出都日記一卷　（清）吴式芬撰　清刻本　一册

110000－0144－0018298　982.875/445
洪北江先生［亮吉］年譜一卷　（清）吕培等編　清刻本　一册

110000－0144－0018299　982.875/445
洪北江先生［亮吉］年譜一卷　（清）吕培等編　清刻本　一册

110000－0144－0018300　982.875/482
雲南太和縣知縣羅君奠之墓志銘　（清）莫樹椿撰　清末刻本　一册

110000－0144－0018301　982.875/526
蔣文慶行狀神道碑　（清）蔣常綬述　清光緒刻本　一册

110000－0144－0018302　982.875/664
盛世良圖記　（清）廣玉輯　清嘉慶刻本　二册

110000－0144－0018303　982.875/669
鴻雪因緣圖記不分卷　（清）麟慶撰　清道光二十七年（1847）刻本　六册

110000－0144－0018304　982.875/669
鴻雪因緣圖記不分卷　（清）麟慶撰　清道光二十七年（1847）刻本　六册

110000－0144－0018305　982.875/669
鴻雪因緣圖記不分卷　（清）麟慶撰　清道光二十七年（1847）刻本　六册

110000－0144－0018306　982.875/669－02
鴻雪因緣圖記不分卷　（清）麟慶撰　清光緒二十二年（1896）上海點石齋石印本　六册

110000－0144－0018307　982.875/669－03
鴻雪因緣圖記不分卷　（清）麟慶撰　清光緒二十四年（1898）雲蔭堂刻本　二册

110000－0144－0018308　982.875/669－04
鴻雪因緣圖記不分卷　（清）麟慶撰　清光緒十二年（1886）上海同文書局石印本　三册

110000－0144－0018309　982.875/669－3
鹿莊節公行述一卷　(清)□□撰　清光緒刻本　一册

110000－0144－0018310　982.875/687
蓉湖草堂贈言錄一卷　(清)完顏麟慶輯　清道光十六年(1836)刻本　二册

110000－0144－0018311　982.875/687－1
皇清誥授榮祿大夫江南河道总督庫中大臣候補四品京官顯考見亭府君［麟慶］行述一卷　(清)完顏崇厚　(清)崇實述　清道光刻本　一册

110000－0144－0018312　982.875/687－1
皇清誥授榮祿大夫江南河道总督庫中大臣候補四品京官顯考見亭府君［麟慶］行述一卷　(清)完顏崇厚　(清)崇實述　清道光刻本　一册

110000－0144－0018313　982.875/687－1
皇清誥授榮祿大夫江南河道总督庫中大臣候補四品京官顯考見亭府君［麟慶］行述一卷　(清)完顏崇厚　(清)崇實述　清道光刻本　一册

110000－0144－0018314　982.875/691
湘驅府君行述一卷　(清)宋成棟述　清刻本　一册

110000－0144－0018315　982.875/708
稼門府君［汪志伊］行述一卷　(清)汪正修等述　清嘉慶汪氏刻本　一册

110000－0144－0018316　982.875/719－352
江忠烈公［忠源］行狀一卷　(清)左宗棠撰　清咸豐六年(1856)刻本　一册

110000－0144－0018317　982.875/719－352－02
江忠烈公［忠源］行狀一卷江壯節公［忠濟］行狀一卷　(清)左宗棠　(清)郭嵩燾撰　清同治十二年(1873)刻本　一册

110000－0144－0018318　982.875/719－352－02
江忠烈公［忠源］行狀一卷江壯節公［忠濟］行狀一卷　(清)左宗棠　(清)郭嵩燾撰　清同治十二年(1873)刻本　一册

110000－0144－0018319　982.875/730
梁公［章鉅］墓誌銘　(清)林則徐撰　清道光二十九年(1849)刻本　一册

110000－0144－0018320　982.875/747
工部左侍郎沈公行狀　(清)曾國藩撰　清末刻本　一册

110000－0144－0018321　982.875/799
皇清誥封一品太夫人顯繼妣田太夫人行述　(清)魏元烺述　清道光刻本　一册

110000－0144－0018322　982.875/805
邵陽魏府君［源］事略一卷　(清)魏耆撰　清末刻本　一册

110000－0144－0018323　982.875/805
邵陽魏府君［源］事略一卷　(清)魏耆撰　清末刻本　一册

110000－0144－0018324　982.875/893
大夫賞戴花翎候補朗中隨帶加五級顯孝藜閣府君行述一卷　(清)劉篤彊等述　清同治八年(1869)刻本　一册

110000－0144－0018325　982.875/894
簾舫先生事蹟一卷　(清)劉衡撰　清末鉛印本　一册

110000－0144－0018326　982.875/904
贈太子太保予謚文安先府君［何凌漢］行述一卷　(清)何紹基等述　清道光二十一年(1841)刻本　一册

110000－0144－0018327　982.875/917
李翁醫記二卷　(清)焦循撰　**詩品一卷**　(唐)司空圖撰　**先府君［焦循］事略一卷**　(清)焦廷琥述　清道光刻本　一册

110000－0144－0018328　982.875/946
石民府君［徐豐玉］行狀一卷　(清)徐宗亮述　清咸豐三年(1853)刻本　一册

110000－0144－0018329　982.875/987
浣霞摸心記二卷　(清)金城撰　清道光十五年(1835)刻本　三册

110000－0144－0018330　982.875/990

翏莫子雜識一卷　(清)俞興瑞撰　清咸豐六年(1856)刻本　一册

110000－0144－0018331　982.876/104

贈太子少保予謚壯敏福公[福珠洪阿]暨弟壯武[福誠]列傳附益謙殉難事實　(清)□□撰　清宣統三年(1911)石印本　一册

110000－0144－0018332　982.876/115

忠孝錄　(清)王庭楨編　清同治七年(1868)漢陽官廨刻本　二册

110000－0144－0018333　982.876/117.6

五河王先生韻賡傳　(清)秦錫鎮撰　清光緒三十年(1904)桂林刻本　一册

110000－0144－0018334　982.876/117－119

先府君[王肇謙]行略一卷　(清)王用臣撰　清同治刻本　一册

110000－0144－0018335　982.876/118

王顧齋先生行狀一卷　(清)楊篤撰　清光緒刻本　一册

110000－0144－0018336　982.876/122

澄泉府君[叶赫那拉・瑞麟]行述一卷　(清)叶赫那拉・懷塔布等述　清同治十三年(1874)刻本　一册

110000－0144－0018337　982.876/158

丁孝烈女静蘭絕筆一卷　(清)□□撰　**考錄一卷**　清光緒二十七年(1901)木活字印本　一册

110000－0144－0018338　982.876/164

湖北德安府知府黄君[蘭丞公]行狀一卷　(清)□□撰　清刻本　一册

110000－0144－0018339　982.876/165.2

伯父黄府君[輔相]行狀一卷　(清)黄彭年撰　清同治七年(1868)刻本　一册

110000－0144－0018340　982.876/165－165－5

崇祀鄉賢錄一卷　(清)□□輯　清光緒三年(1877)刻本　一册

110000－0144－0018341　982.876/165－165－5

崇祀鄉賢錄一卷　(清)□□輯　清光緒三年(1877)刻本　一册

110000－0144－0018342　982.876/165－165－8

特詔嘉奬循良錄一卷　(清)黄彭年輯　清刻本　一册

110000－0144－0018343　982.876/168

先考明經公[黄式三]言行略一卷　(清)黄以周撰　清光緒十一年(1885)刻本　一册

110000－0144－0018344　982.876/200

趙忠節[景賢]列傳一卷　(清)□□撰　清刻本　一册

110000－0144－0018345　982.876/213

友梅府君墓誌銘　(清)□□撰　清光緒刻本　一册

110000－0144－0018346　982.876/213.7

忠貞錄不分卷　(清)程先甲輯　清光緒二十二年(1896)刻本　一册

110000－0144－0018347　982.876/216

胡公燮園府君事實略一卷　(清)□□撰　清同治三年(1864)抄本　一册

110000－0144－0018348　982.876/216.2

表忠錄二卷首一卷末一卷　(清)胡林翼撰　清光緒元年(1875)宿松羅氏刻本　一册

110000－0144－0018349　982.876/261－372

資江輿頌四卷續集三卷　(清)鄧庭枏　(清)郭光奎編　清咸豐六年(1856)廣州光華堂刻本　三册

110000－0144－0018350　982.876/269

顯考詠春府君行述一卷　(清)楊同福　(清)楊同祜述　清刻本　一册

110000－0144－0018351　982.876/286

李愍肅[卿穀]武愍[孟群]二公父子列傳　(清)□□撰　清光緒二十九年(1903)金陵刻本　一册

110000－0144－0018352　982.876/289

文恭先府君[李星沅]行述一卷　(清)李桓等述　清末刻本　一册

110000－0144－0018353　982.876/336
苑史先生［霍為棻］行狀一卷　（清）霍為楙撰　清同治十三年（1874）刻本　一册

110000－0144－0018354　982.876/350
先考石公祥瑞府君行述一卷　（清）石□□撰　清宣統二年（1910）石印本　一册

110000－0144－0018355　982.876/352－165
賢母錄一卷　（清）黄彭年輯　清同治二年（1863）刻本　一册

110000－0144－0018356　982.876/363
庚堂公行述一卷　孫道仁等述　清光緒十九年（1893）石印本　一册

110000－0144－0018357　982.876/439
晉王府君行述一卷　（清）吳禮紳等撰　清光緒十六年（1890）刻本　一册

110000－0144－0018358　982.876/439－440
文節府君［吴文熔］行述一卷　（清）吳養原述　清咸豐四年（1854）刻本　一册

110000－0144－0018359　982.876/482
羅錦堂先生［繡文］家傳一卷　（清）計恬撰　清光緒十八年（1892）崇寧羅氏靜遠山莊刻本　一册

110000－0144－0018360　982.876/487
上元朱氏忠貞錄一卷　（清）朱慶元撰　清光緒二十七年（1901）刻本　一册

110000－0144－0018361　982.876/517－291
英果敏公事跡不分卷　（清）英壽輯　清光緒刻本　五册

110000－0144－0018362　982.876/519
先兄郘亭先生［莫友芝］行述一卷　（清）莫祥芝述　清末刻本　一册

110000－0144－0018363　982.876/526
先考之純府君［蔣凝學］行狀　（清）蔣澤雲等撰　清刻本　一册

110000－0144－0018364　982.876/541－547
先考董杏鄉公府及孫太夫人合葬墓表　（清）董翰撰　清光緒刻本　一册

110000－0144－0018365　982.7/583
崇祀錄附義莊規條一卷　（清）朱之榛編　清光緒刻本　一册

110000－0144－0018366　982.876/583
崇祀鄉賢錄一卷　（清）□□撰　清光緒十二年（1886）監利王氏刻本　一册

110000－0144－0018367　982.876/593
襄勤顯考岑府君［毓英］行狀　（清）岑春榮等撰　清末刻本　一册

110000－0144－0018368　982.876/593
襄勤顯考岑府君［毓英］行狀　（清）岑春榮等撰　清末刻本　一册

110000－0144－0018369　982.878/626
節孝待徵錄一卷　方燮編　清光緒刻本　一册

110000－0144－0018370　982.876/665
席公［寶田］行狀一卷　陳三立撰　清末刻本　一册

110000－0144－0018371　982.876/667－165
昭忠錄一卷　（清）黄彭年輯　清刻本　一册

110000－0144－0018372　982.876/675
琴舫廉公［兆綸］傳略　（清）王瑔撰　清刻本　一册

110000－0144－0018373　982.876/677
先考誠靖公［文謙］行述一卷　（清）文□撰　清光緒石印本　一册

110000－0144－0018374　982.876/677.6
文文忠公［祥］事略四卷　（清）文熙治撰　清光緒八年（1882）刻本　四册

110000－0144－0018375　982.876/679
先考秋坪府君［顏札景廉］行狀一卷　（清）顏札治麟等撰　清末刻本　一册

110000－0144－0018376　982.876/686－02
塞氏忠勤錄一卷　（清）黎詵等撰　清光緒三十三年（1907）四川官書局鉛印本　一册

110000－0144－0018377　982.876/686－02

蹇氏忠勤録一卷 (清)黎詵等撰 清光緒三十三年(1907)四川官書局鉛印本 一册

110000－0144－0018378 982.876/710
善化汪君[莼]家傳 (清)李桓撰 清刻本 一册

110000－0144－0018379 982.876/731
梁公[家鈺]墓誌銘 (清)畢大琛撰 清末刻本 一册

110000－0144－0018380 982.876/746
沈文節公[炳垣]事實 (清)沈守廉撰 清光緒八年(1882)刻本 一册

110000－0144－0018381 982.876/747
先母林太夫人事略 (清)沈葆楨等述 清末刻本 一册

110000－0144－0018382 982.876/770
顯考景亭府君[馮桂芬]行狀一卷 (清)馮芳植等撰 清末刻本 一册

110000－0144－0018383 982.876/775
羅南府君[冷鼎亨]行述 (清)冷利仁等述 清末刻本 一册

110000－0144－0018384 982.876/798
先考綏庭府君[穆爾察福興]行狀 (清)耆安等撰 清末刻本 一册

110000－0144－0018385 982.876/815
顯考潤山府君[周玉衡]行述一卷 (清)周厚基等撰 清刻本 一册

110000－0144－0018386 982.876/820
宦遊紀實二卷 (清)周樂撰 清光緒二十三年(1897)刻本 二册

110000－0144－0018387 982.876/833
朱君[猷章]墓誌銘一卷 (清)蘇廷魁撰 清刻本 一册

110000－0144－0018388 982.876/852－334
多忠勇公勤勞録四卷 (清)雷正綰輯 清光緒元年(1875)固原提署刻本 四册

110000－0144－0018389 982.876/852－334－02
多忠勇公勤勞録四卷 (清)雷正綰輯 清光緒三年(1877)敬恕堂刻本 四册

110000－0144－0018390 982.876/856
熊存瀚事跡一卷 (清)□□撰 清刻本 二册

110000－0144－0018391 982.876/861
趨庭記述二卷 (清)經元善撰 清光緒二十三年(1897)刻本 二册

110000－0144－0018392 982.876/887
顯考伯瑗府君行述一卷 (清)劉啓藩等述 清刻本 一册

110000－0144－0018393 982.876/887.1
劉坤一四十年來大事記 (清)□□撰 清光緒二十九年(1903)石印本 一册

110000－0144－0018394 982.876/887.1－02
劉坤一 (清)□□撰 清末石印本 一册

110000－0144－0018395 982.876/887.1－02
劉坤一 (清)□□撰 清末石印本 一册

110000－0144－0018396 982.876/887.1－03
劉坤一 (清)□□撰 清光緒二十九年(1903)石印本 一册

110000－0144－0018397 982.876/888
圖開勝蹟六卷 (清)劉厚基輯 清光緒元年(1875)刻本 八册

110000－0144－0018398 982.876/891
劉竹屏封翁家傳一卷 葉昌識撰 清光緒二十七年(1901)石印本 一册

110000－0144－0018399 982.876/910－340
伊壯愍公事實四卷首一卷 (清)盛福輯 清同治五年(1866)刻本 二册

110000－0144－0018400 982.876/938
紀時略一卷 (清)彭慰高撰 清光緒十四年(1888)刻本 一册

110000－0144－0018401 982.876/960
保民紀略一卷 (清)顧嘉蘅撰 清光緒刻本 一册

110000 - 0144 - 0018402　982.876/981 - 118
曾文正公[國藩]大事記四卷　(清)王定安編　清光緒二十九年(1903)上海申報館鉛印本　二冊

110000 - 0144 - 0018403　982.876/981 - 796
曾太傅毅勇侯[國藩]傳略　(清)黎庶昌撰　清末刻本　一冊

110000 - 0144 - 0018404　982.876/987
金剛愍公[光筋]表忠錄一卷　(清)金頤增撰　清光緒二十一年(1895)刻本　一冊

110000 - 0144 - 0018405　982.877/833
從戎紀略一卷　(清)朱洪章撰　清光緒十九年(1893)紫陽堂刻本　一冊

110000 - 0144 - 0018406　982.878/103.8
武秋瀛先生自訂年譜一卷　(清)武澄清撰　清光緒十四年(1888)刻本　一冊

110000 - 0144 - 0018407　982.878/118
王夔石哀啟一卷　王鈺孫撰　清末石印本　一冊

110000 - 0144 - 0018408　982.878/118.7
劉武慎公[長佑]行狀一卷　王定安撰　清光緒十四年(1888)金陵刻本　一冊

110000 - 0144 - 0018409　982.878/158.7
四川派赴東瀛遊歷閱操日記二卷　(清)丁鴻臣撰　清光緒二十六年(1900)成都刻本　二冊

110000 - 0144 - 0018410　982.878/158 - 158
宜堂類編二十五卷　(清)丁立中輯　清光緒二十六年(1900)錢塘丁氏嘉惠堂刻本　十二冊

110000 - 0144 - 0018411　982.878/165
先妣劉恭人事略一卷　(清)黃樹成等撰　清光緒三十一年(1905)刻本　一冊

110000 - 0144 - 0018412　982.878/165
先妣劉恭人事略一卷　(清)黃樹成等撰　清光緒三十一年(1905)刻本　一冊

110000 - 0144 - 0018413　982.878/165
先妣劉恭人事略一卷　(清)黃樹成等撰　清光緒三十一年(1905)刻本　一冊

110000 - 0144 - 0018414　982.878/177
悔翁先生[汪士鐸]行狀　(清)甘元煥撰　清末刻本　一冊

110000 - 0144 - 0018415　982.878/194
太常袁公[昶]行略一卷　梁允橚等撰　清光緒三十一年(1905)鉛印本　一冊

110000 - 0144 - 0018416　982.878/202 - 197
先考撝叔府君[趙之謙]行略　趙壽佺等撰　清末鉛印本　一冊

110000 - 0144 - 0018417　982.878/213
先考友梅府君[戴肇辰]行述附祭文輓聯　(清)戴燮元等撰　清光緒十六年(1890)刻本　一冊

110000 - 0144 - 0018418　982.878/287
旌表節孝張母李孺人節孝友慈錄一卷　(清)□□輯　清光緒三十二年(1906)刻本　一冊

110000 - 0144 - 0018419　982.878/288
本生先府君[李本方]行狀　李大防撰　清宣統二年(1910)鉛印本　一冊

110000 - 0144 - 0018420　982.878/288
本生先府君[李本方]行狀　李大防撰　清宣統二年(1910)鉛印本　一冊

110000 - 0144 - 0018421　982.878/292
李文忠公[鴻章]榮哀錄一卷　(清)吳汝綸等編　清光緒末年刻本　一冊

110000 - 0144 - 0018422　982.878/291
先妻趙孺人[雲珠]事述一卷　李詳撰　清末刻本　一冊

110000 - 0144 - 0018423　982.878/291 - 981
阮君[本焱]墓誌銘　李詳撰　清末石印本　一冊

110000 - 0144 - 0018424　982.878/293 - 827
海城李公[秉衡]勤王紀略一卷　(清)朱祖懋述　清光緒二十九年(1903)鉛印本　一冊

110000 - 0144 - 0018425　982.878/314

先德錄一卷　(清)張士瑜輯　清光緒二十四年(1898)竹居刻本　一册

110000－0144－0018426　982.878/331
吴先生[汝綸]行狀一卷　(清)賀濤撰　清末刻本　一册

110000－0144－0018427　982.878/366
皇清誥授光錄大夫戶部左侍郎先考子授府君[孫詒經]行狀　(清)孫寶琦撰　清末刻本　一册

110000－0144－0018428　982.878/374－425
桑文恪傳一卷　(清)國史館撰　清末刻本　一册

110000－0144－0018429　982.878/379
誥授光祿大夫陳公堯齋先生[際唐]哀誄錄一卷　(清)□□撰　清末鉛印本　一册

110000－0144－0018430　982.878/382.6
長沙張文達公[百熙]榮哀錄四卷　(清)陳毅輯錄　清宣統元年(1909)德興堂印字局鉛印本　一册

110000－0144－0018431　982.878/393
顯考星農府君[陸增祥]行述一卷　陸繼德等撰　清光緒刻本　一册

110000－0144－0018432　982.878/399
顯考方之府君[陶模]行述　陶葆廉　陶葆霖撰　清光緒刻本　一册

110000－0144－0018433　982.878/399
顯考方之府君[陶模]行述　陶葆廉　陶葆霖撰　清光緒刻本　一册

110000－0144－0018434　982.878/399
顯考方之府君[陶模]行述　陶葆廉　陶葆霖撰　清光緒刻本　一册

110000－0144－0018435　982.878/411－416
馬玉昆行述　馬廉德撰　清末石印本　一册

110000－0144－0018436　982.878/411－416
馬玉昆行述　馬廉德撰　清末石印本　一册

110000－0144－0018437　982.878/413
北游筆記不分卷　(清)馬太元撰　清宣統三年(1911)鉛印本　二册

110000－0144－0018438　982.878/428
陝衛治略十卷　(清)嚴作霖撰　清光緒十九年(1893)嚴氏刻本　十册

110000－0144－0018439　982.878/435－292
為吳柳堂先生[可讀]建祠奏疏一卷附碑記　(清)李鴻章撰　清末刻本　一册

110000－0144－0018440　982.878/435－688
為吳柳堂先生[可讀]請謚事一卷　(清)富察敦崇撰　清末刻本　一册

110000－0144－0018441　982.878/435－905
吳柳堂先生[可讀]誄文　(清)傅雲龍撰　清光緒六年(1880)刻本　一册

110000－0144－0018442　982.878/435－905
吳柳堂先生[可讀]誄文　(清)傅雲龍撰　清光緒六年(1880)刻本　一册

110000－0144－0018443　982.878/435－905－02
吳柳堂先生[可讀]誄文　(清)傅雲龍撰　清末合成報房木活字印本　一册

110000－0144－0018444　982.878/467
隨槎日記一卷　晏宗慈撰　清光緒木活字印本　一册

110000－0144－0018445　982.878/468
倚霞宮筆錄一卷　易順鼎撰　清光緒十九年(1893)易園刻本　一册

110000－0144－0018446　982.878/482
羅公[逢元]行狀　(清)羅正鈞撰　清光緒八年(1882)刻本　一册

110000－0144－0018447　982.878/482－546
羅公星潭夫子行狀一卷　(清)羅應旒撰　**羅公出處紀事一卷**　(清)董清峻撰　清光緒二十八年(1902)刻本　二册

110000－0144－0018448　982.878/482－546
趨庭紀聞一卷　(清)羅應旒撰　清光緒二十六年(1900)刻本　與110000－0144－0018447合册

110000－0144－0018449　982.878/601.79－601
先府君[譚鍾麟]行狀一卷　譚寶箴撰　清末刻本　一冊

110000－0144－0018450　982.878/612
許公[庚身]行狀一卷　馮煦撰　清末石印本　一冊

110000－0144－0018451　982.878/647
媿室先生[高鳳岐]事略　高鳳謙等述　清末石印本　一冊

110000－0144－0018452　982.878/647.8
永清庚辛記略一卷　(清)高紹陳撰　清光緒三十四年(1908)清河張明宸等石印本　一冊

110000－0144－0018453　982.878/657
顯考薇研府君[童華]行述一卷　(清)童德厚等撰　清光緒十五年(1889)刻本　一冊

110000－0144－0018454　982.878/657
顯考薇研府君[童華]行述一卷　(清)童德厚等撰　清光緒十五年(1889)刻本　一冊

110000－0144－0018455　982.878/669
鹿文端公[傳霖]榮哀錄三卷　(清)□□輯　清宣統三年(1911)鉛印本　一冊

110000－0144－0018456　982.878/675
朱文瑞公遺像詩一卷　(清)弈環輯　清刻本　一冊

110000－0144－0018457　982.878/743.4－286
沈文肅公[葆楨]事略一卷　(清)李元度撰　清光緒六年(1880)刻本　一冊

110000－0144－0018458　982.878/743.4－286
沈文肅公[葆楨]事略一卷　(清)李元度撰　清光緒六年(1880)刻本　一冊

110000－0144－0018459　982.878/790
誥授建威將軍封光祿大夫先大父壯勤公[程文炳]事略一卷　程恩培等撰　清末石印本　一冊

110000－0144－0018460　982.878/846
節孝待徵錄一卷　方燮編　清光緒刻本　一冊

110000－0144－0018461　982.878/891
曾惠敏公[紀澤]行狀一卷　(清)劉麒祥撰　清光緒十七年(1891)刻本　一冊

110000－0144－0018462　982.878/891
曾惠敏公[紀澤]行狀一卷　(清)劉麒祥撰　清光緒十七年(1891)刻本　一冊

110000－0144－0018463　982.878/894.9
劉公[含芳]事實彙編一卷　(清)陸學源輯　清光緒二十五年(1899)石印本　一冊

110000－0144－0018464　982.878/894－903
劉襄勤[錦棠]史傳稿一卷　(清)劉錦棠撰　清宣統二年(1910)石印本　一冊

110000－0144－0018465　982.878/894－903
劉襄勤[錦棠]史傳稿一卷　(清)劉錦棠撰　清宣統二年(1910)石印本　一冊

110000－0144－0018466　982.878/904
劉襄勤[錦棠]史傳稿一卷　(清)劉錦棠撰　清宣統二年(1910)石印本　一冊

110000－0144－0018467　982.878/919
倪文蔚傳　國史館編　清光緒二十七年(1901)金陵刻本　一冊

110000－0144－0018468　982.878/952－352
皇清誥授中議大夫太常寺少卿徐公神道碑銘　(清)左宗棠撰　清刻本　一冊

110000－0144－0018469　982.878/988
航海瑣記二卷　(清)余思詒撰　清光緒三十年(1904)上海商務印書館刻本　二冊

110000－0144－0018470　982.878/988
航海瑣記二卷　(清)余思詒撰　清光緒三十年(1904)上海商務印書館刻本　二冊

110000－0144－0018471　982.878/988
航海瑣記二卷　(清)余思詒撰　清光緒三十年(1904)上海商務印書館刻本　二冊

110000－0144－0018472　982.879/293
皇贈一品夫人程母秦夫人墓碑銘　李稷勛撰　清宣統二年(1910)拓本　一冊

110000－0144－0018473　982.879/383

彭嫣別傳一卷　陳澹然撰　清末鉛印本　一冊

110000－0144－0018474　982.879/987

嘉應朱順堂公墓表　金式陶撰　李實蕃書　清末石印本　一冊

110000－0144－0018475　982.88/188－236

中國軍機大臣袁世凱一卷　（日本）紀佩六郎撰　清宣統元年(1909)石印本　一冊

110000－0144－0018476　982.88/188－236－02

中國軍機大臣袁世凱一卷　（日本）紀佩六郎撰　清末石印本　一冊

110000－0144－0018477　982.915/370

先聖生卒年月日考二卷　（清）孔廣牧撰　清光緒十五年(1889)刻廣雅叢書本　一冊

110000－0144－0018478　982.915/370

先聖生卒年月日考二卷　（清）孔廣牧撰　清光緒十五年(1889)刻廣雅叢書本　一冊

110000－0144－0018479　982.922/370－860

孔北海[融]年譜一卷　繆荃孫編　清末南陵徐氏刻本　一冊

110000－0144－0018480　982.922/370－860－02

孔北海[融]年譜一卷　繆荃孫編　清光緒刻本　一冊

110000－0144－0018481　982.927/929

文端公[錢陳群]年譜三卷　（清）錢儀吉編（清）錢志澄增訂　清光緒二十年(1894)刻本　三冊

110000－0144－0018482　982.931/404－399

靖節先生[陶潛]年譜考異一卷　（清）陶澍編　清光緒九年(1883)江蘇書局刻本　一冊

110000－0144－0018483　982.932/118－851

右軍[王羲之]年譜一卷　（清）魯一同編　清咸豐刻通甫類稿本　一冊

110000－0144－0018484　982.9354/673－919

庾子山[信]年譜一卷　（清）倪璠編注　清同治八年(1869)刻本　一冊

110000－0144－0018485　982.95/627

元遺山先生[好問]年譜一卷　（清）施國祁編　**元遺山先生[好問]年譜一卷**　（清）翁方綱編　**元遺山先生[好問]年譜二卷**　（清）淩廷堪編　清光緒陽泉山莊刻本　二冊

110000－0144－0018486　982.95/627

元遺山先生[好問]年譜一卷　（清）施國祁編　**元遺山先生[好問]年譜一卷**　（清）翁方綱編　清光緒陽泉山莊刻本　一冊

110000－0144－0018487　982.9514/364－575

宋孫莘老先生[覺]年譜一卷補遺一卷　（清）茆泮林編　清道光二十五年(1845)刻本　一冊

110000－0144－0018488　982.9516/684－809

忠簡公[宗澤]年譜一卷　（清）喬行簡編　清述荊堂刻本　一冊

110000－0144－0018489　982.9516/720

洪文安公[遵]年譜一卷　（清）洪汝奎編　清晦木齋刻四洪年譜本　一冊

110000－0144－0018490　982.952/294－274

李忠定公[綱]年譜一卷　（宋）楊希閔撰　清光緒十五年(1889)刻本　一冊

110000－0144－0018491　982.952/294－294

宋李忠定公[綱]年譜一卷　（清）楊希閔撰　清光緒二十九年(1903)湖南愛日堂刻本　一冊

110000－0144－0018492　982.952/294－294

宋李忠定公[綱]年譜一卷　（清）楊希閔撰　清光緒二十九年(1903)湖南愛日堂刻本　一冊

110000－0144－0018493　982.952/828－113

朱子[熹]年譜四卷考異四卷附錄二卷　（清）王懋竑編　清光緒九年(1883)兩湖節署刻本　四冊

110000－0144－0018494　982.952/828－113－02

朱子[熹]年譜四卷考異四卷附錄二卷　（清）王懋竑編　清同治九年(1870)武昌書局刻本

四冊

110000－0144－0018495　982.952/828－113－03
朱子[熹]年譜四卷考異四卷附錄二卷　(清)王懋竑編　清乾隆白田草堂刻光緒補刻本　四冊

110000－0144－0018496　982.952/828－113－03
朱子[熹]年譜四卷考異四卷附錄二卷　(清)王懋竑編　清乾隆白田草堂刻光緒補刻本　四冊

110000－0144－0018497　982.952/828－113－04
朱子[熹]年譜四卷考異四卷附錄二卷　(清)王懋竑編　清乾隆白田草堂刻光緒補刻本　四冊

110000－0144－0018498　982.952/828－113－04
朱子[熹]年譜四卷考異四卷附錄二卷　(清)王懋竑編　清乾隆白田草堂刻光緒補刻本　四冊

110000－0144－0018499　982.956/273－767
慈湖先生[楊簡]年譜二卷　(清)馮可鏞　(清)葉意深輯　**慈湖先生世系一卷**　清末刻本　一冊

110000－0144－0018500　982.956/998－998
西山真文忠公[德秀]年譜一卷　(清)真采編　清刻本　一冊

110000－0144－0018501　982.956/998－998
西山真文忠公[德秀]年譜一卷　(清)真采編　清刻本　一冊

110000－0144－0018502　982.957/615－972
許魯齋先生年譜一卷魯齋心法約編一卷　(清)鄭士範編　清光緒六年(1880)周正誼堂刻本　一冊

110000－0144－0018503　982.957/615－972
許魯齋先生年譜一卷魯齋心法約編一卷　(清)鄭士範編　清光緒六年(1880)周正誼堂刻本　一冊

110000－0144－0018504　982.96/504－02
葉天寥自撰年譜一卷續纂一卷別記一卷附錄一卷　(明)葉紹袁撰　清光緒三十三年(1907)國學保存會鉛印國粹叢書本　一冊

110000－0144－0018505　982.964/883－115
邱文莊公[濬]年譜一卷　(清)王國憲輯　清光緒二十四年(1898)瓊經書院刻本　一冊

110000－0144－0018506　982.964/883－115
邱文莊公[濬]年譜一卷　(清)王國憲輯　清光緒二十四年(1898)瓊經書院刻本　一冊

110000－0144－0018507　982.965/118－935
王文成公[守仁]年譜二卷　(明)錢德洪編　(清)楊希閔鈔　清光緒四年(1878)刻四朝先賢六家年譜本　一冊

110000－0144－0018508　982.965/682
東麓先生[張烶]年譜一卷　(□)□□撰　清刻本　一冊

110000－0144－0018509　982.965/868－367
歸震川先生[有光]年譜一卷　(清)孫岱編　清光緒五年(1879)嘉興金吳瀾刻本　一冊

110000－0144－0018510　982.965/888－887
劉忠宣公[大夏]年譜二卷　(清)劉世節編　清光緒元年(1875)劉氏刻劉忠宣公遺集本　一冊

110000－0144－0018511　982.965/930－927
錢太常公[薇]年譜　(清)錢泰吉輯　清光緒三十年(1904)錢志澄刻本　一冊

110000－0144－0018512　982.965/930－927
錢太常公[薇]年譜　(清)錢泰吉輯　清光緒三十年(1904)錢志澄刻本　一冊

110000－0144－0018513　982.965/930－927
錢太常公[薇]年譜　(清)錢泰吉輯　清光緒三十年(1904)錢志澄刻本　一冊

110000－0144－0018514　982.968/170－164
黃忠端公[道周]年譜二卷　(清)黃炳垕編　清光緒二十五年(1899)留書種閣刻留書種閣集本　一冊

110000－0144－0018515　982.968/170－164
黃忠端公[道周]年譜二卷　(清)黃炳垕編

清光緒二十五年(1899)留書種閣刻留書種閣集本　一册

110000－0144－0018516　982.968/292－292
任邱李少師史略志集合鈔　(清)李法孟輯　清刻本　一册

110000－0144－0018517　982.968/306－554
張楊園先生[履祥]年譜一卷　(清)蘇惇元編　清同治三年(1864)錢塘丁氏刻本　一册

110000－0144－0018518　982.968/352－352
左忠毅公[光斗]年譜二卷　(清)左宰編　清刻本　二册

110000－0144－0018519　982.968/352－352－02
左忠毅公[光斗]年譜二卷　(清)左宰編　清瞰椒堂刻本　一册

110000－0144－0018520　982.968/669－385
鹿忠節公[善繼]年譜二卷　(清)陳鋐編　清尋樂堂刻本　二册

110000－0144－0018521　982.968/965－966
顧端文公[憲成]年譜二卷首一卷譜後一卷　(明)顧與沐記　(清)顧樞初　顧貞觀編　清康熙三十三年(1694)刻顧端文公遺書本　一册

110000－0144－0018522　982.968/965－966－02
顧端文公[憲成]年譜二卷首一卷譜後一卷　(明)顧與沐記　(清)顧鍾英等校録　清刻本　一册

110000－0144－0018523　982.97/120－118
船山公[夫之]年譜二編　(清)王之春輯　清光緒十九年(1893)刻本　二册

110000－0144－0018524　982.97/667
唐公[友耕]年譜一卷　(清)唐鴻學編　清光緒三十四年(1908)唐氏石印藍印本　一册

110000－0144－0018525　982.97/667
唐公[友耕]年譜一卷　(清)唐鴻學編　清光緒三十四年(1908)唐氏石印本　一册

110000－0144－0018526　982.97/667
唐公[友耕]年譜一卷　(清)唐鴻學編　清光緒三十四年(1908)唐氏石印本　一册

110000－0144－0018527　982.97/679－297－03
顔習齋先生[元]年譜二卷　(清)李塨纂　清光緒三十四年(1908)上海國學保存會鉛印國粹叢書本　一册

110000－0144－0018528　982.97/679－297－03
顔習齋先生[元]年譜二卷　(清)李塨纂　清光緒三十四年(1908)上海國學保存會鉛印國粹叢書本　一册

110000－0144－0018529　982.97/681－410
裕莊毅公[泰]年譜　(清)長善[等]編　清同治九年(1870)刻本　二册

110000－0144－0018530　982.97/965－313
顧亭林先生[炎武]年譜　(清)張穆編　清道光二十四年(1844)刻本　一册

110000－0144－0018531　982.97/965－313
顧亭林先生[炎武]年譜　(清)張穆編　清道光二十四年(1844)刻本　一册

110000－0144－0018532　982.971/128－290
廣元遺山[好問]年譜二卷　(清)李光廷編　清同治五年(1866)刻本　一册

110000－0144－0018533　982.971/170－720
黄子[道周]年譜　(清)洪思編　清同治十年(1871)漳南多藝齋刻本　一册

110000－0144－0018534　982.971/296－308
堵文忠公[允錫]年譜一卷　(清)張夏編　清道光二十三年(1843)刻本　一册

110000－0144－0018535　982.971/296－308－02
堵文忠公[允錫]年譜一卷　(清)張夏編　清道光木活字印本　一册

110000－0144－0018536　982.971/377
陳安道先生[瑚]年譜二卷　(清)陳溥撰　清光緒十九年(1893)杭州吴鏡沆刻本　一册

110000－0144－0018537　982.971/387－952
陸稼書先生[隴其]年譜一卷　徐定文編　清抄本　一册

110000－0144－0018538　982.971/521
牧齋先生[錢謙益]年譜　葛萬里編　清宣統三年(1911)鉛印本　一册

110000－0144－0018539　982.972/112－893
王船山先生[夫之]年譜二卷　(清)劉毓崧編　清光緒十二年(1886)江南書局刻本　一册

110000－0144－0018540　982.972/112－893
王船山先生[夫之]年譜二卷　(清)劉毓崧編　清光緒十二年(1886)江南書局刻本　一册

110000－0144－0018541　982.972/171－170
黃梨洲先生[宗羲]年譜二卷　(清)黄炳垕編　清同治十二年(1873)刻本　一册

110000－0144－0018542　982.972/287－766－02
李恕谷先生[塨]年譜五卷　(清)馮辰編　清光緒三十四年(1908)國學保存會鉛印國粹叢編本　一册

110000－0144－0018543　982.972/287－766－03
李恕谷先生[塨]年譜五卷　(清)馮辰編　(清)劉調贊續編　清道光十六年(1836)李浩刻本　六册

110000－0144－0018544　982.972/287－766－03
李恕谷先生[塨]年譜五卷　(清)馮辰纂　(清)劉調贊續纂　清道光十六年(1836)李浩刻本　六册

110000－0144－0018545　982.972/306－158
張文貞公[玉書]年譜　丁傳靖編　清光緒刻本　一册

110000－0144－0018546　982.972/306－158－02
張文貞公[玉書]年譜　丁傳靖編　清光緒二十七年(1901)松蔭堂張藻文刻本　一册

110000－0144－0018547　982.972/362－736
徵君孫先生[奇逢]年譜二卷　(清)湯斌編　清光緒十三年(1887)成都高繼善堂刻本　二册

110000－0144－0018548　982.972/362－736－02
徵君孫先生[奇逢]年譜二卷　(清)湯斌編　清乾隆刻本　二册

110000－0144－0018549　982.972/385－738
陳獨漉先生[恭尹]年譜一卷　(清)溫肅編　清末廣東超華齋刻陳獨漉先生集本　一册

110000－0144－0018550　982.972/387－765
陸桴亭先生[世儀]年譜一卷　凌锡祺撰　清光緒二十五年(1899)京師刻本　一册

110000－0144－0018551　982.972/387－765
尊道先生[陸世儀]年譜一卷　(清)凌錫祺編　清光緒二十五年(1899)京師刻陸桴亭先生遺書本　一册

110000－0144－0018552　982.972/441－966
吴梅村先生[偉業]年譜四卷附世系　(清)顧師軾撰　清光緒二十三年(1897)刻本　一册

110000－0144－0018553　982.972/459－313
閻潛丘先生[若璩]年譜四卷　(清)張穆編　清咸豐三年(1853)南海伍氏刻粤雅堂叢書本　二册　存二卷(一至二)

110000－0144－0018554　982.972/459－313－02
閻潛丘先生[若璩]年譜一卷　(清)張穆撰　清道光二十七年(1847)壽陽祁氏刻本　一册

110000－0144－0018555　982.972/459－313－02
閻潛丘先生[若璩]年譜一卷　(清)張穆撰　清道光二十七年(1847)壽陽祁氏刻本　一册

110000－0144－0018556　982.972/474
申鳧盟先生[涵光]年譜略一卷　(清)申涵煜　(清)申涵盼編　清刻本　一册

110000－0144－0018557　982.972/478
蒙齋[田雯]年譜　(清)倪璠撰　清刻本　二册

110000－0144－0018558　982.972/478
蒙齋[田雯]年譜　(清)倪璠撰　清刻本　二册

110000－0144－0018559　982.972/627－627
施愚山先生[閏章]年譜四卷附錄施氏家風述略一卷續編一卷　(清)施念曾編　清刻本　一册

110000－0144－0018560　982.972/713－988

雙池先生[汪紱]年譜四卷附錄一卷 （清）余龍光編　清同治五年(1866)余龍光刻本　二冊

110000－0144－0018561　982.972/736－626
湯文正公[斌]年譜定本二卷 （清）楊椿重編　（清）方苞考訂　清道光十九年(1839)刻潛庵先生遺稿全集本　一冊

110000－0144－0018562　982.972/807
寒松老人[張鳴珂]年譜一卷 （清）魏象樞口述　（清）魏學誠等錄　清嘉慶十六年(1811)魏煜刻本　一冊

110000－0144－0018563　982.972/905－158
傅青主先生[山]年譜 丁寶銓編　清宣統三年(1911)刻霜紅龕集本　一冊

110000－0144－0018564　982.972/929
文端公[錢陳群]年譜三卷 （清）錢儀吉編　（清）錢志澄增訂　清光緒二十年(1894)刻本　三冊

110000－0144－0018565　982.972/929
文端公[錢陳群]年譜三卷 （清）錢儀吉編　（清）錢志澄增訂　清光緒二十年(1894)刻本　三冊

110000－0144－0018566　982.972/929
文端公[錢陳群]年譜三卷 （清）錢儀吉編　（清）錢志澄增訂　清光緒二十年(1894)刻本　三冊

110000－0144－0018567　982.973/743
沈端恪公[近思]年譜二卷 （清）沈曰富編　清光緒二十二年(1896)江蘇書局刻沈端恪公遺書本　一冊

110000－0144－0018568　982.974/167－966
黃崑圃先生[叔琳]年譜三卷 （清）顧鎮編　清定州王氏刻畿輔叢書本　一冊

110000－0144－0018569　982.974/188－626
隨園先生[袁枚]年譜 （清）方濬師編　清同治十一年(1872)肇羅道署刻本　一冊

110000－0144－0018570　982.974/221－117
泰舒胡先生[寶瑔]年譜一卷 （清）王永祺編　清光緒二十九年(1903)王祖謙刻本　一冊

110000－0144－0018571　982.974/221－117
泰舒胡先生[寶瑔]年譜一卷 （清）王永祺編　清光緒二十九年(1903)王祖謙刻本　一冊

110000－0144－0018572　982.974/313
澄懷主人[張廷玉]自訂年譜四卷 （清）張廷玉撰　清末刻本　三冊

110000－0144－0018573　982.974/313－02
澄懷主人[張廷玉]自訂年譜六卷 （清）張廷玉撰　清光緒六年(1880)張紹文刻本　二冊

110000－0144－0018574　982.974/313－03
澄懷主人[張廷玉]自訂年譜六卷 （清）張廷玉撰　清末張紹華、張紹棠鉛印本　一冊

110000－0144－0018575　982.974/324－450
尹健餘先生[會一]年譜三卷附錄一卷 （清）呂熾編　清光緒五年(1879)定州王氏刻畿輔叢書初編本　一冊

110000－0144－0018576　982.974/379－381
顯考可齋府君[陳大受]年譜一卷 （清）陳輝祖編　清光緒十六年(1890)素園刻本　一冊

110000－0144－0018577　982.974/379－381
顯考可齋府君[陳大受]年譜一卷 （清）陳輝祖編　清光緒十六年(1890)素園刻本　一冊

110000－0144－0018578　982.974/441－441
蟻園[吳紹詩]自記年譜一卷 （清）吳紹詩撰　清乾隆刻本　一冊

110000－0144－0018579　982.974/464－309
舜山是仲明先生[鏡]年譜 （清）張敬立編　清光緒刻本　一冊

110000－0144－0018580　982.974/626－554
方望溪先生[苞]年譜一卷 （清）蘇惇元編　清咸豐元年(1851)刻方望溪全集本　一冊

110000－0144－0018581　982.974/626－554
方望溪先生[苞]年譜一卷 （清）蘇惇元編　清咸豐元年(1851)刻方望溪全集本　一冊

110000－0144－0018582　982.974/709－988
雙池先生[汪紱]年譜四卷附錄一卷　（清）余龍光編　清同治五年(1866)刻本　二冊

110000－0144－0018583　982.974/720
病榻夢痕錄二卷　（清）汪輝祖撰　清同治五年(1866)刻本　一冊

110000－0144－0018584　982.974/720－1
夢痕錄餘一卷　（清）汪輝祖撰　（清）汪繼坊補　清刻本　一冊

110000－0144－0018585　982.974/768－763
馮潛齋先生年譜一卷　（清）勞潼編　清宣統三年(1911)刻本　一冊

110000－0144－0018586　982.974/917
焦南浦先生[袁熹]年譜一卷附錄增附　（清）焦以敬　（清）焦以恕編　清光緒二十三年(1897)雲間木活字印本　一冊

110000－0144－0018587　982.975/113－118
王靖毅公[懿德]年譜二卷附錄一卷　（清）王家勤編　清刻本　五冊

110000－0144－0018588　982.975/113－118
王靖毅公[懿德]年譜二卷附錄一卷　（清）王家勤編　清刻本　五冊

110000－0144－0018589　982.975/172－170
黃勤敏公[鉞]年譜一卷　（清）黃富民編　清同治五年(1866)刻本　一冊

110000－0144－0018590　982.975/201
趙文恪公遺集二卷[趙光]自訂年譜一卷　（清）趙光撰　清光緒十六年(1890)昆明趙氏刻本　六冊

110000－0144－0018591　982.975/250－243
芝農府君[杜受田]年譜一卷　（清）□□撰　清咸豐刻本　一冊

110000－0144－0018592　982.975/269
宮傅楊果勇侯[芳]自編年譜二卷　（清）楊芳撰　清道光二十年(1840)廣東南海傅寶和堂刻本　二冊

110000－0144－0018593　982.975/269.4－269
忠武公[楊遇春]年譜一卷　（清）楊國忠　（清）楊國楨編　清刻本　一冊

110000－0144－0018594　982.975/293－526
武進李申耆[兆洛]年譜三卷小德錄一卷　（清）蔣彤編　清光緒刻本　二冊

110000－0144－0018595　982.975/294－526
養一先生[李兆洛]年譜三卷　（清）蔣彤編　清光緒十三年(1887)木活字印本　二冊

110000－0144－0018596　982.975/307－286
張亨甫先生[際亮]年譜一卷　（清）李雲誥編　清同治六年(1867)刻張亨甫全集本　一冊

110000－0144－0018597　982.975/313
一西[張師誠]自記年譜一卷　（清）張師誠撰　清同治八年(1869)刻本　一冊

110000－0144－0018598　982.975/313
一西[張師誠]自記年譜一卷　（清）張師誠撰　清同治八年(1869)刻本　一冊

110000－0144－0018599　982.975/314
雷塘盦主弟子記八卷　（清）張鑑撰　清刻本　二冊

110000－0144－0018600　982.975/314
雷塘盦主弟子記八卷　（清）張鑑撰　清刻本　二冊

110000－0144－0018601　982.975/314
雷塘盦主弟子記八卷　（清）張鑑撰　清刻本　二冊

110000－0144－0018602　982.975/380－380
顯考南村府君[陳華齡]自訂年譜一卷　（清）陳華齡撰　清咸豐七年(1857)陳氏刻本　一冊

110000－0144－0018603　982.975/385－113
敬亭先生[陳心一]年譜一卷附錄一卷　（清）王檢心編　清咸豐五年(1855)慎修堂刻本　一冊

110000－0144－0018604　982.975/418－686
昇勤直公[馬佳昇寅]年譜二卷　（清）馬佳寶琳　（清）馬佳寶珣編　清刻本　二冊

110000－0144－0018605　982.975/438

皇清誥授資政大夫湖南巡撫兼湖廣總督顯考荷屠府君[吳榮光]年譜 (清)□□編 清刻本 一冊

110000－0144－0018606 982.975/440
荷屋府君[吳榮光]自訂年譜一卷 (清)吳榮光訂 清道光刻本 一冊

110000－0144－0018607 982.975/440
荷屋府君[吳榮光]自訂年譜一卷 (清)吳榮光訂 清道光刻本 一冊

110000－0144－0018608 982.975/482－482
羅壯勇公[思舉]年譜二卷 (清)羅思舉編 清刻本 二冊

110000－0144－0018609 982.975/526
[蔣祥墀]自紀年譜 (清)蔣祥墀編 清道光刻本 一冊

110000－0144－0018610 982.975/526
[蔣祥墀]自紀年譜 (清)蔣祥墀編 清道光刻本 一冊

110000－0144－0018611 982.975/626
東歸日記一卷[方士淦]自訂年譜一卷 (清)方士淦撰 清同治十一年(1872)兩淮運署刻本 一冊

110000－0144－0018612 982.975/652－652
辛筠谷[從益]年譜一卷附吳中遺愛錄一卷 (清)辛從益自記 (清)辛桂雲補編 清道光三十年(1850)刻本 一冊

110000－0144－0018613 982.975/659
季思[龔守正]手定年譜一卷 (清)龔守正編 清咸豐刻本 一冊

110000－0144－0018614 982.975/659－437
定盦先生[龔自珍]年譜一卷 (清)吳昌授編 清宣統元年(1909)上海國學扶輪社鉛印龔禮部集附錄本 一冊

110000－0144－0018615 982.975/659－437
定盦先生[龔自珍]年譜一卷 (清)吳昌授編 清宣統元年(1909)上海國學扶輪社鉛印龔禮部集附錄本 一冊

110000－0144－0018616 982.975/681－410
東岩府君[裕泰]年譜 (清)長善[等]編 清同治九年(1870)廣州刻本 二冊

110000－0144－0018617 982.975/744
[沈峻]年譜一卷 (清)沈峻撰 (清)沈兆澐輯注 清咸豐四年(1854)刻本 一冊

110000－0144－0018618 982.975/747－746
沈鼎甫先生[維鐈]年譜一卷 (清)沈宗涵等編 清道光刻本 一冊

110000－0144－0018619 982.975/747－746
沈鼎甫先生[維鐈]年譜一卷 (清)沈宗涵等編 清道光刻本 一冊

110000－0144－0018620 982.975/754
先文恭公[潘世恩]自訂年譜一卷 (清)潘世恩撰 清同治二年(1863)潘儀鳳刻本 一冊

110000－0144－0018621 982.975/754
先文恭公[潘世恩]自訂年譜一卷 (清)潘世恩撰 清同治二年(1863)潘儀鳳刻本 一冊

110000－0144－0018622 982.975/759
杜薌[姜晟]自訂年譜一卷 (清)姜晟編 清刻本 一冊

110000－0144－0018623 982.975/819
稺圭府君[周之琦]年譜 (清)周汝筠等編 清刻本 一冊

110000－0144－0018624 982.975/919－719
倪迂存先生[模]年譜二卷 (清)江爾維編 清兩勉彊齋刻本 一冊

110000－0144－0018625 982.975/933
頤壽老人[錢寶琛]年譜二卷 (清)錢寶琛訂 (清)錢鼎銘等補訂 清同治刻本 一冊

110000－0144－0018626 982.975/933
頤壽老人[錢寶琛]年譜二卷 (清)錢寶琛訂 (清)錢鼎銘等補訂 清同治刻本 一冊

110000－0144－0018627 982.975/942－577
德壯果公[楞泰]年譜三十二卷 (清)花沙納纂 清咸豐六年(1856)致遠堂刻本 十六冊

110000 - 0144 - 0018628　982.975/994 - 976
姚惜抱先生[鼐]年譜一卷　(清)鄭福照輯　清同治七年(1868)刻本　一册

110000 - 0144 - 0018629　982.976/119
蘭史[王锡九]自訂年譜　(清)王錫九編　清同治六年(1867)刻本　一册

110000 - 0144 - 0018630　982.976/120.9 - 482
王壯武公[鑫]年譜二卷　(清)羅正鈞編　清光緒十八年(1892)江寧湘鄉王氏刻王壯武公遺集本　一册

110000 - 0144 - 0018631　982.976/185
彭文敬公[蘊章]自訂年譜一卷　(清)彭蘊章編　清同治彭慰高等刻本　一册

110000 - 0144 - 0018632　982.976/185
彭文敬公[蘊章]自訂年譜一卷　(清)彭蘊章編　清同治彭慰高等刻本　一册

110000 - 0144 - 0018633　982.976/185
彭文敬公[蘊章]自訂年譜一卷　(清)彭蘊章編　清同治彭慰高等刻本　一册

110000 - 0144 - 0018634　982.976/200
遂翁[趙昀]自訂年譜　(清)趙昀撰　清光緒趙繼元等刻本　一册

110000 - 0144 - 0018635　982.976/200
遂翁[趙昀]自訂年譜一卷　(清)趙昀撰　清光緒趙繼元等刻本　一册

110000 - 0144 - 0018636　982.976/200
遂翁[趙昀]自訂年譜一卷　(清)趙昀撰　清光緒趙繼元等刻本　一册

110000 - 0144 - 0018637　982.976/311 - 261
張制軍[亮基]年譜二卷　(清)林紹年編　清光緒三十一年(1905)刻本　二册

110000 - 0144 - 0018638　982.976/416 - 416
馬端敏公[新貽]年譜　(清)馬新祐編　清光緒三年(1877)刻本　一册

110000 - 0144 - 0018639　982.976/420
前任四川總督籲門宫保駱公[秉章]年譜全册　(清)駱秉章撰　清光緒二十一年(1895)北京張蔭恒刻本　一册

110000 - 0144 - 0018640　982.976/441 - 626
吴竹如先生[廷棟]年譜　(清)方宗成輯　清光緒十一年(1885)刻本　一册

110000 - 0144 - 0018641　982.976/441 - 626
吴竹如先生[廷棟]年譜　(清)方宗成輯　清光緒十一年(1885)刻本　一册

110000 - 0144 - 0018642　982.976/482 - 482
椒生府君[羅惇衍]年譜附祭文輓聯　(清)羅clear等編　清同治廣州刻本　一册

110000 - 0144 - 0018643　982.976/808
丹魁堂[季厚焘]自訂年譜一卷附感恩錄一卷　(清)季芝昌撰　清同治三年(1864)崇川文成堂刻本　一册

110000 - 0144 - 0018644　982.976/808
丹魁堂[季厚焘]自訂年譜一卷附感恩錄一卷　(清)季芝昌撰　清同治三年(1864)崇川文成堂刻本　一册

110000 - 0144 - 0018645　982.976/808
丹魁堂[季厚焘]自訂年譜一卷附感恩錄一卷　(清)季芝昌撰　清同治三年(1864)崇川文成堂刻本　一册

110000 - 0144 - 0018646　982.976/808
丹魁堂[季厚焘]自訂年譜一卷附感恩錄一卷　(清)季芝昌撰　清同治三年(1864)崇川文成堂刻本　一册

110000 - 0144 - 0018647　982.976/927 - 932
顯考謷石府君[錢泰吉]年譜一卷　(清)錢應溥編　清同治三年(1864)刻本　一册

110000 - 0144 - 0018648　982.976/947
敝帚齋主人[徐鼒]年譜一卷補一卷　(清)徐承禧撰　清同治十三年(1874)福州邸舍刻敝帚齋遺書本　一册

110000 - 0144 - 0018649　982.976/952 - 179
徐宗幹年譜一卷　(清)徐宗幹自訂　清同治五年(1866)徐毓海刻本　一册

110000 - 0144 - 0018650　982.976/952 - 947

先恭勤公[徐澤醇]年譜四卷 (清)徐彬 (清)徐桐輯 清刻本 四册

110000－0144－0018651 982.976/981－796
曾文正公[國藩]年譜十二卷 (清)黎庶昌編 清光緒二年(1876)傳忠書局刻曾文正公全集本 六册

110000－0144－0018652 982.976/987－1
剛愍金公[光筯]專祠碑記附墓誌銘傳略祭文 (清)金頤增撰 清光緒刻本 一册

110000－0144－0018653 982.976/988－441
余孝惠先生[治]年譜一卷 (清)吴師澄編 清光緒元年(1875)蘇城藏棱齋刻本 一册

110000－0144－0018654 982.976/988－988
黼山先生[余龍光]年譜 (清)余香祖 余家鼎編 清光緒二十二年(1896)刻本 一册

110000－0144－0018655 982.977/131
大夢紀年一卷 (清)汪荊川撰 清道光二十四年(1844)汲古堂刻本 二册

110000－0144－0018656 982.977/171－169
繩其武齋[黄贊湯]自纂年譜一卷 (清)黄贊湯撰 (清)黄祖絡續 清同治九年(1870)廬陵黄氏刻本 一册

110000－0144－0018657 982.978/103
[武澄清]自訂年譜 (清)武澄清撰 清光緒十四年(1888)刻本 一册

110000－0144－0018658 982.978/113
養雲主人[王楙官]六旬以前年譜雜記不分卷 (清)王楙官撰 清光緒三十二年(1906)申江石印本 一册

110000－0144－0018659 982.978/113
養雲主人[王楙官]六旬以前年譜雜記不分卷 (清)王楙官撰 清光緒三十二年(1906)申江石印本 一册

110000－0144－0018660 982.978/119－113
先府君[王用誥]年譜一卷 (清)王孝箴等編 清光緒刻本 一册

110000－0144－0018661 982.978/156
蘇溪漁隱讀書譜四卷 (清)耿文光撰 清光緒十五年(1889)刻耿氏叢書本 一册

110000－0144－0018662 982.978/352－482
左文襄公[宗棠]年譜十卷 (清)羅正鈞編 清光緒二十三年(1897)湘陰左氏刻本 十册

110000－0144－0018663 982.978/436－548
吴太夫人年譜三卷續一卷 (清)董金鑑編 清光緒三十三年(1907)董氏取斯家塾刻董氏叢書本 一册

110000－0144－0018664 982.978/436－548－02
吴太夫人年譜三卷 (清)董金鑑編 清光緒三十一年(1905)刻本 一册

110000－0144－0018665 982.978/545
還讀我書室老人[董恂]手訂年譜二卷 (清)董恂撰 清光緒刻本 二册

110000－0144－0018666 982.978/545
還讀我書室老人[董恂]手訂年譜二卷 (清)董恂撰 清光緒刻本 二册

110000－0144－0018667 982.978/626
元徵府君[方駿謨]年狀一卷附趙太宜人行述 (清)方楷撰 清光緒刻本 一册

110000－0144－0018668 982.978/655
章午峯先生[邦元]年譜一卷 (清)章家祚編 清光緒十八年(1892)刻本 一册

110000－0144－0018669 982.978/655
章午峯先生[邦元]年譜一卷 (清)章家祚編 清光緒十八年(1892)刻本 一册

110000－0144－0018670 982.978/667
成山老人[唐炯]自撰年譜六卷附錄一卷 (清)唐炯編 清宣統二年(1910)京師鉛印本 三册

110000－0144－0018671 982.978/667
成山老人[唐炯]自撰年譜六卷附錄一卷 (清)唐炯編 清宣統二年(1910)京師鉛印本 三册

110000－0144－0018672 982.978/667
成山老人[唐炯]自撰年譜六卷附錄一卷

(清)唐烔編　清宣統二年(1910)京師鉛印本　三冊

110000－0144－0018673　982.978/754
敦閑[潘曾瑋]年譜一卷　(清)潘曾瑋編　清光緒十三年(1887)刻本　一冊

110000－0144－0018674　982.978/754－754
潘文勤公[祖蔭]年譜一卷　(清)潘祖年編　清光緒刻本　一冊

110000－0144－0018675　982.978/833－844
朱九江先生[次琦]年譜一卷　(清)簡明亮編　清光緒刻朱九江先生集本　一冊

110000－0144－0018676　982.978/949
草心閣[徐景軾]自訂年譜　(清)徐景軾撰　清光緒刻本　一冊

110000－0144－0018677　982.978/949
草心閣[徐景軾]自訂年譜　(清)徐景軾撰　清光緒刻本　一冊

110000－0144－0018678　982.978/968
殷譜經侍郎[兆镛]自定年譜二卷　殷兆鏞自訂　殷柏齡　殷杞齡補記　清宣統二年(1910)鉛印本　一冊

110000－0144－0018679　982.978/968
殷譜經侍郎[兆镛]自定年譜二卷　殷兆鏞自訂　殷柏齡　殷杞齡補記　清宣統二年(1910)鉛印本　一冊

110000－0144－0018680　982.978/968
殷譜經侍郎[兆镛]自定年譜二卷　殷兆鏞自訂　殷柏齡　殷杞齡補記　清宣統二年(1910)鉛印本　一冊

110000－0144－0018681　982.978/981－118
曾忠襄公[國荃]年譜四卷　(清)王定安　(清)蕭榮爵編　清光緒二十九年(1903)刻本　二冊

110000－0144－0018682　982.98/291.7
表孝慰孤記二卷　李慎修撰　清宣統三年(1911)留芬室鉛印懼盦四世箕裘集本　一冊

110000－0144－0018683　982.99/254
鄭大司農[玄]蔡中郎(邕)年譜合表　(清)林春溥編　清光緒十五年(1889)蔡學蘇刻三余書屋叢書本　一冊

110000－0144－0018684　982.99/274
豫章先賢九家年譜十五卷　(清)楊希閔編　清光緒四年(1878)新城楊氏刻本　十冊

110000－0144－0018685　982.99/274
豫章先賢九家年譜十五卷　(清)楊希閔編　清光緒四年(1878)新城楊氏刻本　八冊

110000－0144－0018686　982.99/274－3
四朝先賢六家年譜七卷　(清)楊希閔撰　清光緒四年(1878)福州刻本　六冊

110000－0144－0018687　982.99/313
顧[炎武]閻[若璩]年譜　(清)張穆編　清道光二十四年(1844)刻本　二冊

110000－0144－0018688　982.99/440－02
歷代名人年譜十卷　(清)吳榮光編　清光緒晉華書局刻本　五冊

110000－0144－0018689　982.99/440－02
歷代名人年譜十卷　(清)吳榮光編　清光緒晉華書局刻本　十冊

110000－0144－0018690　982.99/440－02
歷代名人年譜十卷　(清)吳榮光編　清光緒晉華書局刻本　十冊

110000－0144－0018691　982.99/440－03
歷代名人年譜十卷　(清)吳榮光編　清光緒正文齋刻本　十冊

110000－0144－0018692　982.99/446
韓[愈]柳[宗元]年譜二種八卷　(清)馬曰璐輯　清雍正七年(1729)馬氏小玲瓏山館刻本　四冊

110000－0144－0018693　982.99/446－02
韓[愈]柳[宗元]年譜二種八卷　(清)馬曰璐輯　清光緒元年(1875)隸釋齋刻本　四冊

110000－0144－0018694　982.99/781
合刻延平四先生[楊時　罗豫章　李延平

朱紫陽]年譜　(清)毛念恃輯　清乾隆刻本　二冊

110000－0144－0018695　982.99/928
補疑年錄四卷　(清)錢椒編　**三續疑年錄十卷**　(清)陸心源編　清光緒五年(1879)刻存齋雜纂本　四冊

110000－0144－0018696　982.99/929
疑年錄四卷　(清)錢大昕撰　**續疑年錄四卷**　(清)吳修撰　清同治元年(1862)福山王氏天壤閣刻本　二冊

110000－0144－0018697　982.99/929－02
疑年賡錄二卷　(清)張鳴珂編　清光緒二十四年(1898)寒松閣刻本　七冊

110000－0144－0018698　982.99/929－02
疑年錄四卷　(清)錢大昕編　**續疑年錄四卷**　(清)吳修編　**補疑年錄四卷**　(清)錢椒編　**三續疑年錄十卷**　(清)陸心源編　清刻本　與110000－0144－0018697合冊

110000－0144－0018699　982.99/929－03
疑年錄四卷　(清)錢大昕撰　清長沙龍氏家塾刻本　一冊

110000－0144－0018700　982.99/987
歸[有光]顧[炎武]朱[用純]三先生年譜　(清)金吳瀾輯　**觀復堂稿略**　(清)朱集璜撰　清光緒六年(1880)刻本　六冊

110000－0144－0018701　983.127/152－723
日本維新兩大傑　湖南生輯　清光緒二十九年(1903)湖南編譯社鉛印本　一冊

110000－0144－0018702　983.127/483
大日本中興先覺志二卷　(日本)岡本監輔撰　清光緒二十七年(1901)開導社刻本　二冊

110000－0144－0018703　983.127/483
大日本中興先覺志二卷　(日本)岡本監輔撰　清光緒二十七年(1901)開導社刻本　一冊

110000－0144－0018704　983.127/660
日本近世豪傑小史四卷　商務印書館編譯所編　清光緒二十九年(1903)上海商務印書館鉛印本　一冊

110000－0144－0018705　983.127/660
日本近世豪傑小史四卷　商務印書館編譯所編　清光緒二十九年(1903)上海商務印書館鉛印本　一冊

110000－0144－0018706　983.18/700
三十三年落花夢　(日本)宮崎寅藏撰　清光緒二十九年(1903)鉛印本　一冊

110000－0144－0018707　984.1/287
歐洲八大帝王傳　(英國)李提摩太撰　清光緒二十九年(1903)上海廣學會鉛印本　一冊

110000－0144－0018708　984.18/810－502
英皇肥挖喇阿盛德記　(英國)華立熙輯　(清)張文杉述　清光緒二十九年(1903)上海廣學會鉛印本　一冊

110000－0144－0018709　984.28/989－753
拿破侖本紀　(英國)洛加德著　林紓　魏易同譯　清光緒三十一年(1905)京師學務處官書局鉛印本　四冊

110000－0144－0018710　984.28/989－753－02
拿破侖本紀　(英國)洛加德著　林紓　魏易同譯　清光緒三十一年(1905)北京學務處官書局鉛印本　四冊

110000－0144－0018711　984.28/989－753－02
拿破侖本紀　(英國)洛加德著　林紓　魏易同譯　清光緒三十一年(1905)北京學務處官書局鉛印本　四冊

110000－0144－0018712　984.28/989－753－02
拿破侖本紀　(英國)洛加德著　林紓　魏易同譯　清光緒三十一年(1905)北京學務處官書局鉛印本　四冊

110000－0144－0018713　984.428/430－730
匈加利愛國者噶蘇士傳　梁啟超撰　清末鉛印本　一冊

110000－0144－0018714　984.488/864
瑞西貝斯達祿奇事蹟一卷　(□)□□譯　清末鉛印本　一冊

110000－0144－0018715　984.58/131－237
開闢新世界之鼻祖　(美國)勃臘忒著　(清)丁疇隱譯　清光緒二十八年(1902)上海文明書局鉛印本　一冊

110000－0144－0018716　984.81/259－535
俄國歷皇紀略二卷附錄一卷　(美國)林樂知譯　(清)范祎述　清光緒二十九年(1903)上海廣學會鉛印本　一冊

110000－0144－0018717　984.88/942－911
彼得大帝　(日本)佐藤信安撰　(清)愈愚齋主譯　清光緒二十八年(1902)上海文明書局鉛印世界歷史譚本　一冊

110000－0144－0018718　984/283
泰西政治學者列傳一卷　(日本)杉山藤次郎編著　(清)廣東青年述譯　清光緒二十八年(1902)上海廣智書局鉛印傳記小叢書本　一冊

110000－0144－0018719　985.28/502－796
華盛頓傳八卷　(清)黎汝謙　(清)蔡國昭譯　清光緒十二年(1886)鉛印本　八冊

110000－0144－0018720　985.28/502－796
華盛頓傳八卷　(清)黎汝謙　(清)蔡國昭譯　清光緒十二年(1886)鉛印本　八冊

110000－0144－0018721　985.28/502－796
華盛頓傳八卷　(清)黎汝謙　(清)蔡國昭譯　清光緒十二年(1886)鉛印本　八冊

110000－0144－0018722　988.38/158
百將圖傳二卷　(清)丁日昌撰　清同治八年(1869)江蘇書局刻本　二冊

110000－0144－0018723　988.38/158
百將圖傳二卷　(清)丁日昌撰　清同治八年(1869)江蘇書局刻本　二冊

110000－0144－0018724　988.38/158
百將圖傳二卷　(清)丁日昌撰　清同治八年(1869)江蘇書局刻本　二冊

110000－0144－0018725　988.5/375
疇人傳五十二卷三傳七卷　(清)阮元撰　(清)羅士琳輯　清光緒二十二年(1896)上海璣衡堂石印本　四冊

110000－0144－0018726　988.5/375－03
疇人傳四十六卷　(清)阮元撰　(清)羅士琳續　清光緒八年(1882)海鹽張氏堂惺齋刻本　十冊

110000－0144－0018727　988.5/375－03
疇人傳四十六卷續補六卷　(清)阮元撰　(清)羅士琳續　清光緒八年(1882)海鹽張氏堂惺齋刻本　十二冊

110000－0144－0018728　988.74/185－02
歷代畫史彙傳七十二卷首一卷附錄二卷　(清)彭蘊璨編　清光緒八年(1882)掃葉山房刻本　二十四冊

110000－0144－0018729　988.74/311
國朝畫徵錄三卷續錄二卷　(清)張庚撰　清宣統二年(1910)中華書畫會石印本　二冊

110000－0144－0018730　988.74/311
國朝畫徵錄三卷續錄二卷　(清)張庚撰　清宣統二年(1910)中華書畫會石印本　二冊

110000－0144－0018731　988.74/332
國朝書人輯略十一卷首一卷　(清)震鈞撰　清光緒三十四年(1908)金陵刻本　八冊

110000－0144－0018732　988.74/332
國朝書人輯略十一卷首一卷　(清)震鈞撰　清光緒三十四年(1908)金陵刻本　八冊

110000－0144－0018733　988.74/332
國朝書人輯略十一卷首一卷　(清)震鈞撰　清光緒三十四年(1908)金陵刻本　八冊

110000－0144－0018734　988.74/348
圖繪寶鑑八卷　(元)夏文彥撰　清借綠草堂刻本　六冊

110000－0144－0018735　988.74/348
圖繪寶鑑八卷　(元)夏文彥撰　清借綠草堂刻本　六冊

110000－0144－0018736　988.74/348－04
圖繪寶鑑八卷　(元)夏文彥撰　清怡堂刻本

四冊

110000－0144－0018737　988.74/526
墨林今話十八卷　（清）蔣寶齡撰　**續編一卷**　（清）蔣蓮生撰　清同治刻本　四冊

110000－0144－0018738　988.74/526－03
墨林今話十八卷　（清）蔣寶齡撰　**續編一卷**　（清）蔣蓮生撰　清同治十一年（1872）映雪草廬刻本　六冊

110000－0144－0018739　988.74/759
無聲詩史七卷　（清）姜紹書撰　清宣統二年（1910）石印本　六冊

110000－0144－0018740　988.74/772
歷代畫家姓氏便覽六卷首一卷　（清）馮津編　清道光六年（1826）德聚堂刻本　六冊

110000－0144－0018741　988.8/314
國朝詩人徵略六十卷　（清）張維屏輯　清道光十年（1830）刻本　十二冊

110000－0144－0018742　988.82/937
錄鬼簿二卷　（元）鍾嗣成撰　清宣統元年（1909）貴池劉氏暖紅室刻本　一冊

110000－0144－0018743　989.2/111
［江蘇江都］于氏十修家譜十六卷首一卷（清）于樹滋纂修　清光緒十四年（1888）于氏木活字本　十二冊

110000－0144－0018744　989.2/161
桂溪項氏祠譜一卷进墓圖一卷　（清）項啟鈵修　清嘉慶十六年（1811）歙縣項氏刻本　二冊

110000－0144－0018745　989.2/161－154
邵東李氏三修族譜十八卷首一卷末三卷（清）李氏合族修纂　清宣統三年（1911）寶慶敦睦堂木活字印本　二十二冊

110000－0144－0018746　989.2/164
南海學正黃氏家譜節本十二卷首一卷末一卷　黃任恒編　清宣統三年（1911）南海黃氏保粹堂刻本　二冊　存十卷（一至二、七至十二，首一卷，末一卷）

110000－0144－0018747　989.2/171
左田黃氏孟宗譜一卷　（□）□□纂修　清光緒抄本　一冊

110000－0144－0018748　989.2/209
［河北霸州］郝氏家乘　（清）郝□□纂　清宣統三年（1911）北京厚記石印局石印本　一冊

110000－0144－0018749　989.2/272
毘陵大街楊氏族譜十五卷　（清）楊宗熙（清）楊葆彝纂修　清光緒二十六年（1900）吳縣雷氏刻本　五冊

110000－0144－0018750　989.2/362
［容城孫氏］孝友堂家乘七卷　（清）孫奇逢等撰　（清）杜胤芳編　清刻本　七冊

110000－0144－0018751　989.2/439.9
歙西溪南吳氏唐始祖光公傳至元十二世祖如川公派下家譜　（清）吳應泰纂修　清嘉慶十六年（1811）抄本　一冊

110000－0144－0018752　989.2/439－1
［歙西溪南］吳氏先塋志續編一卷　（清）吳文樞纂修　清道光二十九年（1849）刻本　一冊

110000－0144－0018753　989.2/448
張氏宗譜十二卷　（□）□□撰　清宣統三年（1911）敦倫堂刻本　十二冊

110000－0144－0018754　989.2/500
伊爾根覺羅氏家傳一卷　（清）鄂恒述　清咸豐四年（1854）刻本　一冊

110000－0144－0018755　989.2/633
楊氏宗譜十二卷　（清）楊德榮　（清）楊增纂撰修　清光緒三十二年（1906）江蘇崇本堂木活字印本　十二冊

110000－0144－0018756　989.2/641
［江蘇无錫］高氏家譜不分卷　（清）高世泰纂修　清康熙八年（1669）刻本　四冊

110000－0144－0018757　989.2/655－1
章氏重修會譜八卷　（清）章瑄纂修　清康熙五十六年（1717）刻本　二冊　存三卷（一至三）

110000－0144－0018758　989.2/661
翀麗齊氏族譜二十卷首一卷末一卷　（清）齊彥槐纂修　清光緒十二年（1886）木活字印本　十六冊

110000－0144－0018759　989.2/713.4
休寧西門汪氏族譜十一卷　（明）汪燦　（明）汪尚和纂修　清抄本　一冊

110000－0144－0018760　989.2/715
霞川汪氏重修族譜十二卷　（清）汪兆鵬等纂修　清嘉慶十九年（1814）朝宗堂刻本　八冊

110000－0144－0018761　989.2/715.9
千秋里汪氏支譜（松明族八十二世道坦公本支譜）（松明族道坦公支譜）　（清）汪兆麟纂修　清嘉慶二十二年（1817）刻本　一冊

110000－0144－0018762　989.2/719
旌西金鰲江氏宗譜六卷首一卷宗譜文集一卷　（明）江德汻纂修　清抄本　一冊

110000－0144－0018763　989.2/754.2
山陽潘氏統宗譜十二卷首一卷　（明）潘塤輯　清嘉慶、道光間刻本　五冊

110000－0144－0018764　989.2/771
赭山馮氏家譜二十二卷　（清）馮奕瑞等纂修　清宣統元年（1909）樹德堂木活字印本　二十二冊

110000－0144－0018765　989.2/816－655
春秋君臣世系圖考一卷　（清）周曰年　（清）章深編輯　清刻本　一冊

110000－0144－0018766　989.2/844
善化白泉謝氏三修族譜十三卷　（清）謝年登　（清）謝年篋主修　清光緒十六年（1890）湖南善化謝氏寶樹堂木活字印本　十三冊

110000－0144－0018767　989.2/919
倪氏世系不分卷　（清）倪天保纂修　清乾隆十六年（1751）倪氏承德堂刻本　一冊

110000－0144－0018768　989.2/952
山陰安昌徐氏宗譜　（清）徐澍咸纂修　清光緒十年（1884）持敬堂木活字印本　六冊

110000－0144－0018769　989.2/988
余氏族譜六卷　（清）余衍爻纂修　清咸豐二年（1852）余氏木活字印本　六冊

110000－0144－0018770　990.8/212
鄰蘇園金石叢書　楊守敬輯　清光緒宜都楊氏刻本　四十三冊

110000－0144－0018771　990.8/832
行素草堂金石叢書　（清）朱記榮輯　清光緒十四年（1888）行素草堂刻本　四十冊

110000－0144－0018772　990.8/832
行素草堂金石叢書　（清）朱記榮輯　清光緒十四年（1888）行素草堂刻本　四十冊

110000－0144－0018773　991.08/493
金石三例十五卷　（清）盧見曾輯　（清）王芑孫等評　清光緒四年（1878）南海馮氏讀有用書齋刻本　四冊

110000－0144－0018774　991.08/832
金石全例十種　（清）朱記榮輯　清光緒十八年（1892）吳縣朱氏槐廬刻本　十六冊

110000－0144－0018775　991.08/850
觀古閣叢刻三種附三種　（清）鮑康輯　清同治十二年（1873）歙縣鮑氏觀古閣刻本　七冊

110000－0144－0018776　991.08/850－02
觀古閣叢刻二種附一種　（清）鮑康輯　清同治十二年（1873）歙縣鮑氏觀古閣刻本　四冊

110000－0144－0018777　991.13/860
藝風堂金石文字目十八卷　繆荃孫編　清光緒三十二年（1906）刻本　六冊

110000－0144－0018778　991.13/860
藝風堂金石文字目十八卷　繆荃孫編　清光緒三十二年（1906）刻本　八冊

110000－0144－0018779　991.13/860
藝風堂金石文字目十八卷　繆荃孫編　清光緒三十二年（1906）刻本　八冊

110000－0144－0018780　991.2/129
金石文字辨異十二卷　（清）邢澍撰　清光緒二十九年（1903）貴池劉氏刻本　十二冊

110000－0144－0018781　991.2/205

金石文鈔八卷續抄二卷　(清)趙紹祖撰　清光緒十二年(1886)杭州朱氏抱經堂刻本　十册

110000－0144－0018782　991.2/205－02

金石文鈔八卷續抄二卷　(清)趙紹祖撰　清光緒二年(1876)涇縣趙氏刻本　十册

110000－0144－0018783　991.2/258

廣金石韻府五卷字略一卷　(清)林尚葵輯　清咸豐七年(1857)張鳳藻理董軒刻本　五册

110000－0144－0018784　991.2/272

望堂金石集初集三十九種二集十八種　楊守敬輯　清宣統宜都楊氏飛青閣刻本　十二册

110000－0144－0018785　991.2/272－6

望堂金石文字不分卷　楊守敬輯　清光緒三年(1877)刻本　十七册

110000－0144－0018786　991.2/307

金石契不分卷　(清)張燕昌纂集　清光緒二十二年(1896)劉氏聚學軒刻本　五册

110000－0144－0018787　991.2/313

張叔未解元所藏金石文字一卷　(清)張廷濟輯　清光緒十一年(1885)四會嚴氏鶴緣齋石印本　二册

110000－0144－0018788　991.2/313

張叔未解元所藏金石文字一卷　(清)張廷濟輯　清光緒十一年(1885)四會嚴氏鶴緣齋石印本　二册

110000－0144－0018789　991.2/313

張叔未解元所藏金石文字一卷　(清)張廷濟輯　清光緒十一年(1885)四會嚴氏鶴緣齋石印本　二册

110000－0144－0018790　991.2/314

二銘草堂金石聚十六卷首一卷　(清)張德容撰　清同治十一年(1872)衢州張氏二銘草堂刻本　十六册

110000－0144－0018791　991.2/314

二銘草堂金石聚十六卷首一卷　(清)張德容撰　清同治十一年(1872)衢州張氏二銘草堂刻本　十六册

110000－0144－0018792　991.2/383

金石摘不分卷　(清)陳善墀輯　清光緒二年(1876)瀏陽縣學不求甚解齋刻本　十册

110000－0144－0018793　991.2/390

金石續編二十一卷首一卷　(清)陸耀通纂　(清)陸增祥校訂　清光緒十九年(1893)上海醉六堂石印本　六册

110000－0144－0018794　991.2/390

金石續編二十一卷首一卷　(清)陸耀通纂　清光緒十九年(1893)上海寶善書局石印本　六册

110000－0144－0018795　991.2/390－02

金石續編二十一卷首一卷　(清)陸耀通編　清光緒十九年(1893)上海鴻寶齋石印本　六册

110000－0144－0018796　991.2/440

筠清館金石文字五卷　(清)吳榮光撰　清光緒宜都楊氏刻鄰蘇園金石叢書本　五册

110000－0144－0018797　991.2/440－02

筠清館金石文字五卷　(清)吳榮光撰　清道光二十二年(1842)吳氏筠清館刻本　五册

110000－0144－0018798　991.2/440－02

筠清館金石文字五卷　(清)吳榮光撰　清道光二十二年(1842)吳氏筠清館刻本　五册

110000－0144－0018799　991.2/471

關中金石記八卷附記一卷目錄一卷　(清)畢沅撰　清道光二十七年(1847)渭南嚴氏刻本　八册

110000－0144－0018800　991.2/636.9

金石史二卷　(明)郭宗昌撰　**閒者軒帖考一卷**　(清)孫承澤撰　清乾隆長塘鮑氏刻知不足齋叢書本　一册

110000－0144－0018801　991.2/952

隨軒金石文字不分卷　(清)徐渭仁輯　清同治七年(1868)上海徐氏刻本　四册

110000－0144－0018802　991.2/952
隨軒金石文字不分卷　（清）徐渭仁輯　清同治七年（1868）上海徐氏刻本　四册

110000－0144－0018803　991.2/952－02
隨軒金石文字不分卷　（清）徐渭仁輯　清道光刻本　四册

110000－0144－0018804　991.3/117－02
金石萃編一百六十卷　（清）王昶撰　清同治十年（1871）刻本　六十四册

110000－0144－0018805　991.3/117－03
金石萃編一百六十卷　（清）王昶撰　清光緒十九年（1893）上海醉六堂石印本　十八册

110000－0144－0018806　991.3/117－03
金石萃編一百六十卷　（清）王昶撰　清光緒十九年（1893）上海醉六堂石印本　十八册

110000－0144－0018807　991.3/117－03
金石萃編一百六十卷　（清）王昶撰　清光緒十九年（1893）上海醉六堂石印本　十八册

110000－0144－0018808　991.3/384
求古精舍金石圖初集四卷　（清）陳經輯　清嘉慶二十二年（1817）烏程陳氏說劍樓刻本　四册

110000－0144－0018809　991.3/384
求古精舍金石圖初集四卷　（清）陳經輯　清嘉慶二十二年（1817）烏程陳氏說劍樓刻本　二册

110000－0144－0018810　991.3/384
求古精舍金石圖初集四卷　（清）陳經輯　清嘉慶二十二年（1817）烏程陳氏說劍樓刻本　四册

110000－0144－0018811　991.3/384
求古精舍金石圖初集四卷　（清）陳經輯　清嘉慶二十二年（1817）烏程陳氏說劍樓刻本　四册

110000－0144－0018812　991.3/446
寶古堂重修考古圖十卷寶古堂重考古玉圖二卷　（宋）吕大臨撰　（元）羅更翁考訂　明萬曆三十一年（1603）刻本　六册

110000－0144－0018813　991.3/680－887
金石圖説四卷　（清）牛運震集説　（清）褚峻摹圖　劉世珩重編　清光緒十九年（1893）貴池劉氏聚學軒刻本　四册

110000－0144－0018814　991.3/730－03
西清古鑑四十卷錢録十六卷　（清）梁詩正　（清）蔣溥清纂　清光緒十四年（1888）上海鴻文書局石印本　二十四册

110000－0144－0018815　991.3/730－03
西清古鑑四十卷錢録十六卷　（清）梁詩正　（清）蔣溥清纂　清光緒十四年（1888）上海鴻文書局石印本　二十六册

110000－0144－0018816　991.3/730－113
西清續鑑甲編二十卷附録一卷　（清）王杰等編　清宣統三年（1911）上海涵芬樓影印本　二十一册

110000－0144－0018817　991.3/730－113
西清續鑑甲編二十卷附録一卷　（清）王杰等編　清宣統三年（1911）上海涵芬樓影印本　二十一册

110000－0144－0018818　991.3/730－113
西清續鑑甲編二十卷附録一卷　（清）王杰等編　清宣統三年（1911）上海涵芬樓影印本　二十一册

110000－0144－0018819　991.3/730－113－1
西清續鑑乙編二十卷　（清）王杰等編　清宣統三年（1911）上海涵芬樓影印本　二十册

110000－0144－0018820　991.3/730－113－2
西清續鑑甲編二十卷附録一卷　（清）王杰等編　清宣統二年（1910）上海涵芬樓影印本　四十二册

110000－0144－0018821　991.3/768
金石索十二卷　（清）馮雲鵬　（清）馮雲鵷輯　清道光七年（1827）崇川馮氏刻本　十二册

110000－0144－0018822　991.3/768.3
金石莂一卷　（清）馮承輝纂輯　清金陵劉氏

刻本　二册

110000－0144－0018823　991.3/768－02
金石索十二卷　(清)馮雲鵬　(清)馮雲鵷輯　清光緒三十二年(1906)上海文新書局石印本　二十四册

110000－0144－0018824　991.4/130
漢魏六朝志墓金石例三卷附唐人志墓諸例一卷　(清)吳鎬撰　清嘉慶十七年(1812)太倉張浩三刻本　二册

110000－0144－0018825　991.4/313
清儀閣題跋四卷　(清)張廷濟撰　清刻本　四册

110000－0144－0018826　991.4/313
清儀閣題跋四卷　(清)張廷濟撰　清刻本　四册

110000－0144－0018827　991.4/313
清儀閣題跋四卷　(清)張廷濟撰　清刻本　乐嘉藻批语　四册

110000－0144－0018828　991.4/435
九鐘精舍金石跋尾甲編一卷　吳士鑑撰　清宣統二年(1910)吳氏九鐘精舍刻本　一册

110000－0144－0018829　991.4/880
香南精舍金石契一卷　(清)覺羅崇恩撰　清光緒二十六年(1900)石印本　一册

110000－0144－0018830　991.4/880
香南精舍金石契一卷　(清)覺羅崇恩撰　清光緒二十六年(1900)石印本　一册

110000－0144－0018831　991.5/768
金石綜例四卷　(清)馮登府撰　清道光十一年(1831)馮登府刻本　二册

110000－0144－0018832　991.5/850
金石屑四卷　(清)鮑昌熙輯　清光緒三年(1877)嘉興鮑氏刻本　四册

110000－0144－0018833　991.5/975
獨笑齋金石攷略四卷　(清)鄭業斅撰　清光緒十三年(1887)刻本　一册

110000－0144－0018834　991.5/983
兩漢金石記二十二卷　(清)翁方綱撰　清乾隆五十四年(1789)大興翁氏南昌使院刻本　八册

110000－0144－0018835　991.5/983
兩漢金石記二十二卷　(清)翁方綱撰　清乾隆五十四年(1789)大興翁氏南昌使院刻本　八册

110000－0144－0018836　991.9/621
金玉瑣碎二卷　(清)謝堃撰　清光緒六年(1880)刻本　一册

110000－0144－0018837　991.9/948
前塵夢影錄二卷　(清)徐康撰　清光緒二十三年(1897)元和江氏刻本　二册

110000－0144－0018838　991.9/948
前塵夢影錄二卷　(清)徐康撰　清光緒二十三年(1897)元和江氏刻本　一册

110000－0144－0018839　992.3/889
鐵云藏龜不分卷　(清)劉鶚編　清光緒二十九年(1903)裹殘守缺齋石印本　六册

110000－0144－0018840　992.3/889
鐵云藏龜不分卷　(清)劉鶚編　清光緒二十九年(1903)裹殘守缺齋石印本　六册

110000－0144－0018841　992.5/482－96
殷商貞卜文字考一卷　羅振玉撰　清宣統二年(1910)上虞羅氏玉簡齋石印本　一册

110000－0144－0018842　992.5/482－96
殷商貞卜文字考一卷　羅振玉撰　清宣統二年(1910)上虞羅氏玉簡齋石印本　一册

110000－0144－0018843　992.5/482－96
殷商貞卜文字考一卷　羅振玉撰　清宣統二年(1910)上虞羅氏玉簡齋石印本　一册

110000－0144－0018844　993.12/436
兩罍軒彝器圖釋十二卷　(清)吳雲編　清同治十二年(1873)刻本　六册

110000－0144－0018845　993.12/436
兩罍軒彝器圖釋十二卷　(清)吳雲編　清同

治十二年(1873)刻本　六册

110000－0144－0018846　993.12/436
兩罍軒彝器圖釋十二卷　(清)吳雲編　清同治十二年(1873)刻本　六册

110000－0144－0018847　993.12/436
兩罍軒彝器圖釋十二卷　(清)吳雲編　清同治十二年(1873)刻本　六册

110000－0144－0018848　993.12/436
兩罍軒彝器圖釋十二卷　(清)吳雲編　清同治十二年(1873)刻本　六册

110000－0144－0018849　993.12/436.7
恒軒所見所藏吉金録不分卷　(清)吳大澂輯録　清光緒十一年(1885)吳縣吳氏刻本　二册

110000－0144－0018850　993.12/436.7
恒軒所見所藏吉金録不分卷　(清)吳大澂輯録　清光緒十一年(1885)吳縣吳氏刻本　二册

110000－0144－0018851　993.12/448
宣德彝器譜三卷　(明)吕棠撰　清李氏木犀軒鈔本　一册

110000－0144－0018852　993.13/375
積古齋藏器目一卷　(清)阮元撰　清光緒二十一年(1895)元和江氏長沙使院刻本　一册

110000－0144－0018853　993.2/365－02
古籀餘論三卷　(清)孫詒讓撰　清光緒二十九年(1903)籀經樓刻本　一册

110000－0144－0018854　993.2/365－1
古籀拾遺三卷宋政和禮器文字考一卷　(清)孫詒讓撰　清光緒十六年(1890)瑞安孫氏刻本　一册

110000－0144－0018855　993.2/375－1
積古齋鍾鼎彝器款識十卷　(清)阮元編　清光緒九年(1883)常熟鮑氏後知不足齋刻本　四册

110000－0144－0018856　993.2/375－1－02
積古齋鍾鼎彝器款識十卷　(清)阮元撰　清光緒五年(1879)宜都楊氏刻本　六册

110000－0144－0018857　993.2/375－1－04
積古齋鍾鼎彝器款識十卷　(清)阮元編　清光緒九年(1883)常熟鮑氏後知不足齋刻本　四册

110000－0144－0018858　993.2/375－1－05
積古齋鍾鼎彝器款識十卷　(清)阮元撰　(清)朱爲弼編　清嘉慶九年(1804)刻本　四册

110000－0144－0018859　993.2/375－1－06
積古齋鍾鼎彝器款識十卷　(清)阮元編　清光緒八年(1882)常熟抱芳閣刻本　四册

110000－0144－0018860　993.2/375－1－07
積古齋鍾鼎彝器款識十卷　(清)阮元編　清光緒五年(1879)宜都楊氏刻本　四册

110000－0144－0018861　993.2/434
攈古録金文三卷　(清)吳式芬撰　清光緒二十一年(1895)海豐吳氏刻本　九册

110000－0144－0018862　993.2/434
攈古録金文三卷　(清)吳式芬撰　清光緒二十一年(1895)海豐吳氏刻本　九册

110000－0144－0018863　993.2/434
攈古録金文三卷　(清)吳式芬撰　清光緒二十一年(1895)海豐吳氏刻本　九册

110000－0144－0018864　993.2/436
字說一卷　(清)吳大澂撰　清光緒十九年(1893)思賢講舍刻本　一册

110000－0144－0018865　993.2/436
字說一卷　(清)吳大澂撰　清光緒十九年(1893)思賢講舍刻本　一册

110000－0144－0018866　993.2/449
商周彝器釋銘六卷　(清)吕調陽輯　清刻觀象廬叢書本　五册

110000－0144－0018867　993.2/482－96
殷商貞卜文字考一卷　羅振玉撰　清宣統二年(1910)玉簡齋石印本　一册

110000－0144－0018868　993.2/570
歷代鐘鼎彝器款識法帖二十卷　(宋)薛尚功撰　清嘉慶二年(1797)儀徵阮氏刻本　十册

110000－0144－0018869　993.2/570
歷代鐘鼎彝器款識法帖二十卷　(宋)薛尚功撰　清嘉慶二年(1797)儀徵阮氏刻本　四册

110000－0144－0018870　993.2/570－02
歷代鐘鼎彝器款識法帖二十卷　(宋)薛尚功撰　清嘉慶二年(1797)刻本　四册

110000－0144－0018871　993.2/570－02
歷代鐘鼎彝器款識法帖二十卷　(宋)薛尚功撰　清嘉慶二年(1797)刻本　四册

110000－0144－0018872　993.2/690
宋王復齋鐘鼎款識　(宋)王厚之輯　(清)周良摹　清嘉慶七年(1802)揚州阮氏積古齋摹刻本　一册

110000－0144－0018873　993.2/712
鐘鼎字源五卷　(清)汪立名撰　清光緒二年(1876)洞庭秦氏麟慶堂刻本　四册

110000－0144－0018874　993.2/712
鐘鼎字源五卷　(清)汪立名撰　清光緒二年(1876)洞庭秦氏麟慶堂刻本　三册

110000－0144－0018875　993.2/754
攀古樓彝器欵識不分卷　(清)潘祖蔭輯　清同治十一年(1872)京師潘氏滂喜齋刻本　二册

110000－0144－0018876　993.2/891
奇觚室吉金文述二十卷　(清)劉心源撰　清光緒二十八年(1902)石印本　十册

110000－0144－0018877　993.2/891
奇觚室吉金文述二十卷　(清)劉心源撰　清光緒二十八年(1902)石印本　二十册

110000－0144－0018878　993.2/891
奇觚室吉金文述二十卷　(清)劉心源撰　清光緒二十八年(1902)石印本　十册

110000－0144－0018879　993.2/892
古文審八卷首一卷　(清)劉心源撰　清光緒十七年(1891)劉氏龍江樓刻本　六册

110000－0144－0018880　993.2/892
古文審八卷首一卷　(清)劉心源撰　清光緒十七年(1891)劉氏龍江樓刻本　四册

110000－0144－0018881　993.2/949
從古堂款識學十六卷　(清)徐同柏撰　清光緒十二年(1886)同文書局石印本　八册

110000－0144－0018882　993.2/949
從古堂款識學十六卷　(清)徐同柏撰　清光緒十二年(1886)同文書局石印本　八册

110000－0144－0018883　993.3/290
吉金志存四卷　(清)李光庭輯　清咸豐九年(1859)寶坻李氏刻本　四册

110000－0144－0018884　993.3/662－02
陶齋吉金録八卷　(清)端方撰　清光緒三十四年(1908)洹陽端方石印本　八册

110000－0144－0018885　993.3/662－02
陶齋吉金録八卷　(清)端方撰　清光緒三十四年(1908)洹陽端方石印本　八册

110000－0144－0018886　993.3/662－02
陶齋吉金録八卷　(清)端方撰　清光緒三十四年(1908)洹陽端方石印本　八册

110000－0144－0018887　993.3/662－1
陶齋吉金續録二卷　(清)端方撰　清宣統元年(1909)石印本　二册

110000－0144－0018888　993.3/662－1
陶齋吉金續録二卷　(清)端方撰　清宣統元年(1909)石印本　二册

110000－0144－0018889　993.3/662－1
陶齋吉金續録二卷　(清)端方撰　清宣統元年(1909)石印本　二册

110000－0144－0018890　993.3/858
續考古圖五卷釋文一卷　(清)陸心源輯　清光緒十三年(1887)刻十萬卷樓叢書本　三册

110000－0144－0018891　993.3/887
長安獲古編二卷補一卷　(清)劉喜海撰　清

東武劉氏刻本　二冊

110000－0144－0018892　993.3/887
長安獲古編二卷補一卷　(清)劉喜海撰　清東武劉氏刻本　二冊

110000－0144－0018893　993.3/887
長安獲古編二卷補一卷　(清)劉喜海撰　清東武劉氏刻本　二冊

110000－0144－0018894　993.3/887
長安獲古編二卷補一卷　(清)劉喜海撰　清東武劉氏刻本　二冊

110000－0144－0018895　993.3/887－6
味經書屋鍾鼎彝器譜一卷　(清)張夔撰　清道光刻本　一冊

110000－0144－0018896　993.3/892
奇觚室吉金文述二十卷　(清)劉心源撰　清光緒二十八年(1902)石印本　十冊

110000－0144－0018897　993.3/892
奇觚室吉金文述二十卷　(清)劉心源撰　清光緒二十八年(1902)石印本　二十冊

110000－0144－0018898　993.51/833
敬吾心室彝器款識　(清)朱善旂輯　清光緒三十四年(1908)朱之溱石印本　二冊

110000－0144－0018899　993.51/833
敬吾心室彝器款識　(清)朱善旂輯　清光緒三十四年(1908)朱之溱石印本　二冊

110000－0144－0018900　993.65/213
古泉叢話三卷首一卷　(清)戴熙撰　清同治十一年(1872)吳縣潘氏滂喜齋刻本　一冊

110000－0144－0018901　993.65/213
古泉叢話三卷首一卷　(清)戴熙撰　清同治十一年(1872)吳縣潘氏滂喜齋刻本　一冊

110000－0144－0018902　993.65/293
古泉彙六十四卷首四卷續十四卷補遺二卷　(清)李佐賢撰　清同治三年(1864)利津李氏石泉書屋刻本　三十二冊

110000－0144－0018903　993.65/293
李竹朋續泉說一卷續叢稿一卷　(清)李佐賢撰　清同治十三年(1874)歙鮑氏觀古閣刻本　一冊

110000－0144－0018904　993.65/293
續泉說一卷續叢稿一卷　(清)鮑康撰　清同治十三年(1874)歙縣鮑氏刻本　一冊

110000－0144－0018905　993.65/316
巽齋所藏錢錄十二卷　(清)費錫申編　清光緒十六年(1890)刻本　四冊

110000－0144－0018906　993.65/358
泉布統誌九卷　(清)孟麟撰　清道光五年(1825)會稽孟氏刻本　三十二冊

110000－0144－0018907　993.65/378
蒙古西域諸國錢譜四卷經典釋文補條例一卷借閒隨筆一卷　(清)陳其驪譯述　(清)張美翊定　清宣統三年(1911)泉唐汪氏鉛印振綺堂叢書本　一冊

110000－0144－0018908　993.65/436
遯盦古錢存八卷　(清)吳隱輯　清宣統元年(1909)西泠印社拓印本　八冊

110000－0144－0018909　993.65/504
古泉雜詠四卷　葉德輝撰並註　清光緒二十七年(1901)刻本　二冊

110000－0144－0018910　993.65/558
癖談六卷清白士集校補八種　(清)蔡雲撰　清道光七年(1827)刻本　四冊

110000－0144－0018911　993.65/607
選青小箋十卷　(清)許元愷輯　清道光二十四年(1844)蒻雨樓刻本　一冊

110000－0144－0018912　993.65/646
癖泉臆说六卷　(清)高煥文撰　清宣統三年(1911)上海商務印書館石印本　一冊

110000－0144－0018913　993.65/667
泉幣彙考十六卷首一卷制錢通攷三卷　(清)唐與崑纂輯　清咸豐元年至三年(1851－1853)紅藥山房刻本　八冊

110000－0144－0018914　993.65/681

吉金所見録十六卷首一卷末一卷 （清）初尚齡輯　清道光七年（1827）古香書舍刻本　四册

110000－0144－0018915　993.65/720
泉志十五卷譜雙五卷一卷 （宋）洪遵撰　清光緒元年（1875）隸釋齋刻本　四册

110000－0144－0018916　993.65/730
欽定錢録十六卷 （清）梁詩正撰　清乾隆五十二年（1787）刻本　四册

110000－0144－0018917　993.65/850
續泉匯首集一卷元集三卷亨集三卷利集三卷貞集五卷補遺二卷 （清）鮑康撰　（清）李佐賢撰　清光緒元年（1875）刻本　四册

110000－0144－0018918　993.65/850－2
觀古閣泉説三卷 （清）鮑康撰　清同治十二年（1873）歙縣鮑氏刻本　一册

110000－0144－0018919　993.65/850－3
大錢圖録一卷 （清）鮑康撰　清光緒二年（1876）刻本　一册

110000－0144－0018920　993.65/871
泉譜一卷 （清）□□輯　清嘉慶十一年（1806）抄本　一册

110000－0144－0018921　993.65/887－2
嘉蔭簃論泉截句二卷 （清）劉喜海撰　清同治十二年（1873）鮑氏觀古閣刻本　一册

110000－0144－0018922　993.65/919
古今錢略三十二卷首一卷末一卷 （清）倪模撰　清光緒三年（1877）望江倪氏兩彊勉齋刻本　十六册

110000－0144－0018923　993.69/190
選集漢印分韻二卷續集二卷 （清）袁日省原輯　（清）謝雲生摹録　清嘉慶二年（1797）漱藝堂刻本　四册

110000－0144－0018924　993.69/365
稽庵古印箋一卷 （清）孫文楷輯　清光緒十一年（1885）保鑄山房鈐印本　二册

110000－0144－0018925　994.1/370
至聖林廟碑目三卷 （清）孔昭薰　（清）孔憲庚編　清道光十八年（1838）刻本　一册

110000－0144－0018926　994.11/200
金石録三十卷 （宋）趙明誠撰　清道光黄本驥刻三長物齋叢書本　五册

110000－0144－0018927　994.11/363
寰宇訪碑録十二卷補五卷 （清）孫星衍編　（清）邢澍編　清光緒十一年（1885）吴縣朱氏槐廬刻本　八册

110000－0144－0018928　994.11/363
寰宇訪碑録十二卷補五卷 （清）孫星衍編　（清）邢澍編　清光緒十一年（1885）吴縣朱氏槐廬刻本　八册

110000－0144－0018929　994.11/363－03
寰宇訪碑録十二卷 （清）孫星衍編　（清）邢澍編　清嘉慶七年（1802）刻本　六册

110000－0144－0018930　994.11/380
寶刻叢編二十卷 （宋）陳思撰　清海豐吴式芬刻本　八册

110000－0144－0018931　994.11/380
寶刻叢編二十卷 （宋）陳思撰　清海豐吴式芬刻本　八册

110000－0144－0018932　994.11/423
集古録跋尾十卷 （宋）歐陽修撰　清刻本　四册

110000－0144－0018933　994.11/423－02
集古録跋尾十卷 （宋）歐陽修撰　**集古録目二卷** （宋）歐陽棐撰　清光緒十三年（1887）行素草堂朱氏槐廬刻本　六册

110000－0144－0018934　994.11/785
吴郡金石目一卷 （清）程祖慶撰　清光緒三年（1877）吴縣潘氏八囍齋刻本　一册

110000－0144－0018935　994.12/434
金石彙目分編二十卷 （清）吴式芬撰　清海豐吴氏北平文禄堂刻本　二十四册

110000－0144－0018936　994.13/531
天一閣碑目不分卷 （清）范懋敏編次　清乾

隆五十二年(1787)刻本　一册

110000－0144－0018937　994.2/272
縮摹泰山石經峪刻字六卷　楊守敬撰　清宣統元年(1909)鄂城楊氏刻本　六册

110000－0144－0018938　994.2/418
漢碑録文四卷　(清)馬邦玉輯　清道光六年(1826)靈石楊氏刻連筠簃叢書本　四册

110000－0144－0018939　994.2/662
陶齋藏石記四十四卷首一卷附藏塼記二卷　(清)端方輯　清宣統元年(1909)上海商務印書館石印本　十二册

110000－0144－0018940　994.2/720－02
隸釋二十七卷　(宋)洪适撰　**隸續二十一卷刊誤一卷**　(清)黄丕烈撰　清同治十年(1871)皖南洪氏晦木齋刻本　八册

110000－0144－0018941　994.2/720－03
隸續二十一卷附刊誤一卷　(宋)洪适撰　清同治十年(1871)皖南洪氏晦木齋刻本　存十一卷(十一至二十、刊誤一卷)　二册

110000－0144－0018942　994.2/902
思古齋雙鉤漢碑篆額不分卷　(清)何澂輯　清光緒九年(1883)山陰何氏思古齋刻本　三册

110000－0144－0018943　994.3/167
小蓬萊閣金石文字不分卷　(清)黄易輯　清嘉慶五年(1800)刻本　五册

110000－0144－0018944　994.4/375
漢延熹西嶽華山碑考四卷　(清)阮元編　清嘉慶十八年(1813)文選樓刻本　二册

110000－0144－0018945　994.4/720
平津讀碑記八卷續記一卷　(清)洪頤煊撰　清刻本　三册

110000－0144－0018946　994.4/720
平津讀碑記八卷續記一卷　(清)洪頤煊撰　清刻本　六册

110000－0144－0018947　994.4/730
退庵題跋二卷　(清)梁章鉅撰　清刻本　一册

110000－0144－0018948　994.4/947
寶鴨齋題跋三卷　(清)徐樹鈞撰　清宣統二年(1910)宏文社石印本　三册

110000－0144－0018949　994.5/261
來齋金石刻攷略三卷　(清)林侗纂撰　清同治八年(1869)刻本　三册

110000－0144－0018950　994.5/735
萬邑西南山石刻記二卷附録一卷　況周儀撰　清光緒二十九年(1903)白巖講舍刻本　一册

110000－0144－0018951　994.5/981
石刻鋪敘二卷　(宋)曾宏父撰　清乾隆三十四年(1769)刻本　一册

110000－0144－0018952　994.51/201
石墨鐫華八卷　(明)趙崡撰　清光緒八年(1882)學古齋刻本　四册

110000－0144－0018953　994.51/201
石墨鐫華八卷　(明)趙崡撰　清光緒八年(1882)學古齋刻本　四册

110000－0144－0018954　994.51/504
語石十卷　葉昌熾撰　清宣統元年(1909)長洲葉氏刻本　四册

110000－0144－0018955　994.51/504
語石十卷　葉昌熾撰　清宣統元年(1909)長洲葉氏刻本　四册

110000－0144－0018956　994.51/504
語石十卷　葉昌熾撰　清宣統元年(1909)長洲葉氏刻本　四册

110000－0144－0018957　994.51/662
陶齋藏石記四十四卷首一卷附藏塼記二卷　(清)端方輯　清宣統元年(1909)上海商務印書館石印本　十二册

110000－0144－0018958　994.521/199
石鼓文纂釋一卷　(清)趙烈文撰　清光緒十一年(1885)靜圃刻本　一册

110000－0144－0018959　994.521/307
石鼓文釋存一卷補注一卷　(清)張燕昌撰　清光緒二十八年(1902)貴池劉世珩刻本　一册

110000－0144－0018960　994.521/324
石鼓文匯不分卷　(清)尹彭壽纂　清光緒十九年(1893)諸城尹氏來山園刻本　一册

110000－0144－0018961　994.521/741
石鼓文定本五卷地名攷一卷　(清)沈梧撰　清光緒十六年(1890)古華山館刻本　四册

110000－0144－0018962　994.522/115
碑版文廣例十卷　(清)王芑孫輯　清道光二十一年(1841)刻本　四册

110000－0144－0018963　994.522/115
碑版文廣例十卷　(清)王芑孫輯　清道光二十一年(1841)刻本　四册

110000－0144－0018964　994.522/120.9
墓銘舉例四卷　(明)王行撰　**金石要例一卷**　(清)黄宗羲撰　清光緒四年(1878)南海馮氏讀有用書齋刻朱墨套印本　二册

110000－0144－0018965　994.522/272
景教碑文紀事考正一卷　(清)楊榮撰　清光緒二十七年(1901)思賢書局刻本　一册

110000－0144－0018966　994.522/313
墨妙亭碑目考二卷附考一卷　(清)張鑑撰　清光緒六年(1880)刻本　二册

110000－0144－0018967　994.522/373
漢碑引經考六卷引緯考一卷　(清)皮錫瑞撰　清光緒三十年(1904)刻本　五册

110000－0144－0018968　994.522/373
漢碑引經考六卷引緯考一卷　(清)皮錫瑞撰　清光緒三十年(1904)刻本　五册

110000－0144－0018969　994.522/750
漢碑經義輯略二卷　(清)淳于鴻恩輯　清光緒二十八年(1902)濟南刻本　二册

110000－0144－0018970　994.522/807
魏稼孫先生全集　(清)魏錫曾撰　清光緒九年(1883)羊城富文齋刻本　十二册

110000－0144－0018971　994.522/829
漢碑徵經一卷　(清)朱百度撰　清光緒十五年(1889)廣雅書局刻本　一册

110000－0144－0018972　994.522/829
漢碑徵經一卷　(清)朱百度撰　清光緒十五年(1889)廣州廣雅書局刻本　一册

110000－0144－0018973　994.522/834
開有益齋金石文字記一卷　(清)朱緒曾撰　清道光二十八年(1848)刻本　二册

110000－0144－0018974　994.522/976
高麗國永樂好大王碑釋文纂考一卷　鄭文焯撰　清光緒二十六年(1900)平湖朱氏經注經齋刻本　一册

110000－0144－0018975　994.522/983
瘞鶴銘考補一卷山樵書外紀一卷　(清)翁方綱撰　清光緒三十四年(1908)浭陽端方刻本　一册

110000－0144－0018976　994.522/983
瘞鶴銘考補一卷山樵書外紀一卷　(清)翁方綱撰　清光緒三十四年(1908)浭陽端方刻本　一册

110000－0144－0018977　994.522/988
杭郡庠得表忠觀碑記事一卷　(清)余懋棅輯　清光緒七年(1881)錢唐丁氏刻武林掌故叢編本　一册

110000－0144－0018978　994.6/383
八十一玉山房玉紀一卷　(清)陳性撰　(清)操翰廷撰補著　清光緒十九年(1893)皖城懷玉山房刻本　一册

110000－0144－0018979　994.6/436
古玉圖考不分卷　(清)吳大澂撰　清光緒十五年(1889)上海同文書局石印本　四册

110000－0144－0018980　994.6/436
古玉圖考不分卷　(清)吳大澂撰　清光緒十五年(1889)上海同文書局石印本　四册

110000－0144－0018981　994.6/946

玉譜類編四卷 (清)徐壽基編 清光緒十五年(1889)源陽官署刻本 四冊

110000-0144-0018982 996.2/112
竹里秦漢瓦當文存不分卷 (清)王福田編 清咸豐二年(1852)嘉興竹田里王氏七橋草堂刻本 二冊

110000-0144-0018983 996.2/436
遯盦秦漢瓦當存 (清)吳隱藏編 清宣統二年(1910)拓印本 二冊

110000-0144-0018984 996.2/790
秦漢瓦當文字二卷續一卷 (清)程敦撰 清光緒二十年(1894)袖海山房石印本 三冊

110000-0144-0018985 996.2/790
秦漢瓦當文字二卷續一卷 (清)程敦撰 清光緒二十年(1894)袖海山房石印本 三冊

110000-0144-0018986 996.2/790-02
秦漢瓦當文字二卷續一卷 (清)程敦撰 清乾隆五十二年(1787)横渠書院刻五十九年(1794)續刻本 三冊

110000-0144-0018987 996.3/392
千甓亭古塼圖釋二十卷 (清)陸心源撰 清光緒十七年(1891)吳興陸氏石印本 四冊

110000-0144-0018988 996.3/392-1
千甓亭磚錄六卷續錄四卷 (清)陸心源纂 清光緒七年(1881)吳興陸氏十萬卷樓刻本 四冊

110000-0144-0018989 996.5/434
封泥考略十卷 (清)吳式芬輯 (清)陳介祺輯 清光緒三十年(1904)石印本 十冊

110000-0144-0018990 996.5/434
封泥考略十卷 (清)吳式芬輯 (清)陳介祺輯 清光緒三十年(1904)石印本 十冊

110000-0144-0018991 996.5/434
封泥考略十卷 (清)吳式芬輯 (清)陳介祺輯 清光緒三十年(1904)石印本 十冊

110000-0144-0018992 996.5/434
封泥考略十卷 (清)吳式芬輯 (清)陳介祺輯 清光緒三十年(1904)石印本 十冊

110000-0144-0018993 996.5/434
封泥考略十卷 (清)吳式芬輯 (清)陳介祺輯 清光緒三十年(1904)石印本 十冊

110000-0144-0018994 996.5/754
鄭廣所藏泥封一卷 羅振玉輯 清光緒二十九年(1903)石印陸厝習古錄本 一冊

110000-0144-0018995 996.5/754
鄭廣所藏泥封一卷 羅振玉輯 清光緒二十九年(1903)石印陸厝習古錄本 一冊

110000-0144-0018996 996.9/158
印香圖譜一卷 (清)丁澐輯 清光緒七年(1881)刻本 一冊

110000-0144-0018997 997.11/-363
京畿金石考二卷 (清)孫星衍撰 清光緒刻滂喜齋叢書本 二冊

110000-0144-0018998 997.12/101-768
濟南金石志四卷 (清)馮雲鵷撰 清道光二十年(1840)知濟南府事王鎮刻本 八冊

110000-0144-0018999 997.13/205-103
安陽縣金石錄十二卷補遺一卷 (清)武億撰 清嘉慶二十四年(1819)鐵岭貴泰刻本 四冊

110000-0144-0019000 997.13/994
中州金石目四卷補遺一卷 (清)姚晏撰 清光緒歸安姚氏刻咫進齋刻本 一冊

110000-0144-0019001 997.14/-113
山右金石記十卷 (清)王軒纂 清光緒十五年(1889)刻本 六冊

110000-0144-0019002 997.14/-348
山右金石錄一卷 (清)夏寶晉纂 清光緒八年(1882)歸安石氏古歡閣刻本 一冊

110000-0144-0019003 997.15/360
昭陵碑考十二卷 (清)孫三錫撰 清咸豐八年(1858)刻本 六冊

110000-0144-0019004 997.15/-471

關中金石記八卷目錄一卷附記一卷 （清）畢沅撰 （清）蔡錫棟增編 清光緒三十四年(1908)成都渭南嚴岳蓮刻本 四册

110000－0144－0019005 997.15/－471－02
關中金石記八卷附記一卷 （清）畢沅撰 （清）蔡汝霖補輯 清道光二十七年(1847)渭邑焦醇敬堂刻本 五册

110000－0144－0019006 997.15/－781
關中金石文字存逸攷十二卷首一卷石刻書法源流攷一卷 （清）毛鳳枝撰 清光緒二十七年(1901)會稽顧家相刻本 八册

110000－0144－0019007 997.16/482
敦煌石室遺書十二種附一種 羅振玉輯 清宣統元年(1909)上虞羅氏鉛印本 四册

110000－0144－0019008 997.16/511－119
敦煌石室真蹟錄五卷附一卷 王仁俊編錄 清宣統元年(1909)王氏國粹堂石印本 二册

110000－0144－0019009 997.23/131－392
吳興金石記十六卷 （清）陸心源撰 清光緒十六年(1890)歸安陸氏刻本 四册

110000－0144－0019010 997.23/－375
兩浙金石志十八卷補遺一卷 （清）阮元輯 清光緒十六年(1890)浙江書局刻本 十二册

110000－0144－0019011 997.23/746
常山貞石志二十四卷 （清）沈濤撰 清光緒二十年(1894)靈溪精舍刻本 十册

110000－0144－0019012 997.25/－313
湖北金石志十四卷 楊守敬撰 清刻本 八册

110000－0144－0019013 997.25/－814
荊南萃古編一卷續一卷 （清）周懋琦輯 （清）劉瀚輯 清光緒二十年(1894)上海鴻寶署齋刻本 二册

110000－0144－0019014 997.31/890
莆陽金石初編二卷 （清）劉尚文編 清光緒二十五年(1899)刻本 一册

110000－0144－0019015 998.321/887－7
有不為齋算學四卷 （清）傅九淵撰 **海東金石存考一卷待訪目一卷** （清）劉喜海撰 清光緒十四年(1888)德化李氏木犀軒刻木犀軒叢書本 一册

110000－0144－0019016 善/847.4/169
唐堂集五十八卷續集八卷冬錄一卷補遺二卷 （清）黃之雋撰 清乾隆刻本 十二册

110000－0144－0019017 善/925.273/782
廷寄原摺彙錄不分卷 （清）□□輯 清抄本 三册

110000－0144－0019018 善 0090
册府元龜一千卷 （宋）王欽若等撰 明崇禎十五年(1642)黃國琦刻清乾隆補刻本 二百四十册

110000－0144－0019019 善 0091
潛確居類書一百二十卷 （明）陳仁錫輯 明崇禎十五年(1642)陳智錫繼志堂刻本 四十册

110000－0144－0019020 善 0096
讀禮通考一百二十卷五禮通考二百六十二卷首四卷目錄二卷 （清）秦蕙田撰 清乾隆十八年(1753)味經窩刻本 一百二十册

110000－0144－0019021 善 0098
經濟類編一百卷 （明）馮琦輯 明萬曆三十二年(1604)周家楝等刻本 一百册

110000－0144－0019022 善 011.6/953－02
紅雨樓題跋不分卷 （明）徐𤊹撰 清抄本 一册

110000－0144－0019023 善 011.7/112
歷代經籍考三十四卷 （明）王瑾撰 明正德十三年(1518)慎獨齋刻本 十二册

110000－0144－0019024 善 011.7/861
經籍考不分卷 （清）陸元輔撰 清抄本 二册

110000－0144－0019025 善 013.26/917－02
國史經籍志六卷 （明）焦竑撰 清初抄本 五册

110000－0144－0019026　善013.2912/908
萊郡經籍考四卷附編一卷　(清)侯登岸撰　清抄本　一册

110000－0144－0019027　善013.2923/440
海寧經籍考　(清)吴騫撰　清小清儀閣抄本　一册

110000－0144－0019028　善014.1/111－02
欽定天禄琳琅書目十卷　(清)于敏中等編　**後編二十卷**　(清)彭元瑞等編　清抄本　十册

110000－0144－0019029　善014.1/111－03
欽定天禄琳琅書目十卷　(清)于敏中等編　清乾隆内府抄本　十册

110000－0144－0019030　善014.1/724－02
經籍訪古志　(日本)澀江全善　(日本)森立之撰　清光緒皇華使館抄本　一册

110000－0144－0019031　善014.4/832
國朝未刊遺書志略　(清)朱記榮編　清抄本　一册

110000－0144－0019032　善015.2/861
經籍志鈔不分卷　(清)□□輯　清抄本　四册

110000－0144－0019033　善015.86/504
菉竹堂書目不分卷　(明)葉盛藏並撰　清康熙五十六年(1717)江都程式莊抄本　一册

110000－0144－0019034　善015.86/647－3
百川書志不分卷　(明)高儒藏並撰　清抄本　四册

110000－0144－0019035　善015.86/886
玉軒新纂古今書目二卷　(明)劉元亮藏　清抄本　一册

110000－0144－0019036　善015.87/115
孝慈堂書目一卷　(清)王聞遠藏並撰　清抄本　一册

110000－0144－0019037　善015.87/145
楝亭書目不分卷　(清)曹寅藏　清巽盦抄本　二册

110000－0144－0019038　善015.87/272
觀海堂書目　楊守敬藏　清抄本　六册

110000－0144－0019039　善015.87/392.7
佳趣堂書目　(清)陸漻編　清末抄本　二册

110000－0144－0019040　善015.87/392.7－02
佳趣堂書目　(清)陸漻編　清末抄本　二册

110000－0144－0019041　善015.87/476－6
恬裕齋藏書記四卷　(清)瞿鏞撰　(清)瞿紹基藏　清抄本　四册　存三卷(一、三至四)

110000－0144－0019042　善015.87/932
絳雲樓書目不分卷　(清)錢謙益藏　清抄本　二册

110000－0144－0019043　善015.87/994.6
大梅山館書目　(清)姚燮編　清抄本　四册

110000－0144－0019044　善016.22/857
大清三藏聖教目錄五卷　(清)允禄等撰　清抄本　五册

110000－0144－0019045　善0180
名山藏一百九卷　(明)何喬遠輯　明崇禎刻本　四十八册

110000－0144－0019046　善0186
馮少墟集二十二卷　(明)馮從吾撰　明萬曆四十年(1612)畢懋康刻天啟元年(1621)馮嘉年增修本　十四册

110000－0144－0019047　善0193
仰節堂集十四卷　(明)曹于汴撰　清康熙二年(1663)弘運書院呂崇烈等刻乾隆增修本　八册

110000－0144－0019048　善0197
卧游清福編八卷　(明)□□輯　明末刻本(目錄系抄配)　八册

110000－0144－0019049　善0277
宋元通鑑一百五十七卷　(明)薛應旂撰　(明)陳仁錫評　明天啓六年(1626)刻本　三十二册

110000－0144－0019050　善0297

皇朝禮器圖式十八卷 (清)允祿纂修 清乾隆三十一年(1766)武英殿刻本 四十冊

110000－0144－0019051 善 0313
嘉量算經三卷圓問答一卷方句股圖解一卷 (明)朱載堉撰 明萬曆三十八年(1610)刻本 五冊

110000－0144－0019052 善 0314
律呂正論四卷律呂質疑辨惑一卷 (明)朱載堉撰 明萬曆三十三年(1605)刻本 五冊

110000－0144－0019053 善 0324
文苑英華一千卷 (宋)李昉等輯 明隆慶元年(1567)刻萬曆六年(1578)補刻本 一百二十冊

110000－0144－0019054 善 0333
北堂書鈔一百六十卷 (唐)虞世南輯 (明)陳禹謨補注 明萬曆二十八年(1600)陳禹謨刻本 十六冊

110000－0144－0019055 善 041.51/033
王先生十七史蒙求十六卷 (宋)王令撰 清康熙五十二年(1713)程宗璜刻本 六冊

110000－0144－0019056 善 041.7/440
欽定古今圖書集成一萬卷目錄四十卷 (清)陳夢雷輯 (清)蔣廷錫重輯 清雍正四年(1726)內府銅活字印本 存一卷(官常典一百九十六) 一冊

110000－0144－0019057 善 041/106
新編古今事文類聚前集六十卷後集五十卷續集二十八卷別集三十二卷新集三十六卷外集十五卷遺集十五卷 (宋)祝穆輯 明萬曆刻本 六十五冊

110000－0144－0019058 善 041/114
國憲家猷五十六卷 (明)王可大撰 明萬曆十年(1582)刻本 存四卷(五至六、九至十) 二冊

110000－0144－0019059 善 041/117.6
奩史一百卷拾遺一卷 (清)王初桐輯 清嘉慶二年(1797)王氏古香堂刻本 八冊

110000－0144－0019060 善 041/118
新刻古今玄屑八卷 (明)王家佐輯評 明刻本 八冊

110000－0144－0019061 善 041/120
冊府元龜一千卷 (宋)王欽若等撰 明崇禎十五年(1642)黃國琦刻清乾隆補刻本(有抄配) 二百四十冊

110000－0144－0019062 善 041/120－03
冊府元龜一千卷 (宋)王欽若等撰 明崇禎十五年(1642)黃國琦刻本 八十四冊 存二百四十卷(一至八十、二百四十一至二百八十、四百一至四百八十、五百二十一至五百六十)

110000－0144－0019063 善 041/120－147
冊府元龜獨制三十卷 (明)曹胤昌輯評 明末刻本 三十冊

110000－0144－0019064 善 041/152
新鐫雅俗通用珠璣藪八卷 (明)西湖散人輯 明崇禎刻本 四冊

110000－0144－0019065 善 041/170
博物典彙十九卷 (明)黃道周輯 明崇禎刻清初大雅堂印本 十二冊

110000－0144－0019066 善 041/185
新刻彭氏類編雜說六卷 (明)彭好古輯 明萬曆十五年(1587)吳勉學刻本 十二冊

110000－0144－0019067 善 041/219
子史類語二十四卷 (明)胡尚洪輯 明天啓六年(1626)刻本 六冊

110000－0144－0019068 善 041/250
編珠二卷 (隋)杜公瞻撰 **補遺二卷續編珠二卷** (清)高士奇輯 清康熙三十七年(1698)高氏刻本 四冊

110000－0144－0019069 善 041/271－2
群書麗句二卷 (明)楊慎輯 明刻本 二冊

110000－0144－0019070 善 041/289.4
時物典彙二卷 (明)李日華輯 (明)魯重民補訂 明崇禎元年(1628)刻四六全書本

四册

110000－0144－0019071　善 041/319
三才藻異三十三卷　(清)屠粹忠撰　清康熙二十八年(1689)栩園刻本　二十四册

110000－0144－0019072　善 041/324
群書集事淵海四十七卷　(明)□□輯　明弘治十八年(1505)賈性刻本(有抄配)　六十册

110000－0144－0019073　善 041/337
事物異名錄四十卷　(清)厲荃輯　(清)關槐增補　清乾隆刻本　十册

110000－0144－0019074　善 041/378
事言要玄天集三卷地集八卷人集十四卷事集四卷物集三卷　(明)陳懋學輯　明萬曆四十六年(1618)楊秉正、王民皞等刻本　四十册

110000－0144－0019075　善 041/382
天中記六十卷　(明)陳耀文輯　明刻本　六十册

110000－0144－0019076　善 041/382
天中記六十卷　(明)陳耀文輯　明刻本　三十册

110000－0144－0019077　善 041/384
潛確居類書一百二十卷　(明)陳仁錫輯　明崇禎十五年(1642)陳智錫繼志堂刻本　八十册

110000－0144－0019078　善 041/384
潛確居類書一百二十卷　(明)陳仁錫輯　明崇禎十五年(1642)陳智錫繼志堂刻本　八十册

110000－0144－0019079　善 041/384.8
增删陶朱公奇書類纂六卷　(明)陳繼儒輯　明崇禎九年(1636)刻本　二册

110000－0144－0019080　善 041/384.86
駢志類編十卷補遺一卷續集十卷補遺一卷　(明)陳禹謨輯　清抄本　三十六册

110000－0144－0019081　善 041/423－02
藝文類聚一百卷　(唐)歐陽詢輯　明萬曆十五年(1587)秣陵王元貞刻本　十六册

110000－0144－0019082　善 041/423－02
藝文類聚一百卷　(唐)歐陽詢輯　明萬曆十五年(1587)秣陵王元貞刻本　二十册

110000－0144－0019083　善 041/423－05
藝文類聚一百卷　(唐)歐陽詢輯　明嘉靖六年至七年(1527－1528)胡纘宗、陸采刻本　二十册

110000－0144－0019084　善 041/440－02
事類賦三十卷　(宋)吳淑撰注　清康熙華氏劍光閣刻本　六册

110000－0144－0019085　善 041/440－03
事類賦三十卷　(宋)吳淑撰注　清康熙芸經堂刻本　十六册

110000－0144－0019086　善 041/440－04
事類賦三十卷　(宋)吳淑撰注　明刻本　十二册

110000－0144－0019087　善 041/442
對類二十卷首一卷　(明)吳勉學考注　明萬曆二十三年(1595)吳勉學刻本　十二册

110000－0144－0019088　善 041/449
東萊先生詩律武庫十五卷後集十五卷　(宋)呂祖謙輯　清康熙五十四年(1715)鄭氏桃源山莊刻本　四册

110000－0144－0019089　善 041/463
五倫書六十二卷　(明)宣宗朱瞻基撰　明正統十二年(1447)内府刻本　二十册

110000－0144－0019090　善 041/504
海錄碎事二十二卷　(宋)葉廷珪輯　明萬曆二十六年(1598)劉鳳刻本　十二册

110000－0144－0019091　善 041/541
廣博物志五十卷　(明)董斯張撰　明萬曆四十三年(1615)董氏高暉堂刻本　三十二册

110000－0144－0019092　善 041/582
新刻訂補註釋會海對類十九卷首一卷　(明)□□撰　明古潭書林楊帝卿刻本　一册　存三卷(一至三)

110000－0144－0019093　善 041/611－03

新鐫名公釋義全備墨莊白眉故事六卷 （明）呰窳子輯 明萬君甫刻本 六冊

110000－0144－0019094 善 041/612
麗句集六卷 （明）許之吉輯 明天啓刻本 七冊

110000－0144－0019095 善 041/623
古今合璧事類備要前集六十九卷後集八十一卷續集五十六卷 （宋）謝維新輯 **別集九十四卷外集六十六卷** （宋）虞載輯 明嘉靖三十一年至三十五年（1552－1556）夏相刻本 八十六冊

110000－0144－0019096 善 041/623－02
古今合璧事類備要後集 （宋）謝維新輯 明嘉靖三十一年至三十五年（1552－1556）夏相刻本 劉盼遂題識 二十六冊

110000－0144－0019097 善 041/626
古事比五十二卷 （清）方仲德輯 清康熙四十五年（1706）書種齋刻本 二十四冊

110000－0144－0019098 善 041/627
左粹類纂十二卷 （明）施仁輯 明嘉靖錫山安國弘仁堂刻本 八冊

110000－0144－0019099 善 041/635
問奇類林三十五卷 （明）郭良翰撰 明萬曆刻本 二十冊

110000－0144－0019100 善 041/641
四書琳琅冰鑑五十四卷 （清）董餘峰輯 （清）高其閎注釋 清乾隆三十九年（1774）南翼正誼堂刻本 十二冊

110000－0144－0019101 善 041/642
新刻事物紀原十卷 （宋）高承輯 明萬曆胡文煥刻格致叢書本 （□）□□朱筆校 六冊

110000－0144－0019102 善 041/646
弦雪居重訂遵生八牋十九卷 （明）高濂撰 明課花書屋刻本 十六冊

110000－0144－0019103 善 041/655
群書考索前集六十六卷後集六十五卷續集五十六卷別集二十五卷 （宋）章如愚輯 明正德刻本 缺一卷（前集二十） 三十二冊

110000－0144－0019104 善 041/655.7
圖書編一百二十七卷 （明）章潢輯 **章斗津先生年譜一卷** （明）丘日敬撰 **章斗津先生行狀一卷** （明）萬尚烈撰 明萬曆四十一年（1613）涂鏡源等刻本 六十冊

110000－0144－0019105 善 041/659.3
三才彙編六卷 （清）龔在升撰 （清）顧理美增補 清康熙五年（1666）刻本 二冊

110000－0144－0019106 善 041/667
新刊唐荊川先生稗編一百二十卷目錄三卷 （明）唐順之輯 明萬曆九年（1581）茅一相文霞閣刻本 六十四冊

110000－0144－0019107 善 041/667.1
典制類林四卷 （清）唐式南輯 清乾隆三十年（1765）刻本 （□）□□朱、墨筆批校 四冊

110000－0144－0019108 善 041/667－4
荊川先生右編四十卷 （明）唐順之輯 （明）劉曰寧補 明萬曆三十三年（1605）南京國子監刻本 四十二冊

110000－0144－0019109 善 041/674－03
風俗通義十卷 （漢）應劭撰 明刻本 二冊

110000－0144－0019110 善 041/700
讀書記數略五十四卷 （清）宮夢仁輯 清康熙刻本 二十四冊

110000－0144－0019111 善 041/716－1－04
子史精華一百六十卷 （清）允祿等纂 清雍正五年（1727）武英殿刻本 六十四冊

110000－0144－0019112 善 041/718
修辭指南二十卷 （明）浦南金輯 明嘉靖三十六年（1557）浦氏五樂堂張象賢刻本 十二冊

110000－0144－0019113 善 041/765
太史華句八卷 （明）淩迪知輯 明萬曆四年至五年（1576－1577）淩稚隆刻文林綺繡本 四冊

110000－0144－0019114　善 041/766
經濟類編一百卷　(明)馮琦輯　明萬曆三十二年(1604)周家棟等刻本　一百册

110000－0144－0019115　善 041/813
名義考十二卷　(明)周祈撰　明萬曆十七年(1589)黄中色刻本　四册

110000－0144－0019116　善 041/820
類書纂要三十三卷　(清)周魯輯　清康熙刻本　二十四册

110000－0144－0019117　善 041/828
原始祕書十卷　(明)朱權輯　清抄本　六册

110000－0144－0019118　善 041/830
三體摭韻不分卷　(清)朱昆田輯　清抄本　二十四册

110000－0144－0019119　善 041/842.7
彙苑詳註三十六卷　(明)王世貞輯　明萬曆二十三年(1595)刻本　八册

110000－0144－0019120　善 041/858
紺珠不分卷　(明)□□輯　明霄崢閣抄本　一册

110000－0144－0019121　善 041/893
劉氏鴻書一百八卷　(明)劉仲達輯　明萬曆陳長卿刻本　八十册

110000－0144－0019122　善 041/903
四六霞肆十六卷　(明)何偉然輯　明末胡正言十竹齋聚錦堂刻本　十册

110000－0144－0019123　善 041/917
焦氏類林八卷　(明)焦竑輯　明萬曆十五年(1587)王元貞刻本　十二册

110000－0144－0019124　善 041/938
錦繡萬花谷前集四十卷後集四十卷續集四十卷別集三十卷　(宋)□□撰　明嘉靖十五年(1536)秦汴繡石書堂刻本　二十四册

110000－0144－0019125　善 041/938－02
錦繡萬花谷前集四十卷後集四十卷續集四十卷　(宋)□□撰　明刻本　二十四册

110000－0144－0019126　善 041/940
學海君道部□□卷　(明)饒伸輯　明萬曆三十六年(1608)刻本　一册　存二卷(八十四至八十五)

110000－0144－0019127　善 041/946
喻林一百二十卷　(明)徐元太輯　明末刻本　六十四册

110000－0144－0019128　善 041/949
古香齋鑒賞袖珍初學記三十卷　(唐)徐堅等輯　清乾隆武英殿刻本　十二册

110000－0144－0019129　善 041/949－03
初學記三十卷　(唐)徐堅等輯　明萬曆二十五年至二十六年(1597－1598)陳大科刻本　十册

110000－0144－0019130　善 041/949－06
初學記三十卷　(唐)徐堅等輯　明嘉靖十三年(1534)晉府虚益堂刻本　十二册

110000－0144－0019131　善 041/964
古雋考略六卷　(明)顧充輯　明萬曆二十七年(1599)李楨、蕭大亨等刻本　六册

110000－0144－0019132　善 041/983
振綺類纂四卷　(清)翁天游　(清)宗觀輯　清康熙三年(1664)翼雲堂刻本　八册

110000－0144－0019133　善 041/990
唐類函二百卷目錄二卷　(明)俞安期輯　明萬曆三十一年(1603)刻本(有抄配)　四十八册

110000－0144－0019134　善 041/990
唐類函二百卷目錄二卷　(明)俞安期輯　明萬曆三十一年(1603)刻本　四十册

110000－0144－0019135　善 046/188
增訂二三場群書備考四卷　(明)袁黄撰　(明)袁儼注　明大觀堂刻本　八册

110000－0144－0019136　善 046/320
居家必用事類全集十卷　(明)□□撰　明刻本　十册

110000－0144－0019137　善 071/117－459

困學紀聞集證合注二十卷 （元）王應麟撰著（清）閆若璩等箋 清嘉慶十八年(1813)掃葉山房刻本 十冊

110000－0144－0019138 善071/123
新刻白虎通德論二卷 （漢）班固撰 明萬曆胡文煥刻格致叢書本 一冊

110000－0144－0019139 善071/140
稗販八卷 （清）曹斯棟撰 清乾隆五十九年(1794)飯顆山房刻本 四冊

110000－0144－0019140 善071/152
慎夏漫筆四卷 （日本）西島長孫 （清）孫元齡撰 清抄本 二冊

110000－0144－0019141 善071/185
山堂肆考二百四十卷 （明）彭大翼撰 明萬曆二十三年(1595)張幼學刻四十七年(1619)重修本 八十冊

110000－0144－0019142 善071/185
山堂肆考二百四十卷 （明）彭大翼撰 明萬曆二十三年(1595)張幼學刻四十七年(1619)重修本 八十冊

110000－0144－0019143 善071/213
新刻戴氏鼠璞二卷 （清）戴埴撰 明胡文煥刻本 一冊

110000－0144－0019144 善071/251－02
札璞十卷 （清）桂馥撰 清嘉慶十八年(1813)李宏信小李山房刻本 六冊

110000－0144－0019145 善071/322
冥志齋觚識 （清）遲雲輯 清末稿本 十四冊

110000－0144－0019146 善071/344
倘湖樵書十二卷 （明）來集之輯 清康熙二十二年(1683)刻本 十二冊

110000－0144－0019147 善071/389
鮑靚山樓隨筆十八卷 （清）陸恩澍撰 稿本 十八冊

110000－0144－0019148 善071/399.2－02
清異錄二卷 （宋）陶穀撰 清康熙漱六閣刻本 二冊

110000－0144－0019149 善071/404－03
南村輟耕錄三十卷 （元）陶宗儀撰 明玉蘭草堂刻本 八冊

110000－0144－0019150 善071/459
潛邱劄記六卷 （清）閻若璩撰 **左汾近稿一卷** （清）閻詠撰 清乾隆九年(1744)眷西堂刻本 六冊

110000－0144－0019151 善071/500
卓然亭高談餘录不分卷 （清）□□撰 清抄本 一冊

110000－0144－0019152 善071/501
省軒考古類編十二卷 （清）柴紹炳輯 清雍正三年(1725)刻乾隆二十三年(1758)增補本 六冊

110000－0144－0019153 善071/501
省軒考古類編十二卷 （清）柴紹炳輯 清雍正三年(1725)刻乾隆二十三年(1758)增補本 六冊

110000－0144－0019154 善071/504.9
愛日齋叢抄五卷 （宋）葉釐撰 清沈氏抱經樓抄本 三冊

110000－0144－0019155 善071/626
古今釋疑十八卷附錄一卷 （清）方中履撰 清康熙二十一年(1682)楊霖、楊嗣漢刻本 二十冊

110000－0144－0019156 善071/647
緯略十二卷 （宋）高似孫撰 清沈氏抱經樓抄本 四冊

110000－0144－0019157 善071/714
焠掌錄二卷 （清）汪啟淑撰 清汪氏開萬樓刻本 二冊

110000－0144－0019158 善071/714
焠掌錄二卷 （清）汪啟淑撰 清汪氏開萬樓刻本 一冊

110000－0144－0019159 善071/720－03
容齋隨筆十六卷續筆十六卷三筆十六卷四筆

十六卷五筆十卷　(宋)洪邁撰　明崇禎三年(1630)馬元調刻本　十四冊

110000－0144－0019160　善071/720　03
容齋隨筆十六卷續筆十六卷三筆十六卷四筆十六卷五筆十卷　(宋)洪邁撰　明崇禎三年(1630)馬元調刻本　十八冊

110000－0144－0019161　善071/843
筆記類鈔　(清)□□輯　清抄本　一冊

110000－0144－0019162　善071/952
徐氏筆精八卷　(明)徐𤊹撰　清抄本　二冊

110000－0144－0019163　善071/965－02
日知録三十二卷　(清)顧炎武撰　清康熙三十四年(1695)吳江潘氏遂初堂刻本　十六冊

110000－0144－0019164　善071/965－02
日知録三十二卷　(清)顧炎武撰　清康熙三十四年(1695)吳江潘氏遂初堂刻本　十六冊

110000－0144－0019165　善071/994.7
西溪叢語二卷　(宋)姚寬撰　明崇禎虞山毛氏汲古閣刻津逮祕書本　(清)趙味滄過録　(清)黄丕烈校語　二冊

110000－0144－0019166　善071/994.7－02
西溪叢語二卷　(宋)姚寬撰　明嘉靖二十七年(1548)俞憲鴸鳴館刻本　二冊

110000－0144－0019167　善072/111
穀山筆麈十八卷　(明)于慎行撰　(明)郭應寵輯　明萬曆四十一年(1613)于緯刻本　四冊

110000－0144－0019168　善072/113.21
古夫于亭雜録六卷　(清)王士禛撰　清康熙刻本　(清)陳鱣批注　二冊

110000－0144－0019169　善072/116
燕在閣知新録三十二卷　(清)王棠撰　清康熙燕在閣刻本　(清)焦循題識　八冊

110000－0144－0019170　善072/158
西山日記二卷　(明)丁元薦撰　清康熙二十八年(1689)丁氏先醒齋刻本　四冊

110000－0144－0019171　善072/188
書隱叢說十九卷　(清)袁棟撰　清乾隆鋤經樓刻本　八冊

110000－0144－0019172　善072/203
稽古緒論二卷　(明)趙時春撰　明嘉靖刻本　二冊

110000－0144－0019173　善072/295
釣業　(清)查繼佐撰　清謄清稿本　六冊

110000－0144－0019174　善072/313
張子韶先生心傳録四卷　(宋)張九成撰　明萬曆三十八年(1610)孫穀刻本　三冊

110000－0144－0019175　善072/314
畫墁録一卷　(宋)張舜民撰　明刻本　一冊

110000－0144－0019176　善072/319
鴻苞四十八卷　(明)屠隆撰　明萬曆三十八年(1610)茅元儀刻本　二十四冊

110000－0144－0019177　善072/392
寶顏堂訂正願豐堂漫書一卷金臺紀聞一卷　(明)陸深撰　明陳繼儒刻寶顏堂秘籍本　一冊

110000－0144－0019178　善072/504
類次書肆說鈴二卷　(明)葉秉敬撰　明萬曆刻本　一冊

110000－0144－0019179　善072/548
三岡識略十卷續識略一卷　(清)董含撰　清康熙刻本　十冊

110000－0144－0019180　善072/554
東坡先生志林五卷　(宋)蘇軾撰　明萬曆二十三年(1595)趙開美刻本　(清)陸珣批校　二冊

110000－0144－0019181　善072/627.9
北牕炙輠録二卷　(宋)施德操撰　清抄本　二冊

110000－0144－0019182　善072/691
啽囈集一卷　(元)宋無撰　明末汲古閣刻本　二冊

110000－0144－0019183　善 072/731
雕丘雜錄十八卷　(清)梁清遠撰　清康熙抄本　二册

110000－0144－0019184　善 072/741－03
夢溪筆談二十六卷補筆談三卷續筆談一卷　(宋)沈括撰　明崇禎四年(1631)馬元調刻本　八册

110000－0144－0019185　善 072/743
沈氏弋說六卷　(明)沈長卿撰　(明)黄可師等評　明萬曆刻本　六册

110000－0144－0019186　善 072/743
沈氏弋說六卷　(明)沈長卿撰　(明)黄可師等評　明萬曆刻本　六册

110000－0144－0019187　善 072/781
匡林二卷　(清)毛先舒撰　清康熙刻本　二册

110000－0144－0019188　善 072/898
燕泉何先生餘冬序錄六十五卷　(明)何孟春撰　明萬曆十二年(1584)黄齊賢、張汝賢等刻本　十三册

110000－0144－0019189　善 072/917
焦氏筆乘六卷續集八卷　(明)焦竑撰　明萬曆三十四年(1606)謝與棟刻本　十四册

110000－0144－0019190　善 072/990.6
清夜錄一卷　(宋)俞文豹撰　明嘉靖刻本　一册

110000－0144－0019191　善 0724
浙江進呈書目　(清)三寶輯　清抄本　一册

110000－0144－0019192　善 073/489－02
北堂書鈔一百六十卷　(唐)虞世南輯　(明)陳禹謨補注　明萬曆二十八年(1600)陳禹謨刻本　十六册

110000－0144－0019193　善 073/710－03
述學内篇三卷外篇一卷　(清)汪中撰　清嘉慶問禮堂刻本　一册

110000－0144－0019194　善 073/710－04
述學内篇三卷外篇一卷補遺一卷別錄一卷附春秋述義　(清)汪中撰　清道光汪喜孫刻本　二册

110000－0144－0019195　善 073/943
枕中秘二十二種二十二卷　(清)衛泳編　明末刻本　二册

110000－0144－0019196　善 074/113
讀書後八卷　(明)王世貞撰　清乾隆二十七年(1762)天隨堂刻本　四册

110000－0144－0019197　善 074/113.2
權衡一書四十一卷　(清)王植輯　清乾隆元年(1736)崇雅堂刻本　二十四册

110000－0144－0019198　善 074/113.2
權衡一書四十一卷　(清)王植輯　清乾隆元年(1736)崇雅堂刻本　二十四册

110000－0144－0019199　善 074/138
衡門芹一卷　(明)辛全撰　明末晋淑健刻本　一册

110000－0144－0019200　善 074/165
陶樓叢抄不分卷　(清)黄彭年錄　清抄本　二册

110000－0144－0019201　善 074/169
承蔭堂隨錄不分卷　黄襄成錄　清宣統抄本　一册

110000－0144－0019202　善 074/271
秋林伐山二十卷　(明)楊慎撰　明萬曆三十五年(1607)孫居相刻本　四册

110000－0144－0019203　善 074/271－02
秋林伐山二十卷　(明)楊慎撰　明刻本　存十二卷(一至十二)　四册

110000－0144－0019204　善 074/284
智品十三卷　(明)樊玉衢撰　(明)于倫增補　明萬曆四十二年(1614)于斯行刻本　十六册

110000－0144－0019205　善 074/287
初潭集三十卷　(明)李贄撰　明刻本　六册

110000－0144－0019206　善 074/324

群書辑要不分卷　(清)□□撰　清鏡山氏抄本　六册

110000－0144－0019207　善074/379.3
新鐫陳太史子史經濟言十二卷新刻陳太史經制考略八卷　(明)陳子壯撰　明天啓刻本　四册

110000－0144－0019208　善074/384
金罍子上篇二十卷中篇十二卷下篇十二卷　(明)陳絳撰　明萬曆三十四年(1606)陳昱刻本　十二册

110000－0144－0019209　善074/423
攄梧鈔二卷　(明)許相卿撰　明嘉靖二十六年(1547)刻本　二册

110000－0144－0019210　善074/442
小窗自紀四卷艷紀十四卷清紀四卷別紀四卷附雜紀一卷　(明)吳從先撰　明萬曆刻本　缺一卷(清紀四)　四十册

110000－0144－0019211　善074/458
湘煙錄十六卷　(明)閔元京　(明)淩義渠輯　明天啓刻本　六册

110000－0144－0019212　善074/491
彝門篝燈錄八卷　(清)盧士傑撰　謄清稿本　八册

110000－0144－0019213　善074/504
説類六十二卷　(明)葉向高輯　明萬曆刻本　十册

110000－0144－0019214　善074/661
齊召南雜稿不分卷　(清)齊召南輯　清稿本　八册

110000－0144－0019215　善074/746
百家類纂四十卷　(明)沈津輯　明隆慶元年(1567)含山縣學宫刻本　三十八册

110000－0144－0019216　善074/756.9
南榮錄三卷　(清)滄江野老輯　清抄本　一册

110000－0144－0019217　善074/791
千一疏二十二卷　(明)程涓撰　明萬曆三十七年(1609)陳所學、范檞刻本　八册

110000－0144－0019218　善074/858.1
紺珠集十三卷　(明)□□輯　清抄本　六册

110000－0144－0019219　善074/858－02
續談助五卷　(宋)晁載之輯　清抄本　五册

110000－0144－0019220　善074/901
年齒錄一卷　何亦純刪輯　清秋聲館抄本　一册

110000－0144－0019221　善074/917
玉堂叢語八卷　(明)焦竑撰　明萬曆四十六年(1618)徐象橒曼山館刻本　存四卷(一至四)　二册

110000－0144－0019222　善074/971
昨非菴日纂二十卷二集二十卷三集二十卷　(明)鄭瑄輯　明崇禎刻本　二十六册

110000－0144－0019223　善074/971
昨非菴日纂二十卷二集二十卷三集二十卷　(明)鄭瑄輯　明崇禎刻本　二十四册

110000－0144－0019224　善080/352－03
百川學海一百種一百七十九卷　(宋)左圭編　明弘治十四年(1501)華珵刻本　(清)吳騫校　存四種六卷(翰林志一卷、丁晉公談錄、王文正公筆錄、淳熙玉堂雜紀三卷)　四册

110000－0144－0019225　善080/493
雅雨堂叢書十三種　(清)盧見曾輯　清乾隆二十一年至二十五年(1756－1760)德州盧氏雅雨堂刻本　二十四册

110000－0144－0019226　善080/493
雅雨堂叢書十三種　(清)盧見曾輯　清乾隆二十一年至二十五年(1756－1760)德州盧氏雅雨堂刻本　二十二册

110000－0144－0019227　善080/754－1
功順堂叢書十八種七十六卷　(清)潘祖蔭編　(清)王鵬運　清光緒吳縣潘祖蔭刻本　劉盼遂校　十二册　存十一種三十七卷(周人經説四卷、王氏經説六卷、國史考異六卷、平定羅刹方略四卷、西清筆記二卷、半氈齋題跋

二卷、涇林續記一卷、廣陽雜記五卷、無事為福齋隨筆二卷、南澗文集二卷、冬青館古宮詞三卷）

110000－0144－0019228　善080/781－02
津逮秘書十五集一百四十七種七百四十八卷　（明）毛晉編　明崇禎汲古閣刻本　二百四十册

110000－0144－0019229　善080/791－02
漢魏叢書三十八種二百五十一卷　（明）程榮編　明萬曆二十年（1592）程榮刻本　二十四册

110000－0144－0019230　善080/791－435
漢魏叢書抄六卷　（明）吳世濟輯　明天啟三年（1623）前坵吳衙刻本　四册

110000－0144－0019231　善080/791－816
漢魏叢書纂二十八卷　（明）周莊輯　明匪石居刻清印本　二十九册

110000－0144－0019232　善080/796
古逸叢書二十六種二百二卷　（清）黎庶昌編　清光緒十年（1884）日本東京使署刻本　四十八册

110000－0144－0019233　善081.3/319
山林經濟籍　（明）屠本畯輯　明自娛齋刻本　四册

110000－0144－0019234　善081.3/434
增定古今逸史五十五種二百二十三卷　（明）吳琯編　明吳琯刻本　四十册

110000－0144－0019235　善081.3/538
范氏奇書　（明）范欽編　明范氏天一閣刻本　存三種九卷（穆天子傳六卷、廣成子解一卷、竹書紀年二卷）　一册

110000－0144－0019236　善081.3/781
寶晉齋四刻十八卷　（明）毛晉輯　明刻本　十一册

110000－0144－0019237　善081/385－02
尚白齋鐫陳眉公寶顏堂祕笈十七種四十九卷　（明）陳繼儒輯　明萬曆沈氏尚白齋刻本　十二册　存八種二十二卷（眉公見聞錄八卷、陳眉公珍珠船四卷、妮古錄四卷、眉公群碎錄一卷、偃曝談餘二卷、岩棲幽事一卷、枕譚一卷、寶顏堂清明曲一卷）

110000－0144－0019238　善081/385－03
尚白齋鐫陳眉公訂正祕笈二十一種四十九卷　（明）陳繼儒輯　明萬曆三十四年（1606）沈氏尚白齋刻本　二十四册

110000－0144－0019239　善081/385－04
陳眉公秘笈十五種二十五卷　（明）陳繼儒編　明末刻本　十二册

110000－0144－0019240　善082/245
杜藕山房叢書十種二十七卷　（清）杜鈞編　清乾隆杜甲補堂抄本　八册

110000－0144－0019241　善082/274
藝芳閣藝海奇鈔十四種四十六卷　（清）楊復吉編　清嘉慶十三年（1808）稿本　二十二册

110000－0144－0019242　善082/337
東城雜記等六種　（清）厲鶚等撰　清抄本　四册

110000－0144－0019243　善082/551
敬修堂叢書十四種十九卷　（清）敬修堂主人輯　清敬修堂稿本　二十四册

110000－0144－0019244　善082/596
賞奇軒四種合編　（清）賞奇軒主人輯　清刻本　四册

110000－0144－0019245　善082/672
綠滿書牕六種六卷　（清）龐佑清編　清嘉慶二十三年（1818）刻本　四册

110000－0144－0019246　善082/741
沈氏韻初書屋校錄秘笈十二種八十六卷　（清）沈樹鏞輯　清抄本　二十四册

110000－0144－0019247　善082/915
述記三十四種　（清）任兆麟輯　清乾隆五十三年（1788）任氏忠敏家塾刻映雪草堂印本　十册

110000－0144－0019248　善082/959

頤素堂叢書十八種十九卷 （清）顧禄輯 清嘉慶、道光間顧氏頤素草堂刻本 四冊

110000－0144－0019249 善 089.2/535
五經堂合集 （清）范鄗鼎撰 清康熙洪洞范氏刻本 九冊

110000－0144－0019250 善 089.51/890
公是先生遺書四種 （宋）劉敞撰 清乾隆十六年（1751）水西劉氏刻本 十六冊

110000－0144－0019251 善 089.52/392
陸放翁全集六種一百五十八卷 （宋）陸游撰 明毛氏汲古閣刻清毛扆增刻本 八十冊

110000－0144－0019252 善 089.6/119
王百穀集二十一種四十二卷 （明）王穉登撰 明萬曆四十七年（1619）葉應祖刻本 八冊 存七種

110000－0144－0019253 善 089.6/392
儼山外集四十卷 （明）陸深撰 明嘉靖二十五年（1546）陸楫刻本 八冊

110000－0144－0019254 善 089.6/458
快書五十種五十卷 （明）閔景賢編 明天啓六年（1626）快堂刻本 二十四冊

110000－0144－0019255 善 089.65/641
高文襄公文集四卷外制集一卷獻忱集五卷南宮奏牘二卷 （明）高拱撰 清康熙新鄭高有聞刻本 八冊

110000－0144－0019256 善 089.68/365
孫文恭公遺書六種二十卷 （明）孫應鼇撰 清抄本 （清）莫祥芝校 八冊

110000－0144－0019257 善 089.7/378
陳氏裛露軒叢書四種十五卷 （清）陳本禮撰 清嘉慶陳氏裛露軒刻本 十二冊

110000－0144－0019258 善 089.7/378－02
陳氏裛露軒叢書四種十五卷 （清）陳本禮撰 清嘉慶陳氏裛露軒刻本 九冊

110000－0144－0019259 善 089.7/459
西澗草堂全集四種十四卷 （清）閻循觀撰 **鈍齋詩集二卷** （清）閻循厚撰 清乾隆三十八年（1773）樹滋堂刻本 四冊

110000－0144－0019260 善 089.7/459
西澗草堂全集四種十四卷 （清）閻循觀撰 **鈍齋詩集二卷** （清）閻循厚撰 清乾隆三十八年（1773）樹滋堂刻本 四冊

110000－0144－0019261 善 089.7/736－02
湯子遺書十卷附錄一卷 （清）湯斌著 **潛菴先生［湯斌］年譜一卷** （清）王廷燦撰 清康熙四十二年（1703）王廷燦刻本 四冊

110000－0144－0019262 善 089.7/981
蘅嶼裘書七種三十七卷 （清）曾廷枚撰 清嘉慶刻本 八冊

110000－0144－0019263 善 089.71/216
異魚圖贊箋四卷補三卷閏集一卷行囈語五卷樂統博稽六卷絲系衍記二卷离音弋載一卷 （清）胡世安撰 清初刻本 六冊

110000－0144－0019264 善 089.72/291
李氏成書五種四十四卷 （清）李文炤撰 清乾隆四爲堂刻本 二十二冊

110000－0144－0019265 善 089.74/180
西齋三種七卷 （清）博明撰 清嘉慶六年（1801）刻本 六冊

110000－0144－0019266 善 089.74/340
柚堂居士著述四種十八卷附兩種三卷 （清）盛百二撰 清雍正、乾隆間刻本 八冊

110000－0144－0019267 善 089.74/859
鏡煙堂十種二十九卷 （清）紀昀編 清乾隆嵩山書院刻本 十四冊

110000－0144－0019268 善 089.74/983
蘇齋叢書十八種一百三十六卷 （清）翁方綱撰 清乾隆、嘉慶間刻本 二十四冊

110000－0144－0019269 善 089.75/350
獨學廬初稿詩八卷文三卷讀左巵言一卷漢書刊訛一卷二稿三卷三稿文五卷晚香樓集六卷獨學廬四稿文五卷池上集四卷 （清）石韞玉撰 清乾隆六十年至嘉慶二十五年（1795－1820）刻本 十四冊

110000－0144－0019270　善 089.75/754
釣渭閑雜膾五種五卷附一種二卷　（清）潘炤撰　清嘉慶十一年（1806）小百尺樓刻本　六冊

110000－0144－0019271　善 089.76/169
退廬叢輯　（清）黃輔辰撰　黃襄成輯　清末稿本　二十六冊

110000－0144－0019272　善 091.1/675
九經　（明）秦鏷訂正　清觀成堂刻本　四十冊

110000－0144－0019273　善 091.1/677
六經　（□）□□輯　清抄本　一冊

110000－0144－0019274　善 091.1/953
初學辨體增刪定本　（清）徐與喬輯評　清康熙刻本　十冊

110000－0144－0019275　善 091.2/180.1
十三經註疏附考證三百四十八卷　（□）□□編　清乾隆四年至十二年（1739－1747）武英殿刻本　一百十四冊

110000－0144－0019276　善 091.2/180.1－02
十三經註疏三百三十三卷　（□）□□編　明崇禎元年至十二年（1628－1639）毛氏汲古閣刻本　一百四十六冊

110000－0144－0019277　善 091.31/160
五經旁訓十九卷　（元）李恕撰　明萬曆二十四年（1596）陳大科刻本　十六冊　存四种十三卷（易經旁訓三卷、書經旁訓二卷、詩經旁訓四卷、春秋旁訓四卷）

110000－0144－0019278　善 091.31/220
性理大全書七十卷　（明）胡廣等撰　明萬曆二十五年（1597）吳勉學師古齋刻本　四十八冊

110000－0144－0019279　善 091.31/458
三經評註五卷　（明）閔齊伋輯　明萬曆閔齊伋刻三色套印本　四冊

110000－0144－0019280　善 091.337/226
說經二十六卷說莊三卷說騷一卷說文一卷　（清）韓泰青撰　清乾隆四十四年（1779）省能齋刻本　六冊

110000－0144－0019281　善 091.337/267
諸經纂註三十四卷　（明）楊聯芳撰　明萬曆四十一年（1613）刻本　十六冊

110000－0144－0019282　善 091.337/311
經學會貫十六卷　（清）張永祚撰　清抄本　存八卷（一至八）　四冊

110000－0144－0019283　善 091.337/532
讀書小記十五種二十七卷　（清）范爾梅撰　清雍正七年（1729）敬恕堂刻本　十二冊

110000－0144－0019284　善 091.337/950
六經類雅五卷　（明）徐常吉輯　明萬曆十七年（1589）刻本　十冊

110000－0144－0019285　善 091.355/971
莆陽二鄭先生六經雅言圖辯八卷　（宋）鄭樵等撰　清抄本　八冊

110000－0144－0019286　善 091.356/160
五經圖六卷　（明）章達等撰　（清）牟欽元輯　清雍正元年（1723）致用堂刻本　六冊

110000－0144－0019287　善 091.357/119
六經圖六卷　（清）王皓撰　清乾隆五年（1740）向山堂刻本　六冊

110000－0144－0019288　善 091.357/119
六經圖六卷　（清）王皓撰　清乾隆五年（1740）向山堂刻本　六冊

110000－0144－0019289　善 091.357/976
六經圖十二卷　（清）鄭之僑輯　清乾隆八年（1743）鄭氏述堂刻本　六冊

110000－0144－0019290　善 091.37/312
經學備纂九卷　（清）張汝大　（清）張眉大纂　清乾隆星連堂刻本　八冊

110000－0144－0019291　善 091.37/370－4
北海經學七錄八卷　（清）孔廣林輯　清乾隆五十三年（1788）古俊樓刻本　二冊

110000－0144－0019292　善 091.3752/972

新刊宋學士夾漈先生六經奧論六卷總論一卷 (宋)鄭樵撰　明成化四年(1468)書林劉氏日新堂刻本　清潘道根批校題跋　四冊

110000－0144－0019293　善 091.376/641
問辨錄十卷　(明)高拱撰　明萬曆刻本　五冊

110000－0144－0019294　善 092.1/716
滿漢合璧易經　(清)高宗弘曆譯　清嘉慶七年(1802)抄本　四冊

110000－0144－0019295　善 092.22/917
焦氏易林四卷　(漢)焦贛撰　明末汲古閣刻本　三冊

110000－0144－0019296　善 092.22/917－02
焦氏易林十六卷　(漢)焦贛撰　清嘉慶十三年(1808)士禮居刻本　四冊

110000－0144－0019297　善 092.224/112－06
周易十卷附考證一卷　(三國魏)王弼注 (晉)韓康伯補注　**略例一卷**　(三國魏)王弼撰　(唐)邢璹注　(唐)陸德明音義　清乾隆刻本　三冊

110000－0144－0019298　善 092.224/112－8
周易兼義九卷　(三國魏)王弼　(晉)韓康伯注　(唐)孔穎達正義　明萬曆十四年(1586)北京國子監刻本　(清)傅山批校　二冊

110000－0144－0019299　善 092.241/289
周易集解十七卷　(唐)李鼎祚撰　**略例一卷** (魏)王弼撰　(唐)邢璹注　明嘉靖三十六年(1557)朱睦㮮聚樂堂刻本　八冊

110000－0144－0019300　善 092.241/455
周易口訣義六卷　(唐)史徵撰　清抄本　四冊

110000－0144－0019301　善 092.25/535
程朱二先生周易繫辭傳義十卷　(宋)程頤後傳　(宋)朱熹本義　元延祐刻本　一冊　存二卷(九至十)

110000－0144－0019302　善 092.251/255
周易經傳集解三十六卷　(宋)林栗撰　清四美堂抄本　王禮培跋　十冊

110000－0144－0019303　善 092.251/554
蘇長公易解八卷　(宋)蘇軾撰　明萬曆二十四年(1596)吳之鯨刻本　五冊

110000－0144－0019304　善 092.251/554－02
蘇氏易解八卷　(宋)蘇軾撰　明萬曆二十二年(1594)冰玉堂刻本　八冊

110000－0144－0019305　善 092.251/554－02
蘇氏易解八卷　(宋)蘇軾撰　明萬曆二十二年(1594)冰玉堂刻本　四冊

110000－0144－0019306　善 092.251/828－010
周易三卷首一卷　(宋)朱熹本義　清乾隆文石軒抄本　三冊

110000－0144－0019307　善 092.26/117
新鐫易經家訓六卷　(明)王納諫撰　明孫承義刻本　六冊

110000－0144－0019308　善 092.26/209
周易正解十七卷讀易一卷　(明)郝敬撰　明萬曆郝千秋、郝千石刻九部經解本　十六冊

110000－0144－0019309　善 092.26/220－02
周易傳義大全二十四卷首一卷　(明)胡廣等輯　明永樂十三年(1415)內府刻本　十二冊

110000－0144－0019310　善 092.26/306
研硃集五經總類二十二卷　(明)張瑄撰　明末虹化堂刻本　存四卷(易經四卷)　一冊

110000－0144－0019311　善 092.26/344
周易集注十六卷雜説一卷啓蒙一卷　(明)來知德撰　明萬曆三十八年(1610)張惟任刻本　十冊

110000－0144－0019312　善 092.26/385
易原八卷　(明)陳錫撰　明萬曆二十七年(1599)刻本　八冊

110000－0144－0019313　善 092.26/562
易經蒙引十二卷　(明)蔡清撰　明萬曆三十八年(1610)刻本　三十二冊

110000－0144－0019314　善 092.26/729

重訂蔡虛齋先生易經蒙引十二卷　(明)蔡清撰　(明)宋兆禴重訂　明末刻本　二十四冊

110000－0144－0019315　善092.26/791
周易宗義十二卷　(明)程汝繼撰　明萬曆三十年(1602)程汝繼刻本　十二冊

110000－0144－0019316　善092.26/808
易學四同八卷別錄四卷　(明)季本撰　明嘉靖四十年(1561)刻本　十八冊　存六卷(一至六)

110000－0144－0019317　善092.26/809
說易十二卷　(明)喬中和撰　明崇禎十年(1637)刻躋新堂集本　五冊

110000－0144－0019318　善092.265/953
今文周易演義十二卷首一卷　(明)徐師曾撰　明隆慶二年(1568)董漢策刻本　十二冊

110000－0144－0019319　善092.268/526
以易解六卷　(明)蔣庸撰　明崇禎十一年(1638)刻本　二冊

110000－0144－0019320　善092.268/927
像象管見九卷　(明)錢一本撰　明萬曆刻本　十冊

110000－0144－0019321　善092.27/113
易經發蒙六卷　(清)王朝瑚撰　清康熙培桂齋刻本　五冊

110000－0144－0019322　善092.27/218
周易函書約存十八卷約注十八卷別集十六卷卜法詳考四卷　(清)胡煦撰　清乾隆胡季堂刻本　三十冊

110000－0144－0019323　善092.27/271
易學圖説會通八卷　(清)楊方達撰　清乾隆復初堂刻本　四冊

110000－0144－0019324　善092.27/290－02
御纂周易折中二十二卷　(清)李光地等撰　清康熙五十四年(1715)刻本　十冊

110000－0144－0019325　善092.27/290－8
周易觀象十二卷　(清)李光地撰　清雍正刻本　三冊

110000－0144－0019326　善092.27/348
易曉三卷　(清)夏葛撰　稿本　三冊

110000－0144－0019327　善092.27/372
周易會歸不分卷　(清)鄧霽撰　清康熙五十一年(1712)龍南學署刻本　八冊

110000－0144－0019328　善092.5/291
一中四卷圖解一卷　(明)李玄育撰　明萬曆九年(1581)刻本　四冊

110000－0144－0019329　善092.5/441－02
增輯易象圖說不分卷　(明)吳脈鬯撰　清抄本　二冊

110000－0144－0019330　善092.5/703
今易圖學心法釋義不分卷　(明)容若春撰　明萬曆三十八年(1610)刻本　三冊

110000－0144－0019331　善092.7/501
周易縣鏡十卷　(明)喻有功撰　明末抄本　存五卷(六至十)　一冊

110000－0144－0019332　善092.7/602
讀易輯要　(清)□□輯　清抄本　二冊

110000－0144－0019333　善092.7/707
讀易質疑二十卷　(清)汪璲撰　稿本　二冊

110000－0144－0019334　善093.1/722
滿漢書經六卷首一卷　(清)□□譯　清刻本　八冊

110000－0144－0019335　善093.22/370－03
尚書十三卷附考證　(漢)孔安国注　(唐)陸德明音義　清乾隆四十八年(1783)武英殿刻仿宋相臺五經附考證本　五冊

110000－0144－0019336　善093.241/370－7－02
尚書註疏二十卷　(漢)孔安國傳　(唐)孔穎達疏　(唐)陸德明釋文　明萬曆十五年(1587)北京國子監刻十三經註疏本　(清)傅山批　四冊

110000－0144－0019337　善093.251/554
東坡書傳二十卷　(宋)蘇軾撰　明萬曆凌濛初刻朱墨套印本　八冊

110000－0144－0019338　善093.252/562－06
書集傳六卷圖一卷朱子説書綱領一卷　(宋)蔡沈撰　(元)鄒季友注　元至正十一年(1351)德星書堂刻本　黄裳題識　八册

110000－0144－0019339　善093.252/562－07
書集傳六卷首一卷末一卷　(宋)蔡沈撰　(元)鄒季友音釋　清同治五年(1866)吴氏望三益齋刻本　六册

110000－0144－0019340　善093.252/562－08
書經集注十卷　(宋)蔡沈撰　明隆慶三年(1569)周文奎刻本　(□)□□朱筆批註　二册

110000－0144－0019341　善093.252/562－09
書經六卷　(宋)蔡沈集傳　清乾隆文石軒抄本　三册

110000－0144－0019342　善093.252/562－17
書集傳六卷　(宋)蔡沈撰　(元)鄒季友音釋　元刻本　存一卷(六)　一册

110000－0144－0019343　善093.2522/455
尚書講義二十卷　(宋)史浩撰　清顧沅藝海樓抄本　四册

110000－0144－0019344　善093.26/749
新刊書經批註分旨白文便覽十卷　(明)游有堂輯　明隆慶六年(1572)星源游震得刻本　二册

110000－0144－0019345　善093.26/888
劉季子書經講意不分卷　(明)劉爾碩撰　明萬曆二十一年(1593)刻本　十二册

110000－0144－0019346　善093.27/112.1
尚書稗疏四卷　(清)王夫之撰　清抄本　七册

110000－0144－0019347　善093.27/115
尚書後案三十卷後辨一卷　(清)王鳴盛撰　清乾隆四十五年(1780)禮堂刻本　六册

110000－0144－0019348　善093.27/115
尚書後案三十卷後辨一卷　(清)王鳴盛撰　清乾隆四十五年(1780)禮堂刻本　八册

110000－0144－0019349　善093.27/117
豐川今文尚書質疑八卷通論一卷　(清)王心敬撰　清乾隆三年(1738)刻本　八册

110000－0144－0019350　善093.27/169
書傳鹽梅二十卷　(清)黄文蓮撰　清乾隆五十二年(1787)刻本　一册

110000－0144－0019351　善093.27/290
尚書解義二卷　(清)李光地撰　清雍正刻本　十册

110000－0144－0019352　善093.27/719
尚書集註音疏十二卷末一卷外編一卷　(清)江聲撰　清乾隆五十八年(1793)江聲刻本　十二册

110000－0144－0019353　善093.27/719
尚書集註音疏十二卷末一卷外編一卷　(清)江聲撰　清乾隆五十八年(1793)江聲刻本　八册

110000－0144－0019354　善093.27/879
古文尚書撰異三十二卷　(清)段玉裁撰　清嘉慶七葉衍祥堂刻本　二册

110000－0144－0019355　善093.31/118
禹貢譜二卷　(清)王澍撰　清抄本　二册

110000－0144－0019356　善093.31/221
洪範正論五卷　(清)胡渭撰　清乾隆四年(1739)胡紹芬刻本　十二册

110000－0144－0019357　善093.31/221
禹貢錐指二十卷略例一卷禹貢圖一卷　(清)胡渭撰　清康熙四十四年(1705)胡氏漱六軒刻本　十册

110000－0144－0019358　善093.31/221
禹貢錐指二十卷略例一卷禹貢圖一卷　(清)胡渭撰　清康熙四十四年(1705)胡氏漱六軒刻本　與110000－0144－0019356合册

110000－0144－0019359　善093.31/221－994
胡氏禹貢錐指勘補十二卷　(清)姚燮撰　清馮成熏思滁軒抄本　二册

110000－0144－0019360　善093.31/348

禹貢古今合註五卷圖一卷　(明)夏允彝撰　明崇禎刻本　三冊

110000－0144－0019361　善093.31/348.6
禹貢彙覽四卷　(清)夏之芳輯　清乾隆十二年(1747)積翠軒刻本　四冊

110000－0144－0019362　善093.31/348.6
禹貢彙覽四卷　(清)夏之芳輯　清乾隆十二年(1747)積翠軒刻本　四冊

110000－0144－0019363　善093.31/460
禹貢指掌一卷　(清)關涵撰　清乾隆五十三年(1788)刻本　一冊

110000－0144－0019364　善093.31/759
禹貢揭要不分卷　(清)姜信撰　清抄本　一冊

110000－0144－0019365　善093.31/865
禹貢九州攷二卷　(□)□□撰　清抄本　二冊

110000－0144－0019366　善093.32/440
洪範傳一卷　(清)崔致遠傳　清乾隆八年(1743)絳雲樓刻本　一冊

110000－0144－0019367　善093.32/562
洪範彙成二卷　(宋)蔡沈撰　(清)劉召材續補　清雍正六年(1728)信斯堂刻本　二冊

110000－0144－0019368　善093.32/754
洪範註補五卷　(清)潘士權撰　清乾隆四年(1739)國子監刻本　四冊

110000－0144－0019369　善093.6/158
尚書諸家引經異字同聲考□□卷　(清)丁顯撰　稿本　存一卷(二)　四冊

110000－0144－0019370　善093.7/113
尚書日記十六卷　(明)王樵撰　明崇禎五年(1632)莊繼光刻本　六冊

110000－0144－0019371　善093.7/367
尚書古文證疑四卷　(清)孫喬年撰　清嘉慶十五年(1810)天心閣刻本　二冊

110000－0144－0019372　善094.11/781
毛詩不分卷　(漢)毛亨傳　明嘉靖廣陽陳儒刻本　二冊

110000－0144－0019373　善094.12/440
讀詩識小録十卷　(清)陳震識　清乾隆陳震稿本　十冊

110000－0144－0019374　善094.12/602
詩傳大全二十卷綱領一卷圖一卷　(明)胡廣等輯　明末刻本　八冊

110000－0144－0019375　善094.1252/428－05
詩緝三十六卷　(宋)嚴粲撰　明嘉靖趙府味經堂刻本　存十卷(二十七至三十六)　三冊

110000－0144－0019376　善094.1252/444－02
呂氏家塾讀詩記三十二卷　(宋)呂祖謙撰　清嘉慶十六年(1811)聽彝堂刻本　(清)顧廣譽墨筆批註並題識　十二冊

110000－0144－0019377　善094.1252/828－011
詩經八卷　(宋)朱熹集傳　清末掃葉山房刻本　(清)樊毓鏐批校　四冊

110000－0144－0019378　善094.1252/828－022
詩集傳二十卷詩序辨說一卷詩傳綱領一卷詩圖一卷　(宋)朱熹撰　明刻本　十二冊

110000－0144－0019379　善094.1252/828－08
詩集傳二十卷詩序辨說一卷詩傳綱領一卷詩圖一卷　(宋)朱熹撰　明正統十二年(1447)司禮監刻本　六冊

110000－0144－0019380　善094.1252/828－09
詩經集傳八卷　(宋)朱熹集傳　清抄本　一冊

110000－0144－0019381　善094.1252/828－6
詩經纂註八卷　(明)鍾惺撰　明刻本　一冊

110000－0144－0019382　善094.1257/731
詩傳旁通十五卷　(元)梁益撰　清吳興抱經樓抄本　六冊

110000－0144－0019383　善094.126/220
詩經大全二十卷綱領一卷圖一卷　(明)胡廣等輯　明刻本　七冊

110000－0144－0019384　善094.126/306
毛詩振雅六卷　(明)張元芳　(明)魏浣初撰　明天啓四年(1624)版築居刻朱墨套印本　八册

110000－0144－0019385　善094.126/307
新鐫張閣老進呈經筵詩經直解四卷　(清)張居正撰　明末刻本　三册

110000－0144－0019386　善094.126/368
孫月峰先生批評詩經四卷　(明)孫鑛評　明天益山刻本　二册

110000－0144－0019387　善094.126/504
葉太史參補古今大方詩經大全十五卷綱領一卷圖一卷　(明)葉向高撰　明閩中芝城建邑書林余氏刻本　八册

110000－0144－0019388　善094.127/118
欽定詩經傳説彙纂二十一卷首二卷詩序二卷　(清)王鴻緒等纂　清雍正五年(1727)内府刻本　十六册

110000－0144－0019389　善094.127/290
詩所八卷　(清)李光地注　清雍正六年(1728)李清植刻本　三册

110000－0144－0019390　善094.127/290
詩所八卷　(清)李光地注　清雍正六年(1728)李清植刻本　四册

110000－0144－0019391　善094.127/290.2
毛詩紬義二十四卷　(清)李黼平撰　清道光十九年(1839)刻本　葉德輝跋　六册

110000－0144－0019392　善094.127/314－02
師白山房詩義輯　(清)張學尹撰　清抄本　(□)□□朱筆校　四册

110000－0144－0019393　善094.127/348
毛詩注疏不分卷　(清)夏封泰撰　清乾隆刻本　(□)□□朱筆圈點,墨筆過録諸家箋注　六册

110000－0144－0019394　善094.127/385－02
毛詩稽古編三十卷　(清)陳啓源撰　清抄本　十六册

110000－0144－0019395　善094.127/385－03
毛詩稽古編三十卷　(清)陳啟源撰　清嘉慶十八年(1813)龐佑清刻本　六册

110000－0144－0019396　善094.127/428
讀詩質疑三十一卷首十五卷末一卷　(清)嚴虞惇撰　清乾隆嚴有禧刻本　十二册

110000－0144－0019397　善094.127/602
詩經一卷　(□)□□輯　清抄本　(□)□□墨筆批註　一册

110000－0144－0019398　善094.127/708
詩學女為二十六卷　(清)汪梧鳳撰　清乾隆不疎園刻本　四册

110000－0144－0019399　善094.127/978
睫巢詩説一卷睫巢詠詩一卷　(清)鄭鵬程撰　(清)鄭為輯　清道光十一年(1831)鄭為抄本　一册

110000－0144－0019400　善094.14/386－204
草木疏校正二卷　(清)趙佑撰　清乾隆刻本　二册

110000－0144－0019401　善094.14/436
毛詩庶物疏補遺一卷詩傳校異一卷　(清)吳晉禾撰　清末稿本　(清)宗源翰等題識　三册

110000－0144－0019402　善094.14/572
詩經水月備考四卷　(明)薛寀撰　明末嘗郡舒濬溪刻本　四册

110000－0144－0019403　善094.14/743
詩經類考三十卷　(明)沈萬鈳輯　明萬曆刻本　三十二册

110000－0144－0019404　善094.14/774
六家詩名物疏五十五卷提要三卷　(明)馮復京撰　明萬曆刻本　八册

110000－0144－0019405　善094.14/965
毛詩正變指南圖一卷詩經金丹彙考一卷詩經難字一卷　(明)顧鄰初撰　明版築居刻朱墨套印本　一册

110000－0144－0019406　善094.16/148

詩經音韻譜五卷章句觸解一卷 （清）甄士林撰 清道光五年(1825)種松書屋刻本 五冊

110000－0144－0019407 善094.16/348
三百篇原聲七卷 （清）夏味堂撰 清嘉慶十二年(1807)棣華書屋刻本 一冊

110000－0144－0019408 善094.16/787
讀詩攷字二卷補編一卷 （清）程大鏞撰 清道光二十五年(1845)叢桂軒刻本 二冊

110000－0144－0019409 善094.16/893
詩經葉音辨譌八卷首一卷 （清）劉維謙撰 清乾隆三年(1738)張卿雲、張景星刻本 三冊

110000－0144－0019410 善094.17/119
詩學自怡錄不分卷 （清）王約撰 清抄本 二冊

110000－0144－0019411 善094.17/135
童子問八卷首一卷末一卷 （宋）輔廣撰 明末毛氏汲古閣刻本 四冊

110000－0144－0019412 善094.17/220
詩疑義釋二卷 （清）胡文英撰 清乾隆四十九年(1784)留芝堂刻本 二冊

110000－0144－0019413 善094.17/746
詩經說通十三卷首一卷 （明）沈守正撰 明萬曆四十三年(1615)刻本 四冊

110000－0144－0019414 善094.17/834
詩經疑問七卷 （元）朱倬撰 清吳翌鳳抄本（清）吳翌鳳朱筆題識 二冊

110000－0144－0019415 善094.17/937
詩經不分卷 （明）鍾惺批點 明萬曆、天啓間吳興凌杜若刻本 四冊

110000－0144－0019416 善094.22/117－02
詩考一卷 （元）王應麟撰 明汲古閣刻本 二冊

110000－0144－0019417 善094.25/229－02
韓詩外傳十卷序說一卷補逸一卷校補一卷 （漢）韓嬰撰 （清）趙懷玉校正 清乾隆五十五年(1790)亦有生齋刻本 四冊

110000－0144－0019418 善094.25/820
韓詩外傳校注十卷拾遺一卷西漢儒林傳經表二卷 （清）周廷寀撰 清乾隆五十六年(1791)營道堂刻本 二冊

110000－0144－0019419 善095.122/976－150
附釋音周禮註疏四十二卷 （漢）鄭玄注 （唐）陸德明釋文 （唐）賈公彥等疏 元刻明修本 二十四冊

110000－0144－0019420 善095.122/976－81
周禮折衷六卷 （清）胡興桂編注 清康熙六十年(1721)晚翠堂刻本 三冊

110000－0144－0019421 善095.125/504
宋葉文康公禮經會元四卷 （宋）葉時撰 （清）許元淮刪節 清乾隆五十五年(1790)黃暹刻本 四冊

110000－0144－0019422 善095.127/133
周官精義十二卷 （清）連鬥山撰 清乾隆四十一年(1776)刻本 十冊

110000－0144－0019423 善095.127/446
周禮補註六卷 （清）呂飛鵬撰 清道光二十九年(1849)立誠軒刻本 四冊

110000－0144－0019424 善095.136/631
考工記二卷 （明）郭正域批點 明刻朱墨套印本 一冊

110000－0144－0019425 善095.224/150
儀禮疏五十卷 （唐）賈公彥等撰 清道光十年(1830)汪氏藝芸書舍刻本 十二冊

110000－0144－0019426 善095.227/216－02
儀禮正義四十卷 （清）胡培翬撰 清咸豐二年(1852)木犀香館刻本 二十冊

110000－0144－0019427 善095.227/216－02
儀禮正義四十卷 （清）胡培翬撰 清咸豐二年(1852)木犀香館刻本 二十冊

110000－0144－0019428 善095.3/185
禮記省度四卷 （清）彭頤撰 清乾隆元年(1736)武林文治堂刻套印本 四冊

110000－0144－0019429 善095.3122/976－04

禮記二十卷 (漢)鄭玄注 **釋文四卷** (唐)陸德明撰 **考異二卷** (清)張敦仁撰 清嘉慶十一年(1806)刻二十五年(1820)重修本 (清)吳熙載校點 八册

110000－0144－0019430 善 095.3122/976－04
禮記二十卷 (漢)鄭玄注 **釋文四卷** (唐)陸德明撰 **考異二卷** (清)張敦仁撰 清嘉慶十一年(1806)刻二十五年(1820)重修本 五册

110000－0144－0019431 善 095.3126/383－06
禮記集說十卷 (元)陳澔撰 明崇禎六年(1633)閔齊伋刻本 十册

110000－0144－0019432 善 095.3126/383－07
禮記集說十六卷 (元)陳澔撰 元天曆元年(1328)鄭明德宅刻重修本 八册

110000－0144－0019433 善 095.3126/994
重訂禮記疑問十二卷 (明)姚舜牧撰 明萬曆四十六年(1618)刻清印本 六册

110000－0144－0019434 善 095.313/262
檀弓述註二卷 (明)林兆珂撰 明萬曆刻本 二册

110000－0144－0019435 善 095.313/436
月令輯要二十四卷圖說一卷 (清)李光地等輯 清康熙五十四年(1715)内府刻本 三十册

110000－0144－0019436 善 095.313/771
月令廣義二十四卷首一卷附錄一卷 (明)馮應京輯 (明)戴任增釋 明萬曆陳邦泰刻本 二十四册

110000－0144－0019437 善 095.317/204
禮記思五卷 (明)趙僎撰 明天啓七年(1627)白門書林王荊岑等刻本 五册

110000－0144－0019438 善 095.4/109
禮器圖不分卷 (清)□□編繪 清抄繪本 二册

110000－0144－0019439 善 095.4/290
朱子禮纂五卷 (清)李光地撰 清雍正刻本 三册

110000－0144－0019440 善 095.4/372
三禮編繹二十六卷 (明)鄧元錫撰 明萬曆三十三年(1605)史繼辰刻本 十二册

110000－0144－0019441 善 095.4/440
三禮考註六十四卷序錄一卷綱領一卷 (元)吳澄撰 明成化九年(1473)長樂謝士元刻本 十六册

110000－0144－0019442 善 095.4/915
天子肆獻祼饋食禮三卷 (清)任啓運撰 清乾隆三十八年(1773)清芬堂刻本 一册

110000－0144－0019443 善 095.4/987.2
禮箋三卷 (清)金榜撰 清乾隆五十九年(1794)游文齋刻本 三册

110000－0144－0019444 善 095.4/987－03
求古錄禮說十六卷 (清)金鶚撰 清道光三十年(1850)木犀香館刻本 六册

110000－0144－0019445 善 095/102
五禮通考二百六十二卷首四卷目錄二卷 (清)秦蕙田撰 清乾隆丨八年(1753)味經窩刻本 九十六册

110000－0144－0019446 善 095/216
禮樂通考三十卷 (清)胡掄輯 清乾隆十四年(1749)黎照軒刻本 十二册

110000－0144－0019447 善 096.21/352
春秋左氏全傳白文十二卷 (春秋)左丘明撰 明萬曆十六年(1588)雲陽賀邦泰刻本 二十四册

110000－0144－0019448 善 096.21/713
春秋左傳節文十五卷 (明)汪道昆撰 明萬曆五年(1577)刻本 四册

110000－0144－0019449 善 096.22/225
音註全文春秋括例始末左傳句讀直解七十卷 (宋)林堯叟註 元刻明修本 四册 存二卷(六十二至六十三)

110000－0144－0019450 善 096.2231/244－011
春秋經傳集解三十卷 (晉)杜預撰 (唐)陸

德明釋文　**春秋名號歸一圖二卷**　(五代)馮繼先撰　明刻本　三十冊

110000－0144－0019451　善 096.2231/244－012
春秋經傳集解三十卷　(晉)杜預撰　明天放菴刻本　(□)□□朱墨筆批點　八冊

110000－0144－0019452　善 096.2231/244－014
春秋經傳集解三十卷　(晉)杜預撰　(唐)陸德明釋義　明刻本　二十八冊

110000－0144－0019453　善 096.2231/244－370－02
春秋左傳注疏六十卷末一卷　(晉)杜預注　(唐)陸德明音義　(唐)孔穎達疏　清乾隆四年(1739)武英殿刻十三經注疏本　二十冊

110000－0144－0019454　善 096.2231/244－798
春秋經傳集解三十卷　(晉)杜預撰　(明)穆文熙輯評　**春秋名號歸一圖二卷**　(五代)馮繼先撰　明萬曆十五年(1587)劉懷恕刻本　十六冊

110000－0144－0019455　善 096.2231/244－8
春秋左傳注疏六十卷　(晉)杜預注　(唐)孔穎達疏　明崇禎十一年(1638)汲古閣刻本　十六冊

110000－0144－0019456　善 096.225/221
春秋四傳三十八卷綱領一卷提要一卷列國東坡圖說一卷春秋二十國年表一卷諸國興廢說一卷　(□)□□撰　明汪應魁貽經堂刻本　六冊

110000－0144－0019457　善 096.226/458
春秋左傳十五卷　(明)孫鑛批點　明萬曆四十四年(1616)閔齊伋刻本　十二冊

110000－0144－0019458　善 096.226/765
春秋左傳註評測義七十卷　(明)凌稚隆撰　明萬曆十六年(1588)刻本　十八冊

110000－0144－0019459　善 096.226/769
春秋衡庫三十卷附錄三卷　(明)馮夢龍輯　明天啓五年(1625)刻本　八冊

110000－0144－0019460　善 096.2265/667
唐荊川先生編纂左氏始末十二卷　(明)唐順之撰　明嘉靖四十一年(1562)唐正之刻本　十冊

110000－0144－0019461　善 096.227/368
春秋經傳類求十二卷　(清)孫從添　(清)過臨汾輯　清乾隆二十四年(1759)舊名堂刻本　十二冊

110000－0144－0019462　善 096.227/602
讀春秋筆記一卷　(□)□□撰　清抄本　一冊

110000－0144－0019463　善 096.227/723
春秋取義測十二卷　(清)法坤宏撰　清乾隆五十九年(1794)刻本　六冊

110000－0144－0019464　善 096.227/723
迂齋學古編四卷　(清)法坤宏撰　清乾隆三十九年(1774)海上廬刻本　與 110000－0144－0019463 合冊

110000－0144－0019465　善 096.27/120－03
文章練要左傳評十卷　(清)王源評　清康熙居業堂刻本　(□)□□朱筆批注　五冊

110000－0144－0019466　善 096.27/367
左氏春秋兵論　(清)孫毓林撰　清光緒稿本　(清)吳大澂、左宗棠、盛宣懷、文廷式、陸鼎翰、惲毓鼎等人題識　一冊

110000－0144－0019467　善 096.27/583
左傳正約十二卷　(清)山水主人輯　清抄本　六冊

110000－0144－0019468　善 096.27/683
春秋左藻三卷　(明)惺知主人撰　明抄本　三冊

110000－0144－0019469　善 096.27/821
新刻春秋談虎講意十二卷　(明)周希令　(明)方尚恂撰　明天啓四年(1624)刻本　四冊

110000－0144－0019470　善 096.27/905
春秋左傳屬事二十卷　(明)傅遜撰　明萬曆十三年(1585)日殖齋刻本　十冊

110000－0144－0019471　善 096.322/903－02
春秋公羊經傳解詁十二卷　(漢)何休撰　清道光四年(1824)揚州汪氏問禮堂刻本　四冊

110000－0144－0019472　善 096.322/903－916
春秋公羊傳注疏二十八卷　(漢)何休注　(唐)陸德明音義　(唐)徐彦疏　清乾隆四年(1739)武英殿刻十三經注疏本　八冊

110000－0144－0019473　善 096.423/536－267－03
春秋穀梁傳注疏二十卷　(晉)范甯集解　(唐)楊士勛疏　(唐)陸德明音義　清乾隆四年(1739)武英殿刻十三經注疏本　六冊

110000－0144－0019474　善 096.426/458
春秋穀梁傳十二卷　(晉)范甯集解　(明)閔齊伋裁注　**攷一卷**　(明)閔齊伋撰　明天啓元年(1621)閔齊伋刻套印本　四冊

110000－0144－0019475　善 096.45/535
三傳辨疑二十卷　(元)程端學撰　清康熙、雍正間四美堂王聞遠抄本　三冊　存六卷(三至四、十四至十五、十九至二十)

110000－0144－0019476　善 096.5/101
春秋四傳三十八卷綱領一卷提要一卷列國東坡圖說一卷春秋二十國年表一卷諸國興廢說一卷　(□)□□撰　明嘉靖十一年(1532)福建建寧府書坊刻本　十冊

110000－0144－0019477　善 096.5/203
春秋屬辭十五卷　(元)趙汸撰　元至正二十年至二十四年(1360－1364)海寧商山義塾刻明修本　八冊

110000－0144－0019478　善 096.5/312
春秋集傳二十六卷綱領一卷　(宋)張洽撰　**諸君來往小札一卷**　(清)嚴元照輯　清抄本　存十九卷(一至十七、二十一至二十二)　十冊

110000－0144－0019479　善 096.5/441
春秋集義五十八卷首一卷末一卷　(清)吳鳳來撰　清乾隆五十四年(1789)小草廬刻本　二十冊

110000－0144－0019480　善 096.5/442
麟旨明微十二卷　(明)吳希哲撰　明崇禎刻本　三冊

110000－0144－0019481　善 096.5/504
春秋三傳讞二十二卷　(宋)葉夢得撰　清抄本　六冊

110000－0144－0019482　善 096.5/661
春秋諸國統紀不分卷　(元)齊履謙撰　明秦氏雁里草堂抄本　一冊

110000－0144－0019483　善 096.5/759
春秋事義慎考十四卷首一卷　(清)姜兆錫撰　清乾隆九年(1744)姜氏寅清樓刻本　二冊

110000－0144－0019484　善 096.508/312
春秋三書三十一卷　(明)張溥撰　明末刻本　八冊

110000－0144－0019485　善 096.7/641
春秋地名考略十四卷　(清)高士奇撰　清康熙二十七年(1688)高氏清吟堂刻本　八冊

110000－0144－0019486　善 096.8/119
春秋筆削發微圖不分卷　(宋)楊甲撰　(清)王皜校錄　清刻本　四冊

110000－0144－0019487　善 097.252/828－4－013
監本四書二十三卷　(宋)朱熹集注　清嘉慶四年(1799)映雪堂刻本　(□)□□朱墨筆批注　六冊

110000－0144－0019488　善 097.252/828－4－014
四書集注二十一卷　(宋)朱熹撰　清康熙十年(1671)朱氏崇道堂刻本　(清)張崇質墨筆過錄諸家批注　五冊

110000－0144－0019489　善 097.252/828－4－015
四書章句集注二十六卷　(宋)朱熹撰　清嘉慶十六年(1811)璜川吳氏真意堂刻本　六冊

110000－0144－0019490　善 097.257/793
四書章圖檃括總要發義二卷　(元)程復心撰

明正統四年(1439)進德書堂刻本　一冊

110000－0144－0019491　善097.26/119
四書叩心說錄七卷　(明)王逢元撰　清康熙十七年(1678)王紳刻本　十六冊

110000－0144－0019492　善097.26/306
四書直解二十六卷　(明)張居正等撰　明集古堂刻本　十冊

110000－0144－0019493　善097.27/290
四書解義七卷　(清)李光地撰　清康熙六十一年(1722)居業堂刻本　二冊

110000－0144－0019494　善097.27/388－6
四書講義困勉錄三十七卷續錄六卷　(清)陸隴其撰　清康熙三十八年(1699)刻本　十六冊

110000－0144－0019495　善097.27/388－6
四書講義困勉錄三十七卷續錄六卷　(清)陸隴其撰　清康熙三十八年(1699)刻本　十六冊

110000－0144－0019496　善097.27/451
呂晚邨先生四書講義四十三卷　(清)呂留良撰　清康熙天蓋樓刻本　十二冊

110000－0144－0019497　善097.324/234
論語筆解二卷　(唐)韓愈　(唐)李翺撰　明嘉靖天一閣刻本　一冊

110000－0144－0019498　善097.325/828－04
論語十卷　(宋)朱熹集註　清刻本　(□)□□朱藍筆批注　存五卷(一至五)　二冊

110000－0144－0019499　善097.37/819
論語商二卷　(明)周宗建撰　(明)卓爾康箋　明萬曆四十五年(1617)刻本　一冊

110000－0144－0019500　善097.37/937
倫語逸編三十一卷　(明)鍾韶輯　明萬曆刻本　一冊

110000－0144－0019501　善097.4252/998－05
大學衍義四十三卷　(宋)真德秀撰　元刻明修本　八冊　存二十二卷(一至二十二)

110000－0144－0019502　善097.4252/998－946
大學衍義補纂要六卷　(明)徐栻輯　明萬曆元年(1573)九江府刻本　六冊

110000－0144－0019503　善097.47/798
大學千慮一卷　(明)穆孔暉撰　明萬曆三十七年(1609)朱延禧刻本　一冊

110000－0144－0019504　善097.61/358
孟子七篇　(戰國)孟珂撰　清咸豐唐炯抄本　(清)唐炯墨筆題跋並朱筆過錄,清人吳敏樹批點及書後跋　二冊

110000－0144－0019505　善097.625/554－03
載詠樓重鐫硃批孟子二卷　(宋)蘇洵批　清康熙三十三年(1694)沈心友刻朱墨套印本　二冊

110000－0144－0019506　善097.67/213－3
孟子私淑錄三卷　(清)戴震撰　清張氏照曠閣抄本　一冊

110000－0144－0019507　善097.67/592
讀孟子劄記　(清)崔紀撰　清乾隆刻本　四冊

110000－0144－0019508　善098.27/229
孝經衍義一百卷首二卷　(清)葉方藹等纂　清康熙二十九年(1690)刻本　三十冊

110000－0144－0019509　善10000
古今韻會舉要小補三十卷　(明)方日升撰　明萬曆三十四年(1606)周士顯刻本　二十冊

110000－0144－0019510　善10007
成道記一卷補陀傳一卷　(唐)王勃撰　清抄本　一冊

110000－0144－0019511　善10019
[乾隆]直隸絳州志二十卷圖考一卷　(清)張成德修　(清)李友洙　(清)張我觀纂　清乾隆三十年(1765)刻本　八冊

110000－0144－0019512　善10059
正音攟言四卷　(明)王荔撰　(明)王允嘉注　明崇禎元年(1628)刻本　四冊

110000－0144－0019513　善1009

古文尚書攷二卷 （清）惠棟撰　清乾隆五十七年（1792）刻本　一冊

110000－0144－0019514　善1022
尚書古文考一卷 （日本）山井鼎撰　清乾隆李調元校刻本　一冊

110000－0144－0019515　善10280
五代詩話十二卷 （清）王士禛輯　清乾隆十三年（1748）養素堂刻本　六冊

110000－0144－0019516　善10283
古今字考六卷 （明）吕一奏撰　明崇禎元年（1628）刻本　十二冊

110000－0144－0019517　善10391
穀山筆麈十八卷 （明）于慎行撰　（明）郭應寵輯　明萬曆四十一年（1613）于緯刻本　八冊

110000－0144－0019518　善10393
韓非子二十卷 （戰國）韓非著　**韓非子識誤三卷** （清）顧廣圻識誤　清嘉慶二十三年（1818）全椒吴氏刻本　四冊

110000－0144－0019519　善10442
明紀編遺六卷 （清）葉鈐輯　清康熙二十九年（1690）事天閣刻本　三冊

110000－0144－0019520　善10510
建隆編一卷 （宋）陳傅良撰　清抄本　二冊

110000－0144－0019521　善10514
天主實義二卷 （意大利）利瑪竇撰　明萬曆三十五年（1607）汪孟樸刻本　四冊

110000－0144－0019522　善1052
詩瀋二十卷 （清）范家相撰　清乾隆三十九年（1774）古趣亭刻本　三冊

110000－0144－0019523　善10579
日躔表二卷 （意大利）羅雅谷撰　（德國）湯若望訂　明崇禎刻西洋新法曆書本　二冊

110000－0144－0019524　善10580
魯山木先生文集十二卷首一卷外集二卷 （清）魯九皋撰　清道光十一年（1831）陳用光刻本　十六冊

110000－0144－0019525　善10653
復社紀略三卷 （清）陸世儀撰　清抄本　一冊

110000－0144－0019526　善10656
月令廣義二十四卷首一卷附錄一卷 （明）馮應京輯　（明）戴任增釋　明萬曆陳邦泰刻本　六冊

110000－0144－0019527　善10661
梅崖居士文集三十八卷外集二卷 （清）朱仕琇撰　清乾隆二十四年（1759）刻本　六冊

110000－0144－0019528　善10667
唐類函二百卷目錄二卷 （明）俞安期輯　明萬曆三十一年（1603）刻本　四十冊

110000－0144－0019529　善10672
喻林一葉二十四卷 （清）王蘇輯　清乾隆五十九年（1794）劉賓谷刻本　六冊

110000－0144－0019530　善10673
皇明大内規制記四卷 （明）□□撰　清抄本　四冊

110000－0144－0019531　善10675
史通訓故補二十卷 （清）黄叔琳撰　清乾隆十二年（1747）養素堂刻本　六冊

110000－0144－0019532　善10679
格致鏡原一百卷 （清）陳元龍輯　清康熙五十六年（1717）刻雍正十三年（1735）印本　二十四冊

110000－0144－0019533　善10681
劉氏鴻書一百八卷 （明）劉仲達輯　明萬曆陳長卿刻本　十六冊

110000－0144－0019534　善10690
亦玉堂稿十卷 （明）沈鯉撰　清康熙二十九年（1690）劉榛刻本　四冊

110000－0144－0019535　善10694
國朝練音初集十卷首一卷末一卷補一卷 （清）王輔銘輯　清乾隆八年（1743）金尚東刻本　四冊

110000－0144－0019536　善10697

漢名臣言行錄十二卷　(清)夏之芳輯　清乾隆十七年(1752)積翠軒刻本　六册

110000－0144－0019537　善 10705
家學堂遺書十四卷　(清)張謙宜撰　清乾隆二十三年至二十四年(1758－1759)法輝祖刻本　(□)□□朱筆批注　一册

110000－0144－0019538　善 10727
遵生八牋十九卷　(明)高濂撰　明刻本　六册

110000－0144－0019539　善 10741
新鍥簪纓必用增補秘笈新書十三卷別集三卷　(宋)謝枋得輯　(明)吳道南增補　明萬曆三十六年(1608)刻本　八册

110000－0144－0019540　善 10742
古今攷三十八卷　(宋)魏了翁撰　(元)方回續　明崇禎九年(1636)謝三賓刻本　八册

110000－0144－0019541　善 10747
丹鉛總錄二十七卷　(明)楊慎撰　明萬曆刻本　十册

110000－0144－0019542　善 10750
新刊京本禮記纂言三十六卷　(元)吳澄撰　明崇禎二年(1629)張養刻本　六册

110000－0144－0019543　善 10822
大明一統志九十卷　(明)李賢　(清)萬安等纂修　明萬壽堂刻清修版後印本　四十八册

110000－0144－0019544　善 10831
等切元聲十卷　(清)熊士伯撰　清康熙刻本　三册

110000－0144－0019545　善 10834
鹿洲全集七種　(清)藍鼎元撰　清康熙、雍正間刻彙印本　二十册

110000－0144－0019546　善 10844
[乾隆]魚臺縣誌十三卷首一卷末一卷　(清)馮振鴻纂修　清乾隆二十九年(1764)刻本　四册

110000－0144－0019547　善 1096
大戴禮記十三卷　(漢)戴德撰　(北周)盧辯注　(清)朱軾句讀　清康熙五十七年(1718)自修齋刻本　(□)□□墨筆批注　四册

110000－0144－0019548　善 1115
周禮註疏四十二卷　(漢)鄭玄注　(唐)陸德明音義　(唐)賈公彥等疏　明嘉靖李元陽刻十三經註疏本　馬敘倫跋　十六册

110000－0144－0019549　善 1119
註釋古周禮五卷考工記一卷　(明)郎兆玉撰　明天啓郎氏刻本　六册

110000－0144－0019550　善 1120
周禮註疏刪翼三十卷　(明)王志長撰　明崇禎十二年(1639)葉培恕刻本　十二册

110000－0144－0019551　善 1123
禮箋三卷　(清)金榜撰　清乾隆五十九年(1794)游文齋刻本　六册

110000－0144－0019552　善 11266
宋名臣言行錄前集十卷後集十四卷續集八卷別集二十六卷外集十七卷　(宋)朱熹輯　(宋)李幼武纂　清同治七年(1868)臨川桂氏刻本　十二册

110000－0144－0019553　善 11408
經玩二十卷　(清)沈淑撰　清雍正孝德堂刻本　八册

110000－0144－0019554　善 11417
陶元亮詩四卷　(晉)陶潛撰　(明)黃文煥析義　明末刻本　二册

110000－0144－0019555　善 1146
春秋胡氏傳三十卷　(宋)胡安國撰　明內府刻本　四册

110000－0144－0019556　善 11570
午亭文編五十卷　(清)陳廷敬撰　清康熙四十七年(1708)林佶刻乾隆四十三年(1778)印本　八册

110000－0144－0019557　善 11603
康熙甲子史館新刊古今通韻十二卷　(清)毛奇齡撰　清康熙二十四年(1685)學者堂刻本　四册

110000－0144－0019558　善11765

車書樓彙輯各名公四六爭奇八卷　(明)許以忠輯　明萬曆四十八年(1620)刻本　八册

110000－0144－0019559　善11800

古逸書三十卷首一卷末一卷　(明)潘基慶輯　明末刻本　六册

110000－0144－0019560　善11826

說文字原集註十六卷表一卷表說一卷　(清)蔣和撰　清乾隆五十三年(1788)刻本　十册

110000－0144－0019561　善11827

賴古堂詩集四卷　(清)周亮工撰　清初刻本　二册

110000－0144－0019562　善1183

陳學士先生論語貫義二卷　(明)陳懿典輯　清抄本　二册

110000－0144－0019563　善11867

帝京景物略八卷　(明)劉侗　于奕正等撰　明崇禎刻本　八册

110000－0144－0019564　善11887

大清州縣名急就章　(清)彭翔履撰　清抄本　一册

110000－0144－0019565　善11889

小窗別紀四卷雜記一卷　(明)吴從先撰　明萬曆刻本　五册

110000－0144－0019566　善11892

楚辭聽直八卷合論一卷　(清)黄文炳撰　明崇禎十六年(1643)清順治十四年(1657)續刻本　六册

110000－0144－0019567　善11896

說文字原考略六卷　(清)吴照撰　清乾隆五十七年(1792)南城吴氏南昌寓館刻本　二册

110000－0144－0019568　善11897

觚賸八卷續編四卷　(清)鈕琇撰　清康熙鈕氏臨野堂刻本　三册

110000－0144－0019569　善11909

三才圖會一百六卷　(明)王圻撰　明萬曆三十七年(1609)刻王爾賓重修本　八十册

110000－0144－0019570　善11917

道榮堂文集六卷滄州近詩十卷首一卷　(清)陳鵬年撰　清乾隆二十七年(1762)陳樹芝刻本　十四册

110000－0144－0019571　善11925

金薤琳琅二十卷　(明)都穆撰　**補遺一卷**　(清)宋振譽撰　清乾隆四十三年(1778)汪莪洲刻本　四册

110000－0144－0019572　善1194

松陽講義十二卷　(清)陸隴其撰　清康熙二十九年(1690)刻本　六册

110000－0144－0019573　善11988

硃批諭旨不分卷　(清)世宗胤禛撰　清木活字印朱墨套印本　一百十二册

110000－0144－0019574　善120.8/384

諸子奇賞前集五十一卷後集六十卷　(明)陳仁錫輯並評　明天啟六年(1626)武林好生館刻本　三十二册

110000－0144－0019575　善120.8/626

七子　方疑輯　清末樹滋堂抄本　二册

110000－0144－0019576　善120.8/868

諸子彙函二十六卷附談藪一卷諸子評林姓氏一卷　(明)歸有光輯　明末刻本　十六册

110000－0144－0019577　善120.8/868

諸子彙函二十六卷附談藪一卷諸子評林姓氏一卷　(明)歸有光輯　明末刻本　十四册

110000－0144－0019578　善120.8/917

新鍥翰林三狀元會選二十九子品彙釋評二十卷首一卷　(明)焦竑　(明)翁正春　(明)朱之藩評　明萬曆四十四年(1616)寶善堂刻本　三十册

110000－0144－0019579　善120.8/959

六子全書六十卷　(明)顧春編　明嘉靖十二年(1533)吴郡顧春世德堂刻本　二十八册

110000－0144－0019580　善120.8/959

六子全書六十卷　(明)顧春編　明嘉靖十二年(1533)吴郡顧春世德堂刻本　三十六册

110000－0144－0019581　善 1201
朱子孝經刊誤一卷　(宋)朱熹撰　清會稽魯氏抄本　一册

110000－0144－0019582　善 121.21/112－09
孔子家語十卷　(三國魏)王肅注　明崇禎毛氏汲古閣刻本　六册

110000－0144－0019583　善 121.21/112－435
孔子家語圖十一卷　(明)吳嘉謨輯　明萬曆十七年(1589)吳嘉謨刻本　六册

110000－0144－0019584　善 121.21/112－898
孔子家語八卷　(明)何孟春注　明聖府永明書院刻本　四册

110000－0144－0019585　善 121.21/192
祀事孔明一卷　(明)袁應兆撰　明崇禎五年(1632)刻本　一册

110000－0144－0019586　善 121.21/292.7
至聖編年世紀二十四卷　(清)李灼　(清)黄晟輯　清乾隆十六年(1751)亦政齋刻本　十四册

110000－0144－0019587　善 121.21/307
聖蹟圖一卷　(□)□□撰　明萬曆刻本　二册

110000－0144－0019588　善 121.21/385－02
闕里志二十四卷　(明)陳鎬纂修　明刻本　十册

110000－0144－0019589　善 121.21/385－370
闕里志十二卷　(明)孔貞叢纂修　明萬曆三十七年(1609)刻本　六册

110000－0144－0019590　善 121.27/552－273－02
荀子二十卷　(唐)楊倞注　(清)謝墉輯補　**校勘補遺一卷**　(清)謝墉撰　清乾隆五十一年(1786)謝墉安雅堂刻本　四册

110000－0144－0019591　善 121.27/552－273－04
荀子二十卷　(唐)楊倞注　(清)謝墉輯補　**校勘補遺一卷**　(清)謝墉撰　清光緒二年(1876)浙江書局刻本　(清)陸懋宗墨筆批點　六册

110000－0144－0019592　善 121.27/552－273－09
荀子二十卷　(唐)楊倞注　(清)謝墉輯補　**校勘補遺一卷**　(清)謝墉撰　清乾隆五十一年(1786)謝墉安雅堂刻本　四册

110000－0144－0019593　善 121.27/552－273－09
荀子二十卷　(唐)楊倞注　(清)謝墉輯補　**校勘補遺一卷**　(清)謝墉撰　清乾隆五十一年(1786)謝墉安雅堂刻本　四册

110000－0144－0019594　善 121.29/452
陋巷志八卷　(明)顏胤祚撰　明萬曆二十九年(1601)刻清修本　四册

110000－0144－0019595　善 121.3/313
新刻熙朝内閣評選六子纂要十二卷　(明)張位　(明)趙志皋編　明萬曆二十一年(1593)書林余成章刻本　八册

110000－0144－0019596　善 121.3/378.2
玉堂校傳如崗陳先生二經精解全編九卷　(明)陳懿典撰　明萬曆二十二年(1594)熊雲濱刻本　六册

110000－0144－0019597　善 121.3/485
四子全書九卷　(明)董逢元輯　明萬曆二十三年(1595)董氏秋聲閣緑筠堂刻本　八册

110000－0144－0019598　善 121.31/441
二十子全書二十種一百六十九卷　(明)吳勉學編　明末吳勉學刻本　存三種九卷(老子二卷、關尹子一卷、譚子六卷)　二册

110000－0144－0019599　善 121.31/632
老解二卷　(明)郭子章撰　明刻本　二册

110000－0144－0019600　善 121.31/717
纂圖互註老子道德經二卷　(漢)河上公章句　元刻本　二册

110000－0144－0019601　善 121.31/835
三子通義二十卷　(明)朱得之撰　明嘉靖四

十三年至四十四年(1564 - 1565)浩然齋刻本　八冊

110000 - 0144 - 0019602　善 121.31/917 - 02
老子翼三卷莊子翼八卷　(明)焦竑輯　明萬曆十六年(1588)王元貞刻本　十冊

110000 - 0144 - 0019603　善 121.31/917 - 03
老莊翼十一卷　(明)焦竑撰　明末陳長卿刻本　十二冊

110000 - 0144 - 0019604　善 121.32/262 - 02
列子鬳齋口義二卷　(宋)林希逸撰　(宋)陳景元補遺　明嘉靖四年(1525)張士鎬刻三子口義本　六冊

110000 - 0144 - 0019605　善 121.32/312 - 03
冲虛至德真經八卷　(晉)張湛注　(唐)殷敬順釋文　元刻本　四冊

110000 - 0144 - 0019606　善 121.32/312 - 05
冲虛至德真經八卷　(晉)張湛注　(唐)殷敬順釋文　元刻明修本　二冊

110000 - 0144 - 0019607　善 121.32/347 - 497
列于八卷　(唐)盧重元解　清嘉慶八年至九年(1803 - 1804)江都秦氏石研齋刻本　四冊

110000 - 0144 - 0019608　善 121.32/835
列子通義八卷　(明)朱得之撰　明嘉靖四十三年至四十四年(1564 - 1565)浩然齋刻三子通義本　二冊

110000 - 0144 - 0019609　善 121.32/968
列子冲虛至德真經釋文二卷　(唐)殷敬順撰　(宋)陳景元補遺　清抄本　一冊

110000 - 0144 - 0019610　善 121.33/130
莊子解三卷　(清)吳世尚註評　清康熙五十四年(1715)光裕堂刻本　六冊

110000 - 0144 - 0019611　善 121.33/293
說莊三卷　(明)李騰芳撰　清乾隆青蓮齋刻本　三冊

110000 - 0144 - 0019612　善 121.33/293
說莊三卷　(明)李騰芳撰　清乾隆青蓮齋刻本　二冊

110000 - 0144 - 0019613　善 121.33/435 - 02
莊子解十二卷　(清)天世尚注評　清雍正四年(1726)易老莊書屋刻本　四冊

110000 - 0144 - 0019614　善 121.33/525 - 229
新刻韓會狀註釋莊子南華真經狐白四卷　(明)韓敬撰　明萬曆四十二年(1614)書林余氏自新齋刻本　四冊

110000 - 0144 - 0019615　善 121.33/525 - 256 - 02
莊子因六卷　(清)林雲銘撰　清光緒六年(1880)常州培本堂善書局刻本　(□)□□墨筆批注　四冊

110000 - 0144 - 0019616　善 121.33/525 - 383
南華真經本義十六卷附錄八卷　(明)陳治安撰　明崇禎五年(1632)刻本　四冊

110000 - 0144 - 0019617　善 121.33/525 - 626.4
南華真經旁注五卷　(明)方虛名撰　明萬曆二十二年(1594)刻本　五冊

110000 - 0144 - 0019618　善 121.33/525 - 637 - 010
莊子南華真經十卷　(晉)郭象注　明刻本(卷九部分及卷十為抄配)　(清)顧瀛批校　十二冊

110000 - 0144 - 0019619　善 121.33/525 - 637 - 011
莊子十卷　(晉)郭象注　(唐)陸德明音義　清光緒二年(1876)浙江書局刻本　(□)□□朱墨筆過錄各家批校　四冊

110000 - 0144 - 0019620　善 121.33/525 - 637 - 013
纂圖互註南華真經十卷　(晉)郭象注　(唐)陸德明音義　明刻本　五冊

110000 - 0144 - 0019621　善 121.33/525 - 637 - 05
南華真經十卷　(晉)郭象注　(唐)陸德明音義　清金閶聚文堂刻本　楊守敬批校並題識　四冊

110000－0144－0019622　善 121.33/525－637－06

南華經十六卷　（晉）郭象注　（宋）林希逸口義　（宋）劉辰翁點校　（明）王世貞評點　（明）陳仁錫批注　明刻四色套印本　八冊

110000－0144－0019623　善 121.33/525－637－06

南華經十六卷　（晉）郭象注　（宋）林希逸口義　（宋）劉辰翁點校　（明）王世貞評點　（明）陳仁錫批注　明刻四色套印本　四冊

110000－0144－0019624　善 121.33/525－637－07

莊子郭註十卷　（晉）郭象註　（唐）陸德明音義　明刻本　六冊

110000－0144－0019625　善 121.33/525－637－09

南華經注疏三十五卷　（晉）郭象注　（唐）成玄英疏　清慎思堂抄本　二十冊

110000－0144－0019626　善 121.33/525－637－2－02

莊子南華真經四卷　（唐）陸德明音義　明閔齊伋刻朱墨套印本　四冊

110000－0144－0019627　善 121.33/528－118

南華經別編二卷　（明）王宗沐撰　明萬曆三年（1575）施觀民刻本　二冊

110000－0144－0019628　善 121.33/835

莊子通義二卷　（明）朱得之撰　明嘉靖四十三年至四十四年（1564－1565）浩然齋刻三子通義本　五冊

110000－0144－0019629　善 121.33/941

南華發覆八卷　（明）釋性通注　清文秀堂刻本　六冊

110000－0144－0019630　善 121.33/941

南華發覆八卷　（明）釋性通注　清文秀堂刻本　六冊

110000－0144－0019631　善 121.33/967

讀莊一吷不分卷　（清）顧如華撰　清木活字印本　二冊

110000－0144－0019632　善 121.39/652

文子二卷　（春秋）辛鈃撰　明萬曆五年（1577）刻本　一冊

110000－0144－0019633　善 121.39/668

亢倉子三卷　（宋）何粲注　明萬曆金陵聚奎樓刻本　一冊

110000－0144－0019634　善 121.61/279

管子刪評六卷　（明）梅士享撰　明萬曆四十三年（1615）梅氏天一館刻本　六冊

110000－0144－0019635　善 121.61/279－8

詮敘管子成書十五卷首一卷　（明）梅士享撰輯　明天啟五年（1625）賈毓祥刻本　八冊

110000－0144－0019636　善 121.61/845－02

管子二十四卷　（春秋）管仲撰　（明）吳勉學校　明吳勉學刻本（卷五至八配明淩汝亨刻朱墨套印本）　八冊

110000－0144－0019637　善 121.61/845－743

管子二十四卷　（唐）房玄齡注　（明）劉績　朱長春補注　（明）張榜　沈鼎新等評　明天啟五年（1625）朱養純花齋刻本　四冊

110000－0144－0019638　善 121.61/845－830

管子榷二十四卷　（明）朱長春撰　明萬曆四十年（1612）張維樞刻本　八冊

110000－0144－0019639　善 121.61/845－830－9

管子二十四卷　（明）朱長春　（明）趙用賢等評　明淩汝亨刻朱墨套印本　十冊

110000－0144－0019640　善 121.61/845－958－07

管子二十四卷　（唐）房玄齡注　明萬曆十年（1582）趙用賢刻管韓合刻本　八冊

110000－0144－0019641　善 121.64/233－08

韓非子二十卷　（戰國）韓非撰　明萬曆十年（1582）趙用賢刻管韓合刻本　四冊

110000－0144－0019642　善 121.64/233－456

韓子迂評二十卷　（明）門無子撰　明刻朱墨

套印本　六冊

110000－0144－0019643　善121.64/233－456
韓子迂評二十卷　(明)門無子撰　明刻朱墨套印本　七冊

110000－0144－0019644　善121.71/873－02
鬼谷子一卷外篇一卷　(春秋)鬼谷子撰　明嘉靖刻十二子本　一冊

110000－0144－0019645　善121.81/467－03
晏子春秋六卷　(春秋)晏嬰撰　(明)淩稚隆評點　明淩澄初刻朱墨套印本　四冊

110000－0144－0019646　善121.81/467－03
晏子春秋六卷　(春秋)晏嬰撰　(明)淩稚隆評點　明淩澄初刻朱墨套印本　四冊

110000－0144－0019647　善121.81/467－412
晏子刪評二卷　(明)馬權奇撰　明天啓刻本　一冊

110000－0144－0019648　善121.84/446－03
呂氏春秋二十六卷　(漢)高誘注　明萬曆七年(1579)張登雲刻本　五冊

110000－0144－0019649　善121.84/446－392
呂氏春秋二十六卷　(宋)陸游評　(明)淩稚隆批　明萬曆四十八年(1620)淩毓枏刻朱墨套印本　八冊

110000－0144－0019650　善122.08/495
漢兩大儒書十八卷　(清)盧文弨編校　清乾隆抱經堂刻本　四冊

110000－0144－0019651　善122.08/495
新書十卷　(漢)賈誼撰　清乾隆浙江抱經堂刻漢兩大儒書本　二冊

110000－0144－0019652　善122.1/150－02
新書十卷附録一卷　(漢)賈誼撰　(明)程榮輯　明萬曆程榮刻漢魏叢書本　四冊

110000－0144－0019653　善122.1/150－03
新書十卷附録一卷　(漢)賈誼撰　(明)黃甫龍　(明)唐琳訂　明刻遞修本　二冊

110000－0144－0019654　善122.1/150－03
新書十卷附録一卷　(漢)賈誼撰　(明)黃甫龍　(明)唐琳訂　明刻遞修本　二冊

110000－0144－0019655　善122.1/370
孔叢子三卷　(漢)孔鮒撰　明萬曆五年(1577)刻本　一冊

110000－0144－0019656　善122.1/370－03
孔叢子三卷　(漢)孔鮒撰　明崇禎六年(1633)孔胤植刻本　二冊

110000－0144－0019657　善122.1/547－02
春秋繁露八卷　(漢)董仲舒撰　**仲長統論一卷**　(漢)仲長統撰　明萬曆胡維新刻兩京遺編本　四冊

110000－0144－0019658　善122.1/712－02
淮南子校勘記一卷　(清)汪文臺撰　清汪錫蕃抄本　黃襄成跋　一冊

110000－0144－0019659　善122.1/892－287
淮南鴻烈解輯略二卷　(明)張榜等輯　明刻本　一冊

110000－0144－0019660　善122.1/892－441
淮南子二十一卷　(漢)劉安撰　明萬曆吳勉學刻二十子本　八冊

110000－0144－0019661　善122.1/892－516
淮南鴻烈解二十一卷　(漢)劉安撰　(明)茅坤評　明刻朱墨套印本　八冊

110000－0144－0019662　善122.1/893－03
劉向説苑二十卷新序十卷　(漢)劉向撰　明吳勉學刻本　六冊

110000－0144－0019663　善122.1/893－03
劉向説苑二十卷新序十卷　(漢)劉向撰　明吳勉學刻本　十冊

110000－0144－0019664　善122.1/893－04
劉向説苑二十卷　(漢)劉向撰　明刻本　(清)傅山批點　存十卷(十一至二十)　三冊

110000－0144－0019665　善122.1/893－901
劉向説苑二十卷新序十卷　(漢)劉向撰　(明)何良俊輯　清刻本　高步瀛批注並過録(清)盧文弨、(清)孫詒讓、吳汝綸等批注

六冊

110000－0144－0019666　善122.1/893－901
説苑二十卷新序十卷　（漢）劉向撰　清刻本　六冊

110000－0144－0019667　善122.6/117－011
論衡三十卷　（漢）王充撰　明嘉靖十四年(1535)蘇獻可通津草堂刻本　六冊

110000－0144－0019668　善122.6/117－012
論衡三十卷　（漢）王充撰　清刻本　高步瀛校　十冊

110000－0144－0019669　善122.6/170
重校天禄閣寓言外史八卷　（漢）黄憲撰　明萬曆三十九年(1611)王澍刻本　二冊

110000－0144－0019670　善122.6/170－02
天禄閣外史八卷　（漢）黄憲撰　明刻本　二冊

110000－0144－0019671　善122.6/552－02
申鑑五卷　（漢）荀悦撰　（明）黄省會註　明刻漢魏叢書本　一冊

110000－0144－0019672　善122.6/947－02
中論二卷　（漢）徐幹撰　明刻本　一冊

110000－0144－0019673　善12227
文廟聖政記□□卷　（明）□□撰　明抄本　存二卷(一、三)　一冊

110000－0144－0019674　善12228
文廟靖難記二卷　（明）□□撰　明抄本　一冊　存一卷(一)

110000－0144－0019675　善12229
仁廟聖政記二卷　（明）□□撰　明抄本　一冊

110000－0144－0019676　善12230
六書分類十二卷首一卷　（清）傅世垚撰　清乾隆五十四年(1789)聽松閣刻本　十二冊

110000－0144－0019677　善12231
漢詩説十卷總説一卷　（清）沈用濟　（清）費錫璜撰　清康熙刻本　四冊

110000－0144－0019678　善12238
漢隷字源五卷碑目一卷附字一卷　（宋）婁機撰　明汲古閣刻本　六冊

110000－0144－0019679　善12248
孝經精義一卷后錄一卷或問一卷原孝一卷余論一卷　（清）張敘撰　清抄本　二冊

110000－0144－0019680　善12253
唐詩排律七卷　（清）牟欽元輯　（清）牟灦箋注　清康熙五十四年(1715)刻本　二冊

110000－0144－0019681　善12254
毛詩名物圖説九卷　（清）徐鼎撰　清乾隆三十六年(1771)刻本　二冊

110000－0144－0019682　善12255
華野疏稿五卷　（清）郭琇撰　清抄本　三冊

110000－0144－0019683　善12261
編珠二卷　（隋）杜公瞻撰　**補遺二卷續編珠二卷**　（清）高士奇輯　清康熙三十七年(1698)高氏刻本　四冊

110000－0144－0019684　善12261
謝華啓秀八卷　（明）楊慎輯　清康熙三十七年(1698)高氏刻本　三冊

110000－0144－0019685　善12287
禮記二十卷　（漢）鄭玄注　**釋文四卷**　（唐）陸德明撰　**考異二卷**　（清）張敦仁撰　清嘉慶十一年(1806)張敦仁刻本　十三冊

110000－0144－0019686　善12292
十經文字通正書十四卷　（清）錢坫撰　清嘉慶二年(1797)文章大吉樓刻本　二冊

110000－0144－0019687　善12294
春秋地名考略十四卷　（清）高士奇撰　清康熙二十七年(1688)高氏清吟堂刻本　八冊

110000－0144－0019688　善12297
四六類編十六卷　（明）李日華撰　（明）魯重民補訂　明崇禎十三年(1640)魯重民刻本　十四冊

110000－0144－0019689　善123.11/888－02
人物志三卷　（三國魏）劉邵撰　（西涼）劉昞

注　明萬曆程榮刻本　一冊

110000－0144－0019690　善 123.9/114
文中子十卷　(隋)王通撰　明刻本　一冊

110000－0144－0019691　善 123.9/114－375
文中子中說十卷　(隋)王通撰　(宋)阮逸注　明敬忍居刻本　四冊

110000－0144－0019692　善 12308
小窗自紀四卷　(明)吳從先撰　明萬曆刻本　八冊

110000－0144－0019693　善 12312
古今詩話選雋二卷　(清)盧衍仁輯　清乾隆刻本　二冊

110000－0144－0019694　善 12317
周易本義十二卷易圖一卷五贊一卷筮儀一卷　(宋)朱熹撰　清康熙五十年(1711)曹寅刻本　四冊

110000－0144－0019695　善 12319
宋東京考二十卷　(清)周城輯　清乾隆刻本　六冊

110000－0144－0019696　善 12327
敕修兩浙海塘通志二十卷首一卷　(清)方觀承等修　清乾隆刻本　六冊

110000－0144－0019697　善 1233
古經解鉤沉三十卷　(清)余蕭客撰　清乾隆刻本　八冊

110000－0144－0019698　善 12333
增訂吳越備史六卷首一卷　(宋)范坰　(宋)林禹撰　(清)錢時鈺增訂　**雜考一卷**　(清)錢杜峰輯　**五代史吳越世家疑辯**　(明)馬藎臣撰　清乾隆六十年(1795)錢敬業刻本　二冊

110000－0144－0019699　善 12335
小窗清紀四卷附一卷　(明)吳從先撰　明萬曆刻本　四冊

110000－0144－0019700　善 12336
同文算指前編二卷　(意大利)利瑪竇授　(明)李之藻演　明崇禎王嗣虞等刻本　二冊

110000－0144－0019701　善 12345
長文襄公[齡]自訂年譜四卷　(清)長齡撰　清道光二十一年(1841)桂業堂刻本　四冊

110000－0144－0019702　善 12352
廣博物志五十卷　(明)董斯張撰　明董氏高暉堂刻清乾隆二十六年(1761)印本　三十二冊

110000－0144－0019703　善 12365
指月錄三十二卷　(明)瞿汝稷撰　明萬曆三十年(1602)釋通一刻本　十冊

110000－0144－0019704　善 12370
西陂類稿五十卷　(清)宋犖撰　清康熙毛扆、宋懷金、高岑刻本　八冊

110000－0144－0019705　善 12374
遠西奇器圖說錄最三卷新製諸器圖說一卷　(瑞士)鄧玉函口授　(明)王徵譯繪　明崇禎元年(1628)武位中刻本　四冊

110000－0144－0019706　善 12387
閩海紀要二卷　(清)夏琳撰　清抄本　二冊

110000－0144－0019707　善 124.1/482
兩同書二卷　(唐)羅隱撰　明嘉靖范欽刻本　一冊

110000－0144－0019708　善 124.8/601
譚子化書六卷於陵子一卷　(五代)譚峭撰　(清)晉民正注　**於陵子一卷**　(南朝齊)陳仲子撰　清抄本　(清)祝廷錫跋　二冊

110000－0144－0019709　善 12468
沈南疑先生檇李詩繫四十二卷　(清)沈季友輯　清康熙四十九年(1710)金南瑛敦素堂刻本　十六冊

110000－0144－0019710　善 12469
春秋四傳三十八卷綱領一卷提要一卷列國東坡圖說一卷春秋二十國年表一卷諸國興廢說一卷　(□)□□撰　明刻本　八冊

110000－0144－0019711　善 12475
大極韻初集二卷　(清)張成臬撰　清乾隆五十二年(1787)片玉齋刻本　二冊

110000－0144－0019712　善1249

說文解字十五卷　(漢)許慎撰　(宋)徐鉉等校定　清同治十二年(1873)粵東書局刻古經解彙函本　王仁俊過錄　(清)許克勤校並自校　王仁俊、馬敘倫跋　四册

110000－0144－0019713　善125.08/693

宋明諸子書抄不分卷　(□)□□輯　清抄本　七册

110000－0144－0019714　善125.2/445

二程子抄釋十卷　(明)吕柟撰　明嘉靖十五年(1536)鄧誥刻本　二册

110000－0144－0019715　善125.2/788

二程全書五十一卷附文集拾遺一卷　(宋)程頤　(宋)程顥撰　清康熙二十五年(1686)程湛、程福亮刻本　十二册

110000－0144－0019716　善125.2/788

二程全書五十一卷附文集拾遺一卷　(宋)程頤　(宋)程顥撰　清康熙二十五年(1686)程湛、程福亮刻本　十二册

110000－0144－0019717　善125.2/788－05

二程全書六十八卷　(宋)程頤　(宋)程顥撰　明萬曆三十四年(1606)徐必達刻本　十六册

110000－0144－0019718　善125.3/255

宋林和靖先生省心錄一卷　(宋)林逋撰　(明)何養純　(明)時諸賓輯　明萬曆四十一年(1613)何養純、時諸賓等刻本　一册

110000－0144－0019719　善125.3/307

張子全書十五卷　(宋)張載撰　(宋)朱熹注　明萬曆刻清修本　六册

110000－0144－0019720　善125.5/290－02

淵鑒齋御纂朱子全書六十六卷　(宋)朱熹撰　(清)李光地等編　清康熙五十三年(1714)武英殿刻本　三十二册

110000－0144－0019721　善125.5/290－02

淵鑒齋御纂朱子全書六十六卷　(宋)朱熹撰　(清)李光地等編　清康熙五十三年(1714)武英殿刻本　二十五册

110000－0144－0019722　善125.5/378

小學集註六卷　(明)陳選撰　明崇禎八年(1635)内府刻本　二册

110000－0144－0019723　善125.5/378－02

文公小學集註大全六卷　(明)陳選撰　明刻本　六册

110000－0144－0019724　善125.5/788

閑闢錄十卷　(明)程曈撰　明嘉靖四十三年(1564)程纘洛刻本　四册

110000－0144－0019725　善125.5/828－02

文公小學六卷　(宋)朱熹撰　明萬曆三十七年(1609)趙良相刻本　二册

110000－0144－0019726　善125.5/828－5

小學集註六卷　(宋)朱熹撰　(明)陳選集注　清雍正五年(1727)北京八旗官學刻本　二册

110000－0144－0019727　善125.5/828－5

小學集註六卷　(宋)朱熹撰　(明)陳選集注　清雍正五年(1727)八旗官學刻本　二册

110000－0144－0019728　善125.5/828－627

小學發明六卷　(清)施璜撰　清康熙三十七年(1698)紫陽書院刻本　四册

110000－0144－0019729　善125.5/828－627

小學發明六卷　(清)施璜撰　清康熙三十七年(1698)紫陽書院刻本　四册

110000－0144－0019730　善125.7/273

先聖大訓六卷　(宋)楊簡撰　明萬曆四十三年(1615)張翼軫等刻本　六册

110000－0144－0019731　善125.7/307－290

正蒙注二卷　(清)李光地撰　清康熙、雍正間刻本　一册

110000－0144－0019732　善125/290

榕村講授三卷　(清)李光地撰　清雍正刻本　三册

110000－0144－0019733　善125/290－7

御纂性理精義十二卷　(清)李光地等纂修　清康熙五十六年(1717)刻本　六册

110000－0144－0019734　善 125/362－03
理學宗傳二十六卷　(清)孫奇逢撰　清康熙五年(1666)張沐等刻本　十二册

110000－0144－0019735　善 125/802
大儒學粹九卷　(明)魏時亮輯　明萬曆十六年(1588)刻本　十册

110000－0144－0019736　善 1250
說文解字十五卷　(漢)許慎撰　(宋)徐鉉等校定　清嘉慶十四年(1809)孫氏五松書屋刻平津館叢書本　(清)徐灝批校　馬敘倫過錄王仁俊批及從王校本過錄清許克勤校語　二册

110000－0144－0019737　善 1256
說文解字十五卷　(漢)許慎撰　(宋)徐鉉等校定　清初毛氏汲古閣刻本　五册

110000－0144－0019738　善 1257
說文解字五音韻譜十二卷　(漢)許慎撰　(宋)李燾重編　明萬曆二十六年(1598)陳大科刻汲古閣印本　十二册

110000－0144－0019739　善 1258
說文解字十五卷　(漢)許慎撰　(宋)徐鉉等校定　清嘉慶十四年(1809)孫氏五松書屋刻平津館叢書本　六册

110000－0144－0019740　善 126.1/426
皇明性理翼六卷　(明)過庭訓輯　(明)游士任訂　明萬曆四十一年(1613)過庭訓刻本　二册

110000－0144－0019741　善 126.1/566－02
讀書錄二十四卷　(明)薛瑄撰　明刻本　十册

110000－0144－0019742　善 126.1/566－04
讀書錄十一卷續錄十二卷　(明)薛瑄撰　清康熙呂氏天蓋樓刻本　六册

110000－0144－0019743　善 126.1/953
三先生類要五卷　(明)徐用檢輯　明萬曆七年(1579)李充實刻本　四册

110000－0144－0019744　善 126.6/185
學人說話一卷讀書一見一卷　(明)彭堯諭撰　明刻本　一册

110000－0144－0019745　善 126.6/722
湛甘泉先生文集三十二卷　(明)湛若水撰　清康熙二十年(1681)黄鍇刻本　十册

110000－0144－0019746　善 126.6/834
蒼崖子一卷　(明)朱健撰　明末刻本　一册

110000－0144－0019747　善 126.8/170
榕壇問業十八卷　(明)黄道周撰　清乾隆十五年(1750)霞漳郭文餱刻本　六册

110000－0144－0019748　善 1262
說文解字繫傳四十卷附錄一卷　(五代)徐鍇撰　清乾隆四十七年(1782)新安汪啓淑刻本　十册

110000－0144－0019749　善 12697
讀史管見三十卷目錄二卷　(宋)胡寅撰　明崇禎八年(1635)張溥刻清康熙三十五年(1696)古並居印本　十六册

110000－0144－0019750　善 12699
唐書文鈔三十六卷　(明)戴義輯　明刻本　十册

110000－0144－0019751　善 127.1/103
客窗質語二卷講學述言絶句百首一卷　(清)武承謨撰　清雍正十二年(1734)烏墩凌氏刻本　二册

110000－0144－0019752　善 127.1/313
信陽子卓錄八卷　(清)張鵬翮撰　清康熙五十五年(1716)刻本　四册

110000－0144－0019753　善 127.1/448
淑艾錄十四卷　(清)張履祥原本　(清)祝洤纂　清乾隆刻本　二册

110000－0144－0019754　善 127.1/832
時習錄十六卷　(清)朱懷衮輯　清順治十八年(1661)刻本　十册

110000－0144－0019755　善 127.2/313
困學錄集粹八卷　(清)張伯行　清雍正張氏

正誼堂刻本　八冊

110000－0144－0019756　善 127.4/273
程功錄五卷　(清)楊名時撰　清抄本　二冊

110000－0144－0019757　善 127.4/716
日知薈說四卷　(清)高宗弘曆撰　清乾隆元年(1736)內府刻本　四冊

110000－0144－0019758　善 127.4/716－02
日知薈說四卷　(清)高宗弘曆撰　清抄本　二冊

110000－0144－0019759　善 127.4/716－03
日知薈說四卷　(清)高宗弘曆撰　清乾隆蘇州府刻本　四冊

110000－0144－0019760　善 12704
鄒子願學集八卷　(明)鄒元標撰　明萬曆四十七年(1619)龍遇奇、郭一鶚刻本　五冊

110000－0144－0019761　善 1271
說文解字十五卷　(漢)許慎撰　(宋)徐鉉等校定　清初毛氏汲古閣刻本　馬敘倫過錄(清)胡重校跋並　(清)惠士奇、惠棟、胡士震、胡仲澐批校　十二冊

110000－0144－0019762　善 12714
吳歈小草十卷　(明)婁堅撰　明崇禎七年(1634)刻本　四冊

110000－0144－0019763　善 12722
物理小識十二卷首一卷　(清)方以智撰　清康熙三年(1664)刻本　四冊

110000－0144－0019764　善 12730
義門讀書記五十八卷　(清)何焯撰　清石香齋刻本　十二冊

110000－0144－0019765　善 12734
大廣益會玉篇三十卷玉篇廣韻指南一卷　(南朝梁)顧野王撰　(唐)孫強增字　(宋)陳彭年等重修　清康熙四十三年(1704)張士俊刻澤存堂五種本　六冊

110000－0144－0019766　善 12735
廣韻五卷　(宋)陳彭年撰　清康熙四十三年(1704)張士俊刻澤存堂五種本　六冊

110000－0144－0019767　善 12736
頖宮禮樂疏十卷　(明)李之藻撰　明萬曆四十六年(1618)馮時來刻本　十冊

110000－0144－0019768　善 12932
續文獻通考二百五十四卷　(明)王圻撰　明萬曆三十一年(1603)松江府曹時聘、許維新刻本　六十冊

110000－0144－0019769　善 12935
新製靈臺儀象志十六卷　(比利時)南懷仁撰　清康熙十三年(1674)刻本　存十四卷(一至十四)　十四冊

110000－0144－0019770　善 12987
甲子會紀五卷　(明)薛應旂纂　(明)陳仁錫評　明末陳仁錫刻本　四冊

110000－0144－0019771　善 12989
越風初編十五卷二編十五卷　(清)商盤輯　清乾隆三十七年(1772)王大治刻本　十冊

110000－0144－0019772　善 1300
說文拈字七卷　(清)王玉樹撰　清嘉慶八年(1803)芳梫堂刻本　四冊

110000－0144－0019773　善 1333
說文偏旁考　(清)吳照撰　清乾隆五十一年(1786)吳照聽雨樓刻本　二冊

110000－0144－0019774　善 13341
苔岑集二十四卷附二卷　(清)王鳴盛輯　清乾隆三十二年(1767)三槐堂刻本　五冊

110000－0144－0019775　善 13344
國朝典故六十二種一百十六卷　(明)朱當㴐編　明抄本　十六冊　存二十種四十五卷(革除遺事六卷、宣宗章皇帝御製官箴一卷、天順日錄一卷、宣宗皇帝御製詩一卷、寓圃雜記二卷、王文恪公筆記一卷、前聞記一卷、病免漫記一卷、野記四卷、宸章集錄一卷、御著太狩龍正錄一卷、蓬軒類記四卷、青溪暇筆二卷、彭文憲公筆記一卷、菽園雜記十二卷、瑯琊漫鈔一卷、懸笥瑣探一卷、君子堂日詢手鏡二卷、朝鮮紀事一卷、朝鮮賦一卷)

110000－0144－0019776　善 13347

李文湘公奏議二卷奏疏十卷首一卷別錄六卷　(清)李之芳撰　**李文襄公年譜一卷**　(清)程光禋撰　清康熙刻本　十冊

110000－0144－0019777　善 13348

丘海二公文集合編十六卷　(清)焦映漢編　清乾隆十八年(1753)邱氏可繼堂刻本　十冊

110000－0144－0019778　善 13350

白榆集二十八卷　(明)屠隆撰　明萬曆龔堯惠刻本　八冊

110000－0144－0019779　善 13354

司馬文正公傳家集八十卷目錄二卷　(宋)司馬光撰　**年譜一卷**　(清)陳弘謀輯　**附錄一卷**　(清)陳弘謀輯　清乾隆六年(1741)陳氏培遠堂刻本　二十四冊

110000－0144－0019780　善 13362

日涉編十二卷　(明)陳堦輯　明萬曆三十九年(1611)徐養量刻本　十二冊

110000－0144－0019781　善 13364

阿文成公[桂]年譜三十四卷　(清)那彥成撰　清嘉慶十八年(1813)刻本　三十二冊

110000－0144－0019782　善 13366

史懷十七卷　(明)鍾惺撰　(明)陶珽評　明崇禎刻本　四冊

110000－0144－0019783　善 13748

宋稗類鈔八卷　(清)潘永因輯　清雍正五年(1727)刻本　八冊

110000－0144－0019784　善 1387

音韻輯要二十一卷　(清)王鵔撰　清乾隆四十九年(1784)昆山載德堂刻本　四冊

110000－0144－0019785　善 1388

古今韻略五卷　(清)邵長衡撰　清康熙三十五年(1696)刻本　五冊

110000－0144－0019786　善 1414

助字辨略五卷　(清)劉淇撰　清乾隆四十四年(1779)福源堂刻本　五冊

110000－0144－0019787　善 14203

蕉林詩集十八卷　(清)梁清標撰　清康熙十七年(1678)梁允植刻本　八冊

110000－0144－0019788　善 1426

翻切入門簡易篇一卷　(清)張燮承撰　清抄本　一冊

110000－0144－0019789　善 1431

類音八卷　(清)潘耒撰　清雍正三年(1725)遂初堂刻本　三冊

110000－0144－0019790　善 1435

一切經音義二十五卷　(唐)釋玄應撰　元刻本　存一卷(十)　一冊

110000－0144－0019791　善 1487

國語二十一卷　(三國吳)韋昭注　明天啟六年(1626)鍾人傑刻本　八冊

110000－0144－0019792　善 1491

史記索隱三十卷　(唐)司馬貞撰　明末毛氏汲古閣刻本　二冊

110000－0144－0019793　善 1495

史記集解一百三十卷　(南朝宋)裴駰撰　明汲古閣刻本　二十冊

110000－0144－0019794　善 1499

漢書地理志稽疑六卷　(清)全祖望撰　清嘉慶九年(1804)朱文翰得諼草堂刻本　四冊

110000－0144－0019795　善 1502

三輔黃圖六卷　(□)□□撰　明吳琯刻本　二冊

110000－0144－0019796　善 1508

後漢書九十卷　(南朝宋)范曄撰　(唐)李賢注　(明)陳仁錫評　**志三十卷**　(晉)司馬彪撰　(南朝梁)劉昭注　(明)陳仁錫評　明天啓七年(1627)雲林積秀堂刻本　二十冊

110000－0144－0019797　善 1524

三國志六十五卷　(晉)陳壽撰　(南朝宋)裴松之注　清初古吳書業趙氏刻本　十二冊

110000－0144－0019798　善 1533

前秦書□□卷　(清)惲毓鼎撰　清稿本　存十八卷(一至五、十至二十二)　二冊

110000－0144－0019799　善 1536

梁書五十六卷　(唐)姚思廉撰　明萬曆三年(1575)南京國子監刻本　朱希祖題識　六册

110000－0144－0019800　善 1537

南齊書五十九卷　(南朝梁)蕭子顯撰　明崇禎十年(1637)毛氏汲古閣刻本　八册

110000－0144－0019801　善 1538

周書五十卷　(唐)令狐德棻撰　明崇禎五年(1632)毛氏汲古閣刻本　六册

110000－0144－0019802　善 1553

五代史記七十四卷　(宋)歐陽修撰　(宋)徐無黨注　明萬曆四年至五年(1576－1577)南京國子監刻清遞修本　八册

110000－0144－0019803　善 1584

革朝遺忠錄二卷　(明)鬱袞撰　清古閩黃煇如抄本　二册

110000－0144－0019804　善 1594

蜀碧四卷　(清)彭遵泗撰　清乾隆二十八年(1763)刻本　四册

110000－0144－0019805　善 1597

皇明開國臣傳十三卷　(明)朱國楨輯　明崇禎刻本　八册

110000－0144－0019806　善 1617

弘簡錄二百五十四卷　(明)邵經邦撰　清康熙二十七年(1688)邵遠平刻本　四十八册

110000－0144－0019807　善 1637

衡門集十五卷　(明)鄭履淳輯　明刻本　二册

110000－0144－0019808　善 1664

閻潛丘先生[若璩]年譜一卷　(清)張穆撰　清道光二十七年(1847)祁氏刻本　一册

110000－0144－0019809　善 1720

伊洛淵源錄十四卷　(宋)朱熹輯　清康熙呂氏寶誥堂刻本　四册

110000－0144－0019810　善 1721

學統五十六卷　(清)熊賜履輯　清康熙二十四年(1685)下學堂刻本　十册

110000－0144－0019811　善 1723

明儒學案六十二卷師說一卷　(清)黃宗羲撰　清康熙三十二年(1693)賈樸刻本　二十四册

110000－0144－0019812　善 1746

唐昭陵古蹟考略五卷　(清)林侗撰　清道光四年(1824)葉夢龍刻本　一册

110000－0144－0019813　善 1776

廣輿記二十四卷圖一卷　(明)陸應陽撰　(清)蔡方炳增輯　清康熙二十五年(1686)吳郡寶翰樓刻本　十二册

110000－0144－0019814　善 18021

弇州山人四部稿一百七十四卷目錄十二卷　(明)王世貞撰　明萬曆五年(1577)王氏世經堂刻本　四十册

110000－0144－0019815　善 18022

弇州山人續稿二百七卷目錄十卷　(明)王世貞撰　明刻本　四十册

110000－0144－0019816　善 1803

異域瑣談四卷　(清)七十一(椿園)撰　清抄本　四册

110000－0144－0019817　善 18054

青箱堂詩集三十三卷　(清)王崇簡撰　清康熙二十八年(1689)王燕刻本　六册

110000－0144－0019818　善 18062

宋孫仲益内簡尺牘十卷首一卷　(宋)孫覿撰　(宋)李祖堯注　清乾隆十二年(1747)蔡煌、蔡其炳刻本　八册

110000－0144－0019819　善 18077

閭丘詩集二十卷　(清)顧嗣立撰　清康熙刻本　四册

110000－0144－0019820　善 18087

秘書二十一種　(清)汪士漢編　清康熙七年(1668)汪士漢刻本　十二册

110000－0144－0019821　善 18097

畫史通攷六卷　(清)蔡裔周輯　清抄本　二册

110000－0144－0019822　善18101

武溪集二十卷首一卷　(宋)余靖撰　清康熙三十六年(1697)韶州程德基刻本　六册

110000－0144－0019823　善1811

唐人選唐詩八種二十三卷　(明)毛晉編　明崇禎元年(1628)毛氏汲古閣刻本　八册

110000－0144－0019824　善18116

梅花草堂集十一卷　(明)張大復撰　(清)汪中鵬補訂　明汪中鵬刻清雍正二年(1724)重修本　六册

110000－0144－0019825　善18119

海錄碎事二十二卷　(宋)葉廷珪輯　明萬曆二十六年(1598)劉鳳刻本　二十四册

110000－0144－0019826　善18124

魯齋遺書十四卷　(元)許衡撰　(明)怡愉等輯　明萬曆二十四年(1596)怡愉、江學詩刻本　四册

110000－0144－0019827　善18126

皇明異姓諸侯傳二卷表一卷　(明)鄭曉撰　(明)鄭履準　明刻本　四册

110000－0144－0019828　善18137

詩紀一百五十六卷目錄三十六卷　(明)馮惟訥輯　明萬曆金陵吳琯等刻本　四十八册

110000－0144－0019829　善18142

青邱高季迪先生詩集十八卷首一卷補遺一卷詩余一卷鳧藻集五卷　(明)高啟撰　(清)金壇注　**年譜一卷**　(清)金壇編　清雍正六年(1728)金檀刻本　六册

110000－0144－0019830　善18177

燕禧堂五種十五卷　(清)任大椿撰　清乾隆刻本　八册

110000－0144－0019831　善18178

受經堂彙稾五種十四卷　(清)楊紹文編　清道光刻本　四册

110000－0144－0019832　善18180

王文靖公集二十四卷　(清)王熙撰　**年譜一卷附一卷**　清康熙四十六年(1707)王克昌刻本　十册

110000－0144－0019833　善18187

康對山先生集四十五卷　(明)康海撰　明萬曆十年(1582)潘允哲刻本　十二册

110000－0144－0019834　善18190

媚幽閣文娱不分卷　(明)鄭元勳輯　明崇禎三年(1630)刻清順治補刻本　十二册

110000－0144－0019835　善18196

遵巖先生文集四十二卷　(明)王慎中撰　清康熙五十年(1711)閩中同人書社刻本　二十四册

110000－0144－0019836　善18197

綿津山人詩集二十八卷楓香詞一卷漫堂說詩一卷筠廊偶筆二卷怪石贊一卷漫堂墨品一卷　(清)宋犖撰　**雪堂墨品一卷**　(清)張仁熙撰　**緯蕭草堂詩三卷**　(清)宋至撰　清康熙刻本　六册

110000－0144－0019837　善18207

遂初堂文集二十卷別集四卷　(清)潘耒撰　清康熙刻雍正增刻本　十册

110000－0144－0019838　善18208

改亭文集十六卷　(清)計東撰　清乾隆十三年(1748)計瓄刻本　四册

110000－0144－0019839　善18210

沈果堂全集　(清)沈彤撰　清乾隆吳江沈氏刻本　五册

110000－0144－0019840　善18212

飴山全集　(清)趙執信撰　清乾隆三十九年(1774)因園刻本　十一册

110000－0144－0019841　善18214

唐詩紀一百七十卷目錄三十四卷　(明)黃德水　(明)吳琯輯　明萬曆十三年(1585)吳琯刻本　三十册

110000－0144－0019842　善18215

八紘譯史九種二十九卷　(清)陸次雲撰　清康熙刻本　十册

110000－0144－0019843　善18221

寒村詩文選三十六卷 （清）鄭梁撰 清康熙二老閣刻本 十六册

110000－0144－0019844 善 18230
晚聞居士遺集九卷首一卷 （清）王宗炎撰 清道光十一年(1831)陸貞一刻本 四册

110000－0144－0019845 善 18241
唐音癸籤三十三卷 （明）胡震亨輯 清順治刻本 三册

110000－0144－0019846 善 18243
甬上耆舊詩三十卷 （清）胡文學輯 清康熙十五年(1676)胡氏敬業堂刻本 十二册

110000－0144－0019847 善 18248
江湖長翁文集四十卷 （宋）陳造著 明萬曆四十六年(1618)李之藻刻本 八册

110000－0144－0019848 善 18251
皇明大政記三十六卷 （明）朱國楨撰 明刻本 十二册 存二十四卷(一至二十四)

110000－0144－0019849 善 18252
皇明大訓記十六卷 （明）朱國楨輯 明崇禎刻本 十册

110000－0144－0019850 善 18257
沈歸愚詩文全集七十四卷 （清）沈德潛撰 清乾隆教忠堂刻本 二十四册

110000－0144－0019851 善 18259
歷代名臣奏議三百五十卷 （明）黄淮 （明）楊士奇等輯 （明）張溥删正 明崇禎東觀閣刻本 一百二十册

110000－0144－0019852 善 18327
萬首唐人絶句四十卷目録一卷 （宋）洪邁輯 （明）趙宧光 （明）黄習遠補 明萬曆三十五年(1607)趙宧光刻本 十二册

110000－0144－0019853 善 18330
文選纂注十二卷 （南朝梁）蕭統輯 （明）張鳳翼纂注 清康熙刻本 十二册

110000－0144－0019854 善 18331
元人集十種五十四卷 （明）毛晉編 明崇禎十一年(1638)毛氏汲古閣刻本 二十二册

110000－0144－0019855 善 18342
悟薌亭畫稿二卷六法管見一卷 （清）劉愔繪 清道光梅鍾澍刻本 二册

110000－0144－0019856 善 18357
國朝畫徵録三卷 （清）張庚撰 清乾隆四年(1739)蔣泰刻本 一册

110000－0144－0019857 善 18361
蠙湖草堂文集六卷 （清）吴世杰撰 清康熙四十四年(1705)刻本 六册

110000－0144－0019858 善 18372
嘉定四先生集八十七卷 （明）謝三賓輯 明崇禎刻清康熙三十三年(1694)陸廷燦修補雍正印本 二十九册

110000－0144－0019859 善 18455
皇明資治通紀三十卷 （明）陳建撰 （明）岳元聲訂 明刻本 十三册

110000－0144－0019860 善 18469
圖繪寶鑑七卷 （元）夏文彦撰 （清）馮仙湜續增 清康熙借緑草堂刻本 五册

110000－0144－0019861 善 18570
于清端公政書八卷續集一卷外集一卷首編一卷 （清）于成龍撰 清康熙四十六年(1707)于準刻本 十一册

110000－0144－0019862 善 18585
資治通鑑二百九十四卷 （宋）司馬光撰 （元）胡三省音注 （明）陳仁錫評 **通鑑釋文辨誤十二卷** （元）胡三省撰 明天啓陳仁錫刻本 八十册

110000－0144－0019863 善 18590
虞德園先生集二十五卷 （明）虞淳熙撰 明天啟三年(1623)虞氏刻本 二十四册

110000－0144－0019864 善 18607
疏稿五卷 （清）郭琇撰 清雍正十年(1732)郭廷翼刻本 三册

110000－0144－0019865 善 1862
今言三卷古言二卷 （明）鄭曉撰 明嘉靖四十五年(1566)項篤壽刻本 三册

110000－0144－0019866　善 18657
詞學辨體式二卷詩法辨體說二卷　(清)呂德本輯　清乾隆三十一年(1766)存正堂刻本　四冊

110000－0144－0019867　善 18663
雪浪堂書畫諱集不分卷　(清)黃士俊輯　(清)友蓮居士增刪　清謄清本　二冊

110000－0144－0019868　善 18664
黃蘗無念禪師復問三卷醒昏錄一卷附錄二卷　(明)釋明聞輯　明天啓五年(1625)姑蘇兜率園刻本　二冊

110000－0144－0019869　善 18668
古今釋疑十八卷附錄一卷　(清)方中履撰　清康熙二十一年(1682)楊霖、楊嗣漢刻本　十四冊

110000－0144－0019870　善 18681
南谿偶刊三種　(清)鄭性撰　清乾隆八年(1743)刻本　八冊

110000－0144－0019871　善 18684
御選語錄十九卷　(清)世宗胤禛輯　清雍正十一年(1733)刻本　十四冊

110000－0144－0019872　善 18686
南阜山人詩集類稿七卷　(清)高鳳翰撰　(清)宋弼選　清乾隆二十七年(1762)高元質刻本　二冊

110000－0144－0019873　善 18690
續表忠記八卷　(清)趙吉士撰　清康熙三十七年(1698)寄園刻本　八冊

110000－0144－0019874　善 18692
宋百家詩存二十卷　(清)曹庭棟輯　清乾隆五年至六年(1740－1741)嘉善曹氏二六書堂刻本　二十冊

110000－0144－0019875　善 18925
山堂肆考二百四十卷　(明)彭大翼撰　明萬曆二十三年(1595)刻本　四十冊

110000－0144－0019876　善 18926
正誼齋叢書十種一百十八卷　(清)汪昌序編　清道光二十年(1840)汪氏正誼堂刻匯印本　三十六冊

110000－0144－0019877　善 192.08/383－03
五種遺規　(清)陳宏謀輯　清乾隆陳氏培遠堂刻本　十冊

110000－0144－0019878　善 192/216.26
格言類編六卷　(明)胡正言輯　明崇禎六年(1633)刻本　六冊

110000－0144－0019879　善 192/303－02
家範十卷　(宋)司馬光撰　明天啓六年(1626)司馬露等刻本　四冊

110000－0144－0019880　善 192/314.3
仕學規範八卷　(宋)張鎡輯　(明)范汝梓刪訂　明范廷鳳范廷駿刻本　六冊

110000－0144－0019881　善 192/321
習是編二十六卷　(清)屈成霖輯　清乾隆屈氏豫簪堂刻本　八冊

110000－0144－0019882　善 192/321
習是編二十六卷　(清)屈成霖輯　清乾隆屈氏豫簪堂刻本　四冊

110000－0144－0019883　善 192/384
福壽全書六卷　(明)陳繼儒撰　明末聚錦堂刻本　八冊

110000－0144－0019884　善 192/445
呂子節錄四卷補遺二卷　(明)呂坤撰　(清)陳宏謀輯　清乾隆五十九年(1794)遼海朱氏刻本　四冊

110000－0144－0019885　善 192/445－2－03
呻吟語六卷　(明)呂坤著　清乾隆五十九年(1794)南京呂燕昭刻本　六冊

110000－0144－0019886　善 192/463
聖學心法四卷　(明)成祖朱棣撰　明永樂七年(1409)刻本　八冊

110000－0144－0019887　善 192/665
畜德錄二十卷　(清)席啟圖輯　清康熙、雍正間嚴氏繩武堂刻本　十冊

110000－0144－0019888　善 192/716－7
御製資政要覽三卷　(清)世祖福臨撰　清順治十二年(1655)刻本　四册

110000－0144－0019889　善 192/804
希賢錄十卷　(清)魏裔介撰　清康熙二十年(1681)雲間胡元成、周武功刻本　四册

110000－0144－0019890　善 192/833
四本堂座右編二十四卷二集二十四卷　(清)朱潮遠輯　清康熙五年(1666)繡鶴堂刻本　八册

110000－0144－0019891　善 192/857.8
庸行編八卷　(清)史典輯　(清)牟允中參補　清康熙三十一年(1692)尚朝柱、尚詮源濬寧堂刻本　四册

110000－0144－0019892　善 192/857.8－02
庸行編八卷　(清)史典輯　(清)牟允中參補　清乾隆三十四年(1769)朱章綸慶澤堂刻本　八册

110000－0144－0019893　善 192/892－720
蕺山先生人譜一卷人譜類記二卷　(明)劉宗周撰　(清)洪正治校勘　清雍正四年(1726)教忠堂刻本　二册

110000－0144－0019894　善 192/892－720
蕺山先生人譜一卷人譜類記二卷　(明)劉宗周撰　(清)洪正治校勘　清雍正四年(1726)教忠堂刻本　二册

110000－0144－0019895　善 193/100
舊本廿四孝圖一卷　(□)□□撰　清刻本　一册

110000－0144－0019896　善 193/113
閑家編八卷　(清)王士俊輯　清雍正十二年(1734)旌邑劉天奇刻本　六册

110000－0144－0019897　善 193/171
黄氏家訓四卷首一卷　(清)孫國材撰　清康熙五十五年(1716)繩武堂刻本　一册

110000－0144－0019898　善 193/501
柴氏家誡二卷　(清)柴紹炳撰　清抄本　一册

110000－0144－0019899　善 193/679－02
顔氏家訓二卷　(北齊)顔之推撰　明萬曆二年(1574)顔懋乾刻本　一册

110000－0144－0019900　善 193/679－07
顔氏家訓七卷　(北齊)顔之推撰　(清)趙曦明注　**附注並重校一卷**　(清)盧文弨撰　**注補正一卷**　(清)錢大昕撰　清乾隆五十四年(1789)盧文弨刻五十八年(1793)重校刻抱經堂叢書本　四册

110000－0144－0019901　善 193/711
雙節堂庸訓六卷　(清)汪輝祖撰　清乾隆五十九年(1794)汪繼坊等刻本　一册

110000－0144－0019902　善 1932
通鑑答問五卷　(元)王應麟撰　元明遞修本　一册

110000－0144－0019903　善 194.5/476
戒淫詳錄全集一卷　(清)終南道士撰　清刻本　一册

110000－0144－0019904　善 196.2/463
經世要略二十卷　(明)萬廷言輯　明萬曆三十八年(1610)萬廷謙刻本　二十册

110000－0144－0019905　善 196.2/463
歷代君鑒五十卷　(明)代宗朱祁鈺撰　明景泰四年(1453)内府刻本　十册

110000－0144－0019906　善 196.3/463
歷代臣鑒三十七卷　(明)宣宗朱瞻基撰　明宣德元年(1426)内府刻本　十二册

110000－0144－0019907　善 19638
古香齋鑒賞袖珍四書十九卷五經八卷　(□)□□輯　清乾隆十三年(1748)武英殿刻本　十三册

110000－0144－0019908　善 1970
實踐錄一卷　(清)德沛撰　清乾隆元年(1736)德氏刻本　一册

110000－0144－0019909　善 1977
萬曆甲午科山東鄉試同年齒錄一卷　(清)

□□輯　清抄本　一冊

110000－0144－0019910　善 1989
浙西六家詞十一卷　(清)龔翔麟輯　清康熙龔氏玉玲瓏閣刻本　(□)□□朱筆批注　八冊

110000－0144－0019911　善 2/251
佛遺教經註一卷佛説四十二章經註一卷　(明)古靈了童補注　清乾隆元年(1736)莊府刻本　二冊

110000－0144－0019912　善 2010
道德經妙門約二卷　(清)潘靜觀撰　清嘉慶四年(1799)于陽海等刻本　(□)□□墨筆批注　三冊

110000－0144－0019913　善 2013
老子道德經幢殘石一卷　(清)□□輯　清抄本　一冊

110000－0144－0019914　善 2016
鄧析子一卷　(春秋)鄧析撰　清抄本　一冊

110000－0144－0019915　善 2017
鄧析子一卷　(春秋)鄧析撰　清抄本　一冊

110000－0144－0019916　善 2030
老莊翼十一卷　(明)焦竑撰　明末陳長卿刻本　十六冊

110000－0144－0019917　善 2031
南華經七卷首一卷　(明)潘其慶集注　明末刻本　四冊

110000－0144－0019918　善 2032
莊子南華真經四卷　(唐)陸德明音義　明閔齊伋刻朱墨套印本　四冊

110000－0144－0019919　善 2033
莊子鬳齋口義十卷　(宋)林希逸撰　(明)張四維補　明隆慶張氏敬義堂刻三子口義本　十冊

110000－0144－0019920　善 2044
南華簡鈔四卷　(清)徐廷槐撰　清乾隆六年(1741)徐氏刻本　六冊

110000－0144－0019921　善 2045
南華真經十卷　(晉)郭象注　(唐)陸德明音義　明嘉靖十二年(1533)顧春世德堂刻六子全書本　六冊

110000－0144－0019922　善 2047
莊子集釋十卷　(清)郭慶藩撰　清光緒二十二年(1896)思賢講舍刻本　馬叙倫墨筆據《太平御覽》校並朱筆釋義　八冊

110000－0144－0019923　善 2050
南華真經副墨八卷　(明)陸西星撰　明萬曆六年(1578)李齊芳刻本　十六冊

110000－0144－0019924　善 2058
韓非子二十卷　(戰國)韓非撰　明萬曆十年(1582)趙用賢刻管韓合刻本　四冊

110000－0144－0019925　善 2064
董子十六篇一卷　(漢)董仲舒撰　(清)譚獻校勘　清抄本　馬敘倫題識　一冊

110000－0144－0019926　善 2068
春秋繁露十七卷附錄一卷　(漢)董仲舒撰　(明)孫鑛評　明天啓五年(1625)花齋刻本　六冊

110000－0144－0019927　善 2069
春秋繁露十七卷　(漢)董仲舒撰　明萬曆刻本　二冊

110000－0144－0019928　善 2070
春秋繁露十七卷　(漢)董仲舒撰　清乾隆武英殿木活字印聚珍版叢書本　二冊

110000－0144－0019929　善 2072
淮南鴻烈解二十一卷　(漢)劉安撰　(漢)高誘注　清榴花書屋抄本　六冊

110000－0144－0019930　善 2080
意林五卷　(唐)馬總輯　清乾隆木活字印武英殿聚珍版書本　□□批校　二冊

110000－0144－0019931　善 2085
薛文清公讀書全錄類編二十卷　(明)薛瑄撰　明萬曆二十七年(1599)薛應麟等刻本　十二冊

110000－0144－0019932　善2088
王陽明先生傳習錄不分卷　(明)王守仁講　清抄本　馬敘倫題識　四冊

110000－0144－0019933　善2094
近思錄集解十四卷　(宋)葉采撰　清康熙吳郡邵仁泓刻本　六冊

110000－0144－0019934　善2097
大學衍義補一百六十卷首一卷　(明)丘濬撰　(明)陳仁錫批評　清初刻本　三十二冊

110000－0144－0019935　善2100
呻吟語六卷　(明)呂坤撰　明萬曆二十一年(1593)刻本　十冊

110000－0144－0019936　善2197
新刻出像增補搜神記六卷　(晉)干寶撰　明萬曆元年(1573)金陵唐富春刻清大盛堂修補本　六冊

110000－0144－0019937　善2198
畫禪室隨筆四卷　(明)董其昌撰　清初刻本　六冊

110000－0144－0019938　善220.4/813－02
佛爾雅八卷　(清)周春撰　清抄本　一冊

110000－0144－0019939　善220.7/104
嘉興藏　(□)□□編　明萬曆、崇禎間姑蘇兜率園刻本　七冊　存七種十九卷(愚菴及禪師語錄十卷、密菴和尚語錄二卷、福源石屋珙禪師語錄二卷、無趣老人語錄一卷、無幻禪師語錄二卷、天真毒峰善禪師要語一卷、天寧法舟濟禪師剩語一卷)

110000－0144－0019940　善220.7/354.2
大慧普覺禪師語錄三十卷大慧普覺禪師年譜一卷　(宋)釋祖詠撰　**大慧普覺禪師宗門武庫一卷**　(宋)釋道謙撰　**雪堂行和尚拾遺錄一卷**　(宋)釋大慧撰　清刻本　八冊

110000－0144－0019941　善220.7/700
天愚和尚蓬語一卷千岩語錄一卷　(明)釋寂鑑輯　明萬曆四十六年(1618)刻本　一冊

110000－0144－0019942　善220.7/857
子遊眼三藏取經解懺理六卷　(清)無夢道人撰　清康熙二十二年(1683)刻本　六冊

110000－0144－0019943　善220.8/100
二十八經同函一百四十七卷　(□)□□輯　清雍正十三年(1735)内府刻本　三十二冊

110000－0144－0019944　善221.08/154
藥師瑠璃光如來本願功德經　(唐)釋玄奘譯　明刻本　一冊

110000－0144－0019945　善221.08/1547
三千佛經　清乾隆刻朱印本　一冊

110000－0144－0019946　善221.08/536
佛說四天王經　(宋)釋智嚴　(宋)釋寶雲譯　清乾隆抄本　一冊

110000－0144－0019947　善221.08/714
地藏菩薩本願經三卷　(唐)釋實叉難陀譯　清乾隆五十三年(1788)蔚州永珊刻本　三摺

110000－0144－0019948　善221.2/455
出生菩提心經一卷　(隋)釋闍那崛多等譯　**佛說佛印三昧經**　(漢)安世高譯　**佛說長壽王經**　明萬曆三十六年至三十七年(1608－1609)徑山寂照庵刻本　一冊

110000－0144－0019949　善221.24/154
混元弘陽悟道明心經二卷　(明)□□撰　明萬曆刻本　存一卷(上)　二冊

110000－0144－0019950　善221.24/154
混元弘陽顯性結果經二卷　(明)□□撰　明萬曆刻本　存一卷(上)　與110000－0144－0019949合冊

110000－0144－0019951　善221.24/154－2
混元弘陽飄高祖臨凡經二卷　(明)□□撰　明萬曆刻本　缺(卷上第一品)　二冊

110000－0144－0019952　善221.27/056
大般若波羅密多經六百卷　(唐)釋玄奘譯　南宋安吉州思溪法寶資福禪寺刻思溪資福藏本　一冊　存一卷(五百三十八)

110000－0144－0019953　善221.27/056－2
大般若波羅密多經六百卷　(唐)釋玄奘譯

元至元杭州普寧寺大藏經局刻普寧藏本　存二卷(四百二十一、四百二十三)　二册

110000－0144－0019954　善221.53/263
佛說大集會正法經五卷　(唐)釋施護譯　元至元杭州普寧寺刻普寧藏本　存一卷(一)一册

110000－0144－0019955　善221.59/465
大方等大集經三十卷　(北凉)釋曇無讖譯　清康熙二十九年(1690)刻本　六册

110000－0144－0019956　善221.65/485
千手千眼觀世音菩薩廣大圓滿無礙大悲心懺一卷　(唐)釋湛然撰　(明)釋智旭釋　清刻本　一摺

110000－0144－0019957　善221.7/212
維摩詰經三卷　(三國吳)釋支謙譯　清康熙元年(1662)浙江嘉興楞嚴寺般若堂刻本　一册

110000－0144－0019958　善221/723
法集要頌經四卷　(印度)法救尊者集　(宋)釋天息災譯　南宋建炎二年(1128)福州開元寺刻毗盧藏本　一册　存一卷(三)

110000－0144－0019959　善2210
潛書四卷　(清)唐甄撰　清康熙王聞遠刻本　四册

110000－0144－0019960　善2212
新刻香譜二卷　(宋)洪芻撰　明胡文煥刻本　一册

110000－0144－0019961　善2213
博物志十卷　(晉)張華撰　明胡文煥刻本　一册

110000－0144－0019962　善2214
續博物志十卷　(宋)李石撰　明胡文煥刻本　一册

110000－0144－0019963　善223.73/854
妙法蓮華經七卷　(後秦)釋鳩摩羅什譯　明萬曆二十七年(1599)麗江府羅春泥金寫本　七册

110000－0144－0019964　善223.74/288
大方廣佛華嚴經合論簡要四卷　(唐)李通玄合論　(明)李贄簡要　清吳興董氏刻本　二册

110000－0144－0019965　善223.74/629
妙法蓮華經觀世音菩薩普門品一卷　(後秦)釋鳩摩羅什譯　明正德信女朱氏刻本　一册

110000－0144－0019966　善223.78/937
大佛頂如來密因修證了義諸菩薩萬行首楞嚴經如說十卷　(明)鍾惺輯　明天啓四年(1624)弘覺山房刻本　十册

110000－0144－0019967　善223/128－02
一切經音義二十五卷　(唐)釋玄應撰　**新譯大方廣佛華嚴經音義二卷**　(唐)釋慧苑撰　清同治八年(1869)曹籀刻本　(清)褚儀過錄　(清)盧文弨校　四册

110000－0144－0019968　善2233
庚子銷夏記八卷　(清)孫承澤撰　清乾隆二十六年(1761)鮑廷博刻本　三册

110000－0144－0019969　善2237
佛母大孔雀明王經三卷　(唐)釋不空譯　明萬曆二十年(1592)刻本　三册

110000－0144－0019970　善224.5/603
諸佛世尊如來菩薩尊者名稱歌曲感應歌曲二卷　(明)成祖朱棣撰　明永樂内府刻本　六册

110000－0144－0019971　善224.5/603.6
諸佛如來菩薩名稱歌曲不分卷　(明)成祖朱棣撰　明永樂十五年(1417)内府刻本　六册

110000－0144－0019972　善224.5/603.68
諸佛世尊如來菩薩尊者神僧名經不分卷　(明)成祖朱棣撰　明永樂内府刻本　八册

110000－0144－0019973　善224.5/686
經律异相五十卷　(南朝梁)釋寶唱撰集　北宋崇寧二年(1103)福州東禪等覺禪院刻萬壽大藏經本　一册　存一卷(三十五)

110000－0144－0019974　善224/130

天地冥陽水陸儀文三卷天地冥陽水陸壇場式一卷　(明)□□撰　明刻本　四冊

110000－0144－0019975　善2241
釋常談三卷　(宋)□□撰　明萬曆二十一年(1593)胡文焕刻本　存一卷(上)　一冊

110000－0144－0019976　善226.5/398
湖州吴山端禪師語録二卷　(宋)瀘孫比丘師皎重編　明萬曆二十年(1592)山西省清涼山刻嘉興藏本　一冊

110000－0144－0019977　善226.7/922－9
宗鏡録一百卷　(宋)釋延壽撰　清雍正十二年(1734)武英殿刻本　二十冊

110000－0144－0019978　善226.8/836－03
異方便淨土傳燈歸元鏡三祖實録二卷　(清)釋智達拈頌　(明)釋德日閲録　清乾隆十九年(1754)刻本　二冊

110000－0144－0019979　善228.1/113－762－02
釋迦如來成道記一卷　(唐)王勃撰　(唐)釋道誠注　清抄本　一冊

110000－0144－0019980　善228.1/360
釋氏源流應化事蹟二卷　(清)孫祖爽輯　清抄本　二冊

110000－0144－0019981　善228.2/107
神僧傳九卷　(明)成祖朱棣撰　明刻本　六冊

110000－0144－0019982　善228.9/348
法喜志二卷補遺一卷　(明)夏樹芳撰　清初雲棲寺刻本　二冊

110000－0144－0019983　善228.9/776
佛法金湯編十六卷　(明)釋心泰編　明萬曆二十八年(1600)刻本　四冊

110000－0144－0019984　善228.9/836－02
居士傳五十六卷二林居唱和詩一卷體仁要術一卷　(清)彭紹升撰　清乾隆長洲彭氏刻本　三冊

110000－0144－0019985　善2300
天中記六十卷　(明)陳耀文輯　明刻本　六十冊

110000－0144－0019986　善231/154
高上玉皇本行集經三卷太上正一朝天百拜謝罪寶懺一卷願經一卷　(□)□□撰　清雍正三年(1725)山東東昌府太平官莊天齊廟刻本　三摺

110000－0144－0019987　善2317
抄撮袁坤儀群書備考不分卷　(明)袁黄撰　清雙桂書屋抄本　四冊

110000－0144－0019988　善235.1/154
武當功課經二卷　(清)□□撰　清康熙十八年(1679)盛京刻本　二摺

110000－0144－0019989　善235.3/395
頂批金丹真傳一卷道書試金石一卷　(明)孫汝忠撰　明萬曆四十三年(1615)刻本　一冊

110000－0144－0019990　善2360
浙西六家詞十一卷附山中白雲八卷　(清)龔翔麟編　(宋)張炎撰　清康熙龔氏玉玲瓏閣刻嘉慶九年(1804)聚瀛堂印本　六冊

110000－0144－0019991　善238/720－02
月旦堂仙佛奇踪合刻八卷　(明)洪應明撰　明刻本　四冊

110000－0144－0019992　善238/893
列仙傳二卷　(漢)劉向撰　明嘉靖三十二年(1553)黄魯曾刻漢唐三傳本　二冊

110000－0144－0019993　善2450
銅鼓書堂遺稾三十二卷　(清)查禮撰　清乾隆查淳刻本　四冊

110000－0144－0019994　善2458
何氏學四卷　(清)何治運撰　清嘉慶二十四年(1819)杭州愛日軒刻本　二冊

110000－0144－0019995　善2503
二程全書六十八卷　(宋)程頤　(宋)程顥撰　明萬曆三十五年(1607)徐必達刻本　十六冊

110000－0144－0019996　善2505
慈湖遺書抄六卷　(宋)楊簡撰　(明)楊世思

輯　明萬曆楊汝楨刻本　四冊

110000－0144－0019997　善 2532

紅蕪詞鈔一卷　（清）鍾毓奇撰　清抄本　一冊

110000－0144－0019998　善 2614

新刻譚友夏全集二十三卷　（明）譚元春撰　（明）徐汧等評　明崇禎吳門刻本　二冊　存六卷（一至六）

110000－0144－0019999　善 2616

王陽明先生全集二十二卷　（明）王守仁撰　清康熙十七年（1678）自公堂刻本　二十三冊

110000－0144－0020000　善 2624

南雷文定十一卷後集四卷三集三卷　（清）黃宗羲撰　清康熙靳治荆刻本　二十冊

110000－0144－0020001　善 2639

道援堂集十三卷　（清）屈大均撰　清康熙刻本　六冊

110000－0144－0020002　善 2653

白田草堂存稿二十四卷　（清）王懋竑撰　**行狀一卷崇祀鄉賢錄一卷**　清乾隆刻本　六冊

110000－0144－0020003　善 2664

白萫集四卷　（清）戴翼子撰　清義竹山房刻本　二冊

110000－0144－0020004　善 2667

叢桂軒近集十卷　（清）姚祖振撰　清康熙刻本　四冊

110000－0144－0020005　善 2692

東越証學錄十六卷首一卷　（明）周汝登著　清木活字印本　六冊

110000－0144－0020006　善 2701

古虞倪鴻寶先生傳稿　（明）倪元璐撰　清初陳伊烈刻本　二冊

110000－0144－0020007　善 2702

許文正公遺書十二卷首一卷末一卷　（元）許衡撰　清乾隆五十五年（1790）刻本　八冊

110000－0144－0020008　善 2703

天啟宮詞一卷崇禎宮詞一卷弘光宮詞一卷　（明）秦徵蘭撰　清抄本　一冊

110000－0144－0020009　善 2729

唐陸宣公翰苑集二十四卷　（唐）陸贄撰　明萬曆三十五年（1607）陳基忠刻本　十冊

110000－0144－0020010　善 2747

南園文存一卷　（清）錢澧撰　清道光十五年（1835）玉成書屋刻本　一冊

110000－0144－0020011　善 2764

四六法海十二卷　（明）王志堅輯　明天啓七年（1627）刻本　三十六冊

110000－0144－0020012　善 2765

樂府詩集一百卷目錄二卷　（宋）郭茂倩輯　明末毛氏汲古閣刻本　二十冊

110000－0144－0020013　善 2774

古今人物論三十六卷　（明）鄧賢輯　明萬曆三十六年（1608）余彰德刻本　十冊

110000－0144－0020014　善 2793

古文彙鈔二卷　（清）劉青震輯　稿本　二冊

110000－0144－0020015　善 2810

慶雪堂雜纂五種六卷　（清）賈臻編　（清）賈臻　清咸豐稿本　馬敘倫批注　一冊

110000－0144－0020016　善 2813

賦學正體六卷　（清）魯琢輯評　清乾隆四十一年（1776）刻本　六冊

110000－0144－0020017　善 2827

删定唐詩解二十四卷　（明）唐汝洵輯　（清）吳昌祺評　清康熙四十年（1701）刻本　六冊

110000－0144－0020018　善 2835

詞鏡平仄圖譜三卷　（清）賴以邠撰　（清）查繼超輯　清乾隆四十八年（1783）古閩林栖梧軒刻本　二冊

110000－0144－0020019　善 2842

古今詞統十六卷雜說一卷　（明）卓人月輯　（明）徐士俊評　明崇禎六年（1633）刻本　存十二卷（一至六、十一至十六）　六冊

110000－0144－0020020　善2843

古香岑草堂詩餘四集十七卷　(明)沈際飛輯　明末翁少麓刻本　存十五卷(正集六卷、新集五卷、別集四卷)　六冊

110000－0144－0020021　善2885

文心雕龍十卷　(南朝梁)劉勰撰　(清)黄叔琳輯注　(清)紀昀評　清道光十三年(1833)兩廣節署刻朱墨套印本　(□)□□墨筆批校　四冊

110000－0144－0020022　善2890

王文簡公論七言古體平仄一卷　(清)王士禛撰　清乾隆五十三年(1788)王允熙刻本　一冊

110000－0144－0020023　善290/756

推衍皇極經世先天曆數綱要三卷　(明)冷逢震撰　明萬曆十五年(1587)刻本　一冊

110000－0144－0020024　善290/850

天原發微五卷　(宋)鮑雲龍撰　明天順五年(1461)歙西鮑氏耕讀堂刻本　十冊　存三卷(二至四)

110000－0144－0020025　善291/130

欽定天文正義八十卷　(清)□□纂修　清抄本　三十四冊

110000－0144－0020026　善291/167

管窺輯要八十卷　(清)黄鼎輯　清順治十二年(1655)六安黄氏刻本　二十四冊

110000－0144－0020027　善291/292

觀象玩占十五卷　(唐)李淳風撰　明抄本　十二冊

110000－0144－0020028　善291/301

推背圖不分卷　(唐)袁天罡　(唐)李淳風撰　明抄彩繪本　二冊

110000－0144－0020029　善291/313

象緯占候不分卷　(明)張維城輯　明抄本　六冊

110000－0144－0020030　善291/462

數理大全二十卷　(元)曉山老人輯　清抄本　十四冊

110000－0144－0020031　善291/476

唐開元占經一百二十卷目錄二卷　(唐)瞿曇悉達撰　清抄本　(□)□□朱墨筆批校　十六冊

110000－0144－0020032　善291/704

欽定選擇曆書十卷　(清)安泰等纂　清康熙二十四年(1685)内府刻本　十冊

110000－0144－0020033　善2912

白石道人歌曲六卷別集一卷　(宋)姜夔撰　清乾隆十四年(1749)張奕樞松林讀書堂刻本　一冊

110000－0144－0020034　善2914

白石詩集一卷詞一卷　(宋)姜夔撰　**諸家評論一卷**　清乾隆三十六年(1771)刻本　馬敘倫題識　一冊

110000－0144－0020035　善292.1/895

新鍥精選簡要易覽通書二卷　(明)魏明遠輯　明萬曆二十四年(1596)還讀書齋主人刻本　六冊

110000－0144－0020036　善292.92/313

夢占類考十二卷　(明)張鳳翼撰　明萬曆十三年(1585)王祖嫡刻本　劉盼遂題識　六冊

110000－0144－0020037　善292/157

靈棋經一卷　(晉)顏幼明等注　清抄本　二冊

110000－0144－0020038　善292/218

卜法詳考四卷　(清)胡煦撰　清乾隆胡氏葆璞堂刻本　四冊

110000－0144－0020039　善292/521

夢林玄解三十四卷首一卷　(晉)葛洪撰　(宋)邵雍輯　(明)陳士元增删　明崇禎刻本　十二冊

110000－0144－0020040　善293.1/177

選擇天星秘竅一卷　(明)甘霖撰　明刻本　一冊

110000－0144－0020041　善293.1/372

新刊發微曆正通書大全三十卷 (明)顧乃德編 (明)羅崇麟增編 明刻本(有補配) 二册 存九卷(二十六至三十四)

110000-0144-0020042 善293.1/393
新編評註通玄先生張果星宗大全十卷 (明)陸位輯 清乾隆五十二年(1787)金閶書業堂刻本 六册

110000-0144-0020043 善293.1/631
秘藏大六壬大全善本十三卷 (清)郭載騋輯 清康熙四十三年(1704)懷慶楊衙刻本 十二册

110000-0144-0020044 善293.1/631-2
六壬大全十三卷 (清)郭載騋輯 清刻本 四册

110000-0144-0020045 善293.1/926
銀河棹八卷 (明)張松源撰 清抄本 二册

110000-0144-0020046 善294.2/952
重刊人子須知資孝地理心學統宗三十九卷 (明)徐善繼 (明)徐善述撰 明萬曆十一年(1583)郢中曾璠刻本 八册

110000-0144-0020047 善294/312
地理真傳一卷 (清)張漁撰 清抄本 一册

110000-0144-0020048 善297.11/130-02
天元玉曆祥異賦不分卷 (明)仁宗朱高熾撰 清抄本 十册

110000-0144-0020049 善2972
子彙二十四種三十四卷 (明)周子義編 明萬曆四年至五年(1576-1577)南京國子監刻本 十一册 缺一種(墨子一卷)

110000-0144-0020050 善3024
拙政園詩餘三卷 (清)徐燦撰 清乾隆吳騫刻本 二册

110000-0144-0020051 善3053
聚學軒詞稿錄□□卷 劉世珩撰 清謄清本 一册 存三卷(夢鳳詞一卷、紫玉詞一卷、洗文詞一卷)

110000-0144-0020052 善3147
銀藤花館詞四卷 (清)戴延介撰 清嘉慶十三年(1808)緑華樓刻本 二册

110000-0144-0020053 善3161
飲水詞一卷 (清)成德撰 清道光二十六年(1846)金粱外史刻本 一册

110000-0144-0020054 善3186
陳檢討詞鈔十二卷 (清)陳維崧撰 清刻本 十册

110000-0144-0020055 善3193
棲香閣詞二卷 (清)顧文婉撰 清道光四年(1824)李氏聞妙香室刻本 一册

110000-0144-0020056 善3202
種雲仙館詞二卷 (清)馮登府撰 清道光六年(1826)刻本 一册

110000-0144-0020057 善3206
珂雪詞二卷補遺一卷 (清)曹貞吉撰 清康熙刻本 一册

110000-0144-0020058 善3222
二波軒詞選三卷 (清)王嘉福撰 清道光十四年(1834)刻本 (清)汪鍾霖、王仁俊、馬敘倫題識 三册

110000-0144-0020059 善3226
湘絃離恨譜一卷 張祖同撰 清抄本 一册

110000-0144-0020060 善3227
存審軒詞二卷 (清)周濟撰 清抄本 邵章批校並跋 一册

110000-0144-0020061 善323.1/113
續文獻通考二百五十四卷 (明)王圻撰 明萬曆三十一年(1603)松江府曹時聘、許維新刻本 一百册

110000-0144-0020062 善323.1/205
古今原始十五卷 (明)趙釴撰 明嘉靖四十二年(1563)錢唐胡氏刻本 三册

110000-0144-0020063 善323.1/416-07
文獻通考三百四十八卷首一卷 (元)馬端臨撰 明嘉靖馮天馭刻本 一百册

110000－0144－0020064　善323.1/416－504
文獻通考補增三卷參補二十六卷　(清)葉濬發撰　清抄本　二十册　存二十三卷(一至十七、十九、二十上、二十一、二十二上、二十四、二十六)

110000－0144－0020065　善323.1/449
新刊歷代制度詳說十二卷　(宋)吕祖謙撰　清抄本　四册

110000－0144－0020066　善323.1/835－2
古今治平略三十三卷　(明)朱健撰　明崇禎十一年(1638)鍾鉉刻本　二十四册

110000－0144－0020067　善323.16/384
皇明世法錄九十二卷　(明)陳仁錫撰　明崇禎刻本　四十八册

110000－0144－0020068　善323.16/463
大明會典二百二十八卷　(明)申時行　(明)趙用賢纂修　明萬曆十五年(1587)内府刻本　一百册

110000－0144－0020069　善323.16/463
大明會典二百二十八卷　(明)申時行　(明)趙用賢纂修　明萬曆十五年(1587)内府刻本　一百八册

110000－0144－0020070　善323.16/771
皇明經世實用編二十八卷首一卷　(明)馮應京輯　明萬曆三十一年(1603)刻本　十二册

110000－0144－0020071　善323.16/771
皇明經世實用編二十八卷首一卷　(明)馮應京輯　明萬曆三十一年(1603)刻本　二十四册

110000－0144－0020072　善323.16/952
大明會典一百八十卷　(明)徐溥等纂修　明正德六年(1511)司禮監刻本　九十六册

110000－0144－0020073　善323.17/716.6－3
欽定大清會典則例一百八十卷　(清)張廷玉等纂修　清乾隆内府刻本　一百八册

110000－0144－0020074　善323.197/716
皇清開國方略三十二卷首一卷　(清)阿桂撰　清乾隆五十一年(1786)武英殿刻本　十六册

110000－0144－0020075　善323.197/716
皇清開國方略三十二卷首一卷　(清)阿桂撰　清乾隆五十一年(1786)武英殿刻本　十六册

110000－0144－0020076　善323.197/716
皇清開國方略三十二卷首一卷　(清)阿桂撰　清乾隆五十一年(1786)武英殿刻本　十六册

110000－0144－0020077　善323.35/118－02
唐摭言十五卷　(五代)王定保撰　清抄本　(□)□□朱筆校　四册

110000－0144－0020078　善323.35/235
乾隆戊子科齒錄　(清)□□輯　清乾隆三十三年(1768)刻本　二册

110000－0144－0020079　善323.35/355
國朝歷科題名碑錄附明洪武至崇禎各科題名碑錄(清順治三年至乾隆四十五年)　(清)李周望輯　(清)德沛補　清乾隆刻本　二十四册

110000－0144－0020080　善323.35/583
山東安徽浙江學使題名附湖南鄉試錄一卷雜考一卷錢幣一卷　(清)□□輯　稿本　五册

110000－0144－0020081　善323.35/962
明狀元圖考三卷　(明)顧祖訓輯　(明)吴承恩　(明)程一楨補輯　(明)黄應澄繪圖　(明)黄應纘書考　清漢陽葉氏平安館刻本　四册

110000－0144－0020082　善323.4/133－1－02
吏部處分則例四十七卷　(清)吏部編　清抄本　十八册

110000－0144－0020083　善323.402/421
宗室王公章京世襲爵秩册一卷　(清)黄檔房編　清黄檔房抄本　一册

110000－0144－0020084　善323.402/869
皖江同官錄不分卷　(清)□□編　清抄本

一冊

110000－0144－0020085　善 323.42/223
居官寡過錄四卷　(清)胡衍虞撰　清乾隆四十年(1775)朝邑刻本　四冊

110000－0144－0020086　善 323.42/985
治譜十卷續集一卷　(明)佘自強撰　明崇禎十二年(1639)刻本　六冊

110000－0144－0020087　善 323.49/504
明謚考三十八卷　(明)葉秉敬撰　清抄本　二冊　存二十六卷(十三至三十八)

110000－0144－0020088　善 323.49/938
欽定續纂外藩蒙古回部王公表十二卷　(清)□□編　清道光二十九年(1849)武英殿刻本　十二冊

110000－0144－0020089　善 323.52/700
欽定宮中現行則例四卷　(清)□□編　清光緒六年(1880)武英殿刻本　四冊

110000－0144－0020090　善 3237
拜石詞一卷　(清)朱駿聲撰　清末抄本　一冊

110000－0144－0020091　善 324.41/311
中都儲志十卷　(明)張良知撰　清抄本　四冊

110000－0144－0020092　善 325.231/994
閩藩政要六卷　(清)姚桂撰　清抄本　七冊

110000－0144－0020093　善 325.91/679
碾伯縣團練民勇花名總冊不分卷　(清)顏文絢等撰　清同治元年(1862)抄本　四冊

110000－0144－0020094　善 3254
蓼花詞一卷　(清)余光耿撰　清康熙刻本　(清)蔣雍植跋　二冊

110000－0144－0020095　善 328.29381/861
緬略一卷　(清)□□撰　清抄本　一冊

110000－0144－0020096　善 3281
思賢閣詩草二卷　(清)丁履恆撰　清抄本　一冊

110000－0144－0020097　善 3289
清濤詞二卷　(清)孔傳鋕撰　清康熙刻本　四冊

110000－0144－0020098　善 3290
潑墨軒詞一卷　(清)戴鑑撰　稿本　一冊

110000－0144－0020099　善 330.9221/240－04
鹽鐵論十卷　(漢)桓寬撰　明刻本　六冊

110000－0144－0020100　善 330.9221/240－04
鹽鐵論十卷　(漢)桓寬撰　明刻本　六冊

110000－0144－0020101　善 3303
棠村詞一卷　(清)梁清標撰　清康熙十二年(1673)梁允植刻本　四冊

110000－0144－0020102　善 332.235/667
雲南礦務案牘類編十六卷首一卷　(清)唐炯輯　清抄本　十六冊

110000－0144－0020103　善 3332
新編古今事文類聚前集六十卷　(宋)祝穆輯　明內府刻本　二十九冊

110000－0144－0020104　善 3333
新編古今事文類聚後集五十卷　(宋)祝穆輯　明內府刻本　二十七冊

110000－0144－0020105　善 3334
新編古今事文類聚續集二十八卷　(宋)祝穆輯　明內府刻本　十九冊

110000－0144－0020106　善 3335
新編古今事文類聚別集三十二卷　(宋)祝穆輯　明內府刻本　十九冊

110000－0144－0020107　善 3336
新編古今事文類聚外集十五卷　(元)富大用輯　明內府刻本　十冊

110000－0144－0020108　善 3337
新編古今事文類聚新集三十六卷　(元)富大用輯　明內府刻本　十九冊

110000－0144－0020109　善 3338
新編古今事文類聚前集六十卷後集五十卷續集二十八卷別集三十二卷新集三十六卷外集

十五卷　(宋)祝穆輯　(元)富大用輯　明內府刻本　八十冊

110000－0144－0020110　善334.54/421
鬮書　(明)□□撰　明正德十二年(1517)寫本　一冊

110000－0144－0020111　善3402
響山詞四卷　(清)張四科撰　清乾隆刻本　一冊

110000－0144－0020112　善341.1/165.2
咸豐鐵錢志　(清)黃輔辰撰　清稿本　一冊

110000－0144－0020113　善3410
大明崇禎三年歲次庚午大統曆一卷　(明)□□編　明崇禎刻本　一冊

110000－0144－0020114　善348.1/401
租覈一卷　(清)陶煦撰　清抄本　黃襄成題識　一冊

110000－0144－0020115　善348.2/704
安徽賦役全書十卷　(清)□□編　清抄本　十冊

110000－0144－0020116　善348.2/816
蘇松財賦考圖說一卷　(清)周夢顏輯　清道光九年(1829)程丕纘刻本　一冊

110000－0144－0020117　善348.3/118
鹽務議略不分卷　(清)王守基撰　謄清稿本　四冊

110000－0144－0020118　善348.3/526
河東鹽法備覽十二卷　(清)蔣兆奎輯　清乾隆五十五年(1790)刻本　八冊

110000－0144－0020119　善348.3/583.2
山東鹽法續增備考六卷　(清)王定柱纂　清抄本　六冊

110000－0144－0020120　善348.3/851
新修長盧鹽法志十六卷　(清)莽鵠立　(清)魯之裕等纂修　清雍正五年(1727)刻本　十二冊

110000－0144－0020121　善348.7/619
九江關徵收船稅規例不分卷　(清)謝旻撰　清乾隆三十七年(1772)伊齡阿刻本　二冊

110000－0144－0020122　善348.7/910
淮關統志十四卷　(清)伊齡阿撰　清乾隆四十三年(1778)淮關刻本　六冊

110000－0144－0020123　善3508
上諭八旗十三卷上諭旗務議覆十二卷諭行旗務奏議十三卷　(清)允祿等輯　清雍正九年(1731)內府刻乾隆六年(1741)續刻本　二十冊

110000－0144－0020124　善352/880
大清律集解附例三十卷圖一卷服制一卷律例總類六卷　(清)朱軾　(清)常鼐等纂修　清雍正三年(1725)刻本　二十冊

110000－0144－0020125　善355.8/625
說帖不分卷　(清)□□輯　清末抄本　十六冊

110000－0144－0020126　善3567
青箱堂文集十二卷遺稿續刻一卷年譜一卷　(清)王崇簡撰　清康熙刻本　六冊

110000－0144－0020127　善358.91/645
調查山東司法行政沿習利弊報告清冊不分卷　高裕瑞輯　清抄本　二冊

110000－0144－0020128　善3613
扶荔詞三卷別錄一卷　(清)丁澎撰　清康熙丁辰槩刻本　四冊

110000－0144－0020129　善364.2/788
賨山公家議七卷附錄一卷　(明)程昌撰　(明)程鈁增補　明萬曆三年(1575)程氏刻本　一冊

110000－0144－0020130　善3661
十六家詞　(清)孫默輯　清抄本　二十冊

110000－0144－0020131　善3662
湘瑟詞四卷　(清)錢芳標撰　清抄本　四冊

110000－0144－0020132　善3676
宋史四百九十六卷　(元)脫脫等撰　明刻本　存二種五十一卷(本紀一至四十七、志一至

四） 十六册

110000－0144－0020133 善3677
宋史四百九十六卷 （元）脱脱等撰 明成化七年至十六年（1471－1480）南京朱英刻嘉靖三十五年（1556）、萬曆六年（1578）遞修本 六十一册 存四百八十六卷（四至四百八十九）

110000－0144－0020134 善3678
元史二百十卷 （明）宋濂等撰 明洪武三年（1370）内府刻嘉靖九年（1530）、十年（1531）南京國子監遞修本 存五十五卷（表一至六、列傳一至四十九） 十一册

110000－0144－0020135 善368.2/626
畿輔義倉圖 （清）方觀承撰 清乾隆刻本 六册

110000－0144－0020136 善368.2/626－4
賑紀八卷 （清）方觀承撰 清乾隆刻本 八册

110000－0144－0020137 善368.2/872
臯蘭義倉彙編輯要一卷 （清）□□輯 清抄本 一册

110000－0144－0020138 善368.31/263
禁煙摺奏一卷 （清）□□輯 清末抄本 一册

110000－0144－0020139 善3684
［道光］安徽通志二百六十卷首六卷 （清）陶澍等修 （清）李振庸等纂 清道光十年（1830）刻本 一百册

110000－0144－0020140 善3691
古今萬姓統譜一百四十卷歷代帝王姓系統譜六卷氏族博考十四卷 （明）淩迪知輯 明萬曆刻本 二十四册

110000－0144－0020141 善370/872
法學通論 （□）□□撰 清宣統元年（1909）抄本 五册

110000－0144－0020142 善370/872
教育學 （日本）留壽惠吉撰 傅真權譯 清宣統元年（1909）抄本 與110000－0144－0020141、20143、20144、20145合册

110000－0144－0020143 善370/872
倫理學 （日本）留壽惠集撰 唐震伯譯 清宣統元年（1909）抄本 與110000－0144－0020141、20142、20144、20145合册

110000－0144－0020144 善370/872
心理學 （□）□□撰 清宣統元年（1909）抄本 與110000－0144－0020141、20142、20143、20145合册

110000－0144－0020145 善370/872
中國歷史研究法 （□）□□撰 清宣統元年（1909）抄本 與110000－0144－0020141、20142、20143、20144合册

110000－0144－0020146 善372.3411/236
南畿學政不分卷 （□）□□撰 明刻本 二册

110000－0144－0020147 善374.9/593
學海津梁四卷 （清）崔學古撰 清康熙三十四年（1695）敬業堂刻本 四册

110000－0144－0020148 善3754
明史藁三百十卷目錄三卷 （清）王鴻緒撰 清雍正敬慎堂刻本 八十册

110000－0144－0020149 善3756
通志堂經解一百三十九種一千八百四十五卷 （清）成德 （清）徐乾學輯 清康熙十九年（1680）納蘭成德刻乾隆五十年（1785）武英殿重修本 四百五十七册

110000－0144－0020150 善3759
錦繡萬花谷前集四十卷後集四十卷續集四十卷 （宋）□□撰 明嘉靖十四年（1535）徽藩崇古書院刻公文紙印本 二十册

110000－0144－0020151 善376.99/203
長沙府嶽麓志八卷 （清）趙寧輯 清康熙鏡水堂刻本 七册

110000－0144－0020152 善376.99/203
長沙府嶽麓志八卷 （清）趙寧輯 清康熙鏡

水堂刻本　四册

110000－0144－0020153　善 376.99/273
重脩南溪書院志四卷首一卷　(清)楊毓健等纂修　清康熙五十六年(1717)刻本　四册

110000－0144－0020154　善 3761
說文長箋一百卷首二卷解題一卷六書長箋七卷　(明)趙宧光撰　明崇禎四年(1631)趙均小宛堂刻本　三十二册

110000－0144－0020155　善 3767
[乾隆]鄞縣志三十卷首一卷　(清)錢維喬　(清)錢大昕纂　清乾隆五十三年(1788)刻本　二十册

110000－0144－0020156　善 377.93/296
蒙學體操教科書　(日本)坪井玄道　(日本)田中盛業撰　丁錦譯　清光緒二十九年(1903)上海文明書局鉛印本　一册

110000－0144－0020157　善 3778
杜詩鏡銓二十卷年譜一卷附錄一卷　(清)楊倫撰　清乾隆九柏山房刻本　十册

110000－0144－0020158　善 3793
震川先生集三十卷別集十卷　(明)歸有光撰　清康熙十四年(1675)歸莊等刻本　十册

110000－0144－0020159　善 380.931/762
前赴日本會閱該國合操行程日記及所閱情形一卷　(清)□□撰　清光緒抄本　一册

110000－0144－0020160　善 380/165
兵法不分卷　(清)黄建岡輯　清咸豐稿本　八册

110000－0144－0020161　善 381/760
普洱鎮營制輿圖　(清)□□繪　清彩繪本　一帙

110000－0144－0020162　善 382.0948/916
一八七七年俄土戰史筆記十二卷　(清)□□撰　稿本　二册

110000－0144－0020163　善 382.6/279
梅隱亭戰陣譜一卷　(清)看雲山房繪　清看雲山房繪本　一册

110000－0144－0020164　善 382.9/751
演陣圖　(清)□□繪　清彩繪本　八册

110000－0144－0020165　善 382.92/129
武毅先鋒馬隊操練課程一卷　(清)邢長春撰　清光緒二十四年(1898)刻本　一册

110000－0144－0020166　善 382/115
登壇必究四十卷　(明)王鳴鶴輯　清道光木活字印本　六十册

110000－0144－0020167　善 382/166
素書一卷　(漢)黄石公撰　(宋)張商英注　清康熙抄本　一册

110000－0144－0020168　善 382/627
心略不分卷　(明)施永圖輯　清抄本　一册

110000－0144－0020169　善 382/667
唐荊川先生纂輯武編十二卷　(明)唐順之撰　明萬曆四十六年(1618)徐象橒曼山館刻本　十二册

110000－0144－0020170　善 382/824
治平勝算全書二十八卷　(清)年羹堯輯　清抄本　十六册

110000－0144－0020171　善 3825
半舫齋古文八卷　(清)夏之蓉著　清乾隆刻本　八册

110000－0144－0020172　善 383/294－1
武德全書十五卷　(明)李槃輯　(明)李名世集注　明萬曆十八年(1590)汪一鸞刻本　劉盼遂題識　四册

110000－0144－0020173　善 389.7/221
籌海圖編十三卷　(明)胡宗憲撰　明天啓四年(1624)胡維極刻本　八册

110000－0144－0020174　善 392.2/947－02
讀禮通考一百二十卷　(清)徐乾學撰　清康熙三十五年(1696)刻本　三十二册

110000－0144－0020175　善 392/947
大明集禮五十三卷首一卷　(明)徐一夔　(明)梁寅等撰　明嘉靖刻本　十五册

110000－0144－0020176　善 392/947
大明集禮五十三卷首一卷　(明)徐一夔　(明)梁寅等撰　明嘉靖刻本　三十六册

110000－0144－0020177　善 392/972
政和五禮新儀二百二十卷目錄六卷政和衔製冠禮十卷　(宋)鄭居中撰　清抄本　存一百五十九卷(一至七十四、七十六至八十七、九十一至一百七、一百十至一百十六、一百二十一至一百二十七、一百三十八至一百七十八，政和衔製冠禮一)　十四册

110000－0144－0020178　善 393.2/306
太學典祀彙考十四卷　(清)張瓚撰　清康熙二十五年(1686)刻本　六册

110000－0144－0020179　善 393.2/665
廟學典禮六卷　(清)□□纂　清孔氏岳雪樓抄本　三册

110000－0144－0020180　善 394/120
家禮辨定十卷首一卷　(清)王復禮撰　清康熙四十七年(1708)武夷山房刻本　二册

110000－0144－0020181　善 394/370
孔氏家儀一卷　(清)□□輯　清抄本　一册

110000－0144－0020182　善 394/435
茗洲吴氏家典八卷　(清)吳翟撰　清雍正十三年(1735)紫陽書院刻本　五册

110000－0144－0020183　善 394/537
新安林塘范氏宗規四卷　(明)□□撰　明刻本　一册

110000－0144－0020184　善 394/828－6
重訂文公家禮儀節八卷　(明)丘濬撰　(明)陳仁錫　明刻本　(日本)東里散人識　三册

110000－0144－0020185　善 395.79/680
醉眠集一卷　(清)褚人獲輯　(清)福申增　清抄本　一册

110000－0144－0020186　善 396.211/175
一歲貨聲　(清)鞠農撰　清抄本　一册

110000－0144－0020187　善 396.225/684
寶顏堂訂正荊楚歲時記一卷　(南朝梁)宗懔撰　明萬曆刻寶顏堂秘笈本　一册

110000－0144－0020188　善 413.15/954－02
說文解字韻譜五卷　(五代)徐鍇撰　清乾隆四十六年(1781)李氏萬卷樓刻函海本　二册

110000－0144－0020189　善 421.4/232
篆學測解二十九卷聲韻表一卷　(明)韓洽撰　清嘉慶二十五年(1820)韓對刻本　十二册

110000－0144－0020190　善 421.4/375
篆法正宗八卷　(清)阮長齡輯　清大有堂抄本　八册

110000－0144－0020191　善 421.5/161－2
隸法彙纂十卷　(清)項懷輯　清乾隆四十五年(1780)小西山房刻本　十册

110000－0144－0020192　善 421.5/962－03
隸辨八卷　(清)顧藹吉撰　清乾隆八年(1743)黃晟刻本　八册

110000－0144－0020193　善 421.5/962－03
隸辨八卷　(清)顧藹吉撰　清乾隆八年(1743)黃晟刻本　八册

110000－0144－0020194　善 421.5/962－04
隸辨八卷　(清)顧藹吉撰　清康熙五十七年(1718)項氏玉淵堂刻本　四册

110000－0144－0020195　善 422.08/651
五雅四十一卷　(清)郎奎金輯　明天啓六年(1626)郎氏堂策檻刻本　八册　存三十一卷(一至三十一)

110000－0144－0020196　善 422.08/651
五雅四十一卷　(清)郎奎金輯　明天啓六年(1626)郎氏堂策檻刻本　十二册

110000－0144－0020197　善 422.1/630－010
爾雅三卷　(晉)郭璞注　(唐)陸德明音義　清嘉慶二十二年(1817)清芬閣刻本　劉師培校　三册

110000－0144－0020198　善 422.1/630－011
爾雅三卷　(晉)郭璞注　清嘉慶二十五年(1820)長洲程氏滂意軒刻本　(清)江飂校注　一册

110000－0144－0020199　善 422.1/630－04
爾雅三卷　(晉)郭璞注　清抄本　二册

110000－0144－0020200　善 422.1/630－05
爾雅三卷　(晉)郭璞注　明景泰七年(1456)馬諒刻本　二册

110000－0144－0020201　善 422.1/630－06
爾雅三卷　(晉)郭璞注　明嘉靖十七年(1538)吴元恭刻本(有抄配)　三册

110000－0144－0020202　善 422.1/630－09
爾雅三卷　(晉)郭璞注　(唐)陸德明音義　清乾隆二十九年(1764)孔繼汾刻本　三册

110000－0144－0020203　善 422.12/129－03
爾雅注疏十一卷　(晉)郭璞注　(宋)邢昺疏　明萬曆二十一年(1593)國子監刻十三經注疏本　(清)傅山批點　四册

110000－0144－0020204　善 422.12/393－02
爾雅新義二十卷敘錄一卷　(宋)陸佃撰　(清)宋大樽輯　清嘉慶十三年(1808)三間草堂刻本　六册

110000－0144－0020205　善 422.12/972
爾雅三卷　(宋)鄭樵注　明汲古閣刻本　一册

110000－0144－0020206　善 422.12/988
爾雅注疏拾遺十一卷　(清)阮林輯　清光緒十九年(1893)稿本　(清)余允圻補注　(清)鐵香覆校　四册

110000－0144－0020207　善 422.19/117
爾雅奇字音義二卷　(元)王應麟撰　明抄本　二册

110000－0144－0020208　善 422.19/482－02
爾雅翼三十二卷　(宋)羅願撰　明正德十四年(1519)羅文殊刻本　十二册

110000－0144－0020209　善 422.5/889
釋名八卷　(漢)劉熙撰　明嘉靖畢效欽刻五雅本　三册

110000－0144－0020210　善 422.5/889－02
釋名八卷　(漢)劉熙撰　明嘉靖三年(1524)儲良材、程鴻刻本　二册

110000－0144－0020211　善 422.5/889－03
釋名四卷　(漢)劉熙撰　明萬曆刻廣漢魏叢書本　二册

110000－0144－0020212　善 422.6/348－02
拾雅六卷　(清)夏味堂撰　清嘉慶二十四年(1819)遂園刻本　四册

110000－0144－0020213　善 422.6/393
埤雅二十卷　(宋)陸佃撰　清康熙顧棫刻本　六册

110000－0144－0020214　善 422.6/393－02
重刊埤雅二十卷　(宋)陸佃撰　明刻本　六册

110000－0144－0020215　善 422.6/393－825
增修埤雅廣要四十二卷　(明)牛衷撰　明萬曆三十八年(1610)孫弘範刻本　十二册

110000－0144－0020216　善 422.6/434
別雅五卷　(清)吴玉搢撰　清乾隆七年(1742)程氏督經堂刻本　五册

110000－0144－0020217　善 422.6/626－02
通雅五十二卷首三卷　(清)方以智撰　清康熙五年(1666)姚文燮刻本　十二册

110000－0144－0020218　善 422.7/382
讀書證疑六卷　(清)陳詩庭撰　清抄本　十册

110000－0144－0020219　善 422.7/487
五大部直音三卷　(清)釋上路輯　清康熙十六年(1677)浙江靈隱經房刻本　三册

110000－0144－0020220　善 422.9/554
文選雙字類要三卷　(宋)蘇易簡撰　明嘉靖十九年(1540)姚虞、范季本刻本　三册

110000－0144－0020221　善 423.08/119
王西嶼著述五種　(清)王約輯　清抄本　四册

110000－0144－0020222　善 423.08/307－02
澤存堂五種　(清)張士俊輯　清康熙四十九

年(1710)吳郡澤存堂刻本　二十冊

110000－0144－0020223　善423.1/625
說文不分卷　(清)□□撰　清抄本　二冊

110000－0144－0020224　善423.11/612－03
說文解字十五卷　(漢)許慎撰　(宋)徐鉉等校定　清初汲古閣刻本　二十六冊

110000－0144－0020225　善423.11/612－08
說文解字十五卷　(漢)許慎撰　清嘉慶十二年(1807)額勒布藤花榭刻本　(□)□□墨筆過錄　(清)惠棟校語　三冊

110000－0144－0020226　善423.132/526
說文字原集註十六卷表一卷表說一卷　(清)蔣和撰　清乾隆五十三年(1788)刻本　四冊

110000－0144－0020227　善423.133/437
說文字原考略六卷　(清)吳照撰　清乾隆五十七年(1792)吳氏南昌寓館刻本　四冊

110000－0144－0020228　善423.134/119－02
說文釋例八卷　(清)王筠撰　稿本　七冊　存四卷(一、六至八)

110000－0144－0020229　善423.134/119－04
說文釋例二十卷　(清)王筠撰　清道光刻校樣本　十冊

110000－0144－0020230　善423.134/370
說文疑疑二卷附一卷　(清)孔廣居撰　清嘉慶七年(1802)詩禮堂刻本　四冊

110000－0144－0020231　善423.134/964
說文辨疑一卷　(清)顧廣圻撰　清同治十年(1871)查燕緒抄本　張宗祥題跋　一冊

110000－0144－0020232　善423.135/440
說文字通十四卷說文經典異字釋一卷　(清)高翔麟撰　清道光十八年(1838)查元偁刻本　八冊

110000－0144－0020233　善423.14/198
六書本義七卷　(明)趙古則撰　清抄本　四冊

110000－0144－0020234　善423.14/198－02
六書本義十二卷　(明)趙古則撰　清抄本　四冊

110000－0144－0020235　善423.14/267
書學正韻三十六卷　(元)楊桓撰　元刻明修本　二十五冊　存三十五卷(一、三至三十六)

110000－0144－0020236　善423.14/267－6
六書統二十卷六書統溯源十三卷　(元)楊桓撰　元至大元年(1308)江浙行省儒學刻元明遞修本　三十二冊

110000－0144－0020237　善423.14/274
六書辨通五卷補一卷續補一卷　(清)楊錫觀撰　清乾隆嘉禾瑞石軒刻本　五冊

110000－0144－0020238　善423.14/274
六書辨通五卷補一卷續補一卷　(清)楊錫觀撰　清乾隆嘉禾瑞石軒刻本　五冊

110000－0144－0020239　善423.14/274－6
六書例解一卷集說一卷八分書辨一卷　(清)楊錫觀撰　清雍正刻乾隆五十一年(1786)補刻本　一冊

110000－0144－0020240　善423.14/434
六書述部敘考六卷　(清)吳玉搢撰　清抄本　段朝端題跋　二冊　存三卷(四至六)

110000－0144－0020241　善423.14/720
六書轉注錄八卷　(清)洪亮吉撰　清抄本(一至二卷為民國抄配)　四冊

110000－0144－0020242　善423.14/801
六書精蘊六卷　(明)魏校撰　**音釋舉要一卷**　(明)徐官撰　明嘉靖十九年(1540)魏希明刻本　十二冊

110000－0144－0020243　善423.14/905
六書分類十二卷首一卷　(清)傅世垚撰　清康熙三十八年(1699)羊城汝南周天健刻本　十二冊

110000－0144－0020244　善423.14/905
六書分類十二卷首一卷　(清)傅世垚撰　清康熙三十八年(1699)羊城汝南周天健刻本

十二冊

110000-0144-0020245　善423.14/905-02

六書分類十二卷　(清)傅世堯撰　清乾隆五十四年(1789)聽松閣刻本　十三冊

110000-0144-0020246　善423.15/267

聲律易簡編　楊世樹撰　清末抄本　一冊

110000-0144-0020247　善423.15/286

重刊許氏說文解字五音韻譜十二卷　(宋)李燾撰　明弘治十四年(1501)車玉刻本　十二冊

110000-0144-0020248　善423.15/286-02

重刊說文解字五音韻譜十二卷　(宋)李燾撰　明天啓七年(1627)世裕堂刻雲林五雲堂修補本　十二冊

110000-0144-0020249　善423.15/625

說文聲讀考□□卷　(清)□□撰　清抄本　存一卷(七)　一冊

110000-0144-0020250　善423.15/830-295

說文通訓定聲檢字二卷　查德基編　清末稿本　二冊

110000-0144-0020251　善423.161/441

說文引經異文集證八卷　(清)吳种撰　清循陔書室抄本　八冊

110000-0144-0020252　善423.161/785

說文引經考一卷　(清)程琰撰　清姚氏思進齋抄本　一冊

110000-0144-0020253　善423.18/295

說文檢字不分卷　查德基撰　清末稿本　四冊

110000-0144-0020254　善423.18/781

說文檢字二卷　(清)毛謨輯　清嘉慶二十一年(1816)四川督學使署刻本　一冊

110000-0144-0020255　善423.18/891

說文蒙求不分卷　(清)劉庠撰　清抄本　二冊

110000-0144-0020256　善423.5/119

字牖十七卷　(清)王鐸撰　清初刻本　存十五卷(一至九、十二至十七)　九冊

110000-0144-0020257　善423.5/159

學古編二卷　(元)吾丘衍撰　(明)何震續　**正韻篆二卷**　(明)沈延銓撰　明天啟二年(1622)沈延銓刻本　三冊

110000-0144-0020258　善423.5/213

篆書正四卷　(清)戴明説輯　清順治十四年(1657)胡正言刻本　四冊

110000-0144-0020259　善423.5/279

字彙十二卷末一卷韻法直圖一卷韻法橫圖一卷　(明)梅膺祚撰　明萬曆刻本　十四冊

110000-0144-0020260　善423.5/288.3

漢隸分韻七卷　(□)□□撰　清乾隆九沙萬氏刻本　三冊

110000-0144-0020261　善423.5/288-02

摭古遺文二卷再增摭古遺文一卷　(明)李登輯　(明)姚履旋增補　明萬曆二十二年(1594)姚履旋刻本　二冊

110000-0144-0020262　善423.5/329

古篆韻譜五卷　(清)邵耀撰　稿本　五冊

110000-0144-0020263　善423.5/480-1-02

班馬字類五卷　(宋)婁機撰　清乾隆揚州馬氏小玲瓏山館刻苕溪經鋤堂印本　一冊

110000-0144-0020264　善423.5/633-02

汗簡七卷　(宋)郭忠恕撰　清康熙四十二年(1703)汪立名一隅草堂刻本　二冊

110000-0144-0020265　善423.5/655

直音編七卷　(明)章黼撰　(明)陳世寶重訂　明萬曆六年(1578)維陽資政左室刻本　七冊

110000-0144-0020266　善423.5/660

金壺字考十九卷　(宋)釋適之編　(清)田朝恒增訂　清乾隆貽安堂刻本　八冊

110000-0144-0020267　善423.5/660

增訂金壺字考十九卷　(宋)釋適之編　(清)田朝恒增訂　清乾隆貽安堂刻本　八冊

110000－0144－0020268　善423.5/696
篇海類編二十卷　(明)宋濂撰　(明)屠隆訂正　**附録一卷**　(明)張嘉和輯　明崇禎刻本　十二册

110000－0144－0020269　善423.5/696
篇海類編二十卷　(明)宋濂撰　(明)屠隆訂正　**附録一卷**　(明)張嘉和輯　明崇禎刻本　十二册

110000－0144－0020270　善423.5/699
字林便覽二卷　(清)徐慶超撰　清道光十七年(1837)楊式穀抄本　二册

110000－0144－0020271　善423.5/942－02
龍龕手鑑四卷　(遼)釋行均撰　清乾隆三十一年(1766)經井齋影宋抄本　(清)沈大成題跋　四册

110000－0144－0020272　善423.5/942－03
龍龕手鑑四卷　(遼)釋行均撰　清虚竹齋刻本　(□)□□朱筆批校　六册

110000－0144－0020273　善423.5/962－02
大廣益會玉篇三十卷玉篇廣韻指南一卷　(南朝梁)顧野王撰　(唐)孫強增字　(宋)陳彭年等重修　明刻本　六册

110000－0144－0020274　善423.5/962－03
大廣益會玉篇三十卷玉篇廣韻指南一卷　(南朝梁)顧野王撰　(唐)孫強增字　(宋)陳彭年等重修　明刻本　十册

110000－0144－0020275　善423.9/214
古文字彙二卷　(□)□□輯　清抄本　二册

110000－0144－0020276　善423.9/362
文苑彙雋二十四卷　(明)孫丕顯輯　明刻本　八册

110000－0144－0020277　善423.9/407
新增説文韻府群玉二十卷　(元)陰時夫輯　(元)陰中夫注　(明)王元貞校正　明萬曆十八年(1590)刻本　二十册

110000－0144－0020278　善423.9/407
新增説文韻府群玉二十卷　(元)陰時夫輯　(元)陰中夫注　(明)王元貞校正　明萬曆十八年(1590)刻本　二十册

110000－0144－0020279　善423.9/407
新增説文韻府群玉二十卷　(元)陰時夫輯　(元)陰中夫注　(明)王元貞校正　明萬曆十八年(1590)刻本　十册

110000－0144－0020280　善423.9/407－02
新增説文韻府群玉二十卷　(元)陰時夫輯　(元)陰中夫注　明刻本　二十册

110000－0144－0020281　善423.9/407－04
韻府群玉二十卷　(元)陰時夫編　(元)陰中夫注　明刻本　二十册

110000－0144－0020282　善423.9/653.7
辨字識音不分卷　(清)□□撰　清光緒七年(1881)戴純齋抄本　二册

110000－0144－0020283　善423.9/675－02
字典考證十二集三十六卷　(清)王引之等撰　稿本　十二册

110000－0144－0020284　善423.9/765－011
康熙字典十二集三十六卷總目一卷檢字辨似一卷等韻一卷備考一卷補遺一卷　(清)張玉書　(清)淩紹雯等纂修　清康熙内府刻本　四十册

110000－0144－0020285　善423.9/929
經典文字考異一卷　(清)錢大昕撰　清抄本　二册

110000－0144－0020286　善423.9/953.8
字學類辨四卷　(明)徐與稽撰　明末刻本　二册

110000－0144－0020287　善423.9/988
增補類編音釋四民切用便讀雜字四卷　(明)余一夔輯　明末書林詹鍾瑞刻本(有抄配)　一册

110000－0144－0020288　善423.9/994
韻圃群芳八卷　(清)姚焜輯注　清乾隆三十二年(1767)立達堂刻本　四册

110000－0144－0020289　善424.08/965－03

音學五書三十八卷 （清）顧炎武撰　清康熙六年（1667）山陽張弨符山堂刻本　十冊

110000－0144－0020290　善 424.1/370－02
詩聲類十二卷分例一卷 （清）孔廣森撰　清翀均居抄本　二冊

110000－0144－0020291　善 424.1/435－523
歌麻古韻考四卷 （清）吳樹聲撰　（清）苗夔補注　清抄本　（清）諸可寶校　（清）黃彭年跋　四冊

110000－0144－0020292　善 424.3/158－02
集韻十卷 （宋）丁度等撰　清康熙四十五年（1706）刻嘉慶十九年（1814）印本　五冊

110000－0144－0020293　善 424.3/158－03
集韻十卷 （宋）丁度等撰　清康熙四十五年（1706）刻嘉慶十九年（1814）印本　（□）□□朱筆校　十冊

110000－0144－0020294　善 424.3/158－1－02
附釋文互註禮部韻略五卷 （宋）丁度撰　清康熙四十五年（1706）曹寅揚州使院刻本　（清）沈大成　（清）韓應陛校　五冊

110000－0144－0020295　善 424.3/227－232
大明萬曆乙丑重刊改併五音類聚四聲篇十五卷萬曆乙丑重刊改併五音集韻十五卷 （金）韓道昭撰　**新編篇韻貫珠集八卷** （明）釋真空編　**經史正音切韻指南一卷** （元）劉鑑撰　明萬曆二十三年（1595）晉安芝山開元寺刻本　十六冊

110000－0144－0020296　善 424.3/227－232－02
大明正德乙亥重刊改併五音類聚四聲篇十五卷 （金）韓道昭撰　**新編經史正音切韻指南一卷** （元）劉鑑撰　**新增篇韻拾遺並藏經字義一卷** 明正德十一年（1516）金臺衍華寺釋覺恒刻明嘉靖三十八年（1559）釋本贇重修本　十冊

110000－0144－0020297　善 424.3/232
大明正德乙亥重刊改併五音集韻十五卷 （金）韓道昭撰　明正德十年（1515）金臺衍華寺釋覺恒刻本　五冊

110000－0144－0020298　善 424.3/378－06
廣韻五卷 （宋）陳彭年撰　清康熙四十三年（1704）張士俊刻澤存堂五種本　十冊

110000－0144－0020299　善 424.3/378－07
重編廣韻五卷 （宋）陳彭年等撰　（明）朱祐檳重編　明嘉靖二十八年（1549）益藩刻本　二十冊

110000－0144－0020300　善 424.3/378－08
廣韻五卷 （宋）陳彭年撰　明刻本　十冊

110000－0144－0020301　善 424.3/378－09
廣韻五卷 （宋）陳彭年等撰　清同治十二年（1873）粵東書局刻小學彙函本　（□）□□朱筆批校　一冊

110000－0144－0020302　善 424.3/435
韻補五卷 （宋）吳棫撰　明刻本　五冊

110000－0144－0020303　善 424.5/115－02
音韻闡微十八卷韻譜一卷 （清）李光地　（清）王蘭生編修　清雍正六年（1728）武英殿刻本　十六冊

110000－0144－0020304　善 424.5/126
音韻纂組 （清）□□輯　清抄本　十冊

110000－0144－0020305　善 424.5/279
韻法直圖一卷 （明）梅膺祚撰　**韻法橫圖一卷** （明）李世澤撰　明刻本　一冊

110000－0144－0020306　善 424.5/307
六書賦音義二十卷 （明）張士佩撰　明萬曆三十三年（1605）刻本　存十六卷（一至十六）　六冊

110000－0144－0020307　善 424.5/307.22
新依皇極經世訂正韻書不分卷 （清）張森撰　清康熙刻本　二冊

110000－0144－0020308　善 424.5/329
古今韻略五卷 （清）邵長衡撰　清康熙三十五年（1696）刻本　五冊

110000－0144－0020309　善 424.5/329
古今韻略五卷 （清）邵長衡撰　清康熙三十五年（1696）刻本　二冊

110000－0144－0020310　善424.5/329.2
馬氏等韻　(清)邵其德傳　(清)韓世蕘口授　清抄本　一冊

110000－0144－0020311　善424.5/463
洪武正韻十六卷　(明)樂韶鳳　(明)宋濂等撰　明刻本　八冊

110000－0144－0020312　善424.5/463－02
洪武正韻十六卷　(明)樂韶鳳　(明)宋濂等撰　明刻本　五冊

110000－0144－0020313　善424.5/463－819
洪武正韻彙編四卷　(明)周家棟輯　明萬曆三十年(1602)刻本　四冊

110000－0144－0020314　善424.5/476
音韻字辨十二卷　(清)瞿邦燦輯　清謄清本　四冊

110000－0144－0020315　善424.5/496
新刊韻學會海十六卷　(清)盧宏啓　(清)徐作林撰　清乾隆十六年(1751)刻本　八冊

110000－0144－0020316　善424.5/515
若愚指南捷徑門法一卷　(明)釋若愚輯　明隆慶六年(1572)衍法寺刻本　一冊

110000－0144－0020317　善424.5/516
韻譜本義十卷　(明)茅溱輯　明萬曆三十二年(1604)茅溱刻本　六冊

110000－0144－0020318　善424.5/554
蘇氏韻輯四卷　(明)蘇茂相輯　明天啓二年(1622)浙江廣益堂刻本　四冊

110000－0144－0020319　善424.5/602.6
詩韻輯略五卷　(明)潘恩輯　明隆慶刻本　八冊

110000－0144－0020320　善424.5/605
訥堂詩韻不分卷　(清)□□撰　清抄本　五冊

110000－0144－0020321　善424.5/626
古今韻會舉要小補三十卷　(明)方日升撰　明萬曆三十四年(1606)周士顯刻本　十五冊

110000－0144－0020322　善424.5/626.3
廣韻藻六卷　(明)方夏輯　明崇禎十五年(1642)方來刻本　六冊

110000－0144－0020323　善424.5/655
重刊併音連聲韻學集成十三卷　(明)章黼撰　明萬曆六年(1578)維陽資政左室刻本　十三冊

110000－0144－0020324　善424.5/658
本韻一得二十卷　(清)龍爲霖撰　清乾隆十六年(1751)蔭松堂刻本　十冊

110000－0144－0020325　善424.5/664
廣諧聲表不分卷　(清)□□撰　清抄本　二冊

110000－0144－0020326　善424.5/704
韻徵八卷　(清)安吉撰　清道光六年(1826)天全堂抄本　(清)安念祖校並跋　八冊

110000－0144－0020327　善424.5/719－02
韻岐五卷　(清)江昱輯　清乾隆二十六年(1761)刻本　二冊

110000－0144－0020328　善424.5/730
詩韻釋略五卷　(明)梁應圻撰　清康熙十七年(1678)李希禹刻本　十冊

110000－0144－0020329　善424.5/736.4
精鐫海若湯先生校訂音釋五侯鯖字海二十卷首一卷五經難字一卷　(明)□□撰　明刻本　十冊

110000－0144－0020330　善424.5/781
康熙甲子史館新刊古今通韻十二卷　(清)毛奇齡撰　清康熙二十四年(1685)學者堂刻本　六冊

110000－0144－0020331　善424.5/809
元韻譜一卷　(明)喬中和撰　明末刻本　一冊

110000－0144－0020332　善424.5/856
古今韻會舉要三十卷　(元)熊忠撰　明嘉靖十五年(1536)秦鉞、李舜臣刻十七年(1538)劉儲秀補刻本　十冊

110000－0144－0020333　善 424.5/861
新校經史海篇直音五卷　(明)□□撰　明萬曆三年(1575)司禮監刻本　十冊

110000－0144－0020334　善 424.5/861－02
重校經史海篇直音十卷　(明)□□撰　明刻本　十冊

110000－0144－0020335　善 424.5/888
翰林重攷字義韻律大板海篇心鏡二十卷　(明)劉孔當撰　明萬曆二十六年(1598)書林葉會廷刻本　四冊

110000－0144－0020336　善 424.5/894
經史正音切韻指南一卷直指玉鑰匙門法一卷切韻門法一卷　(元)劉鑑撰　**新編篇韻貫珠集八卷**　(明)釋真空撰　明刻本　二冊　存二卷(新編篇韻貫珠集一至二)

110000－0144－0020337　善 424.5/918
古今韻表新編一卷後編一卷　(清)仇廷模撰　清乾隆三年(1738)拾餘盧刻本　一冊

110000－0144－0020338　善 424.5/951
詩韻鏡二卷　(清)徐謂弟撰　清康熙刻本　二冊

110000－0144－0020339　善 424.5/988
三臺館仰止考古詳訂遵韻海篇正宗二十卷　(明)余象斗撰　明萬曆二十六年(1598)書林雙峰堂余文臺刻本　八冊

110000－0144－0020340　善 424.7/106
聲律發蒙二卷　(元)祝明撰　明刻本　一冊

110000－0144－0020341　善 424.7/112.1
字學大全三十二卷　(清)王三聘撰　明嘉靖四十三年(1564)刻本　十一冊　存二十九卷(一至三、七至三十二)

110000－0144－0020342　善 424.7/220
北窗偶談三卷　(清)胡彥穎撰　清乾隆刻本　一冊

110000－0144－0020343　善 424.7/436
讀書正音四卷　(清)吳震方輯　清康熙刻本　一冊

110000－0144－0020344　善 424.7/654
韻書不分卷　(清)□□纂　清抄本　四冊

110000－0144－0020345　善 424.7/654.2
韻書正宗不分卷　(清)□□纂　清抄本　十三冊

110000－0144－0020346　善 424.7/719－710
四聲切韻表三卷首一卷　(清)江永撰　(清)汪日楨補正　清抄本　一冊　存二卷(上、首一卷)

110000－0144－0020347　善 424.7/754
類音八卷　(清)潘耒撰　清雍正三年(1725)遂初堂刻本　八冊

110000－0144－0020348　善 424/423
增修校正押韻釋疑五卷　(宋)歐陽德隆撰　(宋)郭守正增修　清抄本　五冊

110000－0144－0020349　善 425.8/220
吳下方言考十二卷　(清)胡文英輯　清乾隆四十八年(1783)刻本(第一冊系抄配)　六冊

110000－0144－0020350　善 425.8/299－06
輶軒使者絕代語釋別國方言十三卷　(漢)揚雄撰　(晉)郭璞注　明萬曆新安程榮刻漢魏叢書本　(清)趙寶暘跋　一冊

110000－0144－0020351　善 428.1/215
京本音釋註解書言故事大全十二卷　(明)胡繼宗集　(明)陳玩直解　明萬曆鄭世豪宗文書舍刻本　三冊　存三卷(一至三)

110000－0144－0020352　善 428.1/292－210
李氏蒙求補注六卷　(唐)李瀚撰　(清)金三俊輯　清乾隆四十八年(1783)金三俊刻本　二冊

110000－0144－0020353　善 428.1/385
家塾授蒙淺語一卷習字訣一卷　(清)陳介祺撰　清同治十年(1871)抄本　一冊

110000－0144－0020354　善 428.1/440
千家姓一卷　(明)吳沉等撰　清抄本　一冊

110000－0144－0020355　善 428.1/445.2
童蒙訓三卷　(宋)吕本中撰　明刻本　二冊

110000－0144－0020356　善428.1/834
小四書五卷　(明)朱升編　(清)陸隴其校訂　清雍正十一年(1733)鄒持雅刻本　四冊

110000－0144－0020357　善428.3/345
教蒙楷式三卷　(清)唐千頃纂　(清)馮孝壽　(清)俞鈞校　清乾隆二十八年(1763)上海善鑑堂刻本　一冊

110000－0144－0020358　善4847
桂馨堂集十三卷　(清)張廷濟撰　清道光十九年至二十八年(1839－1848)刻本　十冊

110000－0144－0020359　善4849
平山堂圖志十卷首一卷　(清)趙之壁編纂　清乾隆刻本　六冊

110000－0144－0020360　善4856
[乾隆]汾陽縣志十四卷首一卷　(清)李文起修　(清)戴震纂　清乾隆三十七年(1772)刻本　十四冊

110000－0144－0020361　善4866
歷代帝王法帖釋文考異十卷　(明)顧從義撰　清抄本　二冊

110000－0144－0020362　善4869
尚史七十卷　(清)李鍇撰　清乾隆三十八年(1773)悦道樓刻本　二十二冊

110000－0144－0020363　善4879
書傳大全十卷　(明)胡廣等纂　明内府抄本　一冊　存二卷(四至五)

110000－0144－0020364　善4882
孟子四考四卷　(清)周廣業撰　清乾隆六十年(1795)周氏省吾廬刻本　四冊

110000－0144－0020365　善4892
元史續編十六卷　(清)胡粹中撰　清嘉慶二十二年(1817)振古堂刻本　四冊

110000－0144－0020366　善4896
[乾隆]江南通志二百卷首四卷　(清)尹繼善　趙國麟修　(清)黃之雋　(清)章士鳳纂　清乾隆元年(1736)刻本　八十冊

110000－0144－0020367　善4970
太湖備考十六卷首一卷湖城紀略一卷　(清)金友理撰　清乾隆十五年(1750)藝蘭圃刻本　八冊

110000－0144－0020368　善4971
東都事略一百三十卷　(宋)王偁撰　清寶華堂刻本　十二冊

110000－0144－0020369　善4986
誤菴詩鈔三卷補遺一卷　(清)卓奇圖撰　清抄本　一冊

110000－0144－0020370　善4997
大明穆宗莊皇帝實錄七十卷　(明)張居正纂修　明抄本　四冊　存(隆慶四年十月至十二月、隆慶五年五月至十二月、隆慶六年正月至五月)

110000－0144－0020371　善5/423./288
摭古遺文二卷再增摭古遺文一卷　(明)李登輯　(明)姚履旋增補　明萬曆三十一年(1603)李思謙刻本　二冊

110000－0144－0020372　善510.8/279
梅氏叢書輯要六十二卷　(清)梅文鼎撰　清乾隆二十六年(1761)梅瑴成刻本　十六冊

110000－0144－0020373　善510.8/716
御製數理精蘊上編五卷下編四十卷表八卷　(清)聖祖玄燁撰　清雍正内府刻本　三十六冊

110000－0144－0020374　善511/321－03
數學精詳十一卷首一卷末一卷　(清)屈曾發撰　清乾隆三十七年(1772)豫簪堂刻本　四冊

110000－0144－0020375　善517/382
句股引蒙五卷　(清)陳訏撰　清康熙六十一年(1722)刻本　四冊

110000－0144－0020376　善520.1/606
斗建彙攷一卷先聖卒年月日攷一卷服烏賦年月日攷一卷　(清)談泰撰　清抄本　一冊

110000－0144－0020377　善520/130
天文一卷　(清)□□撰　清道光十七年

(1837)潘秋明抄本　一冊

110000－0144－0020378　善 523.025/682
恒星圖一卷月令中星圖一卷　(清)□□撰　清抄繪本　二冊

110000－0144－0020379　善 523.025/716
儀象考成續編一卷星圖步天歌一卷　(清)宣宗旻寧敕撰　清咸豐五年(1855)音德納抄繪本　一冊

110000－0144－0020380　善 524/113
三才圖會一百六卷　(明)王圻撰　明萬曆三十七年(1609)刻王爾賓重修本　一百二十冊

110000－0144－0020381　善 528.1/513
月日紀古十二卷　(清)蕭智漢輯　清乾隆五十九年(1794)聽濤山房刻本　十二冊

110000－0144－0020382　善 528.392/354(1764)
大清乾隆二十九年歲次甲申時憲書一卷　(清)欽天監編　清乾隆刻套印本　一冊

110000－0144－0020383　善 528.392/354(1772)
大清乾隆三十七年歲次壬辰時憲書一卷　(清)欽天監編　清乾隆刻本　一冊

110000－0144－0020384　善 528.392/354(1779)
大清乾隆四十四年歲次己亥時憲書一卷　(清)欽天監編　清乾隆刻本　一冊

110000－0144－0020385　善 528.392/354(1780)
大清乾隆四十五年歲次庚子時憲書一卷　(清)欽天監編　清乾隆刻本　一冊

110000－0144－0020386　善 528.392/354(1789)
大清乾隆五十四年歲次己酉時憲書一卷　(清)欽天監編　清乾隆刻本　一冊

110000－0144－0020387　善 528.392/354(1790)
大清乾隆五十五年歲次庚戌時憲書一卷　(清)欽天監編　清乾隆刻本　一冊

110000－0144－0020388　善 528.392/354(1801)
大清嘉慶六年歲次辛酉時憲書一卷　(清)欽天監編　清嘉慶刻本　一冊

110000－0144－0020389　善 528.392/354(1853)
大清咸豐三年歲次癸丑時憲書一卷　(清)欽天監編　清咸豐欽天監刻套印本　一冊

110000－0144－0020390　善 528.392/354－1(1864)
大清同治三年七政經緯躔度時憲書一卷　(清)欽天監編　清同治欽天監刻本　一冊

110000－0144－0020391　善 528.392/354－1(1872)
大清同治十一年七政經緯躔度時憲書一卷　(清)欽天監編　清同治欽天監刻本　一冊

110000－0144－0020392　善 528/857
御製曆象考成上編十六卷下編十卷表十六卷後編十卷　(清)允祉　(清)允祿等撰　清雍正二年(1724)内府刻乾隆七年(1742)武英殿補刻本　三十七冊

110000－0144－0020393　善 528/857
御製曆象考成上編十六卷下編十卷表十六卷後編十卷　(清)允祉　(清)允祿等撰　清雍正二年(1724)内府刻乾隆七年(1742)武英殿補刻本　三十六冊

110000－0144－0020394　善 5361
日下舊聞四十二卷　(清)朱彝尊輯　(清)朱昆田補遺　清康熙二十年(1681)朱氏六峰閣刻本　十六冊

110000－0144－0020395　善 5363
宸垣識略十六卷　(清)吳長元輯　清乾隆五十三年(1788)池北草堂刻本　八冊

110000－0144－0020396　善 5364
施愚山先生全集九十六卷　(清)施閏章撰　清康熙四十七年(1708)楝亭刻乾隆施企曾續

刻本　二十冊

110000－0144－0020397　善 5385

李太白文集三十六卷　(唐)李白撰　(清)王琦輯注　清乾隆二十三年(1758)寶笏樓刻二十五年(1760)增刻本　二十四冊

110000－0144－0020398　善 5387

重訂唐詩別裁集二十卷　(清)沈德潛輯　清乾隆二十八年(1763)教忠堂刻本　十冊

110000－0144－0020399　善 540.99/537

漁莊錄二卷附玄要集二卷　(宋)漁莊輯　清嘉慶十九年(1814)秦純真抄本　一冊

110000－0144－0020400　善 5404

秘書九種六十六卷　(明)鍾惺輯　明刻本　二十冊

110000－0144－0020401　善 5405

杭氏七種　(清)杭世駿撰　清乾隆刻本　八冊

110000－0144－0020402　善 5407

古詩箋三十二卷　(清)王士禛輯　(清)聞人倓箋　清乾隆三十一年(1766)芷蘭堂刻本　十二冊

110000－0144－0020403　善 5412

雅雨堂叢書十三種　(清)盧見曾輯　清乾隆二十一年至二十五年(1756－1760)德州盧氏雅雨堂刻本　二十二冊

110000－0144－0020404　善 5434

五雅四十一卷　(清)郎奎金輯　明天啓六年(1626)郎氏堂策檻刻本　十二冊

110000－0144－0020405　善 5554

唐陸宣公翰苑集二十四卷　(唐)陸贄撰　(清)張佩芳注　清乾隆張氏希音堂刻本　十冊

110000－0144－0020406　善 558/249

石譜一卷　(宋)杜綰撰　清抄本　一冊

110000－0144－0020407　善 5683

新增說文韻府群玉二十卷　(元)陰時夫輯　(元)陰中夫　(明)王元貞注　清初文光堂刻本　二十四冊

110000－0144－0020408　善 570/382

灌園史四卷補遺一卷　(明)陳詩教授　(明)陳繼儒刪定　明萬曆刻本　一冊

110000－0144－0020409　善 5703

藏書六十八卷　(明)李贄撰　明萬曆刻本　十冊　存三十一卷(世紀一至八、大臣列傳一至二十三)

110000－0144－0020410　善 580/866

鳥獸蟲魚編略一百八十卷　(清)□□輯　清抄本　六冊　存八卷(蟲部一至八)

110000－0144－0020411　善 587.89/741

蟲天志十卷　(明)沈弘正撰　明萬曆沈氏暢閣刻本　一冊　存五卷(一至五)

110000－0144－0020412　善 597/482

人身圖說不分卷　(瑞士)鄧玉函等譯述　清抄本　四冊

110000－0144－0020413　善 6052

明詩綜一百卷　(清)朱彝尊輯　清康熙刻本　二十冊

110000－0144－0020414　善 6053

東林列傳二十四卷末二卷　(清)陳鼎輯　清康熙五十年(1711)鐵肩書屋刻本　十六冊

110000－0144－0020415　善 6056

文道十書四種十二卷　(清)陳景雲撰　清乾隆十九年(1754)蔣良騏刻本　四冊

110000－0144－0020416　善 6058

汪鈍翁詩文全集一百二十五卷　(清)汪琬撰　清乾隆三十六年(1771)燕耀堂刻本　二十冊

110000－0144－0020417　善 6089

班馬異同三十五卷　(宋)倪思撰　(宋)劉辰翁評　明刻本　十冊

110000－0144－0020418　善 6100

古歡堂六種五十二卷附一種二卷　(清)田雯　(清)田肇麗撰　清康熙、乾隆間刻本　十二冊

110000－0144－0020419　善611.1668/843
明醫雜著六卷　(明)王綸撰　(明)薛己註　明嘉靖刻本　八冊

110000－0144－0020420　善611.51/579
秘傳眼科龍木醫書總論十卷　(明)葆光道人撰　**葆光道人秘傳眼科**　明萬曆三年(1575)刻本　四冊

110000－0144－0020421　善6118
管子校正二十四卷　(清)戴望撰　清同治十一年(1872)刻本　四冊

110000－0144－0020422　善6119
李太白文集三十二卷　(唐)李白撰　(清)王琦輯注　清乾隆二十三年(1758)寶笏樓刻本　十二冊

110000－0144－0020423　善6122
唐宋白孔六帖一百卷目錄二卷　(唐)白居易輯　(宋)孔傳輯　明刻本　三十二冊

110000－0144－0020424　善613.08/115
醫統正脉全書　(明)王肯堂輯　明萬曆新安吳勉學刻本　八冊　存二種三十六卷(重廣補註黄帝内經素問二十四卷、黄帝素問靈樞十二卷)

110000－0144－0020425　善613.6/314.9
儒門事親十五卷　(金)張從正撰　明末步月樓刻本　八冊

110000－0144－0020426　善613/314－4
景岳全書六十四卷　(明)張介賓撰　清康熙五十年(1711)聚錦堂刻本　二十四冊

110000－0144－0020427　善613/395
赤水玄珠三十卷　(明)孫一奎撰　明萬曆刻清康熙印本　八冊　存九卷(一至九)

110000－0144－0020428　善614.1/741
食物本草會纂十二卷　(清)沈李龍撰　清乾隆四十八年(1783)金閶書業堂刻本　十六冊

110000－0144－0020429　善627.4/828
酒經三卷　(宋)朱翼中撰　清抄本　一冊

110000－0144－0020430　善630/150－06
齊民要術十卷雜說一卷　(北魏)賈思勰撰　明萬曆胡震亨、沈士龍刻祕冊彙函本　六冊

110000－0144－0020431　善634.81/892
茶史二卷　(清)劉源長撰　**茶史補一卷**　(清)余懷撰　清雍正六年(1728)劉謙吉刻本　二冊

110000－0144－0020432　善635.4/119－02
二如亭群芳譜二十八卷首一卷　(明)王象晉撰　明末刻本　二十四冊

110000－0144－0020433　善635.4/383－02
秘傳花鏡四卷　(清)陳淏子輯　清抄本　四冊

110000－0144－0020434　善635.4/393
藝菊志八卷　(清)陸廷燦輯　清康熙五十七年(1718)棣華書屋刻本　四冊

110000－0144－0020435　善635.4/754
百花錄註二卷百花詩二卷　(清)潘鍾峼撰　清乾隆二年(1737)吳門寶翰樓刻本　三冊

110000－0144－0020436　善637.2/501
圖像水黄牛經一卷　(明)喻仁　(明)喻傑撰　清末抄本　三冊

110000－0144－0020437　善637.843/365
晴川蟹錄四卷　(清)孫之騄輯　清雍正刻本　四冊

110000－0144－0020438　善638/270－02
豳風廣義三卷　(清)楊屾輯　清乾隆六年(1741)刻本　二冊

110000－0144－0020439　善644.43/287
子貝淵疏河建閘議　(清)黄彭年輯　清光緒抄本　黄襄成題識　二冊

110000－0144－0020440　善6542
金文通公集二十卷詩集六卷　(清)金之俊撰　清康熙二十五年(1686)懷天堂刻本　六冊

110000－0144－0020441　善6543
春草齋文集選六卷詩集選一卷詩集選附錄一卷　(明)烏斯道撰　(清)熊伯龍輯　(清)黄敬修评　清康熙烏震刻本　四冊

110000－0144－0020442　善6555
讀史漫錄十四卷　(明)于慎行撰　明萬曆李時馥刻本　十册

110000－0144－0020443　善6557
重刊說文解字五音韻譜十二卷　(宋)李燾撰　明天啓七年(1627)世裕堂刻雲林五雲堂修補本　十二册

110000－0144－0020444　善6559
陳司業先生集四種十一卷　(清)陳祖範撰　清乾隆二十九年(1764)刻本　五册

110000－0144－0020445　善6563
水東日記四十卷　(明)葉盛撰　明末葉重華賜書樓刻清康熙十九年(1680)葉方蔚重修印本　十六册

110000－0144－0020446　善6565
安雅堂文集二卷重刻文集二卷詩不分卷二鄉亭集三卷　(清)宋琬撰　清順治、康熙間刻彙印本　八册

110000－0144－0020447　善6577
國朝詞雅二十四卷　(清)姚階輯　清嘉慶三年(1798)刻本　八册

110000－0144－0020448　善664.6/838
造鹽工圖　(清)□□繪　清彩繪抄本　一册

110000－0144－0020449　善6640
蓮洋集二十卷　(清)吳雯撰　(清)翁方綱編　**蓮洋吳徵事年譜一卷**　(清)翁方綱撰　**附錄一卷**　清乾隆三十九年(1774)荆圃草堂刻本　八册

110000－0144－0020450　善6650
御定全唐詩錄一百卷詩人年表一卷　(清)徐倬　(清)徐元正輯　清康熙四十五年(1706)揚州詩局刻本　二十一册

110000－0144－0020451　善6661
清吟堂全集七十六卷　(清)高士奇撰　清康熙刻本　二十四册

110000－0144－0020452　善668.1/814
香乘二十八卷　(明)周嘉胄輯　明崇禎十四年(1641)刻本　六册

110000－0144－0020453　善6682
天學初函　(明)李之藻輯　清抄本　存五種十二卷(表度說一卷、天問略一卷、簡平儀說一卷、渾蓋通憲圖說二卷首一卷、幾何原本六卷)　四册

110000－0144－0020454　善6702
覞齋詩集十二卷焚餘一卷　(清)張謙宜撰　清抄本　十三册

110000－0144－0020455　善6708
錢牧齋先生列朝詩集小傳十卷　(清)錢謙益撰　(清)錢陸燦輯　清康熙三十七年(1698)誦芬堂刻本　八册

110000－0144－0020456　善6712
書隱叢說十九卷　(清)袁棟撰　清乾隆刻本　八册

110000－0144－0020457　善6713
周易補注十一卷　(清)德沛撰　清乾隆六年(1741)刻本　六册

110000－0144－0020458　善6715
三國志注補六十五卷　(清)趙一清撰　清抄本　十册

110000－0144－0020459　善6811
尚書攷辨四卷　(清)宋鑒撰　清嘉慶四年(1799)刻本　四册

110000－0144－0020460　善6819
壹齋集二十五卷　(清)黃鉞撰　清嘉慶二十年(1815)刻本　六册

110000－0144－0020461　善6833
一統志案說十六卷　(清)顧炎武撰　(清)徐乾學輯　清道光七年(1827)張清選清芬閣木活字印本　六册

110000－0144－0020462　善6858
靈臺儀器圖不分卷　(比利時)南懷仁編　清康熙刻本　四册

110000－0144－0020463　善6878
輿圖摘要十五卷官制備考二卷　(明)李日華

輯　(明)魯重民補訂　明崇禎元年(1628)武林魯氏刻四六全書本　八册

110000－0144－0020464　善6901
三朝聖諭錄二卷　(明)楊士奇輯　清抄本　二册

110000－0144－0020465　善6913
大清一統志表　(清)萬廷蘭編　(清)徐午訂正　清乾隆五十九年(1794)刻本　六册

110000－0144－0020466　善6920
榕村全集四十六種　(清)李光地撰　清乾隆元年(1736)刻本　四十八册

110000－0144－0020467　善6922
天下碑刻目錄攷　(清)□□撰　清抄本　二册

110000－0144－0020468　善6926
職方外紀六卷首一卷　(意大利)艾儒略撰　明天啓刻本　存五卷(一至五)　三册

110000－0144－0020469　善6960
東書堂重修宣和博古圖錄三十卷　(宋)王黼撰　清乾隆十七年(1752)亦政堂刻本　十九册

110000－0144－0020470　善7067
經韻樓叢書八種一百十二卷　(清)段玉裁撰　清乾隆至道光金壇段氏刻匯印本　四十八册

110000－0144－0020471　善709.2/142
新增格古要論十三卷　(明)曹昭撰　(明)王佐增補　明萬曆黄正位刻清淑躬堂刻本　六册

110000－0144－0020472　善709.2/142－02
新增格古要論十三卷　(明)曹昭撰　(明)王佐增補　明天順新都黄珙刻本　十册

110000－0144－0020473　善731.3/113
籐蔭山房金石印萃　(清)王士英刻輯　清道光二十九年(1849)籐蔭山房刻本　二册

110000－0144－0020474　善731.3/115
醉愛居印賞二卷　(清)王睿章篆刻　(清)徐逵照考訂　清乾隆五年(1740)王祖眘鈐印本　二册

110000－0144－0020475　善731.3/150
松園印譜不分卷　(清)賈永篆刻　清乾隆四十八年(1783)福壽堂鈐印本　二册

110000－0144－0020476　善731.3/175
坤皋鐵筆二卷餘集一卷研山印草一卷印文考略一卷　(清)鞠履厚篆刻　(清)王玉如篆　清乾隆鈐印本　五册

110000－0144－0020477　善731.3/198
印郵不分卷　(清)趙執齋輯　清光緒十七年(1891)文古齋鈐印本　八册

110000－0144－0020478　善731.3/344
宣和集古印史八卷　(明)來行學校摹　明萬曆二十四年(1596)來氏寶印齋鈐印本　八册

110000－0144－0020479　善731.3/635
松雪堂印萃四卷　(清)郭啟翼篆刻　清乾隆五十年(1785)刻鈐印本　四册

110000－0144－0020480　善731.3/943
存古齋印譜一卷　衛承芳篆刻　清康熙五十年(1711)存古齋刻本　一册

110000－0144－0020481　善731/898
印史五卷　(明)何通撰　清抄繪本　六册

110000－0144－0020482　善7322
江城名蹟記二卷　(清)陳弘緒撰　**末一卷**　(清)陳新德輯　清乾隆二十三年(1758)西山濱源三益堂刻本　六册

110000－0144－0020483　善7392
五代史補五卷　(宋)陶岳撰　**五代史闕文一卷**　(宋)王禹偁撰　明毛氏汲古閣刻本　二册

110000－0144－0020484　善740.7/541
畫禪室隨筆四卷　(明)董其昌撰　清乾隆三十三年(1768)刻本　三册

110000－0144－0020485　善740.7/541
畫禪室隨筆四卷　(明)董其昌撰　清乾隆三十三年(1768)刻本　六册

110000-0144-0020486　善 740.7/541-02
畫禪室隨筆四卷　(明)董其昌撰　清初刻本　一冊

110000-0144-0020487　善 740.7/541-02
畫禪室隨筆四卷　(明)董其昌撰　清初刻本　四冊

110000-0144-0020488　善 740/367
佩文齋書畫譜一百卷　(清)孫岳頒纂　清康熙四十七年(1708)静永堂刻本　六十三冊

110000-0144-0020489　善 741/323
建福宫不分卷　(清)□□輯　清抄本　六冊

110000-0144-0020490　善 741/838
頤和園等處各殿内字畫匾對清冊不分卷　(清)造辦處編　清光緒三十年(1904)抄本　四冊

110000-0144-0020491　善 741/838-1
萬壽寺各殿内字畫匾對清冊　(清)造辦處編　清光緒三十年(1904)抄本　一冊

110000-0144-0020492　善 7414
六書故三十三卷六書通釋一卷　(宋)戴侗撰　清乾隆四十九年(1784)師竹齋刻本　十六冊

110000-0144-0020493　善 7415
畿輔義倉圖　(清)方觀承撰　清乾隆十八年(1753)刻本　六冊

110000-0144-0020494　善 742/842
書畫同珍五卷　(清)鄒聖脉輯　清乾隆七年(1742)樓外樓刻本　五冊

110000-0144-0020495　善 7421
范忠貞公文集五卷首一卷　(清)范承謨撰　清康熙四十七年(1708)圖爾泰刻本　四冊

110000-0144-0020496　善 743.1/829
珊瑚木難八卷　(明)朱存理輯　清抄本　四冊

110000-0144-0020497　善 743.2/118
王篛林先生題跋十七卷　(清)王澍撰　清乾隆三十二年至三十九年(1767-1774)刻本　五冊

110000-0144-0020498　善 743.2/211
鐵綱珊瑚二十卷　(明)都穆撰　清乾隆二十三年(1758)都肇斌刻本　四冊

110000-0144-0020499　善 743.2/362
庚子銷夏記八卷　(清)孫承澤撰　清乾隆二十六年(1761)鮑廷博刻本　四冊

110000-0144-0020500　善 743.2/362
庚子銷夏記八卷　(清)孫承澤撰　清乾隆二十六年(1761)鮑廷博刻本　四冊

110000-0144-0020501　善 743.2/362
庚子銷夏記八卷　(清)孫承澤撰　清乾隆二十六年(1761)鮑廷博刻本　四冊

110000-0144-0020502　善 743.2/368
書畫跋跋三卷續三卷　(明)孫鑛撰　清乾隆五年(1740)孫溥居業堂刻本　六冊

110000-0144-0020503　善 743.2/543
廣川書跋十卷　(宋)董逌撰　明汲古閣刻本　二冊

110000-0144-0020504　善 743.2/543
廣川書跋十卷　(宋)董逌撰　明汲古閣刻本　六冊

110000-0144-0020505　善 743.2/554
蘇黃題跋十二卷　(明)楊鶴編　明刻本　五冊

110000-0144-0020506　善 744/905
字學津梁不分卷　(清)傅起儒輯　清康熙二十六年(1687)刻本　六冊

110000-0144-0020507　善 745/377
新鍥考數問奇諸家字法五侯鯖三卷　(明)陳三策輯　明萬曆三十一年(1603)萃慶堂刻本　三冊

110000-0144-0020508　善 745/830
墨池編二十卷印典八卷　(宋)朱長文　(清)朱象賢輯　清雍正刻本　十冊

110000-0144-0020509　善 745/830

墨池編二十卷印典八卷 (宋)朱長文 (清)朱象賢輯 清雍正刻本 十二冊

110000－0144－0020510 善745/830
墨池編二十卷印典八卷 (宋)朱長文 (清)朱象賢輯 清雍正刻本 十六冊

110000－0144－0020511 善745/830
墨池編二十卷印典八卷 (宋)朱長文 (清)朱象賢輯 清雍正刻本 十六冊

110000－0144－0020512 善746.31/171
東觀餘論二卷 (宋)黄伯思撰 (明)毛晉訂 明汲古閣刻本 二冊

110000－0144－0020513 善746.31/171
東觀餘論二卷 (宋)黄伯思撰 (明)毛晉訂 明汲古閣刻本 四冊

110000－0144－0020514 善746.424/937
鍾繇薦關内侯季直表 (晉)鍾繇書 清拓本 一冊

110000－0144－0020515 善746.43/118－7－03
[神龍]蘭亭帖 (唐)褚遂良書 清拓本 一冊

110000－0144－0020516 善746.44/519－02
草韻辨體五卷草訣百韻歌一卷後韻草訣歌一卷草訣續韻歌一卷 (明)郭諶輯 明萬曆十二年(1584)刻本 六冊

110000－0144－0020517 善746.44/679－9
爭坐位稿 (唐)顔真卿書 清拓本 一冊

110000－0144－0020518 善746.46/832
廣文字會寶十六卷 (明)朱文治輯 明閔建書林葉見遠刻本 十六冊

110000－0144－0020519 善746.522/109
禮器碑 (□)□□撰 清拓本 一冊

110000－0144－0020520 善746.522/147
曹全碑 (漢)□□撰 清拓本 一冊

110000－0144－0020521 善746.7/350－05
草字彙十二卷 (清)石梁輯 清道光五年(1825)刻本 六冊

110000－0144－0020522 善746.7/350－06
草字彙十二卷 (清)石梁輯 清乾隆五十二年(1787)武林大成齋刻本 六冊

110000－0144－0020523 善746.7/399
草韻彙編二十六卷 (清)陶南望輯 清乾隆二十年(1755)南郇草堂刻本 十冊

110000－0144－0020524 善746.7/869
草聖彙辯四卷 (清)白芬彙輯 (清)朱宗文摹辯 清乾隆四十九年(1784)刻本 四冊

110000－0144－0020525 善746.7/869－02
草聖彙辯四卷 (清)白芬彙輯 (清)張能鱗選考 (清)朱宗文摹辯 清順治刻本 四冊

110000－0144－0020526 善746.7/869－02
草聖彙辯四卷 (清)白芬彙輯 (清)張能鱗選考 (清)朱宗文摹辯 清順治刻本 四冊

110000－0144－0020527 善747/119
繪事備考八卷 (清)王毓賢撰 清乾隆四十七年(1782)北平翁氏抄本 八冊

110000－0144－0020528 善747/978
夢幻居畫學簡明五卷夢幻居題畫詩二卷 (清)鄭績撰 清同治二年(1863)夢幻居刻本 四冊

110000－0144－0020529 善749.31/384
御定歷代題畫詩類一百二十卷 (清)陳邦彦輯 清康熙四十六年(1707)内府刻本 二十四冊

110000－0144－0020530 善749.31/384
御定歷代題畫詩類一百二十卷 (清)陳邦彦輯 清康熙四十六年(1707)内府刻本 二十四冊

110000－0144－0020531 善749.9/033
青在堂梅譜二卷 (清)王概繪 清初刻多色套印本 一冊

110000－0144－0020532 善749.9/712
天下有山堂畫藝一卷 (清)汪之元繪 清雍正二年(1724)四明樵石山房刻本 一冊

110000－0144－0020533 善7799

陳錫麒年譜不分卷　(清)陳鴻保撰　清抄本　二册

110000－0144－0020534　善780.92/879
樂府雜録一卷　(唐)段安節撰　明吴琯刻本　一册

110000－0144－0020535　善780/233
苑洛志樂十三卷　(明)韓邦奇撰　清康熙二十二年(1683)吳元萊刻本　八册

110000－0144－0020536　善7804
宋雜史四種　(清)□□輯　清抄本　(清)盧文弨校　一册

110000－0144－0020537　善781/211
黄鐘通韻二卷琴圖補遺一卷　(清)都四德撰　清乾隆刻本　二册

110000－0144－0020538　善781/651
御定詩經樂譜全書三十卷樂律正俗一卷　(清)永瑢撰　清乾隆五十三年(1788)武英殿木活字朱墨套印武英殿聚珍版書本　二十册

110000－0144－0020539　善781/744
易律神解不分卷　(清)沈光邦撰　清乾隆沈深抄本　八册

110000－0144－0020540　善781/857
御製律吕正義上編二卷下編二卷續編一卷　(清)允祿等撰　清雍正内府刻本　五册

110000－0144－0020541　善781/857
御製律吕正義上編二卷下編二卷續編一卷　(清)允祿等撰　清雍正内府刻本　四册

110000－0144－0020542　善786/820
五知齋琴譜八卷　(清)周魯封輯　清雍正刻本　十六册

110000－0144－0020543　善786/820－03
五知齋琴譜八卷　(清)周魯封輯　清乾隆十一年(1746)懷德堂刻本　四册

110000－0144－0020544　善788/863
鄉飲酒禮一卷　(清)□□輯　清抄本　一册

110000－0144－0020545　善793.11/544
弈學會海不分卷　(清)吕戈訂　(清)董要輯　清康熙三十七年(1698)京都文錦堂刻本　一册

110000－0144－0020546　善7949
浙江采集遺書總録十一卷　(清)沈初等纂　清乾隆三十九年(1774)刻本　十册

110000－0144－0020547　善7954
獨學廬初二稿十六卷　(清)石韞玉撰　清嘉慶十年(1805)刻本　八册

110000－0144－0020548　善796.31/625
論射一卷　(清)□□撰　清抄繪本　一册

110000－0144－0020549　善7981
悔菴年譜二卷年譜圖詩一卷小影圖贊一卷　(清)尤侗撰　清康熙三十三年(1694)刻本　二册

110000－0144－0020550　善8003
半野居士焚餘集一卷西征記一卷　(清)毛振翧撰　清乾隆九年(1744)刻本　一册

110000－0144－0020551　善8004
姜西溟先生文鈔四卷　(清)姜宸英撰　清抄本　四册

110000－0144－0020552　善8005
建文[朱允炆]年譜二卷　(明)趙士喆撰　清抄本　(清)王邕題跋　四册

110000－0144－0020553　善8024
經史正音切韻指南一卷直指玉鑰匙門法一卷　(元)劉鑑撰　明萬曆二十六年(1598)衍法寺竹泉圓經刻本(有抄配)　一册

110000－0144－0020554　善8026
大明成化庚寅重刊改併五音集韻十五卷　(金)韓道昭重編　明成化六年(1470)刻本　十八册

110000－0144－0020555　善8183
續錦機十五卷補遺六卷　(清)劉青芝輯　清乾隆二十年(1755)刻本　六册

110000－0144－0020556　善8186
孟子時事考徵四卷　(清)陳寶泉撰　清嘉慶

五年(1800)稡經堂刻本　四册

110000－0144－0020557　善820.1/888－017
文心雕龍十卷　(南朝梁)劉勰撰　明萬曆七年(1579)張之象刻本　四册

110000－0144－0020558　善820.1/888－019
文心雕龍十卷　(南朝梁)劉勰撰　(清)黄叔琳輯注　清乾隆六年(1741)黄氏養素堂刻本　四册

110000－0144－0020559　善820.1/888－019
文心雕龍十卷　(南朝梁)劉勰撰　(清)黄叔琳輯注　清乾隆六年(1741)黄氏養素堂刻本(卷十為抄配)　四册

110000－0144－0020560　善820.1/888－271
楊升庵先生批點文心雕龍十卷　(南朝梁)劉勰撰　(明)楊慎批點　(明)梅慶生音註　明萬曆三十七年(1609)梅慶生刻天啓二年(1622)重修本　六册

110000－0144－0020561　善820.1/888－271－02
劉子文心雕龍二卷　(南朝梁)劉勰撰　(明)楊慎　(明)曹學佺批點　**劉子文心雕龍註二卷**　(明)梅慶生撰　明崇禎閔繩初刻五色套印本　四册

110000－0144－0020562　善820.1/888－271－03
文心雕龍十卷　(南朝梁)劉勰撰　(明)楊慎批點　(清)張松孫輯注　清乾隆五十六年(1791)刻本　四册

110000－0144－0020563　善820.1/888－937
文心雕龍十卷　(南朝梁)劉勰撰　(明)鍾惺評　明末刻本　一册

110000－0144－0020564　善8200
諧聲品字箋五十七卷　(清)盧德升撰　清康熙十六年(1677)陸欣、陸灝刻本　十册

110000－0144－0020565　善8201
音韻日月燈六十四卷　(明)吕維祺撰　明崇禎七年(1634)刻本　缺一卷(五)　二十四册

110000－0144－0020566　善8202
重刊併音連聲韻學集成十三卷　(明)章黼撰　明萬曆六年(1578)維陽資政左室刻本　十六册

110000－0144－0020567　善821.18/813
遼詩話一卷選材錄一卷　(清)周春輯　清乾隆二十四年(1759)刻本　一册

110000－0144－0020568　善821.9/572
詩法初津三卷儀汐軒詩草一卷　(清)葉弘勳撰　清順治十五年(1658)刻本　四册

110000－0144－0020569　善821/222
漁隱叢話前集六十卷後集四十卷　(宋)胡仔輯　清乾隆五年至六年(1740－1741)楊佑啓耘經樓刻本　十册

110000－0144－0020570　善821/222
漁隱叢話前集六十卷後集四十卷　(宋)胡仔輯　清乾隆五年至六年(1740－1741)楊佑啓耘經樓刻本　六册

110000－0144－0020571　善821/313
詩説彙五卷　(清)張象魏輯　清乾隆三十年(1765)刻本　五册

110000－0144－0020572　善821/432
諧聲別部六卷　(清)王士禛撰　(清)喻端士輯　清乾隆刻本　四册

110000－0144－0020573　善821/526.1
堯山堂偶雋七卷　(明)蔣一葵撰　明刻本　四册

110000－0144－0020574　善821/557
精選詩林廣記四卷　(宋)蔡正孫輯　明金閶十乘樓刻本　四册

110000－0144－0020575　善821/557－02
精選古今名賢叢話詩林廣記前集十卷後集十卷　(宋)蔡正孫輯　清抄本　五册

110000－0144－0020576　善821/601
近體秋陽十七卷　(清)譚宗輯　清金閶天祿閣刻本　八册

110000－0144－0020577　善821/602－03
唐詩紀事八十一卷　(宋)計有功撰　明崇禎五年(1632)毛氏汲古閣刻本　二十四册

110000－0144－0020578　善821/602－03
唐詩紀事八十一卷　(宋)計有功撰　明崇禎五年(1632)毛氏汲古閣刻本　十六册

110000－0144－0020579　善821/602－04
唐詩紀事八十一卷　(宋)計有功撰　明嘉靖二十四年(1545)洪楩清平山堂刻本　八册

110000－0144－0020580　善821/693－03
柳亭詩話三十卷　(清)宋長白撰　清康熙四十六年(1707)天茁園刻本　八册

110000－0144－0020581　善821/695
三唐詩品三卷　宋育仁撰　清末蒼茫齋抄本　一册

110000－0144－0020582　善821/726
冰川詩式十卷　(明)梁橋撰　明萬曆刻本　四冊

110000－0144－0020583　善821/747
漢詩說十卷總說一卷　(清)沈用濟　(清)費錫璜撰　清康熙刻本　四册

110000－0144－0020584　善821/815
桃數談宗六卷　(明)周子文撰　明萬曆二十五年(1597)刻本　二册

110000－0144－0020585　善821/832
朱飲山千金譜二十九卷三韻易知十卷　(清)朱夔撰　(清)楊廷茲編輯　清乾隆五十五年(1790)治怒軒刻本　十二册

110000－0144－0020586　善821/947
而菴說唐詩二十二卷首一卷　(清)徐增撰　清康熙刻本　十册

110000－0144－0020587　善821/981
西江詩話三卷　(清)曾廷枚撰　清刻本　一册

110000－0144－0020588　善821/990－8
名賢詩評二十卷　(明)俞允文輯　明萬曆四十一年(1613)刻本　存十卷(一至十)　一册

110000－0144－0020589　善823.1/102
詞繫二十四卷逸調備考一卷宋樂類編一卷宮譜錄要一卷詞旨叢說一卷調名彙辨一卷　(清)秦巘輯　稿本　二十三册

110000－0144－0020590　善823.1/132
詞鏡平仄圖譜三卷　(清)賴以邠撰　(清)查繼超輯　清乾隆四十八年(1783)古閩林栖梧軒刻本　四册

110000－0144－0020591　善823.1/271
楊升菴詞品四卷　(明)楊慎撰　明刻本　二册

110000－0144－0020592　善823.1/838
詞潔六卷前集一卷　(清)先著輯　(清)程洪輯　清康熙刻本　四册

110000－0144－0020593　善823.1/954－02
詞苑叢談十二卷　(清)徐釚撰　清康熙二十七年(1688)寶翰樓刻本　六册

110000－0144－0020594　善823.2/161
梅邊笛譜二卷　(清)李堂撰　清嘉慶十四年(1809)冬榮草堂刻本　二册

110000－0144－0020595　善823.5/746－03
度曲須知二卷　(明)沈寵綏撰　明崇禎十二年(1639)刻本　一册

110000－0144－0020596　善824/449－03
東萊先生古文關鍵二卷　(宋)呂祖謙輯　(宋)蔡文子　(宋)徐樹屏注　清康熙冠山堂刻本　(□)□□朱筆批注　二册

110000－0144－0020597　善824/449－04
東萊先生古文關鍵二卷　(宋)呂祖謙輯　明嘉靖十一年(1532)李成刻本　四册

110000－0144－0020598　善826/103
新刻官板舉業巵言五卷　(明)武之望撰　(明)陸翀之輯　明萬曆周氏萬卷樓刻本　一册

110000－0144－0020599　善826/303－02
司馬氏書儀十卷　(宋)司馬光撰　清雍正二年(1724)汪亮采刻本　二册

110000－0144－0020600　善826/303－02
司馬氏書儀十卷　(宋)司馬光撰　清雍正二年(1724)汪亮采刻本　二册

110000－0144－0020601　善 830.4/161－02
初唐四傑集三十七卷　(清)項家達輯　清乾隆四十六年(1781)星渚項家達刻本(有抄配)　十二册

110000－0144－0020602　善 830.4/994－05
唐文粹一百卷　(宋)姚鉉輯　明嘉靖刻本　四十八册

110000－0144－0020603　善 830.51/444－02
國朝文鑑一百五十卷　(宋)呂祖謙輯　明天順八年(1464)刻本　八册　存二十二卷(六十八至七十一、一百十一至一百十二、一百二十二至一百三十一、一百四十二至一百四十五、一百四十九至一百五十)

110000－0144－0020604　善 830.51/444－03
大宋文鑑一百五十卷目録三卷　(宋)呂祖謙輯　明正德十三年(1518)慎獨齋刻本　四十册

110000－0144－0020605　善 830.56/368
九金人集補遺九種　孫德海輯　清末抄本　一册　存八種

110000－0144－0020606　善 830.57/554－02
元文類七十卷目録三卷　(元)蘇天爵輯　明嘉靖十六年(1537)晉藩刻本　二十册

110000－0144－0020607　善 830.7/130
墨花摘粹不分卷　(清)吳偉績輯　清初刻本　二册

110000－0144－0020608　善 830.7/465
同人集十二卷　(清)冒襄輯　清康熙冒氏水繪庵刻本　二十四册

110000－0144－0020609　善 830.7/748
本朝應制和聲集六卷首三卷　(清)沈德潛　(清)王居正輯並評　清乾隆刻本　六册

110000－0144－0020610　善 830/106
祝允明手抄賦文　(明)祝允明抄　清抄本　二册

110000－0144－0020611　善 830/217
續文選十四卷著作人姓名録一卷　(明)胡震亨輯　明萬曆刻本　四册

110000－0144－0020612　善 830/260－02
東萊集註類編觀瀾文集七十卷　(宋)林之琦輯　(宋)呂祖謙集注　清刻本　清黃彭年校　黃襄成題識　存十四卷(乙集一至七、丙集八至十四)　二册

110000－0144－0020613　善 830/289.4
文苑英華一千卷　(宋)李昉等輯　明隆慶元年(1567)胡維新、戚繼光刻本　一百册

110000－0144－0020614　善 830/289.4
文苑英華一千卷　(宋)李昉等輯　明隆慶元年(1567)胡維新、戚繼光刻本　一百册

110000－0144－0020615　善 830/439
文章辨體五十卷外集五卷總論一卷　(明)吳訥輯　明嘉靖三十四年(1555)浙江湖州府徐洛刻本　十二册

110000－0144－0020616　善 830/514－011
文選六十卷　(南朝梁)蕭統輯　(唐)李善注　**考異十卷**　(清)胡克家撰　清嘉慶十四年(1809)鄱陽胡氏刻本　四十册

110000－0144－0020617　善 830/514－011
文選六十卷　(南朝梁)蕭統輯　(唐)李善注　**考異十卷**　(清)胡克家撰　清嘉慶十四年(1809)鄱陽胡氏刻本　六十册

110000－0144－0020618　善 830/514－012
文選六十卷　(南朝梁)蕭統輯　(唐)李善注　明刻本　(□)□□朱筆過録　清何焯批校　四十八册

110000－0144－0020619　善 830/514－013
文選六十卷　(南朝梁)蕭統輯　(唐)李善注　明嘉靖六年(1527)晉藩養德書院刻本　三十二册

110000－0144－0020620　善 830/514－014
六家文選六十卷　(南朝梁)蕭統輯　(唐)李善等注　明嘉靖丁覲刻本　六十册

110000－0144－0020621　善 830/514－015
文選六十卷　(南朝梁)蕭統輯　(唐)李善注

明汲古閣刻清康熙二十五年(1686)錢士謐重修本　(□)□□朱筆批點　二十册

110000-0144-0020622　善830/514-016
六臣註文選六十卷　(南朝梁)蕭統輯　(唐)李善等注　**諸儒議論一卷**　(元)陳仁子輯　明刻本　(□)□□朱筆批注　三十册

110000-0144-0020623　善830/514-017
六家文選六十卷　(南朝梁)蕭統輯　(唐)李善等注　明嘉靖丁覲刻本　(□)□□朱藍筆校注　六十册

110000-0144-0020624　善830/514-019
文選六十卷　(南朝梁)蕭統輯　(唐)李善注　清乾隆二十五年(1760)珠樹堂刻本　(□)□□朱筆過錄諸家批校　二十四册

110000-0144-0020625　善830/514-020
文選纂注十二卷　(南朝梁)蕭統輯　(明)張鳳翼纂注　明萬曆十年(1582)書林余碧泉刻本　(清)唐翰題朱筆校注並跋　六册

110000-0144-0020626　善830/514-023
文選六十卷　(南朝梁)蕭統輯　(唐)李善等注　明嘉靖十三年至二十八年(1534-1549)吳郡袁褧嘉趣堂刻本　三十册

110000-0144-0020627　善830/514-023
文選六十卷　(南朝梁)蕭統輯　(唐)李善等注　明嘉靖十三年至二十八年(1534-1549)吳郡袁褧嘉趣堂刻本　三十册

110000-0144-0020628　善830/514-024
文選十二卷　(南朝梁)蕭統輯　(明)張鳳翼纂注　明萬曆八年(1580)刻本　(□)□□朱筆過錄諸家批語　十二册

110000-0144-0020629　善830/514-024
文選十二卷　(南朝梁)蕭統輯　(明)張鳳翼纂注　明萬曆八年(1580)刻本　十二册

110000-0144-0020630　善830/514-024
文選十二卷　(南朝梁)蕭統輯　(明)張鳳翼纂注　明萬曆八年(1580)刻本　十二册

110000-0144-0020631　善830/514-025
文選六十卷　(南朝梁)蕭統輯　(唐)李善注　明成化二十三年(1487)唐藩朱芝址刻本　(日本)□□墨筆批校　三十册

110000-0144-0020632　善830/514-026
文選六十卷　(南朝梁)蕭統輯　(唐)李善注　清乾隆四十七年(1782)周氏懷德堂刻本　(清)□□朱墨筆過錄　清何焯　錢湘靈批點　十二册

110000-0144-0020633　善830/514-027
六臣註文選六十卷　(南朝梁)蕭統輯　(唐)李善等注　明潘惟時、潘惟德刻本　(清)□□墨筆批注　高步瀛綠筆過錄　清吳汝綸點評並題識　三十二册

110000-0144-0020634　善830/514-028
六臣註文選六十卷　(南朝梁)蕭統輯　(唐)李善等注　明萬曆二年(1574)崔氏、徐成位刻六年(1578)重修本　六十册

110000-0144-0020635　善830/514-028
六臣註文選六十卷　(南朝梁)蕭統輯　(唐)李善等注　明萬曆二年(1574)崔氏、徐成位刻六年(1578)重修本　三十二册

110000-0144-0020636　善830/514-029
文選白文六十卷　(南朝梁)蕭統輯　明萬曆十三年(1585)吳彰刻本　(□)□□朱筆批點　二十四册

110000-0144-0020637　善830/514-03
文選六十卷　(南朝梁)蕭統輯　(唐)李善注　清乾隆三十七年(1772)葉氏海錄軒刻朱墨套印本　十二册

110000-0144-0020638　善830/514-030
文選六十卷　(南朝梁)蕭統輯　(唐)李善注　明萬曆二十九年(1601)鄧原嶽刻本　二十册

110000-0144-0020639　善830/514-032
六臣註文選六十卷　(南朝梁)蕭統輯　(唐)李善等注　**諸儒議論一卷**　(元)陳仁子輯　明刻本(首册系抄配)　四十八册

110000－0144－0020640　善830/514－034
文選六十卷　(南朝梁)蕭統輯　(唐)李善注　清乾隆二十七年(1762)楊氏儒纓堂刻實華堂印本(目錄為抄配)　(□)□□朱筆過錄清何焯批點　十二冊　存三十卷(一至三十)

110000－0144－0020641　善830/514－035
文選六十卷　(南朝梁)蕭統輯　(唐)李善注　清同治八年(1869)金陵書局刻本　劉盼遂等批注　十冊

110000－0144－0020642　善830/514－036
文選六十卷　(南朝梁)蕭統輯　(唐)李善注　明汲古閣刻本　(□)□□朱筆批點　十六冊

110000－0144－0020643　善830/514－037
文選六十卷　(南朝梁)蕭統輯　(唐)李善注　清同治八年(1869)金陵書局刻本　(清)許玉瑑朱筆批注　十六冊

110000－0144－0020644　善830/514－038
文選六十卷　(南朝梁)蕭統輯　(唐)李善注　明汲古閣刻清康熙二十五年(1686)錢士謐重修本　(清)嚴虞惇批點　十冊

110000－0144－0020645　善830/514－039
文選六十卷　(南朝梁)蕭統輯　(唐)李善注　清乾隆二十五年(1760)珠樹堂刻本　十二冊

110000－0144－0020646　善830/514－040
文選六十卷　(南朝梁)蕭統輯　(唐)李善注　清素位堂刻本　(□)□□朱筆過錄何焯批　十二冊

110000－0144－0020647　善830/514－041
文選六十卷　(南朝梁)蕭統輯　(唐)李善注　清乾隆二十七年(1762)楊氏儒纓堂刻本　(□)□□朱筆過錄　清顧廣圻批點　十冊

110000－0144－0020648　善830/514－048
梁昭明文選十二卷　(南朝梁)蕭統輯　(明)張鳳翼纂注　清康熙十一年(1672)吳芝顾好堂刻本　十二冊

110000－0144－0020649　善830/514－054
文選六十卷　(南朝梁)蕭統輯　(唐)李善注　清乾隆三十七年(1772)葉氏海錄軒刻朱墨套印本　十六冊

110000－0144－0020650　善830/514－055
文選六十卷　(南朝梁)蕭統輯　(唐)李善注　清乾隆三十七年(1772)葉氏海錄軒刻朱墨套印本　十二冊

110000－0144－0020651　善830/514－06
六臣註文選六十卷　(南朝梁)蕭統輯　(唐)李善等注　明潘惟時、潘惟德刻本　六十一冊

110000－0144－0020652　善830/514－06
六臣註文選六十卷　(南朝梁)蕭統輯　(唐)李善等注　明潘惟時、潘惟德刻本　六十冊

110000－0144－0020653　善830/514－067
六臣註文選六十卷　(南朝梁)蕭統選　(唐)李善等註　明嘉靖、萬曆間新安潘惟時、潘惟德刻本　六十一冊

110000－0144－0020654　善830/514－313
文選十二卷　(南朝梁)蕭統輯　(明)張鳳翼　(明)惲紹龍纂注　明萬曆二十九年(1601)惲紹龍刻本　十二冊

110000－0144－0020655　善830/514－384.8
文選章句二十八卷　(明)陳與郊撰　明萬曆二十五年(1597)刻本　十五冊

110000－0144－0020656　善830/514－458
孫月峰先生評文選三十卷　(南朝梁)蕭統輯　(明)孫鑛　(明)閔齊華評　明天啓二年(1622)烏程閔氏刻本　十冊

110000－0144－0020657　善830/514－458－02
孫月峰先生評文選三十卷　(南朝梁)蕭統輯　(明)孫鑛　(明)閔齊華評　明天啓二年(1622)烏程閔氏刻清康熙何維楨重修本　十冊

110000－0144－0020658　善830/514－608
文選筆記一卷　(清)許巽行撰　清光緒抄本

五冊

110000－0144－0020659　善 830/514－631

文選後集五卷　(南朝梁)蕭統輯　(明)郭正域評　明閔于忱刻朱墨套印本　六冊

110000－0144－0020660　善 830/514－765

文選錦字錄二十一卷　(明)淩迪知輯　明萬曆四年至五年(1576－1577)淩氏刻文林綺繡叢書本　十二冊

110000－0144－0020661　善 830/514－765

文選錦字錄二十一卷　(明)淩迪知輯　明萬曆四年至五年(1576－1577)淩氏刻文林綺繡叢書本　二十冊

110000－0144－0020662　善 830/514－84

選賦六卷　(南朝梁)蕭統輯　(明)郭正域評點　**名人世次爵里一卷**　明末淩氏鳳笙閣刻朱墨套印本　六冊

110000－0144－0020663　善 830/514－842

文選尤十四卷　(南朝梁)蕭統輯　(明)鄒思明刪評　明天啓二年(1622)刻三色套印本　十四冊

110000－0144－0020664　善 830/514－842

文選尤十四卷　(南朝梁)蕭統輯　(明)鄒思明刪評　明天啓二年(1622)刻三色套印本　存七卷(一至七)　七冊

110000－0144－0020665　善 830/514－988

文選音義八卷　(清)余蕭客撰　清乾隆二十三年(1758)靜勝堂刻本　四冊

110000－0144－0020666　善 830/514－988

文選音義八卷　(清)余蕭客撰　清乾隆二十三年(1758)靜勝堂刻本　二冊

110000－0144－0020667　善 830/655－05

古文苑二十一卷　(宋)章樵注　明萬曆張象賢刻本　六冊

110000－0144－0020668　善 830/655－07

古文苑九卷　(□)。□□輯　清嘉慶十四年(1809)孫星衍刻本　劉盼遂題識　四冊

110000－0144－0020669　善 830/655－08

古文苑二十一卷　(宋)章樵注　明萬曆張象賢樂志齋刻本　八冊

110000－0144－0020670　善 830/667

文腴十四卷　(明)唐昕輯　明崇禎十七年(1644)刻本　八冊

110000－0144－0020671　善 830/700

文苑英華選六十卷　(清)宮夢仁輯　清康熙四十三年(1704)光明正大之堂刻本　十二冊

110000－0144－0020672　善 830/736

續文選三十二卷　(明)湯紹祖輯　明萬曆三十年(1602)希貴堂刻本　十二冊

110000－0144－0020673　善 830/781

屈陶合刻十六卷　(明)毛晉編　明萬曆四十六年(1618)、天啟五年(1625)毛氏綠君亭刻本　二冊

110000－0144－0020674　善 830/781－6

詩詞雜俎十二種二十五卷　(明)毛晉編　明天啓崇禎汲古閣刻本　存十一種二十四卷(眾妙集一卷、剪綃集二卷、石湖詩集一卷、月泉吟社一卷、穀音二卷、河汾諸老詩集八卷、二家宮詞二卷、三家宮詞三卷、漱玉詞一卷、斷腸詞一卷、龍輔女紅餘志二卷)　四冊

110000－0144－0020675　善 830/821

二十一史文選一百卷　(明)周鍾輯　明崇禎十五年(1642)葉瞻泉、段君定刻本　一百七十七冊

110000－0144－0020676　善 830/853

續文選初集　(清)□□輯　清抄本　六冊

110000－0144－0020677　善 830/893

廣文選八十二卷目錄二卷　(明)劉節輯　明嘉靖十二年(1533)侯秩刻本　二十二冊

110000－0144－0020678　善 830/929

文苑英華律賦選四卷　(清)錢陸燦輯　清康熙二十五年(1686)吹藜閣銅活字印本　四冊

110000－0144－0020679　善 8309

洪武正韻十六卷　(明)樂韶鳳　(明)宋濂等撰　明崇禎刻本(有抄配)　十冊

110000－0144－0020680　善 831.2/279
漢魏詩乘二十卷吴詩一卷總錄一卷　(明)梅鼎祚輯　明刻本　六册

110000－0144－0020681　善 831.2/279－02
漢魏詩乘二十卷末一卷總錄一卷吴詩一卷　(明)梅鼎祚輯　明萬曆十一年(1583)劉文顯刻八代詩乘本　四册

110000－0144－0020682　善 831.2/899
二山説詩四卷　(清)何忠相撰　清乾隆三十一年(1766)刻本　二册

110000－0144－0020683　善 831.24/140
李卓吾批點曹氏一門二卷　(明)李贄輯並評　明刻本　二册

110000－0144－0020684　善 831.3/994
陶謝詩集四種十三卷　(清)姚培謙編　清乾隆三十二年(1767)清妙軒刻本　四册

110000－0144－0020685　善 831.4/100
唐人八家詩四十二卷　(明)毛晉編　明崇禎十二年(1639)毛氏汲古閣刻本　六册　存三家十六卷(李義山集三卷、李文山集三卷、長江集十卷)

110000－0144－0020686　善 831.4/113－03
唐人萬首絕句選七卷　(宋)洪邁原本　(清)王士禛選　清康熙吴郡宋廣業刻雍正印本　劉盼遂題識　二册

110000－0144－0020687　善 831.4/145
全唐詩九百卷目錄十二卷　(清)曹寅等輯　清康熙四十四年至四十六年(1705－1707)揚州詩局刻本　一百二十册

110000－0144－0020688　善 831.4/167
唐詩二十六家五十卷　(明)黄貫曾編　明嘉靖三十三年(1554)黄氏浮玉山房刻本　十六册

110000－0144－0020689　善 831.4/217
唐音戊籤二百一卷餘閏六十三卷餘諸國主詩一卷　(明)胡震亨輯　清康熙二十六年(1687)南益堂刻本　三十二册

110000－0144－0020690　善 831.4/217
唐音戊籤二百一卷餘閏六十三卷餘諸國主詩一卷　(明)胡震亨輯　清康熙二十六年(1687)南益堂刻本　十八册

110000－0144－0020691　善 831.4/217
唐音戊籤二百一卷餘閏六十三卷餘諸國主詩一卷　(明)胡震亨輯　清康熙二十六年(1687)南益堂刻本　四十八册

110000－0144－0020692　善 831.4/222
唐雅八卷　(明)胡纘宗輯　明嘉靖二十八年(1549)文斗山堂刻本　四册

110000－0144－0020693　善 831.4/272
唐十二家詩十二卷　(明)楊一統編　明萬曆十二年(1584)刻本　存十家十卷(王勃集一卷、陳子昂集一卷、杜審言集一卷、楊炯集一卷、盧照鄰集一卷、宋之問集一卷、沈佺期集一卷、王維集一卷、駱賓王集一卷、孟浩然集一卷)　十册

110000－0144－0020694　善 831.4/274
唐詩名花集一卷　(明)楊肇祉輯　明天啓六年(1626)烏程閔一栻刻本　一册

110000－0144－0020695　善 831.4/287
李于鱗唐詩廣選七卷　(明)李攀龍輯　(明)凌瑞森　(明)凌南荣辑評　明萬曆凌氏刻本　六册

110000－0144－0020696　善 831.4/287.2
唐音會選十卷　(明)李栻輯　明萬曆二年(1574)刻本　四册

110000－0144－0020697　善 831.4/291
廣十二家唐詩八十一卷　(明)陸汴編　明刻本　存四家二十七卷(唐李義山詩集六卷、唐王建詩集八卷、唐盧戶部詩集十卷、昆陵集三卷)　十册

110000－0144－0020698　善 831.4/295
查林詩略選一卷　(清)查嗣蘭輯　稿本　一册

110000－0144－0020699　善 831.4/308

十二家唐詩二十四卷 (明)張遜業編 明嘉靖三十一年(1552)江都黄埻刻本 五册 存七家十四卷(杜審言集二卷、沈佺期集二卷、宋之問集二卷、駱賓王集二卷、王勃集二卷、楊炯二卷、陳子昂集二卷)

110000-0144-0020700 善831.4/311
唐詩類苑二百卷 (明)張之象輯 明萬曆二十九年(1601)曹仁孫刻本 四十八册

110000-0144-0020701 善831.4/311-6
唐雅二十六卷 (明)張之象輯 明嘉靖三十一年(1552)無錫縣刻本 十册

110000-0144-0020702 善831.4/393
松陵集十卷 (唐)皮日休 (唐)陸龜蒙撰 明末汲古閣刻本 三册

110000-0144-0020703 善831.4/398
唐詩向榮集三卷 (清)陶元藻輯並評 清乾隆二十五年(1760)衡河草堂木活字印本 二册

110000-0144-0020704 善831.4/441
初唐彙詩七十卷詩人氏系履歷一卷目録十卷盛唐彙詩一百二十四卷詩人氏系履歷一卷目録二十二卷 (明)吴勉學輯 明萬曆吴勉學刻四唐彙詩本 二十四册

110000-0144-0020705 善831.4/448
五體唐詩選式一卷 (明)張夏茂選 明末刻本 一册

110000-0144-0020706 善831.4/558
唐律類鈔二卷 (明)蔡雲程輯 明嘉靖十八年(1539)刻本 一册

110000-0144-0020707 善831.4/614
前唐十二家詩二十四卷 (明)許自昌編 明萬曆三十一年(1603)霏玉軒刻本 十二册

110000-0144-0020708 善831.4/641
唐詩品彙九十卷拾遺十卷詩人爵里祥節一卷 (明)高棅輯 (明)陸允中校訂 明刻本 四十册

110000-0144-0020709 善831.4/641-02
唐詩品彙九十卷唐詩拾遺十卷 (明)高棅輯 (明)張恂重訂 明末張恂刻本 十六册

110000-0144-0020710 善831.4/667
唐詩從繩 (□)□□輯 清乾隆巢父抄本 (清)端方跋 一册

110000-0144-0020711 善831.4/667.4
唐四名家集十二卷 (明)毛晉編 明末毛氏汲古閣刻本 陸勒先過録 (清)何焯據宋本校並跋語 四册

110000-0144-0020712 善831.4/667.6
唐三十家詩集四十二卷 (明)□□編 明刻本 二十册

110000-0144-0020713 善831.4/667.7
唐賢瑤奏□□卷 (□)□□輯 清抄本 二册 存二卷(一至二)

110000-0144-0020714 善831.4/667.9
唐人六集四十二卷 (明)毛晉輯 明崇禎毛氏汲古閣刻本 十二册

110000-0144-0020715 善831.4/667.9-1
唐三高僧詩四十七卷 (明)毛晉編 明崇禎毛氏汲古閣刻本 十四册

110000-0144-0020716 善831.4/712
唐四家詩八卷 (清)汪立名編 清康熙三十四年(1695)天都汪立名刻本 十册

110000-0144-0020717 善831.4/716
御選唐詩三十二卷目録三卷 (清)陳廷敬等編 清康熙五十二年(1713)内府刻朱墨套印本 十五册

110000-0144-0020718 善831.4/716
御選唐詩三十二卷目録三卷 (清)陳廷敬等編 清康熙五十二年(1713)内府刻朱墨套印本 十二册

110000-0144-0020719 善831.4/716.6-03
御選唐宋詩醇四十七卷目録二卷 (清)弘書 (清)梁詩正等輯 清乾隆二十五年(1760)刻本 十六册

110000-0144-0020720 善831.4/748-6-04

唐詩別裁集十卷　(清)沈德潛　(清)陳培脉輯　清康熙五十六年(1717)碧梧書屋刻本　(□)□□墨筆過錄諸家評語　四冊

110000－0144－0020721　善831.4/754
唐音類選二十四卷拾遺一卷　(明)潘光統輯　清康熙四十九年(1710)潘銘刻本　八冊

110000－0144－0020722　善831.4/765.3
唐詩絕句類選四卷總評一卷人物一卷　(明)敖英　(明)凌雲輯　明凌雲刻三色套印本　四冊

110000－0144－0020723　善831.4/765.3
唐詩絕句類選四卷總評一卷人物一卷　(明)敖英　(明)凌雲輯　明凌雲刻三色套印本　四冊

110000－0144－0020724　善831.4/832
唐雅同聲五十卷目錄二卷　(明)毛懋宗輯　(明)朱謀垔　(明)朱統鉷輯補　明天啓五年(1625)朱謀垔刻清順治十八年(1661)容安、朱統鉷補修本　二十冊

110000－0144－0020725　善831.4/953
御定全唐詩錄一百卷詩人年表一卷　(清)徐倬　(清)徐元正輯　清康熙四十五年(1706)揚州詩局刻本　三十二冊

110000－0144－0020726　善831.4/953
御定全唐詩錄一百卷詩人年表一卷　(清)徐倬　(清)徐元正輯　清康熙四十五年(1706)揚州詩局刻本　三十二冊

110000－0144－0020727　善831.41/081－365
元白長慶集一百三十一卷補遺六卷目錄三卷附錄二卷　(唐)白居易　(唐)元稹撰　(明)馬元調輯　明萬曆三十二年至三十四年(1604－1606)馬元調寶儉堂刻本　二十冊

110000－0144－0020728　善831.41/146
唐詩選十卷拾遺十卷　(明)曹學佺輯　明崇禎刻石倉十二代詩選本　四十八冊

110000－0144－0020729　善831.41/172
唐詩紀一百七十卷目錄三十四卷　(明)黃德水　(明)吳琯輯　明萬曆十三年(1585)吳琯刻本　三十冊

110000－0144－0020730　善831.41/267
唐詩始音一卷唐詩正音六卷唐詩遺響三卷　(元)楊士弘輯　明刻本　八冊

110000－0144－0020731　善831.41/314
李杜詩選十一卷　(明)張含編　(明)楊慎評　明刻朱墨套印本　八冊

110000－0144－0020732　善831.41/524
國秀集三卷　(唐)芮挺章輯　明萬曆三十一年(1603)張世才刻本　一冊

110000－0144－0020733　善831.41/579－02
才調集補註十卷　(五代)韋縠輯　(清)殷元勳　(清)宋邦綏箋注　清乾隆五十八年(1793)思補堂刻本　六冊

110000－0144－0020734　善831.41/579－03
才調集十卷　(五代)韋縠輯　清康熙四十三年(1704)汪氏垂雲堂刻本　(□)□□墨筆及綠筆批注　朱筆校　二冊

110000－0144－0020735　善831.41/641
唐詩正聲二十二卷　(明)高棅輯　明刻本　六冊

110000－0144－0020736　善831.41/667
彙編唐詩十集四十一卷目錄七卷　(明)唐汝詢輯　明天啓三年(1623)刻本　十六冊

110000－0144－0020737　善831.41/667
彙編唐詩十集四十一卷目錄七卷　(明)唐汝詢輯　明天啓三年(1623)刻本　十二冊

110000－0144－0020738　善831.41/667.6
唐詩選輯八卷補遺一卷目錄二卷　(清)黃彭年輯　清抄本　(清)黃彭年批校　黃襄成跋　十冊

110000－0144－0020739　善831.41/674
詩緯十一卷　(清)丁谷雲編　(清)應時刪定　清康熙十七年(1678)野雲草堂刻本　二冊

110000－0144－0020740　善831.41/720－02
宋洪魏公選萬首唐人絕句四十卷目錄四卷

(宋)洪邁輯　(明)趙宧光　(明)黃習遠補　明萬曆三十五年(1607)趙宧光刻本　二十四冊

110000－0144－0020741　善831.41/732
唐詩絕句英華十四卷　(清)梁無技輯　清康熙四十九年(1710)南樵草堂刻本　四冊

110000－0144－0020742　善831.41/781
唐人選唐詩八種二十三卷　(明)毛晉編　明崇禎元年(1628)毛氏汲古閣刻本　八冊

110000－0144－0020743　善831.41/781－02
唐人選唐詩八種二十三卷　(明)毛晉編　清康熙三十二年(1693)學稼草堂刻本　八冊

110000－0144－0020744　善831.41/814－02
箋註唐賢絕句三體詩法二十卷　(宋)周弼輯　(元)釋圓至　(元)修源注　明刻本　四冊

110000－0144－0020745　善831.41/942
得一堂彙選唐詩定本不分卷　(□)□□輯　清抄本　六冊

110000－0144－0020746　善831.41/965
唐律消夏錄五卷　(清)顧安輯　清乾隆二十七年(1762)何文煥刻本　四冊

110000－0144－0020747　善831.417/832
中唐十二家詩集十一卷　(明)朱之蕃編　明萬曆四十年(1612)金陵書坊王世茂刻本　十二冊

110000－0144－0020748　善831.419/295
晚唐詩鈔二十六卷　(清)查克弘　(清)凌紹乾輯　清康熙四十二年(1703)棲鳳閣刻本　六冊

110000－0144－0020749　善831.5/382
宋十五家詩選十六卷　(清)陳訏輯　清康熙三十二年(1693)刻本　十二冊

110000－0144－0020750　善831.5/439－02
宋詩鈔初集九十五卷　(清)呂留良　(清)吳之振　(清)吳爾堯輯　清康熙十年(1671)吳氏鑑古堂刻本　二十四冊

110000－0144－0020751　善831.5/992
九僧詩一卷　(宋)釋希晝撰　清抄本　(清)□□墨筆校　一冊

110000－0144－0020752　善831.56/128
遺山先生詩集二十卷　(金)元好問撰　明崇禎汲古閣刻本　四冊

110000－0144－0020753　善831.56/128
遺山先生詩集二十卷　(金)元好問撰　明崇禎汲古閣刻本　六冊

110000－0144－0020754　善831.56/128
遺山先生詩集二十卷　(金)元好問撰　明崇禎汲古閣刻本　十二冊

110000－0144－0020755　善831.56/630
御訂全金詩增補中州集七十二卷首二卷　(金)元好問輯　(清)郭元釪補輯　清康熙五十年(1711)内府刻乾隆五十四年(1789)重修本　二十四冊

110000－0144－0020756　善831.56/630
御訂全金詩增補中州集七十二卷首二卷　(金)元好問輯　(清)郭元釪補輯　清康熙五十年(1711)内府刻乾隆五十四年(1789)重修本　四十八冊

110000－0144－0020757　善831.56/630－02
御訂全金詩增補中州集七十二卷首二卷　(金)元好問輯　(清)郭元釪補輯　清康熙五十年(1711)内府刻本　二十四冊

110000－0144－0020758　善831.57/128
翰苑英華中州集十卷目錄一卷樂府一卷　(金)元好問輯　清抄本　(□)□□朱筆校　十二冊

110000－0144－0020759　善831.57/128.9
元人十種詩　(明)毛晉輯　明崇禎十一年(1638)汲古閣刻本　二十二冊

110000－0144－0020760　善831.57/128－03
中州集十卷首一卷中州樂府一卷　(金)元好問輯　明末毛氏汲古閣刻本　十冊

110000－0144－0020761　善831.57/781
元詩四大家二十七卷　(明)毛晉編　明崇禎

毛氏汲古閣刻本　六冊

110000－0144－0020762　善 831.57/781

元詩四大家二十七卷　（明）毛晉編　明崇禎毛氏汲古閣刻本　十六冊

110000－0144－0020763　善 831.57/959

玉山名勝集不分卷　（元）顧瑛輯　清抄本　（□）□□朱筆校　二冊

110000－0144－0020764　善 831.57/961

元詩選六卷補遺一卷　（清）顧奎光輯　清乾隆十六年（1751）刻本　四冊

110000－0144－0020765　善 831.57/961

元詩選六卷補遺一卷　（清）顧奎光輯　清乾隆十六年（1751）刻本　四冊

110000－0144－0020766　善 831.57/994

元詩自攜七言律詩十六卷七言絕句五卷　（清）姚培謙輯　清康熙六十一年（1722）姚氏刻雍正四年（1726）續刻本　十冊

110000－0144－0020767　善 831.6/103

明人詩鈔正集十四卷續集十四卷　（清）朱琰編　清乾隆二十五年（1760）樊桐山房刻本　十冊

110000－0144－0020768　善 831.6/288

皇明詩選十三卷　（明）陳子龍　（明）李雯輯　明崇禎吳門蔣復貞刻本　四冊

110000－0144－0020769　善 831.6/288

皇明詩選十三卷　（明）陳子龍　（明）李雯輯　明崇禎吳門蔣復貞刻本　十二冊

110000－0144－0020770　善 831.6/793

明詩歸八卷　（清）程如嬰　（清）朱衣輯並評　清順治刻本　八冊

110000－0144－0020771　善 831.6/798

新鍥明詩十二家類抄八卷　（明）穆光胤輯　明萬曆三十九年（1611）金陵李氏聚奎樓刻本　六冊

110000－0144－0020772　善 831.6/932－02

列朝詩集八十一卷　（清）錢謙益編　清順治九年（1652）常熟毛晉刻本　三十六冊

110000－0144－0020773　善 831.69/500

遺民詩十二卷　（清）卓爾堪輯　**近青堂詩一卷**　卓爾堪撰　清康熙近青堂刻本　十二冊

110000－0144－0020774　善 831.7/113－02

感舊集四卷　（清）王士禛輯　清初抄本　八冊

110000－0144－0020775　善 831.7/113－03

感舊集十六卷　（清）王士禛輯　（清）盧見曾補傳　清乾隆十七年（1752）盧見曾刻本　六冊

110000－0144－0020776　善 831.7/114.3

薰風協奏集三卷首一卷　（清）王又曾輯　（清）莊鳳翥注　清乾隆二十三年（1758）文映書屋刻本　四冊

110000－0144－0020777　善 831.7/216

本朝名媛詩鈔六卷　（清）胡孝思　（清）朱珖輯評　清康熙五十五年（1716）淩雲閣刻乾隆印本　二冊

110000－0144－0020778　善 831.7/290

鸎湖聯吟集七卷　（清）李光國輯　清乾隆刻本　四冊

110000－0144－0020779　善 831.7/372

詩觀初集十二卷二集十四卷三集十三卷閨秀別卷一卷　（清）鄧漢儀輯　清康熙慎墨堂刻乾隆十五年至十七年（1750－1752）仲之琮深柳讀書堂重修本　四十冊

110000－0144－0020780　善 831.7/384

篋衍集十二卷　（清）陳維崧輯　清乾隆二十六年（1761）金匱華琦刻本　四冊

110000－0144－0020781　善 831.7/485

四種詩集合抄七卷　（清）□□輯　清末松竹齋抄本　二冊

110000－0144－0020782　善 831.7/696

江左十五子詩選十五卷　（清）宋犖輯　（清）邵長蘅訂　（清）宋至校　清康熙四十二年（1703）刻本　十冊

110000－0144－0020783　善 831.7/696

江左十五子詩選十五卷　(清)宋犖輯　(清)邵長蘅訂　(清)宋至校　清康熙四十二年(1703)刻本　六冊

110000－0144－0020784　善831.7/716
千叟宴詩三十四卷首二卷　(清)高宗弘曆等撰　清乾隆五十年(1785)武英殿刻本　三十六冊

110000－0144－0020785　善831.7/741－03
南宋雜事詩七卷　(清)沈嘉轍撰　清雍正、乾隆間杭州芹香齋刻本　四冊

110000－0144－0020786　善831.7/887
國朝六家詩鈔八卷　(清)劉執玉編　清乾隆三十二年(1767)詒燕樓刻本　六冊

110000－0144－0020787　善831.7/887
國朝六家詩鈔八卷　(清)劉執玉編　清乾隆三十二年(1767)詒燕樓刻本　六冊

110000－0144－0020788　善831.7/908
侯鯖集不分卷　(□)□□輯　清抄本　四冊

110000－0144－0020789　善831.7/984
韓江雅集十二卷　(清)全祖望等撰　清乾隆十二年(1747)刻本　二冊　存六卷(一至六)

110000－0144－0020790　善831.74/633
樂遊聯唱集二卷　(清)畢沅等撰　(清)楊芳燦輯　清乾隆四十七年(1782)西安節署刻本　一冊

110000－0144－0020791　善831/113－2－02
古詩箋三十二卷　(清)王士禛輯　(清)聞人倓箋注　清乾隆三十一年(1766)芷蘭堂刻本　八冊

110000－0144－0020792　善831/113－3
阮亭選古詩三十二卷　(清)王士禛輯　清康熙刻本　(清)翁方綱等墨筆批改及題記　六冊

110000－0144－0020793　善831/146
石倉十二代詩選　(明)曹學佺輯　明崇禎四年(1631)刻本　六冊　存十三卷(古詩一至十三)

110000－0144－0020794　善831/151
姑蘇新刻彤管遺編前集四卷後集十卷續集三卷附集一卷別集二卷　(明)酈琥輯　明隆慶元年(1567)刻本　八冊

110000－0144－0020795　善831/279
古樂苑五十二卷目錄二卷前卷一卷衍錄四卷　(明)梅鼎祚輯　明萬曆十九年(1591)吕胤昌刻本　二十冊

110000－0144－0020796　善831/287
詩刪二十三卷　(明)李攀龍輯　(明)鍾惺(明)譚元春評　明刻本　十二冊

110000－0144－0020797　善831/290
榕村詩選八卷首一卷　(清)李光地輯　清雍正七年(1729)石川方觀刻教忠堂印本　三冊

110000－0144－0020798　善831/352
古樂府十卷　(元)左克明輯　明嘉靖二十三年(1544)蕭一中刻本　五冊

110000－0144－0020799　善831/352
古樂府十卷　(元)左克明輯　明嘉靖二十三年(1544)蕭一中刻本　八冊

110000－0144－0020800　善831/372
花鳥爭奇三卷　(明)鄧志謨(題鄧百拙生)輯　明春雨堂刻七種爭奇本　三冊

110000－0144－0020801　善831/377
采菽堂古詩選三十八卷補遺四卷　(清)陳祚明選　清康熙四十五年(1706)刻本　十六冊

110000－0144－0020802　善831/377－02
采菽堂古詩選三十八卷補遺四卷　(清)陳祚明選　清乾隆二十三年(1758)刻本　十冊

110000－0144－0020803　善831/384
詩品會函四卷　(明)陳仁錫輯　明末刻本　二冊

110000－0144－0020804　善831/387
維風詩集三十五卷　(明)陸嘉穎輯　清雲壑布衣抄本　劉盼遂題識　一冊　存三卷(三十三至三十五)

110000－0144－0020805　善831/389

歷朝名媛詩詞十二卷　(清)陸昶輯　清乾隆三十八年(1773)陸氏虹樹樓刻本　六册

110000－0144－0020806　善831/389

歷朝名媛詩詞十二卷　(清)陸昶輯　清乾隆三十八年(1773)陸氏虹樹樓刻本　十册

110000－0144－0020807　善831/531－1

歷代詩家二集八十五卷　(清)范士楫　(清)戴名說輯　清順治十三年(1656)毛氏汲古閣刻本　六册

110000－0144－0020808　善831/626.8

國瑋集五十六卷　(明)方岳貢輯　明刻本　二十四册

110000－0144－0020809　善831/626－859

删定方虛谷瀛奎律髓四卷　(清)紀昀編　清抄本　二册

110000－0144－0020810　善831/709

佩文齋詠物詩選四百八十六卷　(清)張玉書等輯　清康熙四十六年(1707)内府刻本　三十二册

110000－0144－0020811　善831/710－02

詩倫二卷　(清)汪薇輯　清康熙五十六年(1717)寒木堂刻本　一册

110000－0144－0020812　善831/748－06

古詩源十四卷　(清)沈德潛選　清刻本　(□)□□過録　(清)潘德輿批校　六册

110000－0144－0020813　善831/771－02

詩紀一百五十六卷目錄三十六卷　(明)馮惟訥輯　明萬曆金陵吴琯等刻本　二十册

110000－0144－0020814　善831/771－03

詩紀一百五十六卷目錄三十六卷　(明)馮惟訥輯　明萬曆金陵吴琯等刻本　四十八册

110000－0144－0020815　善831/771－03

詩紀一百五十六卷目錄三十六卷　(明)馮惟訥輯　明萬曆金陵吴琯等刻本　四十八册

110000－0144－0020816　善831/771－04

詩紀一百五十六卷目錄三十六卷　(明)馮惟訥輯　明萬曆金陵吴琯等刻崇禎五年(1632)玉函堂方虞升重修本　十八册

110000－0144－0020817　善831/887

風雅翼十卷　(元)劉履輯　清抄本　羅振玉題識　存五卷(一至五)　二册

110000－0144－0020818　善831/923

詩所五十六卷歷代名氏爵里一卷　(明)臧懋循輯　明萬曆三十一年(1603)雕蟲館刻本　二十五册

110000－0144－0020819　善831/923－02

詩所五十六卷歷代名氏爵里一卷　(明)臧懋循輯　明萬曆三十一年(1603)雕蟲館刻本　二十五册

110000－0144－0020820　善831/925

新刊古今名賢品彙註釋玉堂詩選八卷　(明)舒芬輯　(明)舒琛　(明)楊淙增補　明萬曆七年(1579)金陵唐氏富春堂刻本　七册　存七卷(一至五、七至八)

110000－0144－0020821　善831/937－02

名媛詩歸三十六卷　(明)鍾惺輯　明刻本　八册

110000－0144－0020822　善831/937－2

詩歸五十一卷　(明)鍾惺　(明)譚元春輯　明末閔振業、閔振聲刻三色套印本　十三册　存三十九卷(古詩歸一至十五、唐詩歸一至二十四)

110000－0144－0020823　善831/937－2－02

詩歸五十一卷　(明)鍾惺　(明)譚元春輯　(明)劉斅重訂　明末刻本　十二册　存三十六卷(唐詩歸一至三十六)

110000－0144－0020824　善831/937－2－02

詩歸五十一卷　(明)鍾惺　(明)譚元春輯　(明)劉斅重訂　明末刻本　十三册

110000－0144－0020825　善831/948－02

玉臺新詠十卷　(南朝陳)徐陵輯　清康熙四十六年(1707)古吳孟璟刻本　(清)歸天圻校跋　四册

110000－0144－0020826　善831/948－03

玉臺新詠十卷　(南朝陳)徐陵撰　清康熙五十三年(1714)硯豐齋刻本　四冊

110000－0144－0020827　善831/949
樂府原十五卷　(明)徐獻忠輯　明嘉靖四十年(1561)刻本　二冊　存十卷(一至十)

110000－0144－0020828　善831/949－02
樂府原十五卷　(明)徐獻忠輯　明萬曆張所望刻本(卷十四至十五抄配)　二冊

110000－0144－0020829　善831/961
選詩三卷補一卷　(明)顧大猷輯　明萬曆二十八年(1600)劉大文刻本　四冊

110000－0144－0020830　善831/962
詩林韶濩二十卷　(清)顧嗣立輯　清康熙四十四年(1705)顧氏秀野草堂刻本　八冊

110000－0144－0020831　善832.1/119－383
楚辭十七卷附錄一卷　(漢)王逸章句　(明)劉鳳等注　(明)陳深批點　明刻朱墨套印本　四冊

110000－0144－0020832　善832.1/321.9
楚辭新集注八卷末一卷楚懷襄二王在位事蹟考一卷屈原列傳一卷　(清)屈復撰　**楚懷襄二王在位事蹟考一卷**　(清)林雲銘撰　**屈原列傳一卷**　(漢)司馬遷撰　清乾隆三年(1738)弱水草堂刻本　四冊

110000－0144－0020833　善832.1/321.9－02
楚辭新集注八卷末一卷　(清)屈復集注　清乾隆三年(1738)刻本　四冊

110000－0144－0020834　善832.1/321.9－02
楚辭新集注八卷末一卷　(清)屈復集注　清乾隆三年(1738)刻本　四冊

110000－0144－0020835　善832.1/321－012
楚辭二卷　(戰國)屈原　(戰國)宋玉　(漢)賈誼等撰　明萬曆八年(1580)閔齊伋刻三色套印本　二冊

110000－0144－0020836　善832.1/321－012
楚辭二卷　(戰國)屈原　(戰國)宋玉　(漢)賈誼等撰　明萬曆八年(1580)閔齊伋刻三色套印本　四冊

110000－0144－0020837　善832.1/321－03
楚辭章句十七卷疑字直音補一卷　(漢)王逸撰　明隆慶五年(1571)豫章夫容館刻本　八冊

110000－0144－0020838　善832.1/321－05
楚辭章句十七卷　(漢)王逸撰　明正德十三年(1518)黃省曾、高弟刻本(有抄配)　六冊

110000－0144－0020839　善832.1/321－05
楚辭章句十七卷　(漢)王逸撰　明正德十三年(1518)黃省曾、高弟刻本　二冊

110000－0144－0020840　善832.1/321－06
楚辭二卷　(戰國)屈原　(戰國)宋玉　(漢)賈誼等撰　明吳勉學刻本　二冊

110000－0144－0020841　善832.1/321－07
楚辭章句十七卷疑字直音補一卷　(漢)王逸撰　明萬曆朱燮元、朱一龍刻本　二冊

110000－0144－0020842　善832.1/321－09
楚辭十七卷　(戰國)屈原撰　(漢)劉向編集　(漢)王逸章句　清嘉慶元年(1796)詠吟堂抄本　□□過錄諸家批點　二冊

110000－0144－0020843　善832.1/321－119－02
楚辭述註五卷　(明)來欽之撰　**九歌圖一卷**　(明)陳洪綬繪　明崇禎黃象彝等刻本　四冊

110000－0144－0020844　善832.1/321－142
楚辭約注一卷　(清)高秋月　(清)曹同春撰　清康熙二十八年(1689)文粹堂刻本　一冊

110000－0144－0020845　善832.1/321－256
楚辭燈四卷楚懷襄二王在位事跡考一卷屈原列傳一卷　(清)林雲銘撰　清康熙三十六年(1697)挹奎樓刻本　四冊

110000－0144－0020846　善832.1/321－262
楚辭述註十卷　(明)林兆珂撰　明萬曆刻本　(□)□□朱筆批點　四冊

110000－0144－0020847　善832.1/321－389
楚辭疏十九卷讀楚辭語一卷楚辭雜論一卷

（明）陸時雍撰 **屈原傳一卷** （漢）司馬遷撰 明末緝柳齋刻本 六冊

110000－0144－0020848 善832.1/321－526.6
楚辭集註八卷辯證二卷附覽二卷總評一卷 （宋）朱熹撰 （明）蔣之翹補輯並評校 明天啟六年（1626）蔣之翹刻本 八冊

110000－0144－0020849 善832.1/321－526－02
山帶閣註楚辭六卷首一卷餘論二卷說韻一卷 （清）蔣驥撰 清雍正五年（1727）蔣氏山帶閣刻本 六冊

110000－0144－0020850 善832.1/321－526－02
山帶閣註楚辭六卷首一卷餘論二卷說韻一卷 （清）蔣驥撰 清雍正五年（1727）蔣氏山帶閣刻本 八冊

110000－0144－0020851 善832.1/321－773
楚辭句解評林十七卷附錄一卷 （漢）王逸章句 （明）馮紹祖輯評 明萬曆十五年（1587）刻本 二冊

110000－0144－0020852 善832.1/321－930
楚騷五卷 （戰國）屈原撰 明正德十五年（1520）熊宇刻本 存一卷（离騷） 二冊

110000－0144－0020853 善832.1/828－010
楚辭集註八卷辯證二卷後語八卷附覽二卷總評一卷 （宋）朱熹撰 （明）蔣之翹補輯並評校 明天啟六年（1626）刻本 六冊

110000－0144－0020854 善832.1/828－010
楚辭集註八卷辯證二卷後語八卷附覽二卷總評一卷 （宋）朱熹撰 （明）蔣之翹補輯並評校 明天啟六年（1626）刻本 五冊

110000－0144－0020855 善832.1/828－011
楚辭集註八卷辯證二卷後語六卷 （宋）朱熹撰 明正德十四年（1519）沈圻刻本 四冊

110000－0144－0020856 善832.1/828－012
楚辭集註八卷 （宋）朱熹撰 明刻本 二冊

110000－0144－0020857 善832.1/828－015
楚辭集註八卷辯證二卷後語六卷 （宋）朱熹撰 明萬曆朱崇沐刻本 八冊

110000－0144－0020858 善832.1/828－08
楚辭集注八卷辯證二卷後語六卷 （宋）朱熹撰 **反离騷一卷** （漢）楊雄撰 明嘉靖十四年（1535）袁褧刻本 六冊

110000－0144－0020859 善832.1/828－08
楚辭集注八卷辯證二卷後語六卷 （宋）朱熹撰 **反离騷一卷** （漢）楊雄撰 明嘉靖十四年（1535）袁褧刻本 十冊

110000－0144－0020860 善832.1/828－09
楚辭集註八卷辯證二卷後語六卷 （宋）朱熹撰 明萬曆二十五年（1597）吉府刻本 （□）□□藍筆批注 十冊

110000－0144－0020861 善832.12/119－773
楚辭箋注十七卷 （漢）王逸章句 （明）馮紹祖校正 明萬曆十四年（1586）馮紹祖三樂齋刻本 六冊

110000－0144－0020862 善832.12/290
安溪先生解義三種四卷 （清）李光地撰 清康熙居業堂刻本 一冊

110000－0144－0020863 善832.12/312
楚辭綺語六卷 （明）張之象撰 明萬曆四年（1576）吳興凌迪知刻文林綺繡本 六冊

110000－0144－0020864 善832.12/314
離騷節解一卷離騷本韻一卷離騷正音一卷 （清）張德純撰 清康熙刻本 二冊

110000－0144－0020865 善832.12/348
屈騷心印五卷首一卷 （清）夏大霖撰 清乾隆三十九年（1774）一本堂刻本 四冊

110000－0144－0020866 善832.12/830
離騷辯不分卷 （清）朱冀撰 清康熙綠筠堂刻本 一冊

110000－0144－0020867 善832.13/119－2
離騷彙訂不分卷屈子雜文箋略六卷 （清）王邦采輯 清康熙六十一年（1722）刻本 六冊

110000－0144－0020868 善832.17/321－883
楚辭韻解八卷 （清）邱仰文撰 清乾隆三十七年（1772）碩松堂刻本 四冊

110000－0144－0020869　善832.17/385－02
屈宋古音義三卷　(明)陳第撰　清乾隆三十二年(1767)徐時作刻本　三册

110000－0144－0020870　善832.7/572
本朝舘閣賦前集十二卷後集七卷　(清)葉方宣　(清)程奐若仝編　清乾隆二十九年(1764)困學齋刻本　十一册

110000－0144－0020871　善832/106
古賦辨體十卷　(元)祝堯輯　明嘉靖十六年(1537)顧可久刻本　六册

110000－0144－0020872　善832/115
古賦識小録八卷　(清)王芑孫輯録　清嘉慶二十二年(1817)彭藴章抄本　二册

110000－0144－0020873　善832/307－04
七十家賦鈔六卷　(清)張惠言輯　清道光元年(1821)合河康紹鏞刻本　樂嘉藻批注並題識　四册

110000－0144－0020874　善832/377－03
御定歷代賦彙一百四十卷外集二十卷逸句二卷補遺二十二卷目録三卷　(清)陳元龍輯　清康熙四十五年(1706)内府刻本　七十二册

110000－0144－0020875　善832/377－03
御定歷代賦彙一百四十卷外集二十卷逸句二卷補遺二十二卷目録三卷　(清)陳元龍輯　清康熙四十五年(1706)内府刻本　五十册

110000－0144－0020876　善832/477
賦苑八卷　(明)李鴻輯　明萬曆刻本　十二册

110000－0144－0020877　善832/782
賦抄　千金書屋東小氏録　清千金書屋東小氏抄本　一册

110000－0144－0020878　善832/814
賦海補遺三十卷　(明)周履靖等輯　明書林葉如春刻本　十一册

110000－0144－0020879　善8321
還讀我書室老人瑣記　(清)董恂撰　稿本　一册

110000－0144－0020880　善8323
明末忠烈紀實五卷　(清)徐秉義撰　清抄本　四册

110000－0144－0020881　善8325
叢帖目考　(清)□□輯　稿本　二册

110000－0144－0020882　善8328
坤輿圖説二卷　(比利時)南懷仁撰　清康熙刻本　二册

110000－0144－0020883　善833.4/167－02
花菴絶妙詞選二十卷　(宋)黄昇輯　明末毛氏汲古閣刻詞苑英華本　十册

110000－0144－0020884　善833.4/201－08
花間集四卷　(五代)趙崇祚輯　(明)湯顯祖評　明萬曆刻朱墨套印本　四册

110000－0144－0020885　善833.4/201－09
花間集十卷　(五代)趙崇祚輯　明汲古閣刻本　三册

110000－0144－0020886　善833.4/781－02
三家宫詞三卷二家宫詞二卷　(明)毛晉編　明天啓毛氏緑君亭刻本　二册

110000－0144－0020887　善833.41/781－02
三家宫詞三卷　(明)毛晉輯　明天啟五年(1625)毛氏緑君亭刻本　一册

110000－0144－0020888　善833.41/781－2
二家宫詞二卷　(明)毛晉編　明末毛氏緑君亭刻本　一册

110000－0144－0020889　善833.6/916
東白堂詞選初集十五卷　(清)佟世南輯　清康熙十七年(1678)刻本　八册

110000－0144－0020890　善833.6/934
類編箋釋國朝詩餘五卷　(明)錢允治輯　(明)陳仁錫釋　明萬曆四十二年(1614)刻本　一册

110000－0144－0020891　善833.7/526
昭代詞選三十八卷　(清)蔣重光輯　清乾隆三十二年(1767)經鉏堂刻本　十六册

110000－0144－0020892　善 833.7/735
薇省詞鈔不分卷　(清)況周頤輯　清光緒二十年(1894)稿本　六冊

110000－0144－0020893　善 833/117－03
詞譜四十卷曲譜十二卷　(清)王奕清等撰　清康熙五十四年(1715)内府刻本　三十六冊

110000－0144－0020894　善 833/270
詞林萬選四卷　(明)楊慎選　明汲古閣刻本　二冊

110000－0144－0020895　善 833/348
清綺軒詞選十三卷　(清)夏秉衡輯　清乾隆刻本　(□)□□朱筆批注　六冊

110000－0144－0020896　善 833/348－02
清綺軒詞選十三卷　(清)夏秉衡輯　清桐石山房刻本　十二冊

110000－0144－0020897　善 833/441
記紅集四卷詞韻簡一卷　(清)吳綺　(清)程洪輯　清康熙二十五年(1686)刻本　二冊

110000－0144－0020898　善 833/500
古今詞彙初編十二卷　(清)卓回輯　清康熙十八年(1679)刻本　六冊

110000－0144－0020899　善 833/519
草堂詩餘五卷　(明)楊慎批點　明吳興閔暎璧刻朱墨套印本　六冊

110000－0144－0020900　善 833/522－04
詞律二十卷　(清)萬樹輯　清康熙二十六年(1687)萬樹堆絮園刻保滋堂印本　六冊

110000－0144－0020901　善 833/522－04
詞律二十卷　(清)萬樹輯　清康熙二十六年(1687)萬樹堆絮園保滋堂印本　十冊

110000－0144－0020902　善 833/522－05
詞律二十卷　(清)萬樹輯　清康熙二十六年(1687)萬樹堆絮園刻尺木堂印本　十二冊

110000－0144－0020903　善 833/742－02
御選歷代詩餘一百二十卷　(清)沈辰垣(清)王奕清等輯　清康熙四十六年(1707)内府刻本　四十冊

110000－0144－0020904　善 833/742－02
御選歷代詩餘一百二十卷　(清)沈辰垣(清)王奕清等輯　清康熙四十六年(1707)内府刻本　三十二冊

110000－0144－0020905　善 833/781
詞苑英華九種四十五卷　(明)毛晉編　明末毛氏汲古閣刻清乾隆十七年(1752)曲溪洪振琦重修本　十七冊　存六種三十九卷(花菴絕妙詞選十卷、中興絕妙詞選十卷、詞林萬選四卷、詩餘圖譜三卷、花間集十卷、尊前集二卷)

110000－0144－0020906　善 833/834－399
詞綜補遺二十卷　(清)陶樑輯　清道光十四年(1834)紅豆樹館刻本　四冊

110000－0144－0020907　善 833/960
尊前集二卷　(明)顧梧芳輯　明末毛氏汲古閣刻清乾隆十七年(1752)洪振珂重印本　一冊

110000－0144－0020908　善 8332
箋注陶淵明集六卷　(晉)陶潛撰　(宋)湯漢等箋注　(明)張自烈評　**總論一卷和陶一卷**　(宋)蘇軾撰　**律陶一卷**　(明)王思任輯　**敦好齊律陶纂一卷**　(明)黃槐開輯　明末敦化堂刻本　四冊

110000－0144－0020909　善 834.1/310
新鐫張狀元遴輯評林秦漢狐白四卷　(明)張以誠輯　(明)許獬評注　明萬曆三十二年(1604)余紹崖刻本　四冊

110000－0144－0020910　善 834.1/458
秦漢文鈔六卷　(明)閔邁德等輯　(明)楊融博批點　明萬曆四十八年(1620)閔氏刻朱墨套印本　十二冊

110000－0144－0020911　善 834.1/458
秦漢文鈔六卷　(明)閔邁德等輯　(明)楊融博批點　明萬曆四十八年(1620)閔氏刻朱墨套印本　七冊

110000－0144－0020912　善 834.1/768
秦漢文鈔　(明)馮有翼輯　明萬曆十一年

(1583)清音館刻本　十六册

110000－0144－0020913　善834.1/768－02
秦漢文鈔十二卷　(明)馮有翼輯　(明)汪德元訂　明萬曆刻本　十二册

110000－0144－0020914　善834.1/937
秦漢文歸三十卷　(明)鍾惺輯評　明末古香齋刻本　三十二册

110000－0144－0020915　善834.1/967
秦漢鴻文二十五卷　(明)顧錫疇輯　明崇禎刻本　十二册

110000－0144－0020916　善834.15/937
周文歸二十卷　(明)鍾惺選　(明)陳淏子輯　明崇禎十三年(1640)豹變齋刻本　十六册

110000－0144－0020917　善834.17/994
春秋戰國文選三十四卷　(明)姚三才纂釋　明萬曆萬卷樓刻本　十二册

110000－0144－0020918　善834.2/314
兩漢文四十卷　(明)張采輯　明崇禎六年(1633)刻本　五册

110000－0144－0020919　善834.2/314
兩漢文四十卷　(明)張采輯　明崇禎六年(1633)刻本　二十册

110000－0144－0020920　善834.2/721
漢魏六朝諸家文集二十二種一百二十九卷　(明)汪士賢輯　明刻本　十二册

110000－0144－0020921　善834.2/848
新刊彙編秦漢精華十四卷　(明)詹惟修選　(明)汪道昆輯　明萬曆刻本　四册

110000－0144－0020922　善834.2/917
兩漢萃寶評林三卷　(明)焦竑輯　(明)李廷機注　(明)李光縉彙評　明萬曆二十年(1592)萬卷樓周對峰刻本　六册

110000－0144－0020923　善834.21/115
西漢文統五卷　(明)王思任重定　(明)童養正選　明崇禎刻本　十册

110000－0144－0020924　善834.23/100
新雕校正三國志文類六十卷　(清)□□輯　清抄本　十册

110000－0144－0020925　善834.311/314
西晉文二十卷　(明)張采輯　(明)徐孚遠　(明)陳子龍鑒定　明崇禎十年至十七年(1637－1644)刻本　十册

110000－0144－0020926　善834.34/608－04
六朝文絜四卷　(清)許槤評選　(清)朱鈞参校　清道光五年(1825)許槤享金寶石齋刻朱墨套印本　二册

110000－0144－0020927　善834.351/279
宋文紀十八卷　(明)梅鼎祚纂輯　明崇禎刻本　六册

110000－0144－0020928　善834.353/279
梁文紀十四卷　(明)梅鼎祚輯　明崇禎十二年(1639)刻本　三册

110000－0144－0020929　善834.4/102
唐人三家集二十八卷　(清)秦恩復輯　清嘉慶二十一年至道光十年(1816－1830)石研齋刻本　四册

110000－0144－0020930　善834.4/451－9
八家古文精選　(清)吕留良輯　清康熙四十三年(1704)吕氏刻本　八册

110000－0144－0020931　善834.4/516
唐宋八大家文鈔十種一百六十六卷　(明)茅坤輯評　明崇禎元年(1628)方應祥刻本　三十五册

110000－0144－0020932　善834.4/516－02
唐宋八大家文鈔九種一百六十四卷　(明)茅坤輯評　明崇禎四年(1631)金閶篋玉堂刻本　四十八册

110000－0144－0020933　善834.4/772－02
三唐人文集三十四卷　(明)毛晉輯　明末毛氏汲古閣刻本　十册

110000－0144－0020934　善834.41/749
韓柳文一百卷　(明)游居敬編　明嘉靖三十五年(1556)莫如士刻本　十二册

110000－0144－0020935　善 834.5/382
蘇門六君子文粹七十卷　(宋)陳亮輯　明崇禎六年(1633)胡潛刻本　十二冊

110000－0144－0020936　善 834.5/714
宋諸名家表不分卷　(明)汪用極輯　明刻本　二冊

110000－0144－0020937　善 834.51/554－1
三蘇先生文粹七十卷　(宋)蘇洵　(宋)蘇軾　(宋)蘇轍撰　明刻本　十六冊

110000－0144－0020938　善 834.6/193
鼎鐫諸方家彙編皇明名公文雋八卷　(明)袁宏道輯　(明)丘兆麟補　(明)吳從先　(明)陳萬言評　明末師儉堂蕭少衢刻本　十六冊

110000－0144－0020939　善 834.6/293
岳石帆先生鑒定四六宙函三十卷　(明)李自滎輯　(明)王世茂注　明天啓五年(1625)石渠閣刻本　十六冊

110000－0144－0020940　善 834.6/384
明文奇賞四十卷　(明)陳仁錫輯並評　明天啓三年(1623)刻本　四十冊

110000－0144－0020941　善 834.6/388
皇明十六名家小品三十二卷　(明)陸雲龍編　明崇禎六年(1633)崢霄館刻本　存十家二十卷(徐文長二卷、王季重二卷、袁小脩二卷、鐘伯敬二卷、虞德園二卷、黄貞父二卷、曹能始二卷、屠赤水二卷、湯若士二卷、陳明卿二卷)　二十冊

110000－0144－0020942　善 834.6/388
皇明十六名家小品三十二卷　(明)陸雲龍編　明崇禎六年(1633)崢霄館刻本　存四家四卷　四冊

110000－0144－0020943　善 834.6/388
皇明十六名家小品三十二卷　(明)陸雲龍編　明崇禎六年(1633)崢霄館刻本　存四家八卷　四冊

110000－0144－0020944　善 834.6/611
車書樓彙輯各名公四六爭奇八卷　(明)許以忠輯　明萬曆四十八年(1620)刻本　八冊

110000－0144－0020945　善 834.6/713
皇明文選二十卷　(明)汪宗元輯　明嘉靖三十三年(1554)刻本　十冊

110000－0144－0020946　善 834.6/815
賴古堂文選二十卷　(清)周亮工輯　清康熙六年(1667)刻本　十冊

110000－0144－0020947　善 834.6/887
明文霱二十卷　(明)劉士鏻輯並評　明崇禎七年(1634)刻本　十冊

110000－0144－0020948　善 834.6/971－02
媚幽閣文娱不分卷　(明)鄭元勳輯　明崇禎三年(1630)媚幽閣刻本　八冊

110000－0144－0020949　善 834.7/908
國朝三家文鈔三十二卷　(清)宋犖　(清)許汝霖編　清康熙三十三年(1694)刻本　十冊

110000－0144－0020950　善 834.7/908
國朝三家文鈔三十二卷　(清)宋犖　(清)許汝霖編　清康熙三十三年(1694)刻本　十冊

110000－0144－0020951　善 834/111
古文分編集評二十二卷　(清)于在衡參定　(清)于光華編輯　清乾隆五十二年(1787)友于堂刻本　三十二冊

110000－0144－0020952　善 834/113
古文瀾編二十卷　(明)王志堅輯　明崇禎五年(1632)刻本　十冊

110000－0144－0020953　善 834/113－4
四六法海十二卷　(明)王志堅輯　明天啓七年(1627)刻本　十六冊

110000－0144－0020954　善 834/164
古文會編八卷　(明)黄如金輯　明正德五年(1510)刻本　八冊

110000－0144－0020955　善 834/218
名世文宗三十卷談藪一卷　(明)胡時化輯　明崇禎元年(1628)刻本　三十二冊

110000－0144－0020956　善 834/267
古今翰苑瓊琚十二卷　(明)楊慎輯　(明)孫鑛評　明天啓刻本　十二冊

110000－0144－0020957　善 834/276
迂齋先生標註崇古文訣三十五卷　(宋)樓昉輯　明嘉靖十二年(1533)王鴻漸刻本　十二冊

110000－0144－0020958　善 834/276－02
迂齋先生標註崇古文訣三十五卷　(宋)樓昉輯　明刻本　三十二冊

110000－0144－0020959　善 834/286
八代四六全書十六卷　(明)李天麟彙輯　(明)余良樞　(明)唐守欽校　明萬曆十六年至四十八年(1588－1620)刻本　十六冊

110000－0144－0020960　善 834/286－6
詞致錄十六卷　(明)李天麟彙輯　(明)余良樞　(明)唐守欽校　明萬曆十五年(1587)李天麟刻本　八冊

110000－0144－0020961　善 834/294－05
駢體文鈔三十一卷目錄一卷　(清)李兆洛輯　清刻本　(□)□□墨筆評校　六冊

110000－0144－0020962　善 834/294－06
駢體文鈔三十一卷目錄一卷　(清)李兆洛輯　清刻本　(清)譚獻批註　十二冊

110000－0144－0020963　善 834/310
古今文統十六卷　(明)張以忠輯　(明)陳仁錫評　明崇禎刻本　十二冊

110000－0144－0020964　善 834/313.8
斯文正宗十六卷　(清)張伯行輯　清康熙六十一年(1722)正誼堂刻本　十六冊

110000－0144－0020965　善 834/313.8
斯文正宗十六卷　(清)張伯行輯　清康熙六十一年(1722)正誼堂刻本　八冊

110000－0144－0020966　善 834/313.84
廣古今議論參三十卷　(明)陳子龍輯　(明)龍雲　(明)張廷鷺輯評　明崇禎十五年(1642)刻本　十六冊

110000－0144－0020967　善 834/331.7
清音集三卷　(明)賀烺輯　明萬曆刻本　三冊

110000－0144－0020968　善 834/337
歷朝古文心印百篇三卷　(清)□□輯　清抄本　三冊

110000－0144－0020969　善 834/384
奇賞齋廣文苑英華二十六卷　(明)陳仁錫輯　明天啓刻本　三十冊

110000－0144－0020970　善 834/384.8－02
古文品外錄十卷　(明)陳繼儒輯評　(明)朱蔚然參閲　明末讀書坊刻本　十冊

110000－0144－0020971　善 834/384－1
古文奇賞二十二卷　(明)陳仁錫選評　明萬曆、天啟間刻本　十二冊

110000－0144－0020972　善 834/384－6
啓品有函二卷文品芾函三卷史品赤函四卷　(明)陳仁錫輯　明末刻本　八冊

110000－0144－0020973　善 834/435.2
不多集二十二卷　(明)吳士奇輯　明萬曆刻本　二十四冊

110000－0144－0020974　善 834/521
古文正集十卷二編二十二卷　(明)葛鼒　(明)葛鼐輯　明末吳門葉顯吾刻本　八十四冊

110000－0144－0020975　善 834/557
古文雅正十四卷　(清)蔡世遠選評　清雍正三年(1725)念修堂刻本　六冊

110000－0144－0020976　善 834/557
古文雅正十四卷　(清)蔡世遠選評　清雍正三年(1725)念修堂刻本　六冊

110000－0144－0020977　善 834/592
文苑春秋四卷　(明)崔銑輯　明萬曆二十年(1592)陳簡刻藍印本　八冊

110000－0144－0020978　善 834/617－03
文章軌範七卷　(宋)謝枋得輯　清康熙三十三年(1694)戴許光刻本　(□)□□朱筆批注

二册

110000－0144－0020979　善 834/667.8

文編六十四卷　（明）唐順之選批　明嘉靖三十五年（1556）胡帛刻本　三十二册

110000－0144－0020980　善 834/667－8－02

文編六十四卷　（明）唐順之選　（明）陳元素訂　明天啓刻本　二十六册

110000－0144－0020981　善 834/716

古文淵鑒六十四卷　（清）徐乾學編注　清康熙二十四年（1685）刻四色套印本　四十八册

110000－0144－0020982　善 834/716

古文淵鑒六十四卷　（清）徐乾學編注　清康熙二十四年（1685）刻四色套印本　二十四册

110000－0144－0020983　善 834/716

古文淵鑒六十四卷　（清）徐乾學編注　清康熙二十四年（1685）刻四色套印本　四十八册

110000－0144－0020984　善 834/716－05

古文淵鑒六十四卷　（清）徐乾學等輯注　清木活字印五色套印本　二十八册

110000－0144－0020985　善 834/719

玉臺文苑八卷　（明）江元禧輯　（明）江元禨較政　**續玉臺文苑四卷**　（明）江元祚編輯（明）江長訂政　明崇禎五年（1632）刻本六册

110000－0144－0020986　善 834/736

妙絕古今不分卷　（宋）湯漢輯　明嘉靖四十二年（1563）衢州府刻本　六册

110000－0144－0020987　善 834/754

古逸書三十卷首一卷後一卷　（明）潘基慶輯　明萬曆四十年（1612）刻本　十六册

110000－0144－0020988　善 834/842.6

文府滑稽十二卷　（明）鄒迪光輯　明萬曆三十七年（1609）鄒同光刻本　六册

110000－0144－0020989　善 834/884

學約古文三卷　（明）岳倫輯　明嘉靖十年（1531）楊撫刻本　三册

110000－0144－0020990　善 834/886

文章正論二十卷　（明）劉祜輯　明萬曆十九年（1591）徐圖刻本　二十册

110000－0144－0020991　善 834/887

文致不分卷　（明）劉士鏻輯　（明）閔無頗（明）閔昭明集評　明天啓元年（1621）閔元衢刻朱墨套印本　十册

110000－0144－0020992　善 834/887－118

删補古文今致十卷　（明）劉士鏻輯　（明）王宇增删　明天啓三年（1623）吳門寶翰樓刻本八册

110000－0144－0020993　善 834/899

古文集四卷　（明）何景明輯　明嘉靖十五年（1536）嘉興鄭鋼刻本　四册

110000－0144－0020994　善 834/948

天壤遺文七卷　（明）徐奮鵬輯評　（明）徐春茂　（明）徐春盛注釋　明刻本　三册

110000－0144－0020995　善 834/978

新鍥溫陵鄭孩如先生約選古文四如編四卷（明）鄭維嶽　（明）李光縉輯評　明書林余東泉刻本　四册

110000－0144－0020996　善 834/994.8

古文斵前集十六卷後集十八卷　（清）姚培謙輯並評　清康熙六十一年至雍正元年（1722－1723）遂安堂刻本　十六册

110000－0144－0020997　善 834/994－013

古文辭類纂七十五卷　（清）姚鼐編　清道光五年（1825）金陵吳氏刻本　（□）□□藍筆批校　十二册

110000－0144－0020998　善 839.12/202

梁園風雅二十七卷　（明）趙彦復輯　清康熙四十三年（1704）嘉定陸廷燦刻本　六册

110000－0144－0020999　善 839.12/202

梁園風雅二十七卷　（明）趙彦復輯　清康熙四十三年（1704）嘉定陸廷燦刻本　十六册

110000－0144－0021000　善 839.12/493

國朝山左詩鈔六十卷　（清）盧見曾輯　清乾

隆二十三年(1758)雅雨堂刻本　二十冊

110000－0144－0021001　善839.12/691
山左明詩鈔三十五卷　(清)宋弼輯　清乾隆三十六年(1771)恩平縣衙刻本　二十冊

110000－0144－0021002　善839.13/889－02
中州名賢文表三十卷　(明)劉昌輯　清康熙四十五年(1706)汪立名刻本　六冊

110000－0144－0021003　善839.14/958
河汾諸老詩集八卷　(元)房祺輯　明末汲古閣刻詩詞雜俎本　二冊

110000－0144－0021004　善839.14/958－02
河汾諸老詩集八卷　(元)房祺輯　清乾隆四十三年(1778)敬翼堂刻本　二冊

110000－0144－0021005　善839.15/892
頻陽集四卷　(明)劉兑輯　清康熙十四年(1675)刻本　四冊

110000－0144－0021006　善839.21/190
國朝松陵詩徵二十卷　(清)袁景輅輯　清乾隆三十二年(1767)愛吟齋刻本　四冊

110000－0144－0021007　善839.21/190
國朝松陵詩徵二十卷　(清)袁景輅輯　清乾隆三十二年(1767)愛吟齋刻本　八冊

110000－0144－0021008　善839.21/820
甫里逸文一卷聞見集一卷詩文選一卷　(清)周秉鑑輯　**竹素園詩選二卷　古文三卷**　(清)許廷鑅撰　清乾隆周氏易安書屋木活字印本　六冊

110000－0144－0021009　善839.21/845
皇明常熟文獻志十八卷首一卷　(明)管一德撰　明萬曆三十三年(1605)刻本　八冊

110000－0144－0021010　善839.22/279
宛雅初編八卷　(明)梅鼎祚輯　**宛雅二編八卷**　(清)施閏章　(清)蔡蓁春輯　清乾隆十四年(1749)西阪草堂刻本　四冊

110000－0144－0021011　善839.22/792
新安文獻志一百卷先賢事略二卷目錄二卷　(明)程敏政輯　明萬曆三十七年(1609)畢懋康刻本　四十八冊

110000－0144－0021012　善839.23/595
當湖詩選不分卷　(清)□□輯　清抄本　七冊

110000－0144－0021013　善839.23/984
勾餘土音集三卷　(清)全祖望輯　清抄本　二冊

110000－0144－0021014　善839.33/119
嶺南三大家詩選二十四卷　(清)王隼輯　清康熙刻本　四冊

110000－0144－0021015　善839.33/887
嶺南羣雅初集三卷筆耒軒吟稿一卷二集三卷　(清)劉彬華輯　清嘉慶刻本(有抄配)　十二冊

110000－0144－0021016　善839.8/501
柴四隱詩集二卷　(宋)柴望撰　清抄本　一冊

110000－0144－0021017　善839.8/537
范文正公忠宣公全集七十三卷　(宋)范仲淹　(宋)范純仁撰　清康熙四十六年(1707)范氏歲寒堂刻本　十六冊

110000－0144－0021018　善839.8/537－02
范文正公忠宣公全集七十一卷　(宋)范仲淹　(宋)范純仁撰　明范惟元刻本　二十四冊

110000－0144－0021019　善842.1/137
東方先生文集三卷　(漢)東方朔撰　明康丕顯刻本　二冊

110000－0144－0021020　善842.1/150
賈長沙集三卷附錄一卷　(漢)賈誼撰　(明)張燮輯　清抄本　二冊

110000－0144－0021021　善842.1/891
漢劉子駿集一卷　(漢)劉歆撰　明婁東張溥刻漢魏六朝百三名家集本　二冊

110000－0144－0021022　善842.2/564－05
蔡中郎文集十卷外傳一卷　(漢)蔡邕撰　明萬曆二年(1574)徐子器刻本　四冊

110000－0144－0021023　善842.4/140－02
曹子建集十卷　（三國魏）曹植撰　（明）李夢陽　（明）王世貞批評　明天啟元年（1621）淩性德刻朱墨套印本　六冊

110000－0144－0021024　善842.4/375－02
阮嗣宗集四卷　（三國魏）阮籍撰　明天啟四年（1624）及檏刻本　一冊

110000－0144－0021025　善842.4/564－04
漢蔡中郎集六卷　（漢）蔡邕撰　明嘉靖二十七年（1548）任城楊賢刻本　六冊

110000－0144－0021026　善843.11/388
陸士龍文集十卷　（晉）陸雲撰　明刻漢魏六朝諸家文集本　一冊

110000－0144－0021027　善843.2/404－011
陶靖節集十卷　（晉）陶潛撰　（明）何孟春注　明正德十六年（1521）刻本　四冊

110000－0144－0021028　善843.2/404－013
陶淵明集十卷附錄二卷　（晉）陶潛撰　明刻本　（□）□□朱筆校　四冊

110000－0144－0021029　善843.2/404－05
陶靖節集八卷　（晉）陶潛撰　（明）淩濛初輯評　明萬曆淩南榮刻朱墨套印本　四冊

110000－0144－0021030　善843.2/404－09
箋註陶淵明集六卷　（晉）陶潛撰　（宋）湯漢等箋註　（明）張自烈評　**總論一卷　和陶一卷**　（宋）蘇軾撰　**律陶一卷**　（明）王思任輯　**敦好齊律陶纂一卷**　（明）黃槐開輯　明末樂愚堂刻本　二冊

110000－0144－0021031　善843.2/404－1
陶靖節詩集四卷附刻一卷　（晉）陶潛撰　（清）蔣薰評　清貴文堂刻本　六冊

110000－0144－0021032　善843.2/404－781
陶靖節集詩一卷文一卷　（晉）陶潛撰　**總評一卷**　（明）毛晉輯　**參疑一卷**　（明）毛晉參定　**雜附一卷**　明天啟五年（1625）毛氏綠君亭刻屈陶合刻本　二冊

110000－0144－0021033　善843.2/404－814
五柳庚歌四卷　（晉）陶潛撰　（明）周履靖和　明金陵荆山書林刻夷門廣牘本　二冊

110000－0144－0021034　善843.2/404－848
陶詩集註四卷　（清）詹夔錫撰　清康熙三十三年（1694）詹氏寶墨堂得月樓刻本　一冊

110000－0144－0021035　善843.2/754
潘黃門集六卷　（晉）潘岳撰　明末刻本　二冊

110000－0144－0021036　善843.51/850－8－02
鮑明遠集十卷　（南朝宋）鮑照撰　明正德五年（1510）省吾堂刻本　二冊

110000－0144－0021037　善843.52/619－02
謝宣城集五卷　（南朝齊）謝朓撰　明汪士賢刻本　二冊

110000－0144－0021038　善843.52/619－03
謝宣城集六卷首一卷　（南朝齊）謝朓撰　清康熙四十六年（1707）郭威釗豔軒刻本　二冊

110000－0144－0021039　善843.52/619－04
謝宣城集五卷　（南朝齊）謝朓撰　明嘉靖刻六朝詩集本　二冊

110000－0144－0021040　善843.53/514
梁昭明太子文集五卷　（南朝梁）蕭統撰　明嘉靖遼國寶訓堂刻本　二冊

110000－0144－0021041　善843.53/514.8
梁元帝集一卷　（南朝梁）蕭繹撰　明婁東張溥刻漢魏六朝百三名家集本　四冊

110000－0144－0021042　善843.53/719
江文通文集十卷　（南朝梁）江淹撰　（明）汪士賢校　明刻本　四冊

110000－0144－0021043　善843.53/747－7
沈休文集四卷　（南朝梁）沈約撰　明萬曆四十一年（1613）楊鶴刻武康四先生集本　二冊

110000－0144－0021044　善843.65/673－05
庾子山集十六卷　（北周）庾信撰　（明）屠隆評　明刻本　二冊

110000－0144－0021045　善843.65/673－06

庾開府集十二卷 (北周)庾信撰 明新安汪氏刻漢魏諸名家集本 六冊

110000－0144－0021046 善844.11/248
杜審言集二卷 (唐)杜審言撰 明刻唐百家詩本 一冊

110000－0144－0021047 善844.11/272
楊盈川集十卷附錄一卷 (唐)楊炯撰 (明)童佩輯 明萬曆三年(1575)韓邦憲、塗傑刻本 四冊

110000－0144－0021048 善844.11/379－3
陳伯玉集二卷 (唐)陳子昂撰 明刻唐百家詩本 二冊

110000－0144－0021049 善844.11/420－02
唐駱先生集八卷 (唐)駱賓王撰 (明)王衡等評釋 明凌毓枏刻朱墨套印本 四冊

110000－0144－0021050 善844.11/420－1
新刊駱子集註四卷 (唐)駱賓王撰 (明)陳魁士注 明萬曆七年(1579)劉大烈等刻本 四冊

110000－0144－0021051 善844.11/420－169
駱臨海集十卷 (唐)駱賓王撰 (清)趙忠補輯 清康熙四十六年(1707)義烏黃之琦覺非齋刻本 二冊

110000－0144－0021052 善844.11/420－4
刻梅太史評釋駱賓王文抄神駒四卷 (唐)駱賓王撰 (明)梅之煥釋 明萬曆三十五年(1607)閩書林劉大易刻本 二冊

110000－0144－0021053 善844.11/420－47
駱賓王集不分卷 (唐)駱賓王撰 清抄本 (□)□□朱筆過錄諸家評語 一冊

110000－0144－0021054 善844.11/493
盧照鄰集二卷 (唐)盧照鄰撰 明刻唐百家詩本 一冊

110000－0144－0021055 善844.13/119
王右丞集二十八卷首一卷末一卷 (唐)王維撰 (清)趙殿成箋注 清乾隆趙殿成目耕堂刻本 十冊

110000－0144－0021056 善844.13/119－02
王摩詰集十卷 (唐)王維撰 明刻本 二冊

110000－0144－0021057 善844.13/119－6
王摩詰詩集七卷 (唐)王維撰 (宋)劉辰翁 (明)顧璘評 明萬曆吳興凌濛初刻朱墨套印本 二冊

110000－0144－0021058 善844.13/119－6－02
類箋唐王右丞詩集十卷文集四卷集外編一卷 (唐)王維撰 (宋)劉辰翁評 (明)顧起經輯注 **年譜一卷** (明)顧起經撰 **唐諸家同詠集一卷贈題集一卷歷朝家評王右丞詩畫鈔一卷** (明)顧起經輯 明嘉靖三十五年(1556)無錫顧氏奇字齋刻本 十二冊

110000－0144－0021059 善844.13/293－02
李太白文集三十卷 (唐)李白撰 清康熙五十六年(1717)吳門繆日芑雙泉草堂刻本 八冊

110000－0144－0021060 善844.13/293－02
李太白文集三十卷 (唐)李白撰 清康熙五十六年(1717)吳門繆日芑雙泉草堂刻本 六冊

110000－0144－0021061 善844.13/293－05
李太白文集三十卷 (唐)李白撰 清刻本 (□)□□朱批 八冊

110000－0144－0021062 善844.13/293－112－03
李太白文集三十六卷 (唐)李白撰 (清)王琦輯注 清乾隆二十三年(1758)寶笏樓刻二十五年(1760)增刻本 十六冊

110000－0144－0021063 善844.13/293－271
分類補註李太白詩二十五卷 (唐)李白撰 (宋)楊齊賢集注 (元)蕭士贇補注 **唐翰林李太白年譜一卷** (宋)薛仲邕撰 明萬曆三十年(1602)許自昌刻李杜全集本 十冊

110000－0144－0021064 善844.13/293－271
分類補註李太白詩二十五卷 (唐)李白撰 (宋)楊齊賢集注 (元)蕭士贇補注 **唐翰林李太白年譜一卷** (宋)薛仲邕撰 明萬曆三

十年(1602)許自昌刻李杜全集本　二十六册

110000－0144－0021065　善 844.13/293－271－02
分類補註李太白詩二十五卷　(唐)李白撰　(宋)楊齊賢集註　(元)蕭士贇補註　**唐翰林李太白年譜一卷**　(宋)薛仲邕撰　明嘉靖二十五年(1546)玉几山人刻本　二十四册

110000－0144－0021066　善 844.13/293－271－03
分類補注李太白詩二十五卷　(唐)李白撰　(宋)楊齊賢集注　(元)蕭士贇補　元建安余氏勤有堂刻本　十六册

110000－0144－0021067　善 844.13/293－271－03
分類補注李太白詩二十五卷　(唐)李白撰　(宋)楊齊賢集註　(宋)蕭士贇補註　元建安余氏勤有堂刻本　十六册

110000－0144－0021068　善 844.13/293－271－04
分類補註李太白詩二十五卷分類編次李太白文五卷　(唐)李白撰　(宋)楊齊賢集注　(元)蕭士贇補注　明嘉靖二十二年(1543)郭雲鵬寶善堂刻本　二十四册

110000－0144－0021069　善 844.13/293－6
唐李白詩十二卷　(唐)李白撰　明嘉靖刻本　六册

110000－0144－0021070　善 844.13/294
李頎集三卷　(唐)李頎撰　明刻本　(明)蔣玢題識　一册

110000－0144－0021071　善 844.13/358－888
孟浩然詩集二卷　(唐)孟浩然撰　(宋)劉辰翁　(明)李夢陽評　明凌濛初刻朱墨套印本　二册

110000－0144－0021072　善 844.13/579－03
韋蘇州集十卷拾遺一卷　(唐)韋應物撰　明刻朱墨套印本　四册

110000－0144－0021073　善 844.13/579－04
韋蘇州集十卷　(唐)韋應物撰　明末聚錦堂刻本　五册

110000－0144－0021074　善 844.13/679－02
魯公文集十五卷　(唐)顔真卿撰　明萬曆二十四年(1596)顔胤祚刻本　六册

110000－0144－0021075　善 844.13/679－03
顔魯公文集十五卷補遺一卷　(唐)顔真卿撰　**年譜一卷附録一卷**　明萬曆十七年(1589)劉思成刻本　一册　存二卷(年譜一卷、附録一卷)

110000－0144－0021076　善 844.13/695
宋之問集二卷　(唐)宋之問撰　明刻唐百家詩本　二册

110000－0144－0021077　善 844.13/747
沈雲卿集三卷　(唐)沈佺期撰　明刻唐百家詩本　三册

110000－0144－0021078　善 844.17/150
唐賈浪仙長江集十卷　(唐)賈島撰　明嘉靖二十九年(1550)蔣孝刻中唐十二家詩集本　二册

110000－0144－0021079　善 844.17/234－010
昌黎先生集四十卷外集十卷遺文一卷　(唐)韓愈撰　(宋)廖瑩中校正　**朱子校昌黎先生集傳一卷**　明萬曆徐時泰東雅堂刻本　十六册

110000－0144－0021080　善 844.17/234－010
昌黎先生集四十卷外集十卷遺文一卷　(唐)韓愈撰　(宋)廖瑩中校正　**朱子校昌黎先生集傳一卷**　(清)吳昆田批校　明萬曆徐時泰東雅堂刻本　二十四册

110000－0144－0021081　善 844.17/234－012
朱文公校昌黎先生文集四十卷外集十卷遺文一卷傳一卷　(唐)韓愈撰　(宋)朱熹考異　(宋)王伯大音釋　明萬曆朱崇沐刻本　十二册

110000－0144－0021082　善 844.17/234－013
昌黎先生集四十卷外集十卷遺文一卷　(唐)

韓愈撰　(宋)廖瑩中校正　**朱子校昌黎先生集傳一卷**　(清)吳昆田批校　清初冠山堂刻本　(清)吳昆田批校　十六冊

110000－0144－0021083　善 844.17/234－017
重刊五百家註音辯昌黎先生文集四十卷　(唐)韓愈撰　(宋)魏仲舉輯注　清刻本　十六冊

110000－0144－0021084　善 844.17/234－020
朱文公校昌黎先生文集四十卷外集十卷遺文一卷傳一卷　(唐)韓愈撰　(宋)朱熹考異　(宋)王伯大音釋　明萬曆朱崇沐刻本　八冊

110000－0144－0021085　善 844.17/234－04
新刊五百家註音辯昌黎先生文集四十卷　(唐)韓愈撰　(宋)魏仲舉輯注　清乾隆四十九年(1784)刻本　十六冊

110000－0144－0021086　善 844.17/234－09
朱文公校昌黎先生文集四十卷外集十卷遺文一卷集傳一卷　(唐)韓愈撰　(宋)朱熹考異　(宋)王伯大音釋　明刻本　十六冊

110000－0144－0021087　善 844.17/234－292
韓文四十卷外集十卷遺集一卷集傳一卷　(唐)韓愈撰　明嘉靖十六年(1537)遊居敬刻本　二十冊

110000－0144－0021088　善 844.17/234－294
李申耆先生選讀韓文　(唐)韓愈撰　(清)李兆洛輯並評　稿本　四冊

110000－0144－0021089　善 844.17/234－3
韓文公文鈔十六卷　(唐)韓愈撰　(明)茅坤評　明刻朱墨套印本　四冊　存八卷(一至八)

110000－0144－0021090　善 844.17/234－626.4
韓文字法偶筆一卷　(清)方苞撰　清抄本　一冊

110000－0144－0021091　善 844.17/234－626－02
韓昌黎詩集編年箋注十二卷　(清)方世舉撰　清乾隆二十三年(1758)盧見曾雅雨堂刻本　(清)馮浩批點　六冊

110000－0144－0021092　善 844.17/234－626－02
韓昌黎詩集編年箋注十二卷　(清)方世舉撰　清乾隆二十三年(1758)盧見曾雅雨堂刻本　六冊

110000－0144－0021093　善 844.17/234－928
韓文評林八卷　(明)錢穀撰　明萬曆周對峰刻本　八冊

110000－0144－0021094　善 844.17/234－962－02
昌黎先生詩集注十一卷　(唐)韓愈撰　(清)顧嗣立刪補　**年譜一卷**　清康熙三十八年(1699)顧氏秀野草堂刻本　六冊

110000－0144－0021095　善 844.17/243
杜工部詩集二十卷　(唐)杜甫撰　清乾隆五十年(1785)玉勾草堂刻本　十二冊

110000－0144－0021096　善 844.17/243
杜工部詩集二十卷　(唐)杜甫撰　清乾隆五十年(1785)玉勾草堂刻本　十六冊

110000－0144－0021097　善 844.17/243－02
五家評本杜工部集二十卷首一卷　(唐)杜甫撰　清道光十四年(1834)雲葉盦刻五色套印本　八冊

110000－0144－0021098　善 844.17/243－03
重刊千家註杜詩全集二十卷文集二卷附錄一卷年譜一卷　(唐)杜甫撰　(宋)黃鶴補注　(宋)劉辰翁評　明萬曆九年(1581)金鸞刻本　(□)□□朱藍墨三色批注　十二冊

110000－0144－0021099　善 844.17/243－04
重刊千家註杜詩全集二十卷文集二卷附錄一卷年譜一卷　(唐)杜甫撰　(宋)黃鶴補注　(宋)劉辰翁評　明萬曆九年(1581)金鸞刻本　八冊

110000－0144－0021100　善 844.17/243－08
杜工部詩二十卷文集二卷　(唐)杜甫撰

(宋)黃鶴補注　明嘉靖二十四年(1545)戴鯨時刻本　八册

110000－0144－0021101　善844.17/243－118
睡美樓杜律五言一卷　(清)王鄰德輯並評　清稿本　二册

110000－0144－0021102　善844.17/243－166
集千家註杜工部詩集二十卷文集二卷重刊杜工部[甫]年譜一卷附録一卷　(唐)杜甫撰　(宋)黃鶴補注　明萬曆黃陞刻本　十二册

110000－0144－0021103　善844.17/243－171
杜工部詩説十二卷　(清)黃生撰　清康熙三十五年(1696)一木堂刻本　十册

110000－0144－0021104　善844.17/243－217
杜詩通四十卷　(明)胡震亨輯注　清順治七年(1650)朱茂時刻李杜詩通本　八册

110000－0144－0021105　善844.17/243－22
杜五律選一卷　(唐)杜甫撰　清賸硯齋抄本　一册

110000－0144－0021106　善844.17/243－25
杜詩選六卷　(唐)杜甫撰　明刻朱墨套印李杜詩選本　四册

110000－0144－0021107　善844.17/243－307
杜詩分類全集五卷　(唐)杜甫撰　(明)傅振商　(明)張縉彦　(明)谷應泰輯　清順治十六年(1659)還讀齋刻本　六册

110000－0144－0021108　善844.17/243－308
杜工部詩抄一卷　(清)張百藥選録　清抄本　二册

110000－0144－0021109　善844.17/243－312
讀書堂杜工部詩集註解二十卷文集註解二卷　(唐)杜甫撰　(清)張縉評注　清康熙三十七年(1698)張氏讀書堂刻本　十二册

110000－0144－0021110　善844.17/243－312
讀書堂杜工部詩集註解二十卷文集註解二卷　(唐)杜甫撰　(清)張縉評注　清康熙三十七年(1698)張氏讀書堂刻本　二十册

110000－0144－0021111　善844.17/243－312
讀書堂杜工部詩集註解二十卷文集註解二卷　(唐)杜甫撰　(清)張縉評注　清康熙三十七年(1698)張氏讀書堂刻本　十二册

110000－0144－0021112　善844.17/243－368
杜律四卷　(唐)杜甫撰　(明)孫鑛評點　明刻本　(□)□□墨筆批注　二册

110000－0144－0021113　善844.17/243－437.2
杜詩提要十四卷　(清)吳瞻泰撰　清乾隆羅挺刻本　四册

110000－0144－0021114　善844.17/243－437－02
杜詩論文五十六卷　(清)吳見思撰　清康熙十一年(1672)常州岱淵堂刻天德堂印本　清張問陶墨筆批注　十六册

110000－0144－0021115　善844.17/243－463
集千家註杜工部詩集二十卷文集二卷附録一卷　(唐)杜甫撰　(宋)黃鶴補注　明嘉靖十五年(1536)玉幾山人明易山人刻本　二十四册

110000－0144－0021116　善844.17/243－463
集千家註杜工部詩集二十卷文集二卷附録一卷　(唐)杜甫撰　(宋)黃鶴補注　明嘉靖十五年(1536)玉幾山人明易山人刻本　十二册

110000－0144－0021117　善844.17/243－468
讀杜折衷　(清)易秉壎編　清抄本　二册

110000－0144－0021118　善844.17/243－489－03
杜工部七言律詩二卷　(唐)杜甫撰　(元)虞集注　清康熙二十四年(1685)吳源起刻本　四册

110000－0144－0021119　善844.17/243－489－04
杜律七言註解一卷　(唐)杜甫撰　(元)虞集注　明刻本　二册

110000－0144－0021120　善844.17/243－6
唐杜工部律詩四卷　(唐)杜甫撰　明和樂堂

刻本　(□)□□墨筆批注　四冊

110000－0144－0021121　善844.17/243－614－2
集千家註杜工部詩集二十卷　(唐)杜甫撰　明萬曆三十年(1602)許自昌刻李杜全集本　十冊

110000－0144－0021122　善844.17/243－614－2
集千家註杜工部詩集二十卷　(唐)杜甫撰　明萬曆三十年(1602)許自昌刻李杜全集本　二十一冊

110000－0144－0021123　善844.17/243－614－2
集千家註杜工部詩集二十卷　(唐)杜甫撰　明萬曆三十年(1602)許自昌刻李杜全集本　八冊

110000－0144－0021124　善844.17/243－712－02
杜韓詩句集韻三卷　(清)汪文柏輯　清康熙四十五年(1706)汪氏古香樓刻本　三冊

110000－0144－0021125　善844.17/243－718－04
讀杜心解六卷首二卷　(清)浦起龍撰　清雍正二年至三年(1724－1725)寧我齋刻靜寄東軒修補本　(清)潘德輿墨筆批校　一冊

110000－0144－0021126　善844.17/243－718－05
讀杜心解六卷首二卷　(清)浦起龍撰　清雍正二年至三年(1724－1725)浦氏寧我齋刻本　(□)□□朱墨筆批點　十二冊

110000－0144－0021127　善844.17/243－748
杜詩偶評四卷　(清)沈德潛撰　清乾隆十二年(1747)潘承松賦閒草堂刻本　二冊

110000－0144－0021128　善844.17/243－748
杜詩偶評四卷　(清)沈德潛撰　清乾隆十二年(1747)潘承松賦閒草堂刻本　四冊

110000－0144－0021129　善844.17/243－748
杜詩偶評四卷　(清)沈德潛撰　清乾隆十二年(1747)潘承松賦閒草堂刻本　四冊

110000－0144－0021130　善844.17/243－748－02
杜詩偶評四卷　(清)沈德潛撰　清乾隆十二年(1747)賦閒草堂刻本　(□)□□朱墨筆批點　一冊

110000－0144－0021131　善844.17/243－832
杜工部詩集二十卷集外詩一卷文集二卷杜詩補註一卷[杜甫]年譜一卷　(唐)杜甫撰　(清)朱鶴齡輯注　清康熙金陵葉永茹刻本　(清)徐松校　二十四冊

110000－0144－0021132　善844.17/243－832
杜工部詩集二十卷集外詩一卷文集二卷杜詩補註一卷[杜甫]年譜一卷　(唐)杜甫撰　(清)朱鶴齡輯注　清康熙金陵葉永茹刻本　八冊

110000－0144－0021133　善844.17/243－851
魯通甫讀書記(讀杜心解)　(清)魯一同撰　(清)吳涑編　清抄本　二冊

110000－0144－0021134　善844.17/243－887
杜工部全集六十六卷目錄六卷　(唐)杜甫撰　(明)劉世教輯　明萬曆四十年(1612)刻分體李杜全集本　十二冊

110000－0144－0021135　善844.17/243－894
集千家註批點杜工部詩集二十卷[杜甫]年譜一卷　(唐)杜甫撰　(宋)黃鶴補注　(宋)劉辰翁評點　明初刻本　(□)□□朱筆批注　存十二卷(一、四至十一、十八至二十)　十冊

110000－0144－0021136　善844.17/243－894－02
杜子美詩集二十卷　(唐)杜甫撰　(宋)劉辰翁評點　明天啟刻本　六冊

110000－0144－0021137　善844.17/243－894－03
集千家註批點補遺杜工部詩集二十卷附錄一卷[杜甫]年譜一卷　(唐)杜甫撰　(宋)黃鶴補注　(宋)劉辰翁評點　明刻本　十冊

110000－0144－0021138　善 844.17/243－905.3

杜詩分類五卷　(唐)杜甫撰　(明)傅振商輯　明萬曆四十一年(1613)傅振商刻本　五册

110000－0144－0021139　善 844.17/243－905－3

杜詩分類五卷　(唐)杜甫撰　(明)傅振商輯　明萬曆四十一年(1613)傅振商刻本　四册

110000－0144－0021140　善 844.17/243－917

集千家註杜工部詩集二十卷文集二卷附錄一卷　(唐)杜甫撰　(宋)黄鶴補注　明嘉靖十五年(1536)玉幾山人刻本　二十四册

110000－0144－0021141　善 844.17/243－932－06

杜工部集二十卷　(唐)杜甫撰　(清)錢謙益箋注　**年譜一卷　諸家詩話一卷　唱酬題詠附錄一卷　附錄一卷**　清康熙六年(1667)静思堂刻本　(清)李慈銘批點　四册

110000－0144－0021142　善 844.17/243－932－07

杜工部集二十卷　(唐)杜甫撰　(清)錢謙益箋注　**年譜一卷　諸家詩話一卷　唱酬題詠附錄一卷　附錄一卷**　清康熙六年(1667)静思堂刻本　(□)□□朱筆過錄諸家批點　八册

110000－0144－0021143　善 844.17/243－932－08

杜工部集二十卷　(唐)杜甫撰　(清)錢謙益箋注　**年譜一卷　諸家詩話一卷　唱酬題詠附錄一卷　附錄一卷**　清康熙六年(1667)静思堂刻本　(□)□□朱筆過錄諸家批點　五册

110000－0144－0021144　善 844.17/243－947

集千家註分類杜工部詩二十五卷　(唐)杜甫撰　(宋)徐居仁編次　(宋)黄鶴補注　元廣勤書室刻本　趙椿年批校　十二册　存二十三卷(一至十七、十九至二十一、二十三至二十五)

110000－0144－0021145　善 844.17/243－965－02

辟疆園杜詩註解　(唐)杜甫撰　(清)顧宸注　清抄本　一册

110000－0144－0021146　善 844.17/249－02

樊川文集二十卷外集一卷别集一卷　(唐)杜牧撰　明嘉靖刻本　六册

110000－0144－0021147　善 844.17/282－013

增廣註釋音辯唐柳先生集二十卷别集一卷外集一卷　(唐)柳宗元撰　(宋)童宗説音注　(宋)張敦頤音辯　(宋)潘緯音義　明刻本(有抄配)　十册

110000－0144－0021148　善 844.17/282－07

河東先生集四十五卷外集二卷龍城錄二卷　(唐)柳宗元撰　(宋)廖瑩中校正　**附錄二卷傳一卷**　明郭雲鵬濟美堂刻本　二十四册

110000－0144－0021149　善 844.17/282－08

唐柳先生集四十五卷外集二卷龍城錄二卷附錄二卷傳一卷　(唐)柳宗元撰　(宋)童宗説音注　(宋)張敦頤音辯　(宋)潘緯音義　明萬曆光啟堂刻本　十册

110000－0144－0021150　善 844.17/282－09

增廣注釋音辯唐柳先生集四十三卷别集二卷外集二卷　(唐)柳宗元撰　(宋)童宗説音注　(宋)張敦頤音辯　(宋)潘緯音義　明刻本　(清)安睿跋　十册

110000－0144－0021151　善 844.17/282－26

柳文七卷　(唐)柳宗元撰　(明)茅坤評　明刻朱墨套印本　七册

110000－0144－0021152　善 844.17/282－516

唐大家柳柳州文抄十二卷　(唐)柳宗元撰　(明)茅坤選評　明萬曆茅一桂刻本　六册

110000－0144－0021153　善 844.17/282－519

柳文四十三卷别集二卷外集二卷附錄一卷　(唐)柳宗元撰　明嘉靖三十五年(1556)莫如士刻韓柳文本　十二册

110000－0144－0021154　善 844.17/282－

519－02

柳文四十三卷別集二卷外集二卷附錄一卷 (唐)柳宗元撰　明嘉靖三十五年(1556)莫如士刻本　(□)□□朱筆批點　八冊

110000－0144－0021155　善 844.17/282－657－02

京本校正音釋唐柳先生集四十三卷別集一卷外集一卷 (唐)柳宗元撰　(宋)童宗說音注　(宋)張敦頤音辯　(宋)潘緯音義　明刻本(有抄配)　劉盼遂　康生題識　十二冊

110000－0144－0021156　善 844.17/282－749

柳文四十三卷別集二卷外集二卷附錄一卷 (唐)柳宗元撰　明嘉靖十六年(1537)游居敬刻韓柳文本　十二冊

110000－0144－0021157　善 844.17/288－2－03

李長吉集四卷外詩集一卷　(唐)李賀撰　(明)黃淳耀評點　清雍正九年(1731)金惟駿漁書樓刻本　二冊

110000－0144－0021158　善 844.17/288－888

李長吉歌詩四卷外詩集一卷　(唐)李賀撰　(宋)劉辰翁評點　明凌濛初刻朱墨套印本　二冊

110000－0144－0021159　善 844.17/288－888－02

李長吉歌詩四卷外詩集一卷　(唐)李賀撰　(宋)吳正子箋注　(宋)劉辰翁評點　(清)陳榕批校　明天啟刻本　二冊

110000－0144－0021160　善 844.17/288－994

李長吉昌谷集句解定本四卷　(唐)李賀撰　(清)姚佺　(清)陳愫　(清)丘象隨辯注　清初丘象隨西軒刻本　(清)蒿廬居士批校並跋　四冊

110000－0144－0021161　善 844.17/289

李元賓文集五卷　(唐)李觀撰　清抱經樓鈔本　二冊

110000－0144－0021162　善 844.17/291－26

李義山文集十卷　(唐)李商隱撰　(清)徐樹穀　(清)徐炯箋注　清康熙四十七年(1708)徐氏花谿草堂刻本　二冊

110000－0144－0021163　善 844.17/291－26

李義山文集十卷　(唐)李商隱撰　(清)徐樹穀　(清)徐炯箋注　清康熙四十七年(1708)徐氏花谿草堂刻本　二冊

110000－0144－0021164　善 844.17/291－27－010

李義山詩集三卷　(唐)李商隱撰　(清)朱鶴齡箋註　**李義山詩譜一卷諸家評詩一卷**　清順治十六年(1659)刻本　一冊

110000－0144－0021165　善 844.17/291－27－02

李義山詩集三卷　(唐)李商隱撰　(清)朱鶴齡箋註　**李義山詩譜一卷諸家評詩一卷**　清順治十六年(1659)刻乾隆懷德堂重修本　(清)潘心譚批校　二冊

110000－0144－0021166　善 844.17/291－27－03

李義山詩集三卷　(唐)李商隱撰　(清)朱鶴齡箋註　**李義山詩譜一卷諸家評詩一卷**　清順治十六年(1659)刻乾隆懷德堂重修本　(清)周振采批校　四冊

110000－0144－0021167　善 844.17/291－27－04

李義山詩集三卷　(唐)李商隱撰　(清)朱鶴齡箋註　**李義山詩譜一卷諸家評詩一卷**　清順治十六年(1659)刻乾隆懷德堂重修本　八冊

110000－0144－0021168　善 844.17/291－27－05

李義山詩集三卷李義山詩譜一卷諸家詩評一卷　(唐)李商隱撰　(清)朱鶴齡箋註　**李義山詩譜一卷諸家評詩一卷**　清順治十六年(1659)刻乾隆懷德堂重修本　四冊

110000－0144－0021169　善 844.17/291－27－08

李義山詩集三卷　(唐)李商隱撰　(清)朱鶴齡箋註　**李義山詩譜一卷諸家評詩一卷**　清順治十六年(1659)刻乾隆懷德堂重修本　(□)□□朱、黃、藍、墨筆過錄何焯、錢陸燦等批點　四冊

110000－0144－0021170　善 844.17/291－7－02

李義山詩集十六卷　(唐)李商隱撰　(清)姚

培謙箋注　清乾隆五年(1740)松桂讀書堂刻本　(□)□□朱墨批注　二册

110000－0144－0021171　善844.17/293－02
李文公集十八卷　(唐)李翺撰　明末汲古閣刻本(卷十六至十八為抄配)　二册

110000－0144－0021172　善844.17/358－2－02
孟東野詩集十卷　(唐)孟郊撰　(宋)國材(宋)劉辰翁評　明萬曆凌濛初刻朱墨套印本　四册

110000－0144－0021173　善844.17/358－2－04
孟東野集十卷聯句一卷　(唐)孟郊撰　明末毛氏汲古閣刻五唐人集本　樂嘉藻題識　二册

110000－0144－0021174　善844.17/387－05
唐陸宣公集二十二卷　(唐)陸贄撰　(清)年羹堯重訂　清雍正元年(1723)年羹堯刻本　六册

110000－0144－0021175　善844.17/387－07
唐陸宣公集二十二卷　(唐)陸贄撰　明萬曆三十四年(1606)吳繼武光裕堂刻本　六册

110000－0144－0021176　善844.17/387－2－03
唐陸宣公翰苑集二十四卷　(唐)陸贄撰　明萬曆三十五年(1607)陸基忠刻本　十六册

110000－0144－0021177　善844.17/387－2－03
唐陸宣公翰苑集二十四卷　(唐)陸贄撰　明萬曆三十五年(1607)陸基忠刻本　六册

110000－0144－0021178　善844.17/741
沈下賢文集十二集　(唐)沈亞之撰　清抄本　(清)徐仁釗校　六册

110000－0144－0021179　善844.17/869－05
白氏長慶集七十一卷目錄二卷　(唐)白居易撰　明萬曆三十四年(1606)馬元調魚樂軒刻元白長慶集本本　二十册

110000－0144－0021180　善844.17/869－712
白香山詩長慶集二十卷後集十七卷別集一卷補遺二卷　(唐)白居易撰　**年譜一卷**　(清)汪立名撰　**年譜舊本一卷**　(宋)陳振孫撰　清康熙四十一年至四十二年(1702－1703)汪氏一隅草堂刻本　二十册

110000－0144－0021181　善844.17/869－712
白香山詩長慶集二十卷後集十七卷別集一卷補遺二卷　(唐)白居易撰　**年譜一卷**　(清)汪立名撰　**年譜舊本一卷**　(宋)陳振孫撰　清康熙四十一年至四十二年(1702－1703)汪氏一隅草堂刻本　十册

110000－0144－0021182　善844.17/869－712
白香山詩長慶集二十卷後集十七卷別集一卷補遺二卷　(唐)白居易撰　**年譜一卷**　(清)汪立名撰　**年譜舊本一卷**　(宋)陳振孫撰　清康熙四十一年至四十二年(1702－1703)汪氏一隅草堂刻本　十二册

110000－0144－0021183　善844.17/869－85
香山詩一卷　(唐)白居易撰　清光緒抄本　一册

110000－0144－0021184　善844.17/893－02
劉賓客文集三十卷　(唐)劉禹錫撰　明刻本(有抄配)　徐鈞校跋　十册

110000－0144－0021185　善844.17/996
昆陵集二十卷補遺一卷附錄一卷　(唐)獨孤及撰　清乾隆五十六年(1791)趙懷玉亦有生齋刻本　六册

110000－0144－0021186　善844.19/233
翰林集四卷附錄一卷　(唐)韓偓撰　清光緒鈔本　三册

110000－0144－0021187　善844.19/373
唐皮日休文藪十卷　(唐)皮日休撰　明正德十年(1515)袁表刻本　四册

110000－0144－0021188　善844.19/373－02
唐皮日休文藪十卷　(唐)皮日休撰　明萬曆許自昌刻陸魯望、皮襲美二先生集本　四册

110000－0144－0021189　善844.19/482
重校甲乙集十集　(唐)羅隱撰　清士禮居校抄本　二册

110000－0144－0021190　善845.11/282

河東先生集十六卷　(宋)柳開撰　清抄本　四册

110000－0144－0021191　善845.11/954－02
徐公文集三十卷　(宋)徐鉉撰　清抄本　十册

110000－0144－0021192　善845.13/119－02
宋王黄州小畜集三十卷　(宋)王禹偁撰　清乾隆二十五年(1760)趙熟典愛日堂刻本　十二册

110000－0144－0021193　善845.13/255－2
林和靖詩集三卷　(宋)林逋撰　清乾隆十年(1745)深柳讀書堂刻本　二册

110000－0144－0021194　善845.13/537
范文正公集十二卷　(宋)范仲淹撰　**范文正公褒祠錄二卷**　明萬曆三十六年(1608)毛一鷺合刻范文正公忠宣公全集本　八册

110000－0144－0021195　善845.13/537－02
范文正公集二十卷别集四卷政府奏議二卷尺牘三卷言行拾遺事錄四卷鄱陽遺事錄一卷遺跡一卷義莊規矩一卷褒賢集五卷補編五卷　(宋)范仲淹撰　**年譜一卷補遺一卷**　(宋)樓鑰撰　清康熙四十六年(1707)范氏歲寒堂刻本　十册

110000－0144－0021196　善845.13/561
宋端明殿學士蔡忠惠公文集三十六卷　(宋)蔡襄撰　清雍正十二年至乾隆五年(1734－1740)蔡氏遜敏齋刻本　十六册

110000－0144－0021197　善845.13/695－02
欽定元憲集三十六卷　(宋)宋庠撰　清抄本　十六册

110000－0144－0021198　善845.13/818
宋濂溪周元公先生集十卷周元公世系遺芳集五卷　(宋)周敦頤撰　(明)周沈珂重輯　明萬曆四十四年(1616)周沈珂刻本　六册

110000－0144－0021199　善845.14/102－05
淮海集四十卷長短句三卷　(宋)秦觀撰　明萬曆四十六年(1618)李之藻刻本　六册

110000－0144－0021200　善845.14/118－010
臨川先生文集一百卷　(宋)王安石撰　明嘉靖三十九年(1560)何遷刻本　十册

110000－0144－0021201　善845.14/118－04
臨川先生文集一百卷　(宋)王安石撰　宋紹興二十一年(1151)兩浙西路轉運司王珏刻元明遞修本　三十二册

110000－0144－0021202　善845.14/118－05
王臨川全集一百卷　(宋)王安石撰　明末刻本　十六册

110000－0144－0021203　善845.14/118－05
新刻臨川王介甫先生文集一百卷目錄二卷　(宋)王安石撰　明萬曆四十年(1612)王鳳翔光啟堂刻本　三十二册

110000－0144－0021204　善845.14/118－05
新刻臨川王介甫先生文集一百卷目錄二卷　(宋)王安石撰　明萬曆四十年(1612)王鳳翔光啟堂刻本　三十二册

110000－0144－0021205　善845.14/118－06
臨川先生文集一百卷目錄二卷　(宋)王安石撰　明嘉靖刻本　二十册

110000－0144－0021206　善845.14/118－09
臨川先生文集一百卷目錄二卷　(宋)王安石撰　明嘉靖刻本　二十册

110000－0144－0021207　善845.14/118－287
王荊文公詩五十卷　(宋)王安石撰　(宋)李壁箋注　清乾隆六年(1741)張宗松清綺齋刻本　十二册

110000－0144－0021208　善845.14/118－516－02
宋大家王文公文鈔十六卷　(宋)王安石撰　(明)茅坤評　明萬曆茅一桂刻本　四册

110000－0144－0021209　善845.14/118－516－02
宋大家王文公文鈔十六卷　(宋)王安石撰　(明)茅坤評　明萬曆茅一桂刻本　八册

110000－0144－0021210　善845.14/118－

516－02
宋大家王文公文鈔十六卷 （宋）王安石撰 （明）茅坤評 明萬曆茅一桂刻本 八册

110000－0144－0021211 善 845.14/169－2
重刻黄文節山谷先生文集三十卷 （宋）黄庭堅撰 明王鳳翔光啟堂刻本 十二册

110000－0144－0021212 善 845.14/169－5
山谷全書文集二十卷别集二十卷外集十四卷簡尺二卷 （宋）黄庭堅撰 **附青社黄先生伐檀集二卷** （宋）黄庶撰 **山谷先生[黄庭堅]年譜三十卷** （宋）黄㽦撰 明嘉靖六年（1527）西蜀徐岱刻本 二十四册

110000－0144－0021213 善 845.14/169－6
宋黄文節公文集正集三十二卷外集二十四卷别集十九卷首四卷 （宋）黄庭堅撰 **伐檀集二卷** （宋）黄庶撰 清乾隆三十年（1765）緝香堂刻本 十六册

110000－0144－0021214 善 845.14/226－02
安陽集五十卷别錄三卷遺事一卷忠獻韓魏王家傳十卷 （宋）韓琦 （宋）強至撰 （宋）王巖叟輯 清康熙徐樹敏刻乾隆四年（1739）補修本 十册

110000－0144－0021215 善 845.14/303－03
司馬溫公文集八十二卷目錄一卷 （宋）司馬光撰 明崇禎元年（1628）吴時亮刻本 二十四册

110000－0144－0021216 善 845.14/303－04
司馬太師溫國文正公傳家集八十卷目錄二卷 （宋）司馬光撰 明萬曆十五年（1587）司馬祉刻本 三十二册

110000－0144－0021217 善 845.14/303－2
司馬文正公詩集七卷 （宋）司馬光撰 明嘉靖四年（1525）吕枬刻本 四册

110000－0144－0021218 善 845.14/313
張文潛文集十三卷 （宋）張耒撰 明嘉靖三年（1524）郝梁刻本（有抄配） （清）石樵題識 六册

110000－0144－0021219 善 845.14/329
伊川擊壤集二十卷 （宋）邵雍撰 明末文靖書院刻本 八册

110000－0144－0021220 善 845.14/329－02
宋邵康節先生伊川擊壤集十卷 （宋）邵雍撰 （明）吴瀚 （明）吴泰注 清康熙八年（1669）邵養定等刻本 五册

110000－0144－0021221 善 845.14/384－02
後山先生集三十卷 （宋）陳師道撰 清抄本 四册

110000－0144－0021222 善 845.14/423－08
歐陽文忠公集一百五十三卷附錄六卷 （宋）歐陽修撰 **年譜一卷** （宋）胡柯撰 明正德七年（1512）劉喬刻明嘉靖十六年（1537）季本、詹治重修三十九年（1560）何遷遞修刻本 三十二册

110000－0144－0021223 善 845.14/423－382
歐陽先生文粹二十卷 （宋）歐陽修撰 （宋）陳亮輯 明嘉靖二十六年（1547）郭雲鵬寶善堂刻本 四册

110000－0144－0021224 善 845.14/423－382
歐陽先生文粹二十卷遺粹十卷 （宋）歐陽修撰 （宋）陳亮輯 明嘉靖二十六年（1547）郭雲鵬寶善堂刻本 十册

110000－0144－0021225 善 845.14/437
北湖集五卷 （宋）吴則禮撰 清抄本 （清）鮑廷博校 一册

110000－0144－0021226 善 845.14/467
小山詞一卷 （宋）晏幾道撰 明崇禎毛氏汲古閣刻宋名家詞本 一册

110000－0144－0021227 善 845.14/470－02
琴趣外篇六卷 （宋）晁補之撰 明崇禎毛氏汲古閣刻宋名家詞本 二册

110000－0144－0021228 善 845.14/470－7
濟北晁先生雞肋集七十卷 （宋）晁補之撰 明崇禎八年（1635）吴郡顧凝遠詩瘦閣刻本 八册

110000-0144-0021229　善 845.14/554.2
欒城集五十卷　(宋)蘇轍撰　明萬曆王執禮、顧天敘清夢軒刻本　二十册

110000-0144-0021230　善 845.14/554.2-516
宋大家蘇文定公文抄二十卷　(宋)蘇轍著　(明)茅坤評　明刻本　四册

110000-0144-0021231　善 845.14/554.7
蘇老泉先生全集十六卷　(宋)蘇洵撰　明刻本　四册

110000-0144-0021232　善 845.14/554.7-02
蘇老泉先生全集二十卷　(宋)蘇洵撰　**附錄二卷**　(宋)沈斐輯　清康熙三十七年(1698)邵仁泓安樂居刻本　四册

110000-0144-0021233　善 845.14/554.9
蘇學士文集十六卷　(宋)蘇舜欽撰　清康熙三十七年(1698)徐氏白華書屋刻本　四册

110000-0144-0021234　善 845.14/554.9
蘇學士文集十六卷　(宋)蘇舜欽撰　清康熙三十七年(1698)徐氏白華書屋刻本　三册

110000-0144-0021235　善 845.14/554-010
東坡先生全集七十五卷　(宋)蘇軾撰　**年譜一卷**　(宋)王宗稷撰　**本傳一卷**　(元)脱脱撰　明天啟文盛堂刻本　二十六册

110000-0144-0021236　善 845.14/554-03
東坡先生全集七十五卷　(宋)蘇軾撰　**宋史本傳一卷**　(元)脱脱撰　**墓誌銘一卷**　(宋)蘇轍撰　**年譜一卷**　(宋)王宗稷撰　明萬曆三十四年(1606)茅維刻本　三十二册

110000-0144-0021237　善 845.14/554-04
東坡全集一百十五卷目錄七卷　(宋)蘇軾撰　**年譜一卷**　(宋)王宗稷撰　明崇禎六年(1633)黄嘉芳刻本　六十四册

110000-0144-0021238　善 845.14/554-113.9
蘇長公小品四卷　(宋)蘇軾撰　(明)王納諫輯並評　明凌啟康刻朱墨套印本　四册

110000-0144-0021239　善 845.14/554-113-02
蘇東坡詩集注三十二卷　(宋)蘇軾撰　題(宋)吕祖謙分編　題(宋)王十朋纂輯　(清)朱從延補注　**年譜一卷**　(宋)王宗稷編　清康熙三十七年(1698)朱從延文蔚堂刻本　二十四册

110000-0144-0021240　善 845.14/554-113-04
東坡先生詩集註三十二卷　(宋)蘇軾撰　題(宋)王十朋纂輯　**東坡紀年錄一卷**　(宋)傅澡撰　明萬曆茅維刻本　十二册

110000-0144-0021241　善 845.14/554-113-04
東坡先生詩集註三十二卷　(宋)蘇軾撰　題(宋)王十朋纂輯　**東坡紀年錄一卷**　(宋)傅澡撰　明萬曆茅維刻本　十二册

110000-0144-0021242　善 845.14/554-2
坡仙集十六卷　(宋)蘇軾撰　(明)李贄評輯　明萬曆二十八年(1600)繼志齋刻本　十册

110000-0144-0021243　善 845.14/554-22
東坡後集二十卷　(宋)蘇軾撰　明嘉靖十三年(1534)江西布政司刻本　存十一卷(十至二十)　二册

110000-0144-0021244　善 845.14/554-284
蘇文忠公海外集二十二卷　(宋)蘇軾撰　(清)樊庶編　清康熙四十五年(1706)得樹軒刻本　缺一卷(二十二)　八册

110000-0144-0021245　善 845.14/554-295
東坡先生編年詩五十卷年表一卷　(宋)蘇軾撰　(清)查慎行補註　清乾隆二十六年(1761)查開香雨齋刻本　十六册

110000-0144-0021246　善 845.14/554-295-03
蘇詩二卷　(清)查慎行輯並評　清抄本　(清)沈廷芳朱筆批點　(清)張佩絃題跋　二册

110000-0144-0021247　善 845.14/554-377

蘇長公文腴三十卷詩腴八卷 (宋)蘇軾撰 (明)陳于廷輯 明萬曆四十五年(1617)刻本 十四冊

110000－0144－0021248 善845.14/554－380
東坡集選五十卷 (宋)蘇軾撰 (明)陳夢槐輯 **年譜一卷** (宋)王宗稷撰 **外紀二卷** (明)王世貞撰 **外紀逸編一卷** (明)璩之璞撰 明萬曆刻本 十二冊

110000－0144－0021249 善845.14/554－43
蘇子瞻二卷 (宋)蘇軾撰 明末毛晉綠君亭刻本 二冊

110000－0144－0021250 善845.14/554－516
蘇文忠公策論選十二卷 (宋)蘇軾撰 (明)茅坤 (明)鍾惺評 明天啟元年(1621)刻三色套印本 五冊

110000－0144－0021251 善845.14/554－527－02
宋大家蘇文忠公文鈔二十八卷 (宋)蘇軾撰 (明)茅坤評 明萬曆茅一桂刻本 十二冊

110000－0144－0021252 善845.14/554－601
東坡詩選十二卷 (宋)蘇軾撰 (明)譚元春輯 (明)袁宏道評 **年譜一卷** (宋)王宗稷撰 明天啟文盛堂刻本 八冊

110000－0144－0021253 善845.14/554－627
施注蘇詩四十二卷總目二卷 (宋)蘇軾撰 (宋)施元之注 (清)顧嗣立等刪補 **續補遺二卷** (清)馮景補注 **王注正譌一卷** (清)邵長蘅撰 **東坡先生[蘇軾]年譜一卷** (宋)王宗稷撰 清康熙三十八年(1699)宋犖刻本 十冊

110000－0144－0021254 善845.14/554－627－02
施註蘇詩四十二卷總目二卷 (宋)蘇軾撰 (宋)施元之注 (清)顧嗣立等刪補 **續補遺二卷** (清)馮景補注 **王注正譌一卷** (清)邵長蘅撰 **東坡先生[蘇軾]年譜一卷** (宋)王宗稷撰 清康熙三十八年(1699)宋犖刻本 (□)□□過錄 (清)查慎行 (清)紀昀 (清)王文照等諸家批點 十九冊

110000－0144－0021255 善845.14/554－765
東坡禪喜集十四卷 (宋)蘇軾撰 (明)馮夢禎批點 明天啟元年(1621)凌濛初刻朱墨套印本 六冊

110000－0144－0021256 善845.14/554－8
重編東坡先生外集八十六卷[蘇軾]年譜一卷 (宋)蘇軾撰 明萬曆三十六年(1608)康丕揚刻本 十冊

110000－0144－0021257 善845.14/554－888
蘇東坡詩集二十五卷 (宋)蘇軾撰 (宋)劉辰翁批點 明天啟刻本 七冊

110000－0144－0021258 善845.14/554－928
蘇長公集選二十二卷東坡居士艾子雜說一卷 (宋)蘇軾撰 (明)錢士鰲輯 明萬曆二十六年(1598)何文叔刻本 二十冊

110000－0144－0021259 善845.14/554－976
蘇長公合作內外篇不分卷 (宋)蘇軾撰 (明)鄭圭輯 明萬曆刻本 八冊

110000－0144－0021260 善845.14/677
新刻石室先生丹淵集四十卷拾遺二卷年譜一卷續編諸公書翰詩文一卷雜記一卷 (宋)文同撰 明萬曆刻本 四冊

110000－0144－0021261 善845.14/677.6
文潞公文集四十卷 (宋)文彥博撰 明嘉靖五年(1526)王溱刻本 四冊

110000－0144－0021262 善845.14/741
長興集四十一卷附錄三卷 (宋)沈括撰 **附錄三卷** (清)吳允嘉輯 清抄本 一冊 存九卷(四至十二)

110000－0144－0021263 善845.14/940
倚松老人詩集三卷 (宋)饒節撰 清滂喜堂抄本 (清)釋超峻跋 二冊

110000－0144－0021264 善845.14/953
節孝先生文集三十卷 (宋)徐積撰 **節孝先生語一卷節孝集事實一卷本朝名臣言行錄一卷皇朝東都事略卓行傳序一卷諸君子帖一卷**

元刻明補刻本　十册

110000－0144－0021265　善845.14/978
西塘先生文集十卷刻鄭一拂先生祠詩類一卷附録一卷　(宋)鄭俠撰　明萬曆三十七年(1609)刻本　六册

110000－0144－0021266　善845.14/981－02
南豐先生元豐類藁五十一卷　(宋)曾鞏撰　明萬曆二十五年(1597)查溪曾敏才等刻本　二十四册

110000－0144－0021267　善845.14/981－03
南豐先生元豐類藁五十一卷　(宋)曾鞏撰　明嘉靖王忬刻本　十六册

110000－0144－0021268　善845.16/269
龜山先生全集四十二卷　(宋)楊時撰　明萬曆刻本　二十册

110000－0144－0021269　善845.16/554
斜川詩集十卷　(宋)蘇過撰　清抄本　一册

110000－0144－0021270　善845.16/667
唐眉山詩集十卷文集十四卷　(宋)唐庚撰　清雍正三年(1725)歸安汪亮采南陔草堂木活字印本　八册

110000－0144－0021271　善845.16/892
劉給諫文集五卷　(宋)劉安上撰　清抄本　(清)孫衣言校並跋　一册

110000－0144－0021272　善845.2/155
潛齋先生文集四卷　(宋)何夢桂撰　(明)岳元聲校正　清初抄本　一册

110000－0144－0021273　善845.2/291
詩詞雜俎　(明)毛晉輯　明天啓崇禎汲古閣刻本　一册　存三種四卷(剪綃集二卷、石湖詩集一卷、月泉吟社一卷)

110000－0144－0021274　善845.2/307
東窗集十六卷　(宋)張擴撰　清抄本(卷十一至十二,十五至十六配文瀾閣抄本)　六册

110000－0144－0021275　善845.2/521
舒文靖公集　(宋)舒璘撰　清抄本　一册

110000－0144－0021276　善845.21/172
莆陽知稼翁集二卷　(宋)黄公度撰　明天啟五年(1625)黄崇翰刻本　二册

110000－0144－0021277　善845.21/293
宋李忠定公文集選四十八卷奏議十五卷詩文集二十九卷首四卷　(宋)李綱撰　(明)左光先　(明)李春熙輯　明崇禎李嗣玄等刻清康熙、乾隆間補刻本　十六册

110000－0144－0021278　善845.21/307
張于湖集八卷附録一卷　(宋)張孝祥撰　明崇禎張時行刻兩張先生集本　四册

110000－0144－0021279　善845.21/313
華陽集四十卷　(宋)張綱撰　明萬曆二十五年(1597)于文熙刻本　八册

110000－0144－0021280　善845.21/313
華陽集四十卷　(宋)張綱撰　明萬曆二十五年(1597)于文熙刻本　六册

110000－0144－0021281　善845.21/313.8
横浦先生文集二十卷横浦心傳録三卷横浦日新一卷　(宋)張九成撰　**横浦先生家傳一卷**　(宋)張橤撰　**施先生孟子發題一卷**　(宋)施德操撰　明萬曆四十二年(1614)吳惟明刻本　三册

110000－0144－0021282　善845.21/313.8－02
重刊横浦先生文集二十卷横浦心傳録三卷横浦日新一卷　(宋)張九成撰　**横浦先生家傳一卷**　(宋)張橤撰　**施先生孟子發題一卷**　(宋)施德操撰　明萬曆四十二年(1614)吳惟明刻本　五册

110000－0144－0021283　善845.21/532
石湖居士詩集三十四卷　(宋)范成大撰　(清)顧嗣臯等重訂　清康熙二十七年(1688)顧氏依園刻本　八册

110000－0144－0021284　善845.21/532
石湖居士詩集三十四卷　(宋)范成大撰　(清)顧嗣臯等重訂　清康熙二十七年(1688)顧氏依園刻本　八册

110000－0144－0021285　善845.21/647
騷略三卷　(宋)高似孫撰　明弘治無錫華氏刻百川學海本　一冊

110000－0144－0021286　善845.21/792
北山小集四十卷　(宋)程俱撰　清抄本　二十冊

110000－0144－0021287　善845.21/821
蠹齋先生鉛刀編三十二卷拾遺詩一卷　(宋)周孚撰　清抄本　二冊

110000－0144－0021288　善845.21/828
韋齋集十二卷　(宋)朱松撰　**玉瀾集一卷**　(宋)朱槔撰　清抄本　六冊

110000－0144－0021289　善845.21/833－8
新訂朱淑貞分類詩斷腸集八卷　(宋)朱淑貞撰　清抄本　一冊

110000－0144－0021290　善845.22/113－02
宋王忠文公文集五十卷　(宋)王十朋撰　清雍正七年(1729)唐傳鉎刻本　十四冊

110000－0144－0021291　善845.22/118
雙溪集十卷　(宋)王炎撰　清康熙五十七年(1718)王廷瑜刻本　五冊

110000－0144－0021292　善845.22/161
梅花衲一卷　(宋)李龏集句　清初抄本　一冊

110000－0144－0021293　善845.22/222
葦航漫遊稿四卷　(宋)胡仲弓撰　清抄本　二冊

110000－0144－0021294　善845.22/288
方舟集二十四卷　(宋)李石撰　清抄本　(清)唐梁曜朱筆題識　十六冊

110000－0144－0021295　善845.22/293
箋釋梅亭先生四六標準四十卷　(宋)李劉撰　(明)孫雲翼箋　明萬曆四十四年(1616)唐鯉飛刻本　二十冊

110000－0144－0021296　善845.22/293－4
校注橘山四六二十卷　(宋)李廷忠撰　(明)孫雲翼注　明萬曆三十五年(1607)刻本　十冊

110000－0144－0021297　善845.22/307－03
南軒先生文集四十四卷　(宋)張栻撰　明嘉靖繆輔之刻本(有抄配)　八冊

110000－0144－0021298　善845.22/307－2
南軒文集節要八卷　(宋)張栻撰　(明)聶豹輯　明嘉靖十年(1531)聶豹刻本　六冊　存六卷(一至六)

110000－0144－0021299　善845.22/338
信天巢遺藁一卷　(宋)高翥撰　**林湖遺藁一卷**　(宋)高鵬飛撰　**江邨遺藁一卷**　(宋)高選　(宋)高邁撰　**疎寮小集一卷**　(宋)高似孫撰　清康熙二十六年(1687)高士奇刻本　二冊

110000－0144－0021300　善845.22/383－4
北溪先生大全文集五十卷外集一卷　(宋)陳淳撰　清抄本　八冊

110000－0144－0021301　善845.22/383－4－02
北溪先生大全文集五十卷外集一卷　(宋)陳淳撰　清趙氏小山堂抄本　十二冊

110000－0144－0021302　善845.22/392－7
渭南文集五十卷放翁逸槀二卷　(宋)陸游撰　明末毛氏汲古閣刻陸放翁全集本　十三冊

110000－0144－0021303　善845.22/392－9
劍南詩稿八十五卷　(宋)陸游撰　明毛氏汲古閣刻本　三十二冊

110000－0144－0021304　善845.22/392－9
劍南詩稿八十五卷　(宋)陸游撰　明毛氏汲古閣刻本　五十二冊

110000－0144－0021305　善845.22/393－03
象山先生全集三十六卷附錄少湖徐先生學則辯一卷　(宋)陸九淵撰　(明)張嘉　(明)博振鐸重輯　明嘉靖四十年(1561)何遷刻本　十八冊

110000－0144－0021306　善845.22/455－02
友林乙藁一卷　(宋)史彌寧撰　清抄本　(清)徐時棟題識　一冊

110000－0144－0021307　善 845.22/482－02
羅鄂州小集六卷　(宋)羅願撰　**羅郢州遺文一卷**　(宋)羅頌撰　清康熙五十二年(1713)程哲七略書堂刻本　二冊

110000－0144－0021308　善 845.22/482－02
羅鄂州小集六卷　(宋)羅願撰　**羅郢州遺文一卷**　(宋)羅頌撰　清康熙五十二年(1713)程哲七略書堂刻本　二冊

110000－0144－0021309　善 845.22/504－02
水心文集二十九卷　(宋)葉適撰　清乾隆二十年(1755)溫州府學刻本　十二冊

110000－0144－0021310　善 845.22/504－02
水心文集二十九卷　(宋)葉適撰　清乾隆二十年(1755)溫州府學刻本　十二冊

110000－0144－0021311　善 845.22/652－7
稼軒詞四卷　(宋)辛棄疾撰　明末汲古閣刻宋名家詞本　一冊

110000－0144－0021312　善 845.22/720－9
盤洲詞三卷　(宋)洪适撰　清抄本　一冊

110000－0144－0021313　善 845.22/759－8
白石道人詩一卷集外詩一卷詩說一卷諸賢酬贈詩一卷　(宋)姜夔撰　清乾隆二十四年(1759)厪烏山房刻本　一冊

110000－0144－0021314　善 845.22/759－87
白石道人詩集二卷集外詩一卷附錄一卷詩說一卷歌曲四卷歌曲別集一卷　(宋)姜夔撰　清乾隆鮑氏知不足齋刻本　二冊

110000－0144－0021315　善 845.22/819
周文忠公文選□□卷　(宋)周必大撰　(明)胡廷宴輯　明萬曆二十七年(1599)胡廷宴刻本　存五卷(一至五)　五冊

110000－0144－0021316　善 845.22/828
晦菴朱先生五言詩抄一卷　(宋)朱熹撰　明末刻本　一冊

110000－0144－0021317　善 845.22/828－4
晦庵文抄七卷五言詩抄一卷　(宋)朱熹撰　(明)吳訥輯　明嘉靖二十一年(1542)楊仲寬刻本　二冊

110000－0144－0021318　善 845.22/828－4－02
晦庵文鈔六卷續集四卷　(宋)朱熹撰　(明)吳訥　(明)崔銑輯　明嘉靖十九年(1540)張光祖刻本　四冊

110000－0144－0021319　善 845.22/828－7
晦庵先生朱文公文集一百卷目錄二卷　(宋)朱熹撰　宋咸淳元年(1265)福建建安書院刻元明遞修本　存一卷(三十五)　二冊

110000－0144－0021320　善 845.22/889
龍洲道人詩文集十五卷　(宋)劉過撰　**劉龍洲墓詩一卷**　(清)顧湄輯　清抄本　二冊

110000－0144－0021321　善 845.22/998－2
西山先生真文忠公文章正宗二十四卷　(宋)真德秀輯　明嘉靖四十三年(1564)杜陵蔣氏家塾刻本　十六冊

110000－0144－0021322　善 845.22/998－2－02
西山先生真文忠公文章正宗二十六卷　(宋)真德秀輯　(明)唐順之批點　明刻本　二十六冊

110000－0144－0021323　善 845.25/117－4
四明文獻集五卷　(元)王應麟撰　(明)鄭真　(明)陳朝輔輯　清抄本　四冊

110000－0144－0021324　善 845.25/441
蘭皐集二卷　(宋)吳錫疇撰　明抄本　康生題識　二冊

110000－0144－0021325　善 845.25/623
晞髮集十卷遺集二卷遺集補一卷天地間集一卷登西臺慟哭記註一卷冬青樹引註一卷　(宋)謝翱撰　清康熙四十一年(1702)平湖陸大業刻本　八冊

110000－0144－0021326　善 845.25/626
秋崖先生小藁四十五卷　(宋)方岳撰　明嘉靖五年(1526)方謙刻本　十二冊

110000－0144－0021327　善 845.25/677－65
文山先生文集十七卷重刊文山先生別集二卷指南文集三卷文山先生遺墨一卷　(宋)文天

祥撰　明正德九年(1514)刻本　十二册

110000－0144－0021328　善 845.25/677－7
宋丞相文山先生全集十六卷　(宋)文天祥撰　明萬曆二十八年(1600)蕭大亨刻本　八册

110000－0144－0021329　善 845.25/785
程端明公洺水集二十六卷首一卷　(宋)程珌撰　明嘉靖三十五年(1556)程元昞刻本　冬皐居士題識　八册

110000－0144－0021330　善 845.25/785－02
程洺水先生集三十卷附錄一卷　(宋)程珌撰　明崇禎二年(1629)程至遠刻本　四册

110000－0144－0021331　善 845.25/8
須溪集十卷　(宋)劉辰翁撰　清孔氏嶽雪樓抄本　十二册

110000－0144－0021332　善 845.25/800－3
鶴山先生大全文集一百十卷　(宋)魏了翁撰　清抄本　十六册

110000－0144－0021333　善 845.25/869
海瓊玉蟾先生文集六卷續集二卷　(宋)葛長庚撰　(明)朱權重輯　明刻本　十六册

110000－0144－0021334　善 845.25/869－1
新刻瓊琯白先生集十二卷　(宋)葛長庚撰　明萬曆二十二年(1594)林有聲刻本　八册

110000－0144－0021335　善 845.25/886－8
劉須溪先生記鈔八卷　(宋)劉辰翁撰　明天啟三年(1623)楊識西刻本　二册

110000－0144－0021336　善 845.25/947－02
心史七卷附錄一卷　(宋)鄭思肖撰　明崇禎十二年(1639)張國維刻本　四册

110000－0144－0021337　善 845.71/128－04
遺山先生文集四十卷附錄一卷　(金)元好問撰　清康熙四十六年(1707)無錫華希閔刻本　(清)錢大昕等批校　四册

110000－0144－0021338　善 845.71/128－1－02
元遺山詩集八卷　(金)元好問撰　清乾隆四十三年(1778)萬廷蘭刻本　四册

110000－0144－0021339　善 845.71/128－1－02
元遺山詩集八卷　(金)元好問撰　清乾隆四十三年(1778)萬廷蘭刻本　二册

110000－0144－0021340　善 845.71/128－1－02
元遺山詩集八卷　(金)元好問撰　清乾隆四十三年(1778)萬廷蘭刻本　二册

110000－0144－0021341　善 845.71/155
湛然居士文集十四卷　(元)耶律楚材撰　清乾隆劉鳳岐抄本　八册

110000－0144－0021342　善 845.71/423
魯齋遺書十卷　(元)許衡撰　明嘉靖四年(1525)蕭鳴鳳刻公文紙印本　五册　存八卷(三至十)

110000－0144－0021343　善 845.74/087
默庵安先生文集四卷　(元)安熙撰　清抄本　一册

110000－0144－0021344　善 845.74/137
栲栳山人詩集三卷　(元)岑安卿撰　清洗桐齋抄本　一册

110000－0144－0021345　善 845.74/199
松雪齋文集十卷外集一卷行狀謚文一卷　(元)趙孟頫撰　明天順六年(1462)刻本(有抄配)　六册

110000－0144－0021346　善 845.74/199－03
趙文敏公松雪齋全集十卷外集一卷續集一卷附錄一卷　(元)趙孟頫撰　清康熙五十二年(1713)曹培廉城書室刻本　四册

110000－0144－0021347　善 845.74/372
巴西文集　(元)鄧文原撰　清抄本　六册

110000－0144－0021348　善 845.74/440
草廬吴文正公集四十九卷首一卷外集三卷　(元)吴澄撰　清乾隆二十一年(1756)萬璜刻本　二十四册

110000－0144－0021349　善 845.74/440－02
臨川吴文正公集四十九卷道學基統一卷外集三卷　(元)吴澄撰　明成化二十年(1484)方中、陳輝刻本　二十七册

110000－0144－0021350　善 845.77/203
趙徵君東山先生存稿七卷附錄一卷　(元)趙汸撰　清康熙二十年(1681)趙吉士等刻本　四冊

110000－0144－0021351　善 845.77/213
九靈山房集三十卷補編二卷　(元)戴良撰　清乾隆三十七年(1772)戴氏傳經書屋刻本　十二冊

110000－0144－0021352　善 845.77/274－1
鐵崖樂府註十卷詠史註八卷　(元)楊維楨撰　(清)樓卜瀍注　清乾隆三十九年(1774)楊惟信聯桂堂刻本　八冊

110000－0144－0021353　善 845.77/274－2
鐵崖逸編註八卷　(元)楊維楨撰　(清)樓卜瀍注　清乾隆三十九年(1774)楊惟信聯桂堂刻本　存五卷(一至五)　二冊

110000－0144－0021354　善 845.77/274－29
楊鐵崖文集五卷史義拾遺二卷西湖竹枝集一卷　(元)楊維楨撰　明陳于京刻本　四冊

110000－0144－0021355　善 845.77/274－5
鐵崖先生古樂府補六卷　(元)楊維楨撰　明末毛氏汲古閣刻本　二冊

110000－0144－0021356　善 845.77/274－9
鐵崖先生復古詩集六卷麗則遺音四卷附錄一卷　(元)楊維楨撰　明末毛氏汲古閣刻本　六冊

110000－0144－0021357　善 845.77/299
揭文安公集六卷　(元)揭傒斯撰　清抄本　二冊

110000－0144－0021358　善 845.77/307
句曲外史集三卷補遺三卷集外詩一卷附錄一卷　(元)張雨撰　明毛氏汲古閣刻清初增刻元人十種詩本　四冊

110000－0144－0021359　善 845.77/423
圭齋文集十六卷　(元)歐陽玄撰　清乾隆十三年(1748)清瀏紹文堂刻本　六冊

110000－0144－0021360　善 845.77/489
虞文靖公文選八卷　(元)虞集撰　(清)魯仕驥輯並評　清抄本　八冊

110000－0144－0021361　善 845.77/988
青陽先生文集六卷　(元)余闕撰　(明)郭奎輯　明正德十五年(1520)胡汝登刻本　一冊

110000－0144－0021362　善 846.1/112
王文忠公文集二十四卷　(明)王禕撰　明嘉靖元年(1522)張齋刻萬曆七年(1579)修補本　二十冊

110000－0144－0021363　善 846.1/191
海叟詩集四卷集外詩一卷附錄一卷　(明)袁凱撰　清康熙六十一年(1722)曹炳曾城書室刻本　二冊

110000－0144－0021364　善 846.1/554
蘇平仲文集十六卷　(明)蘇伯衡撰　清抄本　四冊

110000－0144－0021365　善 846.1/626
方正學先生遜志齋集二十四卷　(明)方孝儒撰　**外紀二卷**　(明)姚履旋辑　明萬曆四十年(1612)丁賓等刻本　二十四冊

110000－0144－0021366　善 846.1/626－02
方正學先生遜志齋集二十四卷拾補一卷外紀一卷　(明)方孝儒撰　(明)張紹謙纂定　(清)俞化鵬重纂　(清)趙予信重纂　清康熙四十四年(1705)浙江寧海趙予信、方立樞、方立權刻本　二十冊

110000－0144－0021367　善 846.1/626－6
方正學集十三卷　(明)方孝儒撰　清康熙二十一年(1682)溫陵書林刻本　八冊

110000－0144－0021368　善 846.1/648
高季迪先生大全集十八卷　(明)高啟撰　清康熙許氏竹素園刻本　六冊

110000－0144－0021369　善 846.1/648－1
青邱高季迪先生詩集十八卷首一卷補遺一卷扣舷集一卷鳧藻集五卷　(明)高啟撰　(清)金壇輯注　**年譜一卷**　(清)金壇編　清雍正六年(1728)文瑞樓平湖寶芸堂刻本　八冊

110000－0144－0021370　善846.1/696－02
新刊宋學士全集三十三卷　(明)宋濂撰　明嘉靖三十年(1551)韓叔陽刻本　八冊

110000－0144－0021371　善846.1/696－02
新刊宋學士全集三十三卷　(明)宋濂撰　明嘉靖三十年(1551)韓叔陽刻本　十八冊

110000－0144－0021372　善846.1/696－7
潛溪文鈔二卷　(明)宋濂撰　清抄本　二冊

110000－0144－0021373　善846.1/731
新喻梁石門先生集十卷首一卷末一卷　(明)梁寅撰　清乾隆十五年(1750)暨用其刻本　六冊

110000－0144－0021374　善846.1/853
解學士全集十二卷[解縉]年譜二卷　(明)解縉撰　明萬曆晏良棨刻本　十冊

110000－0144－0021375　善846.1/853－8
解文毅公集十六卷首一卷　(明)解縉撰　清乾隆三十二年(1767)解韜刻本　六冊

110000－0144－0021376　善846.1/887
太師誠意伯劉文成公集十八卷　(明)劉基撰　明嘉靖三十五年(1556)樊獻科、于德昌刻本　十八冊

110000－0144－0021377　善846.1/887－02
太師誠意伯劉文成公集二十卷　(明)劉基撰　明隆慶六年(1572)謝廷傑、陳烈刻本　十冊

110000－0144－0021378　善846.1/919－02
倪雲林先生詩集六卷集外詩一卷附錄一卷　(元)倪瓚撰　明毛氏汲古閣刻清初增刻元人十種詩本　四冊

110000－0144－0021379　善846.4/079
桂坡集前集五卷　(明)左贊撰　明弘治、正德間刻本　一冊

110000－0144－0021380　善846.4/171
未軒公文集十二卷補遺二卷　(明)黄仲昭撰　**附錄一卷**　明嘉靖三十四年(1555)黄希自刻清雍正十三年(1735)黄邁琮增修本　六冊

110000－0144－0021381　善846.4/261
見素集二十八卷奏議七卷　(明)林俊撰　明萬曆十三年(1585)林及祖刻本　八冊

110000－0144－0021382　善846.4/312
方洲先生集二十六卷讀史錄六卷　(明)張寧撰　明萬曆鹽官錢世堯等刻本　十二冊

110000－0144－0021383　善846.4/566
敬軒薛先生文集二十四卷　(明)薛瑄撰　明弘治十六年(1503)李越刻本　十二冊

110000－0144－0021384　善846.4/660
商文毅公全集三十卷　(明)商輅撰　明萬曆刻本　十二冊

110000－0144－0021385　善846.4/802
南齋先生魏文靖公摘藁十卷附錄一卷　(明)魏驥撰　明弘治十一年(1498)洪鍾刻清康熙八年(1669)王余高重修本　四冊

110000－0144－0021386　善846.4/883
瓊臺詩文會稿重編二十四卷　(明)丘濬撰　明天啟丘爾穀等刻清順治印本　十二冊

110000－0144－0021387　善846.5/113
王文恪公集三十六卷名公筆記一卷　(明)王鏊撰　明萬曆王氏三槐堂刻本　二十冊

110000－0144－0021388　善846.5/113
王文恪公集三十六卷名公筆記一卷　(明)王鏊撰　明萬曆王氏三槐堂刻本　二十四冊

110000－0144－0021389　善846.5/113.2
弇州山人四部稿一百七十四卷目錄十二卷　(明)王世貞撰　明萬曆五年(1577)王氏世經堂刻本　六十冊

110000－0144－0021390　善846.5/113.2－1
弇州山人續稿二百七卷目錄十卷　(明)王世貞撰　明萬曆刻本　四十八冊

110000－0144－0021391　善846.5/113.22
王奉常集詩十五卷目錄三卷　(明)王世懋撰　明萬曆十七年(1589)刻本　六冊

110000－0144－0021392　善846.5/113.2－2
王元美先生文選二十六卷　(明)王世貞撰

(明)喬時敏輯　明萬曆四十三年(1615)吳德聚刻本　十二册

110000－0144－0021393　善846.5/116
蒼谷全集十二卷　(明)王尚絅撰　清乾隆二十三年(1758)密止堂刻本　八册

110000－0144－0021394　善846.5/118－34
陽明先生文録五卷外集九卷别録十四卷　(明)王守仁撰　明嘉靖二十九年(1550)閭東刻本　二十册

110000－0144－0021395　善846.5/118－34－02
陽明先生文録五卷外集九卷别録十卷　(明)王守仁撰　明嘉靖十五年(1536)聞人詮刻本　二十册

110000－0144－0021396　善846.5/118－6
王文成公文選八卷　(明)王守仁撰　(明)王畿選　(明)鍾惺評點　明崇禎六年(1633)金閶溪香館刻本　六册

110000－0144－0021397　善846.5/118－6
王文成公文選八卷　(明)王守仁撰　(明)王畿選　(明)鍾惺評點　明崇禎六年(1633)金閶溪香館刻本　六册

110000－0144－0021398　善846.5/119
重刻渼陂王太史先生全集二十七卷　(明)王九思撰　明嘉靖十二年(1533)王獻等刻二十四年(1545)翁萬達刻崇禎十三年(1640)張宗孟遞刻彙印本　十六册

110000－0144－0021399　善846.5/119.8
王槐野先生存笥稿二十卷　(明)王維楨撰　明萬曆七年(1579)尹應元刻本　十册

110000－0144－0021400　善846.5/175
靳兩城先生集二十卷　(明)靳學顔撰　明萬曆十七年(1589)刻本　八册

110000－0144－0021401　善846.5/185
彭惠安公文集十一卷　(明)彭韶撰　明萬曆三十八年(1610)彭繼美刻本(有抄配)　四册

110000－0144－0021402　善846.5/203
趙浚谷文集十卷詩集六卷　(明)趙時春撰　明萬曆八年(1580)周鑑刻本　十六册

110000－0144－0021403　善846.5/223
鳥鼠山人小集十六卷　(明)胡纘宗撰　明嘉靖刻本　十二册

110000－0144－0021404　善846.5/223－1
鳥鼠山人小集十六卷後集二卷擬漢樂府八卷可泉擬涯翁擬古樂府二卷　(明)胡纘宗撰　明嘉靖刻清順治十三年(1656)補修彙印本　十六册

110000－0144－0021405　善846.5/269
太史升菴文集八十一卷　(明)楊慎撰　(明)楊有仁輯　明萬曆十年(1582)張士佩等刻本　十八册

110000－0144－0021406　善846.5/269
太史升菴文集八十一卷　(明)楊慎撰　(明)楊有仁輯　明萬曆十年(1582)張士佩等刻本　十六册

110000－0144－0021407　善846.5/269－02
太史升菴文集八十一卷目録四卷　(明)楊慎撰　(明)趙開美校　明刻本　十二册

110000－0144－0021408　善846.5/269－287
李卓吾先生讀升菴集二十卷　(明)楊慎撰　(明)李贄評　明刻本　八册

110000－0144－0021409　善846.5/287.3－02
空同詩鈔十六卷附録一卷　(明)李夢陽撰　清乾隆十五年(1750)李斌、李辛耀刻本　四册

110000－0144－0021410　善846.5/287.3－03
空同詩選一卷　(明)李夢陽撰　(明)楊慎評　明萬曆四十六年(1618)閔齊伋刻本　二册

110000－0144－0021411　善846.5/287.3－04
崆峒集二十一卷目録三卷　(明)李夢陽撰　明吳郡沈植繁露堂刻本　十册

110000－0144－0021412　善846.5/287.3－7
空同先生集六十三卷　(明)李夢陽撰　明嘉靖陸檡刻本　三十二册

110000－0144－0021413　善846.5/287.3－7－02

空同先生集六十三卷　(明)李夢陽撰　明嘉靖刻本　十六册

110000－0144－0021414　善846.5/287.3－7－03
空同子集六十六卷　(明)李夢陽撰　明萬曆三十年(1602)鄧雲霄刻本　十册

110000－0144－0021415　善846.5/287.3－7－04
空同集六十三卷　(明)李夢陽撰　明嘉靖十一年(1532)曹嘉刻三十一年(1552)朱睦㮮增修本　劉盼遂題識　十六册

110000－0144－0021416　善846.5/289.4
困亨別稿一卷　(明)李默撰　明萬曆元年(1573)李培刻本　一册

110000－0144－0021417　善846.5/293
李于田詩集十二卷　(明)李化龍撰　明萬曆刻本　十册

110000－0144－0021418　善846.5/295
毅齋查先生闡道集十卷末一卷　(明)查鐸撰　清乾隆二十五年(1760)涇川查氏濟陽家塾刻本　八册

110000－0144－0021419　善846.5/312
張龍湖先生文集十五卷　(明)張治撰　清雍正四年(1726)彭思眷刻本　八册

110000－0144－0021420　善846.5/313
小山類稿選二十卷　(明)張岳撰　明萬曆十五年(1587)林喬南刻遞修本　六册

110000－0144－0021421　善846.5/313.8
張南湖先生詩集四卷　(明)張綖撰　明嘉靖三十二年(1553)張守中刻本　一册　存二卷(三至四)

110000－0144－0021422　善846.5/348
夏桂洲先生文集十八卷　(明)夏言撰　**年譜一卷**　(明)李時撰　明崇禎十一年(1638)吴一璘刻本　十册

110000－0144－0021423　善846.5/380－4－02
白沙子全集九卷附錄一卷　(明)陳獻章撰　明萬曆四十年(1612)何上新刻本　十册

110000－0144－0021424　善846.5/383
拘虛集後集三卷遊名山錄一卷　(明)陳沂撰　清抄本　一册

110000－0144－0021425　善846.5/383－7
陳白陽集十卷附錄四卷　(明)陳淳撰　明萬曆四十三年(1615)陳仁錫閲帆堂刻本　四册

110000－0144－0021426　善846.5/392
儼山文集一百卷目錄二卷陸文裕公續集十卷　(明)陸深撰　明嘉靖二十五年至三十年(1546－1551)陸楫刻本　三十四册

110000－0144－0021427　善846.5/414
馬東田文集六卷附錄一卷　(明)馬中錫撰　明嘉靖二十一年(1542)刻本　七册

110000－0144－0021428　善846.5/414－02
馬東田漫稿六卷　(明)馬中錫撰　明嘉靖十七年(1538)文三畏刻本　八册

110000－0144－0021429　善846.5/414－02
馬東田漫稿六卷　(明)馬中錫撰　明嘉靖十七年(1538)文三畏刻本　八册

110000－0144－0021430　善846.5/482
整庵先生存稿二十卷　(明)羅欽順撰　明天啟二年(1622)羅珽刻本　十册

110000－0144－0021431　善846.5/482.1
翰林羅圭峰先生文集十八卷續集十五卷　(明)羅玘撰　明嘉靖五年(1526)陳洪漠、余載仕刻本　八册

110000－0144－0021432　善846.5/482.7
念菴羅先生集十三卷　(明)羅洪先撰　明嘉靖四十三年(1564)甄津刻本　八册

110000－0144－0021433　善846.5/491
蠛蠓集五卷　(明)盧柟撰　明嘉靖刻本　五册

110000－0144－0021434　善846.5/491－02
蠛蠓集五卷　(明)盧柟撰　明萬曆三十年(1602)張其忠刻本　六册

110000－0144－0021435　善846.5/491－02
蠛蠓集五卷　(明)盧柟撰　明萬曆三十年(1602)張其忠刻本　六册

110000－0144－0021436　善846.5/516
白華樓續稿十五卷　(明)茅坤撰　明萬曆刻本　十三冊

110000－0144－0021437　善846.5/521
葛端肅公集十八卷識闕一卷　(明)葛守禮撰　清嘉慶七年(1802)葛周玉棣萼山房稿本　七冊

110000－0144－0021438　善846.5/554
穀原詩集八卷　(明)蘇祐撰　明嘉靖三十七年(1558)龔秉德刻本　四冊

110000－0144－0021439　善846.5/608
黃門集十二卷附錄一卷品藻一卷　(明)許相卿撰　明萬曆二十六年(1598)錢薌刻本　八冊

110000－0144－0021440　善846.5/643
蘇門集八卷　(明)高叔嗣撰　明嘉靖四十二年(1563)張正位刻本　四冊

110000－0144－0021441　善846.5/655
楓山章先生文集九卷　(明)章懋撰　明嘉靖九年(1530)張大綸刻明末章翰補修本　八冊

110000－0144－0021442　善846.5/663
慎修堂集二十卷　(明)亢思謙撰　明萬曆三十二年(1604)刻清康熙十五年(1676)亢宗瑗重修本　十冊

110000－0144－0021443　善846.5/667.7
袁中郎先生批評唐伯虎彙集四卷　(明)唐寅撰　(明)袁宏道評　**唐六如先生畫譜三卷**　(明)唐寅輯　**外集一卷**　(明)祝允明撰　**紀事一卷傳贊一卷**　明刻本　四冊

110000－0144－0021444　善846.5/667.7－6
唐伯虎先生集外編續刻十二卷　(明)唐寅撰　(明)何大成輯　明萬曆刻本　二冊

110000－0144－0021445　善846.5/668
對山集十九卷　(明)康海撰　明嘉靖二十四年(1545)吳孟祺刻本　八冊

110000－0144－0021446　善846.5/668－02
康對山先生文集十卷附錄一卷　(明)康海撰　清乾隆二十六年(1761)武功縣刻本　六冊

110000－0144－0021447　善846.5/668－02
康對山先生文集十卷附錄一卷　(明)康海撰　清乾隆二十六年(1761)武功縣刻本　六冊

110000－0144－0021448　善846.5/677
甫田集三十六卷　(明)文徵明撰　明刻清修本　六冊

110000－0144－0021449　善846.5/684
宗子相集十五卷　(明)宗臣撰　明萬曆刻本　四冊

110000－0144－0021450　善846.5/687
二餘齋詩集五卷　(明)寇學海撰　清初應城周于德等刻本　四冊

110000－0144－0021451　善846.5/740－02
石田先生集十一卷　(明)沈周撰　明萬曆三十四年(1606)陳仕錫刻本　六冊

110000－0144－0021452　善846.5/747
亦玉堂稿十卷　(明)沈鯉撰　清康熙二十九年(1690)劉榛刻本　四冊

110000－0144－0021453　善846.5/752
海忠介公文集十卷　(明)海瑞撰　明萬曆四十六年(1618)蔡鍾有刻本　五冊

110000－0144－0021454　善846.5/792
篁墩程先生文集九十三卷拾遺一卷別集二卷　(明)程敏政撰　明正德二年(1507)何歆刻本　三十二冊

110000－0144－0021455　善846.5/856
熊士選集一卷附錄一卷　(明)熊卓撰　明嘉靖二十二年(1543)范氏天一閣刻本　高德啟墨筆題識　一冊

110000－0144－0021456　善846.5/868－02
歸先生文集三十二卷附錄一卷　(明)歸有光撰　明萬曆四年(1576)翁良瑜雨金堂刻本　十二冊

110000－0144－0021457　善846.5/868－02
歸先生文集三十二卷附錄一卷　(明)歸有光撰　明萬曆四年(1576)翁良瑜雨金堂刻本

六册

110000－0144－0021458　善846.5/868－8
歸太僕公文定四卷　(明)歸有光撰　(清)崔徵麟輯　清康熙刻本　四册

110000－0144－0021459　善846.5/896
何文定公文集十一卷首一卷　(明)何瑭撰　明萬曆八年(1580)張中鴻刻本　八册

110000－0144－0021460　善846.5/898
何文簡公文集十八卷　(明)何孟春撰　明萬曆二年(1574)郭崇嗣邵城刻本　八册

110000－0144－0021461　善846.5/925
梓溪文鈔外集十卷　(明)舒芬撰　明萬曆四十八年(1620)舒氏刻本　六册

110000－0144－0021462　善846.5/925－02
梓溪文鈔内集八卷外集十卷　(明)舒芬撰　明天啟刻本　十二册

110000－0144－0021463　善846.5/964
桂軒先生全集九卷首一卷斯文會詩一卷　(明)顧恂撰　清雍正十年(1732)昆山顧氏桂雲堂刻本　四册

110000－0144－0021464　善846.5/977
鄭少谷先生全集二十四卷首一卷　(明)鄭善夫撰　清乾隆四十二年(1777)鄭拔臣刻本　十册

110000－0144－0021465　善846.5/978
鄭山齋先生文集二十四卷　(明)鄭嶽撰　明萬曆十九年(1591)鄭炫刻清鄭之錦增修本　六册

110000－0144－0021466　善846.8/033
太古園詩集　(明)王僩撰　清乾隆元年(1736)刻本　一册

110000－0144－0021467　善846.8/106
祝子遺書四卷附錄一卷　(明)祝淵撰　清抄本　三册

110000－0144－0021468　善846.8/113
王太僕詩集略四卷文集略二卷詩略一卷文略一卷　(明)王格撰　清康熙四十二年(1703)王氏樂山堂刻本　二册

110000－0144－0021469　善846.8/119
屠先生評釋謀野集四卷　(明)王穉登撰　(明)屠隆評釋　明萬曆四十四年(1616)書林熊稔寰刻本　四册

110000－0144－0021470　善846.8/120
擬山園選集二十六卷　(清)王鐸撰　清順治十年(1653)王鏞、王鑨刻本　十六册

110000－0144－0021471　善846.8/120.8
緱山先生集二十七卷　(明)王衡撰　明萬曆王時敏刻本　八册

110000－0144－0021472　善846.8/120.9
五公山人集十六卷　(清)王餘佑撰　清康熙三十四年(1695)枕釣齋刻本　四册

110000－0144－0021473　善846.8/129
來禽館集二十九卷　(明)邢侗撰　明萬曆四十六年(1618)刻本　二十四册

110000－0144－0021474　善846.8/139
仰節堂集十四卷　(明)曹于汴撰　清康熙二年(1663)弘運書院呂崇烈等刻乾隆增修本　八册

110000－0144－0021475　善846.8/139－02
仰節堂集十四卷　(明)曹于汴撰　清康熙二年(1663)弘運書院呂崇烈等刻本　八册

110000－0144－0021476　善846.8/140
博望山人稿二十卷　(明)曹履吉撰　明崇禎十七年(1644)刻本　六册

110000－0144－0021477　善846.8/170－02
黄石齋先生大滌函書六卷　(明)黄道周撰　明崇禎十五年(1642)刻本(卷五至六抄配)　三册

110000－0144－0021478　善846.8/193－05
袁中郎全集四十卷　(明)袁宏道撰　明崇禎二年(1629)武林佩蘭居刻本　十六册

110000－0144－0021479　善846.8/193－22
袁中郎十集十六卷　(明)袁宏道撰　明周應麐刻本　八册

110000－0144－0021480　善846.8/193－7
瀟碧堂集二十卷　(明)袁宏道撰　明萬曆三十六年(1608)勾吳袁氏書種堂刻本　四冊

110000－0144－0021481　善846.8/193－7
瀟碧堂集二十卷　(明)袁宏道撰　明萬曆三十六年(1608)勾吳袁氏書種堂刻本　八冊

110000－0144－0021482　善846.8/193－9
解脱集四卷　(明)袁宏道撰　明萬曆三十八年(1610)勾吳袁氏書種堂刻本　二冊

110000－0144－0021483　善846.8/213
選刻四六夢花四卷　(明)戴文宗撰　(明)戴國伯評　明萬曆二十六年(1598)星源桂巖貳氏學亶山房刻本(有抄配)　四冊

110000－0144－0021484　善846.8/256.3
林茂之詩選二卷　(清)林古度撰　(清)王士禛輯　清康熙四十九年(1710)程哲等刻本　一冊

110000－0144－0021485　善846.8/287－03
李氏焚書六卷　(明)李贄撰　明刻本　五冊

110000－0144－0021486　善846.8/287－05
李氏焚書六卷　(明)李贄撰　明刻朱墨套印本　六冊

110000－0144－0021487　善846.8/293
大泌山房集一百三十四卷目錄二卷　(明)李維楨撰　明萬曆刻本　四十八冊

110000－0144－0021488　善846.8/306－04
新刻張太岳先生詩文集四十七卷　(明)張居正撰　明萬曆四十年(1612)唐國達刻本　二十四冊

110000－0144－0021489　善846.8/313－02
瑯嬛文集六卷　(明)張岱撰　清光緒三年(1877)王介臣刻本(有抄配)　周作人抄配並題識　六冊

110000－0144－0021490　善846.8/319
由拳集二十三卷　(明)屠隆撰　明萬曆八年(1580)馮夢禎刻本　八冊

110000－0144－0021491　善846.8/344
重刻來瞿唐先生日錄内篇七卷外篇五卷　(明)來知德撰　明萬曆刻本　六冊

110000－0144－0021492　善846.8/352
夢石山房文鈔四卷　(明)左懋第撰　清乾隆五年(1740)刻本　四冊

110000－0144－0021493　善846.8/366.7
玄晏齋文抄五卷　(明)孫慎行撰　明萬曆刻本　二冊

110000－0144－0021494　善846.8/384－3
陳眉公集十七卷　(明)陳繼儒撰　明萬曆四十三年(1615)史辰伯刻本　四冊

110000－0144－0021495　善846.8/403
歇菴集十六卷　(明)陶望齡撰　明萬曆三十九年(1611)刻本　十六冊　存七卷(一至七)

110000－0144－0021496　善846.8/412
四六雕蟲三十一卷　(明)馬樸撰　明萬曆刻本　八冊

110000－0144－0021497　善846.8/437
賜餘堂集十四卷　(明)吳中行撰　明萬曆二十八年(1600)吳亮等刻本　十二冊

110000－0144－0021498　善846.8/439
樓山堂集二十七卷熹朝忠節死臣列傳一卷　(明)吳應箕撰　清逢原齋木活字印本(熹朝忠節死臣列傳為道光二十年朱欒抄本)　七冊

110000－0144－0021499　善846.8/448
重刻張來儀靜居集四卷　(明)張羽撰　明萬曆刻本　四冊

110000－0144－0021500　善846.8/504.8
鐫蒼霞草十二卷　(明)葉向高撰　明萬曆三十四年(1606)趙邦柱等刻本　十四冊

110000－0144－0021501　善846.8/516
唐宋八大家文鈔　(明)茅坤輯評　明崇禎四年(1631)金閶簧玉堂刻本　六十冊

110000－0144－0021502　善846.8/533
范文忠公初集十二卷　(明)范景文撰　**年譜一卷**　(清)王孫錫撰　清康熙四十年(1701)

范毓秀、范繩祖刻本　四冊

110000－0144－0021503　善846.8/541
容臺別集四卷　(明)董其昌撰　明崇禎三年(1630)董庭刻本　四冊

110000－0144－0021504　善846.8/541
容臺文集九卷　(明)董其昌撰　明崇禎三年(1630)董庭刻本　八冊

110000－0144－0021505　善846.8/631
郭文簡公文集六卷管見一卷　(明)郭朴撰　清康熙思齊軒刻本　五冊

110000－0144－0021506　善846.8/669－6
鹿忠節公認真草十五卷　(明)鹿善繼撰　(清)鹿傳霖輯　清鹿傳霖抄本　存一卷(六)　四冊

110000－0144－0021507　善846.8/712
汪六可先生集一卷幼兒問答一卷　(明)汪應詩撰　明萬曆四十七年(1619)汪應照刻本　一冊

110000－0144－0021508　善846.8/719
瑞陽阿集十卷　(明)江東之撰　明萬曆二十六年(1598)東臯堂刻本　六冊

110000－0144－0021509　善846.8/719－02
瑞陽阿集十卷　(明)江東之撰　清乾隆八年(1743)刻本　八冊

110000－0144－0021510　善846.8/736
睡庵文稿十一卷詩稿四卷詩稿一卷文稿二卷　(明)湯賓尹撰　明萬曆刻本(詩稿一卷文稿二卷配戴穀校刻本)　四冊

110000－0144－0021511　善846.8/736.4－1
玉茗堂全集四十六卷　(明)湯顯祖撰　明天啓刻本　十二冊　存二十二卷(文一至十六、賦一至六)

110000－0144－0021512　善846.8/765
凌忠清公集六卷　(明)凌義渠撰　清初刻本　八冊

110000－0144－0021513　善846.8/773
馮用韞先生北海集四十六卷　(明)馮琦撰　明萬曆林有麟刻本　十二冊

110000－0144－0021514　善846.8/821
周季平先生青黎館集四卷　(明)周如砥撰　明崇禎十五年(1642)周璟刻本　四冊

110000－0144－0021515　善846.8/845
光禄集六卷　(明)管大勳撰　明萬曆二十七年(1599)刻本　六冊

110000－0144－0021516　善846.8/903
汲古堂集二十八卷　(明)何白撰　明萬曆刻本　九冊

110000－0144－0021517　善846.8/917
焦氏澹園集四十九卷　(明)焦竑撰　明萬曆四十三年(1615)黄雲蛟刻本　十冊

110000－0144－0021518　善846.8/919
鴻寶應本十七卷　(明)倪元璐撰　明崇禎十五年(1642)刻本　六冊

110000－0144－0021519　善846.8/919
鴻寶應本十七卷　(明)倪元璐撰　明崇禎十五年(1642)刻本　六冊

110000－0144－0021520　善846.8/937－3
隱秀軒集三十三卷　(明)鍾惺撰　明天啟二年(1622)虞山沈春澤刻本　八冊

110000－0144－0021521　善846.8/937－3
隱秀軒集三十三卷　(明)鍾惺撰　明天啟二年(1622)虞山沈春澤刻本　六冊

110000－0144－0021522　善846.8/952－6
徐文長文集三十卷　(明)徐渭撰　(明)袁宏道評點　明萬曆刻本　二十冊

110000－0144－0021523　善846.8/952－64
徐文長三集二十九卷　(明)徐渭撰　明萬曆二十八年(1600)商濬刻本　八冊

110000－0144－0021524　善846.8/960
鶴山禪師外錄一卷　(明)釋鶴山撰　(明)釋德敷等輯　明末刻本　一冊

110000－0144－0021525　善846.8/987
金正希先生文集輯略九卷　(明)金聲撰　清

初刻本　八冊

110000－0144－0021526　善846.9/145
阮太沖集一卷　(明)阮漢聞撰　清康熙周亮工遙連堂刻本　一冊

110000－0144－0021527　善846.9/309.7－03
張蒼水先生文集二卷　(明)張煌言撰　(清)董碧雲輯　清抄本　一冊

110000－0144－0021528　善846.9/379－3
陳忠裕詩餘不分卷　(明)陳子龍撰　清王鵬運抄本　一冊

110000－0144－0021529　善846.9/856
擊築餘音一卷　(清)熊開元撰　清抄本　一冊

110000－0144－0021530　善846.9/987－03
金忠節公文集八卷　(明)金聲撰　清光緒三年(1877)嘉魚檜蔭山房刻本　英斂之題識　四冊

110000－0144－0021531　善846.9/987－04
金忠節公文集八卷　(明)金聲撰　清道光七年(1827)嘉魚官署刻本　英斂之題識　四冊

110000－0144－0021532　善847.1/120
四照堂文集五卷詩集二卷　(清)王猷定撰　清康熙二十三年(1684)龍眠王氏刻本　四冊

110000－0144－0021533　善847.1/198
三山草一卷白門草一卷半塘草一卷　(清)趙士冕撰　清順治八年(1651)刻本　一冊

110000－0144－0021534　善847.1/291
夢餘集四卷　(清)李肇亨撰　清刻本　四冊

110000－0144－0021535　善847.1/493
尊水園集略十二卷補遺一卷　(清)盧世漼撰　(清)程先貞等輯　**附一卷**　(清)王永吉撰　清順治十七年(1660)盧孝餘刻本　六冊

110000－0144－0021536　善847.1/493－02
尊水園集略十二卷補遺二卷　(清)盧世漼撰　(清)程先貞等輯　清順治盧孝餘刻十七年(1660)增修後印本　八冊

110000－0144－0021537　善847.1/691
白華堂詩一卷　(清)宋權著　**西湄草堂詩**　(清)宋犖撰　清康熙三十年(1691)宋犖刻本　一冊

110000－0144－0021538　善847.1/703
清止閣詩四卷清止詩一卷清止文草三卷右掖疏草一卷左掖疏草一卷閱伍三記一卷　(清)趙進美撰　清初趙進美刻本　二冊

110000－0144－0021539　善847.1/781
巽書六卷　(清)毛先舒撰　清順治十八年(1661)刻本　六冊

110000－0144－0021540　善847.1/932－8
牧齋初學集一百十卷目錄二卷　(清)錢謙益撰　明崇禎十六年(1643)瞿式耜刻本　四十八冊

110000－0144－0021541　善847.1/932－935－03
牧齋初學集詩註二十卷有學集詩註十四卷　(清)錢謙益撰　(清)錢曾註　清初刻本　三十六冊

110000－0144－0021542　善847.1/932－98
錢牧齋詩精華錄不分卷　(清)錢謙益撰　清抄本　一冊

110000－0144－0021543　善847.1/953
偶更堂文集二卷詩稿二卷　(清)徐作肅著　(清)徐世際　(清)徐世徵編　清康熙傳盛社刻本　四冊

110000－0144－0021544　善847.1/965－03
亭林文集六卷詩集五卷　(清)顧炎武撰　清康熙潘耒刻本　二冊

110000－0144－0021545　善847.1/987－03
貫華堂才子書彙稿十種十五卷　(清)金人瑞撰　清學易堂刻本　十六冊

110000－0144－0021546　善847.2/033
凝翠樓集四卷　(清)王慧撰　清康熙四十七年(1708)朱氏銀槎閣刻本　一冊

110000－0144－0021547　善847.2/111
于清端公政書八卷外集一卷　(清)于成龍撰

清康熙四十六年(1707)于準刻本　九册

110000－0144－0021548　善847.2/111－1
于清端公集四卷　(清)于成龍撰　**附一卷**　(清)陳廷敬撰　清康熙三十四年(1695)于廷翼刻本　二册

110000－0144－0021549　善847.2/113
帶經堂集九十二卷　(清)王士禛撰　(清)程哲校編　清康熙四十九年至五十年(1710－1711)安徽歙縣程氏七略書堂刻乾隆十二年(1747)黄晟重修本　四十八册

110000－0144－0021550　善847.2/113.2
白田草堂存稿二十四卷　(清)王懋竑撰　**行狀一卷崇祀鄉賢録一卷**　清乾隆刻本　六册

110000－0144－0021551　善847.2/113－138－02
漁洋山人精華録訓纂十卷　(清)王士禛撰　(清)惠棟注　**自撰年譜註補二卷金氏精華録箋注辨譌一卷**　(清)惠棟撰　清乾隆紅豆齋刻本　十二册

110000－0144－0021552　善847.2/113－138－02
漁洋山人精華録訓纂十卷　(清)王士禛撰　(清)惠棟注　**自撰年譜註補二卷金氏精華録箋注辨譌一卷**　(清)惠棟撰　清乾隆紅豆齋刻本　十二册

110000－0144－0021553　善847.2/113－3
阮亭詩選十七卷　(清)王士禛撰　清康熙元年(1662)刻本　六册

110000－0144－0021554　善847.2/113－987－02
漁洋山人精華録十二卷補註一卷　(清)王士禛撰　(清)金榮箋注　**年譜一卷附録一卷**　清乾隆鳳翽堂刻本　十册

110000－0144－0021555　善847.2/113－987－02
漁洋山人精華録十二卷補註一卷　(清)王士禛撰　(清)金榮箋注　**年譜一卷附録一卷**　清乾隆鳳翽堂刻本　四册

110000－0144－0021556　善847.2/117
後村詩集七卷吴越游草一卷　(清)王文治撰　清康熙四十五年至四十六年(1706－1707)王文治刻本　八册

110000－0144－0021557　善847.2/117
樓邨詩集二十五卷　(清)王式丹撰　清雍正四年(1726)王懋訥刻本　四册

110000－0144－0021558　善847.2/117
樓邨詩集二十五卷　(清)王式丹撰　清雍正四年(1726)王懋訥刻本　十册

110000－0144－0021559　善847.2/118
厚菴存稿十一卷　(清)王疑鼎撰　(清)王懋竑校改　清抄本　四册

110000－0144－0021560　善847.2/119.8
旭華堂文集十四卷補遺一卷續編一卷　(清)王奐曾撰　清乾隆十六年(1751)趙熟典刻本　六册

110000－0144－0021561　善847.2/131
研莊遺稿二卷　(清)吕種玉撰　清康熙五十一年(1712)刻本　二册

110000－0144－0021562　善847.2/134
懷園集杜詩八卷　(清)車萬育撰　清康熙刻本　二册

110000－0144－0021563　善847.2/134－02
李杜詩集合選十六卷　(清)車萬育編　清康熙懷園車萬育刻本　八册

110000－0144－0021564　善847.2/140
客裝一卷里音一卷　(清)曹爾堪撰　清順治刻本　三册

110000－0144－0021565　善847.2/157
舟中雜咏一卷　(清)聶源撰　清康熙十四年(1675)刻本　一册

110000－0144－0021566　善847.2/161
嵩游草一卷　(清)李來章撰　(清)冉覲祖評　(清)耿介選　清康熙三十年(1691)刻本　二册

110000－0144－0021567　善847.2/185
古愚心言八卷中藏集一卷拒僞歷案白語一卷　(清)彭鵬撰　清康熙愚齋刻本　十册

110000－0144－0021568　善847.2/185.3
松桂堂全集三十七卷　(清)彭孫遹撰　清乾隆八年(1743)浙江彭景曾刻本　六册

110000－0144－0021569　善847.2/198
飴山文集十二卷附録一卷談龍録一卷　(清)趙執信撰　清乾隆三十九年(1774)因園刻本　四册

110000－0144－0021570　善847.2/198.2
千疊波餘　(清)趙吉士撰　清康熙刻本　四册

110000－0144－0021571　善847.2/199
三臺集三卷　(清)趙友德撰　清康熙寶善堂刻本　二册

110000－0144－0021572　善847.2/203
偶庵集略二卷　(清)趙善増撰　清康熙二十年(1681)李棠刻本　二册

110000－0144－0021573　善847.2/209
中山文鈔四卷首一卷詩鈔四卷史論二卷奏議四卷　(清)郝浴撰　清康熙刻本　八册

110000－0144－0021574　善847.2/229
有懷堂詩文藁文藁二十二卷詩藁六卷　(清)韓菼撰　清康熙四十二年(1703)刻本　八册

110000－0144－0021575　善847.2/274
研堂詩十卷贈言一卷續稿二卷晚稿二卷拾遺一卷花外散吟一卷　(清)楊維坤撰　清康熙四十六年(1707)刻雍正十年(1732)續刻乾隆八年(1743)增刻本　六册

110000－0144－0021576　善847.2/279
續學堂文鈔六卷首一卷詩鈔四卷首一卷　(清)梅文鼎撰　清乾隆梅氏刻本　四册

110000－0144－0021577　善847.2/286
石園詩草十五卷　(清)李元鼎撰　**隨草二卷隨草續編一卷**　(清)朱中楣撰　**隨草詩餘一卷倡和初集一卷鏡閣新聲一卷**　(清)李元鼎　(清)朱中楣撰　清康熙刻本　八册

110000－0144－0021578　善847.2/293－1
穆堂別藁五十卷　(清)李紱撰　清乾隆十二年(1747)刻本　十二册

110000－0144－0021579　善847.2/295
查浦詩鈔十二卷　(清)查嗣瑮撰　清康熙六十一年(1722)查慎行刻本　六册

110000－0144－0021580　善847.2/295.7
敬業堂詩集四十八卷　(清)查慎行撰　清康熙五十八年(1719)刻本　十册

110000－0144－0021581　善847.2/306－6
張文貞公集十二卷　(清)張玉書撰　清乾隆五十七年(1792)張氏松蔭堂刻本　四册

110000－0144－0021582　善847.2/307.2
張力臣先生遺集　(清)張弨撰　清道光丁晏抄本　一册

110000－0144－0021583　善847.2/308
蒿庵集三卷　(清)張爾岐撰　清乾隆三十八年(1773)胡德琳刻濟陽縣衙印本　三册

110000－0144－0021584　善847.2/308.39
匠門書屋文集三十卷　(清)張大受撰　清雍正七年(1729)顧詒祿刻本　六册

110000－0144－0021585　善847.2/309
渠亭山人半部藁四卷　(清)張貞撰　清康熙刻嘉慶彙印本　四册

110000－0144－0021586　善847.2/309.4
庸書二十卷目録一卷　(清)張貞生撰　清康熙二十七年(1688)張世坤、張世坊刻本　十册

110000－0144－0021587　善847.2/312－7
心齋聊復集不分卷　(清)張潮撰　清康熙徽州詒清堂刻本　四册

110000－0144－0021588　善847.2/312－8
心齋集字詩二卷集杜雁字詩一卷　(清)張潮撰　清康熙徽州詒清堂刻本　一册

110000－0144－0021589　善847.2/313
扣舷集四卷　(清)胡師瑗撰　清康熙五十七年(1718)刻本　二册

110000－0144－0021590　善847.2/329

邵子湘全集三十卷 （清）邵長蘅撰　清康熙青門草堂刻本　四冊

110000－0144－0021591　善 847.2/356－03
尤西堂全集 （清）尤侗撰　清康熙三十三年(1694)刻本　四十八冊

110000－0144－0021592　善 847.2/361
溉堂前集九卷續集六卷文集五卷詩餘二卷 （清）孫枝蔚撰　清康熙刻本　八冊

110000－0144－0021593　善 847.2/366
愛日堂文集八卷詩集二卷附一卷 （清）孫宗彝撰　清乾隆三十五年(1770)孫仝祁、孫仝庶刻本　四冊

110000－0144－0021594　善 847.2/370
湖海集十三卷 （清）孔尚任撰　清康熙孔氏介安堂刻本　四冊　存六卷(一至六)

110000－0144－0021595　善 847.2/370－03
湖海集六卷 （清）孔尚任撰　清抄本　（清）鄧漢儀等批　四冊

110000－0144－0021596　善 847.2/372.3
林屋詩集九卷 （清）鄧旭撰　清道光三年(1823)鄧廷禎刻本　二冊

110000－0144－0021597　善 847.2/377.1
確庵文藁十卷 （清）陳瑚撰　清康熙五十七年(1718)常熟毛扆刻本　十二冊

110000－0144－0021598　善 847.2/379
菀青集十九卷 （清）陳至言撰　清康熙芝泉堂刻本　四冊

110000－0144－0021599　善 847.2/385－3
陳檢討集十二卷 （清）陳維崧撰　（清）蔣景祁　（清）曹亮武輯　清康熙二十二年(1683)蔣景祁刻本　六冊

110000－0144－0021600　善 847.2/428
秋水集十卷 （清）嚴繩孫撰　清康熙雨青草堂刻本　二冊

110000－0144－0021601　善 847.2/428.4
嚴太僕先生集十二卷 （清）嚴虞惇撰　清乾隆元年(1736)刻本　四冊

110000－0144－0021602　善 847.2/436.3
蓮洋集二十卷 （清）吴雯撰　（清）翁方綱編　**蓮洋吴徵事年譜一卷** （清）翁方綱撰　**附錄一卷**　清乾隆三十九年(1774)荆圃草堂刻本　八冊

110000－0144－0021603　善 847.2/436.3
蓮洋集二十卷 （清）吴雯撰　（清）翁方綱編　**蓮洋吴徵事年譜一卷** （清）翁方綱撰　**附錄一卷**　清乾隆三十九年(1774)荆圃草堂刻本　八冊

110000－0144－0021604　善 847.2/441－02
吴詩集覽二十卷談藪二卷 （清）吴偉業撰　（清）靳榮藩輯　清乾隆四十年(1775)靳榮藩淩雲亭刻本　十六冊

110000－0144－0021605　善 847.2/442
秋笳集八卷 （清）吴兆騫撰　（清）吴永之重訂　清乾隆四十一年(1776)知止草堂刻本　四冊

110000－0144－0021606　善 847.2/444
夢月巖詩集二十卷詩餘一卷 （清）吕履恒撰　清雍正三年(1725)吕憲曾、吕宣曾刻本　四冊

110000－0144－0021607　善 847.2/451
吕晚村先生文集八卷續集四卷附錄一卷 （清）吕留良撰　清雍正南陽講習堂刻本　八冊

110000－0144－0021608　善 847.2/504
葉忠節公遺藁十六卷 （清）葉映榴撰　清道光刻本　六冊

110000－0144－0021609　善 847.2/504.6
巳畦集十四卷 （清）葉燮撰　清康熙二棄草堂刻本　二冊

110000－0144－0021610　善 847.2/564
鷗跡集二十一卷 （清）蔡受撰　清刻本　四冊

110000－0144－0021611　善 847.2/626.4
方貞觀詩集六卷 （清）方貞觀撰　清乾隆三

年(1738)汪廷璋刻本　三册

110000－0144－0021612　善 847.2/640
栖雲閣詩十六卷拾遺三卷文集十五卷　(清)高珩撰　清乾隆三年(1738)刻本　十二册

110000－0144－0021613　善 847.2/640
栖雲閣詩十六卷　(清)高珩撰　清乾隆三年(1738)刻本　六册

110000－0144－0021614　善 847.2/655
思綺堂文集十卷　(清)章藻功撰　清康熙六十一年(1722)章藻功刻本　十册

110000－0144－0021615　善 847.2/659
定山堂詩集四十三卷詩餘四卷　(清)龔鼎孳撰　清康熙十五年(1676)吴興祚刻本　十二册

110000－0144－0021616　善 847.2/667
志壑堂詩集十二卷後集五卷文集十二卷後集三卷吴越同遊日記二卷辛酉同游倡和詩餘後集二卷　(清)唐夢賚撰　清康熙刻本　十八册

110000－0144－0021617　善 847.2/667－1
阮亭選志壑堂詩十五卷　(清)唐夢賚撰　(清)王士禛輯並評　清康熙刻本　二册

110000－0144－0021618　善 847.2/696.2
綿津山人詩集二十六卷楓香詞一卷　(清)宋犖撰　清康熙刻本　六册

110000－0144－0021619　善 847.2/704
紀城文藁四卷玉磑集四卷嶽江草一卷倦游草一卷柳邨雜詠二卷黿音一卷吴江旅嘯一卷　(清)安致遠撰　**綺樹閣賦稿一卷　詩稿一卷**　(清)安箕撰　清康熙刻本　六册

110000－0144－0021620　善 847.2/707－02
堯峰文鈔四十卷詩十卷　(清)汪琬撰　清康熙三十二年(1693)林佶刻本　八册

110000－0144－0021621　善 847.2/708
百尺梧桐閣集十六卷　(清)汪懋麟撰　清康熙十七年(1678)刻本　四册

110000－0144－0021622　善 847.2/716
御製詩集十卷二集十卷三集八卷　(清)聖祖玄燁撰　清康熙四十二年(1703)宋犖刻本(三集八卷配康熙内府刻本)　八册

110000－0144－0021623　善 847.2/736.6
懷清堂集二十卷首一卷　(清)湯右曾撰　清乾隆十一年(1746)湯學基刻本　四册

110000－0144－0021624　善 847.2/739
定峰樂府十卷甲子年定峰山左雜詠一卷　(清)沙張白撰　(清)曹禾評　清刻本　二册

110000－0144－0021625　善 847.2/754
遂初堂文集二十卷别集四卷　(清)潘耒著　清康熙刻雍正增刻本　八册

110000－0144－0021626　善 847.2/754.2
穎川文集十三卷　(清)潘書馨撰　清康熙刻本　四册

110000－0144－0021627　善 847.2/759－02
葦間詩集五卷　(清)姜宸英撰　清康熙五十二年(1713)唐執玉刻本　孫梃批注並題識　二册

110000－0144－0021628　善 847.2/763
静觀堂詩集三十卷　(清)勞之辯撰　清康熙刻本　四册　存二十一卷(一至二十一)

110000－0144－0021629　善 847.2/781
松皋文集十二卷　(清)毛際可撰　(清)張希良　(清)毛先舒評　清康熙十五年(1676)刻本　四册

110000－0144－0021630　善 847.2/783
抱犢山房集六卷　(清)嵇永仁撰　清雍正刻本　四册

110000－0144－0021631　善 847.2/834
曝書亭集八十卷附録一卷　(清)朱彝尊撰　**笛漁小稾十卷**　(清)朱昆田撰　清康熙五十三年(1714)朱稻孫刻本　二十四册

110000－0144－0021632　善 847.2/844
江上詩集十卷　(清)笪重光著　清宣統三年(1911)楊世沅抄本　一册

110000－0144－0021633　善 847.2/845

擄梧詩集十五卷小遊仙集一卷　(清)管棆撰　清康熙刻嘉慶管學洛補修本　十二册

110000－0144－0021634　善 847.2/856

經義齋集十八卷　(清)熊賜履撰　清康熙二十九年(1690)刻本　六册

110000－0144－0021635　善 847.2/861－9

飲水詩集二卷詞集三卷　(清)納蘭性德撰　清康熙三十年(1691)張純修刻本　四册

110000－0144－0021636　善 847.2/883.8

丘邦士文集十七卷　(清)丘邦士撰　清康熙五十八年(1719)刻本　四册

110000－0144－0021637　善 847.2/886

高陽山人詩集二十卷補遺一卷　(清)劉青藜撰　清康熙四十九年(1710)刻本　四册

110000－0144－0021638　善 847.2/887

虛直堂文集二十四卷首一卷　(清)劉榛撰　清康熙二十七年(1688)刻本　六册

110000－0144－0021639　善 847.2/889

七頌堂詩集九卷文集四卷　(清)劉体仁撰　清康熙潁川劉氏刻本　四册

110000－0144－0021640　善 847.2/947

居易堂集二十卷　(清)徐枋撰　清康熙刻本　四册

110000－0144－0021641　善 847.2/949

憺園文集三十六卷　(清)徐乾學撰　清康熙三十六年(1697)冠山堂刻本　二十四册

110000－0144－0021642　善 847.2/953

世經堂集唐詩詞刪八卷　(清)徐旭旦撰　清康熙五十三年(1714)世經堂刻本　八册

110000－0144－0021643　善 847.2/961

洗桐軒文集九卷　(清)顧陳垿撰　清刻本　四册

110000－0144－0021644　善 847.2/987

浪淘集詩鈔一卷　(清)金人望撰　清康熙六十年(1721)丘璋刻本　一册

110000－0144－0021645　善 847.3/115

己山先生文集十卷別集四卷　(清)王步青撰　**傳一卷**　清乾隆敦復堂刻本　六册

110000－0144－0021646　善 847.3/162

朱圉山人集十二卷補遺一卷　(清)鞏建豐撰　清乾隆十九年(1754)鞏敬緒刻本　六册

110000－0144－0021647　善 847.3/177

甘莊恪公全集十六卷　(清)甘汝來撰　清乾隆賜福堂刻本　四册

110000－0144－0021648　善 847.3/185

曉松吟一卷　(清)彭士商撰　清乾隆刻本　一册

110000－0144－0021649　善 847.3/218

葆璞堂文集四卷　(清)胡煦撰　清乾隆三十七年(1772)刻本　二册

110000－0144－0021650　善 847.3/291

恒齋文集十二卷附錄一卷　(清)李文炤撰　清乾隆三年(1738)善化李氏四為堂刻本　六册

110000－0144－0021651　善 847.3/384

陳學士文集十八卷　(清)陳儀撰　清乾隆十八年(1753)陳氏蘭雪齋刻本　八册

110000－0144－0021652　善 847.3/448

蠹窗詩集十四卷　(清)張令儀撰　清雍正二年(1724)姚仲芝刻本　二册　存九卷(一至九)

110000－0144－0021653　善 847.3/449

青要集十三卷　(清)呂謙恒撰　清乾隆十五年(1750)刻本　二册

110000－0144－0021654　善 847.3/502

延綠閣集十二卷　(清)華希閔撰　清雍正刻本　四册

110000－0144－0021655　善 847.3/526

讀孟居集四卷　(清)蔣汾功撰　清抄本　劉持原校　二册

110000－0144－0021656　善 847.3/660

拾翠集十卷　(清)商盤撰　清抄本　四册

110000－0144－0021657　善847.3/834
雙魚偶存二卷　(清)朱穎撰　清乾隆三十九年(1774)緑蔭堂刻本　二册

110000－0144－0021658　善847.4/103
苙亭詩集十二卷　(清)朱琰撰　清乾隆三十八年(1773)樊桐山房刻本　四册

110000－0144－0021659　善847.4/106
悦親樓詩集三十卷詩外集二卷　(清)祝德麟撰　清嘉慶二年(1797)刻本　十册

110000－0144－0021660　善847.4/111
來鶴堂詩鈔四卷　(清)于宗瑛撰　清乾隆五十二年(1787)刻本　二册

110000－0144－0021661　善847.4/113
葆淳閣集二十四卷易說二卷　(清)王杰撰　清嘉慶刻本　十册

110000－0144－0021662　善847.4/114.2
丁辛老屋集十二卷　(清)王又曾撰　清乾隆五十二年(1787)鄢陵官舍刻本　二册

110000－0144－0021663　善847.4/128
竹溪詩略二十四卷附年譜一卷　(清)沈樹本撰　清乾隆刻本　八册

110000－0144－0021664　善847.4/139
四焉齋文集八卷詩集六卷　(清)曹一士撰
梯仙閣餘課一卷　(清)陸鳳池撰　清乾隆刻本　十二册

110000－0144－0021665　善847.4/167－04
兩當軒集二十二卷附錄六卷考異二卷　(清)黄景仁撰　清咸豐八年(1858)黄氏家塾刻本　五册

110000－0144－0021666　善847.4/169
唐堂集五十卷續八卷補遺二卷附冬錄一卷　(清)黄之雋撰　清乾隆刻本　十二册

110000－0144－0021667　善847.4/185.8
測海集五卷　(清)彭紹升撰　清抄本　五册

110000－0144－0021668　善847.4/198.1
潄芳居文鈔八卷　(清)趙青藜撰　清潄芳居刻本　四册

110000－0144－0021669　善847.4/202
媕雅堂詩集十二卷續集四卷詞集四卷別集六卷文稿一卷　(清)趙文喆撰　清乾隆刻本　七册

110000－0144－0021670　善847.4/202
媕雅堂詩集十二卷續集四卷詞集四卷別集六卷文稿一卷　(清)趙文喆撰　清乾隆刻本　八册

110000－0144－0021671　善847.4/213－2－05
戴東原集十二卷　(清)戴震撰　清乾隆五十七年(1792)經韻樓刻本　一册

110000－0144－0021672　善847.4/221
緑蘿山莊文集二十四卷　(清)胡浚撰　清乾隆二十一年(1756)刻本　十六册

110000－0144－0021673　善847.4/249
大蔭堂集不分卷　(清)洪嘉植撰　清初刻本　三册

110000－0144－0021674　善847.4/259
嶺南林睡廬詩選二卷　(清)林良銓撰　清乾隆二十年(1755)詠春堂刻本　二册

110000－0144－0021675　善847.4/261
樸學齋詩藁十卷　(清)林佶撰　清乾隆九年(1744)刻本　四册

110000－0144－0021676　善847.4/273
楊氏全書三十六卷　(清)楊名時撰　清乾隆江陰葉廷甲水心草堂刻本　八册

110000－0144－0021677　善847.4/273
楊氏全書三十六卷　(清)楊名時撰　清乾隆江陰葉廷甲水心草堂刻本　八册

110000－0144－0021678　善847.4/294
睫巢集六卷　(清)李鍇撰　清乾隆六年(1741)洪肇楙刻本　六册

110000－0144－0021679　善847.4/294
睫巢集六卷　(清)李鍇撰　清乾隆六年(1741)洪肇楙刻本　四册

110000－0144－0021680　善847.4/307
竹葉庵文集三十三卷　(清)張塤撰　清乾隆五十一年(1786)刻本　八册

110000－0144－0021681　善 847.4/308.3
樸村文集二十四卷詩集十三卷　(清)張雲章撰　清康熙五十三年(1714)刻本　存十一卷(一至十一)　四冊

110000－0144－0021682　善 847.4/313－2
南華山房詩鈔一卷　(清)張鵬翀撰　清乾隆刻本　一冊

110000－0144－0021683　善 847.4/314
南坪詩鈔八卷　(清)張學舉撰　清乾隆五十八年(1793)珠光樓刻本　四冊

110000－0144－0021684　善 847.4/315
稽古齋全集八卷　(清)弘晝撰　清乾隆十一年(1746)刻本　五冊

110000－0144－0021685　善 847.4/321
弱水集二十二卷　(清)屈復撰　清乾隆二十九年(1764)刻本　四冊

110000－0144－0021686　善 847.4/321－766
雨春軒詩草十卷經進詩一卷　(清)姚頤撰　清乾隆泰和姚氏刻本　四冊

110000－0144－0021687　善 847.4/324
尹文端公詩集十卷　(清)尹繼善撰　清乾隆刻本　五冊

110000－0144－0021688　善 847.4/348
半舫齋編年詩二十卷　(清)夏之蓉著　(清)侯學詩批點　清乾隆三十六年(1771)夏味堂刻本　四冊

110000－0144－0021689　善 847.4/350
清素堂詩集十卷　(清)石鈞撰　清乾隆六十年(1795)刻本　二冊

110000－0144－0021690　善 847.4/374
弢甫集十四卷續集二十卷文集三十卷五嶽集二十卷　(清)桑調元撰　清乾隆蘭陔草堂刻修汲堂遞刻本　九冊

110000－0144－0021691　善 847.4/382
慕陵詩稿二卷　(清)陳榮杰撰　清嘉慶八年(1803)陳昌刻本　一冊

110000－0144－0021692　善 847.4/383
問渠詩草八卷　(清)陳濤撰　清刻本　二冊

110000－0144－0021693　善 847.4/383.7
凝齋先生遺集十卷末一卷　(清)陳道撰　清乾隆二十七年(1762)陳守誠等刻本　四冊

110000－0144－0021694　善 847.4/384.9
紫竹山房詩集十二卷文集二十卷　(清)陳兆崙撰　**年譜一卷**　(清)梁玉繩撰　清乾隆刻本　六冊

110000－0144－0021695　善 847.4/437.4
聽雨齋詩集十二卷　(清)吳照撰　清乾隆五十九年(1794)南昌吳照刻本　二冊

110000－0144－0021696　善 847.4/438
白華前稿六十卷　(清)吳省欽撰　清乾隆刻本　八冊

110000－0144－0021697　善 847.4/440
午亭山人第二集三卷　(清)陳廷敬撰　清乾隆四十三年(1778)北京于大梃刻本　一冊

110000－0144－0021698　善 847.4/476
笠洲文集十卷　(清)瞿源洙撰　清乾隆十九年(1754)刻本　五冊

110000－0144－0021699　善 847.4/4762
青嶁遺稿二卷　(清)盛錦撰　(清)沈德潛評　清乾隆二十六年(1761)刻本　二冊

110000－0144－0021700　善 847.4/494
夢堂詩稿十五卷　(清)英廉撰　清嘉慶二年(1797)刻本　二冊

110000－0144－0021701　善 847.4/526
弗如室詩鈔五卷　(清)蔣知廉撰　清嘉慶蔣立中、蔣立屏刻本　(清)周有聲朱筆批註　(清)葉鈞墨筆批注並題記　(清)吳嵩梁藍筆批注　二冊

110000－0144－0021702　善 847.4/547
小鈍居士集十三卷　(清)董秉純撰　清道光抄本　四冊

110000－0144－0021703　善 847.4/561
緝齋詩稿八卷文集八卷首一卷　(清)蔡新撰　清乾隆五十年(1785)刻本　十冊

110000－0144－0021704　善847.4/626－65
望溪文抄一卷　(清)方苞撰　(清)黃彭年輯　清咸豐十年(1860)抄本　二冊

110000－0144－0021705　善847.4/645
固哉草亭文集二卷補遺一卷　(清)高斌撰　清乾隆高恆刻本　四冊

110000－0144－0021706　善847.4/647
南阜山人詩集類稿七卷　(清)高鳳翰撰　清乾隆二十八年(1763)高元質刻本　二冊

110000－0144－0021707　善847.4/651
詒晉齋集八卷後集一卷隨筆一卷　(清)永瑆撰　清道光二十九年(1849)載銳刻本　四冊

110000－0144－0021708　善847.4/674
屏山草堂稿四種十五卷　(清)應麟撰　清乾隆十六年(1751)宜黃應氏刻本　六冊

110000－0144－0021709　善847.4/693
廣輿吟稿六卷　(清)宋思仁撰　清乾隆四十一年(1776)刻本　二冊

110000－0144－0021710　善847.4/707.1
朱梅舫文鈔一卷國山草堂續稿一卷　(清)汪玉珩撰　清刻本　二冊

110000－0144－0021711　善847.4/716
樂善堂全集四十卷目錄四卷　(清)高宗弘曆撰　清乾隆蘇州府刻本　二十四冊

110000－0144－0021712　善847.4/728
頻羅庵遺集十六卷　(清)梁同書撰　清嘉慶二十二年(1817)刻本　五冊

110000－0144－0021713　善847.4/730
矢音集十卷　(清)梁詩正撰　清乾隆二十年(1755)清勤堂刻本　八冊

110000－0144－0021714　善847.4/747
隱拙齋集五十卷續集五卷　(清)沈廷芳撰　清乾隆二十二年(1757)則經堂刻四十四年(1779)續刻本　十冊

110000－0144－0021715　善847.4/748
竹嘯軒詩鈔十八卷　(清)沈德潛撰　清雍正刻本　二冊

110000－0144－0021716　善847.4/772
孟亭居士文稿五卷詩稿四卷經進稿一卷　(清)馮浩撰　清嘉慶五年(1800)刻本　五冊

110000－0144－0021717　善847.4/799
與我周旋集詩十二卷文二卷四六一卷雜體一卷附寧武府志序一卷　(清)魏元樞撰　清乾隆五十八年(1793)清祐堂刻本　九冊

110000－0144－0021718　善847.4/819
海山存稿二十卷　(清)周煌撰　清乾隆五十八年(1793)葆素家塾刻本　四冊

110000－0144－0021719　善847.4/834
笏園稿三卷刪稿三卷　(清)朱仕玠撰　清乾隆刻本　二冊

110000－0144－0021720　善847.4/834－2
梅崖居士文集三十卷外集八卷　(清)朱仕琇撰　清乾隆四十七年(1782)松谷刻本　十二冊

110000－0144－0021721　善847.4/842
大雅堂初稿文八卷詩六卷　(清)鄒方鍔撰　清乾隆二十七年(1762)刻本　六冊

110000－0144－0021722　善847.4/851
秋塍文鈔十二卷　(清)魯曾煜撰　清乾隆九年(1744)沈氏鳴野山房刻本　二冊

110000－0144－0021723　善847.4/859
夢筆山房繭甕集八卷續編一卷　(清)紀逵宜撰　清乾隆四十年(1775)刻本　四冊

110000－0144－0021724　善847.4/862
慶芝堂詩集九卷　(清)戴亨撰　清刻本　四冊

110000－0144－0021725　善847.4/873
雪莊詩八卷雪莊詩餘一卷　(清)繆謨撰　清抄本　五冊

110000－0144－0021726　善847.4/875
隨園詩草八卷禪家公案頌一卷　(清)邊連寶撰　清乾隆四十年(1775)刻本　四冊

110000－0144－0021727　善847.4/875
隨園詩草八卷禪家公案頌一卷　(清)邊連寶

撰　清乾隆四十年(1775)刻本　四册

110000－0144－0021728　善847.4/887
紅鵝館詩選一卷　(清)王澮撰　清雍正刻乾隆四年(1739)續刻本　五册

110000－0144－0021729　善847.4/887
宛委山人詩集十六卷　(清)劉正誼撰　清雍正刻乾隆四年(1739)續刻本　與110000－0144－0021728合册

110000－0144－0021730　善847.4/914
存研樓文集十六卷二編二卷　(清)儲大文撰　清乾隆九年(1744)刻本　十二册

110000－0144－0021731　善847.4/914
存研樓文集十六卷二編二卷　(清)儲大文撰　清乾隆九年(1744)刻本　八册

110000－0144－0021732　善847.4/914－1
存研樓二集二十五卷　(清)儲大文撰　清乾隆刻本　八册

110000－0144－0021733　善847.4/929
香樹齋詩集十八卷續集三十六卷文集二十八卷續鈔五卷　(清)錢陳群撰　清乾隆刻本　二十六册

110000－0144－0021734　善847.4/940
蘇碧涯遺稿三種　(清)蘇正學撰　(清)謝寧掄編次　清乾隆十三年(1748)蒼葭堂刻本　三册

110000－0144－0021735　善847.4/950
南陔堂詩集十二卷　(清)徐以升撰　清乾隆二十六年(1761)徐天柱等刻本　六册

110000－0144－0021736　善847.4/963
響泉集三十卷　(清)顧光旭撰　清乾隆四十一年(1776)刻五十年(1785)增補五十七年(1792)補嘉慶二年(1797)再增補本　四册

110000－0144－0021737　善847.4/976－05
板橋集五卷　(清)鄭燮撰　清乾隆清暉書屋刻本　五册

110000－0144－0021738　善847.4/984－8
鮚埼亭集外編五十卷　(清)全祖望撰　清嘉慶十六年(1811)刻本　(□)□□朱筆過錄　十六册

110000－0144－0021739　善847.4/987.4
八瓊樓詩集九卷　(清)金昌世撰　清乾隆八瓊樓刻本　四册

110000－0144－0021740　善847.5/112
印月樓詩剩一卷詞剩一卷　(清)王瑞撰　清末稿本　一册

110000－0144－0021741　善847.5/113
硯卿别咏四卷　(清)王晉升撰　清嘉慶十四年(1809)彊恕堂刻本　一册

110000－0144－0021742　善847.5/117
王文治雜著不分卷　(清)王文治撰　稿本　二册

110000－0144－0021743　善847.5/117.6
柳南文鈔六卷柳南詩鈔十卷　(清)王應奎撰　清乾隆十八年至二十二年(1753－1757)常熟王應奎刻本　四册

110000－0144－0021744　善847.5/119
政餘書屋文鈔二十卷　(清)王泉之撰　清道光十年(1830)刻本　十册

110000－0144－0021745　善847.5/147
聽鍾山房文集詩草一卷　(清)曹衔達稿　(清)曹楞編錄　清道光二十三年至宣統三年(1843－1911)抄本　一册

110000－0144－0021746　善847.5/172－02
壹齋集三十一卷奏御集二卷　(清)黄鉞撰　清嘉慶二十年(1815)刻道光增刻本　八册

110000－0144－0021747　善847.5/185－02
恩餘堂經進初藁十二卷續藁二十二卷三藁十一卷策問存課二卷知聖道齋讀書跋尾二卷　(清)彭元瑞撰　清乾隆、嘉慶間刻本　十八册

110000－0144－0021748　善847.5/188－28
袁文箋正十六卷　(清)袁枚撰　(清)石韞玉箋　清嘉慶十七年(1812)鶴壽山堂刻本　六册

110000－0144－0021749　善847.5/188－28
袁文箋正十六卷　（清）袁枚撰　（清）石韞玉箋　清嘉慶十七年（1812）鶴壽山堂刻本　十五冊

110000－0144－0021750　善847.5/188－28
袁文箋正十六卷補注一卷　（清）袁枚撰　（清）石韞玉箋　清嘉慶十七年（1812）鶴壽山堂刻本　十冊

110000－0144－0021751　善847.5/216
研六室文鈔十卷　（清）胡培翬撰　清道光十七年（1837）涇川書院刻本　四冊

110000－0144－0021752　善847.5/251
晚學集八卷未谷詩集四卷　（清）桂馥撰　清道光二十一年（1841）刻本　四冊

110000－0144－0021753　善847.5/251
晚學集八卷未谷詩集四卷　（清）桂馥撰　清道光二十一年（1841）刻本　三冊　存八卷（晚學集八卷）

110000－0144－0021754　善847.5/289
師竹齋集十四卷　（清）李鼎元撰　清嘉慶七年（1802）刻本　四冊

110000－0144－0021755　善847.5/311－5
小重山房初藁十五卷　（清）張祥河撰　**霞閣小稿一卷**　（清）張昌緒撰　清道光二年（1822）刻本　三冊

110000－0144－0021756　善847.5/319
是程堂集十四卷二集四卷耶溪漁隱詞二卷　（清）屠倬撰　清嘉慶十九年至二十三年（1814－1818）刻本（二集爲清道光元年刻本）　六冊

110000－0144－0021757　善847.5/321－3
屈翁山詩集八卷詞一卷　（清）屈大均撰　清康熙刻本　八冊

110000－0144－0021758　善847.5/339－2
求在我齋存稿一卷　（清）成毅撰　清道光稿本　（清）鄧瑤墨筆批改　一冊

110000－0144－0021759　善847.5/383.8
生香書屋詩集七卷文集四卷　（清）陳浩撰　清道光刻本　四冊

110000－0144－0021760　善847.5/435.5
素修堂詩集二十四卷後集六卷補遺一卷　（清）吴蔚光撰　清嘉慶十六年（1811）古金石齋刻本　八冊

110000－0144－0021761　善847.5/482
芙蓉池館詩草二卷　（清）羅辰撰　清道光十一年（1831）刻本　二冊

110000－0144－0021762　善847.5/504
白鶴山房詩鈔十八卷詞鈔二卷　（清）葉紹本撰　清道光刻本　（清）葉奕慶跋　十冊

110000－0144－0021763　善847.5/610
御製巡幸盛京詩一卷　（清）宣宗旻寧撰　清道光武英殿刻本　二冊

110000－0144－0021764　善847.5/615
秋水閣詩集八卷首一卷　（清）許兆椿撰　清道光二十五年（1845）許方增等刻本　四冊

110000－0144－0021765　善847.5/616
養默山房詩餘二卷　（清）謝元淮撰　清道光二十四年（1844）刻本（朱墨套印）　四冊

110000－0144－0021766　善847.5/626
述本堂詩集十八卷續集五卷　（清）方登嶧　（清）方式濟　（清）方觀承撰　清乾隆二十年（1755）刻嘉慶十四年（1809）續刻本　八冊

110000－0144－0021767　善847.5/667
陶山詩錄二十八卷陶山詩前錄二卷　（清）唐仲冕撰　清嘉慶十六年（1811）江南通州酌民言堂刻本　十四冊

110000－0144－0021768　善847.5/681
思元齋全集七卷　（清）裕瑞撰　清嘉慶七年至十七年（1802－1812）刻本　八冊

110000－0144－0021769　善847.5/708
借間生詩三卷借間生詞一卷　（清）汪遠孫撰　清道光二十年（1840）振綺堂刻本　二冊

110000－0144－0021770　善847.5/714
心知堂詩稿十八卷　（清）汪仲洋撰　清道光

六年(1826)刻本　六册

110000－0144－0021771　善 847.5/716
御製詩初集四十八卷目錄六卷　(清)仁宗顒琰撰　清嘉慶八年(1803)内府刻本　三十册

110000－0144－0021772　善 847.5/716.7
養正書屋全集定本四十卷目錄四卷　(清)宣宗旻寧撰　清道光二年(1822)内府刻本　二十四册

110000－0144－0021773　善 847.5/716－4
味餘書屋全集定本四十卷目錄四卷隨筆二卷　(清)仁宗顒琰撰　清嘉慶五年(1800)内府刻本　三十二册

110000－0144－0021774　善 847.5/723
存素堂詩初集錄存二十四卷　(清)法式善撰　清嘉慶十二年(1807)王墉刻本　六册

110000－0144－0021775　善 847.5/748
幼學堂詩稿十卷文稿四卷　(清)沈欽韓撰　清嘉慶十八年(1813)刻本　四册

110000－0144－0021776　善 847.5/796.9
五百四峰堂詩鈔二十五卷　(清)黎簡撰　清嘉慶元年(1796)眾香亭刻本　八册

110000－0144－0021777　善 847.5/834
小木子詩三刻十六卷　(清)朱休度撰　清嘉慶十七年(1812)刻本　六册

110000－0144－0021778　善 847.5/840
小倦游閣集□□卷　(清)包世臣撰　清包氏小倦游閣抄本　一册　存三卷(八至十)

110000－0144－0021779　善 847.5/887.2
劉文清公遺集十七卷應制詩集三卷　(清)劉墉撰　清道光六年(1826)東武劉氏味經書屋刻本　四册

110000－0144－0021780　善 847.5/975
西霞文鈔二卷　(清)鄭光策撰　清嘉慶十年(1805)陳名世刻本　二册

110000－0144－0021781　善 847.6/313
留白齋詩草不分卷　(清)胡三瑞撰　清同治三年(1864)胡三瑞抄本　二册

110000－0144－0021782　善 847.6/448
蕉雪山房詩鈔三卷詩餘一卷　(清)張寶璵著　清嘉慶二十五年(1820)尚友齋抄本　三册

110000－0144－0021783　善 847.6/661
劫餘吟不分卷　(清)齊學裘撰　清同治二年至八年(1863－1869)稿本　(□)□□墨筆校改　二册

110000－0144－0021784　善 847.6/805
麘山老屋詩集十六卷　(清)錢世錫撰　清刻本　二册

110000－0144－0021785　善 847.6/818－1
金梁夢月詞二卷懷夢詞一卷　(清)周之琦撰　清道光杭州愛日軒陸貞一刻本　二册

110000－0144－0021786　善 847.6/833.7
朱魯存先生遺集十卷　(清)朱道文撰　清抄本　二册

110000－0144－0021787　善 847.6/880
嫩餘吟草一卷　(清)覺羅廷奭撰　清同治元年(1862)抄本　一册

110000－0144－0021788　善 847.6/886
養雲山莊詩草刪存不分卷　(清)劉瑞芬撰　清光緒養雲山莊抄本　二册

110000－0144－0021789　善 847.6/893
通義堂集二卷　(清)劉毓崧撰　清抄本　一册

110000－0144－0021790　善 847.6/893.4
江都劉雲齋先生詩集八種　(清)劉倬撰　清咸豐稿本　十二册

110000－0144－0021791　善 847.6/893.82
叠書龕遺稿不分卷　(清)劉位坦撰　(清)黄國瑾輯　清光緒抄本　(清)黄國瑾朱筆校改　二册

110000－0144－0021792　善 847.6/948
徐西叔學正遺稿一卷　(清)徐子芩撰　清咸豐稿本　郭則澐　黄襄成題識　一册

110000－0144－0021793　善 847.7/741
二硯窩集不分卷　(清)鄭勛撰　清末抄本

四册

110000－0144－0021794　善 847.8/161－173
懷岷精舍詩文集八卷　(清)李宗蓮撰　清末李宗蓮懷岷精舍稿本　四册

110000－0144－0021795　善 847.8/165
黄彭年文稿輯存不分卷　(清)黄彭年撰　清末稿本　(清)方宗誠　(清)鄧瑶等批改　黄襄成題識　十四册

110000－0144－0021796　善 847.8/165－3
陶樓文抄不分卷　(清)黄彭年撰　清末稿本　三册

110000－0144－0021797　善 847.8/284－2
雅遜齋詩一卷疋孫齋詩一卷　樊增祥撰　清末稿本　黄襄成題識　一册

110000－0144－0021798　善 847.8/385
聽楓詞一卷　(清)陳鍾岳撰　清松霞閣抄本　(□)□□墨筆批校　三册

110000－0144－0021799　善 847.8/626.7
柏堂集不分卷　(清)方宗誠撰　清抄本　二册

110000－0144－0021800　善 847.8/627
澤雅堂文集十卷　(清)施補華撰　謄清稿本　二册

110000－0144－0021801　善 847.8/719
鴻軒雜著存稿不分卷　(清)李慎儒撰　清光緒七年(1881)李慎儒稿本　一册

110000－0144－0021802　善 847.8/745
倚梅閣詩集四卷詞鈔一卷集唐一卷　(清)沈韻蘭撰　清宣統元年(1909)木活字印本　二册

110000－0144－0021803　善 847.8/887.24
廣經堂文鈔未刻手稿一卷　(清)劉恭冕撰　清咸豐稿本　馮志沂題記　一册

110000－0144－0021804　善 847.8/987.1
陶廬續憶補詠一卷　金武祥撰　清末稿本　二册

110000－0144－0021805　善 848/339
小居竹軒詞稿二卷　(清)成沂撰　清成沂稿本　二册

110000－0144－0021806　善 848/481.4
圓明園詞一卷頤和園長詞一卷庚子落葉詞一卷　王闓運等撰　清末抄本　一册

110000－0144－0021807　善 852.3/461
梅苑十卷　(宋)黄大輿輯　清康熙四十五年(1706)揚州使院刻本　三册

110000－0144－0021808　善 853.2/113
新定十二律京腔譜十六卷　(清)王正祥撰　清康熙二十三年(1684)停雲室刻本　六册

110000－0144－0021809　善 853.2/113－2
新定十二律崑腔譜十六卷　(清)王正祥撰　清康熙二十四年(1685)停雲室刻本(有抄配)　四册

110000－0144－0021810　善 853.2/113－7
新定宗北歸音三卷　(清)王正祥撰　清康熙二十五年(1686)停雲室刻本　二册

110000－0144－0021811　善 853.2/359
承軒曲譜四卷　(清)□□輯　清抄本　四册

110000－0144－0021812　善 853.2/385
新鐫古今大雅北宮詞紀六卷　(明)陳所聞輯　明萬曆三十二年(1604)陳氏繼志齋刻本　六册

110000－0144－0021813　善 853.2/385
新鐫古今大雅北宮詞紀六卷　(明)陳所聞輯　明萬曆三十二年(1604)陳氏繼志齋刻本　四册

110000－0144－0021814　善 853.2/385
新鐫古今大雅南宮詞紀六卷北宮詞紀六卷　(明)陳所聞輯　明萬曆三十三年(1605)陳氏繼志齋刻本　二十册

110000－0144－0021815　善 853.2/504
納書楹曲譜正集四卷續集四卷外集二卷補遺四卷納書楹玉茗堂四夢全譜八卷　(清)葉堂撰　清乾隆五十九年(1794)葉氏納書楹刻本

二十冊

110000－0144－0021816　善853.2/703
審音鑑古錄不分卷　(□)□□輯　清刻道光十四年(1834)王繼善修補本　八冊

110000－0144－0021817　善853.2/740－02
增訂南九宫曲譜二十一卷附錄一卷　(明)沈璟撰　清抄本　四冊

110000－0144－0021818　善853.2/767
吟香堂曲譜四卷　(清)馮起鳳撰　清乾隆五十四年(1789)吟香堂刻本　四冊

110000－0144－0021819　善853.2/788
嘯餘譜十一卷　(明)程明善輯　明萬曆四十七年(1619)刻本　二十四冊

110000－0144－0021820　善853.2/818.6
春雨樓曲譜不分卷　(清)周調元撰　清抄本　四冊

110000－0144－0021821　善853.2/818－02
新定九宫大成南北宫詞譜八十一卷閏一卷總目三卷　(清)周祥鈺等輯　清乾隆十一年(1746)允祿刻朱墨套印本　五十冊

110000－0144－0021822　善853.2/818－03
新定九宫大成南北宫詞譜八十一卷閏一卷　(清)周祥鈺等輯　清抄本　四十八冊

110000－0144－0021823　善853/119.8
霓裳續譜八卷　(清)王廷紹輯　清乾隆六十年(1795)集賢堂刻本　六冊

110000－0144－0021824　善853/307
白雪齋選訂樂府吴騷合編四卷衡曲麈譚一卷　(明)張楚叔　(明)張旭初輯　**曲律一卷**　(明)魏良輔撰　明崇禎十年(1637)張師齡刻本　八冊

110000－0144－0021825　善853/583
昆曲　(□)□□輯　清抄本　二冊

110000－0144－0021826　善853/627
秋水菴花影集五卷　(明)施紹莘撰　清乾隆十七年(1752)博古堂刻本　四冊

110000－0144－0021827　善855.4/503
紅樓夢散套十六卷　(清)吳鎬撰　清嘉慶蟾波閣刻本　四冊

110000－0144－0021828　善855.5/272
吟風閣四卷　(清)楊潮觀撰　清嘉慶二十五年(1820)屋外山房刻本　四冊

110000－0144－0021829　善855.5/370
蕩婦秋思一卷葬花一卷　(清)孔昭虔撰　清抄本　一冊

110000－0144－0021830　善855.5/923－07
元曲選十集一百卷　(明)臧懋循編　**論曲一卷**　(明)陶宗儀等撰　明萬曆刻本　八十冊

110000－0144－0021831　善855.6/113.2
三星圓初集二卷二集二卷三集二卷　(清)王懋昭撰　清嘉慶十五年(1810)刻本　六冊

110000－0144－0021832　善855.6/120－06
三先生合評元本北西厢五卷　(元)王德信　(元)關漢卿撰　(明)湯顯祖　(明)李贄　(明)徐渭評　明刻本　四冊

110000－0144－0021833　善855.6/120－08
貫華堂註釋第六才子書六卷六才子書制藝一卷　(元)王德信　(元)關漢卿撰　(清)金人瑞評　(清)鄭汝寧音義　清雍正遠來齋刻本　六冊

110000－0144－0021834　善855.6/120－437
西厢記不分卷　(元)王德信撰　(清)吳蘭修訂　清道光二年(1822)秀琨刻本　四冊

110000－0144－0021835　善855.6/120－927
雅趣藏書一卷　(清)錢書撰　清康熙四十二年(1703)刻朱墨套印本　二冊

110000－0144－0021836　善855.6/120－987－010
第六才子書八卷才子西厢文一卷　(元)王德信　(元)關漢卿撰　(清)金人瑞評　清乾隆五十六年(1791)金閶書業堂刻本　三冊

110000－0144－0021837　善855.6/125.9
玉門關二卷　(清)青城山樵撰　清乾隆刻本

二冊

110000－0144－0021838　善855.6/154－2
白獺傳全部　(清)□□撰　清松郡容懋席抄本　一冊

110000－0144－0021839　善855.6/165
石榴記傳奇四卷　(清)黄振撰　清乾隆三十七年(1772)柴灣村舍刻本　四冊

110000－0144－0021840　善855.6/185
香畹樓二卷影梅菴二卷　(清)彭劍南撰　清道光六年(1826)茗雪山房刻茗雪山房二種曲本　四冊

110000－0144－0021841　善855.6/185－4
影梅菴二卷　(清)彭劍南填詞　(清)孫如金正譜　清道光六年(1826)茗雪山房刻茗雪山房二種曲本　二冊

110000－0144－0021842　善855.6/286－94
墨憨齋訂定人獸關傳奇二卷　(清)李玉撰　清乾隆寶研齋刻一笠菴四種曲本　二冊

110000－0144－0021843　善855.6/333.2
譜定紅香傳一卷　題(清)雲卧山人撰　清抄本　二冊

110000－0144－0021844　善855.6/367－03
東郭記二卷　(明)孫鐘齡撰　明末刻本　二冊

110000－0144－0021845　善855.6/370－09
桃花扇傳奇二卷　(清)孔尚任撰　清西園刻本　四冊

110000－0144－0021846　善855.6/370－441
桃花扇傳奇後序詳註四卷　(清)吳穆撰　清嘉慶二十一年(1816)刻本　四冊

110000－0144－0021847　善855.6/375－2－02
懷遠堂批點燕子箋二卷　(明)阮大鋮撰　明刻本　二冊

110000－0144－0021848　善855.6/385
紅樓夢傳奇八卷八十齣　(清)陳鍾麟填詞　清道光十五年(1835)汗青齋刻本　八冊

110000－0144－0021849　善855.6/385
紅樓夢傳奇八卷八十齣　(清)陳鍾麟填詞　清道光十五年(1835)汗青齋刻本　八冊

110000－0144－0021850　善855.6/439
義貞記二卷　(清)吳恆宣撰　清乾隆四十三年(1778)鋤月山房刻本　二冊

110000－0144－0021851　善855.6/440
療妬羹記二卷　(明)吳炳撰　明末刻本　二冊

110000－0144－0021852　善855.6/441－8
秣陵春傳奇二卷　(清)吳偉業撰　清初刻乾隆五十九年(1794)重修本　二冊

110000－0144－0021853　善855.6/476
鶴歸來傳奇二卷　(清)瞿頡撰　清刻本　四冊

110000－0144－0021854　善855.6/518
旗亭記二卷　(清)金兆燕撰　清乾隆刻本　四冊

110000－0144－0021855　善855.6/541
芝龕記六卷　(清)董榕撰　清乾隆十六年(1751)刻本　四冊

110000－0144－0021856　善855.6/547－06
董解元西廂記二卷　(金)董解元撰　(金)楊慎點定　清乾隆四十一年(1776)西河溫氏養正書屋抄本　二冊

110000－0144－0021857　善855.6/643－010
繪像第七才子琵琶記六卷　(元)高明撰　(清)毛綸　(清)毛宗崗評　清末抄本　六冊

110000－0144－0021858　善855.6/643－06
鏡香園毛聲山評第七才子書十二卷首一卷　(元)高明撰　(清)毛宗崗評　清刻本　十二冊

110000－0144－0021859　善855.6/643－08
琵琶記四卷附錄一卷　(元)高明撰　明凌濛初刻朱墨套印本　四冊

110000－0144－0021860　善855.6/725－02
浣紗記二卷　(明)梁辰魚撰　明末刻本

二册

110000－0144－0021861　善855.6/736－010
牡丹亭還魂記二卷　(明)湯顯祖撰　明末刻清懷德堂印本　四册

110000－0144－0021862　善855.6/736－06
玉茗堂還魂記二卷　(明)湯顯祖撰　清乾隆五十年(1785)冰絲館刻本　六册

110000－0144－0021863　善855.6/736－07
吴吴山三婦合評牡丹亭還魂記二卷　(明)湯顯祖撰　(清)陳同等評點　清懷德堂刻本　四册

110000－0144－0021864　善855.6/783
揚州夢二卷三十二齣　(清)嵇永仁撰　清康熙葭秋堂刻本　二册

110000－0144－0021865　善855.6/783－8
續離騷四卷　(清)嵇永仁撰　清刻本　一册

110000－0144－0021866　善855.6/786
一斛珠二卷　(清)程枚撰　清乾隆五十九年(1794)刻本　四册

110000－0144－0021867　善855.6/818
紅樓夢佳話不分卷　(清)周宜撰　清道光六年(1826)趙麟趾抄本　(清)趙麟趾跋　二册

110000－0144－0021868　善855.6/823
風箏誤傳奇二十九齣巔末一卷　(清)李漁編次　(清)王韜抄　清光緒王韜抄本　二册

110000－0144－0021869　善855.6/848
錯中錯二卷三十六齣　(清)周道昌撰　清道光九年(1829)懷清堂刻本　四册

110000－0144－0021870　善855.6/917
雙義緣傳奇不分卷　(清)□□撰　清抄本　六册

110000－0144－0021871　善855.6/952－03
四聲猿四卷　(明)徐渭撰　明萬曆延閣刻本　一册

110000－0144－0021872　善855.6/960
回春夢二卷　(清)顧森撰　清道光三十年(1850)三鱣堂刻本　二册

110000－0144－0021873　善855.608/292－8
笠翁傳奇十二種曲二十四卷　(清)李漁撰　清大知堂、經術堂刻本　十二册

110000－0144－0021874　善855.608/309
玉燕堂四種曲八卷　(清)張堅撰　清乾隆刻本　六册　存二種四卷(夢中緣二卷、梅花簪二卷)

110000－0144－0021875　善855.608/348
惺齋新曲六種十三卷　(清)夏綸撰　清乾隆十八年(1753)夏氏世光堂刻本　十二册

110000－0144－0021876　善855.608/516
新刻出像點板時尚崑腔雜曲醉怡情八卷　(清)青溪菰蘆釣叟輯　清初古吴致和堂刻本　八册

110000－0144－0021877　善855.608/526－03
紅雪樓九種曲(清容外集)十三卷　(清)蔣士銓撰　清乾隆蔣氏紅雪樓刻本　八册

110000－0144－0021878　善855.608/526－03
紅雪樓九種曲(清容外集)十三卷　(清)蔣士銓撰　清乾隆蔣氏紅雪樓刻本　十册

110000－0144－0021879　善855.608/526－03
紅雪樓九種曲(清容外集)十三卷　(清)蔣士銓撰　清乾隆蔣氏紅雪樓刻本　十二册

110000－0144－0021880　善855.608/736
玉茗堂四種傳奇　(明)湯顯祖撰　明萬曆刻清乾隆二十六年(1761)吴郡書業堂重修本　八册

110000－0144－0021881　善855.608/769
墨憨齋定本十種傳奇二十卷　(明)馮夢龍輯　明末刻清初印本　存四種八卷(灑雪堂傳奇二卷、雙雄記二卷、夢磊記二卷、萬事足二卷)　八册

110000－0144－0021882　善855.608/781
六十種曲　(明)毛晉輯　明崇禎毛氏汲古閣刻本　八十册

110000－0144－0021883　善855.608/820

容居堂三種曲六卷 (清)周穉廉撰 清書帶草堂刻本 六册

110000－0144－0021884 善855.608/829
誠齋雜劇三種三卷 (明)朱有燉撰 清抄本 一册

110000－0144－0021885 善856.1/113
尺牘清裁六十卷補遺一卷 (明)王世貞輯 明刻本 六册

110000－0144－0021886 善856.1/120
歷朝尺牘大全十四卷 (明)王錫爵輯 明萬曆三十九年(1611)周近泉刻本 十四册

110000－0144－0021887 善856.1/165
明賢尺牘四卷附一卷 (明)周順昌撰 清末黄彭年抄本 黄襄成題識 一册

110000－0144－0021888 善856.1/279
書記洞詮一百十六卷目錄二卷 (明)梅鼎祚輯 明萬曆二十五年(1597)刻本 三十二册

110000－0144－0021889 善856.1/309
寒松閣藏同人志牘 (清)李錫光等撰 (清)張鳴珂輯藏 稿本 六册

110000－0144－0021890 善856.1/319
國朝七名公尺牘八卷 (明)屠隆輯 明萬曆文斐堂刻本 六册

110000－0144－0021891 善856.1/359
閻敬銘朋僚函牘不分卷 (清)徐昌緒等撰 稿本 四册

110000－0144－0021892 善856.1/359.3
致羅澤南書札 (清)普承堯等撰 稿本 一册

110000－0144－0021893 善856.1/378－2
繡梓尺牘雙魚十一卷又四卷補選捷用尺牘雙魚四卷 (明)陳繼儒輯評 明末王夏齋刻本 二十册

110000－0144－0021894 善856.1/384
翰海十二卷 (明)沈佳胤輯 明崇禎刻本 六册

110000－0144－0021895 善856.1/611
春雪箋八卷 (明)許以忠 (明)王焞輯 明王世烘刻本(有抄配) 十册

110000－0144－0021896 善856.1/716
清季名人書札二卷 (清)楊岳斌等撰 清稿本 二册

110000－0144－0021897 善856.1/716.7
清代名人手札 (清)李元度等撰 稿本 二十册

110000－0144－0021898 善856.1/716.71
清代名人書札不分卷 (清)升允等撰 稿本 二册

110000－0144－0021899 善856.1/765
國朝名公翰藻五十二卷 (明)淩迪知輯 明萬曆刻本 存十九卷(一至二、五至二十一) 十册

110000－0144－0021900 善856.1/852
清名人手札 (□)□□輯 稿本 八册

110000－0144－0021901 善856.2/120
王文肅公牘草十八卷 (明)王錫爵撰 明萬曆四十三年(1615)王時敏刻本 十册

110000－0144－0021902 善856.2/634
郭嵩燾信札不分卷 (清)郭嵩燾撰 稿本 一册

110000－0144－0021903 善856.2/932－02
錢牧齋尺牘不分卷 (清)錢謙益撰 清光緒十七年(1891)王氏四印齋抄本 一册

110000－0144－0021904 善856.252/361
宋孫仲益内簡尺牘十卷首一卷 (宋)孫覿撰 (宋)李祖堯注 清乾隆十二年(1747)蔡龍孫等刻本 六册

110000－0144－0021905 善856.27/287
李桂林信札不分卷 (清)李桂林撰 稿本 六册

110000－0144－0021906 善856.27/457
倦圃曹先生尺牘二卷 (清)曹溶撰 (清)胡泰選 清康熙四十年至雍正十三年(1701－

1735)浙江嘉興胡泰含暉閣刻本　四冊

110000－0144－0021907　善856.278/165
陶樓函稿不分卷　(清)黃彭年撰　黃襄成輯　清末稿本　十四冊

110000－0144－0021908　善856.278/440
葦翁遺墨一卷　(清)吳汝舟撰　稿本　一冊

110000－0144－0021909　善856.3/407
四六鴛鴦譜十二卷新集十二卷　(明)陰太乙　(明)蘇紫蓋輯　明崇禎刻本　六冊

110000－0144－0021910　善856.4/423
車書樓彙輯各名公新製四六珍函六卷首一卷　(明)許以忠精選　(明)張一中　(明)虞邦譽校註　明天啓元年(1621)張鍾福刻本　四冊

110000－0144－0021911　善856.5/100
三秋業策選不分卷　(□)□□輯　明崇禎十年(1637)抄本　二冊

110000－0144－0021912　善856.5/120
增訂國朝館課經世宏辭十五卷　(明)王錫爵　(明)沈一貫輯　明萬曆十八年(1590)周氏萬卷樓刻本　十一冊

110000－0144－0021913　善856.5/149
翁方綱手批選文　(清)翁方綱輯評　清抄本　七冊

110000－0144－0021914　善856.5/169
制藝草不分卷　(清)黃賡三撰　清道光稿本　二冊

110000－0144－0021915　善856.5/273
刻注釋論學臧耳三卷　(明)楊九經注釋　明萬曆二十六年(1598)余氏自新齋刻本　一冊

110000－0144－0021916　善856.5/418
典制考辨便讀八卷　(清)馬名駒輯　清抄本　四冊

110000－0144－0021917　善856.5/437
彙次英錫樓辛酉近藝一卷英錫樓同門課一卷　(明)吳明新撰　明末稿本　二冊

110000－0144－0021918　善856.5/476
精鍥星卿瞿先生彙拔舉業文航四卷　(明)瞿汝說輯　明萬曆刻本　四冊

110000－0144－0021919　善856.5/535
程文選四卷　(明)范應賓輯評　**續程文選一卷**　(明)張榜輯並評　明萬曆二十二年(1594)刻本　六冊

110000－0144－0021920　善856.5/610
本朝五言近體瓣香集十六卷　(清)許英輯並注　清乾隆二十八年(1763)心逸堂刻本　四冊

110000－0144－0021921　善856.5/761
精選繩尺論二卷　(明)□□撰　明隆慶三年(1569)王建勳刻本　二冊

110000－0144－0021922　善856.5/821－814
明萬曆己丑大司成文穆公會魁全場　(明)周如砥撰　清乾隆四十七年(1782)周志謙抄本　一冊

110000－0144－0021923　善856.5/892
十科策略箋釋十卷　(明)劉定之撰　(清)劉作樑註　**呆齋公[劉定之]年譜一卷**　(清)劉作樑撰　清劉廷琨刻本　八冊

110000－0144－0021924　善856.5/892－6
十科策略箋釋十卷　(明)劉定之著　(清)劉作樑註釋　(清)劉廷琨重訂　清雍正七年(1729)永新劉廷琨同昇堂刻本　六冊

110000－0144－0021925　善856.6/289
壽蘇集初編　(清)李長榮輯　清抄本　一冊

110000－0144－0021926　善856.6/383
太傅孫文忠公為尊人五十壽日徵文啓一則　(清)陳寶琛等撰　清同治十三年(1874)稿本　黃襄成題識　一冊

110000－0144－0021927　善856.7/522－03
璇璣碎錦二卷　(清)萬樹撰　清乾隆五年(1740)江氏刻本　四冊

110000－0144－0021928　善856/366
升恒編十二卷　(明)孫安國　(明)陳卓編

明崇禎六年(1633)張氏刻本　六冊

110000－0144－0021929　善857.08/289－07
太平廣記五百卷目錄十卷　(宋)李昉等輯　明許自昌刻本　三十二冊

110000－0144－0021930　善857.08/625
說纂二十三卷　(明)陸楫輯　明刻古今說海本　十冊

110000－0144－0021931　善857.08/625.4－02
古今說海一百三十五種一百四十二卷　(明)陸楫輯　明嘉靖雲山書院刻本　存一種三十卷(說略部一至三十)　十冊

110000－0144－0021932　善857.1/120.9
默記一卷　(宋)王銍撰　清鮑氏知不足齋抄本　二冊

110000－0144－0021933　善857.1/185
漁舟記談一卷　(清)彭崧毓撰　清末抄本　一冊

110000－0144－0021934　善857.1/211
玉壺冰一卷續玉壺冰一卷　(明)都穆輯　(明)鄭履準輯　明抄本　一冊

110000－0144－0021935　善857.1/233
海山記一卷迷樓記一卷開河記一卷　(唐)韓偓撰　(明)吳琯輯　明刻古今逸史本　一冊

110000－0144－0021936　善857.1/287
耐郈政略二卷　(清)李松撰　清乾隆十七年(1752)刻本　(清)董馭臣朱筆批注　二冊

110000－0144－0021937　善857.1/289.4－02
紫桃軒雜綴四卷又綴二卷　(明)李日華撰　明刻本　(□)□□墨筆批校　六冊

110000－0144－0021938　善857.1/291.6－02
唐國史補三卷　(唐)李肇撰　清抱經樓抄本　一冊

110000－0144－0021939　善857.1/294.92
南北史續世說十卷　(唐)李垕撰　明萬曆三十七年(1609)俞安期翏翏閣刻本　五冊

110000－0144－0021940　善857.1/312－05
虞初新志二十卷　(清)張潮輯　清康熙二十二年(1683)刻本　十冊

110000－0144－0021941　善857.1/388.3
芝菴雜記四卷　(清)陸雲錦撰　清嘉慶八年(1803)刻本　二冊

110000－0144－0021942　善857.1/440.74
江淮異人錄一卷　(宋)吳淑撰　清抄本　一冊

110000－0144－0021943　善857.1/482－02
鶴林玉露十六卷　(宋)羅大經撰　明書林龔羽南刻本　(□)□□墨筆批點　四冊

110000－0144－0021944　善857.1/482－03
鶴林玉露十六卷　(宋)羅大經撰　明萬曆商濬刻稗海本　一冊

110000－0144－0021945　善857.1/563
百納居士鐵圍山叢談六卷　(宋)蔡絛撰　清抄本　二冊

110000－0144－0021946　善857.1/566
十研山房筆記三卷教子弟式一卷年譜一卷　(清)薛元敏撰　**慎亩先生傳略一卷**　(清)張元升撰　清抄本　二冊

110000－0144－0021947　善857.1/668
劇談錄二卷　(唐)康駢撰　(明)毛晉訂　明崇禎虞山毛氏汲古閣刻本　二冊

110000－0144－0021948　善857.1/752.88
隨緣日錄三卷　(清)海濱逸叟撰　清抄本　一冊

110000－0144－0021949　善857.1/767
雲仙雜記十卷　(唐)馮贄輯　明刻本　二冊

110000－0144－0021950　善857.1/769－04
智囊補二十八卷　(明)馮夢龍輯　清抄本　二冊　存二卷(一至二)

110000－0144－0021951　善857.1/818－03
因樹屋書影十卷　(清)周亮工撰　清康熙刻本　十二冊

110000－0144－0021952　善857.1/819－2

二續金陵瑣事二卷 (明)周暉撰 明萬曆刻本 二册

110000－0144－0021953 善857.1/828
為善陰騭二卷 (明)成祖朱棣撰 (明)張緒綸刪定 明張緒綸刻本 四册

110000－0144－0021954 善857.1/830
湧幢小品三十二卷 (明)朱國禎撰 明天啟二年(1622)朱氏刻本 題寧道人批 八册

110000－0144－0021955 善857.1/830
湧幢小品三十二卷 (明)朱國禎撰 明天啟二年(1622)朱氏刻本 十二册

110000－0144－0021956 善857.1/884
桯史十五卷 (宋)岳珂撰 明成化十一年(1475)江泝刻本 四册

110000－0144－0021957 善857.1/886
大唐新語十三卷 (唐)劉肅撰 明萬曆商濬刻稗海本 四册

110000－0144－0021958 善857.1/886－02
唐世說新語十三卷 (唐)劉肅撰 明萬曆三十一年(1603)潘玄度刻本 四册

110000－0144－0021959 善857.1/887
片刻餘閒集二卷 (清)劉埥撰 清乾隆十九年(1754)右北平署刻本 二册

110000－0144－0021960 善857.1/892－010
世說新語三卷 (南朝宋)劉義慶撰 (南朝梁)劉孝標注 明萬曆十七年(1589)周氏博古堂刻本 六册

110000－0144－0021961 善857.1/892－012
世說新語三卷 (南朝宋)劉義慶撰 (南朝梁)劉孝標注 明萬曆十七年(1589)周氏博古堂刻本 (清)丁晏校跋 六册

110000－0144－0021962 善857.1/892－014
世說新語六卷 (南朝宋)劉義慶撰 (南朝梁)劉孝標注 明萬曆吳中珩刻本 六册

110000－0144－0021963 善857.1/892－08
世說新語六卷 (南朝宋)劉義慶撰 (南朝梁)劉孝標注 清初抄本 (□)□□墨筆批校 四册

110000－0144－0021964 善857.1/892－09
世說新語八卷 (南朝宋)劉義慶撰 (南朝梁)劉孝標注 (宋)劉辰翁等評 明吳興凌瀛初刻四色套印本 八册

110000－0144－0021965 善857.1/892－113
世說新語六卷 (南朝宋)劉義慶撰 (南朝梁)劉孝標注 (宋)劉辰翁等評 明吳興凌瀛初刻四色套印本 六册

110000－0144－0021966 善857.1/892－901－02
世說新語補二十卷 (南朝宋)劉義慶撰 (南朝梁)劉孝標注 (宋)劉辰翁評 (明)何良俊增補 (明)王世懋批釋 明萬曆八年(1580)王世懋刻本 五册

110000－0144－0021967 善857.1/892－901－03
李卓吾批點世說新語補二十卷附釋名一卷 (南朝宋)劉義慶撰 (南朝梁)劉孝標注 (宋)劉辰翁評 (明)何良俊增補 (明)李贄批點 明萬曆十三年(1585)張文柱刻本 四册 存八卷(一至八)

110000－0144－0021968 善857.1/892－901－03
李卓吾批點世說新語補二十卷附釋名一卷 (南朝宋)劉義慶撰 (南朝梁)劉孝標注 (宋)劉辰翁評 (明)何良俊增補 (明)李贄批點 明萬曆十三年(1585)張文柱刻本 八册

110000－0144－0021969 善857.1/901
何氏語林三十卷 (明)何良俊撰 明嘉靖二十九年(1550)何氏清森閣刻本 十册

110000－0144－0021970 善857.1/916
鐵若筆談四卷 (清)雙保撰 清抄本 四册

110000－0144－0021971 善857.1/930－02
南部新書十卷 (宋)錢易撰 清抄本 二册

110000－0144－0021972 善857.1/937
玉堂故事大全十卷 (明)鍾惺輯 明刻本 三册

110000－0144－0021973 善857.1/949－02

柳崖外編八卷　(清)徐昆撰　清乾隆五十八年(1793)貯書樓刻本　四冊

110000－0144－0021974　善857.1/990－02
春在堂隨筆一卷　(清)俞樾撰　清光緒稿本　(清)張鳴珂　曹楞跋　一冊

110000－0144－0021975　善857.16/6404
輟耕錄三十卷　(元)陶宗儀撰　明末刻本　六冊

110000－0144－0021976　善857.2/110－02
搜神記二十卷　(晉)干寶撰　(明)胡震亨　(明)毛晉訂　明毛晉刻本　三冊

110000－0144－0021977　善857.2/110－03
新刻出像增補搜神記六卷　(晉)干寶撰　明萬曆元年(1573)金陵唐富春刻清大盛堂修補本　四冊

110000－0144－0021978　善857.2/154
白國因由一卷　(□)□□撰　清康熙四十五年(1706)聖元寺寂裕刻本　一冊

110000－0144－0021979　善857.2/192
甘澤謠一卷　(唐)袁郊撰　**續湘山野錄一卷**　(宋)釋文瑩撰　明崇禎虞山毛氏汲古閣刻本　二冊

110000－0144－0021980　善857.2/198
寄園寄所寄十二卷　(清)趙吉士撰　清康熙刻本　十四冊

110000－0144－0021981　善857.2/198
寄園寄所寄十二卷　(清)趙吉士撰　清康熙刻本　十二冊

110000－0144－0021982　善857.2/255
城齋褀記一卷　(元)林坤輯　明崇禎虞山毛氏汲古閣刻本　一冊

110000－0144－0021983　善857.2/311－02
遊仙窟五卷　(唐)張文成撰　清末抄本　五冊

110000－0144－0021984　善857.2/383
韭聲器語不分卷　陳鴻壽等錄　清抄本　二冊

110000－0144－0021985　善857.2/638
睽車志六卷　(宋)郭彖撰　明萬曆會稽商濬刻稗海本　(清)傅山批點　存五卷(一至五)　一冊

110000－0144－0021986　善857.2/658－03
龍圖公案八卷　(□)□□撰　清初刻本　六冊

110000－0144－0021987　善857.2/667
隋遺錄二卷　(唐)顔師古撰　**翰林志一卷**　(唐)李肇撰　明弘治十四年(1501)華珵刻百川學海本　一冊

110000－0144－0021988　善857.2/954
稽神錄六卷拾遺一卷　(宋)徐鉉撰　明崇禎虞山毛氏汲古閣刻本　一冊

110000－0144－0021989　善857.3/138
冷齋夜話十卷　(宋)惠洪撰　明崇禎虞山毛氏汲古閣刻本　二冊

110000－0144－0021990　善857.3/395
隨意齋見聞紀略五卷　(清)□□撰　清光緒稿本　二冊

110000－0144－0021991　善857.3/456
癖顛小史一卷　(明)華淑撰　(明)袁宏道評　明閔于忱松筠館刻枕函小史本　一冊

110000－0144－0021992　善857.3/879－02
酉陽雜俎二十卷　(唐)段成式撰　明刻本　八冊

110000－0144－0021993　善857.3/879－03
酉陽雜俎二十卷續集十卷　(唐)段成式撰　清廣文堂刻本　四冊

110000－0144－0021994　善857.3/879－03
酉陽雜俎二十卷續集十卷　(唐)段成式撰　清廣文堂刻本　六冊

110000－0144－0021995　善857.4/103.8
新鐫全像武穆精忠傳八卷　(明)熊大木撰　清初映秀堂刻本　八冊

110000－0144－0021996　善857.4/130－02
快心編初集五卷十回二集五卷十回三集六卷

十二回　題(清)天花才子編　(清)四橋居士評點　清課花書屋刻本　十四冊

110000－0144－0021997　善857.4/141－011
紅樓夢一百二十回　(清)曹霑　(清)高鶚撰　清抄本　三十六冊

110000－0144－0021998　善857.4/141－016
紅樓夢一百二十回　(清)曹霑　(清)高鶚撰　清乾隆五十七年(1792)萃文書屋木活字印本　二十四冊

110000－0144－0021999　善857.4/141－322
紅樓夢圖詠不分卷　(清)改琦繪　清光緒五年(1879)刻本　二冊

110000－0144－0022000　善857.4/141－518
綺樓重夢四十八回　(清)蘭皋居士撰　清嘉慶十年(1805)瑞凝堂刻本　十二冊

110000－0144－0022001　善857.4/272－03
新鐫楊家府世代忠勇通俗演義八卷　(明)紀振倫校　題(明)烟波釣叟參訂　清初刻本　八冊

110000－0144－0022002　善857.4/301－06
今古奇觀四十卷　題(明)抱甕老人輯　清初同文堂刻本　二十冊

110000－0144－0022003　善857.4/319
蟫史二十卷　(清)屠紳撰　清庭梅朱氏刻本　十二冊

110000－0144－0022004　善857.4/347－02
新刊京本春秋五霸七雄全像列國志傳八卷　(明)余邵魚撰　明末書林楊瑜刻本　八冊

110000－0144－0022005　善857.4/348
第一奇書野叟曝言二十卷一百五十二回　(清)夏敬渠撰　清光緒七年(1881)毘陵彙珍樓木活字印本　二十冊

110000－0144－0022006　善857.4/376.3
新鐫古本批評繡像三世報隔簾花影四十八回　(清)四橋居士撰　清刻本　六冊

110000－0144－0022007　善857.4/434.1－02
飛龍傳六十回　(清)吳璿撰　清乾隆崇德書院刻本　十六冊

110000－0144－0022008　善857.4/434.1－03
飛龍傳六十回　(清)吳璿撰　清乾隆世德堂刻本　八冊

110000－0144－0022009　善857.4/437－07
儒林外史五十六回　(清)吳敬梓撰　清同治八年(1869)群玉齋木活字印本(有抄配)　十四冊

110000－0144－0022010　善857.4/445－4－02
精訂綱鑑廿一史通俗衍義二十六卷四十四回　(清)呂撫撰　清雍正呂氏泥版活字印本　十冊

110000－0144－0022011　善857.4/451
新刻逸田叟女仙外史大奇書一百回　(清)呂熊撰　清康熙五十年(1711)釣璜軒刻本　二十冊

110000－0144－0022012　善857.4/454－02
忠孝節義二度梅全傳四卷四十回　(清)惜蔭堂主人編　清抄本　二冊

110000－0144－0022013　善857.4/482.2－05
新刻全像三寶太監西洋記通俗演義二十卷一百回　(明)羅懋登撰　明三山道人刻本　二十冊

110000－0144－0022014　善857.4/482－014
新刻按鑑演義京本三國英雄志傳六卷　(明)羅本撰　清道光九年(1829)聚賢山房刻本　十四冊

110000－0144－0022015　善857.4/482－015
三國志一百二十回　(明)羅本撰　明刻本　存(圖像一百十四幅)　一冊

110000－0144－0022016　善857.4/482－07
李卓吾先生批評三國志真本一百二十回　(明)羅本撰　(明)李贄評　清初刻本(有抄配)　三十冊

110000－0144－0022017　善857.4/482－3－03
四雪草堂重訂通俗隋唐演義二十卷一百回　(清)褚人獲撰　清康熙四雪草堂刻本　二十

一冊

110000－0144－0022018　善857.4/482－781－02

四大奇書第一種六十卷一百二十回　(明)羅貫中撰　(清)毛宗崗評　清雍正七年(1729)刻本　二十四冊

110000－0144－0022019　善857.4/482－781－02

四大奇書第一種六十卷一百二十回　(明)羅貫中撰　(清)毛宗崗評　清雍正七年(1729)刻本　二十四冊

110000－0144－0022020　善857.4/482－781－03

四大奇書第一種十九卷一百二十回　(明)羅貫中撰　(清)毛宗崗評　清大魁堂刻本　二十二冊

110000－0144－0022021　善857.4/482－9－02

殘唐五代史演義傳十二卷六十回　(明)羅貫中編　(清)李贄評　明末刻本　四冊

110000－0144－0022022　善857.4/482－9－03

鐫李卓吾批點殘唐五代史演義傳八卷六十四回　(明)羅本撰　(明)李贄評　清初刻本　八冊

110000－0144－0022023　善857.4/482－9－03

鐫李卓吾批點殘唐五代史演義傳八卷六十四回　(明)羅本撰　(明)李贄評　清初刻本　六冊

110000－0144－0022024　善857.4/627－987－04

第五才子書施耐菴水滸傳七十五卷七十回　(元)施耐庵撰　(清)金人瑞評　明崇禎貫華堂刻本　三十二冊

110000－0144－0022025　善857.4/633

新鐫東西晉演義十二卷五十回　(明)夷白堂主人重修　(明)泰和堂主人參訂　明末步月樓、映旭齋刻本　十三冊

110000－0144－0022026　善857.4/661

新鐫全像通俗演義隋煬帝艷史八卷四十回　(題)(明)齊東野人撰　(明)不經先生評　明末刻本　十六冊

110000－0144－0022027　善857.4/661－02

新鐫全像通俗演義隋煬帝艷史八卷四十回　(題)(明)齊東野人撰　(明)不經先生評　明崇禎刻本　十四冊

110000－0144－0022028　善857.4/680－02

新刻鍾伯敬先生批評封神演義十九卷一百回　(明)陸西星撰　(明)鍾惺評　清康熙四雪草堂刻本　二十冊

110000－0144－0022029　善857.4/680－02

新刻鍾伯敬先生批評封神演義十九卷一百回　(明)陸西星撰　(明)鍾惺評　清康熙四雪草堂刻本　二十冊

110000－0144－0022030　善857.4/741.2

鐫于少保萃忠傳十卷七十回　(清)孫高亮撰　(清)沈國元評　清抄本　十冊

110000－0144－0022031　善857.4/752.3

海角遺編三十回　清抄本　二冊

110000－0144－0022032　善857.4/752.8－02

七峰遺編六十回　(清)七峰樵道人撰　清抄本　一冊

110000－0144－0022033　善857.4/786－02

新鐫批評出像通俗奇俠禪真逸史八集四十回　(明)方汝浩撰　清寄暢樓刻本　八冊

110000－0144－0022034　善857.4/786－1

新鐫批評出像通俗演義禪真後史十集六十回　(明)方汝浩(題清溪道人)撰　明末金衙刻本　十二冊

110000－0144－0022035　善857.4/846－214－04

皋鶴堂批評第一奇書金瓶梅一百回　題(明)蘭陵笑笑生撰　(清)張竹坡評　清刻本　二十四冊

110000－0144－0022036　善857.4/846－214－09

第一奇書全像金瓶梅一百回　題(明)蘭陵笑笑生撰　(清)張竹坡評　清康熙刻本　二十四冊

110000－0144－0022037　善857.4/852－02

好逑傳四卷十八回　(清)名教中人編　清獨處軒刻本　四冊

110000－0144－0022038　善857.4/854
新鐫批評出相韓湘子三十回　(明)楊爾曾撰　明天啓金陵九如堂刻本　八册

110000－0144－0022039　善857.41/130－03
石點頭十四卷　(明)天然癡叟撰　(明)馮夢龍評　清刻本　六册

110000－0144－0022040　善857.41/658
龍圖耳錄不分卷　(清)□□撰　清光緒七年(1881)抄本　四十三册

110000－0144－0022041　善857.447/530
畫圖緣四卷　(清)步月主人撰　清嘯花軒刻本　四册

110000－0144－0022042　善857.5/121.9
玉如意不分卷　(清)□□撰　清抄本　四册

110000－0144－0022043　善857.5/272－2－02
廿一史彈詞註十卷明紀彈詞註一卷　(明)楊慎撰　(清)張三異增定　(清)張仲璜注　清康熙五十一年(1712)樹玉堂刻本　八册

110000－0144－0022044　善857.5/323
畫錦堂記十六卷　(清)□□撰　清抄本　八册

110000－0144－0022045　善857.5/357
子虛記四十四回　(清)□□撰　清抄本　四十四册

110000－0144－0022046　善857.5/658
龍鳳巧姻緣　(清)□□撰　清抄本　三册

110000－0144－0022047　善857.5/752.4
果報錄十卷一百回　(清)海蘭濤撰　清抄本　十册

110000－0144－0022048　善857.5/785－03
新編鳳雙飛前傳二十回後傳二十二回　(清)程蕙英撰　清抄本　四十二册

110000－0144－0022049　善857.5/916.8
新刻雙玉鐲全傳二十五卷　(清)□□撰　清乾隆三十二年(1767)上海刻本　八册

110000－0144－0022050　善857.5/926
金魚緣二十卷　(清)鈕德英撰　清抄本　二十册

110000－0144－0022051　善857.5/945.6
後唐誌續集十卷　(清)□□撰　清抄本　十册

110000－0144－0022052　善857.5/987.6
金冠記□□回　(清)□□撰　清抄本　存四回(五至六、九至十)　二册

110000－0144－0022053　善858.4/121－02
玉鴛鴦全傳六卷　(□)□□撰　清咸豐五年(1855)惜陰主人抄本　六册

110000－0144－0022054　善858.4/125
青石山十卷三十回　(清)□□撰　清抄本　十册

110000－0144－0022055　善858.4/427
齊人夢鼓詞　(清)嘯傲主人撰　稿本　六册

110000－0144－0022056　善858.4/862
綠牡丹一卷　(清)□□撰　清抄本　一册

110000－0144－0022057　善858.5/100.1
二度梅寶卷一卷　(清)□□撰　清咸豐八年(1858)王存誠堂抄本　三册

110000－0144－0022058　善858.5/100.1－02
佛説忠良仁義賢孝寶卷一卷　(清)□□撰　清道光十三年(1833)抄本　三册

110000－0144－0022059　善858.5/154
銷釋下生嘆世寶卷　(明)□□撰　清初刻本　存一卷(三十五)　一摺

110000－0144－0022060　善858.5/313－02
張氏三娘賣花寶卷全集一卷　(□)□□撰　清末抄本　一册

110000－0144－0022061　善858.5/456.9
開翁寶卷一卷　(清)□□撰　清同治元年(1862)抄本　一册

110000－0144－0022062　善858.5/701
蜜蜂記寶卷一卷　(清)□□撰　清咸豐五年(1855)郭子文抄本　二册

110000－0144－0022063　善858.5/719
佛說江流和尚生天寶卷一卷　(清)□□撰　清末五福堂抄本　一册

110000－0144－0022064　善858.5/758
義俠好逑傳一卷　(□)□□撰　明崇禎四年(1631)王承德堂抄本　一册

110000－0144－0022065　善858.5/858.8
佛說紅燈寶卷一卷　(清)□□撰　清道光二年(1822)抄本　一册

110000－0144－0022066　善858.5/909
佛說金錢鑰匙寶卷　(清)□□撰　清末抄本　一册

110000－0144－0022067　善858.5/909.6
佛說空王如來古佛寶卷　(□)□□撰　清末郭福星堂抄本　一册

110000－0144－0022068　善858.5/909－1
羅祖五部經　(明)羅清撰　清康熙二十八年(1689)孟家金錢老鋪刻本　六册

110000－0144－0022069　善858.5/916.9
雙玉髻寶卷不分卷　(□)□□撰　清光緒三十年(1904)抄本　六册

110000－0144－0022070　善858.508/808
古今寶卷匯集四十八種　(清)鵝湖散人編　清抄本　七十二册

110000－0144－0022071　善8710
冰川詩式十卷　(明)梁橋撰　明萬曆刻本　四册

110000－0144－0022072　善8713
中晚唐詩叩彈集十二卷續集三卷　(清)杜詔　(清)杜庭珠輯　清康熙四十三年(1704)采山亭刻本　六册

110000－0144－0022073　善8715
宋詩略十八卷　(清)汪景龍　(清)姚壎輯　清乾隆三十五年(1770)竹雨山房刻本　六册

110000－0144－0022074　善8717
粵中見聞三十五卷　(清)范端昂輯　清乾隆四十三年(1778)一泓軒刻本　八册

110000－0144－0022075　善8719
十三唐人詩十四卷　(清)劉雲份編　清康熙野香堂刻本　六册

110000－0144－0022076　善8807
萬物真原　(意大利)艾儒略撰　清乾隆五十六年(1791)刻本　一册

110000－0144－0022077　善8890
全唐詩話八卷　(宋)尤袤撰　(清)孫濤續輯　清乾隆三十九年(1774)孫濤清芬堂刻本　四册

110000－0144－0022078　善8894
王荊公唐百家詩選二十卷　(宋)王安石輯　清康熙四十七年(1708)緯蕭草堂刻本　六册

110000－0144－0022079　善8896
欽定國朝詩別裁集三十二卷　(清)沈德潛輯　清乾隆二十六年(1761)翰林院刻本　十二册

110000－0144－0022080　善8913
實錄館漢校對處字體畫一　(清)李象辰撰　清光緒三年(1877)鈔本　一册

110000－0144－0022081　善8920
元音統韻二十二卷　(明)陳藎謨撰　清康熙五十三年(1714)慎思堂刻本　二十二册

110000－0144－0022082　善901/893－167
史通訓故補二十卷　(清)黄叔琳撰　清乾隆十二年(1747)養素堂刻本　六册

110000－0144－0022083　善901/893－384
史通註二十卷　(明)陳繼儒撰　明刻本　(清)王孝詠校並跋　六册

110000－0144－0022084　善901/893－859－07
史通削繁不分卷　(清)紀昀撰　清抄本　傅增湘題識　(□)□□朱墨筆批點　一册

110000－0144－0022085　善9079
湖北簡明官册不分卷　(□)□□輯　清抄本　四册

110000－0144－0022086　善9082
雲棧紀程八卷　(清)張邦伸撰　清乾隆五十

九年(1794)敦彝堂刻本　四冊

110000－0144－0022087　善 9153
杜詩會稡二十四卷年譜一卷　(唐)杜甫撰　(清)張遠箋注　清康熙二十七年(1688)蕉圃刻本　十二冊

110000－0144－0022088　善 9155
唱經堂才子書彙稿　(清)金人瑞撰　清傳萬堂刻本　四冊

110000－0144－0022089　善 9158
貫華堂批選唐才子詩甲集七言律八卷　(清)金人瑞輯　(清)金雍注　清初刻本　十二冊

110000－0144－0022090　善 916/160
五大洲各國度考一卷　(清)□□撰　清抄本　一冊

110000－0144－0022091　善 9176
欽定天祿琳琅書目十卷　(清)于敏中等編　**後編二十卷**　(清)彭元瑞等編　清玉雨堂抄本　十冊

110000－0144－0022092　善 9177
五色綫三卷　(宋)□□撰　明刻本　一冊

110000－0144－0022093　善 918/905.6
皇清職貢圖九卷首一卷　(清)傅恒等纂　清乾隆刻本　六冊

110000－0144－0022094　善 9186
漁洋山人精華錄會心偶筆六卷　(清)伊應鼎撰　清乾隆二十四年(1759)刻本　四冊

110000－0144－0022095　善 9189
詩餘圖譜三卷少游詩餘一卷南湖詩餘一卷　(明)張綖輯　明崇禎八年(1635)王象晉刻本　二冊

110000－0144－0022096　善 9190
江邨消夏錄三卷　(清)高士奇撰　清抄本　三冊

110000－0144－0022097　善 9201
駱臨海集十卷　(唐)駱賓王撰　(清)趙忠補輯　清康熙四十六年(1707)義烏黃之琦覺非齋刻本　四冊

110000－0144－0022098　善 921.11/307
廿四史校勘記不分卷　張森楷撰　清末稿本　存十四史(漢書、後漢書、三國志、晉書、宋書、齊書、梁書、陳書、魏書、北齊書、周書、隋書、南史、北史)　四十九冊

110000－0144－0022099　善 921.11/516
史漢合編題評八十八卷附錄四卷　(明)茅一桂輯　明萬曆十四年(1586)金陵唐氏、周氏刻本　五十冊

110000－0144－0022100　善 921.13/303－016
史記一百三十卷　(漢)司馬遷撰　(南朝宋)裴駰集解　(唐)司馬貞索隱　(唐)張守節正義　明嘉靖八年至九年(1529－1530)南京國子監刻本　三十冊

110000－0144－0022101　善 921.13/303－021
史記一百三十卷　(漢)司馬遷撰　(南朝宋)裴駰集解　(唐)司馬貞索隱　(唐)張守節正義　明萬曆二十四年(1596)南京國子監刻本　四十冊

110000－0144－0022102　善 921.13/303－022
史記一百三十卷　(漢)司馬遷撰　(南朝宋)裴駰集解　(唐)司馬貞索隱　(唐)張守節正義　明嘉靖十三年(1534)秦藩刻本　八十冊

110000－0144－0022103　善 921.13/303－024
史記一百三十卷　(漢)司馬遷撰　(南朝宋)裴駰集解　(唐)司馬貞索隱　(唐)張守節正義　明嘉靖震澤王延喆刻本　三十冊

110000－0144－0022104　善 921.13/303－025
史記一百三十卷　(漢)司馬遷撰　(南朝宋)裴駰集解　(唐)司馬貞索隱　(唐)張守節正義　(清)鄒道沂批校　明嘉靖震澤王延喆刻本　七十二冊

110000－0144－0022105　善 921.13/303－028
史記一百三十卷　(漢)司馬遷撰　(南朝宋)裴駰集解　(唐)司馬貞索隱　(唐)張守節正義　清乾隆四年(1739)武英殿刻本　景劍泉過錄諸家批點　二十六冊

110000－0144－0022106　善 921.13/303－029

史記一百三十卷 (漢)司馬遷撰 (南朝宋)裴駰集解 (唐)司馬貞索隱 (唐)張守節正義 (明)陳仁錫評 明崇禎程正揆刻本 (清)吳翌鳳過錄諸家批語 七冊

110000－0144－0022107 善921.13/303－030
史記抄不分卷 (漢)司馬遷撰 明抄本 八冊

110000－0144－0022108 善921.13/303－031
史記一百三十卷 (漢)司馬遷撰 (南朝宋)裴駰集解 (唐)司馬貞索隱 (唐)張守節正義 清同治五年至九年(1866－1870)金陵書局刻本 羅振亨過錄諸家批點 二十冊

110000－0144－0022109 善921.13/303－032
史記一百三十卷 (漢)司馬遷撰 (南朝宋)裴駰集解 (唐)司馬貞索隱 (唐)張守節正義 (明)黃嘉惠輯評 明末黃嘉惠刻本 十五冊

110000－0144－0022110 善921.13/303－303
史記索隱三十卷 (唐)司馬貞撰 明末毛氏汲古閣刻本 四冊

110000－0144－0022111 善921.13/303－303
史記索隱三十卷 (唐)司馬貞撰 明末毛氏汲古閣刻本 二冊

110000－0144－0022112 善921.13/303－437－03
史記論文一百三十卷 (清)吳見思評點 清康熙二十六年(1687)尺木堂刻本 十六冊

110000－0144－0022113 善921.13/303－516
史記鈔九十一卷 (明)茅坤輯 明泰昌元年(1620)閔振業刻朱墨套印本 二十四冊

110000－0144－0022114 善921.13/303－667
荊川先生精選批點史記十二卷 (明)唐順之輯 明萬曆五年(1577)浙人雙全童子山刻本 十冊

110000－0144－0022115 善921.13/303－725－02
史記志疑三十六卷 (清)梁玉繩撰 清乾隆五十二年(1787)刻本 二十四冊

110000－0144－0022116 善921.13/303－736
史記半解不分卷 (清)湯諧評注 清康熙五十四年(1715)慎餘堂刻本 (□)□□朱墨筆批注 四冊

110000－0144－0022117 善921.13/303－765
史記纂二十四卷 (明)凌稚隆輯 明萬曆刻朱墨套印本 十二冊

110000－0144－0022118 善921.13/303－765－02
增訂史記纂不分卷 (明)凌稚隆輯 明萬曆刻本 六冊

110000－0144－0022119 善921.13/384
史記奇鈔十四卷 (明)陳仁錫輯 明末刻本 八冊

110000－0144－0022120 善921.13/765－2
史記評林一百三十卷 (明)凌稚隆輯 明萬曆二年至四年(1574－1576)刻本 十五松山房批並過錄明歸有光等諸家批校 三十二冊

110000－0144－0022121 善921.14/972－03
通志略五十二卷 (宋)鄭樵撰 明嘉靖二十九年(1550)陳宗夔等刻本 二十冊

110000－0144－0022122 善921.14/972－05
通志略 (宋)鄭樵撰 明刻本 十六冊 存七略(地理略、都邑略、禮略、諡略、器服略、樂略、職官略)

110000－0144－0022123 善921.14/972－06
通志二百卷 (宋)鄭樵撰 元大德三山郡庠刻元明遞修本 一百二十冊

110000－0144－0022124 善921.14/972－07
通志略五十二卷 (宋)鄭樵撰 清乾隆十四年(1749)汪啓淑飛鴻堂刻本 二十四冊

110000－0144－0022125 善921.14/972－1－742
通志四略十四卷 (宋)鄭樵撰 清乾隆十四年(1749)沈大成抄本 六冊

110000－0144－0022126 善921.23/303－015

資治通鑑二百九十四卷　(宋)司馬光撰　明嘉靖二十三年至二十四年(1544－1545)孔天胤刻本(有抄配)　八十冊

110000－0144－0022127　善 921.23/303－016
陸狀元增節音注精議資治通鑑一百二十卷目錄三卷首一卷　(宋)陸唐老集注　(明)毛晉訂正　明毛氏汲古閣刻本　一百冊

110000－0144－0022128　善 921.23/303－017
資治通鑑二百九十四卷　(宋)司馬光撰　(元)胡三省音註　**宋元資治通鑑六十四卷**　(明)王宗沐撰　明崇禎刻本　一百冊

110000－0144－0022129　善 921.23/303－020
資治通鑑二百九十四卷　(宋)司馬光撰　(元)胡三省音注　元至元刻本　八十四冊　存七卷(九十一至九十七)

110000－0144－0022130　善 921.23/303－021
資治通鑑二百九十四卷　(宋)司馬光撰　明嘉靖二十三年至二十四年(1544－1545)孔天胤刻本　(□)□□朱墨筆批注　六十冊

110000－0144－0022131　善 921.23/303－024
資治通鑑二百九十四卷　(宋)司馬光撰　明天啓刻本　十二冊

110000－0144－0022132　善 921.23/303－307
通鑑直解二十八卷　(明)張居正撰　(明)鍾惺訂　明末刻本　十二冊

110000－0144－0022133　善 921.23/303－455－1
通鑑释文辯誤十二卷　(元)胡三省撰　(明)陳仁錫校　**甲子會紀五卷**　(明)薛應旂纂　(明)陳仁錫評　明刻本　四冊

110000－0144－0022134　善 921.23/603
新編通鑑集要二十八卷通鑑總論一卷　(明)諸燮輯　明嘉靖二十八年(1549)黃卷刻本　十二冊

110000－0144－0022135　善 921.23/603－02
新鐫通鑑集要十卷潘氏總論一卷　(明)諸燮輯　(明)董其昌重校　明書林何敬塘刻本　八冊

110000－0144－0022136　善 921.26/236
新鐫增訂評註批點便蒙通鑑八卷　(宋)南宮靖一撰　(明)孫鑛批閱　(明)錢允治評注　明萬曆四十七年(1619)刻本　二冊

110000－0144－0022137　善 921.26/303
資治通鑑目錄三十卷　(宋)司馬光撰　明崇禎二年(1629)陳仁錫刻本　二十冊

110000－0144－0022138　善 921.26/303
資治通鑑目錄三十卷　(宋)司馬光撰　明崇禎二年(1629)陳仁錫刻本　二十冊

110000－0144－0022139　善 921.26/303－04
資治通鑑目錄三十卷　(宋)司馬光撰　**釋例圖譜**　(明)陳仁錫撰　**問疑**　(宋)劉羲仲撰　明刻本　十二冊

110000－0144－0022140　善 921.26/504
鼎鍥葉太史彙纂玉堂鑑綱七十二卷　(明)葉向高撰　明萬曆三十年(1602)書林熊體忠刻本　二十冊

110000－0144－0022141　善 921.26/660－821
續資治通鑑綱目二十七卷　(明)高輅等撰　(明)周禮發明　(明)張時泰廣義　明弘治十七年(1504)慎獨齋刻本　十六冊

110000－0144－0022142　善 921.26/710
新刊翰林攷正綱目通鑑玉臺青史十七卷　(明)汪旦輯　明萬曆瀛洲館刻本　八冊

110000－0144－0022143　善 921.26/741
通鑑總類二十卷　(宋)沈樞撰　明萬曆二十三年(1595)孫隆刻本　十冊

110000－0144－0022144　善 921.26/828
資治通鑑綱目五十九卷　(宋)朱熹撰　清康熙四十年(1701)王公行刻本　七十九冊

110000－0144－0022145　善 921.26/828－03
資治通鑑綱目五十九卷　(宋)朱熹撰　明成化九年(1473)内府刻本　三十冊

110000－0144－0022146　善 921.26/828－04
文公先生資治通鑑綱目五十九卷　(宋)朱熹

撰　(宋)尹起莘發明　(元)汪克寬考異　(元)王幼學集覽　(明)陳濟正誤　明建安劉寬裕刻本　八册　存八卷(二十八至三十五)

110000－0144－0022147　善921.26/828－117
朱子通鑑綱目註義五十九卷　(清)王應鯨集注　清乾隆四十一年(1776)金陵勝玉堂刻本　六十四册

110000－0144－0022148　善921.26/828－313
古香齋新刻袖珍資治通鑑綱目三編二十卷　(清)張廷玉等編次　清乾隆武英殿刻本　四册

110000－0144－0022149　善921.26/828－6－02
御製資治通鑑綱目全書一百九卷　(宋)朱熹等撰　(清)聖祖玄燁批輯　清康熙四十六年至四十九年(1707－1710)揚州詩局刻本　八十册

110000－0144－0022150　善921.26/888
資治通鑑綱目書法五十九卷　(宋)劉友益撰　元刻本　存一卷(十二)　一册

110000－0144－0022151　善921.29/113－8
鐫王鳳洲先生會纂綱鑑歷朝正史全編二十三卷　(明)王世貞撰　明萬曆十八年(1590)建陽余泗泉萃慶堂刻本　十二册

110000－0144－0022152　善921.29/571
宋元通鑑一百五十七卷　(明)薛應旂撰　(明)陳仁錫評　明天啓六年(1626)陳仁錫刻本　十八册

110000－0144－0022153　善921.29/719
新刊憲臺攷正少微通鑑全編二十卷外紀二卷總論一卷新刊憲臺攷正宋元通鑑全編二十一卷　(宋)江贄輯　明萬曆徐元太等刻本　十二册

110000－0144－0022154　善921.29/719－02
新刻校正古本歷史大方通鑑四十一卷首一卷　(明)李廷機　葉向高輯　明周時泰刻本　八册

110000－0144－0022155　善921.29/719－02
新刻校正古本歷史大方通鑑四十一卷首一卷　(明)李廷機　葉向高輯　明周時泰刻本　十册　存二十一卷(一至二十、首一卷)

110000－0144－0022156　善921.29/719－5
少微通鑑節要五十卷　(宋)江贄撰　明正德九年(1514)司禮監刻本　二十册

110000－0144－0022157　善921.29/719－5－310
資治通鑑節要續編三十卷　(明)張光啓撰　明正德九年(1514)司禮監刻本　四十册

110000－0144－0022158　善921.29/967－02
綱鑑正史約三十六卷　(明)顧錫疇撰　明崇禎刻本　(□)□□朱筆批校　十二册

110000－0144－0022159　善921.3/441
歷代帝王曆祚考八卷音釋一卷歷代紹運圖系之圖一卷歷代年號考同一卷歷代紹統年表一卷　(明)吳繼安輯　明萬曆二十九年(1601)商山季園刻本　八册

110000－0144－0022160　善921.3/765
歷代帝王姓系統譜六卷　(明)淩迪知輯　明萬曆七年(1579)刻本　二册

110000－0144－0022161　善921.3/892
歷代帝系年號考二十卷　(清)劉宗巍撰　清乾隆二十八年(1763)刻本　六册

110000－0144－0022162　善921.4/563
通鑑本末紀要八十一卷首三卷　(清)蔡毓榮輯　(清)林子卿注　清康熙刻本　八十册

110000－0144－0022163　善921.5/372
函史上編八十二卷下編二十一卷　(明)鄧元錫撰　明萬曆刻本　六十册

110000－0144－0022164　善921.5/482
路史四十七卷　(宋)羅泌撰　清乾隆元年(1736)刻本　(□)□□朱墨筆批注　十六册

110000－0144－0022165　善921.5/689
自後漢末及三國至晉定域撮要　(□)□□輯　清抄本　八册

110000－0144－0022166　善921.7/161

全史論贊八十一卷　(明)項篤壽輯　明嘉靖四十五年(1566)項氏萬卷堂刻本　三十二冊

110000－0144－0022167　善921.7/204
雪廬讀史快編六十卷　(明)趙維寰撰　明天啓四年(1624)趙氏刻本　二十四冊

110000－0144－0022168　善921.7/204
雪廬讀史快編六十卷　(明)趙維寰撰　明天啓四年(1624)趙氏刻本　二十冊

110000－0144－0022169　善921.7/220
史略韻語五卷　(清)胡亮撰　清康熙五年(1666)刻本　五冊

110000－0144－0022170　善921.7/292
正史新奇二十六卷　(清)李清輯　清抄本　二冊

110000－0144－0022171　善921.7/309
史略百篇二卷　(□)□□撰　清乾隆二十一年(1756)澹寧堂刻本　二冊

110000－0144－0022172　善921.7/337
歷代帝王紀實不分卷　(□)□□撰　清抄本　二十冊

110000－0144－0022173　善921.7/418
史書纂略二百二十卷目錄二卷　(明)馬維銘輯　明萬曆四十三年(1615)刻本　六十冊

110000－0144－0022174　善921.7/754
讀史津逮四卷　(清)潘永圜撰　清康熙刻本　二冊

110000－0144－0022175　善921.7/765
左國腴詞八卷　(明)淩迪知輯　明萬曆四年(1576)淩迪知刻文林綺繡叢書本　四冊

110000－0144－0022176　善921.7/765
左國腴詞八卷　(明)淩迪知輯　明萬曆四年(1576)淩迪知刻文林綺繡叢書本　四冊

110000－0144－0022177　善921.7/798
四史鴻裁四十卷　(明)穆文熙輯　明萬曆十八年(1590)朱朝聘刻本　二十冊

110000－0144－0022178　善921.7/981
湝東山房批校廬陵曾氏十八史略八卷　(元)曾先之撰　(明)張鹵批校　明萬曆八年(1580)張鹵刻本　八冊

110000－0144－0022179　善921.7/988
史鸞二十五卷　(明)余文龍輯　明萬曆四十六年(1618)余兆胤刻本　十二冊

110000－0144－0022180　善921.7/988－4
史異編十七卷　(明)余文龍撰　明萬曆四十七年(1619)刻本　存四卷(一至四)　二冊

110000－0144－0022181　善921.72/307
廿一史識餘三十七卷　(明)張墉撰　明崇禎十七年(1644)刻本　二十冊

110000－0144－0022182　善921.8/102
刪訂通鑑感應錄二卷　(清)秦鏡非撰　清康熙五十四年(1715)刻本　二冊

110000－0144－0022183　善921.8/171
史學提要箋釋五卷　(清)楊錫祜撰　清抄本　五冊

110000－0144－0022184　善921.8/185
禹峰先生著定讀史外篇八卷　(清)彭而述撰　清刻本　四冊

110000－0144－0022185　善921.8/185.5
二十一史論贊輯要三十六卷　(明)彭以明輯　明萬曆吳洵美刻本　六冊

110000－0144－0022186　善921.8/270－02
讀史集四卷　(明)楊以任輯　明崇禎書坊蔡益所刻本　四冊

110000－0144－0022187　善921.8/273
史義拾遺二卷　(元)楊維楨撰　**左逸一卷短長一卷**　(明)蔣謹輯　明崇禎五年(1632)刻本　二冊

110000－0144－0022188　善921.8/329
學史十三卷　(明)邵寶撰　明嘉靖二十三年(1544)秦汶刻本　四冊

110000－0144－0022189　善921.8/435
史裁二十六卷　(明)吳士奇撰　明萬曆三十年(1602)吳勉學刻本　十冊

110000－0144－0022190　善921.8/455
四史剿說十六卷　(清)史珥撰　清乾隆二十九年(1764)清風堂刻本　八册

110000－0144－0022191　善921.8/621
斯羽堂評點謝在杭先生史測二卷　(明)謝肇淛撰　明天啓斯羽堂刻本　一册

110000－0144－0022192　善921.8/632
評史心見十二卷　(明)郭大有撰　(明)殷鏊批點　明萬曆十五年(1587)張誠刻本　四册

110000－0144－0022193　善921.8/657
史學一簣四卷　(清)童栻撰　清抄本　四册

110000－0144－0022194　善921.8/665.4
可閑主人讀史管窺四卷　(清)章驥撰　清抄本　二册

110000－0144－0022195　善921.8/743
二十一史論贊三十六卷　(明)沈國元輯　明崇禎十二年(1639)大來堂刻本　十八册

110000－0144－0022196　善921.8/828
通鑑博論三卷　(明)朱權撰　清抄本　存一卷(一)　二册

110000－0144－0022197　善921.8/937
史懷十七卷　(明)鍾惺撰　(明)蔣勵志　(明)蔣勵修輯　明刻本　四册

110000－0144－0022198　善921.8/948
古今治統二十卷　(明)徐奮鵬撰　清雍正元年(1723)槐柳齋刻本　十四册

110000－0144－0022199　善921.8/964－937
新鐫歷朝捷録增訂全編原本四卷　題(明)顧充撰　(明)鍾惺等補　(明)屠隆增定　明末刻本　四册

110000－0144－0022200　善921.8/988
史統二十卷　(明)余大朋撰　清乾隆六十年(1795)鱣堂刻本　六册

110000－0144－0022201　善921.8/990
史概十卷　(明)俞思學輯　明萬曆十五年(1587)刻本　六册

110000－0144－0022202　善921.81/113
刻王弇州文部讀史論辨　(明)王世貞撰　明刻本　二册

110000－0144－0022203　善921.811/716
欽定古今儲貳金鑑六卷　(清)高宗弘曆敕編　清乾隆内府抄本　三册

110000－0144－0022204　善921.85/700
五家宮詞五卷附元宮詞一卷　(□)□□輯　明刻本　一册

110000－0144－0022205　善921.85/960
顧氏詩史十五卷　(明)顧正誼撰　明萬曆二十八年(1600)顧正誼刻本　八册

110000－0144－0022206　善922.101/294－02
尚史七十卷　(清)李鍇撰　清乾隆三十八年(1773)悦道樓刻本　二十八册

110000－0144－0022207　善922.101/554
重訂古史全本六十卷　(宋)蘇轍撰　(明)吴弘基重訂　明刻本　十二册

110000－0144－0022208　善922.105/378
荒史六卷　(明)陳士元輯　明萬曆刻歸雲別集叢書本　二册

110000－0144－0022209　善922.107/383
諸史品節四十卷　(明)陳深輯　明萬曆刻本　二十四册

110000－0144－0022210　善922.1305/608
史漢方駕三十五卷　(明)許相卿撰　明萬曆十三年(1585)徐禾刻本　十四册

110000－0144－0022211　善922.15/833
周史八卷　(清)朱寧龍撰　稿本　八册

110000－0144－0022212　善922.17/200－02
吴越春秋六卷　(漢)趙曄撰　(元)徐天祜音注　明萬曆二十年(1592)刻廣漢魏叢書本　二册

110000－0144－0022213　善922.17/655
左記十二卷　(明)章大吉撰　明崇禎五年(1632)刻本　四册

110000－0144－0022214　善922.177/579－011
國語二十一卷　(三國吳)韋昭注　明嘉靖七年(1528)吳郡金氏澤遠堂刻本(有抄配)　二冊

110000－0144－0022215　善922.177/579－07
重刊韋氏國語二十一卷　(三國吳)韋昭注　明刻本　二冊

110000－0144－0022216　善922.177/579－08
國語二十一卷　(三國吳)韋昭注　(宋)宋庠補音　(明)穆文熙輯評　明萬曆劉懷恕刻春秋戰國評苑本　九冊

110000－0144－0022217　善922.177/579－495
國語九卷　(明)盧之頤訂正　明末刻本　十冊

110000－0144－0022218　善922.177/579－495
戰國策四卷　(明)張居正評訂　(明)陸樹聲評注　(明)盧之頤校正　明末刻本　與110000－0144－0022217合冊

110000－0144－0022219　善922.177/579－695
國語二十一卷　(三國吳)韋昭解　(宋)宋庠補音　清乾隆二十七年(1762)文盛堂刻本　四冊

110000－0144－0022220　善922.177/579－695
國語二十一卷　(三國吳)韋昭解　(宋)宋庠補音　清乾隆二十七年(1762)文盛堂刻本　四冊

110000－0144－0022221　善922.181/388.2
戰國策四卷　(明)張居正評訂　(明)陸樹聲評注　(清)王屋山人跋　明末刻本　二冊

110000－0144－0022222　善922.181/458
戰國策十二卷元本目錄一卷　(明)閔齊伋裁注　明萬曆四十八年(1620)閔齊伋刻三色套印本　十六冊

110000－0144－0022223　善922.181/645－306－02
戰國策釋地不分卷　(清)張琦撰　清稿本　六冊

110000－0144－0022224　善922.181/850－02
鮑氏國策十卷　(宋)鮑彪校注　明嘉靖三十一年(1552)杜詩刻本　清黎庶昌題跋　十二冊

110000－0144－0022225　善922.181/850－441－02
戰國策譚棷十卷附錄一卷　(宋)鮑彪校注　(元)吳師道補正　(明)張文爟集評　明萬曆刻本　十二冊

110000－0144－0022226　善922.181/850－441－03
戰國策評苑十卷　(宋)鮑彪校注　(元)吳師道補正　(明)穆文熙輯評　明萬曆二十年(1592)書林鄭以厚刻本　十二冊

110000－0144－0022227　善922.181/850－441－04
戰國策十卷　(宋)鮑彪校注　(元)吳師道補正　(明)穆文熙輯評　明萬曆劉懷恕刻春秋戰國評苑本　四冊

110000－0144－0022228　善922.207/384
兩漢奇鈔十卷　(明)陳仁錫　(明)鍾惺輯　明末刻本　十冊

110000－0144－0022229　善922.2101/123－010
前漢書一百卷　(漢)班固撰　(唐)顔師古注　明正統八年至十年(1443－1445)刻本　六十四冊

110000－0144－0022230　善922.2101/123－011
前漢書一百卷　(漢)班固撰　(唐)顔師古注　明萬曆二十五年(1597)北京國子監刻本　(□)□□墨筆過錄何焯批校　二十六冊

110000－0144－0022231　善922.2101/123－765－02
漢書評林一百卷　(明)淩稚隆輯　明萬曆九年(1581)刻本　(清)汪琬　(清)惠周惕批點　五十冊

110000－0144－0022232　善922.2101/123－765－03
漢書評林一百卷　(明)淩稚隆輯　明萬曆九

年(1581)刻本　二十五册

110000－0144－0022233　善922.2102/552－03
兩漢紀六十一卷　(清)蔣國祚校訂　清康熙三十五年(1696)刻五十年(1711)振鷺堂印本　六册

110000－0144－0022234　善922.2107/198
兩漢書選三卷　(明)趙南星輯　明天啓正心會刻本　五册

110000－0144－0022235　善922.2107/229
漢書節讀十二卷　(清)韓昭松輯　清光復堂抄本　六册

110000－0144－0022236　善922.2107/255
漢雋十卷　(宋)林鉞輯　明嘉靖十一年(1532)郟鼎刻本　八册

110000－0144－0022237　善922.2107/255－02
漢雋十卷　(宋)林鉞輯　明萬曆十二年(1584)吕元刻本　四册

110000－0144－0022238　善922.2107/255－765
兩漢雋言十六卷　(宋)林鉞輯　(明)淩迪知增輯　明萬曆四年(1576)淩迪知刻文林綺繡本　八册

110000－0144－0022239　善922.2107/255－765－02
兩漢雋言十六卷　(宋)林鉞輯　(明)淩迪知增輯　明萬曆三十六年(1608)萃慶堂刻本　八册

110000－0144－0022240　善922.2107/382
漢書雋不分卷　(明)陳許廷輯並評　明崇禎刻本　六册

110000－0144－0022241　善922.2107/516
漢書鈔九十三卷　(明)茅坤輯　明萬曆十七年(1589)茅氏刻本　(□)□□朱墨筆批注　三十册

110000－0144－0022242　善922.2107/905
新刊批點西漢咀華十六卷　(明)傅順孫輯　明萬曆刻本　八册

110000－0144－0022243　善922.2107/930
兩漢筆記十二卷　(宋)錢時撰　清抄本　(□)□□朱、藍筆校點　六册　存七卷(一至七)

110000－0144－0022244　善922.2201/533－011
後漢書九十卷　(南朝宋)范曄撰　(唐)李賢注　**志三十卷**　(晉)司馬彪撰　(南朝梁)劉昭注　明萬曆二十四年(1596)北京國子監刻本　三十册

110000－0144－0022245　善922.2201/886
東觀漢記二十四卷　(漢)劉珍等撰　清乾隆六十年(1795)掃葉山房刻本　二册

110000－0144－0022246　善922.2207/765
後漢書纂十二卷　(明)淩濛初輯　明萬曆三十四年(1606)金陵周氏刻本　十六册

110000－0144－0022247　善922.23/120.8
季漢五志十二卷　(清)王複禮撰　清康熙四十一年(1702)杭城尊行齋刻本　九册

110000－0144－0022248　善922.2301/378
三國志六十五卷　(晉)陳壽撰　(南朝宋)裴松之注　(明)陳仁錫評　明天啓雲林積秀堂刻本　二十四册

110000－0144－0022249　善922.2301/378－011
三國志六十五卷　(晉)陳壽撰　(南朝宋)裴松之注　明萬曆二十四年(1596)南京國子監刻清順治十六年(1659)重修本　十二册

110000－0144－0022250　善922.2301/378－015
三國志六十五卷　(晉)陳壽撰　(南朝宋)裴松之注　明崇禎十七年(1644)琴川毛氏汲古閣刻十七史本　(□)□□朱藍筆批注　十册

110000－0144－0022251　善922.2301/378－017
三國志六十五卷　(晉)陳壽撰　(南朝宋)裴松之注　元刻明嘉靖十年(1531)、萬曆五年(1577)南京國子監遞修本　(□)□□朱墨筆批校　存五十九卷(七至六十五)　七册

110000－0144－0022252　善922.2301/378－020
三國志六十五卷　(晉)陳壽撰　(南朝宋)裴松之注　明萬曆二十四年(1596)南京國子監

刻本　三十二册

110000－0144－0022253　善 922.2301/378－06
三國志六十五卷　(晉)陳壽撰　(南朝宋)裴松之注　明萬曆二十四年(1596)南京國子監刻清乾隆五十五年(1790)補刻本　二十四册

110000－0144－0022254　善 922.2301/378－1
諸儒先生標註三國志詳節二十卷　(宋)呂子謙輯　元刻十七史詳節本　八册

110000－0144－0022255　善 922.2301/378－937
三國志註抄八卷　(明)鍾惺輯評　明萬曆四十五年(1617)刻本　八册

110000－0144－0022256　善 922.3107/502
晉書纂七卷　(明)華玄禔輯　明刻本　六册

110000－0144－0022257　善 922.3107/516
晉史删四十卷　(明)茅國縉輯　明刻本　二十四册

110000－0144－0022258　善 922.3107/929
晉書鉤玄二卷　(明)錢普撰　明萬曆六年(1578)刻本　(□)□□朱筆批點　四册

110000－0144－0022259　善 922.3501/293－05
南史八十卷　(唐)李延壽撰　元大德十年(1306)刻明嘉靖遞修本　三十六册

110000－0144－0022260　善 922.3507/725
南史摘略二卷　(清)梁玉繩輯　清清吟閣抄本　二册

110000－0144－0022261　善 922.35108/161
宋書論贊三卷　(明)項篤壽輯　明嘉靖四十五年(1566)項氏萬卷堂刻全史論贊本　一册

110000－0144－0022262　善 922.35201/508－03
南齊書五十九卷　(南朝梁)蕭子顯撰　明萬曆十六年至十七年(1588－1589)南京國子監刻清順治十六年(1659)重修本　十二册

110000－0144－0022263　善 922.36401/288－03
北齊書五十卷　(唐)李百藥撰　明萬曆十六年(1588)南京國子監刻清順治、康熙、乾隆遞修本　八册

110000－0144－0022264　善 922.36501/989
周書五十卷　(唐)令狐德棻撰　明萬曆十六年(1588)南京國子監刻明崇禎七年至清乾隆五十五年(1634－1790)遞修本　十册

110000－0144－0022265　善 922.3701/807－02
隋書八十五卷　(唐)魏徵撰　明萬曆二十二年至二十三年(1594－1595)北京國子監刻清順治、乾隆間補刻本　十二册

110000－0144－0022266　善 922.3701/807－04
隋書八十五卷　(唐)魏徵等撰　元大德饒州路儒學刻明正德嘉靖遞修本　四十册

110000－0144－0022267　善 922.4101/423－548
唐書釋音二十五卷　(宋)董衝撰　元大德九年(1305)建康路儒學刻明成化、弘治、嘉靖遞修本　四册

110000－0144－0022268　善 922.4201/423－02
五代史七十四卷　(宋)歐陽修撰　(宋)徐無黨注　明萬曆二十八年(1600)北京國子監刻清康熙二十五年(1686)重修本　十册

110000－0144－0022269　善 922.4201/423－119
五代史補五卷五代史闕文一卷　(宋)陶岳撰　五代史闕文一卷　(宋)王禹偁撰　清述德堂抄本　(清)陳彭壽校　(清)陳念蘐跋　一册

110000－0144－0022270　善 922.4201/423－444
東萊先生五代史詳節十卷　(宋)呂祖謙撰　明正德十一年(1516)劉弘毅慎獨齋刻十七史詳節本　四册

110000－0144－0022271　善 922.4201/423－953－02
五代史記七十四卷　(宋)歐陽修撰　(宋)徐無黨注　明萬曆四年至五年(1576－1577)南京國子監刻清順治、康熙、乾隆遞修刻本　十册

110000－0144－0022272　善 922.4201/423－953－07
五代史記七十四卷　(宋)歐陽修撰　(宋)徐無黨注　明嘉靖刻本　二十册

110000－0144－0022273　善 922.4201/423－953－08
五代史記七十四卷　(宋)歐陽修撰　(宋)徐無黨注　清乾隆十一年(1746)歐陽徽柔刻本　(清)郁松年校　八册

110000－0144－0022274　善 922.48/392－02
南唐書十八卷音釋一卷　(宋)陸游撰　明萬曆沈士龍、胡震亨刻祕册彙函本　二册

110000－0144－0022275　善 922.48/419
南唐書三十卷　(宋)馬令撰　明嘉靖二十九年(1550)顧汝達刻本　四册

110000－0144－0022276　善 922.48/419
南唐書三十卷　(宋)馬令撰　明嘉靖二十九年(1550)顧汝達刻本　劉盼遂題識並補抄序　六册

110000－0144－0022277　善 922.48/419－02
南唐書三十卷　(宋)馬令撰　(明)陳繼儒訂　明末刻本　六册

110000－0144－0022278　善 922.4805/658
江南野史十卷　(宋)龍袞撰　清抄本　(□)□□朱筆校　一册

110000－0144－0022279　善 922.5101/301－04
宋史四百九十六卷　(元)脱脱撰　明成化七年至十六年(1471－1480)朱英刻本　一百二十册

110000－0144－0022280　善 922.5104/766－06
宋史紀事本末十卷　(明)馮琦撰　(明)陳邦瞻補　明萬曆三十三年(1605)劉日梧、徐申刻本　十册

110000－0144－0022281　善 922.5105/158
靖康紀聞一卷拾遺一卷　題(宋)丁特起撰　清抄本　一册

110000－0144－0022282　善 922.5105/214
古事語小錄　(□)□□撰　清抄本　一册

110000－0144－0022283　善 922.516/652－03
南燼紀聞一卷南渡錄大略一卷竊憤錄一卷續錄一卷阿計替傳一卷　題(宋)辛棄疾撰　清抄本　四册

110000－0144－0022284　善 922.5202/889
續資治通鑑十五卷　(宋)劉時舉撰　清抄本　三册

110000－0144－0022285　善 922.52105/267
偽齊錄二卷　(宋)楊堯弼撰　清抄本　二册

110000－0144－0022286　善 922.5501/301－08
遼史一百十六卷　(元)脱脱修　明嘉靖八年(1529)南京國子監刻明清補刻遞修本　十册

110000－0144－0022287　善 922.5501/301－09
遼史一百十六卷　(元)脱脱修　明嘉靖八年(1529)南京國子監刻本　八册

110000－0144－0022288　善 922.5501/301－09
遼史一百十六卷　(元)脱脱修　明嘉靖八年(1529)南京國子監刻本　十二册

110000－0144－0022289　善 922.5501/301－09
遼史一百十六卷　(元)脱脱修　明嘉靖八年(1529)南京國子監刻本　十册

110000－0144－0022290　善 922.5501/301－09
遼史一百十六卷　(元)脱脱修　明嘉靖八年(1529)南京國子監刻本　十二册

110000－0144－0022291　善 922.5505/889
裔夷謀夏錄二卷　(宋)劉忠恕撰　清光緒十五年(1889)孔昭熙抄本　一册

110000－0144－0022292　善 922.5601/301－05
金史一百三十五卷目錄二卷　(元)脱脱等撰　明嘉靖八年(1529)南京國子監刻清順治十五年(1658)遞修本　二十册

110000－0144－0022293　善 922.5601/301－278
金史補闕四十卷　(清)杭世駿撰　清乾隆、嘉慶間抄本　張鏡芙題識　八册

110000－0144－0022294　善 922.5701/696－06
元史二百十卷目錄二卷　(明)宋濂撰　明洪武三年(1370)内府刻明清遞修本　六十册

110000－0144－0022295　善 922.5701/696－07
元史二百十卷　(明)宋濂等撰　明洪武三年

(1370)内府刻嘉靖九年(1530)、十年(1531)南京國子監遞修本　五十冊

110000－0144－0022296　善922.5704/128－02
元朝祕史十五卷　(元)□□撰　清抄本　六冊

110000－0144－0022297　善922.5705/319
新鐫屠儀部編纂元朝捷錄四卷　(明)屠隆輯　明萬曆三十七年(1609)金陵書林刻本　一冊

110000－0144－0022298　善922.601/974
吾學編六十九卷　(明)鄭曉撰　明萬曆二十七年(1599)金陵鄭心材刻本　二十六冊

110000－0144－0022299　善922.601/974－02
吾學編六十九卷　(明)鄭曉撰　明隆慶元年(1567)鄭履淳刻本　存四卷(十二至十三、二十至二十一)　二冊

110000－0144－0022300　善922.602/212
皇明永陵編年信史四卷　(明)支大綸撰　清抄本　四冊

110000－0144－0022301　善922.602/314
國史紀聞十二卷　(明)張銓撰　明抄本　二十四冊

110000－0144－0022302　善922.602/378
皇明通紀前編二十七卷續編十八卷　(明)陳建撰　(明)董其昌補訂　明崇禎十一年(1638)刻本　四十冊

110000－0144－0022303　善922.602/378－1
新鍥李卓吾先生增補批點皇明正續合併通紀統宗十二卷附錄一卷　(明)陳建撰　(明)袁黄　(明)卜大有補輯　(明)李贄批點　明末刻本　四冊

110000－0144－0022304　善922.602/378－2
皇明典要八卷　(明)陳建輯　明末書林王渭刻本　十冊

110000－0144－0022305　善922.602/378－4
皇明從信錄四十卷　(明)陳建撰　(明)沈國元訂補　明末刻本　十四冊

110000－0144－0022306　善922.602/378－8
新鍥皇明紀政錄十二卷　(明)陳建撰　明刻本　六冊

110000－0144－0022307　善922.602/378－84
皇明十六朝廣彙紀二十八卷　(明)陳建撰　(明)陳龍可補訂　明崇禎五年(1632)友石居刻本　四十二冊

110000－0144－0022308　善922.602/743
兩朝從信錄三十五卷　(明)沈國元撰　明崇禎刻本　十四冊

110000－0144－0022309　善922.602/827
重鐫朱青巖先生擬編明紀輯略十六卷　(清)朱璘撰　清康熙三十五年(1696)聚錦堂刻本　八冊

110000－0144－0022310　善922.602/830－8
皇明大事記五十卷　(明)朱國楨輯　明崇禎刻本　十四冊

110000－0144－0022311　善922.602/830－8
皇明開國臣傳十三卷　(明)朱國楨輯　明崇禎刻本　四冊

110000－0144－0022312　善922.602/937
通紀纂十卷　(明)鍾惺撰　明末西陵還讀齋刻本　四冊

110000－0144－0022313　善922.604/924－1
明史紀事本末論箋注　(清)□□撰　清末稿本　四冊

110000－0144－0022314　善922.604/924－361
孫志伊摘抄明史紀事本末節本不分卷　(清)孫志伊輯　清宣統三年(1911)抄本　孫毓修跋　三冊

110000－0144－0022315　善922.605/356
擬明史樂府　(清)尤侗撰　清抄本　一冊

110000－0144－0022316　善922.605/365－02
二申野錄八卷　(清)孫之騄輯　清雍正刻本　六冊

110000－0144－0022317　善922.605/738－02
南疆繹史勘本三十卷首二卷摭遺十八卷

(清)溫睿臨撰　(清)李瑤勘定　清道光十年(1830)蕭山蔡氏城南草堂泥活字印本　二十四冊

110000－0144－0022318　善922.605/830
皇明大訓記十六卷　(明)朱國楨輯　明崇禎刻本　存十二卷(一至十二)　四冊

110000－0144－0022319　善922.605/830.4
建文書法儗前編一卷正編二卷附編二卷　(明)朱鷺撰　明萬曆刻本　二冊

110000－0144－0022320　善922.605/897
皇祖四大法十二卷　(明)何棟如輯　明萬曆四十三年(1615)刻本　十二冊

110000－0144－0022321　善922.605/897
皇祖四大法十二卷　(明)何棟如輯　明萬曆四十三年(1615)刻本　六冊

110000－0144－0022322　善922.6105/319
建文朝野彙編二十卷　(明)屠叔方撰　明刻本　十二冊

110000－0144－0022323　善922.6804/781－02
平叛記二卷　(清)毛霦輯　清康熙五十五年(1716)刻本　二冊

110000－0144－0022324　善922.6804/781－02
平叛記二卷　(清)毛霦輯　清康熙五十五年(1716)刻本　二冊

110000－0144－0022325　善922.6805/114－43－03
虎口餘生記一卷　(清)邊大綬撰　**塘報稿一卷尋親記程一卷滇還日記一卷**　(清)黄向堅撰　清抄本　一冊

110000－0144－0022326　善922.6805/312
庚申紀事一卷　(明)張瀠撰　(清)逸民老人題識　清抄本　一冊

110000－0144－0022327　善922.6805/348
幸存錄一卷　(明)夏允彝撰　清初抄本　戢園題識　一冊

110000－0144－0022328　善922.6805/842
明季遺聞四卷　(清)鄒漪撰　清初刻本(有抄配)　四冊

110000－0144－0022329　善922.6905/100
明末五小史不分卷　題(清)三餘氏輯　清抄本　七冊

110000－0144－0022330　善922.6905/130
天南逸史不分卷　(明)瞿共美撰　清抄本　一冊

110000－0144－0022331　善922.6905/229
江陰城守紀二卷　(清)韓菼撰　清抄本　一冊

110000－0144－0022332　善922.6905/286
爝火錄三十二卷附記一卷　(清)李天根撰　清抄本　二十四冊

110000－0144－0022333　善922.6905/934
所知錄四卷　(清)錢澄之撰　清抄本　二冊

110000－0144－0022334　善922.702/526－02
東華錄十六卷　(清)蔣良騏撰　清抄本　十六冊

110000－0144－0022335　善922.705/893
庭聞錄不分卷　(清)劉健撰　清道光四年(1824)抄本　一冊

110000－0144－0022336　善922.7105/774
虞山妖亂志二卷　(清)馮舒撰　清康熙二十二年(1683)陸燦抄本　(清)蟄存子校　一冊

110000－0144－0022337　善922.7204/268
三藩紀事本末四卷　(清)楊陸榮撰　清康熙五十六年(1717)刻本　四冊

110000－0144－0022338　善922.7204/738
親征平定朔漠方略四十八卷　(清)溫達撰　清康熙四十七年(1708)武英殿刻本　五十冊

110000－0144－0022339　善922.7205/627－02
靖海紀事二卷　(清)施琅撰　清抄本　存一卷(下)　一冊

110000－0144－0022340　善922.7304/517
平臺紀略　(清)藍鼎元撰　清抄本　一冊

110000－0144－0022341　善922.7404/344

平定金川方略二十六卷首一卷　(清)來保等撰　清抄本　二十四册

110000－0144－0022342　善 922.7505/719
江城記事　(清)□□撰　清抄本　一册

110000－0144－0022343　善 922.7505/732－03
夷氛聞記五卷　(清)梁廷枏撰　清光緒二十二年(1896)抄本　六册

110000－0144－0022344　善 922.7507/154
督粤奏議　(清)□□撰　清抄本　一册

110000－0144－0022345　善 922.7507/762
道光咸豐繫年要錄稿　(清)□□編　清抄本　六册

110000－0144－0022346　善 922.7604/185
彝軍紀略二卷　(清)彭詢撰　清抄本　二册

110000－0144－0022347　善 922.77/344
皖碧吟粤西軍務紀略　(清)耕石老農撰　稿本　一册

110000－0144－0022348　善 922.7705/945
復生錄一卷　(清)陳□撰　稿本　一册

110000－0144－0022349　善 922.7805/235
朝野見聞記不分卷　(清)□□撰　清抄本　二册

110000－0144－0022350　善 922.7805/287
庚子傳信錄一卷　(清)李超瓊撰　清末稿本　一册

110000－0144－0022351　善 922.9/443
九國志十二卷　(宋)路振撰　清抄本　(清)周夢棠題跋　(□)□□朱筆校　四册

110000－0144－0022352　善 922.921/311－02
六朝事跡編類十四卷　(宋)張敦頤撰　清道光朱士端抄本　(清)朱萇生題記　二册

110000－0144－0022353　善 922.923/892
春波公筆記不分卷　(清)劉淮拙撰　清同治二年(1863)稿本　一册

110000－0144－0022354　善 922.925/670
楚紀六十卷　(明)廖道南撰　明嘉靖刻本　存十卷(一至十)　八册

110000－0144－0022355　善 922.927/841
錦里耆舊傳八卷　(唐)句延慶撰　清抄本　一册

110000－0144－0022356　善 922.935/271－02
南詔野史二卷　(明)倪輅撰　(明)楊慎校　清抄本　存一卷(上)　二册

110000－0144－0022357　善 9232
施注蘇詩四十二卷續補遺二卷總目二卷　(宋)蘇軾撰　(宋)施元之注　(清)顧嗣立等刪補　**續補遺二卷**　(清)馮景補注　**王注正訛一卷**　(清)邵長蘅撰　**東坡先生年譜一卷**　(宋)王宗稷撰　清康熙三十八年(1699)刻本　十二册

110000－0144－0022358　善 9242
[嘉靖]山東通志四十卷　(明)陸釴等纂修　明嘉靖十二年(1533)刻本　存十六卷(四至十五、十九至二十二)　四册

110000－0144－0022359　善 9246
漢詩評十卷　(清)李因篤撰　清刻本　四册

110000－0144－0022360　善 925.16/571
憲章錄四十六卷　(明)薛應旂撰　明萬曆二年(1574)陸光宅刻本　十册

110000－0144－0022361　善 925.16/571
憲章錄四十六卷　(明)薛應旂撰　明萬曆二年(1574)陸光宅刻本　十册

110000－0144－0022362　善 925.22/721
漢代詔書　清抄本　一册

110000－0144－0022363　善 925.26/445
大明武宗毅皇帝寶訓二卷　(明)吕本等輯　明萬曆三十年(1602)秣陵周氏大有堂刻皇明寶訓本　一册

110000－0144－0022364　善 925.273/716
雍正硃批諭旨不分卷　(清)世宗胤禛撰　清雍正十三年(1735)武英殿刻朱墨套印本　一百十册

110000－0144－0022365　善 925.273/716－03

硃批諭旨不分卷 （清）世宗胤禛撰 清雍正十年至乾隆三年（1732－1738）内府刻本（配有木活字朱墨套印本） 一百十二册

110000－0144－0022366 善925.273/716－3
雍正上諭不分卷 （清）允祿等輯 清雍正内府刻本 二十三册

110000－0144－0022367 善925.273/716－37－02
大義覺迷錄四卷 （清）世宗胤禛撰 清雍正八年（1730）内府刻本 四册

110000－0144－0022368 善925.3/103
稿本順治朝朱克簡巡按福建海防條議奏稿不分卷 （清）朱克簡撰 清順治朱克簡稿本 四册

110000－0144－0022369 善925.3/170
古奏議不分卷 （明）黄汝亨輯 明萬曆二十九年（1601）吳德聚刻本 十六册

110000－0144－0022370 善925.3/267
歷代名臣奏議三百五十卷 （明）黄淮 （明）楊士奇等輯 明永樂内府刻本（有抄配） 一百五十一册 存三百四十八卷（一至九十、九十三至三百五十）

110000－0144－0022371 善925.3/312
歷代名臣奏議三百五十卷 （明）黄淮 （明）楊士奇等輯 （明）張溥刪正 清刻本 八十册 缺二卷（九十一至九十二）

110000－0144－0022372 善925.32/437－1
秦漢書疏十八卷 （明）徐紳輯 明嘉靖三十七年（1558）吳國倫刻本 存十五卷（西漢書疏六卷、東漢書疏九卷） 八册

110000－0144－0022373 善925.32/437－1
秦漢書疏十八卷 （明）徐紳輯 明嘉靖三十七年（1558）吳國倫刻本 十六册

110000－0144－0022374 善925.36/384
皇明名臣經濟錄十八卷 （明）陳九德輯 明嘉靖二十八年（1549）羅鴻刻本 存十卷（一至十） 十册

110000－0144－0022375 善925.364/111
少保于公奏議十卷 （明）于謙撰 明刻本 四册 存七卷（四至十）

110000－0144－0022376 善925.365/202
祇役紀略六卷 （明）趙文華撰 清抄本 六册

110000－0144－0022377 善925.365/273
視草餘錄二卷 （明）楊廷和撰 明萬曆趙可懷刻楊文忠公三錄本 四册

110000－0144－0022378 善925.365/295
覺庵存稿二卷首一卷 （明）查秉彝撰 清抄本 二册

110000－0144－0022379 善925.368/220
欲焚草四卷 （明）胡忻撰 清康熙四十二年（1703）胡恒升刻本（卷四抄配） 四册

110000－0144－0022380 善925.368/307
李卓吾先生批選張文忠公奏對稿二卷 （明）張居正撰 （明）李贄輯並評 明刻本 四册

110000－0144－0022381 善925.368/471
餉撫疏草七卷 （明）畢自嚴撰 明天啓刻本 存五卷（三至七） 十册

110000－0144－0022382 善925.368/765.3
總督兩廣奏疏□□卷 （明）凌雲翼撰 清抄本 二册 存二卷（七、九）

110000－0144－0022383 善925.37/101
國朝奏折（清乾隆至道光） （清）□□輯 清抄本 八册

110000－0144－0022384 善925.37/869
皇清奏議五十六篇（清乾隆三十七年至六十年） （清）□□輯 清抄本 十册

110000－0144－0022385 善925.371/886
虔南奏議六卷 （清）劉武元撰 清順治刻本 六册

110000－0144－0022386 善925.372/200
玉華集六卷 （清）趙宏恩撰 清雍正刻本 二册

110000－0144－0022387　善925.372/200－2
趙恭毅公自治官書類集二十四卷　(清)趙申喬撰　清雍正五年(1727)懷策堂刻本　十二册

110000－0144－0022388　善925.372/204
趙清獻公集六卷附刻一卷　(清)趙廷臣撰　清康熙二十二年(1683)趙延祺、趙延組敬恕堂刻本　六册

110000－0144－0022389　善925.374/101
奏疏賀表不分卷　(清)□□輯　清末抄本　一册

110000－0144－0022390　善925.374/169
乾隆朝黃運兩河奏議不分卷　(清)□□輯　清抄本　四册

110000－0144－0022391　善925.375/101
奏定章程簿十九篇(清道光十九年至二十九年)　(清)張百熙　(清)榮慶　(清)張之洞纂　清抄本　一册

110000－0144－0022392　善925.375/358
西藏奏摺一卷　(清)孟保等撰　清抄本　一册

110000－0144－0022393　善925.375/471
[嘉慶元年]畢秋帆奏稿　(清)畢沅撰　清抄本　一册

110000－0144－0022394　善925.376/115－1
王光祿公奏稿(清咸豐四年至六年)不分卷　(清)王茂蔭撰　清抄本　二册

110000－0144－0022395　善925.376/134
吏部等部會奏稿一卷　(清)□□輯　清抄本　一册

110000－0144－0022396　善925.376/371
青海奏疏不分卷　(清)豫師撰　清末抄本　十二册

110000－0144－0022397　善925.376/425
國瑞奏折不分卷附咨文信件等　(清)國瑞撰　稿本　一册

110000－0144－0022398　善925.376/439
吳文節公奏稿不分卷　(清)吳文鎔撰　清望三益齋抄本　二册

110000－0144－0022399　善925.378/101.8
奏稿類編(清嘉慶至咸豐)　(清)□□輯　清抄本　十三册

110000－0144－0022400　善925.378/160
工部承修陵寢等奏折不分卷　(清)□□輯　清咸豐至光緒刻本　八十摺

110000－0144－0022401　善925.378/372－3
鄧承修奏稿不分卷附電稿並各處來電不分卷　(清)鄧承修撰　清抄本　(□)□□墨筆校　十一册

110000－0144－0022402　善925.378/625.6
諭摺彙集七卷公牘彙集三卷圭稟彙集六卷間章彙集一卷客窗間集一卷　(清)□□編　清光緒抄本　十八册

110000－0144－0022403　善925.378/763
矩齋尚書手寫奏稿一卷　勞乃宣撰　清光緒稿本　一册

110000－0144－0022404　善925.378/820
周馥奏稿　(清)周馥撰　謄清稿本　三册　存二月(清光緒三十年七至八月)

110000－0144－0022405　善925.378/939
吉林將軍銘安奏折　(清)銘安撰　清謄清本　二十八册

110000－0144－0022406　善925.378/956－6
戶部山東司奏稿(光緒二十一年至二十六年)不分卷　(清)□□輯　清光緒稿本　八册

110000－0144－0022407　善925.5/440
大順廣三府防捻牘稿　(清)吳汝舟撰　清抄本　一册

110000－0144－0022408　善925.568/120
兩理略四卷　(明)王徽撰　明崇禎十年(1637)孟道弘刻本　四册

110000－0144－0022409　善925.568/583
崇禎八年手札　(清)□□撰　明寫本　一册

110000－0144－0022410　善925.572/494
守禾日記六卷　(清)盧崇興撰　清乾隆五年(1740)兩浙撫署誠本堂刻本　四冊

110000－0144－0022411　善925.576/412
清候選通判馬授彪服滿起復親供甘結印結　(清)馬授彪撰　清光緒二十九年(1903)寫本　一冊

110000－0144－0022412　善925.578/160.3
五城檔案彙鈔(清光緒二十七年)　(清)□□輯　清末民政部參議廳抄本　二冊

110000－0144－0022413　善925.578/862
欽命總理各國事務衙門清檔(清光緒十一年至三十年)　(清)□□輯　清抄本　十六冊

110000－0144－0022414　善925.579/366
撫東往來電稿彙存　(清)孫寶琦輯　稿本　十二冊

110000－0144－0022415　善925.579/942
德國太子訪華檔案不分卷　(清)□□輯　清宣統二年(1910)稿本　二冊

110000－0144－0022416　善926.1/630－02
山海經十八卷　(晉)郭璞注　明刻本　六冊

110000－0144－0022417　善926.1/630－03
山海經十八卷　(晉)郭璞注　明末刻本　一冊

110000－0144－0022418　善926.1/630－05
山海經十八卷　(晉)郭璞注　清康熙項絪群玉書堂刻本　(清)惠士奇朱筆批點　一冊

110000－0144－0022419　善926.1/630－116
山海經釋義十八卷圖一卷　(明)王崇慶撰　明萬曆大業堂刻本　三冊

110000－0144－0022420　善926.6/306
廣皇輿考二十卷　(明)張天復撰　(明)張元忭增補　明萬曆二十九年(1601)張汝霖刻天啓六年(1626)張汝懋重修本　二十四冊

110000－0144－0022421　善926.6/391
廣輿記二十四卷　(明)陸應陽撰　明萬曆刻本　六冊

110000－0144－0022422　善926.6/522
大明一統志九十卷　(明)李賢　(清)萬安等纂修　明嘉靖三十八年(1559)書林楊氏歸仁齋刻萬曆十六年(1588)譚水劉志千補刻本　二十八冊

110000－0144－0022423　善926.6/522－03
大明一統志九十卷　(明)李賢　(清)萬安等纂修　明萬壽堂刻本　三十二冊

110000－0144－0022424　善926.6/522－03
大明一統志九十卷　(明)李賢　(清)萬安等纂修　明萬壽堂刻本　四十冊

110000－0144－0022425　善926.6/522－03
大明一統志九十卷　(明)李賢　(清)萬安等纂修　明萬壽堂刻本　三十六冊

110000－0144－0022426　善926.7/296.1
地理雜抄　(清)□□輯　清末稿本　三冊

110000－0144－0022427　善926.7/916
中國分省圖不分卷　(清)佟學濤繪　清乾隆十六年(1751)彩繪本　一冊

110000－0144－0022428　善926/135
輿地總圖一卷　(清)□□繪　清抄本　一冊

110000－0144－0022429　善926/427
皇輿表十六卷　(清)喇沙里等纂修　(清)揆叙等增修　清康熙内府刻本　二十四冊

110000－0144－0022430　善926/437.42
今古輿地圖三卷　(明)吳國輔　(明)沈定之撰　明崇禎十六年(1643)刻朱墨套印本　一冊

110000－0144－0022431　善926/443
歷代輿地圖一卷古今官制沿革圖一卷　(明)路進輯　**歷代帝王歷數圖**　(明)鐘惺編　明刻本　一冊

110000－0144－0022432　善926/754
彙輯輿圖備考全書十八卷　(明)潘光祖　(明)李雲翔輯　清初大紫堂刻本　二十四冊

110000－0144－0022433　善926/788.4
廣輿古今鈔二卷　(清)程晴川輯　清乾隆三

十二年(1767)程氏有誠堂刻本　二冊

110000－0144－0022434　善926/830
地圖綜要三卷　(明)吳學儼等撰　清順治二年(1645)朗潤堂刻本　四冊

110000－0144－0022435　善926/904
脩攘通考六卷　(明)何鏜編　明萬曆六年(1578)刻本　十二冊

110000－0144－0022436　善926/959－6
讀史方輿紀要一百三十卷　(清)顧祖禹撰　清乾隆五十九年(1794)且月香士抄本　存一卷(各直省總論)　一冊

110000－0144－0022437　善927.11/101－362－02
天府廣紀四十四卷　(清)孫承澤輯　清初抄本　存四十三卷(一至四十三)　二十二冊

110000－0144－0022438　善927.11/101－517
欽定日下舊聞考一百六十卷　(清)于敏中等纂修　清乾隆三十九年(1774)武英殿刻本　四十八冊

110000－0144－0022439　善927.11/101－893
帝京景物略八卷　(明)劉侗　(明)于奕正撰　清刻本　英斂之題識　八冊

110000－0144－0022440　善927.11/103－309
[康熙]大興縣志六卷　(清)張茂節修　(清)李開泰等纂　清抄本　四冊

110000－0144－0022441　善927.11/105－118
[康熙]宛平縣志六卷　(清)王養濂　(清)李開泰等纂修　清康熙二十四年(1685)刻本　六冊

110000－0144－0022442　善927.11/125－307
[康熙]薊州志八卷　(清)張朝琮修　(清)鄔棠纂　清康熙四十三年(1704)薊州州署刻本　八冊

110000－0144－0022443　善927.11/129－556
[光緒]武清縣志十卷首一卷末一卷　(清)蔡壽臻　(清)錢錫寀纂修　稿本　四冊

110000－0144－0022444　善927.11/137－437
[康熙]懷柔縣新志八卷　(清)吳景果纂修　清康熙六十年(1721)懷柔縣署刻本　四冊

110000－0144－0022445　善927.11/217－187
[康熙]河間縣志十二卷　(清)袁元鑒定　(清)楊九有纂修　清康熙十三年(1674)河間縣署刻本　八冊

110000－0144－0022446　善927.11/239－286
[乾隆]永平府志二十四卷首一卷末一卷　(清)李奉翰　(清)顧學潮修　(清)王金英纂　清乾隆三十九年(1774)刻本　十二冊

110000－0144－0022447　善927.11/239－287
[康熙]盧龍縣志六卷首一卷　(清)李士模采輯　(清)衛立鼎續補　清順治十七年(1660)刻康熙十九年(1680)增刻本　四冊

110000－0144－0022448　善927.11/239－495
[光緒]盧龍縣志採訪稿一卷　(清)□□撰　清光緒二年(1876)稿本　一冊

110000－0144－0022449　善927.11/249－641
[康熙]昌黎縣志八卷　(清)王日翼修　(清)高培纂　清康熙十四年(1675)刻本　八冊

110000－0144－0022450　善927.11/265－267
[康熙]文安縣志八卷　(清)楊朝麟修　(清)胡三芳纂　清康熙四十二年(1703)刻本　八冊

110000－0144－0022451　善927.11/271－460
[乾隆]寧河縣誌十六卷　(清)關廷牧修　(清)徐以觀纂　清乾隆四十四年(1779)刻本　六冊

110000－0144－0022452　善927.11/271－460
[乾隆]寧河縣誌十六卷　(清)關廷牧修　(清)徐以觀纂　清乾隆四十四年(1779)刻本　四冊

110000－0144－0022453　善927.11/301－462
[康熙]清苑縣志十二卷首一卷　(清)時來敏修　(清)郭棻等纂　清康熙十六年(1677)刻後印本　四冊

110000－0144－0022454　善 927.11/301－859
[康熙]保定府志二十九卷　(清)紀弘謨等修　(清)郭棻纂　清康熙十九年(1680)刻本　十二冊

110000－0144－0022455　善 927.11/303－150
[乾隆]滿城縣志十二卷　(清)張煥纂修　(清)賈永宗增修　清康熙五十二年(1713)刻乾隆十六年(1751)增刻本　十二冊

110000－0144－0022456　善 927.11/309－641
[康熙]新城縣志八卷首一卷　(清)高基重重修　(清)馮紹京纂輯　清康熙十四年(1675)新城縣署刻本　四冊

110000－0144－0022457　善 927.11/319－828
[雍正]完縣志十卷　(清)朱懋德修　(清)田瑗纂　清雍正十年(1732)完縣縣署刻本　六冊

110000－0144－0022458　善 927.11/327－643
[乾隆]新安縣志八卷　(清)高景原本　(清)孫孝芬增修　(清)張鱗甲增纂　清順治五年(1648)新安縣署刻康熙十九年(1680)、乾隆八年(1743)增刻本　六冊

110000－0144－0022459　善 927.11/333－382
[順治]真定縣志十四卷　(清)陳謙纂修　清順治三年(1646)真定縣刻本　四冊

110000－0144－0022460　善 927.11/369－893
[康熙]曲陽縣新志十一卷　(清)劉師峻纂修　清康熙十一年(1672)曲陽縣署刻十九年(1680)續刻本　四冊

110000－0144－0022461　善 927.11/371－203
[雍正]深澤縣志十二卷首一卷　(清)趙憲修　(清)王植纂　清雍正十三年(1735)刻本　四冊

110000－0144－0022462　善 927.11/371－203
[雍正]深澤縣志十二卷首一卷　(清)趙憲修　(清)王植纂　清雍正十三年(1735)刻本　四冊

110000－0144－0022463　善 927.11/411－684
[康熙]長垣縣志八卷　(明)張文炫原本　(清)宗琮增修　(清)王元烜增纂　明萬曆三十一年(1603)刻清康熙三十九年(1700)增補本　八冊

110000－0144－0022464　善 927.11/413－949
[乾隆]順德府志十六卷　(清)徐景曾纂修　清乾隆十五年(1750)刻本　七冊

110000－0144－0022465　善 927.11/417－818
[乾隆]南和縣志十二卷首一卷　(清)周章煥纂修　清抄本　四冊

110000－0144－0022466　善 927.11/427－708
[康熙]內邱縣志四卷　(清)汪匡鼎修　(清)和羹纂　清康熙七年(1668)內邱縣署刻本　一冊

110000－0144－0022467　善 927.11/437－120
[乾隆]雞澤縣志二十卷　(清)王光燮纂修　(清)王錦林增訂　清抄本　十冊

110000－0144－0022468　善 927.11/441－517
[光緒]邯鄲縣志八卷首一卷　(清)英棨　周錫璋纂修　清光緒元年(1875)稿本　六冊

110000－0144－0022469　善 927.11/451－536
[乾隆]冀州志二十卷續編一卷　(清)范清曠總修　清乾隆十二年(1747)冀州州署刻本　十冊

110000－0144－0022470　善 927.11/467－192
[乾隆]隆平縣志十卷首一卷　(清)袁文煥纂修　(清)岳生夔編次　清抄本　四冊

110000－0144－0022471　善 927.11/473－522
[康熙]寧晉縣志十卷　(清)萬任修　(清)張坦纂　清康熙十八年(1679)刻本　六冊

110000－0144－0022472　善 927.11/－667
[雍正]畿輔通志一百二十卷　(清)唐執玉　(清)李衛修　(清)陳儀等纂　清雍正十三年(1735)刻本　四十八冊

110000－0144－0022473　善 927.12/101－526
[康熙]濟南府志五十四卷首一卷　(清)蔣焜修　(清)唐夢賚等纂　清康熙三十一年

(1692)刻本　二十冊

110000－0144－0022474　善927.12/109－117
[乾隆]淄川縣志八卷首一卷　(清)王康修　(清)臧岳纂　清乾隆八年(1743)刻本　八冊

110000－0144－0022475　善927.12/109－117
[乾隆]淄川縣志八卷首一卷　(清)王康修　(清)臧岳纂　清乾隆八年(1743)刻本　八冊

110000－0144－0022476　善927.12/－111
[至元]齊乘六卷　(元)于欽纂　**釋音**　(元)于潛撰　清乾隆四十六年(1781)刻本　六冊

110000－0144－0022477　善927.12/－111
[至元]齊乘六卷　(元)于欽纂　**釋音**　(元)于潛撰　清乾隆四十六年(1781)刻本　六冊

110000－0144－0022478　善927.12/113－585
[康熙]新城縣志十四卷首一卷　(清)崔懋修　(清)嚴濂曾纂　清康熙三十二年(1693)刻本　五冊

110000－0144－0022479　善927.12/113－585－1
[康熙]新城縣續志二卷　(清)孫元衡修　(清)王啓涑纂　清康熙三十二年至三十六年(1693－1697)新城縣署刻本　一冊

110000－0144－0022480　善927.12/113－585－1
[康熙]新城縣續志二卷　(清)孫元衡修　(清)王啓涑纂　清康熙三十二年至三十六年(1693－1697)新城縣署刻本　一冊

110000－0144－0022481　善927.12/211－170
[康熙]滕縣志十卷　(清)黄浚修　(清)王特選纂　清康熙五十六年(1717)刻本　六冊

110000－0144－0022482　善927.12/215－456
[康熙]續修汶上縣志六卷　(清)聞元炅續編　清康熙五十六年(1717)汶上縣署刻本　二冊

110000－0144－0022483　善927.12/233－744
[宣統]蒙陰縣志八卷首一卷　(清)沈瓛清主修　(清)陳尚仁編輯　清宣統三年(1911)抄本　四冊

110000－0144－0022484　善927.12/247－334
[乾隆]定陶縣志十卷首一卷　(清)雷宏宇修　(清)劉珠等纂　清乾隆十八年(1753)刻本　四冊

110000－0144－0022485　善927.12/301－120
[萬曆]東昌府志二十二卷　(明)王命爵等修　(清)王汝訓等纂　明萬曆二十八年(1600)刻本　十二冊

110000－0144－0022486　善927.12/317－658
[康熙]高唐州志十二卷首一卷　(清)龍圖躍修　(清)李霖臣纂　清康熙五十一年(1712)刻本　六冊

110000－0144－0022487　善927.12/319－384
[雍正]恩縣續志五卷　(清)陳學海修　(清)韓天篤纂　清雍正元年(1723)刻本　一冊

110000－0144－0022488　善927.12/355－108
[康熙]朝城縣志十卷　(清)祖植桐修　(清)趙昶纂　清康熙十二年(1673)刻本(有抄配)　六冊

110000－0144－0022489　善927.12/425－287
[康熙]平度州志十二卷　(清)李世昌纂修　清康熙五年(1666)刻本　四冊

110000－0144－0022490　善927.12/435－934
[乾隆]高密縣志十卷首一卷　(清)張乃史修　(清)錢廷熊纂　清乾隆十九年(1754)刻本　二冊

110000－0144－0022491　善927.12/439－367
顔山雜記四卷　(清)孫廷銓撰　清康熙刻本　四冊

110000－0144－0022492　善927.12/439－367
顔山雜記四卷　(清)孫廷銓撰　清康熙刻本　二冊

110000－0144－0022493　善927.12/439－385

[康熙]益都縣志十四卷首一卷 (清)陳食花修 (清)鍾諤等纂 清康熙十一年(1672)刻本 六册

110000－0144－0022494 善927.12/439－406
[康熙]青州府志二十二卷 (清)陶錦纂修 (清)王昌學等編輯 清康熙六十年(1721)青州府署刻本 八册

110000－0144－0022495 善927.12/439－406
[康熙]青州府志二十二卷 (清)陶錦纂修 (清)王昌學等編輯 清康熙六十年(1721)青州府署刻本 八册

110000－0144－0022496 善927.12/－884
[雍正]山東通志三十六卷首一卷 (清)岳濬等修 (清)杜詔等纂 清乾隆元年(1736)刻本 四十二册

110000－0144－0022497 善927.13/101－845－02
[康熙]開封府志四十卷 (清)管竭忠修 (清)張沐纂 清康熙三十四年(1695)刻本 十二册

110000－0144－0022498 善927.13/101－845－02
[康熙]開封府志四十卷 (清)管竭忠修 (清)張沐纂 清康熙三十四年(1695)刻本 十二册

110000－0144－0022499 善927.13/111－307
[康熙]洧川縣志八卷 (清)張世綬修 (清)楊篤生纂 清康熙三十一年(1692)刻本 三册

110000－0144－0022500 善927.13/117－756
[乾隆]蘭陽縣續志八卷 (清)涂光範修 (清)王壬纂 清乾隆九年(1744)刻本 四册

110000－0144－0022501 善927.13/125－894
[康熙]商丘縣志二十卷首一卷 (清)劉德昌重修 (清)葉澐編輯 清光緒十一年(1885)商丘縣署刻本 六册

110000－0144－0022502 善927.13/135－306
[乾隆]虞城縣志十卷 (清)張元鑒 (清)蔣光祖修 (清)沈儼纂 清乾隆八年(1743)刻本 四册

110000－0144－0022503 善927.13/137－786
[康熙]睢州志七卷首一卷 (清)程正性修 (清)湯斌纂 清康熙十六年(1677)刻本 一册 存二卷(一至二)

110000－0144－0022504 善927.13/153－902
[乾隆]沈邱縣志十二卷 (清)何源洙修 (清)魯之璠纂 清乾隆十一年(1746)刻本 四册

110000－0144－0022505 善927.13/163－892
[康熙]襄城文獻錄十二卷 (清)劉宗泗纂 清乾隆四年(1739)刻本 四册

110000－0144－0022506 善927.13/167－899
[康熙]長葛縣志八卷 (清)何鼎纂修 清康熙三十年(1691)刻本 六册

110000－0144－0022507 善927.13/175－441
[順治]汜志八卷 (清)吳興儔修 (清)賈攀鱗纂 清順治十五年(1658)刻本 五冊 存六卷(一至六)

110000－0144－0022508 善927.13/175－614
[乾隆]汜水縣志二十二卷圖一卷 (清)許勉燉修 (清)禹殿鰲纂 清乾隆九年(1744)刻本 八册

110000－0144－0022509 善927.13/205－596
[萬曆]彰德府續志三卷 (明)常存仁修 (清)郭樸纂 明萬曆九年(1581)刻清初增補本 二册 存二卷(中、下)

110000－0144－0022510 善927.13/205－719
[乾隆]彰德府志三十二卷首一卷 (清)盧崧修 (清)江大鍵 (清)程煥纂 清乾隆五十二年(1787)刻本 二十册

110000－0144－0022511 善927.13/205－719
[乾隆]彰德府志三十二卷首一卷 (清)盧崧修 (清)江大鍵 (清)程煥纂 清乾隆五十二年(1787)刻本 二十四册

110000－0144－0022512　善 927.13/207－267

［乾隆］湯陰縣志十卷　（清）楊世達纂修　清乾隆三年（1738）湯陰縣署刻本　四册

110000－0144－0022513　善 927.13/207－267

［乾隆］湯陰縣志十卷　（清）楊世達纂修　清乾隆三年（1738）湯陰縣署刻本　四册

110000－0144－0022514　善 927.13/207－342

［順治］湯陰縣志九卷　（清）晉淑召纂修　清順治十三年（1656）湯陰縣署刻本　一册　存二卷（八至九）

110000－0144－0022515　善 927.13/209－379

［雍正］臨漳縣志六卷首一卷　（清）陶穎發纂修　（清）陳大玠增修　清康熙三十年（1691）刻雍正九年（1731）增刻本　六册

110000－0144－0022516　善 927.13/223－117

［順治］淇縣志十卷圖說一卷　（清）王謙吉　（清）王南國修　（清）白龍躍等纂　清順治十七年（1660）刻本　二册

110000－0144－0022517　善 927.13/231－441

［乾隆］滑縣志十四卷首一卷　（清）吳喬齡纂修　（清）呂文光增修　清乾隆二十五年（1760）刻本　八册

110000－0144－0022518　善 927.13/235－287

［康熙］河内縣志五卷　（清）李櫄修　（清）蕭家惠纂　清康熙三十二年（1693）刻本　十册

110000－0144－0022519　善 927.13/235－893

［康熙］懷慶府志十八卷　（清）劉維世督理　（清）喬騰鳳纂修　清康熙三十四年（1695）懷慶府署刻本　十二册

110000－0144－0022520　善 927.13/321－268

［康熙］嵩縣志四卷　（清）楊厥美修　（清）屈翔纂　清康熙二年（1663）嵩縣縣署刻本　一册　存二卷（一至二）

110000－0144－0022521　善 927.13/325－306

［順治］閿鄉縣志六卷　（清）張三省　（清）楊遵修　（清）杜允中纂　清順治十一年（1654）刻十六年（1659）增刻本　二册

110000－0144－0022522　善 927.13/333－307

［乾隆］郟縣續志一卷　（清）張椙修　（清）聶憲纂　清乾隆七年（1742）刻本　二册

110000－0144－0022523　善 927.13/403－310

［康熙］南陽縣志六卷首一卷　（清）張光祖修　（清）宋景愈　（清）徐永芝纂　清康熙三十二年（1693）刻本　六册

110000－0144－0022524　善 927.13/403－827

［康熙］南陽府志六卷　（清）朱璘纂修　清康熙三十三年（1694）刻本　十册

110000－0144－0022525　善 927.13/419－103

［康熙］新野縣志八卷首一卷　（清）武國樞纂修　清康熙五十一年（1712）刻本　四册

110000－0144－0022526　善 927.13/427－899

［康熙］汝寧府志十六卷首一卷　（清）何顯祖修　（清）董正纂　清康熙三十四年（1695）刻本　二十册

110000－0144－0022527　善 927.13/431－273

［康熙］上蔡縣志十五卷　（清）楊廷望修　（清）張沐纂　清康熙二十九年（1690）刻本　八册

110000－0144－0022528　善 927.13/435－743

［康熙］西平縣志十卷　（清）沈荼纂修　（清）李植續修　清康熙九年（1670）刻三十一年（1692）續刻本　四册

110000－0144－0022529　善 927.13/435－743

［康熙］西平縣志十卷　（清）沈荼纂修　（清）李植續修　清康熙九年（1670）刻三十一年（1692）續刻本　四册

110000－0144－0022530　善 927.13/441－521

［乾隆］羅山縣志八卷　（清）葛荃修　（清）李之杜　（清）謝寶樹纂　清乾隆十一年（1746）刻本　六册

110000－0144－0022531　善 927.14/101－741

［乾隆］太原府志六十卷　（清）費淳　（清）沈樹聲纂修　清乾隆四十八年（1783）刻本

二十四冊

110000－0144－0022532　善927.14/103－747
[雍正]重修太原縣志十六卷　(清)龔新(清)沈繼賢修　(清)高若岐纂　清雍正九年(1731)刻本　四冊

110000－0144－0022533　善927.14/107－632
[乾隆]太谷縣志八卷　(清)郭晉修　(清)管粵秀纂　清乾隆六十年(1795)刻本　八冊

110000－0144－0022534　善927.14/113－905
[康熙]文水縣志十卷　(清)傅星修　(清)鄭立功纂　清康熙十二年(1673)刻本　八冊

110000－0144－0022535　善927.14/125－291
[乾隆]汾陽縣志十四卷首一卷　(清)李文起修　(清)戴震纂　清乾隆三十七年(1772)刻本　六冊

110000－0144－0022536　善927.14/125－814
[康熙]汾陽縣志八卷首一卷　(清)周超修(清)邢秉誠纂　清康熙六十年(1721)刻本八冊　存七卷(二至八)

110000－0144－0022537　善927.14/129－119
[康熙]重修平遙縣志八卷　(清)王綬修(清)康乃心纂　清康熙四十五年(1706)刻本　六冊

110000－0144－0022538　善927.14/151－771
[天啟]潞城縣志八卷　(明)馮維賢修(清)王溥增修　清抄本　三冊　存六卷(三至八)

110000－0144－0022539　善927.14/169－946
[雍正]遼州志八卷　(清)徐三俊修　(清)劉澐纂　清雍正十一年(1733)刻本　四冊

110000－0144－0022540　善927.14/201－220
[順治]雲中郡志十四卷　(清)胡文華等纂修　清順治九年(1652)刻本　八冊

110000－0144－0022541　善927.14/203－441
[乾隆]直隸代州志六卷　(清)吳重光纂修清乾隆四十九年(1784)刻本　八冊

110000－0144－0022542　善927.14/219－440
[乾隆]應州續志十卷首一卷　(清)吳炳纂修　清乾隆三十四年(1769)刻本　六冊

110000－0144－0022543　善927.14/229－799
[乾隆]寧武府志十二卷首一卷　(清)魏元樞　(清)周景柱纂修　清乾隆十五年(1750)刻本　六冊

110000－0144－0022544　善927.14/239－120
[雍正]定襄縣志八卷　(清)王時炯原本(清)王會隆續纂　清康熙刻雍正五年(1727)增補本　八冊

110000－0144－0022545　善927.14/251－170
[道光]河曲縣志採遺四卷　(清)黃宅中纂清道光二十三年(1843)刻本　二冊

110000－0144－0022546　善927.14/－272
[嘉靖]山西通志三十二卷　(明)楊宗氣修(清)周斯盛纂　明嘉靖四十三年(1564)刻本　五冊　存七卷(十六、十八至二十、三十至三十二)

110000－0144－0022547　善927.14/313－307
[乾隆]新修曲沃縣志四十卷　(清)張坊修(清)胡元琢　(清)徐儲纂　清乾隆二十三年(1758)刻敦好堂全書本　八冊

110000－0144－0022548　善927.14/315－611
[乾隆]翼城縣志二十八卷　(清)許崇楷纂修　清乾隆三十六年(1771)翼城縣署刻本八冊

110000－0144－0022549　善927.14/323－816
[乾隆]蒲州府志二十四卷圖一卷　(清)周景柱等纂修　清乾隆十九年(1754)刻本　十冊

110000－0144－0022550　善927.14/333－724
[雍正]猗氏縣志八卷　(清)潘鉞修　(清)宋之樹續修　清康熙五十六年(1717)刻雍正七年(1729)續修本　四冊

110000－0144－0022551　善927.14/333－995
猗氏縣鄉土志一卷　(清)□□纂　清抄本一冊

110000－0144－0022552　善927.14/337－600

[乾隆]解州夏縣志十六卷首一卷 (清)言如泗修 (清)李遵唐纂 清乾隆二十九年(1764)刻解州全志本 四冊

110000－0144－0022553 善927.14/339－600
[乾隆]平陸縣志十六卷首一卷 (清)言如泗 (清)韓夔典總修 (清)杜若拙 (清)荊如棠總纂 清乾隆二十八年(1763)平陸縣署刻本 四冊

110000－0144－0022554 善927.14/347－292
[乾隆]聞喜縣志十二卷首一卷 (清)李遵唐纂修 清乾隆三十一年(1766)聞喜縣署刻本 六冊

110000－0144－0022555 善927.14/347－292
[乾隆]聞喜縣志十二卷首一卷 (清)李遵唐纂修 清乾隆三十一年(1766)聞喜縣署刻本 六冊

110000－0144－0022556 善927.14/347－554
[順治]聞喜縣志七卷 (清)蘇本眉修 (清)王體言纂 清順治十年(1653)刻本 一冊

110000－0144－0022557 善927.14/904－140
[萬曆]平陽府志十卷 (明)傅淑訓修 (明)曹樹聲纂 明萬曆四十三年(1615)刻清順治二年(1645)補刻本 一冊 存二殘卷(卷八第四十一至九十三頁,卷九第六十八至八十三頁)

110000－0144－0022558 善927.15/111－445
[嘉靖]高陵縣志七卷 (明)吕柟纂修 明嘉靖二十年(1541)刻本 四冊

110000－0144－0022559 善927.15/119－893
[乾隆]三原縣志十八卷首一卷 (清)劉紹攽纂 清乾隆四十八年(1783)刻本 六冊

110000－0144－0022560 善927.15/135－118
[正德]朝邑縣志一卷 (明)王道修 (明)韓邦靖纂 清道光九年(1829)定安莫瑞堂刻本 一冊

110000－0144－0022561 善927.15/135－118.9
[康熙]朝邑縣後志八卷 (清)王兆鰲修 (清)王鵬翼纂 清康熙五十一年(1712)刻本 三冊

110000－0144－0022562 善927.15/135－118－03
[正德]朝邑縣志一卷 (明)王道修 (明)韓邦靖纂 **靈壽縣志節本三卷** (清)陸隴其輯 清寶元室抄本 二冊

110000－0144－0022563 善927.15/135－636
[萬曆]續朝邑縣志八卷 (明)郭實修 (明)王學謨纂 清康熙五十一年(1712)王兆鰲刻本 二冊

110000－0144－0022564 善927.15/135－636
[萬曆]續朝邑縣志八卷 (明)郭實修 (明)王學謨纂 清康熙五十一年(1712)王兆鰲刻本 二冊

110000－0144－0022565 善927.15/147－119
[萬曆]華陰縣志九卷 (明)王九疇修 (明)張毓翰纂 明萬曆、清康熙間增補刻本 二冊

110000－0144－0022566 善927.15/147－119
[萬曆]華陰縣志九卷 (明)王九疇總訂 (明)張毓翰刪次 明萬曆四十二年(1614)華陰縣署刻清康熙四十二年(1703)增補本 二冊

110000－0144－0022567 善927.15/171－534
[康熙]麟遊縣志五卷 (清)吳汝為原本 (清)范光曦續修 (清)羅魁續纂 清順治十四年(1657)刻康熙四十七年(1708)增刻本 二冊

110000－0144－0022568 善927.15/175－482
[康熙]隴州志八卷首一卷 (清)羅彰彝纂修 清康熙五十二年(1713)刻本 四冊

110000－0144－0022569 善927.15/247－660
商南鄉土志一卷 (清)羅文思纂 清光緒抄本 一冊

110000－0144－0022570 善927.15/301－601

[康熙]延綏鎮志六卷　(清)譚吉璁纂修　清康熙十二年(1673)延綏鎮署刻本　六册

110000－0144－0022571　善927.15/－740
[雍正]陝西通志一百卷首一卷　(清)劉於義等監修　(清)沈青崖編輯　清雍正十三年(1735)陝西省署刻本　一百册

110000－0144－0022572　善927.16/113－307
[康熙]渭源縣志　(清)張宏斌　(清)張淑孔纂修　清康熙二十七年(1688)刻本　二册

110000－0144－0022573　善927.16/123－915
[嘉靖]河州志四卷　(明)吳禎纂修　(明)劉卓增訂　明嘉靖四十二年(1563)金臺劉卓仕優堂刻本　八册

110000－0144－0022574　善927.16/131－269
[康熙]鞏昌府志二十八卷　(明)楊恩原本　(清)紀元續修　清康熙二十七年(1688)刻本　十一册　存二十六卷(一至二十五、二十八)

110000－0144－0022575　善927.16/201－316
[乾隆]直隸秦州新志十二卷首一卷末一卷　(清)費廷珍纂修　(清)胡釴編次　清乾隆二十九年(1764)秦州州署刻本　十六册

110000－0144－0022576　善927.16/203－102
[道光]秦安縣志不分卷　(清)嚴長宦修　(清)劉德熙纂　清末抄本　九册

110000－0144－0022577　善927.16/203－663
[嘉靖]秦安志九卷　(明)胡纘宗纂修　明嘉靖十四年(1535)亢世英刻本(有抄配)　存四卷(一至三、七)　二册

110000－0144－0022578　善927.16/209－102
[乾隆]兩當縣志四卷補一卷　(清)秦武域纂修　清乾隆三十二年(1767)刻本　一册

110000－0144－0022579　善927.16/－295
[乾隆]甘肅通志五十卷首一卷　(清)許容修　(清)李迪等纂　清乾隆元年(1736)刻本　三十六册

110000－0144－0022580　善927.16/513－121
[乾隆]玉門縣志一卷　(清)□□纂　清道光六年(1826)趙麟趾抄本　一册

110000－0144－0022581　善927.21/101－380
[康熙]江寧府志三十四卷　(清)陳開虞纂修　清康熙七年(1668)刻本　四十册

110000－0144－0022582　善927.21/103－383－02
金陵古今圖考一卷　(明)陳沂撰　明天啓三年(1623)刻本　一册

110000－0144－0022583　善927.21/－117
[康熙]江南通志七十六卷　(清)于成龍等修　(清)張九徵等纂　清康熙二十三年(1684)江南通志局刻本(有抄配)　四十册

110000－0144－0022584　善927.21/205－621
[乾隆]婁縣志三十卷首一卷　(清)謝庭薰修　(清)陸錫熊纂　清乾隆五十三年(1788)婁縣縣署刻本　六册

110000－0144－0022585　善927.21/205－637
[康熙]松江府志五十四卷圖經一卷　(清)郭廷弼修　(清)周建鼎等纂　清康熙二年(1663)刻本　二十二册

110000－0144－0022586　善927.21/205－637
[康熙]松江府志五十四卷圖經一卷　(清)郭廷弼修　(清)周建鼎等纂　清康熙二年(1663)刻本　十九册

110000－0144－0022587　善927.21/207－216
[乾隆]南滙縣新志十五卷首一卷　(清)胡志熊修　(清)吳省欽等纂　清乾隆五十八年(1793)刻本　六册

110000－0144－0022588　善927.21/213－596
[乾隆]金山縣志二十卷首一卷　(清)常琬修　(清)焦以敬等纂　清乾隆十七年(1752)刻本　八册

110000－0144－0022589　善927.21/217－987
[乾隆]鎮洋縣志十四卷首一卷末一卷　(清)金鴻修　(清)李鏻纂　清乾隆十年(1745)刻本　八册

110000－0144－0022590　善927.21/221－198
[乾隆]寶山縣志十卷首一卷　(清)趙酉修　(清)章鑰纂　清乾隆十一年(1746)刻本　五冊

110000－0144－0022591　善927.21/223－255－02
[光緒]崇明縣志二十二卷首一卷　(清)林達泉修　(清)李聯琇等纂　清末抄本　十六冊　存二十一卷(一至三、六至二十二,首一卷)

110000－0144－0022592　善927.21/223－311
[雍正]崇明縣志二十卷首一卷　(清)張文英修　(清)沈龍翔纂　清雍正五年(1727)刻本　十冊

110000－0144－0022593　善927.21/301－112
[正德]姑蘇志六十卷　(明)王鏊等纂　明正德元年(1506)刻本　二十冊

110000－0144－0022594　善927.21/301－154
[乾隆]蘇州府志八十卷首一卷　(清)雅爾哈善　(清)傅椿修　(清)習寯　(清)王峻纂　清乾隆十三年(1748)刻本　三十二冊

110000－0144－0022595　善927.21/301－309
紅蘭逸乘四卷　(清)張霞房輯　清抄本　四冊

110000－0144－0022596　善927.21/301－953－5
[光緒]光福志十二卷首一卷　(清)徐傅纂　清末抄本　六冊

110000－0144－0022597　善927.21/301－960
橫山志略六卷補遺一卷　(清)顧嘉譽編　清抄本　二冊

110000－0144－0022598　善927.21/303－763
[雍正]昭文縣志十卷首一卷　(清)勞必達修　(清)陳祖范等纂　清雍正九年(1731)刻本　四冊

110000－0144－0022599　善927.21/305－814
[萬曆]崑山縣志八卷　(明)周世昌纂修　明萬曆四年(1576)申恩科刻本　三冊　存六卷(三至八)

110000－0144－0022600　善927.21/307－380－02
[乾隆]吳江縣志五十八卷首一卷　(清)陳𦳝纕修　(清)丁正元修　(清)倪師孟　(清)沈彤纂　清乾隆十二年(1747)刻本　十六冊

110000－0144－0022601　善927.21/311－824.8
無錫斗門小志一卷　(清)□□纂　清同治稿本　一冊

110000－0144－0022602　善927.21/311－951
[康熙]無錫縣志四十二卷　(清)徐永言修　(清)嚴繩孫　(清)秦松齡纂　清康熙二十九年(1690)刻本　十二冊

110000－0144－0022603　善927.21/319－440
[嘉靖]海門縣志六卷　(明)吳宗元修　(清)崔桐纂　清抄本　四冊

110000－0144－0022604　善927.21/321－814
[乾隆]如臯縣志三十二卷　(清)鄭見龍修　(清)周植纂　清乾隆十五年(1750)刻本　八冊

110000－0144－0022605　善927.21/403－112
玭珠分韻解題五卷　(清)王琛輯　清淮陰清氏靜一書屋抄本　四冊

110000－0144－0022606　善927.21/403－434－02
山陽志遺四卷　(清)吳玉搢纂　清抄本　(清)丁壽徵　(清)李錫恩等批校　四冊

110000－0144－0022607　善927.21/403－987
[乾隆]山陽縣志二十二卷首一卷　(清)金秉祚修　(清)丁一燾等纂　清乾隆十四年(1749)刻本(有抄配)　十冊

110000－0144－0022608　善927.21/413－324
[雍正]揚州府志四十卷　(清)尹會一修　(清)程夢星等纂　清雍正十一年(1733)刻本　四十冊

110000－0144－0022609　善927.21/421－680
[雍正]泰州志十卷首一卷　(清)褚世暄修

(清)陳九昌等纂　清雍正六年(1728)刻本(有抄配)　二十四冊

110000－0144－0022610　善927.21/425－947
[康熙]寶應縣志二十四卷　(清)徐𥱼修　(清)喬萊纂　清康熙二十九年(1690)刻本　八冊

110000－0144－0022611　善927.21/－603
江蘇全省輿圖　(清)鄧華熙修　(清)諸可寶纂　清光緒二十一年(1895)江蘇書局刻本　三冊

110000－0144－0022612　善927.22/113－324
[乾隆]廬州衛志六卷首一卷　(清)尹煥纂　清乾隆十二年(1747)刻本　四冊

110000－0144－0022613　善927.22/211－313
[乾隆]歙縣志二十卷首一卷　(清)張佩芳修　(清)劉大櫆等纂　清末抄本　六冊

110000－0144－0022614　善927.22/215－670
[康熙]休寧縣志八卷首一卷　(清)廖騰煃修　(清)汪晉徵纂　清康熙三十二年(1693)刻本　五冊

110000－0144－0022615　善927.22/225－697
[雍正]南陵縣志十六卷　(清)宋廷佐修　(清)汪越纂　清雍正四年(1726)刻本　六冊　存十四卷(一至二、四至九、十一至十六)

110000－0144－0022616　善927.22/239－546
江南池州府石埭縣儒學造送奉敕採訪纂輯安徽省志款冊清稿一卷　(清)董汝成辑　清道光四年(1824)稿本　一冊

110000－0144－0022617　善927.22/307－667
[雍正]懷遠縣志八卷　(清)唐暄纂修　清雍正二年(1724)刻本　四冊

110000－0144－0022618　善927.23/119－439
[康熙]嘉興府志十六卷　(清)吳永芳纂修　(清)錢以塏纂　清康熙六十年(1721)嘉興府署刻本　二十冊

110000－0144－0022619　善927.23/119－753
漁閒小志一卷　(清)□□撰　清末稿本　一冊

110000－0144－0022620　善927.23/119－834
鴛央湖櫂歌四卷　(清)朱彝尊撰　(清)張燕昌等和　(清)朱芳衡輯　清乾隆四十年(1775)刻本　四冊

110000－0144－0022621　善927.23/121－919
[正德]嘉善縣志六卷　(明)倪璣纂修　清光緒二十年(1894)顧思義抄本　二冊

110000－0144－0022622　善927.23/127－693
[乾隆]乍浦志六卷首一卷乍川題詠一卷乍浦志續纂一卷乍川題詠續纂一卷　(清)宋景關纂修　清乾隆五十七年(1792)刻本　二冊

110000－0144－0022623　善927.23/131－606
[嘉泰]吳興志二十卷　(宋)談鑰纂　清道光吳興姚覲元抄本(有三冊配補紅印本)　(清)姚覲元校　七冊

110000－0144－0022624　善927.23/131－679
石柱記箋釋五卷　(清)鄭元慶撰　清康熙四十一年(1702)慧業堂刻本　二冊

110000－0144－0022625　善927.23/131－994
[同治]菱湖志三卷　(清)姚彥渠纂　清同治元年(1862)姚彥渠稿本　三冊

110000－0144－0022626　善927.23/201－522
[雍正]寧波府志三十六卷首一卷　(清)曹秉仁等修　(清)萬經等纂　清乾隆六年(1741)刻本　十六冊

110000－0144－0022627　善927.23/201－522
[雍正]寧波府志三十六卷首一卷　(清)曹秉仁等修　(清)萬經等纂　清乾隆六年(1741)刻本　十六冊

110000－0144－0022628　善927.23/201－713
[康熙]鄞縣志二十四卷首一卷　(清)汪源澤修　(清)聞性道纂　清康熙二十五年(1686)刻本(有抄配)　二十二冊

110000－0144－0022629　善927.23/201－821
[嘉靖]寧波府志四十二卷　(明)周希哲等修　(清)張時徹等纂　明嘉靖三十九年(1560)

刻本　三十册

110000－0144－0022630　善927.23/203－267
[雍正]慈谿縣志十六卷　(清)楊正荀修　(清)馮鴻模等纂　清雍正八年(1730)刻本　八册

110000－0144－0022631　善927.23/203－767－02
[光緒]新修慈谿縣志五十六卷　(清)楊泰亨　(清)馮可鏞纂　清光緒十四年(1888)稿本　存四卷(選舉志一至四)　一册

110000－0144－0022632　善927.23/209－220
[康熙]象山縣志十六卷　(清)胡祚遠修　(清)姚廷傑纂　清康熙三十七年(1698)刻本　四册

110000－0144－0022633　善927.23/213－860
[康熙]定海縣志八卷　(清)繆燧修　(清)陳瑨等纂　清康熙五十四年(1715)刻本(有抄配)　八册

110000－0144－0022634　善927.23/215－511
[萬曆]紹興府志五十卷　(明)蕭良幹修　(明)張元忭等纂　明萬曆十五年(1587)刻本　三十二册

110000－0144－0022635　善927.23/215－816
紹興府志錄要二卷　(清)周曰年輯　清末抄本　二册

110000－0144－0022636　善927.23/215－816－02
紹興府志錄要二卷　(清)周曰年輯　清末抄本　一册

110000－0144－0022637　善927.23/219－741
[乾隆]諸暨縣志四十四卷首一卷末一卷　(清)沈椿齡修　(清)樓卜瀍纂　清乾隆三十八年(1773)刻本(有抄配)　二十册

110000－0144－0022638　善927.23/－221
[嘉靖]浙江通志七十二卷　(明)胡宗憲修　(清)薛應旂等纂　明嘉靖四十年(1561)刻本　十二册

110000－0144－0022639　善927.23/221－667
[乾隆]餘姚志四十卷　(清)唐若瀛修　(清)施毓暉纂　清乾隆四十六年(1781)刻本　二十册

110000－0144－0022640　善927.23/227－893
[康熙]新昌縣志十八卷　(清)劉作樑修　(清)呂曾柟纂　清抄本　四册

110000－0144－0022641　善927.23/229－720
[康熙]臨海縣志十五卷首一卷　(清)洪若臯纂　清康熙二十二年(1683)刻本　八册

110000－0144－0022642　善927.23/235－979
[康熙]僊居縣志三十卷　(清)鄭錄勛修　(清)張徽謨等纂　清康熙十九年(1680)刻本　五册

110000－0144－0022643　善927.23/333－435
[萬曆]遂安縣志十卷　(明)吳撝謙修　(清)余乾亨　(清)余乾貞纂　明萬曆四年(1576)刻本　存一卷(十)　一册

110000－0144－0022644　善927.23/－627
[康熙]浙江通志五十卷首一卷　(明)王國安等修　(清)黃宗羲等纂　清康熙二十三年(1684)刻本(有抄配)　三十六册

110000－0144－0022645　善927.23/818
寧志餘聞八卷　(清)周廣業纂　清乾隆五十一年(1786)周廣業抄本　二册

110000－0144－0022646　善927.23/－905－02
[雍正]敕修浙江通志二百八十卷首三卷　(清)嵇曾筠等總裁　(清)沈翼機等總修　清乾隆元年(1736)浙江省署刻本　一百二十册

110000－0144－0022647　善927.23/－905－02
[雍正]敕修浙江通志二百八十卷首三卷　(清)嵇曾筠等總裁　(清)沈翼機等總修　清乾隆元年(1736)浙江省署刻本　一百册

110000－0144－0022648　善927.23/－910
兩浙輿圖一卷(浙江郡邑道里圖)　(清)伊靖阿撰　清乾隆二十年(1755)刻本　一册

110000－0144－0022649　善927.24/101－624

[乾隆]南昌府志七十六卷首一卷末一卷 (清)陳蘭森等修 (清)謝啟昆纂 清乾隆五十四年(1789)刻本 四十冊

110000-0144-0022650 善927.24/113-979
[康熙]南豐縣志十六卷 (清)鄭釴修 (清)劉凝等纂 清康熙二十四年(1685)刻本 十六冊

110000-0144-0022651 善927.24/129-814
[嘉慶]東鄉縣志二十一卷首一卷末一卷 (清)周鍾泰等修 (清)吳嵩梁等纂 清嘉慶十年(1805)刻本(有抄配) 十二冊

110000-0144-0022652 善927.24/139-502
[乾隆]貴溪縣志二十四卷圖一卷 (清)華西植修 (清)黃炎等纂 清乾隆十六年(1751)刻本 十二冊

110000-0144-0022653 善927.24/207-814
[道光]吉水縣志三十二卷首一卷 (清)周樹槐纂修 清道光五年(1825)吉水縣署刻本 二十冊

110000-0144-0022654 善927.24/307-310
[康熙]瀲水志林二十六卷 (清)張尚瑗纂修 清康熙五十年(1711)刻本 七冊

110000-0144-0022655 善927.24/327-482
[乾隆]崇義縣志十四卷首一卷 (清)羅洪鈺創輯 清咸豐六年(1856)崇義縣署刻本 六冊

110000-0144-0022656 善927.24/327-708
[咸豐]崇義縣續志二卷 (清)汪報閏修 (清)陳世瑋纂 清咸豐六年(1856)刻本 二冊

110000-0144-0022657 善927.24/401-206
[同治]九江府志五十四卷首一卷末一卷 (清)達春布主修 (清)黃鳳樓 (清)歐陽燾總纂 清同治十三年(1874)九江府署刻本 二十四冊

110000-0144-0022658 善927.24/407-632
[乾隆]湖口縣志十八卷首一卷 (清)郭承縉修 (清)曹河昆等纂 清乾隆二十一年(1756)刻本 八冊

110000-0144-0022659 善927.24/409-119
[康熙]彭澤縣志十四卷首一卷 (清)王廷藩修 (清)潘瀚纂 清康熙二十二年(1683)刻本 十冊

110000-0144-0022660 善927.24/437-310
[乾隆]寧州志十卷 (清)張耀曾修 (清)陳昌言纂 清乾隆二年(1737)百尺樓刻本 十冊

110000-0144-0022661 善927.24/-641
[雍正]江西通志一百六十二卷首三卷 (清)謝旻等修 (清)陶成等纂 清雍正十年(1732)刻本 八十冊

110000-0144-0022662 善927.24/-869
[康熙]西江志二百六卷圖一卷 (清)白潢修 (清)查慎行等纂 清康熙五十九年(1720)刻本 八十冊

110000-0144-0022663 善927.25/203-306
[乾隆]鍾祥縣志二十卷 (清)張琴修 (清)杜光德纂 清乾隆六十年(1795)刻本 十冊

110000-0144-0022664 善927.25/305-982
公安縣鄉土志十卷附一卷 (清)□□撰 清光緒抄本 一冊

110000-0144-0022665 善927.26/103-445
[乾隆]長沙府志五十卷首一卷 (清)吕肅高修 (清)張雄圖 (清)王文清纂 清乾隆十二年(1747)刻本 三十冊

110000-0144-0022666 善927.26/111-869
[乾隆]湘潭縣志二十六卷首一卷 (清)白璟修 (清)狄如焕纂 清乾隆四十六年(1781)刻本 九冊

110000-0144-0022667 善927.26/309-997
[乾隆]華容縣志十二卷首一卷 (清)狄蘭標修 (清)羅時暄纂 清乾隆二十五年(1760)刻本 六冊

110000－0144－0022668　善927.26/425－546－1
湖南古丈坪廳志校勘記二卷　（清）董鴻勳纂　清光緒抄本　二冊

110000－0144－0022669　善927.27/127－360
［乾隆］灌縣志十二卷首一卷　（清）孫天寧纂修　清乾隆五十一年（1786）刻本　六冊

110000－0144－0022670　善927.27/－171
［雍正］四川通志四十七卷首一卷　（清）黄廷桂修　（清）張晉生等纂　清雍正刻乾隆元年（1736）增刻本　四十八冊

110000－0144－0022671　善927.27/535－307
［乾隆］潼川府志十二卷首一卷　（清）張松孫等纂　清乾隆五十一年（1786）刻本　十二冊

110000－0144－0022672　善927.31/107－652
［乾隆］古田縣志八卷　（清）辛竟可修　（清）林咸吉等纂　清乾隆十六年（1751）刻本　十六冊

110000－0144－0022673　善927.31/209－222
［乾隆］僊游縣志五十三卷首一卷　（清）胡啟植等修　（清）葉和侃等纂　清乾隆三十五年（1770）刻本　二十冊

110000－0144－0022674　善927.31/213－893
［康熙］南安縣志二十卷　（清）劉佑修　（清）葉獻論等纂　清康熙十一年（1672）刻本（有抄配）　十二冊

110000－0144－0022675　善927.31/305－287
［康熙］寧化縣志七卷　（清）祝文郁修　（清）李世熊纂　清康熙二十三年（1684）刻本　八冊

110000－0144－0022676　善927.31/307－967
［乾隆］上杭縣志十二卷首一卷末一卷　（清）顧人驥等修　（清）沈成國纂　清乾隆二十五年（1760）刻本　七冊

110000－0144－0022677　善927.31/337－377
［乾隆］海澄縣志二十四卷首一卷　（清）陳鍈等修　（清）葉廷推等纂　清乾隆二十七年（1762）刻本　十二冊

110000－0144－0022678　善927.31/413－372
［康熙］甌寧縣志十三卷　（清）鄧其文纂修　清康熙三十二年（1693）刻本　六冊

110000－0144－0022679　善927.31/431－819
［康熙］建寧縣志十四卷　（清）周熼修　（清）陳恂纂　清康熙十一年（1672）刻本　八冊

110000－0144－0022680　善927.32/－624
［嘉慶］蛤仔難紀略一卷　（清）謝金鑾纂　清道光十四年（1834）刻本　一冊

110000－0144－0022681　善927.33/103－309
［乾隆］廣州府志六十卷首一卷　（清）張嗣衍修　（清）沈廷芳纂　清乾隆二十四年（1759）刻本　三十一冊

110000－0144－0022682　善927.33/－321
廣東新語二十八卷　（清）屈大均撰　清康熙三十九年（1700）木天閣刻本　六冊

110000－0144－0022683　善927.34/119－835
［道光］白山司志十八卷首一卷　（清）王言紀修　（清）朱錦纂　清光緒至宣統抄本　四冊

110000－0144－0022684　善927.34/315－622
［道光］義寧縣志六卷　（清）謝澐　（清）朱象珽纂修　清末抄本　六冊

110000－0144－0022685　善927.34/419－258
［道光］天河縣志二卷　（清）林光棣纂修　清末北京琉璃廠青藜閣抄本　二冊

110000－0144－0022686　善927.35/101－313
［康熙］雲南府志二十六卷　（清）張毓碧修　（清）謝儼等纂　清康熙三十五年（1696）刻本　二十冊　存三卷（一至二、十五）

110000－0144－0022687　善927.35/103－185
［康熙］富民縣志　（清）彭兆逵修　（清）楊撝秀纂　清光緒、宣統間抄本　二冊

110000－0144－0022688　善927.35/147－626
［乾隆］東川府志二十卷首一卷　（清）方桂修　（清）胡蔚纂　清乾隆二十六年（1761）刻本　十二冊

110000－0144－0022689　善927.35/203－106
[雍正]建水縣志十六卷　(清)祝宏修　(清)趙節纂　清雍正九年(1731)刻本　十二冊

110000－0144－0022690　善927.35/－532
[康熙]雲南通志三十卷首一卷　(清)范承勳等修　(清)吳自肅等纂　清康熙三十年(1691)刻本　二十八冊

110000－0144－0022691　善927.36/233－831
[康熙]清浪衛志略一卷　(清)朱鼒纂修　清抄本　一冊

110000－0144－0022692　善927.36/317－287
[乾隆]南籠府志八卷首一卷末一卷　(清)李其昌纂修　清末抄本　二冊

110000－0144－0022693　善927.41/139－758
義州鄉土志不分卷　(清)陶應潤　(清)溫廣泰編　清末抄本　一冊

110000－0144－0022694　善927.41/－716
御製盛京賦三十二卷　(清)高宗弘曆撰　清乾隆武英殿刻本　三十二冊

110000－0144－0022695　善927.54/－784.1
[嘉慶]熱河志略　(清)和英纂　清抄本　二冊

110000－0144－0022696　善927.55/213－267
[乾隆]蔚州志補十二卷首一卷　(清)楊世昌修　(清)吳廷華等纂　清乾隆十年(1745)刻本　四冊

110000－0144－0022697　善927.55/213－289
[順治]蔚州志二卷　(清)李英纂修　清順治十六年(1659)刻本　二冊

110000－0144－0022698　善927.55/215－294
[乾隆]延慶州志十卷首一卷　(清)李鍾俾總修　(清)穆元肇　(清)方世熙纂修　清乾隆七年(1742)延慶州署刻本　六冊

110000－0144－0022699　善927.61/205－513
綏定縣鄉土志二卷　(清)蕭然奎纂　清光緒三十四年(1908)抄本　一冊

110000－0144－0022700　善927.61/423－373
新疆皮山縣鄉土志一卷　(清)□□編　清光緒三十四年(1908)抄本　一冊

110000－0144－0022701　善927.66/－294－02
藏紀槩三卷　(清)李彩撰　稿本　三冊

110000－0144－0022702　善927.66/－943
衛藏圖識四卷　(清)馬揭撰　清初抄本　存一卷(識略上)　一冊

110000－0144－0022703　善927/165
志例瑣談一卷　(清)黃彭年撰　清末稿本　黃襄成題識　一冊

110000－0144－0022704　善928.15/232
歷代邊防紀要四卷　(清)韓善徵撰　清抄本　四冊

110000－0144－0022705　善928.15/766
開原圖說二卷　(明)馮瑗輯　清抄本　二冊

110000－0144－0022706　善928.156/288
西陲事略三卷　(清)李雲麟撰　清抄本　(□)□□朱筆校　黃襄成題識　一冊

110000－0144－0022707　善928.157/354
大清沿海地輿全圖　(清)□□繪　清彩繪本　一幅

110000－0144－0022708　善928.21/52
水利營田一卷北河治略一卷　(清)□□撰　清抄本　二冊

110000－0144－0022709　善928.223/310
上虞縣五鄉水利本末二卷　(元)陳恬撰　清康熙刻本　一冊

110000－0144－0022710　善928.223/478－02
西湖遊覽志二十四卷志餘二十六卷　(明)田汝成撰　明嘉靖二十六年(1547)嚴寬刻本　十冊

110000－0144－0022711　善928.223/478－994
西湖志餘十八卷　(明)田汝成撰　(清)姚靖增刪　清康熙二十八年(1689)姚氏三鑒堂刻本　四冊

110000－0144－0022712　善928.223/730

西湖志纂十二卷首一卷 (清)梁詩正等輯 清乾隆刻本 六册

110000－0144－0022713 善 928.223/730－02
西湖志纂十五卷 (清)梁詩正等輯 清乾隆刻本 六册

110000－0144－0022714 善 928.223/905－02
西湖志四十八卷 (清)傅王露等修 清雍正十二年(1734)刻本 二十四册

110000－0144－0022715 善 928.236/335－354
大定協管轄汛塘輿圖總說 (清)□□撰 清抄彩繪本 一摺

110000－0144－0022716 善 928.28/151－012
水經注四十卷 (北魏)酈道元撰 明崇禎二年(1629)刻本 十八册

110000－0144－0022717 善 928.28/151－013
水經注四十卷 (北魏)酈道元撰 明萬曆十三年(1585)吴琯刻本 (□)□□朱、墨筆批注 八册

110000－0144－0022718 善 928.28/151－015
水經注四十卷 (北魏)酈道元撰 清康熙五十三年至五十四年(1714－1715)項氏群玉書堂刻本 (清)小隱批點 (清)金鳳過錄 (清)趙一清 (清)戴震校並題識 十册

110000－0144－0022719 善 928.28/151－04
水經注四十卷 (北魏)酈道元撰 清康熙五十三年至五十四年(1714－1715)項氏群玉書堂刻本 二十四册

110000－0144－0022720 善 928.28/151－09
水經注四十卷 (北魏)酈道元撰 清淮蔭草堂刻本 八册

110000－0144－0022721 善 928.28/151－09
水經注四十卷 (北魏)酈道元撰 清淮蔭草堂刻本 八册

110000－0144－0022722 善 928.28/151－832
水經注箋四十卷 (明)朱謀瑋撰 明萬曆四十三年(1615)李長庚刻本 六册

110000－0144－0022723 善 928.28/151－832
水經注箋四十卷 (明)朱謀瑋撰 明萬曆四十三年(1615)李長庚刻本 十二册

110000－0144－0022724 善 928.28/155－199－03
水經注釋四十卷附錄二卷水經注箋刊誤十二卷 (清)趙一清撰 清乾隆五十一年(1786)趙氏小山堂刻五十九年(1794)重修本 二十册

110000－0144－0022725 善 928.28/651
永定河全圖附永定河歷次遷移圖州縣分界圖 (清)□□繪 清抄彩繪本 二摺

110000－0144－0022726 善 928.28/754
河防一覽十四卷 (明)潘季馴撰 明萬曆十八年(1590)刻清順治遞修本 十册

110000－0144－0022727 善 928.28/905－02
行水金鑑一百七十五卷首一卷 (清)傅澤洪撰 清雍正三年(1725)淮揚官舍刻本 三十六册

110000－0144－0022728 善 928.285/392
山東運河備覽十二卷 (清)陸燿輯 清乾隆四十一年(1776)劉萬傳刻本 六册

110000－0144－0022729 善 928.285/392
山東運河備覽十二卷 (清)陸燿輯 清乾隆四十一年(1776)劉萬傳刻本 六册

110000－0144－0022730 善 928.3/268
新鐫海内奇觀十卷 (明)楊爾曾撰 明萬曆三十七年(1609)夷白堂刻本 三册

110000－0144－0022731 善 928.3/441
天下名山記鈔十六卷名山圖一卷 (清)吴秋士輯 清康熙三十四年(1695)汪立名刻本 八册

110000－0144－0022732 善 928.3/683
名山諸勝一覽記十六卷 (明)慎蒙輯 明萬曆四年(1576)刻本(有抄配) 二十册

110000－0144－0022733 善 928.3/852
名山記選二十卷 (明)王微輯 明刻本 十册

110000－0144－0022734　善 928.3/904
名山勝槩記四十六卷圖一卷　(明)何鏜 (明)慎蒙輯　(明)張縉彦補輯　明崇禎刻本　三十六册

110000－0144－0022735　善 928.3/904
名山勝槩記四十六卷圖一卷　(明)何鏜 (明)慎蒙輯　(明)張縉彦補輯　明崇禎刻本　三十二册

110000－0144－0022736　善 928.311/836
盤山志十卷補遺四卷　(清)釋智樸輯　清康熙刻本　四册

110000－0144－0022737　善 928.312/295
岱史十八卷　(明)查志隆撰　(明)張縉彦删補　清順治十一年(1654)傅應星刻本　八册

110000－0144－0022738　善 928.313/915
風穴志略二卷　(清)任楓輯　清康熙十三年(1674)刻本　一册

110000－0144－0022739　善 928.315/412
華嶽全集十三卷　(明)張維新撰　明萬曆二十五年(1597)刻本　十册

110000－0144－0022740　善 928.321/382.6
攝山志八卷首一卷　(清)陳毅纂　清乾隆五十五年(1790)蘇州府署刻本　四册

110000－0144－0022741　善 928.321/493
金山志十卷　(清)盧見曾修　清乾隆二十七年(1762)盧氏雅雨堂刻本　四册

110000－0144－0022742　善 928.321/589
雲臺山志八卷首一卷末一卷　(清)崔應階輯　清乾隆三十七年(1772)吳恆宣刻本　四册

110000－0144－0022743　善 928.321/893
南通州五山全志二十卷　(清)劉名芳撰　清乾隆十四年(1749)徐嶺校刻本　五册

110000－0144－0022744　善 928.321/893－7
寶華山志十五卷首一卷　(清)劉名芳纂修　清乾隆聖性宗刻本　四册

110000－0144－0022745　善 928.322/313
黄山志二卷　(清)張佩芳撰　清乾隆三十五年(1770)刻本　一册

110000－0144－0022746　善 928.322/432
九華山志十二卷　(清)喻成龍　(清)李燦輯　清康熙李暲刻乾隆十四年(1749)補刻本　四册

110000－0144－0022747　善 928.322/851
齊雲山志五卷　(明)魯點撰　明萬曆刻本　五册

110000－0144－0022748　善 928.323/307
天台山全志十八卷　(清)張聯元輯　清康熙五十六年(1717)刻本　六册

110000－0144－0022749　善 928.323/632
明州阿育王山志十卷續志六卷　(明)郭子章纂　(清)釋畹荃續纂　明萬曆刻清乾隆增修補刻本　六册

110000－0144－0022750　善 928.324/354
青原志略十三卷　(清)釋大然撰　(清)施閏章補輯　清康熙八年(1669)于藻刻增修本　四册

110000－0144－0022751　善 928.324/354
青原志略十三卷　(清)釋大然撰　(清)施閏章補輯　清康熙八年(1669)于藻刻增修本　四册

110000－0144－0022752　善 928.324/480
龍虎山志十六卷　(清)婁近垣輯　清乾隆五年(1740)太上清宫樓碧堂刻本　八册

110000－0144－0022753　善 928.326/623
湘山志五卷　(清)徐泌修　(清)謝允復纂　清康熙二十一年(1682)開雲樓刻本　五册

110000－0144－0022754　善 928.331/120
武夷九曲志十六卷首一卷　(清)王復禮撰　清康熙五十七年(1718)刻本　四册

110000－0144－0022755　善 928.331/946
武夷志略四卷　(明)徐表然撰　明萬曆四十七年(1619)孫世昌刻本　四册

110000－0144－0022756　善 928.333/158
鼎湖山志八卷首一卷　(清)釋成鷲等纂修

清康熙丁易刻本　四冊

110000－0144－0022757　善928.333/158

鼎湖山志八卷首一卷　(清)釋成鷲等纂修　清康熙丁易刻本　四冊

110000－0144－0022758　善928.333/170

匡山志五卷　(明)黄淳撰　明萬曆三十九年(1611)刻清重修本　五冊

110000－0144－0022759　善928.333/695

羅浮山志會編二十二卷首一卷　(清)宋廣業輯　清康熙五十六年(1717)宋志益刻本　十冊

110000－0144－0022760　善928.335/532

雞足山志十卷首一卷　(清)范承勳撰　清康熙三十一年(1692)刻本　六冊

110000－0144－0022761　善928.336/896

黔靈山志十二卷　(清)釋道領撰　清康熙刻本　一冊

110000－0144－0022762　善928.4016/312

古跡考　(清)張炳焱撰　清稿本　一冊

110000－0144－0022763　善928.4024/670

白鹿書院志十六卷　(清)廖文英撰　清康熙刻本　四冊

110000－0144－0022764　善928.41024/158

逍遙山萬壽宫志二十卷　(清)丁步上　(清)郭懋隆等輯　清乾隆五年(1740)逍遙山刻本　八冊

110000－0144－0022765　善928.4111/722

敕建弘慈廣濟寺新志三卷　(清)釋湛祐撰　(清)釋然叢輯　清康熙大悲壇刻本　三冊

110000－0144－0022766　善928.4113/934

超化志三卷　(清)錢九同撰　清南渟書屋抄本　二冊

110000－0144－0022767　善928.4116/177

甘肅全省教堂圖　(清)□□繪　清抄本　二冊

110000－0144－0022768　善928.4123/456

天童寺志十卷　(清)釋德介等撰　清康熙衲易悟刻嘉慶補修本　四冊

110000－0144－0022769　善928.4123/456

天童寺志十卷　(清)釋德介等撰　清康熙衲易悟刻嘉慶補修本　二冊

110000－0144－0022770　善928.4123/664

杭州上天竺講寺志十五卷首一卷　(明)釋廣賓撰　清刻本　四冊

110000－0144－0022771　善928.4125/289

玉泉山寺志三卷　(清)栗引之纂　清康熙刻本　三冊

110000－0144－0022772　善928.4125/804

關聖陵廟紀略四卷後續一卷　(清)魏勷　(清)王禹書撰　清康熙三十九年(1700)章鄉刻本　四冊

110000－0144－0022773　善928.42/641

金鰲退食筆記二卷　(清)高士奇撰　清康熙二十三年(1684)刻本　二冊

110000－0144－0022774　善928.429/934

錫山錢武肅王祠志一卷　(清)錢泳輯　清嘉慶二十五年(1820)錢泳抄本　一冊

110000－0144－0022775　善928.43/481

圓明園圖不分卷　(清)□□繪　清彩繪本　一軸

110000－0144－0022776　善928.4711/353

昌瑞山萬年統志二函十六卷首一卷　(清)布蘭泰等撰　清光緒抄本　十七冊

110000－0144－0022777　善928.5/962

顧雲臣先生繪夷苗圖真蹟冊　(清)顧見龍繪　清彩繪本　一冊

110000－0144－0022778　善928.5036/484

黔省各種苗圖　(清)□□繪　清抄彩繪本　一冊

110000－0144－0022779　善928.631/952

榕陰新檢二卷　(明)徐𤊹輯　清抄本　一冊

110000－0144－0022780　善928.812/370

幸魯盛典四十卷 (清)孔毓圻等纂修 清康熙二十八年(1689)刻本 十二冊

110000－0144－0022781 善928.812/370
幸魯盛典四十卷 (清)孔毓圻等纂修 清康熙二十八年(1689)刻本 十二冊

110000－0144－0022782 善928.812/370
幸魯盛典四十卷 (清)孔毓圻等纂修 清康熙二十八年(1689)刻本 八冊

110000－0144－0022783 善928.851/554
蘇黃門龍川略志十卷 (宋)蘇轍撰 明弘治無錫華氏刻本 四冊

110000－0144－0022784 善928.911/835
日下舊聞四十二卷 (清)朱彝尊輯 (清)朱昆田補遺 清康熙二十年(1681)朱氏六峰閣刻本 二十冊

110000－0144－0022785 善928.913/713
鄢署雜鈔十二卷首一卷末一卷 (清)汪為熹纂 清康熙五十八年(1719)綸嘏堂刻本 二冊

110000－0144－0022786 善928.916/177
甘肅等省府廳州縣自嘉慶十八年起至光緒十三年止分並裁設案件 (清)□□輯 清抄本 五冊

110000－0144－0022787 善928.916/177
甘肅省各府廳州縣州同州判縣丞相距所管地方駐扎標鎮協營程站里數 (清)□□輯 清抄本 五冊

110000－0144－0022788 善928.916/177
甘肅省司道各門並河東各屬安設鋪址天數里數 (清)□□輯 清抄本 五冊

110000－0144－0022789 善928.916/177
甘肅省至各省程限一卷 (清)□□撰 清抄本 五冊

110000－0144－0022790 善928.921/718
任陽聞見錄初稿一卷 (清)浦甫輯 清抄本 一冊

110000－0144－0022791 善928.921/887
虞書不分卷 (清)劉本沛撰 清笠龕抄本 一冊

110000－0144－0022792 善928.923/819－834
增補武林舊事八卷 (宋)周密撰 (明)朱廷煥增補 清康熙四十二年(1703)澹寧堂刻本 四冊

110000－0144－0022793 善928.935/767
滇考二卷 (清)馮甦撰 清抄本 (清)黃彭年校注並跋 存一卷(上) 一冊

110000－0144－0022794 善928.96/409
西域瑣談四卷 (清)七十一撰 清抄本 四冊

110000－0144－0022795 善9289
六書正義十二卷 (明)吳元滿編 清抄本 十二冊

110000－0144－0022796 善929.1/271
據鞍錄一卷 (清)楊應琚撰 清乾隆刻本 一冊

110000－0144－0022797 善929.1/271
據鞍錄一卷 (清)楊應琚撰 清乾隆刻本 一冊

110000－0144－0022798 善929.84/457
黃海紀遊一卷附梅花三十咏 (清)曹學詩撰 清乾隆刻本 二冊

110000－0144－0022799 善929/113
皇華紀聞四卷 (清)王士禛撰 清康熙二十九年(1690)刻本 四冊

110000－0144－0022800 善9299
近光集二十八卷 (清)汪士鋐輯 (清)徐倬仁注 清康熙五十八年(1719)刻本 八冊

110000－0144－0022801 善930.6/311
東西洋考十二卷 (明)張燮撰 明萬曆四十六年(1618)王起宗刻本 四冊

110000－0144－0022802 善9302
十三經拾遺十六卷唐石經考正一卷 (清)王朝榘撰 清嘉慶五年(1800)尋孔顏樂處刻本 五冊

110000－0144－0022803　善9305
江叔海日記不分卷　(清)江瀚撰　清末稿本　三冊

110000－0144－0022804　善9314
海虞詩苑十八卷　(清)王應奎輯　清乾隆二十四年(1759)刻本　十六冊

110000－0144－0022805　善932.11/641－1
高麗史撮要二卷　(清)□□輯　清抄本　二冊

110000－0144－0022806　善932.56/834
小琉球漫志十卷　(清)朱仕玠撰　清乾隆三十年(1765)徐家泰刻本　六冊

110000－0144－0022807　善932.56/949
中山傳信錄六卷附富建道中詩一卷舶中集一卷遊泰山詩一卷　(清)徐葆光撰　清康熙六十年(1721)二友齋刻本　六冊

110000－0144－0022808　善932.56/949
中山傳信錄六卷附富建道中詩一卷舶中集一卷遊泰山詩一卷　(清)徐葆光撰　清康熙六十年(1721)二友齋刻本　五冊

110000－0144－0022809　善9330
陸稼書先生[隴其]年譜定本二卷附錄一卷　(清)吳光酉輯　清乾隆五十九年(1794)敬義齋抄本　(清)莪野勞先生批注　二冊

110000－0144－0022810　善9356
讀書通二十卷　(明)郝敬撰　明崇禎刻山草堂集本　十冊

110000－0144－0022811　善938.31/354
大越史略三卷　(清)□□撰　清抄本　二冊

110000－0144－0022812　善938.31/579
越南大事年表一卷　韋燕章編　清抄本　一冊

110000－0144－0022813　善9479
事物異名錄四十卷　(清)厲荃輯　(清)關槐增補　清乾隆刻本　十二冊

110000－0144－0022814　善9480
傅先生[監印]日記十四卷(清光緒十八年至二十八年)　(清)傅監印撰　清光緒稿本　十四冊

110000－0144－0022815　善9819
八劉唐人詩八卷　(清)劉雲份編　清康熙野香堂刻本　四冊

110000－0144－0022816　善982.04/129
丹霞姓氏彙典二卷增補一卷　(明)邢參撰　清康熙十五年(1676)濟美堂刻本　二冊

110000－0144－0022817　善982.04/171
姓氏譜纂七卷　(明)李日華輯　(明)魯重民補　明崇禎元年(1628)刻四六全書本　四冊

110000－0144－0022818　善982.04/272.7－430
希姓補五卷　(清)單隆周撰　清康熙刻本　二冊

110000－0144－0022819　善982.04/273
新刊姓源珠璣六卷　(明)楊信民輯　明萬曆二十八年(1600)閻伯子刻本　六冊

110000－0144－0022820　善982.04/273－02
姓源珠璣六卷　(明)楊信民輯　清抄本　四冊

110000－0144－0022821　善982.04/378
新安名族志二卷　(明)汪孟沚　(明)戴廷明等撰　明嘉靖刻本　二冊

110000－0144－0022822　善982.04/667
歷代史纂左編一百四十二卷　(明)唐順之輯　明嘉靖四十年(1561)胡宗憲刻本　一百二十冊

110000－0144－0022823　善982.04/667
歷代史纂左編一百四十二卷　(明)唐順之輯　明嘉靖四十年(1561)胡宗憲刻本　七十三冊

110000－0144－0022824　善982.07/011
晚笑堂畫傳　(清)上官周繪　清乾隆上官周刻本　三冊

110000－0144－0022825　善982.1/166
慈溪黃氏日抄分類古今紀要十九卷　(宋)黃震輯　清乾隆三十二年(1767)珠樹堂刻本

八冊

110000－0144－0022826　善982.1/166
慈溪黄氏日抄分類古今紀要十九卷　（宋）黄震輯　清乾隆三十二年（1767）珠樹堂刻本　十六冊

110000－0144－0022827　善982.1/200
經略問奇四卷　（明）趙時用輯　明崇禎刻本　四冊

110000－0144－0022828　善982.1/213
新編博物策會十七卷　（明）戴璟撰　明嘉靖十七年（1538）李復初、高鳳鳴刻本　四冊

110000－0144－0022829　善982.1/293
刻漢唐宋名臣録五卷　（明）李廷機輯　明萬曆三十四年（1606）李存信刻本　十二冊

110000－0144－0022830　善982.1/307
孔門傳道録十六卷　（明）張朝瑞撰　明萬曆二十六年（1598）姚履旋、顧端祥刻本　十冊

110000－0144－0022831　善982.1/348
玉麒麟二卷　（明）夏樹芳輯　明萬曆刻本　四冊

110000－0144－0022832　善982.1/404－952
廣群輔録六卷　（清）徐汾撰　清康熙九年（1670）刻本　二冊

110000－0144－0022833　善982.1/435
闡義二十二卷　（清）吴肅公輯　清康熙四十六年（1707）慕園刻本　四冊

110000－0144－0022834　善982.1/632
聖門人物志十二卷　（明）郭子章撰　明萬曆葉天民刻本　六冊

110000－0144－0022835　善982.1/670
尚友録二十二卷　（明）廖用賢輯　明天啓元年（1621）刻本　十二冊

110000－0144－0022836　善982.1/695
考亭淵源録二十四卷　（明）宋端儀撰　（明）薛應旂重輯　明隆慶三年（1569）刻本　十二冊

110000－0144－0022837　善982.1/754.7
康濟譜二十五卷　（明）潘游龍輯　明崇禎十四年（1641）刻本　十二冊

110000－0144－0022838　善982.1/765
古今萬姓統譜一百四十卷歷代帝王姓系統譜六卷氏族博考十四卷　（明）淩迪知輯　明萬曆刻本　七十六冊

110000－0144－0022839　善982.1/781
鏡古録八卷　（明）毛調元撰　明萬曆四十四年（1616）紫陽書院刻本　十二冊

110000－0144－0022840　善982.1/809
古今廉鑑八卷　（明）喬懋敬撰　明萬曆九年（1581）兩淮都轉運監使司刻本　六冊

110000－0144－0022841　善982.1/819
聖學宗傳十八卷宗傳詠古一卷　（明）周汝登撰　明萬曆三十三年（1605）王世韶等刻本　八冊

110000－0144－0022842　善982.1/828.22
伊洛淵源録十四卷　（宋）朱熹撰　**續録六卷**　（明）謝鐸撰　清抄本　六冊

110000－0144－0022843　善982.1/830
青萊續史十八卷　（清）朱里撰　（清）吴若谷等評　清順治魯人龍刻本　十六冊

110000－0144－0022844　善982.1/929
壺天玉露四卷又一卷　（明）錢陞撰　明天啓五年（1625）刻本　二冊

110000－0144－0022845　善982.1/990
經世奇謀八卷　（明）俞琳輯　明萬曆四十四年（1616）刻本　八冊

110000－0144－0022846　善982.21/571
新刻七十二朝四書人物考註釋四十卷　（明）薛應旂撰　（明）焦竑　（明）朱焯注　明萬曆三十六年（1608）書林舒承溪刻本　十冊

110000－0144－0022847　善982.21/571－937
新鐫四書七十二朝人物經籍備考二十四卷圖考不分卷　（明）薛應旂輯　（明）鍾惺合訂　明吴門王箕刻本　三十二冊

110000－0144－0022848　善982.217/348

孔門弟子傳略二卷　(明)夏洪基撰　明崇禎刻本　一册

110000－0144－0022849　善 982.217/370
孔孟弟子考不分卷　(清)□□撰　清抄本　五册

110000－0144－0022850　善 982.22/418
兩漢纂略四十八卷　(明)馬維銘輯　明萬曆馬氏刻《史書纂略》本　十二册

110000－0144－0022851　善 982.251/781
蘇米志林三卷　(明)毛晉輯　明天啓五年(1625)毛氏綠君亭刻本　三册

110000－0144－0022852　善 982.251/828－02
五朝宋名臣言行録後集十四卷　(宋)朱熹輯　**續集八卷別集十三卷外集十七卷**　(宋)李幼武輯　明張鰲山刻本　十册

110000－0144－0022853　善 982.251/828－03
五朝宋名臣言行録前集十卷後集十四卷　(宋)朱熹輯　**續集八卷別集十三卷外集十七卷**　(宋)李幼武輯　明鄭汝璧修補刻本　十六册

110000－0144－0022854　善 982.26/113
弇州史料前集三十卷後集七十卷　(明)王世貞撰　(明)董復表輯　明萬曆刻本　二十四册　存三十四卷(前集三十卷、後集一至四)

110000－0144－0022855　善 982.26/198
續表忠記八卷　(清)趙吉士撰　清抄本　四册

110000－0144－0022856　善 982.26/380
東林列傳二十四卷末二卷　(清)陳鼎輯　清康熙五十年(1711)鐵肩書屋刻本　十六册

110000－0144－0022857　善 982.26/427
皇明孝友傳八卷　(明)郭凝之輯　明崇禎刻本　四册　存六卷(一至六)

110000－0144－0022858　善 982.26/463.2
明臣言行備考十八卷通鑑紀事溯源□□卷明紀紀事溯原一卷　(清)□□撰　稿本　六册　存二卷(通鑑紀事溯源一至二)

110000－0144－0022859　善 982.26/466
明季權奸罪案録一卷　(清)昆田居士輯　清抄本　一册

110000－0144－0022860　善 982.26/571
新鋟評林旁訓薛鄭二先生家藏我朝人物𢶍古奇編七卷　(明)薛應旂輯　(明)鄭以偉注　明萬曆詹聖澤刻本　六册

110000－0144－0022861　善 982.26/646
雪交亭集十二卷　(明)高宇泰撰　清光緒六一山房抄本　(清)芾廬校並跋　四册　存十一卷(一至十一)

110000－0144－0022862　善 982.26/670
殿閣詞林記二十二卷　(明)廖道南撰　明嘉靖刻本　十二册

110000－0144－0022863　善 982.26/830
皇明遜國臣傳五卷首一卷　(明)朱國禎輯　明崇禎刻本　二册

110000－0144－0022864　善 982.26/974
建文遜國臣記八卷　(明)鄭曉撰　明萬曆二十七年(1599)鄭心材刻吾學編本　二册

110000－0144－0022865　善 982.26/974－8
皇明異姓諸侯傳二卷表一卷　(明)鄭曉撰　明刻本　二册

110000－0144－0022866　善 982.268/116
忠烈考二卷　(清)王業隆撰　清抄本　一册

110000－0144－0022867　善 982.268/137
東林明儒列傳不分卷　(清)□□輯　清抄本　八册

110000－0144－0022868　善 982.268/170.7
碧血不分卷　(明)黄煜輯　清抄本　二册

110000－0144－0022869　善 982.268/812
勝國遺民録不分卷　(清)□□編　清抄本　四册

110000－0144－0022870　善 982.27/425
國史副稿　(清)□□輯　清抄本　六册

110000－0144－0022871　善 982.27/425.2
國朝專閫録三卷乾隆朝鴻博録一卷　(清)

□□編　清抄本　八冊

110000－0144－0022872　善982.3/377
新鐫繡像旁批詳註總斷廣百將傳二十卷　(明)黄道周注斷　(明)周亮輔增補　明崇禎怡怡堂刻本　八冊

110000－0144－0022873　善982.31/287
藏書六十八卷　(明)李贄撰　明萬曆二十七年(1599)金陵焦竑刻本　七十二冊

110000－0144－0022874　善982.31/287
藏書六十卷　(明)李贄撰　明萬曆二十七年(1599)金陵焦竑刻本　六十冊

110000－0144－0022875　善982.31/287
續藏書二十七卷　(明)李贄撰　明萬曆三十九年(1611)王若屏刻本　與110000－0144－0022873合冊

110000－0144－0022876　善982.31/287
續藏書二十七卷　(明)李贄撰　明萬曆三十九年(1611)王若屏刻本　與110000－0144－0022874合冊

110000－0144－0022877　善982.31/287
續藏書二十七卷　(明)李贄撰　明萬曆三十九年(1611)王若屏刻本　二十四冊

110000－0144－0022878　善982.31/287－02
續藏書二十七卷　(明)李贄撰　(明)陳仁錫評　明天啓三年(1623)刻本　六冊

110000－0144－0022879　善982.31/287－04
續藏書二十七卷　(明)李贄撰　明刻本　二十冊

110000－0144－0022880　善982.31/313
臥龍崗志二卷忠武志八卷　(清)張鵬翮輯　清康熙刻本　十冊

110000－0144－0022881　善982.31/441
宰相守令合宙二十四卷　(明)吳伯與輯　明刻本　存十三卷(一至十三)　十二冊

110000－0144－0022882　善982.3157/554－02
國朝名臣事略十五卷　(元)蘇天爵撰　清抄本　(清)沈炳桓　(清)李兆洛　繆荃孫校並跋　六冊

110000－0144－0022883　善982.316/307
通紀直解十四卷續二卷　(明)張嘉和撰　明崇禎刻清初續刻本　十六冊

110000－0144－0022884　善982.316/307
通紀直解十四卷續二卷　(明)張嘉和撰　明崇禎刻清初續刻本　十冊

110000－0144－0022885　善982.317/289
李忠武[續賓]勇毅[續宜]兩公家傳　(清)黄彭年撰　稿本　一冊

110000－0144－0022886　善982.32/307
閨姓類集儷語四卷　(清)張越英撰　清乾隆二十年(1755)桃湖刻本　四冊

110000－0144－0022887　善982.32/707－1
列女傳十六卷　(漢)劉向撰　(明)汪道昆輯　(明)仇英繪圖　明萬曆刻清乾隆四十四年(1779)鮑氏知不足齋印本　十六冊

110000－0144－0022888　善982.32/707－1
列女傳十六卷　(漢)劉向撰　(明)汪道昆輯　(明)仇英繪圖　明萬曆刻清乾隆四十四年(1779)鮑氏知不足齋刻本　二十冊

110000－0144－0022889　善982.32/707－1
列女傳十六卷　(漢)劉向撰　(明)汪道昆輯　(明)仇英繪圖　明萬曆刻清乾隆四十四年(1779)鮑氏知不足齋刻本　十六冊

110000－0144－0022890　善982.612/908
海岱人物志三十六卷　(清)侯登岸撰　清抄本　十冊

110000－0144－0022891　善982.615/774
關學編四卷首一卷　(明)馮從吾撰　清趙蒲刻本　二冊

110000－0144－0022892　善982.621/478
毗陵獻徵不分卷　(清)□□輯　清抄本　二冊

110000－0144－0022893　善982.621/754
淮郡文獻志二十六卷補遺一卷　(明)潘塤輯　明嘉靖三十四年(1555)刻本　十六冊

110000－0144－0022894　善982.623/115
寶嫛獻編　(清)王同瘫撰　清抄本　一册

110000－0144－0022895　善982.7/130
新安商山吴氏宗祠譜傳一卷　(明)吴應遷輯　(清)吴獻吉等續輯　清康熙二十一年(1682)吴獻吉等刻本　三册

110000－0144－0022896　善982.81/154
洪氏宗譜一卷　(明)□□輯　明崇禎四年(1631)刻本　一册

110000－0144－0022897　善982.817/370－370
孔氏祖庭廣記十二卷　(金)孔元措撰　清抄本　四册

110000－0144－0022898　善982.823/460－215
漢壽亭侯誌五卷　(元)胡琦撰　明萬曆刻本　三册

110000－0144－0022899　善982.825/633
諸葛忠武書十卷　(明)楊時偉編　明萬曆四十七年(1619)楊時偉刻本　三册

110000－0144－0022900　善982.8413/331－456
賀監紀略四卷　(清)聞性善　(清)聞性道輯　清抄本　二册

110000－0144－0022901　善982.851/554－113
蘇長公外紀十二卷　(明)王世貞輯　明萬曆二十二年(1594)璩氏燕古齋刻本　八册

110000－0144－0022902　善982.8514/169－382
黃豫章外紀十二卷　(明)陳之伸輯　明崇禎刻本　一册

110000－0144－0022903　善982.8514/226－974
宋忠獻韓魏王君臣相遇傳十卷別錄三卷　(宋)王巖叟撰　**遺事一卷**　(宋)强至撰　明崇禎元年(1628)刻本　六册

110000－0144－0022904　善982.8514/761－533
米襄陽志林　(宋)米芾著　(明)范明泰編輯　清抄本　二册

110000－0144－0022905　善982.865/119－119
忠勤錄四卷　(明)王象乾　(明)王象蒙輯　明萬曆刻本　三册

110000－0144－0022906　善982.868/834
明誥封中憲大夫大名兵備道副使贈都察院右都御史忠烈朱公盡節錄二卷　(清)朱纁等輯　清康熙忠孝堂刻本　四册

110000－0144－0022907　善982.868/928
錢忠介公[肅樂]傳記集一卷　(清)□□輯　稿本　二册

110000－0144－0022908　善982.869/170－165
黃忠端公明誠堂十四札疏證一卷附疏證題詞一卷　(明)黃道周撰　(清)黃彭年疏證　清諸可寶抄本　一册

110000－0144－0022909　善982.87/716
乾隆起居注不分卷　(清)□□撰　清抄本　六册

110000－0144－0022910　善982.872/388－02
三魚堂日記　(清)陸隴其撰　清抄本　四册

110000－0144－0022911　善982.875/102
秦聚奎行述　(清)秦福和撰　清手抄粘貼本　一册

110000－0144－0022912　善982.875/115
于役盛京日記一卷　(清)王藹甫撰　**奏折公牘不分卷**　(清)□□撰　清抄本　五册

110000－0144－0022913　善982.876/165－165
先府君[王輔辰]行略一卷　(清)黃彭年撰　稿本　一册

110000－0144－0022914　善982.878/117
秋燈課詩之屋日記不分卷附商部札子及雜抄　(清)王彦威撰　清光緒二年至三十年(1876－1904)稿本　二十一册

110000－0144－0022915　善982.878/435－187
孤忠錄不分卷　(清)□□撰　清抄本　二册

110000－0144－0022916　善982.878/601.7
于滇日記一卷旋粵日記一卷　(清)譚宗浚撰　清抄本　三册

110000－0144－0022917　善982.922/976－363
鄭司農[衆]年譜一卷　(清)孫星衍撰　清抄本　一册

110000－0144－0022918　善 982.9413/243－851
杜工部草堂詩話一卷　(宋)蔡夢弼撰　**杜工部詩[杜甫]年譜一卷**　(宋)魯訔編　清抄本　一冊

110000－0144－0022919　善 982.9513/537－276
范文正公[仲淹]年譜一卷年譜補遺一卷言行拾遺事錄一卷祭文一卷　(宋)樓鑰撰　元天歷、元統間褒賢世家塾歲寒堂刻本　四冊

110000－0144－0022920　善 982.9514/554－118
東坡先生[蘇軾]年譜一卷　(宋)王宗稷撰　明天啓文盛堂刻本　一冊

110000－0144－0022921　善 982.964/660
皇明三元太傅商文毅公[輅]年譜四卷　(明)商振倫撰　清保傅堂木活字印本　一冊

110000－0144－0022922　善 982.968/362－368
高陽太傅孫文正公[承宗]年譜五卷　(明)孫銓輯　明崇禎孫之藩、孫爾然刻清補修本　四冊

110000－0144－0022923　善 982.971/387－438
陸稼書先生[隴其]年譜　(清)吳光酉輯　清康熙五十七年(1718)刻本(有抄配)　(□)□□朱墨筆批點　一冊

110000－0144－0022924　善 982.99/440.7－02
關中三李[李二曲　李柏　李因笃]年譜八卷　(清)吳懷清編　稿本　八冊

110000－0144－0022925　善 982.99/446
韓[愈]柳[宗元]年譜二種八卷　(清)馬曰琯編　清雍正七年(1729)馬氏小玲瓏山館刻本　六冊

110000－0144－0022926　善 9822
宋金元詩永二十卷補遺二卷　(清)吳綺輯　清康熙十七年(1678)刻本　十冊

110000－0144－0022927　善 9825
六書準不分卷　(清)馮鼎調撰　清康熙馮昶世刻本　四冊

110000－0144－0022928　善 9826
榕園詞韻不分卷發凡一卷　(清)吳寧撰　清乾隆四十九年(1784)冬青山館刻本　四冊

110000－0144－0022929　善 9828
聖年廣益十二編首一編　(法國)馮秉正譯　清乾隆刻本　二十四冊

110000－0144－0022930　善 983.211/137
東國文獻錄一卷　(清)□□撰　清抄本　一冊

110000－0144－0022931　善 9832
杜詩闡三十三卷　(唐)杜甫撰　(清)盧元昌注　清康熙孫敬南刻本　十冊

110000－0144－0022932　善 9834
史漢方駕三十五卷　(明)許相卿撰　明刻本　十冊

110000－0144－0022933　善 988.611/857
幾輔名哲略傳不分卷　(清)□□撰　清抄本　一冊

110000－0144－0022934　善 989.2/117
新豐王氏支譜附芸臺瑣言一卷時言撮要一卷　(清)王立勛纂修　清光緒抄本　二冊

110000－0144－0022935　善 989.2/164.6
新安黃氏統宗世譜　(明)洪垣纂修　明嘉靖新安黃玉樞刻清初續修本　二冊

110000－0144－0022936　善 989.2/164.6－1
續修黃氏宗譜六卷　(清)黃徽纂修　清乾隆六年(1741)黃永燾刻本　六冊

110000－0144－0022937　善 989.2/306
重梓遂邑純峰張氏宗譜一卷　(明)張邦聘纂修　明萬曆三十九年(1611)木活字印本　一冊

110000－0144－0022938　善 989.2/380
陳氏宗譜七卷　(清)陳豐纂修　清康熙十年(1671)陳氏刻本　二冊

110000－0144－0022939　善 989.2/438
歙南吳氏族譜六卷　(明)吳尚德纂　明崇禎元年(1628)吳氏刻本　一冊

110000－0144－0022940　善 989.2/442
左臺吳氏譜圖續編□□卷　(明)吳斗南等纂修　明萬曆刻本　一冊　存三卷(一、四、七)

110000－0144－0022941　善 989.2/442.8

吴氏忠孝城南支譜不分卷 （清）吳兆元纂修（清）吳肯堂增補　清乾隆二十四年（1759）抄本　二册

110000－0144－0022942　善 989.2/504
黟縣南屏葉氏族譜八卷 （清）葉有廣　（清）葉學期等纂修　清嘉慶十七年（1812）安徽黟縣葉氏木活字印本　四册

110000－0144－0022943　善 989.2/614
許氏族譜 （清）□□撰　清抄本　一册

110000－0144－0022944　善 989.2/698
歙西金山宋村宋氏族譜十二卷首一卷末一卷 （清）宋德澤纂修　清康熙五十九年（1720）秉德堂刻本　四册

110000－0144－0022945　善 989.2/703
浚儀趙氏宗譜 （清）趙廷贊虔修　清光緒十二年（1886）常熟趙廷贊稿本　六册

110000－0144－0022946　善 989.2/707
汪氏統宗譜□□卷 （清）汪元秋等纂修　清康熙二十八年（1689）刻本　存五卷（一至四、首一卷）　一册

110000－0144－0022947　善 989.2/708
潛川惇本祠溯源家譜八卷 （清）汪士鋐纂修　清康熙刻本　二册

110000－0144－0022948　善 989.2/710
新安休陽長川汪氏家譜 （清）汪時享纂修　清抄本　一册

110000－0144－0022949　善 989.2/713
汪氏統宗譜五卷 （清）汪湘纂修　明隆慶三年（1569）刻本　一册

110000－0144－0022950　善 989.2/713.7
汪氏宗譜纂要四卷首一卷末一卷 （清）汪宏佈增輯　清乾隆四十年（1775）歙東龍溪惇本堂刻本　二册

110000－0144－0022951　善 989.2/714
潛川汪氏本支世系譜一卷 （清）□□撰　清康熙二十年（1681）西麓堂抄本　一册

110000－0144－0022952　善 989.2/720
雲山洪氏家乘不分卷 （清）洪□編　清乾隆雲山洪氏刻本　一册

110000－0144－0022953　善 989.2/787－523
程氏慶源家乘十三卷 （明）程有亮纂修　（明）程夢稷增修　明抄本　存十卷（一至十）　三册

110000－0144－0022954　善 989.2/787－792
程氏慶源家乘十九卷首一卷 （明）程有亮等纂修　（明）程鵬先補修　明萬曆三十六年（1608）程鵬先抄本　二册

110000－0144－0022955　善 989.2/789
新安休寧古城程氏宗譜十一卷 （明）程尚芳（明）程維時纂修　明隆慶二年（1568）刻本　一册　存三卷（一至三）

110000－0144－0022956　善 989.2/844
祁門金吾謝氏宗譜四卷 （明）謝誠纂修　明祁門謝氏刻本　一册

110000－0144－0022957　善 989.2/886
劉氏鋹公分支譜四卷首一卷 （清）□□撰　清抄本　一册

110000－0144－0022958　善 989.2/887
休寧邑前劉氏族譜六卷 （明）劉堯錫纂修　明嘉靖三十六年（1557）劉氏刻本　一册　存三卷（一至三）

110000－0144－0022959　善 989.2/896
休寧縣率口何氏族譜十二卷 （清）何于岷纂修　清康熙九年（1670）抄本　存十一卷（一至十一）　一册

110000－0144－0022960　善 989.2/949
新安徐氏宗譜十八卷首一卷 （清）徐景京纂修　清乾隆二年（1737）淳安劍溪徐亦陵刻本　一册

110000－0144－0022961　善 989.2/987
新安休寧甌山金氏族譜四卷 （清）金汝麟纂修　清康熙四十四年（1705）刻本　二册

110000－0144－0022962　善 991.08/493－02
金石三例十五卷 （清）盧見曾輯　清乾隆二十年（1755）刻本　五册

110000－0144－0022963　善991.2/272.7
金石古文十四卷　(明)楊慎輯　明嘉靖三十三年(1554)孫昭、李懿刻本　四册

110000－0144－0022964　善991.2/434
金石存十五卷　(清)吳玉搢撰　清嘉慶二十四年(1819)聞妙香室刻本　四册

110000－0144－0022965　善991.2/887
金石苑不分卷　(清)劉喜海撰　稿本　八册

110000－0144－0022966　善991.3/116
泊如齋重修宣和博古圖錄三十卷　(宋)王黼等撰　明萬曆十六年(1588)泊如齋刻本　三十六册

110000－0144－0022967　善991.3/307
金石契不分卷　(清)張燕昌撰　清乾隆四十三年(1778)刻本　四册

110000－0144－0022968　善991.3/385
簠齋三代器拓本並漢器拓文　(清)陳介祺藏　清末拓本　六册

110000－0144－0022969　善991.3/680
金石圖　(清)褚峻摹　(清)牛運震説　清乾隆八年至十年(1743－1745)刻本　四册

110000－0144－0022970　善991.3/680
金石圖　(清)褚峻摹　(清)牛運震説　清乾隆八年至十年(1743－1745)刻本　四册

110000－0144－0022971　善991.3/680
金石圖　(清)褚峻摹　(清)牛運震説　清乾隆八年至十年(1743－1745)刻本　四册

110000－0144－0022972　善991.4/290
觀妙齋藏金石文考略十六卷　(清)李光暎撰　清雍正刻本　四册

110000－0144－0022973　善991.9/924
博物要覽十六卷　(明)谷泰輯　清道光十一年(1831)葉百川抄本　二册

110000－0144－0022974　善993.11/653
辯蟫居彙輯金文目　(清)□□撰　清濰縣高氏抄本　二册

110000－0144－0022975　善993.2/309
審訓宧金文　(清)張芝昌輯　清光緒二十年(1894)拓本　二册

110000－0144－0022976　善993.2/379
集古千字文　(清)陳允升輯　清抄本　二册

110000－0144－0022977　善993.2/721
漢隸縮本鐘鼎款識合鈔　(清)□□輯　清抄本　一册

110000－0144－0022978　善993.3/446－02
宣德鼎彝譜八卷　(明)呂震等撰　清抄本　一册

110000－0144－0022979　善993.65/686
泉簡　袁克文撰　清抄本　一册

110000－0144－0022980　善993.65/828
古金待問錄五卷餘錄一卷補遺一卷續錄二卷　(清)朱楓輯　清乾隆刻本　二册

110000－0144－0022981　善993.69/329
皇明印史四卷　(明)邵潛纂　明天啟元年(1621)刻鈐印本　一册

110000－0144－0022982　善993.69/482.1
秦漢印統八卷　(明)羅王常編　明萬曆三十六年(1608)新安吳氏樹滋堂刻本　八册

110000－0144－0022983　善993.69/712
飛鴻堂印譜初集八卷二集八卷三集八卷四集八卷五集八卷　(清)汪啟淑輯　清乾隆刻鈐印本　二十册

110000－0144－0022984　善993.7/167
郢爰考一卷　(清)黄國瑾撰　清末稿本　一册

110000－0144－0022985　善993.79/952
建昭鴈足鐙考二卷　(清)徐渭仁撰　清道光十七年(1837)刻本　二册

110000－0144－0022986　善994.1/203
趙州石刻録一卷　(清)□□撰　清抄本　一册

110000－0144－0022987　善994.2/647

五鳳二年磚銘考一卷　(清)高鳳翰摹並撰　清乾隆四十七年(1782)姚江張氏寶墨齋刻本　一冊

110000－0144－0022988　善994.2/667
唐碑六十種　(清)□□輯　清抄本　(清)臧庸校　四冊

110000－0144－0022989　善994.2/720
隸釋二十七卷　(宋)洪适撰　清乾隆四十二年(1777)汪日秀樓松書屋刻本　十八冊

110000－0144－0022990　善994.2/827
名蹟錄七卷　(明)朱珪撰　清抄本　四冊

110000－0144－0022991　善994.3/773
唐韓文公像　(清)□□繪　清光緒四年(1878)拓本　一幅

110000－0144－0022992　善994.4/423
六一題跋十一卷　(宋)歐陽修撰　(明)毛晉訂　明末汲古閣刻本　六冊

110000－0144－0022993　善994.51/201－02
石墨鐫華八卷　(明)趙崡撰　明萬曆四十六年(1618)刻本　清鄒存淦題識　四冊

110000－0144－0022994　善994.51/721
漢石圖考校補　(清)□□撰　稿本　二冊

110000－0144－0022995　善994.52/892
奇觚室樂石文述二卷　(清)劉心源撰　清抄本　一冊

110000－0144－0022996　善994.521/754
石鼓文音訊考證　(元)潘迪音訓　(清)馮承輝考正　清抄本　一冊

110000－0144－0022997　善994.6/658
古玉圖譜　(宋)龍大淵等纂　清抄本　四冊

110000－0144－0022998　善994.6/658－02
宋淳熙敕編古玉圖譜一百卷　(宋)龍大淵等奉敕纂　清乾隆四十四年(1779)康山草堂刻本　三十六冊

110000－0144－0022999　善996.2/790－02
秦漢瓦當文字二卷續一卷　(清)程敦撰　清乾隆五十二年(1787)橫渠書院刻五十九年(1794)續刻本　三冊

110000－0144－0023000　善997.12/427－635
濰縣金石志八卷　(清)郭麐撰　稿本　十一冊　存七卷(一至七)

110000－0144－0023001　善997.12/427－635－02
濰縣金石志八卷遺文錄一卷　(清)郭麐撰　稿本　八冊

110000－0144－0023002　善997.12/589
東巡金石錄八卷　(清)崔應階輯　清刻本　二冊

110000－0144－0023003　善997.12/879
山左碑目四卷　(清)段松苓輯　清抄本　四冊

110000－0144－0023004　善997.13/274
中州金石目錄八卷補遺一卷　(清)楊鐸編　稿本　四冊

110000－0144－0023005　善997.3/688
亦政堂重修三古圖四十二卷　(清)黃晟輯　明萬曆三十一年(1603)寶古堂刻清乾隆十五年(1750)亦政堂重修本　四十四冊

110000－0144－0023006　善997.3/688
亦政堂重修三古圖四十二卷　(清)黃晟輯　明萬曆三十一年(1603)寶古堂刻清乾隆十五年(1750)亦政堂重修本　四十四冊

110000－0144－0023007　善9987
廣韻藻六卷　(明)方夏輯　明崇禎十五年(1642)方來刻本　六冊

110000－0144－0023008　善9994
識字略十卷　(清)宋宗元撰　清乾隆網師園刻本　六冊

110000－0144－0023009　善9997
韻譜本義十卷　(明)茅溱輯　明萬曆三十二年(1604)茅溱刻本　五冊

北京師範大學圖書館古籍普查登記目録

（下）

索引

全國古籍普查登記目録

國家圖書館出版社
National Library of China Publishing House

書名筆畫字頭索引

一畫

二畫

三畫

四畫

五畫

六畫

七畫

八畫

九畫

十畫

十一畫

十二畫

十二畫

十三畫

十四畫

十五畫

十六畫

十七畫

十八畫

十九畫

二十畫

二十一畫

二十二畫

二十三畫

二十四畫

二十五畫

二十六畫

二十七畫

二十九畫

其他畫

書名筆畫索引

一畫

二畫

三畫

四畫

五畫

六畫

七畫

八畫

九畫

十畫

十一畫

十二畫

十三畫

十四畫

十五畫

十六畫

十七畫

十八畫

十九畫

二十畫

二十一畫

二十二畫

二十三畫

二十四畫

二十五畫

二十六畫

二十七畫

二十九畫

其他